中华人民共和国

民 事

法律法规规章
司法解释大全

中国法制出版社

CHINA LEGAL PUBLISHING HOUSE

编 辑 说 明

　　为全面梳理我国数量繁多的民事法律法规，反映我国民事领域的立法动态，我们编辑出版了《中华人民共和国民事法律法规规章司法解释大全》。本书特点如下：

　　一、全面收录文件

　　收录现行有效的民事法律、行政法规、国务院文件、部门规章、规范性文件、司法解释等文件三百五十余件。所选文件截至 2024 年 7 月。

　　二、编排合理，查找方便

　　1. 本书共设计了两套目录检索方式：一套为**民事部门法主题检索**，分为民事实体篇和民事程序篇，其下又细分为综合，物权，合同，人格权，婚姻家庭、继承，侵权责任，知识产权，劳动，诉讼程序，非诉程序；一套为**拼音检索**，按照文件"有效"首字字母为序进行排列。

　　2. 考虑到部分文件在划分类别时可能存在交叉或重叠，为避免重复收录，便于查阅，本书在目录中设置了"**存目**"，原处收录全文，存目处标出参见处及文件页码，以便检索。

　　3. 选取了部分重要的法律和行政法规，逐条加注**条旨**，言简意赅，方便读者快速准确地了解条文内容。

　　三、动态增值

　　扫一扫文后二维码，免费获取双重增值服务：

　　1. 精选最高人民法院发布的民事类典型案例，按主题分类整理，将案例全文制作成电子版文件，供下载使用。

　　2. 根据法律法规立改废情况，将本书每次改版修订部分的内容单独制作成电子版文件，供下载使用。

编者

2024 年 7 月

总 目 录

目 录[*]

民事实体篇

一、综 合

---

   * 本目录中的时间为法律文件的公布时间或最后一次修正、修订的公布时间。

◎典型案例*

· 张庆福、张殿凯诉朱振彪生命权纠纷案

· 海南丰海粮油工业有限公司诉中国人民财产保险股份有限公司海南省分公司海上

货物运输保险合同纠纷案

· 德拉甘·可可托维奇诉上海恩渥餐饮管理有限公司、吕恩劳务合同纠纷案

二、物　权

（一）综　合

---

　　* 典型案例均以电子版形式赠送，目录处仅保留案例标题。案例内容扫一扫二维码即可轻松获

取，方法详见"编辑说明"页。

（四）用益物权

（五）担保物权

1. 抵押权

2. 质　权

◎典型案例

- 福建海峡银行股份有限公司福州五一支行诉长乐亚新污水处理有限公司、福州市政工程有限公司金融借款合同纠纷案
- 中国农业发展银行安徽省分行诉张大标、安徽长江融资担保集团有限公司执行异议之诉纠纷案
- 上海市虹口区久乐大厦小区业主大会诉上海环亚实业总公司业主共有权纠纷案
- 中国工商银行股份有限公司宣城龙首支行诉宣城柏冠贸易有限公司、江苏凯盛置业有限公司等金融借款合同纠纷案

三、合 同

（三）借　贷

◎典型案例
· 阿卜杜勒·瓦希德诉中国东方航空股份有限公司航空旅客运输合同纠纷案
· 上海中原物业顾问有限公司诉陶德华居间合同纠纷案
· 吴梅诉四川省眉山西城纸业有限公司买卖合同纠纷案
· 徐工集团工程机械股份有限公司诉成都川交工贸有限责任公司等买卖合同纠纷案
· 张莉诉北京合力华通汽车服务有限公司买卖合同纠纷案
· 孙银山诉南京欧尚超市有限公司江宁店买卖合同纠纷案
· 温州银行股份有限公司宁波分行诉浙江创菱电器有限公司等金融借款合同纠纷案
· 刘超捷诉中国移动通信集团江苏有限公司徐州分公司电信服务合同纠纷案
· 汤长龙诉周士海股权转让纠纷案
· 浙江隆达不锈钢有限公司诉 A. P. 穆勒-马士基有限公司（A. P. Moller-MaerskA/S）

四、人格权

五、婚姻家庭、继承

（一）综　合

◎**典型案例**

·李某、郭某阳诉郭某和、童某某继承纠纷案

·雷某某诉宋某某离婚纠纷案

·张某诉李某、刘某监护权纠纷案

·沙某某诉袁某某探望权纠纷案

六、侵权责任

（一）综　合

（二）产品责任

（八）网络侵权责任

（九）其他损害责任

◎典型案例

- 北京百度网讯科技有限公司诉青岛奥商网络技术有限公司等不正当竞争纠纷案
- 意大利费列罗公司诉蒙特莎（张家港）食品有限公司、天津经济技术开发区正元行销
  有限公司不正当竞争纠纷案
- 江苏炜伦航运股份有限公司诉米拉达玫瑰公司船舶碰撞损害赔偿纠纷案
- 吴俊东、吴秀芝与胡启明、戴聪球交通事故人身损害赔偿纠纷案
- 许云鹤与王秀芝道路交通事故人身损害赔偿纠纷案
- 曾明清诉彭友洪、中国平安财产保险股份有限公司成都市蜀都支公司机动车交
  通事故责任纠纷案
- 吕金奎等 79 人诉山海关船舶重工有限责任公司海上污染损害责任纠纷案
- 李劲诉华润置地（重庆）有限公司环境污染责任纠纷案
- 江苏省人民政府诉安徽海德化工科技有限公司生态环境损害赔偿案
- 重庆市人民政府、重庆两江志愿服务发展中心诉重庆藏金阁物业管理有限公司、
  重庆首旭环保科技有限公司生态环境损害赔偿、环境民事公益诉讼案
- 中华环保联合会诉德州晶华集团振华有限公司大气污染责任民事公益诉讼案
- 中国生物多样性保护与绿色发展基金会诉秦皇岛方圆包装玻璃有限公司大气污染责任
  民事公益诉讼案
- 山东省烟台市人民检察院诉王振殿、马群凯环境民事公益诉讼案

- 重庆市绿色志愿者联合会诉恩施自治州建始磺厂坪矿业有限责任公司水污染责任民事公益诉讼案
- 北京市朝阳区自然之友环境研究所诉中国水电顾问集团新平开发有限公司、中国电建集团昆明勘测设计研究院有限公司生态环境保护民事公益诉讼案
- 中国生物多样性保护与绿色发展基金会诉雅砻江流域水电开发有限公司生态环境保护民事公益诉讼案
- 江苏省泰州市人民检察院诉王小朋等 59 人生态破坏民事公益诉讼案
- 湖南省益阳市人民检察院诉夏顺安等 15 人生态破坏民事公益诉讼案
- 重庆市人民检察院第五分院诉重庆瑜煌电力设备制造有限公司等环境污染民事公益诉讼案
- 上海市人民检察院第三分院诉郎溪华远固体废物处置有限公司、宁波高新区米泰贸易有限公司、黄德庭、薛强环境污染民事公益诉讼案
- 北京市人民检察院第四分院诉朱清良、朱清涛环境污染民事公益诉讼案
- 江苏省南京市人民检察院诉王玉林生态破坏民事公益诉讼案
- 江西省上饶市人民检察院诉张永明、张贇、毛伟明生态破坏民事公益诉讼案
- 九江市人民政府诉江西正鹏环保科技有限公司、杭州连新建材有限公司、李德等生态环境损害赔偿诉讼案
- 广州天某高新材料股份有限公司、九江天某高新材料有限公司诉安徽纽某精细化工有限公司等侵害技术秘密纠纷案
- 嘉兴市中某化工有限责任公司、上海欣某新技术有限公司诉王某集团有限公司、宁波王某科技股份有限公司等侵害技术秘密纠纷案
- 张某勋诉宜宾恒某投资集团有限公司、四川省宜宾市吴某建材工业有限责任公司等垄断纠纷案
- 李秋月等诉广州市花都区梯面镇红山村村民委员会违反安全保障义务责任纠纷案
- 支某 1 等诉北京市永定河管理处生命权、健康权、身体权纠纷案
- 刘明莲、郭丽丽、郭双双诉孙伟、河南兰庭物业管理有限公司信阳分公司生命权纠纷案
- 胡某某、王某某诉德某餐厅、蒋某某等生命权纠纷案
- 洪福远、邓春香诉贵州五福坊食品有限公司、贵州今彩民族文化研发有限公司著作权侵权纠纷案
- 张晓燕诉雷献和、赵琪、山东爱书人音像图书有限公司著作权侵权纠纷案
- 王碎永诉深圳歌力思服饰股份有限公司、杭州银泰世纪百货有限公司侵害商标权纠纷案
- 威海嘉易烤生活家电有限公司诉永康市金仕德工贸有限公司、浙江天猫网络有限公司侵害发明专利权纠纷案
- 礼来公司诉常州华生制药有限公司侵害发明专利权纠纷案
- 高仪股份公司诉浙江健龙卫浴有限公司侵害外观设计专利权纠纷案
- 天津天隆种业科技有限公司与江苏徐农种业科技有限公司侵害植物新品种权纠纷案
- 郭明升、郭明锋、孙淑标假冒注册商标案
- 广州王老吉大健康产业有限公司诉加多宝（中国）饮料有限公司虚假宣传纠纷案

七、知识产权

（一）综　合

（二）著作权

（三）专　利

（四）商标权

◎**典型案例**

- 兰建军、杭州小拇指汽车维修科技股份有限公司诉天津市小拇指汽车维修服务有限公司等侵害商标权及不正当竞争纠纷案
- 山东鲁锦实业有限公司诉鄄城县鲁锦工艺品有限责任公司、济宁礼之邦家纺有限公司侵害商标权及不正当竞争纠纷案
- 某某卫厨（中国）股份有限公司诉苏州某某科技发展有限公司、屠某某等侵犯商标权及不正当竞争纠纷案
- 北京精雕科技有限公司诉上海奈凯电子科技有限公司侵害计算机软件著作权纠纷案

- 石鸿林诉泰州华仁电子资讯有限公司侵害计算机软件著作权纠纷案
- 柏万清诉成都难寻物品营销服务中心等侵害实用新型专利权纠纷案
- 成都同德福合川桃片有限公司诉重庆市合川区同德福桃片有限公司、余晓华侵害商标权及不正当竞争纠纷案
- 莱州市金海种业有限公司诉张掖市富凯农业科技有限责任公司侵犯植物新品种权纠纷案
- 瓦莱奥清洗系统公司诉厦门卢卡斯汽车配件有限公司等侵害发明专利权纠纷案
- 左尚明舍家居用品（上海）有限公司诉北京中融恒盛木业有限公司、南京梦阳家具销售中心侵害著作权纠纷案
- 深圳市卫邦科技有限公司诉李坚毅、深圳市远程智能设备有限公司专利权权属纠纷案
- 深圳敦骏科技有限公司诉深圳市吉祥腾达科技有限公司等侵害发明专利权纠纷案
- 蔡新光诉广州市润平商业有限公司侵害植物新品种权纠纷案
- 苏州赛某电子科技有限公司诉深圳裕某科技有限公司等侵害集成电路布图设计专有权纠纷案
- 广州德某水产设备科技有限公司诉广州宇某水产科技有限公司、南某水产研究所财产损害赔偿纠纷案
- 某美（天津）图像技术有限公司诉河南某庐蜂业有限公司侵害作品信息网络传播权纠纷案

八、劳　动

◎ **典型案例**
- 中兴通讯（杭州）有限责任公司诉王鹏劳动合同纠纷案
- 聂美兰诉北京林氏兄弟文化有限公司确认劳动关系案

民事程序篇

九、诉讼程序

（一）一般规定

◎**典型案例**

- 韩凤彬诉内蒙古九郡药业有限责任公司等产品责任纠纷管辖权异议案
- 上海欧宝生物科技有限公司诉辽宁特莱维置业发展有限公司企业借贷纠纷案
- 锦官公司与广发公司商品房买卖合同纠纷管辖权异议案
- 张某龙诉北京某蝶文化传播有限公司、程某、马某侵害作品信息网络传播权纠纷案
- 中建三局第一建设工程有限责任公司与澳中财富（合肥）投资置业有限公司、安徽文峰置业有限公司执行复议案
- 东北电气发展股份有限公司与国家开发银行股份有限公司、沈阳高压开关有限责任公司等执行复议案
- 安徽省滁州市建筑安装工程有限公司与湖北追日电气股份有限公司执行复议案
- 青海金泰融资担保有限公司与上海金桥工程建设发展有限公司、青海三工置业有限公司执行复议案
- 株洲海川实业有限责任公司与中国银行股份有限公司长沙市蔡锷支行、湖南省德奕鸿金属材料有限公司财产保全执行复议案
- 河南神泉之源实业发展有限公司与赵五军、汝州博易观光医疗主题园区开发有限公司等执行监督案
- 于红岩与锡林郭勒盟隆兴矿业有限责任公司执行监督案
- 中国防卫科技学院与联合资源教育发展（燕郊）有限公司执行监督案
- 陈载果与刘荣坤、广东省汕头渔业用品进出口公司等申请撤销拍卖执行监督案
- 江苏天宇建设集团有限公司与无锡时代盛业房地产开发有限公司执行监督案
- 高光诉三亚天通国际酒店有限公司、海南博超房地产开发有限公司等第三人撤销之诉案
- 长沙广大建筑装饰有限公司诉中国工商银行股份有限公司广州粤秀支行、林传武、长沙广大建筑装饰有限公司广州分公司等第三人撤销之诉案

- 中国民生银行股份有限公司温州分行诉浙江山口建筑工程有限公司、青田依利高鞋业有限公司第三人撤销之诉案
- 台州德力奥汽车部件制造有限公司诉浙江建环机械有限公司管理人浙江安天律师事务所、中国光大银行股份有限公司台州温岭支行第三人撤销之诉案
- 鞍山市中小企业信用担保中心诉汪薇、鲁金英第三人撤销之诉案
- 永安市燕诚房地产开发有限公司诉郑耀南、远东（厦门）房地产发展有限公司等第三人撤销之诉案
- 王四光诉中天建设集团有限公司、白山和丰置业有限公司案外人执行异议之诉案
- 中国建设银行股份有限公司怀化市分行诉中国华融资产管理股份有限公司湖南省分公司等案外人执行异议之诉案
- 王岩岩诉徐意君、北京市金陛房地产发展有限责任公司案外人执行异议之诉案
- 浙江省遂昌县人民检察院诉叶继成生态破坏民事公益诉讼案
- 慈溪市博某塑料制品有限公司诉永康市联某工贸有限公司、浙江天某网络有限公司等侵害实用新型专利权纠纷案
- 斯万斯克蜂蜜加工公司申请承认和执行外国仲裁裁决案

十、非诉程序

（一）一般仲裁

拼音索引*

　＊　本索引按文件首字字母音序排列。为方便读者查阅，凡以"中华人民共和国"和"发文机关＋关于"起始的法律文件，均以其后的首字字母音序排列，且本索引表中将"中华人民共和国"和"发文机关"字样省略。

S

民事实体篇

一、综 合

中华人民共和国民法典

（2020 年 5 月 28 日第十三届全国人民代表大会第三次会议通过 2020 年 5 月 28 日中华人民共和国主席令第 45 号公布 自 2021 年 1 月 1 日起施行）

目 录

第一编　总　　则

第一章　基本规定

第一条　【立法目的和依据】* 为了保护民事主体的合法权益,调整民事关系,维护社会和经济秩序,适应中国特色社会主义发展要求,弘扬社会主义核心价值观,根据宪法,制定本法。

第二条　【调整范围】民法调整平等主体的自然人、法人和非法人组织之间的人身关系和财产关系。

第三条　【民事权利及其他合法权益受法律保护】民事主体的人身权利、财产权利以及其他合法权益受法律保护,任何组织或者个人不得侵犯。

第四条　【平等原则】民事主体在民事活动中的法律地位一律平等。

第五条　【自愿原则】民事主体从事民事活动,应当遵循自愿原则,按照自己的意思设立、变更、终止民事法律关系。

第六条　【公平原则】民事主体从事民事活动,应当遵循公平原则,合理确定各方的权利和义务。

第七条　【诚信原则】民事主体从事民事活动,应当遵循诚信原则,秉持诚实,恪守承诺。

第八条　【守法与公序良俗原则】民事主体从事民事活动,不得违反法律,不得违背公序良俗。

第九条　【绿色原则】民事主体从事民事活动,应当有利于节约资源、保护生态环境。

第十条　【处理民事纠纷的依据】处理民事纠纷,应当依照法律;法律没有规定的,可以适用习惯,但是不得违背公序良俗。

第十一条　【特别法优先】其他法律对民事关系有特别规定的,依照其规定。

第十二条　【民法的效力范围】中华人民共和国领域内的民事活动,适用中华人民共和国法律。法律另有规定的,依照其规定。

第二章　自　　然　　人

第一节　民事权利能力和民事行为能力

第十三条　【自然人民事权利能力的起止时间】自然人从出生时起到死亡时止,具有民事权利能力,依法享有民事权利,承担民事义务。

第十四条　【民事权利能力平等】自然人的民事权利能力一律平等。

第十五条　【出生和死亡时间的认定】自

---

* 条文主旨为编者所加,下同。

然人的出生时间和死亡时间,以出生证明、死亡证明记载的时间为准;没有出生证明、死亡证明的,以户籍登记或者其他有效身份登记记载的时间为准。有其他证据足以推翻以上记载时间的,以该证据证明的时间为准。

第十六条　【胎儿利益保护】涉及遗产继承、接受赠与等胎儿利益保护的,胎儿视为具有民事权利能力。但是,胎儿娩出时为死体的,其民事权利能力自始不存在。

第十七条　【成年时间】十八周岁以上的自然人为成年人。不满十八周岁的自然人为未成年人。

第十八条　【完全民事行为能力人】成年人为完全民事行为能力人,可以独立实施民事法律行为。

十六周岁以上的未成年人,以自己的劳动收入为主要生活来源的,视为完全民事行为能力人。

第十九条　【限制民事行为能力的未成年人】八周岁以上的未成年人为限制民事行为能力人,实施民事法律行为由其法定代理人代理或者经其法定代理人同意、追认;但是,可以独立实施纯获利益的民事法律行为或者与其年龄、智力相适应的民事法律行为。

第二十条　【无民事行为能力的未成年人】不满八周岁的未成年人为无民事行为能力人,由其法定代理人代理实施民事法律行为。

第二十一条　【无民事行为能力的成年人】不能辨认自己行为的成年人为无民事行为能力人,由其法定代理人代理实施民事法律行为。

八周岁以上的未成年人不能辨认自己行为的,适用前款规定。

第二十二条　【限制民事行为能力的成年人】不能完全辨认自己行为的成年人为限制民事行为能力人,实施民事法律行为由其法定代理人代理或者经其法定代理人同意、追认;但是,可以独立实施纯获利益的民事法律行为或者与其智力、精神健康状况相适应的民事法律行为。

第二十三条　【非完全民事行为能力人的法定代理人】无民事行为能力人、限制民事行为能力人的监护人是其法定代理人。

第二十四条　【民事行为能力的认定及恢复】不能辨认或者不能完全辨认自己行为的成年人,其利害关系人或者有关组织,可以向人民法院申请认定该成年人为无民事行为能力人或者限制民事行为能力人。

被人民法院认定为无民事行为能力人或者限制民事行为能力人的,经本人、利害关系人或者有关组织申请,人民法院可以根据其智力、精神健康恢复的状况,认定该成年人恢复为限制民事行为能力人或者完全民事行为能力人。

本条规定的有关组织包括:居民委员会、村民委员会、学校、医疗机构、妇女联合会、残疾人联合会、依法设立的老年人组织、民政部门等。

第二十五条　【自然人的住所】自然人以户籍登记或者其他有效身份登记记载的居所为住所;经常居所与住所不一致的,经常居所视为住所。

第二节　监　　护

第二十六条　【父母子女之间的法律义务】父母对未成年子女负有抚养、教育和保护的义务。

成年子女对父母负有赡养、扶助和保护的义务。

第二十七条　【未成年人的监护人】父母是未成年子女的监护人。

未成年人的父母已经死亡或者没有监护能力的,由下列有监护能力的人按顺序担任监护人:

(一)祖父母、外祖父母;

（二）兄、姐；

（三）其他愿意担任监护人的个人或者组织，但是须经未成年人住所地的居民委员会、村民委员会或者民政部门同意。

第二十八条 【非完全民事行为能力成年人的监护人】无民事行为能力或者限制民事行为能力的成年人，由下列有监护能力的人按顺序担任监护人：

（一）配偶；

（二）父母、子女；

（三）其他近亲属；

（四）其他愿意担任监护人的个人或者组织，但是须经被监护人住所地的居民委员会、村民委员会或者民政部门同意。

第二十九条 【遗嘱指定监护】被监护人的父母担任监护人的，可以通过遗嘱指定监护人。

第三十条 【协议确定监护人】依法具有监护资格的人之间可以协议确定监护人。协议确定监护人应当尊重被监护人的真实意愿。

第三十一条 【监护争议解决程序】对监护人的确定有争议的，由被监护人住所地的居民委员会、村民委员会或者民政部门指定监护人，有关当事人对指定不服的，可以向人民法院申请指定监护人；有关当事人也可以直接向人民法院申请指定监护人。

居民委员会、村民委员会、民政部门或者人民法院应当尊重被监护人的真实意愿，按照最有利于被监护人的原则在依法具有监护资格的人中指定监护人。

依据本条第一款规定指定监护人前，被监护人的人身权利、财产权利以及其他合法权益处于无人保护状态的，由被监护人住所地的居民委员会、村民委员会、法律规定的有关组织或者民政部门担任临时监护人。

监护人被指定后，不得擅自变更；擅自变更的，不免除被指定的监护人的责任。

第三十二条 【公职监护人】没有依法具有监护资格的人的，监护人由民政部门担任，也可以由具备履行监护职责条件的被监护人住所地的居民委员会、村民委员会担任。

第三十三条 【意定监护】具有完全民事行为能力的成年人，可以与其近亲属、其他愿意担任监护人的个人或者组织事先协商，以书面形式确定自己的监护人，在自己丧失或者部分丧失民事行为能力时，由该监护人履行监护职责。

第三十四条 【监护职责及临时生活照料】监护人的职责是代理被监护人实施民事法律行为，保护被监护人的人身权利、财产权利以及其他合法权益等。

监护人依法履行监护职责产生的权利，受法律保护。

监护人不履行监护职责或者侵害被监护人合法权益的，应当承担法律责任。

因发生突发事件等紧急情况，监护人暂时无法履行监护职责，被监护人的生活处于无人照料状态的，被监护人住所地的居民委员会、村民委员会或者民政部门应当为被监护人安排必要的临时生活照料措施。

第三十五条 【履行监护职责应遵循的原则】监护人应当按照最有利于被监护人的原则履行监护职责。监护人除为维护被监护人利益外，不得处分被监护人的财产。

未成年人的监护人履行监护职责，在作出与被监护人利益有关的决定时，应当根据被监护人的年龄和智力状况，尊重被监护人的真实意愿。

成年人的监护人履行监护职责，应当最大程度地尊重被监护人的真实意愿，保障并协助被监护人实施与其智力、精神健康状况相适应的民事法律行为。对被监护人有能力独立处理的事务，监护人不得干涉。

第三十六条 【监护人资格的撤销】监护人有下列情形之一的，人民法院根据有关个人或者组织的申请，撤销其监护人资格，安排

必要的临时监护措施,并按照最有利于被监护人的原则依法指定监护人:

(一)实施严重损害被监护人身心健康的行为;

(二)怠于履行监护职责,或者无法履行监护职责且拒绝将监护职责部分或者全部委托给他人,导致被监护人处于危困状态;

(三)实施严重侵害被监护人合法权益的其他行为。

本条规定的有关个人、组织包括:其他依法具有监护资格的人,居民委员会、村民委员会、学校、医疗机构、妇女联合会、残疾人联合会、未成年人保护组织、依法设立的老年人组织、民政部门等。

前款规定的个人和民政部门以外的组织未及时向人民法院申请撤销监护人资格的,民政部门应当向人民法院申请。

第三十七条 【监护人资格撤销后的义务】依法负担被监护人抚养费、赡养费、扶养费的父母、子女、配偶等,被人民法院撤销监护人资格后,应当继续履行负担的义务。

第三十八条 【监护人资格的恢复】被监护人的父母或者子女被人民法院撤销监护人资格后,除对被监护人实施故意犯罪的外,确有悔改表现的,经其申请,人民法院可以在尊重被监护人真实意愿的前提下,视情况恢复其监护人资格,人民法院指定的监护人与被监护人的监护关系同时终止。

第三十九条 【监护关系的终止】有下列情形之一的,监护关系终止:

(一)被监护人取得或者恢复完全民事行为能力;

(二)监护人丧失监护能力;

(三)被监护人或者监护人死亡;

(四)人民法院认定监护关系终止的其他情形。

监护关系终止后,被监护人仍然需要监护的,应当依法另行确定监护人。

第三节 宣告失踪和宣告死亡

第四十条 【宣告失踪】自然人下落不明满二年的,利害关系人可以向人民法院申请宣告该自然人为失踪人。

第四十一条 【下落不明的起算时间】自然人下落不明的时间自其失去音讯之日起计算。战争期间下落不明的,下落不明的时间自战争结束之日或者有关机关确定的下落不明之日起计算。

第四十二条 【财产代管人】失踪人的财产由其配偶、成年子女、父母或者其他愿意担任财产代管人的人代管。

代管有争议,没有前款规定的人,或者前款规定的人无代管能力的,由人民法院指定的人代管。

第四十三条 【财产代管人的职责】财产代管人应当妥善管理失踪人的财产,维护其财产权益。

失踪人所欠税款、债务和应付的其他费用,由财产代管人从失踪人的财产中支付。

财产代管人因故意或者重大过失造成失踪人财产损失的,应当承担赔偿责任。

第四十四条 【财产代管人的变更】财产代管人不履行代管职责、侵害失踪人财产权益或者丧失代管能力的,失踪人的利害关系人可以向人民法院申请变更财产代管人。

财产代管人有正当理由的,可以向人民法院申请变更财产代管人。

人民法院变更财产代管人的,变更后的财产代管人有权请求原财产代管人及时移交有关财产并报告财产代管情况。

第四十五条 【失踪宣告的撤销】失踪人重新出现,经本人或者利害关系人申请,人民法院应当撤销失踪宣告。

失踪人重新出现,有权请求财产代管人及时移交有关财产并报告财产代管情况。

第四十六条 【宣告死亡】自然人有下列

情形之一的,利害关系人可以向人民法院申请宣告该自然人死亡:

(一)下落不明满四年;

(二)因意外事件,下落不明满二年。

因意外事件下落不明,经有关机关证明该自然人不可能生存的,申请宣告死亡不受二年时间的限制。

第四十七条 【宣告失踪与宣告死亡申请的竞合】对同一自然人,有的利害关系人申请宣告死亡,有的利害关系人申请宣告失踪,符合本法规定的宣告死亡条件的,人民法院应当宣告死亡。

第四十八条 【死亡日期的确定】被宣告死亡的人,人民法院宣告死亡的判决作出之日视为其死亡的日期;因意外事件下落不明宣告死亡的,意外事件发生之日视为其死亡的日期。

第四十九条 【被宣告死亡人实际生存时的行为效力】自然人被宣告死亡但是并未死亡的,不影响该自然人在被宣告死亡期间实施的民事法律行为的效力。

第五十条 【死亡宣告的撤销】被宣告死亡的人重新出现,经本人或者利害关系人申请,人民法院应当撤销死亡宣告。

第五十一条 【宣告死亡及其撤销后婚姻关系的效力】被宣告死亡的人的婚姻关系,自死亡宣告之日起消除。死亡宣告被撤销的,婚姻关系自撤销死亡宣告之日起自行恢复。但是,其配偶再婚或者向婚姻登记机关书面声明不愿意恢复的除外。

第五十二条 【死亡宣告撤销后子女被收养的效力】被宣告死亡的人在被宣告死亡期间,其子女被他人依法收养的,在死亡宣告被撤销后,不得以未经本人同意为由主张收养行为无效。

第五十三条 【死亡宣告撤销后的财产返还与赔偿责任】被撤销死亡宣告的人有权请求依照本法第六编取得其财产的民事主体

返还财产;无法返还的,应当给予适当补偿。

利害关系人隐瞒真实情况,致使他人被宣告死亡而取得其财产的,除应当返还财产外,还应当对由此造成的损失承担赔偿责任。

第四节 个体工商户和农村承包经营户

第五十四条 【个体工商户】自然人从事工商业经营,经依法登记,为个体工商户。个体工商户可以起字号。

第五十五条 【农村承包经营户】农村集体经济组织的成员,依法取得农村土地承包经营权,从事家庭承包经营的,为农村承包经营户。

第五十六条 【"两户"的债务承担】个体工商户的债务,个人经营的,以个人财产承担;家庭经营的,以家庭财产承担;无法区分的,以家庭财产承担。

农村承包经营户的债务,以从事农村土地承包经营的农户财产承担;事实上由农户部分成员经营的,以该部分成员的财产承担。

第三章 法 人

第一节 一般规定

第五十七条 【法人的定义】法人是具有民事权利能力和民事行为能力,依法独立享有民事权利和承担民事义务的组织。

第五十八条 【法人的成立】法人应当依法成立。

法人应当有自己的名称、组织机构、住所、财产或者经费。法人成立的具体条件和程序,依照法律、行政法规的规定。

设立法人,法律、行政法规规定须经有关机关批准的,依照其规定。

第五十九条 【法人的民事权利能力和民事行为能力】法人的民事权利能力和民事行为能力,从法人成立时产生,到法人终止时消灭。

第六十条 【法人的民事责任承担】法人以其全部财产独立承担民事责任。

第六十一条 【法定代表人】依照法律或者法人章程的规定,代表法人从事民事活动的负责人,为法人的法定代表人。

法定代表人以法人名义从事的民事活动,其法律后果由法人承受。

法人章程或者法人权力机构对法定代表人代表权的限制,不得对抗善意相对人。

第六十二条 【法定代表人职务行为的法律责任】法定代表人因执行职务造成他人损害的,由法人承担民事责任。

法人承担民事责任后,依照法律或者法人章程的规定,可以向有过错的法定代表人追偿。

第六十三条 【法人的住所】法人以其主要办事机构所在地为住所。依法需要办理法人登记的,应当将主要办事机构所在地登记为住所。

第六十四条 【法人的变更登记】法人存续期间登记事项发生变化的,应当依法向登记机关申请变更登记。

第六十五条 【法人登记的对抗效力】法人的实际情况与登记的事项不一致的,不得对抗善意相对人。

第六十六条 【法人登记公示制度】登记机关应当依法及时公示法人登记的有关信息。

第六十七条 【法人合并、分立后的权利义务承担】法人合并的,其权利和义务由合并后的法人享有和承担。

法人分立的,其权利和义务由分立后的法人享有连带债权,承担连带债务,但是债权人和债务人另有约定的除外。

第六十八条 【法人的终止】有下列原因之一并依法完成清算、注销登记的,法人终止:

(一)法人解散;

(二)法人被宣告破产;

(三)法律规定的其他原因。

法人终止,法律、行政法规规定须经有关机关批准的,依照其规定。

第六十九条 【法人的解散】有下列情形之一的,法人解散:

(一)法人章程规定的存续期间届满或者法人章程规定的其他解散事由出现;

(二)法人的权力机构决议解散;

(三)因法人合并或者分立需要解散;

(四)法人依法被吊销营业执照、登记证书,被责令关闭或者被撤销;

(五)法律规定的其他情形。

第七十条 【法人解散后的清算】法人解散的,除合并或者分立的情形外,清算义务人应当及时组成清算组进行清算。

法人的董事、理事等执行机构或者决策机构的成员为清算义务人。法律、行政法规另有规定的,依照其规定。

清算义务人未及时履行清算义务,造成损害的,应当承担民事责任;主管机关或者利害关系人可以申请人民法院指定有关人员组成清算组进行清算。

第七十一条 【法人清算的法律适用】法人的清算程序和清算组职权,依照有关法律的规定;没有规定的,参照适用公司法律的有关规定。

第七十二条 【清算的法律效果】清算期间法人存续,但是不得从事与清算无关的活动。

法人清算后的剩余财产,按照法人章程的规定或者法人权力机构的决议处理。法律另有规定的,依照其规定。

清算结束并完成法人注销登记时,法人终止;依法不需要办理法人登记的,清算结束时,法人终止。

第七十三条 【法人因破产而终止】法人被宣告破产的,依法进行破产清算并完成法人注销登记时，法人终止。

第七十四条 【法人的分支机构】法人可以依法设立分支机构。法律、行政法规规定分支机构应当登记的，依照其规定。

分支机构以自己的名义从事民事活动，产生的民事责任由法人承担；也可以先以该分支机构管理的财产承担，不足以承担的，由法人承担。

第七十五条 【法人设立行为的法律后果】设立人为设立法人从事的民事活动，其法律后果由法人承受；法人未成立的，其法律后果由设立人承受，设立人为二人以上的，享有连带债权，承担连带债务。

设立人为设立法人以自己的名义从事民事活动产生的民事责任，第三人有权选择请求法人或者设立人承担。

第二节 营 利 法 人

第七十六条 【营利法人的定义和类型】以取得利润并分配给股东等出资人为目的成立的法人，为营利法人。

营利法人包括有限责任公司、股份有限公司和其他企业法人等。

第七十七条 【营利法人的成立】营利法人经依法登记成立。

第七十八条 【营利法人的营业执照】依法设立的营利法人，由登记机关发给营利法人营业执照。营业执照签发日期为营利法人的成立日期。

第七十九条 【营利法人的章程】设立营利法人应当依法制定法人章程。

第八十条 【营利法人的权力机构】营利法人应当设权力机构。

权力机构行使修改法人章程，选举或者更换执行机构、监督机构成员，以及法人章程规定的其他职权。

第八十一条 【营利法人的执行机构】营利法人应当设执行机构。

执行机构行使召集权力机构会议，决定法人的经营计划和投资方案，决定法人内部管理机构的设置，以及法人章程规定的其他职权。

执行机构为董事会或者执行董事的，董事长、执行董事或者经理按照法人章程的规定担任法定代表人；未设董事会或者执行董事的，法人章程规定的主要负责人为其执行机构和法定代表人。

第八十二条 【营利法人的监督机构】营利法人设监事会或者监事等监督机构的，监督机构依法行使检查法人财务，监督执行机构成员、高级管理人员执行法人职务的行为，以及法人章程规定的其他职权。

第八十三条 【出资人滥用权利的责任承担】营利法人的出资人不得滥用出资人权利损害法人或者其他出资人的利益；滥用出资人权利造成法人或者其他出资人损失的，应当依法承担民事责任。

营利法人的出资人不得滥用法人独立地位和出资人有限责任损害法人债权人的利益；滥用法人独立地位和出资人有限责任，逃避债务，严重损害法人债权人的利益的，应当对法人债务承担连带责任。

第八十四条 【利用关联关系造成损失的赔偿责任】营利法人的控股出资人、实际控制人、董事、监事、高级管理人员不得利用其关联关系损害法人的利益；利用关联关系造成法人损失的，应承担赔偿责任。

第八十五条 【营利法人出资人对瑕疵决议的撤销权】营利法人的权力机构、执行机构作出决议的会议召集程序、表决方式违反法律、行政法规、法人章程，或者决议内容违反法人章程的，营利法人的出资人可以请求人民法院撤销该决议。但是，营利法人依据该决议与善意相对人形成的民事法律关系不受影响。

第八十六条 【营利法人的社会责任】营

利法人从事经营活动,应当遵守商业道德,维护交易安全,接受政府和社会的监督,承担社会责任。

第三节 非营利法人

第八十七条 【非营利法人的定义和范围】为公益目的或者其他非营利目的成立,不向出资人、设立人或者会员分配所取得利润的法人,为非营利法人。

非营利法人包括事业单位、社会团体、基金会、社会服务机构等。

第八十八条 【事业单位法人资格的取得】具备法人条件,为适应经济社会发展需要,提供公益服务设立的事业单位,经依法登记成立,取得事业单位法人资格;依法不需要办理法人登记的,从成立之日起,具有事业单位法人资格。

第八十九条 【事业单位法人的组织机构】事业单位法人设理事会的,除法律另有规定外,理事会为其决策机构。事业单位法人的法定代表人依照法律、行政法规或者法人章程的规定产生。

第九十条 【社会团体法人资格的取得】具备法人条件,基于会员共同意愿,为公益目的或者会员共同利益等非营利目的设立的社会团体,经依法登记成立,取得社会团体法人资格;依法不需要办理法人登记的,从成立之日起,具有社会团体法人资格。

第九十一条 【社会团体法人章程和组织机构】设立社会团体法人应当依法制定法人章程。

社会团体法人应当设会员大会或者会员代表大会等权力机构。

社会团体法人应当设理事会等执行机构。理事长或者会长等负责人按照法人章程的规定担任法定代表人。

第九十二条 【捐助法人】具备法人条件,为公益目的以捐助财产设立的基金会、社会服务机构等,经依法登记成立,取得捐助法人资格。

依法设立的宗教活动场所,具备法人条件的,可以申请法人登记,取得捐助法人资格。法律、行政法规对宗教活动场所有规定的,依照其规定。

第九十三条 【捐助法人章程和组织机构】设立捐助法人应当依法制定法人章程。

捐助法人应当设理事会、民主管理组织等决策机构,并设执行机构。理事长等负责人按照法人章程的规定担任法定代表人。

捐助法人应当设监事会等监督机构。

第九十四条 【捐助人的权利】捐助人有权向捐助法人查询捐助财产的使用、管理情况,并提出意见和建议,捐助法人应当及时、如实答复。

捐助法人的决策机构、执行机构或者法定代表人作出决定的程序违反法律、行政法规、法人章程,或者决定内容违反法人章程的,捐助人等利害关系人或者主管机关可以请求人民法院撤销该决定。但是,捐助法人依据该决定与善意相对人形成的民事法律关系不受影响。

第九十五条 【公益性非营利法人剩余财产的处理】为公益目的成立的非营利法人终止时,不得向出资人、设立人或者会员分配剩余财产。剩余财产应当按照法人章程的规定或者权力机构的决议用于公益目的;无法按照法人章程的规定或者权力机构的决议处理的,由主管机关主持转给宗旨相同或者相近的法人,并向社会公告。

第四节 特别法人

第九十六条 【特别法人的类型】本节规定的机关法人、农村集体经济组织法人、城镇农村的合作经济组织法人、基层群众性自治组织法人,为特别法人。

第九十七条 【机关法人】有独立经费的

机关和承担行政职能的法定机构从成立之日起,具有机关法人资格,可以从事为履行职能所需要的民事活动。

第九十八条 【机关法人的终止】机关法人被撤销的,法人终止,其民事权利和义务由继任的机关法人享有和承担;没有继任的机关法人的,由作出撤销决定的机关法人享有和承担。

第九十九条 【农村集体经济组织法人】农村集体经济组织依法取得法人资格。

法律、行政法规对农村集体经济组织有规定的,依照其规定。

第一百条 【合作经济组织法人】城镇农村的合作经济组织依法取得法人资格。

法律、行政法规对城镇农村的合作经济组织有规定的,依照其规定。

第一百零一条 【基层群众性自治组织法人】居民委员会、村民委员会具有基层群众性自治组织法人资格,可以从事为履行职能所需要的民事活动。

未设立村集体经济组织的,村民委员会可以依法代行村集体经济组织的职能。

第四章 非法人组织

第一百零二条 【非法人组织的定义】非法人组织是不具有法人资格,但是能够依法以自己的名义从事民事活动的组织。

非法人组织包括个人独资企业、合伙企业、不具有法人资格的专业服务机构等。

第一百零三条 【非法人组织的设立程序】非法人组织应当依照法律的规定登记。

设立非法人组织,法律、行政法规规定须经有关机关批准的,依照其规定。

第一百零四条 【非法人组织的债务承担】非法人组织的财产不足以清偿债务的,其出资人或者设立人承担无限责任。法律另有规定的,依照其规定。

第一百零五条 【非法人组织的代表人】非法人组织可以确定一人或者数人代表该组织从事民事活动。

第一百零六条 【非法人组织的解散】有下列情形之一的,非法人组织解散:

(一)章程规定的存续期间届满或者章程规定的其他解散事由出现;

(二)出资人或者设立人决定解散;

(三)法律规定的其他情形。

第一百零七条 【非法人组织的清算】非法人组织解散的,应当依法进行清算。

第一百零八条 【非法人组织的参照适用规定】非法人组织除适用本章规定外,参照适用本编第三章第一节的有关规定。

第五章 民事权利

第一百零九条 【一般人格权】自然人的人身自由、人格尊严受法律保护。

第一百一十条 【民事主体的人格权】自然人享有生命权、身体权、健康权、姓名权、肖像权、名誉权、荣誉权、隐私权、婚姻自主权等权利。

法人、非法人组织享有名称权、名誉权和荣誉权。

第一百一十一条 【个人信息受法律保护】自然人的个人信息受法律保护。任何组织或者个人需要获取他人个人信息的,应当依法取得并确保信息安全,不得非法收集、使用、加工、传输他人个人信息,不得非法买卖、提供或者公开他人个人信息。

第一百一十二条 【婚姻家庭关系等产生的人身权利】自然人因婚姻家庭关系等产生的人身权利受法律保护。

第一百一十三条 【财产权受法律平等保护】民事主体的财产权利受法律平等保护。

第一百一十四条 【物权的定义及类型】民事主体依法享有物权。

物权是权利人依法对特定的物享有直接支配和排他的权利,包括所有权、用益物权和担保物权。

第一百一十五条　【物权的客体】物包括不动产和动产。法律规定权利作为物权客体的,依照其规定。

第一百一十六条　【物权法定原则】物权的种类和内容,由法律规定。

第一百一十七条　【征收与征用】为了公共利益的需要,依照法律规定的权限和程序征收、征用不动产或者动产的,应当给予公平、合理的补偿。

第一百一十八条　【债权的定义】民事主体依法享有债权。

债权是因合同、侵权行为、无因管理、不当得利以及法律的其他规定,权利人请求特定义务人为或者不为一定行为的权利。

第一百一十九条　【合同之债】依法成立的合同,对当事人具有法律约束力。

第一百二十条　【侵权之债】民事权益受到侵害的,被侵权人有权请求侵权人承担侵权责任。

第一百二十一条　【无因管理之债】没有法定的或者约定的义务,为避免他人利益受损失而进行管理的人,有权请求受益人偿还由此支出的必要费用。

第一百二十二条　【不当得利之债】因他人没有法律根据,取得不当利益,受损失的人有权请求其返还不当利益。

第一百二十三条　【知识产权及其客体】民事主体依法享有知识产权。

知识产权是权利人依法就下列客体享有的专有的权利:

(一)作品;

(二)发明、实用新型、外观设计;

(三)商标;

(四)地理标志;

(五)商业秘密;

(六)集成电路布图设计;

(七)植物新品种;

(八)法律规定的其他客体。

第一百二十四条　【继承权及其客体】自然人依法享有继承权。

自然人合法的私有财产,可以依法继承。

第一百二十五条　【投资性权利】民事主体依法享有股权和其他投资性权利。

第一百二十六条　【其他民事权益】民事主体享有法律规定的其他民事权利和利益。

第一百二十七条　【对数据和网络虚拟财产的保护】法律对数据、网络虚拟财产的保护有规定的,依照其规定。

第一百二十八条　【对弱势群体的特别保护】法律对未成年人、老年人、残疾人、妇女、消费者等的民事权利保护有特别规定的,依照其规定。

第一百二十九条　【民事权利的取得方式】民事权利可以依据民事法律行为、事实行为、法律规定的事件或者法律规定的其他方式取得。

第一百三十条　【权利行使的自愿原则】民事主体按照自己的意愿依法行使民事权利,不受干涉。

第一百三十一条　【权利人的义务履行】民事主体行使权利时,应当履行法律规定的和当事人约定的义务。

第一百三十二条　【禁止权利滥用】民事主体不得滥用民事权利损害国家利益、社会公共利益或者他人合法权益。

第六章　民事法律行为

第一节　一般规定

第一百三十三条　【民事法律行为的定义】民事法律行为是民事主体通过意思表示设立、变更、终止民事法律关系的行为。

第一百三十四条 【民事法律行为的成立】民事法律行为可以基于双方或者多方的意思表示一致成立，也可以基于单方的意思表示成立。

法人、非法人组织依照法律或者章程规定的议事方式和表决程序作出决议的，该决议行为成立。

第一百三十五条 【民事法律行为的形式】民事法律行为可以采用书面形式、口头形式或者其他形式；法律、行政法规规定或者当事人约定采用特定形式的，应当采用特定形式。

第一百三十六条 【民事法律行为的生效】民事法律行为自成立时生效，但是法律另有规定或者当事人另有约定的除外。

行为人非依法律规定或者未经对方同意，不得擅自变更或者解除民事法律行为。

第二节 意 思 表 示

第一百三十七条 【有相对人的意思表示的生效时间】以对话方式作出的意思表示，相对人知道其内容时生效。

以非对话方式作出的意思表示，到达相对人时生效。以非对话方式作出的采用数据电文形式的意思表示，相对人指定特定系统接收数据电文的，该数据电文进入该特定系统时生效；未指定特定系统的，相对人知道或者应当知道该数据电文进入其系统时生效。当事人对采用数据电文形式的意思表示的生效时间另有约定的，按照其约定。

第一百三十八条 【无相对人的意思表示的生效时间】无相对人的意思表示，表示完成时生效。法律另有规定的，依照其规定。

第一百三十九条 【公告的意思表示的生效时间】以公告方式作出的意思表示，公告发布时生效。

第一百四十条 【意思表示的方式】行为人可以明示或者默示作出意思表示。

沉默只有在有法律规定、当事人约定或者符合当事人之间的交易习惯时，才可以视为意思表示。

第一百四十一条 【意思表示的撤回】行为人可以撤回意思表示。撤回意思表示的通知应当在意思表示到达相对人前或者与意思表示同时到达相对人。

第一百四十二条 【意思表示的解释】有相对人的意思表示的解释，应当按照所使用的词句，结合相关条款、行为的性质和目的、习惯以及诚信原则，确定意思表示的含义。

无相对人的意思表示的解释，不能完全拘泥于所使用的词句，而应当结合相关条款、行为的性质和目的、习惯以及诚信原则，确定行为人的真实意思。

第三节 民事法律行为的效力

第一百四十三条 【民事法律行为的有效条件】具备下列条件的民事法律行为有效：

（一）行为人具有相应的民事行为能力；

（二）意思表示真实；

（三）不违反法律、行政法规的强制性规定，不违背公序良俗。

第一百四十四条 【无民事行为能力人实施的民事法律行为】无民事行为能力人实施的民事法律行为无效。

第一百四十五条 【限制民事行为能力人实施的民事法律行为】限制民事行为能力人实施的纯获利益的民事法律行为或者与其年龄、智力、精神健康状况相适应的民事法律行为有效；实施的其他民事法律行为经法定代理人同意或者追认后有效。

相对人可以催告法定代理人自收到通知之日起三十日内予以追认。法定代理人未作表示的，视为拒绝追认。民事法律行为被追认前，善意相对人有撤销的权利。撤销应当以通知的方式作出。

第一百四十六条 【虚假表示与隐藏行

为效力】行为人与相对人以虚假的意思表示实施的民事法律行为无效。

以虚假的意思表示隐藏的民事法律行为的效力,依照有关法律规定处理。

第一百四十七条 【重大误解】基于重大误解实施的民事法律行为,行为人有权请求人民法院或者仲裁机构予以撤销。

第一百四十八条 【欺诈】一方以欺诈手段,使对方在违背真实意思的情况下实施的民事法律行为,受欺诈方有权请求人民法院或者仲裁机构予以撤销。

第一百四十九条 【第三人欺诈】第三人实施欺诈行为,使一方在违背真实意思的情况下实施的民事法律行为,对方知道或者应当知道该欺诈行为的,受欺诈方有权请求人民法院或者仲裁机构予以撤销。

第一百五十条 【胁迫】一方或者第三人以胁迫手段,使对方在违背真实意思的情况下实施的民事法律行为,受胁迫方有权请求人民法院或者仲裁机构予以撤销。

第一百五十一条 【乘人之危导致的显失公平】一方利用对方处于危困状态、缺乏判断能力等情形,致使民事法律行为成立时显失公平的,受损害方有权请求人民法院或者仲裁机构予以撤销。

第一百五十二条 【撤销权的消灭期间】有下列情形之一的,撤销权消灭:

(一)当事人自知道或者应当知道撤销事由之日起一年内、重大误解的当事人自知道或者应当知道撤销事由之日起九十日内没有行使撤销权;

(二)当事人受胁迫,自胁迫行为终止之日起一年内没有行使撤销权;

(三)当事人知道撤销事由后明确表示或者以自己的行为表明放弃撤销权。

当事人自民事法律行为发生之日起五年内没有行使撤销权的,撤销权消灭。

第一百五十三条 【违反强制性规定及违背公序良俗的民事法律行为的效力】违反法律、行政法规的强制性规定的民事法律行为无效。但是,该强制性规定不导致该民事法律行为无效的除外。

违背公序良俗的民事法律行为无效。

第一百五十四条 【恶意串通】行为人与相对人恶意串通,损害他人合法权益的民事法律行为无效。

第一百五十五条 【无效或者被撤销民事法律行为自始无效】无效的或者被撤销的民事法律行为自始没有法律约束力。

第一百五十六条 【民事法律行为部分无效】民事法律行为部分无效,不影响其他部分效力的,其他部分仍然有效。

第一百五十七条 【民事法律行为无效、被撤销、不生效力的法律后果】民事法律行为无效、被撤销或者确定不发生效力后,行为人因该行为取得的财产,应当予以返还;不能返还或者没有必要返还的,应当折价补偿。有过错的一方应当赔偿对方由此所受到的损失;各方都有过错的,应当各自承担相应的责任。法律另有规定的,依照其规定。

第四节 民事法律行为的附条件和附期限

第一百五十八条 【附条件的民事法律行为】民事法律行为可以附条件,但是根据其性质不得附条件的除外。附生效条件的民事法律行为,自条件成就时生效。附解除条件的民事法律行为,自条件成就时失效。

第一百五十九条 【条件成就或不成就的拟制】附条件的民事法律行为,当事人为自己的利益不正当地阻止条件成就的,视为条件已经成就;不正当地促成条件成就的,视为条件不成就。

第一百六十条 【附期限的民事法律行为】民事法律行为可以附期限,但是根据其性质不得附期限的除外。附生效期限的民事法律行为,自期限届至时生效。附终止期限的民事法律行为,自期限届满时失效。

第七章 代　理

第一节　一般规定

第一百六十一条　【代理的适用范围】民事主体可以通过代理人实施民事法律行为。

依照法律规定、当事人约定或者民事法律行为的性质,应当由本人亲自实施的民事法律行为,不得代理。

第一百六十二条　【代理的效力】代理人在代理权限内,以被代理人名义实施的民事法律行为,对被代理人发生效力。

第一百六十三条　【代理的类型】代理包括委托代理和法定代理。

委托代理人按照被代理人的委托行使代理权。法定代理人依照法律的规定行使代理权。

第一百六十四条　【不当代理的民事责任】代理人不履行或者不完全履行职责,造成被代理人损害的,应当承担民事责任。

代理人和相对人恶意串通,损害被代理人合法权益的,代理人和相对人应当承担连带责任。

第二节　委托代理

第一百六十五条　【授权委托书】委托代理授权采用书面形式的,授权委托书应当载明代理人的姓名或者名称、代理事项、权限和期限,并由被代理人签名或者盖章。

第一百六十六条　【共同代理】数人为同一代理事项的代理人的,应当共同行使代理权,但是当事人另有约定的除外。

第一百六十七条　【违法代理的责任承担】代理人知道或者应当知道代理事项违法仍然实施代理行为,或者被代理人知道或者应当知道代理人的代理行为违法未作反对表示的,被代理人和代理人应当承担连带责任。

第一百六十八条　【禁止自己代理和双方代理】代理人不得以被代理人的名义与自己实施民事法律行为,但是被代理人同意或者追认的除外。

代理人不得以被代理人的名义与自己同时代理的其他人实施民事法律行为,但是被代理的双方同意或者追认的除外。

第一百六十九条　【复代理】代理人需要转委托第三人代理的,应当取得被代理人的同意或者追认。

转委托代理经被代理人同意或者追认的,被代理人可以就代理事务直接指示转委托的第三人,代理人仅就第三人的选任以及对第三人的指示承担责任。

转委托代理未经被代理人同意或者追认的,代理人应当对转委托的第三人的行为承担责任;但是,在紧急情况下代理人为了维护被代理人的利益需要转委托第三人代理的除外。

第一百七十条　【职务代理】执行法人或者非法人组织工作任务的人员,就其职权范围内的事项,以法人或者非法人组织的名义实施的民事法律行为,对法人或者非法人组织发生效力。

法人或者非法人组织对执行其工作任务的人员职权范围的限制,不得对抗善意相对人。

第一百七十一条　【无权代理】行为人没有代理权、超越代理权或者代理权终止后,仍然实施代理行为,未经被代理人追认的,对被代理人不发生效力。

相对人可以催告被代理人自收到通知之日起三十日内予以追认。被代理人未作表示的,视为拒绝追认。行为人实施的行为被追认前,善意相对人有撤销的权利。撤销应当以通知的方式作出。

行为人实施的行为未被追认的,善意相对人有权请求行为人履行债务或者就其受到的损害请求行为人赔偿。但是,赔偿的范围不得超过被代理人追认时相对人所能获得的利益。

相对人知道或者应当知道行为人无权代理的,相对人和行为人按照各自的过错承担责任。

第一百七十二条 【表见代理】行为人没有代理权、超越代理权或者代理权终止后,仍然实施代理行为,相对人有理由相信行为人有代理权的,代理行为有效。

第三节 代理终止

第一百七十三条 【委托代理的终止】有下列情形之一的,委托代理终止:

(一)代理期限届满或者代理事务完成;

(二)被代理人取消委托或者代理人辞去委托;

(三)代理人丧失民事行为能力;

(四)代理人或者被代理人死亡;

(五)作为代理人或者被代理人的法人、非法人组织终止。

第一百七十四条 【委托代理终止的例外】被代理人死亡后,有下列情形之一的,委托代理人实施的代理行为有效:

(一)代理人不知道且不应当知道被代理人死亡;

(二)被代理人的继承人予以承认;

(三)授权中明确代理权在代理事务完成时终止;

(四)被代理人死亡前已经实施,为了被代理人的继承人的利益继续代理。

作为被代理人的法人、非法人组织终止的,参照适用前款规定。

第一百七十五条 【法定代理的终止】有下列情形之一的,法定代理终止:

(一)被代理人取得或者恢复完全民事行为能力;

(二)代理人丧失民事行为能力;

(三)代理人或者被代理人死亡;

(四)法律规定的其他情形。

第八章 民事责任

第一百七十六条 【民事责任】民事主体依照法律规定或者按照当事人约定,履行民事义务,承担民事责任。

第一百七十七条 【按份责任】二人以上依法承担按份责任,能够确定责任大小的,各自承担相应的责任;难以确定责任大小的,平均承担责任。

第一百七十八条 【连带责任】二人以上依法承担连带责任的,权利人有权请求部分或者全部连带责任人承担责任。

连带责任人的责任份额根据各自责任大小确定;难以确定责任大小的,平均承担责任。实际承担责任超过自己责任份额的连带责任人,有权向其他连带责任人追偿。

连带责任,由法律规定或者当事人约定。

第一百七十九条 【民事责任的承担方式】承担民事责任的方式主要有:

(一)停止侵害;

(二)排除妨碍;

(三)消除危险;

(四)返还财产;

(五)恢复原状;

(六)修理、重作、更换;

(七)继续履行;

(八)赔偿损失;

(九)支付违约金;

(十)消除影响、恢复名誉;

(十一)赔礼道歉。

法律规定惩罚性赔偿的,依照其规定。

本条规定的承担民事责任的方式,可以单独适用,也可以合并适用。

第一百八十条 【不可抗力】因不可抗力不能履行民事义务的,不承担民事责任。法律另有规定的,依照其规定。

不可抗力是不能预见、不能避免且不能克服的客观情况。

第一百八十一条 【正当防卫】因正当防卫造成损害的,不承担民事责任。

正当防卫超过必要的限度,造成不应有的损害的,正当防卫人应当承担适当的民事责任。

第一百八十二条 【紧急避险】因紧急避险造成损害的,由引起险情发生的人承担民事责任。

危险由自然原因引起的,紧急避险人不承担民事责任,可以给予适当补偿。

紧急避险采取措施不当或者超过必要的限度,造成不应有的损害的,紧急避险人应当承担适当的民事责任。

第一百八十三条 【因保护他人民事权益而受损的责任承担】因保护他人民事权益使自己受到损害的,由侵权人承担民事责任,受益人可以给予适当补偿。没有侵权人、侵权人逃逸或者无力承担民事责任,受害人请求补偿的,受益人应当给予适当补偿。

第一百八十四条 【紧急救助的责任豁免】因自愿实施紧急救助行为造成受助人损害的,救助人不承担民事责任。

第一百八十五条 【英雄烈士人格利益的保护】侵害英雄烈士等的姓名、肖像、名誉、荣誉,损害社会公共利益的,应当承担民事责任。

第一百八十六条 【违约责任与侵权责任的竞合】因当事人一方的违约行为,损害对方人身权益、财产权益的,受损害方有权选择请求其承担违约责任或者侵权责任。

第一百八十七条 【民事责任优先】民事主体因同一行为应当承担民事责任、行政责任和刑事责任的,承担行政责任或者刑事责任不影响承担民事责任;民事主体的财产不足以支付的,优先用于承担民事责任。

第九章 诉讼时效

第一百八十八条 【普通诉讼时效】向人民法院请求保护民事权利的诉讼时效期间为三年。法律另有规定的,依照其规定。

诉讼时效期间自权利人知道或者应当知道权利受到损害以及义务人之日起计算。法律另有规定的,依照其规定。但是,自权利受到损害之日起超过二十年的,人民法院不予保护,有特殊情况的,人民法院可以根据权利人的申请决定延长。

第一百八十九条 【分期履行债务诉讼时效的起算】当事人约定同一债务分期履行的,诉讼时效期间自最后一期履行期限届满之日起计算。

第一百九十条 【对法定代理人请求权诉讼时效的起算】无民事行为能力人或者限制民事行为能力人对其法定代理人的请求权的诉讼时效期间,自该法定代理终止之日起计算。

第一百九十一条 【未成年人遭受性侵害的损害赔偿诉讼时效的起算】未成年人遭受性侵害的损害赔偿请求权的诉讼时效期间,自受害人年满十八周岁之日起计算。

第一百九十二条 【诉讼时效届满的法律效果】诉讼时效期间届满的,义务人可以提出不履行义务的抗辩。

诉讼时效期间届满后,义务人同意履行的,不得以诉讼时效期间届满为由抗辩;义务人已经自愿履行的,不得请求返还。

第一百九十三条 【诉讼时效援用】人民法院不得主动适用诉讼时效的规定。

第一百九十四条 【诉讼时效的中止】在诉讼时效期间的最后六个月内,因下列障碍,不能行使请求权的,诉讼时效中止:

（一）不可抗力；

（二）无民事行为能力人或者限制民事行为能力人没有法定代理人，或者法定代理人死亡、丧失民事行为能力、丧失代理权；

（三）继承开始后未确定继承人或者遗产管理人；

（四）权利人被义务人或者其他人控制；

（五）其他导致权利人不能行使请求权的障碍。

自中止时效的原因消除之日起满六个月，诉讼时效期间届满。

第一百九十五条　【诉讼时效的中断】有下列情形之一的，诉讼时效中断，从中断、有关程序终结时起，诉讼时效期间重新计算：

（一）权利人向义务人提出履行请求；

（二）义务人同意履行义务；

（三）权利人提起诉讼或者申请仲裁；

（四）与提起诉讼或者申请仲裁具有同等效力的其他情形。

第一百九十六条　【不适用诉讼时效的情形】下列请求权不适用诉讼时效的规定：

（一）请求停止侵害、排除妨碍、消除危险；

（二）不动产物权和登记的动产物权的权利人请求返还财产；

（三）请求支付抚养费、赡养费或者扶养费；

（四）依法不适用诉讼时效的其他请求权。

第一百九十七条　【诉讼时效法定】诉讼时效的期间、计算方法以及中止、中断的事由由法律规定，当事人约定无效。

当事人对诉讼时效利益的预先放弃无效。

第一百九十八条　【仲裁时效】法律对仲裁时效有规定的，依照其规定；没有规定的，适用诉讼时效的规定。

第一百九十九条　【除斥期间】法律规定或者当事人约定的撤销权、解除权等权利的存续期间，除法律另有规定外，自权利人知道或者应当知道权利产生之日起计算，不适用有关诉讼时效中止、中断和延长的规定。存续期间届满，撤销权、解除权等权利消灭。

第十章　期间计算

第二百条　【期间的计算单位】民法所称的期间按照公历年、月、日、小时计算。

第二百零一条　【期间的起算】按照年、月、日计算期间的，开始的当日不计入，自下一日开始计算。

按照小时计算期间的，自法律规定或者当事人约定的时间开始计算。

第二百零二条　【期间结束】按照年、月计算期间的，到期月的对应日为期间的最后一日；没有对应日的，月末日为期间的最后一日。

第二百零三条　【期间计算的特殊规定】期间的最后一日是法定休假日的，以法定休假日结束的次日为期间的最后一日。

期间的最后一日的截止时间为二十四时；有业务时间的，停止业务活动的时间为截止时间。

第二百零四条　【期间法定或约定】期间的计算方法依照本法的规定，但是法律另有规定或者当事人另有约定的除外。

第二编　物　　权

第一分编　通　　则

第一章　一般规定

第二百零五条　【物权编的调整范围】本编调整因物的归属和利用产生的民事关系。

第二百零六条 【我国基本经济制度与社会主义市场经济原则】国家坚持和完善公有制为主体、多种所有制经济共同发展,按劳分配为主体、多种分配方式并存,社会主义市场经济体制等社会主义基本经济制度。

国家巩固和发展公有制经济,鼓励、支持和引导非公有制经济的发展。

国家实行社会主义市场经济,保障一切市场主体的平等法律地位和发展权利。

第二百零七条 【平等保护原则】国家、集体、私人的物权和其他权利人的物权受法律平等保护,任何组织或者个人不得侵犯。

第二百零八条 【物权公示原则】不动产物权的设立、变更、转让和消灭,应当依照法律规定登记。动产物权的设立和转让,应当依照法律规定交付。

第二章 物权的设立、变更、转让和消灭

第一节 不动产登记

第二百零九条 【不动产物权的登记生效原则及其例外】不动产物权的设立、变更、转让和消灭,经依法登记,发生效力;未经登记,不发生效力,但是法律另有规定的除外。

依法属于国家所有的自然资源,所有权可以不登记。

第二百一十条 【不动产登记机构和不动产统一登记】不动产登记,由不动产所在地的登记机构办理。

国家对不动产实行统一登记制度。统一登记的范围、登记机构和登记办法,由法律、行政法规规定。

第二百一十一条 【申请不动产登记应提供的必要材料】当事人申请登记,应当根据不同登记事项提供权属证明和不动产界址、面积等必要材料。

第二百一十二条 【不动产登记机构应当履行的职责】登记机构应当履行下列职责:

(一)查验申请人提供的权属证明和其他必要材料;

(二)就有关登记事项询问申请人;

(三)如实、及时登记有关事项;

(四)法律、行政法规规定的其他职责。

申请登记的不动产的有关情况需要进一步证明的,登记机构可以要求申请人补充材料,必要时可以实地查看。

第二百一十三条 【不动产登记机构的禁止行为】登记机构不得有下列行为:

(一)要求对不动产进行评估;

(二)以年检等名义进行重复登记;

(三)超出登记职责范围的其他行为。

第二百一十四条 【不动产物权变动的生效时间】不动产物权的设立、变更、转让和消灭,依照法律规定应当登记的,自记载于不动产登记簿时发生效力。

第二百一十五条 【合同效力和物权效力区分】当事人之间订立有关设立、变更、转让和消灭不动产物权的合同,除法律另有规定或者当事人另有约定外,自合同成立时生效;未办理物权登记的,不影响合同效力。

第二百一十六条 【不动产登记簿效力及管理机构】不动产登记簿是物权归属和内容的根据。

不动产登记簿由登记机构管理。

第二百一十七条 【不动产登记簿与不动产权属证书的关系】不动产权属证书是权利人享有该不动产物权的证明。不动产权属证书记载的事项,应当与不动产登记簿一致;记载不一致的,除有证据证明不动产登记簿确有错误外,以不动产登记簿为准。

第二百一十八条 【不动产登记资料的查询、复制】权利人、利害关系人可以申请查询、复制不动产登记资料,登记机构应当提供。

第二百一十九条 【利害关系人的非法利用不动产登记资料禁止义务】利害关系人不得公开、非法使用权利人的不动产登记资料。

第二百二十条 【更正登记和异议登记】权利人、利害关系人认为不动产登记簿记载的事项错误的，可以申请更正登记。不动产登记簿记载的权利人书面同意更正或者有证据证明登记确有错误的，登记机构应当予以更正。

不动产登记簿记载的权利人不同意更正的，利害关系人可以申请异议登记。登记机构予以异议登记，申请人自异议登记之日起十五日内不提起诉讼的，异议登记失效。异议登记不当，造成权利人损害的，权利人可以向申请人请求损害赔偿。

第二百二十一条 【预告登记】当事人签订买卖房屋的协议或者签订其他不动产物权的协议，为保障将来实现物权，按照约定可以向登记机构申请预告登记。预告登记后，未经预告登记的权利人同意，处分该不动产的，不发生物权效力。

预告登记后，债权消灭或者自能够进行不动产登记之日起九十日内未申请登记的，预告登记失效。

第二百二十二条 【不动产登记错误损害赔偿责任】当事人提供虚假材料申请登记，造成他人损害的，应当承担赔偿责任。

因登记错误，造成他人损害的，登记机构应当承担赔偿责任。登记机构赔偿后，可以向造成登记错误的人追偿。

第二百二十三条 【不动产登记收费标准的确定】不动产登记费按件收取，不得按照不动产的面积、体积或者价款的比例收取。

第二节 动产交付

第二百二十四条 【动产物权变动生效时间】动产物权的设立和转让，自交付时发生效力，但是法律另有规定的除外。

第二百二十五条 【船舶、航空器和机动车物权变动采取登记对抗主义】船舶、航空器和机动车等的物权的设立、变更、转让和消灭，未经登记，不得对抗善意第三人。

第二百二十六条 【简易交付】动产物权设立和转让前，权利人已经占有该动产的，物权自民事法律行为生效时发生效力。

第二百二十七条 【指示交付】动产物权设立和转让前，第三人占有该动产的，负有交付义务的人可以通过转让请求第三人返还原物的权利代替交付。

第二百二十八条 【占有改定】动产物权转让时，当事人又约定由出让人继续占有该动产的，物权自该约定生效时发生效力。

第三节 其他规定

第二百二十九条 【法律文书、征收决定导致物权变动效力发生时间】因人民法院、仲裁机构的法律文书或者人民政府的征收决定等，导致物权设立、变更、转让或者消灭的，自法律文书或者征收决定等生效时发生效力。

第二百三十条 【因继承取得物权的生效时间】因继承取得物权的，自继承开始时发生效力。

第二百三十一条 【因事实行为设立或者消灭物权的生效时间】因合法建造、拆除房屋等事实行为设立或者消灭物权的，自事实行为成就时发生效力。

第二百三十二条 【非依民事法律行为享有的不动产物权变动】处分依照本节规定享有的不动产物权，依照法律规定需要办理登记的，未经登记，不发生物权效力。

第三章 物权的保护

第二百三十三条 【物权保护争讼程序】物权受到侵害的，权利人可以通过和解、调解、仲裁、诉讼等途径解决。

第二百三十四条 【物权确认请求权】因物权的归属、内容发生争议的，利害关系人可以请求确认权利。

第二百三十五条 【返还原物请求权】无权占有不动产或者动产的，权利人可以请求返还原物。

第二百三十六条 【排除妨害、消除危险请求权】妨害物权或者可能妨害物权的，权利人可以请求排除妨害或者消除危险。

第二百三十七条 【修理、重作、更换或者恢复原状请求权】造成不动产或者动产毁损的，权利人可以依法请求修理、重作、更换或者恢复原状。

第二百三十八条 【物权损害赔偿请求权】侵害物权，造成权利人损害的，权利人可以依法请求损害赔偿，也可以依法请求承担其他民事责任。

第二百三十九条 【物权保护方式的单用和并用】本章规定的物权保护方式，可以单独适用，也可以根据权利被侵害的情形合并适用。

第二分编 所 有 权

第四章 一般规定

第二百四十条 【所有权的定义】所有权人对自己的不动产或者动产，依法享有占有、使用、收益和处分的权利。

第二百四十一条 【所有权人设立他物权】所有权人有权在自己的不动产或者动产上设立用益物权和担保物权。用益物权人、担保物权人行使权利，不得损害所有权人的权益。

第二百四十二条 【国家专有】法律规定专属于国家所有的不动产和动产，任何组织或者个人不能取得所有权。

第二百四十三条 【征收】为了公共利益的需要，依照法律规定的权限和程序可以征收集体所有的土地和组织、个人的房屋以及其他不动产。

征收集体所有的土地，应当依法及时足额支付土地补偿费、安置补助费以及农村村民住宅、其他地上附着物和青苗等的补偿费用，并安排被征地农民的社会保障费用，保障被征地农民的生活，维护被征地农民的合法权益。

征收组织、个人的房屋以及其他不动产，应当依法给予征收补偿，维护被征收人的合法权益；征收个人住宅的，还应当保障被征收人的居住条件。

任何组织或者个人不得贪污、挪用、私分、截留、拖欠征收补偿费等费用。

第二百四十四条 【保护耕地与禁止违法征地】国家对耕地实行特殊保护，严格限制农用地转为建设用地，控制建设用地总量。不得违反法律规定的权限和程序征收集体所有的土地。

第二百四十五条 【征用】因抢险救灾、疫情防控等紧急需要，依照法律规定的权限和程序可以征用组织、个人的不动产或者动产。被征用的不动产或者动产使用后，应当返还被征用人。组织、个人的不动产或者动产被征用或者征用后毁损、灭失的，应当给予补偿。

第五章 国家所有权和集体所有权、私人所有权

第二百四十六条 【国家所有权】法律规定属于国家所有的财产，属于国家所有即全民所有。

国有财产由国务院代表国家行使所有权。法律另有规定的，依照其规定。

第二百四十七条 【矿藏、水流和海域的国家所有权】矿藏、水流、海域属于国家所有。

第二百四十八条 【无居民海岛的国家所有权】无居民海岛属于国家所有，国务院代表国家行使无居民海岛所有权。

第二百四十九条 【国家所有土地的范围】城市的土地，属于国家所有。法律规定属于国家所有的农村和城市郊区的土地，属于国家所有。

第二百五十条 【国家所有的自然资源】森林、山岭、草原、荒地、滩涂等自然资源，属于国家所有，但是法律规定属于集体所有的除外。

第二百五十一条 【国家所有的野生动植物资源】法律规定属于国家所有的野生动植物资源，属于国家所有。

第二百五十二条 【无线电频谱资源的国家所有权】无线电频谱资源属于国家所有。

第二百五十三条 【国家所有的文物的范围】法律规定属于国家所有的文物，属于国家所有。

第二百五十四条 【国防资产、基础设施的国家所有权】国防资产属于国家所有。

铁路、公路、电力设施、电信设施和油气管道等基础设施，依照法律规定为国家所有的，属于国家所有。

第二百五十五条 【国家机关的物权】国家机关对其直接支配的不动产和动产，享有占有、使用以及依照法律和国务院的有关规定处分的权利。

第二百五十六条 【国家举办的事业单位的物权】国家举办的事业单位对其直接支配的不动产和动产，享有占有、使用以及依照法律和国务院的有关规定收益、处分的权利。

第二百五十七条 【国有企业出资人制度】国家出资的企业，由国务院、地方人民政府依照法律、行政法规规定分别代表国家履行出资人职责，享有出资人权益。

第二百五十八条 【国有财产的保护】国家所有的财产受法律保护，禁止任何组织或者个人侵占、哄抢、私分、截留、破坏。

第二百五十九条 【国有财产管理法律责任】履行国有财产管理、监督职责的机构及其工作人员，应当依法加强对国有财产的管理、监督，促进国有财产保值增值，防止国有财产损失；滥用职权，玩忽职守，造成国有财产损失的，应当依法承担法律责任。

违反国有财产管理规定，在企业改制、合并分立、关联交易等过程中，低价转让、合谋私分、擅自担保或者以其他方式造成国有财产损失的，应当依法承担法律责任。

第二百六十条 【集体财产范围】集体所有的不动产和动产包括：

（一）法律规定属于集体所有的土地和森林、山岭、草原、荒地、滩涂；

（二）集体所有的建筑物、生产设施、农田水利设施；

（三）集体所有的教育、科学、文化、卫生、体育等设施；

（四）集体所有的其他不动产和动产。

第二百六十一条 【农民集体所有财产归属及重大事项集体决定】农民集体所有的不动产和动产，属于本集体成员集体所有。

下列事项应当依照法定程序经本集体成员决定：

（一）土地承包方案以及将土地发包给本集体以外的组织或者个人承包；

（二）个别土地承包经营权人之间承包地的调整；

（三）土地补偿费等费用的使用、分配办法；

（四）集体出资的企业的所有权变动等事项；

（五）法律规定的其他事项。

第二百六十二条 【行使集体所有权的主体】对于集体所有的土地和森林、山岭、草

原、荒地、滩涂等,依照下列规定行使所有权:

(一)属于村农民集体所有的,由村集体经济组织或者村民委员会依法代表集体行使所有权;

(二)分别属于村内两个以上农民集体所有的,由村内各该集体经济组织或者村民小组依法代表集体行使所有权;

(三)属于乡镇农民集体所有的,由乡镇集体经济组织代表集体行使所有权。

第二百六十三条 【城镇集体财产权利】城镇集体所有的不动产和动产,依照法律、行政法规的规定由本集体享有占有、使用、收益和处分的权利。

第二百六十四条 【集体财产状况的公布】农村集体经济组织或者村民委员会、村民小组应当依照法律、行政法规以及章程、村规民约向本集体成员公布集体财产的状况。集体成员有权查阅、复制相关资料。

第二百六十五条 【集体财产的保护】集体所有的财产受法律保护,禁止任何组织或者个人侵占、哄抢、私分、破坏。

农村集体经济组织、村民委员会或者其负责人作出的决定侵害集体成员合法权益的,受侵害的集体成员可以请求人民法院予以撤销。

第二百六十六条 【私人所有权】私人对其合法的收入、房屋、生活用品、生产工具、原材料等不动产和动产享有所有权。

第二百六十七条 【私有财产的保护】私人的合法财产受法律保护,禁止任何组织或者个人侵占、哄抢、破坏。

第二百六十八条 【企业出资人的权利】国家、集体和私人依法可以出资设立有限责任公司、股份有限公司或者其他企业。国家、集体和私人所有的不动产或者动产投到企业的,由出资人按照约定或者出资比例享有资产收益、重大决策以及选择经营管理者等权利并履行义务。

第二百六十九条 【法人财产权】营利法人对其不动产和动产依照法律、行政法规以及章程享有占有、使用、收益和处分的权利。

营利法人以外的法人,对其不动产和动产的权利,适用有关法律、行政法规以及章程的规定。

第二百七十条 【社会团体法人、捐助法人合法财产的保护】社会团体法人、捐助法人依法所有的不动产和动产,受法律保护。

第六章 业主的建筑物区分所有权

第二百七十一条 【建筑物区分所有权】业主对建筑物内的住宅、经营性用房等专有部分享有所有权,对专有部分以外的共有部分享有共有和共同管理的权利。

第二百七十二条 【业主对专有部分的专有权】业主对其建筑物专有部分享有占有、使用、收益和处分的权利。业主行使权利不得危及建筑物的安全,不得损害其他业主的合法权益。

第二百七十三条 【业主对共有部分的共有权及义务】业主对建筑物专有部分以外的共有部分,享有权利,承担义务;不得以放弃权利为由不履行义务。

业主转让建筑物内的住宅、经营性用房,其对共有部分享有的共有和共同管理的权利一并转让。

第二百七十四条 【建筑区划内的道路、绿地等场所和设施属于业主共有财产】建筑区划内的道路,属于业主共有,但是属于城镇公共道路的除外。建筑区划内的绿地,属于业主共有,但是属于城镇公共绿地或者明示属于个人的除外。建筑区划内的其他公共场所、公用设施和物业服务用房,属于业主共有。

第二百七十五条 【车位、车库的归属规则】建筑区划内,规划用于停放汽车的车位、车库的归属,由当事人通过出售、附赠或者出租等方式约定。

占用业主共有的道路或者其他场地用于停放汽车的车位,属于业主共有。

第二百七十六条 【车位、车库优先满足业主需求】建筑区划内,规划用于停放汽车的车位、车库应当首先满足业主的需要。

第二百七十七条 【设立业主大会和选举业主委员会】业主可以设立业主大会,选举业主委员会。业主大会、业主委员会成立的具体条件和程序,依照法律、法规的规定。

地方人民政府有关部门、居民委员会应当对设立业主大会和选举业主委员会给予指导和协助。

第二百七十八条 【由业主共同决定的事项以及表决规则】下列事项由业主共同决定:

(一)制定和修改业主大会议事规则;

(二)制定和修改管理规约;

(三)选举业主委员会或者更换业主委员会成员;

(四)选聘和解聘物业服务企业或者其他管理人;

(五)使用建筑物及其附属设施的维修资金;

(六)筹集建筑物及其附属设施的维修资金;

(七)改建、重建建筑物及其附属设施;

(八)改变共有部分的用途或者利用共有部分从事经营活动;

(九)有关共有和共同管理权利的其他重大事项。

业主共同决定事项,应当由专有部分面积占比三分之二以上的业主且人数占比三分之二以上的业主参与表决。决定前款第六项至第八项规定的事项,应当经参与表决专有部分面积四分之三以上的业主且参与表决人数四分之三以上的业主同意。决定前款其他事项,应当经参与表决专有部分面积过半数的业主且参与表决人数过半数的业主同意。

第二百七十九条 【业主将住宅转变为经营性用房应当遵循的规则】业主不得违反法律、法规以及管理规约,将住宅改变为经营性用房。业主将住宅改变为经营性用房的,除遵守法律、法规以及管理规约外,应当经有利害关系的业主一致同意。

第二百八十条 【业主大会、业主委员会决定的效力】业主大会或者业主委员会的决定,对业主具有法律约束力。

业主大会或者业主委员会作出的决定侵害业主合法权益的,受侵害的业主可以请求人民法院予以撤销。

第二百八十一条 【建筑物及其附属设施维修资金的归属和处分】建筑物及其附属设施的维修资金,属于业主共有。经业主共同决定,可以用于电梯、屋顶、外墙、无障碍设施等共有部分的维修、更新和改造。建筑物及其附属设施的维修资金的筹集、使用情况应当定期公布。

紧急情况下需要维修建筑物及其附属设施的,业主大会或者业主委员会可以依法申请使用建筑物及其附属设施的维修资金。

第二百八十二条 【业主共有部分产生收入的归属】建设单位、物业服务企业或者其他管理人等利用业主的共有部分产生的收入,在扣除合理成本之后,属于业主共有。

第二百八十三条 【建筑物及其附属设施的费用分摊和收益分配确定规则】建筑物及其附属设施的费用分摊、收益分配等事项,有约定的,按照约定;没有约定或者约定不明确的,按照业主专有部分面积所占比例确定。

第二百八十四条 【建筑物及其附属设施的管理】业主可以自行管理建筑物及其附属设施,也可以委托物业服务企业或者其他管理人管理。

对建设单位聘请的物业服务企业或者其他管理人，业主有权依法更换。

第二百八十五条 【物业服务企业或其他接受业主委托的管理人的管理义务】物业服务企业或者其他管理人根据业主的委托，依照本法第三编有关物业服务合同的规定管理建筑区划内的建筑物及其附属设施，接受业主的监督，并及时答复业主对物业服务情况提出的询问。

物业服务企业或者其他管理人应当执行政府依法实施的应急处置措施和其他管理措施，积极配合开展相关工作。

第二百八十六条 【业主守法义务和业主大会与业主委员会职责】业主应当遵守法律、法规以及管理规约，相关行为应当符合节约资源、保护生态环境的要求。对于物业服务企业或者其他管理人执行政府依法实施的应急处置措施和其他管理措施，业主应当依法予以配合。

业主大会或者业主委员会，对任意弃置垃圾、排放污染物或者噪声、违反规定饲养动物、违章搭建、侵占通道、拒付物业费等损害他人合法权益的行为，有权依照法律、法规以及管理规约，请求行为人停止侵害、排除妨碍、消除危险、恢复原状、赔偿损失。

业主或者其他行为人拒不履行相关义务的，有关当事人可以向有关行政主管部门报告或者投诉，有关行政主管部门应当依法处理。

第二百八十七条 【业主请求权】业主对建设单位、物业服务企业或者其他管理人以及其他业主侵害自己合法权益的行为，有权请求其承担民事责任。

第七章 相邻关系

第二百八十八条 【处理相邻关系的原则】不动产的相邻权利人应当按照有利生产、方便生活、团结互助、公平合理的原则，正确处理相邻关系。

第二百八十九条 【处理相邻关系的依据】法律、法规对处理相邻关系有规定的，依照其规定；法律、法规没有规定的，可以按照当地习惯。

第二百九十条 【相邻用水、排水、流水关系】不动产权利人应当为相邻权利人用水、排水提供必要的便利。

对自然流水的利用，应当在不动产的相邻权利人之间合理分配。对自然流水的排放，应当尊重自然流向。

第二百九十一条 【相邻关系中的通行权】不动产权利人对相邻权利人因通行等必须利用其土地的，应当提供必要的便利。

第二百九十二条 【相邻土地的利用】不动产权利人因建造、修缮建筑物以及铺设电线、电缆、水管、暖气和燃气管线等必须利用相邻土地、建筑物的，该土地、建筑物的权利人应当提供必要的便利。

第二百九十三条 【相邻建筑物通风、采光、日照】建造建筑物，不得违反国家有关工程建设标准，不得妨碍相邻建筑物的通风、采光和日照。

第二百九十四条 【相邻不动产之间不得排放、施放污染物】不动产权利人不得违反国家规定弃置固体废物，排放大气污染物、水污染物、土壤污染物、噪声、光辐射、电磁辐射等有害物质。

第二百九十五条 【维护相邻不动产安全】不动产权利人挖掘土地、建造建筑物、铺设管线以及安装设备等，不得危及相邻不动产的安全。

第二百九十六条 【相邻权的限度】不动产权利人因用水、排水、通行、铺设管线等利用相邻不动产的，应当尽量避免对相邻的不动产权利人造成损害。

第八章 共 有

第二百九十七条 【共有及其形式】不动产或者动产可以由两个以上组织、个人共有。共有包括按份共有和共同共有。

第二百九十八条 【按份共有】按份共有人对共有的不动产或者动产按照其份额享有所有权。

第二百九十九条 【共同共有】共同共有人对共有的不动产或者动产共同享有所有权。

第三百条 【共有物的管理】共有人按照约定管理共有的不动产或者动产;没有约定或者约定不明确的,各共有人都有管理的权利和义务。

第三百零一条 【共有人对共有财产重大事项的表决权规则】处分共有的不动产或者动产以及对共有的不动产或者动产作重大修缮、变更性质或者用途的,应当经占份额三分之二以上的按份共有人或者全体共同共有人同意,但是共有人之间另有约定的除外。

第三百零二条 【共有物管理费用的分担规则】共有人对共有物的管理费用以及其他负担,有约定的,按照其约定;没有约定或者约定不明确的,按份共有人按照其份额负担,共同共有人共同负担。

第三百零三条 【共有物的分割规则】共有人约定不得分割共有的不动产或者动产,以维持共有关系的,应当按照约定,但是共有人有重大理由需要分割的,可以请求分割;没有约定或者约定不明确的,按份共有人可以随时请求分割,共同共有人在共有的基础丧失或者有重大理由需要分割时可以请求分割。因分割造成其他共有人损害的,应当给予赔偿。

第三百零四条 【共有物分割的方式】共有人可以协商确定分割方式。达不成协议,共有的不动产或者动产可以分割且不会因分割减损价值的,应当对实物予以分割;难以分割或者因分割会减损价值的,应当对折价或者拍卖、变卖取得的价款予以分割。

共有人分割所得的不动产或者动产有瑕疵的,其他共有人应当分担损失。

第三百零五条 【按份共有人的优先购买权】按份共有人可以转让其享有的共有的不动产或者动产份额。其他共有人在同等条件下享有优先购买的权利。

第三百零六条 【按份共有人行使优先购买权的规则】按份共有人转让其享有的共有的不动产或者动产份额的,应当将转让条件及时通知其他共有人。其他共有人应当在合理期限内行使优先购买权。

两个以上其他共有人主张行使优先购买权的,协商确定各自的购买比例;协商不成的,按照转让时各自的共有份额比例行使优先购买权。

第三百零七条 【因共有产生的债权债务承担规则】因共有的不动产或者动产产生的债权债务,在对外关系上,共有人享有连带债权、承担连带债务,但是法律另有规定或者第三人知道共有人不具有连带债权债务关系的除外;在共有人内部关系上,除共有人另有约定外,按份共有人按照份额享有债权、承担债务,共同共有人共同享有债权、承担债务。偿还债务超过自己应当承担份额的按份共有人,有权向其他共有人追偿。

第三百零八条 【共有关系不明时对共有关系性质的推定】共有人对共有的不动产或者动产没有约定为按份共有或者共同共有,或者约定不明确的,除共有人具有家庭关系等外,视为按份共有。

第三百零九条 【按份共有人份额不明时份额的确定】按份共有人对共有的不动产或者动产享有的份额,没有约定或者约定不明确的,按照出资额确定;不能确定出资额的，视为等额享有。

第三百一十条　【准共有】两个以上组织、个人共同享有用益物权、担保物权的，参照适用本章的有关规定。

第九章　所有权取得的特别规定

第三百一十一条　【善意取得】无处分权人将不动产或者动产转让给受让人的，所有权人有权追回；除法律另有规定外，符合下列情形的，受让人取得该不动产或者动产的所有权：

（一）受让人受让该不动产或者动产时是善意；

（二）以合理的价格转让；

（三）转让的不动产或者动产依照法律规定应当登记的已经登记，不需要登记的已经交付给受让人。

受让人依据前款规定取得不动产或者动产的所有权的，原所有权人有权向无处分权人请求损害赔偿。

当事人善意取得其他物权的，参照适用前两款规定。

第三百一十二条　【遗失物的善意取得】所有权人或者其他权利人有权追回遗失物。该遗失物通过转让被他人占有的，权利人有权向无处分权人请求损害赔偿，或者自知道或者应当知道受让人之日起二年内向受让人请求返还原物；但是，受让人通过拍卖或者向具有经营资格的经营者购得该遗失物的，权利人请求返还原物时应当支付受让人所付的费用。权利人向受让人支付所付费用后，有权向无处分权人追偿。

第三百一十三条　【善意取得的动产上原有的权利负担消灭及其例外】善意受让人取得动产后，该动产上的原有权利消灭。但是，善意受让人在受让时知道或者应当知道该权利的除外。

第三百一十四条　【拾得遗失物的返还】拾得遗失物，应当返还权利人。拾得人应当及时通知权利人领取，或者送交公安等有关部门。

第三百一十五条　【有关部门收到遗失物的处理】有关部门收到遗失物，知道权利人的，应当及时通知其领取；不知道的，应当及时发布招领公告。

第三百一十六条　【遗失物的妥善保管义务】拾得人在遗失物送交有关部门前，有关部门在遗失物被领取前，应当妥善保管遗失物。因故意或者重大过失致使遗失物毁损、灭失的，应当承担民事责任。

第三百一十七条　【权利人领取遗失物时的费用支付义务】权利人领取遗失物时，应当向拾得人或者有关部门支付保管遗失物等支出的必要费用。

权利人悬赏寻找遗失物的，领取遗失物时应当按照承诺履行义务。

拾得人侵占遗失物的，无权请求保管遗失物等支出的费用，也无权请求权利人按照承诺履行义务。

第三百一十八条　【无人认领的遗失物的处理规则】遗失物自发布招领公告之日起一年内无人认领的，归国家所有。

第三百一十九条　【拾得漂流物、埋藏物或者隐藏物】拾得漂流物、发现埋藏物或者隐藏物的，参照适用拾得遗失物的有关规定。法律另有规定的，依照其规定。

第三百二十条　【从物随主物转让规则】主物转让的，从物随主物转让，但是当事人另有约定的除外。

第三百二十一条　【孳息的归属】天然孳息，由所有权人取得；既有所有权人又有用益物权人的，由用益物权人取得。当事人另有约定的，按照其约定。

法定孳息，当事人有约定的，按照约定取得；没有约定或者约定不明确的，按照交易习惯取得。

第三百二十二条 【添附】因加工、附合、混合而产生的物的归属,有约定的,按照约定;没有约定或者约定不明确的,依照法律规定;法律没有规定的,按照充分发挥物的效用以及保护无过错当事人的原则确定。因一方当事人的过错或者确定物的归属造成另一方当事人损害的,应当给予赔偿或者补偿。

第三分编 用 益 物 权

第十章 一 般 规 定

第三百二十三条 【用益物权的定义】用益物权人对他人所有的不动产或者动产,依法享有占有、使用和收益的权利。

第三百二十四条 【国家和集体所有的自然资源的使用规则】国家所有或者国家所有由集体使用以及法律规定属于集体所有的自然资源,组织、个人依法可以占有、使用和收益。

第三百二十五条 【自然资源有偿使用制度】国家实行自然资源有偿使用制度,但是法律另有规定的除外。

第三百二十六条 【用益物权的行使规范】用益物权人行使权利,应当遵守法律有关保护和合理开发利用资源、保护生态环境的规定。所有权人不得干涉用益物权人行使权利。

第三百二十七条 【被征收、征用时用益物权人的补偿请求权】因不动产或者动产被征收、征用致使用益物权消灭或者影响用益物权行使的,用益物权人有权依据本法第二百四十三条、第二百四十五条的规定获得相应补偿。

第三百二十八条 【海域使用权】依法取得的海域使用权受法律保护。

第三百二十九条 【特许物权依法保护】依法取得的探矿权、采矿权、取水权和使用水域、滩涂从事养殖、捕捞的权利受法律保护。

第十一章 土地承包经营权

第三百三十条 【农村土地承包经营】农村集体经济组织实行家庭承包经营为基础、统分结合的双层经营体制。

农民集体所有和国家所有由农民集体使用的耕地、林地、草地以及其他用于农业的土地,依法实行土地承包经营制度。

第三百三十一条 【土地承包经营权内容】土地承包经营权人依法对其承包经营的耕地、林地、草地等享有占有、使用和收益的权利,有权从事种植业、林业、畜牧业等农业生产。

第三百三十二条 【土地的承包期限】耕地的承包期为三十年。草地的承包期为三十年至五十年。林地的承包期为三十年至七十年。

前款规定的承包期限届满,由土地承包经营权人依照农村土地承包的法律规定继续承包。

第三百三十三条 【土地承包经营权的设立与登记】土地承包经营权自土地承包经营权合同生效时设立。

登记机构应当向土地承包经营权人发放土地承包经营权证、林权证等证书,并登记造册,确认土地承包经营权。

第三百三十四条 【土地承包经营权的互换、转让】土地承包经营权人依照法律规定,有权将土地承包经营权互换、转让。未经依法批准,不得将承包地用于非农建设。

第三百三十五条 【土地承包经营权流转的登记对抗主义】土地承包经营权互换、转让的,当事人可以向登记机构申请登记;未经登记,不得对抗善意第三人。

第三百三十六条 【承包地的调整】承包期内发包人不得调整承包地。

因自然灾害严重毁损承包地等特殊情形，需要适当调整承包的耕地和草地的，应当依照农村土地承包的法律规定办理。

第三百三十七条 【承包地的收回】承包期内发包人不得收回承包地。法律另有规定的，依照其规定。

第三百三十八条 【征收承包地的补偿规则】承包地被征收的，土地承包经营权人有权依据本法第二百四十三条的规定获得相应补偿。

第三百三十九条 【土地经营权的流转】土地承包经营权人可以自主决定依法采取出租、入股或者其他方式向他人流转土地经营权。

第三百四十条 【土地经营权人的基本权利】土地经营权人有权在合同约定的期限内占有农村土地，自主开展农业生产经营并取得收益。

第三百四十一条 【土地经营权的设立与登记】流转期限为五年以上的土地经营权，自流转合同生效时设立。当事人可以向登记机构申请土地经营权登记；未经登记，不得对抗善意第三人。

第三百四十二条 【以其他方式承包取得的土地经营权流转】通过招标、拍卖、公开协商等方式承包农村土地，经依法登记取得权属证书的，可以依法采取出租、入股、抵押或者其他方式流转土地经营权。

第三百四十三条 【国有农用地承包经营的法律适用】国家所有的农用地实行承包经营的，参照适用本编的有关规定。

第十二章　建设用地使用权

第三百四十四条 【建设用地使用权的概念】建设用地使用权人依法对国家所有的土地享有占有、使用和收益的权利，有权利用该土地建造建筑物、构筑物及其附属设施。

第三百四十五条 【建设用地使用权的分层设立】建设用地使用权可以在土地的地表、地上或者地下分别设立。

第三百四十六条 【建设用地使用权的设立原则】设立建设用地使用权，应当符合节约资源、保护生态环境的要求，遵守法律、行政法规关于土地用途的规定，不得损害已经设立的用益物权。

第三百四十七条 【建设用地使用权的出让方式】设立建设用地使用权，可以采取出让或者划拨等方式。

工业、商业、旅游、娱乐和商品住宅等经营性用地以及同一土地有两个以上意向用地者的，应当采取招标、拍卖等公开竞价的方式出让。

严格限制以划拨方式设立建设用地使用权。

第三百四十八条 【建设用地使用权出让合同】通过招标、拍卖、协议等出让方式设立建设用地使用权的，当事人应当采用书面形式订立建设用地使用权出让合同。

建设用地使用权出让合同一般包括下列条款：

（一）当事人的名称和住所；

（二）土地界址、面积等；

（三）建筑物、构筑物及其附属设施占用的空间；

（四）土地用途、规划条件；

（五）建设用地使用权期限；

（六）出让金等费用及其支付方式；

（七）解决争议的方法。

第三百四十九条 【建设用地使用权的登记】设立建设用地使用权的，应当向登记机构申请建设用地使用权登记。建设用地使用权自登记时设立。登记机构应当向建设用地使用权人发放权属证书。

第三百五十条 【土地用途限定规则】建设用地使用权人应当合理利用土地,不得改变土地用途;需要改变土地用途的,应当依法经有关行政主管部门批准。

第三百五十一条 【建设用地使用权人支付出让金等费用的义务】建设用地使用权人应当依照法律规定以及合同约定支付出让金等费用。

第三百五十二条 【建设用地使用权人建造的建筑物、构筑物及其附属设施的归属】建设用地使用权人建造的建筑物、构筑物及其附属设施的所有权属于建设用地使用权人,但是有相反证据证明的除外。

第三百五十三条 【建设用地使用权的流转方式】建设用地使用权人有权将建设用地使用权转让、互换、出资、赠与或者抵押,但是法律另有规定的除外。

第三百五十四条 【建设用地使用权流转的合同形式和期限】建设用地使用权转让、互换、出资、赠与或者抵押的,当事人应当采用书面形式订立相应的合同。使用期限由当事人约定,但是不得超过建设用地使用权的剩余期限。

第三百五十五条 【建设用地使用权流转登记】建设用地使用权转让、互换、出资或者赠与的,应当向登记机构申请变更登记。

第三百五十六条 【建设用地使用权流转之房随地走】建设用地使用权转让、互换、出资或者赠与的,附着于该土地上的建筑物、构筑物及其附属设施一并处分。

第三百五十七条 【建设用地使用权流转之地随房走】建筑物、构筑物及其附属设施转让、互换、出资或者赠与的,该建筑物、构筑物及其附属设施占用范围内的建设用地使用权一并处分。

第三百五十八条 【建设用地使用权的提前收回及其补偿】建设用地使用权期限届满前,因公共利益需要提前收回该土地的,应当依据本法第二百四十三条的规定对该土地上的房屋以及其他不动产给予补偿,并退还相应的出让金。

第三百五十九条 【建设用地使用权期限届满的处理规则】住宅建设用地使用权期限届满的,自动续期。续期费用的缴纳或者减免,依照法律、行政法规的规定办理。

非住宅建设用地使用权期限届满后的续期,依照法律规定办理。该土地上的房屋以及其他不动产的归属,有约定的,按照约定;没有约定或者约定不明确的,依照法律、行政法规的规定办理。

第三百六十条 【建设用地使用权注销登记】建设用地使用权消灭的,出让人应当及时办理注销登记。登记机构应当收回权属证书。

第三百六十一条 【集体土地作为建设用地的法律适用】集体所有的土地作为建设用地的,应当依照土地管理的法律规定办理。

第十三章 宅基地使用权

第三百六十二条 【宅基地使用权内容】宅基地使用权人依法对集体所有的土地享有占有和使用的权利,有权依法利用该土地建造住宅及其附属设施。

第三百六十三条 【宅基地使用权的法律适用】宅基地使用权的取得、行使和转让,适用土地管理的法律和国家有关规定。

第三百六十四条 【宅基地灭失后的重新分配】宅基地因自然灾害等原因灭失的,宅基地使用权消灭。对失去宅基地的村民,应当依法重新分配宅基地。

第三百六十五条 【宅基地使用权的变更登记与注销登记】已经登记的宅基地使用权转让或者消灭的,应当及时办理变更登记或者注销登记。

第十四章 居 住 权

第三百六十六条 【居住权的定义】居住权人有权按照合同约定,对他人的住宅享有占有、使用的用益物权,以满足生活居住的需要。

第三百六十七条 【居住权合同】设立居住权,当事人应当采用书面形式订立居住权合同。

居住权合同一般包括下列条款:

(一)当事人的姓名或者名称和住所;

(二)住宅的位置;

(三)居住的条件和要求;

(四)居住权期限;

(五)解决争议的方法。

第三百六十八条 【居住权的设立】居住权无偿设立,但是当事人另有约定的除外。设立居住权的,应当向登记机构申请居住权登记。居住权自登记时设立。

第三百六十九条 【居住权的限制性规定及例外】居住权不得转让、继承。设立居住权的住宅不得出租,但是当事人另有约定的除外。

第三百七十条 【居住权的消灭】居住权期限届满或者居住权人死亡的,居住权消灭。居住权消灭的,应当及时办理注销登记。

第三百七十一条 【以遗嘱设立居住权的法律适用】以遗嘱方式设立居住权的,参照适用本章的有关规定。

第十五章 地 役 权

第三百七十二条 【地役权的定义】地役权人有权按照合同约定,利用他人的不动产,以提高自己的不动产的效益。

前款所称他人的不动产为供役地,自己的不动产为需役地。

第三百七十三条 【地役权合同】设立地役权,当事人应当采用书面形式订立地役权合同。

地役权合同一般包括下列条款:

(一)当事人的姓名或者名称和住所;

(二)供役地和需役地的位置;

(三)利用目的和方法;

(四)地役权期限;

(五)费用及其支付方式;

(六)解决争议的方法。

第三百七十四条 【地役权的设立与登记】地役权自地役权合同生效时设立。当事人要求登记的,可以向登记机构申请地役权登记;未经登记,不得对抗善意第三人。

第三百七十五条 【供役地权利人的义务】供役地权利人应当按照合同约定,允许地役权人利用其不动产,不得妨害地役权人行使权利。

第三百七十六条 【地役权人的义务】地役权人应当按照合同约定的利用目的和方法利用供役地,尽量减少对供役地权利人物权的限制。

第三百七十七条 【地役权的期限】地役权期限由当事人约定;但是,不得超过土地承包经营权、建设用地使用权等用益物权的剩余期限。

第三百七十八条 【在享有或者负担地役权的土地上设立用益物权的规则】土地所有权人享有地役权或者负担地役权的,设立土地承包经营权、宅基地使用权等用益物权时,该用益物权人继续享有或者负担已经设立的地役权。

第三百七十九条 【土地所有权人在已设立用益物权的土地上设立地役权的规则】土地上已经设立土地承包经营权、建设用地使用权、宅基地使用权等用益物权的,未经用益物权人同意,土地所有权人不得设立地役权。

第三百八十条 【地役权的转让规则】地役权不得单独转让。土地承包经营权、建设用地使用权等转让的，地役权一并转让，但是合同另有约定的除外。

第三百八十一条 【地役权不得单独抵押】地役权不得单独抵押。土地经营权、建设用地使用权等抵押的，在实现抵押权时，地役权一并转让。

第三百八十二条 【需役地部分转让效果】需役地以及需役地上的土地承包经营权、建设用地使用权等部分转让时，转让部分涉及地役权的，受让人同时享有地役权。

第三百八十三条 【供役地部分转让效果】供役地以及供役地上的土地承包经营权、建设用地使用权等部分转让时，转让部分涉及地役权的，地役权对受让人具有法律约束力。

第三百八十四条 【供役地权利人解除权】地役权人有下列情形之一的，供役地权利人有权解除地役权合同，地役权消灭：

（一）违反法律规定或者合同约定，滥用地役权；

（二）有偿利用供役地，约定的付款期限届满后在合理期限内经两次催告未支付费用。

第三百八十五条 【地役权变动后的登记】已经登记的地役权变更、转让或者消灭的，应当及时办理变更登记或者注销登记。

第四分编 担保物权

第十六章 一般规定

第三百八十六条 【担保物权的定义】担保物权人在债务人不履行到期债务或者发生当事人约定的实现担保物权的情形，依法享有就担保财产优先受偿的权利，但是法律另有规定的除外。

第三百八十七条 【担保物权适用范围及反担保】债权人在借贷、买卖等民事活动中，为保障实现其债权，需要担保的，可以依照本法和其他法律的规定设立担保物权。

第三人为债务人向债权人提供担保的，可以要求债务人提供反担保。反担保适用本法和其他法律的规定。

第三百八十八条 【担保合同及其与主合同的关系】设立担保物权，应当依照本法和其他法律的规定订立担保合同。担保合同包括抵押合同、质押合同和其他具有担保功能的合同。担保合同是主债权债务合同的从合同。主债权债务合同无效的，担保合同无效，但是法律另有规定的除外。

担保合同被确认无效后，债务人、担保人、债权人有过错的，应当根据其过错各自承担相应的民事责任。

第三百八十九条 【担保范围】担保物权的担保范围包括主债权及其利息、违约金、损害赔偿金、保管担保财产和实现担保物权的费用。当事人另有约定的，按照其约定。

第三百九十条 【担保物权的物上代位性】担保期间，担保财产毁损、灭失或者被征收等，担保物权人可以就获得的保险金、赔偿金或者补偿金等优先受偿。被担保债权的履行期限未届满的，也可以提存该保险金、赔偿金或者补偿金等。

第三百九十一条 【债务转让对担保权的效力】第三人提供担保，未经其书面同意，债权人允许债务人转移全部或者部分债务的，担保人不再承担相应的担保责任。

第三百九十二条 【人保和物保并存时的处理规则】被担保的债权既有物的担保又有人的担保的，债务人不履行到期债务或者发生当事人约定的实现担保物权的情形，债权人应当按照约定实现债权；没有约定或者约定不明确，债务人自己提供物的担保的，债权人应当先就该物的担保实现债权;第三人提供物的担保的,债权人可以就物的担保实现债权,也可以请求保证人承担保证责任。提供担保的第三人承担担保责任后,有权向债务人追偿。

第三百九十三条 【担保物权消灭的情形】有下列情形之一的,担保物权消灭:

(一)主债权消灭;

(二)担保物权实现;

(三)债权人放弃担保物权;

(四)法律规定担保物权消灭的其他情形。

第十七章 抵 押 权

第一节 一般抵押权

第三百九十四条 【抵押权的定义】为担保债务的履行,债务人或者第三人不转移财产的占有,将该财产抵押给债权人的,债务人不履行到期债务或者发生当事人约定的实现抵押权的情形,债权人有权就该财产优先受偿。

前款规定的债务人或者第三人为抵押人,债权人为抵押权人,提供担保的财产为抵押财产。

第三百九十五条 【可抵押财产的范围】债务人或者第三人有权处分的下列财产可以抵押:

(一)建筑物和其他土地附着物;

(二)建设用地使用权;

(三)海域使用权;

(四)生产设备、原材料、半成品、产品;

(五)正在建造的建筑物、船舶、航空器;

(六)交通运输工具;

(七)法律、行政法规未禁止抵押的其他财产。

抵押人可以将前款所列财产一并抵押。

第三百九十六条 【浮动抵押】企业、个体工商户、农业生产经营者可以将现有的以及将有的生产设备、原材料、半成品、产品抵押,债务人不履行到期债务或者发生当事人约定的实现抵押权的情形,债权人有权就抵押财产确定时的动产优先受偿。

第三百九十七条 【建筑物和相应的建设用地使用权一并抵押规则】以建筑物抵押的,该建筑物占用范围内的建设用地使用权一并抵押。以建设用地使用权抵押的,该土地上的建筑物一并抵押。

抵押人未依据前款规定一并抵押的,未抵押的财产视为一并抵押。

第三百九十八条 【乡镇、村企业的建设用地使用权与房屋一并抵押规则】乡镇、村企业的建设用地使用权不得单独抵押。以乡镇、村企业的厂房等建筑物抵押的,其占用范围内的建设用地使用权一并抵押。

第三百九十九条 【禁止抵押的财产范围】下列财产不得抵押:

(一)土地所有权;

(二)宅基地、自留地、自留山等集体所有土地的使用权,但是法律规定可以抵押的除外;

(三)学校、幼儿园、医疗机构等为公益目的成立的非营利法人的教育设施、医疗卫生设施和其他公益设施;

(四)所有权、使用权不明或者有争议的财产;

(五)依法被查封、扣押、监管的财产;

(六)法律、行政法规规定不得抵押的其他财产。

第四百条 【抵押合同】设立抵押权,当事人应当采用书面形式订立抵押合同。

抵押合同一般包括下列条款:

(一)被担保权的种类和数额;

(二)债务人履行债务的期限;

(三)抵押财产的名称、数量等情况;

（四）担保的范围。

第四百零一条 【流押条款的效力】抵押权人在债务履行期限届满前，与抵押人约定债务人不履行到期债务时抵押财产归债权人所有的，只能依法就抵押财产优先受偿。

第四百零二条 【不动产抵押登记】以本法第三百九十五条第一款第一项至第三项规定的财产或者第五项规定的正在建造的建筑物抵押的，应当办理抵押登记。抵押权自登记时设立。

第四百零三条 【动产抵押的效力】以动产抵押的，抵押权自抵押合同生效时设立；未经登记，不得对抗善意第三人。

第四百零四条 【动产抵押权对抗效力的限制】以动产抵押的，不得对抗正常经营活动中已经支付合理价款并取得抵押财产的买受人。

第四百零五条 【抵押权和租赁权的关系】抵押权设立前，抵押财产已经出租并转移占有的，原租赁关系不受该抵押权的影响。

第四百零六条 【抵押期间抵押财产转让应当遵循的规则】抵押期间，抵押人可以转让抵押财产。当事人另有约定的，按照其约定。抵押财产转让的，抵押权不受影响。

抵押人转让抵押财产的，应当及时通知抵押权人。抵押权人能够证明抵押财产转让可能损害抵押权的，可以请求抵押人将转让所得的价款向抵押权人提前清偿债务或者提存。转让的价款超过债权数额的部分归抵押人所有，不足部分由债务人清偿。

第四百零七条 【抵押权的从属性】抵押权不得与债权分离而单独转让或者作为其他债权的担保。债权转让的，担保该债权的抵押权一并转让，但是法律另有规定或者当事人另有约定的除外。

第四百零八条 【抵押财产价值减少时抵押权人的保护措施】抵押人的行为足以使抵押财产价值减少的，抵押权人有权请求抵押人停止其行为；抵押财产价值减少的，抵押权人有权请求恢复抵押财产的价值，或者提供与减少的价值相应的担保。抵押人不恢复抵押财产的价值，也不提供担保的，抵押权人有权请求债务人提前清偿债务。

第四百零九条 【抵押权人放弃抵押权或抵押权顺位的法律后果】抵押权人可以放弃抵押权或者抵押权的顺位。抵押权人与抵押人可以协议变更抵押权顺位以及被担保的债权数额等内容。但是，抵押权的变更未经其他抵押权人书面同意的，不得对其他抵押权人产生不利影响。

债务人以自己的财产设定抵押，抵押权人放弃该抵押权、抵押权顺位或者变更抵押权的，其他担保人在抵押权人丧失优先受偿权益的范围内免除担保责任，但是其他担保人承诺仍然提供担保的除外。

第四百一十条 【抵押权实现的方式和程序】债务人不履行到期债务或者发生当事人约定的实现抵押权的情形，抵押权人可以与抵押人协议以抵押财产折价或者以拍卖、变卖该抵押财产所得的价款优先受偿。协议损害其他债权人利益的，其他债权人可以请求人民法院撤销该协议。

抵押权人与抵押人未就抵押权实现方式达成协议的，抵押权人可以请求人民法院拍卖、变卖抵押财产。

抵押财产折价或者变卖的，应当参照市场价格。

第四百一十一条 【浮动抵押财产的确定】依据本法第三百九十六条规定设定抵押的，抵押财产自下列情形之一发生时确定：

（一）债务履行期限届满，债权未实现；

（二）抵押人被宣告破产或者解散；

（三）当事人约定的实现抵押权的情形；

（四）严重影响债权实现的其他情形。

第四百一十二条 【抵押财产孳息归属】债务人不履行到期债务或者发生当事人约定

的实现抵押权的情形,致使抵押财产被人民法院依法扣押的,自扣押之日起,抵押权人有权收取该抵押财产的天然孳息或者法定孳息,但是抵押权人未通知应当清偿法定孳息义务人的除外。

前款规定的孳息应当先充抵收取孳息的费用。

第四百一十三条 【抵押财产变价款的归属原则】抵押财产折价或者拍卖、变卖后,其价款超过债权数额的部分归抵押人所有,不足部分由债务人清偿。

第四百一十四条 【同一财产上多个抵押权的效力顺序】同一财产向两个以上债权人抵押的,拍卖、变卖抵押财产所得的价款依照下列规定清偿:

(一)抵押权已经登记的,按照登记的时间先后确定清偿顺序;

(二)抵押权已经登记的先于未登记的受偿;

(三)抵押权未登记的,按照债权比例清偿。

其他可以登记的担保物权,清偿顺序参照适用前款规定。

第四百一十五条 【既有抵押权又有质权的财产的清偿顺序】同一财产既设立抵押权又设立质权的,拍卖、变卖该财产所得的价款按照登记、交付的时间先后确定清偿顺序。

第四百一十六条 【买卖价款抵押权】动产抵押担保的主债权是抵押物的价款,标的物交付后十日内办理抵押登记的,该抵押权人优先于抵押物买受人的其他担保物权人受偿,但是留置权人除外。

第四百一十七条 【抵押权对新增建筑物的效力】建设用地使用权抵押后,该土地上新增的建筑物不属于抵押财产。该建设用地使用权实现抵押权时,应当将该土地上新增的建筑物与建设用地使用权一并处分。但是,新增建筑物所得的价款,抵押权人无权优

先受偿。

第四百一十八条 【集体所有土地使用权抵押的实现效果】以集体所有土地的使用权依法抵押的,实现抵押权后,未经法定程序,不得改变土地所有权的性质和土地用途。

第四百一十九条 【抵押权的存续期间】抵押权人应当在主债权诉讼时效期间行使抵押权;未行使的,人民法院不予保护。

第二节 最高额抵押权

第四百二十条 【最高额抵押规则】为担保债务的履行,债务人或者第三人对一定期间内将要连续发生的债权提供担保财产的,债务人不履行到期债务或者发生当事人约定的实现抵押权的情形,抵押权人有权在最高债权额限度内就该担保财产优先受偿。

最高额抵押权设立前已经存在的债权,经当事人同意,可以转入最高额抵押担保的债权范围。

第四百二十一条 【最高额抵押权担保的部分债权转让效力】最高额抵押担保的债权确定前,部分债权转让的,最高额抵押权不得转让,但是当事人另有约定的除外。

第四百二十二条 【最高额抵押合同条款变更】最高额抵押担保的债权确定前,抵押权人与抵押人可以通过协议变更债权确定的期间、债权范围以及最高债权额。但是,变更的内容不得对其他抵押权人产生不利影响。

第四百二十三条 【最高额抵押所担保债权的确定事由】有下列情形之一的,抵押权人的债权确定:

(一)约定的债权确定期间届满;

(二)没有约定债权确定期间或者约定不明确,抵押权人或者抵押人自最高额抵押权设立之日起满二年后请求确定债权;

(三)新的债权不可能发生;

(四)抵押权人知道或者应当知道抵押财产被查封、扣押;

（五）债务人、抵押人被宣告破产或者解散；

（六）法律规定债权确定的其他情形。

第四百二十四条　【最高额抵押的法律适用】最高额抵押权除适用本节规定外，适用本章第一节的有关规定。

第十八章　质　权

第一节　动产质权

第四百二十五条　【动产质权概念】为担保债务的履行，债务人或者第三人将其动产出质给债权人占有的，债务人不履行到期债务或者发生当事人约定的实现质权的情形，债权人有权就该动产优先受偿。

前款规定的债务人或者第三人为出质人，债权人为质权人，交付的动产为质押财产。

第四百二十六条　【禁止出质的动产范围】法律、行政法规禁止转让的动产不得出质。

第四百二十七条　【质押合同形式及内容】设立质权，当事人应当采用书面形式订立质押合同。

质押合同一般包括下列条款：

（一）被担保债权的种类和数额；

（二）债务人履行债务的期限；

（三）质押财产的名称、数量等情况；

（四）担保的范围；

（五）质押财产交付的时间、方式。

第四百二十八条　【流质条款的效力】质权人在债务履行期限届满前，与出质人约定债务人不履行到期债务时质押财产归债权人所有的，只能依法就质押财产优先受偿。

第四百二十九条　【质权的设立】质权自出质人交付质押财产时设立。

第四百三十条　【质权人的孳息收取权】质权人有权收取质押财产的孳息，但是合同另有约定的除外。

前款规定的孳息应当先充抵收取孳息的费用。

第四百三十一条　【质权人对质押财产处分的限制及其法律责任】质权人在质权存续期间，未经出质人同意，擅自使用、处分质押财产，造成出质人损害的，应当承担赔偿责任。

第四百三十二条　【质物保管义务】质权人负有妥善保管质押财产的义务；因保管不善致质押财产毁损、灭失的，应当承担赔偿责任。

质权人的行为可能使质押财产毁损、灭失的，出质人可以请求质权人将质押财产提存，或者请求提前清偿债务并返还质押财产。

第四百三十三条　【质押财产保全】因不可归责于质权人的事由可能使质押财产毁损或者价值明显减少，足以危害质权人权利的，质权人有权请求出质人提供相应的担保；出质人不提供的，质权人可以拍卖、变卖质押财产，并与出质人协议将拍卖、变卖所得的价款提前清偿债务或者提存。

第四百三十四条　【转质】质权人在质权存续期间，未经出质人同意转质，造成质押财产毁损、灭失的，应当承担赔偿责任。

第四百三十五条　【放弃质权】质权人可以放弃质权。债务人以自己的财产出质，质权人放弃该质权的，其他担保人在质权人丧失优先受偿权益的范围内免除担保责任，但是其他担保人承诺仍然提供担保的除外。

第四百三十六条　【质物返还与质权实现】债务人履行债务或者出质人提前清偿所担保的债权的，质权人应当返还质押财产。

债务人不履行到期债务或者发生当事人约定的实现质权的情形，质权人可以与出质人协议以质押财产折价，也可以就拍卖、变卖质押财产所得的价款优先受偿。

质押财产折价或者变卖的,应当参照市场价格。

第四百三十七条 【出质人请求质权人及时行使质权】出质人可以请求质权人在债务履行期限届满后及时行使质权;质权人不行使的,出质人可以请求人民法院拍卖、变卖质押财产。

出质人请求质权人及时行使质权,因质权人怠于行使权利造成出质人损害的,由质权人承担赔偿责任。

第四百三十八条 【质押财产变价款归属原则】质押财产折价或者拍卖、变卖后,其价款超过债权数额的部分归出质人所有,不足部分由债务人清偿。

第四百三十九条 【最高额质权】出质人与质权人可以协议设立最高额质权。

最高额质权除适用本节有关规定外,参照适用本编第十七章第二节的有关规定。

第二节 权利质权

第四百四十条 【可出质的权利的范围】债务人或者第三人有权处分的下列权利可以出质:

(一)汇票、本票、支票;

(二)债券、存款单;

(三)仓单、提单;

(四)可以转让的基金份额、股权;

(五)可以转让的注册商标专用权、专利权、著作权等知识产权中的财产权;

(六)现有的以及将有的应收账款;

(七)法律、行政法规规定可以出质的其他财产权利。

第四百四十一条 【有价证券质权】以汇票、本票、支票、债券、存款单、仓单、提单出质的,质权自权利凭证交付质权人时设立;没有权利凭证的,质权自办理出质登记时设立。法律另有规定的,依照其规定。

第四百四十二条 【有价证券质权人行使权利的特别规定】汇票、本票、支票、债券、存款单、仓单、提单的兑现日期或者提货日期先于主债权到期的,质权人可以兑现或者提货,并与出质人协议将兑现的价款或者提取的货物提前清偿债务或者提存。

第四百四十三条 【基金份额质权、股权质权】以基金份额、股权出质的,质权自办理出质登记时设立。

基金份额、股权出质后,不得转让,但是出质人与质权人协商同意的除外。出质人转让基金份额、股权所得的价款,应当向质权人提前清偿债务或者提存。

第四百四十四条 【知识产权质权】以注册商标专用权、专利权、著作权等知识产权中的财产权出质的,质权自办理出质登记时设立。

知识产权中的财产权出质后,出质人不得转让或者许可他人使用,但是出质人与质权人协商同意的除外。出质人转让或者许可他人使用出质的知识产权中的财产权所得的价款,应当向质权人提前清偿债务或者提存。

第四百四十五条 【应收账款质权】以应收账款出质的,质权自办理出质登记时设立。

应收账款出质后,不得转让,但是出质人与质权人协商同意的除外。出质人转让应收账款所得的价款,应当向质权人提前清偿债务或者提存。

第四百四十六条 【权利质权的法律适用】权利质权除适用本节规定外,适用本章第一节的有关规定。

第十九章 留 置 权

第四百四十七条 【留置权的定义】债务人不履行到期债务,债权人可以留置已经合法占有的债务人的动产,并有权就该动产优先受偿。

前款规定的债权人为留置权人,占有的

动产为留置财产。

第四百四十八条 【留置财产与债权的关系】债权人留置的动产,应当与债权属于同一法律关系,但是企业之间留置的除外。

第四百四十九条 【留置权适用范围的限制性规定】法律规定或者当事人约定不得留置的动产,不得留置。

第四百五十条 【可分留置物】留置财产为可分物的,留置财产的价值应当相当于债务的金额。

第四百五十一条 【留置权人保管义务】留置权人负有妥善保管留置财产的义务;因保管不善致使留置财产毁损、灭失的,应当承担赔偿责任。

第四百五十二条 【留置财产的孳息收取】留置权人有权收取留置财产的孳息。

前款规定的孳息应当先充抵收取孳息的费用。

第四百五十三条 【留置权的实现】留置权人与债务人应当约定留置财产后的债务履行期限;没有约定或者约定不明确的,留置权人应当给债务人六十日以上履行债务的期限,但是鲜活易腐等不易保管的动产除外。债务人逾期未履行的,留置权人可以与债务人协议以留置财产折价,也可以就拍卖、变卖留置财产所得的价款优先受偿。

留置财产折价或者变卖的,应当参照市场价格。

第四百五十四条 【债务人请求留置权人行使留置权】债务人可以请求留置权人在债务履行期限届满后行使留置权;留置权人不行使的,债务人可以请求人民法院拍卖、变卖留置财产。

第四百五十五条 【留置权实现方式】留置财产折价或者拍卖、变卖后,其价款超过债权数额的部分归债务人所有,不足部分由债务人清偿。

第四百五十六条 【留置权优先于其他担保物权效力】同一动产上已经设立抵押权或者质权,该动产又被留置的,留置权人优先受偿。

第四百五十七条 【留置权消灭】留置权人对留置财产丧失占有或者留置权人接受债务人另行提供担保的,留置权消灭。

第五分编　占　　有

第二十章　占　　有

第四百五十八条 【有权占有法律适用】基于合同关系等产生的占有,有关不动产或者动产的使用、收益、违约责任等,按照合同约定;合同没有约定或者约定不明确的,依照有关法律规定。

第四百五十九条 【恶意占有人的损害赔偿责任】占有人因使用占有的不动产或者动产,致使该不动产或者动产受到损害的,恶意占有人应当承担赔偿责任。

第四百六十条 【权利人的返还请求权和占有人的费用求偿权】不动产或者动产被占有人占有的,权利人可以请求返还原物及其孳息;但是,应当支付善意占有人因维护该不动产或者动产支出的必要费用。

第四百六十一条 【占有物毁损或者灭失时占有人的责任】占有的不动产或者动产毁损、灭失,该不动产或者动产的权利人请求赔偿的,占有人应当将因毁损、灭失取得的保险金、赔偿金或者补偿金等返还给权利人;权利人的损害未得到足够弥补的,恶意占有人还应当赔偿损失。

第四百六十二条 【占有保护的方法】占有的不动产或者动产被侵占的,占有人有权请求返还原物;对妨害占有的行为,占有人有权请求排除妨害或者消除危险;因侵占或者妨害造成损害的,占有人有权依法请求损害赔偿。

占有人返还原物的请求权,自侵占发生之日起一年内未行使的,该请求权消灭。

第三编 合 同

第一分编 通 则

第一章 一般规定

第四百六十三条 【合同编的调整范围】本编调整因合同产生的民事关系。

第四百六十四条 【合同的定义及身份关系协议的法律适用】合同是民事主体之间设立、变更、终止民事法律关系的协议。

婚姻、收养、监护等有关身份关系的协议,适用有关该身份关系的法律规定;没有规定的,可以根据其性质参照适用本编规定。

第四百六十五条 【依法成立的合同受法律保护及合同相对性原则】依法成立的合同,受法律保护。

依法成立的合同,仅对当事人具有法律约束力,但是法律另有规定的除外。

第四百六十六条 【合同的解释规则】当事人对合同条款的理解有争议的,应当依据本法第一百四十二条第一款的规定,确定争议条款的含义。

合同文本采用两种以上文字订立并约定具有同等效力的,对各文本使用的词句推定具有相同含义。各文本使用的词句不一致的,应当根据合同的相关条款、性质、目的以及诚信原则等予以解释。

第四百六十七条 【非典型合同及特定涉外合同的法律适用】本法或者其他法律没有明文规定的合同,适用本编通则的规定,并可以参照适用本编或者其他法律最相类似合同的规定。

在中华人民共和国境内履行的中外合资经营企业合同、中外合作经营企业合同、中外合作勘探开发自然资源合同,适用中华人民共和国法律。

第四百六十八条 【非合同之债的法律适用】非因合同产生的债权债务关系,适用有关该债权债务关系的法律规定;没有规定的,适用本编通则的有关规定,但是根据其性质不能适用的除外。

第二章 合同的订立

第四百六十九条 【合同形式】当事人订立合同,可以采用书面形式、口头形式或者其他形式。

书面形式是合同书、信件、电报、电传、传真等可以有形地表现所载内容的形式。

以电子数据交换、电子邮件等方式能够有形地表现所载内容,并可以随时调取查用的数据电文,视为书面形式。

第四百七十条 【合同主要条款及示范文本】合同的内容由当事人约定,一般包括下列条款:

(一)当事人的姓名或者名称和住所;
(二)标的;
(三)数量;
(四)质量;
(五)价款或者报酬;
(六)履行期限、地点和方式;
(七)违约责任;
(八)解决争议的方法。

当事人可以参照各类合同的示范文本订立合同。

第四百七十一条 【订立合同的方式】当事人订立合同,可以采取要约、承诺方式或者其他方式。

第四百七十二条 【要约的定义及其构

成】要约是希望与他人订立合同的意思表示，该意思表示应当符合下列条件：

（一）内容具体确定；

（二）表明经受要约人承诺，要约人即受该意思表示约束。

第四百七十三条 【要约邀请】要约邀请是希望他人向自己发出要约的表示。拍卖公告、招标公告、招股说明书、债券募集办法、基金招募说明书、商业广告和宣传、寄送的价目表等为要约邀请。

商业广告和宣传的内容符合要约条件的，构成要约。

第四百七十四条 【要约的生效时间】要约生效的时间适用本法第一百三十七条的规定。

第四百七十五条 【要约的撤回】要约可以撤回。要约的撤回适用本法第一百四十一条的规定。

第四百七十六条 【要约不得撤销情形】要约可以撤销，但是有下列情形之一的除外：

（一）要约人以确定承诺期限或者其他形式明示要约不可撤销；

（二）受要约人有理由认为要约是不可撤销的，并已经为履行合同做了合理准备工作。

第四百七十七条 【要约撤销条件】撤销要约的意思表示以对话方式作出的，该意思表示的内容应当在受要约人作出承诺之前为受要约人所知道；撤销要约的意思表示以非对话方式作出的，应当在受要约人作出承诺之前到达受要约人。

第四百七十八条 【要约失效】有下列情形之一的，要约失效：

（一）要约被拒绝；

（二）要约被依法撤销；

（三）承诺期限届满，受要约人未作出承诺；

（四）受要约人对要约的内容作出实质性变更。

第四百七十九条 【承诺的定义】承诺是受要约人同意要约的意思表示。

第四百八十条 【承诺的方式】承诺应当以通知的方式作出；但是，根据交易习惯或者要约表明可以通过行为作出承诺的除外。

第四百八十一条 【承诺的期限】承诺应当在要约确定的期限内到达要约人。

要约没有确定承诺期限的，承诺应当依照下列规定到达：

（一）要约以对话方式作出的，应当即时作出承诺；

（二）要约以非对话方式作出的，承诺应当在合理期限内到达。

第四百八十二条 【承诺期限的起算】要约以信件或者电报作出的，承诺期限自信件载明的日期或者电报交发之日开始计算。信件未载明日期的，自投寄该信件的邮戳日期开始计算。要约以电话、传真、电子邮件等快速通讯方式作出的，承诺期限自要约到达受要约人时开始计算。

第四百八十三条 【合同成立时间】承诺生效时合同成立，但是法律另有规定或者当事人另有约定的除外。

第四百八十四条 【承诺生效时间】以通知方式作出的承诺，生效的时间适用本法第一百三十七条的规定。

承诺不需要通知的，根据交易习惯或者要约的要求作出承诺的行为时生效。

第四百八十五条 【承诺的撤回】承诺可以撤回。承诺的撤回适用本法第一百四十一条的规定。

第四百八十六条 【逾期承诺及效果】受要约人超过承诺期限发出承诺，或者在承诺期限内发出承诺，按照通常情形不能及时到达要约人的，为新要约；但是，要约人及时通知受要约人该承诺有效的除外。

第四百八十七条 【迟到的承诺】受要约人在承诺期限内发出承诺，按照通常情形能够及时到达要约人，但是因其他原因致使承诺到达要约人时超过承诺期限的，除要约人及时通知受要约人因承诺超过期限不接受该承诺外，该承诺有效。

第四百八十八条　【承诺对要约内容的实质性变更】承诺的内容应当与要约的内容一致。受要约人对要约的内容作出实质性变更的，为新要约。有关合同标的、数量、质量、价款或者报酬、履行期限、履行地点和方式、违约责任和解决争议方法等的变更，是对要约内容的实质性变更。

第四百八十九条　【承诺对要约内容的非实质性变更】承诺对要约的内容作出非实质性变更的，除要约人及时表示反对或者要约表明承诺不得对要约的内容作出任何变更外，该承诺有效，合同的内容以承诺的内容为准。

第四百九十条　【采用书面形式订立合同的成立时间】当事人采用合同书形式订立合同的，自当事人均签名、盖章或者按指印时合同成立。在签名、盖章或者按指印之前，当事人一方已经履行主要义务，对方接受时，该合同成立。

法律、行政法规规定或者当事人约定合同应当采用书面形式订立，当事人未采用书面形式但是一方已经履行主要义务，对方接受时，该合同成立。

第四百九十一条　【签订确认书的合同及电子合同成立时间】当事人采用信件、数据电文等形式订立合同要求签订确认书的，签订确认书时合同成立。

当事人一方通过互联网等信息网络发布的商品或者服务信息符合要约条件的，对方选择该商品或者服务并提交订单成功时合同成立，但是当事人另有约定的除外。

第四百九十二条　【合同成立的地点】承诺生效的地点为合同成立的地点。

采用数据电文形式订立合同的，收件人

的主营业地为合同成立的地点；没有主营业地的，其住所地为合同成立的地点。当事人另有约定的，按照其约定。

第四百九十三条　【采用合同书订立合同的成立地点】当事人采用合同书形式订立合同的，最后签名、盖章或者按指印的地点为合同成立的地点，但是当事人另有约定的除外。

第四百九十四条　【强制缔约义务】国家根据抢险救灾、疫情防控或者其他需要下达国家订货任务、指令性任务的，有关民事主体之间应当依照有关法律、行政法规规定的权利和义务订立合同。

依照法律、行政法规的规定负有发出要约义务的当事人，应当及时发出合理的要约。

依照法律、行政法规的规定负有作出承诺义务的当事人，不得拒绝对方合理的订立合同要求。

第四百九十五条　【预约合同】当事人约定在将来一定期限内订立合同的认购书、订购书、预订书等，构成预约合同。

当事人一方不履行预约合同约定的订立合同义务的，对方可以请求其承担预约合同的违约责任。

第四百九十六条　【格式条款】格式条款是当事人为了重复使用而预先拟定，并在订立合同时未与对方协商的条款。

采用格式条款订立合同的，提供格式条款的一方应当遵循公平原则确定当事人之间的权利和义务，并采取合理的方式提示对方注意免除或者减轻其责任等与对方有重大利害关系的条款，按照对方的要求，对该条款予以说明。提供格式条款的一方未履行提示或者说明义务，致使对方没有注意或者理解与其有重大利害关系的条款，对方可以主张该条款不成为合同的内容。

第四百九十七条　【格式条款无效的情形】有下列情形之一的，该格式条款无效：

(一)具有本法第一编第六章第三节和本法第五百零六条规定的无效情形；

(二)提供格式条款一方不合理地免除或者减轻其责任、加重对方责任、限制对方主要权利；

(三)提供格式条款一方排除对方主要权利。

第四百九十八条 【格式条款的解释方法】对格式条款的理解发生争议的，应当按照通常理解予以解释。对格式条款有两种以上解释的，应当作出不利于提供格式条款一方的解释。格式条款和非格式条款不一致的，应当采用非格式条款。

第四百九十九条 【悬赏广告】悬赏人以公开方式声明对完成特定行为的人支付报酬的，完成该行为的人可以请求其支付。

第五百条 【缔约过失责任】当事人在订立合同过程中有下列情形之一，造成对方损失的，应当承担赔偿责任：

(一)假借订立合同，恶意进行磋商；

(二)故意隐瞒与订立合同有关的重要事实或者提供虚假情况；

(三)有其他违背诚信原则的行为。

第五百零一条 【合同缔结人的保密义务】当事人在订立合同过程中知悉的商业秘密或者其他应当保密的信息，无论合同是否成立，不得泄露或者不正当地使用；泄露、不正当地使用该商业秘密或者信息，造成对方损失的，应当承担赔偿责任。

第三章 合同的效力

第五百零二条 【合同生效时间及未办理批准手续的处理规则】依法成立的合同，自成立时生效，但是法律另有规定或者当事人另有约定的除外。

依照法律、行政法规的规定，合同应当办理批准等手续的，依照其规定。未办理批准

等手续影响合同生效的，不影响合同中履行报批等义务条款以及相关条款的效力。应当办理申请批准等手续的当事人未履行义务的，对方可以请求其承担违反该义务的责任。

依照法律、行政法规的规定，合同的变更、转让、解除等情形应当办理批准等手续的，适用前款规定。

第五百零三条 【被代理人以默示方式追认无权代理】无权代理人以被代理人的名义订立合同，被代理人已经开始履行合同义务或者接受相对人履行的，视为对合同的追认。

第五百零四条 【超越权限订立合同的效力】法人的法定代表人或者非法人组织的负责人超越权限订立的合同，除相对人知道或者应当知道其超越权限外，该代表行为有效，订立的合同对法人或者非法人组织发生效力。

第五百零五条 【超越经营范围订立的合同效力】当事人超越经营范围订立的合同的效力，应当依照本法第一编第六章第三节和本编的有关规定确定，不得仅以超越经营范围确认合同无效。

第五百零六条 【免责条款无效情形】合同中的下列免责条款无效：

(一)造成对方人身损害的；

(二)因故意或者重大过失造成对方财产损失的。

第五百零七条 【争议解决条款的独立性】合同不生效、无效、被撤销或者终止的，不影响合同中有关解决争议方法的条款的效力。

第五百零八条 【合同效力适用指引】本编对合同的效力没有规定的，适用本法第一编第六章的有关规定。

第四章 合同的履行

第五百零九条 【合同履行的原则】当事

人应当按照约定全面履行自己的义务。

当事人应当遵循诚信原则,根据合同的性质、目的和交易习惯履行通知、协助、保密等义务。

当事人在履行合同过程中,应当避免浪费资源、污染环境和破坏生态。

第五百一十条 【约定不明时合同内容的确定】合同生效后,当事人就质量、价款或者报酬、履行地点等内容没有约定或者约定不明确的,可以协议补充;不能达成补充协议的,按照合同相关条款或者交易习惯确定。

第五百一十一条 【质量、价款、履行地点等内容的确定】当事人就有关合同内容约定不明确,依据前条规定仍不能确定的,适用下列规定:

(一)质量要求不明确的,按照强制性国家标准履行;没有强制性国家标准的,按照推荐性国家标准履行;没有推荐性国家标准的,按照行业标准履行;没有国家标准、行业标准的,按照通常标准或者符合合同目的的特定标准履行。

(二)价款或者报酬不明确的,按照订立合同时履行地的市场价格履行;依法应当执行政府定价或者政府指导价的,依照规定履行。

(三)履行地点不明确,给付货币的,在接受货币一方所在地履行;交付不动产的,在不动产所在地履行;其他标的,在履行义务一方所在地履行。

(四)履行期限不明确的,债务人可以随时履行,债权人也可以随时请求履行,但是应当给对方必要的准备时间。

(五)履行方式不明确的,按照有利于实现合同目的的方式履行。

(六)履行费用的负担不明确的,由履行义务一方负担;因债权人原因增加的履行费用,由债权人负担。

第五百一十二条 【电子合同交付时间的认定】通过互联网等信息网络订立的电子合同的标的为交付商品并采用快递物流方式交付的,收货人的签收时间为交付时间。电子合同的标的为提供服务的,生成的电子凭证或者实物凭证中载明的时间为提供服务时间;前述凭证没有载明时间或者载明时间与实际提供服务时间不一致的,以实际提供服务的时间为准。

电子合同的标的物为采用在线传输方式交付的,合同标的物进入对方当事人指定的特定系统且能够检索识别的时间为交付时间。

电子合同当事人对交付商品或者提供服务的方式、时间另有约定的,按照其约定。

第五百一十三条 【执行政府定价或指导价的合同价格确定】执行政府定价或者政府指导价的,在合同约定的交付期限内政府价格调整时,按照交付时的价格计价。逾期交付标的物的,遇价格上涨时,按照原价格执行;价格下降时,按照新价格执行。逾期提取标的物或者逾期付款的,遇价格上涨时,按照新价格执行;价格下降时,按照原价格执行。

第五百一十四条 【金钱之债给付货币的确定规则】以支付金钱为内容的债,除法律另有规定或者当事人另有约定外,债权人可以请求债务人以实际履行地的法定货币履行。

第五百一十五条 【选择之债中债务人的选择权】标的有多项而债务人只需履行其中一项的,债务人享有选择权;但是,法律另有规定、当事人另有约定或者另有交易习惯的除外。

享有选择权的当事人在约定期限内或者履行期限届满未作选择,经催告后在合理期限内仍未选择的,选择权转移至对方。

第五百一十六条 【选择权的行使】当事人行使选择权应当及时通知对方,通知到达对方时,标的确定。标的确定后不得变更,但是经对方同意的除外。

可选择的标的发生不能履行情形的,享有选择权的当事人不得选择不能履行的标的,但是该不能履行的情形是由对方造成的除外。

第五百一十七条 【按份债权与按份债务】债权人为二人以上,标的可分,按照份额各自享有债权的,为按份债权;债务人为二人以上,标的可分,按照份额各自负担债务的,为按份债务。

按份债权人或者按份债务人的份额难以确定的,视为份额相同。

第五百一十八条 【连带债权与连带债务】债权人为二人以上,部分或者全部债权人均可以请求债务人履行债务的,为连带债权;债务人为二人以上,债权人可以请求部分或者全部债务人履行全部债务的,为连带债务。

连带债权或者连带债务,由法律规定或者当事人约定。

第五百一十九条 【连带债务份额的确定及追偿】连带债务人之间的份额难以确定的,视为份额相同。

实际承担债务超过自己份额的连带债务人,有权就超出部分在其他连带债务人未履行的份额范围内向其追偿,并相应地享有债权人的权利,但是不得损害债权人的利益。其他连带债务人对债权人的抗辩,可以向该债务人主张。

被追偿的连带债务人不能履行其应分担份额的,其他连带债务人应当在相应范围内按比例分担。

第五百二十条 【连带债务人之一所生事项涉他效力】部分连带债务人履行、抵销债务或者提存标的物的,其他债务人对债权人的债务在相应范围内消灭;该债务人可以依据前条规定向其他债务人追偿。

部分连带债务人的债务被债权人免除的,在该连带债务人应当承担的份额范围内,

其他债务人对债权人的债务消灭。

部分连带债务人的债务与债权人的债权同归于一人的,在扣除该债务人应当承担的份额后,债权人对其他债务人的债权继续存在。

债权人对部分连带债务人的给付受领迟延的,对其他连带债务人发生效力。

第五百二十一条 【连带债权内外部关系】连带债权人之间的份额难以确定的,视为份额相同。

实际受领债权的连带债权人,应当按比例向其他连带债权人返还。

连带债权参照适用本章连带债务的有关规定。

第五百二十二条 【向第三人履行】当事人约定由债务人向第三人履行债务,债务人未向第三人履行债务或者履行债务不符合约定的,应当向债权人承担违约责任。

法律规定或者当事人约定第三人可以直接请求债务人向其履行债务,第三人未在合理期限内明确拒绝,债务人未向第三人履行债务或者履行债务不符合约定的,第三人可以请求债务人承担违约责任;债务人对债权人的抗辩,可以向第三人主张。

第五百二十三条 【第三人履行】当事人约定由第三人向债权人履行债务,第三人不履行债务或者履行债务不符合约定的,债务人应当向债权人承担违约责任。

第五百二十四条 【第三人代为履行】债务人不履行债务,第三人对履行该债务具有合法利益的,第三人有权向债权人代为履行;但是,根据债务性质、按照当事人约定或者依照法律规定只能由债务人履行的除外。

债权人接受第三人履行后,其对债务人的债权转让给第三人,但是债务人和第三人另有约定的除外。

第五百二十五条 【同时履行抗辩权】当事人互负债务,没有先后履行顺序的,应当同

时履行。一方在对方履行之前有权拒绝其履行请求。一方在对方履行债务不符合约定时,有权拒绝其相应的履行请求。

第五百二十六条 【后履行抗辩权】当事人互负债务,有先后履行顺序,应当先履行债务一方未履行的,后履行一方有权拒绝其履行请求。先履行一方履行债务不符合约定的,后履行一方有权拒绝其相应的履行请求。

第五百二十七条 【不安抗辩权】应当先履行债务的当事人,有确切证据证明对方有下列情形之一的,可以中止履行:

（一）经营状况严重恶化;

（二）转移财产、抽逃资金,以逃避债务;

（三）丧失商业信誉;

（四）有丧失或者可能丧失履行债务能力的其他情形。

当事人没有确切证据中止履行的,应当承担违约责任。

第五百二十八条 【不安抗辩权的行使】当事人依据前条规定中止履行的,应当及时通知对方。对方提供适当担保的,应当恢复履行。中止履行后,对方在合理期限内未恢复履行能力且未提供适当担保的,视为以自己的行为表明不履行主要债务,中止履行的一方可以解除合同并可以请求对方承担违约责任。

第五百二十九条 【因债权人原因致债务履行困难的处理】债权人分立、合并或者变更住所没有通知债务人,致使履行债务发生困难的,债务人可以中止履行或者将标的物提存。

第五百三十条 【债务人提前履行债务】债权人可以拒绝债务人提前履行债务,但是提前履行不损害债权人利益的除外。

债务人提前履行债务给债权人增加的费用,由债务人负担。

第五百三十一条 【债务人部分履行债务】债权人可以拒绝债务人部分履行债务,但是部分履行不损害债权人利益的除外。

债务人部分履行债务给债权人增加的费用,由债务人负担。

第五百三十二条 【当事人变化不影响合同效力】合同生效后,当事人不得因姓名、名称的变更或者法定代表人、负责人、承办人的变动而不履行合同义务。

第五百三十三条 【情势变更】合同成立后,合同的基础条件发生了当事人在订立合同时无法预见的、不属于商业风险的重大变化,继续履行合同对于当事人一方明显不公平的,受不利影响的当事人可以与对方重新协商;在合理期限内协商不成的,当事人可以请求人民法院或者仲裁机构变更或者解除合同。

人民法院或者仲裁机构应当结合案件的实际情况,根据公平原则变更或者解除合同。

第五百三十四条 【合同监督】对当事人利用合同实施危害国家利益、社会公共利益行为的,市场监督管理和其他有关行政主管部门依照法律、行政法规的规定负责监督处理。

第五章 合同的保全

第五百三十五条 【债权人代位权】因债务人怠于行使其债权或者与该债权有关的从权利,影响债权人的到期债权实现的,债权人可以向人民法院请求以自己的名义代位行使债务人对相对人的权利,但是该权利专属于债务人自身的除外。

代位权的行使范围以债权人的到期债权为限。债权人行使代位权的必要费用,由债务人负担。

相对人对债务人的抗辩,可以向债权人主张。

第五百三十六条 【保存行为】债权人的债权到期前,债务人的债权或者与该债权有关的从权利存在诉讼时效期间即将届满或者未及时申报破产债权等情形，影响债权人的债权实现的，债权人可以代位向债务人的相对人请求其向债务人履行、向破产管理人申报或者作出其他必要的行为。

第五百三十七条 【代位权行使后的法律效果】人民法院认定代位权成立的，由债务人的相对人向债权人履行义务，债权人接受履行后，债权人与债务人、债务人与相对人之间相应的权利义务终止。债务人对相对人的债权或者与该债权有关的从权利被采取保全、执行措施，或者债务人破产的，依照相关法律的规定处理。

第五百三十八条 【撤销债务人无偿行为】债务人以放弃其债权、放弃债权担保、无偿转让财产等方式无偿处分财产权益，或者恶意延长其到期债权的履行期限，影响债权人的债权实现的，债权人可以请求人民法院撤销债务人的行为。

第五百三十九条 【撤销债务人有偿行为】债务人以明显不合理的低价转让财产、以明显不合理的高价受让他人财产或者为他人的债务提供担保，影响债权人的债权实现，债务人的相对人知道或者应当知道该情形的，债权人可以请求人民法院撤销债务人的行为。

第五百四十条 【撤销权的行使范围】撤销权的行使范围以债权人的债权为限。债权人行使撤销权的必要费用，由债务人负担。

第五百四十一条 【撤销权的行使期间】撤销权自债权人知道或者应当知道撤销事由之日起一年内行使。自债务人的行为发生之日起五年内没有行使撤销权的，该撤销权消灭。

第五百四十二条 【债务人行为被撤销的法律效果】债务人影响债权人的债权实现的行为被撤销的，自始没有法律约束力。

第六章 合同的变更和转让

第五百四十三条 【协议变更合同】当事人协商一致，可以变更合同。

第五百四十四条 【合同变更不明确推定为未变更】当事人对合同变更的内容约定不明确的，推定为未变更。

第五百四十五条 【债权转让】债权人可以将债权的全部或者部分转让给第三人，但是有下列情形之一的除外：

（一）根据债权性质不得转让；

（二）按照当事人约定不得转让；

（三）依照法律规定不得转让。

当事人约定非金钱债权不得转让的，不得对抗善意第三人。当事人约定金钱债权不得转让的，不得对抗第三人。

第五百四十六条 【债权转让的通知义务】债权人转让债权，未通知债务人的，该转让对债务人不发生效力。

债权转让的通知不得撤销，但是经受让人同意的除外。

第五百四十七条 【债权转让从权利一并转让】债权人转让债权的，受让人取得与债权有关的从权利，但是该从权利专属于债权人自身的除外。

受让人取得从权利不因该从权利未办理转移登记手续或者未转移占有而受到影响。

第五百四十八条 【债权转让中债务人抗辩】债务人接到债权转让通知后，债务人对让与人的抗辩，可以向受让人主张。

第五百四十九条 【债权转让中债务人的抵销权】有下列情形之一的，债务人可以向受让人主张抵销：

（一）债务人接到债权转让通知时，债务人对让与人享有债权，且债务人的债权先于转让的债权到期或者同时到期；

（二）债务人的债权与转让的债权是基于

同一合同产生。

第五百五十条　【债权转让费用的承担】因债权转让增加的履行费用,由让与人负担。

第五百五十一条　【债务转移】债务人将债务的全部或者部分转移给第三人的,应当经债权人同意。

债务人或者第三人可以催告债权人在合理期限内予以同意,债权人未作表示的,视为不同意。

第五百五十二条　【债务加入】第三人与债务人约定加入债务并通知债权人,或者第三人向债权人表示愿意加入债务,债权人未在合理期限内明确拒绝的,债权人可以请求第三人在其愿意承担的债务范围内和债务人承担连带债务。

第五百五十三条　【债务转移时新债务人抗辩】债务人转移债务的,新债务人可以主张原债务人对债权人的抗辩;原债务人对债权人享有债权的,新债务人不得向债权人主张抵销。

第五百五十四条　【从债务随主债务转移】债务人转移债务的,新债务人应当承担与主债务有关的从债务,但是该从债务专属于原债务人自身的除外。

第五百五十五条　【合同权利义务的一并转让】当事人一方经对方同意,可以将自己在合同中的权利和义务一并转让给第三人。

第五百五十六条　【一并转让的法律适用】合同的权利和义务一并转让的,适用债权转让、债务转移的有关规定。

第七章　合同的权利义务终止

第五百五十七条　【债权债务终止的法定情形】有下列情形之一的,债权债务终止:

(一)债务已经履行;

(二)债务相互抵销;

(三)债务人依法将标的物提存;

(四)债权人免除债务;

(五)债权债务同归于一人;

(六)法律规定或者当事人约定终止的其他情形。

合同解除的,该合同的权利义务关系终止。

第五百五十八条　【后合同义务】债权债务终止后,当事人应当遵循诚信等原则,根据交易习惯履行通知、协助、保密、旧物回收等义务。

第五百五十九条　【从权利消灭】债权债务终止时,债权的从权利同时消灭,但是法律另有规定或者当事人另有约定的除外。

第五百六十条　【数项债务的清偿抵充顺序】债务人对同一债权人负担的数项债务种类相同,债务人的给付不足以清偿全部债务的,除当事人另有约定外,由债务人在清偿时指定其履行的债务。

债务人未作指定的,应当优先履行已经到期的债务;数项债务均到期的,优先履行对债权人缺乏担保或者担保最少的债务;均无担保或者担保相等的,优先履行债务人负担较重的债务;负担相同的,按照债务到期的先后顺序履行;到期时间相同的,按照债务比例履行。

第五百六十一条　【费用、利息和主债务的清偿抵充顺序】债务人在履行主债务外还应当支付利息和实现债权的有关费用,其给付不足以清偿全部债务的,除当事人另有约定外,应当按照下列顺序履行:

(一)实现债权的有关费用;

(二)利息;

(三)主债务。

第五百六十二条　【合同的约定解除】当事人协商一致,可以解除合同。

当事人可以约定一方解除合同的事由。解除合同的事由发生时,解除权人可以解除合同。

第五百六十三条　【合同的法定解除】有下列情形之一的,当事人可以解除合同:

(一)因不可抗力致使不能实现合同目的;

(二)在履行期限届满前,当事人一方明确表示或者以自己的行为表明不履行主要债务;

(三)当事人一方迟延履行主要债务,经催告后在合理期限内仍未履行;

(四)当事人一方迟延履行债务或者有其他违约行为致使不能实现合同目的;

(五)法律规定的其他情形。

以持续履行的债务为内容的不定期合同,当事人可以随时解除合同,但是应当在合理期限之前通知对方。

第五百六十四条　【解除权行使期限】法律规定或者当事人约定解除权行使期限,期限届满当事人不行使的,该权利消灭。

法律没有规定或者当事人没有约定解除权行使期限,自解除权人知道或者应当知道解除事由之日起一年内不行使,或者经对方催告后在合理期限内不行使的,该权利消灭。

第五百六十五条　【合同解除权的行使规则】当事人一方依法主张解除合同的,应当通知对方。合同自通知到达对方时解除;通知载明债务人在一定期限内不履行债务则合同自动解除,债务人在该期限内未履行债务的,合同自通知载明的期限届满时解除。对方对解除合同有异议的,任何一方当事人均可以请求人民法院或者仲裁机构确认解除行为的效力。

当事人一方未通知对方,直接以提起诉讼或者申请仲裁的方式依法主张解除合同,人民法院或者仲裁机构确认该主张的,合同自起诉状副本或者仲裁申请书副本送达对方时解除。

第五百六十六条　【合同解除的法律后果】合同解除后,尚未履行的,终止履行;已经履行的,根据履行情况和合同性质,当事人可以请求恢复原状或者采取其他补救措施,并有权请求赔偿损失。

合同因违约解除的,解除权人可以请求违约方承担违约责任,但是当事人另有约定的除外。

主合同解除后,担保人对债务人应当承担的民事责任仍应当承担担保责任,但是担保合同另有约定的除外。

第五百六十七条　【结算、清理条款效力的独立性】合同的权利义务关系终止,不影响合同中结算和清理条款的效力。

第五百六十八条　【法定抵销】当事人互负债务,该债务的标的物种类、品质相同的,任何一方可以将自己的债务与对方的到期债务抵销;但是,根据债务性质、按照当事人约定或者依照法律规定不得抵销的除外。

当事人主张抵销的,应当通知对方。通知到达对方时生效。抵销不得附条件或者附期限。

第五百六十九条　【约定抵销】当事人互负债务,标的物种类、品质不相同的,经协商一致,也可以抵销。

第五百七十条　【提存的条件】有下列情形之一,难以履行债务的,债务人可以将标的物提存:

(一)债权人无正当理由拒绝受领;

(二)债权人下落不明;

(三)债权人死亡未确定继承人、遗产管理人,或者丧失民事行为能力未确定监护人;

(四)法律规定的其他情形。

标的物不适于提存或者提存费用过高的,债务人依法可以拍卖或者变卖标的物,提存所得的价款。

第五百七十一条　【提存的成立】债务人将标的物或者将标的物依法拍卖、变卖所得价款交付提存部门时,提存成立。

提存成立的,视为债务人在其提存范围

内已经交付标的物。

第五百七十二条 【提存的通知】标的物提存后，债务人应当及时通知债权人或者债权人的继承人、遗产管理人、监护人、财产代管人。

第五百七十三条 【提存期间风险、孳息和提存费用负担】标的物提存后，毁损、灭失的风险由债权人承担。提存期间，标的物的孳息归债权人所有。提存费用由债权人负担。

第五百七十四条 【提存物的领取与取回】债权人可以随时领取提存物。但是，债权人对债务人负有到期债务的，在债权人未履行债务或者提供担保之前，提存部门根据债务人的要求应当拒绝其领取提存物。

债权人领取提存物的权利，自提存之日起五年内不行使而消灭，提存物扣除提存费用后归国家所有。但是，债权人未履行对债务人的到期债务，或者债权人向提存部门书面表示放弃领取提存物权利的，债务人负担提存费用后有权取回提存物。

第五百七十五条 【债的免除】债权人免除债务人部分或者全部债务的，债权债务部分或者全部终止，但是债务人在合理期限内拒绝的除外。

第五百七十六条 【债权债务混同的处理】债权和债务同归于一人的，债权债务终止，但是损害第三人利益的除外。

第八章　违约责任

第五百七十七条 【违约责任的种类】当事人一方不履行合同义务或者履行合同义务不符合约定的，应当承担继续履行、采取补救措施或者赔偿损失等违约责任。

第五百七十八条 【预期违约责任】当事人一方明确表示或者以自己的行为表明不履行合同义务的，对方可以在履行期限届满前请求其承担违约责任。

第五百七十九条 【金钱债务的继续履行】当事人一方未支付价款、报酬、租金、利息，或者不履行其他金钱债务的，对方可以请求其支付。

第五百八十条 【非金钱债务的继续履行】当事人一方不履行非金钱债务或者履行非金钱债务不符合约定的，对方可以请求履行，但是有下列情形之一的除外：

（一）法律上或者事实上不能履行；

（二）债务的标的不适于强制履行或者履行费用过高；

（三）债权人在合理期限内未请求履行。

有前款规定的除外情形之一，致使不能实现合同目的的，人民法院或者仲裁机构可以根据当事人的请求终止合同权利义务关系，但是不影响违约责任的承担。

第五百八十一条 【替代履行】当事人一方不履行债务或者履行债务不符合约定，根据债务的性质不得强制履行的，对方可以请求其负担由第三人替代履行的费用。

第五百八十二条 【瑕疵履行违约责任】履行不符合约定的，应当按照当事人的约定承担违约责任。对违约责任没有约定或者约定不明确，依据本法第五百一十条的规定仍不能确定的，受损害方根据标的的性质以及损失的大小，可以合理选择请求对方承担修理、重作、更换、退货、减少价款或者报酬等违约责任。

第五百八十三条 【违约损害赔偿责任】当事人一方不履行合同义务或者履行合同义务不符合约定的，在履行义务或者采取补救措施后，对方还有其他损失的，应当赔偿损失。

第五百八十四条 【法定的违约赔偿损失】当事人一方不履行合同义务或者履行合同义务不符合约定，造成对方损失的，损失赔偿额应当相当于因违约所造成的损失，包括合同履行后可以获得的利益；但是，不得超过违约一方订立合同时预见到或者应当预见到的因违约可能造成的损失。

第五百八十五条　【违约金的约定】当事人可以约定一方违约时应当根据违约情况向对方支付一定数额的违约金，也可以约定因违约产生的损失赔偿额的计算方法。

约定的违约金低于造成的损失的，人民法院或者仲裁机构可以根据当事人的请求予以增加；约定的违约金过分高于造成的损失的，人民法院或者仲裁机构可以根据当事人的请求予以适当减少。

当事人就迟延履行约定违约金的，违约方支付违约金后，还应当履行债务。

第五百八十六条　【定金】当事人可以约定一方向对方给付定金作为债权的担保。定金合同自实际交付定金时成立。

定金的数额由当事人约定；但是，不得超过主合同标的额的百分之二十，超过部分不产生定金的效力。实际交付的定金数额多于或者少于约定数额的，视为变更约定的定金数额。

第五百八十七条　【定金罚则】债务人履行债务的，定金应当抵作价款或者收回。给付定金的一方不履行债务或者履行债务不符合约定，致使不能实现合同目的的，无权请求返还定金；收受定金的一方不履行债务或者履行债务不符合约定，致使不能实现合同目的的，应当双倍返还定金。

第五百八十八条　【违约金与定金竞合选择权】当事人既约定违约金，又约定定金的，一方违约时，对方可以选择适用违约金或者定金条款。

定金不足以弥补一方违约造成的损失的，对方可以请求赔偿超过定金数额的损失。

第五百八十九条　【债权人受领迟延】债务人按照约定履行债务，债权人无正当理由拒绝受领的，债务人可以请求债权人赔偿增加的费用。

在债权人受领迟延期间，债务人无须支付利息。

第五百九十条　【因不可抗力不能履行合同】当事人一方因不可抗力不能履行合同的，根据不可抗力的影响，部分或者全部免除责任，但是法律另有规定的除外。因不可抗力不能履行合同的，应当及时通知对方，以减轻可能给对方造成的损失，并应当在合理期限内提供证明。

当事人迟延履行后发生不可抗力的，不免除其违约责任。

第五百九十一条　【非违约方防止损失扩大义务】当事人一方违约后，对方应当采取适当措施防止损失的扩大；没有采取适当措施致使损失扩大的，不得就扩大的损失请求赔偿。

当事人因防止损失扩大而支出的合理费用，由违约方负担。

第五百九十二条　【双方违约和与有过错规则】当事人都违反合同的，应当各自承担相应的责任。

当事人一方违约造成对方损失，对方对损失的发生有过错的，可以减少相应的损失赔偿额。

第五百九十三条　【因第三人原因造成违约情况下的责任承担】当事人一方因第三人的原因造成违约的，应当依法向对方承担违约责任。当事人一方和第三人之间的纠纷，依照法律规定或者按照约定处理。

第五百九十四条　【国际贸易合同诉讼时效和仲裁时效】因国际货物买卖合同和技术进出口合同争议提起诉讼或者申请仲裁的时效期间为四年。

第二分编　典型合同

第九章　买卖合同

第五百九十五条　【买卖合同的概念】买

卖合同是出卖人转移标的物的所有权于买受人，买受人支付价款的合同。

第五百九十六条　【买卖合同条款】买卖合同的内容一般包括标的物的名称、数量、质量、价款、履行期限、履行地点和方式、包装方式、检验标准和方法、结算方式、合同使用的文字及其效力等条款。

第五百九十七条　【无权处分的违约责任】因出卖人未取得处分权致使标的物所有权不能转移的，买受人可以解除合同并请求出卖人承担违约责任。

法律、行政法规禁止或者限制转让的标的物，依照其规定。

第五百九十八条　【出卖人基本义务】出卖人应当履行向买受人交付标的物或者交付提取标的物的单证，并转移标的物所有权的义务。

第五百九十九条　【出卖人义务：交付单证、交付资料】出卖人应当按照约定或者交易习惯向买受人交付提取标的物单证以外的有关单证和资料。

第六百条　【买卖合同知识产权保留条款】出卖具有知识产权的标的物的，除法律另有规定或者当事人另有约定外，该标的物的知识产权不属于买受人。

第六百零一条　【出卖人义务：交付期间】出卖人应当按照约定的时间交付标的物。约定交付期限的，出卖人可以在该交付期限内的任何时间交付。

第六百零二条　【标的物交付期限不明时的处理】当事人没有约定标的物的交付期限或者约定不明确的，适用本法第五百一十条、第五百一十一条第四项的规定。

第六百零三条　【买卖合同标的物的交付地点】出卖人应当按照约定的地点交付标的物。

当事人没有约定交付地点或者约定不明确，依据本法第五百一十条的规定仍不能确定的，适用下列规定：

（一）标的物需要运输的，出卖人应当将标的物交付给第一承运人以运交给买受人；

（二）标的物不需要运输，出卖人和买受人订立合同时知道标的物在某一地点的，出卖人应当在该地点交付标的物；不知道标的物在某一地点的，应当在出卖人订立合同时的营业地交付标的物。

第六百零四条　【标的物的风险承担】标的物毁损、灭失的风险，在标的物交付之前由出卖人承担，交付之后由买受人承担，但是法律另有规定或者当事人另有约定的除外。

第六百零五条　【迟延交付标的物的风险负担】因买受人的原因致使标的物未按照约定的期限交付的，买受人应当自违反约定时起承担标的物毁损、灭失的风险。

第六百零六条　【路货买卖中的标的物风险转移】出卖人出卖交由承运人运输的在途标的物，除当事人另有约定外，毁损、灭失的风险自合同成立时起由买受人承担。

第六百零七条　【需要运输的标的物风险负担】出卖人按照约定将标的物运送至买受人指定地点并交付给承运人后，标的物毁损、灭失的风险由买受人承担。

当事人没有约定交付地点或者约定不明确，依据本法第六百零三条第二款第一项的规定标的物需要运输的，出卖人将标的物交付给第一承运人后，标的物毁损、灭失的风险由买受人承担。

第六百零八条　【买受人不履行接受标的物义务的风险负担】出卖人按照约定或者依据本法第六百零三条第二款第二项的规定将标的物置于交付地点，买受人违反约定没有收取的，标的物毁损、灭失的风险自违反约定时起由买受人承担。

第六百零九条　【未交付单证、资料的风险负担】出卖人按照约定未交付有关标的物的单证和资料的，不影响标的物毁损、灭失风险的转移。

第六百一十条 【根本违约】因标的物不符合质量要求,致使不能实现合同目的的,买受人可以拒绝接受标的物或者解除合同。买受人拒绝接受标的物或者解除合同的,标的物毁损、灭失的风险由出卖人承担。

第六百一十一条 【买受人承担风险与出卖人违约责任关系】标的物毁损、灭失的风险由买受人承担的,不影响因出卖人履行义务不符合约定,买受人请求其承担违约责任的权利。

第六百一十二条 【出卖人的权利瑕疵担保义务】出卖人就交付的标的物,负有保证第三人对该标的物不享有任何权利的义务,但是法律另有规定的除外。

第六百一十三条 【权利瑕疵担保责任之免除】买受人订立合同时知道或者应当知道第三人对买卖的标的物享有权利的,出卖人不承担前条规定的义务。

第六百一十四条 【买受人的中止支付价款权】买受人有确切证据证明第三人对标的物享有权利的,可以中止支付相应的价款,但是出卖人提供适当担保的除外。

第六百一十五条 【买卖标的物的质量瑕疵担保】出卖人应当按照约定的质量要求交付标的物。出卖人提供有关标的物质量说明的,交付的标的物应当符合该说明的质量要求。

第六百一十六条 【标的物法定质量担保义务】当事人对标的物的质量要求没有约定或者约定不明确,依据本法第五百一十条的规定仍不能确定的,适用本法第五百一十一条第一项的规定。

第六百一十七条 【质量瑕疵担保责任】出卖人交付的标的物不符合质量要求的,买受人可以依据本法第五百八十二条至第五百八十四条的规定请求承担违约责任。

第六百一十八条 【标的物瑕疵担保责任减免的特约效力】当事人约定减轻或者免除出卖人对标的物瑕疵承担的责任,因出卖人故意或者重大过失不告知买受人标的物瑕疵的,出卖人无权主张减轻或者免除责任。

第六百一十九条 【标的物的包装方式】出卖人应当按照约定的包装方式交付标的物。对包装方式没有约定或者约定不明确,依据本法第五百一十条的规定仍不能确定的,应当按照通用的方式包装;没有通用方式的,应当采取足以保护标的物且有利于节约资源、保护生态环境的包装方式。

第六百二十条 【买受人的检验义务】买受人收到标的物时应当在约定的检验期限内检验。没有约定检验期限的,应当及时检验。

第六百二十一条 【买受人检验标的物的异议通知】当事人约定检验期限的,买受人应当在检验期限内将标的物的数量或者质量不符合约定的情形通知出卖人。买受人怠于通知的,视为标的物的数量或者质量符合约定。

当事人没有约定检验期限的,买受人应当在发现或者应当发现标的物的数量或者质量不符合约定的合理期限内通知出卖人。买受人在合理期限内未通知或者自收到标的物之日起二年内未通知出卖人的,视为标的物的数量或者质量符合约定;但是,对标的物有质量保证期的,适用质量保证期,不适用该二年的规定。

出卖人知道或者应当知道提供的标的物不符合约定的,买受人不受前两款规定的通知时间的限制。

第六百二十二条 【检验期限或质量保证期过短的处理】当事人约定的检验期限过短,根据标的物的性质和交易习惯,买受人在检验期限内难以完成全面检验的,该期限仅视为买受人对标的物的外观瑕疵提出异议的期限。

约定的检验期限或者质量保证期短于法

律、行政法规规定期限的,应当以法律、行政法规规定的期限为准。

第六百二十三条 【标的物数量和外观瑕疵检验】当事人对检验期限未作约定,买受人签收的送货单、确认单等载明标的物数量、型号、规格的,推定买受人已经对数量和外观瑕疵进行检验,但是有相关证据足以推翻的除外。

第六百二十四条 【向第三人履行情形的检验标准】出卖人依照买受人的指示向第三人交付标的物,出卖人和买受人约定的检验标准与买受人和第三人约定的检验标准不一致的,以出卖人和买受人约定的检验标准为准。

第六百二十五条 【出卖人的回收义务】依照法律、行政法规的规定或者按照当事人的约定,标的物在有效使用年限届满后应予回收的,出卖人负有自行或者委托第三人对标的物予以回收的义务。

第六百二十六条 【买受人支付价款及方式】买受人应当按照约定的数额和支付方式支付价款。对价款的数额和支付方式没有约定或者约定不明确的,适用本法第五百一十条、第五百一十一条第二项和第五项的规定。

第六百二十七条 【买受人支付价款的地点】买受人应当按照约定的地点支付价款。对支付地点没有约定或者约定不明确,依据本法第五百一十条的规定仍不能确定的,买受人应当在出卖人的营业地支付;但是,约定支付价款以交付标的物或者交付提取标的物单证为条件的,在交付标的物或者交付提取标的物单证的所在地支付。

第六百二十八条 【买受人支付价款的时间】买受人应当按照约定的时间支付价款。对支付时间没有约定或者约定不明确,依据本法第五百一十条的规定仍不能确定的,买受人应当在收到标的物或者提取标的物单证的同时支付。

第六百二十九条 【出卖人多交标的物的处理】出卖人多交标的物的,买受人可以接收或者拒绝接收多交的部分。买受人接收多交部分的,按照约定的价格支付价款;买受人拒绝接收多交部分的,应当及时通知出卖人。

第六百三十条 【买卖合同标的物孳息的归属】标的物在交付之前产生的孳息,归出卖人所有;交付之后产生的孳息,归买受人所有。但是,当事人另有约定的除外。

第六百三十一条 【主物与从物在解除合同时的效力】因标的物的主物不符合约定而解除合同的,解除合同的效力及于从物。因标的物的从物不符合约定被解除的,解除的效力不及于主物。

第六百三十二条 【数物买卖合同的解除】标的物为数物,其中一物不符合约定的,买受人可以就该物解除。但是,该物与他物分离使标的物的价值显受损害的,买受人可以就数物解除合同。

第六百三十三条 【分批交付标的物的情况下解除合同的情形】出卖人分批交付标的物的,出卖人对其中一批标的物不交付或者交付不符合约定,致使该批标的物不能实现合同目的的,买受人可以就该批标的物解除。

出卖人不交付其中一批标的物或者交付不符合约定,致使之后其他各批标的物的交付不能实现合同目的的,买受人可以就该批以及之后其他各批标的物解除。

买受人如果就其中一批标的物解除,该批标的物与其他各批标的物相互依存的,可以就已经交付和未交付的各批标的物解除。

第六百三十四条 【分期付款买卖】分期付款的买受人未支付到期价款的数额达到全部价款的五分之一,经催告后在合理期限内仍未支付到期价款的,出卖人可以请求买受人支付全部价款或者解除合同。

出卖人解除合同的,可以向买受人请求支付该标的物的使用费。

第六百三十五条 【凭样品买卖合同】凭样品买卖的当事人应当封存样品,并可以对样品质量予以说明。出卖人交付的标的物应当与样品及其说明的质量相同。

第六百三十六条 【凭样品买卖合同样品存在隐蔽瑕疵的处理】凭样品买卖的买受人不知道样品有隐蔽瑕疵的,即使交付的标的物与样品相同,出卖人交付的标的物的质量仍然应当符合同种物的通常标准。

第六百三十七条 【试用买卖的试用期限】试用买卖的当事人可以约定标的物的试用期限。对试用期限没有约定或者约定不明确,依据本法第五百一十条的规定仍不能确定的,由出卖人确定。

第六百三十八条 【试用买卖合同买受人对标的物购买选择权】试用买卖的买受人在试用期内可以购买标的物,也可以拒绝购买。试用期限届满,买受人对是否购买标的物未作表示的,视为购买。

试用买卖的买受人在试用期内已经支付部分价款或者对标的物实施出卖、出租、设立担保物权等行为的,视为同意购买。

第六百三十九条 【试用买卖使用费】试用买卖的当事人对标的物使用费没有约定或者约定不明确的,出卖人无权请求买受人支付。

第六百四十条 【试用买卖中的风险承担】标的物在试用期内毁损、灭失的风险由出卖人承担。

第六百四十一条 【标的物所有权保留条款】当事人可以在买卖合同中约定买受人未履行支付价款或者其他义务的,标的物的所有权属于出卖人。

出卖人对标的物保留的所有权,未经登记,不得对抗善意第三人。

第六百四十二条 【所有权保留中出卖人的取回权】当事人约定出卖人保留合同标的物的所有权,在标的物所有权转移前,买受人有下列情形之一,造成出卖人损害的,除当事人另有约定外,出卖人有权取回标的物:

(一)未按照约定支付价款,经催告后在合理期限内仍未支付;

(二)未按照约定完成特定条件;

(三)将标的物出卖、出质或者作出其他不当处分。

出卖人可以与买受人协商取回标的物;协商不成的,可以参照适用担保物权的实现程序。

第六百四十三条 【买受人回赎权及出卖人再出卖权】出卖人依据前条第一款的规定取回标的物后,买受人在双方约定或者出卖人指定的合理回赎期限内,消除出卖人取回标的物的事由的,可以请求回赎标的物。

买受人在回赎期限内没有回赎标的物,出卖人可以以合理价格将标的物出卖给第三人,出卖所得价款扣除买受人未支付的价款以及必要费用后仍有剩余的,应当返还买受人;不足部分由买受人清偿。

第六百四十四条 【招标投标买卖的法律适用】招标投标买卖的当事人的权利和义务以及招标投标程序等,依照有关法律、行政法规的规定。

第六百四十五条 【拍卖的法律适用】拍卖的当事人的权利和义务以及拍卖程序等,依照有关法律、行政法规的规定。

第六百四十六条 【买卖合同准用于有偿合同】法律对其他有偿合同有规定的,依照其规定;没有规定的,参照适用买卖合同的有关规定。

第六百四十七条 【易货交易的法律适用】当事人约定易货交易,转移标的物的所有权的,参照适用买卖合同的有关规定。

第十章　供用电、水、气、热力合同

第六百四十八条　【供用电合同概念及强制缔约义务】供用电合同是供电人向用电人供电,用电人支付电费的合同。

向社会公众供电的供电人,不得拒绝用电人合理的订立合同要求。

第六百四十九条　【供用电合同的内容】供用电合同的内容一般包括供电的方式、质量、时间,用电容量、地址、性质,计量方式,电价、电费的结算方式,供用电设施的维护责任等条款。

第六百五十条　【供用电合同的履行地点】供用电合同的履行地点,按照当事人约定;当事人没有约定或者约定不明确的,供电设施的产权分界处为履行地点。

第六百五十一条　【供电人的安全供电义务】供电人应当按照国家规定的供电质量标准和约定安全供电。供电人未按照国家规定的供电质量标准和约定安全供电,造成用电人损失的,应当承担赔偿责任。

第六百五十二条　【供电人中断供电时的通知义务】供电人因供电设施计划检修、临时检修、依法限电或者用电人违法用电等原因,需要中断供电时,应当按照国家有关规定事先通知用电人;未事先通知用电人中断供电,造成用电人损失的,应当承担赔偿责任。

第六百五十三条　【供电人抢修义务】因自然灾害等原因断电,供电人应当按照国家有关规定及时抢修;未及时抢修,造成用电人损失的,应当承担赔偿责任。

第六百五十四条　【用电人支付电费的义务】用电人应当按照国家有关规定和当事人的约定及时支付电费。用电人逾期不支付电费的,应当按照约定支付违约金。经催告用电人在合理期限内仍不支付电费和违约金

的,供电人可以按照国家规定的程序中止供电。

供电人依据前款规定中止供电的,应当事先通知用电人。

第六百五十五条　【用电人安全用电义务】用电人应当按照国家有关规定和当事人的约定安全、节约和计划用电。用电人未按照国家有关规定和当事人的约定用电,造成供电人损失的,应当承担赔偿责任。

第六百五十六条　【供用水、气、热力合同参照适用供用电合同】供用水、用用气、供用热力合同,参照适用供用电合同的有关规定。

第十一章　赠　与　合　同

第六百五十七条　【赠与合同的概念】赠与合同是赠与人将自己的财产无偿给予受赠人,受赠人表示接受赠与的合同。

第六百五十八条　【赠与的任意撤销及限制】赠与人在赠与财产的权利转移之前可以撤销赠与。

经过公证的赠与合同或者依法不得撤销的具有救灾、扶贫、助残等公益、道德义务性质的赠与合同,不适用前款规定。

第六百五十九条　【赠与特殊财产需要办理有关法律手续】赠与的财产依法需要办理登记或者其他手续的,应当办理有关手续。

第六百六十条　【法定不得撤销赠与的赠与人不交付赠与财产的责任】经过公证的赠与合同或者依法不得撤销的具有救灾、扶贫、助残等公益、道德义务性质的赠与合同,赠与人不交付赠与财产的,受赠人可以请求交付。

依据前款规定应当交付的赠与财产因赠与人故意或者重大过失致使毁损、灭失的,赠与人应当承担赔偿责任。

第六百六十一条　【附义务的赠与合同】

赠与可以附义务。

赠与附义务的,受赠人应当按照约定履行义务。

第六百六十二条　【赠与财产的瑕疵担保责任】赠与的财产有瑕疵的,赠与人不承担责任。附义务的赠与,赠与的财产有瑕疵的,赠与人在附义务的限度内承担与出卖人相同的责任。

赠与人故意不告知瑕疵或者保证无瑕疵,造成受赠人损失的,应当承担赔偿责任。

第六百六十三条　【赠与人的法定撤销情形及撤销权行使期间】受赠人有下列情形之一的,赠与人可以撤销赠与:

(一)严重侵害赠与人或者赠与人近亲属的合法权益;

(二)对赠与人有扶养义务而不履行;

(三)不履行赠与合同约定的义务。

赠与人的撤销权,自知道或者应当知道撤销事由之日起一年内行使。

第六百六十四条　【赠与人的继承人或法定代理人的撤销权】因受赠人的违法行为致使赠与人死亡或者丧失民事行为能力的,赠与人的继承人或者法定代理人可以撤销赠与。

赠与人的继承人或者法定代理人的撤销权,自知道或者应当知道撤销事由之日起六个月内行使。

第六百六十五条　【撤销赠与的效力】撤销权人撤销赠与的,可以向受赠人请求返还赠与的财产。

第六百六十六条　【赠与义务的免除】赠与人的经济状况显著恶化,严重影响其生产经营或者家庭生活的,可以不再履行赠与义务。

第十二章　借款合同

第六百六十七条　【借款合同的定义】借款合同是借款人向贷款人借款,到期返还借款并支付利息的合同。

第六百六十八条　【借款合同的形式和内容】借款合同应当采用书面形式,但是自然人之间借款另有约定的除外。

借款合同的内容一般包括借款种类、币种、用途、数额、利率、期限和还款方式等条款。

第六百六十九条　【借款合同借款人的告知义务】订立借款合同,借款人应当按照贷款人的要求提供与借款有关的业务活动和财务状况的真实情况。

第六百七十条　【借款利息不得预先扣除】借款的利息不得预先在本金中扣除。利息预先在本金中扣除的,应当按照实际借款数额返还借款并计算利息。

第六百七十一条　【提供及收取借款迟延责任】贷款人未按照约定的日期、数额提供借款,造成借款人损失的,应当赔偿损失。

借款人未按照约定的日期、数额收取借款的,应当按照约定的日期、数额支付利息。

第六百七十二条　【贷款人对借款使用情况检查、监督的权利】贷款人按照约定可以检查、监督借款的使用情况。借款人应当按照约定向贷款人定期提供有关财务会计报表或者其他资料。

第六百七十三条　【借款人违约使用借款的后果】借款人未按照约定的借款用途使用借款的,贷款人可以停止发放借款、提前收回借款或者解除合同。

第六百七十四条　【借款利息支付期限的确定】借款人应当按照约定的期限支付利息。对支付利息的期限没有约定或者约定不明确,依据本法第五百一十条的规定仍不能确定,借款期间不满一年的,应当在返还借款时一并支付;借款期间一年以上的,应当在每届满一年时支付,剩余期间不满一年的,应当在返还借款时一并支付。

第六百七十五条 【还款期限的确定】借款人应当按照约定的期限返还借款。对借款期限没有约定或者约定不明确，依据本法第五百一十条的规定仍不能确定的，借款人可以随时返还；贷款人可以催告借款人在合理期限内返还。

第六百七十六条 【借款合同违约责任承担】借款人未按照约定的期限返还借款的，应当按照约定或者国家有关规定支付逾期利息。

第六百七十七条 【提前偿还借款】借款人提前返还借款的，除当事人另有约定外，应当按照实际借款的期间计算利息。

第六百七十八条 【借款展期】借款人可以在还款期限届满前向贷款人申请展期；贷款人同意的，可以展期。

第六百七十九条 【自然人之间借款合同的成立】自然人之间的借款合同，自贷款人提供借款时成立。

第六百八十条 【借款利率和利息】禁止高利放贷，借款的利率不得违反国家有关规定。

借款合同对支付利息没有约定的，视为没有利息。

借款合同对支付利息约定不明确，当事人不能达成补充协议的，按照当地或者当事人的交易方式、交易习惯、市场利率等因素确定利息；自然人之间借款的，视为没有利息。

第十三章 保证合同

第一节 一般规定

第六百八十一条 【保证合同的概念】保证合同是为保障债权的实现，保证人和债权人约定，当债务人不履行到期债务或者发生当事人约定的情形时，保证人履行债务或者承担责任的合同。

第六百八十二条 【保证合同的附从性及被确认无效后的责任分配】保证合同是主债权债务合同的从合同。主债权债务合同无效的，保证合同无效，但是法律另有规定的除外。

保证合同被确认无效后，债务人、保证人、债权人有过错的，应当根据其过错各自承担相应的民事责任。

第六百八十三条 【保证人的资格】机关法人不得为保证人，但是经国务院批准为使用外国政府或者国际经济组织贷款进行转贷的除外。

以公益为目的的非营利法人、非法人组织不得为保证人。

第六百八十四条 【保证合同的一般内容】保证合同的内容一般包括被保证的主债权的种类、数额，债务人履行债务的期限，保证的方式、范围和期间等条款。

第六百八十五条 【保证合同的订立】保证合同可以是单独订立的书面合同，也可以是主债权债务合同中的保证条款。

第三人单方以书面形式向债权人作出保证，债权人接收且未提出异议的，保证合同成立。

第六百八十六条 【保证方式】保证的方式包括一般保证和连带责任保证。

当事人在保证合同中对保证方式没有约定或者约定不明确的，按照一般保证承担保证责任。

第六百八十七条 【一般保证及先诉抗辩权】当事人在保证合同中约定，债务人不能履行债务时，由保证人承担保证责任的，为一般保证。

一般保证的保证人在主合同纠纷未经审判或者仲裁，并就债务人财产依法强制执行仍不能履行债务前，有权拒绝向债权人承担保证责任，但是有下列情形之一的除外：

（一）债务人下落不明，且无财产可供执行；

（二）人民法院已经受理债务人破产案件；

（三）债权人有证据证明债务人的财产不足以履行全部债务或者丧失履行债务能力；

（四）保证人书面表示放弃本款规定的权利。

第六百八十八条　【连带责任保证】当事人在保证合同中约定保证人和债务人对债务承担连带责任的，为连带责任保证。

连带责任保证的债务人不履行到期债务或者发生当事人约定的情形时，债权人可以请求债务人履行债务，也可以请求保证人在其保证范围内承担保证责任。

第六百八十九条　【反担保】保证人可以要求债务人提供反担保。

第六百九十条　【最高额保证合同】保证人与债权人可以协商订立最高额保证的合同，约定在最高债权额限度内就一定期间连续发生的债权提供保证。

最高额保证除适用本章规定外，参照适用本法第二编最高额抵押权的有关规定。

第二节　保证责任

第六百九十一条　【保证责任的范围】保证的范围包括主债权及其利息、违约金、损害赔偿金和实现债权的费用。当事人另有约定的，按照其约定。

第六百九十二条　【保证期间】保证期间是确定保证人承担保证责任的期间，不发生中止、中断和延长。

债权人与保证人可以约定保证期间，但是约定的保证期间早于主债务履行期限或者与主债务履行期限同时届满的，视为没有约定；没有约定或者约定不明确的，保证期间为主债务履行期限届满之日起六个月。

债权人与债务人对主债务履行期限没有

约定或者约定不明确的，保证期间自债权人请求债务人履行债务的宽限期届满之日起计算。

第六百九十三条　【保证期间届满的法律效果】一般保证的债权人未在保证期间对债务人提起诉讼或者申请仲裁的，保证人不再承担保证责任。

连带责任保证的债权人未在保证期间请求保证人承担保证责任的，保证人不再承担保证责任。

第六百九十四条　【保证债务的诉讼时效】一般保证的债权人在保证期间届满前对债务人提起诉讼或者申请仲裁的，从保证人拒绝承担保证责任的权利消灭之日起，开始计算保证债务的诉讼时效。

连带责任保证的债权人在保证期间届满前请求保证人承担保证责任的，从债权人请求保证人承担保证责任之日起，开始计算保证债务的诉讼时效。

第六百九十五条　【主合同变更对保证责任的影响】债权人和债务人未经保证人书面同意，协商变更主债权债务合同内容，减轻债务的，保证人仍对变更后的债务承担保证责任；加重债务的，保证人对加重的部分不承担保证责任。

债权人和债务人变更主债权债务合同的履行期限，未经保证人书面同意的，保证期间不受影响。

第六百九十六条　【债权转让时保证人的保证责任】债权人转让全部或者部分债权，未通知保证人的，该转让对保证人不发生效力。

保证人与债权人约定禁止债权转让，债权人未经保证人书面同意转让债权的，保证人对受让人不再承担保证责任。

第六百九十七条　【债务承担对保证责任的影响】债权人未经保证人书面同意，允许债务人转移全部或者部分债务，保证人对未经其同意转移的债务不再承担保证责任,但是债权人和保证人另有约定的除外。

第三人加入债务的,保证人的保证责任不受影响。

第六百九十八条 【一般保证人免责】一般保证的保证人在主债务履行期限届满后,向债权人提供债务人可供执行财产的真实情况,债权人放弃或者怠于行使权利致使该财产不能被执行的,保证人在其提供可供执行财产的价值范围内不再承担保证责任。

第六百九十九条 【共同保证】同一债务有两个以上保证人的,保证人应当按照保证合同约定的保证份额,承担保证责任;没有约定保证份额的,债权人可以请求任何一个保证人在其保证范围内承担保证责任。

第七百条 【保证人的追偿权】保证人承担保证责任后,除当事人另有约定外,有权在其承担保证责任的范围内向债务人追偿,享有债权人对债务人的权利,但是不得损害债权人的利益。

第七百零一条 【保证人的抗辩权】保证人可以主张债务人对债权人的抗辩。债务人放弃抗辩的,保证人仍有权向债权人主张抗辩。

第七百零二条 【抵销权或撤销权范围内的免责】债务人对债权人享有抵销权或者撤销权的,保证人可以在相应范围内拒绝承担保证责任。

第十四章 租赁合同

第七百零三条 【租赁合同的概念】租赁合同是出租人将租赁物交付承租人使用、收益,承租人支付租金的合同。

第七百零四条 【租赁合同的内容】租赁合同的内容一般包括租赁物的名称、数量、用途、租赁期限、租金及其支付期限和方式、租赁物维修等条款。

第七百零五条 【租赁期限的最高限制】租赁期限不得超过二十年。超过二十年的,超过部分无效。

租赁期限届满,当事人可以续订租赁合同;但是,约定的租赁期限自续订之日起不得超过二十年。

第七百零六条 【租赁合同登记对合同效力影响】当事人未依照法律、行政法规规定办理租赁合同登记备案手续的,不影响合同的效力。

第七百零七条 【租赁合同形式】租赁期限六个月以上的,应当采用书面形式。当事人未采用书面形式,无法确定租赁期限的,视为不定期租赁。

第七百零八条 【出租人义务】出租人应当按照约定将租赁物交付承租人,并在租赁期限内保持租赁物符合约定的用途。

第七百零九条 【承租人义务】承租人应当按照约定的方法使用租赁物。对租赁物的使用方法没有约定或者约定不明确,依据本法第五百一十条的规定仍不能确定的,应当根据租赁物的性质使用。

第七百一十条 【承租人合理使用租赁物的免责】承租人按照约定的方法或者根据租赁物的性质使用租赁物,致使租赁物受到损耗的,不承担赔偿责任。

第七百一十一条 【承租人未合理使用租赁物的责任】承租人未按照约定的方法或者未根据租赁物的性质使用租赁物,致使租赁物受到损失的,出租人可以解除合同并请求赔偿损失。

第七百一十二条 【出租人的维修义务】出租人应当履行租赁物的维修义务,但是当事人另有约定的除外。

第七百一十三条 【租赁物的维修和维修费负担】承租人在租赁物需要维修时可以请求出租人在合理期限内维修。出租人未履行维修义务的,承租人可以自行维修,维修费用由出租人负担。因维修租赁物影响承租人使用的，应当相应减少租金或者延长租期。

因承租人的过错致使租赁物需要维修的，出租人不承担前款规定的维修义务。

第七百一十四条　【承租人的租赁物妥善保管义务】承租人应当妥善保管租赁物，因保管不善造成租赁物毁损、灭失的，应当承担赔偿责任。

第七百一十五条　【承租人对租赁物进行改善或增设他物】承租人经出租人同意，可以对租赁物进行改善或者增设他物。

承租人未经出租人同意，对租赁物进行改善或者增设他物的，出租人可以请求承租人恢复原状或者赔偿损失。

第七百一十六条　【转租】承租人经出租人同意，可以将租赁物转租给第三人。承租人转租的，承租人与出租人之间的租赁合同继续有效；第三人造成租赁物损失的，承租人应当赔偿损失。

承租人未经出租人同意转租的，出租人可以解除合同。

第七百一十七条　【转租期限】承租人经出租人同意将租赁物转租给第三人，转租期限超过承租人剩余租赁期限的，超过部分的约定对出租人不具有法律约束力，但是出租人与承租人另有约定的除外。

第七百一十八条　【出租人同意转租的推定】出租人知道或者应当知道承租人转租，但是在六个月内未提出异议的，视为出租人同意转租。

第七百一十九条　【次承租人的代为清偿权】承租人拖欠租金的，次承租人可以代承租人支付其欠付的租金和违约金，但是转租合同对出租人不具有法律约束力的除外。

次承租人代为支付的租金和违约金，可以充抵次承租人应当向承租人支付的租金；超出其应付的租金数额的，可以向承租人追偿。

第七百二十条　【租赁物的收益归属】在租赁期限内因占有、使用租赁物获得的收益，归承租人所有，但是当事人另有约定的除外。

第七百二十一条　【租金支付期限】承租人应当按照约定的期限支付租金。对支付租金的期限没有约定或者约定不明确，依据本法第五百一十条的规定仍不能确定，租赁期限不满一年的，应当在租赁期限届满时支付；租赁期限一年以上的，应当在每届满一年时支付，剩余期限不满一年的，应当在租赁期限届满时支付。

第七百二十二条　【承租人的租金支付义务】承租人无正当理由未支付或者迟延支付租金的，出租人可以请求承租人在合理期限内支付；承租人逾期不支付的，出租人可以解除合同。

第七百二十三条　【出租人的权利瑕疵担保责任】因第三人主张权利，致使承租人不能对租赁物使用、收益的，承租人可以请求减少租金或者不支付租金。

第三人主张权利的，承租人应当及时通知出租人。

第七百二十四条　【承租人解除合同的法定情形】有下列情形之一，非因承租人原因致使租赁物无法使用的，承租人可以解除合同：

（一）租赁物被司法机关或者行政机关依法查封、扣押；

（二）租赁物权属有争议；

（三）租赁物具有违反法律、行政法规关于使用条件的强制性规定情形。

第七百二十五条　【买卖不破租赁】租赁物在承租人按照租赁合同占有期限内发生所有权变动的，不影响租赁合同的效力。

第七百二十六条　【房屋承租人的优先购买权】出租人出卖租赁房屋的，应当在出卖之前的合理期限内通知承租人，承租人享有以同等条件优先购买的权利；但是，房屋按份共有人行使优先购买权或者出租人将房屋出卖给近亲属的除外。

出租人履行通知义务后，承租人在十五日内未明确表示购买的，视为承租人放弃优先购买权。

第七百二十七条 【承租人对拍卖房屋的优先购买权】出租人委托拍卖人拍卖租赁房屋的，应当在拍卖五日前通知承租人。承租人未参加拍卖的，视为放弃优先购买权。

第七百二十八条 【妨害承租人优先购买权的赔偿责任】出租人未通知承租人或者有其他妨害承租人行使优先购买权情形的，承租人可以请求出租人承担赔偿责任。但是，出租人与第三人订立的房屋买卖合同的效力不受影响。

第七百二十九条 【租赁物毁损、灭失的法律后果】因不可归责于承租人的事由，致使租赁物部分或者全部毁损、灭失的，承租人可以请求减少租金或者不支付租金；因租赁物部分或者全部毁损、灭失，致使不能实现合同目的的，承租人可以解除合同。

第七百三十条 【租期不明的处理】当事人对租赁期限没有约定或者约定不明确，依据本法第五百一十条的规定仍不能确定的，视为不定期租赁；当事人可以随时解除合同，但是应当在合理期限之前通知对方。

第七百三十一条 【租赁物质量不合格时承租人的解除权】租赁物危及承租人的安全或者健康的，即使承租人订立合同时明知该租赁物质量不合格，承租人仍然可以随时解除合同。

第七百三十二条 【房屋承租人死亡时租赁关系的处理】承租人在房屋租赁期限内死亡的，与其生前共同居住的人或者共同经营人可以按照原租赁合同租赁该房屋。

第七百三十三条 【租赁物的返还】租赁期限届满，承租人应当返还租赁物。返还的租赁物应当符合按照约定或者根据租赁物的

性质使用后的状态。

第七百三十四条 【租赁期限届满的续租及优先承租权】租赁期限届满，承租人继续使用租赁物，出租人没有提出异议的，原租赁合同继续有效，但是租赁期限为不定期。

租赁期限届满，房屋承租人享有以同等条件优先承租的权利。

第十五章 融资租赁合同

第七百三十五条 【融资租赁合同的概念】融资租赁合同是出租人根据承租人对出卖人、租赁物的选择，向出卖人购买租赁物，提供给承租人使用，承租人支付租金的合同。

第七百三十六条 【融资租赁合同的内容】融资租赁合同的内容一般包括租赁物的名称、数量、规格、技术性能、检验方法，租赁期限，租金构成及其支付期限和方式、币种，租赁期限届满租赁物的归属等条款。

融资租赁合同应当采用书面形式。

第七百三十七条 【融资租赁通谋虚伪表示】当事人以虚构租赁物方式订立的融资租赁合同无效。

第七百三十八条 【特定租赁物经营许可对合同效力影响】依照法律、行政法规的规定，对于租赁物的经营使用应当取得行政许可的，出租人未取得行政许可不影响融资租赁合同的效力。

第七百三十九条 【融资租赁标的物的交付】出租人根据承租人对出卖人、租赁物的选择订立的买卖合同，出卖人应当按照约定向承租人交付标的物，承租人享有与受领标的物有关的买受人的权利。

第七百四十条 【承租人的拒绝受领权】出卖人违反向承租人交付标的物的义务，有下列情形之一的，承租人可以拒绝受领出卖人向其交付的标的物：

（一）标的物严重不符合约定；

（二）未按照约定交付标的物，经承租人或者出租人催告后在合理期限内仍未交付。

承租人拒绝受领标的物的，应当及时通知出租人。

第七百四十一条　【承租人的索赔权】出租人、出卖人、承租人可以约定，出卖人不履行买卖合同义务的，由承租人行使索赔的权利。承租人行使索赔权利的，出租人应当协助。

第七百四十二条　【承租人行使索赔权的租金支付义务】承租人对出卖人行使索赔权利，不影响其履行支付租金的义务。但是，承租人依赖出租人的技能确定租赁物或者出租人干预选择租赁物的，承租人可以请求减免相应租金。

第七百四十三条　【承租人索赔不能的违约责任承担】出租人有下列情形之一，致使承租人对出卖人行使索赔权利失败的，承租人有权请求出租人承担相应的责任：

（一）明知租赁物有质量瑕疵而不告知承租人；

（二）承租人行使索赔权利时，未及时提供必要协助。

出租人怠于行使只能由其对出卖人行使的索赔权利，造成承租人损失的，承租人有权请求出租人承担赔偿责任。

第七百四十四条　【出租人不得擅自变更买卖合同内容】出租人根据承租人对出卖人、租赁物的选择订立的买卖合同，未经承租人同意，出租人不得变更与承租人有关的合同内容。

第七百四十五条　【租赁物的登记对抗效力】出租人对租赁物享有的所有权，未经登记，不得对抗善意第三人。

第七百四十六条　【租金的确定规则】融资租赁合同的租金，除当事人另有约定外，应当根据购买租赁物的大部分或者全部成本以及出租人的合理利润确定。

第七百四十七条　【租赁物瑕疵担保责任】租赁物不符合约定或者不符合使用目的的，出租人不承担责任。但是，承租人依赖出租人的技能确定租赁物或者出租人干预选择租赁物的除外。

第七百四十八条　【出租人保证承租人占有和使用租赁物】出租人应当保证承租人对租赁物的占有和使用。

出租人有下列情形之一的，承租人有权请求其赔偿损失：

（一）无正当理由收回租赁物；

（二）无正当理由妨碍、干扰承租人对租赁物的占有和使用；

（三）因出租人的原因致使第三人对租赁物主张权利；

（四）不当影响承租人对租赁物占有和使用的其他情形。

第七百四十九条　【租赁物致人损害的责任承担】承租人占有租赁物期间，租赁物造成第三人人身损害或者财产损失的，出租人不承担责任。

第七百五十条　【租赁物的保管、使用、维修】承租人应当妥善保管、使用租赁物。

承租人应当履行占有租赁物期间的维修义务。

第七百五十一条　【承租人占有租赁物毁损、灭失的租金承担】承租人占有租赁物期间，租赁物毁损、灭失的，出租人有权请求承租人继续支付租金，但是法律另有规定或者当事人另有约定的除外。

第七百五十二条　【承租人支付租金的义务】承租人应当按照约定支付租金。承租人经催告后在合理期限内仍不支付租金的，出租人可以请求支付全部租金；也可以解除合同，收回租赁物。

第七百五十三条　【承租人擅自处分租赁物时出租人的解除权】承租人未经出租人同意，将租赁物转让、抵押、质押、投资入股或者以其他方式处分的,出租人可以解除融资租赁合同。

第七百五十四条 【出租人或承租人均可解除融资租赁合同情形】有下列情形之一的,出租人或者承租人可以解除融资租赁合同:

(一)出租人与出卖人订立的买卖合同解除、被确认无效或者被撤销,且未能重新订立买卖合同;

(二)租赁物因不可归责于当事人的原因毁损、灭失,且不能修复或者确定替代物;

(三)因出卖人的原因致使融资租赁合同的目的不能实现。

第七百五十五条 【承租人承担出租人损失赔偿责任情形】融资租赁合同因买卖合同解除、被确认无效或者被撤销而解除,出卖人、租赁物系由承租人选择的,出租人有权请求承租人赔偿相应损失;但是,因出租人原因致使买卖合同解除、被确认无效或者被撤销的除外。

出租人的损失已经在买卖合同解除、被确认无效或者被撤销时获得赔偿的,承租人不再承担相应的赔偿责任。

第七百五十六条 【租赁物意外毁损灭失】融资租赁合同因租赁物交付承租人后意外毁损、灭失等不可归责于当事人的原因解除的,出租人可以请求承租人按照租赁物折旧情况给予补偿。

第七百五十七条 【租赁期满租赁物的归属】出租人和承租人可以约定租赁期限届满租赁物的归属;对租赁物的归属没有约定或者约定不明确,依据本法第五百一十条的规定仍不能确定的,租赁物的所有权归出租人。

第七百五十八条 【承租人请求部分返还租赁物价值】当事人约定租赁期限届满租赁物归承租人所有,承租人已经支付大部分租金,但是无力支付剩余租金,出租人因此解除合同收回租赁物,收回的租赁物的价值超过承租人欠付的租金以及其他费用的,承租

人可以请求相应返还。

当事人约定租赁期限届满租赁物归出租人所有,因租赁物毁损、灭失或者附合、混合于他物致使承租人不能返还的,出租人有权请求承租人给予合理补偿。

第七百五十九条 【支付象征性价款时的租赁物归属】当事人约定租赁期限届满,承租人仅需向出租人支付象征性价款的,视为约定的租金义务履行完毕后租赁物的所有权归承租人。

第七百六十条 【融资租赁合同无效时租赁物的归属】融资租赁合同无效,当事人就该情形下租赁物的归属有约定的,按照其约定;没有约定或者约定不明确的,租赁物应当返还出租人。但是,因承租人原因致使合同无效,出租人不请求返还或者返还后会显著降低租赁物效用的,租赁物的所有权归承租人,由承租人给予出租人合理补偿。

第十六章 保理合同

第七百六十一条 【保理合同的概念】保理合同是应收账款债权人将现有的或者将有的应收账款转让给保理人,保理人提供资金融通、应收账款管理或者催收、应收账款债务人付款担保等服务的合同。

第七百六十二条 【保理合同的内容与形式】保理合同的内容一般包括业务类型、服务范围、服务期限、基础交易合同情况、应收账款信息、保理融资款或者服务报酬及其支付方式等条款。

保理合同应当采用书面形式。

第七百六十三条 【虚构应收账款】应收账款债权人与债务人虚构应收账款作为转让标的,与保理人订立保理合同的,应收账款债务人不得以应收账款不存在为由对抗保理人,但是保理人明知虚构的除外。

第七百六十四条 【保理人发出转让通

知的表明身份义务】保理人向应收账款债务人发出应收账款转让通知的,应当表明保理人身份并附有必要凭证。

第七百六十五条　【无正当理由变更、终止基础交易合同对保理人的效力】应收账款债务人接到应收账款转让通知后,应收账款债权人与债务人无正当理由协商变更或者终止基础交易合同,对保理人产生不利影响的,对保理人不发生效力。

第七百六十六条　【有追索权保理】当事人约定有追索权保理的,保理人可以向应收账款债权人主张返还保理融资款本息或者回购应收账款债权,也可以向应收账款债务人主张应收账款债权。保理人向应收账款债务人主张应收账款债权,在扣除保理融资款本息和相关费用后有剩余的,剩余部分应当返还给应收账款债权人。

第七百六十七条　【无追索权保理】当事人约定无追索权保理的,保理人应当向应收账款债务人主张应收账款债权,保理人取得超过保理融资款本息和相关费用的部分,无需向应收账款债权人返还。

第七百六十八条　【多重保理的清偿顺序】应收账款债权人就同一应收账款订立多个保理合同,致使多个保理人主张权利的,已经登记的先于未登记的取得应收账款;均已经登记的,按照登记时间的先后顺序取得应收账款;均未登记的,由最先到达应收账款债务人的转让通知中载明的保理人取得应收账款;既未登记也未通知的,按照保理融资款或者服务报酬的比例取得应收账款。

第七百六十九条　【参照适用债权转让的规定】本章没有规定的,适用本编第六章债权转让的有关规定。

第十七章　承揽合同

第七百七十条　【承揽合同的定义及类型】承揽合同是承揽人按照定作人的要求完成工作,交付工作成果,定作人支付报酬的合同。

承揽包括加工、定作、修理、复制、测试、检验等工作。

第七百七十一条　【承揽合同的主要条款】承揽合同的内容一般包括承揽的标的、数量、质量、报酬,承揽方式,材料的提供,履行期限,验收标准和方法等条款。

第七百七十二条　【承揽人独立完成主要工作】承揽人应当以自己的设备、技术和劳力,完成主要工作,但是当事人另有约定的除外。

承揽人将其承揽的主要工作交由第三人完成的,应当就该第三人完成的工作成果向定作人负责;未经定作人同意的,定作人也可以解除合同。

第七百七十三条　【承揽人对辅助性工作的责任】承揽人可以将其承揽的辅助工作交由第三人完成。承揽人将其承揽的辅助工作交由第三人完成的,应当就该第三人完成的工作成果向定作人负责。

第七百七十四条　【承揽人提供材料时的主要义务】承揽人提供材料的,应当按照约定选用材料,并接受定作人检验。

第七百七十五条　【定作人提供材料时双方当事人的义务】定作人提供材料的,应当按照约定提供材料。承揽人对定作人提供的材料应当及时检验,发现不符合约定时,应当及时通知定作人更换、补齐或者采取其他补救措施。

承揽人不得擅自更换定作人提供的材料,不得更换不需要修理的零部件。

第七百七十六条　【定作人要求不合理时双方当事人的义务】承揽人发现定作人提供的图纸或者技术要求不合理的,应当及时通知定作人。因定作人怠于答复等原因造成承揽人损失的,应当赔偿损失。

第七百七十七条 【中途变更工作要求的责任】定作人中途变更承揽工作的要求,造成承揽人损失的,应当赔偿损失。

第七百七十八条 【定作人的协助义务】承揽工作需要定作人协助的,定作人有协助的义务。定作人不履行协助义务致使承揽工作不能完成的,承揽人可以催告定作人在合理期限内履行义务,并可以顺延履行期限;定作人逾期不履行的,承揽人可以解除合同。

第七百七十九条 【定作人监督检验承揽工作】承揽人在工作期间,应当接受定作人必要的监督检验。定作人不得因监督检验妨碍承揽人的正常工作。

第七百八十条 【工作成果交付】承揽人完成工作的,应当向定作人交付工作成果,并提交必要的技术资料和有关质量证明。定作人应当验收该工作成果。

第七百八十一条 【工作成果质量不合约定的责任】承揽人交付的工作成果不符合质量要求的,定作人可以合理选择请求承揽人承担修理、重作、减少报酬、赔偿损失等违约责任。

第七百八十二条 【支付报酬期限】定作人应当按照约定的期限支付报酬。对支付报酬的期限没有约定或者约定不明确,依据本法第五百一十条的规定仍不能确定的,定作人应当在承揽人交付工作成果时支付;工作成果部分交付的,定作人应当相应支付。

第七百八十三条 【承揽人的留置权及同时履行抗辩权】定作人未向承揽人支付报酬或者材料费等价款的,承揽人对完成的工作成果享有留置权或者有权拒绝交付,但是当事人另有约定的除外。

第七百八十四条 【承揽人保管义务】承揽人应当妥善保管定作人提供的材料以及完成的工作成果,因保管不善造成毁损、灭失的,应当承担赔偿责任。

第七百八十五条 【承揽人的保密义务】承揽人应当按照定作人的要求保守秘密,未经定作人许可,不得留存复制品或者技术资料。

第七百八十六条 【共同承揽】共同承揽人对定作人承担连带责任,但是当事人另有约定的除外。

第七百八十七条 【定作人的任意解除权】定作人在承揽人完成工作前可以随时解除合同,造成承揽人损失的,应当赔偿损失。

第十八章 建设工程合同

第七百八十八条 【建设工程合同的定义】建设工程合同是承包人进行工程建设,发包人支付价款的合同。

建设工程合同包括工程勘察、设计、施工合同。

第七百八十九条 【建设工程合同形式】建设工程合同应当采用书面形式。

第七百九十条 【工程招标投标】建设工程的招标投标活动,应当依照有关法律的规定公开、公平、公正进行。

第七百九十一条 【总包与分包】发包人可以与总承包人订立建设工程合同,也可以分别与勘察人、设计人、施工人订立勘察、设计、施工承包合同。发包人不得将应当由一个承包人完成的建设工程支解成若干部分发包给数个承包人。

总承包人或者勘察、设计、施工承包人经发包人同意,可以将自己承包的部分工作交由第三人完成。第三人就其完成的工作成果与总承包人或者勘察、设计、施工承包人向发包人承担连带责任。承包人不得将其承包的全部建设工程转包给第三人或者将其承包的全部建设工程支解以后以分包的名义分别转包给第三人。

禁止承包人将工程分包给不具备相应资质条件的单位。禁止分包单位将其承包的工程再分包。建设工程主体结构的施工必须由承包人自行完成。

第七百九十二条 【国家重大建设工程合同的订立】国家重大建设工程合同,应当按照国家规定的程序和国家批准的投资计划、可行性研究报告等文件订立。

第七百九十三条 【建设工程施工合同无效的处理】建设工程施工合同无效,但是建设工程经验收合格的,可以参照合同关于工程价款的约定折价补偿承包人。

建设工程施工合同无效,且建设工程经验收不合格的,按照以下情形处理:

(一)修复后的建设工程经验收合格的,发包人可以请求承包人承担修复费用;

(二)修复后的建设工程经验收不合格的,承包人无权请求参照合同关于工程价款的约定折价补偿。

发包人对因建设工程不合格造成的损失有过错的,应当承担相应的责任。

第七百九十四条 【勘察、设计合同主要内容】勘察、设计合同的内容一般包括提交有关基础资料和概预算等文件的期限、质量要求、费用以及其他协作条件等条款。

第七百九十五条 【施工合同主要内容】施工合同的内容一般包括工程范围、建设工期、中间交工工程的开工和竣工时间、工程质量、工程造价、技术资料交付时间、材料和设备供应责任、拨款和结算、竣工验收、质量保修范围和质量保证期、相互协作等条款。

第七百九十六条 【建设工程监理】建设工程实行监理的,发包人应当与监理人采用书面形式订立委托监理合同。发包人与监理人的权利和义务以及法律责任,应当依照本编委托合同以及其他有关法律、行政法规的规定。

第七百九十七条 【发包人检查权】发包人在不妨碍承包人正常作业的情况下,可以随时对作业进度、质量进行检查。

第七百九十八条 【隐蔽工程】隐蔽工程在隐蔽以前,承包人应当通知发包人检查。发包人没有及时检查的,承包人可以顺延工程日期,并有权请求赔偿停工、窝工等损失。

第七百九十九条 【竣工验收】建设工程竣工后,发包人应当根据施工图纸及说明书、国家颁发的施工验收规范和质量检验标准及时进行验收。验收合格的,发包人应当按照约定支付价款,并接收该建设工程。

建设工程竣工经验收合格后,方可交付使用;未经验收或者验收不合格的,不得交付使用。

第八百条 【勘察、设计人质量责任】勘察、设计的质量不符合要求或者未按照期限提交勘察、设计文件拖延工期,造成发包人损失的,勘察人、设计人应当继续完善勘察、设计,减收或者免收勘察、设计费并赔偿损失。

第八百零一条 【施工人的质量责任】因施工人的原因致使建设工程质量不符合约定的,发包人有权请求施工人在合理期限内无偿修理或者返工、改建。经过修理或者返工、改建后,造成逾期交付的,施工人应当承担违约责任。

第八百零二条 【质量保证责任】因承包人的原因致使建设工程在合理使用期限内造成人身损害和财产损失的,承包人应当承担赔偿责任。

第八百零三条 【发包人违约责任】发包人未按照约定的时间和要求提供原材料、设备、场地、资金、技术资料的,承包人可以顺延工程日期,并有权请求赔偿停工、窝工等损失。

第八百零四条 【发包人原因致工程停建、缓建的责任】因发包人的原因致使工程中途停建、缓建的,发包人应当采取措施弥补或者减少损失,赔偿承包人因此造成的停工、窝工、倒运、机械设备调迁、材料和构件积压等损失和实际费用。

第八百零五条 【发包人原因致勘察、设计返工、停工或修改设计的责任】因发包人变更计划，提供的资料不准确，或者未按照期限提供必需的勘察、设计工作条件而造成勘察、设计的返工、停工或者修改设计，发包人应当按照勘察人、设计人实际消耗的工作量增付费用。

第八百零六条 【建设工程合同的法定解除】承包人将建设工程转包、违法分包的，发包人可以解除合同。

发包人提供的主要建筑材料、建筑构配件和设备不符合强制性标准或者不履行协助义务，致使承包人无法施工，经催告后在合理期限内仍未履行相应义务的，承包人可以解除合同。

合同解除后，已经完成的建设工程质量合格的，发包人应当按照约定支付相应的工程价款；已经完成的建设工程质量不合格的，参照本法第七百九十三条的规定处理。

第八百零七条 【工程价款的支付】发包人未按照约定支付价款的，承包人可以催告发包人在合理期限内支付价款。发包人逾期不支付的，除根据建设工程的性质不宜折价、拍卖外，承包人可以与发包人协议将该工程折价，也可以请求人民法院将该工程依法拍卖。建设工程的价款就该工程折价或者拍卖的价款优先受偿。

第八百零八条 【参照适用承揽合同的规定】本章没有规定的，适用承揽合同的有关规定。

第十九章　运输合同

第一节　一般规定

第八百零九条 【运输合同的定义】运输合同是承运人将旅客或者货物从起运地点运输到约定地点，旅客、托运人或者收货人支付票款或者运输费用的合同。

第八百一十条 【公共运输承运人的强制缔约义务】从事公共运输的承运人不得拒绝旅客、托运人通常、合理的运输要求。

第八百一十一条 【承运人安全运输义务】承运人应当在约定期限或者合理期限内将旅客、货物安全运输到约定地点。

第八百一十二条 【承运人合理运输义务】承运人应当按照约定的或者通常的运输路线将旅客、货物运输到约定地点。

第八百一十三条 【支付票款或运输费用】旅客、托运人或者收货人应当支付票款或者运输费用。承运人未按照约定路线或者通常路线运输增加票款或者运输费用的，旅客、托运人或者收货人可以拒绝支付增加部分的票款或者运输费用。

第二节　客运合同

第八百一十四条 【客运合同的成立】客运合同自承运人向旅客出具客票时成立，但是当事人另有约定或者另有交易习惯的除外。

第八百一十五条 【按有效客票记载内容乘坐义务】旅客应当按照有效客票记载的时间、班次和座位号乘坐。旅客无票乘坐、超程乘坐、越级乘坐或者持不符合减价条件的优惠客票乘坐的，应当补交票款，承运人可以按照规定加收票款；旅客不支付票款的，承运人可以拒绝运输。

实名制客运合同的旅客丢失客票的，可以请求承运人挂失补办，承运人不得再次收取票款和其他不合理费用。

第八百一十六条 【退票与变更】旅客因自己的原因不能按照客票记载的时间乘坐的，应当在约定的期限内办理退票或者变更手续；逾期办理的，承运人可以不退票款，并不再承担运输义务。

第八百一十七条 【按约定携带行李义

务】旅客随身携带行李应当符合约定的限量和品类要求；超过限量或者违反品类要求携带行李的，应当办理托运手续。

第八百一十八条 【危险物品或者违禁物品的携带禁止】旅客不得随身携带或者在行李中夹带易燃、易爆、有毒、有腐蚀性、有放射性以及可能危及运输工具上人身和财产安全的危险物品或者违禁物品。

旅客违反前款规定的，承运人可以将危险物品或者违禁物品卸下、销毁或者送交有关部门。旅客坚持携带或者夹带危险物品或者违禁物品的，承运人应当拒绝运输。

第八百一十九条 【承运人告知义务和旅客协助配合义务】承运人应当严格履行安全运输义务，及时告知旅客安全运输应当注意的事项。旅客对承运人为安全运输所作的合理安排应当积极协助和配合。

第八百二十条 【承运人迟延运输或者有其他不能正常运输情形】承运人应当按照有效客票记载的时间、班次和座位号运输旅客。承运人迟延运输或者有其他不能正常运输情形的，应当及时告知和提醒旅客，采取必要的安置措施，并根据旅客的要求安排改乘其他班次或者退票；由此造成旅客损失的，承运人应当承担赔偿责任，但是不可归责于承运人的除外。

第八百二十一条 【承运人变更服务标准的后果】承运人擅自降低服务标准的，应当根据旅客的请求退票或者减收票款；提高服务标准的，不得加收票款。

第八百二十二条 【承运人尽力救助义务】承运人在运输过程中，应当尽力救助患有急病、分娩、遇险的旅客。

第八百二十三条 【旅客伤亡的赔偿责任】承运人应当对运输过程中旅客的伤亡承担赔偿责任；但是，伤亡是旅客自身健康原因造成的或者承运人证明伤亡是旅客故意、重大过失造成的除外。

前款规定适用于按照规定免票、持优待票或者经承运人许可搭乘的无票旅客。

第八百二十四条 【对行李的赔偿责任】在运输过程中旅客随身携带物品毁损、灭失，承运人有过错的，应当承担赔偿责任。

旅客托运的行李毁损、灭失的，适用货物运输的有关规定。

第三节 货运合同

第八百二十五条 【托运人如实申报情况义务】托运人办理货物运输，应当向承运人准确表明收货人的姓名、名称或者凭指示的收货人，货物的名称、性质、重量、数量，收货地点等有关货物运输的必要情况。

因托运人申报不实或者遗漏重要情况，造成承运人损失的，托运人应当承担赔偿责任。

第八百二十六条 【托运人办理审批、检验等手续义务】货物运输需要办理审批、检验等手续的，托运人应当将办理完有关手续的文件提交承运人。

第八百二十七条 【托运人的包装义务】托运人应当按照约定的方式包装货物。对包装方式没有约定或者约定不明确的，适用本法第六百一十九条的规定。

托运人违反前款规定的，承运人可以拒绝运输。

第八百二十八条 【托运人运送危险货物时的义务】托运人托运易燃、易爆、有毒、有腐蚀性、有放射性等危险物品的，应当按照国家有关危险物品运输的规定对危险物品妥善包装，做出危险物品标志和标签，并将有关危险物品的名称、性质和防范措施的书面材料提交承运人。

托运人违反前款规定的，承运人可以拒绝运输，也可以采取相应措施以避免损失的发生，因此产生的费用由托运人负担。

第八百二十九条 【托运人变更或解除

的权利】在承运人将货物交付收货人之前，托运人可以要求承运人中止运输、返还货物、变更到达地或者将货物交给其他收货人，但是应当赔偿承运人因此受到的损失。

第八百三十条 【提货】货物运输到达后，承运人知道收货人的，应当及时通知收货人，收货人应当及时提货。收货人逾期提货的，应当向承运人支付保管费等费用。

第八百三十一条 【收货人对货物的检验】收货人提货时应当按照约定的期限检验货物。对检验货物的期限没有约定或者约定不明确，依据本法第五百一十条的规定仍不能确定的，应当在合理期限内检验货物。收货人在约定的期限或者合理期限内对货物的数量、毁损等未提出异议的，视为承运人已经按照运输单证的记载交付的初步证据。

第八百三十二条 【承运人对货损的赔偿责任】承运人对运输过程中货物的毁损、灭失承担赔偿责任。但是，承运人证明货物的毁损、灭失是因不可抗力、货物本身的自然性质或者合理损耗以及托运人、收货人的过错造成的，不承担赔偿责任。

第八百三十三条 【确定货损额的方法】货物的毁损、灭失的赔偿额，当事人有约定的，按照其约定；没有约定或者约定不明确，依据本法第五百一十条的规定仍不能确定的，按照交付或者应当交付时货物到达地的市场价格计算。法律、行政法规对赔偿额的计算方法和赔偿限额另有规定的，依照其规定。

第八百三十四条 【相继运输的责任承担】两个以上承运人以同一运输方式联运的，与托运人订立合同的承运人应当对全程运输承担责任；损失发生在某一运输区段的，与托运人订立合同的承运人和该区段的承运人承担连带责任。

第八百三十五条 【货物因不可抗力灭失的运费处理】货物在运输过程中因不可抗力灭失，未收取运费的，承运人不得请求支付运费；已经收取运费的，托运人可以请求返还。法律另有规定的，依照其规定。

第八百三十六条 【承运人留置权】托运人或者收货人不支付运费、保管费或者其他费用的，承运人对相应的运输货物享有留置权，但是当事人另有约定的除外。

第八百三十七条 【货物的提存】收货人不明或者收货人无正当理由拒绝受领货物的，承运人依法可以提存货物。

第四节 多式联运合同

第八百三十八条 【多式联运经营人的权利义务】多式联运经营人负责履行或者组织履行多式联运合同，对全程运输享有承运人的权利，承担承运人的义务。

第八百三十九条 【多式联运经营人的责任承担】多式联运经营人可以与参加多式联运的各区段承运人就多式联运合同的各区段运输约定相互之间的责任；但是，该约定不影响多式联运经营人对全程运输承担的义务。

第八百四十条 【多式联运单据】多式联运经营人收到托运人交付的货物时，应当签发多式联运单据。按照托运人的要求，多式联运单据可以是可转让单据，也可以是不可转让单据。

第八百四十一条 【托运人的过错赔偿责任】因托运人托运货物时的过错造成多式联运经营人损失的，即使托运人已经转让多式联运单据，托运人仍然应当承担赔偿责任。

第八百四十二条 【赔偿责任的法律适用】货物的毁损、灭失发生于多式联运的某一运输区段的，多式联运经营人的赔偿责任和责任限额，适用调整该区段运输方式的有关法律规定；货物毁损、灭失发生的运输区段不能确定的，依照本章规定承担赔偿责任。

第二十章 技术合同

第一节 一般规定

第八百四十三条 【技术合同的定义】技术合同是当事人就技术开发、转让、许可、咨询或者服务订立的确立相互之间权利和义务的合同。

第八百四十四条 【订立技术合同的原则】订立技术合同,应当有利于知识产权的保护和科学技术的进步,促进科学技术成果的研发、转化、应用和推广。

第八百四十五条 【技术合同的主要条款】技术合同的内容一般包括项目的名称,标的的内容、范围和要求,履行的计划、地点和方式,技术信息和资料的保密,技术成果的归属和收益的分配办法,验收标准和方法,名词和术语的解释等条款。

与履行合同有关的技术背景资料、可行性论证和技术评价报告、项目任务书和计划书、技术标准、技术规范、原始设计和工艺文件,以及其他技术文档,按照当事人的约定可以作为合同的组成部分。

技术合同涉及专利的,应当注明发明创造的名称、专利申请人和专利权人、申请日期、申请号、专利号以及专利权的有效期限。

第八百四十六条 【技术合同价款、报酬或使用费的支付方式】技术合同价款、报酬或者使用费的支付方式由当事人约定,可以采取一次总算、一次总付或者一次总算、分期支付,也可以采取提成支付或者提成支付附加预付入门费的方式。

约定提成支付的,可以按照产品价格、实施专利和使用技术秘密后新增的产值、利润或者产品销售额的一定比例提成,也可以按照约定的其他方式计算。提成支付的比例可以采取固定比例、逐年递增比例或者逐年递减比例。

约定提成支付的,当事人可以约定查阅有关会计账目的办法。

第八百四十七条 【职务技术成果的财产权归属】职务技术成果的使用权、转让权属于法人或者非法人组织的,法人或者非法人组织可以就该项职务技术成果订立技术合同。法人或者非法人组织订立技术合同转让职务技术成果时,职务技术成果的完成人享有以同等条件优先受让的权利。

职务技术成果是执行法人或者非法人组织的工作任务,或者主要是利用法人或者非法人组织的物质技术条件所完成的技术成果。

第八百四十八条 【非职务技术成果的财产权归属】非职务技术成果的使用权、转让权属于完成技术成果的个人,完成技术成果的个人可以就该项非职务技术成果订立技术合同。

第八百四十九条 【技术成果人身权】完成技术成果的个人享有在有关技术成果文件上写明自己是技术成果完成者的权利和取得荣誉证书、奖励的权利。

第八百五十条 【技术合同的无效】非法垄断技术或者侵害他人技术成果的技术合同无效。

第二节 技术开发合同

第八百五十一条 【技术开发合同的定义及种类】技术开发合同是当事人之间就新技术、新产品、新工艺、新品种或者新材料及其系统的研究开发所订立的合同。

技术开发合同包括委托开发合同和合作开发合同。

技术开发合同应当采用书面形式。

当事人之间就具有实用价值的科技成果实施转化订立的合同,参照适用技术开发合同的有关规定。

第八百五十二条 【委托人的主要义务】委托开发合同的委托人应当按照约定支付研究开发经费和报酬，提供技术资料，提出研究开发要求，完成协作事项，接受研究开发成果。

第八百五十三条 【研究开发人的主要义务】委托开发合同的研究开发人应当按照约定制定和实施研究开发计划，合理使用研究开发经费，按期完成研究开发工作，交付研究开发成果，提供有关的技术资料和必要的技术指导，帮助委托人掌握研究开发成果。

第八百五十四条 【委托开发合同的当事人违约责任】委托开发合同的当事人违反约定造成研究开发工作停滞、延误或者失败的，应当承担违约责任。

第八百五十五条 【合作开发各方的主要义务】合作开发合同的当事人应当按照约定进行投资，包括以技术进行投资，分工参与研究开发工作，协作配合研究开发工作。

第八百五十六条 【合作开发各方的违约责任】合作开发合同的当事人违反约定造成研究开发工作停滞、延误或者失败的，应当承担违约责任。

第八百五十七条 【技术开发合同的解除】作为技术开发合同标的的技术已经由他人公开，致使技术开发合同的履行没有意义的，当事人可以解除合同。

第八百五十八条 【技术开发合同的风险责任负担】技术开发合同履行过程中，因出现无法克服的技术困难，致使研究开发失败或者部分失败的，该风险由当事人约定；没有约定或者约定不明确，依据本法第五百一十条的规定仍不能确定的，风险由当事人合理分担。

当事人一方发现前款规定的可能致使研究开发失败或者部分失败的情形时，应当及时通知另一方并采取适当措施减少损失；没有及时通知并采取适当措施，致使损失扩大的，应当就扩大的损失承担责任。

第八百五十九条 【发明创造的归属和分享】委托开发完成的发明创造，除法律另有规定或者当事人另有约定外，申请专利的权利属于研究开发人。研究开发人取得专利权的，委托人可以依法实施该专利。

研究开发人转让专利申请权的，委托人享有以同等条件优先受让的权利。

第八百六十条 【合作开发发明创造专利申请权的归属和分享】合作开发完成的发明创造，申请专利的权利属于合作开发的当事人共有；当事人一方转让其共有的专利申请权的，其他各方享有以同等条件优先受让的权利。但是，当事人另有约定的除外。

合作开发的当事人一方声明放弃其共有的专利申请权的，除当事人另有约定外，可以由另一方单独申请或者由其他各方共同申请。申请人取得专利权的，放弃专利申请权的一方可以免费实施该专利。

合作开发的当事人一方不同意申请专利的，另一方或者其他各方不得申请专利。

第八百六十一条 【技术秘密成果的归属与分配】委托开发或者合作开发完成的技术秘密成果的使用权、转让权以及收益的分配办法，由当事人约定；没有约定或者约定不明确，依据本法第五百一十条的规定仍不能确定的，在没有相同技术方案被授予专利权前，当事人均有使用和转让的权利。但是，委托开发的研究开发人不得在向委托人交付研究开发成果之前，将研究开发成果转让给第三人。

第三节 技术转让合同和技术许可合同

第八百六十二条 【技术转让合同和技术许可合同的定义】技术转让合同是合法拥有技术的权利人，将现有特定的专利、专利申请、技术秘密的相关权利让与他人所订立的合同。

技术许可合同是合法拥有技术的权利人,将现有特定的专利、技术秘密的相关权利许可他人实施、使用所订立的合同。

技术转让合同和技术许可合同中关于提供实施技术的专用设备、原材料或者提供有关的技术咨询、技术服务的约定,属于合同的组成部分。

第八百六十三条 【技术转让合同和技术许可合同的种类及合同要件】技术转让合同包括专利权转让、专利申请权转让、技术秘密转让等合同。

技术许可合同包括专利实施许可、技术秘密使用许可等合同。

技术转让合同和技术许可合同应当采用书面形式。

第八百六十四条 【技术转让合同和技术许可合同的限制性条款】技术转让合同和技术许可合同可以约定实施专利或者使用技术秘密的范围,但是不得限制技术竞争和技术发展。

第八百六十五条 【专利实施许可合同的有效期限】专利实施许可合同仅在该专利权的存续期限内有效。专利权有效期限届满或者专利权被宣告无效的,专利权人不得就该专利与他人订立专利实施许可合同。

第八百六十六条 【专利实施许可合同许可人的义务】专利实施许可合同的许可人应当按照约定许可被许可人实施专利,交付实施专利有关的技术资料,提供必要的技术指导。

第八百六十七条 【专利实施许可合同被许可人的义务】专利实施许可合同的被许可人应当按照约定实施专利,不得许可约定以外的第三人实施该专利,并按照约定支付使用费。

第八百六十八条 【技术秘密让与人和许可人的义务】技术秘密转让合同的让与人和技术秘密使用许可合同的许可人应当按照约定提供技术资料,进行技术指导,保证技术的实用性、可靠性,承担保密义务。

前款规定的保密义务,不限制许可人申请专利,但是当事人另有约定的除外。

第八百六十九条 【技术秘密受让人和被许可人的义务】技术秘密转让合同的受让人和技术秘密使用许可合同的被许可人应当按照约定使用技术,支付转让费、使用费,承担保密义务。

第八百七十条 【技术转让合同让与人和技术许可合同许可人的保证义务】技术转让合同的让与人和技术许可合同的许可人应当保证自己是所提供的技术的合法拥有者,并保证所提供的技术完整、无误、有效,能够达到约定的目标。

第八百七十一条 【技术转让合同受让人和技术许可合同被许可人保密义务】技术转让合同的受让人和技术许可合同的被许可人应当按照约定的范围和期限,对让与人、许可人提供的技术中尚未公开的秘密部分,承担保密义务。

第八百七十二条 【技术许可人和让与人的违约责任】许可人未按照约定许可技术的,应当返还部分或者全部使用费,并应当承担违约责任;实施专利或者使用技术秘密超越约定的范围的,违反约定擅自许可第三人实施该项专利或者使用该项技术秘密的,应当停止违约行为,承担违约责任;违反约定的保密义务的,应当承担违约责任。

让与人承担违约责任,参照适用前款规定。

第八百七十三条 【技术被许可人和受让人的违约责任】被许可人未按照约定支付使用费的,应当补交使用费并按照约定支付违约金;不补交使用费或者支付违约金的,应当停止实施专利或者使用技术秘密,交还技术资料,承担违约责任;实施专利或者使用技术秘密超越约定的范围的,未经许可人同意擅自许可第三人实施该专利或者使用该技术秘密的，应当停止违约行为，承担违约责任；违反约定的保密义务的，应当承担违约责任。

受让人承担违约责任，参照适用前款规定。

第八百七十四条 【实施专利、使用技术秘密侵害他人合法权益责任承担】受让人或者被许可人按照约定实施专利、使用技术秘密侵害他人合法权益的，由让与人或者许可人承担责任，但是当事人另有约定的除外。

第八百七十五条 【后续改进技术成果的分享办法】当事人可以按照互利的原则，在合同中约定实施专利、使用技术秘密后续改进的技术成果的分享办法；没有约定或者约定不明确，依据本法第五百一十条的规定仍不能确定的，一方后续改进的技术成果，其他各方无权分享。

第八百七十六条 【其他知识产权转让和许可的参照适用】集成电路布图设计专有权、植物新品种权、计算机软件著作权等其他知识产权的转让和许可，参照适用本节的有关规定。

第八百七十七条 【技术进出口合同或专利、专利申请合同的法律适用】法律、行政法规对技术进出口合同或者专利、专利申请合同另有规定的，依照其规定。

第四节 技术咨询合同和技术服务合同

第八百七十八条 【技术咨询合同、技术服务合同的定义】技术咨询合同是当事人一方以技术知识为对方就特定技术项目提供可行性论证、技术预测、专题技术调查、分析评价报告等所订立的合同。

技术服务合同是当事人一方以技术知识为对方解决特定技术问题所订立的合同，不包括承揽合同和建设工程合同。

第八百七十九条 【技术咨询合同委托人的义务】技术咨询合同的委托人应当按照约定阐明咨询的问题，提供技术背景材料及有关技术资料，接受受托人的工作成果，支付报酬。

第八百八十条 【技术咨询合同受托人的义务】技术咨询合同的受托人应当按照约定的期限完成咨询报告或者解答问题，提出的咨询报告应当达到约定的要求。

第八百八十一条 【技术咨询合同当事人的违约责任及决策风险责任】技术咨询合同的委托人未按照约定提供必要的资料，影响工作进度和质量，不接受或者逾期接受工作成果的，支付的报酬不得追回，未支付的报酬应当支付。

技术咨询合同的受托人未按期提出咨询报告或者提出的咨询报告不符合约定的，应当承担减收或者免收报酬等违约责任。

技术咨询合同的委托人按照受托人符合约定要求的咨询报告和意见作出决策所造成的损失，由委托人承担，但是当事人另有约定的除外。

第八百八十二条 【技术服务合同委托人的义务】技术服务合同的委托人应当按照约定提供工作条件，完成配合事项，接受工作成果并支付报酬。

第八百八十三条 【技术服务合同受托人的义务】技术服务合同的受托人应当按照约定完成服务项目，解决技术问题，保证工作质量，并传授解决技术问题的知识。

第八百八十四条 【技术服务合同的当事人违约责任】技术服务合同的委托人不履行合同义务或者履行合同义务不符合约定，影响工作进度和质量，不接受或者逾期接受工作成果的，支付的报酬不得追回，未支付的报酬应当支付。

技术服务合同的受托人未按照约定完成服务工作的，应当承担免收报酬等违约责任。

第八百八十五条 【技术成果的归属和分享】技术咨询合同、技术服务合同履行过程中,受托人利用委托人提供的技术资料和工作条件完成的新的技术成果,属于受托人。委托人利用受托人的工作成果完成的新的技术成果,属于委托人。当事人另有约定的,按照其约定。

第八百八十六条 【受托人履行合同的费用负担】技术咨询合同和技术服务合同对受托人正常开展工作所需费用的负担没有约定或者约定不明确的,由受托人负担。

第八百八十七条 【技术中介合同和技术培训合同法律适用】法律、行政法规对技术中介合同、技术培训合同另有规定的,依照其规定。

第二十一章 保 管 合 同

第八百八十八条 【保管合同的定义】保管合同是保管人保管寄存人交付的保管物,并返还该物的合同。

寄存人到保管人处从事购物、就餐、住宿等活动,将物品存放在指定场所的,视为保管,但是当事人另有约定或者另有交易习惯的除外。

第八百八十九条 【保管合同的报酬】寄存人应当按照约定向保管人支付保管费。

当事人对保管费没有约定或者约定不明确,依据本法第五百一十条的规定仍不能确定的,视为无偿保管。

第八百九十条 【保管合同的成立】保管合同自保管物交付时成立,但是当事人另有约定的除外。

第八百九十一条 【保管人给付保管凭证的义务】寄存人向保管人交付保管物的,保管人应当出具保管凭证,但是另有交易习惯的除外。

第八百九十二条 【保管人对保管物的妥善保管义务】保管人应当妥善保管保管物。

当事人可以约定保管场所或者方法。除紧急情况或者为维护寄存人利益外,不得擅自改变保管场所或者方法。

第八百九十三条 【寄存人如实告知义务】寄存人交付的保管物有瑕疵或者根据保管物的性质需要采取特殊保管措施的,寄存人应当将有关情况告知保管人。寄存人未告知,致使保管物受损失的,保管人不承担赔偿责任;保管人因此受损失的,除保管人知道或者应当知道且未采取补救措施外,寄存人应当承担赔偿责任。

第八百九十四条 【保管人亲自保管义务】保管人不得将保管物转交第三人保管,但是当事人另有约定的除外。

保管人违反前款规定,将保管物转交第三人保管,造成保管物损失的,应当承担赔偿责任。

第八百九十五条 【保管人不得使用或许可他人使用保管物义务】保管人不得使用或者许可第三人使用保管物,但是当事人另有约定的除外。

第八百九十六条 【保管人返还保管物的义务及危险通知义务】第三人对保管物主张权利的,除依法对保管物采取保全或者执行措施外,保管人应当履行向寄存人返还保管物的义务。

第三人对保管人提起诉讼或者对保管物申请扣押的,保管人应当及时通知寄存人。

第八百九十七条 【保管物毁损灭失责任】保管期内,因保管人保管不善造成保管物毁损、灭失的,保管人应当承担赔偿责任。但是,无偿保管人证明自己没有故意或者重大过失的,不承担赔偿责任。

第八百九十八条 【寄存贵重物品的声明义务】寄存人寄存货币、有价证券或者其他贵重物品的,应当向保管人声明,由保管人验收或者封存;寄存人未声明的,该物品毁损、灭失后,保管人可以按照一般物品予以赔偿。

第八百九十九条 【保管物的领取及领

取时间】寄存人可以随时领取保管物。

当事人对保管期限没有约定或者约定不明确的，保管人可以随时请求寄存人领取保管物；约定保管期限的，保管人无特别事由，不得请求寄存人提前领取保管物。

第九百条 【保管人归还原物及孳息的义务】保管期限届满或者寄存人提前领取保管物的，保管人应当将原物及其孳息归还寄存人。

第九百零一条 【消费保管】保管人保管货币的，可以返还相同种类、数量的货币；保管其他可替代物的，可以按照约定返还相同种类、品质、数量的物品。

第九百零二条 【保管费的支付期限】有偿的保管合同，寄存人应当按照约定的期限向保管人支付保管费。

当事人对支付期限没有约定或者约定不明确，依据本法第五百一十条的规定仍不能确定的，应当在领取保管物的同时支付。

第九百零三条 【保管人的留置权】寄存人未按照约定支付保管费或者其他费用的，保管人对保管物享有留置权，但是当事人另有约定的除外。

第二十二章 仓储合同

第九百零四条 【仓储合同的定义】仓储合同是保管人储存存货人交付的仓储物，存货人支付仓储费的合同。

第九百零五条 【仓储合同的成立时间】仓储合同自保管人和存货人意思表示一致时成立。

第九百零六条 【危险物品和易变质物品的储存】储存易燃、易爆、有毒、有腐蚀性、有放射性等危险物品或者易变质物品的，存货人应当说明该物品的性质，提供有关资料。

存货人违反前款规定的，保管人可以拒收仓储物，也可以采取相应措施以避免损失

的发生，因此产生的费用由存货人负担。

保管人储存易燃、易爆、有毒、有腐蚀性、有放射性等危险物品的，应当具备相应的保管条件。

第九百零七条 【仓储物的验收】保管人应当按照约定对入库仓储物进行验收。保管人验收时发现入库仓储物与约定不符合的，应当及时通知存货人。保管人验收后，发生仓储物的品种、数量、质量不符合约定的，保管人应当承担赔偿责任。

第九百零八条 【保管人出具仓单、入库单义务】存货人交付仓储物的，保管人应当出具仓单、入库单等凭证。

第九百零九条 【仓单的内容】保管人应当在仓单上签名或者盖章。仓单包括下列事项：

（一）存货人的姓名或者名称和住所；

（二）仓储物的品种、数量、质量、包装及其件数和标记；

（三）仓储物的损耗标准；

（四）储存场所；

（五）储存期限；

（六）仓储费；

（七）仓储物已经办理保险的，其保险金额、期间以及保险人的名称；

（八）填发人、填发地和填发日期。

第九百一十条 【仓单的转让和出质】仓单是提取仓储物的凭证。存货人或者仓单持有人在仓单上背书并经保管人签名或者盖章的，可以转让提取仓储物的权利。

第九百一十一条 【检查仓储物或提取样品的权利】保管人根据存货人或者仓单持有人的要求，应当同意其检查仓储物或者提取样品。

第九百一十二条 【保管人的通知义务】保管人发现入库仓储物有变质或者其他损坏的，应当及时通知存货人或者仓单持有人。

第九百一十三条 【保管人危险催告义

务和紧急处置权】保管人发现入库仓储物有变质或者其他损坏，危及其他仓储物的安全和正常保管的，应当催告存货人或者仓单持有人作出必要的处置。因情况紧急，保管人可以作出必要的处置；但是，事后应当将该情况及时通知存货人或者仓单持有人。

第九百一十四条 【仓储物的提取】当事人对储存期限没有约定或者约定不明确的，存货人或者仓单持有人可以随时提取仓储物，保管人也可以随时请求存货人或者仓单持有人提取仓储物，但是应当给予必要的准备时间。

第九百一十五条 【仓储物的提取规则】储存期限届满，存货人或者仓单持有人应当凭仓单、入库单等提取仓储物。存货人或者仓单持有人逾期提取的，应当加收仓储费；提前提取的，不减收仓储费。

第九百一十六条 【逾期提取仓储物】储存期限届满，存货人或者仓单持有人不提取仓储物的，保管人可以催告其在合理期限内提取；逾期不提取的，保管人可以提存仓储物。

第九百一十七条 【保管不善的责任承担】储存期内，因保管不善造成仓储物毁损、灭失的，保管人应当承担赔偿责任。因仓储物本身的自然性质、包装不符合约定或者超过有效储存期造成仓储物变质、损坏的，保管人不承担赔偿责任。

第九百一十八条 【参照适用保管合同的规定】本章没有规定的，适用保管合同的有关规定。

第二十三章 委托合同

第九百一十九条 【委托合同的概念】委托合同是委托人和受托人约定，由受托人处理委托人事务的合同。

第九百二十条 【委托权限】委托人可以特别委托受托人处理一项或者数项事务，也可以概括委托受托人处理一切事务。

第九百二十一条 【处理委托事务的费用】委托人应当预付处理委托事务的费用。受托人为处理委托事务垫付的必要费用，委托人应当偿还该费用并支付利息。

第九百二十二条 【受托人服从指示的义务】受托人应当按照委托人的指示处理委托事务。需要变更委托人指示的，应当经委托人同意；因情况紧急，难以和委托人取得联系的，受托人应当妥善处理委托事务，但是事后应当将该情况及时报告委托人。

第九百二十三条 【受托人亲自处理委托事务】受托人应当亲自处理委托事务。经委托人同意，受托人可以转委托。转委托经同意或者追认的，委托人可以就委托事务直接指示转委托的第三人，受托人仅就第三人的选任及其对第三人的指示承担责任。转委托未经同意或者追认的，受托人应当对转委托的第三人的行为承担责任；但是，在紧急情况下受托人为了维护委托人的利益需要转委托第三人的除外。

第九百二十四条 【受托人的报告义务】受托人应当按照委托人的要求，报告委托事务的处理情况。委托合同终止时，受托人应当报告委托事务的结果。

第九百二十五条 【受托人以自己名义从事受托事务的法律效果】受托人以自己的名义，在委托人的授权范围内与第三人订立的合同，第三人在订立合同时知道受托人与委托人之间的代理关系的，该合同直接约束委托人和第三人；但是，有确切证据证明该合同只约束受托人和第三人的除外。

第九百二十六条 【委托人的介入权与第三人的选择权】受托人以自己的名义与第三人订立合同时，第三人不知道受托人与委托人之间的代理关系的，受托人因第三人的原因对委托人不履行义务，受托人应当向委托人披露第三人,委托人因此可以行使受托人对第三人的权利。但是,第三人与受托人订立合同时如果知道该委托人就不会订立合同的除外。

受托人因委托人的原因对第三人不履行义务,受托人应当向第三人披露委托人,第三人因此可以选择受托人或者委托人作为相对人主张其权利,但是第三人不得变更选定的相对人。

委托人行使受托人对第三人的权利的,第三人可以向委托人主张其对受托人的抗辩。第三人选定委托人作为其相对人的,委托人可以向第三人主张其对受托人的抗辩以及受托人对第三人的抗辩。

第九百二十七条 【受托人转移所得利益的义务】受托人处理委托事务取得的财产,应当转交给委托人。

第九百二十八条 【委托人支付报酬的义务】受托人完成委托事务的,委托人应当按照约定向其支付报酬。

因不可归责于受托人的事由,委托合同解除或者委托事务不能完成的,委托人应当向受托人支付相应的报酬。当事人另有约定的,按照其约定。

第九百二十九条 【因受托人过错致委托人损失的赔偿责任】有偿的委托合同,因受托人的过错造成委托人损失的,委托人可以请求赔偿损失。无偿的委托合同,因受托人的故意或者重大过失造成委托人损失的,委托人可以请求赔偿损失。

受托人超越权限造成委托人损失的,应当赔偿损失。

第九百三十条 【委托人的赔偿责任】受托人处理委托事务时,因不可归责于自己的事由受到损失的,可以向委托人请求赔偿损失。

第九百三十一条 【委托人另行委托他人处理事务】委托人经受托人同意,可以在受托人之外委托第三人处理委托事务。因此造成受托人损失的,受托人可以向委托人请求赔偿损失。

第九百三十二条 【共同委托】两个以上的受托人共同处理委托事务的,对委托人承担连带责任。

第九百三十三条 【任意解除权】委托人或者受托人可以随时解除委托合同。因解除合同造成对方损失的,除不可归责于该当事人的事由外,无偿委托合同的解除方应当赔偿因解除时间不当造成的直接损失,有偿委托合同的解除方应当赔偿对方的直接损失和合同履行后可以获得的利益。

第九百三十四条 【委托合同的终止】委托人死亡、终止或者受托人死亡、丧失民事行为能力、终止的,委托合同终止;但是,当事人另有约定或者根据委托事务的性质不宜终止的除外。

第九百三十五条 【受托人继续处理委托事务】因委托人死亡或者被宣告破产、解散,致使委托合同终止将损害委托人利益的,在委托人的继承人、遗产管理人或者清算人承受委托事务之前,受托人应当继续处理委托事务。

第九百三十六条 【受托人死亡后其继承人等的义务】因受托人死亡、丧失民事行为能力或者被宣告破产、解散,致使委托合同终止的,受托人的继承人、遗产管理人、法定代理人或者清算人应当及时通知委托人。因委托合同终止将损害委托人利益的,在委托人作出善后处理之前,受托人的继承人、遗产管理人、法定代理人或者清算人应当采取必要措施。

第二十四章 物业服务合同

第九百三十七条 【物业服务合同的定义】物业服务合同是物业服务人在物业服务

区域内,为业主提供建筑物及其附属设施的维修养护、环境卫生和相关秩序的管理维护等物业服务,业主支付物业费的合同。

物业服务人包括物业服务企业和其他管理人。

第九百三十八条 【物业服务合同的内容与形式】物业服务合同的内容一般包括服务事项、服务质量、服务费用的标准和收取办法、维修资金的使用、服务用房的管理和使用、服务期限、服务交接等条款。

物业服务人公开作出的有利于业主的服务承诺,为物业服务合同的组成部分。

物业服务合同应当采用书面形式。

第九百三十九条 【物业服务合同的约束力】建设单位依法与物业服务人订立的前期物业服务合同,以及业主委员会与业主大会依法选聘的物业服务人订立的物业服务合同,对业主具有法律约束力。

第九百四十条 【前期物业服务合同的终止情形】建设单位依法与物业服务人订立的前期物业服务合同约定的服务期限届满前,业主委员会或者业主与新物业服务人订立的物业服务合同生效的,前期物业服务合同终止。

第九百四十一条 【物业服务合同的转委托】物业服务人将物业服务区域内的部分专项服务事项委托给专业性服务组织或者其他第三人的,应当就该部分专项服务事项向业主负责。

物业服务人不得将其应当提供的全部物业服务转委托给第三人,或者将全部物业服务支解后分别转委托给第三人。

第九百四十二条 【物业服务人的义务】物业服务人应当按照约定和物业的使用性质,妥善维修、养护、清洁、绿化和经营管理物业服务区域内的业主共有部分,维护物业服务区域内的基本秩序,采取合理措施保护业主的人身、财产安全。

对物业服务区域内违反有关治安、环保、消防等法律法规的行为,物业服务人应当及时采取合理措施制止、向有关行政主管部门报告并协助处理。

第九百四十三条 【物业服务人的信息公开义务】物业服务人应当定期将服务的事项、负责人员、质量要求、收费项目、收费标准、履行情况,以及维修资金使用情况、业主共有部分的经营与收益情况等以合理方式向业主公开并向业主大会、业主委员会报告。

第九百四十四条 【业主支付物业费义务】业主应当按照约定向物业服务人支付物业费。物业服务人已经按照约定和有关规定提供服务的,业主不得以未接受或者无需接受相关物业服务为由拒绝支付物业费。

业主违反约定逾期不支付物业费的,物业服务人可以催告其在合理期限内支付;合理期限届满仍不支付的,物业服务人可以提起诉讼或者申请仲裁。

物业服务人不得采取停止供电、供水、供热、供燃气等方式催交物业费。

第九百四十五条 【业主的告知、协助义务】业主装饰装修房屋的,应当事先告知物业服务人,遵守物业服务人提示的合理注意事项,并配合其进行必要的现场检查。

业主转让、出租物业专有部分、设立居住权或者依法改变共有部分用途的,应当及时将相关情况告知物业服务人。

第九百四十六条 【业主解聘物业服务人】业主依照法定程序共同决定解聘物业服务人的,可以解除物业服务合同。决定解聘的,应当提前六十日书面通知物业服务人,但是合同对通知期限另有约定的除外。

依据前款规定解除合同造成物业服务人损失的,除不可归责于业主的事由外,业主应当赔偿损失。

第九百四十七条 【物业服务人的续聘】物业服务期限届满前,业主依法共同决定续聘的,应当与原物业服务人在合同期限届满前续订物业服务合同。

物业服务期限届满前,物业服务人不同意续聘的,应当在合同期限届满前九十日书面通知业主或者业主委员会,但是合同对通知期限另有约定的除外。

第九百四十八条 【不定期物业服务合同的成立与解除】物业服务期限届满后,业主没有依法作出续聘或者另聘物业服务人的决定,物业服务人继续提供物业服务的,原物业服务合同继续有效,但是服务期限为不定期。

当事人可以随时解除不定期物业服务合同,但是应当提前六十日书面通知对方。

第九百四十九条 【物业服务合同终止后原物业服务人的义务】物业服务合同终止的,原物业服务人应当在约定期限或者合理期限内退出物业服务区域,将物业服务用房、相关设施、物业服务所必需的相关资料等交还给业主委员会、决定自行管理的业主或者其指定的人,配合新物业服务人做好交接工作,并如实告知物业的使用和管理状况。

原物业服务人违反前款规定的,不得请求业主支付物业服务合同终止后的物业费;造成业主损失的,应当赔偿损失。

第九百五十条 【物业服务合同终止后新合同成立前期间的相关事项】物业服务合同终止后,在业主或者业主大会选聘的新物业服务人或者决定自行管理的业主接管之前,原物业服务人应当继续处理物业服务事项,并可以请求业主支付该期间的物业费。

第二十五章 行纪合同

第九百五十一条 【行纪合同的概念】行纪合同是行纪人以自己的名义为委托人从事贸易活动,委托人支付报酬的合同。

第九百五十二条 【行纪人的费用负担】行纪人处理委托事务支出的费用,由行纪人负担,但是当事人另有约定的除外。

第九百五十三条 【行纪人保管义务】行纪人占有委托物的,应当妥善保管委托物。

第九百五十四条 【行纪人处置委托物义务】委托物交付给行纪人时有瑕疵或者容易腐烂、变质的,经委托人同意,行纪人可以处分该物;不能与委托人及时取得联系的,行纪人可以合理处分。

第九百五十五条 【行纪人按指定价格买卖的义务】行纪人低于委托人指定的价格卖出或者高于委托人指定的价格买入的,应当经委托人同意;未经委托人同意,行纪人补偿其差额的,该买卖对委托人发生效力。

行纪人高于委托人指定的价格卖出或者低于委托人指定的价格买入的,可以按照约定增加报酬;没有约定或者约定不明确,依据本法第五百一十条的规定仍不能确定的,该利益属于委托人。

委托人对价格有特别指示的,行纪人不得违背该指示卖出或者买入。

第九百五十六条 【行纪人的介入权】行纪人卖出或者买入具有市场定价的商品,除委托人有相反的意思表示外,行纪人自己可以作为买受人或者出卖人。

行纪人有前款规定情形的,仍然可以请求委托人支付报酬。

第九百五十七条 【委托人受领、取回义务及行纪人提存委托物】行纪人按照约定买入委托物,委托人应当及时受领。经行纪人催告,委托人无正当理由拒绝受领的,行纪人依法可以提存委托物。

委托物不能卖出或者委托人撤回出卖,经行纪人催告,委托人不取回或者不处分该物的,行纪人依法可以提存委托物。

第九百五十八条 【行纪人的直接履行义务】行纪人与第三人订立合同的,行纪人对该合同直接享有权利、承担义务。

第三人不履行义务致使委托人受到损害

的,行纪人应当承担赔偿责任,但是行纪人与委托人另有约定的除外。

第九百五十九条 【行纪人的报酬请求权及留置权】行纪人完成或者部分完成委托事务的,委托人应当向其支付相应的报酬。委托人逾期不支付报酬的,行纪人对委托物享有留置权,但是当事人另有约定的除外。

第九百六十条 【参照适用委托合同的规定】本章没有规定的,参照适用委托合同的有关规定。

第二十六章 中介合同

第九百六十一条 【中介合同的概念】中介合同是中介人向委托人报告订立合同的机会或者提供订立合同的媒介服务,委托人支付报酬的合同。

第九百六十二条 【中介人的如实报告义务】中介人应当就有关订立合同的事项向委托人如实报告。

中介人故意隐瞒与订立合同有关的重要事实或者提供虚假情况,损害委托人利益的,不得请求支付报酬并应当承担赔偿责任。

第九百六十三条 【中介人的报酬请求权】中介人促成合同成立的,委托人应当按照约定支付报酬。对中介人的报酬没有约定或者约定不明确,依据本法第五百一十条的规定仍不能确定的,根据中介人的劳务合理确定。因中介人提供订立合同的媒介服务而促成合同成立的,由该合同的当事人平均负担中介人的报酬。

中介人促成合同成立的,中介活动的费用,由中介人负担。

第九百六十四条 【中介人的中介费用】中介人未促成合同成立的,不得请求支付报酬;但是,可以按照约定请求委托人支付从事中介活动支出的必要费用。

第九百六十五条 【委托人"跳单"应支付中介报酬】委托人在接受中介人的服务后,利用中介人提供的交易机会或者媒介服务,绕开中介人直接订立合同的,应当向中介人支付报酬。

第九百六十六条 【参照适用委托合同的规定】本章没有规定的,参照适用委托合同的有关规定。

第二十七章 合伙合同

第九百六十七条 【合伙合同的定义】合伙合同是两个以上合伙人为了共同的事业目的,订立的共享利益、共担风险的协议。

第九百六十八条 【合伙人的出资义务】合伙人应当按照约定的出资方式、数额和缴付期限,履行出资义务。

第九百六十九条 【合伙财产的定义】合伙人的出资、因合伙事务依法取得的收益和其他财产,属于合伙财产。

合伙合同终止前,合伙人不得请求分割合伙财产。

第九百七十条 【合伙事务的执行】合伙人就合伙事务作出决定的,除合伙合同另有约定外,应当经全体合伙人一致同意。

合伙事务由全体合伙人共同执行。按照合伙合同的约定或者全体合伙人的决定,可以委托一个或者数个合伙人执行合伙事务;其他合伙人不再执行合伙事务,但是有权监督执行情况。

合伙人分别执行合伙事务的,执行事务合伙人可以对其他合伙人执行的事务提出异议;提出异议后,其他合伙人应当暂停该项事务的执行。

第九百七十一条 【合伙人执行合伙事务不得请求支付报酬】合伙人不得因执行合伙事务而请求支付报酬,但是合伙合同另有约定的除外。

第九百七十二条 【合伙的利润分配和

亏损分担】合伙的利润分配和亏损分担，按照合伙合同的约定办理；合伙合同没有约定或者约定不明确的，由合伙人协商决定；协商不成的，由合伙人按照实缴出资比例分配、分担；无法确定出资比例的，由合伙人平均分配、分担。

第九百七十三条 【合伙人对合伙债务的连带责任及追偿权】合伙人对合伙债务承担连带责任。清偿合伙债务超过自己应当承担份额的合伙人，有权向其他合伙人追偿。

第九百七十四条 【合伙人转让财产份额的要求】除合伙合同另有约定外，合伙人向合伙人以外的人转让其全部或者部分财产份额的，须经其他合伙人一致同意。

第九百七十五条 【合伙人债权人代位行使权利的限制】合伙人的债权人不得代位行使合伙人依照本章规定和合伙合同享有的权利，但是合伙人享有的利益分配请求权除外。

第九百七十六条 【合伙期限的推定】合伙人对合伙期限没有约定或者约定不明确，依据本法第五百一十条的规定仍不能确定的，视为不定期合伙。

合伙期限届满，合伙人继续执行合伙事务，其他合伙人没有提出异议的，原合伙合同继续有效，但是合伙期限为不定期。

合伙人可以随时解除不定期合伙合同，但是应当在合理期限之前通知其他合伙人。

第九百七十七条 【合伙人死亡、民事行为能力丧失或终止时合伙合同的效力】合伙人死亡、丧失民事行为能力或者终止的，合伙合同终止；但是，合伙合同另有约定或者根据合伙事务的性质不宜终止的除外。

第九百七十八条 【合伙合同终止后剩余财产的分配规则】合伙合同终止后，合伙财产在支付因终止而产生的费用以及清偿合伙债务后有剩余的，依据本法第九百七十二条的规定进行分配。

第三分编 准 合 同

第二十八章 无 因 管 理

第九百七十九条 【无因管理的定义及法律效果】管理人没有法定的或者约定的义务，为避免他人利益受损失而管理他人事务的，可以请求受益人偿还因管理事务而支出的必要费用；管理人因管理事务受到损失的，可以请求受益人给予适当补偿。

管理事务不符合受益人真实意思的，管理人不享有前款规定的权利；但是，受益人的真实意思违反法律或者违背公序良俗的除外。

第九百八十条 【不适当的无因管理】管理人管理事务不属于前条规定的情形，但是受益人享有管理利益的，受益人应当在其获得的利益范围内向管理人承担前条第一款规定的义务。

第九百八十一条 【管理人的善良管理义务】管理人管理他人事务，应当采取有利于受益人的方法。中断管理对受益人不利的，无正当理由不得中断。

第九百八十二条 【管理人的通知义务】管理人管理他人事务，能够通知受益人的，应当及时通知受益人。管理的事务不需要紧急处理的，应当等待受益人的指示。

第九百八十三条 【管理人的报告及移交财产义务】管理结束后，管理人应当向受益人报告管理事务的情况。管理人管理事务取得的财产，应当及时转交给受益人。

第九百八十四条 【本人对管理事务的追认】管理人管理事务经受益人事后追认的，从管理事务开始时起，适用委托合同的有关规定，但是管理人另有意思表示的除外。

第二十九章　不当得利

第九百八十五条　【不当得利的构成及除外情况】得利人没有法律根据取得不当利益的，受损失的人可以请求得利人返还取得的利益，但是有下列情形之一的除外：

（一）为履行道德义务进行的给付；

（二）债务到期之前的清偿；

（三）明知无给付义务而进行的债务清偿。

第九百八十六条　【善意得利人的返还责任】得利人不知道且不应当知道取得的利益没有法律根据，取得的利益已经不存在的，不承担返还该利益的义务。

第九百八十七条　【恶意得利人的返还责任】得利人知道或者应当知道取得的利益没有法律根据的，受损失的人可以请求得利人返还其取得的利益并依法赔偿损失。

第九百八十八条　【第三人的返还义务】得利人已经将取得的利益无偿转让给第三人的，受损失的人可以请求第三人在相应范围内承担返还义务。

第四编　人　格　权

第一章　一　般　规　定

第九百八十九条　【人格权编的调整范围】本编调整因人格权的享有和保护产生的民事关系。

第九百九十条　【人格权类型】人格权是民事主体享有的生命权、身体权、健康权、姓名权、名称权、肖像权、名誉权、荣誉权、隐私权等权利。

除前款规定的人格权外，自然人享有基于人身自由、人格尊严产生的其他人格权益。

第九百九十一条　【人格权受法律保护】民事主体的人格权受法律保护，任何组织或者个人不得侵害。

第九百九十二条　【人格权不得放弃、转让、继承】人格权不得放弃、转让或者继承。

第九百九十三条　【人格利益的许可使用】民事主体可以将自己的姓名、名称、肖像等许可他人使用，但是依照法律规定或者根据其性质不得许可的除外。

第九百九十四条　【死者人格利益保护】死者的姓名、肖像、名誉、荣誉、隐私、遗体等受到侵害的，其配偶、子女、父母有权依法请求行为人承担民事责任；死者没有配偶、子女且父母已经死亡的，其他近亲属有权依法请求行为人承担民事责任。

第九百九十五条　【人格权保护的请求权】人格权受到侵害的，受害人有权依照本法和其他法律的规定请求行为人承担民事责任。受害人的停止侵害、排除妨碍、消除危险、消除影响、恢复名誉、赔礼道歉请求权，不适用诉讼时效的规定。

第九百九十六条　【人格权责任竞合下的精神损害赔偿】因当事人一方的违约行为，损害对方人格权并造成严重精神损害，受损害方选择请求其承担违约责任的，不影响受损害方请求精神损害赔偿。

第九百九十七条　【申请法院责令停止侵害】民事主体有证据证明行为人正在实施或者即将实施侵害其人格权的违法行为，不及时制止将使其合法权益受到难以弥补的损害的，有权依法向人民法院申请采取责令行为人停止有关行为的措施。

第九百九十八条　【认定行为人承担责任时的考量因素】认定行为人承担侵害除生命权、身体权和健康权外的人格权的民事责任，应当考虑行为人和受害人的职业、影响范围、过错程度，以及行为的目的、方式、后果等因素。

第九百九十九条 【人格利益的合理使用】为公共利益实施新闻报道、舆论监督等行为的，可以合理使用民事主体的姓名、名称、肖像、个人信息等；使用不合理侵害民事主体人格权的，应当依法承担民事责任。

第一千条 【消除影响、恢复名誉、赔礼道歉责任方式】行为人因侵害人格权承担消除影响、恢复名誉、赔礼道歉等民事责任的，应当与行为的具体方式和造成的影响范围相当。

行为人拒不承担前款规定的民事责任的，人民法院可以采取在报刊、网络等媒体上发布公告或者公布生效裁判文书等方式执行，产生的费用由行为人负担。

第一千零一条 【自然人身份权利保护的参照】对自然人因婚姻家庭关系等产生的身份权利的保护，适用本法第一编、第五编和其他法律的相关规定；没有规定的，可以根据其性质参照适用本编人格权保护的有关规定。

第二章　生命权、身体权和健康权

第一千零二条 【生命权】自然人享有生命权。自然人的生命安全和生命尊严受法律保护。任何组织或者个人不得侵害他人的生命权。

第一千零三条 【身体权】自然人享有身体权。自然人的身体完整和行动自由受法律保护。任何组织或者个人不得侵害他人的身体权。

第一千零四条 【健康权】自然人享有健康权。自然人的身心健康受法律保护。任何组织或者个人不得侵害他人的健康权。

第一千零五条 【法定救助义务】自然人的生命权、身体权、健康权受到侵害或者处于其他危难情形的，负有法定救助义务的组织或者个人应当及时施救。

第一千零六条 【人体捐献】完全民事行为能力人有权依法自主决定无偿捐献其人体细胞、人体组织、人体器官、遗体。任何组织或者个人不得强迫、欺骗、利诱其捐献。

完全民事行为能力人依据前款规定同意捐献的，应当采用书面形式，也可以订立遗嘱。

自然人生前未表示不同意捐献的，该自然人死亡后，其配偶、成年子女、父母可以共同决定捐献，决定捐献应当采用书面形式。

第一千零七条 【禁止买卖人体细胞、组织、器官和遗体】禁止以任何形式买卖人体细胞、人体组织、人体器官、遗体。

违反前款规定的买卖行为无效。

第一千零八条 【人体临床试验】为研制新药、医疗器械或者发展新的预防和治疗方法，需要进行临床试验的，应当依法经相关主管部门批准并经伦理委员会审查同意，向受试者或者受试者的监护人告知试验目的、用途和可能产生的风险等详细情况，并经其书面同意。

进行临床试验的，不得向受试者收取试验费用。

第一千零九条 【从事人体基因、胚胎等医学和科研活动的法定限制】从事与人体基因、人体胚胎等有关的医学和科研活动，应当遵守法律、行政法规和国家有关规定，不得危害人体健康，不得违背伦理道德，不得损害公共利益。

第一千零一十条 【性骚扰】违背他人意愿，以言语、文字、图像、肢体行为等方式对他人实施性骚扰的，受害人有权依法请求行为人承担民事责任。

机关、企业、学校等单位应当采取合理的预防、受理投诉、调查处置等措施，防止和制止利用职权、从属关系等实施性骚扰。

第一千零一十一条 【非法剥夺、限制他人行动自由和非法搜查他人身体】以非法拘禁等方式剥夺、限制他人的行动自由，或者非法搜查他人身体的，受害人有权依法请求行为人承担民事责任。

第三章　姓名权和名称权

第一千零一十二条　【姓名权】自然人享有姓名权，有权依法决定、使用、变更或者许可他人使用自己的姓名，但是不得违背公序良俗。

第一千零一十三条　【名称权】法人、非法人组织享有名称权，有权依法决定、使用、变更、转让或者许可他人使用自己的名称。

第一千零一十四条　【禁止侵害他人的姓名或名称】任何组织或者个人不得以干涉、盗用、假冒等方式侵害他人的姓名权或者名称权。

第一千零一十五条　【自然人姓氏的选取】自然人应当随父姓或者母姓，但是有下列情形之一的，可以在父姓和母姓之外选取姓氏：

（一）选取其他直系长辈血亲的姓氏；

（二）因由法定扶养人以外的人扶养而选取扶养人姓氏；

（三）有不违背公序良俗的其他正当理由。

少数民族自然人的姓氏可以遵从本民族的文化传统和风俗习惯。

第一千零一十六条　【决定、变更姓名、名称及转让名称的规定】自然人决定、变更姓名，或者法人、非法人组织决定、变更、转让名称的，应当依法向有关机关办理登记手续，但是法律另有规定的除外。

民事主体变更姓名、名称的，变更前实施的民事法律行为对其具有法律约束力。

第一千零一十七条　【姓名与名称的扩展保护】具有一定社会知名度，被他人使用足以造成公众混淆的笔名、艺名、网名、译名、字号、姓名和名称的简称等，参照适用姓名权和名称权保护的有关规定。

第四章　肖　像　权

第一千零一十八条　【肖像权及肖像】自然人享有肖像权，有权依法制作、使用、公开或者许可他人使用自己的肖像。

肖像是通过影像、雕塑、绘画等方式在一定载体上所反映的特定自然人可以被识别的外部形象。

第一千零一十九条　【肖像权的保护】任何组织或者个人不得以丑化、污损，或者利用信息技术手段伪造等方式侵害他人的肖像权。未经肖像权人同意，不得制作、使用、公开肖像权人的肖像，但是法律另有规定的除外。

未经肖像权人同意，肖像作品权利人不得以发表、复制、发行、出租、展览等方式使用或者公开肖像权人的肖像。

第一千零二十条　【肖像权的合理使用】合理实施下列行为的，可以不经肖像权人同意：

（一）为个人学习、艺术欣赏、课堂教学或者科学研究，在必要范围内使用肖像权人已经公开的肖像；

（二）为实施新闻报道，不可避免地制作、使用、公开肖像权人的肖像；

（三）为依法履行职责，国家机关在必要范围内制作、使用、公开肖像权人的肖像；

（四）为展示特定公共环境，不可避免地制作、使用、公开肖像权人的肖像；

（五）为维护公共利益或者肖像权人合法权益，制作、使用、公开肖像权人的肖像的其他行为。

第一千零二十一条　【肖像许可使用合同的解释】当事人对肖像许可使用合同中关于肖像使用条款的理解有争议的，应当作出有利于肖像权人的解释。

第一千零二十二条　【肖像许可使用合同期限】当事人对肖像许可使用期限没有约定或者约定不明确的，任何一方当事人可以随时解除肖像许可使用合同，但是应当在合理期限之前通知对方。

当事人对肖像许可使用期限有明确约定，肖像权人有正当理由的，可以解除肖像许可使用合同，但是应当在合理期限之前通知对方。因解除合同造成对方损失的，除不可归责于肖像权人的事由外，应当赔偿损失。

第一千零二十三条　【姓名、声音等的许可使用参照肖像许可使用】对姓名等的许可使用，参照适用肖像许可使用的有关规定。

对自然人声音的保护，参照适用肖像权保护的有关规定。

第五章　名誉权和荣誉权

第一千零二十四条　【名誉权及名誉】民事主体享有名誉权。任何组织或者个人不得以侮辱、诽谤等方式侵害他人的名誉权。

名誉是对民事主体的品德、声望、才能、信用等的社会评价。

第一千零二十五条　【新闻报道、舆论监督与保护名誉权关系问题】行为人为公共利益实施新闻报道、舆论监督等行为，影响他人名誉的，不承担民事责任，但是有下列情形之一的除外：

（一）捏造、歪曲事实；

（二）对他人提供的严重失实内容未尽到合理核实义务；

（三）使用侮辱性言辞等贬损他人名誉。

第一千零二十六条　【认定是否尽到合理核实义务的考虑因素】认定行为人是否尽到前条第二项规定的合理核实义务，应当考虑下列因素：

（一）内容来源的可信度；

（二）对明显可能引发争议的内容是否进行了必要的调查；

（三）内容的时限性；

（四）内容与公序良俗的关联性；

（五）受害人名誉受贬损的可能性；

（六）核实能力和核实成本。

第一千零二十七条　【文学、艺术作品侵害名誉权的认定与例外】行为人发表的文学、艺术作品以真人真事或者特定人为描述对象，含有侮辱、诽谤内容，侵害他人名誉权的，受害人有权依法请求该行为人承担民事责任。

行为人发表的文学、艺术作品不以特定人为描述对象，仅其中的情节与该特定人的情况相似的，不承担民事责任。

第一千零二十八条　【名誉权人更正权】民事主体有证据证明报刊、网络等媒体报道的内容失实，侵害其名誉权的，有权请求该媒体及时采取更正或者删除等必要措施。

第一千零二十九条　【信用评价】民事主体可以依法查询自己的信用评价；发现信用评价不当的，有权提出异议并请求采取更正、删除等必要措施。信用评价人应当及时核查，经核查属实的，应当及时采取必要措施。

第一千零三十条　【处理信用信息的法律适用】民事主体与征信机构等信用信息处理者之间的关系，适用本编有关个人信息保护的规定和其他法律、行政法规的有关规定。

第一千零三十一条　【荣誉权】民事主体享有荣誉权。任何组织或者个人不得非法剥夺他人的荣誉称号，不得诋毁、贬损他人的荣誉。

获得的荣誉称号应当记载而没有记载的，民事主体可以请求记载；获得的荣誉称号记载错误的，民事主体可以请求更正。

第六章　隐私权和个人信息保护

第一千零三十二条　【隐私权及隐私】自

然人享有隐私权。任何组织或者个人不得以刺探、侵扰、泄露、公开等方式侵害他人的隐私权。

隐私是自然人的私人生活安宁和不愿为他人知晓的私密空间、私密活动、私密信息。

第一千零三十三条 【侵害隐私权的行为】除法律另有规定或者权利人明确同意外，任何组织或者个人不得实施下列行为：

（一）以电话、短信、即时通讯工具、电子邮件、传单等方式侵扰他人的私人生活安宁；

（二）进入、拍摄、窥视他人的住宅、宾馆房间等私密空间；

（三）拍摄、窥视、窃听、公开他人的私密活动；

（四）拍摄、窥视他人身体的私密部位；

（五）处理他人的私密信息；

（六）以其他方式侵害他人的隐私权。

第一千零三十四条 【个人信息保护】自然人的个人信息受法律保护。

个人信息是以电子或者其他方式记录的能够单独或者与其他信息结合识别特定自然人的各种信息，包括自然人的姓名、出生日期、身份证件号码、生物识别信息、住址、电话号码、电子邮箱、健康信息、行踪信息等。

个人信息中的私密信息，适用有关隐私权的规定；没有规定的，适用有关个人信息保护的规定。

第一千零三十五条 【个人信息处理的原则】处理个人信息的，应当遵循合法、正当、必要原则，不得过度处理，并符合下列条件：

（一）征得该自然人或者其监护人同意，但是法律、行政法规另有规定的除外；

（二）公开处理信息的规则；

（三）明示处理信息的目的、方式和范围；

（四）不违反法律、行政法规的规定和双方的约定。

个人信息的处理包括个人信息的收集、存储、使用、加工、传输、提供、公开等。

第一千零三十六条 【处理个人信息的免责事由】处理个人信息，有下列情形之一的，行为人不承担民事责任：

（一）在该自然人或者其监护人同意的范围内合理实施的行为；

（二）合理处理该自然人自行公开的或者其他已经合法公开的信息，但是该自然人明确拒绝或者处理该信息侵害其重大利益的除外；

（三）为维护公共利益或者该自然人合法权益，合理实施的其他行为。

第一千零三十七条 【个人信息主体的权利】自然人可以依法向信息处理者查阅或者复制其个人信息；发现信息有错误的，有权提出异议并请求及时采取更正等必要措施。

自然人发现信息处理者违反法律、行政法规的规定或者双方的约定处理其个人信息的，有权请求信息处理者及时删除。

第一千零三十八条 【个人信息安全】信息处理者不得泄露或者篡改其收集、存储的个人信息；未经自然人同意，不得向他人非法提供其个人信息，但是经过加工无法识别特定个人且不能复原的除外。

信息处理者应当采取技术措施和其他必要措施，确保其收集、存储的个人信息安全，防止信息泄露、篡改、丢失；发生或者可能发生个人信息泄露、篡改、丢失的，应当及时采取补救措施，按照规定告知自然人并向有关主管部门报告。

第一千零三十九条 【国家机关及其工作人员对个人信息的保密义务】国家机关、承担行政职能的法定机构及其工作人员对于履行职责过程中知悉的自然人的隐私和个人信息，应当予以保密，不得泄露或者向他人非法提供。

第五编 婚姻家庭

第一章 一般规定

第一千零四十条 【婚姻家庭编的调整范围】本编调整因婚姻家庭产生的民事关系。

第一千零四十一条 【婚姻家庭关系基本原则】婚姻家庭受国家保护。

实行婚姻自由、一夫一妻、男女平等的婚姻制度。

保护妇女、未成年人、老年人、残疾人的合法权益。

第一千零四十二条 【禁止的婚姻家庭行为】禁止包办、买卖婚姻和其他干涉婚姻自由的行为。禁止借婚姻索取财物。

禁止重婚。禁止有配偶者与他人同居。

禁止家庭暴力。禁止家庭成员间的虐待和遗弃。

第一千零四十三条 【婚姻家庭道德规范】家庭应当树立优良家风，弘扬家庭美德，重视家庭文明建设。

夫妻应当互相忠实，互相尊重，互相关爱；家庭成员应当敬老爱幼，互相帮助，维护平等、和睦、文明的婚姻家庭关系。

第一千零四十四条 【收养的原则】收养应当遵循最有利于被收养人的原则，保障被收养人和收养人的合法权益。

禁止借收养名义买卖未成年人。

第一千零四十五条 【亲属、近亲属与家庭成员】亲属包括配偶、血亲和姻亲。

配偶、父母、子女、兄弟姐妹、祖父母、外祖父母、孙子女、外孙子女为近亲属。

配偶、父母、子女和其他共同生活的近亲属为家庭成员。

第二章 结 婚

第一千零四十六条 【结婚自愿】结婚应当男女双方完全自愿，禁止任何一方对另一方加以强迫，禁止任何组织或者个人加以干涉。

第一千零四十七条 【法定婚龄】结婚年龄，男不得早于二十二周岁，女不得早于二十周岁。

第一千零四十八条 【禁止结婚的情形】直系血亲或者三代以内的旁系血亲禁止结婚。

第一千零四十九条 【结婚程序】要求结婚的男女双方应当亲自到婚姻登记机关申请结婚登记。符合本法规定的，予以登记，发给结婚证。完成结婚登记，即确立婚姻关系。未办理结婚登记的，应当补办登记。

第一千零五十条 【男女双方互为家庭成员】登记结婚后，按照男女双方约定，女方可以成为男方家庭的成员，男方可以成为女方家庭的成员。

第一千零五十一条 【婚姻无效的情形】有下列情形之一的，婚姻无效：

（一）重婚；

（二）有禁止结婚的亲属关系；

（三）未到法定婚龄。

第一千零五十二条 【受胁迫婚姻的撤销】因胁迫结婚的，受胁迫的一方可以向人民法院请求撤销婚姻。

请求撤销婚姻的，应当自胁迫行为终止之日起一年内提出。

被非法限制人身自由的当事人请求撤销婚姻的，应当自恢复人身自由之日起一年内提出。

第一千零五十三条 【隐瞒重大疾病的可撤销婚姻】一方患有重大疾病的，应当在结婚登记前如实告知另一方；不如实告知的，另一方可以向人民法院请求撤销婚姻。

请求撤销婚姻的,应当自知道或者应当知道撤销事由之日起一年内提出。

第一千零五十四条 【婚姻无效或被撤销的法律后果】无效的或者被撤销的婚姻自始没有法律约束力,当事人不具有夫妻的权利和义务。同居期间所得的财产,由当事人协议处理;协议不成的,由人民法院根据照顾无过错方的原则判决。对重婚导致的无效婚姻的财产处理,不得侵害合法婚姻当事人的财产权益。当事人所生的子女,适用本法关于父母子女的规定。

婚姻无效或者被撤销的,无过错方有权请求损害赔偿。

第三章 家庭关系

第一节 夫妻关系

第一千零五十五条 【夫妻平等】夫妻在婚姻家庭中地位平等。

第一千零五十六条 【夫妻姓名权】夫妻双方都有各自使用自己姓名的权利。

第一千零五十七条 【夫妻人身自由权】夫妻双方都有参加生产、工作、学习和社会活动的自由,一方不得对另一方加以限制或者干涉。

第一千零五十八条 【夫妻抚养、教育和保护子女的权利义务平等】夫妻双方平等享有对未成年子女抚养、教育和保护的权利,共同承担对未成年子女抚养、教育和保护的义务。

第一千零五十九条 【夫妻扶养义务】夫妻有相互扶养的义务。

需要扶养的一方,在另一方不履行扶养义务时,有要求其给付扶养费的权利。

第一千零六十条 【夫妻日常家事代理权】夫妻一方因家庭日常生活需要而实施的民事法律行为,对夫妻双方发生效力,但是夫妻一方与相对人另有约定的除外。

夫妻之间对一方可以实施的民事法律行为范围的限制,不得对抗善意相对人。

第一千零六十一条 【夫妻遗产继承权】夫妻有相互继承遗产的权利。

第一千零六十二条 【夫妻共同财产】夫妻在婚姻关系存续期间所得的下列财产,为夫妻的共同财产,归夫妻共同所有:

(一)工资、奖金、劳务报酬;

(二)生产、经营、投资的收益;

(三)知识产权的收益;

(四)继承或者受赠的财产,但是本法第一千零六十三条第三项规定的除外;

(五)其他应当归共同所有的财产。

夫妻对共同财产,有平等的处理权。

第一千零六十三条 【夫妻个人财产】下列财产为夫妻一方的个人财产:

(一)一方的婚前财产;

(二)一方因受到人身损害获得的赔偿或者补偿;

(三)遗嘱或者赠与合同中确定只归一方的财产;

(四)一方专用的生活用品;

(五)其他应当归一方的财产。

第一千零六十四条 【夫妻共同债务】夫妻双方共同签名或者夫妻一方事后追认等共同意思表示所负的债务,以及夫妻一方在婚姻关系存续期间以个人名义为家庭日常生活需要所负的债务,属于夫妻共同债务。

夫妻一方在婚姻关系存续期间以个人名义超出家庭日常生活需要所负的债务,不属于夫妻共同债务;但是,债权人能够证明该债务用于夫妻共同生活、共同生产经营或者基于夫妻双方共同意思表示的除外。

第一千零六十五条 【夫妻约定财产制】男女双方可以约定婚姻关系存续期间所得的财产以及婚前财产归各自所有、共同所有或者部分各自所有、部分共同所有。约定应当采用书面形式。没有约定或者约定不明确的,适用本法第一千零六十二条、第一千零六十三条的规定。

夫妻对婚姻关系存续期间所得的财产以及婚前财产的约定,对双方具有法律约束力。

夫妻对婚姻关系存续期间所得的财产约定归各自所有,夫或者妻一方对外所负的债务,相对人知道该约定的,以夫或者妻一方的个人财产清偿。

第一千零六十六条 【婚内分割夫妻共同财产】婚姻关系存续期间,有下列情形之一的,夫妻一方可以向人民法院请求分割共同财产:

(一)一方有隐藏、转移、变卖、毁损、挥霍夫妻共同财产或者伪造夫妻共同债务等严重损害夫妻共同财产利益的行为;

(二)一方负有法定扶养义务的人患重大疾病需要医治,另一方不同意支付相关医疗费用。

第二节　父母子女关系和其他近亲属关系

第一千零六十七条 【父母与子女间的抚养赡养义务】父母不履行抚养义务的,未成年子女或者不能独立生活的成年子女,有要求父母给付抚养费的权利。

成年子女不履行赡养义务的,缺乏劳动能力或者生活困难的父母,有要求成年子女给付赡养费的权利。

第一千零六十八条 【父母教育、保护未成年子女的权利和义务】父母有教育、保护未成年子女的权利和义务。未成年子女造成他人损害的,父母应当依法承担民事责任。

第一千零六十九条 【子女尊重父母的婚姻权利及赡养义务】子女应当尊重父母的婚姻权利,不得干涉父母离婚、再婚以及婚后

的生活。子女对父母的赡养义务,不因父母的婚姻关系变化而终止。

第一千零七十条 【遗产继承权】父母和子女有相互继承遗产的权利。

第一千零七十一条 【非婚生子女权利】非婚生子女享有与婚生子女同等的权利,任何组织或者个人不得加以危害和歧视。

不直接抚养非婚生子女的生父或者生母,应当负担未成年子女或者不能独立生活的成年子女的抚养费。

第一千零七十二条 【继父母子女之间权利义务】继父母与继子女间,不得虐待或者歧视。

继父或者继母和受其抚养教育的继子女间的权利义务关系,适用本法关于父母子女关系的规定。

第一千零七十三条 【亲子关系异议之诉】对亲子关系有异议且有正当理由的,父或者母可以向人民法院提起诉讼,请求确认或者否认亲子关系。

对亲子关系有异议且有正当理由的,成年子女可以向人民法院提起诉讼,请求确认亲子关系。

第一千零七十四条 【祖孙之间的抚养、赡养义务】有负担能力的祖父母、外祖父母,对于父母已经死亡或者父母无力抚养的未成年孙子女、外孙子女,有抚养的义务。

有负担能力的孙子女、外孙子女,对于子女已经死亡或者子女无力赡养的祖父母、外祖父母,有赡养的义务。

第一千零七十五条 【兄弟姐妹间扶养义务】有负担能力的兄、姐,对于父母已经死亡或者父母无力抚养的未成年弟、妹,有扶养的义务。

由兄、姐扶养长大的有负担能力的弟、妹,对于缺乏劳动能力又缺乏生活来源的兄、姐,有扶养的义务。

第四章 离 婚

第一千零七十六条 【协议离婚】夫妻双方自愿离婚的,应当签订书面离婚协议,并亲自到婚姻登记机关申请离婚登记。

离婚协议应当载明双方自愿离婚的意思表示和对子女抚养、财产以及债务处理等事项协商一致的意见。

第一千零七十七条 【离婚冷静期】自婚姻登记机关收到离婚登记申请之日起三十日内,任何一方不愿意离婚的,可以向婚姻登记机关撤回离婚登记申请。

前款规定期限届满后三十日内,双方应当亲自到婚姻登记机关申请发给离婚证;未申请的,视为撤回离婚登记申请。

第一千零七十八条 【婚姻登记机关对协议离婚的查明】婚姻登记机关查明双方确实是自愿离婚,并已经对子女抚养、财产以及债务处理等事项协商一致的,予以登记,发给离婚证。

第一千零七十九条 【诉讼离婚】夫妻一方要求离婚的,可以由有关组织进行调解或者直接向人民法院提起离婚诉讼。

人民法院审理离婚案件,应当进行调解;如果感情确已破裂,调解无效的,应当准予离婚。

有下列情形之一,调解无效的,应当准予离婚:

(一)重婚或者与他人同居;

(二)实施家庭暴力或者虐待、遗弃家庭成员;

(三)有赌博、吸毒等恶习屡教不改;

(四)因感情不和分居满二年;

(五)其他导致夫妻感情破裂的情形。

一方被宣告失踪,另一方提起离婚诉讼的,应当准予离婚。

经人民法院判决不准离婚后,双方又分居满一年,一方再次提起离婚诉讼的,应当准予离婚。

第一千零八十条 【婚姻关系的解除时间】完成离婚登记,或者离婚判决书、调解书生效,即解除婚姻关系。

第一千零八十一条 【现役军人离婚】现役军人的配偶要求离婚,应当征得军人同意,但是军人一方有重大过错的除外。

第一千零八十二条 【男方提出离婚的限制情形】女方在怀孕期间、分娩后一年内或者终止妊娠后六个月内,男方不得提出离婚;但是,女方提出离婚或者人民法院认为确有必要受理男方离婚请求的除外。

第一千零八十三条 【复婚】离婚后,男女双方自愿恢复婚姻关系的,应当到婚姻登记机关重新进行结婚登记。

第一千零八十四条 【离婚后子女的抚养】父母与子女间的关系,不因父母离婚而消除。离婚后,子女无论由父或者母直接抚养,仍是父母双方的子女。

离婚后,父母对于子女仍有抚养、教育、保护的权利和义务。

离婚后,不满两周岁的子女,以由母亲直接抚养为原则。已满两周岁的子女,父母双方对抚养问题协议不成的,由人民法院根据双方的具体情况,按照最有利于未成年子女的原则判决。子女已满八周岁的,应当尊重其真实意愿。

第一千零八十五条 【离婚后子女抚养费的负担】离婚后,子女由一方直接抚养的,另一方应当负担部分或者全部抚养费。负担费用的多少和期限的长短,由双方协议;协议不成的,由人民法院判决。

前款规定的协议或者判决,不妨碍子女在必要时向父母任何一方提出超过协议或者判决原定数额的合理要求。

第一千零八十六条 【探望子女权利】离婚后,不直接抚养子女的父或者母,有探望子女的权利,另一方有协助的义务。

行使探望权利的方式、时间由当事人协议;协议不成的,由人民法院判决。

父或者母探望子女,不利于子女身心健康的,由人民法院依法中止探望;中止的事由消失后,应当恢复探望。

第一千零八十七条 【离婚时夫妻共同财产的处理】离婚时,夫妻的共同财产由双方协议处理;协议不成的,由人民法院根据财产的具体情况,按照照顾子女、女方和无过错方权益的原则判决。

对夫或者妻在家庭土地承包经营中享有的权益等,应当依法予以保护。

第一千零八十八条 【离婚经济补偿】夫妻一方因抚育子女、照料老年人、协助另一方工作等负担较多义务的,离婚时有权向另一方请求补偿,另一方应当给予补偿。具体办法由双方协议;协议不成的,由人民法院判决。

第一千零八十九条 【离婚时夫妻共同债务的清偿】离婚时,夫妻共同债务应当共同偿还。共同财产不足清偿或者财产归各自所有的,由双方协议清偿;协议不成的,由人民法院判决。

第一千零九十条 【离婚经济帮助】离婚时,如果一方生活困难,有负担能力的另一方应当给予适当帮助。具体办法由双方协议;协议不成的,由人民法院判决。

第一千零九十一条 【离婚损害赔偿】有下列情形之一,导致离婚的,无过错方有权请求损害赔偿:

(一)重婚;

(二)与他人同居;

(三)实施家庭暴力;

(四)虐待、遗弃家庭成员;

(五)有其他重大过错。

第一千零九十二条 【一方侵害夫妻财产的处理规则】夫妻一方隐藏、转移、变卖、毁损、挥霍夫妻共同财产,或者伪造夫妻共同债务企图侵占另一方财产的,在离婚分割夫妻共同财产时,对该方可以少分或者不分。离婚后,另一方发现有上述行为的,可以向人民法院提起诉讼,请求再次分割夫妻共同财产。

第五章 收 养

第一节 收养关系的成立

第一千零九十三条 【被收养人的条件】下列未成年人,可以被收养:

(一)丧失父母的孤儿;

(二)查找不到生父母的未成年人;

(三)生父母有特殊困难无力抚养的子女。

第一千零九十四条 【送养人的条件】下列个人、组织可以作送养人:

(一)孤儿的监护人;

(二)儿童福利机构;

(三)有特殊困难无力抚养子女的生父母。

第一千零九十五条 【监护人送养未成年人的情形】未成年人的父母均不具备完全民事行为能力且可能严重危害该未成年人的,该未成年人的监护人可以将其送养。

第一千零九十六条 【监护人送养孤儿的限制及变更监护人】监护人送养孤儿的,应当征得有抚养义务的人同意。有抚养义务的人不同意送养、监护人不愿意继续履行监护职责的,应当依照本法第一编的规定另行确定监护人。

第一千零九十七条 【生父母送养子女的原则要求与例外】生父母送养子女,应当双方共同送养。生父母一方不明或者查找不到的,可以单方送养。

第一千零九十八条 【收养人条件】收养人应当同时具备下列条件:

（一）无子女或者只有一名子女；

（二）有抚养、教育和保护被收养人的能力；

（三）未患有在医学上认为不应当收养子女的疾病；

（四）无不利于被收养人健康成长的违法犯罪记录；

（五）年满三十周岁。

第一千零九十九条 【三代以内旁系同辈血亲的收养】收养三代以内旁系同辈血亲的子女，可以不受本法第一千零九十三条第三项、第一千零九十四条第三项和第一千一百零二条规定的限制。

华侨收养三代以内旁系同辈血亲的子女，还可以不受本法第一千零九十八条第一项规定的限制。

第一千一百条 【收养人收养子女数量】无子女的收养人可以收养两名子女；有子女的收养人只能收养一名子女。

收养孤儿、残疾未成年人或者儿童福利机构抚养的查找不到生父母的未成年人，可以不受前款和本法第一千零九十八条第一项规定的限制。

第一千一百零一条 【共同收养】有配偶者收养子女，应当夫妻共同收养。

第一千一百零二条 【无配偶者收养异性子女的限制】无配偶者收养异性子女的，收养人与被收养人的年龄应当相差四十周岁以上。

第一千一百零三条 【收养继子女的特别规定】继父或者继母经继子女的生父母同意，可以收养继子女，并可以不受本法第一千零九十三条第三项、第一千零九十四条第三项、第一千零九十八条和第一千一百条第一款规定的限制。

第一千一百零四条 【收养自愿原则】收养人收养与送养人送养，应当双方自愿。收养八周岁以上未成年人的，应当征得被收养人的同意。

第一千一百零五条 【收养登记、收养协议、收养公证及收养评估】收养应当向县级以上人民政府民政部门登记。收养关系自登记之日起成立。

收养查找不到生父母的未成年人的，办理登记的民政部门应当在登记前予以公告。

收养关系当事人愿意签订收养协议的，可以签订收养协议。

收养关系当事人各方或者一方要求办理收养公证的，应当办理收养公证。

县级以上人民政府民政部门应当依法进行收养评估。

第一千一百零六条 【收养后的户口登记】收养关系成立后，公安机关应当按照国家有关规定为被收养人办理户口登记。

第一千一百零七条 【亲属、朋友的抚养】孤儿或者生父母无力抚养的子女，可以由生父母的亲属、朋友抚养；抚养人与被抚养人的关系不适用本章规定。

第一千一百零八条 【祖父母、外祖父母优先抚养权】配偶一方死亡，另一方送养未成年子女的，死亡一方的父母有优先抚养的权利。

第一千一百零九条 【涉外收养】外国人依法可以在中华人民共和国收养子女。

外国人在中华人民共和国收养子女，应当经其所在国主管机关依照该国法律审查同意。收养人应当提供由其所在国有权机构出具的有关其年龄、婚姻、职业、财产、健康、有无受过刑事处罚等状况的证明材料，并与送养人签订书面协议，亲自向省、自治区、直辖市人民政府民政部门登记。

前款规定的证明材料应当经收养人所在国外交机关或者外交机关授权的机构认证，并经中华人民共和国驻该国使领馆认证，但是国家另有规定的除外。

第一千一百一十条 【保守收养秘密】收

养人、送养人要求保守收养秘密的，其他人应当尊重其意愿，不得泄露。

第二节　收养的效力

第一千一百一十一条　【收养的效力】自收养关系成立之日起，养父母与养子女间的权利义务关系，适用本法关于父母子女关系的规定；养子女与养父母的近亲属间的权利义务关系，适用本法关于子女与父母的近亲属关系的规定。

养子女与生父母以及其他近亲属间的权利义务关系，因收养关系的成立而消除。

第一千一百一十二条　【养子女的姓氏】养子女可以随养父或者养母的姓氏，经当事人协商一致，也可以保留原姓氏。

第一千一百一十三条　【收养行为的无效】有本法第一编关于民事法律行为无效规定情形或者违反本编规定的收养行为无效。

无效的收养行为自始没有法律约束力。

第三节　收养关系的解除

第一千一百一十四条　【收养关系的协议解除与诉讼解除】收养人在被收养人成年以前，不得解除收养关系，但是收养人、送养人双方协议解除的除外。养子女八周岁以上的，应当征得本人同意。

收养人不履行抚养义务，有虐待、遗弃等侵害未成年养子女合法权益行为的，送养人有权要求解除养父母与养子女间的收养关系。送养人、收养人不能达成解除收养关系协议的，可以向人民法院提起诉讼。

第一千一百一十五条　【养父母与成年养子女解除收养关系】养父母与成年养子女关系恶化、无法共同生活的，可以协议解除收养关系。不能达成协议的，可以向人民法院提起诉讼。

第一千一百一十六条　【解除收养关系的登记】当事人协议解除收养关系的，应当到民政部门办理解除收养关系登记。

第一千一百一十七条　【收养关系解除的法律后果】收养关系解除后，养子女与养父母以及其他近亲属间的权利义务关系即行消除，与生父母以及其他近亲属间的权利义务关系自行恢复。但是，成年养子女与生父母以及其他近亲属间的权利义务关系是否恢复，可以协商确定。

第一千一百一十八条　【收养关系解除后生活费、抚养费支付】收养关系解除后，经养父母抚养的成年养子女，对缺乏劳动能力又缺乏生活来源的养父母，应当给付生活费。因养子女成年后虐待、遗弃养父母而解除收养关系的，养父母可以要求养子女补偿收养期间支出的抚养费。

生父母要求解除收养关系的，养父母可以要求生父母适当补偿收养期间支出的抚养费；但是，因养父母虐待、遗弃养子女而解除收养关系的除外。

第六编　继　承

第一章　一般规定

第一千一百一十九条　【继承编的调整范围】本编调整因继承产生的民事关系。

第一千一百二十条　【继承权的保护】国家保护自然人的继承权。

第一千一百二十一条　【继承的开始时间和死亡时间的推定】继承从被继承人死亡时开始。

相互有继承关系的数人在同一事件中死亡，难以确定死亡时间的，推定没有其他继承人的人先死亡。都有其他继承人，辈份不同的，推定长辈先死亡；辈份相同的，推定同时死亡，相互不发生继承。

第一千一百二十二条　【遗产的范围】遗

产是自然人死亡时遗留的个人合法财产。

依照法律规定或者根据其性质不得继承的遗产,不得继承。

第一千一百二十三条　【法定继承、遗嘱继承、遗赠和遗赠扶养协议的效力】继承开始后,按照法定继承办理;有遗嘱的,按照遗嘱继承或者遗赠办理;有遗赠扶养协议的,按照协议办理。

第一千一百二十四条　【继承和遗赠的接受和放弃】继承开始后,继承人放弃继承的,应当在遗产处理前,以书面形式作出放弃继承的表示;没有表示的,视为接受继承。

受遗赠人应当在知道受遗赠后六十日内,作出接受或者放弃受遗赠的表示;到期没有表示的,视为放弃受遗赠。

第一千一百二十五条　【继承权的丧失】继承人有下列行为之一的,丧失继承权:

(一)故意杀害被继承人;

(二)为争夺遗产而杀害其他继承人;

(三)遗弃被继承人,或者虐待被继承人情节严重;

(四)伪造、篡改、隐匿或者销毁遗嘱,情节严重;

(五)以欺诈、胁迫手段迫使或者妨碍被继承人设立、变更或者撤回遗嘱,情节严重。

继承人有前款第三项至第五项行为,确有悔改表现,被继承人表示宽恕或者事后在遗嘱中将其列为继承人的,该继承人不丧失继承权。

受遗赠人有本条第一款规定行为的,丧失受遗赠权。

第二章　法定继承

第一千一百二十六条　【继承权男女平等原则】继承权男女平等。

第一千一百二十七条　【继承人的范围及继承顺序】遗产按照下列顺序继承:

(一)第一顺序:配偶、子女、父母;

(二)第二顺序:兄弟姐妹、祖父母、外祖父母。

继承开始后,由第一顺序继承人继承,第二顺序继承人不继承;没有第一顺序继承人继承的,由第二顺序继承人继承。

本编所称子女,包括婚生子女、非婚生子女、养子女和有扶养关系的继子女。

本编所称父母,包括生父母、养父母和有扶养关系的继父母。

本编所称兄弟姐妹,包括同父母的兄弟姐妹、同父异母或者同母异父的兄弟姐妹、养兄弟姐妹、有扶养关系的继兄弟姐妹。

第一千一百二十八条　【代位继承】被继承人的子女先于被继承人死亡的,由被继承人的子女的直系晚辈血亲代位继承。

被继承人的兄弟姐妹先于被继承人死亡的,由被继承人的兄弟姐妹的子女代位继承。

代位继承人一般只能继承被代位继承人有权继承的遗产份额。

第一千一百二十九条　【丧偶儿媳、女婿的继承权】丧偶儿媳对公婆,丧偶女婿对岳父母,尽了主要赡养义务的,作为第一顺序继承人。

第一千一百三十条　【遗产分配规则】同一顺序继承人继承遗产的份额,一般应当均等。

对生活有特殊困难又缺乏劳动能力的继承人,分配遗产时,应当予以照顾。

对被继承人尽了主要扶养义务或者与被继承人共同生活的继承人,分配遗产时,可以多分。

有扶养能力和有扶养条件的继承人,不尽扶养义务的,分配遗产时,应当不分或者少分。

继承人协商同意的,也可以不均等。

第一千一百三十一条　【酌情分得遗产权】对继承人以外的依靠被继承人扶养的人,

或者继承人以外的对被继承人扶养较多的人,可以分给适当的遗产。

第一千一百三十二条 【继承的处理方式】继承人应当本着互谅互让、和睦团结的精神,协商处理继承问题。遗产分割的时间、办法和份额,由继承人协商确定;协商不成的,可以由人民调解委员会调解或者向人民法院提起诉讼。

第三章 遗嘱继承和遗赠

第一千一百三十三条 【遗嘱处分个人财产】自然人可以依照本法规定立遗嘱处分个人财产,并可以指定遗嘱执行人。

自然人可以立遗嘱将个人财产指定由法定继承人中的一人或者数人继承。

自然人可以立遗嘱将个人财产赠与国家、集体或者法定继承人以外的组织、个人。

自然人可以依法设立遗嘱信托。

第一千一百三十四条 【自书遗嘱】自书遗嘱由遗嘱人亲笔书写,签名,注明年、月、日。

第一千一百三十五条 【代书遗嘱】代书遗嘱应当有两个以上见证人在场见证,由其中一人代书,并由遗嘱人、代书人和其他见证人签名,注明年、月、日。

第一千一百三十六条 【打印遗嘱】打印遗嘱应当有两个以上见证人在场见证。遗嘱人和见证人应当在遗嘱每一页签名,注明年、月、日。

第一千一百三十七条 【录音录像遗嘱】以录音录像形式立的遗嘱,应当有两个以上见证人在场见证。遗嘱人和见证人应当在录音录像中记录其姓名或者肖像,以及年、月、日。

第一千一百三十八条 【口头遗嘱】遗嘱人在危急情况下,可以立口头遗嘱。口头遗嘱应当有两个以上见证人在场见证。危急情况消除后,遗嘱人能够以书面或者录音录像形式立遗嘱的,所立的口头遗嘱无效。

第一千一百三十九条 【公证遗嘱】公证遗嘱由遗嘱人经公证机构办理。

第一千一百四十条 【作为遗嘱见证人的消极条件】下列人员不能作为遗嘱见证人:

(一)无民事行为能力人、限制民事行为能力人以及其他不具有见证能力的人;

(二)继承人、受遗赠人;

(三)与继承人、受遗赠人有利害关系的人。

第一千一百四十一条 【必留份】遗嘱应当为缺乏劳动能力又没有生活来源的继承人保留必要的遗产份额。

第一千一百四十二条 【遗嘱的撤回与变更】遗嘱人可以撤回、变更自己所立的遗嘱。

立遗嘱后,遗嘱人实施与遗嘱内容相反的民事法律行为的,视为对遗嘱相关内容的撤回。

立有数份遗嘱,内容相抵触的,以最后的遗嘱为准。

第一千一百四十三条 【遗嘱无效的情形】无民事行为能力人或者限制民事行为能力人所立的遗嘱无效。

遗嘱必须表示遗嘱人的真实意思,受欺诈、胁迫所立的遗嘱无效。

伪造的遗嘱无效。

遗嘱被篡改的,篡改的内容无效。

第一千一百四十四条 【附义务的遗嘱继承或遗赠】遗嘱继承或者遗赠附有义务的,继承人或者受遗赠人应当履行义务。没有正当理由不履行义务的,经利害关系人或者有关组织请求,人民法院可以取消其接受附义务部分遗产的权利。

第四章 遗产的处理

第一千一百四十五条 【遗产管理人的选任】继承开始后,遗嘱执行人为遗产管理人;没有遗嘱执行人的,继承人应当及时推选遗产管理人;继承人未推选的,由继承人共同担任遗产管理人;没有继承人或者继承人均放弃继承的,由被继承人生前住所地的民政部门或者村民委员会担任遗产管理人。

第一千一百四十六条 【法院指定遗产管理人】对遗产管理人的确定有争议的,利害关系人可以向人民法院申请指定遗产管理人。

第一千一百四十七条 【遗产管理人的职责】遗产管理人应当履行下列职责:

(一)清理遗产并制作遗产清单;

(二)向继承人报告遗产情况;

(三)采取必要措施防止遗产毁损、灭失;

(四)处理被继承人的债权债务;

(五)按照遗嘱或者依照法律规定分割遗产;

(六)实施与管理遗产有关的其他必要行为。

第一千一百四十八条 【遗产管理人的责任】遗产管理人应当依法履行职责,因故意或者重大过失造成继承人、受遗赠人、债权人损害的,应当承担民事责任。

第一千一百四十九条 【遗产管理人的报酬】遗产管理人可以依照法律规定或者按照约定获得报酬。

第一千一百五十条 【继承开始的通知】继承开始后,知道被继承人死亡的继承人应当及时通知其他继承人和遗嘱执行人。继承人中无人知道被继承人死亡或者知道被继承人死亡而不能通知的,由被继承人生前所在单位或者住所地的居民委员会、村民委员会负责通知。

第一千一百五十一条 【遗产的保管】存有遗产的人,应当妥善保管遗产,任何组织或者个人不得侵吞或者争抢。

第一千一百五十二条 【转继承】继承开始后,继承人于遗产分割前死亡,并没有放弃继承的,该继承人应当继承的遗产转给其继承人,但是遗嘱另有安排的除外。

第一千一百五十三条 【遗产的确定】夫妻共同所有的财产,除有约定的外,遗产分割时,应当先将共同所有的财产的一半分出为配偶所有,其余的为被继承人的遗产。

遗产在家庭共有财产之中的,遗产分割时,应当先分出他人的财产。

第一千一百五十四条 【按法定继承办理】有下列情形之一的,遗产中的有关部分按照法定继承办理:

(一)遗嘱继承人放弃继承或者受遗赠人放弃受遗赠;

(二)遗嘱继承人丧失继承权或者受遗赠人丧失受遗赠权;

(三)遗嘱继承人、受遗赠人先于遗嘱人死亡或者终止;

(四)遗嘱无效部分所涉及的遗产;

(五)遗嘱未处分的遗产。

第一千一百五十五条 【胎儿预留份】遗产分割时,应当保留胎儿的继承份额。胎儿娩出时是死体的,保留的份额按照法定继承办理。

第一千一百五十六条 【遗产分割】遗产分割应当有利于生产和生活需要,不损害遗产的效用。

不宜分割的遗产,可以采取折价、适当补偿或者共有等方法处理。

第一千一百五十七条 【再婚时对所继承遗产的处分】夫妻一方死亡后另一方再婚的,有权处分所继承的财产,任何组织或者个人不得干涉。

第一千一百五十八条 【遗赠扶养协议】自然人可以与继承人以外的组织或者个人签订遗赠扶养协议。按照协议,该组织或者个人承担该自然人生养死葬的义务,享有受遗赠的权利。

第一千一百五十九条 【遗产分割时的义务】分割遗产,应当清偿被继承人依法应当缴纳的税款和债务;但是,应当为缺乏劳动能力又没有生活来源的继承人保留必要的遗产。

第一千一百六十条 【无人继承的遗产的处理】无人继承又无人受遗赠的遗产,归国家所有,用于公益事业;死者生前是集体所有制组织成员的,归所在集体所有制组织所有。

第一千一百六十一条 【限定继承】继承人以所得遗产实际价值为限清偿被继承人依法应当缴纳的税款和债务。超过遗产实际价值部分,继承人自愿偿还的不在此限。

继承人放弃继承的,对被继承人依法应当缴纳的税款和债务可以不负清偿责任。

第一千一百六十二条 【遗赠与遗产债务清偿】执行遗赠不得妨碍清偿遗赠人依法应当缴纳的税款和债务。

第一千一百六十三条 【既有法定继承又有遗嘱继承、遗赠时的债务清偿】既有法定继承又有遗嘱继承、遗赠的,由法定继承人清偿被继承人依法应当缴纳的税款和债务;超过法定继承遗产实际价值部分,由遗嘱继承人和受遗赠人按比例以所得遗产清偿。

第七编 侵权责任

第一章 一般规定

第一千一百六十四条 【侵权责任编的调整范围】本编调整因侵害民事权益产生的民事关系。

第一千一百六十五条 【过错责任原则与过错推定责任】行为人因过错侵害他人民事权益造成损害的,应当承担侵权责任。

依照法律规定推定行为人有过错,其不能证明自己没有过错的,应当承担侵权责任。

第一千一百六十六条 【无过错责任】行为人造成他人民事权益损害,不论行为人有无过错,法律规定应当承担侵权责任的,依照

其规定。

第一千一百六十七条 【危及他人人身、财产安全的责任承担方式】侵权行为危及他人人身、财产安全的,被侵权人有权请求侵权人承担停止侵害、排除妨碍、消除危险等侵权责任。

第一千一百六十八条 【共同侵权】二人以上共同实施侵权行为,造成他人损害的,应当承担连带责任。

第一千一百六十九条 【教唆侵权、帮助侵权】教唆、帮助他人实施侵权行为的,应当与行为人承担连带责任。

教唆、帮助无民事行为能力人、限制民事行为能力人实施侵权行为的,应当承担侵权责任;该无民事行为能力人、限制民事行为能力人的监护人未尽到监护职责的,应当承担相应的责任。

第一千一百七十条 【共同危险行为】二人以上实施危及他人人身、财产安全的行为,其中一人或者数人的行为造成他人损害,能够确定具体侵权人的,由侵权人承担责任;不能确定具体侵权人的,行为人承担连带责任。

第一千一百七十一条 【分别侵权的连带责任】二人以上分别实施侵权行为造成同一损害,每个人的侵权行为都足以造成全部损害的,行为人承担连带责任。

第一千一百七十二条 【分别侵权的按份责任】二人以上分别实施侵权行为造成同一损害,能够确定责任大小的,各自承担相应的责任;难以确定责任大小的,平均承担责任。

第一千一百七十三条 【与有过错】被侵权人对同一损害的发生或者扩大有过错的,可以减轻侵权人的责任。

第一千一百七十四条 【受害人故意】损害是因受害人故意造成的,行为人不承担责任。

第一千一百七十五条 【第三人过错】损害是因第三人造成的,第三人应当承担侵权

责任。

第一千一百七十六条　【自甘风险】自愿参加具有一定风险的文体活动，因其他参加者的行为受到损害的，受害人不得请求其他参加者承担侵权责任；但是，其他参加者对损害的发生有故意或者重大过失的除外。

活动组织者的责任适用本法第一千一百九十八条至第一千二百零一条的规定。

第一千一百七十七条　【自力救济】合法权益受到侵害，情况紧迫且不能及时获得国家机关保护，不立即采取措施将使其合法权益受到难以弥补的损害的，受害人可以在保护自己合法权益的必要范围内采取扣留侵权人的财物等合理措施；但是，应当立即请求有关国家机关处理。

受害人采取的措施不当造成他人损害的，应当承担侵权责任。

第一千一百七十八条　【特别规定优先适用】本法和其他法律对不承担责任或者减轻责任的情形另有规定的，依照其规定。

第二章　损害赔偿

第一千一百七十九条　【人身损害赔偿范围】侵害他人造成人身损害的，应当赔偿医疗费、护理费、交通费、营养费、住院伙食补助费等为治疗和康复支出的合理费用，以及因误工减少的收入。造成残疾的，还应当赔偿辅助器具费和残疾赔偿金；造成死亡的，还应当赔偿丧葬费和死亡赔偿金。

第一千一百八十条　【以相同数额确定死亡赔偿金】因同一侵权行为造成多人死亡的，可以以相同数额确定死亡赔偿金。

第一千一百八十一条　【被侵权人死亡时请求权主体的确定】被侵权人死亡的，其近亲属有权请求侵权人承担侵权责任。被侵权人为组织，该组织分立、合并的，承继权利的组织有权请求侵权人承担侵权责任。

被侵权人死亡的，支付被侵权人医疗费、丧葬费等合理费用的人有权请求侵权人赔偿费用，但是侵权人已经支付该费用的除外。

第一千一百八十二条　【侵害他人人身权益造成财产损失的赔偿计算方式】侵害他人人身权益造成财产损失的，按照被侵权人因此受到的损失或者侵权人因此获得的利益赔偿；被侵权人因此受到的损失以及侵权人因此获得的利益难以确定，被侵权人和侵权人就赔偿数额协商不一致，向人民法院提起诉讼的，由人民法院根据实际情况确定赔偿数额。

第一千一百八十三条　【精神损害赔偿】侵害自然人人身权益造成严重精神损害的，被侵权人有权请求精神损害赔偿。

因故意或者重大过失侵害自然人具有人身意义的特定物造成严重精神损害的，被侵权人有权请求精神损害赔偿。

第一千一百八十四条　【财产损失的计算】侵害他人财产的，财产损失按照损失发生时的市场价格或者其他合理方式计算。

第一千一百八十五条　【故意侵害知识产权的惩罚性赔偿责任】故意侵害他人知识产权，情节严重的，被侵权人有权请求相应的惩罚性赔偿。

第一千一百八十六条　【公平分担损失】受害人和行为人对损害的发生都没有过错的，依照法律的规定由双方分担损失。

第一千一百八十七条　【赔偿费用的支付方式】损害发生后，当事人可以协商赔偿费用的支付方式。协商不一致的，赔偿费用应当一次性支付；一次性支付确有困难的，可以分期支付，但是被侵权人有权请求提供相应的担保。

第三章　责任主体的特殊规定

第一千一百八十八条　【监护人责任】无

民事行为能力人、限制民事行为能力人造成他人损害的,由监护人承担侵权责任。监护人尽到监护职责的,可以减轻其侵权责任。

有财产的无民事行为能力人、限制民事行为能力人造成他人损害的,从本人财产中支付赔偿费用;不足部分,由监护人赔偿。

第一千一百八十九条 【委托监护时监护人的责任】无民事行为能力人、限制民事行为能力人造成他人损害,监护人将监护职责委托给他人的,监护人应当承担侵权责任;受托人有过错的,承担相应的责任。

第一千一百九十条 【暂时丧失意识后的侵权责任】完全民事行为能力人对自己的行为暂时没有意识或者失去控制造成他人损害有过错的,应当承担侵权责任;没有过错的,根据行为人的经济状况对受害人适当补偿。

完全民事行为能力人因醉酒、滥用麻醉药品或者精神药品对自己的行为暂时没有意识或者失去控制造成他人损害的,应当承担侵权责任。

第一千一百九十一条 【用人单位责任和劳务派遣单位、劳务用工单位责任】用人单位的工作人员因执行工作任务造成他人损害的,由用人单位承担侵权责任。用人单位承担侵权责任后,可以向有故意或者重大过失的工作人员追偿。

劳务派遣期间,被派遣的工作人员因执行工作任务造成他人损害的,由接受劳务派遣的用工单位承担侵权责任;劳务派遣单位有过错的,承担相应的责任。

第一千一百九十二条 【个人劳务关系中的侵权责任】个人之间形成劳务关系,提供劳务一方因劳务造成他人损害的,由接受劳务一方承担侵权责任。接受劳务一方承担侵权责任后,可以向有故意或者重大过失的提供劳务一方追偿。提供劳务一方因劳务受到损害的,根据双方各自的过错承担相应的责任。

提供劳务期间,因第三人的行为造成提供劳务一方损害的,提供劳务一方有权请求第三人承担侵权责任,也有权请求接受劳务一方给予补偿。接受劳务一方补偿后,可以向第三人追偿。

第一千一百九十三条 【承揽关系中的侵权责任】承揽人在完成工作过程中造成第三人损害或者自己损害的,定作人不承担侵权责任。但是,定作人对定作、指示或者选任有过错的,应当承担相应的责任。

第一千一百九十四条 【网络侵权责任】网络用户、网络服务提供者利用网络侵害他人民事权益的,应当承担侵权责任。法律另有规定的,依照其规定。

第一千一百九十五条 【"通知与取下"制度】网络用户利用网络服务实施侵权行为的,权利人有权通知网络服务提供者采取删除、屏蔽、断开链接等必要措施。通知应当包括构成侵权的初步证据及权利人的真实身份信息。

网络服务提供者接到通知后,应当及时将该通知转送相关网络用户,并根据构成侵权的初步证据和服务类型采取必要措施;未及时采取必要措施的,对损害的扩大部分与该网络用户承担连带责任。

权利人因错误通知造成网络用户或者网络服务提供者损害的,应当承担侵权责任。法律另有规定的,依照其规定。

第一千一百九十六条 【"反通知"制度】网络用户接到转送的通知后,可以向网络服务提供者提交不存在侵权行为的声明。声明应当包括不存在侵权行为的初步证据及网络用户的真实身份信息。

网络服务提供者接到声明后,应当将该声明转送发出通知的权利人,并告知其可以向有关部门投诉或者向人民法院提起诉讼。网络服务提供者在转送声明到达权利人后的合理期限内,未收到权利人已经投诉或者提起诉讼通知的,应当及时终止所采取的措施。

第一千一百九十七条 【网络服务提供者与网络用户的连带责任】网络服务提供者知道或者应当知道网络用户利用其网络服务侵害他人民事权益，未采取必要措施的，与该网络用户承担连带责任。

第一千一百九十八条 【违反安全保障义务的侵权责任】宾馆、商场、银行、车站、机场、体育场馆、娱乐场所等经营场所、公共场所的经营者、管理者或者群众性活动的组织者，未尽到安全保障义务，造成他人损害的，应当承担侵权责任。

因第三人的行为造成他人损害的，由第三人承担侵权责任；经营者、管理者或者组织者未尽到安全保障义务的，承担相应的补充责任。经营者、管理者或者组织者承担补充责任后，可以向第三人追偿。

第一千一百九十九条 【教育机构对无民事行为能力人受到人身损害的过错推定责任】无民事行为能力人在幼儿园、学校或者其他教育机构学习、生活期间受到人身损害的，幼儿园、学校或者其他教育机构应当承担侵权责任；但是，能够证明尽到教育、管理职责的，不承担侵权责任。

第一千二百条 【教育机构对限制民事行为能力人受到人身损害的过错责任】限制民事行为能力人在学校或者其他教育机构学习、生活期间受到人身损害，学校或者其他教育机构未尽到教育、管理职责的，应当承担侵权责任。

第一千二百零一条 【受到校外人员人身损害时的责任分担】无民事行为能力人或者限制民事行为能力人在幼儿园、学校或者其他教育机构学习、生活期间，受到幼儿园、学校或者其他教育机构以外的第三人人身损害的，由第三人承担侵权责任；幼儿园、学校或者其他教育机构未尽到管理职责的，承担相应的补充责任。幼儿园、学校或者其他教育机构承担补充责任后，可以向第三人追偿。

第四章 产品责任

第一千二百零二条 【产品生产者侵权责任】因产品存在缺陷造成他人损害的，生产者应当承担侵权责任。

第一千二百零三条 【被侵权人请求损害赔偿的途径和先行赔偿人追偿权】因产品存在缺陷造成他人损害的，被侵权人可以向产品的生产者请求赔偿，也可以向产品的销售者请求赔偿。

产品缺陷由生产者造成的，销售者赔偿后，有权向生产者追偿。因销售者的过错使产品存在缺陷的，生产者赔偿后，有权向销售者追偿。

第一千二百零四条 【生产者、销售者的第三人追偿权】因运输者、仓储者等第三人的过错使产品存在缺陷，造成他人损害的，产品的生产者、销售者赔偿后，有权向第三人追偿。

第一千二百零五条 【产品缺陷危及他人人身、财产安全的侵权责任】因产品缺陷危及他人人身、财产安全的，被侵权人有权请求生产者、销售者承担停止侵害、排除妨碍、消除危险等侵权责任。

第一千二百零六条 【生产者、销售者的补救措施及费用承担】产品投入流通后发现存在缺陷的，生产者、销售者应当及时采取停止销售、警示、召回等补救措施；未及时采取补救措施或者补救措施不力造成损害扩大的，对扩大的损害也应当承担侵权责任。

依据前款规定采取召回措施的，生产者、销售者应当负担被侵权人因此支出的必要费用。

第一千二百零七条 【产品责任中的惩罚性赔偿】明知产品存在缺陷仍然生产、销售，或者没有依据前条规定采取有效补救措施，造成他人死亡或者健康严重损害的，被侵权人有权请求相应的惩罚性赔偿。

第五章　机动车交通事故责任

第一千二百零八条　【机动车交通事故责任的法律适用】机动车发生交通事故造成损害的，依照道路交通安全法律和本法的有关规定承担赔偿责任。

第一千二百零九条　【租赁、借用机动车交通事故责任】因租赁、借用等情形机动车所有人、管理人与使用人不是同一人时，发生交通事故造成损害，属于该机动车一方责任的，由机动车使用人承担赔偿责任；机动车所有人、管理人对损害的发生有过错的，承担相应的赔偿责任。

第一千二百一十条　【转让并交付但未办理登记的机动车侵权责任】当事人之间已经以买卖或者其他方式转让并交付机动车但是未办理登记，发生交通事故造成损害，属于该机动车一方责任的，由受让人承担赔偿责任。

第一千二百一十一条　【挂靠机动车交通事故责任】以挂靠形式从事道路运输经营活动的机动车，发生交通事故造成损害，属于该机动车一方责任的，由挂靠人和被挂靠人承担连带责任。

第一千二百一十二条　【擅自驾驶他人机动车交通事故责任】未经允许驾驶他人机动车，发生交通事故造成损害，属于该机动车一方责任的，由机动车使用人承担赔偿责任；机动车所有人、管理人对损害的发生有过错的，承担相应的赔偿责任，但是本章另有规定的除外。

第一千二百一十三条　【交通事故侵权救济来源的支付顺序】机动车发生交通事故造成损害，属于该机动车一方责任的，先由承保机动车强制保险的保险人在强制保险责任限额范围内予以赔偿；不足部分，由承保机动车商业保险的保险人按照保险合同的约定予以赔偿；仍然不足或者没有投保机动车商业保险的，由侵权人赔偿。

第一千二百一十四条　【拼装车、报废车交通事故责任】以买卖或者其他方式转让拼装或者已经达到报废标准的机动车，发生交通事故造成损害的，由转让人和受让人承担连带责任。

第一千二百一十五条　【盗抢机动车交通事故责任】盗窃、抢劫或者抢夺的机动车发生交通事故造成损害的，由盗窃人、抢劫人或者抢夺人承担赔偿责任。盗窃人、抢劫人或者抢夺人与机动车使用人不是同一人，发生交通事故造成损害，属于该机动车一方责任的，由盗窃人、抢劫人或者抢夺人与机动车使用人承担连带责任。

保险人在机动车强制保险责任限额范围内垫付抢救费用的，有权向交通事故责任人追偿。

第一千二百一十六条　【驾驶人逃逸责任承担规则】机动车驾驶人发生交通事故后逃逸，该机动车参加强制保险的，由保险人在机动车强制保险责任限额范围内予以赔偿；机动车不明、该机动车未参加强制保险或者抢救费用超过机动车强制保险责任限额，需要支付被侵权人人身伤亡的抢救、丧葬等费用的，由道路交通事故社会救助基金垫付。道路交通事故社会救助基金垫付后，其管理机构有权向交通事故责任人追偿。

第一千二百一十七条　【好意同乘规则】非营运机动车发生交通事故造成无偿搭乘人损害，属于该机动车一方责任的，应当减轻其赔偿责任，但是机动车使用人有故意或者重大过失的除外。

第六章　医疗损害责任

第一千二百一十八条　【医疗损害责任归责原则】患者在诊疗活动中受到损害，医疗机构或者其医务人员有过错的,由医疗机构承担赔偿责任。

第一千二百一十九条 【医疗机构说明义务与患者知情同意权】医务人员在诊疗活动中应当向患者说明病情和医疗措施。需要实施手术、特殊检查、特殊治疗的,医务人员应当及时向患者具体说明医疗风险、替代医疗方案等情况,并取得其明确同意;不能或者不宜向患者说明的,应当向患者的近亲属说明,并取得其明确同意。

医务人员未尽到前款义务,造成患者损害的,医疗机构应当承担赔偿责任。

第一千二百二十条 【紧急情况下实施的医疗措施】因抢救生命垂危的患者等紧急情况,不能取得患者或者其近亲属意见的,经医疗机构负责人或者授权的负责人批准,可以立即实施相应的医疗措施。

第一千二百二十一条 【医务人员过错的医疗机构赔偿责任】医务人员在诊疗活动中未尽到与当时的医疗水平相应的诊疗义务,造成患者损害的,医疗机构应当承担赔偿责任。

第一千二百二十二条 【医疗机构过错推定的情形】患者在诊疗活动中受到损害,有下列情形之一的,推定医疗机构有过错:

(一)违反法律、行政法规、规章以及其他有关诊疗规范的规定;

(二)隐匿或者拒绝提供与纠纷有关的病历资料;

(三)遗失、伪造、篡改或者违法销毁病历资料。

第一千二百二十三条 【因药品、消毒产品、医疗器械的缺陷或输入不合格的血液的侵权责任】因药品、消毒产品、医疗器械的缺陷,或者输入不合格的血液造成患者损害的,患者可以向药品上市许可持有人、生产者、血液提供机构请求赔偿,也可以向医疗机构请求赔偿。患者向医疗机构请求赔偿的,医疗

机构赔偿后,有权向负有责任的药品上市许可持有人、生产者、血液提供机构追偿。

第一千二百二十四条 【医疗机构免责事由】患者在诊疗活动中受到损害,有下列情形之一的,医疗机构不承担赔偿责任:

(一)患者或者其近亲属不配合医疗机构进行符合诊疗规范的诊疗;

(二)医务人员在抢救生命垂危的患者等紧急情况下已经尽到合理诊疗义务;

(三)限于当时的医疗水平难以诊疗。

前款第一项情形中,医疗机构或者其医务人员也有过错的,应当承担相应的赔偿责任。

第一千二百二十五条 【医疗机构对病历的义务及患者对病历的权利】医疗机构及其医务人员应当按照规定填写并妥善保管住院志、医嘱单、检验报告、手术及麻醉记录、病理资料、护理记录等病历资料。

患者要求查阅、复制前款规定的病历资料的,医疗机构应当及时提供。

第一千二百二十六条 【患者隐私和个人信息保护】医疗机构及其医务人员应当对患者的隐私和个人信息保密。泄露患者的隐私和个人信息,或者未经患者同意公开其病历资料的,应当承担侵权责任。

第一千二百二十七条 【不必要检查禁止义务】医疗机构及其医务人员不得违反诊疗规范实施不必要的检查。

第一千二百二十八条 【医疗机构及医务人员合法权益的维护】医疗机构及其医务人员的合法权益受法律保护。

干扰医疗秩序,妨碍医务人员工作、生活,侵害医务人员合法权益的,应当依法承担法律责任。

第七章 环境污染和生态破坏责任

第一千二百二十九条 【环境污染和生

态破坏侵权责任】因污染环境、破坏生态造成他人损害的,侵权人应当承担侵权责任。

第一千二百三十条 【环境污染、生态破坏侵权举证责任】因污染环境、破坏生态发生纠纷,行为人应当就法律规定的不承担责任或者减轻责任的情形及其行为与损害之间不存在因果关系承担举证责任。

第一千二百三十一条 【两个以上侵权人造成损害的责任分担】两个以上侵权人污染环境、破坏生态的,承担责任的大小,根据污染物的种类、浓度、排放量,破坏生态的方式、范围、程度,以及行为对损害后果所起的作用等因素确定。

第一千二百三十二条 【侵权人的惩罚性赔偿】侵权人违反法律规定故意污染环境、破坏生态造成严重后果的,被侵权人有权请求相应的惩罚性赔偿。

第一千二百三十三条 【因第三人过错污染环境、破坏生态的责任】因第三人的过错污染环境、破坏生态的,被侵权人可以向侵权人请求赔偿,也可以向第三人请求赔偿。侵权人赔偿后,有权向第三人追偿。

第一千二百三十四条 【生态环境修复责任】违反国家规定造成生态环境损害,生态环境能够修复的,国家规定的机关或者法律规定的组织有权请求侵权人在合理期限内承担修复责任。侵权人在期限内未修复的,国家规定的机关或者法律规定的组织可以自行或者委托他人进行修复,所需费用由侵权人负担。

第一千二百三十五条 【生态环境损害赔偿的范围】违反国家规定造成生态环境损害的,国家规定的机关或者法律规定的组织有权请求侵权人赔偿下列损失和费用:

(一)生态环境受到损害至修复完成期间服务功能丧失导致的损失;

(二)生态环境功能永久性损害造成的损失;

(三)生态环境损害调查、鉴定评估等费用;

(四)清除污染、修复生态环境费用;

(五)防止损害的发生和扩大所支出的合理费用。

第八章 高度危险责任

第一千二百三十六条 【高度危险责任一般规定】从事高度危险作业造成他人损害的,应当承担侵权责任。

第一千二百三十七条 【民用核设施致害责任】民用核设施或者运入运出核设施的核材料发生核事故造成他人损害的,民用核设施的营运单位应当承担侵权责任;但是,能够证明损害是因战争、武装冲突、暴乱等情形或者受害人故意造成的,不承担责任。

第一千二百三十八条 【民用航空器致害责任】民用航空器造成他人损害的,民用航空器的经营者应当承担侵权责任;但是,能够证明损害是因受害人故意造成的,不承担责任。

第一千二百三十九条 【高度危险物致害责任】占有或者使用易燃、易爆、剧毒、高放射性、强腐蚀性、高致病性等高度危险物造成他人损害的,占有人或者使用人应当承担侵权责任;但是,能够证明损害是因受害人故意或者不可抗力造成的,不承担责任。被侵权人对损害的发生有重大过失的,可以减轻占有人或者使用人的责任。

第一千二百四十条 【高度危险活动致害责任】从事高空、高压、地下挖掘活动或者使用高速轨道运输工具造成他人损害的,经营者应当承担侵权责任;但是,能够证明损害是因受害人故意或者不可抗力造成的,不承担责任。被侵权人对损害的发生有重大过失的,可以减轻经营者的责任。

第一千二百四十一条 【遗失、抛弃高度危险物致害的侵权责任】遗失、抛弃高度危险物造成他人损害的,由所有人承担侵权责任。所有人将高度危险物交由他人管理的,由管理人承担侵权责任;所有人有过错的,与管理人承担连带责任。

第一千二百四十二条 【非法占有高度危险物致害的侵权责任】非法占有高度危险物造成他人损害的,由非法占有人承担侵权责任。所有人、管理人不能证明对防止非法占有尽到高度注意义务的,与非法占有人承担连带责任。

第一千二百四十三条 【未经许可进入高度危险作业区域的致害责任】未经许可进入高度危险活动区域或者高度危险物存放区域受到损害,管理人能够证明已经采取足够安全措施并尽到充分警示义务的,可以减轻或者不承担责任。

第一千二百四十四条 【高度危险责任赔偿限额】承担高度危险责任,法律规定赔偿限额的,依照其规定,但是行为人有故意或者重大过失的除外。

第九章 饲养动物损害责任

第一千二百四十五条 【饲养动物损害责任一般规定】饲养的动物造成他人损害的,动物饲养人或者管理人应当承担侵权责任;但是,能够证明损害是因被侵权人故意或者重大过失造成的,可以不承担或者减轻责任。

第一千二百四十六条 【未对动物采取安全措施损害责任】违反管理规定,未对动物采取安全措施造成他人损害的,动物饲养人或者管理人应当承担侵权责任;但是,能够证明损害是因被侵权人故意造成的,可以减轻责任。

第一千二百四十七条 【禁止饲养的危险动物损害责任】禁止饲养的烈性犬等危险动物造成他人损害的,动物饲养人或者管理人应当承担侵权责任。

第一千二百四十八条 【动物园饲养动物损害责任】动物园的动物造成他人损害的,动物园应当承担侵权责任;但是,能够证明尽到管理职责的,不承担侵权责任。

第一千二百四十九条 【遗弃、逃逸动物损害责任】遗弃、逃逸的动物在遗弃、逃逸期间造成他人损害的,由动物原饲养人或者管理人承担侵权责任。

第一千二百五十条 【因第三人过错致使动物致害责任】因第三人的过错致使动物造成他人损害的,被侵权人可以向动物饲养人或者管理人请求赔偿,也可以向第三人请求赔偿。动物饲养人或者管理人赔偿后,有权向第三人追偿。

第一千二百五十一条 【饲养动物应负的社会责任】饲养动物应当遵守法律法规,尊重社会公德,不得妨碍他人生活。

第十章 建筑物和物件损害责任

第一千二百五十二条 【建筑物、构筑物或者其他设施倒塌、塌陷致害责任】建筑物、构筑物或者其他设施倒塌、塌陷造成他人损害的,由建设单位与施工单位承担连带责任,但是建设单位与施工单位能够证明不存在质量缺陷的除外。建设单位、施工单位赔偿后,有其他责任人的,有权向其他责任人追偿。

因所有人、管理人、使用人或者第三人的原因,建筑物、构筑物或者其他设施倒塌、塌陷造成他人损害的,由所有人、管理人、使用人或者第三人承担侵权责任。

第一千二百五十三条 【建筑物、构筑物或者其他设施及其搁置物、悬挂物脱落、坠落致害责任】建筑物、构筑物或者其他设施及其搁置物、悬挂物发生脱落、坠落造成他人损害,所有人、管理人或者使用人不能证明自己没有过错的,应当承担侵权责任。所有人、管理人或者使用人赔偿后,有其他责任人的,有权向其他责任人追偿。

第一千二百五十四条 【高空抛掷物、坠落物致害责任】禁止从建筑物中抛掷物品。从建筑物中抛掷物品或者从建筑物上坠落的物品造成他人损害的，由侵权人依法承担侵权责任；经调查难以确定具体侵权人的，除能够证明自己不是侵权人的外，由可能加害的建筑物使用人给予补偿。可能加害的建筑物使用人补偿后，有权向侵权人追偿。

物业服务企业等建筑物管理人应当采取必要的安全保障措施防止前款规定情形的发生；未采取必要的安全保障措施的，应当依法承担未履行安全保障义务的侵权责任。

发生本条第一款规定的情形的，公安等机关应当依法及时调查，查清责任人。

第一千二百五十五条 【堆放物致害责任】堆放物倒塌、滚落或者滑落造成他人损害，堆放人不能证明自己没有过错的，应当承担侵权责任。

第一千二百五十六条 【在公共道路上妨碍通行物品的致害责任】在公共道路上堆放、倾倒、遗撒妨碍通行的物品造成他人损害的，由行为人承担侵权责任。公共道路管理人不能证明已经尽到清理、防护、警示等义务的，应当承担相应的责任。

第一千二百五十七条 【林木致害的责任】因林木折断、倾倒或者果实坠落等造成他人损害，林木的所有人或者管理人不能证明自己没有过错的，应当承担侵权责任。

第一千二百五十八条 【公共场所或道路施工致害责任和窨井等地下设施致害责任】在公共场所或者道路上挖掘、修缮安装地下设施等造成他人损害，施工人不能证明已经设置明显标志和采取安全措施的，应当承担侵权责任。

窨井等地下设施造成他人损害，管理人不能证明尽到管理职责的，应当承担侵权责任。

附 则

第一千二百五十九条 【法律术语含义】民法所称的"以上"、"以下"、"以内"、"届满"，包括本数；所称的"不满"、"超过"、"以外"，不包括本数。

第一千二百六十条 【施行日期】本法自2021年1月1日起施行。《中华人民共和国婚姻法》、《中华人民共和国继承法》、《中华人民共和国民法通则》、《中华人民共和国收养法》、《中华人民共和国担保法》、《中华人民共和国合同法》、《中华人民共和国物权法》、《中华人民共和国侵权责任法》、《中华人民共和国民法总则》同时废止。

最高人民法院关于适用《中华人民共和国民法典》总则编若干问题的解释

（2021年12月30日最高人民法院审判委员会第1861次会议通过 2022年2月24日最高人民法院公告公布 自2022年3月1日起施行 法释〔2022〕6号）

为正确审理民事案件，依法保护民事主体的合法权益，维护社会和经济秩序，根据《中华人民共和国民法典》《中华人民共和国民事诉讼法》等相关法律规定，结合审判实践，制定本解释。

一、一般规定

第一条 民法典第二编至第七编对民事关系有规定的，人民法院直接适用该规定；民法典第二编至第七编没有规定的，适用民法典第一编的规定，但是根据其性质不能适用的除外。

就同一民事关系,其他民事法律的规定属于对民法典相应规定的细化的,应当适用该民事法律的规定。民法典规定适用其他法律的,适用该法律的规定。

民法典及其他法律对民事关系没有具体规定的,可以遵循民法典关于基本原则的规定。

第二条 在一定地域、行业范围内长期为一般人从事民事活动时普遍遵守的民间习俗、惯常做法等,可以认定为民法典第十条规定的习惯。

当事人主张适用习惯的,应当就习惯及其具体内容提供相应证据;必要时,人民法院可以依职权查明。

适用习惯,不得违背社会主义核心价值观,不得违背公序良俗。

第三条 对于民法典第一百三十二条所称的滥用民事权利,人民法院可以根据权利行使的对象、目的、时间、方式、造成当事人之间利益失衡的程度等因素作出认定。

行为人以损害国家利益、社会公共利益、他人合法权益为主要目的行使民事权利的,人民法院应当认定构成滥用民事权利。

构成滥用民事权利的,人民法院应当认定该滥用行为不发生相应的法律效力。滥用民事权利造成损害的,依照民法典第七编等有关规定处理。

二、民事权利能力和民事行为能力

第四条 涉及遗产继承、接受赠与等胎儿利益保护,父母在胎儿娩出前作为法定代理人主张相应权利的,人民法院依法予以支持。

第五条 限制民事行为能力人实施的民事法律行为是否与其年龄、智力、精神健康状况相适应,人民法院可以从行为与本人生活相关联的程度,本人的智力、精神健康状况能否理解其行为并预见相应的后果,以及标的、数量、价款或者报酬等方面认定。

三、监 护

第六条 人民法院认定自然人的监护能力,应当根据其年龄、身心健康状况、经济条件等因素确定;认定有关组织的监护能力,应当根据其资质、信用、财产状况等因素确定。

第七条 担任监护人的被监护人父母通过遗嘱指定监护人,遗嘱生效时被指定的人不同意担任监护人的,人民法院应当适用民法典第二十七条、第二十八条的规定确定监护人。

未成年人由父母担任监护人,父母中的一方通过遗嘱指定监护人,另一方在遗嘱生效时有监护能力,有关当事人对监护人的确定有争议的,人民法院应当适用民法典第二十七条第一款的规定确定监护人。

第八条 未成年人的父母与其他依法具有监护资格的人订立协议,约定免除具有监护能力的父母的监护职责的,人民法院不予支持。协议约定在未成年人的父母丧失监护能力时由该具有监护资格的人担任监护人的,人民法院依法予以支持。

依法具有监护资格的人之间依据民法典第三十条的规定,约定由民法典第二十七条第二款、第二十八条规定的不同顺序的人共同担任监护人,或者由顺序在后的人担任监护人的,人民法院依法予以支持。

第九条 人民法院依据民法典第三十一条第二款、第三十六条第一款的规定指定监护人时,应当尊重被监护人的真实意愿,按照最有利于被监护人的原则指定,具体参考以下因素:

(一)与被监护人生活、情感联系的密切程度;

（二）依法具有监护资格的人的监护顺序；

（三）是否有不利于履行监护职责的违法犯罪等情形；

（四）依法具有监护资格的人的监护能力、意愿、品行等。

人民法院依法指定的监护人一般应当是一人，由数人共同担任监护人更有利于保护被监护人利益的，也可以是数人。

第十条 有关当事人不服居民委员会、村民委员会或者民政部门的指定，在接到指定通知之日起三十日内向人民法院申请指定监护人的，人民法院经审理认为指定并无不当，依法裁定驳回申请；认为指定不当，依法判决撤销指定并另行指定监护人。

有关当事人在接到指定通知之日起三十日后提出申请的，人民法院应当按照变更监护关系处理。

第十一条 具有完全民事行为能力的成年人与他人依据民法典第三十三条的规定订立书面协议事先确定自己的监护人后，协议的任何一方在该成年人丧失或者部分丧失民事行为能力前请求解除协议的，人民法院依法予以支持。该成年人丧失或者部分丧失民事行为能力后，协议确定的监护人无正当理由请求解除协议的，人民法院不予支持。

该成年人丧失或者部分丧失民事行为能力后，协议确定的监护人有民法典第三十六条第一款规定的情形之一，该条第二款规定的有关个人、组织申请撤销其监护人资格的，人民法院依法予以支持。

第十二条 监护人、其他依法具有监护资格的人之间就监护人是否有民法典第三十九条第一款第二项、第四项规定的应当终止监护关系的情形发生争议，申请变更监护人的，人民法院应当依法受理。经审理认为理由成立的，人民法院依法予以支持。

被依法指定的监护人与其他具有监护资格的人之间协议变更监护人的，人民法院应当尊重被监护人的真实意愿，按照最有利于被监护人的原则作出裁判。

第十三条 监护人因患病、外出务工等原因在一定期限内不能完全履行监护职责，将全部或者部分监护职责委托给他人，当事人主张受托人因此成为监护人的，人民法院不予支持。

四、宣告失踪和宣告死亡

第十四条 人民法院审理宣告失踪案件时，下列人员应当认定为民法典第四十条规定的利害关系人：

（一）被申请人的近亲属；

（二）依据民法典第一千一百二十八条、第一千一百二十九条规定对被申请人有继承权的亲属；

（三）债权人、债务人、合伙人等与被申请人有民事权利义务关系的民事主体，但是不申请宣告失踪不影响其权利行使、义务履行的除外。

第十五条 失踪人的财产代管人向失踪人的债务人请求偿还债务的，人民法院应当将财产代管人列为原告。

债权人提起诉讼，请求失踪人的财产代管人支付失踪人所欠的债务和其他费用的，人民法院应当将财产代管人列为被告。经审理认为债权人的诉讼请求成立的，人民法院应当判决财产代管人从失踪人的财产中支付失踪人所欠的债务和其他费用。

第十六条 人民法院审理宣告死亡案件时，被申请人的配偶、父母、子女，以及依据民法典第一千一百二十九条规定对被申请人有继承权的亲属应当认定为民法典第四十六条规定的利害关系人。

符合下列情形之一的，被申请人的其他近亲属，以及依据民法典第一千一百二十八条规定对被申请人有继承权的亲属应当认定为民法典第四十六条规定的利害关系人：

（一）被申请人的配偶、父母、子女均已死亡或者下落不明的；

（二）不申请宣告死亡不能保护其相应合法权益的。

被申请人的债权人、债务人、合伙人等民事主体不能认定为民法典第四十六条规定的利害关系人，但是不申请宣告死亡不能保护其相应合法权益的除外。

第十七条　自然人在战争期间下落不明的，利害关系人申请宣告死亡的期间适用民法典第四十六条第一款第一项的规定，自战争结束之日或者有关机关确定的下落不明之日起计算。

五、民事法律行为

第十八条　当事人未采用书面形式或者口头形式，但是实施的行为本身表明已经作出相应意思表示，并符合民事法律行为成立条件的，人民法院可以认定为民法典第一百三十五条规定的采用其他形式实施的民事法律行为。

第十九条　行为人对行为的性质、对方当事人或者标的物的品种、质量、规格、价格、数量等产生错误认识，按照通常理解如果不发生该错误认识行为人就不会作出相应意思表示的，人民法院可以认定为民法典第一百四十七条规定的重大误解。

行为人能够证明自己实施民事法律行为时存在重大误解，并请求撤销该民事法律行为的，人民法院依法予以支持；但是，根据交易习惯等认定行为人无权请求撤销的除外。

第二十条　行为人以其意思表示存在第三人转达错误为由请求撤销民事法律行为的，适用本解释第十九条的规定。

第二十一条　故意告知虚假情况，或者负有告知义务的人故意隐瞒真实情况，致使当事人基于错误认识作出意思表示的，人民法院可以认定为民法典第一百四十八条、第一百四十九条规定的欺诈。

第二十二条　以给自然人及其近亲属等的人身权利、财产权利以及其他合法权益造成损害或者以给法人、非法人组织的名誉、荣誉、财产权益等造成损害为要挟，迫使其基于恐惧心理作出意思表示的，人民法院可以认定为民法典第一百五十条规定的胁迫。

第二十三条　民事法律行为不成立，当事人请求返还财产、折价补偿或者赔偿损失的，参照适用民法典第一百五十七条的规定。

第二十四条　民事法律行为所附条件不可能发生，当事人约定为生效条件的，人民法院应当认定民事法律行为不发生效力；当事人约定为解除条件的，应当认定未附条件，民事法律行为是否失效，依照民法典和相关法律、行政法规的规定认定。

六、代　理

第二十五条　数个委托代理人共同行使代理权，其中一人或者数人未与其他委托代理人协商，擅自行使代理权的，依据民法典第一百七十一条、第一百七十二条等规定处理。

第二十六条　由于急病、通讯联络中断、疫情防控等特殊原因，委托代理人自己不能办理代理事项，又不能与被代理人及时取得联系，如不及时转委托第三人代理，会给被代理人的利益造成损失或者扩大损失的，人民法院应当认定为民法典第一百六十九条规定的紧急情况。

第二十七条　无权代理行为未被追认，相对人请求行为人履行债务或者赔偿损失的,由行为人就相对人知道或者应当知道行为人无权代理承担举证责任。行为人不能证明的,人民法院依法支持相对人的相应诉讼请求;行为人能够证明的,人民法院应当按照各自的过错认定行为人与相对人的责任。

第二十八条 同时符合下列条件的,人民法院可以认定为民法典第一百七十二条规定的相对人有理由相信行为人有代理权:

(一)存在代理权的外观;

(二)相对人不知道行为人行为时没有代理权,且无过失。

因是否构成表见代理发生争议的,相对人应当就无权代理符合前款第一项规定的条件承担举证责任;被代理人应当就相对人不符合前款第二项规定的条件承担举证责任。

第二十九条 法定代理人、被代理人依据民法典第一百四十五条、第一百七十一条的规定向相对人作出追认的意思表示的,人民法院应当依据民法典第一百三十七条的规定确认其追认意思表示的生效时间。

七、民事责任

第三十条 为了使国家利益、社会公共利益、本人或者他人的人身权利、财产权利以及其他合法权益免受正在进行的不法侵害,而针对实施侵害行为的人采取的制止不法侵害的行为,应当认定为民法典第一百八十一条规定的正当防卫。

第三十一条 对于正当防卫是否超过必要的限度,人民法院应当综合不法侵害的性质、手段、强度、危害程度和防卫的时机、手段、强度、损害后果等因素判断。

经审理,正当防卫没有超过必要限度的,人民法院应当认定正当防卫人不承担责任。正当防卫超过必要限度的,人民法院应当认定正当防卫人在造成不应有的损害范围内承担部分责任;实施侵害行为的人请求正当防卫人承担全部责任的,人民法院不予支持。

实施侵害行为的人不能证明防卫行为造成不应有的损害,仅以正当防卫人采取的反击方式和强度与不法侵害不相当为由主张防卫过当的,人民法院不予支持。

第三十二条 为了使国家利益、社会公共利益、本人或者他人的人身权利、财产权利以及其他合法权益免受正在发生的急迫危险,不得已而采取紧急措施的,应当认定为民法典第一百八十二条规定的紧急避险。

第三十三条 对于紧急避险是否采取措施不当或者超过必要的限度,人民法院应当综合危险的性质、急迫程度、避险行为所保护的权益以及造成的损害后果等因素判断。

经审理,紧急避险采取措施并无不当且没有超过必要限度的,人民法院应当认定紧急避险人不承担责任。紧急避险采取措施不当或者超过必要限度的,人民法院应当根据紧急避险人的过错程度、避险措施造成不应有的损害的原因力大小、紧急避险人是否为受益人等因素认定紧急避险人在造成的不应有的损害范围内承担相应的责任。

第三十四条 因保护他人民事权益使自己受到损害,受害人依据民法典第一百八十三条的规定请求受益人适当补偿的,人民法院可以根据受害人所受损失和已获赔偿的情况、受益人受益的多少及其经济条件等因素确定受益人承担的补偿数额。

八、诉讼时效

第三十五条 民法典第一百八十八条第一款规定的三年诉讼时效期间,可以适用民法典有关诉讼时效中止、中断的规定,不适用延长的规定。该条第二款规定的二十年期间不适用中止、中断的规定。

第三十六条 无民事行为能力人或者限制民事行为能力人的权利受到损害的,诉讼时效期间自其法定代理人知道或者应当知道权利受到损害以及义务人之日起计算,但是法律另有规定的除外。

第三十七条 无民事行为能力人、限制民事行为能力人的权利受到原法定代理人损害,且在取得、恢复完全民事行为能力或者在原法定代理终止并确定新的法定代理人后,相应民事主体才知道或者应当知道权利受到损害的,有关请求权诉讼时效期间的计算适用民法典第一百八十八条第二款、本解释第三十六条的规定。

第三十八条 诉讼时效依据民法典第一百九十五条的规定中断后,在新的诉讼时效期间内,再次出现第一百九十五条规定的中断事由,可以认定为诉讼时效再次中断。

权利人向义务人的代理人、财产代管人或者遗产管理人等提出履行请求的,可以认定为民法典第一百九十五条规定的诉讼时效中断。

九、附　则

第三十九条 本解释自 2022 年 3 月 1 日起施行。

民法典施行后的法律事实引起的民事案件,本解释施行后尚未终审的,适用本解释;本解释施行前已经终审,当事人申请再审或者按照审判监督程序决定再审的,不适用本解释。

中华人民共和国公司法

（1993 年 12 月 29 日第八届全国人民代表大会常务委员会第五次会议通过　根据 1999 年 12 月 25 日第九届全国人民代表大会常务委员会第十三次会议《关于修改〈中华人民共和国公司法〉的决定》第一次修正　根据 2004 年 8 月 28 日第十届全国人民代表大会常务委员会第十一次会议《关于修改〈中华人民共和国公司法〉的决定》第二次修正　2005 年 10 月 27 日第十届全国人民代表大会常务委员会第十八次会议第一次修订　根据 2013 年 12 月 28 日第十二届全国人民代表大会常务委员会第六次会议《关于修改〈中华人民共和国海洋环境保护法〉等七部法律的决定》第三次修正　根据 2018 年 10 月 26 日第十三届全国人民代表大会常务委员会第六次会议《关于修改〈中华人民共和国公司法〉的决定》第四次修正　2023 年 12 月 29 日第十四届全国人民代表大会常务委员会第七次会议第二次修订　2023 年 12 月 29 日中华人民共和国主席令第 15 号公布　自 2024 年 7 月 1 日起施行）

目　录

第一章　总　　则

第一条　【立法目的】为了规范公司的组织和行为,保护公司、股东、职工和债权人的合法权益,完善中国特色现代企业制度,弘扬企业家精神,维护社会经济秩序,促进社会主义市场经济的发展,根据宪法,制定本法。

第二条　【调整范围】本法所称公司,是指依照本法在中华人民共和国境内设立的有限责任公司和股份有限公司。

第三条　【公司的法律地位】公司是企业法人,有独立的法人财产,享有法人财产权。公司以其全部财产对公司的债务承担责任。

公司的合法权益受法律保护,不受侵犯。

第四条　【股东有限责任和基本权利】有限责任公司的股东以其认缴的出资额为限对公司承担责任;股份有限公司的股东以其认购的股份为限对公司承担责任。

公司股东对公司依法享有资产收益、参与重大决策和选择管理者等权利。

第五条　【公司章程】设立公司应当依法制定公司章程。公司章程对公司、股东、董事、监事、高级管理人员具有约束力。

第六条　【公司名称】公司应当有自己的名称。公司名称应当符合国家有关规定。

公司的名称权受法律保护。

第七条　【公司名称中的公司类型】依照本法设立的有限责任公司,应当在公司名称中标明有限责任公司或者有限公司字样。

依照本法设立的股份有限公司,应当在公司名称中标明股份有限公司或者股份公司字样。

第八条　【公司住所】公司以其主要办事机构所在地为住所。

第九条　【经营范围】公司的经营范围由公司章程规定。公司可以修改公司章程,变更经营范围。

公司的经营范围中属于法律、行政法规规定须经批准的项目,应当依法经过批准。

第十条　【担任法定代表人的主体范围】公司的法定代表人按照公司章程的规定,由代表公司执行公司事务的董事或者经理担任。

担任法定代表人的董事或者经理辞任的,视为同时辞去法定代表人。

法定代表人辞任的,公司应当在法定代表人辞任之日起三十日内确定新的法定代表人。

第十一条　【法定代表人行为的法律后果】法定代表人以公司名义从事的民事活动,其法律后果由公司承受。

公司章程或者股东会对法定代表人职权的限制,不得对抗善意相对人。

法定代表人因执行职务造成他人损害的,由公司承担民事责任。公司承担民事责任后,依照法律或者公司章程的规定,可以向有过错的法定代表人追偿。

第十二条　【公司形式变更】有限责任公司变更为股份有限公司,应当符合本法规定的股份有限公司的条件。股份有限公司变更为有限责任公司,应当符合本法规定的有限责任公司的条件。

有限责任公司变更为股份有限公司的,或者股份有限公司变更为有限责任公司的,公司变更前的债权、债务由变更后的公司承继。

第十三条　【子公司和分公司】公司可以设立子公司。子公司具有法人资格,依法独立承担民事责任。

公司可以设立分公司。分公司不具有法人资格,其民事责任由公司承担。

第十四条　【转投资】公司可以向其他企业投资。

法律规定公司不得成为对所投资企业的债务承担连带责任的出资人的,从其规定。

第十五条　【转投资和为他人提供担保的内部程序】公司向其他企业投资或者为他人提供担保,按照公司章程的规定,由董事会或者股东会决议;公司章程对投资或者担保的总额及单项投资或者担保的数额有限额规定的,不得超过规定的限额。

公司为公司股东或者实际控制人提供担保的,应当经股东会决议。

前款规定的股东或者受前款规定的实际控制人支配的股东,不得参加前款规定事项的表决。该项表决由出席会议的其他股东所持表决权的过半数通过。

第十六条　【职工权益和教育培训】公司应当保护职工的合法权益,依法与职工签订劳动合同,参加社会保险,加强劳动保护,实现安全生产。

公司应当采用多种形式,加强公司职工的职业教育和岗位培训,提高职工素质。

第十七条　【工会和职工代表大会】公司职工依照《中华人民共和国工会法》组织工会,开展工会活动,维护职工合法权益。公司应当为本公司工会提供必要的活动条件。公司工会代表职工就职工的劳动报酬、工作时间、休息休假、劳动安全卫生和保险福利等事项依法与公司签订集体合同。

公司依照宪法和有关法律的规定,建立健全以职工代表大会为基本形式的民主管理制度,通过职工代表大会或者其他形式,实行民主管理。

公司研究决定改制、解散、申请破产以及经营方面的重大问题、制定重要的规章制度时,应当听取公司工会的意见,并通过职工代表大会或者其他形式听取职工的意见和建议。

第十八条　【党组织】在公司中,根据中国共产党章程的规定,设立中国共产党的组织,开展党的活动。公司应当为党组织的活动提供必要条件。

第十九条　【公司基本义务】公司从事经营活动,应当遵守法律法规,遵守社会公德、商业道德,诚实守信,接受政府和社会公众的监督。

第二十条　【公司社会责任】公司从事经营活动,应当充分考虑公司职工、消费者等利益相关者的利益以及生态环境保护等社会公共利益,承担社会责任。

国家鼓励公司参与社会公益活动,公布社会责任报告。

第二十一条　【不得滥用股东权利】公司股东应当遵守法律、行政法规和公司章程,依法行使股东权利,不得滥用股东权利损害公司或者其他股东的利益。

公司股东滥用股东权利给公司或者其他股东造成损失的,应当承担赔偿责任。

第二十二条　【关联交易】公司的控股股东、实际控制人、董事、监事、高级管理人员不得利用关联关系损害公司利益。

违反前款规定,给公司造成损失的,应当承担赔偿责任。

第二十三条 【公司人格否认】公司股东滥用公司法人独立地位和股东有限责任,逃避债务,严重损害公司债权人利益的,应当对公司债务承担连带责任。

股东利用其控制的两个以上公司实施前款规定行为的,各公司应当对任一公司的债务承担连带责任。

只有一个股东的公司,股东不能证明公司财产独立于股东自己的财产的,应当对公司债务承担连带责任。

第二十四条 【电子通信方式开会和表决】公司股东会、董事会、监事会召开会议和表决可以采用电子通信方式,公司章程另有规定的除外。

第二十五条 【决议的无效】公司股东会、董事会的决议内容违反法律、行政法规的无效。

第二十六条 【决议的撤销】公司股东会、董事会的会议召集程序、表决方式违反法律、行政法规或者公司章程,或者决议内容违反公司章程的,股东自决议作出之日起六十日内,可以请求人民法院撤销。但是,股东会、董事会的会议召集程序或者表决方式仅有轻微瑕疵,对决议未产生实质影响的除外。

未被通知参加股东会会议的股东自知道或者应当知道股东会决议作出之日起六十日内,可以请求人民法院撤销;自决议作出之日起一年内没有行使撤销权的,撤销权消灭。

第二十七条 【决议的不成立】有下列情形之一的,公司股东会、董事会的决议不成立:

(一)未召开股东会、董事会会议作出决议;

(二)股东会、董事会会议未对决议事项进行表决;

(三)出席会议的人数或者所持表决权数未达到本法或者公司章程规定的人数或者所持表决权数;

(四)同意决议事项的人数或者所持表决权数未达到本法或者公司章程规定的人数或者所持表决权数。

第二十八条 【瑕疵决议的法律后果】公司股东会、董事会决议被人民法院宣告无效、撤销或者确认不成立的,公司应当向公司登记机关申请撤销根据该决议已办理的登记。

股东会、董事会决议被人民法院宣告无效、撤销或者确认不成立的,公司根据该决议与善意相对人形成的民事法律关系不受影响。

第二章 公司登记

第二十九条 【设立登记的原则】设立公司,应当依法向公司登记机关申请设立登记。

法律、行政法规规定设立公司必须报经批准的,应当在公司登记前依法办理批准手续。

第三十条 【设立登记的申请材料】申请设立公司,应当提交设立登记申请书、公司章程等文件,提交的相关材料应当真实、合法和有效。

申请材料不齐全或者不符合法定形式的,公司登记机关应当一次性告知需要补正的材料。

第三十一条 【申请设立登记的法律效果】申请设立公司,符合本法规定的设立条件的,由公司登记机关分别登记为有限责任公司或者股份有限公司;不符合本法规定的设立条件的,不得登记为有限责任公司或者股份有限公司。

第三十二条 【公司登记事项】公司登记事项包括:

(一)名称;

（二）住所；

（三）注册资本；

（四）经营范围；

（五）法定代表人的姓名；

（六）有限责任公司股东、股份有限公司发起人的姓名或者名称。

公司登记机关应当将前款规定的公司登记事项通过国家企业信用信息公示系统向社会公示。

第三十三条　【营业执照】依法设立的公司，由公司登记机关发给公司营业执照。公司营业执照签发日期为公司成立日期。

公司营业执照应当载明公司的名称、住所、注册资本、经营范围、法定代表人姓名等事项。

公司登记机关可以发给电子营业执照。电子营业执照与纸质营业执照具有同等法律效力。

第三十四条　【变更登记和登记效力】公司登记事项发生变更的，应当依法办理变更登记。

公司登记事项未经登记或者未经变更登记，不得对抗善意相对人。

第三十五条　【申请变更登记的材料】公司申请变更登记，应当向公司登记机关提交公司法定代表人签署的变更登记申请书、依法作出的变更决议或者决定等文件。

公司变更登记事项涉及修改公司章程的，应当提交修改后的公司章程。

公司变更法定代表人的，变更登记申请书由变更后的法定代表人签署。

第三十六条　【换发营业执照】公司营业执照记载的事项发生变更的，公司办理变更登记后，由公司登记机关换发营业执照。

第三十七条　【注销登记】公司因解散、被宣告破产或者其他法定事由需要终止的，应当依法向公司登记机关申请注销登记，由公司登记机关公告公司终止。

第三十八条　【分公司的设立登记】公司设立分公司，应当向公司登记机关申请登记，领取营业执照。

第三十九条　【公司登记的撤销】虚报注册资本、提交虚假材料或者采取其他欺诈手段隐瞒重要事实取得公司设立登记的，公司登记机关应当依照法律、行政法规的规定予以撤销。

第四十条　【信息公示】公司应当按照规定通过国家企业信用信息公示系统公示下列事项：

（一）有限责任公司股东认缴和实缴的出资额、出资方式和出资日期，股份有限公司发起人认购的股份数；

（二）有限责任公司股东、股份有限公司发起人的股权、股份变更信息；

（三）行政许可取得、变更、注销等信息；

（四）法律、行政法规规定的其他信息。

公司应当确保前款公示信息真实、准确、完整。

第四十一条　【公司登记便利化】公司登记机关应当优化公司登记办理流程，提高公司登记效率，加强信息化建设，推行网上办理等便捷方式，提升公司登记便利化水平。

国务院市场监督管理部门根据本法和有关法律、行政法规的规定，制定公司登记注册的具体办法。

第三章　有限责任公司的设立和组织机构

第一节　设　立

第四十二条　【股东人数】有限责任公司由一个以上五十个以下股东出资设立。

第四十三条　【设立协议】有限责任公司设立时的股东可以签订设立协议，明确各自在公司设立过程中的权利和义务。

第四十四条 【设立责任】有限责任公司设立时的股东为设立公司从事的民事活动，其法律后果由公司承受。

公司未成立的，其法律后果由公司设立时的股东承受；设立时的股东为二人以上的，享有连带债权，承担连带债务。

设立时的股东为设立公司以自己的名义从事民事活动产生的民事责任，第三人有权选择请求公司或者公司设立时的股东承担。

设立时的股东因履行公司设立职责造成他人损害的，公司或者无过错的股东承担赔偿责任后，可以向有过错的股东追偿。

第四十五条 【公司章程制定】设立有限责任公司，应当由股东共同制定公司章程。

第四十六条 【公司章程记载事项】有限责任公司章程应当载明下列事项：

（一）公司名称和住所；

（二）公司经营范围；

（三）公司注册资本；

（四）股东的姓名或者名称；

（五）股东的出资额、出资方式和出资日期；

（六）公司的机构及其产生办法、职权、议事规则；

（七）公司法定代表人的产生、变更办法；

（八）股东会认为需要规定的其他事项。

股东应当在公司章程上签名或者盖章。

第四十七条 【注册资本】有限责任公司的注册资本为在公司登记机关登记的全体股东认缴的出资额。全体股东认缴的出资额由股东按照公司章程的规定自公司成立之日起五年内缴足。

法律、行政法规以及国务院决定对有限责任公司注册资本实缴、注册资本最低限额、股东出资期限另有规定的，从其规定。

第四十八条 【出资方式】股东可以用货币出资，也可以用实物、知识产权、土地使用权、股权、债权等可以用货币估价并可以依法转让的非货币财产作价出资；但是，法律、行政法规规定不得作为出资的财产除外。

对作为出资的非货币财产应当评估作价，核实财产，不得高估或者低估作价。法律、行政法规对评估作价有规定的，从其规定。

第四十九条 【股东履行出资义务】股东应当按期足额缴纳公司章程规定的各自所认缴的出资额。

股东以货币出资的，应当将货币出资足额存入有限责任公司在银行开设的账户；以非货币财产出资的，应当依法办理其财产权的转移手续。

股东未按期足额缴纳出资的，除应当向公司足额缴纳外，还应当对给公司造成的损失承担赔偿责任。

第五十条 【公司设立时股东的资本充实责任】有限责任公司设立时，股东未按照公司章程规定实际缴纳出资，或者实际出资的非货币财产的实际价额显著低于所认缴的出资额的，设立时的其他股东与该股东在出资不足的范围内承担连带责任。

第五十一条 【董事会催缴出资】有限责任公司成立后，董事会应当对股东的出资情况进行核查，发现股东未按期足额缴纳公司章程规定的出资的，应当由公司向该股东发出书面催缴书，催缴出资。

未及时履行前款规定的义务，给公司造成损失的，负有责任的董事应当承担赔偿责任。

第五十二条 【股东失权】股东未按照公司章程规定的出资日期缴纳出资，公司依照前条第一款规定发出书面催缴书催缴出资的，可以载明缴纳出资的宽限期；宽限期自公司发出催缴书之日起，不得少于六十日。宽限期届满，股东仍未履行出资义务的，公司经董事会决议可以向该股东发出失权通知，通知应当以书面形式发出。自通知发出之日起,该股东丧失其未缴纳出资的股权。

依照前款规定丧失的股权应当依法转让,或者相应减少注册资本并注销该股权;六个月内未转让或者注销的,由公司其他股东按照其出资比例足额缴纳相应出资。

股东对失权有异议的,应当自接到失权通知之日起三十日内,向人民法院提起诉讼。

第五十三条 【抽逃出资】公司成立后,股东不得抽逃出资。

违反前款规定的,股东应当返还抽逃的出资;给公司造成损失的,负有责任的董事、监事、高级管理人员应当与该股东承担连带赔偿责任。

第五十四条 【股东提前缴纳出资】公司不能清偿到期债务的,公司或者已到期债权的债权人有权要求已认缴出资但未届出资期限的股东提前缴纳出资。

第五十五条 【出资证明书】有限责任公司成立后,应当向股东签发出资证明书,记载下列事项:

(一)公司名称;

(二)公司成立日期;

(三)公司注册资本;

(四)股东的姓名或者名称、认缴和实缴的出资额、出资方式和出资日期;

(五)出资证明书的编号和核发日期。

出资证明书由法定代表人签名,并由公司盖章。

第五十六条 【股东名册】有限责任公司应当置备股东名册,记载下列事项:

(一)股东的姓名或者名称及住所;

(二)股东认缴和实缴的出资额、出资方式和出资日期;

(三)出资证明书编号;

(四)取得和丧失股东资格的日期。

记载于股东名册的股东,可以依股东名册主张行使股东权利。

第五十七条 【股东查阅权】股东有权查阅、复制公司章程、股东名册、股东会会议记录、董事会会议决议、监事会会议决议和财务会计报告。

股东可以要求查阅公司会计账簿、会计凭证。股东要求查阅公司会计账簿、会计凭证的,应当向公司提出书面请求,说明目的。公司有合理根据认为股东查阅会计账簿、会计凭证有不正当目的,可能损害公司合法利益的,可以拒绝提供查阅,并应当自股东提出书面请求之日起十五日内书面答复股东并说明理由。公司拒绝提供查阅的,股东可以向人民法院提起诉讼。

股东查阅前款规定的材料,可以委托会计师事务所、律师事务所等中介机构进行。

股东及其委托的会计师事务所、律师事务所等中介机构查阅、复制有关材料,应当遵守有关保护国家秘密、商业秘密、个人隐私、个人信息等法律、行政法规的规定。

股东要求查阅、复制公司全资子公司相关材料的,适用前四款的规定。

第二节 组 织 机 构

第五十八条 【股东会的组成和定位】有限责任公司股东会由全体股东组成。股东会是公司的权力机构,依照本法行使职权。

第五十九条 【股东会的职权】股东会行使下列职权:

(一)选举和更换董事、监事,决定有关董事、监事的报酬事项;

(二)审议批准董事会的报告;

(三)审议批准监事会的报告;

(四)审议批准公司的利润分配方案和弥补亏损方案;

(五)对公司增加或者减少注册资本作出决议;

(六)对发行公司债券作出决议;

(七)对公司合并、分立、解散、清算或者变更公司形式作出决议;

（八）修改公司章程；

（九）公司章程规定的其他职权。

股东会可以授权董事会对发行公司债券作出决议。

对本条第一款所列事项股东以书面形式一致表示同意的，可以不召开股东会会议，直接作出决定，并由全体股东在决定文件上签名或者盖章。

第六十条 【一人有限责任公司的股东决定】只有一个股东的有限责任公司不设股东会。股东作出前条第一款所列事项的决定时，应当采用书面形式，并由股东签名或者盖章后置备于公司。

第六十一条 【首次股东会会议】首次股东会会议由出资最多的股东召集和主持，依照本法规定行使职权。

第六十二条 【股东会会议的类型和召开要求】股东会会议分为定期会议和临时会议。

定期会议应当按照公司章程的规定按时召开。代表十分之一以上表决权的股东、三分之一以上的董事或者监事会提议召开临时会议的，应当召开临时会议。

第六十三条 【股东会会议的召集和主持】股东会会议由董事会召集，董事长主持；董事长不能履行职务或者不履行职务的，由副董事长主持；副董事长不能履行职务或者不履行职务的，由过半数的董事共同推举一名董事主持。

董事会不能履行或者不履行召集股东会会议职责的，由监事会召集和主持；监事会不召集和主持的，代表十分之一以上表决权的股东可以自行召集和主持。

第六十四条 【股东会会议的通知和记录】召开股东会会议，应当于会议召开十五日前通知全体股东；但是，公司章程另有规定或者全体股东另有约定的除外。

股东会应当对所议事项的决定作成会议记录，出席会议的股东应当在会议记录上签名或者盖章。

第六十五条 【股东表决权】股东会会议由股东按照出资比例行使表决权；但是，公司章程另有规定的除外。

第六十六条 【股东会决议通过比例】股东会的议事方式和表决程序，除本法有规定的外，由公司章程规定。

股东会作出决议，应当经代表过半数表决权的股东通过。

股东会作出修改公司章程、增加或者减少注册资本的决议，以及公司合并、分立、解散或者变更公司形式的决议，应当经代表三分之二以上表决权的股东通过。

第六十七条 【董事会的职权】有限责任公司设董事会，本法第七十五条另有规定的除外。

董事会行使下列职权：

（一）召集股东会会议，并向股东会报告工作；

（二）执行股东会的决议；

（三）决定公司的经营计划和投资方案；

（四）制订公司的利润分配方案和弥补亏损方案；

（五）制订公司增加或者减少注册资本以及发行公司债券的方案；

（六）制订公司合并、分立、解散或者变更公司形式的方案；

（七）决定公司内部管理机构的设置；

（八）决定聘任或者解聘公司经理及其报酬事项，并根据经理的提名决定聘任或者解聘公司副经理、财务负责人及其报酬事项；

（九）制定公司的基本管理制度；

（十）公司章程规定或者股东会授予的其他职权。

公司章程对董事会职权的限制不得对抗善意相对人。

第六十八条 【董事会的组成】有限责任

公司董事会成员为三人以上，其成员中可以有公司职工代表。职工人数三百人以上的有限责任公司，除依法设监事会并有公司职工代表的外，其董事会成员中应当有公司职工代表。董事会中的职工代表由公司职工通过职工代表大会、职工大会或者其他形式民主选举产生。

董事会设董事长一人，可以设副董事长。董事长、副董事长的产生办法由公司章程规定。

第六十九条 【审计委员会和监事会的选择设置】有限责任公司可以按照公司章程的规定在董事会中设置由董事组成的审计委员会，行使本法规定的监事会的职权，不设监事会或者监事。公司董事会成员中的职工代表可以成为审计委员会成员。

第七十条 【董事的任期和辞任】董事任期由公司章程规定，但每届任期不得超过三年。董事任期届满，连选可以连任。

董事任期届满未及时改选，或者董事在任期内辞任导致董事会成员低于法定人数的，在改选出的董事就任前，原董事仍应当依照法律、行政法规和公司章程的规定，履行董事职务。

董事辞任的，应当以书面形式通知公司，公司收到通知之日辞任生效，但存在前款规定情形的，董事应当继续履行职务。

第七十一条 【董事的解任】股东会可以决议解任董事，决议作出之日解任生效。

无正当理由，在任期届满前解任董事的，该董事可以要求公司予以赔偿。

第七十二条 【董事会会议的召集和主持】董事会会议由董事长召集和主持；董事长不能履行职务或者不履行职务的，由副董事长召集和主持；副董事长不能履行职务或者不履行职务的，由过半数的董事共同推举一名董事召集和主持。

第七十三条 【董事会的议事方式和表决程序】董事会的议事方式和表决程序，除本法有规定的外，由公司章程规定。

董事会会议应当有过半数的董事出席方可举行。董事会作出决议，应当经全体董事的过半数通过。

董事会决议的表决，应当一人一票。

董事会应当对所议事项的决定作成会议记录，出席会议的董事应当在会议记录上签名。

第七十四条 【经理及其职权】有限责任公司可以设经理，由董事会决定聘任或者解聘。

经理对董事会负责，根据公司章程的规定或者董事会的授权行使职权。经理列席董事会会议。

第七十五条 【不设董事会的董事及其职权】规模较小或者股东人数较少的有限责任公司，可以不设董事会，设一名董事，行使本法规定的董事会的职权。该董事可以兼任公司经理。

第七十六条 【监事会的组成、会议召集和主持】有限责任公司设监事会，本法第六十九条、第八十三条另有规定的除外。

监事会成员为三人以上。监事会成员应当包括股东代表和适当比例的公司职工代表，其中职工代表的比例不得低于三分之一，具体比例由公司章程规定。监事会中的职工代表由公司职工通过职工代表大会、职工大会或者其他形式民主选举产生。

监事会设主席一人，由全体监事过半数选举产生。监事会主席召集和主持监事会会议；监事会主席不能履行职务或者不履行职务的，由过半数的监事共同推举一名监事召集和主持监事会会议。

董事、高级管理人员不得兼任监事。

第七十七条 【监事的任期和辞任】监事的任期每届为三年。监事任期届满，连选可以连任。

监事任期届满未及时改选,或者监事在任期内辞任导致监事会成员低于法定人数的,在改选出的监事就任前,原监事仍应当依照法律、行政法规和公司章程的规定,履行监事职务。

第七十八条　【监事会的职权】监事会行使下列职权:

(一)检查公司财务;

(二)对董事、高级管理人员执行职务的行为进行监督,对违反法律、行政法规、公司章程或者股东会决议的董事、高级管理人员提出解任的建议;

(三)当董事、高级管理人员的行为损害公司的利益时,要求董事、高级管理人员予以纠正;

(四)提议召开临时股东会会议,在董事会不履行本法规定的召集和主持股东会会议职责时召集和主持股东会会议;

(五)向股东会会议提出提案;

(六)依照本法第一百八十九条的规定,对董事、高级管理人员提起诉讼;

(七)公司章程规定的其他职权。

第七十九条　【监事的质询建议权和监事会的调查权】监事可以列席董事会会议,并对董事会决议事项提出质询或者建议。

监事会发现公司经营情况异常,可以进行调查;必要时,可以聘请会计师事务所等协助其工作,费用由公司承担。

第八十条　【董事、高级管理人员配合监事会行使职权】监事会可以要求董事、高级管理人员提交执行职务的报告。

董事、高级管理人员应当如实向监事会提供有关情况和资料,不得妨碍监事会或者监事行使职权。

第八十一条　【监事会的议事方式和表决程序】监事会每年度至少召开一次会议,监事可以提议召开临时监事会会议。

监事会的议事方式和表决程序,除本法

有规定的外,由公司章程规定。

监事会决议应当经全体监事的过半数通过。

监事会决议的表决,应当一人一票。

监事会应当对所议事项的决定作成会议记录,出席会议的监事应当在会议记录上签名。

第八十二条　【监事会行使职权的费用承担】监事会行使职权所必需的费用,由公司承担。

第八十三条　【不设监事会的监事及其职权】规模较小或者股东人数较少的有限责任公司,可以不设监事会,设一名监事,行使本法规定的监事会的职权;经全体股东一致同意,也可以不设监事。

第四章　有限责任公司的股权转让

第八十四条　【股权的自愿转让】有限责任公司的股东之间可以相互转让其全部或者部分股权。

股东向股东以外的人转让股权的,应当将股权转让的数量、价格、支付方式和期限等事项书面通知其他股东,其他股东在同等条件下有优先购买权。股东自接到书面通知之日起三十日内未答复的,视为放弃优先购买权。两个以上股东行使优先购买权的,协商确定各自的购买比例;协商不成的,按照转让时各自的出资比例行使优先购买权。

公司章程对股权转让另有规定的,从其规定。

第八十五条　【股权的强制转让】人民法院依照法律规定的强制执行程序转让股东的股权时,应当通知公司及全体股东,其他股东在同等条件下有优先购买权。其他股东自人民法院通知之日起满二十日不行使优先购买权的,视为放弃优先购买权。

**第八十六条　【股权转让引起的变更股

东名册和变更登记】股东转让股权的,应当书面通知公司,请求变更股东名册;需要办理变更登记的,并请求公司向公司登记机关办理变更登记。公司拒绝或者在合理期限内不予答复的,转让人、受让人可以依法向人民法院提起诉讼。

股权转让的,受让人自记载于股东名册时起可以向公司主张行使股东权利。

第八十七条 【公司在股权转让后的义务】依照本法转让股权后,公司应当及时注销原股东的出资证明书,向新股东签发出资证明书,并相应修改公司章程和股东名册中有关股东及其出资额的记载。对公司章程的该项修改不需再由股东会表决。

第八十八条 【股权转让情形下的出资责任】股东转让已认缴出资但未届出资期限的股权的,由受让人承担缴纳该出资的义务;受让人未按期足额缴纳出资的,转让人对受让人未按期缴纳的出资承担补充责任。

未按照公司章程规定的出资日期缴纳出资或者作为出资的非货币财产的实际价额显著低于所认缴的出资额的股东转让股权的,转让人与受让人在出资不足的范围内承担连带责任;受让人不知道且不应当知道存在上述情形的,由转让人承担责任。

第八十九条 【股东股权收购请求权】有下列情形之一的,对股东会该项决议投反对票的股东可以请求公司按照合理的价格收购其股权:

(一)公司连续五年不向股东分配利润,而公司该五年连续盈利,并且符合本法规定的分配利润条件;

(二)公司合并、分立、转让主要财产;

(三)公司章程规定的营业期限届满或者章程规定的其他解散事由出现,股东会通过决议修改章程使公司存续。

自股东会决议作出之日起六十日内,股东与公司不能达成股权收购协议的,股东可以自股东会决议作出之日起九十日内向人民法院提起诉讼。

公司的控股股东滥用股东权利,严重损害公司或者其他股东利益的,其他股东有权请求公司按照合理的价格收购其股权。

公司因本条第一款、第三款规定的情形收购的本公司股权,应当在六个月内依法转让或者注销。

第九十条 【股东资格继承】自然人股东死亡后,其合法继承人可以继承股东资格;但是,公司章程另有规定的除外。

第五章 股份有限公司的设立和组织机构

第一节 设 立

第九十一条 【设立方式】设立股份有限公司,可以采取发起设立或者募集设立的方式。

发起设立,是指由发起人认购设立公司时应发行的全部股份而设立公司。

募集设立,是指由发起人认购设立公司时应发行股份的一部分,其余股份向特定对象募集或者向社会公开募集而设立公司。

第九十二条 【发起人的人数及住所要求】设立股份有限公司,应当有一人以上二百人以下为发起人,其中应当有半数以上的发起人在中华人民共和国境内有住所。

第九十三条 【发起人筹办公司的义务及发起人协议】股份有限公司发起人承担公司筹办事务。

发起人应当签订发起人协议,明确各自在公司设立过程中的权利和义务。

第九十四条 【公司章程制订】设立股份有限公司,应当由发起人共同制订公司章程。

第九十五条 【公司章程记载事项】股份有限公司章程应当载明下列事项:

（一）公司名称和住所；

（二）公司经营范围；

（三）公司设立方式；

（四）公司注册资本、已发行的股份数和设立时发行的股份数，面额股的每股金额；

（五）发行类别股的，每一类别股的股份数及其权利和义务；

（六）发起人的姓名或者名称、认购的股份数、出资方式；

（七）董事会的组成、职权和议事规则；

（八）公司法定代表人的产生、变更办法；

（九）监事会的组成、职权和议事规则；

（十）公司利润分配办法；

（十一）公司的解散事由与清算办法；

（十二）公司的通知和公告办法；

（十三）股东会认为需要规定的其他事项。

第九十六条　【注册资本】股份有限公司的注册资本为在公司登记机关登记的已发行股份的股本总额。在发起人认购的股份缴足前，不得向他人募集股份。

法律、行政法规以及国务院决定对股份有限公司注册资本最低限额另有规定的，从其规定。

第九十七条　【发起人认购股份】以发起设立方式设立股份有限公司的，发起人应当认足公司章程规定的公司设立时应发行的股份。

以募集设立方式设立股份有限公司的，发起人认购的股份不得少于公司章程规定的公司设立时应发行股份总数的百分之三十五；但是，法律、行政法规另有规定的，从其规定。

第九十八条　【发起人履行出资义务】发起人应当在公司成立前按照其认购的股份全额缴纳股款。

发起人的出资，适用本法第四十八条、第四十九条第二款关于有限责任公司股东出资的规定。

第九十九条　【发起人瑕疵出资的违约责任】发起人不按照其认购的股份缴纳股款，或者作为出资的非货币财产的实际价额显著低于所认购的股份的，其他发起人与该发起人在出资不足的范围内承担连带责任。

第一百条　【公开募集股份的招股说明书和认股书】发起人向社会公开募集股份，应当公告招股说明书，并制作认股书。认股书应当载明本法第一百五十四条第二款、第三款所列事项，由认股人填写认购的股份数、金额、住所，并签名或者盖章。认股人应当按照所认购股份足额缴纳股款。

第一百零一条　【公开募集股份的验资】向社会公开募集股份的股款缴足后，应当经依法设立的验资机构验资并出具证明。

第一百零二条　【股东名册】股份有限公司应当制作股东名册并置备于公司。股东名册应当记载下列事项：

（一）股东的姓名或者名称及住所；

（二）各股东所认购的股份种类及股份数；

（三）发行纸面形式的股票的，股票的编号；

（四）各股东取得股份的日期。

第一百零三条　【成立大会的召开】募集设立股份有限公司的发起人应当自公司设立时应发行股份的股款缴足之日起三十日内召开公司成立大会。发起人应当在成立大会召开十五日前将会议日期通知各认股人或者予以公告。成立大会应当有持有表决权过半数的认股人出席，方可举行。

以发起设立方式设立股份有限公司成立大会的召开和表决程序由公司章程或者发起人协议规定。

第一百零四条　【成立大会的职权】公司成立大会行使下列职权：

（一）审议发起人关于公司筹办情况的报告；

（二）通过公司章程；

（三）选举董事、监事；

（四）对公司的设立费用进行审核；

（五）对发起人非货币财产出资的作价进行审核；

（六）发生不可抗力或者经营条件发生重大变化直接影响公司设立的，可以作出不设立公司的决议。

成立大会对前款所列事项作出决议，应当经出席会议的认股人所持表决权过半数通过。

第一百零五条 【股款返还和不得抽回股本】公司设立时应发行的股份未募足，或者发行股份的股款缴足后，发起人在三十日内未召开成立大会的，认股人可以按照所缴股款并加算银行同期存款利息，要求发起人返还。

发起人、认股人缴纳股款或者交付非货币财产出资后，除未按期募足股份、发起人未按期召开成立大会或者成立大会决议不设公司的情形外，不得抽回其股本。

第一百零六条 【董事会授权代表申请设立登记】董事会应当授权代表，于公司成立大会结束后三十日内向公司登记机关申请设立登记。

第一百零七条 【股东、董事、监事、高级管理人员的设立责任及资本充实责任】本法第四十四条、第四十九条第三款、第五十一条、第五十二条、第五十三条的规定，适用于股份有限公司。

第一百零八条 【变更公司形式的股本折合及公开发行股份规制】有限责任公司变更为股份有限公司时，折合的实收股本总额不得高于公司净资产额。有限责任公司变更为股份有限公司，为增加注册资本公开发行股份时，应当依法办理。

第一百零九条 【公司特定文件材料的置备】股份有限公司应当将公司章程、股东名册、股东会会议记录、董事会会议记录、监事会会议记录、财务会计报告、债券持有人名册置备于本公司。

第一百一十条 【股东查阅权】股东有权查阅、复制公司章程、股东名册、股东会会议记录、董事会会议决议、监事会会议决议、财务会计报告，对公司的经营提出建议或者质询。

连续一百八十日以上单独或者合计持有公司百分之三以上股份的股东要求查阅公司的会计账簿、会计凭证的，适用本法第五十七条第二款、第三款、第四款的规定。公司章程对持股比例有较低规定的，从其规定。

股东要求查阅、复制公司全资子公司相关材料的，适用前两款的规定。

上市公司股东查阅、复制相关材料的，应当遵守《中华人民共和国证券法》等法律、行政法规的规定。

第二节 股 东 会

第一百一十一条 【股东会的组成和定位】股份有限公司股东会由全体股东组成。股东会是公司的权力机构，依照本法行使职权。

第一百一十二条 【股东会的职权和一人股份有限公司的股东决定】本法第五十九条第一款、第二款关于有限责任公司股东会职权的规定，适用于股份有限公司股东会。

本法第六十条关于只有一个股东的有限责任公司不设股东会的规定，适用于只有一个股东的股份有限公司。

第一百一十三条 【股东会会议的类型和召开要求】股东会应当每年召开一次年会。有下列情形之一的，应当在两个月内召开临时股东会会议：

（一）董事人数不足本法规定人数或者公司章程所定人数的三分之二时；

（二）公司未弥补的亏损达股本总额三分

之一时；

（三）单独或者合计持有公司百分之十以上股份的股东请求时；

（四）董事会认为必要时；

（五）监事会提议召开时；

（六）公司章程规定的其他情形。

第一百一十四条　【股东会会议的召集和主持】股东会会议由董事会召集，董事长主持；董事长不能履行职务或者不履行职务的，由副董事长主持；副董事长不能履行职务或者不履行职务的，由过半数的董事共同推举一名董事主持。

董事会不能履行或者不履行召集股东会会议职责的，监事会应当及时召集和主持；监事会不召集和主持的，连续九十日以上单独或者合计持有公司百分之十以上股份的股东可以自行召集和主持。

单独或者合计持有公司百分之十以上股份的股东请求召开临时股东会会议的，董事会、监事会应当在收到请求之日起十日内作出是否召开临时股东会会议的决定，并书面答复股东。

第一百一十五条　【股东会会议的通知和股东临时提案权】召开股东会会议，应当将会议召开的时间、地点和审议的事项于会议召开二十日前通知各股东；临时股东会会议应当于会议召开十五日前通知各股东。

单独或者合计持有公司百分之一以上股份的股东，可以在股东会会议召开十日前提出临时提案并书面提交董事会。临时提案应当有明确议题和具体决议事项。董事会应当在收到提案后二日内通知其他股东，并将该临时提案提交股东会审议；但临时提案违反法律、行政法规或者公司章程的规定，或者不属于股东会职权范围的除外。公司不得提高提出临时提案股东的持股比例。

公开发行股份的公司，应当以公告方式作出前两款规定的通知。

股东会不得对通知中未列明的事项作出决议。

第一百一十六条　【股东表决权和股东会决议通过比例】股东出席股东会会议，所持每一股份有一表决权，类别股股东除外。公司持有的本公司股份没有表决权。

股东会作出决议，应当经出席会议的股东所持表决权过半数通过。

股东会作出修改公司章程、增加或者减少注册资本的决议，以及公司合并、分立、解散或者变更公司形式的决议，应当经出席会议的股东所持表决权的三分之二以上通过。

第一百一十七条　【累积投票制】股东会选举董事、监事，可以按照公司章程的规定或者股东会的决议，实行累积投票制。

本法所称累积投票制，是指股东会选举董事或者监事时，每一股份拥有与应选董事或者监事人数相同的表决权，股东拥有的表决权可以集中使用。

第一百一十八条　【表决权的代理行使】股东委托代理人出席股东会会议的，应当明确代理人代理的事项、权限和期限；代理人应当向公司提交股东授权委托书，并在授权范围内行使表决权。

第一百一十九条　【股东会会议记录】股东会应当对所议事项的决定作成会议记录，主持人、出席会议的董事应当在会议记录上签名。会议记录应当与出席股东的签名册及代理出席的委托书一并保存。

第三节　董事会、经理

第一百二十条　【董事会的职权和组成、董事的任期及辞任、解任】股份有限公司设董事会，本法第一百二十八条另有规定的除外。

本法第六十七条、第六十八条第一款、第七十条、第七十一条的规定，适用于股份有限公司。

第一百二十一条　【审计委员会和监事

会的选择设置】股份有限公司可以按照公司章程的规定在董事会中设置由董事组成的审计委员会,行使本法规定的监事会的职权,不设监事会或者监事。

审计委员会成员为三名以上,过半数成员不得在公司担任除董事以外的其他职务,且不得与公司存在任何可能影响其独立客观判断的关系。公司董事会成员中的职工代表可以成为审计委员会成员。

审计委员会作出决议,应当经审计委员会成员的过半数通过。

审计委员会决议的表决,应当一人一票。

审计委员会的议事方式和表决程序,除本法有规定的外,由公司章程规定。

公司可以按照公司章程的规定在董事会中设置其他委员会。

第一百二十二条 【董事长和副董事长的产生办法、董事会会议的召集和主持】董事会设董事长一人,可以设副董事长。董事长和副董事长由董事会以全体董事的过半数选举产生。

董事长召集和主持董事会会议,检查董事会决议的实施情况。副董事长协助董事长工作,董事长不能履行职务或者不履行职务的,由副董事长履行职务;副董事长不能履行职务或者不履行职务的,由过半数的董事共同推举一名董事履行职务。

第一百二十三条 【董事会会议的类型和召开要求】董事会每年度至少召开两次会议,每次会议应当于会议召开十日前通知全体董事和监事。

代表十分之一以上表决权的股东、三分之一以上董事或者监事会,可以提议召开临时董事会会议。董事长应当自接到提议后十日内,召集和主持董事会会议。

董事会召开临时会议,可以另定召集董事会的通知方式和通知时限。

第一百二十四条 【董事会的表决程序

和会议记录】董事会会议应当有过半数的董事出席方可举行。董事会作出决议,应当经全体董事的过半数通过。

董事会决议的表决,应当一人一票。

董事会应当对所议事项的决定作成会议记录,出席会议的董事应当在会议记录上签名。

第一百二十五条 【董事出席董事会会议及其决议责任】董事会会议,应当由董事本人出席;董事因故不能出席,可以书面委托其他董事代为出席,委托书应当载明授权范围。

董事应当对董事会的决议承担责任。董事会的决议违反法律、行政法规或者公司章程、股东会决议,给公司造成严重损失的,参与决议的董事对公司负赔偿责任;经证明在表决时曾表明异议并记载于会议记录的,该董事可以免除责任。

第一百二十六条 【经理及其职权】股份有限公司设经理,由董事会决定聘任或者解聘。

经理对董事会负责,根据公司章程的规定或者董事会的授权行使职权。经理列席董事会会议。

第一百二十七条 【董事兼任经理】公司董事会可以决定由董事会成员兼任经理。

第一百二十八条 【不设董事会的董事及其职权】规模较小或者股东人数较少的股份有限公司,可以不设董事会,设一名董事,行使本法规定的董事会的职权。该董事可以兼任公司经理。

第一百二十九条 【董事、监事、高级管理人员的报酬披露】公司应当定期向股东披露董事、监事、高级管理人员从公司获得报酬的情况。

第四节 监 事 会

第一百三十条 【监事会的组成和监事的任期】股份有限公司设监事会,本法第一百二十一条第一款、第一百三十三条另有规定的除外。

监事会成员为三人以上。监事会成员应当包括股东代表和适当比例的公司职工代表，其中职工代表的比例不得低于三分之一，具体比例由公司章程规定。监事会中的职工代表由公司职工通过职工代表大会、职工大会或者其他形式民主选举产生。

监事会设主席一人，可以设副主席。监事会主席和副主席由全体监事过半数选举产生。监事会主席召集和主持监事会会议；监事会主席不能履行职务或者不履行职务的，由监事会副主席召集和主持监事会会议；监事会副主席不能履行职务或者不履行职务的，由过半数的监事共同推举一名监事召集和主持监事会会议。

董事、高级管理人员不得兼任监事。

本法第七十七条关于有限责任公司监事任期的规定，适用于股份有限公司监事。

第一百三十一条　【监事会的职权及其行使职权的费用承担】本法第七十八条至第八十条的规定，适用于股份有限公司监事会。

监事会行使职权所必需的费用，由公司承担。

第一百三十二条　【监事会会议类型、表决程序和会议记录】监事会每六个月至少召开一次会议。监事可以提议召开临时监事会会议。

监事会的议事方式和表决程序，除本法有规定的外，由公司章程规定。

监事会决议应当经全体监事的过半数通过。

监事会决议的表决，应当一人一票。

监事会应当对所议事项的决定作成会议记录，出席会议的监事应当在会议记录上签名。

第一百三十三条　【不设监事会的监事及其职权】规模较小或者股东人数较少的股份有限公司，可以不设监事会，设一名监事，行使本法规定的监事会的职权。

第五节　上市公司组织机构的特别规定

第一百三十四条　【上市公司的定义】本法所称上市公司，是指其股票在证券交易所上市交易的股份有限公司。

第一百三十五条　【股东会特别决议事项】上市公司在一年内购买、出售重大资产或者向他人提供担保的金额超过公司资产总额百分之三十的，应当由股东会作出决议，并经出席会议的股东所持表决权的三分之二以上通过。

第一百三十六条　【独立董事和章程特别记载事项】上市公司设独立董事，具体管理办法由国务院证券监督管理机构规定。

上市公司的公司章程除载明本法第九十五条规定的事项外，还应当依照法律、行政法规的规定载明董事会专门委员会的组成、职权以及董事、监事、高级管理人员薪酬考核机制等事项。

第一百三十七条　【董事会审计委员会的职权】上市公司在董事会中设置审计委员会的，董事会对下列事项作出决议前应当经审计委员会全体成员过半数通过：

（一）聘用、解聘承办公司审计业务的会计师事务所；

（二）聘任、解聘财务负责人；

（三）披露财务会计报告；

（四）国务院证券监督管理机构规定的其他事项。

第一百三十八条　【董事会秘书及其职责】上市公司设董事会秘书，负责公司股东会和董事会会议的筹备、文件保管以及公司股东资料的管理，办理信息披露事务等事宜。

第一百三十九条　【有关联关系的董事回避表决】上市公司董事与董事会会议决议事项所涉及的企业或者个人有关联关系的，

该董事应当及时向董事会书面报告。有关联关系的董事不得对该项决议行使表决权，也不得代理其他董事行使表决权。该董事会会议由过半数的无关联关系董事出席即可举行，董事会会议所作决议须经无关联关系董事过半数通过。出席董事会会议的无关联关系董事人数不足三人的，应当将该事项提交上市公司股东会审议。

第一百四十条　【披露股东和实际控制人的信息及禁止股票代持】上市公司应当依法披露股东、实际控制人的信息，相关信息应当真实、准确、完整。

禁止违反法律、行政法规的规定代持上市公司股票。

第一百四十一条　【禁止相互持股】上市公司控股子公司不得取得该上市公司的股份。

上市公司控股子公司因公司合并、质权行使等原因持有上市公司股份的，不得行使所持股份对应的表决权，并应当及时处分相关上市公司股份。

第六章　股份有限公司的股份发行和转让

第一节　股份发行

第一百四十二条　【面额股和无面额股】公司的资本划分为股份。公司的全部股份，根据公司章程的规定择一采用面额股或者无面额股。采用面额股的，每一股的金额相等。

公司可以根据公司章程的规定将已发行的面额股全部转换为无面额股或者将无面额股全部转换为面额股。

采用无面额股的，应当将发行股份所得股款的二分之一以上计入注册资本。

第一百四十三条　【股份发行的原则】股份的发行，实行公平、公正的原则，同类别的每一股份应当具有同等权利。

同次发行的同类别股份，每股的发行条件和价格应当相同；认购人所认购的股份，每股应当支付相同价额。

第一百四十四条　【类别股的种类】公司可以按照公司章程的规定发行下列与普通股权利不同的类别股：

（一）优先或者劣后分配利润或者剩余财产的股份；

（二）每一股的表决权数多于或者少于普通股的股份；

（三）转让须经公司同意等转让受限的股份；

（四）国务院规定的其他类别股。

公开发行股份的公司不得发行前款第二项、第三项规定的类别股；公开发行前已发行的除外。

公司发行本条第一款第二项规定的类别股，对于监事或者审计委员会成员的选举和更换，类别股与普通股每一股的表决权数相同。

第一百四十五条　【发行类别股的公司章程记载事项】发行类别股的公司，应当在公司章程中载明以下事项：

（一）类别股分配利润或者剩余财产的顺序；

（二）类别股的表决权数；

（三）类别股的转让限制；

（四）保护中小股东权益的措施；

（五）股东会认为需要规定的其他事项。

第一百四十六条　【类别股股东会决议】发行类别股的公司，有本法第一百一十六条第三款规定的事项等可能影响类别股股东权利的，除应当依照第一百一十六条第三款的规定经股东会决议外，还应当经出席类别股股东会议的股东所持表决权的三分之二以上通过。

公司章程可以对需经类别股股东会议决议的其他事项作出规定。

第一百四十七条　【股份的形式和记名股票】公司的股份采取股票的形式。股票是公司签发的证明股东所持股份的凭证。

公司发行的股票,应当为记名股票。

第一百四十八条　【面额股股票的发行价格】面额股股票的发行价格可以按票面金额,也可以超过票面金额,但不得低于票面金额。

第一百四十九条　【股票的形式】股票采用纸面形式或者国务院证券监督管理机构规定的其他形式。

股票采用纸面形式的,应当载明下列主要事项:

(一)公司名称;

(二)公司成立日期或者股票发行的时间;

(三)股票种类、票面金额及代表的股份数,发行无面额股的,股票代表的股份数。

股票采用纸面形式的,还应当载明股票的编号,由法定代表人签名,公司盖章。

发起人股票采用纸面形式的,应当标明发起人股票字样。

第一百五十条　【股票交付时间】股份有限公司成立后,即向股东正式交付股票。公司成立前不得向股东交付股票。

第一百五十一条　【公司发行新股的股东会决议】公司发行新股,股东会应当对下列事项作出决议:

(一)新股种类及数额;

(二)新股发行价格;

(三)新股发行的起止日期;

(四)向原有股东发行新股的种类及数额;

(五)发行无面额股的,新股发行所得股款计入注册资本的金额。

公司发行新股,可以根据公司经营情况和财务状况,确定其作价方案。

第一百五十二条　【授权董事会决定发行股份及其限制】公司章程或者股东会可以授权董事会在三年内决定发行不超过已发行股份百分之五十的股份。但以非货币财产作价出资的应当经股东会决议。

董事会依照前款规定决定发行股份导致公司注册资本、已发行股份数发生变化的,对公司章程该项记载事项的修改不需再由股东会表决。

第一百五十三条　【董事会决定发行新股的决议通过比例】公司章程或者股东会授权董事会决定发行新股的,董事会决议应当经全体董事三分之二以上通过。

第一百五十四条　【公开募集股份的注册和公告招股说明书】公司向社会公开募集股份,应当经国务院证券监督管理机构注册,公告招股说明书。

招股说明书应当附有公司章程,并载明下列事项:

(一)发行的股份总数;

(二)面额股的票面金额和发行价格或者无面额股的发行价格;

(三)募集资金的用途;

(四)认股人的权利和义务;

(五)股份种类及其权利和义务;

(六)本次募股的起止日期及逾期未募足时认股人可以撤回所认股份的说明。

公司设立时发行股份的,还应当载明发起人认购的股份数。

第一百五十五条　【证券承销】公司向社会公开募集股份,应当由依法设立的证券公司承销,签订承销协议。

第一百五十六条　【银行代收股款】公司向社会公开募集股份,应当同银行签订代收股款协议。

代收股款的银行应当按照协议代收和保存股款,向缴纳股款的认股人出具收款单据,并负有向有关部门出具收款证明的义务。

公司发行股份募足股款后,应予公告。

第二节 股份转让

第一百五十七条 【股份转让自由及其例外】股份有限公司的股东持有的股份可以向其他股东转让,也可以向股东以外的人转让;公司章程对股份转让有限制的,其转让按照公司章程的规定进行。

第一百五十八条 【股份转让的方式】股东转让其股份,应当在依法设立的证券交易场所进行或者按照国务院规定的其他方式进行。

第一百五十九条 【股票转让的方式】股票的转让,由股东以背书方式或者法律、行政法规规定的其他方式进行;转让后由公司将受让人的姓名或者名称及住所记载于股东名册。

股东会会议召开前二十日内或者公司决定分配股利的基准日前五日内,不得变更股东名册。法律、行政法规或者国务院证券监督管理机构对上市公司股东名册变更另有规定的,从其规定。

第一百六十条 【股份转让的限制】公司公开发行股份前已发行的股份,自公司股票在证券交易所上市交易之日起一年内不得转让。法律、行政法规或者国务院证券监督管理机构对上市公司的股东、实际控制人转让其所持有的本公司股份另有规定的,从其规定。

公司董事、监事、高级管理人员应当向公司申报所持有的本公司的股份及其变动情况,在就任时确定的任职期间每年转让的股份不得超过其所持有本公司股份总数的百分之二十五;所持本公司股份自公司股票上市交易之日起一年内不得转让。上述人员离职后半年内,不得转让其所持有的本公司股份。公司章程可以对公司董事、监事、高级管理人员转让其所持有的本公司股份作出其他限制性规定。

股份在法律、行政法规规定的限制转让期限内出质的,质权人不得在限制转让期限内行使质权。

第一百六十一条 【异议股东股份回购请求权】有下列情形之一的,对股东会该项决议投反对票的股东可以请求公司按照合理的价格收购其股份,公开发行股份的公司除外:

(一)公司连续五年不向股东分配利润,而公司该五年连续盈利,并且符合本法规定的分配利润条件;

(二)公司转让主要财产;

(三)公司章程规定的营业期限届满或者章程规定的其他解散事由出现,股东会通过决议修改章程使公司存续。

自股东会决议作出之日起六十日内,股东与公司不能达成股份收购协议的,股东可以自股东会决议作出之日起九十日内向人民法院提起诉讼。

公司因本条第一款规定的情形收购的本公司股份,应当在六个月内依法转让或者注销。

第一百六十二条 【公司不得收购本公司股份及其例外】公司不得收购本公司股份。但是,有下列情形之一的除外:

(一)减少公司注册资本;

(二)与持有本公司股份的其他公司合并;

(三)将股份用于员工持股计划或者股权激励;

(四)股东因对股东会作出的公司合并、分立决议持异议,要求公司收购其股份;

(五)将股份用于转换公司发行的可转换为股票的公司债券;

(六)上市公司为维护公司价值及股东权益所必需。

公司因前款第一项、第二项规定的情形收购本公司股份的,应当经股东会决议;公司因前款第三项、第五项、第六项规定的情形收购本公司股份的，可以按照公司章程或者股东会的授权，经三分之二以上董事出席的董事会会议决议。

公司依照本条第一款规定收购本公司股份后，属于第一项情形的，应当自收购之日起十日内注销；属于第二项、第四项情形的，应当在六个月内转让或者注销；属于第三项、第五项、第六项情形的，公司合计持有的本公司股份数不得超过本公司已发行股份总数的百分之十，并应当在三年内转让或者注销。

上市公司收购本公司股份的，应当依照《中华人民共和国证券法》的规定履行信息披露义务。上市公司因本条第一款第三项、第五项、第六项规定的情形收购本公司股份的，应当通过公开的集中交易方式进行。

公司不得接受本公司的股份作为质权的标的。

第一百六十三条 【禁止财务资助及其例外】公司不得为他人取得本公司或者其母公司的股份提供赠与、借款、担保以及其他财务资助，公司实施员工持股计划的除外。

为公司利益，经股东会决议，或者董事会按照公司章程或者股东会的授权作出决议，公司可以为他人取得本公司或者其母公司的股份提供财务资助，但财务资助的累计总额不得超过已发行股本总额的百分之十。董事会作出决议应当经全体董事的三分之二以上通过。

违反前两款规定，给公司造成损失的，负有责任的董事、监事、高级管理人员应当承担赔偿责任。

第一百六十四条 【股票被盗、遗失或者灭失的救济】股票被盗、遗失或者灭失，股东可以依照《中华人民共和国民事诉讼法》规定的公示催告程序，请求人民法院宣告该股票失效。人民法院宣告该股票失效后，股东可以向公司申请补发股票。

第一百六十五条 【上市公司的股票上市交易】上市公司的股票，依照有关法律、行政法规及证券交易所交易规则上市交易。

第一百六十六条 【上市公司信息披露】上市公司应当依照法律、行政法规的规定披露相关信息。

第一百六十七条 【股东资格继承】自然人股东死亡后，其合法继承人可以继承股东资格；但是，股份转让受限的股份有限公司的章程另有规定的除外。

第七章 国家出资公司组织机构的特别规定

第一百六十八条 【国家出资公司组织机构法律适用及其范围】国家出资公司的组织机构，适用本章规定；本章没有规定的，适用本法其他规定。

本法所称国家出资公司，是指国家出资的国有独资公司、国有资本控股公司，包括国家出资的有限责任公司、股份有限公司。

第一百六十九条 【履行出资人职责的机构】国家出资公司，由国务院或者地方人民政府分别代表国家依法履行出资人职责，享有出资人权益。国务院或者地方人民政府可以授权国有资产监督管理机构或者其他部门、机构代表本级人民政府对国家出资公司履行出资人职责。

代表本级人民政府履行出资人职责的机构、部门，以下统称为履行出资人职责的机构。

第一百七十条 【国家出资公司中的党组织】国家出资公司中中国共产党的组织，按照中国共产党章程的规定发挥领导作用，研究讨论公司重大经营管理事项，支持公司的组织机构依法行使职权。

第一百七十一条 【国有独资公司章程制定】国有独资公司章程由履行出资人职责的机构制定。

第一百七十二条　【履行出资人职责的机构行使股东会职权及其授权】国有独资公司不设股东会，由履行出资人职责的机构行使股东会职权。履行出资人职责的机构可以授权公司董事会行使股东会的部分职权，但公司章程的制定和修改，公司的合并、分立、解散、申请破产，增加或者减少注册资本，分配利润，应当由履行出资人职责的机构决定。

第一百七十三条　【国有独资公司董事会的职权和组成及董事长、副董事长的指定】国有独资公司的董事会依照本法规定行使职权。

国有独资公司的董事会成员中，应当过半数为外部董事，并应当有公司职工代表。

董事会成员由履行出资人职责的机构委派；但是，董事会成员中的职工代表由公司职工代表大会选举产生。

董事会设董事长一人，可以设副董事长。董事长、副董事长由履行出资人职责的机构从董事会成员中指定。

第一百七十四条　【国有独资公司经理的聘任及解聘】国有独资公司的经理由董事会聘任或者解聘。

经履行出资人职责的机构同意，董事会成员可以兼任经理。

第一百七十五条　【国有独资公司董事、高级管理人员的兼职限制】国有独资公司的董事、高级管理人员，未经履行出资人职责的机构同意，不得在其他有限责任公司、股份有限公司或者其他经济组织兼职。

第一百七十六条　【国有独资公司审计委员会和监事会的设置模式】国有独资公司在董事会中设置由董事组成的审计委员会行使本法规定的监事会职权的，不设监事会或者监事。

第一百七十七条　【合规管理】国家出资公司应当依法建立健全内部监督管理和风险控制制度，加强内部合规管理。

第八章　公司董事、监事、高级管理人员的资格和义务

第一百七十八条　【消极资格】有下列情形之一的，不得担任公司的董事、监事、高级管理人员：

（一）无民事行为能力或者限制民事行为能力；

（二）因贪污、贿赂、侵占财产、挪用财产或者破坏社会主义市场经济秩序，被判处刑罚，或者因犯罪被剥夺政治权利，执行期满未逾五年，被宣告缓刑的，自缓刑考验期满之日起未逾二年；

（三）担任破产清算的公司、企业的董事或者厂长、经理，对该公司、企业的破产负有个人责任的，自该公司、企业破产清算完结之日起未逾三年；

（四）担任因违法被吊销营业执照、责令关闭的公司、企业的法定代表人，并负有个人责任的，自该公司、企业被吊销营业执照、责令关闭之日起未逾三年；

（五）个人因所负数额较大债务到期未清偿被人民法院列为失信被执行人。

违反前款规定选举、委派董事、监事或者聘任高级管理人员的，该选举、委派或者聘任无效。

董事、监事、高级管理人员在任职期间出现本条第一款所列情形的，公司应当解除其职务。

第一百七十九条　【守法合章义务】董事、监事、高级管理人员应当遵守法律、行政法规和公司章程。

第一百八十条　【忠实义务和勤勉义务的一般规定】董事、监事、高级管理人员对公司负有忠实义务，应当采取措施避免自身利益与公司利益冲突，不得利用职权牟取不正当利益。

董事、监事、高级管理人员对公司负有勤勉义务，执行职务应当为公司的最大利益尽到管理者通常应有的合理注意。

公司的控股股东、实际控制人不担任公司董事但实际执行公司事务的，适用前两款规定。

第一百八十一条　【违反忠实义务的行为】董事、监事、高级管理人员不得有下列行为：

（一）侵占公司财产、挪用公司资金；

（二）将公司资金以其个人名义或者以其他个人名义开立账户存储；

（三）利用职权贿赂或者收受其他非法收入；

（四）接受他人与公司交易的佣金归为己有；

（五）擅自披露公司秘密；

（六）违反对公司忠实义务的其他行为。

第一百八十二条　【自我交易和关联交易】董事、监事、高级管理人员，直接或者间接与本公司订立合同或者进行交易，应当就与订立合同或者进行交易有关的事项向董事会或者股东会报告，并按照公司章程的规定经董事会或者股东会决议通过。

董事、监事、高级管理人员的近亲属，董事、监事、高级管理人员或者其近亲属直接或者间接控制的企业，以及与董事、监事、高级管理人员有其他关联关系的关联人，与公司订立合同或者进行交易，适用前款规定。

第一百八十三条　【利用公司商业机会】董事、监事、高级管理人员，不得利用职务便利为自己或者他人谋取属于公司的商业机会。但是，有下列情形之一的除外：

（一）向董事会或者股东会报告，并按照公司章程的规定经董事会或者股东会决议通过；

（二）根据法律、行政法规或者公司章程的规定，公司不能利用该商业机会。

第一百八十四条　【竞业限制】董事、监事、高级管理人员未向董事会或者股东会报告，并按照公司章程的规定经董事会或者股东会决议通过，不得自营或者为他人经营与其任职公司同类的业务。

第一百八十五条　【关联董事回避表决】董事会对本法第一百八十二条至第一百八十四条规定的事项决议时，关联董事不得参与表决，其表决权不计入表决权总数。出席董事会会议的无关联关系董事人数不足三人的，应当将该事项提交股东会审议。

第一百八十六条　【归入权】董事、监事、高级管理人员违反本法第一百八十一条至第一百八十四条规定所得的收入应当归公司所有。

第一百八十七条　【列席股东会会议并接受股东质询】股东会要求董事、监事、高级管理人员列席会议的，董事、监事、高级管理人员应当列席并接受股东的质询。

第一百八十八条　【执行职务给公司造成损失的赔偿责任】董事、监事、高级管理人员执行职务违反法律、行政法规或者公司章程的规定，给公司造成损失的，应当承担赔偿责任。

第一百八十九条　【股东代表诉讼】董事、高级管理人员有前条规定的情形的，有限责任公司的股东、股份有限公司连续一百八十日以上单独或者合计持有公司百分之一以上股份的股东，可以书面请求监事会向人民法院提起诉讼；监事有前条规定的情形的，前述股东可以书面请求董事会向人民法院提起诉讼。

监事会或者董事会收到前款规定的股东书面请求后拒绝提起诉讼，或者自收到请求之日起三十日内未提起诉讼，或者情况紧急、不立即提起诉讼将会使公司利益受到难以弥补的损害的，前款规定的股东有权为公司利益以自己的名义直接向人民法院提起诉讼。

他人侵犯公司合法权益,给公司造成损失的,本条第一款规定的股东可以依照前两款的规定向人民法院提起诉讼。

公司全资子公司的董事、监事、高级管理人员有前条规定情形,或者他人侵犯公司全资子公司合法权益造成损失的,有限责任公司的股东、股份有限公司连续一百八十日以上单独或者合计持有公司百分之一以上股份的股东,可以依照前三款规定书面请求全资子公司的监事会、董事会向人民法院提起诉讼或者以自己的名义直接向人民法院提起诉讼。

第一百九十条 【股东直接诉讼】董事、高级管理人员违反法律、行政法规或者公司章程的规定,损害股东利益的,股东可以向人民法院提起诉讼。

第一百九十一条 【执行职务给他人造成损害的赔偿责任】董事、高级管理人员执行职务,给他人造成损害的,公司应当承担赔偿责任;董事、高级管理人员存在故意或者重大过失的,也应当承担赔偿责任。

第一百九十二条 【影子董事、影子高级管理人员】公司的控股股东、实际控制人指示董事、高级管理人员从事损害公司或者股东利益的行为的,与该董事、高级管理人员承担连带责任。

第一百九十三条 【董事责任保险】公司可以在董事任职期间为董事因执行公司职务承担的赔偿责任投保责任保险。

公司为董事投保责任保险或者续保后,董事会应当向股东会报告责任保险的投保金额、承保范围及保险费率等内容。

第九章 公司债券

第一百九十四条 【公司债券的定义、发行和交易的一般规定】本法所称公司债券,是指公司发行的约定按期还本付息的有价证券。

公司债券可以公开发行,也可以非公开发行。

公司债券的发行和交易应当符合《中华人民共和国证券法》等法律、行政法规的规定。

第一百九十五条 【公司债券募集办法的公告及记载事项】公开发行公司债券,应当经国务院证券监督管理机构注册,公告公司债券募集办法。

公司债券募集办法应当载明下列主要事项:

(一)公司名称;

(二)债券募集资金的用途;

(三)债券总额和债券的票面金额;

(四)债券利率的确定方式;

(五)还本付息的期限和方式;

(六)债券担保情况;

(七)债券的发行价格、发行的起止日期;

(八)公司净资产额;

(九)已发行的尚未到期的公司债券总额;

(十)公司债券的承销机构。

第一百九十六条 【以纸面形式发行的公司债券的记载事项】公司以纸面形式发行公司债券的,应当在债券上载明公司名称、债券票面金额、利率、偿还期限等事项,并由法定代表人签名,公司盖章。

第一百九十七条 【记名债券】公司债券应当为记名债券。

第一百九十八条 【债券持有人名册】公司发行公司债券应当置备公司债券持有人名册。

发行公司债券的,应当在公司债券持有人名册上载明下列事项:

(一)债券持有人的姓名或者名称及住所;

(二)债券持有人取得债券的日期及债券的编号;

（三）债券总额、债券的票面金额、利率、还本付息的期限和方式；

（四）债券的发行日期。

第一百九十九条 【公司债券的登记结算】公司债券的登记结算机构应当建立债券登记、存管、付息、兑付等相关制度。

第二百条 【公司债券转让自由及其合法性】公司债券可以转让，转让价格由转让人与受让人约定。

公司债券的转让应当符合法律、行政法规的规定。

第二百零一条 【公司债券转让的方式】公司债券由债券持有人以背书方式或者法律、行政法规规定的其他方式转让；转让后由公司将受让人的姓名或者名称及住所记载于公司债券持有人名册。

第二百零二条 【可转换为股票的公司债券的发行】股份有限公司经股东会决议，或者经公司章程、股东会授权由董事会决议，可以发行可转换为股票的公司债券，并规定具体的转换办法。上市公司发行可转换为股票的公司债券，应当经国务院证券监督管理机构注册。

发行可转换为股票的公司债券，应当在债券上标明可转换公司债券字样，并在公司债券持有人名册上载明可转换公司债券的数额。

第二百零三条 【可转换为股票的公司债券的转换】发行可转换为股票的公司债券的，公司应当按照其转换办法向债券持有人换发股票，但债券持有人对转换股票或者不转换股票有选择权。法律、行政法规另有规定的除外。

第二百零四条 【债券持有人会议及其决议】公开发行公司债券的，应当为同期债券持有人设立债券持有人会议，并在债券募集办法中对债券持有人会议的召集程序、会议规则和其他重要事项作出规定。债券持有人

会议可以对与债券持有人有利害关系的事项作出决议。

除公司债券募集办法另有约定外，债券持有人会议决议对同期全体债券持有人发生效力。

第二百零五条 【债券受托管理人的聘请及其负责事项】公开发行公司债券的，发行人应当为债券持有人聘请债券受托管理人，由其为债券持有人办理受领清偿、债权保全、与债券相关的诉讼以及参与债务人破产程序等事项。

第二百零六条 【债券受托管理人的职责及责任承担】债券受托管理人应当勤勉尽责，公正履行受托管理职责，不得损害债券持有人利益。

受托管理人与债券持有人存在利益冲突可能损害债券持有人利益的，债券持有人会议可以决议变更债券受托管理人。

债券受托管理人违反法律、行政法规或者债券持有人会议决议，损害债券持有人利益的，应当承担赔偿责任。

第十章 公司财务、会计

第二百零七条 【依法建立财务、会计制度】公司应当依照法律、行政法规和国务院财政部门的规定建立本公司的财务、会计制度。

第二百零八条 【财务会计报告的编制】公司应当在每一会计年度终了时编制财务会计报告，并依法经会计师事务所审计。

财务会计报告应当依照法律、行政法规和国务院财政部门的规定制作。

第二百零九条 【财务会计报告的公布】有限责任公司应当按照公司章程规定的期限将财务会计报告送交各股东。

股份有限公司的财务会计报告应当在召开股东会年会的二十日前置备于本公司，供股东查阅；公开发行股份的股份有限公司应

当公告其财务会计报告。

第二百一十条 【公司利润分配】公司分配当年税后利润时,应当提取利润的百分之十列入公司法定公积金。公司法定公积金累计额为公司注册资本的百分之五十以上的,可以不再提取。

公司的法定公积金不足以弥补以前年度亏损的,在依照前款规定提取法定公积金之前,应当先用当年利润弥补亏损。

公司从税后利润中提取法定公积金后,经股东会决议,还可以从税后利润中提取任意公积金。

公司弥补亏损和提取公积金后所余税后利润,有限责任公司按照股东实缴的出资比例分配利润,全体股东约定不按照出资比例分配利润的除外;股份有限公司按照股东所持有的股份比例分配利润,公司章程另有规定的除外。

公司持有的本公司股份不得分配利润。

第二百一十一条 【违法分配利润的后果及责任】公司违反本法规定向股东分配利润的,股东应当将违反规定分配的利润退还公司;给公司造成损失的,股东及负有责任的董事、监事、高级管理人员应当承担赔偿责任。

第二百一十二条 【利润分配的完成期限】股东会作出分配利润的决议的,董事会应当在股东会决议作出之日起六个月内进行分配。

第二百一十三条 【资本公积金的来源】公司以超过股票票面金额的发行价格发行股份所得的溢价款、发行无面额股所得股款未计入注册资本的金额以及国务院财政部门规定列入资本公积金的其他项目,应当列为公司资本公积金。

第二百一十四条 【公积金的用途】公司的公积金用于弥补公司的亏损、扩大公司生产经营或者转为增加公司注册资本。

公积金弥补公司亏损,应当先使用任意公积金和法定公积金;仍不能弥补的,可以按照规定使用资本公积金。

法定公积金转为增加注册资本时,所留存的该项公积金不得少于转增前公司注册资本的百分之二十五。

第二百一十五条 【会计师事务所的聘用及解聘】公司聘用、解聘承办公司审计业务的会计师事务所,按照公司章程的规定,由股东会、董事会或者监事会决定。

公司股东会、董事会或者监事会就解聘会计师事务所进行表决时,应当允许会计师事务所陈述意见。

第二百一十六条 【会计资料的提供】公司应当向聘用的会计师事务所提供真实、完整的会计凭证、会计账簿、财务会计报告及其他会计资料,不得拒绝、隐匿、谎报。

第二百一十七条 【禁止另立账簿或账户】公司除法定的会计账簿外,不得另立会计账簿。

对公司资金,不得以任何个人名义开立账户存储。

第十一章 公司合并、分立、增资、减资

第二百一十八条 【公司合并方式】公司合并可以采取吸收合并或者新设合并。

一个公司吸收其他公司为吸收合并,被吸收的公司解散。两个以上公司合并设立一个新的公司为新设合并,合并各方解散。

第二百一十九条 【简易合并】公司与其持股百分之九十以上的公司合并,被合并的公司不需经股东会决议,但应当通知其他股东,其他股东有权请求公司按照合理的价格收购其股权或者股份。

公司合并支付的价款不超过本公司净资产百分之十的,可以不经股东会决议;但是,

公司章程另有规定的除外。

公司依照前两款规定合并不经股东会决议的，应当经董事会决议。

第二百二十条 【公司合并程序】公司合并，应当由合并各方签订合并协议，并编制资产负债表及财产清单。公司应当自作出合并决议之日起十日内通知债权人，并于三十日内在报纸上或者国家企业信用信息公示系统公告。债权人自接到通知之日起三十日内，未接到通知的自公告之日起四十五日内，可以要求公司清偿债务或者提供相应的担保。

第二百二十一条 【公司合并的债权债务承继】公司合并时，合并各方的债权、债务，应当由合并后存续的公司或者新设的公司承继。

第二百二十二条 【公司分立程序】公司分立，其财产作相应的分割。

公司分立，应当编制资产负债表及财产清单。公司应当自作出分立决议之日起十日内通知债权人，并于三十日内在报纸上或者国家企业信用信息公示系统公告。

第二百二十三条 【公司分立的债务承担】公司分立前的债务由分立后的公司承担连带责任。但是，公司在分立前与债权人就债务清偿达成的书面协议另有约定的除外。

第二百二十四条 【公司减资程序】公司减少注册资本，应当编制资产负债表及财产清单。

公司应当自股东会作出减少注册资本决议之日起十日内通知债权人，并于三十日内在报纸上或者国家企业信用信息公示系统公告。债权人自接到通知之日起三十日内，未接到通知的自公告之日起四十五日内，有权要求公司清偿债务或者提供相应的担保。

公司减少注册资本，应当按照股东出资或者持有股份的比例相应减少出资额或者股份，法律另有规定、有限责任公司全体股东另有约定或者股份有限公司章程另有规定

的除外。

第二百二十五条 【简易减资】公司依照本法第二百一十四条第二款的规定弥补亏损后，仍有亏损的，可以减少注册资本弥补亏损。减少注册资本弥补亏损的，公司不得向股东分配，也不得免除股东缴纳出资或者股款的义务。

依照前款规定减少注册资本的，不适用前条第二款的规定，但应当自股东会作出减少注册资本决议之日起三十日内在报纸上或者国家企业信用信息公示系统公告。

公司依照前两款的规定减少注册资本后，在法定公积金和任意公积金累计额达到公司注册资本百分之五十前，不得分配利润。

第二百二十六条 【违法减资的后果及责任】违反本法规定减少注册资本的，股东应当退还其收到的资金，减免股东出资的应当恢复原状；给公司造成损失的，股东及负有责任的董事、监事、高级管理人员应当承担赔偿责任。

第二百二十七条 【增资时股东的优先认缴(购)权】有限责任公司增加注册资本时，股东在同等条件下有权优先按照实缴的出资比例认缴出资。但是，全体股东约定不按照出资比例优先认缴出资的除外。

股份有限公司为增加注册资本发行新股时，股东不享有优先认购权，公司章程另有规定或者股东会决议决定股东享有优先认购权的除外。

第二百二十八条 【增资时缴资或购股适用设立时的相关规定】有限责任公司增加注册资本时，股东认缴新增资本的出资，依照本法设立有限责任公司缴纳出资的有关规定执行。

股份有限公司为增加注册资本发行新股时，股东认购新股，依照本法设立股份有限公司缴纳股款的有关规定执行。

第十二章 公司解散和清算

第二百二十九条 【公司解散事由及其公示】公司因下列原因解散:

(一)公司章程规定的营业期限届满或者公司章程规定的其他解散事由出现;

(二)股东会决议解散;

(三)因公司合并或者分立需要解散;

(四)依法被吊销营业执照、责令关闭或者被撤销;

(五)人民法院依照本法第二百三十一条的规定予以解散。

公司出现前款规定的解散事由,应当在十日内将解散事由通过国家企业信用信息公示系统予以公示。

第二百三十条 【公司出现特定解散事由的存续程序】公司有前条第一款第一项、第二项情形,且尚未向股东分配财产的,可以通过修改公司章程或者经股东会决议而存续。

依照前款规定修改公司章程或者经股东会决议,有限责任公司须经持有三分之二以上表决权的股东通过,股份有限公司须经出席股东会会议的股东所持表决权的三分之二以上通过。

第二百三十一条 【司法解散】公司经营管理发生严重困难,继续存续会使股东利益受到重大损失,通过其他途径不能解决的,持有公司百分之十以上表决权的股东,可以请求人民法院解散公司。

第二百三十二条 【公司自行清算】公司因本法第二百二十九条第一款第一项、第二项、第四项、第五项规定而解散的,应当清算。董事为公司清算义务人,应当在解散事由出现之日起十五日内组成清算组进行清算。

清算组由董事组成,但是公司章程另有规定或者股东会决议另选他人的除外。

清算义务人未及时履行清算义务,给公司或者债权人造成损失的,应当承担赔偿责任。

第二百三十三条 【法院指定清算】公司依照前条第一款的规定应当清算,逾期不成立清算组进行清算或者成立清算组后不清算的,利害关系人可以申请人民法院指定有关人员组成清算组进行清算。人民法院应当受理该申请,并及时组织清算组进行清算。

公司因本法第二百二十九条第一款第四项的规定而解散的,作出吊销营业执照、责令关闭或者撤销决定的部门或者公司登记机关,可以申请人民法院指定有关人员组成清算组进行清算。

第二百三十四条 【清算组的职权】清算组在清算期间行使下列职权:

(一)清理公司财产,分别编制资产负债表和财产清单;

(二)通知、公告债权人;

(三)处理与清算有关的公司未了结的业务;

(四)清缴所欠税款以及清算过程中产生的税款;

(五)清理债权、债务;

(六)分配公司清偿债务后的剩余财产;

(七)代表公司参与民事诉讼活动。

第二百三十五条 【债权申报】清算组应当自成立之日起十日内通知债权人,并于六十日内在报纸上或者国家企业信用信息公示系统公告。债权人应当自接到通知之日起三十日内,未接到通知的自公告之日起四十五日内,向清算组申报其债权。

债权人申报债权,应当说明债权的有关事项,并提供证明材料。清算组应当对债权进行登记。

在申报债权期间,清算组不得对债权人进行清偿。

第二百三十六条 【制订清算方案和处分公司财产】清算组在清理公司财产、编制资产负债表和财产清单后，应当制订清算方案，并报股东会或者人民法院确认。

公司财产在分别支付清算费用、职工的工资、社会保险费用和法定补偿金，缴纳所欠税款，清偿公司债务后的剩余财产，有限责任公司按照股东的出资比例分配，股份有限公司按照股东持有的股份比例分配。

清算期间，公司存续，但不得开展与清算无关的经营活动。公司财产在未依照前款规定清偿前，不得分配给股东。

第二百三十七条 【破产清算的申请】清算组在清理公司财产、编制资产负债表和财产清单后，发现公司财产不足清偿债务的，应当依法向人民法院申请破产清算。

人民法院受理破产申请后，清算组应当将清算事务移交给人民法院指定的破产管理人。

第二百三十八条 【清算组成员的忠实义务和勤勉义务】清算组成员履行清算职责，负有忠实义务和勤勉义务。

清算组成员怠于履行清算职责，给公司造成损失的，应当承担赔偿责任；因故意或者重大过失给债权人造成损失的，应当承担赔偿责任。

第二百三十九条 【制作清算报告和申请注销登记】公司清算结束后，清算组应当制作清算报告，报股东会或者人民法院确认，并报送公司登记机关，申请注销公司登记。

第二百四十条 【简易注销】公司在存续期间未产生债务，或者已清偿全部债务的，经全体股东承诺，可以按照规定通过简易程序注销公司登记。

通过简易程序注销公司登记，应当通过国家企业信用信息公示系统予以公告，公告期限不少于二十日。公告期限届满后，未有异议的，公司可以在二十日内向公司登记机关申请注销公司登记。

公司通过简易程序注销公司登记，股东对本条第一款规定的内容承诺不实的，应当对注销登记前的债务承担连带责任。

第二百四十一条 【强制注销】公司被吊销营业执照、责令关闭或者被撤销，满三年未向公司登记机关申请注销公司登记的，公司登记机关可以通过国家企业信用信息公示系统予以公告，公告期限不少于六十日。公告期限届满后，未有异议的，公司登记机关可以注销公司登记。

依照前款规定注销公司登记的，原公司股东、清算义务人的责任不受影响。

第二百四十二条 【破产清算的法律适用】公司被依法宣告破产的，依照有关企业破产的法律实施破产清算。

第十三章 外国公司的分支机构

第二百四十三条 【外国公司的定义】本法所称外国公司，是指依照外国法律在中华人民共和国境外设立的公司。

第二百四十四条 【外国公司设立分支机构的程序】外国公司在中华人民共和国境内设立分支机构，应当向中国主管机关提出申请，并提交其公司章程、所属国的公司登记证书等有关文件，经批准后，向公司登记机关依法办理登记，领取营业执照。

外国公司分支机构的审批办法由国务院另行规定。

第二百四十五条 【外国公司设立分支机构的条件】外国公司在中华人民共和国境内设立分支机构，应当在中华人民共和国境内指定负责该分支机构的代表人或者代理人，并向该分支机构拨付与其所从事的经营活动相适应的资金。

对外国公司分支机构的经营资金需要规定最低限额的，由国务院另行规定。

第二百四十六条 【名称及公司章程置备】外国公司的分支机构应当在其名称中标

明该外国公司的国籍及责任形式。

外国公司的分支机构应当在本机构中置备该外国公司章程。

第二百四十七条 【法律地位】外国公司在中华人民共和国境内设立的分支机构不具有中国法人资格。

外国公司对其分支机构在中华人民共和国境内进行经营活动承担民事责任。

第二百四十八条 【从事业务活动的原则】经批准设立的外国公司分支机构,在中华人民共和国境内从事业务活动,应当遵守中国的法律,不得损害中国的社会公共利益,其合法权益受中国法律保护。

第二百四十九条 【外国公司撤销分支机构的债务清偿】外国公司撤销其在中华人民共和国境内的分支机构时,应当依法清偿债务,依照本法有关公司清算程序的规定进行清算。未清偿债务之前,不得将其分支机构的财产转移至中华人民共和国境外。

第十四章 法律责任

第二百五十条 【欺诈取得公司登记的法律责任】违反本法规定,虚报注册资本、提交虚假材料或者采取其他欺诈手段隐瞒重要事实取得公司登记的,由公司登记机关责令改正,对虚报注册资本的公司,处以虚报注册资本金额百分之五以上百分之十五以下的罚款;对提交虚假材料或者采取其他欺诈手段隐瞒重要事实的公司,处以五万元以上二百万元以下的罚款;情节严重的,吊销营业执照;对直接负责的主管人员和其他直接责任人员处以三万元以上三十万元以下的罚款。

第二百五十一条 【违反信息公示规定的法律责任】公司未依照本法第四十条规定公示有关信息或者不如实公示有关信息的,由公司登记机关责令改正,可以处以一万元以上五万元以下的罚款。情节严重的,处以

五万元以上二十万元以下的罚款;对直接负责的主管人员和其他直接责任人员处以一万元以上十万元以下的罚款。

第二百五十二条 【虚假出资或未出资的法律责任】公司的发起人、股东虚假出资,未交付或者未按期交付作为出资的货币或者非货币财产的,由公司登记机关责令改正,可以处以五万元以上二十万元以下的罚款;情节严重的,处以虚假出资或者未出资金额百分之五以上百分之十五以下的罚款;对直接负责的主管人员和其他直接责任人员处以一万元以上十万元以下的罚款。

第二百五十三条 【抽逃出资的法律责任】公司的发起人、股东在公司成立后,抽逃其出资的,由公司登记机关责令改正,处以所抽逃出资金额百分之五以上百分之十五以下的罚款;对直接负责的主管人员和其他直接责任人员处以三万元以上三十万元以下的罚款。

第二百五十四条 【违反财务会计制度的法律责任】有下列行为之一的,由县级以上人民政府财政部门依照《中华人民共和国会计法》等法律、行政法规的规定处罚:

(一)在法定的会计账簿以外另立会计账簿;

(二)提供存在虚假记载或者隐瞒重要事实的财务会计报告。

第二百五十五条 【不依法通知或公告债权人的法律责任】公司在合并、分立、减少注册资本或者进行清算时,不依照本法规定通知或者公告债权人的,由公司登记机关责令改正,对公司处以一万元以上十万元以下的罚款。

第二百五十六条 【妨害清算的法律责任】公司在进行清算时,隐匿财产,对资产负债表或者财产清单作虚假记载,或者在未清偿债务前分配公司财产的,由公司登记机关责令改正,对公司处以隐匿财产或者未清偿

债务前分配公司财产金额百分之五以上百分之十以下的罚款；对直接负责的主管人员和其他直接责任人员处以一万元以上十万元以下的罚款。

第二百五十七条　【中介机构违法的法律责任】承担资产评估、验资或者验证的机构提供虚假材料或者提供有重大遗漏的报告的，由有关部门依照《中华人民共和国资产评估法》、《中华人民共和国注册会计师法》等法律、行政法规的规定处罚。

承担资产评估、验资或者验证的机构因其出具的评估结果、验资或者验证证明不实，给公司债权人造成损失的，除能够证明自己没有过错的外，在其评估或者证明不实的金额范围内承担赔偿责任。

第二百五十八条　【公司登记机关违法的法律责任】公司登记机关违反法律、行政法规规定未履行职责或者履行职责不当的，对负有责任的领导人员和直接责任人员依法给予政务处分。

第二百五十九条　【冒用公司或分公司名义的法律责任】未依法登记为有限责任公司或者股份有限公司，而冒用有限责任公司或者股份有限公司名义的，或者未依法登记为有限责任公司或者股份有限公司的分公司，而冒用有限责任公司或者股份有限公司的分公司名义的，由公司登记机关责令改正或者予以取缔，可以并处十万元以下的罚款。

第二百六十条　【未依法开业或停业、办理变更登记的法律责任】公司成立后无正当理由超过六个月未开业的，或者开业后自行停业连续六个月以上的，公司登记机关可以吊销营业执照，但公司依法办理歇业的除外。

公司登记事项发生变更时，未依照本法规定办理有关变更登记的，由公司登记机关责令限期登记；逾期不登记的，处以一万元以上十万元以下的罚款。

第二百六十一条　【外国公司违法设立分支机构的法律责任】外国公司违反本法规定，擅自在中华人民共和国境内设立分支机构的，由公司登记机关责令改正或者关闭，可以并处五万元以上二十万元以下的罚款。

第二百六十二条　【利用公司名义从事严重违法行为的法律责任】利用公司名义从事危害国家安全、社会公共利益的严重违法行为的，吊销营业执照。

第二百六十三条　【民事赔偿优先】公司违反本法规定，应当承担民事赔偿责任和缴纳罚款、罚金的，其财产不足以支付时，先承担民事赔偿责任。

第二百六十四条　【刑事责任】违反本法规定，构成犯罪的，依法追究刑事责任。

第十五章　附　　则

第二百六十五条　【本法相关用语的含义】本法下列用语的含义：

（一）高级管理人员，是指公司的经理、副经理、财务负责人，上市公司董事会秘书和公司章程规定的其他人员。

（二）控股股东，是指其出资额占有限责任公司资本总额超过百分之五十或者其持有的股份占股份有限公司股本总额超过百分之五十的股东；出资额或者持有股份的比例虽然低于百分之五十，但依其出资额或者持有的股份所享有的表决权已足以对股东会的决议产生重大影响的股东。

（三）实际控制人，是指通过投资关系、协议或者其他安排，能够实际支配公司行为的人。

（四）关联关系，是指公司控股股东、实际控制人、董事、监事、高级管理人员与其直接或者间接控制的企业之间的关系，以及可能导致公司利益转移的其他关系。但是，国家控股的企业之间不仅因为同受国家控股而具有关联关系。

第二百六十六条 【施行日期和过渡调整】本法自 2024 年 7 月 1 日起施行。

本法施行前已登记设立的公司，出资期限超过本法规定的期限的，除法律、行政法规或者国务院另有规定外，应当逐步调整至本法规定的期限以内；对于出资期限、出资额明显异常的，公司登记机关可以依法要求其及时调整。具体实施办法由国务院规定。

全国法院民商事审判工作会议纪要（节录）

（2019 年 11 月 8 日 法〔2019〕254 号）

目 录

......

二、关于公司纠纷案件的审理

会议认为，审理好公司纠纷案件，对于保护交易安全和投资安全，激发经济活力，增强投资创业信心，具有重要意义。要依法协调好公司债权人、股东、公司等各种利益主体之间的关系，处理好公司外部与内部的关系，解决好公司自治与司法介入的关系。

（一）关于"对赌协议"的效力及履行

实践中俗称的"对赌协议"，又称估值调整协议，是指投资方与融资方在达成股权性融资协议时，为解决交易双方对目标公司未来发展的不确定性、信息不对称以及代理成本而设计的包含了股权回购、金钱补偿等对未来目标公司的估值进行调整的协议。从订立"对赌协议"的主体来看，有投资方与目标公司的股东或者实际控制人"对赌"、投资方与目标公司"对赌"、投资方与目标公司的股东、目标公司"对赌"等形式。人民法院在审理"对赌协议"纠纷案件时，不仅应当适用合同法的相关规定，还应当适用公司法的相关规定；既要坚持鼓励投资方对实体企业特别是科技创新企业投资原则，从而在一定程度上缓解企业融资难问题，又要贯彻资本维持原则和保护债权人合法权益原则，依法平衡投资方、公司债权人、公司之间的利益。对于投资方与目标公司的股东或者实际控制人订立的"对赌协议"，如无其他无效事由，认定有效并支持实际履行，实践中并无争议。但投资方与目标公司订立的"对赌协议"是否有效以及能否实际履行，存在争议。对此，应当把握如下处理规则：

5.【与目标公司"对赌"】投资方与目标公司订立的"对赌协议"在不存在法定无效事由的情况下，目标公司仅以存在股权回购或者金钱补偿约定为由，主张"对赌协议"无效的，人民法院不予支持，但投资方主张实际履行的，人民法院应当审查是否符合公司法关于"股东不得抽逃出资"及股份回购的强制性规定，判决是否支持其诉讼请求。

投资方请求目标公司回购股权的，人民法院应当依据《公司法》第 35 条关于"股东不得抽逃出资"或者第 142 条关于股份回购的强制性规定进行审查。经审查，目标公司未完成减资程序的,人民法院应当驳回其诉讼请求。

投资方请求目标公司承担金钱补偿义务的,人民法院应当依据《公司法》第35条关于"股东不得抽逃出资"和第166条关于利润分配的强制性规定进行审查。经审查,目标公司没有利润或者虽有利润但不足以补偿投资方的,人民法院应当驳回或者部分支持其诉讼请求。今后目标公司有利润时,投资方还可以依据该事实另行提起诉讼。

(二)关于股东出资加速到期及表决权

6.【股东出资应否加速到期】在注册资本认缴制下,股东依法享有期限利益。债权人以公司不能清偿到期债务为由,请求未届出资期限的股东在未出资范围内对公司不能清偿的债务承担补充赔偿责任的,人民法院不予支持。但是,下列情形除外:

(1)公司作为被执行人的案件,人民法院穷尽执行措施无财产可供执行,已具备破产原因,但不申请破产的;

(2)在公司债务产生后,公司股东(大)会决议或以其他方式延长股东出资期限的。

7.【表决权能否受限】股东认缴的出资未届履行期限,对未缴纳部分的出资是否享有以及如何行使表决权等问题,应当根据公司章程来确定。公司章程没有规定的,应当按照认缴出资的比例确定。如果股东(大)会作出不按认缴出资比例而按实际出资比例或者其他标准确定表决权的决议,股东请求确认决议无效的,人民法院应当审查该决议是否符合修改公司章程所要求的表决程序,即必须经代表三分之二以上表决权的股东通过。符合的,人民法院不予支持;反之,则依法予以支持。

(三)关于股权转让

8.【有限责任公司的股权变动】当事人之间转让有限责任公司股权,受让人以其姓名或者名称已记载于股东名册为由主张其已经

取得股权的,人民法院依法予以支持,但法律、行政法规规定应当办理批准手续生效的股权转让除外。未向公司登记机关办理股权变更登记的,不得对抗善意相对人。

9.【侵犯优先购买权的股权转让合同的效力】审判实践中,部分人民法院对公司法司法解释(四)第21条规定的理解存在偏差,往往以保护其他股东的优先购买权为由认定股权转让合同无效。准确理解该条规定,既要注意保护其他股东的优先购买权,也要注意保护股东以外的股权受让人的合法权益,正确认定有限责任公司的股东与股东以外的股权受让人订立的股权转让合同的效力。一方面,其他股东依法享有优先购买权,在其主张按照股权转让合同约定的同等条件购买股权的情况下,应当支持其诉讼请求,除非出现该条第1款规定的情形。另一方面,为保护股东以外的股权受让人的合法权益,股权转让合同如无其他影响合同效力的事由,应当认定有效。其他股东行使优先购买权的,虽然股东以外的股权受让人关于继续履行股权转让合同的请求不能得到支持,但不影响其依约请求转让股东承担相应的违约责任。

(四)关于公司人格否认

公司人格独立和股东有限责任是公司法的基本原则。否认公司独立人格,由滥用公司法人独立地位和股东有限责任的股东对公司债务承担连带责任,是股东有限责任的例外情形,旨在矫正有限责任制度在特定法律事实发生时对债权人保护的失衡现象。在审判实践中,要准确把握《公司法》第20条第3款规定的精神。一是只有在股东实施了滥用公司法人独立地位及股东有限责任的行为,且该行为严重损害了公司债权人利益的情况下,才能适用。损害债权人利益,主要是指股东滥用权利使公司财产不足以清偿公司债权人的债权。二是只有实施了滥用法人独立地位和股东有限责任行为的股东才对公司债务

承担连带清偿责任,而其他股东不应承担此责任。三是公司人格否认不是全面、彻底、永久地否定公司的法人资格,而只是在具体案件中依据特定的法律事实、法律关系,突破股东对公司债务不承担责任的一般规则,例外地判令其承担连带责任。人民法院在个案中否认公司人格的判决的既判力仅仅约束该诉讼的各方当事人,不当然适用于涉及该公司的其他诉讼,不影响公司独立法人资格的存续。如果其他债权人提起公司人格否认诉讼,已生效判决认定的事实可以作为证据使用。四是《公司法》第20条第3款规定的滥用行为,实践中常见的情形有人格混同、过度支配与控制、资本显著不足等。在审理案件时,需要根据查明的案件事实进行综合判断,既审慎适用,又当用则用。实践中存在标准把握不严而滥用这一例外制度的现象,同时也存在因法律规定较为原则、抽象,适用难度大,而不善于适用、不敢于适用的现象,均应当引起高度重视。

10.【人格混同】认定公司人格与股东人格是否存在混同,最根本的判断标准是公司是否具有独立意思和独立财产,最主要的表现是公司的财产与股东的财产是否混同且无法区分。在认定是否构成人格混同时,应当综合考虑以下因素:

(1)股东无偿使用公司资金或者财产,不作财务记载的;

(2)股东用公司的资金偿还股东的债务,或者将公司的资金供关联公司无偿使用,不作财务记载的;

(3)公司账簿与股东账簿不分,致使公司财产与股东财产无法区分的;

(4)股东自身收益与公司盈利不加区分,致使双方利益不清的;

(5)公司的财产记载于股东名下,由股东占有、使用的;

(6)人格混同的其他情形。

在出现人格混同的情况下,往往同时出现以下混同:公司业务和股东业务混同;公司员工与股东员工混同,特别是财务人员混同;公司住所与股东住所混同。人民法院在审理案件时,关键要审查是否构成人格混同,而不要求同时具备其他方面的混同,其他方面的混同往往只是人格混同的补强。

11.【过度支配与控制】公司控制股东对公司过度支配与控制,操纵公司的决策过程,使公司完全丧失独立性,沦为控制股东的工具或躯壳,严重损害公司债权人利益,应当否认公司人格,由滥用控制权的股东对公司债务承担连带责任。实践中常见的情形包括:

(1)母子公司之间或者子公司之间进行利益输送的;

(2)母子公司或者子公司之间进行交易,收益归一方,损失却由另一方承担的;

(3)先从原公司抽走资金,然后再成立经营目的相同或者类似的公司,逃避原公司债务的;

(4)先解散公司,再以原公司场所、设备、人员及相同或者相似的经营目的另设公司,逃避原公司债务的;

(5)过度支配与控制的其他情形。

控制股东或实际控制人控制多个子公司或者关联公司,滥用控制权使多个子公司或者关联公司财产边界不清、财务混同,利益相互输送,丧失人格独立性,沦为控制股东逃避债务、非法经营,甚至违法犯罪工具的,可以综合案件事实,否认子公司或者关联公司法人人格,判令承担连带责任。

12.【资本显著不足】资本显著不足指的是,公司设立后在经营过程中,股东实际投入公司的资本数额与公司经营所隐含的风险相比明显不匹配。股东利用较少资本从事力所不及的经营,表明其没有从事公司经营的诚意,实质是恶意利用公司独立人格和股东有限责任把投资风险转嫁给债权人。由于资本显著不足的判断标准有很大的模糊性，特别是要与公司采取"以小博大"的正常经营方式相区分，因此在适用时要十分谨慎，应当与其他因素结合起来综合判断。

13.【诉讼地位】人民法院在审理公司人格否认纠纷案件时，应当根据不同情形确定当事人的诉讼地位：

（1）债权人对债务人公司享有的债权已经由生效裁判确认，其另行提起公司人格否认诉讼，请求股东对公司债务承担连带责任的，列股东为被告，公司为第三人；

（2）债权人对债务人公司享有的债权提起诉讼的同时，一并提起公司人格否认诉讼，请求股东对公司债务承担连带责任的，列公司和股东为共同被告；

（3）债权人对债务人公司享有的债权尚未经生效裁判确认，直接提起公司人格否认诉讼，请求公司股东对公司债务承担连带责任的，人民法院应当向债权人释明，告知其追加公司为共同被告。债权人拒绝追加的，人民法院应当裁定驳回起诉。

（五）关于有限责任公司清算义务人的责任

关于有限责任公司股东清算责任的认定，一些案件的处理结果不适当地扩大了股东的清算责任。特别是实践中出现了一些职业债权人，从其他债权人处大批量超低价收购僵尸企业的"陈年旧账"后，对批量僵尸企业提起强制清算之诉，在获得人民法院对公司主要财产、账册、重要文件等灭失的认定后，根据公司法司法解释（二）第18条第2款的规定，请求有限责任公司的股东对公司债务承担连带清偿责任。有的人民法院没有准确把握上述规定的适用条件，判决没有"怠于履行义务"的小股东或者虽"怠于履行义务"但与公司主要财产、账册、重要文件等灭失没有因果关系的小股东对公司债务承担远远超过其出资数额的责任，导致出现利益明显失

衡的现象。需要明确的是，上述司法解释关于有限责任公司股东清算责任的规定，其性质是因股东怠于履行清算义务致使公司无法清算所应当承担的侵权责任。在认定有限责任公司股东是否应当对债权人承担侵权赔偿责任时，应当注意以下问题：

14.【怠于履行清算义务的认定】公司法司法解释（二）第18条第2款规定的"怠于履行义务"，是指有限责任公司的股东在法定清算事由出现后，在能够履行清算义务的情况下，故意拖延、拒绝履行清算义务，或者因过失导致无法进行清算的消极行为。股东举证证明其已经为履行清算义务采取了积极措施，或者小股东举证证明其既不是公司董事会或者监事会成员，也没有选派人员担任该机关成员，且从未参与公司经营管理，以不构成"怠于履行义务"为由，主张其不应当对公司债务承担连带清偿责任的，人民法院依法予以支持。

15.【因果关系抗辩】有限责任公司的股东举证证明其"怠于履行义务"的消极不作为与"公司主要财产、账册、重要文件等灭失，无法进行清算"的结果之间没有因果关系，主张其不应对公司债务承担连带清偿责任的，人民法院依法予以支持。

16.【诉讼时效期间】公司债权人请求股东对公司债务承担连带清偿责任，股东以公司债权人对公司的债权已经超过诉讼时效期间为由抗辩，经查证属实的，人民法院依法予以支持。

公司债权人以公司法司法解释（二）第18条第2款为依据，请求有限责任公司的股东对公司债务承担连带清偿责任的，诉讼时效期间自公司债权人知道或者应当知道公司无法进行清算之日起计算。

（六）关于公司为他人提供担保

关于公司为他人提供担保的合同效力问题，审判实践中裁判尺度不统一，严重影响了司法公信力，有必要予以规范。对此，应当把

据以下几点:

17.【违反《公司法》第16条构成越权代表】为防止法定代表人随意代表公司为他人提供担保给公司造成损失,损害中小股东利益,《公司法》第16条对法定代表人的代表权进行了限制。根据该条规定,担保行为不是法定代表人所能单独决定的事项,而必须以公司股东(大)会、董事会等公司机关的决议作为授权的基础和来源。法定代表人未经授权擅自为他人提供担保的,构成越权代表,人民法院应当根据《合同法》第50条关于法定代表人越权代表的规定,区分订立合同时债权人是否善意分别认定合同效力:债权人善意的,合同有效;反之,合同无效。

18.【善意的认定】前条所称的善意,是指债权人不知道或者不应当知道法定代表人超越权限订立担保合同。《公司法》第16条对关联担保和非关联担保的决议机关作出了区别规定,相应地,在善意的判断标准上也应当有所区别。一种情形是,为公司股东或者实际控制人提供关联担保,《公司法》第16条明确规定必须由股东(大)会决议,未经股东(大)会决议,构成越权代表。在此情况下,债权人主张担保合同有效,应当提供证据证明其在订立合同时对股东(大)会决议进行了审查,决议的表决程序符合《公司法》第16条的规定,即在排除被担保股东表决权的情况下,该项表决由出席会议的其他股东所持表决权的过半数通过,签字人员也符合公司章程的规定。另一种情形是,公司为公司股东或者实际控制人以外的人提供非关联担保,根据《公司法》第16条的规定,此时由公司章程规定是由董事会决议还是股东(大)会决议。无论章程是否对决议机关作出规定,也无论章程规定决议机关为董事会还是股东(大)会,根据《民法总则》第61条第3款关于"法人章程或者法人权力机构对法定代表人代表权的限制,不得对抗善意相对人"的规定,只要债

权人能够证明其在订立担保合同时对董事会决议或者股东(大)会决议进行了审查,同意决议的人数及签字人员符合公司章程的规定,就应当认定其构成善意,但公司能够证明债权人明知公司章程对决议机关有明确规定的除外。

债权人对公司机关决议内容的审查一般限于形式审查,只要求尽到必要的注意义务即可,标准不宜太过严苛。公司以机关决议系法定代表人伪造或者变造、决议程序违法、签章(名)不实、担保金额超过法定限额等事由抗辩债权人非善意的,人民法院一般不予支持。但是,公司有证据证明债权人明知决议系伪造或者变造的除外。

19.【无须机关决议的例外情况】存在下列情形的,即便债权人知道或者应当知道没有公司机关决议,也应当认定担保合同符合公司的真实意思表示,合同有效:

(1)公司是以为他人提供担保为主营业务的担保公司,或者是开展保函业务的银行或者非银行金融机构;

(2)公司为其直接或者间接控制的公司开展经营活动向债权人提供担保;

(3)公司与主债务人之间存在相互担保等商业合作关系;

(4)担保合同系由单独或者共同持有公司三分之二以上有表决权的股东签字同意。

20.【越权担保的民事责任】依据前述3条规定,担保合同有效,债权人请求公司承担担保责任的,人民法院依法予以支持;担保合同无效,债权人请求公司承担担保责任的,人民法院不予支持,但可以按照担保法及有关司法解释关于担保无效的规定处理。公司举证证明债权人明知法定代表人超越权限或者机关决议系伪造或者变造,债权人请求公司承担合同无效后的民事责任的,人民法院不予支持。

21.【权利救济】法定代表人的越权担保

行为给公司造成损失,公司请求法定代表人承担赔偿责任的,人民法院依法予以支持。公司没有提起诉讼,股东依据《公司法》第151条的规定请求法定代表人承担赔偿责任的,人民法院依法予以支持。

22.【上市公司为他人提供担保】债权人根据上市公司公开披露的关于担保事项已经董事会或者股东大会决议通过的信息订立的担保合同,人民法院应当认定有效。

23.【债务加入准用担保规则】法定代表人以公司名义与债务人约定加入债务并通知债权人或者向债权人表示愿意加入债务,该约定的效力问题,参照本纪要关于公司为他人提供担保的有关规则处理。

(七)关于股东代表诉讼

24.【何时成为股东不影响起诉】股东提起股东代表诉讼,被告以行为发生时原告尚未成为公司股东为由抗辩该股东不是适格原告的,人民法院不予支持。

25.【正确适用前置程序】根据《公司法》第151条的规定,股东提起代表诉讼的前置程序之一是,股东必须先书面请求公司有关机关向人民法院提起诉讼。一般情况下,股东没有履行该前置程序的,应当驳回起诉。但是,该项前置程序针对的是公司治理的一般情况,即在股东向公司有关机关提出书面申请之时,存在公司有关机关提起诉讼的可能性。如果查明的相关事实表明,根本不存在该种可能性的,人民法院不应当以原告未履行前置程序为由驳回起诉。

26.【股东代表诉讼的反诉】股东依据《公司法》第151条第3款的规定提起股东代表诉讼后,被告以原告股东恶意起诉侵犯其合法权益为由提起反诉的,人民法院应予受理。被告以公司在案涉纠纷中应当承担侵权或者违约等责任为由对公司提出的反诉,因不符合反诉的要件,人民法院应当裁定不予受理;已经受理的,裁定驳回起诉。

27.【股东代表诉讼的调解】公司是股东代表诉讼的最终受益人,为避免因原告股东与被告通过调解损害公司利益,人民法院应当审查调解协议是否为公司的意思。只有在调解协议经公司股东(大)会、董事会决议通过后,人民法院才能出具调解书予以确认。至于具体决议机关,取决于公司章程的规定。公司章程没有规定的,人民法院应当认定公司股东(大)会为决议机关。

(八)其他问题

28.【实际出资人显名的条件】实际出资人能够提供证据证明有限责任公司过半数的其他股东知道其实际出资的事实,且对其实际行使股东权利未曾提出异议的,对实际出资人提出的登记为公司股东的请求,人民法院依法予以支持。公司以实际出资人的请求不符合公司法司法解释(三)第24条的规定为由抗辩的,人民法院不予支持。

29.【请求召开股东(大)会不可诉】公司召开股东(大)会本质上属于公司内部治理范围。股东请求判令公司召开股东(大)会的,人民法院应当告知其按照《公司法》第40条或者第101条规定的程序自行召开。股东坚持起诉的,人民法院应当裁定不予受理;已经受理的,裁定驳回起诉。

三、关于合同纠纷案件的审理

会议认为,合同是市场化配置资源的主要方式,合同纠纷也是民商事纠纷的主要类型。人民法院在审理合同纠纷案件时,要坚持鼓励交易原则,充分尊重当事人的意思自治。要依法审慎认定合同效力。要根据诚实信用原则,合理解释合同条款、确定履行内容,合理确定当事人的权利义务关系,审慎适用合同解除制度,依法调整过高的违约金,强化对守约者诚信行为的保护力度,提高违法违约成本,促进诚信社会构建。

(一)关于合同效力

人民法院在审理合同纠纷案件过程中,

要依职权审查合同是否存在无效的情形,注意无效与可撤销、未生效、效力待定等合同效力形态之间的区别,准确认定合同效力,并根据效力的不同情形,结合当事人的诉讼请求,确定相应的民事责任。

30.【强制性规定的识别】合同法施行后,针对一些人民法院动辄以违反法律、行政法规的强制性规定为由认定合同无效,不当扩大无效合同范围的情形,合同法司法解释(二)第14条将《合同法》第52条第5项规定的"强制性规定"明确限于"效力性强制性规定"。此后,《最高人民法院关于当前形势下审理民商事合同纠纷案件若干问题的指导意见》进一步提出了"管理性强制性规定"的概念,指出违反管理性强制性规定的,人民法院应当根据具体情形认定合同效力。随着这一概念的提出,审判实践中又出现了另一种倾向,有的人民法院认为凡是行政管理性质的强制性规定都属于"管理性强制性规定",不影响合同效力。这种望文生义的认定方法,应予纠正。

人民法院在审理合同纠纷案件时,要依据《民法总则》第153条第1款和合同法司法解释(二)第14条的规定慎重判断"强制性规定"的性质,特别是要在考量强制性规定所保护的法益类型、违法行为的法律后果以及交易安全保护等因素的基础上认定其性质,并在裁判文书中充分说明理由。下列强制性规定,应当认定为"效力性强制性规定":强制性规定涉及金融安全、市场秩序、国家宏观政策等公序良俗的;交易标的禁止买卖的,如禁止人体器官、毒品、枪支等买卖;违反特许经营规定的,如场外配资合同;交易方式严重违法的,如违反招投标等竞争性缔约方式订立的合同;交易场所违法的,如在批准的交易场所之外进行期货交易。关于经营范围、交易时间、交易数量等行政管理性质的强制性规定,一般应当认定为"管理性强制性规定"。

31.【违反规章的合同效力】违反规章一般情况下不影响合同效力,但该规章的内容涉及金融安全、市场秩序、国家宏观政策等公序良俗的,应当认定合同无效。人民法院在认定规章是否涉及公序良俗时,要在考察规范对象基础上,兼顾监管强度、交易安全保护以及社会影响等方面进行慎重考量,并在裁判文书中进行充分说理。

32.【合同不成立、无效或者被撤销的法律后果】《合同法》第58条就合同无效或者被撤销时的财产返还责任和损害赔偿责任作了规定,但未规定合同不成立的法律后果。考虑到合同不成立时也可能发生财产返还和损害赔偿责任问题,故应当参照适用该条的规定。

在确定合同不成立、无效或者被撤销后财产返还或者折价补偿范围时,要根据诚实信用原则的要求,在当事人之间合理分配,不能使不诚信的当事人因合同不成立、无效或者被撤销而获益。合同不成立、无效或者被撤销情况下,当事人所承担的缔约过失责任不应超过合同履行利益。比如,依据《最高人民法院关于审理建设工程施工合同纠纷案件适用法律问题的解释》第2条规定,建设工程施工合同无效,在建设工程经竣工验收合格情况下,可以参照合同约定支付工程款,但除非增加了合同约定之外新的工程项目,一般不应超出合同约定支付工程款。

33.【财产返还与折价补偿】合同不成立、无效或者被撤销后,在确定财产返还时,要充分考虑财产增值或者贬值的因素。双务合同不成立、无效或者被撤销后,双方因该合同取得财产的,应当相互返还。应予返还的股权、房屋等财产相对于合同约定价款出现增值或者贬值的,人民法院要综合考虑市场因素、受让人的经营或者添附等行为与财产增值或者贬值之间的关联性,在当事人之间合理分配或者分担,避免一方因合同不成立、无效或者被撤销而获益。在标的物已经灭失、转售他人或者其他无法返还的情况下，当事人主张返还原物的，人民法院不予支持，但其主张折价补偿的，人民法院依法予以支持。折价时，应当以当事人交易时约定的价款为基础，同时考虑当事人在标的物灭失或者转售时的获益情况综合确定补偿标准。标的物灭失时当事人获得的保险金或者其他赔偿金，转售时取得的对价，均属于当事人因标的物而获得的利益。对获益高于或者低于价款的部分，也应当在当事人之间合理分配或者分担。

34.【价款返还】双务合同不成立、无效或者被撤销时，标的物返还与价款返还互为对待给付，双方应当同时返还。关于应否支付利息问题，只要一方对标的物有使用情形的，一般应当支付使用费，该费用可与占有价款一方应当支付的资金占用费相互抵销，故在一方返还原物前，另一方仅须支付本金，而无须支付利息。

35.【损害赔偿】合同不成立、无效或者被撤销时，仅返还财产或者折价补偿不足以弥补损失，一方还可以向有过错的另一方请求损害赔偿。在确定损害赔偿范围时，既要根据当事人的过错程度合理确定责任，又要考虑在确定财产返还范围时已经考虑过的财产增值或者贬值因素，避免双重获利或者双重受损的现象发生。

36.【合同无效时的释明问题】在双务合同中，原告起诉请求确认合同有效并请求继续履行合同，被告主张合同无效的，或者原告起诉请求确认合同无效并返还财产，而被告主张合同有效的，都要防止机械适用"不告不理"原则，仅就当事人的诉讼请求进行审理，而应向原告释明变更或者增加诉讼请求，或者向被告释明提出同时履行抗辩，尽可能一次性解决纠纷。例如，基于合同有给付行为的原告请求确认合同无效，但并未提出返还原物或者折价补偿、赔偿损失等请求的，人民

法院应当向其释明，告知其一并提出相应诉讼请求；原告请求确认合同无效并要求被告返还原物或者赔偿损失，被告基于合同也有给付行为的，人民法院同样应当向被告释明，告知其也可以提出返还请求；人民法院经审理认定合同无效的，除了要在判决书"本院认为"部分对同时返还作出认定外，还应当在判项中作出明确表述，避免因判令单方返还而出现不公平的结果。

第一审人民法院未予释明，第二审人民法院认为应当对合同不成立、无效或者被撤销的法律后果作出判决的，可以直接释明并改判。当然，如果返还财产或者赔偿损失的范围确实难以确定或者双方争议较大的，也可以告知当事人通过另行起诉等方式解决，并在裁判文书中予以明确。

当事人按照释明变更诉讼请求或者提出抗辩的，人民法院应当将其归纳为案件争议焦点，组织当事人充分举证、质证、辩论。

37.【未经批准合同的效力】法律、行政法规规定某类合同应当办理批准手续生效的，如商业银行法、证券法、保险法等法律规定购买商业银行、证券公司、保险公司5%以上股权须经相关主管部门批准，依据《合同法》第44条第2款的规定，批准是合同的法定生效条件，未经批准的合同因欠缺法律规定的特别生效条件而未生效。实践中的一个突出问题是，把未生效合同认定为无效合同，或者虽认定为未生效，却按无效合同处理。无效合同从本质上来说是欠缺合同的有效要件，或者具有合同无效的法定事由，自始不发生法律效力。而未生效合同已具备合同的有效要件，对双方具有一定的拘束力，任何一方不得擅自撤回、解除、变更，但因欠缺法律、行政法规规定或当事人约定的特别生效条件，在该生效条件成就前，不能产生请求对方履行合同主要权利义务的法律效力。

38.【报批义务及相关违约条款独立生

效】须经行政机关批准生效的合同,对报批义务及未履行报批义务的违约责任等相关内容作出专门约定的,该约定独立生效。一方因另一方不履行报批义务,请求解除合同并请求其承担合同约定的相应违约责任的,人民法院依法予以支持。

39.【报批义务的释明】须经行政机关批准生效的合同,一方请求另一方履行合同主要权利义务的,人民法院应当向其释明,将诉讼请求变更为请求履行报批义务。一方变更诉讼请求的,人民法院依法予以支持;经释明后当事人拒绝变更的,应当驳回其诉讼请求,但不影响其另行提起诉讼。

40.【判决履行报批义务后的处理】人民法院判决一方履行报批义务后,该当事人拒绝履行,经人民法院强制执行仍未履行,对方请求其承担合同违约责任的,人民法院依法予以支持。一方依据判决履行报批义务,行政机关予以批准,合同发生完全的法律效力,其请求对方履行合同的,人民法院依法予以支持;行政机关没有批准,合同不具有法律上的可履行性,一方请求解除合同的,人民法院依法予以支持。

41.【盖章行为的法律效力】司法实践中,有些公司有意刻制两套甚至多套公章,有的法定代表人或者代理人甚至私刻公章,订立合同时恶意加盖非备案的公章或者假公章,发生纠纷后法人以加盖的是假公章为由否定合同效力的情形并不鲜见。人民法院在审理案件时,应当主要审查签约人于盖章之时有无代表权或者代理权,从而根据代表或者代理的相关规则来确定合同的效力。

法定代表人或者其授权之人在合同上加盖法人公章的行为,表明其是以法人名义签订合同,除《公司法》第16条等法律对其职权有特别规定的情形外,应当由法人承担相应的法律后果。法人以法定代表人事后已无代表权、加盖的是假章、所盖之章与备案公章不

一致等为由否定合同效力的,人民法院不予支持。

代理人以被代理人名义签订合同,要取得合法授权。代理人取得合法授权后,以被代理人名义签订的合同,应当由被代理人承担责任。被代理人以代理人事后已无代理权、加盖的是假章、所盖之章与备案公章不一致等为由否定合同效力的,人民法院不予支持。

42.【撤销权的行使】撤销权应当由当事人行使。当事人未请求撤销的,人民法院不应当依职权撤销合同。一方请求另一方履行合同,另一方以合同具有可撤销事由提出抗辩的,人民法院应当在审查合同是否具有可撤销事由以及是否超过法定期间等事实的基础上,对合同是否可撤销作出判断,不能仅以当事人未提起诉讼或者反诉为由不予审查或者不予支持。一方主张合同无效,依据的却是可撤销事由,此时人民法院应当全面审查合同是否具有无效事由以及当事人主张的可撤销事由。当事人关于合同无效的事由成立的,人民法院应当认定合同无效。当事人主张合同无效的理由不成立,而可撤销的事由成立的,因合同无效和可撤销的后果相同,人民法院也可以结合当事人的诉讼请求,直接判决撤销合同。

(二)关于合同履行与救济

在认定以物抵债协议的性质和效力时,要根据订立协议时履行期限是否已经届满予以区别对待。合同解除、违约责任都是非违约方寻求救济的主要方式,人民法院在认定合同应否解除时,要根据当事人有无解除权、是约定解除还是法定解除等不同情形,分别予以处理。在确定违约责任时,尤其要注意依法适用违约金调整的相关规则,避免简单地以民间借贷利率的司法保护上限作为调整依据。

43.【抵销】抵销权既可以通知的方式行

使,也可以提出抗辩或者提起反诉的方式行使。抵销的意思表示自到达对方时生效,抵销一经生效,其效力溯及自抵销条件成就之时,双方互负的债务在同等数额内消灭。双方互负的债务数额,是截至抵销条件成就之时各自负有的包括主债务、利息、违约金、赔偿金等在内的全部债务数额。行使抵销权一方享有的债权不足以抵销全部债务数额,当事人对抵销顺序又没有特别约定的,应当根据实现债权的费用、利息、主债务的顺序进行抵销。

44.【履行期届满后达成的以物抵债协议】当事人在债务履行期限届满后达成以物抵债协议,抵债物尚未交付债权人,债权人请求债务人交付的,人民法院要着重审查以物抵债协议是否存在恶意损害第三人合法权益等情形,避免虚假诉讼的发生。经审查,不存在以上情况,且无其他无效事由的,人民法院依法予以支持。

当事人在一审程序中因达成以物抵债协议申请撤回起诉的,人民法院可予准许。当事人在二审程序中申请撤回上诉的,人民法院应当告知其申请撤回起诉。当事人申请撤回起诉,经审查不损害国家利益、社会公共利益、他人合法权益的,人民法院可予准许。当事人不申请撤回起诉,请求人民法院出具调解书对以物抵债协议予以确认的,因债务人完全可以立即履行该协议,没有必要由人民法院出具调解书,故人民法院不应准许,同时应当继续对原债权债务关系进行审理。

45.【履行期届满前达成的以物抵债协议】当事人在债务履行期届满前达成以物抵债协议,抵债物尚未交付债权人,债权人请求债务人交付的,因此种情况不同于本纪要第71条规定的让与担保,人民法院应当向其释明,其应当根据原债权债务关系提起诉讼。经释明后当事人仍拒绝变更诉讼请求的,应当驳回其诉讼请求,但不影响其根据原债权

债务关系另行提起诉讼。

46.【通知解除的条件】审判实践中,部分人民法院对合同法司法解释(二)第24条的理解存在偏差,认为不论发出解除通知的一方有无解除权,只要另一方未在异议期限内以起诉方式提出异议,就判令解除合同,这不符合合同法关于合同解除权行使的有关规定。对该条的准确理解是,只有享有法定或者约定解除权的当事人才能以通知方式解除合同。不享有解除权的一方向另一方发出解除通知,另一方即便未在异议期限内提起诉讼,也不发生合同解除的效果。人民法院在审理案件时,应当审查发出解除通知的一方是否享有约定或者法定的解除权来决定合同应否解除,不能仅以受通知一方在约定或者法定的异议期限届满内未起诉这一事实就认定合同已经解除。

47.【约定解除条件】合同约定的解除条件成就时,守约方以此为由请求解除合同的,人民法院应当审查违约方的违约程度是否显著轻微,是否影响守约方合同目的实现,根据诚实信用原则,确定合同应否解除。违约方的违约程度显著轻微,不影响守约方合同目的实现,守约方请求解除合同的,人民法院不予支持;反之,则依法予以支持。

48.【违约方起诉解除】违约方不享有单方解除合同的权利。但是,在一些长期性合同如房屋租赁合同履行过程中,双方形成合同僵局,一概不允许违约方通过起诉的方式解除合同,有时对双方都不利。在此前提下,符合下列条件,违约方起诉请求解除合同的,人民法院依法予以支持:

(1)违约方不存在恶意违约的情形;

(2)违约方继续履行合同,对其显失公平;

(3)守约方拒绝解除合同,违反诚实信用原则。

人民法院判决解除合同的,违约方本应

当承担的违约责任不能因解除合同而减少或者免除。

49.【合同解除的法律后果】合同解除时，一方依据合同中有关违约金、约定损害赔偿的计算方法、定金责任等违约责任条款的约定，请求另一方承担违约责任的，人民法院依法予以支持。

双务合同解除时人民法院的释明问题，参照本纪要第36条的相关规定处理。

50.【违约金过高标准及举证责任】认定约定违约金是否过高，一般应当以《合同法》第113条规定的损失为基础进行判断，这里的损失包括合同履行后可以获得的利益。除借款合同外的双务合同，作为对价的价款或者报酬给付之债，并非借款合同项下的还款义务，不能以受法律保护的民间借贷利率上限作为判断违约金是否过高的标准，而应当兼顾合同履行情况、当事人过错程度以及预期利益等因素综合确定。主张违约金过高的违约方应当对违约金是否过高承担举证责任。

（三）关于借款合同

人民法院在审理借款合同纠纷案件过程中，要根据防范化解重大金融风险、金融服务实体经济、降低融资成本的精神，区别对待金融借贷与民间借贷，并适用不同规则与利率标准。要依法否定高利转贷行为、职业放贷行为的效力，充分发挥司法的示范、引导作用，促进金融服务实体经济。要注意到，为深化利率市场化改革，推动降低实体利率水平，自2019年8月20日起，中国人民银行已经授权全国银行间同业拆借中心于每月20日（遇节假日顺延）9时30分公布贷款市场报价利率（LPR），中国人民银行贷款基准利率这一标准已经取消。因此，自此之后人民法院裁判贷款利息的基本标准应改为全国银行间同业拆借中心公布的贷款市场报价利率。应予注意的是，贷款利率标准尽管发生了变化，但存款基准利率并未发生相应变化，相关标准仍可适用。

51.【变相利息的认定】金融借款合同纠纷中，借款人认为金融机构以服务费、咨询费、顾问费、管理费等为名变相收取利息，金融机构或者由其指定的人收取的相关费用不合理的，人民法院可以根据提供服务的实际情况确定借款人应否支付或者酌减相关费用。

52.【高利转贷】民间借贷中，出借人的资金必须是自有资金。出借人套取金融机构信贷资金又高利转贷给借款人的民间借贷行为，既增加了融资成本，又扰乱了信贷秩序，根据民间借贷司法解释第14条第1项的规定，应当认定此类民间借贷行为无效。人民法院在适用该条规定时，应当注意把握以下几点：一是要审查出借人的资金来源。借款人能够举证证明在签订借款合同时出借人尚欠银行贷款未还的，一般可以推定为出借人套取信贷资金，但出借人能够举反证予以推翻的除外；二是从宽认定"高利"转贷行为的标准，只要出借人通过转贷行为牟利的，就可以认定为是"高利"转贷行为；三是对该条规定的"借款人事先知道或者应当知道的"要件，不宜把握过苛。实践中，只要出借人在签订借款合同时存在尚欠银行贷款未还事实的，一般可以认为满足了该条规定的"借款人事先知道或者应当知道"这一要件。

53.【职业放贷人】未依法取得放贷资格的以民间借贷为业的法人，以及以民间借贷为业的非法人组织或者自然人从事的民间借贷行为，应当依法认定无效。同一出借人在一定期间内多次反复从事有偿民间借贷行为的，一般可以认定为是职业放贷人。民间借贷比较活跃的地方的高级人民法院或者经其授权的中级人民法院，可以根据本地区的实际情况制定具体的认定标准。

四、关于担保纠纷案件的审理

会议认为，要注意担保法及其司法解释

与物权法对独立担保、混合担保、担保期间等有关制度的不同规定，根据新的规定优于旧的规定的法律适用规则，优先适用物权法的规定。从属性是担保的基本属性，要慎重认定独立担保行为的效力，将其严格限定在法律或者司法解释明确规定的情形。要根据区分原则，准确认定担保合同效力。要坚持物权法定、公示公信原则，区分不动产与动产担保物权在物权变动、效力规则等方面的异同，准确适用法律。要充分发挥担保对缓解融资难融资贵问题的积极作用，不轻易否定新类型担保、非典型担保的合同效力及担保功能。

（一）关于担保的一般规则

54.【独立担保】从属性是担保的基本属性，但由银行或者非银行金融机构开立的独立保函除外。独立保函纠纷案件依据《最高人民法院关于审理独立保函纠纷案件若干问题的规定》处理。需要进一步明确的是：凡是由银行或者非银行金融机构开立的符合该司法解释第 1 条、第 3 条规定情形的保函，无论是用于国际商事交易还是用于国内商事交易，均不影响保函的效力。银行或者非银行金融机构之外的当事人开立的独立保函，以及当事人有关排除担保从属性的约定，应当认定无效。但是，根据"无效法律行为的转换"原理，在否定其独立担保效力的同时，应当将其认定为从属性担保。此时，如果主合同有效，则担保合同有效，担保人与主债务人承担连带保证责任。主合同无效，则该所谓的独立担保也随之无效，担保人无过错的，不承担责任；担保人有过错的，其承担民事责任的部分，不应超过债务人不能清偿部分的三分之一。

55.【担保责任的范围】担保人承担的担保责任范围不应当大于主债务，是担保从属性的必然要求。当事人约定的担保责任的范围大于主债务的，如针对担保责任约定专门的违约责任、担保责任的数额高于主债务、担保责任约定的利息高于主债务利息、担保责任的履行期先于主债务履行期届满，等等，均应当认定大于主债务部分的约定无效，从而使担保责任缩减至主债务的范围。

56.【混合担保中担保人之间的追偿问题】被担保的债权既有保证又有第三人提供的物的担保的，担保法司法解释第 38 条明确规定，承担了担保责任的担保人可以要求其他担保人清偿其应当分担的份额。但《物权法》第 176 条并未作出类似规定，根据《物权法》第 178 条关于"担保法与本法的规定不一致的，适用本法"的规定，承担了担保责任的担保人向其他担保人追偿的，人民法院不予支持，但担保人在担保合同中约定可以相互追偿的除外。

57.【借新还旧的担保物权】贷款到期后，借款人与贷款人订立新的借款合同，将新贷用于归还旧贷，旧贷因清偿而消灭，为旧贷设立的担保物权也随之消灭。贷款人以旧贷上的担保物权尚未进行涂销登记为由，主张对新贷行使担保物权的，人民法院不予支持，但当事人约定继续为新贷提供担保的除外。

58.【担保债权的范围】以登记作为公示方式的不动产担保物权的担保范围，一般应当以登记的范围为准。但是，我国目前不动产担保物权登记，不同地区的系统设置及登记规则并不一致，人民法院在审理案件时应当充分注意制度设计上的差别，作出符合实际的判断：一是多数省区市的登记系统未设置"担保范围"栏目，仅有"被担保主债权数额（最高债权数额）"的表述，且只能填写固定数字。而当事人在合同中又往往约定担保物权的担保范围包括主债权及其利息、违约金等附属债权，致使合同约定的担保范围与登记不一致。显然，这种不一致是由于该地区登记系统设置及登记规则造成的该地区的普遍现象。人民法院以合同约定认定担保物权的担保范围，是符合实际的妥当选择。二是一些省区市不动产登记系统设置与登记规则比较规范，担保物权登记范围与合同约定一致在该地区是常态或者普遍现象，人民法院在审理案件时，应当以登记的担保范围为准。

59.【主债权诉讼时效届满的法律后果】抵押权人应当在主债权的诉讼时效期间内行使抵押权。抵押权人在主债权诉讼时效届满前未行使抵押权，抵押人在主债权诉讼时效届满后请求涂销抵押权登记的，人民法院依法予以支持。

以登记作为公示方法的权利质权，参照适用前款规定。

（二）关于不动产担保物权

60.【未办理登记的不动产抵押合同的效力】不动产抵押合同依法成立，但未办理抵押登记手续，债权人请求抵押人办理抵押登记手续的，人民法院依法予以支持。因抵押物灭失以及抵押物转让他人等原因不能办理抵押登记，债权人请求抵押人以抵押物的价值为限承担责任的，人民法院依法予以支持，但其范围不得超过抵押权有效设立时抵押人所应当承担的责任。

61.【房地分别抵押】根据《物权法》第182条之规定，仅以建筑物设定抵押的，抵押权的效力及于占用范围内的土地；仅以建设用地使用权抵押的，抵押权的效力亦及于其上的建筑物。在房地分别抵押，即建设用地使用权抵押给一个债权人，而其上的建筑物又抵押给另一个人的情况下，可能产生两个抵押权的冲突问题。基于"房地一体"规则，此时应当将建筑物和建设用地使用权视为同一财产，从而依照《物权法》第199条的规定确定清偿顺序：登记在先的先清偿；同时登记的，按照债权比例清偿。同一天登记的，视为同时登记。应予注意的是，根据《物权法》第200条的规定，建设用地使用权抵押后，该土地上新增的建筑物不属于抵押财产。

62.【抵押权随主债权转让】抵押权是从属于主合同的从权利，根据"从随主"规则，债权转让的，除法律另有规定或者当事人另有约定外，担保该债权的抵押权一并转让。受让人向抵押人主张行使抵押权，抵押人以受让人不是抵押合同的当事人、未办理变更登记等为由提出抗辩的，人民法院不予支持。

（三）关于动产担保物权

63.【流动质押的设立与监管人的责任】在流动质押中，经常由债权人、出质人与监管人订立三方监管协议，此时应当查明监管人究竟是受债权人的委托还是受出质人的委托监管质物，确定质物是否已经交付债权人，从而判断质权是否有效设立。如果监管人系受债权人的委托监管质物，则其是债权人的直接占有人，应当认定完成了质物交付，质权有效设立。监管人违反监管协议约定，违规向出质人放货、因保管不善导致质物毁损灭失，债权人请求监管人承担违约责任的，人民法院依法予以支持。

如果监管人系受出质人委托监管质物，表明质物并未交付债权人，应当认定质权未有效设立。尽管监管协议约定监管人系受债权人的委托监管质物，但有证据证明其并未履行监管职责，质物实际上仍由出质人管领控制的，也应当认定质物并未实际交付，质权未有效设立。此时，债权人可以基于质押合同的约定请求质押人承担违约责任，但其范围不得超过质权有效设立时质押人所应当承担的责任。监管人未履行监管职责的，债权人也可以请求监管人承担违约责任。

64.【浮动抵押的效力】企业将其现有的以及将有的生产设备、原材料、半成品及产品等财产设定浮动抵押后，又将其中的生产设备等部分财产设定了动产抵押，并都办理了抵押登记的，根据《物权法》第199条的规定，登记在先的浮动抵押优先于登记在后的动产抵押。

65.【动产抵押权与质权竞存】同一动产上同时设立质权和抵押权的,应当参照适用《物权法》第 199 条的规定,根据是否完成公示以及公示先后情况来确定清偿顺序:质权有效设立、抵押权办理了抵押登记的,按照公示先后确定清偿顺序;顺序相同的,按照债权比例清偿;质权有效设立、抵押权未办理抵押登记的,质权优先于抵押权;质权未有效设立、抵押权未办理抵押登记的,因此时抵押权已经有效设立,故抵押权优先受偿。

根据《物权法》第 178 条规定的精神,担保法司法解释第 79 条第 1 款不再适用。

(四)关于非典型担保

66.【担保关系的认定】当事人订立的具有担保功能的合同,不存在法定无效情形的,应当认定有效。虽然合同约定的权利义务关系不属于物权法规定的典型担保类型,但是其担保功能应予肯定。

67.【约定担保物权的效力】债权人与担保人订立担保合同,约定以法律、行政法规未禁止抵押或者质押的财产设定以登记作为公示方法的担保,因无法定的登记机构而未能进行登记的,不具有物权效力。当事人请求按照担保合同的约定就该财产折价、变卖或者拍卖所得价款等方式清偿债务的,人民法院依法予以支持,但对其他权利人不具有对抗效力和优先性。

68.【保兑仓交易】保兑仓交易作为一种新类型融资担保方式,其基本交易模式是,以银行信用为载体、以银行承兑汇票为结算工具、由银行控制货权、卖方(或者仓储方)受托保管货物并以承兑汇票与保证金之间的差额作为担保。其基本的交易流程是:卖方、买方和银行订立三方合作协议,其中买方向银行缴存一定比例的承兑保证金,银行向买方签发以卖方为收款人的银行承兑汇票,买方将银行承兑汇票交付卖方作为货款,银行根据买方缴纳的保证金的一定比例向卖方签发提货单,卖方根据提货单向买方交付对应金额的货物,买方销售货物后,将货款再缴存为保证金。

在三方协议中,一般来说,银行的主要义务是及时签发承兑汇票并按约定方式将其交给卖方,卖方的主要义务是根据银行签发的提货单发货,并在买方未及时销售或者回赎货物时,就保证金与承兑汇票之间的差额部分承担责任。银行为保障自身利益,往往还会约定卖方要将货物交给由其指定的当事人监管,并设定质押,从而涉及监管协议以及流动质押等问题。实践中,当事人还可能在前述基本交易模式基础上另行作出其他约定,只要不违反法律、行政法规的效力性强制性规定,这些约定应当认定有效。

一方当事人因保兑仓交易纠纷提起诉讼的,人民法院应当以保兑仓交易合同作为审理案件的基本依据,但买卖双方没有真实买卖关系的除外。

69.【无真实贸易背景的保兑仓交易】保兑仓交易以买卖双方有真实买卖关系为前提。双方无真实买卖关系的,该交易属于名为保兑仓交易实为借款合同,保兑仓交易因构成虚伪意思表示而无效,被隐藏的借款合同是当事人的真实意思表示,如不存在其他合同无效情形,应当认定有效。保兑仓交易认定为借款合同关系的,不影响卖方和银行之间担保关系的效力,卖方仍应当承担担保责任。

70.【保兑仓交易的合并审理】当事人就保兑仓交易中的不同法律关系的相对方分别或者同时向同一人民法院起诉的,人民法院可以根据民事诉讼法司法解释第 221 条的规定,合并审理。当事人未起诉某一方当事人的,人民法院可以依职权追加未参加诉讼的当事人为第三人,以便查明相关事实,正确认定责任。

71.【让与担保】债务人或者第三人与债

权人订立合同,约定将财产形式上转让至债权人名下,债务人到期清偿债务,债权人将该财产返还给债务人或第三人,债务人到期没有清偿债务,债权人可以对财产拍卖、变卖、折价偿还债权的,人民法院应当认定合同有效。合同如果约定债务人到期没有清偿债务,财产归债权人所有的,人民法院应当认定该部分约定无效,但不影响合同其他部分的效力。

当事人根据上述合同约定,已经完成财产权利变动的公示方式转让至债权人名下,债务人到期没有清偿债务,债权人请求确认财产归其所有的,人民法院不予支持,但债权人请求参照法律关于担保物权的规定对财产拍卖、变卖、折价优先偿还其债权的,人民法院依法予以支持。债务人因到期没有清偿债务,请求对该财产拍卖、变卖、折价偿还所欠债权人合同项下债务的,人民法院亦应依法予以支持。

五、关于金融消费者权益保护纠纷案件的审理

会议认为,在审理金融产品发行人、销售者以及金融服务提供者(以下简称卖方机构)与金融消费者之间因销售各类高风险等级金融产品和为金融消费者参与高风险等级投资活动提供服务而引发的民商事案件中,必须坚持"卖者尽责、买者自负"原则,将金融消费者是否充分了解相关金融产品、投资活动的性质及风险并在此基础上作出自主决定作为应当查明的案件基本事实,依法保护金融消费者的合法权益,规范卖方机构的经营行为,推动形成公开、公平、公正的市场环境和市场秩序。

72.【适当性义务】适当性义务是指卖方机构在向金融消费者推介、销售银行理财产品、保险投资产品、信托理财产品、券商集合理财计划、杠杆基金份额、期权及其他场外衍生品等高风险等级金融产品,以及为金融消

费者参与融资融券、新三板、创业板、科创板、期货等高风险等级投资活动提供服务的过程中,必须履行的了解客户、了解产品、将适当的产品(或者服务)销售(或者提供)给适合的金融消费者等义务。卖方机构承担适当性义务的目的是为了确保金融消费者能够在充分了解相关金融产品、投资活动的性质及风险的基础上作出自主决定,并承受由此产生的收益和风险。在推介、销售高风险等级金融产品和提供高风险等级金融服务领域,适当性义务的履行是"卖者尽责"的主要内容,也是"买者自负"的前提和基础。

73.【法律适用规则】在确定卖方机构适当性义务的内容时,应当以合同法、证券法、证券投资基金法、信托法等法律规定的基本原则和国务院发布的规范性文件作为主要依据。相关部门在部门规章、规范性文件中对高风险等级金融产品的推介、销售,以及为金融消费者参与高风险等级投资活动提供服务作出的监管规定,与法律和国务院发布的规范性文件的规定不相抵触的,可以参照适用。

74.【责任主体】金融产品发行人、销售者未尽适当性义务,导致金融消费者在购买金融产品过程中遭受损失的,金融消费者既可以请求金融产品的发行人承担赔偿责任,也可以请求金融产品的销售者承担赔偿责任,还可以根据《民法总则》第167条的规定,请求金融产品的发行人、销售者共同承担连带赔偿责任。发行人、销售者请求人民法院明确各自的责任份额的,人民法院可以在判决发行人、销售者对金融消费者承担连带赔偿责任的同时,明确发行人、销售者在实际承担了赔偿责任后,有权向责任方追偿其应当承担的赔偿份额。

金融服务提供者未尽适当性义务,导致金融消费者在接受金融服务后参与高风险等级投资活动遭受损失的,金融消费者可以请求金融服务提供者承担赔偿责任。

75.【举证责任分配】在案件审理过程中，金融消费者应当对购买产品（或者接受服务）、遭受的损失等事实承担举证责任。卖方机构对其是否履行了适当性义务承担举证责任。卖方机构不能提供其已经建立了金融产品（或者服务）的风险评估及相应管理制度、对金融消费者的风险认知、风险偏好和风险承受能力进行了测试、向金融消费者告知产品（或者服务）的收益和主要风险因素等相关证据的，应当承担举证不能的法律后果。

76.【告知说明义务】告知说明义务的履行是金融消费者能够真正了解各类高风险等级金融产品或者高风险等级投资活动的投资风险和收益的关键，人民法院应当根据产品、投资活动的风险和金融消费者的实际情况，综合理性人能够理解的客观标准和金融消费者能够理解的主观标准来确定卖方机构是否已经履行了告知说明义务。卖方机构简单地以金融消费者手写了诸如"本人明确知悉可能存在本金损失风险"等内容主张其已经履行了告知说明义务，不能提供其他相关证据的，人民法院对其抗辩理由不予支持。

77.【损失赔偿数额】卖方机构未尽适当性义务导致金融消费者损失的，应当赔偿金融消费者所受的实际损失。实际损失为损失的本金和利息，利息按照中国人民银行发布的同期同类存款基准利率计算。

金融消费者因购买高风险等级金融产品或者为参与高风险投资活动接受服务，以卖方机构存在欺诈行为为由，主张卖方机构应当根据《消费者权益保护法》第55条的规定承担惩罚性赔偿责任的，人民法院不予支持。卖方机构的行为构成欺诈的，对金融消费者提出赔偿其支付金钱总额的利息损失请求，应当注意区分不同情况进行处理：

（1）金融产品的合同文本中载明了预期收益率、业绩比较基准或者类似约定的，可以将其作为计算利息损失的标准；

（2）合同文本以浮动区间的方式对预期收益率或者业绩比较基准等进行约定，金融消费者请求按照约定的上限作为利息损失计算标准的，人民法院依法予以支持；

（3）合同文本虽然没有关于预期收益率、业绩比较基准或者类似约定，但金融消费者能够提供证据证明产品发行的广告宣传资料中载明了预期收益率、业绩比较基准或者类似表述的，应当将宣传资料作为合同文本的组成部分；

（4）合同文本及广告宣传资料中未载明预期收益率、业绩比较基准或者类似表述的，按照全国银行间同业拆借中心公布的贷款市场报价利率计算。

78.【免责事由】因金融消费者故意提供虚假信息、拒绝听取卖方机构的建议等自身原因导致其购买产品或者接受服务不适当，卖方机构请求免除相应责任的，人民法院依法予以支持，但金融消费者能够证明该虚假信息的出具系卖方机构误导的除外。卖方机构能够举证证明根据金融消费者的既往投资经验、受教育程度等事实，适当性义务的违反并未影响金融消费者作出自主决定的，对其关于应当由金融消费者自负投资风险的抗辩理由，人民法院依法予以支持。

六、关于证券纠纷案件的审理

（一）关于证券虚假陈述

会议认为，《最高人民法院关于审理证券市场因虚假陈述引发的民事赔偿案件的若干规定》施行以来，证券市场的发展出现了新的情况，证券虚假陈述纠纷案件的审理对司法能力提出了更高的要求。在案件审理过程中，对于需要借助其他学科领域的专业知识进行职业判断的问题，要充分发挥专家证人的作用，使得案件的事实认定符合证券市场的基本常识和普遍认知或者认可的经验法则，责任承担与侵权行为及其主观过错程度相匹配，在切实维护投资者合法权益的同时，通过民事责任追究实现震慑违法的功能,维护公开、公平、公正的资本市场秩序。

79.【共同管辖的案件移送】原告以发行人、上市公司以外的虚假陈述行为人为被告提起诉讼,被告申请追加发行人或者上市公司为共同被告的,人民法院应予准许。人民法院在追加后发现其他有管辖权的人民法院已先行受理因同一虚假陈述引发的民事赔偿案件的,应当按照民事诉讼法司法解释第36条的规定,将案件移送给先立案的人民法院。

80.【案件审理方式】案件审理方式方面,在传统的"一案一立、分别审理"的方式之外,一些人民法院已经进行了将部分案件合并审理、在示范判决基础上委托调解等改革,初步实现了案件审理的集约化和诉讼经济。在认真总结审判实践经验的基础上,有条件的地方人民法院可以选择个案以《民事诉讼法》第54条规定的代表人诉讼方式进行审理,逐步展开试点工作。就案件审理中涉及的适格原告范围认定、公告通知方式、投资者权利登记、代表人推选、执行款项的发放等具体工作,积极协调相关部门和有关方面,推动信息技术审判辅助平台和常态化、可持续的工作机制建设,保障投资者能够便捷、高效、透明和低成本地维护自身合法权益,为构建符合中国国情的证券民事诉讼制度积累审判经验,培养审判队伍。

81.【立案登记】多个投资者就同一虚假陈述向人民法院提起诉讼,可以采用代表人诉讼方式对案件进行审理的,人民法院在登记立案时可以根据原告起诉状中所描述的虚假陈述的数量、性质及其实施日、揭露日或者更正日等时间节点,将投资者作为共同原告统一立案登记。原告主张被告实施了多个虚假陈述的,可以分别立案登记。

82.【案件甄别及程序决定】人民法院决定采用《民事诉讼法》第54条规定的方式审

理案件的,在发出公告前,应当先行就被告的行为是否构成虚假陈述,投资者的交易方向与诱多、诱空的虚假陈述是否一致,以及虚假陈述的实施日、揭露日或者更正日等案件基本事实进行审查。

83.【选定代表人】权利登记的期间届满后,人民法院应当通知当事人在指定期间内完成代表人的推选工作。推选不出代表人的,人民法院可以与当事人商定代表人。人民法院在提出人选时,应当将当事人诉讼请求的典型性和利益诉求的份额等作为考量因素,确保代表行为能够充分、公正地表达投资者的诉讼主张。国家设立的投资者保护机构以自己的名义提起诉讼,或者接受投资者的委托指派工作人员或者委托诉讼代理人参与案件审理活动的,人民法院可以商定该机构或者其代理的当事人作为代表人。

84.【揭露日和更正日的认定】虚假陈述的揭露和更正,是指虚假陈述被市场所知悉、了解,其精确程度并不以"镜像规则"为必要,不要求达到全面、完整、准确的程度。原则上,只要交易市场对监管部门立案调查、权威媒体刊载的揭露文章等信息存在着明显的反应,对一方主张市场已经知悉虚假陈述的抗辩,人民法院依法予以支持。

85.【重大性要件的认定】审判实践中,部分人民法院对重大性要件和信赖要件存在着混淆认识,以行政处罚认定的信息披露违法行为对投资者的交易决定没有影响为由否定违法行为的重大性,应当引起注意。重大性是指可能对投资者进行投资决策具有重要影响的信息,虚假陈述已经被监管部门行政处罚的,应当认为是具有重大性的违法行为。在案件审理过程中,对于一方提出的监管部门作出处罚决定的行为不具有重大性的抗辩,人民法院不予支持,同时应当向其释明,该抗辩并非民商事案件的审理范围,应当通过行政复议、行政诉讼加以解决。

（二）关于场外配资

会议认为，将证券市场的信用交易纳入国家统一监管的范围，是维护金融市场透明度和金融稳定的重要内容。不受监管的场外配资业务，不仅盲目扩张了资本市场信用交易的规模，也容易冲击资本市场的交易秩序。融资融券作为证券市场的主要信用交易方式和证券经营机构的核心业务之一，依法属于国家特许经营的金融业务，未经依法批准，任何单位和个人不得非法从事配资业务。

86.【场外配资合同的效力】从审判实践看，场外配资业务主要是指一些 P2P 公司或者私募类配资公司利用互联网信息技术，搭建起游离于监管体系之外的融资业务平台，将资金融出方、资金融入方即用资人和券商营业部三方连接起来，配资公司利用计算机软件系统的二级分仓功能将其自有资金或者以较低成本融入的资金出借给用资人，赚取利息收入的行为。这些场外配资公司所开展的经营活动，本质上属于只有证券公司才能依法开展的融资活动，不仅规避了监管部门对融资融券业务中资金来源、投资标的、杠杆比例等诸多方面的限制，也加剧了市场的非理性波动。在案件审理过程中，除依法取得融资融券资格的证券公司与客户开展的融资融券业务外，对其他任何单位或者个人与用资人的场外配资合同，人民法院应当根据《证券法》第 142 条、合同法司法解释（一）第 10 条的规定，认定为无效。

87.【合同无效的责任承担】场外配资合同被确认无效后，配资方依场外配资合同的约定，请求用资人向其支付约定的利息和费用的，人民法院不予支持。

配资方依场外配资合同的约定，请求分享用资人因使用配资所产生的收益的，人民法院不予支持。

用资人以其因使用配资导致投资损失为由请求配资方予以赔偿的，人民法院不予支持。用资人能够证明因配资方采取更改密码等方式控制账户使得用资人无法及时平仓止损，并据此请求配资方赔偿其因此遭受的损失的，人民法院依法予以支持。

用资人能够证明配资合同是因配资方招揽、劝诱而订立，请求配资方赔偿其全部或者部分损失的，人民法院应当综合考虑配资方招揽、劝诱行为的方式、对用资人的实际影响、用资人自身的投资经历、风险判断和承受能力等因素，判决配资方承担与其过错相适应的赔偿责任。

七、关于营业信托纠纷案件的审理

会议认为，从审判实践看，营业信托纠纷主要表现为事务管理信托纠纷和主动管理信托纠纷两种类型。在事务管理信托纠纷案件中，对信托公司开展和参与的多层嵌套、通道业务、回购承诺等融资活动，要以其实际构成的法律关系确定其效力，并在此基础上依法确定各方的权利义务。在主动管理信托纠纷案件中，应当重点审查受托人在"受人之托，忠人之事"的财产管理过程中，是否恪尽职守，履行了谨慎、有效管理等法定或者约定义务。

88.【营业信托纠纷的认定】信托公司根据法律法规以及金融监督管理部门的监管规定，以取得信托报酬为目的接受委托人的委托，以受托人身份处理信托事务的经营行为，属于营业信托。由此产生的信托当事人之间的纠纷，为营业信托纠纷。

根据《关于规范金融机构资产管理业务的指导意见》的规定，其他金融机构开展的资产管理业务构成信托关系的，当事人之间的纠纷适用信托法及其他有关规定处理。

89.【资产或者资产收益权转让及回购】信托公司在资金信托成立后，以募集的信托资金受让特定资产或者特定资产收益权，属于信托公司在资金依法募集后的资金运用行为，由此引发的纠纷不应当认定为营业信托纠纷。如果合同中约定由转让方或者其指定的第三方在一定期间后以交易本金加上溢价款等固定价款无条件回购的,无论转让方所转让的标的物是否真实存在、是否实际交付或者过户,只要合同不存在法定无效事由,对信托公司提出的由转让方或者其指定的第三方约定承担责任的诉讼请求,人民法院依法予以支持。

当事人在相关合同中同时约定采用信托公司受让目标公司股权、向目标公司增资方式并以相应股权担保债权实现的,应当认定在当事人之间成立让与担保法律关系。当事人之间的具体权利义务,根据本纪要第 71 条的规定加以确定。

90.【劣后级受益人的责任承担】信托文件及相关合同将受益人区分为优先级受益人和劣后级受益人等不同类别,约定优先级受益人以其财产认购信托计划份额,在信托到期后,劣后级受益人负有对优先级受益人从信托财产获得利益与其投资本金及约定收益之间的差额承担补足义务,优先级受益人请求劣后级受益人按照约定承担责任的,人民法院依法予以支持。

信托文件中关于不同类型受益人权利义务关系的约定,不影响受益人与受托人之间信托法律关系的认定。

91.【增信文件的性质】信托合同之外的当事人提供第三方差额补足、代为履行到期回购义务、流动性支持等类以承诺文件作为增信措施,其内容符合法律关于保证的规定的,人民法院应当认定当事人之间成立保证合同关系。其内容不符合法律关于保证的规定的,依据承诺文件的具体内容确定相应的权利义务关系,并根据案件事实情况确定相应的民事责任。

92.【保底或者刚兑条款无效】信托公司、商业银行等金融机构作为资产管理产品的受托人与受益人订立的含有保证本息固定回报、保证本金不受损失等保底或者刚兑条款的合同,人民法院应当认定该条款无效。受益人请求受托人对其损失承担与其过错相适应的赔偿责任的,人民法院依法予以支持。

实践中,保底或者刚兑条款通常不在资产管理产品合同中明确约定,而是以“抽屉协议”或者其他方式约定,不管形式如何,均应认定无效。

93.【通道业务的效力】当事人在信托文件中约定,委托人自主决定信托设立、信托财产运用对象、信托财产管理运用处分方式等事宜,自行承担信托资产的风险管理责任和相应风险损失,受托人仅提供必要的事务协助或者服务,不承担主动管理职责的,应当认定为通道业务。《中国人民银行、中国银行保险监督管理委员会、中国证券监督管理委员会、国家外汇管理局关于规范金融机构资产管理业务的指导意见》第 22 条在规定“金融机构不得为其他金融机构的资产管理产品提供规避投资范围、杠杆约束等监管要求的通道服务”的同时,也在第 29 条明确按照“新老划断”原则,将过渡期设置为截止 2020 年底,确保平稳过渡。在过渡期内,对通道业务中存在的利用信托通道掩盖风险,规避资金投向、资产分类、拨备计提和资本占用等监管规定,或者通过信托通道将表内资产虚假出表等信托业务,如果不存在其他无效事由,一方以信托目的违法违规为由请求确认无效的,人民法院不予支持。至于委托人和受托人之间的权利义务关系,应当依据信托文件的约定加以确定。

94.【受托人的举证责任】资产管理产品的委托人以受托人未履行勤勉尽责、公平对待客户等义务损害其合法权益为由,请求受托人承担损害赔偿责任的,应当由受托人举证证明其已经履行了义务。受托人不能举证证明,委托人请求其承担相应赔偿责任的,人民法院依法予以支持。

95.【信托财产的诉讼保全】信托财产在信托存续期间独立于委托人、受托人、受益人各自的固有财产。委托人将其财产委托给受托人进行管理,在信托依法设立后,该信托财产即独立于委托人未设立信托的其他固有财产。受托人因承诺信托而取得的信托财产,以及通过对信托财产的管理、运用、处分等方式取得的财产,均独立于受托人的固有财产。受益人对信托财产享有的权利表现为信托受益权,信托财产并非受益人的责任财产。因此,当事人因其与委托人、受托人或者受益人之间纠纷申请对存管银行或者信托公司专门账户中的信托资金采取保全措施的,除符合《信托法》第17条规定的情形外,人民法院不应当准许。已经采取保全措施的,存管银行或者信托公司能够提供证据证明该账户为信托账户的,应当立即解除保全措施。对信托公司管理的其他信托财产的保全,也应当根据前述规则办理。

当事人申请对受益人的受益权采取保全措施的,人民法院应当根据《信托法》第47条的规定进行审查,决定是否采取保全措施。决定采取保全措施的,应当将保全裁定送达受托人和受益人。

96.【信托公司固有财产的诉讼保全】除信托公司作为被告外,原告申请对信托公司固有资金账户的资金采取保全措施的,人民法院不应准许。信托公司作为被告,确有必要对其固有财产采取诉讼保全措施的,必须强化善意执行理念,防范发生金融风险。要严格遵守相应的适用条件与法定程序,坚决杜绝超标的执行。在采取具体保全措施时,要尽量寻求依法平等保护各方利益的平衡点,优先采取方便执行且对信托公司正常经营影响最小的执行措施,能采取"活封""活扣"措施的,尽量不进行"死封""死扣"。在条件允许的情况下,可以为信托公司预留必要的流动资金和往来账户,最大限度降低对

信托公司正常经营活动的不利影响。信托公司申请解除财产保全符合法律、司法解释规定情形的,应当在法定期限内及时解除保全措施。

八、关于财产保险合同纠纷案件的审理

会议认为,妥善审理财产保险合同纠纷案件,对于充分发挥保险的风险管理和保障功能,依法保护各方当事人合法权益,实现保险业持续健康发展和服务实体经济,具有重大意义。

97.【未依约支付保险费的合同效力】当事人在财产保险合同中约定以投保人支付保险费作为合同生效条件,但对该生效条件是否为全额支付保险费约定不明,已经支付了部分保险费的投保人主张保险合同已经生效的,人民法院依法予以支持。

98.【仲裁协议对保险人的效力】被保险人和第三者在保险事故发生前达成的仲裁协议,对行使保险代位求偿权的保险人是否具有约束力,实务中存在争议。保险代位求偿权是一种法定债权转让,保险人在向被保险人赔偿保险金后,有权行使被保险人对第三者请求赔偿的权利。被保险人和第三者在保险事故发生前达成的仲裁协议,对保险人具有约束力。考虑到涉外民商事案件的处理常常涉及国际条约、国际惯例的适用,相关问题具有特殊性,故具有涉外因素的民商事纠纷案件中该问题的处理,不纳入本条规范的范围。

99.【直接索赔的诉讼时效】商业责任保险的被保险人给第三者造成损害,被保险人对第三者应当承担的赔偿责任确定后,保险人应当根据被保险人的请求,直接向第三者赔偿保险金。被保险人怠于提出请求的,第三者有权依据《保险法》第65条第2款的规定,就其应获赔偿部分直接向保险人请求赔偿保险金。保险人拒绝赔偿的,第三者请求保险人直接赔偿保险金的诉讼时效期间的起

算时间如何认定,实务中存在争议。根据诉讼时效制度的基本原理,第三者请求保险人直接赔偿保险金的诉讼时效期间,自其知道或者应当知道向保险人的保险金赔偿请求权行使条件成就之日起计算。

九、关于票据纠纷案件的审理

会议认为,人民法院在审理票据纠纷案件时,应当注意区分票据的种类和功能,正确理解票据行为无因性的立法目的,在维护票据流通性功能的同时,依法认定票据行为的效力,依法确认当事人之间的权利义务关系以及保护合法持票人的权益,防范和化解票据融资市场风险,维护票据市场的交易安全。

100.【合谋伪造贴现申请材料的后果】贴现行的负责人或者有权从事该业务的工作人员与贴现申请人合谋,伪造贴现申请人与其前手之间具有真实的商品交易关系的合同、增值税专用发票等材料申请贴现,贴现行主张其享有票据权利的,人民法院不予支持。对贴现行因支付资金而产生的损失,按照基础关系处理。

101.【民间贴现行为的效力】票据贴现属于国家特许经营业务,合法持票人向不具有法定贴现资质的当事人进行"贴现"的,该行为应当认定无效,贴现款和票据应当相互返还。当事人不能返还票据的,原合法持票人可以拒绝返还贴现款。人民法院在民商事案件审理过程中,发现不具有法定资质的当事人以"贴现"为业的,因该行为涉嫌犯罪,应当将有关材料移送公安机关。民商事案件的审理必须以相关刑事案件的审理结果为依据的,应当中止诉讼,待刑事案件审结后,再恢复案件的审理。案件的基本事实无须以相关刑事案件的审理结果为依据的,人民法院应当继续审理。

根据票据行为无因性原理,在合法持票人向不具有贴现资质的主体进行"贴现",该"贴现"人给付贴现款后直接将票据交付其后手,其后手支付对价并记载自己为被背书人后,又基于真实的交易关系和债权债务关系将票据进行背书转让的情形下,应当认定最后持票人为合法持票人。

102.【转贴现协议】转贴现是通过票据贴现持有票据的商业银行为了融通资金,在票据到期日之前将票据权利转让给其他商业银行,由转贴现行在收取一定的利息后,将转贴现款支付给持票人的票据转让行为。转贴现行提示付款被拒付后,依据转贴现协议的约定,请求未在票据上背书的转贴现申请人按照合同法律关系返还转贴现款并赔偿损失的,案由应当确定为合同纠纷。转贴现合同法律关系有效成立的,对于原告的诉讼请求,人民法院依法予以支持。当事人虚构转贴现事实,或者当事人之间不存在真实的转贴现合同法律关系的,人民法院应当向当事人释明按照真实交易关系提出诉讼请求,并按照真实交易关系和当事人约定本意依法确定当事人的责任。

103.【票据清单交易、封包交易案件中的票据权利】审判实践中,以票据贴现为手段的多链条融资模式引发的案件应当引起重视。这种交易俗称票据清单交易、封包交易,是指商业银行之间就案涉票据订立转贴现或者回购协议,附以票据清单,或者将票据封包作为质押,双方约定按照票据清单中列明的基本信息进行票据转贴现或者回购,但往往并不进行票据交付和背书。实务中,双方还往往再订立一份代保管协议,约定由原票据持有人代对方继续持有票据,从而实现合法、合规的形式要求。

出资银行仅以参与交易的单个或者部分银行为被告提起诉讼行使票据追索权,被告能够举证证明票据交易存在诸如不符合正常转贴现交易顺序的倒打款、未进行背书转让、票据未实际交付等相关证据,并据此主张相关金融机构之间并无转贴现的真实意思表示,抗辩出资银行不享有票据权利的,人民法院依法予以支持。

出资银行在取得商业承兑汇票后又将票据转贴现给其他商业银行,持票人向其前手主张票据权利的,人民法院依法予以支持。

104.【票据清单交易、封包交易案件的处理原则】在村镇银行、农信社等作为直贴行,农信社、农商行、城商行、股份制银行等多家金融机构共同开展以商业承兑汇票为基础的票据清单交易、封包交易引发的纠纷案件中,在商业承兑汇票的出票人等实际用资人不能归还票款的情况下,为实现纠纷的一次性解决,出资银行以实际用资人和参与交易的其他金融机构为共同被告,请求实际用资人归还本息、参与交易的其他金融机构承担与其过错相适应的赔偿责任的,人民法院依法予以支持。

出资银行仅以整个交易链条的部分当事人为被告提起诉讼的,人民法院应当向其释明,其应当申请追加参与交易的其他当事人作为共同被告。出资银行拒绝追加实际用资人为被告的,人民法院应当驳回其诉讼请求;出资银行拒绝追加参与交易的其他金融机构为被告的,人民法院在确定其他金融机构的过错责任范围时,应当将未参加诉讼的当事人应当承担的相应份额作为考量因素,相应减轻本案当事人的责任。在确定参与交易的其他金融机构的过错责任范围时,可以参照其收取的"通道费""过桥费"等费用的比例以及案件的其他情况综合加以确定。

105.【票据清单交易、封包交易案件中的民刑交叉问题】人民法院在案件审理过程中,如果发现公安机关已经就实际用资人、直贴行、出资银行的工作人员涉嫌骗取票据承兑罪、伪造印章罪等立案侦查,一方当事人根据《最高人民法院关于在审理经济纠纷案件中涉及经济犯罪嫌疑若干问题的规定》第11条的规定申请将案件移送公安机关的,因该节事实对于查明出资银行是否为正当持票人,

以及参与交易的其他金融机构的抗辩理由能否成立存在重要关联,人民法院应当将有关材料移送公安机关。民商事案件的审理必须以相关刑事案件的审理结果为依据的,应当中止诉讼,待刑事案件审结后,再恢复案件的审理。案件的基本事实无须以相关刑事案件的审理结果为依据的,人民法院应当继续案件的审理。

参与交易的其他商业银行以公安机关已经对其工作人员涉嫌受贿、伪造印章等犯罪立案侦查为由请求将案件移送公安机关的,因该节事实并不影响相关当事人民事责任的承担,人民法院应当根据《最高人民法院关于在审理经济纠纷案件中涉及经济犯罪嫌疑若干问题的规定》第10条的规定继续审理。

106.【恶意申请公示催告的救济】公示催告程序本为对合法持票人进行失票救济所设,但实践中却沦为部分票据出卖方在未获得票款情形下,通过伪报票据丧失事实申请公示催告、阻止合法持票人行使票据权利的工具。对此,民事诉讼法司法解释已经作出了相应规定。适用时,应当区别付款人是否已经付款等情形,作出不同认定:

(1)在除权判决作出后,付款人尚未付款的情况下,最后合法持票人可以根据《民事诉讼法》第223条的规定,在法定期限内请求撤销除权判决,待票据恢复效力后再依法行使票据权利。最后合法持票人也可以基于基础法律关系向其直接前手退票并请求其直接前手另行给付基础法律关系项下的对价。

(2)除权判决作出后,付款人已经付款的,因恶意申请公示催告并持除权判决获得票款的行为损害了最后合法持票人的权利,最后合法持票人请求申请人承担侵权损害赔偿责任的,人民法院依法予以支持。

十、关于破产纠纷案件的审理

会议认为,审理好破产案件对于推动高质量发展、深化供给侧结构性改革、营造稳定

公平透明可预期的营商环境,具有十分重要的意义。要继续深入推进破产审判工作的市场化、法治化、专业化、信息化,充分发挥破产审判公平清理债权债务、促进优胜劣汰、优化资源配置、维护市场经济秩序等重要功能。一是要继续加大对破产保护理念的宣传和落实,及时发挥破产重整制度的积极拯救功能,通过平衡债权人、债务人、出资人、员工等利害关系人的利益,实现社会整体价值最大化;注重发挥和解程序简便快速清理债权债务关系的功能,鼓励当事人通过和解程序或者达成自行和解的方式实现各方利益共赢;积极推进清算程序中的企业整体处置方式,有效维护企业营运价值和职工就业。二是要推进不符合国家产业政策、丧失经营价值的企业主体尽快从市场退出,通过依法简化破产清算程序流程加快对"僵尸企业"的清理。三是要注重提升破产制度实施的经济效益,降低破产程序运行的时间和成本,有效维护企业营运价值,最大程度发挥各类要素和资源潜力,减少企业破产给社会经济造成的损害。四是要积极稳妥进行实践探索,加强理论研究,分步骤、有重点地推进建立自然人破产制度,进一步推动健全市场主体退出制度。

107.【继续推动破产案件的及时受理】充分发挥破产重整案件信息网的线上预约登记功能,提高破产案件的受理效率。当事人提出破产申请的,人民法院不得以非法定理由拒绝接收破产申请材料。如果可能影响社会稳定的,要加强府院协调,制定相应预案,但不应当以"影响社会稳定"之名,行消极不作为之实。破产申请材料不完备的,立案部门应当告知当事人在指定期限内补充材料,待材料齐备后以"破申"作为案件类型代字编制案号登记立案,并及时将案件移送破产审判部门进行破产审查。

注重发挥破产和解制度简便快速清理债权债务关系的功能,债务人根据《企业破产法》第 95 条的规定,直接提出和解申请,或者在破产申请受理后宣告破产前申请和解的,人民法院应当依法受理并及时作出是否批准的裁定。

108.【破产申请的不予受理和撤回】人民法院裁定受理破产申请前,提出破产申请的债权人的债权因清偿或者其他原因消灭的,因申请人不再具备申请资格,人民法院应当裁定不予受理。但该裁定不影响其他符合条件的主体再次提出破产申请。破产申请受理后,管理人以上述清偿符合《企业破产法》第 31 条、第 32 条为由请求撤销的,人民法院查实后应当予以支持。

人民法院裁定受理破产申请系对债务人具有破产原因的初步认可,破产申请受理后,申请人请求撤回破产申请的,人民法院不予准许。除非存在《企业破产法》第 12 条第 2 款规定的情形,人民法院不得裁定驳回破产申请。

109.【受理后债务人财产保全措施的处理】要切实落实破产案件受理后相关保全措施应予解除、相关执行措施应当中止、债务人财产应当及时交付管理人等规定,充分运用信息化技术手段,通过信息共享与整合,维护债务人财产的完整性。相关人民法院拒不解除保全措施或者拒不中止执行的,破产受理人民法院可以请求该法院的上级人民法院依法予以纠正。对债务人财产采取保全措施或者执行措施的人民法院未依法及时解除保全措施、移交处置权,或者中止执行程序并移交有关财产的,上级人民法院应当依法予以纠正。相关人员违反上述规定造成严重后果的,破产受理人民法院可以向人民法院纪检监察部门移送其违法审判责任线索。

人民法院审理企业破产案件时,有关债务人财产被其他具有强制执行权力的国家行政机关,包括税务机关、公安机关、海关等采取保全措施或者执行程序的,人民法院应当积极与上述机关进行协调和沟通,取得有关机关的配合,参照上述具体操作规程,解除有关保全措施,中止有关执行程序,以便保障破产程序顺利进行。

110.【受理后有关债务人诉讼的处理】人民法院受理破产申请后,已经开始而尚未终结的有关债务人的民事诉讼,在管理人接管债务人财产和诉讼事务后继续进行。债权人已经对债务人提起的给付之诉,破产申请受理后,人民法院应当继续审理,但是在判定相关当事人实体权利义务时,应当注意与企业破产法及其司法解释的规定相协调。

上述裁判作出并生效前,债权人可以同时向管理人申报债权,但其作为债权尚未确定的债权人,原则上不得行使表决权,除非人民法院临时确定其债权额。上述裁判生效后,债权人应当根据裁判认定的债权数额在破产程序中依法统一受偿,其对债务人享有的债权利息应当按照《企业破产法》第46条第2款的规定停止计算。

人民法院受理破产申请后,债权人新提起的要求债务人清偿的民事诉讼,人民法院不予受理,同时告知债权人应当向管理人申报债权。债权人申报债权后,对管理人编制的债权表记载有异议的,可以根据《企业破产法》第58条的规定提起债权确认之诉。

111.【债务人自行管理的条件】重整期间,债务人同时符合下列条件的,经申请,人民法院可以批准债务人在管理人的监督下自行管理财产和营业事务:

(1)债务人的内部治理机制仍正常运转;

(2)债务人自行管理有利于债务人继续经营;

(3)债务人不存在隐匿、转移财产的行为;

(4)债务人不存在其他严重损害债权人利益的行为。

债务人提出重整申请时可以一并提出自行管理的申请。经人民法院批准由债务人自

行管理财产和营业事务的,企业破产法规定的管理人职权中有关财产管理和营业经营的职权应当由债务人行使。

管理人应当对债务人的自行管理行为进行监督。管理人发现债务人存在严重损害债权人利益的行为或者有其他不适宜自行管理情形的,可以申请人民法院作出终止债务人自行管理的决定。人民法院决定终止的,应当通知管理人接管债务人财产和营业事务。债务人有上述行为而管理人未申请人民法院作出终止决定的,债权人等利害关系人可以向人民法院提出申请。

112.【重整中担保物权的恢复行使】重整程序中,要依法平衡保护担保物权人的合法权益和企业重整价值。重整申请受理后,管理人或者自行管理的债务人应当及时确定设定有担保物权的债务人财产是否为重整所必需。如果认为担保物不是重整所必需,管理人或者自行管理的债务人应当及时对担保物进行拍卖或者变卖,拍卖或者变卖担保物所得价款在支付拍卖、变卖费用后优先清偿担保物权人的债权。

在担保物权暂停行使期间,担保物权人根据《企业破产法》第75条的规定向人民法院请求恢复行使担保物权的,人民法院应当自收到恢复行使担保物权申请之日起三十日内作出裁定。经审查,担保物权人的申请不符合第75条的规定,或者虽然符合该条规定但管理人或者自行管理的债务人有证据证明担保物是重整所必需,并且提供与减少价值相应担保或者补偿的,人民法院应当裁定不予批准恢复行使担保物权。担保物权人不服该裁定的,可以自收到裁定书之日起十日内,向作出裁定的人民法院申请复议。人民法院裁定批准行使担保物权的,管理人或者自行管理的债务人应当自收到裁定书之日起十五日内启动对担保物的拍卖或者变卖,拍卖或者变卖担保物所得价款在支付拍卖、变卖费

用后优先清偿担保物权人的债权。

113.【重整计划监督期间的管理人报酬及诉讼管辖】要依法确保重整计划的执行和有效监督。重整计划的执行期间和监督期间原则上应当一致。二者不一致的，人民法院在确定和调整重整程序中的管理人报酬方案时，应当根据重整期间和重整计划监督期间管理人工作量的不同予以区别对待。其中，重整期间的管理人报酬应当根据管理人对重整发挥的实际作用等因素予以确定和支付；重整计划监督期间管理人报酬的支付比例和支付时间，应当根据管理人监督职责的履行情况，与债权人按照重整计划实际受偿比例和受偿时间相匹配。

重整计划执行期间，因重整程序终止后新发生的事实或者事件引发的有关债务人的民事诉讼，不适用《企业破产法》第21条有关集中管辖的规定。除重整计划有明确约定外，上述纠纷引发的诉讼，不再由管理人代表债务人进行。

114.【重整程序与破产清算程序的衔接】重整期间或者重整计划执行期间，债务人因法定事由被宣告破产的，人民法院不再另立新的案号，原重整程序的管理人原则上应当继续履行破产清算程序中的职责。原重整程序的管理人不能继续履行职责或者不适宜继续担任管理人的，人民法院应当依法重新指定管理人。

重整程序转破产清算案件中的管理人报酬，应当综合管理人为重整工作和清算工作分别发挥的实际作用等因素合理确定。重整期间因法定事由转入破产清算程序的，应当按照破产清算案件确定管理人报酬。重整计划执行期间因法定事由转入破产清算程序的，后续破产清算阶段的管理人报酬应当根据管理人实际工作量予以确定，不能简单根据债务人最终清偿的财产价值总额计算。

重整程序因人民法院裁定批准重整计划

草案而终止的，重整案件可作结案处理。重整计划执行完毕后，人民法院可以根据管理人等利害关系人申请，作出重整程序终结的裁定。

115.【庭外重组协议效力在重整程序中的延伸】继续完善庭外重组与庭内重整的衔接机制，降低制度性成本，提高破产制度效率。人民法院受理重整申请前，债务人和部分债权人已经达成的有关协议与重整程序中制作的重整计划草案内容一致的，有关债权人对该协议的同意视为对该重整计划草案表决的同意。但重整计划草案对协议内容进行了修改并对有关债权人有不利影响，或者有关债权人重大利益相关的，受到影响的债权人有权按照企业破产法的规定对重整计划草案重新进行表决。

116.【审计、评估等中介机构的确定及责任】要合理区分人民法院和管理人在委托审计、评估等财产管理工作中的职责。破产程序中确实需要聘请中介机构对债务人财产进行审计、评估的，根据《企业破产法》第28条的规定，经人民法院许可后，管理人可以自行公开聘请，但是应当对其聘请的中介机构的相关行为进行监督。上述中介机构因不当履行职责给债务人、债权人或者第三人造成损害的，应当承担赔偿责任。管理人在聘用过程中存在过错的，应当在其过错范围内承担相应的补充赔偿责任。

117.【公司解散清算与破产清算的衔接】要依法区分公司解散清算与破产清算的不同功能和不同适用条件。债务人同时符合破产清算条件和强制清算条件的，应当及时适用破产清算程序实现对债权人利益的公平保护。债权人对符合破产清算条件的债务人提起公司强制清算申请，经人民法院释明，债权人仍然坚持申请对债务人强制清算的，人民法院应当裁定不予受理。

118.【无法清算案件的审理与责任承担】人民法院在审理债务人相关人员下落不明或

者财产状况不清的破产案件时,应当充分贯彻债权人利益保护原则,避免债务人通过破产程序不当损害债权人利益,同时也要避免不当突破股东有限责任原则。

人民法院在适用《最高人民法院关于债权人对人员下落不明或者财产状况不清的债务人申请破产清算案件如何处理的批复》第3款的规定,判定债务人相关人员承担责任时,应当依照企业破产法的相关规定来确定相关主体的义务内容和责任范围,不得根据公司法司法解释(二)第18条第2款的规定来判定相关主体的责任。

上述批复第3款规定的"债务人的有关人员不履行法定义务,人民法院可依据有关法律规定追究其相应法律责任",系指债务人的法定代表人、财务管理人员和其他经营管理人员不履行《企业破产法》第15条规定的配合清算义务,人民法院可以根据《企业破产法》第126条、第127条追究其相应法律责任,或者参照《民事诉讼法》第111条的规定,依法拘留,构成犯罪,依法追究刑事责任;债务人的法定代表人或者实际控制人不配合清算的,人民法院可以依据《出境入境管理法》第12条的规定,对其作出不准出境的决定,以确保破产程序顺利进行。

上述批复第3款规定的"其行为导致无法清算或者造成损失",系指债务人的有关人员不配合清算的行为导致债务人财产状况不明,或者依法负有清算责任的人未依照《企业破产法》第7条第3款的规定及时履行破产申请义务,导致债务人主要财产、账册、重要文件等灭失,致使管理人无法执行清算职务,给债权人利益造成损害。"有关权利人起诉请求其承担相应民事责任",系指管理人请求上述主体承担相应损害赔偿责任并将因此获得的赔偿归入债务人财产。管理人未主张上述赔偿,个别债权人可以代表全体债权人提起上述诉讼。

上述破产清算案件被裁定终结后,相关主体以债务人主要财产、账册、重要文件等重新出现为由,申请对破产清算程序启动审判监督的,人民法院不予受理,但符合《企业破产法》第123条规定的,债权人可以请求人民法院追加分配。

十一、关于案外人救济案件的审理

案外人救济案件包括案外人申请再审、案外人执行异议之诉和第三人撤销之诉三种类型。修改后的民事诉讼法在保留案外人执行异议之诉及案外人申请再审的基础上,新设立第三人撤销之诉制度,在为案外人权利保障提供更多救济渠道的同时,因彼此之间错综复杂的关系也容易导致认识上的偏差,有必要厘清其相互之间的关系,以便正确适用不同程序,依法充分保护各方主体合法权益。

119.【案外人执行异议之诉的审理】案外人执行异议之诉以排除对特定标的物的执行为目的,从程序上而言,案外人依据《民事诉讼法》第227条提出执行异议被驳回的,即可向执行人民法院提起执行异议之诉。人民法院对执行异议之诉的审理,一般应当就案外人对执行标的物是否享有权利、享有什么样的权利、权利是否足以排除强制执行进行判断。至于是否作出具体的确权判项,视案外人的诉讼请求而定。案外人未提出确权或者给付诉讼请求的,不作出确权判项,仅在裁判理由中进行分析判断并作出是否排除执行的判项即可。但案外人既提出确权、给付请求,又提出排除执行请求的,人民法院对该请求是否支持、是否排除执行,均应当在具体判项中予以明确。执行异议之诉不以否定作为执行依据的生效裁判为目的,案外人如认为裁判确有错误的,只能通过申请再审或者提起第三人撤销之诉的方式进行救济。

120.【债权人能否提起第三人撤销之诉】第三人撤销之诉中的第三人仅局限于《民事诉讼法》第56条规定的有独立请求权及无独

立请求权的第三人,而且一般不包括债权人。但是,设立第三人撤销之诉的目的在于,救济第三人享有的因不能归责于本人的事由未参加诉讼但因生效裁判文书内容错误受到损害的民事权益,因此,债权人在下列情况下可以提起第三人撤销之诉:

(1)该债权是法律明确给予特殊保护的债权,如《合同法》第 286 条规定的建设工程价款优先受偿权,《海商法》第 22 条规定的船舶优先权;

(2)因债务人与他人的权利义务被生效裁判文书确定,导致债权人本来可以对《合同法》第 74 条和《企业破产法》第 31 条规定的债务人的行为享有撤销权而不能行使的;

(3)债权人有证据证明,裁判文书主文确定的债权内容部分或者全部虚假的。

债权人提起第三人撤销之诉还要符合法律和司法解释规定的其他条件。对于除此之外的其他债权,债权人原则上不得提起第三人撤销之诉。

121.【必要共同诉讼漏列的当事人申请再审】民事诉讼法司法解释对必要共同诉讼漏列的当事人申请再审规定了两种不同的程序,二者在管辖法院及申请再审期限的起算点上存在明显差别,人民法院在审理相关案件时应予注意:

(1)该当事人在执行程序中以案外人身份提出异议,异议被驳回的,根据民事诉讼法司法解释第 423 条的规定,其可以在驳回异议裁定送达之日起 6 个月内向原审人民法院申请再审;

(2)该当事人未在执行程序中以案外人身份提出异议的,根据民事诉讼法司法解释第 422 条的规定,其可以根据《民事诉讼法》第 200 条第 8 项的规定,自知道或者应当知道生效裁判之日起 6 个月内向上一级人民法院申请再审。当事人一方人数众多或者当事人双方为公民的案件,也可以向原审人民法

院申请再审。

122.【程序启动后案外人不享有程序选择权】案外人申请再审与第三人撤销之诉功能上近似,如果案外人既有申请再审的权利,又符合第三人撤销之诉的条件,对于案外人是否可以行使选择权,民事诉讼法司法解释采取了限制的司法态度,即依据民事诉讼法司法解释第 303 条的规定,按照启动程序的先后,案外人只能选择相应的救济程序:案外人先启动执行异议程序的,对执行异议裁定不服,认为原裁判内容错误损害其合法权益的,只能向作出原裁判的人民法院申请再审,而不能提起第三人撤销之诉;案外人先启动了第三人撤销之诉,即便在执行程序中又提出执行异议,也只能继续进行第三人撤销之诉,而不能依《民事诉讼法》第 227 条申请再审。

123.【案外人依据另案生效裁判对非金钱债权的执行提起执行异议之诉】审判实践中,案外人有时依据另案生效裁判所认定的与执行标的物有关的权利提起执行异议之诉,请求排除对标的物的执行。此时,鉴于作为执行依据的生效裁判与作为案外人提出执行异议依据的生效裁判,均涉及对同一标的物权属或给付的认定,性质上属于两个生效裁判所认定的权利之间可能产生的冲突,人民法院在审理执行异议之诉时,需区别不同情况作出判断:如果作为执行依据的生效裁判是确权裁判,不论作为执行异议依据的裁判是确权裁判还是给付裁判,一般不应据此排除执行,但人民法院应当告知案外人对作为执行依据的确权裁判申请再审;如果作为执行依据的生效裁判是给付标的物的裁判,而作为提出异议之诉依据的裁判是确权裁判,一般应据此排除执行,此时人民法院应告知其对该确权裁判申请再审;如果两个裁判均属给付标的物的裁判,人民法院需依法判断哪个裁判所认定的给付权利具有优先性,进而判断是否可以排除执行。

124.【案外人依据另案生效裁判对金钱债权的执行提起执行异议之诉】作为执行依据的生效裁判并未涉及执行标的物，只是执行中为实现金钱债权对特定标的物采取了执行措施。对此种情形，《最高人民法院关于人民法院办理执行异议和复议案件若干问题的规定》第26条规定了解决案外人执行异议的规则，在审理执行异议之诉时可以参考适用。依据该条规定，作为案外人提起执行异议之诉依据的裁判将执行标的物确权给案外人，可以排除执行；作为案外人提起执行异议之诉依据的裁判，未将执行标的物确权给案外人，而是基于不以转移所有权为目的的有效合同（如租赁、借用、保管合同），判令向案外人返还执行标的物，其性质属于物权请求权，亦可以排除执行；基于以转移所有权为目的的有效合同（如买卖合同），判令向案外人交付标的物的，其性质属于债权请求权，不能排除执行。

应予注意的是，在金钱债权执行中，如果案外人提出执行异议之诉依据的生效裁判认定以转移所有权为目的的合同（如买卖合同）无效或应当解除，进而判令向案外人返还执行标的物，此时案外人享有的是物权性质的返还请求权，本可排除金钱债权的执行，但在双务合同无效的情况下，双方互负返还义务，在案外人未返还价款的情况下，如果允许其排除金钱债权的执行，将会使申请执行人既执行不到被执行人名下的财产，又执行不到本应返还给被执行人的价款，显然有失公允。为平衡各方当事人的利益，只有在案外人已经返还价款的情况下，才能排除普通债权人的执行。反之，案外人未返还价款的，不能排除执行。

125.【案外人系商品房消费者】实践中，商品房消费者向房地产开发企业购买商品房，往往没有及时办理房地产过户手续。房地产开发企业因欠债而被强制执行，人民法院在对尚登记在房地产开发企业名下但已出卖给消费者的商品房采取执行措施时，商品房消费者往往会提出执行异议，以排除强制执行。对此，《最高人民法院关于人民法院办理执行异议和复议案件若干问题的规定》第29条规定，符合下列情形的，应当支持商品房消费者的诉讼请求：一是在人民法院查封之前已签订合法有效的书面买卖合同；二是所购商品房系用于居住且买受人名下无其他用于居住的房屋；三是已支付的价款超过合同约定总价款的百分之五十。人民法院在审理执行异议之诉案件时，可参照适用此条款。

问题是，对于其中"所购商品房系用于居住且买受人名下无其他用于居住的房屋"如何理解，审判实践中掌握的标准不一。"买受人名下无其他用于居住的房屋"，可以理解为在案涉房屋同一设区的市或者县级市范围内商品房消费者名下没有用于居住的房屋。商品房消费者名下虽然已有1套房屋，但购买的房屋在面积上仍然属于满足基本居住需要的，可以理解为符合该规定的精神。

对于其中"已支付的价款超过合同约定总价款的百分之五十"如何理解，审判实践中掌握的标准也不一致。如果商品房消费者支付的价款接近于百分之五十，且已按照合同约定将剩余价款支付给申请执行人或者按照人民法院的要求交付执行的，可以理解为符合该规定的精神。

126.【商品房消费者的权利与抵押权的关系】根据《最高人民法院关于建设工程价款优先受偿权问题的批复》第1条、第2条的规定，交付全部或者大部分款项的商品房消费者的权利优先于抵押权人的抵押权，故抵押权人申请执行登记在房地产开发企业名下但已销售给消费者的商品房，消费者提出执行异议的，人民法院依法予以支持。但应当特别注意的是，此情况是针对实践中存在的商品房预售不规范现象为保护消费者生存权而作出的例外规定，必须严格把握条件，避免扩大范围,以免动摇抵押权具有优先性的基本原则。因此,这里的商品房消费者应当仅限于符合本纪要第 125 条规定的商品房消费者。买受人不是本纪要第 125 条规定的商品房消费者,而是一般的房屋买卖合同的买受人,不适用上述处理规则。

127.【案外人系商品房消费者之外的一般买受人】金钱债权执行中,商品房消费者之外的一般买受人对登记在被执行人名下的不动产提出异议,请求排除执行的,《最高人民法院关于人民法院办理执行异议和复议案件若干问题的规定》第 28 条规定,符合下列情形的依法予以支持:一是在人民法院查封之前已签订合法有效的书面买卖合同;二是在人民法院查封之前已合法占有该不动产;三是已支付全部价款,或者已按照合同约定支付部分价款且将剩余价款按照人民法院的要求交付执行;四是非因买受人自身原因未办理过户登记。人民法院在审理执行异议之诉案件时,可参照适用此条款。

实践中,对于该规定的前 3 个条件,理解并无分歧。对于其中的第 4 个条件,理解不一致。一般而言,买受人只要有向房屋登记机构递交过户登记材料,或向出卖人提出了办理过户登记的请求等积极行为的,可以认为符合该条件。买受人无上述积极行为,其未办理过户登记有合理的客观理由的,亦可认定符合该条件。

十二、关于民刑交叉案件的程序处理

会议认为,近年来,在民间借贷、P2P 等融资活动中,与涉嫌诈骗、合同诈骗、票据诈骗、集资诈骗、非法吸收公众存款等犯罪有关的民商事案件的数量有所增加,出现了一些新情况和新问题。在审理案件时,应当依照《最高人民法院关于在审理经济纠纷案件中涉及经济犯罪嫌疑若干问题的规定》《最高人民法院关于审理非法集资刑事案件具体应用法律若干问题的解释》《最高人民法院最高人民检察院公安部关于办理非法集资刑事案件适用法律若干问题的意见》以及民间借贷司法解释等规定,处理好民刑交叉案件之间的程序关系。

128.【分别审理】同一当事人因不同事实分别发生民商事纠纷和涉嫌刑事犯罪,民商事案件与刑事案件应当分别审理,主要有下列情形:

(1)主合同的债务人涉嫌刑事犯罪或者刑事裁判认定其构成犯罪,债权人请求担保人承担民事责任的;

(2)行为人以法人、非法人组织或者他人名义订立合同的行为涉嫌刑事犯罪或者刑事裁判认定其构成犯罪,合同相对人请求该法人、非法人组织或者他人承担民事责任的;

(3)法人或者非法人组织的法定代表人、负责人或者其他工作人员的职务行为涉嫌刑事犯罪或者刑事裁判认定其构成犯罪,受害人请求该法人或者非法人组织承担民事责任的;

(4)侵权行为人涉嫌刑事犯罪或者刑事裁判认定其构成犯罪,被保险人、受益人或者其他赔偿权利人请求保险人支付保险金的;

(5)受害人请求涉嫌刑事犯罪的行为人之外的其他主体承担民事责任的。

审判实践中出现的问题是,在上述情形下,有的人民法院仍然以民商事案件涉嫌刑事犯罪为由不予受理,已经受理的,裁定驳回起诉。对此,应予纠正。

129.【涉众型经济犯罪与民商事案件的程序处理】2014 年颁布实施的《最高人民法院最高人民检察院公安部关于办理非法集资刑事案件适用法律若干问题的意见》和 2019 年 1 月颁布实施的《最高人民法院最高人民检察院公安部关于办理非法集资刑事案件若干问题的意见》规定的涉嫌集资诈骗、非法吸收公众存款等涉众型经济犯罪,所涉人数众多、当事人分布地域广、标的额特别巨大、影响范围广,严重影响社会稳定,对于受害人就同一事实提起的以犯罪嫌疑人或者刑事被告人为被告的民事诉讼,人民法院应当裁定不予受理,并将有关材料移送侦查机关、检察机关或者正在审理该刑事案件的人民法院。受害人的民事权利保护应当通过刑事追赃、退赔的方式解决。正在审理民商事案件的人民法院发现有上述涉众型经济犯罪线索的,应当及时将犯罪线索和有关材料移送侦查机关。侦查机关作出立案决定前,人民法院应当中止审理;作出立案决定后,应当裁定驳回起诉;侦查机关未及时立案的,人民法院必要时可以将案件报请党委政法委协调处理。除上述情形人民法院不予受理外,要防止通过刑事手段干预民商事审判,搞地方保护,影响营商环境。

当事人因租赁、买卖、金融借款等与上述涉众型经济犯罪无关的民事纠纷,请求上述主体承担民事责任的,人民法院应予受理。

130.【民刑交叉案件中民商事案件中止审理的条件】人民法院在审理民商事案件时,如果民商事案件必须以相关刑事案件的审理结果为依据,而刑事案件尚未审结的,应当根据《民事诉讼法》第150条第5项的规定裁定中止诉讼。待刑事案件审结后,再恢复民商事案件的审理。如果民商事案件不是必须以相关的刑事案件的审理结果为依据,则民商事案件应当继续审理。

第八次全国法院民事商事审判工作会议(民事部分)纪要(节录)

(2016年11月30日 法〔2016〕399号)

……

二、关于婚姻家庭纠纷案件的审理

审理好婚姻家庭案件对于弘扬社会主义核心价值观和中华民族传统美德,传递正能量,促进家风建设,维护婚姻家庭稳定,具有重要意义。要注重探索家事审判工作规律,积极稳妥开展家事审判方式和工作机制改革试点工作;做好反家暴法实施工作,及时总结人民法院适用人身安全保护令制止家庭暴力的成功经验,促进社会健康和谐发展。

(一)关于未成年人保护问题

1. 在审理婚姻家庭案件中,应注重对未成年人权益的保护,特别是涉及家庭暴力的离婚案件,从未成年子女利益最大化的原则出发,对于实施家庭暴力的父母一方,一般不宜判决其直接抚养未成年子女。

2. 离婚后,不直接抚养未成年子女的父母一方提出探望未成年子女诉讼请求的,应当向双方当事人释明探望权的适当行使对未成年子女健康成长、人格塑造的重要意义,并根据未成年子女的年龄、智力和认知水平,在有利于未成年子女成长和尊重其意愿的前提下,保障当事人依法行使探望权。

3. 祖父母、外祖父母对父母已经死亡或父母无力抚养的未成年孙子女、外孙子女尽了抚养义务,其定期探望孙子女、外孙子女的权利应当得到尊重,并有权通过诉讼方式获得司法保护。

(二)关于夫妻共同财产认定问题

4. 婚姻关系存续期间以夫妻共同财产投保,投保人和被保险人同为夫妻一方,离婚时处于保险期内,投保人不愿意继续投保的,保险人退还的保险单现金价值部分应按照夫妻共同财产处理;离婚时投保人选择继续投保的,投保人应当支付保险单现金价值的一半给另一方。

5. 婚姻关系存续期间,夫妻一方作为被保险人依据意外伤害保险合同、健康保险合同获得的具有人身性质的保险金,或者夫妻一方作为受益人依据以死亡为给付条件的人寿保险合同获得的保险金,宜认定为个人财产,但双方另有约定的除外。

婚姻关系存续期间,夫妻一方依据以生

存到一定年龄为给付条件的具有现金价值的保险合同获得的保险金,宜认定为夫妻共同财产,但双方另有约定的除外。

三、关于侵权纠纷案件的审理

审理好侵权损害赔偿案件对于保护民事主体的合法权益,明确侵权责任,预防并制裁侵权行为,促进社会公平正义具有重要意义。要总结和运用以往审理侵权案件所积累下来的成功经验,进一步探索新形势下侵权案件的审理规律,更加强调裁判标准和裁判尺度的统一。当前,要注意以下几方面问题:

（一）关于侵权责任法实施中的相关问题

6. 鉴于侵权责任法第十八条明确规定被侵权人死亡,其近亲属有权请求侵权人承担侵权责任,并没有赋予有关机关或者单位提起请求的权利,当侵权行为造成身份不明人死亡时,如果没有赔偿权利人或者赔偿权利人不明,有关机关或者单位无权提起民事诉讼主张死亡赔偿金,但其为死者垫付的医疗费、丧葬费等实际发生的费用除外。

7. 依据侵权责任法第二十一条的规定,被侵权人请求义务人承担停止侵害、排除妨害、消除危险等责任,义务人以自己无过错为由提出抗辩的,不予支持。

8. 残疾赔偿金或死亡赔偿金的计算标准,应根据案件的实际情况,结合受害人住所地、经常居住地、主要收入来源等因素确定。在计算被扶养人生活费时,如果受害人是农村居民但按照城镇标准计算残疾赔偿金或者死亡赔偿金的,其被扶养人生活费也应按照受诉法院所在地上一年度城镇居民人均消费性支出标准计算。被扶养人生活费一并计入残疾赔偿金或者死亡赔偿金。

（二）关于社会保险与侵权责任的关系问题

9. 被侵权人有权获得工伤保险待遇或者其他社会保险待遇的,侵权人的侵权责任不因受害人获得社会保险而减轻或者免除。根据社会保险法第三十条和四十二条的规定,被侵权人有权请求工伤保险基金或者其他社会保险支付工伤保险待遇或者其他保险待遇。

10. 用人单位未依法缴纳工伤保险费,劳动者因第三人侵权造成人身损害并构成工伤,侵权人已经赔偿的,劳动者有权请求用人单位支付除医疗费之外的工伤保险待遇。用人单位先行支付工伤保险待遇的,可以就医疗费用在第三人应承担的赔偿责任范围内向其追偿。

（三）关于医疗损害赔偿责任问题

11. 患者一方请求医疗机构承担侵权责任,应证明与医疗机构之间存在医疗关系及受损害的事实。对于是否存在医疗关系,应综合挂号单、交费单、病历、出院证明以及其他能够证明存在医疗行为的证据加以认定。

12. 对当事人所举证据材料,应根据法律、法规及司法解释的相关规定进行综合审查。因当事人采取伪造、篡改、涂改等方式改变病历资料内容,或者遗失、销毁、抢夺病历,致使医疗行为与损害后果之间的因果关系或医疗机构及其医务人员的过错无法认定的,改变或者遗失、销毁、抢夺病历资料一方当事人应承担相应的不利后果;制作方对病历资料内容存在的明显矛盾或错误不能作出合理解释的,应承担相应的不利后果;病历仅存在错别字、未按病历规范格式书写等形式瑕疵的,不影响对病历资料真实性的认定。

四、关于房地产纠纷案件的审理

房地产纠纷案件的审判历来是民事审判的重要组成部分,审理好房地产纠纷案件对于保障人民安居乐业,优化土地资源配置,服务经济社会发展具有重要意义。随着我国经济发展进入新常态、产业结构优化升级以及国家房地产政策的调整,房地产纠纷案件还会出现新情况、新问题,要做好此类纠纷的研究和预判,不断提高化解矛盾的能力和水平。

（一）关于合同效力问题

13. 城市房地产管理法第三十九条第一

款第二项规定并非效力性强制性规定,当事人仅以转让国有土地使用权未达到该项规定条件为由,请求确认转让合同无效的,不予支持。

14. 物权法第一百九十一条第二款并非针对抵押财产转让合同的效力性强制性规定,当事人仅以转让抵押房地产未经抵押权人同意为由,请求确认转让合同无效的,不予支持。受让人在抵押登记未涂销时要求办理过户登记的,不予支持。

(二)关于一房数卖的合同履行问题

15. 审理一房数卖纠纷案件时,如果数份合同均有效且买受人均要求履行合同的,一般应按照已经办理房屋所有权变更登记、合法占有房屋以及合同履行情况、买卖合同成立先后等顺序确定权利保护顺位。但恶意办理登记的买受人,其权利不能优先于已经合法占有该房屋的买受人。对买卖合同的成立时间,应综合主管机关备案时间、合同载明的签订时间以及其他证据确定。

(三)关于以房抵债问题

16. 当事人达成以房抵债协议,并要求制作调解书的,人民法院应当严格审查协议是否在平等自愿基础上达成;对存在重大误解或显失公平的,应当予以释明;对利用协议损害其他债权人利益或者规避公共管理政策的,不能制作调解书;对当事人行为构成虚假诉讼的,严格按照民事诉讼法第一百一十二条和《最高人民法院关于适用〈中华人民共和国民事诉讼法〉的解释》第一百九十条、第一百九十一条的规定处理;涉嫌犯罪的,移送刑事侦查机关处理。

17. 当事人在债务清偿期届满后达成以房抵债协议并已经办理了产权转移手续,一方要求确认以房抵债协议无效或者变更、撤销,经审查不属于合同法第五十二条、第五十四条规定情形的,对其主张不予支持。

(四)关于违约责任问题

18. 买受人请求出卖人支付逾期办证的

违约金,从合同约定或者法定期限届满之次日起计算诉讼时效期间。

合同没有约定违约责任或者损失数额难以确定的,可参照《最高人民法院关于审理民间借贷案件适用法律若干问题的规定》第二十九条第二款规定处理。

五、关于物权纠纷案件的审理

物权法是中国特色社会主义法律体系中的重要支柱性法律,对于明确物的归属,发挥物的效用,增强权利义务意识和责任意识,保障市场主体的权利和平等发展,具有重要作用。妥善审理物权纠纷案件,对于依法保护物权,维护交易秩序,促进经济社会发展,意义重大。

(一)关于农村房屋买卖问题

19. 在国家确定的宅基地制度改革试点地区,可以按照国家政策及相关指导意见处理宅基地使用权因抵押担保、转让而产生的纠纷。

在非试点地区,农民将其宅基地上的房屋出售给本集体经济组织以外的个人,该房屋买卖合同认定为无效。合同无效后,买受人请求返还购房款及其利息,以及请求赔偿翻建或者改建成本的,应当综合考虑当事人过错等因素予以确定。

20. 在涉及农村宅基地或农村集体经营性建设用地的民事纠纷案件中,当事人主张利润分配等合同权利的,应提供政府部门关于土地利用规划、建设用地计划及优先满足集体建设用地等要求的审批文件或者证明。未提供上述手续或者虽提供了上述手续,但在一审法庭辩论终结前土地性质仍未变更为国有土地的,所涉及的相关合同应按无效处理。

(二)关于违法建筑相关纠纷的处理问题

21. 对于未取得建设工程规划许可证或者未按照建设工程规划许可证规定内容建设的违法建筑的认定和处理,属于国家有关行政机关的职权范围,应避免通过民事审判变相为违法建筑确权。当事人请求确认违法建筑权利归属及内容的,人民法院不予受理;已经受理的,裁定驳回起诉。

22. 因违法建筑倒塌或其搁置物、悬挂物脱落、坠落造成的损害赔偿纠纷,属于民事案件受案范围,应按照侵权责任法有关物件损害责任的相关规定处理。

(三)关于因土地承包、征收、征用引发争议的处理问题

23. 审理土地补偿费分配纠纷时,要在现行法律规定框架内,综合考虑当事人生产生活状况、户口登记状况以及农村土地对农民的基本生活保障功能等因素认定相关权利主体。要以当事人是否获得其他替代性基本生活保障为重要考量因素,慎重认定其权利主体资格的丧失,注重依法保护妇女、儿童以及农民工等群体的合法权益。

(四)关于诉讼时效问题

24. 已经合法占有转让标的物的受让人请求转让人办理物权变更登记,登记权利人请求无权占有人返还不动产或者动产,利害关系人请求确认物权的归属或内容,权利人请求排除妨害、消除危险,对方当事人以超过诉讼时效期间抗辩的,均应不予支持。

25. 被继承人死亡后遗产未分割,各继承人均未表示放弃继承,依据继承法第二十五条规定应视为均已接受继承,遗产属各继承人共同共有;当事人诉请享有继承权、主张分割遗产的纠纷案件,应参照共有财产分割的原则,不适用有关诉讼时效的规定。

六、关于劳动争议纠纷案件的审理

劳动争议案件的审理对于构建和谐劳动关系,优化劳动力、资本、技术、管理等要素配置,激发创新创业活力,推动大众创业、万众创新,促进新技术新产业的发展具有重要意义。应当坚持依法保护劳动者合法权益和维护用人单位生存发展并重的原则,严格依法区分劳动关系和劳务关系,防止认定劳动关

系泛化。

(一)关于案件受理问题

26. 劳动人事仲裁机构作出仲裁裁决,当事人在法定期限内未提起诉讼但再次申请仲裁,劳动人事仲裁机构作出不予受理裁决、决定或通知,当事人不服提起诉讼,经审查认为前后两次申请仲裁事项属于不同事项的,人民法院予以受理;经审查认为属于同一事项的,人民法院不予受理,已经受理的裁定驳回起诉。

(二)关于仲裁时效问题

27. 当事人在仲裁阶段未提出超过仲裁申请期间的抗辩,劳动人事仲裁机构作出实体裁决后,当事人在诉讼阶段又以超过仲裁时效期间为由进行抗辩的,人民法院不予支持。

当事人未按照规定提出仲裁时效抗辩,又以仲裁时效期间届满为由申请再审或者提出再审抗辩的,人民法院不予支持。

(三)关于竞业限制问题

28. 用人单位和劳动者在竞业限制协议中约定的违约金过分高于或者低于实际损失,当事人请求调整违约金数额的,人民法院可以参照《最高人民法院关于适用〈中华人民共和国合同法〉若干问题的解释(二)》第二十九条的规定予以处理。

(四)关于劳动合同解除问题

29. 用人单位在劳动合同期限内通过"末位淘汰"或"竞争上岗"等形式单方解除劳动合同,劳动者可以用人单位违法解除劳动合同为由,请求用人单位继续履行劳动合同或者支付赔偿金。

七、关于建设工程施工合同纠纷案件的审理

经济新常态形势下,因建设方资金缺口增大,导致工程欠款、质量缺陷等纠纷案件数量持续上升。人民法院要准确把握法律、法规、司法解释规定,调整建筑活动中个体利益与社会利益冲突,维护社会公共利益和建筑

市场经济秩序。

（一）关于合同效力问题

30. 要依法维护通过招投标所签订的中标合同的法律效力。当事人违反工程建设强制性标准，任意压缩合理工期、降低工程质量标准的约定，应认定无效。对于约定无效后的工程价款结算，应依据建设工程施工合同司法解释的相关规定处理。

（二）关于工程价款问题

31. 招标人和中标人另行签订改变工期、工程价款、工程项目性质等影响中标结果实质性内容的协议，导致合同双方当事人就实质性内容享有的权利义务发生较大变化的，应认定为变更中标合同实质性内容。

（三）关于承包人停（窝）工损失的赔偿问题

32. 因发包人未按照约定提供原材料、设备、场地、资金、技术资料的，隐蔽工程在隐蔽之前，承包人已通知发包人检查，发包人未及时检查等原因致使工程中途停、缓建，发包人应当赔偿因此给承包人造成的停（窝）工损失，包括停（窝）工人员人工费、机械设备窝工费和因窝工造成设备租赁费用等停（窝）工损失。

（四）关于不履行协作义务的责任问题

33. 发包人不履行告知变更后的施工方案、施工技术交底、完善施工条件等协作义务，致使承包人停（窝）工，以至难以完成工程项目建设的，承包人催告在合理期限内履行，发包人逾期仍不履行的，人民法院视违约情节，可以依据合同法第二百五十九条、第二百八十三条规定裁判顺延工期，并有权要求赔偿停（窝）工损失。

34. 承包人不履行配合工程档案备案、开具发票等协作义务的，人民法院视违约情节，可以依据合同法第六十条、第一百零七条规定，判令承包人限期履行、赔偿损失等。

八、关于民事审判程序

程序公正是司法公正的重要内容。人民群众和社会各界对于司法公正的认知和感受，很大程度上来源于其所参与的诉讼活动。要继续严格贯彻执行民事诉讼法及其司法解释，进一步强化民事审判程序意识，确保程序公正。

（一）关于鉴定问题

35. 当事人对鉴定人作出的鉴定意见的一部分提出异议并申请重新鉴定的，应当着重审查异议是否成立；如异议成立，原则上仅针对异议部分重新鉴定或者补充鉴定，并尽量缩减鉴定的范围和次数。

（二）关于诉讼代理人资格问题

36. 以当事人的工作人员身份参加诉讼活动，应当按照《最高人民法院关于适用〈中华人民共和国民事诉讼法〉的解释》第八十六条的规定，至少应当提交以下证据之一加以证明：

（1）缴纳社保记录凭证；

（2）领取工资凭证；

（3）其他能够证明其为当事人工作人员身份的证据。

……

最高人民法院关于审理民事案件适用诉讼时效制度若干问题的规定

（2008 年 8 月 11 日最高人民法院审判委员会第 1450 次会议通过　根据 2020 年 12 月 23 日最高人民法院审判委员会第 1823 次会议通过的《最高人民法院关于修改〈最高人民法院关于在民事审判工作中适用《中华人民共和国工会法》若干问题的解释〉等二十七件民事类司法解释的决定》修正　2020 年 12 月 29 日最高人民法院公告公布）

为正确适用法律关于诉讼时效制度的规定，保护当事人的合法权益，依照《中华人民共和国民法典》《中华人民共和国民事诉讼法》等法律的规定,结合审判实践,制定本规定。

第一条　当事人可以对债权请求权提出诉讼时效抗辩,但对下列债权请求权提出诉讼时效抗辩的,人民法院不予支持:

(一)支付存款本金及利息请求权;

(二)兑付国债、金融债券以及向不特定对象发行的企业债券本息请求权;

(三)基于投资关系产生的缴付出资请求权;

(四)其他依法不适用诉讼时效规定的债权请求权。

第二条　当事人未提出诉讼时效抗辩,人民法院不应对诉讼时效问题进行释明。

第三条　当事人在一审期间未提出诉讼时效抗辩,在二审期间提出的,人民法院不予支持,但其基于新的证据能够证明对方当事人的请求权已过诉讼时效期间的情形除外。

当事人未按照前款规定提出诉讼时效抗辩,以诉讼时效期间届满为由申请再审或者提出再审抗辩的,人民法院不予支持。

第四条　未约定履行期限的合同,依照民法典第五百一十条、第五百一十一条的规定,可以确定履行期限的,诉讼时效期间从履行期限届满之日起计算;不能确定履行期限的,诉讼时效期间从债权人要求债务人履行义务的宽限期届满之日起计算,但债务人在债权人第一次向其主张权利之时明确表示不履行义务的,诉讼时效期间从债务人明确表示不履行义务之日起计算。

第五条　享有撤销权的当事人一方请求撤销合同的,应适用民法典关于除斥期间的规定。对方当事人对撤销合同请求权提出诉讼时效抗辩的,人民法院不予支持。

合同被撤销,返还财产、赔偿损失请求权的诉讼时效期间从合同被撤销之日起计算。

第六条　返还不当得利请求权的诉讼时效期间,从当事人一方知道或者应当知道不当得利事实及对方当事人之日起计算。

第七条　管理人因无因管理行为产生的给付必要管理费用、赔偿损失请求权的诉讼时效期间,从无因管理行为结束并且管理人知道或者应当知道本人之日起计算。

本人因不当无因管理行为产生的赔偿损失请求权的诉讼时效期间,从其知道或者应当知道管理人及损害事实之日起计算。

第八条　具有下列情形之一的,应当认定为民法典第一百九十五条规定的"权利人向义务人提出履行请求",产生诉讼时效中断的效力:

(一)当事人一方直接向对方当事人送交主张权利文书,对方当事人在文书上签名、盖章、按指印或者虽未签名、盖章、按指印但能够以其他方式证明该文书到达对方当事人的;

(二)当事人一方以发送信件或者数据电文方式主张权利,信件或者数据电文到达或者应当到达对方当事人的;

(三)当事人一方为金融机构,依照法律规定或者当事人约定从对方当事人账户中扣收欠款本息的;

(四)当事人一方下落不明,对方当事人在国家级或者下落不明的当事人一方住所地的省级有影响的媒体上刊登具有主张权利内容的公告的,但法律和司法解释另有特别规定的,适用其规定。

前款第(一)项情形中,对方当事人为法人或者其他组织的,签收人可以是其法定代表人、主要负责人、负责收发信件的部门或者被授权主体;对方当事人为自然人的,签收人可以是自然人本人、同住的具有完全行为能力的亲属或者被授权主体。

第九条　权利人对同一债权中的部分债权主张权利,诉讼时效中断的效力及于剩余债权,但权利人明确表示放弃剩余债权的情形除外。

第十条　当事人一方向人民法院提交起

诉状或者口头起诉的,诉讼时效从提交起诉状或者口头起诉之日起中断。

第十一条 下列事项之一,人民法院应当认定与提起诉讼具有同等诉讼时效中断的效力:

(一)申请支付令;

(二)申请破产、申报破产债权;

(三)为主张权利而申请宣告义务人失踪或死亡;

(四)申请诉前财产保全、诉前临时禁令等诉前措施;

(五)申请强制执行;

(六)申请追加当事人或者被通知参加诉讼;

(七)在诉讼中主张抵销;

(八)其他与提起诉讼具有同等诉讼时效中断效力的事项。

第十二条 权利人向人民调解委员会以及其他依法有权解决相关民事纠纷的国家机关、事业单位、社会团体等社会组织提出保护相应民事权利的请求,诉讼时效从提出请求之日起中断。

第十三条 权利人向公安机关、人民检察院、人民法院报案或者控告,请求保护其民事权利的,诉讼时效从其报案或者控告之日起中断。

上述机关决定不立案、撤销案件、不起诉的,诉讼时效期间从权利人知道或者应当知道不立案、撤销案件或者不起诉之日起重新计算;刑事案件进入审理阶段,诉讼时效期间从刑事裁判文书生效之日起重新计算。

第十四条 义务人作出分期履行、部分履行、提供担保、请求延期履行、制定清偿债务计划等承诺或者行为的,应当认定为民法典第一百九十五条规定的"义务人同意履行义务"。

第十五条 对于连带债权人中的一人发生诉讼时效中断效力的事由,应当认定对其他连带债权人也发生诉讼时效中断的效力。

对于连带债务人中的一人发生诉讼时效中断效力的事由,应当认定对其他连带债务人也发生诉讼时效中断的效力。

第十六条 债权人提起代位权诉讼的,应当认定对债权人的债权和债务人的债权均发生诉讼时效中断的效力。

第十七条 债权转让的,应当认定诉讼时效从债权转让通知到达债务人之日起中断。

债务承担情形下,构成原债务人对债务承认的,应当认定诉讼时效从债务承担意思表示到达债权人之日起中断。

第十八条 主债务诉讼时效期间届满,保证人享有主债务人的诉讼时效抗辩权。

保证人未主张前述诉讼时效抗辩权,承担保证责任后向主债务人行使追偿权的,人民法院不予支持,但主债务人同意给付的情形除外。

第十九条 诉讼时效期间届满,当事人一方向对方当事人作出同意履行义务的意思表示或者自愿履行义务后,又以诉讼时效期间届满为由进行抗辩的,人民法院不予支持。

当事人双方就原债务达成新的协议,债权人主张义务人放弃诉讼时效抗辩权的,人民法院应予支持。

超过诉讼时效期间,贷款人向借款人发出催收到期贷款通知单,债务人在通知单上签字或者盖章,能够认定借款人同意履行诉讼时效期间已经届满的义务的,对于贷款人关于借款人放弃诉讼时效抗辩权的主张,人民法院应予支持。

第二十条 本规定施行后,案件尚在一审或者二审阶段的,适用本规定;本规定施行前已经终审的案件,人民法院进行再审时,不适用本规定。

第二十一条 本规定施行前本院作出的有关司法解释与本规定相抵触的,以本规定为准。

最高人民法院关于适用《中华人民共和国民法典》时间效力的若干规定

（2020年12月14日最高人民法院审判委员会第1821次会议通过 2020年12月29日最高人民法院公告公布 自2021年1月1日起施行 法释〔2020〕15号）

根据《中华人民共和国立法法》《中华人民共和国民法典》等法律规定，就人民法院在审理民事纠纷案件中有关适用民法典时间效力问题作出如下规定。

一、一般规定

第一条 民法典施行后的法律事实引起的民事纠纷案件，适用民法典的规定。

民法典施行前的法律事实引起的民事纠纷案件，适用当时的法律、司法解释的规定，但是法律、司法解释另有规定的除外。

民法典施行前的法律事实持续至民法典施行后，该法律事实引起的民事纠纷案件，适用民法典的规定，但是法律、司法解释另有规定的除外。

第二条 民法典施行前的法律事实引起的民事纠纷案件，当时的法律、司法解释有规定，适用当时的法律、司法解释的规定，但是适用民法典的规定更有利于保护民事主体合法权益，更有利于维护社会和经济秩序，更有利于弘扬社会主义核心价值观的除外。

第三条 民法典施行前的法律事实引起的民事纠纷案件，当时的法律、司法解释没有规定而民法典有规定的，可以适用民法典的规定，但是明显减损当事人合法权益、增加当事人法定义务或者背离当事人合理预期的除外。

第四条 民法典施行前的法律事实引起的民事纠纷案件，当时的法律、司法解释仅有原则性规定而民法典有具体规定的，适用当时的法律、司法解释的规定，但是可以依据民法典具体规定进行裁判说理。

第五条 民法典施行前已经终审的案件，当事人申请再审或者按照审判监督程序决定再审的，不适用民法典的规定。

二、溯及适用的具体规定

第六条 《中华人民共和国民法总则》施行前，侵害英雄烈士等的姓名、肖像、名誉、荣誉，损害社会公共利益引起的民事纠纷案件，适用民法典第一百八十五条的规定。

第七条 民法典施行前，当事人在债务履行期限届满前约定债务人不履行到期债务时抵押财产或者质押财产归债权人所有的，适用民法典第四百零一条和第四百二十八条的规定。

第八条 民法典施行前成立的合同，适用当时的法律、司法解释的规定合同无效而适用民法典的规定合同有效的，适用民法典的相关规定。

第九条 民法典施行前订立的合同，提供格式条款一方未履行提示或者说明义务，涉及格式条款效力认定的，适用民法典第四百九十六条的规定。

第十条 民法典施行前，当事人一方未通知对方而直接以提起诉讼方式依法主张解除合同的，适用民法典第五百六十五条第二款的规定。

第十一条 民法典施行前成立的合同，当事人一方不履行非金钱债务或者履行非金钱债务不符合约定，对方可以请求履行，但是有民法典第五百八十条第一款第一项、第二项、第三项除外情形之一，致使不能实现合同目的，当事人请求终止合同权利义务关系的，适用民法典第五百八十条第二款的规定。

第十二条 民法典施行前订立的保理合同发生争议的,适用民法典第三编第十六章的规定。

第十三条 民法典施行前,继承人有民法典第一千一百二十五条第一款第四项和第五项规定行为之一,对该继承人是否丧失继承权发生争议的,适用民法典第一千一百二十五条第一款和第二款的规定。

民法典施行前,受遗赠人有民法典第一千一百二十五条第一款规定行为之一,对受遗赠人是否丧失受遗赠权发生争议的,适用民法典第一千一百二十五条第一款和第三款的规定。

第十四条 被继承人在民法典施行前死亡,遗产无人继承又无人受遗赠,其兄弟姐妹的子女请求代位继承的,适用民法典第一千一百二十八条第二款和第三款的规定,但是遗产已经在民法典施行前处理完毕的除外。

第十五条 民法典施行前,遗嘱人以打印方式立的遗嘱,当事人对该遗嘱效力发生争议的,适用民法典第一千一百三十六条的规定,但是遗产已经在民法典施行前处理完毕的除外。

第十六条 民法典施行前,受害人自愿参加具有一定风险的文体活动受到损害引起的民事纠纷案件,适用民法典第一千一百七十六条的规定。

第十七条 民法典施行前,受害人为保护自己合法权益采取扣留侵权人的财物等措施引起的民事纠纷案件,适用民法典第一千一百七十七条的规定。

第十八条 民法典施行前,因非营运机动车发生交通事故造成无偿搭乘人损害引起的民事纠纷案件,适用民法典第一千二百一十七条的规定。

第十九条 民法典施行前,从建筑物中抛掷物品或者从建筑物上坠落的物品造成他人损害引起的民事纠纷案件,适用民法典第一千二百五十四条的规定。

三、衔接适用的具体规定

第二十条 民法典施行前成立的合同,依照法律规定或者当事人约定该合同的履行持续至民法典施行后,因民法典施行前履行合同发生争议的,适用当时的法律、司法解释的规定;因民法典施行后履行合同发生争议的,适用民法典第三编第四章和第五章的相关规定。

第二十一条 民法典施行前租赁期限届满,当事人主张适用民法典第七百三十四条第二款规定的,人民法院不予支持;租赁期限在民法典施行后届满,当事人主张适用民法典第七百三十四条第二款规定的,人民法院依法予以支持。

第二十二条 民法典施行前,经人民法院判决不准离婚后,双方又分居满一年,一方再次提起离婚诉讼的,适用民法典第一千零七十九条第五款的规定。

第二十三条 被继承人在民法典施行前立有公证遗嘱,民法典施行后又立有新遗嘱,其死亡后,因该数份遗嘱内容相抵触发生争议的,适用民法典第一千一百四十二条第三款的规定。

第二十四条 侵权行为发生在民法典施行前,但是损害后果出现在民法典施行后的民事纠纷案件,适用民法典的规定。

第二十五条 民法典施行前成立的合同,当时的法律、司法解释没有规定且当事人没有约定解除权行使期限,对方当事人也未催告的,解除权人在民法典施行前知道或者应当知道解除事由,自民法典施行之日起一年内不行使的,人民法院应当依法认定该解除权消灭;解除权人在民法典施行后知道或者应当知道解除事由的,适用民法典第五百六十四条第二款关于解除权行使期限的规定。

第二十六条 当事人以民法典施行前受

胁迫结婚为由请求人民法院撤销婚姻的,撤销权的行使期限适用民法典第一千零五十二条第二款的规定。

第二十七条　民法典施行前成立的保证合同,当事人对保证期间约定不明确,主债务履行期限届满至民法典施行之日不满二年,当事人主张保证期间为主债务履行期限届满之日起二年的,人民法院依法予以支持;当事人对保证期间没有约定,主债务履行期限届满至民法典施行之日不满六个月,当事人主张保证期间为主债务履行期限届满之日起六个月的,人民法院依法予以支持。

四、附　则

第二十八条　本规定自 2021 年 1 月 1 日起施行。

本规定施行后,人民法院尚未审结的一审、二审案件适用本规定。

最高人民法院关于债务人在约定的期限届满后未履行债务而出具没有还款日期的欠款条诉讼时效期间应从何时开始计算问题的批复

（1994 年 3 月 26 日　根据 2020 年 12 月 23 日最高人民法院审判委员会第 1823 次会议通过的《最高人民法院关于修改〈最高人民法院关于在民事审判工作中适用《中华人民共和国工会法》若干问题的解释〉等二十七件民事类司法解释的决定》修正　2020 年 12 月 29 日最高人民法院公告公布）

山东省高级人民法院:

你院鲁高法〔1992〕70 号请示收悉。关

于债务人在约定的期限届满后未履行债务,而出具没有还款日期的欠款条,诉讼时效期间应从何时开始计算的问题,经研究,答复如下:

据你院报告称,双方当事人原约定,供方交货后,需方立即付款。需方收货后因无款可付,经供方同意写了没有还款日期的欠款条。根据民法典第一百九十五条的规定,应认定诉讼时效中断。如果供方在诉讼时效中断后一直未主张权利,诉讼时效期间则应从供方收到需方所写欠款条之日起重新计算。

此复。

最高人民法院关于承运人就海上货物运输向托运人、收货人或提单持有人要求赔偿的请求权时效期间的批复

（1997 年 7 月 11 日最高人民法院审判委员会第 921 次会议通过　1997 年 8 月 5 日最高人民法院公告公布　自 1997 年 8 月 7 日起施行　法释〔1997〕3 号）

山东省高级人民法院:

你院《关于赔偿请求权时效期间的请示》（鲁法经〔1996〕74 号）收悉。经研究,答复如下:

承运人就海上货物运输向托运人、收货人或提单持有人要求赔偿的请求权,在有关法律未予以规定前,比照适用《中华人民共和国海商法》第二百五十七条第一款的规定,时效期间为 1 年,自权利人知道或者应当知道权利被侵害之日起计算。

此复

中华人民共和国涉外民事关系法律适用法

（2010 年 10 月 28 日第十一届全国人民代表大会常务委员会第十七次会议通过 2010 年 10 月 28 日中华人民共和国主席令第 36 号公布 自 2011 年 4 月 1 日起施行）

目 录

第一章 一 般 规 定

第一条 【立法宗旨】为了明确涉外民事关系的法律适用，合理解决涉外民事争议，维护当事人的合法权益，制定本法。

第二条 【本法的适用与最密切联系原则】涉外民事关系适用的法律，依照本法确定。其他法律对涉外民事关系法律适用另有特别规定的，依照其规定。

本法和其他法律对涉外民事关系法律适用没有规定的，适用与该涉外民事关系有最密切联系的法律。

第三条 【当事人意思自治原则】当事人依照法律规定可以明示选择涉外民事关系适用的法律。

第四条 【强制性法律直接适用】中华人民共和国法律对涉外民事关系有强制性规定的，直接适用该强制性规定。

第五条 【公共秩序保留】外国法律的适用将损害中华人民共和国社会公共利益的，适用中华人民共和国法律。

第六条 【冲突规范指向多法域国家时的处理】涉外民事关系适用外国法律，该国不同区域实施不同法律的，适用与该涉外民事关系有最密切联系区域的法律。

第七条 【诉讼时效的准据法】诉讼时效，适用相关涉外民事关系应当适用的法律。

第八条 【涉外民事关系定性的准据法】涉外民事关系的定性，适用法院地法律。

第九条 【不适用反致制度】涉外民事关系适用的外国法律，不包括该国的法律适用法。

第十条 【外国法的查明】涉外民事关系适用的外国法律，由人民法院、仲裁机构或者行政机关查明。当事人选择适用外国法律的，应当提供该国法律。

不能查明外国法律或者该国法律没有规定的，适用中华人民共和国法律。

第二章 民 事 主 体

第十一条 【自然人民事权利能力的准据法】自然人的民事权利能力，适用经常居所地法律。

第十二条 【自然人民事行为能力的准据法】自然人的民事行为能力，适用经常居所地法律。

自然人从事民事活动，依照经常居所地法律为无民事行为能力，依照行为地法律为有民事行为能力的，适用行为地法律，但涉及婚姻家庭、继承的除外。

第十三条 【宣告失踪或死亡的准据法】宣告失踪或者宣告死亡，适用自然人经常居所地法律。

第十四条 【法人及其分支机构属人法的确定】法人及其分支机构的民事权利能力、民事行为能力、组织机构、股东权利义务等事项,适用登记地法律。

法人的主营业地与登记地不一致的,可以适用主营业地法律。法人的经常居所地,为其主营业地。

第十五条 【人格权的准据法】人格权的内容,适用权利人经常居所地法律。

第十六条 【代理关系的准据法】代理适用代理行为地法律,但被代理人与代理人的民事关系,适用代理关系发生地法律。

当事人可以协议选择委托代理适用的法律。

第十七条 【信托关系的准据法】当事人可以协议选择信托适用的法律。当事人没有选择的,适用信托财产所在地法律或者信托关系发生地法律。

第十八条 【仲裁协议效力的准据法】当事人可以协议选择仲裁协议适用的法律。当事人没有选择的,适用仲裁机构所在地法律或者仲裁地法律。

第十九条 【自然人国籍冲突的处理】依照本法适用国籍国法律,自然人具有两个以上国籍的,适用有经常居所的国籍国法律;在所有国籍国均无经常居所的,适用与其有最密切联系的国籍国法律。自然人无国籍或者国籍不明的,适用其经常居所地法律。

第二十条 【自然人经常居所地不明时的处理】依照本法适用经常居所地法律,自然人经常居所地不明的,适用其现在居所地法律。

第三章 婚姻家庭

第二十一条 【结婚实质要件的准据法】结婚条件,适用当事人共同经常居所地法律;没有共同经常居所地的,适用共同国籍国法律;没有共同国籍,在一方当事人经常居所地或者国籍国缔结婚姻的,适用婚姻缔结地法律。

第二十二条 【结婚形式要件的准据法】结婚手续,符合婚姻缔结地法律、一方当事人经常居所地法律或者国籍国法律的,均为有效。

第二十三条 【夫妻人身关系的准据法】夫妻人身关系,适用共同经常居所地法律;没有共同经常居所地的,适用共同国籍国法律。

第二十四条 【夫妻财产关系的准据法】夫妻财产关系,当事人可以协议选择适用一方当事人经常居所地法律、国籍国法律或者主要财产所在地法律。当事人没有选择的,适用共同经常居所地法律;没有共同经常居所地的,适用共同国籍国法律。

第二十五条 【父母子女人身财产关系的准据法】父母子女人身、财产关系,适用共同经常居所地法律;没有共同经常居所地的,适用一方当事人经常居所地法律或者国籍国法律中有利于保护弱者权益的法律。

第二十六条 【协议离婚的准据法】协议离婚,当事人可以协议选择适用一方当事人经常居所地法律或者国籍国法律。当事人没有选择的,适用共同经常居所地法律;没有共同经常居所地的,适用共同国籍国法律;没有共同国籍的,适用办理离婚手续机构所在地法律。

第二十七条 【诉讼离婚的准据法】诉讼离婚,适用法院地法律。

第二十八条 【收养关系的准据法】收养的条件和手续,适用收养人和被收养人经常居所地法律。收养的效力,适用收养时收养人经常居所地法律。收养关系的解除,适用收养时被收养人经常居所地法律或者法院地法律。

第二十九条 【扶养关系的准据法】扶

养,适用一方当事人经常居所地法律、国籍国法律或者主要财产所在地法律中有利于保护被扶养人权益的法律。

第三十条 【监护的准据法】监护,适用一方当事人经常居所地法律或者国籍国法律中有利于保护被监护人权益的法律。

第四章 继 承

第三十一条 【法定继承的准据法】法定继承,适用被继承人死亡时经常居所地法律,但不动产法定继承,适用不动产所在地法律。

第三十二条 【遗嘱方式的准据法】遗嘱方式,符合遗嘱人立遗嘱时或者死亡时经常居所地法律、国籍国法律或者遗嘱行为地法律的,遗嘱均为成立。

第三十三条 【遗嘱效力的准据法】遗嘱效力,适用遗嘱人立遗嘱时或者死亡时经常居所地法律或者国籍国法律。

第三十四条 【遗产管理等事项的准据法】遗产管理等事项,适用遗产所在地法律。

第三十五条 【无人继承遗产的准据法】无人继承遗产的归属,适用被继承人死亡时遗产所在地法律。

第五章 物 权

第三十六条 【不动产物权的准据法】不动产物权,适用不动产所在地法律。

第三十七条 【动产物权的准据法】当事人可以协议选择动产物权适用的法律。当事人没有选择的,适用法律事实发生时动产所在地法律。

第三十八条 【运输中的动产物权的准据法】当事人可以协议选择运输中动产物权发生变更适用的法律。当事人没有选择的,适用运输目的地法律。

第三十九条 【有价证券的准据法】有价证券,适用有价证券权利实现地法律或者其他与该有价证券有最密切联系的法律。

第四十条 【权利质权的准据法】权利质权,适用质权设立地法律。

第六章 债 权

第四十一条 【合同的准据法的一般规定】当事人可以协议选择合同适用的法律。当事人没有选择的,适用履行义务最能体现该合同特征的一方当事人经常居所地法律或者其他与该合同有最密切联系的法律。

第四十二条 【消费者合同的准据法】消费者合同,适用消费者经常居所地法律;消费者选择适用商品、服务提供地法律或者经营者在消费者经常居所地没有从事相关经营活动的,适用商品、服务提供地法律。

第四十三条 【劳动合同的准据法】劳动合同,适用劳动者工作地法律;难以确定劳动者工作地的,适用用人单位主营业地法律。劳务派遣,可以适用劳务派出地法律。

第四十四条 【侵权责任的准据法的一般规定】侵权责任,适用侵权行为地法律,但当事人有共同经常居所地的,适用共同经常居所地法律。侵权行为发生后,当事人协议选择适用法律的,按照其协议。

第四十五条 【产品责任的准据法】产品责任,适用被侵权人经常居所地法律;被侵权人选择适用侵权人主营业地法律、损害发生地法律的,或者侵权人在被侵权人经常居所地没有从事相关经营活动的,适用侵权人主营业地法律或者损害发生地法律。

第四十六条 【以媒体方式侵害人格权的准据法】通过网络或者采用其他方式侵害姓名权、肖像权、名誉权、隐私权等人格权的,适用被侵权人经常居所地法律。

第四十七条 【不当得利和无因管理的准据法】不当得利、无因管理,适用当事人协议选择适用的法律。当事人没有选择的,适用当事人共同经常居所地法律;没有共同经常居所地的,适用不当得利、无因管理发生地法律。

第七章 知识产权

第四十八条 【知识产权的准据法的一般规定】知识产权的归属和内容,适用被请求保护地法律。

第四十九条 【知识产权转让和许可合同的准据法】当事人可以协议选择知识产权转让和许可使用适用的法律。当事人没有选择的,适用本法对合同的有关规定。

第五十条 【知识产权侵权责任的准据法】知识产权的侵权责任,适用被请求保护地法律,当事人也可以在侵权行为发生后协议选择适用法院地法律。

第八章 附 则

第五十一条 【新法与旧法的协调适用】《中华人民共和国民法通则》第一百四十六条、第一百四十七条,《中华人民共和国继承法》第三十六条,与本法的规定不一致的,适用本法。

第五十二条 【本法的时间效力】本法自2011年4月1日起施行。

最高人民法院关于适用《中华人民共和国涉外民事关系法律适用法》若干问题的解释(一)

(2012年12月10日最高人民法院审判委员会第1563次会议通过 根据2020年12月23日最高人民法院审判委员会第1823次会议通过的《最高人民法院关于修改〈最高人民法院关于破产企业国有划拨土地使用权应否列入破产财产等问题的批复〉等二十九件商事类司法解释的决定》修正 2020年12月29日最高人民法院公告公布)

为正确审理涉外民事案件,根据《中华人民共和国涉外民事关系法律适用法》的规定,对人民法院适用该法的有关问题解释如下:

第一条 民事关系具有下列情形之一的,人民法院可以认定为涉外民事关系:

(一)当事人一方或双方是外国公民、外国法人或者其他组织、无国籍人;

(二)当事人一方或双方的经常居所地在中华人民共和国领域外;

(三)标的物在中华人民共和国领域外;

(四)产生、变更或者消灭民事关系的法律事实发生在中华人民共和国领域外;

(五)可以认定为涉外民事关系的其他情形。

第二条 涉外民事关系法律适用法实施以前发生的涉外民事关系,人民法院应当根据该涉外民事关系发生时的有关法律规定确定应当适用的法律;当时法律没有规定的,可以参照涉外民事关系法律适用法的规定确定。

第三条 涉外民事关系法律适用法与其他法律对同一涉外民事关系法律适用规定不一致的,适用涉外民事关系法律适用法的规定,但《中华人民共和国票据法》《中华人民共和国海商法》《中华人民共和国民用航空法》等商事领域法律的特别规定以及知识产权领域法律的特别规定除外。

涉外民事关系法律适用法对涉外民事关系的法律适用没有规定而其他法律有规定的,适用其他法律的规定。

第四条 中华人民共和国法律没有明确规定当事人可以选择涉外民事关系适用的法律,当事人选择适用法律的,人民法院应认定该选择无效。

第五条 一方当事人以双方协议选择的法律与系争的涉外民事关系没有实际联系为由主张选择无效的,人民法院不予支持。

第六条 当事人在一审法庭辩论终结前协议选择或者变更选择适用的法律的,人民法院应予准许。

各方当事人援引相同国家的法律且未提出法律适用异议的,人民法院可以认定当事人已经就涉外民事关系适用的法律做出了选择。

第七条 当事人在合同中援引尚未对中华人民共和国生效的国际条约的,人民法院可以根据该国际条约的内容确定当事人之间的权利义务,但违反中华人民共和国社会公共利益或中华人民共和国法律、行政法规强制性规定的除外。

第八条 有下列情形之一,涉及中华人民共和国社会公共利益、当事人不能通过约定排除适用、无需通过冲突规范指引而直接适用于涉外民事关系的法律、行政法规的规定,人民法院应当认定为涉外民事关系法律适用法第四条规定的强制性规定:

(一)涉及劳动者权益保护的;
(二)涉及食品或公共卫生安全的;
(三)涉及环境安全的;
(四)涉及外汇管制等金融安全的;
(五)涉及反垄断、反倾销的;

(六)应当认定为强制性规定的其他情形。

第九条 一方当事人故意制造涉外民事关系的连结点,规避中华人民共和国法律、行政法规的强制性规定的,人民法院应认定为不发生适用外国法律的效力。

第十条 涉外民事争议的解决须以另一涉外民事关系的确认为前提时,人民法院应当根据该先决问题自身的性质确定其应当适用的法律。

第十一条 案件涉及两个或者两个以上的涉外民事关系时,人民法院应当分别确定应当适用的法律。

第十二条 当事人没有选择涉外仲裁协议适用的法律,也没有约定仲裁机构或者仲裁地,或者约定不明的,人民法院可以适用中华人民共和国法律认定该仲裁协议的效力。

第十三条 自然人在涉外民事关系产生或者变更、终止时已经连续居住一年以上且作为其生活中心的地方,人民法院可以认定为涉外民事关系法律适用法规定的自然人的经常居所地,但就医、劳务派遣、公务等情形除外。

第十四条 人民法院应当将法人的设立登记地认定为涉外民事关系法律适用法规定的法人的登记地。

第十五条 人民法院通过由当事人提供、已对中华人民共和国生效的国际条约规定的途径、中外法律专家提供等合理途径仍不能获得外国法律的,可以认定为不能查明外国法律。

根据涉外民事关系法律适用法第十条第一款的规定,当事人应当提供外国法律,其在人民法院指定的合理期限内无正当理由未提供该外国法律的,可以认定为不能查明外国法律。

第十六条 人民法院应当听取各方当事人对应当适用的外国法律的内容及其理解与适用的意见,当事人对该外国法律的内容及其理解与适用均无异议的,人民法院可以予以确认;当事人有异议的,由人民法院审查认定。

第十七条　涉及香港特别行政区、澳门特别行政区的民事关系的法律适用问题,参照适用本规定。

第十八条　涉外民事关系法律适用法施行后发生的涉外民事纠纷案件,本解释施行后尚未终审的,适用本解释;本解释施行前已经终审,当事人申请再审或者按照审判监督程序决定再审的,不适用本解释。

第十九条　本院以前发布的司法解释与本解释不一致的,以本解释为准。

最高人民法院关于适用《中华人民共和国涉外民事关系法律适用法》若干问题的解释(二)

(2023 年 8 月 30 日最高人民法院审判委员会第 1898 次会议通过　2023 年 11 月 30 日最高人民法院公告公布　自 2024 年 1 月 1 日起施行　法释〔2023〕12 号)

为正确适用《中华人民共和国涉外民事关系法律适用法》,结合审判实践,就人民法院审理涉外民商事案件查明外国法律制定本解释。

第一条　人民法院审理涉外民商事案件适用外国法律的,应当根据涉外民事关系法律适用法第十条第一款的规定查明该国法律。

当事人选择适用外国法律的,应当提供该国法律。

当事人未选择适用外国法律的,由人民法院查明该国法律。

第二条　人民法院可以通过下列途径查明外国法律:

(一)由当事人提供;

(二)通过司法协助渠道由对方的中央机关或者主管机关提供;

(三)通过最高人民法院请求我国驻该国使领馆或者该国驻我国使领馆提供;

(四)由最高人民法院建立或者参与的法律查明合作机制参与方提供;

(五)由最高人民法院国际商事专家委员会专家提供;

(六)由法律查明服务机构或者中外法律专家提供;

(七)其他适当途径。

人民法院通过前款规定的其中一项途径无法获得外国法律或者获得的外国法律内容不明确、不充分的,应当通过该款规定的不同途径补充查明。

人民法院依据本条第一款第一项的规定要求当事人协助提供外国法律的,不得仅以当事人未予协助提供为由认定外国法律不能查明。

第三条　当事人提供外国法律的,应当提交该国法律的具体规定并说明获得途径、效力情况、与案件争议的关联性等。外国法律为判例法的,还应当提交判例全文。

第四条　法律查明服务机构、法律专家提供外国法律的,除提交本解释第三条规定的材料外,还应当提交法律查明服务机构的资质证明、法律专家的身份及资历证明,并附与案件无利害关系的书面声明。

第五条　查明的外国法律的相关材料均应当在法庭上出示。人民法院应当听取各方当事人对外国法律的内容及其理解与适用的意见。

第六条　人民法院可以召集庭前会议或者以其他适当方式,确定需要查明的外国法律的范围。

第七条　人民法院认为有必要的,可以通知提供外国法律的法律查明服务机构或者法律专家出庭接受询问。当事人申请法律查明服务机构或者法律专家出庭,人民法院认为有必要的,可以准许。

法律查明服务机构或者法律专家现场出庭确有困难的,可以在线接受询问,但法律查明服务机构或者法律专家所在国法律对跨国在线参与庭审有禁止性规定的除外。

出庭的法律查明服务机构或者法律专家只围绕外国法律及其理解发表意见,不参与其他法庭审理活动。

第八条 人民法院对外国法律的内容及其理解与适用,根据以下情形分别作出处理:

(一)当事人对外国法律的内容及其理解与适用均无异议的,人民法院可以予以确认;

(二)当事人对外国法律的内容及其理解与适用有异议的,应当说明理由。人民法院认为有必要的,可以补充查明或者要求当事人补充提供材料。经过补充查明或者补充提供材料,当事人仍有异议的,由人民法院审查认定;

(三)外国法律的内容已为人民法院生效裁判所认定的,人民法院应当予以确认,但有相反证据足以推翻的除外。

第九条 人民法院应当根据外国法律查明办理相关手续等所需时间确定当事人提供外国法律的期限。当事人有具体理由说明无法在人民法院确定的期限内提供外国法律而申请适当延长期限的,人民法院视情可予准许。

当事人选择适用外国法律,其在人民法院确定的期限内无正当理由未提供该外国法律的,人民法院可以认定为不能查明外国法律。

第十条 人民法院依法适用外国法律审理案件,应当在裁判文书中载明外国法律的查明过程及外国法律的内容;人民法院认定外国法律不能查明的,应当载明不能查明的理由。

第十一条 对查明外国法律的费用负担,当事人有约定的,从其约定;没有约定的,人民法院可以根据当事人的诉讼请求和具体案情,在作出裁判时确定上述合理费用的负担。

第十二条 人民法院查明香港特别行政区、澳门特别行政区的法律,可以参照适用本解释。有关法律和司法解释对查明香港特别行政区、澳门特别行政区的法律另有规定的,从其规定。

第十三条 本解释自2024年1月1日起施行。

本解释公布施行后,最高人民法院以前发布的司法解释与本解释不一致的,以本解释为准。

物权

二、物权

（一）综合

最高人民法院关于适用《中华人民共和国民法典》物权编的解释（一）

（2020年12月25日最高人民法院审判委员会第1825次会议通过 2020年12月29日最高人民法院公告公布 自2021年1月1日起施行 法释〔2020〕24号）

为正确审理物权纠纷案件，根据《中华人民共和国民法典》等相关法律规定，结合审判实践，制定本解释。

第一条 因不动产物权的归属，以及作为不动产物权登记基础的买卖、赠与、抵押等产生争议，当事人提起民事诉讼的，应当依法受理。当事人已经在行政诉讼中申请一并解决上述民事争议，且人民法院一并审理的除外。

第二条 当事人有证据证明不动产登记簿的记载与真实权利状态不符、其为该不动产物权的真实权利人，请求确认其享有物权的，应予支持。

第三条 异议登记因民法典第二百二十条第二款规定的事由失效后，当事人提起民事诉讼，请求确认物权归属的，应当依法受理。异议登记失效不影响人民法院对案件的实体审理。

第四条 未经预告登记的权利人同意，转让不动产所有权等物权，或者设立建设用地使用权、居住权、地役权、抵押权等其他物权的，应当依照民法典第二百二十一条第一款的规定，认定其不发生物权效力。

第五条 预告登记的买卖不动产物权的协议被认定无效、被撤销，或者预告登记的权利人放弃债权的，应当认定为民法典第二百二十一条第二款所称的"债权消灭"。

第六条 转让人转让船舶、航空器和机动车等所有权，受让人已经支付合理价款并取得占有，虽未经登记，但转让人的债权人主张其为民法典第二百二十五条所称的"善意第三人"的，不予支持，法律另有规定的除外。

第七条 人民法院、仲裁机构在分割共有不动产或者动产等案件中作出并依法生效的改变原有物权关系的判决书、裁决书、调解书，以及人民法院在执行程序中作出的拍卖成交裁定书、变卖成交裁定书、以物抵债裁定书，应当认定为民法典第二百二十九条所称导致物权设立、变更、转让或者消灭的人民法院、仲裁机构的法律文书。

第八条 依据民法典第二百二十九条至第二百三十一条规定享有物权，但尚未完成动产交付或者不动产登记的权利人，依据民法典第二百三十五条至第二百三十八条的规定，请求保护其物权的，应予支持。

第九条 共有份额的权利主体因继承、遗赠等原因发生变化时，其他按份共有人主张优先购买的,不予支持,但按份共有人之间另有约定的除外。

第十条　民法典第三百零五条所称的"同等条件",应当综合共有份额的转让价格、价款履行方式及期限等因素确定。

第十一条　优先购买权的行使期间,按份共有人之间有约定的,按照约定处理;没有约定或者约定不明的,按照下列情形确定:

（一）转让人向其他按份共有人发出的包含同等条件内容的通知中载明行使期间的,以该期间为准;

（二）通知中未载明行使期间,或者载明的期间短于通知送达之日起十五日的,为十五日;

（三）转让人未通知的,为其他按份共有人知道或者应当知道最终确定的同等条件之日起十五日;

（四）转让人未通知,且无法确定其他按份共有人知道或者应当知道最终确定的同等条件的,为共有份额权属转移之日起六个月。

第十二条　按份共有人向共有人之外的人转让其份额,其他按份共有人根据法律、司法解释规定,请求按照同等条件优先购买该共有份额的,应予支持。其他按份共有人的请求具有下列情形之一的,不予支持:

（一）未在本解释第十一条规定的期间内主张优先购买,或者虽主张优先购买,但提出减少转让价款、增加转让人负担等实质性变更要求;

（二）以其优先购买权受到侵害为由,仅请求撤销共有份额转让合同或者认定该合同无效。

第十三条　按份共有人之间转让共有份额,其他按份共有人主张依据民法典第三百零五条规定优先购买的,不予支持,但按份共有人之间另有约定的除外。

第十四条　受让人受让不动产或者动产时,不知道转让人无处分权,且无重大过失的,应当认定受让人为善意。

真实权利人主张受让人不构成善意的,应当承担举证证明责任。

第十五条　具有下列情形之一的,应当认定不动产受让人知道转让人无处分权:

（一）登记簿上存在有效的异议登记;

（二）预告登记有效期内,未经预告登记的权利人同意;

（三）登记簿上已经记载司法机关或者行政机关依法裁定、决定查封或者以其他形式限制不动产权利的有关事项;

（四）受让人知道登记簿上记载的权利主体错误;

（五）受让人知道他人已经依法享有不动产物权。

真实权利人有证据证明不动产受让人应当知道转让人无处分权的,应当认定受让人具有重大过失。

第十六条　受让人受让动产时,交易的对象、场所或者时机等不符合交易习惯的,应当认定受让人具有重大过失。

第十七条　民法典第三百一十一条第一款第一项所称的"受让人受让该不动产或者动产时",是指依法完成不动产物权转移登记或者动产交付之时。

当事人以民法典第二百二十六条规定的方式交付动产的,转让动产民事法律行为生效时为动产交付之时;当事人以民法典第二百二十七条规定的方式交付动产的,转让人与受让人之间有关转让返还原物请求权的协议生效时为动产交付之时。

法律对不动产、动产物权的设立另有规定的,应当按照法律规定的时间认定权利人是否为善意。

第十八条　民法典第三百一十一条第一款第二项所称"合理的价格",应当根据转让标的物的性质、数量以及付款方式等具体情况,参考转让时交易地市场价格以及交易习惯等因素综合认定。

第十九条 转让人将民法典第二百二十五条规定的船舶、航空器和机动车等交付给受让人的,应当认定符合民法典第三百一十一条第一款第三项规定的善意取得的条件。

第二十条 具有下列情形之一,受让人主张依据民法典第三百一十一条规定取得所有权的,不予支持:

(一)转让合同被认定无效;

(二)转让合同被撤销。

第二十一条 本解释自 2021 年 1 月 1 日起施行。

中华人民共和国
土地管理法(节录)

(1986 年 6 月 25 日第六届全国人民代表大会常务委员会第十六次会议通过 根据 1988 年 12 月 29 日第七届全国人民代表大会常务委员会第五次会议《关于修改〈中华人民共和国土地管理法〉的决定》第一次修正 1998 年 8 月 29 日第九届全国人民代表大会常务委员会第四次会议修订 根据 2004 年 8 月 28 日第十届全国人民代表大会常务委员会第十一次会议《关于修改〈中华人民共和国土地管理法〉的决定》第二次修正 根据 2019 年 8 月 26 日第十三届全国人民代表大会常务委员会第十二次会议《关于修改〈中华人民共和国土地管理法〉、〈中华人民共和国城市房地产管理法〉的决定》第三次修正)

目　　录

第一章　总　　则

第一条 为了加强土地管理,维护土地的社会主义公有制,保护、开发土地资源,合理利用土地,切实保护耕地,促进社会经济的可持续发展,根据宪法,制定本法。

第二条 中华人民共和国实行土地的社会主义公有制,即全民所有制和劳动群众集体所有制。

全民所有,即国家所有土地的所有权由国务院代表国家行使。

任何单位和个人不得侵占、买卖或者以其他形式非法转让土地。土地使用权可以依法转让。

国家为了公共利益的需要,可以依法对土地实行征收或者征用并给予补偿。

国家依法实行国有土地有偿使用制度。但是,国家在法律规定的范围内划拨国有土地使用权的除外。

第三条 十分珍惜、合理利用土地和切实保护耕地是我国的基本国策。各级人民政府应当采取措施,全面规划,严格管理,保护、开发土地资源,制止非法占用土地的行为。

第四条 国家实行土地用途管制制度。

国家编制土地利用总体规划,规定土地用途,将土地分为农用地、建设用地和未利用地。严格限制农用地转为建设用地,控制建设用地总量,对耕地实行特殊保护。

前款所称农用地是指直接用于农业生产的土地,包括耕地、林地、草地、农田水利用地、养殖水面等;建设用地是指建造建筑物、构筑物的土地,包括城乡住宅和公共设施用地、工矿用地、交通水利设施用地、旅游用地、军事设施用地等；未利用地是指农用地和建设用地以外的土地。

使用土地的单位和个人必须严格按照土地利用总体规划确定的用途使用土地。

第五条 国务院自然资源主管部门统一负责全国土地的管理和监督工作。

县级以上地方人民政府自然资源主管部门的设置及其职责，由省、自治区、直辖市人民政府根据国务院有关规定确定。

第六条 国务院授权的机构对省、自治区、直辖市人民政府以及国务院确定的城市人民政府土地利用和土地管理情况进行督察。

第七条 任何单位和个人都有遵守土地管理法律、法规的义务，并有权对违反土地管理法律、法规的行为提出检举和控告。

第八条 在保护和开发土地资源、合理利用土地以及进行有关的科学研究等方面成绩显著的单位和个人，由人民政府给予奖励。

第二章 土地的所有权和使用权

第九条 城市市区的土地属于国家所有。

农村和城市郊区的土地，除由法律规定属于国家所有的以外，属于农民集体所有；宅基地和自留地、自留山，属于农民集体所有。

第十条 国有土地和农民集体所有的土地，可以依法确定给单位或者个人使用。使用土地的单位和个人，有保护、管理和合理利用土地的义务。

第十一条 农民集体所有的土地依法属于村农民集体所有的，由村集体经济组织或者村民委员会经营、管理；已经分别属于村内两个以上农村集体经济组织的农民集体所有的，由村内各该农村集体经济组织或者村民小组经营、管理；已经属于乡（镇）农民集体所

有的，由乡（镇）农村集体经济组织经营、管理。

第十二条 土地的所有权和使用权的登记，依照有关不动产登记的法律、行政法规执行。

依法登记的土地的所有权和使用权受法律保护，任何单位和个人不得侵犯。

第十三条 农民集体所有和国家所有依法由农民集体使用的耕地、林地、草地，以及其他依法用于农业的土地，采取农村集体经济组织内部的家庭承包方式承包，不宜采取家庭承包方式的荒山、荒沟、荒丘、荒滩等，可以采取招标、拍卖、公开协商等方式承包，从事种植业、林业、畜牧业、渔业生产。家庭承包的耕地的承包期为三十年，草地的承包期为三十年至五十年，林地的承包期为三十年至七十年；耕地承包期届满后再延长三十年，草地、林地承包期届满后依法相应延长。

国家所有依法用于农业的土地可以由单位或者个人承包经营，从事种植业、林业、畜牧业、渔业生产。

发包方和承包方应当依法订立承包合同，约定双方的权利和义务。承包经营土地的单位和个人，有保护和按照承包合同约定的用途合理利用土地的义务。

第十四条 土地所有权和使用权争议，由当事人协商解决；协商不成的，由人民政府处理。

单位之间的争议，由县级以上人民政府处理；个人之间、个人与单位之间的争议，由乡级人民政府或者县级以上人民政府处理。

当事人对有关人民政府的处理决定不服的，可以自接到处理决定通知之日起三十日内，向人民法院起诉。

在土地所有权和使用权争议解决前，任何一方不得改变土地利用现状。

……

第五章 建设用地

第四十四条 建设占用土地,涉及农用地转为建设用地的,应当办理农用地转用审批手续。

永久基本农田转为建设用地的,由国务院批准。

在土地利用总体规划确定的城市和村庄、集镇建设用地规模范围内,为实施该规划而将永久基本农田以外的农用地转为建设用地的,按土地利用年度计划分批次按照国务院规定由原批准土地利用总体规划的机关或者其授权的机关批准。在已批准的农用地转用范围内,具体建设项目用地可以由市、县人民政府批准。

在土地利用总体规划确定的城市和村庄、集镇建设用地规模范围外,将永久基本农田以外的农用地转为建设用地的,由国务院或者国务院授权的省、自治区、直辖市人民政府批准。

第四十五条 为了公共利益的需要,有下列情形之一,确需征收农民集体所有的土地的,可以依法实施征收:

(一)军事和外交需要用地的;

(二)由政府组织实施的能源、交通、水利、通信、邮政等基础设施建设需要用地的;

(三)由政府组织实施的科技、教育、文化、卫生、体育、生态环境和资源保护、防灾减灾、文物保护、社区综合服务、社会福利、市政公用、优抚安置、英烈保护等公共事业需要用地的;

(四)由政府组织实施的扶贫搬迁、保障性安居工程建设需要用地的;

(五)在土地利用总体规划确定的城镇建设用地范围内,经省级以上人民政府批准由县级以上地方人民政府组织实施的成片开发建设需要用地的;

(六)法律规定为公共利益需要可以征收农民集体所有的土地的其他情形。

前款规定的建设活动,应当符合国民经济和社会发展规划、土地利用总体规划、城乡规划和专项规划;第(四)项、第(五)项规定的建设活动,还应当纳入国民经济和社会发展年度计划;第(五)项规定的成片开发并应当符合国务院自然资源主管部门规定的标准。

第四十六条 征收下列土地的,由国务院批准:

(一)永久基本农田;

(二)永久基本农田以外的耕地超过三十五公顷的;

(三)其他土地超过七十公顷的。

征收前款规定以外的土地的,由省、自治区、直辖市人民政府批准。

征收农用地的,应当依照本法第四十四条的规定先行办理农用地转用审批。其中,经国务院批准农用地转用的,同时办理征地审批手续,不再另行办理征地审批;经省、自治区、直辖市人民政府在征地批准权限内批准农用地转用的,同时办理征地审批手续,不再另行办理征地审批,超过征地批准权限的,应当依照本条第一款的规定另行办理征地审批。

第四十七条 国家征收土地的,依照法定程序批准后,由县级以上地方人民政府予以公告并组织实施。

县级以上地方人民政府拟申请征收土地的,应当开展拟征收土地现状调查和社会稳定风险评估,并将征收范围、土地现状、征收目的、补偿标准、安置方式和社会保障等在拟征收土地所在的乡(镇)和村、村民小组范围内公告至少三十日,听取被征地的农村集体经济组织及其成员、村民委员会和其他利害关系人的意见。

多数被征地的农村集体经济组织成员认为征地补偿安置方案不符合法律、法规规定的,县级以上地方人民政府应当组织召开听证会,并根据法律、法规的规定和听证会情况修改方案。

拟征收土地的所有权人、使用权人应当在公告规定期限内,持不动产权属证明材料办理补偿登记。县级以上地方人民政府应当组织有关部门测算并落实有关费用,保证足额到位,与拟征收土地的所有权人、使用权人就补偿、安置等签订协议;个别确实难以达成协议的,应当在申请征收土地时如实说明。

相关前期工作完成后,县级以上地方人民政府方可申请征收土地。

第四十八条 征收土地应当给予公平、合理的补偿,保障被征地农民原有生活水平不降低、长远生计有保障。

征收土地应当依法及时足额支付土地补偿费、安置补助费以及农村村民住宅、其他地上附着物和青苗等的补偿费用,并安排被征地农民的社会保障费用。

征收农用地的土地补偿费、安置补助费标准由省、自治区、直辖市通过制定公布区片综合地价确定。制定区片综合地价应当综合考虑土地原用途、土地资源条件、土地产值、土地区位、土地供求关系、人口以及经济社会发展水平等因素,并至少每三年调整或者重新公布一次。

征收农用地以外的其他土地、地上附着物和青苗等的补偿标准,由省、自治区、直辖市制定。对其中的农村村民住宅,应当按照先补偿后搬迁、居住条件有改善的原则,尊重农村村民意愿,采取重新安排宅基地建房、提供安置房或者货币补偿等方式给予公平、合理的补偿,并对因征收造成的搬迁、临时安置等费用予以补偿,保障农村村民居住的权利和合法的住房财产权益。

县级以上地方人民政府应当将被征地农民纳入相应的养老等社会保障体系。被征地农民的社会保障费用主要用于符合条件的被征地农民的养老保险等社会保险缴费补贴。被征地农民社会保障费用的筹集、管理和使用办法,由省、自治区、直辖市制定。

第四十九条 被征地的农村集体经济组织应当将征收土地的补偿费用的收支状况向本集体经济组织的成员公布,接受监督。

禁止侵占、挪用被征收土地单位的征地补偿费用和其他有关费用。

第五十条 地方各级人民政府应当支持被征地的农村集体经济组织和农民从事开发经营,兴办企业。

第五十一条 大中型水利、水电工程建设征收土地的补偿费标准和移民安置办法,由国务院另行规定。

第五十二条 建设项目可行性研究论证时,自然资源主管部门可以根据土地利用总体规划、土地利用年度计划和建设用地标准,对建设用地有关事项进行审查,并提出意见。

第五十三条 经批准的建设项目需要使用国有建设用地的,建设单位应当持法律、行政法规规定的有关文件,向有批准权的县级以上人民政府自然资源主管部门提出建设用地申请,经自然资源主管部门审查,报本级人民政府批准。

第五十四条 建设单位使用国有土地,应当以出让等有偿使用方式取得;但是,下列建设用地,经县级以上人民政府依法批准,可以以划拨方式取得:

(一)国家机关用地和军事用地;

(二)城市基础设施用地和公益事业用地;

(三)国家重点扶持的能源、交通、水利等基础设施用地;

(四)法律、行政法规规定的其他用地。

第五十五条 以出让等有偿使用方式取得国有土地使用权的建设单位,按照国务院规定的标准和办法,缴纳土地使用权出让金等土地有偿使用费和其他费用后,方可使用

物权

土地。

自本法施行之日起,新增建设用地的土地有偿使用费,百分之三十上缴中央财政,百分之七十留给有关地方人民政府。具体使用管理办法由国务院财政部门会同有关部门制定,并报国务院批准。

第五十六条 建设单位使用国有土地的,应当按照土地使用权出让等有偿使用合同的约定或者土地使用权划拨批准文件的规定使用土地;确需改变该幅土地建设用途的,应当经有关人民政府自然资源主管部门同意,报原批准用地的人民政府批准。其中,在城市规划区内改变土地用途的,在报批前,应当先经有关城市规划行政主管部门同意。

第五十七条 建设项目施工和地质勘查需要临时使用国有土地或者农民集体所有的土地的,由县级以上人民政府自然资源主管部门批准。其中,在城市规划区内的临时用地,在报批前,应当先经有关城市规划行政主管部门同意。土地使用者应当根据土地权属,与有关自然资源主管部门或者农村集体经济组织、村民委员会签订临时使用土地合同,并按照合同的约定支付临时使用土地补偿费。

临时使用土地的使用者应当按照临时使用土地合同约定的用途使用土地,并不得修建永久性建筑物。

临时使用土地期限一般不超过二年。

第五十八条 有下列情形之一的,由有关人民政府自然资源主管部门报经原批准用地的人民政府或者有批准权的人民政府批准,可以收回国有土地使用权:

(一)为实施城市规划进行旧城区改建以及其他公共利益需要,确需使用土地的;

(二)土地出让等有偿使用合同约定的使用期限届满,土地使用者未申请续期或者申请续期未获批准的;

(三)因单位撤销、迁移等原因,停止使用

原划拨的国有土地的;

(四)公路、铁路、机场、矿场等经核准报废的。

依照前款第(一)项的规定收回国有土地使用权的,对土地使用权人应当给予适当补偿。

第五十九条 乡镇企业、乡(镇)村公共设施、公益事业、农村村民住宅等乡(镇)村建设,应当按照村庄和集镇规划,合理布局,综合开发,配套建设;建设用地,应当符合乡(镇)土地利用总体规划和土地利用年度计划,并依照本法第四十四条、第六十条、第六十一条、第六十二条的规定办理审批手续。

第六十条 农村集体经济组织使用乡(镇)土地利用总体规划确定的建设用地兴办企业或者与其他单位、个人以土地使用权入股、联营等形式共同举办企业的,应当持有关批准文件,向县级以上地方人民政府自然资源主管部门提出申请,按照省、自治区、直辖市规定的批准权限,由县级以上地方人民政府批准;其中,涉及占用农用地的,依照本法第四十四条的规定办理审批手续。

按照前款规定兴办企业的建设用地,必须严格控制。省、自治区、直辖市可以按乡镇企业的不同行业和经营规模,分别规定用地标准。

第六十一条 乡(镇)村公共设施、公益事业建设,需要使用土地的,经乡(镇)人民政府审核,向县级以上地方人民政府自然资源主管部门提出申请,按照省、自治区、直辖市规定的批准权限,由县级以上地方人民政府批准;其中,涉及占用农用地的,依照本法第四十四条的规定办理审批手续。

第六十二条 农村村民一户只能拥有一处宅基地,其宅基地的面积不得超过省、自治区、直辖市规定的标准。

人均土地少、不能保障一户拥有一处宅基地的地区,县级人民政府在充分尊重农村村民意愿的基础上，可以采取措施，按照省、自治区、直辖市规定的标准保障农村村民实现户有所居。

农村村民建住宅，应当符合乡（镇）土地利用总体规划、村庄规划，不得占用永久基本农田，并尽量使用原有的宅基地和村内空闲地。编制乡（镇）土地利用总体规划、村庄规划应当统筹并合理安排宅基地用地，改善农村村民居住环境和条件。

农村村民住宅用地，由乡（镇）人民政府审核批准；其中，涉及占用农用地的，依照本法第四十四条的规定办理审批手续。

农村村民出卖、出租、赠与住宅后，再申请宅基地的，不予批准。

国家允许进城落户的农村村民依法自愿有偿退出宅基地，鼓励农村集体经济组织及其成员盘活利用闲置宅基地和闲置住宅。

国务院农业农村主管部门负责全国农村宅基地改革和管理有关工作。

第六十三条　土地利用总体规划、城乡规划确定为工业、商业等经营性用途，并经依法登记的集体经营性建设用地，土地所有权人可以通过出让、出租等方式交由单位或者个人使用，并应当签订书面合同，载明土地界址、面积、动工期限、使用期限、土地用途、规划条件和双方其他权利义务。

前款规定的集体经营性建设用地出让、出租等，应当经本集体经济组织成员的村民会议三分之二以上成员或者三分之二以上村民代表的同意。

通过出让等方式取得的集体经营性建设用地使用权可以转让、互换、出资、赠与或者抵押，但法律、行政法规另有规定或者土地所有权人、土地使用权人签订的书面合同另有约定的除外。

集体经营性建设用地的出租，集体建设用地使用权的出让及其最高年限、转让、互换、出资、赠与、抵押等，参照同类用途的国有

建设用地执行。具体办法由国务院制定。

第六十四条　集体建设用地的使用者应当严格按照土地利用总体规划、城乡规划确定的用途使用土地。

第六十五条　在土地利用总体规划制定前已建的不符合土地利用总体规划确定的用途的建筑物、构筑物，不得重建、扩建。

第六十六条　有下列情形之一的，农村集体经济组织报经原批准用地的人民政府批准，可以收回土地使用权：

（一）为乡（镇）村公共设施和公益事业建设，需要使用土地的；

（二）不按照批准的用途使用土地的；

（三）因撤销、迁移等原因而停止使用土地的。

依照前款第（一）项规定收回农民集体所有的土地的，对土地使用权人应当给予适当补偿。

收回集体经营性建设用地使用权，依照双方签订的书面合同办理，法律、行政法规另有规定的除外。

……

中华人民共和国土地管理法实施条例（节录）

（1998 年 12 月 27 日中华人民共和国国务院令第 256 号发布　根据 2011 年 1 月 8 日《国务院关于废止和修改部分行政法规的决定》第一次修订　根据 2014 年 7 月 29 日《国务院关于修改部分行政法规的决定》第二次修订　2021 年 7 月 2 日中华人民共和国国务院令第 743 号第三次修订）

第一章　总　　则

第一条　根据《中华人民共和国土地管

理法》(以下简称《土地管理法》),制定本条例。

第二章 国土空间规划

第二条 国家建立国土空间规划体系。

土地开发、保护、建设活动应当坚持规划先行。经依法批准的国土空间规划是各类开发、保护、建设活动的基本依据。

已经编制国土空间规划的,不再编制土地利用总体规划和城乡规划。在编制国土空间规划前,经依法批准的土地利用总体规划和城乡规划继续执行。

第三条 国土空间规划应当细化落实国家发展规划提出的国土空间开发保护要求,统筹布局农业、生态、城镇等功能空间,划定落实永久基本农田、生态保护红线和城镇开发边界。

国土空间规划应当包括国土空间开发保护格局和规划用地布局、结构、用途管制要求等内容,明确耕地保有量、建设用地规模、禁止开垦的范围等要求,统筹基础设施和公共设施用地布局,综合利用地上地下空间,合理确定并严格控制新增建设用地规模,提高土地节约集约利用水平,保障土地的可持续利用。

第四条 土地调查应当包括下列内容:

(一)土地权属以及变化情况;

(二)土地利用现状以及变化情况;

(三)土地条件。

全国土地调查成果,报国务院批准后向社会公布。地方土地调查成果,经本级人民政府审核,报上一级人民政府批准后向社会公布。全国土地调查成果公布后,县级以上地方人民政府方可自上而下逐级依次公布本行政区域的土地调查成果。

土地调查成果是编制国土空间规划以及自然资源管理、保护和利用的重要依据。

土地调查技术规程由国务院自然资源主管部门会同有关部门制定。

第五条 国务院自然资源主管部门会同有关部门制定土地等级评定标准。

县级以上人民政府自然资源主管部门应当会同有关部门根据土地等级评定标准,对土地等级进行评定。地方土地等级评定结果经本级人民政府审核,报上一级人民政府自然资源主管部门批准后向社会公布。

根据国民经济和社会发展状况,土地等级每五年重新评定一次。

第六条 县级以上人民政府自然资源主管部门应当加强信息化建设,建立统一的国土空间基础信息平台,实行土地管理全流程信息化管理,对土地利用状况进行动态监测,与发展改革、住房和城乡建设等有关部门建立土地管理信息共享机制,依法公开土地管理信息。

第七条 县级以上人民政府自然资源主管部门应当加强地籍管理,建立健全地籍数据库。

……

第四章 建设用地

第一节 一般规定

第十四条 建设项目需要使用土地的,应当符合国土空间规划、土地利用年度计划和用途管制以及节约资源、保护生态环境的要求,并严格执行建设用地标准,优先使用存量建设用地,提高建设用地使用效率。

从事土地开发利用活动,应当采取有效措施,防止、减少土壤污染,并确保建设用地符合土壤环境质量要求。

第十五条 各级人民政府应当依据国民经济和社会发展规划及年度计划、国土空间规划、国家产业政策以及城乡建设、土地利用的实际状况等,加强土地利用计划管理,实行建设用地总量控制,推动城乡存量建设用地开发利用,引导城镇低效用地再开发,落实建设用地标准控制制度,开展节约集约用地评价,推广应用节地技术和节地模式。

第十六条 县级以上地方人民政府自然资源主管部门应当将本级人民政府确定的年度建设用地供应总量、结构、时序、地块、用途等在政府网站上向社会公布,供社会公众查阅。

第十七条 建设单位使用国有土地,应当以有偿使用方式取得;但是,法律、行政法规规定可以以划拨方式取得的除外。

国有土地有偿使用的方式包括:

(一)国有土地使用权出让;

(二)国有土地租赁;

(三)国有土地使用权作价出资或者入股。

第十八条 国有土地使用权出让、国有土地租赁等应当依照国家有关规定通过公开的交易平台进行交易,并纳入统一的公共资源交易平台体系。除依法可以采取协议方式外,应当采取招标、拍卖、挂牌等竞争性方式确定土地使用者。

第十九条 《土地管理法》第五十五条规定的新增建设用地的土地有偿使用费,是指国家在新增建设用地中应取得的平均土地纯收益。

第二十条 建设项目施工、地质勘查需要临时使用土地的,应当尽量不占或者少占耕地。

临时用地由县级以上人民政府自然资源主管部门批准,期限一般不超过二年;建设周期较长的能源、交通、水利等基础设施建设使用的临时用地,期限不超过四年;法律、行政法规另有规定的除外。

土地使用者应当自临时用地期满之日起一年内完成土地复垦,使其达到可供利用状态,其中占用耕地的应当恢复种植条件。

第二十一条 抢险救灾、疫情防控等急需使用土地的,可以先行使用土地。其中,属于临时用地的,用后应当恢复原状并交还原土地使用者使用,不再办理用地审批手续;属于永久性建设用地的,建设单位应当在不晚于应急处置工作结束六个月内申请补办建设用地审批手续。

第二十二条 具有重要生态功能的未利用地应当依法划入生态保护红线,实施严格保护。

建设项目占用国土空间规划确定的未利用地的,按照省、自治区、直辖市的规定办理。

第二节 农用地转用

第二十三条 在国土空间规划确定的城市和村庄、集镇建设用地范围内,为实施该规划而将农用地转为建设用地的,由市、县人民政府组织自然资源等部门拟订农用地转用方案,分批次报有批准权的人民政府批准。

农用地转用方案应当重点对建设项目安排、是否符合国土空间规划和土地利用年度计划以及补充耕地情况作出说明。

农用地转用方案经批准后,由市、县人民政府组织实施。

第二十四条 建设项目确需占用国土空间规划确定的城市和村庄、集镇建设用地范围外的农用地,涉及占用永久基本农田的,由国务院批准;不涉及占用永久基本农田的,由国务院或者国务院授权的省、自治区、直辖市人民政府批准。具体按照下列规定办理:

(一)建设项目批准、核准前或者备案前后,由自然资源主管部门对建设项目用地事项进行审查,提出建设项目用地预审意见。建设项目需要申请核发选址意见书的,应当合并办理建设项目用地预审与选址意见书,核发建设项目用地预审与选址意见书。

(二)建设单位持建设项目的批准、核准

或者备案文件,向市、县人民政府提出建设用地申请。市、县人民政府组织自然资源等部门拟订农用地转用方案,报有批准权的人民政府批准;依法应当由国务院批准的,由省、自治区、直辖市人民政府审核后上报。农用地转用方案应当重点对是否符合国土空间规划和土地利用年度计划以及补充耕地情况作出说明,涉及占用永久基本农田的,还应当对占用永久基本农田的必要性、合理性和补划可行性作出说明。

(三)农用地转用方案经批准后,由市、县人民政府组织实施。

第二十五条 建设项目需要使用土地的,建设单位原则上应当一次申请,办理建设用地审批手续,确需分期建设的项目,可以根据可行性研究报告确定的方案,分期申请建设用地,分期办理建设用地审批手续。建设过程中用地范围确需调整的,应当依法办理建设用地审批手续。

农用地转用涉及征收土地的,还应当依法办理征收土地手续。

第三节 土地征收

第二十六条 需要征收土地,县级以上地方人民政府认为符合《土地管理法》第四十五条规定的,应当发布征收土地预公告,并开展拟征收土地现状调查和社会稳定风险评估。

征收土地预公告应当包括征收范围、征收目的、开展土地现状调查的安排等内容。征收土地预公告应当采用有利于社会公众知晓的方式,在拟征收土地所在的乡(镇)和村、村民小组范围内发布,预公告时间不少于十个工作日。自征收土地预公告发布之日起,任何单位和个人不得在拟征收范围内抢栽抢建;违反规定抢栽抢建的,对抢栽抢建部分不予补偿。

土地现状调查应当查明土地的位置、权属、地类、面积,以及农村村民住宅、其他地上附着物和青苗等的权属、种类、数量等情况。

社会稳定风险评估应当对征收土地的社会稳定风险状况进行综合研判,确定风险点,提出风险防范措施和处置预案。社会稳定风险评估应当有被征地的农村集体经济组织及其成员、村民委员会和其他利害关系人参加,评估结果是申请征收土地的重要依据。

第二十七条 县级以上地方人民政府应当依据社会稳定风险评估结果,结合土地现状调查情况,组织自然资源、财政、农业农村、人力资源和社会保障等有关部门拟定征地补偿安置方案。

征地补偿安置方案应当包括征收范围、土地现状、征收目的、补偿方式和标准、安置对象、安置方式、社会保障等内容。

第二十八条 征地补偿安置方案拟定后,县级以上地方人民政府应当在拟征收土地所在的乡(镇)和村、村民小组范围内公告,公告时间不少于三十日。

征地补偿安置公告应当同时载明办理补偿登记的方式和期限、异议反馈渠道等内容。

多数被征地的农村集体经济组织成员认为拟定的征地补偿安置方案不符合法律、法规规定的,县级以上地方人民政府应当组织听证。

第二十九条 县级以上地方人民政府根据法律、法规规定和听证会等情况确定征地补偿安置方案后,应当组织有关部门与拟征收土地的所有权人、使用权人签订征地补偿安置协议。征地补偿安置协议示范文本由省、自治区、直辖市人民政府制定。

对个别确实难以达成征地补偿安置协议的,县级以上地方人民政府应当在申请征收土地时如实说明。

第三十条 县级以上地方人民政府完成本条例规定的征地前期工作后,方可提出征收土地申请,依照《土地管理法》第四十六条的规定报有批准权的人民政府批准。

有批准权的人民政府应当对征收土地的必要性、合理性、是否符合《土地管理法》第四十五条规定的为了公共利益确需征收土地的情形以及是否符合法定程序进行审查。

第三十一条 征收土地申请经依法批准后,县级以上地方人民政府应当自收到批准文件之日起十五个工作日内在拟征收土地所在的乡(镇)和村、村民小组范围内发布征收土地公告,公布征收范围、征收时间等具体工作安排,对个别未达成征地补偿安置协议的应当作出征地补偿安置决定,并依法组织实施。

第三十二条 省、自治区、直辖市应当制定公布区片综合地价,确定征收农用地的土地补偿费、安置补助费标准,并制定土地补偿费、安置补助费分配办法。

地上附着物和青苗等的补偿费用,归其所有权人所有。

社会保障费用主要用于符合条件的被征地农民的养老保险等社会保险缴费补贴,按照省、自治区、直辖市的规定单独列支。

申请征收土地的县级以上地方人民政府应当及时落实土地补偿费、安置补助费、农村村民住宅以及其他地上附着物和青苗等的补偿费用、社会保障费用等,并保证足额到位,专款专用。有关费用未足额到位的,不得批准征收土地。

第四节 宅基地管理

第三十三条 农村居民点布局和建设用地规模应当遵循节约集约、因地制宜的原则合理规划。县级以上地方人民政府应当按照国家规定安排建设用地指标,合理保障本行政区域农村村民宅基地需求。

乡(镇)、县、市国土空间规划和村庄规划应当统筹考虑农村村民生产、生活需求,突出节约集约用地导向,科学划定宅基地范围。

第三十四条 农村村民申请宅基地的,应当以户为单位向农村集体经济组织提出申请;没有设立农村集体经济组织的,应当向所在的村民小组或者村民委员会提出申请。宅基地申请依法经农村村民集体讨论通过并在本集体范围内公示后,报乡(镇)人民政府审核批准。

涉及占用农用地的,应当依法办理农用地转用审批手续。

第三十五条 国家允许进城落户的农村村民依法自愿有偿退出宅基地。乡(镇)人民政府和农村集体经济组织、村民委员会等应当将退出的宅基地优先用于保障该农村集体经济组织成员的宅基地需求。

第三十六条 依法取得的宅基地和宅基地上的农村村民住宅及其附属设施受法律保护。

禁止违背农村村民意愿强制流转宅基地,禁止违法收回农村村民依法取得的宅基地,禁止以退出宅基地作为农村村民进城落户的条件,禁止强迫农村村民搬迁退出宅基地。

第五节 集体经营性建设用地管理

第三十七条 国土空间规划应当统筹并合理安排集体经营性建设用地布局和用途,依法控制集体经营性建设用地规模,促进集体经营性建设用地的节约集约利用。

鼓励乡村重点产业和项目使用集体经营性建设用地。

第三十八条 国土空间规划确定为工业、商业等经营性用途,且已依法办理土地所有权登记的集体经营性建设用地,土地所有权人可以通过出让、出租等方式交由单位或者个人在一定年限内有偿使用。

第三十九条 土地所有权人拟出让、出租集体经营性建设用地的,市、县人民政府自然资源主管部门应当依据国土空间规划提出

物权

拟出让、出租的集体经营性建设用地的规划条件,明确土地界址、面积、用途和开发建设强度等。

市、县人民政府自然资源主管部门应当会同有关部门提出产业准入和生态环境保护要求。

第四十条 土地所有权人应当依据规划条件、产业准入和生态环境保护要求等,编制集体经营性建设用地出让、出租等方案,并依照《土地管理法》第六十三条的规定,由本集体经济组织形成书面意见,在出让、出租前不少于十个工作日报市、县人民政府。市、县人民政府认为该方案不符合规划条件或者产业准入和生态环境保护要求等的,应当在收到方案后五个工作日内提出修改意见。土地所有权人应当按照市、县人民政府的意见进行修改。

集体经营性建设用地出让、出租等方案应当载明宗地的土地界址、面积、用途、规划条件、产业准入和生态环境保护要求、使用期限、交易方式、入市价格、集体收益分配安排等内容。

第四十一条 土地所有权人应当依据集体经营性建设用地出让、出租等方案,以招标、拍卖、挂牌或者协议等方式确定土地使用者,双方应当签订书面合同,载明土地界址、面积、用途、规划条件、使用期限、交易价款支付、交地时间和开工竣工期限、产业准入和生态环境保护要求,约定提前收回的条件、补偿方式、土地使用权届满续期和地上建筑物、构筑物等附着物处理方式,以及违约责任和解决争议的方法等,并报市、县人民政府自然资源主管部门备案。未依法将规划条件、产业准入和生态环境保护要求纳入合同的,合同无效;造成损失的,依法承担民事责任。合同示范文本由国务院自然资源主管部门制定。

第四十二条 集体经营性建设用地使用者应当按照约定及时支付集体经营性建设用地价款,并依法缴纳相关税费,对集体经营性建设用地使用权以及依法利用集体经营性建设用地建造的建筑物、构筑物及其附属设施的所有权,依法申请办理不动产登记。

第四十三条 通过出让等方式取得的集体经营性建设用地使用权依法转让、互换、出资、赠与或者抵押的,双方应当签订书面合同,并书面通知土地所有权人。

集体经营性建设用地的出租,集体建设用地使用权的出让及其最高年限、转让、互换、出资、赠与、抵押等,参照同类用途的国有建设用地执行,法律、行政法规另有规定的除外。

……

中华人民共和国
城市房地产管理法(节录)

(1994年7月5日第八届全国人民代表大会常务委员会第八次会议通过 根据2007年8月30日第十届全国人民代表大会常务委员会第二十九次会议《关于修改〈中华人民共和国城市房地产管理法〉的决定》第一次修正 根据2009年8月27日第十一届全国人民代表大会常务委员会第十次会议《关于修改部分法律的决定》第二次修正 根据2019年8月26日第十三届全国人民代表大会常务委员会第十二次会议《关于修改〈中华人民共和国土地管理法〉、〈中华人民共和国城市房地产管理法〉的决定》第三次修正)

目 录

第二章　房地产开发用地

第一节　土地使用权出让

第八条　【土地使用权出让的定义】土地使用权出让,是指国家将国有土地使用权(以下简称土地使用权)在一定年限内出让给土地使用者,由土地使用者向国家支付土地使用权出让金的行为。

第九条　【集体所有土地征收与出让】城市规划区内的集体所有的土地,经依法征收转为国有土地后,该幅国有土地的使用权可有偿出让,但法律另有规定的除外。

第十条　【土地使用权出让宏观管理】土地使用权出让,必须符合土地利用总体规划、城市规划和年度建设用地计划。

第十一条　【年度出让土地使用权总量控制】县级以上地方人民政府出让土地使用权用于房地产开发的,须根据省级以上人民政府下达的控制指标拟订年度出让土地使用权总面积方案,按照国务院规定,报国务院或者省级人民政府批准。

第十二条　【土地使用权出让主体】土地使用权出让,由市、县人民政府有计划、有步骤地进行。出让的每幅地块、用途、年限和其他条件,由市、县人民政府土地管理部门会同城市规划、建设、房产管理部门共同拟定方案,按照国务院规定,报经有批准权的人民政府批准后,由市、县人民政府土地管理部门实施。

直辖市的县人民政府及其有关部门行使前款规定的权限,由直辖市人民政府规定。

第十三条　【土地使用权出让方式】土地使用权出让,可以采取拍卖、招标或者双方协议的方式。

商业、旅游、娱乐和豪华住宅用地,有条件的,必须采取拍卖、招标方式;没有条件,不能采取拍卖、招标方式的,可以采取双方协议的方式。

采取双方协议方式出让土地使用权的出让金不得低于按国家规定所确定的最低价。

第十四条　【土地使用权出让最高年限】土地使用权出让最高年限由国务院规定。

第十五条　【土地使用权出让合同】土地使用权出让,应当签订书面出让合同。

土地使用权出让合同由市、县人民政府土地管理部门与土地使用者签订。

第十六条　【支付出让金】土地使用者必须按照出让合同约定,支付土地使用权出让金;未按照出让合同约定支付土地使用权出让金的,土地管理部门有权解除合同,并可以请求违约赔偿。

第十七条　【提供出让土地】土地使用者按照出让合同约定支付土地使用权出让金的,市、县人民政府土地管理部门必须按照出让合同约定,提供出让的土地;未按照出让合同约定提供出让的土地的,土地使用者有权解除合同,由土地管理部门返还土地使用权出让金,土地使用者并可以请求违约赔偿。

第十八条　【土地用途的变更】土地使用者需要改变土地使用权出让合同约定的土地用途的,必须取得出让方和市、县人民政府城市规划行政主管部门的同意,签订土地使用权出让合同变更协议或者重新签订土地使用权出让合同,相应调整土地使用权出让金。

第十九条 【土地使用权出让金的管理】土地使用权出让金应当全部上缴财政,列入预算,用于城市基础设施建设和土地开发。土地使用权出让金上缴和使用的具体办法由国务院规定。

第二十条 【出让土地使用权的提前收回】国家对土地使用者依法取得的土地使用权,在出让合同约定的使用年限届满前不收回;在特殊情况下,根据社会公共利益的需要,可以依照法律程序提前收回,并根据土地使用者使用土地的实际年限和开发土地的实际情况给予相应的补偿。

第二十一条 【土地使用权终止】土地使用权因土地灭失而终止。

第二十二条 【土地使用权出让年限届满】土地使用权出让合同约定的使用年限届满,土地使用者需要继续使用土地的,应当至迟于届满前一年申请续期,除根据社会公共利益需要收回该幅土地的,应当予以批准。经批准准予续期的,应当重新签订土地使用权出让合同,依照规定支付土地使用权出让金。

土地使用权出让合同约定的使用年限届满,土地使用者未申请续期或者虽申请续期但依照前款规定未获批准的,土地使用权由国家无偿收回。

第二节 土地使用权划拨

第二十三条 【土地使用权划拨的定义】土地使用权划拨,是指县级以上人民政府依法批准,在土地使用者缴纳补偿、安置等费用后将该幅土地交付其使用,或者将土地使用权无偿交付给土地使用者使用的行为。

依照本法规定以划拨方式取得土地使用权的,除法律、行政法规另有规定外,没有使用期限的限制。

第二十四条 【土地使用权划拨范围】下列建设用地的土地使用权,确属必需的,可以由县级以上人民政府依法批准划拨:

(一)国家机关用地和军事用地;

(二)城市基础设施用地和公益事业用地;

(三)国家重点扶持的能源、交通、水利等项目用地;

(四)法律、行政法规规定的其他用地。

第三章 房地产开发

第二十五条 【房地产开发基本原则】房地产开发必须严格执行城市规划,按照经济效益、社会效益、环境效益相统一的原则,实行全面规划、合理布局、综合开发、配套建设。

第二十六条 【开发土地期限】以出让方式取得土地使用权进行房地产开发的,必须按照土地使用权出让合同约定的土地用途、动工开发期限开发土地。超过出让合同约定的动工开发日期满一年未动工开发的,可以征收相当于土地使用权出让金百分之二十以下的土地闲置费;满二年未动工开发的,可以无偿收回土地使用权;但是,因不可抗力或者政府、政府有关部门的行为或者动工开发必需的前期工作造成动工开发迟延的除外。

第二十七条 【房地产开发项目设计、施工和竣工】房地产开发项目的设计、施工,必须符合国家的有关标准和规范。

房地产开发项目竣工,经验收合格后,方可交付使用。

第二十八条 【土地使用权作价】依法取得的土地使用权,可以依照本法和有关法律、行政法规的规定,作价入股,合资、合作开发经营房地产。

第二十九条 【开发居民住宅的鼓励和扶持】国家采取税收等方面的优惠措施鼓励和扶持房地产开发企业开发建设居民住宅。

第三十条 【房地产开发企业的设立】房

地产开发企业是以营利为目的,从事房地产开发和经营的企业。设立房地产开发企业,应当具备下列条件:

(一)有自己的名称和组织机构;

(二)有固定的经营场所;

(三)有符合国务院规定的注册资本;

(四)有足够的专业技术人员;

(五)法律、行政法规规定的其他条件。

设立房地产开发企业,应当向工商行政管理部门申请设立登记。工商行政管理部门对符合本法规定条件的,应当予以登记,发给营业执照;对不符合本法规定条件的,不予登记。

设立有限责任公司、股份有限公司,从事房地产开发经营的,还应当执行公司法的有关规定。

房地产开发企业在领取营业执照后的一个月内,应当到登记机关所在地的县级以上地方人民政府规定的部门备案。

第三十一条　【房地产开发企业注册资本与投资总额的比例】房地产开发企业的注册资本与投资总额的比例应当符合国家有关规定。

房地产开发企业分期开发房地产的,分期投资额应当与项目规模相适应,并按照土地使用权出让合同的约定,按期投入资金,用于项目建设。

……

第五章　房地产权属登记管理

第六十条　【房地产登记发证制度】国家实行土地使用权和房屋所有权登记发证制度。

第六十一条　【房地产权属登记】以出让或者划拨方式取得土地使用权,应当向县级以上地方人民政府土地管理部门申请登记,经县级以上地方人民政府土地管理部门核实,由同级人民政府颁发土地使用权证书。

在依法取得的房地产开发用地上建成房屋的,应当凭土地使用权证书向县级以上地方人民政府房产管理部门申请登记,由县级以上地方人民政府房产管理部门核实并颁发房屋所有权证书。

房地产转让或者变更时,应当向县级以上地方人民政府房产管理部门申请房产变更登记,并凭变更后的房屋所有权证书向同级人民政府土地管理部门申请土地使用权变更登记,经同级人民政府土地管理部门核实,由同级人民政府更换或者更改土地使用权证书。

法律另有规定的,依照有关法律的规定办理。

第六十二条　【房地产抵押登记】房地产抵押时,应当向县级以上地方人民政府规定的部门办理抵押登记。

因处分抵押房地产而取得土地使用权和房屋所有权的,应当依照本章规定办理过户登记。

第六十三条　【房地产权属证书】经省、自治区、直辖市人民政府确定,县级以上地方人民政府由一个部门统一负责房产管理和土地管理工作的,可以制作、颁发统一的房地产权证书,依照本法第六十一条的规定,将房屋的所有权和该房屋占用范围内的土地使用权的确认和变更,分别载入房地产权证书。

第六章　法律责任

第六十四条　【擅自出让或擅自批准出让土地使用权用于房地产开发的法律责任】违反本法第十一条、第十二条的规定,擅自批准出让或者擅自出让土地使用权用于房地产开发的,由上级机关或者所在单位给予有关责任人员行政处分。

第六十五条　【擅自从事房地产开发的

物权

法律责任】违反本法第三十条的规定，未取得营业执照擅自从事房地产开发业务的，由县级以上人民政府工商行政管理部门责令停止房地产开发业务活动，没收违法所得，可以并处罚款。

第六十六条 【非法转让土地使用权的法律责任】违反本法第三十九条第一款的规定转让土地使用权的，由县级以上人民政府土地管理部门没收违法所得，可以并处罚款。

第六十七条 【非法转让划拨土地使用权的房地产的法律责任】违反本法第四十条第一款的规定转让房地产的，由县级以上人民政府土地管理部门责令缴纳土地使用权出让金，没收违法所得，可以并处罚款。

第六十八条 【非法预售商品房的法律责任】违反本法第四十五条第一款的规定预售商品房的，由县级以上人民政府房产管理部门责令停止预售活动，没收违法所得，可以并处罚款。

第六十九条 【擅自从事房地产中介服务业务的法律责任】违反本法第五十八条的规定，未取得营业执照擅自从事房地产中介服务业务的，由县级以上人民政府工商行政管理部门责令停止房地产中介服务业务活动，没收违法所得，可以并处罚款。

第七十条 【向房地产开发企业非法收费的法律责任】没有法律、法规的依据，向房地产开发企业收费的，上级机关应当责令退回所收取的钱款；情节严重的，由上级机关或者所在单位给予直接责任人员行政处分。

第七十一条 【管理部门工作人员玩忽职守、滥用职权、索贿、受贿的法律责任】房产管理部门、土地管理部门工作人员玩忽职守、滥用职权，构成犯罪的，依法追究刑事责任；不构成犯罪的，给予行政处分。

房产管理部门、土地管理部门工作人员利用职务上的便利，索取他人财物，或者非法收受他人财物为他人谋取利益，构成犯罪的，依法追究刑事责任；不构成犯罪的，给予行政处分。

第七章 附 则

第七十二条 【参照本法适用的情形】在城市规划区外的国有土地范围内取得房地产开发用地的土地使用权，从事房地产开发、交易活动以及实施房地产管理，参照本法执行。

第七十三条 【施行时间】本法自1995年1月1日起施行。

城市房地产开发经营管理条例

（1998年7月20日中华人民共和国国务院令第248号发布 根据2011年1月8日《国务院关于废止和修改部分行政法规的决定》第一次修订 根据2018年3月19日《国务院关于修改和废止部分行政法规的决定》第二次修订 根据2019年3月24日《国务院关于修改部分行政法规的决定》第三次修订 根据2020年3月27日《国务院关于修改和废止部分行政法规的决定》第四次修订 根据2020年11月29日《国务院关于修改和废止部分行政法规的决定》第五次修订）

第一章 总 则

第一条 为了规范房地产开发经营行为，加强对城市房地产开发经营活动的监督管理，促进和保障房地产业的健康发展，根据《中华人民共和国城市房地产管理法》的有关规定，制定本条例。

第二条 本条例所称房地产开发经营，是指房地产开发企业在城市规划区内国有土地上进行基础设施建设、房屋建设，并转让房地产开发项目或者销售、出租商品房的行为。

第三条　房地产开发经营应当按照经济效益、社会效益、环境效益相统一的原则,实行全面规划、合理布局、综合开发、配套建设。

第四条　国务院建设行政主管部门负责全国房地产开发经营活动的监督管理工作。

县级以上地方人民政府房地产开发主管部门负责本行政区域内房地产开发经营活动的监督管理工作。

县级以上人民政府负责土地管理工作的部门依照有关法律、行政法规的规定,负责与房地产开发经营有关的土地管理工作。

第二章　房地产开发企业

第五条　设立房地产开发企业,除应当符合有关法律、行政法规规定的企业设立条件外,还应当具备下列条件:

(一)有 100 万元以上的注册资本;

(二)有 4 名以上持有资格证书的房地产专业、建筑工程专业的专职技术人员,2 名以上持有资格证书的专职会计人员。

省、自治区、直辖市人民政府可以根据本地方的实际情况,对设立房地产开发企业的注册资本和专业技术人员的条件作出高于前款的规定。

第六条　外商投资设立房地产开发企业的,除应当符合本条例第五条的规定外,还应当符合外商投资法律、行政法规的规定。

第七条　设立房地产开发企业,应当向县级以上人民政府工商行政管理部门申请登记。工商行政管理部门对符合本条例第五条规定条件的,应当自收到申请之日起 30 日内予以登记;对不符合条件不予登记的,应当说明理由。

工商行政管理部门在对设立房地产开发企业申请登记进行审查时,应当听取同级房地产开发主管部门的意见。

第八条　房地产开发企业应当自领取营业执照之日起 30 日内,提交下列纸质或者电子材料,向登记机关所在地的房地产开发主管部门备案:

(一)营业执照复印件;

(二)企业章程;

(三)专业技术人员的资格证书和聘用合同。

第九条　房地产开发主管部门应当根据房地产开发企业的资产、专业技术人员和开发经营业绩等,对备案的房地产开发企业核定资质等级。房地产开发企业应当按照核定的资质等级,承担相应的房地产开发项目。具体办法由国务院建设行政主管部门制定。

第三章　房地产开发建设

第十条　确定房地产开发项目,应当符合土地利用总体规划、年度建设用地计划和城市规划、房地产开发年度计划的要求;按照国家有关规定需要经计划主管部门批准的,还应当报计划主管部门批准,并纳入年度固定资产投资计划。

第十一条　确定房地产开发项目,应当坚持旧区改建和新区建设相结合的原则,注重开发基础设施薄弱、交通拥挤、环境污染严重以及危旧房屋集中的区域,保护和改善城市生态环境,保护历史文化遗产。

第十二条　房地产开发用地应当以出让方式取得;但是,法律和国务院规定可以采用划拨方式的除外。

土地使用权出让或者划拨前,县级以上地方人民政府城市规划行政主管部门和房地产开发主管部门应当对下列事项提出书面意见,作为土地使用权出让或者划拨的依据之一:

(一)房地产开发项目的性质、规模和开发期限;

(二)城市规划设计条件;

（三）基础设施和公共设施的建设要求；

（四）基础设施建成后的产权界定；

（五）项目拆迁补偿、安置要求。

第十三条 房地产开发项目应当建立资本金制度，资本金占项目总投资的比例不得低于 20%。

第十四条 房地产开发项目的开发建设应当统筹安排配套基础设施，并根据先地下、后地上的原则实施。

第十五条 房地产开发企业应当按照土地使用权出让合同约定的土地用途、动工开发期限进行项目开发建设。出让合同约定的动工开发期限满 1 年未动工开发的，可以征收相当于土地使用权出让金 20% 以下的土地闲置费；满 2 年未动工开发的，可以无偿收回土地使用权。但是，因不可抗力或者政府、政府有关部门的行为或者动工开发必需的前期工作造成动工迟延的除外。

第十六条 房地产开发企业开发建设的房地产项目，应当符合有关法律、法规的规定和建筑工程质量、安全标准、建筑工程勘察、设计、施工的技术规范以及合同的约定。

房地产开发企业应当对其开发建设的房地产开发项目的质量承担责任。

勘察、设计、施工、监理等单位应当依照有关法律、法规的规定或者合同的约定，承担相应的责任。

第十七条 房地产开发项目竣工，依照《建设工程质量管理条例》的规定验收合格后，方可交付使用。

第十八条 房地产开发企业应当将房地产开发项目建设过程中的主要事项记录在房地产开发项目手册中，并定期送房地产开发主管部门备案。

第四章 房地产经营

第十九条 转让房地产开发项目，应当

符合《中华人民共和国城市房地产管理法》第三十九条、第四十条规定的条件。

第二十条 转让房地产开发项目，转让人和受让人应当自土地使用权变更登记手续办理完毕之日起 30 日内，持房地产开发项目转让合同到房地产开发主管部门备案。

第二十一条 房地产开发企业转让房地产开发项目时，尚未完成拆迁补偿安置的，原拆迁补偿安置合同中有关的权利、义务随之转移给受让人。项目转让人应当书面通知被拆迁人。

第二十二条 房地产开发企业预售商品房，应当符合下列条件：

（一）已交付全部土地使用权出让金，取得土地使用权证书；

（二）持有建设工程规划许可证和施工许可证；

（三）按提供的预售商品房计算，投入开发建设的资金达到工程建设总投资的 25% 以上，并已确定施工进度和竣工交付日期；

（四）已办理预售登记，取得商品房预售许可证明。

第二十三条 房地产开发企业申请办理商品房预售登记，应当提交下列文件：

（一）本条例第二十二条第（一）项至第（三）项规定的证明材料；

（二）营业执照和资质等级证书；

（三）工程施工合同；

（四）预售商品房分层平面图；

（五）商品房预售方案。

第二十四条 房地产开发主管部门应当自收到商品房预售申请之日起 10 日内，作出同意预售或者不同意预售的答复。同意预售的，应当核发商品房预售许可证明；不同意预售的，应当说明理由。

第二十五条 房地产开发企业不得进行虚假广告宣传，商品房预售广告中应当载明商品房预售许可证明的文号。

第二十六条 房地产开发企业预售商品房时,应当向预购人出示商品房预售许可证明。

房地产开发企业应当自商品房预售合同签订之日起 30 日内,到商品房所在地的县级以上人民政府房地产开发主管部门和负责土地管理工作的部门备案。

第二十七条 商品房销售,当事人双方应当签订书面合同。合同应当载明商品房的建筑面积和使用面积、价格、交付日期、质量要求、物业管理方式以及双方的违约责任。

第二十八条 房地产开发企业委托中介机构代理销售商品房的,应当向中介机构出具委托书。中介机构销售商品房时,应当向商品房购买人出示商品房的有关证明文件和商品房销售委托书。

第二十九条 房地产开发项目转让和商品房销售价格,由当事人协商议定;但是,享受国家优惠政策的居民住宅价格,应当实行政府指导价或者政府定价。

第三十条 房地产开发企业应当在商品房交付使用时,向购买人提供住宅质量保证书和住宅使用说明书。

住宅质量保证书应当列明工程质量监督单位核验的质量等级、保修范围、保修期和保修单位等内容。房地产开发企业应当按照住宅质量保证书的约定,承担商品房保修责任。

保修期内,因房地产开发企业对商品房进行维修,致使房屋原使用功能受到影响,给购买人造成损失的,应当依法承担赔偿责任。

第三十一条 商品房交付使用后,购买人认为主体结构质量不合格的,可以向工程质量监督单位申请重新核验。经核验,确属主体结构质量不合格的,购买人有权退房;给购买人造成损失的,房地产开发企业应当依法承担赔偿责任。

第三十二条 预售商品房的购买人应当自商品房交付使用之日起 90 日内,办理土地使用权变更和房屋所有权登记手续;现售商品房的购买人应当自销售合同签订之日起 90 日内,办理土地使用权变更和房屋所有权登记手续。房地产开发企业应当协助商品房购买人办理土地使用权变更和房屋所有权登记手续,并提供必要的证明文件。

第五章 法律责任

第三十三条 违反本条例规定,未取得营业执照,擅自从事房地产开发经营的,由县级以上人民政府工商行政管理部门责令停止房地产开发经营活动,没收违法所得,可以处违法所得 5 倍以下的罚款。

第三十四条 违反本条例规定,未取得资质等级证书或者超越资质等级从事房地产开发经营的,由县级以上人民政府房地产开发主管部门责令限期改正,处 5 万元以上 10 万元以下的罚款;逾期不改正的,由工商行政管理部门吊销营业执照。

第三十五条 违反本条例规定,擅自转让房地产开发项目的,由县级以上人民政府负责土地管理工作的部门责令停止违法行为,没收违法所得,可以并处违法所得 5 倍以下的罚款。

第三十六条 违反本条例规定,擅自预售商品房的,由县级以上人民政府房地产开发主管部门责令停止违法行为,没收违法所得,可以并处已收取的预付款 1% 以下的罚款。

第三十七条 国家机关工作人员在房地产开发经营监督管理工作中玩忽职守、徇私舞弊、滥用职权,构成犯罪,依法追究刑事责任;尚不构成犯罪的,依法给予行政处分。

第六章 附 则

第三十八条 在城市规划区外国有土地上从事房地产开发经营,实施房地产开发经营监督管理,参照本条例执行。

第三十九条 城市规划区内集体所有的土地,经依法征收转为国有土地后,方可用于房地产开发经营。

第四十条 本条例自发布之日起施行。

城市房地产转让管理规定

(1995 年 8 月 7 日建设部令第 45 号发布 根据 2001 年 8 月 15 日《建设部关于修改〈城市房地产转让管理规定〉的决定》修正)

第一条 为了加强对城市房地产转让的管理,维护房地产市场秩序,保障房地产转让当事人的合法权益,根据《中华人民共和国城市房地产管理法》,制定本规定。

第二条 凡在城市规划区国有土地范围内从事房地产转让,实施房地产转让管理,均应遵守本规定。

第三条 本规定所称房地产转让,是指房地产权利人通过买卖、赠与或者其他合法方式将其房地产转移给他人的行为。

前款所称其他合法方式,主要包括下列行为:

(一)以房地产作价入股、与他人成立企业法人,房地产权属发生变更的;

(二)一方提供土地使用权,另一方或者多方提供资金,合资、合作开发经营房地产,而使房地产权属发生变更的;

(三)因企业被收购、兼并或合并,房地产权属随之转移的;

(四)以房地产抵债的;

(五)法律、法规规定的其他情形。

第四条 国务院建设行政主管部门归口管理全国城市房地产转让工作。

省、自治区人民政府建设行政主管部门归口管理本行政区域内的城市房地产转让工作。

直辖市、市、县人民政府房地产行政主管部门(以下简称房地产管理部门)负责本行政区域内的城市房地产转让管理工作。

第五条 房地产转让时,房屋所有权和该房屋占用范围内的土地使用权同时转让。

第六条 下列房地产不得转让:

(一)以出让方式取得土地使用权但不符合本规定第十条规定的条件的;

(二)司法机关和行政机关依法裁定,决定查封或者以其他形式限制房地产权利的;

(三)依法收回土地使用权的;

(四)共有房地产,未经其他共有人书面同意的;

(五)权属有争议的;

(六)未依法登记领取权属证书的;

(七)法律、行政法规规定禁止转让的其他情形。

第七条 房地产转让,应当按照下列程序办理:

(一)房地产转让当事人签订书面转让合同;

(二)房地产转让当事人在房地产转让合同签订后 90 日内持房地产权属证书、当事人的合法证明、转让合同等有关文件向房地产所在地的房地产管理部门提出申请,并申报成交价格;

(三)房地产管理部门对提供的有关文件进行审查,并在 7 日内作出是否受理申请的书面答复,7 日内未作书面答复的,视为同意受理;

(四)房地产管理部门核实申报的成交价格,并根据需要对转让的房地产进行现场查勘和评估;

(五)房地产转让当事人按照规定缴纳有关税费;

(六)房地产管理部门办理房屋权属登记手续,核发房地产权属证书。

第八条 房地产转让合同应当载明下列

主要内容：

（一）双方当事人的姓名或者名称、住所；

（二）房地产权属证书名称和编号；

（三）房地产座落位置、面积、四至界限；

（四）土地宗地号、土地使用权取得的方式及年限；

（五）房地产的用途或使用性质；

（六）成交价格及支付方式；

（七）房地产交付使用的时间；

（八）违约责任；

（九）双方约定的其他事项。

第九条 以出让方式取得土地使用权的，房地产转让时，土地使用权出让合同载明的权利、义务随之转移。

第十条 以出让方式取得土地使用权的，转让房地产时，应当符合下列条件：

（一）按照出让合同约定已经支付全部土地使用权出让金，并取得土地使用权证书；

（二）按照出让合同约定进行投资开发，属于房屋建设工程的，应完成开发投资总额的25%以上；属于成片开发土地的，依照规划对土地进行开发建设，完成供排水、供电、供热、道路交通、通信等市政基础设施、公用设施的建设，达到场地平整，形成工业用地或者其他建设用地条件。

转让房地产时房屋已经建成的，还应当持有房屋所有权证书。

第十一条 以划拨方式取得土地使用权的，转让房地产时，按照国务院的规定，报有批准权的人民政府审批。有批准权的人民政府准予转让的，除符合本规定第十二条所列的可以不办理土地使用权出让手续的情形外，应当由受让方办理土地使用权出让手续，并依照国家有关规定缴纳土地使用权出让金。

第十二条 以划拨方式取得土地使用权的，转让房地产时，属于下列情形之一的，经有批准权的人民政府批准，可以不办理土地使用权出让手续，但应当将转让房地产所获收益中的土地收益上缴国家或者作其他处理。土地收益的缴纳和处理的办法按照国务院规定办理。

（一）经城市规划行政主管部门批准，转让的土地用于建设《中华人民共和国城市房地产管理法》第二十三条规定的项目的；

（二）私有住宅转让后仍用于居住的；

（三）按照国务院住房制度改革有关规定出售公有住宅的；

（四）同一宗土地上部分房屋转让而土地使用权不可分割转让的；

（五）转让的房地产暂时难以确定土地使用权出让用途、年限和其他条件的；

（六）根据城市规划土地使用权不宜出让的；

（七）县级以上人民政府规定暂时无法或不需要采取土地使用权出让方式的其他情形。依照前款规定缴纳土地收益或作其他处理的，应当在房地产转让合同中注明。

第十三条 依照本规定第十二条规定转让的房地产再转让，需要办理出让手续、补交土地使用权出让金的，应当扣除已经缴纳的土地收益。

第十四条 国家实行房地产成交价格申报制度。

房地产权利人转让房地产，应当如实申报成交价格，不得瞒报或者作不实的申报。

房地产转让应当以申报的房地产成交价格作为缴纳税费的依据。成交价格明显低于正常市场价格的，以评估价格作为缴纳税费的依据。

第十五条 商品房预售按照建设部《城市商品房预售管理办法》执行。

第十六条 房地产管理部门在办理房地产转让时，其收费的项目和标准，必须经有批准权的物价部门和建设行政主管部门批准，不得擅自增加收费项目和提高收费标准。

第十七条 违反本规定第十条第一款和第十一条，未办理土地使用权出让手续，交纳土地使用权出让金的，按照《中华人民共和国城市房地产管理法》的规定进行处罚。

第十八条 房地产管理部门工作人员玩忽职守、滥用职权、徇私舞弊、索贿受贿的，依法给予行政处分；构成犯罪的，依法追究刑事责任。

第十九条 在城市规划区外的国有土地范围内进行房地产转让的，参照本规定执行。

第二十条 省、自治区人民政府建设行政主管部门、直辖市房地产行政主管部门可以根据本规定制定实施细则。

第二十一条 本规定由国务院建设行政主管部门负责解释。

第二十二条 本规定自 1995 年 9 月 1 日起施行。

商品房销售管理办法

（2001 年 4 月 4 日建设部令第 88 号公布 自 2001 年 6 月 1 日起施行）

第一章 总 则

第一条 【立法宗旨】为了规范商品房销售行为，保障商品房交易双方当事人的合法权益，根据《中华人民共和国城市房地产管理法》、《城市房地产开发经营管理条例》，制定本办法。

第二条 【适用范围】商品房销售及商品房销售管理应当遵守本办法。

第三条 【商品房销售定义】商品房销售包括商品房现售和商品房预售。

本办法所称商品房现售，是指房地产开发企业将竣工验收合格的商品房出售给买受人，并由买受人支付房价款的行为。

本办法所称商品房预售，是指房地产开发企业将正在建设中的商品房预先出售给买受人，并由买受人支付定金或者房价款的行为。

第四条 【开发企业销售方式】房地产开发企业可以自行销售商品房，也可以委托房地产中介服务机构销售商品房。

第五条 【商品房销售的主管部门】国务院建设行政主管部门负责全国商品房的销售管理工作。

省、自治区人民政府建设行政主管部门负责本行政区域内商品房的销售管理工作。

直辖市、市、县人民政府建设行政主管部门、房地产行政主管部门（以下统称房地产开发主管部门）按照职责分工，负责本行政区域内商品房的销售管理工作。

第二章 销 售 条 件

第六条 【预售许可制】商品房预售实行预售许可制度。

商品房预售条件及商品房预售许可证明的办理程序，按照《城市房地产开发经营管理条例》和《城市商品房预售管理办法》的有关规定执行。

第七条 【商品房现售条件】商品房现售，应当符合以下条件：

（一）现售商品房的房地产开发企业应当具有企业法人营业执照和房地产开发企业资质证书；

（二）取得土地使用权证书或者使用土地的批准文件；

（三）持有建设工程规划许可证和施工许可证；

（四）已通过竣工验收；

（五）拆迁安置已经落实；

（六）供水、供电、供热、燃气、通讯等配套基础设施具备交付使用条件，其他配套基础设施和公共设施具备交付使用条件或者已确定施工进度和交付日期；

（七）物业管理方案已经落实。

第八条 【房地产开发企业备案的资料】房地产开发企业应当在商品房现售前将房地产开发项目手册及符合商品房现售条件的有关证明文件报送房地产开发主管部门备案。

第九条 【销售设有抵押权的商品房】房地产开发企业销售设有抵押权的商品房，其抵押权的处理按照《中华人民共和国担保法》、《城市房地产抵押管理办法》的有关规定执行。

第十条 【商品房不得另售的情形】房地产开发企业不得在未解除商品房买卖合同前，将作为合同标的物的商品房再行销售给他人。

第十一条 【销售时不得采取的方式】房地产开发企业不得采取返本销售或者变相返本销售的方式销售商品房。

房地产开发企业不得采取售后包租或者变相售后包租的方式销售未竣工商品房。

第十二条 【按套销售】商品住宅按套销售，不得分割拆零销售。

第十三条 【签订物业管理协议】商品房销售时，房地产开发企业选聘了物业管理企业的，买受人应当在订立商品房买卖合同时与房地产开发企业选聘的物业管理企业订立有关物业管理的协议。

第三章 广告与合同

第十四条 【发布广告的要求】房地产开发企业、房地产中介服务机构发布商品房销售宣传广告，应当执行《中华人民共和国广告法》、《房地产广告发布暂行规定》等有关规定，广告内容必须真实、合法、科学、准确。

第十五条 【发布的广告所明示的事项，当事人应在合同中约定】房地产开发企业、房地产中介服务机构发布的商品房销售广告和宣传资料所明示的事项，当事人应当在商品房买卖合同中约定。

第十六条 【书面商品房买卖合同】商品房销售时，房地产开发企业和买受人应当订立书面商品房买卖合同。

商品房买卖合同应当明确以下主要内容：

（一）当事人名称或者姓名和住所；

（二）商品房基本状况；

（三）商品房的销售方式；

（四）商品房价款的确定方式及总价款、付款方式、付款时间；

（五）交付使用条件及日期；

（六）装饰、设备标准承诺；

（七）供水、供电、供热、燃气、通讯、道路、绿化等配套基础设施和公共设施的交付承诺和有关权益、责任；

（八）公共配套建筑的产权归属；

（九）面积差异的处理方式；

（十）办理产权登记有关事宜；

（十一）解决争议的方法；

（十二）违约责任；

（十三）双方约定的其他事项。

第十七条 【销售价格】商品房销售价格由当事人协商议定，国家另有规定的除外。

第十八条 【销售计价单位】商品房销售可以按套（单元）计价，也可以按套内建筑面积或者建筑面积计价。

商品房建筑面积由套内建筑面积和分摊的共有建筑面积组成，套内建筑面积部分为独立产权，分摊的共有建筑面积部分为共有产权，买受人按照法律、法规的规定对其享有权利，承担责任。

按套（单元）计价或者按套内建筑面积计价的，商品房买卖合同中应当注明建筑面积和分摊的共有建筑面积。

第十九条 【按套销售的预售房】按套

（单元）计价的现售房屋，当事人对现售房屋实地勘察后可以在合同中直接约定总价款。

按套（单元）计价的预售房屋，房地产开发企业应当在合同中附所售房屋的平面图。平面图应当标明详细尺寸，并约定误差范围。房屋交付时，套型与设计图纸一致，相关尺寸也在约定的误差范围内，维持总价款不变；套型与设计图纸不一致或者相关尺寸超出约定的误差范围，合同中未约定处理方式的，买受人可以退房或者与房地产开发企业重新约定总价款。买受人退房的，由房地产开发企业承担违约责任。

第二十条 【按面积计价的误差处理方式】按套内建筑面积或者建筑面积计价的，当事人应当在合同中载明合同约定面积与产权登记面积发生误差的处理方式。

合同未作约定的，按以下原则处理：

（一）面积误差比绝对值在3%以内（含3%）的，据实结算房价款；

（二）面积误差比绝对值超过3%时，买受人有权退房。买受人退房的，房地产开发企业应当在买受人提出退房之日起30日内将买受人已付房价款退还给买受人，同时支付已付房价款利息。买受人不退房的，产权登记面积大于合同约定面积时，面积误差比在3%以内（含3%）部分的房价款由买受人补足；超出3%部分的房价款由房地产开发企业承担，产权归买受人。产权登记面积小于合同约定面积时，面积误差比绝对值在3%以内（含3%）部分的房价款由房地产开发企业返还买受人；绝对值超出3%部分的房价款由房地产开发企业双倍返还买受人。

面积误差比 =

$$\frac{产权登记面积-合同约定面积}{合同约定面积}\times100\%$$

因本办法第二十四条规定的规划设计变更造成面积差异，当事人不解除合同的，应当签署补充协议。

第二十一条 【按面积计价的合同约定事项】按建筑面积计价的，当事人应当在合同中约定套内建筑面积和分摊的共有建筑面积，并约定建筑面积不变而套内建筑面积发生误差以及建筑面积与套内建筑面积均发生误差时的处理方式。

第二十二条 【收受预定款】不符合商品房销售条件的，房地产开发企业不得销售商品房，不得向买受人收取任何预订款性质费用。

符合商品房销售条件的，房地产开发企业在订立商品房买卖合同之前向买受人收取预订款性质费用的，订立商品房买卖合同时，所收费用应当抵作房价款；当事人未能订立商品房买卖合同的，房地产开发企业应当向买受人返还所收费用；当事人之间另有约定的，从其约定。

第二十三条 【房地产开发企业须明示的文件】房地产开发企业应当在订立商品房买卖合同之前向买受人明示《商品房销售管理办法》和《商品房买卖合同示范文本》；预售商品房的，还必须明示《城市商品房预售管理办法》。

第二十四条 【房地产开发企业的义务】房地产开发企业应当按照批准的规划、设计建设商品房。商品房销售后，房地产开发企业不得擅自变更规划、设计。

经规划部门批准的规划变更、设计单位同意的设计变更导致商品房的结构型式、户型、空间尺寸、朝向变化，以及出现合同当事人约定的其他影响商品房质量或者使用功能情形的，房地产开发企业应当在变更确立之日起10日内，书面通知买受人。

买受人有权在通知到达之日起15日内做出是否退房的书面答复。买受人在通知到达之日起15日内未作书面答复的，视同接受规划、设计变更以及由此引起的房价款的变更。房地产开发企业未在规定时限内通知买受人的,买受人有权退房;买受人退房的,由房地产开发企业承担违约责任。

第四章 销售代理

第二十五条 【委托中介销售】房地产开发企业委托中介服务机构销售商品房的,受托机构应当是依法设立并取得工商营业执照的房地产中介服务机构。

房地产开发企业应当与受托房地产中介服务机构订立书面委托合同,委托合同应当载明委托期限、委托权限以及委托人和被委托人的权利、义务。

第二十六条 【受托中介出示证书的义务】受托房地产中介服务机构销售商品房时,应当向买受人出示商品房的有关证明文件和商品房销售委托书。

第二十七条 【受托中介如实说明情况的义务】受托房地产中介服务机构销售商品房时,应当如实向买受人介绍所代理销售商品房的有关情况。

受托房地产中介服务机构不得代理销售不符合销售条件的商品房。

第二十八条 【受托中介收费的限制】受托房地产中介服务机构在代理销售商品房时不得收取佣金以外的其他费用。

第二十九条 【销售人员的培训】商品房销售人员应当经过专业培训,方可从事商品房销售业务。

第五章 交　付

第三十条 【房地产开发企业交付房产日期】房地产开发企业应当按照合同约定,将符合交付使用条件的商品房按期交付给买受人。未能按期交付的,房地产开发企业应当承担违约责任。

因不可抗力或者当事人在合同中约定的其他原因,需延期交付的,房地产开发企业应当及时告知买受人。

第三十一条 【设置样板房的销售房的义务】房地产开发企业销售商品房时设置样板房的,应当说明实际交付的商品房质量、设备及装修与样板房是否一致,未作说明的,实际交付的商品房应当与样板房一致。

第三十二条 【销售开发企业应提供的资料】销售商品住宅时,房地产开发企业应当根据《商品住宅实行质量保证书和住宅使用说明书制度的规定》(以下简称《规定》),向买受人提供《住宅质量保证书》、《住宅使用说明书》。

第三十三条 【质量保修责任】房地产开发企业应当对所售商品房承担质量保修责任。当事人应当在合同中就保修范围、保修期限、保修责任等内容做出约定。保修期从交付之日起计算。

商品住宅的保修期限不得低于建设工程承包单位向建设单位出具的质量保修书约定保修期的存续期;存续期少于《规定》中确定的最低保修期限的,保修期不得低于《规定》中确定的最低保修期限。

非住宅商品房的保修期限不得低于建设工程承包单位向建设单位出具的质量保修书约定保修期的存续期。

在保修期限内发生的属于保修范围的质量问题,房地产开发企业应当履行保修义务,并对造成的损失承担赔偿责任。因不可抗力或者使用不当造成的损坏,房地产开发企业不承担责任。

第三十四条 【房屋权属登记】房地产开发企业应当在商品房交付使用前按项目委托具有房产测绘资格的单位实施测绘,测绘成果报房地产行政主管部门审核后用于房屋权属登记。

房地产开发企业应当在商品房交付使用之日起 60 日内,将需要由其提供的办理房屋权属登记的资料报送房屋所在地房地产行政主管部门。

房地产开发企业应当协助商品房买受人办理土地使用权变更和房屋所有权登记手续。

第三十五条　【质量检测】商品房交付使用后,买受人认为主体结构质量不合格的,可以依照有关规定委托工程质量检测机构重新核验。经核验,确属主体结构质量不合格的,买受人有权退房;给买受人造成损失的,房地产开发企业应当依法承担赔偿责任。

第六章　法律责任

第三十六条　【未取得营业执照,擅自销售商品房的责任】未取得营业执照,擅自销售商品房的,由县级以上人民政府工商行政管理部门依照《城市房地产开发经营管理条例》的规定处罚。

第三十七条　【未取得房地产开发企业资质证书,擅自销售商品房的责任】未取得房地产开发企业资质证书,擅自销售商品房的,责令停止销售活动,处5万元以上10万元以下的罚款。

第三十八条　【违反规定,擅自预售商品房的责任】违反法律、法规规定,擅自预售商品房的,责令停止违法行为,没收违法所得;收取预付款的,可以并处已收取的预付款1%以下的罚款。

第三十九条　【未解除原买卖合同,将商品房再行销售给他人的责任】在未解除商品房买卖合同前,将作为合同标的物的商品房再行销售给他人的,处以警告,责令限期改正,并处2万元以上3万元以下罚款;构成犯罪的,依法追究刑事责任。

第四十条　【开发企业将验收不合格的商品房擅自交付使用的责任】房地产开发企业将未组织竣工验收、验收不合格或者对不合格按合格验收的商品房擅自交付使用的,按照《建设工程质量管理条例》的规定处罚。

第四十一条　【未报送房地产行政部门资料的责任】房地产开发企业未按规定将测绘成果或者需要由其提供的办理房屋权属登记的资料报送房地产行政主管部门的,处以警告,责令限期改正,并可处以2万元以上3万元以下罚款。

第四十二条　【较重处罚的情形】房地产开发企业在销售商品房中有下列行为之一的,处以警告,责令限期改正,并可处以1万元以上3万元以下罚款。

(一)未按照规定的现售条件现售商品房的;

(二)未按照规定在商品房现售前将房地产开发项目手册及符合商品房现售条件的有关证明文件报送房地产开发主管部门备案的;

(三)返本销售或者变相返本销售商品房的;

(四)采取售后包租或者变相售后包租方式销售未竣工商品房的;

(五)分割拆零销售商品住宅的;

(六)不符合商品房销售条件,向买受人收取预订款性质费用的;

(七)未按照规定向买受人明示《商品房销售管理办法》、《商品房买卖合同示范文本》、《城市商品房预售管理办法》的;

(八)委托没有资格的机构代理销售商品房的。

第四十三条　【中介销售不符条件的商品房的责任】房地产中介服务机构代理销售不符合销售条件的商品房的,处以警告,责令停止销售,并可处2万元以上3万元以下罚款。

第四十四条　【国家机关工作人员的责任】国家机关工作人员在商品房销售管理工作中玩忽职守、滥用职权、徇私舞弊,依法给予行政处分;构成犯罪的,依法追究刑事责任。

第七章 附 则

第四十五条 【返本销售、售后包租、分割拆零销售、产权登记面积】本办法所称返本销售,是指房地产开发企业以定期向买受人返还购房款的方式销售商品房的行为。

本办法所称售后包租,是指房地产开发企业以在一定期限内承租或者代为出租买受人所购该企业商品房的方式销售商品房的行为。

本办法所称分割拆零销售,是指房地产开发企业以将成套的商品住宅分割为数部分分别出售给买受人的方式销售商品住宅的行为。

本办法所称产权登记面积,是指房地产行政主管部门确认登记的房屋面积。

第四十六条 【地方建设行政部门实施细则】省、自治区、直辖市人民政府建设行政主管部门可以根据本办法制定实施细则。

第四十七条 【解释部门】本办法由国务院建设行政主管部门负责解释。

第四十八条 【施行日期】本办法自2001 年 6 月 1 日起施行。

城市商品房预售管理办法

(1994 年 11 月 15 日建设部令第 40 号发布 根据 2001 年 8 月 15 日《建设部关于修改〈城市商品房预售管理办法〉的决定》第一次修正 根据 2004 年 7 月 20 日《建设部关于修改〈城市商品房预售管理办法〉的决定》第二次修正)

第一条 为加强商品房预售管理,维护商品房交易双方的合法权益,根据《中华人民共和国城市房地产管理法》、《城市房地产开发经营管理条例》,制定本办法。

第二条 本办法所称商品房预售是指房地产开发企业(以下简称开发企业)将正在建设中的房屋预先出售给承购人,由承购人支付定金或房价款的行为。

第三条 本办法适用于城市商品房预售的管理。

第四条 国务院建设行政主管部门归口管理全国城市商品房预售管理;

省、自治区建设行政主管部门归口管理本行政区域内城市商品房预售管理;

市、县人民政府建设行政主管部门或房地产行政主管部门(以下简称房地产管理部门)负责本行政区域内城市商品房预售管理。

第五条 商品房预售应当符合下列条件:

(一)已交付全部土地使用权出让金,取得土地使用权证书;

(二)持有建设工程规划许可证和施工许可证;

(三)按提供预售的商品房计算,投入开发建设的资金达到工程建设总投资的 25%以上,并已经确定施工进度和竣工交付日期。

第六条 商品房预售实行许可制度。开发企业进行商品房预售,应当向房地产管理部门申请预售许可,取得《商品房预售许可证》。

未取得《商品房预售许可证》的,不得进行商品房预售。

第七条 开发企业申请预售许可,应当提交下列证件(复印件)及资料:

(一)商品房预售许可申请表;

(二)开发企业的《营业执照》和资质证书;

(三)土地使用权证、建设工程规划许可证、施工许可证;

(四)投入开发建设的资金占工程建设总投资的比例符合规定条件的证明;

（五）工程施工合同及关于施工进度的说明；

（六）商品房预售方案。预售方案应当说明预售商品房的位置、面积、竣工交付日期等内容，并应当附预售商品房分层平面图。

第八条 商品房预售许可依下列程序办理：

（一）受理。开发企业按本办法第七条的规定提交有关材料，材料齐全的，房地产管理部门应当当场出具受理通知书；材料不齐的，应当当场或者5日内一次性书面告知需要补充的材料。

（二）审核。房地产管理部门对开发企业提供的有关材料是否符合法定条件进行审核。

开发企业对所提交材料实质内容的真实性负责。

（三）许可。经审查，开发企业的申请符合法定条件的，房地产管理部门应当在受理之日起10日内，依法作出准予预售的行政许可书面决定，发送开发企业，并自作出决定之日起10日内向开发企业颁发、送达《商品房预售许可证》。

经审查，开发企业的申请不符合法定条件的，房地产管理部门应当在受理之日起10日内，依法作出不予许可的书面决定。书面决定应当说明理由，告知开发企业享有依法申请行政复议或者提起行政诉讼的权利，并送达开发企业。

商品房预售许可决定书、不予商品房预售许可决定书应当加盖房地产管理部门的行政许可专用印章，《商品房预售许可证》应当加盖房地产管理部门的印章。

（四）公示。房地产管理部门作出的准予商品房预售许可的决定，应当予以公开，公众有权查阅。

第九条 开发企业进行商品房预售，应当向承购人出示《商品房预售许可证》。售楼广告和说明书应当载明《商品房预售许可证》的批准文号。

第十条 商品房预售，开发企业应当与承购人签订商品房预售合同。开发企业应当自签约之日起30日内，向房地产管理部门和市、县人民政府土地管理部门办理商品房预售合同登记备案手续。

房地产管理部门应当积极应用网络信息技术，逐步推行商品房预售合同网上登记备案。

商品房预售合同登记备案手续可以委托代理人办理。委托代理人办理的，应当有书面委托书。

第十一条 开发企业预售商品房所得款项应当用于有关的工程建设。

商品房预售款监管的具体办法，由房地产管理部门制定。

第十二条 预售的商品房交付使用之日起90日内，承购人应当依法到房地产管理部门和市、县人民政府土地管理部门办理权属登记手续。开发企业应当予以协助，并提供必要的证明文件。

由于开发企业的原因，承购人未能在房屋交付使用之日起90日内取得房屋权属证书的，除开发企业和承购人有特殊约定外，开发企业应当承担违约责任。

第十三条 开发企业未取得《商品房预售许可证》预售商品房的，依照《城市房地产开发经营管理条例》第三十九条的规定处罚。

第十四条 开发企业不按规定使用商品房预售款项的，由房地产管理部门责令限期纠正，并可处以违法所得3倍以下但不超过3万元的罚款。

第十五条 开发企业隐瞒有关情况、提供虚假材料，或者采用欺骗、贿赂等不正当手段取得商品房预售许可的，由房地产管理部门责令停止预售，撤销商品房预售许可，并处3万元罚款。

第十六条 省、自治区建设行政主管部门、直辖市建设行政主管部门或房地产行政管理部门可以根据本办法制定实施细则。

第十七条 本办法由国务院建设行政主管部门负责解释。

第十八条 本办法自1995年1月1日起施行。

国有土地上房屋征收与补偿条例

(2011年1月19日国务院第141次常务会议通过 2011年1月21日中华人民共和国国务院令第590号公布 自公布之日起施行)

第一章 总 则

第一条 【立法目的】为了规范国有土地上房屋征收与补偿活动,维护公共利益,保障被征收房屋所有权人的合法权益,制定本条例。

第二条 【适用范围】为了公共利益的需要,征收国有土地上单位、个人的房屋,应当对被征收房屋所有权人(以下称被征收人)给予公平补偿。

第三条 【基本原则】房屋征收与补偿应当遵循决策民主、程序正当、结果公开的原则。

第四条 【行政管辖】市、县级人民政府负责本行政区域的房屋征收与补偿工作。

市、县级人民政府确定的房屋征收部门(以下称房屋征收部门)组织实施本行政区域的房屋征收与补偿工作。

市、县级人民政府有关部门应当依照本条例的规定和本级人民政府规定的职责分工,互相配合,保障房屋征收与补偿工作的顺利进行。

第五条 【房屋征收实施单位】房屋征收部门可以委托房屋征收实施单位,承担房屋征收与补偿的具体工作。房屋征收实施单位不得以营利为目的。

房屋征收部门对房屋征收实施单位在委托范围内实施的房屋征收与补偿行为负责监督,并对其行为后果承担法律责任。

第六条 【主管部门】上级人民政府应当加强对下级人民政府房屋征收与补偿工作的监督。

国务院住房城乡建设主管部门和省、自治区、直辖市人民政府住房城乡建设主管部门应当会同同级财政、国土资源、发展改革等有关部门,加强对房屋征收与补偿实施工作的指导。

第七条 【举报与监察】任何组织和个人对违反本条例规定的行为,都有权向有关人民政府、房屋征收部门和其他有关部门举报。接到举报的有关人民政府、房屋征收部门和其他有关部门对举报应当及时核实、处理。

监察机关应当加强对参与房屋征收与补偿工作的政府和有关部门或者单位及其工作人员的监察。

第二章 征 收 决 定

第八条 【征收情形】为了保障国家安全、促进国民经济和社会发展等公共利益的需要,有下列情形之一,确需征收房屋的,由市、县级人民政府作出房屋征收决定:

(一)国防和外交的需要;

(二)由政府组织实施的能源、交通、水利等基础设施建设的需要;

(三)由政府组织实施的科技、教育、文化、卫生、体育、环境和资源保护、防灾减灾、文物保护、社会福利、市政公用等公共事业的需要;

(四)由政府组织实施的保障性安居工程

建设的需要;

(五)由政府依照城乡规划法有关规定组织实施的对危房集中、基础设施落后等地段进行旧城区改建的需要;

(六)法律、行政法规规定的其他公共利益的需要。

第九条 【征收相关建设的要求】依照本条例第八条规定,确需征收房屋的各项建设活动,应当符合国民经济和社会发展规划、土地利用总体规划、城乡规划和专项规划。保障性安居工程建设、旧城区改建,应当纳入市、县级国民经济和社会发展年度计划。

制定国民经济和社会发展规划、土地利用总体规划、城乡规划和专项规划,应当广泛征求社会公众意见,经过科学论证。

第十条 【征收补偿方案】房屋征收部门拟定征收补偿方案,报市、县级人民政府。

市、县级人民政府应当组织有关部门对征收补偿方案进行论证并予以公布,征求公众意见。征求意见期限不得少于 30 日。

第十一条 【旧城区改建】市、县级人民政府应当将征求意见情况和根据公众意见修改的情况及时公布。

因旧城区改建需要征收房屋,多数被征收人认为征收补偿方案不符合本条例规定的,市、县级人民政府应当组织由被征收人和公众代表参加的听证会,并根据听证会情况修改方案。

第十二条 【社会稳定风险评估】市、县级人民政府作出房屋征收决定前,应当按照有关规定进行社会稳定风险评估;房屋征收决定涉及被征收人数量较多的,应当经政府常务会议讨论决定。

作出房屋征收决定前,征收补偿费用应当足额到位、专户存储、专款专用。

第十三条 【征收公告】市、县级人民政府作出房屋征收决定后应当及时公告。公告应当载明征收补偿方案和行政复议、行政诉讼权利等事项。

市、县级人民政府及房屋征收部门应当做好房屋征收与补偿的宣传、解释工作。

房屋被依法征收的,国有土地使用权同时收回。

第十四条 【征收复议与诉讼】被征收人对市、县级人民政府作出的房屋征收决定不服的,可以依法申请行政复议,也可以依法提起行政诉讼。

第十五条 【征收调查登记】房屋征收部门应当对房屋征收范围内房屋的权属、区位、用途、建筑面积等情况组织调查登记,被征收人应当予以配合。调查结果应当在房屋征收范围内向被征收人公布。

第十六条 【房屋征收范围确定】房屋征收范围确定后,不得在房屋征收范围内实施新建、扩建、改建房屋和改变房屋用途等不当增加补偿费用的行为;违反规定实施的,不予补偿。

房屋征收部门应当将前款所列事项书面通知有关部门暂停办理相关手续。暂停办理相关手续的书面通知应当载明暂停期限。暂停期限最长不得超过 1 年。

第三章 补 偿

第十七条 【征收补偿范围】作出房屋征收决定的市、县级人民政府对被征收人给予的补偿包括:

(一)被征收房屋价值的补偿;

(二)因征收房屋造成的搬迁、临时安置的补偿;

(三)因征收房屋造成的停产停业损失的补偿。

市、县级人民政府应当制定补助和奖励办法,对被征收人给予补助和奖励。

第十八条 【涉及住房保障情形的征收】征收个人住宅,被征收人符合住房保障条件的,作出房屋征收决定的市、县级人民政府应当优先给予住房保障。具体办法由省、自治区、直辖市制定。

第十九条 【被征收房屋价值的补偿】对被征收房屋价值的补偿,不得低于房屋征收决定公告之日被征收房屋类似房地产的市场价格。被征收房屋的价值,由具有相应资质的房地产价格评估机构按照房屋征收评估办法评估确定。

对评估确定的被征收房屋价值有异议的,可以向房地产价格评估机构申请复核评估。对复核结果有异议的,可以向房地产价格评估专家委员会申请鉴定。

房屋征收评估办法由国务院住房城乡建设主管部门制定,制定过程中,应当向社会公开征求意见。

第二十条 【房地产价格评估机构】房地产价格评估机构由被征收人协商选定;协商不成的,通过多数决定、随机选定等方式确定,具体办法由省、自治区、直辖市制定。

房地产价格评估机构应当独立、客观、公正地开展房屋征收评估工作,任何单位和个人不得干预。

第二十一条 【产权调换】被征收人可以选择货币补偿,也可以选择房屋产权调换。

被征收人选择房屋产权调换的,市、县级人民政府应当提供用于产权调换的房屋,并与被征收人计算、结清被征收房屋价值与用于产权调换房屋价值的差价。

因旧城区改建征收个人住宅,被征收人选择在改建地段进行房屋产权调换的,作出房屋征收决定的市、县级人民政府应当提供改建地段或者就近地段的房屋。

第二十二条 【搬迁与临时安置】因征收房屋造成搬迁的,房屋征收部门应当向被征收人支付搬迁费;选择房屋产权调换的,产权调换房屋交付前,房屋征收部门应当向被征收人支付临时安置费或者提供周转用房。

第二十三条 【停产停业损失的补偿】对因征收房屋造成停产停业损失的补偿,根据房屋被征收前的效益、停产停业期限等因素确定。具体办法由省、自治区、直辖市制定。

第二十四条 【临时建筑】市、县级人民政府及其有关部门应当依法加强对建设活动的监督管理,对违反城乡规划进行建设的,依法予以处理。

市、县级人民政府作出房屋征收决定前,应当组织有关部门依法对征收范围内未经登记的建筑进行调查、认定和处理。对认定为合法建筑和未超过批准期限的临时建筑的,应当给予补偿;对认定为违法建筑和超过批准期限的临时建筑的,不予补偿。

第二十五条 【补偿协议】房屋征收部门与被征收人依照本条例的规定,就补偿方式、补偿金额和支付期限、用于产权调换房屋的地点和面积、搬迁费、临时安置费或者周转用房、停产停业损失、搬迁期限、过渡方式和过渡期限等事项,订立补偿协议。

补偿协议订立后,一方当事人不履行补偿协议约定的义务的,另一方当事人可以依法提起诉讼。

第二十六条 【补偿决定】房屋征收部门与被征收人在征收补偿方案确定的签约期限内达不成补偿协议,或者被征收房屋所有权人不明确的,由房屋征收部门报请作出房屋征收决定的市、县级人民政府依照本条例的规定,按照征收补偿方案作出补偿决定,并在房屋征收范围内予以公告。

补偿决定应当公平,包括本条例第二十五条第一款规定的有关补偿协议的事项。

被征收人对补偿决定不服的,可以依法申请行政复议,也可以依法提起行政诉讼。

第二十七条 【先补偿后搬迁】实施房屋征收应当先补偿、后搬迁。

作出房屋征收决定的市、县级人民政府对被征收人给予补偿后,被征收人应当在补偿协议约定或者补偿决定确定的搬迁期限内完成搬迁。

任何单位和个人不得采取暴力、威胁或者违反规定中断供水、供热、供气、供电和道路通行等非法方式迫使被征收人搬迁。禁止建设单位参与搬迁活动。

第二十八条　【依法申请法院强制执行】被征收人在法定期限内不申请行政复议或者不提起行政诉讼，在补偿决定规定的期限内又不搬迁的，由作出房屋征收决定的市、县级人民政府依法申请人民法院强制执行。

强制执行申请书应当附具补偿金额和专户存储账号、产权调换房屋和周转用房的地点和面积等材料。

第二十九条　【征收补偿档案与审计监督】房屋征收部门应当依法建立房屋征收补偿档案，并将分户补偿情况在房屋征收范围内向被征收人公布。

审计机关应当加强对征收补偿费用管理和使用情况的监督，并公布审计结果。

第四章　法律责任

第三十条　【玩忽职守等法律责任】市、县级人民政府及房屋征收部门的工作人员在房屋征收与补偿工作中不履行本条例规定的职责，或者滥用职权、玩忽职守、徇私舞弊的，由上级人民政府或者本级人民政府责令改正，通报批评；造成损失的，依法承担赔偿责任；对直接负责的主管人员和其他直接责任人员，依法给予处分；构成犯罪的，依法追究刑事责任。

第三十一条　【暴力等非法搬迁法律责任】采取暴力、威胁或者违反规定中断供水、供热、供气、供电和道路通行等非法方式迫使被征收人搬迁，造成损失的，依法承担赔偿责任；对直接负责的主管人员和其他直接责任人员，构成犯罪的，依法追究刑事责任；尚不

构成犯罪的，依法给予处分；构成违反治安管理行为的，依法给予治安管理处罚。

第三十二条　【非法阻碍征收与补偿工作法律责任】采取暴力、威胁等方法阻碍依法进行的房屋征收与补偿工作，构成犯罪的，依法追究刑事责任；构成违反治安管理行为的，依法给予治安管理处罚。

第三十三条　【贪污、挪用等法律责任】贪污、挪用、私分、截留、拖欠征收补偿费用的，责令改正，追回有关款项，限期退还违法所得，对有关责任单位通报批评、给予警告；造成损失的，依法承担赔偿责任；对直接负责的主管人员和其他直接责任人员，构成犯罪的，依法追究刑事责任；尚不构成犯罪的，依法给予处分。

第三十四条　【违法评估法律责任】房地产价格评估机构或者房地产估价师出具虚假或者有重大差错的评估报告的，由发证机关责令限期改正，给予警告，对房地产价格评估机构处 5 万元以上 20 万元以下罚款，对房地产估价师并处 1 万元以上 3 万元以下罚款，并记入信用档案；情节严重的，吊销资质证书、注册证书；造成损失的，依法承担赔偿责任；构成犯罪的，依法追究刑事责任。

第五章　附　则

第三十五条　【施行日期】本条例自公布之日起施行。2001 年 6 月 13 日国务院公布的《城市房屋拆迁管理条例》同时废止。本条例施行前已依法取得房屋拆迁许可证的项目，继续沿用原有的规定办理，但政府不得责成有关部门强制拆迁。

物业管理条例

（2003年6月8日中华人民共和国国务院令第379号公布　根据2007年8月26日《国务院关于修改〈物业管理条例〉的决定》第一次修订　根据2016年2月6日《国务院关于修改部分行政法规的决定》第二次修订　根据2018年3月19日《国务院关于修改和废止部分行政法规的决定》第三次修订）

第一章　总　　则

第一条　【立法宗旨】为了规范物业管理活动，维护业主和物业服务企业的合法权益，改善人民群众的生活和工作环境，制定本条例。

第二条　【物业管理定义】本条例所称物业管理，是指业主通过选聘物业服务企业，由业主和物业服务企业按照物业服务合同约定，对房屋及配套的设施设备和相关场地进行维修、养护、管理，维护物业管理区域内的环境卫生和相关秩序的活动。

第三条　【选择物业服务企业的方式】国家提倡业主通过公开、公平、公正的市场竞争机制选择物业服务企业。

第四条　【物业管理发展的途径】国家鼓励采用新技术、新方法，依靠科技进步提高物业管理和服务水平。

第五条　【物业管理的监管机关】国务院建设行政主管部门负责全国物业管理活动的监督管理工作。

县级以上地方人民政府房地产行政主管部门负责本行政区域内物业管理活动的监督管理工作。

第二章　业主及业主大会

第六条　【业主定义及权利】房屋的所有权人为业主。

业主在物业管理活动中，享有下列权利：

（一）按照物业服务合同的约定，接受物业服务企业提供的服务；

（二）提议召开业主大会会议，并就物业管理的有关事项提出建议；

（三）提出制定和修改管理规约、业主大会议事规则的建议；

（四）参加业主大会会议，行使投票权；

（五）选举业主委员会成员，并享有被选举权；

（六）监督业主委员会的工作；

（七）监督物业服务企业履行物业服务合同；

（八）对物业共用部位、共用设施设备和相关场地使用情况享有知情权和监督权；

（九）监督物业共用部位、共用设施设备专项维修资金（以下简称专项维修资金）的管理和使用；

（十）法律、法规规定的其他权利。

第七条　【业主的义务】业主在物业管理活动中，履行下列义务：

（一）遵守管理规约、业主大会议事规则；

（二）遵守物业管理区域内物业共用部位和共用设施设备的使用、公共秩序和环境卫生的维护等方面的规章制度；

（三）执行业主大会的决定和业主大会授权业主委员会作出的决定；

（四）按照国家有关规定交纳专项维修资金；

（五）按时交纳物业服务费用；

（六）法律、法规规定的其他义务。

第八条　【业主大会代表业主合法权益】物业管理区域内全体业主组成业主大会。

业主大会应当代表和维护物业管理区域内全体业主在物业管理活动中的合法权益。

第九条　【物业管理区域的划分】一个物业管理区域成立一个业主大会。

物业管理区域的划分应当考虑物业的共用设施设备、建筑物规模、社区建设等因素。具体办法由省、自治区、直辖市制定。

第十条 **【业主大会成立方式】**同一个物业管理区域内的业主,应当在物业所在地的区、县人民政府房地产行政主管部门或者街道办事处、乡镇人民政府的指导下成立业主大会,并选举产生业委员会。但是,只有一个业主的,或者业主人数较少且经全体业主一致同意,决定不成立业主大会的,由业主共同履行业主大会、业主委员会职责。

第十一条 **【业主共同决定事项】**下列事项由业主共同决定:

(一)制定和修改业主大会议事规则;

(二)制定和修改管理规约;

(三)选举业主委员会或者更换业主委员会成员;

(四)选聘和解聘物业服务企业;

(五)筹集和使用专项维修资金;

(六)改建、重建建筑物及其附属设施;

(七)有关共有和共同管理权利的其他重大事项。

第十二条 **【业主大会会议的召开方式及决定】**业主大会会议可以采用集体讨论的形式,也可以采用书面征求意见的形式;但是,应当有物业管理区域内专有部分占建筑物总面积过半数的业主且占总人数过半数的业主参加。

业主可以委托代理人参加业主大会会议。

业主大会决定本条例第十一条第(五)项和第(六)项规定的事项,应当经专有部分占建筑物总面积2/3以上的业主且占总人数2/3以上的业主同意;决定本条例第十一条规定的其他事项,应当经专有部分占建筑物总面积过半数的业主且占总人数过半数的业主同意。

业主大会或者业主委员会的决定,对业主具有约束力。

业主大会或者业主委员会作出的决定侵害业主合法权益的,受侵害的业主可以请求人民法院予以撤销。

第十三条 **【业主大会的会议类型及其启动方式】**业主大会会议分为定期会议和临时会议。

业主大会定期会议应当按照业主大会议事规则的规定召开。经20%以上的业主提议,业主委员会应当组织召开业主大会临时会议。

第十四条 **【业主大会会议的通知及记录】**召开业主大会会议,应当于会议召开15日以前通知全体业主。

住宅小区的业主大会会议,应当同时告知相关的居民委员会。

业主委员会应当做好业主大会会议记录。

第十五条 **【业主委员会的性质和职责】**业主委员会执行业主大会的决定事项,履行下列职责:

(一)召集业主大会会议,报告物业管理的实施情况;

(二)代表业主与业主大会选聘的物业服务企业签订物业服务合同;

(三)及时了解业主、物业使用人的意见和建议,监督和协助物业服务企业履行物业服务合同;

(四)监督管理规约的实施;

(五)业主大会赋予的其他职责。

第十六条 **【业主委员会的登记备案制度及其成员资格】**业主委员会应当自选举产生之日起30日内,向物业所在地的区、县人民政府房地产行政主管部门和街道办事处、乡镇人民政府备案。

业主委员会委员应当由热心公益事业、责任心强、具有一定组织能力的业主担任。

业主委员会主任、副主任在业主委员会

成员中推选产生。

第十七条　【管理规约】管理规约应当对有关物业的使用、维护、管理,业主的共同利益,业主应当履行的义务,违反管理规约应当承担的责任等事项依法作出约定。

管理规约应当尊重社会公德,不得违反法律、法规或者损害社会公共利益。

管理规约对全体业主具有约束力。

第十八条　【业主大会议事规则】业主大会议事规则应当就业主大会的议事方式、表决程序、业主委员会的组成和成员任期等事项作出约定。

第十九条　【业主大会、业主委员会的职责限制】业主大会、业主委员会应当依法履行职责,不得作出与物业管理无关的决定,不得从事与物业管理无关的活动。

业主大会、业主委员会作出的决定违反法律、法规的,物业所在地的区、县人民政府房地产行政主管部门或者街道办事处、乡镇人民政府,应当责令限期改正或者撤销其决定,并通告全体业主。

第二十条　【业主大会、业主委员会与相关单位的关系】业主大会、业主委员会应当配合公安机关,与居民委员会相互协作,共同做好维护物业管理区域内的社会治安等相关工作。

在物业管理区域内,业主大会、业主委员会应当积极配合相关居民委员会依法履行自治管理职责,支持居民委员会开展工作,并接受其指导和监督。

住宅小区的业主大会、业主委员会作出的决定,应当告知相关的居民委员会,并认真听取居民委员会的建议。

第三章　前期物业管理

第二十一条　【前期物业服务合同】在业主、业主大会选聘物业服务企业之前,建设单位选聘物业服务企业的,应当签订书面的前期物业服务合同。

第二十二条　【临时管理规约】建设单位应当在销售物业之前,制定临时管理规约,对有关物业的使用、维护、管理,业主的共同利益,业主应当履行的义务,违反临时管理规约应当承担的责任等事项依法作出约定。

建设单位制定的临时管理规约,不得侵害物业买受人的合法权益。

第二十三条　【关于对临时管理规约的说明义务以及承诺遵守的义务】建设单位应当在物业销售前将临时管理规约向物业买受人明示,并予以说明。

物业买受人在与建设单位签订物业买卖合同时,应当对遵守临时管理规约予以书面承诺。

第二十四条　【前期物业管理招投标】国家提倡建设单位按照房地产开发与物业管理相分离的原则,通过招投标的方式选聘物业服务企业。

住宅物业的建设单位,应当通过招投标的方式选聘物业服务企业;投标人少于3个或者住宅规模较小的,经物业所在地的区、县人民政府房地产行政主管部门批准,可以采用协议方式选聘物业服务企业。

第二十五条　【买卖合同内容包含前期物业服务合同内容】建设单位与物业买受人签订的买卖合同应当包含前期物业服务合同约定的内容。

第二十六条　【前期物业服务合同期限】前期物业服务合同可以约定期限;但是,期限未满、业主委员会与物业服务企业签订的物业服务合同生效的,前期物业服务合同终止。

第二十七条　【建设单位不得擅自处分业主共有或者共用的物业】业主依法享有的物业共用部位、共用设施设备的所有权或者使用权,建设单位不得擅自处分。

第二十八条　【共用物业的承接验收】物

业服务企业承接物业时,应当对物业共用部位、共用设施设备进行查验。

第二十九条 【物业承接验收时应移交的资料】在办理物业承接验收手续时,建设单位应当向物业服务企业移交下列资料:

(一)竣工总平面图,单体建筑、结构、设备竣工图,配套设施、地下管网工程竣工图等竣工验收资料;

(二)设施设备的安装、使用和维护保养等技术资料;

(三)物业质量保修文件和物业使用说明文件;

(四)物业管理所必需的其他资料。

物业服务企业应当在前期物业服务合同终止时将上述资料移交给业主委员会。

第三十条 【物业管理用房】建设单位应当按照规定在物业管理区域内配置必要的物业管理用房。

第三十一条 【建设单位的物业保修责任】建设单位应当按照国家规定的保修期限和保修范围,承担物业的保修责任。

第四章 物业管理服务

第三十二条 【物业服务企业】从事物业管理活动的企业应当具有独立的法人资格。

国务院建设行政主管部门应当会同有关部门建立守信联合激励和失信联合惩戒机制,加强行业诚信管理。

第三十三条 【物业管理区域统一管理】一个物业管理区域由一个物业服务企业实施物业管理。

第三十四条 【物业服务合同】业主委员会应当与业主大会选聘的物业服务企业订立书面的物业服务合同。

物业服务合同应当对物业管理事项、服务质量、服务费用、双方的权利义务、专项维修资金的管理与使用、物业管理用房、合同期限、违约责任等内容进行约定。

第三十五条 【物业服务企业的义务和责任】物业服务企业应当按照物业服务合同的约定,提供相应的服务。

物业服务企业未能履行物业服务合同的约定,导致业主人身、财产安全受到损害的,应当依法承担相应的法律责任。

第三十六条 【物业验收和资料移交】物业服务企业承接物业时,应当与业主委员会办理物业验收手续。

业主委员会应当向物业服务企业移交本条例第二十九条第一款规定的资料。

第三十七条 【物业管理用房所有权属和用途】物业管理用房的所有权依法属于业主。未经业主大会同意,物业服务企业不得改变物业管理用房的用途。

第三十八条 【合同终止时物业服务企业的义务】物业服务合同终止时,物业服务企业应当将物业管理用房和本条例第二十九条第一款规定的资料交还给业主委员会。

物业服务合同终止时,业主大会选聘了新的物业服务企业的,物业服务企业之间应当做好交接工作。

第三十九条 【专项服务业务的转委托】物业服务企业可以将物业管理区域内的专项服务业务委托给专业性服务企业,但不得将该区域内的全部物业管理一并委托给他人。

第四十条 【物业服务收费】物业服务收费应当遵循合理、公开以及费用与服务水平相适应的原则,区别不同物业的性质和特点,由业主和物业服务企业按照国务院价格主管部门会同国务院建设行政主管部门制定的物业服务收费办法,在物业服务合同中约定。

第四十一条 【物业服务费交纳】业主应当根据物业服务合同的约定交纳物业服务费用。业主与物业使用人约定由物业使用人交纳物业服务费用的,从其约定,业主负连带交纳责任。

已竣工但尚未出售或者尚未交给物业买受人的物业,物业服务费用由建设单位交纳。

第四十二条　【物业服务收费监督】县级以上人民政府价格主管部门会同同级房地产行政主管部门,应当加强对物业服务收费的监督。

第四十三条　【业主特约服务】物业服务企业可以根据业主的委托提供物业服务合同约定以外的服务项目,服务报酬由双方约定。

第四十四条　【公用事业单位收费】物业管理区域内,供水、供电、供气、供热、通信、有线电视等单位应当向最终用户收取有关费用。

物业服务企业接受委托代收前款费用的,不得向业主收取手续费等额外费用。

第四十五条　【对违法行为的制止、报告】对物业管理区域内违反有关治安、环保、物业装饰装修和使用等方面法律、法规规定的行为,物业服务企业应当制止,并及时向有关行政管理部门报告。

有关行政管理部门在接到物业服务企业的报告后,应当依法对违法行为予以制止或者依法处理。

第四十六条　【物业服务企业的安全防范义务及保安人员的职责】物业服务企业应当协助做好物业管理区域内的安全防范工作。发生安全事故时,物业服务企业在采取应急措施的同时,应当及时向有关行政管理部门报告,协助做好救助工作。

物业服务企业雇请保安人员的,应当遵守国家有关规定。保安人员在维护物业管理区域内的公共秩序时,应当履行职责,不得侵害公民的合法权益。

第四十七条　【物业使用人的权利义务】物业使用人在物业管理活动中的权利义务由业主和物业使用人约定,但不得违反法律、法规和管理规约的有关规定。

物业使用人违反本条例和管理规约的规定,有关业主应当承担连带责任。

第四十八条　【关于物业管理的投诉】县级以上地方人民政府房地产行政主管部门应当及时处理业主、业主委员会、物业使用人和物业服务企业在物业管理活动中的投诉。

第五章　物业的使用与维护

第四十九条　【改变公共建筑及共用设施用途的程序】物业管理区域内按照规划建设的公共建筑和共用设施,不得改变用途。

业主依法确需改变公共建筑和共用设施用途的,应当在依法办理有关手续后告知物业服务企业;物业服务企业确需改变公共建筑和共用设施用途的,应当提请业主大会讨论决定同意后,由业主依法办理有关手续。

第五十条　【公共道路、场地的占用、挖掘】业主、物业服务企业不得擅自占用、挖掘物业管理区域内的道路、场地,损害业主的共同利益。

因维修物业或者公共利益,业主确需临时占用、挖掘道路、场地的,应当征得业主委员会和物业服务企业的同意;物业服务企业确需临时占用、挖掘道路、场地的,应当征得业主委员会的同意。

业主、物业服务企业应当将临时占用、挖掘的道路、场地,在约定期限内恢复原状。

第五十一条　【公用事业设施维护责任】供水、供电、供气、供热、通信、有线电视等单位,应当依法承担物业管理区域内相关管线和设施设备维修、养护的责任。

前款规定的单位因维修、养护等需要,临时占用、挖掘道路、场地的,应当及时恢复原状。

第五十二条　【关于房屋装饰、装修的告知义务】业主需要装饰装修房屋的,应当事先告知物业服务企业。

物业服务企业应当将房屋装饰装修中的禁止行为和注意事项告知业主。

第五十三条 【专项维修资金】住宅物业、住宅小区内的非住宅物业或者与单幢住宅楼结构相连的非住宅物业的业主，应当按照国家有关规定交纳专项维修资金。

专项维修资金属于业主所有，专项用于物业保修期满后物业共用部位、共用设施设备的维修和更新、改造，不得挪作他用。

专项维修资金收取、使用、管理的办法由国务院建设行政主管部门会同国务院财政部门制定。

第五十四条 【对共用部位、共用设备设施经营的收益】利用物业共用部位、共用设施设备进行经营的，应当在征得相关业主、业主大会、物业服务企业的同意后按照规定办理有关手续。业主所得收益应当主要用于补充专项维修资金，也可以按照业主大会的决定使用。

第五十五条 【责任人的维修养护义务】物业存在安全隐患，危及公共利益及他人合法权益时，责任人应当及时维修养护，有关业主应当给予配合。

责任人不履行维修养护义务的，经业主大会同意，可以由物业服务企业维修养护，费用由责任人承担。

第六章 法律责任

第五十六条 【建设单位违法选聘物业服务企业的责任】违反本条例的规定，住宅物业的建设单位未通过招投标的方式选聘物业服务企业或者未经批准，擅自采用协议方式选聘物业服务企业的，由县级以上地方人民政府房地产行政主管部门责令限期改正，给予警告，可以并处 10 万元以下的罚款。

第五十七条 【建设单位擅自处分共用部位的责任】违反本条例的规定，建设单位擅自处分属于业主的物业共用部位、共用设施设备的所有权或者使用权的，由县级以上地方人民政府房地产行政主管部门处 5 万元以上 20 万元以下的罚款；给业主造成损失的，依法承担赔偿责任。

第五十八条 【拒不移交资料的行政责任】违反本条例的规定，不移交有关资料的，由县级以上地方人民政府房地产行政主管部门责令限期改正；逾期仍不移交有关资料的，对建设单位、物业服务企业予以通报，处 1 万元以上 10 万元以下的罚款。

第五十九条 【违反委托管理限制的责任】违反本条例的规定，物业服务企业将一个物业管理区域内的全部物业管理一并委托给他人的，由县级以上地方人民政府房地产行政主管部门责令限期改正，处委托合同价款 30%以上 50%以下的罚款。委托所得收益，用于物业管理区域内物业共用部位、共用设施设备的维修、养护，剩余部分按照业主大会的决定使用；给业主造成损失的，依法承担赔偿责任。

第六十条 【挪用专项维修资金的责任】违反本条例的规定，挪用专项维修资金的，由县级以上地方人民政府房地产行政主管部门追回挪用的专项维修资金，给予警告，没收违法所得，可以并处挪用数额 2 倍以下的罚款；构成犯罪的，依法追究直接负责的主管人员和其他直接责任人员的刑事责任。

第六十一条 【建设单位不配置物业管理用房的责任】违反本条例的规定，建设单位在物业管理区域内不按照规定配置必要的物业管理用房的，由县级以上地方人民政府房地产行政主管部门责令限期改正，给予警告，没收违法所得，并处 10 万元以上 50 万元以下的罚款。

第六十二条 【擅自改变物业管理用房的用途的责任】违反本条例的规定，未经业主大会同意，物业服务企业擅自改变物业管理用房的用途的,由县级以上地方人民政府房地产行政主管部门责令限期改正,给予警告,并处1万元以上10万元以下的罚款;有收益的,所得收益用于物业管理区域内物业共用部位、共用设施设备的维修、养护,剩余部分按照业主大会的决定使用。

第六十三条 【擅自行为的责任】违反本条例的规定,有下列行为之一的,由县级以上地方人民政府房地产行政主管部门责令限期改正,给予警告,并按照本条第二款的规定处以罚款;所得收益,用于物业管理区域内物业共用部位、共用设施设备的维修、养护,剩余部分按照业主大会的决定使用:

(一)擅自改变物业管理区域内按照规划建设的公共建筑和共用设施用途的;

(二)擅自占用、挖掘物业管理区域内道路、场地,损害业主共同利益的;

(三)擅自利用物业共用部位、共用设施设备进行经营的。

个人有前款规定行为之一的,处1000元以上1万元以下的罚款;单位有前款规定行为之一的,处5万元以上20万元以下的罚款。

第六十四条 【逾期不交纳物业服务费的责任】违反物业服务合同约定,业主逾期不交纳物业服务费用的,业主委员会应当督促其限期交纳;逾期仍不交纳的,物业服务企业可以向人民法院起诉。

第六十五条 【业主以业主大会或者业主委员会的名义从事违法活动的责任】业主以业主大会或者业主委员会的名义,从事违反法律、法规的活动,构成犯罪的,依法追究刑事责任;尚不构成犯罪的,依法给予治安管理处罚。

第六十六条 【公务人员违法行为的责任】违反本条例的规定,国务院建设行政主管部门、县级以上地方人民政府房地产行政主管部门或者其他有关行政管理部门的工作人员利用职务上的便利,收受他人财物或者其他好处,不依法履行监督管理职责,或者发现违法行为不予查处,构成犯罪的,依法追究刑事责任;尚不构成犯罪的,依法给予行政处分。

第七章 附 则

第六十七条 【施行时间】本条例自2003年9月1日起施行。

最高人民法院关于审理物业服务纠纷案件适用法律若干问题的解释

(2009年4月20日最高人民法院审判委员会第1466次会议通过 根据2020年12月23日最高人民法院审判委员会第1823次会议通过的《最高人民法院关于修改〈最高人民法院关于在民事审判工作中适用《中华人民共和国工会法》若干问题的解释〉等二十七件民事类司法解释的决定》修正 2020年12月29日最高人民法院公告公布)

为正确审理物业服务纠纷案件,依法保护当事人的合法权益,根据《中华人民共和国民法典》等法律规定,结合民事审判实践,制定本解释。

第一条 业主违反物业服务合同或者法律、法规、管理规约,实施妨碍物业服务与管理的行为,物业服务人请求业主承担停止侵害、排除妨碍、恢复原状等相应民事责任的,人民法院应予支持。

第二条 物业服务人违反物业服务合同约定或者法律、法规、部门规章规定,擅自扩大收费范围、提高收费标准或者重复收费,业主以违规收费为由提出抗辩的,人民法院应予支持。

业主请求物业服务人退还其已经收取的违规费用的,人民法院应予支持。

第三条 物业服务合同的权利义务终止后,业主请求物业服务人退还已经预收,但尚未提供物业服务期间的物业费的,人民法院应予支持。

第四条 因物业的承租人、借用人或者其他物业使用人实施违反物业服务合同,以及法律、法规或者管理规约的行为引起的物业服务纠纷,人民法院可以参照关于业主的规定处理。

第五条 本解释自 2009 年 10 月 1 日起施行。

本解释施行前已经终审,本解释施行后当事人申请再审或者按照审判监督程序决定再审的案件,不适用本解释。

(二)物权登记

企业国有资产产权登记管理办法

(1996 年 1 月 25 日中华人民共和国国务院令第 192 号发布 自发布之日起施行)

第一条 为了加强企业国有资产产权登记管理,健全国有资产基础管理制度,防止国有资产流失,制定本办法。

第二条 本办法所称企业国有资产产权登记(以下简称产权登记),是指国有资产管理部门代表政府对占有国有资产的各类企业的资产、负债、所有者权益等产权状况进行登记,依法确认产权归属关系的行为。

第三条 国有企业、国有独资公司、持有国家股权的单位以及以其他形式占有国有资产的企业(以下统称企业),应当依照本办法

的规定办理产权登记。

第四条 企业产权归属关系不清楚或者发生产权纠纷的,可以申请暂缓办理产权登记。

企业应当在经批准的暂缓办理产权登记期限内,将产权界定清楚、产权纠纷处理完毕,并及时办理产权登记。

第五条 县级以上各级人民政府国有资产管理部门,按照产权归属关系办理产权登记。

国有资产管理部门根据工作需要,可以按照产权归属关系委托政府有关部门或者机构办理产权登记。

第六条 产权登记分为占有产权登记、变动产权登记和注销产权登记。

第七条 企业应当依照本办法向国有资产管理部门办理占有产权登记。

占有产权登记的主要内容:

(一)出资人名称、住所、出资金额及法定代表人;

(二)企业名称、住所及法定代表人;

(三)企业的资产、负债及所有者权益;

(四)企业实收资本、国有资本;

(五)企业投资情况;

(六)国务院国有资产管理部门规定的其他事项。

国有资产管理部门向企业核发的国有资产产权登记表,是企业的资信证明文件。

第八条 企业发生下列变动情形之一的,应当自变动之日起 30 日内办理变动产权登记:

(一)企业名称、住所或者法定代表人改变的;

(二)国有资本占企业实收资本比例发生变化的;

(三)企业分立、合并或者改变经营形式的;

(四)有国务院国有资产管理部门规定

的其他变动情形的。

第九条 企业发生下列情形之一的,应当自各该情形发生之日起 30 日内办理注销产权登记:

(一) 企业解散、被依法撤销或者被依法宣告破产的;

(二) 企业转让全部产权或者企业被划转的;

(三) 有国务院国有资产管理部门规定的其他情形的。

第十条 企业办理产权登记,应当按照规定填报国有资产产权登记表并提交有关文件、凭证、报表等。填报的内容或者提交的文件、凭证、报表等不符合规定的,国有资产管理部门有权要求企业补正。

第十一条 产权登记实行年度检查制度。

企业应当于每一年度终了后 90 日内,办理产权年度检查登记,向国有资产管理部门提交财务报告和国有资产经营年度报告书,报告下列主要内容:

(一) 出资人的资金实际到位情况;

(二) 企业国有资产的结构变化,包括企业对外投资情况;

(三) 国有资产增减、变动情况;

(四) 国务院国有资产管理部门规定的其他事项。

第十二条 国有资产产权登记表由国务院国有资产管理部门统一制定。

任何单位和个人不得伪造、涂改、出卖或者出借国有资产产权登记表。

国有资产产权登记表遗失或者毁坏的,应当按照规定申请补领。

第十三条 国有资产管理部门应当建立健全产权登记档案制度,并定期分析和报告国有资产产权状况。

第十四条 企业违反本办法规定,有下列行为之一的,由国有资产管理部门责令改正、通报批评,可以处以 10 万元以下的罚款,并提请政府有关部门对企业领导人员和直接责任人员按照规定给予纪律处分:

(一) 在规定期限内不办理产权登记的;

(二) 隐瞒真实情况、未如实办理产权登记的;

(三) 不按照规定办理产权年度检查登记的;

(四) 伪造、涂改、出卖或者出借国有资产产权登记表的。

第十五条 国有资产管理部门工作人员在办理产权登记中玩忽职守、徇私舞弊、滥用职权、谋取私利,构成犯罪的,依法追究刑事责任;尚不构成犯罪的,依法给予行政处分。

第十六条 军队企业的国有资产产权登记管理办法,由中国人民解放军总后勤部会同国务院国有资产管理部门参照本办法制定。

第十七条 本办法自发布之日起施行。国家国有资产管理局、财政部、国家工商行政管理局 1992 年 5 月 11 日发布的《国有资产产权登记管理试行办法》同时废止。

不动产登记暂行条例

(2014 年 11 月 24 日中华人民共和国国务院令第 656 号公布 根据 2019 年 3 月 24 日《国务院关于修改部分行政法规的决定》第一次修订 根据 2024 年 3 月 10 日《国务院关于修改和废止部分行政法规的决定》第二次修订)

第一章 总 则

第一条 为整合不动产登记职责,规范登记行为,方便群众申请登记,保护权利人合法权益,根据《中华人民共和国民法典》等法律,制定本条例。

第二条 本条例所称不动产登记,是指不动产登记机构依法将不动产权利归属和其他法定事项记载于不动产登记簿的行为。

本条例所称不动产,是指土地、海域以及房屋、林木等定着物。

第三条 不动产首次登记、变更登记、转移登记、注销登记、更正登记、异议登记、预告登记、查封登记等,适用本条例。

第四条 国家实行不动产统一登记制度。

不动产登记遵循严格管理、稳定连续、方便群众的原则。

不动产权利人已经依法享有的不动产权利,不因登记机构和登记程序的改变而受到影响。

第五条 下列不动产权利,依照本条例的规定办理登记:

(一)集体土地所有权;

(二)房屋等建筑物、构筑物所有权;

(三)森林、林木所有权;

(四)耕地、林地、草地等土地承包经营权;

(五)建设用地使用权;

(六)宅基地使用权;

(七)海域使用权;

(八)地役权;

(九)抵押权;

(十)法律规定需要登记的其他不动产权利。

第六条 国务院自然资源主管部门负责指导、监督全国不动产登记工作。

县级以上地方人民政府应当确定一个部门为本行政区域的不动产登记机构,负责不动产登记工作,并接受上级人民政府不动产登记主管部门的指导、监督。

第七条 不动产登记由不动产所在地的县级人民政府不动产登记机构办理;直辖市、设区的市人民政府可以确定本级不动产登记

机构统一办理所属各区的不动产登记。

跨县级行政区域的不动产登记,由所跨县级行政区域的不动产登记机构分别办理。不能分别办理的,由所跨县级行政区域的不动产登记机构协商办理;协商不成的,由共同的上一级人民政府不动产登记主管部门指定办理。

国务院确定的重点国有林区的森林、林木和林地,国务院批准项目用海、用岛,中央国家机关使用的国有土地等不动产登记,由国务院自然资源主管部门会同有关部门规定。

第二章 不动产登记簿

第八条 不动产以不动产单元为基本单位进行登记。不动产单元具有唯一编码。

不动产登记机构应当按照国务院自然资源主管部门的规定设立统一的不动产登记簿。

不动产登记簿应当记载以下事项:

(一)不动产的坐落、界址、空间界限、面积、用途等自然状况;

(二)不动产权利的主体、类型、内容、来源、期限、权利变化等权属状况;

(三)涉及不动产权利限制、提示的事项;

(四)其他相关事项。

第九条 不动产登记簿应当采用电子介质,暂不具备条件的,可以采用纸质介质。不动产登记机构应当明确不动产登记簿唯一、合法的介质形式。

不动产登记簿采用电子介质的,应当定期进行异地备份,并具有唯一、确定的纸质转化形式。

第十条 不动产登记机构应当依法将各类登记事项准确、完整、清晰地记载于不动产登记簿。任何人不得损毁不动产登记簿,除依法予以更正外不得修改登记事项。

第十一条 不动产登记工作人员应当具

备与不动产登记工作相适应的专业知识和业务能力。

不动产登记机构应当加强对不动产登记工作人员的管理和专业技术培训。

第十二条 不动产登记机构应当指定专人负责不动产登记簿的保管,并建立健全相应的安全责任制度。

采用纸质介质不动产登记簿的,应当配备必要的防盗、防火、防渍、防有害生物等安全保护设施。

采用电子介质不动产登记簿的,应当配备专门的存储设施,并采取信息网络安全防护措施。

第十三条 不动产登记簿由不动产登记机构永久保存。不动产登记簿损毁、灭失的,不动产登记机构应当依据原有登记资料予以重建。

行政区域变更或者不动产登记机构职能调整的,应当及时将不动产登记簿移交相应的不动产登记机构。

第三章 登记程序

第十四条 因买卖、设定抵押权等申请不动产登记的,应当由当事人双方共同申请。

属于下列情形之一的,可以由当事人单方申请:

(一)尚未登记的不动产首次申请登记的;

(二)继承、接受遗赠取得不动产权利的;

(三)人民法院、仲裁委员会生效的法律文书或者人民政府生效的决定等设立、变更、转让、消灭不动产权利的;

(四)权利人姓名、名称或者自然状况发生变化,申请变更登记的;

(五)不动产灭失或者权利人放弃不动产权利,申请注销登记的;

(六)申请更正登记或者异议登记的;

(七)法律、行政法规规定可以由当事人单方申请的其他情形。

第十五条 当事人或者其代理人应当向不动产登记机构申请不动产登记。

不动产登记机构将申请登记事项记载于不动产登记簿前,申请人可以撤回登记申请。

第十六条 申请人应当提交下列材料,并对申请材料的真实性负责:

(一)登记申请书;

(二)申请人、代理人身份证明材料、授权委托书;

(三)相关的不动产权属来源证明材料、登记原因证明文件、不动产权属证书;

(四)不动产界址、空间界限、面积等材料;

(五)与他人利害关系的说明材料;

(六)法律、行政法规以及本条例实施细则规定的其他材料。

不动产登记机构应当在办公场所和门户网站公开申请登记所需材料目录和示范文本等信息。

第十七条 不动产登记机构收到不动产登记申请材料,应当分别按照下列情况办理:

(一)属于登记职责范围,申请材料齐全、符合法定形式,或者申请人按照要求提交全部补正申请材料的,应当受理并书面告知申请人;

(二)申请材料存在可以当场更正的错误的,应当告知申请人当场更正,申请人当场更正后,应当受理并书面告知申请人;

(三)申请材料不齐全或者不符合法定形式的,应当当场书面告知申请人不予受理并一次性告知需要补正的全部内容;

(四)申请登记的不动产不属于本机构登记范围的,应当当场书面告知申请人不予受理并告知申请人向有登记权的机构申请。

不动产登记机构未当场书面告知申请人不予受理的,视为受理。

第十八条 不动产登记机构受理不动

登记申请的,应当按照下列要求进行查验:

(一)不动产界址、空间界限、面积等材料与申请登记的不动产状况是否一致;

(二)有关证明材料、文件与申请登记的内容是否一致;

(三)登记申请是否违反法律、行政法规规定。

第十九条　属于下列情形之一的,不动产登记机构可以对申请登记的不动产进行实地查看:

(一)房屋等建筑物、构筑物所有权首次登记;

(二)在建建筑物抵押权登记;

(三)因不动产灭失导致的注销登记;

(四)不动产登记机构认为需要实地查看的其他情形。

对可能存在权属争议,或者可能涉及他人利害关系的登记申请,不动产登记机构可以向申请人、利害关系人或者有关单位进行调查。

不动产登记机构进行实地查看或者调查时,申请人、被调查人应当予以配合。

第二十条　不动产登记机构应当自受理登记申请之日起 30 个工作日内办结不动产登记手续,法律另有规定的除外。

第二十一条　登记事项自记载于不动产登记簿时完成登记。

不动产登记机构完成登记,应当依法向申请人核发不动产权属证书或者登记证明。

第二十二条　登记申请有下列情形之一的,不动产登记机构应当不予登记,并书面告知申请人:

(一)违反法律、行政法规规定的;

(二)存在尚未解决的权属争议的;

(三)申请登记的不动产权利超过规定期限的;

(四)法律、行政法规规定不予登记的其他情形。

第四章　登记信息共享与保护

第二十三条　国务院自然资源主管部门应当会同有关部门建立统一的不动产登记信息管理基础平台。

各级不动产登记机构登记的信息应当纳入统一的不动产登记信息管理基础平台,确保国家、省、市、县四级登记信息的实时共享。

第二十四条　不动产登记有关信息与住房城乡建设、农业农村、林业草原等部门审批信息、交易信息等应当实时互通共享。

不动产登记机构能够通过实时互通共享取得的信息,不得要求不动产登记申请人重复提交。

第二十五条　自然资源、公安、民政、财政、税务、市场监管、金融、审计、统计等部门应当加强不动产登记有关信息互通共享。

第二十六条　不动产登记机构、不动产登记信息共享单位及其工作人员应当对不动产登记信息保密;涉及国家秘密的不动产登记信息,应当依法采取必要的安全保密措施。

第二十七条　权利人、利害关系人可以依法查询、复制不动产登记资料,不动产登记机构应当提供。

有关国家机关可以依照法律、行政法规的规定查询、复制与调查处理事项有关的不动产登记资料。

第二十八条　查询不动产登记资料的单位、个人应当向不动产登记机构说明查询目的,不得将查询获得的不动产登记资料用于其他目的;未经权利人同意,不得泄露查询获得的不动产登记资料。

第五章　法　律　责　任

第二十九条　不动产登记机构登记错误给他人造成损害,或者当事人提供虚假材料申请登记给他人造成损害的,依照《中华人民共和国民法典》的规定承担赔偿责任。

第三十条 不动产登记机构工作人员进行虚假登记,损毁、伪造不动产登记簿,擅自修改登记事项,或者有其他滥用职权、玩忽职守行为的,依法给予处分;给他人造成损害的,依法承担赔偿责任;构成犯罪的,依法追究刑事责任。

第三十一条 伪造、变造不动产权属证书、不动产登记证明,或者买卖、使用伪造、变造的不动产权属证书、不动产登记证明的,由不动产登记机构或者公安机关依法予以收缴;有违法所得的,没收违法所得;给他人造成损害的,依法承担赔偿责任;构成违反治安管理行为的,依法给予治安管理处罚;构成犯罪的,依法追究刑事责任。

第三十二条 不动产登记机构、不动产登记信息共享单位及其工作人员,查询不动产登记资料的单位或者个人违反国家规定,泄露不动产登记资料、登记信息,或者利用不动产登记资料、登记信息进行不正当活动,给他人造成损害的,依法承担赔偿责任;对有关责任人员依法给予处分;有关责任人员构成犯罪的,依法追究刑事责任。

第六章 附 则

第三十三条 本条例施行前依法颁发的各类不动产权属证书和制作的不动产登记簿继续有效。

不动产统一登记过渡期内,农村土地承包经营权的登记按照国家有关规定执行。

第三十四条 本条例实施细则由国务院自然资源主管部门会同有关部门制定。

第三十五条 本条例自2015年3月1日起施行。本条例施行前公布的行政法规有关不动产登记的规定与本条例规定不一致的,以本条例规定为准。

不动产登记暂行条例实施细则

(2016年1月1日国土资源部令第63号公布 根据2019年7月24日《自然资源部关于废止和修改的第一批部门规章的决定》第一次修正 根据2024年5月21日《自然资源部关于第六批修改的部门规章的决定》第二次修正)

第一章 总 则

第一条 为规范不动产登记行为,细化不动产统一登记制度,方便人民群众办理不动产登记,保护权利人合法权益,根据《不动产登记暂行条例》(以下简称《条例》),制定本实施细则。

第二条 不动产登记应当依照当事人的申请进行,但法律、行政法规以及本实施细则另有规定的除外。

房屋等建筑物、构筑物和森林、林木等定着物应当与其所依附的土地、海域一并登记,保持权利主体一致。

第三条 不动产登记机构依照《条例》第七条第二款的规定,协商办理或者接受指定办理跨县级行政区域不动产登记的,应当在登记完毕后将不动产登记簿记载的不动产权利人以及不动产坐落、界址、面积、用途、权利类型等登记结果告知不动产所跨区域的其他不动产登记机构。

第四条 国务院确定的重点国有林区的森林、林木和林地,由自然资源部受理并会同有关部门办理,依法向权利人核发不动产权属证书。

国务院批准的项目用海、用岛的登记,由自然资源部受理,依法向权利人核发不动产权属证书。

第二章 不动产登记簿

第五条 《条例》第八条规定的不动产单元,是指权属界线封闭且具有独立使用价值的空间。

没有房屋等建筑物、构筑物以及森林、林木定着物的,以土地、海域权属界线封闭的空间为不动产单元。

有房屋等建筑物、构筑物以及森林、林木定着物的,以该房屋等建筑物、构筑物以及森林、林木定着物与土地、海域权属界线封闭的空间为不动产单元。

前款所称房屋,包括独立成幢、权属界线封闭的空间,以及区分套、层、间等可以独立使用、权属界线封闭的空间。

第六条 不动产登记簿以宗地或者宗海为单位编成,一宗地或者一宗海范围内的全部不动产单元编入一个不动产登记簿。

第七条 不动产登记机构应当配备专门的不动产登记电子存储设施,采取信息网络安全防护措施,保证电子数据安全。

任何单位和个人不得擅自复制或者篡改不动产登记簿信息。

第八条 承担不动产登记审核、登簿的不动产登记工作人员应当熟悉相关法律法规,具备与其岗位相适应的不动产登记等方面的专业知识。

自然资源部会同有关部门组织开展对承担不动产登记审核、登簿的不动产登记工作人员的考核培训。

第三章 登 记 程 序

第九条 申请不动产登记的,申请人应当填写登记申请书,并提交身份证明以及相关申请材料。

申请材料应当提供原件。因特殊情况不能提供原件的,可以提供复印件,复印件应当与原件保持一致。

通过互联网在线申请不动产登记的,应当通过符合国家规定的身份认证系统进行实名认证。申请人提交电子材料的,不再提交纸质材料。

第十条 处分共有不动产申请登记的,应当经占份额三分之二以上的按份共有人或者全体共同共有人共同申请,但共有人另有约定的除外。

按份共有人转让其享有的不动产份额,应当与受让人共同申请转移登记。

建筑区划内依法属于全体业主共有的不动产申请登记,依照本实施细则第三十六条的规定办理。

第十一条 无民事行为能力人、限制民事行为能力人申请不动产登记的,应当由其监护人代为申请。

监护人代为申请登记的,应当提供监护人与被监护人的身份证或者户口簿、有关监护关系等材料;因处分不动产而申请登记的,还应当提供为被监护人利益的书面保证。

父母之外的监护人处分未成年人不动产的,有关监护关系材料可以是人民法院指定监护的法律文书、经过公证的对被监护人享有监护权的材料或者其他材料。

第十二条 当事人可以委托他人代为申请不动产登记。

代理申请不动产登记的,代理人应当向不动产登记机构提供被代理人签字或者盖章的授权委托书。

自然人处分不动产,委托代理人申请登记的,应当与代理人共同到不动产登记机构现场签订授权委托书,但授权委托书经公证的除外。

境外申请人委托他人办理处分不动产登记的,其授权委托书应当按照国家有关规定办理认证或者公证;我国缔结或者参加的国际条约有不同规定的,适用该国际条约的规定,但我国声明保留的条款除外。

第十三条　申请登记的事项记载于不动产登记簿前,全体申请人提出撤回登记申请的,登记机构应当将登记申请书以及相关材料退还申请人。

第十四条　因继承、受遗赠取得不动产,当事人申请登记的,应当提交死亡证明材料、遗嘱或者全部法定继承人关于不动产分配的协议以及与被继承人的亲属关系材料等,也可以提交经公证的材料或者生效的法律文书。

第十五条　不动产登记机构受理不动产登记申请后,还应当对下列内容进行查验:

(一)申请人、委托代理人身份证明材料以及授权委托书与申请主体是否一致;

(二)权属来源材料或者登记原因文件与申请登记的内容是否一致;

(三)不动产界址、空间界限、面积等权籍调查成果是否完备,权属是否清楚、界址是否清晰、面积是否准确;

(四)法律、行政法规规定的完税或者缴费凭证是否齐全。

第十六条　不动产登记机构进行实地查看,重点查看下列情况:

(一)房屋等建筑物、构筑物所有权首次登记,查看房屋坐落及其建造完成等情况;

(二)在建建筑物抵押权登记,查看抵押的在建建筑物坐落及其建造等情况;

(三)因不动产灭失导致的注销登记,查看不动产灭失等情况。

第十七条　有下列情形之一的,不动产登记机构应当在登记事项记载于登记簿前进行公告,但涉及国家秘密的除外:

(一)政府组织的集体土地所有权登记;

(二)宅基地使用权及房屋所有权,集体建设用地使用权及建筑物、构筑物所有权,土地承包经营权等不动产权利的首次登记;

(三)依职权更正登记;

(四)依职权注销登记;

(五)法律、行政法规规定的其他情形。

公告应当在不动产登记机构门户网站以及不动产所在地等指定场所进行,公告期不少于 15 个工作日。公告所需时间不计算在登记办理期限内。公告期满无异议或者异议不成立的,应当及时记载于不动产登记簿。

第十八条　不动产登记公告的主要内容包括:

(一)拟予登记的不动产权利人的姓名或者名称;

(二)拟予登记的不动产坐落、面积、用途、权利类型等;

(三)提出异议的期限、方式和受理机构;

(四)需要公告的其他事项。

第十九条　当事人可以持人民法院、仲裁委员会的生效法律文书或者人民政府的生效决定单方申请不动产登记。

有下列情形之一的,不动产登记机构直接办理不动产登记:

(一)人民法院持生效法律文书和协助执行通知书要求不动产登记机构办理登记的;

(二)人民检察院、公安机关依据法律规定持协助查封通知书要求办理查封登记的;

(三)人民政府依法做出征收或者收回不动产权利决定生效后,要求不动产登记机构办理注销登记的;

(四)法律、行政法规规定的其他情形。

不动产登记机构认为登记事项存在异议的,应当依法向有关机关提出审查建议。

第二十条　不动产登记机构应当根据不动产登记簿,填写并核发不动产权属证书或者不动产登记证明。电子证书证明与纸质证书证明具有同等法律效力。

除办理抵押权登记、地役权登记和预告登记、异议登记,向申请人核发不动产登记证明外,不动产登记机构应当依法向权利人核发不动产权属证书。

不动产权属证书和不动产登记证明,应当加盖不动产登记机构登记专用章。

不动产权属证书和不动产登记证明样式,由自然资源部统一规定。

第二十一条 申请共有不动产登记的,不动产登记机构向全体共有人合并发放一本不动产权属证书;共有人申请分别持证的,可以为共有人分别发放不动产权属证书。

共有不动产权属证书应当注明共有情况,并列明全体共有人。

第二十二条 不动产权属证书或者不动产登记证明污损、破损的,当事人可以向不动产登记机构申请换发。符合换发条件的,不动产登记机构应当予以换发,并收回原不动产权属证书或者不动产登记证明。

不动产权属证书或者不动产登记证明遗失、灭失,不动产权利人申请补发的,由不动产登记机构在其门户网站上刊发不动产权利人的遗失、灭失声明后,即予以补发。

不动产登记机构补发不动产权属证书或者不动产登记证明的,应当将补发不动产权属证书或者不动产登记证明的事项记载于不动产登记簿,并在不动产权属证书或者不动产登记证明上注明"补发"字样。

第二十三条 因不动产权利灭失等情形,不动产登记机构需要收回不动产权属证书或者不动产登记证明的,应当在不动产登记簿上将收回不动产权属证书或者不动产登记证明的事项予以注明;确实无法收回的,应当在不动产登记机构门户网站或者当地公开发行的报刊上公告作废。

第四章 不动产权利登记

第一节 一 般 规 定

第二十四条 不动产首次登记,是指不动产权利第一次登记。

未办理不动产首次登记的,不得办理不动产其他类型登记,但法律、行政法规另有规定的除外。

第二十五条 市、县人民政府可以根据情况对本行政区域内未登记的不动产,组织开展集体土地所有权、宅基地使用权、集体建设用地使用权、土地承包经营权的首次登记。

依照前款规定办理首次登记所需的权属来源、调查等登记材料,由人民政府有关部门组织获取。

第二十六条 下列情形之一的,不动产权利人可以向不动产登记机构申请变更登记:

(一)权利人的姓名、名称、身份证明类型或者身份证明号码发生变更的;

(二)不动产的坐落、界址、用途、面积等状况变更的;

(三)不动产权利期限、来源等状况发生变化的;

(四)同一权利人分割或者合并不动产的;

(五)抵押担保的范围、主债权数额、债务履行期限、抵押权顺位发生变化的;

(六)最高额抵押担保的债权范围、最高债权额、债权确定期间等发生变化的;

(七)地役权的利用目的、方法等发生变化的;

(八)共有性质发生变更的;

(九)法律、行政法规规定的其他不涉及不动产权利转移的变更情形。

第二十七条 因下列情形导致不动产权利转移的,当事人可以向不动产登记机构申请转移登记:

(一)买卖、互换、赠与不动产的;

(二)以不动产作价出资(入股)的;

(三)法人或者其他组织因合并、分立等原因致使不动产权利发生转移的;

（四）不动产分割、合并导致权利发生转移的；

（五）继承、受遗赠导致权利发生转移的；

（六）共有人增加或者减少以及共有不动产份额变化的；

（七）因人民法院、仲裁委员会的生效法律文书导致不动产权利发生转移的；

（八）因主债权转移引起不动产抵押权转移的；

（九）因需役地不动产权利转移引起地役权转移的；

（十）法律、行政法规规定的其他不动产权利转移情形。

第二十八条 有下列情形之一的，当事人可以申请办理注销登记：

（一）不动产灭失的；

（二）权利人放弃不动产权利的；

（三）不动产被依法没收、征收或者收回的；

（四）人民法院、仲裁委员会的生效法律文书导致不动产权利消灭的；

（五）法律、行政法规规定的其他情形。

不动产上已经设立抵押权、地役权或者已经办理预告登记，所有权人、使用权人因放弃权利申请注销登记的，申请人应当提供抵押权人、地役权人、预告登记权利人同意的书面材料。

第二节 集体土地所有权登记

第二十九条 集体土地所有权登记，依照下列规定提出申请：

（一）土地属于村农民集体所有的，由村集体经济组织代为申请，没有集体经济组织的，由村民委员会代为申请；

（二）土地分别属于村内两个以上农民集体所有的，由村内各集体经济组织代为申请，没有集体经济组织的，由村民小组代为申请；

（三）土地属于乡（镇）农民集体所有的，由乡（镇）集体经济组织代为申请。

第三十条 申请集体土地所有权首次登记的，应当提交下列材料：

（一）土地权属来源材料；

（二）权籍调查表、宗地图以及宗地界址点坐标；

（三）其他必要材料。

第三十一条 农民集体因互换、土地调整等原因导致集体土地所有权转移，申请集体土地所有权转移登记的，应当提交下列材料：

（一）不动产权属证书；

（二）互换、调整协议等集体土地所有权转移的材料；

（三）本集体经济组织三分之二以上成员或者三分之二以上村民代表同意的材料；

（四）其他必要材料。

第三十二条 申请集体土地所有权变更、注销登记的，应当提交下列材料：

（一）不动产权属证书；

（二）集体土地所有权变更、消灭的材料；

（三）其他必要材料。

第三节 国有建设用地使用权及房屋所有权登记

第三十三条 依法取得国有建设用地使用权，可以单独申请国有建设用地使用权登记。

依法利用国有建设用地建造房屋的，可以申请国有建设用地使用权及房屋所有权登记。

第三十四条 申请国有建设用地使用权首次登记，应当提交下列材料：

（一）土地权属来源材料；

（二）权籍调查表、宗地图以及宗地界址点坐标；

（三）土地出让价款、土地租金、相关税费等缴纳凭证；

（四）其他必要材料。

前款规定的土地权属来源材料，根据权利取得方式的不同，包括国有建设用地划拨决定书、国有建设用地使用权出让合同、国有建设用地使用权租赁合同以及国有建设用地使用权作价出资（入股）、授权经营批准文件。

申请在地上或者地下单独设立国有建设用地使用权登记的，按照本条规定办理。

第三十五条 申请国有建设用地使用权及房屋所有权首次登记的，应当提交下列材料：

（一）不动产权属证书或者土地权属来源材料；

（二）建设工程符合规划的材料；

（三）房屋已经竣工的材料；

（四）房地产调查或者测绘报告；

（五）相关税费缴纳凭证；

（六）其他必要材料。

第三十六条 办理房屋所有权首次登记时，申请人应当将建筑区划内依法属于业主共有的道路、绿地、其他公共场所、公用设施和物业服务用房及其占用范围内的建设用地使用权一并申请登记为业主共有。业主转让房屋所有权的，其对共有部分享有的权利依法一并转让。

第三十七条 申请国有建设用地使用权及房屋所有权变更登记的，应当根据不同情况，提交下列材料：

（一）不动产权属证书；

（二）发生变更的材料；

（三）有批准权的人民政府或者主管部门的批准文件；

（四）国有建设用地使用权出让合同或者补充协议；

（五）国有建设用地使用权出让价款、税费等缴纳凭证；

（六）其他必要材料。

第三十八条 申请国有建设用地使用权

及房屋所有权转移登记的，应当根据不同情况，提交下列材料：

（一）不动产权属证书；

（二）买卖、互换、赠与合同；

（三）继承或者受遗赠的材料；

（四）分割、合并协议；

（五）人民法院或者仲裁委员会生效的法律文书；

（六）有批准权的人民政府或者主管部门的批准文件；

（七）相关税费缴纳凭证；

（八）其他必要材料。

不动产买卖合同依法应当备案的，申请人申请登记时须提交经备案的买卖合同。

第三十九条 具有独立利用价值的特定空间以及码头、油库等其他建筑物、构筑物所有权的登记，按照本实施细则中房屋所有权登记有关规定办理。

第四节 宅基地使用权及房屋所有权登记

第四十条 依法取得宅基地使用权，可以单独申请宅基地使用权登记。

依法利用宅基地建造住房及其附属设施的，可以申请宅基地使用权及房屋所有权登记。

第四十一条 申请宅基地使用权及房屋所有权首次登记的，应当根据不同情况，提交下列材料：

（一）申请人身份证和户口簿；

（二）不动产权属证书或者有批准权的人民政府批准用地的文件等权属来源材料；

（三）房屋符合规划或者建设的相关材料；

（四）权籍调查表、宗地图、房屋平面图以及宗地界址点坐标等有关不动产界址、面积等材料；

（五）其他必要材料。

第四十二条 因依法继承、分家析产、集体经济组织内部互换房屋等导致宅基地使用权及房屋所有权发生转移申请登记的，申请人应当根据不同情况，提交下列材料：

（一）不动产权属证书或者其他权属来源材料；

（二）依法继承的材料；

（三）分家析产的协议或者材料；

（四）集体经济组织内部互换房屋的协议；

（五）其他必要材料。

第四十三条 申请宅基地等集体土地上的建筑物区分所有权登记的，参照国有建设用地使用权及建筑物区分所有权的规定办理登记。

第五节 集体建设用地使用权及建筑物、构筑物所有权登记

第四十四条 依法取得集体建设用地使用权，可以单独申请集体建设用地使用权登记。

依法利用集体建设用地兴办企业，建设公共设施，从事公益事业等的，可以申请集体建设用地使用权及地上建筑物、构筑物所有权登记。

第四十五条 申请集体建设用地使用权及建筑物、构筑物所有权首次登记的，申请人应当根据不同情况，提交下列材料：

（一）有批准权的人民政府批准用地的文件等土地权属来源材料；

（二）建设工程符合规划的材料；

（三）权籍调查表、宗地图、房屋平面图以及宗地界址点坐标等有关不动产界址、面积等材料；

（四）建设工程已竣工的材料；

（五）其他必要材料。

集体建设用地使用权首次登记完成后，申请人申请建筑物、构筑物所有权首次登记

的，应当提交享有集体建设用地使用权的不动产权属证书。

第四十六条 申请集体建设用地使用权及建筑物、构筑物所有权变更登记、转移登记、注销登记的，申请人应当根据不同情况，提交下列材料：

（一）不动产权属证书；

（二）集体建设用地使用权及建筑物、构筑物所有权变更、转移、消灭的材料；

（三）其他必要材料。

因企业兼并、破产等原因致使集体建设用地使用权及建筑物、构筑物所有权发生转移的，申请人应当持相关协议及有关部门的批准文件等相关材料，申请不动产转移登记。

第六节 土地承包经营权登记

第四十七条 承包农民集体所有的耕地、林地、草地、水域、滩涂以及荒山、荒沟、荒丘、荒滩等农用地，或者国家所有依法由农民集体使用的农用地从事种植业、林业、畜牧业、渔业等农业生产的，可以申请土地承包经营权登记；地上有森林、林木的，应当在申请土地承包经营权登记时一并申请登记。

第四十八条 依法以承包方式在土地上从事种植业或者养殖业生产活动的，可以申请土地承包经营权的首次登记。

以家庭承包方式取得的土地承包经营权的首次登记，由发包方持土地承包经营合同等材料申请。

以招标、拍卖、公开协商等方式承包农村土地的，由承包方持土地承包经营合同申请土地承包经营权首次登记。

第四十九条 已经登记的土地承包经营权有下列情形之一的，承包方应当持原不动产权属证书以及其他证实发生变更事实的材料，申请土地承包经营权变更登记：

（一）权利人的姓名或者名称等事项发生变化的；

（二）承包土地的坐落、名称、面积发生变化的；

（三）承包期限依法变更的；

（四）承包期限届满，土地承包经营权人按照国家有关规定继续承包的；

（五）退耕还林、退耕还湖、退耕还草导致土地用途改变的；

（六）森林、林木的种类等发生变化的；

（七）法律、行政法规规定的其他情形。

第五十条 已经登记的土地承包经营权发生下列情形之一的，当事人双方应当持互换协议、转让合同等材料，申请土地承包经营权的转移登记：

（一）互换；

（二）转让；

（三）因家庭关系、婚姻关系变化等原因导致土地承包经营权分割或者合并的；

（四）依法导致土地承包经营权转移的其他情形。

以家庭承包方式取得的土地承包经营权，采取转让方式流转的，还应当提供发包方同意的材料。

第五十一条 已经登记的土地承包经营权发生下列情形之一的，承包方应当持不动产权属证书、证实灭失的材料等，申请注销登记：

（一）承包经营的土地灭失的；

（二）承包经营的土地被依法转为建设用地的；

（三）承包经营权人丧失承包经营资格或者放弃承包经营权的；

（四）法律、行政法规规定的其他情形。

第五十二条 以承包经营以外的合法方式使用国有农用地的国有农场、草场，以及使用国家所有的水域、滩涂等农用地进行农业生产，申请国有农用地的使用权登记的，参照本实施细则有关规定办理。

国有农场、草场申请国有未利用地登记的，依照前款规定办理。

第五十三条 国有林地使用权登记，应当提交有批准权的人民政府或者主管部门的批准文件，地上森林、林木一并登记。

第七节 海域使用权登记

第五十四条 依法取得海域使用权，可以单独申请海域使用权登记。

依法使用海域，在海域上建造建筑物、构筑物的，应当申请海域使用权及建筑物、构筑物所有权登记。

申请无居民海岛登记的，参照海域使用权登记有关规定办理。

第五十五条 申请海域使用权首次登记的，应当提交下列材料：

（一）项目用海批准文件或者海域使用权出让合同；

（二）宗海图以及界址点坐标；

（三）海域使用金缴纳或者减免凭证；

（四）其他必要材料。

第五十六条 有下列情形之一的，申请人应当持不动产权属证书、海域使用权变更的文件等材料，申请海域使用权变更登记：

（一）海域使用权人姓名或者名称改变的；

（二）海域坐落、名称发生变化的；

（三）改变海域使用位置、面积或者期限的；

（四）海域使用权续期的；

（五）共有性质变更的；

（六）法律、行政法规规定的其他情形。

第五十七条 有下列情形之一的，申请人可以申请海域使用权转移登记：

（一）因企业合并、分立或者与他人合资、合作经营、作价入股导致海域使用权转移的；

（二）依法转让、赠与、继承、受遗赠海域使用权的；

（三）因人民法院、仲裁委员会生效法律

文书导致海域使用权转移的；

（四）法律、行政法规规定的其他情形。

第五十八条 申请海域使用权转移登记的，申请人应当提交下列材料：

（一）不动产权属证书；

（二）海域使用权转让合同、继承材料、生效法律文书等材料；

（三）转让批准取得的海域使用权，应当提交原批准用海的海洋行政主管部门批准转让的文件；

（四）依法需要补交海域使用金的，应当提交海域使用金缴纳的凭证；

（五）其他必要材料。

第五十九条 申请海域使用权注销登记的，申请人应当提交下列材料：

（一）原不动产权属证书；

（二）海域使用权消灭的材料；

（三）其他必要材料。

因围填海造地等导致海域灭失的，申请人应当在围填海造地等工程竣工后，依照本实施细则规定申请国有土地使用权登记，并办理海域使用权注销登记。

第八节 地役权登记

第六十条 按照约定设定地役权，当事人可以持需役地和供役地的不动产权属证书、地役权合同以及其他必要文件，申请地役权首次登记。

第六十一条 经依法登记的地役权发生下列情形之一的，当事人应当持地役权合同、不动产登记证明和证实变更的材料等必要材料，申请地役权变更登记：

（一）地役权当事人的姓名或者名称等发生变化；

（二）共有性质变更的；

（三）需役地或者供役地自然状况发生变化；

（四）地役权内容变更的；

（五）法律、行政法规规定的其他情形。

供役地分割转让办理登记，转让部分涉及地役权的，应当由受让人与地役权人一并申请地役权变更登记。

第六十二条 已经登记的地役权因土地承包经营权、建设用地使用权转让发生转移的，当事人应当持不动产登记证明、地役权转移合同等必要材料，申请地役权转移登记。

申请需役地转移登记的，或者需役地分割转让，转让部分涉及已登记的地役权的，当事人应当一并申请地役权转移登记，但当事人另有约定的除外。当事人拒绝一并申请地役权转移登记的，应当出具书面材料。不动产登记机构办理转移登记时，应当同时办理地役权注销登记。

第六十三条 已经登记的地役权，有下列情形之一的，当事人可以持不动产登记证明、证实地役权发生消灭的材料等必要材料，申请地役权注销登记：

（一）地役权期限届满；

（二）供役地、需役地归于同一人；

（三）供役地或者需役地灭失；

（四）人民法院、仲裁委员会的生效法律文书导致地役权消灭；

（五）依法解除地役权合同；

（六）其他导致地役权消灭的事由。

第六十四条 地役权登记，不动产登记机构应当将登记事项分别记载于需役地和供役地登记簿。

供役地、需役地分属不同不动产登记机构管辖的，当事人应当向供役地所在地的不动产登记机构申请地役权登记。供役地所在地不动产登记机构完成登记后，应当将相关事项通知需役地所在地不动产登记机构，并由其记载于需役地登记簿。

地役权设立后，办理首次登记前发生变更、转移的，当事人应当提交相关材料，就已经变更或者转移的地役权，直接申请首次登记。

第九节　抵押权登记

第六十五条　对下列财产进行抵押的，可以申请办理不动产抵押登记：

（一）建设用地使用权；

（二）建筑物和其他土地附着物；

（三）海域使用权；

（四）以招标、拍卖、公开协商等方式取得的荒地等土地承包经营权；

（五）正在建造的建筑物；

（六）法律、行政法规未禁止抵押的其他不动产。

以建设用地使用权、海域使用权抵押的，该土地、海域上的建筑物、构筑物一并抵押；以建筑物、构筑物抵押的，该建筑物、构筑物占用范围内的建设用地使用权、海域使用权一并抵押。

第六十六条　自然人、法人或者其他组织为保障其债权的实现，依法以不动产设定抵押的，可以由当事人持不动产权属证书、抵押合同与主债权合同等必要材料，共同申请办理抵押登记。

抵押合同可以是单独订立的书面合同，也可以是主债权合同中的抵押条款。

第六十七条　同一不动产上设立多个抵押权的，不动产登记机构应当按照受理时间的先后顺序依次办理登记，并记载于不动产登记簿。当事人对抵押权顺位另有约定的，从其规定办理登记。

第六十八条　有下列情形之一的，当事人应当持不动产权属证书、不动产登记证明、抵押权变更等必要材料，申请抵押权变更登记：

（一）抵押人、抵押权人的姓名或者名称变更的；

（二）被担保的主债权数额变更的；

（三）债务履行期限变更的；

（四）抵押权顺位变更的；

（五）法律、行政法规规定的其他情形。

因被担保债权主债权的种类及数额、担保范围、债务履行期限、抵押权顺位发生变更申请抵押权变更登记时，如果该抵押权的变更将对其他抵押权人产生不利影响的，还应当提交其他抵押权人书面同意的材料与身份证或者户口簿等材料。

第六十九条　因主债权转让导致抵押权转让的，当事人可以持不动产权属证书、不动产登记证明、被担保主债权的转让协议、债权人已经通知债务人的材料等相关材料，申请抵押权的转移登记。

第七十条　有下列情形之一的，当事人可以持不动产登记证明、抵押权消灭的材料等必要材料，申请抵押权注销登记：

（一）主债权消灭；

（二）抵押权已经实现；

（三）抵押权人放弃抵押权；

（四）法律、行政法规规定抵押权消灭的其他情形。

第七十一条　设立最高额抵押权的，当事人应当持不动产权属证书、最高额抵押合同与一定期间内将要连续发生的债权的合同或者其他登记原因材料等必要材料，申请最高额抵押权首次登记。

当事人申请最高额抵押权首次登记时，同意将最高额抵押权设立前已经存在的债权转入最高额抵押担保的债权范围的，还应当提交已存在债权的合同以及当事人同意将该债权纳入最高额抵押权担保范围的书面材料。

第七十二条　有下列情形之一的，当事人应当持不动产登记证明、最高额抵押权发生变更的材料等必要材料，申请最高额抵押权变更登记：

（一）抵押人、抵押权人的姓名或者名称变更的；

（二）债权范围变更的；

（三）最高债权额变更的；

（四）债权确定的期间变更的；

（五）抵押权顺位变更的；

（六）法律、行政法规规定的其他情形。

因最高债权额、债权范围、债务履行期限、债权确定的期间发生变更申请最高额抵押权变更登记时，如果该变更将对其他抵押权人产生不利影响的，当事人还应当提交其他抵押权人的书面同意文件与身份证或者户口簿等。

第七十三条 当发生导致最高额抵押权担保的债权被确定的事由，从而使最高额抵押权转变为一般抵押权时，当事人应当持不动产登记证明、最高额抵押权担保的债权已确定的材料等必要材料，申请办理确定最高额抵押权的登记。

第七十四条 最高额抵押权发生转移的，应当持不动产登记证明、部分债权转移的材料、当事人约定最高额抵押权随同部分债权的转让而转移的材料等必要材料，申请办理最高额抵押权转移登记。

债权人转让部分债权，当事人约定最高额抵押权随同部分债权的转让而转移的，应当分别申请下列登记：

（一）当事人约定原抵押权人与受让人共同享有最高额抵押权的，应当申请最高额抵押权的转移登记；

（二）当事人约定受让人享有一般抵押权、原抵押权人就扣减已转移的债权数额后继续享有最高额抵押权的，应当申请一般抵押权的首次登记以及最高额抵押权的变更登记；

（三）当事人约定原抵押权人不再享有最高额抵押权的，应当一并申请最高额抵押权确定登记以及一般抵押权转移登记。

最高额抵押权担保的债权确定前，债权人转让部分债权的，除当事人另有约定外，不动产登记机构不得办理最高额抵押权转移登记。

第七十五条 以建设用地使用权以及全部或者部分在建建筑物设定抵押的，应当一并申请建设用地使用权以及在建建筑物抵押权的首次登记。

当事人申请在建建筑物抵押权首次登记时，抵押财产不包括已经办理预告登记的预购商品房和已经办理预售备案的商品房。

前款规定的在建建筑物，是指正在建造、尚未办理所有权首次登记的房屋等建筑物。

第七十六条 申请在建建筑物抵押权首次登记的，当事人应当提交下列材料：

（一）抵押合同与主债权合同；

（二）享有建设用地使用权的不动产权属证书；

（三）建设工程规划许可证；

（四）其他必要材料。

第七十七条 在建建筑物抵押权变更、转移或者消灭的，当事人应当提交下列材料，申请变更登记、转移登记、注销登记：

（一）不动产登记证明；

（二）在建建筑物抵押权发生变更、转移或者消灭的材料；

（三）其他必要材料。

在建建筑物竣工，办理建筑物所有权首次登记时，当事人应当申请将在建建筑物抵押权登记转为建筑物抵押权登记。

第七十八条 申请预购商品房抵押登记，应当提交下列材料：

（一）抵押合同与主债权合同；

（二）预购商品房预告登记材料；

（三）其他必要材料。

预购商品房办理房屋所有权登记后，当事人应当申请将预购商品房抵押预告登记转为商品房抵押权首次登记。

第五章　其他登记

第一节　更正登记

第七十九条 权利人、利害关系人认为不动产登记簿记载的事项有错误,可以申请更正登记。

权利人申请更正登记的,应当提交下列材料:

(一)不动产权属证书;

(二)证实登记确有错误的材料;

(三)其他必要材料。

利害关系人申请更正登记的,应当提交利害关系材料、证实不动产登记簿记载错误的材料以及其他必要材料。

第八十条 不动产权利人或者利害关系人申请更正登记,不动产登记机构认为不动产登记簿记载确有错误的,应当予以更正;但在错误登记之后已经办理了涉及不动产权利处分的登记、预告登记和查封登记的除外。

不动产权属证书或者不动产登记证明填制错误以及不动产登记机构在办理更正登记中,需要更正不动产权属证书或者不动产登记证明内容的,应当书面通知权利人换发,并把换发不动产权属证书或者不动产登记证明的事项记载于登记簿。

不动产登记簿记载无误的,不动产登记机构不予更正,并书面通知申请人。

第八十一条 不动产登记机构发现不动产登记簿记载的事项错误,应当通知当事人在 30 个工作日内办理更正登记。当事人逾期不办理的,不动产登记机构应当在公告 15 个工作日后,依法予以更正;但在错误登记之后已经办理了涉及不动产权利处分的登记、预告登记和查封登记的除外。

第二节 异议登记

第八十二条 利害关系人认为不动产登记簿记载的事项错误,权利人不同意更正的,利害关系人可以申请异议登记。

利害关系人申请异议登记的,应当提交下列材料:

(一)证实对登记的不动产权利有利害关系的材料;

(二)证实不动产登记簿记载的事项错误的材料;

(三)其他必要材料。

第八十三条 不动产登记机构受理异议登记申请的,应当将异议事项记载于不动产登记簿,并向申请人出具异议登记证明。

异议登记申请人应当在异议登记之日起 15 日内,提交人民法院受理通知书、仲裁委员会受理通知书等提起诉讼、申请仲裁的材料;逾期不提交的,异议登记失效。

异议登记失效后,申请人就同一事项以同一理由再次申请异议登记的,不动产登记机构不予受理。

第八十四条 异议登记期间,不动产登记簿上记载的权利人以及第三人因处分权利申请登记的,不动产登记机构应当书面告知申请人该权利已经存在异议登记的有关事项。申请人申请继续办理的,应当予以办理,但申请人应当提供知悉异议登记存在并自担风险的书面承诺。

第三节 预告登记

第八十五条 有下列情形之一的,当事人可以按照约定申请不动产预告登记:

(一)商品房等不动产预售的;

(二)不动产买卖、抵押的;

(三)以预购商品房设定抵押权的;

(四)法律、行政法规规定的其他情形。

预告登记生效期间,未经预告登记的权利人书面同意,处分该不动产权利申请登记的,不动产登记机构应当不予办理。

预告登记后,债权未消灭且自能够进行相应的不动产登记之日起 3 个月内,当事人申请不动产登记的,不动产登记机构应当按照预告登记事项办理相应的登记。

第八十六条 申请预购商品房的预告登记,应当提交下列材料:

（一）已备案的商品房预售合同；

（二）当事人关于预告登记的约定；

（三）其他必要材料。

预售人和预购人订立商品房买卖合同后，预售人未按照约定与预购人申请预告登记，预购人可以单方申请预告登记。

预购人单方申请预购商品房预告登记，预售人与预购人在商品房预售合同中对预告登记附有条件和期限的，预购人应当提交相应材料。

申请预告登记的商品房已经办理在建建筑物抵押权首次登记的，当事人应当一并申请在建建筑物抵押权注销登记，并提交不动产权属转移材料、不动产登记证明。不动产登记机构应当先办理在建建筑物抵押权注销登记，再办理预告登记。

第八十七条 申请不动产转移预告登记的，当事人应当提交下列材料：

（一）不动产转让合同；

（二）转让方的不动产权属证书；

（三）当事人关于预告登记的约定；

（四）其他必要材料。

第八十八条 抵押不动产，申请预告登记的，当事人应当提交下列材料：

（一）抵押合同与主债权合同；

（二）不动产权属证书；

（三）当事人关于预告登记的约定；

（四）其他必要材料。

第八十九条 预告登记未到期，有下列情形之一的，当事人可以持不动产登记证明、债权消灭或者权利人放弃预告登记的材料，以及法律、行政法规规定的其他必要材料申请注销预告登记：

（一）预告登记的权利人放弃预告登记的；

（二）债权消灭的；

（三）法律、行政法规规定的其他情形。

第四节 查封登记

第九十条 人民法院要求不动产登记机构办理查封登记的，应当提交下列材料：

（一）人民法院工作人员的工作证；

（二）协助执行通知书；

（三）其他必要材料。

第九十一条 两个以上人民法院查封同一不动产的，不动产登记机构应当为先送达协助执行通知书的人民法院办理查封登记，对后送达协助执行通知书的人民法院办理轮候查封登记。

轮候查封登记的顺序按照人民法院协助执行通知书送达不动产登记机构的时间先后进行排列。

第九十二条 查封期间，人民法院解除查封的，不动产登记机构应当及时根据人民法院协助执行通知书注销查封登记。

不动产查封期限届满，人民法院未续封的，查封登记失效。

第九十三条 人民检察院等其他国家有权机关依法要求不动产登记机构办理查封登记的，参照本节规定办理。

第六章　不动产登记资料的查询、保护和利用

第九十四条 不动产登记资料包括：

（一）不动产登记簿等不动产登记结果；

（二）不动产登记原始资料，包括不动产登记申请书、申请人身份材料、不动产权属来源、登记原因、不动产权籍调查成果等材料以及不动产登记机构审核材料。

不动产登记资料由不动产登记机构管理。不动产登记机构应当建立不动产登记资料管理制度以及信息安全保密制度，建设符合不动产登记资料安全保护标准的不动产登记资料存放场所。

不动产登记资料中属于归档范围的,按照相关法律、行政法规的规定进行归档管理,具体办法由自然资源部会同国家档案主管部门另行制定。

第九十五条 不动产登记机构应当加强不动产登记信息化建设,按照统一的不动产登记信息管理基础平台建设要求和技术标准,做好数据整合、系统建设和信息服务等工作,加强不动产登记信息产品开发和技术创新,提高不动产登记的社会综合效益。

各级不动产登记机构应当采取措施保障不动产登记信息安全。任何单位和个人不得泄露不动产登记信息。

第九十六条 不动产登记机构、不动产交易机构建立不动产登记信息与交易信息互联共享机制,确保不动产登记与交易有序衔接。

不动产交易机构应当将不动产交易信息及时提供给不动产登记机构。不动产登记机构完成登记后,应当将登记信息及时提供给不动产交易机构。

第九十七条 国家实行不动产登记资料依法查询制度。

权利人、利害关系人按照《条例》第二十七条规定依法查询、复制不动产登记资料的,应当到具体办理不动产登记的不动产登记机构申请。

权利人可以查询、复制其不动产登记资料。

因不动产交易、继承、诉讼等涉及的利害关系人可以查询、复制不动产自然状况、权利人及其不动产查封、抵押、预告登记、异议登记等状况。

人民法院、人民检察院、国家安全机关、监察机关等可以依法查询、复制与调查和处理事项有关的不动产登记资料。

其他有关国家机关执行公务依法查询、复制不动产登记资料的,依照本条规定办理。

涉及国家秘密的不动产登记资料的查询,按照保守国家秘密法的有关规定执行。

第九十八条 权利人、利害关系人申请查询、复制不动产登记资料应当提交下列材料:

(一)查询申请书;

(二)查询目的的说明;

(三)申请人的身份材料;

(四)利害关系人查询的,提交证实存在利害关系的材料。

权利人、利害关系人委托他人代为查询的,还应当提交代理人的身份证明材料、授权委托书。权利人查询其不动产登记资料无需提供查询目的的说明。

有关国家机关查询的,应当提供本单位出具的协助查询材料、工作人员的工作证。

第九十九条 有下列情形之一的,不动产登记机构不予查询,并书面告知理由:

(一)申请查询的不动产不属于不动产登记机构管辖范围的;

(二)查询人提交的申请材料不符合规定的;

(三)申请查询的主体或者查询事项不符合规定的;

(四)申请查询的目的不合法的;

(五)法律、行政法规规定的其他情形。

第一百条 对符合本实施细则规定的查询申请,不动产登记机构应当当场提供查询;因情况特殊,不能当场提供查询的,应当在5个工作日内提供查询。

第一百零一条 查询人查询不动产登记资料,应当在不动产登记机构设定的场所进行。

不动产登记原始资料不得带离设定的场所。

查询人在查询时应当保持不动产登记资料的完好,严禁遗失、拆散、调换、抽取、污损登记资料,也不得损坏查询设备。

第一百零二条 查询人可以查阅、抄录不动产登记资料。查询人要求复制不动产登记资料的，不动产登记机构应当提供复制。

查询人要求出具查询结果证明的，不动产登记机构应当出具查询结果证明。查询结果证明应注明查询目的及日期，并加盖不动产登记机构查询专用章。

第七章 法律责任

第一百零三条 不动产登记机构工作人员违反本实施细则规定，有下列行为之一，依法给予处分；构成犯罪的，依法追究刑事责任：

（一）对符合登记条件的登记申请不予登记，对不符合登记条件的登记申请予以登记；

（二）擅自复制、篡改、毁损、伪造不动产登记簿；

（三）泄露不动产登记资料、登记信息；

（四）无正当理由拒绝申请人查询、复制登记资料；

（五）强制要求权利人更换新的权属证书。

第一百零四条 当事人违反本实施细则规定，有下列行为之一，构成违反治安管理行为的，依法给予治安管理处罚；给他人造成损失的，依法承担赔偿责任；构成犯罪的，依法追究刑事责任：

（一）采用提供虚假材料等欺骗手段申请登记；

（二）采用欺骗手段申请查询、复制登记资料；

（三）违反国家规定，泄露不动产登记资料、登记信息；

（四）查询人遗失、拆散、调换、抽取、污损登记资料的；

（五）擅自将不动产登记资料带离查询场所、损坏查询设备的。

第八章 附 则

第一百零五条 本实施细则施行前，依法核发的各类不动产权属证书继续有效。不动产权利未发生变更、转移的，不动产登记机构不得强制要求不动产权利人更换不动产权属证书。

不动产登记过渡期内，农业部会同自然资源部等部门负责指导农村土地承包经营权的统一登记工作，按照农业部有关规定办理耕地的土地承包经营权登记。不动产登记过渡期后，由自然资源部负责指导农村土地承包经营权登记工作。

第一百零六条 不动产信托依法需要登记的，由自然资源部会同有关部门另行规定。

第一百零七条 军队不动产登记，其申请材料经军队不动产主管部门审核后，按照本实施细则规定办理。

第一百零八条 自然资源部委托北京市规划和自然资源委员会直接办理在京中央国家机关的不动产登记。

在京中央国家机关申请不动产登记时，应当提交《不动产登记暂行条例》及本实施细则规定的材料和有关机关事务管理局出具的不动产登记审核意见。不动产权属资料不齐全的，还应当提交由有关机关事务管理局确认盖章的不动产权属来源说明函。不动产权籍调查由有关机关事务管理局会同北京市规划和自然资源委员会组织进行的，还应当提交申请登记不动产单元的不动产权籍调查资料。

北京市规划和自然资源委员会办理在京中央国家机关不动产登记时，应当使用自然资源部制发的"自然资源部不动产登记专用章"。

第一百零九条 本实施细则自公布之日起施行。

不动产登记资料查询暂行办法

（2018 年 3 月 2 日国土资源部令第 80 号公布　根据 2019 年 7 月 24 日《自然资源部关于废止和修改的第一批部门规章的决定》第一次修正　根据 2024 年 5 月 21 日《自然资源部关于第六批修改的部门规章的决定》第二次修正）

第一章　总　　则

第一条　为了规范不动产登记资料查询活动，加强不动产登记资料管理、保护和利用，维护不动产交易安全，保护不动产权利人的合法权益，根据《中华人民共和国物权法》《不动产登记暂行条例》等法律法规，制定本办法。

第二条　本办法所称不动产登记资料，包括：

（一）不动产登记簿等不动产登记结果；

（二）不动产登记原始资料，包括不动产登记申请书、申请人身份材料、不动产权属来源、登记原因、不动产权籍调查成果等材料以及不动产登记机构审核材料。

不动产登记资料由不动产登记机构负责保存和管理。

第三条　县级以上人民政府不动产登记机构负责不动产登记资料查询管理工作。

第四条　不动产权利人、利害关系人可以依照本办法的规定，查询、复制不动产登记资料。

不动产权利人、利害关系人可以委托律师或者其他代理人查询、复制不动产登记资料。

第五条　不动产登记资料查询，遵循依法、便民、高效的原则。

第六条　不动产登记机构应当加强不动产登记信息化建设，以不动产登记信息管理基础平台为基础，通过运用互联网技术、设置自助查询终端、在相关场所设置登记信息查询端口等方式，为查询人提供便利。

第二章　一般规定

第七条　查询不动产登记资料，应当在不动产所在地的市、县人民政府不动产登记机构进行，但法律法规另有规定的除外。

查询人到非不动产所在地的不动产登记机构申请查询的，该机构应当告知其到相应的机构查询。

不动产登记机构应当提供必要的查询场地，并安排专门人员负责不动产登记资料的查询、复制和出具查询结果证明等工作。

申请查询不动产登记原始资料，应当优先调取数字化成果，确有需求和必要，可以调取纸质不动产登记原始资料。

第八条　不动产权利人、利害关系人申请查询不动产登记资料，应当提交查询申请书以及不动产权利人、利害关系人的身份证明材料。

查询申请书应当包括下列内容：

（一）查询主体；

（二）查询目的；

（三）查询内容；

（四）查询结果要求；

（五）提交的申请材料清单。

第九条　不动产权利人、利害关系人委托代理人代为申请查询不动产登记资料的，被委托人应当提交双方身份证明原件和授权委托书。

授权委托书中应当注明双方姓名或者名称、公民身份号码或者统一社会信用代码、委托事项、委托时限、法律义务、委托日期等内容，双方签字或者盖章。

代理人受委托查询、复制不动产登记资料的,其查询、复制范围由授权委托书确定。

第十条 符合查询条件,查询人需要出具不动产登记资料查询结果证明或者复制不动产登记资料的,不动产登记机构应当当场提供。因特殊原因不能当场提供的,应当在5个工作日内向查询人提供。

查询结果证明应当注明出具的时间,并加盖不动产登记机构查询专用章。电子查询结果证明与纸质查询结果证明具有同等法律效力。

第十一条 有下列情形之一的,不动产登记机构不予查询,并出具不予查询告知书:

(一)查询人提交的申请材料不符合本办法规定的;

(二)申请查询的主体或者查询事项不符合本办法规定的;

(三)申请查询的目的不符合法律法规定的;

(四)法律、行政法规规定的其他情形。

查询人对不动产登记机构出具的不予查询告知书不服的,可以依法申请行政复议或者提起行政诉讼。

第十二条 申请查询的不动产登记资料涉及国家秘密的,不动产登记机构应当按照保守国家秘密法等有关规定执行。

第十三条 不动产登记机构应当建立查询记录簿,做好查询记录工作,记录查询人、查询目的或者用途、查询时间以及复制不动产登记资料的种类、出具的查询结果证明情况等。

第三章 权利人查询

第十四条 不动产登记簿上记载的权利人可以查询本不动产登记结果和本不动产登记原始资料。

第十五条 不动产权利人可以申请以下列索引信息查询不动产登记资料,但法律法规另有规定的除外:

(一)权利人的姓名或者名称、公民身份号码或者统一社会信用代码等特定主体身份信息;

(二)不动产具体坐落位置信息;

(三)不动产权属证书号;

(四)不动产单元号。

第十六条 不动产登记机构可以设置自助查询终端,为不动产权利人提供不动产登记结果查询服务。

自助查询终端应当具备验证相关身份证明以及出具查询结果证明的功能。

第十七条 继承人、受遗赠人因继承和受遗赠取得不动产权利的,适用本章关于不动产权利人查询的规定。

前款规定的继承人、受遗赠人查询不动产登记资料的,除提交本办法第八条规定的材料外,还应当提交被继承人或者遗赠人死亡证明、遗嘱或者遗赠抚养协议等可以证明继承或者遗赠行为发生的材料。

第十八条 清算组、破产管理人、财产代管人、监护人等依法有权管理和处分不动产权利的主体,参照本章规定查询相关不动产权利人的不动产登记资料。

依照本条规定查询不动产登记资料的,除提交本办法第八条规定的材料外,还应当提交依法有权处分该不动产的材料。

第四章 利害关系人查询

第十九条 符合下列条件的利害关系人可以申请查询有利害关系的不动产登记结果:

(一)因买卖、互换、赠与、租赁、抵押不动产构成利害关系的;

(二)因不动产存在民事纠纷且已经提起诉讼、仲裁而构成利害关系的;

（三）法律法规规定的其他情形。

第二十条　不动产的利害关系人申请查询不动产登记结果的，除提交本办法第八条规定的材料外，还应当提交下列利害关系证明材料：

（一）因买卖、互换、赠与、租赁、抵押不动产构成利害关系的，提交买卖合同、互换合同、赠与合同、租赁合同、抵押合同；

（二）因不动产存在相关民事纠纷且已经提起诉讼或者仲裁而构成利害关系的，提交受理案件通知书、仲裁受理通知书。

第二十一条　有买卖、租赁、抵押不动产意向，或者拟就不动产提起诉讼或者仲裁等，但不能提供本办法第二十条规定的利害关系证明材料的，可以提交本办法第八条规定材料，查询相关不动产登记簿记载的下列信息：

（一）不动产的自然状况；

（二）不动产是否存在共有情形；

（三）不动产是否存在抵押权登记、预告登记或者异议登记情形；

（四）不动产是否存在查封登记或者其他限制处分的情形。

第二十二条　受本办法第二十一条规定的当事人委托的律师，还可以申请查询相关不动产登记簿记载的下列信息：

（一）申请验证所提供的被查询不动产权利主体名称与登记簿的记载是否一致；

（二）不动产的共有形式；

（三）要求办理查封登记或者限制处分机关的名称。

第二十三条　律师受当事人委托申请查询不动产登记资料的，除提交本办法第八条、第九条规定的材料外，还应当提交律师证和律师事务所出具的证明材料。

律师持人民法院的调查令申请查询不动产登记资料的，除提交本办法第八条规定的材料外，还应当提交律师证、律师事务所出具的证明材料以及人民法院的调查令。

第二十四条　不动产的利害关系人可以申请以下列索引信息查询不动产登记资料：

（一）不动产具体坐落位置；

（二）不动产权属证书号；

（三）不动产单元号。

每份申请书只能申请查询一个不动产登记单元。

第二十五条　不动产利害关系人及其委托代理人，按照本办法申请查询的，应当承诺不将查询获得的不动产登记资料、登记信息用于其他目的，不泄露查询获得的不动产登记资料、登记信息，并承担由此产生的法律后果。

第五章　登记资料保护

第二十六条　查询人查询、复制不动产登记资料的，不得将不动产登记资料带离指定场所，不得拆散、调换、抽取、撕毁、污损不动产登记资料，也不得损坏查询设备。

查询人有前款行为的，不动产登记机构有权禁止该查询人继续查询不动产登记资料，并可以拒绝为其出具查询结果证明。

第二十七条　已有电子介质，且符合下列情形之一的纸质不动产登记原始资料可以销毁：

（一）抵押权登记、地役权登记已经注销且自注销之日起满五年的；

（二）查封登记、预告登记、异议登记已经注销且自注销之日起满五年的。

第二十八条　符合本办法第二十七条规定销毁条件的不动产登记资料应当在不动产登记机构指定的场所销毁。

不动产登记机构应当建立纸质不动产登记资料销毁清册，详细记录被销毁的纸质不动产登记资料的名称、数量、时间、地点，负责销毁以及监督销毁的人员应当在清册上签名。

第六章 罚 则

第二十九条 不动产登记机构及其工作人员违反本办法规定,有下列行为之一,对有关责任人员依法给予处分;涉嫌构成犯罪的,移送有关机关依法追究刑事责任:

(一)对符合查询、复制不动产登记资料条件的申请不予查询、复制,对不符合查询、复制不动产登记资料条件的申请予以查询、复制的;

(二)擅自查询、复制不动产登记资料或者出具查询结果证明的;

(三)泄露不动产登记资料、登记信息的;

(四)利用不动产登记资料进行不正当活动的;

(五)未履行对不动产登记资料的安全保护义务,导致不动产登记资料、登记信息毁损、灭失或者被他人篡改,造成严重后果的。

第三十条 查询人违反本办法规定,有下列行为之一,构成违反治安管理行为的,移送公安机关依法给予治安管理处罚;涉嫌构成犯罪的,移送有关机关依法追究刑事责任:

(一)采用提供虚假材料等欺骗手段申请查询、复制不动产登记资料的;

(二)泄露不动产登记资料、登记信息的;

(三)遗失、拆散、调换、抽取、污损、撕毁不动产登记资料的;

(四)擅自将不动产登记资料带离查询场所、损坏查询设备的;

(五)因扰乱查询、复制秩序导致不动产登记机构受损失的;

(六)滥用查询结果证明的。

第七章 附 则

第三十一条 有关国家机关查询复制不动产登记资料以及国家机关之间共享不动产登记信息的具体办法另行规定。

第三十二条 《不动产登记暂行条例》实施前已经形成的土地、房屋、森林、林木、海域等登记资料,属于不动产登记资料。不动产登记机构应当依照本办法的规定提供查询。

第三十三条 公民、法人或者其他组织依据《中华人民共和国政府信息公开条例》,以申请政府信息公开的方式申请查询不动产登记资料的,有关自然资源主管部门应当告知其按照本办法的规定申请不动产登记资料查询。

第三十四条 本办法自公布之日起施行。2002年12月4日国土资源部公布的《土地登记资料公开查询办法》(国土资源部令第14号)同时废止。

最高人民法院关于审理房屋登记案件若干问题的规定

(2010年8月2日最高人民法院审判委员会第1491次会议通过 2010年11月5日最高人民法院公告公布 自2010年11月18日起施行 法释〔2010〕15号)

为正确审理房屋登记案件,根据《中华人民共和国物权法》、《中华人民共和国城市房地产管理法》、《中华人民共和国行政诉讼法》等有关法律规定,结合行政审判实际,制定本规定。

第一条 公民、法人或者其他组织对房屋登记机构的房屋登记行为以及与查询、复制登记资料等事项相关的行政行为或者相应的不作为不服,提起行政诉讼的,人民法院应当依法受理。

第二条 房屋登记机构根据人民法院、仲裁委员会的法律文书或者有权机关的协助执行通知书以及人民政府的征收决定办理的房屋登记行为,公民、法人或者其他组织不服提起行政诉讼的,人民法院不予受理,但公民、法人或者其他组织认为登记与有关文书内容不一致的除外。

房屋登记机构作出未改变登记内容的换发、补发权属证书、登记证明或者更新登记簿的行为,公民、法人或者其他组织不服提起行政诉讼的,人民法院不予受理。

房屋登记机构在行政诉讼法施行前作出的房屋登记行为,公民、法人或者其他组织不服提起行政诉讼的,人民法院不予受理。

第三条 公民、法人或者其他组织对房屋登记行为不服提起行政诉讼的,不受下列情形的影响:

(一)房屋灭失;

(二)房屋登记行为已被登记机构改变;

(三)生效法律文书将房屋权属证书、房屋登记簿或者房屋登记证明作为定案证据采用。

第四条 房屋登记机构为债务人办理房屋转移登记,债权人不服提起诉讼,符合下列情形之一的,人民法院应当依法受理:

(一)以房屋为标的物的债权已办理预告登记的;

(二)债权人为抵押权人且房屋转让未经其同意的;

(三)人民法院依债权人申请对房屋采取强制执行措施并已通知房屋登记机构的;

(四)房屋登记机构工作人员与债务人恶意串通的。

第五条 同一房屋多次转移登记,原房屋权利人、原利害关系人对首次转移登记行为提起行政诉讼的,人民法院应当依法受理。

原房屋权利人、原利害关系人对首次转移登记行为及后续转移登记行为一并提起行政诉讼的,人民法院应当依法受理;人民法院判决驳回原告就在先转移登记行为提出的诉讼请求,或者因保护善意第三人确认在先房屋登记行为违法的,应当裁定驳回原告对后续转移登记行为的起诉。

原房屋权利人、原利害关系人未就首次转移登记行为提起行政诉讼,对后续转移登记行为提起行政诉讼的,人民法院不予受理。

第六条 人民法院受理房屋登记行政案件后,应当通知没有起诉的下列利害关系人作为第三人参加行政诉讼:

(一)房屋登记簿上载明的权利人;

(二)被诉异议登记、更正登记、预告登记的权利人;

(三)人民法院能够确认的其他利害关系人。

第七条 房屋登记行政案件由房屋所在地人民法院管辖,但有下列情形之一的也可由被告所在地人民法院管辖:

(一)请求房屋登记机构履行房屋转移登记、查询、复制登记资料等职责的;

(二)对房屋登记机构收缴房产证行为提起行政诉讼的;

(三)对行政复议改变房屋登记行为提起行政诉讼的。

第八条 当事人以作为房屋登记行为基础的买卖、共有、赠与、抵押、婚姻、继承等民事法律关系无效或者应当撤销为由,对房屋登记行为提起行政诉讼的,人民法院应当告知当事人先行解决民事争议,民事争议处理期间不计算在行政诉讼起诉期限内;已经受理的,裁定中止诉讼。

第九条 被告对被诉房屋登记行为的合法性负举证责任。被告保管证据原件的,应当在法庭上出示。被告不保管原件的,应当提交与原件核对一致的复印件、复制件并作出说明。当事人对被告提交的上述证据提出异议的,应当提供相应的证据。

第十条 被诉房屋登记行为合法的,人民法院应当判决驳回原告的诉讼请求。

第十一条 被诉房屋登记行为涉及多个权利主体或者房屋可分,其中部分主体或者房屋的登记违法应予撤销的,可以判决部分撤销。

被诉房屋登记行为违法,但该行为已被登记机构改变的,判决确认被诉行为违法。

被诉房屋登记行为违法,但判决撤销将给公共利益造成重大损失或者房屋已为第三人善意取得的,判决确认被诉行为违法,不撤销登记行为。

第十二条 申请人提供虚假材料办理房屋登记,给原告造成损害,房屋登记机构未尽合理审慎职责的,应当根据其过错程度及其在损害发生中所起作用承担相应的赔偿责任。

第十三条 房屋登记机构工作人员与第三人恶意串通违法登记,侵犯原告合法权益的,房屋登记机构与第三人承担连带赔偿责任。

第十四条 最高人民法院以前所作的相关的司法解释,凡与本规定不一致的,以本规定为准。

农村集体土地上的房屋登记行政案件参照本规定。

最高人民法院关于审理房屋登记行政案件中发现涉嫌刑事犯罪问题应如何处理的答复

(2008 年 9 月 23 日 〔2008〕行他字第 15 号)

天津市高级人民法院:

你院《关于李宵诉天津市国土资源和房屋管理局房屋登记一案如何适用法律问题的请示报告》收悉。经研究答复如下:

人民法院在审理有关房屋登记行政案件中,发现涉嫌刑事犯罪问题的,不应将该案全案移送公安机关处理,而应区别不同情况分别处理:

一、第三人购买的房屋不属于善意取得,参照民法通则第五十八条和合同法第五十二条、第五十九条的规定,房屋买卖行为属于无效的行为,人民法院应当依法判决撤销被诉核发房屋产权证行为。

二、第三人购买的房屋属于善意取得,房屋管理机关未尽审慎审查职责的,依据物权法第一百零六条等有关法律的规定,第三人的合法权益应当予以保护,人民法院可以判决确认被诉具体行政行为违法。

三、如果不能确定第三人购买的房屋是否属于善意取得,应当中止案件审理,待有权机关作出有效确认后,再恢复审理。

农村土地承包经营权确权登记颁证档案管理办法

(2014 年 11 月 20 日 农经发〔2014〕12 号)

第一条 为了规范农村土地承包经营权确权登记颁证工作,加强管理和有效利用农村土地承包经营权确权登记颁证档案,根据《档案法》、《农村土地承包法》和《物权法》等有关法律法规,制定本办法。

第二条 本办法所称农村土地承包经营权确权登记颁证档案是指在农村土地承包经营权确权登记颁证(以下简称承包地确权)工作中形成的,对国家、社会和个人有保存价值的文字、图表、声像、数据等各种形式和载体的文件材料的总称,是承包地确权的重要凭证和历史记录。

第三条 本办法所称承包地确权档案工作是指承包地确权档案的收集、整理、鉴定、保管、编研、利用等工作。

第四条 承包地确权档案工作坚持统一领导、分级实施、分类管理、集中保管的原则。承包地确权档案工作应当与承包地确权工作同步部署、同步实施、同步检查、同步验收。

第五条 县级以上农村土地承包管理部

门负责对本级承包地确权档案工作的领导，将档案工作纳入本行政区域内承包地确权工作中统筹规划、组织协调、检查验收；同级档案行政管理部门负责对承包地确权文件材料的形成、积累、归档和移交工作进行业务培训和监督指导。

第六条 县级以上农村土地承包管理部门和档案行政管理部门应当建立健全承包地确权文件材料的收集、整理、归档、保管、利用等各项制度，确保承包地确权档案资料的齐全、完整、真实、有效。

第七条 县、乡（镇）和村应当将承包地确权文件材料的收集、整理、归档纳入总体工作计划。县、乡（镇）要制定相关工作方案、健全档案工作规章制度、落实专项工作经费、指定工作人员、配备必要设施设备，确保档案完整与安全。

第八条 承包地确权档案主要包括综合管理、确权登记、纠纷调处和特殊载体类，其保管期限分为永久和定期。具有重要凭证、依据和查考利用价值的，应当永久保存；具有一般利用保存价值的，应当定期保存，期限为30年或者10年。具体应当按照本办法《农村土地承包经营权确权登记颁证文件材料归档范围和档案保管期限表》（见附件）进行收集并确定保管期限。

县、乡（镇）和村在组织归档时，对同一归档材料，原则上不重复归档。因工作特殊需要的，可以建立副本。

第九条 承包地确权纸质档案应按照《文书档案案卷格式》（GB/T9705-2008）和《归档文件整理规则》（DA/T22-2000）等有关标准要求进行整理。

第十条 确权登记类中具体涉及农户的有关确权申请、身份信息、确认权属、实地勘界、界限图表、登记和权证审核发放等文件材料，应当以农户为单位"一户一卷"进行整理组卷。

第十一条 归档的承包地确权文件材料应当字迹工整、数字准确、图样清晰、手续完备。归档文件材料的印制书写材料、纸张和装订材料等应符合档案保管的要求。

第十二条 归档的非纸质材料，应当单独整理编目，并与纸质材料建立对应关系。

录音、录像材料要保证载体的安全可靠性，电子文件和利用信息系统采集、贮存的数据以及航空航天遥感影像应当用不可擦写光盘等可靠方式保存。

照片和图片应当配有文字说明，标明时间、地点、人物和事由。

电子文件生成的软硬件环境及参数须符合《农村土地承包经营权调查规程》（NY/T2537-2014）、《农村土地承包经营权要素编码规则》（NY/T2538-2014）、《农村土地承包经营权确权登记数据库规范》（NY/T2539-2014）及相关电子档案管理的要求。

第十三条 省、市级土地承包管理部门和档案行政管理部门应组织对承包地确权档案工作的检查，重点检查承包地确权档案的完整、准确、系统情况和档案的安全保管情况。

对于承包地确权档案检查不合格的单位，应督促其及时纠正。

第十四条 县级农村土地承包管理部门应当按照国家有关规定及时向县级国家档案馆移交验收合格的承包地确权档案。经协商同意，承包地确权档案可以提前移交，并按规定办理相关手续。

第十五条 村级承包地确权档案一般由乡（镇）人民政府档案机构代为保管，必要时经县级档案行政管理部门验收后，可移交县级国家档案馆统一保管。

符合档案保管条件的村，经申请并由乡镇人民政府批准后，可自行保管本村承包地确权档案。

第十六条 各级农村土地承包管理部门和国家档案馆应当按照规定向社会开放承包

地确权档案,为社会提供利用服务,但涉及国家秘密、个人隐私和法律另有规定的除外。

第十七条 县级以上农村土地承包管理部门和档案行政管理部门应当积极推进承包地确权档案的数字化和信息化建设,加强承包地确权电子文件归档和电子档案的规范化管理,通过农村档案信息资源共享平台,提供网上服务、方便社会查询。

第十八条 各级人民政府及农村土地承包管理部门、档案行政管理部门对在承包地确权档案的收集、整理、利用等各项工作中做出突出成绩的单位和个人,应给予奖励。

第十九条 在承包地确权档案工作中,对于违反有关规定,造成承包地确权档案失真、损毁或丢失的,由有关部门依法追究相关人员的法律责任;涉嫌犯罪的,移送司法机关依法追究刑事责任。

第二十条 各省、自治区、直辖市农村土地承包管理部门、档案行政管理部门可根据本办法,结合本地实际,制定承包地确权档案工作的有关规定。

第二十一条 本办法由农业部、国家档案局负责解释。

第二十二条 本办法自发布之日起施行。

附件:《农村土地承包经营权确权登记颁证文件材料归档范围和档案保管期限表》(略)

机动车登记规定

(2021年12月17日公安部令第164号公布 自2022年5月1日起施行)

第一章 总 则

第一条 为了规范机动车登记,保障道路交通安全,保护公民、法人和其他组织的合法权益,根据《中华人民共和国道路交通安全法》及其实施条例,制定本规定。

第二条 本规定由公安机关交通管理部门负责实施。

省级公安机关交通管理部门负责本省(自治区、直辖市)机动车登记工作的指导、检查和监督。直辖市公安机关交通管理部门车辆管理所、设区的市或者相当于同级的公安机关交通管理部门车辆管理所负责办理本行政区域内机动车登记业务。

县级公安机关交通管理部门车辆管理所可以办理本行政区域内除危险货物运输车、校车、中型以上载客汽车登记以外的其他机动车登记业务。具体业务范围和办理条件由省级公安机关交通管理部门确定。

警用车辆登记业务按照有关规定办理。

第三条 车辆管理所办理机动车登记业务,应当遵循依法、公开、公正、便民的原则。

车辆管理所办理机动车登记业务,应当依法受理申请人的申请,审查申请人提交的材料,按规定查验机动车。对符合条件的,按照规定的标准、程序和期限办理机动车登记。对申请材料不齐全或者不符合法定形式的,应当一次书面或者电子告知申请人需要补正的全部内容。对不符合规定的,应当书面或者电子告知不予受理、登记的理由。

车辆管理所应当将法律、行政法规和本规定的有关办理机动车登记的事项、条件、依据、程序、期限以及收费标准、需要提交的全部材料的目录和申请表示范文本等在办公场所公示。

省级、设区的市或者相当于同级的公安机关交通管理部门应当在互联网上发布信息,便于群众查阅办理机动车登记的有关规定,查询机动车登记、检验等情况,下载、使用有关表格。

第四条 车辆管理所办理机动车登记业务时,应当按照减环节、减材料、减时限的要求,积极推行一次办结、限时办结等制度,为申请人提供规范、便利、高效的服务。

公安机关交通管理部门应当积极推进与有关部门信息互联互通,对实现信息共享、网上核查的,申请人免予提交相关证明凭证。

公安机关交通管理部门应当按照就近办理、便捷办理的原则,推进在机动车销售企业、二手车交易市场等地设置服务站点,方便申请人办理机动车登记业务,并在办公场所和互联网公示辖区内的业务办理网点、地址、联系电话、办公时间和业务范围。

第五条 车辆管理所应当使用全国统一的计算机管理系统办理机动车登记、核发机动车登记证书、号牌、行驶证和检验合格标志。

计算机管理系统的数据库标准和软件全国统一,能够完整、准确地记录和存储机动车登记业务全过程和经办人员信息,并能够实时将有关信息传送到全国公安交通管理信息系统。

第六条 车辆管理所应当使用互联网交通安全综合服务管理平台受理申请人网上提交的申请,验证申请人身份,按规定办理机动车登记业务。

互联网交通安全综合服务管理平台信息管理系统数据库标准和软件全国统一。

第七条 申请办理机动车登记业务的,应当如实向车辆管理所提交规定的材料、交验机动车,如实申告规定的事项,并对其申请材料实质内容的真实性以及机动车的合法性负责。

第八条 公安机关交通管理部门应当建立机动车登记业务监督制度,加强对机动车登记、牌证生产制作和发放等监督管理。

第九条 车辆管理所办理机动车登记业务时可以依据相关法律法规认可、使用电子签名、电子印章、电子证照。

第二章 机动车登记

第一节 注册登记

第十条 初次申领机动车号牌、行驶证的,机动车所有人应当向住所地的车辆管理所申请注册登记。

第十一条 机动车所有人应当到机动车安全技术检验机构对机动车进行安全技术检验,取得机动车安全技术检验合格证明后申请注册登记。但经海关进口的机动车和国务院机动车产品主管部门认定免予安全技术检验的机动车除外。

免予安全技术检验的机动车有下列情形之一的,应当进行安全技术检验:

(一)国产机动车出厂后两年内未申请注册登记的;

(二)经海关进口的机动车进口后两年内未申请注册登记的;

(三)申请注册登记前发生交通事故的。

专用校车办理注册登记前,应当按照专用校车国家安全技术标准进行安全技术检验。

第十二条 申请注册登记的,机动车所有人应当交验机动车,确认申请信息,并提交以下证明、凭证:

(一)机动车所有人的身份证明;

(二)购车发票等机动车来历证明;

(三)机动车整车出厂合格证明或者进口机动车进口凭证;

(四)机动车交通事故责任强制保险凭证;

(五)车辆购置税、车船税完税证明或者免税凭证,但法律规定不属于征收范围的除外;

(六)法律、行政法规规定应当在机动车注册登记时提交的其他证明、凭证。

不属于经海关进口的机动车和国务院机动车产品主管部门规定免予安全技术检验的机动车,还应当提交机动车安全技术检验合格证明。

车辆管理所应当自受理申请之日起二日内,查验机动车,采集、核对车辆识别代号拓印膜或者电子资料,审查提交的证明、凭证,核发机动车登记证书、号牌、行驶证和检验合格标志。

机动车安全技术检验、税务、保险等信息实现与有关部门或者机构联网核查的,申请人免予提交相关证明、凭证,车辆管理所核对相关电子信息。

第十三条 车辆管理所办理消防车、救护车、工程救险车注册登记时,应当对车辆的使用性质、标志图案、标志灯具和警报器进行审查。

机动车所有人申请机动车使用性质登记为危险货物运输、公路客运、旅游客运的,应当具备相关道路运输许可;实现与有关部门联网核查道路运输许可信息、车辆使用性质信息的,车辆管理所应当核对相关电子信息。

申请危险货物运输车登记的,机动车所有人应当为单位。

车辆管理所办理注册登记时,应当对牵引车和挂车分别核发机动车登记证书、号牌、行驶证和检验合格标志。

第十四条 车辆管理所实现与机动车制造厂新车出厂查验信息联网的,机动车所有人申请小型、微型非营运载客汽车注册登记时,免予交验机动车。

车辆管理所应当会同有关部门在具备条件的摩托车销售企业推行摩托车带牌销售,方便机动车所有人购置车辆、投保保险、缴纳税款、注册登记一站式办理。

第十五条 有下列情形之一的,不予办理注册登记:

(一)机动车所有人提交的证明、凭证无效的;

(二)机动车来历证明被涂改或者机动车来历证明记载的机动车所有人与身份证明不符的;

(三)机动车所有人提交的证明、凭证与机动车不符的;

(四)机动车未经国务院机动车产品主管部门许可生产或者未经国家进口机动车主管部门许可进口的;

(五)机动车的型号或者有关技术参数与国务院机动车产品主管部门公告不符的;

(六)机动车的车辆识别代号或者有关技术参数不符合国家安全技术标准的;

(七)机动车达到国家规定的强制报废标准的;

(八)机动车被监察机关、人民法院、人民检察院、行政执法部门依法查封、扣押的;

(九)机动车属于被盗抢骗的;

(十)其他不符合法律、行政法规规定的情形。

第二节 变更登记

第十六条 已注册登记的机动车有下列情形之一的,机动车所有人应当向登记地车辆管理所申请变更登记:

(一)改变车身颜色的;

(二)更换发动机的;

(三)更换车身或者车架的;

(四)因质量问题更换整车的;

(五)机动车登记的使用性质改变的;

(六)机动车所有人的住所迁出、迁入车辆管理所管辖区域的。

属于第一款第一项至第三项规定的变更事项的,机动车所有人应当在变更后十日内向车辆管理所申请变更登记。

第十七条 申请变更登记的,机动车所有人应当交验机动车,确认申请信息,并提交以下证明、凭证:

（一）机动车所有人的身份证明；

（二）机动车登记证书；

（三）机动车行驶证；

（四）属于更换发动机、车身或者车架的，还应当提交机动车安全技术检验合格证明；

（五）属于因质量问题更换整车的，还应当按照第十二条的规定提交相关证明、凭证。

车辆管理所应当自受理之日起一日内，查验机动车，审查提交的证明、凭证，在机动车登记证书上签注变更事项，收回行驶证，重新核发行驶证。属于第十六条第一款第三项、第四项、第六项规定的变更登记事项的，还应当采集、核对车辆识别代号拓印膜或者电子资料。属于机动车使用性质变更为公路客运、旅游客运，实现与有关部门联网核查道路运输许可信息、车辆使用性质信息的，还应当核对相关电子信息。属于需要重新核发机动车号牌的，收回号牌、行驶证，核发号牌、行驶证和检验合格标志。

小型、微型载客汽车因改变车身颜色申请变更登记，车辆不在登记地的，可以向车辆所在地车辆管理所提出申请。车辆所在地车辆管理所应当按规定查验机动车，审查提交的证明、凭证，并将机动车查验电子资料转递至登记地车辆管理所，登记地车辆管理所按规定复核并核发行驶证。

第十八条 机动车所有人的住所迁出车辆管理所管辖区域的，转出地车辆管理所应当自受理之日起三日内，查验机动车，在机动车登记证书上签注变更事项，制作上传机动车电子档案资料。机动车所有人应当在三十日内到住所地车辆管理所申请机动车转入。属于小型、微型载客汽车或者摩托车机动车所有人的住所迁出车辆管理所管辖区域的，应当向转入地车辆管理所申请变更登记。

申请机动车转入的，机动车所有人应当确认申请信息，提交身份证明、机动车登记证书，并交验机动车。机动车在转入时已超过

检验有效期的，应当按规定进行安全技术检验并提交机动车安全技术检验合格证明和交通事故责任强制保险凭证。车辆管理所应当自受理之日起三日内，查验机动车，采集、核对车辆识别代号拓印膜或者电子资料，审查相关证明、凭证和机动车电子档案资料，在机动车登记证书上签注转入信息，收回号牌、行驶证，确定新的机动车号牌号码，核发号牌、行驶证和检验合格标志。

机动车所有人申请转出、转入前，应当将涉及该车的道路交通安全违法行为和交通事故处理完毕。

第十九条 机动车所有人为两人以上，需要将登记的所有人姓名变更为其他共同所有人姓名的，可以向登记地车辆管理所申请变更登记。申请时，机动车所有人应当共同提出申请，确认申请信息，提交机动车登记证书、行驶证、变更前和变更后机动车所有人的身份证明和共同所有的公证证明，但属于夫妻双方共同所有的，可以提供结婚证或者证明夫妻关系的居民户口簿。

车辆管理所应当自受理之日起一日内，审查提交的证明、凭证，在机动车登记证书上签注变更事项，收回号牌、行驶证，确定新的机动车号牌号码，重新核发号牌、行驶证和检验合格标志。变更后机动车所有人的住所不在车辆管理所管辖区域内的，迁出地和迁入地车辆管理所应当按照第十八条的规定办理变更登记。

第二十条 同一机动车所有人名下机动车的号牌号码需要互换，符合以下情形的，可以向登记地车辆管理所申请变更登记：

（一）两辆机动车在同一辖区车辆管理所登记；

（二）两辆机动车属于同一号牌种类；

（三）两辆机动车使用性质为非营运。

机动车所有人应当确认申请信息，提交机动车所有人身份证明、两辆机动车的登记

证书、行驶证、号牌。申请前,应当将两车的道路交通安全违法行为和交通事故处理完毕。

车辆管理所应当自受理之日起一日内,审查提交的证明、凭证,在机动车登记证书上签注变更事项,收回两车的号牌、行驶证,重新核发号牌、行驶证和检验合格标志。

同一机动车一年内可以互换变更一次机动车号牌号码。

第二十一条 有下列情形之一的,不予办理变更登记:

(一)改变机动车的品牌、型号和发动机型号的,但经国务院机动车产品主管部门许可选装的发动机除外;

(二)改变已登记的机动车外形和有关技术参数的,但法律、法规和国家强制性标准另有规定的除外;

(三)属于第十五条第一项、第七项、第八项、第九项规定情形的。

距机动车强制报废标准规定要求使用年限一年以内的机动车,不予办理第十六条第五项、第六项规定的变更事项。

第二十二条 有下列情形之一,在不影响安全和识别号牌的情况下,机动车所有人不需要办理变更登记:

(一)增加机动车车内装饰;

(二)小型、微型载客汽车加装出入口踏步件;

(三)货运机动车加装防风罩、水箱、工具箱、备胎架等。

属于第一款第二项、第三项规定变更事项的,加装的部件不得超出车辆宽度。

第二十三条 已注册登记的机动车有下列情形之一的,机动车所有人应当在信息或者事项变更后三十日内,向登记地车辆管理所申请变更备案:

(一)机动车所有人住所在车辆管理所管辖区域内迁移、机动车所有人姓名(单位名

称)变更的;

(二)机动车所有人身份证明名称或者号码变更的;

(三)机动车所有人联系方式变更的;

(四)车辆识别代号因磨损、锈蚀、事故等原因辨认不清或者损坏的;

(五)小型、微型自动挡载客汽车加装、拆除、更换肢体残疾人操纵辅助装置的;

(六)载货汽车、挂车加装、拆除车用起重尾板的;

(七)小型、微型载客汽车在不改变车身主体结构且保证安全的情况下加装车顶行李架,换装不同式样散热器面罩、保险杠、轮毂的;属于换装轮毂的,不得改变轮胎规格。

第二十四条 申请变更备案的,机动车所有人应当确认申请信息,按照下列规定办理:

(一)属于第二十三条第一项规定情形的,机动车所有人应当提交身份证明、机动车登记证书、行驶证。车辆管理所应当自受理之日起一日内,在机动车登记证书上签注备案事项,收回并重新核发行驶证;

(二)属于第二十三条第二项规定情形的,机动车所有人应当提交身份证明、机动车登记证书;属于身份证明号码变更的,还应当提交相关变更证明。车辆管理所应当自受理之日起一日内,在机动车登记证书上签注备案事项;

(三)属于第二十三条第三项规定情形的,机动车所有人应当提交身份证明。车辆管理所应当自受理之日起一日内办理备案;

(四)属于第二十三条第四项规定情形的,机动车所有人应当提交身份证明、机动车登记证书、行驶证,交验机动车。车辆管理所应当自受理之日起一日内,查验机动车,监督重新打刻原车辆识别代号,采集、核对车辆识别代号拓印膜或者电子资料,在机动车登记证书上签注备案事项;

（五）属于第二十三条第五项、第六项规定情形的，机动车所有人应当提交身份证明、行驶证、机动车安全技术检验合格证明、操纵辅助装置或者尾板加装合格证明，交验机动车。车辆管理所应当自受理之日起一日内，查验机动车，收回并重新核发行驶证；

（六）属于第二十三条第七项规定情形的，机动车所有人应当提交身份证明、行驶证，交验机动车。车辆管理所应当自受理之日起一日内，查验机动车，收回并重新核发行驶证。

因第二十三条第五项、第六项、第七项申请变更备案，车辆不在登记地的，可以向车辆所在地车辆管理所提出申请。车辆所在地车辆管理所应当按规定查验机动车，审查提交的证明、凭证，并将机动车查验电子资料转递至登记地车辆管理所，登记地车辆管理所按规定复核并核发行驶证。

第三节　转让登记

第二十五条　已注册登记的机动车所有权发生转让的，现机动车所有人应当自机动车交付之日起三十日内向登记地车辆管理所申请转让登记。

机动车所有人申请转让登记前，应当将涉及该车的道路交通安全违法行为和交通事故处理完毕。

第二十六条　申请转让登记的，现机动车所有人应当交验机动车，确认申请信息，并提交以下证明、凭证：

（一）现机动车所有人的身份证明；

（二）机动车所有权转让的证明、凭证；

（三）机动车登记证书；

（四）机动车行驶证；

（五）属于海关监管的机动车，还应当提交海关监管车辆解除监管证明书或者海关批准的转让证明；

（六）属于超过检验有效期的机动车，还应当提交机动车安全技术检验合格证明和交通事故责任强制保险凭证。

车辆管理所应当自受理申请之日起一日内，查验机动车，核对车辆识别代号拓印膜或者电子资料，审查提交的证明、凭证，收回号牌、行驶证，确定新的机动车号牌号码，在机动车登记证书上签注转让事项，重新核发号牌、行驶证和检验合格标志。

在机动车抵押登记期间申请转让登记的，应当由原机动车所有人、现机动车所有人和抵押权人共同申请，车辆管理所一并办理新的抵押登记。

在机动车质押备案期间申请转让登记的，应当由原机动车所有人、现机动车所有人和质权人共同申请，车辆管理所一并办理新的质押备案。

第二十七条　车辆管理所办理转让登记时，现机动车所有人住所不在车辆管理所管辖区域内的，转出地车辆管理所应当自受理之日起三日内，查验机动车，核对车辆识别代号拓印膜或者电子资料，审查提交的证明、凭证，收回号牌、行驶证，在机动车登记证书上签注转让和变更事项，核发有效期为三十日的临时行驶车号牌，制作上传机动车电子档案资料。机动车所有人应当在临时行驶车号牌的有效期限内到转入地车辆管理所申请机动车转入。

申请机动车转入时，机动车所有人应当确认申请信息，提交身份证明、机动车登记证书，并交验机动车。机动车在转入时已超过检验有效期的，应当按规定进行安全技术检验并提交机动车安全技术检验合格证明和交通事故责任强制保险凭证。转入地车辆管理所应当自受理之日起三日内，查验机动车，采集、核对车辆识别代号拓印膜或者电子资料，审查相关证明、凭证和机动车电子档案资料，在机动车登记证书上签注转入信息，核发号牌、行驶证和检验合格标志。

小型、微型载客汽车或者摩托车在转入地交易的，现机动车所有人应当向转入地车辆管理所申请转让登记。

第二十八条 二手车出口企业收购机动车的，车辆管理所应当自受理之日起三日内，查验机动车，核对车辆识别代号拓印膜或者电子资料，审查提交的证明、凭证，在机动车登记证书上签注转让待出口事项，收回号牌、行驶证，核发有效期不超过六十日的临时行驶车号牌。

第二十九条 有下列情形之一的，不予办理转让登记：

（一）机动车与该车档案记载内容不一致的；

（二）属于海关监管的机动车，海关未解除监管或者批准转让的；

（三）距机动车强制报废标准规定要求使用年限一年以内的机动车；

（四）属于第十五条第一项、第二项、第七项、第八项、第九项规定情形的。

第三十条 被监察机关、人民法院、人民检察院、行政执法部门依法没收并拍卖，或者被仲裁机构依法仲裁裁决，或者被监察机关依法处理，或者被人民法院调解、裁定、判决机动车所有权转让时，原机动车所有人未向现机动车所有人提供机动车登记证书、号牌或者行驶证的，现机动车所有人在办理转让登记时，应当提交监察机关或者人民法院出具的未得到机动车登记证书、号牌或者行驶证的协助执行通知书，或者人民检察院、行政执法部门出具的未得到机动车登记证书、号牌或者行驶证的证明。车辆管理所应当公告原机动车登记证书、号牌或者行驶证作废，并在办理转让登记的同时，补发机动车登记证书。

第四节 抵押登记

第三十一条 机动车作为抵押物抵押的，机动车所有人和抵押权人应当向登记地车辆管理所申请抵押登记；抵押权消灭的，应当向登记地车辆管理所申请解除抵押登记。

第三十二条 申请抵押登记的，由机动车所有人和抵押权人共同申请，确认申请信息，并提交下列证明、凭证：

（一）机动车所有人和抵押权人的身份证明；

（二）机动车登记证书；

（三）机动车抵押合同。

车辆管理所应当自受理之日起一日内，审查提交的证明、凭证，在机动车登记证书上签注抵押登记的内容和日期。

在机动车抵押登记期间，申请因质量问题更换整车变更登记、机动车迁出迁入、共同所有人变更或者补领、换领机动车登记证书的，应当由机动车所有人和抵押权人共同申请。

第三十三条 申请解除抵押登记的，由机动车所有人和抵押权人共同申请，确认申请信息，并提交下列证明、凭证：

（一）机动车所有人和抵押权人的身份证明；

（二）机动车登记证书。

人民法院调解、裁定、判决解除抵押的，机动车所有人或者抵押权人应当确认申请信息，提交机动车登记证书、人民法院出具的已经生效的调解书、裁定书或者判决书，以及相应的协助执行通知书。

车辆管理所应当自受理之日起一日内，审查提交的证明、凭证，在机动车登记证书上签注解除抵押登记的内容和日期。

第三十四条 机动车作为质押物质押的，机动车所有人可以向登记地车辆管理所申请质押备案；质押权消灭的，应当向登记地车辆管理所申请解除质押备案。

申请办理机动车质押备案或者解除质押备案的，由机动车所有人和质权人共同申请，

确认申请信息,并提交以下证明、凭证:

(一)机动车所有人和质权人的身份证明;

(二)机动车登记证书。

车辆管理所应当自受理之日起一日内,审查提交的证明、凭证,在机动车登记证书上签注质押备案或者解除质押备案的内容和日期。

第三十五条 机动车抵押、解除抵押信息实现与有关部门或者金融机构等联网核查的,申请人免予提交相关证明、凭证。

机动车抵押登记日期、解除抵押登记日期可以供公众查询。

第三十六条 属于第十五条第一项、第七项、第八项、第九项或者第二十九条第二项规定情形的,不予办理抵押登记、质押备案。对机动车所有人、抵押权人、质权人提交的证明、凭证无效,或者机动车被监察机关、人民法院、人民检察院、行政执法部门依法查封、扣押的,不予办理解除抵押登记、质押备案。

第五节 注销登记

第三十七条 机动车有下列情形之一的,机动车所有人应当向登记地车辆管理所申请注销登记:

(一)机动车已达到国家强制报废标准的;

(二)机动车未达到国家强制报废标准,机动车所有人自愿报废的;

(三)因自然灾害、失火、交通事故等造成机动车灭失的;

(四)机动车因故不在我国境内使用的;

(五)因质量问题退车的。

属于第一款第四项、第五项规定情形的,机动车所有人申请注销登记前,应当将涉及该车的道路交通安全违法行为和交通事故处理完毕。

属于二手车出口符合第一款第四项规定情形的,二手车出口企业应当在机动车办理海关出口通关手续后二个月内申请注销登记。

第三十八条 属于第三十七条第一款第一项、第二项规定情形,机动车所有人申请注销登记的,应当向报废机动车回收企业交售机动车,确认申请信息,提交机动车登记证书、号牌和行驶证。

报废机动车回收企业应当确认机动车,向机动车所有人出具报废机动车回收证明,七日内将申请表、机动车登记证书、号牌、行驶证和报废机动车回收证明副本提交车辆管理所。属于报废校车、大型客车、重型货车及其他营运车辆的,申请注销登记时,还应当提交车辆识别代号拓印膜、车辆解体的照片或者电子资料。

车辆管理所应当自受理之日起一日内,审查提交的证明、凭证,收回机动车登记证书、号牌、行驶证,出具注销证明。

对车辆不在登记地的,机动车所有人可以向车辆所在地机动车回收企业交售报废机动车。报废机动车回收企业应当确认机动车,向机动车所有人出具报废机动车回收证明,七日内将申请表、机动车登记证书、号牌、行驶证、报废机动车回收证明副本以及车辆识别代号拓印膜或者电子资料提交报废地车辆管理所。属于报废校车、大型客车、重型货车及其他营运车辆的,还应当提交车辆解体的照片或者电子资料。

报废地车辆管理所应当自受理之日起一日内,审查提交的证明、凭证,收回机动车登记证书、号牌、行驶证,并通过计算机登记管理系统将机动车报废信息传递给登记地车辆管理所。登记地车辆管理所应当自接到机动车报废信息之日起一日内办理注销登记,并出具注销证明。

机动车报废信息实现与有关部门联网核查的,报废机动车回收企业免予提交相关证明、凭证,车辆管理所应当核对相关电子信息。

第三十九条　属于第三十七条第一款第三项、第四项、第五项规定情形,机动车所有人申请注销登记的,应当确认申请信息,并提交以下证明、凭证:

(一)机动车所有人身份证明;

(二)机动车登记证书;

(三)机动车行驶证;

(四)属于海关监管的机动车,因故不在我国境内使用的,还应当提交海关出具的海关监管车辆进(出)境领(销)牌照通知书;

(五)属于因质量问题退车的,还应当提交机动车制造厂或者经销商出具的退车证明。

申请人因机动车灭失办理注销登记的,应当书面承诺因自然灾害、失火、交通事故等导致机动车灭失,并承担不实承诺的法律责任。

二手车出口企业因二手车出口办理注销登记的,应当提交机动车所有人身份证明、机动车登记证书和机动车出口证明。

车辆管理所应当自受理之日起一日内,审查提交的证明、凭证,属于机动车因故不在我国境内使用的还应当核查机动车出境记录,收回机动车登记证书、号牌、行驶证,出具注销证明。

第四十条　已注册登记的机动车有下列情形之一的,登记地车辆管理所应当办理机动车注销:

(一)机动车登记被依法撤销的;

(二)达到国家强制报废标准的机动车被依法收缴并强制报废的。

第四十一条　已注册登记的机动车有下列情形之一的,车辆管理所应当公告机动车登记证书、号牌、行驶证作废:

(一)达到国家强制报废标准,机动车所有人逾期不办理注销登记的;

(二)机动车登记被依法撤销后,未收缴机动车登记证书、号牌、行驶证的;

(三)达到国家强制报废标准的机动车被依法收缴并强制报废的;

(四)机动车所有人办理注销登记时未交回机动车登记证书、号牌、行驶证的。

第四十二条　属于第十五条第一项、第八项、第九项或者第二十九条第一项规定情形的,不予办理注销登记。机动车在抵押登记、质押备案期间的,不予办理注销登记。

第三章　机动车牌证

第一节　牌证发放

第四十三条　机动车所有人可以通过计算机随机选取或者按照选号规则自行编排的方式确定机动车号牌号码。

公安机关交通管理部门应当使用统一的机动车号牌选号系统发放号牌号码,号牌号码公开向社会发放。

第四十四条　办理机动车变更登记、转让登记或者注销登记后,原机动车所有人申请机动车登记时,可以向车辆管理所申请使用原机动车号牌号码。

申请使用原机动车号牌号码应当符合下列条件:

(一)在办理机动车迁出、共同所有人变更、转让登记或者注销登记后两年内提出申请;

(二)机动车所有人拥有原机动车且使用原号牌号码一年以上;

(三)涉及原机动车的道路交通安全违法行为和交通事故处理完毕。

第四十五条　夫妻双方共同所有的机动车将登记的机动车所有人姓名变更为另一方姓名,婚姻关系存续期满一年且经夫妻双方共同申请的,可以使用原机动车号牌号码。

第四十六条 机动车具有下列情形之一,需要临时上道路行驶的,机动车所有人应当向车辆管理所申领临时行驶车号牌:

(一)未销售的;

(二)购买、调拨、赠予等方式获得机动车后尚未注册登记的;

(三)新车出口销售的;

(四)进行科研、定型试验的;

(五)因轴荷、总质量、外廓尺寸超出国家标准不予办理注册登记的特型机动车。

第四十七条 机动车所有人申领临时行驶车号牌应当提交以下证明、凭证:

(一)机动车所有人的身份证明;

(二)机动车交通事故责任强制保险凭证;

(三)属于第四十六条第一项、第五项规定情形的,还应当提交机动车整车出厂合格证明或者进口机动车进口凭证;

(四)属于第四十六条第二项规定情形的,还应当提交机动车来历证明,以及机动车整车出厂合格证明或者进口机动车进口凭证;

(五)属于第四十六条第三项规定情形的,还应当提交机动车制造厂出具的安全技术检验证明以及机动车出口证明;

(六)属于第四十六条第四项规定情形的,还应当提交书面申请,以及机动车安全技术检验合格证明或者机动车制造厂出具的安全技术检验证明。

车辆管理所应当自受理之日起一日内,审查提交的证明、凭证,属于第四十六条第一项、第二项、第三项规定情形,需要临时上道路行驶的,核发有效期不超过三十日的临时行驶车号牌。属于第四十六条第四项规定情形的,核发有效期不超过六个月的临时行驶车号牌。属于第四十六条第五项规定情形的,核发有效期不超过九十日的临时行驶车号牌。

因号牌制作的原因,无法在规定时限内核发号牌的,车辆管理所应当核发有效期不超过十五日的临时行驶车号牌。

对属于第四十六条第一项、第二项规定情形,机动车所有人需要多次申领临时行驶车号牌的,车辆管理所核发临时行驶车号牌不得超过三次。属于第四十六条第三项规定情形的,车辆管理所核发一次临时行驶车号牌。

临时行驶车号牌有效期不得超过机动车交通事故责任强制保险有效期。

机动车办理登记后,机动车所有人收到机动车号牌之日起三日后,临时行驶车号牌作废,不得继续使用。

第四十八条 对智能网联机动车进行道路测试、示范应用需要上道路行驶的,道路测试、示范应用单位应当向车辆管理所申领临时行驶车号牌,提交以下证明、凭证:

(一)道路测试、示范应用单位的身份证明;

(二)机动车交通事故责任强制保险凭证;

(三)经主管部门确认的道路测试、示范应用凭证;

(四)机动车安全技术检验合格证明。

车辆管理所应当自受理之日起一日内,审查提交的证明、凭证,核发临时行驶车号牌。临时行驶车号牌有效期应当与准予道路测试、示范应用凭证上签注的期限保持一致,但最长不得超过六个月。

第四十九条 对临时入境的机动车需要上道路行驶的,机动车所有人应当按规定向入境地或者始发地车辆管理所申领临时入境机动车号牌和行驶证。

第五十条 公安机关交通管理部门应当使用统一的号牌管理信息系统制作、发放、收回、销毁机动车号牌和临时行驶车号牌。

第二节 牌证补换领

第五十一条 机动车号牌灭失、丢失或者损毁的，机动车所有人应当向登记地车辆管理所申请补领、换领。申请时，机动车所有人应当确认申请信息并提交身份证明。

车辆管理所应当审查提交的证明、凭证，收回未灭失、丢失或者损毁的号牌，自受理之日起十五日内补发、换发号牌，原机动车号牌号码不变。

补发、换发号牌期间，申请人可以申领有效期不超过十五日的临时行驶车号牌。

补领、换领机动车号牌的，原机动车号牌作废，不得继续使用。

第五十二条 机动车登记证书、行驶证灭失、丢失或者损毁的，机动车所有人应当向登记地车辆管理所申请补领、换领。申请时，机动车所有人应当确认申请信息并提交身份证明。

车辆管理所应当审查提交的证明、凭证，收回损毁的登记证书、行驶证，自受理之日起一日内补发、换发登记证书、行驶证。

补领、换领机动车登记证书、行驶证的，原机动车登记证书、行驶证作废，不得继续使用。

第五十三条 机动车所有人发现登记内容有错误的，应当及时要求车辆管理所更正。车辆管理所应当自受理之日起五日内予以确认。确属登记错误的，在机动车登记证书上更正相关内容，换发行驶证。需要改变机动车号牌号码的，应当收回号牌、行驶证，确定新的机动车号牌号码，重新核发号牌、行驶证和检验合格标志。

第三节 检验合格标志核发

第五十四条 机动车所有人可以在机动车检验有效期满前三个月内向车辆管理所申请检验合格标志。除大型载客汽车、校车以

外的机动车因故不能在登记地检验的，机动车所有人可以向车辆所在地车辆管理所申请检验合格标志。

申请前，机动车所有人应当将涉及该车的道路交通安全违法行为和交通事故处理完毕。申请时，机动车所有人应当确认申请信息并提交行驶证、机动车交通事故责任强制保险凭证、车船税纳税或者免税证明、机动车安全技术检验合格证明。

车辆管理所应当自受理之日起一日内，审查提交的证明、凭证，核发检验合格标志。

第五十五条 对免予到机动车安全技术检验机构检验的机动车，机动车所有人申请检验合格标志时，应当提交机动车所有人身份证明或者行驶证、机动车交通事故责任强制保险凭证、车船税纳税或者免税证明。

车辆管理所应当自受理之日起一日内，审查提交的证明、凭证，核发检验合格标志。

第五十六条 公安机关交通管理部门应当实行机动车检验合格标志电子化，在核发检验合格标志的同时，发放检验合格标志电子凭证。

检验合格标志电子凭证与纸质检验合格标志具有同等效力。

第五十七条 机动车检验合格标志灭失、丢失或者损毁，机动车所有人需要补领、换领的，可以持机动车所有人身份证明或者行驶证向车辆管理所申请补领或者换领。对机动车交通事故责任强制保险在有效期内的，车辆管理所应当自受理之日起一日内补发或者换发。

第四章 校车标牌核发

第五十八条 学校或者校车服务提供者申请校车使用许可，应当按照《校车安全管理条例》向县级或者设区的市级人民政府教育行政部门提出申请。公安机关交通管理部门

收到教育行政部门送来的征求意见材料后，应当在一日内通知申请人交验机动车。

第五十九条 县级或者设区的市级公安机关交通管理部门应当自申请人交验机动车之日起二日内确认机动车，查验校车标志灯、停车指示标志、卫星定位装置以及逃生锤、干粉灭火器、急救箱等安全设备，审核行驶线路、开行时间和停靠站点。属于专用校车的，还应当查验校车外观标识。审查以下证明、凭证：

（一）机动车所有人的身份证明；

（二）机动车行驶证；

（三）校车安全技术检验合格证明；

（四）包括行驶线路、开行时间和停靠站点的校车运行方案；

（五）校车驾驶人的机动车驾驶证。

公安机关交通管理部门应当自收到教育行政部门征求意见材料之日起三日内向教育行政部门回复意见，但申请人未按规定交验机动车的除外。

第六十条 学校或者校车服务提供者按照《校车安全管理条例》取得校车使用许可后，应当向县级或者设区的市级公安机关交通管理部门领取校车标牌。领取时应当确认表格信息，并提交以下证明、凭证：

（一）机动车所有人的身份证明；

（二）校车驾驶人的机动车驾驶证；

（三）机动车行驶证；

（四）县级或者设区的市级人民政府批准的校车使用许可；

（五）县级或者设区的市级人民政府批准的包括行驶线路、开行时间和停靠站点的校车运行方案。

公安机关交通管理部门应当在收到领取表之日起三日内核发校车标牌。对属于专用校车的，应当核对行驶证上记载的校车类型和核载人数；对不属于专用校车的，应当在行驶证副页上签注校车类型和核载人数。

第六十一条 校车标牌应当记载本车的号牌号码、机动车所有人、驾驶人、行驶线路、开行时间、停靠站点、发牌单位、有效期限等信息。校车标牌分前后两块，分别放置于前风窗玻璃右下角和后风窗玻璃适当位置。

校车标牌有效期的截止日期与校车安全技术检验有效期的截止日期一致，但不得超过校车使用许可有效期。

第六十二条 专用校车应当自注册登记之日起每半年进行一次安全技术检验，非专用校车应当自取得校车标牌后每半年进行一次安全技术检验。

学校或者校车服务提供者应当在校车检验有效期满前一个月内向公安机关交通管理部门申请检验合格标志。

公安机关交通管理部门应当自受理之日起一日内，审查提交的证明、凭证，核发检验合格标志，换发校车标牌。

第六十三条 已取得校车标牌的机动车达到报废标准或者不再作为校车使用的，学校或者校车服务提供者应当拆除校车标志灯、停车指示标志，消除校车外观标识，并将校车标牌交回核发的公安机关交通管理部门。

专用校车不得改变使用性质。

校车使用许可被吊销、注销或者撤销的，学校或者校车服务提供者应当拆除校车标志灯、停车指示标志，消除校车外观标识，并将校车标牌交回核发的公安机关交通管理部门。

第六十四条 校车行驶线路、开行时间、停靠站点或者车辆、所有人、驾驶人发生变化的，经县级或者设区的市级人民政府批准后，应当按照本规定重新领取校车标牌。

第六十五条 公安机关交通管理部门应当每月将校车标牌的发放、变更、收回等信息报本级人民政府备案，并通报教育行政部门。

学校或者校车服务提供者应当自取得校

车标牌之日起，每月查询校车道路交通安全违法行为记录，及时到公安机关交通管理部门接受处理。核发校车标牌的公安机关交通管理部门应当每月汇总辖区内校车道路交通安全违法和交通事故等情况，通知学校或者校车服务提供者，并通报教育行政部门。

第六十六条 校车标牌灭失、丢失或者损毁的，学校或者校车服务提供者应当向核发标牌的公安机关交通管理部门申请补领或者换领。申请时，应当提交机动车所有人的身份证明及机动车行驶证。公安机关交通管理部门应当自受理之日起三日内审核，补发或者换发校车标牌。

第五章 监督管理

第六十七条 公安机关交通管理部门应当建立业务监督管理中心，通过远程监控、数据分析、日常检查、档案抽查、业务回访等方式，对机动车登记及相关业务办理情况进行监督管理。

直辖市、设区的市或者相当于同级的公安机关交通管理部门应当通过监管系统每周对机动车登记及相关业务办理情况进行监控、分析，及时查处整改发现的问题。省级公安机关交通管理部门应当通过监管系统每月对机动车登记及相关业务办理情况进行监控、分析，及时查处、通报发现的问题。

车辆管理所存在严重违规办理机动车登记情形的，上级公安机关交通管理部门可以暂停该车辆管理所办理相关业务或者指派其他车辆管理所人员接管业务。

第六十八条 县级公安机关交通管理部门办理机动车登记及相关业务的，办公场所、设施设备、人员资质和信息系统等应当满足业务办理需求，并符合相关规定和标准要求。

直辖市、设区的市公安机关交通管理部门应当加强对县级公安机关交通管理部门办

理机动车登记及相关业务的指导、培训和监督管理。

第六十九条 机动车销售企业、二手车交易市场、机动车安全技术检验机构、报废机动车回收企业和邮政、金融机构、保险机构等单位，经公安机关交通管理部门委托可以设立机动车登记服务站，在公安机关交通管理部门监督管理下协助办理机动车登记及相关业务。

机动车登记服务站应当规范设置名称和外观标识，公开业务范围、办理依据、办理程序、收费标准等事项。机动车登记服务站应当使用统一的计算机管理系统协助办理机动车登记及相关业务。

机动车登记服务站协助办理机动车登记的，可以提供办理保险和车辆购置税、机动车预查验、信息预录入等服务，便利机动车所有人一站式办理。

第七十条 公安机关交通管理部门应当建立机动车登记服务站监督管理制度，明确设立条件、业务范围、办理要求、信息系统安全等规定，签订协议及责任书，通过业务抽查、网上巡查、实地检查、业务回访等方式加强对机动车登记服务站协助办理业务情况的监督管理。

机动车登记服务站存在违反规定办理机动车登记及相关业务、违反信息安全管理规定等情形的，公安机关交通管理部门应当暂停委托其业务办理，限期整改；有严重违规情形的，终止委托其业务办理。机动车登记服务站违反规定办理业务给当事人造成经济损失的，应当依法承担赔偿责任；构成犯罪的，依法追究相关责任人员刑事责任。

第七十一条 公安机关交通管理部门应当建立号牌制作发放监管制度，加强对机动车号牌制作单位和号牌质量的监督管理。

机动车号牌制作单位存在违反规定制作和发放机动车号牌的，公安机关交通管理部

门应当暂停其相关业务,限期整改;构成犯罪的,依法追究相关责任人员刑事责任。

第七十二条 机动车安全技术检验机构应当按照国家机动车安全技术检验标准对机动车进行检验,对检验结果承担法律责任。

公安机关交通管理部门在核发机动车检验合格标志时,发现机动车安全技术检验机构存在为未经检验的机动车出具检验合格证明、伪造或者篡改检验数据等出具虚假检验结果行为的,停止认可其出具的检验合格证明,依法进行处罚,并通报市场监督管理部门;构成犯罪的,依法追究相关责任人员刑事责任。

第七十三条 从事机动车查验工作的人员,应当持有公安机关交通管理部门颁发的资格证书。公安机关交通管理部门应当在公安民警、警务辅助人员中选拔足够数量的机动车查验员,从事查验工作。机动车登记服务站工作人员可以在车辆管理所监督下承担机动车查验工作。

机动车查验员应当严格遵守查验工作纪律,不得减少查验项目、降低查验标准,不得参与、协助、纵容为违规机动车办理登记。公安民警、警务辅助人员不得参与或者变相参与机动车安全技术检验机构经营活动,不得收取机动车安全技术检验机构、机动车销售企业、二手车交易市场、报废机动车回收企业等相关企业、申请人的财物。

车辆管理所应当对机动车查验过程进行全程录像,并实时监控查验过程,没有使用录像设备的,不得进行查验。机动车查验中,查验员应当使用执勤执法记录仪记录查验过程。车辆管理所应当建立机动车查验音视频档案,存储录像设备和执勤执法记录仪记录的音像资料。

第七十四条 车辆管理所在办理机动车登记及相关业务过程中发现存在以下情形的,应当及时开展调查:

(一)机动车涉嫌走私、被盗抢骗、非法生产销售、拼(组)装、非法改装的;

(二)涉嫌提交虚假申请材料的;

(三)涉嫌使用伪造、变造机动车牌证的;

(四)涉嫌以欺骗、贿赂等不正当手段取得机动车登记的;

(五)存在短期内频繁补换领牌证、转让登记、转出转入等异常情形的;

(六)存在其他违法违规情形的。

车辆管理所发现申请人通过互联网办理机动车登记及相关业务存在第一款规定嫌疑情形的,应当转为现场办理,当场审查申请材料,及时开展调查。

第七十五条 车辆管理所开展调查时,可以通知申请人协助调查,询问嫌疑情况,记录调查内容,并可以采取检验鉴定、实地检查等方式进行核查。

对经调查发现涉及行政案件或者刑事案件的,应当依法采取必要的强制措施或者其他处置措施,移交有管辖权的公安机关按照《公安机关办理行政案件程序规定》《公安机关办理刑事案件程序规定》等规定办理。

对办理机动车登记时发现机动车涉嫌走私的,公安机关交通管理部门应当将机动车及相关资料移交海关依法处理。

第七十六条 已注册登记的机动车被盗抢骗的,车辆管理所应当根据刑侦部门提供的情况,在计算机登记系统内记录,停止办理该车的各项登记和业务。被盗抢骗机动车发还后,车辆管理所应当恢复办理该车的各项登记和业务。

机动车在被盗抢骗期间,发动机号码、车辆识别代号或者车身颜色被改变的,车辆管理所应当凭有关技术鉴定证明办理变更备案。

第七十七条 公安机关交通管理部门及其交通警察、警务辅助人员办理机动车登记工作,应当接受监察机关、公安机关督察审计部门等依法实施的监督。

公安机关交通管理部门及其交通警察、警务辅助人员办理机动车登记工作,应当自觉接受社会和公民的监督。

第六章 法律责任

第七十八条 有下列情形之一的,由公安机关交通管理部门处警告或者二百元以下罚款:

(一)重型、中型载货汽车、专项作业车、挂车及大型客车的车身或者车厢后部未按照规定喷涂放大的牌号或者放大的牌号不清晰的;

(二)机动车喷涂、粘贴标识或者车身广告,影响安全驾驶的;

(三)载货汽车、专项作业车及挂车未按照规定安装侧面及后下部防护装置、粘贴车身反光标识的;

(四)机动车未按照规定期限进行安全技术检验的;

(五)改变车身颜色、更换发动机、车身或者车架,未按照第十六条规定的时限办理变更登记的;

(六)机动车所有权转让后,现机动车所有人未按照第二十五条规定的时限办理转让登记的;

(七)机动车所有人办理变更登记、转让登记,未按照第十八条、第二十七条规定的时限到住所地车辆管理所申请机动车转入的;

(八)机动车所有人未按照第二十三条规定申请变更备案的。

第七十九条 除第十六条、第二十二条、第二十三条规定的情形外,擅自改变机动车外形和已登记的有关技术参数的,由公安机关交通管理部门责令恢复原状,并处警告或者五百元以下罚款。

第八十条 隐瞒有关情况或者提供虚假材料申请机动车登记的,公安机关交通管理部门不予受理或者不予登记,处五百元以下罚款;申请人在一年内不得再次申请机动车登记。

对发现申请人通过机动车虚假交易、以合法形式掩盖非法目的等手段,在机动车登记业务中牟取不正当利益的,依照第一款的规定处理。

第八十一条 以欺骗、贿赂等不正当手段取得机动车登记的,由公安机关交通管理部门收缴机动车登记证书、号牌、行驶证,撤销机动车登记,处二千元以下罚款;申请人在三年内不得再次申请机动车登记。

以欺骗、贿赂等不正当手段办理补、换领机动车登记证书、号牌、行驶证和检验合格标志等业务的,由公安机关交通管理部门收缴机动车登记证书、号牌、行驶证和检验合格标志,未收缴的,公告作废,处二千元以下罚款。

组织、参与实施第八十条、本条前两款行为之一牟取经济利益的,由公安机关交通管理部门处违法所得三倍以上五倍以下罚款,但最高不超过十万元。

第八十二条 省、自治区、直辖市公安厅、局可以根据本地区的实际情况,在本规定的处罚幅度范围内,制定具体的执行标准。

对本规定的道路交通安全违法行为的处理程序按照《道路交通安全违法行为处理程序规定》执行。

第八十三条 交通警察有下列情形之一的,按照有关规定给予处分;对聘用人员予以解聘。构成犯罪的,依法追究刑事责任:

(一)违反规定为被盗抢骗、走私、非法拼(组)装、达到国家强制报废标准的机动车办理登记的;

(二)不按照规定查验机动车和审查证明、凭证的;

(三)故意刁难,拖延或者拒绝办理机动车登记的;

（四）违反本规定增加机动车登记条件或者提交的证明、凭证的；

（五）违反第四十三条的规定，采用其他方式确定机动车号牌号码的；

（六）违反规定跨行政辖区办理机动车登记和业务的；

（七）与非法中介串通牟取经济利益的；

（八）超越职权进入计算机登记管理系统办理机动车登记和业务，或者不按规定使用计算机登记管理系统办理机动车登记和业务的；

（九）违反规定侵入计算机登记管理系统，泄漏、篡改、买卖系统数据，或者泄漏系统密码的；

（十）违反规定向他人出售或者提供机动车登记信息的；

（十一）参与或者变相参与机动车安全技术检验机构经营活动的；

（十二）利用职务上的便利索取、收受他人财物或者牟取其他利益的；

（十三）强令车辆管理所违反本规定办理机动车登记的。

交通警察未按照第七十三条第三款规定使用执法记录仪的，根据情节轻重，按照有关规定给予处分。

第八十四条 公安机关交通管理部门有第八十三条所列行为之一的，按照有关规定对直接负责的主管人员和其他直接责任人员给予相应的处分。

公安机关交通管理部门及其工作人员有第八十三条所列行为之一，给当事人造成损失的，应当依法承担赔偿责任。

第七章　附　　则

第八十五条 机动车登记证书、号牌、行驶证、检验合格标志的式样由公安部统一制定并监制。

机动车登记证书、号牌、行驶证、检验合格标志的制作应当符合有关标准。

第八十六条 机动车所有人可以委托代理人代理申请各项机动车登记和业务，但共同所有人变更、申请补领机动车登记证书、机动车灭失注销的除外；对机动车所有人因死亡、出境、重病、伤残或者不可抗力等原因不能到场的，可以凭相关证明委托代理人代理申请，或者由继承人申请。

代理人申请机动车登记和业务时，应当提交代理人的身份证明和机动车所有人的委托书。

第八十七条 公安机关交通管理部门应当实行机动车登记档案电子化，机动车电子档案与纸质档案具有同等效力。车辆管理所对办理机动车登记时不需要留存原件的证明、凭证，应当以电子文件形式归档。

第八十八条 本规定所称进口机动车以及进口机动车的进口凭证是指：

（一）进口机动车：

1. 经国家限定口岸海关进口的汽车；

2. 经各口岸海关进口的其他机动车；

3. 海关监管的机动车；

4. 国家授权的执法部门没收的走私、无合法进口证明和利用进口关键件非法拼（组）装的机动车。

（二）进口机动车的进口凭证：

1. 进口汽车的进口凭证，是国家限定口岸海关签发的货物进口证明书；

2. 其他进口机动车的进口凭证，是各口岸海关签发的货物进口证明书；

3. 海关监管的机动车的进口凭证，是监管地海关出具的海关监管车辆进（出）境领（销）牌照通知书；

4. 国家授权的执法部门没收的走私、无进口证明和利用进口关键件非法拼（组）装的机动车的进口凭证，是该部门签发的没收走私汽车、摩托车证明书。

第八十九条　本规定所称机动车所有人、身份证明以及住所是指:

(一)机动车所有人包括拥有机动车的个人或者单位。

1. 个人是指我国内地的居民和军人(含武警)以及香港、澳门特别行政区、台湾地区居民、定居国外的中国公民和外国人;

2. 单位是指机关、企业、事业单位和社会团体以及外国驻华使馆、领馆和外国驻华办事机构、国际组织驻华代表机构。

(二)身份证明:

1. 机关、企业、事业单位、社会团体的身份证明,是该单位的统一社会信用代码证书、营业执照或者社会团体法人登记证书,以及加盖单位公章的委托书和被委托人的身份证明。机动车所有人为单位的内设机构,本身不具备领取统一社会信用代码证书条件的,可以使用上级单位的统一社会信用代码证书作为机动车所有人的身份证明。上述单位已注销、撤销或者破产,其机动车需要办理变更登记、转让登记、解除抵押登记、注销登记、解除质押备案和补、换领机动车登记证书、号牌、行驶证的,已注销的企业的身份证明,是市场监督管理部门出具的准予注销登记通知书;已撤销的机关、事业单位、社会团体的身份证明,是其上级主管机关出具的有关证明;已破产无有效营业执照的企业,其身份证明是依法成立的财产清算机构或者人民法院依法指定的破产管理人出具的有关证明。商业银行、汽车金融公司申请办理抵押登记业务的,其身份证明是营业执照或者加盖公章的营业执照复印件;

2. 外国驻华使馆、领馆和外国驻华办事机构、国际组织驻华代表机构的身份证明,是该使馆、领馆或者该办事机构、代表机构出具的证明;

3. 居民的身份证明,是居民身份证或者临时居民身份证。在户籍地以外居住的内地居民,其身份证明是居民身份证或者临时居民身份证,以及公安机关核发的居住证明或者居住登记证明;

4. 军人(含武警)的身份证明,是居民身份证或者临时居民身份证。在未办理居民身份证前,是军队有关部门核发的军官证、文职干部证、士兵证、离休证、退休证等有效军人身份证件,以及其所在的团级以上单位出具的本人住所证明;

5. 香港、澳门特别行政区居民的身份证明,是港澳居民居住证;或者是其所持有的港澳居民来往内地通行证或者外交部核发的中华人民共和国旅行证,以及公安机关出具的住宿登记证明;

6. 台湾地区居民的身份证明,是台湾居民居住证;或者是其所持有的公安机关核发的五年有效的台湾居民来往大陆通行证或者外交部核发的中华人民共和国旅行证,以及公安机关出具的住宿登记证明;

7. 定居国外的中国公民的身份证明,是中华人民共和国护照和公安机关出具的住宿登记证明;

8. 外国人的身份证明,是其所持有的有效护照或者其他国际旅行证件,停居留期三个月以上的有效签证或者停留、居许可,以及公安机关出具的住宿登记证明;或者是外国人永久居留身份证;

9. 外国驻华使馆、领馆人员、国际组织驻华代表机构人员的身份证明,是外交部核发的有效身份证件。

(三)住所:

1. 单位的住所是其主要办事机构所在地;

2. 个人的住所是户籍登记地或者其身份证明记载的住址。在户籍地以外居住的内地居民的住所是公安机关核发的居住证明或者居住登记证明记载的住址。

属于在户籍地以外办理除机动车注册登

记、转让登记、住所迁入、共同所有人变更以外业务的，机动车所有人免予提交公安机关核发的居住证明或者居住登记证明。

属于在户籍地以外办理小型、微型非营运载客汽车注册登记的，机动车所有人免予提交公安机关核发的居住证明或者居住登记证明。

第九十条 本规定所称机动车来历证明以及机动车整车出厂合格证明是指：

（一）机动车来历证明：

1. 在国内购买的机动车，其来历证明是机动车销售统一发票或者二手车交易发票。在国外购买的机动车，其来历证明是该车销售单位开具的销售发票及其翻译文本，但海关监管的机动车不需提供来历证明；

2. 监察机关依法没收、追缴或者责令退赔的机动车，其来历证明是监察机关出具的法律文书，以及相应的协助执行通知书；

3. 人民法院调解、裁定或者判决转让的机动车，其来历证明是人民法院出具的已经生效的调解书、裁定书或者判决书，以及相应的协助执行通知书；

4. 仲裁机构仲裁裁决转让的机动车，其来历证明是仲裁裁决书和人民法院出具的协助执行通知书；

5. 继承、赠予、中奖、协议离婚和协议抵偿债务的机动车，其来历证明是继承、赠予、中奖、协议离婚、协议抵偿债务的相关文书和公证机关出具的公证书；

6. 资产重组或者资产整体买卖中包含的机动车，其来历证明是资产主管部门的批准文件；

7. 机关、企业、事业单位和社会团体统一采购并调拨到下属单位未注册登记的机动车，其来历证明是机动车销售统一发票和该部门出具的调拨证明；

8. 机关、企业、事业单位和社会团体已注册登记并调拨到下属单位的机动车，其来历

证明是该单位出具的调拨证明。被上级单位调回或者调拨到其他下属单位的机动车，其来历证明是上级单位出具的调拨证明；

9. 经公安机关破案发还的被盗抢骗且已向原机动车所有人理赔完毕的机动车，其来历证明是权益转让证明书。

（二）机动车整车出厂合格证明：

1. 机动车整车厂生产的汽车、摩托车、挂车，其出厂合格证明是该厂出具的机动车整车出厂合格证；

2. 使用国产或者进口底盘改装的机动车，其出厂合格证明是机动车底盘生产厂出具的机动车底盘出厂合格证或者进口机动车底盘的进口凭证和机动车改装厂出具的机动车整车出厂合格证；

3. 使用国产或者进口整车改装的机动车，其出厂合格证明是机动车生产厂出具的机动车整车出厂合格证或者进口机动车的进口凭证和机动车改装厂出具的机动车整车出厂合格证；

4. 监察机关、人民法院、人民检察院或者行政执法机关依法扣留、没收并拍卖的未注册登记的国产机动车，未能提供出厂合格证明的，可以凭监察机关、人民法院、人民检察院或者行政执法机关出具的证明替代。

第九十一条 本规定所称二手车出口企业是指经商务主管部门认定具备二手车出口资质的企业。

第九十二条 本规定所称"一日"、"二日"、"三日"、"五日"、"七日"、"十日"、"十五日"，是指工作日，不包括节假日。

临时行驶车号牌的最长有效期"十五日"、"三十日"、"六十日"、"九十日"、"六个月"，包括工作日和节假日。

本规定所称"以下"、"以上"、"以内"，包括本数。

第九十三条 本规定自2022年5月1日起施行。2008年5月27日发布的《机动车

登记规定》(公安部令第 102 号)和 2012 年 9 月 12 日发布的《公安部关于修改〈机动车登记规定〉的决定》(公安部令第 124 号)同时废止。本规定生效后,公安部以前制定的规定与本规定不一致的,以本规定为准。

自然资源统一确权登记暂行办法

(2019 年 7 月 11 日 自然资发〔2019〕116 号)

第一章 总 则

第一条 为贯彻落实党中央、国务院关于生态文明建设决策部署,建立和实施自然资源统一确权登记制度,推进自然资源确权登记法治化,推动建立归属清晰、权责明确、保护严格、流转顺畅、监管有效的自然资源资产产权制度,实现山水林田湖草整体保护、系统修复、综合治理,根据有关法律规定,制定本办法。

第二条 国家实行自然资源统一确权登记制度。

自然资源确权登记坚持资源公有、物权法定和统一确权登记的原则。

第三条 对水流、森林、山岭、草原、荒地、滩涂、海域、无居民海岛以及探明储量的矿产资源等自然资源的所有权和所有自然生态空间统一进行确权登记,适用本办法。

第四条 通过开展自然资源统一确权登记,清晰界定全部国土空间各类自然资源资产的所有权主体,划清全民所有和集体所有之间的边界,划清全民所有、不同层级政府行使所有权的边界,划清不同集体所有者的边界,划清不同类型自然资源之间的边界。

第五条 自然资源统一确权登记以不动产登记为基础,依据《不动产登记暂行条例》的规定办理登记的不动产权利,不再重复登记。

自然资源确权登记涉及调整或限制已登记的不动产权利的,应当符合法律法规规定,依法及时记载于不动产登记簿,并书面通知权利人。

第六条 自然资源主管部门作为承担自然资源统一确权登记工作的机构(以下简称登记机构),按照分级和属地相结合的方式进行登记管辖。

国务院自然资源主管部门负责指导、监督全国自然资源统一确权登记工作,会同省级人民政府负责组织开展由中央政府直接行使所有权的国家公园、自然保护区、自然公园等各类自然保护地以及大江大河大湖和跨境河流、生态功能重要的湿地和草原、国务院确定的重点国有林区、中央政府直接行使所有权的海域、无居民海岛、石油天然气、贵重稀有矿产资源等自然资源和生态空间的统一确权登记工作。具体登记工作由国家登记机构负责办理。

各省负责组织开展本行政区域内由中央委托地方政府代理行使所有权的自然资源和生态空间的统一确权登记工作。具体登记工作由省级及省级以下登记机构负责办理。

市县应按照要求,做好本行政区域范围内自然资源统一确权登记工作。

跨行政区域的自然资源确权登记由共同的上一级登记机构直接办理或者指定登记机构办理。

第七条 自然资源统一确权登记工作经费应纳入各级政府预算,不得向当事人收取登记费等相关费用。

第二章 自然资源登记簿

第八条 自然资源登记簿的样式由国务院自然资源主管部门统一规定。

已按照《不动产登记暂行条例》办理登记的不动产权利,通过不动产单元号、权利主体实现自然资源登记簿与不动产登记簿的关联。

第九条 自然资源登记簿应当记载以下事项:

(一)自然资源的坐落、空间范围、面积、类型以及数量、质量等自然状况;

(二)自然资源所有权主体、所有权代表行使主体、所有权代理行使主体、行使方式及权利内容等权属状况;

(三)其他相关事项。

自然资源登记簿应当对地表、地上、地下空间范围内各类自然资源进行记载,并关联国土空间规划明确的用途、划定的生态保护红线等管制要求及其他特殊保护规定等信息。

第十条 全民所有自然资源所有权代表行使主体登记为国务院自然资源主管部门,所有权行使方式分为直接行使和代理行使。

中央委托相关部门、地方政府代理行使所有权的,所有权代理行使主体登记为相关部门、地方人民政府。

第十一条 自然资源登记簿附图内容包括自然资源空间范围界线、面积,所有权主体、所有权代表行使主体、所有权代理行使主体,以及已登记的不动产权利界线,不同类型自然资源的边界、面积等信息。

第十二条 自然资源登记簿由具体负责登记的各级登记机构进行管理,永久保存。

自然资源登记簿和附图应当采用电子介质,配备专门的自然资源登记电子存储设施,采取信息网络安全防护措施,保证电子数据安全,并定期进行异地备份。

第三章 自然资源登记单元

第十三条 自然资源统一确权登记以自然资源登记单元为基本单位。

自然资源登记单元应当由登记机构会同水利、林草、生态环境等部门在自然资源所有权范围的基础上,综合考虑不同自然资源种类和在生态、经济、国防等方面的重要程度以及相对完整的生态功能、集中连片等因素划定。

第十四条 国家批准的国家公园、自然保护区、自然公园等各类自然保护地应当优先作为独立登记单元划定。

登记单元划定以管理或保护审批范围界线为依据。同一区域内存在管理或保护审批范围界线交叉或重叠时,以最大的管理或保护范围界线划定登记单元。范围内存在集体所有自然资源的,应当一并划入登记单元,并在登记簿上对集体所有自然资源的主体、范围、面积等情况予以记载。

第十五条 水流可以单独划定自然资源登记单元。以水流作为独立自然资源登记单元的,依据全国国土调查成果和水资源专项调查成果,以河流、湖泊管理范围为基础,结合堤防、水域岸线划定登记单元。河流的干流、支流,可以分别划定登记单元。

湿地可以单独划定自然资源登记单元。以湿地作为独立自然资源登记单元的,依据全国国土调查成果和湿地专项调查成果,按照自然资源边界划定登记单元。在河流、湖泊、水库等水流范围内的,不再单独划分湿地登记单元。

第十六条 森林、草原、荒地登记单元原则上应当以土地所有权为基础,按照国家土地所有权权属界线封闭的空间划分登记单元,多个独立不相连的国家土地所有权权属界线封闭的空间,应分别划定登记单元。国务院确定的重点国有林区以国家批准的范围界线为依据单独划定自然资源登记单元。

在国家公园、自然保护区、自然公园等各类自然保护地登记单元内的森林、草原、荒地、水流、湿地等不再单独划定登记单元。

第十七条　海域可单独划定自然资源登记单元,范围为我国的内水和领海。以海域作为独立登记单元的,依据沿海县市行政管辖界线,自海岸线起至领海外部界线划定登记单元。无居民海岛按照"一岛一登"的原则,单独划定自然资源登记单元,进行整岛登记。

海域范围内的自然保护地、湿地、探明储量的矿产资源等,不再单独划定登记单元。

第十八条　探明储量的矿产资源,固体矿产以矿区,油气以油气田划分登记单元。若矿业权整合包含或跨越多个矿区的,以矿业权整合后的区域为一个登记单元。登记单元的边界,以现有的储量登记库及储量统计库导出的矿区范围,储量评审备案文件确定的矿产资源储量估算范围,以及国家出资探明矿产地清理结果认定的矿产地范围在空间上套合确定。登记单元内存在依法审批的探矿权、采矿权的,登记簿关联勘查、采矿许可证相关信息。

在国家公园、自然保护区、自然公园等各类自然保护地登记单元内的矿产资源不再单独划定登记单元,通过分层标注的方式在自然资源登记簿上记载探明储量矿产资源的范围、类型、储量等内容。

第十九条　自然资源登记单元具有唯一编码,编码规则由国家统一制定。

第四章　自然资源登记一般程序

第二十条　自然资源登记类型包括自然资源首次登记、变更登记、注销登记和更正登记。

首次登记是指在一定时间内对登记单元内全部国家所有的自然资源所有权进行的第一次登记。

变更登记是指因自然资源的类型、范围和权属边界等自然资源登记簿内容发生变化进行的登记。

注销登记是指因不可抗力等因素导致自然资源所有权灭失进行的登记。

更正登记是指登记机构对自然资源登记簿的错误记载事项进行更正的登记。

第二十一条　自然资源首次登记程序为通告、权籍调查、审核、公告、登簿。

第二十二条　自然资源首次登记应当由登记机构依职权启动。

登记机构会同水利、林草、生态环境等部门预划登记单元后,由自然资源所在地的县级以上地方人民政府向社会发布首次登记通告。通告的主要内容包括:

(一)自然资源登记单元的预划分;

(二)开展自然资源登记工作的时间;

(三)自然资源类型、范围;

(四)需要自然资源所有权代表行使主体、代理行使主体以及集体土地所有权人等相关主体配合的事项及其他需要通告的内容。

第二十三条　登记机构会同水利、林草、生态环境等部门,充分利用全国国土调查、自然资源专项调查等自然资源调查成果,获取自然资源登记单元内各类自然资源的坐落、空间范围、面积、类型、数量和质量等信息,划清自然资源类型边界。

第二十四条　登记机构会同水利、林草、生态环境等部门应充分利用全国国土调查、自然资源专项调查等自然资源调查成果,以及集体土地所有权确权登记发证、国有土地使用权确权登记发证等不动产登记成果,开展自然资源权籍调查,绘制自然资源权籍图和自然资源登记簿附图,划清全民所有和集体所有的边界以及不同集体所有者的边界;依据分级行使国家所有权体制改革成果,划清全民所有、不同层级政府行使所有权的边界。

自然资源登记单元的重要界址点应现场指界,必要时可设立明显界标。在国土调查、专项调查、权籍调查、土地勘测定界等工作中对重要界址点已经指界确认的,不需要重复指界。对涉及权属争议的,按有关法律法规规定处理。

第二十五条 登记机构依据自然资源权籍调查成果和相关审批文件,结合国土空间规划明确的用途、划定的生态保护红线等管制要求或政策性文件以及不动产登记结果资料等,会同相关部门对登记的内容进行审核。

第二十六条 自然资源登簿前应当由自然资源所在地市县配合具有登记管辖权的登记机构在政府门户网站及指定场所进行公告,涉及国家秘密的除外。公告期不少于15个工作日。公告期内,相关当事人对登记事项提出异议的,登记机构应当对提出的异议进行调查核实。

第二十七条 公告期满无异议或者异议不成立的,登记机构应当将登记事项载于自然资源登记簿,可以向自然资源所有权代表行使主体或者代理行使主体颁发自然资源所有权证书。

第二十八条 登记单元内自然资源类型、面积等自然状况发生变化的,以全国国土调查和自然资源专项调查为依据,依职权开展变更登记。自然资源的登记单元边界、权属边界、权利主体和内容等自然资源登记簿主要内容发生变化的,自然资源所有权代表行使主体或者代理行使主体应当持相关资料及时嘱托登记机构办理变更登记或注销登记。

自然资源登记簿记载事项存在错误的,登记机构可以依照自然资源所有权代表行使主体或者代理行使主体的嘱托办理更正登记,也可以依职权办理更正登记。

第五章　自然资源登记信息管理与应用

第二十九条 自然资源登记资料包括:
(一)自然资源登记簿等登记结果;

(二)自然资源权籍调查成果、权属来源材料、相关公共管制要求、登记机构审核材料等登记原始资料。

自然资源登记资料由具体负责的登记机构管理。各级登记机构应当建立登记资料管理制度及信息安全保密制度,建设符合自然资源登记资料安全保护标准的登记资料存放场所。

第三十条 在国家不动产登记信息管理基础平台上,拓展开发全国统一的自然资源登记信息系统,实现自然资源确权登记信息的统一管理;各级登记机构应当建立标准统一的自然资源确权登记数据库,确保自然资源确权登记信息日常更新。

自然资源确权登记信息纳入不动产登记信息管理基础平台,实现自然资源确权登记信息与不动产登记信息有效衔接和融合。

自然资源确权登记信息应当及时汇交国家不动产登记信息管理基础平台,确保国家、省、市、县四级自然资源确权登记信息的实时共享。

第三十一条 自然资源确权登记结果应当向社会公开,但涉及国家秘密以及《不动产登记暂行条例》规定的不动产登记的相关内容除外。

第三十二条 自然资源确权登记信息与水利、林草、生态环境、财税等相关部门管理信息应当互通共享,服务自然资源资产的有效监管和保护。

第六章　附　　则

第三十三条 军用土地范围内的自然资源暂不纳入确权登记。

第三十四条 本办法由自然资源部负责解释,自印发之日起施行。

附件:自然资源统一确权登记工作方案(略)

矿产资源开采登记管理办法

（1998年2月12日中华人民共和国国务院令第241号发布　根据2014年7月29日《国务院关于修改部分行政法规的决定》修订）

第一条　为了加强对矿产资源开采的管理，保护采矿权人的合法权益，维护矿产资源开采秩序，促进矿业发展，根据《中华人民共和国矿产资源法》，制定本办法。

第二条　在中华人民共和国领域及管辖的其他海域开采矿产资源，必须遵守本办法。

第三条　开采下列矿产资源，由国务院地质矿产主管部门审批登记，颁发采矿许可证：

（一）国家规划矿区和对国民经济具有重要价值的矿区内的矿产资源；

（二）领海及中国管辖的其他海域的矿产资源；

（三）外商投资开采的矿产资源；

（四）本办法附录所列的矿产资源。

开采石油、天然气矿产的，经国务院指定的机关审查同意后，由国务院地质矿产主管部门登记，颁发采矿许可证。

开采下列矿产资源，由省、自治区、直辖市人民政府地质矿产主管部门审批登记，颁发采矿许可证：

（一）本条第一款、第二款规定以外的矿产储量规模中型以上的矿产资源；

（二）国务院地质矿产主管部门授权省、自治区、直辖市人民政府地质矿产主管部门审批登记的矿产资源。

开采本条第一款、第二款、第三款规定以外的矿产资源，由县级以上地方人民政府负责地质矿产管理工作的部门，按照省、自治区、直辖市人民代表大会常务委员会制定的管理办法审批登记，颁发采矿许可证。

矿区范围跨县级以上行政区域的，由所涉及行政区域的共同上一级登记管理机关审批登记，颁发采矿许可证。

县级以上地方人民政府负责地质矿产管理工作的部门在审批发证后，应当逐级向上一级人民政府负责地质矿产管理工作的部门备案。

第四条　采矿权申请人在提出采矿权申请前，应当根据经批准的地质勘查储量报告，向登记管理机关申请划定矿区范围。

需要申请立项，设立矿山企业的，应当根据划定的矿区范围，按照国家规定办理有关手续。

第五条　采矿权申请人申请办理采矿许可证时，应当向登记管理机关提交下列资料：

（一）申请登记书和矿区范围图；

（二）采矿权申请人资质条件的证明；

（三）矿产资源开发利用方案；

（四）依法设立矿山企业的批准文件；

（五）开采矿产资源的环境影响评价报告；

（六）国务院地质矿产主管部门规定提交的其他资料。

申请开采国家规划矿区或者对国民经济具有重要价值的矿区内的矿产资源和国家实行保护性开采的特定矿种的，还应当提交国务院有关主管部门的批准文件。

申请开采石油、天然气的，还应当提交国务院批准设立石油公司或者同意进行石油、天然气开采的批准文件以及采矿企业法人资格证明。

第六条　登记管理机关应当自收到申请之日起40日内，作出准予登记或者不予登记的决定，并通知采矿权申请人。

需要采矿权申请人修改或者补充本办法第五条规定的资料的，登记管理机关应当通知采矿权申请人限期修改或者补充。

准予登记的,采矿权申请人应当自收到通知之日起 30 日内,依照本办法第九条的规定缴纳采矿权使用费,并依照本办法第十条的规定缴纳国家出资勘查形成的采矿权价款,办理登记手续,领取采矿许可证,成为采矿权人。

不予登记的,登记管理机关应当向采矿权申请人说明理由。

第七条 采矿许可证有效期,按照矿山建设规模确定:大型以上的,采矿许可证有效期最长为 30 年;中型的,采矿许可证有效期最长为 20 年;小型的,采矿许可证有效期最长为 10 年。采矿许可证有效期满,需要继续采矿的,采矿权人应当在采矿许可证有效期届满的 30 日前,到登记管理机关办理延续登记手续。

采矿权人逾期不办理延续登记手续的,采矿许可证自行废止。

第八条 登记管理机关在颁发采矿许可证后,应当通知矿区范围所在地的有关县级人民政府。有关县级人民政府应当自收到通知之日起 90 日内,对矿区范围予以公告,并可以根据采矿权人的申请,组织埋设界桩或者设置地面标志。

第九条 国家实行采矿权有偿取得的制度。采矿权使用费,按照矿区范围的面积逐年缴纳,标准为每平方公里每年 1000 元。

第十条 申请国家出资勘查并已经探明矿产地的采矿权的,采矿权申请人除依照本办法第九条的规定缴纳采矿权使用费外,还应当缴纳国家出资勘查形成的采矿权价款;采矿权价款按照国家有关规定,可以一次缴纳,也可以分期缴纳。

国家出资勘查形成的采矿权价款,由具有矿业权评估资质的评估机构进行评估;评估报告报登记管理机关备案。

第十一条 采矿权使用费和国家出资勘查形成的采矿权价款由登记管理机关收取,全部纳入国家预算管理。具体管理、使用办法,由国务院地质矿产主管部门会同国务院财政部门、计划主管部门制定。

第十二条 有下列情形之一的,由采矿权人提出申请,经省级以上人民政府登记管理机关按照国务院地质矿产主管部门会同国务院财政部门制定的采矿权使用费和采矿权价款的减免办法审查批准,可以减缴、免缴采矿权使用费和采矿权价款:

(一)开采边远贫困地区的矿产资源的;

(二)开采国家紧缺的矿种的;

(三)因自然灾害等不可抗力的原因,造成矿山企业严重亏损或者停产的;

(四)国务院地质矿产主管部门和国务院财政部门规定的其他情形。

第十三条 采矿权可以通过招标投标的方式有偿取得。

登记管理机关依照本办法第三条规定的权限确定招标的矿区范围,发布招标公告,提出投标要求和截止日期;但是,对境外招标的矿区范围由国务院地质矿产主管部门确定。登记管理机关组织评标,采取择优原则确定中标人。中标人缴纳本办法第九条、第十条规定的费用后,办理登记手续,领取采矿许可证,成为采矿权人,并履行标书中承诺的义务。

第十四条 登记管理机关应当对本行政区域内的采矿权人合理开发利用矿产资源、保护环境及其他应当履行的法定义务等情况依法进行监督检查。采矿权人应当如实报告有关情况,并提交年度报告。

第十五条 有下列情形之一的,采矿权人应当在采矿许可证有效期内,向登记管理机关申请变更登记:

(一)变更矿区范围的;

(二)变更主要开采矿种的;

(三)变更开采方式的;

（四）变更矿山企业名称的；

（五）经依法批准转让采矿权的。

第十六条 采矿权人在采矿许可证有效期内或者有效期届满，停办、关闭矿山的，应当自决定停办或者关闭矿山之日起 30 日内，向原发证机关申请办理采矿许可证注销登记手续。

第十七条 任何单位和个人未领取采矿许可证擅自采矿的，擅自进入国家规划矿区和对国民经济具有重要价值的矿区范围采矿的，擅自开采国家规定实行保护性开采的特定矿种的，超越批准的矿区范围采矿的，由登记管理机关依照有关法律、行政法规的规定予以处罚。

第十八条 不依照本办法规定提交年度报告、拒绝接受监督检查或者弄虚作假的，由县级以上人民政府负责地质矿产管理工作的部门按照国务院地质矿产主管部门规定的权限，责令停止违法行为，予以警告，可以并处 5 万元以下的罚款；情节严重的，由原发证机关吊销采矿许可证。

第十九条 破坏或者擅自移动矿区范围界桩或者地面标志的，由县级以上人民政府负责地质矿产管理工作的部门按照国务院地质矿产主管部门规定的权限，责令限期恢复；情节严重的，处 3 万元以下的罚款。

第二十条 擅自印制或者伪造、冒用采矿许可证的，由县级以上人民政府负责地质矿产管理工作的部门按照国务院地质矿产主管部门规定的权限，没收违法所得，可以并处 10 万元以下的罚款；构成犯罪的，依法追究刑事责任。

第二十一条 违反本办法规定，不按期缴纳本办法规定应当缴纳的费用的，由登记管理机关责令限期缴纳，并从滞纳之日起每日加收 2‰的滞纳金；逾期仍不缴纳的，由原发证机关吊销采矿许可证。

第二十二条 违反本办法规定，不办理采矿许可证变更登记或者注销登记手续的，由登记管理机关责令限期改正；逾期不改正的，由原发证机关吊销采矿许可证。

第二十三条 违反本办法规定开采石油、天然气矿产的，由国务院地质矿产主管部门按照本办法的有关规定给予行政处罚。

第二十四条 采矿权人被吊销采矿许可证的，自采矿许可证被吊销之日起 2 年内不得再申请采矿权。

第二十五条 登记管理机关工作人员徇私舞弊、滥用职权、玩忽职守，构成犯罪的，依法追究刑事责任；尚不构成犯罪的，依法给予行政处分。

第二十六条 采矿许可证由国务院地质矿产主管部门统一印制。申请登记书、变更申请登记书和注销申请登记书的格式，由国务院地质矿产主管部门统一制定。

第二十七条 办理采矿登记手续，应当按照规定缴纳登记费。收费标准和管理、使用办法，由国务院物价主管部门会同国务院地质矿产主管部门、财政部门规定。

第二十八条 外商投资开采矿产资源，依照本办法的规定办理；法律、行政法规另有特别规定的，从其规定。

第二十九条 中外合作开采矿产资源的，中方合作者应当在签订合同后，将合同向原发证机关备案。

第三十条 本办法施行前已经取得采矿许可证的，由国务院地质矿产主管部门统一组织换领新采矿许可证。

本办法施行前已经开办的矿山企业，应当自本办法施行之日起开始缴纳采矿权使用费，并可以依照本办法的规定申请减缴、免缴。

第三十一条 登记管理机关应当对颁发的采矿许可证和吊销的采矿许可证予以公告。

第三十二条 本办法所称矿区范围，是指经登记管理机关依法划定的可供开采矿产资源的范围、井巷工程设施分布范围或者露天剥离范围的立体空间区域。

本办法所称开采方式，是指地下开采或者露天开采。

第三十三条 本办法附录的修改，由国务院地质矿产主管部门报国务院批准后公布。

第三十四条 本办法自发布之日起施行。1987年4月29日国务院发布的《全民所有制矿山企业采矿登记管理暂行办法》和1990年11月22日《国务院关于修改〈全民所有制矿山企业采矿登记管理暂行办法〉的决定》同时废止。

附录：国务院地质矿产主管部门审批发证矿种目录（略）

自然资源部关于进一步完善矿产资源勘查开采登记管理的通知

（2023年5月6日　自然资规〔2023〕4号）

各省、自治区、直辖市自然资源主管部门，新疆生产建设兵团自然资源局：

为贯彻落实党中央、国务院关于矿业权出让制度改革、自然资源资产产权制度改革等决策部署，提高能源资源保障能力，促进矿业健康可持续发展，依据有关法律法规，结合矿业权管理工作实际，就进一步完善矿产资源勘查开采登记管理有关事项通知如下。

一、完善矿产资源勘查登记管理

（一）完善探矿权新立、延续、保留登记管理。

1. 设立探矿权必须符合国土空间规划、矿产资源规划、生态环境保护及国家产业政策等相关规定。

2. 非油气探矿权人原则上可以是营利法人，也可以是非营利法人中的事业单位法人。油气（含石油、烃类天然气、页岩气、煤层气、天然气水合物）探矿权人原则上应当是营利法人。

3. 采矿权人在矿区范围深部、上部开展勘查工作，无须办理探矿权新立登记。

4. 探矿权新立、延续、变更勘查矿种，以及探矿权合并、分立变更勘查范围，需编制勘查实施方案。

勘查实施方案应当符合地质勘查规程、规范和标准。探矿权申请人可自行编制或者委托有关机构编制勘查实施方案，登记管理机关不得指定特定中介机构或个人提供服务。勘查实施方案编制审查须符合自然资源主管部门相关规定。

5. 因不可抗力或其他非申请人自身原因，无法继续勘查或者转为采矿权的勘查区域，可凭相关证明文件，抵扣按相关规定需缩减的面积。

6. 探矿权延续、保留登记，有效期起始日原则上为原勘查许可证有效期截止日次日。因不可抗力或其他非申请人自身原因，导致探矿权过期时间超过6个月以上的，有效期起始日为批准登记之日。

7. 首次申请探矿权保留，应当提交探矿权范围内已探明可供开采矿体的说明。资源储量规模达到大中型的煤和大型非煤探矿权申请保留，应当达到勘探程度；其他探矿权申请保留，应当达到详查（含）以上程度。已设采矿权垂直投影范围内的探矿权首次申请保留，应当达到详查（含）以上程度。

8. 探矿权人申请探矿权延续、保留，应当在规定期限内提出申请。因不可抗力或其他非申请人自身原因，未在规定期限内提出延续、保留申请，或者需要继续延长保留期的，探矿权人应当提交能够说明原因的相关证明材料。

9. 已办理保留的探矿权,因政策变化导致勘查工作程度要求提高等非矿业权人自身原因不能转采矿权,需继续开展勘查工作的,可申请探矿权延续。

(二)规范探矿权变更登记管理。

1. 以招标拍卖挂牌方式取得的探矿权申请变更主体,不受持有探矿权满2年的限制。

以协议方式取得的探矿权申请变更主体,应当持有探矿权满5年。母公司与全资子公司之间、符合勘查主体资质条件申请人之间的转让变更可不受5年限制。

2. 申请变更探矿权主体的,转让人和受让人应当一并向登记管理机关提交变更申请。勘查许可证剩余有效期不足6个月的,申请人(受让人)可以同时申请办理延续。

3. 探矿权申请变更主体涉及重叠且符合本通知第(十一)条规定情形的,受让人应当提交互不影响和权益保护协议或者不影响已设矿业权人权益承诺。属同一主体的已设采矿权与其上部或者深部勘查探矿权,不得单独转让。

4. 探矿权人对勘查区域内的矿产资源(除普通建筑用砂石土等以招标拍卖挂牌方式直接出让采矿权的矿产外,以下简称"砂石土类矿产")开展综合勘查、综合评价的,无须办理勘查矿种变更(增列)登记,按照实际发现矿产的地质储量(油气)/资源量(非油气)编制矿产资源储量报告。

对综合勘查发现的矿产资源,具备转采矿权条件的,按照相关规定向具有登记权限的管理机关提出采矿权新立登记申请。

同一勘查区域内,除油气可以兼探铀矿、钾盐、氦气、二氧化碳气,煤炭兼探煤层气外,油气探矿权人不得进行非油气矿产勘查,非油气探矿权人不得进行油气矿产勘查,非煤探矿权人不得进行煤炭资源勘查。铀矿探矿权人原则上不得申请变更勘查开采矿种,勘查发现其他矿产的,应当进行综合勘查。涉及国家限制或者禁止勘查开采矿种的,依照相关规定管理。

5. 人民法院将探矿权拍卖或裁定给他人,受让人应当依法向登记管理机关申请变更登记。申请变更登记的受让人应当具备本通知规定的探矿权申请人条件,登记管理机关凭申请人提交的探矿权变更申请文件和人民法院协助执行通知书,予以办理探矿权变更登记。

二、完善矿产资源开采登记管理

(三)调整矿区范围管理方式。

1. 探矿权转采矿权,应当依据经评审备案的矿产资源储量报告。资源储量规模为大型的非煤矿山、大中型煤矿应当达到勘探程度,其他矿山应当达到详查(含)以上程度。地热、矿泉水、砂石土类矿产设置采矿权的勘查程度按照各省(区、市)有关规定执行。

2. 探矿权人根据资源储量估算范围、井口装置、输油(气)管线(外输管线除外)、集输站、井巷工程设施分布范围或者露天剥离范围的立体空间区域,确定采矿权申请的矿区范围,经编制审查矿产资源开发利用方案后,向登记管理机关申请新立采矿登记,并参照《矿业权出让交易规则》签订采矿权出让合同。以招标拍卖挂牌方式或协议方式出让采矿权的,由登记管理机关确定出让的矿区范围,并根据《矿业权出让交易规则》签订采矿权出让合同。

3. 同一矿区范围内涉及多个矿种的,应当按经评审备案的矿产资源储量报告的主矿种和共伴生矿种确定申请采矿权的矿区范围,并对共伴生资源进行综合利用;对共伴生资源综合利用有特殊要求的,按有关规定办理。

4. 已设采矿权变更矿区范围的,应当按变更后的矿区范围统一编报申报要件,向登记管理机关申请采矿权变更登记。

(四)完善采矿权新立、延续登记管理。

1. 设立采矿权必须符合国土空间规划、矿产资源规划、绿色矿山建设、生态环境保护及国家产业政策等相关规定。

2. 采矿权申请人原则上应当为营利法人。

申请人在取得采矿许可证后,须具备其他相关法定条件后方可实施开采作业。

3. 采矿权申请人可自行编制或委托有关机构编制矿产资源开发利用方案,登记管理机关不得指定特定中介机构或个人提供服务。矿产资源开发利用方案编制审查须符合自然资源主管部门相关规定。

4. 探矿权转采矿权的,准予采矿权新立登记后,应当注销原探矿权或变更缩减原探矿权面积,申请人凭注销通知(证明)或变更缩减面积后的勘查许可证领取采矿许可证。

5. 采矿权延续后有效期根据《矿产资源开采登记管理办法》(国务院令第 241 号)第七条确定,有效期应当始于原采矿许可证有效期截止之日次日。

6. 因不可抗力或其他非申请人自身原因,无法按规定提交采矿权延续申请资料的,在申请人提交能够说明原因的相关证明材料后,登记管理机关可根据实际情况延续 2 年,并在采矿许可证副本上注明其原因和要求。

(五)完善采矿权变更、注销登记管理。

1. 申请采矿权转让变更的,受让人应当具备本通知规定的采矿权申请人条件,并承继该采矿权的权利、义务。涉及重叠情况的,受让人应当提交互不影响和权益保护协议或不影响已设矿业权人权益承诺。

2. 国有矿山企业申请办理采矿权转让变更登记的,应当持矿山企业主管部门同意转让变更采矿权的批准文件。

3. 有下列情形之一的,不予办理采矿权转让变更登记:

(1)采矿权部分转让变更的;

(2)同一矿业权人存在重叠的矿业权单独转让变更的;

(3)采矿权处于抵押备案状态且未经抵押权人同意的;

(4)未按要求缴纳矿业权出让收益(价款)的;

(5)未在转让合同中明确受让人承继履行矿山地质环境恢复治理义务的;

(6)采矿权被自然资源主管部门立案查处,或人民法院、公安、监察等机关通知不得转让变更的。

以协议方式取得的采矿权申请变更主体,应当持有采矿权满 5 年。母公司与全资子公司、符合开采主体资质条件申请人之间的转让变更可不受 5 年限制。

4. 申请变更开采主矿种的,应当提交经评审备案的矿产资源储量报告。变更为国家实行开采总量控制矿种的,还应当符合国家宏观调控和开采总量控制要求,并需经专家论证通过、公示无异议。

5. 实行开采总量控制矿种的采矿权申请办理变更、延续的,省级自然资源主管部门应当对开采总量控制指标分配、使用等情况提出书面意见。

6. 采矿权原则上不得分立,因开采条件变化等特殊原因确需分立的,应当符合矿产资源规划等相关规定。

7. 砂石土类矿产的采矿权不得分立、不允许变更开采矿种,其他矿产采矿权不允许变更或增列砂石土类矿产。

8. 人民法院将采矿权拍卖或裁定给他人,受让人应当依法向登记管理机关申请变更登记。申请变更登记的受让人应当具备本通知规定的采矿权申请人条件,登记管理机关凭申请人提交的采矿权变更申请文件和人民法院协助执行通知书,予以办理采矿权变更登记。

9. 采矿许可证剩余有效期不足 6 个月,申请变更登记的,可以同时向登记管理机关申请办理延续登记。

10. 取得采矿权的矿山在有效期内因生态保护、安全生产、公共利益、产业政策等被县级(含)以上人民政府决定关闭并公告的,由同级自然资源主管部门函告原登记管理机关。采矿权人应当自决定关闭矿山之日起30日内,向原登记管理机关申请办理采矿许可证注销登记手续。采矿权人不办理采矿许可证注销登记手续的,由登记管理机关责令限期改正;逾期不改正的,由原登记管理机关吊销采矿许可证,并根据《行政许可法》第七十条规定办理采矿许可证注销手续。

三、精简矿业权申请资料

(六)矿业权申请资料是申请矿业权登记的必备要件。依据规范、精简、公开的原则制定资料清单。探矿权申请资料清单分为新立、延续、保留、变更、注销5种类型,采矿权申请资料清单分为新立、延续、变更、注销4种类型。

(七)矿业权申请(登记)书按统一格式施行。探矿权申请(登记)书(格式)见附件1,采矿权申请(登记)书(格式)见附件3。

(八)自然资源部负责的矿业权新立(协议出让、探矿权转采矿权)以及延续、变更、转让、保留、注销的登记申请资料,按照本通知附件2探矿权申请资料清单及要求、附件4采矿权申请资料清单及要求执行。地方自然资源主管部门可参照执行。

(九)向自然资源部申请登记的,申请人通过自然资源部政务服务门户网站(https://zwfw.mnr.gov.cn)提交资料。

(十)在自然资源部申请办理非油气探矿权、采矿权登记的,除探矿权注销、探矿权人采矿权人名称变更登记外,省级自然资源主管部门应当对相关事项进行核查,并将核查结果通过一网申报系统直接传输至部政务大厅,省级自然资源主管部门核查意见(范本)见附件5。军事部门意见由登记管理机关直接征询。

四、其他有关事项

(十一)新立探矿权采矿权申请范围不得与已设矿业权垂直投影范围重叠,但下列情形除外:

1. 申请范围与已设矿业权范围重叠,申请人与已设矿业权人为同一主体的;

2. 油气与非油气之间,探矿权申请范围与已设探矿权重叠,申请人向登记管理机关提交不影响已设探矿权人权益承诺的;申请范围与已设采矿权范围重叠,申请人与已设采矿权人签订了互不影响和权益保护协议的;

新立油气探矿权申请范围与小型露天开采砂石土类矿产采矿权范围重叠,申请人向登记管理机关提交不影响已设矿业权人权益承诺的;

3. 油气与非油气之间,新立采矿权与已设矿业权重叠,双方签订了互不影响和权益保护协议的;其中,新立油气采矿权与已设小型露天开采砂石土类矿产采矿权重叠,或新立小型露天开采砂石土类矿产采矿权与已设油气矿业权重叠,申请人向登记管理机关提交了不影响已设矿业权人权益承诺的;

4. 可地浸砂岩型铀矿申请范围与已设煤炭矿业权范围重叠,申请人与已设煤炭矿业权人签订了互不影响和权益保护协议的;

5. 已设矿业权已公告废止或已列入政府关闭矿山名单的。

(十二)互不影响和权益保护协议不得损害国家利益和第三方合法权益。采取承诺方式的,非油气探矿权申请人应当承诺不影响已设矿业权勘查开采活动,确保安全生产、保护对方合法权益等;油气探矿权申请人应当承诺合理避让已设非油气矿业权,且不影响其勘查开采活动;小型露天开采砂石土类采矿权申请人应当承诺不影响已设油气矿业权勘查开采活动,确保安全生产、保护对方合法权益等;油气采矿权申请人应当承诺合理避让已设小型露天开采砂石土类采矿权，且不影响其开采活动。无法避让的要主动退出，确保安全生产、保护对方合法权益。

（十三）各级自然资源主管部门应当根据工作需要，建立油气矿业权人、非油气矿业权人、自然资源主管部门三方工作协调机制，对涉及油气与非油气矿业权重叠相关问题进行交流沟通、协调推进工作，妥善解决有关问题。

（十四）申请人委托他人办理的，被委托人应当出具申请人法定代表人的书面委托书和本人身份证。

（十五）申请人应当如实向登记管理机关提交申请材料，并对申请材料的真实性负责；隐瞒有关情况或者提供虚假材料申请行政许可的，以欺骗、贿赂等不正当手段取得行政许可的，依据《行政许可法》等法律法规处理。

（十六）勘查许可证、采矿许可证遗失需补办的，持补办申请书向原登记管理机关申请补办，原登记管理机关门户网站公告遗失声明满10个工作日无异议后，补发新的勘查许可证、采矿许可证。补办的勘查许可证、采矿许可证登记内容应当与原证一致，并注明补办时间。

（十七）勘查许可证、采矿许可证剩余有效期不足3个月的，登记管理机关应当在本级或上级机关的门户网站上滚动提醒矿业权人按规定申请延续登记。

（十八）登记管理机关应当定期清理过期勘查许可证、采矿许可证，对有效期届满前因矿业权人自身原因未按规定申请延续登记的，登记管理机关应当予以公告注销。公告注销前应当向社会公示，公示时间不少于30个工作日。

（十九）登记管理机关在受理申请、批准登记后，及时在门户网站进行公开，接受社会监督。

（二十）地方各级自然资源主管部门应当加强对矿业权人勘查开采行为的监督管理，对违法违规勘查开采行为，依法予以查处。对列入勘查开采信息公示严重失信主体名单的矿业权人，依法不予登记新的矿业权。

本通知自印发之日起施行，有效期5年。勘查开采登记中涉及矿业权出让收益的，按照《财政部 自然资源部 税务总局关于印发〈矿业权出让收益征收办法〉的通知》（财综〔2023〕10号）执行。《国土资源部关于进一步规范矿产资源勘查审批登记管理的通知》（国土资规〔2017〕14号）、《国土资源部关于进一步规范矿业权申请资料的通知》（国土资规〔2017〕15号）、《国土资源部关于完善矿产资源开采审批登记管理有关事项的通知》（国土资规〔2017〕16号）同时废止。本通知实施前已印发的其他文件与本通知规定不一致的，以本通知为准。

附件：略

矿产资源勘查区块登记管理办法

（1998年2月12日中华人民共和国国务院令第240号发布 根据2014年7月29日《国务院关于修改部分行政法规的决定》修订）

第一条 为了加强对矿产资源勘查的管理，保护探矿权人的合法权益，维护矿产资源勘查秩序，促进矿业发展，根据《中华人民共和国矿产资源法》，制定本办法。

第二条 在中华人民共和国领域及管辖的其他海域勘查矿产资源，必须遵守本办法。

第三条 国家对矿产资源勘查实行统一的区块登记管理制度。矿产资源勘查工作区范围以经纬度1′×1′划分的区块为基本单位区块。每个勘查项目允许登记的最大范围：

（一）矿泉水为10个基本单位区块；

（二）金属矿产、非金属矿产、放射性矿产

为 40 个基本单位区块；

（三）地热、煤、水气矿产为 200 个基本单位区块；

（四）石油、天然气矿产为 2500 个基本单位区块。

第四条 勘查下列矿产资源，由国务院地质矿产主管部门审批登记，颁发勘查许可证：

（一）跨省、自治区、直辖市的矿产资源；

（二）领海及中国管辖的其他海域的矿产资源；

（三）外商投资勘查的矿产资源；

（四）本办法附录所列的矿产资源。

勘查石油、天然气矿产的，经国务院指定的机关审查同意后，由国务院地质矿产主管部门登记，颁发勘查许可证。

勘查下列矿产资源，由省、自治区、直辖市人民政府地质矿产主管部门审批登记，颁发勘查许可证，并应当自发证之日起 10 日内，向国务院地质矿产主管部门备案：

（一）本条第一款、第二款规定以外的矿产资源；

（二）国务院地质矿产主管部门授权省、自治区、直辖市人民政府地质矿产主管部门审批登记的矿产资源。

第五条 勘查出资人为探矿权申请人；但是，国家出资勘查的，国家委托勘查的单位为探矿权申请人。

第六条 探矿权申请人申请探矿权时，应当向登记管理机关提交下列资料：

（一）申请登记书和申请的区块范围图；

（二）勘查单位的资格证书复印件；

（三）勘查工作计划、勘查合同或者委托勘查的证明文件；

（四）勘查实施方案及附件；

（五）勘查项目资金来源证明；

（六）国务院地质矿产主管部门规定提交的其他资料。

申请勘查石油、天然气的，还应当提交国务院批准设立石油公司或者同意进行石油、天然气勘查的批准文件以及勘查单位法人资格证明。

第七条 申请石油、天然气滚动勘探开发的，应当向登记管理机关提交下列资料，经批准，办理登记手续，领取滚动勘探开发的采矿许可证：

（一）申请登记书和滚动勘探开发矿区范围图；

（二）国务院计划主管部门批准的项目建议书；

（三）需要进行滚动勘探开发的论证材料；

（四）经国务院矿产储量审批机构批准进行石油、天然气滚动勘探开发的储量报告；

（五）滚动勘探开发利用方案。

第八条 登记管理机关应当自收到申请之日起 40 日内，按照申请在先的原则作出准予登记或者不予登记的决定，并通知探矿权申请人。对申请勘查石油、天然气的，登记管理机关还应当在收到申请后及时予以公告或者提供查询。

登记管理机关应当保证国家地质勘查计划一类项目的登记，具体办法由国务院地质矿产主管部门会同国务院计划主管部门制定。

需要探矿权申请人修改或者补充本办法第六条规定的资料的，登记管理机关应当通知探矿权申请人限期修改或者补充。

准予登记时，探矿权申请人应当自收到通知之日起 30 日内，依照本办法第十二条的规定缴纳探矿权使用费，并依照本办法第十三条的规定缴纳国家出资勘查形成的探矿权价款，办理登记手续，领取勘查许可证，成为探矿权人。

不予登记的，登记管理机关应当向探矿权申请人说明理由。

第九条 禁止任何单位和个人进入他人

依法取得探矿权的勘查作业区内进行勘查或者采矿活动。

探矿权人与采矿权人对勘查作业区范围和矿区范围发生争议的，由当事人协商解决；协商不成的，由发证的登记管理机关中级别高的登记管理机关裁决。

第十条 勘查许可证有效期最长为3年；但是，石油、天然气勘查许可证有效期最长为7年。需要延长勘查工作时间的，探矿权人应当在勘查许可证有效期届满的30日前，到登记管理机关办理延续登记手续，每次延续时间不得超过2年。

探矿权人逾期不办理延续登记手续的，勘查许可证自行废止。

石油、天然气滚动勘探开发的采矿许可证有效期最长为15年；但是，探明储量的区块，应当申请办理采矿许可证。

第十一条 登记管理机关应当自颁发勘查许可证之日起10日内，将登记发证项目的名称、探矿权人、区块范围和勘查许可证期限等事项，通知勘查项目所在地的县级人民政府负责地质矿产管理工作的部门。

登记管理机关对勘查区块登记发证情况，应当定期予以公告。

第十二条 国家实行探矿权有偿取得的制度。探矿权使用费以勘查年度计算，逐年缴纳。

探矿权使用费标准：第一个勘查年度至第三个勘查年度，每平方公里每年缴纳100元；从第四个勘查年度起，每平方公里每年增加100元，但是最高不得超过每平方公里每年500元。

第十三条 申请国家出资勘查并已经探明矿产地的区块的探矿权的，探矿权申请人除依照本办法第十二条的规定缴纳探矿权使用费外，还应当缴纳国家出资勘查形成的探矿权价款；探矿权价款按照国家有关规定，可以一次缴纳，也可以分期缴纳。

国家出资勘查形成的探矿权价款，由具有矿业权评估资质的评估机构进行评估；评估报告报登记管理机关备案。

第十四条 探矿权使用费和国家出资勘查形成的探矿权价款，由登记管理机关收取，全部纳入国家预算管理。具体管理、使用办法，由国务院地质矿产主管部门会同国务院财政部门、计划主管部门制定。

第十五条 有下列情形之一的，由探矿权人提出申请，经登记管理机关按照国务院地质矿产主管部门会同国务院财政部门制定的探矿权使用费和探矿权价款的减免办法审查批准，可以减缴、免缴探矿权使用费和探矿权价款：

（一）国家鼓励勘查的矿种；

（二）国家鼓励勘查的区域；

（三）国务院地质矿产主管部门会同国务院财政部门规定的其他情形。

第十六条 探矿权可以通过招标投标的方式有偿取得。

登记管理机关依照本办法第四条规定的权限确定招标区块，发布招标公告，提出投标要求和截止日期；但是，对境外招标的区块由国务院地质矿产主管部门确定。

登记管理机关组织评标，采取择优原则确定中标人。中标人缴纳本办法第十二条、第十三条规定的费用后，办理登记手续，领取勘查许可证，成为探矿权人，并履行标书中承诺的义务。

第十七条 探矿权人应当自领取勘查许可证之日起，按照下列规定完成最低勘查投入：

（一）第一个勘查年度，每平方公里2000元；

（二）第二个勘查年度，每平方公里5000元；

（三）从第三个勘查年度起，每个勘查年度每平方公里1万元。

探矿权人当年度的勘查投入高于最低勘查投入标准的,高于的部分可以计入下一个勘查年度的勘查投入。

因自然灾害等不可抗力的原因,致使勘查工作不能正常进行的,探矿权人应当自恢复正常勘查工作之日起30日内,向登记管理机关提交申请核减相应的最低勘查投入的报告;登记管理机关应当自收到报告之日起30日内予以批复。

第十八条 探矿权人应当自领取勘查许可证之日起6个月内开始施工;在开始勘查工作时,应当向勘查项目所在地的县级人民政府负责地质矿产管理工作的部门报告,并向登记管理机关报告开工情况。

第十九条 探矿权人在勘查许可证有效期内进行勘查时,发现符合国家边探边采规定要求的复杂类型矿床的,可以申请开采,经登记管理机关批准,办理采矿登记手续。

第二十条 探矿权人在勘查石油、天然气等流体矿产期间,需要试采的,应当向登记管理机关提交试采申请,经批准后可以试采1年;需要延长试采时间的,必须办理登记手续。

第二十一条 探矿权人在勘查许可证有效期内探明可供开采的矿体后,经登记管理机关批准,可以停止相应区块的最低勘查投入,并可以在勘查许可证有效期届满的30日前,申请保留探矿权。但是,国家为了公共利益或者因技术条件暂时难以利用等情况,需要延期开采的除外。

保留探矿权的期限,最长不得超过2年,需要延长保留期的,可以申请延长2次,每次不得超过2年;保留探矿权的范围为可供开采的矿体范围。

在停止最低勘查投入期间或者探矿权保留期间,探矿权人应当依照本办法的规定,缴纳探矿权使用费。

探矿权保留期届满,勘查许可证应当予以注销。

第二十二条 有下列情形之一的,探矿权人应当在勘查许可证有效期内,向登记管理机关申请变更登记:

(一)扩大或者缩小勘查区块范围的;

(二)改变勘查工作对象的;

(三)经依法批准转让探矿权的;

(四)探矿权人改变名称或者地址的。

第二十三条 探矿权延续登记和变更登记,其勘查年度、探矿权使用费和最低勘查投入连续计算。

第二十四条 有下列情形之一的,探矿权人应当在勘查许可证有效期内,向登记管理机关递交勘查项目完成报告或者勘查项目终止报告,报送资金投入情况报表和有关证明文件,由登记管理机关核定其实际勘查投入后,办理勘查许可证注销登记手续:

(一)勘查许可证有效期届满,不办理延续登记或者不申请保留探矿权的;

(二)申请采矿权的;

(三)因故需要撤销勘查项目的。

自勘查许可证注销之日起90日内,原探矿权人不得申请已经注销的区块范围内的探矿权。

第二十五条 登记管理机关需要调查勘查投入、勘查工作进展情况,探矿权人应当如实报告并提供有关资料,不得虚报、瞒报,不得拒绝检查。

对探矿权人要求保密的申请登记资料、勘查工作成果资料和财务报表,登记管理机关应当予以保密。

第二十六条 违反本办法规定,未取得勘查许可证擅自进行勘查工作的,超越批准的勘查区块范围进行勘查工作的,由县级以上人民政府负责地质矿产管理工作的部门按照国务院地质矿产主管部门规定的权限,责令停止违法行为,予以警告,可以并处10万元以下的罚款。

第二十七条 违反本办法规定,未经批准,擅自进行滚动勘探开发、边探边采或者试采的,由县级以上人民政府负责地质矿产管理工作的部门按照国务院地质矿产主管部门规定的权限,责令停止违法行为,予以警告,没收违法所得,可以并处 10 万元以下的罚款。

第二十八条 违反本办法规定,擅自印制或者伪造、冒用勘查许可证的,由县级以上人民政府负责地质矿产管理工作的部门按照国务院地质矿产主管部门规定的权限,没收违法所得,可以并处 10 万元以下的罚款;构成犯罪的,依法追究刑事责任。

第二十九条 违反本办法规定,有下列行为之一的,由县级以上人民政府负责地质矿产管理工作的部门按照国务院地质矿产主管部门规定的权限,责令限期改正;逾期不改正的,处 5 万元以下的罚款;情节严重的,原发证机关可以吊销勘查许可证:

（一）不按照本办法的规定备案、报告有关情况、拒绝接受监督检查或者弄虚作假的;

（二）未完成最低勘查投入的;

（三）已经领取勘查许可证的勘查项目,满 6 个月未开始施工,或者施工后无故停止勘查工作满 6 个月的。

第三十条 违反本办法规定,不办理勘查许可证变更登记或者注销登记手续的,由登记管理机关责令限期改正;逾期不改正的,由原发证机关吊销勘查许可证。

第三十一条 违反本办法规定,不按期缴纳本办法规定应当缴纳的费用的,由登记管理机关责令限期缴纳,并从滞纳之日起每日加收 2‰的滞纳金;逾期仍不缴纳的,由原发证机关吊销勘查许可证。

第三十二条 违反本办法规定勘查石油、天然气矿产的,由国务院地质矿产主管部门按照本办法的有关规定给予行政处罚。

第三十三条 探矿权人被吊销勘查许可证的,自勘查许可证被吊销之日起 6 个月内,不得再申请探矿权。

第三十四条 登记管理机关工作人员徇私舞弊、滥用职权、玩忽职守,构成犯罪的,依法追究刑事责任;尚不构成犯罪的,依法给予行政处分。

第三十五条 勘查许可证由国务院地质矿产主管部门统一印制。申请登记书、变更申请登记书、探矿权保留申请登记书和注销申请登记书的格式,由国务院地质矿产主管部门统一制定。

第三十六条 办理勘查登记手续,应当按照规定缴纳登记费。收费标准和管理、使用办法,由国务院物价主管部门会同国务院地质矿产主管部门、财政部门规定。

第三十七条 外商投资勘查矿产资源的,依照本办法的规定办理;法律、行政法规另有特别规定的,从其规定。

第三十八条 中外合作勘查矿产资源的,中方合作者应当在签订合同后,将合同向原发证机关备案。

第三十九条 本办法施行前已经取得勘查许可证的,由国务院地质矿产主管部门统一组织换领新的勘查许可证。探矿权使用费、最低勘查投入按照重新登记后的第一个勘查年度计算,并可以依照本办法的规定申请减缴、免缴。

第四十条 本办法附录的修改,由国务院地质矿产主管部门报国务院批准后公布。

第四十一条 本办法自发布之日起施行。1987 年 4 月 29 日国务院发布的《矿产资源勘查登记管理暂行办法》和 1987 年 12 月 16 日国务院批准、石油工业部发布的《石油及天然气勘查、开采登记管理暂行办法》同时废止。

附录:国务院地质矿产主管部门审批发证矿种目录(略)

动产和权利担保统一登记办法

（2021 年 12 月 28 日中国人民银行令〔2021〕第 7 号公布 自 2022 年 2 月 1 日起施行）

第一章 总 则

第一条 为规范动产和权利担保统一登记，保护担保当事人和利害关系人的合法权益，根据《中华人民共和国民法典》《优化营商环境条例》《国务院关于实施动产和权利担保统一登记的决定》（国发〔2020〕18 号）等相关法律法规规定，制定本办法。

第二条 纳入动产和权利担保统一登记范围的担保类型包括：

（一）生产设备、原材料、半成品、产品抵押；

（二）应收账款质押；

（三）存款单、仓单、提单质押；

（四）融资租赁；

（五）保理；

（六）所有权保留；

（七）其他可以登记的动产和权利担保，但机动车抵押、船舶抵押、航空器抵押、债券质押、基金份额质押、股权质押、知识产权中的财产权质押除外。

第三条 本办法所称应收账款是指应收账款债权人因提供一定的货物、服务或设施而获得的要求应收账款债务人付款的权利以及依法享有的其他付款请求权，包括现有的以及将有的金钱债权，但不包括因票据或其他有价证券而产生的付款请求权，以及法律、行政法规禁止转让的付款请求权。

本办法所称的应收账款包括下列权利：

（一）销售、出租产生的债权，包括销售货物，供应水、电、气、暖，知识产权的许可使用，出租动产或不动产等；

（二）提供医疗、教育、旅游等服务或劳务产生的债权；

（三）能源、交通运输、水利、环境保护、市政工程等基础设施和公用事业项目收益权；

（四）提供贷款或其他信用活动产生的债权；

（五）其他以合同为基础的具有金钱给付内容的债权。

第四条 中国人民银行征信中心（以下简称征信中心）是动产和权利担保的登记机构，具体承担服务性登记工作，不开展事前审批性登记，不对登记内容进行实质审查。

征信中心建立基于互联网的动产融资统一登记公示系统（以下简称统一登记系统）为社会公众提供动产和权利担保登记和查询服务。

第五条 中国人民银行对征信中心登记和查询服务有关活动进行督促指导。

第二章 登记与查询

第六条 纳入统一登记范围的动产和权利担保登记通过统一登记系统办理。

第七条 担保权人办理登记。担保权人办理登记前，应当与担保人就登记内容达成一致。

担保权人也可以委托他人办理登记。委托他人办理登记的，适用本办法关于担保权人办理登记的规定。

第八条 担保权人办理登记时，应当注册为统一登记系统的用户。

第九条 登记内容包括担保权人和担保人的基本信息、担保财产的描述、登记期限。

担保权人或担保人为法人、非法人组织的，应当填写法人、非法人组织的法定注册名称、住所、法定代表人或负责人姓名，金融机构编码、统一社会信用代码、全球法人识别编码等机构代码或编码以及其他相关信息。

担保权人或担保人为自然人的，应当填写有效身份证件号码、有效身份证件载明的地址等信息。

担保权人可以与担保人约定将主债权金额、担保范围、禁止或限制转让的担保财产等项目作为登记内容。对担保财产进行概括性描述的，应当能够合理识别担保财产。

最高额担保应登记最高债权额。

第十条 担保权人应当将填写完毕的登记内容提交统一登记系统。统一登记系统记录提交时间并分配登记编号，生成初始登记证明和修改码提供给担保权人。

第十一条 担保权人应当根据主债权履行期限合理确定登记期限。登记期限最短1个月，最长不超过30年。

第十二条 在登记期限届满前，担保权人可以申请展期。

担保权人可以多次展期，每次展期期限最短1个月，最长不超过30年。

第十三条 登记内容存在遗漏、错误等情形或登记内容发生变化的，担保权人应当办理变更登记。

担保权人在原登记中增加新的担保财产的，新增加的部分视为新的登记。

第十四条 担保权人办理登记时所填写的担保人法定注册名称或有效身份证件号码变更的，担保权人应当自变更之日起4个月内办理变更登记。

第十五条 担保权人办理展期、变更登记的，应当与担保人就展期、变更事项达成一致。

第十六条 有下列情形之一的，担保权人应当自该情形产生之日起10个工作日内办理注销登记：

（一）主债权消灭；

（二）担保权利实现；

（三）担保权人放弃登记载明的担保财

产之上的全部担保权；

（四）其他导致所登记权利消灭的情形。

担保权人迟延办理注销登记，给他人造成损害的，应当承担相应的法律责任。

第十七条 担保权人凭修改码办理展期、变更登记、注销登记。

第十八条 担保人或其他利害关系人认为登记内容错误的，可以要求担保权人办理变更登记或注销登记。担保权人不同意变更或注销的，担保人或其他利害关系人可以办理异议登记。

办理异议登记的担保人或其他利害关系人可以自行注销异议登记。

第十九条 担保人或其他利害关系人应当自异议登记办理完毕之日起7日内通知担保权人。

第二十条 担保人或其他利害关系人自异议登记之日起30日内，未就争议起诉或提请仲裁并在统一登记系统提交案件受理通知的，征信中心撤销异议登记。

第二十一条 应担保人或其他利害关系人、担保权人的申请，征信中心根据对担保人或其他利害关系人、担保权人生效的人民法院判决、裁定或仲裁机构裁决等法律文书撤销相关登记。

第二十二条 担保权人办理变更登记和注销登记、担保人或其他利害关系人办理异议登记后，统一登记系统记录登记时间、分配登记编号，并生成变更登记、注销登记或异议登记证明。

第二十三条 担保权人开展动产和权利担保融资业务时，应当严格审核确认担保财产的真实性，并在统一登记系统中查询担保财产的权利负担状况。

第二十四条 担保权人、担保人和其他利害关系人应当按照统一登记系统提示项目如实登记，并对登记内容的真实性、完整性和合法性负责。因担保权人或担保人名称填写错误,担保财产描述不能够合理识别担保财产等情形导致不能正确公示担保权利的,其法律后果由当事人自行承担。办理登记时,存在提供虚假材料等行为给他人造成损害的,应当承担相应的法律责任。

第二十五条　任何法人、非法人组织和自然人均可以在注册为统一登记系统的用户后,查询动产和权利担保登记信息。

第二十六条　担保人为法人、非法人组织的,查询人以担保人的法定注册名称进行查询。

担保人为自然人的,查询人以担保人的身份证件号码进行查询。

第二十七条　征信中心根据查询人的申请,提供查询证明。

第二十八条　担保权人、担保人或其他利害关系人、查询人可以通过证明编号在统一登记系统对登记证明和查询证明进行验证。

第三章　征信中心的职责

第二十九条　征信中心应当建立登记信息内部控制制度,采取技术措施和其他必要措施,做好统一登记系统建设和维护工作,保障系统安全、稳定运行,建立高效运转的服务体系,不断提高服务效率和质量,防止登记信息泄露、丢失,保护当事人合法权益。

第三十条　征信中心应当制定登记操作规则和内部管理制度,并报中国人民银行备案。

第三十一条　登记注销、登记期限届满或登记撤销后,征信中心应当对登记记录进行电子化离线保存,保存期限为15年。

第四章　附　　则

第三十二条　征信中心按照国务院价格主管部门批准的收费标准收取登记服务费用。

第三十三条　本办法由中国人民银行负责解释。

第三十四条　本办法自2022年2月1日起施行。《应收账款质押登记办法》(中国人民银行令〔2019〕第4号发布)同时废止。

(三)所 有 权

确定土地所有权和
使用权的若干规定

(1995年3月11日〔1995〕国土〔籍〕字第26号公布　根据2010年12月3日《国土资源部关于修改部分规范性文件的决定》修订)

第一章　总　　则

第一条　为了确定土地所有权和使用权,依法进行土地登记,根据有关的法律、法规和政策,制订本规定。

第二条　土地所有权和使用权由县级以上人民政府确定,土地管理部门具体承办。

土地权属争议,由土地管理部门提出处理意见,报人民政府下达处理决定或报人民政府批准后由土地管理部门下达处理决定。

第二章　国家土地所有权

第三条　城市市区范围内的土地属于国家所有。

第四条　依据一九五〇年《中华人民共和国土地改革法》及有关规定,凡当时没有将土地所有权分配给农民的土地属于国家所有;实施一九六二年《农村人民公社工作条例修正草案》(以下简称《六十条》)未划入农民集体范围内的土地属于国家所有。

第五条　国家建设征收的土地,属于国家所有。

第六条　开发利用国有土地,开发利用者依法享有土地使用权,土地所有权仍属国家。

第七条　国有铁路线路、车站、货场用地以及依法留用的其他铁路用地属于国家所有。土改时已分配给农民所有的原铁路用地和新建铁路两侧未经征收的农民集体所有土地属于农民集体所有。

第八条　县级以上(含县级)公路线路用地属于国家所有。公路两侧保护用地和公路其他用地凡未经征收的农民集体所有的土地仍属农民集体所有。

第九条　国有电力、通讯设施用地属于国家所有。但国有电力通讯杆塔占用农民集体所有的土地,未办理征收手续的,土地仍属于农民集体所有,对电力通讯经营单位可确定为他项权利。

第十条　军队接收的敌伪地产及解放后经人民政府批准征收、划拨的军事用地属于国家所有。

第十一条　河道堤防内的土地和堤防外的护堤地,无堤防河道历史最高洪水位或者设计洪水位以下的土地,除土改时已将所有权分配给农民,国家未征收,且迄今仍归农民集体使用的外,属于国家所有。

第十二条　县级以上(含县级)水利部门直接管理的水库、渠道等水利工程用地属于国家所有。水利工程管理和保护范围内未经征收的农民集体土地仍属于农民集体所有。

第十三条　国家建设对农民集体全部进行移民安置并调剂土地后,迁移农民集体原有土地转为国家所有。但移民后原集体仍继续使用的集体所有土地,国家未进行征收的,其所有权不变。

第十四条　因国家建设征收土地,农民集体建制被撤销或其人口全部转为非农业人口,其未经征收的土地,归国家所有。继续使用原有土地的原农民集体及其成员享有国有土地使用权。

第十五条　全民所有制单位和城镇集体所有制单位兼并农民集体企业的,办理有关手续后,被兼并的原农民集体企业使用的集体所有土地转为国家所有。乡(镇)企业依照国家建设征收土地的审批程序和补偿标准使用的非本乡(镇)村农民集体所有的土地,转为国家所有。

第十六条　一九六二年九月《六十条》公布以前,全民所有制单位,城市集体所有制单位和集体所有制的华侨农场使用的原农民集体所有的土地(含合作化之前的个人土地),迄今没有退给农民集体的,属于国家所有。

《六十条》公布时起至一九八二年五月《国家建设征收土地条例》公布时止,全民所有制单位、城市集体所有制单位使用的原农民集体所有的土地,有下列情形之一的,属于国家所有:

1. 签订过土地转移等有关协议的;

2. 经县级以上人民政府批准使用的;

3. 进行过一定补偿或安置劳动力的;

4. 接受农民集体馈赠的;

5. 已购买原集体所有的建筑物的;

6. 农民集体所有制企事业单位转为全民所有制或者城市集体所有制单位的。

一九八二年五月《国家建设征收土地条例》公布时起至一九八七年《土地管理法》开始施行时止,全民所有制单位、城市集体所有制单位违反规定使用的农民集体土地,依照有关规定进行了清查处理后仍由全民所有制单位、城市集体所有制单位使用的,确定为国家所有。

凡属上述情况以外未办理征地手续使用的农民集体土地,由县级以上地方人民政府根据具体情况,按当时规定补办征地手续,或退还农民集体。一九八七年《土地管理法》施行后违法占用的农民集体土地,必须依法处理后,再确定土地所有权。

第十七条 一九八六年三月中共中央、国务院《关于加强土地管理、制止乱占耕地的通知》发布之前,全民所有制单位、城市集体所有制单位租用农民集体所有的土地,按照有关规定处理后,能够恢复耕种的,退还农民集体耕种,所有权仍属于农民集体;已建成永久性建筑物的,由用地单位按租用时的规定,补办手续,土地归国家所有。凡已经按照有关规定处理了的,可按处理决定确定所有权和使用权。

第十八条 土地所有权有争议,不能依法证明争议土地属于农民集体所有的,属于国家所有。

第三章 集体土地所有权

第十九条 土地改革时分给农民并颁发了土地所有证的土地,属于农民集体所有;实施《六十条》时确定为集体所有的土地,属农民集体所有。依照第二章规定属于国家所有的除外。

第二十条 村农民集体所有的土地,按目前该村农民集体实际使用的本集体土地所有权界线确定所有权。

根据《六十条》确定的农民集体土地所有权,由于下列原因发生变更的,按变更后的现状确定集体土地所有权。

(一)由于村、队、社、场合并或分割等管理体制的变化引起土地所有权变更的;

(二)由于土地开发、国家征地、集体兴办企事业或者自然灾害等原因进行过土地调整的;

(三)由于农田基本建设和行政区划变动等原因重新划定土地所有权界线的。行政区划变动未涉及土地权属变更的,原土地权属不变。

第二十一条 农民集体连续使用其他农民集体所有的土地已满二十年的,应视为现使用者所有;连续使用不满二十年,或者虽满二十年但在二十年期满之前所有者曾向现使用者或有关部门提出归还的,由县级以上人民政府根据具体情况确定土地所有权。

第二十二条 乡(镇)或村在集体所有的土地上修建并管理的道路、水利设施用地,分别属于乡(镇)或村农民集体所有。

第二十三条 乡(镇)或村办企事业单位使用的集体土地,《六十条》公布以前使用的,分别属于该乡(镇)或村农民集体所有;《六十条》公布时起至一九八二年国务院《村镇建房用地管理条例》发布时止使用的,有下列情况之一的,分别属于该乡(镇)或村农民集体所有:

1. 签订过用地协议的(不含租借);

2. 经县、乡(公社)、村(大队)批准或同意,并进行了适当的土地调整或者经过一定补偿的;

3. 通过购买房屋取得的;

4. 原集体企事业单位体制经批准变更的。

一九八二年国务院《村镇建房用地管理条例》发布时起至一九八七年《土地管理法》开始施行时止,乡(镇)、村办企事业单位违规定使用的集体土地按照有关规定清查处理后,乡(镇)、村集体单位继续使用的,可确定为该乡(镇)或村集体所有。

乡(镇)、村办企事业单位采用上述以外的方式占用的集体土地,或虽采用上述方式,但目前土地利用不合理的,如荒废、闲置等,应将其全部或部分土地退还原村或乡农民集体,或按有关规定进行处理。一九八七年《土地管理法》施行后违法占用的土地,须依法处理后再确定所有权。

第二十四条 乡（镇）企业使用本乡（镇）、村集体所有的土地，依照有关规定进行补偿和安置的，土地所有权转为乡（镇）农民集体所有。经依法批准的乡（镇）、村公共设施、公益事业使用的农民集体土地，分别属于乡（镇）、村农民集体所有。

第二十五条 农民集体经依法批准以土地使用权作为联营条件与其他单位或个人举办联营企业的，或者农民集体经依法批准以集体所有的土地的使用权作价入股，举办外商投资企业和内联乡镇企业的，集体土地所有权不变。

第四章 国有土地使用权

第二十六条 土地使用权确定给直接使用土地的具有法人资格的单位或个人。但法律、法规、政策和本规定另有规定的除外。

第二十七条 土地使用者经国家依法划拨、出让或解放初期接收、沿用，或通过依法转让、继承、接受地上建筑物等方式使用国有土地的，可确定其国有土地使用权。

第二十八条 土地公有制之前，通过购买房屋或土地及租赁土地方式使用私有的土地，土地转为国有后迄今仍继续使用的，可确定现使用者国有土地使用权。

第二十九条 因原房屋拆除、改建或自然坍塌等原因，已经变更了实际土地使用者的，经依法审核批准，可将土地使用权确定给实际土地使用者；空地及房屋坍塌或拆除后两年以上仍未恢复使用的土地，由当地县级以上人民政府收回土地使用权。

第三十条 原宗教团体、寺观教堂宗教活动用地，被其他单位占用，原使用单位因恢复宗教活动需要退还使用的，应按有关规定予以退还。确属无法退还或土地使用权有争议的，经协商、处理后确定土地使用权。

第三十一条 军事设施用地（含靶场、试验场、训练场）依照解放初土地接收文件和人民政府批准征收或划拨土地的文件确定土地使用权。土地使用权有争议的，按照国务院、中央军委有关文件规定处理后，再确定土地使用权。

国家确定的保留或地方代管的军事设施用地的土地使用权确定给军队，现由其他单位使用的，可依照有关规定确定为他项权利。

经国家批准撤销的军事设施，其土地使用权依照有关规定由当地县级以上人民政府收回并重新确定使用权。

第三十二条 依法接收、征收、划拨的铁路线路用地及其他铁路设施用地，现仍由铁路单位使用的，其使用权确定给铁路单位。铁路线路路基两侧依法取得使用权的保护用地，使用权确定给铁路单位。

第三十三条 国家水利、公路设施用地依照征收、划拨文件和有关法律、法规划定用地界线。

第三十四条 驻机关、企事业单位内的行政管理和服务性单位，经政府批准使用的土地，可以由土地管理部门商被驻单位规定土地的用途和其他限制条件后分别确定实际土地使用者的土地使用权。但租用房屋的除外。

第三十五条 原由铁路、公路、水利、电力、军队及其他单位和个人使用的土地，一九八二年五月《国家建设征收土地条例》公布之前，已经转由其他单位或个人使用的，除按照国家法律和政策应当退还的外，其国有土地使用权可确定给实际土地使用者，但严重影响上述部门的设施安全和正常使用的，暂不确定土地使用权，按照有关规定处理后，再确定土地使用权。一九八二年五月以后非法转让的，经依法处理后再确定使用权。

第三十六条 农民集体使用的国有土地，其使用权按县级以上人民政府主管部门审批、划拨文件确定；没有审批、划拨文件的，依照当时规定补办手续后,按使用现状确定;过去未明确划定使用界线的,由县级以上人民政府参照土地实际使用情况确定。

第三十七条 未按规定用途使用的国有土地,由县级以上人民政府收回重新安排使用,或者按有关规定处理后确定使用权。

第三十八条 一九八七年一月《土地管理法》施行之前重复划拨或重复征收的土地,可按目前实际使用情况或者根据最后一次划拨或征收文件确定使用权。

第三十九条 以土地使用权为条件与其他单位或个人合建房屋的,根据批准文件、合建协议或者投资数额确定土地使用权,但一九八二年《国家建设征收土地条例》公布后合建,应依法办理土地转让手续后再确定土地使用权。

第四十条 以出让方式取得的土地使用权或以划拨方式取得的土地使用权补办出让手续后作为资产入股的,土地使用权确定给股份制企业。

国家以土地使用权作价入股的,土地使用权确定给股份制企业。

国家将土地使用权租赁给股份制企业的,土地使用权确定给股份制企业。企业以出让方式取得的土地使用权或以划拨方式取得的土地使用权补办出让手续后,出租给股份制企业的,土地使用权不变。

第四十一条 企业以出让方式取得的土地使用权,企业破产后,经依法处置,确定给新的受让人;企业通过划拨方式取得的土地使用权,企业破产时,其土地使用权由县级以上人民政府收回后,根据有关规定进行处置。

第四十二条 法人之间合并,依法属于应当以有偿方式取得土地使用权的,原土地使用权应当办理有关手续,有偿取得土地使用权;依法可以以划拨形式取得土地使用权的,可以办理划拨土地权属变更登记,取得土地使用权。

第五章 集体土地建设用地使用权

第四十三条 乡(镇)村办企业事业单位和个人依法使用农民集体土地进行非农业建设的,可依法确定使用者集体土地建设用地使用权。对多占少用、占而不用的,其闲置部分不予确定使用权,并退还农民集体,另行安排使用。

第四十四条 依照本规定第二十五条规定的农民集体土地,集体土地建设用地使用权确定给联营或股份企业。

第四十五条 一九八二年二月国务院发布《村镇建房用地管理条例》之前农村居民建房占用的宅基地,超过当地政府规定的面积,在《村镇建房用地管理条例》施行后未经拆迁、改建、翻建的,可以暂按现有实际使用面积确定集体土地建设用地使用权。

第四十六条 一九八二年二月《村镇建房用地管理条例》发布时起至一九八七年一月《土地管理法》开始施行时止,农村居民建房占用的宅基地,其面积超过当地政府规定标准的,超过部分按一九八六年三月中共中央、国务院《关于加强土地管理、制止乱占耕地的通知》及地方人民政府的有关规定处理后,按处理后实际使用面积确定集体土地建设用地使用权。

第四十七条 符合当地政府分户建房规定而尚未分户的农村居民,其现有的宅基地没有超过分户建房用地合计面积标准的,可按现有宅基地面积确定集体土地建设用地使用权。

第四十八条 非农业户口居民(含华侨)原在农村的宅基地,房屋产权没有变化的,可依法确定其集体土地建设用地使用权。房屋拆除后没有批准重建的,土地使用权由集体收回。

第四十九条 接受转让、购买房屋取得的宅基地,与原有宅基地合计面积超过当地政府规定标准,按照有关规定处理后允许继续使用的,可暂确定其集体土地建设用地使用权。继承房屋取得的宅基地,可确定集体土地建设用地使用权。

第五十条 农村专业户宅基地以外的非农业建设用地与宅基地分别确定集体土地建设用地使用权。

第五十一条 按照本规定第四十五条至第四十九条的规定确定农村居民宅基地集体土地建设用地使用权时,其面积超过当地政府规定标准的,可在土地登记卡和土地证书内注明超过标准面积的数量。以后分户建房或现有房屋拆迁、改建、翻建或政府依法实施规划重新建设时,按当地政府规定的面积标准重新确定使用权,其超过部分退还集体。

第五十二条 空闲或房屋坍塌、拆除两年以上未恢复使用的宅基地,不确定土地使用权。已经确定使用权的,由集体报经县级人民政府批准,注销其土地登记,土地由集体收回。

第六章 附 则

第五十三条 一宗地由两个以上单位或个人共同使用的,可确定为共有土地使用权。共有土地使用权面积可以在共有使用人之间分摊。

第五十四条 地面与空中、地面与地下立体交叉使用土地的(楼房除外),土地使用权确定给地面使用者,空中和地下可确定为他项权利。

平面交叉使用土地的,可以确定为共有土地使用权;也可以将土地使用权确定给主要用途或优先使用单位,次要和服从使用单位可确定为他项权利。

上述两款中的交叉用地,如属合法批准征收、划拨的,可按批准文件确定使用权,其

他用地单位确定为他项权利。

第五十五条 依法划定的铁路、公路、河道、水利工程、军事设施、危险品生产和储存地、风景区等区域的管理和保护范围内的土地,其土地的所有权和使用权依照土地管理有关法规确定。但对上述范围内的土地的用途,可以根据有关的规定增加适当的限制条件。

第五十六条 土地所有权或使用权证明文件上的四至界线与实地一致,但实地面积与批准面积不一致的,按实地四至界线计算土地面积,确定土地的所有权或使用权。

第五十七条 他项权利依照法律或当事人约定设定。他项权利可以与土地所有权或使用权同时确定,也可在土地所有权或使用权确定之后增设。

第五十八条 各级人民政府或人民法院已依法处理的土地权属争议,按处理决定确定土地所有权或使用权。

第五十九条 本规定由国家土地管理局负责解释。

第六十条 本规定自一九九五年五月一日起施行。一九八九年七月五日国家土地管理局印发的《关于确定土地权属问题的若干意见》同时停止执行。

土地权属争议调查处理办法

(2003 年 1 月 3 日国土资源部令第 17 号公布 根据 2010 年 11 月 30 日国土资源部令第 49 号修正)

第一条 为依法、公正、及时地做好土地权属争议的调查处理工作,保护当事人的合法权益,维护土地的社会主义公有制,根据《中华人民共和国土地管理法》,制定本办法。

第二条 本办法所称土地权属争议,是

指土地所有权或者使用权归属争议。

第三条 调查处理土地权属争议,应当以法律、法规和土地管理规章为依据。从实际出发,尊重历史,面对现实。

第四条 县级以上国土资源行政主管部门负责土地权属争议案件(以下简称争议案件)的调查和调解工作;对需要依法作出处理决定的,拟定处理意见,报同级人民政府作出处理决定。

县级以上国土资源行政主管部门可以指定专门机构或者人员负责办理争议案件有关事宜。

第五条 个人之间、个人与单位之间、单位与单位之间发生的争议案件,由争议土地所在地的县级国土资源行政主管部门调查处理。

前款规定的个人之间、个人与单位之间发生的争议案件,可以根据当事人的申请,由乡级人民政府受理和处理。

第六条 设区的市、自治州国土资源行政主管部门调查处理下列争议案件:

(一)跨县级行政区域的;

(二)同级人民政府、上级国土资源行政主管部门交办或者有关部门转送的。

第七条 省、自治区、直辖市国土资源行政主管部门调查处理下列争议案件:

(一)跨设区的市、自治州行政区域的;

(二)争议一方为中央国家机关或者其直属单位,且涉及土地面积较大的;

(三)争议一方为军队,且涉及土地面积较大的;

(四)在本行政区域内有较大影响的;

(五)同级人民政府、国土资源部交办或者有关部门转送的。

第八条 国土资源部调查处理下列争议案件:

(一)国务院交办的;

(二)在全国范围内有重大影响的。

第九条 当事人发生土地权属争议,经协商不能解决的,可以依法向县级以上人民政府或者乡级人民政府提出处理申请,也可以依照本办法第五、六、七、八条的规定,向有关的国土资源行政主管部门提出调查处理申请。

第十条 申请调查处理土地权属争议的,应当符合下列条件:

(一)申请人与争议的土地有直接利害关系;

(二)有明确的请求处理对象、具体的处理请求和事实根据。

第十一条 当事人申请调查处理土地权属争议,应当提交书面申请书和有关证据材料,并按照被申请人数提交副本。

申请书应当载明以下事项:

(一)申请人和被申请人的姓名或者名称、地址、邮政编码、法定代表人姓名和职务;

(二)请求的事项、事实和理由;

(三)证人的姓名、工作单位、住址、邮政编码。

第十二条 当事人可以委托代理人代为申请土地权属争议的调查处理。委托代理人申请的,应当提交授权委托书。授权委托书应当写明委托事项和权限。

第十三条 对申请人提出的土地权属争议调查处理的申请,国土资源行政主管部门应当依照本办法第十条的规定进行审查,并在收到申请书之日起 7 个工作日内提出是否受理的意见。

认为应当受理的,在决定受理之日起 5 个工作日内将申请书副本发送被申请人。被申请人应当在接到申请书副本之日起 30 日内提交答辩书和有关证据材料。逾期不提交答辩书的,不影响案件的处理。

认为不应当受理的,应当及时拟定不予受理建议书,报同级人民政府作出不予受理决定。

当事人对不予受理决定不服的,可以依法申请行政复议或者提起行政诉讼。

同级人民政府、上级国土资源行政主管部门交办或者有关部门转办的争议案件，按照本条有关规定审查处理。

第十四条 下列案件不作为争议案件受理：

（一）土地侵权案件；

（二）行政区域边界争议案件；

（三）土地违法案件；

（四）农村土地承包经营权争议案件；

（五）其他不作为土地权属争议的案件。

第十五条 国土资源行政主管部门决定受理后，应当及时指定承办人，对当事人争议的事实情况进行调查。

第十六条 承办人与争议案件有利害关系的，应当申请回避；当事人认为承办人与争议案件有利害关系的，有权请求该承办人回避。承办人是否回避，由受理案件的国土资源行政主管部门决定。

第十七条 承办人在调查处理土地权属争议过程中，可以向有关单位或者个人调查取证。被调查的单位或者个人应当协助，并如实提供有关证明材料。

第十八条 在调查处理土地权属争议过程中，国土资源行政主管部门认为有必要对争议的土地进行实地调查的，应当通知当事人及有关人员到现场。必要时，可以邀请有关部门派人协助调查。

第十九条 土地权属争议双方当事人对各自提出的事实和理由负有举证责任，应当及时向负责调查处理的国土资源行政主管部门提供有关证据材料。

第二十条 国土资源行政主管部门在调查处理争议案件时，应当审查双方当事人提供的下列证据材料：

（一）人民政府颁发的确定土地权属的凭证；

（二）人民政府或者主管部门批准征收、划拨、出让土地或者以其他方式批准使用土地的文件；

（三）争议双方当事人依法达成的书面协议；

（四）人民政府或者司法机关处理争议的文件或者附图；

（五）其他有关证明文件。

第二十一条 对当事人提供的证据材料，国土资源行政主管部门应当查证属实，方可作为认定事实的根据。

第二十二条 在土地所有权和使用权争议解决之前，任何一方不得改变土地利用的现状。

第二十三条 国土资源行政主管部门对受理的争议案件，应当在查清事实、分清权属关系的基础上先行调解，促使当事人以协商方式达成协议。调解应当坚持自愿、合法的原则。

第二十四条 调解达成协议的，应当制作调解书。调解书应当载明以下内容：

（一）当事人的姓名或者名称、法定代表人姓名、职务；

（二）争议的主要事实；

（三）协议内容及其他有关事项。

第二十五条 调解书经双方当事人签名或者盖章，由承办人署名并加盖国土资源行政主管部门的印章后生效。

生效的调解书具有法律效力，是土地登记的依据。

第二十六条 国土资源行政主管部门应当在调解书生效之日起 15 日内，依照民事诉讼法的有关规定，将调解书送达当事人，并同时抄报上一级国土资源行政主管部门。

第二十七条 调解未达成协议的，国土资源行政主管部门应当及时提出调查处理意见，报同级人民政府作出处理决定。

第二十八条 国土资源行政主管部门应当自受理土地权属争议之日起 6 个月内提出调查处理意见。因情况复杂，在规定时间内不能提出调查处理意见的，经该国土资源行政主管部门的主要负责人批准，可以适当延长。

第二十九条 调查处理意见应当包括以下内容：

（一）当事人的姓名或者名称、地址、法定代表人的姓名、职务；

（二）争议的事实、理由和要求；

（三）认定的事实和适用的法律、法规等依据；

（四）拟定的处理结论。

第三十条 国土资源行政主管部门提出调查处理意见后，应当在 5 个工作日内报送同级人民政府，由人民政府下达处理决定。

国土资源行政主管部门的调查处理意见在报同级人民政府的同时，抄报上一级国土资源行政主管部门。

第三十一条 当事人对人民政府作出的处理决定不服的，可以依法申请行政复议或者提起行政诉讼。

在规定的时间内，当事人既不申请行政复议，也不提起行政诉讼，处理决定即发生法律效力。

生效的处理决定是土地登记的依据。

第三十二条 在土地权属争议调查处理过程中，国土资源行政主管部门的工作人员玩忽职守、滥用职权、徇私舞弊，构成犯罪的，依法追究刑事责任；不构成犯罪的，由其所在单位或者其上级机关依法给予行政处分。

第三十三条 乡级人民政府处理土地权属争议，参照本办法执行。

第三十四条 调查处理争议案件的文书格式，由国土资源部统一制定。

第三十五条 调查处理争议案件的费用，依照国家有关规定执行。

第三十六条 本办法自 2003 年 3 月 1 日起施行。1995 年 12 月 18 日原国家土地管理局发布的《土地权属争议处理暂行办法》同时废止。

最高人民法院关于审理建筑物区分所有权纠纷案件适用法律若干问题的解释

（2009 年 3 月 23 日最高人民法院审判委员会第 1464 次会议通过　根据 2020 年 12 月 23 日最高人民法院审判委员会第 1823 次会议通过的《最高人民法院关于修改〈最高人民法院关于在民事审判工作中适用《中华人民共和国工会法》若干问题的解释〉等二十七件民事类司法解释的决定》修正　2020 年 12 月 29 日最高人民法院公告公布）

为正确审理建筑物区分所有权纠纷案件，依法保护当事人的合法权益，根据《中华人民共和国民法典》等法律的规定，结合民事审判实践，制定本解释。

第一条 依法登记取得或者依据民法典第二百二十九条至第二百三十一条规定取得建筑物专有部分所有权的人，应当认定为民法典第二编第六章所称的业主。

基于与建设单位之间的商品房买卖民事法律行为，已经合法占有建筑物专有部分，但尚未依法办理所有权登记的人，可以认定为民法典第二编第六章所称的业主。

第二条 建筑区划内符合下列条件的房屋，以及车位、摊位等特定空间，应当认定为民法典第二编第六章所称的专有部分：

（一）具有构造上的独立性，能够明确区分；

（二）具有利用上的独立性，可以排他使用；

（三）能够登记成为特定业主所有权的客体。

规划上专属于特定房屋，且建设单位销售时已经根据规划列入该特定房屋买卖合同中的露台等,应当认定为前款所称的专有部分的组成部分。

本条第一款所称房屋,包括整栋建筑物。

第三条 除法律、行政法规规定的共有部分外,建筑区划内的以下部分,也应当认定为民法典第二编第六章所称的共有部分:

(一)建筑物的基础、承重结构、外墙、屋顶等基本结构部分,通道、楼梯、大堂等公共通行部分,消防、公共照明等附属设施、设备,避难层、设备层或者设备间等结构部分;

(二)其他不属于业主专有部分,也不属于市政公用部分或者其他权利人所有的场所及设施等。

建筑区划内的土地,依法由业主共同享有建设用地使用权,但属于业主专有的整栋建筑物的规划占地或者城镇公共道路、绿地占地除外。

第四条 业主基于对住宅、经营性用房等专有部分特定使用功能的合理需要,无偿利用屋顶以及与其专有部分相对应的外墙面等共有部分的,不应认定为侵权。但违反法律、法规、管理规约,损害他人合法权益的除外。

第五条 建设单位按照配置比例将车位、车库,以出售、附赠或者出租等方式处分给业主的,应当认定其行为符合民法典第二百七十六条有关"应当首先满足业主的需要"的规定。

前款所称配置比例是指规划确定的建筑区划内规划用于停放汽车的车位、车库与房屋套数的比例。

第六条 建筑区划内在规划用于停放汽车的车位之外,占用业主共有道路或者其他场地增设的车位,应当认定为民法典第二百七十五条第二款所称的车位。

第七条 处分共有部分,以及业主大会依法决定或者管理规约依法确定应当由业主共同决定的事项,应当认定为民法典第二百七十八条第一款第(九)项规定的有关共有和共同管理权利的"其他重大事项"。

第八条 民法典第二百七十八条第二款和第二百八十三条规定的专有部分面积可以按照不动产登记簿记载的面积计算;尚未进行物权登记的,暂按测绘机构的实测面积计算;尚未进行实测的,暂按房屋买卖合同记载的面积计算。

第九条 民法典第二百七十八条第二款规定的业主人数可以按照专有部分的数量计算,一个专有部分按一人计算。但建设单位尚未出售和虽已出售但尚未交付的部分,以及同一买受人拥有一个以上专有部分的,按一人计算。

第十条 业主将住宅改变为经营性用房,未依据民法典第二百七十九条的规定经有利害关系的业主一致同意,有利害关系的业主请求排除妨害、消除危险、恢复原状或者赔偿损失的,人民法院应予支持。

将住宅改变为经营性用房的业主以多数有利害关系的业主同意其行为进行抗辩的,人民法院不予支持。

第十一条 业主将住宅改变为经营性用房,本栋建筑物内的其他业主,应当认定为民法典第二百七十九条所称"有利害关系的业主"。建筑区划内,本栋建筑物之外的业主,主张与自己有利害关系的,应证明其房屋价值、生活质量受到或者可能受到不利影响。

第十二条 业主以业主大会或者业主委员会作出的决定侵害其合法权益或者违反了法律规定的程序为由,依据民法典第二百八十条第二款的规定请求人民法院撤销该决定的,应当在知道或者应当知道业主大会或者业主委员会作出决定之日起一年内行使。

第十三条 业主请求公布、查阅下列应当向业主公开的情况和资料的,人民法院应予支持:

(一)建筑物及其附属设施的维修资金的筹集、使用情况;

(二)管理规约、业主大会议事规则,以及业主大会或者业主委员会的决定及会议记录;

(三)物业服务合同、共有部分的使用和收益情况;

(四)建筑区划内规划用于停放汽车的车位、车库的处分情况;

(五)其他应当向业主公开的情况和资料。

第十四条 建设单位、物业服务企业或者其他管理人等擅自占用、处分业主共有部分、改变其使用功能或者进行经营性活动,权利人请求排除妨害、恢复原状、确认处分行为无效或者赔偿损失的,人民法院应予支持。

属于前款所称擅自进行经营性活动的情形,权利人请求建设单位、物业服务企业或者其他管理人等将扣除合理成本之后的收益用于补充专项维修资金或者业主共同决定的其他用途的,人民法院应予支持。行为人对成本的支出及其合理性承担举证责任。

第十五条 业主或者其他行为人违反法律、法规、国家相关强制性标准、管理规约,或者违反业主大会、业主委员会依法作出的决定,实施下列行为的,可以认定为民法典第二百八十六条第二款所称的其他"损害他人合法权益的行为":

(一)损害房屋承重结构,损害或者违章使用电力、燃气、消防设施,在建筑物内放置危险、放射性物品等危及建筑物安全或者妨碍建筑物正常使用;

(二)违反规定破坏、改变建筑物外墙面的形状、颜色等损害建筑物外观;

(三)违反规定进行房屋装饰装修;

(四)违章加建、改建,侵占、挖掘公共通道、道路、场地或者其他共有部分。

第十六条 建筑物区分所有权纠纷涉及专有部分的承租人、借用人等物业使用人的,参照本解释处理。

专有部分的承租人、借用人等物业使用人,根据法律、法规、管理规约、业主大会或者业主委员会依法作出的决定,以及其与业主

的约定,享有相应权利,承担相应义务。

第十七条 本解释所称建设单位,包括包销期满,按照包销合同约定的包销价格购买尚未销售的物业后,以自己名义对外销售的包销人。

第十八条 人民法院审理建筑物区分所有权案件中,涉及有关物权归属争议的,应当以法律、行政法规为依据。

第十九条 本解释自 2009 年 10 月 1 日起施行。

因物权法施行后实施的行为引起的建筑物区分所有权纠纷案件,适用本解释。

本解释施行前已经终审,本解释施行后当事人申请再审或者按照审判监督程序决定再审的案件,不适用本解释。

(四)用益物权

1. 农村土地承包经营权

中华人民共和国
农村集体经济组织法

(2024 年 6 月 28 日第十四届全国人民代表大会常务委员会第十次会议通过 2024 年 6 月 28 日中华人民共和国主席令第 26 号公布 自 2025 年 5 月 1 日起施行)

目 录

第六章 扶持措施
第七章 争议的解决和法律责任
第八章 附 则

第一章 总 则

第一条 为了维护农村集体经济组织及其成员的合法权益,规范农村集体经济组织及其运行管理,促进新型农村集体经济高质量发展,巩固和完善农村基本经营制度和社会主义基本经济制度,推进乡村全面振兴,加快建设农业强国,促进共同富裕,根据宪法,制定本法。

第二条 本法所称农村集体经济组织,是指以土地集体所有为基础,依法代表成员集体行使所有权,实行家庭承包经营为基础、统分结合双层经营体制的区域性经济组织,包括乡镇级农村集体经济组织、村级农村集体经济组织、组级农村集体经济组织。

第三条 农村集体经济组织是发展壮大新型农村集体经济、巩固社会主义公有制、促进共同富裕的重要主体,是健全乡村治理体系、实现乡村善治的重要力量,是提升中国共产党农村基层组织凝聚力、巩固党在农村执政根基的重要保障。

第四条 农村集体经济组织应当坚持以下原则:

(一)坚持中国共产党的领导,在乡镇党委、街道党工委和村党组织的领导下依法履职;

(二)坚持社会主义集体所有制,维护集体及其成员的合法权益;

(三)坚持民主管理,农村集体经济组织成员依照法律法规和农村集体经济组织章程平等享有权利、承担义务;

(四)坚持按劳分配为主体、多种分配方式并存,促进农村共同富裕。

第五条 农村集体经济组织依法代表成员集体行使所有权,履行下列职能:

(一)发包农村土地;

(二)办理农村宅基地申请、使用事项;

(三)合理开发利用和保护耕地、林地、草地等土地资源并进行监督;

(四)使用集体经营性建设用地或者通过出让、出租等方式交由单位、个人使用;

(五)组织开展集体财产经营、管理;

(六)决定集体出资的企业所有权变动;

(七)分配、使用集体收益;

(八)分配、使用集体土地被征收征用的土地补偿费等;

(九)为成员的生产经营提供技术、信息等服务;

(十)支持和配合村民委员会在村党组织领导下开展村民自治;

(十一)支持农村其他经济组织、社会组织依法发挥作用;

(十二)法律法规和农村集体经济组织章程规定的其他职能。

第六条 农村集体经济组织依照本法登记,取得特别法人资格,依法从事与其履行职能相适应的民事活动。

农村集体经济组织不适用有关破产法律的规定。

农村集体经济组织可以依法出资设立或者参与设立公司、农民专业合作社等市场主体,以其出资为限对其设立或者参与设立的市场主体的债务承担责任。

第七条 农村集体经济组织从事经营管理和服务活动,应当遵守法律法规,遵守社会公德、商业道德,诚实守信,承担社会责任。

第八条 国家保护农村集体经济组织及其成员的合法权益,任何组织和个人不得侵犯。

农村集体经济组织成员集体所有的财产受法律保护,任何组织和个人不得侵占、挪用、截留、哄抢、私分、破坏。

妇女享有与男子平等的权利,不得以妇女未婚、结婚、离婚、丧偶、户无男性等为由,侵害妇女在农村集体经济组织中的各项权益。

第九条 国家通过财政、税收、金融、土地、人才以及产业政策等扶持措施,促进农村集体经济组织发展,壮大新型农村集体经济。

国家鼓励和支持机关、企事业单位、社会团体等组织和个人为农村集体经济组织提供帮助和服务。

对发展农村集体经济组织事业做出突出贡献的组织和个人,按照国家规定给予表彰和奖励。

第十条 国务院农业农村主管部门负责指导全国农村集体经济组织的建设和发展。国务院其他有关部门在各自职责范围内负责有关的工作。

县级以上地方人民政府农业农村主管部门负责本行政区域内农村集体经济组织的登记管理、运行监督指导以及承包地、宅基地等集体财产管理和产权流转交易等的监督指导。县级以上地方人民政府其他有关部门在各自职责范围内负责有关的工作。

乡镇人民政府、街道办事处负责本行政区域内农村集体经济组织的监督管理等。

县级以上人民政府农业农村主管部门应当会同有关部门加强对农村集体经济组织工作的综合协调,指导、协调、扶持、推动农村集体经济组织的建设和发展。

地方各级人民政府和县级以上人民政府农业农村主管部门应当采取措施,建立健全集体财产监督管理服务体系,加强基层队伍建设,配备与集体财产监督管理工作相适应的专业人员。

第二章 成 员

第十一条 户籍在或者曾经在农村集体经济组织并与农村集体经济组织形成稳定的权利义务关系,以农村集体经济组织成员集体所有的土地等财产为基本生活保障的居民,为农村集体经济组织成员。

第十二条 农村集体经济组织通过成员大会,依据前条规定确认农村集体经济组织成员。

对因成员生育而增加的人员,农村集体经济组织应当确认为农村集体经济组织成员。对因成员结婚、收养或者因政策性移民而增加的人员,农村集体经济组织一般应当确认为农村集体经济组织成员。

确认农村集体经济组织成员,不得违反本法和其他法律法规的规定。

农村集体经济组织应当制作或者变更成员名册。成员名册应当报乡镇人民政府、街道办事处和县级人民政府农业农村主管部门备案。

省、自治区、直辖市人民代表大会及其常务委员会可以根据本法,结合本行政区域实际情况,对农村集体经济组织的成员确认作出具体规定。

第十三条 农村集体经济组织成员享有下列权利:

(一)依照法律法规和农村集体经济组织章程选举和被选举为成员代表、理事会成员、监事会成员或者监事;

(二)依照法律法规和农村集体经济组织章程参加成员大会、成员代表大会,参与表决决定农村集体经济组织重大事项和重要事务;

(三)查阅、复制农村集体经济组织财务会计报告、会议记录等资料,了解有关情况;

(四)监督农村集体经济组织的生产经营管理活动和集体收益的分配、使用,并提出意见和建议;

(五)依法承包农村集体经济组织发包的农村土地;

(六)依法申请取得宅基地使用权;

（七）参与分配集体收益；

（八）集体土地被征收征用时参与分配土地补偿费等；

（九）享受农村集体经济组织提供的服务和福利；

（十）法律法规和农村集体经济组织章程规定的其他权利。

第十四条 农村集体经济组织成员履行下列义务：

（一）遵守法律法规和农村集体经济组织章程；

（二）执行农村集体经济组织依照法律法规和农村集体经济组织章程作出的决定；

（三）维护农村集体经济组织合法权益；

（四）合理利用和保护集体土地等资源；

（五）参与、支持农村集体经济组织的生产经营管理活动和公益活动；

（六）法律法规和农村集体经济组织章程规定的其他义务。

第十五条 非农村集体经济组织成员长期在农村集体经济组织工作，对集体做出贡献的，经农村集体经济组织成员大会全体成员四分之三以上同意，可以享有本法第十三条第七项、第九项、第十项规定的权利。

第十六条 农村集体经济组织成员提出书面申请并经农村集体经济组织同意的，可以自愿退出农村集体经济组织。

农村集体经济组织成员自愿退出的，可以与农村集体经济组织协商获得适当补偿或者在一定期限内保留其已经享有的财产权益，但是不得要求分割集体财产。

第十七条 有下列情形之一的，丧失农村集体经济组织成员身份：

（一）死亡；

（二）丧失中华人民共和国国籍；

（三）已经取得其他农村集体经济组织成员身份；

（四）已经成为公务员，但是聘任制公务员除外；

（五）法律法规和农村集体经济组织章程规定的其他情形。

因前款第三项、第四项情形而丧失农村集体经济组织成员身份的，依照法律法规、国家有关规定和农村集体经济组织章程，经与农村集体经济组织协商，可以在一定期限内保留其已经享有的相关权益。

第十八条 农村集体经济组织成员不因就学、服役、务工、经商、离婚、丧偶、服刑等原因而丧失农村集体经济组织成员身份。

农村集体经济组织成员结婚，未取得其他农村集体经济组织成员身份的，原农村集体经济组织不得取消其成员身份。

第三章 组织登记

第十九条 农村集体经济组织应当具备下列条件：

（一）有符合本法规定的成员；

（二）有符合本法规定的集体财产；

（三）有符合本法规定的农村集体经济组织章程；

（四）有符合本法规定的名称和住所；

（五）有符合本法规定的组织机构。

符合前款规定条件的村一般应当设立农村集体经济组织，村民小组可以根据情况设立农村集体经济组织；乡镇确有需要的，可以设立农村集体经济组织。

设立农村集体经济组织不得改变集体土地所有权。

第二十条 农村集体经济组织章程应当载明下列事项：

（一）农村集体经济组织的名称、法定代表人、住所和财产范围；

（二）农村集体经济组织成员确认规则和程序；

（三）农村集体经济组织的机构；

(四)集体财产经营和财务管理;

(五)集体经营性财产收益权的量化与分配;

(六)农村集体经济组织的变更和注销;

(七)需要载明的其他事项。

农村集体经济组织章程应当报乡镇人民政府、街道办事处和县级人民政府农业农村主管部门备案。

国务院农业农村主管部门根据本法和其他有关法律法规制定农村集体经济组织示范章程。

第二十一条 农村集体经济组织的名称中应当标明"集体经济组织"字样,以及所在县、不设区的市、市辖区、乡、民族乡、镇、村或者组的名称。

农村集体经济组织以其主要办事机构所在地为住所。

第二十二条 农村集体经济组织成员大会表决通过本农村集体经济组织章程、确认本农村集体经济组织成员、选举本农村集体经济组织理事会成员、监事会成员或者监事后,应当及时向县级以上地方人民政府农业农村主管部门申请登记,取得农村集体经济组织登记证书。

农村集体经济组织登记办法由国务院农业农村主管部门制定。

第二十三条 农村集体经济组织合并的,应当在清产核资的基础上编制资产负债表和财产清单。

农村集体经济组织合并的,应当由各自的成员大会形成决定,经乡镇人民政府、街道办事处审核后,报县级以上地方人民政府批准。

农村集体经济组织应当在获得批准合并之日起十日内通知债权人,债权人可以要求农村集体经济组织清偿债务或者提供相应担保。

合并各方的债权债务由合并后的农村集体经济组织承继。

第二十四条 农村集体经济组织分立的,应当在清产核资的基础上分配财产、分解债权债务。

农村集体经济组织分立的,应当由成员大会形成决定,经乡镇人民政府、街道办事处审核后,报县级以上地方人民政府批准。

农村集体经济组织应当在获得批准分立之日起十日内通知债权人。

农村集体经济组织分立前的债权债务,由分立后的农村集体经济组织享有连带债权,承担连带债务,但是农村集体经济组织分立时已经与债权人或者债务人达成清偿债务的书面协议的,从其约定。

第二十五条 农村集体经济组织合并、分立或者登记事项变动的,应当办理变更登记。

农村集体经济组织因合并、分立等原因需要解散的,依法办理注销登记后终止。

第四章 组织机构

第二十六条 农村集体经济组织成员大会由具有完全民事行为能力的全体成员组成,是本农村集体经济组织的权力机构,依法行使下列职权:

(一)制定、修改农村集体经济组织章程;

(二)制定、修改农村集体经济组织内部管理制度;

(三)确认农村集体经济组织成员;

(四)选举、罢免农村集体经济组织理事会成员、监事会成员或者监事;

(五)审议农村集体经济组织理事会、监事会或者监事的工作报告;

(六)决定农村集体经济组织理事会成员、监事会成员或者监事的报酬及主要经营管理人员的聘任、解聘和报酬;

(七)批准农村集体经济组织的集体经济

发展规划、业务经营计划、年度财务预决算、收益分配方案;

（八）对农村土地承包、宅基地使用和集体经营性财产收益权份额量化方案等事项作出决定;

（九）对集体经营性建设用地使用、出让、出租方案等事项作出决定;

（十）决定土地补偿费等的分配、使用办法;

（十一）决定投资等重大事项;

（十二）决定农村集体经济组织合并、分立等重大事项;

（十三）法律法规和农村集体经济组织章程规定的其他职权。

需由成员大会审议决定的重要事项，应当先经乡镇党委、街道党工委或者村党组织研究讨论。

第二十七条 农村集体经济组织召开成员大会，应当将会议召开的时间、地点和审议的事项于会议召开十日前通知全体成员，有三分之二以上具有完全民事行为能力的成员参加。成员无法在现场参加会议的，可以通过即时通讯工具在线参加会议，或者书面委托本农村集体经济组织同一户内具有完全民事行为能力的其他家庭成员代为参加会议。

成员大会每年至少召开一次，并由理事会召集，由理事长、副理事长或者理事长指定的成员主持。

成员大会实行一人一票的表决方式。成员大会作出决定，应当经本农村集体经济组织成员大会全体成员三分之二以上同意，本法或者其他法律法规、农村集体经济组织章程有更严格规定的，从其规定。

第二十八条 农村集体经济组织成员较多的，可以按照农村集体经济组织章程规定设立成员代表大会。

设立成员代表大会的，一般每五户至十五户选举代表一人，代表人数应当多于二十人，并且有适当数量的妇女代表。

成员代表的任期为五年，可以连选连任。

成员代表大会按照农村集体经济组织章程规定行使本法第二十六条第一款规定的成员大会部分职权，但是第一项、第三项、第八项、第十项、第十二项规定的职权除外。

成员代表大会实行一人一票的表决方式。成员代表大会作出决定，应当经全体成员代表三分之二以上同意。

第二十九条 农村集体经济组织设理事会，一般由三至七名单数成员组成。理事会设理事长一名，可以设副理事长。理事长、副理事长、理事的产生办法由农村集体经济组织章程规定。理事会成员之间应当实行近亲属回避。理事会成员的任期为五年，可以连选连任。

理事长是农村集体经济组织的法定代表人。

乡镇党委、街道党工委或者村党组织可以提名推荐农村集体经济组织理事会成员候选人，党组织负责人可以通过法定程序担任农村集体经济组织理事长。

第三十条 理事会对成员大会、成员代表大会负责，行使下列职权:

（一）召集、主持成员大会、成员代表大会，并向其报告工作;

（二）执行成员大会、成员代表大会的决定;

（三）起草农村集体经济组织章程修改草案;

（四）起草集体经济发展规划、业务经营计划、内部管理制度等;

（五）起草农村土地承包、宅基地使用、集体经营性财产收益权份额量化，以及集体经营性建设用地使用、出让或者出租等方案;

（六）起草投资方案;

（七）起草年度财务预决算、收益分配方案等;

（八）提出聘任、解聘主要经营管理人员及决定其报酬的建议；

（九）依照法律法规和农村集体经济组织章程管理集体财产和财务，保障集体财产安全；

（十）代表农村集体经济组织签订承包、出租、入股等合同，监督、督促承包方、承租方、被投资方等履行合同；

（十一）接受、处理有关质询、建议并作出答复；

（十二）农村集体经济组织章程规定的其他职权。

第三十一条 理事会会议应当有三分之二以上的理事会成员出席。

理事会实行一人一票的表决方式。理事会作出决定，应当经全体理事的过半数同意。

理事会的议事方式和表决程序由农村集体经济组织章程具体规定。

第三十二条 农村集体经济组织设监事会，成员较少的可以设一至二名监事，行使监督理事会执行成员大会和成员代表大会决定、监督检查集体财产经营管理情况、审核监督本农村集体经济组织财务状况等内部监督职权。必要时，监事会或者监事可以组织对本农村集体经济组织的财务进行内部审计，审计结果应当向成员大会、成员代表大会报告。

监事会或者监事的产生办法、具体职权、议事方式和表决程序等，由农村集体经济组织章程规定。

第三十三条 农村集体经济组织成员大会、成员代表大会、理事会、监事会或者监事召开会议，应当按照规定制作、保存会议记录。

第三十四条 农村集体经济组织理事会成员、监事会成员或者监事与村党组织领导班子成员、村民委员会成员可以根据情况交叉任职。

农村集体经济组织理事会成员、财务人员、会计人员及其近亲属不得担任监事会成员或者监事。

第三十五条 农村集体经济组织理事会成员、监事会成员或者监事应当遵守法律法规和农村集体经济组织章程，履行诚实信用、勤勉谨慎的义务，为农村集体经济组织及其成员的利益管理集体财产，处理农村集体经济组织事务。

农村集体经济组织理事会成员、监事会成员或者监事、主要经营管理人员不得有下列行为：

（一）侵占、挪用、截留、哄抢、私分、破坏集体财产；

（二）直接或者间接向农村集体经济组织借款；

（三）以集体财产为本人或者他人债务提供担保；

（四）违反法律法规或者国家有关规定为地方政府举借债务；

（五）以农村集体经济组织名义开展非集资等非法金融活动；

（六）将集体财产低价折股、转让、租赁；

（七）以集体财产加入合伙企业成为普通合伙人；

（八）接受他人与农村集体经济组织交易的佣金归为己有；

（九）泄露农村集体经济组织的商业秘密；

（十）其他损害农村集体经济组织合法权益的行为。

第五章 财产经营管理和收益分配

第三十六条 集体财产主要包括：

（一）集体所有的土地和森林、山岭、草原、荒地、滩涂；

（二）集体所有的建筑物、生产设施、农田

水利设施;

（三）集体所有的教育、科技、文化、卫生、体育、交通等设施和农村人居环境基础设施;

（四）集体所有的资金;

（五）集体投资兴办的企业和集体持有的其他经济组织的股权及其他投资性权利;

（六）集体所有的无形资产;

（七）集体所有的接受国家扶持、社会捐赠、减免税费等形成的财产;

（八）集体所有的其他财产。

集体财产依法由农村集体经济组织成员集体所有，由农村集体经济组织依法代表成员集体行使所有权，不得分割到成员个人。

第三十七条 集体所有和国家所有依法由农民集体使用的耕地、林地、草地以及其他依法用于农业的土地，依照农村土地承包的法律实行承包经营。

集体所有的宅基地等建设用地，依照法律、行政法规和国家有关规定取得、使用、管理。

集体所有的建筑物、生产设施、农田水利设施，由农村集体经济组织按照国家有关规定和农村集体经济组织章程使用、管理。

集体所有的教育、科技、文化、卫生、体育、交通等设施和农村人居环境基础设施，依照法律法规、国家有关规定和农村集体经济组织章程使用、管理。

第三十八条 依法应当实行家庭承包的耕地、林地、草地以外的其他农村土地，农村集体经济组织可以直接组织经营或者依法实行承包经营，也可以依法采取土地经营权出租、入股等方式经营。

第三十九条 对符合国家规定的集体经营性建设用地，农村集体经济组织应当优先用于保障乡村产业发展和乡村建设，也可以依法通过出让、出租等方式交由单位或者个人有偿使用。

第四十条 农村集体经济组织可以将集体所有的经营性财产的收益权以份额形式量化到本农村集体经济组织成员，作为其参与集体收益分配的基本依据。

集体所有的经营性财产包括本法第三十六条第一款第一项中可以依法入市、流转的财产用益物权和第二项、第四项至第七项的财产。

国务院农业农村主管部门可以根据本法制定集体经营性财产收益权量化的具体办法。

第四十一条 农村集体经济组织可以探索通过资源发包、物业出租、居间服务、经营性财产参股等多样化途径发展新型农村集体经济。

第四十二条 农村集体经济组织当年收益应当按照农村集体经济组织章程规定提取公积公益金，用于弥补亏损、扩大生产经营等，剩余的可分配收益按照量化给农村集体经济组织成员的集体经营性财产收益权份额进行分配。

第四十三条 农村集体经济组织应当加强集体财产管理，建立集体财产清查、保管、使用、处置、公开等制度，促进集体财产保值增值。

省、自治区、直辖市可以根据实际情况，制定本行政区域农村集体财产管理具体办法，实现集体财产管理制度化、规范化和信息化。

第四十四条 农村集体经济组织应当按照国务院有关部门制定的农村集体经济组织财务会计制度进行财务管理和会计核算。

农村集体经济组织应当根据会计业务的需要，设置会计机构，或者设置会计人员并指定会计主管人员，也可以按照规定委托代理记账。

集体所有的资金不得存入以个人名义开立的账户。

第四十五条 农村集体经济组织应当定

期将财务情况向农村集体经济组织成员公布。集体财产使用管理情况、涉及农村集体经济组织及其成员利益的重大事项应当及时公布。农村集体经济组织理事会应当保证所公布事项的真实性。

第四十六条 农村集体经济组织应当编制年度经营报告、年度财务会计报告和收益分配方案,并于成员大会、成员代表大会召开十日前,提供给农村集体经济组织成员查阅。

第四十七条 农村集体经济组织应当依法接受审计监督。

县级以上地方人民政府农业农村主管部门和乡镇人民政府、街道办事处根据情况对农村集体经济组织开展定期审计、专项审计。审计办法由国务院农业农村主管部门制定。

审计机关依法对农村集体经济组织接受、运用财政资金的真实、合法和效益情况进行审计监督。

第四十八条 农村集体经济组织应当自觉接受有关机关和组织对集体财产使用管理情况的监督。

第六章 扶持措施

第四十九条 县级以上人民政府应当合理安排资金,支持农村集体经济组织发展新型农村集体经济、服务集体成员。

各级财政支持的农业发展和农村建设项目,依法将适宜的项目优先交由符合条件的农村集体经济组织承担。国家对欠发达地区和革命老区、民族地区、边疆地区的农村集体经济组织给予优先扶助。

县级以上人民政府有关部门应当依法加强对财政补助资金使用情况的监督。

第五十条 农村集体经济组织依法履行纳税义务,依法享受税收优惠。

农村集体经济组织开展生产经营管理活动或者因开展农村集体产权制度改革办理土地、房屋权属变更,按照国家规定享受税收优惠。

第五十一条 农村集体经济组织用于集体公益和综合服务、保障村级组织和村务运转等支出,按照国家规定计入相应成本。

第五十二条 国家鼓励政策性金融机构立足职能定位,在业务范围内采取多种形式对农村集体经济组织发展新型农村集体经济提供多渠道资金支持。

国家鼓励商业性金融机构为农村集体经济组织及其成员提供多样化金融服务,优先支持符合条件的农村集体经济发展项目,支持农村集体经济组织开展集体经营性财产股权质押贷款;鼓励融资担保机构为农村集体经济组织提供融资担保服务;鼓励保险机构为农村集体经济组织提供保险服务。

第五十三条 乡镇人民政府编制村庄规划应当根据实际需要合理安排集体经济发展各项建设用地。

土地整理新增耕地形成土地指标交易的收益,应当保障农村集体经济组织和相关权利人的合法权益。

第五十四条 县级人民政府和乡镇人民政府、街道办事处应当加强农村集体经济组织经营管理队伍建设,制定农村集体经济组织人才培养计划,完善激励机制,支持和引导各类人才服务新型农村集体经济发展。

第五十五条 各级人民政府应当在用水、用电、用气以及网络、交通等公共设施和农村人居环境基础设施配置方面为农村集体经济组织建设发展提供支持。

第七章 争议的解决和法律责任

第五十六条 对确认农村集体经济组织成员身份有异议,或者农村集体经济组织因内部管理、运行、收益分配等发生纠纷的,当事人可以请求乡镇人民政府、街道办事处或者县级人民政府农业农村主管部门调解解决;不愿调解或者调解不成的,可以向农村土地承包仲裁机构申请仲裁,也可以直接向人民法院提起诉讼。

确认农村集体经济组织成员身份时侵害妇女合法权益,导致社会公共利益受损的,检察机关可以发出检察建议或者依法提起公益诉讼。

第五十七条 农村集体经济组织成员大会、成员代表大会、理事会或者农村集体经济组织负责人作出的决定侵害农村集体经济组织成员合法权益的,受侵害的农村集体经济组织成员可以请求人民法院予以撤销。但是,农村集体经济组织按照该决定与善意相对人形成的民事法律关系不受影响。

受侵害的农村集体经济组织成员自知道或者应当知道撤销事由之日起一年内或者自该决定作出之日起五年内未行使撤销权的,撤销权消灭。

第五十八条 农村集体经济组织理事会成员、监事会成员或者监事、主要经营管理人员有本法第三十五条第二款规定行为的,由乡镇人民政府、街道办事处或者县级人民政府农业农村主管部门责令限期改正;情节严重的,依法给予处分或者行政处罚;造成集体财产损失的,依法承担赔偿责任;构成犯罪的,依法追究刑事责任。

前款规定的人员违反本法规定,以集体财产为本人或者他人债务提供担保的,该担保无效。

第五十九条 对于侵害农村集体经济组织合法权益的行为,农村集体经济组织可以依法向人民法院提起诉讼。

第六十条 农村集体经济组织理事会成员、监事会成员或者监事、主要经营管理人员执行职务时违反法律法规或者农村集体经济组织章程的规定,给农村集体经济组织造成损失的,应当依法承担赔偿责任。

前款规定的人员有前款行为的,农村集体经济组织理事会、监事会或者监事应当向人民法院提起诉讼;未及时提起诉讼的,十名以上具有完全民事行为能力的农村集体经济组织成员可以书面请求监事会或者监事向人民法院提起诉讼。

监事会或者监事收到书面请求后拒绝提起诉讼或者自收到请求之日起十五日内未提起诉讼的,前款规定的提出书面请求的农村集体经济组织成员可以为农村集体经济组织的利益,以自己的名义向人民法院提起诉讼。

第六十一条 农村集体经济组织章程或者农村集体经济组织成员大会、成员代表大会所作的决定违反本法或者其他法律法规规定的,由乡镇人民政府、街道办事处或者县级人民政府农业农村主管部门责令限期改正。

第六十二条 地方人民政府及其有关部门非法干预农村集体经济组织经营管理和财产管理活动或者未依法履行相应监管职责的,由上级人民政府责令限期改正;情节严重的,依法追究相关责任人员的法律责任。

第六十三条 农村集体经济组织对行政机关的行政行为不服的,可以依法申请行政复议或者提起行政诉讼。

第八章 附 则

第六十四条 未设立农村集体经济组织的,村民委员会、村民小组可以依法代行农村集体经济组织的职能。

村民委员会、村民小组依法代行农村集体经济组织职能的,讨论决定有关集体财产和成员权益的事项参照适用本法的相关规定。

第六十五条 本法施行前已经按照国家规定登记的农村集体经济组织及其名称,本法施行后在法人登记证书有效期限内继续有效。

第六十六条 本法施行前农村集体经济组织开展农村集体产权制度改革时已经被确认的成员,本法施行后不需要重新确认。

第六十七条 本法自 2025 年 5 月 1 日起施行。

中华人民共和国
农村土地承包法

(2002 年 8 月 29 日第九届全国人民代表大会常务委员会第二十九次会议通过 根据 2009 年 8 月 27 日第十一届全国人民代表大会常务委员会第十次会议《关于修改部分法律的决定》第一次修正 根据 2018 年 12 月 29 日第十三届全国人民代表大会常务委员会第七次会议《关于修改〈中华人民共和国农村土地承包法〉的决定》第二次修正)

目 录

第一章 总 则

第一条 为了巩固和完善以家庭承包经营为基础、统分结合的双层经营体制,保持农村土地承包关系稳定并长久不变,维护农村土地承包经营当事人的合法权益,促进农业、农村经济发展和农村社会和谐稳定,根据宪法,制定本法。

第二条 本法所称农村土地,是指农民集体所有和国家所有依法由农民集体使用的耕地、林地、草地,以及其他依法用于农业的土地。

第三条 国家实行农村土地承包经营制度。

农村土地承包采取农村集体经济组织内部的家庭承包方式,不宜采取家庭承包方式的荒山、荒沟、荒丘、荒滩等农村土地,可以采取招标、拍卖、公开协商等方式承包。

第四条 农村土地承包后,土地的所有权性质不变。承包地不得买卖。

第五条 农村集体经济组织成员有权依法承包由本集体经济组织发包的农村土地。

任何组织和个人不得剥夺和非法限制农村集体经济组织成员承包土地的权利。

第六条 农村土地承包,妇女与男子享有平等的权利。承包中应当保护妇女的合法权益,任何组织和个人不得剥夺、侵害妇女应当享有的土地承包经营权。

第七条 农村土地承包应当坚持公开、公平、公正的原则,正确处理国家、集体、个人三者的利益关系。

第八条 国家保护集体土地所有者的合法权益,保护承包方的土地承包经营权,任何组织和个人不得侵犯。

第九条 承包方承包土地后,享有土地承包经营权,可以自己经营,也可以保留土地承包权,流转其承包地的土地经营权,由他人经营。

第十条 国家保护承包方依法、自愿、有偿流转土地经营权,保护土地经营权人的合法权益,任何组织和个人不得侵犯。

第十一条 农村土地承包经营应当遵守

法律、法规,保护土地资源的合理开发和可持续利用。未经依法批准不得将承包地用于非农建设。

国家鼓励增加对土地的投入,培肥地力,提高农业生产能力。

第十二条 国务院农业农村、林业和草原主管部门分别依照国务院规定的职责负责全国农村土地承包经营及承包经营合同管理的指导。

县级以上地方人民政府农业农村、林业和草原等主管部门分别依照各自职责,负责本行政区域内农村土地承包经营及承包经营合同管理。

乡(镇)人民政府负责本行政区域内农村土地承包经营及承包经营合同管理。

第二章 家庭承包

第一节 发包方和承包方的权利和义务

第十三条 农民集体所有的土地依法属于村农民集体所有的,由村集体经济组织或者村民委员会发包;已经分别属于村内两个以上农村集体经济组织的农民集体所有的,由村内各该农村集体经济组织或者村民小组发包。村集体经济组织或者村民委员会发包的,不得改变村内各集体经济组织农民集体所有的土地的所有权。

国家所有依法由农民集体使用的农村土地,由使用该土地的农村集体经济组织、村民委员会或者村民小组发包。

第十四条 发包方享有下列权利:

(一)发包本集体所有的或者国家所有依法由本集体使用的农村土地;

(二)监督承包方依照承包合同约定的用途合理利用和保护土地;

(三)制止承包方损害承包地和农业资源的行为;

(四)法律、行政法规规定的其他权利。

第十五条 发包方承担下列义务:

(一)维护承包方的土地承包经营权,不得非法变更、解除承包合同;

(二)尊重承包方的生产经营自主权,不得干涉承包方依法进行正常的生产经营活动;

(三)依照承包合同约定为承包方提供生产、技术、信息等服务;

(四)执行县、乡(镇)土地利用总体规划,组织本集体经济组织内的农业基础设施建设;

(五)法律、行政法规规定的其他义务。

第十六条 家庭承包的承包方是本集体经济组织的农户。

农户内家庭成员依法平等享有承包土地的各项权益。

第十七条 承包方享有下列权利:

(一)依法享有承包地使用、收益的权利,有权自主组织生产经营和处置产品;

(二)依法互换、转让土地承包经营权;

(三)依法流转土地经营权;

(四)承包地被依法征收、征用、占用的,有权依法获得相应的补偿;

(五)法律、行政法规规定的其他权利。

第十八条 承包方承担下列义务:

(一)维持土地的农业用途,未经依法批准不得用于非农建设;

(二)依法保护和合理利用土地,不得给土地造成永久性损害;

(三)法律、行政法规规定的其他义务。

第二节 承包的原则和程序

第十九条 土地承包应当遵循以下原则:

(一)按照规定统一组织承包时,本集体经济组织成员依法平等地行使承包土地的权

利,也可以自愿放弃承包土地的权利;

(二)民主协商,公平合理;

(三)承包方案应当按照本法第十三条的规定,依法经本集体经济组织成员的村民会议三分之二以上成员或者三分之二以上村民代表的同意;

(四)承包程序合法。

第二十条 土地承包应当按照以下程序进行:

(一)本集体经济组织成员的村民会议选举产生承包工作小组;

(二)承包工作小组依照法律、法规的规定拟订并公布承包方案;

(三)依法召开本集体经济组织成员的村民会议,讨论通过承包方案;

(四)公开组织实施承包方案;

(五)签订承包合同。

第三节 承包期限和承包合同

第二十一条 耕地的承包期为三十年。草地的承包期为三十年至五十年。林地的承包期为三十年至七十年。

前款规定的耕地承包期届满后再延长三十年,草地、林地承包期届满后依照前款规定相应延长。

第二十二条 发包方应当与承包方签订书面承包合同。

承包合同一般包括以下条款:

(一)发包方、承包方的名称,发包方负责人和承包方代表的姓名、住所;

(二)承包土地的名称、坐落、面积、质量等级;

(三)承包期限和起止日期;

(四)承包土地的用途;

(五)发包方和承包方的权利和义务;

(六)违约责任。

第二十三条 承包合同自成立之日起生效。承包方自承包合同生效时取得土地承包经营权。

第二十四条 国家对耕地、林地和草地等实行统一登记,登记机构应当向承包方颁发土地承包经营权证或者林权证等证书,并登记造册,确认土地承包经营权。

土地承包经营权证或者林权证等证书应当将具有土地承包经营权的全部家庭成员列入。

登记机构除按规定收取证书工本费外,不得收取其他费用。

第二十五条 承包合同生效后,发包方不得因承办人或者负责人的变动而变更或者解除,也不得因集体经济组织的分立或者合并而变更或者解除。

第二十六条 国家机关及其工作人员不得利用职权干涉农村土地承包或者变更、解除承包合同。

第四节 土地承包经营权的 保护和互换、转让

第二十七条 承包期内,发包方不得收回承包地。

国家保护进城农户的土地承包经营权。不得以退出土地承包经营权作为农户进城落户的条件。

承包期内,承包农户进城落户的,引导支持其按照自愿有偿原则依法在本集体经济组织内转让土地承包经营权或者将承包地交回发包方,也可以鼓励其流转土地经营权。

承包期内,承包方交回承包地或者发包方依法收回承包地时,承包方对其在承包地上投入而提高土地生产能力的,有权获得相应的补偿。

第二十八条 承包期内,发包方不得调整承包地。

承包期内,因自然灾害严重毁损承包地等特殊情形对个别农户之间承包的耕地和草地需要适当调整的,必须经本集体经济组织

成员的村民会议三分之二以上成员或者三分之二以上村民代表的同意,并报乡(镇)人民政府和县级人民政府农业农村、林业和草原等主管部门批准。承包合同中约定不得调整的,按照其约定。

第二十九条 下列土地应当用于调整承包土地或者承包给新增人口:

(一)集体经济组织依法预留的机动地;

(二)通过依法开垦等方式增加的;

(三)发包方依法收回和承包方依法、自愿交回的。

第三十条 承包期内,承包方可以自愿将承包地交回发包方。承包方自愿交回承包地的,可以获得合理补偿,但是应当提前半年以书面形式通知发包方。承包方在承包期内交回承包地的,在承包期内不得再要求承包土地。

第三十一条 承包期内,妇女结婚,在新居住地未取得承包地的,发包方不得收回其原承包地;妇女离婚或者丧偶,仍在原居住地生活或者不在原居住地生活但在新居住地未取得承包地的,发包方不得收回其原承包地。

第三十二条 承包人应得的承包收益,依照继承法的规定继承。

林地承包的承包人死亡,其继承人可以在承包期内继续承包。

第三十三条 承包方之间为方便耕种或者各自需要,可以对属于同一集体经济组织的土地的土地承包经营权进行互换,并向发包方备案。

第三十四条 经发包方同意,承包方可以将全部或者部分的土地承包经营权转让给本集体经济组织的其他农户,由该农户同发包方确立新的承包关系,原承包方与发包方在该土地上的承包关系即行终止。

第三十五条 土地承包经营权互换、转让的,当事人可以向登记机构申请登记。未经登记,不得对抗善意第三人。

第五节 土地经营权

第三十六条 承包方可以自主决定依法采取出租(转包)、入股或者其他方式向他人流转土地经营权,并向发包方备案。

第三十七条 土地经营权人有权在合同约定的期限内占有农村土地,自主开展农业生产经营并取得收益。

第三十八条 土地经营权流转应当遵循以下原则:

(一)依法、自愿、有偿,任何组织和个人不得强迫或者阻碍土地经营权流转;

(二)不得改变土地所有权的性质和土地的农业用途,不得破坏农业综合生产能力和农业生态环境;

(三)流转期限不得超过承包期的剩余期限;

(四)受让方须有农业经营能力或者资质;

(五)在同等条件下,本集体经济组织成员享有优先权。

第三十九条 土地经营权流转的价款,应当由当事人双方协商确定。流转的收益归承包方所有,任何组织和个人不得擅自截留、扣缴。

第四十条 土地经营权流转,当事人双方应当签订书面流转合同。

土地经营权流转合同一般包括以下条款:

(一)双方当事人的姓名、住所;

(二)流转土地的名称、坐落、面积、质量等级;

(三)流转期限和起止日期;

(四)流转土地的用途;

(五)双方当事人的权利和义务;

(六)流转价款及支付方式;

(七)土地被依法征收、征用、占用时有关补偿费的归属;

（八）违约责任。

承包方将土地交由他人代耕不超过一年的，可以不签订书面合同。

第四十一条 土地经营权流转期限为五年以上的，当事人可以向登记机构申请土地经营权登记。未经登记，不得对抗善意第三人。

第四十二条 承包方不得单方解除土地经营权流转合同，但受让方有下列情形之一的除外：

（一）擅自改变土地的农业用途；

（二）弃耕抛荒连续两年以上；

（三）给土地造成严重损害或者严重破坏土地生态环境；

（四）其他严重违约行为。

第四十三条 经承包方同意，受让方可以依法投资改良土壤，建设农业生产附属、配套设施，并按照合同约定对其投资部分获得合理补偿。

第四十四条 承包方流转土地经营权的，其与发包方的承包关系不变。

第四十五条 县级以上地方人民政府应当建立工商企业等社会资本通过流转取得土地经营权的资格审查、项目审核和风险防范制度。

工商企业等社会资本通过流转取得土地经营权的，本集体经济组织可以收取适量管理费用。

具体办法由国务院农业农村、林业和草原主管部门规定。

第四十六条 经承包方书面同意，并向本集体经济组织备案，受让方可以再流转土地经营权。

第四十七条 承包方可以用承包地的土地经营权向金融机构融资担保，并向发包方备案。受让方通过流转取得的土地经营权，经承包方书面同意并向发包方备案，可以向金融机构融资担保。

担保物权自融资担保合同生效时设立。当事人可以向登记机构申请登记；未经登记，不得对抗善意第三人。

实现担保物权时，担保物权人有权就土地经营权优先受偿。

土地经营权融资担保办法由国务院有关部门规定。

第三章 其他方式的承包

第四十八条 不宜采取家庭承包方式的荒山、荒沟、荒丘、荒滩等农村土地，通过招标、拍卖、公开协商等方式承包的，适用本章规定。

第四十九条 以其他方式承包农村土地的，应当签订承包合同，承包方取得土地经营权。当事人的权利和义务、承包期限等，由双方协商确定。以招标、拍卖方式承包的，承包费通过公开竞标、竞价确定；以公开协商等方式承包的，承包费由双方议定。

第五十条 荒山、荒沟、荒丘、荒滩等可以直接通过招标、拍卖、公开协商等方式实行承包经营，也可以将土地经营权折股分给本集体经济组织成员后，再实行承包经营或者股份合作经营。

承包荒山、荒沟、荒丘、荒滩的，应当遵守有关法律、行政法规的规定，防止水土流失，保护生态环境。

第五十一条 以其他方式承包农村土地，在同等条件下，本集体经济组织成员有权优先承包。

第五十二条 发包方将农村土地发包给本集体经济组织以外的单位或者个人承包，应当事先经本集体经济组织成员的村民会议三分之二以上成员或者三分之二以上村民代表的同意，并报乡（镇）人民政府批准。

由本集体经济组织以外的单位或者个人承包的，应当对承包方的资信情况和经营能力进行审查后,再签订承包合同。

第五十三条 通过招标、拍卖、公开协商等方式承包农村土地,经依法登记取得权属证书的,可以依法采取出租、入股、抵押或者其他方式流转土地经营权。

第五十四条 依照本章规定通过招标、拍卖、公开协商等方式取得土地经营权的,该承包人死亡,其应得的承包收益,依照继承法的规定继承;在承包期内,其继承人可以继续承包。

第四章 争议的解决和法律责任

第五十五条 因土地承包经营发生纠纷的,双方当事人可以通过协商解决,也可以请求村民委员会、乡(镇)人民政府等调解解决。

当事人不愿协商、调解或者协商、调解不成的,可以向农村土地承包仲裁机构申请仲裁,也可以直接向人民法院起诉。

第五十六条 任何组织和个人侵害土地承包经营权、土地经营权的,应当承担民事责任。

第五十七条 发包方有下列行为之一的,应当承担停止侵害、排除妨碍、消除危险、返还财产、恢复原状、赔偿损失等民事责任:

(一)干涉承包方依法享有的生产经营自主权;

(二)违反本法规定收回、调整承包地;

(三)强迫或者阻碍承包方进行土地承包经营权的互换、转让或者土地经营权流转;

(四)假借少数服从多数强迫承包方放弃或者变更土地承包经营权;

(五)以划分"口粮田"和"责任田"等为由收回承包地搞招标承包;

(六)将承包地收回抵顶欠款;

(七)剥夺、侵害妇女依法享有的土地承包经营权;

(八)其他侵害土地承包经营权的行为。

第五十八条 承包合同中违背承包方意愿或者违反法律、行政法规有关不得收回、调整承包地等强制性规定的约定无效。

第五十九条 当事人一方不履行合同义务或者履行义务不符合约定的,应当依法承担违约责任。

第六十条 任何组织和个人强迫进行土地承包经营权互换、转让或者土地经营权流转的,该互换、转让或者流转无效。

第六十一条 任何组织和个人擅自截留、扣缴土地承包经营权互换、转让或者土地经营权流转收益的,应当退还。

第六十二条 违反土地管理法规,非法征收、征用、占用土地或者贪污、挪用土地征收、征用补偿费用,构成犯罪的,依法追究刑事责任;造成他人损害的,应当承担损害赔偿等责任。

第六十三条 承包方、土地经营权人违法将承包地用于非农建设的,由县级以上地方人民政府有关主管部门依法予以处罚。

承包方给承包地造成永久性损害的,发包方有权制止,并有权要求赔偿由此造成的损失。

第六十四条 土地经营权人擅自改变土地的农业用途、弃耕抛荒连续两年以上、给土地造成严重损害或者严重破坏土地生态环境,承包方在合理期限内不解除土地经营权流转合同的,发包方有权要求终止土地经营权流转合同。土地经营权人对土地和土地生态环境造成的损害应当予以赔偿。

第六十五条 国家机关及其工作人员有利用职权干涉农村土地承包经营,变更、解除承包经营合同,干涉承包经营当事人依法享有的生产经营自主权,强迫、阻碍承包经营当事人进行土地承包经营权互换、转让或者土地经营权流转等侵害土地承包经营权、土地经营权的行为,给承包经营当事人造成损失的,应当承担损害赔偿等责任;情节严重的,由上级机关或者所在单位给予直接责任人员处分;构成犯罪的,依法追究刑事责任。

第五章　附　则

第六十六条　本法实施前已经按照国家有关农村土地承包的规定承包,包括承包期限长于本法规定的,本法实施后继续有效,不得重新承包土地。未向承包方颁发土地承包经营权证或者林权证等证书的,应当补发证书。

第六十七条　本法实施前已经预留机动地的,机动地面积不得超过本集体经济组织耕地总面积的百分之五。不足百分之五的,不得再增加机动地。

本法实施前未留机动地的,本法实施后不得再留机动地。

第六十八条　各省、自治区、直辖市人民代表大会常务委员会可以根据本法,结合本行政区域的实际情况,制定实施办法。

第六十九条　确认农村集体经济组织成员身份的原则、程序等,由法律、法规规定。

第七十条　本法自 2003 年 3 月 1 日起施行。

国务院办公厅关于引导农村产权流转交易市场健康发展的意见

（2014 年 12 月 30 日　国办发〔2014〕71 号）

近年来,随着农村劳动力持续转移和农村改革不断深化,农户承包土地经营权、林权等各类农村产权流转交易需求明显增长,许多地方建立了多种形式的农村产权流转交易市场和服务平台,为农村产权流转交易提供了有效服务。但是,各地农村产权流转交易市场发展不平衡,其设立、运行、监管有待规范。引导农村产权流转交易市场健康发展,事关农村改革发展稳定大局,有利于保障农民和农村集体经济组织的财产权益,有利于提高农村要素资源配置和利用效率,有利于加快推进农业现代化。为此,经国务院同意,现提出以下意见。

一、总体要求

（一）指导思想。以邓小平理论、"三个代表"重要思想、科学发展观为指导,深入贯彻习近平总书记系列重要讲话精神,全面落实党的十八大和十八届三中、四中全会精神,按照党中央、国务院决策部署,以坚持和完善农村基本经营制度为前提,以保障农民和农村集体经济组织的财产权益为根本,以规范流转交易行为和完善服务功能为重点,扎实做好农村产权流转交易市场建设工作。

（二）基本原则。

——坚持公益性为主。必须坚持为农服务宗旨,突出公益性,不以盈利为目的,引导、规范和扶持农村产权流转交易市场发展,充分发挥其服务农村改革发展的重要作用。

——坚持公开公正规范。必须坚持公开透明、自主交易、公平竞争、规范有序,逐步探索形成符合农村实际和农村产权流转交易特点的市场形式、交易规则、服务方式和监管办法。

——坚持因地制宜。是否设立市场、设立什么样的市场、覆盖多大范围等,都要从各地实际出发,统筹规划、合理布局,不能搞强迫命令,不能搞行政瞎指挥。

——坚持稳步推进。充分利用和完善现有农村产权流转交易市场,在有需求、有条件的地方积极探索新的市场形式,稳妥慎重、循序渐进,不急于求成,不片面追求速度和规模。

二、定位和形式

（三）性质。农村产权流转交易市场是为各类农村产权依法流转交易提供服务的平台,包括现有的农村土地承包经营权流转服务中心、农村集体资产管理交易中心、林权管理服务中心和林业产权交易所,以及各地探索建立的其他形式农村产权流转交易市场。现阶段通过市场流转交易的农村产权包括承包到户的和农村集体统一经营管理的资源性资产、经营性资产等,以农户承包土地经营权、集体林地经营权为主,不涉及农村集体土地所有权和依法以家庭承包方式承包的集体土地承包权,具有明显的资产使用权租赁市场的特征。流转交易以服务农户、农民合作社、农村集体经济组织为主,流转交易目的以从事农业生产经营为主,具有显著的农业农村特色。流转交易行为主要发生在县、乡范围内,区域差异较大,具有鲜明的地域特点。

(四)功能。农村产权流转交易市场既要发挥信息传递、价格发现、交易中介的基本功能,又要注意发挥贴近"三农",为农户、农民合作社、农村集体经济组织等主体流转交易产权提供便利和制度保障的特殊功能。适应交易主体、目的和方式多样化的需求,不断拓展服务功能,逐步发展成集信息发布、产权交易、法律咨询、资产评估、抵押融资等为一体的为农服务综合平台。

(五)设立。农村产权流转交易市场是政府主导、服务"三农"的非盈利性机构,可以是事业法人,也可以是企业法人。设立农村产权流转交易市场,要经过科学论证,由当地政府审批。当地政府要成立由相关部门组成的农村产权流转交易监督管理委员会,承担组织协调、政策制定等方面职责,负责对市场运行进行指导和监管。

(六)构成。县、乡农村土地承包经营权和林权等流转服务平台,是现阶段农村产权流转交易市场的主要形式和重要组成部分。利用好现有的各类农村产权流转服务平台,充分发挥其植根农村、贴近农户、熟悉农情的优势,做好县、乡范围内的农村产权流转交易服务工作。现阶段市场建设应以县域为主。确有需要的地方,可以设立覆盖地(市)乃至省(区、市)地域范围的市场,承担更大范围的

信息整合发布和大额流转交易。各地要加强统筹协调,理顺县、乡农村产权流转服务平台与更高层级农村产权流转交易市场的关系,可以采取多种形式合作共建,也可以实行一体化运营,推动实现资源共享、优势互补、协同发展。

(七)形式。鼓励各地探索符合农村产权流转交易实际需要的多种市场形式,既要搞好交易所式的市场建设,也要有效利用电子交易网络平台。鼓励有条件的地方整合各类流转服务平台,建立提供综合服务的市场。农村产权流转交易市场可以是独立的交易场所,也可以利用政务服务大厅等场所,形成"一个屋顶之下、多个服务窗口、多品种产权交易"的综合平台。

三、运行和监管

(八)交易品种。农村产权类别较多,权属关系复杂,承载功能多样,适用规则不同,应实行分类指导。法律没有限制的品种均可以入市流转交易,流转交易的方式、期限和流转交易后的开发利用要遵循相关法律、法规和政策。现阶段的交易品种主要包括:

1. 农户承包土地经营权。是指以家庭承包方式承包的耕地、草地、养殖水面等经营权,可以采取出租、入股等方式流转交易,流转期限由流转双方在法律规定范围内协商确定。

2. 林权。是指集体林地经营权和林木所有权、使用权,可以采取出租、转让、入股、作价出资或合作等方式流转交易,流转期限不能超过法定期限。

3. "四荒"使用权。是指农村集体所有的荒山、荒沟、荒丘、荒滩使用权。采取家庭承包方式取得的,按照农户承包土地经营权有关规定进行流转交易。以其他方式承包的,其承包经营权可以采取转让、出租、入股、抵押等方式进行流转交易。

4. 农村集体经营性资产。是指由农村集体统一经营管理的经营性资产(不含土地)的

所有权或使用权,可以采取承包、租赁、出让、入股、合资、合作等方式流转交易。

5.农业生产设施设备。是指农户、农民合作组织、农村集体和涉农企业等拥有的农业生产设施设备,可以采取转让、租赁、拍卖等方式流转交易。

6.小型水利设施使用权。是指农户、农民合作组织、农村集体和涉农企业等拥有的小型水利设施使用权,可以采取承包、租赁、转让、抵押、股份合作等方式流转交易。

7.农业类知识产权。是指涉农专利、商标、版权、新品种、新技术等,可以采取转让、出租、股份合作等方式流转交易。

8.其他。农村建设项目招标、产业项目招商和转让等。

(九)交易主体。凡是法律、法规和政策没有限制的法人和自然人均可以进入市场参与流转交易,具体准入条件按照相关法律、法规和政策执行。现阶段市场流转交易主体主要有农户、农民合作社、农村集体经济组织、涉农企业和其他投资者。农户拥有的产权是否入市流转交易由农户自主决定。任何组织和个人不得强迫或妨碍自主交易。一定标的额以上的农村集体资产流转必须进入市场公开交易,防止暗箱操作。农村产权流转交易市场要依法对各类市场主体的资格进行审查核实、登记备案。产权流转交易的出让方必须是产权权利人,或者受产权权利人委托的受托人。除农户宅基地使用权、农民住房财产权、农户持有的集体资产股权之外,流转交易的受让方原则上没有资格限制(外资企业和境外投资者按照有关法律、法规执行)。对工商企业进入市场流转交易,要依据相关法律、法规和政策,加强准入监管和风险防范。

(十)服务内容。农村产权流转交易市场都应提供发布交易信息、受理交易咨询和申请、协助产权查询、组织交易、出具产权流转交易鉴证书、协助办理产权变更登记和资金

结算手续等基本服务;可以根据自身条件,开展资产评估、法律服务、产权经纪、项目推介、抵押融资等配套服务,还可以引入财会、法律、资产评估等中介服务组织以及银行、保险等金融机构和担保公司,为农村产权流转交易提供专业化服务。

(十一)管理制度。农村产权流转交易市场要建立健全规范的市场管理制度和交易规则,对市场运行、服务规范、中介行为、纠纷调处、收费标准等作出具体规定。实行统一规范的业务受理、信息发布、交易签约、交易中(终)止、交易(合同)鉴证、档案管理等制度,流转交易的产权应无争议,发布信息应真实、准确、完整,交易品种和方式应符合相应法律、法规和政策,交易过程应公开公正,交易服务应方便农民群众。

(十二)监督管理。农村产权流转交易监督管理委员会和市场主管部门要强化监督管理,加强定期检查和动态监测,促进交易公平,防范交易风险,确保市场规范运行。及时查处各类违法违规交易行为,严禁隐瞒信息、暗箱操作、操纵交易。耕地、林地、草地、水利设施等产权流转交易后的开发利用,不能改变用途,不能破坏农业综合生产能力,不能破坏生态功能,有关部门要加强监管。

(十三)行业自律。探索建立农村产权流转交易市场行业协会,充分发挥其推动行业发展和行业自律的积极作用。协会要推进行业规范、交易制度和服务标准建设,加强经验交流、政策咨询、人员培训等服务;增强行业自律意识,自觉维护行业形象,提升市场公信力。

四、保障措施

(十四)扶持政策。各地要稳步推进农村集体产权制度改革,扎实做好土地承包经营权、集体建设用地使用权、农户宅基地使用权、林权等确权登记颁证工作。实行市场建设和运营财政补贴等优惠政策,通过采取购

买社会化服务或公益性岗位等措施,支持充分利用现代信息技术建立农村产权流转交易和管理信息网络平台,完善服务功能和手段。组织从业人员开展业务培训,积极培育市场中介服务组织,逐步提高专业化水平。

(十五)组织领导。各地要加强领导,健全工作机制,严格执行相关法律、法规和政策;从本地实际出发,根据农村产权流转交易需要,制定管理办法和实施方案。农村工作综合部门和科技、财政、国土资源、住房城乡建设、农业、水利、林业、金融等部门要密切配合,加强指导,及时研究解决工作中的困难和问题。

农村土地经营权流转管理办法

(2021 年 1 月 26 日农业农村部令 2021 年第 1 号发布 自 2021 年 3 月 1 日起施行)

第一章 总 则

第一条 为了规范农村土地经营权(以下简称土地经营权)流转行为,保障流转当事人合法权益,加快农业农村现代化,维护农村社会和谐稳定,根据《中华人民共和国农村土地承包法》等法律及有关规定,制定本办法。

第二条 土地经营权流转应当坚持农村土地农民集体所有、农户家庭承包经营的基本制度,保持农村土地承包关系稳定并长久不变,遵循依法、自愿、有偿原则,任何组织和个人不得强迫或者阻碍承包方流转土地经营权。

第三条 土地经营权流转不得损害农村集体经济组织和利害关系人的合法权益,不得破坏农业综合生产能力和农业生态环境,不得改变承包土地的所有权性质及其农业用途,确保农地农用,优先用于粮食生产,制止耕地"非农化"、防止耕地"非粮化"。

第四条 土地经营权流转应当因地制宜、循序渐进,把握好流转、集中、规模经营的度,流转规模应当与城镇化进程和农村劳动力转移规模相适应,与农业科技进步和生产手段改进程度相适应,与农业社会化服务水平提高相适应,鼓励各地建立多种形式的土地经营权流转风险防范和保障机制。

第五条 农业农村部负责全国土地经营权流转及流转合同管理的指导。

县级以上地方人民政府农业农村主管(农村经营管理)部门依照职责,负责本行政区域内土地经营权流转及流转合同管理。

乡(镇)人民政府负责本行政区域内土地经营权流转及流转合同管理。

第二章 流转当事人

第六条 承包方在承包期限内有权依法自主决定土地经营权是否流转,以及流转对象、方式、期限等。

第七条 土地经营权流转收益归承包方所有,任何组织和个人不得擅自截留、扣缴。

第八条 承包方自愿委托发包方、中介组织或者他人流转其土地经营权的,应当由承包方出具流转委托书。委托书应当载明委托的事项、权限和期限等,并由委托人和受托人签字或者盖章。

没有承包方的书面委托,任何组织和个人无权以任何方式决定流转承包方的土地经营权。

第九条 土地经营权流转的受让方应当为具有农业经营能力或者资质的组织和个人。在同等条件下,本集体经济组织成员享有优先权。

第十条 土地经营权流转的方式、期限、价款和具体条件,由流转双方平等协商确定。流转期限届满后,受让方享有以同等条件优先续约的权利。

第十一条　受让方应当依照有关法律法规保护土地，禁止改变土地的农业用途。禁止闲置、荒芜耕地，禁止占用耕地建窑、建坟或者擅自在耕地上建房、挖砂、采石、采矿、取土等。禁止占用永久基本农田发展林果业和挖塘养鱼。

第十二条　受让方将流转取得的土地经营权再流转以及向金融机构融资担保的，应当事先取得承包方书面同意，并向发包方备案。

第十三条　经承包方同意，受让方依法投资改良土壤，建设农业生产附属、配套设施，及农业生产中直接用于作物种植和畜禽水产养殖设施的，土地经营权流转合同到期或者未到期由承包方依法提前收回承包土地时，受让方有权获得合理补偿。具体补偿办法可在土地经营权流转合同中约定或者由双方协商确定。

第三章　流转方式

第十四条　承包方可以采取出租（转包）、入股或者其他符合有关法律和国家政策规定的方式流转土地经营权。

出租（转包），是指承包方将部分或者全部土地经营权，租赁给他人从事农业生产经营。

入股，是指承包方将部分或者全部土地经营权作价出资，成为公司、合作经济组织等股东或者成员，并用于农业生产经营。

第十五条　承包方依法采取出租（转包）、入股或者其他方式将土地经营权部分或者全部流转的，承包方与发包方的承包关系不变，双方享有的权利和承担的义务不变。

第十六条　承包方自愿将土地经营权入股公司发展农业产业化经营的，可以采取优先股等方式降低承包方风险。公司解散时入股土地应当退回原承包方。

第四章　流转合同

第十七条　承包方流转土地经营权，应当与受让方在协商一致的基础上签订书面流转合同，并向发包方备案。

承包方将土地交由他人代耕不超过一年的，可以不签订书面合同。

第十八条　承包方委托发包方、中介组织或者他人流转土地经营权的，流转合同应当由承包方或者其书面委托的受托人签订。

第十九条　土地经营权流转合同一般包括以下内容：

（一）双方当事人的姓名或者名称、住所、联系方式等；

（二）流转土地的名称、四至、面积、质量等级、土地类型、地块代码等；

（三）流转的期限和起止日期；

（四）流转方式；

（五）流转土地的用途；

（六）双方当事人的权利和义务；

（七）流转价款或者股份分红，以及支付方式和支付时间；

（八）合同到期后地上附着物及相关设施的处理；

（九）土地被依法征收、征用、占用时有关补偿费的归属；

（十）违约责任。

土地经营权流转合同示范文本由农业农村部制定。

第二十条　承包方不得单方解除土地经营权流转合同，但受让方有下列情形之一的除外：

（一）擅自改变土地的农业用途；

（二）弃耕抛荒连续两年以上；

（三）给土地造成严重损害或者严重破坏土地生态环境；

（四）其他严重违约行为。

有以上情形,承包方在合理期限内不解除土地经营权流转合同的,发包方有权要求终止土地经营权流转合同。

受让方对土地和土地生态环境造成的损害应当依法予以赔偿。

第五章 流 转 管 理

第二十一条 发包方对承包方流转土地经营权、受让方再流转土地经营权以及承包方、受让方利用土地经营权融资担保的,应当办理备案,并报告乡(镇)人民政府农村土地承包管理部门。

第二十二条 乡(镇)人民政府农村土地承包管理部门应当向达成流转意向的双方提供统一文本格式的流转合同,并指导签订。流转合同中有违反法律法规的,应当及时予以纠正。

第二十三条 乡(镇)人民政府农村土地承包管理部门应当建立土地经营权流转台账,及时准确记载流转情况。

第二十四条 乡(镇)人民政府农村土地承包管理部门应当对土地经营权流转有关文件、资料及流转合同等进行归档并妥善保管。

第二十五条 鼓励各地建立土地经营权流转市场或者农村产权交易市场。县级以上地方人民政府农业农村主管(农村经营管理)部门应当加强业务指导,督促其建立健全运行规则,规范开展土地经营权流转政策咨询、信息发布、合同签订、交易鉴证、权益评估、融资担保、档案管理等服务。

第二十六条 县级以上地方人民政府农业农村主管(农村经营管理)部门应当按照统一标准和技术规范建立国家、省、市、县等互联互通的农村土地承包信息应用平台,健全土地经营权流转合同网签制度,提升土地经营权流转规范化、信息化管理水平。

第二十七条 县级以上地方人民政府农业农村主管(农村经营管理)部门应当加强对乡(镇)人民政府农村土地承包管理部门工作的指导。乡(镇)人民政府农村土地承包管理部门应当依法开展土地经营权流转的指导和管理工作。

第二十八条 县级以上地方人民政府农业农村主管(农村经营管理)部门应当加强服务,鼓励受让方发展粮食生产;鼓励和引导工商企业等社会资本(包括法人、非法人组织或者自然人等)发展适合企业化经营的现代种养业。

县级以上地方人民政府农业农村主管(农村经营管理)部门应当根据自然经济条件、农村劳动力转移情况、农业机械化水平等因素,引导受让方发展适度规模经营,防止垒大户。

第二十九条 县级以上地方人民政府对工商企业等社会资本流转土地经营权,依法建立分级资格审查和项目审核制度。审查审核的一般程序如下:

(一)受让主体与承包方就流转面积、期限、价款等进行协商并签订流转意向协议书。涉及未承包到户集体土地等集体资源的,应当按照法定程序经本集体经济组织成员的村民会议三分之二以上成员或者三分之二以上村民代表的同意,并与集体经济组织签订流转意向协议书。

(二)受让主体按照分级审查审核规定,分别向乡(镇)人民政府农村土地承包管理部门或者县级以上地方人民政府农业农村主管(农村经营管理)部门提出申请,并提交流转意向协议书、农业经营能力或者资质证明、流转项目规划等相关材料。

(三)县级以上地方人民政府或者乡(镇)人民政府应当依法组织相关职能部门、农村集体经济组织代表、农民代表、专家等就土地用途、受让主体农业经营能力,以及经营项目是否符合粮食生产等产业规划等进行审查审核,并于受理之日起20个工作日内作出审查审核意见。

（四）审查审核通过的，受让主体与承包方签订土地经营权流转合同。未按规定提交审查审核申请或者审查审核未通过的，不得开展土地经营权流转活动。

第三十条 县级以上地方人民政府依法建立工商企业等社会资本通过流转取得土地经营权的风险防范制度，加强事中事后监管，及时查处纠正违法违规行为。

鼓励承包方和受让方在土地经营权流转市场或者农村产权交易市场公开交易。

对整村（组）土地经营权流转面积较大、涉及农户较多、经营风险较高的项目，流转双方可以协商设立风险保障金。

鼓励保险机构为土地经营权流转提供流转履约保证保险等多种形式保险服务。

第三十一条 农村集体经济组织为工商企业等社会资本流转土地经营权提供服务的，可以收取适量管理费用。收取管理费用的金额和方式应当由农村集体经济组织、承包方和工商企业等社会资本三方协商确定。管理费用应当纳入农村集体经济组织会计核算和财务管理，主要用于农田基本建设或者其他公益性支出。

第三十二条 县级以上地方人民政府可以根据本办法，结合本行政区域实际，制定工商企业等社会资本通过流转取得土地经营权的资格审查、项目审核和风险防范实施细则。

第三十三条 土地经营权流转发生争议或者纠纷的，当事人可以协商解决，也可以请求村民委员会、乡（镇）人民政府等进行调解。

当事人不愿意协商、调解或者协商、调解不成的，可以向农村土地承包仲裁机构申请仲裁，也可以直接向人民法院提起诉讼。

第六章 附 则

第三十四条 本办法所称农村土地，是指除林地、草地以外的，农民集体所有和国家所有依法由农民集体使用的耕地和其他用于农业的土地。

本办法所称农村土地经营权流转，是指在承包方与发包方承包关系保持不变的前提下，承包方依法在一定期限内将土地经营权部分或者全部交由他人自主开展农业生产经营的行为。

第三十五条 通过招标、拍卖和公开协商等方式承包荒山、荒沟、荒丘、荒滩等农村土地，经依法登记取得权属证书的，可以流转土地经营权，其流转管理参照本办法执行。

第三十六条 本办法自 2021 年 3 月 1 日起施行。农业部 2005 年 1 月 19 日发布的《农村土地承包经营权流转管理办法》（农业部令第 47 号）同时废止。

国务院办公厅关于完善集体林权制度的意见

（2016 年 11 月 16 日 国办发〔2016〕83 号）

集体林是培育森林资源的重要基地，是维护国家生态安全的重要基础。2008 年以来，我国集体林权制度改革取得重大成果，集体林业焕发出新的生机，1 亿多农户直接受益，实现了"山定权、树定根、人定心"。但是，还存在产权保护不严格、生产经营自主权落实不到位、规模经营支持政策不完善、管理服务体系不健全等问题。为巩固和扩大集体林权制度改革成果，充分发挥集体林业在维护生态安全、实施精准脱贫、推动农村经济社会可持续发展中的重要作用，经国务院同意，现就完善集体林权制度提出如下意见。

一、总体要求

（一）指导思想。全面贯彻党的十八大和十八届三中、四中、五中、六中全会精神，深入学习贯彻习近平总书记系列重要讲话精神，紧紧围绕统筹推进"五位一体"总体布局和协调推进"四个全面"战略布局,牢固树立创新、协调、绿色、开放、共享的发展理念,认真落实党中央、国务院决策部署,坚持和完善农村基本经营制度,落实集体所有权,稳定农户承包权,放活林地经营权,推进集体林权规范有序流转,促进集体林业适度规模经营,完善扶持政策和社会化服务体系,创新产权模式和国土绿化机制,广泛调动农民和社会力量发展林业,充分发挥集体林生态、经济和社会效益。

(二)基本原则。坚持农村林地集体所有制,巩固集体林地家庭承包基础性地位,加强农民财产权益保护;坚持创新体制机制,拓展和完善林地经营权能,构建现代林业产权制度;坚持生态、经济和社会效益相统一,开发利用集体林业多种功能,实现增绿、增质和增效;坚持发挥市场在资源配置中的决定性作用和更好发挥政府作用,充分调动社会资本发展林业的积极性,增强林业发展活力。

(三)总体目标。到2020年,集体林业良性发展机制基本形成,产权保护更加有力,承包权更加稳定,经营权更加灵活,林权流转和抵押贷款制度更加健全,管理服务体系更加完善,实现集体林区森林资源持续增长、农民林业收入显著增加、国家生态安全得到保障的目标。

二、稳定集体林地承包关系

(四)进一步明晰产权。继续做好集体林地承包确权登记颁证工作。对承包到户的集体林地,要将权属证书发放到户,由农户持有。对采取联户承包的集体林地,要将林权份额量化到户,鼓励建立股份合作经营机制。对仍由农村集体经济组织统一经营管理的林地,要依法将股权量化到户、股权证发放到户,发展多种形式的股份合作。探索创新自留山经营管理体制机制。对新造林地要依法确权登记颁证。

(五)加强林权权益保护。逐步建立集体林地所有权、承包权、经营权分置运行机制,不断健全归属清晰、权能完整、流转顺畅、保护严格的集体林权制度,形成集体林地集体所有、家庭承包、多元经营的格局。依法保障林权权利人合法权益,任何单位和个人不得禁止或限制林权权利人依法开展经营活动。确因国家公园、自然保护区等生态保护需要的,可探索采取市场化方式对林权权利人给予合理补偿,着力破解生态保护与林农利益间的矛盾。全面停止天然林商业性采伐后,对集体和个人所有的天然商品林,安排停伐管护补助。在承包期内,农村集体经济组织不得强行收回农业转移人口的承包林地。有序开展进城落户农民集体林地承包权依法自愿有偿退出试点。

(六)加强合同规范化管理。承包和流转集体林地,要签订书面合同,切实保护当事人的合法权益。基层林业主管部门要加强指导,推广使用示范文本,完善合同档案管理。合同应明确规定当事人造林育林、保护管理、森林防火、林业有害生物防治等责任,促进森林资源可持续经营。农村集体经济组织要监督林业生产经营主体依照合同约定的用途,合理利用和保护林地。

三、放活生产经营自主权

(七)落实分类经营管理。完善商品林、公益林分类管理制度,简化区划界定方法和程序,优化林地资源配置。建立公益林动态管理机制,在不影响整体生态功能、保持公益林相对稳定的前提下,允许对承包到户的公益林进行调整完善。全面推行集体林采伐公示制度,地方政府要及时公示采伐指标分配详细情况。

(八)科学经营公益林。在不影响生态功能的前提下,按照"非木质利用为主、木质利用为辅"的原则,实行公益林分级经营管理,合理界定保护等级,采取相应的保护、利用和管理措施,提高综合利用效益。推动集体公益林资产化经营,探索公益林采取合资、合作等方式流转。

(九)放活商品林经营权。完善森林采伐更新管理制度,进一步改进集体人工用材林管理,赋予林业生产经营主体更大的生产经营自主权,充分调动社会资本投入集体林开发利用。大力推进以择伐、渐伐方式实施森林可持续经营,培育大径级材,提高林地产出率。

(十)优化管理方式。简化林业行政审批环节和手续,明确禁止性和限制性行为,减少政府对集体林微观生产经营行为的管制,充分释放市场活力。林业主管部门要完善全国林地"一张图"管理,将集体林地保护等级落实到山头地块,明确林业生产经营主体,向社会公示并提供查询服务。

四、引导集体林适度规模经营

(十一)积极稳妥流转集体林权。鼓励集体林权有序流转,支持公开市场交易。鼓励和引导农户采取转包、出租、入股等方式流转林地经营权和林木所有权,发展林业适度规模经营。创新流转和经营方式,引导各类生产经营主体开展联合、合作经营。积极引导工商资本投资林业,依法开发利用林地林木。建立健全对工商资本流转林权的监管制度,对流转条件、用途、经营计划和违规处罚等作出规定,加强事中事后监管,并纳入信用记录。林权流转不能搞强迫命令,不能违背承包农户意愿,不能损害农民权益,不能改变林地性质和用途。

(十二)培育壮大规模经营主体。采取多种方式兴办家庭林场、股份合作林场等,逐步扩大其承担的涉林项目规模。大力发展品牌林业,开展公益宣传活动,引导生产经营主体面向市场加快发展。鼓励地方开展林业规模生产经营主体带头人和职业森林经理人培训行动。

(十三)建立健全多种形式利益联结机制。鼓励工商资本与农户开展股份合作经营,推进农村一二三产业融合发展,带动农户从涉林经营中受益。建立完善龙头企业联结带户机制,为农户提供林地林木代管、统一经营作业、订单林业等专业化服务。引导涉林企业发布服务农户社会责任报告。加大对重点生态功能区的扶持力度,支持林业生产公益性基础设施建设、地方特色优势产业发展、林业生产经营主体能力建设等,推动集中连片特困地区精准脱贫。

(十四)推进集体林业多种经营。加快林业结构调整,充分发挥林业多种功能,以生产绿色生态林产品为导向,支持林下经济、特色经济林、木本油料、竹藤花卉等规范化基地建设。大力发展新技术新材料、森林生物质能源、森林生物制药、森林新资源开发利用、森林旅游休闲康养等绿色新兴产业。鼓励林业碳汇项目产生的减排量参与温室气体自愿减排交易,促进碳汇进入碳交易市场。

(十五)加大金融支持力度。建立健全林权抵质押贷款制度,鼓励银行业金融机构积极推进林权抵押贷款业务,适度提高林权抵押率,推广"林权抵押+林权收储+森林保险"贷款模式和"企业申请、部门推荐、银行审批"运行机制,探索开展林业经营收益权和公益林补偿收益权市场化质押担保贷款。加大开发性、政策性贷款支持力度,完善林业贷款贴息政策。鼓励和引导市场主体对林权抵押贷款进行担保,并对出险的抵押林权进行收储。各地可采取资本金注入、林权收储担保费补助、风险补偿等措施支持开展林权收储工作。完善森林保险制度,建立健全森林保险费率调整机制,进一步完善大灾风险分散机制,扩大森林保险覆盖面,创新差别化的商品林保险产品。研究探索森林保险无赔款优待政策。林业主管部门要与保险机构协同配合,联合开展防灾减灾、宣传培训等工作。

五、加强集体林业管理和服务

(十六)提升集体林业管理水平。加强基

层林业业务技术人员培训,提升林权管理服务机构能力和服务水平。充分利用现代信息技术手段,建立全国联网、实时共享的集森林资源、权属、生产经营主体等信息于一体的基础信息数据库和管理信息系统,推广林权集成电路卡(IC卡)管理服务模式,方便群众查询使用。依托林权管理服务机构,搭建全国互联互通的林权流转市场监管服务平台,发布林权流转交易信息,提供林权流转交易确认服务,维护流转双方当事人合法权益。

(十七)健全经营纠纷调处机制。县级以上地方人民政府要加强对农村林地承包经营纠纷调解和仲裁工作的指导,制定纠纷调解仲裁人员培训计划,加强法律法规和政策培训。妥善处理各类纠纷,做好重大纠纷案件的应急处理工作,切实维护社会和谐稳定。探索建立纠纷调解激励办法。建立律师、公证机构参与纠纷处置的工作机制,将矛盾化解纳入法治轨道。开设林业法律救助绿色通道,依法依规向低收入家庭和贫困农户提供法律援助和司法救助。

(十八)完善社会化服务体系。加快基层林业主管部门职能转变,强化公共服务,逐步将适合市场化运作的林业规划设计、森林资源资产评估、市场信息、技术培训等服务事项交由社会化服务组织承担。研究探索通过政府购买服务方式,支持社会化服务组织开展森林防火、林业有害生物统防统治、森林统一管护等生产性服务。鼓励有条件的地方加大对包括整地造林、抚育等关键环节在内的林业机械购置补贴力度。将林产品市场纳入农产品现代流通体系建设范围。积极发展林业电子商务,健全林产品交易市场服务体系,鼓励引导电商企业与家庭林场、股份合作林场、农民合作社对接,建立特色林产品直采直供机制。实施林业社会化服务支撑工程,支持基层公共服务机构和社会化服务组织的基础设施建设。

六、加强组织保障

(十九)强化组织领导。国家林业局要加强统筹协调,推动完善集体林权制度的各项政策措施落到实处。各有关部门要按照职责分工,继续完善相关政策,形成支持集体林业发展的合力。各省(区、市)要制定完善集体林权制度的实施方案,将集体林权制度改革成效作为地方各级领导班子及有关领导干部考核内容。加强集体林权管理队伍建设,改善工作条件。按照国家有关规定,对发展集体林业贡献突出的单位和个人予以表彰。

(二十)鼓励积极探索。加强舆论宣传引导,营造有利于完善集体林权制度的良好氛围。充分利用各种改革试验示范平台,支持在加强林权权益保护、放活商品林经营权、优化林木采伐管理、科学合理利用公益林、完善森林生态效益补偿等方面进行深入探索。建立第三方评估机制,不断总结好经验好做法,及时进行交流和推广。

最高人民法院关于审理涉及农村土地承包纠纷案件适用法律问题的解释

(2005年3月29日最高人民法院审判委员会第1346次会议通过 根据2020年12月23日最高人民法院审判委员会第1823次会议通过的《最高人民法院关于修改〈最高人民法院关于在民事审判工作中适用《中华人民共和国工会法》若干问题的解释〉等二十七件民事类司法解释的决定》修正 2020年12月29日最高人民法院公告公布)

为正确审理农村土地承包纠纷案件,依法保护当事人的合法权益,根据《中华人民共和国民法典》《中华人民共和国农村土地承包法》《中华人民共和国土地管理法》《中华人民共和国民事诉讼法》等法律的规定,结合民事审判实践,制定本解释。

一、受理与诉讼主体

第一条 下列涉及农村土地承包民事纠纷,人民法院应当依法受理:

(一)承包合同纠纷;

(二)承包经营权侵权纠纷;

(三)土地经营权侵权纠纷;

(四)承包经营权互换、转让纠纷;

(五)土地经营权流转纠纷;

(六)承包地征收补偿费用分配纠纷;

(七)承包经营权继承纠纷;

(八)土地经营权继承纠纷。

农村集体经济组织成员因未实际取得土地承包经营权提起民事诉讼的,人民法院应当告知其向有关行政主管部门申请解决。

农村集体经济组织成员就用于分配的土地补偿费数额提起民事诉讼的,人民法院不予受理。

第二条 当事人自愿达成书面仲裁协议的,受诉人民法院应当参照《最高人民法院关于适用〈中华人民共和国民事诉讼法〉的解释》第二百一十五条、第二百一十六条的规定处理。

当事人未达成书面仲裁协议,一方当事人向农村土地承包仲裁机构申请仲裁,另一方当事人提起诉讼的,人民法院应予受理,并书面通知仲裁机构。但另一方当事人接受仲裁管辖后又起诉的,人民法院不予受理。

当事人对仲裁裁决不服并在收到裁决书之日起三十日内提起诉讼的,人民法院应予受理。

第三条 承包合同纠纷,以发包方和承包方为当事人。

前款所称承包方是指以家庭承包方式承包本集体经济组织农村土地的农户,以及以

其他方式承包农村土地的组织或者个人。

第四条 农户成员为多人的,由其代表人进行诉讼。

农户代表人按照下列情形确定:

(一)土地承包经营权证等证书上记载的人;

(二)未依法登记取得土地承包经营权等证书的,为在承包合同上签名的人;

(三)前两项规定的人死亡、丧失民事行为能力或者因其他原因无法进行诉讼的,为农户成员推选的人。

二、家庭承包纠纷案件的处理

第五条 承包合同中有关收回、调整承包地的约定违反农村土地承包法第二十七条、第二十八条、第三十一条规定的,应当认定该约定无效。

第六条 因发包方违法收回、调整承包地,或者因发包方收回承包方弃耕、撂荒的承包地产生的纠纷,按照下列情形,分别处理:

(一)发包方未将承包地另行发包,承包方请求返还承包地的,应予支持;

(二)发包方已将承包地另行发包给第三人,承包方以发包方和第三人为共同被告,请求确认其所签订的承包合同无效、返还承包地并赔偿损失的,应予支持。但属于承包方弃耕、撂荒情形的,对其赔偿损失的诉讼请求,不予支持。

前款第(二)项所称的第三人,请求受益方补偿其在承包地上的合理投入的,应予支持。

第七条 承包合同约定或者土地承包经营权证等证书记载的承包期限短于农村土地承包法规定的期限,承包方请求延长的,应予支持。

第八条 承包方违反农村土地承包法第十八条规定,未经依法批准将承包地用于非

农建设或者对承包地造成永久性损害,发包方请求承包方停止侵害、恢复原状或者赔偿损失的,应予支持。

第九条 发包方根据农村土地承包法第二十七条规定收回承包地前,承包方已经以出租、入股或者其他形式将其土地经营权流转给第三人,且流转期限尚未届满,因流转价款收取产生的纠纷,按照下列情形,分别处理:

(一)承包方已经一次性收取了流转价款,发包方请求承包方返还剩余流转期限的流转价款的,应予支持;

(二)流转价款为分期支付,发包方请求第三人按照流转合同的约定支付流转价款的,应予支持。

第十条 承包方交回承包地不符合农村土地承包法第三十条规定程序的,不得认定其为自愿交回。

第十一条 土地经营权流转中,本集体经济组织成员在流转价款、流转期限等主要内容相同的条件下主张优先权的,应予支持。但下列情形除外:

(一)在书面公示的合理期限内未提出优先权主张的;

(二)未经书面公示,在本集体经济组织以外的人开始使用承包地两个月内未提出优先权主张的。

第十二条 发包方胁迫承包方将土地经营权流转给第三人,承包方请求撤销其与第三人签订的流转合同的,应予支持。

发包方阻碍承包方依法流转土地经营权,承包方请求排除妨碍、赔偿损失的,应予支持。

第十三条 承包方未经发包方同意,转让其土地承包经营权的,转让合同无效。但发包方无法定理由不同意或者拖延表态的除外。

第十四条 承包方依法采取出租、入股或者其他方式流转土地经营权,发包方仅以该土地经营权流转合同未报其备案为由,请

求确认合同无效的,不予支持。

第十五条 因承包方不收取流转价款或者向对方支付费用的约定产生纠纷,当事人协商变更无法达成一致,且继续履行又显失公平的,人民法院可以根据发生变更的客观情况,按照公平原则处理。

第十六条 当事人对出租地流转期限没有约定或者约定不明的,参照民法典第七百三十条规定处理。除当事人另有约定或者属于林地承包经营外,承包地交回的时间应当在农作物收获期结束后或者下一耕种期开始前。

对提高土地生产能力的投入,对方当事人请求承包方给予相应补偿的,应予支持。

第十七条 发包方或者其他组织、个人擅自截留、扣缴承包收益或者土地经营权流转收益,承包方请求返还的,应予支持。

发包方或者其他组织、个人主张抵销的,不予支持。

三、其他方式承包纠纷的处理

第十八条 本集体经济组织成员在承包费、承包期限等主要内容相同的条件下主张优先承包的,应予支持。但在发包方将农村土地发包给本集体经济组织以外的组织或者个人,已经法律规定的民主议定程序通过,并由乡(镇)人民政府批准后主张优先承包的,不予支持。

第十九条 发包方就同一土地签订两个以上承包合同,承包方均主张取得土地经营权的,按照下列情形,分别处理:

(一)已经依法登记的承包方,取得土地经营权;

(二)均未依法登记的,生效在先合同的承包方取得土地经营权;

(三)依前两项规定无法确定的,已经根据承包合同合法占有使用承包地的人取得土地经营权,但争议发生后一方强行先占承包

地的行为和事实,不得作为确定土地经营权的依据。

四、土地征收补偿费用分配及土地承包经营权继承纠纷的处理

第二十条　承包地被依法征收,承包方请求发包方给付已经收到的地上附着物和青苗的补偿费的,应予支持。

承包方已将土地经营权以出租、入股或者其他方式流转给第三人的,除当事人另有约定外,青苗补偿费归实际投入人所有,地上附着物补偿费归附着物所有人所有。

第二十一条　承包地被依法征收,放弃统一安置的家庭承包方,请求发包方给付已经收到的安置补助费的,应予支持。

第二十二条　农村集体经济组织或者村民委员会、村民小组,可以依照法律规定的民主议定程序,决定在本集体经济组织内部分配已经收到的土地补偿费。征地补偿安置方案确定时已经具有本集体经济组织成员资格的人,请求支付相应份额的,应予支持。但已报全国人大常委会、国务院备案的地方性法规、自治条例和单行条例、地方政府规章对土地补偿费在农村集体经济组织内部的分配办法另有规定的除外。

第二十三条　林地家庭承包中,承包方的继承人请求在承包期内继续承包的,应予支持。

其他方式承包中,承包方的继承人或者权利义务承受者请求在承包期内继续承包的,应予支持。

五、其他规定

第二十四条　人民法院在审理涉及本解释第五条、第六条第一款第(二)项及第二款、第十五条的纠纷案件时,应当着重进行调解。

必要时可以委托人民调解组织进行调解。

第二十五条　本解释自 2005 年 9 月 1 日起施行。施行后受理的第一审案件,适用本解释的规定。

施行前已经生效的司法解释与本解释不一致的,以本解释为准。

2. 建设用地使用权

中华人民共和国城镇国有土地使用权出让和转让暂行条例

(1990 年 5 月 19 日中华人民共和国国务院令第 55 号发布　根据 2020 年 11 月 29 日《国务院关于修改和废止部分行政法规的决定》修订)

第一章　总　　则

第一条　为了改革城镇国有土地使用制度,合理开发、利用、经营土地,加强土地管理,促进城市建设和经济发展,制定本条例。

第二条　国家按照所有权与使用权分离的原则,实行城镇国有土地使用权出让、转让制度,但地下资源、埋藏物和市政公用设施除外。

前款所称城镇国有土地是指市、县城、建制镇、工矿区范围内属于全民所有的土地(以下简称土地)。

第三条　中华人民共和国境内外的公司、企业、其他组织和个人,除法律另有规定者外,均可依照本条例的规定取得土地使用权,进行土地开发、利用、经营。

第四条　依照本条例的规定取得土地使用权的土地使用者,其使用权在使用年限内可以转让、出租、抵押或者用于其他经济活

动,合法权益受国家法律保护。

第五条　土地使用者开发、利用、经营土地的活动,应当遵守国家法律、法规的规定,并不得损害社会公共利益。

第六条　县级以上人民政府土地管理部门依法对土地使用权的出让、转让、出租、抵押、终止进行监督检查。

第七条　土地使用权出让、转让、出租、抵押、终止及有关的地上建筑物、其他附着物的登记,由政府土地管理部门、房产管理部门依照法律和国务院的有关规定办理。

登记文件可以公开查阅。

第二章　土地使用权出让

第八条　土地使用权出让是指国家以土地所有者的身份将土地使用权在一定年限内让与土地使用者,并由土地使用者向国家支付土地使用权出让金的行为。

土地使用权出让应当签订出让合同。

第九条　土地使用权的出让,由市、县人民政府负责,有计划、有步骤地进行。

第十条　土地使用权出让的地块、用途、年限和其他条件,由市、县人民政府土地管理部门会同城市规划和建设管理部门、房产管理部门共同拟定方案,按照国务院规定的批准权限报经批准后,由土地管理部门实施。

第十一条　土地使用权出让合同应当按照平等、自愿、有偿的原则,由市、县人民政府土地管理部门(以下简称出让方)与土地使用者签订。

第十二条　土地使用权出让最高年限按下列用途确定:

(一)居住用地 70 年;

(二)工业用地 50 年;

(三)教育、科技、文化、卫生、体育用地 50 年;

(四)商业、旅游、娱乐用地 40 年;

(五)综合或者其他用地 50 年。

第十三条　土地使用权出让可以采取下列方式:

(一)协议;

(二)招标;

(三)拍卖。

依照前款规定方式出让土地使用权的具体程序和步骤,由省、自治区、直辖市人民政府规定。

第十四条　土地使用者应当在签订土地使用权出让合同后 60 日内,支付全部土地使用权出让金。逾期未全部支付的,出让方有权解除合同,并可请求违约赔偿。

第十五条　出让方应当按照合同规定,提供出让的土地使用权。未按合同规定提供土地使用权的,土地使用者有权解除合同,并可请求违约赔偿。

第十六条　土地使用者在支付全部土地使用权出让金后,应当依照规定办理登记,领取土地使用证,取得土地使用权。

第十七条　土地使用者应当按照土地使用权出让合同的规定和城市规划的要求,开发、利用、经营土地。

未按合同规定的期限和条件开发、利用土地的,市、县人民政府土地管理部门应当予以纠正,并根据情节可以给予警告、罚款直至无偿收回土地使用权的处罚。

第十八条　土地使用者需要改变土地使用权出让合同规定的土地用途的,应当征得出让方同意并经土地管理部门和城市规划部门批准,依照本章的有关规定重新签订土地使用权出让合同,调整土地使用权出让金,并办理登记。

第三章　土地使用权转让

第十九条　土地使用权转让是指土地使用者将土地使用权再转移的行为,包括出售、交换和赠与。

未按土地使用权出让合同规定的期限和条件投资开发、利用土地的,土地使用权不得转让。

第二十条 土地使用权转让应当签订转让合同。

第二十一条 土地使用权转让时,土地使用权出让合同和登记文件中所载明的权利、义务随之转移。

第二十二条 土地使用者通过转让方式取得的土地使用权,其使用年限为土地使用权出让合同规定的使用年限减去原土地使用者已使用年限后的剩余年限。

第二十三条 土地使用权转让时,其地上建筑物、其他附着物所有权随之转让。

第二十四条 地上建筑物、其他附着物的所有人或者共有人,享有该建筑物、附着物使用范围内的土地使用权。

土地使用者转让地上建筑物、其他附着物所有权时,其使用范围内的土地使用权随之转让,但地上建筑物、其他附着物作为动产转让的除外。

第二十五条 土地使用权和地上建筑物、其他附着物所有权转让,应当依照规定办理过户登记。

土地使用权和地上建筑物、其他附着物所有权分割转让的,应当经市、县人民政府土地管理部门和房产管理部门批准,并依照规定办理过户登记。

第二十六条 土地使用权转让价格明显低于市场价格的,市、县人民政府有优先购买权。

土地使用权转让的市场价格不合理上涨时,市、县人民政府可以采取必要的措施。

第二十七条 土地使用权转让后,需要改变土地使用权出让合同规定的土地用途的,依照本条例第十八条的规定办理。

第四章 土地使用权出租

第二十八条 土地使用权出租是指土地使用者作为出租人将土地使用权随同地上建筑物、其他附着物租赁给承租人使用,由承租人向出租人支付租金的行为。

未按土地使用权出让合同规定的期限和条件投资开发、利用土地的,土地使用权不得出租。

第二十九条 土地使用权出租,出租人与承租人应当签订租赁合同。

租赁合同不得违背国家法律、法规和土地使用权出让合同的规定。

第三十条 土地使用权出租后,出租人必须继续履行土地使用权出让合同。

第三十一条 土地使用权和地上建筑物、其他附着物出租,出租人应当依照规定办理登记。

第五章 土地使用权抵押

第三十二条 土地使用权可以抵押。

第三十三条 土地使用权抵押时,其地上建筑物、其他附着物随之抵押。

地上建筑物、其他附着物抵押时,其使用范围内的土地使用权随之抵押。

第三十四条 土地使用权抵押,抵押人与抵押权人应当签订抵押合同。

抵押合同不得违背国家法律、法规和土地使用权出让合同的规定。

第三十五条 土地使用权和地上建筑物、其他附着物抵押,应当依照规定办理抵押登记。

第三十六条 抵押人到期未能履行债务或者在抵押合同期间宣告解散、破产的,抵押权人有权依照国家法律、法规和抵押合同的规定处分抵押财产。

因处分抵押财产而取得土地使用权和地

上建筑物、其他附着物所有权的,应当依照规定办理过户登记。

第三十七条 处分抵押财产所得,抵押权人有优先受偿权。

第三十八条 抵押权因债务清偿或者其他原因而消灭的,应当依照规定办理注销抵押登记。

第六章 土地使用权终止

第三十九条 土地使用权因土地使用权出让合同规定的使用年限届满、提前收回及土地灭失等原因而终止。

第四十条 土地使用权期满,土地使用权及其地上建筑物、其他附着物所有权由国家无偿取得。土地使用者应当交还土地使用证,并依照规定办理注销登记。

第四十一条 土地使用权期满,土地使用者可以申请续期。需要续期的,应当依照本条例第二章的规定重新签订合同,支付土地使用权出让金,并办理登记。

第四十二条 国家对土地使用者依法取得的土地使用权不提前收回。在特殊情况下,根据社会公共利益的需要,国家可以依照法律程序提前收回,并根据土地使用者已使用的年限和开发、利用土地的实际情况给予相应的补偿。

第七章 划拨土地使用权

第四十三条 划拨土地使用权是指土地使用者通过各种方式依法无偿取得的土地使用权。

前款土地使用者应当依照《中华人民共和国城镇土地使用税暂行条例》的规定缴纳土地使用税。

第四十四条 划拨土地使用权,除本条例第四十五条规定的情况外,不得转让、出租、抵押。

第四十五条 符合下列条件的,经市、县人民政府土地管理部门和房产管理部门批准,其划拨土地使用权和地上建筑物、其他附着物所有权可以转让、出租、抵押:

(一)土地使用者为公司、企业、其他经济组织和个人;

(二)领有国有土地使用证;

(三)具有地上建筑物、其他附着物合法的产权证明;

(四)依照本条例第二章的规定签订土地使用权出让合同,向当地市、县人民政府补交土地使用权出让金或者以转让、出租、抵押所获收益抵交土地使用权出让金。

转让、出租、抵押前款划拨土地使用权的,分别依照本条例第三章、第四章和第五章的规定办理。

第四十六条 对未经批准擅自转让、出租、抵押划拨土地使用权的单位和个人,市、县人民政府土地管理部门应当没收其非法收入,并根据情节处以罚款。

第四十七条 无偿取得划拨土地使用权的土地使用者,因迁移、解散、撤销、破产或者其他原因而停止使用土地的,市、县人民政府应当无偿收回其划拨土地使用权,并可依照本条例的规定予以出让。

对划拨土地使用权,市、县人民政府根据城市建设发展需要和城市规划的要求,可以无偿收回,并可依照本条例的规定予以出让。

无偿收回划拨土地使用权时,对其地上建筑物、其他附着物,市、县人民政府应当根据实际情况给予适当补偿。

第八章 附 则

第四十八条 依照本条例的规定取得土地使用权的个人,其土地使用权可以继承。

第四十九条 土地使用者应当依照国家税收法规的规定纳税。

第五十条　依照本条例收取的土地使用权出让金列入财政预算,作为专项基金管理,主要用于城市建设和土地开发。具体使用管理办法,由财政部另行制定。

第五十一条　各省、自治区、直辖市人民政府应当根据本条例的规定和当地的实际情况选择部分条件比较成熟的城镇先行试点。

第五十二条　本条例由国家土地管理局负责解释;实施办法由省、自治区、直辖市人民政府制定。

第五十三条　本条例自发布之日起施行。

招标拍卖挂牌出让国有建设用地使用权规定

(2007年9月28日国土资源部令第39号公布　自2007年11月1日起施行)

第一条　为规范国有建设用地使用权出让行为,优化土地资源配置,建立公开、公平、公正的土地使用制度,根据《中华人民共和国物权法》、《中华人民共和国土地管理法》、《中华人民共和国城市房地产管理法》和《中华人民共和国土地管理法实施条例》,制定本规定。

第二条　在中华人民共和国境内以招标、拍卖或者挂牌出让方式在土地的地表、地上或者地下设立国有建设用地使用权的,适用本规定。

本规定所称招标出让国有建设用地使用权,是指市、县人民政府国土资源行政主管部门(以下简称出让人)发布招标公告,邀请特定或者不特定的自然人、法人和其他组织参加国有建设用地使用权投标,根据投标结果确定国有建设用地使用权人的行为。

本规定所称拍卖出让国有建设用地使用权,是指出让人发布拍卖公告,由竞买人在指定时间、地点进行公开竞价,根据出价结果确定国有建设用地使用权人的行为。

本规定所称挂牌出让国有建设用地使用权,是指出让人发布挂牌公告,按公告规定的期限将拟出让宗地的交易条件在指定的土地交易场所挂牌公布,接受竞买人的报价申请并更新挂牌价格,根据挂牌期限截止时的出价结果或者现场竞价结果确定国有建设用地使用权人的行为。

第三条　招标、拍卖或者挂牌出让国有建设用地使用权,应当遵循公开、公平、公正和诚信的原则。

第四条　工业、商业、旅游、娱乐和商品住宅等经营性用地以及同一宗地有两个以上意向用地者的,应当以招标、拍卖或者挂牌方式出让。

前款规定的工业用地包括仓储用地,但不包括采矿用地。

第五条　国有建设用地使用权招标、拍卖或者挂牌出让活动,应当有计划地进行。

市、县人民政府国土资源行政主管部门根据经济社会发展计划、产业政策、土地利用总体规划、土地利用年度计划、城市规划和土地市场状况,编制国有建设用地使用权出让年度计划,报经同级人民政府批准后,及时向社会公开发布。

第六条　市、县人民政府国土资源行政主管部门应当按照出让年度计划,会同城市规划等有关部门共同拟订拟招标拍卖挂牌出让地块的出让方案,报经市、县人民政府批准后,由市、县人民政府国土资源行政主管部门组织实施。

前款规定的出让方案应当包括出让地块的空间范围、用途、年限、出让方式、时间和其他条件等。

第七条　出让人应当根据招标拍卖挂牌出让地块的情况,编制招标拍卖挂牌出让文件。

招标拍卖挂牌出让文件应当包括出让公

告、投标或者竞买须知、土地使用条件、标书或者竞买申请书、报价单、中标通知书或者成交确认书、国有建设用地使用权出让合同文本。

第八条 出让人应当至少在投标、拍卖或者挂牌开始日前20日，在土地有形市场或者指定的场所、媒介发布招标、拍卖或者挂牌公告，公布招标拍卖挂牌出让宗地的基本情况和招标拍卖挂牌的时间、地点。

第九条 招标拍卖挂牌公告应当包括下列内容：

（一）出让人的名称和地址；

（二）出让宗地的面积、界址、空间范围、现状、使用年期、用途、规划指标要求；

（三）投标人、竞买人的资格要求以及申请取得投标、竞买资格的办法；

（四）索取招标拍卖挂牌出让文件的时间、地点和方式；

（五）招标拍卖挂牌时间、地点、投标挂牌期限、投标和竞价方式等；

（六）确定中标人、竞得人的标准和方法；

（七）投标、竞买保证金；

（八）其他需要公告的事项。

第十条 市、县人民政府国土资源行政主管部门应当根据土地估价结果和政府产业政策综合确定标底或者底价。

标底或者底价不得低于国家规定的最低价标准。

确定招标标底，拍卖和挂牌的起叫价、起始价、底价，投标、竞买保证金，应当实行集体决策。

招标标底和拍卖挂牌的底价，在招标开标前和拍卖挂牌出让活动结束之前应当保密。

第十一条 中华人民共和国境内外的自然人、法人和其他组织，除法律、法规另有规定外，均可申请参加国有建设用地使用权招标拍卖挂牌出让活动。

出让人在招标拍卖挂牌出让公告中不得设定影响公平、公正竞争的限制条件。挂牌

出让的，出让公告中规定的申请截止时间，应当为挂牌出让结束日前2天。对符合招标拍卖挂牌公告规定条件的申请人，出让人应当通知其参加招标拍卖挂牌活动。

第十二条 市、县人民政府国土资源行政主管部门应当为投标人、竞买人查询拟出让土地的有关情况提供便利。

第十三条 投标、开标依照下列程序进行：

（一）投标人在投标截止时间前将标书投入标箱。招标公告允许邮寄标书的，投标人可以邮寄，但出让人在投标截止时间前收到的方为有效。

标书投入标箱后，不可撤回。投标人应当对标书和有关书面承诺承担责任。

（二）出让人按照招标公告规定的时间、地点开标，邀请所有投标人参加。由投标人或者其推选的代表检查标箱的密封情况，当众开启标箱，点算标书。投标人少于三人的，出让人应当终止招标活动。投标人不少于三人的，应当逐一宣布投标人名称、投标价格和投标文件的主要内容。

（三）评标小组进行评标。评标小组由出让人代表、有关专家组成，成员人数为五人以上的单数。

评标小组可以要求投标人对投标文件作出必要的澄清或者说明，但是澄清或者说明不得超出投标文件的范围或者改变投标文件的实质性内容。

评标小组应当按照招标文件确定的评标标准和方法，对投标文件进行评审。

（四）招标人根据评标结果，确定中标人。

按照价高者得的原则确定中标人的，可以不成立评标小组，由招标主持人根据开标结果，确定中标人。

第十四条 对能够最大限度地满足招标文件中规定的各项综合评价标准，或者能够满足招标文件的实质性要求且价格最高的投

标人,应当确定为中标人。

第十五条 拍卖会依照下列程序进行:

(一)主持人点算竞买人;

(二)主持人介绍拍卖宗地的面积、界址、空间范围、现状、用途、使用年期、规划指标要求、开工和竣工时间以及其他有关事项;

(三)主持人宣布起叫价和增价规则及增价幅度。没有底价的,应当明确提示;

(四)主持人报出起叫价;

(五)竞买人举牌应价或者报价;

(六)主持人确认该应价或者报价后继续竞价;

(七)主持人连续三次宣布同一应价或者报价而没有再应价或者报价的,主持人落槌表示拍卖成交;

(八)主持人宣布最高应价或者报价者为竞得人。

第十六条 竞买人的最高应价或者报价未达到底价时,主持人应当终止拍卖。

拍卖主持人在拍卖中可以根据竞买人竞价情况调整拍卖增价幅度。

第十七条 挂牌依照以下程序进行:

(一)在挂牌公告规定的挂牌起始日,出让人将挂牌宗地的面积、界址、空间范围、现状、用途、使用年期、规划指标要求、开工时间和竣工时间、起始价、增价规则及增价幅度等,在挂牌公告规定的土地交易场所挂牌公布;

(二)符合条件的竞买人填写报价单报价;

(三)挂牌主持人确认该报价后,更新显示挂牌价格;

(四)挂牌主持人在挂牌公告规定的挂牌截止时间确定竞得人。

第十八条 挂牌时间不得少于10日。挂牌期间可根据竞买人竞价情况调整增价幅度。

第十九条 挂牌截止应当由挂牌主持人主持确定。挂牌期限届满,挂牌主持人现场宣布最高报价及其报价者,并询问竞买人是否愿意继续竞价。有竞买人表示愿意继续竞价的,挂牌出让转入现场竞价,通过现场竞价确定竞得人。挂牌主持人连续三次报出最高挂牌价格,没有竞买人表示愿意继续竞价的,按照下列规定确定是否成交:

(一)在挂牌期限内只有一个竞买人报价,且报价不低于底价,并符合其他条件的,挂牌成交;

(二)在挂牌期限内有两个或者两个以上的竞买人报价的,出价最高者为竞得人;报价相同的,先提交报价单者为竞得人,但报价低于底价者除外;

(三)在挂牌期限内无应价者或者竞买人的报价均低于底价或者均不符合其他条件的,挂牌不成交。

第二十条 以招标、拍卖或者挂牌方式确定中标人、竞得人后,中标人、竞得人支付的投标、竞买保证金,转作受让地块的定金。出让人应当向中标人发出中标通知书或者与竞得人签订成交确认书。

中标通知书或者成交确认书应当包括出让人和中标人或者竞得人的名称,出让标的、成交时间、地点、价款以及签订国有建设用地使用权出让合同的时间、地点等内容。

中标通知书或者成交确认书对出让人和中标人或者竞得人具有法律效力。出让人改变竞得结果,或者中标人、竞得人放弃中标宗地、竞得宗地的,应当依法承担责任。

第二十一条 中标人、竞得人应当按照中标通知书或者成交确认书约定的时间,与出让人签订国有建设用地使用权出让合同。中标人、竞得人支付的投标、竞买保证金抵作土地出让价款;其他投标人、竞买人支付的投标、竞买保证金,出让人必须在招标拍卖挂牌活动结束后5个工作日内予以退还,不计利息。

第二十二条 招标拍卖挂牌活动结束后,出让人应在10个工作日内将招标拍卖挂牌出让结果在土地有形市场或者指定的场所、媒介公布。

出让人公布出让结果,不得向受让人收取费用。

第二十三条 受让人依照国有建设用地使用权出让合同的约定付清全部土地出让价款后,方可申请办理土地登记,领取国有建设用地使用权证书。

未按出让合同约定缴清全部土地出让价款的,不得发放国有建设用地使用权证书,也不得按出让价款缴纳比例分割发放国有建设用地使用权证书。

第二十四条 应当以招标拍卖挂牌方式出让国有建设用地使用权而擅自采用协议方式出让的,对直接负责的主管人员和其他直接责任人员依法给予处分;构成犯罪的,依法追究刑事责任。

第二十五条 中标人、竞得人有下列行为之一的,中标、竞得结果无效;造成损失的,应当依法承担赔偿责任:

(一)提供虚假文件隐瞒事实的;

(二)采取行贿、恶意串通等非法手段中标或者竞得的。

第二十六条 国土资源行政主管部门的工作人员在招标拍卖挂牌出让活动中玩忽职守、滥用职权、徇私舞弊的,依法给予处分;构成犯罪的,依法追究刑事责任。

第二十七条 以招标拍卖挂牌方式租赁国有建设用地使用权的,参照本规定执行。

第二十八条 本规定自 2007 年 11 月 1 日起施行。

协议出让国有土地使用权规定

(2003 年 6 月 11 日国土资源部令第 21 号公布　自 2003 年 8 月 1 日起施行)

第一条 为加强国有土地资产管理,优化土地资源配置,规范协议出让国有土地使用权行为,根据《中华人民共和国城市房地产管理法》、《中华人民共和国土地管理法》和《中华人民共和国土地管理法实施条例》,制定本规定。

第二条 在中华人民共和国境内以协议方式出让国有土地使用权的,适用本规定。

本规定所称协议出让国有土地使用权,是指国家以协议方式将国有土地使用权在一定年限内出让给土地使用者,由土地使用者向国家支付土地使用权出让金的行为。

第三条 出让国有土地使用权,除依照法律、法规和规章的规定应当采用招标、拍卖或者挂牌方式外,方可采取协议方式。

第四条 协议出让国有土地使用权,应当遵循公开、公平、公正和诚实信用的原则。

以协议方式出让国有土地使用权的出让金不得低于按国家规定所确定的最低价。

第五条 协议出让最低价不得低于新增建设用地的土地有偿使用费、征地(拆迁)补偿费用以及按照国家规定应当缴纳的有关税费之和有基准地价的地区,协议出让最低价不得低于出让地块所在级别基准地价的 70%。

低于最低价时国有土地使用权不得出让。

第六条 省、自治区、直辖市人民政府国土资源行政主管部门应当依据本规定第五条的规定拟定协议出让最低价,报同级人民政府批准后公布,由市、县人民政府国土资源行政主管部门实施。

第七条 市、县人民政府国土资源行政主管部门应当根据经济社会发展计划、国家产业政策、土地利用总体规划、土地利用年度计划、城市规划和土地市场状况,编制国有土地使用权出让计划,报同级人民政府批准后组织实施。

国有土地使用权出让计划经批准后,市、县人民政府国土资源行政主管部门应当在土地有形市场等指定场所,或者通过报纸、互联网等媒介向社会公布。

因特殊原因,需要对国有土地使用权出让计划进行调整的,应当报原批准机关批准,并按照前款规定及时向社会公布。

国有土地使用权出让计划应当包括年度土地供应总量、不同用途土地供应面积、地段以及供地时间等内容。

第八条 国有土地使用权出让计划公布后,需要使用土地的单位和个人可以根据国有土地使用权出让计划,在市、县人民政府国土资源行政主管部门公布的时限内,向市、县人民政府国土资源行政主管部门提出意向用地申请。

市、县人民政府国土资源行政主管部门公布计划接受申请的时间不得少于30日。

第九条 在公布的地段上,同一地块只有一个意向用地者的,市、县人民政府国土资源行政主管部门方可按照本规定采取协议方式出让;但商业、旅游、娱乐和商品住宅等经营性用地除外。

同一地块有两个或者两个以上意向用地者的,市、县人民政府国土资源行政主管部门应当按照《招标拍卖挂牌出让国有土地使用权规定》,采取招标、拍卖或者挂牌方式出让。

第十条 对符合协议出让条件的,市、县人民政府国土资源行政主管部门会同城市规划等有关部门,依据国有土地使用权出让计划、城市规划和意向用地者申请的用地项目类型、规模等,制定协议出让土地方案。

协议出让土地方案应当包括拟出让地块的具体位置、界址、用途、面积、年限、土地使用条件、规划设计条件、供地时间等。

第十一条 市、县人民政府国土资源行政主管部门应当根据国家产业政策和拟出让地块的情况,按照《城镇土地估价规程》的规定,对拟出让地块的土地价格进行评估,经市、县人民政府国土资源行政主管部门集体决策合理确定协议出让底价。

协议出让底价不得低于协议出让最低价。

协议出让底价确定后应当保密,任何单位和个人不得泄露。

第十二条 协议出让土地方案和底价经有批准权的人民政府批准后,市、县人民政府国土资源行政主管部门应当与意向用地者就土地出让价格等进行充分协商,协商一致且议定的出让价格不低于出让底价的,方可达成协议。

第十三条 市、县人民政府国土资源行政主管部门应当根据协议结果,与意向用地者签订《国有土地使用权出让合同》。

第十四条 《国有土地使用权出让合同》签订后7日内,市、县人民政府国土资源行政主管部门应当将协议出让结果在土地有形市场等指定场所,或者通过报纸、互联网等媒介向社会公布,接受社会监督。

公布协议出让结果的时间不得少于15日。

第十五条 土地使用者按照《国有土地使用权出让合同》的约定,付清土地使用权出让金、依法办理土地登记手续后,取得国有土地使用权。

第十六条 以协议出让方式取得国有土地使用权的土地使用者,需要将土地使用权出让合同约定的土地用途改变为商业、旅游、娱乐和商品住宅等经营性用途的,应当取得出让方和市、县人民政府城市规划部门的同意,签订土地使用权出让合同变更协议或者重新签订土地使用权出让合同,按变更后的土地用途,以变更时的土地市场价格补交相应的土地使用权出让金,并依法办理土地使用权变更登记手续。

第十七条 违反本规定,有下列行为之一的,对直接负责的主管人员和其他直接责任人员依法给予行政处分:

(一)不按照规定公布国有土地使用权出让计划或者协议出让结果的;

(二)确定出让底价时未经集体决策的;

（三）泄露出让底价的；

（四）低于协议出让最低价出让国有土地使用权的；

（五）减免国有土地使用权出让金的。

违反前款有关规定，情节严重构成犯罪的，依法追究刑事责任。

第十八条 国土资源行政主管部门工作人员在协议出让国有土地使用权活动中玩忽职守、滥用职权、徇私舞弊的，依法给予行政处分；构成犯罪的，依法追究刑事责任。

第十九条 采用协议方式租赁国有土地使用权的，参照本规定执行。

第二十条 本规定自 2003 年 8 月 1 日起施行。原国家土地管理局 1995 年 6 月 28 日发布的《协议出让国有土地使用权最低价确定办法》同时废止。

3. 矿业权

中华人民共和国矿产资源法

（1986 年 3 月 19 日第六届全国人民代表大会常务委员会第十五次会议通过 根据 1996 年 8 月 29 日第八届全国人民代表大会常务委员会第二十一次会议《关于修改〈中华人民共和国矿产资源法〉的决定》第一次修正 根据 2009 年 8 月 27 日第十一届全国人民代表大会常务委员会第十次会议《关于修改部分法律的决定》第二次修正）

目　录

第一章　总　　则

第一条 为了发展矿业，加强矿产资源的勘查、开发利用和保护工作，保障社会主义现代化建设的当前和长远的需要，根据中华人民共和国宪法，特制定本法。

第二条 在中华人民共和国领域及管辖海域勘查、开采矿产资源，必须遵守本法。

第三条 矿产资源属于国家所有，由国务院行使国家对矿产资源的所有权。地表或者地下的矿产资源的国家所有权，不因其所依附的土地的所有权或者使用权的不同而改变。

国家保障矿产资源的合理开发利用。禁止任何组织或者个人用任何手段侵占或者破坏矿产资源。各级人民政府必须加强矿产资源的保护工作。

勘查、开采矿产资源，必须依法分别申请、经批准取得探矿权、采矿权，并办理登记；但是，已经依法申请取得采矿权的矿山企业在划定的矿区范围内为本企业的生产而进行的勘查除外。国家保护探矿权和采矿权不受侵犯，保障矿区和勘查作业区的生产秩序、工作秩序不受影响和破坏。

从事矿产资源勘查和开采的，必须符合规定的资质条件。

第四条 国家保障依法设立的矿山企业开采矿产资源的合法权益。

国有矿山企业是开采矿产资源的主体。国家保障国有矿业经济的巩固和发展。

第五条 国家实行探矿权、采矿权有偿取得的制度；但是，国家对探矿权、采矿权有偿取得的费用，可以根据不同情况规定予以减缴、免缴。具体办法和实施步骤由国务院规定。

开采矿产资源，必须按照国家有关规定缴纳资源税和资源补偿费。

第六条 除按下列规定可以转让外，探矿权、采矿权不得转让：

（一）探矿权人有权在划定的勘查作业区内进行规定的勘查作业，有权优先取得勘查作业区内矿产资源的采矿权。探矿权人在完成规定的最低勘查投入后，经依法批准，可以将探矿权转让他人。

（二）已取得采矿权的矿山企业，因企业合并、分立，与他人合资、合作经营，或者因企业资产出售以及有其他变更企业资产产权的情形而需要变更采矿权主体的，经依法批准可以将采矿权转让他人采矿。

前款规定的具体办法和实施步骤由国务院规定。

禁止将探矿权、采矿权倒卖牟利。

第七条 国家对矿产资源的勘查、开发实行统一规划、合理布局、综合勘查、合理开采和综合利用的方针。

第八条 国家鼓励矿产资源勘查、开发的科学技术研究，推广先进技术，提高矿产资源勘查、开发的科学技术水平。

第九条 在勘查、开发、保护矿产资源和进行科学技术研究等方面成绩显著的单位和个人，由各级人民政府给予奖励。

第十条 国家在民族自治地方开采矿产资源，应当照顾民族自治地方的利益，作出有利于民族自治地方经济建设的安排，照顾当地少数民族群众的生产和生活。

民族自治地方的自治机关根据法律规定和国家的统一规划，对可以由本地方开发的矿产资源，优先合理开发利用。

第十一条 国务院地质矿产主管部门主管全国矿产资源勘查、开采的监督管理工作。国务院有关主管部门协助国务院地质矿产主管部门进行矿产资源勘查、开采的监督管理工作。

省、自治区、直辖市人民政府地质矿产主管部门主管本行政区域内矿产资源勘查、开采的监督管理工作。省、自治区、直辖市人民政府有关主管部门协助同级地质矿产主管部门进行矿产资源勘查、开采的监督管理工作。

第二章 矿产资源勘查的登记和开采的审批

第十二条 国家对矿产资源勘查实行统一的区块登记管理制度。矿产资源勘查登记工作，由国务院地质矿产主管部门负责；特定矿种的矿产资源勘查登记工作，可以由国务院授权有关主管部门负责。矿产资源勘查区块登记管理办法由国务院制定。

第十三条 国务院矿产储量审批机构或者省、自治区、直辖市矿产储量审批机构负责审查批准供矿山建设设计使用的勘探报告，并在规定的期限内批复报送单位。勘探报告未经批准，不得作为矿山建设设计的依据。

第十四条 矿产资源勘查成果档案资料和各类矿产储量的统计资料，实行统一的管理制度，按照国务院规定汇交或者填报。

第十五条 设立矿山企业，必须符合国家规定的资质条件，并依照法律和国家有关规定，由审批机关对其矿区范围、矿山设计或者开采方案、生产技术条件、安全措施和环境保护措施等进行审查；审查合格的，方予批准。

第十六条 开采下列矿产资源的，由国务院地质矿产主管部门审批，并颁发采矿可证：

（一）国家规划矿区和对国民经济具有重要价值的矿区内的矿产资源；

（二）前项规定区域以外可供开采的矿产储量规模在大型以上的矿产资源；

（三）国家规定实行保护性开采的特定矿种；

（四）领海及中国管辖的其他海域的矿产资源；

（五）国务院规定的其他矿产资源。

开采石油、天然气、放射性矿产等特定矿种的，可以由国务院授权的有关主管部门审批，并颁发采矿许可证。

开采第一款、第二款规定以外的矿产资源，其可供开采的矿产的储量规模为中型的，由省、自治区、直辖市人民政府地质矿产主管部门审批和颁发采矿许可证。

开采第一款、第二款和第三款规定以外的矿产资源的管理办法，由省、自治区、直辖市人民代表大会常务委员会依法制定。

依照第三款、第四款的规定审批和颁发采矿许可证的，由省、自治区、直辖市人民政府地质矿产主管部门汇总向国务院地质矿产主管部门备案。

矿产储量规模的大型、中型的划分标准，由国务院矿产储量审批机构规定。

第十七条 国家对国家规划矿区、对国民经济具有重要价值的矿区和国家规定实行保护性开采的特定矿种，实行有计划的开采；未经国务院有关主管部门批准，任何单位和个人不得开采。

第十八条 国家规划矿区的范围、对国民经济具有重要价值的矿区的范围、矿山企业矿区的范围依法划定后，由划定矿区范围的主管机关通知有关县级人民政府予以公告。

矿山企业变更矿区范围，必须报请原审批机关批准，并报请原颁发采矿许可证的机关重新核发采矿许可证。

第十九条 地方各级人民政府应当采取措施，维护本行政区域内的国有矿山企业和其他矿山企业矿区范围内的正常秩序。

禁止任何单位和个人进入他人依法设立的国有矿山企业和其他矿山企业矿区范围内采矿。

第二十条 非经国务院授权的有关主管部门同意，不得在下列地区开采矿产资源：

（一）港口、机场、国防工程设施圈定地区以内；

（二）重要工业区、大型水利工程设施、城镇市政工程设施附近一定距离以内；

（三）铁路、重要公路两侧一定距离以内；

（四）重要河流、堤坝两侧一定距离以内；

（五）国家划定的自然保护区、重要风景区，国家重点保护的不能移动的历史文物和名胜古迹所在地；

（六）国家规定不得开采矿产资源的其他地区。

第二十一条 关闭矿山，必须提出矿山闭坑报告及有关采掘工程、不安全隐患、土地复垦利用、环境保护的资料，并按照国家规定报请审查批准。

第二十二条 勘查、开采矿产资源时，发现具有重大科学文化价值的罕见地质现象以及文化古迹，应当加以保护并及时报告有关部门。

第三章 矿产资源的勘查

第二十三条 区域地质调查按照国家统一规划进行。区域地质调查的报告和图件按照国家规定验收，提供有关部门使用。

第二十四条 矿产资源普查在完成主要矿种普查任务的同时，应当对工作区内包括共生或者伴生矿产的成矿地质条件和矿床工业远景作出初步综合评价。

第二十五条 矿床勘探必须对矿区内具有工业价值的共生和伴生矿产进行综合评价，并计算其储量。未作综合评价的勘探报告不予批准。但是，国务院计划部门另有规定的矿床勘探项目除外。

第二十六条 普查、勘探易损坏的特种非金属矿产、流体矿产、易燃易爆易溶矿产和含有放射性元素的矿产，必须采用省级以上人民政府有关主管部门规定的普查、勘探方法，并有必要的技术装备和安全措施。

第二十七条 矿产资源勘查的原始地质编录和图件、岩矿心、测试样品和其他实物标本资料，各种勘查标志，应当按照有关规定保护和保存。

第二十八条 矿床勘探报告及其他有价值的勘查资料，按照国务院规定实行有偿使用。

第四章 矿产资源的开采

第二十九条 开采矿产资源，必须采取合理的开采顺序、开采方法和选矿工艺。矿山企业的开采回采率、采矿贫化率和选矿回收率应当达到设计要求。

第三十条 在开采主要矿产的同时，对具有工业价值的共生和伴生矿产应当统一规划，综合开采，综合利用，防止浪费；对暂时不能综合开采或者必须同时采出而暂时还不能综合利用的矿产以及含有有用组分的尾矿，应当采取有效的保护措施，防止损失破坏。

第三十一条 开采矿产资源，必须遵守国家劳动安全卫生规定，具备保障安全生产的必要条件。

第三十二条 开采矿产资源，必须遵守有关环境保护的法律规定，防止污染环境。

开采矿产资源，应当节约用地。耕地、草原、林地因采矿受到破坏的，矿山企业应当因地制宜地采取复垦利用、植树种草或者其他利用措施。

开采矿产资源给他人生产、生活造成损失的，应当负责赔偿，并采取必要的补救措施。

第三十三条 在建设铁路、工厂、水库、输油管道、输电线路和各种大型建筑物或者建筑群之前，建设单位必须向所在省、自治区、直辖市地质矿产主管部门了解拟建工程所在地区的矿产资源分布和开采情况。非经国务院授权的部门批准，不得压覆重要矿床。

第三十四条 国务院规定由指定的单位统一收购的矿产品，任何其他单位或者个人不得收购；开采者不得向非指定单位销售。

第五章 集体矿山企业和个体采矿

第三十五条 国家对集体矿山企业和个体采矿实行积极扶持、合理规划、正确引导、加强管理的方针，鼓励集体矿山企业开采国家指定范围内的矿产资源，允许个人采挖零星分散资源和只能用作普通建筑材料的砂、石、粘土以及为生活自用采挖少量矿产。

矿产储量规模适宜由矿山企业开采的矿产资源、国家规定实行保护性开采的特定矿种和国家规定禁止个人开采的其他矿产资源，个人不得开采。

国家指导、帮助集体矿山企业和个体采矿不断提高技术水平、资源利用率和经济效益。

地质矿产主管部门、地质工作单位和国有矿山企业应当按照积极支持、有偿互惠的原则向集体矿山企业和个体采矿提供地质资料和技术服务。

第三十六条 国务院和国务院有关主管部门批准开办的矿山企业矿区范围内已有的集体矿山企业，应当关闭或者到指定的其他地点开采，由矿山建设单位给予合理的补偿，并妥善安置群众生活；也可以按照该矿山企业的统筹安排，实行联合经营。

第三十七条 集体矿山企业和个体采矿应当提高技术水平，提高矿产资源回收率。禁止乱挖滥采，破坏矿产资源。

集体矿山企业必须测绘井上、井下工程对照图。

第三十八条 县级以上人民政府应当指导、帮助集体矿山企业和个体采矿进行技术改造,改善经营管理,加强安全生产。

第六章 法律责任

第三十九条 违反本法规定,未取得采矿许可证擅自采矿的,擅自进入国家规划矿区、对国民经济具有重要价值的矿区范围采矿的,擅自开采国家规定实行保护性开采的特定矿种的,责令停止开采、赔偿损失,没收采出的矿产品和违法所得,可以并处罚款;拒不停止开采,造成矿产资源破坏的,依照刑法有关规定对直接责任人员追究刑事责任。

单位和个人进入他人依法设立的国有矿山企业和其他矿山企业矿区范围内采矿的,依照前款规定处罚。

第四十条 超越批准的矿区范围采矿的,责令退回本矿区范围内开采、赔偿损失,没收越界开采的矿产品和违法所得,可以并处罚款;拒不退回本矿区范围内开采,造成矿产资源破坏的,吊销采矿许可证,依照刑法有关规定对直接责任人员追究刑事责任。

第四十一条 盗窃、抢夺矿山企业和勘查单位的矿产品和其他财物的,破坏采矿、勘查设施的,扰乱矿区和勘查作业区的生产秩序、工作秩序的,分别依照刑法有关规定追究刑事责任;情节显著轻微的,依照治安管理处罚法有关规定予以处罚。

第四十二条 买卖、出租或者以其他形式转让矿产资源的,没收违法所得,处以罚款。

违反本法第六条的规定将探矿权、采矿权倒卖牟利的,吊销勘查许可证、采矿许可证,没收违法所得,处以罚款。

第四十三条 违反本法规定收购和销售国家统一收购的矿产品的,没收矿产品和违法所得,可以并处罚款;情节严重的,依照刑法有关规定,追究刑事责任。

第四十四条 违反本法规定,采取破坏性的开采方法开采矿产资源的,处以罚款,可以吊销采矿许可证;造成矿产资源严重破坏的,依照刑法有关规定对直接责任人员追究刑事责任。

第四十五条 本法第三十九条、第四十条、第四十二条规定的行政处罚,由县级以上人民政府负责地质矿产管理工作的部门按照国务院地质矿产主管部门规定的权限决定。第四十三条规定的行政处罚,由县级以上人民政府工商行政管理部门决定。第四十四条规定的行政处罚,由省、自治区、直辖市人民政府地质矿产主管部门决定。给予吊销勘查许可证或者采矿许可证处罚的,须由原发证机关决定。

依照第三十九条、第四十条、第四十二条、第四十四条规定应当给予行政处罚而不给予行政处罚的,上级人民政府地质矿产主管部门有权责令改正或者直接给予行政处罚。

第四十六条 当事人对行政处罚决定不服的,可以依法申请复议,也可以依法直接向人民法院起诉。

当事人逾期不申请复议也不向人民法院起诉,又不履行处罚决定的,由作出处罚决定的机关申请人民法院强制执行。

第四十七条 负责矿产资源勘查、开采监督管理工作的国家工作人员和其他有关国家工作人员徇私舞弊、滥用职权或者玩忽职守,违反本法规定批准勘查、开采矿产资源和颁发勘查许可证、采矿许可证,或者对违法采矿行为不依法予以制止、处罚,构成犯罪的,依法追究刑事责任;不构成犯罪的,给予行政处分。违法颁发的勘查许可证、采矿许可证,上级人民政府地质矿产主管部门有权予以撤销。

第四十八条 以暴力、威胁方法阻碍从事矿产资源勘查、开采监督管理工作的国家工作人员依法执行职务的,依照刑法有关规定追究刑事责任;拒绝、阻碍从事矿产资源勘查、开采监督管理工作的国家工作人员依法执行职务未使用暴力、威胁方法的,由公安机关依照治安管理处罚法的规定处罚。

第四十九条 矿山企业之间的矿区范围的争议,由当事人协商解决,协商不成的,由有关县级以上地方人民政府根据依法核定的矿区范围处理;跨省、自治区、直辖市的矿区范围的争议,由有关省、自治区、直辖市人民政府协商解决,协商不成的,由国务院处理。

第七章 附 则

第五十条 外商投资勘查、开采矿产资源,法律、行政法规另有规定的,从其规定。

第五十一条 本法施行以前,未办理批准手续、未划定矿区范围、未取得采矿许可证开采矿产资源的,应当依照本法有关规定申请补办手续。

第五十二条 本法实施细则由国务院制定。

第五十三条 本法自 1986 年 10 月 1 日起施行。

探矿权采矿权转让管理办法

(1998 年 2 月 12 日中华人民共和国国务院令第 242 号发布 根据 2014 年 7 月 29 日《国务院关于修改部分行政法规的决定》修订)

第一条 为了加强对探矿权、采矿权转让的管理,保护探矿权人、采矿权人的合法权益,促进矿业发展,根据《中华人民共和国矿产资源法》,制定本办法。

第二条 在中华人民共和国领域及管辖的其他海域转让依法取得的探矿权、采矿权的,必须遵守本办法。

第三条 除按照下列规定可以转让外,探矿权、采矿权不得转让:

(一)探矿权人有权在划定的勘查作业区内进行规定的勘查作业,有权优先取得勘查作业区内矿产资源的采矿权。探矿权人在完成规定的最低勘查投入后,经依法批准,可以将探矿权转让他人。

(二)已经取得采矿权的矿山企业,因企业合并、分立,与他人合资、合作经营,或者因企业资产出售以及有其他变更企业资产产权的情形,需要变更采矿权主体的,经依法批准,可以将采矿权转让他人采矿。

第四条 国务院地质矿产主管部门和省、自治区、直辖市人民政府地质矿产主管部门是探矿权、采矿权转让的审批管理机关。

国务院地质矿产主管部门负责由其审批发证的探矿权、采矿权转让的审批。

省、自治区、直辖市人民政府地质矿产主管部门负责本条第二款规定以外的探矿权、采矿权转让的审批。

第五条 转让探矿权,应当具备下列条件:

(一)自颁发勘查许可证之日起满 2 年,或者在勘查作业区内发现可供进一步勘查或者开采的矿产资源;

(二)完成规定的最低勘查投入;

(三)探矿权属无争议;

(四)按照国家有关规定已经缴纳探矿权使用费、探矿权价款;

(五)国务院地质矿产主管部门规定的其他条件。

第六条 转让采矿权,应当具备下列条件:

(一)矿山企业投入采矿生产满 1 年;

（二）采矿权属无争议；

（三）按照国家有关规定已经缴纳采矿权使用费、采矿权价款、矿产资源补偿费和资源税；

（四）国务院地质矿产主管部门规定的其他条件。

国有矿山企业在申请转让采矿权前，应当征得矿山企业主管部门的同意。

第七条 探矿权或者采矿权转让的受让人，应当符合《矿产资源勘查区块登记管理办法》或者《矿产资源开采登记管理办法》规定的有关探矿权申请人或者采矿权申请人的条件。

第八条 探矿权人或者采矿权人在申请转让探矿权或者采矿权时，应当向审批管理机关提交下列资料：

（一）转让申请书；

（二）转让人与受让人签订的转让合同；

（三）受让人资质条件的证明文件；

（四）转让人具备本办法第五条或者第六条规定的转让条件的证明；

（五）矿产资源勘查或者开采情况的报告；

（六）审批管理机关要求提交的其他有关资料。

国有矿山企业转让采矿权时，还应当提交有关主管部门同意转让采矿权的批准文件。

第九条 转让国家出资勘查所形成的探矿权、采矿权的，必须进行评估。

国家出资勘查形成的探矿权、采矿权价款，由具有矿业权评估资质的评估机构进行评估；评估报告报探矿权、采矿权登记管理机关备案。

第十条 申请转让探矿权、采矿权的，审批管理机关应当自收到转让申请之日起40日内，作出准予转让或者不准转让的决定，并通知转让人和受让人。

准予转让的，转让人和受让人应当自收到批准转让通知之日起60日内，到原发证机关办理变更登记手续；受让人按照国家规定缴纳有关费用后，领取勘查许可证或者采矿许可证，成为探矿权人或者采矿权人。

批准转让的，转让合同自批准之日起生效。

不准转让的，审批管理机关应当说明理由。

第十一条 审批管理机关批准转让探矿权、采矿权后，应当及时通知原发证机关。

第十二条 探矿权、采矿权转让后，探矿权人、采矿权人的权利、义务随之转移。

第十三条 探矿权、采矿权转让后，勘查许可证、采矿许可证的有效期限，为原勘查许可证、采矿许可证的有效期减去已经进行勘查、采矿的年限的剩余期限。

第十四条 未经审批管理机关批准，擅自转让探矿权、采矿权的，由登记管理机关责令改正，没收违法所得，处10万元以下的罚款；情节严重的，由原发证机关吊销勘查许可证、采矿许可证。

第十五条 违反本办法第三条第（二）项的规定，以承包等方式擅自将采矿权转给他人进行采矿的，由县级以上人民政府负责地质矿产管理工作的部门按照国务院地质矿产主管部门规定的权限，责令改正，没收违法所得，处10万元以下的罚款；情节严重的，由原发证机关吊销采矿许可证。

第十六条 审批管理机关工作人员徇私舞弊、滥用职权、玩忽职守，构成犯罪的，依法追究刑事责任；尚不构成犯罪的，依法给予行政处分。

第十七条 探矿权转让申请书、采矿权转让申请书的格式，由国务院地质矿产主管部门统一制定。

第十八条 本办法自发布之日起施行。

最高人民法院关于审理矿业权纠纷案件适用法律若干问题的解释

（2017 年 2 月 20 日最高人民法院审判委员会第 1710 次会议通过　根据 2020 年 12 月 23 日最高人民法院审判委员会第 1823 次会议通过的《最高人民法院关于修改〈最高人民法院关于在民事审判工作中适用《中华人民共和国工会法》若干问题的解释〉等二十七件民事类司法解释的决定》修正　2020 年 12 月 29 日最高人民法院公告公布）

为正确审理矿业权纠纷案件，依法保护当事人的合法权益，根据《中华人民共和国民法典》《中华人民共和国矿产资源法》《中华人民共和国环境保护法》等法律法规的规定，结合审判实践，制定本解释。

第一条　人民法院审理探矿权、采矿权等矿业权纠纷案件，应当依法保护矿业权流转，维护市场秩序和交易安全，保障矿产资源合理开发利用，促进资源节约与环境保护。

第二条　县级以上人民政府自然资源主管部门作为出让人与受让人签订的矿业权出让合同，除法律、行政法规另有规定的情形外，当事人请求确认自依法成立之日起生效的，人民法院应予支持。

第三条　受让人请求自矿产资源勘查许可证、采矿许可证载明的有效期起始日确认其探矿权、采矿权的，人民法院应予支持。

矿业权出让合同生效后、矿产资源勘查许可证或者采矿许可证颁发前，第三人越界或者以其他方式非法勘查开采，经出让人同意已实际占有勘查作业区或者矿区的受让人，请求第三人承担停止侵害、排除妨碍、赔偿损失等侵权责任的，人民法院应予支持。

第四条　出让人未按照出让合同的约定移交勘查作业区或者矿区、颁发矿产资源勘查许可证或者采矿许可证，受让人请求解除出让合同的，人民法院应予支持。

受让人勘查开采矿产资源未达到自然资源主管部门批准的矿山地质环境保护与土地复垦方案要求，在自然资源主管部门规定的期限内拒不改正，或者因违反法律法规被吊销矿产资源勘查许可证、采矿许可证，或者未按照出让合同的约定支付矿业权出让价款，出让人解除出让合同的，人民法院应予支持。

第五条　未取得矿产资源勘查许可证、采矿许可证，签订合同将矿产资源交由他人勘查开采的，人民法院应依法认定合同无效。

第六条　矿业权转让合同自依法成立之日起具有法律约束力。矿业权转让申请未经自然资源主管部门批准，受让人请求转让人办理矿业权变更登记手续的，人民法院不予支持。

当事人仅以矿业权转让申请未经自然资源主管部门批准为由请求确认转让合同无效的，人民法院不予支持。

第七条　矿业权转让合同依法成立后，在不具有法定无效情形下，受让人请求转让人履行报批义务或者转让人请求受让人履行协助报批义务的，人民法院应予支持，但法律上或者事实上不具备履行条件的除外。

人民法院可以依据案件事实和受让人的请求，判决受让人代为办理报批手续，转让人应当履行协助义务，并承担此产生的费用。

第八条　矿业权转让合同依法成立后，转让人无正当理由拒不履行报批义务，受让人请求解除合同、返还已付转让款及利息，并由转让人承担违约责任的，人民法院应予支持。

第九条　矿业权转让合同约定受让人支付全部或者部分转让款后办理报批手续，转让人在办理报批手续前请求受让人先履行付款义务的,人民法院应予支持,但受让人有确切证据证明存在转让人将同一矿业权转让给第三人、矿业权人将被兼并重组等符合民法典第五百二十七条规定情形的除外。

第十条 自然资源主管部门不予批准矿业权转让申请致使矿业权转让合同被解除,受让人请求返还已付转让款及利息,采矿权人请求受让人返还获得的矿产品及收益,或者探矿权人请求受让人返还勘查资料和勘查中回收的矿产品及收益的,人民法院应予支持,但受让人可请求扣除相关的成本费用。

当事人一方对矿业权转让申请未获批准有过错的,应赔偿对方因此受到的损失;双方均有过错的,应当各自承担相应的责任。

第十一条 矿业权转让合同依法成立后、自然资源主管部门批准前,矿业权人又将矿业权转让给第三人并经自然资源主管部门批准、登记,受让人请求解除转让合同、返还已付转让款及利息,并由矿业权人承担违约责任的,人民法院应予支持。

第十二条 当事人请求确认矿业权租赁、承包合同自依法成立之日起生效的,人民法院应予支持。

矿业权租赁、承包合同约定矿业权仅收取租金、承包费,放弃矿山管理,不履行安全生产、生态环境修复等法定义务,不承担相应法律责任的,人民法院应依法认定合同无效。

第十三条 矿业权人与他人合作进行矿产资源勘查开采所签订的合同,当事人请求确认自依法成立之日起生效的,人民法院应予支持。

合同中有关矿业权转让的条款适用本解释关于矿业权转让合同的规定。

第十四条 矿业权人为担保自己或者他人债务的履行,将矿业权抵押给债权人的,抵押合同自依法成立之日起生效,但法律、行政法规规定不得抵押的除外。

当事人仅以未经主管部门批准或者登记、备案为由请求确认抵押合同无效的,人民法院不予支持。

第十五条 当事人请求确认矿业权之抵押权自依法登记时设立的,人民法院应予支持。

颁发矿产资源勘查许可证或者采矿许可证的自然资源主管部门根据相关规定办理的矿业权抵押备案手续,视为前款规定的登记。

第十六条 债务人不履行到期债务或者发生当事人约定的实现抵押权的情形,抵押权人依据民事诉讼法第一百九十六条、第一百九十七条规定申请实现抵押权的,人民法院可以拍卖、变卖矿业权或者裁定以矿业权抵债,但矿业权竞买人、受让人应具备相应的资质条件。

第十七条 矿业权抵押期间因抵押人被兼并重组或者矿床被压覆等原因导致矿业权全部或者部分灭失,抵押权人请求就抵押人因此获得的保险金、赔偿金或者补偿金等款项优先受偿或者将该款项予以提存的,人民法院应予支持。

第十八条 当事人约定在自然保护区、风景名胜区、重点生态功能区、生态环境敏感区和脆弱区等区域内勘查开采矿产资源,违反法律、行政法规的强制性规定或者损害环境公共利益的,人民法院应依法认定合同无效。

第十九条 因越界勘查开采矿产资源引发的侵权责任纠纷,涉及自然资源主管部门批准的勘查开采范围重复或者界限不清的,人民法院应告知当事人先向自然资源主管部门申请解决。

第二十条 因他人越界勘查开采矿产资源,矿业权人请求侵权人承担停止侵害、排除妨碍、返还财产、赔偿损失等侵权责任的,人民法院应予支持,但探矿权人请求侵权人返还越界开采的矿产品及收益的除外。

第二十一条　勘查开采矿产资源造成环境污染，或者导致地质灾害、植被毁损等生态破坏，国家规定的机关或者法律规定的组织提起环境公益诉讼的，人民法院应依法予以受理。

国家规定的机关或者法律规定的组织为保护国家利益、环境公共利益提起诉讼的，不影响因同一勘查开采行为受到人身、财产损害的自然人、法人和非法人组织依据民事诉讼法第一百一十九条的规定提起诉讼。

第二十二条　人民法院在审理案件中，发现无证勘查开采，勘查资质、地质资料造假，或者勘查开采未履行生态环境修复义务等违法情形的，可以向有关行政主管部门提出司法建议，由其依法处理；涉嫌犯罪的，依法移送侦查机关处理。

第二十三条　本解释施行后，人民法院尚未审结的一审、二审案件适用本解释规定。本解释施行前已经作出生效裁判的案件，本解释施行后依法再审的，不适用本解释。

（五）担保物权

1. 抵押权

国务院关于实施动产和权利担保统一登记的决定

（2020年12月22日　国发〔2020〕18号）

为贯彻落实党中央、国务院决策部署，进一步提高动产和权利担保融资效率，优化营商环境，促进金融更好服务实体经济，现作出如下决定：

一、自2021年1月1日起，在全国范围内实施动产和权利担保统一登记。

二、纳入动产和权利担保统一登记范围的担保类型包括：

（一）生产设备、原材料、半成品、产品抵押；

（二）应收账款质押；

（三）存款单、仓单、提单质押；

（四）融资租赁；

（五）保理；

（六）所有权保留；

（七）其他可以登记的动产和权利担保，但机动车抵押、船舶抵押、航空器抵押、债券质押、基金份额质押、股权质押、知识产权中的财产权质押除外。

三、纳入统一登记范围的动产和权利担保，由当事人通过中国人民银行征信中心（以下简称征信中心）动产融资统一登记公示系统自主办理登记，并对登记内容的真实性、完整性和合法性负责。登记机构不对登记内容进行实质审查。

四、中国人民银行要加强对征信中心的督促指导。征信中心具体承担服务性登记工作，不得开展事前审批性登记。征信中心要做好系统建设和维护工作，保障系统安全、稳定运行，建立高效运转的服务体系，不断提高服务效率和质量。

五、国家市场监督管理总局不再承担"管理动产抵押物登记"职责。中国人民银行负责制定生产设备、原材料、半成品、产品抵押和应收账款质押统一登记制度，推进登记服务便利化。中国人民银行、国家市场监督管理总局应当明确生产设备、原材料、半成品、产品抵押登记的过渡安排，妥善做好存量信息的查询、变更、注销服务和数据移交工作，确保有关工作的连续性、稳定性、有效性。

各地区、各相关部门要相互协作、密切配合，认真落实本决定部署的各项工作，努力优化营商环境。

最高人民法院关于适用《中华人民共和国民法典》有关担保制度的解释

（2020年12月25日最高人民法院审判委员会第1824次会议通过 2020年12月31日最高人民法院公告公布 自2021年1月1日起施行 法释〔2020〕28号）

为正确适用《中华人民共和国民法典》有关担保制度的规定，结合民事审判实践，制定本解释。

一、关于一般规定

第一条 因抵押、质押、留置、保证等担保发生的纠纷，适用本解释。所有权保留买卖、融资租赁、保理等涉及担保功能发生的纠纷，适用本解释的有关规定。

第二条 当事人在担保合同中约定担保合同的效力独立于主合同，或者约定担保人对主合同无效的法律后果承担担保责任，该有关担保独立性的约定无效。主合同有效的，有关担保独立性的约定无效不影响担保合同的效力；主合同无效的，人民法院应当认定担保合同无效，但是法律另有规定的除外。

因金融机构开立的独立保函发生的纠纷，适用《最高人民法院关于审理独立保函纠纷案件若干问题的规定》。

第三条 当事人对担保责任的承担约定专门的违约责任，或者约定的担保责任范围超出债务人应当承担的责任范围，担保人主张仅在债务人应当承担的责任范围内承担责任的，人民法院应予支持。

担保人承担的责任超出债务人应当承担的责任范围，担保人向债务人追偿，债务人主张仅在其应当承担的责任范围内承担责任的，人民法院应予支持；担保人请求债权人返还超出部分的，人民法院依法予以支持。

第四条 有下列情形之一，当事人将担保物权登记在他人名下，债务人不履行到期债务或者发生当事人约定的实现担保物权的情形，债权人或者其受托人主张就该财产优先受偿的，人民法院依法予以支持：

（一）为债券持有人提供的担保物权登记在债券受托管理人名下；

（二）为委托贷款人提供的担保物权登记在受托人名下；

（三）担保人知道债权人与他人之间存在委托关系的其他情形。

第五条 机关法人提供担保的，人民法院应当认定担保合同无效，但是经国务院批准为使用外国政府或者国际经济组织贷款进行转贷的除外。

居民委员会、村民委员会提供担保的，人民法院应当认定担保合同无效，但是依法代行村集体经济组织职能的村民委员会，依照村民委员会组织法规定的讨论决定程序对外提供担保的除外。

第六条 以公益为目的的非营利性学校、幼儿园、医疗机构、养老机构等提供担保的，人民法院应当认定担保合同无效，但是有下列情形之一的除外：

（一）在购入或者以融资租赁方式承租教育设施、医疗卫生设施、养老服务设施和其他公益设施时，出卖人、出租人为担保价款或者租金实现而在该公益设施上保留所有权；

（二）以教育设施、医疗卫生设施、养老服务设施和其他公益设施以外的不动产、动产或者财产权利设立担保物权。

登记为营利法人的学校、幼儿园、医疗机构、养老机构等提供担保，当事人以其不具有担保资格为由主张担保合同无效的，人民法院不予支持。

第七条 公司的法定代表人违反公司法关于公司对外担保决议程序的规定,超越权限代表公司与相对人订立担保合同,人民法院应当依照民法典第六十一条和第五百零四条等规定处理:

(一)相对人善意的,担保合同对公司发生效力;相对人请求公司承担担保责任的,人民法院应予支持。

(二)相对人非善意的,担保合同对公司不发生效力;相对人请求公司承担赔偿责任的,参照适用本解释第十七条的有关规定。

法定代表人超越权限提供担保造成公司损失,公司请求法定代表人承担赔偿责任的,人民法院应予支持。

第一款所称善意,是指相对人在订立担保合同时不知道且不应当知道法定代表人超越权限。相对人有证据证明已对公司决议进行了合理审查,人民法院应当认定其构成善意,但是公司有证据证明相对人知道或者应当知道决议系伪造、变造的除外。

第八条 有下列情形之一,公司以其未依照公司法关于公司对外担保的规定作出决议为由主张不承担担保责任的,人民法院不予支持:

(一)金融机构开立保函或者担保公司提供担保;

(二)公司为其全资子公司开展经营活动提供担保;

(三)担保合同系由单独或者共同持有公司三分之二以上对担保事项有表决权的股东签字同意。

上市公司对外提供担保,不适用前款第二项、第三项的规定。

第九条 相对人根据上市公司公开披露的关于担保事项已经董事会或者股东大会决议通过的信息,与上市公司订立担保合同,相对人主张担保合同对上市公司发生效力,并由上市公司承担担保责任的,人民法院应予支持。

相对人未根据上市公司公开披露的关于担保事项已经董事会或者股东大会决议通过的信息,与上市公司订立担保合同,上市公司主张担保合同对其不发生效力,且不承担担保责任或者赔偿责任的,人民法院应予支持。

相对人与上市公司已公开披露的控股子公司订立的担保合同,或者相对人与股票在国务院批准的其他全国性证券交易场所交易的公司订立的担保合同,适用前两款规定。

第十条 一人有限责任公司为其股东提供担保,公司以违反公司法关于公司对外担保决议程序的规定为由主张不承担担保责任的,人民法院不予支持。公司因承担担保责任导致无法清偿其他债务,提供担保时的股东不能证明公司财产独立于自己的财产,其他债权人请求该股东承担连带责任的,人民法院应予支持。

第十一条 公司的分支机构未经公司股东(大)会或者董事会决议以自己的名义对外提供担保,相对人请求公司或者其分支机构承担担保责任的,人民法院不予支持,但是相对人不知道且不应当知道分支机构对外提供担保未经公司决议程序的除外。

金融机构的分支机构在其营业执照记载的经营范围内开立保函,或者经有权从事担保业务的上级机构授权开立保函,金融机构或者其分支机构以违反公司法关于公司对外担保决议程序的规定为由主张不承担担保责任的,人民法院不予支持。金融机构的分支机构未经金融机构授权提供保函之外的担保,金融机构或者其分支机构主张不承担担保责任的,人民法院应予支持,但是相对人不知道且不应当知道分支机构对外提供担保未经金融机构授权的除外。

担保公司的分支机构未经担保公司授权对外提供担保,担保公司或者其分支机构主张不承担担保责任的,人民法院应予支持,但是相对人不知道且不应当知道分支机构对外提供担保未经担保公司授权的除外。

公司的分支机构对外提供担保,相对人非善意,请求公司承担赔偿责任的,参照本解释第十七条的有关规定处理。

第十二条 法定代表人依照民法典第五百五十二条的规定以公司名义加入债务的,人民法院在认定该行为的效力时,可以参照本解释关于公司为他人提供担保的有关规则处理。

第十三条 同一债务有两个以上第三人提供担保,担保人之间约定相互追偿及分担份额,承担了担保责任的担保人请求其他担保人按照约定分担份额的,人民法院应予支持;担保人之间约定承担连带共同担保,或者约定相互追偿但是未约定分担份额的,各担保人按照比例分担向债务人不能追偿的部分。

同一债务有两个以上第三人提供担保,担保人之间未对相互追偿作出约定且未约定承担连带共同担保,但是各担保人在同一份合同书上签字、盖章或者按指印,承担了担保责任的担保人请求其他担保人按照比例分担向债务人不能追偿部分的,人民法院应予支持。

除前两款规定的情形外,承担了担保责任的担保人请求其他担保人分担向债务人不能追偿部分的,人民法院不予支持。

第十四条 同一债务有两个以上第三人提供担保,担保人受让债权的,人民法院应当认定该行为系承担担保责任。受让债权的担保人作为债权人请求其他担保人承担担保责任的,人民法院不予支持;该担保人请求其他担保人分担相应份额的,依照本解释第十三条的规定处理。

第十五条 最高额担保中的最高债权额,是指包括主债权及其利息、违约金、损害赔偿金、保管担保财产的费用、实现债权或者

实现担保物权的费用等在内的全部债权,但是当事人另有约定的除外。

登记的最高债权额与当事人约定的最高债权额不一致的,人民法院应当依据登记的最高债权额确定债权人优先受偿的范围。

第十六条 主合同当事人协议以新贷偿还旧贷,债权人请求旧贷的担保人承担担保责任的,人民法院不予支持;债权人请求新贷的担保人承担担保责任的,按照下列情形处理:

(一)新贷与旧贷的担保人相同的,人民法院应予支持;

(二)新贷与旧贷的担保人不同,或者旧贷无担保新贷有担保的,人民法院不予支持,但是债权人有证据证明新贷的担保人提供担保时对以新贷偿还旧贷的事实知道或者应当知道的除外。

主合同当事人协议以新贷偿还旧贷,旧贷的物的担保人在登记尚未注销的情形下同意继续为新贷提供担保,在订立新的贷款合同前又以该担保财产为其他债权人设立担保物权,其他债权人主张其担保物权顺位优先于新贷债权人的,人民法院不予支持。

第十七条 主合同有效而第三人提供的担保合同无效,人民法院应当区分不同情形确定担保人的赔偿责任:

(一)债权人与担保人均有过错的,担保人承担的赔偿责任不应超过债务人不能清偿部分的二分之一;

(二)担保人有过错而债权人无过错的,担保人对债务人不能清偿的部分承担赔偿责任;

(三)债权人有过错而担保人无过错的,担保人不承担赔偿责任。

主合同无效导致第三人提供的担保合同无效,担保人无过错的,不承担赔偿责任;担保人有过错的,其承担的赔偿责任不应超过债务人不能清偿部分的三分之一。

第十八条　承担了担保责任或者赔偿责任的担保人，在其承担责任的范围内向债务人追偿的，人民法院应予支持。

同一债权既有债务人自己提供的物的担保，又有第三人提供的担保，承担了担保责任或者赔偿责任的第三人，主张行使债权人对债务人享有的担保物权的，人民法院应予支持。

第十九条　担保合同无效，承担了赔偿责任的担保人按照反担保合同的约定，在其承担赔偿责任的范围内请求反担保人承担担保责任的，人民法院应予支持。

反担保合同无效的，依照本解释第十七条的有关规定处理。当事人仅以担保合同无效为由主张反担保合同无效的，人民法院不予支持。

第二十条　人民法院在审理第三人提供的物的担保纠纷案件时，可以适用民法典第六百九十五条第一款、第六百九十六条第一款、第六百九十七条第二款、第六百九十九条、第七百条、第七百零一条、第七百零二条等关于保证合同的规定。

第二十一条　主合同或者担保合同约定了仲裁条款的，人民法院对约定仲裁条款的合同当事人之间的纠纷无管辖权。

债权人一并起诉债务人和担保人的，应当根据主合同确定管辖法院。

债权人依法可以单独起诉担保人且仅起诉担保人的，应当根据担保合同确定管辖法院。

第二十二条　人民法院受理债务人破产案件后，债权人请求担保人承担担保责任，担保人主张担保债务自人民法院受理破产申请之日起停止计息的，人民法院对担保人的主张应予支持。

第二十三条　人民法院受理债务人破产案件，债权人在破产程序中申报债权后又向人民法院提起诉讼，请求担保人承担担保责任的，人民法院依法予以支持。

担保人清偿债权人的全部债权后，可以代替债权人在破产程序中受偿；在债权人的债权未获全部清偿前，担保人不得代替债权人在破产程序中受偿，但是有权就债权人通过破产分配和实现担保债权等方式获得清偿总额中超出债权的部分，在其承担担保责任的范围内请求债权人返还。

债权人在债务人破产程序中未获全部清偿，请求担保人继续承担担保责任的，人民法院应予支持；担保人承担担保责任后，向和解协议或者重整计划执行完毕后的债务人追偿的，人民法院不予支持。

第二十四条　债权人知道或者应当知道债务人破产，既未申报债权也未通知担保人，致使担保人不能预先行使追偿权的，担保人就该债权在破产程序中可能受偿的范围内免除担保责任，但是担保人因自身过错未行使追偿权的除外。

二、关于保证合同

第二十五条　当事人在保证合同中约定了保证人在债务人不能履行债务或者无力偿还债务时才承担保证责任等类似内容，具有债务人应当先承担责任的意思表示的，人民法院应当将其认定为一般保证。

当事人在保证合同中约定了保证人在债务人不履行债务或者未偿还债务时即承担保证责任、无条件承担保证责任等类似内容，不具有债务人应当先承担责任的意思表示的，人民法院应当将其认定为连带责任保证。

第二十六条　一般保证中，债权人以债务人为被告提起诉讼的，人民法院应予受理。债权人未就主合同纠纷提起诉讼或者申请仲裁，仅起诉一般保证人的，人民法院应当驳回起诉。

一般保证中，债权人一并起诉债务人和保证人的，人民法院可以受理，但是在作出判决时，除有民法典第六百八十七条第二款但书规定的情形外，应当在判决书主文中明确，保证人仅对债务人财产依法强制执行后仍不能履行的部分承担保证责任。

债权人未对债务人的财产申请保全，或者保全的债务人的财产足以清偿债务，债权人申请对一般保证人的财产进行保全的，人民法院不予准许。

第二十七条 一般保证的债权人取得对债务人赋予强制执行效力的公证债权文书后，在保证期间内向人民法院申请强制执行，保证人以债权人未在保证期间内对债务人提起诉讼或者申请仲裁为由主张不承担保证责任的，人民法院不予支持。

第二十八条 一般保证中，债权人依据生效法律文书对债务人的财产依法申请强制执行，保证债务诉讼时效的起算时间按照下列规则确定：

（一）人民法院作出终结本次执行程序裁定，或者依照民事诉讼法第二百五十七条第三项、第五项的规定作出终结执行裁定的，自裁定送达债权人之日起开始计算；

（二）人民法院自收到申请执行书之日起一年内未作出前项裁定的，自人民法院收到申请执行书满一年之日起开始计算，但是保证人有证据证明债务人仍有财产可供执行的除外。

一般保证的债权人在保证期间届满前对债务人提起诉讼或者申请仲裁，债权人举证证明存在民法典第六百八十七条第二款但书规定情形的，保证债务的诉讼时效自债权人知道或者应当知道该情形之日起开始计算。

第二十九条 同一债务有两个以上保证人，债权人以其已经在保证期间内依法向部分保证人行使权利为由，主张已经在保证期间内向其他保证人行使权利的，人民法院不予支持。

同一债务有两个以上保证人，保证人之间相互有追偿权，债权人未在保证期间内依

法向部分保证人行使权利，导致其他保证人在承担保证责任后丧失追偿权，其他保证人主张在其不能追偿的范围内免除保证责任的，人民法院应予支持。

第三十条 最高额保证合同对保证期间的计算方式、起算时间等有约定的，按照其约定。

最高额保证合同对保证期间的计算方式、起算时间等没有约定或者约定不明，被担保债权的履行期限均已届满的，保证期间自债权确定之日起开始计算；被担保债权的履行期限尚未届满的，保证期间自最后到期债权的履行期限届满之日起开始计算。

前款所称债权确定之日，依照民法典第四百二十三条的规定认定。

第三十一条 一般保证的债权人在保证期间内对债务人提起诉讼或者申请仲裁后，又撤回起诉或者仲裁申请，债权人在保证期间届满前未再行提起诉讼或者申请仲裁，保证人主张不再承担保证责任的，人民法院应予支持。

连带责任保证的债权人在保证期间内对保证人提起诉讼或者申请仲裁后，又撤回起诉或者仲裁申请，起诉状副本或者仲裁申请书副本已经送达保证人的，人民法院应当认定债权人已经在保证期间内向保证人行使了权利。

第三十二条 保证合同约定保证人承担保证责任直至主债务本息还清时为止等类似内容的，视为约定不明，保证期间为主债务履行期限届满之日起六个月。

第三十三条 保证合同无效，债权人未在约定或者法定的保证期间内依法行使权利，保证人主张不承担赔偿责任的，人民法院应予支持。

第三十四条 人民法院在审理保证合同纠纷案件时，应当将保证期间是否届满、债权人是否在保证期间内依法行使权利等事实作

为案件基本事实予以查明。

债权人在保证期间内未依法行使权利的,保证责任消灭。保证责任消灭后,债权人书面通知保证人要求承担保证责任,保证人在通知书上签字、盖章或者按指印,债权人请求保证人继续承担保证责任的,人民法院不予支持,但是债权人有证据证明成立了新的保证合同的除外。

第三十五条 保证人知道或者应当知道主债权诉讼时效期间届满仍然提供保证或者承担保证责任,又以诉讼时效期间届满为由拒绝承担保证责任或者请求返还财产的,人民法院不予支持;保证人承担保证责任后向债务人追偿的,人民法院不予支持,但是债务人放弃诉讼时效抗辩的除外。

第三十六条 第三人向债权人提供差额补足、流动性支持等类似承诺文件作为增信措施,具有提供担保的意思表示,债权人请求第三人承担保证责任的,人民法院应当依照保证的有关规定处理。

第三人向债权人提供的承诺文件,具有加入债务或者与债务人共同承担债务等意思表示的,人民法院应当认定为民法典第五百五十二条规定的债务加入。

前两款中第三人提供的承诺文件难以确定是保证还是债务加入的,人民法院应当将其认定为保证。

第三人向债权人提供的承诺文件不符合前三款规定的情形,债权人请求第三人承担保证责任或者连带责任的,人民法院不予支持,但是不影响其依据承诺文件请求第三人履行约定的义务或者承担相应的民事责任。

三、关于担保物权

(一)担保合同与担保物权的效力

第三十七条 当事人以所有权、使用权

不明或者有争议的财产抵押,经审查构成无权处分的,人民法院应当依照民法典第三百一十一条的规定处理。

当事人以依法被查封或者扣押的财产抵押,抵押权人请求行使抵押权,经审查查封或者扣押措施已经解除的,人民法院应予支持。抵押人以抵押权设立时财产被查封或者扣押为由主张抵押合同无效的,人民法院不予支持。

以依法被监管的财产抵押的,适用前款规定。

第三十八条 主债权未受全部清偿,担保物权人主张就担保财产的全部行使担保物权的,人民法院应予支持,但是留置权人行使留置权的,应当依照民法典第四百五十条的规定处理。

担保财产被分割或者部分转让,担保物权人主张就分割或者转让后的担保财产行使担保物权的,人民法院应予支持,但是法律或者司法解释另有规定的除外。

第三十九条 主债权被分割或者部分转让,各债权人主张就其享有的债权份额行使担保物权的,人民法院应予支持,但是法律另有规定或者当事人另有约定的除外。

主债务被分割或者部分转移,债务人自己提供物的担保,债权人请求以该担保财产担保全部债务履行的,人民法院应予支持;第三人提供物的担保,主张对未经其书面同意转移的债务不再承担担保责任的,人民法院应予支持。

第四十条 从物产生于抵押权依法设立前,抵押权人主张抵押权的效力及于从物的,人民法院应予支持,但是当事人另有约定的除外。

从物产生于抵押权依法设立后,抵押权人主张抵押权的效力及于从物的,人民法院不予支持,但是在抵押权实现时可以一并处分。

第四十一条　抵押权依法设立后，抵押财产被添附，添附物归第三人所有，抵押权人主张抵押权效力及于补偿金的，人民法院应予支持。

抵押权依法设立后，抵押财产被添附，抵押人对添附物享有所有权，抵押权人主张抵押权的效力及于添附物的，人民法院应予支持，但是添附导致抵押财产价值增加的，抵押权的效力不及于增加的价值部分。

抵押权依法设立后，抵押人与第三人因添附成为添附物的共有人，抵押权人主张抵押权的效力及于抵押人对共有物享有的份额的，人民法院应予支持。

本条所称添附，包括附合、混合与加工。

第四十二条　抵押权依法设立后，抵押财产毁损、灭失或者被征收等，抵押权人请求按照原抵押权的顺位就保险金、赔偿金或者补偿金等优先受偿的，人民法院应予支持。

给付义务人已经向抵押人给付了保险金、赔偿金或者补偿金，抵押权人请求给付义务人向其给付保险金、赔偿金或者补偿金的，人民法院不予支持，但是给付义务人接到抵押权人要求向其给付的通知后仍然向抵押人给付的除外。

抵押权人请求给付义务人向其给付保险金、赔偿金或者补偿金的，人民法院可以通知抵押人作为第三人参加诉讼。

第四十三条　当事人约定禁止或者限制转让抵押财产但是未将约定登记，抵押人违反约定转让抵押财产，抵押权人请求确认转让合同无效的，人民法院不予支持；抵押财产已经交付或者登记，抵押权人请求确认转让不发生物权效力的，人民法院不予支持，但是抵押权人有证据证明受让人知道的除外；抵押权人请求抵押人承担违约责任的，人民法院依法予以支持。

当事人约定禁止或者限制转让抵押财产且已经将约定登记，抵押人违反约定转让抵押财产，抵押权人请求确认转让合同无效的，人民法院不予支持；抵押财产已经交付或者登记，抵押权人主张转让不发生物权效力的，人民法院应予支持，但是因受让人代替债务人清偿债务导致抵押权消灭的除外。

第四十四条　主债权诉讼时效期间届满后，抵押权人主张行使抵押权的，人民法院不予支持；抵押人以主债权诉讼时效期间届满为由，主张不承担担保责任的，人民法院应予支持。主债权诉讼时效期间届满前，债权人仅对债务人提起诉讼，经人民法院判决或者调解后未在民事诉讼法规定的申请执行时效期间内对债务人申请强制执行，其向抵押人主张行使抵押权的，人民法院不予支持。

主债权诉讼时效期间届满后，财产被留置的债务人或者对留置财产享有所有权的第三人请求债权人返还留置财产的，人民法院不予支持；债务人或者第三人请求拍卖、变卖留置财产并以所得价款清偿债务的，人民法院应予支持。

主债权诉讼时效期间届满的法律后果，以登记作为公示方式的权利质权，参照适用第一款的规定；动产质权、以交付权利凭证作为公示方式的权利质权，参照适用第二款的规定。

第四十五条　当事人约定当债务人不履行到期债务或者发生当事人约定的实现担保物权的情形，担保物权人有权将担保财产自行拍卖、变卖并就所得的价款优先受偿的，该约定有效。因担保人的原因导致担保物权人无法自行对担保财产进行拍卖、变卖，担保物权人请求担保人承担因此增加的费用的，人民法院应予支持。

当事人依照民事诉讼法有关"实现担保物权案件"的规定，申请拍卖、变卖担保财产，被申请人以担保合同约定仲裁条款为由主张驳回申请的，人民法院经审查后，应当按照以下情形分别处理：

（一）当事人对担保物权无实质性争议且实现担保物权条件已经成就的，应当裁定准许拍卖、变卖担保财产；

（二）当事人对实现担保物权有部分实质性争议的，可以就无争议的部分裁定准许拍卖、变卖担保财产，并告知可以就有争议的部分申请仲裁；

（三）当事人对实现担保物权有实质性争议的，裁定驳回申请，并告知可以向仲裁机构申请仲裁。

债权人以诉讼方式行使担保物权的，应当以债务人和担保人作为共同被告。

（二）不动产抵押

第四十六条 不动产抵押合同生效后未办理抵押登记手续，债权人请求抵押人办理抵押登记手续的，人民法院应予支持。

抵押财产因不可归责于抵押人自身的原因灭失或者被征收等导致不能办理抵押登记，债权人请求抵押人在约定的担保范围内承担责任的，人民法院不予支持；但是抵押人已经获得保险金、赔偿金或者补偿金等，债权人请求抵押人在其所获金额范围内承担赔偿责任的，人民法院依法予以支持。

因抵押人转让抵押财产或者其他可归责于抵押人自身的原因导致不能办理抵押登记，债权人请求抵押人在约定的担保范围内承担责任的，人民法院依法予以支持，但是不得超过抵押权能够设立时抵押人应当承担的责任范围。

第四十七条 不动产登记簿就抵押财产、被担保的债权范围等所作的记载与抵押合同约定不一致的，人民法院应当根据登记簿的记载确定抵押财产、被担保的债权范围等事项。

第四十八条 当事人申请办理抵押登记手续时，因登记机构的过错致使其不能办理抵押登记，当事人请求登记机构承担赔偿责

任的，人民法院依法予以支持。

第四十九条 以违法的建筑物抵押的，抵押合同无效，但是一审法庭辩论终结前已经办理合法手续的除外。抵押合同无效的法律后果，依照本解释第十七条的有关规定处理。

当事人以建设用地使用权依法设立抵押，抵押人以土地上存在违法的建筑物为由主张抵押合同无效的，人民法院不予支持。

第五十条 抵押人以划拨建设用地上的建筑物抵押，当事人以该建设用地使用权不能抵押或者未办理批准手续为由主张抵押合同无效或者不生效的，人民法院不予支持。抵押权依法实现时，拍卖、变卖建筑物所得的价款，应当优先用于补缴建设用地使用权出让金。

当事人以划拨方式取得的建设用地使用权抵押，抵押人以未办理批准手续为由主张抵押合同无效或者不生效的，人民法院不予支持。已经依法办理抵押登记，抵押权人主张行使抵押权的，人民法院应予支持。抵押权依法实现时所得的价款，参照前款有关规定处理。

第五十一条 当事人仅以建设用地使用权抵押，债权人主张抵押权的效力及于土地上已有的建筑物以及正在建造的建筑物已完成部分的，人民法院应予支持。债权人主张抵押权的效力及于正在建造的建筑物的续建部分以及新增建筑物的，人民法院不予支持。

当事人以正在建造的建筑物抵押，抵押权的效力范围限于已办理抵押登记的部分。当事人按照担保合同的约定，主张抵押权的效力及于续建部分、新增建筑物以及规划中尚未建造的建筑物的，人民法院不予支持。

抵押人将建设用地使用权、土地上的建筑物或者正在建造的建筑物分别抵押给不同债权人的，人民法院应当根据抵押登记的时间先后确定清偿顺序。

第五十二条　当事人办理抵押预告登记后，预告登记权利人请求就抵押财产优先受偿，经审查存在尚未办理建筑物所有权首次登记、预告登记的财产与办理建筑物所有权首次登记时的财产不一致、抵押预告登记已经失效等情形，导致不具备办理抵押登记条件的，人民法院不予支持；经审查已经办理建筑物所有权首次登记，且不存在预告登记失效等情形的，人民法院应予支持，并应当认定抵押权自预告登记之日起设立。

当事人办理了抵押预告登记，抵押人破产，经审查抵押财产属于破产财产，预告登记权利人主张就抵押财产优先受偿的，人民法院应当在受理破产申请时抵押财产的价值范围内予以支持，但是在人民法院受理破产申请前一年内，债务人对没有财产担保的债务设立抵押预告登记的除外。

（三）动产与权利担保

第五十三条　当事人在动产和权利担保合同中对担保财产进行概括描述，该描述能够合理识别担保财产的，人民法院应当认定担保成立。

第五十四条　动产抵押合同订立后未办理抵押登记，动产抵押权的效力按照下列情形分别处理：

（一）抵押人转让抵押财产，受让人占有抵押财产后，抵押权人向受让人请求行使抵押权，人民法院不予支持，但是抵押权人能够举证证明受让人知道或者应当知道已经订立抵押合同的除外；

（二）抵押人将抵押财产出租给他人并移转占有，抵押权人行使抵押权的，租赁关系不受影响，但是抵押权人能够举证证明承租人知道或者应当知道已经订立抵押合同的除外；

（三）抵押人的其他债权人向人民法院申请保全或者执行抵押财产，人民法院已经作

出财产保全裁定或者采取执行措施，抵押权人主张对抵押财产优先受偿的，人民法院不予支持；

（四）抵押人破产，抵押权人主张对抵押财产优先受偿的，人民法院不予支持。

第五十五条　债权人、出质人与监管人订立三方协议，出质人以通过一定数量、品种等概括描述能够确定范围的货物为债务的履行提供担保，当事人有证据证明监管人系受债权人的委托监管并实际控制该货物的，人民法院应当认定质权于监管人实际控制货物之日起设立。监管人违反约定向出质人或者其他人放货、因保管不善导致货物毁损灭失，债权人请求监管人承担违约责任的，人民法院依法予以支持。

在前款规定情形下，当事人有证据证明监管人系受出质人委托监管该货物，或者虽然受债权人委托但是未实际履行监管职责，导致货物仍由出质人实际控制的，人民法院应当认定质权未设立。债权人可以基于质押合同的约定请求出质人承担违约责任，但是不得超过质权有效设立时出质人应当承担的责任范围。监管人未履行监管职责，债权人请求监管人承担责任的，人民法院依法予以支持。

第五十六条　买受人在出卖人正常经营活动中通过支付合理对价取得已被设立担保物权的动产，担保物权人请求就该动产优先受偿的，人民法院不予支持，但是有下列情形之一的除外：

（一）购买商品的数量明显超过一般买受人；

（二）购买出卖人的生产设备；

（三）订立买卖合同的目的在于担保出卖人或者第三人履行债务；

（四）买受人与出卖人存在直接或者间接的控制关系；

（五）买受人应当查询抵押登记而未查询

的其他情形。

前款所称出卖人正常经营活动，是指出卖人的经营活动属于其营业执照明确记载的经营范围，且出卖人持续销售同类商品。前款所称担保物权人，是指已经办理登记的抵押权人、所有权保留买卖的出卖人、融资租赁合同的出租人。

第五十七条　担保人在设立动产浮动抵押并办理抵押登记后又购入或者以融资租赁方式承租新的动产，下列权利人为担保价款债权或者租金的实现而订立担保合同，并在该动产交付后十日内办理登记，主张其权利优先于在先设立的浮动抵押权的，人民法院应予支持：

（一）在该动产上设立抵押权或者保留所有权的出卖人；

（二）为价款支付提供融资而在该动产上设立抵押权的债权人；

（三）以融资租赁方式出租该动产的出租人。

买受人取得动产但未付清价款或者承租人以融资租赁方式占有租赁物但是未付清全部租金，又以标的物为他人设立担保物权，前款所列权利人为担保价款债权或者租金的实现而订立担保合同，并在该动产交付后十日内办理登记，主张其权利优先于买受人为他人设立的担保物权的，人民法院应予支持。

同一动产上存在多个价款优先权的，人民法院应当按照登记的时间先后确定清偿顺序。

第五十八条　以汇票出质，当事人以背书记载"质押"字样并在汇票上签章，汇票已经交付质权人的，人民法院应当认定质权自汇票交付质权人时设立。

第五十九条　存货人或者仓单持有人在仓单上以背书记载"质押"字样，并经保管人签章，仓单已经交付质权人的，人民法院应当认定质权自仓单交付质权人时设立。没有权

利凭证的仓单，依法可以办理出质登记的，仓单质权自办理出质登记时设立。

出质人既以仓单出质，又以仓储物设立担保，按照公示的先后确定清偿顺序；难以确定先后的，按照债权比例清偿。

保管人为同一货物签发多份仓单，出质人在多份仓单上设立多个质权，按照公示的先后确定清偿顺序；难以确定先后的，按照债权比例受偿。

存在第二款、第三款规定的情形，债权人举证证明其损失系由出质人与保管人的共同行为所致，请求出质人与保管人承担连带赔偿责任的，人民法院应予支持。

第六十条　在跟单信用证交易中，开证行与开证申请人之间约定以提单作为担保的，人民法院应当依照民法典关于质权的有关规定处理。

在跟单信用证交易中，开证行依据其与开证申请人之间的约定或者跟单信用证的惯例持有提单，开证申请人未按照约定付款赎单，开证行主张对提单项下货物优先受偿的，人民法院应予支持；开证行主张对提单项下货物享有所有权的，人民法院不予支持。

在跟单信用证交易中，开证行依据其与开证申请人之间的约定或者跟单信用证的惯例，通过转让提单或者提单项下货物取得价款，开证申请人请求返还超出债权部分的，人民法院应予支持。

前三款规定不影响合法持有提单的开证行以提单持有人身份主张运输合同项下的权利。

第六十一条　以现有的应收账款出质，应收账款债务人向质权人确认应收账款的真实性后，又以应收账款不存在或者已经消灭为由主张不承担责任的，人民法院不予支持。

以现有的应收账款出质，应收账款债务人未确认应收账款的真实性，质权人以应收账款债务人为被告，请求就应收账款优先受

偿,能够举证证明办理出质登记时应收账款真实存在的,人民法院应予支持;质权人不能举证证明办理出质登记时应收账款真实存在,仅以已经办理出质登记为由,请求就应收账款优先受偿的,人民法院不予支持。

以现有的应收账款出质,应收账款债务人已经向应收账款债权人履行了债务,质权人请求应收账款债务人履行债务的,人民法院不予支持,但是应收账款债务人接到质权人要求向其履行的通知后,仍然向应收账款债权人履行的除外。

以基础设施和公用事业项目收益权、提供服务或者劳务产生的债权以及其他将有的应收账款出质,当事人为应收账款设立特定账户,发生法定或者约定的质权实现事由时,质权人请求就该特定账户内的款项优先受偿的,人民法院应予支持;特定账户内的款项不足以清偿债务或者未设立特定账户,质权人请求折价或者拍卖、变卖项目收益权等将有的应收账款,并以所得的价款优先受偿的,人民法院依法予以支持。

第六十二条 债务人不履行到期债务,债权人因同一法律关系留置合法占有的第三人的动产,并主张就该留置财产优先受偿的,人民法院应予支持。第三人以该留置财产并非债务人的财产为由请求返还的,人民法院不予支持。

企业之间留置的动产与债权并非同一法律关系,债务人以该债权不属于企业持续经营中发生的债权为由请求债权人返还留置财产的,人民法院应予支持。

企业之间留置的动产与债权并非同一法律关系,债权人留置第三人的财产,第三人请求债权人返还留置财产的,人民法院应予支持。

四、关于非典型担保

第六十三条 债权人与担保人订立担保合同,约定以法律、行政法规尚未规定可以担保的财产权利设立担保,当事人主张合同无效的,人民法院不予支持。当事人未在法定的登记机构依法进行登记,主张该担保具有物权效力的,人民法院不予支持。

第六十四条 在所有权保留买卖中,出卖人依法有权取回标的物,但是与买受人协商不成,当事人请求参照民事诉讼法"实现担保物权案件"的有关规定,拍卖、变卖标的物的,人民法院应予准许。

出卖人请求取回标的物,符合民法典第六百四十二条规定的,人民法院应予支持;买受人以抗辩或者反诉的方式主张拍卖、变卖标的物,并在扣除买受人未支付的价款以及必要费用后返还剩余款项的,人民法院应当一并处理。

第六十五条 在融资租赁合同中,承租人未按照约定支付租金,经催告后在合理期限内仍不支付,出租人请求承租人支付全部剩余租金,并以拍卖、变卖租赁物所得的价款受偿的,人民法院应予支持;当事人请求参照民事诉讼法"实现担保物权案件"的有关规定,以拍卖、变卖租赁物所得价款支付租金的,人民法院应予准许。

出租人请求解除融资租赁合同并收回租赁物,承租人以抗辩或者反诉的方式主张返还租赁物价值超过欠付租金以及其他费用的,人民法院应当一并处理。当事人对租赁物的价值有争议的,应当按照下列规则确定租赁物的价值:

(一)融资租赁合同有约定的,按照其约定;

(二)融资租赁合同未约定或者约定不明的,根据约定的租赁物折旧以及合同到期后租赁物的残值来确定;

(三)根据前两项规定的方法仍然难以确定,或者当事人认为根据前两项规定的方法确定的价值严重偏离租赁物实际价值的,根据当事人的申请委托有资质的机构评估。

第六十六条 同一应收账款同时存在保理、应收账款质押和债权转让，当事人主张参照民法典第七百六十八条的规定确定优先顺序的，人民法院应予支持。

在有追索权的保理中，保理人以应收账款债权人或者应收账款债务人为被告提起诉讼，人民法院应予受理；保理人一并起诉应收账款债权人和应收账款债务人的，人民法院可以受理。

应收账款债权人向保理人返还保理融资款本息或者回购应收账款债权后，请求应收账款债务人向其履行应收账款债务的，人民法院应予支持。

第六十七条 在所有权保留买卖、融资租赁等合同中，出卖人、出租人的所有权未经登记不得对抗的"善意第三人"的范围及其效力，参照本解释第五十四条的规定处理。

第六十八条 债务人或者第三人与债权人约定将财产形式上转移至债权人名下，债务人不履行到期债务，债权人有权对财产折价或者以拍卖、变卖该财产所得价款偿还债务的，人民法院应当认定该约定有效。当事人已经完成财产权利变动的公示，债务人不履行到期债务，债权人请求参照民法典关于担保物权的有关规定就该财产优先受偿的，人民法院应予支持。

债务人或者第三人与债权人约定将财产形式上转移至债权人名下，债务人不履行到期债务，财产归债权人所有的，人民法院应当认定该约定无效，但是不影响当事人有关提供担保的意思表示的效力。当事人已经完成财产权利变动的公示，债务人不履行到期债务，债权人请求对该财产享有所有权的，人民法院不予支持；债权人请求参照民法典关于担保物权的规定对财产折价或者以拍卖、变卖该财产所得的价款优先受偿的，人民法院应予支持；债务人履行债务后请求返还财产，

或者请求对财产折价或者以拍卖、变卖所得的价款清偿债务的，人民法院应予支持。

债务人与债权人约定将财产转移至债权人名下，在一定期间后再由债务人或者其指定的第三人以交易本金加上溢价款回购，债务人到期不履行回购义务，财产归债权人所有的，人民法院应当参照第二款规定处理。回购对象自始不存在的，人民法院应当依照民法典第一百四十六条第二款的规定，按照其实际构成的法律关系处理。

第六十九条 股东以将其股权转移至债权人名下的方式为债务履行提供担保，公司或者公司的债权人以股东未履行或者未全面履行出资义务、抽逃出资等为由，请求作为名义股东的债权人与股东承担连带责任的，人民法院不予支持。

第七十条 债务人或者第三人为担保债务的履行，设立专门的保证金账户并由债权人实际控制，或者将其资金存入债权人设立的保证金账户，债权人主张就账户内的款项优先受偿的，人民法院应予支持。当事人以保证金账户内的款项浮动为由，主张实际控制该账户的债权人对账户内的款项不享有优先受偿权的，人民法院不予支持。

在银行账户下设立的保证金分户，参照前款规定处理。

当事人约定的保证金并非为担保债务的履行设立，或者不符合前两款规定的情形，债权人主张就保证金优先受偿的，人民法院不予支持，但是不影响当事人依照法律的规定或者按照当事人的约定主张权利。

五、附　则

第七十一条 本解释自 2021 年 1 月 1 日起施行。

农民住房财产权抵押
贷款试点暂行办法

（2016 年 3 月 15 日　银发〔2016〕78 号）

第一条　为依法稳妥规范推进农民住房财产权抵押贷款试点,加大金融对"三农"的有效支持,保护借贷当事人合法权益,根据《国务院关于开展农村承包土地的经营权和农民住房财产权抵押贷款试点的指导意见》（国发〔2015〕45 号）和《全国人民代表大会常务委员会关于授权国务院在北京市大兴区等232 个试点县（市、区）、天津市蓟县等 59 个试点县（市、区）行政区域分别暂时调整实施有关法律规定的决定》等政策规定,制定本办法。

第二条　本办法所称农民住房财产权抵押贷款,是指在不改变宅基地所有权性质的前提下,以农民住房所有权及所占宅基地使用权作为抵押、由银行业金融机构（以下称贷款人）向符合条件的农民住房所有人（以下称借款人）发放的、在约定期限内还本付息的贷款。

第三条　本办法所称试点地区是指《全国人民代表大会常务委员会关于授权国务院在北京市大兴区等 232 个试点县（市、区）、天津市蓟县等 59 个试点县（市、区）行政区域分别暂时调整实施有关法律规定的决定》明确授权开展农民住房财产权抵押贷款试点的县（市、区）。

第四条　借款人以农民住房所有权及所占宅基地使用权作抵押申请贷款的,应同时符合以下条件:

（一）具有完全民事行为能力,无不良信用记录;

（二）用于抵押的房屋所有权及宅基地使

用权没有权属争议,依法拥有政府相关主管部门颁发的权属证明,未列入征地拆迁范围;

（三）除用于抵押的农民住房外,借款人应有其他长期稳定居住场所,并能够提供相关证明材料;

（四）所在的集体经济组织书面同意宅基地使用权随农民住房一并抵押及处置。

以共有农民住房抵押的,还应当取得其他共有人的书面同意。

第五条　借款人获得的农民住房财产权抵押贷款,应当优先用于农业生产经营等贷款人认可的合法用途。

第六条　贷款人应当统筹考虑借款人信用状况、借款需求与偿还能力、用于抵押的房屋所有权及宅基地使用权价值等因素,合理自主确定农民住房财产权抵押贷款抵押率和实际贷款额度。鼓励贷款人对诚实守信、有财政贴息、农业保险或农民住房保险等增信手段支持的借款人,适当提高贷款抵押率。

第七条　贷款人应参考人民银行公布的同期同档次基准利率,结合借款人的实际情况合理自主确定农民住房财产权抵押贷款的利率。

第八条　贷款人应综合考虑借款人的年龄、贷款金额、贷款用途、还款能力和用于抵押的农民住房及宅基地状况等因素合理自主确定贷款期限。

第九条　借贷双方可采取委托第三方房地产评估机构评估、贷款人自评估或者双方协商等方式,公平、公正、客观地确定房屋所有权及宅基地使用权价值。

第十条　鼓励贷款人因地制宜,针对借款人需求积极创新信贷产品和服务方式,简化贷款手续,加强贷款风险控制,全面提高贷款服务质量和效率。在农民住房财产权抵押合同约定的贷款利率之外不得另外或变相增加其它借款费用。

第十一条　借贷双方要按试点地区规

定,在试点地区政府确定的不动产登记机构办理房屋所有权及宅基地使用权抵押登记。

第十二条 因借款人不履行到期债务,或者按借贷双方约定的情形需要依法行使抵押权的,贷款人应当结合试点地区实际情况,配合试点地区政府在保障农民基本居住权的前提下,通过贷款重组、按序清偿、房产变卖或拍卖等多种方式处置抵押物,抵押物处置收益应由贷款人优先受偿。变卖或拍卖抵押的农民住房,受让人范围原则上应限制在相关法律法规和国务院规定的范围内。

第十三条 试点地区政府要加快推进政辖区内房屋所有权及宅基地使用权调查确权登记颁证工作,积极组织做好集体建设用地基准地价制定、价值评估、抵押物处置机制等配套工作。

第十四条 鼓励试点地区政府设立农民住房财产权抵押贷款风险补偿基金,用于分担自然灾害等不可抗力造成的贷款损失和保障抵押物处置期间农民基本居住权益,或根据地方财力对农民住房财产权抵押贷款给予适当贴息,增强贷款人放贷激励。

第十五条 鼓励试点地区通过政府性担保公司提供担保的方式,为农民住房财产权抵押贷款主体融资增信。

第十六条 试点地区人民银行分支机构要对开展农民住房财产权抵押贷款业务取得良好效果的贷款人加大支农再贷款支持力度。

第十七条 银行业监督管理机构要统筹研究,合理确定农民住房财产权抵押贷款的风险权重、资本计提、贷款分类等方面的计算规则和激励政策,支持金融机构开展农民住房财产权抵押贷款业务。

第十八条 保险监督管理机构要加快完善农业保险和农民住房保险政策,通过探索开展农民住房财产权抵押贷款保证保险业务等多种方式,为借款人提供增信支持。

第十九条 各试点地区试点工作小组要加强统筹协调,靠实职责分工,扎实做好辖内试点组织实施、跟踪指导和总结评估。试点期间各省年末形成年度试点总结报告,要于每年 1 月底前(遇节假日顺延)以省级人民政府名义送试点指导小组。

第二十条 人民银行分支机构会同银行业监督管理机构等部门加强试点监测、业务指导和评估总结。试点县(市、区)应提交季度总结报告和政策建议,由人民银行副省级城市中心支行以上分支机构会同银监局汇总于季后 20 个工作日内报送试点指导小组办公室,印送指导小组各成员单位。

第二十一条 各银行业金融机构可根据本办法有关规定制定农民住房财产权抵押贷款管理制度及实施细则,并抄报人民银行和银行业监督管理机构。

第二十二条 对于以农民住房财产权为他人贷款提供担保的,可参照本办法执行。

第二十三条 本办法由人民银行、银监会会同试点指导小组相关成员单位负责解释。

第二十四条 本办法自发布之日起施行。

农村承包土地的经营权抵押贷款试点暂行办法

(2016 年 3 月 15 日 银发〔2016〕79 号)

第一条 为依法稳妥规范推进农村承包土地的经营权抵押贷款试点,加大金融对"三农"的有效支持,保护借贷当事人合法权益,根据《国务院关于开展农村承包土地的经营权和农民住房财产权抵押贷款试点的指导意见》(国发〔2015〕45 号)和《全国人民代表大会常务委员会关于授权国务院在北京市大兴区等232个试点县(市、区)、天津市蓟县等59个试点县(市、区)行政区域分别暂时调整实施有关法律规定的决定》等政策规定,制定本办法。

第二条 本办法所称农村承包土地的经营权抵押贷款,是指以承包土地的经营权作抵押、由银行业金融机构(以下称贷款人)向符合条件的承包方农户或农业经营主体发放的、在约定期限内还本付息的贷款。

第三条 本办法所称试点地区是指《全国人民代表大会常务委员会关于授权国务院在北京市大兴区等232个试点县(市、区)、天津市蓟县等59个试点县(市、区)行政区域分别暂时调整实施有关法律规定的决定》明确授权开展农村承包土地的经营权抵押贷款试点的县(市、区)。

第四条 农村承包土地的经营权抵押贷款试点坚持不改变土地公有制性质、不突破耕地红线、不损害农民利益、不层层下达规模指标。

第五条 符合本办法第六条、第七条规定条件、通过家庭承包方式依法取得土地承包经营权和通过合法流转方式获得承包土地的经营权的农户及农业经营主体(以下称借款人),均可按程序向银行业金融机构申请农村承包土地的经营权抵押贷款。

第六条 通过家庭承包方式取得土地承包经营权的农户以其获得的土地经营权作抵押申请贷款的,应同时符合以下条件:

(一)具有完全民事行为能力,无不良信用记录;

(二)用于抵押的承包土地没有权属争议;

(三)依法拥有县级以上人民政府或政府相关主管部门颁发的土地承包经营权证;

(四)承包方已明确告知发包方承包土地的抵押事宜。

第七条 通过合法流转方式获得承包土地的经营权的农业经营主体申请贷款的,应同时符合以下条件:

(一)具备农业生产经营管理能力,无不良信用记录;

(二)用于抵押的承包土地没有权属争议;

(三)已经与承包方或者经承包方书面委托的组织或个人签订了合法有效的经营权流转合同,或依流转合同取得了土地经营权权属确认证明,并已按合同约定方式支付了土地租金;

(四)承包方同意承包土地的经营权可用于抵押及合法再流转;

(五)承包方已明确告知发包方承包土地的抵押事宜。

第八条 借款人获得的承包土地经营权抵押贷款,应主要用于农业生产经营等贷款人认可的合法用途。

第九条 贷款人应当统筹考虑借款人信用状况、借款需求与偿还能力、承包土地经营权价值及流转方式等因素,合理自主确定承包土地的经营权抵押贷款抵押率和实际贷款额度。鼓励贷款人对诚实守信、有财政贴息或农业保险等增信手段支持的借款人,适当提高贷款抵押率。

第十条 贷款人应参考人民银行公布的同期同档次基准利率,结合借款人的实际情况合理自主确定承包土地的经营权抵押贷款的利率。

第十一条 贷款人应综合考虑承包土地经营权可抵押期限、贷款用途、贷款风险、土地流转期内租金支付方式等因素合理自主确定贷款期限。鼓励贷款人在农村承包土地的经营权剩余使用期限内发放中长期贷款,有效增加农业生产的中长期信贷投入。

第十二条 借贷双方可采取委托第三方评估机构评估、贷款人自评估或者借贷双方协商等方式,公平、公正、客观、合理确定农村土地经营权价值。

第十三条　鼓励贷款人因地制宜，针对借款人需求积极创新信贷产品和服务方式，简化贷款手续，加强贷款风险控制，全面提高贷款服务质量和效率。在承包土地的经营权抵押合同约定的贷款利率之外不得另外或变相增加其他借款费用。

第十四条　借贷双方要按试点地区规定，在试点地区农业主管部门或试点地区政府授权的农村产权流转交易平台办理承包土地的经营权抵押登记。受理抵押登记的部门应当对用于抵押的承包土地的经营权权属进行审核、公示。

第十五条　因借款人不履行到期债务，或者按借贷双方约定的情形需要依法行使抵押权的，贷款人可依法采取贷款重组、按序清偿、协议转让、交易平台挂牌再流转等多种方式处置抵押物，抵押物处置收益应由贷款人优先受偿。

第十六条　试点地区政府要依托公共资源管理平台，推进建立县（区）、乡（镇、街道）等多级联网的农村产权流转交易平台，建立承包土地的经营权抵押、流转、评估和处置的专业化服务机制，完善承包土地的经营权价值评估体系，推动承包土地的经营权流转交易公开、公正、规范运行。

第十七条　试点地区政府要加快推进政辖区内农村土地承包经营权确权登记颁证，鼓励探索通过合同鉴证、登记颁证等方式对流转取得的农村承包土地的经营权进行权属确认。

第十八条　鼓励试点地区政府设立农村承包土地的经营权抵押贷款风险补偿基金，用于分担地震、冰雹、严重旱涝等不可抗力造成的贷款损失，或根据地方财力对农村承包土地的经营权抵押贷款给予适当贴息，增强贷款人放贷激励。

第十九条　鼓励试点地区通过政府性担保公司提供担保、农村产权交易平台提供担保等多种方式，为农村承包土地的经营权抵押贷款主体融资增信。

第二十条　试点地区农业主管部门要组织做好流转合同鉴证评估、农村产权交易平台搭建、承包土地的经营权价值评估、抵押物处置等配套工作。

第二十一条　试点地区人民银行分支机构对开展农村承包土地的经营权抵押贷款业务取得良好效果的贷款人加大支农再贷款支持力度。

第二十二条　银行业监督管理机构要统筹研究，合理确定承包土地经营权抵押贷款的风险权重、资本计提、贷款分类等方面的计算规则和激励政策，支持贷款人开展承包土地的经营权抵押贷款业务。

第二十三条　保险监督管理机构要加快完善农业保险政策，积极扩大试点地区农业保险品种和覆盖范围。通过探索开展农村承包土地的经营权抵押贷款保证保险业务等多种方式，为借款人提供增信支持。

第二十四条　各试点地区试点工作小组要加强统筹协调，靠实职责分工，扎实做好辖内试点组织实施、跟踪指导和总结评估。试点期间各省（区、市）年末形成年度试点总结报告，于每年1月底前（遇节假日顺延）以省级人民政府名义送试点指导小组。

第二十五条　人民银行分支机构会同银行业监督管理机构等部门加强试点监测、业务指导和评估总结。试点县（市、区）应提交季度总结报告和政策建议，由人民银行副省级城市中心支行以上分支机构会同银监局汇总，于季后20个工作日内报送试点指导小组办公室，印送试点指导小组各成员单位。

第二十六条　各银行业金融机构可根据本办法有关规定制定农村承包土地的经营权抵押贷款业务管理制度及实施细则，并抄报人民银行和银行业监督管理机构。

第二十七条　对于以承包土地的经营权为他人贷款提供担保的以及没有承包到户的农村集体土地(指耕地)的经营权用于抵押的,可参照本办法执行。

第二十八条　本办法由人民银行、银监会会同试点指导小组相关成员单位负责解释。

第二十九条　本办法自发布之日起施行。

城市房地产抵押管理办法

(1997 年 5 月 9 日建设部令第 56 号发布　根据 2001 年 8 月 15 日《建设部关于修改〈城市房地产抵押管理办法〉的决定》第一次修正　根据 2021 年 3 月 30 日《住房和城乡建设部关于修改〈建筑工程施工许可管理办法〉等三部规章的决定》第二次修正)

第一章　总　　则

第一条　为了加强房地产抵押管理,维护房地产市场秩序,保障房地产抵押当事人的合法权益,根据《中华人民共和国城市房地产管理法》、《中华人民共和国担保法》,制定本办法。

第二条　凡在城市规划区国有土地范围内从事房地产抵押活动的,应当遵守本办法。

地上无房屋(包括建筑物、构筑物及在建工程)的国有土地使用权设定抵押的,不适用本办法。

第三条　本办法所称房地产抵押,是指抵押人以其合法的房地产以不转移占有的方式向抵押权人提供债务履行担保的行为。债务人不履行债务时,债权人有权依法以抵押的房地产拍卖所得的价款优先受偿。

本办法所称抵押人,是指将依法取得的房地产提供给抵押权人,作为本人或者第三人履行债务担保的公民、法人或者其他组织。

本办法所称抵押权人,是指接受房地产抵押作为债务人履行债务担保的公民、法人或者其他组织。

本办法所称预购商品房贷款抵押,是指购房人在支付首期规定的房价款后,由贷款银行代其支付其余的购房款,将所购商品房抵押给贷款银行作为偿还贷款履行担保的行为。

本办法所称在建工程抵押,是指抵押人为取得在建工程继续建造资金的贷款,以其合法方式取得的土地使用权连同在建工程的投入资产,以不转移占有的方式抵押给贷款银行作为偿还贷款履行担保的行为。

第四条　以依法取得的房屋所有权抵押的,该房屋占用范围内的土地使用权必须同时抵押。

第五条　房地产抵押,应当遵循自愿、互利、公平和诚实信用的原则。

依法设定的房地产抵押,受国家法律保护。

第六条　国家实行房地产抵押登记制度。

第七条　国务院建设行政主管部门归口管理全国城市房地产抵押管理工作。

省、自治区建设行政主管部门归口管理本行政区域内的城市房地产抵押管理工作。

直辖市、市、县人民政府房地产行政主管部门(以下简称房地产管理部门)负责管理本行政区域内的房地产抵押管理工作。

第二章　房地产抵押权的设定

第八条　下列房地产不得设定抵押:

(一)权属有争议的房地产;

(二)用于教育、医疗、市政等公共福利事业的房地产;

(三)列入文物保护的建筑物和有重要纪

念意义的其他建筑物;

(四)已依法公告列入拆迁范围的房地产;

(五)被依法查封、扣押、监管或者以其他形式限制的房地产;

(六)依法不得抵押的其他房地产。

第九条 同一房地产设定两个以上抵押权的,抵押人应当将已经设定过的抵押情况告知抵押权人。

抵押人所担保的债权不得超出其抵押物的价值。

房地产抵押后,该抵押房地产的价值大于所担保债权的余额部分,可以再次抵押,但不得超出余额部分。

第十条 以两宗以上房地产设定同一抵押权的,视为同一抵押房地产。但抵押当事人另有约定的除外。

第十一条 以在建工程已完工部分抵押的,其土地使用权随之抵押。

第十二条 以享受国家优惠政策购买的房地产抵押的,其抵押额以房地产权利人可以处分和收益的份额比例为限。

第十三条 国有企业、事业单位法人以国家授予其经营管理的房地产抵押的,应当符合国有资产管理的有关规定。

第十四条 以集体所有制企业的房地产抵押的,必须经集体所有制企业职工(代表)大会通过,并报其上级主管机关备案。

第十五条 以外商投资企业的房地产抵押的,必须经董事会通过,但企业章程另有规定的除外。

第十六条 以有限责任公司、股份有限公司的房地产抵押的,必须经董事会或者股东大会通过,但企业章程另有规定的除外。

第十七条 有经营期限的企业以其所有的房地产设定抵押的,所担保债务的履行期限不应当超过该企业的经营期限。

第十八条 以具有土地使用年限的房地产设定抵押的,所担保债务的履行期限不得超过土地使用权出让合同规定的使用年限减去已经使用年限后的剩余年限。

第十九条 以共有的房地产抵押的,抵押人应当事先征得其他共有人的书面同意。

第二十条 预购商品房贷款抵押的,商品房开发项目必须符合房地产转让条件并取得商品房预售许可证。

第二十一条 以已出租的房地产抵押的,抵押人应当将租赁情况告知抵押权人,并将抵押情况告知承租人。原租赁合同继续有效。

第二十二条 设定房地产抵押时,抵押房地产的价值可以由抵押当事人协商议定,也可以由房地产价格评估机构评估确定。

法律、法规另有规定的除外。

第二十三条 抵押当事人约定对抵押房地产保险的,由抵押人为抵押的房地产投保,保险费由抵押人负担。抵押房地产投保的,抵押人应当将保险单移送抵押权人保管。在抵押期间,抵押权人为保险赔偿的第一受益人。

第二十四条 企业、事业单位法人分立或者合并后,原抵押合同继续有效,其权利和义务由变更后的法人享有和承担。

抵押人死亡、依法被宣告死亡或者被宣告失踪时,其房地产合法继承人或者代管人应当继续履行原抵押合同。

第三章 房地产抵押合同的订立

第二十五条 房地产抵押,抵押当事人应当签订书面抵押合同。

第二十六条 房地产抵押合同应当载明下列主要内容:

(一)抵押人、抵押权人的名称或者个人姓名、住所;

(二)主债权的种类、数额;

(三)抵押房地产的处所、名称、状况、建

筑面积、用地面积以及四至等；

（四）抵押房地产的价值；

（五）抵押房地产的占用管理人、占用管理方式、占用管理责任以及意外损毁、灭失的责任；

（六）债务人履行债务的期限；

（七）抵押权灭失的条件；

（八）违约责任；

（九）争议解决方式；

（十）抵押合同订立的时间与地点；

（十一）双方约定的其他事项。

第二十七条 以预购商品房贷款抵押的，须提交生效的预购房屋合同。

第二十八条 以在建工程抵押的，抵押合同还应当载明以下内容：

（一）《国有土地使用权证》、《建设用地规划许可证》和《建设工程规划许可证》编号；

（二）已交纳的土地使用权出让金或需交纳的相当于土地使用权出让金的款额；

（三）已投入在建工程的工程款；

（四）施工进度及工程竣工日期；

（五）已完成的工作量和工程量。

第二十九条 抵押权人要求抵押房地产保险的，以及要求在房地产抵押后限制抵押人出租、转让抵押房地产或者改变抵押房地产用途的，抵押当事人应当在抵押合同中载明。

第四章 房地产抵押登记

第三十条 房地产抵押合同自签订之日起30日内，抵押当事人应当到房地产所在地的房地产管理部门办理房地产抵押登记。

第三十一条 房地产抵押合同自抵押登记之日起生效。

第三十二条 办理房地产抵押登记，应当向登记机关交验下列文件：

（一）抵押当事人的身份证明或法人资格证明；

（二）抵押登记申请书；

（三）抵押合同；

（四）《国有土地使用权证》、《房屋所有权证》或《房地产权证》，共有的房屋还必须提交《房屋共有权证》和其他共有人同意抵押的证明；

（五）可以证明抵押人有权设定抵押权的文件与证明材料；

（六）可以证明抵押房地产价值的资料；

（七）登记机关认为必要的其他文件。

第三十三条 登记机关应当对申请人的申请进行审核。凡权属清楚、证明材料齐全的，应当在受理登记之日起7日内决定是否予以登记，对不予登记的，应当书面通知申请人。

第三十四条 以依法取得的房屋所有权证书的房地产抵押的，登记机关应当在原《房屋所有权证》上作他项权利记载后，由抵押人收执。并向抵押权人颁发《房屋他项权证》。

以预售商品房或者在建工程抵押的，登记机关应当在抵押合同上作记载。抵押的房地产在抵押期间竣工的，当事人应当在抵押人领取房地产权属证书后，重新办理房地产抵押登记。

第三十五条 抵押合同发生变更或者抵押关系终止时，抵押当事人应当在变更或者终止之日起15日内，到原登记机关办理变更或者注销抵押登记。

因依法处分抵押房地产而取得土地使用权和土地建筑物、其他附着物所有权的，抵押当事人应当自处分行为生效之日起30日内，到县级以上地方人民政府房地产管理部门申请房屋所有权转移登记，并凭变更后的房屋所有权证书向同级人民政府土地管理部门申请土地使用权变更登记。

第五章 抵押房地产的占用与管理

第三十六条 已作抵押的房地产，由抵押人占用与管理。

抵押人在抵押房地产占用与管理期间应当维护抵押房地产的安全与完好。抵押权人有权按照抵押合同的规定监督、检查抵押房地产的管理情况。

第三十七条 抵押权可以随债权转让。抵押权转让时,应当签订抵押权转让合同,并办理抵押权变更登记。抵押权转让后,原抵押权人应当告知抵押人。

经抵押权人同意,抵押房地产可以转让或者出租。

抵押房地产转让或者出租所得价款,应当向抵押权人提前清偿所担保的债权。超过债权数额的部分,归抵押人所有,不足部分由债务人清偿。

第三十八条 因国家建设需要,将已设定抵押权的房地产列入拆迁范围的,抵押人应当及时书面通知抵押权人;抵押双方可以重新设定抵押房地产,也可以依法清理债权债务,解除抵押合同。

第三十九条 抵押人占用与管理的房地产发生损毁、灭失的,抵押人应当及时将情况告知抵押权人,并应当采取措施防止损失的扩大。抵押的房地产因抵押人的行为造成损失使抵押房地产价值不足以作为履行债务的担保时,抵押权人有权要求抵押人重新提供或者增加担保以弥补不足。

抵押人对抵押房地产价值减少无过错的,抵押权人只能在抵押人因损害而得到的赔偿的范围内要求提供担保。抵押房地产价值未减少的部分,仍作为债务的担保。

第六章 抵押房地产的处分

第四十条 有下列情况之一的,抵押权人有权要求处分抵押的房地产:

(一)债务履行期满,抵押权人未受清偿的,债务人又未能与抵押权人达成延期履行协议的;

(二)抵押人死亡,或者被宣告死亡而无人代为履行到期债务的;或者抵押人的合法继承人、受遗赠人拒绝履行到期债务的;

(三)抵押人被依法宣告解散或者破产的;

(四)抵押人违反本办法的有关规定,擅自处分抵押房地产的;

(五)抵押合同约定的其他情况。

第四十一条 有本办法第四十条规定情况之一的,经抵押当事人协商可以通过拍卖等合法方式处分抵押房地产。协议不成的,抵押权人可以向人民法院提起诉讼。

第四十二条 抵押权人处分抵押房地产时,应当事先书面通知抵押人;抵押房地产为共有或者出租的,还应当同时书面通知共有人或承租人;在同等条件下,共有人或承租人依法享有优先购买权。

第四十三条 同一房地产设定两个以上抵押权时,以抵押登记的先后顺序受偿。

第四十四条 处分抵押房地产时,可以依法将土地上新增的房屋与抵押财产一同处分,但对处分新增房屋所得,抵押权人无权优先受偿。

第四十五条 以划拨方式取得的土地使用权连同地上建筑物设定的房地产抵押进行处分时,应当从处分所得的价款中缴纳相当于应当缴纳的土地使用权出让金的款额后,抵押权人方可优先受偿。

法律、法规另有规定的依照其规定。

第四十六条 抵押权人对抵押房地产的处分,因下列情况而中止:

(一)抵押权人请求中止的;

(二)抵押人申请愿意并证明能够及时履行债务,并经抵押权人同意的;

(三)发现被拍卖抵押物有权属争议的;

(四)诉讼或仲裁中的抵押房地产;

(五)其他应当中止的情况。

第四十七条 处分抵押房地产所得金额,依下列顺序分配:

(一)支付处分抵押房地产的费用;

(二)扣除抵押房地产应缴纳的税款;

(三)偿还抵押权人债权本息及支付违约金;

(四)赔偿由债务人违反合同而对抵押权人造成的损害;

(五)剩余金额交还抵押人。

处分抵押房地产所得金额不足以支付债务和违约金、赔偿金时,抵押权人有权向债务人追索不足部分。

第七章 法律责任

第四十八条 抵押人隐瞒抵押的房地产存在共有、产权争议或者被查封、扣押等情况的,抵押人应当承担由此产生的法律责任。

第四十九条 抵押人擅自以出售、出租、交换、赠与或者以其他方式处分抵押房地产的,其行为无效;造成第三人损失的,由抵押人予以赔偿。

第五十条 抵押当事人因履行抵押合同或者处分抵押房地产发生争议的,可以协商解决;协商不成的,抵押当事人可以根据双方达成的仲裁协议向仲裁机构申请仲裁;没有仲裁协议的,也可以直接向人民法院提起诉讼。

第五十一条 因国家建设需要,将已设定抵押权的房地产列入拆迁范围时,抵押人违反前述第三十八条的规定,不依法清理债务,也不重新设定抵押房地产的,抵押权人可以向人民法院提起诉讼。

第五十二条 登记机关工作人员玩忽职守、滥用职权,或者利用职务上的便利,索取他人财物,或者非法收受他人财物为他人谋取利益的,依法给予行政处分;构成犯罪的,依法追究刑事责任。

第八章 附 则

第五十三条 在城市规划区外国有土地上进行房地产抵押活动的,参照本办法执行。

第五十四条 本办法由国务院建设行政主管部门负责解释。

第五十五条 本办法自1997年6月1日起施行。

最高人民法院关于能否将国有土地使用权折价抵偿给抵押权人问题的批复

(1998年9月1日最高人民法院审判委员会第1019次会议通过 1998年9月3日最高人民法院公告公布 自1998年9月9日起施行 法释〔1998〕25号)

四川省高级人民法院:

你院川高法〔1998〕19号《关于能否将国有土地使用权以国土部门认定的价格抵偿给抵押权人的请示》收悉。经研究,答复如下:

在依法以国有土地使用权作抵押的担保纠纷案件中,债务履行期届满抵押权人未受清偿的,可以通过拍卖的方式将土地使用权变现。如果无法变现,债务人又没有其他可供清偿的财产时,应当对国有土地使用权依法评估。人民法院可以参考政府土地管理部门确认的地价评估结果将土地使用权折价,经抵押权人同意,将折价后的土地使用权抵偿给抵押权人,土地使用权由抵押权人享有。

此复

最高人民法院关于房地产管理机关能否撤销错误的注销抵押登记行为问题的批复

（2003 年 10 月 14 日最高人民法院审判委员会第 1293 次会议通过　2003 年 10 月 17 日最高人民法院公告公布　自 2003 年 11 月 20 日起施行　法释〔2003〕17 号）

广西壮族自治区高级人民法院：

你院《关于首长机电设备贸易（香港）有限公司不服柳州市房产局注销抵押登记、吊销（1997）柳房他证字第 0410 号房屋他项权证并要求发还 0410 号房屋他项权证上诉一案的请示》收悉。经研究答复如下：

房地产管理机关可以撤销错误的注销抵押登记行为。

此复

最高人民法院关于审理独立保函纠纷案件若干问题的规定

（2016 年 7 月 11 日最高人民法院审判委员会第 1688 次会议通过　根据 2020 年 12 月 23 日最高人民法院审判委员会第 1823 次会议通过的《最高人民法院关于修改〈最高人民法院关于破产企业国有划拨土地使用权应否列入破产财产等问题的批复〉等二十九件商事类司法解释的决定》修正　2020 年 12 月 29 日最高人民法院公告公布）

为正确审理独立保函纠纷案件，切实维护当事人的合法权益，服务和保障"一带一路"建设，促进对外开放，根据《中华人民共和国民法典》《中华人民共和国涉外民事关系法律适用法》《中华人民共和国民事诉讼法》等法律，结合审判实际，制定本规定。

第一条　本规定所称的独立保函，是指银行或非银行金融机构作为开立人，以书面形式向受益人出具的，同意在受益人请求付款并提交符合保函要求的单据时，向其支付特定款项或在保函最高金额内付款的承诺。

前款所称的单据，是指独立保函载明的受益人应提交的付款请求书、违约声明、第三方签发的文件、法院判决、仲裁裁决、汇票、发票等表明发生付款到期事件的书面文件。

独立保函可以依保函申请人的申请而开立，也可以依另一金融机构的指示而开立。开立人依指示开立独立保函的，可以要求指示人向其开立用以保障追偿权的独立保函。

第二条　本规定所称的独立保函纠纷，是指在独立保函的开立、撤销、修改、转让、付款、追偿等环节产生的纠纷。

第三条　保函具有下列情形之一，当事人主张保函性质为独立保函的，人民法院应予支持，但保函未载明据以付款的单据和最高金额的除外：

（一）保函载明见索即付；

（二）保函载明适用国际商会《见索即付保函统一规则》等独立保函交易示范规则；

（三）根据保函文本内容，开立人的付款义务独立于基础交易关系及保函申请法律关系，其仅承担相符交单的付款责任。

当事人以独立保函记载了对应的基础交易为由，主张该保函性质为一般保证或连带保证的，人民法院不予支持。

当事人主张独立保函适用民法典关于一般保证或连带保证规定的，人民法院不予支持。

第四条　独立保函的开立时间为开立人发出独立保函的时间。

独立保函一经开立即生效，但独立保函载明生效日期或事件的除外。

独立保函未载明可撤销,当事人主张独立保函开立后不可撤销的,人民法院应予支持。

第五条 独立保函载明适用《见索即付保函统一规则》等独立保函交易示范规则,或开立人和受益人在一审法庭辩论终结前一致援引的,人民法院应当认定交易示范规则的内容构成独立保函条款的组成部分。

不具有前款情形,当事人主张独立保函适用相关交易示范规则的,人民法院不予支持。

第六条 受益人提交的单据与独立保函条款之间、单据与单据之间表面相符,受益人请求开立人依据独立保函承担付款责任的,人民法院应予支持。

开立人以基础交易关系或独立保函申请关系对付款义务提出抗辩的,人民法院不予支持,但有本规定第十二条情形的除外。

第七条 人民法院在认定是否构成表面相符时,应当根据独立保函载明的审单标准进行审查;独立保函未载明的,可以参照适用国际商会确定的相关审单标准。

单据与独立保函条款之间、单据与单据之间表面上不完全一致,但并不导致相互之间产生歧义的,人民法院应当认定构成表面相符。

第八条 开立人有独立审查单据的权利与义务,有权自行决定单据与独立保函条款之间、单据与单据之间是否表面相符,并自行决定接受或拒绝接受不符点。

开立人已向受益人明确表示接受不符点,受益人请求开立人承担付款责任的,人民法院应予支持。

开立人拒绝接受不符点,受益人以保函申请人已接受不符点为由请求开立人承担付款责任的,人民法院不予支持。

第九条 开立人依据独立保函付款后向保函申请人追偿的,人民法院应予支持,但受益人提交的单据存在不符点的除外。

第十条 独立保函未同时载明可转让和据以确定新受益人的单据,开立人主张受益人付款请求权的转让对其不发生效力的,人民法院应予支持。独立保函对受益人付款请求权的转让有特别约定的,从其约定。

第十一条 独立保函具有下列情形之一,当事人主张独立保函权利义务终止的,人民法院应予支持:

(一)独立保函载明的到期日或到期事件届至,受益人未提交符合独立保函要求的单据;

(二)独立保函项下的应付款项已经全部支付;

(三)独立保函的金额已减额至零;

(四)开立人收到受益人出具的免除独立保函项下付款义务的文件;

(五)法律规定或者当事人约定终止的其他情形。

独立保函具有前款权利义务终止的情形,受益人以其持有独立保函文本为由主张享有付款请求权的,人民法院不予支持。

第十二条 具有下列情形之一的,人民法院应当认定构成独立保函欺诈:

(一)受益人与保函申请人或其他人串通,虚构基础交易的;

(二)受益人提交的第三方单据系伪造或内容虚假的;

(三)法院判决或仲裁裁决认定基础交易债务人没有付款或赔偿责任的;

(四)受益人确认基础交易债务已得到完全履行或者确认独立保函载明的付款到期事件并未发生的;

(五)受益人明知其没有付款请求权仍滥用该权利的其他情形。

第十三条 独立保函的申请人、开立人或指示人发现有本规定第十二条情形的,可以在提起诉讼或申请仲裁前,向开立人住所地或其他对独立保函欺诈纠纷案件具有管辖权的人民法院申请中止支付独立保函项下的款项,也可以在诉讼或仲裁过程中提出申请。

第十四条　人民法院裁定中止支付独立保函项下的款项,必须同时具备下列条件:

(一)止付申请人提交的证据材料证明本规定第十二条情形的存在具有高度可能性;

(二)情况紧急,不立即采取止付措施,将给止付申请人的合法权益造成难以弥补的损害;

(三)止付申请人提供了足以弥补被申请人因止付可能遭受损失的担保。

止付申请人以受益人在基础交易中违约为由请求止付的,人民法院不予支持。

开立人在依指示开立的独立保函项下已经善意付款的,对保障该开立人追偿权的独立保函,人民法院不得裁定止付。

第十五条　因止付申请错误造成损失,当事人请求止付申请人赔偿的,人民法院应予支持。

第十六条　人民法院受理止付申请后,应当在四十八小时内作出书面裁定。裁定应当列明申请人、被申请人和第三人,并包括初步查明的事实和是否准许止付申请的理由。

裁定中止支付的,应当立即执行。

止付申请人在止付裁定作出后三十日内未依法提起独立保函欺诈纠纷诉讼或申请仲裁的,人民法院应当解除止付裁定。

第十七条　当事人对人民法院就止付申请作出的裁定有异议的,可以在裁定书送达之日起十日内向作出裁定的人民法院申请复议。复议期间不停止裁定的执行。

人民法院应当在收到复议申请后十日内审查,并询问当事人。

第十八条　人民法院审理独立保函欺诈纠纷案件或处理止付申请,可以就当事人主张的本规定第十二条的具体情形,审查认定基础交易的相关事实。

第十九条　保函申请人在独立保函欺诈诉讼中仅起诉受益人的,独立保函的开立人、指示人可以作为第三人申请参加,或由人民法院通知其参加。

第二十条　人民法院经审理独立保函欺诈纠纷案件,能够排除合理怀疑地认定构成独立保函欺诈,并且不存在本规定第十四条第三款情形的,应当判决开立人终止支付独立保函项下被请求的款项。

第二十一条　受益人和开立人之间因独立保函而产生的纠纷案件,由开立人住所地或被告住所地人民法院管辖,独立保函载明由其他法院管辖或提交仲裁的除外。当事人主张根据基础交易合同争议解决条款确定管辖法院或提交仲裁的,人民法院不予支持。

独立保函欺诈纠纷案件由被请求止付的独立保函的开立人住所地或被告住所地人民法院管辖,当事人书面协议由其他法院管辖或提交仲裁的除外。当事人主张根据基础交易合同或独立保函的争议解决条款确定管辖法院或提交仲裁的,人民法院不予支持。

第二十二条　涉外独立保函未载明适用法律,开立人和受益人在一审法庭辩论终结前亦未就适用法律达成一致的,开立人和受益人之间因涉外独立保函而产生的纠纷适用开立人经常居所地法律;独立保函由金融机构依法登记设立的分支机构开立的,适用分支机构登记地法律。

涉外独立保函欺诈纠纷,当事人就适用法律不能达成一致的,适用被请求止付的独立保函的开立人经常居所地法律;独立保函由金融机构依法登记设立的分支机构开立的,适用分支机构登记地法律;当事人有共同经常居所地的,适用共同经常居所地法律。

涉外独立保函止付保全程序,适用中华人民共和国法律。

第二十三条　当事人约定在国内交易中适用独立保函,一方当事人以独立保函不具有涉外因素为由,主张保函独立性的约定无效的,人民法院不予支持。

第二十四条 对于按照特户管理并移交开立人占有的独立保函开立保证金,人民法院可以采取冻结措施,但不得扣划。保证金账户内的款项丧失开立保证金的功能时,人民法院可以依法采取扣划措施。

开立人已履行对外支付义务的,根据该开立人的申请,人民法院应当解除对开立保证金相应部分的冻结措施。

第二十五条 本规定施行后尚未终审的案件,适用本规定;本规定施行前已经终审的案件,当事人申请再审或者人民法院按照审判监督程序再审的,不适用本规定。

第二十六条 本规定自 2016 年 12 月 1 日起施行。

最高人民法院关于审理信用证纠纷案件若干问题的规定

（2005 年 10 月 24 日最高人民法院审判委员会第 1368 次会议通过 根据 2020 年 12 月 23 日最高人民法院审判委员会第 1823 次会议通过的《最高人民法院关于修改〈最高人民法院关于破产企业国有划拨土地使用权应否列入破产财产等问题的批复〉等二十九件商事类司法解释的决定》修正 2020 年 12 月 29 日最高人民法院公告公布）

根据《中华人民共和国民法典》《中华人民共和国涉外民事关系法律适用法》《中华人民共和国民事诉讼法》等法律,参照国际商会《跟单信用证统一惯例》等相关国际惯例,结合审判实践,就审理信用证纠纷案件的有关问题,制定本规定。

第一条 本规定所指的信用证纠纷案件,是指在信用证开立、通知、修改、撤销、保兑、议付、偿付等环节产生的纠纷。

第二条 人民法院审理信用证纠纷案件时,当事人约定适用相关国际惯例或者其他规定的,从其约定;当事人没有约定的,适用国际商会《跟单信用证统一惯例》或者其他相关国际惯例。

第三条 开证申请人与开证行之间因申请开立信用证而产生的欠款纠纷、委托人和受托人之间因委托开立信用证产生的纠纷、担保人为申请开立信用证或者委托开立信用证提供担保而产生的纠纷以及信用证项下融资产生的纠纷,适用本规定。

第四条 因申请开立信用证而产生的欠款纠纷、委托开立信用证纠纷和因此产生的担保纠纷以及信用证项下融资产生的纠纷应当适用中华人民共和国相关法律。涉外合同当事人对法律适用另有约定的除外。

第五条 开证行在作出付款、承兑或者履行信用证项下其他义务的承诺后,只要单据与信用证条款、单据与单据之间在表面上相符,开证行应当履行在信用证规定的期限内付款的义务。当事人以开证申请人与受益人之间的基础交易提出抗辩的,人民法院不予支持。具有本规定第八条的情形除外。

第六条 人民法院在审理信用证纠纷案件中涉及单证审查的,应当根据当事人约定适用的相关国际惯例或者其他规定进行;当事人没有约定的,应当按照国际商会《跟单信用证统一惯例》以及国际商会确定的相关标准,认定单据与信用证条款、单据与单据之间是否在表面上相符。

信用证项下单据与信用证条款之间、单据与单据之间在表面上不完全一致,但并不导致相互之间产生歧义的,不应认定为不符点。

第七条 开证行有独立审查单据的权利和义务,有权自行作出单据与信用证条款、单据与单据之间是否在表面上相符的决定,并自行决定接受或者拒绝接受单据与信用证条款、单据与单据之间的不符点。

开证行发现信用证项下存在不符点后，可以自行决定是否联系开证申请人接受不符点。开证申请人决定是否接受不符点，并不影响开证行最终决定是否接受不符点。开证行和开证申请人另有约定的除外。

开证行向受益人明确表示接受不符点的，应当承担付款责任。

开证行拒绝接受不符点时，受益人以开证申请人已接受不符点为由要求开证行承担信用证项下付款责任的，人民法院不予支持。

第八条 凡有下列情形之一的，应当认定存在信用证欺诈：

（一）受益人伪造单据或者提交记载内容虚假的单据；

（二）受益人恶意不交付货物或者交付的货物无价值；

（三）受益人和开证申请人或者其他第三方串通提交假单据，而没有真实的基础交易；

（四）其他进行信用证欺诈的情形。

第九条 开证申请人、开证行或者其他利害关系人发现有本规定第八条的情形，并认为将会给其造成难以弥补的损害时，可以向有管辖权的人民法院申请中止支付信用证项下的款项。

第十条 人民法院认定存在信用证欺诈的，应当裁定中止支付或者判决终止支付信用证项下款项，但有下列情形之一的除外：

（一）开证行的指定人、授权人已按照开证行的指令善意地进行了付款；

（二）开证行或者其指定人、授权人已对信用证项下票据善意地作出了承兑；

（三）保兑行善意地履行了付款义务；

（四）议付行善意地进行了议付。

第十一条 当事人在起诉前申请中止支付信用证项下款项符合下列条件的，人民法院应予受理：

（一）受理申请的人民法院对该信用证纠纷案件享有管辖权；

（二）申请人提供的证据材料证明存在本规定第八条的情形；

（三）如不采取中止支付信用证项下款项的措施，将会使申请人的合法权益受到难以弥补的损害；

（四）申请人提供了可靠、充分的担保；

（五）不存在本规定第十条的情形。

当事人在诉讼中申请中止支付信用证项下款项的，应当符合前款第（二）、（三）、（四）、（五）项规定的条件。

第十二条 人民法院接受中止支付信用证项下款项申请后，必须在四十八小时内作出裁定；裁定中止支付的，应当立即开始执行。

人民法院作出中止支付信用证项下款项的裁定，应当列明申请人、被申请人和第三人。

第十三条 当事人对人民法院作出中止支付信用证项下款项的裁定有异议的，可以在裁定书送达之日起十日内向上一级人民法院申请复议。上一级人民法院应当自收到复议申请之日起十日内作出裁定。

复议期间，不停止原裁定的执行。

第十四条 人民法院在审理信用证欺诈案件过程中，必要时可以将信用证纠纷与基础交易纠纷一并审理。

当事人以基础交易欺诈为由起诉的，可以将与案件有关的开证行、议付行或者其他信用证法律关系的利害关系人列为第三人；第三人可以申请参加诉讼，人民法院也可以通知第三人参加诉讼。

第十五条 人民法院通过实体审理，认定构成信用证欺诈并且不存在本规定第十条的情形的，应当判决终止支付信用证项下的款项。

第十六条 保证人以开证行或者开证申

请人接受不符点未征得其同意为由请求免除保证责任的,人民法院不予支持。保证合同另有约定的除外。

第十七条 开证申请人与开证行对信用证进行修改未征得保证人同意的,保证人只在原保证合同约定的或者法律规定的期间和范围内承担保证责任。保证合同另有约定的除外。

第十八条 本规定自 2006 年 1 月 1 日起施行。

2. 质 权

个人定期存单质押贷款办法

(2007 年 7 月 3 日中国银行业监督管理委员会令 2007 年第 4 号公布　根据 2021 年6 月 21 日中国银行保险监督管理委员会令 2021 年第 7 号《中国银保监会关于清理规章规范性文件的决定》修订)

第一条 为加强个人定期存单质押贷款管理,根据《中华人民共和国商业银行法》、《中华人民共和国民法典》及其他有关法律、行政法规,制定本办法。

第二条 个人定期存单质押贷款(以下统称存单质押贷款)是指借款人以未到期的个人定期存单作质押,从商业银行(以下简称贷款人)取得一定金额的人民币贷款,到期由借款人偿还本息的贷款业务。

第三条 本办法所称借款人,是指中华人民共和国境内具有相应民事行为能力的自然人、法人和其他组织。

外国人、无国籍人以及港、澳、台居民为借款人的,应在中华人民共和国境内居住满一年并有固定居所和职业。

第四条 作为质押品的定期存单包括未到期的整存整取、存本取息和外币定期储蓄存款存单等具有定期存款性质的权利凭证。

所有权有争议、已作担保、挂失、失效或被依法止付的存单不得作为质押品。

第五条 借款人以本人名下定期存单作质押的小额贷款(以下统称小额存单质押贷款),存单开户银行可授权办理储蓄业务的营业网点直接受理并发放。

各商业银行总行可根据本行实际,确定前款小额存单质押贷款额度。

第六条 以第三人存单作质押的,贷款人应制定严格的内部程序,认真审查存单的真实性、合法性和有效性,防止发生权利瑕疵的情形。对于借款人以公开向不特定的自然人、法人和其他组织募集的存单申请质押贷款的,贷款人不得向其发放贷款。

第七条 存单质押担保的范围包括贷款本金和利息、罚息、损害赔偿金、违约金和实现质权的费用。

存单质押贷款金额原则上不超过存单本金的 90%(外币存款按当日公布的外汇(钞)买入价折成人民币计算)。各行也可以根据存单质押担保的范围合理确定贷款金额,但存单金额应能覆盖贷款本息。

第八条 存单质押贷款期限不得超过质押存单的到期日。若为多张存单质押,以距离到期日时间最近的确定贷款期限,分笔发放的贷款除外。

第九条 存单质押贷款利率按国家利率管理规定执行,计、结息方式由借贷双方协商确定。

第十条 在贷款到期日前,借款人可申请展期。贷款人办理展期应当根据借款人资信状况和生产经营实际需要,按审慎管理原则,合理确定贷款展期期限,但累计贷款期限不得超过质押存单的到期日。

第十一条 质押存单存期内按正常存款

利率计息。存本取息定期存款存单用于质押时,停止取息。

第十二条 凭预留印鉴或密码支取的存单作为质押时,出质人须向发放贷款的银行提供印鉴或密码;以凭有效身份证明支取的存单作为质押时,出质人应转为凭印鉴或密码支取,否则银行有权拒绝发放贷款。

以存单作质押申请贷款时,出质人应委托贷款行申请办理存单确认和登记止付手续。

第十三条 办理存单质押贷款,贷款人和出质人应当订立书面质押合同,或者贷款人、借款人和出质人在借款合同中订立符合本办法规定的质押条款。

第十四条 质押合同应当载明下列内容:

(一)出质人、借款人和质权人姓名(名称)、住址或营业场所;

(二)被担保的贷款的种类、数额、期限、利率、贷款用途以及贷款合同号;

(三)定期存单号码及所载存款的种类、户名、开立机构、数额、期限、利率;

(四)质押担保的范围;

(五)定期存单确认情况;

(六)定期存单的保管责任;

(七)质权的实现方式;

(八)违约责任;

(九)争议的解决方式;

(十)当事人认为需要约定的其他事项。

第十五条 质押存续期间,除法律另有规定外,任何人不得擅自动用质押存单。

第十六条 出质人和贷款人可以在质押合同中约定,当借款人没有依法履行合同的,贷款人可直接将存单兑现以实现质权。存单到期日后于借款到期日的,贷款人可继续保管质押存单,在存单到期日兑现以实现质权。

第十七条 存单开户行(以下简称存款行)应根据出质人的申请及质押合同办理存单确认和登记止付手续,并妥善保管有关文件和资料。

第十八条 贷款人应妥善管理质押存单及出质人提供的预留印鉴或密码。因保管不善造成丢失、损坏,由贷款人承担责任。

用于质押的定期存单在质押期间丢失、毁损的,贷款人应立即通知借款人和出质人,并与出质人共同向存款开户行申请挂失、补办。补办的存单仍应继续作为质物。

质押存单的挂失申请应采用书面形式。在特殊情况下,可以用口头或函电形式,但必须在五个工作日内补办书面挂失手续。

申请挂失时,除出质人应按规定提交的申请资料外,贷款人应提交营业执照复印件、质押合同副本。

挂失生效,原定期存单所载的金额及利息应继续作为出质资产。

质押期间,未经贷款人同意,存款行不得受理存款人提出的挂失申请。

第十九条 质押存续期间如出质人死亡,其合法继承人依法办理存款过户和继承手续,并继续履行原出质人签订的质押合同。

第二十条 贷款期满借款人履行债务的,或者借款人提前偿还质押贷款的,贷款人应当及时将质押的定期存单退还出质人,并及时到存单开户行办理登记注销手续。

第二十一条 借款人按贷款合同约定还清贷款本息后,出质人凭存单保管收据取回质押存单。若出质人将存单保管收据丢失,由出质人、借款人共同出具书面证明,并凭合法身份证明到贷款行取回质押存单。

第二十二条 有下列情形之一的,贷款人可依第十六条的约定方式或其他法定方式处分质押的定期存单:

(一)质押贷款合同期满,借款人未按期归还贷款本金和利息的;

(二)借款人或出质人违约,贷款人需依法提前收回贷款的;

（三）借款人或出质人被宣告破产的；

（四）借款人或出质人死亡而无继承人履行合同的。

第二十三条 质押合同、贷款合同发生纠纷时，各方当事人均可按协议向仲裁机构申请调解或仲裁，或者向人民法院起诉。

第二十四条 存款行出具虚假的个人定期储蓄存单或个人定期储蓄存单确认书的，依照《金融违法行为处罚办法》第十三条的规定予以处罚。

第二十五条 存款行不按本办法规定对质物进行确认，或者贷款行接受未经确认的个人定期储蓄存单质押的，由中国银行业监督管理委员会给予警告，并处三万元以下的罚款，并责令对其主要负责人和直接责任人员依法给予行政处分。

第二十六条 借款人已履行合同，贷款人不按规定及时向出质人退回个人定期储蓄存单或在质押存续期间，未经贷款人同意，存款行受理存款人提出的挂失申请并挂失的，由中国银行业监督管理委员会给予警告，并处三万元以下罚款。构成犯罪的，由司法机关依法追究刑事责任。

第二十七条 各商业银行总行可根据本办法制定实施细则，并报中国银业监督管理委员会或其派出机构备案。

第二十八条 城市信用社、农村信用社、村镇银行、贷款公司、农村资金互助社办理个人存单质押贷款业务适用本办法。

第二十九条 本办法由中国银行业监督管理委员会负责解释和修改。

第三十条 本办法自公布之日起施行，本办法施行之前有关规定与本办法相抵触的，以本办法为准。

单位定期存单质押贷款管理规定

（2007 年 7 月 3 日中国银行业监督管理委员会令 2007 年第 9 号公布 自 2007 年 7 月 3 日起施行 根据 2021 年 6 月 21 日中国银行保险监督管理委员会令 2021 年第 7 号《中国银保监会关于清理规章规范性文件的决定》修订）

第一章 总 则

第一条 为加强单位定期存单质押贷款管理，根据《中华人民共和国银行业监督管理法》、《中华人民共和国商业银行法》、《中华人民共和国民法典》及其他有关法律、行政法规，制定本规定。

第二条 在中华人民共和国境内从事单位定期存单质押贷款活动适用本规定。

本规定所称单位包括企业、事业单位、社会团体以及其他组织。

第三条 本规定所称单位定期存单是指借款人为办理质押贷款而委托贷款人依据开户证实书向接受存款的金融机构（以下简称存款行）申请开具的人民币定期存款权利凭证。

单位定期存单只能以质押贷款为目的开立和使用。

单位在金融机构办理定期存款时，金融机构为其开具的《单位定期存款开户证实书》不得作为质押的权利凭证。

金融机构应制定相应的管理制度，加强对开具《单位定期存款开户证实书》和开立、使用单位定期存单的管理。

第四条 单位定期存单质押贷款活动应当遵守国家法律、行政法规，遵循平等、自愿、诚实信用的原则。

第二章 单位定期存单的
开立与确认

第五条 借款人办理单位定期存单质押贷款,除按其他有关规定提交文件、资料外,还应向贷款人提交下列文件、资料:

(一)开户证实书,包括借款人所有的或第三人所有而向借款人提供的开户证实书;

(二)存款人委托贷款人向存款行申请开具单位定期存单的委托书;

(三)存款人在存款行的预留印鉴或密码。

开户证实书为第三人向借款人提供的,应同时提交第三人同意由借款人为质押贷款目的而使用其开户证实书的协议书。

第六条 贷款人经审查同意借款人的贷款申请的,应将开户证实书和开具单位定期存单的委托书一并提交给存款行,向存款行申请开具单位定期存单和确认书。

贷款人经审查不同意借款人的贷款申请的,应将开户证实书和委托书及时退还给借款人。

第七条 存款行收到贷款人提交的有关材料后,应认真审查开户证实书是否真实,存款人与本行是否存在真实的存款关系,以及开具单位定期存单的申请书上的预留印鉴或提供的密码是否和存款人在存款时预留的印鉴或密码一致。必要时,存款行可以向存款人核实有关情况。

第八条 存款行经过审查认为开户证实书证明的存款属实的,应保留开户证实书及第三人同意由借款人使用其开户证实书的协议书,并在收到贷款人的有关材料后 3 个工作日内开具单位定期存单。

存款行不得开具没有存款关系的虚假单位定期存单或与真实存款情况不一致的单位定期存单。

第九条 存款行在开具单位定期存单的同时,应对单位定期存单进行确认,确认后认为存单内容真实的,应出具单位定期存单确认书。确认书应由存款行的负责人签字并加盖单位公章,与单位定期存单一并递交给贷款人。

第十条 存款行对单位定期存单进行确认的内容包括:

(一)单位定期存单所载开立机构、户名、账号、存款数额、存单号码、期限、利率等是否真实准确;

(二)借款人提供的预留印鉴或密码是否一致;

(三)需要确认的其他事项。

第十一条 存款行经过审查,发现开户证实书所载事项与账户记载不符的,不得开具单位定期存单,并及时告知贷款人,认为有犯罪嫌疑的,应及时向司法机关报案。

第十二条 经确认后的单位定期存单用于贷款质押时,其质押的贷款数额一般不超过确认数额的 90%。各行也可以根据存单质押担保的范围合理确定贷款金额,但存单金额应能覆盖贷款本息。

第十三条 贷款人不得接受未经确认的单位定期存单作为贷款的担保。

第十四条 贷款人对质押的单位定期存单及借款人或第三人提供的预留印鉴和密码等应妥善保管,因保管不善造成其丢失、毁损或泄密的,由贷款人承担责任。

第三章 质 押 合 同

第十五条 办理单位定期存单质押贷款,贷款人和出质人应当订立书面质押合同。在借款合同中订立质押条款的,质押条款应符合本章的规定。

第十六条 质押合同应当载明下列内容:

（一）出质人、借款人和质权人名称、住址或营业场所；

（二）被担保的贷款的种类、数额、期限、利率、贷款用途以及贷款合同号；

（三）单位定期存单号码及所载存款的种类、户名、账户、开立机构、数额、期限、利率；

（四）质押担保的范围；

（五）存款行是否对单位定期存单进行了确认；

（六）单位定期存单的保管责任；

（七）质权的实现方式；

（八）违约责任；

（九）争议的解决方式；

（十）当事人认为需要约定的其他事项。

第十七条　质押合同应当由出质人和贷款人签章。签章为其法定代表人、经法定代表人授权的代理人或主要负责人的签字并加盖单位公章。

第十八条　质押期间，除法律另有规定外，任何人不得擅自动用质押款项。

第十九条　出质人和贷款人可以在质押合同中约定，当借款人没有依约履行合同的，贷款人可直接将存单兑现以实现质权。

第二十条　存款行应对其开具并经过确认的单位定期存单进行登记备查，并妥善保管有关文件和材料。质押的单位定期存单被退回时，也应及时登记注销。

第四章　质权的实现

第二十一条　单位定期存单质押担保的范围包括贷款本金和利息、罚息、损害赔偿金、违约金和实现质权的费用。质押合同另有约定的，按照约定执行。

第二十二条　贷款期满借款人履行债务的，或者借款人提前偿还所担保的贷款的，贷款人应当及时将质押的单位定期存单退还存款行。存款行收到退回的单位定期存单后，

应将开户证实书退还贷款人并由贷款人退还借款人。

第二十三条　有下列情形之一的，贷款人可依法定方式处分单位定期存单：

（一）质押贷款合同期满，借款人未按期归还贷款本金和利息的；

（二）借款人或出质人违约，贷款人需依法提前收回贷款的；

（三）借款人或出质人被宣告破产或解散的。

第二十四条　有第二十三条所列情形之一的，贷款人和出质人可以协议以单位定期存单兑现或以法律规定的其他方式处分单位定期存单。以单位定期存单兑现时，贷款人应向存款行提交单位定期存单和其与出质人的协议。

单位定期存单处分所得不足偿付第二十一条规定的款项的，贷款人应当向借款人另行追偿；偿还第二十一条规定的款项后有剩余的，其超出部分应当退还出质人。

第二十五条　质押存单期限先于贷款期限届满的，贷款人可以提前兑现存单，并与出质人协议将兑现的款项提前清偿借款或向与出质人约定的第三人提存，质押合同另有约定的，从其约定。提存的具体办法由各当事人自行协商确定。

贷款期限先于质押的单位定期存单期限届满，借款人未履行其债务的，贷款人可以继续保管定期存单，在存单期限届满时兑现用于抵偿贷款本息。

第二十六条　经与出质人协商一致，贷款人提前兑现或提前支取的，应向存款行提供单位定期存单、质押合同、需要提前兑现或提前支取的有关协议。

第二十七条　用于质押的单位定期存单项下的款项在质押期间被司法机关或法律规定的其他机关采取冻结、扣划等强制措施的，贷款人应当在处分此定期存款时优先

受偿。

第二十八条 用于质押的单位定期存单在质押期间丢失,贷款人应立即通知借款人和出质人,并申请挂失;单位定期存单毁损的,贷款人应持有关证明申请补办。

质押期间,存款行不得受理存款人提出的挂失申请。

第二十九条 贷款人申请挂失时,应向存款行提交挂失申请书,并提供贷款人的营业执照复印件、质押合同副本。

挂失申请应采用书面形式。在特殊情况下,可以用口头或函电形式,但必须在五个工作日内补办书面挂失手续。

挂失生效,原单位定期存单所载的金额及利息应继续作为出质资产。

第三十条 出质人合并、分立或债权债务发生变更时,贷款人仍然拥有单位定期存单所代表的质权。

第五章 罚 则

第三十一条 存款行出具虚假的单位定期存单或单位定期存单确认书的,依照《金融违法行为处罚办法》第十三条的规定对存款行及相关责任人予以处罚。

第三十二条 存款行不按本规定对质物进行确认或贷款行接受未经确认的单位定期存单质押的,由中国银行业监督管理委员会给予警告,并处以三万元以下的罚款,并责令对其主要负责人和直接责任人员依法给予行政处分。

第三十三条 贷款人不按规定及时向存款行退回单位定期存单的,由中国银行业监督管理委员会给予警告,并处以三万元以下罚款。给存款人造成损失的,依法承担相应的民事责任。构成犯罪的,由司法机关依法追究刑事责任。

第六章 附 则

第三十四条 个人定期储蓄存款存单质押贷款不适用本规定。

第三十五条 中华人民共和国境内的国际结算和融资活动中需用单位定期存单作质押担保的,参照本规定执行。

第三十六条 本规定由中国银行业监督管理委员会负责解释和修改。

第三十七条 本规定自公布之日起施行。本规定公布施行前的有关规定与本规定有抵触的,以本规定为准。

股权出质登记办法

(2008 年 9 月 1 日国家工商行政管理总局令第 32 号公布 根据 2016 年 4 月 29 日《国家工商行政管理总局关于废止和修改部分工商行政管理规章的决定》第一次修订 根据 2020 年 12 月 31 日《国家市场监督管理总局关于修改和废止部分规章的决定》第二次修订)

第一条 为规范股权出质登记行为,根据《中华人民共和国民法典》等法律的规定,制定本办法。

第二条 以持有的有限责任公司和股份有限公司股权出质,办理出质登记的,适用本办法。已在证券登记结算机构登记的股份有限公司的股权除外。

第三条 负责出质股权所在公司登记的市场监督管理部门是股权出质登记机关(以下简称登记机关)。

各级市场监督管理部门的企业登记机构是股权出质登记机构。

第四条 股权出质登记事项包括:

（一）出质人和质权人的姓名或名称；

（二）出质股权所在公司的名称；

（三）出质股权的数额。

第五条 申请出质登记的股权应当是依法可以转让和出质的股权。对于已经被依法冻结的股权，在解除冻结之前，不得申请办理股权出质登记。

第六条 申请股权出质设立登记、变更登记和注销登记，应当由出质人和质权人共同提出。申请股权出质撤销登记，可以由出质人或者质权人单方提出。

申请人应当对申请材料的真实性、质押合同的合法性有效性、出质股权权能的完整性承担法律责任。

第七条 申请股权出质设立登记，应当提交下列材料：

（一）申请人签字或者盖章的《股权出质设立登记申请书》；

（二）记载有出质人姓名（名称）及其出资额的有限责任公司股东名册复印件或者出质人持有的股份公司股票复印件（均需加盖公司印章）；

（三）质押合同；

（四）出质人、质权人的主体资格证明或者自然人身份证明复印件（出质人、质权人属于自然人的由本人签名，属于法人的加盖法人印章，下同）；

（五）国家市场监督管理总局要求提交的其他材料。

指定代表或者共同委托代理人办理的，还应当提交申请人指定代表或者共同委托代理人的证明。

第八条 出质股权数额变更，以及出质人、质权人姓名（名称）或者出质股权所在公司名称更改的，应当申请办理变更登记。

第九条 申请股权出质变更登记，应当提交下列材料：

（一）申请人签字或者盖章的《股权出质

变更登记申请书》；

（二）有关登记事项变更的证明文件。属于出质股权数额变更的，提交质押合同修正案或者补充合同；属于出质人、质权人姓名（名称）或者出质股权所在公司名称更改的，提交姓名或者名称更改的证明文件和更改后的主体资格证明或者自然人身份证明复印件；

（三）国家市场监督管理总局要求提交的其他材料。

指定代表或者共同委托代理人办理的，还应当提交申请人指定代表或者共同委托代理人的证明。

第十条 出现主债权消灭、质权实现、质权人放弃质权或法律规定的其他情形导致质权消灭的，应当申请办理注销登记。

第十一条 申请股权出质注销登记，应当提交申请人签字或者盖章的《股权出质注销登记申请书》。

指定代表或者共同委托代理人办理的，还应当提交申请人指定代表或者共同委托代理人的证明。

第十二条 质押合同被依法确认无效或者被撤销的，应当申请办理撤销登记。

第十三条 申请股权出质撤销登记，应当提交下列材料：

（一）申请人签字或者盖章的《股权出质撤销登记申请书》；

（二）质押合同被依法确认无效或者被撤销的法律文件；

指定代表或者委托代理人办理的，还应当提交申请人指定代表或者委托代理人的证明。

第十四条 登记机关对登记申请应当当场办理登记手续并发给登记通知书。通知书加盖登记机关的股权出质登记专用章。

对于不属于股权出质登记范围或者不属于本机关登记管辖范围以及不符合本办法规

定的,登记机关应当当场告知申请人,并退回申请材料。

第十五条　登记机关应当将股权出质登记事项在企业信用信息公示系统公示,供社会公众查询。

因自身原因导致股权出质登记事项记载错误的,登记机关应当及时予以更正。

第十六条　股权出质登记的有关文书格式文本,由国家市场监督管理总局统一制定。

第十七条　本办法自 2008 年 10 月 1 日起施行。

三、合 同

（一）综 合

中华人民共和国招标投标法

（1999 年 8 月 30 日第九届全国人民代表大会常务委员会第十一次会议通过 根据 2017 年 12 月 27 日第十二届全国人民代表大会常务委员会第三十一次会议《关于修改〈中华人民共和国招标投标法〉、〈中华人民共和国计量法〉的决定》修正）

目 录

第一章 总 则

第一条 【立法目的】为了规范招标投标活动，保护国家利益、社会公共利益和招标投标活动当事人的合法权益，提高经济效益，保证项目质量，制定本法。

第二条 【适用范围】在中华人民共和国境内进行招标投标活动，适用本法。

第三条 【必须进行招标的工程建设项目】在中华人民共和国境内进行下列工程建设项目包括项目的勘察、设计、施工、监理以及与工程建设有关的重要设备、材料等的采购，必须进行招标：

（一）大型基础设施、公用事业等关系社会公共利益、公众安全的项目；

（二）全部或者部分使用国有资金投资或者国家融资的项目；

（三）使用国际组织或者外国政府贷款、援助资金的项目。

前款所列项目的具体范围和规模标准，由国务院发展计划部门会同国务院有关部门制订，报国务院批准。

法律或者国务院对必须进行招标的其他项目的范围有规定的，依照其规定。

第四条 【禁止规避招标】任何单位和个人不得将依法必须进行招标的项目化整为零或者以其他任何方式规避招标。

第五条 【招投标活动的原则】招标投标活动应当遵循公开、公平、公正和诚实信用的原则。

第六条 【招投标活动不受地区或部门的限制】依法必须进行招标的项目，其招标投标活动不受地区或者部门的限制。任何单位和个人不得违法限制或者排斥本地区、本系统以外的法人或者其他组织参加投标，不得以任何方式非法干涉招标投标活动。

第七条 【对招投标活动的监督】招标投标活动及其当事人应当接受依法实施的监督。

有关行政监督部门依法对招标投标活动实施监督,依法查处招标投标活动中的违法行为。

对招标投标活动的行政监督及有关部门的具体职权划分,由国务院规定。

第二章 招 标

第八条 【招标人】招标人是依照本法规定提出招标项目、进行招标的法人或者其他组织。

第九条 【招标项目应具备的主要条件】招标项目按照国家有关规定需要履行项目审批手续的,应当先履行审批手续,取得批准。

招标人应当有进行招标项目的相应资金或者资金来源已经落实,并应当在招标文件中如实载明。

第十条 【公开招标和邀请招标】招标分为公开招标和邀请招标。

公开招标,是指招标人以招标公告的方式邀请不特定的法人或者其他组织投标。

邀请招标,是指招标人以投标邀请书的方式邀请特定的法人或者其他组织投标。

第十一条 【适用邀请招标的情形】国务院发展计划部门确定的国家重点项目和省、自治区、直辖市人民政府确定的地方重点项目不适宜公开招标的,经国务院发展计划部门或者省、自治区、直辖市人民政府批准,可以进行邀请招标。

第十二条 【代理招标和自行招标】招标人有权自行选择招标代理机构,委托其办理招标事宜。任何单位和个人不得以任何方式为招标人指定招标代理机构。

招标人具有编制招标文件和组织评标能力的,可以自行办理招标事宜。任何单位和个人不得强制其委托招标代理机构办理招标事宜。

依法必须进行招标的项目,招标人自行办理招标事宜的,应当向有关行政监督部门备案。

第十三条 【招标代理机构及条件】招标代理机构是依法设立、从事招标代理业务并提供相关服务的社会中介组织。

招标代理机构应当具备下列条件:

(一)有从事招标代理业务的营业场所和相应资金;

(二)有能够编制招标文件和组织评标的相应专业力量。

第十四条 【招标代理机构不得与国家机关存在利益关系】招标代理机构与行政机关和其他国家机关不得存在隶属关系或者其他利益关系。

第十五条 【招标代理机构的代理范围】招标代理机构应当在招标人委托的范围内办理招标事宜,并遵守本法关于招标人的规定。

第十六条 【招标公告】招标人采用公开招标方式的,应当发布招标公告。依法必须进行招标的项目的招标公告,应当通过国家指定的报刊、信息网络或者其他媒介发布。

招标公告应当载明招标人的名称和地址、招标项目的性质、数量、实施地点和时间以及获取招标文件的办法等事项。

第十七条 【投标邀请书】招标人采用邀请招标方式的,应当向3个以上具备承担招标项目的能力、资信良好的特定的法人或者其他组织发出投标邀请书。

投标邀请书应当载明本法第十六条第二款规定的事项。

第十八条 【对潜在投标人的资格审查】招标人可以根据招标项目本身的要求,在招标公告或者投标邀请书中,要求潜在投标人提供有关资质证明文件和业绩情况,并对潜在投标人进行资格审查;国家对投标人的资格条件有规定的,依照其规定。

招标人不得以不合理的条件限制或者排

斥潜在投标人,不得对潜在投标人实行歧视待遇。

第十九条 【招标文件】招标人应当根据招标项目的特点和需要编制招标文件。招标文件应当包括招标项目的技术要求、对投标人资格审查的标准、投标报价要求和评标标准等所有实质性要求和条件以及拟签订合同的主要条款。

国家对招标项目的技术、标准有规定的,招标人应当按照其规定在招标文件中提出相应要求。

招标项目需要划分标段、确定工期的,招标人应当合理划分标段、确定工期,并在招标文件中载明。

第二十条 【招标文件的限制】招标文件不得要求或者标明特定的生产供应者以及含有倾向或者排斥潜在投标人的其他内容。

第二十一条 【潜在投标人对项目现场的踏勘】招标人根据招标项目的具体情况,可以组织潜在投标人踏勘项目现场。

第二十二条 【招标人的保密义务】招标人不得向他人透露已获取招标文件的潜在投标人的名称、数量以及可能影响公平竞争的有关招标投标的其他情况。

招标人设有标底的,标底必须保密。

第二十三条 【招标文件的澄清或修改】招标人对已发出的招标文件进行必要的澄清或者修改的,应当在招标文件要求提交投标文件截止时间至少 15 日前,以书面形式通知所有招标文件收受人。该澄清或者修改的内容为招标文件的组成部分。

第二十四条 【编制投标文件的时间】招标人应当确定投标人编制投标文件所需要的合理时间;但是,依法必须进行招标的项目,自招标文件开始发出之日起至投标人提交投标文件截止之日止,最短不得少于 20 日。

第三章 投 标

第二十五条 【投标人】投标人是响应招标、参加投标竞争的法人或者其他组织。

依法招标的科研项目允许个人参加投标的,投标的个人适用本法有关投标人的规定。

第二十六条 【投标人的资格条件】投标人应当具备承担招标项目的能力;国家有关规定对投标人资格条件或者招标文件对投标人资格条件有规定的,投标人应当具备规定的资格条件。

第二十七条 【投标文件的编制】投标人应当按照招标文件的要求编制投标文件。投标文件应当对招标文件提出的实质性要求和条件作出响应。

招标项目属于建设施工的,投标文件的内容应当包括拟派出的项目负责人与主要技术人员的简历、业绩和拟用于完成招标项目的机械设备等。

第二十八条 【投标文件的送达】投标人应当在招标文件要求提交投标文件的截止时间前,将投标文件送达投标地点。招标人收到投标文件后,应当签收保存,不得开启。投标人少于 3 个的,招标人应当依照本法重新招标。

在招标文件要求提交投标文件的截止时间后送达的投标文件,招标人应当拒收。

第二十九条 【投标文件的补充、修改、撤回】投标人在招标文件要求提交投标文件的截止时间前,可以补充、修改或者撤回已提交的投标文件,并书面通知招标人。补充、修改的内容为投标文件的组成部分。

第三十条 【投标文件对拟分包情况的说明】投标人根据招标文件载明的项目实际情况,拟在中标后将中标项目的部分非主体、非关键性工作进行分包的,应当在投标文件中载明。

第三十一条 【联合体投标】两个以上法人或者其他组织可以组成一个联合体,以一个投标人的身份共同投标。

联合体各方均应当具备承担招标项目的相应能力;国家有关规定或者招标文件对投标人资格条件有规定的,联合体各方均应当具备规定的相应资格条件。由同一专业的单位组成的联合体,按照资质等级较低的单位确定资质等级。

联合体各方应当签订共同投标协议,明确约定各方拟承担的工作和责任,并将共同投标协议连同投标文件一并提交招标人。联合体中标的,联合体各方应当共同与招标人签订合同,就中标项目向招标人承担连带责任。

招标人不得强制投标人组成联合体共同投标,不得限制投标人之间的竞争。

第三十二条 【串通投标的禁止】投标人不得相互串通投标报价,不得排挤其他投标人的公平竞争,损害招标人或者其他投标人的合法权益。

投标人不得与招标人串通投标,损害国家利益、社会公共利益或者他人的合法权益。

禁止投标人以向招标人或者评标委员会成员行贿的手段谋取中标。

第三十三条 【低于成本的报价竞标与骗取中标的禁止】投标人不得以低于成本的报价竞标,也不得以他人名义投标或者以其他方式弄虚作假,骗取中标。

第四章 开标、评标和中标

第三十四条 【开标的时间与地点】开标应当在招标文件确定的提交投标文件截止时间的同一时间公开进行;开标地点应当为招标文件中预先确定的地点。

第三十五条 【开标参加人】开标由招标人主持,邀请所有投标人参加。

第三十六条 【开标方式】开标时,由投标人或者其推选的代表检查投标文件的密封情况,也可以由招标人委托的公证机构检查并公证;经确认无误后,由工作人员当众拆封,宣读投标人名称、投标价格和投标文件的其他主要内容。

招标人在招标文件要求提交投标文件的截止时间前收到的所有投标文件,开标时都应当当众予以拆封、宣读。

开标过程应当记录,并存档备查。

第三十七条 【评标委员会】评标由招标人依法组建的评标委员会负责。

依法必须进行招标的项目,其评标委员会由招标人的代表和有关技术、经济等方面的专家组成,成员人数为5人以上单数,其中技术、经济等方面的专家不得少于成员总数的2/3。

前款专家应当从事相关领域工作满8年并具有高级职称或者具有同等专业水平,由招标人从国务院有关部门或者省、自治区、直辖市人民政府有关部门提供的专家名册或者招标代理机构的专家库内的相关专业的专家名单中确定;一般招标项目可以采取随机抽取方式,特殊招标项目可以由招标人直接确定。

与投标人有利害关系的人不得进入相关项目的评标委员会;已经进入的应当更换。

评标委员会成员的名单在中标结果确定前应当保密。

第三十八条 【评标的保密】招标人应当采取必要的措施,保证评标在严格保密的情况下进行。

任何单位和个人不得非法干预、影响评标的过程和结果。

第三十九条 【投标人对投标文件的澄清或说明】评标委员会可以要求投标人对投标文件中含义不明确的内容作必要的澄清或者说明,但是澄清或者说明不得超出投标文件的范围或者改变投标文件的实质性内容。

第四十条　【评标】评标委员会应当按照招标文件确定的评标标准和方法，对投标文件进行评审和比较；设有标底的，应当参考标底。评标委员会完成评标后，应当向招标人提出书面评标报告，并推荐合格的中标候选人。

招标人根据评标委员会提出的书面评标报告和推荐的中标候选人确定中标人。招标人也可以授权评标委员会直接确定中标人。

国务院对特定招标项目的评标有特别规定的，从其规定。

第四十一条　【中标条件】中标人的投标应当符合下列条件之一：

（一）能够最大限度地满足招标文件中规定的各项综合评价标准；

（二）能够满足招标文件的实质性要求，并且经评审的投标价格最低；但是投标价格低于成本的除外。

第四十二条　【否决所有投标和重新招标】评标委员会经评审，认为所有投标都不符合招标文件要求的，可以否决所有投标。

依法必须进行招标的项目的所有投标被否决的，招标人应当依照本法重新招标。

第四十三条　【禁止与投标人进行实质性谈判】在确定中标人前，招标人不得与投标人就投标价格、投标方案等实质性内容进行谈判。

第四十四条　【评标委员会成员的义务】评标委员会成员应当客观、公正地履行职务，遵守职业道德，对所提出的评审意见承担个人责任。

评标委员会成员不得私下接触投标人，不得收受投标人的财物或者其他好处。

评标委员会成员和参与评标的有关工作人员不得透露对投标文件的评审和比较、中标候选人的推荐情况以及与评标有关的其他情况。

第四十五条　【中标通知书的发出】中标人确定后，招标人应当向中标人发出中标通知书，并同时将中标结果通知所有未中标的投标人。

中标通知书对招标人和中标人具有法律效力。中标通知书发出后，招标人改变中标结果的，或者中标人放弃中标项目的，应当依法承担法律责任。

第四十六条　【订立书面合同和提交履约保证金】招标人和中标人应当自中标通知书发出之日起30日内，按照招标文件和中标人的投标文件订立书面合同。招标人和中标人不得再行订立背离合同实质性内容的其他协议。

招标文件要求中标人提交履约保证金的，中标人应当提交。

第四十七条　【招投标情况的报告】依法必须进行招标的项目，招标人应当自确定中标人之日起15日内，向有关行政监督部门提交招标投标情况的书面报告。

第四十八条　【禁止转包和有条件分包】中标人应当按照合同约定履行义务，完成中标项目。中标人不得向他人转让中标项目，也不得将中标项目肢解后分别向他人转让。

中标人按照合同约定或者经招标人同意，可以将中标项目的部分非主体、非关键性工作分包给他人完成。接受分包的人应当具备相应的资格条件，并不得再次分包。

中标人应当就分包项目向招标人负责，接受分包的人就分包项目承担连带责任。

第五章　法律责任

第四十九条　【必须进行招标的项目不招标的责任】违反本法规定，必须进行招标的项目而不招标的，将必须进行招标的项目化整为零或者以其他任何方式规避招标的，责令限期改正，可以处项目合同金额5‰以上

10‰以下的罚款;对全部或者部分使用国有资金的项目,可以暂停项目执行或者暂停资金拨付;对单位直接负责的主管人员和其他直接责任人员依法给予处分。

第五十条　【招标代理机构的责任】招标代理机构违反本法规定,泄露应当保密的与招标投标活动有关的情况和资料的,或者与招标人、投标人串通损害国家利益、社会公共利益或者他人合法权益的,处五万元以上二十五万元以下的罚款;对单位直接负责的主管人员和其他直接责任人员处单位罚款数额百分之五以上百分之十以下的罚款;有违法所得的,并处没收违法所得;情节严重的,禁止其一年至二年内代理依法必须进行招标的项目并予以公告,直至由工商行政管理机关吊销营业执照;构成犯罪的,依法追究刑事责任。给他人造成损失的,依法承担赔偿责任。

前款所列行为影响中标结果的,中标无效。

第五十一条　【限制或排斥潜在投标人的责任】招标人以不合理的条件限制或者排斥潜在投标人的,对潜在投标人实行歧视待遇的,强制要求投标人组成联合体共同投标的,或者限制投标人之间竞争的,责令改正,可以处1万元以上5万元以下的罚款。

第五十二条　【泄露招投标活动有关秘密的责任】依法必须进行招标的项目的招标人向他人透露已获取招标文件的潜在投标人的名称、数量或者可能影响公平竞争的有关招标投标的其他情况的,或者泄露标底的,给予警告,可以并处1万元以上10万元以下的罚款;对单位直接负责的主管人员和其他直接责任人员依法给予处分;构成犯罪的,依法追究刑事责任。

前款所列行为影响中标结果的,中标无效。

第五十三条　【串通投标的责任】投标人相互串通投标或者与招标人串通投标的,投标人以向招标人或者评标委员会成员行贿的手段谋取中标的,中标无效,处中标项目金额5‰以上10‰以下的罚款,对单位直接负责的主管人员和其他直接责任人员处单位罚款数额5%以上10%以下的罚款;有违法所得的,并处没收违法所得;情节严重的,取消其1年至2年内参加依法必须进行招标的项目的投标资格并予以公告,直至由工商行政管理机关吊销营业执照;构成犯罪的,依法追究刑事责任。给他人造成损失的,依法承担赔偿责任。

第五十四条　【骗取中标的责任】投标人以他人名义投标或者以其他方式弄虚作假,骗取中标的,中标无效,给招标人造成损失的,依法承担赔偿责任;构成犯罪的,依法追究刑事责任。

依法必须进行招标的项目的投标人有前款所列行为尚未构成犯罪的,处中标项目金额5‰以上10‰以下的罚款,对单位直接负责的主管人员和其他直接责任人员处单位罚款数额5%以上10%以下的罚款;有违法所得的,并处没收违法所得;情节严重的,取消其1年至3年内参加依法必须进行招标的项目的投标资格并予以公告,直至由工商行政管理机关吊销营业执照。

第五十五条　【招标人违规谈判的责任】依法必须进行招标的项目,招标人违反本法规定,与投标人就投标价格、投标方案等实质性内容进行谈判的,给予警告,对单位直接负责的主管人员和其他直接责任人员依法给予处分。

前款所列行为影响中标结果的,中标无效。

第五十六条　【评标委员会成员违法行为的责任】评标委员会成员收受投标人的财物或者其他好处的,评标委员会成员或者参加评标的有关工作人员向他人透露对投标文件的评审和比较、中标候选人的推荐以及与评标有关的其他情况的,给予警告,没收收受的财物,可以并处 3000 元以上 5 万元以下的罚款,对有所列违法行为的评标委员会成员取消担任评标委员会成员的资格,不得再参加任何依法必须进行招标的项目的评标;构成犯罪的,依法追究刑事责任。

第五十七条 【招标人在中标候选人之外确定中标人的责任】招标人在评标委员会依法推荐的中标候选人以外确定中标人的,依法必须进行招标的项目在所有投标被评标委员会否决后自行确定中标人的,中标无效,责令改正,可以处中标项目金额 5‰以上 10‰以下的罚款;对单位直接负责的主管人员和其他直接责任人员依法给予处分。

第五十八条 【中标人违法转包、分包的责任】中标人将中标项目转让给他人的,将中标项目肢解后分别转让给他人的,违反本法规定将中标项目的部分主体、关键性工作分包给他人的,或者分包人再次分包的,转让、分包无效,处转让、分包项目金额 5‰以上 10‰以下的罚款;有违法所得的,并处没收违法所得;可以责令停业整顿;情节严重的,由工商行政管理机关吊销营业执照。

第五十九条 【不按招投标文件订立合同的责任】招标人与中标人不按照招标文件和中标人的投标文件订立合同的,或者招标人、中标人订立背离合同实质性内容的协议的,责令改正;可以处中标项目金额 5‰以上 10‰以下的罚款。

第六十条 【中标人不履行合同或不按合同履行义务的责任】中标人不履行与招标人订立的合同的,履约保证金不予退还,给招标人造成的损失超过履约保证金数额的,还应当对超过部分予以赔偿;没有提交履约保证金的,应当对招标人的损失承担赔偿责任。

中标人不按照与招标人订立的合同履行义务,情节严重的,取消其 2 年至 5 年内参加依法必须进行招标的项目的投标资格并予以

公告,直至由工商行政管理机关吊销营业执照。

因不可抗力不能履行合同的,不适用前两款规定。

第六十一条 【行政处罚的决定】本章规定的行政处罚,由国务院规定的有关行政监督部门决定。本法已对实施行政处罚的机关作出规定的除外。

第六十二条 【干涉招投标活动的责任】任何单位违反本法规定,限制或者排斥本地区、本系统以外的法人或者其他组织参加投标的,为招标人指定招标代理机构的,强制招标人委托招标代理机构办理招标事宜的,或者以其他方式干涉招标投标活动的,责令改正;对单位直接负责的主管人员和其他直接责任人员依法给予警告、记过、记大过的处分,情节较重的,依法给予降级、撤职、开除的处分。

个人利用职权进行前款违法行为的,依照前款规定追究责任。

第六十三条 【行政监督机关工作人员的责任】对招标投标活动依法负有行政监督职责的国家机关工作人员徇私舞弊、滥用职权或者玩忽职守,构成犯罪的,依法追究刑事责任;不构成犯罪的,依法给予行政处分。

第六十四条 【中标无效的处理】依法必须进行招标的项目违反本法规定,中标无效的,应当依照本法规定的中标条件从其余投标人中重新确定中标人或者依照本法重新进行招标。

第六章 附 则

第六十五条 【异议或投诉】投标人和其他利害关系人认为招标投标活动不符合本法有关规定的,有权向招标人提出异议或者依法向有关行政监督部门投诉。

第六十六条 【不进行招标的项目】涉及

国家安全、国家秘密、抢险救灾或者属于利用扶贫资金实行以工代赈、需要使用农民工等特殊情况，不适宜进行招标的项目，按照国家有关规定可以不进行招标。

第六十七条　**【适用除外】**使用国际组织或者外国政府贷款、援助资金的项目进行招标，贷款方、资金提供方对招标投标的具体条件和程序有不同规定的，可以适用其规定，但违背中华人民共和国的社会公共利益的除外。

第六十八条　**【施行日期】**本法自2000年1月1日起施行。

中华人民共和国
招标投标法实施条例

（2011年12月20日中华人民共和国国务院令第613号公布　根据2017年3月1日《国务院关于修改和废止部分行政法规的决定》第一次修订　根据2018年3月19日《国务院关于修改和废止部分行政法规的决定》第二次修订　根据2019年3月2日《国务院关于修改部分行政法规的决定》第三次修订）

第一章　总　　则

第一条　为了规范招标投标活动，根据《中华人民共和国招标投标法》（以下简称招标投标法），制定本条例。

第二条　招标投标法第三条所称工程建设项目，是指工程以及与工程建设有关的货物、服务。

前款所称工程，是指建设工程，包括建筑物和构筑物的新建、改建、扩建及其相关的装修、拆除、修缮等；所称与工程建设有关的货物，是指构成工程不可分割的组成部分，且为实现工程基本功能所必需的设备、材料等；所称与工程建设有关的服务，是指为完成工程所需的勘察、设计、监理等服务。

第三条　依法必须进行招标的工程建设项目的具体范围和规模标准，由国务院发展改革部门会同国务院有关部门制订，报国务院批准后公布施行。

第四条　国务院发展改革部门指导和协调全国招标投标工作，对国家重大建设项目的工程招标投标活动实施监督检查。国务院工业和信息化、住房城乡建设、交通运输、铁道、水利、商务等部门，按照规定的职责分工对有关招标投标活动实施监督。

县级以上地方人民政府发展改革部门指导和协调本行政区域的招标投标工作。县级以上地方人民政府有关部门按照规定的职责分工，对招标投标活动实施监督，依法查处招标投标活动中的违法行为。县级以上地方人民政府对其所属部门有关招标投标活动的监督职责分工另有规定的，从其规定。

财政部门依法对实行招标投标的政府采购工程建设项目的政府采购政策执行情况实施监督。

监察机关依法对与招标投标活动有关的监察对象实施监察。

第五条　设区的市级以上地方人民政府可以根据实际需要，建立统一规范的招标投标交易场所，为招标投标活动提供服务。招标投标交易场所不得与行政监督部门存在隶属关系，不得以营利为目的。

国家鼓励利用信息网络进行电子招标投标。

第六条　禁止国家工作人员以任何方式非法干涉招标投标活动。

第二章　招　　标

第七条　按照国家有关规定需要履行项目审批、核准手续的依法必须进行招标的项目,其招标范围、招标方式、招标组织形式应当报项目审批、核准部门审批、核准。项目审批、核准部门应当及时将审批、核准确定的招标范围、招标方式、招标组织形式通报有关行政监督部门。

第八条 国有资金占控股或者主导地位的依法必须进行招标的项目,应当公开招标;但有下列情形之一的,可以邀请招标:

(一)技术复杂、有特殊要求或者受自然环境限制,只有少量潜在投标人可供选择;

(二)采用公开招标方式的费用占项目合同金额的比例过大。

有前款第二项所列情形,属于本条例第七条规定的项目,由项目审批、核准部门在审批、核准项目时作出认定;其他项目由招标人申请有关行政监督部门作出认定。

第九条 除招标投标法第六十六条规定的可以不进行招标的特殊情况外,有下列情形之一的,可以不进行招标:

(一)需要采用不可替代的专利或者专有技术;

(二)采购人依法能够自行建设、生产或者提供;

(三)已通过招标方式选定的特许经营项目投资人依法能够自行建设、生产或者提供;

(四)需要向原中标人采购工程、货物或者服务,否则将影响施工或者功能配套要求;

(五)国家规定的其他特殊情形。

招标人为适用前款规定弄虚作假的,属于招标投标法第四条规定的规避招标。

第十条 招标投标法第十二条第二款规定的招标人具有编制招标文件和组织评标能力,是指招标人具有与招标项目规模和复杂程度相适应的技术、经济等方面的专业人员。

第十一条 国务院住房城乡建设、商务、发展改革、工业和信息化等部门,按照规定的职责分工对招标代理机构依法实施监督管理。

第十二条 招标代理机构应当拥有一定数量的具备编制招标文件、组织评标等相应能力的专业人员。

第十三条 招标代理机构在招标人委托的范围内开展招标代理业务,任何单位和个人不得非法干涉。

招标代理机构代理招标业务,应当遵守招标投标法和本条例关于招标人的规定。招标代理机构不得在所代理的招标项目中投标或者代理投标,也不得为所代理的招标项目的投标人提供咨询。

第十四条 招标人应当与被委托的招标代理机构签订书面委托合同,合同约定的收费标准应当符合国家有关规定。

第十五条 公开招标的项目,应当依照招标投标法和本条例的规定发布招标公告、编制招标文件。

招标人采用资格预审办法对潜在投标人进行资格审查的,应当发布资格预审公告、编制资格预审文件。

依法必须进行招标的项目的资格预审公告和招标公告,应当在国务院发展改革部门依法指定的媒介发布。在不同媒介发布的同一招标项目的资格预审公告或者招标公告的内容应当一致。指定媒介发布依法必须进行招标的项目的境内资格预审公告、招标公告,不得收取费用。

编制依法必须进行招标的项目的资格预审文件和招标文件,应当使用国务院发展改革部门会同有关行政监督部门制定的标准文本。

第十六条 招标人应当按照资格预审公告、招标公告或者投标邀请书规定的时间、地点发售资格预审文件或者招标文件。资格预审文件或者招标文件的发售期不得少于5日。

招标人发售资格预审文件、招标文件收取的费用应当限于补偿印刷、邮寄的成本支出,不得以营利为目的。

第十七条 招标人应当合理确定提交资格预审申请文件的时间。依法必须进行招标的项目提交资格预审申请文件的时间,自资格预审文件停止发售之日起不得少于 5 日。

第十八条 资格预审应当按照资格预审文件载明的标准和方法进行。

国有资金占控股或者主导地位的依法必须进行招标的项目,招标人应当组建资格审查委员会审查资格预审申请文件。资格审查委员会及其成员应当遵守招标投标法和本条例有关评标委员会及其成员的规定。

第十九条 资格预审结束后,招标人应当及时向资格预审申请人发出资格预审结果通知书。未通过资格预审的申请人不具有投标资格。

通过资格预审的申请人少于 3 个的,应当重新招标。

第二十条 招标人采用资格后审办法对投标人进行资格审查的,应当在开标后由评标委员会按照招标文件规定的标准和方法对投标人的资格进行审查。

第二十一条 招标人可以对已发出的资格预审文件或者招标文件进行必要的澄清或者修改。澄清或者修改的内容可能影响资格预审申请文件或者投标文件编制的,招标人应当在提交资格预审申请文件截止时间至少 3 日前,或者投标截止时间至少 15 日前,以书面形式通知所有获取资格预审文件或者招标文件的潜在投标人;不足 3 日或者 15 日的,招标人应当顺延提交资格预审申请文件或者投标文件的截止时间。

第二十二条 潜在投标人或者其他利害关系人对资格预审文件有异议的,应当在提交资格预审申请文件截止时间 2 日前提出;对招标文件有异议的,应当在投标截止时间 10 日前提出。招标人应当自收到异议之日起 3 日内作出答复;作出答复前,应当暂停招

标投标活动。

第二十三条 招标人编制的资格预审文件、招标文件的内容违反法律、行政法规的强制性规定,违反公开、公平、公正和诚实信用原则,影响资格预审结果或者潜在投标人投标的,依法必须进行招标的项目的招标人应当在修改资格预审文件或者招标文件后重新招标。

第二十四条 招标人对招标项目划分标段的,应当遵守招标投标法的有关规定,不得利用划分标段限制或者排斥潜在投标人。依法必须进行招标的项目的招标人不得利用划分标段规避招标。

第二十五条 招标人应当在招标文件中载明投标有效期。投标有效期从提交投标文件的截止之日起算。

第二十六条 招标人在招标文件中要求投标人提交投标保证金的,投标保证金不得超过招标项目估算价的 2%。投标保证金有效期应当与投标有效期一致。

依法必须进行招标的项目的境内投标单位,以现金或者支票形式提交的投标保证金应当从其基本账户转出。

招标人不得挪用投标保证金。

第二十七条 招标人可以自行决定是否编制标底。一个招标项目只能有一个标底。标底必须保密。

接受委托编制标底的中介机构不得参加受托编制标底项目的投标,也不得为该项目的投标人编制投标文件或者提供咨询。

招标人设有最高投标限价的,应当在招标文件中明确最高投标限价或者最高投标限价的计算方法。招标人不得规定最低投标限价。

第二十八条 招标人不得组织单个或者部分潜在投标人踏勘项目现场。

第二十九条 招标人可以依法对工程以及与工程建设有关的货物、服务全部或者部

分实行总承包招标。以暂估价形式包括在总承包范围内的工程、货物、服务属于依法必须进行招标的项目范围且达到国家规定规模标准的，应当依法进行招标。

前款所称暂估价，是指总承包招标时不能确定价格而由招标人在招标文件中暂时估定的工程、货物、服务的金额。

第三十条 对技术复杂或者无法精确拟定技术规格的项目，招标人可以分两阶段进行招标。

第一阶段，投标人按照招标公告或者投标邀请书的要求提交不带报价的技术建议，招标人根据投标人提交的技术建议确定技术标准和要求，编制招标文件。

第二阶段，招标人向在第一阶段提交技术建议的投标人提供招标文件，投标人按照招标文件的要求提交包括最终技术方案和投标报价的投标文件。

招标人要求投标人提交投标保证金的，应当在第二阶段提出。

第三十一条 招标人终止招标的，应当及时发布公告，或者以书面形式通知被邀请的或者已经获取资格预审文件、招标文件的潜在投标人。已经发售资格预审文件、招标文件或者已经收取投标保证金的，招标人应当及时退还所收取的资格预审文件、招标文件的费用，以及所收取的投标保证金及银行同期存款利息。

第三十二条 招标人不得以不合理的条件限制、排斥潜在投标人或者投标人。

招标人有下列行为之一的，属于以不合理条件限制、排斥潜在投标人或者投标人：

（一）就同一招标项目向潜在投标人或者投标人提供有差别的项目信息；

（二）设定的资格、技术、商务条件与招标项目的具体特点和实际需要不相适应或者与合同履行无关；

（三）依法必须进行招标的项目以特定行政区域或者特定行业的业绩、奖项作为加分条件或者中标条件；

（四）对潜在投标人或者投标人采取不同的资格审查或者评标标准；

（五）限定或者指定特定的专利、商标、品牌、原产地或者供应商；

（六）依法必须进行招标的项目非法限定潜在投标人或者投标人的所有制形式或者组织形式；

（七）以其他不合理条件限制、排斥潜在投标人或者投标人。

第三章 投 标

第三十三条 投标人参加依法必须进行招标的项目的投标，不受地区或者部门的限制，任何单位和个人不得非法干涉。

第三十四条 与招标人存在利害关系可能影响招标公正性的法人、其他组织或者个人，不得参加投标。

单位负责人为同一人或者存在控股、管理关系的不同单位，不得参加同一标段投标或者未划分标段的同一招标项目投标。

违反前两款规定的，相关投标均无效。

第三十五条 投标人撤回已提交的投标文件，应当在投标截止时间前书面通知招标人。招标人已收取投标保证金的，应当自收到投标人书面撤回通知之日起 5 日内退还。

投标截止后投标人撤销投标文件的，招标人可以不退还投标保证金。

第三十六条 未通过资格预审的申请人提交的投标文件，以及逾期送达或者不按照招标文件要求密封的投标文件，招标人应当拒收。

招标人应当如实记载投标文件的送达时间和密封情况，并存档备查。

第三十七条 招标人应当在资格预审公告、招标公告或者投标邀请书中载明是否接受联合体投标。

招标人接受联合体投标并进行资格预审的,联合体应当在提交资格预审申请文件前组成。资格预审后联合体增减、更换成员的,其投标无效。

联合体各方在同一招标项目中以自己名义单独投标或者参加其他联合体投标的,相关投标均无效。

第三十八条 投标人发生合并、分立、破产等重大变化的,应当及时书面告知招标人。投标人不再具备资格预审文件、招标文件规定的资格条件或者其投标影响招标公正性的,其投标无效。

第三十九条 禁止投标人相互串通投标。

有下列情形之一的,属于投标人相互串通投标:

(一)投标人之间协商投标报价等投标文件的实质性内容;

(二)投标人之间约定中标人;

(三)投标人之间约定部分投标人放弃投标或者中标;

(四)属于同一集团、协会、商会等组织成员的投标人按照该组织要求协同投标;

(五)投标人之间为谋取中标或者排斥特定投标人而采取的其他联合行动。

第四十条 有下列情形之一的,视为投标人相互串通投标:

(一)不同投标人的投标文件由同一单位或者个人编制;

(二)不同投标人委托同一单位或者个人办理投标事宜;

(三)不同投标人的投标文件载明的项目管理成员为同一人;

(四)不同投标人的投标文件异常一致或者投标报价呈规律性差异;

(五)不同投标人的投标文件相互混装;

(六)不同投标人的投标保证金从同一单位或者个人的账户转出。

第四十一条 禁止招标人与投标人串通投标。

有下列情形之一的,属于招标人与投标人串通投标:

(一)招标人在开标前开启投标文件并将有关信息泄露给其他投标人;

(二)招标人直接或者间接向投标人泄露标底、评标委员会成员等信息;

(三)招标人明示或者暗示投标人压低或者抬高投标报价;

(四)招标人授意投标人撤换、修改投标文件;

(五)招标人明示或者暗示投标人为特定投标人中标提供方便;

(六)招标人与投标人为谋求特定投标人中标而采取的其他串通行为。

第四十二条 使用通过受让或者租借等方式获取的资格、资质证书投标的,属于招标投标法第三十三条规定的以他人名义投标。

投标人有下列情形之一的,属于招标投标法第三十三条规定的以其他方式弄虚作假的行为:

(一)使用伪造、变造的许可证件;

(二)提供虚假的财务状况或者业绩;

(三)提供虚假的项目负责人或者主要技术人员简历、劳动关系证明;

(四)提供虚假的信用状况;

(五)其他弄虚作假的行为。

第四十三条 提交资格预审申请文件的申请人应当遵守招标投标法和本条例有关投标人的规定。

第四章 开标、评标和中标

第四十四条 招标人应当按照招标文件规定的时间、地点开标。

投标人少于3个的,不得开标;招标人应

当重新招标。

投标人对开标有异议的,应当在开标现场提出,招标人应当当场作出答复,并制作记录。

第四十五条 国家实行统一的评标专家专业分类标准和管理办法。具体标准和办法由国务院发展改革部门会同国务院有关部门制定。

省级人民政府和国务院有关部门应当组建综合评标专家库。

第四十六条 除招标投标法第三十七条第三款规定的特殊招标项目外,依法必须进行招标的项目,其评标委员会的专家成员应当从评标专家库内相关专业的专家名单中以随机抽取方式确定。任何单位和个人不得以明示、暗示等任何方式指定或者变相指定参加评标委员会的专家成员。

依法必须进行招标的项目的招标人非因招标投标法和本条例规定的事由,不得更换依法确定的评标委员会成员。更换评标委员会的专家成员应当依照前款规定进行。

评标委员会成员与投标人有利害关系的,应当主动回避。

有关行政监督部门应当按照规定的职责分工,对评标委员会成员的确定方式、评标专家的抽取和评标活动进行监督。行政监督部门的工作人员不得担任本部门负责监督项目的评标委员会成员。

第四十七条 招标投标法第三十七条第三款所称特殊招标项目,是指技术复杂、专业性强或者国家有特殊要求,采取随机抽取方式确定的专家难以保证胜任评标工作的项目。

第四十八条 招标人应当向评标委员会提供评标所必需的信息,但不得明示或者暗示其倾向或者排斥特定投标人。

招标人应当根据项目规模和技术复杂程度等因素合理确定评标时间。超过三分之一

的评标委员会成员认为评标时间不够的,招标人应当适当延长。

评标过程中,评标委员会成员有回避事由、擅离职守或者因健康等原因不能继续评标的,应当及时更换。被更换的评标委员会成员作出的评审结论无效,由更换后的评标委员会成员重新进行评审。

第四十九条 评标委员会成员应当依照招标投标法和本条例的规定,按照招标文件规定的评标标准和方法,客观、公正地对投标文件提出评审意见。招标文件没有规定的评标标准和方法不得作为评标的依据。

评标委员会成员不得私下接触投标人,不得收受投标人给予的财物或者其他好处,不得向招标人征询确定中标人的意向,不得接受任何单位或者个人明示或者暗示提出的倾向或者排斥特定投标人的要求,不得有其他不客观、不公正履行职务的行为。

第五十条 招标项目设有标底的,招标人应当在开标时公布。标底只能作为评标的参考,不得以投标报价是否接近标底作为中标条件,也不得以投标报价超过标底上下浮动范围作为否决投标的条件。

第五十一条 有下列情形之一的,评标委员会应当否决其投标:

(一)投标文件未经投标单位盖章和单位负责人签字;

(二)投标联合体没有提交共同投标协议;

(三)投标人不符合国家或者招标文件规定的资格条件;

(四)同一投标人提交两个以上不同的投标文件或者投标报价,但招标文件要求提交备选投标的除外;

(五)投标报价低于成本或者高于招标文件设定的最高投标限价;

(六)投标文件没有对招标文件的实质性要求和条件作出响应;

（七）投标人有串通投标、弄虚作假、行贿等违法行为。

第五十二条 投标文件中有含义不明确的内容、明显文字或者计算错误，评标委员会认为需要投标人作出必要澄清、说明的，应当书面通知该投标人。投标人的澄清、说明应当采用书面形式，并不得超出投标文件的范围或者改变投标文件的实质性内容。

评标委员会不得暗示或者诱导投标人作出澄清、说明，不得接受投标人主动提出的澄清、说明。

第五十三条 评标完成后，评标委员会应当向招标人提交书面评标报告和中标候选人名单。中标候选人应当不超过 3 个，并标明排序。

评标报告应当由评标委员会全体成员签字。对评标结果有不同意见的评标委员会成员应当以书面形式说明其不同意见和理由，评标报告应当注明该不同意见。评标委员会成员拒绝在评标报告上签字又不书面说明其不同意见和理由的，视为同意评标结果。

第五十四条 依法必须进行招标的项目，招标人应当自收到评标报告之日起 3 日内公示中标候选人，公示期不得少于 3 日。

投标人或者其他利害关系人对依法必须进行招标的项目的评标结果有异议的，应当在中标候选人公示期间提出。招标人应当自收到异议之日起 3 日内作出答复；作出答复前，应当暂停招标投标活动。

第五十五条 国有资金占控股或者主导地位的依法必须进行招标的项目，招标人应当确定排名第一的中标候选人为中标人。排名第一的中标候选人放弃中标、因不可抗力不能履行合同、不按照招标文件要求提交履约保证金，或者被查实存在影响中标结果的违法行为等情形，不符合中标条件的，招标人可以按照评标委员会提出的中标候选人名单排序依次确定其他中标候选人为中标人，也

可以重新招标。

第五十六条 中标候选人的经营、财务状况发生较大变化或者存在违法行为，招标人认为可能影响其履约能力的，应当在发出中标通知书前由原评标委员会按照招标文件规定的标准和方法审查确认。

第五十七条 招标人和中标人应当依照招标投标法和本条例的规定签订书面合同，合同的标的、价款、质量、履行期限等主要条款应当与招标文件和中标人的投标文件的内容一致。招标人和中标人不得再行订立背离合同实质性内容的其他协议。

招标人最迟应当在书面合同签订后 5 日内向中标人和未中标的投标人退还投标保证金及银行同期存款利息。

第五十八条 招标文件要求中标人提交履约保证金的，中标人应当按照招标文件的要求提交。履约保证金不得超过中标合同金额的 10%。

第五十九条 中标人应当按照合同约定履行义务，完成中标项目。中标人不得向他人转让中标项目，也不得将中标项目肢解后分别向他人转让。

中标人按照合同约定或者经招标人同意，可以将中标项目的部分非主体、非关键性工作分包给他人完成。接受分包的人应当具备相应的资格条件，并不得再次分包。

中标人应当就分包项目向招标人负责，接受分包的人就分包项目承担连带责任。

第五章　投诉与处理

第六十条 投标人或者其他利害关系人认为招标投标活动不符合法律、行政法规规定的，可以自知道或者应当知道之日起 10 日内向有关行政监督部门投诉。投诉应当有明确的请求和必要的证明材料。

就本条例第二十二条、第四十四条、第五

十四条规定事项投诉的,应当先向招标人提出异议,异议答复期间不计算在前款规定的期限内。

第六十一条 投诉人就同一事项向两个以上有权受理的行政监督部门投诉的,由最先收到投诉的行政监督部门负责处理。

行政监督部门应当自收到投诉之日起3个工作日内决定是否受理投诉,并自受理投诉之日起30个工作日内作出书面处理决定;需要检验、检测、鉴定、专家评审的,所需时间不计算在内。

投诉人捏造事实、伪造材料或者以非法手段取得证明材料进行投诉的,行政监督部门应当予以驳回。

第六十二条 行政监督部门处理投诉,有权查阅、复制有关文件、资料,调查有关情况,相关单位和人员应当予以配合。必要时,行政监督部门可以责令暂停招标投标活动。

行政监督部门的工作人员对监督检查过程中知悉的国家秘密、商业秘密,应当依法予以保密。

第六章 法律责任

第六十三条 招标人有下列限制或者排斥潜在投标人行为之一的,由有关行政监督部门依照招标投标法第五十一条的规定处罚:

(一)依法应当公开招标的项目不按照规定在指定媒介发布资格预审公告或者招标公告;

(二)在不同媒介发布的同一招标项目的资格预审公告或者招标公告的内容不一致,影响潜在投标人申请资格预审或者投标。

依法必须进行招标的项目的招标人不按照规定发布资格预审公告或者招标公告,构成规避招标的,依照招标投标法第四十九条的规定处罚。

第六十四条 招标人有下列情形之一的,由有关行政监督部门责令改正,可以处10万元以下的罚款:

(一)依法应当公开招标而采用邀请招标;

(二)招标文件、资格预审文件的发售、澄清、修改的时限,或者确定的提交资格预审申请文件、投标文件的时限不符合招标投标法和本条例规定;

(三)接受未通过资格预审的单位或者个人参加投标;

(四)接受应当拒收的投标文件。

招标人有前款第一项、第三项、第四项所列行为之一的,对单位直接负责的主管人员和其他直接责任人员依法给予处分。

第六十五条 招标代理机构在所代理的招标项目中投标、代理投标或者向该项目投标人提供咨询的,接受委托编制标底的中介机构参加受托编制标底项目的投标或者为该项目的投标人编制投标文件、提供咨询的,依照招标投标法第五十条的规定追究法律责任。

第六十六条 招标人超过本条例规定的比例收取投标保证金、履约保证金或者不按照规定退还投标保证金及银行同期存款利息的,由有关行政监督部门责令改正,可以处5万元以下的罚款;给他人造成损失的,依法承担赔偿责任。

第六十七条 投标人相互串通投标或者与招标人串通投标的,投标人向招标人或者评标委员会成员行贿谋取中标的,中标无效;构成犯罪的,依法追究刑事责任;尚不构成犯罪的,依照招标投标法第五十三条的规定处罚。投标人未中标的,对单位的罚款金额按照招标项目合同金额依照招标投标法规定的比例计算。

投标人有下列行为之一的,属于招标投标法第五十三条规定的情节严重行为,由有关行政监督部门取消其 1 年至 2 年内参加依法必须进行招标的项目的投标资格：

（一）以行贿谋取中标；

（二）3 年内 2 次以上串通投标；

（三）串通投标行为损害招标人、其他投标人或者国家、集体、公民的合法利益，造成直接经济损失 30 万元以上；

（四）其他串通投标情节严重的行为。

投标人自本条第二款规定的处罚执行期限届满之日起 3 年内又有该款所列违法行为之一的，或者串通投标、以行贿谋取中标情节特别严重的，由工商行政管理机关吊销营业执照。

法律、行政法规对串通投标报价行为的处罚另有规定的，从其规定。

第六十八条 投标人以他人名义投标或者以其他方式弄虚作假骗取中标的，中标无效；构成犯罪的，依法追究刑事责任；尚不构成犯罪的，依照招标投标法第五十四条的规定处罚。依法必须进行招标的项目的投标人未中标的，对单位的罚款金额按照招标项目合同金额依照招标投标法规定的比例计算。

投标人有下列行为之一的，属于招标投标法第五十四条规定的情节严重行为，由有关行政监督部门取消其 1 年至 3 年内参加依法必须进行招标的项目的投标资格：

（一）伪造、变造资格、资质证书或者其他许可证件骗取中标；

（二）3 年内 2 次以上使用他人名义投标；

（三）弄虚作假骗取中标给招标人造成直接经济损失 30 万元以上；

（四）其他弄虚作假骗取中标情节严重的行为。

投标人自本条第二款规定的处罚执行期限届满之日起 3 年内又有该款所列违法行为之一的，或者弄虚作假骗取中标情节特别严重的，由工商行政管理机关吊销营业执照。

第六十九条 出让或者出租资格、资质证书供他人投标的，依照法律、行政法规的规定给予行政处罚；构成犯罪的，依法追究刑事责任。

第七十条 依法必须进行招标的项目的招标人不按照规定组建评标委员会，或者确定、更换评标委员会成员违反招标投标法和本条例规定的，由有关行政监督部门责令改正，可以处 10 万元以下的罚款，对单位直接负责的主管人员和其他直接责任人员依法给予处分；违法确定或者更换的评标委员会成员作出的评审结论无效，依法重新进行评审。

国家工作人员以任何方式非法干涉选取评标委员会成员的，依照本条例第八十条的规定追究法律责任。

第七十一条 评标委员会成员有下列行为之一的，由有关行政监督部门责令改正；情节严重的，禁止其在一定期限内参加依法必须进行招标的项目的评标；情节特别严重的，取消其担任评标委员会成员的资格：

（一）应当回避而不回避；

（二）擅离职守；

（三）不按照招标文件规定的评标标准和方法评标；

（四）私下接触投标人；

（五）向招标人征询确定中标人的意向或者接受任何单位或者个人明示或者暗示提出的倾向或者排斥特定投标人的要求；

（六）对依法应当否决的投标不提出否决意见；

（七）暗示或者诱导投标人作出澄清、说明或者接受投标人主动提出的澄清、说明；

（八）其他不客观、不公正履行职务的行为。

第七十二条 评标委员会成员收受投标人的财物或者其他好处的，没收收受的财物，处 3000 元以上 5 万元以下的罚款，取消担任评标委员会成员的资格，不得再参加依法必须进行招标的项目的评标;构成犯罪的,依法追究刑事责任。

第七十三条 依法必须进行招标的项目的招标人有下列情形之一的,由有关行政监督部门责令改正,可以处中标项目金额10‰以下的罚款;给他人造成损失的,依法承担赔偿责任;对单位直接负责的主管人员和其他直接责任人员依法给予处分:

(一)无正当理由不发出中标通知书;

(二)不按照规定确定中标人;

(三)中标通知书发出后无正当理由改变中标结果;

(四)无正当理由不与中标人订立合同;

(五)在订立合同时向中标人提出附加条件。

第七十四条 中标人无正当理由不与招标人订立合同,在签订合同时向招标人提出附加条件,或者不按照招标文件要求提交履约保证金的,取消其中标资格,投标保证金不予退还。对依法必须进行招标的项目的中标人,由有关行政监督部门责令改正,可以处中标项目金额10‰以下的罚款。

第七十五条 招标人和中标人不按照招标文件和中标人的投标文件订立合同,合同的主要条款与招标文件、中标人的投标文件的内容不一致,或者招标人、中标人订立背离合同实质性内容的协议的,由有关行政监督部门责令改正,可以处中标项目金额5‰以上10‰以下的罚款。

第七十六条 中标人将中标项目转让给他人的,将中标项目肢解后分别转让给他人的,违反招标投标法和本条例规定将中标项目的部分主体、关键性工作分包给他人的,或者分包人再次分包的,转让、分包无效,处转让、分包项目金额5‰以上10‰以下的罚款;有违法所得的,并处没收违法所得;可以责令停业整顿;情节严重的,由工商行政管理机关吊销营业执照。

第七十七条 投标人或者其他利害关系人捏造事实、伪造材料或者以非法手段取得证明材料进行投诉,给他人造成损失的,依法承担赔偿责任。

招标人不按照规定对异议作出答复,继续进行招标投标活动的,由有关行政监督部门责令改正,拒不改正或者不能改正并影响中标结果的,依照本条例第八十一条的规定处理。

第七十八条 国家建立招标投标信用制度。有关行政监督部门应当依法公告对招标人、招标代理机构、投标人、评标委员会成员等当事人违法行为的行政处理决定。

第七十九条 项目审批、核准部门不依法审批、核准项目招标范围、招标方式、招标组织形式的,对单位直接负责的主管人员和其他直接责任人员依法给予处分。

有关行政监督部门不依法履行职责,对违反招标投标法和本条例规定的行为不依法查处,或者不按照规定处理投诉、不依法公告对招标投标当事人违法行为的行政处理决定的,对直接负责的主管人员和其他直接责任人员依法给予处分。

项目审批、核准部门和有关行政监督部门的工作人员徇私舞弊、滥用职权、玩忽职守,构成犯罪的,依法追究刑事责任。

第八十条 国家工作人员利用职务便利,以直接或者间接、明示或者暗示等任何方式非法干涉招标投标活动,有下列情形之一的,依法给予记过或者记大过处分;情节严重的,依法给予降级或者撤职处分;情节特别严重的,依法给予开除处分;构成犯罪的,依法追究刑事责任:

(一)要求对依法必须进行招标的项目不招标,或者要求对依法应当公开招标的项目不公开招标;

(二)要求评标委员会成员或者招标人以其指定的投标人作为中标候选人或者中标

人,或者以其他方式非法干涉评标活动,影响中标结果;

(三)以其他方式非法干涉招标投标活动。

第八十一条　依法必须进行招标的项目的招标投标活动违反招标投标法和本条例的规定,对中标结果造成实质性影响,且不能采取补救措施予以纠正的,招标、投标、中标无效,应当依法重新招标或者评标。

第七章　附　　则

第八十二条　招标投标协会按照依法制定的章程开展活动,加强行业自律和服务。

第八十三条　政府采购的法律、行政法规对政府采购货物、服务的招标投标另有规定的,从其规定。

第八十四条　本条例自2012年2月1日起施行。

中华人民共和国电子签名法

（2004年8月28日第十届全国人民代表大会常务委员会第十一次会议通过　根据2015年4月24日第十二届全国人民代表大会常务委员会第十四次会议《关于修改〈中华人民共和国电力法〉等六部法律的决定》第一次修正　根据2019年4月23日第十三届全国人民代表大会常务委员会第十次会议《关于修改〈中华人民共和国建筑法〉等八部法律的决定》第二次修正）

目　　录

第一章　总　　则

第一条　为了规范电子签名行为,确立电子签名的法律效力,维护有关各方的合法权益,制定本法。

第二条　本法所称电子签名,是指数据电文中以电子形式所含、所附用于识别签名人身份并表明签名人认可其中内容的数据。

本法所称数据电文,是指以电子、光学、磁或者类似手段生成、发送、接收或者储存的信息。

第三条　民事活动中的合同或者其他文件、单证等文书,当事人可以约定使用或者不使用电子签名、数据电文。

当事人约定使用电子签名、数据电文的文书,不得仅因为其采用电子签名、数据电文的形式而否定其法律效力。

前款规定不适用下列文书:

(一)涉及婚姻、收养、继承等人身关系的;

(二)涉及停止供水、供热、供气等公用事业服务的;

(三)法律、行政法规规定的不适用电子文书的其他情形。

第二章　数据电文

第四条　能够有形地表现所载内容,并可以随时调取查用的数据电文,视为符合法律、法规要求的书面形式。

第五条　符合下列条件的数据电文,视为满足法律、法规规定的原件形式要求:

(一)能够有效地表现所载内容并可供随时调取查用;

(二)能够可靠地保证自最终形成时起,

内容保持完整、未被更改。但是,在数据电文上增加背书以及数据交换、储存和显示过程中发生的形式变化不影响数据电文的完整性。

第六条 符合下列条件的数据电文,视为满足法律、法规规定的文件保存要求:

(一)能够有效地表现所载内容并可供随时调取查用;

(二)数据电文的格式与其生成、发送或者接收时的格式相同,或者格式不相同但是能够准确表现原来生成、发送或者接收的内容;

(三)能够识别数据电文的发件人、收件人以及发送、接收的时间。

第七条 数据电文不得仅因为其是以电子、光学、磁或者类似手段生成、发送、接收或者储存的而被拒绝作为证据使用。

第八条 审查数据电文作为证据的真实性,应当考虑以下因素:

(一)生成、储存或者传递数据电文方法的可靠性;

(二)保持内容完整性方法的可靠性;

(三)用以鉴别发件人方法的可靠性;

(四)其他相关因素。

第九条 数据电文有下列情形之一的,视为发件人发送:

(一)经发件人授权发送的;

(二)发件人的信息系统自动发送的;

(三)收件人按照发件人认可的方法对数据电文进行验证后结果相符的。

当事人对前款规定的事项另有约定的,从其约定。

第十条 法律、行政法规规定或者当事人约定数据电文需要确认收讫的,应当确认收讫。发件人收到收件人的收讫确认时,数据电文视为已经收到。

第十一条 数据电文进入发件人控制之外的某个信息系统的时间,视为该数据电文的发送时间。

收件人指定特定系统接收数据电文的,数据电文进入该特定系统的时间,视为该数据电文的接收时间;未指定特定系统的,数据电文进入收件人的任何系统的首次时间,视为该数据电文的接收时间。

当事人对数据电文的发送时间、接收时间另有约定的,从其约定。

第十二条 发件人的主营业地为数据电文的发送地点,收件人的主营业地为数据电文的接收地点。没有主营业地的,其经常居住地为发送或者接收地点。

当事人对数据电文的发送地点、接收地点另有约定的,从其约定。

第三章　电子签名与认证

第十三条 电子签名同时符合下列条件的,视为可靠的电子签名:

(一)电子签名制作数据用于电子签名时,属于电子签名人专有;

(二)签署时电子签名制作数据仅由电子签名人控制;

(三)签署后对电子签名的任何改动能够被发现;

(四)签署后对数据电文内容和形式的任何改动能够被发现。

当事人也可以选择使用符合其约定的可靠条件的电子签名。

第十四条 可靠的电子签名与手写签名或者盖章具有同等的法律效力。

第十五条 电子签名人应当妥善保管电子签名制作数据。电子签名人知悉电子签名制作数据已经失密或者可能已经失密时,应当及时告知有关各方,并终止使用该电子签名制作数据。

第十六条 电子签名需要第三方认证的,由依法设立的电子认证服务提供者提供认证服务。

第十七条 提供电子认证服务,应当具备下列条件:

(一)取得企业法人资格;

(二)具有与提供电子认证服务相适应的专业技术人员和管理人员;

(三)具有与提供电子认证服务相适应的资金和经营场所;

(四)具有符合国家安全标准的技术和设备;

(五)具有国家密码管理机构同意使用密码的证明文件;

(六)法律、行政法规规定的其他条件。

第十八条 从事电子认证服务,应当向国务院信息产业主管部门提出申请,并提交符合本法第十七条规定条件的相关材料。国务院信息产业主管部门接到申请后经依法审查,征求国务院商务主管部门等有关部门的意见后,自接到申请之日起四十五日内作出许可或者不予许可的决定。予以许可的,颁发电子认证许可证书;不予许可的,应当书面通知申请人并告知理由。

取得认证资格的电子认证服务提供者,应当按照国务院信息产业主管部门的规定在互联网上公布其名称、许可证号等信息。

第十九条 电子认证服务提供者应当制定、公布符合国家有关规定的电子认证业务规则,并向国务院信息产业主管部门备案。

电子认证业务规则应当包括责任范围、作业操作规范、信息安全保障措施等事项。

第二十条 电子签名人向电子认证服务提供者申请电子签名认证证书,应当提供真实、完整和准确的信息。

电子认证服务提供者收到电子签名认证证书申请后,应当对申请人的身份进行查验,并对有关材料进行审查。

第二十一条 电子认证服务提供者签发的电子签名认证证书应当准确无误,并应当载明下列内容:

(一)电子认证服务提供者名称;

(二)证书持有人名称;

(三)证书序列号;

(四)证书有效期;

(五)证书持有人的电子签名验证数据;

(六)电子认证服务提供者的电子签名;

(七)国务院信息产业主管部门规定的其他内容。

第二十二条 电子认证服务提供者应当保证电子签名认证证书内容在有效期内完整、准确,并保证电子签名依赖方能够证实或者了解电子签名认证证书所载内容及其有关事项。

第二十三条 电子认证服务提供者拟暂停或者终止电子认证服务的,应当在暂停或者终止服务九十日前,就业务承接及其他有关事项通知有关各方。

电子认证服务提供者拟暂停或者终止电子认证服务的,应当在暂停或者终止服务六十日前向国务院信息产业主管部门报告,并与其他电子认证服务提供者就业务承接进行协商,作出妥善安排。

电子认证服务提供者未能就业务承接事项与其他电子认证服务提供者达成协议的,应当申请国务院信息产业主管部门安排其他电子认证服务提供者承接其业务。

电子认证服务提供者被依法吊销电子认证许可证书的,其业务承接事项的处理按照国务院信息产业主管部门的规定执行。

第二十四条 电子认证服务提供者应当妥善保存与认证相关的信息,信息保存期限至少为电子签名认证证书失效后五年。

第二十五条 国务院信息产业主管部门依照本法制定电子认证服务业的具体管理办法,对电子认证服务提供者依法实施监督管理。

第二十六条 经国务院信息产业主管部

门根据有关协议或者对等原则核准后,中华人民共和国境外的电子认证服务提供者在境外签发的电子签名认证证书与依照本法设立的电子认证服务提供者签发的电子签名认证证书具有同等的法律效力。

第四章　法律责任

第二十七条　电子签名人知悉电子签名制作数据已经失密或者可能已经失密未及时告知有关各方、并终止使用电子签名制作数据,未向电子认证服务提供者提供真实、完整和准确的信息,或者有其他过错,给电子签名依赖方、电子认证服务提供者造成损失的,承担赔偿责任。

第二十八条　电子签名人或者电子签名依赖方因依据电子认证服务提供者提供的电子签名认证服务从事民事活动遭受损失,电子认证服务提供者不能证明自己无过错的,承担赔偿责任。

第二十九条　未经许可提供电子认证服务的,由国务院信息产业主管部门责令停止违法行为;有违法所得的,没收违法所得;违法所得三十万元以上的,处违法所得一倍以上三倍以下的罚款;没有违法所得或者违法所得不足三十万元的,处十万元以上三十万元以下的罚款。

第三十条　电子认证服务提供者暂停或者终止电子认证服务,未在暂停或者终止服务六十日前向国务院信息产业主管部门报告的,由国务院信息产业主管部门对其直接负责的主管人员处一万元以上五万元以下的罚款。

第三十一条　电子认证服务提供者不遵守认证业务规则、未妥善保存与认证相关的信息,或者有其他违法行为的,由国务院信息产业主管部门责令限期改正;逾期未改正的,吊销电子认证许可证书,其直接负责的主管人员和其他直接责任人员十年内不得从事电子认证服务。吊销电子认证许可证书的,应当予以公告并通知工商行政管理部门。

第三十二条　伪造、冒用、盗用他人的电子签名,构成犯罪的,依法追究刑事责任;给他人造成损失的,依法承担民事责任。

第三十三条　依照本法负责电子认证服务业监督管理工作的部门的工作人员,不依法履行行政许可、监督管理职责的,依法给予行政处分;构成犯罪的,依法追究刑事责任。

第五章　附　　则

第三十四条　本法中下列用语的含义:
(一)电子签名人,是指持有电子签名制作数据并以本人身份或者以其所代表的人的名义实施电子签名的人;
(二)电子签名依赖方,是指基于对电子签名认证证书或者电子签名的信赖从事有关活动的人;
(三)电子签名认证证书,是指可证实电子签名人与电子签名制作数据有联系的数据电文或者其他电子记录;
(四)电子签名制作数据,是指在电子签名过程中使用的,将电子签名与电子签名人可靠地联系起来的字符、编码等数据;
(五)电子签名验证数据,是指用于验证电子签名的数据,包括代码、口令、算法或者公钥等。

第三十五条　国务院或者国务院规定的部门可以依据本法制定政务活动和其他社会活动中使用电子签名、数据电文的具体办法。

第三十六条　本法自 2005 年 4 月 1 日起施行。

中华人民共和国电子商务法

（2018 年 8 月 31 日第十三届全国人民代表大会常务委员会第五次会议通过　2018 年 8 月 31 日中华人民共和国主席令第 7 号公布　自 2019 年 1 月 1 日起施行）

目　　录

第一章　总　　则

第一条　【立法目的】为了保障电子商务各方主体的合法权益，规范电子商务行为，维护市场秩序，促进电子商务持续健康发展，制定本法。

第二条　【调整对象与适用范围】中华人民共和国境内的电子商务活动，适用本法。

本法所称电子商务，是指通过互联网等信息网络销售商品或者提供服务的经营活动。

法律、行政法规对销售商品或者提供服务有规定的，适用其规定。金融类产品和服务，利用信息网络提供新闻信息、音视频节目、出版以及文化产品等内容方面的服务，不适用本法。

第三条　【鼓励创新与营造良好市场环境】国家鼓励发展电子商务新业态，创新商业模式，促进电子商务技术研发和推广应用，推进电子商务诚信体系建设，营造有利于电子商务创新发展的市场环境，充分发挥电子商务在推动高质量发展、满足人民日益增长的美好生活需要、构建开放型经济方面的重要作用。

第四条　【线上线下一致与融合发展】国家平等对待线上线下商务活动，促进线上线下融合发展，各级人民政府和有关部门不得采取歧视性的政策措施，不得滥用行政权力排除、限制市场竞争。

第五条　【电子商务经营者义务和责任】电子商务经营者从事经营活动，应当遵循自愿、平等、公平、诚信的原则，遵守法律和商业道德，公平参与市场竞争，履行消费者权益保护、环境保护、知识产权保护、网络安全与个人信息保护等方面的义务，承担产品和服务质量责任，接受政府和社会的监督。

第六条　【监管体制】国务院有关部门按照职责分工负责电子商务发展促进、监督管理等工作。县级以上地方各级人民政府可以根据本行政区域的实际情况，确定本行政区域内电子商务的部门职责划分。

第七条　【协同管理与市场共治】国家建立符合电子商务特点的协同管理体系，推动形成有关部门、电子商务行业组织、电子商务经营者、消费者等共同参与的电子商务市场治理体系。

第八条　【行业自律】电子商务行业组织按照本组织章程开展行业自律，建立健全行业规范，推动行业诚信建设，监督、引导本行业经营者公平参与市场竞争。

第二章　电子商务经营者

第一节　一般规定

第九条　【电子商务经营主体】本法所称电子商务经营者，是指通过互联网等信息网络从事销售商品或者提供服务的经营活动的自然人、法人和非法人组织，包括电子商务平台经营者、平台内经营者以及通过自建网站、其他网络服务销售商品或者提供服务的电子商务经营者。

本法所称电子商务平台经营者，是指在电子商务中为交易双方或者多方提供网络经营场所、交易撮合、信息发布等服务，供交易双方或者多方独立开展交易活动的法人或者非法人组织。

本法所称平台内经营者，是指通过电子商务平台销售商品或者提供服务的电子商务经营者。

第十条　【市场主体登记】电子商务经营者应当依法办理市场主体登记。但是，个人销售自产农副产品、家庭手工业产品，个人利用自己的技能从事依法无须取得许可的便民劳务活动和零星小额交易活动，以及依照法律、行政法规不需要进行登记的除外。

第十一条　【纳税义务与纳税登记】电子商务经营者应当依法履行纳税义务，并依法享受税收优惠。

依照前条规定不需要办理市场主体登记的电子商务经营者在首次纳税义务发生后，应当依照税收征收管理法律、行政法规的规定申请办理税务登记，并如实申报纳税。

第十二条　【依法取得行政许可】电子商务经营者从事经营活动，依法需要取得相关行政许可的，应当依法取得行政许可。

第十三条　【标的合法】电子商务经营者销售的商品或者提供的服务应当符合保障人身、财产安全的要求和环境保护要求，不得销售或者提供法律、行政法规禁止交易的商品或者服务。

第十四条　【电子发票】电子商务经营者销售商品或者提供服务应当依法出具纸质发票或者电子发票等购货凭证或者服务单据。电子发票与纸质发票具有同等法律效力。

第十五条　【亮照经营义务】电子商务经营者应当在其首页显著位置，持续公示营业执照信息、与其经营业务有关的行政许可信息、属于依照本法第十条规定的不需要办理市场主体登记情形等信息，或者上述信息的链接标识。

前款规定的信息发生变更的，电子商务经营者应当及时更新公示信息。

第十六条　【业务终止】电子商务经营者自行终止从事电子商务的，应当提前三十日在首页显著位置持续公示有关信息。

第十七条　【信息披露义务】电子商务经营者应当全面、真实、准确、及时地披露商品或者服务信息，保障消费者的知情权和选择权。电子商务经营者不得以虚构交易、编造用户评价等方式进行虚假或者引人误解的商业宣传，欺骗、误导消费者。

第十八条　【搜索与广告规制】电子商务经营者根据消费者的兴趣爱好、消费习惯等特征向其提供商品或者服务的搜索结果的，应当同时向该消费者提供不针对其个人特征的选项，尊重和平等保护消费者合法权益。

电子商务经营者向消费者发送广告的，应当遵守《中华人民共和国广告法》的有关规定。

第十九条　【搭售商品或者服务规制】电子商务经营者搭售商品或者服务，应当以显著方式提请消费者注意，不得将搭售商品或者服务作为默认同意的选项。

第二十条　【交付义务与标的在途风险和责任承担】电子商务经营者应当按照承诺或者与消费者约定的方式、时限向消费者交付商品或者服务，并承担商品运输中的风险和责任。但是，消费者另行选择快递物流服务提供者的除外。

第二十一条　【押金收取和退还】电子商务经营者按照约定向消费者收取押金的，应当明示押金退还的方式、程序，不得对押金退还设置不合理条件。消费者申请退还押金，符合押金退还条件的，电子商务经营者应当及时退还。

第二十二条 【不得滥用市场支配地位】电子商务经营者因其技术优势、用户数量、对相关行业的控制能力以及其他经营者对该电子商务经营者在交易上的依赖程度等因素而具有市场支配地位的，不得滥用市场支配地位，排除、限制竞争。

第二十三条 【个人信息保护】电子商务经营者收集、使用其用户的个人信息，应当遵守法律、行政法规有关个人信息保护的规定。

第二十四条 【用户的查询权、更正权、删除权等】电子商务经营者应当明示用户信息查询、更正、删除以及用户注销的方式、程序，不得对用户信息查询、更正、删除以及用户注销设置不合理条件。

电子商务经营者收到用户信息查询或者更正、删除的申请的，应当在核实身份后及时提供查询或者更正、删除用户信息。用户注销的，电子商务经营者应当立即删除该用户的信息；依照法律、行政法规的规定或者双方约定保存的，依照其规定。

第二十五条 【数据信息提供与安全保护】有关主管部门依照法律、行政法规的规定要求电子商务经营者提供有关电子商务数据信息的，电子商务经营者应当提供。有关主管部门应当采取必要措施保护电子商务经营者提供的数据信息的安全，并对其中的个人信息、隐私和商业秘密严格保密，不得泄露、出售或者非法向他人提供。

第二十六条 【跨境电子商务的法律适用】电子商务经营者从事跨境电子商务，应当遵守进出口监督管理的法律、行政法规和国家有关规定。

第二节 电子商务平台经营者

第二十七条 【身份核验】电子商务平台经营者应当要求申请进入平台销售商品或者提供服务的经营者提交其身份、地址、联系方式、行政许可等真实信息，进行核验、登记，建立登记档案，并定期核验更新。

电子商务平台经营者为进入平台销售商品或者提供服务的非经营用户提供服务，应当遵守本节有关规定。

第二十八条 【报送身份信息和纳税信息】电子商务平台经营者应当按照规定向市场监督管理部门报送平台内经营者的身份信息，提示未办理市场主体登记的经营者依法办理登记，并配合市场监督管理部门，针对电子商务的特点，为应当办理市场主体登记的经营者办理登记提供便利。

电子商务平台经营者应当依照税收征收管理法律、行政法规的规定，向税务部门报送平台内经营者的身份信息和与纳税有关的信息，并应当提示依照本法第十条规定不需要办理市场主体登记的电子商务经营者依照本法第十一条第二款的规定办理税务登记。

第二十九条 【审查、处置和报告义务】电子商务平台经营者发现平台内的商品或者服务信息存在违反本法第十二条、第十三条规定情形的，应当依法采取必要的处置措施，并向有关主管部门报告。

第三十条 【网络安全与交易安全保障】电子商务平台经营者应当采取技术措施和其他必要措施保证其网络安全、稳定运行，防范网络违法犯罪活动，有效应对网络安全事件，保障电子商务交易安全。

电子商务平台经营者应当制定网络安全事件应急预案，发生网络安全事件时，应当立即启动应急预案，采取相应的补救措施，并向有关主管部门报告。

第三十一条 【商品和服务信息、交易信息记录和保存】电子商务平台经营者应当记录、保存平台上发布的商品和服务信息、交易信息，并确保信息的完整性、保密性、可用性。

商品和服务信息、交易信息保存时间自交易完成之日起不少于三年;法律、行政法规另有规定的,依照其规定。

第三十二条 【服务协议和交易规则制定】电子商务平台经营者应当遵循公开、公平、公正的原则,制定平台服务协议和交易规则,明确进入和退出平台、商品和服务质量保障、消费者权益保护、个人信息保护等方面的权利和义务。

第三十三条 【服务协议和交易规则公示】电子商务平台经营者应当在其首页显著位置持续公示平台服务协议和交易规则信息或者上述信息的链接标识,并保证经营者和消费者能够便利、完整地阅览和下载。

第三十四条 【服务协议和交易规则修改】电子商务平台经营者修改平台服务协议和交易规则,应当在其首页显著位置公开征求意见,采取合理措施确保有关各方能够及时充分表达意见。修改内容应当至少在实施前七日予以公示。

平台内经营者不接受修改内容,要求退出平台的,电子商务平台经营者不得阻止,并按照修改前的服务协议和交易规则承担相关责任。

第三十五条 【禁止滥用优势地位】电子商务平台经营者不得利用服务协议、交易规则以及技术等手段,对平台内经营者在平台内的交易、交易价格以及与其他经营者的交易等进行不合理限制或者附加不合理条件,或者向平台内经营者收取不合理费用。

第三十六条 【违法违规行为处置信息公示】电子商务平台经营者依据平台服务协议和交易规则对平台内经营者违反法律、法规的行为实施警示、暂停或者终止服务等措施的,应当及时公示。

第三十七条 【自营业务区分】电子商务平台经营者在其平台上开展自营业务的,应当以显著方式区分标记自营业务和平台内经营者开展的业务,不得误导消费者。

电子商务平台经营者对其标记为自营的业务依法承担商品销售者或者服务提供者的民事责任。

第三十八条 【平台经营者的连带责任与相应责任】电子商务平台经营者知道或者应当知道平台内经营者销售的商品或者提供的服务不符合保障人身、财产安全的要求,或者有其他侵害消费者合法权益行为,未采取必要措施的,依法与该平台内经营者承担连带责任。

对关系消费者生命健康的商品或者服务,电子商务平台经营者对平台内经营者的资质资格未尽到审核义务,或者对消费者未尽到安全保障义务,造成消费者损害的,依法承担相应的责任。

第三十九条 【信用评价】电子商务平台经营者应当建立健全信用评价制度,公示信用评价规则,为消费者提供对平台内销售的商品或者提供的服务进行评价的途径。

电子商务平台经营者不得删除消费者对其平台内销售的商品或者提供的服务的评价。

第四十条 【广告标注义务】电子商务平台经营者应当根据商品或者服务的价格、销量、信用等以多种方式向消费者显示商品或者服务的搜索结果;对于竞价排名的商品或者服务,应当显著标明"广告"。

第四十一条 【知识产权保护规则】电子商务平台经营者应当建立知识产权保护规则,与知识产权权利人加强合作,依法保护知识产权。

第四十二条 【通知删除】知识产权权利人认为其知识产权受到侵害的,有权通知电子商务平台经营者采取删除、屏蔽、断开链接、终止交易和服务等必要措施。通知应当包括构成侵权的初步证据。

电子商务平台经营者接到通知后,应当

及时采取必要措施,并将该通知转送平台内经营者;未及时采取必要措施的,对损害的扩大部分与平台内经营者承担连带责任。

因通知错误造成平台内经营者损害的,依法承担民事责任。恶意发出错误通知,造成平台内经营者损失的,加倍承担赔偿责任。

第四十三条 【平台经营者声明及其后果】平台内经营者接到转送的通知后,可以向电子商务平台经营者提交不存在侵权行为的声明。声明应当包括不存在侵权行为的初步证据。

电子商务平台经营者接到声明后,应当将该声明转送发出通知的知识产权权利人,并告知其可以向有关主管部门投诉或者向人民法院起诉。电子商务平台经营者在转送声明到达知识产权权利人后十五日内,未收到权利人已经投诉或者起诉通知的,应当及时终止所采取的措施。

第四十四条 【信息公示】电子商务平台经营者应当及时公示收到的本法第四十二条、第四十三条规定的通知、声明及处理结果。

第四十五条 【平台经营者知识产权侵权责任】电子商务平台经营者知道或者应当知道平台内经营者侵犯知识产权的,应当采取删除、屏蔽、断开链接、终止交易和服务等必要措施;未采取必要措施的,与侵权人承担连带责任。

第四十六条 【合规经营与禁止平台经营者从事的交易服务】除本法第九条第二款规定的服务外,电子商务平台经营者可以按照平台服务协议和交易规则,为经营者之间的电子商务提供仓储、物流、支付结算、交收等服务。电子商务平台经营者为经营者之间的电子商务提供服务,应当遵守法律、行政法规和国家有关规定,不得采取集中竞价、做市商等集中交易方式进行交易,不得进行标准化合约交易。

第三章 电子商务合同的订立与履行

第四十七条 【电子商务合同的法律适用】电子商务当事人订立和履行合同,适用本章和《中华人民共和国民法总则》《中华人民共和国合同法》《中华人民共和国电子签名法》等法律的规定。

第四十八条 【自动信息系统的法律效力与行为能力推定】电子商务当事人使用自动信息系统订立或者履行合同的行为对使用该系统的当事人具有法律效力。

在电子商务中推定当事人具有相应的民事行为能力。但是,有相反证据足以推翻的除外。

第四十九条 【电子商务合同成立】电子商务经营者发布的商品或者服务信息符合要约条件的,用户选择该商品或者服务并提交订单成功,合同成立。当事人另有约定的,从其约定。

电子商务经营者不得以格式条款等方式约定消费者支付价款后合同不成立;格式条款等含有该内容的,其内容无效。

第五十条 【电子商务合同订立规范】电子商务经营者应当清晰、全面、明确地告知用户订立合同的步骤、注意事项、下载方法等事项,并保证用户能够便利、完整地阅览和下载。

电子商务经营者应当保证用户在提交订单前可以更正输入错误。

第五十一条 【合同标的交付时间与方式】合同标的为交付商品并采用快递物流方式交付的,收货人签收时间为交付时间。合同标的为提供服务的,生成的电子凭证或者实物凭证中载明的时间为交付时间;前述凭证没有载明时间或者载明时间与实际提供服务时间不一致的,实际提供服务的时间为交付时间。

合同标的为采用在线传输方式交付的，合同标的进入对方当事人指定的特定系统并且能够检索识别的时间为交付时间。

合同当事人对交付方式、交付时间另有约定的，从其约定。

第五十二条　【使用快递物流方式交付商品】电子商务当事人可以约定采用快递物流方式交付商品。

快递物流服务提供者为电子商务提供快递物流服务，应当遵守法律、行政法规，并应当符合承诺的服务规范和时限。快递物流服务提供者在交付商品时，应当提示收货人当面查验；交由他人代收的，应当经收货人同意。

快递物流服务提供者应当按照规定使用环保包装材料，实现包装材料的减量化和再利用。

快递物流服务提供者在提供快递物流服务的同时，可以接受电子商务经营者的委托提供代收货款服务。

第五十三条　【电子支付服务提供者的义务】电子商务当事人可以约定采用电子支付方式支付价款。

电子支付服务提供者为电子商务提供电子支付服务，应当遵守国家规定，告知用户电子支付服务的功能、使用方法、注意事项、相关风险和收费标准等事项，不得附加不合理交易条件。电子支付服务提供者应当确保电子支付指令的完整性、一致性、可跟踪稽核和不可篡改。

电子支付服务提供者应当向用户免费提供对账服务以及最近三年的交易记录。

第五十四条　【电子支付安全管理要求】电子支付服务提供者提供电子支付服务不符合国家有关支付安全管理要求，造成用户损失的，应当承担赔偿责任。

第五十五条　【错误支付的法律责任】用户在发出支付指令前，应当核对支付指令所包含的金额、收款人等完整信息。

支付指令发生错误的，电子支付服务提供者应当及时查找原因，并采取相关措施予以纠正。造成用户损失的，电子支付服务提供者应当承担赔偿责任，但能够证明支付错误非自身原因造成的除外。

第五十六条　【向用户提供支付确认信息的义务】电子支付服务提供者完成电子支付后，应当及时准确地向用户提供符合约定方式的确认支付的信息。

第五十七条　【用户注意义务及未授权支付法律责任】用户应当妥善保管交易密码、电子签名数据等安全工具。用户发现安全工具遗失、被盗用或者未经授权的支付的，应当及时通知电子支付服务提供者。

未经授权的支付造成的损失，由电子支付服务提供者承担；电子支付服务提供者能够证明未经授权的支付是因用户的过错造成的，不承担责任。

电子支付服务提供者发现支付指令未经授权，或者收到用户支付指令未经授权的通知时，应当立即采取措施防止损失扩大。电子支付服务提供者未及时采取措施导致损失扩大的，对损失扩大部分承担责任。

第四章　电子商务争议解决

第五十八条　【商品、服务质量担保机制、消费者权益保证金和先行赔偿责任】国家鼓励电子商务平台经营者建立有利于电子商务发展和消费者权益保护的商品、服务质量担保机制。

电子商务平台经营者与平台内经营者协议设立消费者权益保证金的，双方应当就消费者权益保证金的提取数额、管理、使用和退还办法等作出明确约定。

消费者要求电子商务平台经营者承担先

行赔偿责任以及电子商务平台经营者赔偿后向平台内经营者的追偿,适用《中华人民共和国消费者权益保护法》的有关规定。

第五十九条 【电子商务经营者的投诉举报机制】电子商务经营者应当建立便捷、有效的投诉、举报机制,公开投诉、举报方式等信息,及时受理并处理投诉、举报。

第六十条 【电子商务争议五种解决方式】电子商务争议可以通过协商和解,请求消费者组织、行业协会或者其他依法成立的调解组织调解,向有关部门投诉,提请仲裁,或者提起诉讼等方式解决。

第六十一条 【协助维权义务】消费者在电子商务平台购买商品或者接受服务,与平台内经营者发生争议时,电子商务平台经营者应当积极协助消费者维护合法权益。

第六十二条 【提供原始合同和交易记录】在电子商务争议处理中,电子商务经营者应当提供原始合同和交易记录。因电子商务经营者丢失、伪造、篡改、销毁、隐匿或者拒绝提供前述资料,致使人民法院、仲裁机构或者有关机关无法查明事实的,电子商务经营者应当承担相应的法律责任。

第六十三条 【争议在线解决机制】电子商务平台经营者可以建立争议在线解决机制,制定并公示争议解决规则,根据自愿原则,公平、公正地解决当事人的争议。

第五章 电子商务促进

第六十四条 【电子商务发展规划和产业政策】国务院和省、自治区、直辖市人民政府应当将电子商务发展纳入国民经济和社会发展规划,制定科学合理的产业政策,促进电子商务创新发展。

第六十五条 【电子商务绿色发展】国务院和县级以上地方人民政府及其有关部门应当采取措施,支持、推动绿色包装、仓储、运输,促进电子商务绿色发展。

第六十六条 【基础设施建设、统计制度和标准体系建设】国家推动电子商务基础设施和物流网络建设,完善电子商务统计制度,加强电子商务标准体系建设。

第六十七条 【电子商务与各产业融合发展】国家推动电子商务在国民经济各个领域的应用,支持电子商务与各产业融合发展。

第六十八条 【农村电子商务与精准扶贫】国家促进农业生产、加工、流通等环节的互联网技术应用,鼓励各类社会资源加强合作,促进农村电子商务发展,发挥电子商务在精准扶贫中的作用。

第六十九条 【电子商务交易安全与公共数据共享】国家维护电子商务交易安全,保护电子商务用户信息,鼓励电子商务数据开发应用,保障电子商务数据依法有序自由流动。

国家采取措施推动建立公共数据共享机制,促进电子商务经营者依法利用公共数据。

第七十条 【电子商务信用评价】国家支持依法设立的信用评价机构开展电子商务信用评价,向社会提供电子商务信用评价服务。

第七十一条 【跨境电子商务便利化、综合服务与小微企业支持】国家促进跨境电子商务发展,建立健全适应跨境电子商务特点的海关、税收、进出境检验检疫、支付结算等管理制度,提高跨境电子商务各环节便利化水平,支持跨境电子商务平台经营者等为跨境电子商务提供仓储物流、报关、报检等服务。

国家支持小型微型企业从事跨境电子商务。

第七十二条 【单一窗口与电子单证】国家进出口管理部门应当推进跨境电子商务海关申报、纳税、检验检疫等环节的综合服务和监管体系建设,优化监管流程,推动实现信息共享、监管互认、执法互助,提高跨境电子商务服务和监管效率。跨境电子商务经营者可以凭电子单证向国家进出口管理部门办理有关手续。

第七十三条　【国际交流与合作】国家推动建立与不同国家、地区之间跨境电子商务的交流合作，参与电子商务国际规则的制定，促进电子签名、电子身份等国际互认。

国家推动建立与不同国家、地区之间的跨境电子商务争议解决机制。

第六章　法律责任

第七十四条　【电子商务经营者的民事责任】电子商务经营者销售商品或者提供服务，不履行合同义务或者履行合同义务不符合约定，或者造成他人损害的，依法承担民事责任。

第七十五条　【电子商务经营者违法违规的法律责任衔接】电子商务经营者违反本法第十二条、第十三条规定，未取得相关行政许可从事经营活动，或者销售、提供法律、行政法规禁止交易的商品、服务，或者不履行本法第二十五条规定的信息提供义务，电子商务平台经营者违反本法第四十六条规定，采取集中交易方式进行交易，或者进行标准化合约交易的，依照有关法律、行政法规的规定处罚。

第七十六条　【电子商务经营者违反信息公示以及用户信息管理义务的行政处罚】电子商务经营者违反本法规定，有下列行为之一的，由市场监督管理部门责令限期改正，可以处一万元以下的罚款，对其中的电子商务平台经营者，依照本法第八十一条第一款的规定处罚：

（一）未在首页显著位置公示营业执照信息、行政许可信息、属于不需要办理市场主体登记情形等信息，或者上述信息的链接标识的；

（二）未在首页显著位置持续公示终止电子商务的有关信息的；

（三）未明示用户信息查询、更正、删除以及用户注销的方式、程序，或者对用户信息查询、更正、删除以及用户注销设置不合理条件的。

电子商务平台经营者对违反前款规定的平台内经营者未采取必要措施的，由市场监督管理部门责令限期改正，可以处二万元以上十万元以下的罚款。

第七十七条　【违法提供搜索结果或者搭售商品、服务的行政处罚】电子商务经营者违反本法第十八条第一款规定提供搜索结果，或者违反本法第十九条规定搭售商品、服务的，由市场监督管理部门责令限期改正，没收违法所得，可以并处五万元以上二十万元以下的罚款；情节严重的，并处二十万元以上五十万元以下的罚款。

第七十八条　【违反押金管理规定的行政处罚】电子商务经营者违反本法第二十一条规定，未向消费者明示押金退还的方式、程序，对押金退还设置不合理条件，或者不及时退还押金的，由有关主管部门责令限期改正，可以处五万元以上二十万元以下的罚款；情节严重的，处二十万元以上五十万元以下的罚款。

第七十九条　【违反个人信息保护义务、网络安全保障义务的法律责任衔接】电子商务经营者违反法律、行政法规有关个人信息保护的规定，或者不履行本法第三十条和有关法律、行政法规规定的网络安全保障义务的，依照《中华人民共和国网络安全法》等法律、行政法规的规定处罚。

第八十条　【违反核验登记、信息报送、违法信息处置、商品和服务信息、交易信息保存义务的行政处罚】电子商务平台经营者有下列行为之一的，由有关主管部门责令限期改正；逾期不改正的，处二万元以上十万元以

下的罚款;情节严重的,责令停业整顿,并处十万元以上五十万元以下的罚款:

(一)不履行本法第二十七条规定的核验、登记义务的;

(二)不按照本法第二十八条规定向市场监督管理部门、税务部门报送有关信息的;

(三)不按照本法第二十九条规定对违法情形采取必要的处置措施,或者未向有关主管部门报告的;

(四)不履行本法第三十一条规定的商品和服务信息、交易信息保存义务的。

法律、行政法规对前款规定的违法行为的处罚另有规定的,依照其规定。

第八十一条 【违反服务协议、交易规则管理、自营业务标注、信用评价管理、广告标注义务的行政处罚】电子商务平台经营者违反本法规定,有下列行为之一的,由市场监督管理部门责令限期改正,可以处二万元以上十万元以下的罚款;情节严重的,处十万元以上五十万元以下的罚款:

(一)未在首页显著位置持续公示平台服务协议、交易规则信息或者上述信息的链接标识的;

(二)修改交易规则未在首页显著位置公开征求意见,未按照规定的时间提前公示修改内容,或者阻止平台内经营者退出的;

(三)未以显著方式区分标记自营业务和平台内经营者开展的业务的;

(四)未为消费者提供对平台内销售的商品或者提供的服务进行评价的途径,或者擅自删除消费者的评价的。

电子商务平台经营者违反本法第四十条规定,对竞价排名的商品或者服务未显著标明"广告"的,依照《中华人民共和国广告法》的规定处罚。

第八十二条 【对平台内经营者进行不合理限制、附加不合理条件、收取不合理费用的行政处罚】电子商务平台经营者违反本法

第三十五条规定,对平台内经营者在平台内的交易、交易价格或者与其他经营者的交易等进行不合理限制或者附加不合理条件,或者向平台内经营者收取不合理费用的,由市场监督管理部门责令限期改正,可以处五万元以上五十万元以下的罚款;情节严重的,处五十万元以上二百万元以下的罚款。

第八十三条 【违反采取合理措施、主体审核义务、安全保障义务的行政处罚】电子商务平台经营者违反本法第三十八条规定,对平台内经营者侵害消费者合法权益行为未采取必要措施,或者对平台内经营者未尽到资质资格审核义务,或者对消费者未尽到安全保障义务的,由市场监督管理部门责令限期改正,可以处五万元以上五十万元以下的罚款;情节严重的,责令停业整顿,并处五十万元以上二百万元以下的罚款。

第八十四条 【平台知识产权侵权的行政处罚】电子商务平台经营者违反本法第四十二条、第四十五条规定,对平台内经营者实施侵犯知识产权行为未依法采取必要措施的,由有关知识产权行政部门责令限期改正;逾期不改正的,处五万元以上五十万元以下的罚款;情节严重的,处五十万元以上二百万元以下的罚款。

第八十五条 【产品质量、反垄断、反不正当竞争、知识产权保护、消费者权益保护等法律的法律责任的衔接性规定】电子商务经营者违反本法规定,销售的商品或者提供的服务不符合保障人身、财产安全的要求,实施虚假或者引人误解的商业宣传等不正当竞争行为,滥用市场支配地位,或者实施侵犯知识产权、侵害消费者权益等行为的,依照有关法律的规定处罚。

第八十六条 【违法行为的信用档案记录与公示】电子商务经营者有本法规定的违法行为的,依照有关法律、行政法规的规定记入信用档案,并予以公示。

第八十七条 【电子商务监管部门工作人员的违法行为的法律责任】依法负有电子商务监督管理职责的部门的工作人员，玩忽职守、滥用职权、徇私舞弊，或者泄露、出售或者非法向他人提供在履行职责中所知悉的个人信息、隐私和商业秘密的，依法追究法律责任。

第八十八条 【违法行为的治安管理处罚和刑事责任】违反本法规定，构成违反治安管理行为的，依法给予治安管理处罚；构成犯罪的，依法追究刑事责任。

第七章 附 则

第八十九条 【施行日期】本法自 2019 年 1 月 1 日起施行。

网络交易监督管理办法

（2021 年 3 月 15 日国家市场监督管理总局令第 37 号公布 自 2021 年 5 月 1 日起施行）

第一章 总 则

第一条 为了规范网络交易活动，维护网络交易秩序，保障网络交易各方主体合法权益，促进数字经济持续健康发展，根据有关法律、行政法规，制定本办法。

第二条 在中华人民共和国境内，通过互联网等信息网络（以下简称通过网络）销售商品或者提供服务的经营活动以及市场监督管理部门对其进行监督管理，适用本办法。

在网络社交、网络直播等信息网络活动中销售商品或者提供服务的经营活动，适用本办法。

第三条 网络交易经营者从事经营活动，应当遵循自愿、平等、公平、诚信原则，遵守法律、法规、规章和商业道德、公序良俗，公平参与市场竞争，认真履行法定义务，积极承担主体责任，接受社会各界监督。

第四条 网络交易监督管理坚持鼓励创新、包容审慎、严守底线、线上线下一体化监管的原则。

第五条 国家市场监督管理总局负责组织指导全国网络交易监督管理工作。

县级以上地方市场监督管理部门负责本行政区域内的网络交易监督管理工作。

第六条 市场监督管理部门引导网络交易经营者、网络交易行业组织、消费者组织、消费者共同参与网络交易市场治理，推动完善多元参与、有效协同、规范有序的网络交易市场治理体系。

第二章 网络交易经营者

第一节 一般规定

第七条 本办法所称网络交易经营者，是指组织、开展网络交易活动的自然人、法人和非法人组织，包括网络交易平台经营者、平台内经营者、自建网站经营者以及通过其他网络服务开展网络交易活动的网络交易经营者。

本办法所称网络交易平台经营者，是指在网络交易活动中为交易双方或者多方提供网络经营场所、交易撮合、信息发布等服务，供交易双方或者多方独立开展网络交易活动的法人或者非法人组织。

本办法所称平台内经营者，是指通过网络交易平台开展网络交易活动的网络交易经营者。

网络社交、网络直播等网络服务提供者为经营者提供网络经营场所、商品浏览、订单生成、在线支付等网络交易平台服务的，应当依法履行网络交易平台经营者的义务。通过上述网络交易平台服务开展网络交易活动的经营者,应当依法履行平台内经营者的义务。

第八条 网络交易经营者不得违反法律、法规、国务院决定的规定,从事无证无照经营。除《中华人民共和国电子商务法》第十条规定的不需要进行登记的情形外,网络交易经营者应当依法办理市场主体登记。

个人通过网络从事保洁、洗涤、缝纫、理发、搬家、配制钥匙、管道疏通、家电家具维修修配等依法无须取得许可的便民劳务活动,依照《中华人民共和国电子商务法》第十条的规定不需要进行登记。

个人从事网络交易活动,年交易额累计不超过 10 万元的,依照《中华人民共和国电子商务法》第十条的规定不需要进行登记。同一经营者在同一平台或者不同平台开设多家网店的,各网店交易额合并计算。个人从事的零星小额交易须依法取得行政许可的,应当依法办理市场主体登记。

第九条 仅通过网络开展经营活动的平台内经营者申请登记为个体工商户的,可以将网络经营场所登记为经营场所,将经常居住地登记为住所,其住所所在地的县、自治县、不设区的市、市辖区市场监督管理部门为其登记机关。同一经营者有两个以上网络经营场所的,应当一并登记。

第十条 平台内经营者申请将网络经营场所登记为经营场所的,由其入驻的网络交易平台为其出具符合登记机关要求的网络经营场所相关材料。

第十一条 网络交易经营者销售的商品或者提供的服务应当符合保障人身、财产安全的要求和环境保护要求,不得销售或者提供法律、行政法规禁止交易,损害国家利益和社会公共利益,违背公序良俗的商品或者服务。

第十二条 网络交易经营者应当在其网站首页或者从事经营活动的主页面显著位置,持续公示经营者主体信息或者该信息的链接标识。鼓励网络交易经营者链接到国家市场监督管理总局电子营业执照亮照系统,公示其营业执照信息。

已经办理市场主体登记的网络交易经营者应当如实公示下列营业执照信息以及与其经营业务有关的行政许可等信息,或者该信息的链接标识:

(一)企业应当公示其营业执照登载的统一社会信用代码、名称、企业类型、法定代表人(负责人)、住所、注册资本(出资额)等信息;

(二)个体工商户应当公示其营业执照登载的统一社会信用代码、名称、经营者姓名、经营场所、组成形式等信息;

(三)农民专业合作社、农民专业合作社联合社应当公示其营业执照登载的统一社会信用代码、名称、法定代表人、住所、成员出资总额等信息。

依照《中华人民共和国电子商务法》第十条规定不需要进行登记的经营者应当根据自身实际经营活动类型,如实公示以下自我声明以及实际经营地址、联系方式等信息,或者该信息的链接标识:

(一)"个人销售自产农副产品,依法不需要办理市场主体登记";

(二)"个人销售家庭手工业产品,依法不需要办理市场主体登记";

(三)"个人利用自己的技能从事依法无须取得许可的便民劳务活动,依法不需要办理市场主体登记";

(四)"个人从事零星小额交易活动,依法不需要办理市场主体登记"。

网络交易经营者公示的信息发生变更的,应当在十个工作日内完成更新公示。

第十三条 网络交易经营者收集、使用消费者个人信息,应当遵循合法、正当、必要的原则,明示收集、使用信息的目的、方式和范围,并经消费者同意。网络交易经营者收集、使用消费者个人信息,应当公开其收集、使用规则,不得违反法律、法规的规定和双方的约定收集、使用信息。

网络交易经营者不得采用一次概括授权、默认授权、与其他授权捆绑、停止安装使用等方式,强迫或者变相强迫消费者同意收集、使用与经营活动无直接关系的信息。收集、使用个人生物特征、医疗健康、金融账户、个人行踪等敏感信息的,应当逐项取得消费者同意。

网络交易经营者及其工作人员应当对收集的个人信息严格保密,除依法配合监管执法活动外,未经被收集者授权同意,不得向包括关联方在内的任何第三方提供。

第十四条 网络交易经营者不得违反《中华人民共和国反不正当竞争法》等规定,实施扰乱市场竞争秩序,损害其他经营者或者消费者合法权益的不正当竞争行为。

网络交易经营者不得以下列方式,作虚假或者引人误解的商业宣传,欺骗、误导消费者:

(一)虚构交易、编造用户评价;

(二)采用误导性展示等方式,将好评前置、差评后置,或者不显著区分不同商品或者服务的评价等;

(三)采用谎称现货、虚构预订、虚假抢购等方式进行虚假营销;

(四)虚构点击量、关注度等流量数据,以及虚构点赞、打赏等交易互动数据。

网络交易经营者不得实施混淆行为,引人误认为是他人商品、服务或者与他人存在特定联系。

网络交易经营者不得编造、传播虚假信息或者误导性信息,损害竞争对手的商业信誉、商品声誉。

第十五条 消费者评价中包含法律、行政法规、规章禁止发布或者传输的信息的,网络交易经营者可以依法予以技术处理。

第十六条 网络交易经营者未经消费者同意或者请求,不得向其发送商业性信息。

网络交易经营者发送商业性信息时,应当明示其真实身份和联系方式,并向消费者提供显著、简便、免费的拒绝继续接收的方式。消费者明确表示拒绝的,应当立即停止发送,不得更换名义后再次发送。

第十七条 网络交易经营者以直接捆绑或者提供多种可选项方式向消费者搭售商品或者服务的,应当以显著方式提醒消费者注意。提供多种可选项方式的,不得将搭售商品或者服务的任何选项设定为消费者默认同意,不得将消费者以往交易中选择的选项在后续独立交易中设定为消费者默认选择。

第十八条 网络交易经营者采取自动展期、自动续费等方式提供服务的,应当在消费者接受服务前和自动展期、自动续费等日期前五日,以显著方式提请消费者注意,由消费者自主选择;在服务期间内,应当为消费者提供显著、简便的随时取消或者变更的选项,并不得收取不合理费用。

第十九条 网络交易经营者应当全面、真实、准确、及时地披露商品或者服务信息,保障消费者的知情权和选择权。

第二十条 通过网络社交、网络直播等网络服务开展网络交易活动的网络交易经营者,应当以显著方式展示商品或者服务及其实际经营主体、售后服务等信息,或者上述信息的链接标识。

网络直播服务提供者对网络交易活动的直播视频保存时间自直播结束之日起不少于三年。

第二十一条 网络交易经营者向消费者提供商品或者服务使用格式条款、通知、声明等的,应当以显著方式提请消费者注意与消费者有重大利害关系的内容,并按照消费者的要求予以说明,不得作出含有下列内容的规定：

（一）免除或者部分免除网络交易经营者对其所提供的商品或者服务应当承担的修理、重作、更换、退货、补足商品数量、退还货款和服务费用、赔偿损失等责任；

（二）排除或者限制消费者提出修理、更换、退货、赔偿损失以及获得违约金和其他合理赔偿的权利；

（三）排除或者限制消费者依法投诉、举报、请求调解、申请仲裁、提起诉讼的权利；

（四）排除或者限制消费者依法变更或者解除合同的权利；

（五）规定网络交易经营者单方享有解释权或者最终解释权；

（六）其他对消费者不公平、不合理的规定。

第二十二条 网络交易经营者应当按照国家市场监督管理总局及其授权的省级市场监督管理部门的要求，提供特定时段、特定品类、特定区域的商品或者服务的价格、销量、销售额等数据信息。

第二十三条 网络交易经营者自行终止从事网络交易活动的，应当提前三十日在其网站首页或者从事经营活动的主页面显著位置，持续公示终止网络交易活动公告等有关信息，并采取合理、必要、及时的措施保障消费者和相关经营者的合法权益。

第二节 网络交易平台经营者

第二十四条 网络交易平台经营者应当要求申请进入平台销售商品或者提供服务的经营者提交其身份、地址、联系方式、行政许可等真实信息，进行核验、登记，建立登记档案，并至少每六个月核验更新一次。

网络交易平台经营者应当对未办理市场主体登记的平台内经营者进行动态监测，对超过本办法第八条第三款规定额度的，及时提醒其依法办理市场主体登记。

第二十五条 网络交易平台经营者应当依照法律、行政法规的规定，向市场监督管理部门报送有关信息。

网络交易平台经营者应当分别于每年1月和7月向住所地省级市场监督管理部门报送平台内经营者的下列身份信息：

（一）已办理市场主体登记的平台内经营者的名称（姓名）、统一社会信用代码、实际经营地址、联系方式、网店名称以及网址链接等信息；

（二）未办理市场主体登记的平台内经营者的姓名、身份证件号码、实际经营地址、联系方式、网店名称以及网址链接，属于依法不需要办理市场主体登记的具体情形的自我声明等信息；其中，对超过本办法第八条第三款规定额度的平台内经营者进行特别标示。

鼓励网络交易平台经营者与市场监督管理部门建立开放数据接口等形式的自动化信息报送机制。

第二十六条 网络交易平台经营者应当为平台内经营者依法履行信息公示义务提供技术支持。平台内经营者公示的信息发生变更的，应当在三个工作日内将变更情况报送平台，平台应当在七个工作日内进行核验，完成更新公示。

第二十七条 网络交易平台经营者应当以显著方式区分标记已办理市场主体登记的经营者和未办理市场主体登记的经营者，确保消费者能够清晰辨认。

第二十八条 网络交易平台经营者修改平台服务协议和交易规则的，应当完整保存修改后的版本生效之日前三年的全部历史版本，并保证经营者和消费者能够便利、完整阅览和下载。

第二十九条 网络交易平台经营者应当对平台内经营者及其发布的商品或者服务信息建立检查监控制度。网络交易平台经营者发现平台内的商品或者服务信息有违反市场监督管理法律、法规、规章,损害国家利益和社会公共利益,违背公序良俗的,应当依法采取必要的处置措施,保存有关记录,并向平台住所地县级以上市场监督管理部门报告。

第三十条 网络交易平台经营者依据法律、法规、规章的规定或者平台服务协议和交易规则对平台内经营者违法行为采取警示、暂停或者终止服务等处理措施的,应当自决定作出处理措施之日起一个工作日内予以公示,载明平台内经营者的网店名称、违法行为、处理措施等信息。警示、暂停服务等短期处理措施的相关信息应当持续公示至处理措施实施期满之日止。

第三十一条 网络交易平台经营者对平台内经营者身份信息的保存时间自其退出平台之日起不少于三年;对商品或者服务信息,支付记录、物流快递、退换货以及售后等交易信息的保存时间自交易完成之日起不少于三年。法律、行政法规另有规定的,依照其规定。

第三十二条 网络交易平台经营者不得违反《中华人民共和国电子商务法》第三十五条的规定,对平台内经营者在平台内的交易、交易价格以及与其他经营者的交易等进行不合理限制或者附加不合理条件,干涉平台内经营者的自主经营。具体包括:

(一)通过搜索降权、下架商品、限制经营、屏蔽店铺、提高服务收费等方式,禁止或者限制平台内经营者自主选择在多个平台开展经营活动,或者利用不正当手段限制其仅在特定平台开展经营活动;

(二)禁止或者限制平台内经营者自主选择快递物流等交易辅助服务提供者;

(三)其他干涉平台内经营者自主经营的行为。

第三章 监督管理

第三十三条 县级以上地方市场监督管理部门应当在日常管理和执法活动中加强协同配合。

网络交易平台经营者住所地省级市场监督管理部门应当根据工作需要,及时将掌握的平台内经营者身份信息与其实际经营地的省级市场监督管理部门共享。

第三十四条 市场监督管理部门在依法开展监督检查、案件调查、事故处置、缺陷消费品召回、消费争议处理等监管执法活动时,可以要求网络交易平台经营者提供有关的平台内经营者身份信息,商品或者服务信息,支付记录、物流快递、退换货以及售后等交易信息。网络交易平台经营者应当提供,并在技术方面积极配合市场监督管理部门开展网络交易违法行为监测工作。

为网络交易经营者提供宣传推广、支付结算、物流快递、网络接入、服务器托管、虚拟主机、云服务、网站网页设计制作等服务的经营者(以下简称其他服务提供者),应当及时协助市场监督管理部门依法查处网络交易违法行为,提供其掌握的有关数据信息。法律、行政法规另有规定的,依照其规定。

市场监督管理部门发现网络交易经营者有违法行为,依法要求网络交易平台经营者、其他服务提供者采取措施制止的,网络交易平台经营者、其他服务提供者应当予以配合。

第三十五条 市场监督管理部门对涉嫌违法的网络交易行为进行查处时,可以依法采取下列措施:

(一)对与涉嫌违法的网络交易行为有关的场所进行现场检查;

(二)查阅、复制与涉嫌违法的网络交易行为有关的合同、票据、账簿等有关资料;

(三)收集、调取、复制与涉嫌违法的网络交易行为有关的电子数据;

(四)询问涉嫌从事违法的网络交易行为的当事人;

(五)向与涉嫌违法的网络交易行为有关

的自然人、法人和非法人组织调查了解有关情况;

(六)法律、法规规定可以采取的其他措施。

采取前款规定的措施,依法需要报经批准的,应当办理批准手续。

市场监督管理部门对网络交易违法行为的技术监测记录资料,可以作为实施行政处罚或者采取行政措施的电子数据证据。

第三十六条　市场监督管理部门应当采取必要措施保护网络交易经营者提供的数据信息的安全,并对其中的个人信息、隐私和商业秘密严格保密。

第三十七条　市场监督管理部门依法对网络交易经营者实施信用监管,将网络交易经营者的注册登记、备案、行政许可、抽查检查结果、行政处罚、列入经营异常名录和严重违法失信企业名单等信息,通过国家企业信用信息公示系统统一归集并公示。对存在严重违法失信行为的,依法实施联合惩戒。

前款规定的信息还可以通过市场监督管理部门官方网站、网络搜索引擎、经营者从事经营活动的主页面显著位置等途径公示。

第三十八条　网络交易经营者未依法履行法定责任和义务,扰乱或者可能扰乱网络交易秩序,影响消费者合法权益的,市场监督管理部门可以依职责对其法定代表人或者主要负责人进行约谈,要求其采取措施进行整改。

第四章　法律责任

第三十九条　法律、行政法规对网络交易违法行为的处罚已有规定的,依照其规定。

第四十条　网络交易平台经营者违反本办法第十条,拒不为入驻的平台内经营者出具网络经营场所相关材料的,由市场监督管理部门责令限期改正;逾期不改正的,处一万

元以上三万元以下罚款。

第四十一条　网络交易经营者违反本办法第十一条、第十三条、第十六条、第十八条,法律、行政法规有规定的,依照其规定;法律、行政法规没有规定的,由市场监督管理部门依职责责令限期改正,可以处五千元以上三万元以下罚款。

第四十二条　网络交易经营者违反本办法第十二条、第二十三条,未履行法定信息公示义务的,依照《中华人民共和国电子商务法》第七十六条的规定进行处罚。对其中的网络交易平台经营者,依照《中华人民共和国电子商务法》第八十一条第一款的规定进行处罚。

第四十三条　网络交易经营者违反本办法第十四条的,依照《中华人民共和国反不正当竞争法》的相关规定进行处罚。

第四十四条　网络交易经营者违反本办法第十七条的,依照《中华人民共和国电子商务法》第七十七条的规定进行处罚。

第四十五条　网络交易经营者违反本办法第二十条,法律、行政法规有规定的,依照其规定;法律、行政法规没有规定的,由市场监督管理部门责令限期改正;逾期不改正的,处一万元以下罚款。

第四十六条　网络交易经营者违反本办法第二十二条的,由市场监督管理部门责令限期改正;逾期不改正的,处五千元以上三万元以下罚款。

第四十七条　网络交易平台经营者违反本办法第二十四条第一款、第二十五条第二款、第三十一条,不履行法定核验、登记义务,有关信息报送义务,商品和服务信息、交易信息保存义务的,依照《中华人民共和国电子商务法》第八十条的规定进行处罚。

第四十八条　网络交易平台经营者违反本办法第二十七条、第二十八条、第三十条的,由市场监督管理部门责令限期改正;逾期

不改正的,处一万元以上三万元以下罚款。

第四十九条 网络交易平台经营者违反本办法第二十九条,法律、行政法规有规定的,依照其规定;法律、行政法规没有规定的,由市场监督管理部门依职责责令限期改正,可以处一万元以上三万元以下罚款。

第五十条 网络交易平台经营者违反本办法第三十二条的,依照《中华人民共和国电子商务法》第八十二条的规定进行处罚。

第五十一条 网络交易经营者销售商品或者提供服务,不履行合同义务或者履行合同义务不符合约定,或者造成他人损害的,依法承担民事责任。

第五十二条 网络交易平台经营者知道或者应当知道平台内经营者销售的商品或者提供的服务不符合保障人身、财产安全的要求,或者有其他侵害消费者合法权益行为,未采取必要措施的,依法与该平台内经营者承担连带责任。

对关系消费者生命健康的商品或者服务,网络交易平台经营者对平台内经营者的资质资格未尽到审核义务,或者对消费者未尽到安全保障义务,造成消费者损害的,依法承担相应的责任。

第五十三条 对市场监督管理部门依法开展的监管执法活动,拒绝依照本办法规定提供有关材料、信息,或者提供虚假材料、信息,或者隐匿、销毁、转移证据,或者有其他拒绝、阻碍监管执法行为,法律、行政法规、其他市场监督管理部门规章有规定的,依照其规定;法律、行政法规、其他市场监督管理部门规章没有规定的,由市场监督管理部门责令改正,可以处五千元以上三万元以下罚款。

第五十四条 市场监督管理部门的工作人员,玩忽职守、滥用职权、徇私舞弊,或者泄露、出售或者非法向他人提供在履行职责中所知悉的个人信息、隐私和商业秘密的,依法追究法律责任。

第五十五条 违反本办法规定,构成犯罪的,依法追究刑事责任。

第五章 附 则

第五十六条 本办法自 2021 年 5 月 1 日起施行。2014 年 1 月 26 日原国家工商行政管理总局令第 60 号公布的《网络交易管理办法》同时废止。

中华人民共和国海商法

(1992 年 11 月 7 日第七届全国人民代表大会常务委员会第二十八次会议通过 1992 年 11 月 7 日中华人民共和国主席令第 64 号公布 自 1993 年 7 月 1 日起施行)

目 录

第一章　总　　则

第一条　为了调整海上运输关系、船舶关系,维护当事人各方的合法权益,促进海上运输和经济贸易的发展,制定本法。

第二条　本法所称海上运输,是指海上货物运输和海上旅客运输,包括海江之间、江海之间的直达运输。

本法第四章海上货物运输合同的规定,不适用于中华人民共和国港口之间的海上货物运输。

第三条　本法所称船舶,是指海船和其他海上移动式装置,但是用于军事的、政府公务的船舶和20总吨以下的小型船艇除外。

前款所称船舶,包括船舶属具。

第四条　中华人民共和国港口之间的海上运输和拖航,由悬挂中华人民共和国国旗的船舶经营。但是,法律、行政法规另有规定的除外。

非经国务院交通主管部门批准,外国籍船舶不得经营中华人民共和国港口之间的海上运输和拖航。

第五条　船舶经依法登记取得中华人民共和国国籍,有权悬挂中华人民共和国国旗航行。

船舶非法悬挂中华人民共和国国旗航行的,由有关机关予以制止,处以罚款。

第六条　海上运输由国务院交通主管部门统一管理,具体办法由国务院交通主管部门制定,报国务院批准后施行。

第二章　船　　舶

第一节　船舶所有权

第七条　船舶所有权,是指船舶所有人依法对其船舶享有占有、使用、收益和处分的权利。

第八条　国家所有的船舶由国家授予具有法人资格的全民所有制企业经营管理的,本法有关船舶所有人的规定适用于该法人。

第九条　船舶所有权的取得、转让和消灭,应当向船舶登记机关登记;未经登记的,不得对抗第三人。

船舶所有权的转让,应当签订书面合同。

第十条　船舶由两个以上的法人或者个人共有的,应当向船舶登记机关登记;未经登记的,不得对抗第三人。

第二节　船舶抵押权

第十一条　船舶抵押权,是指抵押权人对于抵押人提供的作为债务担保的船舶,在抵押人不履行债务时,可以依法拍卖,从卖得的价款中优先受偿的权利。

第十二条　船舶所有人或者船舶所有人授权的人可以设定船舶抵押权。

船舶抵押权的设定,应当签订书面合同。

第十三条 设定船舶抵押权,由抵押权人和抵押人共同向船舶登记机关办理抵押权登记;未经登记的,不得对抗第三人。

船舶抵押权登记,包括下列主要项目:

(一)船舶抵押权人和抵押人的姓名或者名称、地址;

(二)被抵押船舶的名称、国籍、船舶所有权证书的颁发机关和证书号码;

(三)所担保的债权数额、利息率、受偿期限。

船舶抵押权的登记状况,允许公众查询。

第十四条 建造中的船舶可以设定船舶抵押权。

建造中的船舶办理抵押权登记,还应当向船舶登记机关提交船舶建造合同。

第十五条 除合同另有约定外,抵押人应当对被抵押船舶进行保险;未保险的,抵押权人有权对该船舶进行保险,保险费由抵押人负担。

第十六条 船舶共有人就共有船舶设定抵押权,应当取得持有三分之二以上份额的共有人的同意,共有人之间另有约定的除外。

船舶共有人设定的抵押权,不因船舶的共有权的分割而受影响。

第十七条 船舶抵押权设定后,未经抵押权人同意,抵押人不得将被抵押船舶转让给他人。

第十八条 抵押权人将被抵押船舶所担保的债权全部或者部分转让他人的,抵押权随之转移。

第十九条 同一船舶可以设定两个以上抵押权,其顺序以登记的先后为准。

同一船舶设定两个以上抵押权的,抵押权人按照抵押权登记的先后顺序,从船舶拍卖所得价款中依次受偿。同日登记的抵押权,按照同一顺序受偿。

第二十条 被抵押船舶灭失,抵押权随之消灭。由于船舶灭失得到的保险赔偿,抵押权人有权优先于其他债权人受偿。

第三节 船舶优先权

第二十一条 船舶优先权,是指海事请求人依照本法第二十二条的规定,向船舶所有人、光船承租人、船舶经营人提出海事请求,对产生该海事请求的船舶具有优先受偿的权利。

第二十二条 下列各项海事请求具有船舶优先权:

(一)船长、船员和在船上工作的其他在编人员根据劳动法律、行政法规或者劳动合同所产生的工资、其他劳动报酬、船员遣返费用和社会保险费用的给付请求;

(二)在船舶营运中发生的人身伤亡的赔偿请求;

(三)船舶吨税、引航费、港务费和其他港口规费的缴付请求;

(四)海难救助的救助款项的给付请求;

(五)船舶在营运中因侵权行为产生的财产赔偿请求。

载运2000吨以上的散装货油的船舶,持有有效的证书,证明已经进行油污损害民事责任保险或者具有相应的财务保证的,对其造成的油污损害的赔偿请求,不属于前款第(五)项规定的范围。

第二十三条 本法第二十二条第一款所列各项海事请求,依照顺序受偿。但是,第(四)项海事请求,后于第(一)项至第(三)项发生的,应当先于第(一)项至第(三)项受偿。

本法第二十二条第一款第(一)、(二)、(三)、(五)项中有两个以上海事请求的,不分先后,同时受偿;不足受偿的,按照比例受偿。第(四)项中有两个以上海事请求的,后发生的先受偿。

第二十四条 因行使船舶优先权产生的

诉讼费用,保存、拍卖船舶和分配船舶价款产生的费用,以及为海事请求人的共同利益而支付的其他费用,应当从船舶拍卖所得价款中先行拨付。

第二十五条　船舶优先权先于船舶留置权受偿,船舶抵押权后于船舶留置权受偿。

前款所称船舶留置权,是指造船人、修船人在合同另一方未履行合同时,可以留置所占有的船舶,以保证造船费用或者修船费用得以偿还的权利。船舶留置权在造船人、修船人不再占有所造或者所修的船舶时消灭。

第二十六条　船舶优先权不因船舶所有权的转让而消灭。但是,船舶转让时,船舶优先权自法院应受让人申请予以公告之日起满六十日不行使的除外。

第二十七条　本法第二十二条规定的海事请求权转移的,其船舶优先权随之转移。

第二十八条　船舶优先权应当通过法院扣押产生优先权的船舶行使。

第二十九条　船舶优先权,除本法第二十六条规定的外,因下列原因之一而消灭:

(一)具有船舶优先权的海事请求,自优先权产生之日起满一年不行使;

(二)船舶经法院强制出售;

(三)船舶灭失。

前款第(一)项的一年期限,不得中止或者中断。

第三十条　本节规定不影响本法第十一章关于海事赔偿责任限制规定的实施。

第三章　船　员

第一节　一般规定

第三十一条　船员,是指包括船长在内的船上一切任职人员。

第三十二条　船长、驾驶员、轮机长、轮机员、电机员、报务员,必须由持有相应适任证书的人担任。

第三十三条　从事国际航行的船舶的中国籍船员,必须持有中华人民共和国港务监督机构颁发的海员证和有关证书。

第三十四条　船员的任用和劳动方面的权利、义务,本法没有规定的,适用有关法律、行政法规的规定。

第二节　船　长

第三十五条　船长负责船舶的管理和驾驶。

船长在其职权范围内发布的命令,船员、旅客和其他在船人员都必须执行。

船长应当采取必要的措施,保护船舶和在船人员、文件、邮件、货物以及其他财产。

第三十六条　为保障在船人员和船舶的安全,船长有权对在船上进行违法、犯罪活动的人采取禁闭或者其他必要措施,并防止其隐匿、毁灭、伪造证据。

船长采取前款措施,应当制作案情报告书,由船长和两名以上在船人员签字,连同人犯送交有关当局处理。

第三十七条　船长应当将船上发生的出生或者死亡事件记入航海日志,并在两名证人的参加下制作证明书。死亡证明书应当附有死者遗物清单。死者有遗嘱的,船长应当予以证明。死亡证明书和遗嘱由船长负责保管,并送交家属或者有关方面。

第三十八条　船舶发生海上事故,危及在船人员和财产的安全时,船长应当组织船员和其他在船人员尽力施救。在船舶的沉没、毁灭不可避免的情况下,船长可以作出弃船决定;但是,除紧急情况外,应当报经船舶所有人同意。

弃船时,船长必须采取一切措施,首先组织旅客安全离船,然后安排船员离船,船长应当最后离船。在离船前,船长应当指挥船员尽力抢救航海日志、机舱日志、油类记录簿、无线电台日志、本航次使用过的海图和文件，以及贵重物品、邮件和现金。

第三十九条　船长管理船舶和驾驶船舶的责任，不因引航员引领船舶而解除。

第四十条　船长在航行中死亡或者因故不能执行职务时，应当由驾驶员中职务最高的人代理船长职务；在下一个港口开航前，船舶所有人应当指派新船长接任。

第四章　海上货物运输合同

第一节　一般规定

第四十一条　海上货物运输合同，是指承运人收取运费，负责将托运人托运的货物经海路由一港运至另一港的合同。

第四十二条　本章下列用语的含义：

（一）"承运人"，是指本人或者委托他人以本人名义与托运人订立海上货物运输合同的人。

（二）"实际承运人"，是指接受承运人委托，从事货物运输或者部分运输的人，包括接受转委托从事此项运输的其他人。

（三）"托运人"，是指：

1. 本人或者委托他人以本人名义或者委托他人为本人与承运人订立海上货物运输合同的人；

2. 本人或者委托他人以本人名义或者委托他人为本人将货物交给与海上货物运输合同有关的承运人的人。

（四）"收货人"，是指有权提取货物的人。

（五）"货物"，包括活动物和由托运人提供的用于集装货物的集装箱、货盘或者类似的装运器具。

第四十三条　承运人或者托运人可以要求书面确认海上货物运输合同的成立。但是，航次租船合同应当书面订立。电报、电传

和传真具有书面效力。

第四十四条　海上货物运输合同和作为合同凭证的提单或者其他运输单证中的条款，违反本章规定的，无效。此类条款的无效，不影响该合同和提单或者其他运输单证中其他条款的效力。将货物的保险利益转让给承运人的条款或者类似条款，无效。

第四十五条　本法第四十四条的规定不影响承运人在本章规定的承运人责任和义务之外，增加其责任和义务。

第二节　承运人的责任

第四十六条　承运人对集装箱装运的货物的责任期间，是指从装货港接收货物时起至卸货港交付货物时止，货物处于承运人掌管之下的全部期间。承运人对非集装箱装运的货物的责任期间，是指从货物装上船时起至卸下船时止，货物处于承运人掌管之下的全部期间。在承运人的责任期间，货物发生灭失或者损坏，除本节另有规定外，承运人应当负赔偿责任。

前款规定，不影响承运人就非集装箱装运的货物，在装船前和卸船后所承担的责任，达成任何协议。

第四十七条　承运人在船舶开航前和开航当时，应当谨慎处理，使船舶处于适航状态，妥善配备船员、装备船舶和配备供应品，并使货舱、冷藏舱、冷气舱和其他载货处所适于并能安全收受、载运和保管货物。

第四十八条　承运人应当妥善地、谨慎地装载、搬移、积载、运输、保管、照料和卸载所运货物。

第四十九条　承运人应当按照约定的或者习惯的或者地理上的航线将货物运往卸货港。

船舶在海上为救助或者企图救助人命或者财产而发生的绕航或者其他合理绕航，不属于违反前款规定的行为。

第五十条　货物未能在明确约定的时间内,在约定的卸货港交付的,为迟延交付。

除依照本章规定承运人不负赔偿责任的情形外,由于承运人的过失,致使货物因迟延交付而灭失或者损坏的,承运人应当负赔偿责任。

除依照本章规定承运人不负赔偿责任的情形外,由于承运人的过失,致使货物因迟延交付而遭受经济损失的,即使货物没有灭失或者损坏,承运人仍然应当负赔偿责任。

承运人未能在本条第一款规定的时间届满六十日内交付货物,有权对货物灭失提出赔偿请求的人可以认为货物已经灭失。

第五十一条　在责任期间货物发生的灭失或者损坏是由于下列原因之一造成的,承运人不负赔偿责任:

(一)船长、船员、引航员或者承运人的其他受雇人在驾驶船舶或者管理船舶中的过失;

(二)火灾,但是由于承运人本人的过失所造成的除外;

(三)天灾,海上或者其他可航水域的危险或者意外事故;

(四)战争或者武装冲突;

(五)政府或者主管部门的行为、检疫限制或者司法扣押;

(六)罢工、停工或者劳动受到限制;

(七)在海上救助或者企图救助人命或者财产;

(八)托运人、货物所有人或者他们的代理人的行为;

(九)货物的自然特性或者固有缺陷;

(十)货物包装不良或者标志欠缺、不清;

(十一)经谨慎处理仍未发现的船舶潜在缺陷;

(十二)非由于承运人或者承运人的受雇人、代理人的过失造成的其他原因。

承运人依照前款规定免除赔偿责任的,除第(二)项规定的原因外,应当负举证责任。

第五十二条　因运输活动物的固有的特殊风险造成活动物灭失或者损害的,承运人不负赔偿责任。但是,承运人应当证明其已履行托运人关于运输活动物的特别要求,并证明根据实际情况,灭失或者损害是由于此种固有的特殊风险造成的。

第五十三条　承运人在舱面上装载货物,应当同托运人达成协议,或者符合航运惯例,或者符合有关法律、行政法规的规定。

承运人依照前款规定将货物装载在舱面上,对由于此种装载的特殊风险造成的货物灭失或者损坏,不负赔偿责任。

承运人违反本条第一款规定将货物装载在舱面上,致使货物遭受灭失或者损坏的,应当负赔偿责任。

第五十四条　货物的灭失、损坏或者迟延交付是由于承运人或者承运人的受雇人、代理人的不能免除赔偿责任的原因和其他原因共同造成的,承运人仅在其不能免除赔偿责任的范围内负赔偿责任;但是,承运人对其他原因造成的灭失、损坏或者迟延交付应当负举证责任。

第五十五条　货物灭失的赔偿额,按照货物的实际价值计算;货物损坏的赔偿额,按照货物受损前后实际价值的差额或者货物的修复费用计算。

货物的实际价值,按照货物装船时的价值加保险费加运费计算。

前款规定的货物实际价值,赔偿时应当减去因货物灭失或者损坏而少付或者免付的有关费用。

第五十六条　承运人对货物的灭失或者损坏的赔偿限额,按照货物件数或者其他货运单位数计算,每件或者每个其他货运单位为666.67计算单位,或者按照货物毛重计算,每公斤为2计算单位,以二者中赔偿限额较高的为准。但是，托运人在货物装运前已经申报其性质和价值，并在提单中载明的，或者承运人与托运人已经另行约定高于本条规定的赔偿限额的除外。

货物用集装箱、货盘或者类似装运器具集装的，提单中载明装在此类装运器具中的货物件数或者其他货运单位数，视为前款所指的货物件数或者其他货运单位数；未载明的，每一装运器具视为一件或者一个单位。

装运器具不属于承运人所有或者非由承运人提供的，装运器具本身应当视为一件或者一个单位。

第五十七条 承运人对货物因迟延交付造成经济损失的赔偿限额，为所迟延交付的货物的运费数额。货物的灭失或者损坏和迟延交付同时发生的，承运人的赔偿责任限额适用本法第五十六条第一款规定的限额。

第五十八条 就海上货物运输合同所涉及的货物灭失、损坏或者迟延交付对承运人提起的任何诉讼，不论海事请求人是否合同的一方，也不论是根据合同或者是根据侵权行为提起的，均适用本章关于承运人的抗辩理由和限制赔偿责任的规定。

前款诉讼是对承运人的受雇人或者代理人提起的，经承运人的受雇人或者代理人证明，其行为是在受雇或者受委托的范围之内的，适用前款规定。

第五十九条 经证明，货物的灭失、损坏或者迟延交付是由于承运人的故意或者明知可能造成损失而轻率地作为或者不作为造成的，承运人不得援用本法第五十六条或者第五十七条限制赔偿责任的规定。

经证明，货物的灭失、损坏或者迟延交付是由于承运人的受雇人、代理人的故意或者明知可能造成损失而轻率地作为或者不作为造成的，承运人的受雇人或者代理人不得援用本法第五十六条或者第五十七条限制赔偿责任的规定。

第六十条 承运人将货物运输或者部分运输委托给实际承运人履行的，承运人仍然应当依照本章规定对全部运输负责。对实际承运人承担的运输，承运人应当对实际承运人的行为或者实际承运人的受雇人、代理人在受雇或者受委托的范围内的行为负责。

虽有前款规定，在海上运输合同中明确约定合同所包括的特定的部分运输由承运人以外的指定的实际承运人履行的，合同可以同时约定，货物在指定的实际承运人掌管期间发生的灭失、损坏或者迟延交付，承运人不负赔偿责任。

第六十一条 本章对承运人责任的规定，适用于实际承运人。对实际承运人的受雇人、代理人提起诉讼的，适用本法第五十八条第二款和第五十九条第二款的规定。

第六十二条 承运人承担本章未规定的义务或者放弃本章赋予的权利的任何特别协议，经实际承运人书面明确同意的，对实际承运人发生效力；实际承运人是否同意，不影响此项特别协议对承运人的效力。

第六十三条 承运人与实际承运人都负有赔偿责任的，应当在此项责任范围内负连带责任。

第六十四条 就货物的灭失或者损坏分别向承运人、实际承运人以及他们的受雇人、代理人提出赔偿请求的，赔偿总额不超过本法第五十六条规定的限额。

第六十五条 本法第六十条至第六十四条的规定，不影响承运人和实际承运人之间相互追偿。

第三节 托运人的责任

第六十六条 托运人托运货物，应当妥善包装，并向承运人保证，货物装船时所提供的货物的品名、标志、包数或者件数、重量或者体积的正确性；由于包装不良或者上述资料不正确，对承运人造成损失的，托运人应当负赔偿责任。

承运人依照前款规定享有的受偿权利，不影响其根据货物运输合同对托运人以外的人所承担的责任。

第六十七条　托运人应当及时向港口、海关、检疫、检验和其他主管机关办理货物运输所需要的各项手续，并将已办理各项手续的单证送交承运人；因办理各项手续的有关单证送交不及时、不完备或者不正确，使承运人的利益受到损害的，托运人应当负赔偿责任。

第六十八条　托运人托运危险货物，应当依照有关海上危险货物运输的规定，妥善包装，作出危险品标志和标签，并将其正式名称和性质以及应当采取的预防危害措施书面通知承运人；托运人未通知或者通知有误的，承运人可以在任何时间、任何地点根据情况需要将货物卸下、销毁或者使之不能为害，而不负赔偿责任。托运人对承运人因运输此类货物所受到的损害，应当负赔偿责任。

承运人知道危险货物的性质并已同意装运的，仍然可以在该项货物对于船舶、人员或者其他货物构成实际危险时，将货物卸下、销毁或者使之不能为害，而不负赔偿责任。但是，本款规定不影响共同海损的分摊。

第六十九条　托运人应当按照约定向承运人支付运费。

托运人与承运人可以约定运费由收货人支付；但是，此项约定应当在运输单证中载明。

第七十条　托运人对承运人、实际承运人所遭受的损失或者船舶所遭受的损坏，不负赔偿责任；但是，此种损失或者损坏是由于托运人或者托运人的受雇人、代理人的过失造成的除外。

托运人的受雇人、代理人对承运人、实际承运人所遭受的损失或者船舶所遭受的损坏，不负赔偿责任；但是，这种损失或者损坏是由于托运人的受雇人、代理人的过失造成的除外。

第四节　运　输　单　证

第七十一条　提单，是指用以证明海上货物运输合同和货物已经由承运人接收或者装船，以及承运人保证据以交付货物的单证。提单中载明的向记名人交付货物，或者按照指示人的指示交付货物，或者向提单持有人交付货物的条款，构成承运人据以交付货物的保证。

第七十二条　货物由承运人接收或者装船后，应托运人的要求，承运人应当签发提单。

提单可以由承运人授权的人签发。提单由载货船舶的船长签发的，视为代表承运人签发。

第七十三条　提单内容，包括下列各项：

（一）货物的品名、标志、包数或者件数、重量或者体积，以及运输危险货物时对危险性质的说明；

（二）承运人的名称和主营业所；

（三）船舶名称；

（四）托运人的名称；

（五）收货人的名称；

（六）装货港和在装货港接收货物的日期；

（七）卸货港；

（八）多式联运提单增列接收货物地点和交付货物地点；

（九）提单的签发日期、地点和份数；

（十）运费的支付；

（十一）承运人或者其代表的签字。

提单缺少前款规定的一项或者几项的，不影响提单的性质；但是，提单应当符合本法第七十一条的规定。

第七十四条　货物装船前，承运人已经应托运人的要求签发收货待运提单或者其他单证的,货物装船完毕,托运人可以将收货待运提单或者其他单证退还承运人,以换取已装船提单;承运人也可以在收货待运提单上加注承运船舶的船名和装船日期,加注后的收货待运提单视为已装船提单。

第七十五条 承运人或者代其签发提单的人,知道或者有合理的根据怀疑提单记载的货物的品名、标志、包数或者件数、重量或者体积与实际接收的货物不符,在签发已装船提单的情况下怀疑与已装船的货物不符,或者没有适当的方法核对提单记载的,可以在提单上批注,说明不符之处、怀疑的根据或者说明无法核对。

第七十六条 承运人或者代其签发提单的人未在提单上批注货物表面状况的,视为货物的表面状况良好。

第七十七条 除依照本法第七十五条的规定作出保留外,承运人或者代其签发提单的人签发的提单,是承运人已经按照提单所载状况收到货物或者货物已经装船的初步证据;承运人向善意受让提单的包括收货人在内的第三人提出的与提单所载状况不同的证据,不予承认。

第七十八条 承运人同收货人、提单持有人之间的权利、义务关系,依据提单的规定确定。

收货人、提单持有人不承担在装货港发生的滞期费、亏舱费和其他与装货有关的费用,但是提单中明确载明上述费用由收货人、提单持有人承担的除外。

第七十九条 提单的转让,依照下列规定执行:

(一)记名提单:不得转让;

(二)指示提单:经过记名背书或者空白背书转让;

(三)不记名提单:无需背书,即可转让。

第八十条 承运人签发提单以外的单证用以证明收到待运货物的,此项单证即为订立海上货物运输合同和承运人接收该单证中所列货物的初步证据。

承运人签发的此类单证不得转让。

第五节 货物交付

第八十一条 承运人向收货人交付货物时,收货人未将货物灭失或者损坏的情况书面通知承运人的,此项交付视为承运人已经按照运输单证的记载交付以及货物状况良好的初步证据。

货物灭失或者损坏的情况非显而易见的,在货物交付的次日起连续七日内,集装箱货物交付的次日起连续十五日内,收货人未提交书面通知的,适用前款规定。

货物交付时,收货人已经会同承运人对货物进行联合检查或者检验的,无需就所查明的灭失或者损坏的情况提交书面通知。

第八十二条 承运人自向收货人交付货物的次日起连续六十日内,未收到收货人就货物因迟延交付造成经济损失而提交的书面通知的,不负赔偿责任。

第八十三条 收货人在目的港提取货物前或者承运人在目的港交付货物前,可以要求检验机构对货物状况进行检验;要求检验的一方应当支付检验费用,但是有权向造成货物损失的责任方追偿。

第八十四条 承运人和收货人对本法第八十一条和第八十三条规定的检验,应当相互提供合理的便利条件。

第八十五条 货物由实际承运人交付的,收货人依照本法第八十一条的规定向实际承运人提交的书面通知,与向承运人提交书面通知具有同等效力;向承运人提交的书面通知,与向实际承运人提交书面通知具有同等效力。

第八十六条 在卸货港无人提取货物或者收货人迟延、拒绝提取货物的,船长可以将货物卸在仓库或者其他适当场所,由此产生的费用和风险由收货人承担。

第八十七条 应当向承运人支付的运费、共同海损分摊、滞期费和承运人为货物垫付的必要费用以及应当向承运人支付的其他费用没有付清，又没有提供适当担保的，承运人可以在合理的限度内留置其货物。

第八十八条 承运人根据本法第八十七条规定留置的货物，自船舶抵达卸货港的次日起满六十日无人提取的，承运人可以申请法院裁定拍卖；货物易腐烂变质或者货物的保管费用可能超过其价值的，可以申请提前拍卖。

拍卖所得价款，用于清偿保管、拍卖货物的费用和运费以及应当向承运人支付的其他有关费用；不足的金额，承运人有权向托运人追偿；剩余的金额，退还托运人；无法退还、自拍卖之日起满一年又无人领取的，上缴国库。

第六节 合同的解除

第八十九条 船舶在装货港开航前，托运人可以要求解除合同。但是，除合同另有约定外，托运人应当向承运人支付约定运费的一半；货物已经装船的，并应当负担装货、卸货和其他与此有关的费用。

第九十条 船舶在装货港开航前，因不可抗力或者其他不能归责于承运人和托运人的原因致使合同不能履行的，双方均可以解除合同，并互相不负赔偿责任。除合同另有约定外，运费已经支付的，承运人应当将运费退还给托运人；货物已经装船的，托运人应当承担装卸费用；已经签发提单的，托运人应当将提单退还承运人。

第九十一条 因不可抗力或者其他不能归责于承运人和托运人的原因致使船舶不能在合同约定的目的港卸货的，除合同另有约定外，船长有权将货物在目的港邻近的安全港口或者地点卸载，视为已经履行合同。

船长决定将货物卸载的，应当及时通知托运人或者收货人，并考虑托运人或者收货人的利益。

第七节 航次租船合同的特别规定

第九十二条 航次租船合同，是指船舶出租人向承租人提供船舶或者船舶的部分舱位，装运约定的货物，从一港运至另一港，由承租人支付约定运费的合同。

第九十三条 航次租船合同的内容，主要包括出租人和承租人的名称、船名、船籍、载货重量、容积、货名、装货港和目的港、受载期限、装卸期限、运费、滞期费、速遣费以及其他有关事项。

第九十四条 本法第四十七条和第四十九条的规定，适用于航次租船合同的出租人。

本章其他有关合同当事人之间的权利、义务的规定，仅在航次租船合同没有约定或者没有不同约定时，适用于航次租船合同的出租人和承租人。

第九十五条 对按照航次租船合同运输的货物签发的提单，提单持有人不是承租人的，承运人与该提单持有人之间的权利、义务关系适用提单的约定。但是，提单中载明适用航次租船合同条款的，适用该航次租船合同的条款。

第九十六条 出租人应当提供约定的船舶；经承租人同意，可以更换船舶。但是，提供的船舶或者更换的船舶不符合合同约定的，承租人有权拒绝或者解除合同。

因出租人过失未提供约定的船舶致使承租人遭受损失的，出租人应当负赔偿责任。

第九十七条 出租人在约定的受载期限内未能提供船舶的，承租人有权解除合同。但是，出租人将船舶延误情况和船舶预期抵达装货港的日期通知承租人的，承租人应当自收到通知时起四十八小时内，将是否解除合同的决定通知出租人。

因出租人过失延误提供船舶致使承租人

遭受损失的,出租人应当负赔偿责任。

第九十八条 航次租船合同的装货、卸货期限及其计算办法,超过装货、卸货期限后的滞期费和提前完成装货、卸货的速遣费,由双方约定。

第九十九条 承租人可以将其租用的船舶转租;转租后,原合同约定的权利和义务不受影响。

第一百条 承租人应当提供约定的货物;经出租人同意,可以更换货物。但是,更换的货物对出租人不利,出租人有权拒绝或者解除合同。

因未提供约定的货物致使出租人遭受损失的,承租人应当负赔偿责任。

第一百零一条 出租人应当在合同约定的卸货港卸货。合同订有承租人选择卸货港条款的,在承租人未按照合同约定及时通知确定的卸货港时,船长可以从约定的选卸港中自行选定一港卸货。承租人未按照合同约定及时通知确定的卸货港,致使出租人遭受损失的,应当负赔偿责任。出租人未按照合同约定,擅自选定港口卸货致使承租人遭受损失的,应当负赔偿责任。

第八节 多式联运合同的特别规定

第一百零二条 本法所称多式联运合同,是指多式联运经营人以两种以上的不同运输方式,其中一种是海上运输方式,负责将货物从接收地运至目的地交付收货人,并收取全程运费的合同。

前款所称多式联运经营人,是指本人或者委托他人以本人名义与托运人订立多式联运合同的人。

第一百零三条 多式联运经营人对多式联运货物的责任期间,自接收货物时起至交付货物时止。

第一百零四条 多式联运经营人负责履行或者组织履行多式联运合同,并对全程运输负责。

多式联运经营人与参加多式联运的各区段承运人,可以就多式联运合同的各区段运输,另以合同约定相互之间的责任。但是,此项合同不得影响多式联运经营人对全程运输所承担的责任。

第一百零五条 货物的灭失或者损坏发生于多式联运的某一运输区段的,多式联运经营人的赔偿责任和责任限额,适用调整该区段运输方式的有关法律规定。

第一百零六条 货物的灭失或者损坏发生的运输区段不能确定的,多式联运经营人应当依照本章关于承运人赔偿责任和责任限额的规定负赔偿责任。

第五章 海上旅客运输合同

第一百零七条 海上旅客运输合同,是指承运人以适合运送旅客的船舶经海路将旅客及其行李从一港运送至另一港,由旅客支付票款的合同。

第一百零八条 本章下列用语的含义:

(一)"承运人",是指本人或者委托他人以本人名义与旅客订立海上旅客运输合同的人。

(二)"实际承运人",是指接受承运人委托,从事旅客运送或者部分运送的人,包括接受转委托从事此项运送的其他人。

(三)"旅客",是指根据海上旅客运输合同运送的人;经承运人同意,根据海上货物运输合同,随船护送货物的人,视为旅客。

(四)"行李"是指根据海上旅客运输合同由承运人载运的任何物品和车辆,但是活动物除外。

(五)"自带行李",是指旅客自行携带、保管或者放置在客舱中的行李。

第一百零九条 本章关于承运人责任的规定,适用于实际承运人。本章关于承运人的受雇人、代理人责任的规定,适用于实际承运人的受雇人、代理人。

第一百一十条 旅客客票是海上旅客运输合同成立的凭证。

第一百一十一条 海上旅客运输的运送期间,自旅客登船时起至旅客离船时止。客票票价含接送费用的,运送期间并包括承运人经水路将旅客从岸上接到船上和从船上送到岸上的时间,但是不包括旅客在港站内、码头上或者在港口其他设施内的时间。

旅客的自带行李,运送期间同前款规定。旅客自带行李以外的其他行李,运送期间自旅客将行李交付承运人或者承运人的受雇人、代理人时起至承运人或者承运人的受雇人、代理人交还旅客时止。

第一百一十二条 旅客无票乘船、越级乘船或者超程乘船,应当按照规定补足票款,承运人可以按照规定加收票款;拒不交付的,船长有权在适当地点令其离船,承运人有权向其追偿。

第一百一十三条 旅客不得随身携带或者在行李中夹带违禁品或者易燃、易爆、有毒、有腐蚀性、有放射性以及有可能危及船上人身和财产安全的其他危险品。

承运人可以在任何时间、任何地点将旅客违反前款规定随身携带或者在行李中夹带的违禁品、危险品卸下、销毁或者使之不能为害,或者送交有关部门,而不负赔偿责任。

旅客违反本条第一款规定,造成损害的,应当负赔偿责任。

第一百一十四条 在本法第一百一十一条规定的旅客及其行李的运送期间,因承运人或者承运人的受雇人、代理人在受雇或者受委托的范围内的过失引起事故,造成旅客人身伤亡或者行李灭失、损坏的,承运人应当负赔偿责任。

请求人对承运人或者承运人的受雇人、代理人的过失,应当负举证责任;但是,本条第三款和第四款规定的情形除外。

旅客的人身伤亡或者自带行李的灭失、损坏,是由于船舶的沉没、碰撞、搁浅、爆炸、火灾所引起或者是由于船舶的缺陷所引起的,承运人或者承运人的受雇人、代理人除非提出反证,应当视为其有过失。

旅客自带行李以外的其他行李的灭失或者损坏,不论由于何种事故所引起,承运人或者承运人的受雇人、代理人除非提出反证,应当视为其有过失。

第一百一十五条 经承运人证明,旅客的人身伤亡或者行李的灭失、损坏,是由于旅客本人的过失或者旅客和承运人的共同过失造成的,可以免除或者相应减轻承运人的赔偿责任。

经承运人证明,旅客的人身伤亡或者行李的灭失、损坏,是由于旅客本人的故意造成的,或者旅客的人身伤亡是由于旅客本人健康状况造成的,承运人不负赔偿责任。

第一百一十六条 承运人对旅客的货币、金银、珠宝、有价证券或者其他贵重物品所发生的灭失、损坏,不负赔偿责任。

旅客与承运人约定将前款规定的物品交由承运人保管的,承运人应当依照本法第一百一十七条的规定负赔偿责任;双方以书面约定的赔偿限额高于本法第一百一十七条的规定的,承运人应当按照约定的数额负赔偿责任。

第一百一十七条 除本条第四款规定的情形外,承运人在每次海上旅客运输中的赔偿责任限额,依照下列规定执行:

(一)旅客人身伤亡的,每名旅客不超过46666计算单位;

(二)旅客自带行李灭失或者损坏的,每名旅客不超过833计算单位;

(三)旅客车辆包括该车辆所载行李灭失或者损坏的,每一车辆不超过3333计算单位;

（四）本款第（二）、（三）项以外的旅客其他行李灭失或者损坏的，每名旅客不超过 1200 计算单位。

承运人和旅客可以约定，承运人对旅客车辆和旅客车辆以外的其他行李损失的免赔额。但是，对每一车辆损失的免赔额不得超过 117 计算单位，对每名旅客的车辆以外的其他行李损失的免赔额不得超过 13 计算单位。在计算每一车辆或者每名旅客的车辆以外的其他行李的损失赔偿数额时，应当扣除约定的承运人免赔额。

承运人和旅客可以书面约定高于本条第一款规定的赔偿责任限额。

中华人民共和国港口之间的海上旅客运输，承运人的赔偿责任限额，由国务院交通主管部门制定，报国务院批准后施行。

第一百一十八条 经证明，旅客的人身伤亡或者行李的灭失、损坏，是由于承运人的故意或者明知可能造成损害而轻率地作为或者不作为造成的，承运人不得援用本法第一百一十六条和第一百一十七条限制赔偿责任的规定。

经证明，旅客的人身伤亡或者行李的灭失、损坏，是由于承运人的受雇人、代理人的故意或者明知可能造成损害而轻率地作为或者不作为造成的，承运人的受雇人、代理人不得援用本法第一百一十六条和第一百一十七条限制赔偿责任的规定。

第一百一十九条 行李发生明显损坏的，旅客应当依照下列规定向承运人或者承运人的受雇人、代理人提交书面通知：

（一）自带行李，应当在旅客离船前或者离船时提交；

（二）其他行李，应当在行李交还前或者交还时提交。

行李的损坏不明显，旅客在离船时或者行李交还时难以发现的，以及行李发生灭失的，旅客应当在离船或者行李交还或者应当

交还之日起十五日内，向承运人或者承运人的受雇人、代理人提交书面通知。

旅客未依照本条第一、二款规定及时提交书面通知的，除非提出反证，视为已经完整无损地收到行李。

行李交还时，旅客已经会同承运人对行李进行联合检查或者检验的，无需提交书面通知。

第一百二十条 向承运人的受雇人、代理人提出的赔偿请求，受雇人或者代理人证明其行为是在受雇或者受委托的范围内的，有权援用本法第一百一十五条、第一百一十六条和第一百一十七条的抗辩理由和赔偿责任限制的规定。

第一百二十一条 承运人将旅客运送或者部分运送委托给实际承运人履行的，仍然应当依照本章规定，对全程运送负责。实际承运人履行运送的，承运人应当对实际承运人的行为或者实际承运人的受雇人、代理人在受雇或者受委托的范围内的行为负责。

第一百二十二条 承运人承担本章未规定的义务或者放弃本章赋予的权利的任何特别协议，经实际承运人书面明确同意的，对实际承运人发生效力；实际承运人是否同意，不影响此项特别协议对承运人的效力。

第一百二十三条 承运人与实际承运人均负有赔偿责任的，应当在此项责任限度内负连带责任。

第一百二十四条 就旅客的人身伤亡或者行李的灭失、损坏，分别向承运人、实际承运人以及他们的受雇人、代理人提出赔偿请求的，赔偿总额不得超过本法第一百一十七条规定的限额。

第一百二十五条 本法第一百二十一条至第一百二十四条的规定，不影响承运人和实际承运人之间相互追偿。

第一百二十六条 海上旅客运输合同中含有下列内容之一的条款无效：

（一）免除承运人对旅客应当承担的法定责任；

（二）降低本章规定的承运人责任限额；

（三）对本章规定的举证责任作出相反的约定；

（四）限制旅客提出赔偿请求的权利。

前款规定的合同条款的无效，不影响合同其他条款的效力。

第六章　船舶租用合同

第一节　一般规定

第一百二十七条　本章关于出租人和承租人之间权利、义务的规定，仅在船舶租用合同没有约定或者没有不同约定时适用。

第一百二十八条　船舶租用合同，包括定期租船合同和光船租赁合同，均应当书面订立。

第二节　定期租船合同

第一百二十九条　定期租船合同，是指船舶出租人向承租人提供约定的由出租人配备船员的船舶，由承租人在约定的期间内按照约定的用途使用，并支付租金的合同。

第一百三十条　定期租船合同的内容，主要包括出租人和承租人的名称、船名、船籍、船级、吨位、容积、船速、燃料消耗、航区、用途、租船期间、交船和还船的时间和地点以及条件、租金及其支付，以及其他有关事项。

第一百三十一条　出租人应当按照合同约定的时间交付船舶。

出租人违反前款规定的，承租人有权解除合同。出租人将船舶延误情况和船舶预期抵达交船港的日期通知承租人的，承租人应当自接到通知时起四十八小时内，将解除合同或者继续租用船舶的决定通知出租人。

因出租人过失延误提供船舶致使承租人遭受损失的，出租人应当负赔偿责任。

第一百三十二条　出租人交付船舶时，应当做到谨慎处理，使船舶适航。交付的船舶应当适于约定的用途。

出租人违反前款规定的，承租人有权解除合同，并有权要求赔偿因此遭受的损失。

第一百三十三条　船舶在租期内不符合约定的适航状态或者其他状态，出租人应当采取可能采取的合理措施，使之尽快恢复。

船舶不符合约定的适航状态或者其他状态而不能正常营运连续满二十四小时的，对因此而损失的营运时间，承租人不付租金，但是上述状态是由承租人造成的除外。

第一百三十四条　承租人应当保证船舶在约定航区内的安全港口或者地点之间从事约定的海上运输。

承租人违反前款规定的，出租人有权解除合同，并有权要求赔偿因此遭受的损失。

第一百三十五条　承租人应当保证船舶用于运输约定的合法的货物。

承租人将船舶用于运输活动物或者危险货物的，应当事先征得出租人的同意。

承租人违反本条第一款或者第二款的规定致使出租人遭受损失的，应当负赔偿责任。

第一百三十六条　承租人有权就船舶的营运向船长发出指示，但是不得违反定期租船合同的约定。

第一百三十七条　承租人可以将租用的船舶转租，但是应当将转租的情况及时通知出租人。租用的船舶转租后，原租船合同约定的权利和义务不受影响。

第一百三十八条　船舶所有人转让已经租出的船舶的所有权，定期租船合同约定的当事人的权利和义务不受影响，但是应当及时通知承租人。船舶所有权转让后，原租船合同由受让人和承租人继续履行。

第一百三十九条　在合同期间，船舶进行海难救助的，承租人有权获得扣除救助费用、损失赔偿、船员应得部分以及其他费用后的救助款项的一半。

第一百四十条 承租人应当按照合同约定支付租金。承租人未按照合同约定支付租金的,出租人有权解除合同,并有权要求赔偿因此遭受的损失。

第一百四十一条 承租人未向出租人支付租金或者合同约定的其他款项的,出租人对船上属于承租人的货物和财产以及转租船舶的收入有留置权。

第一百四十二条 承租人向出租人交还船舶时,该船舶应当具有与出租人交船时相同的良好状态,但是船舶本身的自然磨损除外。

船舶未能保持与交船时相同的良好状态的,承租人应当负责修复或者给予赔偿。

第一百四十三条 经合理计算,完成最后航次的日期约为合同约定的还船日期,但可能超过合同约定的还船日期的,承租人有权超期用船以完成该航次。超期期间,承租人应当按照合同约定的租金率支付租金;市场的租金率高于合同约定的租金率的,承租人应当按照市场租金率支付租金。

第三节 光船租赁合同

第一百四十四条 光船租赁合同,是指船舶出租人向承租人提供不配备船员的船舶,在约定的期间内由承租人占有、使用和营运,并向出租人支付租金的合同。

第一百四十五条 光船租赁合同的内容,主要包括出租人和承租人的名称、船名、船籍、船级、吨位、容积、航区、用途、租船期间、交船和还船的时间和地点以及条件、船舶检验、船舶的保养维修、租金及其支付、船舶保险、合同解除的时间和条件,以及其他有关事项。

第一百四十六条 出租人应当在合同约定的港口或者地点,按照合同约定的时间,向承租人交付船舶以及船舶证书。交船时,出租人应当做到谨慎处理,使船舶适航。交付的船舶应当适于合同约定的用途。

出租人违反前款规定的,承租人有权解除合同,并有权要求赔偿因此遭受的损失。

第一百四十七条 在光船租赁期间,承租人负责船舶的保养、维修。

第一百四十八条 在光船租赁期间,承租人应当按照合同约定的船舶价值,以出租人同意的保险方式为船舶进行保险,并负担保险费用。

第一百四十九条 在光船租赁期间,因承租人对船舶占有、使用和营运的原因使出租人的利益受到影响或者遭受损失的,承租人应当负责消除影响或者赔偿损失。

因船舶所有权争议或者出租人所负的债务致使船舶被扣押的,出租人应当保证承租人的利益不受影响;致使承租人遭受损失的,出租人应当负赔偿责任。

第一百五十条 在光船租赁期间,未经出租人书面同意,承租人不得转让合同的权利和义务或者以光船租赁的方式将船舶进行转租。

第一百五十一条 未经承租人事先书面同意,出租人不得在光船租赁期间对船舶设定抵押权。

出租人违反前款规定,致使承租人遭受损失的,应当负赔偿责任。

第一百五十二条 承租人应当按照合同约定支付租金。承租人未按照合同约定的时间支付租金连续超过七日的,出租人有权解除合同,并有权要求赔偿因此遭受的损失。

船舶发生灭失或者失踪的,租金应当自船舶灭失或者得知其最后消息之日起停止支付,预付租金应当按照比例退还。

第一百五十三条 本法第一百三十四条、第一百三十五条第一款、第一百四十二条和第一百四十三条的规定,适用于光船租赁合同。

第一百五十四条 订有租购条款的光船租赁合同,承租人按照合同约定向出租人付清租购费时,船舶所有权即归于承租人。

第七章 海上拖航合同

第一百五十五条 海上拖航合同,是指承拖方用拖轮将被拖物经海路从一地拖至另一地,而由被拖方支付拖航费的合同。

本章规定不适用于在港区内对船舶提供的拖轮服务。

第一百五十六条 海上拖航合同应当书面订立。海上拖航合同的内容,主要包括承拖方和被拖方的名称和住所、拖轮和被拖物的名称和主要尺度、拖轮马力、起拖地和目的地、起拖日期、拖航费及其支付方式,以及其他有关事项。

第一百五十七条 承拖方在起拖前和起拖当时,应当谨慎处理,使拖轮处于适航、适拖状态,妥善配备船员,配置拖航索具和配备供应品以及该航次必备的其他装置、设备。

被拖方在起拖前和起拖当时,应当做好被拖物的拖航准备,谨慎处理,使被拖物处于适拖状态,并向承拖方如实说明被拖物的情况,提供有关检验机构签发的被拖物适合拖航的证书和有关文件。

第一百五十八条 起拖前,因不可抗力或者其他不能归责于双方的原因致使合同不能履行的,双方均可以解除合同,并互相不负赔偿责任。除合同另有约定外,拖航费已经支付的,承拖方应当退还给被拖方。

第一百五十九条 起拖后,因不可抗力或者其他不能归责于双方的原因致使合同不能继续履行的,双方均可以解除合同,并互相不负赔偿责任。

第一百六十条 因不可抗力或者其他不能归责于双方的原因致使被拖物不能拖至目的地的,除合同另有约定外,承拖方可以在目的地的邻近地点或者拖轮船长选定的安全的港口或者锚泊地,将被拖物移交给被拖方或者其代理人,视为已经履行合同。

第一百六十一条 被拖方未按照约定支付拖航费和其他合理费用的,承拖方对被拖物有留置权。

第一百六十二条 在海上拖航过程中,承拖方或者被拖方遭受的损失,由一方的过失造成的,有过失的一方应当负赔偿责任;双方过失造成的,各方按照过失程度的比例负赔偿责任。

虽有前款规定,经承拖方证明,被拖方的损失是由于下列原因之一造成的,承拖方不负赔偿责任:

(一)拖轮船长、船员、引航员或者承拖方的其他受雇人、代理人在驾驶拖轮或者管理拖轮中的过失;

(二)拖轮在海上救助或者企图救助人命或者财产时的过失。

本条规定仅在海上拖航合同没有约定或者没有不同约定时适用。

第一百六十三条 在海上拖航过程中,由于承拖方或者被拖方的过失,造成第三人人身伤亡或者财产损失的,承拖方和被拖方对第三人负连带赔偿责任。除合同另有约定外,一方连带支付的赔偿超过其应当承担的比例的,对另一方有追偿权。

第一百六十四条 拖轮所有人拖带其所有的或者经营的驳船载运货物,经海路由一港运至另一港的,视为海上货物运输。

第八章 船舶碰撞

第一百六十五条 船舶碰撞,是指船舶在海上或者与海相通的可航水域发生接触造成损害的事故。

前款所称船舶,包括与本法第三条所指

船舶碰撞的任何其他非用于军事的或者政府公务的船艇。

第一百六十六条 船舶发生碰撞,当事船舶的船长在不严重危及本船和船上人员安全的情况下,对于相碰的船舶和船上人员必须尽力施救。

碰撞船舶的船长应当尽可能将其船舶名称、船籍港、出发港和目的港通知对方。

第一百六十七条 船舶发生碰撞,是由于不可抗力或者其他不能归责于任何一方的原因或者无法查明的原因造成的,碰撞各方互相不负赔偿责任。

第一百六十八条 船舶发生碰撞,是由于一船的过失造成的,由有过失的船舶负赔偿责任。

第一百六十九条 船舶发生碰撞,碰撞的船舶互有过失的,各船按照过失程度的比例负赔偿责任;过失程度相当或者过失程度的比例无法判定的,平均负赔偿责任。

互有过失的船舶,对碰撞造成的船舶以及船上货物和其他财产的损失,依照前款规定的比例负赔偿责任。碰撞造成第三人财产损失的,各船的赔偿责任均不超过其应当承担的比例。

互有过失的船舶,对造成的第三人的人身伤亡,负连带赔偿责任。一船连带支付的赔偿超过本条第一款规定的比例的,有权向其他有过失的船舶追偿。

第一百七十条 船舶因操纵不当或者不遵守航行规章,虽然实际上没有同其他船舶发生碰撞,但是使其他船舶以及船上的人员、货物或者其他财产遭受损失的,适用本章的规定。

第九章 海 难 救 助

第一百七十一条 本章规定适用于在海上或者与海相通的可航水域,对遇险的船舶和其他财产进行的救助。

第一百七十二条 本章下列用语的含义:

(一)"船舶",是指本法第三条所称的船舶和与其发生救助关系的任何其他非用于军事的或者政府公务的船艇。

(二)"财产",是指非永久地和非有意地依附于岸线的任何财产,包括有风险的运费。

(三)"救助款项",是指依照本章规定,被救助方应当向救助方支付的任何救助报酬、酬金或者补偿。

第一百七十三条 本章规定,不适用于海上已经就位的从事海底矿物资源的勘探、开发或者生产的固定式、浮动式平台和移动式近海钻井装置。

第一百七十四条 船长在不严重危及本船和船上人员安全的情况下,有义务尽力救助海上人命。

第一百七十五条 救助方与被救助方就海难救助达成协议,救助合同成立。

遇险船舶的船长有权代表船舶所有人订立救助合同。遇险船舶的船长或者船舶所有人有权代表船上财产所有人订立救助合同。

第一百七十六条 有下列情形之一,经一方当事人起诉或者双方当事人协议仲裁的,受理争议的法院或者仲裁机构可以判决或者裁决变更救助合同:

(一)合同在不正当的或者危险情况的影响下订立,合同条款显失公平的;

(二)根据合同支付的救助款项明显过高或者过低于实际提供的救助服务的。

第一百七十七条 在救助作业过程中,救助方对被救助方负有下列义务:

(一)以应有的谨慎进行救助;

(二)以应有的谨慎防止或者减少环境污染损害;

(三)在合理需要的情况下,寻求其他救助方援助;

（四）当被救助方合理地要求其他救助方参与救助作业时，接受此种要求，但是要求不合理的，原救助方的救助报酬金额不受影响。

第一百七十八条 在救助作业过程中，被救助方对救助方负有下列义务：

（一）与救助方通力合作；

（二）以应有的谨慎防止或者减少环境污染损害；

（三）当获救的船舶或者其他财产已经被送至安全地点时，及时接受救助方提出的合理的移交要求。

第一百七十九条 救助方对遇险的船舶和其他财产的救助，取得效果的，有权获得救助报酬；救助未取得效果的，除本法第一百八十二条或者其他法律另有规定或者合同另有约定外，无权获得救助款项。

第一百八十条 确定救助报酬，应当体现对救助作业的鼓励，并综合考虑下列各项因素：

（一）船舶和其他财产的获救的价值；

（二）救助方在防止或者减少环境污染损害方面的技能和努力；

（三）救助方的救助成效；

（四）危险的性质和程度；

（五）救助方在救助船舶、其他财产和人命方面的技能和努力；

（六）救助方所用的时间、支出的费用和遭受的损失；

（七）救助方或者救助设备所冒的责任风险和其他风险；

（八）救助方提供救助服务的及时性；

（九）用于救助作业的船舶和其他设备的可用性和使用情况；

（十）救助设备的备用状况、效能和设备的价值。

救助报酬不得超过船舶和其他财产的获救价值。

第一百八十一条 船舶和其他财产的获救价值，是指船舶和其他财产获救后的估计价值或者实际出卖的收入，扣除有关税款和海关、检疫、检验费用以及进行卸载、保管、估价、出卖而产生的费用后的价值。

前款规定的价值不包括船员的获救的私人物品和旅客的获救的自带行李的价值。

第一百八十二条 对构成环境污染损害危险的船舶或者船上货物进行的救助，救助方依照本法第一百八十条规定获得的救助报酬，少于依照本条规定可以得到的特别补偿的，救助方有权依照本条规定，从船舶所有人处获得相当于救助费用的特别补偿。

救助人进行前款规定的救助作业，取得防止或者减少环境污染损害效果的，船舶所有人依照前款规定应当向救助方支付的特别补偿可以另行增加，增加的数额可以达到救助费用的百分之三十。受理争议的法院或者仲裁机构认为适当，并且考虑到本法第一百八十条第一款的规定，可以判决或者裁决进一步增加特别补偿数额；但是，在任何情况下，增加部分不得超过救助费用的百分之一百。

本条所称救助费用，是指救助方在救助作业中直接支付的合理费用以及实际使用救助设备、投入救助人员的合理费用。确定救助费用应当考虑本法第一百八十条第一款第（八）、（九）、（十）项的规定。

在任何情况下，本条规定的全部特别补偿，只有在超过救助方依照本法第一百八十条规定能够获得的救助报酬时，方可支付，支付金额为特别补偿超过救助报酬的差额部分。

由于救助方的过失未能防止或者减少环境污染损害的，可以全部或者部分地剥夺救助方获得特别补偿的权利。

本条规定不影响船舶所有人对其他被救助方的追偿权。

第一百八十三条 救助报酬的金额,应当由获救的船舶和其他财产的各所有人,按照船舶和其他各项财产各自的获救价值占全部获救价值的比例承担。

第一百八十四条 参加同一救助作业的各救助方的救助报酬,应当根据本法第一百八十条规定的标准,由各方协商确定;协商不成,可以提请受理争议的法院判决或者经各方协议提请仲裁机构裁决。

第一百八十五条 在救助作业中救助人命的救助方,对获救人员不得请求酬金,但是有权从救助船舶或者其他财产、防止或者减少环境污染损害的救助方获得的救助款项中,获得合理的份额。

第一百八十六条 下列救助行为无权获得救助款项:

(一)正常履行拖航合同或者其他服务合同的义务进行救助的,但是提供不属于履行上述义务的特殊劳务除外;

(二)不顾遇险的船舶的船长、船舶所有人或者其他财产所有人明确的和合理的拒绝,仍然进行救助的。

第一百八十七条 由于救助方的过失致使救助作业成为必需或者更加困难的,或者救助方有欺诈或者其他不诚实行为的,应当取消或者减少向救助方支付的救助款项。

第一百八十八条 被救助方在救助作业结束后,应当根据救助方的要求,对救助款项提供满意的担保。

在不影响前款规定的情况下,获救船舶的船舶所有人应当在获救的货物交还前,尽力使货物的所有人对其应当承担的救助款项提供满意的担保。

在未根据救助人的要求对获救的船舶或者其他财产提供满意的担保以前,未经救助方同意,不得将获救的船舶和其他财产从救助作业完成后最初到达的港口或者地点移走。

第一百八十九条 受理救助款项请求的法院或者仲裁机构,根据具体情况,在合理的条件下,可以裁定或者裁决被救助方向救助方先行支付适当的金额。

被救助方根据前款规定先行支付金额后,其根据本法第一百八十八条规定提供的担保金额应当相应扣减。

第一百九十条 对于获救满九十日的船舶和其他财产,如果被救助方不支付救助款项也不提供满意的担保,救助方可以申请法院裁定强制拍卖;对于无法保管、不易保管或者保管费用可能超过其价值的获救的船舶和其他财产,可以申请提前拍卖。

拍卖所得价款,在扣除保管和拍卖过程中的一切费用后,依照本法规定支付救助款项;剩余的金额,退还被救助方;无法退还、自拍卖之日起满一年又无人认领的,上缴国库;不足的金额,救助方有权向被救助方追偿。

第一百九十一条 同一船舶所有人的船舶之间进行的救助,救助方获得救助款项的权利适用本章规定。

第一百九十二条 国家有关主管机关从事或者控制的救助作业,救助方有权享受本章规定的关于救助作业的权利和补偿。

第十章 共 同 海 损

第一百九十三条 共同海损,是指在同一海上航程中,船舶、货物和其他财产遭遇共同危险,为了共同安全,有意地合理地采取措施所直接造成的特殊牺牲、支付的特殊费用。

无论在航程中或者在航程结束后发生的船舶或者货物因迟延所造成的损失,包括船期损失和行市损失以及其他间接损失,均不得列入共同海损。

第一百九十四条 船舶因发生意外、牺牲或者其他特殊情况而损坏时,为了安全完成本航程,驶入避难港口、避难地点或者驶回装货港口、装货地点进行必要的修理,在该港口或者地点额外停留期间所支付的港口费、船员工资、给养,船舶所消耗的燃料、物料,为修理而卸载、储存、重装或者搬移船上货物、燃料、物料以及其他财产所造成的损失、支付的费用,应当列入共同海损。

第一百九十五条 为代替可以列为共同海损的特殊费用而支付的额外费用,可以作为代替费用列入共同海损;但是,列入共同海损的代替费用的金额,不得超过被代替的共同海损的特殊费用。

第一百九十六条 提出共同海损分摊请求的一方应当负举证责任,证明其损失应当列入共同海损。

第一百九十七条 引起共同海损特殊牺牲、特殊费用的事故,可能是由航程中一方的过失造成的,不影响该方要求分摊共同海损的权利;但是,非过失方或者过失方可以就此项过失提出赔偿请求或者进行抗辩。

第一百九十八条 船舶、货物和运费的共同海损牺牲的金额,依照下列规定确定:

(一)船舶共同海损牺牲的金额,按照实际支付的修理费,减除合理的以新换旧的扣减额计算。船舶尚未修理的,按照牺牲造成的合理贬值计算,但是不得超过估计的修理费。

船舶发生实际全损或者修理费用超过修复后的船舶价值的,共同海损牺牲金额按照该船舶在完好状态下的估计价值,减除不属于共同海损损坏的估计的修理费和该船舶受损后的价值的余额计算。

(二)货物共同海损牺牲的金额,货物灭失的,按照货物在装船时的价值加保险费加运费,减除由于牺牲无需支付的运费计算。货物损坏,在就损坏程度达成协议前售出的,按照货物在装船时的价值加保险费加运费,与出售货物净得的差额计算。

(三)运费共同海损牺牲的金额,按照货物遭受牺牲造成的运费的损失金额,减除为取得这笔运费本应支付,但是由于牺牲无需支付的营运费用计算。

第一百九十九条 共同海损应当由受益方按照各自的分摊价值的比例分摊。

船舶、货物和运费的共同海损分摊价值,分别依照下列规定确定:

(一)船舶共同海损分摊价值,按照船舶在航程终止时的完好价值,减除不属于共同海损的损失金额计算,或者按照船舶在航程终止时的实际价值,加上共同海损牺牲的金额计算。

(二)货物共同海损分摊价值,按照货物在装船时的价值加保险费加运费,减除不属于共同海损的损失金额和承运人承担风险的运费计算。货物在抵达目的港以前售出的,按照出售净得金额,加上共同海损牺牲的金额计算。

旅客的行李和私人物品,不分摊共同海损。

(三)运费分摊价值,按照承运人承担风险并于航程终止时有权收取的运费,减除为取得该项运费而在共同海损事故发生后,为完成本航程所支付的营运费用,加上共同海损牺牲的金额计算。

第二百条 未申报的货物或者谎报的货物,应当参加共同海损分摊;其遭受的特殊牺牲,不得列入共同海损。

不正当地以低于货物实际价值作为申报价值的,按照实际价值分摊共同海损;在发生共同海损牺牲时,按照申报价值计算牺牲金额。

第二百零一条 对共同海损特殊牺牲和垫付的共同海损特殊费用,应当计算利息。对垫付的共同海损特殊费用,除船员工资、给养和船舶消耗的燃料、物料外,应当计算手续费。

第二百零二条 经利益关系人要求,各分摊方应当提供共同海损担保。

以提供保证金方式进行共同海损担保的，保证金应当交由海损理算师以保管人名义存入银行。

保证金的提供、使用或者退还，不影响各方最终的分摊责任。

第二百零三条 共同海损理算，适用合同约定的理算规则；合同未约定的，适用本章的规定。

第十一章 海事赔偿责任限制

第二百零四条 船舶所有人、救助人，对本法第二百零七条所列海事赔偿请求，可以依照本章规定限制赔偿责任。

前款所称的船舶所有人，包括船舶承租人和船舶经营人。

第二百零五条 本法第二百零七条所列海事赔偿请求，不是向船舶所有人、救助人本人提出，而是向他们对其行为、过失负有责任的人员提出的，这些人员可以依照本章规定限制赔偿责任。

第二百零六条 被保险人依照本章规定可以限制赔偿责任的，对该海事赔偿请求承担责任的保险人，有权依照本章规定享受相同的赔偿责任限制。

第二百零七条 下列海事赔偿请求，除本法第二百零八条和第二百零九条另有规定外，无论赔偿责任的基础有何不同，责任人均可以依照本章规定限制赔偿责任：

（一）在船上发生的或者与船舶营运、救助作业直接相关的人身伤亡或者财产的灭失、损坏，包括对港口工程、港池、航道和助航设施造成的损坏，以及由此引起的相应损失的赔偿请求；

（二）海上货物运输因迟延交付或者旅客及其行李运输因迟延到达造成损失的赔偿请求；

（三）与船舶营运或者救助作业直接相关的，侵犯非合同权利的行为造成其他损失的赔偿请求；

（四）责任人以外的其他人，为避免或者减少责任人依照本章规定可以限制赔偿责任的损失而采取措施的赔偿请求，以及因此项措施造成进一步损失的赔偿请求。

前款所列赔偿请求，无论提出的方式有何不同，均可以限制赔偿责任。但是，第（四）项涉及责任人以合同约定支付的报酬，责任人的支付责任不得援用本条赔偿责任限制的规定。

第二百零八条 本章规定不适用于下列各项：

（一）对救助款项或者共同海损分摊的请求；

（二）中华人民共和国参加的国际油污损害民事责任公约规定的油污损害的赔偿请求；

（三）中华人民共和国参加的国际核能损害责任限制公约规定的核能损害的赔偿请求；

（四）核动力船舶造成的核能损害的赔偿请求；

（五）船舶所有人或者救助人的受雇人提出的赔偿请求，根据调整劳务合同的法律，船舶所有人或者救助人对该类赔偿请求无权限制赔偿责任，或者该项法律作了高于本章规定的赔偿限额的规定。

第二百零九条 经证明，引起赔偿请求的损失是由于责任人的故意或者明知可能造成损失而轻率地作为或者不作为造成的，责任人无权依照本章规定限制赔偿责任。

第二百一十条 除本法第二百一十一条另有规定外，海事赔偿责任限制，依照下列规定计算赔偿限额：

（一）关于人身伤亡的赔偿请求

1. 总吨位 300 吨至 500 吨的船舶，赔偿

限额为 333000 计算单位;

2. 总吨位超过 500 吨的船舶,500 吨以下部分适用本项第 1 目的规定,500 吨以上的部分,应当增加下列数额:

501 吨至 3000 吨的部分,每吨增加 500 计算单位;

3001 吨至 30000 吨的部分,每吨增加 333 计算单位;

30001 吨至 70000 吨的部分,每吨增加 250 计算单位;

超过 70000 吨的部分,每吨增加 167 计算单位。

(二) 关于非人身伤亡的赔偿请求

1. 总吨位 300 吨至 500 吨的船舶,赔偿限额为 167000 计算单位;

2. 总吨位超过 500 吨的船舶,500 吨以下部分适用本项第 1 目的规定,500 吨以上的部分,应当增加下列数额:

501 吨至 30000 吨的部分,每吨增加 167 计算单位;

30001 吨至 70000 吨的部分,每吨增加 125 计算单位;

超过 70000 吨的部分,每吨增加 83 计算单位。

(三) 依照第(一)项规定的限额,不足以支付全部人身伤亡的赔偿请求的,其差额应当与非人身伤亡的赔偿请求并列,从第(二)项数额中按照比例受偿。

(四) 在不影响第(三)项关于人身伤亡赔偿请求的情况下,就港口工程、港池、航道和助航设施的损害提出的赔偿请求,应当较第(二)项中的其他赔偿请求优先受偿。

(五) 不以船舶进行救助作业或者在被救船舶上进行救助作业的救助人,其责任限额按照总吨位为 1500 吨的船舶计算。

总吨位不满 300 吨的船舶,从事中华人民共和国港口之间的运输的船舶,以及从事沿海作业的船舶,其赔偿限额由国务院交通主管部门制定,报国务院批准后施行。

第二百一十一条 海上旅客运输的旅客人身伤亡赔偿责任限制,按照 46666 计算单位乘以船舶证书规定的载客定额计算赔偿限额,但是最高不超过 25000000 计算单位。

中华人民共和国港口之间海上旅客运输的旅客人身伤亡,赔偿限额由国务院交通主管部门制定,报国务院批准后施行。

第二百一十二条 本法第二百一十条和第二百一十一条规定的赔偿限额,适用于特定场合发生的事故引起的,向船舶所有人、救助人本人和他们对其行为、过失负有责任的人员提出的请求的总额。

第二百一十三条 责任人要求依照本法规定限制赔偿责任的,可以在有管辖权的法院设立责任限制基金。基金数额分别为本法第二百一十条、第二百一十一条规定的限额,加上自责任产生之日起至基金设立之日止的相应利息。

第二百一十四条 责任人设立责任限制基金后,向责任人提出请求的任何人,不得对责任人的任何财产行使任何权利;已设立责任限制基金的责任人的船舶或者其他财产已经被扣押,或者基金设立人已经提交抵押物的,法院应当及时下令释放或者责令退还。

第二百一十五条 享受本章规定的责任限制的人,就同一事故向请求人提出反请求的,双方的请求金额应当相互抵销,本章规定的赔偿限额仅适用于两个请求金额之间的差额。

第十二章 海上保险合同

第一节 一般规定

第二百一十六条 海上保险合同,是指保险人按照约定,对被保险人遭受保险事故造成保险标的的损失和产生的责任负责赔偿,而由被保险人支付保险费的合同。

前款所称保险事故,是指保险人与被保险人约定的任何海上事故,包括与海上航行有关的发生于内河或者陆上的事故。

第二百一十七条 海上保险合同的内容,主要包括下列各项:

(一)保险人名称;

(二)被保险人名称;

(三)保险标的;

(四)保险价值;

(五)保险金额;

(六)保险责任和除外责任;

(七)保险期间;

(八)保险费。

第二百一十八条 下列各项可以作为保险标的:

(一)船舶;

(二)货物;

(三)船舶营运收入,包括运费、租金、旅客票款;

(四)货物预期利润;

(五)船员工资和其他报酬;

(六)对第三人的责任;

(七)由于发生保险事故可能受到损失的其他财产和产生的责任、费用。

保险人可以将对前款保险标的的保险进行再保险。除合同另有约定外,原被保险人不得享有再保险的利益。

第二百一十九条 保险标的的保险价值由保险人与被保险人约定。

保险人与被保险人未约定保险价值的,保险价值依照下列规定计算:

(一)船舶的保险价值,是保险责任开始时船舶的价值,包括船壳、机器、设备的价值,以及船上燃料、物料、索具、给养、淡水的价值和保险费的总和;

(二)货物的保险价值,是保险责任开始时货物在起运地的发票价格或者非贸易商品

在起运地的实际价值以及运费和保险费的总和;

(三)运费的保险价值,是保险责任开始时承运人应收运费总额和保险费的总和;

(四)其他保险标的的保险价值,是保险责任开始时保险标的的实际价值和保险费的总和。

第二百二十条 保险金额由保险人与被保险人约定。保险金额不得超过保险价值;超过保险价值的,超过部分无效。

第二节 合同的订立、解除和转让

第二百二十一条 被保险人提出保险要求,经保险人同意承保,并就海上保险合同的条款达成协议后,合同成立。保险人应当及时向被保险人签发保险单或者其他保险单证,并在保险单或者其他保险单证中载明当事人双方约定的合同内容。

第二百二十二条 合同订立前,被保险人应当将其知道的或者在通常业务中应当知道的有关影响保险人据以确定保险费率或者确定是否同意承保的重要情况,如实告知保险人。

保险人知道或者在通常业务中应当知道的情况,保险人没有询问的,被保险人无需告知。

第二百二十三条 由于被保险人的故意,未将本法第二百二十二条第一款规定的重要情况如实告知保险人的,保险人有权解除合同,并不退还保险费。合同解除前发生保险事故造成损失的,保险人不负赔偿责任。

不是由于被保险人的故意,未将本法第二百二十二条第一款规定的重要情况如实告知保险人的,保险人有权解除合同或者要求相应增加保险费。保险人解除合同的,对于合同解除前发生保险事故造成的损失,保险人应当负赔偿责任;但是,未告知或者错误告知的重要情况对保险事故的发生有影响的除外。

第二百二十四条 订立合同时,被保险人已经知道或者应当知道保险标的已经因发生保险事故而遭受损失的,保险人不负赔偿责任,但是有权收取保险费;保险人已经知道或者应当知道保险标的已经不可能因发生保险事故而遭受损失的,被保险人有权收回已经支付的保险费。

第二百二十五条 被保险人对同一保险标的就同一保险事故向几个保险人重复订立合同,而使该保险标的的保险金额总和超过保险标的的价值的,除合同另有约定外,被保险人可以向任何保险人提出赔偿请求。被保险人获得的赔偿金额总和不得超过保险标的的受损价值。各保险人按照其承保的保险金额同保险金额总和的比例承担赔偿责任。任何一个保险人支付的赔偿金额超过其应当承担的赔偿责任的,有权向未按照其应当承担的赔偿责任支付赔偿金额的保险人追偿。

第二百二十六条 保险责任开始前,被保险人可以要求解除合同,但是应当向保险人支付手续费,保险人应当退还保险费。

第二百二十七条 除合同另有约定外,保险责任开始后,被保险人和保险人均不得解除合同。

根据合同约定在保险责任开始后可以解除合同的,被保险人要求解除合同,保险人有权收取自保险责任开始之日起至合同解除之日止的保险费,剩余部分予以退还;保险人要求解除合同,应当将自合同解除之日起至保险期间届满之日止的保险费退还被保险人。

第二百二十八条 虽有本法第二百二十七条规定,货物运输和船舶的航次保险,保险责任开始后,被保险人不得要求解除合同。

第二百二十九条 海上货物运输保险合同可以由被保险人背书或者以其他方式转让,合同的权利、义务随之转移。合同转让时尚未支付保险费的,被保险人和合同受让人负连带支付责任。

第二百三十条 因船舶转让而转让船舶保险合同的,应当取得保险人同意。未经保险人同意,船舶保险合同从船舶转让时起解除;船舶转让发生在航次之中的,船舶保险合同至航次终了时解除。

合同解除后,保险人应当将自合同解除之日起至保险期间届满之日止的保险费退还被保险人。

第二百三十一条 被保险人在一定期间分批装运或者接受货物的,可以与保险人订立预约保险合同。预约保险合同应当由保险人签发预约保险单证加以确认。

第二百三十二条 应被保险人要求,保险人应当对依据预约保险合同分批装运的货物分别签发保险单证。

保险人分别签发的保险单证的内容与预约保险单证的内容不一致的,以分别签发的保险单证为准。

第二百三十三条 被保险人知道经预约保险合同保险的货物已经装运或者到达的情况时,应当立即通知保险人。通知的内容包括装运货物的船名、航线、货物价值和保险金额。

第三节　被保险人的义务

第二百三十四条 除合同另有约定外,被保险人应当在合同订立后立即支付保险费;被保险人支付保险费前,保险人可以拒绝签发保险单证。

第二百三十五条 被保险人违反合同约定的保证条款时,应当立即书面通知保险人。保险人收到通知后,可以解除合同,也可以要求修改承保条件、增加保险费。

第二百三十六条 一旦保险事故发生,被保险人应当立即通知保险人,并采取必要的合理措施,防止或者减少损失。被保险人收到保险人发出的有关采取防止或者减少损失的合理措施的特别通知的,应当按照保险人通知的要求处理。

对于被保险人违反前款规定所造成的扩大的损失,保险人不负赔偿责任。

第四节　保险人的责任

第二百三十七条　发生保险事故造成损失后,保险人应当及时向被保险人支付保险赔偿。

第二百三十八条　保险人赔偿保险事故造成的损失,以保险金额为限。保险金额低于保险价值的,在保险标的发生部分损失时,保险人按照保险金额与保险价值的比例负赔偿责任。

第二百三十九条　保险标的在保险期间发生几次保险事故所造成的损失,即使损失金额的总和超过保险金额,保险人也应当赔偿。但是,对发生部分损失后未经修复又发生全部损失的,保险人按照全部损失赔偿。

第二百四十条　被保险人为防止或者减少根据合同可以得到赔偿的损失而支出的必要的合理费用,为确定保险事故的性质、程度而支出的检验、估价的合理费用,以及为执行保险人的特别通知而支出的费用,应当由保险人在保险标的损失赔偿之外另行支付。

保险人对前款规定的费用的支付,以相当于保险金额的数额为限。

保险金额低于保险价值的,除合同另有约定外,保险人应当按照保险金额与保险价值的比例,支付本条规定的费用。

第二百四十一条　保险金额低于共同海损分摊价值的,保险人按照保险金额同分摊价值的比例赔偿共同海损分摊。

第二百四十二条　对于被保险人故意造成的损失,保险人不负赔偿责任。

第二百四十三条　除合同另有约定外,因下列原因之一造成货物损失的,保险人不负赔偿责任:

(一)航行迟延、交货迟延或者行市变化;

(二)货物的自然损耗、本身的缺陷和自然特性;

(三)包装不当。

第二百四十四条　除合同另有约定外,因下列原因之一造成保险船舶损失的,保险人不负赔偿责任:

(一)船舶开航时不适航,但是在船舶定期保险中被保险人不知道的除外;

(二)船舶自然磨损或者锈蚀。

运费保险比照适用本条的规定。

第五节　保险标的的损失和委付

第二百四十五条　保险标的发生保险事故后灭失,或者受到严重损坏完全失去原有形体、效用,或者不能再归被保险人所拥有的,为实际全损。

第二百四十六条　船舶发生保险事故后,认为实际全损已经不可避免,或者为避免发生实际全损所需支付的费用超过保险价值的,为推定全损。

货物发生保险事故后,认为实际全损已经不可避免,或者为避免发生实际全损所需支付的费用与继续将货物运抵目的地的费用之和超过保险价值的,为推定全损。

第二百四十七条　不属于实际全损和推定全损的损失,为部分损失。

第二百四十八条　船舶在合理时间内未从被获知最后消息的地点抵达目的地,除合同另有约定外,满两个月后仍没有获知其消息的,为船舶失踪。船舶失踪视为实际全损。

第二百四十九条　保险标的发生推定全损,被保险人要求保险人按照全部损失赔偿的,应当向保险人委付保险标的。保险人可以接受委付,也可以不接受委付,但是应当在合理的时间内将接受委付或者不接受委付的决定通知被保险人。

委付不得附带任何条件。委付一经保险人接受,不得撤回。

第二百五十条　保险人接受委付的，被保险人对委付财产的全部权利和义务转移给保险人。

第六节　保险赔偿的支付

第二百五十一条　保险事故发生后，保险人向被保险人支付保险赔偿前，可以要求被保险人提供与确认保险事故性质和损失程度有关的证明和资料。

第二百五十二条　保险标的发生保险责任范围内的损失是由第三人造成的，被保险人向第三人要求赔偿的权利，自保险人支付赔偿之日起，相应转移给保险人。

被保险人应当向保险人提供必要的文件和其所需要知道的情况，并尽力协助保险人向第三人追偿。

第二百五十三条　被保险人未经保险人同意放弃向第三人要求赔偿的权利，或者由于过失致使保险人不能行使追偿权利的，保险人可以相应扣减保险赔偿。

第二百五十四条　保险人支付保险赔偿时，可以从应支付的赔偿额中相应扣减被保险人已经从第三人取得的赔偿。

保险人从第三人取得的赔偿，超过其支付的保险赔偿的，超过部分应当退还给被保险人。

第二百五十五条　发生保险事故后，保险人有权放弃对保险标的的权利，全额支付合同约定的保险赔偿，以解除对保险标的的义务。

保险人行使前款规定的权利，应当自收到被保险人有关赔偿损失的通知之日起的七日内通知被保险人；被保险人在收到通知前，为避免或者减少损失而支付的必要的合理费用，仍然应当由保险人偿还。

第二百五十六条　除本法第二百五十五条的规定外，保险标的发生全损，保险人支付全部保险金额的，取得对保险标的的全部权利；但是，在不足额保险的情况下，保险人按照保险金额与保险价值的比例取得对保险标的的部分权利。

第十三章　时　　效

第二百五十七条　就海上货物运输向承运人要求赔偿的请求权，时效期间为一年，自承运人交付或者应当交付货物之日起计算；在时效期间内或者时效期间届满后，被认定为负有责任的人向第三人提起追偿请求的，时效期间为九十日，自追偿请求人解决原赔偿请求之日起或者收到受理对其本人提起诉讼的法院的起诉状副本之日起计算。

有关航次租船合同的请求权，时效期间为二年，自知道或者应当知道权利被侵害之日起计算。

第二百五十八条　就海上旅客运输向承运人要求赔偿的请求权，时效期间为二年，分别依照下列规定计算：

（一）有关旅客人身伤害的请求权，自旅客离船或者应当离船之日起计算；

（二）有关旅客死亡的请求权，发生在运送期间的，自旅客应当离船之日起计算；因运送期间内的伤害而导致旅客离船后死亡的，自旅客死亡之日起计算，但是此期限自离船之日起不得超过三年；

（三）有关行李灭失或者损坏的请求权，自旅客离船或者应当离船之日起计算。

第二百五十九条　有关船舶租用合同的请求权，时效期间为二年，自知道或者应当知道权利被侵害之日起计算。

第二百六十条　有关海上拖航合同的请求权，时效期间为一年，自知道或者应当知道权利被侵害之日起计算。

第二百六十一条　有关船舶碰撞的请求权，时效期间为二年，自碰撞事故发生之日起计算；本法第一百六十九条第三款规定的追偿请求权,时效期间为一年,自当事人连带支付损害赔偿之日起计算。

第二百六十二条　有关海难救助的请求权,时效期间为二年,自救助作业终止之日起计算。

第二百六十三条　有关共同海损分摊的请求权,时效期间为一年,自理算结束之日起计算。

第二百六十四条　根据海上保险合同向保险人要求保险赔偿的请求权,时效期间为二年,自保险事故发生之日起计算。

第二百六十五条　有关船舶发生油污损害的请求权,时效期间为三年,自损害发生之日起计算;但是,在任何情况下时效期间不得超过从造成损害的事故发生之日起六年。

第二百六十六条　在时效期间的最后六个月内,因不可抗力或者其他障碍不能行使请求权的,时效中止。自中止时效的原因消除之日起,时效期间继续计算。

第二百六十七条　时效因请求人提起诉讼、提交仲裁或者被请求人同意履行义务而中断。但是,请求人撤回起诉、撤回仲裁或者起诉被裁定驳回的,时效不中断。

请求人申请扣船的,时效自申请扣船之日起中断。

自中断时起,时效期间重新计算。

第十四章　涉外关系的法律适用

第二百六十八条　中华人民共和国缔结或者参加的国际条约同本法有不同规定的,适用国际条约的规定;但是,中华人民共和国声明保留的条款除外。

中华人民共和国法律和中华人民共和国缔结或者参加的国际条约没有规定的,可以适用国际惯例。

第二百六十九条　合同当事人可以选择合同适用的法律,法律另有规定的除外。合同当事人没有选择的,适用与合同有最密切联系的国家的法律。

第二百七十条　船舶所有权的取得、转让和消灭,适用船旗国法律。

第二百七十一条　船舶抵押权适用船旗国法律。

船舶在光船租赁以前或者光船租赁期间,设立船舶抵押权的,适用原船舶登记国的法律。

第二百七十二条　船舶优先权,适用受理案件的法院所在地法律。

第二百七十三条　船舶碰撞的损害赔偿,适用侵权行为地法律。

船舶在公海上发生碰撞的损害赔偿,适用受理案件的法院所在地法律。

同一国籍的船舶,不论碰撞发生于何地,碰撞船舶之间的损害赔偿适用船旗国法律。

第二百七十四条　共同海损理算,适用理算地法律。

第二百七十五条　海事赔偿责任限制,适用受理案件的法院所在地法律。

第二百七十六条　依照本章规定适用外国法律或者国际惯例,不得违背中华人民共和国的社会公共利益。

第十五章　附　　则

第二百七十七条　本法所称计算单位,是指国际货币基金组织规定的特别提款权;其人民币数额为法院判决之日、仲裁机构裁决之日或者当事人协议之日,按照国家外汇主管机关规定的国际货币基金组织的特别提款权对人民币的换算办法计算得出的人民币数额。

第二百七十八条　本法自1993年7月1日起施行。

中华人民共和国拍卖法

（1996 年 7 月 5 日第八届全国人民代表大会常务委员会第二十次会议通过 根据 2004 年 8 月 28 日第十届全国人民代表大会常务委员会第十一次会议《关于修改〈中华人民共和国拍卖法〉的决定》第一次修正 根据 2015 年 4 月 24 日第十二届全国人民代表大会常务委员会第十四次会议《关于修改〈中华人民共和国电力法〉等六部法律的决定》第二次修正）

目　录

第一章　总　　则

第一条　为了规范拍卖行为，维护拍卖秩序，保护拍卖活动各方当事人的合法权益，制定本法。

第二条　本法适用于中华人民共和国境内拍卖企业进行的拍卖活动。

第三条　拍卖是指以公开竞价的形式，将特定物品或者财产权利转让给最高应价者的买卖方式。

第四条　拍卖活动应当遵守有关法律、行政法规，遵循公开、公平、公正、诚实信用的原则。

第五条　国务院负责管理拍卖业的部门对全国拍卖业实施监督管理。

省、自治区、直辖市的人民政府和设区的市的人民政府负责管理拍卖业的部门对本行政区域内的拍卖业实施监督管理。

第二章　拍卖标的

第六条　拍卖标的应当是委托人所有或者依法可以处分的物品或者财产权利。

第七条　法律、行政法规禁止买卖的物品或者财产权利，不得作为拍卖标的。

第八条　依照法律或者按照国务院规定需经审批才能转让的物品或者财产权利，在拍卖前，应当依法办理审批手续。

委托拍卖的文物，在拍卖前，应当经拍卖人住所地的文物行政管理部门依法鉴定、许可。

第九条　国家行政机关依法没收的物品，充抵税款、罚款的物品和其他物品，按照国务院规定应当委托拍卖的，由财产所在地的省、自治区、直辖市的人民政府和设区的市的人民政府指定的拍卖人进行拍卖。

拍卖由人民法院依法没收的物品，充抵罚金、罚款的物品以及无法返还的追回物品，适用前款规定。

第三章　拍卖当事人

第一节　拍　卖　人

第十条　拍卖人是指依照本法和《中华

人民共和国公司法》设立的从事拍卖活动的企业法人。

第十一条 企业取得从事拍卖业务的许可必须经所在地的省、自治区、直辖市人民政府负责管理拍卖业的部门审核批准。拍卖企业可以在设区的市设立。

第十二条 企业申请取得从事拍卖业务的许可,应当具备下列条件:

(一)有一百万元人民币以上的注册资本;

(二)有自己的名称、组织机构、住所和章程;

(三)有与从事拍卖业务相适应的拍卖师和其他工作人员;

(四)有符合本法和其他有关法律规定的拍卖业务规则;

(五)符合国务院有关拍卖业发展的规定;

(六)法律、行政法规规定的其他条件。

第十三条 拍卖企业经营文物拍卖的,应当有一千万元人民币以上的注册资本,有具有文物拍卖专业知识的人员。

第十四条 拍卖活动应当由拍卖师主持。

第十五条 拍卖师应当具备下列条件:

(一)具有高等院校专科以上学历和拍卖专业知识;

(二)在拍卖企业工作两年以上;

(三)品行良好。

被开除公职或者吊销拍卖师资格证书未满五年的,或者因故意犯罪受过刑事处罚的,不得担任拍卖师。

第十六条 拍卖师资格考核,由拍卖行业协会统一组织。经考核合格的,由拍卖行业协会发给拍卖师资格证书。

第十七条 拍卖行业协会是依法成立的社会团体法人,是拍卖业的自律性组织。拍卖行业协会依照本法并根据章程,对拍卖企

业和拍卖师进行监督。

第十八条 拍卖人有权要求委托人说明拍卖标的的来源和瑕疵。

拍卖人应当向竞买人说明拍卖标的的瑕疵。

第十九条 拍卖人对委托人交付拍卖的物品负有保管义务。

第二十条 拍卖人接受委托后,未经委托人同意,不得委托其他拍卖人拍卖。

第二十一条 委托人、买受人要求对其身份保密的,拍卖人应当为其保密。

第二十二条 拍卖人及其工作人员不得以竞买人的身份参与自己组织的拍卖活动,并不得委托他人代为竞买。

第二十三条 拍卖人不得在自己组织的拍卖活动中拍卖自己的物品或者财产权利。

第二十四条 拍卖成交后,拍卖人应当按照约定向委托人交付拍卖标的的价款,并按照约定将拍卖标的移交给买受人。

第二节 委 托 人

第二十五条 委托人是指委托拍卖人拍卖物品或者财产权利的公民、法人或者其他组织。

第二十六条 委托人可以自行办理委托拍卖手续,也可以由其代理人代为办理委托拍卖手续。

第二十七条 委托人应当向拍卖人说明拍卖标的的来源和瑕疵。

第二十八条 委托人有权确定拍卖标的的保留价并要求拍卖人保密。

拍卖国有资产,依照法律或者按照国务院规定需要评估的,应当经依法设立的评估机构评估,并根据评估结果确定拍卖标的的保留价。

第二十九条 委托人在拍卖开始前可以撤回拍卖标的的。委托人撤回拍卖标的的,应当向拍卖人支付约定的费用;未作约定的,应

当向拍卖人支付为拍卖支出的合理费用。

第三十条 委托人不得参与竞买,也不得委托他人代为竞买。

第三十一条 按照约定由委托人移交拍卖标的的,拍卖成交后,委托人应当将拍卖标的移交给买受人。

第三节 竞 买 人

第三十二条 竞买人是指参加竞购拍卖标的的公民、法人或者其他组织。

第三十三条 法律、行政法规对拍卖标的的买卖条件有规定的,竞买人应当具备规定的条件。

第三十四条 竞买人可以自行参加竞买,也可以委托其代理人参加竞买。

第三十五条 竞买人有权了解拍卖标的的瑕疵,有权查验拍卖标的和查阅有关拍卖资料。

第三十六条 竞买人一经应价,不得撤回,当其他竞买人有更高应价时,其应价即丧失约束力。

第三十七条 竞买人之间、竞买人与拍卖人之间不得恶意串通,损害他人利益。

第四节 买 受 人

第三十八条 买受人是指以最高应价购得拍卖标的的竞买人。

第三十九条 买受人应当按照约定支付拍卖标的的价款,未按照约定支付价款的,应当承担违约责任,或者由拍卖人征得委托人的同意,将拍卖标的再行拍卖。

拍卖标的再行拍卖的,原买受人应当支付第一次拍卖中本人及委托人应当支付的佣金。再行拍卖的价款低于原拍卖价款的,原买受人应当补足差额。

第四十条 买受人未能按照约定取得拍卖标的的,有权要求拍卖人或者委托人承担违约责任。

买受人未按照约定受领拍卖标的的,应当支付由此产生的保管费用。

第四章 拍 卖 程 序

第一节 拍 卖 委 托

第四十一条 委托人委托拍卖物品或者财产权利,应当提供身份证明和拍卖人要求提供的拍卖标的的所有权证明或者依法可以处分拍卖标的的证明及其他资料。

第四十二条 拍卖人应当对委托人提供的有关文件、资料进行核实。拍卖人接受委托的,应当与委托人签订书面委托拍卖合同。

第四十三条 拍卖人认为需要对拍卖标的进行鉴定的,可以进行鉴定。

鉴定结论与委托拍卖合同载明的拍卖标的的状况不相符的,拍卖人有权要求变更或者解除合同。

第四十四条 委托拍卖合同应当载明以下事项:

(一) 委托人、拍卖人的姓名或者名称、住所;

(二) 拍卖标的的名称、规格、数量、质量;

(三) 委托人提出的保留价;

(四) 拍卖的时间、地点;

(五) 拍卖标的交付或者转移的时间、方式;

(六) 佣金及其支付的方式、期限;

(七) 价款的支付方式、期限;

(八) 违约责任;

(九) 双方约定的其他事项。

第二节 拍卖公告与展示

第四十五条 拍卖人应当于拍卖日七日前发布拍卖公告。

第四十六条 拍卖公告应当载明下列事项：

（一）拍卖的时间、地点；

（二）拍卖标的；

（三）拍卖标的展示时间、地点；

（四）参与竞买应当办理的手续；

（五）需要公告的其他事项。

第四十七条 拍卖公告应当通过报纸或者其他新闻媒介发布。

第四十八条 拍卖人应当在拍卖前展示拍卖标的，并提供查看拍卖标的的条件及有关资料。

拍卖标的的展示时间不得少于两日。

第三节 拍卖的实施

第四十九条 拍卖师应当于拍卖前宣布拍卖规则和注意事项。

第五十条 拍卖标的无保留价的，拍卖师应当在拍卖前予以说明。

拍卖标的有保留价的，竞买人的最高应价未达到保留价时，该应价不发生效力，拍卖师应当停止拍卖标的的拍卖。

第五十一条 竞买人的最高应价经拍卖师落槌或者以其他公开表示买定的方式确认后，拍卖成交。

第五十二条 拍卖成交后，买受人和拍卖人应当签署成交确认书。

第五十三条 拍卖人进行拍卖时，应当制作拍卖笔录。拍卖笔录应当由拍卖师、记录人签名；拍卖成交的，还应当由买受人签名。

第五十四条 拍卖人应当妥善保管有关业务经营活动的完整账簿、拍卖笔录和其他有关资料。

前款规定的账簿、拍卖笔录和其他有关资料的保管期限，自委托拍卖合同终止之日起计算，不得少于五年。

第五十五条 拍卖标的需要依法办理证照变更、产权过户手续的，委托人、买受人应当持拍卖人出具的成交证明和有关材料，向有关行政管理机关办理手续。

第四节 佣 金

第五十六条 委托人、买受人可以与拍卖人约定佣金的比例。

委托人、买受人与拍卖人对佣金比例未作约定，拍卖成交的，拍卖人可以向委托人、买受人各收取不超过拍卖成交价百分之五的佣金。收取佣金的比例按照同拍卖成交价成反比的原则确定。

拍卖未成交的，拍卖人可以向委托人收取约定的费用；未作约定的，可以向委托人收取为拍卖支出的合理费用。

第五十七条 拍卖本法第九条规定的物品成交的，拍卖人可以向买受人收取不超过拍卖成交价百分之五的佣金。收取佣金的比例按照同拍卖成交价成反比的原则确定。

拍卖未成交的，适用本法第五十六条第三款的规定。

第五章 法 律 责 任

第五十八条 委托人违反本法第六条的规定，委托拍卖其没有所有权或者依法不得处分的物品或者财产权利的，应当依法承担责任。拍卖人明知委托人对拍卖的物品或者财产权利没有所有权或者依法不得处分的，应当承担连带责任。

第五十九条 国家机关违反本法第九条的规定，将应当委托财产所在地的省、自治区、直辖市的人民政府或者设区的市的人民政府指定的拍卖人拍卖的物品擅自处理的，对负有直接责任的主管人员和其他直接责任人员依法给予行政处分，给国家造成损失的，还应当承担赔偿责任。

第六十条 违反本法第十一条的规定，

未经许可从事拍卖业务的,由工商行政管理部门予以取缔,没收违法所得,并可以处违法所得一倍以上五倍以下的罚款。

第六十一条 拍卖人、委托人违反本法第十八条第二款、第二十七条的规定,未说明拍卖标的的瑕疵,给买受人造成损害的,买受人有权向拍卖人要求赔偿;属于委托人责任的,拍卖人有权向委托人追偿。

拍卖人、委托人在拍卖前声明不能保证拍卖标的的真伪或者品质的,不承担瑕疵担保责任。

因拍卖标的存在瑕疵未声明的,请求赔偿的诉讼时效期间为一年,自当事人知道或者应当知道权利受到损害之日起计算。

因拍卖标的存在缺陷造成人身、财产损害请求赔偿的诉讼时效期间,适用《中华人民共和国产品质量法》和其他法律的有关规定。

第六十二条 拍卖人及其工作人员违反本法第二十二条的规定,参与竞买或者委托他人代为竞买的,由工商行政管理部门对拍卖人给予警告,可以处拍卖佣金一倍以上五倍以下的罚款;情节严重的,吊销营业执照。

第六十三条 违反本法第二十三条的规定,拍卖人在自己组织的拍卖活动中拍卖自己的物品或者财产权利的,由工商行政管理部门没收拍卖所得。

第六十四条 违反本法第三十条的规定,委托人参与竞买或者委托他人代为竞买的,工商行政管理部门可以对委托人处拍卖成交价百分之三十以下的罚款。

第六十五条 违反本法第三十七条的规定,竞买人之间、竞买人与拍卖人之间恶意串通,给他人造成损害的,拍卖无效,应当依法承担赔偿责任。由工商行政管理部门对参与恶意串通的竞买人处最高应价百分之十以上百分之三十以下的罚款;对参与恶意串通的拍卖人处最高应价百分之十以上百分之五十以下的罚款。

第六十六条 违反本法第四章第四节关于佣金比例的规定收取佣金的,拍卖人应当将超收部分返还委托人、买受人。物价管理部门可以对拍卖人处拍卖佣金一倍以上五倍以下的罚款。

第六章 附 则

第六十七条 外国人、外国企业和组织在中华人民共和国境内委托拍卖或者参加竞买的,适用本法。

第六十八条 本法自 1997 年 1 月 1 日起施行。

拍卖管理办法

(2004 年 12 月 2 日商务部令第 24 号公布 根据 2015 年 10 月 28 日《商务部关于修改部分规章和规范性文件的决定》第一次修订 根据 2019 年 11 月 30 日《商务部关于废止和修改部分规章的决定》第二次修订)

第一章 总 则

第一条 为规范拍卖行为,维护拍卖秩序,推动拍卖业的对外开放,促进拍卖业健康发展,根据《中华人民共和国拍卖法》(以下简称《拍卖法》)和有关外商投资的法律、行政法规和规章,制定本办法。

第二条 本办法适用于中华人民共和国境内拍卖企业进行的拍卖活动。

各种经营性拍卖活动,应当由依法取得从事拍卖业务许可的企业进行。

第三条 本办法所称拍卖企业,是指依法在中国境内设立的从事经营性拍卖活动的有限责任公司或者股份有限公司。

第四条 商务部是拍卖行业主管部门,

对全国拍卖业实施监督管理。

省、自治区、直辖市人民政府(以下简称省级)和设区的市人民政府(以下简称市级)商务主管部门对本行政区域内的拍卖业实施监督管理。

第五条 拍卖企业从事拍卖活动,应当遵守《拍卖法》及其他有关法律、行政法规、规章的规定,遵循公开、公平、公正、诚实信用的原则。

第二章 企业申请从事拍卖业务的许可、变更和终止

第六条 申请从事拍卖业务许可的企业的投资者应有良好的信誉,无违反中国法律、行政法规、规章的行为。

第七条 企业申请取得从事拍卖业务的许可,应当具备下列条件:

(一)有一百万元人民币以上的注册资本;

(二)有自己的名称、组织机构和章程;

(三)有固定的办公场所;

(四)有至少一名拍卖师;

(五)有符合有关法律、行政法规及本办法规定的拍卖业务规则;

(六)符合商务主管部门有关拍卖行业发展规划。

第八条 企业申请取得从事拍卖业务的许可,应当提交下列材料:

(一)申请书;

(二)公司章程、拍卖业务规则;

(三)企业法人营业执照副本(复印件);

(四)拟聘任的拍卖师执业资格证书;

(五)企业已购买或租用固定办公场所的书面承诺。

第九条 拍卖企业从事文物拍卖的,应当遵循有关文物拍卖的法律、行政法规的规定。

国家行政机关依法没收的物品,充抵税款、罚款的物品、人民法院依法没收的物品,充抵罚金、罚款的物品以及无法返还的追回物品和其他特殊国有资产等标的的拍卖应由具有相应拍卖资格的拍卖企业承担,具体资格条件由省级商务主管部门会同有关部门依据规范管理、择优选用的原则制定,并报商务部备案。

第十条 拍卖企业分公司申请取得从事拍卖业务的许可,应当符合下列条件:

(一)符合拍卖业发展规划;

(二)有固定的办公场所;

(三)经营拍卖业务三年以上,最近两年连续盈利,其上年拍卖成交额超过五千万元人民币;或者上年拍卖成交额超过二亿元人民币。

第十一条 拍卖企业分公司申请取得从事拍卖业务的许可,申请人需要提交下列材料:

(一)申请报告;

(二)企业法人营业执照副本(复印件);

(三)最近两年经会计师事务所审计的年度财务会计报表;

(四)拟聘任的拍卖师执业资格证书;

(五)企业已购买或租用固定办公场所的书面承诺。

第十二条 企业及分公司申请取得从事拍卖业务的许可,按照下列程序办理:

企业及分公司申请取得从事拍卖业务的许可,应当先经企业或分公司所在地市级商务主管部门审查后,报省级商务主管部门核准并颁发拍卖经营批准证书。

省级商务主管部门对企业及分公司申请取得从事拍卖业务的许可可以采取听证方式。

拍卖经营批准证书由省级商务主管部门统一印制。

第十三条 拍卖企业向工商行政管理机关申请变更注册登记项目后,应当报省级商

务主管部门核准,并由其换发拍卖经营批准证书。

第十四条 拍卖企业及分公司申请取得从事拍卖业务的许可后连续 6 个月无正当理由未举办拍卖会或没有营业纳税证明的,由商务主管部门收回拍卖经营批准证书。

第十五条 拍卖企业根据章程规定事由、股东会决议或其他事由解散的;或者因违反法律、行政法规及本办法规定被责令关闭的;或者因不能清偿到期债务,被依法宣告破产的,由有关部门依法注销。

第三章 拍卖从业人员及拍卖活动

第十六条 国家对拍卖专业技术人员实行执业资格制度,获得拍卖师执业资格证书的人员,经注册后,方可主持拍卖活动。

本办法所称拍卖师是指经全国统一考试合格,取得人事部、商务部联合用印的,由中国拍卖行业协会颁发的《中华人民共和国拍卖师执业资格证书》,并经注册登记的人员。

第十七条 拍卖师只能在一个拍卖企业注册执业且不得以其拍卖师个人身份在其他拍卖企业兼职。

拍卖师不得将《中华人民共和国拍卖师执业资格证书》借予他人或其他单位使用。

第十八条 拍卖师可以变更执业注册单位。拍卖师变更执业注册单位的,应当向中国拍卖行业协会办理注册变更手续。

中国拍卖行业协会应将拍卖师注册登记及变更情况每月定期报商务部备案。

第十九条 下列物品或者财产权利禁止拍卖:

(一)法律、法规禁止买卖的;

(二)所有权或者处分权有争议,未经司法、行政机关确权的;

(三)尚未办结海关手续的海关监管货物。

第二十条 拍卖企业应当依法开展拍卖活动,不得有下列行为:

(一)出租、擅自转让拍卖经营权;

(二)对拍卖标的进行虚假宣传,给买受人造成经济损失;

(三)雇佣未依法注册的拍卖师或其他人员充任拍卖师主持拍卖活动的;

(四)采用恶意降低佣金比例或低于拍卖活动成本收取佣金,甚至不收取佣金(义拍除外)或给予委托人回扣等手段进行不正当竞争的;

(五)其他违反法律法规的行为。

第二十一条 拍卖企业发现拍卖标的中有公安机关通报协查物品或赃物,应当立即向所在地公安机关报告。

第二十二条 竞买人委托他人代理竞买的,应当出具授权委托书和竞买人、代理人的身份证明复印件。

授权委托书应载明代理人的姓名或者名称、代理事项、代理权限和期间。

第二十三条 拍卖实施前,拍卖企业与委托人应当就拍卖未成交的有关事宜或因委托人中止或终止拍卖所造成损失的赔偿责任等事项达成书面协议。

第二十四条 对委托人送交的拍卖物品,拍卖企业应当由专人负责,妥善保管,建立拍卖品保管、值班和交接班制度,并采取必要的安全防范措施。

第二十五条 拍卖企业举办拍卖活动,应当根据拍卖标的物的属性及拍卖的性质,按照《拍卖法》及相关法律、行政法规规定的日期进行公告。公告应当发布在拍卖标的所在地以及拍卖会举行地商务主管部门指定的发行量较大的报纸或其他有同等影响的媒体。

第二十六条 拍卖企业应当在拍卖会前展示拍卖标的,为竞买人提供查看拍卖标的的条件并向竞买人提供有关资料。

展示时间应不少于两日,鲜活物品或其他不易保存的物品除外。

第二十七条 拍卖企业有权查明或者要求委托人书面说明拍卖标的的来源和瑕疵。

拍卖企业应当向竞买人说明其知道或者应当知道的拍卖标的的瑕疵。

第二十八条 法律、行政法规和规章对拍卖标的的受让人有特别规定的,拍卖企业应当将标的拍卖给符合法律、行政法规和规章要求的竞买人。

拍卖标的是依照法律、行政法规和规章规定需要行政许可的经营资格且依法可以转让的,委托人应在拍卖前应当征得行政许可机关的同意。

第二十九条 拍卖企业可以在拍卖会现场设立委托竞买席,并在拍卖会开始时对全体竞买人作出说明。

第三十条 有下列情形之一的,应当中止拍卖:

(一)没有竞买人参加拍卖的;

(二)第三人对拍卖标的的所有权或处分权有争议并当场提供有效证明的;

(三)委托人在拍卖会前以正当理由书面通知拍卖企业中止拍卖的;

(四)发生意外事件致使拍卖活动暂时不能进行的;

(五)出现其他依法应当中止的情形的。

中止拍卖由拍卖企业宣布。中止拍卖的事由消失后,应恢复拍卖。

第三十一条 有下列情形之一的,应当终止拍卖:

(一)人民法院、仲裁机构或者有关行政机关认定委托人对拍卖标的的无处分权并书面通知拍卖企业的;

(二)拍卖标的的被认定为赃物的;

(三)发生不可抗力或意外事件致使拍卖活动无法进行的;

(四)拍卖标的的在拍卖前毁损、灭失的;

(五)委托人在拍卖会前书面通知拍卖企业终止拍卖的;

(六)出现其他依法应当终止的情形的。

终止拍卖由拍卖企业宣布。拍卖终止后,委托人要求继续进行拍卖的,应当重新办理拍卖手续。

第三十二条 外商投资拍卖企业与内资拍卖企业联合在中华人民共和国境内举办拍卖会的,其拍卖标的应符合法律、行政法规及本办法的有关规定。

第四章 监督管理

第三十三条 商务部组织制定有关拍卖行业规章、政策,指导各地制定拍卖行业发展规划,依法建立拍卖业监督核查、行业统计和信用管理制度;负责拍卖行业利用外资的促进与管理;对拍卖行业自律组织进行业务指导。

第三十四条 省级商务主管部门负责制定和实施本地区拍卖行业发展规划,并将规划报商务部备案。

省级商务主管部门应建立本地区拍卖企业和从业人员的监督核查和行业统计及信用管理制度;负责企业和分公司申请取得从事拍卖业务的许可审核;管理与指导本地区的拍卖行业自律组织。

省级商务主管部门应当创造条件,建立与拍卖企业、其他有关行政机关计算机档案系统互联网络,对拍卖经营活动监督检查的情况和处理结果应当予以记录。每年度应当出具对拍卖企业的监督核查意见。对核查不合格的拍卖企业,应当责令限期整改,并将核查情况通报有关部门。

第三十五条 拍卖行业协会依法并根据章程,对拍卖企业和拍卖师进行监督。拍卖行业协会应当制定拍卖行业规范,加强行业自律管理,协调会员企业与政府有关部门及会员企业之间的关系,为会员企业提供服务,维护会员企业的合法权益。

中国拍卖行业协会在商务部的指导下,具体实施全国拍卖企业信用管理制度和组织拍卖师考试、考核和资格认定工作。

第五章 法律责任

第三十六条 未经许可从事经营性拍卖活动的企业,应依照国家有关规定予以取缔。

第三十七条 拍卖师违反本办法第十六条、第十七条规定或有向监管部门隐瞒情况、提供虚假材料等其他违规行为的,省级商务主管部门可将其违规事实及处理建议通告中国拍卖行业协会,中国拍卖行业协会应依照有关规定对违规拍卖师进行处理,并将处理结果在十个工作日内书面抄送拍卖师执业地省级商务主管部门和行业协会。

第三十八条 拍卖企业违反本办法第十九条规定,对买受人造成损失的,拍卖企业应当给予赔偿;属于委托人责任的,拍卖企业有权向委托人追偿。

第三十九条 拍卖企业违反第二十条第(一)项,由省级商务主管部门责令其改正,并处三万元以下罚款。

第四十条 拍卖企业违反本办法第二十条第(三)项的规定,由省级商务主管部门视情节轻重予以警告,并处以非法所得额一倍以上的罚款,但最高不超过三万元;没有非法所得的,处以一万元以下的罚款。造成委托人和买受人损失的,拍卖企业应当依法给予赔偿。

第四十一条 拍卖企业违反本办法第二十条第(二)项、第(四)项规定的,由有关行政机关依法进行处罚。

第四十二条 拍卖企业违反本办法第二十五条、第二十六条规定,拍卖前违规进行公告或展示的,由省级商务主管部门视情节轻重予以警告,责令改正,延期拍卖或处以一万元以下罚款。

第四十三条 拍卖企业、委托人违反本办法第二十七条规定,未说明拍卖标的的瑕疵,给买受人造成损害的,买受人有权要求拍卖企业给予赔偿;属于委托人责任的,拍卖企业有权向委托人追偿。

拍卖企业、委托人在拍卖前声明不能保证拍卖标的真伪或者品质的,不承担瑕疵担保责任(以下简称免责声明)。但是拍卖企业、委托人明确知道或应当知道拍卖标的有瑕疵时,免责声明无效。

第四十四条 拍卖成交后,委托人没有协助买受人依法办理证照变更、产权过户手续,造成买受人或拍卖企业损失的,委托人应当依法给予赔偿。

委托人提出中止或者终止拍卖,给拍卖企业或者竞买人造成损失的,应当依法给予赔偿。

第四十五条 有下列情形之一的,省级商务主管部门或商务部可以撤销有关拍卖企业及分公司从事拍卖业务的许可决定:

(一)工作人员滥用职权、玩忽职守作出准予许可决定的;

(二)违反《拍卖法》和本办法规定的取得从事拍卖业务的许可条件作出准予许可决定的;

(三)超越法定职权作出准予从事拍卖业务的许可决定的。

第四十六条 商务主管部门以及行业协会的工作人员在工作中滥用职权、徇私舞弊、玩忽职守、索贿受贿的,对负有责任的主管人员和直接责任人员依法给予行政处分;构成犯罪的,依法追究刑事责任。

第四十七条 商务主管部门工作人员对在执行公务中获知的有关拍卖企业、委托人、竞买人、买受人要求保密的内容,应当按保密规定为其保密,造成泄密的,按有关规定处理。拍卖企业认为向管理机关报送的材料有保密内容的,应注明"保密"字样并密封。

第六章 附 则

第四十八条 农产品批发市场、机动车交易市场等商品交易市场引入拍卖方式及利用互联网经营拍卖业务的管理,原则上参照本办法执行,具体办法另行制定。

第四十九条 国有独资拍卖企业应按照国家有关规定进行改制。

第五十条 本办法由商务部负责解释。

第五十一条 本办法自 2005 年 1 月 1 日起施行。

拍卖监督管理办法

(2001 年 1 月 15 日国家工商行政管理局令第 101 号公布 根据 2013 年 1 月 5 日国家工商行政管理总局令第 59 号第一次修订 根据 2017 年 9 月 30 日国家工商行政管理总局令第 91 号第二次修订 根据 2020 年 10 月 23 日国家市场监督管理总局令第 31 号第三次修订)

第一条 为了规范拍卖行为,维护拍卖秩序,保护拍卖活动各方当事人的合法权益,根据《中华人民共和国拍卖法》等法律法规,制定本办法。

第二条 拍卖人、委托人、竞买人及其他参与拍卖活动的当事人从事拍卖活动,应当遵守有关法律法规和本办法,遵循公开、公平、公正、诚实信用的原则。

第三条 市场监督管理部门依照《中华人民共和国拍卖法》等法律法规和本办法对拍卖活动实施监督管理,主要职责是:

(一)依法对拍卖人进行登记注册;

(二)依法对拍卖人、委托人、竞买人及其他参与拍卖活动的当事人进行监督管理;

(三)依法查处违法拍卖行为;

(四)法律法规及规章规定的其他职责。

第四条 设立拍卖企业应当依照《中华人民共和国拍卖法》《中华人民共和国公司法》等法律法规的规定,向市场监督管理部门申请登记,领取营业执照,并经所在地的省、自治区、直辖市人民政府负责管理拍卖业的部门审核,取得从事拍卖业务的许可。

第五条 拍卖人不得有下列行为:

(一)采用财物或者其他手段进行贿赂以争揽业务;

(二)利用拍卖公告或者其他方法,对拍卖标的作引人误解的虚假宣传;

(三)捏造、散布虚假事实,损害其他拍卖人的商业信誉;

(四)以不正当手段侵犯他人的商业秘密;

(五)拍卖人及其工作人员以竞买人的身份参与自己组织的拍卖活动,或者委托他人代为竞买;

(六)在自己组织的拍卖活动中拍卖自己的物品或者财产权利;

(七)雇佣非拍卖师主持拍卖活动;

(八)其他违反法律法规及规章的行为。

第六条 委托人在拍卖活动中不得参与竞买或者委托他人代为竞买。

第七条 竞买人之间不得有下列恶意串通行为:

(一)相互约定一致压低拍卖应价;

(二)相互约定抬拍卖应价;

(三)相互约定买受人或相互约定排挤其他竞买人;

(四)其他恶意串通行为。

第八条 竞买人与拍卖人之间不得有下列恶意串通行为:

(一)私下约定成交价;

(二)拍卖人违背委托人的保密要求向竞

买人泄露拍卖标的保留价;

（三）其他恶意串通行为。

第九条 拍卖人、委托人、竞买人不得拍卖或者参与拍卖国家禁止买卖的物品或者财产权利。

第十条 拍卖人不得以委托人、竞买人、买受人要求保密等为由,阻碍监督检查。

第十一条 违反本办法第四条规定,未经许可从事拍卖业务的,由市场监督管理部门依照《中华人民共和国拍卖法》第六十条的规定处罚。

第十二条 拍卖人违反本办法第五条第一项至第四项规定的,由市场监督管理部门依照《中华人民共和国反不正当竞争法》的有关规定处罚。拍卖人违反本办法第五条第五项、第六项规定的,由市场监督管理部门分别依照《中华人民共和国拍卖法》第六十二条、第六十三条的规定处罚。

第十三条 拍卖人违反本办法第五条第七项规定的,由市场监督管理部门予以警告,并可处 10000 元以下的罚款。

第十四条 拍卖人、委托人、竞买人违反本办法第六条、第七条、第八条规定的,由市场监督管理部门依照《中华人民共和国拍卖法》第六十四条、第六十五条的规定处罚。

第十五条 本办法自 2017 年 11 月 1 日起施行。2013 年 1 月 5 日国家工商行政管理总局令第 59 号修订的《拍卖监督管理办法》同时废止。

合同行政监督管理办法

（2023 年 5 月 18 日国家市场监督管理总局令第 77 号公布 自 2023 年 7 月 1 日起施行）

第一条 为了维护市场经济秩序,保护国家利益、社会公共利益和消费者合法权益,根据《中华人民共和国民法典》《中华人民共和国消费者权益保护法》等法律法规,制定本办法。

第二条 市场监督管理部门根据法律、行政法规和本办法的规定,在职责范围内开展合同行政监督管理工作。

第三条 市场监督管理部门开展合同行政监督管理工作,应当坚持监管与指导相结合、处罚与教育相结合的原则。

第四条 经营者订立合同应当遵循平等、自愿、公平、诚信的原则,不得违反法律、行政法规的规定,违背公序良俗,不得利用合同实施危害国家利益、社会公共利益和消费者合法权益的行为。

第五条 经营者不得利用合同从事下列违法行为,扰乱市场经济秩序,危害国家利益、社会公共利益:

（一）虚构合同主体资格或者盗用、冒用他人名义订立合同;

（二）没有实际履行能力,诱骗对方订立合同;

（三）故意隐瞒与实现合同目的有重大影响的信息,与对方订立合同;

（四）以恶意串通、贿赂、胁迫等手段订立合同;

（五）其他利用合同扰乱市场经济秩序的行为。

第六条 经营者采用格式条款与消费者订立合同,应当以单独告知、字体加粗、弹窗等显著方式提请消费者注意商品或者服务的数量和质量、价款或者费用、履行期限和方式、安全注意事项和风险警示、售后服务、民事责任等与消费者有重大利害关系的内容,并按照消费者的要求予以说明。

经营者预先拟定的,对合同双方权利义务作出规定的通知、声明、店堂告示等,视同格式条款。

第七条 经营者与消费者订立合同,不得利用格式条款等方式作出减轻或者免除自身责任的规定。格式条款中不得含有以下内容：

（一）免除或者减轻经营者造成消费者人身伤害依法应当承担的责任；

（二）免除或者减轻经营者因故意或者重大过失造成消费者财产损失依法应当承担的责任；

（三）免除或者减轻经营者对其所提供的商品或者服务依法应当承担的修理、重作、更换、退货、补足商品数量、退还货款和服务费用等责任；

（四）免除或者减轻经营者依法应当承担的违约责任；

（五）免除或者减轻经营者根据合同的性质和目的应当履行的协助、通知、保密等义务；

（六）其他免除或者减轻经营者自身责任的内容。

第八条 经营者与消费者订立合同，不得利用格式条款等方式作出加重消费者责任、排除或者限制消费者权利的规定。格式条款中不得含有以下内容：

（一）要求消费者承担的违约金或者损害赔偿金超过法定数额或者合理数额；

（二）要求消费者承担依法应当由经营者承担的经营风险；

（三）排除或者限制消费者依法自主选择商品或者服务的权利；

（四）排除或者限制消费者依法变更或者解除合同的权利；

（五）排除或者限制消费者依法请求支付违约金或者损害赔偿金的权利；

（六）排除或者限制消费者依法投诉、举报、请求调解、申请仲裁、提起诉讼的权利；

（七）经营者单方享有解释权或者最终解释权；

（八）其他加重消费者责任、排除或者限

制消费者权利的内容。

第九条 经营者采用格式条款与消费者订立合同的，不得利用格式条款并借助技术手段强制交易。

第十条 市场监督管理部门引导重点行业经营者建立健全格式条款公示等制度，引导规范经营者合同行为，提升消费者合同法律意识。

第十一条 经营者与消费者订立合同时，一般应当包括《中华人民共和国民法典》第四百七十条第一款规定的主要内容，并明确双方的主要权利和义务。

经营者采用书面形式与消费者订立合同的，应当将双方签订的书面合同交付消费者留存，并不少于一份。

经营者以电子形式订立合同的，应当清晰、全面、明确地告知消费者订立合同的步骤、注意事项、下载方法等事项，并保证消费者能够便利、完整地阅览和下载。

第十二条 任何单位和个人不得在明知或者应知的情况下，为本办法禁止的违法行为提供证明、印章、账户等便利条件。

第十三条 省级以上市场监督管理部门可以根据有关法律法规规定，针对特定行业或者领域，联合有关部门制定合同示范文本。

根据前款规定制定的合同示范文本，应当主动公开，供社会公众免费阅览、下载、使用。

第十四条 合同示范文本供当事人参照使用。合同各方具体权利义务由当事人自行约定。当事人可以对合同示范文本中的有关条款进行修改、补充和完善。

第十五条 参照合同示范文本订立合同的，当事人应当充分理解合同条款，自行承担合同订立和履行所发生的法律后果。

第十六条 省级以上市场监督管理部门可以设立合同行政监督管理专家评审委员会，邀请相关领域专家参与格式条款评审、合同示范文本制定等工作。

第十七条 县级以上市场监督管理部门对涉嫌违反本办法的合同行为进行查处时，可以依法采取下列措施：

（一）对与涉嫌合同违法行为有关的经营场所进行现场检查；

（二）询问涉嫌违法的当事人；

（三）向与涉嫌合同违法行为有关的自然人、法人和非法人组织调查了解有关情况；

（四）查阅、调取、复制与涉嫌违法行为有关的合同、票据、账簿等资料；

（五）法律、法规规定可以采取的其他措施。

采取前款规定的措施，依法需要报经批准的，应当办理批准手续。

市场监督管理部门及其工作人员对履行相关工作职责过程中知悉的国家秘密、商业秘密或者个人隐私，应当依法予以保密。

第十八条 经营者违反本办法第五条、第六条第一款、第七条、第八条、第九条、第十二条规定，法律、行政法规有规定的，依照其规定；没有规定的，由县级以上市场监督管理部门责令限期改正，给予警告，并可以处十万元以下罚款。

第十九条 合同违法行为轻微并及时改正，没有造成危害后果的，不予行政处罚；主动消除或者减轻危害后果的，从轻或者减轻行政处罚。

第二十条 市场监督管理部门作出行政处罚决定后，应当依法通过国家企业信用信息公示系统向社会公示。

第二十一条 违反本办法规定，构成犯罪的，依法追究刑事责任。

第二十二条 市场监督管理部门依照本办法开展合同行政监督管理，不对合同的民事法律效力作出认定，不影响合同当事人民事责任的承担。法律、行政法规另有规定的，依照其规定。

第二十三条 本办法自 2023 年 7 月 1 日起施行。2010 年 10 月 13 日原国家工商行政管理总局令第 51 号公布的《合同违法行为监督处理办法》同时废止。

最高人民法院关于适用《中华人民共和国民法典》合同编通则若干问题的解释

（2023 年 5 月 23 日最高人民法院审判委员会第 1889 次会议通过 2023 年 12 月 4 日最高人民法院公告公布 自 2023 年 12 月 5 日起施行 法释〔2023〕13 号）

为正确审理合同纠纷案件以及非因合同产生的债权债务关系纠纷案件，依法保护当事人的合法权益，根据《中华人民共和国民法典》《中华人民共和国民事诉讼法》等相关法律规定，结合审判实践，制定本解释。

一、一般规定

第一条 人民法院依据民法典第一百四十二条第一款、第四百六十六条第一款的规定解释合同条款时，应当以词句的通常含义为基础，结合相关条款、合同的性质和目的、习惯以及诚信原则，参考缔约背景、磋商过程、履行行为等因素确定争议条款的含义。

有证据证明当事人之间对合同条款有不同于词句的通常含义的其他共同理解，一方主张按照词句的通常含义理解合同条款的，人民法院不予支持。

对合同条款有两种以上解释，可能影响该条款效力的，人民法院应当选择有利于该条款有效的解释；属于无偿合同的，应当选择对债务人负担较轻的解释。

第二条 下列情形，不违反法律、行政法

规的强制性规定且不违背公序良俗的，人民法院可以认定为民法典所称的"交易习惯"：

（一）当事人之间在交易活动中的惯常做法；

（二）在交易行为当地或者某一领域、某一行业通常采用并为交易对方订立合同时所知道或者应当知道的做法。

对于交易习惯，由提出主张的当事人一方承担举证责任。

二、合同的订立

第三条 当事人对合同是否成立存在争议，人民法院能够确定当事人姓名或者名称、标的和数量的，一般应当认定合同成立。但是，法律另有规定或者当事人另有约定的除外。

根据前款规定能够认定合同已经成立的，对合同欠缺的内容，人民法院应当依据民法典第五百一十条、第五百一十一条等规定予以确定。

当事人主张合同无效或者请求撤销、解除合同等，人民法院认为合同不成立的，应当依据《最高人民法院关于民事诉讼证据的若干规定》第五十三条的规定将合同是否成立作为焦点问题进行审理，并可以根据案件的具体情况重新指定举证期限。

第四条 采取招标方式订立合同，当事人请求确认合同自中标通知书到达中标人时成立的，人民法院应予支持。合同成立后，当事人拒绝签订书面合同的，人民法院应当依据招标文件、投标文件和中标通知书等确定合同内容。

采取现场拍卖、网络拍卖等公开竞价方式订立合同，当事人请求确认合同自拍卖师落槌、电子交易系统确认成交时成立的，人民法院应予支持。合同成立后，当事人拒绝签订成交确认书的，人民法院应当依据拍卖公告、竞买人的报价等确定合同内容。

产权交易所等机构主持拍卖、挂牌交易，其公布的拍卖公告、交易规则等文件公开确定了合同成立需要具备的条件，当事人请求确认合同自该条件具备时成立的，人民法院应予支持。

第五条 第三人实施欺诈、胁迫行为，使当事人在违背真实意思的情况下订立合同，受到损失的当事人请求第三人承担赔偿责任的，人民法院依法予以支持；当事人亦有违背诚信原则的行为的，人民法院应当根据各自的过错确定相应的责任。但是，法律、司法解释对当事人与第三人的民事责任另有规定的，依照其规定。

第六条 当事人以认购书、订购书、预订书等形式约定在将来一定期限内订立合同，或者为担保在将来一定期限内订立合同交付了定金，能够确定将来所要订立合同的主体、标的等内容的，人民法院应当认定预约合同成立。

当事人通过签订意向书或者备忘录等方式，仅表达交易的意向，未约定在将来一定期限内订立合同，或者虽然有约定但是难以确定将来所要订立合同的主体、标的等内容，一方主张预约合同成立的，人民法院不予支持。

当事人订立的认购书、订购书、预订书等已就合同标的、数量、价款或者报酬等主要内容达成合意，符合本解释第三条第一款规定的合同成立条件，未明确约定在将来一定期限内另行订立合同，或者虽然有约定但是当事人一方已实施履行行为且对方接受的，人民法院应当认定本约合同成立。

第七条 预约合同生效后，当事人一方拒绝订立本约合同或者在磋商订立本约合同时违背诚信原则导致未能订立本约合同的，人民法院应当认定该当事人不履行预约合同约定的义务。

人民法院认定当事人一方在磋商订立本

约合同时是否违背诚信原则,应当综合考虑该当事人在磋商时提出的条件是否明显背离预约合同约定的内容以及是否已尽合理努力进行协商等因素。

第八条　预约合同生效后,当事人一方不履行订立本约合同的义务,对方请求其赔偿因此造成的损失的,人民法院依法予以支持。

前款规定的损失赔偿,当事人有约定的,按照约定;没有约定的,人民法院应当综合考虑预约合同在内容上的完备程度以及订立本约合同的条件的成就程度等因素酌定。

第九条　合同条款符合民法典第四百九十六条第一款规定的情形,当事人仅以合同系依据合同示范文本制作或者双方已经明确约定合同条款不属于格式条款为由主张该条款不是格式条款的,人民法院不予支持。

从事经营活动的当事人一方仅以未实际重复使用为由主张其预先拟定且未与对方协商的合同条款不是格式条款的,人民法院不予支持。但是,有证据证明该条款不是为了重复使用而预先拟定的除外。

第十条　提供格式条款的一方在合同订立时采用通常足以引起对方注意的文字、符号、字体等明显标识,提示对方注意免除或者减轻其责任、排除或者限制对方权利等与对方有重大利害关系的异常条款的,人民法院可以认定其已经履行民法典第四百九十六条第二款规定的提示义务。

提供格式条款的一方按照对方的要求,就与对方有重大利害关系的异常条款的概念、内容及其法律后果以书面或者口头形式向对方作出通常能够理解的解释说明的,人民法院可以认定其已经履行民法典第四百九十六条第二款规定的说明义务。

提供格式条款的一方对其已经尽到提示义务或者说明义务承担举证责任。对于通过互联网等信息网络订立的电子合同,提供格式条款的一方仅以采取了设置勾选、弹窗等方式为由主张其已经履行提示义务或者说明义务的,人民法院不予支持,但是其举证符合前两款规定的除外。

三、合同的效力

第十一条　当事人一方是自然人,根据该当事人的年龄、智力、知识、经验并结合交易的复杂程度,能够认定其对合同的性质、合同订立的法律后果或者交易中存在的特定风险缺乏应有的认知能力的,人民法院可以认定该情形构成民法典第一百五十一条规定的"缺乏判断能力"。

第十二条　合同依法成立后,负有报批义务的当事人不履行报批义务或者履行报批义务不符合合同的约定或者法律、行政法规的规定,对方请求其继续履行报批义务的,人民法院应予支持;对方主张解除合同并请求其承担违反报批义务的赔偿责任的,人民法院应予支持。

人民法院判决当事人一方履行报批义务后,其仍不履行,对方主张解除合同并参照违反合同的违约责任请求其承担赔偿责任的,人民法院应予支持。

合同获得批准前,当事人一方起诉请求对方履行合同约定的主要义务,经释明后拒绝变更诉讼请求的,人民法院应当判决驳回其诉讼请求,但是不影响其另行提起诉讼。

负有报批义务的当事人已经办理申请批准等手续或者已经履行生效判决确定的报批义务,批准机关决定不予批准,对方请求其承担赔偿责任的,人民法院不予支持。但是,因迟延履行报批义务等可归责于当事人的原因导致合同未获批准,对方请求赔偿因此受到的损失的,人民法院应当依据民法典第一百五十七条的规定处理。

第十三条　合同存在无效或者可撤销的

情形,当事人以该合同已在有关行政管理部门办理备案、已经批准机关批准或者已依据该合同办理财产权利的变更登记、移转登记等为由主张合同有效的,人民法院不予支持。

第十四条 当事人之间就同一交易订立多份合同,人民法院应当认定其中以虚假意思表示订立的合同无效。当事人为规避法律、行政法规的强制性规定,以虚假意思表示隐藏真实意思表示的,人民法院应当依据民法典第一百五十三条第一款的规定认定被隐藏合同的效力;当事人为规避法律、行政法规关于合同应当办理批准等手续的规定,以虚假意思表示隐藏真实意思表示的,人民法院应当依据民法典第五百零二条第二款的规定认定被隐藏合同的效力。

依据前款规定认定被隐藏合同无效或者确定不发生效力的,人民法院应当以被隐藏合同为事实基础,依据民法典第一百五十七条的规定确定当事人的民事责任。但是,法律另有规定的除外。

当事人就同一交易订立的多份合同均系真实意思表示,且不存在其他影响合同效力情形的,人民法院应当在查明各合同成立先后顺序和实际履行情况的基础上,认定合同内容是否发生变更。法律、行政法规禁止变更合同内容的,人民法院应当认定合同的相应变更无效。

第十五条 人民法院认定当事人之间的权利义务关系,不应当拘泥于合同使用的名称,而应当根据合同约定的内容。当事人主张的权利义务关系与根据合同内容认定的权利义务关系不一致的,人民法院应当结合缔约背景、交易目的、交易结构、履行行为以及当事人是否存在虚构交易标的等事实认定当事人之间的实际民事法律关系。

第十六条 合同违反法律、行政法规的强制性规定,有下列情形之一,由行为人承担行政责任或者刑事责任能够实现强制性规定

的立法目的的,人民法院可以依据民法典第一百五十三条第一款关于"该强制性规定不导致该民事法律行为无效的除外"的规定认定该合同不因违反强制性规定无效:

(一)强制性规定虽然旨在维护社会公共秩序,但是合同的实际履行对社会公共秩序造成的影响显著轻微,认定合同无效将导致案件处理结果有失公平公正;

(二)强制性规定旨在维护政府的税收、土地出让金等国家利益或者其他民事主体的合法利益而非合同当事人的民事权益,认定合同有效不会影响该规范目的的实现;

(三)强制性规定旨在要求当事人一方加强风险控制、内部管理等,对方无能力或者无义务审查合同是否违反强制性规定,认定合同无效将使其承担不利后果;

(四)当事人一方虽然在订立合同时违反强制性规定,但是在合同订立后其已经具备补正违反强制性规定的条件却违背诚信原则不予补正;

(五)法律、司法解释规定的其他情形。

法律、行政法规的强制性规定旨在规制合同订立后的履行行为,当事人以合同违反强制性规定为由请求认定合同无效的,人民法院不予支持。但是,合同履行必然导致违反强制性规定或者法律、司法解释另有规定的除外。

依据前两款认定合同有效,但是当事人的违法行为未经处理的,人民法院应当向有关行政管理部门提出司法建议。当事人的行为涉嫌犯罪的,应当将案件线索移送刑事侦查机关;属于刑事自诉案件的,应当告知当事人可以向有管辖权的人民法院另行提起诉讼。

第十七条 合同虽然不违反法律、行政法规的强制性规定,但是有下列情形之一,人民法院应当依据民法典第一百五十三条第二款的规定认定合同无效:

（一）合同影响政治安全、经济安全、军事安全等国家安全的；

（二）合同影响社会稳定、公平竞争秩序或者损害社会公共利益等违背社会公共秩序的；

（三）合同背离社会公德、家庭伦理或者有损人格尊严等违背善良风俗的。

人民法院在认定合同是否违背公序良俗时，应当以社会主义核心价值观为导向，综合考虑当事人的主观动机和交易目的、政府部门的监管强度、一定期限内当事人从事类似交易的频次、行为的社会后果等因素，并在裁判文书中充分说理。当事人确因生活需要进行交易，未给社会公共秩序造成重大影响，且不影响国家安全，也不违背善良风俗的，人民法院不应当认定合同无效。

第十八条 法律、行政法规的规定虽然有"应当""必须"或者"不得"等表述，但是该规定旨在限制或者赋予民事权利，行为人违反该规定将构成无权处分、无权代理、越权代表等，或者导致合同相对人、第三人因此获得撤销权、解除权等民事权利的，人民法院应当依据法律、行政法规规定的关于违反该规定的民事法律后果认定合同效力。

第十九条 以转让或者设定财产权利为目的订立的合同，当事人或者真正权利人仅以让与人在订立合同时对标的物没有所有权或者处分权为由主张合同无效的，人民法院不予支持；因未取得真正权利人事后同意或者让与人事后未取得处分权导致合同不能履行，受让人主张解除合同并请求让与人承担违反合同的赔偿责任的，人民法院依法予以支持。

前款规定的合同被认定有效，且让与人已经将财产交付或者移转登记至受让人，真正权利人请求认定财产权利未发生变动或者请求返还财产的，人民法院应予支持。但是，受让人依据民法典第三百一十一条等规定善意取得财产权利的除外。

第二十条 法律、行政法规为限制法人的法定代表人或者非法人组织的负责人的代表权，规定合同所涉事项应当由法人、非法人组织的权力机构或者决策机构决议，或者应当由法人、非法人组织的执行机构决定，法定代表人、负责人未取得授权而以法人、非法人组织的名义订立合同，未尽到合理审查义务的相对人主张该合同对法人、非法人组织发生效力并由其承担违约责任的，人民法院不予支持，但是法人、非法人组织有过错的，可以参照民法典第一百五十七条的规定判决其承担相应的赔偿责任。相对人已尽到合理审查义务，构成表见代表的，人民法院应当依据民法典第五百零四条的规定处理。

合同所涉事项未超越法律、行政法规规定的法定代表人或者负责人的代表权限，但是超越法人、非法人组织的章程或者权力机构等对代表权的限制，相对人主张该合同对法人、非法人组织发生效力并由其承担违约责任的，人民法院依法予以支持。但是，法人、非法人组织举证证明相对人知道或者应当知道该限制的除外。

法人、非法人组织承担民事责任后，向有过错的法定代表人、负责人追偿因越权代表行为造成的损失的，人民法院依法予以支持。法律、司法解释对法定代表人、负责人的民事责任另有规定的，依照其规定。

第二十一条 法人、非法人组织的工作人员就超越其职权范围的事项以法人、非法人组织的名义订立合同，相对人主张该合同对法人、非法人组织发生效力并由其承担违约责任的，人民法院不予支持。但是，法人、非法人组织有过错的，人民法院可以参照民法典第一百五十七条的规定判决其承担相应的赔偿责任。前述情形，构成表见代理的，人民法院应当依据民法典第一百七十二条的规定处理。

合同所涉事项有下列情形之一的,人民法院应当认定法人、非法人组织的工作人员在订立合同时超越其职权范围:

(一)依法应当由法人、非法人组织的权力机构或者决策机构决议的事项;

(二)依法应当由法人、非法人组织的执行机构决定的事项;

(三)依法应当由法定代表人、负责人代表法人、非法人组织实施的事项;

(四)不属于通常情形下依其职权可以处理的事项。

合同所涉事项未超越依据前款确定的职权范围,但是超越法人、非法人组织对工作人员职权范围的限制,相对人主张该合同对法人、非法人组织发生效力并由其承担违约责任的,人民法院应予支持。但是,法人、非法人组织举证证明相对人知道或者应当知道该限制的除外。

法人、非法人组织承担民事责任后,向故意或者有重大过失的工作人员追偿的,人民法院依法予以支持。

第二十二条 法定代表人、负责人或者工作人员以法人、非法人组织的名义订立合同且未超越权限,法人、非法人组织仅以合同加盖的印章不是备案印章或者系伪造的印章为由主张该合同对其不发生效力的,人民法院不予支持。

合同系以法人、非法人组织的名义订立,但是仅有法定代表人、负责人或者工作人员签名或者按指印而未加盖法人、非法人组织的印章,相对人能够证明法定代表人、负责人或者工作人员在订立合同时未超越权限的,人民法院应当认定合同对法人、非法人组织发生效力。但是,当事人约定以加盖印章作为合同成立条件的除外。

合同仅加盖法人、非法人组织的印章而无人员签名或者按指印,相对人能够证明合同系法定代表人、负责人或者工作人员在其

权限范围内订立的,人民法院应当认定该合同对法人、非法人组织发生效力。

在前三款规定的情形下,法定代表人、负责人或者工作人员在订立合同时虽然超越代表或者代理权限,但是依据民法典第五百零四条的规定构成表见代表,或者依据民法典第一百七十二条的规定构成表见代理的,人民法院应当认定合同对法人、非法人组织发生效力。

第二十三条 法定代表人、负责人或者代理人与相对人恶意串通,以法人、非法人组织的名义订立合同,损害法人、非法人组织的合法权益,法人、非法人组织主张不承担民事责任的,人民法院应予支持。法人、非法人组织请求法定代表人、负责人或者代理人与相对人对因此受到的损失承担连带赔偿责任的,人民法院应予支持。

根据法人、非法人组织的举证,综合考虑当事人之间的交易习惯、合同在订立时是否显失公平、相关人员是否获取了不正当利益、合同的履行情况等因素,人民法院能够认定法定代表人、负责人或者代理人与相对人存在恶意串通的高度可能性的,可以要求前述人员就合同订立、履行的过程等相关事实作出陈述或者提供相应的证据。其无正当理由拒绝作出陈述,或者所作陈述不具合理性又不能提供相应证据的,人民法院可以认定恶意串通的事实成立。

第二十四条 合同不成立、无效、被撤销或者确定不发生效力,当事人请求返还财产,经审查财产能够返还的,人民法院应当根据案件具体情况,单独或者合并适用返还占有的标的物、更正登记簿册记载等方式;经审查财产不能返还或者没有必要返还的,人民法院应当以认定合同不成立、无效、被撤销或者确定不发生效力之日该财产的市场价值或者以其他合理方式计算的价值为基准判决折价补偿。

除前款规定的情形外,当事人还请求赔偿损失的,人民法院应当结合财产返还或者折价补偿的情况,综合考虑财产增值收益和贬值损失、交易成本的支出等事实,按照双方当事人的过错程度及原因力大小,根据诚信原则和公平原则,合理确定损失赔偿额。

合同不成立、无效、被撤销或者确定不发生效力,当事人的行为涉嫌违法且未经处理,可能导致一方或者双方通过违法行为获得不当利益的,人民法院应当向有关行政管理部门提出司法建议。当事人的行为涉嫌犯罪的,应当将案件线索移送刑事侦查机关;属于刑事自诉案件的,应当告知当事人可以向有管辖权的人民法院另行提起诉讼。

第二十五条 合同不成立、无效、被撤销或者确定不发生效力,有权请求返还价款或者报酬的当事人一方请求对方支付资金占用费的,人民法院应当在当事人请求的范围内按照中国人民银行授权全国银行间同业拆借中心公布的一年期贷款市场报价利率(LPR)计算。但是,占用资金的当事人对于合同不成立、无效、被撤销或者确定不发生效力没有过错,应当以中国人民银行公布的同期同类存款基准利率计算。

双方互负返还义务,当事人主张同时履行的,人民法院应予支持;占有标的物的一方对标的物存在使用或者依法可以使用的情形,对方请求将其应支付的资金占用费与应收取的标的物使用费相互抵销的,人民法院应予支持,但是法律另有规定的除外。

四、合同的履行

第二十六条 当事人一方未根据法律规定或者合同约定履行开具发票、提供证明文件等非主要债务,对方请求继续履行该债务并赔偿因怠于履行该债务造成的损失的,人民法院依法予以支持;对方请求解除合同的,

人民法院不予支持,但是不履行该债务致使不能实现合同目的或者当事人另有约定的除外。

第二十七条 债务人或者第三人与债权人在债务履行期限届满后达成以物抵债协议,不存在影响合同效力情形的,人民法院应当认定该协议自当事人意思表示一致时生效。

债务人或者第三人履行以物抵债协议后,人民法院应当认定相应的原债务同时消灭;债务人或者第三人未按照约定履行以物抵债协议,经催告后在合理期限内仍不履行,债权人选择请求履行原债务或者以物抵债协议的,人民法院应予支持,但是法律另有规定或者当事人另有约定的除外。

前款规定的以物抵债协议经人民法院确认或者人民法院根据当事人达成的以物抵债协议制作成调解书,债权人主张财产权利自确认书、调解书生效时发生变动或者具有对抗善意第三人效力的,人民法院不予支持。

债务人或者第三人以自己不享有所有权或者处分权的财产权利订立以物抵债协议的,依据本解释第十九条的规定处理。

第二十八条 债务人或者第三人与债权人在债务履行期限届满前达成以物抵债协议的,人民法院应当在审理债权债务关系的基础上认定该协议的效力。

当事人约定债务人到期没有清偿债务,债权人可以对抵债财产拍卖、变卖、折价以实现债权的,人民法院应当认定该约定有效。当事人约定债务人到期没有清偿债务,抵债财产归债权人所有的,人民法院应当认定约定无效,但是不影响其他部分的效力;债权人请求对抵债财产拍卖、变卖、折价以实现债权的,人民法院应予支持。

当事人订立前款规定的以物抵债协议后,债务人或者第三人未将财产权利转移至债权人名下,债权人主张优先受偿的,人民法

院不予支持;债务人或者第三人已将财产权利转移至债权人名下的,依据《最高人民法院关于适用〈中华人民共和国民法典〉有关担保制度的解释》第六十八条的规定处理。

第二十九条 民法典第五百二十二条第二款规定的第三人请求债务人向自己履行债务的,人民法院应予支持;请求行使撤销权、解除权等民事权利的,人民法院不予支持,但是法律另有规定的除外。

合同依法被撤销或者被解除,债务人请求债权人返还财产的,人民法院应予支持。

债务人按照约定向第三人履行债务,第三人拒绝受领,债权人请求债务人向自己履行债务的,人民法院应予支持,但是债务人已经采取提存等方式消灭债务的除外。第三人拒绝受领或者受领迟延,债务人请求债权人赔偿因此造成的损失,人民法院依法予以支持。

第三十条 下列民事主体,人民法院可以认定为民法典第五百二十四条第一款规定的对履行债务具有合法利益的第三人:

(一)保证人或者提供物的担保的第三人;

(二)担保财产的受让人、用益物权人、合法占有人;

(三)担保财产上的后顺位担保权人;

(四)对债务人的财产享有合法利益且该权益将因财产被强制执行而丧失的第三人;

(五)债务人为法人或者非法人组织的,其出资人或者设立人;

(六)债务人为自然人的,其近亲属;

(七)其他对履行债务具有合法利益的第三人。

第三人在其已经代为履行的范围内取得对债务人的债权,但是不得损害债权人的利益。

担保人代为履行债务取得债权后,向其他担保人主张担保权利的,依据《最高人民法

院关于适用〈中华人民共和国民法典〉有关担保制度的解释》第十三条、第十四条、第十八条第二款等规定处理。

第三十一条 当事人互负债务,一方以对方没有履行非主要债务为由拒绝履行自己的主要债务的,人民法院不予支持。但是,对方不履行非主要债务致使不能实现合同目的或者当事人另有约定的除外。

当事人一方起诉请求对方履行债务,被告依据民法典第五百二十五条的规定主张双方同时履行的抗辩且抗辩成立,被告未提起反诉的,人民法院应当判决被告在原告履行债务的同时履行自己的债务,并在判项中明确原告申请强制执行的,人民法院应当在原告履行自己的债务后对被告采取执行行为;被告提起反诉的,人民法院应当判决双方同时履行自己的债务,并在判项中明确任何一方申请强制执行的,人民法院应当在该当事人履行自己的债务后对对方采取执行行为。

当事人一方起诉请求对方履行债务,被告依据民法典第五百二十六条的规定主张原告应先履行的抗辩且抗辩成立的,人民法院应当驳回原告的诉讼请求,但是不影响原告履行债务后另行提起诉讼。

第三十二条 合同成立后,因政策调整或者市场供求关系异常变动等原因导致价格发生当事人在订立合同时无法预见的、不属于商业风险的涨跌,继续履行合同对于当事人一方明显不公平的,人民法院应当认定合同的基础条件发生了民法典第五百三十三条第一款规定的"重大变化"。但是,合同涉及市场属性活跃、长期以来价格波动较大的大宗商品以及股票、期货等风险投资型金融产品的除外。

合同的基础条件发生了民法典第五百三十三条第一款规定的重大变化,当事人请求变更合同的,人民法院不得解除合同;当事人一方请求变更合同,对方请求解除合同的,或

者当事人一方请求解除合同，对方请求变更合同的，人民法院应当结合案件的实际情况，根据公平原则判决变更或者解除合同。

人民法院依据民法典第五百三十三条的规定判决变更或者解除合同的，应当综合考虑合同基础条件发生重大变化的时间、当事人重新协商的情况以及因合同变更或者解除给当事人造成的损失等因素，在判项中明确合同变更或者解除的时间。

当事人事先约定排除民法典第五百三十三条适用的，人民法院应当认定该约定无效。

五、合同的保全

第三十三条 债务人不履行其对债权人的到期债务，又不以诉讼或者仲裁方式向相对人主张其享有的债权或者与该债权有关的从权利，致使债权人的到期债权未能实现的，人民法院可以认定为民法典第五百三十五条规定的"债务人怠于行使其债权或者与该债权有关的从权利，影响债权人的到期债权实现"。

第三十四条 下列权利，人民法院可以认定为民法典第五百三十五条第一款规定的专属于债务人自身的权利：

（一）抚养费、赡养费或者扶养费请求权；

（二）人身损害赔偿请求权；

（三）劳动报酬请求权，但是超过债务人及其所扶养家属的生活必需费用的部分除外；

（四）请求支付基本养老保险金、失业保险金、最低生活保障金等保障当事人基本生活的权利；

（五）其他专属于债务人自身的权利。

第三十五条 债权人依据民法典第五百三十五条的规定对债务人的相对人提起代位权诉讼的，由被告住所地人民法院管辖，但是依法应当适用专属管辖规定的除外。

债务人或者相对人以双方之间的债权债务关系订有管辖协议为由提出异议的，人民法院不予支持。

第三十六条 债权人提起代位权诉讼后，债务人或者相对人以双方之间的债权债务关系订有仲裁协议为由对法院主管提出异议的，人民法院不予支持。但是，债务人或者相对人在首次开庭前就债务人与相对人之间的债权债务关系申请仲裁的，人民法院可以依法中止代位权诉讼。

第三十七条 债权人以债务人的相对人为被告向人民法院提起代位权诉讼，未将债务人列为第三人的，人民法院应当追加债务人为第三人。

两个以上债权人以债务人的同一相对人为被告提起代位权诉讼的，人民法院可以合并审理。债务人对相对人享有的债权不足以清偿其对两个以上债权人负担的债务的，人民法院应当按照债权人享有的债权比例确定相对人的履行份额，但是法律另有规定的除外。

第三十八条 债权人向人民法院起诉债务人后，又向同一人民法院对债务人的相对人提起代位权诉讼，属于该人民法院管辖的，可以合并审理。不属于该人民法院管辖的，应当告知其向有管辖权的人民法院另行起诉；在起诉债务人的诉讼终结前，代位权诉讼应当中止。

第三十九条 在代位权诉讼中，债务人对超过债权人代位请求数额的债权部分起诉相对人，属于同一人民法院管辖的，可以合并审理。不属于同一人民法院管辖的，应当告知其向有管辖权的人民法院另行起诉；在代位权诉讼终结前，债务人对相对人的诉讼应当中止。

第四十条 代位权诉讼中，人民法院经审理认为债权人的主张不符合代位权行使条件的，应当驳回诉讼请求，但是不影响债权人根据新的事实再次起诉。

债务人的相对人仅以债权人提起代位权诉讼时债权人与债务人之间的债权债务关系未经生效法律文书确认为由，主张债权人提起的诉讼不符合代位权行使条件的，人民法院不予支持。

第四十一条 债权人提起代位权诉讼后，债务人无正当理由减免相对人的债务或者延长相对人的履行期限，相对人以此向债权人抗辩的，人民法院不予支持。

第四十二条 对于民法典第五百三十九条规定的"明显不合理"的低价或者高价，人民法院应当按照交易当地一般经营者的判断，并参考交易时交易地的市场交易价或者物价部门指导价予以认定。

转让价格未达到交易时交易地的市场交易价或者指导价百分之七十的，一般可以认定为"明显不合理的低价"；受让价格高于交易时交易地的市场交易价或者指导价百分之三十的，一般可以认定为"明显不合理的高价"。

债务人与相对人存在亲属关系、关联关系的，不受前款规定的百分之七十、百分之三十的限制。

第四十三条 债务人以明显不合理的价格，实施互易财产、以物抵债、出租或者承租财产、知识产权许可使用等行为，影响债权人的债权实现，债务人的相对人知道或者应当知道该情形，债权人请求撤销债务人的行为的，人民法院应当依据民法典第五百三十九条的规定予以支持。

第四十四条 债权人依据民法典第五百三十八条、第五百三十九条的规定提起撤销权诉讼的，应当以债务人和债务人的相对人为共同被告，由债务人或者相对人的住所地人民法院管辖，但是依法应当适用专属管辖规定的除外。

两个以上债权人就债务人的同一行为提起撤销权诉讼的，人民法院可以合并审理。

第四十五条 在债权人撤销权诉讼中，被撤销行为的标的可分，当事人主张在受影响的债权范围内撤销债务人的行为的，人民法院应予支持；被撤销行为的标的不可分，债权人主张将债务人的行为全部撤销的，人民法院应予支持。

债权人行使撤销权所支付的合理的律师代理费、差旅费等费用，可以认定为民法典第五百四十条规定的"必要费用"。

第四十六条 债权人在撤销权诉讼中同时请求债务人的相对人向债务人承担返还财产、折价补偿、履行到期债务等法律后果的，人民法院依法予以支持。

债权人请求受理撤销权诉讼的人民法院一并审理其与债务人之间的债权债务关系，属于该人民法院管辖的，可以合并审理。不属于该人民法院管辖的，应当告知其向有管辖权的人民法院另行起诉。

债权人依据其与债务人的诉讼、撤销权诉讼产生的生效法律文书申请强制执行的，人民法院可以就债务人对相对人享有的权利采取强制执行措施以实现债权人的债权。债权人在撤销权诉讼中，申请对相对人的财产采取保全措施的，人民法院依法予以准许。

六、合同的变更和转让

第四十七条 债权转让后，债务人向受让人主张其对让与人的抗辩的，人民法院可以追加让与人为第三人。

债务转移后，新债务人主张原债务人对债权人的抗辩的，人民法院可以追加原债务人为第三人。

当事人一方将合同权利义务一并转让后，对方就合同权利义务向受让人主张抗辩或者受让人就合同权利义务向对方主张抗辩的，人民法院可以追加让与人为第三人。

第四十八条 债务人在接到债权转让通

知前已经向让与人履行，受让人请求债务人履行的，人民法院不予支持；债务人接到债权转让通知后仍然向让与人履行，受让人请求债务人履行的，人民法院应予支持。

让与人未通知债务人，受让人直接起诉债务人请求履行债务，人民法院经审理确认债权转让事实的，应当认定债权转让自起诉状副本送达时对债务人发生效力。债务人主张因未通知而给其增加的费用或者造成的损失从认定的债权数额中扣除的，人民法院依法予以支持。

第四十九条 债务人接到债权转让通知后，让与人以债权转让合同不成立、无效、被撤销或者确定不发生效力为由请求债务人向其履行的，人民法院不予支持。但是，该债权转让通知被依法撤销的除外。

受让人基于债务人对债权真实存在的确认受让债权后，债务人又以该债权不存在为由拒绝向受让人履行的，人民法院不予支持。但是，受让人知道或者应当知道该债权不存在的除外。

第五十条 让与人将同一债权转让给两个以上受让人，债务人以已经向最先通知的受让人履行为由主张其不再履行债务的，人民法院应予支持。债务人明知接受履行的受让人不是最先通知的受让人，最先通知的受让人请求债务人继续履行债务或者依据债权转让协议请求让与人承担违约责任的，人民法院应予支持；最先通知的受让人请求接受履行的受让人返还其接受的财产的，人民法院不予支持，但是接受履行的受让人明知该债权在其受让前已经转让给其他受让人的除外。

前款所称最先通知的受让人，是指最先到达债务人的转让通知中载明的受让人。当事人之间对通知到达时间有争议的，人民法院应当结合通知的方式等因素综合判断，而不能仅根据债务人认可的通知时间或者通

记载的时间予以认定。当事人采用邮寄、通讯电子系统等方式发出通知的，人民法院应当以邮戳时间或者通讯电子系统记载的时间等作为认定通知到达时间的依据。

第五十一条 第三人加入债务并与债务人约定了追偿权，其履行债务后主张向债务人追偿的，人民法院应予支持；没有约定追偿权，第三人依照民法典关于不当得利等的规定，在其已经向债权人履行债务的范围内请求债务人向其履行的，人民法院应予支持，但是第三人知道或者应当知道加入债务会损害债务人利益的除外。

债务人就其对债权人享有的抗辩向加入债务的第三人主张的，人民法院应予支持。

七、合同的权利义务终止

第五十二条 当事人就解除合同协商一致时未对合同解除后的违约责任、结算和清理等问题作出处理，一方主张合同已经解除的，人民法院应予支持。但是，当事人另有约定的除外。

有下列情形之一的，除当事人一方另有意思表示外，人民法院可以认定合同解除：

（一）当事人一方主张行使法律规定或者合同约定的解除权，经审理认为不符合解除权行使条件但是对方同意解除；

（二）双方当事人均不符合解除权行使的条件但是均主张解除合同。

前两款情形下的违约责任、结算和清理等问题，人民法院应当依据民法典第五百六十六条、第五百六十七条和有关违约责任的规定处理。

第五十三条 当事人一方以通知方式解除合同，并以对方未在约定的异议期限或者其他合理期限内提出异议为由主张合同已经解除的，人民法院应当对其是否享有法律规定或者合同约定的解除权进行审查。经审

查,享有解除权的,合同自通知到达对方时解除;不享有解除权的,不发生合同解除的效力。

第五十四条 当事人一方未通知对方,直接以提起诉讼的方式主张解除合同,撤诉后再次起诉主张解除合同,人民法院经审理支持该主张的,合同自再次起诉的起诉状副本送达对方时解除。但是,当事人一方撤诉后又通知对方解除合同且该通知已经到达对方的除外。

第五十五条 当事人一方依据民法典第五百六十八条的规定主张抵销,人民法院经审理认为抵销权成立的,应当认定通知到达对方时双方互负的主债务、利息、违约金或者损害赔偿金等债务在同等数额内消灭。

第五十六条 行使抵销权的一方负担的数项债务种类相同,但是享有的债权不足以抵销全部债务,当事人因抵销的顺序发生争议的,人民法院可以参照民法典第五百六十条的规定处理。

行使抵销权的一方享有的债权不足以抵销其负担的包括主债务、利息、实现债权的有关费用在内的全部债务,当事人因抵销的顺序发生争议的,人民法院可以参照民法典第五百六十一条的规定处理。

第五十七条 因侵害自然人人身权益,或者故意、重大过失侵害他人财产权益产生的损害赔偿债务,侵权人主张抵销的,人民法院不予支持。

第五十八条 当事人互负债务,一方以其诉讼时效期间已经届满的债权通知对方主张抵销,对方提出诉讼时效抗辩,人民法院对该抗辩应予支持。一方的债权诉讼时效期间已经届满,对方主张抵销的,人民法院应予支持。

八、违约责任

第五十九条 当事人一方依据民法典第

五百八十条第二款的规定请求终止合同权利义务关系的,人民法院一般应当以起诉状副本送达对方的时间作为合同权利义务关系终止的时间。根据案件的具体情况,以其他时间作为合同权利义务关系终止的时间更加符合公平原则和诚信原则的,人民法院可以以该时间作为合同权利义务关系终止的时间,但是应当在裁判文书中充分说明理由。

第六十条 人民法院依据民法典第五百八十四条的规定确定合同履行后可以获得的利益时,可以在扣除非违约方为订立、履行合同支出的费用等合理成本后,按照非违约方能够获得的生产利润、经营利润或者转售利润等计算。

非违约方依法行使合同解除权并实施了替代交易,主张按照替代交易价格与合同价格的差额确定合同履行后可以获得的利益的,人民法院依法予以支持;替代交易价格明显偏离替代交易发生时当地的市场价格,违约方主张按照市场价格与合同价格的差额确定合同履行后可以获得的利益的,人民法院应予支持。

非违约方依法行使合同解除权但是未实施替代交易,主张按照违约行为发生后合理期间内合同履行地的市场价格与合同价格的差额确定合同履行后可以获得的利益的,人民法院应予支持。

第六十一条 在以持续履行的债务为内容的定期合同中,一方不履行支付价款、租金等金钱债务,对方请求解除合同,人民法院经审理认为合同应当依法解除的,可以根据当事人的主张,参考合同主体、交易类型、市场价格变化、剩余履行期限等因素确定非违约方寻找替代交易的合理期限,并按照该期限对应的价款、租金等扣除非违约方应当支付的相应履约成本确定合同履行后可以获得的利益。

非违约方主张按照合同解除后剩余履行

期限相应的价款、租金等扣除履约成本确定合同履行后可以获得的利益的,人民法院不予支持。但是,剩余履行期限少于寻找替代交易的合理期限的除外。

第六十二条 非违约方在合同履行后可以获得的利益难以根据本解释第六十条、第六十一条的规定予以确定的,人民法院可以综合考虑违约方因违约获得的利益、违约方的过错程度、其他违约情节等因素,遵循公平原则和诚信原则确定。

第六十三条 在认定民法典第五百八十四条规定的"违约一方订立合同时预见到或者应当预见到的因违约可能造成的损失"时,人民法院应当根据当事人订立合同的目的,综合考虑合同主体、合同内容、交易类型、交易习惯、磋商过程等因素,按照与违约方处于相同或者类似情况的民事主体在订立合同时预见到或者应当预见到的损失予以确定。

除合同履行后可以获得的利益外,非违约方主张还有其向第三人承担违约责任应当支出的额外费用等其他因违约所造成的损失,并请违约方赔偿,经审理认为该损失系违约一方订立合同时预见到或者应当预见到的,人民法院应予支持。

在确定违约损失赔偿额时,违约方主张扣除非违约方未采取适当措施导致的扩大损失、非违约方也有过错造成的相应损失、非违约方因违约获得的额外利益或者减少的必要支出的,人民法院依法予以支持。

第六十四条 当事人一方通过反诉或者抗辩的方式,请求调整违约金的,人民法院依法予以支持。

违约方主张约定的违约金过分高于违约造成的损失,请求予以适当减少的,应当承担举证责任。非违约方主张约定的违约金合理的,也应当提供相应的证据。

当事人仅以合同约定不得对违约金进行调整为由主张不予调整违约金的,人民法院不予支持。

第六十五条 当事人主张约定的违约金过分高于违约造成的损失,请求予以适当减少的,人民法院应当以民法典第五百八十四条规定的损失为基础,兼顾合同主体、交易类型、合同的履行情况、当事人的过错程度、履约背景等因素,遵循公平原则和诚信原则进行衡量,并作出裁判。

约定的违约金超过造成损失的百分之三十的,人民法院一般可以认定为过分高于造成的损失。

恶意违约的当事人一方请求减少违约金的,人民法院一般不予支持。

第六十六条 当事人一方请求对方支付违约金,对方以合同不成立、无效、被撤销、确定不发生效力、不构成违约或者非违约方不存在损失等为由抗辩,未主张调整过高的违约金的,人民法院应当就若不支持该抗辩,当事人是否请求调整违约金进行释明。第一审人民法院认为抗辩成立且未予释明,第二审人民法院认为应当判决支付违约金的,可以直接释明,并根据当事人的请求,在当事人就是否应当调整违约金充分举证、质证、辩论后,依法判决适当减少违约金。

被告因客观原因在第一审程序中未到庭参加诉讼,但是在第二审程序中到庭参加诉讼并请求减少违约金的,第二审人民法院可以在当事人就是否应当调整违约金充分举证、质证、辩论后,依法判决适当减少违约金。

第六十七条 当事人交付留置金、担保金、保证金、订约金、押金或者订金等,但是没有约定定金性质,一方主张适用民法典第五百八十七条规定的定金罚则的,人民法院不予支持。当事人约定了定金性质,但是未约定定金类型或者约定不明,一方主张为违约定金的,人民法院应予支持。

当事人约定以交付定金作为订立合同的担保,一方拒绝订立合同或者在磋商订立合同时违背诚信原则导致未能订立合同,对方主张适用民法典第五百八十七条规定的定金罚则的,人民法院应当支持。

当事人约定以交付定金作为合同成立或者生效条件,应当交付定金的一方未交付定金,但是合同主要义务已经履行完毕并为对方所接受的,人民法院应当认定合同在对方接受履行时已经成立或者生效。

当事人约定定金性质为解约定金,交付定金的一方主张以丧失定金为代价解除合同的,或者收受定金的一方主张以双倍返还定金为代价解除合同的,人民法院应予支持。

第六十八条 双方当事人均具有致使不能实现合同目的的违约行为,其中一方请求适用定金罚则的,人民法院不予支持。当事人一方仅有轻微违约,对方具有致使不能实现合同目的的违约行为,轻微违约方主张适用定金罚则,对方以轻微违约方也构成违约为由抗辩的,人民法院对该抗辩不予支持。

当事人一方已经部分履行合同,对方接受并主张按照未履行部分所占比例适用定金罚则的,人民法院应予支持。对方主张按照合同整体适用定金罚则的,人民法院不予支持,但是部分未履行致使不能实现合同目的的除外。

因不可抗力致使合同不能履行,非违约方主张适用定金罚则的,人民法院不予支持。

九、附　则

第六十九条 本解释自 2023 年 12 月 5 日起施行。

民法典施行后的法律事实引起的民事案件,本解释施行后尚未终审的,适用本解释;本解释施行前已经终审,当事人申请再审或者按照审判监督程序决定再审的,不适用本解释。

最高人民法院关于在审理经济纠纷案件中涉及经济犯罪嫌疑若干问题的规定

（1998 年 4 月 9 日最高人民法院审判委员会第 974 次会议通过　根据 2020 年 12 月 23 日最高人民法院审判委员会第 1823 次会议通过的《最高人民法院关于修改〈最高人民法院关于在民事审判工作中适用《中华人民共和国工会法》若干问题的解释〉等二十七件民事类司法解释的决定》修正　2020 年 12 月 29 日最高人民法院公告公布）

根据《中华人民共和国民法典》《中华人民共和国刑法》《中华人民共和国民事诉讼法》《中华人民共和国刑事诉讼法》等有关规定,对审理经济纠纷案件中涉及经济犯罪嫌疑问题作以下规定:

第一条 同一自然人、法人或非法人组织因不同的法律事实,分别涉及经济纠纷和经济犯罪嫌疑的,经济纠纷案件和经济犯罪嫌疑案件应当分开审理。

第二条 单位直接负责的主管人员和其他直接责任人员,以为单位骗取财物为目的,采取欺骗手段对外签订经济合同,骗取的财物被该单位占有、使用或处分构成犯罪的,除依法追究有关人员的刑事责任,责令该单位返还骗取的财物外,如给被害人造成经济损失的,单位应当承担赔偿责任。

第三条 单位直接负责的主管人员和其他直接责任人员,以该单位的名义对外签订经济合同,将取得的财物部分或全部占为己有构成犯罪的,除依法追究行为人的刑事责任外,该单位对行为人因签订、履行该经济合同造成的后果,依法应当承担民事责任。

第四条 个人借用单位的业务介绍信、

合同专用章或者盖有公章的空白合同书,以出借单位名义签订经济合同,骗取财物归个人占有、使用、处分或者进行其他犯罪活动,给对方造成经济损失构成犯罪的,除依法追究借用人的刑事责任外,出借业务介绍信、合同专用章或者盖有公章的空白合同书的单位,依法应当承担赔偿责任。但是,有证据证明被害人明知签订合同对方当事人是借用行为,仍与之签订合同的除外。

第五条　行为人盗窃、盗用单位的公章、业务介绍信、盖有公章的空白合同书,或者私刻单位的公章签订经济合同,骗取财物归个人占有、使用、处分或者进行其他犯罪活动构成犯罪的,单位对行为人该犯罪行为所造成的经济损失不承担民事责任。

行为人私刻单位公章或者擅自使用单位公章、业务介绍信、盖有公章的空白合同书以签订经济合同的方法进行的犯罪行为,单位有明显过错,且该过错行为与被害人的经济损失之间具有因果关系的,单位对该犯罪行为所造成的经济损失,依法应当承担赔偿责任。

第六条　企业承包、租赁经营合同期满后,企业按规定办理了企业法定代表人的变更登记,而企业法人未采取有效措施收回其公章、业务介绍信、盖有公章的空白合同书,或者没有及时采取措施通知相对人,致原企业承包人、租赁人得以用原承包、租赁企业的名义签订经济合同,骗取财物占为己有构成犯罪的,该企业对被害人的经济损失,依法应当承担赔偿责任。但是,原承包人、承租人利用擅自保留的公章、业务介绍信、盖有公章的空白合同书以原承包、租赁企业的名义签订经济合同,骗取财物占为己有构成犯罪的,企业一般不承担民事责任。

单位聘用的人员被解聘后,或者受单位委托保管公章的人员被解除委托后,单位未及时收回其公章,行为人擅自利用保留的原单位公章签订经济合同,骗取财物占为己有

构成犯罪,如给被害人造成经济损失的,单位应当承担赔偿责任。

第七条　单位直接负责的主管人员和其他直接责任人员,将单位进行走私或其他犯罪活动所得财物以签订经济合同的方法予以销售,买方明知或者应当知道的,如因此造成经济损失,其损失由买方自负。但是,如果买方不知该经济合同的标的物是犯罪行为所得财物而购买的,卖方对买方所造成的经济损失应当承担民事责任。

第八条　根据《中华人民共和国刑事诉讼法》第一百零一条第一款的规定,被害人或其法定代理人、近亲属对本规定第二条因单位犯罪行为造成经济损失的,对第四条、第五条第一款、第六条应当承担刑事责任的被告人未能返还财物而遭受经济损失提起附带民事诉讼的,受理刑事案件的人民法院应当依法一并审理。被害人或其法定代理人、近亲属因被害人遭受经济损失也有权对单位另行提起民事诉讼。若被害人或其法定代理人、近亲属另行提起民事诉讼的,有管辖权的人民法院应当依法受理。

第九条　被害人请求保护其民事权利的诉讼时效在公安机关、检察机关查处经济犯罪嫌疑期间中断。如果公安机关决定撤销涉嫌经济犯罪案件或者检察机关决定不起诉的,诉讼时效从撤销案件或决定不起诉之次日起重新计算。

第十条　人民法院在审理经济纠纷案件中,发现与本案有牵连,但与本案不是同一法律关系的经济犯罪嫌疑线索、材料,应将犯罪嫌疑线索、材料移送有关公安机关或检察机关查处,经济纠纷案件继续审理。

第十一条　人民法院作为经济纠纷受理的案件,经审理认为不属经济纠纷案件而有经济犯罪嫌疑的,应当裁定驳回起诉,将有关材料移送公安机关或检察机关。

第十二条　人民法院已立案审理的经济

纠纷案件,公安机关或检察机关认为有经济犯罪嫌疑,并说明理由附有关材料函告受理该案的人民法院的,有关人民法院应当认真审查。经过审查,认为确有经济犯罪嫌疑的,应当将案件移送公安机关或检察机关,并书面通知当事人,退还案件受理费;如认为确属经济纠纷案件的,应当依法继续审理,并将结果函告有关公安机关或检察机关。

最高人民法院关于审理无正本提单交付货物案件适用法律若干问题的规定

(2009 年 2 月 16 日最高人民法院审判委员会第 1463 次会议通过 根据 2020 年 12 月 23 日最高人民法院审判委员会第 1823 次会议通过的《最高人民法院关于修改〈最高人民法院关于破产企业国有划拨土地使用权应否列入破产财产等问题的批复〉等二十九件商事类司法解释的决定》修正 2020 年 12 月 29 日最高人民法院公告公布)

为正确审理无正本提单交付货物案件,根据《中华人民共和国民法典》《中华人民共和国海商法》等法律,制定本规定。

第一条 本规定所称正本提单包括记名提单、指示提单和不记名提单。

第二条 承运人违反法律规定,无正本提单交付货物,损害正本提单持有人提单权利的,正本提单持有人可以要求承运人承担由此造成损失的民事责任。

第三条 承运人因无正本提单交付货物造成正本提单持有人损失的,正本提单持有人可以要求承运人承担违约责任,或者承担侵权责任。

正本提单持有人要求承运人承担无正本提单交付货物民事责任的,适用海商法规定;海商法没有规定的,适用其他法律规定。

第四条 承运人因无正本提单交付货物承担民事责任的,不适用海商法第五十六条关于限制赔偿责任的规定。

第五条 提货人凭伪造的提单向承运人提取了货物,持有正本提单的收货人可以要求承运人承担无正本提单交付货物的民事责任。

第六条 承运人因无正本提单交付货物造成正本提单持有人损失的赔偿额,按照货物装船时的价值加运费和保险费计算。

第七条 承运人依照提单载明的卸货港所在地法律规定,必须将承运到港的货物交付给当地海关或者港口当局的,不承担无正本提单交付货物的民事责任。

第八条 承运到港的货物超过法律规定期限无人向海关申报,被海关提取并依法变卖处理,或者法院依法裁定拍卖承运人留置的货物,承运人主张免除交付货物责任的,人民法院应予支持。

第九条 承运人按照记名提单托运人的要求中止运输、返还货物、变更到达地或者将货物交给其他收货人,持有记名提单的收货人要求承运人承担无正本提单交付货物民事责任的,人民法院不予支持。

第十条 承运人签发一式数份正本提单,向最先提交正本提单的人交付货物后,其他持有相同正本提单的人要求承运人承担无正本提单交付货物民事责任的,人民法院不予支持。

第十一条 正本提单持有人可以要求无正本提单交付货物的承运人与无正本提单提取货物的人承担连带赔偿责任。

第十二条 向承运人实际交付货物并持有指示提单的托运人,虽然在正本提单上没有载明其托运人身份,因承运人无正本提单交付货物,要求承运人依据海上货物运输合同承担无正本提单交付货物民事责任的,人民法院应予支持。

第十三条 在承运人未凭正本提单交付货物后，正本提单持有人与无正本提单提取货物的人就货款支付达成协议，在协议款项得不到赔付时，不影响正本提单持有人就其遭受的损失，要求承运人承担无正本提单交付货物的民事责任。

第十四条 正本提单持有人以承运人无正本提单交付货物为由提起的诉讼，适用海商法第二百五十七条的规定，时效期间为一年，自承运人应当交付货物之日起计算。

正本提单持有人以承运人与无正本提单提取货物的人共同实施无正本提单交付货物行为为由提起的侵权诉讼，诉讼时效适用本条前款规定。

第十五条 正本提单持有人以承运人无正本提单交付货物为由提起的诉讼，时效中断适用海商法第二百六十七条的规定。

正本提单持有人以承运人与无正本提单提取货物的人共同实施无正本提单交付货物行为为由提起的侵权诉讼，时效中断适用本条前款规定。

最高人民法院关于审理海上货运代理纠纷案件若干问题的规定

（2012 年 1 月 9 日最高人民法院审判委员会第 1538 次会议通过 根据 2020 年 12 月 23 日最高人民法院审判委员会第 1823 次会议通过的《最高人民法院关于修改〈最高人民法院关于破产企业国有划拨土地使用权应否列入破产财产等问题的批复〉等二十九件商事类司法解释的决定》修正 2020 年 12 月 29 日最高人民法院公告公布）

为正确审理海上货运代理纠纷案件，依法保护当事人合法权益，根据《中华人民共和国民法典》《中华人民共和国海商法》《中华人民共和国民事诉讼法》和《中华人民共和国海事诉讼特别程序法》等有关法律规定，结合审判实践，制定本规定。

第一条 本规定适用于货运代理企业接受委托人委托处理与海上货物运输有关的货运代理事务时发生的下列纠纷：

（一）因提供订舱、报关、报检、报验、保险服务所发生的纠纷；

（二）因提供货物的包装、监装、监卸、集装箱装拆箱、分拨、中转服务所发生的纠纷；

（三）因缮制、交付有关单证、费用结算所发生的纠纷；

（四）因提供仓储、陆路运输服务所发生的纠纷；

（五）因处理其他海上货运代理事务所发生的纠纷。

第二条 人民法院审理海上货运代理纠纷案件，认定货运代理企业因处理海上货运代理事务与委托人之间形成代理、运输、仓储等不同法律关系的，应分别适用相关的法律规定。

第三条 人民法院应根据书面合同约定的权利义务的性质，并综合考虑货运代理企业取得报酬的名义和方式、开具发票的种类和收费项目、当事人之间的交易习惯以及合同实际履行的其他情况，认定海上货运代理合同关系是否成立。

第四条 货运代理企业在处理海上货运代理事务过程中以自己的名义签发提单、海运单或者其他运输单证，委托人据此主张货运代理企业承担承运人责任的，人民法院应予支持。

货运代理企业以承运人代理人名义签发提单、海运单或者其他运输单证，但不能证明取得承运人授权，委托人据此主张货运代理企业承担承运人责任的，人民法院应予支持。

第五条 委托人与货运代理企业约定了

转委托权限,当事人就权限范围内的海上货运代理事务主张委托人同意转委托的,人民法院应予支持。

没有约定转委托权限,货运代理企业或第三人以委托人知道货运代理企业将海上货运代理事务转委托或部分转委托第三人处理而未表示反对为由,主张委托人同意转委托的,人民法院不予支持,但委托人的行为明确表明其接受转委托的除外。

第六条 一方当事人根据双方的交易习惯,有理由相信行为人有权代表对方当事人订立海上货运代理合同,该方当事人依据民法典第一百七十二条的规定主张合同成立的,人民法院应予支持。

第七条 海上货运代理合同约定货运代理企业交付处理海上货运代理事务取得的单证以委托人支付相关费用为条件,货运代理企业以委托人未支付相关费用为由拒绝交付单证的,人民法院应予支持。

合同未约定或约定不明确,货运代理企业以委托人未支付相关费用为由拒绝交付单证的,人民法院应予支持,但提单、海运单或者其他运输单证除外。

第八条 货运代理企业接受契约托运人的委托办理订舱事务,同时接受实际托运人的委托向承运人交付货物,实际托运人请求货运代理企业交付其取得的提单、海运单或者其他运输单证的,人民法院应予支持。

契约托运人是指本人或者委托他人以本人名义或者委托他人为本人与承运人订立海上货物运输合同的人。

实际托运人是指本人或者委托他人以本人名义或者委托他人为本人将货物交给与海上货物运输合同有关的承运人的人。

第九条 货运代理企业按照概括委托权限完成海上货运代理事务,请求委托人支付相关合理费用的,人民法院应予支持。

第十条 委托人以货运代理企业处理海上货运代理事务给委托人造成损失为由,主张由货运代理企业承担相应赔偿责任的,人民法院应予支持,但货运代理企业证明其没有过错的除外。

第十一条 货运代理企业未尽谨慎义务,与未在我国交通主管部门办理提单登记的无船承运业务经营者订立海上货物运输合同,造成委托人损失的,应承担相应的赔偿责任。

第十二条 货运代理企业接受未在我国交通主管部门办理提单登记的无船承运业务经营者的委托签发提单,当事人主张由货运代理企业和无船承运业务经营者对提单项下的损失承担连带责任的,人民法院应予支持。

货运代理企业承担赔偿责任后,有权向无船承运业务经营者追偿。

第十三条 因本规定第一条所列纠纷提起的诉讼,由海事法院管辖。

第十四条 人民法院在案件审理过程中,发现不具有无船承运业务经营资格的货运代理企业违反《中华人民共和国国际海运条例》的规定,以自己的名义签发提单、海运单或者其他运输单证的,应当向有关交通主管部门发出司法建议,建议交通主管部门予以处罚。

第十五条 本规定不适用于与沿海、内河货物运输有关的货运代理纠纷案件。

第十六条 本规定施行前本院作出的有关司法解释与本规定相抵触的,以本规定为准。

本规定施行后,案件尚在一审或者二审阶段的,适用本规定;本规定施行前已经终审的案件,本规定施行后当事人申请再审或者按照审判监督程序决定再审的案件,不适用本规定。

（二）合同纠纷

中华人民共和国保险法（节录）

（1995年6月30日第八届全国人民代表大会常务委员会第十四次会议通过 根据2002年10月28日第九届全国人民代表大会常务委员会第三十次会议《关于修改〈中华人民共和国保险法〉的决定》第一次修正 2009年2月28日第十一届全国人民代表大会常务委员会第七次会议修订 根据2014年8月31日第十二届全国人民代表大会常务委员会第十次会议《关于修改〈中华人民共和国保险法〉等五部法律的决定》第二次修正 根据2015年4月24日第十二届全国人民代表大会常务委员会第十四次会议《关于修改〈中华人民共和国计量法〉等五部法律的决定》第三次修正）

第一章　总　　则

第一条 【立法目的】为了规范保险活动，保护保险活动当事人的合法权益，加强对保险业的监督管理，维护社会经济秩序和社会公共利益，促进保险事业的健康发展，制定本法。

第二条 【调整范围】本法所称保险，是指投保人根据合同约定，向保险人支付保险费，保险人对于合同约定的可能发生的事故因其发生所造成的财产损失承担赔偿保险金责任，或者当被保险人死亡、伤残、疾病或者达到合同约定的年龄、期限等条件时承担给付保险金责任的商业保险行为。

第三条 【适用范围】在中华人民共和国境内从事保险活动，适用本法。

第四条 【从事保险活动的基本原则】从事保险活动必须遵守法律、行政法规，尊重社会公德，不得损害社会公共利益。

第五条 【诚实信用原则】保险活动当事人行使权利、履行义务应当遵循诚实信用原则。

第六条 【保险业务经营主体】保险业务由依照本法设立的保险公司以及法律、行政法规规定的其他保险组织经营，其他单位和个人不得经营保险业务。

第七条 【境内投保原则】在中华人民共和国境内的法人和其他组织需要办理境内保险的，应当向中华人民共和国境内的保险公司投保。

第八条 【分业经营原则】保险业和银行业、证券业、信托业实行分业经营、分业管理，保险公司与银行、证券、信托业务机构分别设立。国家另有规定的除外。

第九条 【保险监督管理机构】国务院保险监督管理机构依法对保险业实施监督管理。

国务院保险监督管理机构根据履行职责的需要设立派出机构。派出机构按照国务院保险监督管理机构的授权履行监督管理职责。

第二章 保险合同

第一节 一般规定

第十条 【保险合同及其主体】保险合同是投保人与保险人约定保险权利义务关系的协议。

投保人是指与保险人订立保险合同,并按照合同约定负有支付保险费义务的人。

保险人是指与投保人订立保险合同,并按照合同约定承担赔偿或者给付保险金责任的保险公司。

第十一条 【保险合同订立原则】订立保险合同,应当协商一致,遵循公平原则确定各方的权利和义务。

除法律、行政法规规定必须保险的外,保险合同自愿订立。

第十二条 【保险利益、保险标的】人身保险的投保人在保险合同订立时,对被保险人应当具有保险利益。

财产保险的被保险人在保险事故发生时,对保险标的应当具有保险利益。

人身保险是以人的寿命和身体为保险标的的保险。

财产保险是以财产及其有关利益为保险标的的保险。

被保险人是指其财产或者人身受保险合同保障,享有保险金请求权的人。投保人可以为被保险人。

保险利益是指投保人或者被保险人对保险标的具有的法律上承认的利益。

第十三条 【保险合同成立与生效】投保人提出保险要求,经保险人同意承保,保险合同成立。保险人应当及时向投保人签发保险单或者其他保险凭证。

保险单或者其他保险凭证应当载明当事人双方约定的合同内容。当事人也可以约定采用其他书面形式载明合同内容。

依法成立的保险合同,自成立时生效。投保人和保险人可以对合同的效力约定附条件或者附期限。

第十四条 【保险合同效力】保险合同成立后,投保人按照约定交付保险费,保险人按照约定的时间开始承担保险责任。

第十五条 【保险合同解除】除本法另有规定或者保险合同另有约定外,保险合同成立后,投保人可以解除合同,保险人不得解除合同。

第十六条 【投保人如实告知义务】订立保险合同,保险人就保险标的或者被保险人的有关情况提出询问的,投保人应当如实告知。

投保人故意或者因重大过失未履行前款规定的如实告知义务,足以影响保险人决定是否同意承保或者提高保险费率的,保险人有权解除合同。

前款规定的合同解除权,自保险人知道有解除事由之日起,超过三十日不行使而消灭。自合同成立之日起超过二年的,保险人不得解除合同;发生保险事故的,保险人应当承担赔偿或者给付保险金的责任。

投保人故意不履行如实告知义务的,保险人对于合同解除前发生的保险事故,不承担赔偿或者给付保险金的责任,并不退还保险费。

投保人因重大过失未履行如实告知义务,对保险事故的发生有严重影响的,保险人对于合同解除前发生的保险事故,不承担赔偿或者给付保险金的责任,但应当退还保险费。

保险人在合同订立时已经知道投保人未如实告知的情况的,保险人不得解除合同;发生保险事故的,保险人应当承担赔偿或者给付保险金的责任。

保险事故是指保险合同约定的保险责任

范围内的事故。

第十七条　【保险人说明义务】订立保险合同，采用保险人提供的格式条款的，保险人向投保人提供的投保单应当附格式条款，保险人应当向投保人说明合同的内容。

对保险合同中免除保险人责任的条款，保险人在订立合同时应当在投保单、保险单或者其他保险凭证上作出足以引起投保人注意的提示，并对该条款的内容以书面或者口头形式向投保人作出明确说明；未作提示或者明确说明的，该条款不产生效力。

第十八条　【保险合同内容】保险合同应当包括下列事项：

（一）保险人的名称和住所；

（二）投保人、被保险人的姓名或者名称、住所，以及人身保险的受益人的姓名或者名称、住所；

（三）保险标的；

（四）保险责任和责任免除；

（五）保险期间和保险责任开始时间；

（六）保险金额；

（七）保险费以及支付办法；

（八）保险金赔偿或者给付办法；

（九）违约责任和争议处理；

（十）订立合同的年、月、日。

投保人和保险人可以约定与保险有关的其他事项。

受益人是指人身保险合同中由被保险人或者投保人指定的享有保险金请求权的人。投保人、被保险人可以为受益人。

保险金额是指保险人承担赔偿或者给付保险金责任的最高限额。

第十九条　【无效格式条款】采用保险人提供的格式条款订立的保险合同中的下列条款无效：

（一）免除保险人依法应承担的义务或者加重投保人、被保险人责任的；

（二）排除投保人、被保险人或者受益人

依法享有的权利的。

第二十条　【保险合同变更】投保人和保险人可以协商变更合同内容。

变更保险合同的，应当由保险人在保险单或者其他保险凭证上批注或者附贴批单，或者由投保人和保险人订立变更的书面协议。

第二十一条　【通知义务】投保人、被保险人或者受益人知道保险事故发生后，应当及时通知保险人。故意或者因重大过失未及时通知，致使保险事故的性质、原因、损失程度等难以确定的，保险人对无法确定的部分，不承担赔偿或者给付保险金的责任，但保险人通过其他途径已经及时知道或者应当及时知道保险事故发生的除外。

第二十二条　【协助义务】保险事故发生后，按照保险合同请求保险人赔偿或者给付保险金时，投保人、被保险人或者受益人应当向保险人提供其所能提供的与确认保险事故的性质、原因、损失程度等有关的证明和资料。

保险人按照合同的约定，认为有关的证明和资料不完整的，应当及时一次性通知投保人、被保险人或者受益人补充提供。

第二十三条　【理赔】保险人收到被保险人或者受益人的赔偿或者给付保险金的请求后，应当及时作出核定；情形复杂的，应当在三十日内作出核定，但合同另有约定的除外。保险人应当将核定结果通知被保险人或者受益人；对属于保险责任的，在与被保险人或者受益人达成赔偿或者给付保险金的协议后十日内，履行赔偿或者给付保险金义务。保险合同对赔偿或者给付保险金的期限有约定的，保险人应当按照约定履行赔偿或者给付保险金义务。

保险人未及时履行前款规定义务的，除支付保险金外，应当赔偿被保险人或者受益人因此受到的损失。

任何单位和个人不得非法干预保险人履行赔偿或者给付保险金的义务,也不得限制被保险人或者受益人取得保险金的权利。

第二十四条 【拒绝赔付通知】保险人依照本法第二十三条的规定作出核定后,对不属于保险责任的,应当自作出核定之日起三日内向被保险人或者受益人发出拒绝赔偿或者拒绝给付保险金通知书,并说明理由。

第二十五条 【先行赔付】保险人自收到赔偿或者给付保险金的请求和有关证明、资料之日起六十日内,对其赔偿或者给付保险金的数额不能确定的,应当根据已有证明和资料可以确定的数额先予支付;保险人最终确定赔偿或者给付保险金的数额后,应当支付相应的差额。

第二十六条 【诉讼时效】人寿保险以外的其他保险的被保险人或者受益人,向保险人请求赔偿或者给付保险金的诉讼时效期间为二年,自其知道或者应当知道保险事故发生之日起计算。

人寿保险的被保险人或者受益人向保险人请求给付保险金的诉讼时效期间为五年,自其知道或者应当知道保险事故发生之日起计算。

第二十七条 【保险欺诈】未发生保险事故,被保险人或者受益人谎称发生了保险事故,向保险人提出赔偿或者给付保险金请求的,保险人有权解除合同,并不退还保险费。

投保人、被保险人故意制造保险事故的,保险人有权解除合同,不承担赔偿或者给付保险金的责任;除本法第四十三条规定外,不退还保险费。

保险事故发生后,投保人、被保险人或者受益人以伪造、变造的有关证明、资料或者其他证据,编造虚假的事故原因或者夸大损失程度的,保险人对其虚报的部分不承担赔偿或者给付保险金的责任。

投保人、被保险人或者受益人有前三款规定行为之一,致使保险人支付保险金或者支出费用的,应当退回或者赔偿。

第二十八条 【再保险】保险人将其承担的保险业务,以分保形式部分转移给其他保险人的,为再保险。

应再保险接受人的要求,再保险分出人应当将其自负责任及原保险的有关情况书面告知再保险接受人。

第二十九条 【再保险的保费及赔付】再保险接受人不得向原保险的投保人要求支付保险费。

原保险的被保险人或者受益人不得向再保险接受人提出赔偿或者给付保险金的请求。

再保险分出人不得以再保险接受人未履行再保险责任为由,拒绝履行或者迟延履行其原保险责任。

第三十条 【争议条款解释】采用保险人提供的格式条款订立的保险合同,保险人与投保人、被保险人或者受益人对合同条款有争议的,应当按照通常理解予以解释。对合同条款有两种以上解释的,人民法院或者仲裁机构应当作出有利于被保险人和受益人的解释。

第二节 人身保险合同

第三十一条 【人身保险利益】投保人对下列人员具有保险利益:

(一)本人;

(二)配偶、子女、父母;

(三)前项以外与投保人有抚养、赡养或者扶养关系的家庭其他成员、近亲属;

(四)与投保人有劳动关系的劳动者。

除前款规定外,被保险人同意投保人为其订立合同的,视为投保人对被保险人具有保险利益。

订立合同时,投保人对被保险人不具有保险利益的,合同无效。

第三十二条　【申报年龄不真实的处理】 投保人申报的被保险人年龄不真实,并且其真实年龄不符合合同约定的年龄限制的,保险人可以解除合同,并按照合同约定退还保险单的现金价值。保险人行使合同解除权,适用本法第十六条第三款、第六款的规定。

投保人申报的被保险人年龄不真实,致使投保人支付的保险费少于应付保险费的,保险人有权更正并要求投保人补交保险费,或者在给付保险金时按照实付保险费与应付保险费的比例支付。

投保人申报的被保险人年龄不真实,致使投保人支付的保险费多于应付保险费的,保险人应当将多收的保险费退还投保人。

第三十三条　【死亡保险的禁止】 投保人不得为无民事行为能力人投保以死亡为给付保险金条件的人身保险,保险人也不得承保。

父母为其未成年子女投保的人身保险,不受前款规定限制。但是,因被保险人死亡给付的保险金总和不得超过国务院保险监督管理机构规定的限额。

第三十四条　【死亡保险合同的效力】 以死亡为给付保险金条件的合同,未经被保险人同意并认可保险金额的,合同无效。

按照以死亡为给付保险金条件的合同所签发的保险单,未经被保险人书面同意,不得转让或者质押。

父母为其未成年子女投保的人身保险,不受本条第一款规定限制。

第三十五条　【保险费的支付】 投保人可以按照合同约定向保险人一次支付全部保险费或者分期支付保险费。

第三十六条　【逾期支付保险费】 合同约定分期支付保险费,投保人支付首期保险费后,除合同另有约定外,投保人自保险人催告之日起超过三十日未支付当期保险费,或者超过约定的期限六十日未支付当期保险费的,合同效力中止,或者由保险人按照合同约定的条件减少保险金额。

被保险人在前款规定期限内发生保险事故的,保险人应当按照合同约定给付保险金,但可以扣减欠交的保险费。

第三十七条　【合同效力的恢复】 合同效力依照本法第三十六条规定中止的,经保险人与投保人协商并达成协议,在投保人补交保险费后,合同效力恢复。但是,自合同效力中止之日起满二年双方未达成协议的,保险人有权解除合同。

保险人依照前款规定解除合同的,应当按照合同约定退还保险单的现金价值。

第三十八条　【禁止通过诉讼要求支付保险费】 保险人对人寿保险的保险费,不得用诉讼方式要求投保人支付。

第三十九条　【受益人的确定】 人身保险的受益人由被保险人或者投保人指定。

投保人指定受益人时须经被保险人同意。投保人为与其有劳动关系的劳动者投保人身保险,不得指定被保险人及其近亲属以外的人为受益人。

被保险人为无民事行为能力人或者限制民事行为能力人的,可以由其监护人指定受益人。

第四十条　【受益顺序及份额】 被保险人或者投保人可以指定一人或者数人为受益人。

受益人为数人的,被保险人或者投保人可以确定受益顺序和受益份额;未确定受益份额的,受益人按照相等份额享有受益权。

第四十一条　【受益人变更】 被保险人或者投保人可以变更受益人并书面通知保险人。保险人收到变更受益人的书面通知后,应当在保险单或者其他保险凭证上批注或者附贴批单。

投保人变更受益人时须经被保险人同意。

第四十二条　【保险金作为遗产情形】 被

保险人死亡后,有下列情形之一的,保险金作为被保险人的遗产,由保险人依照《中华人民共和国继承法》的规定履行给付保险金的义务:

(一)没有指定受益人,或者受益人指定不明无法确定的;

(二)受益人先于被保险人死亡,没有其他受益人的;

(三)受益人依法丧失受益权或者放弃受益权,没有其他受益人的。

受益人与被保险人在同一事件中死亡,且不能确定死亡先后顺序的,推定受益人死亡在先。

第四十三条　【受益权丧失】投保人故意造成被保险人死亡、伤残或者疾病的,保险人不承担给付保险金的责任。投保人已交足二年以上保险费的,保险人应当按照合同约定向其他权利人退还保险单的现金价值。

受益人故意造成被保险人死亡、伤残、疾病的,或者故意杀害被保险人未遂的,该受益人丧失受益权。

第四十四条　【被保险人自杀处理】以被保险人死亡为给付保险金条件的合同,自合同成立或者合同效力恢复之日起二年内,被保险人自杀的,保险人不承担给付保险金的责任,但被保险人自杀时为无民事行为能力人的除外。

保险人依照前款规定不承担给付保险金责任的,应当按照合同约定退还保险单的现金价值。

第四十五条　【免于赔付情形】因被保险人故意犯罪或者抗拒依法采取的刑事强制措施导致其伤残或者死亡的,保险人不承担给付保险金的责任。投保人已交足二年以上保险费的,保险人应当按照合同约定退还保险单的现金价值。

第四十六条　【禁止追偿】被保险人因第三者的行为而发生死亡、伤残或者疾病等保险事故的,保险人向被保险人或者受益人给付保险金后,不享有向第三者追偿的权利,但被保险人或者受益人仍有权向第三者请求赔偿。

第四十七条　【人身保险合同解除】投保人解除合同的,保险人应当自收到解除合同通知之日起三十日内,按照合同约定退还保险单的现金价值。

第三节　财产保险合同

第四十八条　【财产保险利益】保险事故发生时,被保险人对保险标的不具有保险利益的,不得向保险人请求赔偿保险金。

第四十九条　【保险标的转让】保险标的转让的,保险标的的受让人承继被保险人的权利和义务。

保险标的转让的,被保险人或者受让人应当及时通知保险人,但货物运输保险合同和另有约定的合同除外。

因保险标的转让导致危险程度显著增加的,保险人自收到前款规定的通知之日起三十日内,可以按照合同约定增加保险费或者解除合同。保险人解除合同的,应当将已收取的保险费,按照合同约定扣除自保险责任开始之日起至合同解除之日止应收的部分后,退还投保人。

被保险人、受让人未履行本条第二款规定的通知义务的,因转让导致保险标的的危险程度显著增加而发生的保险事故,保险人不承担赔偿保险金的责任。

第五十条　【禁止解除合同】货物运输保险合同和运输工具航程保险合同,保险责任开始后,合同当事人不得解除合同。

第五十一条　【安全义务】被保险人应当遵守国家有关消防、安全、生产操作、劳动保护等方面的规定,维护保险标的的安全。

保险人可以按照合同约定对保险标的的安全状况进行检查,及时向投保人、被保险人提出消除不安全因素和隐患的书面建议。

投保人、被保险人未按照约定履行其对保险标的的安全应尽责任的,保险人有权要求增加保险费或者解除合同。

保险人为维护保险标的的安全,经被保险人同意,可以采取安全预防措施。

第五十二条　【危险增加通知义务】在合同有效期内,保险标的的危险程度显著增加的,被保险人应当按照合同约定及时通知保险人,保险人可以按照合同约定增加保险费或者解除合同。保险人解除合同的,应当将已收取的保险费,按照合同约定扣除自保险责任开始之日起至合同解除之日止应收的部分后,退还投保人。

被保险人未履行前款规定的通知义务的,因保险标的的危险程度显著增加而发生的保险事故,保险人不承担赔偿保险金的责任。

第五十三条　【降低保险费】有下列情形之一的,除合同另有约定外,保险人应当降低保险费,并按日计算退还相应的保险费:

(一)据以确定保险费率的有关情况发生变化,保险标的的危险程度明显减少的;

(二)保险标的的保险价值明显减少的。

第五十四条　【保险退还】保险责任开始前,投保人要求解除合同的,应当按照合同约定向保险人支付手续费,保险人应当退还保险费。保险责任开始后,投保人要求解除合同的,保险人应当将已收取的保险费,按照合同约定扣除自保险责任开始之日起至合同解除之日止应收的部分后,退还投保人。

第五十五条　【保险价值的确定】投保人和保险人约定保险标的的保险价值并在合同中载明的,保险标的发生损失时,以约定的保险价值为赔偿计算标准。

投保人和保险人未约定保险标的的保险价值的,保险标的发生损失时,以保险事故发生时保险标的的实际价值为赔偿计算标准。

保险金额不得超过保险价值。超过保险价值的,超过部分无效,保险人应当退还相应的保险费。

保险金额低于保险价值的,除合同另有约定外,保险人按照保险金额与保险价值的比例承担赔偿保险金的责任。

第五十六条　【重复保险】重复保险的投保人应当将重复保险的有关情况通知各保险人。

重复保险的各保险人赔偿保险金的总和不得超过保险价值。除合同另有约定外,各保险人按照其保险金额与保险金额总和的比例承担赔偿保险金的责任。

重复保险的投保人可以就保险金额总和超过保险价值的部分,请求各保险人按比例返还保险费。

重复保险是指投保人对同一保险标的、同一保险利益、同一保险事故分别与两个以上保险人订立保险合同,且保险金额总和超过保险价值的保险。

第五十七条　【防止或减少损失责任】保险事故发生时,被保险人应当尽力采取必要的措施,防止或者减少损失。

保险事故发生后,被保险人为防止或者减少保险标的的损失所支付的必要的、合理的费用,由保险人承担;保险人所承担的费用数额在保险标的的损失赔偿金额以外另行计算,最高不超过保险金额的数额。

第五十八条　【赔偿解除】保险标的发生部分损失的,自保险人赔偿之日起三十日内,投保人可以解除合同;除合同另有约定外,保险人也可以解除合同,但应当提前十五日通知投保人。

合同解除的,保险人应当将保险标的的未受损失部分的保险费,按照合同约定扣除自保险责任开始之日起至合同解除之日止应收的部分后,退还投保人。

第五十九条　【保险标的的残值权利归属】

保险事故发生后,保险人已支付了全部保险金额,并且保险金额等于保险价值的,受损保险标的的全部权利归于保险人;保险金额低于保险价值的,保险人按照保险金额与保险价值的比例取得受损保险标的的部分权利。

第六十条 【代位求偿权】因第三者对保险标的的损害而造成保险事故的,保险人自向被保险人赔偿保险金之日起,在赔偿金额范围内代位行使被保险人对第三者请求赔偿的权利。

前款规定的保险事故发生后,被保险人已经从第三者取得损害赔偿的,保险人赔偿保险金时,可以相应扣减被保险人从第三者已取得的赔偿金额。

保险人依照本条第一款规定行使代位请求赔偿的权利,不影响被保险人就未取得赔偿的部分向第三者请求赔偿的权利。

第六十一条 【不能行使代位求偿权的法律后果】保险事故发生后,保险人未赔偿保险金之前,被保险人放弃对第三者请求赔偿的权利的,保险人不承担赔偿保险金的责任。

保险人向被保险人赔偿保险金后,被保险人未经保险人同意放弃对第三者请求赔偿的权利的,该行为无效。

被保险人故意或者因重大过失致使保险人不能行使代位请求赔偿的权利的,保险人可以扣减或者要求返还相应的保险金。

第六十二条 【代位求偿权行使限制】除被保险人的家庭成员或者其组成人员故意造成本法第六十条第一款规定的保险事故外,保险人不得对被保险人的家庭成员或者其组成人员行使代位请求赔偿的权利。

第六十三条 【协助行使代位求偿权】保险人向第三者行使代位请求赔偿的权利时,被保险人应当向保险人提供必要的文件和所知道的有关情况。

第六十四条 【勘险费用承担】保险人、被保险人为查明和确定保险事故的性质、原因和保险标的的损失程度所支付的必要的、合理的费用,由保险人承担。

第六十五条 【责任保险】保险人对责任保险的被保险人给第三者造成的损害,可以依照法律的规定或者合同的约定,直接向该第三者赔偿保险金。

责任保险的被保险人给第三者造成损害,被保险人对第三者应负的赔偿责任确定的,根据被保险人的请求,保险人应当直接向该第三者赔偿保险金。被保险人怠于请求的,第三者有权就其应获赔偿部分直接向保险人请求赔偿保险金。

责任保险的被保险人给第三者造成损害,被保险人未向该第三者赔偿的,保险人不得向被保险人赔偿保险金。

责任保险是指以被保险人对第三者依法应负的赔偿责任为保险标的的保险。

第六十六条 【责任保险相应费用承担】责任保险的被保险人因给第三者造成损害的保险事故而被提起仲裁或者诉讼的,被保险人支付的仲裁或者诉讼费用以及其他必要的、合理的费用,除合同另有约定外,由保险人承担。

······

最高人民法院关于适用《中华人民共和国保险法》若干问题的解释(一)

(2009年9月14日最高人民法院审判委员会第1473次会议通过 2009年9月21日最高人民法院公告公布 自2009年10月1日起施行 法释〔2009〕12号)

为正确审理保险合同纠纷案件,切实维护当事人的合法权益,现就人民法院适用2009年2月28日第十一届全国人大常委会第七次会议修订的《中华人民共和国保险法》（以下简称保险法）的有关问题规定如下：

第一条 【新旧法适用的原则】保险法施行后成立的保险合同发生的纠纷，适用保险法的规定。保险法施行前成立的保险合同发生的纠纷，除本解释另有规定外，适用当时的法律规定；当时的法律没有规定的，参照适用保险法的有关规定。

认定保险合同是否成立，适用合同订立时的法律。

第二条 【认定合同效力的法律适用原则】对于保险法施行前成立的保险合同，适用当时的法律认定无效而适用保险法认定有效的，适用保险法的规定。

第三条 【现行保险法的适用规则一】保险合同成立于保险法施行前而保险标的转让、保险事故、理赔、代位求偿等行为或事件，发生于保险法施行后的，适用保险法的规定。

第四条 【现行保险法的适用规则二】保险合同成立于保险法施行前，保险法施行后，保险人以投保人未履行如实告知义务或者申报被保险人年龄不真实为由，主张解除合同的，适用保险法的规定。

第五条 【期间起算的特别规定】保险法施行前成立的保险合同，下列情形下的期间自2009年10月1日起计算：

（一）保险法施行前，保险人收到赔偿或者给付保险金的请求，保险法施行后，适用保险法第二十三条规定的三十日的；

（二）保险法施行前，保险人知道解除事由，保险法施行后，按照保险法第十六条、第三十二条的规定行使解除权，适用保险法第十六条规定的三十日的；

（三）保险法施行后，保险人按照保险法第十六条第二款的规定请求解除合同，适用保险法第十六条规定的二年的；

（四）保险法施行前，保险人收到保险标的转让通知，保险法施行后，以保险标的转让

导致危险程度显著增加为由请求按照合同约定增加保险费或者解除合同，适用保险法第四十九条规定的三十日的。

第六条 【排除适用的情形】保险法施行前已经终审的案件，当事人申请再审或者按照审判监督程序提起再审的案件，不适用保险法的规定。

最高人民法院关于适用《中华人民共和国保险法》若干问题的解释（二）

（2013年5月6日最高人民法院审判委员会第1577次会议通过 根据2020年12月23日最高人民法院审判委员会第1823次会议通过的《最高人民法院关于修改〈最高人民法院关于破产企业国有划拨土地使用权应否列入破产财产等问题的批复〉等二十九件商事类司法解释的决定》修正 2020年12月29日最高人民法院公告公布）

为正确审理保险合同纠纷案件，切实维护当事人的合法权益，根据《中华人民共和国民法典》《中华人民共和国保险法》《中华人民共和国民事诉讼法》等法律规定，结合审判实践，就保险法中关于保险合同一般规定部分有关法律适用问题解释如下：

第一条 【被保险人在其保险利益范围内主张赔偿】财产保险中，不同投保人就同一保险标的分别投保，保险事故发生后，被保险人在其保险利益范围内依据保险合同主张保险赔偿的，人民法院应予支持。

第二条 【无保险利益导致人身保险合同无效可退还部分保险费】人身保险中，因投保人对被保险人不具有保险利益导致保险合同无效，投保人主张保险人退还扣减相应手续费后的保险费的，人民法院应予支持。

第三条 【代签名和代填保险单证的处理】投保人或者投保人的代理人订立保险合同时没有亲自签字或者盖章，而由保险人或者保险人的代理人代为签字或者盖章的，对投保人不生效。但投保人已经交纳保险费的，视为其对代签字或者盖章行为的追认。

保险人或者保险人的代理人代为填写保险单证后经投保人签字或者盖章确认的，代为填写的内容视为投保人的真实意思表示。但有证据证明保险人或者保险人的代理人存在保险法第一百一十六条、第一百三十一条相关规定情形的除外。

第四条 【收取保费后作出承保意思表示前发生保险事故的处理】保险人接受了投保人提交的投保单并收取了保险费，尚未作出是否承保的意思表示，发生保险事故，被保险人或者受益人请求保险人按照保险合同承担赔偿或者给付保险金责任，符合承保条件的，人民法院应予支持；不符合承保条件的，保险人不承担保险责任，但应当退还已经收取的保险费。

保险人主张不符合承保条件的，应承担举证责任。

第五条 【"应当如实告知"的内容】保险合同订立时，投保人明知的与保险标的或者被保险人有关的情况，属于保险法第十六条第一款规定的投保人"应当如实告知"的内容。

第六条 【投保人告知义务的履行】投保人的告知义务限于保险人询问的范围和内容。当事人对询问范围及内容有争议的，保险人负举证责任。

保险人以投保人违反了对投保单询问表中所列概括性条款的如实告知义务为由请求解除合同的，人民法院不予支持。但该概括性条款有具体内容的除外。

第七条 【弃权规则】保险人在保险合同成立后知道或者应当知道投保人未履行如实告知义务，仍然收取保险费，又依照保险法第十六条第二款的规定主张解除合同的，人民法院不予支持。

第八条 【解除保险合同与拒绝赔偿的关系】保险人未行使合同解除权，直接以存在保险法第十六条第四款、第五款规定的情形为由拒绝赔偿的，人民法院不予支持。但当事人就拒绝赔偿事宜及保险合同存续另行达成一致的情况除外。

第九条 【免除保险人责任的条款的认定】保险人提供的格式合同文本中的责任免除条款、免赔额、免赔率、比例赔付或者给付等免除或者减轻保险人责任的条款，可以认定为保险法第十七条第二款规定的"免除保险人责任的条款"。

保险人因投保人、被保险人违反法定或者约定义务，享有解除合同权利的条款，不属于保险法第十七条第二款规定的"免除保险人责任的条款"。

第十条 【禁止性规定作为免责事由的适用】保险人将法律、行政法规中的禁止性规定情形作为保险合同免责条款的免责事由，保险人对该条款作出提示后，投保人、被保险人或者受益人以保险人未履行明确说明义务为由主张该条款不成为合同内容的，人民法院不予支持。

第十一条 【提示与明确说明义务】保险合同订立时，保险人在投保单或者保险单等其他保险凭证上，对保险合同中免除保险人责任的条款，以足以引起投保人注意的文字、字体、符号或者其他明显标志作出提示的，人民法院应当认定其履行了保险法第十七条第二款规定的提示义务。

保险人对保险合同中有关免除保险人责任条款的概念、内容及其法律后果以书面或者口头形式向投保人作出常人能够理解的解释说明的，人民法院应当认定保险人履行了保险法第十七条第二款规定的明确说明义务。

第十二条 【提示与明确说明义务的形式】通过网络、电话等方式订立的保险合同，保险人以网页、音频、视频等形式对免除保险人责任条款予以提示和明确说明的，人民法院可以认定其履行了提示和明确说明义务。

第十三条 【明确说明义务的履行】保险人对其履行了明确说明义务负举证责任。

投保人对保险人履行了符合本解释第十一条第二款要求的明确说明义务在相关文书上签字、盖章或者以其他形式予以确认的，应当认定保险人履行了该项义务。但另有证据证明保险人未履行明确说明义务的除外。

第十四条 【保险合同记载内容不一致的处理】保险合同中记载的内容不一致的，按照下列规则认定：

（一）投保单与保险单或者其他保险凭证不一致的，以投保单为准。但不一致的情形系经保险人说明并经投保人同意的，以投保人签收的保险单或者其他保险凭证载明的内容为准；

（二）非格式条款与格式条款不一致的，以非格式条款为准；

（三）保险凭证记载的时间不同的，以形成时间在后的为准；

（四）保险凭证存在手写和打印两种方式的，以双方签字、盖章的手写部分的内容为准。

第十五条 【核定期间的起算与确定】保险法第二十三条规定的三十日核定期间，应自保险人初次收到索赔请求及投保人、被保险人或者受益人提供的有关证明和资料之日起算。

保险人主张扣除投保人、被保险人或者受益人补充提供有关证明和资料期间的，人民法院应予支持。扣除期间自保险人根据保险法第二十二条规定作出的通知到达投保人、被保险人或者受益人之日起，至投保人、被保险人或者受益人按照通知要求补充提供的有关证明和资料到达保险人之日止。

第十六条 【代位求偿权的行使与诉讼时效期间的起算】保险人应以自己的名义行使保险代位求偿权。

根据保险法第六十条第一款的规定，保险人代位求偿权的诉讼时效期间应自其取得代位求偿权之日起算。

第十七条 【非保险术语的解释】保险人在其提供的保险合同格式条款中对非保险术语所作的解释符合专业意义，或者虽不符合专业意义，但有利于投保人、被保险人或者受益人的，人民法院应予认可。

第十八条 【事故认定书的证明力】行政管理部门依据法律规定制作的交通事故认定书、火灾事故认定书等，人民法院应当依法审查并确认其相应的证明力，但有相反证据能够推翻的除外。

第十九条 【被保险人、受益人对第三人、保险人请求权的行使】保险事故发生后，被保险人或者受益人起诉保险人，保险人以被保险人或者受益人未要求第三者承担责任为由抗辩不承担保险责任的，人民法院不予支持。

财产保险事故发生后，被保险人就其所受损失从第三者取得赔偿后的不足部分提起诉讼，请求保险人赔偿的，人民法院应予依法受理。

第二十条 【保险分支机构】保险公司依法设立并取得营业执照的分支机构属于《中华人民共和国民事诉讼法》第四十八条规定的其他组织，可以作为保险合同纠纷案件的当事人参加诉讼。

第二十一条 【新旧法适用】本解释施行后尚未终审的保险合同纠纷案件，适用本解释；本解释施行前已经终审，当事人申请再审或者按照审判监督程序决定再审的案件，不适用本解释。

最高人民法院关于适用《中华人民共和国保险法》若干问题的解释(三)

(2015 年 9 月 21 日最高人民法院审判委员会第 1661 次会议通过　根据 2020 年 12 月 23 日最高人民法院审判委员会第 1823 次会议通过的《最高人民法院关于修改〈最高人民法院关于破产企业国有划拨土地使用权应否列入破产财产等问题的批复〉等二十九件商事类司法解释的决定》修正　2020 年 12 月 29 日最高人民法院公告公布)

为正确审理保险合同纠纷案件,切实维护当事人的合法权益,根据《中华人民共和国保险法》《中华人民共和国合同法》《中华人民共和国民事诉讼法》等法律规定,结合审判实践,就保险法中关于保险合同章人身保险部分有关法律适用问题解释如下:

第一条　【"被保险人同意并认可保险金额"的形式与认定】当事人订立以死亡为给付保险金条件的合同,根据保险法第三十四条的规定,"被保险人同意并认可保险金额"可以采取书面形式、口头形式或者其他形式;可以在合同订立时作出,也可以在合同订立后追认。

有下列情形之一的,应认定为被保险人同意投保人为其订立保险合同并认可保险金额:

(一)被保险人明知他人代其签名同意而未表示异议的;

(二)被保险人同意投保人指定的受益人的;

(三)有证据足以认定被保险人同意投保人为其投保的其他情形。

第二条　【被保险人可撤销同意他人为其订立死亡险的意思表示】被保险人以书面形式通知保险人和投保人撤销其依据保险法第三十四条第一款规定所作出的同意意思表示的,可认定为保险合同解除。

第三条　【人身保险合同纠纷中法院主动审查事项】人民法院审理人身保险合同纠纷案件时,应主动审查投保人订立保险合同时是否具有保险利益,以及以死亡为给付保险金条件的合同是否经过被保险人同意并认可保险金额。

第四条　【合同不因投保人丧失保险利益而无效】保险合同订立后,因投保人丧失对被保险人的保险利益,当事人主张保险合同无效的,人民法院不予支持。

第五条　【如实告知义务】保险合同订立时,被保险人根据保险人的要求在指定医疗服务机构进行体检,当事人主张投保人如实告知义务免除的,人民法院不予支持。

保险人知道被保险人的体检结果,仍以投保人未就相关情况履行如实告知义务为由要求解除合同的,人民法院不予支持。

第六条　【以未成年人为被保险人订立死亡险的合同效力】未成年人父母之外的其他履行监护职责的人为未成年人订立以死亡为给付保险金条件的合同,当事人主张参照保险法第三十三条第二款、第三十四条第三款的规定认定该合同有效的,人民法院不予支持,但经未成年人父母同意的除外。

第七条　【第三人代交保险费】当事人以被保险人、受益人或者他人已经代为支付保险费为由,主张投保人对应的交费义务已经履行的,人民法院应予支持。

第八条　【保险合同复效制度】保险合同效力依照保险法第三十六条规定中止,投保人提出恢复效力申请并同意补交保险费的,除被保险人的危险程度在中止期间显著增加外,保险人拒绝恢复效力的,人民法院不予支持。

保险人在收到恢复效力申请后，三十日内未明确拒绝的，应认定为同意恢复效力。

保险合同自投保人补交保险费之日恢复效力。保险人要求投保人补交相应利息的，人民法院应予支持。

第九条 【受益人的指定】投保人指定受益人未经被保险人同意的，人民法院应认定指定行为无效。

当事人对保险合同约定的受益人存在争议，除投保人、被保险人在保险合同之外另有约定外，按照以下情形分别处理：

（一）受益人约定为"法定"或者"法定继承人"的，以继承法规定的法定继承人为受益人；

（二）受益人仅约定为身份关系，投保人与被保险人为同一主体的，根据保险事故发生时与被保险人的身份关系确定受益人；投保人与被保险人为不同主体的，根据保险合同成立时与被保险人的身份关系确定受益人；

（三）受益人的约定包括姓名和身份关系，保险事故发生时身份关系发生变化的，认定为未指定受益人。

第十条 【受益人的变更】投保人或者被保险人变更受益人，当事人主张变更行为自变更意思表示发出时生效的，人民法院应予支持。

投保人或者被保险人变更受益人未通知保险人，保险人主张变更对其不发生效力的，人民法院应予支持。

投保人变更受益人未经被保险人同意的，人民法院应认定变更行为无效。

第十一条 【保险事故发生后变更受益人的限制】投保人或者被保险人在保险事故发生后变更受益人，变更后的受益人请求保险人给付保险金的，人民法院不予支持。

第十二条 【共同受益人的受益权分配】投保人或者被保险人指定数人为受益人，部分受益人在保险事故发生前死亡、放弃受益权或者依法丧失受益权的，该受益人应得的受益份额按照保险合同的约定处理；保险合同没有约定或者约定不明的，该受益人应得的受益份额按照以下情形分别处理：

（一）未约定受益顺序和受益份额的，由其他受益人平均享有；

（二）未约定受益顺序但约定受益份额的，由其他受益人按照相应比例享有；

（三）约定受益顺序但未约定受益份额的，由同顺序的其他受益人平均享有；同一顺序没有其他受益人的，由后一顺序的受益人平均享有；

（四）约定受益顺序和受益份额的，由同顺序的其他受益人按照相应比例享有；同一顺序没有其他受益人的，由后一顺序的受益人按照相应比例享有。

第十三条 【保险金请求权的转让】保险事故发生后，受益人将与本次保险事故相对应的全部或者部分保险金请求权转让给第三人，当事人主张该转让行为有效的，人民法院应予支持，但根据合同性质、当事人约定或者法律规定不得转让的除外。

第十四条 【保险金作为遗产的给付】保险金根据保险法第四十二条规定作为被保险人的遗产，被保险人的继承人要求保险人给付保险金，保险人以其已向持有保险单的被保险人的其他继承人给付保险金为由抗辩的，人民法院应予支持。

第十五条 【受益人与被保险人死亡先后顺序的推定】受益人与被保险人存在继承关系，在同一事件中死亡且不能确定死亡先后顺序的，人民法院应根据保险法第四十二条第二款的规定推定受益人死亡在先，并按照保险法及本解释的相关规定确定保险金归属。

第十六条 【保险现金价值的归属】保险合同解除时，投保人与被保险人、受益人为不同主体,被保险人或者受益人要求退还保险单的现金价值的,人民法院不予支持,但保险合同另有约定的除外。

投保人故意造成被保险人死亡、伤残或者疾病,保险人依照保险法第四十三条规定退还保险单的现金价值的,其他权利人按照被保险人、被保险人继承人的顺序确定。

第十七条　【投保人的任意解除权】投保人解除保险合同,当事人以其解除合同未经被保险人或者受益人同意为由主张解除行为无效的,人民法院不予支持,但被保险人或者受益人已向投保人支付相当于保险单现金价值的款项并通知保险人的除外。

第十八条　【医疗费用保险】保险人给付费用补偿型的医疗费用保险金时,主张扣减被保险人从公费医疗或者社会医疗保险取得的赔偿金额的,应当证明该保险产品在厘定医疗费用保险费率时已经将公费医疗或者社会医疗保险部分相应扣除,并按照扣减后的标准收取保险费。

第十九条　【医保标准条款的效力】保险合同约定按照基本医疗保险的标准核定医疗费用,保险人以被保险人的医疗支出超出基本医疗保险范围为由拒绝给付保险金的,人民法院不予支持;保险人有证据证明被保险人支出的费用超过基本医疗保险同类医疗费用标准,要求对超出部分拒绝给付保险金的,人民法院应予支持。

第二十条　【约定医院条款的效力】保险人以被保险人未在保险合同约定的医疗服务机构接受治疗为由拒绝给付保险金的,人民法院应予支持,但被保险人因情况紧急必须立即就医的除外。

第二十一条　【保险人以被保险人自杀为由拒付保险金时的举证责任】保险人以被保险人自杀为由拒绝给付保险金的,由保险人承担举证责任。

受益人或者被保险人的继承人以被保险人自杀时无民事行为能力为由抗辩的,由其承担举证责任。

第二十二条　【被保险人故意犯罪的认定】保险法第四十五条规定的“被保险人故意犯罪”的认定,应当以刑事侦查机关、检察机关和审判机关的生效法律文书或者其他结论性意见为依据。

第二十三条　【保险人以被保险人故意犯罪为由拒付保险金时的举证责任】保险人主张根据保险法第四十五条的规定不承担给付保险金责任的,应当证明被保险人的死亡、伤残结果与其实施的故意犯罪或者抗拒依法采取的刑事强制措施的行为之间存在因果关系。

被保险人在羁押、服刑期间因意外或者疾病造成伤残或者死亡,保险人主张根据保险法第四十五条的规定不承担给付保险金责任的,人民法院不予支持。

第二十四条　【宣告死亡适用死亡保险】投保人为被保险人订立以死亡为给付保险金条件的保险合同,被保险人被宣告死亡后,当事人要求保险人按照保险合同约定给付保险金的,人民法院应予支持。

被保险人被宣告死亡之日在保险责任期间之外,但有证据证明下落不明之日在保险责任期间之内,当事人要求保险人按照保险合同约定给付保险金的,人民法院应予支持。

第二十五条　【损失无法确定时保险金的给付】被保险人的损失系由承保事故或者非承保事故、免责事由造成难以确定,当事人请求保险人给付保险金的,人民法院可以按照相应比例予以支持。

第二十六条　【生效日期及新旧法适用】本解释自 2015 年 12 月 1 日起施行。本解释施行后尚未终审的保险合同纠纷案件,适用本解释;本解释施行前已经终审,当事人申请再审或者按照审判监督程序决定再审的案件,不适用本解释。

最高人民法院关于适用《中华人民共和国保险法》若干问题的解释(四)

(2018年5月14日最高人民法院审判委员会第1738次会议通过 根据2020年12月23日最高人民法院审判委员会第1823次会议通过的《最高人民法院关于修改〈最高人民法院关于破产企业国有划拨土地使用权应否列入破产财产等问题的批复〉等二十九件商事类司法解释的决定》修正 2020年12月29日最高人民法院公告公布)

为正确审理保险合同纠纷案件,切实维护当事人的合法权益,根据《中华人民共和国民法典》《中华人民共和国保险法》《中华人民共和国民事诉讼法》等法律规定,结合审判实践,就保险法中财产保险合同部分有关法律适用问题解释如下:

第一条 【保险标的已交付未登记时的权利行使】保险标的已交付受让人,但尚未依法办理所有权变更登记,承担保险标的的毁损灭失风险的受让人,依照保险法第四十八条、第四十九条的规定主张行使被保险人权利的,人民法院应予支持。

第二条 【保险标的的转让时免责条款的适用】保险人已向投保人履行了保险法规定的提示和明确说明义务,保险标的的受让人以保险标的的转让后保险人未向其提示或者明确说明为由,主张免除保险人责任的条款不成为合同内容的,人民法院不予支持。

第三条 【被保险人死亡时其权利义务的承继】被保险人死亡,继承保险标的的当事人主张承继被保险人的权利和义务的,人民法院应予支持。

第四条 【危险程度显著增加的认定】人民法院认定保险标的是否构成保险法第四十九条、第五十二条规定的"危险程度显著增加"时,应当综合考虑以下因素:

(一)保险标的的用途的改变;

(二)保险标的的使用范围的改变;

(三)保险标的的所处环境的变化;

(四)保险标的的因改装等原因引起的变化;

(五)保险标的的使用人或者管理人的改变;

(六)危险程度增加持续的时间;

(七)其他可能导致危险程度显著增加的因素。

保险标的的危险程度虽然增加,但增加的危险属于保险合同订立时保险人预见或者应当预见的保险合同承保范围的,不构成危险程度显著增加。

第五条 【保险标的的转让空档期的保险责任承担】被保险人、受让人依法及时向保险人发出保险标的的转让通知后,保险人作出答复前,发生保险事故,被保险人或者受让人主张保险人按照保险合同承担赔偿保险金的责任的,人民法院应予支持。

第六条 【防止或减少损失费用的给付】保险事故发生后,被保险人依照保险法第五十七条的规定,请求保险人承担为防止或者减少保险标的的损失所支付的必要、合理费用,保险人以被保险人采取的措施未产生实际效果为由抗辩的,人民法院不予支持。

第七条 【代位求偿权的行使基础】保险人依照保险法第六十条的规定,主张代位行使被保险人因第三者侵权或者违约等享有的请求赔偿的权利的,人民法院应予支持。

第八条 【保险人对投保人行使求偿权情形】投保人和被保险人为不同主体,因投保人对保险标的的损害而造成保险事故,保险人依法主张代位行使被保险人对投保人请求赔偿的权利的,人民法院应予支持,但法律另有规定或者保险合同另有约定的除外。

第九条 【被保险人预先放弃赔偿权利的情形】在保险人以第三者为被告提起的代位求偿权之诉中,第三者以被保险人在保险合同订立前已放弃对其请求赔偿的权利为由进行抗辩,人民法院认定上述放弃行为合法有效,保险人就相应部分主张行使代位求偿权的,人民法院不予支持。

保险合同订立时,保险人就是否存在上述放弃情形提出询问,投保人未如实告知,导致保险人不能代位行使请求赔偿的权利,保险人请求返还相应保险金的,人民法院应予支持,但保险人知道或者应当知道上述情形仍同意承保的除外。

第十条 【重复赔偿时保险人权利的救济】因第三者对保险标的的损害而造成保险事故,保险人获得代位请求赔偿的权利的情况未通知第三者或者通知到达第三者前,第三者在被保险人已经从保险人处获赔的范围内又向被保险人作出赔偿,保险人主张代位行使被保险人对第三者请求赔偿的权利的,人民法院不予支持。保险人就相应保险金主张被保险人返还的,人民法院应予支持。

保险人获得代位请求赔偿的权利的情况已经通知到第三者,第三者又向被保险人作出赔偿,保险人主张代位行使请求赔偿的权利,第三者以其已经向被保险人赔偿为由抗辩的,人民法院不予支持。

第十一条 【保险人无法行使代位求偿权时权利的救济】被保险人因故意或者重大过失未履行保险法第六十三条规定的义务,致使保险人未能行使或者未能全部行使代位请求赔偿的权利,保险人主张在其损失范围内扣减或者返还相应保险金的,人民法院应予支持。

第十二条 【以第三者为被告的代位求偿权之诉的管辖】保险人以造成保险事故的第三者为被告提起代位求偿权之诉的,以被保险人与第三者之间的法律关系确定管辖法院。

第十三条 【代位求偿权的诉讼程序规定】保险人提起代位求偿权之诉时,被保险人已经向第三者提起诉讼的,人民法院可以依法合并审理。

保险人行使代位求偿权时,被保险人已经向第三者提起诉讼,保险人向受理该案的人民法院申请变更当事人,代位行使被保险人对第三者请求赔偿的权利,被保险人同意的,人民法院应予准许;被保险人不同意的,保险人可以作为共同原告参加诉讼。

第十四条 【被保险人请求保险人直接向第三者赔偿保险金的情形】具有下列情形之一的,被保险人可以依照保险法第六十五条第二款的规定请求保险人直接向第三者赔偿保险金:

(一)被保险人对第三者所负的赔偿责任经人民法院生效裁判、仲裁裁决确认;

(二)被保险人对第三者所负的赔偿责任经被保险人与第三者协商一致;

(三)被保险人对第三者应负的赔偿责任能够确定的其他情形。

前款规定的情形下,保险人主张按照保险合同确定保险赔偿责任的,人民法院应予支持。

第十五条 【被保险人怠于请求的认定】被保险人对第三者应负的赔偿责任确定后,被保险人不履行赔偿责任,且第三者以保险人为被告或者以保险人与被保险人为共同被告提起诉讼时,被保险人尚未向保险人提出直接向第三者赔偿保险金的请求的,可以认定为属于保险法第六十五条第二款规定的"被保险人怠于请求"的情形。

第十六条 【责任保险的被保险人因共同侵权承担连带责任的情形】责任保险的被保险人因共同侵权依法承担连带责任,保险人以该连带责任超出被保险人应承担的责任份额为由,拒绝赔付保险金的,人民法院不予支持。保险人承担保险责任后,主张就超出被保险人责任份额的部分向其他连带责任人追偿的,人民法院应予支持。

第十七条 【被保险人对第三者的赔偿责任已经确认并进入执行后保险人的保险责任】责任保险的被保险人对第三者所负的赔偿责任已经生效判决确认并已进入执行程序,但未获得清偿或者未获得全部清偿,第三者依法请求保险人赔偿保险金,保险人以前述生效判决已进入执行程序为由抗辩的,人民法院不予支持。

第十八条 【商业责任险诉讼时效期间的起算】商业责任险的被保险人向保险人请求赔偿保险金的诉讼时效期间,自被保险人对第三者应负的赔偿责任确定之日起计算。

第十九条 【责任保险的保险人和解参与权】责任保险的被保险人与第三者就被保险人的赔偿责任达成和解协议且经保险人认可,被保险人主张保险人在保险合同范围内依据和解协议承担保险责任的,人民法院予以支持。

被保险人与第三者就被保险人的赔偿责任达成和解协议,未经保险人认可,保险人主张对保险责任范围以及赔偿数额重新予以核定的,人民法院应予支持。

第二十条 【责任保险的保险人不得向被保险人赔偿保险金对抗第三者的赔偿要求】责任保险的保险人在被保险人向第三者赔偿之前向被保险人赔偿保险金,第三者依照保险法第六十五条第二款的规定行使保险金请求权时,保险人以其已向被保险人赔偿为由拒绝赔偿保险金的,人民法院不予支持。保险人向第三者赔偿后,请求被保险人返还相应保险金的,人民法院应予支持。

第二十一条 【生效日期及新旧法适用】本解释自2018年9月1日起施行。

本解释施行后人民法院正在审理的一审、二审案件,适用本解释;本解释施行前已经终审,当事人申请再审或者按照审判监督程序决定再审的案件,不适用本解释。

最高人民法院关于审理出口信用保险合同纠纷案件适用相关法律问题的批复

(2013年4月15日最高人民法院审判委员会第1575次会议通过 2013年5月2日最高人民法院公告公布 自2013年5月8日起施行 法释〔2013〕13号)

广东省高级人民法院:

你院《关于出口信用保险合同法律适用问题的请示》(粤高法〔2012〕442号)收悉。经研究,批复如下:

对出口信用保险合同的法律适用问题,保险法没有作出明确规定。鉴于出口信用保险的特殊性,人民法院审理出口信用保险合同纠纷案件,可以参照适用保险法的相关规定;出口信用保险合同另有约定的,从其约定。

最高人民法院关于审理买卖合同纠纷案件适用法律问题的解释

(2012年3月31日最高人民法院审判委员会第1545次会议通过 根据2020年12月23日最高人民法院审判委员会第1823次会议通过的《最高人民法院关于修改〈最高人民法院关于在民事审判工作中适用《中华人民共和国工会法》若干问题的解释〉等二十七件民事类司法解释的决定》修正 2020年12月29日最高人民法院公告公布)

为正确审理买卖合同纠纷案件,根据《中华人民共和国民法典》《中华人民共和国民事诉讼法》等法律的规定,结合审判实践,制定本解释。

一、买卖合同的成立

第一条 当事人之间没有书面合同,一方以送货单、收货单、结算单、发票等主张存在买卖合同关系的,人民法院应当结合当事人之间的交易方式、交易习惯以及其他相关证据,对买卖合同是否成立作出认定。

对账确认函、债权确认书等函件、凭证没有记载债权人名称,买卖合同当事人一方以此证明存在买卖合同关系的,人民法院应予支持,但有相反证据足以推翻的除外。

二、标的物交付和所有权转移

第二条 标的物为无需以有形载体交付的电子信息产品,当事人对交付方式约定不明确,且依照民法典第五百一十条的规定仍不能确定的,买受人收到约定的电子信息产品或者权利凭证即为交付。

第三条 根据民法典第六百二十九条的规定,买受人拒绝接收多交部分标的物的,可以代为保管多交部分标的物。买受人主张出卖人负担代为保管期间的合理费用的,人民法院应予支持。

买受人主张出卖人承担代为保管期间非因买受人故意或者重大过失造成的损失的,人民法院应予支持。

第四条 民法典第五百九十九条规定的"提取标的物单证以外的有关单证和资料",主要应当包括保险单、保修单、普通发票、增值税专用发票、产品合格证、质量保证书、质量鉴定书、品质检验证书、产品进出口检疫书、原产地证明书、使用说明书、装箱单等。

第五条 出卖人仅以增值税专用发票及税款抵扣资料证明其已履行交付标的物义务,买受人不认可的,出卖人应当提供其他证据证明交付标的物的事实。

合同约定或者当事人之间习惯以普通发票作为付款凭证,买受人以普通发票证明已经履行付款义务的,人民法院应予支持,但有相反证据足以推翻的除外。

第六条 出卖人就同一普通动产订立多重买卖合同,在买卖合同均有效的情况下,买受人均要求实际履行合同的,应当按照以下情形分别处理:

(一)先行受领交付的买受人请求确认所有权已经转移的,人民法院应予支持;

(二)均未受领交付,先行支付价款的买受人请求出卖人履行交付标的物等合同义务的,人民法院应予支持;

(三)均未受领交付,也未支付价款,依法成立在先合同的买受人请求出卖人履行交付标的物等合同义务的,人民法院应予支持。

第七条 出卖人就同一船舶、航空器、机动车等特殊动产订立多重买卖合同,在买卖合同均有效的情况下,买受人均要求实际履行合同的,应当按照以下情形分别处理:

(一)先行受领交付的买受人请求出卖人履行办理所有权转移登记手续等合同义务的,人民法院应予支持;

(二)均未受领交付,先行办理所有权转移登记手续的买受人请求出卖人履行交付标的物等合同义务的,人民法院应予支持;

(三)均未受领交付,也未办理所有权转移登记手续,依法成立在先合同的买受人请求出卖人履行交付标的物和办理所有权转移登记手续等合同义务的,人民法院应予支持;

(四)出卖人将标的物交付给买受人之一,又为其他买受人办理所有权转移登记,已受领交付的买受人请求将标的物所有权登记在自己名下的,人民法院应予支持。

三、标的物风险负担

第八条 民法典第六百零三条第二款第一项规定的"标的物需要运输的",是指标的物由出卖人负责办理托运,承运人系独立于买卖合同当事人之外的运输业者的情形。标的物毁损、灭失的风险负担,按照民法典第六百零七条第二款的规定处理。

第九条 出卖人根据合同约定将标的物运送至买受人指定地点并交付给承运人后,标的物毁损、灭失的风险由买受人负担,但当事人另有约定的除外。

第十条 出卖人出卖交由承运人运输的在途标的物,在合同成立时知道或者应当知道标的物已经毁损、灭失却未告知买受人,买受人主张出卖人负担标的物毁损、灭失的风险的,人民法院应予支持。

第十一条 当事人对风险负担没有约定,标的物为种类物,出卖人未以装运单据、加盖标记、通知买受人等可识别的方式清楚地将标的物特定于买卖合同,买受人主张不负担标的物毁损、灭失的风险的,人民法院应予支持。

四、标的物检验

第十二条 人民法院具体认定民法典第六百二十一条第二款规定的"合理期限"时,应当综合当事人之间的交易性质、交易目的、交易方式、交易习惯、标的物的种类、数量、性质、安装和使用情况、瑕疵的性质、买受人应尽的合理注意义务、检验方法和难易程度、买受人或者检验人所处的具体环境、自身技能以及其他合理因素,依据诚实信用原则进行判断。

民法典第六百二十一条第二款规定的"二年"是最长的合理期限。该期限为不变期限,不适用诉讼时效中止、中断或者延长的规定。

第十三条 买受人在合理期限内提出异议,出卖人以买受人已经支付价款、确认欠款数额、使用标的物等为由,主张买受人放弃异议的,人民法院不予支持,但当事人另有约定的除外。

第十四条 民法典第六百二十一条规定的检验期限、合理期限、二年期限经过后,买受人主张标的物的数量或者质量不符合约定的,人民法院不予支持。

出卖人自愿承担违约责任后,又以上述期限经过为由翻悔的,人民法院不予支持。

五、违约责任

第十五条 买受人依约保留部分价款作为质量保证金,出卖人在质量保证期未及时解决质量问题而影响标的物的价值或者使用效果,出卖人主张支付该部分价款的,人民法院不予支持。

第十六条 买受人在检验期限、质量保证期、合理期限内提出质量异议,出卖人未按要求予以修理或者因情况紧急,买受人自行或者通过第三人修理标的物后,主张出卖人负担因此发生的合理费用的,人民法院应予支持。

第十七条 标的物质量不符合约定,买受人依照民法典第五百八十二条的规定要求减少价款的,人民法院应予支持。当事人主张以符合约定的标的物和实际交付的标的物按交付时的市场价值计算差价的,人民法院应予支持。

价款已经支付,买受人主张返还减价后多出部分价款的,人民法院应予支持。

第十八条 买卖合同对付款期限作出的变更,不影响当事人关于逾期付款违约金的约定,但该违约金的起算点应当随之变更。

买卖合同约定逾期付款违约金，买受人以出卖人接受价款时未主张逾期付款违约金为由拒绝支付该违约金的，人民法院不予支持。

买卖合同约定逾期付款违约金，但对账单、还款协议等未涉及逾期付款责任，出卖人根据对账单、还款协议等主张欠款时请求买受人依约支付逾期付款违约金的，人民法院应予支持，但对账单、还款协议等明确载有本金及逾期付款利息数额或者已经变更买卖合同中关于本金、利息等约定内容的除外。

买卖合同没有约定逾期付款违约金或者该违约金的计算方法，出卖人以买受人违约为由主张赔偿逾期付款损失，违约行为发生在2019年8月19日之前的，人民法院可以中国人民银行同期同类人民币贷款基准利率为基础，参照逾期罚息利率标准计算；违约行为发生在2019年8月20日之后的，人民法院可以违约行为发生时中国人民银行授权全国银行间同业拆借中心公布的一年期贷款市场报价利率（LPR）标准为基础，加计30—50%计算逾期付款损失。

第十九条 出卖人没有履行或者不当履行从给付义务，致使买受人不能实现合同目的，买受人主张解除合同的，人民法院应当根据民法典第五百六十三条第一款第四项的规定，予以支持。

第二十条 买卖合同因违约而解除后，守约方主张继续适用违约金条款的，人民法院应予支持；但约定的违约金过分高于造成的损失的，人民法院可以参照民法典第五百八十五条第二款的规定处理。

第二十一条 买卖合同当事人一方以对方违约为由主张支付违约金，对方以合同不成立、合同未生效、合同无效或者不构成违约等为由进行免责抗辩而未主张调整过高的违约金，人民法院应当就法院若不支持免责抗辩，当事人是否需要主张调整违约金进行释明。

一审法院认为免责抗辩成立且未予释明，二审法院认为应当判决支付违约金的，可以直接释明并改判。

第二十二条 买卖合同当事人一方违约造成对方损失，对方主张赔偿可得利益损失的，人民法院在确定违约责任范围时，应当根据当事人的主张，依据民法典第五百八十四条、第五百九十一条、第五百九十二条、本解释第二十三条等规定进行认定。

第二十三条 买卖合同当事人一方因对方违约而获有利益，违约方主张从损失赔偿额中扣除该部分利益的，人民法院应予支持。

第二十四条 买受人在缔约时知道或者应当知道标的物质量存在瑕疵，主张出卖人承担瑕疵担保责任的，人民法院不予支持，但买受人在缔约时不知道该瑕疵会导致标的物的基本效用显著降低的除外。

六、所有权保留

第二十五条 买卖合同当事人主张民法典第六百四十一条关于标的物所有权保留的规定适用于不动产的，人民法院不予支持。

第二十六条 买受人已经支付标的物总价款的百分之七十五以上，出卖人主张取回标的物的，人民法院不予支持。

在民法典第六百四十二条第一款第三项情形下，第三人依据民法典第三百一十一条的规定已经善意取得标的物所有权或者其他物权，出卖人主张取回标的物的，人民法院不予支持。

七、特种买卖

第二十七条 民法典第六百三十四条第一款规定的"分期付款"，系指买受人将应付的总价款在一定期限内至少分三次向出卖人支付。

分期付款买卖合同的约定违反民法典第六百三十四条第一款的规定,损害买受人利益,买受人主张该约定无效的,人民法院应予支持。

第二十八条 分期付款买卖合同约定出卖人在解除合同时可以扣留已受领价金,出卖人扣留的金额超过标的物使用费以及标的物受损赔偿额,买受人请求返还超过部分的,人民法院应予支持。

当事人对标的物的使用费没有约定的,人民法院可以参照当地同类标的物的租金标准确定。

第二十九条 合同约定的样品质量与文字说明不一致且发生纠纷时当事人不能达成合意,样品封存后外观和内在品质没有发生变化,人民法院应当以样品为准;外观和内在品质发生变化,或者当事人对是否发生变化有争议而又无法查明的,人民法院应当以文字说明为准。

第三十条 买卖合同存在下列约定内容之一的,不属于试用买卖。买受人主张属于试用买卖的,人民法院不予支持:

(一)约定标的物经过试用或者检验符合一定要求时,买受人应当购买标的物;

(二)约定第三人经试验对标的物认可时,买受人应当购买标的物;

(三)约定买受人在一定期限内可以调换标的物;

(四)约定买受人在一定期限内可以退还标的物。

八、其他问题

第三十一条 出卖人履行交付义务后诉请买受人支付价款,买受人以出卖人违约在先为由提出异议的,人民法院应当按照下列情况分别处理:

(一)买受人拒绝支付违约金、拒绝赔偿损失或者主张出卖人应当采取减少价款等补救措施的,属于提出抗辩;

(二)买受人主张出卖人应支付违约金、赔偿损失或者要求解除合同的,应当提起反诉。

第三十二条 法律或者行政法规对债权转让、股权转让等权利转让合同有规定的,依照其规定;没有规定的,人民法院可以根据民法典第四百六十七条和第六百四十六条的规定,参照适用买卖合同的有关规定。

权利转让或者其他有偿合同参照适用买卖合同的有关规定的,人民法院应当首先引用民法典第六百四十六条的规定,再引用买卖合同的有关规定。

第三十三条 本解释施行前本院发布的有关购销合同、销售合同等有偿转移标的物所有权的合同的规定,与本解释抵触的,自本解释施行之日起不再适用。

本解释施行后尚未终审的买卖合同纠纷案件,适用本解释;本解释施行前已经终审,当事人申请再审或者按照审判监督程序决定再审的,不适用本解释。

最高人民法院关于审理商品房买卖合同纠纷案件适用法律若干问题的解释

(2003年3月24日最高人民法院审判委员会第1267次会议通过 根据2020年12月23日最高人民法院审判委员会第1823次会议通过的《最高人民法院关于修改〈最高人民法院关于在民事审判工作中适用《中华人民共和国工会法》若干问题的解释〉等二十七件民事类司法解释的决定》修正 2020年12月29日最高人民法院公告公布)

为正确、及时审理商品房买卖合同纠纷案件,根据《中华人民共和国民法典》《中华人民共和国城市房地产管理法》等相关法律，结合民事审判实践，制定本解释。

第一条　本解释所称的商品房买卖合同，是指房地产开发企业（以下统称为出卖人）将尚未建成或者已竣工的房屋向社会销售并转移房屋所有权于买受人，买受人支付价款的合同。

第二条　出卖人未取得商品房预售许可证明，与买受人订立的商品房预售合同，应当认定无效，但是在起诉前取得商品房预售许可证明的，可以认定有效。

第三条　商品房的销售广告和宣传资料为要约邀请，但是出卖人就商品房开发规划范围内的房屋及相关设施所作的说明和允诺具体确定，并对商品房买卖合同的订立以及房屋价格的确定有重大影响的，构成要约。该说明和允诺即使未载入商品房买卖合同，亦应当为合同内容，当事人违反的，应当承担违约责任。

第四条　出卖人通过认购、订购、预订等方式向买受人收受定金作为订立商品房买卖合同担保的，如果因当事人一方原因未能订立商品房买卖合同，应当按照法律关于定金的规定处理；因不可归责于当事人双方的事由，导致商品房买卖合同未能订立的，出卖人应当将定金返还买受人。

第五条　商品房的认购、订购、预订等协议具备《商品房销售管理办法》第十六条规定的商品房买卖合同的主要内容，并且出卖人已经按照约定收受购房款的，该协议应当认定为商品房买卖合同。

第六条　当事人以商品房预售合同未按照法律、行政法规规定办理登记备案手续为由，请求确认合同无效的，不予支持。

当事人约定以办理登记备案手续为商品房预售合同生效条件的，从其约定，但当事人一方已经履行主要义务，对方接受的除外。

第七条　买受人以出卖人与第三人恶意串通，另行订立商品房买卖合同并将房屋交付使用，导致其无法取得房屋为由，请求确认出卖人与第三人订立的商品房买卖合同无效的，应予支持。

第八条　对房屋的转移占有，视为房屋的交付使用，但当事人另有约定的除外。

房屋毁损、灭失的风险，在交付使用前由出卖人承担，交付使用后由买受人承担；买受人接到出卖人的书面交房通知，无正当理由拒绝接收的，房屋毁损、灭失的风险自书面交房通知确定的交付使用之日起由买受人承担，但法律另有规定或者当事人另有约定的除外。

第九条　因房屋主体结构质量不合格不能交付使用，或者房屋交付使用后，房屋主体结构质量经核验确属不合格，买受人请求解除合同和赔偿损失的，应予支持。

第十条　因房屋质量问题严重影响正常居住使用，买受人请求解除合同和赔偿损失的，应予支持。

交付使用的房屋存在质量问题，在保修期内，出卖人应当承担修复责任；出卖人拒绝修复或者在合理期限内拖延修复的，买受人可以自行或者委托他人修复。修复费用及修复期间造成的其他损失由出卖人承担。

第十一条　根据民法典第五百六十三条的规定，出卖人迟延交付房屋或者买受人迟延支付购房款，经催告后在三个月的合理期限内仍未履行，解除权人请求解除合同的，应予支持，但当事人另有约定的除外。

法律没有规定或者当事人没有约定，经对方当事人催告后，解除权行使的合理期限为三个月。对方当事人没有催告的，解除权人自知道或者应当知道解除事由之日起一年内行使。逾期不行使的，解除权消灭。

第十二条　当事人以约定的违约金过高为由请求减少的，应当以违约金超过造成的损失30%为标准适当减少；当事人以约定的违约金低于造成的损失为由请求增加的,应当以违约造成的损失确定违约金数额。

第十三条　商品房买卖合同没有约定违约金数额或者损失赔偿额计算方法,违约金数额或者损失赔偿额可以参照以下标准确定:

逾期付款的,按照未付购房款总额,参照中国人民银行规定的金融机构计收逾期贷款利息的标准计算。

逾期交付使用房屋的,按照逾期交付使用房屋期间有关主管部门公布或者有资格的房地产评估机构评定的同地段同类房屋租金标准确定。

第十四条　由于出卖人的原因,买受人在下列期限届满未能取得不动产权属证书的,除当事人有特殊约定外,出卖人应当承担违约责任:

(一)商品房买卖合同约定的办理不动产登记的期限;

(二)商品房买卖合同的标的物为尚未建成房屋的,自房屋交付使用之日起90日;

(三)商品房买卖合同的标的物为已竣工房屋的,自合同订立之日起90日。

合同没有约定违约金或者损失数额难以确定的,可以按照已付购房款总额,参照中国人民银行规定的金融机构计收逾期贷款利息的标准计算。

第十五条　商品房买卖合同约定或者城市房地产开发经营管理条例第三十二条规定的办理不动产登记的期限届满后超过一年,由于出卖人的原因,导致买受人无法办理不动产登记,买受人请求解除合同和赔偿损失的,应予支持。

第十六条　出卖人与包销人订立商品房包销合同,约定出卖人将其开发建设的房屋交由包销人以出卖人的名义销售,包销期满未销售的房屋,由包销人按照合同约定的包销价格购买,但当事人另有约定的除外。

第十七条　出卖人自行销售已经约定由包销人包销的房屋,包销人请求出卖人赔偿损失的,应予支持,但当事人另有约定的除外。

第十八条　对于买受人因商品房买卖合同与出卖人发生的纠纷,人民法院应当通知包销人参加诉讼;出卖人、包销人和买受人对各自的权利义务有明确约定的,按照约定的内容确定各方的诉讼地位。

第十九条　商品房买卖合同约定,买受人以担保贷款方式付款,因当事人一方原因未能订立商品房担保贷款合同并导致商品房买卖合同不能继续履行的,对方当事人可以请求解除合同和赔偿损失。因不可归责于当事人双方的事由未能订立商品房担保贷款合同并导致商品房买卖合同不能继续履行的,当事人可以请求解除合同,出卖人应当将收受的购房款本金及其利息或者定金返还买受人。

第二十条　因商品房买卖合同被确认无效或者被撤销、解除,致使商品房担保贷款合同的目的无法实现,当事人请求解除商品房担保贷款合同的,应予支持。

第二十一条　以担保贷款为付款方式的商品房买卖合同的当事人一方请求确认商品房买卖合同无效或者撤销、解除合同的,如果担保权人作为有独立请求权第三人提出诉讼请求,应当与商品房担保贷款合同纠纷合并审理;未提出诉讼请求的,仅处理商品房买卖合同纠纷。担保权人就商品房担保贷款合同纠纷另行起诉的,可以与商品房买卖合同纠纷合并审理。

商品房买卖合同被确认无效或者被撤销、解除后,商品房担保贷款合同也被解除的,出卖人应当将收受的购房贷款和购房款的本金及利息分别返还担保权人和买受人。

第二十二条　买受人未按照商品房担保贷款合同的约定偿还贷款,亦未与担保权人办理不动产抵押登记手续,担保权人起诉买受人,请求处分商品房买卖合同项下买受人合同权利的,应当通知出卖人参加诉讼;担保权人同时起诉出卖人时,如果出卖人为商品房担保贷款合同提供保证的,应当列为共同被告。

第二十三条 买受人未按照商品房担保贷款合同的约定偿还贷款,但是已经取得不动产权属证书并与担保权人办理了不动产抵押登记手续,抵押权人请求买受人偿还贷款或者就抵押的房屋优先受偿的,不应当追加出卖人为当事人,但出卖人提供保证的除外。

第二十四条 本解释自 2003 年 6 月 1 日起施行。

城市房地产管理法施行后订立的商品房买卖合同发生的纠纷案件,本解释公布施行后尚在一审、二审阶段的,适用本解释。

城市房地产管理法施行后订立的商品房买卖合同发生的纠纷案件,在本解释公布施行前已经终审,当事人申请再审或者按照审判监督程序决定再审的,不适用本解释。

城市房地产管理法施行前发生的商品房买卖行为,适用当时的法律、法规和《最高人民法院〈关于审理房地产管理法施行前房地产开发经营案件若干问题的解答〉》。

最高人民法院关于当前形势下审理民商事合同纠纷案件若干问题的指导意见

(2009 年 7 月 7 日　法发〔2009〕40 号)

当前,因全球金融危机蔓延所引发的矛盾和纠纷在司法领域已经出现明显反映,民商事案件尤其是与企业经营相关的民商事合同纠纷案件呈大幅增长的态势;同时出现了诸多由宏观经济形势变化所引发的新的审判实务问题。人民法院围绕国家经济发展战略和"保增长、保民生、保稳定"要求,坚持"立足审判、胸怀大局、同舟共济、共克时艰"的指导方针,牢固树立为大局服务、为人民司法的理念,认真研究并及时解决这些民商事审判实务中与宏观经济形势变化密切相关的普遍性问题、重点问题,有效化解矛盾和纠纷,不仅是民商事审判部门应对金融危机工作的重要任务,而且对于维护诚信的市场交易秩序,保障公平法治的投资环境,公平解决纠纷、提振市场信心等具有重要意义。现就人民法院在当前形势下审理民商事合同纠纷案件中的若干问题,提出以下意见。

一、慎重适用情势变更原则,合理调整双方利益关系

1. 当前市场主体之间的产品交易、资金流转因原料价格剧烈波动、市场需求关系的变化、流动资金不足等诸多因素的影响而产生大量纠纷,对于部分当事人在诉讼中提出适用情势变更原则变更或者解除合同的请求,人民法院应当依据公平原则和情势变更原则严格审查。

2. 人民法院在适用情势变更原则时,应当充分注意到全球性金融危机和国内宏观经济形势变化并非完全是一个令所有市场主体猝不及防的突变过程,而是一个逐步演变的过程。在演变过程中,市场主体应当对于市场风险存在一定程度的预见和判断。人民法院应当依法把握情势变更原则的适用条件,严格审查当事人提出的"无法预见"的主张,对于涉及石油、焦炭、有色金属等市场属性活泼、长期以来价格波动较大的大宗商品标的物以及股票、期货等风险投资型金融产品标的物的合同,更要慎重适用情势变更原则。

3. 人民法院要合理区分情势变更与商业风险。商业风险属于从事商业活动的固有风险,诸如尚未达到异常变动程度的供求关系变化、价格涨跌等。情势变更是当事人在缔约时无法预见的非市场系统固有的风险。人民法院在判断某种重大客观变化是否属于情势变更时,应当注意衡量风险类型是否属于社会一般观念上的事先无法预见、风险程度是否远远超出正常人的合理预期、风险是否可以防范和控制、交易性质是否属于通常的"高风险高收益"范围等因素,并结合市场的具体情况,在个案中识别情势变更和商业风险。

4. 在调整尺度的价值取向把握上,人民法院仍应遵循侧重于保护守约方的原则。适用情势变更原则并非简单地豁免债务人的义务而使债权人承受不利后果,而是要充分注意利益均衡,公平合理地调整双方利益关系。在诉讼过程中,人民法院要积极引导当事人重新协商,改订合同;重新协商不成的,争取调解解决。为防止情势变更原则被滥用而影响市场正常的交易秩序,人民法院决定适用情势变更原则作出判决的,应当按照最高人民法院《关于正确适用〈中华人民共和国合同法〉若干问题的解释(二)服务党和国家工作大局的通知》(法〔2009〕165号)的要求,严格履行适用情势变更的相关审核程序。

二、依法合理调整违约金数额,公平解决违约责任问题

5. 现阶段由于国内宏观经济环境的变化和影响,民商事合同履行过程中违约现象比较突出。对于双方当事人在合同中所约定的过分高于违约造成损失的违约金或者极具惩罚性的违约金条款,人民法院应根据合同法第一百一十四条第二款和最高人民法院《关于适用中华人民共和国合同法若干问题的解释(二)》(以下简称《合同法解释(二)》)第二十九条等关于调整过高违约金的规定内容和精神,合理调整违约金数额,公平解决违约责任问题。

6. 在当前企业经营状况普遍较为困难的情况下,对于违约金数额过分高于违约造成损失的,应当根据合同法规定的诚实信用原则、公平原则,坚持以补偿性为主、以惩罚性为辅的违约金性质,合理调整裁量幅度,切实防止以意思自治为由而完全放任当事人约定过高的违约金。

7. 人民法院根据合同法第一百一十四条第二款调整过高违约金时,应当根据案件的具体情形,以违约造成的损失为基准,综合衡量合同履行程度、当事人的过错、预期利益、当事人缔约地位强弱、是否适用格式合同或条款等多项因素,根据公平原则和诚实信用原则予以综合权衡,避免简单地采用固定比例等"一刀切"的做法,防止机械司法而可能造成的实质不公平。

8. 为减轻当事人诉累,妥当解决违约金纠纷,违约方以合同不成立、合同未生效、合同无效或者不构成违约进行免责抗辩而未提出违约金调整请求的,人民法院可以就当事人是否需要主张违约金过高问题进行释明。人民法院要正确确定举证责任,违约方对于违约金约定过高的主张承担举证责任,非违约方主张违约金约定合理的,亦应提供相应的证据。合同解除后,当事人主张违约金条款继续有效的,人民法院可以根据合同法第九十八条的规定进行处理。

三、区分可得利益损失类型,妥善认定可得利益损失

9. 在当前市场主体违约情形比较突出的情况下,违约行为通常导致可得利益损失。根据交易的性质、合同的目的等因素,可得利益损失主要分为生产利润损失、经营利润损失和转售利润损失等类型。生产设备和原材料等买卖合同违约中,因出卖人违约而造成买受人的可得利益损失通常属于生产利润损失。承包经营、租赁经营合同以及提供服务或劳务的合同中,因一方违约造成的可得利益损失通常属于经营利润损失。先后系列买卖合同中,因原合同出卖方违约而造成其后的转售合同出售方的可得利益损失通常属于转售利润损失。

10. 人民法院在计算和认定可得利益损失时,应当综合运用可预见规则、减损规则、损益相抵规则以及过失相抵规则等,从非违约方主张的可得利益赔偿总额中扣除违约方不可预见的损失、非违约方不当扩大的损失、非违约方因违约获得的利益、非违约方亦有过失所造成的损失以及必要的交易成本。存在合同法第一百一十三条第二款规定的欺诈经营、合同法第一百一十四条第一款规定的当事人约定损害赔偿的计算方法以及因违约导致人身伤亡,精神损害等情形的,不宜适用可得利益损失赔偿规则。

11. 人民法院认定可得利益损失时应当合理分配举证责任。违约方一般应当承担非违约方没有采取合理减损措施而导致损失扩大、非违约方因违约而获得利益以及非违约方亦有过失的举证责任;非违约方应当承担其遭受的可得利益损失总额、必要的交易成本的举证责任。对于可以预见的损失,既可以由非违约方举证,也可以由人民法院根据具体情况予以裁量。

四、正确把握法律构成要件,稳妥认定表见代理行为

12. 当前在国家重大项目和承包租赁行业等受到全球性金融危机冲击和国内宏观经济形势变化影响比较明显的行业领域,由于合同当事人采用转包、分包、转租方式,出现了大量以单位部门、项目经理乃至个人名义签订或实际履行合同的情形,并因合同主体和效力认定问题引发表见代理纠纷案件。对此,人民法院应当正确适用合同法第四十九条关于表见代理制度的规定,严格认定表见代理行为。

13. 合同法第四十九条规定的表见代理制度不仅要求代理人的无权代理行为在客观上形成具有代理权的表象,而且要求相对人在主观上善意且无过失地相信行为人有代理权。合同相对人主张构成表见代理的,应当承担举证责任,不仅应当举证证明代理行为存在诸如合同书、公章、印鉴等有权代理的客观表象形式要素,而且应当证明其善意且无过失地相信行为人具有代理权。

14. 人民法院在判断合同相对人主观上是否属于善意且无过失时,应当结合合同缔结与履行过程中的各种因素综合判断合同相对人是否尽到合理注意义务,此外还要考虑合同的缔结时间、以谁的名义签字、是否盖有相关印章及印章真伪、标的物的交付方式与地点、购买的材料、租赁的器材、所借款项的用途、建筑单位是否知道项目经理的行为、是否参与合同履行等各种因素,作出综合分析判断。

五、正确适用强制性规定,稳妥认定民商事合同效力

15. 正确理解、识别和适用合同法第五十二条第(五)项中的"违反法律、行政法规的强制性规定",关系到民商事合同的效力维护以及市场交易的安全和稳定。人民法院应当注意根据《合同法解释(二)》第十四条之规定,注意区分效力性强制规定和管理性强制规定。违反效力性强制规定的,人民法院应当认定合同无效;违反管理性强制规定的,人民法院应当根据具体情形认定其效力。

16. 人民法院应当综合法律法规的意旨,权衡相互冲突的权益,诸如权益的种类、交易安全以及其所规制的对象等,综合认定强制性规定的类型。如果强制性规范规制的是合同行为本身即只要该合同行为发生即绝对地损害国家利益或者社会公共利益的,人民法院应当认定合同无效。如果强制性规定规制的是当事人的"市场准入"资格而非某种类型的合同行为,或者规制的是某种合同的履行行为而非某类合同行为,人民法院对于此类合同效力的认定,应当慎重把握,必要时应当征求相关立法部门的意见或者请示上级人民法院。

六、合理适用不安抗辩权规则,维护权利人合法权益

17. 在当前情势下,为敦促诚信的合同一方当事人及时保全证据、有效保护权利人的正当合法权益,对于一方当事人已经履行全部交付义务,虽然约定的价款期限尚未到期,但其诉请付款方支付未到期价款的,如果有确切证据证明付款方明确表示不履行给付价款义务,或者付款方被吊销营业执照、被注销、被有关部门撤销、处于歇业状态,或者付款方转移财产、抽逃资金以逃避债务,或者付款方丧失商业信誉,以及付款方以自己的行为表明不履行给付价款义务的其他情形的,除非付款方已经提供适当的担保,人民法院可以根据合同法第六十八条第一款、第六十九条、第九十四条第(二)项、第一百零八条、第一百六十七条等规定精神,判令付款期限已到期或者加速到期。

农村土地承包合同管理办法

(2023 年 2 月 17 日农业农村部令 2023 年第 1 号公布　自 2023 年 5 月 1 日起施行)

第一章　总　　则

第一条　为了规范农村土地承包合同的管理,维护承包合同当事人的合法权益,维护农村社会和谐稳定,根据《中华人民共和国农村土地承包法》等法律及有关规定,制定本办法。

第二条　农村土地承包经营应当巩固和完善以家庭承包经营为基础、统分结合的双层经营体制,保持农村土地承包关系稳定并长久不变。农村土地承包经营,不得改变土地的所有权性质。

第三条　农村土地承包经营应当依法签订承包合同。土地承包经营权自承包合同生效时设立。

承包合同订立、变更和终止的,应当开展土地承包经营权调查。

第四条　农村土地承包合同管理应当遵守法律、法规,保护土地资源的合理开发和可持续利用,依法落实耕地利用优先序。发包方和承包方应当依法履行保护农村土地的义务。

第五条　农村土地承包合同管理应当充分维护农民的财产权益,任何组织和个人不得剥夺和非法限制农村集体经济组织成员承包土地的权利。妇女与男子享有平等的承包农村土地的权利。

承包方承包土地后,享有土地承包经营权,可以自己经营,也可以保留土地承包权,流转其承包地的土地经营权,由他人经营。

第六条　农业农村部负责全国农村土地承包合同管理的指导。

县级以上地方人民政府农业农村主管(农村经营管理)部门负责本行政区域内农村土地承包合同管理。

乡(镇)人民政府负责本行政区域内农村土地承包合同管理。

第二章　承包方案

第七条　本集体经济组织成员的村民会议依法选举产生的承包工作小组,应当依照法律、法规的规定拟订承包方案,并在本集体经济组织范围内公示不少于十五日。

承包方案应当依法经本集体经济组织成员的村民会议三分之二以上成员或者三分之二以上村民代表的同意。

承包方案由承包工作小组公开组织实施。

第八条 承包方案应当符合下列要求：

（一）内容合法；

（二）程序规范；

（三）保障农村集体经济组织成员合法权益；

（四）不得违法收回、调整承包地；

（五）法律、法规和规章规定的其他要求。

第九条 县级以上地方人民政府农业农村主管（农村经营管理）部门、乡（镇）人民政府农村土地承包管理部门应当指导制定承包方案，并对承包方案的实施进行监督，发现问题的，应当及时予以纠正。

第三章　承包合同的订立、变更和终止

第十条 承包合同应当符合下列要求：

（一）文本规范；

（二）内容合法；

（三）双方当事人签名、盖章或者按指印；

（四）法律、法规和规章规定的其他要求。

县级以上地方人民政府农业农村主管（农村经营管理）部门、乡（镇）人民政府农村土地承包管理部门应当依法指导发包方和承包方订立、变更或者终止承包合同，并对承包合同实施监督，发现不符合前款要求的，应当及时通知发包方更正。

第十一条 发包方和承包方应当采取书面形式签订承包合同。

承包合同一般包括以下条款：

（一）发包方、承包方的名称，发包方负责人和承包方代表的姓名、住所；

（二）承包土地的名称、坐落、面积、质量等级；

（三）承包方家庭成员信息；

（四）承包期限和起止日期；

（五）承包土地的用途；

（六）发包方和承包方的权利和义务；

（七）违约责任。

承包合同示范文本由农业农村部制定。

第十二条 承包合同自双方当事人签名、盖章或者按指印时成立。

第十三条 承包期内，出现下列情形之一的，承包合同变更：

（一）承包方依法分立或者合并的；

（二）发包方依法调整承包地的；

（三）承包方自愿交回部分承包地的；

（四）土地承包经营权互换的；

（五）土地承包经营权部分转让的；

（六）承包地被部分征收的；

（七）法律、法规和规章规定的其他情形。

承包合同变更的，变更后的承包期限不得超过承包期的剩余期限。

第十四条 承包期内，出现下列情形之一的，承包合同终止：

（一）承包方消亡的；

（二）承包方自愿交回全部承包地的；

（三）土地承包经营权全部转让的；

（四）承包地被全部征收的；

（五）法律、法规和规章规定的其他情形。

第十五条 承包地被征收、发包方依法调整承包地或者承包方消亡的，发包方应当变更或者终止承包合同。

除前款规定的情形外，承包合同变更、终止的，承包方向发包方提出申请，并提交以下材料：

（一）变更、终止承包合同的书面申请；

（二）原承包合同；

（三）承包方分立或者合并的协议，交回承包地的书面通知或者协议，土地承包经营权互换合同、转让合同等其他相关证明材料；

（四）具有土地承包经营权的全部家庭成员同意变更、终止承包合同的书面材料；

（五）法律、法规和规章规定的其他材料。

第十六条 省级人民政府农业农村主管

部门可以根据本行政区域实际依法制定承包方分立、合并、消亡而导致承包合同变更、终止的具体规定。

第十七条 承包期内，因自然灾害严重毁损承包地等特殊情形对个别农户之间承包地需要适当调整的，发包方应当制定承包地调整方案，并应当经本集体经济组织成员的村民会议三分之二以上成员或者三分之二以上村民代表的同意。承包合同中约定不得调整的，按照其约定。

调整方案通过之日起二十个工作日内，发包方应当将调整方案报乡（镇）人民政府和县级人民政府农业农村主管（农村经营管理）部门批准。

乡（镇）人民政府应当于二十个工作日内完成调整方案的审批，并报县级人民政府农业农村主管（农村经营管理）部门；县级人民政府农业农村主管（农村经营管理）部门应当于二十个工作日内完成调整方案的审批。乡（镇）人民政府、县级人民政府农业农村主管（农村经营管理）部门对违反法律、法规和规章规定的调整方案，应当及时通知发包方予以更正，并重新申请批准。

调整方案未经乡（镇）人民政府和县级人民政府农业农村主管（农村经营管理）部门批准的，发包方不得调整承包地。

第十八条 承包方自愿将部分或者全部承包地交回发包方的，承包方与发包方在该土地上的承包关系终止，承包期内其土地承包经营权部分或者全部消灭，并不得再要求承包土地。

承包方自愿交回承包地的，应当提前半年以书面形式通知发包方。承包方对其在承包地上投入而提高土地生产能力的，有权获得相应的补偿。交回承包地的其他补偿，由发包方和承包方协商确定。

第十九条 为了方便耕种或者各自需要，承包方之间可以互换属于同一集体经济组织的不同承包地块的土地承包经营权。

土地承包经营权互换的，应当签订书面合同，并向发包方备案。

承包方提交备案的互换合同，应当符合下列要求：

（一）互换双方是属于同一集体经济组织的农户；

（二）互换后的承包期限不超过承包期的剩余期限；

（三）法律、法规和规章规定的其他事项。

互换合同备案后，互换双方应当与发包方变更承包合同。

第二十条 经承包方申请和发包方同意，承包方可以将部分或者全部土地承包经营权转让给本集体经济组织的其他农户。

承包方转让土地承包经营权的，应当以书面形式向发包方提交申请。发包方同意转让的，承包方与受让方应当签订书面合同；发包方不同意转让的，应当于七日内向承包方书面说明理由。发包方无法定理由的，不得拒绝同意承包方的转让申请。未经发包方同意的，土地承包经营权转让合同无效。

土地承包经营权转让合同，应当符合下列要求：

（一）受让方是本集体经济组织的农户；

（二）转让后的承包期限不超过承包期的剩余期限；

（三）法律、法规和规章规定的其他事项。

土地承包经营权转让后，受让方应当与发包方签订承包合同。原承包方与发包方在该土地上的承包关系终止，承包期内其土地承包经营权部分或者全部消灭，并不得再要求承包土地。

第四章 承包档案和信息管理

第二十一条 承包合同管理工作中形成的，对国家、社会和个人有保存价值的文字、图表、声像、数据等各种形式和载体的材料，应当纳入农村土地承包档案管理。

县级以上地方人民政府农业农村主管（农村经营管理）部门、乡（镇）人民政府农村土地承包管理部门应当制定工作方案、健全档案工作管理制度、落实专项经费、指定工作人员、配备必要设施设备，确保农村土地承包档案完整与安全。

发包方应当将农村土地承包档案纳入村级档案管理。

第二十二条　承包合同管理工作中产生、使用和保管的数据，包括承包地权属数据、地理信息数据和其他相关数据等，应当纳入农村土地承包数据管理。

县级以上地方人民政府农业农村主管（农村经营管理）部门负责本行政区域内农村土地承包数据的管理，组织开展数据采集、使用、更新、保管和保密等工作，并向上级业务主管部门提交数据。

鼓励县级以上地方人民政府农业农村主管（农村经营管理）部门通过数据交换接口、数据抄送等方式与相关部门和机构实现承包合同数据互通共享，并明确使用、保管和保密责任。

第二十三条　县级以上地方人民政府农业农村主管（农村经营管理）部门应当加强农村土地承包合同管理信息化建设，按照统一标准和技术规范建立国家、省、市、县等互联互通的农村土地承包信息应用平台。

第二十四条　县级以上地方人民政府农业农村主管（农村经营管理）部门、乡（镇）人民政府农村土地承包管理部门应当利用农村土地承包信息应用平台，组织开展承包合同网签。

第二十五条　承包方、利害关系人有权依法查询、复制农村土地承包档案和农村土地承包数据的相关资料，发包方、乡（镇）人民政府农村土地承包管理部门、县级以上地方

人民政府农业农村主管（农村经营管理）部门应当依法提供。

第五章　土地承包经营权调查

第二十六条　土地承包经营权调查，应当查清发包方、承包方的名称，发包方负责人和承包方代表的姓名、身份证号码、住所，承包方家庭成员，承包地块的名称、坐落、面积、质量等级、土地用途等信息。

第二十七条　土地承包经营权调查应当按照农村土地承包经营权调查规程实施，一般包括准备工作、权属调查、地块测量、审核公示、勘误修正、结果确认、信息入库、成果归档等。

农村土地承包经营权调查规程由农业农村部制定。

第二十八条　土地承包经营权调查的成果，应当符合农村土地承包经营权调查规程的质量要求，并纳入农村土地承包信息应用平台统一管理。

第二十九条　县级以上地方人民政府农业农村主管（农村经营管理）部门、乡（镇）人民政府农村土地承包管理部门依法组织开展本行政区域内的土地承包经营权调查。

土地承包经营权调查可以依法聘请具有相应资质的单位开展。

第六章　法　律　责　任

第三十条　国家机关及其工作人员利用职权干涉承包合同的订立、变更、终止，给承包方造成损失的，应当依法承担损害赔偿等责任；情节严重的，由上级机关或者所在单位给予直接责任人员处分；构成犯罪的，依法追究刑事责任。

第三十一条　土地承包经营权调查、农村土地承包档案管理、农村土地承包数据管

理和使用过程中发生的违法行为,根据相关法律法规的规定予以处罚;构成犯罪的,依法追究刑事责任。

第七章 附 则

第三十二条 本办法所称农村土地,是指除林地、草地以外的,农民集体所有和国家所有依法由农民集体使用的耕地和其他依法用于农业的土地。

本办法所称承包合同,是指在家庭承包方式中,发包方和承包方依法签订的土地承包经营权合同。

第三十三条 本办法施行以前依法签订的承包合同继续有效。

第三十四条 本办法自 2023 年 5 月 1 日起施行。农业部 2003 年 11 月 14 日发布的《中华人民共和国农村土地承包经营权证管理办法》(农业部令第 33 号)同时废止。

商品房屋租赁管理办法

(2010 年 12 月 1 日住房和城乡建设部令第 6 号公布 自 2011 年 2 月 1 日起施行)

第一条 为加强商品房屋租赁管理,规范商品房屋租赁行为,维护商品房屋租赁双方当事人的合法权益,根据《中华人民共和国城市房地产管理法》等有关法律、法规,制定本办法。

第二条 城市规划区内国有土地上的商品房屋租赁(以下简称房屋租赁)及其监督管理,适用本办法。

第三条 房屋租赁应当遵循平等、自愿、合法和诚实信用原则。

第四条 国务院住房和城乡建设主管部门负责全国房屋租赁的指导和监督工作。

县级以上地方人民政府建设(房地产)主管部门负责本行政区域内房屋租赁的监督管理。

第五条 直辖市、市、县人民政府建设(房地产)主管部门应当加强房屋租赁管理规定和房屋使用安全知识的宣传,定期分区域公布不同类型房屋的市场租金水平等信息。

第六条 有下列情形之一的房屋不得出租:

(一)属于违法建筑的;

(二)不符合安全、防灾等工程建设强制性标准的;

(三)违反规定改变房屋使用性质的;

(四)法律、法规规定禁止出租的其他情形。

第七条 房屋租赁当事人应当依法订立租赁合同。房屋租赁合同的内容由当事人双方约定,一般应当包括以下内容:

(一)房屋租赁当事人的姓名(名称)和住所;

(二)房屋的坐落、面积、结构、附属设施、家具和家电等室内设施状况;

(三)租金和押金数额、支付方式;

(四)租赁用途和房屋使用要求;

(五)房屋和室内设施的安全性能;

(六)租赁期限;

(七)房屋维修责任;

(八)物业服务、水、电、燃气等相关费用的缴纳;

(九)争议解决办法和违约责任;

(十)其他约定。

房屋租赁当事人应当在房屋租赁合同中约定房屋被征收或者拆迁时的处理办法。

建设(房地产)管理部门可以会同工商行政管理部门制定房屋租赁合同示范文本,供当事人选用。

第八条 出租住房的,应当以原设计的房间为最小出租单位,人均租住建筑面积不得低于当地人民政府规定的最低标准。

厨房、卫生间、阳台和地下储藏室不得出租供人员居住。

第九条 出租人应当按照合同约定履行房屋的维修义务并确保房屋和室内设施安全。未及时修复损坏的房屋,影响承租人正常使用的,应当按照约定承担赔偿责任或者减少租金。

房屋租赁合同期内,出租人不得单方面随意提高租金水平。

第十条 承租人应当按照合同约定的租赁用途和使用要求合理使用房屋,不得擅自改动房屋承重结构和拆改室内设施,不得损害其他业主和使用人的合法权益。

承租人因使用不当等原因造成承租房屋和设施损坏的,承租人应当负责修复或者承担赔偿责任。

第十一条 承租人转租房屋的,应当经出租人书面同意。

承租人未经出租人书面同意转租的,出租人可以解除租赁合同,收回房屋并要求承租人赔偿损失。

第十二条 房屋租赁期间内,因赠与、析产、继承或者买卖转让房屋的,原房屋租赁合同继续有效。

承租人在房屋租赁期间死亡的,与其生前共同居住的人可以按照原租赁合同租赁该房屋。

第十三条 房屋租赁期间出租人出售租赁房屋的,应当在出售前合理期限内通知承租人,承租人在同等条件下有优先购买权。

第十四条 房屋租赁合同订立后三十日内,房屋租赁当事人应当到租赁房屋所在地直辖市、市、县人民政府建设(房地产)主管部门办理房屋租赁登记备案。

房屋租赁当事人可以书面委托他人办理房屋租赁登记备案。

第十五条 办理房屋租赁登记备案,房屋租赁当事人应当提交下列材料:

(一)房屋租赁合同;

(二)房屋租赁当事人身份证明;

(三)房屋所有权证书或者其他合法权属证明;

(四)直辖市、市、县人民政府建设(房地产)主管部门规定的其他材料。

房屋租赁当事人提交的材料应当真实、合法、有效,不得隐瞒真实情况或者提供虚假材料。

第十六条 对符合下列要求的,直辖市、市、县人民政府建设(房地产)主管部门应当在三个工作日内办理房屋租赁登记备案,向租赁当事人开具房屋租赁登记备案证明:

(一)申请人提交的申请材料齐全并且符合法定形式;

(二)出租人与房屋所有权证书或者其他合法权属证明记载的主体一致;

(三)不属于本办法第六条规定不得出租的房屋。

申请人提交的申请材料不齐全或者不符合法定形式的,直辖市、市、县人民政府建设(房地产)主管部门应当告知房屋租赁当事人需要补正的内容。

第十七条 房屋租赁登记备案证明应当载明出租人的姓名或者名称,承租人的姓名或者名称、有效身份证件种类和号码,出租房屋的坐落、租赁用途、租金数额、租赁期限等。

第十八条 房屋租赁登记备案证明遗失的,应当向原登记备案的部门补领。

第十九条 房屋租赁登记备案内容发生变化、续租或者租赁终止的,当事人应当在三十日内,到原租赁登记备案的部门办理房屋租赁登记备案的变更、延续或者注销手续。

第二十条 直辖市、市、县建设(房地产)主管部门应当建立房屋租赁登记备案信息系统,逐步实行房屋租赁合同网上登记备案,并纳入房地产市场信息系统。

房屋租赁登记备案记载的信息应当包含以下内容：

（一）出租人的姓名（名称）、住所；

（二）承租人的姓名（名称）、身份证件种类和号码；

（三）出租房屋的坐落、租赁用途、租金数额、租赁期限；

（四）其他需要记载的内容。

第二十一条 违反本办法第六条规定的，由直辖市、市、县人民政府建设（房地产）主管部门责令限期改正，对没有违法所得的，可处以五千元以下罚款；对有违法所得的，可以处以违法所得一倍以上三倍以下，但不超过三万元的罚款。

第二十二条 违反本办法第八条规定的，由直辖市、市、县人民政府建设（房地产）主管部门责令限期改正，逾期不改正的，可处以五千元以上三万元以下罚款。

第二十三条 违反本办法第十四条第一款、第十九条规定的，由直辖市、市、县人民政府建设（房地产）主管部门责令限期改正；个人逾期不改正的，处以一千元以下罚款；单位逾期不改正的，处以一千元以上一万元以下罚款。

第二十四条 直辖市、市、县人民政府建设（房地产）主管部门对符合本办法规定的房屋租赁登记备案申请不予办理、对不符合本办法规定的房屋租赁登记备案申请予以办理，或者对房屋租赁登记备案信息管理不当，给租赁当事人造成损失的，对直接负责的主管人员和其他直接责任人员依法给予处分；构成犯罪的，依法追究刑事责任。

第二十五条 保障性住房租赁按照国家有关规定执行。

第二十六条 城市规划区外国有土地上的房屋租赁和监督管理，参照本办法执行。

第二十七条 省、自治区、直辖市人民政府住房和城乡建设主管部门可以依据本办法制定实施细则。

第二十八条 本办法自 2011 年 2 月 1 日起施行，建设部 1995 年 5 月 9 日发布的《城市房屋租赁管理办法》（建设部令第 42 号）同时废止。

最高人民法院关于审理城镇房屋租赁合同纠纷案件具体应用法律若干问题的解释

（2009 年 6 月 22 日最高人民法院审判委员会第 1469 次会议通过 根据 2020 年 12 月 23 日最高人民法院审判委员会第 1823 次会议通过的《最高人民法院关于修改〈最高人民法院关于在民事审判工作中适用《中华人民共和国工会法》若干问题的解释〉等二十七件民事类司法解释的决定》修正 2020 年 12 月 29 日最高人民法院公告公布）

为正确审理城镇房屋租赁合同纠纷案件，依法保护当事人的合法权益，根据《中华人民共和国民法典》等法律规定，结合民事审判实践，制定本解释。

第一条 本解释所称城镇房屋，是指城市、镇规划区内的房屋。

乡、村庄规划区内的房屋租赁合同纠纷案件，可以参照本解释处理。但法律另有规定的，适用其规定。

当事人依照国家福利政策租赁公有住房、廉租住房、经济适用住房产生的纠纷案件，不适用本解释。

第二条 出租人就未取得建设工程规划许可证或者未按照建设工程规划许可证的规定建设的房屋，与承租人订立的租赁合同无效。但在一审法庭辩论终结前取得建设工程规划许可证或者经主管部门批准建设的，人民法院应当认定有效。

第三条　出租人就未经批准或者未按照批准内容建设的临时建筑,与承租人订立的租赁合同无效。但在一审法庭辩论终结前经主管部门批准建设的,人民法院应当认定有效。

租赁期限超过临时建筑的使用期限,超过部分无效。但在一审法庭辩论终结前经主管部门批准延长使用期限的,人民法院应当认定延长使用期限内的租赁期间有效。

第四条　房屋租赁合同无效,当事人请求参照合同约定的租金标准支付房屋占有使用费的,人民法院一般应予支持。

当事人请求赔偿因合同无效受到的损失,人民法院依照民法典第一百五十七条和本解释第七条、第十一条、第十二条的规定处理。

第五条　出租人就同一房屋订立数份租赁合同,在合同均有效的情况下,承租人均主张履行合同的,人民法院按照下列顺序确定履行合同的承租人:

(一)已经合法占有租赁房屋的;

(二)已经办理登记备案手续的;

(三)合同成立在先的。

不能取得租赁房屋的承租人请求解除合同、赔偿损失的,依照民法典的有关规定处理。

第六条　承租人擅自变动房屋建筑主体和承重结构或者扩建,在出租人要求的合理期限内仍不予恢复原状,出租人请求解除合同并要求赔偿损失的,人民法院依照民法典第七百一十一条的规定处理。

第七条　承租人经出租人同意装饰装修,租赁合同无效时,未形成附合的装饰装修物,出租人同意利用的,可折价归出租人所有;不同意利用的,可由承租人拆除。因拆除造成房屋毁损的,承租人应当恢复原状。

已形成附合的装饰装修物,出租人同意利用的,可折价归出租人所有;不同意利用的,由双方各自按照导致合同无效的过错分

担现值损失。

第八条　承租人经出租人同意装饰装修,租赁期间届满或者合同解除时,除当事人另有约定外,未形成附合的装饰装修物,可由承租人拆除。因拆除造成房屋毁损的,承租人应当恢复原状。

第九条　承租人经出租人同意装饰装修,合同解除时,双方对已形成附合的装饰装修物的处理没有约定的,人民法院按照下列情形分别处理:

(一)因出租人违约导致合同解除,承租人请求出租人赔偿剩余租赁期内装饰装修残值损失的,应予支持;

(二)因承租人违约导致合同解除,承租人请求出租人赔偿剩余租赁期内装饰装修残值损失的,不予支持。但出租人同意利用的,应在利用价值范围内予以适当补偿;

(三)因双方违约导致合同解除,剩余租赁期内的装饰装修残值损失,由双方根据各自的过错承担相应的责任;

(四)因不可归责于双方的事由导致合同解除的,剩余租赁期内的装饰装修残值损失,由双方按照公平原则分担。法律另有规定的,适用其规定。

第十条　承租人经出租人同意装饰装修,租赁期间届满时,承租人请求出租人补偿附合装饰装修费用的,不予支持。但当事人另有约定的除外。

第十一条　承租人未经出租人同意装饰装修或者扩建发生的费用,由承租人负担。出租人请求承租人恢复原状或者赔偿损失的,人民法院应予支持。

第十二条　承租人经出租人同意扩建,但双方对扩建费用的处理没有约定的,人民法院按照下列情形分别处理:

(一)办理合法建设手续的,扩建造价费用由出租人负担;

(二)未办理合法建设手续的,扩建造价

费用由双方按照过错分担。

第十三条 房屋租赁合同无效、履行期限届满或者解除，出租人请求负有腾房义务的次承租人支付逾期腾房占有使用费的，人民法院应予支持。

第十四条 租赁房屋在承租人按照租赁合同占有期限内发生所有权变动，承租人请求房屋受让人继续履行原租赁合同的，人民法院应予支持。但租赁房屋具有下列情形或者当事人另有约定的除外：

（一）房屋在出租前已设立抵押权，因抵押权人实现抵押权发生所有权变动的；

（二）房屋在出租前已被人民法院依法查封的。

第十五条 出租人与抵押权人协议折价、变卖租赁房屋偿还债务，应当在合理期限内通知承租人。承租人请求以同等条件优先购买房屋的，人民法院应予支持。

第十六条 本解释施行前已经终审，本解释施行后当事人申请再审或者按照审判监督程序决定再审的案件，不适用本解释。

最高人民法院关于审理融资租赁合同纠纷案件适用法律问题的解释

（2013年11月25日最高人民法院审判委员会第1597次会议通过 根据2020年12月23日最高人民法院审判委员会第1823次会议通过的《最高人民法院关于修改〈最高人民法院关于在民事审判工作中适用《中华人民共和国工会法》若干问题的解释〉等二十七件民事类司法解释的决定》修正 2020年12月29日最高人民法院公告公布）

为正确审理融资租赁合同纠纷案件，根据《中华人民共和国民法典》《中华人民共和国民事诉讼法》等法律的规定，结合审判实践，制定本解释。

一、融资租赁合同的认定

第一条 人民法院应当根据民法典第七百三十五条的规定，结合标的物的性质、价值、租金的构成以及当事人的合同权利和义务，对是否构成融资租赁法律关系作出认定。

对名为融资租赁合同，但实际不构成融资租赁法律关系的，人民法院应按照其实际构成的法律关系处理。

第二条 承租人将其自有物出卖给出租人，再通过融资租赁合同将租赁物从出租人处租回的，人民法院不应仅以承租人和出卖人系同一人为由认定不构成融资租赁法律关系。

二、合同的履行和租赁物的公示

第三条 承租人拒绝受领租赁物，未及时通知出租人，或者无正当理由拒绝受领租赁物，造成出租人损失，出租人向承租人主张损害赔偿的，人民法院应予支持。

第四条 出租人转让其在融资租赁合同项下的部分或者全部权利，受让方以此为由请求解除或者变更融资租赁合同的，人民法院不予支持。

三、合同的解除

第五条 有下列情形之一，出租人请求解除融资租赁合同的，人民法院应予支持：

（一）承租人未按照合同约定的期限和数额支付租金，符合合同约定的解除条件，经出租人催告后在合理期限内仍不支付的；

（二）合同对于欠付租金解除合同的情形没有明确约定，但承租人欠付租金达到两期

以上,或者数额达到全部租金百分之十五以上,经出租人催告后在合理期限内仍不支付的;

(三)承租人违反合同约定,致使合同目的不能实现的其他情形。

第六条 因出租人的原因致使承租人无法占有、使用租赁物,承租人请求解除融资租赁合同的,人民法院应予支持。

第七条 当事人在一审诉讼中仅请求解除融资租赁合同,未对租赁物的归属及损失赔偿提出主张的,人民法院可以向当事人进行释明。

四、违约责任

第八条 租赁物不符合融资租赁合同的约定且出租人实施了下列行为之一,承租人依照民法典第七百四十四条、第七百四十七条的规定,要求出租人承担相应责任的,人民法院应予支持:

(一)出租人在承租人选择出卖人、租赁物时,对租赁物的选定起决定作用的;

(二)出租人干预或者要求承租人按照出租人意愿选择出卖人或者租赁物的;

(三)出租人擅自变更承租人已经选定的出卖人或者租赁物的。

承租人主张其系依赖出租人的技能确定租赁物或者出租人干预选择租赁物的,对上述事实承担举证责任。

第九条 承租人逾期履行支付租金义务或者迟延履行其他付款义务,出租人按照融资租赁合同的约定要求承租人支付逾期利息、相应违约金的,人民法院应予支持。

第十条 出租人既请求承租人支付合同约定的全部未付租金又请求解除融资租赁合同的,人民法院应告知其依照民法典第七百五十二条的规定作出选择。

出租人请求承租人支付合同约定的全部未付租金,人民法院判决后承租人未予履行,

出租人再行起诉请求解除融资租赁合同、收回租赁物的,人民法院应予受理。

第十一条 出租人依照本解释第五条的规定请求解除融资租赁合同,同时请求收回租赁物并赔偿损失的,人民法院应予支持。

前款规定的损失赔偿范围为承租人全部未付租金及其他费用与收回租赁物价值的差额。合同约定租赁期间届满后租赁物归出租人所有的,损失赔偿范围还应包括融资租赁合同到期后租赁物的残值。

第十二条 诉讼期间承租人与出租人对租赁物的价值有争议的,人民法院可以按照融资租赁合同的约定确定租赁物价值;融资租赁合同未约定或者约定不明的,可以参照融资租赁合同约定的租赁物折旧以及合同到期后租赁物的残值确定租赁物价值。

承租人或者出租人认为依前款确定的价值严重偏离租赁物实际价值的,可以请求人民法院委托有资质的机构评估或者拍卖确定。

五、其他规定

第十三条 出卖人与买受人因买卖合同发生纠纷,或者出租人与承租人因融资租赁合同发生纠纷,当事人仅对其中一个合同关系提起诉讼,人民法院经审查后认为另一合同关系的当事人与案件处理结果有法律上的利害关系的,可以通知其作为第三人参加诉讼。

承租人与租赁物的实际使用人不一致,融资租赁合同当事人未对租赁物的实际使用人提起诉讼,人民法院经审查后认为租赁物的实际使用人与案件处理结果有法律上的利害关系的,可以通知其作为第三人参加诉讼。

承租人基于买卖合同和融资租赁合同直接向出卖人主张受领租赁物、索赔等买卖合同权利的,人民法院应通知出租人作为第三人参加诉讼。

第十四条 当事人因融资租赁合同租金

欠付争议向人民法院请求保护其权利的诉讼时效期间为三年,自租赁期限届满之日起计算。

第十五条 本解释自 2014 年 3 月 1 日起施行。《最高人民法院关于审理融资租赁合同纠纷案件若干问题的规定》(法发〔1996〕19 号)同时废止。

本解释施行后尚未终审的融资租赁合同纠纷案件,适用本解释;本解释施行前已经终审,当事人申请再审或者按照审判监督程序决定再审的,不适用本解释。

最高人民法院关于审理建设工程施工合同纠纷案件适用法律问题的解释(一)

(2020 年 12 月 25 日最高人民法院审判委员会第 1825 次会议通过 2020 年 12 月 29 日最高人民法院公告公布 自 2021 年 1 月 1 日起施行 法释〔2020〕25 号)

为正确审理建设工程施工合同纠纷案件,依法保护当事人合法权益,维护建筑市场秩序,促进建筑市场健康发展,根据《中华人民共和国民法典》《中华人民共和国建筑法》《中华人民共和国招标投标法》《中华人民共和国民事诉讼法》等相关法律规定,结合审判实践,制定本解释。

第一条 建设工程施工合同具有下列情形之一的,应当依据民法典第一百五十三条第一款的规定,认定无效:

(一)承包人未取得建筑业企业资质或者超越资质等级的;

(二)没有资质的实际施工人借用有资质的建筑施工企业名义的;

(三)建设工程必须进行招标而未招标或者中标无效的。

承包人因转包、违法分包建设工程与他人签订的建设工程施工合同,应当依据民法典第一百五十三条第一款及第七百九十一条第二款、第三款的规定,认定无效。

第二条 招标人和中标人另行签订的建设工程施工合同约定的工程范围、建设工期、工程质量、工程价款等实质性内容,与中标合同不一致,一方当事人请求按照中标合同确定权利义务的,人民法院应予支持。

招标人和中标人在中标合同之外就明显高于市场价格购买承建房产、无偿建设住房配套设施、让利、向建设单位捐赠财物等另行签订合同,变相降低工程价款,一方当事人以该合同背离中标合同实质性内容为由请求确认无效的,人民法院应予支持。

第三条 当事人以发包人未取得建设工程规划许可证等规划审批手续为由,请求确认建设工程施工合同无效的,人民法院应予支持,但发包人在起诉前取得建设工程规划许可证等规划审批手续的除外。

发包人能够办理审批手续而未办理,并以未办理审批手续为由请求确认建设工程施工合同无效的,人民法院不予支持。

第四条 承包人超越资质等级许可的业务范围签订建设工程施工合同,在建设工程竣工前取得相应资质等级,当事人请求按照无效合同处理的,人民法院不予支持。

第五条 具有劳务作业法定资质的承包人与总承包人、分包人签订的劳务分包合同,当事人请求确认无效的,人民法院依法不予支持。

第六条 建设工程施工合同无效,一方当事人请求对方赔偿损失的,应当就对方过错、损失大小、过错与损失之间的因果关系承担举证责任。

损失大小无法确定,一方当事人请求参照合同约定的质量标准、建设工期、工程价款支付时间等内容确定损失大小的,人民法院可以结合双方过错程度、过错与损失之间的因果关系等因素作出裁判。

第七条 缺乏资质的单位或者个人借用有资质的建筑施工企业名义签订建设工程施工合同，发包人请求出借方与借用方对建设工程质量不合格等因出借资质造成的损失承担连带赔偿责任的，人民法院应予支持。

第八条 当事人对建设工程开工日期有争议的，人民法院应当分别按照以下情形予以认定：

（一）开工日期为发包人或者监理人发出的开工通知载明的开工日期；开工通知发出后，尚不具备开工条件的，以开工条件具备的时间为开工日期；因承包人原因导致开工时间推迟的，以开工通知载明的时间为开工日期。

（二）承包人经发包人同意已经实际进场施工的，以实际进场施工时间为开工日期。

（三）发包人或者监理人未发出开工通知，亦无相关证据证明实际开工日期的，应当综合考虑开工报告、合同、施工许可证、竣工验收报告或者竣工验收备案表等载明的时间，并结合是否具备开工条件的事实，认定开工日期。

第九条 当事人对建设工程实际竣工日期有争议的，人民法院应当分别按照以下情形予以认定：

（一）建设工程经竣工验收合格的，以竣工验收合格之日为竣工日期；

（二）承包人已经提交竣工验收报告，发包人拖延验收的，以承包人提交验收报告之日为竣工日期；

（三）建设工程未经竣工验收，发包人擅自使用的，以转移占有建设工程之日为竣工日期。

第十条 当事人约定顺延工期应当经发包人或者监理人签证等方式确认，承包人虽未取得工期顺延的确认，但能够证明在合同约定的期限内向发包人或者监理人申请过工

期顺延且顺延事由符合合同约定，承包人以此为由主张工期顺延的，人民法院应予支持。

当事人约定承包人未在约定期限内提出工期顺延申请视为工期不顺延的，按照约定处理，但发包人在约定期限后同意工期顺延或者承包人提出合理抗辩的除外。

第十一条 建设工程竣工前，当事人对工程质量发生争议，工程质量经鉴定合格的，鉴定期间为顺延工期期间。

第十二条 因承包人的原因造成建设工程质量不符合约定，承包人拒绝修理、返工或者改建，发包人请求减少支付工程价款的，人民法院应予支持。

第十三条 发包人具有下列情形之一，造成建设工程质量缺陷，应当承担过错责任：

（一）提供的设计有缺陷；

（二）提供或者指定购买的建筑材料、建筑构配件、设备不符合强制性标准；

（三）直接指定分包人分包专业工程。

承包人有过错的，也应当承担相应的过错责任。

第十四条 建设工程未经竣工验收，发包人擅自使用后，又以使用部分质量不符合约定为由主张权利的，人民法院不予支持；但是承包人应当在建设工程的合理使用寿命内对地基基础工程和主体结构质量承担民事责任。

第十五条 因建设工程质量发生争议的，发包人可以以总承包人、分包人和实际施工人为共同被告提起诉讼。

第十六条 发包人在承包人提起的建设工程施工合同纠纷案件中，以建设工程质量不符合合同约定或者法律规定为由，就承包人支付违约金或者赔偿修理、返工、改建的合理费用等损失提出反诉的，人民法院可以合并审理。

第十七条 有下列情形之一，承包人请求发包人返还工程质量保证金的，人民法院应予支持：

（一）当事人约定的工程质量保证金返还期限届满；

（二）当事人未约定工程质量保证金返还期限的，自建设工程通过竣工验收之日起满二年；

（三）因发包人原因建设工程未按约定期限进行竣工验收的，自承包人提交工程竣工验收报告九十日后当事人约定的工程质量保证金返还期限届满；当事人未约定工程质量保证金返还期限的，自承包人提交工程竣工验收报告九十日后起满二年。

发包人返还工程质量保证金后，不影响承包人根据合同约定或者法律规定履行工程保修义务。

第十八条 因保修人未及时履行保修义务，导致建筑物毁损或者造成人身损害、财产损失的，保修人应当承担赔偿责任。

保修人与建筑物所有人或者发包人对建筑物毁损均有过错的，各自承担相应的责任。

第十九条 当事人对建设工程的计价标准或者计价方法有约定的，按照约定结算工程价款。

因设计变更导致建设工程的工程量或者质量标准发生变化，当事人对该部分工程价款不能协商一致的，可以参照签订建设工程施工合同时当地建设行政主管部门发布的计价方法或者计价标准结算工程价款。

建设工程施工合同有效，但建设工程经竣工验收不合格的，依照民法典第五百七十七条规定处理。

第二十条 当事人对工程量有争议的，按照施工过程中形成的签证等书面文件确认。承包人能够证明发包人同意其施工，但未能提供签证文件证明工程量发生的，可以按照当事人提供的其他证据确认实际发生的工程量。

第二十一条 当事人约定，发包人收到竣工结算文件后，在约定期限内不予答复，视为认可竣工结算文件的，按照约定处理。承包人请求按照竣工结算文件结算工程价款的，人民法院应予支持。

第二十二条 当事人签订的建设工程施工合同与招标文件、投标文件、中标通知书载明的工程范围、建设工期、工程质量、工程价款不一致，一方当事人请求将招标文件、投标文件、中标通知书作为结算工程价款的依据的，人民法院应予支持。

第二十三条 发包人将依法不属于必须招标的建设工程进行招标后，与承包人另行订立的建设工程施工合同背离中标合同的实质性内容，当事人请求以中标合同作为结算建设工程价款依据的，人民法院应予支持，但发包人与承包人因客观情况发生了在招标投标时难以预见的变化而另行订立建设工程施工合同的除外。

第二十四条 当事人就同一建设工程订立的数份建设工程施工合同均无效，但建设工程质量合格，一方当事人请求参照实际履行的合同关于工程价款的约定折价补偿承包人的，人民法院应予支持。

实际履行的合同难以确定，当事人请求参照最后签订的合同关于工程价款的约定折价补偿承包人的，人民法院应予支持。

第二十五条 当事人对垫资和垫资利息有约定，承包人请求按照约定返还垫资及其利息的，人民法院应予支持，但是约定的利息计算标准高于垫资时的同类贷款利率或者同期贷款市场报价利率的部分除外。

当事人对垫资没有约定的，按照工程欠款处理。

当事人对垫资利息没有约定，承包人请求支付利息的，人民法院不予支持。

第二十六条 当事人对欠付工程价款利息计付标准有约定的，按照约定处理。没有约定的，按照同期同类贷款利率或者同期贷款市场报价利率计息。

第二十七条　利息从应付工程价款之日开始计付。当事人对付款时间没有约定或者约定不明的,下列时间视为应付款时间:

(一)建设工程已实际交付的,为交付之日;

(二)建设工程没有交付的,为提交竣工结算文件之日;

(三)建设工程未交付,工程价款也未结算的,为当事人起诉之日。

第二十八条　当事人约定按照固定价结算工程价款,一方当事人请求对建设工程造价进行鉴定的,人民法院不予支持。

第二十九条　当事人在诉讼前已经对建设工程价款结算达成协议,诉讼中一方当事人申请对工程造价进行鉴定的,人民法院不予准许。

第三十条　当事人在诉讼前共同委托有关机构、人员对建设工程造价出具咨询意见,诉讼中一方当事人不认可该咨询意见申请鉴定的,人民法院应当准许,但双方当事人明确表示受该咨询意见约束的除外。

第三十一条　当事人对部分案件事实有争议的,仅对有争议的事实进行鉴定,但争议事实范围不能确定,或者双方当事人请求对全部事实鉴定的除外。

第三十二条　当事人对工程造价、质量、修复费用等专门性问题有争议,人民法院认为需要鉴定的,应当向负有举证责任的当事人释明。当事人经释明未申请鉴定,虽申请鉴定但未支付鉴定费用或者拒不提供相关材料的,应当承担举证不能的法律后果。

一审诉讼中负有举证责任的当事人未申请鉴定,虽申请鉴定但未支付鉴定费用或者拒不提供相关材料,二审诉讼中申请鉴定,人民法院认为确有必要的,应当依照民事诉讼法第一百七十条第一款第三项的规定处理。

第三十三条　人民法院准许当事人的鉴定申请后,应当根据当事人申请及查明案件事实的需要,确定委托鉴定的事项、范围、鉴定期限等,并组织当事人对争议的鉴定材料进行质证。

第三十四条　人民法院应当组织当事人对鉴定意见进行质证。鉴定人将当事人有争议且未经质证的材料作为鉴定依据的,人民法院应当组织当事人就该部分材料进行质证。经质证认为不能作为鉴定依据的,根据该材料作出的鉴定意见不得作为认定案件事实的依据。

第三十五条　与发包人订立建设工程施工合同的承包人,依据民法典第八百零七条的规定请求其承建工程的价款就工程折价或者拍卖的价款优先受偿的,人民法院应予支持。

第三十六条　承包人根据民法典第八百零七条规定享有的建设工程价款优先受偿权优于抵押权和其他债权。

第三十七条　装饰装修工程具备折价或者拍卖条件,装饰装修工程的承包人请求工程价款就该装饰装修工程折价或者拍卖的价款优先受偿的,人民法院应予支持。

第三十八条　建设工程质量合格,承包人请求其承建工程的价款就工程折价或者拍卖的价款优先受偿的,人民法院应予支持。

第三十九条　未竣工的建设工程质量合格,承包人请求其承建工程的价款就其承建工程部分折价或者拍卖的价款优先受偿的,人民法院应予支持。

第四十条　承包人建设工程价款优先受偿的范围依照国务院有关行政主管部门关于建设工程价款范围的规定确定。

承包人就逾期支付建设工程价款的利息、违约金、损害赔偿金等主张优先受偿的,人民法院不予支持。

第四十一条　承包人应当在合理期限内行使建设工程价款优先受偿权,但最长不得超过十八个月,自发包人应当给付建设工程价款之日起算。

第四十二条　发包人与承包人约定放弃或者限制建设工程价款优先受偿权,损害建筑工人利益,发包人根据该约定主张承包人不享有建设工程价款优先受偿权的,人民法院不予支持。

第四十三条　实际施工人以转包人、违法分包人为被告起诉的,人民法院应当依法受理。

实际施工人以发包人为被告主张权利的,人民法院应当追加转包人或者违法分包人为本案第三人,在查明发包人欠付转包人或者违法分包人建设工程价款的数额后,判决发包人在欠付建设工程价款范围内对实际施工人承担责任。

第四十四条　实际施工人依据民法典第五百三十五条规定,以转包人或者违法分包人怠于向发包人行使到期债权或者与该债权有关的从权利,影响其到期债权实现,提起代位权诉讼的,人民法院应予支持。

第四十五条　本解释自 2021 年 1 月 1 日起施行。

最高人民法院关于审理技术合同纠纷案件适用法律若干问题的解释

（2004 年 11 月 30 日最高人民法院审判委员会第 1335 次会议通过　根据 2020 年 12 月 23 日最高人民法院审判委员会第 1823 次会议通过的《最高人民法院关于修改〈最高人民法院关于审理侵犯专利权纠纷案件应用法律若干问题的解释(二)〉等十八件知识产权类司法解释的决定》修正　2020 年 12 月 29 日最高人民法院公告公布）

为了正确审理技术合同纠纷案件,根据《中华人民共和国民法典》《中华人民共和国专利法》和《中华人民共和国民事诉讼法》等法律的有关规定,结合审判实践,现就有关问题作出以下解释。

一、一般规定

第一条　技术成果,是指利用科学技术知识、信息和经验作出的涉及产品、工艺、材料及其改进等的技术方案,包括专利、专利申请、技术秘密、计算机软件、集成电路布图设计、植物新品种等。

技术秘密,是指不为公众所知悉、具有商业价值并经权利人采取相应保密措施的技术信息。

第二条　民法典第八百四十七条第二款所称"执行法人或者非法人组织的工作任务",包括:

(一)履行法人或者非法人组织的岗位职责或者承担其交付的其他技术开发任务;

(二)离职后一年内继续从事与其原所在法人或者非法人组织的岗位职责或者交付的任务有关的技术开发工作,但法律、行政法规另有规定的除外。

法人或者非法人组织与其职工就职工在职期间或者离职以后所完成的技术成果的权益有约定的,人民法院应当依约定确认。

第三条　民法典第八百四十七条第二款所称"物质技术条件",包括资金、设备、器材、原材料、未公开的技术信息和资料等。

第四条　民法典第八百四十七条第二款所称"主要是利用法人或者非法人组织的物质技术条件",包括职工在技术成果的研究开发过程中,全部或者大部分利用了法人或者非法人组织的资金、设备、器材或者原材料等物质条件,并且这些物质条件对形成该技术成果具有实质性的影响;还包括该技术成果实质性内容是在法人或者非法人组织尚未公开的技术成果、阶段性技术成果基础上完成的情形。但下列情况除外：

（一）对利用法人或者非法人组织提供的物质技术条件，约定返还资金或者交纳使用费的；

（二）在技术成果完成后利用法人或者非法人组织的物质技术条件对技术方案进行验证、测试的。

第五条 个人完成的技术成果，属于执行原所在法人或者非法人组织的工作任务，又主要利用了现所在法人或者非法人组织的物质技术条件的，应当按照该自然人原所在和现所在法人或者非法人组织达成的协议确认权益。不能达成协议的，根据对完成该项技术成果的贡献大小由双方合理分享。

第六条 民法典第八百四十七条所称"职务技术成果的完成人"、第八百四十八条所称"完成技术成果的个人"，包括对技术成果单独或者共同作出创造性贡献的人，也即技术成果的发明人或者设计人。人民法院在对创造性贡献进行认定时，应当分解所涉及技术成果的实质性技术构成。提出实质性技术构成并由此实现技术方案的人，是作出创造性贡献的人。

提供资金、设备、材料、试验条件，进行组织管理，协助绘制图纸、整理资料、翻译文献等人员，不属于职务技术成果的完成人、完成技术成果的个人。

第七条 不具有民事主体资格的科研组织订立的技术合同，经法人或者非法人组织授权或者认可的，视为法人或者非法人组织订立的合同，由法人或者非法人组织承担责任；未经法人或者非法人组织授权或者认可的，由该科研组织成员共同承担责任，但法人或者非法人组织因该合同受益的，应当在其受益范围内承担相应责任。

前款所称不具有民事主体资格的科研组织，包括法人或者非法人组织设立的从事技术研究开发、转让等活动的课题组、工作室等。

第八条 生产产品或者提供服务依法须经有关部门审批或者取得行政许可，而未经审批或者许可的，不影响当事人订立的相关技术合同的效力。

当事人对办理前款所称审批或者许可的义务没有约定或者约定不明确的，人民法院应当判令由实施技术的一方负责办理，但法律、行政法规另有规定的除外。

第九条 当事人一方采取欺诈手段，就其现有技术成果作为研究开发标的与他人订立委托开发合同收取研究开发费用，或者就同一研究开发课题先后与两个或者两个以上的委托人分别订立委托开发合同重复收取研究开发费用，使对方在违背真实意思的情况下订立的合同，受损害方依照民法典第一百四十八条规定请求撤销合同的，人民法院应当予以支持。

第十条 下列情形，属于民法典第八百五十条所称的"非法垄断技术"：

（一）限制当事人一方在合同标的技术基础上进行新的研究开发或者限制其使用所改进的技术，或者双方交换改进技术的条件不对等，包括要求一方将其自行改进的技术无偿提供给对方、非互惠性转让给对方、无偿独占或者共享该改进技术的知识产权；

（二）限制当事人一方从其他来源获得与技术提供方类似技术或者与其竞争的技术；

（三）阻碍当事人一方根据市场需求，按照合理方式充分实施合同标的技术，包括明显不合理地限制技术接受方实施合同标的技术生产产品或者提供服务的数量、品种、价格、销售渠道和出口市场；

（四）要求技术接受方接受并非实施技术必不可少的附带条件，包括购买非必需的技术、原材料、产品、设备、服务以及接收非必需的人员等；

（五）不合理地限制技术接受方购买原材料、零部件、产品或者设备等的渠道或者来源；

（六）禁止技术接受方对合同标的技术知识产权的有效性提出异议或者对提出异议附加条件。

第十一条 技术合同无效或者被撤销后，技术开发合同研究开发人、技术转让合同让与人、技术许可合同许可人、技术咨询合同和技术服务合同的受托人已经履行或者部分履行了约定的义务，并且造成合同无效或者被撤销的过错在对方的，对其已履行部分应当收取的研究开发经费、技术使用费、提供咨询服务的报酬，人民法院可以认定为因对方原因导致合同无效或者被撤销给其造成的损失。

技术合同无效或者被撤销后，因履行合同所完成新的技术成果或者在他人技术成果基础上完成后续改进技术成果的权利归属和利益分享，当事人不能重新协议确定的，人民法院可以判决由完成技术成果的一方享有。

第十二条 根据民法典第八百五十条的规定，侵害他人技术秘密的技术合同被确认无效后，除法律、行政法规另有规定的以外，善意取得该技术秘密的一方当事人可以在其取得时的范围内继续使用该技术秘密，但应当向权利人支付合理的使用费并承担保密义务。

当事人双方恶意串通或者一方知道或者应当知道另一方侵权仍与其订立或者履行合同的，属于共同侵权，人民法院应当判令侵权人承担连带赔偿责任和保密义务，因此取得技术秘密的当事人不得继续使用该技术秘密。

第十三条 依照前条第一款规定可以继续使用技术秘密的人与权利人就使用费支付发生纠纷的，当事人任何一方都可以请求人民法院予以处理。继续使用技术秘密但又拒不支付使用费的，人民法院可以根据权利人的请求判令使用人停止使用。

人民法院在确定使用费时，可以根据权利人通常对外许可该技术秘密的使用费或者使用人取得该技术秘密所支付的使用费，并考虑该技术秘密的研究开发成本、成果转化和应用程度以及使用人的使用规模、经济效益等因素合理确定。

不论使用人是否继续使用技术秘密，人民法院均应当判令其向权利人支付已使用期间的使用费。使用人已向无效合同的让与人或者许可人支付的使用费应当由让与人或者许可人负责返还。

第十四条 对技术合同的价款、报酬和使用费，当事人没有约定或者约定不明确的，人民法院可以按照以下原则处理：

（一）对于技术开发合同和技术转让合同、技术许可合同，根据有关技术成果的研究开发成本、先进性、实施转化和应用的程度，当事人享有的权益和承担的责任，以及技术成果的经济效益等合理确定；

（二）对于技术咨询合同和技术服务合同，根据有关咨询服务工作的技术含量、质量和数量，以及已经产生和预期产生的经济效益等合理确定。

技术合同价款、报酬、使用费中包含非技术性款项的，应当分项计算。

第十五条 技术合同当事人一方迟延履行主要债务，经催告后在 30 日内仍未履行，另一方依据民法典第五百六十三条第一款第（三）项的规定主张解除合同的，人民法院应当予以支持。

当事人在催告通知中附有履行期限且该期限超过 30 日的，人民法院应当认定该履行期限为民法典第五百六十三条第一款第（三）项规定的合理期限。

第十六条 当事人以技术成果向企业出资但未明确约定权属，接受出资的企业主张该技术成果归其享有的，人民法院一般应当予以支持，但是该技术成果价值与该技术成果所占出资额比例明显不合理损害出资人利益的除外。

当事人对技术成果的权属约定有比例的，视为共同所有，其权利使用和利益分配，按共有技术成果的有关规定处理，但当事人另有约定的，从其约定。

当事人对技术成果的使用权约定有比例的，人民法院可以视为当事人对实施该项技术成果所获收益的分配比例，但当事人另有约定的，从其约定。

二、技术开发合同

第十七条 民法典第八百五十一条第一款所称"新技术、新产品、新工艺、新品种或者新材料及其系统"，包括当事人在订立技术合同时尚未掌握的产品、工艺、材料及其系统等技术方案，但对技术上没有创新的现有产品的改型、工艺变更、材料配方调整以及对技术成果的验证、测试和使用除外。

第十八条 民法典第八百五十一条第四款规定的"当事人之间就具有实用价值的科技成果实施转化订立的"技术转化合同，是指当事人之间就具有实用价值但尚未实现工业化应用的科技成果包括阶段性技术成果，以实现该科技成果工业化应用为目标，约定后续试验、开发和应用等内容的合同。

第十九条 民法典第八百五十五条所称"分工参与研究开发工作"，包括当事人按照约定的计划和分工，共同或者分别承担设计、工艺、试验、试制等工作。

技术开发合同当事人一方仅提供资金、设备、材料等物质条件或者承担辅助协作事项，另一方进行研究开发工作的，属于委托开发合同。

第二十条 民法典第八百六十一条所称"当事人均有使用和转让的权利"，包括当事人均有不经对方同意而自己使用或者以普通使用许可的方式许可他人使用技术秘密，并独占由此所获利益的权利。当事人一方将技术秘密成果的转让权让与他人，或者以独占或者排他使用许可的方式许可他人使用技术秘密，未经对方当事人同意或者追认的，应当认定该让与或者许可行为无效。

第二十一条 技术开发合同当事人依照民法典的规定或者约定自行实施专利或使用技术秘密，但因其不具备独立实施专利或者使用技术秘密的条件，以一个普通许可方式许可他人实施或者使用的，可以准许。

三、技术转让合同和技术许可合同

第二十二条 就尚待研究开发的技术成果或者不涉及专利、专利申请或者技术秘密的知识、技术、经验和信息所订立的合同，不属于民法典第八百六十二条规定的技术转让合同或者技术许可合同。

技术转让合同中关于让与人向受让人提供实施技术的专用设备、原材料或者提供有关的技术咨询、技术服务的约定，属于技术转让合同的组成部分。因此发生的纠纷，按照技术转让合同处理。

当事人以技术入股方式订立联营合同，但技术入股人不参与联营体的经营管理，并且以保底条款形式约定联营体或者联营对方支付其技术价款或者使用费的，视为技术转让合同或者技术许可合同。

第二十三条 专利申请权转让合同当事人以专利申请被驳回或者被视为撤回为由请求解除合同，该事实发生在依照专利法第十条第三款的规定办理专利申请权转让登记之前的，人民法院应当予以支持；发生在转让登记之后的，不予支持，但当事人另有约定的除外。

专利申请因专利申请权转让合同成立时即存在尚未公开的同样发明创造的在先专利申请被驳回，当事人依据民法典第五百六十三条第一款第（四）项的规定请求解除合同的，人民法院应当予以支持。

第二十四条 订立专利权转让合同或者专利申请权转让合同前，让与人自己已经实施发明创造，在合同生效后，受让人要求让与人停止实施的，人民法院应当予以支持，但当事人另有约定的除外。

让与人与受让人订立的专利权、专利申请权转让合同，不影响在合同成立前让与人与他人订立的相关专利实施许可合同或者技术秘密转让合同的效力。

第二十五条 专利实施许可包括以下方式：

（一）独占实施许可，是指许可人在约定许可实施专利的范围内，将该专利仅许可一个被许可人实施，许可人依约定不得实施该专利；

（二）排他实施许可，是指许可人在约定许可实施专利的范围内，将该专利仅许可一个被许可人实施，但许可人依约定可以自行实施该专利；

（三）普通实施许可，是指许可人在约定许可实施专利的范围内许可他人实施该专利，并且可以自行实施该专利。

当事人对专利实施许可方式没有约定或者约定不明确的，认定为普通实施许可。专利实施许可合同约定被许可人可以再许可他人实施专利的，认定该再许可为普通实施许可，但当事人另有约定的除外。

技术秘密的许可使用方式，参照本条第一、二款的规定确定。

第二十六条 专利实施许可合同许可人负有在合同有效期内维持专利权有效的义务，包括依法缴纳专利年费和积极应对他人提出宣告专利权无效的请求，但当事人另有约定的除外。

第二十七条 排他实施许可合同许可人不具备独立实施其专利的条件，以一个普通许可的方式许可他人实施专利的，人民法院可以认定为许可人自己实施专利，但当事人另有约定的除外。

第二十八条 民法典第八百六十四条所称"实施专利或者使用技术秘密的范围"，包括实施专利或者使用技术秘密的期限、地域、方式以及接触技术秘密的人员等。

当事人对实施专利或者使用技术秘密的期限没有约定或者约定不明确的，受让人、被许可人实施专利或者使用技术秘密不受期限限制。

第二十九条 当事人之间就申请专利的技术成果所订立的许可使用合同，专利申请公开以前，适用技术秘密许可合同的有关规定；发明专利申请公开以后、授权以前，参照适用专利实施许可合同的有关规定；授权以后，原合同即为专利实施许可合同，适用专利实施许可合同的有关规定。

人民法院不以当事人就已经申请专利但尚未授权的技术订立专利实施许可合同为由，认定合同无效。

四、技术咨询合同和技术服务合同

第三十条 民法典第八百七十八条第一款所称"特定技术项目"，包括有关科学技术与经济社会协调发展的软科学研究项目，促进科技进步和管理现代化、提高经济效益和社会效益等运用科学知识和技术手段进行调查、分析、论证、评价、预测的专业性技术项目。

第三十一条 当事人对技术咨询合同委托人提供的技术资料和数据或者受托人提出的咨询报告和意见未约定保密义务，当事人一方引用、发表或者向第三人提供的，不认定为违约行为，但侵害对方当事人对此享有的合法权益的，应当依法承担民事责任。

第三十二条 技术咨询合同受托人发现委托人提供的资料、数据等有明显错误或者缺陷,未在合理期限内通知委托人的,视为其对委托人提供的技术资料、数据等予以认可。委托人在接到受托人的补正通知后未在合理期限内答复并予补正的,发生的损失由委托人承担。

第三十三条 民法典第八百七十八条第二款所称"特定技术问题",包括需要运用专业技术知识、经验和信息解决的有关改进产品结构、改良工艺流程、提高产品质量、降低产品成本、节约资源能耗、保护资源环境、实现安全操作、提高经济效益和社会效益等专业技术问题。

第三十四条 当事人一方以技术转让或者技术许可的名义提供已进入公有领域的技术,或者在技术转让合同、技术许可合同履行过程中合同标的技术进入公有领域,但是技术提供方进行技术指导、传授技术知识,为对方解决特定技术问题符合约定条件的,按照技术服务合同处理,约定的技术转让费、使用费可以视为提供技术服务的报酬和费用,但是法律、行政法规另有规定的除外。

依照前款规定,技术转让费或者使用费视为提供技术服务的报酬和费用明显不合理的,人民法院可以根据当事人的请求合理确定。

第三十五条 技术服务合同受托人发现委托人提供的资料、数据、样品、材料、场地等工作条件不符合约定,未在合理期限内通知委托人的,视为其对委托人提供的工作条件予以认可。委托人在接到受托人的补正通知后未在合理期限内答复并予补正的,发生的损失由委托人承担。

第三十六条 民法典第八百八十七条规定的"技术培训合同",是指当事人一方委托另一方对指定的学员进行特定项目的专业技术训练和技术指导所订立的合同,不包括职业培训、文化学习和按照行业、法人或者非法人组织的计划进行的职工业余教育。

第三十七条 当事人对技术培训必需的场地、设施和试验条件等工作条件的提供和管理责任没有约定或者约定不明确的,由委托人负责提供和管理。

技术培训合同委托人派出的学员不符合约定条件,影响培训质量的,由委托人按照约定支付报酬。

受托人配备的教员不符合约定条件,影响培训质量,或者受托人未按照计划和项目进行培训,导致不能实现约定培训目标的,应当减收或者免收报酬。

受托人发现学员不符合约定条件或者委托人发现教员不符合约定条件,未在合理期限内通知对方,或者接到通知的一方未在合理期限内按约定改派的,应当由负有履行义务的当事人承担相应的民事责任。

第三十八条 民法典第八百八十七条规定的"技术中介合同",是指当事人一方以知识、技术、经验和信息为另一方与第三人订立技术合同进行联系、介绍以及对履行合同提供专门服务所订立的合同。

第三十九条 中介人从事中介活动的费用,是指中介人在委托人和第三人订立技术合同前,进行联系、介绍活动所支出的通信、交通和必要的调查研究等费用。中介人的报酬,是指中介人为委托人与第三人订立技术合同以及对履行该合同提供服务应当得到的收益。

当事人对中介人从事中介活动的费用负担没有约定或者约定不明确的,由中介人承担。当事人约定该费用由委托人承担但未约定具体数额或者计算方法的,由委托人支付中介人从事中介活动支出的必要费用。

当事人对中介人的报酬数额没有约定或者约定不明确的,应当根据中介人所进行的劳务合理确定,并由委托人承担。仅在委托人与第三人订立的技术合同中约定中介条款,但未约定给付中介人报酬或者约定不明确的,应当支付的报酬由委托人和第三人平均承担。

第四十条 中介人未促成委托人与第三人之间的技术合同成立的,其要求支付报酬的请求,人民法院不予支持;其要求委托人支付其从事中介活动必要费用的请求,应当予以支持,但当事人另有约定的除外。

中介人隐瞒与订立技术合同有关的重要事实或者提供虚假情况,侵害委托人利益的,应当根据情况免收报酬并承担赔偿责任。

第四十一条 中介人对造成委托人与第三人之间的技术合同的无效或者被撤销没有过错,并且该技术合同的无效或者被撤销不影响有关中介条款或者技术中介合同继续有效,中介人要求按照约定或者本解释的有关规定给付从事中介活动的费用和报酬的,人民法院应当予以支持。

中介人收取从事中介活动的费用和报酬不应当被视为委托人与第三人之间的技术合同纠纷中一方当事人的损失。

五、与审理技术合同纠纷有关的程序问题

第四十二条 当事人将技术合同和其他合同内容或者将不同类型的技术合同内容订立在一个合同中的,应当根据当事人争议的权利义务内容,确定案件的性质和案由。

技术合同名称与约定的权利义务关系不一致的,应当按照约定的权利义务内容,确定合同的类型和案由。

技术转让合同或者技术许可合同中约定让与人或者许可人负责包销或者回购受让人、被许可人实施合同标的技术制造的产品,仅因让与人或者许可人不履行或者不能全部履行包销或者回购义务引起纠纷,不涉及技术问题的,应当按照包销或者回购条款约定的权利义务内容确定案由。

第四十三条 技术合同纠纷案件一般由中级以上人民法院管辖。

各高级人民法院根据本辖区的实际情况并报经最高人民法院批准,可以指定若干基层人民法院管辖第一审技术合同纠纷案件。

其他司法解释对技术合同纠纷案件管辖另有规定的,从其规定。

合同中既有技术合同内容,又有其他合同内容,当事人就技术合同内容和其他合同内容均发生争议的,由具有技术合同纠纷案件管辖权的人民法院受理。

第四十四条 一方当事人以诉讼争议的技术合同侵害他人技术成果为由请求确认合同无效,或者人民法院在审理技术合同纠纷中发现可能存在该无效事由的,人民法院应当依法通知有关利害关系人,其可以作为有独立请求权的第三人参加诉讼或者依法向有管辖权的人民法院另行起诉。

利害关系人在接到通知后15日内不提起诉讼的,不影响人民法院对案件的审理。

第四十五条 第三人向受理技术合同纠纷案件的人民法院就合同标的技术提出权属或者侵权请求时,受诉人民法院对此也有管辖权的,可以将权属或者侵权纠纷与合同纠纷合并审理;受诉人民法院对此没有管辖权的,应当告知其向有管辖权的人民法院另行起诉或者将已经受理的权属或者侵权纠纷案件移送有管辖权的人民法院。权属或者侵权纠纷另案受理后,合同纠纷应当中止诉讼。

专利实施许可合同诉讼中,被许可人或者第三人向国家知识产权局请求宣告专利权无效的,人民法院可以不中止诉讼。在案件审理过程中专利权被宣告无效的,按照专利法第四十七条第二款和第三款的规定处理。

六、其 他

第四十六条 计算机软件开发等合同争

议,著作权法以及其他法律、行政法规另有规定的,依照其规定;没有规定的,适用民法典第三编第一分编的规定,并可以参照民法典第三编第二分编第二十章和本解释的有关规定处理。

第四十七条　本解释自 2005 年 1 月 1 日起施行。

全国法院知识产权审判工作会议关于审理技术合同纠纷案件若干问题的纪要(节录)

(2001 年 6 月 19 日　法〔2001〕84 号)

……

一、一般规定

(一)技术成果和技术秘密

1. 合同法第十八章所称技术成果,是指利用科学技术知识、信息和经验作出的产品、工艺、材料及其改进等技术方案,包括专利、专利申请、技术秘密和其他能够取得知识产权的技术成果(如植物新品种、计算机软件、集成电路布图设计和新药成果等)。

2. 合同法第十八章所称的技术秘密,是指不为公众所知悉、能为权利人带来经济利益、具有实用性并经权利人采取保密措施的技术信息。

前款所称不为公众所知悉,是指该技术信息的整体或者精确的排列组合或者要素,并非为通常涉及该信息有关范围的人所普遍知道或者容易获得;能为权利人带来经济利益、具有实用性,是指该技术信息因属于秘密而具有商业价值,能够使拥有者获得经济利益或者获得竞争优势;权利人采取保密措施,是指该技术信息的合法拥有者根据有关情况采取的合理措施,在正常情况下可以使该技术信息得以保密。

合同法所称技术秘密与技术秘密成果是同义语。

(二)职务技术成果与非职务技术成果

3. 法人或者其他组织与其职工在劳动合同或者其他协议中就职工在职期间或者离职以后所完成的技术成果的权益有约定的,依其约定确认。但该约定依法应当认定为无效或者依法被撤销、解除的除外。

4. 合同法第三百二十六条第二款所称执行法人或者其他组织的工作任务,是指:

(1)职工履行本岗位职责或者承担法人或者其他组织交付的其他科学研究和技术开发任务。

(2)离职、退职、退休后一年内继续从事与其原所在法人或者其他组织的岗位职责或者交付的任务有关的科学研究和技术开发,但法律、行政法规另有规定或者当事人另有约定的除外。

前款所称岗位职责,是指根据法人或者其他组织的规定,职工所在岗位的工作任务和责任范围。

5. 合同法第三百二十六条第二款所称物质技术条件,是指资金、设备、器材、原材料、未公开的技术信息和资料。

合同法第三百二十六条第二款所称主要利用法人或者其他组织的物质技术条件,是指职工在完成技术成果的研究开发过程中,全部或者大部分利用了法人或者其他组织的资金、设备、器材或者原材料,或者该技术成果的实质性内容是在该法人或者其他组织尚未公开的技术成果、阶段性技术成果或者关键技术的基础上完成的。但对利用法人或者其他组织提供的物质技术条件,约定返还资金或者交纳使用费的除外。

在研究开发过程中利用法人或者其他组织已对外公开或者已为本领域普通技术人员公知的技术信息,或者在技术成果完成后利用法人或者其他组织的物质条件对技术方案进行验证、测试的,不属于主要利用法人或者其他组织的物质技术条件。

6. 完成技术成果的个人既执行了原所在法人或者其他组织的工作任务,又就同一科学研究或者技术开发课题主要利用了现所在法人或者其他组织的物质技术条件所完成的技术成果的权益,由其原所在法人或者其他组织和现所在法人或者其他组织协议确定,不能达成协议的,由双方合理分享。

7. 职工于本岗位职责或者其所在法人或者其他组织交付的任务之外从事业余兼职活动或者与他人合作完成的技术成果的权益,按照其与聘用人(兼职单位)或者合作人的约定确认。没有约定或者约定不明确,依照合同法第六十一条的规定不能达成补充协议的,按照合同法第三百二十六条和第三百二十七条的规定确认。

依照前款规定处理时不得损害职工所在的法人或者其他组织的技术权益。

8. 合同法第三百二十六条和第三百二十七条所称完成技术成果的个人,是指对技术成果单独或者共同作出创造性贡献的人,不包括仅提供资金、设备、材料、试验条件的人员,进行组织管理的人员,协助绘制图纸、整理资料、翻译文献等辅助服务人员。

判断创造性贡献时,应当分解技术成果的实质性技术构成,提出实质性技术构成和由此实现技术方案的人是作出创造性贡献的人。对技术成果做出创造性贡献的人为发明人或者设计人。

(三)技术合同的主体

9. 法人或者其他组织设立的从事技术研究开发、转让等活动的不具有民事主体资格的科研组织(包括课题组、工作室等)订立的技术合同,经法人或者其他组织授权或者认可的,视为法人或者其他组织订立的合同,由法人或者其他组织承担责任;未经法人或者其他组织授权或者认可的,由该科研组织

成员共同承担责任,但法人或者其他组织因该合同受益的,应当在其受益范围内承担相应的责任。

(四)技术合同的效力

10. 技术合同不因下列事由无效:

(1)合同标的技术未经技术鉴定;

(2)技术合同未经登记或者未向有关部门备案;

(3)以已经申请专利尚未授予专利权的技术订立专利实施许可合同。

11. 技术合同内容有下列情形的,属于合同法第三百二十九条所称"非法垄断技术,妨碍技术进步":

(1)限制另一方在合同标的技术的基础上进行新的研究开发,或者双方交换改进技术的条件不对等,包括要求一方将其自行改进的技术无偿地提供给对方、非互惠性的转让给对方、无偿地独占或者共享该改进技术的知识产权;

(2)限制另一方从其他来源吸收技术;

(3)阻碍另一方根据市场的需求,按照合理的方式充分实施合同标的技术,包括不合理地限制技术接受方实施合同标的技术生产产品或者提供服务的数量、品种、价格、销售渠道和出口市场;

(4)要求技术接受方接受并非实施技术必不可少的附带条件,包括购买技术接受方并不需要的技术、服务、原材料、设备或者产品等和接收技术接受方并不需要的人才等;

(5)不合理地限制技术接受方自由选择从不同来源购买原材料、零部件或者设备等;

(6)禁止技术接受方对合同标的技术的知识产权的有效性提出异议的条件。

12. 技术合同内容有下列情形的,属于合同法第三百二十九条所称侵害他人技术成果:

(1)侵害他人专利权、专利申请权、专利实施权的;

（2）侵害他人技术秘密成果使用权、转让权的；

（3）侵害他人植物新品种权、植物新品种申请权、植物新品种实施权的；

（4）侵害他人计算机软件著作权、集成电路布图设计权、新药成果权等技术成果权的；

（5）侵害他人发明权、发现权以及其他科技成果权的。

侵害他人发明权、发现权以及其他科技成果权等技术成果完成人人身权利的合同，合同部分无效，不影响其他部分效力的，其他部分仍然有效。

13. 当事人使用或者转让其独立研究开发或者以其他正当方式取得的与他人的技术秘密相同或者近似的技术秘密的，不属于合同法第三百二十九条所称侵害他人技术成果。

通过合法的参观访问或者对合法取得的产品进行拆卸、测绘、分析等反向工程手段掌握相关技术的，属于前款所称以其他正当方式取得。但法律另有规定或者当事人另有约定的除外。

14. 除当事人另有约定或者技术成果的权利人追认的以外，技术秘密转让合同和专利实施许可合同的受让人，将合同标的技术向他人转让而订立的合同无效。

15. 技术转让合同中既有专利权转让或者专利实施许可内容，又有技术秘密转让内容，专利权被宣告无效或者技术秘密被他人公开的，不影响合同中另一部分内容的效力。但当事人另有约定的除外。

16. 当事人一方采取欺诈手段，就其现有技术成果作为研究开发标的与他人订立委托开发合同收取研究开发费用，或者就同一研究开发课题先后与两个或者两个以上的委托人分别订立委托开发合同重复收取研究开发费用的，受损害方可以依照合同法第五十四条第二款的规定请求变更或者撤销合同，但属于合同法第五十二条和第三百二十九条规定的情形应当对合同作无效处理的除外。

17. 技术合同无效或者被撤销后，研究开发人、让与人、受托人已经履行了约定的义务，且造成合同无效或者被撤销的过错在对方的，其按约定应当收取的研究开发经费、技术使用费和提供咨询服务的报酬，可以视为因对方原因导致合同无效或者被撤销给其造成的损失。

18. 技术合同无效或者被撤销后，当事人因合同取得的技术资料、样品、样机等技术载体应当返还权利人，并不得保留复制品；涉及技术秘密的，当事人依法负有保密义务。

19. 技术合同无效或者被撤销后，因履行合同所完成的新的技术成果或者在他人技术成果的基础上完成的后续改进部分的技术成果的权利归属和利益分享，当事人不能重新协议确定的，由完成技术成果的一方当事人享有。

20. 侵害他人技术秘密成果使用权、转让权的技术合同无效后，除法律、行政法规另有规定的以外，善意、有偿取得该技术秘密的一方可以继续使用该技术秘密，但应当向权利人支付合理的使用费并承担保密义务。除与权利人达成协议以外，善意取得的一方（使用人）继续使用该技术秘密不得超过其取得时确定的使用范围。当事人双方恶意串通或者一方明知或者应知另一方侵权仍然与其订立或者履行合同的，属于共同侵权，应当承担连带赔偿责任和保密义务，因该无效合同而取得技术秘密的当事人不得继续使用该技术秘密。

前款规定的使用费由使用人与权利人协议确定，不能达成协议的，任何一方可以请求人民法院予以裁决。使用人拒不履行双方达成的使用费协议的，权利人除可以请求人民法院判令使用人支付已使用期间的使用费以外,还可以请求判令使用人停止使用该技术秘密;使用人拒不执行人民法院关于使用费的裁决的,权利人除可以申请强制执行已使用期间的使用费外,还可以请求人民法院判令使用人停止使用该技术秘密。在双方就使用费达成协议或者人民法院作出生效裁决以前,使用人可以不停止使用该技术秘密。

21. 人民法院在裁决前条规定的使用费时,可以根据权利人善意对外转让该技术秘密的费用并考虑使用人的使用规模和经济效益等因素来确定;也可以依据使用人取得该技术秘密所支付的费用并考虑该技术秘密的研究开发成本、成果转化和应用程度和使用人的使用规模和经济效益等因素来确定。

人民法院应当对已使用期间的使用费和以后使用的付费标准一并作出裁决。

合同被确认无效后,使用人不论是否继续使用该技术秘密,均应当向权利人支付其已使用期间的使用费,其已向无效合同的让与人支付的费用应当由让与人负责返还,该费用中已由让与人作为侵权损害的赔偿直接给付权利人的部分,在计算使用人向权利人支付的使用费时相应扣除。

22. 法律、法规规定生产产品或者提供服务须经有关部门审批手续或者领取许可证,而实际尚未办理该审批手续或者领取许可证的,不影响当事人就有关产品的生产或者服务的提供所订立的技术合同的效力。

当事人对办理前款所称审批手续或者许可证的义务没有约定或者约定不明确,依照合同法第六十一条的规定不能达成补充协议的,除法律、法规另有规定的以外,由实施技术的一方负责办理。

(五)技术合同履行内容的确定

23. 当事人对技术合同的价款、报酬和使用费没有约定或者约定不明确,依照合同法第六十一条的规定不能达成补充协议的,人民法院可以按照以下原则处理:

(1)对于技术开发合同和技术转让合同,根据有关技术成果的研究开发成本、先进性、实施转化和应用的程度,当事人享有的权益和承担的责任,以及技术成果的经济效益和社会效益等合理认定;

(2)对于技术咨询合同和技术服务合同,根据有关咨询服务工作的数量、质量和技术含量,以及预期产生的经济效益和社会效益等合理认定。

技术合同价款、报酬、使用费中包含非技术性款项的,应当分项计算。

24. 当事人对技术合同的履行地点没有约定或者约定不明确,依照合同法第六十一条的规定不能达成补充协议的,技术开发合同以研究开发人所在地为履行地,但依据合同法第三百三十条第四款订立的合同以技术成果实施地为履行地;技术转让合同以受让人所在地为履行地;技术咨询合同以受托人所在地为履行地;技术服务合同以委托人所在地为履行地。但给付合同价款、报酬、使用费的,以接受给付的一方所在地为履行地。

25. 技术合同当事人对技术成果的验收标准没有约定或者约定不明确,在适用合同法第六十二条的规定时,没有国家标准、行业标准或者专业技术标准的,按照本行业合乎实用的一般技术要求履行。

当事人订立技术合同时所作的可行性分析报告中有关经济效益或者成本指标的预测和分析,不应当视为合同约定的验收标准,但当事人另有约定的除外。

(六)技术合同的解除与违约责任

26. 技术合同当事人一方迟延履行主要债务,经催告后在 30 日内仍未履行的,另一方可以依据合同法第九十四条第(三)项的规定解除合同。

当事人在催告通知中附有履行期限且该期限长于 30 日的,自该期限届满时,方可解除合同。

27. 有下列情形之一，使技术合同的履行成为不必要或者不可能时，当事人可以依据合同法第九十四条第（四）项的规定解除合同：

（1）因一方违约致使履行合同必备的物质条件灭失或者严重破坏，无法替代或者修复的；

（2）技术合同标的的项目或者技术因违背科学规律或者存在重大缺陷，无法达到约定的技术、经济效益指标的；

28. 专利实施许可合同和技术秘密转让合同约定按照提成支付技术使用费，受让人无正当理由不实施合同标的技术，并以此为由拒绝支付技术使用费，让与人可以依据合同法第九十四条第（四）项的规定解除合同。

29. 在技术秘密转让合同有效期内，由于非受让人的原因导致合同标的技术公开且已进入公有领域的，当事人可以解除合同，但另有约定的除外。

30. 技术合同履行中，当事人一方在技术上发生的能够及时纠正的差错，或为适应情况变化所作的必要技术调整，不影响合同目的实现的，不认为是违约行为，因此发生的额外费用自行承担。但因未依照合同法第六十条第二款的规定履行通知义务而造成对方当事人损失的，应当承担相应的违约责任。

31. 在履行技术合同中，为提供技术成果或者咨询服务而交付的技术载体和内容等与约定不一致的，应当及时更正、补充。不按时更正、补充的和因更正、补充有关技术载体和内容等给对方造成损失或者增加额外负担的，应当承担相应的违约责任。但一方所作技术改进，使合同的履行产生了比原合同更为积极或者有利效果的除外。

（七）技术合同的定性

32. 当事人将技术合同和其他合同内容合订为一个合同，或者将不同类型的技术合同内容合订在一个合同中的，应当根据当事人争议的权利义务内容，确定案件的性质和案由，适用相应的法律、法规。

33. 技术合同名称与合同约定的权利义务关系不一致的，应当按照合同约定的权利义务内容，确定合同的类型和案由，适用相应的法律、法规。

34. 当事人以技术开发、转让、咨询或者服务为承包内容订立的合同，属于技术合同。

35. 转让阶段性技术成果并约定后续开发义务的合同，就该阶段性技术成果的重复试验效果方面发生争议的，按照技术转让合同处理；就后续开发方面发生争议的，按照技术开发合同处理。

36. 技术转让合同中约定让与人向受让人提供实施技术的专用设备、原材料或者提供有关的技术咨询、技术服务的，这类约定属于技术转让合同的组成部分。因这类约定发生纠纷的，按照技术转让合同处理。

37. 当事人以技术入股方式订立联营合同，但技术入股人不参与联营体的经营管理，并且以保底条款形式约定联营体或者联营对方支付其技术价款或者使用费的，属于技术转让合同。

38. 技术转让合同中约定含让与人负责包销（回购）受让人实施合同标的技术制造的产品，仅因让与人不履行或者不能全部履行包销（回购）义务引起纠纷，不涉及技术问题的，按照包销（回购）条款所约定的权利义务内容确定案由，并适用相应的法律规定处理。

39. 技术开发合同当事人一方仅提供资金、设备、材料等物质条件，承担辅助协作事项，另一方进行研究开发工作的合同，属于委托开发合同。

40. 当事人一方以技术转让的名义提供已进入公有领域的技术，并进行技术指导，传授技术知识等，为另一方解决特定技术问题所订立的合同，可以视为技术服务合同履行，但属于合同法第五十二条和第五十四条规定情形的除外。

（八）几种特殊标的技术合同的法律适用

41. 新药技术成果转让和植物新品种申请权转让、植物新品种权转让和使用许可等合同争议，适用合同法总则的规定，并可以参照合同法第十八章和本纪要关于技术转让合同的规定，但法律另有规定的，依照其规定。

42. 计算机软件开发、许可、转让等合同争议，著作权法以及其他法律另有规定的，依照其规定；没有规定的，适用合同法总则的规定，并可以参照合同法第十八章和本纪要的有关规定。

二、技术开发合同

（一）相关概念

43. 合同法第三百三十条所称新技术、新产品、新工艺、新材料及其系统，是指当事人在订立技术合同时尚未掌握的产品、工艺、材料及其系统等技术方案，但在技术上没有创新的现有产品的改型、工艺变更、材料配方调整以及技术成果的验证、测试和使用除外。

44. 合同法第三百三十条第四款所称当事人之间就具有产业应用价值的科技成果实施转化订立的合同，是指当事人之间就具有实用价值但尚未能够实现商品化、产业化应用的科技成果（包括阶段性技术成果），以实现该科技成果的商品化、产业化应用为目标，约定有关后续试验、开发和应用等内容的合同。

45. 合同法第三百三十五条所称分工参与研究开发工作，是指按照约定的计划和分工共同或者分别承担设计、工艺、试验、试制等工作。

46. 合同法第三百四十一条所称技术秘密成果的使用权、转让权，是指当事人依据法律规定或者合同约定所取得的使用、转让技术秘密成果的权利。使用权是指以生产经营为目的的自己使用或者许可他人使用技术秘密成果的权利；转让权是指向他人让与技术秘密成果的权利。

47. 合同法第三百四十一条所称当事人均有使用和转让的权利，是指当事人均有不经对方同意而自己使用或者以普通使用许可的方式许可他人使用技术秘密并独占由此获得的利益的权利。当事人一方将技术秘密成果的使用权、转让权全部让与他人，或者以独占、排他使用许可的方式许可他人使用技术秘密的，必须征得对方当事人的同意。

（二）当事人的权利和义务

48. 委托开发合同委托人在不妨碍研究开发人正常工作的情况下，有权依据合同法第六十条第二款的规定，对研究开发人履行合同和使用研究开发经费的情况进行必要的监督检查，包括查阅账册和访问现场。

研究开发人有权依据合同法第三百三十一条的规定，要求委托人补充必要的背景资料和数据等，但不得超过履行合同所需要的范围。

49. 研究开发成果验收时，委托开发合同的委托人和合作开发合同的当事人有权取得实施技术成果所必需的技术资料、试验报告和数据，要求另一方进行必要的技术指导，保证所提供的技术成果符合合同约定的条件。

50. 根据合同法第三百三十九条第一款和第三百四十条第一款的规定，委托开发或者合作开发完成的技术成果所获得的专利权为当事人共有的，实施该专利的方式和利益分配办法，由当事人约定。当事人没有约定或者约定不明确，依照合同法第六十一条的规定不能达成补充协议的，当事人均享有自己实施该专利的权利，由此所获得的利益归实施人。

当事人不具备独立实施专利的条件，以普通实施许可的方式许可一个法人或者其他组织实施该专利，或者与一个法人、其他组织或者自然人合作实施该专利或者通过技术入股与之联营实施该专利,可以视为当事人自己实施专利。

51. 根据合同法第三百四十一条的规定,当事人一方仅享有自己使用技术秘密的权利,但其不具备独立使用该技术秘密的条件,以普通使用许可的方式许可一个法人或者其他组织使用该技术秘密,或者与一个法人、其他组织或者自然人合作使用该技术秘密或者通过技术入股与之联营使用该技术秘密,可以视为当事人自己使用技术秘密。

三、技术转让合同

(一)技术转让合同的一般规定

52. 合同法第三百四十二条所称技术转让合同,是指技术的合法拥有者包括有权对外转让技术的人将特定和现有的专利、专利申请、技术秘密的相关权利让与他人或者许可他人使用所订立的合同,不包括就尚待研究开发的技术成果或者不涉及专利、专利申请或者技术秘密的知识、技术、经验和信息订立的合同。其中:

(1)专利权转让合同,是指专利权人将其专利权让与受让人,受让人支付价款所订立的合同。

(2)专利申请权转让合同,是指让与人将其特定的技术成果申请专利的权利让与受让人,受让人支付价款订立的合同。

(3)技术秘密转让合同,是指技术秘密成果的权利人或者其授权的人作为让与人将技术秘密提供给受让人,明确相互之间技术秘密成果使用权、转让权,受让人支付价款或者使用费所订立的合同。

(4)专利实施许可合同,是指专利权人或者其授权的人作为让与人许可受让人在约定的范围内实施专利,受让人支付使用费所订立的合同。

53. 技术转让合同让与人应当保证受让人按约定的方式实施技术达到约定的技术指标。除非明确约定让与人保证受让人达到约定的经济效益指标,让与人不对受让人实施技术后的经济效益承担责任。

转让阶段性技术成果,让与人应当保证在一定条件下重复试验可以得到预期的效果。

54. 技术转让合同中约定受让人取得的技术须经受让人小试、中试、工业性试验后才能投入批量生产的,受让人未经小试、中试、工业性试验直接投入批量生产所发生的损失,让与人不承担责任。

55. 合同法第三百四十三条所称实施专利或者使用技术秘密的范围,是指实施专利或者使用技术秘密的期限、地域和方式以及接触技术秘密的人员等。

56. 合同法第三百五十四条所称后续改进,是指在技术转让合同有效期内,当事人一方或各方对合同标的技术所作的革新或者改良。

57. 当事人之间就申请专利的技术成果所订立的许可使用合同,专利申请公开以前,适用技术秘密转让合同的有关规定;发明专利申请公开以后、授权以前,参照专利实施许可合同的有关规定;授权以后,原合同即为专利实施许可合同,适用专利实施许可合同的有关规定。

(二)专利权转让合同和专利申请权转让合同

58. 订立专利权转让合同或者专利申请权转让合同前,让与人自己已经实施发明创造的,除当事人另有约定的以外,在合同生效后,受让人有权要求让与人停止实施。

专利权或者专利申请权依照专利法的规定让与受让人后,受让人可以依法作为专利权人或者专利申请人对他人行使权利。

59. 专利权转让合同、专利申请权转让合同不影响让与人在合同成立前与他人订立的专利实施许可合同或者技术秘密转让合同的效力。有关当事人之间的权利义务依照合同法第五章的规定确定。

60. 专利申请权依照专利法的规定让与受让人前专利申请被驳回的,当事人可以解除专利申请权转让合同;让与受让人后专利申请被驳回的,合同效力不受影响。但当事人另有约定的除外。

专利申请因专利申请权转让合同成立时即存在尚未公开的同样发明创造的在先专利申请而被驳回的,当事人可以依据合同法第五十四条第一款第(二)项的规定请求予以变更或者撤销合同。

（三）专利实施许可合同

61. 专利实施许可合同让与人应当在合同有效期内维持专利权有效,但当事人另有约定的除外。

在合同有效期内,由于让与人的原因导致专利权被终止的,受让人可以依据合同法第九十四条第(四)项的规定解除合同,让与人应当承担违约责任;专利权被宣告无效的,合同终止履行,并依据专利法的有关规定处理。

62. 专利实施许可合同对实施专利的期限没有约定或者约定不明确,依照合同法第六十一条的规定不能达成补充协议的,受让人实施专利不受期限限制。

63. 专利实施许可可以采取独占实施许可、排他实施许可、普通实施许可等方式。

前款所称排他实施许可,是指让与人在已经许可受让人实施专利的范围内无权就同一专利再许可他人实施;独占实施许可,是指让与人在已经许可受让人实施专利的范围内无权就同一专利再许可他人实施或者自己实施;普通实施许可,是指让与人在已经许可受让人实施专利的范围内仍可以就同一专利再许可他人实施。

当事人对专利实施许可方式没有约定或者约定不明确,依照合同法第六十一条的规

定不能达成补充协议的,视为普通实施许可。

专利实施许可合同约定受让人可以再许可他人实施该专利的,该再许可为普通实施许可,但当事人另有约定的除外。

64. 除当事人另有约定的以外,根据实施专利的强制许可决定而取得的专利实施权为普通实施许可。

65. 除当事人另有约定的以外,排他实施许可合同让与人不具备独立实施其专利的条件,与一个法人、其他组织或者自然人合作实施该专利,或者通过技术入股实施该专利,可视为让与人自己实施专利。但让与人就同一专利与两个或者两个以上法人、其他组织或者自然人分别合作实施或者入股联营的,属于合同法第三百五十一条规定的违反约定擅自许可第三人实施专利的行为。

66. 除当事人另有约定的以外,专利实施许可合同的受让人将受让的专利与他人合作实施或者入股联营的,属于合同法第三百五十二条规定的未经让与人同意擅自许可第三人实施专利的行为。

（四）技术秘密转让合同

67. 技术秘密转让合同对使用技术秘密的期限没有约定或者约定不明确,依照合同法第六十一条的规定不能达成补充协议的,受让人可以无限期地使用该技术秘密。

68. 合同法第三百四十七条所称技术秘密转让合同让与人的保密义务不影响其申请专利的权利,但当事人约定让与人不得申请专利或者明确约定让与人承担保密义务的除外。

69. 技术秘密转让可以采取本纪要第63条规定的许可使用方式,并参照适用合同法和本纪要关于专利实施许可使用方式的有关规定。

四、技术咨询合同和技术服务合同

（一）技术咨询合同

70. 合同法第三百五十六条第一款所称的特定技术项目,包括有关科学技术与经济、

社会协调发展的软科学研究项目和促进科技进步和管理现代化,提高经济效益和社会效益的技术项目以及其他专业性技术项目。

71. 除当事人另有约定的以外,技术咨询合同受托人进行调查研究、分析论证、试验测定等所需费用,由受托人自己负担。

72. 技术咨询合同委托人提供的技术资料和数据或者受托人提出的咨询报告和意见,当事人没有约定保密义务的,在不侵害对方当事人对此享有的合法权益的前提下,双方都有引用、发表和向第三人提供的权利。

73. 技术咨询合同受托人发现委托人提供的资料、数据等有明显错误和缺陷的,应当及时通知委托人。委托人应当及时答复并在约定的期限内予以补正。

受托人发现前款所述问题不及时通知委托人的,视为其认可委托人提供的技术资料、数据等符合约定的条件。

(二)技术服务合同

74. 合同法第三百五十六条第二款所称特定技术问题,是指需要运用科学技术知识解决专业技术工作中的有关改进产品结构、改良工艺流程、提高产品质量、降低产品成本、节约资源能耗、保护资源环境、实现安全操作、提高经济效益和社会效益等问题。

75. 除当事人另有约定的以外,技术服务合同受托人完成服务项目,解决技术问题所需费用,由受托人自己负担。

76. 技术服务合同受托人发现委托人提供的资料、数据、样品、材料、场地等工作条件不符合约定的,应当及时通知委托人。委托人应当及时答复并在约定的期限内予以补正。

受托人发现前款所述问题不及时通知委托人的,视为其认可委托人提供的技术资料、数据等工作条件符合约定的条件。

77. 技术服务合同受托人在履约期间,发现继续工作对材料、样品或者设备等有损坏危险时,应当中止工作,并及时通知委托人或者提出建议。委托人应当在约定的期限内作出答复。

受托人不中止工作或者不及时通知委托人并且未采取适当措施的,或者委托人未按期答复的,对因此发生的危险后果由责任人承担相应的责任。

(三)技术培训合同

78. 合同法第三百六十四条所称技术培训合同,是指当事人一方委托另一方对指定的人员(学员)进行特定项目的专业技术训练和技术指导所订立的合同,不包括职业培训、文化学习和按照行业、单位的计划进行的职工业余教育。

79. 技术培训合同委托人的主要义务是按照约定派出符合条件的学员;保证学员遵守培训纪律,接受专业技术训练和技术指导;按照约定支付报酬。

受托人的主要义务是按照约定配备符合条件的教员;制定和实施培训计划,按期完成培训;实现约定的培训目标。

80. 当事人对技术培训必需的场地、设施和试验条件等的提供和管理责任没有约定或者约定不明确,依照合同法第六十一条的规定不能达成补充协议的,由委托人负责提供和管理。

81. 技术培训合同委托人派出的学员不符合约定条件,影响培训质量的,委托人应当按照约定支付报酬。

受托人配备的教员不符合约定条件,影响培训质量的,或者受托人未按照计划和项目进行培训,导致不能实现约定的培训目标的,应当承担减收或者免收报酬等违约责任。

受托人发现学员不符合约定条件或者委托人发现教员不符合约定条件的,应当及时通知对方改派。对方应当在约定的期限内改派。未及时通知或者未按约定改派,责任人承担相应的责任。

（四）技术中介合同

82. 合同法第三百六十四条所称技术中介合同，是指当事人一方以知识、技术、经验和信息为另一方与第三人订立技术合同进行联系、介绍、组织商品化、产业化开发并对履行合同提供服务所订立的合同，但就不含有技术中介服务内容订立的各种居间合同除外。

83. 技术中介合同委托人的主要义务是提出明确的订约要求，提供有关背景材料；按照约定承担中介人从事中介活动的费用；按照约定支付报酬。

中介人的主要义务是如实反映委托人和第三人的技术成果、资信状况和履约能力；保守委托人和第三人的商业秘密；按照约定为委托人和第三人订立、履行合同提供服务。

84. 当事人对中介人从事中介活动的费用的负担没有约定或者约定不明确，依照合同法第六十一条的规定不能达成补充协议的，由中介人自己负担。当事人约定该费用由委托人承担但没有约定该费用的数额或者计算方法的，委托人应当支付中介人从事中介活动支出的必要费用。

前款所称中介人从事中介活动的费用，是指中介人在委托人和第三人订立技术合同前，进行联系、介绍活动所支出的通信、交通和必要的调查研究等费用。

85. 当事人对中介人的报酬数额没有约定或者约定不明确，依照合同法第六十一条的规定不能达成补充协议的，根据中介人的劳务合理确定，并由委托人负担。仅在委托人与第三人订立的技术合同中约定有中介条款，但对给付中介人报酬的义务没有约定或者约定不明确，依照合同法第六十一条的规定不能达成补充协议的，由委托人和第三人平均负担。

前款所称中介人的报酬，是指中介人为委托人与第三人订立技术合同，以及为其履行合同提供服务应当得到的收益。

86. 中介人未促成委托人与第三人之间的技术合同成立的，无权要求支付报酬，但可以要求委托人支付从事中介活动支出的必要费用。

87. 中介人故意隐瞒与订立技术合同有关的重要事实或者提供虚假情况，损害委托人利益的，应当承担免收报酬和损害赔偿责任。

88. 中介人收取的从事中介活动的费用和报酬不应视为委托人与第三人之间的技术合同纠纷中一方当事人的损失。

89. 中介人对造成委托人与第三人之间的技术合同的无效或者被撤销没有过错，且该技术合同无效或者被撤销不影响有关中介条款或者技术中介合同继续有效的，中介人仍有权按照约定收取从事中介活动的费用和报酬。

五、与审理技术合同纠纷有关的程序问题

（一）技术合同纠纷的管辖与受理

90. 技术合同纠纷属于与知识产权有关的纠纷，由中级以上人民法院管辖，但最高人民法院另行确定管辖的除外。

91. 合同中既有技术合同内容，又有其他合同内容，当事人就技术合同内容和其他合同内容均发生争议的，由具有技术合同纠纷案件管辖权的人民法院受理。

92. 一方当事人以诉讼争议的技术合同侵害他人技术成果为由主张合同无效或者人民法院在审理技术合同纠纷中发现可能存在该无效事由时，应当依法通知有关利害关系人作为有独立请求权的第三人参加诉讼。

93. 他人向受理技术合同纠纷的人民法院就该合同标的技术提出权属或者侵权主张时，受诉人民法院对此亦有管辖权的，可以将该权属或者侵权纠纷与合同纠纷合并审理；受诉人民法院对此没有管辖权的，应当告知

其向有管辖权的人民法院另行起诉。权属或者侵权纠纷另案受理后,合同纠纷应当中止诉讼。

94. 专利实施许可合同诉讼中,受让人(被许可人)或者第三人向专利复审委员会请求宣告该专利权无效的,人民法院可以不中止诉讼。在审理过程中该专利权被宣告无效的,按照专利法的有关规定处理。

95. 因技术中介合同中介人违反约定的保密义务发生的纠纷,可以与技术合同纠纷合并审理。

96. 中介人一般不作为委托人与第三人之间的技术合同诉讼的当事人,但下列情况除外:

(1) 中介人与技术合同一方当事人恶意串通损害另一方利益的,恶意串通的双方应列为共同被告,承担连带责任;

(2) 中介人隐瞒技术合同一方当事人的真实情况给另一方造成损失的,中介人应列为被告,并依其过错承担相应的责任;

(3) 因中介人不履行技术中介合同或者中介条款约定的其他义务,导致技术合同不能依约履行的,可以根据具体情况将中介人列为诉讼当事人。

(二) 技术合同标的技术的鉴定

97. 在技术合同纠纷诉讼中,需对合同标的技术进行鉴定的,除法定鉴定部门外,当事人协商推荐共同信任的组织或者专家进行鉴定的,人民法院可予指定;当事人不能协商一致的,人民法院可以从由省级以上科技行政主管部门推荐的鉴定组织或者专家中选择并指定,也可以直接指定相关组织或者专家进行鉴定。

指定专家进行鉴定的,应当组成鉴定组。

鉴定人应当是三人以上的单数。

98. 鉴定应当以合同约定由当事人提供的技术成果或者技术服务内容为鉴定对象,从原理、设计、工艺和必要的技术资料等方面,按照约定的检测方式和验收标准,审查其能否达到约定的技术指标和经济效益指标。

99. 当事人对技术成果的检测方式或者验收标准没有约定或者约定不明确,依照合同法第六十一条的规定不能达成补充协议的,可以根据具体案情采用本行业常用的或者合乎实用的检测方式或者验收标准进行检测鉴定、专家评议或者验收鉴定。

对合同约定的验收标准明确、技术问题并不复杂的,可以采取当事人现场演示、操作、制作等方式对技术成果进行鉴定。

100. 技术咨询合同当事人对咨询报告和意见的验收或者评价办法没有约定或者约定不明确,依照合同法第六十一条的规定不能达成补充协议的,按照合乎实用的一般要求进行鉴定。

101. 对已经按照国家有关规定通过技术成果鉴定、新产品鉴定等鉴定,又无相反的证据能够足以否定该鉴定结论的技术成果,或者已经实际使用证明是成熟可靠的技术成果,在诉讼中当事人又对该技术成果的评价发生争议的,不再进行鉴定。

102. 不能以授予专利权的有关专利文件代替对合同标的技术的鉴定结论。

最高人民法院关于审理银行卡民事纠纷案件若干问题的规定

(2019 年 12 月 2 日最高人民法院审判委员会第 1785 次会议通过 2021 年 5 月 24 日最高人民法院公告公布 自 2021 年 5 月 25 日起施行 法释〔2021〕10 号)

为正确审理银行卡民事纠纷案件,保护当事人的合法权益,根据《中华人民共和国民法典》《中华人民共和国民事诉讼法》等规定,结合司法实践,制定本规定。

第一条 持卡人与发卡行、非银行支付机构、收单行、特约商户等当事人之间因订立银行卡合同、使用银行卡等产生的民事纠纷,适用本规定。

本规定所称银行卡民事纠纷,包括借记卡纠纷和信用卡纠纷。

第二条 发卡行在与持卡人订立银行卡合同时,对收取利息、复利、费用、违约金等格式条款未履行提示或者说明义务,致使持卡人没有注意或者理解该条款,持卡人主张该条款不成为合同的内容、对其不具有约束力的,人民法院应予支持。

发卡行请求持卡人按照信用卡合同的约定给付透支利息、复利、违约金等,或者给付分期付款手续费、利息、违约金等,持卡人以发卡行主张的总额过高为由请求予以适当减少的,人民法院应当综合考虑国家有关金融监管规定、未还款的数额及期限、当事人过错程度、发卡行的实际损失等因素,根据公平原则和诚信原则予以衡量,并作出裁决。

第三条 具有下列情形之一的,应当认定发卡行对持卡人享有的债权请求权诉讼时效中断:

(一)发卡行按约定在持卡人账户中扣划透支款本息、违约金等;

(二)发卡行以向持卡人预留的电话号码、通讯地址、电子邮箱发送手机短信、书面信件、电子邮件等方式催收债权;

(三)发卡行以持卡人恶意透支存在犯罪嫌疑为由向公安机关报案;

(四)其他可以认定为诉讼时效中断的情形。

第四条 持卡人主张争议交易为伪卡盗刷交易或者网络盗刷交易的,可以提供生效法律文书、银行卡交易时真卡所在地、交易行为地、账户交易明细、交易通知、报警记录、挂失记录等证据材料进行证明。

发卡行、非银行支付机构主张争议交易为持卡人本人交易或者其授权交易的,应当承担举证责任。发卡行、非银行支付机构可以提供交易单据、对账单、监控录像、交易身份识别信息、交易验证信息等证据材料进行证明。

第五条 在持卡人告知发卡行其账户发生非因本人交易或者本人授权交易导致的资金或者透支数额变动后,发卡行未及时向持卡人核实银行卡的持有及使用情况,未及时提供或者保存交易单据、监控录像等证据材料,导致有关证据材料无法取得的,应承担举证不能的法律后果。

第六条 人民法院应当全面审查当事人提交的证据,结合银行卡交易行为地与真卡所在地距离、持卡人是否进行了基础交易、交易时间和报警时间、持卡人用卡习惯、银行卡被盗刷的次数及频率、交易系统、技术和设备是否具有安全性等事实,综合判断是否存在伪卡盗刷交易或者网络盗刷交易。

第七条 发生伪卡盗刷交易或者网络盗刷交易,借记卡持卡人基于借记卡合同法律关系请求发卡行支付被盗刷存款本息并赔偿损失的,人民法院依法予以支持。

发生伪卡盗刷交易或者网络盗刷交易,信用卡持卡人基于信用卡合同法律关系请求发卡行返还扣划的透支款本息、违约金并赔偿损失的,人民法院依法予以支持;发卡行请求信用卡持卡人偿还透支款本息、违约金等的,人民法院不予支持。

前两款情形,持卡人对银行卡、密码、验证码等身份识别信息、交易验证信息未尽妥善保管义务具有过错,发卡行主张持卡人承担相应责任的,人民法院应予支持。

持卡人未及时采取挂失等措施防止损失扩大,发卡行主张持卡人自行承担扩大损失责任的,人民法院应予支持。

第八条 发卡行在与持卡人订立银行卡合同或者在开通网络支付业务功能时,未履行告知持卡人银行卡具有相关网络支付功能义务,持卡人以其未与发卡行就争议网络支付条款达成合意为由请求不承担因使用该功能而导致网络盗刷责任的,人民法院应予支持,但有证据证明持卡人同意使用该网络支付功能的,适用本规定第七条规定。

非银行支付机构新增网络支付业务类型时,未向持卡人履行前款规定义务的,参照前款规定处理。

第九条 发卡行在与持卡人订立银行卡合同或者新增网络支付业务时,未完全告知某一网络支付业务持卡人身份识别方式、交易验证方式、交易规则等足以影响持卡人决定是否使用该功能的内容,致使持卡人没有全面准确理解该功能,持卡人以其未与发卡行就相关网络支付条款达成合意为由请求不承担因使用该功能而导致网络盗刷责任的,人民法院应予支持,但持卡人对于网络盗刷具有过错的,应当承担相应过错责任。发卡行虽然未尽前述义务,但是有证据证明持卡人知道并理解该网络支付功能的,适用本规定第七条规定。

非银行支付机构新增网络支付业务类型时,存在前款未完全履行告知义务情形,参照前款规定处理。

第十条 发卡行或者非银行支付机构向持卡人提供的宣传资料载明其承担网络盗刷先行赔付责任,该允诺具体明确,应认定为合同的内容。持卡人据此请求发卡行或者非银行支付机构承担先行赔付责任的,人民法院应予支持。

因非银行支付机构相关网络支付业务系统、设施和技术不符合安全要求导致网络盗刷,持卡人请求判令该机构承担先行赔付责任的,人民法院应予支持。

第十一条 在收单行与发卡行不是同一银行的情形下,因收单行未尽保障持卡人用卡安全义务或者因特约商户未尽审核持卡人签名真伪、银行卡真伪等审核义务导致发生伪卡盗刷交易,持卡人请求收单行或者特约商户承担赔偿责任的,人民法院应予支持,但持卡人对伪卡盗刷交易具有过错,可以减轻或者免除收单行或者特约商户相应责任。

持卡人请求发卡行承担责任,发卡行申请追加收单行或者特约商户作为第三人参加诉讼的,人民法院可以准许。

发卡行承担责任后,可以依法主张存在过错的收单行或者特约商户承担相应责任。

第十二条 发卡行、非银行支付机构、收单行、特约商户承担责任后,请求盗刷者承担侵权责任的,人民法院应予支持。

第十三条 因同一伪卡盗刷交易或者网络盗刷交易,持卡人向发卡行、非银行支付机构、收单行、特约商户、盗刷者等主体主张权利,所获赔偿数额不应超过其因银行卡被盗刷所致损失总额。

第十四条 持卡人依据其对伪卡盗刷交易或者网络盗刷交易不承担或者不完全承担责任的事实,请求发卡行及时撤销相应不良征信记录的,人民法院应予支持。

第十五条 本规定所称伪卡盗刷交易,是指他人使用伪造的银行卡刷卡进行取现、消费、转账等,导致持卡人账户发生非基于本人意思的资金减少或者透支数额增加的行为。

本规定所称网络盗刷交易,是指他人盗取并使用持卡人银行卡网络交易身份识别信息和交易验证信息进行网络交易,导致持卡人账户发生非因本人意思的资金减少或者透支数额增加的行为。

第十六条 本规定施行后尚未终审的案件,适用本规定。本规定施行前已经终审,当事人申请再审或者按照审判监督程序决定再审的案件,不适用本规定。

最高人民法院关于审理存单纠纷案件的若干规定

（1997年11月25日最高人民法院审判委员会第946次会议通过 根据2020年12月23日最高人民法院审判委员会第1823次会议通过的《最高人民法院关于修改〈最高人民法院关于破产企业国有划拨土地使用权应否列入破产财产等问题的批复〉等二十九件商事类司法解释的决定》修正 2020年12月29日最高人民法院公告公布）

为正确审理存单纠纷案件，根据《中华人民共和国民法典》的有关规定和在总结审判经验的基础上，制定本规定。

第一条　存单纠纷案件的范围

（一）存单持有人以存单为重要证据向人民法院提起诉讼的纠纷案件；

（二）当事人以进账单、对账单、存款合同等凭证为主要证据向人民法院提起诉讼的纠纷案件；

（三）金融机构向人民法院起诉要求确认存单、进账单、对账单、存款合同等凭证无效的纠纷案件；

（四）以存单为表现形式的借贷纠纷案件。

第二条　存单纠纷案件的案由

人民法院可将本规定第一条所列案件，一律以存单纠纷为案由。实际审理时应以存单纠纷案件中真实法律关系为基础依法处理。

第三条　存单纠纷案件的受理与中止

存单纠纷案件当事人向人民法院提起诉讼，人民法院应当依照《中华人民共和国民事诉讼法》第一百一十九条的规定予以审查，符合规定的，均应受理。

人民法院在受理存单纠纷案件后，如发现犯罪线索，应将犯罪线索及时书面告知公安或检察机关。如案件当事人因伪造、变造、虚开存单或涉嫌诈骗，有关国家机关已立案侦查，存单纠纷案件确须待刑事案件结案后才能审理的，人民法院应当中止审理。对于追究有关当事人的刑事责任不影响对存单纠纷案件审理的，人民法院应对存单纠纷案件有关当事人是否承担民事责任以及承担民事责任的大小依法及时进行认定和处理。

第四条　存单纠纷案件的管辖

依照《中华人民共和国民事诉讼法》第二十三条的规定，存单纠纷案件由被告住所地人民法院或出具存单、进账单、对账单或与当事人签订存款合同的金融机构住所地人民法院管辖。住所地与经常居住地不一致的，由经常居住地人民法院管辖。

第五条　对一般存单纠纷案件的认定和处理

（一）认定

当事人以存单或进账单、对账单、存款合同等凭证为主要证据向人民法院提起诉讼的存单纠纷案件和金融机构向人民法院提起的确认存单或进账单、对账单、存款合同等凭证无效的存单纠纷案件，为一般存单纠纷案件。

（二）处理

人民法院在审理一般存单纠纷案件中，除应审查存单、进账单、对账单、存款合同等凭证的真实性外，还应审查持有人与金融机构间存款关系的真实性，并以存单、进账单、对账单、存款合同等凭证的真实性以及存款关系的真实性为依据，作出正确处理。

1.持有人以上述真实凭证为证据提起诉讼的，金融机构应当对持有人与金融机构间是否存在存款关系负举证责任。如金融机构有充分证据证明持有人未向金融机构交付上述凭证所记载的款项的，人民法院应当认定持有人与金融机构间不存在存款关系，并判决驳回原告的诉讼请求。

2. 持有人以上述真实凭证为证据提起诉讼的，如金融机构不能提供证明存款关系不真实的证据，或仅以金融机构底单的记载内容与上述凭证记载内容不符为由进行抗辩的，人民法院应认定持有人与金融机构间存款关系成立，金融机构应当承担兑付款项的义务。

3. 持有人以在样式、印鉴、记载事项上有别于真实凭证，但无充分证据证明系伪造或变造的瑕疵凭证提起诉讼的，持有人应对瑕疵凭证的取得提供合理的陈述。如持有人对瑕疵凭证的取得提供了合理陈述，而金融机构否认存款关系存在的，金融机构应当对持有人与金融机构间是否存在存款关系负举证责任。如金融机构有充分证据证明持有人未向金融机构交付上述凭证所记载的款项的，人民法院应当认定持有人与金融机构间不存在存款关系，判决驳回原告的诉讼请求；如金融机构不能提供证明存款关系不真实的证据，或仅以金融机构底单的记载内容与上述凭证记载内容不符为由进行抗辩的，人民法院应认定持有人与金融机构间存款关系成立，金融机构应当承担兑付款项的义务。

4. 存单纠纷案件的审理中，如有充足证据证明存单、进账单、对账单、存款合同等凭证系伪造、变造，人民法院应在查明案件事实的基础上，依法确认上述凭证无效，并可驳回持上述凭证起诉的原告的诉讼请求或根据实际存款数额进行判决。如有本规定第三条中止审理情形的，人民法院应当中止审理。

第六条　对以存单为表现形式的借贷纠纷案件的认定和处理

（一）认定

在出资人直接将款项交与用资人使用，或通过金融机构将款项交与用资人使用，金融机构向出资人出具存单或进账单、对账单或与出资人签订存款合同，出资人从用资人

或从金融机构取得或约定取得高额利差的行为中发生的存单纠纷案件，为以存单为表现形式的借贷纠纷案件。但符合本规定第七条所列委托贷款和信托贷款的除外。

（二）处理

以存单为表现形式的借贷，属于违法借贷，出资人收取的高额利差应充抵本金，出资人、金融机构与用资人因参与违法借贷均应当承担相应的民事责任。可分以下几种情况处理：

1. 出资人将款项或票据（以下统称资金）交付给金融机构，金融机构给出资人出具存单或进账单、对账单或与出资人签订存款合同，并将资金自行转给用资人的，金融机构与用资人对偿还出资人本金及利息承担连带责任；利息按人民银行同期存款利率计算至给付之日。

2. 出资人未将资金交付给金融机构，而是依照金融机构的指定将资金直接转给用资人，金融机构给出资人出具存单或进账单、对账单或与出资人签订存款合同的，首先由用资人偿还出资人本金及利息，金融机构对用资人不能偿还出资人本金及利息部分承担补充赔偿责任；利息按人民银行同期存款利率计算至给付之日。

3. 出资人将资金交付给金融机构，金融机构给出资人出具存单或进账单、对账单或与出资人签订存款合同，出资人再指定金融机构将资金转给用资人的，首先由用资人返还出资人本金和利息。利息按人民银行同期存款利率计算至给付之日。金融机构因其帮助违法借贷的过错，应当对用资人不能偿还出资人本金部分承担赔偿责任，但不超过不能偿还本金部分的百分之四十。

4. 出资人未将资金交付给金融机构，而是自行将资金直接转给用资人，金融机构给出资人出具存单或进账单、对账单或与出资人签订存款合同的，首先由用资人返还出资

人本金和利息。利息按人民银行同期存款利率计算至给付之日。金融机构因其帮助违法借贷的过错，应当对用资人不能偿还出资人本金部分承担赔偿责任，但不超过不能偿还本金部分的百分之二十。

本条中所称交付，指出资人向金融机构转移现金的占有或出资人向金融机构交付注明出资人或金融机构（包括金融机构的下属部门）为收款人的票据。出资人向金融机构交付有资金数额但未注明收款人的票据的，亦属于本条中所称交付。

如以存单为表现形式的借贷行为确已发生，即使金融机构向出资人出具的存单、进账单、对账单或与出资人签订的存款合同存在虚假、瑕疵，或金融机构工作人员超越权限出具上述凭证等情形，亦不影响人民法院按以上规定对案件进行处理。

（三）当事人的确定

出资人起诉金融机构的，人民法院应通知用资人作为第三人参加诉讼；出资人起诉用资人的，人民法院应通知金融机构作为第三人参加诉讼；公款私存的，人民法院在查明款项的真实所有人基础上，应通知款项的真实所有人为权利人参加诉讼，与存单记载的个人为共同诉讼人。该个人申请退出诉讼的，人民法院可予准许。

第七条 对存单纠纷案件中存在的委托贷款关系和信托贷款关系的认定和纠纷的处理

（一）认定

存单纠纷案件中，出资人与金融机构、用资人之间按有关委托贷款的要求签订有委托贷款协议的，人民法院应认定出资人与金融机构间成立委托贷款关系。金融机构向出资人出具的存单或进账单、对账单或与出资人签订的存款合同，均不影响金融机构与出资人间委托贷款关系的成立。出资人与金融机构间签订委托贷款协议后，由金融机构自行确定用资人的，人民法院应认定出资人与金融机构间成立信托贷款关系。

委托贷款协议和信托贷款协议应当用书面形式。口头委托贷款或信托贷款，当事人无异议的，人民法院可予以认定；有其他证据能够证明金融机构与出资人之间确系委托贷款或信托贷款关系的，人民法院亦予以认定。

（二）处理

构成委托贷款的，金融机构出具的存单或进账单、对账单或与出资人签订的存款合同不作为存款关系的证明，借款方不能偿还贷款的风险应当由委托人承担。如有证据证明金融机构出具上述凭证是对委托贷款进行担保的，金融机构对偿还贷款承担连带担保责任。委托贷款中约定的利率超过人民银行规定的部分无效。构成信托贷款的，按人民银行有关信托贷款的规定处理。

第八条 对存单质押的认定和处理

存单可以质押。存单持有人以伪造、变造的虚假存单质押的，质押合同无效。接受虚假存单质押的当事人如以该存单质押为由起诉金融机构，要求兑付存款优先受偿的，人民法院应当判决驳回其诉讼请求，并告知其可另案起诉出质人。

存单持有人以金融机构开具的、未有实际存款或与实际存款不符的存单进行质押，以骗取或占用他人财产的，该质押关系无效。接受存单质押的人起诉的，该存单持有人与开具存单的金融机构为共同被告。利用存单骗取或占用他人财产的存单持有人对侵犯他人财产权承担赔偿责任，开具存单的金融机构因其过错致他人财产权受损，对所造成的损失承担连带赔偿责任。接受存单质押的人在审查存单的真实性上有重大过失的，开具存单的金融机构仅对所造成的损失承担补充赔偿责任。明知存单虚假而接受存单质押的，开具存单的金融机构不承担民事赔偿责任。

以金融机构核押的存单出质的,即便存单系伪造、变造、虚开,质押合同均为有效,金融机构应当依法向质权人兑付存单所记载的款项。

第九条　其他

在存单纠纷案件的审理中,有关当事人如有违法行为,依法应给予民事制裁的,人民法院可依法对有关当事人实施民事制裁。案件审理中发现的犯罪线索,人民法院应及时书面告知公安或检查机关,并将有关材料及时移送公安或检察机关。

最高人民法院关于审理期货纠纷案件若干问题的规定

（2003 年 5 月 16 日最高人民法院审判委员会第 1270 次会议通过　根据 2020 年 12 月 23 日最高人民法院审判委员会第 1823 次会议通过的《最高人民法院关于修改〈最高人民法院关于破产企业国有划拨土地使用权应否列入破产财产等问题的批复〉等二十九件商事类司法解释的决定》修正　2020 年 12 月 29 日最高人民法院公告公布）

为了正确审理期货纠纷案件,根据《中华人民共和国民法典》《中华人民共和国民事诉讼法》等有关法律、行政法规的规定,结合审判实践经验,对审理期货纠纷案件的若干问题制定本规定。

一、一般规定

第一条　人民法院审理期货纠纷案件,应当依法保护当事人的合法权益,正确确定其应承担的风险责任,并维护期货市场秩序。

第二条　人民法院审理期货合同纠纷案件,应当严格按照当事人在合同中的约定确定违约方承担的责任,当事人的约定违反法律、行政法规强制性规定的除外。

第三条　人民法院审理期货侵权纠纷和无效的期货交易合同纠纷案件,应当根据各方当事人是否有过错,以及过错的性质、大小,过错和损失之间的因果关系,确定过错方承担的民事责任。

二、管　辖

第四条　人民法院应当依据民事诉讼法第二十三条、第二十八条和第三十四条的规定确定期货纠纷案件的管辖。

第五条　在期货公司的分公司、营业部等分支机构进行期货交易的,该分支机构住所地为合同履行地。

因实物交割发生纠纷的,期货交易所住所地为合同履行地。

第六条　侵权与违约竞合的期货纠纷案件,依当事人选择的诉由确定管辖。当事人既以违约又以侵权起诉的,以当事人起诉状中在先的诉讼请求确定管辖。

第七条　期货纠纷案件由中级人民法院管辖。

高级人民法院根据需要可以确定部分基层人民法院受理期货纠纷案件。

三、承担责任的主体

第八条　期货公司的从业人员在本公司经营范围内从事货交易行为产生的民事责任,由其所在的期货公司承担。

第九条　期货公司授权非本公司人员以本公司的名义从事期货交易行为的,期货公司应当承担由此产生的民事责任;非期货公司人员以期货公司名义从事期货交易行为,具备民法典第一百七十二条所规定的表见代理条件的,期货公司应当承担由此产生的民事责任。

第十条　公民、法人受期货公司或者客户的委托，作为居间人为其提供订约的机会或者订立期货经纪合同的中介服务的，期货公司或者客户应当按照约定向居间人支付报酬。居间人应当独立承担基于居间经纪关系所产生的民事责任。

第十一条　不以真实身份从事期货交易的单位或者个人，交易行为符合期货交易所交易规则的，交易结果由其自行承担。

第十二条　期货公司设立的取得营业执照和经营许可证的分公司、营业部等分支机构超出经营范围开展经营活动所产生的民事责任，该分支机构不能承担的，由期货公司承担。

客户有过错的，应当承担相应的民事责任。

四、无效合同责任

第十三条　有下列情形之一的，应当认定期货经纪合同无效：

（一）没有从事期货经纪业务的主体资格而从事期货经纪业务的；

（二）不具备从事期货交易主体资格的客户从事期货交易的；

（三）违反法律、行政法规的强制性规定的。

第十四条　因期货经纪合同无效给客户造成经济损失的，应当根据无效行为与损失之间的因果关系确定责任的承担。一方的损失系对方行为所致，应当由对方赔偿损失；双方有过错的，根据过错大小各自承担相应的民事责任。

第十五条　不具有主体资格的经营机构因从事期货经纪业务而导致期货经纪合同无效，该机构按客户的交易指令入市交易的，收取的佣金应当返还给客户，交易结果由客户承担。

该机构未按客户的交易指令入市交易，客户没有过错的，该机构应当返还客户的保证金并赔偿客户的损失。赔偿损失的范围包括交易手续费、税金及利息。

五、交易行为责任

第十六条　期货公司在与客户订立期货经纪合同时，未提示客户注意《期货交易风险说明书》内容，并由客户签字或者盖章，对于客户在交易中的损失，应当依据民法典第五百条第三项的规定承担相应的赔偿责任。但是，根据以往交易结果记载，证明客户已有交易经历的，应当免除期货公司的责任。

第十七条　期货公司接受客户全权委托进行期货交易的，对交易产生的损失，承担主要赔偿责任，赔偿额不超过损失的百分之八十，法律、行政法规另有规定的除外。

第十八条　期货公司与客户签订的期货经纪合同对下达交易指令的方式未作约定或者约定不明确的，期货公司不能证明其所进行的交易是依据客户交易指令进行的，对该交易造成客户的损失，期货公司应当承担赔偿责任，客户予以追认的除外。

第十九条　期货公司执行非受托人的交易指令造成客户损失，应当由期货公司承担赔偿责任，非受托人承担连带责任，客户予以追认的除外。

第二十条　客户下达的交易指令没有品种、数量、买卖方向的，期货公司未予拒绝而进行交易造成客户的损失，由期货公司承担赔偿责任，客户予以追认的除外。

第二十一条　客户下达的交易指令数量和买卖方向明确，没有有效期限的，应当视为当日有效；没有成交价格的，应当视为按市价交易；没有开平仓方向的，应当视为开仓交易。

第二十二条 期货公司错误执行客户交易指令,除客户认可的以外,交易的后果由期货公司承担,并按下列方式分别处理:

(一)交易数量发生错误的,多于指令数量的部分由期货公司承担,少于指令数量的部分,由期货公司补足或者赔偿直接损失;

(二)交易价格超出客户指令价位范围的,交易差价损失或者交易结果由期货公司承担。

第二十三条 期货公司不当延误执行客户交易指令给客户造成损失的,应当承担赔偿责任,但由于市场原因致客户交易指令未能全部或者部分成交的,期货公司不承担责任。

第二十四条 期货公司超出客户指令价位的范围,将高于客户指令价格卖出或者低于客户指令价格买入后的差价利益占为己有的,客户要求期货公司返还的,人民法院应予支持,期货公司与客户另有约定的除外。

第二十五条 期货交易所未按交易规则规定的期限、方式,将交易或者持仓头寸的结算结果通知期货公司,造成期货公司损失的,由期货交易所承担赔偿责任。

期货公司未按期货经纪合同约定的期限、方式,将交易或者持仓头寸的结算结果通知客户,造成客户损失的,由期货公司承担赔偿责任。

第二十六条 期货公司与客户对交易结算结果的通知方式未作约定或者约定不明确,期货公司未能提供证据证明已经发出上述通知的,对客户因继续持仓而造成扩大的损失,应当承担主要赔偿责任,赔偿额不超过损失的百分之八十。

第二十七条 客户对当日交易结算结果的确认,应当视为对该日之前所有持仓和交易结算结果的确认,所产生的交易后果由客户自行承担。

第二十八条 期货公司对交易结算结果提出异议,期货交易所未及时采取措施导致损失扩大的,对造成期货公司扩大的损失应当承担赔偿责任。

客户对交易结算结果提出异议,期货公司未及时采取措施导致损失扩大的,期货公司对造成客户扩大的损失应当承担赔偿责任。

第二十九条 期货公司对期货交易所或者客户对期货公司的交易结算结果有异议,而未在期货交易所交易规则规定或者期货经纪合同约定的时间内提出的,视为期货公司或者客户对交易结算结果已予以确认。

第三十条 期货公司进行混码交易的,客户不承担责任,但期货公司能够举证证明其已按照客户交易指令入市交易的,客户应当承担相应的交易结果。

六、透支交易责任

第三十一条 期货交易所在期货公司没有保证金或者保证金不足的情况下,允许期货公司开仓交易或者继续持仓,应当认定为透支交易。

期货公司在客户没有保证金或者保证金不足的情况下,允许客户开仓交易或者继续持仓,应当认定为透支交易。

审查期货公司或者客户是否透支交易,应当以期货交易所规定的保证金比例为标准。

第三十二条 期货公司的交易保证金不足,期货交易所未按规定通知期货公司追加保证金的,由于行情向持仓不利的方向变化导致期货公司透支发生的扩大损失,期货交易所应当承担主要赔偿责任,赔偿额不超过损失的百分之六十。

客户的交易保证金不足,期货公司未按约定通知客户追加保证金的,由于行情向持仓不利的方向变化导致客户透支发生的扩大损失,期货公司应当承担主要赔偿责任,赔偿额不超过损失的百分之八十。

第三十三条　期货公司的交易保证金不足,期货交易所履行了通知义务,而期货公司未及时追加保证金,期货公司要求保留持仓并经书面协商一致的,对保留持仓期间造成的损失,由期货公司承担;穿仓造成的损失,由期货交易所承担。

客户的交易保证金不足,期货公司履行了通知义务而客户未及时追加保证金,客户要求保留持仓并经书面协商一致的,对保留持仓期间造成的损失,由客户承担;穿仓造成的损失,由期货公司承担。

第三十四条　期货交易所允许期货公司开仓透支交易的,对透支交易造成的损失,由期货交易所承担主要赔偿责任,赔偿额不超过损失的百分之六十。

期货公司允许客户开仓透支交易的,对透支交易造成的损失,由期货公司承担主要赔偿责任,赔偿额不超过损失的百分之八十。

第三十五条　期货交易所允许期货公司透支交易,并与其约定分享利益,共担风险的,对透支交易造成的损失,期货交易所承担相应的赔偿责任。

期货公司允许客户透支交易,并与其约定分享利益,共担风险的,对透支交易造成的损失,期货公司承担相应的赔偿责任。

七、强行平仓责任

第三十六条　期货公司的交易保证金不足,又未能按期货交易所规定的时间追加保证金的,按交易规则的规定处理;规定不明确的,期货交易所有权就其未平仓的期货合约强行平仓,强行平仓所造成的损失,由期货公司承担。

客户的交易保证金不足,又未能按期货经纪合同约定的时间追加保证金的,按期货

经纪合同的约定处理;约定不明确的,期货公司有权就其未平仓的期货合约强行平仓,强行平仓造成的损失,由客户承担。

第三十七条　期货交易所因期货公司违规超仓或者其他违规行为而必须强行平仓的,强行平仓所造成的损失,由期货公司承担。

期货公司因客户违规超仓或者其他违规行为而必须强行平仓的,强行平仓所造成的损失,由客户承担。

第三十八条　期货公司或者客户交易保证金不足,符合强行平仓条件后,应当自行平仓而未平仓造成的扩大损失,由期货公司或者客户自行承担。法律、行政法规另有规定或者当事人另有约定的除外。

第三十九条　期货交易所或者期货公司强行平仓数额应当与期货公司或者客户需追加的保证金数额基本相当。因超量平仓引起的损失,由强行平仓者承担。

第四十条　期货交易所对期货公司、期货公司对客户未按期货交易所交易规则规定或者期货经纪合同约定的强行平仓条件、时间、方式进行强行平仓,造成期货公司或者客户损失的,期货交易所或者期货公司应当承担赔偿责任。

第四十一条　期货交易所依法或依交易规则强行平仓发生的费用,由被平仓的期货公司承担;期货公司承担责任后有权向有过错的客户追偿。

期货公司依法或依约定强行平仓所发生的费用,由客户承担。

八、实物交割责任

第四十二条　交割仓库未履行货物验收职责或者因保管不善给仓单持有人造成损失的,应当承担赔偿责任。

第四十三条　期货公司没有代客户履行

申请交割义务的,应当承担违约责任;造成客户损失的,应当承担赔偿责任。

第四十四条 在交割日,卖方期货公司未向期货交易所交付标准仓单,或者买方期货公司未向期货交易所账户交付足额货款,构成交割违约。

构成交割违约的,违约方应当承担违约责任;具有民法典第五百六十三条第一款第四项规定情形的,对方有权要求终止交割或者要求违约方继续交割。

征购或者竞卖失败的,应当由违约方按照交易所有关赔偿办法的规定承担赔偿责任。

第四十五条 在期货合约交割期内,买方或者卖方客户违约的,期货交易所应当代期货公司、期货公司应当代客户向对方承担违约责任。

第四十六条 买方客户未在期货交易所交易规则规定的期限内对货物的质量、数量提出异议的,应视为其对货物的数量、质量无异议。

第四十七条 交割仓库不能在期货交易所交易规则规定的期限内,向标准仓单持有人交付符合期货合约要求的货物,造成标准仓单持有人损失的,交割仓库应当承担责任,期货交易所承担连带责任。

期货交易所承担责任后,有权向交割仓库追偿。

九、保证合约履行责任

第四十八条 期货公司未按照每日无负债结算制度的要求,履行相应的金钱给付义务,期货交易所亦未代期货公司履行,造成交易对方损失的,期货交易所应当承担赔偿责任。

期货交易所代期货公司履行义务或者承担赔偿责任后,有权向不履行义务的一方追偿。

第四十九条 期货交易所未代期货公司履行期货合约,期货公司应当根据客户请求

向期货交易所主张权利。

期货公司拒绝代客户向期货交易所主张权利的,客户可直接起诉期货交易所,期货公司可作为第三人参加诉讼。

第五十条 因期货交易所的过错导致信息发布、交易指令处理错误,造成期货公司或者客户直接经济损失的,期货交易所应当承担赔偿责任,但其能够证明系不可抗力的除外。

第五十一条 期货交易所依据有关规定对期货市场出现的异常情况采取合理的紧急措施造成客户损失的,期货交易所不承担赔偿责任。

期货公司执行期货交易所的合理的紧急措施造成客户损失的,期货公司不承担赔偿责任。

十、侵权行为责任

第五十二条 期货交易所、期货公司故意提供虚假信息误导客户下单的,由此造成客户的经济损失由期货交易所、期货公司承担。

第五十三条 期货公司私下对冲、与客户对赌等不将客户指令入市交易的行为,应当认定为无效,期货公司应当赔偿由此给客户造成的经济损失;期货公司与客户均有过错的,应当根据过错大小,分别承担相应的赔偿责任。

第五十四条 期货公司擅自以客户的名义进行交易,客户对交易结果不予追认的,所造成的损失由期货公司承担。

第五十五条 期货公司挪用客户保证金,或者违反有关规定划转客户保证金造成客户损失的,应当承担赔偿责任。

十一、举证责任

第五十六条 期货公司应当对客户的交

易指令是否入市交易承担举证责任。

确认期货公司是否将客户下达的交易指令入市交易,应当以期货交易所的交易记录、期货公司通知的交易结算结果与客户交易指令记录中的品种、买卖方向是否一致,价格、交易时间是否相符为标准,指令交易数量可以作为参考。但客户有相反证据证明其交易指令未入市交易的除外。

第五十七条 期货交易所通知期货公司追加保证金,期货公司否认收到上述通知的,由期货交易所承担举证责任。

期货公司向客户发出追加保证金的通知,客户否认收到上述通知的,由期货公司承担举证责任。

十二、保全和执行

第五十八条 人民法院保全与会员资格相应的会员资格费或者交易席位,应当依法裁定不得转让该会员资格,但不得停止该会员交易席位的使用。人民法院在执行过程中,有权依法采取强制措施转让该交易席位。

第五十九条 期货交易所、期货公司为债务人的,人民法院不得冻结、划拨期货公司在期货交易所或者客户在期货公司保证金账户中的资金。

有证据证明该保证金账户中有超出期货公司、客户权益资金的部分,期货交易所、期货公司在人民法院指定的合理期限内不能提出相反证据的,人民法院可以依法冻结、划拨该账户中属于期货交易所、期货公司的自有资金。

第六十条 期货公司为债务人的,人民法院不得冻结、划拨专用结算账户中未被期货合约占用的用于担保期货合约履行的最低限额的结算准备金;期货公司已经结清所有持仓并清偿客户资金的,人民法院可以对结算准备金依法予以冻结、划拨。

期货公司有其他财产的,人民法院应当依法先行冻结、查封、执行期货公司的其他财产。

第六十一条 客户、自营会员为债务人的,人民法院可以对其保证金、持仓依法采取保全和执行措施。

十三、其 它

第六十二条 本规定所称期货公司是指经依法批准代理投资者从事期货交易业务的经营机构及其分公司、营业部等分支机构。客户是指委托期货公司从事期货交易的投资者。

第六十三条 本规定自 2003 年 7 月 1 日起施行。

2003 年 7 月 1 日前发生的期货交易行为或者侵权行为,适用当时的有关规定;当时规定不明确的,参照本规定处理。

最高人民法院关于审理涉及国有土地使用权合同纠纷案件适用法律问题的解释

(2004 年 11 月 23 日最高人民法院审判委员会第 1334 次会议通过 根据 2020 年 12 月 23 日最高人民法院审判委员会第 1823 次会议通过的《最高人民法院关于修改〈最高人民法院关于在民事审判工作中适用《中华人民共和国工会法》若干问题的解释〉等二十七件民事类司法解释的决定》修正 2020 年 12 月 29 日最高人民法院公告公布)

为正确审理国有土地使用权合同纠纷案件,依法保护当事人的合法权益,根据《中华人民共和国民法典》《中华人民共和国土地管理法》《中华人民共和国城市房地产管理法》等法律规定,结合民事审判实践,制定本解释。

一、土地使用权出让合同纠纷

第一条 本解释所称的土地使用权出让合同,是指市、县人民政府自然资源主管部门作为出让方将国有土地使用权在一定年限内让与受让方,受让方支付土地使用权出让金的合同。

第二条 开发区管理委员会作为出让方与受让方订立的土地使用权出让合同,应当认定无效。

本解释实施前,开发区管理委员会作为出让方与受让方订立的土地使用权出让合同,起诉前经市、县人民政府自然资源主管部门追认的,可以认定合同有效。

第三条 经市、县人民政府批准同意以协议方式出让的土地使用权,土地使用权出让金低于订立合同时当地政府按照国家规定确定的最低价的,应当认定土地使用权出让合同约定的价格条款无效。

当事人请求按照订立合同时的市场评估价格交纳土地使用权出让金的,应予支持;受让方不同意按照市场评估价格补足,请求解除合同的,应予支持。因此造成的损失,由当事人按照过错承担责任。

第四条 土地使用权出让合同的出让方因未办理土地使用权出让批准手续而不能交付土地,受让方请求解除合同的,应予支持。

第五条 受让方经出让方和市、县人民政府城市规划行政主管部门同意,改变土地使用权出让合同约定的土地用途,当事人请求按照起诉时同种用途的土地出让金标准调整土地出让金的,应予支持。

第六条 受让方擅自改变土地使用权出让合同约定的土地用途,出让方请求解除合同的,应予支持。

二、土地使用权转让合同纠纷

第七条 本解释所称的土地使用权转让合同,是指土地使用权人作为转让方将出让土地使用权转让于受让方,受让方支付价款的合同。

第八条 土地使用权人作为转让方与受让方订立土地使用权转让合同后,当事人一方以双方之间未办理土地使用权变更登记手续为由,请求确认合同无效的,不予支持。

第九条 土地使用权人作为转让方就同一出让土地使用权订立数个转让合同,在转让合同有效的情况下,受让方均要求履行合同的,按照以下情形分别处理:

(一)已经办理土地使用权变更登记手续的受让方,请求转让方履行交付土地等合同义务的,应予支持;

(二)均未办理土地使用权变更登记手续,已先行合法占有投资开发土地的受让方请求转让方履行土地使用权变更登记等合同义务的,应予支持;

(三)均未办理土地使用权变更登记手续,又未合法占有投资开发土地,先行支付土地转让款的受让方请求转让方履行交付土地和办理土地使用权变更登记等合同义务的,应予支持;

(四)合同均未履行,依法成立在先的合同受让方请求履行合同的,应予支持。

未能取得土地使用权的受让方请求解除合同、赔偿损失的,依照民法典的有关规定处理。

第十条 土地使用权人与受让方订立合同转让划拨土地使用权,起诉前经有批准权的人民政府同意转让,并由受让方办理土地使用权出让手续的,土地使用权人与受让方订立的合同可以按照补偿性质的合同处理。

第十一条 土地使用权人与受让方订立

合同转让划拨土地使用权,起诉前经有批准权的人民政府决定不办理土地使用权出让手续,并将该划拨土地使用权直接划拨给受让方使用的,土地使用权人与受让方订立的合同可以按照补偿性质的合同处理。

三、合作开发房地产合同纠纷

第十二条 本解释所称的合作开发房地产合同,是指当事人订立的以提供出让土地使用权、资金等作为共同投资,共享利润、共担风险合作开发房地产为基本内容的合同。

第十三条 合作开发房地产合同的当事人一方具备房地产开发经营资质的,应当认定合同有效。

当事人双方均不具备房地产开发经营资质的,应当认定合同无效。但起诉前当事人一方已经取得房地产开发经营资质或者已依法合作成立具有房地产开发经营资质的房地产开发企业的,应当认定合同有效。

第十四条 投资数额超出合作开发房地产合同的约定,对增加的投资数额的承担比例,当事人协商不成的,按照当事人的违约情况确定;因不可归责于当事人的事由或者当事人的违约情况无法确定的,按照约定的投资比例确定;没有约定投资比例的,按照约定的利润分配比例确定。

第十五条 房屋实际建筑面积少于合作开发房地产合同的约定,对房屋实际建筑面积的分配比例,当事人协商不成的,按照当事人的违约情况确定;因不可归责于当事人的事由或者当事人违约情况无法确定的,按照约定的利润分配比例确定。

第十六条 在下列情形下,合作开发房地产合同的当事人请求分配房地产项目利益的,不予受理;已经受理的,驳回起诉:

(一)依法需经批准的房地产建设项目未经有批准权的人民政府主管部门批准;

(二)房地产建设项目未取得建设工程规划许可证;

(三)擅自变更建设工程规划。

因当事人隐瞒建设工程规划变更的事实所造成的损失,由当事人按照过错承担。

第十七条 房屋实际建筑面积超出规划建筑面积,经有批准权的人民政府主管部门批准后,当事人对超出部分的房屋分配比例协商不成的,按照约定的利润分配比例确定。对增加的投资数额的承担比例,当事人协商不成的,按照约定的投资比例确定;没有约定投资比例的,按照约定的利润分配比例确定。

第十八条 当事人违反规划开发建设的房屋,被有批准权的人民政府主管部门认定为违法建筑责令拆除,当事人对损失承担协商不成的,按照当事人过错确定责任;过错无法确定的,按照约定的投资比例确定责任;没有约定投资比例的,按照约定的利润分配比例确定责任。

第十九条 合作开发房地产合同约定仅以投资数额确定利润分配比例,当事人未足额交纳出资的,按照当事人的实际投资比例分配利润。

第二十条 合作开发房地产合同的当事人要求将房屋预售款充抵投资参与利润分配的,不予支持。

第二十一条 合作开发房地产合同约定提供土地使用权的当事人不承担经营风险,只收取固定利益的,应当认定为土地使用权转让合同。

第二十二条 合作开发房地产合同约定提供资金的当事人不承担经营风险,只分得固定数量房屋的,应当认定为房屋买卖合同。

第二十三条 合作开发房地产合同约定提供资金的当事人不承担经营风险,只收取固定数额货币的,应当认定为借款合同。

第二十四条 合作开发房地产合同约定提供资金的当事人不承担经营风险,只以租赁或者其他形式使用房屋的,应当认定为房屋租赁合同。

四、其 它

第二十五条 本解释自 2005 年 8 月 1 日起施行;施行后受理的第一审案件适用本解释。

本解释施行前最高人民法院发布的司法解释与本解释不一致的,以本解释为准。

最高人民法院关于国有土地开荒后用于农耕的土地使用权转让合同纠纷案件如何适用法律问题的批复

(2011 年 11 月 21 日最高人民法院审判委员会第 1532 次会议通过 根据 2020 年 12 月 23 日最高人民法院审判委员会第 1823 次会议通过的《最高人民法院关于修改〈最高人民法院关于在民事审判工作中适用《中华人民共和国工会法》若干问题的解释〉等二十七件民事类司法解释的决定》修正 2020 年 12 月 29 日最高人民法院公告公布)

甘肃省高级人民法院:

你院《关于对国有土地经营权转让如何适用法律的请示》(甘高法〔2010〕84 号)收悉。经研究,答复如下:

开荒后用于农耕而未交由农民集体使用的国有土地,不属于《中华人民共和国农村土地承包法》第二条规定的农村土地。此类土地使用权的转让,不适用《中华人民共和国农村土地承包法》的规定,应适用《中华人民共和国民法典》和《中华人民共和国土地管理法》等相关法律规定加以规范。

对于国有土地开荒后用于农耕的土地使

用权转让合同,不违反法律、行政法规的强制性规定的,当事人仅以转让方未取得土地使用权证书为由请求确认合同无效的,人民法院依法不予支持;当事人根据合同约定主张对方当事人履行办理土地使用权证书义务的,人民法院依法应予支持。

(三)借 贷

最高人民法院关于审理民间借贷案件适用法律若干问题的规定

(2015 年 6 月 23 日最高人民法院审判委员会第 1655 次会议通过 根据 2020 年 8 月 18 日最高人民法院审判委员会第 1809 次会议通过的《最高人民法院关于修改〈关于审理民间借贷案件适用法律若干问题的规定〉的决定》第一次修正 根据 2020 年 12 月 23 日最高人民法院审判委员会第 1823 次会议通过的《最高人民法院关于修改〈最高人民法院关于在民事审判工作中适用《中华人民共和国工会法》若干问题的解释〉等二十七件民事类司法解释的决定》第二次修正 2020 年 12 月 29 日最高人民法院公告公布)

为正确审理民间借贷纠纷案件,根据《中华人民共和国民法典》《中华人民共和国民事诉讼法》《中华人民共和国刑事诉讼法》等相关法律之规定,结合审判实践,制定本规定。

第一条 本规定所称的民间借贷,是指自然人、法人和非法人组织之间进行资金融通的行为。

经金融监管部门批准设立的从事贷款业务的金融机构及其分支机构,因发放贷款等相关金融业务引发的纠纷,不适用本规定。

第二条 出借人向人民法院提起民间借贷诉讼时,应当提供借据、收据、欠条等债权凭证以及其他能够证明借贷法律关系存在的证据。

当事人持有的借据、收据、欠条等债权凭证没有载明债权人,持有债权凭证的当事人提起民间借贷诉讼的,人民法院应予受理。被告对原告的债权人资格提出有事实依据的抗辩,人民法院经审查认为原告不具有债权人资格的,裁定驳回起诉。

第三条 借贷双方就合同履行地未约定或者约定不明确,事后未达成补充协议,按照合同相关条款或者交易习惯仍不能确定的,以接受货币一方所在地为合同履行地。

第四条 保证人为借款人提供连带责任保证,出借人仅起诉借款人的,人民法院可以不追加保证人为共同被告;出借人仅起诉保证人的,人民法院可以追加借款人为共同被告。

保证人为借款人提供一般保证,出借人仅起诉保证人的,人民法院应当追加借款人为共同被告;出借人仅起诉借款人的,人民法院可以不追加保证人为共同被告。

第五条 人民法院立案后,发现民间借贷行为本身涉嫌非法集资等犯罪的,应当裁定驳回起诉,并将涉嫌非法集资等犯罪的线索、材料移送公安或者检察机关。

公安或者检察机关不予立案,或者立案侦查后撤销案件,或者检察机关作出不起诉决定,或者经人民法院生效判决认定不构成非法集资等犯罪,当事人又以同一事实向人民法院提起诉讼的,人民法院应予受理。

第六条 人民法院立案后,发现与民间借贷纠纷案件虽有关联但不是同一事实的涉嫌非法集资等犯罪的线索、材料的,人民法院应当继续审理民间借贷纠纷案件,并将涉嫌非法集资等犯罪的线索、材料移送公安或者检察机关。

第七条 民间借贷纠纷的基本案件事实必须以刑事案件的审理结果为依据,而该刑事案件尚未审结的,人民法院应当裁定中止诉讼。

第八条 借款人涉嫌犯罪或者生效判决认定其有罪,出借人起诉请求担保人承担民事责任的,人民法院应予受理。

第九条 自然人之间的借款合同具有下列情形之一的,可以视为合同成立:

(一)以现金支付的,自借款人收到借款时;

(二)以银行转账、网上电子汇款等形式支付的,自资金到达借款人账户时;

(三)以票据交付的,自借款人依法取得票据权利时;

(四)出借人将特定资金账户支配权授权给借款人的,自借款人取得对该账户实际支配权时;

(五)出借人以与借款人约定的其他方式提供借款并实际履行完成时。

第十条 法人之间、非法人组织之间以及它们相互之间为生产、经营需要订立的民间借贷合同,除存在民法典第一百四十六条、第一百五十三条、第一百五十四条以及本规定第十三条规定的情形外,当事人主张民间借贷合同有效的,人民法院应予支持。

第十一条 法人或者非法人组织在本单位内部通过借款形式向职工筹集资金,用于本单位生产、经营,且不存在民法典第一百四十四条、第一百四十六条、第一百五十三条、第一百五十四条以及本规定第十三条规定的情形,当事人主张民间借贷合同有效的,人民法院应予支持。

第十二条 借款人或者出借人的借贷行为涉嫌犯罪,或者已经生效的裁判认定构成犯罪,当事人提起民事诉讼的,民间借贷合同并不当然无效。人民法院应当依据民法典第一百四十四条、第一百四十六条、第一百五十三条、第一百五十四条以及本规定第十三条之规定，认定民间借贷合同的效力。

担保人以借款人或者出借人的借贷行为涉嫌犯罪或者已经生效的裁判认定构成犯罪为由，主张不承担民事责任的，人民法院应当依据民间借贷合同与担保合同的效力、当事人的过错程度，依法确定担保人的民事责任。

第十三条 具有下列情形之一的，人民法院应当认定民间借贷合同无效：

（一）套取金融机构贷款转贷的；

（二）以向其他营利法人借贷、向本单位职工集资，或者以向公众非法吸收存款等方式取得的资金转贷的；

（三）未依法取得放贷资格的出借人，以营利为目的向社会不特定对象提供借款的；

（四）出借人事先知道或者应当知道借款人借款用于违法犯罪活动仍然提供借款的；

（五）违反法律、行政法规强制性规定的；

（六）违背公序良俗的。

第十四条 原告以借据、收据、欠条等债权凭证为依据提起民间借贷诉讼，被告依据基础法律关系提出抗辩或者反诉，并提供证据证明债权纠纷非民间借贷行为引起的，人民法院应当依据查明的案件事实，按照基础法律关系审理。

当事人通过调解、和解或者清算达成的债权债务协议，不适用前款规定。

第十五条 原告仅依据借据、收据、欠条等债权凭证提起民间借贷诉讼，被告抗辩已经偿还借款的，被告应当对其主张提供证据证明。被告提供相应证据证明其主张后，原告仍应就借贷关系的存续承担举证责任。

被告抗辩借贷行为尚未实际发生并能作出合理说明的，人民法院应当结合借贷金额、款项交付、当事人的经济能力、当地或者当事人之间的交易方式、交易习惯、当事人财产变动情况以及证人证言等事实和因素，综合判

断查证借贷事实是否发生。

第十六条 原告仅依据金融机构的转账凭证提起民间借贷诉讼，被告抗辩转账系偿还双方之前借款或者其他债务的，被告应当对其主张提供证据证明。被告提供相应证据证明其主张后，原告仍应就借贷关系的成立承担举证责任。

第十七条 依据《最高人民法院关于适用〈中华人民共和国民事诉讼法〉的解释》第一百七十四条第二款之规定，负有举证责任的原告无正当理由拒不到庭，经审查现有证据无法确认借贷行为、借贷金额、支付方式等案件主要事实的，人民法院对原告主张的事实不予认定。

第十八条 人民法院审理民间借贷纠纷案件时发现有下列情形之一的，应当严格审查借贷发生的原因、时间、地点、款项来源、交付方式、款项流向以及借贷双方的关系、经济状况等事实，综合判断是否属于虚假民事诉讼：

（一）出借人明显不具备出借能力；

（二）出借人起诉所依据的事实和理由明显不符合常理；

（三）出借人不能提交债权凭证或者提交的债权凭证存在伪造的可能；

（四）当事人双方在一定期限内多次参加民间借贷诉讼；

（五）当事人无正当理由拒不到庭参加诉讼，委托代理人对借贷事实陈述不清或者陈述前后矛盾；

（六）当事人双方对借贷事实的发生没有任何争议或者诉辩明显不符合常理；

（七）借款人的配偶或者合伙人、案外人的其他债权人提出有事实依据的异议；

（八）当事人在其他纠纷中存在低价转让财产的情形；

（九）当事人不正当放弃权利；

（十）其他可能存在虚假民间借贷诉讼的

情形。

第十九条　经查明属于虚假民间借贷诉讼，原告申请撤诉的，人民法院不予准许，并应当依据民事诉讼法第一百一十二条之规定，判决驳回其请求。

诉讼参与人或者其他人恶意制造、参与虚假诉讼，人民法院应当依据民事诉讼法第一百一十一条、第一百一十二条和第一百一十三条之规定，依法予以罚款、拘留；构成犯罪的，应当移送有管辖权的司法机关追究刑事责任。

单位恶意制造、参与虚假诉讼的，人民法院应当对该单位进行罚款，并可以对其主要负责人或者直接责任人员予以罚款、拘留；构成犯罪的，应当移送有管辖权的司法机关追究刑事责任。

第二十条　他人在借据、收据、欠条等债权凭证或者借款合同上签名或者盖章，但是未表明其保证人身份或者承担保证责任，或者通过其他事实不能推定其为保证人，出借人请求其承担保证责任的，人民法院不予支持。

第二十一条　借贷双方通过网络贷款平台形成借贷关系，网络贷款平台的提供者仅提供媒介服务，当事人请求其承担担保责任的，人民法院不予支持。

网络贷款平台的提供者通过网页、广告或者其他媒介明示或者有其他证据证明其为借贷提供担保，出借人请求网络贷款平台的提供者承担担保责任的，人民法院应予支持。

第二十二条　法人的法定代表人或者非法人组织的负责人以单位名义与出借人签订民间借贷合同，有证据证明所借款项系法定代表人或者负责人个人使用，出借人请求将法定代表人或者负责人列为共同被告或者第三人的，人民法院应予准许。

法人的法定代表人或者非法人组织的负责人以个人名义与出借人订立民间借贷合同，所借款项用于单位生产经营，出借人请求单位与个人共同承担责任的，人民法院应予支持。

第二十三条　当事人以订立买卖合同作为民间借贷合同的担保，借款到期后借款人不能还款，出借人请求履行买卖合同的，人民法院应当按照民间借贷法律关系审理。当事人根据法庭审理情况变更诉讼请求的，人民法院应当准许。

按照民间借贷法律关系审理作出的判决生效后，借款人不履行生效判决确定的金钱债务，出借人可以申请拍卖买卖合同标的物，以偿还债务。就拍卖所得的价款与应偿还款本息之间的差额，借款人或者出借人有权主张返还或者补偿。

第二十四条　借贷双方没有约定利息，出借人主张支付利息的，人民法院不予支持。

自然人之间借贷对利息约定不明，出借人主张支付利息的，人民法院不予支持。除自然人之间借贷的外，借贷双方对借贷利息约定不明，出借人主张利息的，人民法院应当结合民间借贷合同的内容，并根据当地或者当事人的交易方式、交易习惯、市场报价利率等因素确定利息。

第二十五条　出借人请求借款人按照合同约定利率支付利息的，人民法院应予支持，但是双方约定的利率超过合同成立时一年期贷款市场报价利率四倍的除外。

前款所称"一年期贷款市场报价利率"，是指中国人民银行授权全国银行间同业拆借中心自2019年8月20日起每月发布的一年期贷款市场报价利率。

第二十六条　借据、收据、欠条等债权凭证载明的借款金额，一般认定为本金。预先在本金中扣除利息的，人民法院应当将实际出借的金额认定为本金。

第二十七条　借贷双方对前期借款本息结算后将利息计入后期借款本金并重新出具

债权凭证,如果前期利率没有超过合同成立时一年期贷款市场报价利率四倍,重新出具的债权凭证载明的金额可认定为后期借款本金。超过部分的利息,不应认定为后期借款本金。

按前款计算,借款人在借款期间届满后应当支付的本息之和,超过以最初借款本金与以最初借款本金为基数、以合同成立时一年期贷款市场报价利率四倍计算的整个借款期间的利息之和的,人民法院不予支持。

第二十八条 借贷双方对逾期利率有约定的,从其约定,但是以不超过合同成立时一年期贷款市场报价利率四倍为限。

未约定逾期利率或者约定不明的,人民法院可以区分不同情况处理:

(一)既未约定借期内利率,也未约定逾期利率,出借人主张借款人自逾期还款之日起参照当时一年期贷款市场报价利率标准计算的利息承担逾期还款违约责任的,人民法院应予支持;

(二)约定了借期内利率但是未约定逾期利率,出借人主张借款人自逾期还款之日起按照借期内利率支付资金占用期间利息的,人民法院应予支持。

第二十九条 出借人与借款人既约定了逾期利率,又约定了违约金或者其他费用,出借人可以选择主张逾期利息、违约金或者其他费用,也可以一并主张,但是总计超过合同成立时一年期贷款市场报价利率四倍的部分,人民法院不予支持。

第三十条 借款人可以提前偿还借款,但是当事人另有约定的除外。

借款人提前偿还借款并主张按照实际借款期限计算利息的,人民法院应予支持。

第三十一条 本规定施行后,人民法院新受理的一审民间借贷纠纷案件,适用本规定。

2020年8月20日之后新受理的一审民间借贷案件,借贷合同成立于2020年8月20日之前,当事人请求适用当时的司法解释计算自合同成立到2020年8月19日的利息部分的,人民法院应予支持;对于自2020年8月20日到借款返还之日的利息部分,适用起诉时本规定的利率保护标准计算。

本规定施行后,最高人民法院以前作出的相关司法解释与本规定不一致的,以本规定为准。

最高人民法院关于新民间借贷司法解释适用范围问题的批复

(2020年11月9日最高人民法院审判委员会第1815次会议通过 2020年12月29日最高人民法院公告公布 自2021年1月1日起施行 法释〔2020〕27号)

广东省高级人民法院:

你院《关于新民间借贷司法解释有关法律适用问题的请示》(粤高法〔2020〕108号)收悉。经研究,批复如下:

一、关于适用范围问题。经征求金融监管部门意见,由地方金融监管部门监管的小额贷款公司、融资担保公司、区域性股权市场、典当行、融资租赁公司、商业保理公司、地方资产管理公司等七类地方金融组织,属于经金融监管部门批准设立的金融机构,其因从事相关金融业务引发的纠纷,不适用新民间借贷司法解释。

二、其它两问题已在修订后的司法解释中予以明确,请遵照执行。

三、本批复自2021年1月1日起施行。

最高人民法院关于依法妥善审理民间借贷案件的通知

(2018 年 8 月 1 日 法〔2018〕215 号)

各省、自治区、直辖市高级人民法院,解放军军事法院,新疆维吾尔自治区高级人民法院生产建设兵团分院:

民间借贷在一定程度上满足了社会多元化融资需求,促进了多层次信贷市场的形成和完善。与此同时,民间借贷纠纷案件也呈现爆炸式增长,给人民法院的审判工作带来新的挑战。近年来,社会上不断出现披着民间借贷外衣,通过"虚增债务""伪造证据""恶意制造违约""收取高额费用"等方式非法侵占财物的"套路贷"诈骗等新型犯罪,严重侵害了人民群众的合法权益,扰乱了金融市场秩序,影响社会和谐稳定。为充分发挥民商事审判工作的评价、教育、指引功能,妥善审理民间借贷纠纷案件,防范化解各类风险,现将有关事项通知如下:

一、加大对借贷事实和证据的审查力度。"套路贷"诈骗等犯罪设局者具备知识型犯罪特征,善于通过虚增债权债务、制造银行流水痕迹、故意失联制造违约等方式,形成证据链条闭环,并借助民事诉讼程序实现非法目的。因此,人民法院在审理民间借贷纠纷案件中,除根据《最高人民法院关于审理民间借贷案件适用法律若干问题的规定》第十五条、第十六条规定,对借据、收据、欠条等债权凭证及银行流水等款项交付凭证进行审查外,还应结合款项来源、交易习惯、经济能力、财产变化情况、当事人关系以及当事人陈述等因素综合判断借贷的真实情况。有违法犯罪等合理怀疑,代理人对案件事实无法说明的,应当传唤当事人本人到庭,就有关案件事实接受

询问。要适当加大调查取证力度,查明事实真相。

二、严格区分民间借贷行为与诈骗等犯罪行为。人民法院在审理民间借贷纠纷案件中,要切实提高对"套路贷"诈骗等犯罪行为的警觉,加强对民间借贷行为与诈骗等犯罪行为的甄别,发现涉嫌违法犯罪线索、材料的,要及时按照《最高人民法院关于在审理经济纠纷案件中涉及经济犯罪嫌疑若干问题的规定》和《最高人民法院关于审理民间借贷案件适用法律若干问题的规定》依法处理。民间借贷行为本身涉及违法犯罪的,应当裁定驳回起诉,并将涉嫌犯罪的线索、材料移送公安机关或检察机关,切实防范犯罪分子将非法行为合法化,利用民事判决堂而皇之侵占被害人财产。刑事判决认定出借人构成"套路贷"诈骗等犯罪的,人民法院对已按普通民间借贷纠纷作出的生效判决,应当及时通过审判监督程序予以纠正。

三、依法严守法定利率红线。《最高人民法院关于审理民间借贷案件适用法律若干问题的规定》依法确立了法定利率的司法红线,应当从严把握。人民法院在民间借贷纠纷案件审理过程中,对于各种以"利息""违约金""服务费""中介费""保证金""延期费"等突破或变相突破法定利率红线的,应当依法不予支持。对于"出借人主张系以现金方式支付大额贷款本金""借款人抗辩所谓现金支付本金系出借人预先扣除的高额利息"的,要加强对出借人主张的现金支付款项来源、交付情况等证据的审查,依法认定借贷本金数额和高额利息扣收事实。发现交易平台、交易对手、交易模式等以"创新"为名行高利贷之实的,应当及时采取发送司法建议函等有效方式,坚决予以遏制。

四、建立民间借贷纠纷防范和解决机制。人民法院在防范和化解民间借贷各类风险中,要紧密结合党和国家工作大局,紧紧依靠

党委领导和政府支持,探索审判机制创新,加强联动效应,探索建立跨部门综合治理机制。要加大法制宣传力度,引导社会良好风气,认真总结审判经验,加强调查研究。

各级人民法院在审理民间借贷纠纷案件中发现新情况、新问题,请及时层报最高人民法院。

最高人民法院关于审理非法集资刑事案件具体应用法律若干问题的解释

(2010年11月22日最高人民法院审判委员会第1502次会议通过　根据2021年12月30日最高人民法院审判委员会第1860次会议通过的《最高人民法院关于修改〈最高人民法院关于审理非法集资刑事案件具体应用法律若干问题的解释〉的决定》修正　2022年2月23日最高人民法院公告公布)

为依法惩治非法吸收公众存款、集资诈骗等非法集资犯罪活动,根据《中华人民共和国刑法》的规定,现就审理此类刑事案件具体应用法律的若干问题解释如下:

第一条　违反国家金融管理法律规定,向社会公众(包括单位和个人)吸收资金的行为,同时具备下列四个条件的,除刑法另有规定的以外,应当认定为刑法第一百七十六条规定的"非法吸收公众存款或者变相吸收公众存款":

(一)未经有关部门依法许可或者借用合法经营的形式吸收资金;

(二)通过网络、媒体、推介会、传单、手机信息等途径向社会公开宣传;

(三)承诺在一定期限内以货币、实物、股权等方式还本付息或者给付回报;

(四)向社会公众即社会不特定对象吸收资金。

未向社会公开宣传,在亲友或者单位内部针对特定对象吸收资金的,不属于非法吸收或者变相吸收公众存款。

第二条　实施下列行为之一,符合本解释第一条第一款规定的条件的,应当依照刑法第一百七十六条的规定,以非法吸收公众存款罪定罪处罚:

(一)不具有房产销售的真实内容或者不以房产销售为主要目的,以返本销售、售后包租、约定回购、销售房产份额等方式非法吸收资金的;

(二)以转让林权并代为管护等方式非法吸收资金的;

(三)以代种植(养殖)、租种植(养殖)、联合种植(养殖)等方式非法吸收资金的;

(四)不具有销售商品、提供服务的真实内容或者不以销售商品、提供服务为主要目的,以商品回购、寄存代售等方式非法吸收资金的;

(五)不具有发行股票、债券的真实内容,以虚假转让股权、发售虚构债券等方式非法吸收资金的;

(六)不具有募集基金的真实内容,以假借境外基金、发售虚构基金等方式非法吸收资金的;

(七)不具有销售保险的真实内容,以假冒保险公司、伪造保险单据等方式非法吸收资金的;

(八)以网络借贷、投资入股、虚拟币交易等方式非法吸收资金的;

(九)以委托理财、融资租赁等方式非法吸收资金的;

(十)以提供"养老服务"、投资"养老项目"、销售"老年产品"等方式非法吸收资金的;

(十一)利用民间"会""社"等组织非法吸收资金的;

（十二）其他非法吸收资金的行为。

第三条 非法吸收或者变相吸收公众存款，具有下列情形之一的，应当依法追究刑事责任：

（一）非法吸收或者变相吸收公众存款数额在100万元以上的；

（二）非法吸收或者变相吸收公众存款对象150人以上的；

（三）非法吸收或者变相吸收公众存款，给存款人造成直接经济损失数额在50万元以上的。

非法吸收或者变相吸收公众存款数额在50万元以上或者给存款人造成直接经济损失数额在25万元以上，同时具有下列情节之一的，应当依法追究刑事责任：

（一）曾因非法集资受过刑事追究的；

（二）二年内曾因非法集资受过行政处罚的；

（三）造成恶劣社会影响或者其他严重后果的。

第四条 非法吸收或者变相吸收公众存款，具有下列情形之一的，应当认定为刑法第一百七十六条规定的"数额巨大或者有其他严重情节"：

（一）非法吸收或者变相吸收公众存款数额在500万元以上的；

（二）非法吸收或者变相吸收公众存款对象500人以上的；

（三）非法吸收或者变相吸收公众存款，给存款人造成直接经济损失数额在250万元以上的。

非法吸收或者变相吸收公众存款数额在250万元以上或者给存款人造成直接经济损失数额在150万元以上，同时具有本解释第三条第二款第三项情节的，应当认定为"其他严重情节"。

第五条 非法吸收或者变相吸收公众存款，具有下列情形之一的，应当认定为刑法第

一百七十六条规定的"数额特别巨大或者有其他特别严重情节"：

（一）非法吸收或者变相吸收公众存款数额在5000万元以上的；

（二）非法吸收或者变相吸收公众存款对象5000人以上的；

（三）非法吸收或者变相吸收公众存款，给存款人造成直接经济损失数额在2500万元以上的。

非法吸收或者变相吸收公众存款数额在2500万元以上或者给存款人造成直接经济损失数额在1500万元以上，同时具有本解释第三条第二款第三项情节的，应当认定为"其他特别严重情节"。

第六条 非法吸收或者变相吸收公众存款的数额，以行为人所吸收的资金全额计算。在提起公诉前积极退赃退赔，减少损害结果发生的，可以从轻或者减轻处罚；在提起公诉后退赃退赔的，可以作为量刑情节酌情考虑。

非法吸收或者变相吸收公众存款，主要用于正常的生产经营活动，能够在提起公诉前清退所吸收资金，可以免予刑事处罚；情节显著轻微危害不大的，不作为犯罪处理。

对依法不需要追究刑事责任或者免予刑事处罚的，应当依法将案件移送有关行政机关。

第七条 以非法占有为目的，使用诈骗方法实施本解释第二条规定所列行为的，应当依照刑法第一百九十二条的规定，以集资诈骗罪定罪处罚。

使用诈骗方法非法集资，具有下列情形之一的，可以认定为"以非法占有为目的"：

（一）集资后不用于生产经营活动或者用于生产经营活动与筹集资金规模明显不成比例，致使集资款不能返还的；

（二）肆意挥霍集资款，致使集资款不能返还的；

（三）携带集资款逃匿的；

（四）将集资款用于违法犯罪活动的；

（五）抽逃、转移资金、隐匿财产，逃避返还资金的；

（六）隐匿、销毁账目，或者搞假破产、假倒闭，逃避返还资金的；

（七）拒不交代资金去向，逃避返还资金的；

（八）其他可以认定非法占有目的的情形。

集资诈骗罪中的非法占有目的，应当区分情形进行具体认定。行为人部分非法集资行为具有非法占有目的的，对该部分非法集资行为所涉集资款以集资诈骗罪定罪处罚；非法集资共同犯罪中部分行为人具有非法占有目的，其他行为人没有非法占有集资款的共同故意和行为的，对具有非法占有目的的行为人以集资诈骗罪定罪处罚。

第八条　集资诈骗数额在 10 万元以上的，应当认定为"数额较大"；数额在 100 万元以上的，应当认定为"数额巨大"。

集资诈骗数额在 50 万元以上，同时具有本解释第三条第二款第三项情节的，应当认定为刑法第一百九十二条规定的"其他严重情节"。

集资诈骗的数额以行为人实际骗取的数额计算，在案发前已归还的数额应予扣除。行为人为实施集资诈骗活动而支付的广告费、中介费、手续费、回扣，或者用于行贿、赠与等费用，不予扣除。行为人为实施集资诈骗活动而支付的利息，除本金未归还可予折抵本金以外，应当计入诈骗数额。

第九条　犯非法吸收公众存款罪，判处三年以下有期徒刑或者拘役，并处或者单处罚金的，处五万元以上一百万元以下罚金；判处三年以上十年以下有期徒刑的，并处十万元以上五百万元以下罚金；判处十年以上有期徒刑的，并处五十万元以上罚金。

犯集资诈骗罪，判处三年以上七年以下有期徒刑的，并处十万元以上五百万元以下罚金；判处七年以上有期徒刑或者无期徒刑的，并处五十万元以上罚金或者没收财产。

第十条　未经国家有关主管部门批准，向社会不特定对象发行、以转让股权等方式变相发行股票或者公司、企业债券，或者向特定对象发行、变相发行股票或者公司、企业债券累计超过 200 人的，应当认定为刑法第一百七十九条规定的"擅自发行股票或者公司、企业债券"。构成犯罪的，以擅自发行股票、公司、企业债券罪定罪处罚。

第十一条　违反国家规定，未经依法核准擅自发行基金份额募集基金，情节严重的，依照刑法第二百二十五条的规定，以非法经营罪定罪处罚。

第十二条　广告经营者、广告发布者违反国家规定，利用广告为非法集资活动相关的商品或者服务作虚假宣传，具有下列情形之一的，依照刑法第二百二十二条的规定，以虚假广告罪定罪处罚：

（一）违法所得数额在 10 万元以上的；

（二）造成严重危害后果或者恶劣社会影响的；

（三）二年内利用广告作虚假宣传，受过行政处罚二次以上的；

（四）其他情节严重的情形。

明知他人从事欺诈发行证券，非法吸收公众存款，擅自发行股票、公司、企业债券，集资诈骗或者组织、领导传销活动等集资犯罪活动，为其提供广告等宣传的，以相关犯罪的共犯论处。

第十三条　通过传销手段向社会公众非法吸收资金，构成非法吸收公众存款罪或者集资诈骗罪，同时又构成组织、领导传销活动罪的，依照处罚较重的规定定罪处罚。

第十四条　单位实施非法吸收公众存款、集资诈骗犯罪的，依照本解释规定的相应自然人犯罪的定罪量刑标准，对单位判处罚金,并对其直接负责的主管人员和其他直接责任人员定罪处罚。

第十五条 此前发布的司法解释与本解释不一致的,以本解释为准。

最高人民检察院关于强迫借贷行为适用法律问题的批复

(2014年4月11日最高人民检察院第十二届检察委员会第19次会议通过 2014年4月17日最高人民检察院公告公布 自公布之日起施行)

广东省人民检察院:

你院《关于强迫借贷案件法律适用的请示》(粤检发研字〔2014〕9号)收悉。经研究,批复如下:

以暴力、胁迫手段强迫他人借贷,属于刑法第二百二十六条第二项规定的"强迫他人提供或者接受服务",情节严重的,以强迫交易罪追究刑事责任;同时构成故意伤害罪等其他犯罪的,依照处罚较重的规定定罪处罚。以非法占有为目的,以借贷为名采用暴力、胁迫手段获取他人财物,符合刑法第二百六十三条或者第二百七十四条规定的,以抢劫罪或者敲诈勒索罪追究刑事责任。

此复

最高人民法院关于判决生效后当事人将判决确认的债权转让债权受让人对该判决不服提出再审申请人民法院是否受理问题的批复

(2010年12月16日最高人民法院审判委员会第1506次会议通过 2011年1月7日最高人民法院公告公布 自2011年2月1日起施行 法释〔2011〕2号)

海南省高级人民法院:

你院《关于海南长江旅业有限公司、海南凯立中部开发建设股份有限公司与交通银行海南分行借款合同纠纷一案的请示报告》(〔2009〕琼民再终字第16号)收悉。经研究,答复如下:

判决生效后当事人将判决确认的债权转让,债权受让人对该判决不服提出再审申请的,因其不具有申请再审人主体资格,人民法院应依法不予受理。

四、人格权

中华人民共和国
英雄烈士保护法（节录）

（2018年4月27日第十三届全国人民代表大会常务委员会第二次会议通过　2018年4月27日中华人民共和国主席令第5号公布　自2018年5月1日起施行）

……

第二十二条　禁止歪曲、丑化、亵渎、否定英雄烈士事迹和精神。

英雄烈士的姓名、肖像、名誉、荣誉受法律保护。任何组织和个人不得在公共场所、互联网或者利用广播电视、电影、出版物等，以侮辱、诽谤或者其他方式侵害英雄烈士的姓名、肖像、名誉、荣誉。任何组织和个人不得将英雄烈士的姓名、肖像用于或者变相用于商标、商业广告，损害英雄烈士的名誉、荣誉。

公安、文化、新闻出版、广播电视、电影、网信、市场监督管理、负责英雄烈士保护工作的部门发现前款规定行为的，应当依法及时处理。

第二十三条　网信和电信、公安等有关部门在对网络信息进行依法监督管理工作中，发现发布或者传输以侮辱、诽谤或者其他方式侵害英雄烈士的姓名、肖像、名誉、荣誉的信息的，应当要求网络运营者停止传输，采取消除等处置措施和其他必要措施；对来源于中华人民共和国境外的上述信息，应当通知有关机构采取技术措施和其他必要措施阻断传播。

网络运营者发现其用户发布前款规定的信息的，应当立即停止传输该信息，采取消除等处置措施，防止信息扩散，保存有关记录，并向有关主管部门报告。网络运营者未采取停止传输、消除等处置措施的，依照《中华人民共和国网络安全法》的规定处罚。

第二十四条　任何组织和个人有权对侵害英雄烈士合法权益和其他违反本法规定的行为，向负责英雄烈士保护工作的部门、网信、公安等有关部门举报，接到举报的部门应当依法及时处理。

第二十五条　对侵害英雄烈士的姓名、肖像、名誉、荣誉的行为，英雄烈士的近亲属可以依法向人民法院提起诉讼。

英雄烈士没有近亲属或者近亲属不提起诉讼的，检察机关依法对侵害英雄烈士的姓名、肖像、名誉、荣誉，损害社会公共利益的行为向人民法院提起诉讼。

负责英雄烈士保护工作的部门和其他有关部门在履行职责过程中发现第一款规定的行为，需要检察机关提起诉讼的，应当向检察机关报告。

英雄烈士近亲属依照第一款规定提起诉讼的，法律援助机构应当依法提供法律援助服务。

第二十六条　以侮辱、诽谤或者其他方式侵害英雄烈士的姓名、肖像、名誉、荣誉，损害社会公共利益的，依法承担民事责任；构成违反治安管理行为的，由公安机关依法给予治安管理处罚;构成犯罪的,依法追究刑事责任。

第二十七条　在英雄烈士纪念设施保护范围内从事有损纪念英雄烈士环境和氛围的活动的,纪念设施保护单位应当及时劝阻;不听劝阻的,由县级以上地方人民政府负责英雄烈士保护工作的部门、文物主管部门按照职责规定给予批评教育,责令改正;构成违反治安管理行为的,由公安机关依法给予治安管理处罚。

亵渎、否定英雄烈士事迹和精神,宣扬、美化侵略战争和侵略行为,寻衅滋事,扰乱公共秩序,构成违反治安管理行为的,由公安机关依法给予治安管理处罚;构成犯罪的,依法追究刑事责任。

第二十八条　侵占、破坏、污损英雄烈士纪念设施的,由县级以上人民政府负责英雄烈士保护工作的部门责令改正;造成损失的,依法承担民事责任;被侵占、破坏、污损的纪念设施属于文物保护单位的,依照《中华人民共和国文物保护法》的规定处罚;构成违反治安管理行为的,由公安机关依法给予治安管理处罚;构成犯罪的,依法追究刑事责任。

第二十九条　县级以上人民政府有关部门及其工作人员在英雄烈士保护工作中滥用职权、玩忽职守、徇私舞弊的,对直接负责的主管人员和其他直接责任人员,依法给予处分;构成犯罪的,依法追究刑事责任。

第三十条　本法自 2018 年 5 月 1 日起施行。

中华人民共和国妇女权益保障法

（1992 年 4 月 3 日第七届全国人民代表大会第五次会议通过　根据 2005 年 8 月 28 日第十届全国人民代表大会常务委员会第十七次会议《关于修改〈中华人民共和国妇女权益保障法〉的决定》第一次修正　根据 2018 年 10 月 26 日第十三届全国人民代表大会常务委员会第六次会议《关于修改〈中华人民共和国野生动物保护法〉等十五部法律的决定》第二次修正　2022 年 10 月 30 日第十三届全国人民代表大会常务委员会第三十七次会议修订　2022 年 10 月 30 日中华人民共和国主席令第 122 号公布　自 2023 年 1 月 1 日起施行）

目　　录

第一章　总　　则

第一条　【立法目的】为了保障妇女的合法权益,促进男女平等和妇女全面发展,充分发挥妇女在全面建设社会主义现代化国家中的作用,弘扬社会主义核心价值观,根据宪法,制定本法。

第二条 【男女平等与妇女依法特殊保护】男女平等是国家的基本国策。妇女在政治的、经济的、文化的、社会的和家庭的生活等各方面享有同男子平等的权利。

国家采取必要措施,促进男女平等,消除对妇女一切形式的歧视,禁止排斥、限制妇女依法享有和行使各项权益。

国家保护妇女依法享有的特殊权益。

第三条 【妇女权益保障工作领导和工作机制】坚持中国共产党对妇女权益保障工作的领导,建立政府主导、各方协同、社会参与的保障妇女权益工作机制。

各级人民政府应当重视和加强妇女权益的保障工作。

县级以上人民政府负责妇女儿童工作的机构,负责组织、协调、指导、督促有关部门做好妇女权益的保障工作。

县级以上人民政府有关部门在各自的职责范围内做好妇女权益的保障工作。

第四条 【保障妇女合法权益】保障妇女的合法权益是全社会的共同责任。国家机关、社会团体、企业事业单位、基层群众性自治组织以及其他组织和个人,应当依法保障妇女的权益。

国家采取有效措施,为妇女依法行使权利提供必要的条件。

第五条 【妇女发展纲要和规划】国务院制定和组织实施中国妇女发展纲要,将其纳入国民经济和社会发展规划,保障和促进妇女在各领域的全面发展。

县级以上地方各级人民政府根据中国妇女发展纲要,制定和组织实施本行政区域的妇女发展规划,将其纳入国民经济和社会发展规划。

县级以上人民政府应当将妇女权益保障所需经费列入本级预算。

第六条 【妇联等群团组织应做好维护妇女权益工作】中华全国妇女联合会和地方各级妇女联合会依照法律和中华全国妇女联合会章程,代表和维护各族各界妇女的利益,做好维护妇女权益、促进男女平等和妇女全面发展的工作。

工会、共产主义青年团、残疾人联合会等群团组织应当在各自的工作范围内,做好维护妇女权益的工作。

第七条 【国家鼓励妇女维护合法权益】国家鼓励妇女自尊、自信、自立、自强,运用法律维护自身合法权益。

妇女应当遵守国家法律,尊重社会公德、职业道德和家庭美德,履行法律所规定的义务。

第八条 【立法应当听取妇联意见,考虑妇女特殊权益】有关机关制定或者修改涉及妇女权益的法律、法规、规章和其他规范性文件,应当听取妇女联合会的意见,充分考虑妇女的特殊权益,必要时开展男女平等评估。

第九条 【妇女发展状况统计调查制度】国家建立健全妇女发展状况统计调查制度,完善性别统计监测指标体系,定期开展妇女发展状况和权益保障统计调查和分析,发布有关信息。

第十条 【男女平等基本国策纳入国民教育体系】国家将男女平等基本国策纳入国民教育体系,开展宣传教育,增强全社会的男女平等意识,培育尊重和关爱妇女的社会风尚。

第十一条 【表彰和奖励】国家对保障妇女合法权益成绩显著的组织和个人,按照有关规定给予表彰和奖励。

第二章 政 治 权 利

第十二条 【保障妇女平等的政治权利】国家保障妇女享有与男子平等的政治权利。

第十三条 【参与国家和社会管理,提出意见和建议权】妇女有权通过各种途径和形

人格权

式,依法参与管理国家事务、管理经济和文化事业、管理社会事务。

妇女和妇女组织有权向各级国家机关提出妇女权益保障方面的意见和建议。

第十四条 【平等的选举权和被选举权】妇女享有与男子平等的选举权和被选举权。

全国人民代表大会和地方各级人民代表大会的代表中,应当保证有适当数量的妇女代表。国家采取措施,逐步提高全国人民代表大会和地方各级人民代表大会的妇女代表的比例。

居民委员会、村民委员会成员中,应当保证有适当数量的妇女成员。

第十五条 【女干部的培养和选拔】国家积极培养和选拔女干部,重视培养和选拔少数民族女干部。

国家机关、群团组织、企业事业单位培养、选拔和任用干部,应当坚持男女平等的原则,并有适当数量的妇女担任领导成员。

妇女联合会及其团体会员,可以向国家机关、群团组织、企业事业单位推荐女干部。

国家采取措施支持女性人才成长。

第十六条 【妇联的职责】妇女联合会代表妇女积极参与国家和社会事务的民主协商、民主决策、民主管理和民主监督。

第十七条 【对涉及妇女权益的批评建议、申诉、控告和检举的处理】对于有关妇女权益保障工作的批评或者合理可行的建议,有关部门应当听取和采纳;对于有关侵害妇女权益的申诉、控告和检举,有关部门应当查清事实,负责处理,任何组织和个人不得压制或者打击报复。

第三章 人身和人格权益

第十八条 【保障妇女平等的人身和人格权益】国家保障妇女享有与男子平等的人身和人格权益。

第十九条 【妇女人身自由不受侵犯】妇女的人身自由不受侵犯。禁止非法拘禁和以其他非法手段剥夺或者限制妇女的人身自由;禁止非法搜查妇女的身体。

第二十条 【妇女人格尊严不受侵犯】妇女的人格尊严不受侵犯。禁止用侮辱、诽谤等方式损害妇女的人格尊严。

第二十一条 【妇女生命权、身体权、健康权不受侵犯】妇女的生命权、身体权、健康权不受侵犯。禁止虐待、遗弃、残害、买卖以及其他侵害女性生命健康权益的行为。

禁止进行非医学需要的胎儿性别鉴定和选择性别的人工终止妊娠。

医疗机构施行生育手术、特殊检查或者特殊治疗时,应当征得妇女本人同意;在妇女与其家属或者关系人意见不一致时,应当尊重妇女本人意愿。

第二十二条 【禁止拐卖、绑架妇女及发现报告和解救】禁止拐卖、绑架妇女;禁止收买被拐卖、绑架的妇女;禁止阻碍解救被拐卖、绑架的妇女。

各级人民政府和公安、民政、人力资源和社会保障、卫生健康等部门及村民委员会、居民委员会按照各自的职责及时发现报告,并采取措施解救被拐卖、绑架的妇女,做好被解救妇女的安置、救助和关爱等工作。妇女联合会协助和配合做好有关工作。任何组织和个人不得歧视被拐卖、绑架的妇女。

第二十三条 【禁止对妇女实施性骚扰】禁止违背妇女意愿,以言语、文字、图像、肢体行为等方式对其实施性骚扰。

受害妇女可以向有关单位和国家机关投诉。接到投诉的有关单位和国家机关应当及时处理,并书面告知处理结果。

受害妇女可以向公安机关报案,也可以向人民法院提起民事诉讼,依法请求行为人承担民事责任。

第二十四条 【学校应建立预防和处置

女学生受性侵害、性骚扰工作制度】学校应当根据女学生的年龄阶段,进行生理卫生、心理健康和自我保护教育,在教育、管理、设施等方面采取措施,提高其防范性侵害、性骚扰的自我保护意识和能力,保障女学生的人身安全和身心健康发展。

学校应当建立有效预防和科学处置性侵害、性骚扰的工作制度。对性侵害、性骚扰女学生的违法犯罪行为,学校不得隐瞒,应当及时通知受害未成年女学生的父母或者其他监护人,向公安机关、教育行政部门报告,并配合相关部门依法处理。

对遭受性侵害、性骚扰的女学生,学校、公安机关、教育行政部门等相关单位和人员应当保护其隐私和个人信息,并提供必要的保护措施。

第二十五条 【用人单位预防和制止对妇女性骚扰的措施】用人单位应当采取下列措施预防和制止对妇女的性骚扰:

(一)制定禁止性骚扰的规章制度;

(二)明确负责机构或者人员;

(三)开展预防和制止性骚扰的教育培训活动;

(四)采取必要的安全保卫措施;

(五)设置投诉电话、信箱等,畅通投诉渠道;

(六)建立和完善调查处置程序,及时处置纠纷并保护当事人隐私和个人信息;

(七)支持、协助受害妇女依法维权,必要时为受害妇女提供心理疏导;

(八)其他合理的预防和制止性骚扰措施。

第二十六条 【住宿经营者及时报告义务】住宿经营者应当及时准确登记住宿人员信息,健全住宿服务规章制度,加强安全保障措施;发现可能侵害妇女权益的违法犯罪行为,应当及时向公安机关报告。

第二十七条 【禁止卖淫、嫖娼】禁止卖淫、嫖娼;禁止组织、强迫、引诱、容留、介绍妇女卖淫或者对妇女进行猥亵活动;禁止组织、强迫、引诱、容留、介绍妇女在任何场所或者利用网络进行淫秽表演活动。

第二十八条 【妇女人格权益受法律保护】妇女的姓名权、肖像权、名誉权、荣誉权、隐私权和个人信息等人格权益受法律保护。

媒体报道涉及妇女事件应当客观、适度,不得通过夸大事实、过度渲染等方式侵害妇女的人格权益。

禁止通过大众传播媒介或者其他方式贬低损害妇女人格。未经本人同意,不得通过广告、商标、展览橱窗、报纸、期刊、图书、音像制品、电子出版物、网络等形式使用妇女肖像,但法律另有规定的除外。

第二十九条 【人身安全保护令】禁止以恋爱、交友为由或者在终止恋爱关系、离婚之后,纠缠、骚扰妇女,泄露、传播妇女隐私和个人信息。

妇女遭受上述侵害或者面临上述侵害现实危险的,可以向人民法院申请人身安全保护令。

第三十条 【妇女健康服务体系】国家建立健全妇女健康服务体系,保障妇女享有基本医疗卫生服务,开展妇女常见病、多发病的预防、筛查和诊疗,提高妇女健康水平。

国家采取必要措施,开展经期、孕期、产期、哺乳期和更年期的健康知识普及、卫生保健和疾病防治,保障妇女特殊生理时期的健康需求,为有需要的妇女提供心理健康服务支持。

第三十一条 【妇幼保健和妇女卫生健康】县级以上地方人民政府应当设立妇幼保健机构,为妇女提供保健以及常见病防治服务。

国家鼓励和支持社会力量通过依法捐赠、资助或者提供志愿服务等方式,参与妇女卫生健康事业,提供安全的生理健康用品或者服务,满足妇女多样化、差异化的健康需求。

用人单位应当定期为女职工安排妇科疾病、乳腺疾病检查以及妇女特殊需要的其他健康检查。

第三十二条 【生育权利与自由】妇女依法享有生育子女的权利,也有不生育子女的自由。

第三十三条 【妇女全生育周期系统保健制度】国家实行婚前、孕前、孕产期和产后保健制度,逐步建立妇女全生育周期系统保健制度。医疗保健机构应当提供安全、有效的医疗保健服务,保障妇女生育安全和健康。

有关部门应当提供安全、有效的避孕药具和技术,保障妇女的健康和安全。

第三十四条 【规划、建设基础设施时应考虑妇女特殊需求】各级人民政府在规划、建设基础设施时,应当考虑妇女的特殊需求,配备满足妇女需要的公共厕所和母婴室等公共设施。

第四章 文化教育权益

第三十五条 【保障妇女平等的文化教育权利】国家保障妇女享有与男子平等的文化教育权利。

第三十六条 【保障适龄女性未成年人接受并完成义务教育】父母或者其他监护人应当履行保障适龄女性未成年人接受并完成义务教育的义务。

对无正当理由不送适龄女性未成年人入学的父母或者其他监护人,由当地乡镇人民政府或者县级人民政府教育行政部门给予批评教育,依法责令其限期改正。居民委员会、村民委员会应当协助政府做好相关工作。

政府、学校应当采取有效措施,解决适龄女性未成年人就学存在的实际困难,并创造条件,保证适龄女性未成年人完成义务教育。

第三十七条 【保障妇女平等享有接受

教育的权利和机会】学校和有关部门应当执行国家有关规定,保障妇女在入学、升学、授予学位、派出留学、就业指导和服务等方面享有与男子平等的权利。

学校在录取学生时,除国家规定的特殊专业外,不得以性别为由拒绝录取女性或者提高对女性的录取标准。

各级人民政府应当采取措施,保障女性平等享有接受中高等教育的权利和机会。

第三十八条 【扫除妇女文盲、半文盲工作】各级人民政府应当依照规定把扫除妇女中的文盲、半文盲工作,纳入扫盲和扫盲后继续教育规划,采取符合妇女特点的组织形式和工作方法,组织、监督有关部门具体实施。

第三十九条 【为妇女终身学习创造条件】国家健全全民终身学习体系,为妇女终身学习创造条件。

各级人民政府和有关部门应当采取措施,根据城镇和农村妇女的需要,组织妇女接受职业教育和实用技术培训。

第四十条 【保障妇女在文化活动中享有平等的权利】国家机关、社会团体和企业事业单位应当执行国家有关规定,保障妇女从事科学、技术、文学、艺术和其他文化活动,享有与男子平等的权利。

第五章 劳动和社会保障权益

第四十一条 【保障妇女平等的劳动权利和社会保障权益】国家保障妇女享有与男子平等的劳动权利和社会保障权利。

第四十二条 【政府和有关部门应防止和纠正就业性别歧视】各级人民政府和有关部门应当完善就业保障政策措施,防止和纠正就业性别歧视,为妇女创造公平的就业创业环境,为就业困难的妇女提供必要的扶持和援助。

第四十三条 【用人单位招录时不得实

施性别歧视行为】用人单位在招录(聘)过程中,除国家另有规定外,不得实施下列行为:

(一)限定为男性或者规定男性优先;

(二)除个人基本信息外,进一步询问或者调查女性求职者的婚育情况;

(三)将妊娠测试作为入职体检项目;

(四)将限制结婚、生育或者婚姻、生育状况作为录(聘)用条件;

(五)其他以性别为由拒绝录(聘)用妇女或者差别化地提高对妇女录(聘)用标准的行为。

第四十四条 【劳动合同应具备女职工特殊保护条款】用人单位在录(聘)用女职工时,应当依法与其签订劳动(聘用)合同或者服务协议,劳动(聘用)合同或者服务协议中应当具备女职工特殊保护条款,并不得规定限制女职工结婚、生育等内容。

职工一方与用人单位订立的集体合同中应当包含男女平等和女职工权益保护相关内容,也可以就相关内容制定专章、附件或者单独订立女职工权益保护专项集体合同。

第四十五条 【男女同工同酬】实行男女同工同酬。妇女在享受福利待遇方面享有与男子平等的权利。

第四十六条 【晋职、晋级等不得歧视妇女】在晋职、晋级、评聘专业技术职称和职务、培训等方面,应当坚持男女平等的原则,不得歧视妇女。

第四十七条 【保护妇女工作和劳动时的安全、健康及休息的权利】用人单位应当根据妇女的特点,依法保护妇女在工作和劳动时的安全、健康以及休息的权利。

妇女在经期、孕期、产期、哺乳期受特殊保护。

第四十八条 【用人单位用工中不得侵害女职工法定权益】用人单位不得因结婚、怀孕、产假、哺乳等情形,降低女职工的工资和福利待遇,限制女职工晋职、晋级、评聘专业

技术职称和职务,辞退女职工,单方解除劳动(聘用)合同或者服务协议。

女职工在怀孕以及依法享受产假期间,劳动(聘用)合同或者服务协议期满的,劳动(聘用)合同或者服务协议期限自动延续至产假结束。但是,用人单位依法解除、终止劳动(聘用)合同、服务协议,或者女职工依法要求解除、终止劳动(聘用)合同、服务协议的除外。

用人单位在执行国家退休制度时,不得以性别为由歧视妇女。

第四十九条 【性别歧视行为纳入劳动保障监察】人力资源和社会保障部门应当将招聘、录取、晋职、晋级、评聘专业技术职称和职务、培训、辞退等过程中的性别歧视行为纳入劳动保障监察范围。

第五十条 【妇女权益社会保障】国家发展社会保障事业,保障妇女享有社会保险、社会救助和社会福利等权益。

国家提倡和鼓励为帮助妇女而开展的社会公益活动。

第五十一条 【生育保险制度和职工生育休假制度】国家实行生育保险制度,建立健全婴幼儿托育服务等与生育相关的其他保障制度。

国家建立健全职工生育休假制度,保障孕产期女职工依法享有休息休假权利。

地方各级人民政府和有关部门应当按照国家有关规定,为符合条件的困难妇女提供必要的生育救助。

第五十二条 【加强困难妇女的权益保障】各级人民政府和有关部门应当采取必要措施,加强贫困妇女、老龄妇女、残疾妇女等困难妇女的权益保障,按照有关规定为其提供生活帮扶、就业创业支持等关爱服务。

第六章 财产权益

第五十三条 【保障妇女平等的财产权

利】国家保障妇女享有与男子平等的财产权利。

第五十四条　【不得侵害妇女共同、共有财产权益】在夫妻共同财产、家庭共有财产关系中,不得侵害妇女依法享有的权益。

第五十五条　【妇女平等享有农村集体经济中的各项权益】妇女在农村集体经济组织成员身份确认、土地承包经营、集体经济组织收益分配、土地征收补偿安置或者征用补偿以及宅基地使用等方面,享有与男子平等的权利。

申请农村土地承包经营权、宅基地使用权等不动产登记,应当在不动产登记簿和权属证书上将享有权利的妇女等家庭成员全部列明。征收补偿安置或者征用补偿协议应当将享有相关权益的妇女列入,并记载权益内容。

第五十六条　【不得侵害妇女在农村集体经济中的各项权益】村民自治章程、村规民约,村民会议、村民代表会议的决定以及其他涉及村民利益事项的决定,不得以妇女未婚、结婚、离婚、丧偶、户无男性等为由,侵害妇女在农村集体经济组织中的各项权益。

因结婚男方到女方住所落户的,男方和子女享有与所在地农村集体经济组织成员平等的权益。

第五十七条　【保护妇女在城镇集体所有财产关系中的权益】国家保护妇女在城镇集体所有财产关系中的权益。妇女依照法律、法规的规定享有相关权益。

第五十八条　【平等的继承权】妇女享有与男子平等的继承权。妇女依法行使继承权,不受歧视。

丧偶妇女有权依法处分继承的财产,任何组织和个人不得干涉。

第五十九条　【对公婆尽了赡养义务丧偶儿媳的继承权】丧偶儿媳对公婆尽了主要赡养义务的,作为第一顺序继承人,其继承权不受子女代位继承的影响。

第七章　婚姻家庭权益

第六十条　【保障妇女平等的婚姻家庭权利】国家保障妇女享有与男子平等的婚姻家庭权利。

第六十一条　【保护妇女的婚姻自主权】国家保护妇女的婚姻自主权。禁止干涉妇女的结婚、离婚自由。

第六十二条　【鼓励婚前检查】国家鼓励男女双方在结婚登记前,共同进行医学检查或者相关健康体检。

第六十三条　【婚姻家庭辅导服务】婚姻登记机关应当提供婚姻家庭辅导服务,引导当事人建立平等、和睦、文明的婚姻家庭关系。

第六十四条　【男方不得提出离婚的情形】女方在怀孕期间、分娩后一年内或者终止妊娠后六个月内,男方不得提出离婚;但是,女方提出离婚或者人民法院认为确有必要受理男方离婚请求的除外。

第六十五条　【禁止对妇女实施家庭暴力】禁止对妇女实施家庭暴力。

县级以上人民政府有关部门、司法机关、社会团体、企业事业单位、基层群众性自治组织以及其他组织,应当在各自的职责范围内预防和制止家庭暴力,依法为受害妇女提供救助。

第六十六条　【妇女平等享有占有、使用、收益和处分夫妻共同财产的权利】妇女对夫妻共同财产享有与其配偶平等的占有、使用、收益和处分的权利,不受双方收入状况等情形的影响。

对夫妻共同所有的不动产以及可以联名登记的动产,女方有权要求在权属证书上记载其姓名;认为记载的权利人、标的物、权利比例等事项有错误的,有权依法申请更正登记或者异议登记,有关机构应当按照其申请依法办理相应登记手续。

第六十七条　【离婚诉讼期间夫妻共同财产查明与保护】离婚诉讼期间，夫妻一方申请查询登记在对方名下财产状况且确因客观原因不能自行收集的，人民法院应当进行调查取证，有关部门和单位应当予以协助。

离婚诉讼期间，夫妻双方均有向人民法院申报全部夫妻共同财产的义务。一方隐藏、转移、变卖、损毁、挥霍夫妻共同财产，或者伪造夫妻共同债务企图侵占另一方财产的，在离婚分割夫妻共同财产时，对该方可以少分或者不分财产。

第六十八条　【夫妻共担家庭义务与家务补偿制度】夫妻双方应当共同负担家庭义务，共同照顾家庭生活。

女方因抚育子女、照料老人、协助男方工作等负担较多义务的，有权在离婚时要求男方予以补偿。补偿办法由双方协议确定；协议不成的，可以向人民法院提起诉讼。

第六十九条　【夫妻共有房屋的离婚分割】离婚时，分割夫妻共有的房屋或者处理夫妻共同租住的房屋，由双方协议解决；协议不成的，可以向人民法院提起诉讼。

第七十条　【母亲的监护权不受非法干涉】父母双方对未成年子女享有平等的监护权。

父亲死亡、无监护能力或者有其他情形不能担任未成年子女的监护人的，母亲的监护权任何组织和个人不得干涉。

第七十一条　【丧失生育能力妇女对子女的优先抚养要求】女方丧失生育能力的，在离婚处理子女抚养问题时，应当在最有利于未成年子女的条件下，优先考虑女方的抚养要求。

第八章　救济措施

第七十二条　【常规救济途径】对侵害妇女合法权益的行为，任何组织和个人都有权予以劝阻、制止或者向有关部门提出控告或者检举。有关部门接到控告或者检举后，应当依法及时处理，并为控告人、检举人保密。

妇女的合法权益受到侵害的，有权要求有关部门依法处理，或者依法申请调解、仲裁，或者向人民法院起诉。

对符合条件的妇女，当地法律援助机构或者司法机关应当给予帮助，依法为其提供法律援助或者司法救助。

第七十三条　【妇联的支持与帮助】妇女的合法权益受到侵害的，可以向妇女联合会等妇女组织求助。妇女联合会等妇女组织应当维护被侵害妇女的合法权益，有权要求并协助有关部门或者单位查处。有关部门或者单位应当依法查处，并予以答复；不予处理或者处理不当的，县级以上人民政府负责妇女儿童工作的机构、妇女联合会可以向其提出督促处理意见，必要时可以提请同级人民政府开展督查。

受害妇女进行诉讼需要帮助的，妇女联合会应当给予支持和帮助。

第七十四条　【对用人单位侵害妇女权益的联合约谈机制】用人单位侵害妇女劳动和社会保障权益的，人力资源和社会保障部门可以联合工会、妇女联合会约谈用人单位，依法进行监督并要求其限期纠正。

第七十五条　【妇女在农村集体经济组织中权益的保护】妇女在农村集体经济组织成员身份确认等方面权益受到侵害的，可以申请乡镇人民政府等进行协调，或者向人民法院起诉。

乡镇人民政府应当对村民自治章程、村规民约、村民会议、村民代表会议的决定以及其他涉及村民利益事项的决定进行指导，对其中违反法律、法规和国家政策规定，侵害妇女合法权益的内容责令改正；受侵害妇女向农村土地承包仲裁机构申请仲裁或者向人民法院起诉的，农村土地承包仲裁机构或者人

人格权

民法院应当依法受理。

第七十六条 【妇女权益保护服务热线】县级以上人民政府应当开通全国统一的妇女权益保护服务热线,及时受理、移送有关侵害妇女合法权益的投诉、举报;有关部门或者单位接到投诉、举报后,应当及时予以处置。

鼓励和支持群团组织、企业事业单位、社会组织和个人参与建设妇女权益保护服务热线,提供妇女权益保护方面的咨询、帮助。

第七十七条 【检察机关检察建议和提起公益诉讼】侵害妇女合法权益,导致社会公共利益受损的,检察机关可以发出检察建议;有下列情形之一的,检察机关可以依法提起公益诉讼:

(一)确认农村妇女集体经济组织成员身份时侵害妇女权益或者侵害妇女享有的农村土地承包和集体收益、土地征收征用补偿分配权益和宅基地使用权益;

(二)侵害妇女平等就业权益;

(三)相关单位未采取合理措施预防和制止性骚扰;

(四)通过大众传播媒介或者其他方式贬低损害妇女人格;

(五)其他严重侵害妇女权益的情形。

第七十八条 【有关单位支持受侵害的妇女起诉】国家机关、社会团体、企业事业单位对侵害妇女权益的行为,可以支持受侵害的妇女向人民法院起诉。

第九章 法律责任

第七十九条 【发现妇女被拐卖、绑架未履行报告义务的责任】违反本法第二十二条第二款规定,未履行报告义务的,依法对直接负责的主管人员和其他直接责任人员给予处分。

第八十条 【学校、用人单位未采取措施预防和制止对妇女实施性骚扰的责任】违反本法规定,对妇女实施性骚扰的,由公安机关给予批评教育或者出具告诫书,并由所在单位依法给予处分。

学校、用人单位违反本法规定,未采取必要措施预防和制止性骚扰,造成妇女权益受到侵害或者社会影响恶劣的,由上级机关或者主管部门责令改正;拒不改正或者情节严重的,依法对直接负责的主管人员和其他直接责任人员给予处分。

第八十一条 【住宿经营者发现侵害妇女权益违法犯罪未履行报告义务的责任】违反本法第二十六条规定,未履行报告等义务的,依法给予警告、责令停业整顿或者吊销营业执照、吊销相关许可证,并处一万元以上五万元以下罚款。

第八十二条 【通过大众传播媒介等方式贬低损害妇女人格的责任】违反本法规定,通过大众传播媒介或者其他方式贬低损害妇女人格的,由公安、网信、文化旅游、广播电视、新闻出版或者其他有关部门依据各自的职权责令改正,并依法给予行政处罚。

第八十三条 【用人单位就业性别歧视和侵害女职工法定权益的责任】用人单位违反本法第四十三条和第四十八条规定的,由人力资源和社会保障部门责令改正;拒不改正或者情节严重的,处一万元以上五万元以下罚款。

第八十四条 【不作为、打击报复等消极行为的主管人员和其他直接责任人责任】违反本法规定,对侵害妇女权益的申诉、控告、检举,推诿、拖延、压制不予查处,或者对提出申诉、控告、检举的人进行打击报复的,依法责令改正,并对直接负责的主管人员和其他直接责任人员给予处分。

国家机关及其工作人员未依法履行职责,对侵害妇女权益的行为未及时制止或者未给予受害妇女必要帮助,造成严重后果的,依法对直接负责的主管人员和其他直接责任人员给予处分。

违反本法规定，侵害妇女人身和人格权益、文化教育权益、劳动和社会保障权益、财产权益以及婚姻家庭权益的，依法责令改正，直接负责的主管人员和其他直接责任人员属于国家工作人员的，依法给予处分。

第八十五条 【侵害妇女合法权益的其他法律责任】违反本法规定，侵害妇女的合法权益，其他法律、法规规定行政处罚的，从其规定；造成财产损失或者人身损害的，依法承担民事责任；构成犯罪的，依法追究刑事责任。

第十章 附 则

第八十六条 【施行日期】本法自 2023 年 1 月 1 日起施行。

中华人民共和国未成年人保护法

（1991 年 9 月 4 日第七届全国人民代表大会常务委员会第二十一次会议通过 2006 年 12 月 29 日第十届全国人民代表大会常务委员会第二十五次会议第一次修订 根据 2012 年 10 月 26 日第十一届全国人民代表大会常务委员会第二十九次会议《关于修改〈中华人民共和国未成年人保护法〉的决定》第一次修正 2020 年 10 月 17 日第十三届全国人民代表大会常务委员会第二十二次会议第二次修订 根据 2024 年 4 月 26 日第十四届全国人民代表大会常务委员会第九次会议《关于修改〈中华人民共和国农业技术推广法〉、〈中华人民共和国未成年人保护法〉、〈中华人民共和国生物安全法〉的决定》第二次修正）

目 录

第一章 总 则

第一条 【立法目的和依据】为了保护未成年人身心健康，保障未成年人合法权益，促进未成年人德智体美劳全面发展，培养有理想、有道德、有文化、有纪律的社会主义建设者和接班人，培养担当民族复兴大任的时代新人，根据宪法，制定本法。

第二条 【未成年人的定义】本法所称未成年人是指未满十八周岁的公民。

第三条 【未成年人平等享有权利】国家保障未成年人的生存权、发展权、受保护权、参与权等权利。

未成年人依法平等地享有各项权利，不因本人及其父母或者其他监护人的民族、种族、性别、户籍、职业、宗教信仰、教育程度、家庭状况、身心健康状况等受到歧视。

第四条 【未成年人保护的基本原则和要求】保护未成年人，应当坚持最有利于未成年人的原则。处理涉及未成年人事项，应当符合下列要求：

（一）给予未成年人特殊、优先保护；

（二）尊重未成年人人格尊严；

（三）保护未成年人隐私权和个人信息；

（四）适应未成年人身心健康发展的规律和特点；

（五）听取未成年人的意见；

（六）保护与教育相结合。

第五条 【对未成年人进行教育】国家、社会、学校和家庭应当对未成年人进行理想教育、道德教育、科学教育、文化教育、法治教育、国家安全教育、健康教育、劳动教育,加强爱国主义、集体主义和中国特色社会主义的教育,培养爱祖国、爱人民、爱劳动、爱科学、爱社会主义的公德,抵制资本主义、封建主义和其他腐朽思想的侵蚀,引导未成年人树立和践行社会主义核心价值观。

第六条 【保护未成年人的共同责任】保护未成年人,是国家机关、武装力量、政党、人民团体、企业事业单位、社会组织、城乡基层群众性自治组织、未成年人的监护人以及其他成年人的共同责任。

国家、社会、学校和家庭应当教育和帮助未成年人维护自身合法权益,增强自我保护的意识和能力。

第七条 【监护人和国家在监护方面的责任】未成年人的父母或者其他监护人依法对未成年人承担监护职责。

国家采取措施指导、支持、帮助和监督未成年人的父母或者其他监护人履行监护职责。

第八条 【发展规划及预算】县级以上人民政府应当将未成年人保护工作纳入国民经济和社会发展规划,相关经费纳入本级政府预算。

第九条 【各级人民政府职责】各级人民政府应当重视和加强未成年人保护工作。县级以上人民政府负责妇女儿童工作的机构,负责未成年人保护工作的组织、协调、指导、督促,有关部门在各自职责范围内做好相关工作。

第十条 【群团组织及社会组织的职责】共产主义青年团、妇女联合会、工会、残疾人联合会、关心下一代工作委员会、青年联合会、学生联合会、少年先锋队以及其他人民团体、有关社会组织,应当协助各级人民政府及其有关部门、人民检察院、人民法院做好未成年人保护工作,维护未成年人合法权益。

第十一条 【检举、控告和强制报告制度】任何组织或者个人发现不利于未成年人身心健康或者侵犯未成年人合法权益的情形,都有权劝阻、制止或者向公安、民政、教育等有关部门提出检举、控告。

国家机关、居民委员会、村民委员会、密切接触未成年人的单位及其工作人员,在工作中发现未成年人身心健康受到侵害、疑似受到侵害或者面临其他危险情形的,应当立即向公安、民政、教育等有关部门报告。

有关部门接到涉及未成年人的检举、控告或者报告,应当依法及时受理、处置,并以适当方式将处理结果告知相关单位和人员。

第十二条 【科学研究】国家鼓励和支持未成年人保护方面的科学研究,建设相关学科、设置相关专业,加强人才培养。

第十三条 【统计调查制度】国家建立健全未成年人统计调查制度,开展未成年人健康、受教育等状况的统计、调查和分析,发布未成年人保护的有关信息。

第十四条 【表彰和奖励】国家对保护未成年人有显著成绩的组织和个人给予表彰和奖励。

第二章 家庭保护

第十五条 【监护人及成年家庭成员的家庭教育职责】未成年人的父母或者其他监护人应当学习家庭教育知识,接受家庭教育指导,创造良好、和睦、文明的家庭环境。

共同生活的其他成年家庭成员应当协助未成年人的父母或者其他监护人抚养、教育和保护未成年人。

第十六条 【监护职责】未成年人的父母或者其他监护人应当履行下列监护职责:

(一)为未成年人提供生活、健康、安全等方面的保障;

(二)关注未成年人的生理、心理状况和

情感需求；

（三）教育和引导未成年人遵纪守法、勤俭节约，养成良好的思想品德和行为习惯；

（四）对未成年人进行安全教育，提高未成年人的自我保护意识和能力；

（五）尊重未成年人受教育的权利，保障适龄未成年人依法接受并完成义务教育；

（六）保障未成年人休息、娱乐和体育锻炼的时间，引导未成年人进行有益身心健康的活动；

（七）妥善管理和保护未成年人的财产；

（八）依法代理未成年人实施民事法律行为；

（九）预防和制止未成年人的不良行为和违法犯罪行为，并进行合理管教；

（十）其他应当履行的监护职责。

第十七条　【监护禁止行为】未成年人的父母或者其他监护人不得实施下列行为：

（一）虐待、遗弃、非法送养未成年人或者对未成年人实施家庭暴力；

（二）放任、教唆或者利用未成年人实施违法犯罪行为；

（三）放任、唆使未成年人参与邪教、迷信活动或者接受恐怖主义、分裂主义、极端主义等侵害；

（四）放任、唆使未成年人吸烟（含电子烟，下同）、饮酒、赌博、流浪乞讨或者欺凌他人；

（五）放任或者迫使应当接受义务教育的未成年人失学、辍学；

（六）放任未成年人沉迷网络，接触危害或者可能影响其身心健康的图书、报刊、电影、广播电视节目、音像制品、电子出版物和网络信息等；

（七）放任未成年人进入营业性娱乐场所、酒吧、互联网上网服务营业场所等不适宜未成年人活动的场所；

（八）允许或者迫使未成年人从事国家规

定以外的劳动；

（九）允许、迫使未成年人结婚或者为未成年人订立婚约；

（十）违法处分、侵吞未成年人的财产或者利用未成年人牟取不正当利益；

（十一）其他侵犯未成年人身心健康、财产权益或者不依法履行未成年人保护义务的行为。

第十八条　【监护人的安全保障义务】未成年人的父母或者其他监护人应当为未成年人提供安全的家庭生活环境，及时排除引发触电、烫伤、跌落等伤害的安全隐患；采取配备儿童安全座椅、教育未成年人遵守交通规则等措施，防止未成年人受到交通事故的伤害；提高户外安全保护意识，避免未成年人发生溺水、动物伤害等事故。

第十九条　【尊重未成年人的知情权】未成年人的父母或者其他监护人应当根据未成年人的年龄和智力发展状况，在作出与未成年人权益有关的决定前，听取未成年人的意见，充分考虑其真实意愿。

第二十条　【监护人的报告义务】未成年人的父母或者其他监护人发现未成年人身心健康受到侵害、疑似受到侵害或者其他合法权益受到侵犯的，应当及时了解情况并采取保护措施；情况严重的，应当立即向公安、民政、教育等部门报告。

第二十一条　【临时照护及禁止未成年人单独生活】未成年人的父母或者其他监护人不得使未满八周岁或者由于身体、心理原因需要特别照顾的未成年人处于无人看护状态，或者将其交由无民事行为能力、限制民事行为能力、患有严重传染性疾病或者其他不适宜的人员临时照护。

未成年人的父母或者其他监护人不得使未满十六周岁的未成年人脱离监护单独生活。

第二十二条　【设立长期照护的条件】未

成年人的父母或者其他监护人因外出务工等原因在一定期限内不能完全履行监护职责的,应当委托具有照护能力的完全民事行为能力人代为照护;无正当理由的,不得委托他人代为照护。

未成年人的父母或者其他监护人在确定被委托人时,应当综合考虑其道德品质、家庭状况、身心健康状况、与未成年人生活情感上的联系等情况,并听取有表达意愿能力未成年人的意见。

具有下列情形之一的,不得作为被委托人:

(一)曾实施性侵害、虐待、遗弃、拐卖、暴力伤害等违法犯罪行为;

(二)有吸毒、酗酒、赌博等恶习;

(三)曾拒不履行或者长期怠于履行监护、照护职责;

(四)其他不适宜担任被委托人的情形。

第二十三条 【设立长期照护的监护人的义务】未成年人的父母或者其他监护人应当及时将委托照护情况书面告知未成年人所在学校、幼儿园和实际居住地的居民委员会、村民委员会,加强和未成年人所在学校、幼儿园的沟通;与未成年人、被委托人至少每周联系和交流一次,了解未成年人的生活、学习、心理等情况,并给予未成年人亲情关爱。

未成年人的父母或者其他监护人接到被委托人、居民委员会、村民委员会、学校、幼儿园等关于未成年人心理、行为异常的通知后,应当及时采取干预措施。

第二十四条 【父母离婚对未成年子女的义务】未成年人的父母离婚时,应当妥善处理未成年子女的抚养、教育、探望、财产等事宜,听取有表达意愿能力未成年人的意见。不得以抢夺、藏匿未成年子女等方式争夺抚养权。

未成年人的父母离婚后,不直接抚养未成年子女的一方应当依照协议、人民法院判决或者调解确定的时间和方式,在不影响未成年人学习、生活的情况下探望未成年子女,直接抚养的一方应当配合,但被人民法院依法中止探望权的除外。

第三章 学校保护

第二十五条 【全面贯彻国家教育方针政策】学校应当全面贯彻国家教育方针,坚持立德树人,实施素质教育,提高教育质量,注重培养未成年学生认知能力、合作能力、创新能力和实践能力,促进未成年学生全面发展。

学校应当建立未成年学生保护工作制度,健全学生行为规范,培养未成年学生遵纪守法的良好行为习惯。

第二十六条 【幼儿园的保育教育职责】幼儿园应当做好保育、教育工作,遵循幼儿身心发展规律,实施启蒙教育,促进幼儿在体质、智力、品德等方面和谐发展。

第二十七条 【尊重未成年人人格尊严,不得实施体罚】学校、幼儿园的教职员工应当尊重未成年人人格尊严,不得对未成年人实施体罚、变相体罚或者其他侮辱人格尊严的行为。

第二十八条 【保障未成年学生受教育权利】学校应当保障未成年学生受教育的权利,不得违反国家规定开除、变相开除未成年学生。

学校应当对尚未完成义务教育的辍学未成年学生进行登记并劝返复学;劝返无效的,应当及时向教育行政部门书面报告。

第二十九条 【关爱帮扶 不得歧视】学校应当关心、爱护未成年学生,不得因家庭、身体、心理、学习能力等情况歧视学生。对家庭困难、身心有障碍的学生,应当提供关爱;对行为异常、学习有困难的学生,应当耐心帮助。

学校应当配合政府有关部门建立留守未

成年学生、困境未成年学生的信息档案,开展关爱帮扶工作。

第三十条 【社会生活指导、心理健康辅导、青春期教育、生命教育】学校应当根据未成年学生身心发展特点,进行社会生活指导、心理健康辅导、青春期教育和生命教育。

第三十一条 【加强劳动教育】学校应当组织未成年学生参加与其年龄相适应的日常生活劳动、生产劳动和服务性劳动,帮助未成年学生掌握必要的劳动知识和技能,养成良好的劳动习惯。

第三十二条 【反对浪费 文明饮食】学校、幼儿园应当开展勤俭节约、反对浪费、珍惜粮食、文明饮食等宣传教育活动,帮助未成年人树立浪费可耻、节约为荣的意识,养成文明健康、绿色环保的生活习惯。

第三十三条 【保障未成年学生休息权】学校应当与未成年学生的父母或者其他监护人互相配合,合理安排未成年学生的学习时间,保障其休息、娱乐和体育锻炼的时间。

学校不得占用国家法定节假日、休息日及寒暑假期,组织义务教育阶段的未成年学生集体补课,加重其学习负担。

幼儿园、校外培训机构不得对学龄前未成年人进行小学课程教育。

第三十四条 【学校、幼儿园的卫生保健职责】学校、幼儿园应当提供必要的卫生保健条件,协助卫生健康部门做好在校、在园未成年人的卫生保健工作。

第三十五条 【保障未成年人校园安全】学校、幼儿园应当建立安全管理制度,对未成年人进行安全教育,完善安保设施、配备安保人员,保障未成年人在校、在园期间的人身和财产安全。

学校、幼儿园不得在危及未成年人人身安全、身心健康的校舍和其他设施、场所中进行教育教学活动。

学校、幼儿园安排未成年人参加文化娱乐、社会实践等集体活动,应当保护未成年人的身心健康,防止发生人身伤害事故。

第三十六条 【校车安全管理制度】使用校车的学校、幼儿园应当建立健全校车安全管理制度,配备安全管理人员,定期对校车进行安全检查,对校车驾驶人进行安全教育,并向未成年人讲解校车安全乘坐知识,培养未成年人校车安全事故应急处理技能。

第三十七条 【突发事件处置】学校、幼儿园应当根据需要,制定应对自然灾害、事故灾难、公共卫生事件等突发事件和意外伤害的预案,配备相应设施并定期进行必要的演练。

未成年人在校内、园内或者本校、本园组织的校外、园外活动中发生人身伤害事故的,学校、幼儿园应当立即救护,妥善处理,及时通知未成年人的父母或者其他监护人,并向有关部门报告。

第三十八条 【禁止商业行为】学校、幼儿园不得安排未成年人参加商业性活动,不得向未成年人及其父母或者其他监护人推销或者要求其购买指定的商品和服务。

学校、幼儿园不得与校外培训机构合作为未成年人提供有偿课程辅导。

第三十九条 【防治学生欺凌】学校应当建立学生欺凌防控工作制度,对教职员工、学生等开展防治学生欺凌的教育和培训。

学校对学生欺凌行为应当立即制止,通知实施欺凌和被欺凌未成年学生的父母或者其他监护人参与欺凌行为的认定和处理;对相关未成年学生及时给予心理辅导、教育和引导;对相关未成年学生的父母或者其他监护人给予必要的家庭教育指导。

对实施欺凌的未成年学生,学校应当根据欺凌行为的性质和程度,依法加强管教。对严重的欺凌行为,学校不得隐瞒,应当及时向公安机关、教育行政部门报告,并配合相关部门依法处理。

第四十条 【防治性侵害、性骚扰】学校、幼儿园应当建立预防性侵害、性骚扰未成年人工作制度。对性侵害、性骚扰未成年人等违法犯罪行为，学校、幼儿园不得隐瞒，应当及时向公安机关、教育行政部门报告，并配合相关部门依法处理。

学校、幼儿园应当对未成年人开展适合其年龄的性教育，提高未成年人防范性侵害、性骚扰的自我保护意识和能力。对遭受性侵害、性骚扰的未成年人，学校、幼儿园应当及时采取相关的保护措施。

第四十一条 【参照适用规定】婴幼儿照护服务机构、早期教育服务机构、校外培训机构、校外托管机构等应当参照本章有关规定，根据不同年龄阶段未成年人的成长特点和规律，做好未成年人保护工作。

第四章 社会保护

第四十二条 【社会保护的基本内容】全社会应当树立关心、爱护未成年人的良好风尚。

国家鼓励、支持和引导人民团体、企业事业单位、社会组织以及其他组织和个人，开展有利于未成年人健康成长的社会活动和服务。

第四十三条 【居民委员会、村民委员会工作职责】居民委员会、村民委员会应当设置专人专岗负责未成年人保护工作，协助政府有关部门宣传未成年人保护方面的法律法规，指导、帮助和监督未成年人的父母或者其他监护人依法履行监护职责，建立留守未成年人、困境未成年人的信息档案并给予关爱帮扶。

居民委员会、村民委员会应当协助政府有关部门监督未成年人委托照护情况，发现被委托人缺乏照护能力、怠于履行照护职责等情况，应当及时向政府有关部门报告，并告知未成年人的父母或者其他监护人，帮助、督促被委托人履行照护职责。

第四十四条 【公用场馆的优惠政策】爱国主义教育基地、图书馆、青少年宫、儿童活动中心、儿童之家应当对未成年人免费开放；博物馆、纪念馆、科技馆、展览馆、美术馆、文化馆、社区公益性互联网上网服务场所以及影剧院、体育场馆、动物园、植物园、公园等场所，应当按照有关规定对未成年人免费或者优惠开放。

国家鼓励爱国主义教育基地、博物馆、科技馆、美术馆等公共场馆开设未成年人专场，为未成年人提供有针对性的服务。

国家鼓励国家机关、企业事业单位、部队等开发自身教育资源，设立未成年人开放日，为未成年人主题教育、社会实践、职业体验等提供支持。

国家鼓励科研机构和科技类社会组织对未成年人开展科学普及活动。

第四十五条 【未成年人免费或者优惠乘坐交通工具】城市公共交通以及公路、铁路、水路、航空客运等应当按照有关规定对未成年人实施免费或者优惠票价。

第四十六条 【母婴设施的配备】国家鼓励大型公共场所、公共交通工具、旅游景区景点等设置母婴室、婴儿护理台以及方便幼儿使用的坐便器、洗手台等卫生设施，为未成年人提供便利。

第四十七条 【不得限制针对未成年人的照顾或者优惠】任何组织或者个人不得违反有关规定，限制未成年人应当享有的照顾或者优惠。

第四十八条 【鼓励有利于未成年人健康成长的创作】国家鼓励创作、出版、制作和传播有利于未成年人健康成长的图书、报刊、电影、广播电视节目、舞台艺术作品、音像制品、电子出版物和网络信息等。

第四十九条 【新闻媒体的责任】新闻媒

体应当加强未成年人保护方面的宣传,对侵犯未成年人合法权益的行为进行舆论监督。新闻媒体采访报道涉及未成年人事件应当客观、审慎和适度,不得侵犯未成年人的名誉、隐私和其他合法权益。

第五十条 【禁止危害未成年人身心健康的内容】禁止制作、复制、出版、发布、传播含有宣扬淫秽、色情、暴力、邪教、迷信、赌博、引诱自杀、恐怖主义、分裂主义、极端主义等危害未成年人身心健康内容的图书、报刊、电影、广播电视节目、舞台艺术作品、音像制品、电子出版物和网络信息等。

第五十一条 【提示可能影响未成年人身心健康的内容】任何组织或者个人出版、发布、传播的图书、报刊、电影、广播电视节目、舞台艺术作品、音像制品、电子出版物或者网络信息,包含可能影响未成年人身心健康内容的,应当以显著方式作出提示。

第五十二条 【禁止儿童色情制品】禁止制作、复制、发布、传播或者持有有关未成年人的淫秽色情物品和网络信息。

第五十三条 【与未成年人有关的广告管理】任何组织或者个人不得刊登、播放、张贴或者散发含有危害未成年人身心健康内容的广告;不得在学校、幼儿园播放、张贴或者散发商业广告;不得利用校服、教材等发布或者变相发布商业广告。

第五十四条 【禁止严重侵犯未成年人权益的行为】禁止拐卖、绑架、虐待、非法收养未成年人,禁止对未成年人实施性侵害、性骚扰。

禁止胁迫、引诱、教唆未成年人参加黑社会性质组织或者从事违法犯罪活动。

禁止胁迫、诱骗、利用未成年人乞讨。

第五十五条 【对生产、销售用于未成年人产品的要求】生产、销售用于未成年人的食品、药品、玩具、用具和游戏游艺设备、游乐设施等,应当符合国家或者行业标准,不得危害

未成年人的人身安全和身心健康。上述产品的生产者应当在显著位置标明注意事项,未标明注意事项的不得销售。

第五十六条 【公共场所的安全保障义务】未成年人集中活动的公共场所应当符合国家或者行业安全标准,并采取相应安全保护措施。对可能存在安全风险的设施,应当定期进行维护,在显著位置设置安全警示标志并标明适龄范围和注意事项;必要时应当安排专门人员看管。

大型的商场、超市、医院、图书馆、博物馆、科技馆、游乐场、车站、码头、机场、旅游景区景点等场所运营单位应当设置搜寻走失未成年人的安全警报系统。场所运营单位接到求助后,应当立即启动安全警报系统,组织人员进行搜寻并向公安机关报告。

公共场所发生突发事件时,应当优先救护未成年人。

第五十七条 【住宿经营者安全保护义务】旅馆、宾馆、酒店等住宿经营者接待未成年人入住,或者接待未成年人和成年人共同入住时,应当询问父母或者其他监护人的联系方式、入住人员的身份关系等有关情况;发现有违法犯罪嫌疑的,应当立即向公安机关报告,并及时联系未成年人的父母或者其他监护人。

第五十八条 【不适宜未成年人活动场所设置与服务的限制】学校、幼儿园周边不得设置营业性娱乐场所、酒吧、互联网上网服务营业场所等不适宜未成年人活动的场所。营业性歌舞娱乐场所、酒吧、互联网上网服务营业场所等不适宜未成年人活动场所的经营者,不得允许未成年人进入;游艺娱乐场所设置的电子游戏设备,除国家法定节假日外,不得向未成年人提供。经营者应当在显著位置设置未成年人禁入、限入标志;对难以判明是否是未成年人的,应当要求其出示身份证件。

第五十九条 【对未成年人禁售烟、酒和

彩票】学校、幼儿园周边不得设置烟、酒、彩票销售网点。禁止向未成年人销售烟、酒、彩票或者兑付彩票奖金。烟、酒和彩票经营者应当在显著位置设置不向未成年人销售烟、酒或者彩票的标志；对难以判明是否是未成年人的，应当要求其出示身份证件。

任何人不得在学校、幼儿园和其他未成年人集中活动的公共场所吸烟、饮酒。

第六十条 【禁止向未成年人提供、销售危险物品】禁止向未成年人提供、销售管制刀具或者其他可能致人严重伤害的器具等物品。经营者难以判明购买者是否是未成年人的，应当要求其出示身份证件。

第六十一条 【劳动保护】任何组织或者个人不得招用未满十六周岁未成年人，国家另有规定的除外。

营业性娱乐场所、酒吧、互联网上网服务营业场所等不适宜未成年人活动的场所不得招用已满十六周岁的未成年人。

招用已满十六周岁未成年人的单位和个人应当执行国家在工种、劳动时间、劳动强度和保护措施等方面的规定，不得安排其从事过重、有毒、有害等危害未成年人身心健康的劳动或者危险作业。

任何组织或者个人不得组织未成年人进行危害其身心健康的表演等活动。经未成年人的父母或者其他监护人同意，未成年人参与演出、节目制作等活动，活动组织方应当根据国家有关规定，保障未成年人合法权益。

第六十二条 【从业查询】密切接触未成年人的单位招聘工作人员时，应当向公安机关、人民检察院查询应聘者是否具有性侵害、虐待、拐卖、暴力伤害等违法犯罪记录；发现其具有前述行为记录的，不得录用。

密切接触未成年人的单位应当每年定期对工作人员是否具有上述违法犯罪记录进行查询。通过查询或者其他方式发现其工作人员具有上述行为的，应当及时解聘。

第六十三条 【通信自由和通信秘密】任何组织或者个人不得隐匿、毁弃、非法删除未成年人的信件、日记、电子邮件或者其他网络通讯内容。

除下列情形外，任何组织或者个人不得开拆、查阅未成年人的信件、日记、电子邮件或者其他网络通讯内容：

（一）无民事行为能力未成年人的父母或者其他监护人代未成年人开拆、查阅；

（二）因国家安全或者追查刑事犯罪依法进行检查；

（三）紧急情况下为了保护未成年人本人的人身安全。

第五章　网络保护

第六十四条 【网络素养】国家、社会、学校和家庭应当加强未成年人网络素养宣传教育，培养和提高未成年人的网络素养，增强未成年人科学、文明、安全、合理使用网络的意识和能力，保障未成年人在网络空间的合法权益。

第六十五条 【健康网络内容创作与传播】国家鼓励和支持有利于未成年人健康成长的网络内容的创作与传播，鼓励和支持专门以未成年人为服务对象、适合未成年人身心健康特点的网络技术、产品、服务的研发、生产和使用。

第六十六条 【监督检查和执法】网信部门及其他有关部门应当加强对未成年人网络保护工作的监督检查，依法惩处利用网络从事危害未成年人身心健康的活动，为未成年人提供安全、健康的网络环境。

第六十七条 【可能影响健康的网络信息】网信部门会同公安、文化和旅游、新闻出版、电影、广播电视等部门根据保护不同年龄阶段未成年人的需要，确定可能影响未成年人身心健康网络信息的种类、范围和判断标准。

第六十八条 【沉迷网络的预防和干预】 新闻出版、教育、卫生健康、文化和旅游、网信等部门应当定期开展预防未成年人沉迷网络的宣传教育，监督网络产品和服务提供者履行预防未成年人沉迷网络的义务，指导家庭、学校、社会组织互相配合，采取科学、合理的方式对未成年人沉迷网络进行预防和干预。

任何组织或者个人不得以侵害未成年人身心健康的方式对未成年人沉迷网络进行干预。

第六十九条 【网络保护软件】 学校、社区、图书馆、文化馆、青少年宫等场所为未成年人提供的互联网上网服务设施，应当安装未成年人网络保护软件或者采取其他安全保护技术措施。

智能终端产品的制造者、销售者应当在产品上安装未成年人网络保护软件，或者以显著方式告知用户未成年人网络保护软件的安装渠道和方法。

第七十条 【学校对未成年学生沉迷网络的预防和处理】 学校应当合理使用网络开展教学活动。未经学校允许，未成年学生不得将手机等智能终端产品带入课堂，带入学校的应当统一管理。

学校发现未成年学生沉迷网络的，应当及时告知其父母或者其他监护人，共同对未成年学生进行教育和引导，帮助其恢复正常的学习生活。

第七十一条 【监护人的网络保护义务】 未成年人的父母或者其他监护人应当提高网络素养，规范自身使用网络的行为，加强对未成年人使用网络行为的引导和监督。

未成年人的父母或者其他监护人应当通过在智能终端产品上安装未成年人网络保护软件、选择适合未成年人的服务模式和管理功能等方式，避免未成年人接触危害或者可能影响其身心健康的网络信息，合理安排未成年人使用网络的时间，有效预防未成年人沉迷网络。

第七十二条 【个人信息处理规定以及更正权、删除权】 信息处理者通过网络处理未成年人个人信息的，应当遵循合法、正当和必要的原则。处理不满十四周岁未成年人个人信息的，应当征得未成年人的父母或者其他监护人同意，但法律、行政法规另有规定的除外。

未成年人、父母或者其他监护人要求信息处理者更正、删除未成年人个人信息的，信息处理者应当及时采取措施予以更正、删除，但法律、行政法规另有规定的除外。

第七十三条 【私密信息的提示和保护义务】 网络服务提供者发现未成年人通过网络发布私密信息的，应当及时提示，并采取必要的保护措施。

第七十四条 【预防网络沉迷的一般性规定】 网络产品和服务提供者不得向未成年人提供诱导其沉迷的产品和服务。

网络游戏、网络直播、网络音视频、网络社交等网络服务提供者应当针对未成年人使用其服务设置相应的时间管理、权限管理、消费管理等功能。

以未成年人为服务对象的在线教育网络产品和服务，不得插入网络游戏链接，不得推送广告等与教学无关的信息。

第七十五条 【网络游戏服务提供者的义务】 网络游戏经依法审批后方可运营。

国家建立统一的未成年人网络游戏电子身份认证系统。网络游戏服务提供者应当要求未成年人以真实身份信息注册并登录网络游戏。

网络游戏服务提供者应当按照国家有关规定和标准，对游戏产品进行分类，作出适龄提示，并采取技术措施，不得让未成年人接触不适宜的游戏或者游戏功能。

网络游戏服务提供者不得在每日二十二

时至次日八时向未成年人提供网络游戏服务。

第七十六条 【网络直播服务提供者的义务】网络直播服务提供者不得为未满十六周岁的未成年人提供网络直播发布者账号注册服务;为年满十六周岁的未成年人提供网络直播发布者账号注册服务时,应当对其身份信息进行认证,并征得其父母或者其他监护人同意。

第七十七条 【禁止实施网络欺凌】任何组织或者个人不得通过网络以文字、图片、音视频等形式,对未成年人实施侮辱、诽谤、威胁或者恶意损害形象等网络欺凌行为。

遭受网络欺凌的未成年人及其父母或者其他监护人有权通知网络服务提供者采取删除、屏蔽、断开链接等措施。网络服务提供者接到通知后,应当及时采取必要的措施制止网络欺凌行为,防止信息扩散。

第七十八条 【接受投诉、举报】网络产品和服务提供者应当建立便捷、合理、有效的投诉和举报渠道,公开投诉、举报方式等信息,及时受理并处理涉及未成年人的投诉、举报。

第七十九条 【投诉、举报权】任何组织或者个人发现网络产品、服务含有危害未成年人身心健康的信息,有权向网络产品和服务提供者或者网信、公安等部门投诉、举报。

第八十条 【对用户行为的安全管理义务】网络服务提供者发现用户发布、传播可能影响未成年人身心健康的信息且未作显著提示的,应当作出提示或者通知用户予以提示;未作出提示的,不得传输相关信息。

网络服务提供者发现用户发布、传播含有危害未成年人身心健康内容的信息的,应当立即停止传输相关信息,采取删除、屏蔽、断开链接等处置措施,保存有关记录,并向网信、公安等部门报告。

网络服务提供者发现用户利用其网络服务对未成年人实施违法犯罪行为的,应当立即停止向该用户提供网络服务,保存有关记录,并向公安机关报告。

第六章 政府保护

第八十一条 【政府、基层自治组织未成年人保护工作的落实主体】县级以上人民政府承担未成年人保护协调机制具体工作的职能部门应当明确相关内设机构或者专门人员,负责承担未成年人保护工作。

乡镇人民政府和街道办事处应当设立未成年人保护工作站或者指定专门人员,及时办理未成年人相关事务;支持、指导居民委员会、村民委员会设立专人专岗,做好未成年人保护工作。

第八十二条 【家庭教育指导服务】各级人民政府应当将家庭教育指导服务纳入城乡公共服务体系,开展家庭教育知识宣传,鼓励和支持有关人民团体、企业事业单位、社会组织开展家庭教育指导服务。

第八十三条 【政府保障未成年人受教育的权利】各级人民政府应当保障未成年人受教育的权利,并采取措施保障留守未成年人、困境未成年人、残疾未成年人接受义务教育。

对尚未完成义务教育的辍学未成年学生,教育行政部门应当责令父母或者其他监护人将其送入学校接受义务教育。

第八十四条 【发展托育、学前教育事业】各级人民政府应当发展托育、学前教育事业,办好婴幼儿照护服务机构、幼儿园,支持社会力量依法兴办母婴室、婴幼儿照护服务机构、幼儿园。

县级以上地方人民政府及其有关部门应当培养和培训婴幼儿照护服务机构、幼儿园的保教人员,提高其职业道德素质和业务能力。

第八十五条 【职业教育及职业技能培训】各级人民政府应当发展职业教育,保障未成年人接受职业教育或者职业技能培训,鼓励和支持人民团体、企业事业单位、社会组织为未成年人提供职业技能培训服务。

第八十六条 【残疾未成年人接受教育的权利】各级人民政府应当保障具有接受普通教育能力、能适应校园生活的残疾未成年人就近在普通学校、幼儿园接受教育;保障不具有接受普通教育能力的残疾未成年人在特殊教育学校、幼儿园接受学前教育、义务教育和职业教育。

各级人民政府应当保障特殊教育学校、幼儿园的办学、办园条件,鼓励和支持社会力量举办特殊教育学校、幼儿园。

第八十七条 【政府保障校园安全】地方人民政府及其有关部门应当保障校园安全,监督、指导学校、幼儿园等单位落实校园安全责任,建立突发事件的报告、处置和协调机制。

第八十八条 【政府保障校园周边安全】公安机关和其他有关部门应当依法维护校园周边的治安和交通秩序,设置监控设备和交通安全设施,预防和制止侵害未成年人的违法犯罪行为。

第八十九条 【未成年人活动场所建设和维护、学校文化体育设施的免费或者优惠开放】地方人民政府应当建立和改善适合未成年人的活动场所和设施,支持公益性未成年人活动场所和设施的建设和运行,鼓励社会力量兴办适合未成年人的活动场所和设施,并加强管理。

地方人民政府应当采取措施,鼓励和支持学校在国家法定节假日、休息日及寒暑假期将文化体育设施对未成年人免费或者优惠开放。

地方人民政府应当采取措施,防止任何组织或者个人侵占、破坏学校、幼儿园、婴幼儿照护服务机构等未成年人活动场所的场地、房屋和设施。

第九十条 【卫生保健、传染病防治和心理健康】各级人民政府及其有关部门应当对未成年人进行卫生保健和营养指导,提供卫生保健服务。

卫生健康部门应当依法对未成年人的疫苗预防接种进行规范,防治未成年人常见病、多发病,加强传染病防治和监督管理,做好伤害预防和干预,指导和监督学校、幼儿园、婴幼儿照护服务机构开展卫生保健工作。

教育行政部门应当加强未成年人的心理健康教育,建立未成年人心理问题的早期发现和及时干预机制。卫生健康部门应当做好未成年人心理治疗、心理危机干预以及精神障碍早期识别和诊断治疗等工作。

第九十一条 【对困境未成年人实施分类保障】各级人民政府及其有关部门对困境未成年人实施分类保障,采取措施满足其生活、教育、安全、医疗康复、住房等方面的基本需要。

第九十二条 【民政部门临时监护】具有下列情形之一的,民政部门应当依法对未成年人进行临时监护:

(一)未成年人流浪乞讨或者身份不明,暂时查找不到父母或者其他监护人;

(二)监护人下落不明且无其他人可以担任监护人;

(三)监护人因自身客观原因或者因发生自然灾害、事故灾难、公共卫生事件等突发事件不能履行监护职责,导致未成年人监护缺失;

(四)监护人拒绝或者怠于履行监护职责,导致未成年人处于无人照料的状态;

(五)监护人教唆、利用未成年人实施违法犯罪行为,未成年人需要被带离安置;

(六)未成年人遭受监护人严重伤害或者面临人身安全威胁,需要被紧急安置;

（七）法律规定的其他情形。

第九十三条 【临时监护的具体方式】对临时监护的未成年人，民政部门可以采取委托亲属抚养、家庭寄养等方式进行安置，也可以交由未成年人救助保护机构或者儿童福利机构进行收留、抚养。

临时监护期间，经民政部门评估，监护人重新具备履行监护职责条件的，民政部门可以将未成年人送回监护人抚养。

第九十四条 【长期监护的法定情形】具有下列情形之一的，民政部门应当依法对未成年人进行长期监护：

（一）查找不到未成年人的父母或者其他监护人；

（二）监护人死亡或者被宣告死亡且无其他人可以担任监护人；

（三）监护人丧失监护能力且无其他人可以担任监护人；

（四）人民法院判决撤销监护人资格并指定由民政部门担任监护人；

（五）法律规定的其他情形。

第九十五条 【民政部门长期监护未成年人的收养】民政部门进行收养评估后，可以依法将其长期监护的未成年人交由符合条件的申请人收养。收养关系成立后，民政部门与未成年人的监护关系终止。

第九十六条 【民政部门承担国家监护职责的政府支持和机构建设】民政部门承担临时监护或者长期监护职责的，财政、教育、卫生健康、公安等部门应当根据各自职责予以配合。

县级以上人民政府及其民政部门应当根据需要设立未成年人救助保护机构、儿童福利机构，负责收留、抚养由民政部门监护的未成年人。

第九十七条 【建设全国统一的未成年人保护热线，支持社会力量共建未成年人保护平台】县级以上人民政府应当开通全国统一的未成年人保护热线，及时受理、转介侵犯未成年人合法权益的投诉、举报；鼓励和支持人民团体、企业事业单位、社会组织参与建设未成年人保护服务平台、服务热线、服务站点，提供未成年人保护方面的咨询、帮助。

第九十八条 【违法犯罪人员信息查询系统】国家建立性侵害、虐待、拐卖、暴力伤害等违法犯罪人员信息查询系统，向密切接触未成年人的单位提供免费查询服务。

第九十九条 【培育、引导和规范社会力量参与未成年人保护工作】地方人民政府应当培育、引导和规范有关社会组织、社会工作者参与未成年人保护工作，开展家庭教育指导服务，为未成年人的心理辅导、康复救助、监护及收养评估等提供专业服务。

第七章 司法保护

第一百条 【司法机关职责】公安机关、人民检察院、人民法院和司法行政部门应当依法履行职责，保障未成年人合法权益。

第一百零一条 【专门机构、专门人员及评价考核标准】公安机关、人民检察院、人民法院和司法行政部门应当确定专门机构或者指定专门人员，负责办理涉及未成年人案件。办理涉及未成年人案件的人员应当经过专门培训，熟悉未成年人身心特点。专门机构或者专门人员中，应当有女性工作人员。

公安机关、人民检察院、人民法院和司法行政部门应当对上述机构和人员实行与未成年人保护工作相适应的评价考核标准。

第一百零二条 【未成年人案件中语言、表达方式】公安机关、人民检察院、人民法院和司法行政部门办理涉及未成年人案件，应当考虑未成年人身心特点和健康成长的需要，使用未成年人能够理解的语言和表达方式，听取未成年人的意见。

第一百零三条 【个人信息保护】公安机

关、人民检察院、人民法院、司法行政部门以及其他组织和个人不得披露有关案件中未成年人的姓名、影像、住所、就读学校以及其他可能识别出其身份的信息，但查找失踪、被拐卖未成年人等情形除外。

第一百零四条 【法律援助、司法救助】 对需要法律援助或者司法救助的未成年人，法律援助机构或者公安机关、人民检察院、人民法院和司法行政部门应当给予帮助，依法为其提供法律援助或者司法救助。

法律援助机构应当指派熟悉未成年人身心特点的律师为未成年人提供法律援助服务。

法律援助机构和律师协会应当对办理未成年人法律援助案件的律师进行指导和培训。

第一百零五条 【检察监督】 人民检察院通过行使检察权，对涉及未成年人的诉讼活动等依法进行监督。

第一百零六条 【公益诉讼】 未成年人合法权益受到侵犯，相关组织和个人未代为提起诉讼的，人民检察院可以督促、支持其提起诉讼；涉及公共利益的，人民检察院有权提起公益诉讼。

第一百零七条 【继承权、受遗赠权和受抚养权保护】 人民法院审理继承案件，应当依法保护未成年人的继承权和受遗赠权。

人民法院审理离婚案件，涉及未成年子女抚养问题的，应当尊重已满八周岁未成年子女的真实意愿，根据双方具体情况，按照最有利于未成年子女的原则依法处理。

第一百零八条 【人身安全保护令、撤销监护人资格】 未成年人的父母或者其他监护人不依法履行监护职责或者严重侵犯被监护的未成年人合法权益的，人民法院可以根据有关人员或者单位的申请，依法作出人身安全保护令或者撤销监护人资格。

被撤销监护人资格的父母或者其他监护人应当依法继续负担抚养费用。

第一百零九条 【社会调查】 人民法院审理离婚、抚养、收养、监护、探望等案件涉及未成年人的，可以自行或者委托社会组织对未成年人的相关情况进行社会调查。

第一百一十条 【法定代理人、合适成年人到场】 公安机关、人民检察院、人民法院讯问未成年犯罪嫌疑人、被告人，询问未成年被害人、证人，应当依法通知其法定代理人或者其成年亲属、所在学校的代表等合适成年人到场，并采取适当方式，在适当场所进行，保障未成年人的名誉权、隐私权和其他合法权益。

人民法院开庭审理涉及未成年人案件，未成年被害人、证人一般不出庭作证；必须出庭的，应当采取保护其隐私的技术手段和心理干预等保护措施。

第一百一十一条 【特定未成年被害人司法保护】 公安机关、人民检察院、人民法院应当与其他有关政府部门、人民团体、社会组织互相配合，对遭受性侵害或者暴力伤害的未成年被害人及其家庭实施必要的心理干预、经济救助、法律援助、转学安置等保护措施。

第一百一十二条 【同步录音录像等保护措施】 公安机关、人民检察院、人民法院办理未成年人遭受性侵害或者暴力伤害案件，在询问未成年被害人、证人时，应当采取同步录音录像等措施，尽量一次完成；未成年被害人、证人是女性的，应当由女性工作人员进行。

第一百一十三条 【违法犯罪未成年人的保护方针和原则】 对违法犯罪的未成年人，实行教育、感化、挽救的方针，坚持教育为主、惩罚为辅的原则。

对违法犯罪的未成年人依法处罚后，在升学、就业等方面不得歧视。

第一百一十四条 【司法机关对未尽保

护职责单位的监督】公安机关、人民检察院、人民法院和司法行政部门发现有关单位未尽到未成年人教育、管理、救助、看护等保护职责的,应当向该单位提出建议。被建议单位应当在一个月内作出书面回复。

第一百一十五条 【司法机关开展未成年人法治宣传教育】公安机关、人民检察院、人民法院和司法行政部门应当结合实际,根据涉及未成年人案件的特点,开展未成年人法治宣传教育工作。

第一百一十六条 【社会组织、社会工作者参与未成年人司法保护】国家鼓励和支持社会组织、社会工作者参与涉及未成年人案件中未成年人的心理干预、法律援助、社会调查、社会观护、教育矫治、社区矫正等工作。

第八章 法律责任

第一百一十七条 【违反强制报告义务的法律责任】违反本法第十一条第二款规定,未履行报告义务造成严重后果的,由上级主管部门或者所在单位对直接负责的主管人员和其他直接责任人员依法给予处分。

第一百一十八条 【监护人不履行监护职责或者侵犯未成年人合法权益的法律责任】未成年人的父母或者其他监护人不依法履行监护职责或者侵犯未成年人合法权益的,由其居住地的居民委员会、村民委员会予以劝诫、制止;情节严重的,居民委员会、村民委员会应当及时向公安机关报告。

公安机关接到报告或者公安机关、人民检察院、人民法院在办理案件过程中发现未成年人的父母或者其他监护人存在上述情形的,应当予以训诫,并可以责令其接受家庭教育指导。

第一百一十九条 【学校等机构及其教职员工的法律责任】学校、幼儿园、婴幼儿照护服务等机构及其教职员工违反本法第二十

七条、第二十八条、第三十九条规定的,由公安、教育、卫生健康、市场监督管理等部门按照职责分工责令改正;拒不改正或者情节严重的,对直接负责的主管人员和其他直接责任人员依法给予处分。

第一百二十条 【未给予免费或者优惠待遇的法律责任】违反本法第四十四条、第四十五条、第四十七条规定,未给予未成年人免费或者优惠待遇的,由市场监督管理、文化和旅游、交通运输等部门按照职责分工责令限期改正,给予警告;拒不改正的,处一万元以上十万元以下罚款。

第一百二十一条 【制作、复制、出版、发布、传播危害未成年人出版物的法律责任】违反本法第五十条、第五十一条规定的,由新闻出版、广播电视、电影、网信等部门按照职责分工责令限期改正,给予警告,没收违法所得,可以并处十万元以下罚款;拒不改正或者情节严重的,责令暂停相关业务、停产停业或者吊销营业执照、吊销相关许可证,违法所得一百万元以上的,并处违法所得一倍以上十倍以下的罚款,没有违法所得或者违法所得不足一百万元的,并处十万元以上一百万元以下罚款。

第一百二十二条 【场所运营单位和住宿经营者的法律责任】场所运营单位违反本法第五十六条第二款规定、住宿经营者违反本法第五十七条规定的,由市场监督管理、应急管理、公安等部门按照职责分工责令限期改正,给予警告;拒不改正或者造成严重后果的,责令停业整顿或者吊销营业执照、吊销相关许可证,并处一万元以上十万元以下罚款。

第一百二十三条 【营业性娱乐场所等经营者的法律责任】相关经营者违反本法第五十八条、第五十九条第一款、第六十条规定的,由文化和旅游、市场监督管理、烟草专卖、公安等部门按照职责分工责令限期改正,给予警告,没收违法所得,可以并处五万元以下

罚款;拒不改正或者情节严重的,责令停业整顿或者吊销营业执照、吊销相关许可证,可以并处五万元以上五十万元以下罚款。

第一百二十四条 【公共场所吸烟、饮酒的法律责任】违反本法第五十九条第二款规定,在学校、幼儿园和其他未成年人集中活动的公共场所吸烟、饮酒的,由卫生健康、教育、市场监督管理等部门按照职责分工责令改正,给予警告,可以并处五百元以下罚款;场所管理者未及时制止的,由卫生健康、教育、市场监督管理等部门按照职责分工给予警告,并处一万元以下罚款。

第一百二十五条 【未按规定招用、使用未成年人的法律责任】违反本法第六十一条规定的,由文化和旅游、人力资源和社会保障、市场监督管理等部门按照职责分工责令限期改正,给予警告,没收违法所得,可以并处十万元以下罚款;拒不改正或者情节严重的,责令停产停业或者吊销营业执照、吊销相关许可证,并处十万元以上一百万元以下罚款。

第一百二十六条 【密切接触未成年人单位的法律责任】密切接触未成年人的单位违反本法第六十二条规定,未履行查询义务,或者招用、继续聘用具有相关违法犯罪记录人员的,由教育、人力资源和社会保障、市场监督管理等部门按照职责分工责令限期改正,给予警告,并处五万元以下罚款;拒不改正或者造成严重后果的,责令停业整顿或者吊销营业执照、吊销相关许可证,并处五万元以上五十万元以下罚款,对直接负责的主管人员和其他直接责任人员依法给予处分。

第一百二十七条 【网络产品和服务提供者等的法律责任】信息处理者违反本法第七十二条规定,或者网络产品和服务提供者违反本法第七十三条、第七十四条、第七十五条、第七十六条、第七十七条、第八十条规定的,由公安、网信、电信、新闻出版、广播电视、文化和旅游等有关部门按照职责分工责令改正,给予警告,没收违法所得,违法所得一百万元以上的,并处违法所得一倍以上十倍以下罚款,没有违法所得或者违法所得不足一百万元的,并处十万元以上一百万元以下罚款,对直接负责的主管人员和其他责任人员处一万元以上十万元以下罚款;拒不改正或者情节严重的,并可以责令暂停相关业务、停业整顿、关闭网站、吊销营业执照或者吊销相关许可证。

第一百二十八条 【国家机关工作人员渎职的法律责任】国家机关工作人员玩忽职守、滥用职权、徇私舞弊,损害未成年人合法权益的,依法给予处分。

第一百二十九条 【民事责任、治安管理处罚和刑事责任】违反本法规定,侵犯未成年人合法权益,造成人身、财产或者其他损害的,依法承担民事责任。

违反本法规定,构成违反治安管理行为的,依法给予治安管理处罚;构成犯罪的,依法追究刑事责任。

第九章 附 则

第一百三十条 【相关概念的含义】本法中下列用语的含义:

(一)密切接触未成年人的单位,是指学校、幼儿园等教育机构;校外培训机构;未成年人救助保护机构、儿童福利机构等未成年人安置、救助机构;婴幼儿照护服务机构、早期教育服务机构;校外托管、临时看护机构;家政服务机构;为未成年人提供医疗服务的医疗机构;其他对未成年人负有教育、培训、监护、救助、看护、医疗等职责的企业事业单位、社会组织等。

(二)学校,是指普通中小学、特殊教育学校、中等职业学校、专门学校。

(三)学生欺凌,是指发生在学生之间,一

方蓄意或者恶意通过肢体、语言及网络等手段实施欺压、侮辱,造成另一方人身伤害、财产损失或者精神损害的行为。

第一百三十一条 【外国人、无国籍未成年人的保护】对中国境内未满十八周岁的外国人、无国籍人,依照本法有关规定予以保护。

第一百三十二条 【施行日期】本法自2021年6月1日起施行。

中华人民共和国个人信息保护法

(2021年8月20日第十三届全国人民代表大会常务委员会第三十次会议通过 2021年8月20日中华人民共和国主席令第91号公布 自2021年11月1日起施行)

目 录

第一章 总 则

第一条 为了保护个人信息权益,规范个人信息处理活动,促进个人信息合理利用,根据宪法,制定本法。

第二条 自然人的个人信息受法律保护,任何组织、个人不得侵害自然人的个人信息权益。

第三条 在中华人民共和国境内处理自然人个人信息的活动,适用本法。

在中华人民共和国境外处理中华人民共和国境内自然人个人信息的活动,有下列情形之一的,也适用本法:

(一)以向境内自然人提供产品或者服务为目的;

(二)分析、评估境内自然人的行为;

(三)法律、行政法规规定的其他情形。

第四条 个人信息是以电子或者其他方式记录的与已识别或者可识别的自然人有关的各种信息,不包括匿名化处理后的信息。

个人信息的处理包括个人信息的收集、存储、使用、加工、传输、提供、公开、删除等。

第五条 处理个人信息应当遵循合法、正当、必要和诚信原则,不得通过误导、欺诈、胁迫等方式处理个人信息。

第六条 处理个人信息应当具有明确、合理的目的,并应当与处理目的直接相关,采取对个人权益影响最小的方式。

收集个人信息,应当限于实现处理目的的最小范围,不得过度收集个人信息。

第七条 处理个人信息应当遵循公开、透明原则,公开个人信息处理规则,明示处理的目的、方式和范围。

第八条 处理个人信息应当保证个人信息的质量,避免因个人信息不准确、不完整对个人权益造成不利影响。

第九条 个人信息处理者应当对其个人信息处理活动负责,并采取必要措施保障所处理的个人信息的安全。

第十条 任何组织、个人不得非法收集、使用、加工、传输他人个人信息,不得非法买卖、提供或者公开他人个人信息;不得从事危害国家安全、公共利益的个人信息处理活动。

第十一条 国家建立健全个人信息保护制度,预防和惩治侵害个人信息权益的行为,加强个人信息保护宣传教育,推动形成政府、企业、相关社会组织、公众共同参与个人信息保护的良好环境。

第十二条 国家积极参与个人信息保护国际规则的制定,促进个人信息保护方面的国际交流与合作,推动与其他国家、地区、国际组织之间的个人信息保护规则、标准等互认。

第二章 个人信息处理规则

第一节 一般规定

第十三条 符合下列情形之一的,个人信息处理者方可处理个人信息:

(一)取得个人的同意;

(二)为订立、履行个人作为一方当事人的合同所必需,或者按照依法制定的劳动规章制度和依法签订的集体合同实施人力资源管理所必需;

(三)为履行法定职责或者法定义务所必需;

(四)为应对突发公共卫生事件,或者紧急情况下为保护自然人的生命健康和财产安全所必需;

(五)为公共利益实施新闻报道、舆论监督等行为,在合理的范围内处理个人信息;

(六)依照本法规定在合理的范围内处理个人自行公开或者其他已经合法公开的个人信息;

(七)法律、行政法规规定的其他情形。

依照本法其他有关规定,处理个人信息应当取得个人同意,但是有前款第二项至第七项规定情形的,不需取得个人同意。

第十四条 基于个人同意处理个人信息

的,该同意应当由个人在充分知情的前提下自愿、明确作出。法律、行政法规规定处理个人信息应当取得个人单独同意或者书面同意的,从其规定。

个人信息的处理目的、处理方式和处理的个人信息种类发生变更的,应当重新取得个人同意。

第十五条 基于个人同意处理个人信息的,个人有权撤回其同意。个人信息处理者应当提供便捷的撤回同意的方式。

个人撤回同意,不影响撤回前基于个人同意已进行的个人信息处理活动的效力。

第十六条 个人信息处理者不得以个人不同意处理其个人信息或者撤回同意为由,拒绝提供产品或者服务;处理个人信息属于提供产品或者服务所必需的除外。

第十七条 个人信息处理者在处理个人信息前,应当以显著方式、清晰易懂的语言真实、准确、完整地向个人告知下列事项:

(一)个人信息处理者的名称或者姓名和联系方式;

(二)个人信息的处理目的、处理方式,处理的个人信息种类、保存期限;

(三)个人行使本法规定权利的方式和程序;

(四)法律、行政法规规定应当告知的其他事项。

前款规定事项发生变更的,应当将变更部分告知个人。

个人信息处理者通过制定个人信息处理规则的方式告知第一款规定事项的,处理规则应当公开,并且便于查阅和保存。

第十八条 个人信息处理者处理个人信息,有法律、行政法规规定应当保密或者不需要告知的情形的,可以不向个人告知前条第一款规定的事项。

紧急情况下为保护自然人的生命健康和财产安全无法及时向个人告知的,个人信息处理者应当在紧急情况消除后及时告知。

第十九条 除法律、行政法规另有规定外，个人信息的保存期限应当为实现处理目的所必要的最短时间。

第二十条 两个以上的个人信息处理者共同决定个人信息的处理目的和处理方式的，应当约定各自的权利和义务。但是，该约定不影响个人向其中任何一个个人信息处理者要求行使本法规定的权利。

个人信息处理者共同处理个人信息，侵害个人信息权益造成损害的，应当依法承担连带责任。

第二十一条 个人信息处理者委托处理个人信息的，应当与受托人约定委托处理的目的、期限、处理方式、个人信息的种类、保护措施以及双方的权利和义务等，并对受托人的个人信息处理活动进行监督。

受托人应当按照约定处理个人信息，不得超出约定的处理目的、处理方式等处理个人信息；委托合同不生效、无效、被撤销或者终止的，受托人应当将个人信息返还个人信息处理者或者予以删除，不得保留。

未经个人信息处理者同意，受托人不得转委托他人处理个人信息。

第二十二条 个人信息处理者因合并、分立、解散、被宣告破产等原因需要转移个人信息的，应当向个人告知接收方的名称或者姓名和联系方式。接收方应当继续履行个人信息处理者的义务。接收方变更原先的处理目的、处理方式的，应当依照本法规定重新取得个人同意。

第二十三条 个人信息处理者向其他个人信息处理者提供其处理的个人信息的，应当向个人告知接收方的名称或者姓名、联系方式、处理目的、处理方式和个人信息的种类，并取得个人的单独同意。接收方应当在上述处理目的、处理方式和个人信息的种类等范围内处理个人信息。接收方变更原先的

处理目的、处理方式的，应当依照本法规定重新取得个人同意。

第二十四条 个人信息处理者利用个人信息进行自动化决策，应当保证决策的透明度和结果公平、公正，不得对个人在交易价格等交易条件上实行不合理的差别待遇。

通过自动化决策方式向个人进行信息推送、商业营销，应当同时提供不针对其个人特征的选项，或者向个人提供便捷的拒绝方式。

通过自动化决策方式作出对个人权益有重大影响的决定，个人有权要求个人信息处理者予以说明，并有权拒绝个人信息处理者仅通过自动化决策的方式作出决定。

第二十五条 个人信息处理者不得公开其处理的个人信息，取得个人单独同意的除外。

第二十六条 在公共场所安装图像采集、个人身份识别设备，应当为维护公共安全所必需，遵守国家有关规定，并设置显著的提示标识。所收集的个人图像、身份识别信息只能用于维护公共安全的目的，不得用于其他目的；取得个人单独同意的除外。

第二十七条 个人信息处理者可以在合理的范围内处理个人自行公开或者其他已经合法公开的个人信息；个人明确拒绝的除外。个人信息处理者处理已公开的个人信息，对个人权益有重大影响的，应当依照本法规定取得个人同意。

第二节 敏感个人信息的处理规则

第二十八条 敏感个人信息是一旦泄露或者非法使用，容易导致自然人的人格尊严受到侵害或者人身、财产安全受到危害的个人信息，包括生物识别、宗教信仰、特定身份、医疗健康、金融账户、行踪轨迹等信息，以及不满十四周岁未成年人的个人信息。

只有在具有特定的目的和充分的必要性，并采取严格保护措施的情形下，个人信息

处理者方可处理敏感个人信息。

第二十九条 处理敏感个人信息应当取得个人的单独同意;法律、行政法规规定处理敏感个人信息应当取得书面同意的,从其规定。

第三十条 个人信息处理者处理敏感个人信息的,除本法第十七条第一款规定的事项外,还应当向个人告知处理敏感个人信息的必要性以及对个人权益的影响;依照本法规定可以不向个人告知的除外。

第三十一条 个人信息处理者处理不满十四周岁未成年人个人信息的,应当取得未成年人的父母或者其他监护人的同意。

个人信息处理者处理不满十四周岁未成年人个人信息的,应当制定专门的个人信息处理规则。

第三十二条 法律、行政法规对处理敏感个人信息规定应当取得相关行政许可或者作出其他限制的,从其规定。

第三节 国家机关处理个人信息的特别规定

第三十三条 国家机关处理个人信息的活动,适用本法;本节有特别规定的,适用本节规定。

第三十四条 国家机关为履行法定职责处理个人信息,应当依照法律、行政法规规定的权限、程序进行,不得超出履行法定职责所必需的范围和限度。

第三十五条 国家机关为履行法定职责处理个人信息,应当依照本法规定履行告知义务;有本法第十八条第一款规定的情形,或者告知将妨碍国家机关履行法定职责的除外。

第三十六条 国家机关处理的个人信息应当在中华人民共和国境内存储;确需向境外提供的,应当进行安全评估。安全评估可以要求有关部门提供支持与协助。

第三十七条 法律、法规授权的具有管理公共事务职能的组织为履行法定职责处理个人信息,适用本法关于国家机关处理个人信息的规定。

第三章 个人信息跨境提供的规则

第三十八条 个人信息处理者因业务等需要,确需向中华人民共和国境外提供个人信息的,应当具备下列条件之一:

(一)依照本法第四十条的规定通过国家网信部门组织的安全评估;

(二)按照国家网信部门的规定经专业机构进行个人信息保护认证;

(三)按照国家网信部门制定的标准合同与境外接收方订立合同,约定双方的权利和义务;

(四)法律、行政法规或者国家网信部门规定的其他条件。

中华人民共和国缔结或者参加的国际条约、协定对向中华人民共和国境外提供个人信息的条件等有规定的,可以按照其规定执行。

个人信息处理者应当采取必要措施,保障境外接收方处理个人信息的活动达到本法规定的个人信息保护标准。

第三十九条 个人信息处理者向中华人民共和国境外提供个人信息的,应当向个人告知境外接收方的名称或者姓名、联系方式、处理目的、处理方式、个人信息的种类以及个人向境外接收方行使本法规定权利的方式和程序等事项,并取得个人的单独同意。

第四十条 关键信息基础设施运营者和处理个人信息达到国家网信部门规定数量的个人信息处理者,应当将在中华人民共和国境内收集和产生的个人信息存储在境内。确需向境外提供的,应当通过国家网信部门组织的安全评估;法律、行政法规和国家网信部门规定可以不进行安全评估的，从其规定。

第四十一条　中华人民共和国主管机关根据有关法律和中华人民共和国缔结或者参加的国际条约、协定，或者按照平等互惠原则，处理外国司法或者执法机构关于提供存储于境内个人信息的请求。非经中华人民共和国主管机关批准，个人信息处理者不得向外国司法或者执法机构提供存储于中华人民共和国境内的个人信息。

第四十二条　境外的组织、个人从事侵害中华人民共和国公民的个人信息权益，或者危害中华人民共和国国家安全、公共利益的个人信息处理活动的，国家网信部门可以将其列入限制或者禁止个人信息提供清单，予以公告，并采取限制或者禁止向其提供个人信息等措施。

第四十三条　任何国家或者地区在个人信息保护方面对中华人民共和国采取歧视性的禁止、限制或者其他类似措施的，中华人民共和国可以根据实际情况对该国家或者地区对等采取措施。

第四章　个人在个人信息处理活动中的权利

第四十四条　个人对其个人信息的处理享有知情权、决定权，有权限制或者拒绝他人对其个人信息进行处理；法律、行政法规另有规定的除外。

第四十五条　个人有权向个人信息处理者查阅、复制其个人信息；有本法第十八条第一款、第三十五条规定情形的除外。

个人请求查阅、复制其个人信息的，个人信息处理者应当及时提供。

个人请求将个人信息转移至其指定的个人信息处理者，符合国家网信部门规定条件的，个人信息处理者应当提供转移的途径。

第四十六条　个人发现其个人信息不准确或者不完整的，有权请求个人信息处理者更正、补充。

个人请求更正、补充其个人信息的，个人信息处理者应当对其个人信息予以核实，并及时更正、补充。

第四十七条　有下列情形之一的，个人信息处理者应当主动删除个人信息；个人信息处理者未删除的，个人有权请求删除：

（一）处理目的已实现、无法实现或者为实现处理目的不再必要；

（二）个人信息处理者停止提供产品或者服务，或者保存期限已届满；

（三）个人撤回同意；

（四）个人信息处理者违反法律、行政法规或者违反约定处理个人信息；

（五）法律、行政法规规定的其他情形。

法律、行政法规规定的保存期限未届满，或者删除个人信息从技术上难以实现的，个人信息处理者应当停止除存储和采取必要的安全保护措施之外的处理。

第四十八条　个人有权要求个人信息处理者对其个人信息处理规则进行解释说明。

第四十九条　自然人死亡的，其近亲属为了自身的合法、正当利益，可以对死者的相关个人信息行使本章规定的查阅、复制、更正、删除等权利；死者生前另有安排的除外。

第五十条　个人信息处理者应当建立便捷的个人行使权利的申请受理和处理机制。拒绝个人行使权利的请求的，应当说明理由。

个人信息处理者拒绝个人行使权利的请求的，个人可以依法向人民法院提起诉讼。

第五章　个人信息处理者的义务

第五十一条　个人信息处理者应当根据个人信息的处理目的、处理方式、个人信息的种类以及对个人权益的影响、可能存在的安全风险等，采取下列措施确保个人信息处理

活动符合法律、行政法规的规定,并防止未经授权的访问以及个人信息泄露、篡改、丢失:

(一)制定内部管理制度和操作规程;

(二)对个人信息实行分类管理;

(三)采取相应的加密、去标识化等安全技术措施;

(四)合理确定个人信息处理的操作权限,并定期对从业人员进行安全教育和培训;

(五)制定并组织实施个人信息安全事件应急预案;

(六)法律、行政法规规定的其他措施。

第五十二条 处理个人信息达到国家网信部门规定数量的个人信息处理者应当指定个人信息保护负责人,负责对个人信息处理活动以及采取的保护措施等进行监督。

个人信息处理者应当公开个人信息保护负责人的联系方式,并将个人信息保护负责人的姓名、联系方式等报送履行个人信息保护职责的部门。

第五十三条 本法第三条第二款规定的中华人民共和国境外的个人信息处理者,应当在中华人民共和国境内设立专门机构或者指定代表,负责处理个人信息保护相关事务,并将有关机构的名称或者代表的姓名、联系方式等报送履行个人信息保护职责的部门。

第五十四条 个人信息处理者应当定期对其处理个人信息遵守法律、行政法规的情况进行合规审计。

第五十五条 有下列情形之一的,个人信息处理者应当事前进行个人信息保护影响评估,并对处理情况进行记录:

(一)处理敏感个人信息;

(二)利用个人信息进行自动化决策;

(三)委托处理个人信息、向其他个人信息处理者提供个人信息、公开个人信息;

(四)向境外提供个人信息;

(五)其他对个人权益有重大影响的个人信息处理活动。

第五十六条 个人信息保护影响评估应当包括下列内容:

(一)个人信息的处理目的、处理方式等是否合法、正当、必要;

(二)对个人权益的影响及安全风险;

(三)所采取的保护措施是否合法、有效并与风险程度相适应。

个人信息保护影响评估报告和处理情况记录应当至少保存三年。

第五十七条 发生或者可能发生个人信息泄露、篡改、丢失的,个人信息处理者应当立即采取补救措施,并通知履行个人信息保护职责的部门和个人。通知应当包括下列事项:

(一)发生或者可能发生个人信息泄露、篡改、丢失的信息种类、原因和可能造成的危害;

(二)个人信息处理者采取的补救措施和个人可以采取的减轻危害的措施;

(三)个人信息处理者的联系方式。

个人信息处理者采取措施能够有效避免信息泄露、篡改、丢失造成危害的,个人信息处理者可以不通知个人;履行个人信息保护职责的部门认为可能造成危害的,有权要求个人信息处理者通知个人。

第五十八条 提供重要互联网平台服务、用户数量巨大、业务类型复杂的个人信息处理者,应当履行下列义务:

(一)按照国家规定建立健全个人信息保护合规制度体系,成立主要由外部成员组成的独立机构对个人信息保护情况进行监督;

(二)遵循公开、公平、公正的原则,制定平台规则,明确平台内产品或者服务提供者处理个人信息的规范和保护个人信息的义务;

(三)对严重违反法律、行政法规处理个人信息的平台内的产品或者服务提供者,停

止提供服务;

(四)定期发布个人信息保护社会责任报告,接受社会监督。

第五十九条 接受委托处理个人信息的受托人,应当依照本法和有关法律、行政法规的规定,采取必要措施保障所处理的个人信息的安全,并协助个人信息处理者履行本法规定的义务。

第六章 履行个人信息保护职责的部门

第六十条 国家网信部门负责统筹协调个人信息保护工作和相关监督管理工作。国务院有关部门依照本法和有关法律、行政法规的规定,在各自职责范围内负责个人信息保护和监督管理工作。

县级以上地方人民政府有关部门的个人信息保护和监督管理职责,按照国家有关规定确定。

前两款规定的部门统称为履行个人信息保护职责的部门。

第六十一条 履行个人信息保护职责的部门履行下列个人信息保护职责:

(一)开展个人信息保护宣传教育,指导、监督个人信息处理者开展个人信息保护工作;

(二)接受、处理与个人信息保护有关的投诉、举报;

(三)组织对应用程序等个人信息保护情况进行测评,并公布测评结果;

(四)调查、处理违法个人信息处理活动;

(五)法律、行政法规规定的其他职责。

第六十二条 国家网信部门统筹协调有关部门依据本法推进下列个人信息保护工作:

(一)制定个人信息保护具体规则、标准;

(二)针对小型个人信息处理者、处理敏感个人信息以及人脸识别、人工智能等新技术、新应用,制定专门的个人信息保护规则、标准;

(三)支持研究开发和推广应用安全、方便的电子身份认证技术,推进网络身份认证公共服务建设;

(四)推进个人信息保护社会化服务体系建设,支持有关机构开展个人信息保护评估、认证服务;

(五)完善个人信息保护投诉、举报工作机制。

第六十三条 履行个人信息保护职责的部门履行个人信息保护职责,可以采取下列措施:

(一)询问有关当事人,调查与个人信息处理活动有关的情况;

(二)查阅、复制当事人与个人信息处理活动有关的合同、记录、账簿以及其他有关资料;

(三)实施现场检查,对涉嫌违法的个人信息处理活动进行调查;

(四)检查与个人信息处理活动有关的设备、物品;对有证据证明是用于违法个人信息处理活动的设备、物品,向本部门主要负责人书面报告并经批准,可以查封或者扣押。

履行个人信息保护职责的部门依法履行职责,当事人应当予以协助、配合,不得拒绝、阻挠。

第六十四条 履行个人信息保护职责的部门在履行职责中,发现个人信息处理活动存在较大风险或者发生个人信息安全事件的,可以按照规定的权限和程序对该个人信息处理者的法定代表人或者主要负责人进行约谈,或者要求个人信息处理者委托专业机构对其个人信息处理活动进行合规审计。个人信息处理者应当按照要求采取措施,进行整改,消除隐患。

履行个人信息保护职责的部门在履行职

责中,发现违法处理个人信息涉嫌犯罪的,应当及时移送公安机关依法处理。

第六十五条 任何组织、个人有权对违法个人信息处理活动向履行个人信息保护职责的部门进行投诉、举报。收到投诉、举报的部门应当依法及时处理,并将处理结果告知投诉、举报人。

履行个人信息保护职责的部门应当公布接受投诉、举报的联系方式。

第七章 法律责任

第六十六条 违反本法规定处理个人信息,或者处理个人信息未履行本法规定的个人信息保护义务的,由履行个人信息保护职责的部门责令改正,给予警告,没收违法所得,对违法处理个人信息的应用程序,责令暂停或者终止提供服务;拒不改正的,并处一百万元以下罚款;对直接负责的主管人员和其他直接责任人员处一万元以上十万元以下罚款。

有前款规定的违法行为,情节严重的,由省级以上履行个人信息保护职责的部门责令改正,没收违法所得,并处五千万元以下或者上一年度营业额百分之五以下罚款,并可以责令暂停相关业务或者停业整顿、通报有关主管部门吊销相关业务许可或者吊销营业执照;对直接负责的主管人员和其他直接责任人员处十万元以上一百万元以下罚款,并可以决定禁止其在一定期限内担任相关企业的董事、监事、高级管理人员和个人信息保护负责人。

第六十七条 有本法规定的违法行为的,依照有关法律、行政法规的规定记入信用档案,并予以公示。

第六十八条 国家机关不履行本法规定的个人信息保护义务的,由其上级机关或者履行个人信息保护职责的部门责令改正;对

直接负责的主管人员和其他直接责任人员依法给予处分。

履行个人信息保护职责的部门的工作人员玩忽职守、滥用职权、徇私舞弊,尚不构成犯罪的,依法给予处分。

第六十九条 处理个人信息侵害个人信息权益造成损害,个人信息处理者不能证明自己没有过错的,应当承担损害赔偿等侵权责任。

前款规定的损害赔偿责任按照个人因此受到的损失或者个人信息处理者因此获得的利益确定;个人因此受到的损失和个人信息处理者因此获得的利益难以确定的,根据实际情况确定赔偿数额。

第七十条 个人信息处理者违反本法规定处理个人信息,侵害众多个人的权益的,人民检察院、法律规定的消费者组织和由国家网信部门确定的组织可以依法向人民法院提起诉讼。

第七十一条 违反本法规定,构成违反治安管理行为的,依法给予治安管理处罚;构成犯罪的,依法追究刑事责任。

第八章 附 则

第七十二条 自然人因个人或者家庭事务处理个人信息的,不适用本法。

法律对各级人民政府及其有关部门组织实施的统计、档案管理活动中的个人信息处理有规定的,适用其规定。

第七十三条 本法下列用语的含义:

(一)个人信息处理者,是指在个人信息处理活动中自主决定处理目的、处理方式的组织、个人。

(二)自动化决策,是指通过计算机程序自动分析、评估个人的行为习惯、兴趣爱好或者经济、健康、信用状况等,并进行决策的活动。

（三）去标识化,是指个人信息经过处理,使其在不借助额外信息的情况下无法识别特定自然人的过程。

（四）匿名化,是指个人信息经过处理无法识别特定自然人且不能复原的过程。

第七十四条 本法自 2021 年 11 月 1 日起施行。

五、婚姻家庭、继承

（一）综 合

最高人民法院关于适用《中华人民共和国民法典》婚姻家庭编的解释（一）

（2020年12月25日最高人民法院审判委员会第1825次会议通过 2020年12月29日最高人民法院公告公布 自2021年1月1日起施行 法释[2020]22号）

为正确审理婚姻家庭纠纷案件，根据《中华人民共和国民法典》《中华人民共和国民事诉讼法》等相关法律规定，结合审判实践，制定本解释。

一、一般规定

第一条 持续性、经常性的家庭暴力，可以认定为民法典第一千零四十二条、第一千零七十九条、第一千零九十一条所称的"虐待"。

第二条 民法典第一千零四十二条、第一千零七十九条、第一千零九十一条规定的"与他人同居"的情形，是指有配偶者与婚外异性，不以夫妻名义，持续、稳定地共同居住。

第三条 当事人提起诉讼仅请求解除同居关系的，人民法院不予受理；已经受理的，裁定驳回起诉。

当事人因同居期间财产分割或者子女抚养纠纷提起诉讼的，人民法院应当受理。

第四条 当事人仅以民法典第一千零四十三条为依据提起诉讼的，人民法院不予受理；已经受理的，裁定驳回起诉。

第五条 当事人请求返还按照习俗给付的彩礼的，如果查明属于以下情形，人民法院应当予以支持：

（一）双方未办理结婚登记手续；

（二）双方办理结婚登记手续但确未共同生活；

（三）婚前给付并导致给付人生活困难。

适用前款第二项、第三项的规定，应当以双方离婚为条件。

二、结 婚

第六条 男女双方依据民法典第一千零四十九条规定补办结婚登记的，婚姻关系的效力从双方均符合民法典所规定的结婚的实质要件时起算。

第七条 未依据民法典第一千零四十九条规定办理结婚登记而以夫妻名义共同生活的男女，提起诉讼要求离婚的，应当区别对待：

（一）1994年2月1日民政部《婚姻登记管理条例》公布实施以前，男女双方已经符合结婚实质要件的，按事实婚姻处理。

（二）1994年2月1日民政部《婚姻登记管理条例》公布实施以后，男女双方符合结婚实质要件的,人民法院应当告知其补办结婚登记。未补办结婚登记的,依据本解释第三条规定处理。

第八条 未依据民法典第一千零四十九条规定办理结婚登记而以夫妻名义共同生活的男女,一方死亡,另一方以配偶身份主张享有继承权的,依据本解释第七条的原则处理。

第九条 有权依据民法典第一千零五十一条规定向人民法院就已办理结婚登记的婚姻请求确认婚姻无效的主体,包括婚姻当事人及利害关系人。其中,利害关系人包括:

(一)以重婚为由的,为当事人的近亲属及基层组织;

(二)以未到法定婚龄为由的,为未到法定婚龄者的近亲属;

(三)以有禁止结婚的亲属关系为由的,为当事人的近亲属。

第十条 当事人依据民法典第一千零五十一条规定向人民法院请求确认婚姻无效,法定的无效婚姻情形在提起诉讼时已经消失的,人民法院不予支持。

第十一条 人民法院受理请求确认婚姻无效案件后,原告申请撤诉的,不予准许。

对婚姻效力的审理不适用调解,应当依法作出判决。

涉及财产分割和子女抚养的,可以调解。调解达成协议的,另行制作调解书;未达成调解协议的,应当一并作出判决。

第十二条 人民法院受理离婚案件后,经审理确属无效婚姻的,应当将婚姻无效的情形告知当事人,并依法作出确认婚姻无效的判决。

第十三条 人民法院就同一婚姻关系分别受理了离婚和请求确认婚姻无效案件的,对于离婚案件的审理,应当待请求确认婚姻无效案件作出判决后进行。

第十四条 夫妻一方或者双方死亡后,生存一方或者利害关系人依据民法典第一千零五十一条的规定请求确认婚姻无效的,人民法院应当受理。

第十五条 利害关系人依据民法典第一千零五十一条的规定,请求人民法院确认婚姻无效的,利害关系人为原告,婚姻关系当事人双方为被告。

夫妻一方死亡的,生存一方为被告。

第十六条 人民法院审理重婚导致的无效婚姻案件时,涉及财产处理的,应当准许合法婚姻当事人作为有独立请求权的第三人参加诉讼。

第十七条 当事人以民法典第一千零五十一条规定的三种无效婚姻以外的情形请求确认婚姻无效的,人民法院应当判决驳回当事人的诉讼请求。

当事人以结婚登记程序存在瑕疵为由提起民事诉讼,主张撤销结婚登记的,告知其可以依法申请行政复议或者提起行政诉讼。

第十八条 行为人以给另一方当事人或者其近亲属的生命、身体、健康、名誉、财产等方面造成损害为要挟,迫使另一方当事人违背真实意愿结婚的,可以认定为民法典第一千零五十二条所称的"胁迫"。

因受胁迫而请求撤销婚姻的,只能是受胁迫一方的婚姻关系当事人本人。

第十九条 民法典第一千零五十二条规定的"一年",不适用诉讼时效中止、中断或者延长的规定。

受胁迫或者被非法限制人身自由的当事人请求撤销婚姻的,不适用民法典第一百五十二条第二款的规定。

第二十条 民法典第一千零五十四条所规定的"自始没有法律约束力",是指无效婚姻或者可撤销婚姻在依法被确认无效或者被撤销时,才确定该婚姻自始不受法律保护。

第二十一条 人民法院根据当事人的请求,依法确认婚姻无效或者撤销婚姻的,应当收缴双方的结婚证书并将生效的判决书寄送当地婚姻登记管理机关。

第二十二条 被确认无效或者被撤销的婚姻，当事人同居期间所得的财产，除有证据证明为当事人一方所有的以外，按共同共有处理。

三、夫妻关系

第二十三条 夫以妻擅自中止妊娠侵犯其生育权为由请求损害赔偿的，人民法院不予支持；夫妻双方因是否生育发生纠纷，致使感情确已破裂，一方请求离婚的，人民法院经调解无效，应依照民法典第一千零七十九条第三款第五项的规定处理。

第二十四条 民法典第一千零六十二条第一款第三项规定的"知识产权的收益"，是指婚姻关系存续期间，实际取得或者已经明确可以取得的财产性收益。

第二十五条 婚姻关系存续期间，下列财产属于民法典第一千零六十二条规定的"其他应当归共同所有的财产"：

（一）一方以个人财产投资取得的收益；

（二）男女双方实际取得或者应当取得的住房补贴、住房公积金；

（三）男女双方实际取得或者应当取得的基本养老金、破产安置补偿费。

第二十六条 夫妻一方个人财产在婚后产生的收益，除孳息和自然增值外，应认定为夫妻共同财产。

第二十七条 由一方婚前承租、婚后用共同财产购买的房屋，登记在一方名下的，应当认定为夫妻共同财产。

第二十八条 一方未经另一方同意出售夫妻共同所有的房屋，第三人善意购买、支付合理对价并已办理不动产登记，另一方主张追回该房屋的，人民法院不予支持。

夫妻一方擅自处分共同所有的房屋造成另一方损失，离婚时另一方请求赔偿损失的，

人民法院应予支持。

第二十九条 当事人结婚前，父母为双方购置房屋出资的，该出资应当认定为对自己子女个人的赠与，但父母明确表示赠与双方的除外。

当事人结婚后，父母为双方购置房屋出资的，依照约定处理；没有约定或者约定不明确的，按照民法典第一千零六十二条第一款第四项规定的原则处理。

第三十条 军人的伤亡保险金、伤残补助金、医药生活补助费属于个人财产。

第三十一条 民法典第一千零六十三条规定为夫妻一方的个人财产，不因婚姻关系的延续而转化为夫妻共同财产。但当事人另有约定的除外。

第三十二条 婚前或者婚姻关系存续期间，当事人约定将一方所有的房产赠与另一方或者共有，赠与方在赠与房产变更登记之前撤销赠与，另一方请求判令继续履行的，人民法院可以按照民法典第六百五十八条的规定处理。

第三十三条 债权人就一方婚前所负个人债务向债务人的配偶主张权利的，人民法院不予支持。但债权人能够证明所负债务用于婚后家庭共同生活的除外。

第三十四条 夫妻一方与第三人串通，虚构债务，第三人主张该债务为夫妻共同债务的，人民法院不予支持。

夫妻一方在从事赌博、吸毒等违法犯罪活动中所负债务，第三人主张该债务为夫妻共同债务的，人民法院不予支持。

第三十五条 当事人的离婚协议或者人民法院生效判决、裁定、调解书已经对夫妻财产分割问题作出处理的，债权人仍有权就夫妻共同债务向男女双方主张权利。

一方就夫妻共同债务承担清偿责任后，主张由另一方按照离婚协议或者人民法院的法律文书承担相应债务的，人民法院应予支持。

第三十六条 夫或者妻一方死亡的,生存一方应当对婚姻关系存续期间的夫妻共同债务承担清偿责任。

第三十七条 民法典第一千零六十五条第三款所称"相对人知道该约定的",夫妻一方对此负有举证责任。

第三十八条 婚姻关系存续期间,除民法典第一千零六十六条规定情形以外,夫妻一方请求分割共同财产的,人民法院不予支持。

四、父母子女关系

第三十九条 父或者母向人民法院起诉请求否认亲子关系,并已提供必要证据予以证明,另一方没有相反证据又拒绝做亲子鉴定的,人民法院可以认定否认亲子关系一方的主张成立。

父或者母以及成年子女起诉请求确认亲子关系,并提供必要证据予以证明,另一方没有相反证据又拒绝做亲子鉴定的,人民法院可以认定确认亲子关系一方的主张成立。

第四十条 婚姻关系存续期间,夫妻双方一致同意进行人工授精,所生子女应视为婚生子女,父母子女间的权利义务关系适用民法典的有关规定。

第四十一条 尚在校接受高中及其以下学历教育,或者丧失、部分丧失劳动能力等非因主观原因而无法维持正常生活的成年子女,可以认定为民法典第一千零六十七条规定的"不能独立生活的成年子女"。

第四十二条 民法典第一千零六十七条所称"抚养费",包括子女生活费、教育费、医疗费等费用。

第四十三条 婚姻关系存续期间,父母双方或者一方拒不履行抚养子女义务,未成年子女或者不能独立生活的成年子女请求支付抚养费的,人民法院应予支持。

第四十四条 离婚案件涉及未成年子女抚养的,对不满两周岁的子女,按照民法典第一千零八十四条第三款规定的原则处理。母亲有下列情形之一,父亲请求直接抚养的,人民法院应予支持:

(一)患有久治不愈的传染性疾病或者其他严重疾病,子女不宜与其共同生活;

(二)有抚养条件不尽抚养义务,而父亲要求子女随其生活;

(三)因其他原因,子女确不宜随母亲生活。

第四十五条 父母双方协议不满两周岁子女由父亲直接抚养,并对子女健康成长无不利影响的,人民法院应予支持。

第四十六条 对已满两周岁的未成年子女,父母均要求直接抚养,一方有下列情形之一的,可予优先考虑:

(一)已做绝育手术或者因其他原因丧失生育能力;

(二)子女随其生活时间较长,改变生活环境对子女健康成长明显不利;

(三)无其他子女,而另一方有其他子女;

(四)子女随其生活,对子女成长有利,而另一方患有久治不愈的传染性疾病或者其他严重疾病,或者有其他不利于子女身心健康的情形,不宜与子女共同生活。

第四十七条 父母抚养子女的条件基本相同,双方均要求直接抚养子女,但子女单独随祖父母或者外祖父母共同生活多年,且祖父母或者外祖父母要求并且有能力帮助子女照顾孙子女或者外孙子女的,可以作为父或者母直接抚养子女的优先条件予以考虑。

第四十八条 在有利于保护子女利益的前提下,父母双方协议轮流直接抚养子女的,人民法院应予支持。

第四十九条 抚养费的数额,可以根据子女的实际需要、父母双方的负担能力和当地的实际生活水平确定。

有固定收入的,抚养费一般可以按其月总收入的百分之二十至三十的比例给付。负担两个以上子女抚养费的,比例可以适当提高,但一般不得超过月总收入的百分之五十。

无固定收入的,抚养费的数额可以依据当年总收入或者同行业平均收入,参照上述比例确定。

有特殊情况的,可以适当提高或者降低上述比例。

第五十条 抚养费应当定期给付,有条件的可以一次性给付。

第五十一条 父母一方无经济收入或者下落不明的,可以用其财物折抵抚养费。

第五十二条 父母双方可以协议由一方直接抚养子女并由直接抚养方负担子女全部抚养费。但是,直接抚养方的抚养能力明显不能保障子女所需费用,影响子女健康成长的,人民法院不予支持。

第五十三条 抚养费的给付期限,一般至子女十八周岁为止。

十六周岁以上不满十八周岁,以其劳动收入为主要生活来源,并能维持当地一般生活水平的,父母可以停止给付抚养费。

第五十四条 生父与继母离婚或者生母与继父离婚时,对曾受其抚养教育的继子女,继父或者继母不同意继续抚养的,仍应由生父或者生母抚养。

第五十五条 离婚后,父母一方要求变更子女抚养关系的,或者子女要求增加抚养费的,应当另行提起诉讼。

第五十六条 具有下列情形之一,父母一方要求变更子女抚养关系的,人民法院应予支持:

(一)与子女共同生活的一方因患严重疾病或者因伤残无力继续抚养子女;

(二)与子女共同生活的一方不尽抚养义务或有虐待子女行为,或者其与子女共同生活对子女身心健康确有不利影响;

(三)已满八周岁的子女,愿随另一方生活,该方又有抚养能力;

(四)有其他正当理由需要变更。

第五十七条 父母双方协议变更子女抚养关系的,人民法院应予支持。

第五十八条 具有下列情形之一,子女要求有负担能力的父或者母增加抚养费的,人民法院应予支持:

(一)原定抚养费数额不足以维持当地实际生活水平;

(二)因子女患病、上学,实际需要已超过原定数额;

(三)有其他正当理由应当增加。

第五十九条 父母不得因子女变更姓氏而拒付子女抚养费。父或者母擅自将子女姓氏改为继母或继父姓氏而引起纠纷的,应当责令恢复原姓氏。

第六十条 在离婚诉讼期间,双方均拒绝抚养子女的,可以先行裁定暂由一方抚养。

第六十一条 对拒不履行或者妨害他人履行生效判决、裁定、调解书中有关子女抚养义务的当事人或者其他人,人民法院可依照民事诉讼法第一百一十一条的规定采取强制措施。

五、离 婚

第六十二条 无民事行为能力人的配偶有民法典第三十六条第一款规定行为,其他有监护资格的人可以要求撤销其监护资格,并依法指定新的监护人;变更后的监护人代理无民事行为能力一方提起离婚诉讼的,人民法院应予受理。

第六十三条 人民法院审理离婚案件,符合民法典第一千零七十九条第三款规定"应当准予离婚"情形的,不应当因当事人有过错而判决不准离婚。

第六十四条 民法典第一千零八十一条所称的"军人一方有重大过错"，可以依据民法典第一千零七十九条第三款前三项规定及军人有其他重大过错导致夫妻感情破裂的情形予以判断。

第六十五条 人民法院作出的生效的离婚判决中未涉及探望权，当事人就探望权问题单独提起诉讼的，人民法院应予受理。

第六十六条 当事人在履行生效判决、裁定或者调解书的过程中，一方请求中止探望的，人民法院在征询双方当事人意见后，认为需要中止探望的，依法作出裁定；中止探望的情形消失后，人民法院应当根据当事人的请求书面通知其恢复探望。

第六十七条 未成年子女、直接抚养子女的父或者母以及其他对未成年子女负担抚养、教育、保护义务的法定监护人，有权向人民法院提出中止探望的请求。

第六十八条 对于拒不协助另一方行使探望权的有关个人或者组织，可以由人民法院依法采取拘留、罚款等强制措施，但是不能对子女的人身、探望行为进行强制执行。

第六十九条 当事人达成的以协议离婚或者到人民法院调解离婚为条件的财产以及债务处理协议，如果双方离婚未成，一方在离婚诉讼中反悔的，人民法院应当认定该财产以及债务处理协议没有生效，并根据实际情况依照民法典第一千零八十七条和第一千零八十九条的规定判决。

当事人依照民法典第一千零七十六条签订的离婚协议中关于财产以及债务处理的条款，对男女双方具有法律约束力。登记离婚后当事人因履行上述协议发生纠纷提起诉讼的，人民法院应当受理。

第七十条 夫妻双方协议离婚后就财产分割问题反悔，请求撤销财产分割协议的，人民法院应当受理。

人民法院审理后，未发现订立财产分割

协议时存在欺诈、胁迫等情形的，应当依法驳回当事人的诉讼请求。

第七十一条 人民法院审理离婚案件，涉及分割发放到军人名下的复员费、自主择业费等一次性费用的，以夫妻婚姻关系存续年限乘以年平均值，所得数额为夫妻共同财产。

前款所称年平均值，是指将发放到军人名下的上述费用总额按具体年限均分得出的数额。其具体年限为人均寿命七十岁与军人入伍时实际年龄的差额。

第七十二条 夫妻双方分割共同财产中的股票、债券、投资基金份额等有价证券以及未上市股份有限公司股份时，协商不成或者按市价分配有困难的，人民法院可以根据数量按比例分配。

第七十三条 人民法院审理离婚案件，涉及分割夫妻共同财产中以一方名义在有限责任公司的出资额，另一方不是该公司股东的，按以下情形分别处理：

（一）夫妻双方协商一致将出资额部分或者全部转让给该股东的配偶，其他股东过半数同意，并且其他股东均明确表示放弃优先购买权的，该股东的配偶可以成为该公司股东；

（二）夫妻双方就出资额转让份额和转让价格等事项协商一致后，其他股东半数以上不同意转让，但愿意以同等条件购买该出资额的，人民法院可以对转让出资所得财产进行分割。其他股东半数以上不同意转让，也不愿意以同等条件购买该出资额的，视为其同意转让，该股东的配偶可以成为该公司股东。

用于证明前款规定的股东同意的证据，可以是股东会议材料，也可以是当事人通过其他合法途径取得的股东的书面声明材料。

第七十四条 人民法院审理离婚案件，涉及分割夫妻共同财产中以一方名义在合伙企业中的出资，另一方不是该企业合伙人的，当夫妻双方协商一致，将其合伙企业中的财产份额全部或者部分转让给对方时，按以下情形分别处理：

（一）其他合伙人一致同意的，该配偶依法取得合伙人地位；

（二）其他合伙人不同意转让，在同等条件下行使优先购买权的，可以对转让所得的财产进行分割；

（三）其他合伙人不同意转让，也不行使优先购买权，但同意该合伙人退伙或者削减部分财产份额的，可以对结算后的财产进行分割；

（四）其他合伙人既不同意转让，也不行使优先购买权，又不同意该合伙人退伙或者削减部分财产份额的，视为全体合伙人同意转让，该配偶依法取得合伙人地位。

第七十五条 夫妻以一方名义投资设立个人独资企业的，人民法院分割夫妻在该个人独资企业中的共同财产时，应当按照以下情形分别处理：

（一）一方主张经营该企业的，对企业资产进行评估后，由取得企业资产所有权一方给予另一方相应的补偿；

（二）双方均主张经营该企业的，在双方竞价基础上，由取得企业资产所有权的一方给予另一方相应的补偿；

（三）双方均不愿意经营该企业的，按照《中华人民共和国个人独资企业法》等有关规定办理。

第七十六条 双方对夫妻共同财产中的房屋价值及归属无法达成协议时，人民法院按以下情形分别处理：

（一）双方均主张房屋所有权并且同意竞价取得的，应当准许；

（二）一方主张房屋所有权的，由评估机构按市场价格对房屋作出评估，取得房屋所有权的一方应当给予另一方相应的补偿；

（三）双方均不主张房屋所有权的，根据当事人的申请拍卖、变卖房屋，就所得价款进行分割。

第七十七条 离婚时双方对尚未取得所有权或者尚未取得完全所有权的房屋有争议且协商不成的，人民法院不宜判决房屋所有权的归属，应当根据实际情况判决由当事人使用。

当事人就前款规定的房屋取得完全所有权后，有争议的，可以另行向人民法院提起诉讼。

第七十八条 夫妻一方婚前签订不动产买卖合同，以个人财产支付首付款并在银行贷款，婚后用夫妻共同财产还贷，不动产登记于首付款支付方名下的，离婚时该不动产由双方协议处理。

依前款规定不能达成协议的，人民法院可以判决该不动产归登记一方，尚未归还的贷款为不动产登记一方的个人债务。双方婚后共同还贷支付的款项及其相对应财产增值部分，离婚时应根据民法典第一千零八十七条第一款规定的原则，由不动产登记一方对另一方进行补偿。

第七十九条 婚姻关系存续期间，双方用夫妻共同财产出资购买以一方父母名义参加房改的房屋，登记在一方父母名下，离婚时另一方主张按照夫妻共同财产对该房屋进行分割的，人民法院不予支持。购买该房屋时的出资，可以作为债权处理。

第八十条 离婚时夫妻一方尚未退休、不符合领取基本养老金条件，另一方请求按照夫妻共同财产分割基本养老金的，人民法院不予支持；婚后以夫妻共同财产缴纳基本养老保险费，离婚时一方主张将养老金账户中婚姻关系存续期间个人实际缴纳部分及利息作为夫妻共同财产分割的，人民法院应予支持。

第八十一条 婚姻关系存续期间，夫妻一方作为继承人依法可以继承的遗产,在继承人之间尚未实际分割,起诉离婚时另一方请求分割的,人民法院应当告知当事人在继承人之间实际分割遗产后另行起诉。

第八十二条 夫妻之间订立借款协议,以夫妻共同财产出借给一方从事个人经营活动或者用于其他个人事务的,应视为双方约定处分夫妻共同财产的行为,离婚时可以按照借款协议的约定处理。

第八十三条 离婚后,一方以尚有夫妻共同财产未处理为由向人民法院起诉请求分割的,经审查该财产确属离婚时未涉及的夫妻共同财产,人民法院应当依法予以分割。

第八十四条 当事人依据民法典第一千零九十二条的规定向人民法院提起诉讼,请求再次分割夫妻共同财产的诉讼时效期间为三年,从当事人发现之日起计算。

第八十五条 夫妻一方申请对配偶的个人财产或者夫妻共同财产采取保全措施的,人民法院可以在采取保全措施可能造成损失的范围内,根据实际情况,确定合理的财产担保数额。

第八十六条 民法典第一千零九十一条规定的"损害赔偿",包括物质损害赔偿和精神损害赔偿。涉及精神损害赔偿的,适用《最高人民法院关于确定民事侵权精神损害赔偿责任若干问题的解释》的有关规定。

第八十七条 承担民法典第一千零九十一条规定的损害赔偿责任的主体,为离婚诉讼当事人中无过错方的配偶。

人民法院判决不准离婚的案件,对于当事人基于民法典第一千零九十一条提出的损害赔偿请求,不予支持。

在婚姻关系存续期间,当事人不起诉离婚而单独依据民法典第一千零九十一条提起损害赔偿请求的,人民法院不予受理。

第八十八条 人民法院受理离婚案件时,应当将民法典第一千零九十一条等规定中当事人的有关权利义务,书面告知当事人。在适用民法典第一千零九十一条时,应当区分以下不同情况:

(一)符合民法典第一千零九十一条规定的无过错方作为原告基于该条规定向人民法院提起损害赔偿请求的,必须在离婚诉讼的同时提出。

(二)符合民法典第一千零九十一条规定的无过错方作为被告的离婚诉讼案件,如果被告不同意离婚也不基于该条规定提起损害赔偿请求的,可以就此单独提起诉讼。

(三)无过错方作为被告的离婚诉讼案件,一审时被告未基于民法典第一千零九十一条规定提出损害赔偿请求,二审期间提出的,人民法院应当进行调解;调解不成的,告知当事人另行起诉。双方当事人同意由第二审人民法院一并审理的,第二审人民法院可以一并裁判。

第八十九条 当事人在婚姻登记机关办理离婚登记手续后,以民法典第一千零九十一条规定为由向人民法院提出损害赔偿请求的,人民法院应当受理。但当事人在协议离婚时已经明确表示放弃该项请求的,人民法院不予支持。

第九十条 夫妻双方均有民法典第一千零九十一条规定的过错情形,一方或者双方向对方提出离婚损害赔偿请求的,人民法院不予支持。

六、附 则

第九十一条 本解释自 2021 年 1 月 1 日起施行。

最高人民法院关于依法妥善审理涉及夫妻债务案件有关问题的通知

（2017年2月28日　法〔2017〕48号）

各省、自治区、直辖市高级人民法院，解放军军事法院，新疆维吾尔自治区高级人民法院生产建设兵团分院：

家事审判工作是人民法院审判工作的重要内容。在家事审判工作中，正确处理夫妻债务，事关夫妻双方和债权人合法权益的保护，事关婚姻家庭稳定和市场交易安全的维护，事关和谐健康诚信经济社会建设的推进。为此，最高人民法院审判委员会第1710次会议讨论通过《最高人民法院关于适用〈中华人民共和国婚姻法〉若干问题的解释（二）的补充规定》，对该司法解释第二十四条增加规定了第二款和第三款。2017年2月28日，最高人民法院公布了修正的《最高人民法院关于适用〈中华人民共和国婚姻法〉若干问题的解释（二）》。为依法妥善审理好夫妻债务案件，现将有关问题通知如下：

一、坚持法治和德治相结合原则。 在处理夫妻债务案件时，除应当依照婚姻法等法律和司法解释的规定，保护夫妻双方和债权人的合法权益，还应当结合社会主义道德价值理念，增强法律和司法解释适用的社会效果，以达到真正化解矛盾纠纷、维护婚姻家庭稳定、促进交易安全、推动经济社会和谐健康发展的目的。

二、保障未具名举债夫妻一方的诉讼权利。 在审理以夫妻一方名义举债的案件中，原则上应当传唤夫妻双方本人和案件其他当事人本人到庭；需要证人出庭作证的，除法定事由外，应当通知证人出庭作证。在庭审中，应当按照《最高人民法院关于适用〈中华人民共和国民事诉讼法〉的解释》的规定，要求有关当事人和证人签署保证书，以保证当事人陈述和证人证言的真实性。未具名举债一方不能提供证据，但能够提供证据线索的，人民法院应当根据当事人的申请进行调查取证；对伪造、隐藏、毁灭证据的要依法予以惩处。未经审判程序，不得要求未举债的夫妻一方承担民事责任。

三、审查夫妻债务是否真实发生。 债权人主张夫妻一方所负债务为夫妻共同债务的，应当结合案件的具体情况，按照《最高人民法院关于审理民间借贷案件适用法律若干问题的规定》第十六条第二款、第十九条规定，结合当事人之间关系及其到庭情况、借贷金额、债权凭证、款项交付、当事人的经济能力、当地或者当事人之间的交易方式、交易习惯、当事人财产变动情况以及当事人陈述、证人证言等事实和因素，综合判断债务是否发生。防止违反法律和司法解释规定，仅凭借条、借据等债权凭证就认定存在债务的简单做法。

在当事人举证基础上，要注意依职权查明举债一方作出有悖常理的自认的真实性。对夫妻一方主动申请人民法院出具民事调解书的，应当结合案件基础事实重点审查调解协议是否损害夫妻另一方的合法权益。对人民调解协议司法确认案件，应当按照《最高人民法院关于适用〈中华人民共和国民事诉讼法〉的解释》要求，注重审查基础法律关系的真实性。

四、区分合法债务和非法债务，对非法债务不予保护。 在案件审理中，对夫妻一方在从事赌博、吸毒等违法犯罪活动中所负的债务，不予法律保护；对债权人知道或者应当知道夫妻一方举债用于赌博、吸毒等违法犯罪活动而向其出借款项，不予法律保护；对夫妻一方以个人名义举债后用于个人违法犯罪活动，举债人就该债务主张按夫妻共同债务处理的,不予支持。

五、把握不同阶段夫妻债务的认定标准。依照婚姻法第十七条、第十八条、第十九条和第四十一条有关夫妻共同财产制、分别财产制和债务偿还原则以及有关婚姻法司法解释的规定,正确处理夫妻一方以个人名义对外所负债务问题。

六、保护被执行夫妻双方基本生存权益不受影响。要树立生存权益高于债权的理念。对夫妻共同债务的执行涉及到夫妻双方的工资、住房等财产权益,甚至可能损害其基本生存权益的,应当保留夫妻双方及其所扶养家属的生活必需费用。执行夫妻名下住房时,应保障生活所必需的居住房屋,一般不得拍卖、变卖或抵债被执行人及其所扶养家属生活所必需的居住房屋。

七、制裁夫妻一方与第三人串通伪造债务的虚假诉讼。对实施虚假诉讼的当事人、委托诉讼代理人和证人等,要加强罚款、拘留等对妨碍民事诉讼的强制措施的适用。对实施虚假诉讼的委托诉讼代理人,除依法制裁外,还应向司法行政部门、律师协会或者行业协会发出司法建议。对涉嫌虚假诉讼等犯罪的,应依法将犯罪的线索、材料移送侦查机关。

以上通知,请遵照执行。执行中有何问题,请及时报告我院。

中华人民共和国反家庭暴力法

(2015 年 12 月 27 日第十二届全国人民代表大会常务委员会第十八次会议通过 2015 年 12 月 27 日中华人民共和国主席令第 37 号公布 自 2016 年 3 月 1 日起施行)

目　录

第一章　总　则

第一条　【立法目的】为了预防和制止家庭暴力,保护家庭成员的合法权益,维护平等、和睦、文明的家庭关系,促进家庭和谐、社会稳定,制定本法。

第二条　【家庭暴力的界定】本法所称家庭暴力,是指家庭成员之间以殴打、捆绑、残害、限制人身自由以及经常性谩骂、恐吓等方式实施的身体、精神等侵害行为。

第三条　【国家、社会、家庭的反家庭暴力责任】家庭成员之间应当互相帮助,互相关爱,和睦相处,履行家庭义务。

反家庭暴力是国家、社会和每个家庭的共同责任。

国家禁止任何形式的家庭暴力。

第四条　【相关部门和单位的反家庭暴力责任】县级以上人民政府负责妇女儿童工作的机构,负责组织、协调、指导、督促有关部门做好反家庭暴力工作。

县级以上人民政府有关部门、司法机关、人民团体、社会组织、居民委员会、村民委员会、企业事业单位,应当依照本法和有关法律规定,做好反家庭暴力工作。

各级人民政府应当对反家庭暴力工作给予必要的经费保障。

第五条　【反家庭暴力工作原则】反家庭暴力工作遵循预防为主,教育、矫治与惩处相结合原则。

反家庭暴力工作应当尊重受害人真实意愿,保护当事人隐私。

未成年人、老年人、残疾人、孕期和哺乳

期的妇女、重病患者遭受家庭暴力的,应当给予特殊保护。

第二章　家庭暴力的预防

第六条　【反家庭暴力宣传教育】国家开展家庭美德宣传教育,普及反家庭暴力知识,增强公民反家庭暴力意识。

工会、共产主义青年团、妇女联合会、残疾人联合会应当在各自工作范围内,组织开展家庭美德和反家庭暴力宣传教育。

广播、电视、报刊、网络等应当开展家庭美德和反家庭暴力宣传。

学校、幼儿园应当开展家庭美德和反家庭暴力教育。

第七条　【预防和制止家庭暴力业务培训】县级以上人民政府有关部门、司法机关、妇女联合会应当将预防和制止家庭暴力纳入业务培训和统计工作。

医疗机构应当做好家庭暴力受害人的诊疗记录。

第八条　【基层组织反家庭暴力职责】乡镇人民政府、街道办事处应当组织开展家庭暴力预防工作,居民委员会、村民委员会、社会工作服务机构应当予以配合协助。

第九条　【政府支持】各级人民政府应当支持社会工作服务机构等社会组织开展心理健康咨询、家庭关系指导、家庭暴力预防知识教育等服务。

第十条　【调解义务】人民调解组织应当依法调解家庭纠纷,预防和减少家庭暴力的发生。

第十一条　【用人单位职责】用人单位发现本单位人员有家庭暴力情况的,应当给予批评教育,并做好家庭矛盾的调解、化解工作。

第十二条　【监护人职责】未成年人的监护人应当以文明的方式进行家庭教育,依法履行监护和教育职责,不得实施家庭暴力。

第三章　家庭暴力的处置

第十三条　【救济途径】家庭暴力受害人及其法定代理人、近亲属可以向加害人或者受害人所在单位、居民委员会、村民委员会、妇女联合会等单位投诉、反映或者求助。有关单位接到家庭暴力投诉、反映或者求助后,应当给予帮助、处理。

家庭暴力受害人及其法定代理人、近亲属也可以向公安机关报案或者依法向人民法院起诉。

单位、个人发现正在发生的家庭暴力行为,有权及时劝阻。

第十四条　【强制报告制度】学校、幼儿园、医疗机构、居民委员会、村民委员会、社会工作服务机构、救助管理机构、福利机构及其工作人员在工作中发现无民事行为能力人、限制民事行为能力人遭受或者疑似遭受家庭暴力的,应当及时向公安机关报案。公安机关应当对报案人的信息予以保密。

第十五条　【紧急安置】公安机关接到家庭暴力报案后应当及时出警,制止家庭暴力,按照有关规定调查取证,协助受害人就医、鉴定伤情。

无民事行为能力人、限制民事行为能力人因家庭暴力身体受到严重伤害、面临人身安全威胁或者处于无人照料等危险状态的,公安机关应当通知并协助民政部门将其安置到临时庇护场所、救助管理机构或者福利机构。

第十六条　【告诫书的适用及内容】家庭暴力情节较轻,依法不给予治安管理处罚的,由公安机关对加害人给予批评教育或者出具告诫书。

告诫书应当包括加害人的身份信息、家庭暴力的事实陈述、禁止加害人实施家庭暴力等内容。

婚姻家庭、继承

第十七条 【告诫书送交、通知和监督】公安机关应当将告诫书送交加害人、受害人，并通知居民委员会、村民委员会。

居民委员会、村民委员会、公安派出所应当对收到告诫书的加害人、受害人进行查访，监督加害人不再实施家庭暴力。

第十八条 【临时庇护场所】县级或者设区的市级人民政府可以单独或者依托救助管理机构设立临时庇护场所，为家庭暴力受害人提供临时生活帮助。

第十九条 【法律援助】法律援助机构应当依法为家庭暴力受害人提供法律援助。

人民法院应当依法对家庭暴力受害人缓收、减收或者免收诉讼费用。

第二十条 【家庭暴力案件证据制度】人民法院审理涉及家庭暴力的案件，可以根据公安机关出警记录、告诫书、伤情鉴定意见等证据，认定家庭暴力事实。

第二十一条 【监护人资格的撤销】监护人实施家庭暴力严重侵害被监护人合法权益的，人民法院可以根据被监护人的近亲属、居民委员会、村民委员会、县级人民政府民政部门等有关人员或者单位的申请，依法撤销其监护人资格，另行指定监护人。

被撤销监护人资格的加害人，应当继续负担相应的赡养、扶养、抚养费用。

第二十二条 【当事人的法治教育及心理辅导】工会、共产主义青年团、妇女联合会、残疾人联合会、居民委员会、村民委员会等应当对实施家庭暴力的加害人进行法治教育，必要时可以对加害人、受害人进行心理辅导。

第四章 人身安全保护令

第二十三条 【人身安全保护令申请主体】当事人因遭受家庭暴力或者面临家庭暴力的现实危险，向人民法院申请人身安全保护令的，人民法院应当受理。

当事人是无民事行为能力人、限制民事行为能力人，或者因受到强制、威吓等原因无法申请人身安全保护令的，其近亲属、公安机关、妇女联合会、居民委员会、村民委员会、救助管理机构可以代为申请。

第二十四条 【申请人身安全保护令的方式】申请人身安全保护令应当以书面方式提出；书面申请确有困难的，可以口头申请，由人民法院记入笔录。

第二十五条 【人身安全保护令案件的管辖】人身安全保护令案件由申请人或者被申请人居住地、家庭暴力发生地的基层人民法院管辖。

第二十六条 【人身安全保护令的发出方式】人身安全保护令由人民法院以裁定形式作出。

第二十七条 【法院作出人身安全保护令的条件】作出人身安全保护令，应当具备下列条件：

（一）有明确的被申请人；

（二）有具体的请求；

（三）有遭受家庭暴力或者面临家庭暴力现实危险的情形。

第二十八条 【人身安全保护令的案件审理时限】人民法院受理申请后，应当在七十二小时内作出人身安全保护令或者驳回申请；情况紧急的，应当在二十四小时内作出。

第二十九条 【人身安全保护令的内容】人身安全保护令可以包括下列措施：

（一）禁止被申请人实施家庭暴力；

（二）禁止被申请人骚扰、跟踪、接触申请人及其相关近亲属；

（三）责令被申请人迁出申请人住所；

（四）保护申请人人身安全的其他措施。

第三十条 【人身安全保护令时效以及变更】人身安全保护令的有效期不超过六个月，自作出之日起生效。人身安全保护令失效前，人民法院可以根据申请人的申请撤销、变更或者延长。

第三十一条 【人身安全保护令救济程序】申请人对驳回申请不服或者被申请人对人身安全保护令不服的,可以自裁定生效之日起五日内向作出裁定的人民法院申请复议一次。人民法院依法作出人身安全保护令的,复议期间不停止人身安全保护令的执行。

第三十二条 【人身安全保护令送达及执行】人民法院作出人身安全保护令后,应当送达申请人、被申请人、公安机关以及居民委员会、村民委员会等有关组织。人身安全保护令由人民法院执行,公安机关以及居民委员会、村民委员会等应当协助执行。

第五章 法律责任

第三十三条 【家庭暴力的行政及刑事责任】加害人实施家庭暴力,构成违反治安管理行为的,依法给予治安管理处罚;构成犯罪的,依法追究刑事责任。

第三十四条 【违反人身安全保护令的责任】被申请人违反人身安全保护令,构成犯罪的,依法追究刑事责任;尚不构成犯罪的,人民法院应当给予训诫,可以根据情节轻重处以一千元以下罚款、十五日以下拘留。

第三十五条 【强制报告义务主体法律责任】学校、幼儿园、医疗机构、居民委员会、村民委员会、社会工作服务机构、救助管理机构、福利机构及其工作人员未依照本法第十四条规定向公安机关报案,造成严重后果的,由上级主管部门或者本单位对直接负责的主管人员和其他直接责任人员依法给予处分。

第三十六条 【相关国家工作人员法律责任】负有反家庭暴力职责的国家工作人员玩忽职守、滥用职权、徇私舞弊的,依法给予处分;构成犯罪的,依法追究刑事责任。

第六章 附 则

第三十七条 【准家庭关系暴力行为的处理】家庭成员以外共同生活的人之间实施的暴力行为,参照本法规定执行。

第三十八条 【实施日期】本法自 2016 年 3 月 1 日起施行。

最高人民法院关于办理人身安全保护令案件适用法律若干问题的规定

(2022 年 6 月 7 日最高人民法院审判委员会第 1870 次会议通过 2022 年 7 月 14 日最高人民法院公告公布 自 2022 年 8 月 1 日起施行 法释〔2022〕17 号)

为正确办理人身安全保护令案件,及时保护家庭暴力受害人的合法权益,根据《中华人民共和国民法典》《中华人民共和国反家庭暴力法》《中华人民共和国民事诉讼法》等相关法律规定,结合审判实践,制定本规定。

第一条 当事人因遭受家庭暴力或者面临家庭暴力的现实危险,依照反家庭暴力法向人民法院申请人身安全保护令的,人民法院应当受理。

向人民法院申请人身安全保护令,不以提起离婚等民事诉讼为条件。

第二条 当事人因年老、残疾、重病等原因无法申请人身安全保护令,其近亲属、公安机关、民政部门、妇女联合会、居民委员会、村民委员会、残疾人联合会、依法设立的老年人组织、救助管理机构等,根据当事人意愿,依照反家庭暴力法第二十三条规定代为申请的,人民法院应当依法受理。

第三条 家庭成员之间以冻饿或者经常

性侮辱、诽谤、威胁、跟踪、骚扰等方式实施的身体或者精神侵害行为,应当认定为反家庭暴力法第二条规定的"家庭暴力"。

第四条 反家庭暴力法第三十七条规定的"家庭成员以外共同生活的人"一般包括共同生活的儿媳、女婿、公婆、岳父母以及其他有监护、扶养、寄养等关系的人。

第五条 当事人及其代理人对因客观原因不能自行收集的证据,申请人民法院调查收集,符合《最高人民法院关于适用〈中华人民共和国民事诉讼法〉的解释》第九十四条第一款规定情形的,人民法院应当调查收集。

人民法院经审查,认为办理案件需要的证据符合《最高人民法院关于适用〈中华人民共和国民事诉讼法〉的解释》第九十六条规定的,应当调查收集。

第六条 人身安全保护令案件中,人民法院根据相关证据,认为申请人遭受家庭暴力或者面临家庭暴力现实危险的事实存在较大可能性的,可以依法作出人身安全保护令。

前款所称"相关证据"包括:

(一)当事人的陈述;

(二)公安机关出具的家庭暴力告诫书、行政处罚决定书;

(三)公安机关的出警记录、讯问笔录、询问笔录、接警记录、报警回执等;

(四)被申请人曾出具的悔过书或者保证书等;

(五)记录家庭暴力发生或者解决过程等的视听资料;

(六)被申请人与申请人或者其近亲属之间的电话录音、短信、即时通讯信息、电子邮件等;

(七)医疗机构的诊疗记录;

(八)申请人或者被申请人所在单位、民政部门、居民委员会、村民委员会、妇女联合会、残疾人联合会、未成年人保护组织、依法设立的老年人组织、救助管理机构、反家暴社会公益机构等单位收到投诉、反映或者求助的记录;

(九)未成年子女提供的与其年龄、智力相适应的证言或者亲友、邻居等其他证人证言;

(十)伤情鉴定意见;

(十一)其他能够证明申请人遭受家庭暴力或者面临家庭暴力现实危险的证据。

第七条 人民法院可以通过在线诉讼平台、电话、短信、即时通讯工具、电子邮件等简便方式询问被申请人。被申请人未发表意见的,不影响人民法院依法作出人身安全保护令。

第八条 被申请人认可存在家庭暴力行为,但辩称申请人有过错的,不影响人民法院依法作出人身安全保护令。

第九条 离婚等案件中,当事人仅以人民法院曾作出人身安全保护令为由,主张存在家庭暴力事实的,人民法院应当根据《最高人民法院关于适用〈中华人民共和国民事诉讼法〉的解释》第一百零八条的规定,综合认定是否存在该事实。

第十条 反家庭暴力法第二十九条第四项规定的"保护申请人人身安全的其他措施"可以包括下列措施:

(一)禁止被申请人以电话、短信、即时通讯工具、电子邮件等方式侮辱、诽谤、威胁申请人及其相关近亲属;

(二)禁止被申请人在申请人及其相关近亲属的住所、学校、工作单位等经常出入场所的一定范围内从事可能影响申请人及其相关近亲属正常生活、学习、工作的活动。

第十一条 离婚案件中,判决不准离婚或者调解和好后,被申请人违反人身安全保护令实施家庭暴力的,可以认定为民事诉讼法第一百二十七条第七项规定的"新情况、新理由"。

第十二条 被申请人违反人身安全保护

令,符合《中华人民共和国刑法》第三百一十三条规定的,以拒不执行判决、裁定罪定罪处罚;同时构成其他犯罪的,依照刑法有关规定处理。

第十三条 本规定自 2022 年 8 月 1 日起施行。

最高人民法院关于人身安全保护令案件相关程序问题的批复

(2016 年 6 月 6 日最高人民法院审判委员会第 1686 次会议通过 2016 年 7 月 11 日最高人民法院公告公布 自 2016 年 7 月 13 日起施行 法释〔2016〕15 号)

北京市高级人民法院:

你院《关于人身安全保护令案件相关程序问题的请示》(京高法〔2016〕45 号)收悉。经研究,批复如下:

一、关于人身安全保护令案件是否收取诉讼费的问题。同意你院倾向性意见,即向人民法院申请人身安全保护令,不收取诉讼费用。

二、关于申请人身安全保护令是否需要提供担保的问题。同意你院倾向性意见,即根据《中华人民共和国反家庭暴力法》请求人民法院作出人身安全保护令的,申请人不需要提供担保。

三、关于人身安全保护令案件适用程序等问题。人身安全保护令案件适用何种程序,反家庭暴力法中没有作出直接规定。人民法院可以比照特别程序进行审理。家事纠纷案件中的当事人向人民法院申请人身安全保护令的,由审理该案的审判组织作出是否发出人身安全保护令的裁定;如果人身安全保护令的申请人在接受其申请的人民法院并无正在进行的家事案件诉讼,由法官以独任

审理的方式审理。至于是否需要就发出人身安全保护令问题听取被申请人的意见,则由承办法官视案件的具体情况决定。

四、关于复议问题。对于人身安全保护令的被申请人提出的复议申请和人身安全保护令的申请人就驳回裁定提出的复议申请,可以由原审判组织进行复议;人民法院认为必要的,也可以另行指定审判组织进行复议。

此复。

最高人民法院、最高人民检察院、公安部、司法部关于依法办理家庭暴力犯罪案件的意见

(2015 年 3 月 2 日 法发〔2015〕4 号)

发生在家庭成员之间,以及具有监护、扶养、寄养、同居等关系的共同生活人员之间的家庭暴力犯罪,严重侵害公民人身权利,破坏家庭关系,影响社会和谐稳定。人民法院、人民检察院、公安机关、司法行政机关应当严格履行职责,充分运用法律,积极预防和有效惩治各种家庭暴力犯罪,切实保障人权,维护社会秩序。为此,根据刑法、刑事诉讼法、婚姻法、未成年人保护法、老年人权益保障法、妇女权益保障法等法律,结合司法实践经验,制定本意见。

一、基本原则

1. 依法及时、有效干预。针对家庭暴力持续反复发生,不断恶化升级的特点,人民法院、人民检察院、公安机关、司法行政机关对已发现的家庭暴力,应当依法采取及时、有效的措施,进行妥善处理,不能以家庭暴力发生在家庭成员之间,或者属于家务事为由而置之不理,互相推诿。

2. 保护被害人安全和隐私。办理家庭暴力犯罪案件,应当首先保护被害人的安全。

通过对被害人进行紧急救治、临时安置，以及对施暴人采取刑事强制措施、判处刑罚、宣告禁止令等措施，制止家庭暴力并防止再次发生，消除家庭暴力的现实侵害和潜在危险。对与案件有关的个人隐私，应当保密，但法律有特别规定的除外。

3. 尊重被害人意愿。办理家庭暴力犯罪案件，既要严格依法进行，也要尊重被害人的意愿。在立案、采取刑事强制措施、提起公诉、判处刑罚、减刑、假释时，应当充分听取被害人意见，在法律规定的范围内作出合情、合理的处理。对法律规定可以调解、和解的案件，应当在当事人双方自愿的基础上进行调解、和解。

4. 对未成年人、老年人、残疾人、孕妇、哺乳期妇女、重病患者特殊保护。办理家庭暴力犯罪案件，应当根据法律规定和案件情况，通过代为告诉、法律援助等措施，加大对未成年人、老年人、残疾人、孕妇、哺乳期妇女、重病患者的司法保护力度，切实保障他们的合法权益。

二、案件受理

5. 积极报案、控告和举报。依照刑事诉讼法第一百零八条第一款"任何单位和个人发现有犯罪事实或者犯罪嫌疑人，有权利也有义务向公安机关、人民检察院或者人民法院报案或者举报"的规定，家庭暴力被害人及其亲属、朋友、邻居、同事，以及村（居）委会、人民调解委员会、妇联、共青团、残联、医院、学校、幼儿园等单位、组织，发现家庭暴力，有权利也有义务及时向公安机关、人民检察院、人民法院报案、控告或者举报。

公安机关、人民检察院、人民法院对于报案人、控告人和举报人不愿意公开自己的姓名和报案、控告、举报行为的，应当为其保守秘密，保护报案人、控告人和举报人的安全。

6. 迅速审查、立案和转处。公安机关、人民检察院、人民法院接到家庭暴力的报案、控告或者举报后，应当立即问明案件的初步情况，制作笔录，迅速进行审查，按照刑事诉讼法关于立案的规定，根据自己的管辖范围，决定是否立案。对于符合立案条件的，要及时立案。对于可能构成犯罪但不属于自己管辖的，应当移送主管机关处理，并且通知报案人、控告人或者举报人；对于不属于自己管辖而又必须采取紧急措施的，应当先采取紧急措施，然后移送主管机关。

经审查，对于家庭暴力行为尚未构成犯罪，但属于违反治安管理行为的，应当将案件移送公安机关，依照治安管理处罚法的规定进行处理，同时告知被害人可以向人民调解委员会提出申请，或者向人民法院提起民事诉讼，要求施暴人承担停止侵害、赔礼道歉、赔偿损失等民事责任。

7. 注意发现犯罪案件。公安机关在处理人身伤害、虐待、遗弃等行政案件过程中，人民法院在审理婚姻家庭、继承、侵权责任纠纷等民事案件过程中，应当注意发现可能涉及的家庭暴力犯罪。一旦发现家庭暴力犯罪线索，公安机关应当将案件转为刑事案件办理，人民法院应当将案件移送公安机关；属于自诉案件的，公安机关、人民法院应当告知被害人提起自诉。

8. 尊重被害人的程序选择权。对于被害人有证据证明的轻微家庭暴力犯罪案件，在立案审查时，应当尊重被害人选择公诉或者自诉的权利。被害人要求公安机关处理的，公安机关应当依法立案、侦查。在侦查过程中，被害人不再要求公安机关处理或者要求转为自诉案件的，应当告知被害人向公安机关提交书面申请。经审查确系被害人自愿提出的，公安机关应当依法撤销案件。被害人就这类案件向人民法院提起自诉的，人民法院应当依法受理。

9. 通过代为告诉充分保障被害人自诉权。对于家庭暴力犯罪自诉案件，被害人无法告诉或者不能亲自告诉的,其法定代理人、近亲属可以告诉或者代为告诉;被害人是无行为能力人、限制行为能力人,其法定代理人、近亲属没有告诉或者代为告诉的,人民检察院可以告诉;侮辱、暴力干涉婚姻自由等告诉才处理的案件,被害人因受强制、威吓无法告诉的,人民检察院也可以告诉。人民法院对告诉或者代为告诉的,应当依法受理。

10.切实加强立案监督。人民检察院要切实加强对家庭暴力犯罪案件的立案监督,发现公安机关应当立案而不立案的,或者被害人及其法定代理人、近亲属,有关单位、组织就公安机关不予立案向人民检察院提出异议的,人民检察院应当要求公安机关说明不立案的理由。人民检察院认为不立案理由不成立的,应当通知公安机关立案,公安机关接到通知后应当立案;认为不立案理由成立的,应当将理由告知提出异议的被害人及其法定代理人、近亲属或者有关单位、组织。

11.及时、全面收集证据。公安机关在办理家庭暴力案件时,要充分、全面地收集、固定证据,除了收集现场的物证、被害人陈述、证人证言等证据外,还应当注意及时向村(居)委会、人民调解委员会、妇联、共青团、残联、医院、学校、幼儿园等单位、组织的工作人员,以及被害人的亲属、邻居等收集涉及家庭暴力的处理记录、病历、照片、视频等证据。

12.妥善救治、安置被害人。人民法院、人民检察院、公安机关等负有保护公民人身安全职责的单位和组织,对因家庭暴力受到严重伤害需要紧急救治的被害人,应当立即协助联系医疗机构救治;对面临家庭暴力严重威胁,或者处于无人照料等危险状态,需要临时安置的被害人或者相关未成年人,应当通知并协助有关部门进行安置。

13.依法采取强制措施。人民法院、人民检察院、公安机关对实施家庭暴力的犯罪嫌疑人、被告人,符合拘留、逮捕条件的,可以依

法拘留、逮捕;没有采取拘留、逮捕措施的,应当通过走访、打电话等方式与被害人或者其法定代理人、近亲属联系,了解被害人的人身安全状况。对于犯罪嫌疑人、被告人再次实施家庭暴力的,应当根据情况,依法采取必要的强制措施。

人民法院、人民检察院、公安机关决定对实施家庭暴力的犯罪嫌疑人、被告人取保候审的,为了确保被害人及其子女和特定亲属的安全,可以依照刑事诉讼法第六十九条第二款的规定,责令犯罪嫌疑人、被告人不得再次实施家庭暴力;不得侵扰被害人的生活、工作、学习;不得进行酗酒、赌博等活动;经被害人申请且有必要的,责令不得接近被害人及其未成年子女。

14.加强自诉案件举证指导。家庭暴力犯罪案件具有案发周期较长、证据难以保存、被害人处于相对弱势、举证能力有限,相关事实难以认定等特点。有些特点在自诉案件中表现得更为突出。因此,人民法院在审理家庭暴力自诉案件时,对于因当事人举证能力不足等原因,难以达到法律规定的证据要求的,应当及时对当事人进行举证指导,告知需要收集的证据及收集证据的方法。对于因客观原因不能取得的证据,当事人申请人民法院调取的,人民法院应当认真审查,认为确有必要的,应当调取。

15.加大对被害人的法律援助力度。人民检察院自收到移送审查起诉的案件材料之日起三日内,人民法院自受理案件之日起三日内,应当告知被害人及其法定代理人或者近亲属有权委托诉讼代理人,如果经济困难,可以向法律援助机构申请法律援助;对于被害人是未成年人、老年人、重病患者或者残疾人等,因经济困难没有委托诉讼代理人的,人民检察院、人民法院应当帮助其申请法律援助。

法律援助机构应当依法为符合条件的被

害人提供法律援助,指派熟悉反家庭暴力法律法规的律师办理案件。

三、定罪处罚

16. **依法准确定罪处罚。** 对故意杀人、故意伤害、强奸、猥亵儿童、非法拘禁、侮辱、暴力干涉婚姻自由、虐待、遗弃等侵害公民人身权利的家庭暴力犯罪,应当根据犯罪的事实、犯罪的性质、情节和对社会的危害程度,严格依照刑法的有关规定判处。对于同一行为同时触犯多个罪名的,依照处罚较重的规定定罪处罚。

17. **依法惩处虐待犯罪。** 采取殴打、冻饿、强迫过度劳动、限制人身自由、恐吓、侮辱、谩骂等手段,对家庭成员的身体和精神进行摧残、折磨,是实践中较为多发的虐待性质的家庭暴力。根据司法实践,具有虐待持续时间较长、次数较多;虐待手段残忍;虐待造成被害人轻微伤或者患较严重疾病;对未成年人、老年人、残疾人、孕妇、哺乳期妇女、重病患者实施较为严重的虐待行为等情形,属于刑法第二百六十条第一款规定的虐待"情节恶劣",应当依法以虐待罪定罪处罚。

准确区分虐待犯罪致人重伤、死亡与故意伤害、故意杀人犯罪致人重伤、死亡的界限,要根据被告人的主观故意、所实施的暴力手段与方式、是否立即或者直接造成被害人伤亡后果等进行综合判断。对于被告人主观上不具有侵害被害人健康或者剥夺被害人生命的故意,而是出于追求被害人肉体和精神上的痛苦,长期或者多次实施虐待行为,逐渐造成被害人身体损害,过失导致被害人重伤或者死亡的;或者因虐待致使被害人不堪忍受而自残、自杀,导致重伤或者死亡的,属于刑法第二百六十条第二款规定的虐待"致使被害人重伤、死亡",应当以虐待罪定罪处罚。对于被告人虽然实施家庭暴力呈现出经常性、持续性、反复性的特点,但其主观上具有希望或者放任被害人重伤或者死亡的故意,

持凶器实施暴力,暴力手段残忍,暴力程度较强,直接或者立即造成被害人重伤或者死亡的,应当以故意伤害罪或者故意杀人罪定罪处罚。

依法惩处遗弃犯罪。 负有扶养义务且有扶养能力的人,拒绝扶养年幼、年老、患病或者其他没有独立生活能力的家庭成员,是危害严重的遗弃性质的家庭暴力。根据司法实践,具有对被害人长期不予照顾、不提供生活来源;驱赶、逼迫被害人离家,致使被害人流离失所或者生存困难;遗弃患严重疾病或者生活不能自理的被害人;遗弃致使被害人身体严重损害或者造成其他严重后果等情形,属于刑法第二百六十一条规定的遗弃"情节恶劣",应当依法以遗弃罪定罪处罚。

准确区分遗弃罪与故意杀人罪的界限,要根据被告人的主观故意、所实施行为的时间与地点、是否立即造成被害人死亡,以及被害人对被告人的依赖程度等进行综合判断。对于只是为了逃避扶养义务,并不希望或者放任被害人死亡,将生活不能自理的被害人弃置在福利院、医院、派出所等单位或者广场、车站等行人较多的场所,希望被害人得到他人救助的,一般以遗弃罪定罪处罚。对于希望或者放任被害人死亡,不履行必要的扶养义务,致使被害人因缺乏生活照料而死亡,或者将生活不能自理的被害人带至荒山野岭等人迹罕至的场所扔弃,使被害人难以得到他人救助的,应当以故意杀人罪定罪处罚。

18. **切实贯彻宽严相济刑事政策。** 对于实施家庭暴力构成犯罪的,应当根据罪刑法定、罪刑相适应原则,兼顾维护家庭稳定、尊重被害人意愿等因素综合考虑,宽严并用,区别对待。根据司法实践,对于实施家庭暴力手段残忍或者造成严重后果;出于恶意侵占财产等卑劣动机实施家庭暴力;因酗酒、吸毒、赌博等恶习而长期或者多次实施家庭暴力;曾因实施家庭暴力受到刑事处罚、行政处

罚;或者具有其他恶劣情形的,可以酌情从重处罚。对于实施家庭暴力犯罪情节较轻,或者被告人真诚悔罪,获得被害人谅解,从轻处罚有利于被扶养人的,可以酌情从轻处罚;对于情节轻微不需要判处刑罚的,人民检察院可以不起诉,人民法院可以判处免予刑事处罚。

对于实施家庭暴力情节显著轻微危害不大不构成犯罪的,应当撤销案件、不起诉,或者宣告无罪。

人民法院、人民检察院、公安机关应当充分运用训诫,责令施暴人保证不再实施家庭暴力,或者向被害人赔礼道歉、赔偿损失等非刑罚处罚措施,加强对施暴人的教育与惩戒。

19. 准确认定对家庭暴力的正当防卫。为了使本人或者他人的人身权利免受不法侵害,对正在进行的家庭暴力采取制止行为,只要符合刑法规定的条件,就应当依法认定为正当防卫,不负刑事责任。防卫行为造成施暴人重伤、死亡,且明显超过必要限度,属于防卫过当,应当负刑事责任,但是应当减轻或者免除处罚。

认定防卫行为是否"明显超过必要限度",应当以足以制止并使防卫人免受家庭暴力不法侵害的需要为标准,根据施暴人正在实施家庭暴力的严重程度、手段的残忍程度、防卫人所处的环境、面临的危险程度、采取的制止暴力的手段、造成施暴人重大损害的程度,以及既往家庭暴力的严重程度等进行综合判断。

20. 充分考虑案件中的防卫因素和过错责任。对于长期遭受家庭暴力后,在激愤、恐惧状态下为了防止再次遭受家庭暴力,或者为了摆脱家庭暴力而故意杀害、伤害施暴人,被告人的行为具有防卫因素,施暴人在案件起因上具有明显过错或者直接责任的,可以酌情从宽处罚。对于因遭受严重家庭暴力,身体、精神受到重大损害而故意杀害施暴人;

或者因不堪忍受长期家庭暴力而故意杀害施暴人,犯罪情节不是特别恶劣,手段不是特别残忍的,可以认定为刑法第二百三十二条规定的故意杀人"情节较轻"。在服刑期间确有悔改表现的,可以根据其家庭情况,依法放宽减刑的幅度,缩短减刑的起始时间与间隔时间;符合假释条件的,应当假释。被杀害施暴人的近亲属表示谅解的,在量刑、减刑、假释时应当予以充分考虑。

四、其他措施

21. 充分运用禁止令措施。人民法院对实施家庭暴力构成犯罪被判处管制或者宣告缓刑的犯罪分子,为了确保被害人及其子女和特定亲属的人身安全,可以依照刑法第三十八条第二款、第七十二条第二款的规定,同时禁止犯罪分子再次实施家庭暴力,侵扰被害人的生活、工作、学习,进行酗酒、赌博等活动;经被害人申请且有必要的,禁止接近被害人及其未成年子女。

22. 告知申请撤销施暴人的监护资格。人民法院、人民检察院、公安机关对于监护人实施家庭暴力,严重侵害被监护人合法权益的,在必要时可以告知被监护人及其他有监护资格的人员、单位,向人民法院提出申请,要求撤销监护人资格,依法另行指定监护人。

23. 充分运用人身安全保护措施。人民法院为了保护被害人的人身安全,避免其再次受到家庭暴力的侵害,可以根据申请,依照民事诉讼法等法律的相关规定,作出禁止施暴人再次实施家庭暴力、禁止接近被害人、迁出被害人的住所等内容的裁定。对于施暴人违反裁定的行为,如对被害人进行威胁、恐吓、殴打、伤害、杀害,或者未经被害人同意拒不迁出住所的,人民法院可以根据情节轻重予以罚款、拘留;构成犯罪的,应当依法追究刑事责任。

24. 充分运用社区矫正措施。社区矫正机构对因实施家庭暴力构成犯罪被判处管

婚姻家庭、继承

制、宣告缓刑、假释或者暂予监外执行的犯罪分子,应当依法开展家庭暴力行为矫治,通过制定有针对性的监管、教育和帮助措施,矫正犯罪分子的施暴心理和行为恶习。

25. 加强反家庭暴力宣传教育。人民法院、人民检察院、公安机关、司法行政机关应当结合本部门工作职责,通过以案说法、社区普法、针对重点对象法制教育等多种形式,开展反家庭暴力宣传教育活动,有效预防家庭暴力,促进平等、和睦、文明的家庭关系,维护社会和谐、稳定。

最高人民法院、最高人民检察院、公安部、民政部关于依法处理监护人侵害未成年人权益行为若干问题的意见

(2014 年 12 月 18 日　法发〔2014〕24 号)

为切实维护未成年人合法权益,加强未成年人行政保护和司法保护工作,确保未成年人得到妥善监护照料,根据民法通则、民事诉讼法、未成年人保护法等法律规定,现就处理监护人侵害未成年人权益行为(以下简称监护侵害行为)的有关工作制定本意见。

一、一般规定

1. 本意见所称监护侵害行为,是指父母或者其他监护人(以下简称监护人)性侵害、出卖、遗弃、虐待、暴力伤害未成年人,教唆、利用未成年人实施违法犯罪行为,胁迫、诱骗、利用未成年人乞讨,以及不履行监护职责严重危害未成年人身心健康等行为。

2. 处理监护侵害行为,应当遵循未成年人最大利益原则,充分考虑未成年人身心特点和人格尊严,给予未成年人特殊、优先保护。

3. 对于监护侵害行为,任何组织和个人都有权劝阻、制止或者举报。

公安机关应当采取措施,及时制止在工作中发现以及单位、个人举报的监护侵害行为,情况紧急时将未成年人带离监护人。

民政部门应当设立未成年人救助保护机构(包括救助管理站、未成年人救助保护中心),对因受到监护侵害进入机构的未成年人承担临时监护责任,必要时向人民法院申请撤销监护人资格。

人民法院应当依法受理人身安全保护裁定申请和撤销监护人资格案件并作出裁判。

人民检察院对公安机关、人民法院处理监护侵害行为的工作依法实行法律监督。

人民法院、人民检察院、公安机关设有办理未成年人案件专门工作机构的,应当优先由专门工作机构办理监护侵害案件。

4. 人民法院、人民检察院、公安机关、民政部门应当充分履行职责,加强指导和培训,提高保护未成年人的能力和水平;加强沟通协作,建立信息共享机制,实现未成年人行政保护和司法保护的有效衔接。

5. 人民法院、人民检察院、公安机关、民政部门应当加强与妇儿工委、教育部门、卫生部门、共青团、妇联、关工委、未成年人住所地村(居)民委员会等的联系和协作,积极引导、鼓励、支持法律服务机构、社会工作服务机构、公益慈善组织和志愿者等社会力量,共同做好受监护侵害的未成年人的保护工作。

二、报告和处置

6. 学校、医院、村(居)民委员会、社会工作服务机构等单位及其工作人员,发现未成年人受到监护侵害的,应当及时向公安机关报案或者举报。

其他单位及其工作人员、个人发现未成年人受到监护侵害的,也应当及时向公安机关报案或者举报。

7. 公安机关接到涉及监护侵害行为的报案、举报后,应当立即出警处置,制止正在

发生的侵害行为并迅速进行调查。符合刑事立案条件的,应当立即立案侦查。

8. 公安机关在办理监护侵害案件时,应当依照法定程序,及时、全面收集固定证据,保证办案质量。

询问未成年人,应当考虑未成年人的身心特点,采取和缓的方式进行,防止造成进一步伤害。

未成年人有其他监护人的,应当通知其他监护人到场。其他监护人无法通知或者未能到场的,可以通知未成年人的其他成年亲属、所在学校、村(居)民委员会、未成年人保护组织的代表以及专业社会工作者等到场。

9. 监护人的监护侵害行为构成违反治安管理行为的,公安机关应当依法给予治安管理处罚,但情节特别轻微不予治安管理处罚的,应当给予批评教育并通报当地村(居)民委员会;构成犯罪的,依法追究刑事责任。

10. 对于疑似患有精神障碍的监护人,已实施危害未成年人安全的行为或者有危害未成年人安全危险的,其近亲属、所在单位、当地公安机关应当立即采取措施予以制止,并将其送往医疗机构进行精神障碍诊断。

11. 公安机关在出警过程中,发现未成年人身体受到严重伤害、面临严重人身安全威胁或者处于无人照料等危险状态的,应当将其带离实施监护侵害行为的监护人,就近送至其他监护人、亲属、村(居)民委员会或者未成年人救助保护机构,并办理书面交接手续。未成年人有表达能力的,应当就护送地点征求未成年人意见。

负责接收未成年人的单位和人员(以下简称临时照料人)应当对未成年人予以临时紧急庇护和短期生活照料,保护未成年人的人身安全,不得侵害未成年人合法权益。

公安机关应当书面告知临时照料人有权依法向人民法院申请人身安全保护裁定和撤销监护人资格。

12. 对身体受到严重伤害需要医疗的未成年人,公安机关应当先行送医救治,同时通知其他有监护资格的亲属照料,或者通知当地未成年人救助保护机构开展后续救助工作。

监护人应当依法承担医疗救治费用。其他亲属和未成年人救助保护机构等垫付医疗救治费用的,有权向监护人追偿。

13. 公安机关将受监护侵害的未成年人护送至未成年人救助保护机构的,应当在五个工作日内提供案件侦办查处情况说明。

14. 监护侵害行为可能构成虐待罪的,公安机关应当告知未成年人及其近亲属有权告诉或者代为告诉,并通报所在地同级人民检察院。

未成年人及其近亲属没有告诉的,由人民检察院起诉。

三、临时安置和人身安全保护裁定

15. 未成年人救助保护机构应当接收公安机关护送来的受监护侵害的未成年人,履行临时监护责任。

未成年人救助保护机构履行临时监护责任一般不超过一年。

16. 未成年人救助保护机构可以采取家庭寄养、自愿助养、机构代养或者委托政府指定的寄宿学校安置等方式,对未成年人进行临时照料,并为未成年人提供心理疏导、情感抚慰等服务。

未成年人因临时监护需要转学、异地入学接受义务教育的,教育行政部门应当予以保障。

17. 未成年人的其他监护人、近亲属要求照料未成年人的,经公安机关或者村(居)民委员会确认其身份后,未成年人救助保护机构可以将未成年人交由其照料,终止临时监护。

关系密切的其他亲属、朋友要求照料未成年人的,经未成年人父、母所在单位或者村

(居)民委员会同意,未成年人救助保护机构可以将未成年人交由其照料,终止临时监护。

未成年人救助保护机构将未成年人送交亲友临时照料的,应当办理书面交接手续,并书面告知临时照料人有权依法向人民法院申请人身安全保护裁定和撤销监护人资格。

18. 未成年人救助保护机构可以组织社会工作服务机构等社会力量,对监护人开展监护指导、心理疏导等教育辅导工作,并对未成年人的家庭基本情况、监护情况、监护人悔过情况、未成年人身心健康状况以及未成年人意愿等进行调查评估。监护人接受教育辅导及后续表现情况应当作为调查评估报告的重要内容。

有关单位和个人应当配合调查评估工作的开展。

19. 未成年人救助保护机构应当与公安机关、村(居)民委员会、学校以及未成年人亲属等进行会商,根据案件侦办查处情况说明、调查评估报告和监护人接受教育辅导等情况,并征求有表达能力的未成年人意见,形成会商结论。

经会商认为本意见第 11 条第 1 款规定的危险状态已消除,监护人能够正确履行监护职责的,未成年人救助保护机构应当及时通知监护人领回未成年人。监护人应当在三日内领回未成年人并办理书面交接手续。会商形成结论前,未成年人救助保护机构不得将未成年人交由监护人领回。

经会商认为监护侵害行为属于本意见第 35 条规定情形的,未成年人救助保护机构应当向人民法院申请撤销监护人资格。

20. 未成年人救助保护机构通知监护人领回未成年人的,应当将相关情况通报未成年人所在学校、辖区公安派出所、村(居)民委员会,并告知其对通报内容负有保密义务。

21. 监护人领回未成年人的,未成年人救助保护机构应当指导村(居)民委员会对监护人的监护情况进行随访,开展教育辅导工作。

未成年人救助保护机构也可以组织社会工作服务机构等社会力量,开展前款工作。

22. 未成年人救助保护机构或者其他临时照料人可以根据需要,在诉讼前向未成年人住所地、监护人住所地或者侵害行为地人民法院申请人身安全保护裁定。

未成年人救助保护机构或者其他临时照料人也可以在诉讼中向人民法院申请人身安全保护裁定。

23. 人民法院接受人身安全保护裁定申请后,应当按照民事诉讼法第一百条、第一百零一条、第一百零二条的规定作出裁定。经审查认为存在侵害未成年人人身安全危险的,应当作出人身安全保护裁定。

人民法院接受诉讼前人身安全保护裁定申请后,应当在四十八小时内作出裁定。接受诉讼中人身安全保护裁定申请,情况紧急的,也应当在四十八小时内作出裁定。人身安全保护裁定应当立即执行。

24. 人身安全保护裁定可以包括下列内容中的一项或者多项:

(一)禁止被申请人暴力伤害、威胁未成年人及其临时照料人;

(二)禁止被申请人跟踪、骚扰、接触未成年人及其临时照料人;

(三)责令被申请人迁出未成年人住所;

(四)保护未成年人及其临时照料人人身安全的其他措施。

25. 被申请人拒不履行人身安全保护裁定,危及未成年人及其临时照料人人身安全或者扰乱未成年人救助保护机构工作秩序的,未成年人、未成年人救助保护机构或者其他临时照料人有权向公安机关报告,由公安机关依法处理。

被申请人有其他拒不履行人身安全保护裁定行为的,未成年人、未成年人救助保护机构或者其他临时照料人有权向人民法院报告,人民法院根据民事诉讼法第一百一十一条、第一百一十五条、第一百一十六条的规定,视情节轻重处以罚款、拘留;构成犯罪的,依法追究刑事责任。

26. 当事人对人身安全保护裁定不服的,可以申请复议一次。复议期间不停止裁定的执行。

四、申请撤销监护人资格诉讼

27. 下列单位和人员(以下简称有关单位和人员)有权向人民法院申请撤销监护人资格:

(一)未成年人的其他监护人,祖父母、外祖父母、兄、姐,关系密切的其他亲属、朋友;

(二)未成年人住所地的村(居)民委员会,未成年人父、母所在单位;

(三)民政部门及其设立的未成年人救助保护机构;

(四)共青团、妇联、关工委、学校等团体和单位。

申请撤销监护人资格,一般由前款中负责临时照料未成年人的单位和人员提出,也可以由前款中其他单位和人员提出。

28. 有关单位和人员向人民法院申请撤销监护人资格的,应当提交相关证据。

有包含未成年人基本情况、监护存在问题、监护人悔过情况、监护人接受教育辅导情况、未成年人身心健康状况以及未成年人意愿等内容的调查评估报告的,应当一并提交。

29. 有关单位和人员向公安机关、人民检察院申请出具相关案件证明材料的,公安机关、人民检察院应当提供证明案件事实的基本材料或者书面说明。

30. 监护人因监护侵害行为被提起公诉的案件,人民检察院应当书面告知未成年人及其临时照料人有权依法申请撤销监护人资格。

对于监护侵害行为符合本意见第35条规定情形而相关单位和人员没有提起诉讼

的,人民检察院应当书面建议当地民政部门或者未成年人救助保护机构向人民法院申请撤销监护人资格。

31. 申请撤销监护人资格案件,由未成年人住所地、监护人住所地或者侵害行为地基层人民法院管辖。

人民法院受理撤销监护人资格案件,不收取诉讼费用。

五、撤销监护人资格案件审理和判后安置

32. 人民法院审理撤销监护人资格案件,比照民事诉讼法规定的特别程序进行,在一个月内审理结束。有特殊情况需要延长的,由本院院长批准。

33. 人民法院应当全面审查调查评估报告等证据材料,听取被申请人、有表达能力的未成年人以及村(居)民委员会、学校、邻居等的意见。

34. 人民法院根据案件需要可以聘请适当的社会人士对未成年人进行社会观护,并可以引入心理疏导和测评机制,组织专业社会工作者、儿童心理问题专家等专业人员参与诉讼,为未成年人和被申请人提供心理辅导和测评服务。

35. 被申请人有下列情形之一的,人民法院可以判决撤销其监护人资格:

(一)性侵害、出卖、遗弃、虐待、暴力伤害未成年人,严重损害未成年人身心健康的;

(二)将未成年人置于无人监管和照看的状态,导致未成年人面临死亡或者严重伤害危险,经教育不改的;

(三)拒不履行监护职责长达六个月以上,导致未成年人流离失所或者生活无着的;

(四)有吸毒、赌博、长期酗酒等恶习无法正确履行监护职责或者因服刑等原因无法履行监护职责,且拒绝将监护职责部分或者全部委托给他人,致使未成年人处于困境或者危险状态的;

（五）胁迫、诱骗、利用未成年人乞讨，经公安机关和未成年人救助保护机构等部门三次以上批评教育拒不改正，严重影响未成年人正常生活和学习的；

（六）教唆、利用未成年人实施违法犯罪行为，情节恶劣的；

（七）有其他严重侵害未成年人合法权益行为的。

36. 判决撤销监护人资格，未成年人有其他监护人的，应当由其他监护人承担监护职责。其他监护人应当采取措施避免未成年人继续受到侵害。

没有其他监护人的，人民法院根据最有利于未成年人的原则，在民法通则第十六条第二款、第四款规定的人员和单位中指定监护人。指定个人担任监护人的，应当综合考虑其意愿、品行、身体状况、经济条件、与未成年人的生活情感联系以及有表达能力的未成年人的意愿等。

没有合适人员和其他单位担任监护人的，人民法院应当指定民政部门担任监护人，由其所属儿童福利机构收留抚养。

37. 判决不撤销监护人资格的，人民法院可以根据需要走访未成年人及其家庭，也可以向当地民政部门、辖区公安派出所、村（居）民委员会、共青团、妇联、未成年人所在学校、监护人所在单位等发出司法建议，加强对未成年人的保护和对监护人的监督指导。

38. 被撤销监护人资格的侵害人，自监护人资格被撤销之日起三个月至一年内，可以书面向人民法院申请恢复监护人资格，并应当提交相关证据。

人民法院应当将前款内容书面告知侵害人和其他监护人、指定监护人。

39. 人民法院审理申请恢复监护人资格案件，按照变更监护关系的案件审理程序进行。

人民法院应当征求未成年人现任监护人和有表达能力的未成年人的意见，并可以委托申请人住所地的未成年人救助保护机构或者其他未成年人保护组织，对申请人监护意愿、悔改表现、监护能力、身心状况、工作生活情况等进行调查，形成调查评估报告。

申请人正在服刑或者接受社区矫正的，人民法院应当征求刑罚执行机关或者社区矫正机构的意见。

40. 人民法院经审理认为申请人确有悔改表现并且适宜担任监护人的，可以判决恢复其监护人资格，原指定监护人的监护人资格终止。

申请人具有下列情形之一的，一般不得判决恢复其监护人资格：

（一）性侵害、出卖未成年人的；

（二）虐待、遗弃未成年人六个月以上、多次遗弃未成年人，并且造成重伤以上严重后果的；

（三）因监护侵害行为被判处五年有期徒刑以上刑罚的。

41. 撤销监护人资格诉讼终结后六个月内，未成年人及其现任监护人可以向人民法院申请人身安全保护裁定。

42. 被撤销监护人资格的父、母应当继续负担未成年人的抚养费用和因监护侵害行为产生的各项费用。相关单位和人员起诉的，人民法院应予支持。

43. 民政部门应当根据有关规定，将符合条件的受监护侵害的未成年人纳入社会救助和相关保障范围。

44. 民政部门担任监护人的，承担抚养职责的儿童福利机构可以送养未成年人。

送养未成年人应当在人民法院作出撤销监护人资格判决一年后进行。侵害人有本意见第40条第2款规定情形的，不受一年后送养的限制。

最高人民法院关于进一步深化家事审判方式和工作机制改革的意见(试行)

(2018 年 7 月 18 日 法发〔2018〕12 号)

各省、自治区、直辖市高级人民法院,解放军军事法院,新疆维吾尔自治区高级人民法院生产建设兵团分院:

为贯彻以人民为中心的思想,推动家事审判工作改革,发挥家事审判职能作用,最高人民法院自 2016 年 6 月 1 日起在全国范围内选择部分法院开展家事审判方式和工作机制改革试点工作。在总结试点工作基础上,现就进一步深化家事审判方式和工作机制改革提出如下意见:

一、总体要求

1. 准确把握改革的方向目标,维护婚姻家庭和谐稳定,依法保障未成年人、妇女和老年人的合法权益,培育和践行社会主义核心价值观,促进社会和谐健康发展,不断满足人民日益增长的美好生活需要和对家事审判工作的新需求新期待。

2. 牢固树立人性化的审判理念,对当事人的保护要从身份利益、财产利益延伸到人格利益、安全利益和情感利益,保护当事人隐私,注重人文关怀,充分发挥家事审判对婚姻关系的诊断、修复和治疗作用,弘扬文明进步的婚姻家庭伦理观念,推进家风建设和家庭美德建设。

3. 切实转变工作方式,强化法官的职权探知、自由裁量和对当事人处分权的适当干预,注意区分婚姻危机和婚姻死亡,正确处理保护婚姻自由与维护家庭稳定的关系,充分发挥家事调查报告、心理疏导报告及大数据的应用,力求裁判标准客观化以及裁判文书说理情理法相结合。

4. 不断创新工作机制,积极争取各级党委和政府的支持,加强与相关职能部门和单位的协调配合,动员和激励社会各界力量共同参与,推动建立司法、行政和社会相结合的多元化纠纷解决机制,共同打造共建共治共享的社会治理格局。

5. 积极推进机构队伍专业化建设,组建专业化家事审判机构或者团队,探索建立特别的家事法官准入机制、培训机制和考核机制,探索配备专门从事家事调解、家事调查、心理辅导等工作的司法辅助人员,加强家事法官的职业安全保障,完善极端化事件防控措施。

二、家事调解

6. 人民法院审理家事案件,应当增强调解意识,拓展调解方式,创新调解机制,提高调解能力,将调解贯穿案件审判全过程。婚姻效力、身份关系确认、人身安全保护令申请等根据案件性质不能进行调解的案件除外。

7. 依托特邀调解做好家事案件调解工作,通过在立案前委派或者立案后委托特邀调解组织、特邀调解员依法进行调解,促使当事人在平等协商基础上达成调解协议,解决纠纷。可以设立家事调解委员会,设定入册条件,规范家事领域特邀调解程序。

8. 依法成立的人民调解、行政调解、商事调解、行业调解及其他具有调解职能的组织,可以申请加入家事调解委员会特邀调解组织名册。品行良好、公道正派、热心调解工作并具有较强沟通协调能力的个人可以申请加入家事调解委员会特邀调解员名册。

人民法院可以邀请人大代表、政协委员、人民陪审员、专家学者、律师、基层法律服务工作者、仲裁员、退休法律工作者、基层工作者以及其他具有社会、人文、法律、教育、心理、婚姻家庭等方面专业知识的个人加入家事调解委员会特邀调解员名册。少数民族聚居地区可邀请熟悉当地语言、风俗习惯、宗教信仰等情形的个人加入家事调解委员会特邀调解员名册。

9. 对适宜调解的纠纷,登记立案前,经当事人同意或者当事人虽未提出调解申请但人民法院认为有必要调解的,可以委派给特邀调解组织或者特邀调解员进行调解。

当事人情绪或心理受到严重困扰,无法正常发表意见,情况紧急需要尽快启动有关诉讼程序的案件,除双方当事人申请外,不得进行立案登记前委派调解。

10. 对适宜调解的纠纷,登记立案后,人民法院可以自行调解,也可以委托给特邀调解组织或者特邀调解员进行调解。

11. 离婚案件的调解,双方当事人应亲自到场。当事人确因特殊情况无法到场参加调解的,除本人不能表达意志的以外,应当出具书面意见。

12. 家事案件的调解过程不公开,但当事人均同意公开的除外。

主持调解以及参与调解的人员,对调解过程以及调解过程中获悉的国家秘密、商业秘密、个人隐私和其他不宜公开的信息,应当保守秘密。调解人员违反保密义务给当事人造成损害的,应当承担相应法律责任。

13. 委托调解过程中,特邀调解员认为有事实问题需要进行调查的,可以向人民法院提出申请。人民法院根据案情需要,决定是否委托家事调查员进行调查。

14. 有关调解以及特邀调解的其他事项,适用《中华人民共和国民事诉讼法》《中华人民共和国人民调解法》《最高人民法院关于人民法院特邀调解的规定》等相关规定。

三、家事调查

15. 家事案件审理过程中,对于需要进一步查明的事项,人民法院可以自行调查取证,可以委托相关机构进行调查,也可以委托家事调查员对特定事实进行调查。

16. 人民法院应当建立家事调查员名册。

建立名册的法院应当为入册的家事调查员颁发证书,并对名册进行管理。上级法院建立的名册,下级法院可以使用。

17. 家事调查员由司法行政、教育部门、妇联、共青团、社区等单位及基层群众组织推荐,由人民法院选任。

人民法院可以邀请人大代表、政协委员、人民陪审员、人民调解员、专家学者、律师、基层法律服务工作者、仲裁员、退休法律工作者、基层工作者以及其他具有社会、人文、法律、教育、心理、婚姻家庭等方面专业知识的人员加入家事调查员名册。

18. 家事调查员应当品行良好、公道正派、热心群众工作并具有较强沟通协调能力和丰富的社会知识经验,具有基层工作经历和适宜处理家事纠纷专业背景的个人可优先选任。少数民族聚居地区可考虑优先选任熟悉当地语言、风俗习惯、宗教信仰等的个人。

19. 具体案件中的家事调查员应不少于两人,由人民法院在名册中选择。人民法院选择家事调查员后,应当在3日内通知当事人。当事人对家事调查员有异议且有正当理由的,或者双方当事人共同选择其他家事调查员的,人民法院应当另行选择确认。

20. 家事调查员有下列情形之一的,当事人有权申请回避:

(1)是一方当事人或者其代理人近亲属的;

(2)与纠纷有利害关系的;

(3)与当事人、代理人有其他关系,可能影响公正调查的。

家事调查员有上述情形的,应当自行回避,但是双方当事人同意由该调查员调查的除外。

家事调查员的回避由人民法院决定。

21. 人民法院根据案件审理需要,可以委托家事调查员调查下列事项:

(1)当事人的个人经历、性格、教育程度、身心状况、家庭情况、夫妻关系、居住环境、工作情况等；

（2）对子女的抚养情况、子女的心理状况及学习状况等；

（3）对老人的赡养情况等；

（4）其他需要调查的事项。

22. 家事调查员可以采取下列方式进行调查：

（1）与当事人本人及其父母、子女或其他有关人员面谈交流，观察当事人与其子女、父母或其他有关人员之间的关系；

（2）征询八周岁以上的子女对抚养事项及探望事项的意愿和态度；

（3）走访当事人居住的社区、所在单位、子女的学校等；

（4）其他调查方式。

23. 每一项调查事项，均应由两名以上家事调查员共同进行调查。家事调查员应当自人民法院委托调查之日起 15 日内完成调查工作，向人民法院出具书面调查报告。如在上述期限内完成调查事项确有困难的，可以向人民法院申请延长，但最长不超过 30 日。调查报告应当包括人民法院委托调查的所有事项，可以包括家事调查员的分析和建议。

24. 人民法院在收到家事调查报告后，应当向当事人告知家事调查报告的内容，并允许当事人陈述意见。

家事调查报告可以作为人民法院审理案件的参考。

25. 家事调查员在调查过程中获知当事人有家庭暴力、危害未成年人合法权益等情形时，应当及时向人民法院报告，同时可向其他相关职能部门、救助机构报告。

26. 家事调查员对于其在调查过程中知悉的商业秘密或个人隐私，负有保密义务。家事调查员违反保密义务给当事人造成损害的，应当承担相应法律责任。

27. 家事调查员不得有以下行为：

（1）在调查过程中借机招揽业务；

（2）向当事人收取费用；

（3）接受当事人请托或收受不正当利益；

（4）不当履行职务，损害当事人合法权益的其他行为。

当事人发现存在上述情形的，可以向人民法院投诉。经审查属实的，人民法院应当立即停止其调查工作，对其提交的调查报告不予采纳，并视情形对其作出警告、通报、除名等相应处理。

四、心理疏导

28. 具有下列情形之一的，人民法院根据实际情况可以建议案件当事人或者未成年人接受心理疏导：

（1）一方当事人同意离婚，对方当事人不同意离婚并且情绪激动的；

（2）探望权纠纷、监护权纠纷以及其他有关亲子关系纠纷的案件中，当事人情绪波动较大的；

（3）存在家庭暴力行为，对当事人身心健康造成较大影响的；

（4）案件所涉及的未成年人情绪波动较大或者有反常行为，需要心理疏导的；

（5）其他需要进行心理疏导的情形。

29. 人民法院可以与当地政府有关机构或者有关心理学组织机构、心理学教育研究机构建立对家事案件当事人或者未成年人进行心理疏导的协作机制。

具体协作机制形式、内容由人民法院与有关机构和组织协商确定。

30. 人民法院负责筛选需要心理疏导介入的案件，并启动心理疏导程序。

协作机构负责选派心理疏导师具体实施心理疏导工作。

31. 人民法院经审查认为案件当事人或者未成年人需要接受心理疏导的，可向案件当事人或者未成年人的监护人提出心理疏导建议。当事人或者未成年人的监护人同意接受心理疏导的，应填写《同意接受心理疏导确认书》。当事人亦可主动申请接受心理疏导，并提交《心理疏导申请书》。

人民法院应在收到《同意接受心理疏导确认书》或者《心理疏导申请书》之后3日内，向协作机构发出《心理疏导工作联系函》。协作机构回函表示同意后3日内，人民法院应当与当事人及协作机构协商确定心理疏导的时间和地点。

32. 心理疏导过程中，当事人明确表示不同意继续接受心理疏导的，应当予以终止，人民法院应在案卷中注明。

33. 心理疏导师对其在心理疏导过程中知悉的当事人的商业秘密或个人隐私负有保密义务。心理疏导师违反保密义务给当事人造成损害的，应当承担相应法律责任。

34. 心理疏导工作结束后，协作机构应向人民法院出具心理疏导情况报告，人民法院可以将之作为审理案件的参考。心理疏导的相关材料随案归于副卷，不得对外公开。

五、审理规程

35. 人民法院在开庭前应当告知当事人一般诉讼权利义务、举证责任分配原则、有权申请调查取证、签发人身安全保护令、法律援助、减免诉讼费用等内容。

36. 涉及个人隐私的家事案件，人民法院应当不公开审理。

涉及未成年人的家事案件，如果公开审理不利于保护未成年人利益的，人民法院应当不公开审理。

离婚案件，在开庭前，人民法院应当询问当事人是否申请不公开审理。当事人申请不公开的，可以不公开审理。

其他家事案件，当事人申请不公开审理的，人民法院经审查认为不宜公开审理的，可以不公开审理。

37. 身份关系确认案件以及离婚案件，除本人不能表达意志的以外，当事人应当亲自到庭参加诉讼。当事人为无民事行为能力人的，其法定代理人应当到庭。确因特殊情况无法出庭的，必须向人民法院提交书面意见，并委托诉讼代理人到庭参加诉讼。

应当到庭参加诉讼的当事人经传票传唤无正当理由拒不到庭的，属于原告方的，依照民事诉讼法第一百四十三条的规定，可以按撤诉处理；属于被告方的，依照民事诉讼法第一百四十四条的规定，可以缺席判决。

无民事行为能力的当事人的法定代理人，经传票传唤无正当理由拒不到庭的，比照上述规定处理。必要时，人民法院可以拘传其到庭。

确因特殊情况无法出庭的当事人、证人和鉴定人，经人民法院准许后，可以声音或影像传输的形式，参加开庭审理及其他诉讼活动。

38. 人民法院审理家事案件，涉及确定子女抚养权的，应当充分听取八周岁以上子女的意见。必要时，人民法院可以单独询问未成年子女的意见，并提供符合未成年人心理特点的询问环境。

39. 人民法院审理离婚案件，应当对子女抚养、财产分割问题一并处理。对财产分割问题确实不宜一并处理的，可以告知当事人另行起诉。

当事人在离婚诉讼中未对子女抚养、财产分割问题提出诉讼请求的，人民法院应当向当事人释明，引导当事人明确诉讼请求。当事人就子女抚养问题未达成一致，又坚持不要求人民法院处理子女抚养问题的，可以判决不准离婚。

40. 人民法院审理离婚案件，经双方当事人同意，可以设置不超过3个月的冷静期。

在冷静期内，人民法院可以根据案件情况开展调解、家事调查、心理疏导等工作。冷静期结束，人民法院应通知双方当事人。

41. 人民法院判决或者调解离婚的案件，根据当事人的申请，人民法院可以为当事人出具离婚证明书。

42. 监护权纠纷、探望权纠纷、抚养纠纷等涉及未成年人的案件,对于与未成年人利益保护相关的事实,人民法院应当根据当事人的申请或者依职权进行调查取证。

43. 离婚案件中,对于当事人的财产状况等事实,当事人难以举证又影响案件审理结果的,人民法院应当根据当事人的申请及提供的明确的线索,向有关金融机构、当事人所在单位等相关机构调查取证。

当事人自认的涉及身份关系确认或社会公共利益的事实,在没有其他证据证明的情形下,一般不能单独作为定案依据。

44. 对于涉及财产分割问题的离婚纠纷案件,人民法院在向当事人送达受理案件通知书和应诉通知书时,应当同时送达《家事案件当事人财产申报表》。

当事人应当在举证期限届满前填写《家事案件当事人财产申报表》,全面、准确地申报夫妻共同财产和个人财产的有关状况。

人民法院应当明确告知当事人不如实申报财产应承担的法律后果。对于拒不申报或故意不如实申报财产的当事人,除在分割夫妻共同财产时可依法对其少分或者不分外,还可对当事人予以训诫;情形严重者,可记入社会征信系统或从业诚信记录;构成妨碍民事诉讼的,可以采取罚款、拘留等强制措施。

45. 当事人向人民法院申请人身安全保护令,应当提供其遭受家庭暴力或者存在家庭暴力风险的证据,人民法院经审查认为存在家庭暴力风险的,应当及时发出人身安全保护令。

六、队伍建设

46. 中级人民法院、基层人民法院可以在规定的内设机构总数内,通过加挂牌子或者单独设置的方式设立家事审判业务机构。不具备条件的,可以在相关审判庭内设立专业化的合议庭或者审判团队负责审理家事案件。

47. 审理家事案件的法官,除法律知识外,还应当掌握一定社会学、教育学和心理学知识。

家事审判合议庭组成人员应当至少有一名女性法官或者女性人民陪审员。

人民法院要定期对从事家事案件审理工作的法官、法官助理、书记员、人民陪审员等进行审判业务、调解技能、心理学等方面的培训,加强家事案件审判人员司法能力建设。

48. 人民法院可以为法官配备特邀调解员、家事调查员、心理学专业人员等司法辅助人员,配合审理家事案件。

人民法院可以会同妇联、司法行政、卫生等部门定期组织司法辅助人员参加培训,并进行考核。

49. 人民法院应当根据实际情况向特邀调解员、家事调查员发放误工、交通等补贴,对表现突出的特邀调解组织、特邀调解员和家事调查员给予物质或者荣誉奖励。

人民法院聘请心理疏导师开展相关工作,应当给付适当的报酬。

上述补贴经费或者报酬经费应当纳入人民法院专项预算。人民法院可以根据有关规定向有关部门申请专项经费。

(二)婚　姻

婚姻登记条例

(2003 年 7 月 30 日国务院第 16 次常务会议通过　2003 年 8 月 8 日中华人民共和国国务院令第 387 号公布　自 2003 年 10 月 1 日起施行)

第一章　总　　则

第一条　为了规范婚姻登记工作,保障婚姻自由、一夫一妻、男女平等的婚姻制度的实施,保护婚姻当事人的合法权益,根据《中华人民共和国婚姻法》(以下简称婚姻法),制定本条例。

第二条 内地居民办理婚姻登记的机关是县级人民政府民政部门或者乡(镇)人民政府,省、自治区、直辖市人民政府可以按照便民原则确定农村居民办理婚姻登记的具体机关。

中国公民同外国人,内地居民同香港特别行政区居民(以下简称香港居民)、澳门特别行政区居民(以下简称澳门居民)、台湾地区居民(以下简称台湾居民)、华侨办理婚姻登记的机关是省、自治区、直辖市人民政府民政部门或者省、自治区、直辖市人民政府民政部门确定的机关。

第三条 婚姻登记机关的婚姻登记员应当接受婚姻登记业务培训,经考核合格,方可从事婚姻登记工作。

婚姻登记机关办理婚姻登记,除按收费标准向当事人收取工本费外,不得收取其他费用或者附加其他义务。

第二章 结婚登记

第四条 内地居民结婚,男女双方应当共同到一方当事人常住户口所在地的婚姻登记机关办理结婚登记。

中国公民同外国人在中国内地结婚的,内地居民同香港居民、澳门居民、台湾居民、华侨在中国内地结婚的,男女双方应当共同到内地居民常住户口所在地的婚姻登记机关办理结婚登记。

第五条 办理结婚登记的内地居民应当出具下列证件和证明材料:

(一)本人的户口簿、身份证;

(二)本人无配偶以及与对方当事人没有直系血亲和三代以内旁系血亲关系的签字声明。

办理结婚登记的香港居民、澳门居民、台湾居民应当出具下列证件和证明材料:

(一)本人的有效通行证、身份证;

(二)经居住地公证机构公证的本人无配偶以及与对方当事人没有直系血亲和三代以内旁系血亲关系的声明。

办理结婚登记的华侨应当出具下列证件和证明材料:

(一)本人的有效护照;

(二)居住国公证机构或者有权机关出具的、经中华人民共和国驻该国使(领)馆认证的本人无配偶以及与对方当事人没有直系血亲和三代以内旁系血亲关系的证明,或者中华人民共和国驻该国使(领)馆出具的本人无配偶以及与对方当事人没有直系血亲和三代以内旁系血亲关系的证明。

办理结婚登记的外国人应当出具下列证件和证明材料:

(一)本人的有效护照或者其他有效的国际旅行证件;

(二)所在国公证机构或者有权机关出具的、经中华人民共和国驻该国使(领)馆认证或者该国驻华使(领)馆认证的本人无配偶的证明,或者所在国驻华使(领)馆出具的本人无配偶的证明。

第六条 办理结婚登记的当事人有下列情形之一的,婚姻登记机关不予登记:

(一)未到法定结婚年龄的;

(二)非双方自愿的;

(三)一方或者双方已有配偶的;

(四)属于直系血亲或者三代以内旁系血亲的;

(五)患有医学上认为不应当结婚的疾病。

第七条 婚姻登记机关应当对结婚登记当事人出具的证件、证明材料进行审查并询问相关情况。对当事人符合结婚条件的,应当当场予以登记,发给结婚证;对当事人不符合结婚条件不予登记的,应当向当事人说明理由。

第八条 男女双方补办结婚登记的,适用本条例结婚登记的规定。

第九条 因胁迫结婚的,受胁迫的当事人依据婚姻法第十一条的规定向婚姻登记机关请求撤销其婚姻的,应当出具下列证明材料:

(一)本人的身份证、结婚证;

(二)能够证明受胁迫结婚的证明材料。

婚姻登记机关经审查认为受胁迫结婚的情况属实且不涉及子女抚养、财产及债务问题的,应当撤销该婚姻,宣告结婚证作废。

第三章 离婚登记

第十条 内地居民自愿离婚的,男女双方应当共同到一方当事人常住户口所在地的婚姻登记机关办理离婚登记。

中国公民同外国人在中国内地自愿离婚的,内地居民同香港居民、澳门居民、台湾居民、华侨在中国内地自愿离婚的,男女双方应当共同到内地居民常住户口所在地的婚姻登记机关办理离婚登记。

第十一条 办理离婚登记的内地居民应当出具下列证件和证明材料:

(一)本人的户口簿、身份证;

(二)本人的结婚证;

(三)双方当事人共同签署的离婚协议书。

办理离婚登记的香港居民、澳门居民、台湾居民、华侨、外国人除应当出具前款第(二)项、第(三)项规定的证件、证明材料外,香港居民、澳门居民、台湾居民还应当出具本人的有效通行证、身份证,华侨、外国人还应当出具本人的有效护照或者其他有效国际旅行证件。

离婚协议书应当载明双方当事人自愿离婚的意思表示以及对子女抚养、财产及债务处理等事项协商一致的意见。

第十二条 办理离婚登记的当事人有下列情形之一的,婚姻登记机关不予受理:

(一)未达成离婚协议的;

(二)属于无民事行为能力人或者限制民事行为能力人的;

(三)其结婚登记不是在中国内地办理的。

第十三条 婚姻登记机关应当对离婚登记当事人出具的证件、证明材料进行审查并询问相关情况。对当事人确属自愿离婚,并已对子女抚养、财产、债务等问题达成一致处理意见的,应当当场予以登记,发给离婚证。

第十四条 离婚的男女双方自愿恢复夫妻关系的,应当到婚姻登记机关办理复婚登记。复婚登记适用本条例结婚登记的规定。

第四章 婚姻登记档案 和婚姻登记证

第十五条 婚姻登记机关应当建立婚姻登记档案。婚姻登记档案应当长期保管。具体管理办法由国务院民政部门会同国家档案管理部门规定。

第十六条 婚姻登记机关收到人民法院宣告婚姻无效或者撤销婚姻的判决书副本后,应当将该判决书副本收入当事人的婚姻登记档案。

第十七条 结婚证、离婚证遗失或者损毁的,当事人可以持户口簿、身份证向原办理婚姻登记的机关或者一方当事人常住户口所在地的婚姻登记机关申请补领。婚姻登记机关对当事人的婚姻登记档案进行查证,确认属实的,应当为当事人补发结婚证、离婚证。

第五章 罚 则

第十八条 婚姻登记机关及其婚姻登记

员有下列行为之一的,对直接负责的主管人员和其他直接责任人员依法给予行政处分:

(一)为不符合婚姻登记条件的当事人办理婚姻登记的;

(二)玩忽职守造成婚姻登记档案损失的;

(三)办理婚姻登记或者补发结婚证、离婚证超过收费标准收取费用的。

违反前款第(三)项规定收取的费用,应当退还当事人。

第六章　附　则

第十九条　中华人民共和国驻外使(领)馆可以依照本条例的有关规定,为男女双方均居住于驻在国的中国公民办理婚姻登记。

第二十条　本条例规定的婚姻登记证由国务院民政部门规定式样并监制。

第二十一条　当事人办理婚姻登记或者补领结婚证、离婚证应当交纳工本费。工本费的收费标准由国务院价格主管部门会同国务院财政部门规定并公布。

第二十二条　本条例自2003年10月1日起施行。1994年1月12日国务院批准、1994年2月1日民政部发布的《婚姻登记管理条例》同时废止。

婚姻登记工作规范

(2015年12月8日　民发〔2015〕230号)

第一章　总　则

第一条　为加强婚姻登记规范化管理,维护婚姻当事人的合法权益,根据《中华人民共和国婚姻法》和《婚姻登记条例》,制定本规范。

第二条　各级婚姻登记机关应当依照法律、法规及本规范,认真履行职责,做好婚姻登记工作。

第二章　婚姻登记机关

第三条　婚姻登记机关是依法履行婚姻登记行政职能的机关。

第四条　婚姻登记机关履行下列职责:

(一)办理婚姻登记;

(二)补发婚姻登记证;

(三)撤销受胁迫的婚姻;

(四)建立和管理婚姻登记档案;

(五)宣传婚姻法律法规,倡导文明婚俗。

第五条　婚姻登记管辖按照行政区域划分。

(一)县、不设区的市、市辖区人民政府民政部门办理双方或者一方常住户口在本行政区域内的内地居民之间的婚姻登记。

省级人民政府可以根据实际情况,规定乡(镇)人民政府办理双方或者一方常住户口在本乡(镇)的内地居民之间的婚姻登记。

(二)省级人民政府民政部门或者其确定的民政部门,办理一方常住户口在辖区内的涉外和涉香港、澳门、台湾居民以及华侨的婚姻登记。

办理经济技术开发区、高新技术开发区等特别区域内居民婚姻登记的机关由省级人民政府民政部门提出意见报同级人民政府确定。

(三)现役军人由部队驻地、入伍前常住户口所在地或另一方当事人常住户口所在地婚姻登记机关办理婚姻登记。

婚姻登记机关不得违反上述规定办理婚姻登记。

第六条　具有办理婚姻登记职能的县级以上人民政府民政部门和乡(镇)人民政府应当按照本规范要求设置婚姻登记处。

省级人民政府民政部门设置、变更或撤销婚姻登记处,应当形成文件并对外公布;市、县(市、区)人民政府民政部门、乡(镇)人民政府设置、变更或撤销婚姻登记处,应当形成文件,对外公布并逐级上报省级人民政府民政部门。省级人民政府民政部门应当相应调整婚姻登记信息系统使用相关权限。

第七条 省、市、县(市、区)人民政府民政部门和乡镇人民政府设置的婚姻登记处分别称为:

××省(自治区、直辖市)民政厅(局)婚姻登记处,××市民政局婚姻登记处,××县(市)民政局婚姻登记处;

××市××区民政局婚姻登记处;

××县(市、区)××乡(镇)人民政府婚姻登记处。

县、不设区的市、市辖区人民政府民政部门设置多个婚姻登记处的,应当在婚姻登记处前冠其所在地的地名。

第八条 婚姻登记处应当在门外醒目处悬挂婚姻登记处标牌。标牌尺寸不得小于1500mm×300mm 或 550mm×450mm。

第九条 婚姻登记处应当按照民政部要求,使用全国婚姻登记工作标识。

第十条 具有办理婚姻登记职能的县级以上人民政府民政部门和乡(镇)人民政府应当刻制婚姻登记工作业务专用印章和钢印。专用印章和钢印为圆形,直径35 mm。

婚姻登记工作业务专用印章和钢印,中央刊"★","★"外围刊婚姻登记处所属民政厅(局)或乡(镇)人民政府名称,如:"××省民政厅"、"××市民政局"、"××市××区民政局"、"××县民政局"或者"××县××乡(镇)人民政府"。

"★"下方刊"婚姻登记专用章"。民政局设置多个婚姻登记处的,"婚姻登记专用章"下方刊婚姻登记处序号。

第十一条 婚姻登记处应当有独立的场所办理婚姻登记,并设有候登大厅、结婚登记区、离婚登记室和档案室。结婚登记区、离婚登记室可合并为相应数量的婚姻登记室。

婚姻登记场所应当宽敞、庄严、整洁,设有婚姻登记公告栏。

婚姻登记处不得设在婚纱摄影、婚庆服务、医疗等机构场所内,上述服务机构不得设置在婚姻登记场所内。

第十二条 婚姻登记处应当配备以下设备:

(一)复印机;

(二)传真机;

(三)扫描仪;

(四)证件及纸张打印机;

(五)计算机;

(六)身份证阅读器。

第十三条 婚姻登记处可以安装具有音频和视频功能的设备,并妥善保管音频和视频资料。

婚姻登记场所应当配备必要的公共服务设施,婚姻登记当事人应当按照要求合理使用。

第十四条 婚姻登记处实行政务公开,下列内容应当在婚姻登记处公开展示:

(一)本婚姻登记处的管辖权及依据;

(二)婚姻法的基本原则以及夫妻的权利、义务;

(三)结婚登记、离婚登记的条件与程序;

(四)补领婚姻登记证的条件与程序;

(五)无效婚姻及可撤销婚姻的规定;

(六)收费项目与收费标准;

(七)婚姻登记员职责及其照片、编号;

(八)婚姻登记处办公时间和服务电话,设置多个婚姻登记处的,应当同时公布,巡回登记的,应当公布巡回登记时间和地点;

(九)监督电话。

第十五条 婚姻登记处应当备有《中华人民共和国婚姻法》、《婚姻登记条例》及其他有关文件,供婚姻当事人免费查阅。

第十六条 婚姻登记处在工作日应当对外办公,办公时间在办公场所外公告。

第十七条 婚姻登记处应当通过省级婚姻登记信息系统开展实时联网登记,并将婚姻登记电子数据实时传送给民政部婚姻登记信息系统。

各级民政部门应当为本行政区域内婚姻登记管理信息化建设创造条件,并制定婚姻登记信息化管理制度。

婚姻登记处应当将保存的本辖区未录入信息系统的婚姻登记档案录入婚姻登记历史数据补录系统。

第十八条 婚姻登记处应当按照《婚姻登记档案管理办法》的规定管理婚姻登记档案。

第十九条 婚姻登记处应当制定婚姻登记印章、证书、纸制档案、电子档案等管理制度,完善业务学习、岗位责任、考评奖惩等制度。

第二十条 婚姻登记处应当开通婚姻登记网上预约功能和咨询电话,电话号码在当地114查询台登记。

具备条件的婚姻登记处应当开通互联网网页,互联网网页内容应当包括:办公时间、办公地点;管辖权限;申请结婚登记的条件、办理结婚登记的程序;申请离婚登记的条件、办理离婚登记的程序;申请补领婚姻登记证的程序和需要的证明材料、撤销婚姻的程序等内容。

第二十一条 婚姻登记处可以设立婚姻家庭辅导室,通过政府购买服务或公开招募志愿者等方式聘用婚姻家庭辅导员,并在坚持群众自愿的前提下,开展婚姻家庭辅导服务。婚姻家庭辅导员应当具备以下资格之一:

(一)社会工作师;

(二)心理咨询师;

(三)律师;

(四)其他相应专业资格。

第二十二条 婚姻登记处可以设立颁证厅,为有需要的当事人颁发结婚证。

第三章 婚姻登记员

第二十三条 婚姻登记机关应当配备专职婚姻登记员。婚姻登记员人数、编制可以参照《婚姻登记机关等级评定标准》确定。

第二十四条 婚姻登记员由本级民政部门考核、任命。

婚姻登记员应当由设区的市级以上人民政府民政部门进行业务培训,经考核合格,取得婚姻登记员培训考核合格证明,方可从事婚姻登记工作。其他人员不得从事本规范第二十五条规定的工作。

婚姻登记员培训考核合格证明由省级人民政府民政部门统一印制。

婚姻登记员应当至少每2年参加一次设区的市级以上人民政府民政部门举办的业务培训,取得业务培训考核合格证明。

婚姻登记处应当及时将婚姻登记员上岗或离岗信息逐级上报省级人民政府民政部门,省级人民政府民政部门应当根据上报的信息及时调整婚姻登记信息系统使用相关权限。

第二十五条 婚姻登记员的主要职责:

(一)负责对当事人有关婚姻状况声明的监督;

(二)审查当事人是否具备结婚、离婚、补发婚姻登记证、撤销受胁迫婚姻的条件;

(三)办理婚姻登记手续,签发婚姻登记证;

(四)建立婚姻登记档案。

第二十六条 婚姻登记员应当熟练掌握相关法律法规,熟练使用婚姻登记信息系统,文明执法,热情服务。婚姻登记员一般应具有大学专科以上学历。

婚姻登记员上岗应当佩带标识并统一着装。

第四章 结婚登记

第二十七条 结婚登记应当按照初审—受理—审查—登记(发证)的程序办理。

第二十八条 受理结婚登记申请的条件是:

(一)婚姻登记处具有管辖权;

(二)要求结婚的男女双方共同到婚姻登记处提出申请;

(三)当事人男年满 22 周岁,女年满 20 周岁;

(四)当事人双方均无配偶(未婚、离婚、丧偶);

(五)当事人双方没有直系血亲和三代以内旁系血亲关系;

(六)双方自愿结婚;

(七)当事人提交 3 张 2 寸双方近期半身免冠合影照片;

(八)当事人持有本规范第二十九条至第三十五条规定的有效证件。

第二十九条 内地居民办理结婚登记应当提交本人有效的居民身份证和户口簿,因故不能提交身份证的可以出具有效的临时身份证。

居民身份证与户口簿上的姓名、性别、出生日期、公民身份号码应当一致;不一致的,当事人应当先到有关部门更正。

户口簿上的婚姻状况应当与当事人声明一致。不一致的,当事人应当向登记机关提供能够证明其声明真实性的法院生效司法文书、配偶居民死亡医学证明(推断)书等材料;不一致且无法提供相关材料的,当事人应当先到有关部门更正。

当事人声明的婚姻状况与婚姻登记档案记载不一致的,当事人应当向登记机关提供能够证明其声明真实性的法院生效司法文书、配偶居民死亡医学证明(推断)书等材料。

第三十条 现役军人办理结婚登记应当提交本人的居民身份证、军人证件和部队出具的军人婚姻登记证明。

居民身份证、军人证件和军人婚姻登记证明上的姓名、性别、出生日期、公民身份号码应当一致;不一致的,当事人应当先到有关部门更正。

第三十一条 香港居民办理结婚登记应当提交:

(一)港澳居民来往内地通行证或者港澳同胞回乡证;

(二)香港居民身份证;

(三)经香港委托公证人公证的本人无配偶以及与对方当事人没有直系血亲和三代以内旁系血亲关系的声明。

第三十二条 澳门居民办理结婚登记应当提交:

(一)港澳居民来往内地通行证或者港澳同胞回乡证;

(二)澳门居民身份证;

(三)经澳门公证机构公证的本人无配偶以及与对方当事人没有直系血亲和三代以内旁系血亲关系的声明。

第三十三条 台湾居民办理结婚登记应当提交:

(一)台湾居民来往大陆通行证或者其他有效旅行证件;

(二)本人在台湾地区居住的有效身份证;

(三)经台湾公证机构公证的本人无配偶以及与对方当事人没有直系血亲和三代以内旁系血亲关系的声明。

第三十四条 华侨办理结婚登记应当提交:

(一)本人的有效护照;

（二）居住国公证机构或者有权机关出具的、经中华人民共和国驻该国使（领）馆认证的本人无配偶以及与对方当事人没有直系血亲和三代以内旁系血亲关系的证明，或者中华人民共和国驻该国使（领）馆出具的本人无配偶以及与对方当事人没有直系血亲和三代以内旁系血亲关系的证明。

与中国无外交关系的国家出具的有关证明，应当经与该国及中国均有外交关系的第三国驻该国使（领）馆和中国驻第三国使（领）馆认证，或者经第三国驻华使（领）馆认证。

第三十五条 外国人办理结婚登记应当提交：

（一）本人的有效护照或者其他有效的国际旅行证件；

（二）所在国公证机构或者有权机关出具的、经中华人民共和国驻该国使（领）馆认证或者该国驻华使（领）馆认证的本人无配偶的证明，或者所在国驻华使（领）馆出具的本人无配偶证明。

与中国无外交关系的国家出具的有关证明，应当经与该国及中国均有外交关系的第三国驻该国使（领）馆和中国驻第三国使（领）馆认证，或者经第三国驻华使（领）馆认证。

第三十六条 婚姻登记员受理结婚登记申请，应当按照下列程序进行：

（一）询问当事人的结婚意愿；

（二）查验本规范第二十九条至第三十五条规定的相应证件和材料；

（三）自愿结婚的双方各填写一份《申请结婚登记声明书》；《申请结婚登记声明书》中"声明人"一栏的签名必须由声明人在监誓人面前完成并按指纹；

（四）当事人现场复述声明书内容，婚姻登记员作监誓人并在监誓人一栏签名。

第三十七条 婚姻登记员对当事人提交的证件、证明、声明进行审查，符合结婚条件的，填写《结婚登记审查处理表》和结婚证。

第三十八条 《结婚登记审查处理表》的填写：

（一）《结婚登记审查处理表》项目的填写，按照下列规定通过计算机完成：

1."申请人姓名"：当事人是中国公民的，使用中文填写；当事人是外国人的，按照当事人护照上的姓名填写。

2."出生日期"：使用阿拉伯数字，按照身份证件上的出生日期填写为"××××年××月××日"。

3."身份证件号"：当事人是内地居民的，填写居民身份证号；当事人是香港、澳门、台湾居民的，填写香港、澳门、台湾居民身份证号，并在号码后加注"（香港）"、"（澳门）"或者"（台湾）"；当事人是华侨的，填写护照或旅行证件号；当事人是外国人的，填写当事人的护照或旅行证件号。

证件号码前面有字符的，应当一并填写。

4."国籍"：当事人是内地居民、香港居民、澳门居民、台湾居民、华侨的，填写"中国"；当事人是外国人的，按照护照上的国籍填写；无国籍人，填写"无国籍"。

5."提供证件情况"：应当将当事人提供的证件、证明逐一填写，不得省略。

6."审查意见"：填写"符合结婚条件，准予登记"。

7."结婚登记日期"：使用阿拉伯数字，填写为"××××年××月××日"。填写的日期应当与结婚证上的登记日期一致。

8."结婚证字号"填写式样按照民政部相关规定执行，填写规则见附则。

9."结婚证印制号"填写颁发给当事人的结婚证上印制的号码。

10."承办机关名称"：填写承办该结婚登记的婚姻登记处的名称。

（二）"登记员签名"：由批准该结婚登记

的婚姻登记员亲笔签名,不得使用个人印章或者计算机打印。

(三)在"照片"处粘贴当事人提交的照片,并在骑缝处加盖钢印。

第三十九条 结婚证的填写:

(一)结婚证上"结婚证字号""姓名""性别""出生日期""身份证件号""国籍""登记日期"应当与《结婚登记审查处理表》中相应项目完全一致。

(二)"婚姻登记员":由批准该结婚登记的婚姻登记员使用黑色墨水钢笔或签字笔亲笔签名,签名应清晰可辨,不得使用个人印章或者计算机打印。

(三)在"照片"栏粘贴当事人双方合影照片。

(四)在照片与结婚证骑缝处加盖婚姻登记工作业务专用钢印。

(五)"登记机关":盖婚姻登记工作业务专用印章(红印)。

第四十条 婚姻登记员在完成结婚证填写后,应当进行认真核对、检查。对填写错误、证件被污染或者损坏的,应当将证件报废处理,重新填写。

第四十一条 颁发结婚证,应当在当事人双方均在场时按照下列步骤进行:

(一)向当事人双方询问核对姓名、结婚意愿;

(二)告知当事人双方领取结婚证后的法律关系以及夫妻权利、义务;

(三)见证当事人本人亲自在《结婚登记审查处理表》上的"当事人领证签名并按指纹"一栏中签名并按指纹;

"当事人领证签名并按指纹"一栏不得空白,不得由他人代为填写、代按指纹。

(四)将结婚证分别颁发给结婚登记当事人双方,向双方当事人宣布:取得结婚证,确立夫妻关系;

(五)祝贺新人。

第四十二条 申请补办结婚登记的,当事人填写《申请补办结婚登记声明书》,婚姻登记机关按照结婚登记程序办理。

第四十三条 申请复婚登记的,当事人填写《申请结婚登记声明书》,婚姻登记机关按照结婚登记程序办理。

第四十四条 婚姻登记员每办完一对结婚登记,应当依照《婚姻登记档案管理办法》,对应当存档的材料进行整理、保存,不得出现原始材料丢失、损毁情况。

第四十五条 婚姻登记机关对不符合结婚登记条件的,不予受理。当事人要求出具《不予办理结婚登记告知书》的,应当出具。

第五章 撤销婚姻

第四十六条 受胁迫结婚的婚姻当事人,可以向原办理该结婚登记的机关请求撤销婚姻。

第四十七条 撤销婚姻应当按照初审—受理—审查—报批—公告的程序办理。

第四十八条 受理撤销婚姻申请的条件:

(一)婚姻登记处具有管辖权;

(二)受胁迫的一方和对方共同到婚姻登记机关签署双方无子女抚养、财产及债务问题的声明书;

(三)申请时距结婚登记之日或受胁迫的一方恢复人身自由之日不超过1年;

(四)当事人持有:

1. 本人的身份证、结婚证;

2. 要求撤销婚姻的书面申请;

3. 公安机关出具的当事人被拐卖、解救的相关材料,或者人民法院作出的能够证明当事人被胁迫结婚的判决书。

第四十九条 符合撤销婚姻的,婚姻登记处按以下程序进行:

(一)查验本规范第四十八条规定的证件

和证明材料。

（二）当事人在婚姻登记员面前亲自填写《撤销婚姻申请书》，双方当事人在"声明人"一栏签名并按指纹。

（三）当事人宣读本人的申请书，婚姻登记员作监誓人并在监誓人一栏签名。

第五十条 婚姻登记处拟写"关于撤销×××与×××婚姻的决定"报所属民政部门或者乡（镇）人民政府；符合撤销条件的，婚姻登记机关应当批准，并印发撤销决定。

第五十一条 婚姻登记处应当将《关于撤销×××与×××婚姻的决定》送达当事人双方，并在婚姻登记公告栏公告30日。

第五十二条 婚姻登记处对不符合撤销婚姻条件的，应当告知当事人不予撤销原因，并告知当事人可以向人民法院请求撤销婚姻。

第五十三条 除受胁迫结婚之外，以任何理由请求宣告婚姻无效或者撤销婚姻的，婚姻登记机关不予受理。

第六章 离 婚 登 记

第五十四条 离婚登记按照初审—受理—审查—登记（发证）的程序办理。

第五十五条 受理离婚登记申请的条件是：

（一）婚姻登记处具有管辖权；

（二）要求离婚的夫妻双方共同到婚姻登记处提出申请；

（三）双方均具有完全民事行为能力；

（四）当事人持有离婚协议书，协议书中载明双方自愿离婚的意思表示以及对子女抚养、财产及债务处理等事项协商一致的意见；

（五）当事人持有内地婚姻登记机关或者中国驻外使（领）馆颁发的结婚证；

（六）当事人各提交2张2寸单人近期半身免冠照片；

（七）当事人持有本规范第二十九条至第三十五条规定的有效身份证件。

第五十六条 婚姻登记员受理离婚登记申请，应当按照下列程序进行：

（一）分开询问当事人的离婚意愿，以及对离婚协议内容的意愿，并进行笔录，笔录当事人阅后签名。

（二）查验本规范第五十五条规定的证件和材料。申请办理离婚登记的当事人有一本结婚证丢失的，当事人应当书面声明遗失，婚姻登记机关可以根据另一本结婚证办理离婚登记；申请办理离婚登记的当事人两本结婚证都丢失的，当事人应当书面声明结婚证遗失并提供加盖查档专用章的结婚登记档案复印件，婚姻登记机关可根据当事人提供的上述材料办理离婚登记。

（三）双方自愿离婚且对子女抚养、财产及债务处理等事项协商一致的，双方填写《申请离婚登记声明书》；

《申请离婚登记声明书》中"声明人"一栏的签名必须由声明人在监誓人面前完成并按指纹；

婚姻登记员作监誓人并在监誓人一栏签名。

（四）夫妻双方应当在离婚协议上现场签名；婚姻登记员可以在离婚协议书上加盖"此件与存档件一致，涂改无效。××××婚姻登记处××年××月××日"的长方形印章。协议书夫妻双方各一份，婚姻登记处存档一份。当事人因离婚协议书遗失等原因，要求离婚登记机关复印其离婚协议书的，按照《婚姻登记档案管理办法》的规定查阅婚姻登记档案。

离婚登记完成后，当事人要求更换离婚协议书或变更离婚协议内容的，婚姻登记机关不予受理。

第五十七条 婚姻登记员对当事人提交的证件、《申请离婚登记声明书》、离婚协议书进行审查，符合离婚条件的，填写《离婚登审查处理表》和离婚证。

《离婚登记审查处理表》和离婚证分别参照本规范第三十八条、第三十九条规定填写。

第五十八条 婚姻登记员在完成离婚证填写后,应当进行认真核对、检查。对打印或者书写错误、证件被污染或者损坏的,应当将证件报废处理,重新填写。

第五十九条 颁发离婚证,应当在当事人双方均在场时按照下列步骤进行:

(一)向当事人双方询问核对姓名、出生日期、离婚意愿;

(二)见证当事人本人亲自在《离婚登记审查处理表》"当事人领证签名并按指纹"一栏中签名并按指纹;

"当事人领证签名并按指纹"一栏不得空白,不得由他人代为填写、代按指纹;

(三)在当事人的结婚证上加盖条型印章,其中注明"双方离婚,证件失效。××婚姻登记处"。注销后的结婚证复印存档,原件退还当事人。

(四)将离婚证颁发给离婚当事人。

第六十条 婚姻登记员每办完一对离婚登记,应当依照《婚姻登记档案管理办法》,对应当存档的材料进行整理、保存,不得出现原始材料丢失、损毁情况。

第六十一条 婚姻登记机关对不符合离婚登记条件的,不予受理。当事人要求出具《不予办理离婚登记告知书》的,应当出具。

第七章 补领婚姻登记证

第六十二条 当事人遗失、损毁婚姻登记证,可以向原办理该婚姻登记的机关或者一方常住户口所在地的婚姻登记机关申请补领。有条件的省份,可以允许本省居民向本辖区内负责内地居民婚姻登记的机关申请补领婚姻登记证。

第六十三条 婚姻登记机关为当事人补发结婚证、离婚证,应当按照初审—受理—审查—发证程序进行。

第六十四条 受理补领结婚证、离婚证申请的条件是:

(一)婚姻登记处具有管辖权;

(二)当事人依法登记结婚或者离婚,现今仍然维持该状况;

(三)当事人持有本规范第二十九条至第三十五条规定的身份证件;

(四)当事人亲自到婚姻登记处提出申请,填写《申请补领婚姻登记证声明书》。

当事人因故不能到婚姻登记处申请补领婚姻登记证的,有档案可查且档案信息与身份信息一致的,可以委托他人办理。委托办理应当提交当事人的户口簿、身份证和经公证机关公证的授权委托书。委托书应当写明当事人姓名、身份证件号码、办理婚姻登记的时间及承办机关、目前的婚姻状况、委托事由、受委托人的姓名和身份证件号码。受委托人应当同时提交本人的身份证件。

当事人结婚登记档案查找不到的,当事人应当提供充分证据证明婚姻关系,婚姻登记机关经过严格审查,确认当事人存在婚姻关系的,可以为其补领结婚证。

第六十五条 婚姻登记员受理补领婚姻登记证申请,应当按照下列程序进行:

(一)查验本规范第六十四条规定的相应证件和证明材料;

(二)当事人填写《申请补领婚姻登记证声明书》,《申请补领婚姻登记证声明书》中"声明人"一栏的签名必须由声明人在监誓人面前完成并按指纹;

(三)婚姻登记员作监誓人并在监誓人一栏签名;

(四)申请补领结婚证的,双方当事人提交 3 张 2 寸双方近期半身免冠合影照片;申请补领离婚证的当事人提交 2 张 2 寸单人近期半身免冠照片。

第六十六条 婚姻登记员对当事人提交的证件、证明进行审查，符合补发条件的，填写《补发婚姻登记证审查处理表》和婚姻登记证。《补发婚姻登记证审查处理表》参照本规范第三十八条规定填写。

第六十七条 补发婚姻登记证时，应当向当事人询问核对姓名、出生日期，见证当事人本人亲自在《补发婚姻登记证审查处理表》"当事人领证签名并按指纹"一栏中签名并按指纹，将婚姻登记证发给当事人。

第六十八条 当事人的户口簿上以曾用名的方式反映姓名变更的，婚姻登记机关可以采信。

当事人办理结婚登记时未达到法定婚龄，通过非法手段骗取婚姻登记，其在申请补领时仍未达法定婚龄的，婚姻登记机关不得补发结婚证；其在申请补领时已达法定婚龄的，当事人应对结婚登记情况作出书面说明，婚姻登记机关补发的结婚证登记日期为当事人达到法定婚龄之日。

第六十九条 当事人办理过结婚登记，申请补领时的婚姻状况因离婚或丧偶发生改变的，不予补发结婚证；当事人办理过离婚登记的，申请补领时的婚姻状况因复婚发生改变的，不予补发离婚证。

第七十条 婚姻登记机关对不具备补发结婚证、离婚证受理条件的，不予受理。

第八章 监督与管理

第七十一条 各级民政部门应当建立监督检查制度，定期对本级民政部门设立的婚姻登记处和下级婚姻登记机关进行监督检查。

第七十二条 婚姻登记机关及其婚姻登记员有下列行为之一的，对直接负责的主管人员和其他直接责任人员依法给予行政处分：

（一）为不符合婚姻登记条件的当事人办理婚姻登记的；

（二）违反程序规定办理婚姻登记、发放婚姻登记证、撤销婚姻的；

（三）要求当事人提交《婚姻登记条例》和本规范规定以外的证件材料的；

（四）擅自提高收费标准或者增加收费项目的；

（五）玩忽职守造成婚姻登记档案损毁的；

（六）购买使用伪造婚姻证书的；

（七）违反规定应用婚姻登记信息系统的。

第七十三条 婚姻登记员违反规定办理婚姻登记，给当事人造成严重后果的，应当由婚姻登记机关承担对当事人的赔偿责任，并对承办人员进行追偿。

第七十四条 婚姻登记证使用单位不得使用非上级民政部门提供的婚姻登记证。各级民政部门发现本行政区域内有使用非上级民政部门提供的婚姻登记证的，应当予以没收，并追究相关责任人的法律责任和行政责任。

第七十五条 婚姻登记机关发现婚姻登记证有质量问题时，应当及时书面报告省级人民政府民政部门或者国务院民政部门。

第七十六条 人民法院作出与婚姻相关的判决、裁定和调解后，当事人将生效司法文书送婚姻登记机关的，婚姻登记机关应当将司法文书复印件存档并将相关信息录入婚姻登记信息系统。

婚姻登记机关应当加强与本地区人民法院的婚姻信息共享工作，完善婚姻信息数据库。

第九章 附 则

第七十七条 本规范规定的当事人无配

偶声明或者证明,自出具之日起 6 个月内有效。

第七十八条 县级或县级以上人民政府民政部门办理婚姻登记的,"结婚证字号"填写式样为"Jaaaaaa－bbbb－ccccccc"(其中"aaaaaa"为 6 位行政区划代码,"bbbb"为当年年号,"cccccc"为当年办理婚姻登记的序号)。"离婚证字号"开头字符为"L"。"补发结婚证字号"开头字符为"BJ"。"补发离婚证字号"开头字符为"BL"。

县级人民政府民政部门设立多个婚姻登记巡回点的,由县级人民政府民政部门明确字号使用规则,规定各登记点使用号段。

乡(镇)人民政府办理婚姻登记的,行政区划代码由 6 位改为 9 位(在县级区划代码后增加三位乡镇代码),其他填写方法与上述规定一致。

对为方便人民群众办理婚姻登记、在行政区划单位之外设立的婚姻登记机关,其行政区划代码由省级人民政府民政部门按照前四位取所属地级市行政区划代码前四位,五六位为序号(从 61 开始,依次为 62、63、……、99)的方式统一编码。

第七十九条 当事人向婚姻登记机关提交的"本人无配偶证明"等材料是外国语言文字的,应当翻译成中文。当事人未提交中文译文的,视为未提交该文件。婚姻登记机关可以接受中国驻外国使领馆或有资格的翻译机构出具的翻译文本。

第八十条 本规范自 2016 年 2 月 1 日起实施。

附件:

1. 申请结婚登记声明书(略)
2. 结婚登记审查处理表(略)
3. 申请补办结婚登记声明书(略)
4. 不予办理结婚登记告知书(略)
5. 撤销婚姻申请书(略)
6. 关于撤销×××与×××婚姻的决定(略)
7. 申请离婚登记声明书(略)
8. 离婚登记审查处理表(略)
9. 不予办理离婚登记告知书(略)
10. 申请补领婚姻登记证声明书(略)
11. 补发婚姻登记证审查处理表(略)

民政部关于贯彻落实《中华人民共和国民法典》中有关婚姻登记规定的通知

(2020 年 11 月 24 日　民发〔2020〕116 号)

各省、自治区、直辖市民政厅(局),各计划单列市民政局,新疆生产建设兵团民政局:

《中华人民共和国民法典》(以下简称《民法典》)将于 2021 年 1 月 1 日起施行。根据《民法典》规定,对婚姻登记有关程序等作出如下调整:

一、婚姻登记机关不再受理因胁迫结婚请求撤销业务

《民法典》第一千零五十二条第一款规定:"因胁迫结婚的,受胁迫的一方可以向人民法院请求撤销婚姻。"因此,婚姻登记机关不再受理因胁迫结婚的撤销婚姻申请,《婚姻登记工作规范》第四条第三款、第五章废止,删除第十四条第(五)项中"及可撤销婚姻"、第二十五条第(二)项中"撤销受胁迫婚姻"及第七十二条第(二)项中"撤销婚姻"表述。

二、调整离婚登记程序

根据《民法典》第一千零七十六条、第一千零七十七条和第一千零七十八条规定,离婚登记按如下程序办理:

(一)申请。夫妻双方自愿离婚的,应当签订书面离婚协议,共同到有管辖权的婚姻登记机关提出申请,并提供以下证件和证明材料:

1. 内地婚姻登记机关或者中国驻外使(领)馆颁发的结婚证;

2. 符合《婚姻登记工作规范》第二十九条至第三十五条规定的有效身份证件;

3. 在婚姻登记机关现场填写的《离婚登记申请书》。

(二)受理。婚姻登记机关按照《婚姻登记工作规范》有关规定对当事人提交的上述材料进行初审。

申请办理离婚登记的当事人有一本结婚证丢失的,当事人应当书面声明遗失,婚姻登记机关可以根据另一本结婚证受理离婚登记申请;申请办理离婚登记的当事人两本结婚证都丢失的,当事人应当书面声明结婚证遗失并提供加盖查档专用章的结婚登记档案复印件,婚姻登记机关可根据当事人提供的上述材料受理离婚登记申请。

婚姻登记机关对当事人提交的证件和证明材料初审无误后,发给《离婚登记申请受理回执单》。不符合离婚登记申请条件的,不予受理。当事人要求出具《不予受理离婚登记申请告知书》的,应当出具。

(三)冷静期。自婚姻登记机关收到离婚登记申请并向当事人发放《离婚登记申请受理回执单》之日起三十日内(自婚姻登记机关收到离婚登记申请之日的次日开始计算期间,期间的最后一日是法定休假日的,以法定休假日结束的次日为期间的最后一日),任何一方不愿意离婚的,可以持本人有效身份证件和《离婚登记申请受理回执单》(遗失的可不提供,但需书面说明情况),向受理离婚登记申请的婚姻登记机关撤回离婚登记申请,并亲自填写《撤回离婚登记申请书》。经婚姻登记机关核实无误后,发给《撤回离婚登记申请确认单》,并将《离婚登记申请书》、《撤回离婚登记申请书》与《撤回离婚登记申请确认单(存根联)》一并存档。

自离婚冷静期届满后三十日内(自冷静期届满日的次日开始计算期间,期间的最后一日是法定休假日的,以法定休假日结束的次日为期间的最后一日),双方未共同到婚姻登记机关申请发给离婚证的,视为撤回离婚登记申请。

(四)审查。自离婚冷静期届满后三十日内(自冷静期届满日的次日开始计算期间,期间的最后一日是法定休假日的,以法定休假日结束的次日为期间的最后一日),双方当事人应当持《婚姻登记工作规范》第五十五条第(四)至(七)项规定的证件和材料,共同到婚姻登记机关申请发给离婚证。

婚姻登记机关按照《婚姻登记工作规范》第五十六条和第五十七条规定的程序和条件执行和审查。婚姻登记机关对不符合离婚登记条件的,不予办理。当事人要求出具《不予办理离婚登记告知书》的,应当出具。

(五)登记(发证)。婚姻登记机关按照《婚姻登记工作规范》第五十八条至六十条规定,予以登记,发给离婚证。

离婚协议书一式三份,男女双方各一份并自行保存,婚姻登记机关存档一份。婚姻登记机关在当事人持有的两份离婚协议书上加盖"此件与存档件一致,涂改无效。××××婚姻登记处××××年××月××日"的长方形红色印章并填写日期。多页离婚协议书同时在骑缝处加盖此印章,骑缝处不填写日期。当事人亲自签订的离婚协议书原件存档。婚姻登记机关在存档的离婚协议书加盖"××××婚姻登记处存档件××××年××月××日"的长方形红色印章并填写日期。

三、离婚登记档案归档

婚姻登记机关应当按照《婚姻登记档案管理办法》规定建立离婚登记档案,形成电子档案。

归档材料应当增加离婚登记申请环节所有材料(包括撤回离婚登记申请和视为撤回离婚登记申请的所有材料)。

四、工作要求

（一）加强宣传培训。要将本《通知》纳入信息公开的范围，将更新后的婚姻登记相关规定和工作程序及时在相关网站、婚姻登记场所公开，让群众知悉婚姻登记的工作流程和工作要求，最大限度做到便民利民。要抓紧开展教育培训工作，使婚姻登记员及时掌握《通知》的各项规定和要求，确保婚姻登记工作依法依规开展。

（二）做好配套衔接。加快推进本地区相关配套制度的"废改立"工作，确保与本《通知》的规定相一致。做好婚姻登记信息系统的升级，及时将离婚登记的申请、撤回等环节纳入信息系统，确保与婚姻登记程序有效衔接。

（三）强化风险防控。要做好分析研判，对《通知》实施过程中可能出现的风险和问题要有应对措施，确保矛盾问题得到及时处置。要健全请示报告制度，在《通知》执行过程中遇到的重要问题和有关情况，及时报告民政部。

本通知自 2021 年 1 月 1 日起施行。《民政部关于印发〈婚姻登记工作规范〉的通知》（民发〔2015〕230 号）中与本《通知》不一致的，以本《通知》为准。

婚姻登记档案管理办法

（2006 年 1 月 23 日民政部、国家档案局令第 32 号公布　自公布之日起施行）

第一条　为规范婚姻登记档案管理，维护婚姻当事人的合法权益，根据《中华人民共和国档案法》和《婚姻登记条例》，制定本办法。

第二条　婚姻登记档案是婚姻登记机关在办理结婚登记、撤销婚姻、离婚登记、补发婚姻登记证的过程中形成的具有凭证作用的各种记录。

第三条　婚姻登记主管部门对婚姻登记档案工作实行统一领导，分级管理，并接受同级地方档案行政管理部门的监督和指导。

第四条　婚姻登记机关应当履行下列档案工作职责：

（一）及时将办理完毕的婚姻登记材料收集、整理、归档；

（二）建立健全各项规章制度，确保婚姻登记档案的齐全完整；

（三）采用科学的管理方法，提高婚姻登记档案的保管水平；

（四）办理查档服务，出具婚姻登记记录证明，告知婚姻登记档案的存放地；

（五）办理婚姻登记档案的移交工作。

第五条　办理结婚登记（含复婚、补办结婚登记，下同）形成的下列材料应当归档：

（一）《结婚登记审查处理表》；

（二）《申请结婚登记声明书》或者《申请补办结婚登记声明书》；

（三）香港特别行政区居民、澳门特别行政区居民、台湾地区居民、出国人员、华侨以及外国人提交的《婚姻登记条例》第五条规定的各种证明材料（含翻译材料）；

（四）当事人身份证件（从《婚姻登记条例》第五条规定，下同）复印件；

（五）其他有关材料。

第六条　办理撤销婚姻形成的下列材料应当归档：

（一）婚姻登记机关关于撤销婚姻的决定；

（二）《撤销婚姻申请书》；

（三）当事人的结婚证原件；

（四）公安机关出具的当事人被拐卖、解救证明，或者人民法院作出的能够证明当事人被胁迫结婚的判决书；

（五）当事人身份证件复印件；

（六）其他有关材料。

第七条 办理离婚登记形成的下列材料应当归档：

（一）《离婚登记审查处理表》；

（二）《申请离婚登记声明书》；

（三）当事人结婚证复印件；

（四）当事人离婚协议书；

（五）当事人身份证件复印件；

（六）其他有关材料。

第八条 办理补发婚姻登记证形成的下列材料应当归档：

（一）《补发婚姻登记证审查处理表》；

（二）《申请补领婚姻登记证声明书》；

（三）婚姻登记档案保管部门出具的婚姻登记档案记录证明或者其他有关婚姻状况的证明；

（四）当事人身份证件复印件；

（五）当事人委托办理时提交的经公证机关公证的当事人身份证件复印件和委托书，受委托人本人的身份证件复印件；

（六）其他有关材料。

第九条 婚姻登记档案按照年度—婚姻登记性质分类。婚姻登记性质分为结婚登记类、撤销婚姻类、离婚登记类和补发婚姻登记证类四类。

人民法院宣告婚姻无效或者撤销婚姻的判决书副本归入撤销婚姻类档案。

婚姻无效或者撤销婚姻的，应当在当事人原婚姻登记档案的《结婚登记审查处理表》的"备注"栏中注明有关情况及相应的撤销婚姻类档案的档号。

第十条 婚姻登记材料的立卷归档应当遵循下列原则与方法：

（一）婚姻登记材料按照年度归档。

（二）一对当事人婚姻登记材料组成一卷。

（三）卷内材料分别按本办法第五、六、七、八条规定的顺序排列；

（四）以有利于档案保管和利用的方法固定案卷。

（五）按本办法第九条的规定对案卷进行分类，并按照办理婚姻登记的时间顺序排列。

（六）在卷内文件首页上端的空白处加盖归档章（见附件1），并填写有关内容。归档章设置全宗号、年度、室编卷号、馆编卷号和页数等项目。

全宗号：档案馆给立档单位编制的代号。

年度：案卷的所属年度。

室编卷号：案卷排列的顺序号，每年每个类别分别从"1"开始标注。

馆编卷号：档案移交时按进馆要求编制。

页数：卷内材料有文字的页面数。

（七）按室编卷号的顺序将婚姻登记档案装入档案盒，并填写档案盒封面、盒脊和备考表的项目。

档案盒封面应标明全宗名称和婚姻登记处名称（见附件2）。

档案盒盒脊设置全宗号、年度、婚姻登记性质、起止卷号和盒号等项目（见附件3）。其中，起止卷号填写盒内第一份案卷和最后一份案卷的卷号，中间用"—"号连接；盒号即档案盒的排列顺序号，在档案移交时按进馆要求编制。

备考表置于盒内，说明本盒档案的情况，并填写整理人、检查人和日期（见附件4）。

（八）按类别分别编制婚姻登记档案目录（见附件5）。

（九）每年的婚姻登记档案目录加封面后装订成册，一式三份，并编制目录号（见附件6）。

第十一条 婚姻登记材料的归档要求：

（一）当年的婚姻登记材料应当在次年的3月31日前完成立卷归档；

（二）归档的婚姻登记材料必须齐全完整，案卷规范、整齐，复印件一律使用A4规格的复印纸，复印件和照片应当图像清晰；

（三）归档章、档案盒封面、盒脊、备考表等项目，使用蓝黑墨水或碳素墨水钢笔填写；婚姻登记档案目录应当打印；备考表和档案目录一律使用A4规格纸张。

第十二条 使用计算机办理婚姻登记所形成的电子文件，应当与纸质文件一并归档，归档要求参照《电子文件归档与管理规范》（GB/T18894-2002）。

第十三条 婚姻登记档案的保管期限为100年。对有继续保存价值的可以延长保管期限直至永久。

第十四条 婚姻登记档案应当按照下列规定进行移交：

（一）县级（含）以上地方人民政府民政部门形成的婚姻登记档案，应当在本单位档案部门保管一定时期后向同级国家档案馆移交，具体移交时间由双方商定。

（二）具有办理婚姻登记职能的乡（镇）人民政府形成的婚姻登记档案应当向乡（镇）档案部门移交，具体移交时间从乡（镇）的规定。

乡（镇）人民政府应当将每年的婚姻登记档案目录副本向上一级人民政府民政部门报送。

（三）被撤销或者合并的婚姻登记机关的婚姻登记档案应当按照前两款的规定及时移交。

第十五条 婚姻登记档案的利用应当遵守下列规定：

（一）婚姻登记档案保管部门应当建立档案利用制度，明确办理程序，维护当事人的合法权益；

（二）婚姻登记机关可以利用本机关移交的婚姻登记档案；

（三）婚姻当事人持有合法身份证件，可以查阅本人的婚姻登记档案；婚姻当事人因故不能亲自前往查阅的，可以办理授权委托书，委托他人代为办理，委托书应当经公证机关公证；

（四）人民法院、人民检察院、公安和安全部门为确认当事人的婚姻关系，持单位介绍信可以查阅婚姻登记档案；律师及其他诉讼代理人在诉讼过程中，持受理案件的法院出具的证明材料及本人有效证件可以查阅与诉讼有关的婚姻登记档案；

（五）其他单位、组织和个人要求查阅婚姻登记档案的，婚姻登记档案保管部门在确认其利用目的合理的情况下，经主管领导审核，可以利用；

（六）利用婚姻登记档案的单位、组织和个人，不得公开婚姻登记档案的内容，不得损害婚姻登记当事人的合法权益；

（七）婚姻登记档案不得外借，仅限于当场查阅；复印的婚姻登记档案需加盖婚姻登记档案保管部门的印章方为有效。

第十六条 婚姻登记档案的鉴定销毁应当符合下列要求：

（一）婚姻登记档案保管部门对保管期限到期的档案要进行价值鉴定，对无保存价值的予以销毁，但婚姻登记档案目录应当永久保存。

（二）对销毁的婚姻登记档案应当建立销毁清册，载明销毁档案的时间、种类和数量，并永久保存。

（三）婚姻登记档案保管部门应当派人监督婚姻登记档案的销毁过程，确保销毁档案没有漏销或者流失，并在销毁清册上签字。

第十七条 本办法由民政部负责解释。

第十八条 本办法自公布之日起施行。

附件1. 归档章式样（略）

附件2. 档案盒封面式样（略）

附件3. 档案盒盒脊式样（略）

附件4. 备考表式样（略）

附件5. 婚姻登记档案目录式样（略）

附件6. 婚姻登记档案目录封面式样（略）

中国边民与毗邻国边民婚姻登记办法

（2012年8月8日民政部令第45号公布
自2012年10月1日起施行）

第一条 为规范边民婚姻登记工作,保护婚姻当事人的合法婚姻权益,根据《中华人民共和国婚姻法》、《婚姻登记条例》,制定本办法。

第二条 本办法所称边民是指中国与毗邻国边界线两侧县级行政区域内有当地常住户口的中国公民和外国人。中国与毗邻国就双方国家边境地区和边民的范围达成有关协议的,适用协议的规定。

第三条 本办法适用于中国边民与毗邻国边民在中国边境地区办理婚姻登记。

第四条 边民办理婚姻登记的机关是边境地区县级人民政府民政部门。

边境地区婚姻登记机关应当按照便民原则在交通不便的乡(镇)巡回登记。

第五条 中国边民与毗邻国边民在中国边境地区结婚,男女双方应当共同到中国一方当事人常住户口所在地的婚姻登记机关办理结婚登记。

第六条 办理结婚登记的中国边民应当出具下列证件、证明材料:

(一)本人的居民户口簿、居民身份证;

(二)本人无配偶以及与对方当事人没有直系血亲和三代以内旁系血亲关系的签字声明。

办理结婚登记的毗邻国边民应当出具下列证明材料:

(一)能够证明本人边民身份的有效护照、国际旅行证件或者边境地区出入境通行证件;

(二)所在国公证机构或者有权机关出具的、经中华人民共和国驻该国使(领)馆认证或者该国驻华使(领)馆认证的本人无配偶的证明,或者所在国驻华使(领)馆出具的本人无配偶的证明,或者由毗邻国边境地区与中国乡(镇)人民政府同级的政府出具的本人无配偶证明。

第七条 办理结婚登记的当事人有下列情形之一的,婚姻登记机关不予登记:

(一)未到中国法定结婚年龄的;

(二)非双方自愿的;

(三)一方或者双方已有配偶的;

(四)属于直系血亲或者三代以内旁系血亲的;

(五)患有医学上认为不应当结婚的疾病的。

第八条 婚姻登记机关应当对结婚登记当事人出具的证件、证明材料进行审查并询问相关情况,对当事人符合结婚条件的,应当当场予以登记,发给结婚证。对当事人不符合结婚条件不予登记的,应当向当事人说明理由。

第九条 男女双方补办结婚登记的,适用本办法关于结婚登记的规定。

第十条 未到婚姻登记机关办理结婚登记以夫妻名义同居生活的,不成立夫妻关系。

第十一条 因受胁迫结婚的,受胁迫的边民可以依据《中华人民共和国婚姻法》第十一条的规定向婚姻登记机关请求撤销其婚姻。受胁迫方应当出具下列证件、证明材料:

(一)本人的身份证件;

(二)结婚证;

(三)要求撤销婚姻的书面申请;

(四)公安机关出具或者人民法院作出的能够证明当事人被胁迫结婚的证明材料。

受胁迫方为毗邻国边民的,其身份证件包括能够证明边民身份的有效护照、国际旅行证件或者边境地区出入境通行证件。

婚姻登记机关经审查认为受胁迫结婚的情况属实且不涉及子女抚养、财产及债务问题的,应当撤销该婚姻,宣告结婚证作废。

第十二条 中国边民与毗邻国边民在中国边境地区自愿离婚的,应当共同到中国边民常住户口所在地的婚姻登记机关办理离婚登记。

第十三条 办理离婚登记的双方当事人应当出具下列证件、证明材料:

(一)本人的结婚证;

(二)双方当事人共同签署的离婚协议书。

除上述材料外,办理离婚登记的中国边民还需要提供本人的居民户口簿和居民身份证,毗邻国边民还需要提供能够证明边民身份的有效护照、国际旅行证件或者边境地区出入境通行证件。

离婚协议书应当载明双方当事人自愿离婚的意思表示以及对子女抚养、财产及债务处理等事项协商一致的意见。

第十四条 办理离婚登记的当事人有下列情形之一的,婚姻登记机关不予受理:

(一)未达成离婚协议的;

(二)属于无民事行为能力或者限制民事行为能力人的;

(三)其结婚登记不是在中国内地办理的。

第十五条 婚姻登记机关应当对离婚登记当事人出具的证件、证明材料进行审查并询问相关情况。对当事人确属自愿离婚,并已对子女抚养、财产、债务等问题达成一致处理意见的,应当场予以登记,发给离婚证。

第十六条 离婚的男女双方自愿恢复夫妻关系的,应当到婚姻登记机关办理复婚登记。复婚登记适用本办法关于结婚登记的规定。

第十七条 结婚证、离婚证遗失或者损毁的,中国边民可以持居民户口簿、居民身份证,毗邻国边民可以持能够证明边民身份的有效护照、国际旅行证件或者边境地区出入境通行证向原办理婚姻登记的机关或者中国一方当事人常住户口所在地的婚姻登记机关申请补领。婚姻登记机关对当事人的婚姻登记档案进行查证,确认属实的,应当为当事人补发结婚证、离婚证。

第十八条 本办法自2012年10月1日起施行。1995年颁布的《中国与毗邻国边民婚姻登记管理试行办法》(民政部令第1号)同时废止。

最高人民法院关于内地与香港特别行政区法院相互认可和执行婚姻家庭民事案件判决的安排

(2017年5月22日最高人民法院审判委员会第1718次会议通过 2022年2月14日最高人民法院公告公布 自2022年2月15日起施行 法释〔2022〕4号)

根据《中华人民共和国香港特别行政区基本法》第九十五条的规定,最高人民法院与香港特别行政区政府经协商,现就婚姻家庭民事案件判决的认可和执行问题作出如下安排。

第一条 当事人向香港特别行政区法院申请认可和执行内地人民法院就婚姻家庭民事案件作出的生效判决,或者向内地人民法院申请认可和执行香港特别行政区法院就婚姻家庭民事案件作出的生效判决的,适用本安排。

当事人向香港特别行政区法院申请认可内地民政部门所发的离婚证,或者向内地人民法院申请认可依据《婚姻制度改革条例》(香港法例第178章)第Ⅴ部、第ⅤA部规定解除婚姻的协议书、备忘录的,参照适用本安排。

第二条 本安排所称生效判决：

（一）在内地，是指第二审判决，依法不准上诉或者超过法定期限没有上诉的第一审判决，以及依照审判监督程序作出的上述判决；

（二）在香港特别行政区，是指终审法院、高等法院上诉法庭及原讼法庭和区域法院作出的已经发生法律效力的判决，包括依据香港法律可以在生效后作出更改的命令。

前款所称判决，在内地包括判决、裁定、调解书，在香港特别行政区包括判决、命令、判令、讼费评定证明书、定额讼费证明书，但不包括双方依据其法律承认的其他国家和地区法院作出的判决。

第三条 本安排所称婚姻家庭民事案件：

（一）在内地是指：

1. 婚内夫妻财产分割纠纷案件；

2. 离婚纠纷案件；

3. 离婚后财产纠纷案件；

4. 婚姻无效纠纷案件；

5. 撤销婚姻纠纷案件；

6. 夫妻财产约定纠纷案件；

7. 同居关系子女抚养纠纷案件；

8. 亲子关系确认纠纷案件；

9. 抚养纠纷案件；

10. 扶养纠纷案件（限于夫妻之间扶养纠纷）；

11. 确认收养关系纠纷案件；

12. 监护权纠纷案件（限于未成年子女监护权纠纷）；

13. 探望权纠纷案件；

14. 申请人身安全保护令案件。

（二）在香港特别行政区是指：

1. 依据香港法例第 179 章《婚姻诉讼条例》第 III 部作出的离婚绝对判令；

2. 依据香港法例第 179 章《婚姻诉讼条例》第 IV 部作出的婚姻无效绝对判令；

3. 依据香港法例第 192 章《婚姻法律程序与财产条例》作出的在讼案待决期间提供赡养费令；

4. 依据香港法例第 13 章《未成年人监护条例》、第 16 章《分居令及赡养令条例》、第 192 章《婚姻法律程序与财产条例》第 II 部、第 IIA 部作出的赡养令；

5. 依据香港法例第 13 章《未成年人监护条例》、第 192 章《婚姻法律程序与财产条例》第 II 部、第 IIA 部作出的财产转让及出售财产令；

6. 依据香港法例第 182 章《已婚者地位条例》作出的有关财产的命令；

7. 依据香港法例第 192 章《婚姻法律程序与财产条例》在双方在生时作出的修改赡养协议的命令；

8. 依据香港法例第 290 章《领养条例》作出的领养令；

9. 依据香港法例第 179 章《婚姻诉讼条例》、第 429 章《父母与子女条例》作出的父母身份、婚生地位或者确立婚生地位的宣告；

10. 依据香港法例第 13 章《未成年人监护条例》、第 16 章《分居令及赡养令条例》、第 192 章《婚姻法律程序与财产条例》作出的管养令；

11. 就受香港法院监护的未成年子女作出的管养令；

12. 依据香港法例第 189 章《家庭及同居关系暴力条例》作出的禁制骚扰令、驱逐令、重返令或者更改、暂停执行就未成年子女的管养令、探视令。

第四条 申请认可和执行本安排规定的判决：

（一）在内地向申请人住所地、经常居住地或者被申请人住所地、经常居住地、财产所在地的中级人民法院提出；

（二）在香港特别行政区向区域法院提出。

申请人应当向符合前款第一项规定的其

中一个人民法院提出申请。向两个以上有管辖权的人民法院提出申请的,由最先立案的人民法院管辖。

第五条 申请认可和执行本安排第一条第一款规定的判决的,应当提交下列材料:

(一)申请书;

(二)经作出生效判决的法院盖章的判决副本;

(三)作出生效判决的法院出具的证明书,证明该判决属于本安排规定的婚姻家庭民事案件生效判决;

(四)判决为缺席判决的,应当提交法院已经合法传唤当事人的证明文件,但判决已经对此予以明确说明或者缺席方提出申请的除外;

(五)经公证的身份证件复印件。

申请认可本安排第一条第二款规定的离婚证或者协议书、备忘录的,应当提交下列材料:

(一)申请书;

(二)经公证的离婚证复印件,或者经公证的协议书、备忘录复印件;

(三)经公证的身份证件复印件。

向内地人民法院提交的文件没有中文文本的,应当提交准确的中文译本。

第六条 申请书应当载明下列事项:

(一)当事人的基本情况,包括姓名、住所、身份证件信息、通讯方式等;

(二)请求事项和理由,申请执行的,还需提供被申请人的财产状况和财产所在地;

(三)判决是否已在其他法院申请执行和执行情况。

第七条 申请认可和执行判决的期间、程序和方式,应当依据被请求方法律的规定。

第八条 法院应当尽快审查认可和执行的请求,并作出裁定或者命令。

第九条 申请认可和执行的判决,被申请人提供证据证明有下列情形之一的,法院

审查核实后,不予认可和执行:

(一)根据原审法院地法律,被申请人未经合法传唤,或者虽经合法传唤但未获得合理的陈述、辩论机会的;

(二)判决是以欺诈方法取得的;

(三)被请求方法院受理相关诉讼后,请求方法院又受理就同一争议提起的诉讼并作出判决的;

(四)被请求方法院已经就同一争议作出判决,或者已经认可和执行其他国家和地区法院就同一争议所作出的判决的。

内地人民法院认为认可和执行香港特别行政区法院判决明显违反内地法律的基本原则或者社会公共利益,香港特别行政区法院认为认可和执行内地人民法院判决明显违反香港特别行政区法律的基本原则或者公共政策的,不予认可和执行。

申请认可和执行的判决涉及未成年子女的,在根据前款规定审查决定是否认可和执行时,应当充分考虑未成年子女的最佳利益。

第十条 被请求方法院不能对判决的全部判项予以认可和执行时,可以认可和执行其中的部分判项。

第十一条 对于香港特别行政区法院作出的判决,一方当事人已经提出上诉,内地人民法院审查核实后,可以中止认可和执行程序。经上诉,维持全部或者部分原判决的,恢复认可和执行程序;完全改变原判决的,终止认可和执行程序。

内地人民法院就已经作出的判决裁定再审的,香港特别行政区法院审查核实后,可以中止认可和执行程序。经再审,维持全部或者部分原判决的,恢复认可和执行程序;完全改变原判决的,终止认可和执行程序。

第十二条 在本安排下,内地人民法院作出的有关财产归一方所有的判项,在香港特别行政区将被视为命令一方向另一方转让该财产。

第十三条 被申请人在内地和香港特别行政区均有可供执行财产的,申请人可以分别向两地法院申请执行。

两地法院执行财产的总额不得超过判决确定的数额。应对方法院要求,两地法院应当相互提供本院执行判决的情况。

第十四条 内地与香港特别行政区法院相互认可和执行的财产给付范围,包括判决确定的给付财产和相应的利息、迟延履行金、诉讼费,不包括税收、罚款。

前款所称诉讼费,在香港特别行政区是指讼费评定证明书、定额讼费证明书核定或者命令支付的费用。

第十五条 被请求方法院就认可和执行的申请作出裁定或者命令后,当事人不服的,在内地可以于裁定送达之日起十日内向上一级人民法院申请复议,在香港特别行政区可以依据其法律规定提出上诉。

第十六条 在审理婚姻家庭民事案件期间,当事人申请认可和执行另一地法院就同一争议作出的判决的,应当受理。受理后,有关诉讼应当中止,待就认可和执行的申请作出裁定或者命令后,再视情终止或者恢复诉讼。

第十七条 审查认可和执行判决申请期间,当事人就同一争议提起诉讼的,不予受理;已经受理的,驳回起诉。

判决获得认可和执行后,当事人又就同一争议提起诉讼的,不予受理。

判决未获认可和执行的,申请人不得再次申请认可和执行,但可以就同一争议向被请求方法院提起诉讼。

第十八条 被请求方法院在受理认可和执行判决的申请之前或者之后,可以依据其法律规定采取保全或者强制措施。

第十九条 申请认可和执行判决的,应当依据被请求方有关诉讼收费的法律和规定交纳费用。

第二十条 内地与香港特别行政区法院自本安排生效之日起作出的判决,适用本安排。

第二十一条 本安排在执行过程中遇有问题或者需要修改的,由最高人民法院和香港特别行政区政府协商解决。

第二十二条 本安排自 2022 年 2 月 15 日起施行。

关于妥善处理以冒名顶替或者弄虚作假的方式办理婚姻登记问题的指导意见

(2021 年 11 月 18 日)

一、人民法院办理当事人冒名顶替或者弄虚作假婚姻登记类行政案件,应当根据案情实际,以促进问题解决、维护当事人合法权益为目的,依法立案、审理并作出裁判。

人民法院对当事人冒名顶替或者弄虚作假办理婚姻登记类行政案件,应当结合具体案情依法认定起诉期限;对被冒名顶替者或者其他当事人不属于其自身的原因耽误起诉期限的,被耽误的时间不计算在起诉期限内,但最长不得超过《中华人民共和国行政诉讼法》第四十六条第二款规定的起诉期限。

人民法院对相关事实进行调查认定后认为应当撤销婚姻登记的,应当及时向民政部门发送撤销婚姻登记的司法建议书。

二、人民检察院办理当事人冒名顶替或者弄虚作假婚姻登记类行政诉讼监督案件,应当依法开展调查核实,认为人民法院生效行政裁判确有错误的,应当依法提出监督纠正意见。可以根据案件实际情况,开展行政争议实质性化解工作。发现相关个人涉嫌犯罪的,应当依法移送线索、监督立案查处。

人民检察院根据调查核实认定情况、监督情况,认为婚姻登记存在错误应当撤销的,应当及时向民政部门发送检察建议书。

三、公安机关应当及时受理当事人冒名顶替或者弄虚作假婚姻登记的报案、举报,有证据证明存在违法犯罪事实,符合立案条件的,应当依法立案侦查。经调查属实的,依法依规认定处理并出具相关证明材料。

四、民政部门对于当事人反映身份信息被他人冒用办理婚姻登记,或者婚姻登记的一方反映另一方系冒名顶替、弄虚作假骗取婚姻登记的,应当及时将有关线索转交公安、司法等部门,配合相关部门做好调查处理。

民政部门收到公安、司法等部门出具的事实认定相关证明、情况说明、司法建议书、检察建议书等证据材料,应当对相关情况进行审核,符合条件的及时撤销相关婚姻登记。

民政部门决定撤销或者更正婚姻登记的,应当将撤销或者更正婚姻登记决定书于作出之日起15个工作日内送达当事人及利害关系人,同时抄送人民法院、人民检察院或者公安机关。

民政部门作出撤销或者更正婚姻登记决定后,应当及时在婚姻登记管理信息系统中备注说明情况并在附件中上传决定书。同时参照婚姻登记档案管理相关规定存档保管相关文书和证据材料。

五、民政部门应当根据《关于对婚姻登记严重失信当事人开展联合惩戒的合作备忘录》等文件要求,及时将使用伪造、变造或者冒用他人身份证件、户口簿、无配偶证明及其他证件、证明材料办理婚姻登记的当事人纳入婚姻登记领域严重失信当事人名单,由相关部门进行联合惩戒。

六、本指导意见所指当事人包括:涉案婚姻登记行为记载的自然人,使用伪造、变造的身份证件或者冒用他人身份证件办理婚姻登记的自然人,被冒用身份证件的自然人,其他

利害关系人。

七、本指导意见自印发之日起施行。法律法规、规章、司法解释有新规定的,从其规定。

(三)收 养

中国公民收养子女登记办法

(1999年5月12日国务院批准 1999年5月25日民政部令第14号发布 根据2019年3月2日《国务院关于修改部分行政法规的决定》第一次修订 根据2023年7月20日《国务院关于修改和废止部分行政法规的决定》第二次修订)

第一条 为了规范收养登记行为,根据《中华人民共和国民法典》(以下简称民法典),制定本办法。

第二条 中国公民在中国境内收养子女或者协议解除收养关系的,应当依照本办法的规定办理登记。

办理收养登记的机关是县级人民政府民政部门。

第三条 收养登记工作应当坚持中国共产党的领导,遵循最有利于被收养人的原则,保障被收养人和收养人的合法权益。

第四条 收养社会福利机构抚养的查找不到生父母的弃婴、儿童和孤儿的,在社会福利机构所在地的收养登记机关办理登记。

收养非社会福利机构抚养的查找不到生父母的弃婴和儿童的,在弃婴和儿童发现地的收养登记机关办理登记。

收养生父母有特殊困难无力抚养的子女或者由监护人监护的孤儿的,在被收养人生父母或者监护人常住户口所在地(组织作监

护人的,在该组织所在地)的收养登记机关办理登记。

收养三代以内同辈旁系血亲的子女,以及继父或者继母收养继子女的,在被收养人生父或者生母常住户口所在地的收养登记机关办理登记。

第五条 收养关系当事人应当亲自到收养登记机关办理成立收养关系的登记手续。

夫妻共同收养子女的,应当共同到收养登记机关办理登记手续;一方因故不能亲自前往的,应当书面委托另一方办理登记手续,委托书应当经过村民委员会或者居民委员会证明或者经过公证。

第六条 收养人应当向收养登记机关提交收养申请书和下列证件、证明材料:

(一)收养人的居民户口簿和居民身份证;

(二)由收养人所在单位或者村民委员会、居民委员会出具的本人婚姻状况和抚养教育被收养人的能力等情况的证明,以及收养人出具的子女情况声明;

(三)县级以上医疗机构出具的未患有在医学上认为不应当收养子女的疾病的身体健康检查证明。

收养查找不到生父母的弃婴、儿童的,并应当提交收养人经常居住地卫生健康主管部门出具的收养人生育情况证明;其中收养非社会福利机构抚养的查找不到生父母的弃婴、儿童,收养人应当提交下列证明材料:

(一)收养人经常居住地卫生健康主管部门出具的收养人生育情况证明;

(二)公安机关出具的捡拾弃婴、儿童报案的证明。

收养继子女的,可以只提交居民户口簿、居民身份证和收养人与被收养人生父或者生母结婚的证明。

对收养人出具的子女情况声明,登记机关可以进行调查核实。

第七条 送养人应当向收养登记机关提交下列证件和证明材料:

(一)送养人的居民户口簿和居民身份证(组织作监护人的,提交其负责人的身份证件);

(二)民法典规定送养时应当征得其他有抚养义务的人同意的,并提交其他有抚养义务的人同意送养的书面意见。

社会福利机构为送养人的,并应当提交弃婴、儿童进入社会福利机构的原始记录,公安机关出具的捡拾弃婴、儿童报案的证明,或者孤儿的生父母死亡或者宣告死亡的证明。

监护人为送养人的,并应当提交实际承担监护责任的证明,孤儿的父母死亡或者宣告死亡的证明,或者被收养人生父母无完全民事行为能力并对被收养人有严重危害的证明。

生父母为送养人,有特殊困难无力抚养子女的,还应当提交送养人有特殊困难的声明;因丧偶或者一方下落不明由单方送养的,还应当提交配偶死亡或者下落不明的证明。对送养人有特殊困难的声明,登记机关可以进行调查核实;子女由三代以内同辈旁系血亲收养的,还应当提交公安机关出具的或者经过公证的与收养人有亲属关系的证明。

被收养人是残疾儿童的,并应当提交县级以上医疗机构出具的该儿童的残疾证明。

第八条 收养登记机关收到收养登记申请书及有关材料后,应当自次日起30日内进行审查。对符合民法典规定条件的,为当事人办理收养登记,发给收养登记证,收养关系自登记之日起成立;对不符合民法典规定条件的,不予登记,并对当事人说明理由。

收养查找不到生父母的弃婴、儿童的,收养登记机关应当在登记前公告查找其生父母;自公告之日起满60日,弃婴、儿童的生父母或者其他监护人未认领的，视为查找不到生父母的弃婴、儿童。公告期间不计算在登记办理期限内。

第九条 收养关系成立后，需要为被收养人办理户口登记或者迁移手续的，由收养人持收养登记证到户口登记机关按照国家有关规定办理。

第十条 收养关系当事人协议解除收养关系的，应当持居民户口簿、居民身份证、收养登记证和解除收养关系的书面协议，共同到被收养人常住户口所在地的收养登记机关办理解除收养关系登记。

第十一条 收养登记机关收到解除收养关系登记申请书及有关材料后，应当自次日起30日内进行审查；对符合民法典规定的，为当事人办理解除收养关系的登记，收回收养登记证，发给解除收养关系证明。

第十二条 为收养关系当事人出具证明材料的组织，应当如实出具有关证明材料。出具虚假证明材料的，由收养登记机关没收虚假证明材料，并建议有关组织对直接责任人员给予批评教育，或者依法给予行政处分、纪律处分。

第十三条 收养关系当事人弄虚作假骗取收养登记的，收养关系无效，由收养登记机关撤销登记，收缴收养登记证。

第十四条 本办法规定的收养登记证、解除收养关系证明的式样，由国务院民政部门制订。

第十五条 华侨以及居住在香港、澳门、台湾地区的中国公民在内地收养子女的，申请办理收养登记的管辖以及所需要出具的证件和证明材料，按照国务院民政部门的有关规定执行。

第十六条 本办法自发布之日起施行。

外国人在中华人民共和国收养子女登记办法

（1999年5月12日国务院批准　1999年5月25日民政部令第15号发布　自发布之日起施行）

第一条 为了规范涉外收养登记行为，根据《中华人民共和国收养法》，制定本办法。

第二条 外国人在中华人民共和国境内收养子女（以下简称外国人在华收养子女），应当依照本办法办理登记。

收养人夫妻一方为外国人，在华收养子女，也应当依照本办法办理登记。

第三条 外国人在华收养子女，应当符合中国有关收养法律的规定，并应当符合收养人所在国有关收养法律的规定；因收养人所在国法律的规定与中国法律的规定不一致而产生的问题，由两国政府有关部门协商处理。

第四条 外国人在华收养子女，应当通过所在国政府或者政府委托的收养组织（以下简称外国收养组织）向中国政府委托的收养组织（以下简称中国收养组织）转交收养申请并提交收养人的家庭情况报告和证明。

前款规定的收养人的收养申请、家庭情况报告和证明，是指由其所在国有权机构出具，经其所在国外交机关或者外交机关授权的机构认证，并经中华人民共和国驻该国使馆或者领馆认证的下列文件：

（一）跨国收养申请书；

（二）出生证明；

（三）婚姻状况证明；

（四）职业、经济收入和财产状况证明；

（五）身体健康检查证明；

（六）有无受过刑事处罚的证明；

（七）收养人所在国主管机关同意其跨国收养子女的证明；

（八）家庭情况报告，包括收养人的身份、收养的合格性和适当性、家庭状况和病史、收养动机以及适合于照顾儿童的特点等。

在华工作或者学习连续居住 1 年以上的外国人在华收养子女，应当提交前款规定的除身体健康检查证明以外的文件，并应当提交在华所在单位或者有关部门出具的婚姻状况证明，职业、经济收入或者财产状况证明，有无受过刑事处罚证明以及县级以上医疗机构出具的身体健康检查证明。

第五条 送养人应当向省、自治区、直辖市人民政府民政部门提交本人的居民户口簿和居民身份证（社会福利机构作送养人的，应当提交其负责人的身份证件）、被收养人的户籍证明等情况证明，并根据不同情况提交下列有关证明材料：

（一）被收养人的生父母（包括已经离婚的）为送养人的，应当提交生父母有特殊困难无力抚养的证明和生父母双方同意送养的书面意见；其中，被收养人的生父或者生母因丧偶或者一方下落不明，由单方送养的，并应当提交配偶死亡或者下落不明的证明以及死亡的或者下落不明的配偶的父母不行使优先抚养权的书面声明；

（二）被收养人的父母均不具备完全民事行为能力，由被收养人的其他监护人作送养人的，应当提交被收养人的父母不具备完全民事行为能力且对被收养人有严重危害的证明以及监护人有监护权的证明；

（三）被收养人的父母均已死亡，由被收养人的监护人作送养人的，应当提交其生父母的死亡证明、监护人实际承担监护责任的证明，以及其他有抚养义务的人同意送养的书面意见；

（四）由社会福利机构作送养人的，应当提交弃婴、儿童被遗弃和发现的情况证明以及查找其父母或者其他监护人的情况证明；被收养人是孤儿的，应当提交孤儿父母的死亡或者宣告死亡证明，以及有抚养孤儿义务的其他人同意送养的书面意见。

送养残疾儿童的，还应当提交县级以上医疗机构出具的该儿童的残疾证明。

第六条 省、自治区、直辖市人民政府民政部门应当对送养人提交的证件和证明材料进行审查，对查找不到生父母的弃婴和儿童公告查找其生父母；认为被收养人、送养人符合收养法规定条件的，将符合收养法规定的被收养人、送养人名单通知中国收养组织，同时转交下列证件和证明材料：

（一）送养人的居民户口簿和居民身份证（社会福利机构作送养人的，为其负责人的身份证件）复制件；

（二）被收养人是弃婴或者孤儿的证明、户籍证明、成长情况报告和身体健康检查证明的复制件及照片。

省、自治区、直辖市人民政府民政部门查找弃婴或者儿童生父母的公告应当在省级地方报纸上刊登。自公告刊登之日起满 60 日，弃婴和儿童的生父母或者其他监护人未认领的，视为查找不到生父母的弃婴和儿童。

第七条 中国收养组织对外国收养人的收养申请和有关证明进行审查后，应当在省、自治区、直辖市人民政府民政部门报送的符合收养法规定条件的被收养人中，参照外国收养人的意愿，选择适当的被收养人，并将该被收养人及其送养人的有关情况通过外国政府或者外国收养组织送交外国收养人。外国收养人同意收养的，中国收养组织向其发出来华收养子女通知书，同时通知有关的省、自治区、直辖市人民政府民政部门向送养人发出被收养人已被同意收养的通知。

第八条 外国人来华收养子女，应当亲自来华办理登记手续。夫妻共同收养的，应当共同来华办理收养手续；一方因故不能来华的,应当书面委托另一方。委托书应当经所在国公证和认证。

第九条 外国人来华收养子女,应当与送养人订立书面收养协议。协议一式3份,收养人、送养人各执1份,办理收养登记手续时收养登记机关收存1份。

书面协议订立后,收养关系当事人应当共同到被收养人常住户口所在地的省、自治区、直辖市人民政府民政部门办理收养登记。

第十条 收养关系当事人办理收养登记时,应当填写外国人来华收养子女登记申请书并提交收养协议,同时分别提供有关材料。

收养人应当提供下列材料:

(一)中国收养组织发出的来华收养子女通知书;

(二)收养人的身份证件和照片。

送养人应当提供下列材料:

(一)省、自治区、直辖市人民政府民政部门发出的被收养人已被同意收养的通知;

(二)送养人的居民户口簿和居民身份证(社会福利机构作送养人的,为其负责人的身份证件)、被收养人的照片。

第十一条 收养登记机关收到外国人来华收养子女登记申请书和收养人、被收养人及其送养人的有关材料后,应当自次日起7日内进行审查,对符合本办法第十条规定的,为当事人办理收养登记,发给收养登记证书。收养关系自登记之日起成立。

收养登记机关应当将登记结果通知中国收养组织。

第十二条 收养关系当事人办理收养登记后,各方或者一方要求办理收养公证的,应当到收养登记地的具有办理涉外公证资格的公证机构办理收养公证。

第十三条 被收养人出境前,收养人应当凭收养登记证书到收养登记地的公安机关为被收养人办理出境手续。

第十四条 外国人在华收养子女,应当向登记机关交纳登记费。登记费的收费标准按照国家有关规定执行。

中国收养组织是非营利性公益事业单位,为外国收养人提供收养服务,可以收取服务费。服务费的收费标准按照国家有关规定执行。

为抚养在社会福利机构生活的弃婴和儿童,国家鼓励外国收养人、外国收养组织向社会福利机构捐赠。受赠的社会福利机构必须将捐赠财物全部用于改善所抚养的弃婴和儿童的养育条件,不得挪作它用,并应当将捐赠财物的使用情况告知捐赠人。受赠的社会福利机构还应当接受有关部门的监督,并应当将捐赠的使用情况向社会公布。

第十五条 中国收养组织的活动受国务院民政部门监督。

第十六条 本办法自发布之日起施行。1993年11月3日国务院批准,1993年11月10日司法部、民政部发布的《外国人在中华人民共和国收养子女实施办法》同时废止。

(四)继 承

最高人民法院关于适用《中华人民共和国民法典》继承编的解释(一)

(2020年12月25日最高人民法院审判委员会第1825次会议通过 2020年12月29日最高人民法院公告公布 自2021年1月1日起施行 法释〔2020〕23号)

为正确审理继承纠纷案件,根据《中华人民共和国民法典》等相关法律规定,结合审判实践,制定本解释。

一、一般规定

第一条 继承从被继承人生理死亡或者被宣告死亡时开始。

宣告死亡的,根据民法典第四十八条规定确定的死亡日期,为继承开始的时间。

第二条 承包人死亡时尚未取得承包收益的,可以将死者生前对承包所投入的资金和所付出的劳动及其增值和孳息,由发包单位或者接续承包合同的人合理折价、补偿。其价额作为遗产。

第三条 被继承人生前与他人订有遗赠扶养协议,同时又立有遗嘱的,继承开始后,如果遗赠扶养协议与遗嘱没有抵触,遗产分别按协议和遗嘱处理;如果有抵触,按协议处理,与协议抵触的遗嘱全部或者部分无效。

第四条 遗嘱继承人依遗嘱取得遗产后,仍有权依照民法典第一千一百三十条的规定取得遗嘱未处分的遗产。

第五条 在遗产继承中,继承人之间因是否丧失继承权发生纠纷,向人民法院提起诉讼的,由人民法院依据民法典第一千一百二十五条的规定,判决确认其是否丧失继承权。

第六条 继承人是否符合民法典第一千一百二十五条第一款第三项规定的"虐待被继承人情节严重",可以从实施虐待行为的时间、手段、后果和社会影响等方面认定。

虐待被继承人情节严重的,不论是否追究刑事责任,均可确认其丧失继承权。

第七条 继承人故意杀害被继承人的,不论是既遂还是未遂,均应当确认其丧失继承权。

第八条 继承人有民法典第一千一百二十五条第一款第一项或者第二项所列之行为,而被继承人以遗嘱将遗产指定由该继承人继承的,可以确认遗嘱无效,并确认该继承人丧失继承权。

第九条 继承人伪造、篡改、隐匿或者销毁遗嘱,侵害了缺乏劳动能力又无生活来源的继承人的利益,并造成其生活困难的,应当认定为民法典第一千一百二十五条第一款第四项规定的"情节严重"。

二、法定继承

第十条 被收养人对养父母尽了赡养义务,同时又对生父母扶养较多的,除可以依照民法典第一千一百二十七条的规定继承养父母的遗产外,还可以依照民法典第一千一百三十一条的规定分得生父母适当的遗产。

第十一条 继子女继承了继父母遗产的,不影响其继承生父母的遗产。

继父母继承了继子女遗产的,不影响其继承生子女的遗产。

第十二条 养子女与生子女之间、养子女与养子女之间,系养兄弟姐妹,可以互为第二顺序继承人。

被收养人与其亲兄弟姐妹之间的权利义务关系,因收养关系的成立而消除,不能互为第二顺序继承人。

第十三条 继兄弟姐妹之间的继承权,因继兄弟姐妹之间的扶养关系而发生。没有扶养关系的,不能互为第二顺序继承人。

继兄弟姐妹之间相互继承了遗产的,不影响其继承亲兄弟姐妹的遗产。

第十四条 被继承人的孙子女、外孙子女、曾孙子女、外曾孙子女都可以代位继承,代位继承人不受辈数的限制。

第十五条 被继承人的养子女、已形成扶养关系的继子女的生子女可以代位继承;被继承人亲生子女的养子女可以代位继承;被继承人养子女的养子女可以代位继承;与被继承人已形成扶养关系的继子女的养子女也可以代位继承。

第十六条 代位继承人缺乏劳动能力又没有生活来源,或者对被继承人尽过主要赡养义务的,分配遗产时,可以多分。

第十七条 继承人丧失继承权的,其晚辈直系血亲不得代位继承。如该代位继承人缺乏劳动能力又没有生活来源,或者对被继承人尽赡养义务较多的,可以适当分给遗产。

第十八条 丧偶儿媳对公婆、丧偶女婿对岳父母,无论其是否再婚,依照民法典第一千一百二十九条规定作为第一顺序继承人时,不影响其子女代位继承。

第十九条 对被继承人生活提供了主要经济来源,或者在劳务等方面给予了主要扶助的,应当认定其尽了主要赡养义务或主要扶养义务。

第二十条 依照民法典第一千一百三十一条规定可以分给适当遗产的人,分给他们遗产时,按具体情况可以多于或者少于继承人。

第二十一条 依照民法典第一千一百三十一条规定可以分给适当遗产的人,在其依法取得被继承人遗产的权利受到侵犯时,本人有权以独立的诉讼主体资格向人民法院提起诉讼。

第二十二条 继承人有扶养能力和扶养条件,愿意尽扶养义务,但被继承人因有固定收入和劳动能力,明确表示不要求其扶养的,分配遗产时,一般不应因此而影响其继承份额。

第二十三条 有扶养能力和扶养条件的继承人虽然与被继承人共同生活,但对需要扶养的被继承人不尽扶养义务,分配遗产时,可以少分或者不分。

三、遗嘱继承和遗赠

第二十四条 继承人、受遗赠人的债权人、债务人,共同经营的合伙人,也应当视为与继承人、受遗赠人有利害关系,不能作为遗嘱的见证人。

第二十五条 遗嘱人未保留缺乏劳动能力又没有生活来源的继承人的遗产份额,遗产处理时,应当为该继承人留下必要的遗产,所剩余的部分,才可参照遗嘱确定的分配原则处理。

继承人是否缺乏劳动能力又没有生活来源,应当按遗嘱生效时该继承人的具体情况确定。

第二十六条 遗嘱人以遗嘱处分了国家、集体或者他人财产的,应当认定该部分遗嘱无效。

第二十七条 自然人在遗书中涉及死后个人财产处分的内容,确为死者的真实意思表示,有本人签名并注明了年、月、日,又无相反证据的,可以按自书遗嘱对待。

第二十八条 遗嘱人立遗嘱时必须具有完全民事行为能力。无民事行为能力人或者限制民事行为能力人所立的遗嘱,即使其本人后来具有完全民事行为能力,仍属无效遗嘱。遗嘱人立遗嘱时具有完全民事行为能力,后来成为无民事行为能力人或者限制民事行为能力人的,不影响遗嘱的效力。

第二十九条 附义务的遗嘱继承或者遗赠,如义务能够履行,而继承人、受遗赠人无正当理由不履行,经受益人或者其他继承人请求,人民法院可以取消其接受附义务部分遗产的权利,由提出请求的继承人或者受益人负责按遗嘱人的意愿履行义务,接受遗产。

四、遗产的处理

第三十条 人民法院在审理继承案件时,如果知道有继承人而无法通知的,分割遗产时,要保留其应继承的遗产,并确定该遗产的保管人或者保管单位。

第三十一条 应当为胎儿保留的遗产份

额没有保留的,应从继承人所继承的遗产中扣回。

为胎儿保留的遗产份额,如胎儿出生后死亡的,由其继承人继承;如胎儿娩出时是死体的,由被继承人的继承人继承。

第三十二条 继承人因放弃继承权,致其不能履行法定义务的,放弃继承权的行为无效。

第三十三条 继承人放弃继承应当以书面形式向遗产管理人或者其他继承人表示。

第三十四条 在诉讼中,继承人向人民法院以口头方式表示放弃继承的,要制作笔录,由放弃继承的人签名。

第三十五条 继承人放弃继承的意思表示,应当在继承开始后、遗产分割前作出。遗产分割后表示放弃的不再是继承权,而是所有权。

第三十六条 遗产处理前或者在诉讼进行中,继承人对放弃继承反悔的,由人民法院根据其提出的具体理由,决定是否承认。遗产处理后,继承人对放弃继承反悔的,不予承认。

第三十七条 放弃继承的效力,追溯到继承开始的时间。

第三十八条 继承开始后,受遗赠人表示接受遗赠,并于遗产分割前死亡的,其接受遗赠的权利转移给他的继承人。

第三十九条 由国家或者集体组织供给生活费用的烈属和享受社会救济的自然人,其遗产仍应准许合法继承人继承。

第四十条 继承人以外的组织或者个人与自然人签订遗赠扶养协议后,无正当理由不履行,导致协议解除的,不能享有受遗赠的权利,其支付的供养费用一般不予补偿;遗赠人无正当理由不履行,导致协议解除的,则应当偿还继承人以外的组织或者个人已支付的供养费用。

第四十一条 遗产因无人继承又无人受遗赠归国家或者集体所有制组织所有时,按照民法典第一千一百三十一条规定可以分给适当遗产的人提出取得遗产的诉讼请求,人民法院应当视情况适当分给遗产。

第四十二条 人民法院在分割遗产中的房屋、生产资料和特定职业所需要的财产时,应当依据有利于发挥其使用效益和继承人的实际需要,兼顾各继承人的利益进行处理。

第四十三条 人民法院对故意隐匿、侵吞或者争抢遗产的继承人,可以酌情减少其应继承的遗产。

第四十四条 继承诉讼开始后,如继承人、受遗赠人中有既不愿参加诉讼,又不表示放弃实体权利的,应当追加为共同原告;继承人已书面表示放弃继承、受遗赠人在知道受遗赠后六十日内表示放弃受遗赠或者到期没有表示的,不再列为当事人。

五、附 则

第四十五条 本解释自 2021 年 1 月 1 日起施行。

六、侵权责任

（一）综　合

最高人民法院关于确定民事侵权精神损害赔偿责任若干问题的解释

（2001年2月26日最高人民法院审判委员会第1161次会议通过　根据2020年12月23日最高人民法院审判委员会第1823次会议通过的《最高人民法院关于修改〈最高人民法院关于在民事审判工作中适用《中华人民共和国工会法》若干问题的解释〉等二十七件民事类司法解释的决定》修正　2020年12月29日最高人民法院公告公布）

为在审理民事侵权案件中正确确定精神损害赔偿责任，根据《中华人民共和国民法典》等有关法律规定，结合审判实践，制定本解释。

第一条　因人身权益或者具有人身意义的特定物受到侵害，自然人或者其近亲属向人民法院提起诉讼请求精神损害赔偿的，人民法院应当依法予以受理。

第二条　非法使被监护人脱离监护，导致亲子关系或者近亲属间的亲属关系遭受严重损害，监护人向人民法院起诉请求赔偿精神损害的，人民法院应当依法予以受理。

第三条　死者的姓名、肖像、名誉、荣誉、隐私、遗体、遗骨等受到侵害，其近亲属向人民法院提起诉讼请求精神损害赔偿的，人民法院应当依法予以支持。

第四条　法人或者非法人组织以名誉权、荣誉权、名称权遭受侵害为由，向人民法院起诉请求精神损害赔偿的，人民法院不予支持。

第五条　精神损害的赔偿数额根据以下因素确定：

（一）侵权人的过错程度，但是法律另有规定的除外；

（二）侵权行为的目的、方式、场合等具体情节；

（三）侵权行为所造成的后果；

（四）侵权人的获利情况；

（五）侵权人承担责任的经济能力；

（六）受理诉讼法院所在地的平均生活水平。

第六条　在本解释公布施行之前已经生效施行的司法解释，其内容有与本解释不一致的，以本解释为准。

侵权责任

最高人民法院关于审理人身损害赔偿案件适用法律若干问题的解释

（2003年12月4日最高人民法院审判委员会第1299次会议通过 根据2020年12月23日最高人民法院审判委员会第1823次会议通过的《最高人民法院关于修改〈最高人民法院关于在民事审判工作中适用《中华人民共和国工会法》若干问题的解释〉等二十七件民事类司法解释的决定》第一次修正 根据2022年2月15日最高人民法院审判委员会第1864次会议通过的《最高人民法院关于修改〈最高人民法院关于审理人身损害赔偿案件适用法律若干问题的解释〉的决定》第二次修正 2022年4月24日最高人民法院公告公布）

为正确审理人身损害赔偿案件，依法保护当事人的合法权益，根据《中华人民共和国民法典》《中华人民共和国民事诉讼法》等有关法律规定，结合审判实践，制定本解释。

第一条 因生命、身体、健康遭受侵害，赔偿权利人起诉请求赔偿义务人赔偿物质损害和精神损害的，人民法院应予受理。

本条所称"赔偿权利人"，是指因侵权行为或者其他致害原因直接遭受人身损害的受害人以及死亡受害人的近亲属。

本条所称"赔偿义务人"，是指因自己或者他人的侵权行为以及其他致害原因依法应当承担民事责任的自然人、法人或者非法人组织。

第二条 赔偿权利人起诉部分共同侵权人的，人民法院应当追加其他共同侵权人作为共同被告。赔偿权利人在诉讼中放弃对部分共同侵权人的诉讼请求的，其他共同侵权人对被放弃诉讼请求的被告应当承担的赔偿份额不承担连带责任。责任范围难以确定的，推定各共同侵权人承担同等责任。

人民法院应当将放弃诉讼请求的法律后果告知赔偿权利人，并将放弃诉讼请求的情况在法律文书中叙明。

第三条 依法应当参加工伤保险统筹的用人单位的劳动者，因工伤事故遭受人身损害，劳动者或者其近亲属向人民法院起诉请求用人单位承担民事赔偿责任的，告知其按《工伤保险条例》的规定处理。

因用人单位以外的第三人侵权造成劳动者人身损害，赔偿权利人请求第三人承担民事赔偿责任的，人民法院应予支持。

第四条 无偿提供劳务的帮工人，在从事帮工活动中致人损害的，被帮工人应当承担赔偿责任。被帮工人承担赔偿责任后向有故意或者重大过失的帮工人追偿的，人民法院应予支持。被帮工人明确拒绝帮工的，不承担赔偿责任。

第五条 无偿提供劳务的帮工人因帮工活动遭受人身损害的，根据帮工人和被帮工人各自的过错承担相应的责任；被帮工人明确拒绝帮工的，被帮工人不承担赔偿责任，但可以在受益范围内予以适当补偿。

帮工人在帮工活动中因第三人的行为遭受人身损害的，有权请求第三人承担赔偿责任，也有权请求被帮工人予以适当补偿。被帮工人补偿后，可以向第三人追偿。

第六条 医疗费根据医疗机构出具的医药费、住院费等收款凭证，结合病历和诊断证明等相关证据确定。赔偿义务人对治疗的必要性和合理性有异议的，应当承担相应的举证责任。

医疗费的赔偿数额，按照一审法庭辩论终结前实际发生的数额确定。器官功能恢复训练所必要的康复费、适当的整容费以及其他后续治疗费，赔偿权利人可以待实际发生后另行起诉。但根据医疗证明或者鉴定结论确定必然发生的费用，可以与已经发生的医疗费一并予以赔偿。

第七条 误工费根据受害人的误工时间和收入状况确定。

误工时间根据受害人接受治疗的医疗机构出具的证明确定。受害人因伤致残持续误工的，误工时间可以计算至定残日前一天。

受害人有固定收入的，误工费按照实际减少的收入计算。受害人无固定收入的，按照其最近三年的平均收入计算；受害人不能举证证明其最近三年的平均收入状况的，可以参照受诉法院所在地相同或者相近行业上一年度职工的平均工资计算。

第八条 护理费根据护理人员的收入状况和护理人数、护理期限确定。

护理人员有收入的，参照误工费的规定计算；护理人员没有收入或者雇佣护工的，参照当地护工从事同等级别护理的劳务报酬标准计算。护理人员原则上为一人，但医疗机构或者鉴定机构有明确意见的，可以参照确定护理人员人数。

护理期限应计算至受害人恢复生活自理能力时止。受害人因残疾不能恢复生活自理能力的，可以根据其年龄、健康状况等因素确定合理的护理期限，但最长不超过二十年。

受害人定残后的护理，应当根据其护理依赖程度并结合配制残疾辅助器具的情况确定护理级别。

第九条 交通费根据受害人及其必要的陪护人员因就医或者转院治疗实际发生的费用计算。交通费应当以正式票据为凭；有关凭据应当与就医地点、时间、人数、次数相符合。

第十条 住院伙食补助费可以参照当地国家机关一般工作人员的出差伙食补助标准予以确定。

受害人确有必要到外地治疗，因客观原因不能住院，受害人本人及其陪护人员实际发生的住宿费和伙食费，其合理部分应予赔偿。

第十一条 营养费根据受害人伤残情况参照医疗机构的意见确定。

第十二条 残疾赔偿金根据受害人丧失劳动能力程度或者伤残等级，按照受诉法院所在地上一年度城镇居民人均可支配收入标准，自定残之日起按二十年计算。但六十周岁以上的，年龄每增加一岁减少一年；七十五周岁以上的，按五年计算。

受害人因伤致残但实际收入没有减少，或者伤残等级较轻但造成职业妨害严重影响其劳动就业的，可以对残疾赔偿金作相应调整。

第十三条 残疾辅助器具费按照普通适用器具的合理费用标准计算。伤情有特殊需要的，可以参照辅助器具配制机构的意见确定相应的合理费用标准。

辅助器具的更换周期和赔偿期限参照配制机构的意见确定。

第十四条 丧葬费按照受诉法院所在地上一年度职工月平均工资标准，以六个月总额计算。

第十五条 死亡赔偿金按照受诉法院所在地上一年度城镇居民人均可支配收入标准，按二十年计算。但六十周岁以上的，年龄每增加一岁减少一年；七十五周岁以上的，按五年计算。

第十六条 被扶养人生活费计入残疾赔偿金或者死亡赔偿金。

第十七条 被扶养人生活费根据扶养人丧失劳动能力程度，按照受诉法院所在地上一年度城镇居民人均消费支出标准计算。被扶养人为未成年人的，计算至十八周岁；被扶养人无劳动能力又无其他生活来源的，计算二十年。但六十周岁以上的，年龄每增加一岁减少一年；七十五周岁以上的，按五年计算。

侵权责任

被扶养人是指受害人依法应当承担扶养义务的未成年人或者丧失劳动能力又无其他生活来源的成年近亲属。被扶养人还有其他扶养人的,赔偿义务人只赔偿受害人依法应当负担的部分。被扶养人有数人的,年赔偿总额累计不超过上一年度城镇居民人均消费支出额。

第十八条 赔偿权利人举证证明其住所地或者经常居住地城镇居民人均可支配收入高于受诉法院所在地标准的,残疾赔偿金或者死亡赔偿金可以按照其住所地或者经常居住地的相关标准计算。

被扶养人生活费的相关计算标准,依照前款原则确定。

第十九条 超过确定的护理期限、辅助器具费给付年限或者残疾赔偿金给付年限,赔偿权利人向人民法院起诉请求继续给付护理费、辅助器具费或者残疾赔偿金的,人民法院应予受理。赔偿权利人确需继续护理、配制辅助器具,或者没有劳动能力和生活来源的,人民法院应当判令赔偿义务人继续给付相关费用五至十年。

第二十条 赔偿义务人请求以定期金方式给付残疾赔偿金、辅助器具费的,应当提供相应的担保。人民法院可以根据赔偿义务人的给付能力和提供担保的情况,确定以定期金方式给付相关费用。但是,一审法庭辩论终结前已经发生的费用、死亡赔偿金以及精神损害抚慰金,应当一次性给付。

第二十一条 人民法院应当在法律文书中明确定期金的给付时间、方式以及每期给付标准。执行期间有关统计数据发生变化的,给付金额应当适时进行相应调整。

定期金按照赔偿权利人的实际生存年限给付,不受本解释有关赔偿期限的限制。

第二十二条 本解释所称"城镇居民人均可支配收入""城镇居民人均消费支出""职工平均工资",按照政府统计部门公布的各省、自治区、直辖市以及经济特区和计划单列市上一年度相关统计数据确定。

"上一年度",是指一审法庭辩论终结时的上一统计年度。

第二十三条 精神损害抚慰金适用《最高人民法院关于确定民事侵权精神损害赔偿责任若干问题的解释》予以确定。

第二十四条 本解释自2022年5月1日起施行。施行后发生的侵权行为引起的人身损害赔偿案件适用本解释。

本院以前发布的司法解释与本解释不一致的,以本解释为准。

(二)产品责任

中华人民共和国消费者权益保护法

(1993年10月31日第八届全国人民代表大会常务委员会第四次会议通过 根据2009年8月27日第十一届全国人民代表大会常务委员会第十次会议《关于修改部分法律的决定》第一次修正 根据2013年10月25日第十二届全国人民代表大会常务委员会第五次会议《关于修改〈中华人民共和国消费者权益保护法〉的决定》第二次修正)

第一章 总 则

第一条 【立法宗旨】为保护消费者的合法权益,维护社会经济秩序,促进社会主义市场经济健康发展,制定本法。

第二条 【本法调整对象——消费者】消费者为生活消费需要购买、使用商品或者接受服务,其权益受本法保护;本法未作规定的,受其他有关法律、法规保护。

第三条 【本法调整对象——经营者】经营者为消费者提供其生产、销售的商品或者提供服务，应当遵守本法；本法未作规定的，应当遵守其他有关法律、法规。

第四条 【交易原则】经营者与消费者进行交易，应当遵循自愿、平等、公平、诚实信用的原则。

第五条 【国家保护消费者合法权益的职能】国家保护消费者的合法权益不受侵害。

国家采取措施，保障消费者依法行使权利，维护消费者的合法权益。

国家倡导文明、健康、节约资源和保护环境的消费方式，反对浪费。

第六条 【全社会共同保护消费者合法权益原则】保护消费者的合法权益是全社会的共同责任。

国家鼓励、支持一切组织和个人对损害消费者合法权益的行为进行社会监督。

大众传播媒介应当做好维护消费者合法权益的宣传，对损害消费者合法权益的行为进行舆论监督。

第二章 消费者的权利

第七条 【安全保障权】消费者在购买、使用商品和接受服务时享有人身、财产安全不受损害的权利。

消费者有权要求经营者提供的商品和服务，符合保障人身、财产安全的要求。

第八条 【知情权】消费者享有知悉其购买、使用的商品或者接受的服务的真实情况的权利。

消费者有权根据商品或者服务的不同情况，要求经营者提供商品的价格、产地、生产者、用途、性能、规格、等级、主要成份、生产日期、有效期限、检验合格证明、使用方法说明书、售后服务，或者服务的内容、规格、费用等有关情况。

第九条 【选择权】消费者享有自主选择商品或者服务的权利。

消费者有权自主选择提供商品或者服务的经营者，自主选择商品品种或者服务方式，自主决定购买或者不购买任何一种商品、接受或者不接受任何一项服务。

消费者在自主选择商品或者服务时，有权进行比较、鉴别和挑选。

第十条 【公平交易权】消费者享有公平交易的权利。

消费者在购买商品或者接受服务时，有权获得质量保障、价格合理、计量正确等公平交易条件，有权拒绝经营者的强制交易行为。

第十一条 【获得赔偿权】消费者因购买、使用商品或者接受服务受到人身、财产损害的，享有依法获得赔偿的权利。

第十二条 【成立维权组织权】消费者享有依法成立维护自身合法权益的社会组织的权利。

第十三条 【获得知识权】消费者享有获得有关消费和消费者权益保护方面的知识的权利。

消费者应当努力掌握所需商品或者服务的知识和使用技能，正确使用商品，提高自我保护意识。

第十四条 【受尊重权及信息得到保护权】消费者在购买、使用商品和接受服务时，享有人格尊严、民族风俗习惯得到尊重的权利，享有个人信息依法得到保护的权利。

第十五条 【监督权】消费者享有对商品和服务以及保护消费者权益工作进行监督的权利。

消费者有权检举、控告侵害消费者权益的行为和国家机关及其工作人员在保护消费者权益工作中的违法失职行为，有权对保护消费者权益工作提出批评、建议。

第三章 经营者的义务

第十六条 【经营者义务】经营者向消费者提供商品或者服务,应当依照本法和其他有关法律、法规的规定履行义务。

经营者和消费者有约定的,应当按照约定履行义务,但双方的约定不得违背法律、法规的规定。

经营者向消费者提供商品或者服务,应当恪守社会公德,诚信经营,保障消费者的合法权益;不得设定不公平、不合理的交易条件,不得强制交易。

第十七条 【听取意见、接受监督的义务】经营者应当听取消费者对其提供的商品或者服务的意见,接受消费者的监督。

第十八条 【安全保障义务】经营者应当保证其提供的商品或者服务符合保障人身、财产安全的要求。对可能危及人身、财产安全的商品和服务,应当向消费者作出真实的说明和明确的警示,并说明和标明正确使用商品或者接受服务的方法以及防止危害发生的方法。

宾馆、商场、餐馆、银行、机场、车站、港口、影剧院等经营场所的经营者,应当对消费者尽到安全保障义务。

第十九条 【对存在缺陷的产品和服务及时采取措施的义务】经营者发现其提供的商品或者服务存在缺陷,有危及人身、财产安全危险的,应当立即向有关行政部门报告和告知消费者,并采取停止销售、警示、召回、无害化处理、销毁、停止生产或者服务等措施。采取召回措施的,经营者应当承担消费者因商品被召回支出的必要费用。

第二十条 【提供真实、全面信息的义务】经营者向消费者提供有关商品或者服务的质量、性能、用途、有效期限等信息,应当真实、全面,不得作虚假或者引人误解的宣传。

经营者对消费者就其提供的商品或者服务的质量和使用方法等问题提出的询问,应当作出真实、明确的答复。

经营者提供商品或者服务应当明码标价。

第二十一条 【标明真实名称和标记的义务】经营者应当标明其真实名称和标记。

租赁他人柜台或者场地的经营者,应当标明其真实名称和标记。

第二十二条 【出具发票的义务】经营者提供商品或者服务,应当按照国家有关规定或者商业惯例向消费者出具发票等购货凭证或者服务单据;消费者索要发票等购货凭证或者服务单据的,经营者必须出具。

第二十三条 【质量担保义务、瑕疵举证责任】经营者应当保证在正常使用商品或者接受服务的情况下其提供的商品或者服务应当具有的质量、性能、用途和有效期限;但消费者在购买该商品或者接受该服务前已经知道其存在瑕疵,且存在该瑕疵不违反法律强制性规定的除外。

经营者以广告、产品说明、实物样品或者其他方式表明商品或者服务的质量状况的,应当保证其提供的商品或者服务的实际质量与表明的质量状况相符。

经营者提供的机动车、计算机、电视机、电冰箱、空调器、洗衣机等耐用商品或者装饰装修等服务,消费者自接受商品或者服务之日起六个月内发现瑕疵,发生争议的,由经营者承担有关瑕疵的举证责任。

第二十四条 【退货、更换、修理义务】经营者提供的商品或者服务不符合质量要求的,消费者可以依照国家规定、当事人约定退货,或者要求经营者履行更换、修理等义务。没有国家规定和当事人约定的,消费者可以自收到商品之日起七日内退货;七日后符合法定解除合同条件的,消费者可以及时退货,不符合法定解除合同条件的,可以要求经营者履行更换、修理等义务。

依照前款规定进行退货、更换、修理的，经营者应当承担运输等必要费用。

第二十五条 【无理由退货制度】经营者采用网络、电视、电话、邮购等方式销售商品，消费者有权自收到商品之日起七日内退货，且无需说明理由，但下列商品除外：

（一）消费者定作的；

（二）鲜活易腐的；

（三）在线下载或者消费者拆封的音像制品、计算机软件等数字化商品；

（四）交付的报纸、期刊。

除前款所列商品外，其他根据商品性质并经消费者在购买时确认不宜退货的商品，不适用无理由退货。

消费者退货的商品应当完好。经营者应当自收到退回商品之日起七日内返还消费者支付的商品价款。退回商品的运费由消费者承担；经营者和消费者另有约定的，按照约定。

第二十六条 【格式条款的限制】经营者在经营活动中使用格式条款的，应当以显著方式提请消费者注意商品或者服务的数量和质量、价款或者费用、履行期限和方式、安全注意事项和风险警示、售后服务、民事责任等与消费者有重大利害关系的内容，并按照消费者的要求予以说明。

经营者不得以格式条款、通知、声明、店堂告示等方式，作出排除或者限制消费者权利、减轻或者免除经营者责任、加重消费者责任等对消费者不公平、不合理的规定，不得利用格式条款并借助技术手段强制交易。

格式条款、通知、声明、店堂告示等含有前款所列内容的，其内容无效。

第二十七条 【不得侵犯人格尊严和人身自由的义务】经营者不得对消费者进行侮辱、诽谤，不得搜查消费者的身体及其携带的物品，不得侵犯消费者的人身自由。

第二十八条 【特定领域经营者的信息披露义务】采用网络、电视、电话、邮购等方式提供商品或者服务的经营者，以及提供证券、保险、银行等金融服务的经营者，应当向消费者提供经营地址、联系方式、商品或者服务的数量和质量、价款或者费用、履行期限和方式、安全注意事项和风险警示、售后服务、民事责任等信息。

第二十九条 【收集、使用消费者个人信息】经营者收集、使用消费者个人信息，应当遵循合法、正当、必要的原则，明示收集、使用信息的目的、方式和范围，并经消费者同意。经营者收集、使用消费者个人信息，应当公开其收集、使用规则，不得违反法律、法规的规定和双方的约定收集、使用信息。

经营者及其工作人员对收集的消费者个人信息必须严格保密，不得泄露、出售或者非法向他人提供。经营者应当采取技术措施和其他必要措施，确保信息安全，防止消费者个人信息泄露、丢失。在发生或者可能发生信息泄露、丢失的情况时，应当立即采取补救措施。

经营者未经消费者同意或者请求，或者消费者明确表示拒绝的，不得向其发送商业性信息。

第四章 国家对消费者合法权益的保护

第三十条 【听取消费者的意见】国家制定有关消费者权益的法律、法规、规章和强制性标准，应当听取消费者和消费者协会等组织的意见。

第三十一条 【各级政府的职责】各级人民政府应当加强领导，组织、协调、督促有关行政部门做好保护消费者合法权益的工作，落实保护消费者合法权益的职责。

各级人民政府应当加强监督，预防危害消费者人身、财产安全行为的发生，及时制止危害消费者人身、财产安全的行为。

第三十二条 【工商部门的职责】各级人

侵权责任

民政府工商行政管理部门和其他有关行政部门应当依照法律、法规的规定,在各自的职责范围内,采取措施,保护消费者的合法权益。

有关行政部门应当听取消费者和消费者协会等组织对经营者交易行为、商品和服务质量问题的意见,及时调查处理。

第三十三条　【抽查检验的职责】有关行政部门在各自的职责范围内,应当定期或者不定期对经营者提供的商品和服务进行抽查检验,并及时向社会公布抽查检验结果。

有关行政部门发现并认定经营者提供的商品或者服务存在缺陷,有危及人身、财产安全危险的,应当立即责令经营者采取停止销售、警示、召回、无害化处理、销毁、停止生产或者服务等措施。

第三十四条　【行政部门的职责】有关国家机关应当依照法律、法规的规定,惩处经营者在提供商品和服务中侵害消费者合法权益的违法犯罪行为。

第三十五条　【人民法院的职责】人民法院应当采取措施,方便消费者提起诉讼。对符合《中华人民共和国民事诉讼法》起诉条件的消费者权益争议,必须受理,及时审理。

第五章　消费者组织

第三十六条　【消费者协会】消费者协会和其他消费者组织是依法成立的对商品和服务进行社会监督的保护消费者合法权益的社会组织。

第三十七条　【消费者协会的公益性职责】消费者协会履行下列公益性职责:

(一)向消费者提供消费信息和咨询服务,提高消费者维护自身合法权益的能力,引导文明、健康、节约资源和保护环境的消费方式;

(二)参与制定有关消费者权益的法律、法规、规章和强制性标准;

(三)参与有关行政部门对商品和服务的监督、检查;

(四)就有关消费者合法权益的问题,向有关部门反映、查询,提出建议;

(五)受理消费者的投诉,并对投诉事项进行调查、调解;

(六)投诉事项涉及商品和服务质量问题的,可以委托具备资格的鉴定人鉴定,鉴定人应当告知鉴定意见;

(七)就损害消费者合法权益的行为,支持受损害的消费者提起诉讼或者依照本法提起诉讼;

(八)对损害消费者合法权益的行为,通过大众传播媒介予以揭露、批评。

各级人民政府对消费者协会履行职责应当予以必要的经费等支持。

消费者协会应当认真履行保护消费者合法权益的职责,听取消费者的意见和建议,接受社会监督。

依法成立的其他消费者组织依照法律、法规及其章程的规定,开展保护消费者合法权益的活动。

第三十八条　【消费者组织的禁止行为】消费者组织不得从事商品经营和营利性服务,不得以收取费用或者其他牟取利益的方式向消费者推荐商品和服务。

第六章　争议的解决

第三十九条　【争议解决的途径】消费者和经营者发生消费者权益争议的,可以通过下列途径解决:

(一)与经营者协商和解;

(二)请求消费者协会或者依法成立的其他调解组织调解;

(三)向有关行政部门投诉;

(四)根据与经营者达成的仲裁协议提请仲裁机构仲裁;

(五)向人民法院提起诉讼。

第四十条　【消费者索赔的权利】消费者在购买、使用商品时，其合法权益受到损害的，可以向销售者要求赔偿。销售者赔偿后，属于生产者的责任或者属于向销售者提供商品的其他销售者的责任的，销售者有权向生产者或者其他销售者追偿。

消费者或者其他受害人因商品缺陷造成人身、财产损害的，可以向销售者要求赔偿，也可以向生产者要求赔偿。属于生产者责任的，销售者赔偿后，有权向生产者追偿。属于销售者责任的，生产者赔偿后，有权向销售者追偿。

消费者在接受服务时，其合法权益受到损害的，可以向服务者要求赔偿。

第四十一条　【企业变更后的索赔】消费者在购买、使用商品或者接受服务时，其合法权益受到损害，因原企业分立、合并的，可以向变更后承受其权利义务的企业要求赔偿。

第四十二条　【营业执照出借人或借用人的连带责任】使用他人营业执照的违法经营者提供商品或者服务，损害消费者合法权益的，消费者可以向其要求赔偿，也可以向营业执照的持有人要求赔偿。

第四十三条　【展销会、租赁柜台的责任】消费者在展销会、租赁柜台购买商品或者接受服务，其合法权益受到损害的，可以向销售者或者服务者要求赔偿。展销会结束或者柜台租赁期满后，也可以向展销会的举办者、柜台的出租者要求赔偿。展销会的举办者、柜台的出租者赔偿后，有权向销售者或者服务者追偿。

第四十四条　【网络交易平台提供者的责任】消费者通过网络交易平台购买商品或者接受服务，其合法权益受到损害的，可以向销售者或者服务者要求赔偿。网络交易平台提供者不能提供销售者或者服务者的真实名称、地址和有效联系方式的，消费者也可以向网络交易平台提供者要求赔偿；网络交易平台提供者作出更有利于消费者的承诺的，应

当履行承诺。网络交易平台提供者赔偿后，有权向销售者或者服务者追偿。

网络交易平台提供者明知或者应知销售者或者服务者利用其平台侵害消费者合法权益，未采取必要措施的，依法与该销售者或者服务者承担连带责任。

第四十五条　【虚假广告相关责任人的责任】消费者因经营者利用虚假广告或者其他虚假宣传方式提供商品或者服务，其合法权益受到损害的，可以向经营者要求赔偿。广告经营者、发布者发布虚假广告的，消费者可以请求行政主管部门予以惩处。广告经营者、发布者不能提供经营者的真实名称、地址和有效联系方式的，应当承担赔偿责任。

广告经营者、发布者设计、制作、发布关系消费者生命健康商品或者服务的虚假广告，造成消费者损害的，应当与提供该商品或者服务的经营者承担连带责任。

社会团体或者其他组织、个人在关系消费者生命健康商品或者服务的虚假广告或者其他虚假宣传中向消费者推荐商品或者服务，造成消费者损害的，应当与提供该商品或者服务的经营者承担连带责任。

第四十六条　【投诉】消费者向有关行政部门投诉的，该部门应当自收到投诉之日起七个工作日内，予以处理并告知消费者。

第四十七条　【消费者协会的诉权】对侵害众多消费者合法权益的行为，中国消费者协会以及在省、自治区、直辖市设立的消费者协会，可以向人民法院提起诉讼。

第七章　法律责任

第四十八条　【经营者承担责任的情形】经营者提供商品或者服务有下列情形之一的，除本法另有规定外，应当依照其他有关法律、法规的规定，承担民事责任：

（一）商品或者服务存在缺陷的；

侵权责任

（二）不具备商品应当具备的使用性能而出售时未作说明的；

（三）不符合在商品或者其包装上注明采用的商品标准的；

（四）不符合商品说明、实物样品等方式表明的质量状况的；

（五）生产国家明令淘汰的商品或者销售失效、变质的商品的；

（六）销售的商品数量不足的；

（七）服务的内容和费用违反约定的；

（八）对消费者提出的修理、重作、更换、退货、补足商品数量、退还货款和服务费用或者赔偿损失的要求，故意拖延或者无理拒绝的；

（九）法律、法规规定的其他损害消费者权益的情形。

经营者对消费者未尽到安全保障义务，造成消费者损害的，应当承担侵权责任。

第四十九条 【造成人身损害的赔偿责任】经营者提供商品或者服务，造成消费者或者其他受害人人身伤害的，应当赔偿医疗费、护理费、交通费等为治疗和康复支出的合理费用，以及因误工减少的收入。造成残疾的，还应当赔偿残疾生活辅助具费和残疾赔偿金。造成死亡的，还应当赔偿丧葬费和死亡赔偿金。

第五十条 【侵犯人格尊严的弥补】经营者侵害消费者的人格尊严、侵犯消费者人身自由或者侵害消费者个人信息依法得到保护的权利的，应当停止侵害、恢复名誉、消除影响、赔礼道歉，并赔偿损失。

第五十一条 【精神损害赔偿责任】经营者有侮辱诽谤、搜查身体、侵犯人身自由等侵害消费者或者其他受害人人身权益的行为，造成严重精神损害的，受害人可以要求精神损害赔偿。

第五十二条 【造成财产损害的民事责任】经营者提供商品或者服务，造成消费者财产损害的，应当依照法律规定或者当事人约定承担修理、重作、更换、退货、补足商品数量、退还货款和服务费用或者赔偿损失等民事责任。

第五十三条 【预付款后未履约的责任】经营者以预收款方式提供商品或者服务的，应当按照约定提供。未按照约定提供的，应当按照消费者的要求履行约定或者退回预付款；并应当承担预付款的利息、消费者必须支付的合理费用。

第五十四条 【退货责任】依法经有关行政部门认定为不合格的商品，消费者要求退货的，经营者应当负责退货。

第五十五条 【惩罚性赔偿】经营者提供商品或者服务有欺诈行为的，应当按照消费者的要求增加赔偿其受到的损失，增加赔偿的金额为消费者购买商品的价款或者接受服务的费用的三倍；增加赔偿的金额不足五百元的，为五百元。法律另有规定的，依照其规定。

经营者明知商品或者服务存在缺陷，仍然向消费者提供，造成消费者或者其他受害人死亡或者健康严重损害的，受害人有权要求经营者依照本法第四十九条、第五十一条等法律规定赔偿损失，并有权要求所受损失二倍以下的惩罚性赔偿。

第五十六条 【严重处罚的情形】经营者有下列情形之一，除承担相应的民事责任外，其他有关法律、法规对处罚机关和处罚方式有规定的，依照法律、法规的规定执行；法律、法规未作规定的，由工商行政管理部门或者其他有关行政部门责令改正，可以根据情节单处或者并处警告、没收违法所得、处以违法所得一倍以上十倍以下的罚款，没有违法所得的，处以五十万元以下的罚款；情节严重的，责令停业整顿、吊销营业执照：

（一）提供的商品或者服务不符合保障人身、财产安全要求的；

（二）在商品中掺杂、掺假，以假充真，以

次充好,或者以不合格商品冒充合格商品的;

(三)生产国家明令淘汰的商品或者销售失效、变质的商品的;

(四)伪造商品的产地,伪造或者冒用他人的厂名、厂址,篡改生产日期,伪造或者冒用认证标志等质量标志的;

(五)销售的商品应当检验、检疫而未检验、检疫或者伪造检验、检疫结果的;

(六)对商品或者服务作虚假或者引人误解的宣传的;

(七)拒绝或者拖延有关行政部门责令对缺陷商品或者服务采取停止销售、警示、召回、无害化处理、销毁、停止生产或者服务等措施的;

(八)对消费者提出的修理、重作、更换、退货、补足商品数量、退还货款和服务费用或者赔偿损失的要求,故意拖延或者无理拒绝的;

(九)侵害消费者人格尊严、侵犯消费者人身自由或者侵害消费者个人信息依法得到保护的权利的;

(十)法律、法规规定的对损害消费者权益应当予以处罚的其他情形。

经营者有前款规定情形的,除依照法律、法规规定予以处罚外,处罚机关应当记入信用档案,向社会公布。

第五十七条 【经营者的刑事责任】经营者违反本法规定提供商品或者服务,侵害消费者合法权益,构成犯罪的,依法追究刑事责任。

第五十八条 【民事赔偿责任优先原则】经营者违反本法规定,应当承担民事赔偿责任和缴纳罚款、罚金,其财产不足以同时支付的,先承担民事赔偿责任。

第五十九条 【经营者的权利】经营者对行政处罚决定不服的,可以依法申请行政复议或者提起行政诉讼。

第六十条 【暴力抗法的责任】以暴力、威胁等方法阻碍有关行政部门工作人员依法执行职务的,依法追究刑事责任;拒绝、阻碍有关行政部门工作人员依法执行职务,未使用暴力、威胁方法的,由公安机关依照《中华人民共和国治安管理处罚法》的规定处罚。

第六十一条 【国家机关工作人员的责任】国家机关工作人员玩忽职守或者包庇经营者侵害消费者合法权益的行为的,由其所在单位或者上级机关给予行政处分;情节严重,构成犯罪的,依法追究刑事责任。

第八章 附 则

第六十二条 【购买农业生产资料的参照执行】农民购买、使用直接用于农业生产的生产资料,参照本法执行。

第六十三条 【实施日期】本法自1994年1月1日起施行。

中华人民共和国消费者权益保护法实施条例

(2024年2月23日国务院第26次常务会议通过 2024年3月15日中华人民共和国国务院令第778号公布 自2024年7月1日起施行)

第一章 总 则

第一条 根据《中华人民共和国消费者权益保护法》(以下简称消费者权益保护法)等法律,制定本条例。

第二条 消费者权益保护工作坚持中国共产党的领导,坚持以人民为中心,遵循合法、公平、高效的原则。

第三条 国家加大消费者合法权益保护力度,建立和完善经营者守法、行业自律、消

侵权责任

费者参与、政府监管和社会监督相结合的消费者权益保护共同治理体系。

第四条 国家统筹推进消费环境建设，营造安全放心的消费环境，增强消费对经济发展的基础性作用。

第五条 国家加强消费商品和服务的标准体系建设，鼓励经营者制定实施严于国家标准或者行业标准的企业标准，不断提升商品和服务质量。

第六条 国家倡导文明、健康、绿色的消费理念和消费方式，反对奢侈浪费。

第二章 消费者的权利和经营者的义务

第七条 消费者在购买商品、使用商品或者接受服务时，依法享有人身和财产安全不受损害的权利。

经营者向消费者提供商品或者服务（包括以奖励、赠送、试用等形式向消费者免费提供商品或者服务），应当保证商品或者服务符合保障人身、财产安全的要求。免费提供的商品或者服务存在瑕疵但不违反法律强制性规定且不影响正常使用性能的，经营者应当在提供商品或者服务前如实告知消费者。

经营者应当保证其经营场所及设施符合保障人身、财产安全的要求，采取必要的安全防护措施，并设置相应的警示标识。消费者在经营场所遇到危险或者受到侵害时，经营者应当给予及时、必要的救助。

第八条 消费者认为经营者提供的商品或者服务可能存在缺陷，有危及人身、财产安全危险的，可以向经营者或者有关行政部门反映情况或者提出建议。

经营者发现其提供的商品或者服务可能存在缺陷，有危及人身、财产安全危险的，应当依照消费者权益保护法第十九条的规定及时采取相关措施。采取召回措施的，生产或

者进口商品的经营者应当制定召回计划，发布召回信息，明确告知消费者享有的相关权利，保存完整的召回记录，并承担消费者因商品被召回所支出的必要费用。商品销售、租赁、修理、零部件生产供应、受委托生产等相关经营者应当依法履行召回相关协助和配合义务。

第九条 经营者应当采用通俗易懂的方式，真实、全面地向消费者提供商品或者服务相关信息，不得通过虚构经营者资质、资格或者所获荣誉，虚构商品或者服务交易信息、经营数据，篡改、编造、隐匿用户评价等方式，进行虚假或者引人误解的宣传，欺骗、误导消费者。

经营者不得在消费者不知情的情况下，对同一商品或者服务在同等交易条件下设置不同的价格或者收费标准。

第十条 经营者应当按照国家有关规定，以显著方式标明商品的品名、价格和计价单位或者服务的项目、内容、价格和计价方法等信息，做到价签价目齐全、内容真实准确、标识清晰醒目。

经营者采取自动展期、自动续费等方式提供服务的，应当在消费者接受服务前和自动展期、自动续费等日期前，以显著方式提请消费者注意。

第十一条 消费者享有自主选择商品或者服务的权利。经营者不得以暴力、胁迫、限制人身自由等方式或者利用技术手段，强制或者变相强制消费者购买商品或者接受服务，或者排除、限制消费者选择其他经营者提供的商品或者服务。经营者通过搭配、组合等方式提供商品或者服务的，应当以显著方式提请消费者注意。

第十二条 经营者以商业宣传、产品推荐、实物展示或者通知、声明、店堂告示等方式提供商品或者服务，对商品或者服务的数量、质量、价格、售后服务、责任承担等作出承

诺的,应当向购买商品或者接受服务的消费者履行其所承诺的内容。

第十三条 经营者应当在其经营场所的显著位置标明其真实名称和标记。

经营者通过网络、电视、电话、邮购等方式提供商品或者服务的,应当在其首页、视频画面、语音、商品目录等处以显著方式标明或者说明其真实名称和标记。由其他经营者实际提供商品或者服务的,还应当向消费者提供该经营者的名称、经营地址、联系方式等信息。

经营者租赁他人柜台或者场地提供商品或者服务,或者通过宣讲、抽奖、集中式体验等方式提供商品或者服务的,应当以显著方式标明其真实名称和标记。柜台、场地的出租者应当建立场内经营管理制度,核验、更新、公示经营者的相关信息,供消费者查询。

第十四条 经营者通过网络直播等方式提供商品或者服务的,应当依法履行消费者权益保护相关义务。

直播营销平台经营者应当建立健全消费者权益保护制度,明确消费争议解决机制。发生消费争议的,直播营销平台经营者应当根据消费者的要求提供直播间运营者、直播营销人员相关信息以及相关经营活动记录等必要信息。

直播间运营者、直播营销人员发布的直播内容构成商业广告的,应当依照《中华人民共和国广告法》的有关规定履行广告发布者、广告经营者或者广告代言人的义务。

第十五条 经营者不得通过虚假或者引人误解的宣传,虚构或者夸大商品或者服务的治疗、保健、养生等功效,诱导老年人等消费者购买明显不符合其实际需求的商品或者服务。

第十六条 经营者提供网络游戏服务的,应当符合国家关于网络游戏服务相关时段、时长、功能和内容等方面的规定和标准,针对未成年人设置相应的时间管理、权限管

理、消费管理等功能,在注册、登录等环节严格进行用户核验,依法保护未成年人身心健康。

第十七条 经营者使用格式条款的,应当遵守消费者权益保护法第二十六条的规定。经营者不得利用格式条款不合理地免除或者减轻其责任、加重消费者的责任或者限制消费者依法变更或者解除合同、选择诉讼或者仲裁解决消费争议、选择其他经营者的商品或者服务等权利。

第十八条 经营者与消费者约定承担退货、更换、修理等义务的有效期限不得低于国家有关规定的要求。有效期限自经营者向消费者交付商品或者提供服务完结之日起计算,需要经营者另行安装的商品,有效期限自商品安装完成之日起计算。经营者向消费者履行更换义务后,承担更换、修理等义务的有效期限自更换完成之日起重新计算。经营者修理的时间不计入上述有效期限。

经营者依照国家有关规定或者与消费者约定履行退货义务的,应当按照发票等购货凭证或者服务单据上显示的价格一次性退清相关款项。经营者能够证明消费者实际支付的价格与发票等购货凭证或者服务单据上显示的价格不一致的,按照消费者实际支付的价格退清相关款项。

第十九条 经营者通过网络、电视、电话、邮购等方式销售商品的,应当遵守消费者权益保护法第二十五条规定,不得擅自扩大不适用无理由退货的商品范围。

经营者应当以显著方式对不适用无理由退货的商品进行标注,提示消费者在购买时进行确认,不得将不适用无理由退货作为消费者默认同意的选项。未经消费者确认,经营者不得拒绝无理由退货。

消费者退货的商品应当完好。消费者基于查验需要打开商品包装,或者为确认商品的品质和功能进行合理调试而不影响商品原

侵权责任

有品质、功能和外观的,经营者应当予以退货。

消费者无理由退货应当遵循诚实信用原则,不得利用无理由退货规则损害经营者和其他消费者的合法权益。

第二十条 经营者提供商品或者服务时收取押金的,应当事先与消费者约定退还押金的方式、程序和时限,不得对退还押金设置不合理条件。

消费者要求退还押金,符合押金退还条件的,经营者应当及时退还。

第二十一条 经营者决定停业或者迁移服务场所的,应当提前30日在其经营场所、网站、网店首页等的醒目位置公告经营者的有效联系方式等信息。

第二十二条 经营者以收取预付款方式提供商品或者服务的,应当与消费者订立书面合同,约定商品或者服务的具体内容、价款或者费用、预付款退还方式、违约责任等事项。

经营者收取预付款后,应当按照与消费者的约定提供商品或者服务,不得降低商品或者服务质量,不得任意加价。经营者未按照约定提供商品或者服务的,应当按照消费者的要求履行约定或者退还预付款。

经营者出现重大经营风险,有可能影响经营者按照合同约定或者交易习惯正常提供商品或者服务的,应当停止收取预付款。经营者决定停业或者迁移服务场所的,应当提前告知消费者,并履行本条例第二十一条规定的义务。消费者依照国家有关规定或者合同约定,有权要求经营者继续履行提供商品或者服务的义务,或者要求退还未消费的预付款余额。

第二十三条 经营者应当依法保护消费者的个人信息。经营者在提供商品或者服务时,不得过度收集消费者个人信息,不得采用一次概括授权、默认授权等方式,强制或者变相强制消费者同意收集、使用与经营活动无

直接关系的个人信息。

经营者处理包含消费者的生物识别、宗教信仰、特定身份、医疗健康、金融账户、行踪轨迹等信息以及不满十四周岁未成年人的个人信息等敏感个人信息的,应当符合有关法律、行政法规的规定。

第二十四条 未经消费者同意,经营者不得向消费者发送商业性信息或者拨打商业性电话。消费者同意接收商业性信息或者商业性电话的,经营者应当提供明确、便捷的取消方式。消费者选择取消的,经营者应当立即停止发送商业性信息或者拨打商业性电话。

第三章 国家对消费者合法权益的保护

第二十五条 各级人民政府应当加强对消费者权益保护工作的指导,组织、协调、督促有关行政部门落实消费者权益保护工作职责,提升消费者权益保护工作的法治化水平。

第二十六条 消费者与经营者发生消费者权益争议的,可以向市场监督管理部门或者其他有关行政部门投诉。

自然人、法人或者其他组织可以向市场监督管理部门或者其他有关行政部门举报,反映经营者涉嫌违法的线索。

第二十七条 市场监督管理部门或者其他有关行政部门应当畅通和规范消费者投诉、举报渠道,完善投诉、举报处理流程,依法及时受理和处理投诉、举报,加强对投诉、举报信息的分析应用,开展消费预警和风险提示。

投诉、举报应当遵守法律、法规和有关规定,不得利用投诉、举报牟取不正当利益,侵害经营者的合法权益,扰乱市场经济秩序。

第二十八条 市场监督管理部门和其他有关行政部门应当加强消费者权益保护工作

的协同配合和信息共享,依照法律、法规的规定,在各自的职责范围内,对经营者提供的商品和服务实施抽查检验等监管措施,及时查处侵害消费者合法权益的行为。

第二十九条 市场监督管理部门和其他有关行政部门应当加强消费领域信用体系建设,依法公示有关行政许可、行政处罚、抽查检验结果、消费投诉等信息,依法对违法失信经营者实施惩戒。

第三十条 有关行政部门应当加强消费知识的宣传普及,倡导文明、健康、绿色消费,提高消费者依法、理性维权的意识和能力;加强对经营者的普法宣传、行政指导和合规指引,提高经营者依法经营的意识。

第三十一条 国家完善绿色消费的标准、认证和信息披露体系,鼓励经营者对商品和服务作出绿色消费方面的信息披露或者承诺,依法查处虚假信息披露和承诺的行为。

第三十二条 行业协会商会等组织应当加强行业自律,引导、督促经营者守法诚信经营,制定的行业规则、自律规则、示范合同和相关标准等应当有利于保护消费者合法权益。

第三十三条 国家鼓励、支持一切组织和个人对损害消费者合法权益的行为进行社会监督。

大众传播媒介应当真实、客观、公正地报道涉及消费者权益的相关事项,加强消费者维权相关知识的宣传普及,对损害消费者合法权益的行为进行舆论监督。

第四章 消费者组织

第三十四条 消费者协会和其他依法成立的消费者组织应当按照消费者权益保护法的规定履行职责。

第三十五条 各级人民政府应当加强消费者协会组织建设,对消费者协会履行职责予以必要的经费等支持。

第三十六条 有关行政部门应当认真听取消费者协会的意见和建议。对于消费者协会向有关行政部门反映的侵害消费者合法权益的问题,有关行政部门应当及时调查处理并予以回复;对于立案查处的案件,有关行政部门应当将处理结果告知消费者协会。

第三十七条 消费者协会应当加强消费普法宣传和消费引导,向消费者提供消费维权服务与支持,提高消费者维护自身合法权益的能力。

消费者协会应当及时总结、推广保护消费者合法权益的典型案例和经验做法,引导、支持经营者依法合规开展经营活动。

第三十八条 消费者协会可以组织开展比较试验、消费调查、消费评议、投诉信息公示、对投诉商品提请鉴定、发布消费提示警示等,反映商品和服务状况、消费者意见和消费维权情况。

第三十九条 消费者协会可以就消费者权益保护事项向有关经营者、行业组织提出改进意见或者进行指导谈话,加强消费者、经营者、行业组织、专业机构、有关行政部门等各相关方的组织协调,推动解决涉及消费者合法权益保护的重要问题。

第四十条 消费者协会可以就消费者投诉的损害消费者合法权益的行为开展调查,与有关经营者核实情况,约请有关经营者到场陈述事实意见、提供证据资料等。

第四十一条 对侵害众多消费者合法权益的行为,中国消费者协会以及在省、自治区、直辖市设立的消费者协会,可以向人民法院提起诉讼。

第五章 争议的解决

第四十二条 消费者应当文明、理性消费,提高自我保护意识,依法维护自身合法权益,在发生消费争议时依法维权。

第四十三条　各级人民政府市场监督管理部门和其他有关行政部门应当推动、健全消费争议多元化解决机制，引导消费者依法通过协商、调解、投诉、仲裁、诉讼等方式维护自身合法权益。

第四十四条　经营者应当建立便捷、高效的投诉处理机制，及时解决消费争议。

鼓励和引导经营者建立健全首问负责、先行赔付、在线争议解决等制度，及时预防和解决消费争议。

第四十五条　消费者和经营者发生消费争议，请求消费者协会或者依法成立的其他调解组织进行调解的，相关组织应当及时处理。

第四十六条　消费者和经营者发生消费争议向市场监督管理部门或者其他有关行政部门投诉的，应当提供真实身份信息，有明确的被投诉人、具体的投诉请求和事实依据。

有关行政部门应当自收到投诉之日起7个工作日内，予以处理并告知消费者。对不符合规定的投诉决定不予受理的，应当告知消费者不予受理的理由和其他解决争议的途径。

有关行政部门受理投诉后，消费者和经营者同意调解的，有关行政部门应当依据职责及时调解，并在受理之日起60日内调解完毕；调解不成的应当终止调解。调解过程中需要鉴定、检测的，鉴定、检测时间不计算在60日内。

有关行政部门经消费者和经营者同意，可以依法将投诉委托消费者协会或者依法成立的其他调解组织调解。

第四十七条　因消费争议需要对商品或者服务质量进行鉴定、检测的，消费者和经营者可以协商确定鉴定、检测机构。无法协商一致的，受理消费者投诉的市场监督管理部门或者其他有关行政部门可以指定鉴定、检测机构。

对于重大、复杂、涉及众多消费者合法权益的消费争议，可以由市场监督管理部门或者其他有关行政部门纳入抽查检验程序，委托具备相应资质的机构进行鉴定、检测。

第六章　法律责任

第四十八条　经营者提供商品或者服务，违反消费者权益保护法和本条例有关规定，侵害消费者合法权益的，依法承担民事责任。

第四十九条　经营者提供商品或者服务有欺诈行为的，消费者有权根据消费者权益保护法第五十五条第一款的规定要求经营者予以赔偿。但是，商品或者服务的标签标识、说明书、宣传材料等存在不影响商品或者服务质量且不会对消费者造成误导的瑕疵的除外。

通过夹带、掉包、造假、篡改商品生产日期、捏造事实等方式骗取经营者的赔偿或者对经营者进行敲诈勒索的，不适用消费者权益保护法第五十五条第一款的规定，依照《中华人民共和国治安管理处罚法》等有关法律、法规处理；构成犯罪的，依法追究刑事责任。

第五十条　经营者违反本条例第十条至第十四条、第十六条、第十七条、第十九条至第二十一条规定，其他有关法律、法规对处罚机关和处罚方式有规定的，依照法律、法规的规定执行；法律、法规未作规定的，由市场监督管理部门或者其他有关行政部门责令改正，可以根据情节单处或者并处警告、没收违法所得、处以违法所得1倍以上5倍以下的罚款，没有违法所得的，处以30万元以下的罚款；情节严重的，责令停业整顿、吊销营业执照。

经营者违反本条例第二十二条规定的，由有关行政部门责令改正，可以根据情节单处或者并处警告、没收违法所得、处以违法所得1倍以上10倍以下的罚款，没有违法所得的，处以50万元以下的罚款；情节严重的，责令停业整顿、吊销营业执照。

经营者违反本条例其他规定的，依照消费者权益保护法第五十六条的规定予以处罚。

第五十一条 经营者主动消除或者减轻违法行为危害后果的，违法行为轻微并及时改正且没有造成危害后果的，或者初次违法且危害后果轻微并及时改正的，依照《中华人民共和国行政处罚法》的规定从轻、减轻或者不予处罚。

第五十二条 有关行政部门工作人员未按照本条例规定履行消费者权益保护职责，玩忽职守或者包庇经营者侵害消费者合法权益的行为的，依法给予处分；构成犯罪的，依法追究刑事责任。

第七章 附　则

第五十三条 本条例自 2024 年 7 月 1 日起施行。

中华人民共和国产品质量法

（1993 年 2 月 22 日第七届全国人民代表大会常务委员会第三十次会议通过　根据 2000 年 7 月 8 日第九届全国人民代表大会常务委员会第十六次会议《关于修改〈中华人民共和国产品质量法〉的决定》第一次修正　根据 2009 年 8 月 27 日第十一届全国人民代表大会常务委员会第十次会议《关于修改部分法律的决定》第二次修正　根据 2018 年 12 月 29 日第十三届全国人民代表大会常务委员会第七次会议《关于修改〈中华人民共和国产品质量法〉等五部法律的决定》第三次修正）

目　录

第一章 总　则

第一条 【立法目的】为了加强对产品质量的监督管理，提高产品质量水平，明确产品质量责任，保护消费者的合法权益，维护社会经济秩序，制定本法。

第二条 【适用范围】在中华人民共和国境内从事产品生产、销售活动，必须遵守本法。

本法所称产品是指经过加工、制作，用于销售的产品。

建设工程不适用本法规定；但是，建设工程使用的建筑材料、建筑构配件和设备，属于前款规定的产品范围的，适用本法规定。

第三条 【建立健全内部产品质量管理制度】生产者、销售者应当建立健全内部产品质量管理制度，严格实施岗位质量规范、质量责任以及相应的考核办法。

第四条 【依法承担产品质量责任】生产者、销售者依照本法规定承担产品质量责任。

第五条 【禁止行为】禁止伪造或者冒用认证标志等质量标志；禁止伪造产品的产地，伪造或者冒用他人的厂名、厂址；禁止在生产、销售的产品中掺杂、掺假，以假充真，以次充好。

第六条 【鼓励推行先进科学技术】国家鼓励推行科学的质量管理方法，采用先进的科学技术，鼓励企业产品质量达到并且超过行业标准、国家标准和国际标准。

对产品质量管理先进和产品质量达到国际先进水平、成绩显著的单位和个人,给予奖励。

第七条 【各级人民政府保障本法的施行】各级人民政府应当把提高产品质量纳入国民经济和社会发展规划,加强对产品质量工作的统筹规划和组织领导,引导、督促生产者、销售者加强产品质量管理,提高产品质量,组织各有关部门依法采取措施,制止产品生产、销售中违反本法规定的行为,保障本法的施行。

第八条 【监管部门的监管权限】国务院市场监督管理部门主管全国产品质量监督工作。国务院有关部门在各自的职责范围内负责产品质量监督工作。

县级以上地方市场监督管理部门主管本行政区域内的产品质量监督工作。县级以上地方人民政府有关部门在各自的职责范围内负责产品质量监督工作。

法律对产品质量的监督部门另有规定的,依照有关法律的规定执行。

第九条 【各级政府的禁止行为】各级人民政府工作人员和其他国家机关工作人员不得滥用职权、玩忽职守或者徇私舞弊,包庇、放纵本地区、本系统发生的产品生产、销售中违反本法规定的行为,或者阻挠、干预依法对产品生产、销售中违反本法规定的行为进行查处。

各级地方人民政府和其他国家机关有包庇、放纵产品生产、销售中违反本法规定的行为的,依法追究其主要负责人的法律责任。

第十条 【公众检举权】任何单位和个人有权对违反本法规定的行为,向市场监督管理部门或者其他有关部门检举。

市场监督管理部门和有关部门应当为检举人保密,并按照省、自治区、直辖市人民政府的规定给予奖励。

第十一条 【禁止产品垄断经营】任何单位和个人不得排斥非本地区或者非本系统企业生产的质量合格产品进入本地区、本系统。

第二章 产品质量的监督

第十二条 【产品质量要求】产品质量应当检验合格,不得以不合格产品冒充合格产品。

第十三条 【工业产品质量标准要求】可能危及人体健康和人身、财产安全的工业产品,必须符合保障人体健康和人身、财产安全的国家标准、行业标准;未制定国家标准、行业标准的,必须符合保障人体健康和人身、财产安全的要求。

禁止生产、销售不符合保障人体健康和人身、财产安全的标准和要求的工业产品。具体管理办法由国务院规定。

第十四条 【企业质量体系认证制度】国家根据国际通用的质量管理标准,推行企业质量体系认证制度。企业根据自愿原则可以向国务院市场监督管理部门认可的或者国务院市场监督管理部门授权的部门认可的认证机构申请企业质量体系认证。经认证合格的,由认证机构颁发企业质量体系认证证书。

国家参照国际先进的产品标准和技术要求,推行产品质量认证制度。企业根据自愿原则可以向国务院市场监督管理部门认可的或者国务院市场监督管理部门授权的部门认可的认证机构申请产品质量认证。经认证合格的,由认证机构颁发产品质量认证证书,准许企业在产品或者其包装上使用产品质量认证标志。

第十五条 【以抽查为主要方式的组织领导监督检查制度】国家对产品质量实行以抽查为主要方式的监督检查制度,对可能危及人体健康和人身、财产安全的产品,影响国计民生的重要工业产品以及消费者、有关组织反映有质量问题的产品进行抽查。抽查的样品应当在市场上或者企业成品仓库内的待销产品中随机抽取。监督抽查工作由国务院市场监督管理部门规划和组织。县级以上地方市场监督管理部门在本行政区域内也可以组织监督抽查。法律对产品质量的监督检查另有规定的，依照有关法律的规定执行。

国家监督抽查的产品，地方不得另行重复抽查；上级监督抽查的产品，下级不得另行重复抽查。

根据监督抽查的需要，可以对产品进行检验。检验抽取样品的数量不得超过检验的合理需要，并不得向被检查人收取检验费用。监督抽查所需检验费用按照国务院规定列支。

生产者、销售者对抽查检验的结果有异议的，可以自收到检验结果之日起十五日内向实施监督抽查的市场监督管理部门或者其上级市场监督管理部门申请复检，由受理复检的市场监督管理部门作出复检结论。

第十六条　【质量监督检查】对依法进行的产品质量监督检查，生产者、销售者不得拒绝。

第十七条　【违反监督抽查规定的行政责任】依照本法规定进行监督抽查的产品质量不合格的，由实施监督抽查的市场监督管理部门责令其生产者、销售者限期改正。逾期不改正的，由省级以上人民政府市场监督管理部门予以公告；公告后经复查仍不合格的，责令停业，限期整顿；整顿期满后经复查产品质量仍不合格的，吊销营业执照。

监督抽查的产品有严重质量问题的，依照本法第五章的有关规定处罚。

第十八条　【县级以上产品质量监督部门职权范围】县级以上市场监督管理部门根据已经取得的违法嫌疑证据或者举报，对涉嫌违反本法规定的行为进行查处时，可以行使下列职权：

（一）对当事人涉嫌从事违反本法的生产、销售活动的场所实施现场检查；

（二）向当事人的法定代表人、主要负责人和其他有关人员调查、了解与涉嫌从事违反本法的生产、销售活动有关的情况；

（三）查阅、复制当事人有关的合同、发票、账簿以及其他有关资料；

（四）对有根据认为不符合保障人体健康和人身、财产安全的国家标准、行业标准的产品或者有其他严重质量问题的产品，以及直接用于生产、销售该项产品的原辅材料、包装物、生产工具，予以查封或者扣押。

第十九条　【产品质量检验机构设立条件】产品质量检验机构必须具备相应的检测条件和能力，经省级以上人民政府市场监督管理部门或者其授权的部门考核合格后，方可承担产品质量检验工作。法律、行政法规对产品质量检验机构另有规定的，依照有关法律、行政法规的规定执行。

第二十条　【产品质量检验、认证中介机构依法设立】从事产品质量检验、认证的社会中介机构必须依法设立，不得与行政机关和其他国家机关存在隶属关系或者其他利益关系。

第二十一条　【产品质量检验、认证机构必须依法出具检验结果、认证证明】产品质量检验机构、认证机构必须依法按照有关标准，客观、公正地出具检验结果或者认证证明。

产品质量认证机构应当依照国家规定对准许使用认证标志的产品进行认证后的跟踪检查；对不符合认证标准而使用认证标志的，要求其改正；情节严重的，取消其使用认证标志的资格。

第二十二条　【消费者的查询、申诉权】消费者有权就产品质量问题，向产品的生产者、销售者查询；向市场监督管理部门及有关部门申诉，接受申诉的部门应当负责处理。

第二十三条　【消费者权益组织的职能】

侵权责任

保护消费者权益的社会组织可以就消费者反映的产品质量问题建议有关部门负责处理，支持消费者对因产品质量造成的损害向人民法院起诉。

第二十四条 【抽查产品质量状况定期公告】国务院和省、自治区、直辖市人民政府的市场监督管理部门应当定期发布其监督抽查的产品的质量状况公告。

第二十五条 【监管机构的禁止行为】市场监督管理部门或者其他国家机关以及产品质量检验机构不得向社会推荐生产者的产品；不得以对产品进行监制、监销等方式参与产品经营活动。

第三章 生产者、销售者的产品质量责任和义务

第一节 生产者的产品质量责任和义务

第二十六条 【生产者的产品质量要求】生产者应当对其生产的产品质量负责。

产品质量应当符合下列要求：

（一）不存在危及人身、财产安全的不合理的危险，有保障人体健康和人身、财产安全的国家标准、行业标准的，应当符合该标准；

（二）具备产品应当具备的使用性能，但是，对产品存在使用性能的瑕疵作出说明的除外；

（三）符合在产品或者其包装上注明采用的产品标准，符合以产品说明、实物样品等方式表明的质量状况。

第二十七条 【产品及其包装上的标识要求】产品或者其包装上的标识必须真实，并符合下列要求：

（一）有产品质量检验合格证明；

（二）有中文标明的产品名称、生产厂厂名和厂址；

（三）根据产品的特点和使用要求，需要标明产品规格、等级、所含主要成份的名称和含量的，用中文相应予以标明；需要事先让消费者知晓的，应当在外包装上标明，或者预先向消费者提供有关资料；

（四）限期使用的产品，应当在显著位置清晰地标明生产日期和安全使用期或者失效日期；

（五）使用不当，容易造成产品本身损坏或者可能危及人身、财产安全的产品，应当有警示标志或者中文警示说明。

裸装的食品和其他根据产品的特点难以附加标识的裸装产品，可以不附加产品标识。

第二十八条 【危险物品包装质量要求】易碎、易燃、易爆、有毒、有腐蚀性、有放射性等危险物品以及储运中不能倒置和其他有特殊要求的产品，其包装质量必须符合相应要求，依照国家有关规定作出警示标志或者中文警示说明，标明储运注意事项。

第二十九条 【禁止生产国家明令淘汰的产品】生产者不得生产国家明令淘汰的产品。

第三十条 【禁止伪造产地、伪造或者用他人的厂名、厂址】生产者不得伪造产地，不得伪造或者冒用他人的厂名、厂址。

第三十一条 【禁止伪造或者冒用认证标志等质量标志】生产者不得伪造或者冒用认证标志等质量标志。

第三十二条 【生产者的禁止行为】生产者生产产品，不得掺杂、掺假，不得以假充真、以次充好，不得以不合格产品冒充合格产品。

第二节 销售者的产品质量责任和义务

第三十三条 【进货检查验收制度】销售者应当建立并执行进货检查验收制度，验明产品合格证明和其他标识。

第三十四条 【保持销售产品质量的义务】销售者应当采取措施，保持销售产品的质量。

第三十五条 【禁止销售的产品范围】销

售者不得销售国家明令淘汰并停止销售的产品和失效、变质的产品。

第三十六条 【销售产品的标识要求】销售者销售的产品的标识应当符合本法第二十七条的规定。

第三十七条 【禁止伪造产地、伪造或者冒用他人的厂名、厂址】销售者不得伪造产地,不得伪造或者冒用他人的厂名、厂址。

第三十八条 【禁止伪造或者冒用认证标志等质量标志】销售者不得伪造或者冒用认证标志等质量标志。

第三十九条 【销售者的禁止行为】销售者销售产品,不得掺杂、掺假,不得以假充真、以次充好,不得以不合格产品冒充合格产品。

第四章 损害赔偿

第四十条 【销售者的损害赔偿责任】售出的产品有下列情形之一的,销售者应当负责修理、更换、退货;给购买产品的消费者造成损失的,销售者应当赔偿损失:

(一)不具备产品应当具备的使用性能而事先未作说明的;

(二)不符合在产品或者其包装上注明采用的产品标准的;

(三)不符合以产品说明、实物样品等方式表明的质量状况的。

销售者依照前款规定负责修理、更换、退货、赔偿损失后,属于生产者的责任或者属于向销售者提供产品的其他销售者(以下简称供货者)的责任的,销售者有权向生产者、供货者追偿。

销售者未按照第一款规定给予修理、更换、退货或者赔偿损失的,由市场监督管理部门责令改正。

生产者之间,销售者之间,生产者与销售者之间订立的买卖合同、承揽合同有不同约定的,合同当事人按照合同约定执行。

第四十一条 【人身、他人财产的损害赔偿责任】因产品存在缺陷造成人身、缺陷产品以外的其他财产(以下简称他人财产)损害的,生产者应当承担赔偿责任。

生产者能够证明有下列情形之一的,不承担赔偿责任:

(一)未将产品投入流通的;

(二)产品投入流通时,引起损害的缺陷尚不存在的;

(三)将产品投入流通时的科学技术水平尚不能发现缺陷的存在的。

第四十二条 【销售者的过错赔偿责任】由于销售者的过错使产品存在缺陷,造成人身、他人财产损害的,销售者应当承担赔偿责任。

销售者不能指明缺陷产品的生产者也不能指明缺陷产品的供货者的,销售者应当承担赔偿责任。

第四十三条 【受害者的选择赔偿权】因产品存在缺陷造成人身、他人财产损害的,受害人可以向产品的生产者要求赔偿,也可以向产品的销售者要求赔偿。属于产品的生产者的责任,产品的销售者赔偿的,产品的销售者有权向产品的生产者追偿。属于产品的销售者的责任,产品的生产者赔偿的,产品的生产者有权向产品的销售者追偿。

第四十四条 【人身伤害的赔偿范围】因产品存在缺陷造成受害人人身伤害的,侵害人应当赔偿医疗费、治疗期间的护理费、因误工减少的收入等费用;造成残疾的,还应当支付残疾者生活自助具费、生活补助费、残疾赔偿金以及由其扶养的人所必需的生活费等费用;造成受害人死亡的,并应当支付丧葬费、死亡赔偿金以及由死者生前扶养的人所必需的生活费等费用。

因产品存在缺陷造成受害人财产损失的,侵害人应当恢复原状或者折价赔偿。受害人因此遭受其他重大损失的,侵害人应当赔偿损失。

第四十五条 【诉讼时效期间】因产品存在缺陷造成损害要求赔偿的诉讼时效期间为二年,自当事人知道或者应当知道其权益受到损害时起计算。

因产品存在缺陷造成损害要求赔偿的请求权,在造成损害的缺陷产品交付最初消费者满十年丧失;但是,尚未超过明示的安全使用期的除外。

第四十六条 【缺陷的含义】本法所称缺陷,是指产品存在危及人身、他人财产安全的不合理的危险;产品有保障人体健康和人身、财产安全的国家标准、行业标准的,是指不符合该标准。

第四十七条 【纠纷解决方式】因产品质量发生民事纠纷时,当事人可以通过协商或者调解解决。当事人不愿通过协商、调解解决或者协商、调解不成的,可以根据当事人各方的协议向仲裁机构申请仲裁;当事人各方没有达成仲裁协议或者仲裁协议无效的,可以直接向人民法院起诉。

第四十八条 【仲裁机构或者人民法院对产品质量检验的规定】仲裁机构或者人民法院可以委托本法第十九条规定的产品质量检验机构,对有关产品质量进行检验。

第五章 罚 则

第四十九条 【生产、销售不符合安全标准的产品的行政处罚、刑事责任】生产、销售不符合保障人体健康和人身、财产安全的国家标准、行业标准的产品的,责令停止生产、销售,没收违法生产、销售的产品,并处违法生产、销售产品(包括已售出和未售出的产品,下同)货值金额等值以上三倍以下的罚款;有违法所得的,并处没收违法所得;情节严重的,吊销营业执照;构成犯罪的,依法追究刑事责任。

第五十条 【假冒产品的行政处罚、刑事责任】在产品中掺杂、掺假,以假充真,以次充好,或者以不合格产品冒充合格产品的,责令停止生产、销售,没收违法生产、销售的产品,并处违法生产、销售产品货值金额百分之五十以上三倍以下的罚款;有违法所得的,并处没收违法所得;情节严重的,吊销营业执照;构成犯罪的,依法追究刑事责任。

第五十一条 【生产、销售淘汰产品的行政处罚规定】生产国家明令淘汰的产品的,销售国家明令淘汰并停止销售的产品的,责令停止生产、销售,没收违法生产、销售的产品,并处违法生产、销售产品货值金额等值以下的罚款;有违法所得的,并处没收违法所得;情节严重的,吊销营业执照。

第五十二条 【销售失效、变质的产品的行政处罚、刑事责任】销售失效、变质的产品的,责令停止销售,没收违法销售的产品,并处违法销售产品货值金额二倍以下的罚款;有违法所得的,并处没收违法所得;情节严重的,吊销营业执照;构成犯罪的,依法追究刑事责任。

第五十三条 【伪造、冒用产品产地、厂名、厂址、标志的行政处罚规定】伪造产品产地的,伪造或者冒用他人厂名、厂址的,伪造或者冒用认证标志等质量标志的,责令改正,没收违法生产、销售的产品,并处违法生产、销售产品货值金额等值以下的罚款;有违法所得的,并处没收违法所得;情节严重的,吊销营业执照。

第五十四条 【不符合产品包装、标识要求的行政处罚规定】产品标识不符合本法第二十七条规定的,责令改正;有包装的产品标识不符合本法第二十七条第(四)项、第(五)项规定,情节严重的,责令停止生产、销售,并处违法生产、销售产品货值金额百分之三十以下的罚款;有违法所得的,并处没收违法所得。

第五十五条 【销售者的从轻或者减轻

处罚情节】销售者销售本法第四十九条至第五十三条规定禁止销售的产品，有充分证据证明其不知道该产品为禁止销售的产品并如实说明其进货来源的，可以从轻或者减轻处罚。

第五十六条　【违反依法接受产品质量监督检查义务的行政处罚规定】拒绝接受依法进行的产品质量监督检查的，给予警告，责令改正；拒不改正的，责令停业整顿；情节特别严重的，吊销营业执照。

第五十七条　【产品质量中介机构的行政处罚、刑事责任规定】产品质量检验机构、认证机构伪造检验结果或者出具虚假证明的，责令改正，对单位处五万元以上十万元以下的罚款，对直接负责的主管人员和其他直接责任人员处一万元以上五万元以下的罚款；有违法所得的，并处没收违法所得；情节严重的，取消其检验资格、认证资格；构成犯罪的，依法追究刑事责任。

产品质量检验机构、认证机构出具的检验结果或者证明不实，造成损失的，应当承担相应的赔偿责任；造成重大损失的，撤销其检验资格、认证资格。

产品质量认证机构违反本法第二十一条第二款的规定，对不符合认证标准而使用认证标志的产品，未依法要求其改正或者取消其使用认证标志资格的，对因产品不符合认证标准给消费者造成的损失，与产品的生产者、销售者承担连带责任；情节严重的，撤销其认证资格。

第五十八条　【社会团体、社会中介机构的连带赔偿责任】社会团体、社会中介机构对产品质量作出承诺、保证，而该产品又不符合其承诺、保证的质量要求，给消费者造成损失的，与产品的生产者、销售者承担连带责任。

第五十九条　【虚假广告的责任承担】在广告中对产品质量作虚假宣传，欺骗和误导消费者的，依照《中华人民共和国广告法》的规定追究法律责任。

第六十条　【生产伪劣产品的材料、包装、工具的没收】对生产者专门用于生产本法第四十九条、第五十一条所列的产品或者以假充真的产品的原辅材料、包装物、生产工具，应当予以没收。

第六十一条　【运输、保管、仓储部门的责任承担】知道或者应当知道属于本法规定禁止生产、销售的产品而为其提供运输、保管、仓储等便利条件的，或者为以假充真的产品提供制假生产技术的，没收全部运输、保管、仓储或者提供制假生产技术的收入，并处违法收入百分之五十以上三倍以下的罚款；构成犯罪的，依法追究刑事责任。

第六十二条　【服务业经营者的责任承担】服务业的经营者将本法第四十九条至第五十二条规定禁止销售的产品用于经营性服务的，责令停止使用；对知道或者应当知道所使用的产品属于本法规定禁止销售的产品的，按照违法使用的产品（包括已使用和尚未使用的产品）的货值金额，依照本法对销售者的处罚规定处罚。

第六十三条　【隐匿、转移、变卖、损毁被依法查封、扣押的物品的行政责任】隐匿、转移、变卖、损毁被市场监督管理部门查封、扣押的物品的，处被隐匿、转移、变卖、损毁物品货值金额等值以上三倍以下的罚款；有违法所得的，并处没收违法所得。

第六十四条　【民事赔偿责任优先原则】违反本法规定，应当承担民事赔偿责任和缴纳罚款、罚金，其财产不足以同时支付时，先承担民事赔偿责任。

第六十五条　【国家工作人员的责任承担】各级人民政府工作人员和其他国家机关工作人员有下列情形之一的，依法给予行政处分；构成犯罪的，依法追究刑事责任：

（一）包庇、放纵产品生产、销售中违反本法规定行为的；

（二）向从事违反本法规定的生产、销售

活动的当事人通风报信，帮助其逃避查处的；

（三）阻挠、干预市场监督管理部门依法对产品生产、销售中违反本法规定的行为进行查处，造成严重后果的。

第六十六条 【质检部门的检验责任承担】市场监督管理部门在产品质量监督抽查中超过规定的数量索取样品或者向被检查人收取检验费用的，由上级市场监督管理部门或者监察机关责令退还；情节严重的，对直接负责的主管人员和其他直接责任人员依法给予行政处分。

第六十七条 【国家机关推荐产品的责任承担】市场监督管理部门或者其他国家机关违反本法第二十五条的规定，向社会推荐生产者的产品或者以监制、监销等方式参与产品经营活动的，由其上级机关或者监察机关责令改正，消除影响，有违法收入的予以没收；情节严重的，对直接负责的主管人员和其他直接责任人员依法给予行政处分。

产品质量检验机构有前款所列违法行为的，由市场监督管理部门责令改正，消除影响，有违法收入的予以没收，可以并处违法收入一倍以下的罚款；情节严重的，撤销其质量检验资格。

第六十八条 【产品监管部门工作人员的违法行为的责任承担】市场监督管理部门的工作人员滥用职权、玩忽职守、徇私舞弊，构成犯罪的，依法追究刑事责任；尚不构成犯罪的，依法给予行政处分。

第六十九条 【妨碍监管公务的行政责任】以暴力、威胁方法阻碍市场监督管理部门的工作人员依法执行职务的，依法追究刑事责任；拒绝、阻碍未使用暴力、威胁方法的，由公安机关依照治安管理处罚法的规定处罚。

第七十条 【监管部门的行政处罚权限】本法第四十九条至第五十七条、第六十条至第六十三条规定的行政处罚由市场监督管理部门决定。法律、行政法规对行使行政处罚

权的机关另有规定的，依照有关法律、行政法规的规定执行。

第七十一条 【没收产品的处理】对依照本法规定没收的产品，依照国家有关规定进行销毁或者采取其他方式处理。

第七十二条 【货值金额的计算】本法第四十九条至第五十四条、第六十二条、第六十三条所规定的货值金额以违法生产、销售产品的标价计算；没有标价的，按照同类产品的市场价格计算。

第六章 附 则

第七十三条 【军工产品质量监督管理办法另行制定】军工产品质量监督管理办法，由国务院、中央军事委员会另行制定。

因核设施、核产品造成损害的赔偿责任，法律、行政法规另有规定的，依照其规定。

第七十四条 【施行日期】本法自 1993 年 9 月 1 日起施行。

中华人民共和国
农产品质量安全法

（2006 年 4 月 29 日第十届全国人民代表大会常务委员会第二十一次会议通过 根据 2018 年 10 月 26 日第十三届全国人民代表大会常务委员会第六次会议《关于修改〈中华人民共和国野生动物保护法〉等十五部法律的决定》修正 2022 年 9 月 2 日第十三届全国人民代表大会常务委员会第三十六次会议修订 2022 年 9 月 2 日中华人民共和国主席令第 120 号公布 自 2023 年 1 月 1 日起施行）

目 录

第一章　总　则

第一条　为了保障农产品质量安全，维护公众健康，促进农业和农村经济发展，制定本法。

第二条　本法所称农产品，是指来源于种植业、林业、畜牧业和渔业等的初级产品，即在农业活动中获得的植物、动物、微生物及其产品。

本法所称农产品质量安全，是指农产品质量达到农产品质量安全标准，符合保障人的健康、安全的要求。

第三条　与农产品质量安全有关的农产品生产经营及其监督管理活动，适用本法。

《中华人民共和国食品安全法》对食用农产品的市场销售、有关质量安全标准的制定、有关安全信息的公布和农业投入品已经作出规定的，应当遵守其规定。

第四条　国家加强农产品质量安全工作，实行源头治理、风险管理、全程控制，建立科学、严格的监督管理制度，构建协同、高效的社会共治体系。

第五条　国务院农业农村主管部门、市场监督管理部门依照本法和规定的职责，对农产品质量安全实施监督管理。

国务院其他有关部门依照本法和规定的职责承担农产品质量安全的有关工作。

第六条　县级以上地方人民政府对本行政区域的农产品质量安全工作负责，统一领导、组织、协调本行政区域的农产品质量安全工作，建立健全农产品质量安全工作机制，提高农产品质量安全水平。

县级以上地方人民政府应当依照本法和有关规定，确定本级农业农村主管部门、市场监督管理部门和其他有关部门的农产品质量安全监督管理工作职责。各有关部门在职责范围内负责本行政区域的农产品质量安全监督管理工作。

乡镇人民政府应当落实农产品质量安全监督管理责任，协助上级人民政府及其有关部门做好农产品质量安全监督管理工作。

第七条　农产品生产经营者应当对其生产经营的农产品质量安全负责。

农产品生产经营者应当依照法律、法规和农产品质量安全标准从事生产经营活动，诚信自律，接受社会监督，承担社会责任。

第八条　县级以上人民政府应当将农产品质量安全管理工作纳入本级国民经济和社会发展规划，所需经费列入本级预算，加强农产品质量安全监督管理能力建设。

第九条　国家引导、推广农产品标准化生产，鼓励和支持生产绿色优质农产品，禁止生产、销售不符合国家规定的农产品质量安全标准的农产品。

第十条　国家支持农产品质量安全科学技术研究，推行科学的质量安全管理方法，推广先进安全的生产技术。国家加强农产品质量安全科学技术国际交流与合作。

第十一条　各级人民政府及有关部门应当加强农产品质量安全知识的宣传，发挥基层群众性自治组织、农村集体经济组织的优势和作用，指导农产品生产经营者加强质量安全管理，保障农产品消费安全。

新闻媒体应当开展农产品质量安全法律、法规和农产品质量安全知识的公益宣传，对违法行为进行舆论监督。有关农产品质量安全的宣传报道应当真实、公正。

第十二条 农民专业合作社和农产品行业协会等应当及时为其成员提供生产技术服务,建立农产品质量安全管理制度,健全农产品质量安全控制体系,加强自律管理。

第二章 农产品质量安全风险管理和标准制定

第十三条 国家建立农产品质量安全风险监测制度。

国务院农业农村主管部门应当制定国家农产品质量安全风险监测计划,并对重点区域、重点农产品品种进行质量安全风险监测。省、自治区、直辖市人民政府农业农村主管部门应当根据国家农产品质量安全风险监测计划,结合本行政区域农产品生产经营实际,制定本行政区域的农产品质量安全风险监测实施方案,并报国务院农业农村主管部门备案。县级以上地方人民政府农业农村主管部门负责组织实施本行政区域的农产品质量安全风险监测。

县级以上人民政府市场监督管理部门和其他有关部门获知有关农产品质量安全风险信息后,应当立即核实并向同级农业农村主管部门通报。接到通报的农业农村主管部门应当及时上报。制定农产品质量安全风险监测计划、实施方案的部门应当及时研究分析,必要时进行调整。

第十四条 国家建立农产品质量安全风险评估制度。

国务院农业农村主管部门应当设立农产品质量安全风险评估专家委员会,对可能影响农产品质量安全的潜在危害进行风险分析和评估。国务院卫生健康、市场监督管理等部门发现需要对农产品进行质量安全风险评估的,应当向国务院农业农村主管部门提出风险评估建议。

农产品质量安全风险评估专家委员会由农业、食品、营养、生物、环境、医学、化工等方面的专家组成。

第十五条 国务院农业农村主管部门应当根据农产品质量安全风险监测、风险评估结果采取相应的管理措施,并将农产品质量安全风险监测、风险评估结果及时通报国务院市场监督管理、卫生健康等部门和有关省、自治区、直辖市人民政府农业农村主管部门。

县级以上人民政府农业农村主管部门开展农产品质量安全风险监测和风险评估工作时,可以根据需要进入农产品产地、储存场所及批发、零售市场。采集样品应当按照市场价格支付费用。

第十六条 国家建立健全农产品质量安全标准体系,确保严格实施。农产品质量安全标准是强制执行的标准,包括以下与农产品质量安全有关的要求:

(一)农业投入品质量要求、使用范围、用法、用量、安全间隔期和休药期规定;

(二)农产品产地环境、生产过程管控、储存、运输要求;

(三)农产品关键成分指标等要求;

(四)与屠宰畜禽有关的检验规程;

(五)其他与农产品质量安全有关的强制性要求。

《中华人民共和国食品安全法》对食用农产品的有关质量安全标准作出规定的,依照其规定执行。

第十七条 农产品质量安全标准的制定和发布,依照法律、行政法规的规定执行。

制定农产品质量安全标准应当充分考虑农产品质量安全风险评估结果,并听取农产品生产经营者、消费者、有关部门、行业协会等的意见,保障农产品消费安全。

第十八条 农产品质量安全标准应当根据科学技术发展水平以及农产品质量安全的需要,及时修订。

第十九条 农产品质量安全标准由农业农村主管部门商有关部门推进实施。

第三章 农产品产地

第二十条 国家建立健全农产品产地监测制度。

县级以上地方人民政府农业农村主管部门应当会同同级生态环境、自然资源等部门制定农产品产地监测计划,加强农产品产地安全调查、监测和评价工作。

第二十一条 县级以上地方人民政府农业农村主管部门应当会同同级生态环境、自然资源等部门按照保障农产品质量安全的要求,根据农产品品种特性和产地安全调查、监测、评价结果,依照土壤污染防治等法律、法规的规定提出划定特定农产品禁止生产区域的建议,报本级人民政府批准后实施。

任何单位和个人不得在特定农产品禁止生产区域种植、养殖、捕捞、采集特定农产品和建立特定农产品生产基地。

特定农产品禁止生产区域划定和管理的具体办法由国务院农业农村主管部门商国务院生态环境、自然资源等部门制定。

第二十二条 任何单位和个人不得违反有关环境保护法律、法规的规定向农产品产地排放或者倾倒废水、废气、固体废物或者其他有毒有害物质。

农业生产用水和用作肥料的固体废物,应当符合法律、法规和国家有关强制性标准的要求。

第二十三条 农产品生产者应当科学合理使用农药、兽药、肥料、农用薄膜等农业投入品,防止对农产品产地造成污染。

农药、肥料、农用薄膜等农业投入品的生产者、经营者、使用者应当按照国家有关规定回收并妥善处置包装物和废弃物。

第二十四条 县级以上人民政府应当采取措施,加强农产品基地建设,推进农业标准化示范建设,改善农产品的生产条件。

第四章 农产品生产

第二十五条 县级以上地方人民政府农业农村主管部门应当根据本地区的实际情况,制定保障农产品质量安全的生产技术要求和操作规程,并加强对农产品生产经营者的培训和指导。

农业技术推广机构应当加强对农产品生产经营者质量安全知识和技能的培训。国家鼓励科研教育机构开展农产品质量安全培训。

第二十六条 农产品生产企业、农民专业合作社、农业社会化服务组织应当加强农产品质量安全管理。

农产品生产企业应当建立农产品质量安全管理制度,配备相应的技术人员;不具备配备条件的,应当委托具有专业技术知识的人员进行农产品质量安全指导。

国家鼓励和支持农产品生产企业、农民专业合作社、农业社会化服务组织建立和实施危害分析和关键控制点体系,实施良好农业规范,提高农产品质量安全管理水平。

第二十七条 农产品生产企业、农民专业合作社、农业社会化服务组织应当建立农产品生产记录,如实记载下列事项:

(一)使用农业投入品的名称、来源、用法、用量和使用、停用的日期;

(二)动物疫病、农作物病虫害的发生和防治情况;

(三)收获、屠宰或者捕捞的日期。

农产品生产记录应当至少保存二年。禁止伪造、变造农产品生产记录。

国家鼓励其他农产品生产者建立农产品生产记录。

第二十八条 对可能影响农产品质量安

全的农药、兽药、饲料和饲料添加剂、肥料、兽医器械，依照有关法律、行政法规的规定实行许可制度。

省级以上人民政府农业农村主管部门应当定期或者不定期组织对可能危及农产品质量安全的农药、兽药、饲料和饲料添加剂、肥料等农业投入品进行监督抽查，并公布抽查结果。

农药、兽药经营者应当依照有关法律、行政法规的规定建立销售台账，记录购买者、销售日期和药品施用范围等内容。

第二十九条　农产品生产经营者应当依照有关法律、行政法规和国家有关强制性标准、国务院农业农村主管部门的规定，科学合理使用农药、兽药、饲料和饲料添加剂、肥料等农业投入品，严格执行农业投入品使用安全间隔期或者休药期的规定；不得超范围、超剂量使用农业投入品危及农产品质量安全。

禁止在农产品生产经营过程中使用国家禁止使用的农业投入品以及其他有毒有害物质。

第三十条　农产品生产场所以及生产活动中使用的设施、设备、消毒剂、洗涤剂等应当符合国家有关质量安全规定，防止污染农产品。

第三十一条　县级以上人民政府农业农村主管部门应当加强对农业投入品使用的监督管理和指导，建立健全农业投入品的安全使用制度，推广农业投入品科学使用技术，普及安全、环保农业投入品的使用。

第三十二条　国家鼓励和支持农产品生产经营者选用优质特色农产品品种，采用绿色生产技术和全程质量控制技术，生产绿色优质农产品，实施分等分级，提高农产品品质，打造农产品品牌。

第三十三条　国家支持农产品产地冷链物流基础设施建设，健全有关农产品冷链物流标准、服务规范和监管保障机制，保障冷链物流农产品畅通高效、安全便捷，扩大高品质市场供给。

从事农产品冷链物流的生产经营者应当依照法律、法规和有关农产品质量安全标准，加强冷链技术创新与应用、质量安全控制，执行对冷链物流农产品及其包装、运输工具、作业环境等的检验检测检疫要求，保证冷链农产品质量安全。

第五章　农产品销售

第三十四条　销售的农产品应当符合农产品质量安全标准。

农产品生产企业、农民专业合作社应当根据质量安全控制要求自行或者委托检测机构对农产品质量安全进行检测；经检测不符合农产品质量安全标准的农产品，应当及时采取管控措施，且不得销售。

农业技术推广等机构应当为农户等农产品生产经营者提供农产品检测技术服务。

第三十五条　农产品在包装、保鲜、储存、运输中所使用的保鲜剂、防腐剂、添加剂、包装材料等，应当符合国家有关强制性标准以及其他农产品质量安全规定。

储存、运输农产品的容器、工具和设备应当安全、无害。禁止将农产品与有毒有害物质一同储存、运输，防止污染农产品。

第三十六条　有下列情形之一的农产品，不得销售：

（一）含有国家禁止使用的农药、兽药或者其他化合物；

（二）农药、兽药等化学物质残留或者含有的重金属等有毒有害物质不符合农产品质量安全标准；

（三）含有的致病性寄生虫、微生物或者生物毒素不符合农产品质量安全标准；

（四）未按照国家有关强制性标准以及其他农产品质量安全规定使用保鲜剂、防腐剂、

添加剂、包装材料等,或者使用的保鲜剂、防腐剂、添加剂、包装材料等不符合国家有关强制性标准以及其他质量安全规定;

(五)病死、毒死或者死因不明的动物及其产品;

(六)其他不符合农产品质量安全标准的情形。

对前款规定不得销售的农产品,应当依照法律、法规的规定进行处置。

第三十七条 农产品批发市场应当按照规定设立或者委托检测机构,对进场销售的农产品质量安全状况进行抽查检测;发现不符合农产品质量安全标准的,应当要求销售者立即停止销售,并向所在地市场监督管理、农业农村等部门报告。

农产品销售企业对其销售的农产品,应当建立健全进货检查验收制度;经查验不合农产品质量安全标准的,不得销售。

食品生产者采购农产品等食品原料,应当依照《中华人民共和国食品安全法》的规定查验许可证和合格证明,对无法提供合格证明的,应当按照规定进行检验。

第三十八条 农产品生产企业、农民专业合作社以及从事农产品收购的单位或个人销售的农产品,按照规定应当包装或者附加承诺达标合格证等标识的,须经包装或者附加标识后方可销售。包装物或者标识上应当按照规定标明产品的品名、产地、生产者、生产日期、保质期、产品质量等级等内容;使用添加剂的,还应当按照规定标明添加剂的名称。具体办法由国务院农业农村主管部门制定。

第三十九条 农产品生产企业、农民专业合作社应当执行法律、法规的规定和国家有关强制性标准,保证其销售的农产品符合农产品质量安全标准,并根据质量安全控制、检测结果等开具承诺达标合格证,承诺不使用禁用的农药、兽药及其他化合物且使用的

常规农药、兽药残留不超标等。鼓励和支持农户销售农产品时开具承诺达标合格证。法律、行政法规对畜禽产品的质量安全合格证明有特别规定的,应当遵守其规定。

从事农产品收购的单位或者个人应当按照规定收取、保存承诺达标合格证或者其他质量安全合格证明,对其收购的农产品进行混装或者分装后销售的,应当按照规定开具承诺达标合格证。

农产品批发市场应当建立健全农产品承诺达标合格证查验等制度。

县级以上人民政府农业农村主管部门应当做好承诺达标合格证有关工作的指导服务,加强日常监督检查。

农产品质量安全承诺达标合格证管理办法由国务院农业农村主管部门会同国务院有关部门制定。

第四十条 农产品生产经营者通过网络平台销售农产品的,应当依照本法和《中华人民共和国电子商务法》、《中华人民共和国食品安全法》等法律、法规的规定,严格落实质量安全责任,保证其销售的农产品符合质量安全标准。网络平台经营者应当依法加强对农产品生产经营者的管理。

第四十一条 国家对列入农产品质量安全追溯目录的农产品实施追溯管理。国务院农业农村主管部门应当会同国务院市场监督管理等部门建立农产品质量安全追溯协作机制。农产品质量安全追溯管理办法和追溯目录由国务院农业农村主管部门会同国务院市场监督管理等部门制定。

国家鼓励具备信息化条件的农产品生产经营者采用现代信息技术手段采集、留存生产记录、购销记录等生产经营信息。

第四十二条 农产品质量符合国家规定的有关优质农产品标准的,农产品生产经营者可以申请使用农产品质量标志。禁止冒用农产品质量标志。

国家加强地理标志农产品保护和管理。

第四十三条 属于农业转基因生物的农产品,应当按照农业转基因生物安全管理的有关规定进行标识。

第四十四条 依法需要实施检疫的动植物及其产品,应当附具检疫标志、检疫证明。

第六章　监督管理

第四十五条 县级以上人民政府农业农村主管部门和市场监督管理等部门应当建立健全农产品质量安全全程监督管理协作机制,确保农产品从生产到消费各环节的质量安全。

县级以上人民政府农业农村主管部门和市场监督管理部门应当加强收购、储存、运输过程中农产品质量安全监督管理的协调配合和执法衔接,及时通报和共享农产品质量安全监督管理信息,并按照职责权限,发布有关农产品质量安全日常监督管理信息。

第四十六条 县级以上人民政府农业农村主管部门应当根据农产品质量安全风险监测、风险评估结果和农产品质量安全状况等,制定监督抽查计划,确定农产品质量安全监督抽查的重点、方式和频次,并实施农产品质量安全风险分级管理。

第四十七条 县级以上人民政府农业农村主管部门应当建立健全随机抽查机制,按照监督抽查计划,组织开展农产品质量安全监督抽查。

农产品质量安全监督抽查检测应当委托符合本法规定条件的农产品质量安全检测机构进行。监督抽查不得向被抽查人收取费用,抽取的样品应当按照市场价格支付费用,并不得超过国务院农业农村主管部门规定的数量。

上级农业农村主管部门监督抽查的同批次农产品,下级农业农村主管部门不得另行重复抽查。

第四十八条 农产品质量安全检测应当充分利用现有的符合条件的检测机构。

从事农产品质量安全检测的机构,应当具备相应的检测条件和能力,由省级以上人民政府农业农村主管部门或者其授权的部门考核合格。具体办法由国务院农业农村主管部门制定。

农产品质量安全检测机构应当依法经资质认定。

第四十九条 从事农产品质量安全检测工作的人员,应当具备相应的专业知识和实际操作技能,遵纪守法,恪守职业道德。

农产品质量安全检测机构对出具的检测报告负责。检测报告应当客观公正,检测数据应当真实可靠,禁止出具虚假检测报告。

第五十条 县级以上地方人民政府农业农村主管部门可以采用国务院农业农村主管部门会同国务院市场监督管理等部门认定的快速检测方法,开展农产品质量安全监督抽查检测。抽查检测结果确定有关农产品不符合农产品质量安全标准的,可以作为行政处罚的证据。

第五十一条 农产品生产经营者对监督抽查检测结果有异议的,可以自收到检测结果之日起五个工作日内,向实施农产品质量安全监督抽查的农业农村主管部门或者其上一级农业农村主管部门申请复检。复检机构与初检机构不得为同一机构。

采用快速检测方法进行农产品质量安全监督抽查检测,被抽查人对检测结果有异议的,可以自收到检测结果时起四小时内申请复检。复检不得采用快速检测方法。

复检机构应当自收到复检样品之日起七个工作日内出具检测报告。

因检测结果错误给当事人造成损害的,依法承担赔偿责任。

第五十二条 县级以上地方人民政府农

业农村主管部门应当加强对农产品生产的监督管理,开展日常检查,重点检查农产品产地环境、农业投入品购买和使用、农产品生产记录、承诺达标合格证开具等情况。

国家鼓励和支持基层群众性自治组织建立农产品质量安全信息员工作制度,协助开展有关工作。

第五十三条 开展农产品质量安全监督检查,有权采取下列措施:

(一)进入生产经营场所进行现场检查,调查了解农产品质量安全的有关情况;

(二)查阅、复制农产品生产记录、购销台账等与农产品质量安全有关的资料;

(三)抽样检测生产经营的农产品和使用的农业投入品以及其他有关产品;

(四)查封、扣押有证据证明存在农产品质量安全隐患或者经检测不符合农产品质量安全标准的农产品;

(五)查封、扣押有证据证明可能危及农产品质量安全或者经检测不符合产品质量标准的农业投入品以及其他有毒有害物质;

(六)查封、扣押用于违法生产经营农产品的设施、设备、场所以及运输工具;

(七)收缴伪造的农产品质量标志。

农产品生产经营者应当协助、配合农产品质量安全监督检查,不得拒绝、阻挠。

第五十四条 县级以上人民政府农业农村等部门应当加强农产品质量安全信用体系建设,建立农产品生产经营者信用记录,记载行政处罚等信息,推进农产品质量安全信用信息的应用和管理。

第五十五条 农产品生产经营过程中存在质量安全隐患,未及时采取措施消除的,县级以上地方人民政府农业农村主管部门可以对农产品生产经营者的法定代表人或者主要负责人进行责任约谈。农产品生产经营者应当立即采取措施,进行整改,消除隐患。

第五十六条 国家鼓励消费者协会和其他单位或者个人对农产品质量安全进行社会监督,对农产品质量安全监督管理工作提出意见和建议。任何单位和个人有权对违反本法的行为进行检举控告、投诉举报。

县级以上人民政府农业农村主管部门应当建立农产品质量安全投诉举报制度,公开投诉举报渠道,收到投诉举报后,应当及时处理。对不属于本部门职责的,应当移交有权处理的部门并书面通知投诉举报人。

第五十七条 县级以上地方人民政府农业农村主管部门应当加强对农产品质量安全执法人员的专业技术培训并组织考核。不具备相应知识和能力的,不得从事农产品质量安全执法工作。

第五十八条 上级人民政府应当督促下级人民政府履行农产品质量安全职责。对农产品质量安全责任落实不力、问题突出的地方人民政府,上级人民政府可以对其主要负责人进行责任约谈。被约谈的地方人民政府应当立即采取整改措施。

第五十九条 国务院农业农村主管部门应当会同国务院有关部门制定国家农产品质量安全突发事件应急预案,并与国家食品安全事故应急预案相衔接。

县级以上地方人民政府应当根据有关法律、行政法规的规定和上级人民政府的农产品质量安全突发事件应急预案,制定本行政区域的农产品质量安全突发事件应急预案。

发生农产品质量安全事故时,有关单位和个人应当采取控制措施,及时向所在地乡镇人民政府和县级人民政府农业农村等部门报告;收到报告的机关应当按照农产品质量安全突发事件应急预案及时处理并报本级人民政府、上级人民政府有关部门。发生重大农产品质量安全事故时,按照规定上报国务院及其有关部门。

任何单位和个人不得隐瞒、谎报、缓报农产品质量安全事故,不得隐匿、伪造、毁灭有关证据。

第六十条 县级以上地方人民政府市场监督管理部门依照本法和《中华人民共和国食品安全法》等法律、法规的规定，对农产品进入批发、零售市场或者生产加工企业后的生产经营活动进行监督检查。

第六十一条 县级以上人民政府农业农村、市场监督管理等部门发现农产品质量安全违法行为涉嫌犯罪的，应当及时将案件移送公安机关。对移送的案件，公安机关应当及时审查；认为有犯罪事实需要追究刑事责任的，应当立案侦查。

公安机关对依法不需要追究刑事责任但应当给予行政处罚的，应当及时将案件移送农业农村、市场监督管理等部门，有关部门应当依法处理。

公安机关商请农业农村、市场监督管理、生态环境等部门提供检验结论、认定意见以及对涉案农产品进行无害化处理等协助的，有关部门应当及时提供、予以协助。

第七章 法律责任

第六十二条 违反本法规定，地方各级人民政府有下列情形之一的，对直接负责的主管人员和其他直接责任人员给予警告、记过、记大过处分；造成严重后果的，给予降级或者撤职处分：

（一）未确定有关部门的农产品质量安全监督管理工作职责，未建立健全农产品质量安全工作机制，或者未落实农产品质量安全监督管理责任；

（二）未制定本行政区域的农产品质量安全突发事件应急预案，或者发生农产品质量安全事故后未按照规定启动应急预案。

第六十三条 违反本法规定，县级以上人民政府农业农村等部门有下列行为之一的，对直接负责的主管人员和其他直接责任

人员给予记大过处分；情节较重的，给予降级或者撤职处分；情节严重的，给予开除处分；造成严重后果的，其主要负责人还应当引咎辞职：

（一）隐瞒、谎报、缓报农产品质量安全事故或者隐匿、伪造、毁灭有关证据；

（二）未按照规定查处农产品质量安全事故，或者接到农产品质量安全事故报告未及时处理，造成事故扩大或者蔓延；

（三）发现农产品质量安全重大风险隐患后，未及时采取相应措施，造成农产品质量安全事故或者不良社会影响；

（四）不履行农产品质量安全监督管理职责，导致发生农产品质量安全事故。

第六十四条 县级以上地方人民政府农业农村、市场监督管理等部门在履行农产品质量安全监督管理职责过程中，违法实施检查、强制等执法措施，给农产品生产经营者造成损失的，应当依法予以赔偿，对直接负责的主管人员和其他直接责任人员依法给予处分。

第六十五条 农产品质量安全检测机构、检测人员出具虚假检测报告的，由县级以上人民政府农业农村主管部门没收所收取的检测费用，检测费用不足一万元的，并处五万元以上十万元以下罚款，检测费用一万元以上的，并处检测费用五倍以上十倍以下罚款；对直接负责的主管人员和其他直接责任人员处一万元以上五万元以下罚款；使消费者的合法权益受到损害的，农产品质量安全检测机构应当与农产品生产经营者承担连带责任。

因农产品质量安全违法行为受到刑事处罚或者因出具虚假检测报告导致发生重大农产品质量安全事故的检测人员，终身不得从事农产品质量安全检测工作。农产品质量安全检测机构不得聘用上述人员。

农产品质量安全检测机构有前两款违法

行为的,由授予其资质的主管部门或者机构吊销该农产品质量安全检测机构的资质证书。

第六十六条 违反本法规定,在特定农产品禁止生产区域种植、养殖、捕捞、采集特定农产品或者建立特定农产品生产基地的,由县级以上地方人民政府农业农村主管部门责令停止违法行为,没收农产品和违法所得,并处违法所得一倍以上三倍以下罚款。

违反法律、法规规定,向农产品产地排放或者倾倒废水、废气、固体废物或者其他有毒有害物质的,依照有关环境保护法律、法规的规定处理、处罚;造成损害的,依法承担赔偿责任。

第六十七条 农药、肥料、农用薄膜等农业投入品的生产者、经营者、使用者未按照规定回收并妥善处置包装物或者废弃物的,由县级以上地方人民政府农业农村主管部门依照有关法律、法规的规定处理、处罚。

第六十八条 违反本法规定,农产品生产企业有下列情形之一的,由县级以上地方人民政府农业农村主管部门责令限期改正;逾期不改正的,处五千元以上五万元以下罚款:

(一)未建立农产品质量安全管理制度;

(二)未配备相应的农产品质量安全管理技术人员,且未委托具有专业技术知识的人员进行农产品质量安全指导。

第六十九条 农产品生产企业、农民专业合作社、农业社会化服务组织未依照本法规定建立、保存农产品生产记录,或者伪造、变造农产品生产记录的,由县级以上地方人民政府农业农村主管部门责令限期改正;逾期不改正的,处二千元以上二万元以下罚款。

第七十条 违反本法规定,农产品生产经营者有下列行为之一,尚不构成犯罪的,由县级以上地方人民政府农业农村主管部门责令停止生产经营,追回已经销售的农产品,对违法生产经营的农产品进行无害化处理或者予以监督销毁,没收违法所得,并可以没收用于违法生产经营的工具、设备、原料等物品;违法生产经营的农产品货值金额不足一万元的,并处十万元以上十五万元以下罚款,货值金额一万元以上的,并处货值金额十五倍以上三十倍以下罚款;对农户,并处一千元以上一万元以下罚款;情节严重的,有许可证的吊销许可证,并可以由公安机关对其直接负责的主管人员和其他直接责任人员处五日以上十五日以下拘留:

(一)在农产品生产经营过程中使用国家禁止使用的农业投入品或者其他有毒有害物质;

(二)销售含有国家禁止使用的农药、兽药或者其他化合物的农产品;

(三)销售病死、毒死或者死因不明的动物及其产品。

明知农产品生产经营者从事前款规定的违法行为,仍为其提供生产经营场所或者其他条件的,由县级以上地方人民政府农业农村主管部门责令停止违法行为,没收违法所得,并处十万元以上二十万元以下罚款;使消费者的合法权益受到损害的,应当与农产品生产经营者承担连带责任。

第七十一条 违反本法规定,农产品生产经营者有下列行为之一,尚不构成犯罪的,由县级以上地方人民政府农业农村主管部门责令停止生产经营,追回已经销售的农产品,对违法生产经营的农产品进行无害化处理或者予以监督销毁,没收违法所得,并可以没收用于违法生产经营的工具、设备、原料等物品;违法生产经营的农产品货值金额不足一万元的,并处五万元以上十万元以下罚款,货值金额一万元以上的,并处货值金额十倍以上二十倍以下罚款;对农户,并处五百元以上五千元以下罚款:

(一)销售农药、兽药等化学物质残留或

者含有的重金属等有毒有害物质不符合农产品质量安全标准的农产品；

（二）销售含有的致病性寄生虫、微生物或者生物毒素不符合农产品质量安全标准的农产品；

（三）销售其他不符合农产品质量安全标准的农产品。

第七十二条 违反本法规定，农产品生产经营者有下列行为之一的，由县级以上地方人民政府农业农村主管部门责令停止生产经营、追回已经销售的农产品，对违法生产经营的农产品进行无害化处理或者予以监督销毁，没收违法所得，并可以没收用于违法生产经营的工具、设备、原料等物品；违法生产经营的农产品货值金额不足一万元的，并处五千元以上五万元以下罚款，货值金额一万元以上的，并处货值金额五倍以上十倍以下罚款；对农户，并处三百元以上三千元以下罚款：

（一）在农产品生产场所以及生产活动中使用的设施、设备、消毒剂、洗涤剂等不符合国家有关质量安全规定；

（二）未按照国家有关强制性标准或者其他农产品质量安全规定使用保鲜剂、防腐剂、添加剂、包装材料等，或者使用的保鲜剂、防腐剂、添加剂、包装材料等不符合国家有关强制性标准或者其他质量安全规定；

（三）将农产品与有毒有害物质一同储存、运输。

第七十三条 违反本法规定，有下列行为之一的，由县级以上地方人民政府农业农村主管部门按照职责给予批评教育，责令限期改正；逾期不改正的，处一百元以上一千元以下罚款：

（一）农产品生产企业、农民专业合作社、从事农产品收购的单位或者个人未按照规定开具承诺达标合格证；

（二）从事农产品收购的单位或者个人未

按照规定收取、保存承诺达标合格证或者其他合格证明。

第七十四条 农产品生产经营者冒用农产品质量标志，或者销售冒用农产品质量标志的农产品的，由县级以上地方人民政府农业农村主管部门按照职责责令改正，没收违法所得；违法生产经营的农产品货值金额不足五千元的，并处五千元以上五万元以下罚款，货值金额五千元以上的，并处货值金额十倍以上二十倍以下罚款。

第七十五条 违反本法关于农产品质量安全追溯规定的，由县级以上地方人民政府农业农村主管部门按照职责责令限期改正；逾期不改正的，可以处一万元以下罚款。

第七十六条 违反本法规定，拒绝、阻挠依法开展的农产品质量安全监督检查、事故调查处理、抽样检测和风险评估的，由有关主管部门按照职责责令停产停业，并处二千元以上五万元以下罚款；构成违反治安管理行为的，由公安机关依法给予治安管理处罚。

第七十七条 《中华人民共和国食品安全法》对食用农产品进入批发、零售市场或者生产加工企业后的违法行为和法律责任有规定的，由县级以上地方人民政府市场监督管理部门依照其规定进行处罚。

第七十八条 违反本法规定，构成犯罪的，依法追究刑事责任。

第七十九条 违反本法规定，给消费者造成人身、财产或者其他损害的，依法承担民事赔偿责任。生产经营者财产不足以同时承担民事赔偿责任和缴纳罚款、罚金时，先承担民事赔偿责任。

食用农产品生产经营者违反本法规定，污染环境、侵害众多消费者合法权益，损害社会公共利益的，人民检察院可以依照《中华人民共和国民事诉讼法》、《中华人民共和国行政诉讼法》等法律的规定向人民法院提起诉讼。

第八章 附 则

第八十条 粮食收购、储存、运输环节的质量安全管理,依照有关粮食管理的法律、行政法规执行。

第八十一条 本法自 2023 年 1 月 1 日起施行。

中华人民共和国食品安全法

（2009 年 2 月 28 日第十一届全国人民代表大会常务委员会第七次会议通过 2015 年 4 月 24 日第十二届全国人民代表大会常务委员会第十四次会议修订 根据 2018 年 12 月 29 日第十三届全国人民代表大会常务委员会第七次会议《关于修改〈中华人民共和国产品质量法〉等五部法律的决定》第一次修正 根据 2021 年 4 月 29 日第十三届全国人民代表大会常务委员会第二十八次会议《关于修改〈中华人民共和国道路交通安全法〉等八部法律的决定》第二次修正）

目 录

第一章 总 则

第一条 【立法目的】 为了保证食品安全,保障公众身体健康和生命安全,制定本法。

第二条 【适用范围】在中华人民共和国境内从事下列活动,应当遵守本法:

（一）食品生产和加工（以下称食品生产）,食品销售和餐饮服务（以下称食品经营）;

（二）食品添加剂的生产经营;

（三）用于食品的包装材料、容器、洗涤剂、消毒剂和用于食品生产经营的工具、设备（以下称食品相关产品）的生产经营;

（四）食品生产经营者使用食品添加剂、食品相关产品;

（五）食品的贮存和运输;

（六）对食品、食品添加剂、食品相关产品的安全管理。

供食用的源于农业的初级产品（以下称食用农产品）的质量安全管理,遵守《中华人民共和国农产品质量安全法》的规定。但是,食用农产品的市场销售、有关质量安全标准的制定、有关安全信息的公布和本法对农业投入品作出规定的,应当遵守本法的规定。

第三条 【食品安全工作原则】食品安全工作实行预防为主、风险管理、全程控制、社会共治,建立科学、严格的监督管理制度。

第四条 【食品生产经营者的责任】食品生产经营者对其生产经营食品的安全负责。

食品生产经营者应当依照法律、法规和食品安全标准从事生产经营活动,保证食品安全,诚信自律,对社会和公众负责,接受社会监督,承担社会责任。

第五条 【食品安全管理体制】国务院设

立食品安全委员会,其职责由国务院规定。

国务院食品安全监督管理部门依照本法和国务院规定的职责,对食品生产经营活动实施监督管理。

国务院卫生行政部门依照本法和国务院规定的职责,组织开展食品安全风险监测和风险评估,会同国务院食品安全监督管理部门制定并公布食品安全国家标准。

国务院其他有关部门依照本法和国务院规定的职责,承担有关食品安全工作。

第六条 【地方政府食品安全监督管理职责】 县级以上地方人民政府对本行政区域的食品安全监督管理工作负责,统一领导、组织、协调本行政区域的食品安全监督管理工作以及食品安全突发事件应对工作,建立健全食品安全全程监督管理工作机制和信息共享机制。

县级以上地方人民政府依照本法和国务院的规定,确定本级食品安全监督管理、卫生行政部门和其他有关部门的职责。有关部门在各自职责范围内负责本行政区域的食品安全监督管理工作。

县级人民政府食品安全监督管理部门可以在乡镇或者特定区域设立派出机构。

第七条 【地方政府食品安全责任制】 县级以上地方人民政府实行食品安全监督管理责任制。上级人民政府负责对下一级人民政府的食品安全监督管理工作进行评议、考核。县级以上地方人民政府负责对本级食品安全监督管理部门和其他有关部门的食品安全监督管理工作进行评议、考核。

第八条 【政府对食品安全工作的财政保障和监管职责】 县级以上人民政府应当将食品安全工作纳入本级国民经济和社会发展规划,将食品安全工作经费列入本级政府财政预算,加强食品安全监督管理能力建设,为食品安全工作提供保障。

县级以上人民政府食品安全监督管理部门和其他有关部门应当加强沟通、密切配合,按照各自职责分工,依法行使职权,承担责任。

第九条 【食品行业协会和消费者协会的责任】 食品行业协会应当加强行业自律,按照章程建立健全行业规范和奖惩机制,提供食品安全信息、技术等服务,引导和督促食品生产经营者依法生产经营,推动行业诚信建设,宣传、普及食品安全知识。

消费者协会和其他消费者组织对违反本法规定,损害消费者合法权益的行为,依法进行社会监督。

第十条 【食品安全宣传教育和舆论监督】 各级人民政府应当加强食品安全的宣传教育,普及食品安全知识,鼓励社会组织、基层群众性自治组织、食品生产经营者开展食品安全法律、法规以及食品安全标准和知识的普及工作,倡导健康的饮食方式,增强消费者食品安全意识和自我保护能力。

新闻媒体应当开展食品安全法律、法规以及食品安全标准和知识的公益宣传,并对食品安全违法行为进行舆论监督。有关食品安全的宣传报道应当真实、公正。

第十一条 【食品安全研究和农药管理】 国家鼓励和支持开展与食品安全有关的基础研究、应用研究,鼓励和支持食品生产经营者为提高食品安全水平采用先进技术和先进管理规范。

国家对农药的使用实行严格的管理制度,加快淘汰剧毒、高毒、高残留农药,推动替代产品的研发和应用,鼓励使用高效低毒低残留农药。

第十二条 【社会监督】 任何组织或者个人有权举报食品安全违法行为,依法向有关部门了解食品安全信息,对食品安全监督管理工作提出意见和建议。

第十三条 【表彰、奖励有突出贡献的单位和个人】 对在食品安全工作中做出突出贡献的单位和个人,按照国家有关规定给予表彰、奖励。

第二章　食品安全风险监测和评估

第十四条　【食品安全风险监测制度】国家建立食品安全风险监测制度,对食源性疾病、食品污染以及食品中的有害因素进行监测。

国务院卫生行政部门会同国务院食品安全监督管理等部门,制定、实施国家食品安全风险监测计划。

国务院食品安全监督管理部门和其他有关部门获知有关食品安全风险信息后,应当立即核实并向国务院卫生行政部门通报。对有关部门通报的食品安全风险信息以及医疗机构报告的食源性疾病等有关疾病信息,国务院卫生行政部门应当会同国务院有关部门分析研究,认为必要的,及时调整国家食品安全风险监测计划。

省、自治区、直辖市人民政府卫生行政部门会同同级食品安全监督管理等部门,根据国家食品安全风险监测计划,结合本行政区域的具体情况,制定、调整本行政区域的食品安全风险监测方案,报国务院卫生行政部门备案并实施。

第十五条　【食品安全风险监测工作】承担食品安全风险监测工作的技术机构应当根据食品安全风险监测计划和监测方案开展监测工作,保证监测数据真实、准确,并按照食品安全风险监测计划和监测方案的要求报送监测数据和分析结果。

食品安全风险监测工作人员有权进入相关食用农产品种植养殖、食品生产经营场所采集样品、收集相关数据。采集样品应当按照市场价格支付费用。

第十六条　【及时通报食品安全风险监测结果】食品安全风险监测结果表明可能存在食品安全隐患的,县级以上人民政府卫生行政部门应当及时将相关信息通报同级食品安全监督管理等部门,并报告本级人民政府和上级人民政府卫生行政部门。食品安全监督管理等部门应当组织开展进一步调查。

第十七条　【食品安全风险评估制度】国家建立食品安全风险评估制度,运用科学方法,根据食品安全风险监测信息、科学数据以及有关信息,对食品、食品添加剂、食品相关产品中生物性、化学性和物理性危害因素进行风险评估。

国务院卫生行政部门负责组织食品安全风险评估工作,成立由医学、农业、食品、营养、生物、环境等方面的专家组成的食品安全风险评估专家委员会进行食品安全风险评估。食品安全风险评估结果由国务院卫生行政部门公布。

对农药、肥料、兽药、饲料和饲料添加剂等的安全性评估,应当有食品安全风险评估专家委员会的专家参加。

食品安全风险评估不得向生产经营者收取费用,采集样品应当按照市场价格支付费用。

第十八条　【食品安全风险评估法定情形】有下列情形之一的,应当进行食品安全风险评估:

(一)通过食品安全风险监测或者接到举报发现食品、食品添加剂、食品相关产品可能存在安全隐患的;

(二)为制定或者修订食品安全国家标准提供科学依据需要进行风险评估的;

(三)为确定监督管理的重点领域、重点品种需要进行风险评估的;

(四)发现新的可能危害食品安全因素的;

(五)需要判断某一因素是否构成食品安全隐患的;

(六)国务院卫生行政部门认为需要进行

风险评估的其他情形。

第十九条　【监管部门在食品安全风险评估中的配合协作义务】国务院食品安全监督管理、农业行政等部门在监督管理工作中发现需要进行食品安全风险评估的,应当向国务院卫生行政部门提出食品安全风险评估的建议,并提供风险来源、相关检验数据和结论等信息、资料。属于本法第十八条规定情形的,国务院卫生行政部门应当及时进行食品安全风险评估,并向国务院有关部门通报评估结果。

第二十条　【卫生行政、农业行政部门相互通报有关信息】省级以上人民政府卫生行政、农业行政部门应当及时相互通报食品、食用农产品安全风险监测信息。

国务院卫生行政、农业行政部门应当及时相互通报食品、食用农产品安全风险评估结果等信息。

第二十一条　【食品安全风险评估结果】食品安全风险评估结果是制定、修订食品安全标准和实施食品安全监督管理的科学依据。

经食品安全风险评估,得出食品、食品添加剂、食品相关产品不安全结论的,国务院食品安全监督管理等部门应当依据各自职责立即向社会公告,告知消费者停止食用或者使用,并采取相应措施,确保该食品、食品添加剂、食品相关产品停止生产经营;需要制定、修订相关食品安全国家标准的,国务院卫生行政部门应当会同国务院食品安全监督管理部门立即制定、修订。

第二十二条　【综合分析食品安全状况并公布警示】国务院食品安全监督管理部门应当会同国务院有关部门,根据食品安全风险评估结果、食品安全监督管理信息,对食品安全状况进行综合分析。对经综合分析表明可能具有较高程度安全风险的食品,国务院食品安全监督管理部门应当及时提出食品安全风险警示,并向社会公布。

第二十三条　【食品安全风险交流】县级以上人民政府食品安全监督管理部门和其他有关部门、食品安全风险评估专家委员会及其技术机构,应当按照科学、客观、及时、公开的原则,组织食品生产经营者、食品检验机构、认证机构、食品行业协会、消费者协会以及新闻媒体等,就食品安全风险评估信息和食品安全监督管理信息进行交流沟通。

第三章　食品安全标准

第二十四条　【食品安全标准制定原则】制定食品安全标准,应当以保障公众身体健康为宗旨,做到科学合理、安全可靠。

第二十五条　【食品安全标准强制性】食品安全标准是强制执行的标准。除食品安全标准外,不得制定其他食品强制性标准。

第二十六条　【食品安全标准的内容】食品安全标准应当包括下列内容:

(一)食品、食品添加剂、食品相关产品中的致病性微生物,农药残留、兽药残留、生物毒素、重金属等污染物质以及其他危害人体健康物质的限量规定;

(二)食品添加剂的品种、使用范围、用量;

(三)专供婴幼儿和其他特定人群的主辅食品的营养成分要求;

(四)对与卫生、营养等食品安全要求有关的标签、标志、说明书的要求;

(五)食品生产经营过程的卫生要求;

(六)与食品安全有关的质量要求;

(七)与食品安全有关的食品检验方法与规程;

(八)其他需要制定为食品安全标准的内容。

第二十七条　【食品安全国家标准制定、公布主体】食品安全国家标准由国务院卫生行政部门会同国务院食品安全监督管理部门制定、公布,国务院标准化行政部门提供国家标准编号。

食品中农药残留、兽药残留的限量规定及其检验方法与规程由国务院卫生行政部门、国务院农业行政部门会同国务院食品安全监督管理部门制定。

屠宰畜、禽的检验规程由国务院农业行政部门会同国务院卫生行政部门制定。

第二十八条 【制定食品安全国家标准要求和程序】制定食品安全国家标准,应当依据食品安全风险评估结果并充分考虑食用农产品安全风险评估结果,参照相关的国际标准和国际食品安全风险评估结果,并将食品安全国家标准草案向社会公布,广泛听取食品生产经营者、消费者、有关部门等方面的意见。

食品安全国家标准应当经国务院卫生行政部门组织的食品安全国家标准审评委员会审查通过。食品安全国家标准审评委员会由医学、农业、食品、营养、生物、环境等方面的专家以及国务院有关部门、食品行业协会、消费者协会的代表组成,对食品安全国家标准草案的科学性和实用性等进行审查。

第二十九条 【食品安全地方标准】对地方特色食品,没有食品安全国家标准的,省、自治区、直辖市人民政府卫生行政部门可以制定并公布食品安全地方标准,报国务院卫生行政部门备案。食品安全国家标准制定后,该地方标准即行废止。

第三十条 【食品安全企业标准】国家鼓励食品生产企业制定严于食品安全国家标准或者地方标准的企业标准,在本企业适用,并报省、自治区、直辖市人民政府卫生行政部门备案。

第三十一条 【食品安全标准公布和有关问题解答】省级以上人民政府卫生行政部门应当在其网站上公布制定和备案的食品安全国家标准、地方标准和企业标准,供公众免费查阅、下载。

对食品安全标准执行过程中的问题,县级以上人民政府卫生行政部门应当会同有关部门及时给予指导、解答。

第三十二条 【食品安全标准跟踪评价和执行】省级以上人民政府卫生行政部门应当会同同级食品安全监督管理、农业行政等部门,分别对食品安全国家标准和地方标准的执行情况进行跟踪评价,并根据评价结果及时修订食品安全标准。

省级以上人民政府食品安全监督管理、农业行政等部门应当对食品安全标准执行中存在的问题进行收集、汇总,并及时向同级卫生行政部门通报。

食品生产经营者、食品行业协会发现食品安全标准在执行中存在问题的,应当立即向卫生行政部门报告。

第四章 食品生产经营

第一节 一般规定

第三十三条 【食品生产经营要求】食品生产经营应当符合食品安全标准,并符合下列要求:

(一)具有与生产经营的食品品种、数量相适应的食品原料处理和食品加工、包装、贮存等场所,保持该场所环境整洁,并与有毒、有害场所以及其他污染源保持规定的距离;

(二)具有与生产经营的食品品种、数量相适应的生产经营设备或者设施,有相应的消毒、更衣、盥洗、采光、照明、通风、防腐、防尘、防蝇、防鼠、防虫、洗涤以及处理废水、存放垃圾和废弃物的设备或者设施;

(三)有专职或者兼职的食品安全专业技术人员、食品安全管理人员和保证食品安全的规章制度;

(四)具有合理的设备布局和工艺流程，防止待加工食品与直接入口食品、原料与成品交叉污染，避免食品接触有毒物、不洁物；

(五)餐具、饮具和盛放直接入口食品的容器，使用前应当洗净、消毒，炊具、用具用后应当洗净，保持清洁；

(六)贮存、运输和装卸食品的容器、工具和设备应当安全、无害，保持清洁，防止食品污染，并符合保证食品安全所需的温度、湿度等特殊要求，不得将食品与有毒、有害物品一同贮存、运输；

(七)直接入口的食品应当使用无毒、清洁的包装材料、餐具、饮具和容器；

(八)食品生产经营人员应当保持个人卫生，生产经营食品时，应当将手洗净，穿戴清洁的工作衣、帽等；销售无包装的直接入口食品时，应当使用无毒、清洁的容器、售货工具和设备；

(九)用水应当符合国家规定的生活饮用水卫生标准；

(十)使用的洗涤剂、消毒剂应当对人体安全、无害；

(十一)法律、法规规定的其他要求。

非食品生产经营者从事食品贮存、运输和装卸的，应当符合前款第六项的规定。

第三十四条　【禁止生产经营的食品、食品添加剂、食品相关产品】 禁止生产经营下列食品、食品添加剂、食品相关产品：

(一)用非食品原料生产的食品或者添加食品添加剂以外的化学物质和其他可能危害人体健康物质的食品，或者用回收食品作为原料生产的食品；

(二)致病性微生物，农药残留、兽药残留、生物毒素、重金属等污染物质以及其他危害人体健康的物质含量超过食品安全标准限量的食品、食品添加剂、食品相关产品；

(三)用超过保质期的食品原料、食品添加剂生产的食品、食品添加剂；

(四)超范围、超限量使用食品添加剂的食品；

(五)营养成分不符合食品安全标准的专供婴幼儿和其他特定人群的主辅食品；

(六)腐败变质、油脂酸败、霉变生虫、污秽不洁、混有异物、掺假掺杂或者感官性状异常的食品、食品添加剂；

(七)病死、毒死或者死因不明的禽、畜、兽、水产动物肉类及其制品；

(八)未按规定进行检疫或者检疫不合格的肉类，或者未经检验或者检验不合格的肉类制品；

(九)被包装材料、容器、运输工具等污染的食品、食品添加剂；

(十)标注虚假生产日期、保质期或者超过保质期的食品、食品添加剂；

(十一)无标签的预包装食品、食品添加剂；

(十二)国家为防病等特殊需要明令禁止生产经营的食品；

(十三)其他不符合法律、法规或者食品安全标准的食品、食品添加剂、食品相关产品。

第三十五条　【食品生产经营许可】 国家对食品生产经营实行许可制度。从事食品生产、食品销售、餐饮服务，应当依法取得许可。但是，销售食用农产品和仅销售预包装食品的，不需要取得许可。仅销售预包装食品的，应当报所在地县级以上地方人民政府食品安全监督管理部门备案。

县级以上地方人民政府食品安全监督管理部门应当依照《中华人民共和国行政许可法》的规定，审核申请人提交的本法第三十三条第一款第一项至第四项规定要求的相关资料，必要时对申请人的生产经营场所进行现场核查；对符合规定条件的，准予许可；对不符合规定条件的，不予许可并书面说明理由。

第三十六条 【对食品生产加工小作坊和食品摊贩等的管理】食品生产加工小作坊和食品摊贩等从事食品生产经营活动，应当符合本法规定的与其生产经营规模、条件相适应的食品安全要求，保证所生产经营的食品卫生、无毒、无害，食品安全监督管理部门应当对其加强监督管理。

县级以上地方人民政府应当对食品生产加工小作坊、食品摊贩等进行综合治理，加强服务和统一规划，改善其生产经营环境，鼓励和支持其改进生产经营条件，进入集中交易市场、店铺等固定场所经营，或者在指定的临时经营区域、时段经营。

食品生产加工小作坊和食品摊贩等的具体管理办法由省、自治区、直辖市制定。

第三十七条 【利用新的食品原料从事食品生产等的安全性评估】利用新的食品原料生产食品，或者生产食品添加剂新品种、食品相关产品新品种，应当向国务院卫生行政部门提交相关产品的安全性评估材料。国务院卫生行政部门应当自收到申请之日起六十日内组织审查；对符合食品安全要求的，准予许可并公布；对不符合食品安全要求的，不予许可并书面说明理由。

第三十八条 【食品中不得添加药品】生产经营的食品中不得添加药品，但是可以添加按照传统既是食品又是中药材的物质。按照传统既是食品又是中药材的物质目录由国务院卫生行政部门会同国务院食品安全监督管理部门制定、公布。

第三十九条 【食品添加剂生产许可】国家对食品添加剂生产实行许可制度。从事食品添加剂生产，应当具有与所生产食品添加剂品种相适应的场所、生产设备或者设施、专业技术人员和管理制度，并依照本法第三十五条第二款规定的程序，取得食品添加剂生产许可。

生产食品添加剂应当符合法律、法规和食品安全国家标准。

第四十条 【食品添加剂允许使用的条件和使用要求】食品添加剂应当在技术上确有必要且经过风险评估证明安全可靠，方可列入允许使用的范围；有关食品安全国家标准应当根据技术必要性和食品安全风险评估结果及时修订。

食品生产经营者应当按照食品安全国家标准使用食品添加剂。

第四十一条 【食品相关产品的生产要求】生产食品相关产品应当符合法律、法规和食品安全国家标准。对直接接触食品的包装材料等具有较高风险的食品相关产品，按照国家有关工业产品生产许可证管理的规定实施生产许可。食品安全监督管理部门应当加强对食品相关产品生产活动的监督管理。

第四十二条 【食品安全全程追溯制度】国家建立食品安全全程追溯制度。

食品生产经营者应当依照本法的规定，建立食品安全追溯体系，保证食品可追溯。国家鼓励食品生产经营者采用信息化手段采集、留存生产经营信息，建立食品安全追溯体系。

国务院食品安全监督管理部门会同国务院农业行政等有关部门建立食品安全全程追溯协作机制。

第四十三条 【鼓励食品企业规模化生产、连锁经营、配送，参加食品安全责任保险】地方各级人民政府应当采取措施鼓励食品规模化生产和连锁经营、配送。

国家鼓励食品生产经营企业参加食品安全责任保险。

第二节 生产经营过程控制

第四十四条 【食品生产经营企业食品安全管理】食品生产经营企业应当建立健全食品安全管理制度，对职工进行食品安全知识培训，加强食品检验工作，依法从事生产经营活动。

食品生产经营企业的主要负责人应当落实企业食品安全管理制度,对本企业的食品安全工作全面负责。

食品生产经营企业应当配备食品安全管理人员,加强对其培训和考核。经考核不具备食品安全管理能力的,不得上岗。食品安全监督管理部门应当对企业食品安全管理人员随机进行监督抽查考核并公布考核情况。监督抽查考核不得收取费用。

第四十五条 【食品从业人员健康管理】食品生产经营者应当建立并执行从业人员健康管理制度。患有国务院卫生行政部门规定的有碍食品安全疾病的人员,不得从事接触直接入口食品的工作。

从事接触直接入口食品工作的食品生产经营人员应当每年进行健康检查,取得健康证明后方可上岗工作。

第四十六条 【食品生产企业制定并实施食品安全管理控制要求】食品生产企业应当就下列事项制定并实施控制要求,保证所生产的食品符合食品安全标准:

(一)原料采购、原料验收、投料等原料控制;

(二)生产工序、设备、贮存、包装等生产关键环节控制;

(三)原料检验、半成品检验、成品出厂检验等检验控制;

(四)运输和交付控制。

第四十七条 【食品生产经营者建立食品安全自查制度】食品生产经营者应当建立食品安全自查制度,定期对食品安全状况进行检查评价。生产经营条件发生变化,不再符合食品安全要求的,食品生产经营者应当立即采取整改措施;有发生食品安全事故潜在风险的,应当立即停止食品生产经营活动,并向所在地县级人民政府食品安全监督管理部门报告。

第四十八条 【鼓励食品企业提高食品安全管理水平】国家鼓励食品生产经营企业符合良好生产规范要求,实施危害分析与关键控制点体系,提高食品安全管理水平。

对通过良好生产规范、危害分析与关键控制点体系认证的食品生产经营企业,认证机构应当依法实施跟踪调查;对不再符合认证要求的企业,应当依法撤销认证,及时向县级以上人民政府食品安全监督管理部门通报,并向社会公布。认证机构实施跟踪调查不得收取费用。

第四十九条 【农业投入品使用管理】食用农产品生产者应当按照食品安全标准和国家有关规定使用农药、肥料、兽药、饲料和饲料添加剂等农业投入品,严格执行农业投入品使用安全间隔期或者休药期的规定,不得使用国家明令禁止的农业投入品。禁止将剧毒、高毒农药用于蔬菜、瓜果、茶叶和中草药材等国家规定的农作物。

食用农产品的生产企业和农民专业合作经济组织应当建立农业投入品使用记录制度。

县级以上人民政府农业行政部门应当加强对农业投入品使用的监督管理和指导,建立健全农业投入品安全使用制度。

第五十条 【食品生产者进货查验记录制度】食品生产者采购食品原料、食品添加剂、食品相关产品,应当查验供货者的许可证和产品合格证明;对无法提供合格证明的食品原料,应当按照食品安全标准进行检验;不得采购或者使用不符合食品安全标准的食品原料、食品添加剂、食品相关产品。

食品生产企业应当建立食品原料、食品添加剂、食品相关产品进货查验记录制度,如实记录食品原料、食品添加剂、食品相关产品的名称、规格、数量、生产日期或者生产批号、保质期、进货日期以及供货者名称、地址、联系方式等内容,并保存相关凭证。记录和凭证保存期限不得少于产品保质期满后六个月;没有明确保质期的,保存期限不得少于二年。

第五十一条 【食品出厂检验记录制度】食品生产企业应当建立食品出厂检验记录制度,查验出厂食品的检验合格证和安全状况,如实记录食品的名称、规格、数量、生产日期或者生产批号、保质期、检验合格证号、销售日期以及购货者名称、地址、联系方式等内容,并保存相关凭证。记录和凭证保存期限应当符合本法第五十条第二款的规定。

第五十二条 【食品安全检验】食品、食品添加剂、食品相关产品的生产者,应当按照食品安全标准对所生产的食品、食品添加剂、食品相关产品进行检验,检验合格后方可出厂或者销售。

第五十三条 【食品经营者进货查验记录制度】食品经营者采购食品,应当查验供货者的许可证和食品出厂检验合格证或者其他合格证明(以下称合格证明文件)。

食品经营企业应当建立食品进货查验记录制度,如实记录食品的名称、规格、数量、生产日期或者生产批号、保质期、进货日期以及供货者名称、地址、联系方式等内容,并保存相关凭证。记录和凭证保存期限应当符合本法第五十条第二款的规定。

实行统一配送经营方式的食品经营企业,可以由企业总部统一查验供货者的许可证和食品合格证明文件,进行食品进货查验记录。

从事食品批发业务的经营企业应当建立食品销售记录制度,如实记录批发食品的名称、规格、数量、生产日期或者生产批号、保质期、销售日期以及购货者名称、地址、联系方式等内容,并保存相关凭证。记录和凭证保存期限应当符合本法第五十条第二款的规定。

第五十四条 【食品经营者贮存食品的

要求】食品经营者应当按照保证食品安全的要求贮存食品,定期检查库存食品,及时清理变质或者超过保质期的食品。

食品经营者贮存散装食品,应当在贮存位置标明食品的名称、生产日期或者生产批号、保质期、生产者名称及联系方式等内容。

第五十五条 【餐饮服务提供者制定并实施原料采购控制要求以及加工检查措施】餐饮服务提供者应当制定并实施原料控制要求,不得采购不符合食品安全标准的食品原料。倡导餐饮服务提供者公开加工过程,公示食品原料及其来源等信息。

餐饮服务提供者在加工过程中应当检查待加工的食品及原料,发现有本法第三十四条第六项规定情形的,不得加工或者使用。

第五十六条 【餐饮服务提供者确保餐饮设施、用具安全卫生】餐饮服务提供者应当定期维护食品加工、贮存、陈列等设施、设备;定期清洗、校验保温设施及冷藏、冷冻设施。

餐饮服务提供者应当按照要求对餐具、饮具进行清洗消毒,不得使用未经清洗消毒的餐具、饮具;餐饮服务提供者委托清洗消毒餐具、饮具的,应当委托符合本法规定条件的餐具、饮具集中消毒服务单位。

第五十七条 【集中用餐单位食品安全管理】学校、托幼机构、养老机构、建筑工地等集中用餐单位的食堂应当严格遵守法律、法规和食品安全标准;从供餐单位订餐的,应当从取得食品生产经营许可的企业订购,并按照要求对订购的食品进行查验。供餐单位应当严格遵守法律、法规和食品安全标准,当餐加工,确保食品安全。

学校、托幼机构、养老机构、建筑工地等集中用餐单位的主管部门应当加强对集中用餐单位的食品安全教育和日常管理,降低食品安全风险,及时消除食品安全隐患。

第五十八条 【餐饮具集中消毒服务单位食品安全责任】餐具、饮具集中消毒服务单位应当具备相应的作业场所、清洗消毒设备或者设施,用水和使用的洗涤剂、消毒剂应当符合相关食品安全国家标准和其他国家标准、卫生规范。

餐具、饮具集中消毒服务单位应当对消毒餐具、饮具进行逐批检验,检验合格后方可出厂,并应当随附消毒合格证明。消毒后的餐具、饮具应当在独立包装上标注单位名称、地址、联系方式、消毒日期以及使用期限等内容。

第五十九条　【食品添加剂生产者出厂检验记录制度】食品添加剂生产者应当建立食品添加剂出厂检验记录制度,查验出厂产品的检验合格证和安全状况,如实记录食品添加剂的名称、规格、数量、生产日期或者生产批号、保质期、检验合格证号、销售日期以及购货者名称、地址、联系方式等相关内容,并保存相关凭证。记录和凭证保存期限应当符合本法第五十条第二款的规定。

第六十条　【食品添加剂经营者进货查验记录制度】食品添加剂经营者采购食品添加剂,应当依法查验供货者的许可证和产品合格证明文件,如实记录食品添加剂的名称、规格、数量、生产日期或者生产批号、保质期、进货日期以及供货者名称、地址、联系方式等内容,并保存相关凭证。记录和凭证保存期限应当符合本法第五十条第二款的规定。

第六十一条　【集中交易市场的开办者、柜台出租者和展销会举办者食品安全责任】集中交易市场的开办者、柜台出租者和展销会举办者,应当依法审查入场食品经营者的许可证,明确其食品安全管理责任,定期对其经营环境和条件进行检查,发现其有违反本法规定行为的,应当及时制止并立即报告所在地县级人民政府食品安全监督管理部门。

第六十二条　【网络食品交易第三方平台提供者的义务】网络食品交易第三方平台提供者应当对入网食品经营者进行实名登记,明确其食品安全管理责任;依法应当取得许可证的,还应当审查其许可证。

网络食品交易第三方平台提供者发现入网食品经营者有违反本法规定行为的,应当及时制止并立即报告所在地县级人民政府食品安全监督管理部门;发现严重违法行为的,应当立即停止提供网络交易平台服务。

第六十三条　【食品召回制度】国家建立食品召回制度。食品生产者发现其生产的食品不符合食品安全标准或者有证据证明可能危害人体健康的,应当立即停止生产,召回已经上市销售的食品,通知相关生产经营者和消费者,并记录召回和通知情况。

食品经营者发现其经营的食品有前款规定情形的,应当立即停止经营,通知相关生产经营者和消费者,并记录停止经营和通知情况。食品生产者认为应当召回的,应当立即召回。由于食品经营者的原因造成其经营的食品有前款规定情形的,食品经营者应当召回。

食品生产经营者应当对召回的食品采取无害化处理、销毁等措施,防止其再次流入市场。但是,对因标签、标志或者说明书不符合食品安全标准而被召回的食品,食品生产者在采取补救措施且能保证食品安全的情况下可以继续销售;销售时应当向消费者明示补救措施。

食品生产经营者应当将食品召回和处理情况向所在地县级人民政府食品安全监督管理部门报告;需要对召回的食品进行无害化处理、销毁的,应当提前报告时间、地点。食品安全监督管理部门认为必要的,可以实施现场监督。

食品生产经营者未依照本条规定召回或者停止经营的,县级以上人民政府食品安全监督管理部门可以责令其召回或者停止经营。

第六十四条　【食用农产品批发市场对进场销售的食用农产品抽样检验】食用农产

品批发市场应当配备检验设备和检验人员或者委托符合本法规定的食品检验机构，对进入该批发市场销售的食用农产品进行抽样检验；发现不符合食品安全标准的，应当要求销售者立即停止销售，并向食品安全监督管理部门报告。

第六十五条　【食用农产品进货查验记录制度】食用农产品销售者应当建立食用农产品进货查验记录制度，如实记录食用农产品的名称、数量、进货日期以及供货者名称、地址、联系方式等内容，并保存相关凭证。记录和凭证保存期限不得少于六个月。

第六十六条　【食用农产品使用食品添加剂和食品相关产品应当符合食品安全国家标准】进入市场销售的食用农产品在包装、保鲜、贮存、运输中使用保鲜剂、防腐剂等食品添加剂和包装材料等食品相关产品，应当符合食品安全国家标准。

第三节　标签、说明书和广告

第六十七条　【预包装食品标签】预包装食品的包装上应当有标签。标签应当标明下列事项：

（一）名称、规格、净含量、生产日期；

（二）成分或者配料表；

（三）生产者的名称、地址、联系方式；

（四）保质期；

（五）产品标准代号；

（六）贮存条件；

（七）所使用的食品添加剂在国家标准中的通用名称；

（八）生产许可证编号；

（九）法律、法规或者食品安全标准规定应当标明的其他事项。

专供婴幼儿和其他特定人群的主辅食品，其标签还应当标明主要营养成分及其含量。

食品安全国家标准对标签标注事项另有规定的，从其规定。

第六十八条　【食品经营者销售散装食品的标注要求】食品经营者销售散装食品，应当在散装食品的容器、外包装上标明食品的名称、生产日期或者生产批号、保质期以及生产经营者名称、地址、联系方式等内容。

第六十九条　【转基因食品显著标示】生产经营转基因食品应当按照规定显著标示。

第七十条　【食品添加剂的标签、说明书和包装】食品添加剂应当有标签、说明书和包装。标签、说明书应当载明本法第六十七条第一款第一项至第六项、第八项、第九项规定的事项，以及食品添加剂的使用范围、用量、使用方法，并在标签上载明"食品添加剂"字样。

第七十一条　【标签、说明书的基本要求】食品和食品添加剂的标签、说明书，不得含有虚假内容，不得涉及疾病预防、治疗功能。生产经营者对其提供的标签、说明书的内容负责。

食品和食品添加剂的标签、说明书应当清楚、明显，生产日期、保质期等事项应当显著标注，容易辨识。

食品和食品添加剂与其标签、说明书的内容不符的，不得上市销售。

第七十二条　【按照食品标签的警示要求销售食品】食品经营者应当按照食品标签标示的警示标志、警示说明或者注意事项的要求销售食品。

第七十三条　【食品广告】食品广告的内容应当真实合法，不得含有虚假内容，不得涉及疾病预防、治疗功能。食品生产经营者对食品广告内容的真实性、合法性负责。

县级以上人民政府食品安全监督管理部门和其他有关部门以及食品检验机构、食品行业协会不得以广告或者其他形式向消费者推荐食品。消费者组织不得以收取费用或者其他牟取利益的方式向消费者推荐食品。

第四节 特殊食品

第七十四条 【特殊食品严格监督管理】国家对保健食品、特殊医学用途配方食品和婴幼儿配方食品等特殊食品实行严格监督管理。

第七十五条 【保健食品原料和功能声称】保健食品声称保健功能,应当具有科学依据,不得对人体产生急性、亚急性或者慢性危害。

保健食品原料目录和允许保健食品声称的保健功能目录,由国务院食品安全监督管理部门会同国务院卫生行政部门、国家中医药管理部门制定、调整并公布。

保健食品原料目录应当包括原料名称、用量及其对应的功效;列入保健食品原料目录的原料只能用于保健食品生产,不得用于其他食品生产。

第七十六条 【保健食品的注册和备案管理】使用保健食品原料目录以外原料的保健食品和首次进口的保健食品应当经国务院食品安全监督管理部门注册。但是,首次进口的保健食品中属于补充维生素、矿物质等营养物质的,应当报国务院食品安全监督管理部门备案。其他保健食品应当报省、自治区、直辖市人民政府食品安全监督管理部门备案。

进口的保健食品应当是出口国(地区)主管部门准许上市销售的产品。

第七十七条 【保健食品注册和备案的具体要求】依法应当注册的保健食品,注册时应当提交保健食品的研发报告、产品配方、生产工艺、安全性和保健功能评价、标签、说明书等材料及样品,并提供相关证明文件。国务院食品安全监督管理部门经组织技术审评,对符合安全和功能声称要求的,准予注册;对不符合要求的,不予注册并书面说明理由。对使用保健食品原料目录以外原料的保健食品作出准予注册决定的,应当及时将该原料纳入保健食品原料目录。

依法应当备案的保健食品,备案时应当提交产品配方、生产工艺、标签、说明书以及表明产品安全性和保健功能的材料。

第七十八条 【保健食品的标签、说明书】保健食品的标签、说明书不得涉及疾病预防、治疗功能,内容应当真实,与注册或者备案的内容相一致,载明适宜人群、不适宜人群、功效成分或者标志性成分及其含量等,并声明"本品不能代替药物"。保健食品的功能和成分应当与标签、说明书相一致。

第七十九条 【保健食品广告】保健食品广告除应当符合本法第七十三条第一款的规定外,还应当声明"本品不能代替药物";其内容应当经生产企业所在地省、自治区、直辖市人民政府食品安全监督管理部门审查批准,取得保健食品广告批准文件。省、自治区、直辖市人民政府食品安全监督管理部门应当公布并及时更新已经批准的保健食品广告目录以及批准的广告内容。

第八十条 【特殊医学用途配方食品】特殊医学用途配方食品应当经国务院食品安全监督管理部门注册。注册时,应当提交产品配方、生产工艺、标签、说明书以及表明产品安全性、营养充足性和特殊医学用途临床效果的材料。

特殊医学用途配方食品广告适用《中华人民共和国广告法》和其他法律、行政法规关于药品广告管理的规定。

第八十一条 【婴幼儿配方食品的管理】婴幼儿配方食品生产企业应当实施从原料进厂到成品出厂的全过程质量控制,对出厂的婴幼儿配方食品实施逐批检验,保证食品安全。

生产婴幼儿配方食品使用的生鲜乳、辅料等食品原料、食品添加剂等,应当符合法律、行政法规的规定和食品安全国家标准,保证婴幼儿生长发育所需的营养成分。

婴幼儿配方食品生产企业应当将食品原料、食品添加剂、产品配方及标签等事项向省、自治区、直辖市人民政府食品安全监督管理部门备案。

婴幼儿配方乳粉的产品配方应当经国务院食品安全监督管理部门注册。注册时，应当提交配方研发报告和其他表明配方科学性、安全性的材料。

不得以分装方式生产婴幼儿配方乳粉，同一企业不得用同一配方生产不同品牌的婴幼儿配方乳粉。

第八十二条　【注册、备案材料确保真实】保健食品、特殊医学用途配方食品、婴幼儿配方乳粉的注册人或者备案人应当对其提交材料的真实性负责。

省级以上人民政府食品安全监督管理部门应当及时公布注册或者备案的保健食品、特殊医学用途配方食品、婴幼儿配方乳粉目录，并对注册或者备案中获知的企业商业秘密予以保密。

保健食品、特殊医学用途配方食品、婴幼儿配方乳粉生产企业应当按照注册或者备案的产品配方、生产工艺等技术要求组织生产。

第八十三条　【特殊食品生产质量管理体系】生产保健食品、特殊医学用途配方食品、婴幼儿配方食品和其他专供特定人群的主辅食品的企业，应当按照良好生产规范的要求建立与所生产食品相适应的生产质量管理体系，定期对该体系的运行情况进行自查，保证其有效运行，并向所在地县级人民政府食品安全监督管理部门提交自查报告。

第五章　食 品 检 验

第八十四条　【食品检验机构】食品检验机构按照国家有关认证认可的规定取得资质认定后，方可从事食品检验活动。但是，法律另有规定的除外。

食品检验机构的资质认定条件和检验规范，由国务院食品安全监督管理部门规定。

符合本法规定的食品检验机构出具的检验报告具有同等效力。

县级以上人民政府应当整合食品检验资源，实现资源共享。

第八十五条　【食品检验机构检验人】食品检验由食品检验机构指定的检验人独立进行。

检验人应当依照有关法律、法规的规定，并按照食品安全标准和检验规范对食品进行检验，尊重科学，恪守职业道德，保证出具的检验数据和结论客观、公正，不得出具虚假检验报告。

第八十六条　【食品检验机构与检验人共同负责制】食品检验实行食品检验机构与检验人负责制。食品检验报告应当加盖食品检验机构公章，并有检验人的签名或者盖章。食品检验机构和检验人对出具的食品检验报告负责。

第八十七条　【监督抽检】县级以上人民政府食品安全监督管理部门应当对食品进行定期或者不定期的抽样检验，并依据有关规定公布检验结果，不得免检。进行抽样检验，应当购买抽取的样品，委托符合本法规定的食品检验机构进行检验，并支付相关费用；不得向食品生产经营者收取检验费和其他费用。

第八十八条　【复检】对依照本法规定实施的检验结论有异议的，食品生产经营者可以自收到检验结论之日起七个工作日内向实施抽样检验的食品安全监督管理部门或者其上一级食品安全监督管理部门提出复检申请，由受理复检申请的食品安全监督管理部门在公布的复检机构名录中随机确定复检机构进行复检。复检机构出具的复检结论为最终检验结论。复检机构与初检机构不得为同一机构。复检机构名录由国务院认证认可监督管理、食品安全监督管理、卫生行政、农业行政等部门共同公布。

采用国家规定的快速检测方法对食用农产品进行抽查检测，被抽查人对检测结果有异议的，可以自收到检测结果时起四小时内申请复检。复检不得采用快速检测方法。

第八十九条　【自行检验和委托检验】食品生产企业可以自行对所生产的食品进行检验，也可以委托符合本法规定的食品检验机构进行检验。

食品行业协会和消费者协会等组织、消费者需要委托食品检验机构对食品进行检验的，应当委托符合本法规定的食品检验机构进行。

第九十条　【对食品添加剂的检验】食品添加剂的检验，适用本法有关食品检验的规定。

第六章　食品进出口

第九十一条　【食品进出口监督管理部门】国家出入境检验检疫部门对进出口食品安全实施监督管理。

第九十二条　【进口食品、食品添加剂和相关产品的要求】进口的食品、食品添加剂、食品相关产品应当符合我国食品安全国家标准。

进口的食品、食品添加剂应当经出入境检验检疫机构依照进出口商品检验相关法律、行政法规的规定检验合格。

进口的食品、食品添加剂应当按照国家出入境检验检疫部门的要求随附合格证明材料。

第九十三条　【进口尚无食品安全国家标准的食品及"三新"产品的要求】进口尚无食品安全国家标准的食品，由境外出口商、境外生产企业或者其委托的进口商向国务院卫生行政部门提交所执行的相关国家（地区）标准或者国际标准。国务院卫生行政部门对相关标准进行审查，认为符合食品安全要求的，决定暂予适用，并及时制定相应的食品安全国家标准。进口利用新的食品原料生产的食品或者进口食品添加剂新品种、食品相关产品新品种，依照本法第三十七条的规定办理。

出入境检验检疫机构按照国务院卫生行政部门的要求，对前款规定的食品、食品添加剂、食品相关产品进行检验。检验结果应当公开。

第九十四条　【境外出口商、生产企业、进口商食品安全义务】境外出口商、境外生产企业应当保证向我国出口的食品、食品添加剂、食品相关产品符合本法以及我国其他有关法律、行政法规的规定和食品安全国家标准的要求，并对标签、说明书的内容负责。

进口商应当建立境外出口商、境外生产企业审核制度，重点审核前款规定的内容；审核不合格的，不得进口。

发现进口食品不符合我国食品安全国家标准或者有证据证明可能危害人体健康的，进口商应当立即停止进口，并依照本法第六十三条的规定召回。

第九十五条　【进口食品等出现严重食品安全问题的应对】境外发生的食品安全事件可能对我国境内造成影响，或者在进口食品、食品添加剂、食品相关产品中发现严重食品安全问题的，国家出入境检验检疫部门应当及时采取风险预警或者控制措施，并向国务院食品安全监督管理、卫生行政、农业行政部门通报。接到通报的部门应当及时采取相应措施。

县级以上人民政府食品安全监督管理部门对国内市场上销售的进口食品、食品添加剂实施监督管理。发现存在严重食品安全问题的，国务院食品安全监督管理部门应当及时向国家出入境检验检疫部门通报。国家出入境检验检疫部门应当及时采取相应措施。

第九十六条 【对进出口食品商、代理商、境外食品生产企业的管理】向我国境内出口食品的境外出口商或者代理商、进口食品的进口商应当向国家出入境检验检疫部门备案。向我国境内出口食品的境外食品生产企业应当经国家出入境检验检疫部门注册。已经注册的境外食品生产企业提供虚假材料，或者因其自身的原因致使进口食品发生重大食品安全事故的，国家出入境检验检疫部门应当撤销注册并公告。

国家出入境检验检疫部门应当定期公布已经备案的境外出口商、代理商、进口商和已经注册的境外食品生产企业名单。

第九十七条 【进口的预包装食品、食品添加剂标签、说明书】进口的预包装食品、食品添加剂应当有中文标签；依法应当有说明书的，还应当有中文说明书。标签、说明书应当符合本法以及我国其他有关法律、行政法规的规定和食品安全国家标准的要求，并载明食品的原产地以及境内代理商的名称、地址、联系方式。预包装食品没有中文标签、中文说明书或者标签、说明书不符合本条规定的，不得进口。

第九十八条 【食品、食品添加剂进口和销售记录制度】进口商应当建立食品、食品添加剂进口和销售记录制度，如实记录食品、食品添加剂的名称、规格、数量、生产日期、生产或者进口批号、保质期、境外出口商和购货者名称、地址及联系方式、交货日期等内容，并保存相关凭证。记录和凭证保存期限应当符合本法第五十条第二款的规定。

第九十九条 【对出口食品和出口食品企业的要求】出口食品生产企业应当保证其出口食品符合进口国（地区）的标准或者合同要求。

出口食品生产企业和出口食品原料种植、养殖场应当向国家出入境检验检疫部门备案。

第一百条 【国家出入境检验检疫部门收集信息及实施信用管理】国家出入境检验检疫部门应当收集、汇总下列进出口食品安全信息，并及时通报相关部门、机构和企业：

（一）出入境检验检疫机构对进出口食品实施检验检疫发现的食品安全信息；

（二）食品行业协会和消费者协会等组织、消费者反映的进口食品安全信息；

（三）国际组织、境外政府机构发布的风险预警信息及其他食品安全信息，以及境外食品行业协会等组织、消费者反映的食品安全信息；

（四）其他食品安全信息。

国家出入境检验检疫部门应当对进出口食品的进口商、出口商和出口食品生产企业实施信用管理，建立信用记录，并依法向社会公布。对有不良记录的进口商、出口商和出口食品生产企业，应当加强对其进出口食品的检验检疫。

第一百零一条 【国家出入境检验检疫部门的职责】国家出入境检验检疫部门可以对向我国境内出口食品的国家（地区）的食品安全管理体系和食品安全状况进行评估和审查，并根据评估和审查结果，确定相应检验检疫要求。

第七章 食品安全事故处置

第一百零二条 【食品安全事故应急预案】国务院组织制定国家食品安全事故应急预案。

县级以上地方人民政府应当根据有关法律、法规的规定和上级人民政府的食品安全事故应急预案以及本行政区域的实际情况，制定本行政区域的食品安全事故应急预案，并报上一级人民政府备案。

食品安全事故应急预案应当对食品安全

事故分级、事故处置组织指挥体系与职责、预防预警机制、处置程序、应急保障措施等作出规定。

食品生产经营企业应当制定食品安全事故处置方案,定期检查本企业各项食品安全防范措施的落实情况,及时消除事故隐患。

第一百零三条 【食品安全事故应急处置、报告、通报】发生食品安全事故的单位应当立即采取措施,防止事故扩大。事故单位和接收病人进行治疗的单位应当及时向事故发生地县级人民政府食品安全监督管理、卫生行政部门报告。

县级以上人民政府农业行政等部门在日常监督管理中发现食品安全事故或者接到事故举报,应当立即向同级食品安全监督管理部门通报。

发生食品安全事故,接到报告的县级人民政府食品安全监督管理部门应当按照应急预案的规定向本级人民政府和上级人民政府食品安全监督管理部门报告。县级人民政府和上级人民政府食品安全监督管理部门应当按照应急预案的规定上报。

任何单位和个人不得对食品安全事故隐瞒、谎报、缓报,不得隐匿、伪造、毁灭有关证据。

第一百零四条 【食源性疾病的报告和通报】医疗机构发现其接收的病人属于食源性疾病病人或者疑似病人的,应当按照规定及时将相关信息向所在地县级人民政府卫生行政部门报告。县级人民政府卫生行政部门认为与食品安全有关的,应当及时通报同级食品安全监督管理部门。

县级以上人民政府卫生行政部门在调查处理传染病或者其他突发公共卫生事件中发现与食品安全相关的信息,应当及时通报同级食品安全监督管理部门。

第一百零五条 【食品安全事故发生后应采取的措施】县级以上人民政府食品安全监督管理部门接到食品安全事故的报告后,应当立即会同同级卫生行政、农业行政等部门进行调查处理,并采取下列措施,防止或者减轻社会危害:

(一)开展应急救援工作,组织救治因食品安全事故导致人身伤害的人员;

(二)封存可能导致食品安全事故的食品及其原料,并立即进行检验;对确认属于被污染的食品及其原料,责令食品生产经营者依照本法第六十三条的规定召回或者停止经营;

(三)封存被污染的食品相关产品,并责令进行清洗消毒;

(四)做好信息发布工作,依法对食品安全事故及其处理情况进行发布,并对可能产生的危害加以解释、说明。

发生食品安全事故需要启动应急预案的,县级以上人民政府应当立即成立事故处置指挥机构,启动应急预案,依照前款和应急预案的规定进行处置。

发生食品安全事故,县级以上疾病预防控制机构应当对事故现场进行卫生处理,并对与事故有关的因素开展流行病学调查,有关部门应当予以协助。县级以上疾病预防控制机构应当向同级食品安全监督管理、卫生行政部门提交流行病学调查报告。

第一百零六条 【食品安全事故责任调查】发生食品安全事故,设区的市级以上人民政府食品安全监督管理部门应当立即会同有关部门进行事故责任调查,督促有关部门履行职责,向本级人民政府和上一级人民政府食品安全监督管理部门提出事故责任调查处理报告。

涉及两个以上省、自治区、直辖市的重大食品安全事故由国务院食品安全监督管理部门依照前款规定组织事故责任调查。

第一百零七条 【食品安全事故调查要求】调查食品安全事故,应当坚持实事求是、尊重科学的原则,及时、准确查清事故性质和原因,认定事故责任,提出整改措施。

调查食品安全事故,除了查明事故单位的责任,还应当查明有关监督管理部门、食品检验机构、认证机构及其工作人员的责任。

第一百零八条 【食品安全事故调查部门的职权】食品安全事故调查部门有权向有关单位和个人了解与事故有关的情况,并要求提供相关资料和样品。有关单位和个人应当予以配合,按照要求提供相关资料和样品,不得拒绝。

任何单位和个人不得阻挠、干涉食品安全事故的调查处理。

第八章 监督管理

第一百零九条 【食品安全风险分级管理和年度监督管理计划】县级以上人民政府食品安全监督管理部门根据食品安全风险监测、风险评估结果和食品安全状况等,确定监督管理的重点、方式和频次,实施风险分级管理。

县级以上地方人民政府组织本级食品安全监督管理、农业行政等部门制定本行政区域的食品安全年度监督管理计划,向社会公布并组织实施。

食品安全年度监督管理计划应当将下列事项作为监督管理的重点:

(一)专供婴幼儿和其他特定人群的主辅食品;

(二)保健食品生产过程中的添加行为和按照注册或者备案的技术要求组织生产的情况,保健食品标签、说明书以及宣传材料中有关功能宣传的情况;

(三)发生食品安全事故风险较高的食品生产经营者;

(四)食品安全风险监测结果表明可能存在食品安全隐患的事项。

第一百一十条 【食品安全监督检查措施】县级以上人民政府食品安全监督管理部门履行食品安全监督管理职责,有权采取下列措施,对生产经营者遵守本法的情况进行监督检查:

(一)进入生产经营场所实施现场检查;

(二)对生产经营的食品、食品添加剂、食品相关产品进行抽样检验;

(三)查阅、复制有关合同、票据、账簿以及其他有关资料;

(四)查封、扣押有证据证明不符合食品安全标准或者有证据证明存在安全隐患以及用于违法生产经营的食品、食品添加剂、食品相关产品;

(五)查封违法从事生产经营活动的场所。

第一百一十一条 【有害物质的临时限量值和临时检验方法】对食品安全风险评估结果证明食品存在安全隐患,需要制定、修订食品安全标准的,在制定、修订食品安全标准前,国务院卫生行政部门应当及时会同国务院有关部门规定食品中有害物质的临时限量值和临时检验方法,作为生产经营和监督管理的依据。

第一百一十二条 【快速检测】县级以上人民政府食品安全监督管理部门在食品安全监督管理工作中可以采用国家规定的快速检测方法对食品进行抽查检测。

对抽查检测结果表明可能不符合食品安全标准的食品,应当依照本法第八十七条的规定进行检验。抽查检测结果确定有关食品不符合食品安全标准的,可以作为行政处罚的依据。

第一百一十三条 【食品安全信用档案】县级以上人民政府食品安全监督管理部门应当建立食品生产经营者食品安全信用档案,记录许可颁发、日常监督检查结果、违法行为查处等情况,依法向社会公布并实时更新;对有不良信用记录的食品生产经营者增加监督检查频次,对违法行为情节严重的食品生产经营者,可以通报投资主管部门、证券监督管理机构和有关的金融机构。

第一百一十四条 【对食品生产经营者进行责任约谈】食品生产经营过程中存在食品安全隐患,未及时采取措施消除的,县级以上人民政府食品安全监督管理部门可以对食品生产经营者的法定代表人或者主要负责人进行责任约谈。食品生产经营者应当立即采取措施,进行整改,消除隐患。责任约谈情况和整改情况应当纳入食品生产经营者食品安全信用档案。

第一百一十五条 【有奖举报和保护举报人合法权益】县级以上人民政府食品安全监督管理等部门应当公布本部门的电子邮件地址或者电话,接受咨询、投诉、举报。接到咨询、投诉、举报,对属于本部门职责的,应当受理并在法定期限内及时答复、核实、处理;对不属于本部门职责的,应当移交有权处理的部门并书面通知咨询、投诉、举报人。有权处理的部门应当在法定期限内及时处理,不得推诿。对查证属实的举报,给予举报人奖励。

有关部门应当对举报人的信息予以保密,保护举报人的合法权益。举报人举报所在企业的,该企业不得以解除、变更劳动合同或者其他方式对举报人进行打击报复。

第一百一十六条 【加强食品安全执法人员管理】县级以上人民政府食品安全监督管理等部门应当加强对执法人员食品安全法律、法规、标准和专业知识与执法能力等的培训,并组织考核。不具备相应知识和能力的,不得从事食品安全执法工作。

食品生产经营者、食品行业协会、消费者协会等发现食品安全执法人员在执法过程中有违反法律、法规规定的行为以及不规范执法行为的,可以向本级或者上级人民政府食

品安全监督管理等部门或者监察机关投诉、举报。接到投诉、举报的部门或者机关应当进行核实,并将经核实的情况向食品安全执法人员所在部门通报;涉嫌违法违纪的,按照本法和有关规定处理。

第一百一十七条 【对所属食品安全监管部门或下级地方人民政府进行责任约谈】县级以上人民政府食品安全监督管理等部门未及时发现食品安全系统性风险,未及时消除监督管理区域内的食品安全隐患的,本级人民政府可以对其主要负责人进行责任约谈。

地方人民政府未履行食品安全职责,未及时消除区域性重大食品安全隐患的,上级人民政府可以对其主要负责人进行责任约谈。

被约谈的食品安全监督管理等部门、地方人民政府应当立即采取措施,对食品安全监督管理工作进行整改。

责任约谈情况和整改情况应当纳入地方人民政府和有关部门食品安全监督管理工作评议、考核记录。

第一百一十八条 【食品安全信息统一公布制度】国家建立统一的食品安全信息平台,实行食品安全信息统一公布制度。国家食品安全总体情况、食品安全风险警示信息、重大食品安全事故及其调查处理信息和国务院确定需要统一公布的其他信息由国务院食品安全监督管理部门统一公布。食品安全风险警示信息和重大食品安全事故及其调查处理信息的影响限于特定区域的,也可以由有关省、自治区、直辖市人民政府食品安全监督管理部门公布。未经授权不得发布上述信息。

县级以上人民政府食品安全监督管理、农业行政部门依据各自职责公布食品安全日常监督管理信息。

公布食品安全信息,应当做到准确、及

时,并进行必要的解释说明,避免误导消费者和社会舆论。

第一百一十九条　【食品安全信息的报告、通报制度】县级以上地方人民政府食品安全监督管理、卫生行政、农业行政部门获知本法规定需要统一公布的信息,应当向上级主管部门报告,由上级主管部门立即报告国务院食品安全监督管理部门;必要时,可以直接向国务院食品安全监督管理部门报告。

县级以上人民政府食品安全监督管理、卫生行政、农业行政部门应当相互通报获知的食品安全信息。

第一百二十条　【不得编造、散布虚假食品安全信息】任何单位和个人不得编造、散布虚假食品安全信息。

县级以上人民政府食品安全监督管理部门发现可能误导消费者和社会舆论的食品安全信息,应当立即组织有关部门、专业机构、相关食品生产经营者等进行核实、分析,并及时公布结果。

第一百二十一条　【涉嫌食品安全犯罪案件的处理】县级以上人民政府食品安全监督管理等部门发现涉嫌食品安全犯罪的,应当按照有关规定及时将案件移送公安机关。对移送的案件,公安机关应当及时审查;认为有犯罪事实需要追究刑事责任的,应当立案侦查。

公安机关在食品安全犯罪案件侦查过程中认为没有犯罪事实,或者犯罪事实显著轻微,不需要追究刑事责任,但依法应当追究行政责任的,应当及时将案件移送食品安全监督管理等部门和监察机关,有关部门应当依法处理。

公安机关商请食品安全监督管理、生态环境等部门提供检验结论、认定意见以及对涉案物品进行无害化处理等协助的,有关部门应当及时提供,予以协助。

第九章　法律责任

第一百二十二条　【未经许可从事食品生产经营活动等的法律责任】违反本法规定,未取得食品生产经营许可从事食品生产经营活动,或者未取得食品添加剂生产许可从事食品添加剂生产活动的,由县级以上人民政府食品安全监督管理部门没收违法所得和违法生产经营的食品、食品添加剂以及用于违法生产经营的工具、设备、原料等物品;违法生产经营的食品、食品添加剂货值金额不足一万元的,并处五万元以上十万元以下罚款;货值金额一万元以上的,并处货值金额十倍以上二十倍以下罚款。

明知从事前款规定的违法行为,仍为其提供生产经营场所或者其他条件的,由县级以上人民政府食品安全监督管理部门责令停止违法行为,没收违法所得,并处五万元以上十万元以下罚款;使消费者的合法权益受到损害的,应当与食品、食品添加剂生产经营者承担连带责任。

第一百二十三条　【八类最严重违法食品生产经营行为的法律责任】违反本法规定,有下列情形之一,尚不构成犯罪的,由县级以上人民政府食品安全监督管理部门没收违法所得和违法生产经营的食品,并可以没收用于违法生产经营的工具、设备、原料等物品;违法生产经营的食品货值金额不足一万元的,并处十万元以上十五万元以下罚款;货值金额一万元以上的,并处货值金额十五倍以上三十倍以下罚款;情节严重的,吊销许可证,并可以由公安机关对其直接负责的主管人员和其他直接责任人员处五日以上十五日以下拘留:

(一)用非食品原料生产食品、在食品中添加食品添加剂以外的化学物质和其他可能危害人体健康的物质,或者用回收食品作为

原料生产食品,或者经营上述食品;

(二)生产经营营养成分不符合食品安全标准的专供婴幼儿和其他特定人群的主辅食品;

(三)经营病死、毒死或者死因不明的禽、畜、兽、水产动物肉类,或者生产经营其制品;

(四)经营未按规定进行检疫或者检疫不合格的肉类,或者生产经营未经检验或者检验不合格的肉类制品;

(五)生产经营国家为防病等特殊需要明令禁止生产经营的食品;

(六)生产经营添加药品的食品。

明知从事前款规定的违法行为,仍为其提供生产经营场所或者其他条件的,由县级以上人民政府食品安全监督管理部门责令停止违法行为,没收违法所得,并处十万元以上二十万元以下罚款;使消费者的合法权益受到损害的,应当与食品生产经营者承担连带责任。

违法使用剧毒、高毒农药的,除依照有关法律、法规规定给予处罚外,可以由公安机关依照第一款规定给予拘留。

第一百二十四条 【十一类违法生产经营行为的法律责任】违反本法规定,有下列情形之一,尚不构成犯罪的,由县级以上人民政府食品安全监督管理部门没收违法所得和违法生产经营的食品、食品添加剂,并可以没收用于违法生产经营的工具、设备、原料等物品;违法生产经营的食品、食品添加剂货值金额不足一万元的,并处五万元以上十万元以下罚款;货值金额一万元以上的,并处货值金额十倍以上二十倍以下罚款;情节严重的,吊销许可证:

(一)生产经营致病性微生物,农药残留、兽药残留、生物毒素、重金属等污染物质以及其他危害人体健康的物质含量超过食品安全标准限量的食品、食品添加剂;

(二)用超过保质期的食品原料、食品添加剂生产食品、食品添加剂,或者经营上述食品、食品添加剂;

(三)生产经营超范围、超限量使用食品添加剂的食品;

(四)生产经营腐败变质、油脂酸败、霉变生虫、污秽不洁、混有异物、掺假掺杂或者感官性状异常的食品、食品添加剂;

(五)生产经营标注虚假生产日期、保质期或者超过保质期的食品、食品添加剂;

(六)生产经营未按规定注册的保健食品、特殊医学用途配方食品、婴幼儿配方乳粉,或者未按注册的产品配方、生产工艺等技术要求组织生产;

(七)以分装方式生产婴幼儿配方乳粉,或者同一企业以同一配方生产不同品牌的婴幼儿配方乳粉;

(八)利用新的食品原料生产食品,或者生产食品添加剂新品种,未通过安全性评估;

(九)食品生产经营者在食品安全监督管理部门责令其召回或者停止经营后,仍拒不召回或者停止经营。

除前款和本法第一百二十三条、第一百二十五条规定的情形外,生产经营不符合法律、法规或者食品安全标准的食品、食品添加剂的,依照前款规定给予处罚。

生产食品相关产品新品种,未通过安全性评估,或者生产不符合食品安全标准的食品相关产品的,由县级以上人民政府食品安全监督管理部门依照第一款规定给予处罚。

第一百二十五条 【四类违法生产经营行为的法律责任】违反本法规定,有下列情形之一的,由县级以上人民政府食品安全监督管理部门没收违法所得和违法生产经营的食品、食品添加剂,并可以没收用于违法生产经营的工具、设备、原料等物品;违法生产经营的食品、食品添加剂货值金额不足一万元的,并处五千元以上五万元以下罚款;货值金额一万元以上的,并处货值金额五倍以上十倍

以下罚款;情节严重的,责令停产停业,直至吊销许可证:

(一)生产经营被包装材料、容器、运输工具等污染的食品、食品添加剂;

(二)生产经营无标签的预包装食品、食品添加剂或者标签、说明书不符合本法规定的食品、食品添加剂;

(三)生产经营转基因食品未按规定进行标示;

(四)食品生产经营者采购或者使用不符合食品安全标准的食品原料、食品添加剂、食品相关产品。

生产经营的食品、食品添加剂的标签、说明书存在瑕疵但不影响食品安全且不会对消费者造成误导的,由县级以上人民政府食品安全监督管理部门责令改正;拒不改正的,处二千元以下罚款。

第一百二十六条 【十六类生产经营过程违法行为所应承担的法律责任】违反本法规定,有下列情形之一的,由县级以上人民政府食品安全监督管理部门责令改正,给予警告;拒不改正的,处五千元以上五万元以下罚款;情节严重的,责令停产停业,直至吊销许可证:

(一)食品、食品添加剂生产者未按规定对采购的食品原料和生产的食品、食品添加剂进行检验;

(二)食品生产经营企业未按规定建立食品安全管理制度,或者未按规定配备或者培训、考核食品安全管理人员;

(三)食品、食品添加剂生产经营者进货时未查验许可证和相关证明文件,或者未按规定建立并遵守进货查验记录、出厂检验记录和销售记录制度;

(四)食品生产经营企业未制定食品安全事故处置方案;

(五)餐具、饮具和盛放直接入口食品的容器,使用前未经洗净、消毒或者清洗消毒不

合格,或者餐饮服务设施、设备未按规定定期维护、清洗、校验;

(六)食品生产经营者安排未取得健康证明或者患有国务院卫生行政部门规定的有碍食品安全疾病的人员从事接触直接入口食品的工作;

(七)食品经营者未按规定要求销售食品;

(八)保健食品生产企业未按规定向食品安全监督管理部门备案,或者未按备案的产品配方、生产工艺等技术要求组织生产;

(九)婴幼儿配方食品生产企业未将食品原料、食品添加剂、产品配方、标签等向食品安全监督管理部门备案;

(十)特殊食品生产企业未按规定建立生产质量管理体系并有效运行,或者未定期提交自查报告;

(十一)食品生产经营者未定期对食品安全状况进行检查评价,或者生产经营条件发生变化,未按规定处理;

(十二)学校、托幼机构、养老机构、建筑工地等集中用餐单位未按规定履行食品安全管理责任;

(十三)食品生产企业、餐饮服务提供者未按规定制定、实施生产经营过程控制要求。

餐具、饮具集中消毒服务单位违反本法规定用水,使用洗涤剂、消毒剂,或者出厂的餐具、饮具未按规定检验合格并随附消毒合格证明,或者未按规定在独立包装上标注相关内容的,由县级以上人民政府卫生行政部门依照前款规定给予处罚。

食品相关产品生产者未按规定对生产的食品相关产品进行检验的,由县级以上人民政府食品安全监督管理部门依照第一款规定给予处罚。

食用农产品销售者违反本法第六十五条规定的,由县级以上人民政府食品安全监督管理部门依照第一款规定给予处罚。

第一百二十七条 【对食品生产加工小作坊、食品摊贩等的违法行为的处罚】对食品生产加工小作坊、食品摊贩等的违法行为的处罚,依照省、自治区、直辖市制定的具体管理办法执行。

第一百二十八条 【事故单位违法行为所应承担的法律责任】违反本法规定,事故单位在发生食品安全事故后未进行处置、报告的,由有关主管部门按照各自职责分工责令改正,给予警告;隐匿、伪造、毁灭有关证据的,责令停产停业,没收违法所得,并处十万元以上五十万元以下罚款;造成严重后果的,吊销许可证。

第一百二十九条 【进出口违法行为所应承担的法律责任】违反本法规定,有下列情形之一的,由出入境检验检疫机构依照本法第一百二十四条的规定给予处罚:

(一)提供虚假材料,进口不符合我国食品安全国家标准的食品、食品添加剂、食品相关产品;

(二)进口尚无食品安全国家标准的食品,未提交所执行的标准并经国务院卫生行政部门审查,或者进口利用新的食品原料生产的食品或者进口食品添加剂新品种、食品相关产品新品种,未通过安全性评估;

(三)未遵守本法的规定出口食品;

(四)进口商在有关主管部门责令其依照本法规定召回进口的食品后,仍拒不召回。

违反本法规定,进口商未建立并遵守食品、食品添加剂进口和销售记录制度、境外出口商或者生产企业审核制度的,由出入境检验检疫机构依照本法第一百二十六条的规定给予处罚。

第一百三十条 【集中交易市场违法行为所应承担的法律责任】违反本法规定,集中交易市场的开办者、柜台出租者、展销会的举办者允许未依法取得许可的食品经营者进入市场销售食品,或者未履行检查、报告等义务的,由县级以上人民政府食品安全监督管理部门责令改正,没收违法所得,并处五万元以上二十万元以下罚款;造成严重后果的,责令停业,直至由原发证部门吊销许可证;使消费者的合法权益受到损害的,应当与食品经营者承担连带责任。

食用农产品批发市场违反本法第六十四条规定的,依照前款规定承担责任。

第一百三十一条 【网络食品交易违法行为所应承担的法律责任】违反本法规定,网络食品交易第三方平台提供者未对入网食品经营者进行实名登记、审查许可证,或者未履行报告、停止提供网络交易平台服务等义务的,由县级以上人民政府食品安全监督管理部门责令改正,没收违法所得,并处五万元以上二十万元以下罚款;造成严重后果的,责令停业,直至由原发证部门吊销许可证;使消费者的合法权益受到损害的,应当与食品经营者承担连带责任。

消费者通过网络食品交易第三方平台购买食品,其合法权益受到损害的,可以向入网食品经营者或者食品生产者要求赔偿。网络食品交易第三方平台提供者不能提供入网食品经营者的真实名称、地址和有效联系方式的,由网络食品交易第三方平台提供者赔偿。网络食品交易第三方平台提供者赔偿后,有权向入网食品经营者或者食品生产者追偿。网络食品交易第三方平台提供者作出更有利于消费者承诺的,应当履行其承诺。

第一百三十二条 【进行食品贮存、运输和装卸违法行为所应承担的法律责任】违反本法规定,未按要求进行食品贮存、运输和装卸的,由县级以上人民政府食品安全监督管理等部门按照各自职责分工责令改正,给予警告;拒不改正的,责令停产停业,并处一万元以上五万元以下罚款;情节严重的,吊销许可证。

第一百三十三条 【拒绝、阻挠、干涉依

法开展食品安全工作、打击报复举报人的法律责任】违反本法规定,拒绝、阻挠、干涉有关部门、机构及其工作人员依法开展食品安全监督检查、事故调查处理、风险监测和风险评估的,由有关主管部门按照各自职责分工责令停产停业,并处二千元以上五万元以下罚款;情节严重的,吊销许可证;构成违反治安管理行为的,由公安机关依法给予治安管理处罚。

违反本法规定,对举报人以解除、变更劳动合同或者其他方式打击报复的,应当依照有关法律的规定承担责任。

第一百三十四条 【食品生产经营者屡次违法可以增加处罚】食品生产经营者在一年内累计三次因违反本法规定受到责令停产停业、吊销许可证以外处罚的,由食品安全监督管理部门责令停产停业,直至吊销许可证。

第一百三十五条 【严重违法犯罪者一定期限内禁止从事食品生产经营相关活动】被吊销许可证的食品生产经营者及其法定代表人、直接负责的主管人员和其他直接责任人员自处罚决定作出之日起五年内不得申请食品生产经营许可,或者从事食品生产经营管理工作、担任食品生产经营企业食品安全管理人员。

因食品安全犯罪被判处有期徒刑以上刑罚的,终身不得从事食品生产经营管理工作,也不得担任食品生产经营企业食品安全管理人员。

食品生产经营者聘用人员违反前两款规定的,由县级以上人民政府食品安全监督管理部门吊销许可证。

第一百三十六条 【食品经营者履行了本法规定的义务可以免予处罚】食品经营者履行了本法规定的进货查验等义务,有充分证据证明其不知道所采购的食品不符合食品安全标准,并能如实说明其进货来源的,可以免予处罚,但应当依法没收其不符合食品安

全标准的食品;造成人身、财产或者其他损害的,依法承担赔偿责任。

第一百三十七条 【提供虚假监测、评估信息的法律责任】违反本法规定,承担食品安全风险监测、风险评估工作的技术机构、技术人员提供虚假监测、评估信息的,依法对技术机构直接负责的主管人员和技术人员给予撤职、开除处分;有执业资格的,由授予其资格的主管部门吊销执业证书。

第一百三十八条 【出具虚假检验报告以及食品检验机构聘用不得从事食品检验工作的人员等的法律责任】违反本法规定,食品检验机构、食品检验人员出具虚假检验报告的,由授予其资质的主管部门或者机构撤销该食品检验机构的检验资质,没收所收取的检验费用,并处检验费用五倍以上十倍以下罚款,检验费用不足一万元的,并处五万元以上十万元以下罚款;依法对食品检验机构直接负责的主管人员和食品检验人员给予撤职或者开除处分;导致发生重大食品安全事故的,对直接负责的主管人员和食品检验人员给予开除处分。

违反本法规定,受到开除处分的食品检验机构人员,自处分决定作出之日起十年内不得从事食品检验工作;因食品安全违法行为受到刑事处罚或者因出具虚假检验报告导致发生重大食品安全事故受到开除处分的食品检验机构人员,终身不得从事食品检验工作。食品检验机构聘用不得从事食品检验工作的人员的,由授予其资质的主管部门或者机构撤销该食品检验机构的检验资质。

食品检验机构出具虚假检验报告,使消费者的合法权益受到损害的,应当与食品生产经营者承担连带责任。

第一百三十九条 【虚假认证的法律责任】违反本法规定,认证机构出具虚假认证结论,由认证认可监督管理部门没收所收取的认证费用,并处认证费用五倍以上十倍以下

罚款,认证费用不足一万元的,并处五万元以上十万元以下罚款;情节严重的,责令停业,直至撤销认证机构批准文件,并向社会公布;对直接负责的主管人员和负有直接责任的认证人员,撤销其执业资格。

认证机构出具虚假认证结论,使消费者的合法权益受到损害的,应当与食品生产经营者承担连带责任。

第一百四十条 【违法发布食品广告和违法推荐食品的法律责任】违反本法规定,在广告中对食品作虚假宣传,欺骗消费者,或者发布未取得批准文件、广告内容与批准文件不一致的保健食品广告的,依照《中华人民共和国广告法》的规定给予处罚。

广告经营者、发布者设计、制作、发布虚假食品广告,使消费者的合法权益受到损害的,应当与食品生产经营者承担连带责任。

社会团体或者其他组织、个人在虚假广告或者其他虚假宣传中向消费者推荐食品,使消费者的合法权益受到损害的,应当与食品生产经营者承担连带责任。

违反本法规定,食品安全监督管理等部门、食品检验机构、食品行业协会以广告或者其他形式向消费者推荐食品,消费者组织以收取费用或者其他牟取利益的方式向消费者推荐食品的,由有关主管部门没收违法所得,依法对直接负责的主管人员和其他直接责任人员给予记大过、降级或者撤职处分;情节严重的,给予开除处分。

对食品作虚假宣传且情节严重的,由省级以上人民政府食品安全监督管理部门决定暂停销售该食品,并向社会公布;仍然销售该食品的,由县级以上人民政府食品安全监督管理部门没收违法所得和违法销售的食品,并处二万元以上五万元以下罚款。

第一百四十一条 【编造、散布虚假食品安全信息的法律责任】违反本法规定,编造、散布虚假食品安全信息,构成违反治安管理行为的,由公安机关依法给予治安管理处罚。

媒体编造、散布虚假食品安全信息的,由有关主管部门依法给予处罚,并对直接负责的主管人员和其他直接责任人员给予处分;使公民、法人或者其他组织的合法权益受到损害的,依法承担消除影响、恢复名誉、赔偿损失、赔礼道歉等民事责任。

第一百四十二条 【地方人民政府有关食品安全事故应对不当的法律责任】违反本法规定,县级以上地方人民政府有下列行为之一的,对直接负责的主管人员和其他直接责任人员给予记大过处分;情节较重的,给予降级或者撤职处分;情节严重的,给予开除处分;造成严重后果的,其主要负责人还应当引咎辞职:

(一)对发生在本行政区域内的食品安全事故,未及时组织协调有关部门开展有效处置,造成不良影响或者损失;

(二)对本行政区域内涉及多环节的区域性食品安全问题,未及时组织整治,造成不良影响或者损失;

(三)隐瞒、谎报、缓报食品安全事故;

(四)本行政区域内发生特别重大食品安全事故,或者连续发生重大食品安全事故。

第一百四十三条 【政府未落实有关法定职责的法律责任】违反本法规定,县级以上地方人民政府有下列行为之一的,对直接负责的主管人员和其他直接责任人员给予警告、记过或者记大过处分;造成严重后果的,给予降级或者撤职处分:

(一)未确定有关部门的食品安全监督管理职责,未建立健全食品安全全程监督管理工作机制和信息共享机制,未落实食品安全监督管理责任制;

(二)未制定本行政区域的食品安全事故应急预案,或者发生食品安全事故后未按规定立即成立事故处置指挥机构、启动应急预案。

第一百四十四条　【食品安全监管部门的法律责任一】违反本法规定，县级以上人民政府食品安全监督管理、卫生行政、农业行政等部门有下列行为之一的，对直接负责的主管人员和其他直接责任人员给予记大过处分；情节较重的，给予降级或者撤职处分；情节严重的，给予开除处分；造成严重后果的，其主要负责人还应当引咎辞职：

（一）隐瞒、谎报、缓报食品安全事故；

（二）未按规定查处食品安全事故，或者接到食品安全事故报告未及时处理，造成事故扩大或者蔓延；

（三）经食品安全风险评估得出食品、食品添加剂、食品相关产品不安全结论后，未及时采取相应措施，造成食品安全事故或者不良社会影响；

（四）对不符合条件的申请人准予许可，或者超越法定职权准予许可；

（五）不履行食品安全监督管理职责，导致发生食品安全事故。

第一百四十五条　【食品安全监管部门的法律责任二】违反本法规定，县级以上人民政府食品安全监督管理、卫生行政、农业行政等部门有下列行为之一，造成不良后果的，对直接负责的主管人员和其他直接责任人员给予警告、记过或者记大过处分；情节较重的，给予降级或者撤职处分；情节严重的，给予开除处分：

（一）在获知有关食品安全信息后，未按规定向上级主管部门和本级人民政府报告，或者未按规定相互通报；

（二）未按规定公布食品安全信息；

（三）不履行法定职责，对查处食品安全违法行为不配合，或者滥用职权、玩忽职守、徇私舞弊。

第一百四十六条　【违法实施检查、强制等行政行为的法律责任】食品安全监督管理等部门在履行食品安全监督管理职责过程中，违法实施检查、强制等执法措施，给生产经营者造成损失的，应当依法予以赔偿，对直接负责的主管人员和其他直接责任人员依法给予处分。

第一百四十七条　【赔偿责任及民事赔偿责任优先原则】违反本法规定，造成人身、财产或者其他损害的，依法承担赔偿责任。生产经营者财产不足以同时承担民事赔偿责任和缴纳罚款、罚金时，先承担民事赔偿责任。

第一百四十八条　【首负责任制和惩罚性赔偿】消费者因不符合食品安全标准的食品受到损害的，可以向经营者要求赔偿损失，也可以向生产者要求赔偿损失。接到消费者赔偿要求的生产经营者，应当实行首负责任制，先行赔付，不得推诿；属于生产者责任的，经营者赔偿后有权向生产者追偿；属于经营者责任的，生产者赔偿后有权向经营者追偿。

生产不符合食品安全标准的食品或者经营明知是不符合食品安全标准的食品，消费者除要求赔偿损失外，还可以向生产者或者经营者要求支付价款十倍或者损失三倍的赔偿金；增加赔偿的金额不足一千元的，为一千元。但是，食品的标签、说明书存在不影响食品安全且不会对消费者造成误导的瑕疵的除外。

第一百四十九条　【违反本法所应承担的刑事责任】违反本法规定，构成犯罪的，依法追究刑事责任。

第十章　附　　则

第一百五十条　【本法中部分用语含义】本法下列用语的含义：

食品，指各种供人食用或者饮用的成品和原料以及按照传统既是食品又是中药材的物品，但是不包括以治疗为目的的物品。

食品安全,指食品无毒、无害,符合应当有的营养要求,对人体健康不造成任何急性、亚急性或者慢性危害。

预包装食品,指预先定量包装或者制作在包装材料、容器中的食品。

食品添加剂,指为改善食品品质和色、香、味以及为防腐、保鲜和加工工艺的需要而加入食品中的人工合成或者天然物质,包括营养强化剂。

用于食品的包装材料和容器,指包装、盛放食品或者食品添加剂用的纸、竹、木、金属、搪瓷、陶瓷、塑料、橡胶、天然纤维、化学纤维、玻璃等制品和直接接触食品或者食品添加剂的涂料。

用于食品生产经营的工具、设备,指在食品或者食品添加剂生产、销售、使用过程中直接接触食品或者食品添加剂的机械、管道、传送带、容器、用具、餐具等。

用于食品的洗涤剂、消毒剂,指直接用于洗涤或者消毒食品、餐具、饮具以及直接接触食品的工具、设备或者食品包装材料和容器的物质。

食品保质期,指食品在标明的贮存条件下保持品质的期限。

食源性疾病,指食品中致病因素进入人体引起的感染性、中毒性等疾病,包括食物中毒。

食品安全事故,指食源性疾病、食品污染等源于食品,对人体健康有危害或者可能有危害的事故。

第一百五十一条 【转基因食品和食盐的食品安全管理】转基因食品和食盐的食品安全管理,本法未作规定的,适用其他法律、行政法规的规定。

第一百五十二条 【对铁路、民航、国境口岸、军队等有关食品安全管理】铁路、民航运营中食品安全的管理办法由国务院食品安全监督管理部门会同国务院有关部门依照本

法制定。

保健食品的具体管理办法由国务院食品安全监督管理部门依照本法制定。

食品相关产品生产活动的具体管理办法由国务院食品安全监督管理部门依照本法制定。

国境口岸食品的监督管理由出入境检验检疫机构依照本法以及有关法律、行政法规的规定实施。

军队专用食品和自供食品的食品安全管理办法由中央军事委员会依照本法制定。

第一百五十三条 【国务院可以调整食品安全监管体制】国务院根据实际需要,可以对食品安全监督管理体制作出调整。

第一百五十四条 【法律施行日期】本法自 2015 年 10 月 1 日起施行。

最高人民法院关于审理食品安全民事纠纷案件适用法律若干问题的解释(一)

(2020 年 10 月 19 日最高人民法院审判委员会第 1813 次会议通过 2020 年 12 月 8 日最高人民法院公告公布 自 2021 年 1 月 1 日起施行 法释〔2020〕14 号)

为正确审理食品安全民事纠纷案件,保障公众身体健康和生命安全,根据《中华人民共和国民法典》《中华人民共和国食品安全法》《中华人民共和国消费者权益保护法》《中华人民共和国民事诉讼法》等法律的规定,结合民事审判实践,制定本解释。

第一条 消费者因不符合食品安全标准的食品受到损害,依据食品安全法第一百四十八条第一款规定诉请食品生产者或者经营者赔偿损失,被诉的生产者或者经营者以赔偿责任应由生产经营者中的另一方承担为由

主张免责的,人民法院不予支持。属于生产者责任的,经营者赔偿后有权向生产者追偿;属于经营者责任的,生产者赔偿后有权向经营者追偿。

第二条 电子商务平台经营者以标记自营业务方式所销售的食品或者虽未标记自营但实际开展自营业务所销售的食品不符合食品安全标准,消费者依据食品安全法第一百四十八条规定主张电子商务平台经营者承担作为食品经营者的赔偿责任的,人民法院应予支持。

电子商务平台经营者虽非实际开展自营业务,但其所作标识等足以误导消费者让消费者相信系电子商务平台经营者自营,消费者依据食品安全法第一百四十八条规定主张电子商务平台经营者承担作为食品经营者的赔偿责任的,人民法院应予支持。

第三条 电子商务平台经营者违反食品安全法第六十二条和第一百三十一条规定,未对平台内食品经营者进行实名登记、审查许可证,或者未履行报告、停止提供网络交易平台服务等义务,使消费者的合法权益受到损害,消费者主张电子商务平台经营者与平台内食品经营者承担连带责任的,人民法院应予支持。

第四条 公共交通运输的承运人向旅客提供的食品不符合食品安全标准,旅客主张承运人依据食品安全法第一百四十八条规定承担作为食品生产者或者经营者的赔偿责任的,人民法院应予支持;承运人以其不是食品的生产经营者或者食品是免费提供为由进行免责抗辩的,人民法院不予支持。

第五条 有关单位或者个人明知食品生产经营者从事食品安全法第一百二十三条第一款规定的违法行为而仍为其提供设备、技术、原料、销售渠道、运输、储存或者其他便利条件,消费者主张该单位或者个人依据食品安全法第一百二十三条第二款的规定与食品

生产经营者承担连带责任的,人民法院应予支持。

第六条 食品经营者具有下列情形之一,消费者主张构成食品安全法第一百四十八条规定的"明知"的,人民法院应予支持:

(一)已过食品标明的保质期但仍然销售的;

(二)未能提供所售食品的合法进货来源的;

(三)以明显不合理的低价进货且无合理原因的;

(四)未依法履行进货查验义务的;

(五)虚假标注、更改食品生产日期、批号的;

(六)转移、隐匿、非法销毁食品进销货记录或者故意提供虚假信息的;

(七)其他能够认定为明知的情形。

第七条 消费者认为生产经营者生产经营不符合食品安全标准的食品同时构成欺诈的,有权选择依据食品安全法第一百四十八条第二款或者消费者权益保护法第五十五条第一款规定主张食品生产者或者经营者承担惩罚性赔偿责任。

第八条 经营者经营明知是不符合食品安全标准的食品,但向消费者承诺的赔偿标准高于食品安全法第一百四十八条规定的赔偿标准,消费者主张经营者按照承诺赔偿的,人民法院应当依法予以支持。

第九条 食品符合食品安全标准但未达到生产经营者承诺的质量标准,消费者依照民法典、消费者权益保护法等法律规定主张生产经营者承担责任的,人民法院应予支持,但消费者主张生产经营者依据食品安全法第一百四十八条规定承担赔偿责任的,人民法院不予支持。

第十条 食品不符合食品安全标准,消费者主张生产者或者经营者依据食品安全法第一百四十八条第二款规定承担惩罚性赔偿

责任,生产者或者经营者以未造成消费者人身损害为由抗辩的,人民法院不予支持。

第十一条　生产经营未标明生产者名称、地址、成分或者配料表,或者未清晰标明生产日期、保质期的预包装食品,消费者主张生产者或者经营者依据食品安全法第一百四十八条第二款规定承担惩罚性赔偿责任的,人民法院应予支持,但法律、行政法规、食品安全国家标准对标签标注事项另有规定的除外。

第十二条　进口的食品不符合我国食品安全国家标准或者国务院卫生行政部门决定暂予适用的标准,消费者主张销售者、进口商等经营者依据食品安全法第一百四十八条规定承担赔偿责任,销售者、进口商等经营者仅以进口的食品符合出口地食品安全标准或者已经过我国出入境检验检疫机构检验检疫为由进行免责抗辩的,人民法院不予支持。

第十三条　生产经营不符合食品安全标准的食品,侵害众多消费者合法权益,损害社会公共利益,民事诉讼法、消费者权益保护法等法律规定的机关和有关组织依法提起公益诉讼的,人民法院应予受理。

第十四条　本解释自 2021 年 1 月 1 日起施行。

本解释施行后人民法院正在审理的一审、二审案件适用本解释。

本解释施行前已经终审,本解释施行后当事人申请再审或者按照审判监督程序决定再审的案件,不适用本解释。

最高人民法院以前发布的司法解释与本解释不一致的,以本解释为准。

最高人民法院关于审理食品药品纠纷案件适用法律若干问题的规定

（2013 年 12 月 9 日最高人民法院审判委员会第 1599 次会议通过　根据 2020 年 12 月 23 日最高人民法院审判委员会第 1823 次会议通过的《最高人民法院关于修改〈最高人民法院关于在民事审判工作中适用《中华人民共和国工会法》若干问题的解释〉等二十七件民事类司法解释的决定》第一次修正　根据 2021 年 11 月 15 日最高人民法院审判委员会第 1850 次会议通过的《最高人民法院关于修改〈最高人民法院关于审理食品药品纠纷案件适用法律若干问题的规定〉的决定》第二次修正　2021 年 11 月 18 日最高人民法院公告公布）

为正确审理食品药品纠纷案件,根据《中华人民共和国民法典》《中华人民共和国消费者权益保护法》《中华人民共和国食品安全法》《中华人民共和国药品管理法》《中华人民共和国民事诉讼法》等法律的规定,结合审判实践,制定本规定。

第一条　消费者因食品、药品纠纷提起民事诉讼,符合民事诉讼法规定受理条件的,人民法院应予受理。

第二条　因食品、药品存在质量问题造成消费者损害,消费者可以分别起诉或者同时起诉销售者和生产者。

消费者仅起诉销售者或者生产者的,必要时人民法院可以追加相关当事人参加诉讼。

第三条　因食品、药品质量问题发生纠纷,购买者向生产者、销售者主张权利,生产者、销售者以购买者明知食品、药品存在质量问题而仍然购买为由进行抗辩的,人民法院不予支持。

第四条 食品、药品生产者、销售者提供给消费者的食品或者药品的赠品发生质量安全问题,造成消费者损害,消费者主张权利,生产者、销售者以消费者未对赠品支付对价为由进行免责抗辩的,人民法院不予支持。

第五条 消费者举证证明所购买食品、药品的事实以及所购食品、药品不符合合同的约定,主张食品、药品的生产者、销售者承担违约责任的,人民法院应予支持。

消费者举证证明因食用食品或者使用药品受到损害,初步证明损害与食用食品或者使用药品存在因果关系,并请求食品、药品的生产者、销售者承担侵权责任的,人民法院应予支持,但食品、药品的生产者、销售者能证明损害不是因产品不符合质量标准造成的除外。

第六条 食品的生产者与销售者应当对于食品符合质量标准承担举证责任。认定食品是否安全,应当以国家标准为依据;对地方特色食品,没有国家标准的,应当以地方标准为依据。没有前述标准的,应当以食品安全法的相关规定为依据。

第七条 食品、药品虽在销售前取得检验合格证明,且食用或者使用时尚在保质期内,但经检验确认产品不合格,生产者或者销售者以该食品、药品具有检验合格证明为由进行抗辩的,人民法院不予支持。

第八条 集中交易市场的开办者、柜台出租者、展销会举办者未履行食品安全法规定的审查、检查、报告等义务,使消费者的合法权益受到损害的,消费者请求集中交易市场的开办者、柜台出租者、展销会举办者承担连带责任的,人民法院应予支持。

第九条 消费者通过网络交易第三方平台购买食品、药品遭受损害,网络交易第三方平台提供者不能提供食品、药品的生产者或者销售者的真实名称、地址与有效联系方式,消费者请求网络交易第三方平台提供者承担责任的,人民法院应予支持。

网络交易第三方平台提供者承担赔偿责任后,向生产者或者销售者行使追偿权的,人民法院应予支持。

网络交易第三方平台提供者知道或者应当知道食品、药品的生产者、销售者利用其平台侵害消费者合法权益,未采取必要措施,给消费者造成损害,消费者要求其与生产者、销售者承担连带责任的,人民法院应予支持。

第十条 未取得食品生产资质与销售资质的民事主体,挂靠具有相应资质的生产者与销售者,生产、销售食品,造成消费者损害,消费者请求挂靠者与被挂靠者承担连带责任的,人民法院应予支持。

消费者仅起诉挂靠者或者被挂靠者的,必要时人民法院可以追加相关当事人参加诉讼。

第十一条 消费者因虚假广告推荐的食品、药品存在质量问题遭受损害,依据消费者权益保护法等法律相关规定请求广告经营者、广告发布者承担连带责任的,人民法院应予支持。

其他民事主体在虚假广告中向消费者推荐食品、药品,使消费者遭受损害,消费者依据消费者权益保护法等法律相关规定请求其与食品、药品的生产者、销售者承担连带责任的,人民法院应予支持。

第十二条 食品检验机构故意出具虚假检验报告,造成消费者损害,消费者请求其承担连带责任的,人民法院应予支持。

食品检验机构因过失出具不实检验报告,造成消费者损害,消费者请求其承担相应责任的,人民法院应予支持。

第十三条 食品认证机构故意出具虚假认证,造成消费者损害,消费者请求其承担连带责任的,人民法院应予支持。

食品认证机构因过失出具不实认证,造成消费者损害,消费者请求其承担相应责任的,人民法院应予支持。

第十四条　生产、销售的食品、药品存在质量问题,生产者与销售者需同时承担民事责任、行政责任和刑事责任,其财产不足以支付,当事人依照民法典等有关法律规定,请求食品、药品的生产者、销售者首先承担民事责任的,人民法院应予支持。

第十五条　生产不符合安全标准的食品或者销售明知是不符合安全标准的食品,消费者除要求赔偿损失外,依据食品安全法等法律规定向生产者、销售者主张赔偿金的,人民法院应予支持。

生产假药、劣药或者明知是假药、劣药仍然销售、使用的,受害人或者其近亲属除请求赔偿损失外,依据药品管理法等法律规定向生产者、销售者主张赔偿金的,人民法院应予支持。

第十六条　食品、药品的生产者与销售者以格式合同、通知、声明、告示等方式作出排除或者限制消费者权利、减轻或者免除经营者责任、加重消费者责任等对消费者不公平、不合理的规定,消费者依法请求认定该内容无效的,人民法院应予支持。

第十七条　消费者与化妆品、保健食品等产品的生产者、销售者、广告经营者、广告发布者、推荐者、检验机构等主体之间的纠纷,参照适用本规定。

法律规定的机关和有关组织依法提起公益诉讼的,参照适用本规定。

第十八条　本规定所称的"药品的生产者"包括药品上市许可持有人和药品生产企业,"药品的销售者"包括药品经营企业和医疗机构。

第十九条　本规定施行后人民法院正在审理的一审、二审案件适用本规定。

本规定施行前已经终审,本规定施行后当事人申请再审或者按照审判监督程序决定再审的案件,不适用本规定。

最高人民法院关于审理消费民事公益诉讼案件适用法律若干问题的解释

（2016年2月1日最高人民法院审判委员会第1677次会议通过　根据2020年12月23日最高人民法院审判委员会第1823次会议通过的《最高人民法院关于修改〈最高人民法院关于人民法院民事调解工作若干问题的规定〉等十九件民事诉讼类司法解释的决定》修正　2020年12月29日最高人民法院公告公布）

为正确审理消费民事公益诉讼案件,根据《中华人民共和国民事诉讼法》《中华人民共和国民法典》《中华人民共和国消费者权益保护法》等法律规定,结合审判实践,制定本解释。

第一条　中国消费者协会以及在省、自治区、直辖市设立的消费者协会,对经营者侵害众多不特定消费者合法权益或者具有危及消费者人身、财产安全危险等损害社会公共利益的行为提起消费民事公益诉讼的,适用本解释。

法律规定或者全国人大及其常委会授权的机关和社会组织提起的消费民事公益诉讼,适用本解释。

第二条　经营者提供的商品或者服务具有下列情形之一的,适用消费者权益保护法第四十七条规定:

（一）提供的商品或者服务存在缺陷,侵害众多不特定消费者合法权益的;

（二）提供的商品或者服务可能危及消费者人身、财产安全,未作出真实的说明和明确的警示，未标明正确使用商品或者接受服务的方法以及防止危害发生方法的；对提供的商品或者服务质量、性能、用途、有效期限等信息作假或引人误解宣传的；

（三）宾馆、商场、餐馆、银行、机场、车站、港口、影剧院、景区、体育场馆、娱乐场所等经营场所存在危及消费者人身、财产安全危险的；

（四）以格式条款、通知、声明、店堂告示等方式，作出排除或者限制消费者权利、减轻或者免除经营者责任、加重消费者责任等对消费者不公平、不合理规定的；

（五）其他侵害众多不特定消费者合法权益或者具有危及消费者人身、财产安全危险等损害社会公共利益的行为。

第三条 消费民事公益诉讼案件管辖适用《最高人民法院关于适用〈中华人民共和国民事诉讼法〉的解释》第二百八十五条的有关规定。

经最高人民法院批准，高级人民法院可以根据本辖区实际情况，在辖区内确定部分中级人民法院受理第一审消费民事公益诉讼案件。

第四条 提起消费民事公益诉讼应当提交下列材料：

（一）符合民事诉讼法第一百二十一条规定的起诉状，并按照被告人数提交副本；

（二）被告的行为侵害众多不特定消费者合法权益或者具有危及消费者人身、财产安全危险等损害社会公共利益的初步证据；

（三）消费者组织就涉诉事项已按照消费者权益保护法第三十七条第四项或者第五项的规定履行公益性职责的证明材料。

第五条 人民法院认为原告提出的诉讼请求不足以保护社会公共利益的，可以向其释明变更或者增加停止侵害等诉讼请求。

第六条 人民法院受理消费民事公益诉讼案件后，应当公告案件受理情况，并在立案

之日起十日内书面告知相关行政主管部门。

第七条 人民法院受理消费民事公益诉讼案件后，依法可以提起诉讼的其他机关或者社会组织，可以在一审开庭前向人民法院申请参加诉讼。

人民法院准许参加诉讼的，列为共同原告；逾期申请的，不予准许。

第八条 有权提起消费民事公益诉讼的机关或者社会组织，可以依据民事诉讼法第八十一条规定申请保全证据。

第九条 人民法院受理消费民事公益诉讼案件后，因同一侵权行为受到损害的消费者申请参加诉讼的，人民法院应当告知其根据民事诉讼法第一百一十九条规定主张权利。

第十条 消费民事公益诉讼案件受理后，因同一侵权行为受到损害的消费者请求对其根据民事诉讼法第一百一十九条规定提起的诉讼予以中止，人民法院可以准许。

第十一条 消费民事公益诉讼案件审理过程中，被告提出反诉的，人民法院不予受理。

第十二条 原告在诉讼中承认对己方不利的事实，人民法院认为损害社会公共利益的，不予确认。

第十三条 原告在消费民事公益诉讼案件中，请求被告承担停止侵害、排除妨碍、消除危险、赔礼道歉等民事责任的，人民法院可予支持。

经营者利用格式条款或者通知、声明、店堂告示等，排除或者限制消费者权利、减轻或者免除经营者责任、加重消费者责任，原告认为对消费者不公平、不合理主张无效的，人民法院应依法予以支持。

第十四条 消费民事公益诉讼案件裁判生效后，人民法院应当在十日内书面告知相关行政主管部门，并可发出司法建议。

第十五条 消费民事公益诉讼案件的裁

判发生法律效力后,其他依法具有原告资格的机关或者社会组织就同一侵权行为另行提起消费民事公益诉讼的,人民法院不予受理。

第十六条 已为消费民事公益诉讼生效裁判认定的事实,因同一侵权行为受到损害的消费者根据民事诉讼法第一百一十九条规定提起的诉讼,原告、被告均无需举证证明,但当事人对该事实有异议并有相反证据足以推翻的除外。

消费民事公益诉讼生效裁判认定经营者存在不法行为,因同一侵权行为受到损害的消费者根据民事诉讼法第一百一十九条规定提起的诉讼,原告主张适用的,人民法院可予支持,但被告有相反证据足以推翻的除外。被告主张直接适用对其有利认定的,人民法院不予支持,被告仍应承担相应举证证明责任。

第十七条 原告为停止侵害、排除妨碍、消除危险采取合理预防、处置措施而发生的费用,请求被告承担的,人民法院应依法予以支持。

第十八条 原告及其诉讼代理人对侵权行为进行调查、取证的合理费用、鉴定费用、合理的律师代理费用,人民法院可根据实际情况予以相应支持。

第十九条 本解释自 2016 年 5 月 1 日起施行。

本解释施行后人民法院新受理的一审案件,适用本解释。

本解释施行前人民法院已经受理、施行后尚未审结的一审、二审案件,以及本解释施行前已经终审、施行后当事人申请再审或者按照审判监督程序决定再审的案件,不适用本解释。

最高人民法院关于审理网络消费纠纷案件适用法律若干问题的规定(一)

(2022 年 2 月 15 日最高人民法院审判委员会第 1864 次会议通过 2022 年 3 月 1 日最高人民法院公告公布 自 2022 年 3 月 15 日起施行 法释〔2022〕8 号)

为正确审理网络消费纠纷案件,依法保护消费者合法权益,促进网络经济健康持续发展,根据《中华人民共和国民法典》《中华人民共和国消费者权益保护法》《中华人民共和国电子商务法》《中华人民共和国民事诉讼法》等法律规定,结合审判实践,制定本规定。

第一条 电子商务经营者提供的格式条款有以下内容的,人民法院应当依法认定无效:

(一)收货人签收商品即视为认可商品质量符合约定;

(二)电子商务平台经营者依法应承担的责任一概由平台内经营者承担;

(三)电子商务经营者享有单方解释权或者最终解释权;

(四)排除或者限制消费者依法投诉、举报、请求调解、申请仲裁、提起诉讼的权利;

(五)其他排除或者限制消费者权利、减轻或者免除电子商务经营者责任、加重消费者责任等对消费者不公平、不合理的内容。

第二条 电子商务经营者就消费者权益保护法第二十五条第一款规定的四项除外商品做出七日内无理由退货承诺,消费者主张电子商务经营者应当遵守其承诺的,人民法院应予支持。

第三条 消费者因检查商品的必要对商

品进行拆封查验且不影响商品完好,电子商务经营者以商品已拆封为由主张不适用消费者权益保护法第二十五条规定的无理由退货制度的,人民法院不予支持,但法律另有规定的除外。

第四条 电子商务平台经营者以标记自营业务方式或者虽未标记自营但实际开展自营业务所销售的商品或者提供的服务损害消费者合法权益,消费者主张电子商务平台经营者承担商品销售者或者服务提供者责任的,人民法院应予支持。

电子商务平台经营者虽非实际开展自营业务,但其所作标识等足以误导消费者使消费者相信系电子商务平台经营者自营,消费者主张电子商务平台经营者承担商品销售者或者服务提供者责任的,人民法院应予支持。

第五条 平台内经营者出售商品或者提供服务过程中,其工作人员引导消费者通过交易平台提供的支付方式以外的方式进行支付,消费者主张平台内经营者承担商品销售者或者服务提供者责任,平台内经营者以未经过交易平台支付为由抗辩的,人民法院不予支持。

第六条 注册网络经营账号开设网络店铺的平台内经营者,通过协议等方式将网络账号及店铺转让给其他经营者,但未依法进行相关经营主体信息变更公示,实际经营者的经营活动给消费者造成损害,消费者主张注册经营者、实际经营者承担赔偿责任的,人民法院应予支持。

第七条 消费者在二手商品网络交易平台购买商品受到损害,人民法院综合销售者出售商品的性质、来源、数量、价格、频率、是否有其他销售渠道、收入等情况,能够认定销售者系从事商业经营活动,消费者主张销售者依据消费者权益保护法承担经营者责任的,人民法院应予支持。

第八条 电子商务经营者在促销活动中提供的奖品、赠品或者消费者换购的商品给消费者造成损害,消费者主张电子商务经营者承担赔偿责任,电子商务经营者以奖品、赠品属于免费提供或者商品属于换购为由主张免责的,人民法院不予支持。

第九条 电子商务经营者与他人签订的以虚构交易、虚构点击量、编造用户评价等方式进行虚假宣传的合同,人民法院应当依法认定无效。

第十条 平台内经营者销售商品或者提供服务损害消费者合法权益,其向消费者承诺的赔偿标准高于相关法定赔偿标准,消费者主张平台内经营者按照承诺赔偿的,人民法院应依法予以支持。

第十一条 平台内经营者开设网络直播间销售商品,其工作人员在网络直播中因虚假宣传等给消费者造成损害,消费者主张平台内经营者承担赔偿责任的,人民法院应予支持。

第十二条 消费者因在网络直播间点击购买商品合法权益受到损害,直播间运营者不能证明已经以足以使消费者辨别的方式标明其并非销售者并标明实际销售者的,消费者主张直播间运营者承担商品销售者责任的,人民法院应予支持。

直播间运营者能够证明已经尽到前款所列标明义务的,人民法院应当综合交易外观、直播间运营者与经营者的约定、与经营者的合作模式、交易过程以及消费者认知等因素予以认定。

第十三条 网络直播营销平台经营者通过网络直播方式开展自营业务销售商品,消费者主张其承担商品销售者责任的,人民法院应予支持。

第十四条 网络直播间销售商品损害消费者合法权益,网络直播营销平台经营者不能提供直播间运营者的真实姓名、名称、地址和有效联系方式的,消费者依据消费者权益保护法第四十四条规定向网络直播营销平台经营者请求赔偿的,人民法院应予支持。网络直播营销平台经营者承担责任后,向直播间运营者追偿的,人民法院应予支持。

第十五条 网络直播营销平台经营者对依法需取得食品经营许可的网络直播间的食品经营资质未尽到法定审核义务,使消费者的合法权益受到损害,消费者依据食品安全法第一百三十一条等规定主张网络直播营销平台经营者与直播间运营者承担连带责任的,人民法院应予支持。

第十六条 网络直播营销平台经营者知道或者应当知道网络直播间销售的商品不符合保障人身、财产安全的要求,或者有其他侵害消费者合法权益行为,未采取必要措施,消费者依据电子商务法第三十八条等规定主张网络直播营销平台经营者与直播间运营者承担连带责任的,人民法院应予支持。

第十七条 直播间运营者知道或者应当知道经营者提供的商品不符合保障人身、财产安全的要求,或者有其他侵害消费者合法权益行为,仍为其推广,给消费者造成损害,消费者依据民法典第一千一百六十八条等规定主张直播间运营者与提供该商品的经营者承担连带责任的,人民法院应予支持。

第十八条 网络餐饮服务平台经营者违反食品安全法第六十二条和第一百三十一条规定,未对入网餐饮服务提供者进行实名登记、审查许可证,或者未履行报告、停止提供网络交易平台服务等义务,使消费者的合法权益受到损害,消费者主张网络餐饮服务平台经营者与入网餐饮服务提供者承担连带责任的,人民法院应予支持。

第十九条 入网餐饮服务提供者所经营食品损害消费者合法权益,消费者主张入网餐饮服务提供者承担经营者责任,入网餐饮服务提供者以订单系委托他人加工制作为由

抗辩的,人民法院不予支持。

第二十条 本规定自2022年3月15日起施行。

最高人民法院关于商品房消费者权利保护问题的批复

(2023年2月14日最高人民法院审判委员会第1879次会议通过 2023年4月20日最高人民法院公告公布 自2023年4月20日起施行 法释〔2023〕1号)

河南省高级人民法院:

你院《关于明确房企风险化解中权利顺位问题的请示》(豫高法〔2023〕36号)收悉。就人民法院在审理房地产开发企业因商品房已售逾期难交付引发的相关纠纷案件中涉及的商品房消费者权利保护问题,经研究,批复如下:

一、建设工程价款优先受偿权、抵押权以及其他债权之间的权利顺位关系,按照《最高人民法院关于审理建设工程施工合同纠纷案件适用法律问题的解释(一)》第三十六条的规定处理。

二、商品房消费者以居住为目的购买房屋并已支付全部价款,主张其房屋交付请求权优先于建设工程价款优先受偿权、抵押权以及其他债权的,人民法院应当予以支持。

只支付了部分价款的商品房消费者,在一审法庭辩论终结前已实际支付剩余价款的,可以适用前款规定。

三、在房屋不能交付且无实际交付可能的情况下,商品房消费者主张价款返还请求权优先于建设工程价款优先受偿权、抵押权以及其他债权的,人民法院应当予以支持。

（三）机动车交通事故责任

中华人民共和国道路交通安全法（节录）

（2003 年 10 月 28 日第十届全国人民代表大会常务委员会第五次会议通过 根据 2007 年 12 月 29 日第十届全国人民代表大会常务委员会第三十一次会议《关于修改〈中华人民共和国道路交通安全法〉的决定》第一次修正 根据 2011 年 4 月 22 日第十一届全国人民代表大会常务委员会第二十次会议《关于修改〈中华人民共和国道路交通安全法〉的决定》第二次修正 根据 2021 年 4 月 29 日第十三届全国人民代表大会常务委员会第二十八次会议《关于修改〈中华人民共和国道路交通安全法〉等八部法律的决定》第三次修正）

目　　录

……

第五章　交通事故处理

第七十条　【交通事故处理及报警】在道路上发生交通事故，车辆驾驶人应当立即停车，保护现场；造成人身伤亡的，车辆驾驶人应当立即抢救受伤人员，并迅速报告执勤的交通警察或者公安机关交通管理部门。因抢救受伤人员变动现场的，应当标明位置。乘车人、过往车辆驾驶人、过往行人应当予以协助。

在道路上发生交通事故，未造成人身伤亡，当事人对事实及成因无争议的，可以即行撤离现场，恢复交通，自行协商处理损害赔偿事宜；不即行撤离现场的，应当迅速报告执勤的交通警察或者公安机关交通管理部门。

在道路上发生交通事故，仅造成轻微财产损失，并且基本事实清楚的，当事人应当先撤离现场再进行协商处理。

第七十一条　【交通事故逃逸的处理】车辆发生交通事故后逃逸的，事故现场目击人员和其他知情人员应当向公安机关交通管理部门或者交通警察举报。举报属实的，公安机关交通管理部门应当给予奖励。

第七十二条　【交警处理交通事故程序】公安机关交通管理部门接到交通事故报警后，应当立即派交通警察赶赴现场，先组织抢救受伤人员，并采取措施，尽快恢复交通。

交通警察应当对交通事故现场进行勘验、检查，收集证据；因收集证据的需要，可以扣留事故车辆，但是应当妥善保管，以备核查。

对当事人的生理、精神状况等专业性较强的检验，公安机关交通管理部门应当委托专门机构进行鉴定。鉴定结论应当由鉴定人签名。

第七十三条 【交通事故认定书】公安机关交通管理部门应当根据交通事故现场勘验、检查、调查情况和有关的检验、鉴定结论，及时制作交通事故认定书，作为处理交通事故的证据。交通事故认定书应当载明交通事故的基本事实、成因和当事人的责任，并送达当事人。

第七十四条 【交通事故的调解或起诉】对交通事故损害赔偿的争议，当事人可以请求公安机关交通管理部门调解，也可以直接向人民法院提起民事诉讼。

经公安机关交通管理部门调解，当事人未达成协议或者调解书生效后不履行的，当事人可以向人民法院提起民事诉讼。

第七十五条 【受伤人员的抢救及费用承担】医疗机构对交通事故中的受伤人员应当及时抢救，不得因抢救费用未及时支付而拖延救治。肇事车辆参加机动车第三者责任强制保险的，由保险公司在责任限额范围内支付抢救费用；抢救费用超过责任限额的，未参加机动车第三者责任强制保险或者肇事后逃逸的，由道路交通事故社会救助基金先行垫付部分或者全部抢救费用，道路交通事故社会救助基金管理机构有权向交通事故责任人追偿。

第七十六条 【交通事故赔偿责任】机动车发生交通事故造成人身伤亡、财产损失的，由保险公司在机动车第三者责任强制保险责任限额范围内予以赔偿；不足的部分，按照下列规定承担赔偿责任：

（一）机动车之间发生交通事故的，由有过错的一方承担赔偿责任；双方都有过错的，按照各自过错的比例分担责任。

（二）机动车与非机动车驾驶人、行人之间发生交通事故，非机动车驾驶人、行人没有过错的，由机动车一方承担赔偿责任；有证据证明非机动车驾驶人、行人有过错的，根据过错程度适当减轻机动车一方的赔偿责任；机动车一方没有过错的，承担不超过百分之十的赔偿责任。

交通事故的损失是由非机动车驾驶人、行人故意碰撞机动车造成的，机动车一方不承担赔偿责任。

第七十七条 【道路外交通事故处理】车辆在道路以外通行时发生的事故，公安机关交通管理部门接到报案的，参照本法有关规定办理。

……

中华人民共和国道路交通安全法实施条例（节录）

（2004 年 4 月 30 日中华人民共和国国务院令第 405 号公布 根据 2017 年 10 月 7 日《国务院关于修改部分行政法规的决定》修订）

……

第五章 交通事故处理

第八十六条 机动车与机动车、机动车与非机动车在道路上发生未造成人身伤亡的交通事故，当事人对事实及成因无争议的，在记录交通事故的时间、地点、对方当事人的姓名和联系方式、机动车牌号、驾驶证号、保险凭证号、碰撞部位，并共同签名后，撤离现场，自行协商损害赔偿事宜。当事人对交通事故事实及成因有争议的，应当迅速报警。

第八十七条 非机动车与非机动车或者行人在道路上发生交通事故，未造成人身伤亡，且基本事实及成因清楚的，当事人应当先撤离现场，再自行协商处理损害赔偿事宜。当事人对交通事故事实及成因有争议的，应当迅速报警。

民事实体篇·侵权责任·机动车交通事故责任 6-71

第八十八条 机动车发生交通事故，造成道路、供电、通讯等设施损毁的，驾驶人应当报警等候处理，不得驶离。机动车可以移动的，应当将机动车移至不妨碍交通的地点。公安机关交通管理部门应当将事故有关情况通知有关部门。

第八十九条 公安机关交通管理部门或者交通警察接到交通事故报警，应当及时赶赴现场，对未造成人身伤亡，事实清楚，并且机动车可以移动的，应当在记录事故情况后责令当事人撤离现场，恢复交通。对拒不撤离现场的，予以强制撤离。

对属于前款规定情况的道路交通事故，交通警察可以适用简易程序处理，并当场出具事故认定书。当事人共同请求调解的，交通警察可以当场对损害赔偿争议进行调解。

对道路交通事故造成人员伤亡和财产损失需要勘验、检查现场的，公安机关交通管理部门应当按照勘查现场工作规范进行。现场勘查完毕，应当组织清理现场，恢复交通。

第九十条 投保机动车第三者责任强制保险的机动车发生交通事故，因抢救受伤人员需要保险公司支付抢救费用的，由公安机关交通管理部门通知保险公司。

抢救受伤人员需要道路交通事故救助基金垫付费用的，由公安机关交通管理部门通知道路交通事故社会救助基金管理机构。

第九十一条 公安机关交通管理部门应当根据交通事故当事人的行为对发生交通事故所起的作用以及过错的严重程度，确定当事人的责任。

第九十二条 发生交通事故后当事人逃逸的，逃逸的当事人承担全部责任。但是，有证据证明对方当事人也有过错的，可以减轻责任。

当事人故意破坏、伪造现场、毁灭证据的，承担全部责任。

第九十三条 公安机关交通管理部门对经过勘验、检查现场的交通事故应当在勘查现场之日起 10 日内制作交通事故认定书。对需要进行检验、鉴定的，应当在检验、鉴定结果确定之日起 5 日内制作交通事故认定书。

第九十四条 当事人对交通事故损害赔偿有争议，各方当事人一致请求公安机关交通管理部门调解的，应当在收到交通事故认定书之日起 10 日内提出书面调解申请。

对交通事故致死的，调解从办理丧葬事宜结束之日起开始；对交通事故致伤的，调解从治疗终结或者定残之日起开始；对交通事故造成财产损失的，调解从确定损失之日起开始。

第九十五条 公安机关交通管理部门调解交通事故损害赔偿争议的期限为 10 日。调解达成协议的，公安机关交通管理部门应当制作调解书送交各方当事人，调解书经各方当事人共同签字后生效；调解未达成协议的，公安机关交通管理部门应当制作调解终结书送交各方当事人。

交通事故损害赔偿项目和标准依照有关法律的规定执行。

第九十六条 对交通事故损害赔偿的争议，当事人向人民法院提起民事诉讼的，公安机关交通管理部门不再受理调解申请。

公安机关交通管理部门调解期间，当事人向人民法院提起民事诉讼的，调解终止。

第九十七条 车辆在道路以外发生交通事故，公安机关交通管理部门接到报案的，参照道路交通安全法和本条例的规定处理。

车辆、行人与火车发生的交通事故以及在渡口发生的交通事故，依照国家有关规定处理。

……

机动车交通事故
责任强制保险条例

（2006 年 3 月 21 日中华人民共和国国务院令第 462 号公布　根据 2012 年 3 月 30 日《国务院关于修改〈机动车交通事故责任强制保险条例〉的决定》第一次修订　根据 2012 年 12 月 17 日《国务院关于修改〈机动车交通事故责任强制保险条例〉的决定》第二次修订　根据 2016 年 2 月 6 日《国务院关于修改部分行政法规的决定》第三次修订　根据 2019 年 3 月 2 日《国务院关于修改部分行政法规的决定》第四次修订）

第一章　总　　则

第一条　为了保障机动车道路交通事故受害人依法得到赔偿，促进道路交通安全，根据《中华人民共和国道路交通安全法》、《中华人民共和国保险法》，制定本条例。

第二条　在中华人民共和国境内道路上行驶的机动车的所有人或者管理人，应当依照《中华人民共和国道路交通安全法》的规定投保机动车交通事故责任强制保险。

机动车交通事故责任强制保险的投保、赔偿和监督管理，适用本条例。

第三条　本条例所称机动车交通事故责任强制保险，是指由保险公司对被保险机动车发生道路交通事故造成本车人员、被保险人以外的受害人的人身伤亡、财产损失，在责任限额内予以赔偿的强制性责任保险。

第四条　国务院保险监督管理机构依法对保险公司的机动车交通事故责任强制保险业务实施监督管理。

公安机关交通管理部门、农业（农业机械）主管部门（以下统称机动车管理部门）应当依法对机动车参加机动车交通事故责任强制保险的情况实施监督检查。对未参加机动车交通事故责任强制保险的机动车，机动车管理部门不得予以登记，机动车安全技术检验机构不得予以检验。

公安机关交通管理部门及其交通警察在调查处理道路交通安全违法行为和道路交通事故时，应当依法检查机动车交通事故责任强制保险的保险标志。

第二章　投　　保

第五条　保险公司可以从事机动车交通事故责任强制保险业务。

为了保证机动车交通事故责任强制保险制度的实行，国务院保险监督管理机构有权要求保险公司从事机动车交通事故责任强制保险业务。

除保险公司外，任何单位或者个人不得从事机动车交通事故责任强制保险业务。

第六条　机动车交通事故责任强制保险实行统一的保险条款和基础保险费率。国务院保险监督管理机构按照机动车交通事故责任强制保险业务总体上不盈利不亏损的原则审批保险费率。

国务院保险监督管理机构在审批保险费率时，可以聘请有关专业机构进行评估，可以举行听证会听取公众意见。

第七条　保险公司的机动车交通事故责任强制保险业务，应当与其他保险业务分开管理，单独核算。

国务院保险监督管理机构应当每年对保险公司的机动车交通事故责任强制保险业务情况进行核查，并向社会公布；根据保险公司机动车交通事故责任强制保险业务的总体盈利或者亏损情况，可以要求或者允许保险公司相应调整保险费率。

调整保险费率的幅度较大的，国务院保

险监督管理机构应当进行听证。

第八条 被保险机动车没有发生道路交通安全违法行为和道路交通事故的，保险公司应当在下一年度降低其保险费率。在此后的年度内，被保险机动车仍然没有发生道路交通安全违法行为和道路交通事故的，保险公司应当继续降低其保险费率，直至最低标准。被保险机动车发生道路交通安全违法行为或者道路交通事故的，保险公司应当在下一年度提高其保险费率。多次发生道路交通安全违法行为、道路交通事故，或者发生重大道路交通事故的，保险公司应当加大提高其保险费率的幅度。在道路交通事故中被保险人没有过错的，不提高其保险费率。降低或者提高保险费率的标准，由国务院保险监督管理机构会同国务院公安部门制定。

第九条 国务院保险监督管理机构、国务院公安部门、国务院农业主管部门以及其他有关部门应当逐步建立有关机动车交通事故责任强制保险、道路交通安全违法行为和道路交通事故的信息共享机制。

第十条 投保人在投保时应当选择从事机动车交通事故责任强制保险业务的保险公司，被选择的保险公司不得拒绝或者拖延承保。

国务院保险监督管理机构应当将从事机动车交通事故责任强制保险业务的保险公司向社会公示。

第十一条 投保人投保时，应当向保险公司如实告知重要事项。

重要事项包括机动车的种类、厂牌型号、识别代码、牌照号码、使用性质和机动车所有人或者管理人的姓名（名称）、性别、年龄、住所、身份证或者驾驶证号码（组织机构代码）、续保前该机动车发生事故的情况以及国务院保险监督管理机构规定的其他事项。

第十二条 签订机动车交通事故责任强制保险合同时，投保人应当一次支付全部保险费；保险公司应当向投保人签发保险单、保险标志。保险单、保险标志应当注明保险单号码、车牌号码、保险期限、保险公司的名称、地址和理赔电话号码。

被保险人应当在被保险机动车上放置保险标志。

保险标志式样全国统一。保险单、保险标志由国务院保险监督管理机构监制。任何单位或者个人不得伪造、变造或者使用伪造、变造的保险单、保险标志。

第十三条 签订机动车交通事故责任强制保险合同时，投保人不得在保险条款和保险费率之外，向保险公司提出附加其他条件的要求。

签订机动车交通事故责任强制保险合同时，保险公司不得强制投保人订立商业保险合同以及提出附加其他条件的要求。

第十四条 保险公司不得解除机动车交通事故责任强制保险合同；但是，投保人对重要事项未履行如实告知义务的除外。

投保人对重要事项未履行如实告知义务，保险公司解除合同前，应当书面通知投保人，投保人应当自收到通知之日起5日内履行如实告知义务；投保人在上述期限内履行如实告知义务的，保险公司不得解除合同。

第十五条 保险公司解除机动车交通事故责任强制保险合同的，应当收回保险单和保险标志，并书面通知机动车管理部门。

第十六条 投保人不得解除机动车交通事故责任强制保险合同，但有下列情形之一的除外：

（一）被保险机动车被依法注销登记的；

（二）被保险机动车办理停驶的；

（三）被保险机动车经公安机关证实丢失的。

第十七条 机动车交通事故责任强制保险合同解除前，保险公司应当按照合同承担保险责任。

合同解除时,保险公司可以收取自保险责任开始之日起至合同解除之日止的保险费,剩余部分的保险费退还投保人。

第十八条 被保险机动车所有权转移的,应当办理机动车交通事故责任强制保险合同变更手续。

第十九条 机动车交通事故责任强制保险合同期满,投保人应当及时续保,并提供上一年度的保险单。

第二十条 机动车交通事故责任强制保险的保险期间为1年,但有下列情形之一的,投保人可以投保短期机动车交通事故责任强制保险:

(一)境外机动车临时入境的;

(二)机动车临时上道路行驶的;

(三)机动车距规定的报废期限不足1年的;

(四)国务院保险监督管理机构规定的其他情形。

第三章 赔 偿

第二十一条 被保险机动车发生道路交通事故造成本车人员、被保险人以外的受害人人身伤亡、财产损失的,由保险公司依法在机动车交通事故责任强制保险责任限额范围内予以赔偿。

道路交通事故的损失是由受害人故意造成的,保险公司不予赔偿。

第二十二条 有下列情形之一的,保险公司在机动车交通事故责任强制保险责任限额范围内垫付抢救费用,并有权向致害人追偿:

(一)驾驶人未取得驾驶资格或者醉酒的;

(二)被保险机动车被盗抢期间肇事的;

(三)被保险人故意制造道路交通事故的。

有前款所列情形之一,发生道路交通事故的,造成受害人的财产损失,保险公司不承担赔偿责任。

第二十三条 机动车交通事故责任强制保险在全国范围内实行统一的责任限额。责任限额分为死亡伤残赔偿限额、医疗费用赔偿限额、财产损失赔偿限额以及被保险人在道路交通事故中无责任的赔偿限额。

机动车交通事故责任强制保险责任限额由国务院保险监督管理机构会同国务院公安部门、国务院卫生主管部门、国务院农业主管部门规定。

第二十四条 国家设立道路交通事故社会救助基金(以下简称救助基金)。有下列情形之一时,道路交通事故中受害人人身伤亡的丧葬费用、部分或者全部抢救费用,由救助基金先行垫付,救助基金管理机构有权向道路交通事故责任人追偿:

(一)抢救费用超过机动车交通事故责任强制保险责任限额的;

(二)肇事机动车未参加机动车交通事故责任强制保险的;

(三)机动车肇事后逃逸的。

第二十五条 救助基金的来源包括:

(一)按照机动车交通事故责任强制保险的保险费的一定比例提取的资金;

(二)对未按照规定投保机动车交通事故责任强制保险的机动车的所有人、管理人的罚款;

(三)救助基金管理机构依法向道路交通事故责任人追偿的资金;

(四)救助基金孳息;

(五)其他资金。

第二十六条 救助基金的具体管理办法,由国务院财政部门会同国务院保险监督管理机构、国务院公安部门、国务院卫生主管部门、国务院农业主管部门制定试行。

第二十七条 被保险机动车发生道路交

通事故,被保险人或者受害人通知保险公司的,保险公司应当立即给予答复,告知被保险人或者受害人具体的赔偿程序等有关事项。

第二十八条 被保险机动车发生道路交通事故的,由被保险人向保险公司申请赔偿保险金。保险公司应当自收到赔偿申请之日起1日内,书面告知被保险人需要向保险公司提供的与赔偿有关的证明和资料。

第二十九条 保险公司应当自收到被保险人提供的证明和资料之日起5日内,对是否属于保险责任作出核定,并将结果通知被保险人;对不属于保险责任的,应当书面说明理由;对属于保险责任的,在与被保险人达成赔偿保险金的协议后10日内,赔偿保险金。

第三十条 被保险人与保险公司对赔偿有争议的,可以依法申请仲裁或者向人民法院提起诉讼。

第三十一条 保险公司可以向被保险人赔偿保险金,也可以直接向受害人赔偿保险金。但是,因抢救受伤人员需要保险公司支付或者垫付抢救费用的,保险公司在接到公安机关交通管理部门通知后,经核对应当及时向医疗机构支付或者垫付抢救费用。

因抢救受伤人员需要救助基金管理机构垫付抢救费用的,救助基金管理机构在接到公安机关交通管理部门通知后,经核对应当及时向医疗机构垫付抢救费用。

第三十二条 医疗机构应当参照国务院卫生主管部门组织制定的有关临床诊疗指南,抢救、治疗道路交通事故中的受伤人员。

第三十三条 保险公司赔偿保险金或者垫付抢救费用,救助基金管理机构垫付抢救费用,需要向有关部门、医疗机构核实有关情况的,有关部门、医疗机构应当予以配合。

第三十四条 保险公司、救助基金管理机构的工作人员对当事人的个人隐私应当保密。

第三十五条 道路交通事故损害赔偿项目和标准依照有关法律的规定执行。

第四章 罚 则

第三十六条 保险公司以外的单位或者个人,非法从事机动车交通事故责任强制保险业务的,由国务院保险监督管理机构予以取缔;构成犯罪的,依法追究刑事责任;尚不构成犯罪的,由国务院保险监督管理机构没收违法所得,违法所得20万元以上的,并处违法所得1倍以上5倍以下罚款;没有违法所得或者违法所得不足20万元的,处20万元以上100万元以下罚款。

第三十七条 保险公司违反本条例规定,有下列行为之一的,由国务院保险监督管理机构责令改正,处5万元以上30万元以下罚款;情节严重的,可以限制业务范围、责令停止接受新业务或者吊销经营保险业务许可证:

(一)拒绝或者拖延承保机动车交通事故责任强制保险的;

(二)未按照统一的保险条款和基础保险费率从事机动车交通事故责任强制保险业务的;

(三)未将机动车交通事故责任强制保险业务和其他保险业务分开管理,单独核算的;

(四)强制投保人订立商业保险合同的;

(五)违反规定解除机动车交通事故责任强制保险合同的;

(六)拒不履行约定的赔偿保险金义务的;

(七)未按照规定及时支付或者垫付抢救费用的。

第三十八条 机动车所有人、管理人未按照规定投保机动车交通事故责任强制保险的,由公安机关交通管理部门扣留机动车,通知机动车所有人、管理人依照规定投保,处依照规定投保最低责任限额应缴纳的保险费的2倍罚款。

机动车所有人、管理人依照规定补办机动车交通事故责任强制保险的,应当及时退还机动车。

第三十九条 上道路行驶的机动车未放置保险标志的,公安机关交通管理部门应当扣留机动车,通知当事人提供保险标志或者补办相应手续,可以处警告或者 20 元以上 200 元以下罚款。

当事人提供保险标志或者补办相应手续的,应当及时退还机动车。

第四十条 伪造、变造或者使用伪造、变造的保险标志,或者使用其他机动车的保险标志,由公安机关交通管理部门予以收缴,扣留该机动车,处 200 元以上 2000 元以下罚款;构成犯罪的,依法追究刑事责任。

当事人提供相应的合法证明或者补办相应手续的,应当及时退还机动车。

第五章 附 则

第四十一条 本条例下列用语的含义:

(一)投保人,是指与保险公司订立机动车交通事故责任强制保险合同,并按照合同负有支付保险费义务的机动车的所有人、管理人。

(二)被保险人,是指投保人及其允许的合法驾驶人。

(三)抢救费用,是指机动车发生道路交通事故导致人员受伤时,医疗机构参照国务院卫生主管部门组织制定的有关临床诊疗指南,对生命体征不平稳和虽然生命体征平稳但如果不采取处理措施会产生生命危险,或者导致残疾、器官功能障碍,或者导致病程明显延长的受伤人员,采取必要的处理措施所发生的医疗费用。

第四十二条 挂车不投保机动车交通事故责任强制保险。发生道路交通事故造成人身伤亡、财产损失的,由牵引车投保的保险公司在机动车交通事故责任强制保险责任限额范围内予以赔偿;不足的部分,由牵引车方和挂车方依照法律规定承担赔偿责任。

第四十三条 机动车在道路以外的地方通行时发生事故,造成人身伤亡、财产损失的赔偿,比照适用本条例。

第四十四条 中国人民解放军和中国人民武装警察部队在编机动车参加机动车交通事故责任强制保险的办法,由中国人民解放军和中国人民武装警察部队另行规定。

第四十五条 机动车所有人、管理人自本条例施行之日起 3 个月内投保机动车交通事故责任强制保险;本条例施行前已经投保商业性机动车第三者责任保险的,保险期满,应当投保机动车交通事故责任强制保险。

第四十六条 本条例自 2006 年 7 月 1 日起施行。

道路交通事故处理程序规定

(2017 年 7 月 22 日公安部令第 146 号公布 自 2018 年 5 月 1 日起施行)

目 录

第一章　总　则

第一条　为了规范道路交通事故处理程序,保障公安机关交通管理部门依法履行职责,保护道路交通事故当事人的合法权益,根据《中华人民共和国道路交通安全法》及其实施条例等有关法律、行政法规,制定本规定。

第二条　处理道路交通事故,应当遵循合法、公正、公开、便民、效率的原则,尊重和保障人权,保护公民的人格尊严。

第三条　道路交通事故分为财产损失事故、伤人事故和死亡事故。

财产损失事故是指造成财产损失,尚未造成人员伤亡的道路交通事故。

伤人事故是指造成人员受伤,尚未造成人员死亡的道路交通事故。

死亡事故是指造成人员死亡的道路交通事故。

第四条　道路交通事故的调查处理应当由公安机关交通管理部门负责。

财产损失事故可以由当事人自行协商处理,但法律法规及本规定另有规定的除外。

第五条　交通警察经过培训并考试合格,可以处理适用简易程序的道路交通事故。

处理伤人事故,应当由具有道路交通事故处理初级以上资格的交通警察主办。

处理死亡事故,应当由具有道路交通事故处理中级以上资格的交通警察主办。

第六条　公安机关交通管理部门处理道路交通事故应当使用全国统一的交通管理信息系统。

鼓励应用先进的科技装备和先进技术处理道路交通事故。

第七条　交通警察处理道路交通事故,应当按照规定使用执法记录设备。

第八条　公安机关交通管理部门应当建立与司法机关、保险机构等有关部门间的数据信息共享机制,提高道路交通事故处理工作信息化水平。

第二章　管　辖

第九条　道路交通事故由事故发生地的县级公安机关交通管理部门管辖。未设立县级公安机关交通管理部门的,由设区的市公安机关交通管理部门管辖。

第十条　道路交通事故发生在两个以上管辖区域的,由事故起始点所在地公安机关交通管理部门管辖。

对管辖权有争议的,由共同的上一级公安机关交通管理部门指定管辖。指定管辖前,最先发现或者最先接到报警的公安机关交通管理部门应当先行处理。

第十一条　上级公安机关交通管理部门在必要的时候,可以处理下级公安机关交通管理部门管辖的道路交通事故,或者指定下级公安机关交通管理部门限时将案件移送其他下级公安机关交通管理部门处理。

案件管辖权发生转移的,处理时限从案件接收之日起计算。

第十二条　中国人民解放军、中国人民武装警察部队人员、车辆发生道路交通事故的,按照本规定处理。依法应当吊销、注销中国人民解放军、中国人民武装警察部队核发的机动车驾驶证以及对现役军人实施行政拘留或者追究刑事责任的,移送中国人民解放军、中国人民武装警察部队有关部门处理。

上道路行驶的拖拉机发生道路交通事故的,按照本规定处理。公安机关交通管理部门对拖拉机驾驶人依法暂扣、吊销、注销驾驶证或者记分处理的,应当将决定书和记分情况通报有关的农业(农业机械)主管部门。吊销、注销驾驶证的,还应当将驾驶证送交有关的农业(农业机械)主管部门。

第三章 报警和受案

第十三条 发生死亡事故、伤人事故的,或者发生财产损失事故且有下列情形之一的,当事人应当保护现场并立即报警:

(一)驾驶人无有效机动车驾驶证或者驾驶的机动车与驾驶证载明的准驾车型不符的;

(二)驾驶人有饮酒、服用国家管制的精神药品或者麻醉药品嫌疑的;

(三)驾驶人有从事校车业务或者旅客运输,严重超过额定乘员载客,或者严重超过规定时速行驶嫌疑的;

(四)机动车无号牌或者使用伪造、变造的号牌的;

(五)当事人不能自行移动车辆的;

(六)一方当事人离开现场的;

(七)有证据证明事故是由一方故意造成的。

驾驶人必须在确保安全的原则下,立即组织车上人员疏散到路外安全地点,避免发生次生事故。驾驶人已因道路交通事故死亡或者受伤无法行动的,车上其他人员应当自行组织疏散。

第十四条 发生财产损失事故且有下列情形之一,车辆可以移动的,当事人应当组织车上人员疏散到路外安全地点,在确保安全的原则下,采取现场拍照或者标划事故车辆现场位置等方式固定证据,将车辆移至不妨碍交通的地点后报警:

(一)机动车无检验合格标志或者无保险标志的;

(二)碰撞建筑物、公共设施或者其他设施的。

第十五条 载运爆炸性、易燃性、毒害性、放射性、腐蚀性、传染病病原体等危险物品车辆发生事故的,当事人应当立即报警,危险物品车辆驾驶人、押运人应当按照危险物品安全管理法律、法规、规章以及有关操作规程的规定,采取相应的应急处置措施。

第十六条 公安机关及其交通管理部门接到报警的,应当受理,制作受案登记表并记录下列内容:

(一)报警方式、时间,报警人姓名、联系方式,电话报警的,还应当记录报警电话;

(二)发生或者发现道路交通事故的时间、地点;

(三)人员伤亡情况;

(四)车辆类型、车辆号牌号码,是否载有危险物品以及危险物品的种类、是否发生泄漏等;

(五)涉嫌交通肇事逃逸的,还应当询问并记录肇事车辆的车型、颜色、特征及其逃逸方向、逃逸驾驶人的体貌特征等有关情况。

报警人不报姓名的,应当记录在案。报警人不愿意公开姓名的,应当为其保密。

第十七条 接到道路交通事故报警后,需要派员到现场处置,或者接到出警指令的,公安机关交通管理部门应当立即派交通警察赶赴现场。

第十八条 发生道路交通事故后当事人未报警,在事故现场撤除后,当事人又报警请求公安机关交通管理部门处理的,公安机关交通管理部门应当按照本规定第十六条规定的记录内容予以记录,并在三日内作出是否接受案件的决定。

经核查道路交通事故事实存在的,公安机关交通管理部门应当受理,制作受案登记表;经核查无法证明道路交通事故事实存在,或者不属于公安机关交通管理部门管辖的,应当书面告知当事人,并说明理由。

第四章 自行协商

第十九条 机动车与机动车、机动车与非机动车发生财产损失事故，当事人应当在确保安全的原则下，采取现场拍照或者标划事故车辆现场位置等方式固定证据后，立即撤离现场，将车辆移至不妨碍交通的地点，再协商处理损害赔偿事宜，但有本规定第十三条第一款情形的除外。

非机动车与非机动车或者行人发生财产损失事故，当事人应当先撤离现场，再协商处理损害赔偿事宜。

对应当自行撤离现场而未撤离的，交通警察应当责令当事人撤离现场；造成交通堵塞的，对驾驶人处以200元罚款。

第二十条 发生可以自行协商处理的财产损失事故，当事人可以通过互联网在线自行协商处理；当事人对事实及成因有争议的，可以通过互联网共同申请公安机关交通管理部门在线确定当事人的责任。

当事人报警的，交通警察、警务辅助人员可以指导当事人自行协商处理。当事人要求交通警察到场处理的，应当指派交通警察到现场调查处理。

第二十一条 当事人自行协商达成协议的，制作道路交通事故自行协商协议书，并共同签名。道路交通事故自行协商协议书应当载明事故发生的时间、地点、天气、当事人姓名、驾驶证号或者身份证号、联系方式、机动车种类和号牌号码、保险公司、保险凭证号、事故形态、碰撞部位、当事人的责任等内容。

第二十二条 当事人自行协商达成协议的，可以按照下列方式履行道路交通事故损害赔偿：

（一）当事人自行赔偿；

（二）到投保的保险公司或者道路交通事故保险理赔服务场所办理损害赔偿事宜。

当事人自行协商达成协议后未履行的，可以申请人民调解委员会调解或者向人民法院提起民事诉讼。

第五章 简 易 程 序

第二十三条 公安机关交通管理部门可以适用简易程序处理以下道路交通事故，但有交通肇事、危险驾驶犯罪嫌疑的除外：

（一）财产损失事故；

（二）受伤当事人伤势轻微，各方当事人一致同意适用简易程序处理的伤人事故。

适用简易程序的，可以由一名交通警察处理。

第二十四条 交通警察适用简易程序处理道路交通事故时，应当在固定现场证据后，责令当事人撤离现场，恢复交通。拒不撤离现场的，予以强制撤离。当事人无法及时移动车辆影响通行和交通安全的，交通警察应当将车辆移至不妨碍交通的地点。具有本规定第十三条第一款第一项、第二项情形之一的，按照《中华人民共和国道路交通安全法实施条例》第一百零四条规定处理。

撤离现场后，交通警察应当根据现场固定的证据和当事人、证人陈述等，认定并记录道路交通事故发生的时间、地点、天气、当事人姓名、驾驶证号或者身份证号、联系方式、机动车种类和号牌号码、保险公司、保险凭证号、道路交通事故形态、碰撞部位等，并根据本规定第六十条确定当事人的责任，当场制作道路交通事故认定书。不具备当场制作条件的，交通警察应当在三日内制作道路交通事故认定书。

道路交通事故认定书应当由当事人签名，并现场送达当事人。当事人拒绝签名或者接收的，交通警察应当在道路交通事故认定书上注明情况。

第二十五条 当事人共同请求调解的，

交通警察应当当场进行调解,并在道路交通事故认定书上记录调解结果,由当事人签名,送达当事人。

第二十六条 有下列情形之一的,不适用调解,交通警察可以在道路交通事故认定书上载明有关情况后,将道路交通事故认定书送达当事人:

(一)当事人对道路交通事故认定有异议的;

(二)当事人拒绝在道路交通事故认定书上签名的;

(三)当事人不同意调解的。

第六章 调 查

第一节 一般规定

第二十七条 除简易程序外,公安机关交通管理部门对道路交通事故进行调查时,交通警察不得少于二人。

交通警察调查时应当向被调查人员出示《人民警察证》,告知被调查人依法享有的权利和义务,向当事人发送联系卡。联系卡载明交通警察姓名、办公地址、联系方式、监督电话等内容。

第二十八条 交通警察调查道路交通事故时,应当合法、及时、客观、全面地收集证据。

第二十九条 对发生一次死亡三人以上道路交通事故的,公安机关交通管理部门应当开展深度调查;对造成其他严重后果或者存在严重安全问题的道路交通事故,可以开展深度调查。具体程序另行规定。

第二节 现场处置和调查

第三十条 交通警察到达事故现场后,应当立即进行下列工作:

(一)按照事故现场安全防护有关标准和规范的要求划定警戒区域,在安全距离位置放置发光或者反光锥筒和警告标志,确定专人负责现场交通指挥和疏导。因道路交通事故导致交通中断或者现场处置、勘查需要采取封闭道路等交通管制措施的,还应当视情在事故现场来车方向提前组织分流,放置绕行提示标志;

(二)组织抢救受伤人员;

(三)指挥救护、勘查等车辆停放在安全和便于抢救、勘查的位置,开启警灯,夜间还应当开启危险报警闪光灯和示廓灯;

(四)查找道路交通事故当事人和证人,控制肇事嫌疑人;

(五)其他需要立即开展的工作。

第三十一条 道路交通事故造成人员死亡的,应当经急救、医疗人员或者法医确认,并由具备资质的医疗机构出具死亡证明。尸体应当存放在殡葬服务单位或者医疗机构等有停尸条件的场所。

第三十二条 交通警察应当对事故现场开展下列调查工作:

(一)勘查事故现场,查明事故车辆、当事人、道路及其空间关系和事故发生时的天气情况;

(二)固定、提取或者保全现场证据材料;

(三)询问当事人、证人并制作询问笔录;现场不具备制作询问笔录条件的,可以通过录音、录像记录询问过程;

(四)其他调查工作。

第三十三条 交通警察勘查道路交通事故现场,应当按照有关法规和标准的规定,拍摄现场照片,绘制现场图,及时提取、采集与案件有关的痕迹、物证等,制作现场勘查笔录。现场勘查过程中发现当事人涉嫌利用交通工具实施其他犯罪的,应当妥善保护犯罪现场和证据,控制犯罪嫌疑人,并立即报告公安机关主管部门。

发生一次死亡三人以上事故的,应当进行现场摄像,必要时可以聘请具有专门知识的人参加现场勘验、检查。

现场图、现场勘查笔录应当由参加勘查的交通警察、当事人和见证人签名。当事人、见证人拒绝签名或者无法签名以及无见证人的,应当记录在案。

第三十四条 痕迹、物证等证据可能因时间、地点、气象等原因导致改变、毁损、灭失的,交通警察应当及时固定、提取或者保全。

对涉嫌饮酒或者服用国家管制的精神药品、麻醉药品驾驶车辆的人员,公安机关交通管理部门应当按照《道路交通安全违法行为处理程序规定》及时抽血或者提取尿样等检材,送交有检验鉴定资质的机构进行检验。

车辆驾驶人员当场死亡的,应当及时抽血检验。不具备抽血条件的,应当由医疗机构或者鉴定机构出具证明。

第三十五条 交通警察应当核查当事人的身份证件、机动车驾驶证、机动车行驶证、检验合格标志、保险标志等。

对交通肇事嫌疑人可以依法传唤。对在现场发现的交通肇事嫌疑人,经出示《人民警察证》,可以口头传唤,并在询问笔录中注明嫌疑人到案经过、到案时间和离开时间。

第三十六条 勘查事故现场完毕后,交通警察应当清点并登记现场遗留物品,迅速组织清理现场,尽快恢复交通。

现场遗留物品能够当场发还的,应当当场发还并做记录;当场无法确定所有人的,应当登记,并妥善保管,待所有人确定后,及时发还。

第三十七条 因调查需要,公安机关交通管理部门可以向有关单位、个人调取汽车行驶记录仪、卫星定位装置、技术监控设备的记录资料以及其他与事故有关的证据材料。

第三十八条 因调查需要,公安机关交通管理部门可以组织道路交通事故当事人、证人对肇事嫌疑人、嫌疑车辆等进行辨认。

辨认应当在交通警察的主持下进行。主持辨认的交通警察不得少于二人。多名辨认人对同一辨认对象进行辨认时,应当由辨认人个别进行。

辨认时,应当将辨认对象混杂在特征相类似的其他对象中,不得给辨认人任何暗示。辨认肇事嫌疑人时,被辨认的人数不得少于七人;对肇事嫌疑人照片进行辨认的,不得少于十人的照片。辨认嫌疑车辆时,同类车辆不得少于五辆;对肇事嫌疑车辆照片进行辨认时,不得少于十辆的照片。

对尸体等特定辨认对象进行辨认,或者辨认人能够准确描述肇事嫌疑人、嫌疑车辆独有特征的,不受数量的限制。

对肇事嫌疑人的辨认,辨认人不愿意公开进行时,可以在不暴露辨认人的情况下进行,并应当为其保守秘密。

对辨认经过和结果,应当制作辨认笔录,由交通警察、辨认人、见证人签名。必要时,应当对辨认过程进行录音或者录像。

第三十九条 因收集证据的需要,公安机关交通管理部门可以扣留事故车辆,并开具行政强制措施凭证。扣留的车辆应当妥善保管。

公安机关交通管理部门不得扣留事故车辆所载货物。对所载货物在核实重量、体积及货物损失后,通知机动车驾驶人或者货物所有人自行处理。无法通知当事人或者当事人不自行处理的,按照《公安机关办理行政案件程序规定》的有关规定办理。

严禁公安机关交通管理部门指定停车场停放扣留的事故车辆。

第四十条 当事人涉嫌犯罪的,因收集证据的需要,公安机关交通管理部门可以依据《中华人民共和国刑事诉讼法》《公安机关办理刑事案件程序规定》,扣押机动车驾驶证等与事故有关的物品、证件,并按照规定出具扣押法律文书。扣押的物品应当妥善保管。

对扣押的机动车驾驶证等物品、证件,作

为证据使用的,应当随案移送,并制作随案移送清单一式两份,一份留存,一份交人民检察院。对于实物不宜移送的,应当将其清单、照片或者其他证明文件随案移送。待人民法院作出生效判决后,按照人民法院的通知,依法作出处理。

第四十一条 经过调查,不属于公安机关交通管理部门管辖的,应当将案件移送有关部门并书面通知当事人,或者告知当事人处理途径。

公安机关交通管理部门在调查过程中,发现当事人涉嫌交通肇事、危险驾驶犯罪的,应当按照《中华人民共和国刑事诉讼法》《公安机关办理刑事案件程序规定》立案侦查。发现当事人有其他违法犯罪嫌疑的,应当及时移送有关部门,移送不影响事故的调查和处理。

第四十二条 投保机动车交通事故责任强制保险的车辆发生道路交通事故,因抢救受伤人员需要保险公司支付抢救费用的,公安机关交通管理部门应当书面通知保险公司。

抢救受伤人员需要道路交通事故社会救助基金垫付费用的,公安机关交通管理部门应当书面通知道路交通事故社会救助基金管理机构。

道路交通事故造成人员死亡需要救助基金垫付丧葬费用的,公安机关交通管理部门应当在送达尸体处理通知书的同时,告知受害人亲属向道路交通事故社会救助基金管理机构提出书面垫付申请。

第三节 交通肇事逃逸查缉

第四十三条 公安机关交通管理部门应当根据管辖区域和道路情况,制定交通肇事逃逸案件查缉预案,并组织专门力量办理交通肇事逃逸案件。

发生交通肇事逃逸案件后,公安机关交通管理部门应当立即启动查缉预案,布置警力堵截,并通过全国机动车缉查布控系统查缉。

第四十四条 案发地公安机关交通管理部门可以通过发协查通报、向社会公告等方式要求协查、举报交通肇事逃逸车辆或者侦破线索。发出协查通报或者向社会公告时,应当提供交通肇事逃逸案件基本事实、交通肇事逃逸车辆情况、特征及逃逸方向等有关情况。

中国人民解放军和中国人民武装警察部队车辆涉嫌交通肇事逃逸的,公安机关交通管理部门应当通报中国人民解放军、中国人民武装警察部队有关部门。

第四十五条 接到协查通报的公安机关交通管理部门,应当立即布置堵截或者排查。发现交通肇事逃逸车辆或者嫌疑车辆的,应当予以扣留,依法传唤交通肇事逃逸人或者与协查通报相符的嫌疑人,并及时将有关情况通知案发地公安机关交通管理部门。案发地公安机关交通管理部门应当立即派交通警察前往办理移交。

第四十六条 公安机关交通管理部门查获交通肇事逃逸车辆或者交通肇事逃逸嫌疑人后,应当按原范围撤销协查通报,并通过全国机动车缉查布控系统撤销布控。

第四十七条 公安机关交通管理部门侦办交通肇事逃逸案件期间,交通肇事逃逸案件的受害人及其家属向公安机关交通管理部门询问案件侦办情况的,除依法不应当公开的内容外,公安机关交通管理部门应当告知并做好记录。

第四十八条 道路交通事故社会救助基金管理机构已经为受害人垫付抢救费用或者丧葬费用的,公安机关交通管理部门应当在交通肇事逃逸案件侦破后及时书面告知道路交通事故社会救助基金管理机构交通肇事逃逸驾驶人的有关情况。

第四节 检验、鉴定

第四十九条 需要进行检验、鉴定的,公安机关交通管理部门应当按照有关规定,自事故现场调查结束之日起三日内委托具备资质的鉴定机构进行检验、鉴定。

尸体检验应当在死亡之日起三日内委托。对交通肇事逃逸车辆的检验、鉴定自查获肇事嫌疑车辆之日起三日内委托。

对现场调查结束之日起三日后需要检验、鉴定的,应当报经上一级公安机关交通管理部门批准。

对精神疾病的鉴定,由具有精神病鉴定资质的鉴定机构进行。

第五十条 检验、鉴定费用由公安机关交通管理部门承担,但法律法规另有规定或者当事人自行委托伤残评定、财产损失评估的除外。

第五十一条 公安机关交通管理部门应当与鉴定机构确定检验、鉴定完成的期限,确定的期限不得超过三十日。超过三十日的,应当报经上一级公安机关交通管理部门批准,但最长不得超过六十日。

第五十二条 尸体检验不得在公众场合进行。为了确定死因需要解剖尸体的,应当征得死者家属同意。死者家属不同意解剖尸体的,经县级以上公安机关或者上一级公安机关交通管理部门负责人批准,可以解剖尸体,并且通知死者家属到场,由其在解剖尸体通知书上签名。

死者家属无正当理由拒不到场或者拒绝签名的,交通警察应当在解剖尸体通知书上注明。对身份不明的尸体,无法通知死者家属的,应当记录在案。

第五十三条 尸体检验报告确定后,应当书面通知死者家属在十日内办理丧葬事宜。无正当理由逾期不办理的应记录在案,并经县级以上公安机关或者上一级公安机关交通管理部门负责人批准,由公安机关或者上一级公安机关交通管理部门处理尸体,逾期存放的费用由死者家属承担。

对于没有家属、家属不明或者因自然灾害等不可抗力导致无法通知或者通知后家属拒绝领回的,经县级以上公安机关或者上一级公安机关交通管理部门负责人批准,可以及时处理。

对身份不明的尸体,由法医提取人身识别检材,并对尸体拍照、采集相关信息后,由公安机关交通管理部门填写身份不明尸体信息登记表,并在设区的市级以上报纸刊登认尸启事。登报后三十日仍无人认领的,经县级以上公安机关或者上一级公安机关交通管理部门负责人批准,可以及时处理。

因宗教习俗等原因对尸体处理期限有特殊需要的,经县级以上公安机关或者上一级公安机关交通管理部门负责人批准,可以紧急处理。

第五十四条 鉴定机构应当在规定的期限内完成检验、鉴定,并出具书面检验报告、鉴定意见,由鉴定人签名,鉴定意见还应当加盖机构印章。检验报告、鉴定意见应当载明以下事项:

(一)委托人;

(二)委托日期和事项;

(三)提交的相关材料;

(四)检验、鉴定的时间;

(五)依据和结论性意见,通过分析得出结论性意见的,应当有分析证明过程。

检验报告、鉴定意见应当附有鉴定机构、鉴定人的资质证明或者其他证明文件。

第五十五条 公安机关交通管理部门应当对检验报告、鉴定意见进行审核,并在收到检验报告、鉴定意见之日起五日内,将检验报告、鉴定意见复印件送达当事人,但有下列情形之一的除外:

(一)检验、鉴定程序违法或者违反相关专业技术要求,可能影响检验报告、鉴定意见公正、客观的;

(二)鉴定机构、鉴定人不具备鉴定资质和条件的;

（三）检验报告、鉴定意见明显依据不足的；

（四）故意作虚假鉴定的；

（五）鉴定人应当回避而没有回避的；

（六）检材虚假或者检材被损坏、不具备鉴定条件的；

（七）其他可能影响检验报告、鉴定意见公正、客观的情形。

检验报告、鉴定意见有前款规定情形之一的，经县级以上公安机关交通管理部门负责人批准，应当在收到检验报告、鉴定意见之日起三日内重新委托检验、鉴定。

第五十六条 当事人对检验报告、鉴定意见有异议，申请重新检验、鉴定的，应当自公安机关交通管理部门送达之日起三日内提出书面申请，经县级以上公安机关交通管理部门负责人批准，原办案单位应当重新委托检验、鉴定。检验报告、鉴定意见不具有本规定第五十五条第一款情形的，经县级以上公安机关交通管理部门负责人批准，由原办案单位作出不准予重新检验、鉴定的决定，并在作出决定之日起三日内书面通知申请人。

同一交通事故的同一检验、鉴定事项，重新检验、鉴定以一次为限。

第五十七条 重新检验、鉴定应当另行委托鉴定机构。

第五十八条 自检验报告、鉴定意见确定之日起五日内，公安机关交通管理部门应当通知当事人领取扣留的事故车辆。

因扣留车辆发生的费用由作出决定的公安机关交通管理部门承担，但公安机关交通管理部门通知当事人领取，当事人逾期未领取产生的停车费用由当事人自行承担。

经通知当事人三十日后不领取的车辆，经公告三个月仍不领取的，对扣留的车辆依法处理。

第七章 认定与复核

第一节 道路交通事故认定

第五十九条 道路交通事故认定应当做到事实清楚、证据确实充分、适用法律正确、责任划分公正、程序合法。

第六十条 公安机关交通管理部门应当根据当事人的行为对发生道路交通事故所起的作用以及过错的严重程度，确定当事人的责任。

（一）因一方当事人的过错导致道路交通事故的，承担全部责任；

（二）因两方或者两方以上当事人的过错发生道路交通事故的，根据其行为对事故发生的作用以及过错的严重程度，分别承担主要责任、同等责任和次要责任；

（三）各方均无导致道路交通事故的过错，属于交通意外事故的，各方均无责任。

一方当事人故意造成道路交通事故的，他方无责任。

第六十一条 当事人有下列情形之一的，承担全部责任：

（一）发生道路交通事故后逃逸的；

（二）故意破坏、伪造现场、毁灭证据的。

为逃避法律责任追究，当事人弃车逃逸以及潜逃藏匿的，如有证据证明其他当事人也有过错，可以适当减轻责任，但同时有证据证明逃逸当事人有第一款第二项情形的，不予减轻。

第六十二条 公安机关交通管理部门应当自现场调查之日起十日内制作道路交通事故认定书。交通肇事逃逸案件在查获交通肇事车辆和驾驶人后十日内制作道路交通事故认定书。对需要进行检验、鉴定的，应当在检验报告、鉴定意见确定之日起五日内制作道路交通事故认定书。

有条件的地方公安机关交通管理部门可以试行在互联网公布道路交通事故认定书，但对涉及的国家秘密、商业秘密或者个人隐私，应当保密。

第六十三条　发生死亡事故以及复杂、疑难的伤人事故后，公安机关交通管理部门应当在制作道路交通事故认定书或者道路交通事故证明前，召集各方当事人到场，公开调查取得的证据。

证人要求保密或者涉及国家秘密、商业秘密以及个人隐私的，按照有关法律法规的规定执行。

当事人不到场的，公安机关交通管理部门应当予以记录。

第六十四条　道路交通事故认定书应当载明以下内容：

（一）道路交通事故当事人、车辆、道路和交通环境等基本情况；

（二）道路交通事故发生经过；

（三）道路交通事故证据及事故形成原因分析；

（四）当事人导致道路交通事故的过错及责任或者意外原因；

（五）作出道路交通事故认定的公安机关交通管理部门名称和日期。

道路交通事故认定书应当由交通警察签名或者盖章，加盖公安机关交通管理部门道路交通事故处理专用章。

第六十五条　道路交通事故认定书应当在制作后三日内分别送达当事人，并告知申请复核、调解和提起民事诉讼的权利、期限。

当事人收到道路交通事故认定书后，可以查阅、复制、摘录公安机关交通管理部门处理道路交通事故的证据材料，但证人要求保密或者涉及国家秘密、商业秘密以及个人隐私的，按照有关法律法规的规定执行。公安机关交通管理部门对当事人复制的证据材料应当加盖公安机关交通管理部门事故处理专用章。

第六十六条　交通肇事逃逸案件尚未侦破，受害一方当事人要求出具道路交通事故认定书的，公安机关交通管理部门应当在接到当事人书面申请后十日内，根据本规定第六十一条确定各方当事人责任，制作道路交通事故认定书，并送达受害方当事人。道路交通事故认定书应当载明事故发生的时间、地点、受害人情况及调查得到的事实，以及受害方当事人的责任。

交通肇事逃逸案件侦破后，已经按照前款规定制作道路交通事故认定书的，应当按照本规定第六十一条重新确定责任，制作道路交通事故认定书，分别送达当事人。重新制作的道路交通事故认定书除应当载明本规定第六十四条规定的内容外，还应当注明撤销原道路交通事故认定书。

第六十七条　道路交通事故基本事实无法查清、成因无法判定的，公安机关交通管理部门应当出具道路交通事故证明，载明道路交通事故发生的时间、地点、当事人情况及调查得到的事实，分别送达当事人，并告知申请复核、调解和提起民事诉讼的权利、期限。

第六十八条　由于事故当事人、关键证人处于抢救状态或者因其他客观原因导致无法及时取证，现有证据不足以认定案件基本事实的，经上一级公安机关交通管理部门批准，道路交通事故认定的时限可以中止计算，并书面告知各方当事人或者其代理人，但中止的时间最长不得超过六十日。

当中止认定的原因消失，或者中止期满受伤人员仍然无法接受调查的，公安机关交通管理部门应当在五日内，根据已经调查取得的证据制作道路交通事故认定书或者出具道路交通事故证明。

第六十九条　伤人事故符合下列条件，各方当事人一致书面申请快速处理的，经县级以上公安机关交通管理部门负责人批准，可以根据已经取得的证据，自当事人申请之日起五日内制作道路交通事故认定书：

（一）当事人不涉嫌交通肇事、危险驾驶犯罪的；

（二）道路交通事故基本事实及成因清楚，当事人无异议的。

第七十条 对尚未查明身份的当事人，公安机关交通管理部门应当在道路交通事故认定书或者道路交通事故证明中予以注明，待身份信息查明以后，制作书面补充说明送达各方当事人。

第二节 复 核

第七十一条 当事人对道路交通事故认定或者出具道路交通事故证明有异议的，可以自道路交通事故认定书或者道路交通事故证明送达之日起三日内提出书面复核申请。当事人逾期提交复核申请的，不予受理，并书面通知申请人。

复核申请应当载明复核请求及其理由和主要证据。同一事故的复核以一次为限。

第七十二条 复核申请人通过作出道路交通事故认定的公安机关交通管理部门提出复核申请的，作出道路交通事故认定的公安机关交通管理部门应当自收到复核申请之日起二日内将复核申请连同道路交通事故有关材料移送上一级公安机关交通管理部门。

复核申请人直接向上一级公安机关交通管理部门提出复核申请的，上一级公安机关交通管理部门应当通知作出道路交通事故认定的公安机关交通管理部门自收到通知之日起五日内提交案卷材料。

第七十三条 除当事人逾期提交复核申请的情形外，上一级公安机关交通管理部门收到复核申请之日即为受理之日。

第七十四条 上一级公安机关交通管理部门自受理复核申请之日起三十日内，对下列内容进行审查，并作出复核结论：

（一）道路交通事故认定的事实是否清楚、证据是否确实充分、适用法律是否正确、责任划分是否公正；

（二）道路交通事故调查及认定程序是否合法；

（三）出具道路交通事故证明是否符合规定。

复核原则上采取书面审查的形式，但当事人提出要求或者公安机关交通管理部门认为有必要时，可以召集各方当事人到场，听取各方意见。

办理复核案件的交通警察不得少于二人。

第七十五条 复核审查期间，申请人提出撤销复核申请的，公安机关交通管理部门应当终止复核，并书面通知各方当事人。

受理复核申请后，任何一方当事人就该事故向人民法院提起诉讼并经人民法院受理的，公安机关交通管理部门应当将受理当事人复核申请的有关情况告知相关人民法院。

受理复核申请后，人民检察院对交通肇事犯罪嫌疑人作出批准逮捕决定的，公安机关交通管理部门应当将受理当事人复核申请的有关情况告知相关人民检察院。

第七十六条 上一级公安机关交通管理部门认为原道路交通事故认定事实清楚、证据确实充分、适用法律正确、责任划分公正、程序合法的，应当作出维持原道路交通事故认定的复核结论。

上一级公安机关交通管理部门认为调查及认定程序存在瑕疵，但不影响道路交通事故认定的，在责令原办案单位补正或者作出合理解释后，可以作出维持原道路交通事故认定的复核结论。

上一级公安机关交通管理部门认为原道路交通事故认定有下列情形之一的，应当作出责令原办案单位重新调查、认定的复核结论：

（一）事实不清的；

（二）主要证据不足的；

（三）适用法律错误的；

（四）责任划分不公正的；

（五）调查及认定违反法定程序可能影响道路交通事故认定的。

第七十七条 上一级公安机关交通管理部门审查原道路交通事故证明后，按下列规定处理：

（一）认为事故成因确属无法查清，应当作出维持原道路交通事故证明的复核结论；

（二）认为事故成因仍需进一步调查的，应当作出责令原办案单位重新调查、认定的复核结论。

第七十八条 上一级公安机关交通管理部门应当在作出复核结论后三日内将复核结论送达各方当事人。公安机关交通管理部门认为必要的，应当召集各方当事人，当场宣布复核结论。

第七十九条 上一级公安机关交通管理部门作出责令重新调查、认定的复核结论后，原办案单位应当在十日内依照本规定重新调查，重新作出道路交通事故认定，撤销原道路交通事故认定书或者原道路交通事故证明。

重新调查需要检验、鉴定的，原办案单位应当在检验报告、鉴定意见确定之日起五日内，重新作出道路交通事故认定。

重新作出道路交通事故认定的，原办案单位应当送达各方当事人，并报上一级公安机关交通管理部门备案。

第八十条 上一级公安机关交通管理部门可以设立道路交通事故复核委员会，由办理复核案件的交通警察会同相关行业代表、社会专家学者等人员共同组成，负责案件复核，并以上一级公安机关交通管理部门的名义作出复核结论。

第八章 处罚执行

第八十一条 公安机关交通管理部门应当按照《道路交通安全违法行为处理程序规定》，对当事人的道路交通安全违法行为依法作出处罚。

第八十二条 对发生道路交通事故构成犯罪，依法应当吊销驾驶人机动车驾驶证的，应当在人民法院作出有罪判决后，由设区的市公安机关交通管理部门依法吊销机动车驾驶证。同时具有逃逸情形的，公安机关交通管理部门应当同时依法作出终生不得重新取得机动车驾驶证的决定。

第八十三条 专业运输单位六个月内两次发生一次死亡三人以上事故，且单位或者车辆驾驶人对事故承担全部责任或者主要责任的，专业运输单位所在地的公安机关交通管理部门应当报经设区的市公安机关交通管理部门批准后，作出责令限期消除安全隐患的决定，禁止未消除安全隐患的机动车上道路行驶，并通报道路交通事故发生地及运输单位所在地的人民政府有关行政管理部门。

第九章 损害赔偿调解

第八十四条 当事人可以采取以下方式解决道路交通事故损害赔偿争议：

（一）申请人民调解委员会调解；

（二）申请公安机关交通管理部门调解；

（三）向人民法院提起民事诉讼。

第八十五条 当事人申请人民调解委员会调解，达成调解协议后，双方当事人认为有必要的，可以根据《中华人民共和国人民调解法》共同向人民法院申请司法确认。

当事人申请人民调解委员会调解，调解未达成协议的，当事人可以直接向人民法院提起民事诉讼，或者自人民调解委员会作出终止调解之日起三日内，一致书面申请公安机关交通管理部门进行调解。

第八十六条 当事人申请公安机关交通管理部门调解的，应当在收到道路交通事故认定书、道路交通事故证明或者上一级公安机关交通管理部门维持原道路交通事故认定的复核结论之日起十日内一致书面申请。

当事人申请公安机关交通管理部门调解，调解未达成协议的，当事人可以依法向人民法院提起民事诉讼，或者申请人民调解委员会进行调解。

第八十七条 公安机关交通管理部门应当按照合法、公正、自愿、及时的原则进行道路交通事故损害赔偿调解。

道路交通事故损害赔偿调解应当公开进行，但当事人申请不予公开的除外。

第八十八条 公安机关交通管理部门应当与当事人约定调解的时间、地点，并于调解时间三日前通知当事人。口头通知的，应当记入调解记录。

调解参加人因故不能按期参加调解的，应当在预定调解时间一日前通知承办的交通警察，请求变更调解时间。

第八十九条 参加损害赔偿调解的人员包括：

（一）道路交通事故当事人及其代理人；

（二）道路交通事故车辆所有人或者管理人；

（三）承保机动车保险的保险公司人员；

（四）公安机关交通管理部门认为有必要参加的其他人员。

委托代理人应当出具由委托人签名或者盖章的授权委托书。授权委托书应当载明委托事项和权限。

参加损害赔偿调解的人员每方不得超过三人。

第九十条 公安机关交通管理部门受理调解申请后，应当按照下列规定日期开始调解：

（一）造成人员死亡的，从规定的办理丧葬事宜时间结束之日起；

（二）造成人员受伤的，从治疗终结之日起；

（三）因伤致残的，从定残之日起；

（四）造成财产损失的，从确定损失之日起。

公安机关交通管理部门受理调解申请时已超过前款规定的时间，调解自受理调解申请之日起开始。

公安机关交通管理部门应当自调解开始之日起十日内制作道路交通事故损害赔偿调解书或者道路交通事故损害赔偿调解终结书。

第九十一条 交通警察调解道路交通事故损害赔偿，按照下列程序实施：

（一）告知各方当事人权利、义务；

（二）听取各方当事人的请求及理由；

（三）根据道路交通事故认定书认定的事实以及《中华人民共和国道路交通安全法》第七十六条的规定，确定当事人承担的损害赔偿责任；

（四）计算损害赔偿的数额，确定各方当事人承担的比例，人身损害赔偿的标准按照《中华人民共和国侵权责任法》《最高人民法院关于审理人身损害赔偿案件适用法律若干问题的解释》《最高人民法院关于审理道路交通事故损害赔偿案件适用法律若干问题的解释》等有关规定执行，财产损失的修复费用、折价赔偿费用按照实际价值或者评估机构的评估结论计算；

（五）确定赔偿履行方式及期限。

第九十二条 因确定损害赔偿的数额，需要进行伤残评定、财产损失评估的，由各方当事人协商确定有资质的机构进行，但财产损失数额巨大涉嫌刑事犯罪的，由公安机关交通管理部门委托。

当事人委托伤残评定、财产损失评估的费用，由当事人承担。

第九十三条 经调解达成协议的，公安机关交通管理部门应当当场制作道路交通事故损害赔偿调解书，由各方当事人签字，分别送达各方当事人。

调解书应当载明以下内容：

（一）调解依据；

（二）道路交通事故认定书认定的基本事实和损失情况；

（三）损害赔偿的项目和数额；

（四）各方的损害赔偿责任及比例；

（五）赔偿履行方式和期限；

（六）调解日期。

经调解各方当事人未达成协议的，公安机关交通管理部门应当终止调解，制作道路交通事故损害赔偿调解终结书，送达各方当事人。

第九十四条 有下列情形之一的，公安机关交通管理部门应当终止调解，并记录在案：

（一）调解期间有一方当事人向人民法院提起民事诉讼的；

（二）一方当事人无正当理由不参加调解的；

（三）一方当事人调解过程中退出调解的。

第九十五条 有条件的地方公安机关交通管理部门可以联合有关部门，设置道路交通事故保险理赔服务场所。

第十章　涉外道路交通事故处理

第九十六条 外国人在中华人民共和国境内发生道路交通事故的，除按照本规定执行外，还应当按照办理涉外案件的有关法律、法规、规章的规定执行。

公安机关交通管理部门处理外国人发生的道路交通事故，应当告知当事人我国法律、法规、规章规定的当事人在处理道路交通事故中的权利和义务。

第九十七条 外国人发生道路交通事故有下列情形之一的，不准其出境：

（一）涉嫌犯罪的；

（二）有未了结的道路交通事故损害赔偿案件，人民法院决定不准出境的；

（三）法律、行政法规规定不准出境的其他情形。

第九十八条 外国人发生道路交通事故并承担全部责任或者主要责任的，公安机关交通管理部门应当告知道路交通事故损害赔偿权利人可以向人民法院提出采取诉前保全措施的请求。

第九十九条 公安机关交通管理部门在处理道路交通事故过程中，使用中华人民共和国通用的语言文字。对不通晓我国语言文字的，应当为其提供翻译；当事人通晓我国语言文字而不需要他人翻译的，应当出具书面声明。

经公安机关交通管理部门批准，外国人可以自行聘请翻译，翻译费由当事人承担。

第一百条 享有外交特权与豁免的人员发生道路交通事故时，应当主动出示有效身份证件，交通警察认为应当给予暂扣或者吊销机动车驾驶证处罚的，可以扣留其机动车驾驶证。需要对享有外交特权与豁免的人员进行调查的，可以约谈，谈话时仅限于与道路交通事故有关的内容。需要检验、鉴定车辆的，公安机关交通管理部门应当征得其同意，并在检验、鉴定后立即发还。

公安机关交通管理部门应当根据收集的证据，制作道路交通事故认定书送达当事人，当事人拒绝接收的，送达至其所在机构；没有所在机构或者所在机构不明确的，由当事人所属国家的驻华使领馆转交送达。

享有外交特权与豁免的人员应当配合公安机关交通管理部门的调查和检验、鉴定。对于经核查确实享有外交特权与豁免但不同意接受调查或者检验、鉴定的，公安机关交通管理部门应当将有关情况记录在案，损害赔偿事宜通过外交途径解决。

第一百零一条 公安机关交通管理部门处理享有外交特权与豁免的外国人发生人员死亡事故的，应当将其身份、证件及事故经过、损害后果等基本情况记录在案，并将有关情况迅速通报省级人民政府外事部门和该外国人所属国家的驻华使馆或者领馆。

第一百零二条 外国驻华领事机构、国际组织、国际组织驻华代表机构享有特权与豁免的人员发生道路交通事故的，公安机关交通管理部门参照本规定第一百条、第一百零一条规定办理，但《中华人民共和国领事特权与豁免条例》、中国已参加的国际公约以及我国与有关国家或者国际组织缔结的协议有不同规定的除外。

第十一章 执法监督

第一百零三条 公安机关警务督察部门可以依法对公安机关交通管理部门及其交通警察处理道路交通事故工作进行现场督察，查处违纪违法行为。

上级公安机关交通管理部门对下级公安机关交通管理部门处理道路交通事故工作进行监督，发现错误应当及时纠正，造成严重后果的，依纪依法追究有关人员的责任。

第一百零四条 公安机关交通管理部门及其交通警察处理道路交通事故，应当公开办事制度、办事程序，建立警风警纪监督员制度，并自觉接受社会和群众的监督。

任何单位和个人都有权对公安机关交通管理部门及其交通警察不依法严格公正处理道路交通事故、利用职务上的便利收受他人财物或者谋取其他利益、徇私舞弊、滥用职权、玩忽职守以及其他违纪违法行为进行检举、控告。收到检举、控告的机关，应当依据职责及时查处。

第一百零五条 在调查处理道路交通事故时，交通警察或者公安机关检验、鉴定人员有下列情形之一的，应当回避：

（一）是本案的当事人或者是当事人的近亲属的；

（二）本人或者其近亲属与本案有利害关系的；

（三）与本案当事人有其他关系，可能影响案件公正处理的。

交通警察或者公安机关检验、鉴定人员需要回避的，由本级公安机关交通管理部门负责人或者检验、鉴定人员所属的公安机关决定。公安机关交通管理部门负责人需要回避的，由公安机关或者上一级公安机关交通管理部门负责人决定。

对当事人提出的回避申请，公安机关交通管理部门应当在二日内作出决定，并通知申请人。

第一百零六条 人民法院、人民检察院审理、审查道路交通事故案件，需要公安机关交通管理部门提供有关证据的，公安机关交通管理部门应当在接到调卷公函之日起三日内，或者按照其时限要求，将道路交通事故案件调查材料正本移送人民法院或者人民检察院。

第一百零七条 公安机关交通管理部门对查获交通肇事逃逸车辆及人员提供有效线索或者协助的人员、单位，应当给予表彰和奖励。

公安机关交通管理部门及其交通警察接到协查通报不配合协查并造成严重后果的，由公安机关或者上级公安机关交通管理部门追究有关人员和单位主管领导的责任。

第十二章 附 则

第一百零八条 道路交通事故处理资格等级管理规定由公安部另行制定，资格证书式样全国统一。

第一百零九条 公安机关交通管理部门应当在邻省、市（地）、县交界的国、省、县道上，以及辖区内交通流量集中的路段，设置标有管辖地公安机关交通管理部门名称及道路交通事故报警电话号码的提示牌。

第一百一十条 车辆在道路以外通行时

发生的事故,公安机关交通管理部门接到报案的,参照本规定处理。涉嫌犯罪的,及时移送有关部门。

第一百一十一条 执行本规定所需要的法律文书式样,由公安部制定。公安部没有制定式样,执法工作中需要的其他法律文书,省级公安机关可以制定式样。

当事人自行协商处理损害赔偿事宜的,可以自行制作协议书,但应当符合本规定第二十一条关于协议书内容的规定。

第一百一十二条 本规定中下列用语的含义是:

(一)"交通肇事逃逸",是指发生道路交通事故后,当事人为逃避法律责任,驾驶或者遗弃车辆逃离道路交通事故现场以及潜逃藏匿的行为。

(二)"深度调查",是指以有效防范道路交通事故为目的,对道路交通事故发生的深层次原因以及道路交通安全相关因素开展延伸调查,分析查找安全隐患及管理漏洞,并提出从源头解决问题的意见和建议的活动。

(三)"检验报告、鉴定意见确定",是指检验报告、鉴定意见复印件送达当事人之日起三日内,当事人未申请重新检验、鉴定的,以及公安机关交通管理部门批准重新检验、鉴定,鉴定机构出具检验报告、鉴定意见的。

(四)"外国人",是指不具有中国国籍的人。

(五)本规定所称的"一日"、"二日"、"三日"、"五日"、"十日",是指工作日,不包括节假日。

(六)本规定所称的"以上"、"以下"均包括本数在内。

(七)"县级以上公安机关交通管理部门",是指县级以上人民政府公安机关交通管理部门或者相当于同级的公安机关交通管理部门。

(八)"设区的市公安机关交通管理部

门",是指设区的市人民政府公安机关交通管理部门或者相当于同级的公安机关交通管理部门。

(九)"设区的市公安机关",是指设区的市人民政府公安机关或者相当于同级的公安机关。

第一百一十三条 本规定没有规定的道路交通事故案件办理程序,依照《公安机关办理行政案件程序规定》《公安机关办理刑事案件程序规定》的有关规定执行。

第一百一十四条 本规定自 2018 年 5 月 1 日起施行。2008 年 8 月 17 日发布的《道路交通事故处理程序规定》(公安部令第 104 号)同时废止。

最高人民法院关于审理道路交通事故损害赔偿案件适用法律若干问题的解释

(2012 年 9 月 17 日最高人民法院审判委员会第 1556 次会议通过 根据 2020 年 12 月 23 日最高人民法院审判委员会第 1823 次会议通过的《最高人民法院关于修改〈最高人民法院关于在民事审判工作中适用《中华人民共和国工会法》若干问题的解释〉等二十七件民事类司法解释的决定》修正 2020 年 12 月 29 日最高人民法院公告公布)

为正确审理道路交通事故损害赔偿案件,根据《中华人民共和国民法典》《中华人民共和国道路交通安全法》《中华人民共和国保险法》《中华人民共和国民事诉讼法》等法律的规定,结合审判实践,制定本解释。

一、关于主体责任的认定

第一条 机动车发生交通事故造成损

害,机动车所有人或者管理人有下列情形之一,人民法院应当认定其对损害的发生有过错,并适用民法典第一千二百零九条的规定确定其相应的赔偿责任:

(一)知道或者应当知道机动车存在缺陷,且该缺陷是交通事故发生原因之一的;

(二)知道或者应当知道驾驶人无驾驶资格或者未取得相应驾驶资格的;

(三)知道或者应当知道驾驶人因饮酒、服用国家管制的精神药品或者麻醉药品,或者患有妨碍安全驾驶机动车的疾病等依法不能驾驶机动车的;

(四)其它应当认定机动车所有人或者管理人有过错的。

第二条 被多次转让但是未办理登记的机动车发生交通事故造成损害,属于该机动车一方责任,当事人请求由最后一次转让并交付的受让人承担赔偿责任的,人民法院应予支持。

第三条 套牌机动车发生交通事故造成损害,属于该机动车一方责任,当事人请求由套牌机动车的所有人或者管理人承担赔偿责任的,人民法院应予支持;被套牌机动车所有人或者管理人同意套牌的,应当与套牌机动车的所有人或者管理人承担连带责任。

第四条 拼装车、已达到报废标准的机动车或者依法禁止行驶的其他机动车被多次转让,并发生交通事故造成损害,当事人请求由所有的转让人和受让人承担连带责任的,人民法院应予支持。

第五条 接受机动车驾驶培训的人员,在培训活动中驾驶机动车发生交通事故造成损害,属于该机动车一方责任,当事人请求驾驶培训单位承担赔偿责任的,人民法院应予支持。

第六条 机动车试乘过程中发生交通事故造成试乘人损害,当事人请求提供试乘服务者承担赔偿责任的,人民法院应予支持。

试乘人有过错的,应当减轻提供试乘服务者的赔偿责任。

第七条 因道路管理维护缺陷导致机动车发生交通事故造成损害,当事人请求道路管理者承担相应赔偿责任的,人民法院应予支持。但道路管理者能够证明已经依照法律、法规、规章的规定,或者按照国家标准、行业标准、地方标准的要求尽到安全防护、警示等管理维护义务的除外。

依法不得进入高速公路的车辆、行人,进入高速公路发生交通事故造成自身损害,当事人请求高速公路管理者承担赔偿责任的,适用民法典第一千二百四十三条的规定。

第八条 未按照法律、法规、规章或者国家标准、行业标准、地方标准的强制性规定设计、施工,致使道路存在缺陷并造成交通事故,当事人请求建设单位与施工单位承担相应赔偿责任的,人民法院应予支持。

第九条 机动车存在产品缺陷导致交通事故造成损害,当事人请求生产者或者销售者依照民法典第七编第四章的规定承担赔偿责任的,人民法院应予支持。

第十条 多辆机动车发生交通事故造成第三人损害,当事人请求多个侵权人承担赔偿责任的,人民法院应当区分不同情况,依照民法典第一千一百七十条、第一千一百七十一条、第一千一百七十二条的规定,确定侵权人承担连带责任或者按份责任。

二、关于赔偿范围的认定

第十一条 道路交通安全法第七十六条规定的"人身伤亡",是指机动车发生交通事故侵害被侵权人的生命权、身体权、健康权等人身权益所造成的损害,包括民法典第一千一百七十九条和第一千一百八十三条规定的各项损害。

道路交通安全法第七十六条规定的"财

产损失",是指因机动车发生交通事故侵害被侵权人的财产权益所造成的损失。

第十二条 因道路交通事故造成下列财产损失,当事人请求侵权人赔偿的,人民法院应予支持:

(一)维修被损坏车辆所支出的费用、车辆所载物品的损失、车辆施救费用;

(二)因车辆灭失或者无法修复,为购买交通事故发生时与被损坏车辆价值相当的车辆重置费用;

(三)依法从事货物运输、旅客运输等经营性活动的车辆,因无法从事相应经营活动所产生的合理停运损失;

(四)非经营性车辆因无法继续使用,所产生的通常替代性交通工具的合理费用。

三、关于责任承担的认定

第十三条 同时投保机动车第三者责任强制保险(以下简称"交强险")和第三者责任商业保险(以下简称"商业三者险")的机动车发生交通事故造成损害,当事人同时起诉侵权人和保险公司的,人民法院应当依照民法典第一千二百一十三条的规定,确定赔偿责任。

被侵权人或者其近亲属请求承保交强险的保险公司优先赔偿精神损害的,人民法院应予支持。

第十四条 投保人允许的驾驶人驾驶机动车致使投保人遭受损害,当事人请求承保交强险的保险公司在责任限额范围内予以赔偿的,人民法院应予支持,但投保人为本车上人员的除外。

第十五条 有下列情形之一导致第三人人身损害,当事人请求保险公司在交强险责任限额范围内予以赔偿,人民法院应予支持:

(一)驾驶人未取得驾驶资格或者未取得相应驾驶资格的;

(二)醉酒、服用国家管制的精神药品或者麻醉药品后驾驶机动车发生交通事故的;

(三)驾驶人故意制造交通事故的。

保险公司在赔偿范围内向侵权人主张追偿权的,人民法院应予支持。追偿权的诉讼时效期间自保险公司实际赔偿之日起计算。

第十六条 未依法投保交强险的机动车发生交通事故造成损害,当事人请求投保义务人在交强险责任限额范围内予以赔偿的,人民法院应予支持。

投保义务人和侵权人不是同一人,当事人请求投保义务人和侵权人在交强险责任限额范围内承担相应责任的,人民法院应予支持。

第十七条 具有从事交强险业务资格的保险公司违法拒绝承保、拖延承保或者违法解除交强险合同,投保义务人在向第三人承担赔偿责任后,请求该保险公司在交强险责任限额范围内承担相应赔偿责任的,人民法院应予支持。

第十八条 多辆机动车发生交通事故造成第三人损害,损失超出各机动车交强险责任限额之和的,由各保险公司在各自责任限额范围内承担赔偿责任;损失未超出各机动车交强险责任限额之和,当事人请求由各保险公司按照其责任限额与责任限额之和的比例承担赔偿责任的,人民法院应予支持。

依法分别投保交强险的牵引车和挂车连接使用时发生交通事故造成第三人损害,当事人请求由各保险公司在各自的责任限额范围内平均赔偿的,人民法院应予支持。

多辆机动车发生交通事故造成第三人损害,其中部分机动车未投保交强险,当事人请求先由已承保交强险的保险公司在责任限额范围内予以赔偿的,人民法院应予支持。保险公司就超出其应承担的部分向未投保交强险的投保义务人或者侵权人行使追偿权的,人民法院应予支持。

第十九条 同一交通事故的多个被侵权

人同时起诉的,人民法院应当按照各被侵权人的损失比例确定交强险的赔偿数额。

第二十条 机动车所有权在交强险合同有效期内发生变动,保险公司在交通事故发生后,以该机动车未办理交强险合同变更手续为由主张免除赔偿责任的,人民法院不予支持。

机动车在交强险合同有效期内发生改装、使用性质改变等导致危险程度增加的情形,发生交通事故后,当事人请求保险公司在责任限额范围内予以赔偿的,人民法院应予支持。

前款情形下,保险公司另行起诉请求投保义务人按照重新核定后的保险费标准补足当期保险费的,人民法院应予支持。

第二十一条 当事人主张交强险人身伤亡保险金请求权转让或者设定担保的行为无效的,人民法院应予支持。

四、关于诉讼程序的规定

第二十二条 人民法院审理道路交通事故损害赔偿案件,应当将承保交强险的保险公司列为共同被告。但该保险公司已经在交强险责任限额范围内予以赔偿且当事人无异议的除外。

人民法院审理道路交通事故损害赔偿案件,当事人请求将承保商业三者险的保险公司列为共同被告的,人民法院应当准许。

第二十三条 被侵权人因道路交通事故死亡,无近亲属或者近亲属不明,未经法律授权的机关或者有关组织向人民法院起诉主张死亡赔偿金的,人民法院不予受理。

侵权人以已向未经法律授权的机关或者有关组织支付死亡赔偿金为理由,请求保险公司在交强险责任限额范围内予以赔偿的,人民法院不予支持。

被侵权人因道路交通事故死亡,无近亲属或者近亲属不明,支付被侵权人医疗费、丧葬费等合理费用的单位或者个人,请求保险

公司在交强险责任限额范围内予以赔偿的,人民法院应予支持。

第二十四条 公安机关交通管理部门制作的交通事故认定书,人民法院应依法审查并确认其相应的证明力,但有相反证据推翻的除外。

五、关于适用范围的规定

第二十五条 机动车在道路以外的地方通行时引发的损害赔偿案件,可以参照适用本解释的规定。

第二十六条 本解释施行后尚未终审的案件,适用本解释;本解释施行前已经终审,当事人申请再审或者按照审判监督程序决定再审的案件,不适用本解释。

(四)铁路、航空、水上 交通事故责任

中华人民共和国铁路法(节录)

(1990年9月7日第七届全国人民代表大会常务委员会第十五次会议通过 根据2009年8月27日第十一届全国人民代表大会常务委员会第十次会议《关于修改部分法律的决定》第一次修正 根据2015年4月24日第十二届全国人民代表大会常务委员会第十四次会议《关于修改〈中华人民共和国义务教育法〉等五部法律的决定》第二次修正)

目 录

......

第二章　铁路运输营业

第十条　铁路运输企业应当保证旅客和货物运输的安全,做到列车正点到达。

第十一条　铁路运输合同是明确铁路运输企业与旅客、托运人之间权利义务关系的协议。

旅客车票、行李票、包裹票和货物运单是合同或者合同的组成部分。

第十二条　铁路运输企业应当保证旅客按车票载明的日期、车次乘车,并到达目的站。因铁路运输企业的责任造成旅客不能按车票载明的日期、车次乘车的,铁路运输企业应当按照旅客的要求,退还全部票款或者安排改乘到达相同目的站的其他列车。

......

第十七条　铁路运输企业应当对承运的货物、包裹、行李自接受承运时起到交付时止发生的灭失、短少、变质、污染或者损坏,承担赔偿责任:

(一) 托运人或者旅客根据自愿申请办理保价运输的,按照实际损失赔偿,但最高不超过保价额。

(二) 未按保价运输承运的,按照实际损失赔偿,但最高不超过国务院铁路主管部门规定的赔偿限额;如果损失是由于铁路运输企业的故意或者重大过失造成的,不适用赔偿限额的规定,按照实际损失赔偿。

托运人或者旅客根据自愿可以向保险公司办理货物运输保险,保险公司按照保险合同的约定承担赔偿责任。

托运人或者旅客根据自愿,可以办理保价运输,也可以办理货物运输保险;还可以既不办理保价运输,也不办理货物运输保险。不得以任何方式强迫办理保价运输或者货物运输保险。

第十八条　由于下列原因造成的货物、包裹、行李损失的,铁路运输企业不承担赔偿责任:

(一) 不可抗力。

(二) 货物或者包裹、行李中的物品本身的自然属性,或者合理损耗。

(三) 托运人、收货人或者旅客的过错。

第十九条　托运人应当如实填报托运单,铁路运输企业有权对填报的货物和包裹的品名、重量、数量进行检查。经检查,申报与实际不符的,检查费用由托运人承担;申报与实际相符的,检查费用由铁路运输企业承担,因检查对货物和包裹中的物品造成的损坏由铁路运输企业赔偿。

托运人因申报不实而少交的运费和其他费用应当补交,铁路运输企业按照国务院铁路主管部门的规定加收运费和其他费用。

第二十条　托运货物需要包装的,托运人应当按照国家包装标准或者行业包装标准包装;没有国家包装标准或者行业包装标准的,应当妥善包装,使货物在运输途中不因包装原因而受损坏。

铁路运输企业对承运的容易腐烂变质的货物和活动物,应当按照国务院铁路主管部门的规定和合同的约定,采取有效的保护措施。

第二十一条　货物、包裹、行李到站后,收货人或者旅客应当按照国务院铁路主管部门规定的期限及时领取,并支付托运人未付或者少付的运费和其他费用;逾期领取的,收货人或者旅客应当按照规定交付保管费。

第二十二条　自铁路运输企业发出领取货物通知之日起满三十日仍无人领取的货

物,或者收货人书面通知铁路运输企业拒绝领取的货物,铁路运输企业应当通知托运人,托运人自接到通知之日起满三十日未作答复的,由铁路运输企业变卖;所得价款在扣除保管等费用后尚有余款的,应当退还托运人,无法退还、自变卖之日起一百八十日内托运人又未领回的,上缴国库。

自铁路运输企业发出领取通知之日起满九十日仍无人领取的包裹或者到站后满九十日仍无人领取的行李,铁路运输企业应当公告,公告满九十日仍无人领取的,可以变卖;所得价款在扣除保管等费用后尚有余款的,托运人、收货人或者旅客可以自变卖之日起一百八十日内领回,逾期不领回的,上缴国库。

对危险物品和规定限制运输的物品,应当移交公安机关或者有关部门处理,不得自行变卖。

对不宜长期保存的物品,可以按照国务院铁路主管部门的规定缩短处理期限。

第二十三条　因旅客、托运人或者收货人的责任给铁路运输企业造成财产损失的,由旅客、托运人或者收货人承担赔偿责任。

……

第四章　铁路安全与保护

第四十二条　铁路运输企业必须加强对铁路的管理和保护,定期检查、维修铁路运输设施,保证铁路运输设施完好,保障旅客和货物运输安全。

第四十三条　铁路公安机关和地方公安机关分工负责共同维护铁路治安秩序。车站和列车内的治安秩序,由铁路公安机关负责维护;铁路沿线的治安秩序,由地方公安机关和铁路公安机关共同负责维护,以地方公安机关为主。

第四十四条　电力主管部门应当保证铁路牵引用电以及铁路运营用电中重要负荷的电力供应。铁路运营用电中重要负荷的供应范围由国务院铁路主管部门和国务院电力主管部门商定。

第四十五条　铁路线路两侧地界以外的山坡地由当地人民政府作为水土保持的重点进行整治。铁路隧道顶上的山坡地由铁路运输企业协助当地人民政府进行整治。铁路地界以内的山坡地由铁路运输企业进行整治。

第四十六条　在铁路线路和铁路桥梁、涵洞两侧一定距离内,修建山塘、水库、堤坝,开挖河道、干渠,采石挖砂,打井取水,影响铁路路基稳定或者危害铁路桥梁、涵洞安全的,由县级以上地方人民政府责令停止建设或者采挖、打井等活动,限期恢复原状或者责令采取必要的安全防护措施。

在铁路线路上架设电力、通讯线路,埋设电缆、管道设施,穿凿通过铁路路基的地下坑道,必须经铁路运输企业同意,并采取安全防护措施。

在铁路弯道内侧、平交道口和人行过道附近,不得修建妨碍行车瞭望的建筑物和种植妨碍行车瞭望的树木。修建妨碍行车瞭望的建筑物的,由县级以上地方人民政府责令限期拆除。种植妨碍行车瞭望的树木的,由县级以上地方人民政府责令有关单位或者个人限期迁移或者修剪、砍伐。

违反前三款的规定,给铁路运输企业造成损失的单位或者个人,应当赔偿损失。

第四十七条　禁止擅自在铁路线路上铺设平交道口和人行过道。

平交道口和人行过道必须按照规定设置必要的标志和防护设施。

行人和车辆通过铁路平交道口和人行过道时,必须遵守有关通行的规定。

第四十八条　运输危险品必须按照国务院铁路主管部门的规定办理,禁止以非危险品品名托运危险品。

禁止旅客携带危险品进站上车。铁路公安人员和国务院铁路主管部门规定的铁路职工，有权对旅客携带的物品进行运输安全检查。实施运输安全检查的铁路职工应当佩戴执勤标志。

危险品的品名由国务院铁路主管部门规定并公布。

第四十九条　对损毁、移动铁路信号装置及其他行车设施或者在铁路线路上放置障碍物的，铁路职工有权制止，可以扭送公安机关处理。

第五十条　禁止偷乘货车、攀附行进中的列车或者击打列车。对偷乘货车、攀附行进中的列车或者击打列车的，铁路职工有权制止。

第五十一条　禁止在铁路线路上行走、坐卧。对在铁路线路上行走、坐卧的，铁路职工有权制止。

第五十二条　禁止在铁路线路两侧二十米以内或者铁路防护林地内放牧。对在铁路线路两侧二十米以内或者铁路防护林地内放牧的，铁路职工有权制止。

第五十三条　对聚众拦截列车或者聚众冲击铁路行车调度机构的，铁路职工有权制止；不听制止的，公安人员现场负责人有权命令解散；拒不解散的，公安人员现场负责人有权依照国家有关规定决定采取必要手段强行驱散，并对拒不服从的人员强行带离现场或者予以拘留。

第五十四条　对哄抢铁路运输物资的，铁路职工有权制止，可以扭送公安机关处理；现场公安人员可以予以拘留。

第五十五条　在列车内，寻衅滋事，扰乱公共秩序，危害旅客人身、财产安全的，铁路职工有权制止，铁路公安人员可以予以拘留。

第五十六条　在车站和旅客列车内，发生法律规定需要检疫的传染病时，由铁路卫生检疫机构进行检疫；根据铁路卫生检疫机构的请求，地方卫生检疫机构应予协助。

货物运输的检疫，依照国家规定办理。

第五十七条　发生铁路交通事故，铁路运输企业应当依照国务院和国务院有关主管部门关于事故调查处理的规定办理，并及时恢复正常行车，任何单位和个人不得阻碍铁路线路开通和列车运行。

第五十八条　因铁路行车事故及其他铁路运营事故造成人身伤亡的，铁路运输企业应当承担赔偿责任；如果人身伤亡是因不可抗力或者由于受害人自身的原因造成的，铁路运输企业不承担赔偿责任。

违章通过平交道口或者人行过道，或者在铁路线路上行走、坐卧造成的人身伤亡，属于受害人自身的原因造成的人身伤亡。

……

铁路交通事故应急救援和调查处理条例

（2007年7月11日中华人民共和国国务院令第501号公布　根据2012年11月9日《国务院关于修改和废止部分行政法规的决定》修订）

第一章　总　　则

第一条　为了加强铁路交通事故的应急救援工作，规范铁路交通事故调查处理，减少人员伤亡和财产损失，保障铁路运输安全和畅通，根据《中华人民共和国铁路法》和其他有关法律的规定，制定本条例。

第二条　铁路机车车辆在运行过程中与行人、机动车、非机动车、牲畜及其他障碍物相撞，或者铁路机车车辆发生冲突、脱轨、火灾、爆炸等影响铁路正常行车的铁路交通事故（以下简称事故）的应急救援和调查处理，适用本条例。

第三条　国务院铁路主管部门应当加强铁路运输安全监督管理，建立健全事故应急救援和调查处理的各项制度，按照国家规定的权限和程序，负责组织、指挥、协调事故的应急救援和调查处理工作。

第四条　铁路管理机构应当加强日常的铁路运输安全监督检查，指导、督促铁路运输企业落实事故应急救援的各项规定，按照规定的权限和程序，组织、参与、协调本辖区内事故的应急救援和调查处理工作。

第五条　国务院其他有关部门和有关地方人民政府应当按照各自的职责和分工，组织、参与事故的应急救援和调查处理工作。

第六条　铁路运输企业和其他有关单位、个人应当遵守铁路运输安全管理的各项规定，防止和避免事故的发生。

事故发生后，铁路运输企业和其他有关单位应当及时、准确地报告事故情况，积极开展应急救援工作，减少人员伤亡和财产损失，尽快恢复铁路正常行车。

第七条　任何单位和个人不得干扰、阻碍事故应急救援、铁路线路开通、列车运行和事故调查处理。

第二章　事　故　等　级

第八条　根据事故造成的人员伤亡、直接经济损失、列车脱轨辆数、中断铁路行车时间等情形，事故等级分为特别重大事故、重大事故、较大事故和一般事故。

第九条　有下列情形之一的，为特别重大事故：

（一）造成30人以上死亡，或者100人以上重伤（包括急性工业中毒，下同），或者1亿元以上直接经济损失的；

（二）繁忙干线客运列车脱轨18辆以上并中断铁路行车48小时以上的；

（三）繁忙干线货运列车脱轨60辆以上

并中断铁路行车48小时以上的。

第十条　有下列情形之一的，为重大事故：

（一）造成10人以上30人以下死亡，或者50人以上100人以下重伤，或者5000万元以上1亿元以下直接经济损失的；

（二）客运列车脱轨18辆以上的；

（三）货运列车脱轨60辆以上的；

（四）客运列车脱轨2辆以上18辆以下，并中断繁忙干线铁路行车24小时以上或者中断其他线路铁路行车48小时以上的；

（五）货运列车脱轨6辆以上60辆以下，并中断繁忙干线铁路行车24小时以上或者中断其他线路铁路行车48小时以上的。

第十一条　有下列情形之一的，为较大事故：

（一）造成3人以上10人以下死亡，或者10人以上50人以下重伤，或者1000万元以上5000万元以下直接经济损失的；

（二）客运列车脱轨2辆以上18辆以下的；

（三）货运列车脱轨6辆以上60辆以下的；

（四）中断繁忙干线铁路行车6小时以上的；

（五）中断其他线路铁路行车10小时以上的。

第十二条　造成3人以下死亡，或者10人以下重伤，或者1000万元以下直接经济损失的，为一般事故。

除前款规定外，国务院铁路主管部门可以对一般事故的其他情形作出补充规定。

第十三条　本章所称的"以上"包括本数，所称的"以下"不包括本数。

第三章　事　故　报　告

第十四条　事故发生后，事故现场的铁路运输企业工作人员或者其他人员应当立即报告邻近铁路车站、列车调度员或者公安机关。有关单位和人员接到报告后，应当立即将事故情况报告事故发生地铁路管理机构。

第十五条　铁路管理机构接到事故报告，应当尽快核实有关情况，并立即报告国务院铁路主管部门；对特别重大事故、重大事故，国务院铁路主管部门应当立即报告国务院并通报国家安全生产监督管理等有关部门。

发生特别重大事故、重大事故、较大事故或者有人员伤亡的一般事故，铁路管理机构还应当通报事故发生地县级以上地方人民政府及其安全生产监督管理部门。

第十六条　事故报告应当包括下列内容：

（一）事故发生的时间、地点、区间（线名、公里、米）、事故相关单位和人员；

（二）发生事故的列车种类、车次、部位、计长、机车型号、牵引辆数、吨数；

（三）承运旅客人数或者货物品名、装载情况；

（四）人员伤亡情况，机车车辆、线路设施、道路车辆的损坏情况，对铁路行车的影响情况；

（五）事故原因的初步判断；

（六）事故发生后采取的措施及事故控制情况；

（七）具体救援请求。

事故报告后出现新情况的，应当及时补报。

第十七条　国务院铁路主管部门、铁路管理机构和铁路运输企业应当向社会公布事故报告值班电话，受理事故报告和举报。

第四章　事故应急救援

第十八条　事故发生后，列车司机或者运转车长应当立即停车，采取紧急处置措施；对无法处置的，应当立即报告邻近铁路车站、列车调度员进行处置。

为保障铁路旅客安全或者因特殊运输需要不宜停车的，可以不停车；但是，列车司机或者运转车长应当立即将事故情况报告邻近铁路车站、列车调度员，接到报告的邻近铁路车站、列车调度员应当立即进行处置。

第十九条　事故造成中断铁路行车的，铁路运输企业应当立即组织抢修，尽快恢复铁路正常行车；必要时，铁路运输调度指挥部门应当调整运输径路，减少事故影响。

第二十条　事故发生后，国务院铁路主管部门、铁路管理机构、事故发生地县级以上地方人民政府或者铁路运输企业应当根据事故等级启动相应的应急预案；必要时，成立现场应急救援机构。

第二十一条　现场应急救援机构根据事故应急救援工作的实际需要，可以借用有关单位和个人的设施、设备和其他物资。借用单位使用完毕应当及时归还，并支付适当费用；造成损失的，应当赔偿。

有关单位和个人应当积极支持、配合救援工作。

第二十二条　事故造成重大人员伤亡或者需要紧急转移、安置铁路旅客和沿线居民的，事故发生地县级以上地方人民政府应当及时组织开展救治和转移、安置工作。

第二十三条　国务院铁路主管部门、铁路管理机构或者事故发生地县级以上地方人民政府根据事故救援的实际需要，可以请求当地驻军、武装警察部队参与事故救援。

第二十四条　有关单位和个人应当妥善保护事故现场以及相关证据，并在事故调查组成立后将相关证据移交事故调查组。因事故救援、尽快恢复铁路正常行车需要改变事故现场的，应当做出标记、绘制现场示意图、制作现场视听资料，并做出书面记录。

任何单位和个人不得破坏事故现场，不得伪造、隐匿或者毁灭相关证据。

第二十五条 事故中死亡人员的尸体经法定机构鉴定后,应当及时通知死者家属认领;无法查找死者家属的,按照国家有关规定处理。

第五章 事故调查处理

第二十六条 特别重大事故由国务院或者国务院授权的部门组织事故调查组进行调查。

重大事故由国务院铁路主管部门组织事故调查组进行调查。

较大事故和一般事故由事故发生地铁路管理机构组织事故调查组进行调查;国务院铁路主管部门认为必要时,可以组织事故调查组对较大事故和一般事故进行调查。

根据事故的具体情况,事故调查组由有关人民政府、公安机关、安全生产监督管理部门、监察机关等单位派人组成,并应当邀请人民检察院派人参加。事故调查组认为必要时,可以聘请有关专家参与事故调查。

第二十七条 事故调查组应当按照国家有关规定开展事故调查,并在下列调查期限内向组织事故调查组的机关或者铁路管理机构提交事故调查报告:

(一)特别重大事故的调查期限为 60 日;

(二)重大事故的调查期限为 30 日;

(三)较大事故的调查期限为 20 日;

(四)一般事故的调查期限为 10 日。

事故调查期限自事故发生之日起计算。

第二十八条 事故调查处理,需要委托有关机构进行技术鉴定或者对铁路设备、设施及其他财产损失状况以及中断铁路行车造成的直接经济损失进行评估的,事故调查组应当委托具有国家规定资质的机构进行技术鉴定或者评估。技术鉴定或者评估所需时间不计入事故调查期限。

第二十九条 事故调查报告形成后,报经组织事故调查组的机关或者铁路管理机构

同意,事故调查组工作即告结束。组织事故调查组的机关或者铁路管理机构应当自事故调查组工作结束之日起 15 日内,根据事故调查报告,制作事故认定书。

事故认定书是事故赔偿、事故处理以及事故责任追究的依据。

第三十条 事故责任单位和有关人员应当认真吸取事故教训,落实防范和整改措施,防止事故再次发生。

国务院铁路主管部门、铁路管理机构以及其他有关行政机关应当对事故责任单位和有关人员落实防范和整改措施的情况进行监督检查。

第三十一条 事故的处理情况,除依法应当保密的外,应当由组织事故调查组的机关或者铁路管理机构向社会公布。

第六章 事故赔偿

第三十二条 事故造成人身伤亡的,铁路运输企业应当承担赔偿责任;但是人身伤亡是不可抗力或者受害人自身原因造成的,铁路运输企业不承担赔偿责任。

违章通过平交道口或者人行过道,或者在铁路线路上行走、坐卧造成的人身伤亡,属于受害人自身的原因造成的人身伤亡。

第三十三条 事故造成铁路旅客人身伤亡和自带行李损失的,铁路运输企业对每名铁路旅客人身伤亡的赔偿责任限额为人民币 15 万元,对每名铁路旅客自带行李损失的赔偿责任限额为人民币 2000 元。

铁路运输企业与铁路旅客可以书面约定高于前款规定的赔偿责任限额。(2012 年 11 月 9 日删除)

第三十四条 事故造成铁路运输企业承运的货物、包裹、行李损失的,铁路运输企业应当依照《中华人民共和国铁路法》的规定承

担赔偿责任。

第三十五条 除本条例第三十三条、第三十四条的规定外,事故造成其他人身伤亡或者财产损失的,依照国家有关法律、行政法规的规定赔偿。

第三十六条 事故当事人对事故损害赔偿有争议的,可以通过协商解决,或者请求组织事故调查组的机关或者铁路管理机构组织调解,也可以直接向人民法院提起民事诉讼。

第七章 法 律 责 任

第三十七条 铁路运输企业及其职工违反法律、行政法规的规定,造成事故的,由国务院铁路主管部门或者铁路管理机构依法追究行政责任。

第三十八条 违反本条例的规定,铁路运输企业及其职工不立即组织救援,或者迟报、漏报、瞒报、谎报事故的,对单位,由国务院铁路主管部门或者铁路管理机构处 10 万元以上 50 万元以下的罚款;对个人,由国务院铁路主管部门或者铁路管理机构处 4000 元以上 2 万元以下的罚款;属于国家工作人员的,依法给予处分;构成犯罪的,依法追究刑事责任。

第三十九条 违反本条例的规定,国务院铁路主管部门、铁路管理机构以及其他行政机关未立即启动应急预案,或者迟报、漏报、瞒报、谎报事故的,对直接负责的主管人员和其他直接责任人员依法给予处分;构成犯罪的,依法追究刑事责任。

第四十条 违反本条例的规定,干扰、阻碍事故救援、铁路线路开通、列车运行和事故调查处理的,对单位,由国务院铁路主管部门或者铁路管理机构处 4 万元以上 20 万元以下的罚款;对个人,由国务院铁路主管部门或者铁路管理机构处 2000 元以上 1 万元以下的罚款;情节严重的,对单位,由国务院铁路主管部门或者铁路管理机构处 20 万元以上

100 万元以下的罚款;对个人,由国务院铁路主管部门或者铁路管理机构处 1 万元以上 5 万元以下的罚款;属于国家工作人员的,依法给予处分;构成违反治安管理行为的,由公安机关依法给予治安管理处罚;构成犯罪的,依法追究刑事责任。

第八章 附 则

第四十一条 本条例于 2007 年 9 月 1 日起施行。1979 年 7 月 16 日国务院批准发布的《火车与其他车辆碰撞和铁路路外人员伤亡事故处理暂行规定》和 1994 年 8 月 13 日国务院批准发布的《铁路旅客运输损害赔偿规定》同时废止。

最高人民法院关于审理铁路运输人身损害赔偿纠纷案件适用法律若干问题的解释

(2010 年 1 月 4 日最高人民法院审判委员会第 1482 次会议通过 根据 2020 年 12 月 23 日最高人民法院审判委员会第 1823 次会议通过的《最高人民法院关于修改〈最高人民法院关于在民事审判工作中适用《中华人民共和国工会法》若干问题的解释〉等二十七件民事类司法解释的决定》第一次修正 根据 2021 年 11 月 24 日最高人民法院审判委员会第 1853 次会议通过的《最高人民法院关于修改〈最高人民法院关于审理铁路运输人身损害赔偿纠纷案件适用法律若干问题的解释〉的决定》第二次修正 2021 年 12 月 8 日最高人民法院公告公布)

为正确审理铁路运输人身损害赔偿纠纷案件,依法维护各方当事人的合法权益,根据《中华人民共和国民法典》《中华人民共和国

铁路法》《中华人民共和国民事诉讼法》等法律的规定,结合审判实践,就有关适用法律问题作如下解释:

第一条 人民法院审理铁路行车事故及其他铁路运营事故造成的铁路运输人身损害赔偿纠纷案件,适用本解释。

铁路运输企业在客运合同履行过程中造成旅客人身损害的赔偿纠纷案件,不适用本解释;与铁路运输企业建立劳动合同关系或者形成劳动关系的铁路职工在执行职务中发生的人身损害,依照有关调整劳动关系的法律规定及其他相关法律规定处理。

第二条 铁路运输人身损害的受害人以及死亡受害人的近亲属为赔偿权利人,有权请求赔偿。

第三条 赔偿权利人要求对方当事人承担侵权责任的,由事故发生地、列车最先到达地或者被告住所地铁路运输法院管辖。

前款规定的地区没有铁路运输法院的,由高级人民法院指定的其他人民法院管辖。

第四条 铁路运输造成人身损害的,铁路运输企业应当承担赔偿责任;法律另有规定的,依照其规定。

第五条 铁路行车事故及其他铁路运营事故造成人身损害,有下列情形之一的,铁路运输企业不承担赔偿责任:

(一)不可抗力造成的;

(二)受害人故意以卧轨、碰撞等方式造成的;

(三)法律规定铁路运输企业不承担赔偿责任的其他情形造成的。

第六条 因受害人的过错行为造成人身损害,依照法律规定应当由铁路运输企业承担赔偿责任的,根据受害人的过错程度可以适当减轻铁路运输企业的赔偿责任,并按照以下情形分别处理:

(一)铁路运输企业未充分履行安全防护、警示等义务,铁路运输企业承担事故主要责任的,应当在全部损害的百分之九十至百分之六十之间承担赔偿责任;铁路运输企业承担事故同等责任的,应当在全部损害的百分之六十至百分之五十之间承担赔偿责任;铁路运输企业承担事故次要责任的,应当在全部损害的百分之四十至百分之十之间承担赔偿责任;

(二)铁路运输企业已充分履行安全防护、警示等义务,受害人仍施以过错行为的,铁路运输企业应当在全部损害的百分之十以内承担赔偿责任。

铁路运输企业已充分履行安全防护、警示等义务,受害人不听从值守人员劝阻强行通过铁路平交道口、人行过道,或者明知危险后果仍然无视警示规定沿铁路线路纵向行走、坐卧故意造成人身损害的,铁路运输企业不承担赔偿责任,但是有证据证明并非受害人故意造成损害的除外。

第七条 铁路运输造成无民事行为能力人人身损害的,铁路运输企业应当承担赔偿责任;监护人有过错的,按照过错程度减轻铁路运输企业的赔偿责任。

铁路运输造成限制民事行为能力人人身损害的,铁路运输企业应当承担赔偿责任;监护人或者受害人自身有过错的,按照过错程度减轻铁路运输企业的赔偿责任。

第八条 铁路机车车辆与机动车发生碰撞造成机动车驾驶人员以外的人人身损害的,由铁路运输企业与机动车一方对受害人承担连带赔偿责任。铁路运输企业与机动车一方之间的责任份额根据各自责任大小确定;难以确定责任大小的,平均承担责任。对受害人实际承担赔偿责任超出应当承担份额的一方,有权向另一方追偿。

铁路机车车辆与机动车发生碰撞造成机动车驾驶人员人身损害的,按照本解释第四条至第六条的规定处理。

第九条 在非铁路运输企业实行监护的铁路无人看守道口发生事故造成人身损害

的,由铁路运输企业按照本解释的有关规定承担赔偿责任。道口管理单位有过错的,铁路运输企业对赔偿权利人承担赔偿责任后,有权向道口管理单位追偿。

第十条 对于铁路桥梁、涵洞等设施负有管理、维护等职责的单位,因未尽职责使该铁路桥梁、涵洞等设施不能正常使用,导致行人、车辆穿越铁路线路造成人身损害的,铁路运输企业按照本解释有关规定承担赔偿责任后,有权向该单位追偿。

第十一条 有权作出事故认定的组织依照《铁路交通事故应急救援和调查处理条例》等有关规定制作的事故认定书,经庭审质证,对于事故认定书所认定的事实,当事人没有相反证据和理由足以推翻的,人民法院应当作为认定事实的根据。

第十二条 在专用铁路及铁路专用线上因运输造成人身损害,依法应当由肇事工具或者设备的所有人、使用人或者管理人承担赔偿责任的,适用本解释。

第十三条 本院以前发布的司法解释与本解释不一致的,以本解释为准。

最高人民法院关于审理铁路运输损害赔偿案件若干问题的解释

(1994年10月27日最高人民法院公布 根据2020年12月23日最高人民法院审判委员会第1823次会议通过的《最高人民法院关于修改〈最高人民法院关于在民事审判工作中适用《中华人民共和国工会法》若干问题的解释〉等二十七件民事类司法解释的决定》修正 2020年12月29日最高人民法院公告公布)

为了正确、及时地审理铁路运输损害赔偿案件,现就审判工作中遇到的一些问题,根据《中华人民共和国铁路法》(以下简称铁路法)和有关的法律规定,结合审判实践,作出如下解释,供在审判工作中执行。

一、实际损失的赔偿范围

铁路法第十七条中的"实际损失",是指因灭失、短少、变质、污染、损坏导致货物、包裹、行李实际价值的损失。

铁路运输企业按照实际损失赔偿时,对灭失、短少的货物、包裹、行李,按照其实际价值赔偿;对变质、污染、损坏降低原有价值的货物、包裹、行李,可按照其受损前后实际价值的差额或者加工、修复费用赔偿。

货物、包裹、行李的赔偿价值按照托运时的实际价值计算。实际价值中未包含已支付的铁路运杂费、包装费、保险费、短途搬运费等费用的,按照损失部分的比例加算。

二、铁路运输企业的重大过失

铁路法第十七条中的"重大过失"是指铁路运输企业或者其受雇人、代理人对承运的货物、包裹、行李明知可能造成损失而轻率地作为或者不作为。

三、保价货物损失的赔偿

铁路法第十七条第一款(一)项中规定的"按照实际损失赔偿,但最高不超过保价额。"是指保价运输的货物、包裹、行李在运输中发生损失,无论托运人在办理保价运输时,保价额是否与货物、包裹、行李的实际价值相符,均应在保价额内按照损失部分的实际价值赔偿,实际损失超过保价额的部分不予赔偿。

如果损失是因铁路运输企业的故意或者重大过失造成的,比照铁路法第十七条第一款(二)项的规定,不受保价额的限制,按照实际损失赔偿。

四、保险货物损失的赔偿

投保货物运输险的货物在运输中发生损失,对不属于铁路运输企业免责范围的,适用铁路法第十七条第一款(二)项的规定,由铁路运输企业承担赔偿责任。

保险公司按照保险合同的约定向托运人或收货人先行赔付后,对于铁路运输企业应按货物实际损失承担赔偿责任的,保险公司按照支付的保险金额向铁路运输企业追偿,因不足额保险产生的实际损失与保险金的差额部分,由铁路运输企业赔偿;对于铁路运输企业应按限额承担赔偿责任的,在足额保险的情况下,保险公司向铁路运输企业的追偿额为铁路运输企业的赔偿限额,在不足额保险的情况下,保险公司向铁路运输企业的追偿额在铁路运输企业的赔偿限额内按照投保金额与货物实际价值的比例计算,因不足额保险产生的铁路运输企业的赔偿限额与保险公司在限额内追偿额的差额部分,由铁路运输企业赔偿。

五、保险保价货物损失的赔偿

既保险又保价的货物在运输中发生损失,对不属于铁路运输企业免责范围的,适用铁路法第十七条第一款(一)项的规定由铁路运输企业承担赔偿责任。对于保险公司先行赔付的,比照本解释第四条对保险货物损失的赔偿处理。

六、保险补偿制度的适用

《铁路货物运输实行保险与负责运输相结合的补偿制度的规定(试行)》(简称保险补偿制度),适用于1991年5月1日铁路法实施以前已投保货物运输险的案件。铁路法实施后投保货物运输险的案件,适用铁路法第十七条第一款的规定,保险补偿制度中有关保险补偿的规定不再适用。

七、逾期交付的责任

货物、包裹、行李逾期交付,如果是因铁路逾期运到造成的,由铁路运输企业支付逾期违约金;如果是因收货人或旅客逾期领取造成的,由收货人或旅客支付保管费;既因逾期运到又因收货人或旅客逾期领取造成的,由双方各自承担相应的责任。

铁路逾期运到并且发生损失时,铁路运输企业除支付逾期违约金外,还应当赔偿损失。对收货人或者旅客逾期领取,铁路运输企业在代保管期间因保管不当造成损失的,由铁路运输企业赔偿。

八、误交付的责任

货物、包裹、行李误交付(包括被第三者冒领造成的误交付),铁路运输企业查找超过运到期限的,由铁路运输企业支付逾期违约金。不能交付的,或者交付时有损失的,由铁路运输企业赔偿。铁路运输企业赔付后,再向有责任的第三者追偿。

九、赔偿后又找回原物的处理

铁路运输企业赔付后又找回丢失、被盗、冒领、逾期等按灭失处理的货物、包裹、行李的,在通知托运人,收货人或旅客退还赔款领回原物的期限届满后仍无人领取的,适用铁路法第二十二条按无主货物的规定处理。铁路运输企业未通知托运人,收货人或者旅客而自行处理找回的货物、包裹、行李的,由铁路运输企业赔偿实际损失与已付赔款差额。

十、代办运输货物损失的赔偿

代办运输的货物在铁路运输中发生损失,对代办运输企业接受托运人的委托以自己的名义与铁路运输企业签订运输合同托运或领取货物的,如委托人依据委托合同要求代办运输企业向铁路运输企业索赔的,应予支持。对代办运输企业未及时索赔而超过运输合同索赔时效的,代办运输企业应当赔偿。

十一、铁路旅客运送责任期间

铁路运输企业对旅客运送的责任期间自旅客持有效车票进站时起到旅客出站或者应当出站时止。不包括旅客在候车室内的期间。

十二、第三者责任造成旅客伤亡的赔偿

在铁路旅客运送期间因第三者责任造成旅客伤亡,旅客或其继承人要求铁路运输企业先予赔偿的,应予支持。铁路运输企业赔付后,有权向有责任的第三者追偿。

中华人民共和国
民用航空法（节录）

（1995 年 10 月 30 日第八届全国人民代表大会常务委员会第十六次会议通过 根据 2009 年 8 月 27 日第十一届全国人民代表大会常务委员会第十次会议《关于修改部分法律的决定》第一次修正 根据 2015 年 4 月 24 日第十二届全国人民代表大会常务委员会第十四次会议《关于修改〈中华人民共和国计量法〉等五部法律的决定》第二次修正 根据 2016 年 11 月 7 日第十二届全国人民代表大会常务委员会第二十四次会议《关于修改〈中华人民共和国对外贸易法〉等十二部法律的决定》第三次修正 根据 2017 年 11 月 4 日第十二届全国人民代表大会常务委员会第三十次会议《关于修改〈中华人民共和国会计法〉等十一部法律的决定》第四次修正 根据 2018 年 12 月 29 日第十三届全国人民代表大会常务委员会第七次会议《关于修改〈中华人民共和国劳动法〉等七部法律的决定》第五次修正 根据 2021 年 4 月 29 日第十三届全国人民代表大会常务委员会第二十八次会议《关于修改〈中华人民共和国道路交通安全法〉等八部法律的决定》第六次修正）

目　　录

第九章　公共航空运输

……

第三节　承运人的责任

第一百二十四条　因发生在民用航空器上或者在旅客上、下民用航空器过程中的事件，造成旅客人身伤亡的，承运人应当承担责任；但是，旅客的人身伤亡完全是由于旅客本人的健康状况造成的，承运人不承担责任。

第一百二十五条　因发生在民用航空器

上或者在旅客上、下民用航空器过程中的事件,造成旅客随身携带物品毁灭、遗失或者损坏的,承运人应当承担责任。因发生在航空运输期间的事件,造成旅客的托运行李毁灭、遗失或者损坏的,承运人应当承担责任。

旅客随身携带物品或者托运行李的毁灭、遗失或者损坏完全是由于行李本身的自然属性、质量或者缺陷造成的,承运人不承担责任。

本章所称行李,包括托运行李和旅客随身携带的物品。

因发生在航空运输期间的事件,造成货物毁灭、遗失或者损坏的,承运人应当承担责任;但是,承运人证明货物的毁灭、遗失或者损坏完全是由于下列原因之一造成的,不承担责任:

(一)货物本身的自然属性、质量或者缺陷;

(二)承运人或者其受雇人、代理人以外的人包装货物的,货物包装不良;

(三)战争或者武装冲突;

(四)政府有关部门实施的与货物入境、出境或者过境有关的行为。

本条所称航空运输期间,是指在机场内、民用航空器上或者机场外降落的任何地点,托运行李、货物处于承运人掌管之下的全部期间。

航空运输期间,不包括机场外的任何陆路运输、海上运输、内河运输过程;但是,此种陆路运输、海上运输、内河运输是为了履行航空运输合同而装载、交付或者转运,在没有相反证据的情况下,所发生的损失视为在航空运输期间发生的损失。

第一百二十六条 旅客、行李或者货物在航空运输中因延误造成的损失,承运人应当承担责任;但是,承运人证明本人或者其受雇人、代理人为了避免损失的发生,已经采取一切必要措施或者不可能采取此种措施的,不承担责任。

第一百二十七条 在旅客、行李运输中,经承运人证明,损失是由索赔人的过错造成或者促成的,应当根据造成或者促成此种损失的过错的程度,相应免除或者减轻承运人的责任。旅客以外的其他人就旅客死亡或者受伤提出赔偿请求时,经承运人证明,死亡或者受伤是旅客本人的过错造成或者促成的,同样应当根据造成或者促成此种损失的过错的程度,相应免除或者减轻承运人的责任。

在货物运输中,经承运人证明,损失是由索赔人或者代行权利人的过错造成或者促成的,应当根据造成或者促成此种损失的过错的程度,相应免除或者减轻承运人的责任。

第一百二十八条 国内航空运输承运人的赔偿责任限额由国务院民用航空主管部门制定,报国务院批准后公布执行。

旅客或者托运人在交运托运行李或者货物时,特别声明在目的地点交付时的利益,并在必要时支付附加费的,除承运人证明旅客或者托运人声明的金额高于托运行李或者货物在目的地点交付时的实际利益外,承运人应当在声明金额范围内承担责任;本法第一百二十九条的其他规定,除赔偿责任限额外,适用于国内航空运输。

第一百二十九条 国际航空运输承运人的赔偿责任限额按照下列规定执行:

(一)对每名旅客的赔偿责任限额为16600计算单位;但是,旅客可以同承运人书面约定高于本项规定的赔偿责任限额。

(二)对托运行李或者货物的赔偿责任限额,每公斤为17计算单位。旅客或者托运人在交运托运行李或者货物时,特别声明在目的地点交付时的利益,并在必要时支付附加费的,除承运人证明旅客或者托运人声明的金额高于托运行李或者货物在目的地点交付时的实际利益外,承运人应当在声明金额范围内承担责任。

托运行李或者货物的一部分或者托运行

李、货物中的任何物件毁灭、遗失、损坏或者延误的，用以确定承运人赔偿责任限额的重量，仅为该一包件或者数包件的总重量；但是，因托运行李或者货物的一部分或者托运行李、货物中的任何物件的毁灭、遗失、损坏或者延误，影响同一份行李票或者同一份航空货运单所列其他包件的价值的，确定承运人的赔偿责任限额时，此种包件的总重量也应当考虑在内。

（三）对每名旅客随身携带的物品的赔偿责任限额为 332 计算单位。

第一百三十条 任何旨在免除本法规定的承运人责任或者降低本法规定的赔偿责任限额的条款，均属无效；但是，此种条款的无效，不影响整个航空运输合同的效力。

第一百三十一条 有关航空运输中发生的损失的诉讼，不论其根据如何，只能依照本法规定的条件和赔偿责任限额提出，但是不妨碍谁有权提起诉讼以及他们各自的权利。

第一百三十二条 经证明，航空运输中的损失是由于承运人或者其受雇人、代理人的故意或者明知可能造成损失而轻率地作为或者不作为造成的，承运人无权援用本法第一百二十八条、第一百二十九条有关赔偿责任限制的规定；证明承运人的受雇人、代理人有此种作为或者不作为的，还应当证明该受雇人、代理人是在受雇、代理范围内行事。

第一百三十三条 就航空运输中的损失向承运人的受雇人、代理人提起诉讼时，该受雇人、代理人证明他是在受雇、代理范围内行事的，有权援用本法第一百二十八条、第一百二十九条有关赔偿责任限制的规定。

在前款规定情形下，承运人及其受雇人、代理人的赔偿总额不得超过法定的赔偿责任限额。

经证明，航空运输中的损失是由于承运人的受雇人、代理人的故意或者明知可能造成损失而轻率地作为或者不作为造成的，不

适用本条第一款和第二款的规定。

第一百三十四条 旅客或者收货人收受托运行李或者货物而未提出异议，为托运行李或者货物已经完好交付并与运输凭证相符的初步证据。

托运行李或者货物发生损失的，旅客或者收货人应当在发现损失后向承运人提出异议。托运行李发生损失的，至迟应当自收到托运行李之日起七日内提出；货物发生损失的，至迟应当自收到货物之日起十四日内提出。托运行李或者货物发生延误的，至迟应当自托运行李或者货物交付旅客或者收货人处置之日起二十一日内提出。

任何异议均应当在前款规定的期间内写在运输凭证上或者另以书面提出。

除承运人有欺诈行为外，旅客或者收货人未在本条第二款规定的期间内提出异议的，不能向承运人提出索赔诉讼。

第一百三十五条 航空运输的诉讼时效期间为二年，自民用航空器到达目的地点、应当到达目的地点或者运输终止之日起计算。

第一百三十六条 由几个航空承运人办理的连续运输，接受旅客、行李或者货物的每一个承运人应当受本法规定的约束，并就其根据合同办理的运输区段作为运输合同的订约一方。

对前款规定的连续运输，除合同明文约定第一承运人应当对全程运输承担责任外，旅客或者其继承人只能对发生事故或者延误的运输区段的承运人提起诉讼。

托运行李或者货物的毁灭、遗失、损坏或者延误，旅客或者托运人有权对第一承运人提起诉讼，旅客或者收货人有权对最后承运人提起诉讼，旅客、托运人和收货人均可以对发生毁灭、遗失、损坏或者延误的运输区段的承运人提起诉讼。上述承运人应当对旅客、托运人或者收货人承担连带责任。

······

第十二章 对地面第三人损害的赔偿责任

第一百五十七条 因飞行中的民用航空器或者从飞行中的民用航空器上落下的人或者物,造成地面(包括水面,下同)上的人身伤亡或者财产损害的,受害人有权获得赔偿;但是,所受损害并非造成损害的事故的直接后果,或者所受损害仅是民用航空器依照国家有关的空中交通规则在空中通过造成的,受害人无权要求赔偿。

前款所称飞行中,是指自民用航空器为实际起飞而使用动力时起至着陆冲程终了时止;就轻于空气的民用航空器而言,飞行中是指自其离开地面时起至其重新着地时止。

第一百五十八条 本法第一百五十七条规定的赔偿责任,由民用航空器的经营人承担。

前款所称经营人,是指损害发生时使用民用航空器的人。民用航空器的使用权已经直接或者间接地授予他人,本人保留对该民用航空器的航行控制权的,本人仍被视为经营人。

经营人的受雇人、代理人在受雇、代理过程中使用民用航空器,无论是否在其受雇、代理范围内行事,均视为经营人使用民用航空器。

民用航空器登记的所有人应当被视为经营人,并承担经营人的责任;除非在判定其责任的诉讼中,所有人证明经营人是他人,并在法律程序许可的范围内采取适当措施使该人成为诉讼当事人之一。

第一百五十九条 未经对民用航空器有航行控制权的人同意而使用民用航空器,对地面第三人造成损害的,有航行控制权的人除证明本人已经适当注意防止此种使用外,应当与该非法使用人承担连带责任。

第一百六十条 损害是武装冲突或者骚乱的直接后果,依照本章规定应当承担责任的人不承担责任。

依照本章规定应当承担责任的人对民用航空器的使用权业经国家机关依法剥夺的,不承担责任。

第一百六十一条 依照本章规定应当承担责任的人证明损害是完全由于受害人或者其受雇人、代理人的过错造成的,免除其赔偿责任;应当承担责任的人证明损害是部分由于受害人或者其受雇人、代理人的过错造成的,相应减轻其赔偿责任。但是,损害是由于受害人的受雇人、代理人的过错造成时,受害人证明其受雇人、代理人的行为超出其所授权的范围的,不免除或者不减轻应当承担责任的人的赔偿责任。

一人对另一人的死亡或者伤害提起诉讼,请求赔偿时,损害是该另一人或者其受雇人、代理人的过错造成的,适用前款规定。

第一百六十二条 两个以上的民用航空器在飞行中相撞或者相扰,造成本法第一百五十七条规定的应当赔偿的损害,或者两个以上的民用航空器共同造成此种损害的,各有关民用航空器均应当被认为已经造成此种损害,各有关民用航空器的经营人均应当承担责任。

第一百六十三条 本法第一百五十八条第四款和第一百五十九条规定的人,享有依照本章规定经营人所能援用的抗辩权。

第一百六十四条 除本章有明确规定外,经营人、所有人和本法第一百五十九条规定的应当承担责任的人,以及他们的受雇人、代理人,对于飞行中的民用航空器或者从飞行中的民用航空器上落下的人或者物造成的地面上的损害不承担责任,但是故意造成此种损害的人除外。

第一百六十五条 本章不妨碍依照本章规定应当对损害承担责任的人向他人追偿的

权利。

第一百六十六条 民用航空器的经营人应当投保地面第三人责任险或者取得相应的责任担保。

第一百六十七条 保险人和担保人除享有与经营人相同的抗辩权,以及对伪造证件进行抗辩的权利外,对依照本章规定提出的赔偿请求只能进行下列抗辩:

(一) 损害发生在保险或者担保终止有效后;然而保险或者担保在飞行中期满的,该项保险或者担保在飞行计划中所载下一次降落前继续有效,但是不得超过二十四小时;

(二) 损害发生在保险或者担保所指定的地区范围外,除非飞行超出该范围是由于不可抗力、援助他人所必需,或者驾驶、航行或者领航上的差错造成的。

前款关于保险或者担保继续有效的规定,只在对受害人有利时适用。

第一百六十八条 仅在下列情形下,受害人可以直接对保险人或者担保人提起诉讼,但是不妨碍受害人根据有关保险合同或者担保合同的法律规定提起直接诉讼的权利:

(一) 根据本法第一百六十七条第(一)项、第(二)项规定,保险或者担保继续有效的;

(二) 经营人破产的。

除本法第一百六十七条第一款规定的抗辩权,保险人或者担保人对受害人依照本章规定提起的直接诉讼不得以保险或者担保的无效或者追溯力终止为由进行抗辩。

第一百六十九条 依照本法第一百六十六条规定提供的保险或者担保,应当被专门指定优先支付本章规定的赔偿。

第一百七十条 保险人应当支付给经营人的款项,在本章规定的第三人的赔偿请求未满足前,不受经营人的债权人的扣留和处理。

第一百七十一条 地面第三人损害赔偿的诉讼时效期间为二年,自损害发生之日起计算;但是,在任何情况下,时效期间不得超过自损害发生之日起三年。

第一百七十二条 本章规定不适用于下列损害:

(一) 对飞行中的民用航空器或者对该航空器上的人或者物造成的损害;

(二) 为受害人同经营人或者同发生损害时对民用航空器有使用权的人订立的合同所约束,或者为适用两方之间的劳动合同的法律有关职工赔偿的规定所约束的损害;

(三) 核损害。

……

国内航空运输承运人赔偿责任限额规定

(2006 年 2 月 28 日中国民用航空总局令第 164 号公布 自 2006 年 3 月 28 日起施行)

第一条 为了维护国内航空运输各方当事人的合法权益,根据《中华人民共和国民用航空法》(以下简称《民用航空法》)第一百二十八条,制定本规定。

第二条 本规定适用于中华人民共和国国内航空运输中发生的损害赔偿。

第三条 国内航空运输承运人(以下简称承运人)应当在下列规定的赔偿责任限额内按照实际损害承担赔偿责任,但是《民用航空法》另有规定的除外:

(一) 对每名旅客的赔偿责任限额为人民币 40 万元;

(二) 对每名旅客随身携带物品的赔偿责任限额为人民币 3000 元;

(三) 对旅客托运的行李和对运输的货物

的赔偿责任限额,为每公斤人民币100元。

第四条 本规定第三条所确定的赔偿责任限额的调整,由国务院民用航空主管部门制定,报国务院批准后公布执行。

第五条 旅客自行向保险公司投保航空旅客人身意外保险的,此项保险金额的给付,不免除或者减少承运人应当承担的赔偿责任。

第六条 本规定自2006年3月28日起施行。

中华人民共和国港口间海上旅客运输赔偿责任限额规定

(1993年11月20日国务院批准 1993年12月17日交通部令第6号发布 自1994年1月1日起施行)

第一条 根据《中华人民共和国海商法》第一百一十七条、第二百一十一条的规定,制定本规定。

第二条 本规定适用于中华人民共和国港口之间海上旅客运输。

第三条 承运人在每次海上旅客运输中的赔偿责任限额,按照下列规定执行:

(一)旅客人身伤亡的,每名旅客不超过4万元人民币;

(二)旅客自带行李灭失或者损坏的,每名旅客不超过800元人民币;

(三)旅客车辆包括该车辆所载行李灭失或者损坏的,每一车辆不超过3200元人民币;

(四)本款第(二)项、第(三)项以外的旅客其他行李灭失或者损坏的,每千克不超过20元人民币。

承运人和旅客可以书面约定高于本条第一款规定的赔偿责任限额。

第四条 海上旅客运输的旅客人身伤亡赔偿责任限制,按照4万元人民币乘以船舶证书规定的载客定额计算赔偿限额,但是最高不超过2100万元人民币。

第五条 向外籍旅客、华侨和港、澳、台胞旅客给付的赔偿金,可以兑换成该外国或者地区的货币。其汇率按照赔偿金给付之日中华人民共和国外汇管理部门公布的外汇牌价确定。

第六条 本规定由中华人民共和国交通部负责解释。

第七条 本规定自1994年1月1日起施行。

最高人民法院关于审理船舶碰撞纠纷案件若干问题的规定

(2008年4月28日最高人民法院审判委员会第1446次会议通过 根据2020年12月23日最高人民法院审判委员会第1823次会议通过的《最高人民法院关于修改〈最高人民法院关于破产企业国有划拨土地使用权应否列入破产财产等问题的批复〉等二十九件商事类司法解释的决定》修正 2020年12月29日最高人民法院公告公布)

为正确审理船舶碰撞纠纷案件,依照《中华人民共和国民法典》《中华人民共和国民事诉讼法》《中华人民共和国海商法》《中华人民共和国海事诉讼特别程序法》等法律,制定本规定。

第一条 本规定所称船舶碰撞,是指海商法第一百六十五条所指的船舶碰撞,不包括内河船舶之间的碰撞。

海商法第一百七十条所指的损害事故,适用本规定。

第二条 审理船舶碰撞纠纷案件,依照

海商法第八章的规定确定碰撞船舶的赔偿责任。

第三条 因船舶碰撞导致船舶触碰引起的侵权纠纷，依照海商法第八章的规定确定碰撞船舶的赔偿责任。

非因船舶碰撞导致船舶触碰引起的侵权纠纷，依照民法通则的规定确定触碰船舶的赔偿责任，但不影响海商法第八章之外其他规定的适用。

第四条 船舶碰撞产生的赔偿责任由船舶所有人承担，碰撞船舶在光船租赁期间并经依法登记的，由光船承租人承担。

第五条 因船舶碰撞发生的船上人员的人身伤亡属于海商法第一百六十九条第三款规定的第三人的人身伤亡。

第六条 碰撞船舶互有过失造成船载货物损失，船载货物的权利人对承运货物的本船提起违约赔偿之诉，或者对碰撞船舶一方或者双方提起侵权赔偿之诉，人民法院应当依法予以受理。

第七条 船载货物的权利人因船舶碰撞造成其货物损失向承运货物的本船提起诉讼的，承运船舶可以依照海商法第一百六十九条第二款的规定主张按照过失程度的比例承担赔偿责任。

前款规定不影响承运人和实际承运人援用海商法第四章关于承运人抗辩理由和限制赔偿责任的规定。

第八条 碰撞船舶船载货物权利人或者第三人向碰撞船舶一方或者双方就货物或其他财产损失提出赔偿请求的，由碰撞船舶方提供证据证明过失程度的比例。无正当理由拒不提供证据的，由碰撞船舶一方承担全部赔偿责任或者由双方承担连带赔偿责任。

前款规定的证据指具有法律效力的判决书、裁定书、调解书和仲裁裁决书。对于碰撞船舶提交的国外的判决书、裁定书、调解书和仲裁裁决书，依照民事诉讼法第二百八十二

条和第二百八十三条规定的程序审查。

第九条 因起浮、清除、拆毁由船舶碰撞造成的沉没、遇难、搁浅或被弃船舶及船上货物或者使其无害的费用提出的赔偿请求，责任人不能依照海商法第十一章的规定享受海事赔偿责任限制。

第十条 审理船舶碰撞纠纷案件时，人民法院根据当事人的申请进行证据保全取得的或者向有关部门调查收集的证据，应当在当事人完成举证并出具完成举证说明书后出示。

第十一条 船舶碰撞事故发生后，主管机关依法进行调查取得并经过事故当事人和有关人员确认的碰撞事实调查材料，可以作为人民法院认定案件事实的证据，但有相反证据足以推翻的除外。

最高人民法院关于审理船舶碰撞和触碰案件财产损害赔偿的规定

（1995年10月18日最高人民法院审判委员会第735次会议讨论通过 根据2020年12月23日最高人民法院审判委员会第1823次会议通过的《最高人民法院关于修改〈最高人民法院关于破产企业国有划拨土地使用权应否列入破产财产等问题的批复〉等二十九件商事类司法解释的决定》修正 2020年12月29日最高人民法院公告公布）

根据《中华人民共和国民法典》和《中华人民共和国海商法》的有关规定，结合我国海事审判实践并参照国际惯例，对审理船舶碰撞和触碰案件的财产损害赔偿规定如下：

一、请求人可以请求赔偿对船舶碰撞或者触碰所造成的财产损失，船舶碰撞或者触碰后相继发生的有关费用和损失，为避免或

者减少损害而产生的合理费用和损失,以及预期可得利益的损失。

因请求人的过错造成的损失或者使损失扩大的部分,不予赔偿。

二、赔偿应当尽量达到恢复原状,不能恢复原状的折价赔偿。

三、船舶损害赔偿分为全损赔偿和部分损害赔偿。

(一)船舶全损的赔偿包括:

船舶价值损失;

未包括在船舶价值内的船舶上的燃料、物料、备件、供应品,渔船上的捕捞设备、网具、渔具等损失;

船员工资、遣返费及其他合理费用。

(二)船舶部分损害的赔偿包括:合理的船舶临时修理费、永久修理费及辅助费用、维持费用,但应满足下列条件:

船舶应就近修理,除非请求人能证明在其他地方修理更能减少损失和节省费用,或者有其他合理的理由。如果船舶经临时修理可继续营运,请求人有责任进行临时修理;

船舶碰撞部位的修理,同请求人为保证船舶适航,或者因另外事故所进行的修理,或者与船舶例行的检修一起进行时,赔偿仅限于修理本次船舶碰撞的受损部位所需的费用和损失。

(三)船舶损害赔偿还包括:

合理的救助费,沉船的勘查、打捞和清除费用,设置沉船标志费用;

拖航费用,本航次的租金或者运费损失,共同海损分摊;

合理的船期损失;

其他合理的费用。

四、船上财产的损害赔偿包括:

船上财产的灭失或者部分损坏引起的贬值损失;

合理的修复或者处理费用;

合理的财产救助、打捞和清除费用,共同

海损分摊;

其他合理费用。

五、船舶触碰造成设施损害的赔偿包括:

设施的全损或者部分损坏修复费用;

设施修复前不能正常使用所产生的合理的收益损失。

六、船舶碰撞或者触碰造成第三人财产损失的,应予赔偿。

七、除赔偿本金外,利息损失也应赔偿。

八、船舶价值损失的计算,以船舶碰撞发生地当时类似船舶的市价确定;碰撞发生地无类似船舶市价的,以船舶船籍港类似船舶的市价确定,或者以其他地区类似船舶市价的平均价确定;没有市价的,以原船舶的造价或者购置价,扣除折旧(折旧率按年 4-10%)计算;折旧后没有价值的按残值计算。

船舶被打捞后尚有残值的,船舶价值应扣除残值。

九、船上财产损失的计算:

(一)货物灭失的,按照货物的实际价值,即以货物装船时的价值加运费加请求人已支付的货物保险费计算,扣除可节省的费用;

(二)货物损坏的,以修复所需的费用,或者以货物的实际价值扣除残值和可节省的费用计算;

(三)由于船舶碰撞在约定的时间内迟延交付所产生的损失,按迟延交付货物的实际价值加预期可得利润与到岸时的市价的差价计算,但预期可得利润不得超过货物实际价值的10%;

(四)船上捕捞的鱼货,以实际的鱼货价值计算。鱼货价值参照海事发生时当地市价,扣除可节省的费用。

(五)船上渔具、网具的种类和数量,以本次出海捕捞作业所需量扣减现存量计算,但所需量超过渔政部门规定或者许可的种类和数量的,不予认定;渔具、网具的价值,按原购置价或者原造价扣除折旧费用和残值计算;

（六）旅客行李、物品（包括自带行李）的损失，属本船旅客的损失，依照海商法的规定处理；属他船旅客的损失，可参照旅客运输合同中有关旅客行李灭失或者损坏的赔偿规定处理；

（七）船员个人生活必需品的损失，按实际损失适当予以赔偿；

（八）承运人与旅客书面约定由承运人保管的货币、金银、珠宝、有价证券或者其他贵重物品的损失，依海商法的规定处理；船员、旅客、其他人员个人携带的货币、金银、珠宝、有价证券或者其他贵重物品的损失，不予认定；

（九）船上其他财产的损失，按其实际价值计算。

十、船期损失的计算：

期限：船舶全损的，以找到替代船所需的合理期间为限，但最长不得超过两个月；船舶部分损害的修船期限，以实际修复所需的合理期间为限，其中包括联系、住坞、验船等所需的合理时间；渔业船舶，按上述期限扣除休渔期为限，或者以一个渔汛期为限。

船期损失，一般以船舶碰撞前后各两个航次的平均净盈利计算；无前后各两个航次可参照的，以其他相应航次的平均净盈利计算。

渔船渔汛损失，以该渔船前 3 年的同期渔汛平均净收益计算，或者以本年内同期同类渔船的平均净收益计算。计算渔汛损失时，应当考虑到碰撞渔船在对船捕渔作业或者围网灯光捕渔作业中的作用等因素。

十一、租金或者运费损失的计算：

碰撞导致期租合同承租人停租或者不付租金的，以停租或者不付租金额，扣除可节省的费用计算。

因货物灭失或者损坏导致到付运费损失的，以尚未收取的运费金额扣除可节省的费用计算。

十二、设施损害赔偿的计算：

期限：以实际停止使用期间扣除常规检修的期间为限。

设施部分损坏或者全损，分别以合理的修复费用或者重新建造的费用，扣除已使用年限的折旧费计算；

设施使用的收益损失，以实际减少的净收益，即按停止使用前 3 个月的平均净盈利计算；部分使用并有收益的，应当扣减。

十三、利息损失的计算：

船舶价值的损失利息，从船期损失停止计算之日起至判决或者调解指定的应付之日止；

其他各项损失的利息，从损失发生之日或者费用产生之日起计算至判决或者调解指定的应付之日止；

利息按本金性质的同期利率计算。

十四、计算损害赔偿的货币，当事人有约定的，依约定；没有约定的，按以下相关的货币计算：

按船舶营运或者生产经营所使用的货币计算；

船载进、出口货物的价值，按买卖合同或者提单、运单记明的货币计算；

以特别提款权计算损失的，按法院判决或者调解之日的兑换率换算成相应的货币。

十五、本规定不包括对船舶碰撞或者触碰责任的确定，不影响船舶所有人或者承运人依法享受免责和责任限制的权利。

十六、本规定中下列用语的含义：

"船舶"是指所有用作或者能够用作水上运输工具的各类水上船筏，包括非排水船舶和水上飞机。但是用于军事的和政府公务的船舶除外。

"设施"是指人为设置的固定或者可移动的构造物，包括固定平台、浮鼓、码头、堤坝、桥梁、敷设或者架设的电缆、管道等。

"船舶碰撞"是指在海上或者与海相通的

可航水域,两艘或者两艘以上的船舶之间发生接触或者没有直接接触,造成财产损害的事故。

"船舶触碰"是指船舶与设施或者障碍物发生接触并造成财产损害的事故。

"船舶全损"是指船舶实际全部损失,或者损坏已达到相当严重的程度,以至于救助、打捞、修理费等费用之和达到或者超过碰撞或者触碰发生前的船舶价值。

"辅助费用"是指为进行修理而产生的合理费用,包括必要的进坞费、清航除气费、排放油污水处理费、港口使费、引航费、检验费以及修船期间所产生的住坞费、码头费等费用,但不限于上述费用。

"维持费用"是指船舶修理期间,船舶和船员日常消耗的费用,包括燃料、物料、淡水及供应品的消耗和船员工资等。

十七、本规定自发布之日起施行。

中华人民共和国船舶油污损害民事责任保险实施办法

(2010 年 8 月 19 日交通运输部令 2010年第 3 号公布　根据 2013 年 8 月 31 日交通运输部《关于修改〈中华人民共和国船舶油污损害民事责任保险实施办法〉的决定》修正)

第一章　总　　则

第一条　为完善船舶污染事故损害赔偿机制,建立船舶油污损害民事责任保险制度,根据《中华人民共和国海洋环境保护法》、《中华人民共和国海商法》、《中华人民共和国防治船舶污染海洋环境管理条例》等法律、行政法规和我国缔结或者参加的有关国际条约,制定本办法。

第二条　在中华人民共和国管辖海域内航行的载运油类物质的船舶和 1000 总吨以上载运非油类物质的船舶,其所有人应当按照本办法的规定投保船舶油污损害民事责任保险或者取得相应的财务担保。

承担船舶油污损害民事责任保险的商业性保险机构和互助性保险机构,应当遵守本办法。

第三条　国务院交通运输主管部门负责统一管理全国船舶油污损害民事责任保险工作。

国家海事管理机构负责组织实施全国船舶油污损害民事责任保险工作。

沿海各级海事管理机构依照各自职责负责具体实施船舶油污损害民事责任保险工作。

第二章　船舶油污损害民事责任保险及额度

第四条　在中华人民共和国管辖海域内航行的船舶应当按照以下规定投保油污损害民事责任保险或者取得其他财务保证:

(一)载运散装持久性油类物质的船舶,投保油污损害民事责任保险,其保险标的应当包括持久性油类物质造成的污染损害;

(二)1000 总吨以上载运非持久性油类物质的船舶,投保油污损害民事责任保险,其保险标的应当包括非持久性油类物质造成的污染损害和燃油造成的污染损害;

(三)1000 总吨以上载运非油类物质的船舶,投保油污损害民事责任保险,其保险标的应当包括燃油造成的污染损害;

(四)1000 总吨以下载运非持久性油类物质的船舶,投保油污损害民事责任保险,其保险标的应当包括非持久性油类物质造成的污染损害。

第五条　在中华人民共和国管辖海域内航行的载运散装持久性油类物质的船舶,投

保油污损害民事责任保险或者取得其他财产保证,应当不低于以下额度:

(一)5000 总吨以下的船舶为 451 万特别提款权;

(二)5000 总吨以上的船舶,除前项所规定的数额外,每增加一吨,增加 631 特别提款权,但是,此总额度在任何情况下不超过 8977 万特别提款权。

第六条 在中华人民共和国管辖海域内航行的载运非持久性油类物质的船舶,以及 1000 总吨以上载运非油类物质的船舶,投保油污损害民事责任保险或者取得其他财务保证,应当不低于以下额度:

(一)20 总吨以上、21 总吨以下的船舶,为 27500 特别提款权;

(二)21 总吨以上、300 总吨以下的船舶,除第(一)项所规定的数额外,每增加一吨,增加 500 特别提款权;

(三)300 总吨至 500 总吨的船舶,为 167000 特别提款权;

(四)501 总吨至 30000 总吨的船舶,除第(三)项所规定的数额外,每增加一吨,增加 167 特别提款权;

(五)30001 总吨至 70000 总吨的船舶,除第(四)项所规定的数额外,每增加一吨,增加 125 特别提款权;

(六)70001 总吨以上的船舶,除第(五)项所规定的数额外,每增加一吨,增加 83 特别提款权。

第七条 从事中华人民共和国港口之间货物运输或者沿海作业的船舶,投保油污损害民事责任保险或者取得其他财务保证,其额度按照第六条所规定额度的 50% 计算。

第三章 船舶油污损害民事责任保险证书

第八条 中国籍船舶的所有人应当向在我国境内依法成立的商业性保险机构、在我国境内依法成立或者在我国境内设有代表机构或者代理机构的互助性保险机构投保船舶油污损害民事责任保险,或者取得上述保险机构以及境内银行所出具的保函、信用证等其他财务保证。

中国籍船舶的所有人应当向具有赔付能力的保险机构投保船舶油污损害民事责任保险或者取得财务保证,保险机构应当向中国籍船舶的所有人出示能够证明其具有赔付能力的相关文件。

第九条 中国籍船舶投保船舶油污损害民事责任保险或者取得其他财务保证之后,应当按以下规定向船籍港所在地的直属海事管理机构申请办理相应船舶油污损害民事责任保险证书:

(一)载运持久性油类物质的船舶,应当办理《油污损害民事责任保险或其他财务保证证书》;

(二)1000 总吨以上的载运非持久性油类物质的船舶,应当办理《燃油污染损害民事责任保险或其他财务保证证书》和《非持久性油类污染损害民事责任保险或其他财务保证证书》;

(三)1000 总吨以下的载运非持久性油类的船舶,应当办理《非持久性油类污染损害民事责任保险或其他财务保证证书》;

(四)1000 总吨以上的载运非油类物质的船舶,应当办理《燃油污染损害民事责任保险或其他财务保证证书》。

第十条 中国籍船舶申请办理船舶油污损害民事责任保险证书,应向海事管理机构提交以下材料:

(一)申请书;

(二)有效的船舶油污损害民事责任保险单证或者其他财务保证证明;

(三)船舶国籍证书。

第十一条 海事管理机构应当对申请材

料进行审核,对符合本办法规定的,在受理之日起 7 个工作日内,向船舶签发相应的船舶油污损害民事责任保险证书。

船舶油污损害民事责任保险证书的有效期不得超过船舶油污损害民事责任保险合同或者其他财务保证证明的期限。

第十二条 船舶油污损害民事责任保险证书不得伪造、涂改,并应当随船携带,以备海事管理机构查验。

船舶油污损害民事责任保险证书遗失的,应当书面说明理由,附具有关证明文件,向原发证机关申请补发。

第十三条 在我国管辖海域内航行的外国籍船舶应当符合以下规定:

(一)适用《1992 年国际油污损害民事责任公约》的,应当持有缔约国主管机关或其授权机构签发的《油污损害民事责任保险或其他财务保证证书》;

(二)适用《2001 年国际燃油污染损害民事责任公约》的,应当持有缔约国主管机关或其授权机构签发的《燃油污染损害民事责任保险或其他财务保证证书》;

(三)1000 总吨以下载运非持久性油类物质的船舶,应当持有有效的非持久性油类污染民事责任保险单证或其他财务保证证明。

第十四条 海事管理机构应当加强对船舶油污损害民事责任保险证书、保险单证或其他财务保证证明的查验。

第四章 法律责任

第十五条 有下列情形之一的,由海事管理机构责令改正,并处 1 万元以上 5 万元以下的罚款;拒不改正的,责令停航、禁止进出港或者过境停留,并处 5 万元以上 25 万元以下的罚款:

(一)在我国管辖海域内航行的船舶,其

所有人未按照规定投保船舶油污损害民事责任保险或者取得其他财务保证的;

(二)船舶所有人投保油污损害民事责任保险或者取得其他财务保证的额度低于本办法规定的。

下列情形视为船舶未按照规定投保船舶油污损害民事责任保险或者取得其他财务保证:

(一)未取得相应的船舶油污损害民事责任保险证书;

(二)伪造、涂改船舶油污损害民事责任保险证书;

(三)所持有的船舶油污损害民事责任保险证书超过有效期;

(四)所持有的船舶油污损害民事责任保险证书与船舶实际情况不相符。

船舶伪造、涂改船舶油污损害民事责任保险证书的,海事管理机构还应当对已签发的船舶油污损害民事责任保险证书予以撤销。

第十六条 从事船舶油污损害民事责任保险的保险机构在生效的法院判决、仲裁裁决书或仲裁调解书规定的履行期间届满后拒不执行,未向所承保船舶赔付的,自发现之年次年起三年内,海事管理机构在受理船舶油污损害民事责任保险证书申请时不接受其签发的船舶油污损害民事责任保险单证或者其他财务保证证明。

第十七条 海事管理人员滥用职权、徇私舞弊、玩忽职守、严重失职的,由所在单位或者上级机关给予行政处分;构成犯罪的,依法追究刑事责任。

第五章 附 则

第十八条 本办法所称的"以上"包括本数,所称的"以下"不包括本数。

第十九条 本法中下列用语的含义是:

"油类"是指任何类型的油及其炼制品。

"持久性油类"是指任何持久性烃类矿物油，例如原油、燃油、重柴油和润滑油等。

"非持久性油类"是指持久性油类以外的任何油类。

第二十条 本办法自 2010 年 10 月 1 日起实施。

在中华人民共和国海域内航行的 1200 总吨以下载运散装持久性油类物质的船舶，其油污损害民事责任保险制度自本办法生效 1 年后实行。

最高人民法院关于审理船舶油污损害赔偿纠纷案件若干问题的规定

（2011 年 1 月 10 日最高人民法院审判委员会第 1509 次会议通过 根据 2020 年 12 月 23 日最高人民法院审判委员会第 1823 次会议通过的《最高人民法院关于修改〈最高人民法院关于破产企业国有划拨土地使用权应否列入破产财产等问题的批复〉等二十九件商事类司法解释的决定》修正 2020 年 12 月 29 日最高人民法院公告公布）

为正确审理船舶油污损害赔偿纠纷案件，依照《中华人民共和国民法典》《中华人民共和国海洋环境保护法》《中华人民共和国海商法》《中华人民共和国民事诉讼法》《中华人民共和国海事诉讼特别程序法》等法律法规以及中华人民共和国缔结或者参加的有关国际条约，结合审判实践，制定本规定。

第一条 船舶发生油污事故，对中华人民共和国领域和管辖的其他海域造成油污损害或者形成油污损害威胁，人民法院审理相关船舶油污损害赔偿纠纷案件，适用本规定。

第二条 当事人就油轮装载持久性油类造成的油污损害提起诉讼、申请设立油污损害赔偿责任限制基金，由船舶油污事故发生地海事法院管辖。

油轮装载持久性油类引起的船舶油污事故，发生在中华人民共和国领域和管辖的其他海域外，对中华人民共和国领域和管辖的其他海域造成油污损害或者形成油污损害威胁，当事人就船舶油污事故造成的损害提起诉讼、申请设立油污损害赔偿责任限制基金，由油污损害结果地或者采取预防油污措施地海事法院管辖。

第三条 两艘或者两艘以上船舶泄漏油类造成油污损害，受损害人请求各泄漏油船舶所有人承担赔偿责任，按照泄漏油数量及泄漏油类对环境的危害性等因素能够合理分开各自造成的损害，由各泄漏油船舶所有人分别承担责任；不能合理分开各自造成的损害，各泄漏油船舶所有人承担连带责任。但泄漏油船舶所有人依法免予承担责任的除外。

各泄漏油船舶所有人对受损害人承担连带责任的，相互之间根据各自责任大小确定相应的赔偿数额；难以确定责任大小的，平均承担赔偿责任。泄漏油船舶所有人支付超出自己应赔偿的数额，有权向其他泄漏油船舶所有人追偿。

第四条 船舶互有过失碰撞引起油类泄漏造成油污损害的，受损害人可以请求泄漏油船舶所有人承担全部赔偿责任。

第五条 油轮装载的持久性油类造成油污损害的，应依照《防治船舶污染海洋环境管理条例》《1992 年国际油污损害民事责任公约》的规定确定赔偿限额。

油轮装载的非持久性燃油或者非油轮装载的燃油造成油污损害的，应依照海商法关于海事赔偿责任限制的规定确定赔偿限额。

第六条 经证明油污损害是由于船舶所有人的故意或者明知可能造成此种损害而轻

率地作为或者不作为造成的,船舶所有人主张限制赔偿责任,人民法院不予支持。

第七条 油污损害是由于船舶所有人故意造成的,受损害人请求船舶油污损害责任保险人或者财务保证人赔偿,人民法院不予支持。

第八条 受损害人直接向船舶油污损害责任保险人或者财务保证人提起诉讼,船舶油污损害责任保险人或者财务保证人可以对受损害人主张船舶所有人的抗辩。

除船舶所有人故意造成油污损害外,船舶油污损害责任保险人或者财务保证人向受损害人主张其对船舶所有人的抗辩,人民法院不予支持。

第九条 船舶油污损害赔偿范围包括:

(一)为防止或者减轻船舶油污损害采取预防措施所发生的费用,以及预防措施造成的进一步灭失或者损害;

(二)船舶油污事故造成该船舶之外的财产损害以及由此引起的收入损失;

(三)因油污造成环境损害所引起的收入损失;

(四)对受污染的环境已采取或将要采取合理恢复措施的费用。

第十条 对预防措施费用以及预防措施造成的进一步灭失或者损害,人民法院应当结合污染范围、污染程度、油类泄漏量、预防措施的合理性、参与清除油污人员及投入使用设备的费用等因素合理认定。

第十一条 对遇险船舶实施防污措施,作业开始时的主要目的仅是为防止、减轻油污损害的,所发生的费用应认定为预防措施费用。

作业具有救助遇险船舶、其他财产和防止、减轻油污损害的双重目的,应根据目的的主次比例合理划分预防措施费用与救助措施费用;无合理依据区分主次目的的,相关费用应平均分摊。但污染危险消除后发生的费用

不应列为预防措施费用。

第十二条 船舶泄漏油类污染其他船舶、渔具、养殖设施等财产,受损害人请求油污责任人赔偿因清洗、修复受污染财产支付的合理费用,人民法院应予支持。

受污染财产无法清洗、修复,或者清洗、修复成本超过其价值的,受损害人请求油污责任人赔偿合理的更换费用,人民法院应予支持,但应参照受污染财产实际使用年限与预期使用年限的比例作合理扣除。

第十三条 受损害人因其财产遭受船舶油污,不能正常生产经营的,其收入损失应以财产清洗、修复或者更换所需合理期间为限进行计算。

第十四条 海洋渔业、滨海旅游业及其他用海、临海经营单位或者个人请求因环境污染所遭受的收入损失,具备下列全部条件,由此证明收入损失与环境污染之间具有直接因果关系的,人民法院应予支持:

(一)请求人的生产经营活动位于或者接近污染区域;

(二)请求人的生产经营活动主要依赖受污染资源或者海岸线;

(三)请求人难以找到其他替代资源或者商业机会;

(四)请求人的生产经营业务属于当地相对稳定的产业。

第十五条 未经相关行政主管部门许可,受损害人从事海上养殖、海洋捕捞,主张收入损失的,人民法院不予支持;但请求赔偿清洗、修复、更换养殖或者捕捞设施的合理费用,人民法院应予支持。

第十六条 受损害人主张因其财产受污染或者因环境污染造成的收入损失,应以其前三年同期平均净收入扣减受损期间的实际净收入计算,并适当考虑影响收入的其他相关因素予以合理确定。

按照前款规定无法认定收入损失的,可

以参考政府部门的相关统计数据和信息,或者同区域同类生产经营者的同期平均收入合理认定。

受损害人采取合理措施避免收入损失,请求赔偿合理措施的费用,人民法院应予支持,但以其避免发生的收入损失数额为限。

第十七条 船舶油污事故造成环境损害的,对环境损害的赔偿应限于已实际采取或者将要采取的合理恢复措施的费用。恢复措施的费用包括合理的监测、评估、研究费用。

第十八条 船舶取得有效的油污损害民事责任保险或者具有相应财务保证的,油污受损害人主张船舶优先权,人民法院不予支持。

第十九条 对油轮装载的非持久性燃油、非油轮装载的燃油造成油污损害的赔偿请求,适用海商法关于海事赔偿责任限制的规定。

同一海事事故造成前款规定的油污损害和海商法第二百零七条规定的可以限制赔偿责任的其他损害,船舶所有人依照海商法第十一章的规定主张在同一赔偿限额内限制赔偿责任的,人民法院应予支持。

第二十条 为避免油轮装载的非持久性燃油、非油轮装载的燃油造成油污损害,对沉没、搁浅、遇难船舶采取起浮、清除或者使之无害措施,船舶所有人对由此发生的费用主张依照海商法第十一章的规定限制赔偿责任的,人民法院不予支持。

第二十一条 对油轮装载持久性油类造成的油污损害,船舶所有人,或者船舶油污责任保险人、财务保证人主张责任限制的,应当设立油污损害赔偿责任限制基金。

油污损害赔偿责任限制基金以现金方式设立的,基金数额为《防治船舶污染海洋环境管理条例》《1992 年国际油污损害民事责任公约》规定的赔偿限额。以担保方式设立基金的,担保数额为基金数额及其在基金设立

期间的利息。

第二十二条 船舶所有人、船舶油污损害责任保险人或者财务保证人申请设立油污损害赔偿责任限制基金,利害关系人对船舶所有人主张限制赔偿责任有异议的,应当在海事诉讼特别程序法第一百零六条第一款规定的异议期内以书面形式提出,但提出该异议不影响基金的设立。

第二十三条 对油轮装载持久性油类造成的油污损害,利害关系人没有在异议期内对船舶所有人主张限制赔偿责任提出异议,油污损害赔偿责任限制基金设立后,海事法院应当解除对船舶所有人的财产采取的保全措施或者发还为解除保全措施而提供的担保。

第二十四条 对油轮装载持久性油类造成的油污损害,利害关系人在异议期内对船舶所有人主张限制赔偿责任提出异议的,人民法院在认定船舶所有人有权限制赔偿责任的裁决生效后,应当解除对船舶所有人的财产采取的保全措施或者发还为解除保全措施而提供的担保。

第二十五条 对油轮装载持久性油类造成的油污损害,受损害人提起诉讼时主张船舶所有人无权限制赔偿责任的,海事法院对船舶所有人是否有权限制赔偿责任的争议,可以先行审理并作出判决。

第二十六条 对油轮装载持久性油类造成的油污损害,受损害人没有在规定的债权登记期间申请债权登记的,视为放弃在油污损害赔偿责任限制基金中受偿的权利。

第二十七条 油污损害赔偿责任限制基金不足以清偿有关油污损害的,应根据确认的赔偿数额依法按比例分配。

第二十八条 对油轮装载持久性油类造成的油污损害,船舶所有人、船舶油污损害责任保险人或者财务保证人申请设立油污损害赔偿责任限制基金、受损害人申请债权登记

与受偿,本规定没有规定的,适用海事诉讼特别程序法及相关司法解释的规定。

第二十九条 在油污损害赔偿责任限制基金分配以前,船舶所有人、船舶油污损害责任保险人或者财务保证人,已先行赔付油污损害的,可以书面申请从基金中代位受偿。代位受偿应限于赔付的范围,并不超过接受赔付的人依法可获得的赔偿数额。

海事法院受理代位受偿申请后,应书面通知所有对油污损害赔偿责任限制基金提出主张的利害关系人。利害关系人对申请人主张代位受偿的权利有异议的,应在收到通知之日起十五日内书面提出。

海事法院经审查认定申请人代位受偿权利成立,应裁定予以确认;申请人主张代位受偿的权利缺乏事实或者法律依据的,裁定驳回其申请。当事人对裁定不服的,可以在收到裁定书之日起十日内提起上诉。

第三十条 船舶所有人为主动防止、减轻油污损害而支出的合理费用或者所作的合理牺牲,请求参与油污损害赔偿责任限制基金分配的,人民法院应予支持,比照本规定第二十九条第二款、第三款的规定处理。

第三十一条 本规定中下列用语的含义是:

(一)船舶,是指非用于军事或者政府公务的海船和其他海上移动式装置,包括航行于国际航线和国内航线的油轮和非油轮。其中,油轮是指为运输散装持久性货油而建造或者改建的船舶,以及实际装载散装持久性货油的其他船舶。

(二)油类,是指烃类矿物油及其残余物,限于装载于船上作为货物运输的持久性货油、装载用于本船运行的持久性和非持久性燃油,不包括装载于船上作为货物运输的非持久性货油。

(三)船舶油污事故,是指船舶泄漏油类造成油污损害,或者虽未泄漏油类但形成严重和紧迫油污损害威胁的一个或者一系列事件。一系列事件因同一原因而发生的,视为同一事故。

(四)船舶油污损害责任保险人或者财务保证人,是指海事事故中泄漏油类或者直接形成油污损害威胁的船舶一方的油污责任保险人或者财务保证人。

(五)油污损害赔偿责任限制基金,是指船舶所有人、船舶油污损害责任保险人或者财务保证人,对油轮装载持久性油类造成的油污损害申请设立的赔偿责任限制基金。

第三十二条 本规定实施前本院发布的司法解释与本规定不一致的,以本规定为准。

本规定施行前已经终审的案件,人民法院进行再审时,不适用本规定。

(五)医疗事故责任

医疗纠纷预防和处理条例

(2018年6月20日国务院第13次常务会议通过 2018年7月31日中华人民共和国国务院令第701号公布 自2018年10月1日起施行)

第一章 总 则

第一条 为了预防和妥善处理医疗纠纷,保护医患双方的合法权益,维护医疗秩序,保障医疗安全,制定本条例。

第二条 本条例所称医疗纠纷,是指医患双方因诊疗活动引发的争议。

第三条 国家建立医疗质量安全管理体系,深化医药卫生体制改革,规范诊疗活动,改善医疗服务,提高医疗质量,预防、减少医疗纠纷。

在诊疗活动中,医患双方应当互相尊重,维护自身权益应当遵守有关法律、法规的规定。

第四条 处理医疗纠纷,应当遵循公平、公正、及时的原则,实事求是,依法处理。

第五条 县级以上人民政府应当加强对医疗纠纷预防和处理工作的领导、协调,将其纳入社会治安综合治理体系,建立部门分工协作机制,督促部门依法履行职责。

第六条 卫生主管部门负责指导、监督医疗机构做好医疗纠纷的预防和处理工作,引导医患双方依法解决医疗纠纷。

司法行政部门负责指导医疗纠纷人民调解工作。

公安机关依法维护医疗机构治安秩序,查处、打击侵害患者和医务人员合法权益以及扰乱医疗秩序等违法犯罪行为。

财政、民政、保险监督管理等部门和机构按照各自职责做好医疗纠纷预防和处理的有关工作。

第七条 国家建立完善医疗风险分担机制,发挥保险机制在医疗纠纷处理中的第三方赔付和医疗风险社会化分担的作用,鼓励医疗机构参加医疗责任保险,鼓励患者参加医疗意外保险。

第八条 新闻媒体应当加强医疗卫生法律、法规和医疗卫生常识的宣传,引导公众理性对待医疗风险;报道医疗纠纷,应当遵守有关法律、法规的规定,恪守职业道德,做到真实、客观、公正。

第二章 医疗纠纷预防

第九条 医疗机构及其医务人员在诊疗活动中应当以患者为中心,加强人文关怀,严格遵守医疗卫生法律、法规、规章和诊疗相关规范、常规,恪守职业道德。

医疗机构应当对其医务人员进行医疗卫生法律、法规、规章和诊疗相关规范、常规的培训,并加强职业道德教育。

第十条 医疗机构应当制定并实施医疗质量安全管理制度,设置医疗服务质量监控部门或者配备专(兼)职人员,加强对诊断、治疗、护理、药事、检查等工作的规范化管理,优化服务流程,提高服务水平。

医疗机构应当加强医疗风险管理,完善医疗风险的识别、评估和防控措施,定期检查措施落实情况,及时消除隐患。

第十一条 医疗机构应当按照国务院卫生主管部门制定的医疗技术临床应用管理规定,开展与其技术能力相适应的医疗技术服务,保障临床应用安全,降低医疗风险;采用医疗新技术的,应当开展技术评估和伦理审查,确保安全有效、符合伦理。

第十二条 医疗机构应当依照有关法律、法规的规定,严格执行药品、医疗器械、消毒药剂、血液等的进货查验、保管等制度。禁止使用无合格证明文件、过期等不合格的药品、医疗器械、消毒药剂、血液等。

第十三条 医务人员在诊疗活动中应当向患者说明病情和医疗措施。需要实施手术,或者开展临床试验等存在一定危险性、可能产生不良后果的特殊检查、特殊治疗的,医务人员应当及时向患者说明医疗风险、替代医疗方案等情况,并取得其书面同意;在患者处于昏迷等无法自主作出决定的状态或者病情不宜向患者说明等情形下,应当向患者的近亲属说明,并取得其书面同意。

紧急情况下不能取得患者或者其近亲属意见的,经医疗机构负责人或者授权的负责人批准,可以立即实施相应的医疗措施。

第十四条 开展手术、特殊检查、特殊治疗等具有较高医疗风险的诊疗活动,医疗机构应当提前预备应对方案,主动防范突发风险。

第十五条 医疗机构及其医务人员应当

按照国务院卫生主管部门的规定，填写并妥善保管病历资料。

因紧急抢救未能及时填写病历的，医务人员应当在抢救结束后6小时内据实补记，并加以注明。

任何单位和个人不得篡改、伪造、隐匿、毁灭或者抢夺病历资料。

第十六条　患者有权查阅、复制其门诊病历、住院志、体温单、医嘱单、化验单（检验报告）、医学影像检查资料、特殊检查同意书、手术同意书、手术及麻醉记录、病理资料、护理记录、医疗费用以及国务院卫生主管部门规定的其他属于病历的全部资料。

患者要求复制病历资料的，医疗机构应当提供复制服务，并在复制的病历资料上加盖证明印记。复制病历资料时，应当有患者或者其近亲属在场。医疗机构应患者的要求为其复制病历资料，可以收取工本费，收费标准应当公开。

患者死亡的，其近亲属可以依照本条例的规定，查阅、复制病历资料。

第十七条　医疗机构应当建立健全医患沟通机制，对患者在诊疗过程中提出的咨询、意见和建议，应当耐心解释、说明，并按照规定进行处理；对患者就诊疗行为提出的疑问，应当及时予以核实、自查，并指定有关人员与患者或者其近亲属沟通，如实说明情况。

第十八条　医疗机构应当建立健全投诉接待制度，设置统一的投诉管理部门或者配备专（兼）职人员，在医疗机构显著位置公布医疗纠纷解决途径、程序和联系方式等，方便患者投诉或者咨询。

第十九条　卫生主管部门应当督促医疗机构落实医疗质量安全管理制度，组织开展医疗质量安全评估，分析医疗质量安全信息，针对发现的风险制定防范措施。

第二十条　患者应当遵守医疗秩序和医疗机构有关就诊、治疗、检查的规定，如实提供与病情有关的信息，配合医务人员开展诊疗活动。

第二十一条　各级人民政府应当加强健康促进与教育工作，普及健康科学知识，提高公众对疾病治疗等医学科学知识的认知水平。

第三章　医疗纠纷处理

第二十二条　发生医疗纠纷，医患双方可以通过下列途径解决：

（一）双方自愿协商；

（二）申请人民调解；

（三）申请行政调解；

（四）向人民法院提起诉讼；

（五）法律、法规规定的其他途径。

第二十三条　发生医疗纠纷，医疗机构应当告知患者或者其近亲属下列事项：

（一）解决医疗纠纷的合法途径；

（二）有关病历资料、现场实物封存和启封的规定；

（三）有关病历资料查阅、复制的规定。

患者死亡的，还应当告知其近亲属有关尸检的规定。

第二十四条　发生医疗纠纷需要封存、启封病历资料的，应当在医患双方在场的情况下进行。封存的病历资料可以是原件，也可以是复制件，由医疗机构保管。病历尚未完成需要封存的，对已完成病历先行封存；病历按照规定完成后，再对后续完成部分进行封存。医疗机构应当对封存的病历开列封存清单，由医患双方签字或者盖章，各执一份。

病历资料封存后医疗纠纷已经解决，或者患者在病历资料封存满3年未再提出解决医疗纠纷要求的，医疗机构可以自行启封。

第二十五条　疑似输液、输血、注射、用药等引起不良后果的，医患双方应当共同对现场实物进行封存、启封，封存的现场实物由医疗机构保管。需要检验的,应当由双方共同委托依法具有检验资格的检验机构进行检验;双方无法共同委托的,由医疗机构所在地县级人民政府卫生主管部门指定。

疑似输血引起不良后果,需要对血液进行封存保留的,医疗机构应当通知提供该血液的血站派员到场。

现场实物封存后医疗纠纷已经解决,或者患者在现场实物封存满3年未再提出解决医疗纠纷要求的,医疗机构可以自行启封。

第二十六条 患者死亡,医患双方对死因有异议,应当在患者死亡后48小时内进行尸检;具备尸体冻存条件的,可以延长至7日。尸检应当经死者近亲属同意并签字,拒绝签字的,视为死者近亲属不同意进行尸检。不同意或者拖延尸检,超过规定时间,影响对死因判定的,由不同意或者拖延的一方承担责任。

尸检应当由按照国家有关规定取得相应资格的机构和专业技术人员进行。

医患双方可以委派代表观察尸检过程。

第二十七条 患者在医疗机构内死亡的,尸体应当立即移放太平间或者指定的场所,死者尸体存放时间一般不得超过14日。逾期不处理的尸体,由医疗机构在向所在地县级人民政府卫生主管部门和公安机关报告后,按照规定处理。

第二十八条 发生重大医疗纠纷的,医疗机构应当按照规定向所在地县级以上地方人民政府卫生主管部门报告。卫生主管部门接到报告后,应当及时了解掌握情况,引导医患双方通过合法途径解决纠纷。

第二十九条 医患双方应当依法维护医疗秩序。任何单位和个人不得实施危害患者和医务人员人身安全、扰乱医疗秩序的行为。

医疗纠纷中发生涉嫌违反治安管理行为或者犯罪行为的,医疗机构应当立即向所在地公安机关报案。公安机关应当及时采取措施,依法处置,维护医疗秩序。

第三十条 医患双方选择协商解决医疗纠纷的,应当在专门场所协商,不得影响正常医疗秩序。医患双方人数较多的,应当推举代表进行协商,每方代表人数不超过5人。

协商解决医疗纠纷应当坚持自愿、合法、平等的原则,尊重当事人的权利,尊重客观事实。医患双方应当文明、理性表达意见和要求,不得有违法行为。

协商确定赔付金额应当以事实为依据,防止畸高或者畸低。对分歧较大或者索赔数额较高的医疗纠纷,鼓励医患双方通过人民调解的途径解决。

医患双方经协商达成一致的,应当签署书面和解协议书。

第三十一条 申请医疗纠纷人民调解的,由医患双方共同向医疗纠纷人民调解委员会提出申请;一方申请调解的,医疗纠纷人民调解委员会在征得另一方同意后进行调解。

申请人可以以书面或者口头形式申请调解。书面申请的,申请书应当载明申请人的基本情况、申请调解的争议事项和理由等;口头申请的,医疗纠纷人民调解员应当当场记录申请人的基本情况、申请调解的争议事项和理由等,并经申请人签字确认。

医疗纠纷人民调解委员会获悉医疗机构内发生重大医疗纠纷,可以主动开展工作,引导医患双方申请调解。

当事人已经向人民法院提起诉讼并且已被受理,或者已经申请卫生主管部门调解并且已被受理的,医疗纠纷人民调解委员会不予受理;已经受理的,终止调解。

第三十二条 设立医疗纠纷人民调解委员会,应当遵守《中华人民共和国人民调解法》的规定,并符合本地区实际需要。医疗纠纷人民调解委员会应当自设立之日起30个工作日内向所在地县级以上地方人民政府司法行政部门备案。

医疗纠纷人民调解委员会应当根据具体情况,聘任一定数量的具有医学、法学等专业知识且热心调解工作的人员担任专(兼)职医疗纠纷人民调解员。

医疗纠纷人民调解委员会调解医疗纠纷,不得收取费用。医疗纠纷人民调解工作所需经费按照国务院财政、司法行政部门的有关规定执行。

第三十三条 医疗纠纷人民调解委员会调解医疗纠纷时,可以根据需要咨询专家,并可以从本条例第三十五条规定的专家库中选取专家。

第三十四条 医疗纠纷人民调解委员会调解医疗纠纷,需要进行医疗损害鉴定以明确责任的,由医患双方共同委托医学会或者司法鉴定机构进行鉴定,也可以经医患双方同意,由医疗纠纷人民调解委员会委托鉴定。

医学会或者司法鉴定机构接受委托从事医疗损害鉴定,应当由鉴定事项所涉专业的临床医学、法医学等专业人员进行鉴定;医学会或者司法鉴定机构没有相关专业人员的,应当从本条例第三十五条规定的专家库中抽取相关专业专家进行鉴定。

医学会或者司法鉴定机构开展医疗损害鉴定,应当执行规定的标准和程序,尊重科学,恪守职业道德,对出具的医疗损害鉴定意见负责,不得出具虚假鉴定意见。医疗损害鉴定的具体管理办法由国务院卫生、司法行政部门共同制定。

鉴定费预先向医患双方收取,最终按照责任比例承担。

第三十五条 医疗损害鉴定专家库由设区的市级以上人民政府卫生、司法行政部门共同设立。专家库应当包含医学、法学、法医学等领域的专家。聘请专家进入专家库,不受行政区域的限制。

第三十六条 医学会、司法鉴定机构作出的医疗损害鉴定意见应当载明并详细论述下列内容:

(一)是否存在医疗损害以及损害程度;

(二)是否存在医疗过错;

(三)医疗过错与医疗损害是否存在因果关系;

(四)医疗过错在医疗损害中的责任程度。

第三十七条 咨询专家、鉴定人员有下列情形之一的,应当回避,当事人也可以以口头或者书面形式申请其回避:

(一)是医疗纠纷当事人或者当事人的近亲属;

(二)与医疗纠纷有利害关系;

(三)与医疗纠纷当事人有其他关系,可能影响医疗纠纷公正处理。

第三十八条 医疗纠纷人民调解委员会应当自受理之日起30个工作日内完成调解。需要鉴定的,鉴定时间不计入调解期限。因特殊情况需要延长调解期限的,医疗纠纷人民调解委员会和医患双方可以约定延长调解期限。超过调解期限未达成调解协议的,视为调解不成。

第三十九条 医患双方经人民调解达成一致的,医疗纠纷人民调解委员会应当制作调解协议书。调解协议书经医患双方签字或者盖章,人民调解员签字并加盖医疗纠纷人民调解委员会印章后生效。

达成调解协议的,医疗纠纷人民调解委员会应当告知医患双方可以依法向人民法院申请司法确认。

第四十条 医患双方申请医疗纠纷行政调解的,应当参照本条例第三十一条第一款、第二款的规定向医疗纠纷发生地县级人民政府卫生主管部门提出申请。

卫生主管部门应当自收到申请之日起5个工作日内作出是否受理的决定。当事人已经向人民法院提起诉讼并且已被受理,或者已经申请医疗纠纷人民调解委员会调解并且已被受理的,卫生主管部门不予受理;已经受理的,终止调解。

卫生主管部门应当自受理之日起 30 个工作日内完成调解。需要鉴定的,鉴定时间不计入调解期限。超过调解期限未达成调解协议的,视为调解不成。

第四十一条 卫生主管部门调解医疗纠纷需要进行专家咨询的,可以从本条例第三十五条规定的专家库中抽取专家;医患双方认为需要进行医疗损害鉴定以明确责任的,参照本条例第三十四条的规定进行鉴定。

医患双方经卫生主管部门调解达成一致的,应当签署调解协议书。

第四十二条 医疗纠纷人民调解委员会及其人民调解员、卫生主管部门及其工作人员应当对医患双方的个人隐私等事项予以保密。

未经医患双方同意,医疗纠纷人民调解委员会、卫生主管部门不得公开进行调解,也不得公开调解协议的内容。

第四十三条 发生医疗纠纷,当事人协商、调解不成的,可以依法向人民法院提起诉讼。当事人也可以直接向人民法院提起诉讼。

第四十四条 发生医疗纠纷,需要赔偿的,赔付金额依照法律的规定确定。

第四章　法　律　责　任

第四十五条 医疗机构篡改、伪造、隐匿、毁灭病历资料的,对直接负责的主管人员和其他直接责任人员,由县级以上人民政府卫生主管部门给予或者责令给予降低岗位等级或者撤职的处分,对有关医务人员责令暂停 6 个月以上 1 年以下执业活动;造成严重后果的,对直接负责的主管人员和其他直接责任人员给予或者责令给予开除的处分,对有关医务人员由原发证部门吊销执业证书;构成犯罪的,依法追究刑事责任。

第四十六条 医疗机构将未通过技术评估和伦理审查的医疗新技术应用于临床的,由县级以上人民政府卫生主管部门没收违法所得,并处 5 万元以上 10 万元以下罚款,对直接负责的主管人员和其他直接责任人员给予或者责令给予降低岗位等级或者撤职的处分,对有关医务人员责令暂停 6 个月以上 1 年以下执业活动;情节严重的,对直接负责的主管人员和其他直接责任人员给予或者责令给予开除的处分,对有关医务人员由原发证部门吊销执业证书;构成犯罪的,依法追究刑事责任。

第四十七条 医疗机构及其医务人员有下列情形之一的,由县级以上人民政府卫生主管部门责令改正,给予警告,并处 1 万元以上 5 万元以下罚款;情节严重的,对直接负责的主管人员和其他直接责任人员给予或者责令给予降低岗位等级或者撤职的处分,对有关医务人员可以责令暂停 1 个月以上 6 个月以下执业活动;构成犯罪的,依法追究刑事责任:

(一)未按规定制定和实施医疗质量安全管理制度;

(二)未按规定告知患者病情、医疗措施、医疗风险、替代医疗方案等;

(三)开展具有较高医疗风险的诊疗活动,未提前预备应对方案防范突发风险;

(四)未按规定填写、保管病历资料,或者未按规定补记抢救病历;

(五)拒绝为患者提供查阅、复制病历资料服务;

(六)未建立投诉接待制度、设置统一投诉管理部门或者配备专(兼)职人员;

(七)未按规定封存、保管、启封病历资料和现场实物;

(八)未按规定向卫生主管部门报告重大医疗纠纷;

(九)其他未履行本条例规定义务的情形。

第四十八条 医学会、司法鉴定机构出具虚假医疗损害鉴定意见的,由县级以上人民政府卫生、司法行政部门依据职责没收违法所得,并处 5 万元以上 10 万元以下罚款,对该医学会、司法鉴定机构和有关鉴定人员责令暂停 3 个月以上 1 年以下医疗损害鉴定业务,对直接负责的主管人员和其他直接责任人员给予或者责令给予降低岗位等级或者撤职的处分;情节严重的,该医学会、司法鉴定机构和有关鉴定人员 5 年内不得从事医疗损害鉴定业务或者撤销登记,对直接负责的主管人员和其他直接责任人员给予或者责令给予开除的处分;构成犯罪的,依法追究刑事责任。

第四十九条 尸检机构出具虚假尸检报告的,由县级以上人民政府卫生、司法行政部门依据职责没收违法所得,并处 5 万元以上 10 万元以下罚款,对该尸检机构和有关尸检专业技术人员责令暂停 3 个月以上 1 年以下尸检业务,对直接负责的主管人员和其他直接责任人员给予或者责令给予降低岗位等级或者撤职的处分;情节严重的,撤销该尸检机构和有关尸检专业技术人员的尸检资格,对直接负责的主管人员和其他直接责任人员给予或者责令给予开除的处分;构成犯罪的,依法追究刑事责任。

第五十条 医疗纠纷人民调解员有下列行为之一的,由医疗纠纷人民调解委员会给予批评教育、责令改正;情节严重的,依法予以解聘:

(一)偏袒一方当事人;

(二)侮辱当事人;

(三)索取、收受财物或者牟取其他不正当利益;

(四)泄露医患双方个人隐私等事项。

第五十一条 新闻媒体编造、散布虚假医疗纠纷信息的,由有关主管部门依法给予处罚;给公民、法人或者其他组织的合法权益造成损害的,依法承担消除影响、恢复名誉、赔偿损失、赔礼道歉等民事责任。

第五十二条 县级以上人民政府卫生主管部门和其他有关部门及其工作人员在医疗纠纷预防和处理工作中,不履行职责或者滥用职权、玩忽职守、徇私舞弊的,由上级人民政府卫生等有关部门或者监察机关责令改正;依法对直接负责的主管人员和其他直接责任人员给予处分;构成犯罪的,依法追究刑事责任。

第五十三条 医患双方在医疗纠纷处理中,造成人身、财产或者其他损害的,依法承担民事责任;构成违反治安管理行为的,由公安机关依法给予治安管理处罚;构成犯罪的,依法追究刑事责任。

第五章 附 则

第五十四条 军队医疗机构的医疗纠纷预防和处理办法,由中央军委机关有关部门会同国务院卫生主管部门依据本条例制定。

第五十五条 对诊疗活动中医疗事故的行政调查处理,依照《医疗事故处理条例》的相关规定执行。

第五十六条 本条例自 2018 年 10 月 1 日起施行。

医疗事故处理条例

(2002 年 2 月 20 日国务院第 55 次常务会议通过 2002 年 4 月 4 日中华人民共和国国务院令第 351 号公布 自 2002 年 9 月 1 日起施行)

第一章 总 则

第一条 【立法宗旨】为了正确处理医疗事故,保护患者和医疗机构及其医务人员的合法权益,维护医疗秩序,保障医疗安全,促进医学科学的发展,制定本条例。

第二条　【医疗事故的概念】本条例所称医疗事故,是指医疗机构及其医务人员在医疗活动中,违反医疗卫生管理法律、行政法规、部门规章和诊疗护理规范、常规,过失造成患者人身损害的事故。

第三条　【基本原则】处理医疗事故,应当遵循公开、公平、公正、及时、便民的原则,坚持实事求是的科学态度,做到事实清楚、定性准确、责任明确、处理恰当。

第四条　【医疗事故分级】根据对患者人身造成的损害程度,医疗事故分为四级:

一级医疗事故:造成患者死亡、重度残疾的;

二级医疗事故:造成患者中度残疾、器官组织损伤导致严重功能障碍的;

三级医疗事故:造成患者轻度残疾、器官组织损伤导致一般功能障碍的;

四级医疗事故:造成患者明显人身损害的其他后果的。

具体分级标准由国务院卫生行政部门制定。

第二章　医疗事故的预防与处置

第五条　【管理规范与职业道德】医疗机构及其医务人员在医疗活动中,必须严格遵守医疗卫生管理法律、行政法规、部门规章和诊疗护理规范、常规,恪守医疗服务职业道德。

第六条　【培训和教育】医疗机构应当对其医务人员进行医疗卫生管理法律、行政法规、部门规章和诊疗护理规范、常规的培训和医疗服务职业道德教育。

第七条　【医疗服务监督】医疗机构应当设置医疗服务质量监控部门或者配备专(兼)职人员,具体负责监督本医疗机构的医务人员的医疗服务工作,检查医务人员执业情况,

接受患者对医疗服务的投诉,向其提供咨询服务。

第八条　【病历书写】医疗机构应当按照国务院卫生行政部门规定的要求,书写并妥善保管病历资料。

因抢救急危患者,未能及时书写病历的,有关医务人员应当在抢救结束后6小时内据实补记,并加以注明。

第九条　【病历的真实与完整】严禁涂改、伪造、隐匿、销毁或者抢夺病历资料。

第十条　【病历管理】患者有权复印或者复制其门诊病历、住院志、体温单、医嘱单、化验单(检验报告)、医学影像检查资料、特殊检查同意书、手术同意书、手术及麻醉记录单、病理资料、护理记录以及国务院卫生行政部门规定的其他病历资料。

患者依照前款规定要求复印或者复制病历资料的,医疗机构应当提供复印或者复制服务并在复印或者复制的病历资料上加盖证明印记。复印或者复制病历资料时,应当有患者在场。

医疗机构应患者的要求,为其复印或者复制病历资料,可以按照规定收取工本费。具体收费标准由省、自治区、直辖市人民政府价格主管部门会同同级卫生行政部门规定。

第十一条　【如实告知义务】在医疗活动中,医疗机构及其医务人员应当将患者的病情、医疗措施、医疗风险等如实告知患者,及时解答其咨询;但是,应当避免对患者产生不利后果。

第十二条　【处理医疗事故预案】医疗机构应当制定防范、处理医疗事故的预案,预防医疗事故的发生,减轻医疗事故的损害。

第十三条　【内部报告制度】医务人员在医疗活动中发生或者发现医疗事故、可能引起医疗事故的医疗过失行为或者发生医疗事故争议的,应当立即向所在科室负责人报告,科室负责人应当及时向本医疗机构负责医疗

服务质量监控的部门或者专(兼)职人员报告;负责医疗服务质量监控的部门或者专(兼)职人员接到报告后,应当立即进行调查、核实,将有关情况如实向本医疗机构的负责人报告,并向患者通报、解释。

第十四条 【向卫生行政部门的报告】发生医疗事故的,医疗机构应当按照规定向所在地卫生行政部门报告。

发生下列重大医疗过失行为的,医疗机构应当在12小时内向所在地卫生行政部门报告:

(一)导致患者死亡或者可能为二级以上的医疗事故;

(二)导致3人以上人身损害后果;

(三)国务院卫生行政部门和省、自治区、直辖市人民政府卫生行政部门规定的其他情形。

第十五条 【防止损害扩大】发生或者发现医疗过失行为,医疗机构及其医务人员应当立即采取有效措施,避免或者减轻对患者身体健康的损害,防止损害扩大。

第十六条 【病历资料的封存和启封】发生医疗事故争议时,死亡病例讨论记录、疑难病例讨论记录、上级医师查房记录、会诊意见、病程记录应当在医患双方在场的情况下封存和启封。封存的病历资料可以是复印件,由医疗机构保管。

第十七条 【现场实物的封存和检验】疑似输液、输血、注射、药物等引起不良后果的,医患双方应当共同对现场实物进行封存和启封,封存的现场实物由医疗机构保管;需要检验的,应当由双方共同指定的、依法具有检验资格的检验机构进行检验;双方无法共同指定时,由卫生行政部门指定。

疑似输血引起不良后果,需要对血液进行封存保留的,医疗机构应当通知提供该血液的采供血机构派员到场。

第十八条 【尸检】患者死亡,医患双方

当事人不能确定死因或者对死因有异议的,应当在患者死亡后48小时内进行尸检;具备尸体冻存条件的,可以延长至7日。尸检应当经死者近亲属同意并签字。

尸检应当由按照国家有关规定取得相应资格的机构和病理解剖专业技术人员进行。承担尸检任务的机构和病理解剖专业技术人员有进行尸检的义务。

医疗事故争议双方当事人可以请法医病理学人员参加尸检,也可以委派代表观察尸检过程。拒绝或者拖延尸检,超过规定时间,影响对死因判定的,由拒绝或者拖延的一方承担责任。

第十九条 【尸体存放和处理】患者在医疗机构内死亡的,尸体应当立即移放太平间。死者尸体存放时间一般不得超过2周。逾期不处理的尸体,经医疗机构所在地卫生行政部门批准,并报经同级公安部门备案后,由医疗机构按照规定进行处理。

第三章 医疗事故的技术鉴定

第二十条 【鉴定程序的启动】卫生行政部门接到医疗机构关于重大医疗过失行为的报告或者医疗事故争议当事人要求处理医疗事故争议的申请后,对需要进行医疗事故技术鉴定的,应当交由负责医疗事故技术鉴定工作的医学会组织鉴定;医患双方协商解决医疗事故争议,需要进行医疗事故技术鉴定的,由双方当事人共同委托负责医疗事故技术鉴定工作的医学会组织鉴定。

第二十一条 【鉴定主体及职责分工】设区的市级地方医学会和省、自治区、直辖市直接管辖的县(市)地方医学会负责组织首次医疗事故技术鉴定工作。省、自治区、直辖市地方医学会负责组织再次鉴定工作。

必要时,中华医学会可以组织疑难、复杂并在全国有重大影响的医疗事故争议的技术

鉴定工作。

第二十二条 【申请再鉴定程序】当事人对首次医疗事故技术鉴定结论不服的,可以自收到首次鉴定结论之日起 15 日内向医疗机构所在地卫生行政部门提出再次鉴定的申请。

第二十三条 【专家库】负责组织医疗事故技术鉴定工作的医学会应当建立专家库。

专家库由具备下列条件的医疗卫生专业技术人员组成:

(一)有良好的业务素质和执业品德;

(二)受聘于医疗卫生机构或者医学教学、科研机构并担任相应专业高级技术职务 3 年以上。

符合前款第(一)项规定条件并具备高级技术任职资格的法医可以受聘进入专家库。

负责组织医疗事故技术鉴定工作的医学会依照本条例规定聘请医疗卫生专业技术人员和法医进入专家库,可以不受行政区域的限制。

第二十四条 【专家鉴定组的产生方式】医疗事故技术鉴定,由负责组织医疗事故技术鉴定工作的医学会组织专家鉴定组进行。

参加医疗事故技术鉴定的相关专业的专家,由医患双方在医学会主持下从专家库中随机抽取。在特殊情况下,医学会根据医疗事故技术鉴定工作的需要,可以组织医患双方在其他医学会建立的专家库中随机抽取相关专业的专家参加鉴定或者函件咨询。

符合本条例第二十三条规定条件的医疗卫生专业技术人员和法医有义务受聘进入专家库,并承担医疗事故技术鉴定工作。

第二十五条 【专家鉴定组合议制及成员构成】专家鉴定组进行医疗事故技术鉴定,实行合议制。专家鉴定组人数为单数,涉及的主要学科的专家一般不得少于鉴定组成员的二分之一;涉及死因、伤残等级鉴定的,并应当从专家库中随机抽取法医参加专家鉴定组。

第二十六条 【回避】专家鉴定组成员有下列情形之一的,应当回避,当事人也可以以口头或者书面的方式申请其回避:

(一)是医疗事故争议当事人或者当事人的近亲属的;

(二)与医疗事故争议有利害关系的;

(三)与医疗事故争议当事人有其他关系,可能影响公正鉴定的。

第二十七条 【鉴定的目的和依据】专家鉴定组依照医疗卫生管理法律、行政法规、部门规章和诊疗护理规范、常规,运用医学科学原理和专业知识,独立进行医疗事故技术鉴定,对医疗事故进行鉴别和判定,为处理医疗事故争议提供医学依据。

任何单位或者个人不得干扰医疗事故技术鉴定工作,不得威胁、利诱、辱骂、殴打专家鉴定组成员。

专家鉴定组成员不得接受双方当事人的财物或者其他利益。

第二十八条 【通知程序和提交材料】负责组织医疗事故技术鉴定工作的医学会应当自受理医疗事故技术鉴定之日起 5 日内通知医疗事故争议双方当事人提交进行医疗事故技术鉴定所需的材料。

当事人应当自收到医学会的通知之日起 10 日内提交有关医疗事故技术鉴定的材料、书面陈述及答辩。医疗机构提交的有关医疗事故技术鉴定的材料应当包括下列内容:

(一)住院患者的病程记录、死亡病例讨论记录、疑难病例讨论记录、会诊意见、上级医师查房记录等病历资料原件;

(二)住院患者的住院志、体温单、医嘱单、化验单(检验报告)、医学影像检查资料、特殊检查同意书、手术同意书、手术及麻醉记录单、病理资料、护理记录等病历资料原件;

(三)抢救急危患者,在规定时间内补记的病历资料原件;

(四)封存保留的输液、注射用物品和血

液、药物等实物,或者依法具有检验资格的检验机构对这些物品、实物作出的检验报告;

(五)与医疗事故技术鉴定有关的其他材料。

在医疗机构建有病历档案的门诊、急诊患者,其病历资料由医疗机构提供;没有在医疗机构建立病历档案的,由患者提供。

医患双方应当依照本条例的规定提交相关材料。医疗机构无正当理由未依照本条例的规定如实提供相关材料,导致医疗事故技术鉴定不能进行的,应当承担责任。

第二十九条 【鉴定的期限和调查取证权】负责组织医疗事故技术鉴定工作的医学会应当自接到当事人提交的有关医疗事故技术鉴定的材料、书面陈述及答辩之日起45日内组织鉴定并出具医疗事故技术鉴定书。

负责组织医疗事故技术鉴定工作的医学会可以向双方当事人调查取证。

第三十条 【审查与调查】专家鉴定组应当认真审查双方当事人提交的材料,听取双方当事人的陈述及答辩并进行核实。

双方当事人应当按照本条例的规定如实提交进行医疗事故技术鉴定所需要的材料,并积极配合调查。当事人任何一方不予配合,影响医疗事故技术鉴定的,由不予配合的一方承担责任。

第三十一条 【鉴定的工作原则及鉴定书的制作】专家鉴定组应当在事实清楚、证据确凿的基础上,综合分析患者的病情和个体差异,作出鉴定结论,并制作医疗事故技术鉴定书。鉴定结论以专家鉴定组成员的过半数通过。鉴定过程应当如实记载。

医疗事故技术鉴定书应当包括下列主要内容:

(一)双方当事人的基本情况及要求;

(二)当事人提交的材料和负责组织医疗事故技术鉴定工作的医学会的调查材料;

(三)对鉴定过程的说明;

(四)医疗行为是否违反医疗卫生管理法律、行政法规、部门规章和诊疗护理规范、常规;

(五)医疗过失行为与人身损害后果之间是否存在因果关系;

(六)医疗过失行为在医疗事故损害后果中的责任程度;

(七)医疗事故等级;

(八)对医疗事故患者的医疗护理医学建议。

第三十二条 【医疗事故技术鉴定办法的制定】医疗事故技术鉴定办法由国务院卫生行政部门制定。

第三十三条 【不属于医疗事故的情形】有下列情形之一的,不属于医疗事故:

(一)在紧急情况下为抢救垂危患者生命而采取紧急医学措施造成不良后果的;

(二)在医疗活动中由于患者病情异常或者患者体质特殊而发生医疗意外的;

(三)在现有医学科学技术条件下,发生无法预料或者不能防范的不良后果的;

(四)无过错输血感染造成不良后果的;

(五)因患方原因延误诊疗导致不良后果的;

(六)因不可抗力造成不良后果的。

第三十四条 【鉴定费用】医疗事故技术鉴定,可以收取鉴定费用。经鉴定,属于医疗事故的,鉴定费用由医疗机构支付;不属于医疗事故的,鉴定费用由提出医疗事故处理申请的一方支付。鉴定费用标准由省、自治区、直辖市人民政府价格主管部门会同同级财政部门、卫生行政部门规定。

第四章 医疗事故的行政处理与监督

第三十五条 【医疗事故的行政处理】卫生行政部门应当依照本条例和有关法律、行政法规、部门规章的规定,对发生医疗事故的医疗机构和医务人员作出行政处理。

第三十六条 【重大医疗过失的处理】卫生行政部门接到医疗机构关于重大医疗过失行为的报告后,除责令医疗机构及时采取必要的医疗救治措施,防止损害后果扩大外,应当组织调查,判定是否属于医疗事故;对不能判定是否属于医疗事故的,应当依照本条例的有关规定交由负责医疗事故技术鉴定工作的医学会组织鉴定。

第三十七条 【医疗事故争议处理申请】发生医疗事故争议,当事人申请卫生行政部门处理的,应当提出书面申请。申请书应当载明申请人的基本情况、有关事实、具体请求及理由等。

当事人自知道或者应当知道其身体健康受到损害之日起1年内,可以向卫生行政部门提出医疗事故争议处理申请。

第三十八条 【受理申请的权限划分】发生医疗事故争议,当事人申请卫生行政部门处理的,由医疗机构所在地的县级人民政府卫生行政部门受理。医疗机构所在地是直辖市的,由医疗机构所在地的区、县人民政府卫生行政部门受理。

有下列情形之一的,县级人民政府卫生行政部门应当自接到医疗机构的报告或者当事人提出医疗事故争议处理申请之日起7日内移送上一级人民政府卫生行政部门处理:

(一)患者死亡;

(二)可能为二级以上的医疗事故;

(三)国务院卫生行政部门和省、自治区、直辖市人民政府卫生行政部门规定的其他情形。

第三十九条 【申请的审查和受理】卫生行政部门应当自收到医疗事故争议处理申请之日起10日内进行审查,作出是否受理的决定。对符合本条例规定,予以受理,需要进行医疗事故技术鉴定的,应当自作出受理决定

之日起5日内将有关材料交由负责医疗事故技术鉴定工作的医学会组织鉴定并书面通知申请人;对不符合本条例规定,不予受理的,应当书面通知申请人并说明理由。

当事人对首次医疗事故技术鉴定结论有异议,申请再次鉴定的,卫生行政部门应当自收到申请之日起7日内交由省、自治区、直辖市地方医学会组织再次鉴定。

第四十条 【行政处理与诉讼】当事人既向卫生行政部门提出医疗事故争议处理申请,又向人民法院提起诉讼的,卫生行政部门不予受理;卫生行政部门已经受理的,应当终止处理。

第四十一条 【鉴定结论的审核】卫生行政部门收到负责组织医疗事故技术鉴定工作的医学会出具的医疗事故技术鉴定书后,应当对参加鉴定的人员资格和专业类别、鉴定程序进行审核;必要时,可以组织调查,听取医疗事故争议双方当事人的意见。

第四十二条 【鉴定结论的处理】卫生行政部门经审核,对符合本条例规定作出的医疗事故技术鉴定结论,应当作为对发生医疗事故的医疗机构和医务人员作出行政处理以及进行医疗事故赔偿调解的依据;经审核,发现医疗事故技术鉴定不符合本条例规定的,应当要求重新鉴定。

第四十三条 【自行协商解决情况报告】医疗事故争议由双方当事人自行协商解决的,医疗机构应当自协商解决之日起7日内向所在地卫生行政部门作出书面报告,并附具协议书。

第四十四条 【调解或判决】医疗事故争议经人民法院调解或者判决解决的,医疗机构应当自收到生效的人民法院的调解书或者判决书之日起7日内向所在地卫生行政部门作出书面报告,并附具调解书或者判决书。

第四十五条 【各级医疗事故情况报告】县级以上地方人民政府卫生行政部门应当按

照规定逐级将当地发生的医疗事故以及依法对发生医疗事故的医疗机构和医务人员作出行政处理的情况,上报国务院卫生行政部门。

第五章　医疗事故的赔偿

第四十六条　【争议解决途径】发生医疗事故的赔偿等民事责任争议,医患双方可以协商解决;不愿意协商或者协商不成的,当事人可以向卫生行政部门提出调解申请,也可以直接向人民法院提起民事诉讼。

第四十七条　【协商途径协议书】双方当事人协商解决医疗事故的赔偿等民事责任争议的,应当制作协议书。协议书应当载明双方当事人的基本情况和医疗事故的原因、双方当事人共同认定的医疗事故等级以及协商确定的赔偿数额等,并由双方当事人在协议书上签名。

第四十八条　【行政调解】已确定为医疗事故的,卫生行政部门应医疗事故争议双方当事人请求,可以进行医疗事故赔偿调解。调解时,应当遵循当事人双方自愿原则,并应当依据本条例的规定计算赔偿数额。

经调解,双方当事人就赔偿数额达成协议的,制作调解书,双方当事人应当履行;调解不成或者经调解达成协议后一方反悔的,卫生行政部门不再调解。

第四十九条　【确定赔偿数额的原则】医疗事故赔偿,应当考虑下列因素,确定具体赔偿数额:

(一)医疗事故等级;

(二)医疗过失行为在医疗事故损害后果中的责任程度;

(三)医疗事故损害后果与患者原有疾病状况之间的关系。

不属于医疗事故的,医疗机构不承担赔偿责任。

第五十条　【赔偿项目和标准】医疗事故赔偿,按照下列项目和标准计算:

(一)医疗费:按照医疗事故对患者造成的人身损害进行治疗所发生的医疗费用计算,凭据支付,但不包括原发病医疗费用。结案后确实需要继续治疗的,按照基本医疗费用支付。

(二)误工费:患者有固定收入的,按照本人因误工减少的固定收入计算,对收入高于医疗事故发生地上一年度职工年平均工资3倍以上的,按照3倍计算;无固定收入的,按照医疗事故发生地上一年度职工年平均工资计算。

(三)住院伙食补助费:按照医疗事故发生地国家机关一般工作人员的出差伙食补助标准计算。

(四)陪护费:患者住院期间需要专人陪护的,按照医疗事故发生地上一年度职工年平均工资计算。

(五)残疾生活补助费:根据伤残等级,按照医疗事故发生地居民年平均生活费计算,自定残之月起最长赔偿30年;但是,60周岁以上的,不超过15年;70周岁以上的,不超过5年。

(六)残疾用具费:因残疾需要配置补偿功能器具的,凭医疗机构证明,按照普及型器具的费用计算。

(七)丧葬费:按照医疗事故发生地规定的丧葬费补助标准计算。

(八)被扶养人生活费:以死者生前或者残疾者丧失劳动能力前实际扶养且没有劳动能力的人为限,按照其户籍所在地或者居所地居民最低生活保障标准计算。对不满16周岁的,扶养到16周岁。对年满16周岁但无劳动能力的,扶养20年;但是,60周岁以上的,不超过15年;70周岁以上的,不超过5年。

(九)交通费:按照患者实际必需的交通费用计算,凭据支付。

（十）住宿费：按照医疗事故发生地国家机关一般工作人员的出差住宿补助标准计算，凭据支付。

（十一）精神损害抚慰金：按照医疗事故发生地居民年平均生活费计算。造成患者死亡的，赔偿年限最长不超过6年；造成患者残疾的，赔偿年限最长不超过3年。

第五十一条　【患者亲属损失赔偿】参加医疗事故处理的患者近亲属所需交通费、误工费、住宿费，参照本条例第五十条的有关规定计算，计算费用的人数不超过2人。

医疗事故造成患者死亡的，参加丧葬活动的患者的配偶和直系亲属所需交通费、误工费、住宿费，参照本条例第五十条的有关规定计算，计算费用的人数不超过2人。

第五十二条　【赔偿费用结算】医疗事故赔偿费用，实行一次性结算，由承担医疗事故责任的医疗机构支付。

第六章　罚　　则

第五十三条　【卫生行政部门工作人员的法律责任】卫生行政部门的工作人员在处理医疗事故过程中违反本条例的规定，利用职务上的便利收受他人财物或者其他利益，滥用职权，玩忽职守，或者发现违法行为不予查处，造成严重后果的，依照刑法关于受贿罪、滥用职权罪、玩忽职守罪或者其他有关罪的规定，依法追究刑事责任；尚不够刑事处罚的，依法给予降级或者撤职的行政处分。

第五十四条　【卫生行政部门的法律责任】卫生行政部门违反本条例的规定，有下列情形之一的，由上级卫生行政部门给予警告并责令限期改正；情节严重的，对负有责任的主管人员和其他直接责任人员依法给予行政处分：

（一）接到医疗机构关于重大医疗过失行为的报告后，未及时组织调查的；

（二）接到医疗事故争议处理申请后，未在规定时间内审查或者移送上一级人民政府卫生行政部门处理的；

（三）未将应当进行医疗事故技术鉴定的重大医疗过失行为或者医疗事故争议移交医学会组织鉴定的；

（四）未按照规定逐级将当地发生的医疗事故以及依法对发生医疗事故的医疗机构和医务人员的行政处理情况上报的；

（五）未依照本条例规定审核医疗事故技术鉴定书的。

第五十五条　【医疗事故主体的法律责任】医疗机构发生医疗事故的，由卫生行政部门根据医疗事故等级和情节，给予警告；情节严重的，责令限期停业整顿直至由原发证部门吊销执业许可证，对负有责任的医务人员依照刑法关于医疗事故罪的规定，依法追究刑事责任；尚不够刑事处罚的，依法给予行政处分或者纪律处分。

对发生医疗事故的有关医务人员，除依照前款处罚外，卫生行政部门并可以责令暂停6个月以上1年以下执业活动；情节严重的，吊销其执业证书。

第五十六条　【违反医疗事故预防和处理规范的情形】医疗机构违反本条例的规定，有下列情形之一的，由卫生行政部门责令改正；情节严重的，对负有责任的主管人员和其他直接责任人员依法给予行政处分或者纪律处分：

（一）未如实告知患者病情、医疗措施和医疗风险的；

（二）没有正当理由，拒绝为患者提供复印或者复制病历资料服务的；

（三）未按照国务院卫生行政部门规定的要求书写和妥善保管病历资料的；

（四）未在规定时间内补记抢救工作病历内容的；

（五）未按照本条例的规定封存、保管和启封病历资料和实物的；

（六）未设置医疗服务质量监控部门或者配备专(兼)职人员的；

（七）未制定有关医疗事故防范和处理预案的；

（八）未在规定时间内向卫生行政部门报告重大医疗过失行为的；

（九）未按照本条例的规定向卫生行政部门报告医疗事故的；

（十）未按照规定进行尸检和保存、处理尸体的。

第五十七条 【出具虚假医疗事故技术鉴定书】参加医疗事故技术鉴定工作的人员违反本条例的规定，接受申请鉴定双方或者一方当事人的财物或者其他利益，出具虚假医疗事故技术鉴定书，造成严重后果的，依照刑法关于受贿罪的规定，依法追究刑事责任；尚不够刑事处罚的，由原发证部门吊销其执业证书或者资格证书。

第五十八条 【拒绝尸检与涂改、伪造、隐匿、销毁病历资料】医疗机构或者其他有关机构违反本条例的规定，有下列情形之一的，由卫生行政部门责令改正，给予警告；对负有责任的主管人员和其他直接责任人员依法给予行政处分或者纪律处分；情节严重的，由原发证部门吊销其执业证书或者资格证书：

（一）承担尸检任务的机构没有正当理由，拒绝进行尸检的；

（二）涂改、伪造、隐匿、销毁病历资料的。

第五十九条 【扰乱医疗秩序和医疗事故鉴定工作】以医疗事故为由，寻衅滋事、抢夺病历资料，扰乱医疗机构正常医疗秩序和医疗事故技术鉴定工作，依照刑法关于扰乱社会秩序罪的规定，依法追究刑事责任；尚不够刑事处罚的，依法给予治安管理处罚。

第七章 附 则

第六十条 【医疗机构的范围与事故处理部门职能分工】本条例所称医疗机构，是指依照《医疗机构管理条例》的规定取得《医疗机构执业许可证》的机构。

县级以上城市从事计划生育技术服务的机构依照《计划生育技术服务管理条例》的规定开展与计划生育有关的临床医疗服务，发生的计划生育技术服务事故，依照本条例的有关规定处理；但是，其中不属于医疗机构的县级以上城市从事计划生育技术服务的机构发生的计划生育技术服务事故，由计划生育行政部门行使依照本条例有关规定由卫生行政部门承担的受理、交由负责医疗事故技术鉴定工作的医学会组织鉴定和赔偿调解的职能；对发生计划生育技术服务事故的该机构及其有关责任人员，依法进行处理。

第六十一条 【非法行医的定性及法律责任】非法行医，造成患者人身损害，不属于医疗事故，触犯刑律的，依法追究刑事责任；有关赔偿，由受害人直接向人民法院提起诉讼。

第六十二条 【军队医疗机构】军队医疗机构的医疗事故处理办法，由中国人民解放军卫生主管部门会同国务院卫生行政部门依据本条例制定。

第六十三条 【生效日期及废止条款】本条例自 2002 年 9 月 1 日起施行。1987 年 6 月 29 日国务院发布的《医疗事故处理办法》同时废止。本条例施行前已经处理结案的医疗事故争议，不再重新处理。

医疗事故技术鉴定暂行办法

（2002年7月31日卫生部令第30号发布　自2002年9月1日起施行）

第一章　总　则

第一条　为规范医疗事故技术鉴定工作，确保医疗事故技术鉴定工作有序进行，依据《医疗事故处理条例》的有关规定制定本办法。

第二条　医疗事故技术鉴定工作应当按照程序进行，坚持实事求是的科学态度，做到事实清楚、定性准确、责任明确。

第三条　医疗事故技术鉴定分为首次鉴定和再次鉴定。

设区的市级和省、自治区、直辖市直接管辖的县（市）级地方医学会负责组织专家鉴定组进行首次医疗事故技术鉴定工作。

省、自治区、直辖市地方医学会负责组织医疗事故争议的再次鉴定工作。

负责组织医疗事故技术鉴定工作的医学会（以下简称医学会）可以设立医疗事故技术鉴定工作办公室，具体负责有关医疗事故技术鉴定的组织和日常工作。

第四条　医学会组织专家鉴定组，依照医疗卫生管理法律、行政法规、部门规章和诊疗护理技术操作规范、常规，运用医学科学原理和专业知识，独立进行医疗事故技术鉴定。

第二章　专家库的建立

第五条　医学会应当建立专家库。专家库应当依据学科专业组名录设置学科专业组。

医学会可以根据本地区医疗工作和医疗事故技术鉴定实际，对本专家库学科专业组设立予以适当增减和调整。

第六条　具备下列条件的医疗卫生专业技术人员可以成为专家库候选人：

（一）有良好的业务素质和执业品德；

（二）受聘于医疗卫生机构或者医学教学、科研机构并担任相应专业高级技术职务3年以上；

（三）健康状况能够胜任医疗事故技术鉴定工作。

符合前款（一）、（三）项规定条件并具备高级技术职务任职资格的法医可以受聘进入专家库。

负责首次医疗事故技术鉴定工作的医学会原则上聘请本行政区域内的专家建立专家库；当本行政区域内的专家不能满足建立专家库需要时，可以聘请本省、自治区、直辖市范围内的专家进入本专家库。

负责再次医疗事故技术鉴定工作的医学会原则上聘请本省、自治区、直辖市范围内的专家建立专家库；当本省、自治区、直辖市范围内的专家不能满足建立专家库需要时，可以聘请其他省、自治区、直辖市的专家进入本专家库。

第七条　医疗卫生机构或医学教学、科研机构、同级的医药卫生专业学会应当按照医学会要求，推荐专家库成员候选人；符合条件的个人经所在单位同意后也可以直接向组建专家库的医学会申请。

医学会对专家库成员候选人进行审核。审核合格的，予以聘任，并发给中华医学会统一格式的聘书。

符合条件的医疗卫生专业技术人员和法医，有义务受聘进入专家库。

第八条　专家库成员聘用期为4年。在聘用期间出现下列情形之一的，应当由专家库成员所在单位及时报告医学会，医学会应根据实际情况及时进行调整：

（一）因健康原因不能胜任医疗事故技术鉴定的；

（二）变更受聘单位或被解聘的；

（三）不具备完全民事行为能力的；

（四）受刑事处罚的；

（五）省级以上卫生行政部门规定的其他情形。

聘用期满需继续聘用的，由医学会重新审核、聘用。

第三章　鉴定的提起

第九条　双方当事人协商解决医疗事故争议，需进行医疗事故技术鉴定的，应共同书面委托医疗机构所在地负责首次医疗事故技术鉴定工作的医学会进行医疗事故技术鉴定。

第十条　县级以上地方人民政府卫生行政部门接到医疗机构关于重大医疗过失行为的报告或者医疗事故争议当事人要求处理医疗事故争议的申请后，对需要进行医疗事故技术鉴定的，应当书面移交负责首次医疗事故技术鉴定工作的医学会组织鉴定。

第十一条　协商解决医疗事故争议涉及多个医疗机构的，应当由涉及的所有医疗机构与患者共同委托其中任何一所医疗机构所在地负责组织首次医疗事故技术鉴定工作的医学会进行医疗事故技术鉴定。

医疗事故争议涉及多个医疗机构，当事人申请卫生行政部门处理的，只可以向其中一所医疗机构所在地卫生行政部门提出处理申请。

第四章　鉴定的受理

第十二条　医学会应当自受理医疗事故技术鉴定之日起5日内，通知医疗事故争议双方当事人按照《医疗事故处理条例》第二十八条规定提交医疗事故技术鉴定所需的材料。

当事人应当自收到医学会的通知之日起10日内提交有关医疗事故技术鉴定的材料、书面陈述及答辩。

对不符合受理条件的，医学会不予受理。不予受理的，医学会应说明理由。

第十三条　有下列情形之一的，医学会不予受理医疗事故技术鉴定：

（一）当事人一方直接向医学会提出鉴定申请的；

（二）医疗事故争议涉及多个医疗机构，其中一所医疗机构所在地的医学会已经受理的；

（三）医疗事故争议已经人民法院调解达成协议或判决的；

（四）当事人已向人民法院提起民事诉讼的（司法机关委托的除外）；

（五）非法行医造成患者身体健康损害的；

（六）卫生部规定的其他情形。

第十四条　委托医学会进行医疗事故技术鉴定，应当按规定缴纳鉴定费。

第十五条　双方当事人共同委托医疗事故技术鉴定的，由双方当事人协商预先缴纳鉴定费。

卫生行政部门移交进行医疗事故技术鉴定的，由提出医疗事故争议处理的当事人预先缴纳鉴定费。经鉴定属于医疗事故的，鉴定费由医疗机构支付；经鉴定不属于医疗事故的，鉴定费由提出医疗事故争议处理申请的当事人支付。

县级以上地方人民政府卫生行政部门接到医疗机构关于重大医疗过失行为的报告后，对需要移交医学会进行医疗事故技术鉴定的，鉴定费由医疗机构支付。

第十六条　有下列情形之一的，医学会中止组织医疗事故技术鉴定：

(一)当事人未按规定提交有关医疗事故技术鉴定材料的;

(二)提供的材料不真实的;

(三)拒绝缴纳鉴定费的;

(四)卫生部规定的其他情形。

第五章　专家鉴定组的组成

第十七条　医学会应当根据医疗事故争议所涉及的学科专业,确定专家鉴定组的构成和人数。

专家鉴定组组成人数应为 3 人以上单数。

医疗事故争议涉及多学科专业的,其中主要学科专业的专家不得少于专家鉴定组成员的 1/2。

第十八条　医学会应当提前通知双方当事人,在指定时间、指定地点,从专家库相关学科专业组中随机抽取专家鉴定组成员。

第十九条　医学会主持双方当事人抽取专家鉴定组成员前,应当将专家库相关学科专业组中专家姓名、专业、技术职务、工作单位告知双方当事人。

第二十条　当事人要求专家库成员回避的,应当说明理由。符合下列情形之一的,医学会应当将回避的专家名单撤出,并经当事人签字确认后记录在案:

(一)医疗事故争议当事人或者当事人的近亲属的;

(二)与医疗事故争议有利害关系的;

(三)与医疗事故争议当事人有其他关系,可能影响公正鉴定的。

第二十一条　医学会对当事人准备抽取的专家进行随机编号,并主持双方当事人随机抽取相同数量的专家编号,最后一个专家由医学会随机抽取。

双方当事人还应当按照上款规定的方法各自随机抽取一个专家作为候补。

涉及死因、伤残等级鉴定的,应当按照前款规定由双方当事人各自随机抽取一名法医参加鉴定组。

第二十二条　随机抽取结束后,医学会当场向双方当事人公布所抽取的专家鉴定组成员和候补成员的编号并记录在案。

第二十三条　现有专家库成员不能满足鉴定工作需要时,医学会应当向双方当事人说明,并经双方当事人同意,可以从本省、自治区、直辖市其他医学会专家库中抽取相关学科专业组的专家参加专家鉴定组;本省、自治区、直辖市医学会专家库成员不能满足鉴定工作需要时,可以从其他省、自治区、直辖市医学会专家库中抽取相关学科专业组的专家参加专家鉴定组。

第二十四条　从其他医学会建立的专家库中抽取的专家无法到场参加医疗事故技术鉴定,可以以函件的方式提出鉴定意见。

第二十五条　专家鉴定组成员确定后,在双方当事人共同在场的情况下,由医学会对封存的病历资料启封。

第二十六条　专家鉴定组应当认真审查双方当事人提交的材料,妥善保管鉴定材料,保护患者的隐私,保守有关秘密。

第六章　医疗事故技术鉴定

第二十七条　医学会应当自接到双方当事人提交的有关医疗事故技术鉴定的材料、书面陈述及答辩之日起 45 日内组织鉴定并出具医疗事故技术鉴定书。

第二十八条　医学会可以向双方当事人和其他相关组织、个人进行调查取证,进行调查取证时不得少于 2 人。调查取证结束后,调查人员和调查对象应当在有关文书上签字。如调查对象拒绝签字的,应当记录在案。

第二十九条　医学会应当在医疗事故技术鉴定 7 日前,将鉴定的时间、地点、要求等书面通知双方当事人。双方当事人应当按照通知的时间、地点、要求参加鉴定。

参加医疗事故技术鉴定的双方当事人每一方人数不超过 3 人。

任何一方当事人无故缺席、自行退席或拒绝参加鉴定的，不影响鉴定的进行。

第三十条　医学会应当在医疗事故技术鉴定 7 日前书面通知专家鉴定组成员。专家鉴定组成员接到医学会通知后认为自己应当回避的，应当于接到通知时及时提出书面回避申请，并说明理由；因其他原因无法参加医疗事故技术鉴定的，应当于接到通知时及时书面告知医学会。

第三十一条　专家鉴定组成员因回避或因其他原因无法参加医疗事故技术鉴定时，医学会应当通知相关学科专业组候补成员参加医疗事故技术鉴定。

专家鉴定组成员因不可抗力因素未能及时告知医学会不能参加鉴定或虽告知但医学会无法按规定组成专家鉴定组的，医疗事故技术鉴定可以延期进行。

第三十二条　专家鉴定组组长由专家鉴定组成员推选产生，也可以由医疗事故争议所涉及的主要学科专家中具有最高专业技术职务任职资格的专家担任。

第三十三条　鉴定由专家鉴定组组长主持，并按照以下程序进行：

（一）双方当事人在规定的时间内分别陈述意见和理由。陈述顺序先患方，后医疗机构；

（二）专家鉴定组成员根据需要可以提问，当事人应当如实回答。必要时，可以对患者进行现场医学检查；

（三）双方当事人退场；

（四）专家鉴定组对双方当事人提供的书面材料、陈述及答辩等进行讨论；

（五）经合议，根据半数以上专家鉴定组成员的一致意见形成鉴定结论。专家鉴定组成员在鉴定结论上签名。专家鉴定组成员对鉴定结论的不同意见，应当予以注明。

第三十四条　医疗事故技术鉴定书应当根据鉴定结论作出，其文稿由专家鉴定组组长签发。

医疗事故技术鉴定书盖医学会医疗事故技术鉴定专用印章。

医学会应当及时将医疗事故技术鉴定书送达移交鉴定的卫生行政部门，经卫生行政部门审核，对符合规定作出的医疗事故技术鉴定结论，应当及时送达双方当事人；由双方当事人共同委托的，直接送达双方当事人。

第三十五条　医疗事故技术鉴定书应当包括下列主要内容：

（一）双方当事人的基本情况及要求；

（二）当事人提交的材料和医学会的调查材料；

（三）对鉴定过程的说明；

（四）医疗行为是否违反医疗卫生管理法律、行政法规、部门规章和诊疗护理规范、常规；

（五）医疗过失行为与人身损害后果之间是否存在因果关系；

（六）医疗过失行为在医疗事故损害后果中的责任程度；

（七）医疗事故等级；

（八）对医疗事故患者的医疗护理医学建议。

经鉴定为医疗事故的，鉴定结论应当包括上款（四）至（八）项内容；经鉴定不属于医疗事故的，应当在鉴定结论中说明理由。

医疗事故技术鉴定书格式由中华医学会统一制定。

第三十六条　专家鉴定组应当综合分析医疗过失行为在导致医疗事故损害后果中的作用、患者原有疾病状况等因素，判定医疗过失行为的责任程度。医疗事故中医疗过失行为责任程度分为：

（一）完全责任，指医疗事故损害后果完全由医疗过失行为造成。

（二）主要责任，指医疗事故损害后果主要由医疗过失行为造成，其他因素起次要作用。

（三）次要责任，指医疗事故损害后果主要由其他因素造成，医疗过失行为起次要作用。

（四）轻微责任，指医疗事故损害后果绝大部分由其他因素造成，医疗过失行为起轻微作用。

第三十七条 医学会参加医疗事故技术鉴定会的工作人员，应如实记录鉴定会过程和专家的意见。

第三十八条 因当事人拒绝配合，无法进行医疗事故技术鉴定的，应当终止本次鉴定，由医学会告知移交鉴定的卫生行政部门或共同委托鉴定的双方当事人，说明不能鉴定的原因。

第三十九条 医学会对经卫生行政部门审核认为参加鉴定的人员资格和专业类别或者鉴定程序不符合规定，需要重新鉴定的，应当重新组织鉴定。重新鉴定时不得收取鉴定费。

如参加鉴定的人员资格和专业类别不符合规定的，应当重新抽取专家，组成专家鉴定组进行重新鉴定。

如鉴定的程序不符合规定而参加鉴定的人员资格和专业类别符合规定的，可以由原专家鉴定组进行重新鉴定。

第四十条 任何一方当事人对首次医疗事故技术鉴定结论不服的，可以自收到首次医疗事故技术鉴定书之日起15日内，向原受理医疗事故争议处理申请的卫生行政部门提出再次鉴定的申请，或由双方当事人共同委托省、自治区、直辖市医学会组织再次鉴定。

第四十一条 县级以上地方人民政府卫生行政部门对发生医疗事故的医疗机构和医务人员进行行政处理时，应当以最后的医疗事故技术鉴定结论作为处理依据。

第四十二条 当事人对鉴定结论无异议，负责组织医疗事故技术鉴定的医学会应当及时将收到的鉴定材料中的病历资料原件等退还当事人，并保留有关复印件。

当事人提出再次鉴定申请的，负责组织首次医疗事故技术鉴定的医学会应当及时将收到的鉴定材料移送负责组织再次医疗事故技术鉴定的医学会。

第四十三条 医学会应当将专家鉴定组成员签名的鉴定结论、由专家鉴定组组长签发的医疗事故技术鉴定书文稿和复印或者复制的有关病历资料等存档，保存期限不得少于20年。

第四十四条 在受理医患双方共同委托医疗事故技术鉴定后至专家鉴定组作出鉴定结论前，双方当事人或者一方当事人提出停止鉴定的，医疗事故技术鉴定终止。

第四十五条 医学会应当于每年3月31日前将上一年度医疗事故技术鉴定情况报同级卫生行政部门。

第七章 附 则

第四十六条 必要时，对疑难、复杂并在全国有重大影响的医疗事故争议，省级卫生行政部门可以商请中华医学会组织医疗事故技术鉴定。

第四十七条 本办法由卫生部负责解释。

第四十八条 本办法自2002年9月1日起施行。

最高人民法院关于审理医疗损害责任纠纷案件适用法律若干问题的解释

（2017年3月27日最高人民法院审判委员会第1713次会议通过 根据2020年12月23日最高人民法院审判委员会第1823次会议通过的《最高人民法院关于修改〈最高人民法院关于在民事审判工作中适用《中华人民共和国工会法》若干问题的解释〉等二十七件民事类司法解释的决定》修正 2020年12月29日最高人民法院公告公布）

为正确审理医疗损害责任纠纷案件，依法维护当事人的合法权益，推动构建和谐医患关系，促进卫生健康事业发展，根据《中华人民共和国民法典》《中华人民共和国民事诉讼法》等法律规定，结合审判实践，制定本解释。

第一条 患者以在诊疗活动中受到人身或者财产损害为由请求医疗机构，医疗产品的生产者、销售者、药品上市许可持有人或者血液提供机构承担侵权责任的案件，适用本解释。

患者以在美容医疗机构或者开设医疗美容科室的医疗机构实施的医疗美容活动中受到人身或者财产损害为由提起的侵权纠纷案件，适用本解释。

当事人提起的医疗服务合同纠纷案件，不适用本解释。

第二条 患者因同一伤病在多个医疗机构接受诊疗受到损害，起诉部分或者全部就诊的医疗机构的，应予受理。

患者起诉部分就诊的医疗机构后，当事人依法申请追加其他就诊的医疗机构为共同被告或者第三人的，应予准许。必要时，人民法院可以依法追加相关当事人参加诉讼。

第三条 患者因缺陷医疗产品受到损害，起诉部分或者全部医疗产品的生产者、销售者、药品上市许可持有人和医疗机构的，应予受理。

患者仅起诉医疗产品的生产者、销售者、药品上市许可持有人、医疗机构中部分主体，当事人依法申请追加其他主体为共同被告或者第三人的，应予准许。必要时，人民法院可以依法追加相关当事人参加诉讼。

患者因输入不合格的血液受到损害提起侵权诉讼的，参照适用前两款规定。

第四条 患者依据民法典第一千二百一十八条规定主张医疗机构承担赔偿责任的，应当提交到该医疗机构就诊、受到损害的证据。

患者无法提交医疗机构或者其医务人员有过错、诊疗行为与损害之间具有因果关系的证据，依法提出医疗损害鉴定申请的，人民法院应予准许。

医疗机构主张不承担责任的，应当就民法典第一千二百二十四条第一款规定情形等抗辩事由承担举证证明责任。

第五条 患者依据民法典第一千二百一十九条规定主张医疗机构承担赔偿责任的，应当按照前条第一款规定提交证据。

实施手术、特殊检查、特殊治疗的，医疗机构应当承担说明义务并取得患者或者患者近亲属明确同意，但属于民法典第一千二百二十条规定情形的除外。医疗机构提交患者或者患者近亲属明确同意证据的，人民法院可以认定医疗机构尽到说明义务，但患者有相反证据足以反驳的除外。

第六条 民法典第一千二百二十二条规定的病历资料包括医疗机构保管的门诊病历、住院志、体温单、医嘱单、检验报告、医学影像检查资料、特殊检查（治疗）同意书、手术同意书、手术及麻醉记录、病理资料、护理记录、出院记录以及国务院卫生行政主管部门规定的其他病历资料。

患者依法向人民法院申请医疗机构提交由其保管的与纠纷有关的病历资料等，医疗机构未在人民法院指定期限内提交的，人民法院可以依照民法典第一千二百二十二条第二项规定推定医疗机构有过错，但是因不可抗力等客观原因无法提交的除外。

第七条　患者依据民法典第一千二百二十三条规定请求赔偿的，应当提交使用医疗产品或者输入血液、受到损害的证据。

患者无法提交使用医疗产品或者输入血液与损害之间具有因果关系的证据，依法申请鉴定的，人民法院应予准许。

医疗机构，医疗产品的生产者、销售者、药品上市许可持有人或者血液提供机构主张不承担责任的，应当对医疗产品不存在缺陷或者血液合格等抗辩事由承担举证证明责任。

第八条　当事人依法申请对医疗损害责任纠纷中的专门性问题进行鉴定的，人民法院应予准许。

当事人未申请鉴定，人民法院对前款规定的专门性问题认为需要鉴定的，应当依职权委托鉴定。

第九条　当事人申请医疗损害鉴定的，由双方当事人协商确定鉴定人。

当事人就鉴定人无法达成一致意见，人民法院提出确定鉴定人的方法，当事人同意的，按照该方法确定；当事人不同意的，由人民法院指定。

鉴定人应当从具备相应鉴定能力、符合鉴定要求的专家中确定。

第十条　委托医疗损害鉴定的，当事人应当按照要求提交真实、完整、充分的鉴定材料。提交的鉴定材料不符合要求的，人民法院应当通知当事人更换或者补充相应材料。

在委托鉴定前，人民法院应当组织当事人对鉴定材料进行质证。

第十一条　委托鉴定书，应当有明确的

鉴定事项和鉴定要求。鉴定人应当按照委托鉴定的事项和要求进行鉴定。

下列专门性问题可以作为申请医疗损害鉴定的事项：

（一）实施诊疗行为有无过错；

（二）诊疗行为与损害后果之间是否存在因果关系以及原因力大小；

（三）医疗机构是否尽到了说明义务、取得患者或者患者近亲属明确同意的义务；

（四）医疗产品是否有缺陷、该缺陷与损害后果之间是否存在因果关系以及原因力的大小；

（五）患者损伤残疾程度；

（六）患者的护理期、休息期、营养期；

（七）其他专门性问题。

鉴定要求包括鉴定人的资质、鉴定人的组成、鉴定程序、鉴定意见、鉴定期限等。

第十二条　鉴定意见可以按照导致患者损害的全部原因、主要原因、同等原因、次要原因、轻微原因或者与患者损害无因果关系，表述诊疗行为或者医疗产品等造成患者损害的原因力大小。

第十三条　鉴定意见应当经当事人质证。

当事人申请鉴定人出庭作证，经人民法院审查同意，或者人民法院认为鉴定人有必要出庭的，应当通知鉴定人出庭作证。双方当事人同意鉴定人通过书面说明、视听传输技术或者视听资料等方式作证的，可以准许。

鉴定人因健康原因、自然灾害等不可抗力或者其他正当理由不能按期出庭的，可以延期开庭；经人民法院许可，也可以通过书面说明、视听传输技术或者视听资料等方式作证。

无前款规定理由，鉴定人拒绝出庭作证，当事人对鉴定意见又不认可的，对该鉴定意见不予采信。

第十四条　当事人申请通知一至二名具有医学专门知识的人出庭，对鉴定意见或者案件的其他专门性事实问题提出意见,人民法院准许的,应当通知具有医学专门知识的人出庭。

前款规定的具有医学专门知识的人提出的意见,视为当事人的陈述,经质证可以作为认定案件事实的根据。

第十五条　当事人自行委托鉴定人作出的医疗损害鉴定意见,其他当事人认可的,可予采信。

当事人共同委托鉴定人作出的医疗损害鉴定意见,一方当事人不认可的,应当提出明确的异议内容和理由。经审查,有证据足以证明异议成立的,对鉴定意见不予采信;异议不成立的,应予采信。

第十六条　对医疗机构或者其医务人员的过错,应当依据法律、行政法规、规章以及其他有关诊疗规范进行认定,可以综合考虑患者病情的紧急程度、患者个体差异、当地的医疗水平、医疗机构与医务人员资质等因素。

第十七条　医务人员违反民法典第一千二百一十九条第一款规定义务,但未造成患者人身损害,患者请求医疗机构承担损害赔偿责任的,不予支持。

第十八条　因抢救生命垂危的患者等紧急情况且不能取得患者意见时,下列情形可以认定为民法典第一千二百二十条规定的不能取得患者近亲属意见:

(一)近亲属不明的;

(二)不能及时联系到近亲属的;

(三)近亲属拒绝发表意见的;

(四)近亲属达不成一致意见的;

(五)法律、法规规定的其他情形。

前款情形,医务人员经医疗机构负责人或者授权的负责人批准立即实施相应医疗措施,患者因此请求医疗机构承担赔偿责任的,不予支持;医疗机构及其医务人员怠于实施相应医疗措施造成损害,患者请求医疗机构承担赔偿责任的,应予支持。

第十九条　两个以上医疗机构的诊疗行为造成患者同一损害,患者请求医疗机构承担赔偿责任的,应当区分不同情况,依照民法典第一千一百六十八条、第一千一百七十一条或者第一千一百七十二条的规定,确定各医疗机构承担的赔偿责任。

第二十条　医疗机构邀请本单位以外的医务人员对患者进行诊疗,因受邀医务人员的过错造成患者损害的,由邀请医疗机构承担赔偿责任。

第二十一条　因医疗产品的缺陷或者输入不合格血液受到损害,患者请求医疗机构、缺陷医疗产品的生产者、销售者、药品上市许可持有人或者血液提供机构承担赔偿责任的,应予支持。

医疗机构承担赔偿责任后,向缺陷医疗产品的生产者、销售者、药品上市许可持有人或者血液提供机构追偿的,应予支持。

因医疗机构的过错使医疗产品存在缺陷或者血液不合格,医疗产品的生产者、销售者、药品上市许可持有人或者血液提供机构承担赔偿责任后,向医疗机构追偿的,应予支持。

第二十二条　缺陷医疗产品与医疗机构的过错诊疗行为共同造成患者同一损害,患者请求医疗机构与医疗产品的生产者、销售者、药品上市许可持有人承担连带责任的,应予支持。

医疗机构或者医疗产品的生产者、销售者、药品上市许可持有人承担赔偿责任后,向其他责任主体追偿的,应当根据诊疗行为与缺陷医疗产品造成患者损害的原因力大小确定相应的数额。

输入不合格血液与医疗机构的过错诊疗行为共同造成患者同一损害的,参照适用前两款规定。

第二十三条　医疗产品的生产者、销售者、药品上市许可持有人明知医疗产品存在缺陷仍然生产、销售,造成患者死亡或者健康严重损害,被侵权人请求生产者、销售者、药品上市许可持有人赔偿损失及二倍以下惩罚性赔偿的,人民法院应予支持。

第二十四条 被侵权人同时起诉两个以上医疗机构承担赔偿责任,人民法院经审理,受诉法院所在地的医疗机构依法不承担赔偿责任,其他医疗机构承担赔偿责任的,残疾赔偿金、死亡赔偿金的计算,按下列情形分别处理:

(一)一个医疗机构承担责任的,按照该医疗机构所在地的赔偿标准执行;

(二)两个以上医疗机构均承担责任的,可以按照其中赔偿标准较高的医疗机构所在地标准执行。

第二十五条 患者死亡后,其近亲属请求医疗损害赔偿的,适用本解释;支付患者医疗费、丧葬费等合理费用的人请求赔偿该费用的,适用本解释。

本解释所称的"医疗产品"包括药品、消毒产品、医疗器械等。

第二十六条 本院以前发布的司法解释与本解释不一致的,以本解释为准。

本解释施行后尚未终审的案件,适用本解释;本解释施行前已经终审,当事人申请再审或者按照审判监督程序决定再审的案件,不适用本解释。

(六)工伤事故责任

工伤保险条例(节录)

(2003年4月27日中华人民共和国国务院令第375号公布 根据2010年12月20日《国务院关于修改〈工伤保险条例〉的决定》修订)

......

第三章 工伤认定

第十四条 【应当认定工伤的情形】职工有下列情形之一的,应当认定为工伤:

(一)在工作时间和工作场所内,因工作原因受到事故伤害的;

(二)工作时间前后在工作场所内,从事与工作有关的预备性或者收尾性工作受到事故伤害的;

(三)在工作时间和工作场所内,因履行工作职责受到暴力等意外伤害的;

(四)患职业病的;

(五)因工外出期间,由于工作原因受到伤害或者发生事故下落不明的;

(六)在上下班途中,受到非本人主要责任的交通事故或者城市轨道交通、客运轮渡、火车事故伤害的;

(七)法律、行政法规规定应当认定为工伤的其他情形。

第十五条 【视同工伤的情形及其保险待遇】职工有下列情形之一的,视同工伤:

(一)在工作时间和工作岗位,突发疾病死亡或者在48小时之内经抢救无效死亡的;

(二)在抢险救灾等维护国家利益、公共利益活动中受到伤害的;

(三)职工原在军队服役,因战、因公负伤致残,已取得革命伤残军人证,到用人单位后旧伤复发的。

职工有前款第(一)项、第(二)项情形的,按照本条例的有关规定享受工伤保险待遇;职工有前款第(三)项情形的,按照本条例的有关规定享受除一次性伤残补助金以外的工伤保险待遇。

第十六条 【不属于工伤的情形】职工符合本条例第十四条、第十五条的规定,但是有下列情形之一的,不得认定为工伤或者视同工伤:

（一）故意犯罪的；

（二）醉酒或者吸毒的；

（三）自残或者自杀的。

第十七条 【申请工伤认定的主体、时限及受理部门】职工发生事故伤害或者按照职业病防治法规定被诊断、鉴定为职业病，所在单位应当自事故伤害发生之日或者被诊断、鉴定为职业病之日起 30 日内，向统筹地区社会保险行政部门提出工伤认定申请。遇有特殊情况，经报社会保险行政部门同意，申请时限可以适当延长。

用人单位未按前款规定提出工伤认定申请的，工伤职工或者其近亲属、工会组织在事故伤害发生之日或者被诊断、鉴定为职业病之日起 1 年内，可以直接向用人单位所在地统筹地区社会保险行政部门提出工伤认定申请。

按照本条第一款规定应当由省级社会保险行政部门进行工伤认定的事项，根据属地原则由用人单位所在地的设区的市级社会保险行政部门办理。

用人单位未在本条第一款规定的时限内提交工伤认定申请，在此期间发生符合本条例规定的工伤待遇等有关费用由该用人单位负担。

第十八条 【申请材料】提出工伤认定申请应当提交下列材料：

（一）工伤认定申请表；

（二）与用人单位存在劳动关系（包括事实劳动关系）的证明材料；

（三）医疗诊断证明或者职业病诊断证明书（或者职业病诊断鉴定书）。

工伤认定申请表应当包括事故发生的时间、地点、原因以及职工伤害程度等基本情况。

工伤认定申请人提供材料不完整的，社会保险行政部门应当一次性书面告知工伤认定申请人需要补正的全部材料。申请人按照

书面告知要求补正材料后，社会保险行政部门应当受理。

第十九条 【事故调查及举证责任】社会保险行政部门受理工伤认定申请后，根据审核需要可以对事故伤害进行调查核实，用人单位、职工、工会组织、医疗机构以及有关部门应当予以协助。职业病诊断和诊断争议的鉴定，依照职业病防治法的有关规定执行。对依法取得职业病诊断证明书或者职业病诊断鉴定书的，社会保险行政部门不再进行调查核实。

职工或者其近亲属认为是工伤，用人单位不认为是工伤的，由用人单位承担举证责任。

第二十条 【工伤认定的时限、回避】社会保险行政部门应当自受理工伤认定申请之日起 60 日内作出工伤认定的决定，并书面通知申请工伤认定的职工或者其近亲属和该职工所在单位。

社会保险行政部门对受理的事实清楚、权利义务明确的工伤认定申请，应当在 15 日内作出工伤认定的决定。

作出工伤认定决定需要以司法机关或者有关行政主管部门的结论为依据的，在司法机关或者有关行政主管部门尚未作出结论期间，作出工伤认定决定的时限中止。

社会保险行政部门工作人员与工伤认定申请人有利害关系的，应当回避。

第四章 劳动能力鉴定

第二十一条 【鉴定的条件】职工发生工伤，经治疗伤情相对稳定后存在残疾、影响劳动能力的，应当进行劳动能力鉴定。

第二十二条 【劳动能力鉴定等级】劳动能力鉴定是指劳动功能障碍程度和生活自理障碍程度的等级鉴定。

劳动功能障碍分为十个伤残等级，最重

的为一级,最轻的为十级。

生活自理障碍分为三个等级:生活完全不能自理、生活大部分不能自理和生活部分不能自理。

劳动能力鉴定标准由国务院社会保险行政部门会同国务院卫生行政部门等部门制定。

第二十三条 【申请鉴定的主体、受理机构、申请材料】劳动能力鉴定由用人单位、工伤职工或者其近亲属向设区的市级劳动能力鉴定委员会提出申请,并提供工伤认定决定和职工工伤医疗的有关资料。

第二十四条 【鉴定委员会人员构成、专家库】省、自治区、直辖市劳动能力鉴定委员会和设区的市级劳动能力鉴定委员会分别由省、自治区、直辖市和设区的市级社会保险行政部门、卫生行政部门、工会组织、经办机构代表以及用人单位代表组成。

劳动能力鉴定委员会建立医疗卫生专家库。列入专家库的医疗卫生专业技术人员应当具备下列条件:

(一)具有医疗卫生高级专业技术职务任职资格;

(二)掌握劳动能力鉴定的相关知识;

(三)具有良好的职业品德。

第二十五条 【鉴定步骤、时限】设区的市级劳动能力鉴定委员会收到劳动能力鉴定申请后,应当从其建立的医疗卫生专家库中随机抽取 3 名或者 5 名相关专家组成专家组,由专家组提出鉴定意见。设区的市级劳动能力鉴定委员会根据专家组的鉴定意见作出工伤职工劳动能力鉴定结论;必要时,可以委托具备资格的医疗机构协助进行有关的诊断。

设区的市级劳动能力鉴定委员会应当自收到劳动能力鉴定申请之日起 60 日内作出劳动能力鉴定结论,必要时,作出劳动能力鉴定结论的期限可以延长 30 日。劳动能力鉴定结论应当及时送达申请鉴定的单位和个人。

第二十六条 【再次鉴定】申请鉴定的单位或者个人对设区的市级劳动能力鉴定委员会作出的鉴定结论不服的,可以在收到该鉴定结论之日起 15 日内向省、自治区、直辖市劳动能力鉴定委员会提出再次鉴定申请。省、自治区、直辖市劳动能力鉴定委员会作出的劳动能力鉴定结论为最终结论。

第二十七条 【鉴定工作原则、回避制度】劳动能力鉴定工作应当客观、公正。劳动能力鉴定委员会组成人员或者参加鉴定的专家与当事人有利害关系的,应当回避。

第二十八条 【复查鉴定】自劳动能力鉴定结论作出之日起 1 年后,工伤职工或者其近亲属、所在单位或者经办机构认为伤残情况发生变化的,可以申请劳动能力复查鉴定。

第二十九条 【再次鉴定和复查鉴定的时限】劳动能力鉴定委员会依照本条例第二十六条和第二十八条的规定进行再次鉴定和复查鉴定的期限,依照本条例第二十五条第二款的规定执行。

第五章 工伤保险待遇

第三十条 【工伤职工的治疗】职工因工作遭受事故伤害或者患职业病进行治疗,享受工伤医疗待遇。

职工治疗工伤应当在签订服务协议的医疗机构就医,情况紧急时可以先到就近的医疗机构急救。

治疗工伤所需费用符合工伤保险诊疗项目目录、工伤保险药品目录、工伤保险住院服务标准的,从工伤保险基金支付。工伤保险诊疗项目目录、工伤保险药品目录、工伤保险住院服务标准,由国务院社会保险行政部门会同国务院卫生行政部门、食品药品监督管理部门等部门规定。

职工住院治疗工伤的伙食补助费，以及经医疗机构出具证明，报经办机构同意，工伤职工到统筹地区以外就医所需的交通、食宿费用从工伤保险基金支付，基金支付的具体标准由统筹地区人民政府规定。

工伤职工治疗非工伤引发的疾病，不享受工伤医疗待遇，按照基本医疗保险办法处理。

工伤职工到签订服务协议的医疗机构进行工伤康复的费用，符合规定的，从工伤保险基金支付。

第三十一条　【复议和诉讼期间不停止支付医疗费用】社会保险行政部门作出认定为工伤的决定后发生行政复议、行政诉讼的，行政复议和行政诉讼期间不停止支付工伤职工治疗工伤的医疗费用。

第三十二条　【配置辅助器具】工伤职工因日常生活或者就业需要，经劳动能力鉴定委员会确认，可以安装假肢、矫形器、假眼、假牙和配置轮椅等辅助器具，所需费用按照国家规定的标准从工伤保险基金支付。

第三十三条　【工伤治疗期间待遇】职工因工作遭受事故伤害或者患职业病需要暂停工作接受工伤医疗的，在停工留薪期内，原工资福利待遇不变，由所在单位按月支付。

停工留薪期一般不超过12个月。伤情严重或者情况特殊，经设区的市级劳动能力鉴定委员会确认，可以适当延长，但延长不得超过12个月。工伤职工评定伤残等级后，停发原待遇，按照本章的有关规定享受伤残待遇。工伤职工在停工留薪期满后仍需治疗的，继续享受工伤医疗待遇。

生活不能自理的工伤职工在停工留薪期需要护理的，由所在单位负责。

第三十四条　【生活护理费】工伤职工已经评定伤残等级并经劳动能力鉴定委员会确认需要生活护理的，从工伤保险基金按月支付生活护理费。

生活护理费按照生活完全不能自理、生活大部分不能自理或者生活部分不能自理3个不同等级支付，其标准分别为统筹地区上年度职工月平均工资的50%、40%或者30%。

第三十五条　【一至四级工伤待遇】职工因工致残被鉴定为一级至四级伤残的，保留劳动关系，退出工作岗位，享受以下待遇：

（一）从工伤保险基金按伤残等级支付一次性伤残补助金，标准为：一级伤残为27个月的本人工资，二级伤残为25个月的本人工资，三级伤残为23个月的本人工资，四级伤残为21个月的本人工资；

（二）从工伤保险基金按月支付伤残津贴，标准为：一级伤残为本人工资的90%，二级伤残为本人工资的85%，三级伤残为本人工资的80%，四级伤残为本人工资的75%。伤残津贴实际金额低于当地最低工资标准的，由工伤保险基金补足差额；

（三）工伤职工达到退休年龄并办理退休手续后，停发伤残津贴，按照国家有关规定享受基本养老保险待遇。基本养老保险待遇低于伤残津贴的，由工伤保险基金补足差额。

职工因工致残被鉴定为一级至四级伤残的，由用人单位和职工个人以伤残津贴为基数，缴纳基本医疗保险费。

第三十六条　【五至六级工伤待遇】职工因工致残被鉴定为五级、六级伤残的，享受以下待遇：

（一）从工伤保险基金按伤残等级支付一次性伤残补助金，标准为：五级伤残为18个月的本人工资，六级伤残为16个月的本人工资；

（二）保留与用人单位的劳动关系，由用人单位安排适当工作。难以安排工作的，由用人单位按月发给伤残津贴，标准为：五级伤残为本人工资的70%，六级伤残为本人工资的60%，并由用人单位按照规定为其缴纳应缴纳的各项社会保险费。伤残津贴实际金额低于当地最低工资标准的,由用人单位补足差额。

经工伤职工本人提出,该职工可以与用人单位解除或者终止劳动关系,由工伤保险基金支付一次性工伤医疗补助金,由用人单位支付一次性伤残就业补助金。一次性工伤医疗补助金和一次性伤残就业补助金的具体标准由省、自治区、直辖市人民政府规定。

第三十七条 【七至十级工伤待遇】职工因工致残被鉴定为七级至十级伤残的,享受以下待遇:

(一)从工伤保险基金按伤残等级支付一次性伤残补助金,标准为:七级伤残为13个月的本人工资,八级伤残为11个月的本人工资,九级伤残为9个月的本人工资,十级伤残为7个月的本人工资;

(二)劳动、聘用合同期满终止,或者职工本人提出解除劳动、聘用合同的,由工伤保险基金支付一次性工伤医疗补助金,由用人单位支付一次性伤残就业补助金。一次性工伤医疗补助金和一次性伤残就业补助金的具体标准由省、自治区、直辖市人民政府规定。

第三十八条 【旧伤复发待遇】工伤职工工伤复发,确认需要治疗的,享受本条例第三十条、第三十二条和第三十三条规定的工伤待遇。

第三十九条 【工亡待遇】职工因工死亡,其近亲属按照下列规定从工伤保险基金领取丧葬补助金、供养亲属抚恤金和一次性工亡补助金:

(一)丧葬补助金为6个月的统筹地区上年度职工月平均工资;

(二)供养亲属抚恤金按照职工本人工资的一定比例发给由因工死亡职工生前提供主要生活来源、无劳动能力的亲属。标准为:配偶每月40%,其他亲属每人每月30%,孤寡老人或者孤儿每人每月在上述标准的基础上增加10%。核定的各供养亲属的抚恤金之和不

应高于因工死亡职工生前的工资。供养亲属的具体范围由国务院社会保险行政部门规定;

(三)一次性工亡补助金标准为上一年度全国城镇居民人均可支配收入的20倍。

伤残职工在停工留薪期内因工伤导致死亡的,其近亲属享受本条第一款规定的待遇。

一级至四级伤残职工在停工留薪期满后死亡的,其近亲属可以享受本条第一款第(一)项、第(二)项规定的待遇。

第四十条 【工伤待遇调整】伤残津贴、供养亲属抚恤金、生活护理费由统筹地区社会保险行政部门根据职工平均工资和生活费用变化等情况适时调整。调整办法由省、自治区、直辖市人民政府规定。

第四十一条 【职工抢险救灾、因工外出下落不明时的处理】职工因工外出期间发生事故或者在抢险救灾中下落不明的,从事故发生当月起3个月内照发工资,从第4个月起停发工资,由工伤保险基金向其供养亲属按月支付供养亲属抚恤金。生活有困难的,可以预支一次性工亡补助金的50%。职工被人民法院宣告死亡的,按照本条例第三十九条职工因工死亡的规定处理。

第四十二条 【停止支付工伤保险待遇的情形】工伤职工有下列情形之一的,停止享受工伤保险待遇:

(一)丧失享受待遇条件的;

(二)拒不接受劳动能力鉴定的;

(三)拒绝治疗的。

第四十三条 【用人单位分立合并等情况下的责任】用人单位分立、合并、转让的,承继单位应当承担原用人单位的工伤保险责任;原用人单位已经参加工伤保险的,承继单位应当到当地经办机构办理工伤保险变更登记。

用人单位实行承包经营的,工伤保险责任由职工劳动关系所在单位承担。

职工被借调期间受到工伤事故伤害的，由原用人单位承担工伤保险责任，但原用人单位与借调单位可以约定补偿办法。

企业破产的，在破产清算时依法拨付应当由单位支付的工伤保险待遇费用。

第四十四条 【派遣出境期间的工伤保险关系】职工被派遣出境工作，依据前往国家或者地区的法律应当参加当地工伤保险的，参加当地工伤保险，其国内工伤保险关系中止；不能参加当地工伤保险的，其国内工伤保险关系不中止。

第四十五条 【再次发生工伤的待遇】职工再次发生工伤，根据规定应当享受伤残津贴的，按照新认定的伤残等级享受伤残津贴待遇。

……

第八章 附 则

第六十四条 【相关名词解释】本条例所称工资总额，是指用人单位直接支付给本单位全部职工的劳动报酬总额。

本条例所称本人工资，是指工伤职工因工作遭受事故伤害或者患职业病前12个月平均月缴费工资。本人工资高于统筹地区职工平均工资300%的，按照统筹地区职工平均工资的300%计算；本人工资低于统筹地区职工平均工资60%的，按照统筹地区职工平均工资的60%计算。

第六十五条 【公务员等的工伤保险】公务员和参照公务员法管理的事业单位、社会团体的工作人员因工作遭受事故伤害或者患职业病的，由所在单位支付费用。具体办法由国务院社会保险行政部门会同国务院财政部门规定。

第六十六条 【非法经营单位工伤一次性赔偿及争议处理】无营业执照或者未经依法登记、备案的单位以及被依法吊销营业执照或者撤销登记、备案的单位的职工受到事故伤害或者患职业病的，由该单位向伤残职工或者死亡职工的近亲属给予一次性赔偿，赔偿标准不得低于本条例规定的工伤保险待遇；用人单位不得使用童工，用人单位使用童工造成童工伤残、死亡的，由该单位向童工或者童工的近亲属给予一次性赔偿，赔偿标准不得低于本条例规定的工伤保险待遇。具体办法由国务院社会保险行政部门规定。

前款规定的伤残职工或者死亡职工的近亲属就赔偿数额与单位发生争议的，以及前款规定的童工或者童工的近亲属就赔偿数额与单位发生争议的，按照处理劳动争议的有关规定处理。

第六十七条 【实施日期及过渡事项】本条例自2004年1月1日起施行。本条例施行前已受到事故伤害或者患职业病的职工尚未完成工伤认定的，按照本条例的规定执行。

人力资源和社会保障部关于执行《工伤保险条例》若干问题的意见

（2013年4月25日 人社部发〔2013〕34号）

各省、自治区、直辖市及新疆生产建设兵团人力资源社会保障厅（局）：

《国务院关于修改〈工伤保险条例〉的决定》（国务院令第586号）已经于2011年1月1日实施。为贯彻执行新修订的《工伤保险条例》，妥善解决实际工作中的问题，更好地保障职工和用人单位的合法权益，现提出如下意见。

一、《工伤保险条例》（以下简称《条例》）第十四条第（五）项规定的"因工外出期间"的认定，应当考虑职工外出是否属于用人单位指派的因工外出，遭受的事故伤害是否因工作原因所致。

二、《条例》第十四条第（六）项规定的"非本人主要责任"的认定，应当以有关机关出具的法律文书或者人民法院的生效裁决为依据。

三、《条例》第十六条第（一）项"故意犯罪"的认定，应当以司法机关的生效法律文书或者结论性意见为依据。

四、《条例》第十六条第（二）项"醉酒或者吸毒"的认定，应当以有关机关出具的法律文书或者人民法院的生效裁决为依据。无法获得上述证据的，可以结合相关证据认定。

五、社会保险行政部门受理工伤认定申请后，发现劳动关系存在争议且无法确认的，应告知当事人可以向劳动人事争议仲裁委员会申请仲裁。在此期间，作出工伤认定决定的时限中止，并书面通知申请工伤认定的当事人。劳动关系依法确认后，当事人应将有关法律文书送交受理工伤认定申请的社会保险行政部门，该部门自收到生效法律文书之日起恢复工伤认定程序。

六、符合《条例》第十五条第（一）项情形的，职工所在用人单位原则上应自职工死亡之日起5个工作日内向用人单位所在统筹地区社会保险行政部门报告。

七、具备用工主体资格的承包单位违反法律、法规规定，将承包业务转包、分包给不具备用工主体资格的组织或者自然人，该组织或者自然人招用的劳动者从事承包业务时因工伤亡的，由该具备用工主体资格的承包单位承担用人单位依法应承担的工伤保险责任。

八、曾经从事接触职业病危害作业、当时没有发现罹患职业病、离开工作岗位后被诊断或鉴定为职业病的符合下列条件的人员，可以自诊断、鉴定为职业病之日起一年内申请工伤认定，社会保险行政部门应当受理：

（一）办理退休手续后，未再从事接触职业病危害作业的退休人员；

（二）劳动或聘用合同期满后或者本人提出而解除劳动或聘用合同后，未再从事接触职业病危害作业的人员。

经工伤认定和劳动能力鉴定，前款第（一）项人员符合领取一次性伤残补助金条件的，按就高原则以本人退休前12个月平均月缴费工资或者确诊职业病前12个月的月平均养老金为基数计发。前款第（二）项人员被鉴定为一级至十级伤残、按《条例》规定应以本人工资作为基数享受相关待遇的，按本人终止或者解除劳动、聘用合同前12个月平均月缴费工资计发。

九、按照本意见第八条规定被认定为工伤的职业病人员，职业病诊断证明书（或职业病诊断鉴定书）中明确的用人单位，在该职工从业期间依法为其缴纳工伤保险费的，按《条例》的规定，分别由工伤保险基金和用人单位支付工伤保险待遇；未依法为该职工缴纳工伤保险费的，由用人单位按照《条例》规定的相关项目和标准支付待遇。

十、职工在同一用人单位连续工作期间多次发生工伤，符合《条例》第三十六、第三十七条规定领取相关待遇时，按照其在同一用人单位发生工伤的最高伤残级别，计发一次性伤残就业补助金和一次性工伤医疗补助金。

十一、依据《条例》第四十二条的规定停止支付工伤保险待遇的，在停止支付待遇的情形消失后，自下月起恢复工伤保险待遇，停止支付的工伤保险待遇不予补发。

十二、《条例》第六十二条第三款规定的"新发生的费用"，是指用人单位职工参加工伤保险前发生工伤的，在参加工伤保险后新发生的费用。

十三、由工伤保险基金支付的各项待遇应按《条例》相关规定支付，不得采取将长期待遇改为一次性支付的办法。

十四、核定工伤职工工伤保险待遇时，若

上一年度相关数据尚未公布,可暂按前一年度的全国城镇居民人均可支配收入、统筹地区职工月平均工资核定和计发,待相关数据公布后再重新核定,社会保险经办机构或者用人单位予以补发差额部分。

本意见自发文之日起执行,此前有关规定与本意见不一致的,按本意见执行。执行中有重大问题,请及时报告我部。

人力资源社会保障部关于执行《工伤保险条例》若干问题的意见(二)

(2016年3月28日 人社部发〔2016〕29号)

各省、自治区、直辖市及新疆生产建设兵团人力资源社会保障厅(局):

为更好地贯彻执行新修订的《工伤保险条例》,提高依法行政能力和水平,妥善解决实际工作中的问题,保障职工和用人单位合法权益,现提出如下意见:

一、一级至四级工伤职工死亡,其近亲属同时符合领取工伤保险丧葬补助金、供养亲属抚恤金待遇和职工基本养老保险丧葬补助金、抚恤金待遇条件的,由其近亲属选择领取工伤保险或职工基本养老保险其中一种。

二、达到或超过法定退休年龄,但未办理退休手续或者未依法享受城镇职工基本养老保险待遇,继续在原用人单位工作期间受到事故伤害或患职业病的,用人单位依法承担工伤保险责任。

用人单位招用已经达到、超过法定退休年龄或已经领取城镇职工基本养老保险待遇的人员,在用工期间因工作原因受到事故伤害或患职业病的,如招用单位已按项目参保等方式为其缴纳工伤保险费的,应适用《工伤保险条例》。

三、《工伤保险条例》第六十二条规定的"新发生的费用",是指用人单位参加工伤保险前发生工伤的职工,在参加工伤保险后新发生的费用。其中由工伤保险基金支付的费用,按不同情况予以处理:

(一)因工受伤的,支付参保后新发生的工伤医疗费、工伤康复费、住院伙食补助费、统筹地区以外就医交通食宿费、辅助器具配置费、生活护理费、一级至四级伤残职工伤残津贴,以及参保后解除劳动合同时的一次性工伤医疗补助金;

(二)因工死亡的,支付参保后新发生的符合条件的供养亲属抚恤金。

四、职工在参加用人单位组织或者受用人单位指派参加其他单位组织的活动中受到事故伤害的,应当视为工作原因,但参加与工作无关的活动除外。

五、职工因工作原因驻外,有固定的住所、有明确的作息时间,工伤认定时按照在驻在地当地正常工作的情形处理。

六、职工以上下班为目的、在合理时间内往返于工作单位和居住地之间的合理路线,视为上下班途中。

七、用人单位注册地与生产经营地不在同一统筹地区的,原则上应在注册地为职工参加工伤保险;未在注册地参加工伤保险的职工,可由用人单位在生产经营地为其参加工伤保险。

劳务派遣单位跨地区派遣劳动者,应根据《劳务派遣暂行规定》参加工伤保险。建筑施工企业按项目参保的,应在施工项目所在地参加工伤保险。

职工受到事故伤害或者患职业病后,在参保地进行工伤认定、劳动能力鉴定,并按照参保地的规定依法享受工伤保险待遇;未参加工伤保险的职工,应当在生产经营地进行工伤认定、劳动能力鉴定,并按照生产经营地的规定依法由用人单位支付工伤保险待遇。

八、有下列情形之一的,被延误的时间不计算在工伤认定申请时限内。

(一)受不可抗力影响的;

(二)职工由于被国家机关依法采取强制措施等人身自由受到限制不能申请工伤认定的;

(三)申请人正式提交了工伤认定申请,但因社会保险机构未登记或者材料遗失等原因造成申请超时限的;

(四)当事人就确认劳动关系申请劳动仲裁或提起民事诉讼的;

(五)其他符合法律法规规定的情形。

九、《工伤保险条例》第六十七条规定的"尚未完成工伤认定的",是指在《工伤保险条例》施行前遭受事故伤害或被诊断鉴定为职业病,且在工伤认定申请法定时限内(从《工伤保险条例》施行之日起算)提出工伤认定申请,尚未做出工伤认定的情形。

十、因工伤认定申请人或者用人单位隐瞒有关情况或者提供虚假材料,导致工伤认定决定错误的,社会保险行政部门发现后,应当及时予以更正。

本意见自发文之日起执行,此前有关规定与本意见不一致的,按本意见执行。执行中有重大问题,请及时报告我部。

工伤认定办法

(2010 年 12 月 31 日人力资源和社会保障部令第 8 号公布 自 2011 年 1 月 1 日起施行)

第一条 为规范工伤认定程序,依法进行工伤认定,维护当事人的合法权益,根据《工伤保险条例》的有关规定,制定本办法。

第二条 社会保险行政部门进行工伤认定按照本办法执行。

第三条 工伤认定应当客观公正、简捷方便,认定程序应当向社会公开。

第四条 职工发生事故伤害或者按照职业病防治法规定被诊断、鉴定为职业病,所在单位应当自事故伤害发生之日或者被诊断、鉴定为职业病之日起 30 日内,向统筹地区社会保险行政部门提出工伤认定申请。遇有特殊情况,经报社会保险行政部门同意,申请时限可以适当延长。

按照前款规定应当向省级社会保险行政部门提出工伤认定申请的,根据属地原则应当向用人单位所在地设区的市级社会保险行政部门提出。

第五条 用人单位未在规定的时限内提出工伤认定申请的,受伤害职工或者其近亲属、工会组织在事故伤害发生之日或者被诊断、鉴定为职业病之日起 1 年内,可以直接按照本办法第四条规定提出工伤认定申请。

第六条 提出工伤认定申请应当填写《工伤认定申请表》,并提交下列材料:

(一)劳动、聘用合同文本复印件或者与用人单位存在劳动关系(包括事实劳动关系)、人事关系的其他证明材料;

(二)医疗机构出具的受伤后诊断证明书或者职业病诊断证明书(或者职业病诊断鉴定书)。

第七条 工伤认定申请人提交的申请材料符合要求,属于社会保险行政部门管辖范围且在受理时限内的,社会保险行政部门应当受理。

第八条 社会保险行政部门收到工伤认定申请后,应当在 15 日内对申请人提交的材料进行审核,材料完整的,作出受理或者不予受理的决定;材料不完整的,应当以书面形式一次性告知申请人需要补正的全部材料。社会保险行政部门收到申请人提交的全部补正材料后,应当在 15 日内作出受理或者不予受理的决定。

社会保险行政部门决定受理的,应当出具《工伤认定申请受理决定书》;决定不予受理的,应当出具《工伤认定申请不予受理决定书》。

第九条 社会保险行政部门受理工伤认定申请后,可以根据需要对申请人提供的证据进行调查核实。

第十条 社会保险行政部门进行调查核实,应当由两名以上工作人员共同进行,并出示执行公务的证件。

第十一条 社会保险行政部门工作人员在工伤认定中,可以进行以下调查核实工作:

(一)根据工作需要,进入有关单位和事故现场;

(二)依法查阅与工伤认定有关的资料,询问有关人员并作出调查笔录;

(三)记录、录音、录像和复制与工伤认定有关的资料。

调查核实工作的证据收集参照行政诉讼证据收集的有关规定执行。

第十二条 社会保险行政部门工作人员进行调查核实时,有关单位和个人应当予以协助。用人单位、工会组织、医疗机构以及有关部门应当负责安排相关人员配合工作,据实提供情况和证明材料。

第十三条 社会保险行政部门在进行工伤认定时,对申请人提供的符合国家有关规定的职业病诊断证明书或者职业病诊断鉴定书,不再进行调查核实。职业病诊断证明书或者职业病诊断鉴定书不符合国家规定的要求和格式的,社会保险行政部门可以要求出具证据部门重新提供。

第十四条 社会保险行政部门受理工伤认定申请后,可以根据工作需要,委托其他统筹地区的社会保险行政部门或者相关部门进行调查核实。

第十五条 社会保险行政部门工作人员进行调查核实时,应当履行下列义务:

(一)保守有关单位商业秘密以及个人隐私;

(二)为提供情况的有关人员保密。

第十六条 社会保险行政部门工作人员与工伤认定申请人有利害关系的,应当回避。

第十七条 职工或者其近亲属认为是工伤,用人单位不认为是工伤的,由该用人单位承担举证责任。用人单位拒不举证的,社会保险行政部门可以根据受伤害职工提供的证据或者调查取得的证据,依法作出工伤认定决定。

第十八条 社会保险行政部门应当自受理工伤认定申请之日起60日内作出工伤认定决定,出具《认定工伤决定书》或者《不予认定工伤决定书》。

第十九条 《认定工伤决定书》应当载明下列事项:

(一)用人单位全称;

(二)职工的姓名、性别、年龄、职业、身份证号码;

(三)受伤害部位、事故时间和诊断时间或职业病名称、受伤害经过和核实情况、医疗救治的基本情况和诊断结论;

(四)认定工伤或者视同工伤的依据;

(五)不服认定决定申请行政复议或者提起行政诉讼的部门和时限;

(六)作出认定工伤或者视同工伤决定的时间。

《不予认定工伤决定书》应当载明下列事项:

(一)用人单位全称;

(二)职工的姓名、性别、年龄、职业、身份证号码;

(三)不予认定工伤或者不视同工伤的依据;

(四)不服认定决定申请行政复议或者提起行政诉讼的部门和时限;

(五)作出不予认定工伤或者不视同工伤

决定的时间。

《认定工伤决定书》和《不予认定工伤决定书》应当加盖社会保险行政部门工伤认定专用印章。

第二十条 社会保险行政部门受理工伤认定申请后,作出工伤认定决定需要以司法机关或者有关行政主管部门的结论为依据的,在司法机关或者有关行政主管部门尚未作出结论期间,作出工伤认定决定的时限中止,并书面通知申请人。

第二十一条 社会保险行政部门对于事实清楚、权利义务明确的工伤认定申请,应当自受理工伤认定申请之日起 15 日内作出工伤认定决定。

第二十二条 社会保险行政部门应当自工伤认定决定作出之日起 20 日内,将《认定工伤决定书》或者《不予认定工伤决定书》送达受伤害职工(或者其近亲属)和用人单位,并抄送社会保险经办机构。

《认定工伤决定书》和《不予认定工伤决定书》的送达参照民事法律有关送达的规定执行。

第二十三条 职工或者其近亲属、用人单位对不予受理决定不服或者对工伤认定决定不服的,可以依法申请行政复议或者提起行政诉讼。

第二十四条 工伤认定结束后,社会保险行政部门应当将工伤认定的有关资料保存 50 年。

第二十五条 用人单位拒不协助社会保险行政部门对事故伤害进行调查核实的,由社会保险行政部门责令改正,处 2000 元以上 2 万元以下的罚款。

第二十六条 本办法中的《工伤认定申请表》、《工伤认定申请受理决定书》、《工伤认定申请不予受理决定书》、《认定工伤决定书》、《不予认定工伤决定书》的样式由国务院社会保险行政部门统一制定。

第二十七条 本办法自 2011 年 1 月 1 日起施行。劳动和社会保障部 2003 年 9 月 23 日颁布的《工伤认定办法》同时废止。

附件:

工伤认定申请表(略)

工伤认定申请受理决定书(略)

工伤认定申请不予受理决定书(略)

认定工伤决定书(略)

不予认定工伤决定书(略)

非法用工单位伤亡 人员一次性赔偿办法

(2010 年 12 月 31 日人力资源和社会保障部令第 9 号公布 自 2011 年 1 月 1 日起施行)

第一条 根据《工伤保险条例》第六十六条第一款的授权,制定本办法。

第二条 本办法所称非法用工单位伤亡人员,是指无营业执照或者未经依法登记、备案的单位以及被依法吊销营业执照或者撤销登记、备案的单位受到事故伤害或者患职业病的职工,或者用人单位使用童工造成的伤残、死亡童工。

前款所列单位必须按照本办法的规定向伤残职工或者死亡职工的近亲属、伤残童工或者死亡童工的近亲属给予一次性赔偿。

第三条 一次性赔偿包括受到事故伤害或者患职业病的职工或童工在治疗期间的费用和一次性赔偿金。一次性赔偿金数额应当在受到事故伤害或者患职业病的职工或童工死亡或者经劳动能力鉴定后确定。

劳动能力鉴定按照属地原则由单位所在地设区的市级劳动能力鉴定委员会办理。劳动能力鉴定费用由伤亡职工或童工所在单位支付。

第四条 职工或童工受到事故伤害或者患职业病,在劳动能力鉴定之前进行治疗期间的生活费按照统筹地区上年度职工月平均工资标准确定,医疗费、护理费、住院期间的伙食补助费以及所需的交通费等费用按照《工伤保险条例》规定的标准和范围确定,并全部由伤残职工或童工所在单位支付。

第五条 一次性赔偿金按照以下标准支付:

一级伤残的为赔偿基数的16倍,二级伤残的为赔偿基数的14倍,三级伤残的为赔偿基数的12倍,四级伤残的为赔偿基数的10倍,五级伤残的为赔偿基数的8倍,六级伤残的为赔偿基数的6倍,七级伤残的为赔偿基数的4倍,八级伤残的为赔偿基数的3倍,九级伤残的为赔偿基数的2倍,十级伤残的为赔偿基数的1倍。

前款所称赔偿基数,是指单位所在工伤保险统筹地区上年度职工年平均工资。

第六条 受到事故伤害或者患职业病造成死亡的,按照上一年度全国城镇居民人均可支配收入的20倍支付一次性赔偿金,并按照上一年度全国城镇居民人均可支配收入的10倍一次性支付丧葬补助等其他赔偿金。

第七条 单位拒不支付一次性赔偿的,伤残职工或者死亡职工的近亲属、伤残童工或者死亡童工的近亲属可以向人力资源和社会保障行政部门举报。经查证属实的,人力资源和社会保障行政部门应当责令该单位限期改正。

第八条 伤残职工或者死亡职工的近亲属、伤残童工或者死亡童工的近亲属就赔偿数额与单位发生争议的,按照劳动争议处理的有关规定处理。

第九条 本办法自2011年1月1日起施行。劳动和社会保障部2003年9月23日颁布的《非法用工单位伤亡人员一次性赔偿办法》同时废止。

(七)环境污染和生态破坏责任

中华人民共和国环境保护法(节录)

(1989年12月26日第七届全国人民代表大会常务委员会第十一次会议通过 2014年4月24日第十二届全国人民代表大会常务委员会第八次会议修订 2014年4月24日中华人民共和国主席令第9号公布 自2015年1月1日起施行)

目 录

......

第五章 信息公开和公众参与

第五十三条 【公众参与】公民、法人和其他组织依法享有获取环境信息、参与和监督环境保护的权利。

各级人民政府环境保护主管部门和其他负有环境保护监督管理职责的部门,应当依法公开环境信息、完善公众参与程序,为公民、法人和其他组织参与和监督环境保护提供便利。

第五十四条 【政府环境信息公开】国务院环境保护主管部门统一发布国家环境质量、重点污染源监测信息及其他重大环境信息。省级以上人民政府环境保护主管部门定期发布环境状况公报。

县级以上人民政府环境保护主管部门和其他负有环境保护监督管理职责的部门，应当依法公开环境质量、环境监测、突发环境事件以及环境行政许可、行政处罚、排污费的征收和使用情况等信息。

县级以上地方人民政府环境保护主管部门和其他负有环境保护监督管理职责的部门，应当将企业事业单位和其他生产经营者的环境违法信息记入社会诚信档案，及时向社会公布违法者名单。

第五十五条 【企业环境信息公开】重点排污单位应当如实向社会公开其主要污染物的名称、排放方式、排放浓度和总量、超标排放情况，以及防治污染设施的建设和运行情况，接受社会监督。

第五十六条 【公众参与建设项目环境影响评价】对依法应当编制环境影响报告书的建设项目，建设单位应当在编制时向可能受影响的公众说明情况，充分征求意见。

负责审批建设项目环境影响评价文件的部门在收到建设项目环境影响报告书后，除涉及国家秘密和商业秘密的事项外，应当全文公开；发现建设项目未充分征求公众意见的，应当责成建设单位征求公众意见。

第五十七条 【举报】公民、法人和其他组织发现任何单位和个人有污染环境和破坏生态行为的，有权向环境保护主管部门或者其他负有环境保护监督管理职责的部门举报。

公民、法人和其他组织发现地方各级人民政府、县级以上人民政府环境保护主管部门和其他负有环境保护监督管理职责的部门不依法履行职责的，有权向其上级机关或者监察机关举报。

接受举报的机关应当对举报人的相关信息予以保密，保护举报人的合法权益。

第五十八条 【环境公益诉讼】对污染环境、破坏生态，损害社会公共利益的行为，符合下列条件的社会组织可以向人民法院提起诉讼：

（一）依法在设区的市级以上人民政府民政部门登记；

（二）专门从事环境保护公益活动连续五年以上且无违法记录。

符合前款规定的社会组织向人民法院提起诉讼，人民法院应当依法受理。

提起诉讼的社会组织不得通过诉讼牟取经济利益。

第六章 法律责任

第五十九条 【按日计罚】企业事业单位和其他生产经营者违法排放污染物，受到罚款处罚，被责令改正，拒不改正的，依法作出处罚决定的行政机关可以自责令改正之日的次日起，按照原处罚数额按日连续处罚。

前款规定的罚款处罚，依照有关法律法规按照防治污染设施的运行成本、违法行为造成的直接损失或者违法所得等因素确定的规定执行。

地方性法规可以根据环境保护的实际需要，增加第一款规定的按日连续处罚的违法行为的种类。

第六十条 【超标超总量的法律责任】企业事业单位和其他生产经营者超过污染物排放标准或者超过重点污染物排放总量控制指标排放污染物的，县级以上人民政府环境保护主管部门可以责令其采取限制生产、停产整治等措施；情节严重的，报经有批准权的人民政府批准，责令停业、关闭。

第六十一条 【未批先建的法律责任】建设单位未依法提交建设项目环境影响评价文件或者环境影响评价文件未经批准，擅自开工建设的，由负有环境保护监督管理职责的部门责令停止建设，处以罚款，并可以责令恢复原状。

第六十二条 【不依法公开环境信息的法律责任】违反本法规定，重点排污单位不公开或者不如实公开环境信息的，由县级以上地方人民政府环境保护主管部门责令公开，处以罚款，并予以公告。

第六十三条 【行政处罚】企业事业单位和其他生产经营者有下列行为之一，尚不构成犯罪的，除依照有关法律法规规定予以处罚外，由县级以上人民政府环境保护主管部门或者其他有关部门将案件移送公安机关，对其直接负责的主管人员和其他直接责任人员，处十日以上十五日以下拘留；情节较轻的，处五日以上十日以下拘留：

（一）建设项目未依法进行环境影响评价，被责令停止建设，拒不执行的；

（二）违反法律规定，未取得排污许可证排放污染物，被责令停止排污，拒不执行的；

（三）通过暗管、渗井、渗坑、灌注或者篡改、伪造监测数据，或者不正常运行防治污染设施等逃避监管的方式违法排放污染物的；

（四）生产、使用国家明令禁止生产、使用的农药，被责令改正，拒不改正的。

第六十四条 【民事责任】因污染环境和破坏生态造成损害的，应当依照《中华人民共和国侵权责任法》的有关规定承担侵权责任。

第六十五条 【连带责任】环境影响评价机构、环境监测机构以及从事环境监测设备和防治污染设施维护、运营的机构，在有关环境服务活动中弄虚作假，对造成的环境污染和生态破坏负有责任的，除依照有关法律法规规定予以处罚外，还应当与造成环境污染和生态破坏的其他责任者承担连带责任。

第六十六条 【诉讼时效】提起环境损害赔偿诉讼的时效期间为三年，从当事人知道或者应当知道其受到损害时起计算。

第六十七条 【内部监督】上级人民政府及其环境保护主管部门应当加强对下级人民政府及其有关部门环境保护工作的监督。发现有关工作人员有违法行为，依法应当给予处分的，应当向其任免机关或者监察机关提出处分建议。

依法应当给予行政处罚，而有关环境保护主管部门不给予行政处罚的，上级人民政府环境保护主管部门可以直接作出行政处罚的决定。

第六十八条 【行政处分】地方各级人民政府、县级以上人民政府环境保护主管部门和其他负有环境保护监督管理职责的部门有下列行为之一的，对直接负责的主管人员和其他直接责任人员给予记过、记大过或者降级处分；造成严重后果的，给予撤职或者开除处分，其主要负责人应当引咎辞职：

（一）不符合行政许可条件准予行政许可的；

（二）对环境违法行为进行包庇的；

（三）依法应当作出责令停业、关闭的决定而未作出的；

（四）对超标排放污染物、采用逃避监管的方式排放污染物、造成环境事故以及不落实生态保护措施造成生态破坏等行为，发现或者接到举报未及时查处的；

（五）违反本法规定，查封、扣押企业事业单位和其他生产经营者的设施、设备的；

（六）篡改、伪造或者指使篡改、伪造监测数据的；

（七）应当依法公开环境信息而未公开的；

（八）将征收的排污费截留、挤占或者挪作他用的；

（九）法律法规规定的其他违法行为。

第六十九条 **【刑事责任】**违反本法规定,构成犯罪的,依法追究刑事责任。

第七章 附 则

第七十条 **【实施日期】**本法自 2015 年 1 月 1 日起施行。

中华人民共和国
海洋环境保护法(节录)

(1982 年 8 月 23 日第五届全国人民代表大会常务委员会第二十四次会议通过 1999 年 12 月 25 日第九届全国人民代表大会常务委员会第十三次会议第一次修订 根据 2013 年 12 月 28 日第十二届全国人民代表大会常务委员会第六次会议《关于修改〈中华人民共和国海洋环境保护法〉等七部法律的决定》第一次修正 根据 2016 年 11 月 7 日第十二届全国人民代表大会常务委员会第二十四次会议《关于修改〈中华人民共和国海洋环境保护法〉的决定》第二次修正 根据 2017 年 11 月 4 日第十二届全国人民代表大会常务委员会第三十次会议《关于修改〈中华人民共和国会计法〉等十一部法律的决定》第三次修正 2023 年 10 月 24 日第十四届全国人民代表大会常务委员会第六次会议第二次修订 2023 年 10 月 24 日中华人民共和国主席令第 12 号公布 自 2024 年 1 月 1 日起施行)

目 录

……

第四章 陆源污染物污染防治

第四十六条 向海域排放陆源污染物,应当严格执行国家或者地方规定的标准和有关规定。

第四十七条 入海排污口位置的选择,应当符合国土空间用途管制要求,根据海水动力条件和有关规定,经科学论证后,报设区的市级以上人民政府生态环境主管部门备案。排污口的责任主体应当加强排污口监测,按照规定开展监控和自动监测。

生态环境主管部门应当在完成备案后十五个工作日内将入海排污口设置情况通报自然资源、渔业等部门和海事管理机构、海警机构、军队生态环境保护部门。

沿海县级以上地方人民政府应当根据排污口类别、责任主体,组织有关部门对本行政区域内各类入海排污口进行排查整治和日常监督管理,建立健全近岸水体、入海排污口、排污管线、污染源全链条治理体系。

国务院生态环境主管部门负责制定入海排污口设置和管理的具体办法,制定入海排污口技术规范,组织建设统一的入海排污口信息平台,加强动态更新、信息共享和公开。

第四十八条 禁止在自然保护地、重要渔业水域、海水浴场、生态保护红线区域及其他需要特别保护的区域,新设工业排污口和城镇污水处理厂排污口;法律、行政法规另有规定的除外。

在有条件的地区,应当将排污口深水设置,实行离岸排放。

第四十九条　经开放式沟（渠）向海洋排放污染物的,对开放式沟（渠）按照国家和地方的有关规定、标准实施水环境质量管理。

第五十条　国务院有关部门和县级以上地方人民政府及其有关部门应当依照水污染防治有关法律、行政法规的规定,加强入海河流管理,协同推进入海河流污染防治,使入海河口的水质符合入海河口环境质量相关要求。

入海河流流域省、自治区、直辖市人民政府应当按照国家有关规定,加强入海总氮、总磷排放的管控,制定控制方案并组织实施。

第五十一条　禁止向海域排放油类、酸液、碱液、剧毒废液。

禁止向海域排放污染海洋环境、破坏海洋生态的放射性废水。

严格控制向海域排放含有不易降解的有机物和重金属的废水。

第五十二条　含病原体的医疗污水、生活污水和工业废水应当经过处理,符合国家和地方有关排放标准后,方可排入海域。

第五十三条　含有机物和营养物质的工业废水、生活污水,应当严格控制向海湾、半封闭海及其他自净能力较差的海域排放。

第五十四条　向海域排放含热废水,应当采取有效措施,保证邻近自然保护地、渔业水域的水温符合国家和地方海洋环境质量标准,避免热污染对珍稀濒危海洋生物、海洋水产资源造成危害。

第五十五条　沿海地方各级人民政府应当加强农业面源污染防治。沿海农田、林场施用化学农药,应当执行国家农药安全使用的规定和标准。沿海农田、林场应当合理使用化肥和植物生长调节剂。

第五十六条　在沿海陆域弃置、堆放和处理尾矿、矿渣、煤灰渣、垃圾和其他固体废物的,依照《中华人民共和国固体废物污染环境防治法》的有关规定执行,并采取有效措施防止固体废物进入海洋。

禁止在岸滩弃置、堆放和处理固体废物;法律、行政法规另有规定的除外。

第五十七条　沿海县级以上地方人民政府负责其管理海域的海洋垃圾污染防治,建立海洋垃圾监测、清理制度,统筹规划建设陆域接收、转运、处理海洋垃圾的设施,明确有关部门、乡镇、街道、企业事业单位等的海洋垃圾管控区域,建立海洋垃圾监测、拦截、收集、打捞、运输、处理体系并组织实施,采取有效措施鼓励、支持公众参与上述活动。国务院生态环境、住房和城乡建设、发展改革等部门应当按照职责分工加强海洋垃圾污染防治的监督指导和保障。

第五十八条　禁止经中华人民共和国内水、领海过境转移危险废物。

经中华人民共和国管辖的其他海域转移危险废物的,应当事先取得国务院生态环境主管部门的书面同意。

第五十九条　沿海县级以上地方人民政府应当建设和完善排水管网,根据改善海洋环境质量的需要建设城镇污水处理厂和其他污水处理设施,加强城乡污水处理。

建设污水海洋处置工程,应当符合国家有关规定。

第六十条　国家采取必要措施,防止、减少和控制来自大气层或者通过大气层造成的海洋环境污染损害。

第五章　工程建设项目污染防治

第六十一条　新建、改建、扩建工程建设项目,应当遵守国家有关建设项目环境保护管理的规定,并把污染防治和生态保护所需资金纳入建设项目投资计划。

禁止在依法划定的自然保护地、重要渔业水域及其他需要特别保护的区域,违法建设污染环境、破坏生态的工程建设项目或者从事其他活动。

第六十二条　工程建设项目应当按照国家有关建设项目环境影响评价的规定进行环境影响评价。未依法进行并通过环境影响评价的建设项目，不得开工建设。

环境保护设施应当与主体工程同时设计、同时施工、同时投产使用。环境保护设施应当符合经批准的环境影响评价报告书（表）的要求。建设单位应当依照有关法律法规的规定，对环境保护设施进行验收，编制验收报告，并向社会公开。环境保护设施未经验收或者经验收不合格的，建设项目不得投入生产或者使用。

第六十三条　禁止在沿海陆域新建不符合国家产业政策的化学制浆造纸、化工、印染、制革、电镀、酿造、炼油、岸边冲滩拆船及其他严重污染海洋环境的生产项目。

第六十四条　新建、改建、扩建工程建设项目，应当采取有效措施，保护国家和地方重点保护的野生动植物及其生存环境，保护海洋水产资源，避免或者减轻对海洋生物的影响。

禁止在严格保护岸线范围内开采海砂。依法在其他区域开发利用海砂资源，应当采取严格措施，保护海洋环境。载运海砂资源应当持有合法来源证明；海砂开采者应当为载运海砂的船舶提供合法来源证明。

从岸上打井开采海底矿产资源，应当采取有效措施，防止污染海洋环境。

第六十五条　工程建设项目不得使用含超标准放射性物质或者易溶出有毒有害物质的材料；不得造成领海基点及其周围环境的侵蚀、淤积和损害，不得危及领海基点的稳定。

第六十六条　工程建设项目需要爆破作业时，应当采取有效措施，保护海洋环境。

海洋石油勘探开发及输油过程中，应当采取有效措施，避免溢油事故的发生。

第六十七条　工程建设项目不得违法向海洋排放污染物、废弃物及其他有害物质。

海洋油气钻井平台（船）、生产生活平台、生产储卸装置等海洋油气装备的含油污水和油性混合物，应当经过处理达标后排放；残油、废油应当予以回收，不得排放入海。

钻井所使用的油基泥浆和其他有毒复合泥浆不得排放入海。水基泥浆和无毒复合泥浆及钻屑的排放，应当符合国家有关规定。

第六十八条　海洋油气钻井平台（船）、生产生活平台、生产储卸装置等海洋油气装备及其有关海上设施，不得向海域处置含油的工业固体废物。处置其他固体废物，不得造成海洋环境污染。

第六十九条　海上试油时，应当确保油气充分燃烧，油和油性混合物不得排放入海。

第七十条　勘探开发海洋油气资源，应当按照有关规定编制油气污染应急预案，报国务院生态环境主管部门海域派出机构备案。

第六章　废弃物倾倒污染防治

第七十一条　任何个人和未经批准的单位，不得向中华人民共和国管辖海域倾倒任何废弃物。

需要倾倒废弃物的，产生废弃物的单位应当向国务院生态环境主管部门海域派出机构提出书面申请，并出具废弃物特性和成分检验报告，取得倾倒许可证后，方可倾倒。

国家鼓励疏浚物等废弃物的综合利用，避免或者减少海洋倾倒。

禁止中华人民共和国境外的废弃物在中华人民共和国管辖海域倾倒。

第七十二条　国务院生态环境主管部门根据废弃物的毒性、有毒物质含量和对海洋环境影响程度，制定海洋倾倒废弃物评价程序和标准。

可以向海洋倾倒的废弃物名录,由国务院生态环境主管部门制定。

第七十三条 国务院生态环境主管部门会同国务院自然资源主管部门编制全国海洋倾倒区规划,并征求国务院交通运输、渔业等部门和海警机构的意见,报国务院批准。

国务院生态环境主管部门根据全国海洋倾倒区规划,按照科学、合理、经济、安全的原则及时选划海洋倾倒区,征求国务院交通运输、渔业等部门和海警机构的意见,并向社会公告。

第七十四条 国务院生态环境主管部门组织开展海洋倾倒区使用状况评估,根据评估结果予以调整、暂停使用或者封闭海洋倾倒区。

海洋倾倒区的调整、暂停使用和封闭情况,应当通报国务院有关部门、海警机构并向社会公布。

第七十五条 获准和实施倾倒废弃物的单位,应当按照许可证注明的期限及条件,到指定的区域进行倾倒。倾倒作业船舶等载运工具应当安装使用符合要求的海洋倾倒在线监控设备,并与国务院生态环境主管部门监管系统联网。

第七十六条 获准和实施倾倒废弃物的单位,应当按照规定向颁发许可证的国务院生态环境主管部门海域派出机构报告倾倒情况。倾倒废弃物的船舶应当向驶出港的海事管理机构、海警机构作出报告。

第七十七条 禁止在海上焚烧废弃物。

禁止在海上处置污染海洋环境、破坏海洋生态的放射性废物或者其他放射性物质。

第七十八条 获准倾倒废弃物的单位委托实施废弃物海洋倾倒作业的,应当对受托单位的主体资格、技术能力和信用状况进行核实,依法签订书面合同,在合同中约定污染防治与生态保护要求,并监督实施。

受托单位实施废弃物海洋倾倒作业,应当依照有关法律法规的规定和合同约定,履行污染防治和生态保护要求。

获准倾倒废弃物的单位违反本条第一款规定的,除依照有关法律法规的规定予以处罚外,还应当与造成环境污染、生态破坏的受托单位承担连带责任。

第七章 船舶及有关作业活动污染防治

第七十九条 在中华人民共和国管辖海域,任何船舶及相关作业不得违法向海洋排放船舶垃圾、生活污水、含油污水、含有毒有害物质污水、废气等污染物,废弃物,压载水和沉积物及其他有害物质。

船舶应当按照国家有关规定采取有效措施,对压载水和沉积物进行处理处置,严格防控引入外来有害生物。

从事船舶污染物、废弃物接收和船舶清舱、洗舱作业活动的,应当具备相应的接收处理能力。

第八十条 船舶应当配备相应的防污设备和器材。

船舶的结构、配备的防污设备和器材应当符合国家防治船舶污染海洋环境的有关规定,并经检验合格。

船舶应当取得并持有防治海洋环境污染的证书与文书,在进行涉及船舶污染物、压载水和沉积物排放及操作时,应当按照有关规定监测、监控,如实记录并保存。

第八十一条 船舶应当遵守海上交通安全法律、法规的规定,防止因碰撞、触礁、搁浅、火灾或者爆炸等引起的海难事故,造成海洋环境的污染。

第八十二条 国家完善并实施船舶油污损害民事赔偿责任制度;按照船舶油污损害赔偿责任由船东和货主共同承担风险的原则,完善并实施船舶油污保险、油污损害赔偿基金制度,具体办法由国务院规定。

第八十三条 载运具有污染危害性货物进出港口的船舶,其承运人、货物所有人或者代理人,应当事先向海事管理机构申报。经批准后,方可进出港口或者装卸作业。

第八十四条 交付船舶载运污染危害性货物的,托运人应当将货物的正式名称、污染危害性以及应当采取的防护措施如实告知承运人。污染危害性货物的单证、包装、标志、数量限制等,应当符合对所交付货物的有关规定。

需要船舶载运污染危害性不明的货物,应当按照有关规定事先进行评估。

装卸油类及有毒有害货物的作业,船岸双方应当遵守安全防污操作规程。

第八十五条 港口、码头、装卸站和船舶修造拆解单位所在地县级以上地方人民政府应当统筹规划建设船舶污染物等的接收、转运、处理处置设施,建立相应的接收、转运、处理处置多部门联合监管制度。

沿海县级以上地方人民政府负责对其管理海域的渔港和渔业船舶停泊点及周边区域污染防治的监督管理,规范生产生活污水和渔业垃圾回收处置,推进污染防治设备建设和环境清理整治。

港口、码头、装卸站和船舶修造拆解单位应当按照有关规定配备足够的用于处理船舶污染物、废弃物的接收设施,使该设施处于良好状态并有效运行。

装卸油类等污染危害性货物的港口、码头、装卸站和船舶应当编制污染应急预案,并配备相应的污染应急设备和器材。

第八十六条 国家海事管理机构组织制定中国籍船舶禁止或者限制安装和使用的有害材料名录。

船舶修造单位或者船舶所有人、经营人或者管理人应当在船上备有有害材料清单,在船舶建造、营运和维修过程中持续更新,并

在船舶拆解前提供给从事船舶拆解的单位。

第八十七条 从事船舶拆解的单位,应当采取有效的污染防治措施,在船舶拆解前将船舶污染物减至最小量,对拆解产生的船舶污染物、废弃物和其他有害物质进行安全与环境无害化处置。拆解的船舶部件不得进入水体。

禁止采取冲滩方式进行船舶拆解作业。

第八十八条 国家倡导绿色低碳智能航运,鼓励船舶使用新能源或者清洁能源,淘汰高耗能高排放老旧船舶,减少温室气体和大气污染物的排放。沿海县级以上地方人民政府应当制定港口岸电、船舶受电等设施建设和改造计划,并组织实施。港口岸电设施的供电能力应当与靠港船舶的用电需求相适应。

船舶应当按照国家有关规定采取有效措施提高能效水平。具备岸电使用条件的船舶靠港应当按照国家有关规定使用岸电,但是使用清洁能源的除外。具备岸电供应能力的港口经营人、岸电供电企业应当按照国家有关规定为具备岸电使用条件的船舶提供岸电。

国务院和沿海县级以上地方人民政府对港口岸电设施、船舶受电设施的改造和使用,清洁能源或者新能源动力船舶建造等按照规定给予支持。

第八十九条 船舶及有关作业活动应当遵守有关法律法规和标准,采取有效措施,防止造成海洋环境污染。海事管理机构等应当加强对船舶及有关作业活动的监督管理。

船舶进行散装液体污染危害性货物的过驳作业,应当编制作业方案,采取有效的安全和污染防治措施,并事先按照有关规定报经批准。

第九十条 船舶发生海难事故,造成或者可能造成海洋环境重大污染损害的,国家海事管理机构有权强制采取避免或者减少污

染损害的措施。

对在公海上因发生海难事故，造成中华人民共和国管辖海域重大污染损害后果或者具有污染威胁的船舶、海上设施，国家海事管理机构有权采取与实际的或者可能发生的损害相称的必要措施。

第九十一条　所有船舶均有监视海上污染的义务，在发现海上污染事件或者违反本法规定的行为时，应当立即向就近的依照本法规定行使海洋环境监督管理权的部门或者机构报告。

民用航空器发现海上排污或者污染事件，应当及时向就近的民用航空空中交通管制单位报告。接到报告的单位，应当立即向依照本法规定行使海洋环境监督管理权的部门或者机构通报。

第九十二条　国务院交通运输主管部门可以划定船舶污染物排放控制区。进入控制区的船舶应当符合船舶污染物排放相关控制要求。

第八章　法律责任

第九十三条　违反本法规定，有下列行为之一，由依照本法规定行使海洋环境监督管理权的部门或者机构责令改正或者责令采取限制生产、停产整治等措施，并处以罚款；情节严重的，报经有批准权的人民政府批准，责令停业、关闭：

（一）向海域排放本法禁止排放的污染物或者其他物质的；

（二）未依法取得排污许可证排放污染物的；

（三）超过标准、总量控制指标排放污染物的；

（四）通过私设暗管或者篡改、伪造监测数据，或者不正常运行污染防治设施等逃避监管的方式违法向海洋排放污染物的；

（五）违反本法有关船舶压载水和沉积物排放和管理规定的；

（六）其他未依照本法规定向海洋排放污染物、废弃物的。

有前款第一项、第二项行为之一的，处二十万元以上一百万元以下的罚款；有前款第三项行为的，处十万元以上一百万元以下的罚款；有前款第四项行为的，处十万元以上一百万元以下的罚款，情节严重的，吊销排污许可证；有前款第五项、第六项行为之一的，处一万元以上二十万元以下的罚款。个人擅自在岸滩弃置、堆放和处理生活垃圾的，按次处一百元以上一千元以下的罚款。

第九十四条　违反本法规定，有下列行为之一，由依照本法规定行使海洋环境监督管理权的部门或者机构责令改正，处以罚款：

（一）未依法公开排污信息或者弄虚作假的；

（二）因发生事故或者其他突发性事件，造成或者可能造成海洋环境污染、生态破坏事件，未按照规定通报或者报告的；

（三）未按照有关规定制定应急预案并备案，或者未按照有关规定配备应急设备、器材的；

（四）因发生事故或者其他突发性事件，造成或者可能造成海洋环境污染、生态破坏事件，未立即采取有效措施或者逃逸的；

（五）未采取必要应对措施，造成海洋生态灾害危害扩大的。

有前款第一项行为的，处二万元以上二十万元以下的罚款，拒不改正的，责令限制生产、停产整治；有前款第二项行为的，处五万元以上五十万元以下的罚款，对直接负责的主管人员和其他直接责任人员处一万元以上十万元以下的罚款，并可以暂扣或者吊销相关任职资格许可；有前款第三项行为的，处二万元以上二十万元以下的罚款；有前款第四项、第五项行为之一的，处二十万元以上二百万元以下的罚款。

第九十五条 违反本法规定,拒绝、阻挠调查和现场检查,或者在被检查时弄虚作假的,由依照本法规定行使海洋环境监督管理权的部门或者机构责令改正,处五万元以上二十万元以下的罚款;对直接负责的主管人员和其他直接责任人员处二万元以上十万元以下的罚款。

第九十六条 违反本法规定,造成珊瑚礁等海洋生态系统或者自然保护地破坏的,由依照本法规定行使海洋环境监督管理权的部门或者机构责令改正、采取补救措施,处每平方米一千元以上一万元以下的罚款。

第九十七条 违反本法规定,有下列行为之一,由依照本法规定行使海洋环境监督管理权的部门或者机构责令改正,处以罚款:

(一)占用、损害自然岸线的;

(二)在严格保护岸线范围内开采海砂的;

(三)违反本法其他关于海砂、矿产资源规定的。

有前款第一项行为的,处每米五百元以上一万元以下的罚款;有前款第二项行为的,处货值金额二倍以上二十倍以下的罚款,货值金额不足十万元的,处二十万元以上二百万元以下的罚款;有前款第三项行为的,处五万元以上五十万元以下的罚款。

第九十八条 违反本法规定,从事海水养殖活动有下列行为之一,由依照本法规定行使海洋环境监督管理权的部门或者机构责令改正,处二万元以上二十万元以下的罚款;情节严重的,报经有批准权的人民政府批准,责令停业、关闭:

(一)违反禁养区、限养区规定的;

(二)违反养殖规模、养殖密度规定的;

(三)违反投饵、投肥、药物使用规定的;

(四)未按照有关规定对养殖尾水自行监测的。

第九十九条 违反本法规定设置入海排污口的,由生态环境主管部门责令关闭或者拆除,处二万元以上十万元以下的罚款;拒不关闭或者拆除的,强制关闭、拆除,所需费用由违法者承担,处十万元以上五十万元以下的罚款;情节严重的,可以责令停产整治。

违反本法规定,设置入海排污口未备案的,由生态环境主管部门责令改正,处二万元以上十万元以下的罚款。

违反本法规定,入海排污口的责任主体未按照规定开展监控、自动监测的,由生态环境主管部门责令改正,处二万元以上十万元以下的罚款;拒不改正的,可以责令停产整治。

自然资源、渔业等部门和海事管理机构、海警机构、军队生态环境保护部门发现前三款违法行为之一的,应当通报生态环境主管部门。

第一百条 违反本法规定,经中华人民共和国管辖海域,转移危险废物的,由国家海事管理机构责令非法运输该危险废物的船舶退出中华人民共和国管辖海域,处五十万元以上五百万元以下的罚款。

第一百零一条 违反本法规定,建设单位未落实建设项目投资计划有关要求的,由生态环境主管部门责令改正,处五万元以上二十万元以下的罚款;拒不改正的,处二十万元以上一百万元以下的罚款。

违反本法规定,建设单位未依法报批或者报请重新审核环境影响报告书(表),擅自开工建设的,由生态环境主管部门或者海警机构责令其停止建设,根据违法情节和危害后果,处建设项目总投资额百分之一以上百分之五以下的罚款,并可以责令恢复原状;对建设单位直接负责的主管人员和其他直接责任人员,依法给予处分。建设单位未依法备案环境影响登记表的,由生态环境主管部门责令备案,处五万元以下的罚款。

第一百零二条 违反本法规定,在依法划定的自然保护地、重要渔业水域及其他需要特别保护的区域建设污染环境、破坏生态的工程建设项目或者从事其他活动,或者在沿海陆域新建不符合国家产业政策的生产项目的,由县级以上人民政府按照管理权限责令关闭。

违反生态环境准入清单进行生产建设活动的,由依照本法规定行使海洋环境监督管理权的部门或者机构责令停止违法行为,限期拆除并恢复原状,所需费用由违法者承担,处五十万元以上五百万元以下的罚款,对直接负责的主管人员和其他直接责任人员处五万元以上十万元以下的罚款;情节严重的,报经有批准权的人民政府批准,责令关闭。

第一百零三条 违反本法规定,环境保护设施未与主体工程同时设计、同时施工、同时投产使用的,或者环境保护设施未建成、未达到规定要求、未经验收或者经验收不合格即投入生产、使用的,由生态环境主管部门或者海警机构责令改正,处二十万元以上一百万元以下的罚款;拒不改正的,处一百万元以上二百万元以下的罚款;对直接负责的主管人员和其他责任人员处五万元以上二十万元以下的罚款;造成重大环境污染、生态破坏的,责令其停止生产、使用,或者报经有批准权的人民政府批准,责令关闭。

第一百零四条 违反本法规定,工程建设项目有下列行为之一,由依照本法规定行使海洋环境监督管理权的部门或者机构责令其停止违法行为、消除危害,处二十万元以上一百万元以下的罚款;情节严重的,报经有批准权的人民政府批准,责令停业、关闭:

(一)使用含超标准放射性物质或者易溶出有毒有害物质的材料的;

(二)造成领海基点及其周围环境的侵蚀、淤积、损害,或者危及领海基点稳定的。

第一百零五条 违反本法规定进行海洋油气勘探开发活动,造成海洋环境污染的,由海警机构责令改正,给予警告,并处二十万元以上一百万元以下的罚款。

第一百零六条 违反本法规定,有下列行为之一,由国务院生态环境主管部门及其海域派出机构、海事管理机构或者海警机构责令改正,处以罚款,必要时可以扣押船舶;情节严重的,报经有批准权的人民政府批准,责令停业、关闭:

(一)倾倒废弃物的船舶驶出港口未报告的;

(二)未取得倾倒许可证,向海洋倾倒废弃物的;

(三)在海上焚烧废弃物或者处置放射性废物及其他放射性物质的。

有前款第一项行为的,对违法船舶的所有人、经营人或者管理人处三千元以上三万元以下的罚款,对船长、责任船员或者其他责任人员处五百元以上五千元以下的罚款;有前款第二项行为的,处二十万元以上二百万元以下的罚款;有前款第三项行为的,处五十万元以上五百万元以下的罚款。有前款第二项、第三项行为之一,两年内受到行政处罚三次以上的,三年内不得从事废弃物海洋倾倒活动。

第一百零七条 违反本法规定,有下列行为之一,由国务院生态环境主管部门及其海域派出机构、海事管理机构或者海警机构责令改正,处以罚款,暂扣或者吊销倾倒许可证,必要时可以扣押船舶;情节严重的,报经有批准权的人民政府批准,责令停业、关闭:

(一)未按照国家规定报告倾倒情况的;

(二)未按照国家规定安装使用海洋倾废在线监控设备的;

(三)获准倾倒废弃物的单位未依照本法规定委托实施废弃物海洋倾倒作业或者未依照本法规定监督实施的;

(四)未按照倾倒许可证的规定倾倒废弃

物的。

有前款第一项行为的,按次处五千元以上二万元以下的罚款;有前款第二项行为的,处二万元以上二十万元以下的罚款;有前款第三项行为的,处三万元以上三十万元以下的罚款;有前款第四项行为的,处二十万元以上一百万元以下的罚款,被吊销倾倒许可证的,三年内不得从事废弃物海洋倾倒活动。

以提供虚假申请材料、欺骗、贿赂等不正当手段申请取得倾倒许可证的,由国务院生态环境主管部门及其海域派出机构依法撤销倾倒许可证,并处二十万元以上五十万元以下的罚款;三年内不得再次申请倾倒许可证。

第一百零八条 违反本法规定,将中华人民共和国境外废弃物运进中华人民共和国管辖海域倾倒的,由海警机构责令改正,根据造成或者可能造成的危害后果,处五十万元以上五百万元以下的罚款。

第一百零九条 违反本法规定,有下列行为之一,由依照本法规定行使海洋环境监督管理权的部门或者机构责令改正,处以罚款:

(一)港口、码头、装卸站、船舶修造拆解单位未按照规定配备或者有效运行船舶污染物、废弃物接收设施,或者船舶的结构、配备的防污设备和器材不符合国家防污规定或者未经检验合格的;

(二)从事船舶污染物、废弃物接收和船舶清舱、洗舱作业活动,不具备相应接收处理能力的;

(三)从事船舶拆解、旧船改装、打捞和其他水上、水下施工作业,造成海洋环境污染损害的;

(四)采取冲滩方式进行船舶拆解作业的。

有前款第一项、第二项行为之一的,处二万元以上三十万元以下的罚款;有前款第三项行为的,处五万元以上二十万元以下的罚款;有前款第四项行为的,处十万元以上一百万元以下的罚款。

第一百一十条 违反本法规定,有下列行为之一,由依照本法规定行使海洋环境监督管理权的部门或者机构责令改正,处以罚款:

(一)未在船上备有有害材料清单,未在船舶建造、营运和维修过程中持续更新有害材料清单,或者未在船舶拆解前将有害材料清单提供给从事船舶拆解单位的;

(二)船舶未持有防污证书、防污文书,或者不按照规定监测、监控,如实记载和保存船舶污染物、压载水和沉积物的排放及操作记录的;

(三)船舶采取措施提高能效水平未达到有关规定的;

(四)进入控制区的船舶不符合船舶污染物排放相关控制要求的;

(五)具备岸电供应能力的港口经营人、岸电供电企业未按照国家规定为具备岸电使用条件的船舶提供岸电的;

(六)具备岸电使用条件的船舶靠港,不按照国家规定使用岸电的。

有前款第一项行为的,处二万元以下的罚款;有前款第二项行为的,处十万元以下的罚款;有前款第三项行为的,处一万元以上十万元以下的罚款;有前款第四项行为的,处三万元以上三十万元以下的罚款;有前款第五项、第六项行为之一的,处一万元以上十万元以下的罚款,情节严重的,处十万元以上五十万元以下的罚款。

第一百一十一条 违反本法规定,有下列行为之一,由依照本法规定行使海洋环境监督管理权的部门或者机构责令改正,处以罚款:

(一)拒报或者谎报船舶载运污染危害性货物申报事项的;

(二)托运人未将托运的污染危害性货物

的正式名称、污染危害性以及应当采取的防护措施如实告知承运人的；

（三）托运人交付承运人的污染危害性货物的单证、包装、标志、数量限制不符合对所交付货物的有关规定的；

（四）托运人在托运的普通货物中夹带污染危害性货物或者将污染危害性货物谎报为普通货物的；

（五）需要船舶载运污染危害性不明的货物，未按照有关规定事先进行评估的。

有前款第一项行为的，处五万元以下的罚款；有前款第二项行为的，处五万元以上十万元以下的罚款；有前款第三项、第五项行为之一的，处二万元以上十万元以下的罚款；有前款第四项行为的，处十万元以上二十万元以下的罚款。

第一百一十二条 违反本法规定，有下列行为之一，由依照本法规定行使海洋环境监督管理权的部门或者机构责令改正，处一万元以上五万元以下的罚款：

（一）载运具有污染危害性货物的船舶未经许可进出港口或者装卸作业的；

（二）装卸油类及有毒有害货物的作业，船岸双方未遵守安全防污操作规程的；

（三）船舶进行散装液体污染危害性货物的过驳作业，未编制作业方案或者未按照有关规定报经批准的。

第一百一十三条 企业事业单位和其他生产经营者违反本法规定向海域排放、倾倒、处置污染物、废弃物或者其他物质，受到罚款处罚，被责令改正的，依法作出处罚决定的部门或者机构应当组织复查，发现其继续实施该违法行为或者拒绝、阻挠复查的，依照《中华人民共和国环境保护法》的规定按日连续处罚。

第一百一十四条 对污染海洋环境、破坏海洋生态，造成他人损害的，依照《中华人民共和国民法典》等法律的规定承担民事责任。

对污染海洋环境、破坏海洋生态，给国家造成重大损失的，由依照本法规定行使海洋环境监督管理权的部门代表国家对责任者提出损害赔偿要求。

前款规定的部门不提起诉讼的，人民检察院可以向人民法院提起诉讼。前款规定的部门提起诉讼的，人民检察院可以支持起诉。

第一百一十五条 对违反本法规定，造成海洋环境污染、生态破坏事故的单位，除依法承担赔偿责任外，由依照本法规定行使海洋环境监督管理权的部门或者机构处以罚款；对直接负责的主管人员和其他直接责任人员可以处上一年度从本单位取得收入百分之五十以下的罚款；直接负责的主管人员和其他直接责任人员属于公职人员的，依法给予处分。

对造成一般或者较大海洋环境污染、生态破坏事故的，按照直接损失的百分之二十计算罚款；对造成重大或者特大海洋环境污染、生态破坏事故的，按照直接损失的百分之三十计算罚款。

第一百一十六条 完全属于下列情形之一，经过及时采取合理措施，仍然不能避免对海洋环境造成污染损害的，造成污染损害的有关责任者免予承担责任：

（一）战争；

（二）不可抗拒的自然灾害；

（三）负责灯塔或者其他助航设备的主管部门，在执行职责时的疏忽，或者其他过失行为。

第一百一十七条 未依照本法规定缴纳倾倒费的，由国务院生态环境主管部门及其海域派出机构责令限期缴纳；逾期拒不缴纳的，处应缴纳倾倒费数额一倍以上三倍以下的罚款，并可以报经有批准权的人民政府批准，责令停业、关闭。

第一百一十八条 海洋环境监督管理人员滥用职权、玩忽职守、徇私舞弊，造成海洋环境污染损害、生态破坏的,依法给予处分。

第一百一十九条 违反本法规定,构成违反治安管理行为的,依法给予治安管理处罚;构成犯罪的,依法追究刑事责任。

第九章 附 则

第一百二十条 本法中下列用语的含义是:

(一)海洋环境污染损害,是指直接或者间接地把物质或者能量引入海洋环境,产生损害海洋生物资源、危害人体健康、妨害渔业和海上其他合法活动、损害海水使用素质和减损环境质量等有害影响。

(二)内水,是指我国领海基线向内陆一侧的所有海域。

(三)沿海陆域,是指与海岸相连,或者通过管道、沟渠、设施,直接或者间接向海洋排放污染物及其相关活动的一带区域。

(四)滨海湿地,是指低潮时水深不超过六米的水域及其沿岸浸湿地带,包括水深不超过六米的永久性水域、潮间带(或者洪泛地带)和沿海低地等,但是用于养殖的人工的水域和滩涂除外。

(五)陆地污染源(简称陆源),是指从陆地向海域排放污染物,造成或者可能造成海洋环境污染的场所、设施等。

(六)陆源污染物,是指由陆地污染源排放的污染物。

(七)倾倒,是指通过船舶、航空器、平台或者其他载运工具,向海洋处置废弃物和其他有害物质的行为,包括弃置船舶、航空器、平台及其辅助设施和其他浮动工具的行为。

(八)海岸线,是指多年大潮平均高潮位时海陆分界痕迹线,以国家组织开展的海岸线修测结果为准。

(九)入海河口,是指河流终端与受水体(海)相结合的地段。

(十)海洋生态灾害,是指受自然环境变化或者人为因素影响,导致一种或者多种海洋生物暴发性增殖或者高度聚集,对海洋生态系统结构和功能造成损害。

(十一)渔业水域,是指鱼虾蟹贝类的产卵场、索饵场、越冬场、洄游通道和鱼虾蟹贝藻类及其他水生动植物的养殖场。

(十二)排放,是指把污染物排入海洋的行为,包括泵出、溢出、泄出、喷出和倒出。

(十三)油类,是指任何类型的油及其炼制品。

(十四)入海排污口,是指直接或者通过管道、沟、渠等排污通道向海洋环境水体排放污水的口门,包括工业排污口、城镇污水处理厂排污口、农业排口及其他排口等类型。

(十五)油性混合物,是指任何含有油份的混合物。

(十六)海上焚烧,是指以热摧毁为目的,在海上焚烧设施上,故意焚烧废弃物或者其他物质的行为,但是船舶、平台或者其他人工构造物正常操作中所附带发生的行为除外。

第一百二十一条 涉及海洋环境监督管理的有关部门的具体职权划分,本法未作规定的,由国务院规定。

沿海县级以上地方人民政府行使海洋环境监督管理权的部门的职责,由省、自治区、直辖市人民政府根据本法及国务院有关规定确定。

第一百二十二条 军事船舶和军事用海环境保护管理办法,由国务院、中央军事委员会依照本法制定。

第一百二十三条 中华人民共和国缔结或者参加的与海洋环境保护有关的国际条约与本法有不同规定的,适用国际条约的规定;但是,中华人民共和国声明保留的条款除外。

第一百二十四条 本法自2024年1月1日起施行。

国务院关于核事故损害赔偿责任问题的批复

（2007年6月30日　国函〔2007〕64号）

国家原子能机构：

现对核事故损害赔偿责任问题批复如下：

一、中华人民共和国境内，依法取得法人资格，营运核电站、民用研究堆、民用工程实验反应堆的单位或者从事民用核燃料生产、运输和乏燃料贮存、运输、后处理且拥有核设施的单位，为该核电站或者核设施的营运者。

二、营运者应当对核事故造成的人身伤亡、财产损失或者环境受到的损害承担赔偿责任。营运者以外的其他人不承担赔偿责任。

三、对核事故造成的跨越中华人民共和国边境的核事故损害，依照中华人民共和国与相关国家签订的条约或者协定办理，没有签订条约或者协定的，按照对等原则处理。

四、同一营运者在同一场址所设数个核设施视为一个核设施。

五、核事故损害涉及2个以上营运者，且不能明确区分各营运者所应承担的责任的，相关营运者应当承担连带责任。

六、对直接由于武装冲突、敌对行动、战争或者暴乱所引起的核事故造成的核事故损害，营运者不承担赔偿责任。

七、核电站的营运者和乏燃料贮存、运输、后处理的营运者，对一次核事故所造成的核事故损害的最高赔偿额为3亿元人民币；其他营运者对一次核事故所造成的核事故损害的最高赔偿额为1亿元人民币。核事故损害的应赔总额超过规定的最高赔偿额的，国家提供最高限额为8亿元人民币的财政补偿。

对非常核事故造成的核事故损害赔偿，需要国家增加财政补偿金额的由国务院评估后决定。

八、营运者应当做出适当的财务保证安排，以确保发生核事故损害时能够及时、有效的履行核事故损害赔偿责任。

在核电站运行之前或者乏燃料贮存、运输、后处理之前，营运者必须购买足以履行其责任限额的保险。

九、营运者与他人签订的书面合同对追索权有约定的，营运者向受害人赔偿后，按照合同的约定对他人行使追索权。

核事故损害是由自然人的故意作为或者不作为造成的，营运者向受害人赔偿后，对该自然人行使追索权。

十、受到核事故损害的自然人、法人以及其他组织有权请求核事故损害赔偿。

在起草《中华人民共和国原子能法（草案）》时，对上述各项内容以及诉讼时效、法院管辖等应当做出明确规定。

最高人民法院关于审理生态环境侵权责任纠纷案件适用法律若干问题的解释

（2023年6月5日最高人民法院审判委员会第1890次会议通过　2023年8月14日最高人民法院公告公布　自2023年9月1日起施行　法释〔2023〕5号）

为正确审理生态环境侵权责任纠纷案件，依法保护当事人合法权益，根据《中华人民共和国民法典》《中华人民共和国民事诉讼法》《中华人民共和国环境保护法》等法律的规定，结合审判实践，制定本解释。

第一条　侵权人因实施下列污染环境、破坏生态行为造成他人人身、财产损害，被侵权人请求侵权人承担生态环境侵权责任的，人民法院应予支持：

（一）排放废气、废水、废渣、医疗废物、粉尘、恶臭气体、放射性物质等污染环境的；

（二）排放噪声、振动、光辐射、电磁辐射等污染环境的；

（三）不合理开发利用自然资源的；

（四）违反国家规定，未经批准，擅自引进、释放、丢弃外来物种的；

（五）其他污染环境、破坏生态的行为。

第二条 因下列污染环境、破坏生态引发的民事纠纷，不作为生态环境侵权案件处理：

（一）未经由大气、水、土壤等生态环境介质，直接造成损害的；

（二）在室内、车内等封闭空间内造成损害的；

（三）不动产权利人在日常生活中造成相邻不动产权利人损害的；

（四）劳动者在职业活动中受到损害的。

前款规定的情形，依照相关法律规定确定民事责任。

第三条 不动产权利人因经营活动污染环境、破坏生态造成相邻不动产权利人损害，被侵权人请求其承担生态环境侵权责任的，人民法院应予支持。

第四条 污染环境、破坏生态造成他人损害，行为人不论有无过错，都应当承担侵权责任。

行为人以外的其他责任人对损害发生有过错的，应当承担侵权责任。

第五条 两个以上侵权人分别污染环境、破坏生态造成同一损害，每一个侵权人的行为都足以造成全部损害，被侵权人根据民法典第一千一百七十一条的规定请求侵权人承担连带责任的，人民法院应予支持。

第六条 两个以上侵权人分别污染环境、破坏生态，每一个侵权人的行为都不足以造成全部损害，被侵权人根据民法典第一千一百七十二条的规定请求侵权人承担责任的，人民法院应予支持。

侵权人主张其污染环境、破坏生态行为不足以造成全部损害的，应当承担相应举证责任。

第七条 两个以上侵权人分别污染环境、破坏生态，部分侵权人的行为足以造成全部损害，部分侵权人的行为只造成部分损害，被侵权人请求足以造成全部损害的侵权人对全部损害承担责任，并与其他侵权人就共同造成的损害部分承担连带责任的，人民法院应予支持。

被侵权人依照前款规定请求足以造成全部损害的侵权人与其他侵权人承担责任的，受偿范围应以侵权行为造成的全部损害为限。

第八条 两个以上侵权人分别污染环境、破坏生态，部分侵权人能够证明其他侵权人的侵权行为已先行造成全部或者部分损害，并请求在相应范围内不承担责任或者减轻责任的，人民法院应予支持。

第九条 两个以上侵权人分别排放的物质相互作用产生污染物造成他人损害，被侵权人请求侵权人承担连带责任的，人民法院应予支持。

第十条 为侵权人污染环境、破坏生态提供场地或者储存、运输等帮助，被侵权人根据民法典第一千一百六十九条的规定请求行为人与侵权人承担连带责任的，人民法院应予支持。

第十一条 过失为侵权人污染环境、破坏生态提供场地或者储存、运输等便利条件，被侵权人请求行为人承担与过错相适应责任的，人民法院应予支持。

前款规定的行为人存在重大过失的，依照本解释第十条的规定处理。

第十二条 排污单位将所属的环保设施

委托第三方治理机构运营,第三方治理机构在合同履行过程中污染环境造成他人损害,被侵权人请求排污单位承担侵权责任的,人民法院应予支持。

排污单位依照前款规定承担责任后向有过错的第三方治理机构追偿的,人民法院应予支持。

第十三条 排污单位将污染物交由第三方治理机构集中处置,第三方治理机构在合同履行过程中污染环境造成他人损害,被侵权人请求第三方治理机构承担侵权责任的,人民法院应予支持。

排污单位在选任、指示第三方治理机构中有过错,被侵权人请求排污单位承担相应责任的,人民法院应予支持。

第十四条 存在下列情形之一的,排污单位与第三方治理机构应当根据民法典第一千一百六十八条的规定承担连带责任:

(一)第三方治理机构按照排污单位的指示,违反污染防治相关规定排放污染物的;

(二)排污单位将明显存在缺陷的环保设施交由第三方治理机构运营,第三方治理机构利用该设施违反污染防治相关规定排放污染物的;

(三)排污单位以明显不合理的价格将污染物交由第三方治理机构处置,第三方治理机构违反污染防治相关规定排放污染物的;

(四)其他应当承担连带责任的情形。

第十五条 公司污染环境、破坏生态,被侵权人请求股东承担责任,符合公司法第二十条规定情形的,人民法院应予支持。

第十六条 侵权人污染环境、破坏生态造成他人损害,被侵权人请求未尽到安全保障义务的经营场所、公共场所的经营者、管理者或者群众性活动的组织者承担相应补充责任的,人民法院应予支持。

第十七条 依照法律规定应当履行生态环境风险管控和修复义务的民事主体,未履行法定义务造成他人损害,被侵权人请求其承担相应责任的,人民法院应予支持。

第十八条 因第三人的过错污染环境、破坏生态造成他人损害,被侵权人请求侵权人或者第三人承担责任的,人民法院应予支持。

侵权人以损害是由第三人过错造成的为由,主张不承担责任或者减轻责任的,人民法院不予支持。

第十九条 因第三人的过错污染环境、破坏生态造成他人损害,被侵权人同时起诉侵权人和第三人承担责任,侵权人对损害的发生没有过错的,人民法院应当判令侵权人、第三人就全部损害承担责任。侵权人承担责任后有权向第三人追偿。

侵权人对损害的发生有过错的,人民法院应当判令侵权人就全部损害承担责任,第三人承担与其过错相适应的责任。侵权人承担责任后有权就第三人应当承担的责任份额向其追偿。

第二十条 被侵权人起诉第三人承担责任的,人民法院应当向被侵权人释明是否同时起诉侵权人。被侵权人不起诉侵权人的,人民法院应当根据民事诉讼法第五十九条的规定通知侵权人参加诉讼。

被侵权人仅请求第三人承担责任,侵权人对损害的发生也有过错的,人民法院应当判令第三人承担与其过错相适应的责任。

第二十一条 环境影响评价机构、环境监测机构以及从事环境监测设备和防治污染设施维护、运营的机构存在下列情形之一,被侵权人请求其与造成环境污染、生态破坏的其他责任人根据环境保护法第六十五条的规定承担连带责任的,人民法院应予支持:

(一)故意出具失实评价文件的;

(二)隐瞒委托人超过污染物排放标准或者超过重点污染物排放总量控制指标的事实的;

（三）故意不运行或者不正常运行环境监测设备或者防治污染设施的；

（四）其他根据法律规定应当承担连带责任的情形。

第二十二条 被侵权人请求侵权人赔偿因污染环境、破坏生态造成的人身、财产损害，以及为防止损害发生和扩大而采取必要措施所支出的合理费用的，人民法院应予支持。

被侵权人同时请求侵权人根据民法典第一千二百三十五条的规定承担生态环境损害赔偿责任的，人民法院不予支持。

第二十三条 因污染环境、破坏生态影响他人取水、捕捞、狩猎、采集等日常生活并造成经济损失，同时符合下列情形，请求人主张行为人承担责任的，人民法院应予支持：

（一）请求人的活动位于或者接近生态环境受损区域；

（二）请求人的活动依赖受损害生态环境；

（三）请求人的活动不具有可替代性或者替代成本过高；

（四）请求人的活动具有稳定性和公开性。

根据国家规定须经相关行政主管部门许可的活动，请求人在污染环境、破坏生态发生时未取得许可的，人民法院对其请求不予支持。

第二十四条 两个以上侵权人就污染环境、破坏生态造成的损害承担连带责任，实际承担责任超过自己责任份额的侵权人根据民法典第一百七十八条的规定向其他侵权人追偿的，人民法院应予支持。侵权人就惩罚性赔偿责任向其他侵权人追偿的，人民法院不予支持。

第二十五条 两个以上侵权人污染环境、破坏生态造成他人损害，人民法院应当根据行为有无许可，污染物的种类、浓度、排放量、危害性，破坏生态的方式、范围、程度，以及行为对损害后果所起的作用等因素确定各侵权人的责任份额。

两个以上侵权人污染环境、破坏生态承担连带责任，实际承担责任的侵权人向其他侵权人追偿的，依照前款规定处理。

第二十六条 被侵权人对同一污染环境、破坏生态行为造成损害的发生或者扩大有重大过失，侵权人请求减轻责任的，人民法院可以予以支持。

第二十七条 被侵权人请求侵权人承担生态环境侵权责任的诉讼时效期间，以被侵权人知道或者应当知道权利受到损害以及侵权人、其他责任人之日起计算。

被侵权人知道或者应当知道权利受到损害以及侵权人、其他责任人之日，侵权行为仍持续的，诉讼时效期间自行为结束之日起计算。

第二十八条 被侵权人以向负有环境资源监管职能的行政机关请求处理因污染环境、破坏生态造成的损害为由，主张诉讼时效中断的，人民法院应予支持。

第二十九条 本解释自 2023 年 9 月 1 日起施行。

本解释公布施行后，《最高人民法院关于审理环境侵权责任纠纷案件适用法律若干问题的解释》（法释〔2015〕12 号）同时废止。

最高人民法院关于审理生态环境侵权纠纷案件适用惩罚性赔偿的解释

（2021 年 12 月 27 日最高人民法院审判委员会第 1858 次会议通过 2022 年 1 月 12 日最高人民法院公告公布 自 2022 年 1 月 20 日起施行 法释〔2022〕1 号）

为妥善审理生态环境侵权纠纷案件，全面加强生态环境保护，正确适用惩罚性赔偿，根据《中华人民共和国民法典》《中华人民共和国环境保护法》《中华人民共和国民事诉讼法》等相关法律规定,结合审判实践,制定本解释。

第一条 人民法院审理生态环境侵权纠纷案件适用惩罚性赔偿,应当严格审慎,注重公平公正,依法保护民事主体合法权益,统筹生态环境保护和经济社会发展。

第二条 因环境污染、生态破坏受到损害的自然人、法人或者非法人组织,依据民法典第一千二百三十二条的规定,请求判令侵权人承担惩罚性赔偿责任的,适用本解释。

第三条 被侵权人在生态环境侵权纠纷案件中请求惩罚性赔偿的,应当在起诉时明确赔偿数额以及所依据的事实和理由。

被侵权人在生态环境侵权纠纷案件中没有提出惩罚性赔偿的诉讼请求,诉讼终结后又基于同一污染环境、破坏生态事实另行起诉请求惩罚性赔偿的,人民法院不予受理。

第四条 被侵权人主张侵权人承担惩罚性赔偿责任的,应当提供证据证明以下事实:

(一)侵权人污染环境、破坏生态的行为违反法律规定;

(二)侵权人具有污染环境、破坏生态的故意;

(三)侵权人污染环境、破坏生态的行为造成严重后果。

第五条 人民法院认定侵权人污染环境、破坏生态的行为是否违反法律规定,应当以法律、法规为依据,可以参照规章的规定。

第六条 人民法院认定侵权人是否具有污染环境、破坏生态的故意,应当根据侵权人的职业经历、专业背景或者经营范围,因同一或者同类行为受到行政处罚或者刑事追究的情况,以及污染物的种类,污染环境、破坏生态行为的方式等因素综合判断。

第七条 具有下列情形之一的,人民法院应当认定侵权人具有污染环境、破坏生态

的故意:

(一)因同一污染环境、破坏生态行为,已被人民法院认定构成破坏环境资源保护犯罪的;

(二)建设项目未依法进行环境影响评价,或者提供虚假材料导致环境影响评价文件严重失实,被行政主管部门责令停止建设后拒不执行的;

(三)未取得排污许可证排放污染物,被行政主管部门责令停止排污后拒不执行,或者超过污染物排放标准或者重点污染物排放总量控制指标排放污染物,经行政主管机关责令限制生产、停产整治或者给予其他行政处罚后仍不改正的;

(四)生产、使用国家明令禁止生产、使用的农药,被行政主管部门责令改正后拒不改正的;

(五)无危险废物经营许可证而从事收集、贮存、利用、处置危险废物经营活动,或者知道或者应当知道他人无许可证而将危险废物提供或者委托给其从事收集、贮存、利用、处置等活动的;

(六)将未经处理的废水、废气、废渣直接排放或者倾倒的;

(七)通过暗管、渗井、渗坑、灌注,篡改、伪造监测数据,或者以不正常运行防治污染设施等逃避监管的方式,违法排放污染物的;

(八)在相关自然保护区域、禁猎(渔)区、禁猎(渔)期使用禁止使用的猎捕工具、方法猎捕、杀害国家重点保护野生动物、破坏野生动物栖息地的;

(九)未取得勘查许可证、采矿许可证,或者采取破坏性方法勘查开采矿产资源的;

(十)其他故意情形。

第八条 人民法院认定侵权人污染环境、破坏生态行为是否造成严重后果,应当根据污染环境、破坏生态行为的持续时间、地域范围,造成环境污染、生态破坏的范围和程

度,以及造成的社会影响等因素综合判断。

侵权人污染环境、破坏生态行为造成他人死亡、健康严重损害,重大财产损失,生态环境严重损害或者重大不良社会影响的,人民法院应当认定为造成严重后果。

第九条 人民法院确定惩罚性赔偿金数额,应当以环境污染、生态破坏造成的人身损害赔偿金、财产损失数额作为计算基数。

前款所称人身损害赔偿金、财产损失数额,依照民法典第一千一百七十九条、第一千一百八十四条规定予以确定。法律另有规定的,依照其规定。

第十条 人民法院确定惩罚性赔偿金数额,应当综合考虑侵权人的恶意程度、侵权后果的严重程度、侵权人因污染环境、破坏生态行为所获得的利益或者侵权人所采取的修复措施及其效果等因素,但一般不超过人身损害赔偿金、财产损失数额的二倍。

因同一污染环境、破坏生态行为已经被行政机关给予罚款或者被人民法院判处罚金,侵权人主张免除惩罚性赔偿责任的,人民法院不予支持,但在确定惩罚性赔偿金数额时可以综合考虑。

第十一条 侵权人因同一污染环境、破坏生态行为,应当承担包括惩罚性赔偿在内的民事责任、行政责任和刑事责任,其财产不足以支付的,应当优先用于承担民事责任。

侵权人因同一污染环境、破坏生态行为,应当承担包括惩罚性赔偿在内的民事责任,其财产不足以支付的,应当优先用于承担惩罚性赔偿以外的其他责任。

第十二条 国家规定的机关或者法律规定的组织作为被侵权人代表,请求判令侵权人承担惩罚性赔偿责任的,人民法院可以参照前述规定予以处理。但惩罚性赔偿金数额的确定,应当以生态环境受到损害至修复完成期间服务功能丧失导致的损失、生态环境功能永久性损害造成的损失数额作为计算基数。

第十三条 侵权行为实施地、损害结果发生地在中华人民共和国管辖海域内的海洋生态环境侵权纠纷案件惩罚性赔偿问题,另行规定。

第十四条 本规定自 2022 年 1 月 20 日起施行。

最高人民法院关于生态环境侵权案件适用禁止令保全措施的若干规定

(2021 年 11 月 29 日最高人民法院审判委员会第 1854 次会议通过 2021 年 12 月 27 日最高人民法院公告公布 自 2022 年 1 月 1 日起施行 法释〔2021〕22 号)

为妥善审理生态环境侵权案件,及时有效保护生态环境,维护民事主体合法权益,落实保护优先、预防为主原则,根据《中华人民共和国民法典》《中华人民共和国环境保护法》《中华人民共和国民事诉讼法》等有关法律规定,结合审判实践,制定本规定。

第一条 申请人以被申请人正在实施或者即将实施污染环境、破坏生态行为,不及时制止将使申请人合法权益或者生态环境受到难以弥补的损害为由,依照民事诉讼法第一百条、第一百零一条规定,向人民法院申请采取禁止令保全措施,责令被申请人立即停止一定行为的,人民法院应予受理。

第二条 因污染环境、破坏生态行为受到损害的自然人、法人或者非法人组织,以及民法典第一千二百三十四条、第一千二百三十五条规定的"国家规定的机关或者法律规定的组织",可以向人民法院申请作出禁止令。

第三条 申请人提起生态环境侵权诉讼时或者诉讼过程中,向人民法院申请作出禁止令的,人民法院应当在接受申请后五日内裁定是否准予。情况紧急的,人民法院应当在接受申请后四十八小时内作出。

因情况紧急,申请人可在提起诉讼前向污染环境、破坏生态行为实施地、损害结果发生地或者被申请人住所地等对案件有管辖权的人民法院申请作出禁止令,人民法院应当在接受申请后四十八小时内裁定是否准予。

第四条 申请人向人民法院申请作出禁止令的,应当提交申请书和相应的证明材料。

申请书应当载明下列事项:

(一)申请人与被申请人的身份、送达地址、联系方式等基本情况;

(二)申请禁止的内容、范围;

(三)被申请人正在实施或者即将实施污染环境、破坏生态行为,以及如不及时制止将使申请人合法权益或者生态环境受到难以弥补损害的情形;

(四)提供担保的财产信息,或者不需要提供担保的理由。

第五条 被申请人污染环境、破坏生态行为具有现实而紧迫的重大风险,如不及时制止将对申请人合法权益或者生态环境造成难以弥补损害的,人民法院应当综合考量以下因素决定是否作出禁止令:

(一)被申请人污染环境、破坏生态行为被行政主管机关依法处理后仍继续实施;

(二)被申请人污染环境、破坏生态行为对申请人合法权益或者生态环境造成的损害超过禁止被申请人一定行为对其合法权益造成的损害;

(三)禁止被申请人一定行为对国家利益、社会公共利益或者他人合法权益产生的不利影响;

(四)其他应当考量的因素。

第六条 人民法院审查申请人禁止令申请,应当听取被申请人的意见。必要时,可进行现场勘查。

情况紧急无法询问或者现场勘查的,人民法院应当在裁定准予申请人禁止令申请后四十八小时内听取被申请人的意见。被申请人意见成立的,人民法院应当裁定解除禁止令。

第七条 申请人在提起诉讼时或者诉讼过程中申请禁止令的,人民法院可以责令申请人提供担保,不提供担保的,裁定驳回申请。

申请人提起诉讼前申请禁止令的,人民法院应当责令申请人提供担保,不提供担保的,裁定驳回申请。

第八条 人民法院裁定准予申请人禁止令申请的,应当根据申请人的请求和案件具体情况确定禁止令的效力期间。

第九条 人民法院准予或者不准予申请人禁止令申请的,应当制作民事裁定书,并送达当事人,裁定书自送达之日起生效。

人民法院裁定准予申请人禁止令申请的,可以根据裁定内容制作禁止令张贴在被申请人住所地,污染环境、破坏生态行为实施地、损害结果发生地等相关场所,并可通过新闻媒体等方式向社会公开。

第十条 当事人、利害关系人对人民法院裁定准予或者不准予申请人禁止令申请不服的,可在收到裁定书之日起五日内向作出裁定的人民法院申请复议一次。人民法院应当在收到复议申请后十日内审查并作出裁定。复议期间不停止裁定的执行。

第十一条 申请人在人民法院作出诉前禁止令后三十日内不依法提起诉讼的,人民法院应当在三十日届满后五日内裁定解除禁止令。

禁止令效力期间内,申请人、被申请人或者利害关系人以据以作出裁定的事由发生变化为由,申请解除禁止令的,人民法院应当在收到申请后五日内裁定是否解除。

第十二条 被申请人不履行禁止令的,人民法院可依照民事诉讼法第一百一十一条的规定追究其相应法律责任。

第十三条 侵权行为实施地、损害结果发生地在中华人民共和国管辖海域内的海洋生态环境侵权案件中，申请人向人民法院申请责令被申请人立即停止一定行为的，适用海洋环境保护法、海事诉讼特别程序法等法律和司法解释的相关规定。

第十四条 本规定自 2022 年 1 月 1 日起施行。

附件：

1. 民事裁定书(诉中禁止令用)样式(略)
2. 民事裁定书(诉前禁止令用)样式(略)
3. 民事裁定书(解除禁止令用)样式(略)
4. 禁止令(张贴公示用)样式(略)

最高人民法院关于审理森林资源民事纠纷案件适用法律若干问题的解释

（2022 年 4 月 25 日最高人民法院审判委员会第 1869 次会议通过 2022 年 6 月 13 日最高人民法院公告公布 自 2022 年 6 月 15 日起施行 法释〔2022〕16 号）

为妥善审理森林资源民事纠纷案件，依法保护生态环境和当事人合法权益，根据《中华人民共和国民法典》《中华人民共和国环境保护法》《中华人民共和国森林法》《中华人民共和国农村土地承包法》《中华人民共和国民事诉讼法》等法律规定，结合审判实践，制定本解释。

第一条 人民法院审理涉及森林、林木、林地等森林资源的民事纠纷案件，应当贯彻民法典绿色原则，尊重自然、尊重历史、尊重习惯，依法推动森林资源保护和利用的生态效益、经济效益、社会效益相统一，促进人与自然和谐共生。

第二条 当事人因下列行为，对林地、林木的物权归属、内容产生争议，依据民法典第二百三十四条的规定提起民事诉讼，请求确认权利的，人民法院应当依法受理：

（一）林地承包；

（二）林地承包经营权互换、转让；

（三）林地经营权流转；

（四）林木流转；

（五）林地、林木担保；

（六）林地、林木继承；

（七）其他引起林地、林木物权变动的行为。

当事人因对行政机关作出的林地、林木确权、登记行为产生争议，提起民事诉讼的，人民法院告知其依法通过行政复议、行政诉讼程序解决。

第三条 当事人以未办理批准、登记、备案、审查、审核等手续为由，主张林地承包、林地承包经营权互换或者转让、林地经营权流转、林木流转、森林资源担保等合同无效的，人民法院不予支持。

因前款原因，不能取得相关权利的当事人请求解除合同、由违约方承担违约责任的，人民法院依法予以支持。

第四条 当事人一方未依法经林权证等权利证书载明的共有人同意，擅自处分林地、林木，另一方主张取得相关权利的，人民法院不予支持。但符合民法典第三百一十一条关于善意取得规定的除外。

第五条 当事人以违反法律规定的民主议定程序为由，主张集体林地承包合同无效的，人民法院应予支持。但下列情形除外：

（一）合同订立时，法律、行政法规没有关于民主议定程序的强制性规定的；

（二）合同订立未经民主议定程序讨论决定，或者民主议定程序存在瑕疵，一审法庭辩论终结前已经依法补正的；

（三）承包方对村民会议或者村民代表会

议决议进行了合理审查,不知道且不应当知道决议系伪造、变造,并已经对林地大量投入的。

第六条 家庭承包林地的承包方转让林地承包经营权未经发包方同意,或者受让方不是本集体经济组织成员,受让方主张取得林地承包经营权的,人民法院不予支持。但发包方无法定理由不同意或者拖延表态的除外。

第七条 当事人就同一集体林地订立多个经营权流转合同,在合同有效的情况下,受让方均主张取得林地经营权的,由具有下列情形的受让方取得:

(一)林地经营权已经依法登记的;

(二)林地经营权均未依法登记,争议发生前已经合法占有使用林地并大量投入的;

(三)无前两项规定情形,合同生效在先的。

未取得林地经营权的一方请求解除合同、由违约方承担违约责任的,人民法院依法予以支持。

第八条 家庭承包林地的承包方以林地经营权人擅自再流转林地经营权为由,请求解除林地经营权流转合同、收回林地的,人民法院应予支持。但林地经营权人能够证明林地经营权再流转已经承包方书面同意的除外。

第九条 本集体经济组织成员以其在同等条件下享有的优先权受到侵害为由,主张家庭承包林地经营权流转合同无效的,人民法院不予支持;其请求赔偿损失的,依法予以支持。

第十条 林地承包期内,因林地承包经营权互换、转让、继承等原因,承包方发生变动,林地经营权人请求新的承包方继续履行原林地经营权流转合同的,人民法院应予支持。但当事人另有约定的除外。

第十一条 林地经营权流转合同约定的流转期限超过承包期的剩余期限,或者林地经营权再流转合同约定的流转期限超过原林地经营权流转合同的剩余期限,林地经营权

流转、再流转合同当事人主张超过部分无效的,人民法院不予支持。

第十二条 林地经营权流转合同约定的流转期限超过承包期的剩余期限,发包方主张超过部分的约定对其不具有法律约束力的,人民法院应予支持。但发包方对此知道或者应当知道的除外。

林地经营权再流转合同约定的流转期限超过原林地经营权流转合同的剩余期限,承包方主张超过部分的约定对其不具有法律约束力的,人民法院应予支持。但承包方对此知道或者应当知道的除外。

因前两款原因,致使林地经营权流转合同、再流转合同不能履行,当事人请求解除合同、由违约方承担违约责任的,人民法院依法予以支持。

第十三条 林地经营权流转合同终止时,对于林地经营权人种植的地上林木,按照下列情形处理:

(一)合同有约定的,按照约定处理,但该约定依据民法典第一百五十三条的规定应当认定无效的除外;

(二)合同没有约定或者约定不明,当事人协商一致延长合同期限至轮伐期或者其他合理期限届满,承包方请求由林地经营权人承担林地使用费的,对其合理部分予以支持;

(三)合同没有约定或者约定不明,当事人未能就延长合同期限协商一致,林地经营权人请求对林木价值进行补偿的,对其合理部分予以支持。

林地承包合同终止时,承包方种植的地上林木的处理,参照适用前款规定。

第十四条 人民法院对于当事人为利用公益林林地资源和森林景观资源开展林下经济、森林旅游、森林康养等经营活动订立的合同,应当综合考虑公益林生态区位保护要求、公益林生态功能及是否经科学论证的合理利用等因素,依法认定合同效力。

当事人仅以涉公益林为由主张经营合同无效的,人民法院不予支持。

第十五条　以林地经营权、林木所有权等法律、行政法规未禁止抵押的森林资源资产设定抵押,债务人不履行到期债务或者发生当事人约定的实现抵押权的情形,抵押权人与抵押人协议以抵押的森林资源资产折价,并据此请求接管经营抵押财产的,人民法院依法予以支持。

抵押权人与抵押人未就森林资源资产抵押权的实现方式达成协议,抵押权人依据民事诉讼法第二百零三条、第二百零四条的规定申请实现抵押权的,人民法院依法裁定拍卖、变卖抵押财产。

第十六条　以森林生态效益补偿收益、林业碳汇等提供担保,债务人不履行到期债务或者发生当事人约定的实现担保物权的情形,担保物权人请求就担保财产优先受偿的,人民法院依法予以支持。

第十七条　违反国家规定造成森林生态环境损害,生态环境能够修复的,国家规定的机关或者法律规定的组织依据民法典第一千二百三十四条的规定,请求侵权人在合理期限内以补种树木、恢复植被、恢复林地土壤性状、投放相应生物种群等方式承担修复责任的,人民法院依法予以支持。

人民法院判决侵权人承担修复责任的,可以同时确定其在期限内不履行修复义务时应承担的森林生态环境修复费用。

第十八条　人民法院判决侵权人承担森林生态环境修复责任的,可以根据鉴定意见,或者参考林业主管部门、林业调查规划设计单位、相关科研机构和人员出具的专业意见,合理确定森林生态环境修复方案,明确侵权人履行修复义务的具体要求。

第十九条　人民法院依据民法典第一千二百三十五条的规定确定侵权人承担的森林生态环境损害赔偿金额,应当综合考虑受损森林资源在调节气候、固碳增汇、保护生物多样性、涵养水源、保持水土、防风固沙等方面的生态环境服务功能,予以合理认定。

第二十条　当事人请求以认购经核证的林业碳汇方式替代履行森林生态环境损害赔偿责任的,人民法院可以综合考虑各方当事人意见、不同责任方式的合理性等因素,依法予以准许。

第二十一条　当事人请求以森林管护、野生动植物保护、社区服务等劳务方式替代履行森林生态环境损害赔偿责任的,人民法院可以综合考虑侵权人的代偿意愿、经济能力、劳动能力、赔偿金额、当地相应工资标准等因素,决定是否予以准许,并合理确定劳务代偿方案。

第二十二条　侵权人自愿交纳保证金作为履行森林生态环境修复义务担保的,在其不履行修复义务时,人民法院可以将保证金用于支付森林生态环境修复费用。

第二十三条　本解释自2022年6月15日起施行。施行前本院公布的司法解释与本解释不一致的,以本解释为准。

最高人民法院关于审理环境民事公益诉讼案件适用法律若干问题的解释

(2014年12月8日最高人民法院审判委员会第1631次会议通过　根据2020年12月23日最高人民法院审判委员会第1823次会议通过的《最高人民法院关于修改〈最高人民法院关于人民法院民事调解工作若干问题的规定〉等十九件民事诉讼类司法解释的决定》修正　2020年12月29日最高人民法院公告公布)

为正确审理环境民事公益诉讼案件,根据《中华人民共和国民法典》《中华人民共和国环境保护法》《中华人民共和国民事诉讼法》等法律的规定,结合审判实践,制定本解释。

第一条 法律规定的机关和有关组织依据民事诉讼法第五十五条、环境保护法第五十八条等法律的规定,对已经损害社会公共利益或者具有损害社会公共利益重大风险的污染环境、破坏生态的行为提起诉讼,符合民事诉讼法第一百一十九条第二项、第三项、第四项规定的,人民法院应予受理。

第二条 依照法律、法规的规定,在设区的市级以上人民政府民政部门登记的社会团体、基金会以及社会服务机构等,可以认定为环境保护法第五十八条规定的社会组织。

第三条 设区的市、自治州、盟、地区,不设区的地级市,直辖市的区以上人民政府民政部门,可以认定为环境保护法第五十八条规定的"设区的市级以上人民政府民政部门"。

第四条 社会组织章程确定的宗旨和主要业务范围是维护社会公共利益,且从事环境保护公益活动的,可以认定为环境保护法第五十八条规定的"专门从事环境保护公益活动"。

社会组织提起的诉讼所涉及的社会公共利益,应与其宗旨和业务范围具有关联性。

第五条 社会组织在提起诉讼前五年内未因从事业务活动违反法律、法规的规定受过行政、刑事处罚的,可以认定为环境保护法第五十八条规定的"无违法记录"。

第六条 第一审环境民事公益诉讼案件由污染环境、破坏生态行为发生地、损害结果地或者被告住所地的中级以上人民法院管辖。

中级人民法院认为确有必要的,可以在报请高级人民法院批准后,裁定将本院管辖的第一审环境民事公益诉讼案件交由基层人民法院审理。

同一原告或者不同原告对同一污染环境、破坏生态行为分别向两个以上有管辖权的人民法院提起环境民事公益诉讼的,由最先立案的人民法院管辖,必要时由共同上级人民法院指定管辖。

第七条 经最高人民法院批准,高级人民法院可以根据本辖区环境和生态保护的实际情况,在辖区内确定部分中级人民法院受理第一审环境民事公益诉讼案件。

中级人民法院管辖环境民事公益诉讼案件的区域由高级人民法院确定。

第八条 提起环境民事公益诉讼应当提交下列材料:

(一)符合民事诉讼法第一百二十一条规定的起诉状,并按照被告人数提出副本;

(二)被告的行为已经损害社会公共利益或者具有损害社会公共利益重大风险的初步证明材料;

(三)社会组织提起诉讼的,应当提交社会组织登记证书、章程、起诉前连续五年的年度工作报告书或者年检报告书,以及由其法定代表人或者负责人签字并加盖公章的无违法记录的声明。

第九条 人民法院认为原告提出的诉讼请求不足以保护社会公共利益的,可以向其释明变更或者增加停止侵害、修复生态环境等诉讼请求。

第十条 人民法院受理环境民事公益诉讼后,应当在立案之日起五日内将起诉状副本发送被告,并公告案件受理情况。

有权提起诉讼的其他机关和社会组织在公告之日起三十日内申请参加诉讼,经审查符合法定条件的,人民法院应当将其列为共同原告;逾期申请的,不予准许。

公民、法人和其他组织以人身、财产受到损害为由申请参加诉讼的,告知其另行起诉。

第十一条 检察机关、负有环境资源保护监督管理职责的部门及其他机关、社会组织、企业事业单位依据民事诉讼法第十五条的规定,可以通过提供法律咨询、提交书面意见、协助调查取证等方式支持社会组织依法提起环境民事公益诉讼。

第十二条 人民法院受理环境民事公益诉讼后,应当在十日内告知对被告行为负有环境资源保护监督管理职责的部门。

第十三条 原告请求被告提供其排放的主要污染物名称、排放方式、排放浓度和总量、超标排放情况以及防治污染设施的建设和运行情况等环境信息,法律、法规、规章规定被告应当持有或者有证据证明被告持有而拒不提供,如果原告主张相关事实不利于被告的,人民法院可以推定该主张成立。

第十四条 对于审理环境民事公益诉讼案件需要的证据,人民法院认为必要的,应当调查收集。

对于应当由原告承担举证责任且为维护社会公共利益所必要的专门性问题,人民法院可以委托具备资格的鉴定人进行鉴定。

第十五条 当事人申请通知有专门知识的人出庭,就鉴定人作出的鉴定意见或者就因果关系、生态环境修复方式、生态环境修复费用以及生态环境受到损害至修复完成期间服务功能丧失导致的损失等专门性问题提出意见的,人民法院可以准许。

前款规定的专家意见经质证,可以作为认定事实的根据。

第十六条 原告在诉讼过程中承认的对己方不利的事实和认可的证据,人民法院认为损害社会公共利益的,应当不予确认。

第十七条 环境民事公益诉讼案件审理过程中,被告以反诉方式提出诉讼请求的,人民法院不予受理。

第十八条 对污染环境、破坏生态,已经损害社会公共利益或者具有损害社会公共利益重大风险的行为,原告可以请求被告承担停止侵害、排除妨碍、消除危险、修复生态环

境、赔偿损失、赔礼道歉等民事责任。

第十九条 原告为防止生态环境损害的发生和扩大,请求被告停止侵害、排除妨碍、消除危险的,人民法院可以依法予以支持。

原告为停止侵害、排除妨碍、消除危险采取合理预防、处置措施而发生的费用,请求被告承担的,人民法院可以依法予以支持。

第二十条 原告请求修复生态环境的,人民法院可以依法判决被告将生态环境修复到损害发生之前的状态和功能。无法完全修复的,可以准许采用替代性修复方式。

人民法院可以在判决被告修复生态环境的同时,确定被告不履行修复义务时应承担的生态环境修复费用;也可以直接判决被告承担生态环境修复费用。

生态环境修复费用包括制定、实施修复方案的费用,修复期间的监测、监管费用,以及修复完成后的验收费用、修复效果后评估费用等。

第二十一条 原告请求被告赔偿生态环境受到损害至修复完成期间服务功能丧失导致的损失、生态环境功能永久性损害造成的损失的,人民法院可以依法予以支持。

第二十二条 原告请求被告承担以下费用的,人民法院可以依法予以支持:

(一)生态环境损害调查、鉴定评估等费用;

(二)清除污染以及防止损害的发生和扩大所支出的合理费用;

(三)合理的律师费以及为诉讼支出的其他合理费用。

第二十三条 生态环境修复费用难以确定或者确定具体数额所需鉴定费用明显过高的,人民法院可以结合污染环境、破坏生态的范围和程度,生态环境的稀缺性,生态环境恢复的难易程度,防治污染设备的运行成本,被告因侵害行为所获得的利益以及过错程度等因素,并可以参考负有环境资源保护监督管

理职责的部门的意见、专家意见等，予以合理确定。

第二十四条　人民法院判决被告承担的生态环境修复费用、生态环境受到损害至修复完成期间服务功能丧失导致的损失、生态环境功能永久性损害造成的损失等款项，应当用于修复被损害的生态环境。

其他环境民事公益诉讼中败诉原告所需承担的调查取证、专家咨询、检验、鉴定等必要费用，可以酌情从上述款项中支付。

第二十五条　环境民事公益诉讼当事人达成调解协议或者自行达成和解协议后，人民法院应当将协议内容公告，公告期间不少于三十日。

公告期满后，人民法院审查认为调解协议或者和解协议的内容不损害社会公共利益的，应当出具调解书。当事人以达成和解协议为由申请撤诉的，不予准许。

调解书应当写明诉讼请求、案件的基本事实和协议内容，并应当公开。

第二十六条　负有环境资源保护监督管理职责的部门依法履行监管职责而使原告诉讼请求全部实现，原告申请撤诉的，人民法院应予准许。

第二十七条　法庭辩论终结后，原告申请撤诉的，人民法院不予准许，但本解释第二十六条规定的情形除外。

第二十八条　环境民事公益诉讼案件的裁判生效后，有权提起诉讼的其他机关和社会组织就同一污染环境、破坏生态行为另行起诉，有下列情形之一的，人民法院应予受理：

（一）前案原告的起诉被裁定驳回的；

（二）前案原告申请撤诉被裁定准许的，但本解释第二十六条规定的情形除外。

环境民事公益诉讼案件的裁判生效后，有证据证明存在前案审理时未发现的损害，有权提起诉讼的机关和社会组织另行起诉

的，人民法院应予受理。

第二十九条　法律规定的机关和社会组织提起环境民事公益诉讼的，不影响因同一污染环境、破坏生态行为受到人身、财产损害的公民、法人和其他组织依据民事诉讼法第一百一十九条的规定提起诉讼。

第三十条　已为环境民事公益诉讼生效裁判认定的事实，因同一污染环境、破坏生态行为依据民事诉讼法第一百一十九条规定提起诉讼的原告、被告均无需举证证明，但原告对该事实有异议并有相反证据足以推翻的除外。

对于环境民事公益诉讼生效裁判就被告是否存在法律规定的不承担责任或者减轻责任的情形、行为与损害之间是否存在因果关系、被告承担责任的大小等所作的认定，因同一污染环境、破坏生态行为依据民事诉讼法第一百一十九条规定提起诉讼的原告主张适用的，人民法院应予支持，但被告有相反证据足以推翻的除外。被告主张直接适用对其有利的认定的，人民法院不予支持，被告仍应举证证明。

第三十一条　被告因污染环境、破坏生态在环境民事公益诉讼和其他民事诉讼中均承担责任，其财产不足以履行全部义务的，应当先履行其他民事诉讼生效裁判所确定的义务，但法律另有规定的除外。

第三十二条　发生法律效力的环境民事公益诉讼案件的裁判，需要采取强制执行措施的，应当移送执行。

第三十三条　原告交纳诉讼费用确有困难，依法申请缓交的，人民法院应予准许。

败诉或者部分败诉的原告申请减交或者免交诉讼费用的，人民法院应当依照《诉讼费用交纳办法》的规定，视原告的经济状况和案件的审理情况决定是否准许。

第三十四条　社会组织有通过诉讼违法收受财物等牟取经济利益行为的，人民法院

可以根据情节轻重依法收缴其非法所得、予以罚款;涉嫌犯罪的,依法移送有关机关处理。

社会组织通过诉讼牟取经济利益的,人民法院应当向登记管理机关或者有关机关发送司法建议,由其依法处理。

第三十五条 本解释施行前最高人民法院发布的司法解释和规范性文件,与本解释不一致的,以本解释为准。

最高人民法院关于审理生态环境损害赔偿案件的若干规定(试行)

(2019年5月20日最高人民法院审判委员会第1769次会议通过 根据2020年12月23日最高人民法院审判委员会第1823次会议通过的《最高人民法院关于修改〈最高人民法院关于在民事审判工作中适用《中华人民共和国工会法》若干问题的解释〉等二十七件民事类司法解释的决定》修正 2020年12月29日最高人民法院公告公布)

为正确审理生态环境损害赔偿案件,严格保护生态环境,依法追究损害生态环境责任者的赔偿责任,依据《中华人民共和国民法典》《中华人民共和国环境保护法》《中华人民共和国民事诉讼法》等法律的规定,结合审判工作实际,制定本规定。

第一条 具有下列情形之一,省级、市地级人民政府及其指定的相关部门、机构,或者受国务院委托行使全民所有自然资源资产所有权的部门,因与造成生态环境损害的自然人、法人或者其他组织经磋商未达成一致或者无法进行磋商的,可以作为原告提起生态环境损害赔偿诉讼:

(一)发生较大、重大、特别重大突发环境事件的;

(二)在国家和省级主体功能区规划中划定的重点生态功能区、禁止开发区发生环境污染、生态破坏事件的;

(三)发生其他严重影响生态环境后果的。

前款规定的市地级人民政府包括设区的市、自治州、盟、地区,不设区的地级市,直辖市的区、县人民政府。

第二条 下列情形不适用本规定:

(一)因污染环境、破坏生态造成人身损害、个人和集体财产损失要求赔偿的;

(二)因海洋生态环境损害要求赔偿的。

第三条 第一审生态环境损害赔偿诉讼案件由生态环境损害行为实施地、损害结果发生地或者被告住所地的中级以上人民法院管辖。

经最高人民法院批准,高级人民法院可以在辖区内确定部分中级人民法院集中管辖第一审生态环境损害赔偿诉讼案件。

中级人民法院认为确有必要的,可以在报请高级人民法院批准后,裁定将本院管辖的第一审生态环境损害赔偿诉讼案件交由具备审理条件的基层人民法院审理。

生态环境损害赔偿诉讼案件由人民法院环境资源审判庭或者指定的专门法庭审理。

第四条 人民法院审理第一审生态环境损害赔偿诉讼案件,应当由法官和人民陪审员组成合议庭进行。

第五条 原告提起生态环境损害赔偿诉讼,符合民事诉讼法和本规定并提交下列材料的,人民法院应当登记立案:

(一)证明具备提起生态环境损害赔偿诉讼原告资格的材料;

(二)符合本规定第一条规定情形之一的证明材料;

(三)与被告进行磋商但未达成一致或者因客观原因无法与被告进行磋商的说明;

（四）符合法律规定的起诉状，并按照被告人数提出副本。

第六条 原告主张被告承担生态环境损害赔偿责任的，应当就以下事实承担举证责任：

（一）被告实施了污染环境、破坏生态的行为或者具有其他应当依法承担责任的情形；

（二）生态环境受到损害，以及所需修复费用、损害赔偿等具体数额；

（三）被告污染环境、破坏生态的行为与生态环境损害之间具有关联性。

第七条 被告反驳原告主张的，应当提供证据加以证明。被告主张具有法律规定的不承担责任或者减轻责任情形的，应当承担举证责任。

第八条 已为发生法律效力的刑事裁判所确认的事实，当事人在生态环境损害赔偿诉讼案件中无须举证证明，但有相反证据足以推翻的除外。

对刑事裁判未予确认的事实，当事人提供的证据达到民事诉讼证明标准的，人民法院应当予以认定。

第九条 负有相关环境资源保护监督管理职责的部门或者其委托的机构在行政执法过程中形成的事件调查报告、检验报告、检测报告、评估报告、监测数据等，经当事人质证并符合证据标准的，可以作为认定案件事实的根据。

第十条 当事人在诉前委托具备环境司法鉴定资质的鉴定机构出具的鉴定意见，以及委托国务院环境资源保护监督管理相关主管部门推荐的机构出具的检验报告、检测报告、评估报告、监测数据等，经当事人质证并符合证据标准的，可以作为认定案件事实的根据。

第十一条 被告违反国家规定造成生态环境损害的，人民法院应当根据原告的诉讼请求以及具体案情，合理判决被告承担修复生态环境、赔偿损失、停止侵害、排除妨碍、消除危险、赔礼道歉等民事责任。

第十二条 受损生态环境能够修复的，人民法院应当依法判决被告承担修复责任，并同时确定被告不履行修复义务时应承担的生态环境修复费用。

生态环境修复费用包括制定、实施修复方案的费用，修复期间的监测、监管费用，以及修复完成后的验收费用、修复效果后评估费用等。

原告请求被告赔偿生态环境受到损害至修复完成期间服务功能损失的，人民法院根据具体案情予以判决。

第十三条 受损生态环境无法修复或者无法完全修复，原告请求被告赔偿生态环境功能永久性损害造成的损失的，人民法院根据具体案情予以判决。

第十四条 原告请求被告承担下列费用的，人民法院根据具体案情予以判决：

（一）实施应急方案、清除污染以及为防止损害的发生和扩大所支出的合理费用；

（二）为生态环境损害赔偿磋商和诉讼支出的调查、检验、鉴定、评估等费用；

（三）合理的律师费以及其他为诉讼支出的合理费用。

第十五条 人民法院判决被告承担的生态环境服务功能损失赔偿资金、生态环境功能永久性损害造成的损失赔偿资金，以及被告不履行生态环境修复义务时所应承担的修复费用，应当依照法律、法规、规章予以缴纳、管理和使用。

第十六条 在生态环境损害赔偿诉讼案件审理过程中，同一损害生态环境行为又被提起民事公益诉讼，符合起诉条件的，应当由受理生态环境损害赔偿诉讼案件的人民法院受理并由同一审判组织审理。

第十七条 人民法院受理因同一损害生

态环境行为提起的生态环境损害赔偿诉讼案件和民事公益诉讼案件,应先中止民事公益诉讼案件的审理,待生态环境损害赔偿诉讼案件审理完毕后,就民事公益诉讼案件未被涵盖的诉讼请求依法作出裁判。

第十八条 生态环境损害赔偿诉讼案件的裁判生效后,有权提起民事公益诉讼的国家规定的机关或者法律规定的组织就同一损害生态环境行为有证据证明存在前案审理时未发现的损害,并提起民事公益诉讼的,人民法院应予受理。

民事公益诉讼案件的裁判生效后,有权提起生态环境损害赔偿诉讼的主体就同一损害生态环境行为有证据证明存在前案审理时未发现的损害,并提起生态环境损害赔偿诉讼的,人民法院应予受理。

第十九条 实际支出应急处置费用的机关提起诉讼主张该费用的,人民法院应予受理,但人民法院已经受理就同一损害生态环境行为提起的生态环境损害赔偿诉讼案件且该案原告已经主张应急处置费用的除外。

生态环境损害赔偿诉讼案件原告未主张应急处置费用,因同一损害生态环境行为实际支出应急处置费用的机关提起诉讼主张该费用的,由受理生态环境损害赔偿诉讼案件的人民法院受理并由同一审判组织审理。

第二十条 经磋商达成生态环境损害赔偿协议的,当事人可以向人民法院申请司法确认。

人民法院受理申请后,应当公告协议内容,公告期间不少于三十日。公告期满后,人民法院经审查认为协议的内容不违反法律法规强制性规定且不损害国家利益、社会公共利益的,裁定确认协议有效。裁定书应当写明案件的基本事实和协议内容,并向社会公开。

第二十一条 一方当事人在期限内未履行或者未全部履行发生法律效力的生态环境损害赔偿诉讼案件裁判或者经司法确认的生态环境损害赔偿协议的,对方当事人可以向人民法院申请强制执行。需要修复生态环境的,依法由省级、市地级人民政府及其指定的相关部门、机构组织实施。

第二十二条 人民法院审理生态环境损害赔偿案件,本规定没有规定的,参照适用《最高人民法院关于审理环境民事公益诉讼案件适用法律若干问题的解释》《最高人民法院关于审理环境侵权责任纠纷案件适用法律若干问题的解释》等相关司法解释的规定。

第二十三条 本规定自 2019 年 6 月 5 日起施行。

最高人民法院关于审理海洋自然资源与生态环境损害赔偿纠纷案件若干问题的规定

(2017 年 11 月 20 日最高人民法院审判委员会第 1727 次会议通过 2017 年 12 月 29 日最高人民法院公告公布 自 2018 年 1 月 15 日起施行 法释〔2017〕23 号)

为正确审理海洋自然资源与生态环境损害赔偿纠纷案件,根据《中华人民共和国海洋环境保护法》《中华人民共和国民事诉讼法》《中华人民共和国海事诉讼特别程序法》等法律的规定,结合审判实践,制定本规定。

第一条 人民法院审理为请求赔偿海洋环境保护法第八十九条第二款规定的海洋自然资源与生态环境损害而提起的诉讼,适用本规定。

第二条 在海上或者沿海陆域内从事活动,对中华人民共和国管辖海域内海洋自然资源与生态环境造成损害,由此提起的海洋自然资源与生态环境损害赔偿诉讼,由损害行为发生地、损害结果地或者采取预防措施地海事法院管辖。

第三条　海洋环境保护法第五条规定的行使海洋环境监督管理权的机关，根据其职能分工提起海洋自然资源与生态环境损害赔偿诉讼，人民法院应予受理。

第四条　人民法院受理海洋自然资源与生态环境损害赔偿诉讼，应当在立案之日起五日内公告案件受理情况。

人民法院在审理中发现可能存在下列情形之一的，可以书面告知其他依法行使海洋环境监督管理权的机关：

（一）同一损害涉及不同区域或者不同部门；

（二）不同损害应由其他依法行使海洋环境监督管理权的机关索赔。

本规定所称不同损害，包括海洋自然资源与生态环境损害中不同种类和同种类但可以明确区分属不同机关索赔范围的损害。

第五条　在人民法院依照本规定第四条的规定发布公告之日起三十日内，或者书面告知之日起七日内，对同一损害有权提起诉讼的其他机关申请参加诉讼，经审查符合法定条件的，人民法院应当将其列为共同原告；逾期申请的，人民法院不予准许。裁判生效后另行起诉的，人民法院参照《最高人民法院关于审理环境民事公益诉讼案件适用法律若干问题的解释》第二十八条的规定处理。

对于不同损害，可以由各依法行使海洋环境监督管理权的机关分别提起诉讼；索赔人共同起诉或者在规定期限内申请参加诉讼的，人民法院依照民事诉讼法第五十二条第一款的规定决定是否按共同诉讼进行审理。

第六条　依法行使海洋环境监督管理权的机关请求造成海洋自然资源与生态环境损害的责任者承担停止侵害、排除妨碍、消除危险、恢复原状、赔礼道歉、赔偿损失等民事责任的，人民法院应当根据诉讼请求以及具体案情，合理判定责任者承担民事责任。

第七条　海洋自然资源与生态环境损失赔偿范围包括：

（一）预防措施费用，即为减轻或者防止海洋环境污染、生态恶化、自然资源减少所采取合理应急处置措施而发生的费用；

（二）恢复费用，即采取或者将要采取措施恢复或者部分恢复受损害海洋自然资源与生态环境功能所需费用；

（三）恢复期间损失，即受损害的海洋自然资源与生态环境功能部分或者完全恢复前的海洋自然资源损失、生态环境服务功能损失；

（四）调查评估费用，即调查、勘查、监测污染区域和评估污染等损害风险与实际损害所发生的费用。

第八条　恢复费用，限于现实修复实际发生和未来修复必然发生的合理费用，包括制定和实施修复方案和监测、监管产生的费用。

未来修复必然发生的合理费用和恢复期间损失，可以根据有资格的鉴定评估机构依据法律法规、国家主管部门颁布的鉴定评估技术规范作出的鉴定意见予以确定，但当事人有相反证据足以反驳的除外。

预防措施费用和调查评估费用，以实际发生和未来必然发生的合理费用计算。

责任者已经采取合理预防、恢复措施，其主张相应减少损失赔偿数额的，人民法院应予支持。

第九条　依照本规定第八条的规定难以确定恢复费用和恢复期间损失的，人民法院可以根据责任者因损害行为所获得的收益或者所减少支付的污染防治费用，合理确定损失赔偿数额。

前款规定的收益或者费用无法认定的，可以参照政府部门相关统计资料或者其他证据所证明的同区域同类生产经营者同期平均收入、同期平均污染防治费用，合理酌定。

第十条 人民法院判决责任者赔偿海洋自然资源与生态环境损失的,可以一并写明依法行使海洋环境监督管理权的机关受领赔款后向国库账户交纳。

发生法律效力的裁判需要采取强制执行措施的,应当移送执行。

第十一条 海洋自然资源与生态环境损害赔偿诉讼当事人达成调解协议或者自行达成和解协议的,人民法院依照《最高人民法院关于审理环境民事公益诉讼案件适用法律若干问题的解释》第二十五条的规定处理。

第十二条 人民法院审理海洋自然资源与生态环境损害赔偿纠纷案件,本规定没有规定的,适用《最高人民法院关于审理环境侵权责任纠纷案件适用法律若干问题的解释》《最高人民法院关于审理环境民事公益诉讼案件适用法律若干问题的解释》等相关司法解释的规定。

在海上或者沿海陆域内从事活动,对中华人民共和国管辖海域内海洋自然资源与生态环境形成损害威胁,人民法院审理由此引起的赔偿纠纷案件,参照适用本规定。

人民法院审理因船舶引起的海洋自然资源与生态环境损害赔偿纠纷案件,法律、行政法规、司法解释另有特别规定的,依照其规定。

第十三条 本规定自 2018 年 1 月 15 日起施行,人民法院尚未审结的一审、二审案件适用本规定;本规定施行前已经作出生效裁判的案件,本规定施行后依法再审的,不适用本规定。

本规定施行后,最高人民法院以前颁布的司法解释与本规定不一致的,以本规定为准。

(八) 网络侵权责任

中华人民共和国网络安全法

(2016 年 11 月 7 日第十二届全国人民代表大会常务委员会第二十四次会议通过 2016 年 11 月 7 日中华人民共和国主席令第 53 号公布 自 2017 年 6 月 1 日起施行)

目 录

第一章 总 则

第一条 【立法目的】为了保障网络安全,维护网络空间主权和国家安全、社会公共利益,保护公民、法人和其他组织的合法权益,促进经济社会信息化健康发展,制定本法。

第二条 【调整范围】在中华人民共和国境内建设、运营、维护和使用网络,以及网络安全的监督管理,适用本法。

第三条 【网络安全工作的基本原则】国家坚持网络安全与信息化发展并重,遵循积极利用、科学发展、依法管理、确保安全的方针,推进网络基础设施建设和互联互通,鼓励网络技术创新和应用,支持培养网络安全人才,建立健全网络安全保障体系,提高网络安全保护能力。

第四条 【国家网络安全战略】国家制定并不断完善网络安全战略,明确保障网络安全的基本要求和主要目标,提出重点领域的网络安全政策、工作任务和措施。

第五条 【国家维护网络安全的主要任务】国家采取措施,监测、防御、处置来源于中华人民共和国境内外的网络安全风险和威胁,保护关键信息基础设施免受攻击、侵入、干扰和破坏,依法惩治网络违法犯罪活动,维护网络空间安全和秩序。

第六条 【网络安全的社会参与】国家倡导诚实守信、健康文明的网络行为,推动传播社会主义核心价值观,采取措施提高全社会的网络安全意识和水平,形成全社会共同参与促进网络安全的良好环境。

第七条 【网络安全国际合作】国家积极开展网络空间治理、网络技术研发和标准制定、打击网络违法犯罪等方面的国际交流与合作,推动构建和平、安全、开放、合作的网络空间,建立多边、民主、透明的网络治理体系。

第八条 【网络安全监督管理体制】国家网信部门负责统筹协调网络安全工作和相关监督管理工作。国务院电信主管部门、公安部门和其他有关机关依照本法和有关法律、行政法规的规定,在各自职责范围内负责网络安全保护和监督管理工作。

县级以上地方人民政府有关部门的网络安全保护和监督管理职责,按照国家有关规定确定。

第九条 【网络运营者的基本义务】网络运营者开展经营和服务活动,必须遵守法律、行政法规,尊重社会公德,遵守商业道德,诚实信用,履行网络安全保护义务,接受政府和社会的监督,承担社会责任。

第十条 【维护网络安全的总体要求】建设、运营网络或者通过网络提供服务,应当依照法律、行政法规的规定和国家标准的强制性要求,采取技术措施和其他必要措施,保障网络安全、稳定运行,有效应对网络安全事件,防范网络违法犯罪活动,维护网络数据的完整性、保密性和可用性。

第十一条 【网络安全行业自律】网络相关行业组织按照章程,加强行业自律,制定网络安全行为规范,指导会员加强网络安全保护,提高网络安全保护水平,促进行业健康发展。

第十二条 【网络活动参与者的权利和义务】国家保护公民、法人和其他组织依法使用网络的权利,促进网络接入普及,提升网络服务水平,为社会提供安全、便利的网络服务,保障网络信息依法有序自由流动。

任何个人和组织使用网络应当遵守宪法法律,遵守公共秩序,尊重社会公德,不得危害网络安全,不得利用网络从事危害国家安全、荣誉和利益,煽动颠覆国家政权、推翻社会主义制度,煽动分裂国家、破坏国家统一,宣扬恐怖主义、极端主义,宣扬民族仇恨、民族歧视,传播暴力、淫秽色情信息,编造、传播虚假信息扰乱经济秩序和社会秩序,以及侵害他人名誉、隐私、知识产权和其他合法权益等活动。

第十三条 【未成年人网络保护】国家支持研究开发有利于未成年人健康成长的网络产品和服务,依法惩治利用网络从事危害未成年人身心健康的活动,为未成年人提供安全、健康的网络环境。

第十四条 【危害网络安全行为的举报及处理】任何个人和组织有权对危害网络安全的行为向网信、电信、公安等部门举报。收到举报的部门应当及时依法作出处理;不属于本部门职责的,应当及时移送有权处理的部门。

有关部门应当对举报人的相关信息予以保密,保护举报人的合法权益。

第二章　网络安全支持与促进

第十五条　【网络安全标准】国家建立和完善网络安全标准体系。国务院标准化行政主管部门和国务院其他有关部门根据各自的职责,组织制定并适时修订有关网络安全管理以及网络产品、服务和运行安全的国家标准、行业标准。

国家支持企业、研究机构、高等学校、网络相关行业组织参与网络安全国家标准、行业标准的制定。

第十六条　【促进网络安全技术和产业发展】国务院和省、自治区、直辖市人民政府应当统筹规划,加大投入,扶持重点网络安全技术产业和项目,支持网络安全技术的研究开发和应用,推广安全可信的网络产品和服务,保护网络技术知识产权,支持企业、研究机构和高等学校等参与国家网络安全技术创新项目。

第十七条　【网络安全社会化服务体系建设】国家推进网络安全社会化服务体系建设,鼓励有关企业、机构开展网络安全认证、检测和风险评估等安全服务。

第十八条　【促进数据资源开发利用】国家鼓励开发网络数据安全保护和利用技术,促进公共数据资源开放,推动技术创新和经济社会发展。

国家支持创新网络安全管理方式,运用网络新技术,提升网络安全保护水平。

第十九条　【网络安全宣传教育】各级人民政府及其有关部门应当组织开展经常性的网络安全宣传教育,并指导、督促有关单位做好网络安全宣传教育工作。

大众传播媒介应当有针对性地面向社会进行网络安全宣传教育。

第二十条　【网络安全人才培养】国家支持企业和高等学校、职业学校等教育培训机构开展网络安全相关教育与培训,采取多种方式培养网络安全人才,促进网络安全人才交流。

第三章　网络运行安全

第一节　一般规定

第二十一条　【网络安全等级保护制度】国家实行网络安全等级保护制度。网络运营者应当按照网络安全等级保护制度的要求,履行下列安全保护义务,保障网络免受干扰、破坏或者未经授权的访问,防止网络数据泄露或者被窃取、篡改:

(一)制定内部安全管理制度和操作规程,确定网络安全负责人,落实网络安全保护责任;

(二)采取防范计算机病毒和网络攻击、网络侵入等危害网络安全行为的技术措施;

(三)采取监测、记录网络运行状态、网络安全事件的技术措施,并按照规定留存相关的网络日志不少于六个月;

(四)采取数据分类、重要数据备份和加密等措施;

(五)法律、行政法规规定的其他义务。

第二十二条　【网络产品和服务提供者的安全义务】网络产品、服务应当符合相关国家标准的强制性要求。网络产品、服务的提供者不得设置恶意程序;发现其网络产品、服务存在安全缺陷、漏洞等风险时,应当立即采取补救措施,按照规定及时告知用户并向有关主管部门报告。

网络产品、服务的提供者应当为其产品、服务持续提供安全维护;在规定或者当事人约定的期限内,不得终止提供安全维护。

网络产品、服务具有收集用户信息功能

的,其提供者应当向用户明示并取得同意;涉及用户个人信息的,还应当遵守本法和有关法律、行政法规关于个人信息保护的规定。

第二十三条 【网络关键设备和安全专用产品的认证检测】网络关键设备和网络安全专用产品应当按照相关国家标准的强制性要求,由具备资格的机构安全认证合格或者安全检测符合要求后,方可销售或者提供。国家网信部门会同国务院有关部门制定、公布网络关键设备和网络安全专用产品目录,并推动安全认证和安全检测结果互认,避免重复认证、检测。

第二十四条 【网络用户身份管理制度】网络运营者为用户办理网络接入、域名注册服务,办理固定电话、移动电话等入网手续,或者为用户提供信息发布、即时通讯等服务,在与用户签订协议或者确认提供服务时,应当要求用户提供真实身份信息。用户不提供真实身份信息的,网络运营者不得为其提供相关服务。

国家实施网络可信身份战略,支持研究开发安全、方便的电子身份认证技术,推动不同电子身份认证之间的互认。

第二十五条 【网络运营者的应急处置措施】网络运营者应当制定网络安全事件应急预案,及时处置系统漏洞、计算机病毒、网络攻击、网络侵入等安全风险;在发生危害网络安全的事件时,立即启动应急预案,采取相应的补救措施,并按照规定向有关主管部门报告。

第二十六条 【网络安全服务活动的规范】开展网络安全认证、检测、风险评估等活动,向社会发布系统漏洞、计算机病毒、网络攻击、网络侵入等网络安全信息,应当遵守国家有关规定。

第二十七条 【禁止危害网络安全的行为】任何个人和组织不得从事非法侵入他人网络、干扰他人网络正常功能、窃取网络数据

等危害网络安全的活动;不得提供专门用于从事侵入网络、干扰网络正常功能及防护措施、窃取网络数据等危害网络安全活动的程序、工具;明知他人从事危害网络安全的活动的,不得为其提供技术支持、广告推广、支付结算等帮助。

第二十八条 【网络运营者的技术支持和协助义务】网络运营者应当为公安机关、国家安全机关依法维护国家安全和侦查犯罪的活动提供技术支持和协助。

第二十九条 【网络安全风险的合作应对】国家支持网络运营者之间在网络安全信息收集、分析、通报和应急处置等方面进行合作,提高网络运营者的安全保障能力。

有关行业组织建立健全本行业的网络安全保护规范和协作机制,加强对网络安全风险的分析评估,定期向会员进行风险警示,支持、协助会员应对网络安全风险。

第三十条 【执法信息用途限制】网信部门和有关部门在履行网络安全保护职责中获取的信息,只能用于维护网络安全的需要,不得用于其他用途。

第二节 关键信息基础设施的运行安全

第三十一条 【关键信息基础设施保护制度】国家对公共通信和信息服务、能源、交通、水利、金融、公共服务、电子政务等重要行业和领域,以及其他一旦遭到破坏、丧失功能或者数据泄露,可能严重危害国家安全、国计民生、公共利益的关键信息基础设施,在网络安全等级保护制度的基础上,实行重点保护。关键信息基础设施的具体范围和安全保护办法由国务院制定。

国家鼓励关键信息基础设施以外的网络运营者自愿参与关键信息基础设施保护体系。

第三十二条 【关键信息基础设施安全

保护工作部门的职责】按照国务院规定的职责分工,负责关键信息基础设施安全保护工作的部门分别编制并组织实施本行业、本领域的关键信息基础设施安全规划,指导和监督关键信息基础设施运行安全保护工作。

第三十三条 【关键信息基础设施建设的安全要求】建设关键信息基础设施应当确保其具有支持业务稳定、持续运行的性能,并保证安全技术措施同步规划、同步建设、同步使用。

第三十四条 【关键信息基础设施运营者的安全保护义务】除本法第二十一条的规定外,关键信息基础设施的运营者还应当履行下列安全保护义务:

(一)设置专门安全管理机构和安全管理负责人,并对该负责人和关键岗位的人员进行安全背景审查;

(二)定期对从业人员进行网络安全教育、技术培训和技能考核;

(三)对重要系统和数据库进行容灾备份;

(四)制定网络安全事件应急预案,并定期进行演练;

(五)法律、行政法规规定的其他义务。

第三十五条 【关键信息基础设施采购的国家安全审查】关键信息基础设施的运营者采购网络产品和服务,可能影响国家安全的,应当通过国家网信部门会同国务院有关部门组织的国家安全审查。

第三十六条 【关键信息基础设施采购的安全保密义务】关键信息基础设施的运营者采购网络产品和服务,应当按照规定与提供者签订安全保密协议,明确安全和保密义务与责任。

第三十七条 【关键信息基础设施数据的境内存储和对外提供】关键信息基础设施的运营者在中华人民共和国境内运营中收集和产生的个人信息和重要数据应当在境内存储。因业务需要,确需向境外提供的,应当按照国家网信部门会同国务院有关部门制定的办法进行安全评估;法律、行政法规另有规定的,依照其规定。

第三十八条 【关键信息基础设施的定期安全检测评估】关键信息基础设施的运营者应当自行或者委托网络安全服务机构对其网络的安全性和可能存在的风险每年至少进行一次检测评估,并将检测评估情况和改进措施报送相关负责关键信息基础设施安全保护工作的部门。

第三十九条 【关键信息基础设施保护的统筹协作机制】国家网信部门应当统筹协调有关部门对关键信息基础设施的安全保护采取下列措施:

(一)对关键信息基础设施的安全风险进行抽查检测,提出改进措施,必要时可以委托网络安全服务机构对网络存在的安全风险进行检测评估;

(二)定期组织关键信息基础设施的运营者进行网络安全应急演练,提高应对网络安全事件的水平和协同配合能力;

(三)促进有关部门、关键信息基础设施的运营者以及有关研究机构、网络安全服务机构等之间的网络安全信息共享;

(四)对网络安全事件的应急处置与网络功能的恢复等,提供技术支持和协助。

第四章 网络信息安全

第四十条 【建立用户信息保护制度】网络运营者应当对其收集的用户信息严格保密,并建立健全用户信息保护制度。

第四十一条 【个人信息收集使用规则】网络运营者收集、使用个人信息,应当遵循合法、正当、必要的原则,公开收集、使用规则,明示收集、使用信息的目的、方式和范围,并经被收集者同意。

网络运营者不得收集与其提供的服务无关的个人信息，不得违反法律、行政法规的规定和双方的约定收集、使用个人信息，并应当依照法律、行政法规的规定和与用户的约定，处理其保存的个人信息。

第四十二条　【网络运营者的个人信息保护义务】网络运营者不得泄露、篡改、毁损其收集的个人信息；未经被收集者同意，不得向他人提供个人信息。但是，经过处理无法识别特定个人且不能复原的除外。

网络运营者应当采取技术措施和其他必要措施，确保其收集的个人信息安全，防止信息泄露、毁损、丢失。在发生或者可能发生个人信息泄露、毁损、丢失的情况时，应当立即采取补救措施，按照规定及时告知用户并向有关主管部门报告。

第四十三条　【个人信息的删除权和更正权】个人发现网络运营者违反法律、行政法规的规定或者双方的约定收集、使用其个人信息的，有权要求网络运营者删除其个人信息；发现网络运营者收集、存储的其个人信息有错误的，有权要求网络运营者予以更正。网络运营者应当采取措施予以删除或者更正。

第四十四条　【禁止非法获取、买卖、提供个人信息】任何个人和组织不得窃取或者以其他非法方式获取个人信息，不得非法出售或者非法向他人提供个人信息。

第四十五条　【监督管理部门的保密义务】依法负有网络安全监督管理职责的部门及其工作人员，必须对在履行职责中知悉的个人信息、隐私和商业秘密严格保密，不得泄露、出售或者非法向他人提供。

第四十六条　【禁止利用网络从事与违法犯罪相关的活动】任何个人和组织应当对其使用网络的行为负责，不得设立用于实施诈骗，传授犯罪方法，制作或者销售违禁物品、管制物品等违法犯罪活动的网站、通讯群组，不得利用网络发布涉及实施诈骗，制作或者销售违禁物品、管制物品以及其他违法犯罪活动的信息。

第四十七条　【网络运营者处置违法信息的义务】网络运营者应当加强对其用户发布的信息的管理，发现法律、行政法规禁止发布或者传输的信息的，应当立即停止传输该信息，采取消除等处置措施，防止信息扩散，保存有关记录，并向有关主管部门报告。

第四十八条　【电子信息和应用软件的信息安全要求及其提供者处置违法信息的义务】任何个人和组织发送的电子信息、提供的应用软件，不得设置恶意程序，不得含有法律、行政法规禁止发布或者传输的信息。

电子信息发送服务提供者和应用软件下载服务提供者，应当履行安全管理义务，知道其用户有前款规定行为的，应当停止提供服务，采取消除等处置措施，保存有关记录，并向有关主管部门报告。

第四十九条　【投诉举报及配合监督检查的义务】网络运营者应当建立网络信息安全投诉、举报制度，公布投诉、举报方式等信息，及时受理并处理有关网络信息安全的投诉和举报。

网络运营者对网信部门和有关部门依法实施的监督检查，应当予以配合。

第五十条　【监督管理部门对违法信息的处置】国家网信部门和有关部门依法履行网络信息安全监督管理职责，发现法律、行政法规禁止发布或者传输的信息的，应当要求网络运营者停止传输，采取消除等处置措施，保存有关记录；对来源于中华人民共和国境外的上述信息，应当通知有关机构采取技术措施和其他必要措施阻断传播。

第五章　监测预警与应急处置

第五十一条　【国家网络安全监测预警

和信息通报制度】国家建立网络安全监测预警和信息通报制度。国家网信部门应当统筹协调有关部门加强网络安全信息收集、分析和通报工作，按照规定统一发布网络安全监测预警信息。

第五十二条　【关键信息基础设施的安全监测预警和信息通报】负责关键信息基础设施安全保护工作的部门，应当建立健全本行业、本领域的网络安全监测预警和信息通报制度，并按照规定报送网络安全监测预警信息。

第五十三条　【网络安全事件应急预案】国家网信部门协调有关部门建立健全网络安全风险评估和应急工作机制，制定网络安全事件应急预案，并定期组织演练。

负责关键信息基础设施安全保护工作的部门应当制定本行业、本领域的网络安全事件应急预案，并定期组织演练。

网络安全事件应急预案应当按照事件发生后的危害程度、影响范围等因素对网络安全事件进行分级，并规定相应的应急处置措施。

第五十四条　【网络安全风险预警】网络安全事件发生的风险增大时，省级以上人民政府有关部门应当按照规定的权限和程序，并根据网络安全风险的特点和可能造成的危害，采取下列措施：

（一）要求有关部门、机构和人员及时收集、报告有关信息，加强对网络安全风险的监测；

（二）组织有关部门、机构和专业人员，对网络安全风险信息进行分析评估，预测事件发生的可能性、影响范围和危害程度；

（三）向社会发布网络安全风险预警，发布避免、减轻危害的措施。

第五十五条　【网络安全事件的应急处置】发生网络安全事件，应当立即启动网络安全事件应急预案，对网络安全事件进行调查和评估，要求网络运营者采取技术措施和其他必要措施，消除安全隐患，防止危害扩大，并及时向社会发布与公众有关的警示信息。

第五十六条　【约谈制度】省级以上人民政府有关部门在履行网络安全监督管理职责中，发现网络存在较大安全风险或者发生安全事件的，可以按照规定的权限和程序对该网络的运营者的法定代表人或者主要负责人进行约谈。网络运营者应当按照要求采取措施，进行整改，消除隐患。

第五十七条　【突发事件和生产安全事故的处置】因网络安全事件，发生突发事件或者生产安全事故的，应当依照《中华人民共和国突发事件应对法》《中华人民共和国安全生产法》等有关法律、行政法规的规定处置。

第五十八条　【网络通信临时限制措施】因维护国家安全和社会公共秩序，处置重大突发社会安全事件的需要，经国务院决定或者批准，可以在特定区域对网络通信采取限制等临时措施。

第六章　法律责任

第五十九条　【未履行网络运行安全义务的法律责任】网络运营者不履行本法第二十一条、第二十五条规定的网络安全保护义务的，由有关主管部门责令改正，给予警告；拒不改正或者导致危害网络安全等后果的，处一万元以上十万元以下罚款，对直接负责的主管人员处五千元以上五万元以下罚款。

关键信息基础设施的运营者不履行本法第三十三条、第三十四条、第三十六条、第三十八条规定的网络安全保护义务的，由有关主管部门责令改正，给予警告；拒不改正或者导致危害网络安全等后果的，处十万元以上一百万元以下罚款，对直接负责的主管人员处一万元以上十万元以下罚款。

第六十条　【未履行网络产品和服务安

全义务的法律责任】违反本法第二十二条第一款、第二款和第四十八条第一款规定，有下列行为之一的，由有关主管部门责令改正，给予警告；拒不改正或者导致危害网络安全等后果的，处五万元以上五十万元以下罚款，对直接负责的主管人员处一万元以上十万元以下罚款：

（一）设置恶意程序的；

（二）对其产品、服务存在的安全缺陷、漏洞等风险未立即采取补救措施，或者未按照规定及时告知用户并向有关主管部门报告的；

（三）擅自终止为其产品、服务提供安全维护的。

第六十一条 【违反用户身份管理规定的法律责任】网络运营者违反本法第二十四条第一款规定，未要求用户提供真实身份信息，或者对不提供真实身份信息的用户提供相关服务的，由有关主管部门责令改正；拒不改正或者情节严重的，处五万元以上五十万元以下罚款，并可以由有关主管部门责令暂停相关业务、停业整顿、关闭网站、吊销相关业务许可证或者吊销营业执照，对直接负责的主管人员和其他直接责任人员处一万元以上十万元以下罚款。

第六十二条 【违法开展网络安全服务活动的法律责任】违反本法第二十六条规定，开展网络安全认证、检测、风险评估等活动，或者向社会发布系统漏洞、计算机病毒、网络攻击、网络侵入等网络安全信息的，由有关主管部门责令改正，给予警告；拒不改正或者情节严重的，处一万元以上十万元以下罚款，并可以由有关主管部门责令暂停相关业务、停业整顿、关闭网站、吊销相关业务许可证或者吊销营业执照，对直接负责的主管人员和其他直接责任人员处五千元以上五万元以下罚款。

第六十三条 【实施危害网络安全行为的法律责任】违反本法第二十七条规定，从事危害网络安全的活动，或者提供专门用于从事危害网络安全活动的程序、工具，或者为他人从事危害网络安全的活动提供技术支持、广告推广、支付结算等帮助，尚不构成犯罪的，由公安机关没收违法所得，处五日以下拘留，可以并处五万元以上五十万元以下罚款；情节较重的，处五日以上十五日以下拘留，可以并处十万元以上一百万元以下罚款。

单位有前款行为的，由公安机关没收违法所得，处十万元以上一百万元以下罚款，并对直接负责的主管人员和其他直接责任人员依照前款规定处罚。

违反本法第二十七条规定，受到治安管理处罚的人员，五年内不得从事网络安全管理和网络运营关键岗位的工作；受到刑事处罚的人员，终身不得从事网络安全管理和网络运营关键岗位的工作。

第六十四条 【侵犯个人信息权利的法律责任】网络运营者、网络产品或者服务的提供者违反本法第二十二条第三款、第四十一条至第四十三条规定，侵害个人信息依法得到保护的权利的，由有关主管部门责令改正，可以根据情节单处或者并处警告、没收违法所得、处违法所得一倍以上十倍以下罚款，没有违法所得的，处一百万元以下罚款，对直接负责的主管人员和其他直接责任人员处一万元以上十万元以下罚款；情节严重的，并可以责令暂停相关业务、停业整顿、关闭网站、吊销相关业务许可证或者吊销营业执照。

违反本法第四十四条规定，窃取或者以其他非法方式获取、非法出售或者非法向他人提供个人信息，尚不构成犯罪的，由公安机关没收违法所得，并处违法所得一倍以上十倍以下罚款，没有违法所得的，处一百万元以下罚款。

第六十五条 【违反关键信息基础设施采购国家安全审查规定应承担的法律责任】

关键信息基础设施的运营者违反本法第三十五条规定,使用未经安全审查或者安全审查未通过的网络产品或者服务的,由有关主管部门责令停止使用,处采购金额一倍以上十倍以下罚款;对直接负责的主管人员和其他直接责任人员处一万元以上十万元以下罚款。

第六十六条 【违反关键信息基础设施数据境内存储和对外提供规定的法律责任】关键信息基础设施的运营者违反本法第三十七条规定,在境外存储网络数据,或者向境外提供网络数据的,由有关主管部门责令改正,给予警告,没收违法所得,处五万元以上五十万元以下罚款,并可以责令暂停相关业务、停业整顿、关闭网站、吊销相关业务许可证或者吊销营业执照;对直接负责的主管人员和其他直接责任人员处一万元以上十万元以下罚款。

第六十七条 【利用网络从事与违法犯罪相关的活动的法律责任】违反本法第四十六条规定,设立用于实施违法犯罪活动的网站、通讯群组,或者利用网络发布涉及实施违法犯罪活动的信息,尚不构成犯罪的,由公安机关处五日以下拘留,可以并处一万元以上十万元以下罚款;情节较重的,处五日以上十五日以下拘留,可以并处五万元以上五十万元以下罚款。关闭用于实施违法犯罪活动的网站、通讯群组。

单位有前款行为的,由公安机关处十万元以上五十万元以下罚款,并对直接负责的主管人员和其他直接责任人员依照前款规定处罚。

第六十八条 【未履行信息安全管理义务的法律责任】网络运营者违反本法第四十七条规定,对法律、行政法规禁止发布或者传输的信息未停止传输,采取消除等处置措施、保存有关记录的,由有关主管部门责令改正,给予警告,没收违法所得;拒不改正或者情节

严重的,处十万元以上五十万元以下罚款,并可以责令暂停相关业务、停业整顿、关闭网站、吊销相关业务许可证或者吊销营业执照,对直接负责的主管人员和其他直接责任人员处一万元以上十万元以下罚款。

电子信息发送服务提供者、应用软件下载服务提供者,不履行本法第四十八条第二款规定的安全管理义务的,依照前款规定处罚。

第六十九条 【网络运营者阻碍执法的法律责任】网络运营者违反本法规定,有下列行为之一的,由有关主管部门责令改正;拒不改正或者情节严重的,处五万元以上五十万元以下罚款,对直接负责的主管人员和其他直接责任人员,处一万元以上十万元以下罚款:

(一)不按照有关部门的要求对法律、行政法规禁止发布或者传输的信息,采取停止传输、消除等处置措施的;

(二)拒绝、阻碍有关部门依法实施的监督检查的;

(三)拒不向公安机关、国家安全机关提供技术支持和协助的。

第七十条 【发布传输违法信息的法律责任】发布或者传输本法第十二条第二款和其他法律、行政法规禁止发布或者传输的信息的,依照有关法律、行政法规的规定处罚。

第七十一条 【对违法行为人的信用惩戒】有本法规定的违法行为的,依照有关法律、行政法规的规定记入信用档案,并予以公示。

第七十二条 【政务网络运营者不履行安全保护义务的法律责任】国家机关政务网络的运营者不履行本法规定的网络安全保护义务的,由其上级机关或者有关机关责令改正;对直接负责的主管人员和其他直接责任人员依法给予处分。

第七十三条 【执法部门渎职的法律责

任】网信部门和有关部门违反本法第三十条规定,将在履行网络安全保护职责中获取的信息用于其他用途的,对直接负责的主管人员和其他直接责任人员依法给予处分。

网信部门和有关部门的工作人员玩忽职守、滥用职权、徇私舞弊,尚不构成犯罪的,依法给予处分。

第七十四条　【民事、刑事责任及治安管理处罚的衔接性规定】违反本法规定,给他人造成损害的,依法承担民事责任。

违反本法规定,构成违反治安管理行为的,依法给予治安管理处罚;构成犯罪的,依法追究刑事责任。

第七十五条　【对攻击关键信息基础设施的境外机构、组织、个人的制裁】境外的机构、组织、个人从事攻击、侵入、干扰、破坏等危害中华人民共和国的关键信息基础设施的活动,造成严重后果的,依法追究法律责任;国务院公安部门和有关部门并可以决定对该机构、组织、个人采取冻结财产或者其他必要的制裁措施。

第七章　附　　则

第七十六条　【有关用语的含义】本法下列用语的含义:

(一)网络,是指由计算机或者其他信息终端及相关设备组成的按照一定的规则和程序对信息进行收集、存储、传输、交换、处理的系统。

(二)网络安全,是指通过采取必要措施,防范对网络的攻击、侵入、干扰、破坏和非法使用以及意外事故,使网络处于稳定可靠运行的状态,以及保障网络数据的完整性、保密性、可用性的能力。

(三)网络运营者,是指网络的所有者、管理者和网络服务提供者。

(四)网络数据,是指通过网络收集、存储、传输、处理和产生的各种电子数据。

(五)个人信息,是指以电子或者其他方式记录的能够单独或者与其他信息结合识别自然人个人身份的各种信息,包括但不限于自然人的姓名、出生日期、身份证件号码、个人生物识别信息、住址、电话号码等。

第七十七条　【涉密网络安全保护】存储、处理涉及国家秘密信息的网络的运行安全保护,除应当遵守本法外,还应当遵守保密法律、行政法规的规定。

第七十八条　【军事网络安全保护】军事网络的安全保护,由中央军事委员会另行规定。

第七十九条　【施行日期】本法自2017年6月1日起施行。

最高人民法院关于审理使用人脸识别技术处理个人信息相关民事案件适用法律若干问题的规定

(2021年6月8日最高人民法院审判委员会第1841次会议通过　2021年7月27日最高人民法院公告公布　自2021年8月1日起施行　法释〔2021〕15号)

为正确审理使用人脸识别技术处理个人信息相关民事案件,保护当事人合法权益,促进数字经济健康发展,根据《中华人民共和国民法典》《中华人民共和国网络安全法》《中华人民共和国消费者权益保护法》《中华人民共和国电子商务法》《中华人民共和国民事诉讼法》等法律的规定,结合审判实践,制定本规定。

第一条　因信息处理者违反法律、行政法规的规定或者双方的约定使用人脸识别技术处理人脸信息、处理基于人脸识别技术生成的人脸信息所引起的民事案件,适用本规定。

人脸信息的处理包括人脸信息的收集、存储、使用、加工、传输、提供、公开等。

本规定所称人脸信息属于民法典第一千零三十四条规定的"生物识别信息"。

第二条 信息处理者处理人脸信息有下列情形之一的,人民法院应当认定属于侵害自然人人格权益的行为:

(一)在宾馆、商场、银行、车站、机场、体育场馆、娱乐场所等经营场所、公共场所违反法律、行政法规的规定使用人脸识别技术进行人脸验证、辨识或者分析;

(二)未公开处理人脸信息的规则或者未明示处理的目的、方式、范围;

(三)基于个人同意处理人脸信息的,未征得自然人或者其监护人的单独同意,或者未按照法律、行政法规的规定征得自然人或者其监护人的书面同意;

(四)违反信息处理者明示或者双方约定的处理人脸信息的目的、方式、范围等;

(五)未采取应有的技术措施或者其他必要措施确保其收集、存储的人脸信息安全,致使人脸信息泄露、篡改、丢失;

(六)违反法律、行政法规的规定或者双方的约定,向他人提供人脸信息;

(七)违背公序良俗处理人脸信息;

(八)违反合法、正当、必要原则处理人脸信息的其他情形。

第三条 人民法院认定信息处理者承担侵害自然人人格权益的民事责任,应当适用民法典第九百九十八条的规定,并结合案件具体情况综合考量受害人是否为未成年人、告知同意情况以及信息处理的必要程度等因素。

第四条 有下列情形之一,信息处理者以已征得自然人或者其监护人同意为由抗辩的,人民法院不予支持:

(一)信息处理者要求自然人同意处理其人脸信息才提供产品或者服务的,但是处理人脸信息属于提供产品或者服务所必需的除外;

(二)信息处理者以与其他授权捆绑等方式要求自然人同意处理其人脸信息的;

(三)强迫或者变相强迫自然人同意处理其人脸信息的其他情形。

第五条 有下列情形之一,信息处理者主张其不承担民事责任的,人民法院依法予以支持:

(一)为应对突发公共卫生事件,或者紧急情况下为保护自然人的生命健康和财产安全所必需而处理人脸信息的;

(二)为维护公共安全,依据国家有关规定在公共场所使用人脸识别技术的;

(三)为公共利益实施新闻报道、舆论监督等行为在合理的范围内处理人脸信息的;

(四)在自然人或者其监护人同意的范围内合理处理人脸信息的;

(五)符合法律、行政法规规定的其他情形。

第六条 当事人请求信息处理者承担民事责任的,人民法院应当依据民事诉讼法第六十四条及《最高人民法院关于适用〈中华人民共和国民事诉讼法〉的解释》第九十条、第九十一条,《最高人民法院关于民事诉讼证据的若干规定》的相关规定确定双方当事人的举证责任。

信息处理者主张其行为符合民法典第一千零三十五条第一款规定情形的,应当就此所依据的事实承担举证责任。

信息处理者主张其不承担民事责任的,应当就其行为符合本规定第五条规定的情形承担举证责任。

第七条 多个信息处理者处理人脸信息侵害自然人人格权益,该自然人主张多个信息处理者按照过错程度和造成损害结果的大小承担侵权责任的,人民法院依法予以支持;符合民法典第一千一百六十八条、第一千一百六十九条第一款、第一千一百七十条、第一千一百七十一条等规定的相应情形,该自然人主张多个信息处理者承担连带责任的,人民法院依法予以支持。

信息处理者利用网络服务处理人脸信息侵害自然人人格权益的,适用民法典第一千一百九十五条、第一千一百九十六条、第一千一百九十七条等规定。

第八条 信息处理者处理人脸信息侵害自然人人格权益造成财产损失,该自然人依据民法典第一千一百八十二条主张财产损害赔偿的,人民法院依法予以支持。

自然人为制止侵权行为所支付的合理开支,可以认定为民法典第一千一百八十二条规定的财产损失。合理开支包括该自然人或者委托代理人对侵权行为进行调查、取证的合理费用。人民法院根据当事人的请求和具体案情,可以将合理的律师费用计算在赔偿范围内。

第九条 自然人有证据证明信息处理者使用人脸识别技术正在实施或者即将实施侵害其隐私权或者其他人格权益的行为,不及时制止将使其合法权益受到难以弥补的损害,向人民法院申请采取责令信息处理者停止有关行为的措施的,人民法院可以根据案件具体情况依法作出人格权侵害禁令。

第十条 物业服务企业或者其他建筑物管理人以人脸识别作为业主或者物业使用人出入物业服务区域的唯一验证方式,不同意的业主或者物业使用人请求其提供其他合理验证方式的,人民法院依法予以支持。

物业服务企业或者其他建筑物管理人存在本规定第二条规定的情形,当事人请求物业服务企业或者其他建筑物管理人承担侵权责任的,人民法院依法予以支持。

第十一条 信息处理者采用格式条款与自然人订立合同,要求自然人授予其无期限限制、不可撤销、可任意转授权等处理人脸信息的权利,该自然人依据民法典第四百九十七条请求确认格式条款无效的,人民法院依法予以支持。

第十二条 信息处理者违反约定处理自然人的人脸信息,该自然人请求其承担违约责任的,人民法院依法予以支持。该自然人请求信息处理者承担违约责任时,请求删除人脸信息的,人民法院依法予以支持;信息处理者以双方未对人脸信息的删除作出约定为由抗辩的,人民法院不予支持。

第十三条 基于同一信息处理者处理人脸信息侵害自然人人格权益发生的纠纷,多个受害人分别向同一人民法院起诉的,经当事人同意,人民法院可以合并审理。

第十四条 信息处理者处理人脸信息的行为符合民事诉讼法第五十五条、消费者权益保护法第四十七条或者其他法律关于民事公益诉讼的相关规定,法律规定的机关和有关组织提起民事公益诉讼的,人民法院应予受理。

第十五条 自然人死亡后,信息处理者违反法律、行政法规的规定或者双方的约定处理人脸信息,死者的近亲属依据民法典第九百九十四条请求信息处理者承担民事责任的,适用本规定。

第十六条 本规定自 2021 年 8 月 1 日起施行。

信息处理者使用人脸识别技术处理人脸信息、处理基于人脸识别技术生成的人脸信息的行为发生在本规定施行前的,不适用本规定。

最高人民法院关于审理利用信息网络侵害人身权益民事纠纷案件适用法律若干问题的规定

（2014年6月23日最高人民法院审判委员会第1621次会议通过 根据2020年12月23日最高人民法院审判委员会第1823次会议通过的《最高人民法院关于修改〈最高人民法院关于在民事审判工作中适用《中华人民共和国工会法》若干问题的解释〉等二十七件民事类司法解释的决定》修正 2020年12月29日最高人民法院公告公布）

为正确审理利用信息网络侵害人身权益民事纠纷案件，根据《中华人民共和国民法典》《全国人民代表大会常务委员会关于加强网络信息保护的决定》《中华人民共和国民事诉讼法》等法律的规定，结合审判实践，制定本规定。

第一条 本规定所称的利用信息网络侵害人身权益民事纠纷案件，是指利用信息网络侵害他人姓名权、名称权、名誉权、荣誉权、肖像权、隐私权等人身权益引起的纠纷案件。

第二条 原告依据民法典第一千一百九十五条、第一千一百九十七条的规定起诉网络用户或者网络服务提供者的，人民法院应予受理。

原告仅起诉网络用户，网络用户请求追加涉嫌侵权的网络服务提供者为共同被告或者第三人的，人民法院应予准许。

原告仅起诉网络服务提供者，网络服务提供者请求追加可以确定的网络用户为共同被告或者第三人的，人民法院应予准许。

第三条 原告起诉网络服务提供者，网络服务提供者以涉嫌侵权的信息系网络用户发布为由抗辩的，人民法院可以根据原告的请求及案件的具体情况，责令网络服务提供者向人民法院提供能够确定涉嫌侵权的网络用户的姓名（名称）、联系方式、网络地址等信息。

网络服务提供者无正当理由拒不提供的，人民法院可以依据民事诉讼法第一百一十四条的规定对网络服务提供者采取处罚等措施。

原告根据网络服务提供者提供的信息请求追加网络用户为被告的，人民法院应予准许。

第四条 人民法院适用民法典第一千一百九十五条第二款的规定，认定网络服务提供者采取的删除、屏蔽、断开链接等必要措施是否及时，应当根据网络服务的类型和性质、有效通知的形式和准确程度、网络信息侵害权益的类型和程度等因素综合判断。

第五条 其发布的信息被采取删除、屏蔽、断开链接等措施的网络用户，主张网络服务提供者承担违约责任或者侵权责任，网络服务提供者以收到民法典第一千一百九十五条第一款规定的有效通知为由抗辩的，人民法院应予支持。

第六条 人民法院依据民法典第一千一百九十七条认定网络服务提供者是否"知道或者应当知道"，应当综合考虑下列因素：

（一）网络服务提供者是否以人工或者自动方式对侵权网络信息以推荐、排名、选择、编辑、整理、修改等方式作出处理；

（二）网络服务提供者应当具备的管理信息的能力，以及所提供服务的性质、方式及其引发侵权的可能性大小；

（三）该网络信息侵害人身权益的类型及明显程度；

（四）该网络信息的社会影响程度或者一定时间内的浏览量；

（五）网络服务提供者采取预防侵权措施

的技术可能性及其是否采取了相应的合理措施；

（六）网络服务提供者是否针对同一网络用户的重复侵权行为或者同一侵权信息采取了相应的合理措施；

（七）与本案相关的其他因素。

第七条　人民法院认定网络用户或者网络服务提供者转载网络信息行为的过错及其程度，应当综合以下因素：

（一）转载主体所承担的与其性质、影响范围相适应的注意义务；

（二）所转载信息侵害他人人身权益的明显程度；

（三）对所转载信息是否作出实质性修改，是否添加或者修改文章标题，导致其与内容严重不符以及误导公众的可能性。

第八条　网络用户或者网络服务提供者采取诽谤、诋毁等手段，损害公众对经营主体的信赖，降低其产品或者服务的社会评价，经营主体请求网络用户或者网络服务提供者承担侵权责任的，人民法院应依法予以支持。

第九条　网络用户或者网络服务提供者，根据国家机关依职权制作的文书和公开实施的职权行为等信息来源所发布的信息，有下列情形之一，侵害他人人身权益，被侵权人请求侵权人承担侵权责任的，人民法院应予支持：

（一）网络用户或者网络服务提供者发布的信息与前述信息来源内容不符；

（二）网络用户或者网络服务提供者以添加侮辱性内容、诽谤性信息、不当标题或者通过增删信息、调整结构、改变顺序等方式致人误解；

（三）前述信息来源已被公开更正，但网络用户拒绝更正或者网络服务提供者不予更正；

（四）前述信息来源已被公开更正，网络用户或者网络服务提供者仍然发布更正之前的信息。

第十条　被侵权人与构成侵权的网络用户或者网络服务提供者达成一方支付报酬，另一方提供删除、屏蔽、断开链接等服务的协议，人民法院应认定为无效。

擅自篡改、删除、屏蔽特定网络信息或者以断开链接的方式阻止他人获取网络信息，发布该信息的网络用户或者网络服务提供者请求侵权人承担侵权责任的，人民法院应予支持。接受他人委托实施该行为的，委托人与受托人承担连带责任。

第十一条　网络用户或者网络服务提供者侵害他人人身权益，造成财产损失或者严重精神损害，被侵权人依据民法典第一千一百八十二条和第一千一百八十三条的规定，请求其承担赔偿责任的，人民法院应予支持。

第十二条　被侵权人为制止侵权行为所支付的合理开支，可以认定为民法典第一千一百八十二条规定的财产损失。合理开支包括被侵权人或者委托代理人对侵权行为进行调查、取证的合理费用。人民法院根据当事人的请求和具体案情，可以将符合国家有关部门规定的律师费用计算在赔偿范围内。

被侵权人因人身权益受侵害造成的财产损失以及侵权人因此获得的利益难以确定的，人民法院可以根据具体案情在50万元以下的范围内确定赔偿数额。

第十三条　本规定施行后人民法院正在审理的一审、二审案件适用本规定。

本规定施行前已经终审，本规定施行后当事人申请再审或者按照审判监督程序决定再审的案件，不适用本规定。

最高人民法院、最高人民检察院关于办理利用信息网络实施诽谤等刑事案件适用法律若干问题的解释

（2013 年 9 月 5 日最高人民法院审判委员会第 1589 次会议、2013 年 9 月 2 日最高人民检察院第十二届检察委员会第 9 次会议通过 2013 年 9 月 6 日最高人民法院、最高人民检察院公告公布 自 2013 年 9 月 10 日起施行 法释〔2013〕21 号）

为保护公民、法人和其他组织的合法权益，维护社会秩序，根据《中华人民共和国刑法》《全国人民代表大会常务委员会关于维护互联网安全的决定》等规定，对办理利用信息网络实施诽谤、寻衅滋事、敲诈勒索、非法经营等刑事案件适用法律的若干问题解释如下：

第一条 具有下列情形之一的，应当认定为刑法第二百四十六条第一款规定的"捏造事实诽谤他人"：

（一）捏造损害他人名誉的事实，在信息网络上散布，或者组织、指使人员在信息网络上散布的；

（二）将信息网络上涉及他人的原始信息内容篡改为损害他人名誉的事实，在信息网络上散布，或者组织、指使人员在信息网络上散布的；

明知是捏造的损害他人名誉的事实，在信息网络上散布，情节恶劣的，以"捏造事实诽谤他人"论。

第二条 利用信息网络诽谤他人，具有下列情形之一的，应当认定为刑法第二百四十六条第一款规定的"情节严重"：

（一）同一诽谤信息实际被点击、浏览次数达到五千次以上，或者被转发次数达到五百次以上的；

（二）造成被害人或者其近亲属精神失常、自残、自杀等严重后果的；

（三）二年内曾因诽谤受过行政处罚，又诽谤他人的；

（四）其他情节严重的情形。

第三条 利用信息网络诽谤他人，具有下列情形之一的，应当认定为刑法第二百四十六条第二款规定的"严重危害社会秩序和国家利益"：

（一）引发群体性事件的；

（二）引发公共秩序混乱的；

（三）引发民族、宗教冲突的；

（四）诽谤多人，造成恶劣社会影响的；

（五）损害国家形象，严重危害国家利益的；

（六）造成恶劣国际影响的；

（七）其他严重危害社会秩序和国家利益的情形。

第四条 一年内多次实施利用信息网络诽谤他人行为未经处理，诽谤信息实际被点击、浏览、转发次数累计计算构成犯罪的，应当依法定罪处罚。

第五条 利用信息网络辱骂、恐吓他人，情节恶劣，破坏社会秩序的，依照刑法第二百九十三条第一款第（二）项的规定，以寻衅滋事罪定罪处罚。

编造虚假信息，或者明知是编造的虚假信息，在信息网络上散布，或者组织、指使人员在信息网络上散布，起哄闹事，造成公共秩序严重混乱的，依照刑法第二百九十三条第一款第（四）项的规定，以寻衅滋事罪定罪处罚。

第六条 以在信息网络上发布、删除等方式处理网络信息为由，威胁、要挟他人，索取公私财物，数额较大，或者多次实施上述行为的，依照刑法第二百七十四条的规定，以敲

诈勒索罪定罪处罚。

第七条 违反国家规定,以营利为目的,通过信息网络有偿提供删除信息服务,或者明知是虚假信息,通过信息网络有偿提供发布信息等服务,扰乱市场秩序,具有下列情形之一的,属于非法经营行为"情节严重",依照刑法第二百二十五条第(四)项的规定,以非法经营罪定罪处罚:

(一)个人非法经营数额在五万元以上,或者违法所得数额在二万元以上的;

(二)单位非法经营数额在十五万元以上,或者违法所得数额在五万元以上的。

实施前款规定的行为,数额达到前款规定的数额五倍以上的,应当认定为刑法第二百二十五条规定的"情节特别严重"。

第八条 明知他人利用信息网络实施诽谤、寻衅滋事、敲诈勒索、非法经营等犯罪,为其提供资金、场所、技术支持等帮助的,以共同犯罪论处。

第九条 利用信息网络实施诽谤、寻衅滋事、敲诈勒索、非法经营犯罪,同时又构成刑法第二百二十一条规定的损害商业信誉、商品声誉罪,第二百七十八条规定的煽动暴力抗拒法律实施罪,第二百九十一条之一规定的编造、故意传播虚假恐怖信息罪等犯罪的,依照处罚较重的规定定罪处罚。

第十条 本解释所称信息网络,包括以计算机、电视机、固定电话机、移动电话机等电子设备为终端的计算机互联网、广播电视网、固定通信网、移动通信网等信息网络,以及向公众开放的局域网络。

最高人民法院关于审理侵害信息网络传播权民事纠纷案件适用法律若干问题的规定

(2012年11月26日最高人民法院审判委员会第1561次会议通过 根据2020年12月23日最高人民法院审判委员会第1823次会议通过的《最高人民法院关于修改〈最高人民法院关于审理侵犯专利权纠纷案件应用法律若干问题的解释(二)〉等十八件知识产权类司法解释的决定》修正 2020年12月29日最高人民法院公告公布)

为正确审理侵害信息网络传播权民事纠纷案件,依法保护信息网络传播权,促进信息网络产业健康发展,维护公共利益,根据《中华人民共和国民法典》《中华人民共和国著作权法》《中华人民共和国民事诉讼法》等有关法律规定,结合审判实际,制定本规定。

第一条 人民法院审理侵害信息网络传播权民事纠纷案件,在依法行使裁量权时,应当兼顾权利人、网络服务提供者和社会公众的利益。

第二条 本规定所称信息网络,包括以计算机、电视机、固定电话机、移动电话机等电子设备为终端的计算机互联网、广播电视网、固定通信网、移动通信网等信息网络,以及向公众开放的局域网络。

第三条 网络用户、网络服务提供者未经许可,通过信息网络提供权利人享有信息网络传播权的作品、表演、录音录像制品,除法律、行政法规另有规定外,人民法院应当认定其构成侵害信息网络传播权行为。

通过上传到网络服务器、设置共享文件或者利用文件分享软件等方式,将作品、表演、录音录像制品置于信息网络中,使公众能够在个人选定的时间和地点以下载、浏览或者其他方式获得的,人民法院应当认定其实施了前款规定的提供行为。

第四条 有证据证明网络服务提供者与他人以分工合作等方式共同提供作品、表演、录音录像制品,构成共同侵权行为的,人民法院应当判令其承担连带责任。网络服务提供者能够证明其仅提供自动接入、自动传输、信息存储空间、搜索、链接、文件分享技术等网络服务,主张其不构成共同侵权行为的,人民法院应予支持。

第五条 网络服务提供者以提供网页快照、缩略图等方式实质替代其他网络服务提供者向公众提供相关作品的,人民法院应当认定其构成提供行为。

前款规定的提供行为不影响相关作品的正常使用,且未不合理损害权利人对该作品的合法权益,网络服务提供者主张其未侵害信息网络传播权的,人民法院应予支持。

第六条 原告有初步证据证明网络服务提供者提供了相关作品、表演、录音录像制品,但网络服务提供者能够证明其仅提供网络服务,且无过错的,人民法院不应认定为构成侵权。

第七条 网络服务提供者在提供网络服务时教唆或者帮助网络用户实施侵害信息网络传播权行为的,人民法院应当判令其承担侵权责任。

网络服务提供者以言语、推介技术支持、奖励积分等方式诱导、鼓励网络用户实施侵害信息网络传播权行为的,人民法院应当认定其构成教唆侵权行为。

网络服务提供者明知或者应知网络用户利用网络服务侵害信息网络传播权,未采取删除、屏蔽、断开链接等必要措施,或者提供技术支持等帮助行为的,人民法院应当认定其构成帮助侵权行为。

第八条 人民法院应当根据网络服务提供者的过错,确定其是否承担教唆、帮助侵权责任。网络服务提供者的过错包括对于网络用户侵害信息网络传播权行为的明知或者应知。

网络服务提供者未对网络用户侵害信息网络传播权的行为主动进行审查的,人民法院不应据此认定其具有过错。

网络服务提供者能够证明已采取合理、有效的技术措施,仍难以发现网络用户侵害信息网络传播权行为的,人民法院应当认定其不具有过错。

第九条 人民法院应当根据网络用户侵害信息网络传播权的具体事实是否明显,综合考虑以下因素,认定网络服务提供者是否构成应知:

(一)基于网络服务提供者提供服务的性质、方式及其引发侵权的可能性大小,应当具备的管理信息的能力;

(二)传播的作品、表演、录音录像制品的类型、知名度及侵权信息的明显程度;

(三)网络服务提供者是否主动对作品、表演、录音录像制品进行了选择、编辑、修改、推荐等;

(四)网络服务提供者是否积极采取了预防侵权的合理措施;

(五)网络服务提供者是否设置便捷程序接收侵权通知并及时对侵权通知作出合理的反应;

(六)网络服务提供者是否针对同一网络用户的重复侵权行为采取了相应的合理措施;

(七)其他相关因素。

第十条 网络服务提供者在提供网络服务时,对热播影视作品等以设置榜单、目录、索引、描述性段落、内容简介等方式进行推荐,且公众可以在其网页上直接以下载、浏览或者其他方式获得的,人民法院可以认定其应知网络用户侵害信息网络传播权。

第十一条 网络服务提供者从网络用户提供的作品、表演、录音录像制品中直接获得经济利益的,人民法院应当认定其对该网络用户侵害信息网络传播权的行为负有较高的注意义务。

网络服务提供者针对特定作品、表演、录音录像制品投放广告获取收益,或者获取与其传播的作品、表演、录音录像制品存在其他特定联系的经济利益,应当认定为前款规定的直接获得经济利益。网络服务提供者因提供网络服务而收取一般性广告费、服务费等,不属于本款规定的情形。

第十二条 有下列情形之一的,人民法院可以根据案件具体情况,认定提供信息存储空间服务的网络服务提供者应知网络用户侵害信息网络传播权:

(一)将热播影视作品等置于首页或者其他主要页面等能够为网络服务提供者明显感知的位置的;

(二)对热播影视作品等的主题、内容主动进行选择、编辑、整理、推荐,或者为其设立专门的排行榜的;

(三)其他可以明显感知相关作品、表演、录音录像制品为未经许可提供,仍未采取合理措施的情形。

第十三条 网络服务提供者接到权利人以书信、传真、电子邮件等方式提交的通知及构成侵权的初步证据,未及时根据初步证据和服务类型采取必要措施的,人民法院应当认定其明知相关侵害信息网络传播权行为。

第十四条 人民法院认定网络服务提供者转送通知、采取必要措施是否及时,应当根据权利人提交通知的形式,通知的准确程度,采取措施的难易程度,网络服务的性质,所涉作品、表演、录音录像制品的类型、知名度、数量等因素综合判断。

第十五条 侵害信息网络传播权民事纠纷案件由侵权行为地或者被告住所地人民法院管辖。侵权行为地包括实施被诉侵权行为的网络服务器、计算机终端等设备所在地。

侵权行为地和被告住所地均难以确定或者在境外的,原告发现侵权内容的计算机终端等设备所在地可以视为侵权行为地。

第十六条 本规定施行之日起,《最高人民法院关于审理涉及计算机网络著作权纠纷案件适用法律若干问题的解释》(法释〔2006〕11号)同时废止。

本规定施行之后尚未终审的侵害信息网络传播权民事纠纷案件,适用本规定。本规定施行前已经终审,当事人申请再审或者按照审判监督程序决定再审的,不适用本规定。

(九)其他损害责任

中华人民共和国反不正当竞争法

(1993年9月2日第八届全国人民代表大会常务委员会第三次会议通过 2017年11月4日第十二届全国人民代表大会常务委员会第三十次会议修订 根据2019年4月23日第十三届全国人民代表大会常务委员会第十次会议《关于修改〈中华人民共和国建筑法〉等八部法律的决定》修正)

目 录

第一章 总 则

第一条 【立法目的】为了促进社会主义市场经济健康发展,鼓励和保护公平竞争,制止不正当竞争行为,保护经营者和消费者的合法权益,制定本法。

第二条 【经营原则】经营者在生产经营活动中,应当遵循自愿、平等、公平、诚信的原则,遵守法律和商业道德。

本法所称的不正当竞争行为,是指经营者在生产经营活动中,违反本法规定,扰乱市场竞争秩序,损害其他经营者或者消费者的合法权益的行为。

本法所称的经营者,是指从事商品生产、经营或者提供服务(以下所称商品包括服务)的自然人、法人和非法人组织。

第三条 【政府管理】各级人民政府应当采取措施,制止不正当竞争行为,为公平竞争创造良好的环境和条件。

国务院建立反不正当竞争工作协调机制,研究决定反不正当竞争重大政策,协调处理维护市场竞争秩序的重大问题。

第四条 【查处部门】县级以上人民政府履行工商行政管理职责的部门对不正当竞争行为进行查处;法律、行政法规规定由其他部门查处的,依照其规定。

第五条 【社会监督】国家鼓励、支持和保护一切组织和个人对不正当竞争行为进行社会监督。

国家机关及其工作人员不得支持、包庇不正当竞争行为。

行业组织应当加强行业自律,引导、规范会员依法竞争,维护市场竞争秩序。

第二章 不正当竞争行为

第六条 【混淆行为】经营者不得实施下列混淆行为,引人误认为是他人商品或者与他人存在特定联系:

(一)擅自使用与他人有一定影响的商品名称、包装、装潢等相同或者近似的标识;

(二)擅自使用他人有一定影响的企业名称(包括简称、字号等)、社会组织名称(包括简称等)、姓名(包括笔名、艺名、译名等);

(三)擅自使用他人有一定影响的域名主体部分、网站名称、网页等;

(四)其他足以引人误认为是他人商品或者与他人存在特定联系的混淆行为。

第七条 【商业贿赂与正当回扣】经营者不得采用财物或者其他手段贿赂下列单位或者个人,以谋取交易机会或者竞争优势:

(一)交易相对方的工作人员;

(二)受交易相对方委托办理相关事务的单位或者个人;

(三)利用职权或者影响力影响交易的单位或者个人。

经营者在交易活动中,可以以明示方式向交易相对方支付折扣,或者向中间人支付佣金。经营者向交易相对方支付折扣、向中间人支付佣金的,应当如实入账。接受折扣、佣金的经营者也应当如实入账。

经营者的工作人员进行贿赂的,应当认定为经营者的行为;但是,经营者有证据证明该工作人员的行为与为经营者谋取交易机会或者竞争优势无关的除外。

第八条 【禁止虚假或误解宣传】经营者不得对其商品的性能、功能、质量、销售状况、用户评价、曾获荣誉等作虚假或者引人误解的商业宣传,欺骗、误导消费者。

经营者不得通过组织虚假交易等方式,帮助其他经营者进行虚假或者引人误解的商业宣传。

第九条 【不得侵犯商业秘密】经营者不得实施下列侵犯商业秘密的行为:

(一)以盗窃、贿赂、欺诈、胁迫、电子侵入或者其他不正当手段获取权利人的商业秘密;

(二)披露、使用或者允许他人使用以前项手段获取的权利人的商业秘密;

(三)违反保密义务或者违反权利人有关

保守商业秘密的要求,披露、使用或者允许他人使用其所掌握的商业秘密;

(四)教唆、引诱、帮助他人违反保密义务或者违反权利人有关保守商业秘密的要求,获取、披露、使用或者允许他人使用权利人的商业秘密。

经营者以外的其他自然人、法人和非法人组织实施前款所列违法行为的,视为侵犯商业秘密。

第三人明知或者应知商业秘密权利人的员工、前员工或者其他单位、个人实施本条第一款所列违法行为,仍获取、披露、使用或者允许他人使用该商业秘密的,视为侵犯商业秘密。

本法所称的商业秘密,是指不为公众所知悉、具有商业价值并经权利人采取相应保密措施的技术信息、经营信息等商业信息。

第十条 【有奖销售禁止情形】经营者进行有奖销售不得存在下列情形:

(一)所设奖的种类、兑奖条件、奖金金额或者奖品等有奖销售信息不明确,影响兑奖;

(二)采用谎称有奖或者故意让内定人员中奖的欺骗方式进行有奖销售;

(三)抽奖式的有奖销售,最高奖的金额超过五万元。

第十一条 【不得损害商誉】经营者不得编造、传播虚假信息或者误导性信息,损害竞争对手的商业信誉、商品声誉。

第十二条 【互联网不正当竞争行为】经营者利用网络从事生产经营活动,应当遵守本法的各项规定。

经营者不得利用技术手段,通过影响用户选择或者其他方式,实施下列妨碍、破坏其他经营者合法提供的网络产品或者服务正常运行的行为:

(一)未经其他经营者同意,在其合法提供的网络产品或者服务中,插入链接、强制进行目标跳转;

(二)误导、欺骗、强迫用户修改、关闭、卸载其他经营者合法提供的网络产品或者服务;

(三)恶意对其他经营者合法提供的网络产品或者服务实施不兼容;

(四)其他妨碍、破坏其他经营者合法提供的网络产品或者服务正常运行的行为。

第三章 对涉嫌不正当竞争行为的调查

第十三条 【监督检查措施】监督检查部门调查涉嫌不正当竞争行为,可以采取下列措施:

(一)进入涉嫌不正当竞争行为的经营场所进行检查;

(二)询问被调查的经营者、利害关系人及其他有关单位、个人,要求其说明有关情况或者提供与被调查行为有关的其他资料;

(三)查询、复制与涉嫌不正当竞争行为有关的协议、账簿、单据、文件、记录、业务函电和其他资料;

(四)查封、扣押与涉嫌不正当竞争行为有关的财物;

(五)查询涉嫌不正当竞争行为的经营者的银行账户。

采取前款规定的措施,应当向监督检查部门主要负责人书面报告,并经批准。采取前款第四项、第五项规定的措施,应当向设区的市级以上人民政府监督检查部门主要负责人书面报告,并经批准。

监督检查部门调查涉嫌不正当竞争行为,应当遵守《中华人民共和国行政强制法》和其他有关法律、行政法规的规定,并应当将查处结果及时向社会公开。

第十四条 【被调查者义务】监督检查部门调查涉嫌不正当竞争行为,被调查的经营者、利害关系人及其他有关单位、个人应当如实提供有关资料或者情况。

第十五条　【检查人员部门及保密义务】监督检查部门及其工作人员对调查过程中知悉的商业秘密负有保密义务。

第十六条　【举报制度】对涉嫌不正当竞争行为，任何单位和个人有权向监督检查部门举报，监督检查部门接到举报后应当依法及时处理。

监督检查部门应当向社会公开受理举报的电话、信箱或者电子邮件地址，并为举报人保密。对实名举报并提供相关事实和证据的，监督检查部门应当将处理结果告知举报人。

第四章　法律责任

第十七条　【民事赔偿及范围】经营者违反本法规定，给他人造成损害的，应当依法承担民事责任。

经营者的合法权益受到不正当竞争行为损害的，可以向人民法院提起诉讼。

因不正当竞争行为受到损害的经营者的赔偿数额，按照其因被侵权所受到的实际损失确定；实际损失难以计算的，按照侵权人因侵权所获得的利益确定。经营者恶意实施侵犯商业秘密行为，情节严重的，可以在按照上述方法确定数额的一倍以上五倍以下确定赔偿数额。赔偿数额还应当包括经营者为制止侵权行为所支付的合理开支。

经营者违反本法第六条、第九条规定，权利人因被侵权所受到的实际损失、侵权人因侵权所获得的利益难以确定的，由人民法院根据侵权行为的情节判决给予权利人五百万元以下的赔偿。

第十八条　【混淆行为的责任】经营者违反本法第六条规定实施混淆行为的，由监督检查部门责令停止违法行为，没收违法商品。违法经营额五万元以上的，可以并处违法经

营额五倍以下的罚款；没有违法经营额或者违法经营额不足五万元的，可以并处二十五万元以下的罚款。情节严重的，吊销营业执照。

经营者登记的企业名称违反本法第六条规定的，应当及时办理名称变更登记；名称变更前，由原企业登记机关以统一社会信用代码代替其名称。

第十九条　【商业贿赂的责任】经营者违反本法第七条规定贿赂他人的，由监督检查部门没收违法所得，处十万元以上三百万元以下的罚款。情节严重的，吊销营业执照。

第二十条　【虚假或误解宣传的责任】经营者违反本法第八条规定对其商品作虚假或者引人误解的商业宣传，或者通过组织虚假交易等方式帮助其他经营者进行虚假或者引人误解的商业宣传，由监督检查部门责令停止违法行为，处二十万元以上一百万元以下的罚款；情节严重的，处一百万元以上二百万元以下的罚款，可以吊销营业执照。

经营者违反本法第八条规定，属于发布虚假广告的，依照《中华人民共和国广告法》的规定处罚。

第二十一条　【侵犯商业秘密的责任】经营者以及其他自然人、法人和非法人组织违反本法第九条规定侵犯商业秘密的，由监督检查部门责令停止违法行为，没收违法所得，处十万元以上一百万元以下的罚款；情节严重的，处五十万元以上五百万元以下的罚款。

第二十二条　【违法有奖销售的责任】经营者违反本法第十条规定进行有奖销售的，由监督检查部门责令停止违法行为，处五万元以上五十万元以下的罚款。

第二十三条　【损害商誉的责任】经营者违反本法第十一条规定损害竞争对手商业信誉、商品声誉的，由监督检查部门责令停止违法行为、消除影响，处十万元以上五十万元以下的罚款；情节严重的，处五十万元以上三百

万元以下的罚款。

第二十四条 【互联网不正当竞争行为的责任】经营者违反本法第十二条规定妨碍、破坏其他经营者合法提供的网络产品或者服务正常运行的,由监督检查部门责令停止违法行为,处十万元以上五十万元以下的罚款;情节严重的,处五十万元以上三百万元以下的罚款。

第二十五条 【从轻、减轻或免除处罚】经营者违反本法规定从事不正当竞争,有主动消除或者减轻违法行为危害后果等法定情形的,依法从轻或者减轻行政处罚;违法行为轻微并及时纠正,没有造成危害后果的,不予行政处罚。

第二十六条 【信用记录及公示】经营者违反本法规定从事不正当竞争,受到行政处罚的,由监督检查部门记入信用记录,并依照有关法律、行政法规的规定予以公示。

第二十七条 【民事责任优先】经营者违反本法规定,应当承担民事责任、行政责任和刑事责任,其财产不足以支付的,优先用于承担民事责任。

第二十八条 【妨害监督检查的责任】妨害监督检查部门依照本法履行职责,拒绝、阻碍调查的,由监督检查部门责令改正,对个人可以处五千元以下的罚款,对单位可以处五万元以下的罚款,并可以由公安机关依法给予治安管理处罚。

第二十九条 【被处罚者的法律救济】当事人对监督检查部门作出的决定不服的,可以依法申请行政复议或者提起行政诉讼。

第三十条 【检查人员违法的责任】监督检查部门的工作人员滥用职权、玩忽职守、徇私舞弊或者泄露调查过程中知悉的商业秘密的,依法给予处分。

第三十一条 【刑事责任】违反本法规定,构成犯罪的,依法追究刑事责任。

第三十二条 【侵犯商业秘密案件的证据规则】在侵犯商业秘密的民事审判程序中,商业秘密权利人提供初步证据,证明其已经对所主张的商业秘密采取保密措施,且合理表明商业秘密被侵犯,涉嫌侵权人应当证明权利人所主张的商业秘密不属于本法规定的商业秘密。

商业秘密权利人提供初步证据合理表明商业秘密被侵犯,且提供以下证据之一的,涉嫌侵权人应当证明其不存在侵犯商业秘密的行为:

(一)有证据表明涉嫌侵权人有渠道或者机会获取商业秘密,且其使用的信息与该商业秘密实质上相同;

(二)有证据表明商业秘密已经被涉嫌侵权人披露、使用或者有被披露、使用的风险;

(三)有其他证据表明商业秘密被涉嫌侵权人侵犯。

第五章 附　则

第三十三条 【实施日期】本法自 2018 年 1 月 1 日起施行。

最高人民法院关于适用《中华人民共和国反不正当竞争法》若干问题的解释

(2022 年 1 月 29 日最高人民法院审判委员会第 1862 次会议通过　2022 年 3 月 16 日最高人民法院公告公布　自 2022 年 3 月 20 日起施行　法释〔2022〕9 号)

为正确审理因不正当竞争行为引发的民事案件,根据《中华人民共和国民法典》《中华人民共和国反不正当竞争法》《中华人民共和国民事诉讼法》等有关法律规定,结合审判实践,制定本解释。

第一条 经营者扰乱市场竞争秩序，损害其他经营者或者消费者合法权益，且属于违反反不正当竞争法第二章及专利法、商标法、著作权法等规定之外情形的，人民法院可以适用反不正当竞争法第二条予以认定。

第二条 与经营者在生产经营活动中存在可能的争夺交易机会、损害竞争优势等关系的市场主体，人民法院可以认定为反不正当竞争法第二条规定的"其他经营者"。

第三条 特定商业领域普遍遵循和认可的行为规范，人民法院可以认定为反不正当竞争法第二条规定的"商业道德"。

人民法院应当结合案件具体情况，综合考虑行业规则或者商业惯例、经营者的主观状态、交易相对人的选择意愿、对消费者权益、市场竞争秩序、社会公共利益的影响等因素，依法判断经营者是否违反商业道德。

人民法院认定经营者是否违反商业道德时，可以参考行业主管部门、行业协会或者自律组织制定的从业规范、技术规范、自律公约等。

第四条 具有一定的市场知名度并具有区别商品来源的显著特征的标识，人民法院可以认定为反不正当竞争法第六条规定的"有一定影响的"标识。

人民法院认定反不正当竞争法第六条规定的标识是否具有一定的市场知名度，应当综合考虑中国境内相关公众的知悉程度，商品销售的时间、区域、数额和对象，宣传的持续时间、程度和地域范围，标识受保护的情况等因素。

第五条 反不正当竞争法第六条规定的标识有下列情形之一的，人民法院应当认定其不具有区别商品来源的显著特征：

（一）商品的通用名称、图形、型号；

（二）仅直接表示商品的质量、主要原料、功能、用途、重量、数量及其他特点的标识；

（三）仅由商品自身的性质产生的形状，

为获得技术效果而需有的商品形状以及使商品具有实质性价值的形状；

（四）其他缺乏显著特征的标识。

前款第一项、第二项、第四项规定的标识经过使用取得显著特征，并具有一定的市场知名度，当事人请求依据反不正当竞争法第六条规定予以保护的，人民法院应予支持。

第六条 因客观描述、说明商品而正当使用下列标识，当事人主张属于反不正当竞争法第六条规定的情形的，人民法院不予支持：

（一）含有本商品的通用名称、图形、型号；

（二）直接表示商品的质量、主要原料、功能、用途、重量、数量以及其他特点；

（三）含有地名。

第七条 反不正当竞争法第六条规定的标识或者其显著识别部分属于商标法第十条第一款规定的不得作为商标使用的标志，当事人请求依据反不正当竞争法第六条规定予以保护的，人民法院不予支持。

第八条 由经营者营业场所的装饰、营业用具的式样、营业人员的服饰等构成的具有独特风格的整体营业形象，人民法院可以认定为反不正当竞争法第六条第一项规定的"装潢"。

第九条 市场主体登记管理部门依法登记的企业名称，以及在中国境内进行商业使用的境外企业名称，人民法院可以认定为反不正当竞争法第六条第二项规定的"企业名称"。

有一定影响的个体工商户、农民专业合作社(联合社)以及法律、行政法规规定的其他市场主体的名称(包括简称、字号等)，人民法院可以依照反不正当竞争法第六条第二项予以认定。

第十条 在中国境内将有一定影响的标识用于商品、商品包装或者容器以及商品交易文书上,或者广告宣传、展览以及其他商业活动中,用于识别商品来源的行为,人民法院可以认定为反不正当竞争法第六条规定的"使用"。

第十一条 经营者擅自使用与他人有一定影响的企业名称(包括简称、字号等)、社会组织名称(包括简称等)、姓名(包括笔名、艺名、译名等)、域名主体部分、网站名称、网页等近似的标识,引人误认为是他人商品或者与他人存在特定联系,当事人主张属于反不正当竞争法第六条第二项、第三项规定的情形的,人民法院应予支持。

第十二条 人民法院认定与反不正当竞争法第六条规定的"有一定影响的"标识相同或者近似,可以参照商标相同或者近似的判断原则和方法。

反不正当竞争法第六条规定的"引人误认为是他人商品或者与他人存在特定联系",包括误认为与他人具有商业联合、许可使用、商业冠名、广告代言等特定联系。

在相同商品上使用相同或者视觉上基本无差别的商品名称、包装、装潢等标识,应当视为足以造成与他人有一定影响的标识相混淆。

第十三条 经营者实施下列混淆行为之一,足以引人误认为是他人商品或者与他人存在特定联系的,人民法院可以依照反不正当竞争法第六条第四项予以认定:

(一)擅自使用反不正当竞争法第六条第一项、第二项、第三项规定以外"有一定影响的"标识;

(二)将他人注册商标、未注册的驰名商标作为企业名称中的字号使用,误导公众。

第十四条 经营者销售带有违反反不正当竞争法第六条规定的标识的商品,引人误认为是他人商品或者与他人存在特定联系,当事人主张构成反不正当竞争法第六条规定的情形的,人民法院应予支持。

销售不知道是前款规定的侵权商品,能证明该商品是自己合法取得并说明提供者,经营者主张不承担赔偿责任的,人民法院应予支持。

第十五条 故意为他人实施混淆行为提供仓储、运输、邮寄、印制、隐匿、经营场所等便利条件,当事人请求依据民法典第一千一百六十九条第一款予以认定的,人民法院应予支持。

第十六条 经营者在商业宣传过程中,提供不真实的商品相关信息,欺骗、误导相关公众的,人民法院应当认定为反不正当竞争法第八条第一款规定的虚假的商业宣传。

第十七条 经营者具有下列行为之一,欺骗、误导相关公众的,人民法院可以认定为反不正当竞争法第八条第一款规定的"引人误解的商业宣传":

(一)对商品作片面的宣传或者对比;

(二)将科学上未定论的观点、现象等当作定论的事实用于商品宣传;

(三)使用歧义性语言进行商业宣传;

(四)其他足以引人误解的商业宣传行为。

人民法院应当根据日常生活经验、相关公众一般注意力、发生误解的事实和被宣传对象的实际情况等因素,对引人误解的商业宣传行为进行认定。

第十八条 当事人主张经营者违反反不正当竞争法第八条第一款的规定并请求赔偿损失的,应当举证证明其因虚假或者引人误解的商业宣传行为受到损失。

第十九条 当事人主张经营者实施了反不正当竞争法第十一条规定的商业诋毁行为的,应当举证证明其为该商业诋毁行为的特定损害对象。

第二十条 经营者传播他人编造的虚假信息或者误导性信息,损害竞争对手的商业信誉、商品声誉的,人民法院应当依照反不正当竞争法第十一条予以认定。

第二十一条 未经其他经营者和用户同意而直接发生的目标跳转，人民法院应当认定为反不正当竞争法第十二条第二款第一项规定的"强制进行目标跳转"。

仅插入链接，目标跳转由用户触发的，人民法院应当综合考虑插入链接的具体方式、是否具有合理理由以及对用户利益和其他经营者利益的影响等因素，认定该行为是否违反反不正当竞争法第十二条第二款第一项的规定。

第二十二条 经营者事前未明确提示并经用户同意，以误导、欺骗、强迫用户修改、关闭、卸载等方式，恶意干扰或者破坏其他经营者合法提供的网络产品或者服务，人民法院应当依照反不正当竞争法第十二条第二款第二项予以认定。

第二十三条 对于反不正当竞争法第二条、第八条、第十一条、第十二条规定的不正当竞争行为，权利人因被侵权所受到的实际损失、侵权人因侵权所获得的利益难以确定，当事人主张依据反不正当竞争法第十七条第四款确定赔偿数额的，人民法院应予支持。

第二十四条 对于同一侵权人针对同一主体在同一时间和地域范围实施的侵权行为，人民法院已经认定侵害著作权、专利权或者注册商标专用权等并判令承担民事责任，当事人又以该行为构成不正当竞争为由请求同一侵权人承担民事责任的，人民法院不予支持。

第二十五条 依据反不正当竞争法第六条的规定，当事人主张判令被告停止使用或者变更其企业名称的诉讼请求依法应予支持的，人民法院应当判令停止使用该企业名称。

第二十六条 因不正当竞争行为提起的民事诉讼，由侵权行为地或者被告住所地人民法院管辖。

当事人主张仅以网络购买者可以任意选择的收货地作为侵权行为地的，人民法院不予支持。

第二十七条 被诉不正当竞争行为发生在中华人民共和国领域外，但侵权结果发生在中华人民共和国领域内，当事人主张由该侵权结果发生地人民法院管辖的，人民法院应予支持。

第二十八条 反不正当竞争法修改决定施行以后人民法院受理的不正当竞争民事案件，涉及该决定施行前发生的行为的，适用修改前的反不正当竞争法；涉及该决定施行前发生、持续到该决定施行以后的行为的，适用修改后的反不正当竞争法。

第二十九条 本解释自 2022 年 3 月 20 日起施行。《最高人民法院关于审理不正当竞争民事案件应用法律若干问题的解释》（法释〔2007〕2 号）同时废止。

本解释施行以后尚未终审的案件，适用本解释；施行以前已经终审的案件，不适用本解释再审。

最高人民法院关于审理侵犯商业秘密民事案件适用法律若干问题的规定

（2020 年 8 月 24 日最高人民法院审判委员会第 1810 次会议通过 2020 年 9 月 10 日最高人民法院公告公布 自 2020 年 9 月 12 日起施行 法释〔2020〕7 号）

为正确审理侵犯商业秘密民事案件，根据《中华人民共和国反不正当竞争法》《中华人民共和国民事诉讼法》等有关法律规定，结合审判实际，制定本规定。

第一条 与技术有关的结构、原料、组分、配方、材料、样品、样式、植物新品种繁殖材料、工艺、方法或其步骤、算法、数据、计算机程序及其有关文档等信息,人民法院可以认定构成反不正当竞争法第九条第四款所称的技术信息。

与经营活动有关的创意、管理、销售、财务、计划、样本、招投标材料、客户信息、数据等信息,人民法院可以认定构成反不正当竞争法第九条第四款所称的经营信息。

前款所称的客户信息,包括客户的名称、地址、联系方式以及交易习惯、意向、内容等信息。

第二条 当事人仅以与特定客户保持长期稳定交易关系为由,主张该特定客户属于商业秘密的,人民法院不予支持。

客户基于对员工个人的信赖而与该员工所在单位进行交易,该员工离职后,能够证明客户自愿选择与该员工或者该员工所在的新单位进行交易的,人民法院应当认定该员工没有采用不正当手段获取权利人的商业秘密。

第三条 权利人请求保护的信息在被诉侵权行为发生时不为所属领域的相关人员普遍知悉和容易获得的,人民法院应当认定为反不正当竞争法第九条第四款所称的不为公众所知悉。

第四条 具有下列情形之一的,人民法院可以认定有关信息为公众所知悉:

(一)该信息在所属领域属于一般常识或者行业惯例的;

(二)该信息仅涉及产品的尺寸、结构、材料、部件的简单组合等内容,所属领域的相关人员通过观察上市产品即可直接获得的;

(三)该信息已经在公开出版物或者其他媒体上公开披露的;

(四)该信息已通过公开的报告会、展览等方式公开的;

(五)所属领域的相关人员从其他公开渠道可以获得该信息的。

将为公众所知悉的信息进行整理、改进、加工后形成的新信息,符合本规定第三条规定的,应当认定该新信息不为公众所知悉。

第五条 权利人为防止商业秘密泄露,在被诉侵权行为发生以前所采取的合理保密措施,人民法院应当认定为反不正当竞争法第九条第四款所称的相应保密措施。

人民法院应当根据商业秘密及其载体的性质、商业秘密的商业价值、保密措施的可识别程度、保密措施与商业秘密的对应程度以及权利人的保密意愿等因素,认定权利人是否采取了相应保密措施。

第六条 具有下列情形之一,在正常情况下足以防止商业秘密泄露的,人民法院应当认定权利人采取了相应保密措施:

(一)签订保密协议或者在合同中约定保密义务的;

(二)通过章程、培训、规章制度、书面告知等方式,对能够接触、获取商业秘密的员工、前员工、供应商、客户、来访者等提出保密要求的;

(三)对涉密的厂房、车间等生产经营场所限制来访者或者进行区分管理的;

(四)以标记、分类、隔离、加密、封存、限制能够接触或者获取的人员范围等方式,对商业秘密及其载体进行区分和管理的;

(五)对能够接触、获取商业秘密的计算机设备、电子设备、网络设备、存储设备、软件等,采取禁止或者限制使用、访问、存储、复制等措施的;

(六)要求离职员工登记、返还、清除、销毁其接触或者获取的商业秘密及其载体,继续承担保密义务的;

(七)采取其他合理保密措施的。

第七条 权利人请求保护的信息因不为公众所知悉而具有现实的或者潜在的商业价值的,人民法院经审查可以认定为反不正当竞争法第九条第四款所称的具有商业价值。

生产经营活动中形成的阶段性成果符合前款规定的,人民法院经审查可以认定该成果具有商业价值。

第八条 被诉侵权人以违反法律规定或者公认的商业道德的方式获取权利人的商业秘密的,人民法院应当认定属于反不正当竞争法第九条第一款所称的以其他不正当手段获取权利人的商业秘密。

第九条 被诉侵权人在生产经营活动中直接使用商业秘密,或者对商业秘密进行修改、改进后使用,或者根据商业秘密调整、优化、改进有关生产经营活动的,人民法院应当认定属于反不正当竞争法第九条所称的使用商业秘密。

第十条 当事人根据法律规定或者合同约定所承担的保密义务,人民法院应当认定属于反不正当竞争法第九条第一款所称的保密义务。

当事人未在合同中约定保密义务,但根据诚信原则以及合同的性质、目的、缔约过程、交易习惯等,被诉侵权人知道或者应当知道其获取的信息属于权利人的商业秘密的,人民法院应当认定被诉侵权人对其获取的商业秘密承担保密义务。

第十一条 法人、非法人组织的经营、管理人员以及具有劳动关系的其他人员,人民法院可以认定为反不正当竞争法第九条第三款所称的员工、前员工。

第十二条 人民法院认定员工、前员工是否有渠道或者机会获取权利人的商业秘密,可以考虑与其有关的下列因素:

(一)职务、职责、权限;

(二)承担的本职工作或者单位分配的任务;

(三)参与和商业秘密有关的生产经营活动的具体情形;

(四)是否保管、使用、存储、复制、控制或者其他方式接触、获取商业秘密及其载体;

(五)需要考虑的其他因素。

第十三条 被诉侵权信息与商业秘密不

存在实质性区别的,人民法院可以认定被诉侵权信息与商业秘密构成反不正当竞争法第三十二条第二款所称的实质上相同。

人民法院认定是否构成前款所称的实质上相同,可以考虑下列因素:

(一)被诉侵权信息与商业秘密的异同程度;

(二)所属领域的相关人员在被诉侵权行为发生时是否容易想到被诉侵权信息与商业秘密的区别;

(三)被诉侵权信息与商业秘密的用途、使用方式、目的、效果等是否具有实质性差异;

(四)公有领域中与商业秘密相关信息的情况;

(五)需要考虑的其他因素。

第十四条 通过自行开发研制或者反向工程获得被诉侵权信息的,人民法院应当认定不属于反不正当竞争法第九条规定的侵犯商业秘密行为。

前款所称的反向工程,是指通过技术手段对从公开渠道取得的产品进行拆卸、测绘、分析等而获得该产品的有关技术信息。

被诉侵权人以不正当手段获取权利人的商业秘密后,又以反向工程为由主张未侵犯商业秘密的,人民法院不予支持。

第十五条 被申请人试图或者已经以不正当手段获取、披露、使用或者允许他人使用权利人所主张的商业秘密,不采取行为保全措施会使判决难以执行或者造成当事人其他损害,或者将会使权利人的合法权益受到难以弥补的损害的,人民法院可以依法裁定采取行为保全措施。

前款规定的情形属于民事诉讼法第一百条、第一百零一条所称情况紧急的,人民法院应当在四十八小时内作出裁定。

第十六条 经营者以外的其他自然人、法人和非法人组织侵犯商业秘密,权利人依据反不正当竞争法第十七条的规定主张侵权人应当承担的民事责任的,人民法院应予支持。

第十七条 人民法院对于侵犯商业秘密行为判决停止侵害的民事责任时,停止侵害的时间一般应当持续到该商业秘密已为公众所知悉时为止。

依照前款规定判决停止侵害的时间明显不合理的,人民法院可以在依法保护权利人的商业秘密竞争优势的情况下,判决侵权人在一定期限或者范围内停止使用该商业秘密。

第十八条 权利人请求判决侵权人返还或者销毁商业秘密载体,清除其控制的商业秘密信息的,人民法院一般应予支持。

第十九条 因侵权行为导致商业秘密为公众所知悉的,人民法院依法确定赔偿数额时,可以考虑商业秘密的商业价值。

人民法院认定前款所称的商业价值,应当考虑研究开发成本、实施该项商业秘密的收益、可得利益、可保持竞争优势的时间等因素。

第二十条 权利人请求参照商业秘密许可使用费确定因被侵权所受到的实际损失的,人民法院可以根据许可的性质、内容、实际履行情况以及侵权行为的性质、情节、后果等因素确定。

人民法院依照反不正当竞争法第十七条第四款确定赔偿数额的,可以考虑商业秘密的性质、商业价值、研究开发成本、创新程度、能带来的竞争优势以及侵权人的主观过错、侵权行为的性质、情节、后果等因素。

第二十一条 对于涉及当事人或者案外人的商业秘密的证据、材料,当事人或者案外人书面申请人民法院采取保密措施的,人民法院应当在保全、证据交换、质证、委托鉴定、询问、庭审等诉讼活动中采取必要的保密措施。

违反前款所称的保密措施的要求,擅自披露商业秘密或者在诉讼活动之外使用或者允许他人使用在诉讼中接触、获取的商业秘密的,应当依法承担民事责任。构成民事诉讼法第一百一十一条规定情形的,人民法院可以依法采取强制措施。构成犯罪的,依法追究刑事责任。

第二十二条 人民法院审理侵犯商业秘密民事案件时,对在侵犯商业秘密犯罪刑事诉讼程序中形成的证据,应当按照法定程序,全面、客观地审查。

由公安机关、检察机关或者人民法院保存的与被诉侵权行为具有关联性的证据,侵犯商业秘密民事案件的当事人及其诉讼代理人因客观原因不能自行收集,申请调查收集的,人民法院应当准许,但可能影响正在进行的刑事诉讼程序的除外。

第二十三条 当事人主张依据生效刑事裁判认定的实际损失或者违法所得确定涉及同一侵犯商业秘密行为的民事案件赔偿数额的,人民法院应予支持。

第二十四条 权利人已经提供侵权人因侵权所获得的利益的初步证据,但与侵犯商业秘密行为相关的账簿、资料由侵权人掌握的,人民法院可以根据权利人的申请,责令侵权人提供该账簿、资料。侵权人无正当理由拒不提供或者不如实提供的,人民法院可以根据权利人的主张和提供的证据认定侵权人因侵权所获得的利益。

第二十五条 当事人以涉及同一被诉侵犯商业秘密行为的刑事案件尚未审结为由,请求中止审理侵犯商业秘密民事案件,人民法院在听取当事人意见后认为必须以该刑事案件的审理结果为依据的,应予支持。

第二十六条 对于侵犯商业秘密行为,商业秘密独占使用许可合同的被许可人提起诉讼的,人民法院应当依法受理。

排他使用许可合同的被许可人和权利人共同提起诉讼,或者在权利人不起诉的情况下自行提起诉讼的,人民法院应当依法受理。

普通使用许可合同的被许可人和权利人

共同提起诉讼,或者经权利人书面授权单独提起诉讼的,人民法院应当依法受理。

第二十七条 权利人应当在一审法庭辩论结束前明确所主张的商业秘密具体内容。仅能明确部分的,人民法院对该明确的部分进行审理。

权利人在第二审程序中另行主张其在一审中未明确的商业秘密具体内容的,第二审人民法院可以根据当事人自愿的原则就与该商业秘密具体内容有关的诉讼请求进行调解;调解不成的,告知当事人另行起诉。双方当事人均同意由第二审人民法院一并审理的,第二审人民法院可以一并裁判。

第二十八条 人民法院审理侵犯商业秘密民事案件,适用被诉侵权行为发生时的法律。被诉侵权行为在法律修改之前已经发生且持续到法律修改之后的,适用修改后的法律。

第二十九条 本规定自 2020 年 9 月 12 日起施行。最高人民法院以前发布的相关司法解释与本规定不一致的,以本规定为准。

本规定施行后,人民法院正在审理的一审、二审案件适用本规定;施行前已经作出生效裁判的案件,不适用本规定再审。

中华人民共和国反垄断法

(2007 年 8 月 30 日第十届全国人民代表大会常务委员会第二十九次会议通过 根据 2022 年 6 月 24 日第十三届全国人民代表大会常务委员会第三十五次会议《关于修改〈中华人民共和国反垄断法〉的决定》修正)

目 录

第一章 总 则

第一条 【立法目的】为了预防和制止垄断行为,保护市场公平竞争,鼓励创新,提高经济运行效率,维护消费者利益和社会公共利益,促进社会主义市场经济健康发展,制定本法。

第二条 【适用范围】中华人民共和国境内经济活动中的垄断行为,适用本法;中华人民共和国境外的垄断行为,对境内市场竞争产生排除、限制影响的,适用本法。

第三条 【垄断行为的类型】本法规定的垄断行为包括:

(一)经营者达成垄断协议;

(二)经营者滥用市场支配地位;

(三)具有或者可能具有排除、限制竞争效果的经营者集中。

第四条 【反垄断工作的原则要求】反垄断工作坚持中国共产党的领导。

国家坚持市场化、法治化原则,强化竞争政策基础地位,制定和实施与社会主义市场经济相适应的竞争规则,完善宏观调控,健全统一、开放、竞争、有序的市场体系。

第五条 【公平竞争审查制度】国家建立健全公平竞争审查制度。

行政机关和法律、法规授权的具有管理公共事务职能的组织在制定涉及市场主体经济活动的规定时,应当进行公平竞争审查。

第六条 【经营者集中的原则规定】经营者可以通过公平竞争、自愿联合,依法实施集中,扩大经营规模,提高市场竞争能力。

第七条 【对具有市场支配地位的经营

者的原则要求】具有市场支配地位的经营者,不得滥用市场支配地位,排除、限制竞争。

第八条 【特定行业经营者的经营行为】国有经济占控制地位的关系国民经济命脉和国家安全的行业以及依法实行专营专卖的行业,国家对其经营者的合法经营活动予以保护,并对经营者的经营行为及其商品和服务的价格依法实施监管和调控,维护消费者利益,促进技术进步。

前款规定行业的经营者应当依法经营,诚实守信,严格自律,接受社会公众的监督,不得利用其控制地位或者专营专卖地位损害消费者利益。

第九条 【经营者不得利用数据和算法、技术、资本优势以及平台规则进行垄断】经营者不得利用数据和算法、技术、资本优势以及平台规则等从事本法禁止的垄断行为。

第十条 【不得滥用行政权力排除、限制竞争】行政机关和法律、法规授权的具有管理公共事务职能的组织不得滥用行政权力,排除、限制竞争。

第十一条 【加强反垄断法实施】国家健全完善反垄断规则制度,强化反垄断监管力量,提高监管能力和监管体系现代化水平,加强反垄断执法司法,依法公正高效审理垄断案件,健全行政执法和司法衔接机制,维护公平竞争秩序。

第十二条 【国务院反垄断委员会】国务院设立反垄断委员会,负责组织、协调、指导反垄断工作,履行下列职责:

(一)研究拟订有关竞争政策;

(二)组织调查、评估市场总体竞争状况,发布评估报告;

(三)制定、发布反垄断指南;

(四)协调反垄断行政执法工作;

(五)国务院规定的其他职责。

国务院反垄断委员会的组成和工作规则由国务院规定。

第十三条 【反垄断执法机构】国务院反垄断执法机构负责反垄断统一执法工作。

国务院反垄断执法机构根据工作需要,可以授权省、自治区、直辖市人民政府相应的机构,依照本法规定负责有关反垄断执法工作。

第十四条 【行业协会自律作用】行业协会应当加强行业自律,引导本行业的经营者依法竞争,合规经营,维护市场竞争秩序。

第十五条 【经营者和相关市场定义】本法所称经营者,是指从事商品生产、经营或者提供服务的自然人、法人和非法人组织。

本法所称相关市场,是指经营者在一定时期内就特定商品或者服务(以下统称商品)进行竞争的商品范围和地域范围。

第二章 垄断协议

第十六条 【垄断协议定义】本法所称垄断协议,是指排除、限制竞争的协议、决定或者其他协同行为。

第十七条 【横向垄断协议】禁止具有竞争关系的经营者达成下列垄断协议:

(一)固定或者变更商品价格;

(二)限制商品的生产数量或者销售数量;

(三)分割销售市场或者原材料采购市场;

(四)限制购买新技术、新设备或者限制开发新技术、新产品;

(五)联合抵制交易;

(六)国务院反垄断执法机构认定的其他垄断协议。

第十八条 【纵向垄断协议】禁止经营者与交易相对人达成下列垄断协议:

(一)固定向第三人转售商品的价格;

(二)限定向第三人转售商品的最低价格;

（三）国务院反垄断执法机构认定的其他垄断协议。

对前款第一项和第二项规定的协议，经营者能够证明其不具有排除、限制竞争效果的，不予禁止。

经营者能够证明其在相关市场的市场份额低于国务院反垄断执法机构规定的标准，并符合国务院反垄断执法机构规定的其他条件的，不予禁止。

第十九条　【组织、帮助达成垄断协议】 经营者不得组织其他经营者达成垄断协议或者为其他经营者达成垄断协议提供实质性帮助。

第二十条　【垄断协议豁免】 经营者能够证明所达成的协议属于下列情形之一的，不适用本法第十七条、第十八条第一款、第十九条的规定：

（一）为改进技术、研究开发新产品的；

（二）为提高产品质量、降低成本、增进效率，统一产品规格、标准或者实行专业化分工的；

（三）为提高中小经营者经营效率，增强中小经营者竞争力的；

（四）为实现节约能源、保护环境、救灾救助等社会公共利益的；

（五）因经济不景气，为缓解销售量严重下降或者生产明显过剩的；

（六）为保障对外贸易和对外经济合作中的正当利益的；

（七）法律和国务院规定的其他情形。

属于前款第一项至第五项情形，不适用本法第十七条、第十八条第一款、第十九条规定的，经营者还应当证明所达成的协议不会严重限制相关市场的竞争，并且能够使消费者分享由此产生的利益。

第二十一条　【行业协会不得组织垄断协议】 行业协会不得组织本行业的经营者从事本章禁止的垄断行为。

第三章　滥用市场支配地位

第二十二条　【禁止滥用市场支配地位】 禁止具有市场支配地位的经营者从事下列滥用市场支配地位的行为：

（一）以不公平的高价销售商品或者以不公平的低价购买商品；

（二）没有正当理由，以低于成本的价格销售商品；

（三）没有正当理由，拒绝与交易相对人进行交易；

（四）没有正当理由，限定交易相对人只能与其进行交易或者只能与其指定的经营者进行交易；

（五）没有正当理由搭售商品，或者在交易时附加其他不合理的交易条件；

（六）没有正当理由，对条件相同的交易相对人在交易价格等交易条件上实行差别待遇；

（七）国务院反垄断执法机构认定的其他滥用市场支配地位的行为。

具有市场支配地位的经营者不得利用数据和算法、技术以及平台规则等从事前款规定的滥用市场支配地位的行为。

本法所称市场支配地位，是指经营者在相关市场内具有能够控制商品价格、数量或者其他交易条件，或者能够阻碍、影响其他经营者进入相关市场能力的市场地位。

第二十三条　【认定经营者具有市场支配地位应当考虑的因素】 认定经营者具有市场支配地位，应当依据下列因素：

（一）该经营者在相关市场的市场份额，以及相关市场的竞争状况；

（二）该经营者控制销售市场或者原材料采购市场的能力；

（三）该经营者的财力和技术条件；

（四）其他经营者对该经营者在交易上的

依赖程度;

(五)其他经营者进入相关市场的难易程度;

(六)与认定该经营者市场支配地位有关的其他因素。

第二十四条 【市场支配地位的推定】有下列情形之一的,可以推定经营者具有市场支配地位:

(一)一个经营者在相关市场的市场份额达到二分之一的;

(二)两个经营者在相关市场的市场份额合计达到三分之二的;

(三)三个经营者在相关市场的市场份额合计达到四分之三的。

有前款第二项、第三项规定的情形,其中有的经营者市场份额不足十分之一的,不应当推定该经营者具有市场支配地位。

被推定具有市场支配地位的经营者,有证据证明不具有市场支配地位的,不应当认定其具有市场支配地位。

第四章 经营者集中

第二十五条 【经营者集中界定】经营者集中是指下列情形:

(一)经营者合并;

(二)经营者通过取得股权或者资产的方式取得对其他经营者的控制权;

(三)经营者通过合同等方式取得对其他经营者的控制权或者能够对其他经营者施加决定性影响。

第二十六条 【经营者集中申报】经营者集中达到国务院规定的申报标准的,经营者应当事先向国务院反垄断执法机构申报,未申报的不得实施集中。

经营者集中未达到国务院规定的申报标准,但有证据证明该经营者集中具有或者可能具有排除、限制竞争效果的,国务院反垄断执法机构可以要求经营者申报。

经营者未依照前两款规定进行申报的,国务院反垄断执法机构应当依法进行调查。

第二十七条 【豁免申报】经营者集中有下列情形之一的,可以不向国务院反垄断执法机构申报:

(一)参与集中的一个经营者拥有其他每个经营者百分之五十以上有表决权的股份或者资产的;

(二)参与集中的每个经营者百分之五十以上有表决权的股份或者资产被同一个未参与集中的经营者拥有的。

第二十八条 【申报文件】经营者向国务院反垄断执法机构申报集中,应当提交下列文件、资料:

(一)申报书;

(二)集中对相关市场竞争状况影响的说明;

(三)集中协议;

(四)参与集中的经营者经会计师事务所审计的上一会计年度财务会计报告;

(五)国务院反垄断执法机构规定的其他文件、资料。

申报书应当载明参与集中的经营者的名称、住所、经营范围、预定实施集中的日期和国务院反垄断执法机构规定的其他事项。

第二十九条 【申报文件补交】经营者提交的文件、资料不完备的,应当在国务院反垄断执法机构规定的期限内补交文件、资料。经营者逾期未补交文件、资料的,视为未申报。

第三十条 【初步审查】国务院反垄断执法机构应当自收到经营者提交的符合本法第二十八条规定的文件、资料之日起三十日内,对申报的经营者集中进行初步审查,作出是否实施进一步审查的决定,并书面通知经营者。国务院反垄断执法机构作出决定前,经营者不得实施集中。

国务院反垄断执法机构作出不实施进一步审查的决定或者逾期未作出决定的,经营者可以实施集中。

第三十一条 【进一步审查】国务院反垄断执法机构决定实施进一步审查的,应当自决定之日起九十日内审查完毕,作出是否禁止经营者集中的决定,并书面通知经营者。作出禁止经营者集中的决定,应当说明理由。审查期间,经营者不得实施集中。

有下列情形之一的,国务院反垄断执法机构经书面通知经营者,可以延长前款规定的审查期限,但最长不得超过六十日:

(一)经营者同意延长审查期限的;

(二)经营者提交的文件、资料不准确,需要进一步核实的;

(三)经营者申报后有关情况发生重大变化的。

国务院反垄断执法机构逾期未作出决定的,经营者可以实施集中。

第三十二条 【审查期限中止】有下列情形之一的,国务院反垄断执法机构可以决定中止计算经营者集中的审查期限,并书面通知经营者:

(一)经营者未按照规定提交文件、资料,导致审查工作无法进行;

(二)出现对经营者集中审查具有重大影响的新情况、新事实,不经核实将导致审查工作无法进行;

(三)需要对经营者集中附加的限制性条件进一步评估,且经营者提出中止请求。

自中止计算审查期限的情形消除之日起,审查期限继续计算,国务院反垄断执法机构应当书面通知经营者。

第三十三条 【审查考虑因素】审查经营者集中,应当考虑下列因素:

(一)参与集中的经营者在相关市场的市场份额及其对市场的控制力;

(二)相关市场的市场集中度;

(三)经营者集中对市场进入、技术进步的影响;

(四)经营者集中对消费者和其他有关经营者的影响;

(五)经营者集中对国民经济发展的影响;

(六)国务院反垄断执法机构认为应当考虑的影响市场竞争的其他因素。

第三十四条 【审查决定】经营者集中具有或者可能具有排除、限制竞争效果的,国务院反垄断执法机构应当作出禁止经营者集中的决定。但是,经营者能够证明该集中对竞争产生的有利影响明显大于不利影响,或者符合社会公共利益的,国务院反垄断执法机构可以作出对经营者集中不予禁止的决定。

第三十五条 【附加限制性条件】对不予禁止的经营者集中,国务院反垄断执法机构可以决定附加减少集中对竞争产生不利影响的限制性条件。

第三十六条 【审查决定公布】国务院反垄断执法机构应当将禁止经营者集中的决定或者对经营者集中附加限制性条件的决定,及时向社会公布。

第三十七条 【审查工作要求】国务院反垄断执法机构应当健全经营者集中分类分级审查制度,依法加强对涉及国计民生等重要领域的经营者集中的审查,提高审查质量和效率。

第三十八条 【国家安全审查】对外资并购境内企业或者以其他方式参与经营者集中,涉及国家安全的,除依照本法规定进行经营者集中审查外,还应当按照国家有关规定进行国家安全审查。

第五章 滥用行政权力排除、限制竞争

第三十九条 【禁止指定交易】行政机关

和法律、法规授权的具有管理公共事务职能的组织不得滥用行政权力,限定或者变相限定单位或者个人经营、购买、使用其指定的经营者提供的商品。

第四十条 【禁止违规签订合作协议、备忘录】行政机关和法律、法规授权的具有管理公共事务职能的组织不得滥用行政权力,通过与经营者签订合作协议、备忘录等方式,妨碍其他经营者进入相关市场或者对其他经营者实行不平等待遇,排除、限制竞争。

第四十一条 【禁止妨碍商品自由流通】行政机关和法律、法规授权的具有管理公共事务职能的组织不得滥用行政权力,实施下列行为,妨碍商品在地区之间的自由流通:

(一)对外地商品设定歧视性收费项目、实行歧视性收费标准,或者规定歧视性价格;

(二)对外地商品规定与本地同类商品不同的技术要求、检验标准,或者对外地商品采取重复检验、重复认证等歧视性技术措施,限制外地商品进入本地市场;

(三)采取专门针对外地商品的行政许可,限制外地商品进入本地市场;

(四)设置关卡或者采取其他手段,阻碍外地商品进入或者本地商品运出;

(五)妨碍商品在地区之间自由流通的其他行为。

第四十二条 【禁止限制招投标等活动】行政机关和法律、法规授权的具有管理公共事务职能的组织不得滥用行政权力,以设定歧视性资质要求、评审标准或者不依法发布信息等方式,排斥或者限制经营者参加招标投标以及其他经营活动。

第四十三条 【禁止不当限制分支机构】行政机关和法律、法规授权的具有管理公共事务职能的组织不得滥用行政权力,采取与本地经营者不平等待遇等方式,排斥、限制、强制或者变相强制外地经营者在本地投资或者设立分支机构。

第四十四条 【禁止强制经营者从事垄断行为】行政机关和法律、法规授权的具有管理公共事务职能的组织不得滥用行政权力,强制或者变相强制经营者从事本法规定的垄断行为。

第四十五条 【禁止以抽象行政行为排除、限制竞争】行政机关和法律、法规授权的具有管理公共事务职能的组织不得滥用行政权力,制定含有排除、限制竞争内容的规定。

第六章 对涉嫌垄断行为的调查

第四十六条 【涉嫌垄断行为的举报和调查】反垄断执法机构依法对涉嫌垄断行为进行调查。

对涉嫌垄断行为,任何单位和个人有权向反垄断执法机构举报。反垄断执法机构应当为举报人保密。

举报采用书面形式并提供相关事实和证据的,反垄断执法机构应当进行必要的调查。

第四十七条 【调查措施】反垄断执法机构调查涉嫌垄断行为,可以采取下列措施:

(一)进入被调查的经营者的营业场所或者其他有关场所进行检查;

(二)询问被调查的经营者、利害关系人或者其他有关单位或者个人,要求其说明有关情况;

(三)查阅、复制被调查的经营者、利害关系人或者其他有关单位或者个人的有关单证、协议、会计账簿、业务函电、电子数据等文件、资料;

(四)查封、扣押相关证据;

(五)查询经营者的银行账户。

采取前款规定的措施,应当向反垄断执法机构主要负责人书面报告,并经批准。

第四十八条 【调查程序】反垄断执法机构调查涉嫌垄断行为,执法人员不得少于二人,并应当出示执法证件。

执法人员进行询问和调查,应当制作笔录,并由被询问人或者被调查人签字。

第四十九条 【保密义务】反垄断执法机构及其工作人员对执法过程中知悉的商业秘密、个人隐私和个人信息依法负有保密义务。

第五十条 【被调查对象的配合调查义务】被调查的经营者、利害关系人或者其他有关单位或者个人应当配合反垄断执法机构依法履行职责,不得拒绝、阻碍反垄断执法机构的调查。

第五十一条 【被调查对象陈述意见的权利】被调查的经营者、利害关系人有权陈述意见。反垄断执法机构应当对被调查的经营者、利害关系人提出的事实、理由和证据进行核实。

第五十二条 【对垄断行为的处理和公布】反垄断执法机构对涉嫌垄断行为调查核实后,认为构成垄断行为的,应当依法作出处理决定,并可以向社会公布。

第五十三条 【承诺制度】对反垄断执法机构调查的涉嫌垄断行为,被调查的经营者承诺在反垄断执法机构认可的期限内采取具体措施消除该行为后果的,反垄断执法机构可以决定中止调查。中止调查的决定应当载明被调查的经营者承诺的具体内容。

反垄断执法机构决定中止调查的,应当对经营者履行承诺的情况进行监督。经营者履行承诺的,反垄断执法机构可以决定终止调查。

有下列情形之一的,反垄断执法机构应当恢复调查:

(一)经营者未履行承诺的;

(二)作出中止调查决定所依据的事实发生重大变化的;

(三)中止调查的决定是基于经营者提供的不完整或者不真实的信息作出的。

第五十四条 【对涉嫌滥用行政权力排除、限制竞争行为的调查】反垄断执法机构依法对涉嫌滥用行政权力排除、限制竞争的行为进行调查,有关单位或者个人应当配合。

第五十五条 【约谈制度】经营者、行政机关和法律、法规授权的具有管理公共事务职能的组织,涉嫌违反本法规定的,反垄断执法机构可以对其法定代表人或者负责人进行约谈,要求其提出改进措施。

第七章 法 律 责 任

第五十六条 【达成、实施垄断协议的法律责任】经营者违反本法规定,达成并实施垄断协议的,由反垄断执法机构责令停止违法行为,没收违法所得,并处上一年度销售额百分之一以上百分之十以下的罚款,上一年度没有销售额的,处五百万元以下的罚款;尚未实施所达成的垄断协议的,可以处三百万元以下的罚款。经营者的法定代表人、主要负责人和直接责任人员对达成垄断协议负有个人责任的,可以处一百万元以下的罚款。

经营者组织其他经营者达成垄断协议或者为其他经营者达成垄断协议提供实质性帮助的,适用前款规定。

经营者主动向反垄断执法机构报告达成垄断协议的有关情况并提供重要证据的,反垄断执法机构可以酌情减轻或者免除对该经营者的处罚。

行业协会违反本法规定,组织本行业的经营者达成垄断协议的,由反垄断执法机构责令改正,可以处三百万元以下的罚款;情节严重的,社会团体登记管理机关可以依法撤销登记。

第五十七条 【滥用市场支配地位的法律责任】经营者违反本法规定,滥用市场支配地位的,由反垄断执法机构责令停止违法行为,没收违法所得,并处上一年度销售额百分之一以上百分之十以下的罚款。

第五十八条 【经营者违法实施集中的

法律责任】经营者违反本法规定实施集中，且具有或者可能具有排除、限制竞争效果的，由国务院反垄断执法机构责令停止实施集中、限期处分股份或者资产、限期转让营业以及采取其他必要措施恢复到集中前的状态，处上一年度销售额百分之十以下的罚款；不具有排除、限制竞争效果的，处五百万元以下的罚款。

第五十九条　【确定罚款数额时考虑的因素】对本法第五十六条、第五十七条、第五十八条规定的罚款，反垄断执法机构确定具体罚款数额时，应当考虑违法行为的性质、程度、持续时间和消除违法行为后果的情况等因素。

第六十条　【民事责任和民事公益诉讼】经营者实施垄断行为，给他人造成损失的，依法承担民事责任。

经营者实施垄断行为，损害社会公共利益的，设区的市级以上人民检察院可以依法向人民法院提起民事公益诉讼。

第六十一条　【滥用行政权力排除、限制竞争的法律责任】行政机关和法律、法规授权的具有管理公共事务职能的组织滥用行政权力，实施排除、限制竞争行为的，由上级机关责令改正；对直接负责的主管人员和其他直接责任人员依法给予处分。反垄断执法机构可以向有关上级机关提出依法处理的建议。行政机关和法律、法规授权的具有管理公共事务职能的组织应当将有关改正情况书面报告上级机关和反垄断执法机构。

法律、行政法规对行政机关和法律、法规授权的具有管理公共事务职能的组织滥用行政权力实施排除、限制竞争行为的处理另有规定的，依照其规定。

第六十二条　【拒绝、阻碍审查和调查的法律责任】对反垄断执法机构依法实施的审查和调查，拒绝提供有关材料、信息，或者提供虚假材料、信息，或者隐匿、销毁、转移证据，或者有其他拒绝、阻碍调查行为的，由反垄断执法机构责令改正，对单位处上一年度销售额百分之一以下的罚款，上一年度没有销售额或者销售额难以计算的，处五百万元以下的罚款；对个人处五十万元以下的罚款。

第六十三条　【对特别严重违法行为的处罚】违反本法规定，情节特别严重、影响特别恶劣、造成特别严重后果的，国务院反垄断执法机构可以在本法第五十六条、第五十七条、第五十八条、第六十二条规定的罚款数额的二倍以上五倍以下确定具体罚款数额。

第六十四条　【信用惩戒】经营者因违反本法规定受到行政处罚的，按照国家有关规定记入信用记录，并向社会公示。

第六十五条　【对行政处罚决定不服的救济途径】对反垄断执法机构依据本法第三十四条、第三十五条作出的决定不服的，可以先依法申请行政复议；对行政复议决定不服的，可以依法提起行政诉讼。

对反垄断执法机构作出的前款规定以外的决定不服的，可以依法申请行政复议或者提起行政诉讼。

第六十六条　【执法机构工作人员违法行为的法律责任】反垄断执法机构工作人员滥用职权、玩忽职守、徇私舞弊或者泄露执法过程中知悉的商业秘密、个人隐私和个人信息的，依法给予处分。

第六十七条　【刑事责任】违反本法规定，构成犯罪的，依法追究刑事责任。

第八章　附　　则

第六十八条　【不得滥用知识产权排除、限制竞争】经营者依照有关知识产权的法律、行政法规规定行使知识产权的行为，不适用本法；但是，经营者滥用知识产权，排除、限制竞争的行为，适用本法。

**第六十九条　【农业生产经营活动不适

用本法】农业生产者及农村经济组织在农产品生产、加工、销售、运输、储存等经营活动中实施的联合或者协同行为，不适用本法。

第七十条 【施行时间】本法自 2008 年 8 月 1 日起施行。

最高人民法院关于审理垄断民事纠纷案件适用法律若干问题的解释

（2024 年 2 月 4 日最高人民法院审判委员会第 1915 次会议通过 2024 年 6 月 24 日最高人民法院公告公布 自 2024 年 7 月 1 日起施行 法释〔2024〕6 号）

为维护市场公平竞争秩序，依法公正高效审理垄断民事纠纷案件，根据《中华人民共和国民法典》、《中华人民共和国反垄断法》、《中华人民共和国民事诉讼法》等有关法律规定，制定本解释。

一、程序规定

第一条 本解释所称垄断民事纠纷案件，是指自然人、法人或者非法人组织因垄断行为受到损失以及因合同内容或者经营者团体的章程、决议、决定等违反反垄断法而发生争议，依据反垄断法向人民法院提起民事诉讼的案件。

本解释所称经营者团体，包括行业协会等由两个以上经营者为了实现共同目的而组成的结合体或者联合体。

第二条 原告依据反垄断法直接向人民法院提起民事诉讼，或者在反垄断执法机构认定构成垄断行为的处理决定作出后向人民法院提起民事诉讼，且符合法律规定的受理条件的，人民法院应予受理。

原告起诉仅请求人民法院确认被告的特定行为构成垄断，而不请求被告承担民事责任的，人民法院不予受理。

第三条 一方当事人向人民法院提起垄断民事诉讼，另一方当事人以双方之间存在合同关系且有仲裁协议为由，主张人民法院不应受理的，人民法院不予支持。

第四条 第一审垄断民事纠纷案件，由知识产权法院和最高人民法院指定的中级人民法院管辖。

第五条 垄断民事纠纷案件的地域管辖，根据案件具体情况，依照民事诉讼法及相关司法解释有关侵权纠纷、合同纠纷等的管辖规定确定。

第六条 原告依据反垄断法对在中华人民共和国境内没有住所的被告提起民事诉讼，主张被告在中华人民共和国境外的垄断行为对境内市场竞争产生排除、限制影响的，根据民事诉讼法第二百七十六条的规定确定管辖法院。

第七条 案件立案时的案由并非垄断民事纠纷，人民法院受理后经审查发现属于垄断民事纠纷，但受诉人民法院并无垄断民事纠纷案件管辖权的，应当将案件移送有管辖权的人民法院。

第八条 两个以上原告因同一垄断行为向有管辖权的同一人民法院分别提起诉讼的，人民法院可以合并审理。

两个以上原告因同一垄断行为向有管辖权的不同人民法院分别提起诉讼的，后立案的人民法院发现其他有管辖权的人民法院已先立案的，应当裁定将案件移送先立案的人民法院；受移送的人民法院可以合并审理。

人民法院可以要求当事人提供与被诉垄断行为相关的行政执法、仲裁、诉讼等情况。当事人拒不如实提供的，可以作为认定其是否遵循诚信原则和构成滥用权利等的考量因素。

第九条　原告无正当理由而根据影响地域、持续时间、实施场合、损害范围等因素对被告的同一垄断行为予以拆分,分别提起数个诉讼的,由最先受理诉讼的人民法院合并审理。

第十条　反垄断执法机构认定构成垄断行为的处理决定在法定期限内未被提起行政诉讼或者已为人民法院生效裁判所确认,原告在相关垄断民事纠纷案件中据此主张该处理决定认定的基本事实为真实的,无需再行举证证明,但有相反证据足以推翻的除外。

必要时,人民法院可以要求作出处理决定的反垄断执法机构对该处理决定的有关情况予以说明。反垄断执法机构提供的信息、材料等尚未公开的,人民法院应当依职权或者依申请采取合理保护措施。

第十一条　当事人可以向人民法院申请一至二名具有案件所涉领域、经济学等专门知识的人员出庭,就案件的专门性问题进行说明。

当事人可以向人民法院申请委托专业机构或者专业人员就案件的专门性问题提出市场调查或者经济分析意见。该专业机构或者专业人员可以由双方当事人协商确定;协商不成的,由人民法院指定。人民法院可以参照民事诉讼法及相关司法解释有关鉴定意见的规定,对该专业机构或者专业人员提出的市场调查或者经济分析意见进行审查判断。

一方当事人就案件的专门性问题自行委托有关专业机构或者专业人员提出市场调查或者经济分析意见,该意见缺乏可靠的事实、数据或者其他必要基础资料佐证,或者缺乏可靠的分析方法,或者另一方当事人提出证据或者理由足以反驳的,人民法院不予采信。

第十二条　经营者实施垄断行为损害社会公共利益,设区的市级以上人民检察院依法提起民事公益诉讼的,适用与公益诉讼有关的法律和司法解释的规定,但本解释另有

规定的除外。

第十三条　反垄断执法机构对被诉垄断行为已经立案调查的,人民法院可以根据案件具体情况,裁定中止诉讼。

二、相关市场界定

第十四条　原告主张被诉垄断行为违反反垄断法的,一般应当界定反垄断法第十五条第二款所称的相关市场并提供证据或者充分说明理由。

原告以被告在相关市场的市场份额为由主张其具有市场支配地位或者显著的市场力量的,应当界定相关市场并提供证据或者充分说明理由。

原告提供证据足以直接证明下列情形之一的,可以不再对相关市场界定进一步承担举证责任:

(一)被诉垄断协议的经营者具有显著的市场力量;

(二)被诉滥用市场支配地位的经营者具有市场支配地位;

(三)被诉垄断行为具有排除、限制竞争效果。

原告主张被诉垄断行为属于反垄断法第十七条第一项至第五项和第十八条第一款第一项、第二项规定情形的,可以不对相关市场界定提供证据。

第十五条　人民法院界定经营者在一定时期内就特定商品或者服务(以下统称商品)进行竞争的相关商品市场和相关地域市场,可以根据案件具体情况,以被诉垄断行为直接涉及的特定商品为基础,从需求者角度进行需求替代分析;供给替代对经营者行为产生的竞争约束类似于需求替代的,还可以从供给者角度进行供给替代分析。

人民法院进行需求替代或者供给替代分析时,可以采用假定垄断者测试的分析方法,

一般选择使用价格上涨的假定垄断者测试方法;经营者之间的竞争主要表现为质量、多样性、创新等非价格竞争的,可以选择质量下降、成本上升等假定垄断者测试方法。

第十六条 人民法院从需求替代的角度分析界定相关商品市场时,一般根据需求者对于商品特性、功能和用途的需求、质量的认可、价格的接受以及获取的难易程度等因素,确定由需求者认为具有较为紧密替代关系的一组或者一类商品所构成的市场为相关商品市场。从供给替代的角度分析界定相关商品市场时,可以综合考虑其他经营者进入市场的意图和能力、承担的成本与风险、克服的市场障碍、需要的时间等因素。

分析界定互联网平台(以下称平台)所涉相关商品市场时,结合被诉垄断行为的特点、产生或者可能产生排除、限制竞争效果的具体情况、平台的类型等因素,一般可以根据该平台与被诉垄断行为最相关一边的商品界定相关商品市场,也可以根据被诉垄断行为所涉及的多边商品分别界定多个相关商品市场,必要时也可以根据特定平台整体界定相关商品市场。特定平台存在跨边网络效应,并给该平台经营者施加了足够的竞争约束的,可以根据该平台整体界定相关商品市场,也可以根据跨边网络效应所涉及的多边商品分别界定多个相关商品市场,并考虑各个相关商品市场之间的相互关系和影响。

第十七条 人民法院从需求替代的角度分析界定相关地域市场时,可以综合考虑需求者因商品价格或者其他竞争因素的变化而转向其他地域购买商品的情况、商品的运输成本和运输特征、多数需求者选择商品的实际区域和主要经营者的商品销售分布、地域间的市场障碍、特定区域需求者偏好等因素。从供给替代的角度分析界定相关地域市场时,可以综合考虑其他地域的经营者对商品价格等竞争因素的变化作出的反应、其他地域的经营者供应或者销售相关商品的及时性和可行性等因素。

分析界定平台所涉相关地域市场,可以重点考虑多数需求者选择商品的实际区域、需求者的语言偏好和消费习惯、相关法律法规的要求、其他地域竞争者的现状及其进入相关地域市场的及时性等因素。

三、垄断协议

第十八条 人民法院认定反垄断法第十六条规定的其他协同行为,应当综合考虑下列因素:

(一)经营者的市场行为是否具有一致性;

(二)经营者之间是否进行过意思联络、信息交流或者传递;

(三)相关市场的市场结构、竞争状况、市场变化等情况;

(四)经营者能否对行为一致性作出合理解释。

原告提供前款第一项和第二项的初步证据,或者第一项和第三项的初步证据,能够证明经营者存在协同行为的可能性较大的,被告应当提供证据或者进行充分说明,对其行为一致性作出合理解释;不能作出合理解释的,人民法院可以认定协同行为成立。

本条所称合理解释,包括经营者系基于市场和竞争状况变化等而独立实施相关行为。

第十九条 反垄断法第十七条规定的具有竞争关系的经营者,是指在商品生产经营过程中处于同一阶段、提供具有较为紧密替代关系的商品、独立经营决策并承担法律责任的两个以上的实际经营者或者可能进入同一相关市场进行竞争的潜在经营者。

特定经营者取得对其他经营者的控制权或者能够对其他经营者施加决定性影响,或者两个以上经营者被同一第三方控制或者施加决定性影响,应当视为一个经济实体的,不构成前款所称具有竞争关系的经营者。

第二十条 原告有证据证明仿制药申请人与被仿制药专利权利人达成、实施的协议同时具备下列条件,主张该协议构成反垄断法第十七条规定的垄断协议的,人民法院可予支持:

(一)被仿制药专利权利人给予或者承诺给予仿制药申请人明显不合理的金钱或者其他形式的利益补偿;

(二)仿制药申请人承诺不质疑被仿制药专利权的有效性或者延迟进入被仿制药相关市场。

被告有证据证明前款所称的利益补偿仅系为弥补被仿制药专利相关纠纷解决成本或者具有其他正当理由,或者该协议符合反垄断法第二十条规定,主张其不构成反垄断法第十七条规定的垄断协议的,人民法院应予支持。

第二十一条 被诉垄断行为属于反垄断法第十八条第一款第一项、第二项规定的垄断协议的,应当由被告对该协议不具有排除、限制竞争效果承担举证责任。

第二十二条 人民法院依据反垄断法第十八条第一款和第二款的规定审查认定被诉垄断协议是否具有排除、限制竞争效果时,可以综合考虑下列因素:

(一)被告在相关市场的市场力量和协议对相关市场类似不利竞争效果的累积作用;

(二)协议是否具有提高市场进入壁垒、阻碍更有效率的经营者或者经营模式、限制品牌间或者品牌内竞争等不利竞争效果;

(三)协议是否具有防止搭便车、促进品牌间竞争、维护品牌形象、提升售前或者售后服务水平、促进创新等有利竞争效果,且为实现该效果所必需;

(四)其他可以考虑的因素。

在案证据足以证明的有利竞争效果明显超过不利竞争效果的,人民法院应当认定协议不具有排除、限制竞争效果。

第二十三条 被诉垄断协议具有下列情形之一,原告依据反垄断法第十八条第一款的规定主张被告应当承担法律责任的,人民法院不予支持:

(一)协议属于经营者与相对人之间的代理协议,且代理商不承担任何实质性商业或者经营风险;

(二)被告在相关市场的市场份额低于国务院反垄断执法机构规定的标准并符合国务院反垄断执法机构规定的其他条件。

第二十四条 经营者利用数据、算法、技术等手段进行意思联络、信息交流或者传递,或者利用数据、算法、技术、平台规则等手段实现行为一致性,达成、实施被诉垄断协议的,人民法院可以依照反垄断法第十七条的规定审查认定。

经营者利用数据、算法、技术、平台规则等手段实现限定或者自动化设定转售商品价格等,达成、实施被诉垄断协议的,人民法院可以依照反垄断法第十八条的规定审查认定。

第二十五条 平台经营者与平台内经营者的协议要求平台内经营者在该平台上提供与其他交易渠道相同或者更优惠交易条件的,根据原告的诉讼请求和具体案情,人民法院可以区别下列情形作出处理:

(一)平台经营者与平台内经营者之间具有竞争关系的,依照反垄断法第十七条的规定审查认定;

(二)平台经营者与平台内经营者之间不具有竞争关系的,依照反垄断法第十八条或者第十九条的规定审查认定;

(三)原告主张平台经营者滥用市场支配地位的,依照反垄断法第二十二条、电子商务法第二十二条的规定审查认定;

（四）原告主张平台经营者违反电子商务法第三十五条的规定的，依照该条规定处理。

第二十六条 经营者、经营者团体等组织其他经营者达成、实施垄断协议，给原告造成损失，原告依据民法典第一千一百六十八条的规定主张实施组织行为的经营者、经营者团体等与达成、实施垄断协议的其他经营者承担连带责任的，人民法院应当予以支持。

经营者、经营者团体等为其他经营者达成、实施垄断协议提供实质性帮助，给原告造成损失，原告依据民法典第一千一百六十九条第一款的规定主张提供帮助行为的经营者、经营者团体等与达成、实施垄断协议的其他经营者承担连带责任的，人民法院应当予以支持。但是，经营者、经营者团体等能够证明其不知道且不应当知道其他经营者达成、实施有关协议的除外。

前款所称实质性帮助，是指对垄断协议达成或者实施具有直接、重要促进作用的引导产生违法意图、提供便利条件、充当信息渠道、帮助实施惩罚等行为。

第二十七条 被告依据反垄断法第二十条第一款第一项至第五项的规定提出抗辩的，应当提供证据证明如下事实：

（一）被诉垄断协议能够实现相关目的或者效果；

（二）被诉垄断协议为实现相关目的或者效果所必需；

（三）被诉垄断协议不会严重限制相关市场的竞争；

（四）消费者能够分享由此产生的利益。

四、滥用市场支配地位

第二十八条 原告主张被诉垄断行为属于反垄断法第二十二条第一款规定的滥用市场支配地位的，应当对被告在相关市场内具有支配地位和被告滥用市场支配地位承担举证责任。被告以其行为具有正当性为由抗辩的，应当承担举证责任。

第二十九条 原告有证据证明经营者具有下列情形之一的，人民法院可以根据具体案件中相关市场的结构和实际竞争状况，结合相关市场经济规律等经济学知识，初步认定经营者在相关市场具有支配地位，但有相反证据足以反驳的除外：

（一）经营者在较长时间内维持明显高于市场竞争水平的价格，或者在较长时间内商品质量明显下降却未见大量用户流失，且相关市场明显缺乏竞争、创新和新进入者；

（二）经营者在较长时间内维持明显超过其他经营者的较高市场份额，且相关市场明显缺乏竞争、创新和新进入者。

被告对外发布的信息可以作为原告证明被告具有市场支配地位的初步证据，但有相反证据足以反驳的除外。

第三十条 反垄断法第二十三条和第二十四条所称的"经营者在相关市场的市场份额"，可以根据被诉垄断行为发生时经营者一定时期内的相关商品交易金额、交易数量、生产能力或者其他指标在相关市场所占的比例确定。

人民法院认定平台经营者在相关市场的市场份额时，可以采用能够反映相关市场实际竞争状况的交易金额、活跃用户数量、企业用户数量、用户使用时长、访问量、点击量、数据资产数量或者其他指标作为计算基准。

第三十一条 原告主张公用企业或者其他依法具有独占地位的经营者滥用市场支配地位的，人民法院可以根据市场结构和竞争状况的具体情况，认定被告在相关市场具有支配地位，但有相反证据足以反驳的除外。

第三十二条 人民法院依照反垄断法第二十三条的规定认定平台经营者的市场支配地位，可以重点考虑下列因素：

（一）平台的商业模式及平台经营者实际

受到的竞争约束；

（二）平台经营者在相关市场的市场份额及该市场份额的持续时间；

（三）平台经营是否存在显著的网络效应、规模效应、范围效应等；

（四）平台经营者掌握的相关数据、算法、技术等情况；

（五）平台经营者对相邻市场的影响；

（六）用户或者平台内经营者对平台经营者的依赖程度及制衡能力、锁定效应、使用习惯、同时使用多个平台的情况、转向其他平台经营者的成本等；

（七）其他经营者进入相关市场的意愿、能力及所面临的规模要求、技术要求、政策法律限制等市场进入障碍；

（八）相关市场的创新和技术变化情况；

（九）其他需要考虑的与平台经营相关的因素。

第三十三条 人民法院依照反垄断法第二十三条的规定认定被诉滥用知识产权的经营者的市场支配地位，可以重点考虑下列因素：

（一）相关市场内特定知识产权客体的可替代性、替代性客体的数量及转向替代性客体的成本；

（二）利用该特定知识产权所提供的商品的可替代性及该商品的市场份额；

（三）交易相对人对拥有该特定知识产权的经营者的制衡能力；

（四）相关市场的创新和技术变化情况；

（五）其他需要考虑的与知识产权行使相关的因素。

经营者主张不能仅根据其拥有知识产权而推定具有市场支配地位的，人民法院应予支持。

第三十四条 依据反垄断法第二十四条第一款第二项、第三项被推定共同具有市场支配地位的经营者，有证据证明具有下列情形之一，反驳上述推定的，人民法院应予支持：

（一）该两个以上经营者之间不具有行为一致性且存在实质性竞争；

（二）该两个以上经营者作为整体在相关市场受到来自其他经营者的有效竞争约束。

第三十五条 经营者同时具备下列条件的，人民法院可以认定其构成反垄断法第二十二条规定的滥用市场支配地位行为：

（一）在相关市场具有支配地位；

（二）实施了被诉垄断行为；

（三）被诉垄断行为具有排除、限制竞争效果；

（四）实施被诉垄断行为缺乏正当理由。

第三十六条 人民法院认定反垄断法第二十二条第一款第一项规定的经营者"以不公平的高价销售商品或者以不公平的低价购买商品"，可以综合考虑下列因素：

（一）该商品的收益率是否明显偏离竞争性市场中的合理收益率；

（二）该商品的价格是否明显偏离其成本与竞争条件下的合理利润之和；

（三）经营者向交易相对人销售或者购买商品的价格是否明显高于或者低于该经营者在上下游市场中销售或者购买相同商品或者可比商品的价格；

（四）经营者向交易相对人销售或者购买商品的价格是否明显高于或者低于其他经营者在相同或者相似条件下销售或者购买相同商品或者可比商品的价格；

（五）经营者向交易相对人销售或者购买商品的价格是否明显高于或者低于该经营者在相同或者相似条件下在其他地域市场销售或者购买相同商品或者可比商品的价格；

（六）经营者向交易相对人销售商品的价格增长幅度是否明显高于该经营者成本增长幅度，或者购买商品的价格降低幅度明显高于交易相对人成本降低幅度；

（七）该高价或者低价的持续时间；

（八）其他可以考虑的因素。

认定前款第四项、第五项所称相同或者相似条件，可以考虑经营模式、交易渠道、供求状况、监管环境、交易环节、成本结构、交易情况、平台类型等因素。

第三十七条 具有市场支配地位的经营者，具有下列情形之一的，人民法院可以初步认定其构成反垄断法第二十二条第一款第二项规定的"以低于成本的价格销售商品"：

（一）经营者在较长时间内持续以低于平均可变成本或者平均可避免成本的价格销售商品；

（二）经营者在较长时间内持续以高于平均可变成本或者平均可避免成本，但低于平均总成本的价格销售商品，且有其他证据证明其具有排除、限制同等效率的其他经营者在相关市场开展有效竞争的明确意图。

依照前款规定认定平台经营者以低于成本的价格销售商品，还应当考虑该平台涉及的多边市场中各相关市场之间的成本关联情况及其合理性。

具有下列情形之一的，人民法院可以认定构成反垄断法第二十二条第一款第二项规定的正当理由：

（一）低价处理鲜活商品、季节性商品、淘汰商品、即将超过有效期限的商品或者积压商品等；

（二）因清偿债务、转产、歇业等低价销售商品；

（三）为推广新商品、发展新业务、吸引新用户在合理期限内低价促销；

（四）能够证明行为具有正当性的其他理由。

第三十八条 具有市场支配地位的经营者，同时具备下列条件的，人民法院可以初步认定其构成反垄断法第二十二条第一款第三项规定的"拒绝与交易相对人进行交易"：

（一）经营者直接拒绝与交易相对人交易，提出交易相对人明显难以接受的交易条件，或者不合理地拖延交易，致使未能达成交易；

（二）经营者与交易相对人进行交易在经济、技术、法律和安全上具有可行性；

（三）拒绝交易行为排除、限制上游市场或者下游市场的竞争。

具有市场支配地位的经营者没有正当理由，拒绝将其商品、平台或者软件系统等与其他经营者提供的特定商品、平台或者软件系统等相兼容，拒绝开放其技术、数据、平台接口，或者拒绝许可其知识产权的，人民法院依照反垄断法第二十二条第一款第三项的规定予以认定时，可以综合考虑下列因素：

（一）该经营者实施兼容、开放或者许可在经济、技术、法律和安全上的可行性；

（二）该商品、平台或者软件系统、技术、数据、知识产权等的可替代性及重建成本；

（三）其他经营者在上游市场或者下游市场开展有效竞争对该经营者商品、平台或者软件系统、技术、数据、知识产权等的依赖程度；

（四）拒绝兼容、开放或者许可对创新以及推出新商品的影响；

（五）实施兼容、开放或者许可对该经营者自身经营活动和合法权益的影响；

（六）拒绝兼容、开放或者许可是否实质性地排除、限制相关市场的有效竞争；

（七）其他可以考虑的因素。

具有下列情形之一的，人民法院可以认定构成反垄断法第二十二条第一款第三项规定的正当理由：

（一）因不可抗力、情势变更等客观原因无法进行交易或者导致交易条件、结果明显不公平；

（二）交易相对人具有经营状况严重恶化、转移财产或者抽逃资金以逃避债务等丧

失或者可能丧失履行交易能力的情形,或者具有不良信用记录、丧失商业信誉、实施违法犯罪等情形,影响交易安全;

(三)交易相对人拒绝接受适当的交易条件,或者不遵守经营者提出的合理要求;

(四)与交易相对人交易将严重减损该经营者的正当利益;

(五)能够证明行为具有正当性的其他理由。

第三十九条 具有市场支配地位的经营者,同时具备下列条件的,人民法院可以初步认定其构成反垄断法第二十二条第一款第四项规定的"限定交易相对人只能与其进行交易或者只能与其指定的经营者进行交易":

(一)经营者直接限定或者以设定交易条件、提供交易指南等方式变相限定交易相对人只能与其进行交易或者只能与其指定的经营者进行交易,或者限定交易相对人不得与特定经营者进行交易;

(二)限定交易行为排除、限制相关市场的竞争。

认定限定交易行为是否具有排除、限制竞争效果,可以综合考虑下列因素:

(一)限定交易的范围、程度及持续时间;

(二)限定交易是否提高市场进入壁垒或者增加竞争对手的成本而产生市场封锁效应;

(三)被告为平台经营者的,限定交易所针对的平台内经营者的可替代性和平台用户使用多个替代性平台的情况及其转向其他平台的成本;

(四)限定交易是否实质剥夺交易相对人的自主选择权;

(五)其他需要考虑的因素。

具有下列情形之一的,人民法院可以认定构成反垄断法第二十二条第一款第四项规定的正当理由:

(一)为保护交易相对人和消费者利益所

必需;

(二)为满足商品安全要求所必需;

(三)为保护知识产权或者数据安全所必需;

(四)为保护针对交易进行的特定投入所必需;

(五)为维护平台合理的商业模式所必需;

(六)为防止对平台整体具有消极影响的不当行为所必需;

(七)能够证明行为具有正当性的其他理由。

第四十条 具有市场支配地位的经营者,同时具备下列条件的,人民法院可以初步认定其构成反垄断法第二十二条第一款第五项规定的"搭售商品":

(一)经营者将可以单独销售的不同商品捆绑销售;

(二)交易相对人违背意愿接受被搭售商品;

(三)搭售行为排除、限制相关市场的竞争。

反垄断法第二十二条第一款第五项规定的"附加其他不合理的交易条件",包括下列情形:

(一)对交易达成、服务方式、付款方式、销售地域及对象、售后保障等附加不合理限制;

(二)在交易对价之外索取缺乏合理依据的费用或者利益;

(三)附加与所涉交易缺乏关联性的交易条件;

(四)强制收集非必要的用户信息或者数据;

(五)附加限制交易相对人改进技术、研究开发新产品等不竞争义务。

具有下列情形之一的,人民法院可以认定构成反垄断法第二十二条第一款第五项规定的正当理由：

（一）符合正当的交易习惯、消费习惯或者商业惯例；

（二）为保护交易相对人和消费者利益所必需；

（三）为满足商品安全要求所必需；

（四）为正常实施特定技术所必需；

（五）为维护平台正常运行所必需；

（六）能够证明行为具有正当性的其他理由。

第四十一条 具有市场支配地位的经营者，同时具备下列条件的，人民法院可以初步认定其构成反垄断法第二十二条第一款第六项规定的"对条件相同的交易相对人在交易价格等交易条件上实行差别待遇"：

（一）经营者就相同商品对交易相对人在交易价格等交易条件上实行差别待遇；

（二）与经营者的其他交易相对人相比，该交易相对人在交易安全、交易成本、规模和能力、信用状况、所处交易环节、交易持续时间等方面不存在影响交易的实质性差异；

（三）差别待遇行为排除、限制相关市场的竞争。

具有市场支配地位的经营者向交易相对人销售或者购买商品的价格高于或者低于该经营者在上下游市场中销售或者购买相同商品的价格，形成对交易相对人的利润挤压，足以排除、限制同等效率的交易相对人在相关市场开展有效竞争的，人民法院可以初步认定该经营者构成前款所称差别待遇。

认定差别待遇是否具有排除、限制竞争效果，可以综合考虑下列因素：

（一）是否排除、限制经营者与竞争对手之间的竞争；

（二）是否致使交易相对人处于不利竞争地位，并排除、限制其所在相关市场的竞争；

（三）是否损害消费者利益和社会公共利益；

（四）其他可以考虑的因素。

具有下列情形之一的，人民法院可以认定构成反垄断法第二十二条第一款第六项规定的正当理由：

（一）根据交易相对人的实际需求实行差别待遇且符合正当的交易习惯、消费习惯或者商业惯例；

（二）针对新用户的首次交易在合理期限内开展优惠活动；

（三）基于公平、合理、无歧视的平台规则实施的随机性交易；

（四）能够证明行为具有正当性的其他理由。

第四十二条 平台内经营者作为原告提起诉讼，主张平台经营者利用数据、算法、技术、平台规则等实施滥用市场支配地位或者其他违法行为，根据原告的诉讼请求和具体案情，人民法院可以区别下列情形作出处理：

（一）平台经营者通过惩罚性或者激励性措施等限定平台内经营者交易、对平台内经营者附加不合理的交易条件、对条件相同的平台内经营者在交易价格等交易条件上实行差别待遇等，原告主张该平台经营者滥用市场支配地位的，依照反垄断法第二十二条、电子商务法第二十二条的规定审查认定；

（二）原告主张实施前项行为的平台经营者违反电子商务法第三十五条的规定的，依照该条规定处理。

五、民事责任

第四十三条 被告实施垄断行为，给原告造成损失的，根据原告的诉讼请求和查明的事实，人民法院可以依法判令被告承担停止侵害、赔偿损失等民事责任。

判令被告停止被诉垄断行为尚不足以消除排除、限制竞争效果的，根据原告的诉讼请求和具体案情，人民法院可以判令被告承担作出必要行为以恢复竞争的法律责任。

第四十四条 原告因被诉垄断行为受到的损失包括直接损失和相对于该行为未发生条件下减少的可得利益。

确定原告因被诉垄断行为受到的损失，可以考虑下列因素：

（一）被诉垄断行为实施之前或者结束以后与实施期间相关市场的商品价格、经营成本、利润、市场份额等；

（二）未受垄断行为影响的可比市场的商品价格、经营成本、利润等；

（三）未受垄断行为影响的可比经营者的商品价格、经营成本、利润、市场份额等；

（四）其他可以合理证明原告因被诉垄断行为所受损失的因素。

原告有证据证明被诉垄断行为已经给其造成损失，但难以根据前款规定确定具体损失数额的，人民法院可以根据原告的主张和案件证据，考虑被诉垄断行为的性质、程度、持续时间、获得的利益等因素，酌情确定合理的赔偿数额。

第四十五条 根据原告的诉讼请求和具体案情，人民法院可以将原告因调查、制止垄断行为所支付的合理开支，包括合理的市场调查费用、经济分析费用、律师费用等，计入损失赔偿范围。

第四十六条 多个被诉垄断行为相互关联，在同一相关市场或者多个相关市场给原告造成难以分割的整体性损失的，人民法院在确定损失时应当整体考虑。

多个被诉垄断行为各自独立，在不同的相关市场给原告造成损失的，人民法院在确定损失时可以分别考虑。

第四十七条 横向垄断协议的经营者以达成、实施该协议的其他经营者为被告，依据反垄断法第六十条的规定请求赔偿其参与该协议期间的损失的，人民法院不予支持。

第四十八条 当事人主张被诉垄断行为

所涉合同或者经营者团体的章程、决议、决定等因违反反垄断法或者其他法律、行政法规的强制性规定而无效的，人民法院应当依照民法典第一百五十三条的规定审查认定。

被诉垄断行为所涉合同或者经营者团体的章程、决议、决定中的部分条款因违反反垄断法或者其他法律、行政法规的强制性规定而无效，当事人主张与该部分条款具有紧密关联、不具有独立存在意义或者便利被诉垄断行为实施的其他条款一并无效的，人民法院可予支持。

第四十九条 因垄断行为产生的损害赔偿请求权诉讼时效期间，从原告知道或者应当知道权益受到损害以及义务人之日起计算。

原告向反垄断执法机构举报被诉垄断行为的，诉讼时效从其举报之日起中断。反垄断执法机构决定不立案、撤销案件或者决定终止调查的，诉讼时效期间从原告知道或者应当知道该事由之日起重新计算。

反垄断执法机构调查后认定构成垄断行为的，诉讼时效期间从原告知道或者应当知道反垄断执法机构认定构成垄断行为的处理决定确定发生法律效力之日起重新计算。

六、附　则

第五十条 人民法院审理垄断民事纠纷案件，适用被诉垄断行为发生时施行的反垄断法。被诉垄断行为发生在修改后的反垄断法施行之前，行为持续至或者损害后果出现在修改后的反垄断法施行之后的，适用修改后的反垄断法。

第五十一条 本解释自2024年7月1日起施行。《最高人民法院关于审理因垄断行为引发的民事纠纷案件应用法律若干问题的规定》（法释〔2012〕5号）同时废止。

本解释施行后，人民法院正在审理的第

一审、第二审案件适用本解释;本解释施行前已经作出生效裁判,当事人申请再审或者依照审判监督程序再审的案件,不适用本解释。

学生伤害事故处理办法

(2002 年 6 月 25 日教育部令第 12 号发布 2010 年 12 月 13 日教育部令第 30 号修订)

第一章 总 则

第一条 【立法宗旨】为积极预防、妥善处理在校学生伤害事故,保护学生、学校的合法权益,根据《中华人民共和国教育法》、《中华人民共和国未成年人保护法》和其他相关法律、行政法规及有关规定,制定本办法。

第二条 【适用范围】在学校实施的教育教学活动或者学校组织的校外活动中,以及在学校负有管理责任的校舍、场地、其他教育教学设施、生活设施内发生的,造成在校学生人身损害后果的事故的处理,适用本办法。

第三条 【事故处理原则】学生伤害事故应当遵循依法、客观公正、合理适当的原则,及时、妥善地处理。

第四条 【学校举办者和教育部门的安全管理职责】学校的举办者应当提供符合安全标准的校舍、场地、其他教育教学设施和生活设施。

教育行政部门应当加强学校安全工作,指导学校落实预防学生伤害事故的措施,指导、协助学校妥善处理学生伤害事故,维护学校正常的教育教学秩序。

第五条 【安全措施的建立与完善】学校应当对在校学生进行必要的安全教育和自护自救教育;应当按照规定,建立健全安全制度,采取相应的管理措施,预防和消除教育教

学环境中存在的安全隐患;当发生伤害事故时,应当及时采取措施救助受伤害学生。

学校对学生进行安全教育、管理和保护,应当针对学生年龄、认知能力和法律行为能力的不同,采用相应的内容和预防措施。

第六条 【学生自我保护义务】学生应当遵守学校的规章制度和纪律;在不同的受教育阶段,应当根据自身的年龄、认知能力和法律行为能力,避免和消除相应的危险。

第七条 【监护人责任】未成年学生的父母或者其他监护人(以下称为监护人)应当依法履行监护职责,配合学校对学生进行安全教育、管理和保护工作。

学校对未成年学生不承担监护职责,但法律有规定的或者学校依法接受委托承担相应监护职责的情形除外。

第二章 事故与责任

第八条 【归责原则】发生学生伤害事故,造成学生人身损害的,学校应当按照《中华人民共和国侵权责任法》及相关法律、法规的规定,承担相应的事故责任。

第九条 【学校承担事故责任的具体情形】因下列情形之一造成的学生伤害事故,学校应当依法承担相应的责任:

(一)学校的校舍、场地、其他公共设施,以及学校提供给学生使用的学具、教育教学和生活设施、设备不符合国家规定的标准,或者有明显不安全因素的;

(二)学校的安全保卫、消防、设施设备管理等安全管理制度有明显疏漏,或者管理混乱,存在重大安全隐患,而未及时采取措施的;

(三)学校向学生提供的药品、食品、饮用水等不符合国家或者行业的有关标准、要求的;

(四)学校组织学生参加教育教学活动或者校外活动,未对学生进行相应的安全教育,并

未在可预见的范围内采取必要的安全措施的;

(五)学校知道教师或者其他工作人员患有不适宜担任教育教学工作的疾病,但未采取必要措施的;

(六)学校违反有关规定,组织或者安排未成年学生从事不宜未成年人参加的劳动、体育运动或者其他活动的;

(七)学生有特异体质或者特定疾病,不宜参加某种教育教学活动,学校知道或者应当知道,但未予以必要的注意的;

(八)学生在校期间突发疾病或者受到伤害,学校发现,但未根据实际情况及时采取相应措施,导致不良后果加重的;

(九)学校教师或者其他工作人员体罚或者变相体罚学生,或者在履行职责过程中违反工作要求、操作规程、职业道德或者其他有关规定的;

(十)学校教师或者其他工作人员在负有组织、管理未成年学生的职责期间,发现学生行为具有危险性,但未进行必要的管理、告诫或者制止的;

(十一)对未成年学生擅自离校等与学生人身安全直接相关的信息,学校发现或者知道,但未及时告知未成年学生的监护人,导致未成年学生因脱离监护人的保护而发生伤害的;

(十二)学校有未依法履行职责的其他情形的。

第十条　【学生或监护人承担责任的情形】学生或者未成年学生监护人由于过错,有下列情形之一,造成学生伤害事故,应当依法承担相应的责任:

(一)学生违反法律法规的规定,违反社会公共行为准则、学校的规章制度或者纪律,实施按其年龄和认知能力应当知道具有危险或者可能危及他人的行为的;

(二)学生行为具有危险性,学校、教师已经告诫、纠正,但学生不听劝阻、拒不改正的;

(三)学生或者其监护人知道学生有特异体质,或者患有特定疾病,但未告知学校的;

(四)未成年学生的身体状况、行为、情绪等有异常情况,监护人知道或者已被学校告知,但未履行相应监护职责的;

(五)学生或者未成年学生监护人有其他过错的。

第十一条　【学生因参加活动致害时的责任】学校安排学生参加活动,因提供场地、设备、交通工具、食品及其他消费与服务的经营者,或者学校以外的活动组织者的过错造成的学生伤害事故,有过错的当事人应当依法承担相应的责任。

第十二条　【学校免责抗辩事由】因下列情形之一造成的学生伤害事故,学校已履行了相应职责,行为并无不当的,无法律责任:

(一)地震、雷击、台风、洪水等不可抗的自然因素造成的;

(二)来自学校外部的突发性、偶发性侵害造成的;

(三)学生有特异体质、特定疾病或者异常心理状态,学校不知道或者难于知道的;

(四)学生自杀、自伤的;

(五)在对抗性或者具有风险性的体育竞赛活动中发生意外伤害的;

(六)其他意外因素造成的。

第十三条　【校外事故处理原则】下列情形下发生的造成学生人身损害后果的事故,学校行为并无不当的,不承担事故责任;事故责任应当按有关法律法规或者其他有关规定认定:

(一)在学生自行上学、放学、返校、离校途中发生的;

(二)在学生自行外出或者擅自离校期间发生的;

(三)在放学后、节假日或者假期等学校工作时间以外,学生自行滞留学校或者自行到校发生的;

(四)其他在学校管理职责范围外发生的。

第十四条 【个人致害行为的责任承担】因学校教师或者其他工作人员与其职务无关的个人行为，或者因学生、教师及其他个人故意实施的违法犯罪行为，造成学生人身损害的，由致害人依法承担相应的责任。

第三章 事故处理程序

第十五条 【及时救助和告知义务】发生学生伤害事故，学校应当及时救助受伤害学生，并应当及时告知未成年学生的监护人；有条件的，应当采取紧急救援等方式救助。

第十六条 【事故报告义务】发生学生伤害事故，情形严重的，学校应当及时向主管教育行政部门及有关部门报告；属于重大伤亡事故的，教育行政部门应当按照有关规定及时向同级人民政府和上一级教育行政部门报告。

第十七条 【教育主管部门对事故处理的指导与协助】学校的主管教育行政部门应学校要求或者认为必要，可以指导、协助学校进行事故的处理工作，尽快恢复学校正常的教育教学秩序。

第十八条 【受害人救济途径】发生学生伤害事故，学校与受伤害学生或者学生家长可以通过协商方式解决；双方自愿，可以书面请求主管教育行政部门进行调解。成年学生或者未成年学生的监护人也可以依法直接提起诉讼。

第十九条 【调解时限】教育行政部门收到调解申请，认为必要的，可以指定专门人员进行调解，并应当在受理申请之日起60日内完成调解。

第二十条 【调解处理方式】经教育行政部门调解，双方就事故处理达成一致意见的，应当在调解人员的见证下签订调解协议，结束调解；在调解期限内，双方不能达成一致意见，或者调解过程中一方提起诉讼，人民法院已经受理的，应当终止调解。调解结束或者

终止，教育行政部门应当书面通知当事人。

第二十一条 【诉讼】对经调解达成的协议，一方当事人不履行或者反悔的，双方可以依法提起诉讼。

第二十二条 【事故处理报告】事故处理结束，学校应当将事故处理结果书面报告主管的教育行政部门；重大伤亡事故的处理结果，学校主管的教育行政部门应当向同级人民政府和上一级教育行政部门报告。

第四章 事故损害的赔偿

第二十三条 【赔偿责任主体】对发生学生伤害事故负有责任的组织或者个人，应当按照法律法规的有关规定，承担相应的损害赔偿责任。

第二十四条 【赔偿范围与标准】学生伤害事故赔偿的范围与标准，按照有关行政法规、地方性法规或者最高人民法院司法解释中的有关规定确定。

教育行政部门进行调解时，认为学校有责任的，可以依照有关法律法规及国家有关规定，提出相应的调解方案。

第二十五条 【伤残鉴定】对受伤害学生的伤残程度存在争议的，可以委托当地具有相应鉴定资格的医院或者有关机构，依据国家规定的人体伤残标准进行鉴定。

第二十六条 【学校的赔偿责任】学校对学生伤害事故负有责任的，根据责任大小，适当予以经济赔偿，但不承担解决户口、住房、就业等与救助受伤害学生、赔偿相应经济损失无直接关系的其他事项。

学校无责任的，如果有条件，可以根据实际情况，本着自愿和可能的原则，对受伤害学生给予适当的帮助。

第二十七条 【追偿权】因学校教师或者其他工作人员在履行职务中的故意或者重大过失造成的学生伤害事故，学校予以赔偿后，

可以向有关责任人员追偿。

第二十八条 【监护人责任】未成年学生对学生伤害事故负有责任的,由其监护人依法承担相应的赔偿责任。

学生的行为侵害学校教师及其他工作人员以及其他组织、个人的合法权益,造成损失的,成年学生或者未成年学生的监护人应当依法予以赔偿。

第二十九条 【赔偿金筹措】根据双方达成的协议、经调解形成的协议或者人民法院的生效判决,应当由学校负担的赔偿金,学校应当负责筹措;学校无力完全筹措的,由学校的主管部门或者举办者协助筹措。

第三十条 【伤害赔偿准备金】县级以上人民政府教育行政部门或者学校举办者有条件的,可以通过设立学生伤害赔偿准备金等多种形式,依法筹措伤害赔偿金。

第三十一条 【保险机制】学校有条件的,应当依据保险法的有关规定,参加学校责任保险。

教育行政部门可以根据实际情况,鼓励中小学参加学校责任保险。

提倡学生自愿参加意外伤害保险。在尊重学生意愿的前提下,学校可以为学生参加意外伤害保险创造便利条件,但不得从中收取任何费用。

第五章 事故责任者的处理

第三十二条 【学校责任者的法律制裁】发生学生伤害事故,学校负有责任且情节严重的,教育行政部门应当根据有关规定,对学校的直接负责的主管人员和其他直接责任人员,分别给予相应的行政处分;有关责任人的行为触犯刑律的,应当移送司法机关依法追究刑事责任。

第三十三条 【安全隐患的整顿】学校管理混乱,存在重大安全隐患的,主管的教育行政部门或者其他有关部门应当责令其限期整顿;对情节严重或者拒不改正的,应当依据法律法规的有关规定,给予相应的行政处罚。

第三十四条 【教育部门责任人的法律制裁】教育行政部门未履行相应职责,对学生伤害事故的发生负有责任的,由有关部门对直接负责的主管人员和其他直接责任人员分别给予相应的行政处分;有关责任人的行为触犯刑律的,应当移送司法机关依法追究刑事责任。

第三十五条 【责任学生的法律制裁】违反学校纪律,对造成学生伤害事故负有责任的学生,学校可以给予相应的处分;触犯刑律的,由司法机关依法追究刑事责任。

第三十六条 【对扰乱正常事故处理行为人的制裁】受伤害学生的监护人、亲属或者其他有关人员,在事故处理过程中无理取闹,扰乱学校正常教育教学秩序,或者侵犯学校、学校教师或者其他工作人员的合法权益的,学校应当报告公安机关依法处理;造成损失的,可以依法要求赔偿。

第六章 附 则

第三十七条 【学校和学生的含义】本办法所称学校,是指国家或者社会力量举办的全日制的中小学(含特殊教育学校)、各类中等职业学校、高等学校。本办法所称学生是指在上述学校中全日制就读的受教育者。

第三十八条 【幼儿园事故的处理】幼儿园发生的幼儿伤害事故,应当根据幼儿为完全无行为能力人的特点,参照本办法处理。

第三十九条 【其他教育机构事故的处理】其他教育机构发生的学生伤害事故,参照本办法处理。

在学校注册的其他受教育者在学校管理范围内发生的伤害事故,参照本办法处理。

第四十条 【施行时间】本办法自 2002

年9月1日起实施,原国家教委、教育部颁布的与学生人身安全事故处理有关的规定,与本办法不符的,以本办法为准。

在本办法实施之前已处理完毕的学生伤害事故不再重新处理。

中华人民共和国旅游法(节录)

(2013年4月25日第十二届全国人民代表大会常务委员会第二次会议通过 根据2016年11月7日第十二届全国人民代表大会常务委员会第二十四次会议《关于修改〈中华人民共和国对外贸易法〉等十二部法律的决定》第一次修正 根据2018年10月26日第十三届全国人民代表大会常务委员会第六次会议《关于修改〈中华人民共和国野生动物保护法〉等十五部法律的决定》第二次修正)

目 录

......

第二章 旅 游 者

第九条 【旅游者自主选择权、信息知情权】旅游者有权自主选择旅游产品和服务,有权拒绝旅游经营者的强制交易行为。

旅游者有权知悉其购买的旅游产品和服务的真实情况。

旅游者有权要求旅游经营者按照约定提供产品和服务。

第十条 【受尊重权】旅游者的人格尊严、民族风俗习惯和宗教信仰应当得到尊重。

第十一条 【特殊群体优惠】残疾人、老年人、未成年人等旅游者在旅游活动中依照法律、法规和有关规定享受便利和优惠。

第十二条 【旅游救助、保护及求偿权】旅游者在人身、财产安全遇有危险时,有请求救助和保护的权利。

旅游者人身、财产受到侵害的,有依法获得赔偿的权利。

第十三条 【旅游者文明旅游义务】旅游者在旅游活动中应当遵守社会公共秩序和社会公德,尊重当地的风俗习惯、文化传统和宗教信仰,爱护旅游资源,保护生态环境,遵守旅游文明行为规范。

第十四条 【旅游者不得损害他人合法权益的义务】旅游者在旅游活动中或者在解决纠纷时,不得损害当地居民的合法权益,不得干扰他人的旅游活动,不得损害旅游经营者和旅游从业人员的合法权益。

第十五条 【旅游者的告知及配合义务】旅游者购买、接受旅游服务时,应当向旅游经营者如实告知与旅游活动相关的个人健康信息,遵守旅游活动中的安全警示规定。

旅游者对国家应对重大突发事件暂时限制旅游活动的措施以及有关部门、机构或者旅游经营者采取的安全防范和应急处置措施,应当予以配合。

旅游者违反安全警示规定,或者对国家应对重大突发事件暂时限制旅游活动的措施、安全防范和应急处置措施不予配合的,依法承担相应责任。

第十六条 【出境、入境旅游者义务】出境旅游者不得在境外非法滞留,随团出境的旅游者不得擅自分团、脱团。

入境旅游者不得在境内非法滞留,随团入境的旅游者不得擅自分团、脱团。

……

第四章 旅游经营

第二十八条 【旅行社的设立条件】设立旅行社,招徕、组织、接待旅游者,为其提供旅游服务,应当具备下列条件,取得旅游主管部门的许可,依法办理工商登记:

(一)有固定的经营场所;

(二)有必要的营业设施;

(三)有符合规定的注册资本;

(四)有必要的经营管理人员和导游;

(五)法律、行政法规规定的其他条件。

第二十九条 【旅行社经营业务及相应许可分类】旅行社可以经营下列业务:

(一)境内旅游;

(二)出境旅游;

(三)边境旅游;

(四)入境旅游;

(五)其他旅游业务。

旅行社经营前款第二项和第三项业务,应当取得相应的业务经营许可,具体条件由国务院规定。

第三十条 【旅行社经营许可证管理规定】旅行社不得出租、出借旅行社业务经营许可证,或者以其他形式非法转让旅行社业务经营许可。

第三十一条 【质量保证金】旅行社应当按照规定交纳旅游服务质量保证金,用于旅游者权益损害赔偿和垫付旅游者人身安全遇有危险时紧急救助的费用。

第三十二条 【旅行社信息发布要求】旅行社为招徕、组织旅游者发布信息,必须真实、准确,不得进行虚假宣传,误导旅游者。

第三十三条 【旅行社活动安排的禁止内容】旅行社及其从业人员组织、接待旅游者,不得安排参观或者参与违反我国法律、法规和社会公德的项目或者活动。

第三十四条 【合理选任履行辅助人】旅行社组织旅游活动应当向合格的供应商订购产品和服务。

第三十五条 【公平交易】旅行社不得以不合理的低价组织旅游活动,诱骗旅游者,并通过安排购物或者另行付费旅游项目获取回扣等不正当利益。

旅行社组织、接待旅游者,不得指定具体购物场所,不得安排另行付费旅游项目。但是,经双方协商一致或者旅游者要求,且不影响其他旅游者行程安排的除外。

发生违反前两款规定情形的,旅游者有权在旅游行程结束后三十日内,要求旅行社为其办理退货并先行垫付退货货款,或者退还另行付费旅游项目的费用。

第三十六条 【领队或导游全程陪同】旅行社组织团队出境旅游或者组织、接待团队入境旅游,应当按照规定安排领队或者导游全程陪同。

第三十七条 【导游执业许可】参加导游资格考试成绩合格,与旅行社订立劳动合同或者在相关旅游行业组织注册的人员,可以申请取得导游证。

第三十八条 【导游权利保护】旅行社应当与其聘用的导游依法订立劳动合同,支付劳动报酬,缴纳社会保险费用。

旅行社临时聘用导游为旅游者提供服务的,应当全额向导游支付本法第六十条第三款规定的导游服务费用。

旅行社安排导游为团队旅游提供服务的,不得要求导游垫付或者向导游收取任何费用。

第三十九条 【从事领队业务的条件】从事领队业务,应当取得导游证,具有相应的学历、语言能力和旅游从业经历,并与委派其从事领队业务的取得出境旅游业务经营许可的旅行社订立劳动合同。

第四十条 【禁止导游和领队私揽业务】 导游和领队为旅游者提供服务必须接受旅行社委派,不得私自承揽导游和领队业务。

第四十一条 【导游和领队执业规范】 导游和领队从事业务活动,应当佩戴导游证,遵守职业道德,尊重旅游者的风俗习惯和宗教信仰,应当向旅游者告知和解释旅游文明行为规范,引导旅游者健康、文明旅游,劝阻旅游者违反社会公德的行为。

导游和领队应当严格执行旅游行程安排,不得擅自变更旅游行程或者中止服务活动,不得向旅游者索取小费,不得诱导、欺骗、强迫或者变相强迫旅游者购物或者参加另行付费旅游项目。

第四十二条 【景区开放条件】 景区开放应当具备下列条件,并听取旅游主管部门的意见:

(一)有必要的旅游配套服务和辅助设施;

(二)有必要的安全设施及制度,经过安全风险评估,满足安全条件;

(三)有必要的环境保护设施和生态保护措施;

(四)法律、行政法规规定的其他条件。

第四十三条 【利用公共资源建设的景区门票管理】 利用公共资源建设的景区的门票以及景区内的游览场所、交通工具等另行收费项目,实行政府定价或者政府指导价,严格控制价格上涨。拟收费或者提高价格的,应当举行听证会,征求旅游者、经营者和有关方面的意见,论证其必要性、可行性。

利用公共资源建设的景区,不得通过增加另行收费项目等方式变相涨价;另行收费项目已收回投资成本的,应当相应降低价格或者取消收费。

公益性的城市公园、博物馆、纪念馆等,除重点文物保护单位和珍贵文物收藏单位外,应当逐步免费开放。

第四十四条 【景区门票价格及公示】 景区应当在醒目位置公示门票价格、另行收费项目的价格及团体收费价格。景区提高门票价格应当提前六个月公布。

将不同景区的门票或者同一景区内不同游览场所的门票合并出售的,合并后的价格不得高于各单项门票的价格之和,且旅游者有权选择购买其中的单项票。

景区内的核心游览项目因故暂停向旅游者开放或者停止提供服务的,应当公示并相应减少收费。

第四十五条 【景区流量控制】 景区接待旅游者不得超过景区主管部门核定的最大承载量。景区应当公布景区主管部门核定的最大承载量,制定和实施旅游者流量控制方案,并可以采取门票预约等方式,对景区接待旅游者的数量进行控制。

旅游者数量可能达到最大承载量时,景区应当提前公告并同时向当地人民政府报告,景区和当地人民政府应当及时采取疏导、分流等措施。

第四十六条 【民俗、乡村旅游经营】 城镇和乡村居民利用自有住宅或者其他条件依法从事旅游经营,其管理办法由省、自治区、直辖市制定。

第四十七条 【高风险旅游经营许可】 经营高空、高速、水上、潜水、探险等高风险旅游项目,应当按照国家有关规定取得经营许可。

第四十八条 【网络旅游经营】 通过网络经营旅行社业务的,应当依法取得旅行社业务经营许可,并在其网站主页的显著位置标明其业务经营许可证信息。

发布旅游经营信息的网站,应当保证其信息真实、准确。

第四十九条 【交通、住宿等服务的履行

要求】为旅游者提供交通、住宿、餐饮、娱乐等服务的经营者,应当符合法律、法规规定的要求,按照合同约定履行义务。

第五十条 【旅游经营者安全、质量保证义务】旅游经营者应当保证其提供的商品和服务符合保障人身、财产安全的要求。

旅游经营者取得相关质量标准等级的,其设施和服务不得低于相应标准;未取得质量标准等级的,不得使用相关质量等级的称谓和标识。

第五十一条 【禁止给予或收受贿赂】旅游经营者销售、购买商品或者服务,不得给予或者收受贿赂。

第五十二条 【旅游者个人信息保护】旅游经营者对其在经营活动中知悉的旅游者个人信息,应当予以保密。

第五十三条 【道路旅游客运安全管理】从事道路旅游客运的经营者应当遵守道路客运安全管理的各项制度,并在车辆显著位置明示道路旅游客运专用标识,在车厢内显著位置公示经营者和驾驶人信息、道路运输管理机构监督电话等事项。

第五十四条 【景区、住宿经营者与实际经营者的连带责任】景区、住宿经营者将其部分经营项目或者场地交由他人从事住宿、餐饮、购物、游览、娱乐、旅游交通等经营的,应当对实际经营者的经营行为给旅游者造成的损害承担连带责任。

第五十五条 【旅游经营者报告义务】旅游经营者组织、接待出入境旅游,发现旅游者从事违法活动或者有违反本法第十六条规定情形的,应当及时向公安机关、旅游主管部门或者我国驻外机构报告。

第五十六条 【旅游经营强制责任保险】国家根据旅游活动的风险程度,对旅行社、住宿、旅游交通以及本法第四十七条规定的高风险旅游项目等经营者实施责任保险制度。

第五章 旅游服务合同

第五十七条 【订立合同】旅行社组织和安排旅游活动,应当与旅游者订立合同。

第五十八条 【包价旅游合同】包价旅游合同应当采用书面形式,包括下列内容:

(一)旅行社、旅游者的基本信息;

(二)旅游行程安排;

(三)旅游团成团的最低人数;

(四)交通、住宿、餐饮等旅游服务安排和标准;

(五)游览、娱乐等项目的具体内容和时间;

(六)自由活动时间安排;

(七)旅游费用及其交纳的期限和方式;

(八)违约责任和解决纠纷的方式;

(九)法律、法规规定和双方约定的其他事项。

订立包价旅游合同时,旅行社应当向旅游者详细说明前款第二项至第八项所载内容。

第五十九条 【旅游行程单】旅行社应当在旅游行程开始前向旅游者提供旅游行程单。旅游行程单是包价旅游合同的组成部分。

第六十条 【地接社的合同要求】旅行社委托其他旅行社代理销售包价旅游产品并与旅游者订立包价旅游合同的,应当在包价旅游合同中载明委托社和代理社的基本信息。

旅行社依照本法规定将包价旅游合同中的接待业务委托给地接社履行的,应当在包价旅游合同中载明地接社的基本信息。

安排导游为旅游者提供服务的,应当在包价旅游合同中载明导游服务费用。

第六十一条 【人身意外伤害保险提示义务】旅行社应当提示参加团队旅游的旅游者按照规定投保人身意外伤害保险。

第六十二条 【旅游经营者告知义务】订立包价旅游合同时,旅行社应当向旅游者告知下列事项：

（一）旅游者不适合参加旅游活动的情形；

（二）旅游活动中的安全注意事项；

（三）旅行社依法可以减免责任的信息；

（四）旅游者应当注意的旅游目的地相关法律、法规和风俗习惯、宗教禁忌，依照中国法律不宜参加的活动等；

（五）法律、法规规定的其他应当告知的事项。

在包价旅游合同履行中，遇有前款规定事项的，旅行社也应当告知旅游者。

第六十三条 【不能成团的告知与合同解除】旅行社招徕旅游者组团旅游，因未达到约定人数不能出团的，组团社可以解除合同。但是，境内旅游应当至少提前七日通知旅游者，出境旅游应当至少提前三十日通知旅游者。

因未达到约定人数不能出团的，组团社经征得旅游者书面同意，可以委托其他旅行社履行合同。组团社对旅游者承担责任，受委托的旅行社对组团社承担责任。旅游者不同意的，可以解除合同。

因未达到约定的成团人数解除合同的，组团社应当向旅游者退还已收取的全部费用。

第六十四条 【旅游者替换与合同解除】旅游行程开始前，旅游者可以将包价旅游合同中自身的权利义务转让给第三人，旅行社没有正当理由的不得拒绝，因此增加的费用由旅游者和第三人承担。

第六十五条 【旅游者任意解除权】旅游行程结束前，旅游者解除合同的，组团社应当在扣除必要的费用后，将余款退还旅游者。

第六十六条 【旅行社因旅游者原因解除合同】旅游者有下列情形之一的，旅行社可以解除合同：

（一）患有传染病等疾病，可能危害其他旅游者健康和安全的；

（二）携带危害公共安全的物品且不同意交有关部门处理的；

（三）从事违法或者违反社会公德的活动的；

（四）从事严重影响其他旅游者权益的活动，且不听劝阻、不能制止的；

（五）法律规定的其他情形。

因前款规定情形解除合同的，组团社应当在扣除必要的费用后，将余款退还旅游者；给旅行社造成损失的，旅游者应当依法承担赔偿责任。

第六十七条 【不可抗力情形处理】因不可抗力或者旅行社、履行辅助人已尽合理注意义务仍不能避免的事件，影响旅游行程的，按照下列情形处理：

（一）合同不能继续履行的，旅行社和旅游者均可以解除合同。合同不能完全履行的，旅行社经向旅游者作出说明，可以在合理范围内变更合同；旅游者不同意变更的，可以解除合同。

（二）合同解除的，组团社应当在扣除已向地接社或者履行辅助人支付且不可退还的费用后，将余款退还旅游者；合同变更的，因此增加的费用由旅游者承担，减少的费用退还旅游者。

（三）危及旅游者人身、财产安全的，旅行社应当采取相应的安全措施，因此支出的费用，由旅行社与旅游者分担。

（四）造成旅游者滞留的，旅行社应当采取相应的安置措施。因此增加的食宿费用，由旅游者承担；增加的返程费用，由旅行社与旅游者分担。

第六十八条 【合同解除后的协助返程义务】旅游行程中解除合同的，旅行社应当协助旅游者返回出发地或者旅游者指定的合理地点。由于旅行社或者履行辅助人的原因导致合同解除的，返程费用由旅行社承担。

第六十九条 【包价旅游合同履行规定】旅行社应当按照包价旅游合同的约定履行义务，不得擅自变更旅游行程安排。

经旅游者同意,旅行社将包价旅游合同中的接待业务委托给其他具有相应资质的地接社履行的,应当与地接社订立书面委托合同,约定双方的权利和义务,向地接社提供与旅游者订立的包价旅游合同的副本,并向地接社支付不低于接待和服务成本的费用。地接社应当按照包价旅游合同和委托合同提供服务。

第七十条　【包价旅游合同中旅行社违约责任】旅行社不履行包价旅游合同义务或者履行合同义务不符合约定的,应当依法承担继续履行、采取补救措施或者赔偿损失等违约责任;造成旅游者人身损害、财产损失的,应当依法承担赔偿责任。旅行社具备履行条件,经旅游者要求仍拒绝履行合同,造成旅游者人身损害、滞留等严重后果的,旅游者还可以要求旅行社支付旅游费用一倍以上三倍以下的赔偿金。

由于旅游者自身原因导致包价旅游合同不能履行或者不能按照约定履行,或者造成旅游者人身损害、财产损失的,旅行社不承担责任。

在旅游者自行安排活动期间,旅行社未尽到安全提示、救助义务的,应当对旅游者的人身损害、财产损失承担相应责任。

第七十一条　【地接社、履行辅助人的违约责任】由于地接社、履行辅助人的原因导致违约的,由组团社承担责任;组团社承担责任后可以向地接社、履行辅助人追偿。

由于地接社、履行辅助人的原因造成旅游者人身损害、财产损失的,旅游者可以要求地接社、履行辅助人承担赔偿责任,也可以要求组团社承担赔偿责任;组团社承担责任后可以向地接社、履行辅助人追偿。但是,由于公共交通经营者的原因造成旅游者人身损害、财产损失的,由公共交通经营者依法承担赔偿责任,旅行社应当协助旅游者向公共交通经营者索赔。

第七十二条　【旅游者责任】旅游者在旅游活动中或者在解决纠纷时,损害旅行社、履行辅助人、旅游从业人员或者其他旅游者的合法权益的,依法承担赔偿责任。

第七十三条　【变更旅游行程】旅行社根据旅游者的具体要求安排旅游行程,与旅游者订立包价旅游合同的,旅游者请求变更旅游行程安排,因此增加的费用由旅游者承担,减少的费用退还旅游者。

第七十四条　【旅游代订及设计、咨询】旅行社接受旅游者的委托,为其代订交通、住宿、餐饮、游览、娱乐等旅游服务,收取代办费用的,应当亲自处理委托事务。因旅行社的过错给旅游者造成损失的,旅行社应当承担赔偿责任。

旅行社接受旅游者的委托,为其提供旅游行程设计、旅游信息咨询等服务的,应当保证设计合理、可行,信息及时、准确。

第七十五条　【团队旅游住宿合同】住宿经营者应当按照旅游服务合同的约定为团队旅游者提供住宿服务。住宿经营者未能按照旅游服务合同提供服务的,应当为旅游者提供不低于原定标准的住宿服务,因此增加的费用由住宿经营者承担;但由于不可抗力、政府因公共利益需要采取措施造成不能提供服务的,住宿经营者应当协助安排旅游者住宿。

第六章　旅游安全

第七十六条　【政府的旅游安全保障职责】县级以上人民政府统一负责旅游安全工作。县级以上人民政府有关部门依照法律、法规履行旅游安全监管职责。

第七十七条　【旅游目的地安全风险提示制度】国家建立旅游目的地安全风险提示制度。旅游目的地安全风险提示的级别划分和实施程序,由国务院旅游主管部门会同有关部门制定。

县级以上人民政府及其有关部门应当将旅游安全作为突发事件监测和评估的重要内容。

第七十八条 【旅游应急机制】县级以上人民政府应当依法将旅游应急管理纳入政府应急管理体系,制定应急预案,建立旅游突发事件应对机制。

突发事件发生后,当地人民政府及其有关部门和机构应当采取措施开展救援,并协助旅游者返回出发地或者旅游者指定的合理地点。

第七十九条 【旅游安全与消防管理】旅游经营者应当严格执行安全生产管理和消防安全管理的法律、法规和国家标准、行业标准,具备相应的安全生产条件,制定旅游者安全保护制度和应急预案。

旅游经营者应当对直接为旅游者提供服务的从业人员开展经常性应急救助技能培训,对提供的产品和服务进行安全检验、监测和评估,采取必要措施防止危害发生。

旅游经营者组织、接待老年人、未成年人、残疾人等旅游者,应当采取相应的安全保障措施。

第八十条 【旅游经营者的说明与警示义务】旅游经营者应当就旅游活动中的下列事项,以明示的方式事先向旅游者作出说明或者警示:

(一)正确使用相关设施、设备的方法;

(二)必要的安全防范和应急措施;

(三)未向旅游者开放的经营、服务场所和设施、设备;

(四)不适宜参加相关活动的群体;

(五)可能危及旅游者人身、财产安全的其他情形。

第八十一条 【旅游经营者的事故救助处置】突发事件或者旅游安全事故发生后,旅游经营者应当立即采取必要的救助和处置措施,依法履行报告义务,并对旅游者作出妥善

安排。

第八十二条 【旅游救助】旅游者在人身、财产安全遇有危险时,有权请求旅游经营者、当地政府和相关机构进行及时救助。

中国出境旅游者在境外陷于困境时,有权请求我国驻当地机构在其职责范围内给予协助和保护。

旅游者接受相关组织或者机构的救助后,应当支付应由个人承担的费用。

……

第八章 旅游纠纷处理

第九十一条 【投诉受理机制】县级以上人民政府应当指定或者设立统一的旅游投诉受理机构。受理机构接到投诉,应当及时进行处理或者移交有关部门处理,并告知投诉者。

第九十二条 【争议解决途径】旅游者与旅游经营者发生纠纷,可以通过下列途径解决:

(一)双方协商;

(二)向消费者协会、旅游投诉受理机构或者有关调解组织申请调解;

(三)根据与旅游经营者达成的仲裁协议提请仲裁机构仲裁;

(四)向人民法院提起诉讼。

第九十三条 【争议调解】消费者协会、旅游投诉受理机构和有关调解组织在双方自愿的基础上,依法对旅游者与旅游经营者之间的纠纷进行调解。

第九十四条 【多数人争议解决】旅游者与旅游经营者发生纠纷,旅游者一方人数众多并有共同请求的,可以推选代表人参加协商、调解、仲裁、诉讼活动。

第九章 法律责任

第九十五条 【未经许可经营责任】违反

本法规定,未经许可经营旅行社业务的,由旅游主管部门或者市场监督管理部门责令改正,没收违法所得,并处一万元以上十万元以下罚款;违法所得十万元以上的,并处违法所得一倍以上五倍以下罚款;对有关责任人员,处二千元以上二万元以下罚款。

旅行社违反本法规定,未经许可经营本法第二十九条第一款第二项、第三项业务,或者出租、出借旅行社业务经营许可证,或以其他方式非法转让旅行社业务经营许可的,除依照前款规定处罚外,并责令停业整顿;情节严重,吊销旅行社业务经营许可证;对直接负责的主管人员,处二千元以上二万元以下罚款。

第九十六条 【旅行社责任之一】旅行社违反本法规定,有下列行为之一的,由旅游主管部门责令改正,没收违法所得,并处五千元以上五万元以下罚款;情节严重,责令停业整顿或者吊销旅行社业务经营许可证;对直接负责的主管人员和其他直接责任人员,处二千元以上二万元以下罚款:

(一)未按照规定为出境或者入境团队旅游安排领队或者导游全程陪同的;

(二)安排未取得导游证的人员提供导游服务或者安排不具备领队条件的人员提供领队服务的;

(三)未向临时聘用的导游支付导游服务费用的;

(四)要求导游垫付或者向导游收取费用的。

第九十七条 【旅行社责任之二】旅行社违反本法规定,有下列行为之一的,由旅游主管部门或者有关部门责令改正,没收违法所得,并处五千元以上五万元以下罚款;违法所得五万元以上的,并处违法所得一倍以上五倍以下罚款;情节严重,责令停业整顿或者吊销旅行社业务经营许可证;对直接负责的主管人员和其他直接责任人员,处二千元以

上二万元以下罚款:

(一)进行虚假宣传,误导旅游者的;

(二)向不合格的供应商订购产品和服务的;

(三)未按照规定投保旅行社责任保险的。

第九十八条 【旅行社责任之三】旅行社违反本法第三十五条规定的,由旅游主管部门责令改正,没收违法所得,责令停业整顿,并处三万元以上三十万元以下罚款;违法所得三十万元以上的,并处违法所得一倍以上五倍以下罚款;情节严重,吊销旅行社业务经营许可证;对直接负责的主管人员和其他直接责任人员,没收违法所得,处二千元以上二万元以下罚款,并暂扣或者吊销导游证。

第九十九条 【旅行社责任之四】旅行社未履行本法第五十五条规定的报告义务的,由旅游主管部门处五千元以上五万元以下罚款;情节严重,责令停业整顿或者吊销旅行社业务经营许可证;对直接负责的主管人员和其他直接责任人员,处二千元以上二万元以下罚款,并暂扣或者吊销导游证。

第一百条 【旅行社责任之五】旅行社违反本法规定,有下列行为之一的,由旅游主管部门责令改正,处三万元以上三十万元以下罚款,并责令停业整顿;造成旅游者滞留等严重后果的,吊销旅行社业务经营许可证;对直接负责的主管人员和其他直接责任人员,处二千元以上二万元以下罚款,并暂扣或者吊销导游证:

(一)在旅游行程中擅自变更旅游行程安排,严重损害旅游者权益的;

(二)拒绝履行合同的;

(三)未征得旅游者书面同意,委托其他旅行社履行包价旅游合同的。

第一百零一条 【旅行社责任之六】旅行社违反本法规定,安排旅游者参观或者参与违反我国法律、法规和社会公德的项目或者

活动的,由旅游主管部门责令改正,没收违法所得,责令停业整顿,并处二万元以上二十万元以下罚款;情节严重的,吊销旅行社业务经营许可证;对直接负责的主管人员和其他直接责任人员,处二千元以上二万元以下罚款,并暂扣或者吊销导游证。

第一百零二条 【导游和领队责任】违反本法规定,未取得导游证或者不具备领队条件而从事导游、领队活动的,由旅游主管部门责令改正,没收违法所得,并处一千元以上一万元以下罚款,予以公告。

导游、领队违反本法规定,私自承揽业务的,由旅游主管部门责令改正,没收违法所得,处一千元以上一万元以下罚款,并暂扣或者吊销导游证。

导游、领队违反本法规定,向旅游者索取小费的,由旅游主管部门责令退还,处一千元以上一万元以下罚款;情节严重的,并暂扣或者吊销导游证。

第一百零三条 【导游和领队从业禁止】违反本法规定被吊销导游证的导游、领队和受到吊销旅行社业务经营许可证处罚的旅行社的有关管理人员,自处罚之日起未逾三年的,不得重新申请导游证或者从事旅行社业务。

第一百零四条 【给予或收受贿赂责任】旅游经营者违反本法规定,给予或者收受贿赂的,由市场监督管理部门依照有关法律、法规的规定处罚;情节严重的,并由旅游主管部门吊销旅行社业务经营许可证。

第一百零五条 【景区责任】景区不符合本法规定的开放条件而接待旅游者的,由景区主管部门责令停业整顿直至符合开放条件,并处二万元以上二十万元以下罚款。

景区在旅游者数量可能达到最大承载量时,未依照本法规定公告或者未向当地人民政府报告,未及时采取疏导、分流等措施,或者超过最大承载量接待旅游者的,由景区主管部门责令改正,情节严重的,责令停业整顿

一个月至六个月。

第一百零六条 【景区擅自提高门票责任】景区违反本法规定,擅自提高门票或者另行收费项目的价格,或者有其他价格违法行为的,由有关主管部门依照有关法律、法规的规定处罚。

第一百零七条 【安全与消防责任】旅游经营者违反有关安全生产管理和消防安全管理的法律、法规或者国家标准、行业标准的,由有关主管部门依照有关法律、法规的规定处罚。

第一百零八条 【信用档案】对违反本法规定的旅游经营者及其从业人员,旅游主管部门和有关部门应当记入信用档案,向社会公布。

第一百零九条 【监督者责任】旅游主管部门和有关部门的工作人员在履行监督管理职责中,滥用职权、玩忽职守、徇私舞弊,尚不构成犯罪的,依法给予处分。

第一百一十条 【刑事责任】违反本法规定,构成犯罪的,依法追究刑事责任。

第十章 附 则

第一百一十一条 【术语定义】本法下列用语的含义:

(一)旅游经营者,是指旅行社、景区以及为旅游者提供交通、住宿、餐饮、购物、娱乐等服务的经营者。

(二)景区,是指为旅游者提供游览服务、有明确的管理界限的场所或者区域。

(三)包价旅游合同,是指旅行社预先安排行程,提供或者通过履行辅助人提供交通、住宿、餐饮、游览、导游或者领队等两项以上旅游服务,旅游者以总价支付旅游费用的合同。

(四)组团社,是指与旅游者订立包价旅游合同的旅行社。

(五)地接社,是指接受组团社委托,在目

的地接待旅游者的旅行社。

（六）履行辅助人，是指与旅行社存在合同关系，协助其履行包价旅游合同义务，实际提供相关服务的法人或者自然人。

第一百一十二条　【施行时间】本法自2013年10月1日起施行。

最高人民法院关于审理旅游纠纷案件适用法律若干问题的规定

（2010年9月13日最高人民法院审判委员会第1496次会议通过　根据2020年12月23日最高人民法院审判委员会第1823次会议通过的《最高人民法院关于修改〈最高人民法院关于在民事审判工作中适用《中华人民共和国工会法》若干问题的解释〉等二十七件民事类司法解释的决定》修正　2020年12月29日最高人民法院公告公布）

为正确审理旅游纠纷案件，依法保护当事人合法权益，根据《中华人民共和国民法典》《中华人民共和国消费者权益保护法》《中华人民共和国旅游法》《中华人民共和国民事诉讼法》等有关法律规定，结合民事审判实践，制定本规定。

第一条　本规定所称的旅游纠纷，是指旅游者与旅游经营者、旅游辅助服务者之间因旅游发生的合同纠纷或者侵权纠纷。

"旅游经营者"是指以自己的名义经营旅游业务，向公众提供旅游服务的人。

"旅游辅助服务者"是指与旅游经营者存在合同关系，协助旅游经营者履行旅游合同义务，实际提供交通、游览、住宿、餐饮、娱乐等旅游服务的人。

旅游者在自行旅游过程中与旅游景点经营者因旅游发生的纠纷，参照适用本规定。

第二条　以单位、家庭等集体形式与旅游经营者订立旅游合同，在履行过程中发生纠纷，除集体以合同一方当事人名义起诉外，旅游者个人提起旅游合同纠纷诉讼的，人民法院应予受理。

第三条　因旅游经营者方面的同一原因造成旅游者人身损害、财产损失，旅游者选择请求旅游经营者承担违约责任或者侵权责任的，人民法院应当根据当事人选择的案由进行审理。

第四条　因旅游辅助服务者的原因导致旅游经营者违约，旅游者仅起诉旅游经营者的，人民法院可以将旅游辅助服务者追加为第三人。

第五条　旅游经营者已投保责任险，旅游者因保险责任事故仅起诉旅游经营者的，人民法院可以应当事人的请求将保险公司列为第三人。

第六条　旅游经营者以格式条款、通知、声明、店堂告示等方式作出排除或者限制旅游者权利、减轻或者免除旅游经营者责任、加重旅游者责任等对旅游者不公平、不合理的规定，旅游者依据消费者权益保护法第二十六条的规定请求认定该内容无效的，人民法院应予支持。

第七条　旅游经营者、旅游辅助服务者未尽到安全保障义务，造成旅游者人身损害、财产损失，旅游者请求旅游经营者、旅游辅助服务者承担责任的，人民法院应予支持。

因第三人的行为造成旅游者人身损害、财产损失，由第三人承担责任；旅游经营者、旅游辅助服务者未尽安全保障义务，旅游者请求其承担相应补充责任的，人民法院应予支持。

第八条　旅游经营者、旅游辅助服务者对可能危及旅游者人身、财产安全的旅游项目未履行告知、警示义务，造成旅游者人身损害、财产损失，旅游者请求旅游经营者、旅游辅助服务者承担责任的,人民法院应予支持。

旅游者未按旅游经营者、旅游辅助服务者的要求提供与旅游活动相关的个人健康信息并履行如实告知义务,或者不听从旅游经营者、旅游辅助服务者的告知、警示,参加不适合自身条件的旅游活动,导致旅游过程中出现人身损害、财产损失,旅游者请求旅游经营者、旅游辅助服务者承担责任的,人民法院不予支持。

第九条 旅游经营者、旅游辅助服务者以非法收集、存储、使用、加工、传输、买卖、提供、公开等方式处理旅游者个人信息,旅游者请求其承担相应责任的,人民法院应予支持。

第十条 旅游经营者将旅游业务转让给其他旅游经营者,旅游者不同意转让,请求解除旅游合同、追究旅游经营者违约责任的,人民法院应予支持。

旅游经营者擅自将其旅游业务转让给其他旅游经营者,旅游者在旅游过程中遭受损害,请求与其签订旅游合同的旅游经营者和实际提供旅游服务的旅游经营者承担连带责任的,人民法院应予支持。

第十一条 除合同性质不宜转让或者合同另有约定之外,在旅游行程开始前的合理期间内,旅游者将其在旅游合同中的权利义务转让给第三人,请求确认转让合同效力的,人民法院应予支持。

因前款所述原因,旅游经营者请求旅游者、第三人给付增加的费用或者旅游者请求旅游经营者退还减少的费用的,人民法院应予支持。

第十二条 旅游行程开始前或者进行中,因旅游者单方解除合同,旅游者请求旅游经营者退还尚未实际发生的费用,或者旅游经营者请求旅游者支付合理费用的,人民法院应予支持。

第十三条 签订旅游合同的旅游经营者将其部分旅游业务委托旅游目的地的旅游经营者,因受托方未尽旅游合同义务,旅游者在旅游过程中受到损害,要求作出委托的旅游经营者承担赔偿责任的,人民法院应予支持。

旅游经营者委托除前款规定以外的人从事旅游业务,发生旅游纠纷,旅游者起诉旅游经营者的,人民法院应予受理。

第十四条 旅游经营者准许他人挂靠其名下从事旅游业务,造成旅游者人身损害、财产损失,旅游者依据民法典第一千一百六十八条的规定请求旅游经营者与挂靠人承担连带责任的,人民法院应予支持。

第十五条 旅游经营者违反合同约定,有擅自改变旅游行程、遗漏旅游景点、减少旅游服务项目、降低旅游服务标准等行为,旅游者请求旅游经营者赔偿未完成约定旅游服务项目等合理费用的,人民法院应予支持。

旅游经营者提供服务时有欺诈行为,旅游者依据消费者权益保护法第五十五条第一款规定请求旅游经营者承担惩罚性赔偿责任的,人民法院应予支持。

第十六条 因飞机、火车、班轮、城际客运班车等公共客运交通工具延误,导致合同不能按照约定履行,旅游者请求旅游经营者退还未实际发生的费用的,人民法院应予支持。合同另有约定的除外。

第十七条 旅游者在自行安排活动期间遭受人身损害、财产损失,旅游经营者未尽到必要的提示义务、救助义务,旅游者请求旅游经营者承担相应责任的,人民法院应予支持。

前款规定的自行安排活动期间,包括旅游经营者安排的在旅游行程中独立的自由活动期间、旅游者不参加旅游行程的活动期间以及旅游者经导游或者领队同意暂时离队的个人活动期间等。

第十八条 旅游者在旅游行程中未经导游或者领队许可,故意脱离团队,遭受人身损害、财产损失,请求旅游经营者赔偿损失的,人民法院不予支持。

第十九条 旅游经营者或者旅游辅助服务者为旅游者代管的行李物品损毁、灭失,旅游者请求赔偿损失的,人民法院应予支持,但下列情形除外:

(一)损失是由于旅游者未听从旅游经营者或者旅游辅助服务者的事先声明或者提示,未将现金、有价证券、贵重物品由其随身携带而造成的;

(二)损失是由于不可抗力造成的;

(三)损失是由于旅游者的过错造成的;

(四)损失是由于物品的自然属性造成的。

第二十条 旅游者要求旅游经营者返还下列费用的,人民法院应予支持:

(一)因拒绝旅游经营者安排的购物活动或者另行付费的项目被增收的费用;

(二)在同一旅游行程中,旅游经营者提供相同服务,因旅游者的年龄、职业等差异而增收的费用。

第二十一条 旅游经营者因过错致其代办的手续、证件存在瑕疵,或者未尽妥善保管义务而遗失、毁损,旅游者请求旅游经营者补办或者协助补办相关手续、证件并承担相应费用的,人民法院应予支持。

因上述行为影响旅游行程,旅游者请求旅游经营者退还尚未发生的费用、赔偿损失的,人民法院应予支持。

第二十二条 旅游经营者事先设计,并以确定的总价提供交通、住宿、游览等一项或者多项服务,不提供导游和领队服务,由旅游者自行安排游览行程的旅游过程中,旅游经营者提供的服务不符合合同约定,侵害旅游者合法权益,旅游者请求旅游经营者承担相应责任的,人民法院应予支持。

第二十三条 本规定施行前已经终审,本规定施行后当事人申请再审或者按照审判监督程序决定再审的案件,不适用本规定。

最高人民法院关于审理涉及会计师事务所在审计业务活动中民事侵权赔偿案件的若干规定

(2007年6月4日最高人民法院审判委员会第1428次会议通过 2007年6月11日最高人民法院公告公布 自2007年6月15日起施行 法释〔2007〕12号)

为正确审理涉及会计师事务所在审计业务活动中民事侵权赔偿案件,维护社会公共利益和相关当事人的合法权益,根据《中华人民共和国民法通则》、《中华人民共和国注册会计师法》、《中华人民共和国公司法》、《中华人民共和国证券法》等法律,结合审判实践,制定本规定。

第一条 利害关系人以会计师事务所在从事注册会计师法第十四条规定的审计业务活动中出具不实报告并致其遭受损失为由,向人民法院提起民事侵权赔偿诉讼的,人民法院应当依法受理。

第二条 因合理信赖或者使用会计师事务所出具的不实报告,与被审计单位进行交易或者从事与被审计单位的股票、债券等有关的交易活动而遭受损失的自然人、法人或者其他组织,应认定为注册会计师法规定的利害关系人。

会计师事务所违反法律法规、中国注册会计师协会依法拟定并经国务院财政部门批准后施行的执业准则和规则以及诚信公允的原则,出具的具有虚假记载、误导性陈述或者重大遗漏的审计业务报告,应认定为不实报告。

第三条 利害关系人未对被审计单位提起诉讼而直接对会计师事务所提起诉讼的,人民法院应当告知其对会计师事务所和被审计单位一并提起诉讼;利害关系人拒不起诉被审计单位的,人民法院应当通知被审计单位作为共同被告参加诉讼。

利害关系人对会计师事务所的分支机构提起诉讼的,人民法院可以将该会计师事务所列为共同被告参加诉讼。

利害关系人提出被审计单位的出资人虚假出资或者出资不实、抽逃出资,且事后未补足的,人民法院可以将该出资人列为第三人参加诉讼。

第四条 会计师事务所因在审计业务活动中对外出具不实报告给利害关系人造成损失的,应当承担侵权赔偿责任,但其能够证明自己没有过错的除外。

会计师事务所在证明自己没有过错时,可以向人民法院提交与该案件相关的执业准则、规则以及审计工作底稿等。

第五条 注册会计师在审计业务活动中存在下列情形之一,出具不实报告并给利害关系人造成损失的,应当认定会计师事务所与被审计单位承担连带赔偿责任:

(一)与被审计单位恶意串通;

(二)明知被审计单位对重要事项的财务会计处理与国家有关规定相抵触,而不予指明;

(三)明知被审计单位的财务会计处理会直接损害利害关系人的利益,而予以隐瞒或者作不实报告;

(四)明知被审计单位的财务会计处理会导致利害关系人产生重大误解,而不予指明;

(五)明知被审计单位的会计报表的重要事项有不实的内容,而不予指明;

(六)被审计单位示意其作不实报告,而不予拒绝。

对被审计单位有前款第(二)至(五)项所列行为,注册会计师按照执业准则、规则应当知道的,人民法院应认定其明知。

第六条 会计师事务所在审计业务活动

中因过失出具不实报告,并给利害关系人造成损失的,人民法院应当根据其过失大小确定其赔偿责任。

注册会计师在审计过程中未保持必要的职业谨慎,存在下列情形之一,并导致报告不实的,人民法院应当认定会计师事务所存在过失:

(一)违反注册会计师法第二十条第(二)、(三)项的规定;

(二)负责审计的注册会计师以低于行业一般成员应具备的专业水准执业;

(三)制定的审计计划存在明显疏漏;

(四)未依据执业准则、规则执行必要的审计程序;

(五)在发现可能存在错误和舞弊的迹象时,未能追加必要的审计程序予以证实或者排除;

(六)未能合理地运用执业准则和规则所要求的重要性原则;

(七)未根据审计的要求采用必要的调查方法获取充分的审计证据;

(八)明知对总体结论有重大影响的特定审计对象缺少判断能力,未能寻求专家意见而直接形成审计结论;

(九)错误判断和评价审计证据;

(十)其他违反执业准则、规则确定的工作程序的行为。

第七条 会计师事务所能够证明存在以下情形之一的,不承担民事赔偿责任:

(一)已经遵守执业准则、规则确定的工作程序并保持必要的职业谨慎,但仍未能发现被审计的会计资料错误;

(二)审计业务所必须依赖的金融机构等单位提供虚假或者不实的证明文件,会计师事务所在保持必要的职业谨慎下仍未能发现其虚假或者不实;

(三)已对被审计单位的舞弊迹象提出警告并在审计业务报告中予以指明;

（四）已经遵照验资程序进行审核并出具报告，但被验资单位在注册登记后抽逃资金；

（五）为登记时未出资或者未足额出资的出资人出具不实报告，但出资人在登记后已补足出资。

第八条　利害关系人明知会计师事务所出具的报告为不实报告而仍然使用的，人民法院应当酌情减轻会计师事务所的赔偿责任。

第九条　会计师事务所在报告中注明"本报告仅供年检使用"、"本报告仅供工商登记使用"等类似内容的，不能作为其免责的事由。

第十条　人民法院根据本规定第六条确定会计师事务所承担与其过失程度相应的赔偿责任时，应按照下列情形处理：

（一）应先由被审计单位赔偿利害关系人的损失。被审计单位的出资人虚假出资、不实出资或者抽逃出资，事后未补足，且依法强制执行被审计单位财产后仍不足以赔偿损失的，出资人应在虚假出资、不实出资或者抽逃出资数额范围内向利害关系人承担补充赔偿责任。

（二）对被审计单位、出资人的财产依法强制执行后仍不足以赔偿损失的，由会计师事务所在其不实审计金额范围内承担相应的赔偿责任。

（三）会计师事务所对一个或者多个利害关系人承担的赔偿责任应以不实审计金额为限。

第十一条　会计师事务所与其分支机构作为共同被告的，会计师事务所对其分支机构的责任部分承担连带赔偿责任。

第十二条　本规定所涉会计师事务所侵权赔偿纠纷未经审判，人民法院不得将会计师事务所追加为被执行人。

第十三条　本规定自公布之日起施行。本院过去发布的有关会计师事务所民事责任

的相关规定，与本规定相抵触的，不再适用。

在本规定公布施行前已经终审，当事人申请再审或者按照审判监督程序决定再审的会计师事务所民事侵权赔偿案件，不适用本规定。

在本规定公布施行后尚在一审或者二审阶段的会计师事务所民事侵权赔偿案件，适用本规定。

最高人民法院关于依法妥善审理高空抛物、坠物案件的意见

（2019 年 10 月 21 日　法发〔2019〕25 号）

近年来，高空抛物、坠物事件不断发生，严重危害公共安全，侵害人民群众合法权益，影响社会和谐稳定。为充分发挥司法审判的惩罚、规范和预防功能，依法妥善审理高空抛物、坠物案件，切实维护人民群众"头顶上的安全"，保障人民安居乐业，维护社会公平正义，依据《中华人民共和国刑法》《中华人民共和国侵权责任法》等相关法律，提出如下意见。

一、加强源头治理，监督支持依法行政，有效预防和惩治高空抛物、坠物行为

1. 树立预防和惩治高空抛物、坠物行为的基本理念。人民法院要切实贯彻以人民为中心的发展理念，将预防和惩治高空抛物、坠物行为作为当前和今后一段时期的重要任务，充分发挥司法职能作用，保护人民群众生命财产安全。要积极推动预防和惩治高空抛物、坠物行为的综合治理、协同治理工作，及时排查整治安全隐患，确保人民群众"头顶上的安全"，不断增强人民群众的幸福感、安全感。要努力实现依法制裁、救济损害与维护公共安全、保障人民群众安居乐业的有机统一，促进社会和谐稳定。

2. 积极推动将高空抛物、坠物行为的预防与惩治纳入诉源治理机制建设。切实发挥人民法院在诉源治理中的参与、推动、规范和保障作用，加强与公安、基层组织等的联动，积极推动和助力有关部门完善防范高空抛物、坠物的工作举措，形成有效合力。注重发挥司法建议作用，对审理高空抛物、坠物案件中发现行政机关、基层组织、物业服务企业等有关单位存在的工作疏漏、隐患风险等问题，及时提出司法建议，督促整改。

3. 充分发挥行政审判促进依法行政的职能作用。注重发挥行政审判对预防和惩治高空抛物、坠物行为的积极作用，切实保护受害人依法申请行政机关履行保护其人身权、财产权等合法权益法定职责的权利，监督行政机关依法行使行政职权、履行相应职责。受害人等行政相对方对行政机关在履职过程中违法行使职权或者不作为提起行政诉讼的，人民法院应当依法及时受理。

二、依法惩处构成犯罪的高空抛物、坠物行为，切实维护人民群众生命财产安全

4. 充分认识高空抛物、坠物行为的社会危害性。高空抛物、坠物行为损害人民群众人身、财产安全，极易造成人身伤亡和财产损失，引发社会矛盾纠纷。人民法院要高度重视高空抛物、坠物行为的现实危害，深刻认识运用刑罚手段惩治情节和后果严重的高空抛物、坠物行为的必要性和重要性，依法惩治此类犯罪行为，有效防范、坚决遏制此类行为发生。

5. 准确认定高空抛物犯罪。对于高空抛物行为，应当根据行为人的动机、抛物场所、抛掷物的情况以及造成的后果等因素，全面考量行为的社会危害程度，准确判断行为性质，正确适用罪名，准确裁量刑罚。

故意从高空抛弃物品，尚未造成严重后果，但足以危害公共安全的，依照刑法第一百一十四条规定的以危险方法危害公共安全罪定罪处罚；致人重伤、死亡或者使公私财产遭受重大损失的，依照刑法第一百一十五条第一款的规定处罚。为伤害、杀害特定人员实施上述行为的，依照故意伤害罪、故意杀人罪定罪处罚。

6. 依法从重惩治高空抛物犯罪。具有下列情形之一的，应当从重处罚，一般不得适用缓刑：（1）多次实施的；（2）经劝阻仍继续实施的；（3）受过刑事处罚或者行政处罚后又实施的；（4）在人员密集场所实施的；（5）其他情节严重的情形。

7. 准确认定高空坠物犯罪。过失导致物品从高空坠落，致人死亡、重伤，符合刑法第二百三十三条、第二百三十五条规定的，依照过失致人死亡罪、过失致人重伤罪定罪处罚。在生产、作业中违反有关安全管理规定，从高空坠落物品，发生重大伤亡事故或者造成其他严重后果的，依照刑法第一百三十四条第一款的规定，以重大责任事故罪定罪处罚。

三、坚持司法为民、公正司法，依法妥善审理高空抛物、坠物民事案件

8. 加强高空抛物、坠物民事案件的审判工作。人民法院在处理高空抛物、坠物民事案件时，要充分认识此类案件中侵权行为给人民群众生命、健康、财产造成的严重损害，把维护人民群众合法权益放在首位。针对此类案件直接侵权人查找难、影响面广、处理难度大等特点，要创新审判方式，坚持多措并举，依法严惩高空抛物行为人，充分保护受害人。

9. 做好诉讼服务与立案释明工作。人民法院对高空抛物、坠物案件，要坚持有案必立、有诉必理，为受害人线上线下立案提供方便。在受理从建筑物中抛掷物品、坠落物品造成他人损害的纠纷案件时，要向当事人释明尽量提供具体明确的侵权人，尽量限缩"可能加害的建筑物使用人"范围，减轻当事人诉累。对侵权人不明又不能依法追加其他责任人的，引导当事人通过多元化纠纷解决机制化解矛盾、补偿损失。

10. 综合运用民事诉讼证据规则。人民法院在适用侵权责任法第八十七条裁判案件时，对能够证明自己不是侵权人的"可能加害的建筑物使用人"，依法予以免责。要加大依职权调查取证力度，积极主动向物业服务企业、周边群众、技术专家等询问查证，加强与公安部门、基层组织等沟通协调，充分运用日常生活经验法则，最大限度查找确定直接侵权人并依法判决其承担侵权责任。

11. 区分坠落物、抛掷物的不同法律适用规则。建筑物及其搁置物、悬挂物发生脱落、坠落造成他人损害的，所有人、管理人或者使用人不能证明自己没有过错的，人民法院应当适用侵权责任法第八十五条的规定，依法判决其承担侵权责任；有其他责任人的，所有人、管理人或者使用人赔偿后向其他责任人主张追偿权的，人民法院应予支持。从建筑物中抛掷物品造成他人损害的，应当尽量查明直接侵权人，并依法判决其承担侵权责任。

12. 依法确定物业服务企业的责任。物业服务企业不履行或者不完全履行物业服务合同约定或者法律法规规定、相关行业规范确定的维修、养护、管理和维护义务，造成建筑物及其搁置物、悬挂物发生脱落、坠落致使他人损害的，人民法院依法判决其承担侵权责任。有其他责任人的，物业服务企业承担责任后，向其他责任人行使追偿权的，人民法院应予支持。物业服务企业隐匿、销毁、篡改或者拒不向人民法院提供相应证据，导致案件事实难以认定的，应当承担相应的不利后果。

13. 完善相关的审判程序机制。人民法院在审理疑难复杂或社会影响较大的高空抛物、坠物民事案件时，要充分运用人民陪审员、合议庭、主审法官会议等机制，充分发挥院、庭长的监督职责。涉及侵权责任法第八十七条适用的，可以提交院审判委员会讨论决定。

四、注重多元化解，坚持多措并举，不断完善预防和调处高空抛物、坠物纠纷的工作机制

14. 充分发挥多元解纷机制的作用。人民法院应当将高空抛物、坠物民事案件的处理纳入到建设一站式多元解纷机制的整体工作中，加强诉前、诉中调解工作，有效化解矛盾纠纷，努力实现法律效果与社会效果相统一。要根据每一个高空抛物、坠物案件的具体特点，带着对受害人的真挚感情，为当事人解难题、办实事，尽力做好调解工作，力促案结事了人和。

15. 推动完善社会救助工作。要充分运用诉讼费缓减免和司法救助制度，依法及时对经济上确有困难的高空抛物、坠物案件受害人给予救济。通过案件裁判、规则指引积极引导当事人参加社会保险转移风险、分担损失。支持各级政府有关部门探索建立高空抛物事故社会救助基金或者进行试点工作，对受害人损害进行合理分担。

16. 积极完善工作举措。要通过多种形式特别是人民群众喜闻乐见的方式加强法治宣传，持续强化以案释法工作，充分发挥司法裁判规范、指导、评价、引领社会价值的重要作用，大力弘扬社会主义核心价值观，形成良好社会风尚。要深入调研高空抛物、坠物案件的司法适用疑难问题，认真总结审判经验。对审理高空抛物、坠物案件中发现的新情况、新问题，及时层报最高人民法院。

七、知识产权

（一）综 合

中华人民共和国
知识产权海关保护条例

（2003 年 12 月 2 日中华人民共和国国务院令第 395 号公布 根据 2010 年 3 月 24 日《国务院关于修改〈中华人民共和国知识产权海关保护条例〉的决定》第一次修订 根据2018 年 3 月 19 日《国务院关于修改和废止部分行政法规的决定》第二次修订）

第一章 总 则

第一条 为了实施知识产权海关保护，促进对外经济贸易和科技文化交往，维护公共利益，根据《中华人民共和国海关法》，制定本条例。

第二条 本条例所称知识产权海关保护，是指海关对与进出口货物有关并受中华人民共和国法律、行政法规保护的商标专用权、著作权和与著作权有关的权利、专利权（以下统称知识产权）实施的保护。

第三条 国家禁止侵犯知识产权的货物进出口。

海关依照有关法律和本条例的规定实施知识产权保护，行使《中华人民共和国海关法》规定的有关权力。

第四条 知识产权权利人请求海关实施知识产权保护的，应当向海关提出采取保护措施的申请。

第五条 进口货物的收货人或者其代理人、出口货物的发货人或者其代理人应当按照国家规定，向海关如实申报与进出口货物有关的知识产权状况，并提交有关证明文件。

第六条 海关实施知识产权保护时，应当保守有关当事人的商业秘密。

第二章 知识产权的备案

第七条 知识产权权利人可以依照本条例的规定，将其知识产权向海关总署申请备案；申请备案的，应当提交申请书。申请书应当包括下列内容：

（一）知识产权权利人的名称或者姓名、注册地或者国籍等；

（二）知识产权的名称、内容及其相关信息；

（三）知识产权许可行使状况；

（四）知识产权权利人合法行使知识产权的货物的名称、产地、进出境地海关、进出口商、主要特征、价格等；

（五）已知的侵犯知识产权货物的制造商、进出口商、进出境地海关、主要特征、价格等。

前款规定的申请书内容有证明文件的，知识产权权利人应当附送证明文件。

第八条 海关总署应当自收到全部申请文件之日起 30 个工作日内作出是否准予备

案的决定,并书面通知申请人;不予备案的,应当说明理由。

有下列情形之一的,海关总署不予备案:

(一)申请文件不齐全或者无效的;

(二)申请人不是知识产权权利人的;

(三)知识产权不再受法律、行政法规保护的。

第九条　海关发现知识产权权利人申请知识产权备案未如实提供有关情况或者文件的,海关总署可以撤销其备案。

第十条　知识产权海关保护备案自海关总署准予备案之日起生效,有效期为 10 年。

知识产权有效的,知识产权权利人可以在知识产权海关保护备案有效期届满前 6 个月内,向海关总署申请续展备案。每次续展备案的有效期为 10 年。

知识产权海关保护备案有效期届满而不申请续展或者知识产权不再受法律、行政法规保护的,知识产权海关保护备案随即失效。

第十一条　知识产权备案情况发生改变的,知识产权权利人应当自发生改变之日起 30 个工作日内,向海关总署办理备案变更或者注销手续。

知识产权权利人未依照前款规定办理变更或者注销手续,给他人合法进出口或者海关依法履行监管职责造成严重影响的,海关总署可以根据有关利害关系人的申请撤销有关备案,也可以主动撤销有关备案。

第三章　扣留侵权嫌疑货物的申请及其处理

第十二条　知识产权权利人发现侵权嫌疑货物即将进出口的,可以向货物进出境地海关提出扣留侵权嫌疑货物的申请。

第十三条　知识产权权利人请求海关扣留侵权嫌疑货物的,应当提交申请书及相关证明文件,并提供足以证明侵权事实明显存

在的证据。

申请书应当包括下列主要内容:

(一)知识产权权利人的名称或者姓名、注册地或者国籍等;

(二)知识产权的名称、内容及其相关信息;

(三)侵权嫌疑货物收货人和发货人的名称;

(四)侵权嫌疑货物名称、规格等;

(五)侵权嫌疑货物可能进出境的口岸、时间、运输工具等。

侵权嫌疑货物涉嫌侵犯备案知识产权的,申请书还应当包括海关备案号。

第十四条　知识产权权利人请求海关扣留侵权嫌疑货物的,应当向海关提供不超过货物等值的担保,用于赔偿可能因申请不当给收货人、发货人造成的损失,以及支付货物由海关扣留后的仓储、保管和处置等费用;知识产权权利人直接向仓储商支付仓储、保管费用的,从担保中扣除。具体办法由海关总署制定。

第十五条　知识产权权利人申请扣留侵权嫌疑货物,符合本条例第十三条的规定,并依照本条例第十四条的规定提供担保的,海关应当扣留侵权嫌疑货物,书面通知知识产权权利人,并将海关扣留凭单送达收货人或者发货人。

知识产权权利人申请扣留侵权嫌疑货物,不符合本条例第十三条的规定,或者未依照本条例第十四条的规定提供担保的,海关应当驳回申请,并书面通知知识产权权利人。

第十六条　海关发现进出口货物有侵犯备案知识产权嫌疑的,应当立即书面通知知识产权权利人。知识产权权利人自通知送达之日起 3 个工作日内依照本条例第十三条的规定提出申请,并依照本条例第十四条的规定提供担保的,海关应当扣留侵权嫌疑货物,书面通知知识产权权利人,并将海关扣留凭

单送达收货人或者发货人。知识产权权利人逾期未提出申请或者未提供担保的,海关不得扣留货物。

第十七条 经海关同意,知识产权权利人和收货人或者发货人可以查看有关货物。

第十八条 收货人或者发货人认为其货物未侵犯知识产权权利人的知识产权的,应当向海关提出书面说明并附送相关证据。

第十九条 涉嫌侵犯专利权货物的收货人或者发货人认为其进出口货物未侵犯专利权的,可以在向海关提供货物等值的担保金后,请求海关放行其货物。知识产权权利人未能在合理期限内向人民法院起诉的,海关应当退还担保金。

第二十条 海关发现进出口货物有侵犯备案知识产权嫌疑并通知知识产权权利人后,知识产权权利人请求海关扣留侵权嫌疑货物的,海关应当自扣留之日起30个工作日内对被扣留的侵权嫌疑货物是否侵犯知识产权进行调查、认定;不能认定的,应当立即书面通知知识产权权利人。

第二十一条 海关对被扣留的侵权嫌疑货物进行调查,请求知识产权主管部门提供协助的,有关知识产权主管部门应当予以协助。

知识产权主管部门处理涉及进出口货物的侵权案件请求海关提供协助的,海关应当予以协助。

第二十二条 海关对被扣留的侵权嫌疑货物及有关情况进行调查时,知识产权权利人和收货人或者发货人应当予以配合。

第二十三条 知识产权权利人在向海关提出采取保护措施的申请后,可以依照《中华人民共和国商标法》《中华人民共和国著作权法》《中华人民共和国专利法》或者其他有关法律的规定,就被扣留的侵权嫌疑货物向人民法院申请采取责令停止侵权行为或者财产保全的措施。

海关收到人民法院有关责令停止侵权行为或者财产保全的协助执行通知的,应当予以协助。

第二十四条 有下列情形之一的,海关应当放行被扣留的侵权嫌疑货物:

(一)海关依照本条例第十五条的规定扣留侵权嫌疑货物,自扣留之日起20个工作日内未收到人民法院协助执行通知的;

(二)海关依照本条例第十六条的规定扣留侵权嫌疑货物,自扣留之日起50个工作日内未收到人民法院协助执行通知,并且经调查不能认定被扣留的侵权嫌疑货物侵犯知识产权的;

(三)涉嫌侵犯专利权货物的收货人或者发货人在向海关提供与货物等值的担保金后,请求海关放行其货物的;

(四)海关认为收货人或者发货人有充分的证据证明其货物未侵犯知识产权权利人的知识产权的;

(五)在海关认定被扣留的侵权嫌疑货物为侵权货物之前,知识产权权利人撤回扣留侵权嫌疑货物的申请的。

第二十五条 海关依照本条例的规定扣留侵权嫌疑货物,知识产权权利人应当支付有关仓储、保管和处置等费用。知识产权权利人未支付有关费用的,海关可以从其向海关提供的担保金中予以扣除,或者要求担保人履行有关担保责任。

侵权嫌疑货物被认定为侵犯知识产权的,知识产权权利人可以将其支付的有关仓储、保管和处置等费用计入其为制止侵权行为所支付的合理开支。

第二十六条 海关实施知识产权保护发现涉嫌犯罪案件的,应当将案件依法移送公安机关处理。

第四章 法 律 责 任

第二十七条 被扣留的侵权嫌疑货物,

经海关调查后认定侵犯知识产权的,由海关予以没收。

海关没收侵犯知识产权货物后,应当将侵犯知识产权货物的有关情况书面通知知识产权权利人。

被没收的侵犯知识产权货物可以用于社会公益事业的,海关应当转交给有关公益机构用于社会公益事业;知识产权权利人有收购意愿的,海关可以有偿转让给知识产权权利人。被没收的侵犯知识产权货物无法用于社会公益事业且知识产权权利人无收购意愿的,海关可以在消除侵权特征后依法拍卖,但对进口假冒商标货物,除特殊情况外,不能仅清除货物上的商标标识即允许其进入商业渠道;侵权特征无法消除的,海关应当予以销毁。

第二十八条 海关接受知识产权保护备案和采取知识产权保护措施的申请后,因知识产权权利人未提供确切情况而未能发现侵权货物、未能及时采取保护措施或者采取保护措施不力的,由知识产权权利人自行承担责任。

知识产权权利人请求海关扣留侵权嫌疑货物后,海关不能认定被扣留的侵权嫌疑货物侵犯知识产权权利人的知识产权,或者人民法院判定不侵犯知识产权权利人的知识产权的,知识产权权利人应当依法承担赔偿责任。

第二十九条 进口或者出口侵犯知识产权货物,构成犯罪的,依法追究刑事责任。

第三十条 海关工作人员在实施知识产权保护时,玩忽职守、滥用职权、徇私舞弊,构成犯罪的,依法追究刑事责任;尚不构成犯罪的,依法给予行政处分。

第五章 附 则

第三十一条 个人携带或者邮寄进出境的物品,超出自用、合理数量,并侵犯本条例第二条规定的知识产权的,按照侵权货物处理。

第三十二条 本条例自2004年3月1日起施行。1995年7月5日国务院发布的《中华人民共和国知识产权海关保护条例》同时废止。

特殊标志管理条例

(1996年7月13日中华人民共和国国务院令第202号发布 自发布之日起施行)

第一章 总 则

第一条 为了加强对特殊标志的管理,推动文化、体育、科学研究及其他社会公益活动的发展,保护特殊标志所有人、使用人和消费者的合法权益,制定本条例。

第二条 本条例所称特殊标志,是指经国务院批准举办的全国性和国际性的文化、体育、科学研究及其他社会公益活动所使用的,由文字、图形组成的名称及缩写、会徽、吉祥物等标志。

第三条 经国务院工商行政管理部门核准登记的特殊标志,受本条例保护。

第四条 含有下列内容的文字、图形组成的特殊标志,不予登记:

(一)有损于国家或者国际组织的尊严或者形象的;

(二)有害于社会善良习俗和公共秩序的;

(三)带有民族歧视性,不利于民族团结的;

(四)缺乏显著性,不便于识别的;

(五)法律、行政法规禁止的其他内容。

第五条 特殊标志所有人使用或者许可他人使用特殊标志所募集的资金,必须用于特殊标志所服务的社会公益事业,并接受国务院财政部门、审计部门的监督。

第二章 特殊标志的登记

第六条 举办社会公益活动的组织者或者筹备者对其使用的名称、会徽、吉祥物等特殊标志,需要保护的,应当向国务院工商行政管理部门提出登记申请。

登记申请可以直接办理,也可以委托他人代理。

第七条 申请特殊标志登记,应当填写特殊标志登记申请书并提交下列文件:

(一)国务院批准举办该社会公益活动的文件;

(二)准许他人使用特殊标志的条件及管理办法;

(三)特殊标志图样 5 份,黑白墨稿 1 份。图样应当清晰,便于粘贴,用光洁耐用的纸张印制或者用照片代替,长和宽不大于 10 厘米、不小于 5 厘米;

(四)委托他人代理的,应当附代理人委托书,注明委托事项和权限;

(五)国务院工商行政管理部门认为应当提交的其他文件。

第八条 国务院工商行政管理部门收到申请后,按照以下规定处理:

(一)符合本条例有关规定,申请文件齐备无误的,自收到申请之日起 15 日内,发给特殊标志登记申请受理通知书,并在发出通知之日起 2 个月内,将特殊标志有关事项、图样和核准使用的商品和服务项目,在特殊标志登记簿上登记,发给特殊标志登记证书。

特殊标志经核准登记后,由国务院工商行政管理部门公告。

(二)申请文件不齐备或者有误的,自收到申请之日起 10 日内发给特殊标志登记申请补正通知书,并限其自收到通知之日起 15

日内予以补正;期满不补正或者补正仍不符合规定的,发给特殊标志登记申请不予受理通知书。

(三)违反本条例第四条规定的,自收到申请之日起 15 日内发给特殊标志登记申请驳回通知书。申请人对驳回通知不服的,可以自收到驳回通知之日起 15 日内,向国务院工商行政管理部门申请复议。

前款所列各类通知书,由国务院工商行政管理部门送达申请人或者其代理人。因故不能直接送交的,以国务院工商行政管理部门公告或者邮寄之日起的 20 日为送达日期。

第九条 特殊标志有效期为 4 年,自核准登记之日起计算。

特殊标志所有人可以在有效期满前 3 个月内提出延期申请,延长的期限由国务院工商行政管理部门根据实际情况和需要决定。

特殊标志所有人变更地址,应当自变更之日起 1 个月内报国务院工商行政管理部门备案。

第十条 已获准登记的特殊标志有下列情形之一的,任何单位和个人可以在特殊标志公告刊登之日至其有效期满的期间,向国务院工商行政管理部门申明理由并提供相应证据,请求宣告特殊标志登记无效:

(一)同已在先申请的特殊标志相同或者近似的;

(二)同已在先申请注册的商标或者已获得注册的商标相同或者近似的;

(三)同已在先申请外观设计专利或者已依法取得专利权的外观设计专利相同或者近似的;

(四)侵犯他人著作权的。

第十一条 国务院工商行政管理部门自收到特殊标志登记无效申请之日起 10 日内,通知被申请人并限其自收到通知之日起 15 日内作出答辩。

被申请人拒绝答辩或者无正当理由超过

答辩期限的,视为放弃答辩的权利。

第十二条 国务院工商行政管理部门自收到特殊标志登记无效申请之日起3个月内作出裁定,并通知当事人;当事人对裁定不服的,可以自收到通知之日起15日内,向国务院工商行政管理部门申请复议。

第三章 特殊标志的使用与保护

第十三条 特殊标志所有人可以在与其公益活动相关的广告、纪念品及其他物品上使用该标志,并许可他人在国务院工商行政管理部门核准使用该标志的商品或者服务项目上使用。

第十四条 特殊标志的使用人应当是依法成立的企业、事业单位、社会团体、个体工商户。

特殊标志使用人应当同所有人签订书面使用合同。

特殊标志使用人应当自合同签订之日起1个月内,将合同副本报国务院工商行政管理部门备案,并报使用人所在地县级以上人民政府工商行政管理部门存查。

第十五条 特殊标志所有人或者使用人有下列行为之一的,由其所在地或者行为发生地县级以上人民政府工商行政管理部门责令改正,可以处5万元以下的罚款;情节严重的,由县级以上人民政府工商行政管理部门责令使用人停止使用该特殊标志,由国务院工商行政管理部门撤销所有人的特殊标志登记:

(一)擅自改变特殊标志文字、图形的;

(二)许可他人使用特殊标志,未签订使用合同,或者使用人在规定期限内未报国务院工商行政管理部门备案或者未报所在地县级以上人民政府工商行政管理机关存查的;

(三)超出核准登记的商品或者服务范围使用的。

第十六条 有下列行为之一的,由县级以上人民政府工商行政管理部门责令侵权人立即停止侵权行为,没收侵权商品,没收违法所得,并处违法所得5倍以下的罚款,没有违法所得的,处1万元以下的罚款:

(一)擅自使用与所有人的特殊标志相同或者近似的文字、图形或者其组合的;

(二)未经特殊标志所有人许可,擅自制造、销售其特殊标志或者将其特殊标志用于商业活动的;

(三)有给特殊标志所有人造成经济损失的其他行为的。

第十七条 特殊标志所有人或者使用人发现特殊标志所有权或者使用权被侵害时,可以向侵权人所在地或者侵权行为发生地县级以上人民政府工商行政管理部门投诉;也可以直接向人民法院起诉。

工商行政管理部门受理特殊标志侵权案件投诉的,应当依特殊标志所有人的请求,就侵权的民事赔偿主持调解;调解不成的,特殊标志所有人可以向人民法院起诉。

第十八条 工商行政管理部门受理特殊标志侵权案件,在调查取证时,可以行使下列职权,有关当事人应当予以协助,不得拒绝:

(一)询问有关当事人;

(二)检查与侵权活动有关的物品;

(三)调查与侵权活动有关的行为;

(四)查阅、复制与侵权活动有关的合同、账册等业务资料。

第四章 附 则

第十九条 特殊标志申请费、公告费、登记费的收费标准,由国务院财政部门、物价部门会同国务院工商行政管理部门制定。

第二十条 申请特殊标志登记有关文书格式由国务院工商行政管理部门制定。

第二十一条 经国务院批准代表中国参

加国际性文化、体育、科学研究等活动的组织所使用的名称、徽记、吉祥物等标志的保护，参照本条例的规定施行。

第二十二条 本条例自发布之日起施行。

奥林匹克标志保护条例

（2002 年 2 月 4 日中华人民共和国国务院令第 345 号公布 2018 年 6 月 28 日中华人民共和国国务院令第 699 号修订）

第一条 为了加强对奥林匹克标志的保护，保障奥林匹克标志权利人的合法权益，促进奥林匹克运动发展，制定本条例。

第二条 本条例所称奥林匹克标志，是指：

（一）国际奥林匹克委员会的奥林匹克五环图案标志、奥林匹克旗、奥林匹克格言、奥林匹克徽记、奥林匹克会歌；

（二）奥林匹克、奥林匹亚、奥林匹克运动会及其简称等专有名称；

（三）中国奥林匹克委员会的名称、徽记、标志；

（四）中国境内申请承办奥林匹克运动会的机构的名称、徽记、标志；

（五）在中国境内举办的奥林匹克运动会的名称及其简称、吉祥物、会歌、火炬造型、口号、"主办城市名称+举办年份"等标志，以及其组织机构的名称、徽记；

（六）《奥林匹克宪章》和相关奥林匹克运动会主办城市合同中规定的其他与在中国境内举办的奥林匹克运动会有关的标志。

第三条 本条例所称奥林匹克标志权利人，是指国际奥林匹克委员会、中国奥林匹克委员会和中国境内申请承办奥林匹克运动会的机构、在中国境内举办的奥林匹克运动会的组织机构。

国际奥林匹克委员会、中国奥林匹克委员会和中国境内申请承办奥林匹克运动会的机构、在中国境内举办的奥林匹克运动会的组织机构之间的权利划分，依照《奥林匹克宪章》和相关奥林匹克运动会主办城市合同确定。

第四条 奥林匹克标志权利人依照本条例对奥林匹克标志享有专有权。

未经奥林匹克标志权利人许可，任何人不得为商业目的使用奥林匹克标志。

第五条 本条例所称为商业目的使用，是指以营利为目的，以下列方式利用奥林匹克标志：

（一）将奥林匹克标志用于商品、商品包装或者容器以及商品交易文书上；

（二）将奥林匹克标志用于服务项目中；

（三）将奥林匹克标志用于广告宣传、商业展览、营业性演出以及其他商业活动中；

（四）销售、进口、出口含有奥林匹克标志的商品；

（五）制造或者销售奥林匹克标志；

（六）其他以营利为目的利用奥林匹克标志的行为。

第六条 除本条例第五条规定外，利用与奥林匹克运动有关的元素开展活动，足以引人误认为与奥林匹克标志权利人之间有赞助或者其他支持关系，构成不正当竞争行为的，依照《中华人民共和国反不正当竞争法》处理。

第七条 国务院市场监督管理部门、知识产权主管部门依据本条例的规定，负责全国的奥林匹克标志保护工作。

县级以上地方市场监督管理部门依据本条例的规定，负责本行政区域内的奥林匹克标志保护工作。

第八条 奥林匹克标志权利人应当将奥林匹克标志提交国务院知识产权主管部门，由国务院知识产权主管部门公告。

第九条 奥林匹克标志有效期为 10 年，

自公告之日起计算。

奥林匹克标志权利人可以在有效期满前12个月内办理续展手续，每次续展的有效期为10年，自该奥林匹克标志上一届有效期满次日起计算。国务院知识产权主管部门应当对续展的奥林匹克标志予以公告。

第十条 取得奥林匹克标志权利人许可，为商业目的使用奥林匹克标志的，应当同奥林匹克标志权利人订立使用许可合同。奥林匹克标志权利人应当将其许可使用奥林匹克标志的种类、被许可人、许可使用的商品或者服务项目、时限、地域范围等信息及时披露。

被许可人应当在使用许可合同约定的奥林匹克标志种类、许可使用的商品或者服务项目、时限、地域范围内使用奥林匹克标志。

第十一条 本条例施行前已经依法使用奥林匹克标志的，可以在原有范围内继续使用。

第十二条 未经奥林匹克标志权利人许可，为商业目的擅自使用奥林匹克标志，或者使用足以引人误认的近似标志，即侵犯奥林匹克标志专有权，引起纠纷的，由当事人协商解决；不愿协商或者协商不成的，奥林匹克标志权利人或者利害关系人可以向人民法院提起诉讼，也可以请求市场监督管理部门处理。市场监督管理部门处理时，认定侵权行为成立的，责令立即停止侵权行为，没收、销毁侵权商品和主要用于制造侵权商品或者为商业目的擅自制造奥林匹克标志的工具。违法经营额5万元以上的，可以并处违法经营额5倍以下的罚款，没有违法经营额或者违法经营额不足5万元的，可以并处25万元以下的罚款。当事人对处理决定不服的，可以依照《中华人民共和国行政复议法》申请行政复议，也可以直接依照《中华人民共和国行政诉讼法》向人民法院提起诉讼。进行处理的市场监督管理部门应当事人的请求，可以就侵犯奥林匹克标志专有权的赔偿数额进行调

解；调解不成的，当事人可以依照《中华人民共和国民事诉讼法》向人民法院提起诉讼。

利用奥林匹克标志进行诈骗等活动，构成犯罪的，依法追究刑事责任。

第十三条 对侵犯奥林匹克标志专有权的行为，市场监督管理部门有权依法查处。

市场监督管理部门根据已经取得的违法嫌疑证据或者举报，对涉嫌侵犯奥林匹克标志专有权的行为进行查处时，可以行使下列职权：

（一）询问有关当事人，调查与侵犯奥林匹克标志专有权有关的情况；

（二）查阅、复制与侵权活动有关的合同、发票、账簿以及其他有关资料；

（三）对当事人涉嫌侵犯奥林匹克标志专有权活动的场所实施现场检查；

（四）检查与侵权活动有关的物品；对有证据证明是侵犯奥林匹克标志专有权的物品，予以查封或者扣押。

市场监督管理部门依法行使前款规定的职权时，当事人应当予以协助、配合，不得拒绝、阻挠。

第十四条 进出口货物涉嫌侵犯奥林匹克标志专有权的，由海关参照《中华人民共和国海关法》和《中华人民共和国知识产权海关保护条例》规定的权限和程序查处。

第十五条 侵犯奥林匹克标志专有权的赔偿数额，按照权利人因被侵权所受到的损失或者侵权人因侵权所获得的利益确定，包括为制止侵权行为所支付的合理开支；被侵权人的损失或者侵权人获得的利益难以确定的，参照该奥林匹克标志许可使用费合理确定。

销售不知道是侵犯奥林匹克标志专有权的商品，能证明该商品是自己合法取得并说明提供者的，不承担赔偿责任。

第十六条 奥林匹克标志除依照本条例受到保护外，还可以依照《中华人民共和国著作权法》、《中华人民共和国商标法》、《中华

人民共和国专利法》、《特殊标志管理条例》等法律、行政法规的规定获得保护。

第十七条 对残奥会有关标志的保护，参照本条例执行。

第十八条 本条例自 2018 年 7 月 31 日起施行。

世界博览会标志保护条例

（2004 年 10 月 13 日国务院第 66 次常务会议通过 2004 年 10 月 20 日中华人民共和国国务院令第 422 号公布 自 2004 年 12 月 1 日起施行）

第一条 为了加强对世界博览会标志的保护，维护世界博览会标志权利人的合法权益，制定本条例。

第二条 本条例所称世界博览会标志，是指：

（一）中国 2010 年上海世界博览会申办机构的名称（包括全称、简称、译名和缩写，下同）、徽记或者其他标志；

（二）中国 2010 年上海世界博览会组织机构的名称、徽记或者其他标志；

（三）中国 2010 年上海世界博览会的名称、会徽、会旗、吉祥物、会歌、主题词、口号；

（四）国际展览局的局旗。

第三条 本条例所称世界博览会标志权利人，是指中国 2010 年上海世界博览会组织机构和国际展览局。

中国 2010 年上海世界博览会组织机构为本条例第二条第（一）、（二）、（三）项规定的世界博览会标志的权利人。中国 2010 年上海世界博览会组织机构和国际展览局之间关于本条例第二条第（四）项规定的世界博览会标志的权利划分，依照中国 2010 年上海世界博览会《申办报告》、《注册报告》和国际展览局《关于使用国际展览局局旗的规定》确定。

第四条 世界博览会标志权利人依照本条例享有世界博览会标志专有权。

未经世界博览会标志权利人许可，任何人不得为商业目的（含潜在商业目的，下同）使用世界博览会标志。

第五条 本条例所称为商业目的使用，是指以营利为目的，以下列方式使用世界博览会标志：

（一）将世界博览会标志用于商品、商品包装或者容器以及商品交易文书上；

（二）将世界博览会标志用于服务业中；

（三）将世界博览会标志用于广告宣传、商业展览、营业性演出以及其他商业活动中；

（四）销售、进口、出口含有世界博览会标志的商品；

（五）制造或者销售世界博览会标志；

（六）将世界博览会标志作为字号申请企业名称登记，可能造成市场误认、混淆的；

（七）可能使他人认为行为人与世界博览会标志权利人之间存在许可使用关系而使用世界博览会标志的其他行为。

第六条 国务院工商行政管理部门依照本条例的规定，负责全国的世界博览会标志保护工作。

县级以上地方工商行政管理部门依照本条例的规定，负责本行政区域内的世界博览会标志保护工作。

第七条 世界博览会标志权利人应当将世界博览会标志报国务院工商行政管理部门备案，由国务院工商行政管理部门公告。

第八条 在本条例施行前已经依法使用世界博览会标志的，可以在原有范围内继续使用。

第九条 未经世界博览会标志权利人许可，为商业目的擅自使用世界博览会标志即侵犯世界博览会标志专有权，引起纠纷的，由

知识产权

当事人协商解决;不愿协商或者协商不成的,世界博览会标志权利人或者利害关系人可以依法向人民法院提起诉讼,也可以请求工商行政管理部门处理。

应当事人的请求,工商行政管理部门可以就侵犯世界博览会标志专有权的赔偿数额进行调解;调解不成的,当事人可以依法向人民法院提起诉讼。

第十条 工商行政管理部门根据已经取得的违法嫌疑证据或者举报查处涉嫌侵犯世界博览会标志专有权的行为时,可以行使下列职权:

(一)询问有关当事人,调查与侵犯世界博览会标志专有权有关的情况;

(二)查阅、复制与侵权活动有关的合同、发票、账簿以及其他有关资料;

(三)对当事人涉嫌侵犯世界博览会标志专有权活动的场所实施现场检查;

(四)检查与侵权活动有关的物品;对有证据证明侵犯世界博览会标志专有权的物品,予以查封或者扣押。

工商行政管理部门依法行使前款规定的职权时,当事人应当予以协助、配合,不得拒绝、阻挠。

第十一条 工商行政管理部门处理侵犯世界博览会标志专有权行为时,认定侵权行为成立的,责令立即停止侵权行为,没收、销毁侵权商品和专门用于制造侵权商品或者为商业目的擅自制造世界博览会标志的工具,有违法所得的,没收违法所得,可以并处违法所得5倍以下的罚款;没有违法所得的,可以并处5万元以下的罚款。

利用世界博览会标志进行诈骗等活动,构成犯罪的,依法追究刑事责任。

第十二条 侵犯世界博览会标志专有权的货物禁止进出口。世界博览会标志专有权海关保护的程序适用《中华人民共和国知识产权海关保护条例》的规定。

第十三条 侵犯世界博览会标志专有权的赔偿数额,按照权利人因被侵权所受到的损失或者侵权人因侵权所获得的利益确定,包括为制止侵权行为所支付的合理开支;被侵权人的损失或者侵权人获得的利益难以确定的,参照该世界博览会标志许可使用费合理确定。

销售不知道是侵犯世界博览会标志专有权的商品,能证明该商品是自己合法取得并说明提供者的,不承担赔偿责任。

第十四条 任何单位或者个人可以向工商行政管理部门或有关行政管理部门举报违反本条例使用世界博览会标志的行为。

第十五条 世界博览会标志除依照本条例受到保护外,还可以依照《中华人民共和国著作权法》、《中华人民共和国商标法》、《中华人民共和国专利法》、《中华人民共和国反不正当竞争法》、《特殊标志管理条例》等法律、行政法规的规定获得保护。

第十六条 本条例自2004年12月1日起施行。

最高人民法院关于审理侵害知识产权民事案件适用惩罚性赔偿的解释

(2021年2月7日最高人民法院审判委员会第1831次会议通过 2021年3月2日最高人民法院公告公布 自2021年3月3日起施行 法释〔2021〕4号)

为正确实施知识产权惩罚性赔偿制度,依法惩处严重侵害知识产权行为,全面加强知识产权保护,根据《中华人民共和国民法典》《中华人民共和国著作权法》《中华人民共和国商标法》《中华人民共和国专利法》《中华人民共和国反不正当竞争法》《中华人民共和国种子法》《中华人民共和国民事诉讼法》等有关法律规定，结合审判实践，制定本解释。

第一条 原告主张被告故意侵害其依法享有的知识产权且情节严重，请求判令被告承担惩罚性赔偿责任的，人民法院应当依法审查处理。

本解释所称故意，包括商标法第六十三条第一款和反不正当竞争法第十七条第三款规定的恶意。

第二条 原告请求惩罚性赔偿的，应当在起诉时明确赔偿数额、计算方式以及所依据的事实和理由。

原告在一审法庭辩论终结前增加惩罚性赔偿请求的，人民法院应当准许；在二审中增加惩罚性赔偿请求的，人民法院可以根据当事人自愿的原则进行调解，调解不成的，告知当事人另行起诉。

第三条 对于侵害知识产权的故意的认定，人民法院应当综合考虑被侵害知识产权客体类型、权利状态和相关产品知名度、被告与原告或者利害关系人之间的关系等因素。

对于下列情形，人民法院可以初步认定被告具有侵害知识产权的故意：

（一）被告经原告或者利害关系人通知、警告后，仍继续实施侵权行为的；

（二）被告或其法定代表人、管理人是原告或者利害关系人的法定代表人、管理人、实际控制人的；

（三）被告与原告或者利害关系人之间存在劳动、劳务、合作、许可、经销、代理、代表等关系，且接触过被侵害的知识产权的；

（四）被告与原告或者利害关系人之间有业务往来或者为达成合同等进行过磋商，且接触过被侵害的知识产权的；

（五）被告实施盗版、假冒注册商标行为的；

（六）其他可以认定为故意的情形。

第四条 对于侵害知识产权情节严重的认定，人民法院应当综合考虑侵权手段、次数，侵权行为的持续时间、地域范围、规模、后果，侵权人在诉讼中的行为等因素。

被告有下列情形的，人民法院可以认定为情节严重：

（一）因侵权被行政处罚或者法院裁判承担责任后，再次实施相同或者类似侵权行为的；

（二）以侵害知识产权为业；

（三）伪造、毁坏或者隐匿侵权证据的；

（四）拒不履行保全裁定；

（五）侵权获利或者权利人受损巨大；

（六）侵权行为可能危害国家安全、公共利益或者人身健康；

（七）其他可以认定为情节严重的情形。

第五条 人民法院确定惩罚性赔偿数额时，应当分别依照相关法律，以原告实际损失数额、被告违法所得数额或者因侵权所获得的利益作为计算基数。该基数不包括原告为制止侵权所支付的合理开支；法律另有规定的，依照其规定。

前款所称实际损失数额、违法所得数额、因侵权所获得的利益均难以计算的，人民法院依法参照该权利许可使用费的倍数合理确定，并以此作为惩罚性赔偿数额的计算基数。

人民法院依法责令被告提供其掌握的与侵权行为相关的账簿、资料，被告无正当理由拒不提供或者提供虚假账簿、资料的，人民法院可以参考原告的主张和证据确定惩罚性赔偿数额的计算基数。构成民事诉讼法第一百一十一条规定情形的，依法追究法律责任。

第六条 人民法院依法确定惩罚性赔偿的倍数时，应当综合考虑被告主观过错程度、侵权行为的情节严重程度等因素。

因同一侵权行为已经被处以行政罚款或者刑事罚金且执行完毕，被告主张减免惩罚性赔偿责任的，人民法院不予支持，但在确定前款所称倍数时可以综合考虑。

第七条 本解释自 2021 年 3 月 3 日起

施行。最高人民法院以前发布的相关司法解释与本解释不一致的,以本解释为准。

最高人民法院关于涉网络知识产权侵权纠纷几个法律适用问题的批复

(2020 年 8 月 24 日最高人民法院审判委员会第 1810 次会议通过 2020 年 9 月 12 日最高人民法院公告公布 自 2020 年 9 月 14 日起施行 法释〔2020〕9 号)

各省、自治区、直辖市高级人民法院,解放军军事法院,新疆维吾尔自治区高级人民法院生产建设兵团分院:

近来,有关方面就涉网络知识产权侵权纠纷法律适用的一些问题提出建议,部分高级人民法院也向本院提出了请示。经研究,批复如下。

一、知识产权权利人主张其权利受到侵害并提出保全申请,要求网络服务提供者、电子商务平台经营者迅速采取删除、屏蔽、断开链接等下架措施的,人民法院应当依法审查并作出裁定。

二、网络服务提供者、电子商务平台经营者收到知识产权权利人依法发出的通知后,应当及时将权利人的通知转送相关网络用户、平台内经营者,并根据构成侵权的初步证据和服务类型采取必要措施;未依法采取必要措施,权利人主张网络服务提供者、电子商务平台经营者对损害的扩大部分与网络用户、平台内经营者承担连带责任的,人民法院可以依法予以支持。

三、在依法转送的不存在侵权行为的声明到达知识产权权利人后的合理期限内,网络服务提供者、电子商务平台经营者未收到权利人已经投诉或者提起诉讼通知的,应当及时终止所采取的删除、屏蔽、断开链接等下架措施。因办理公证、认证手续等权利人无法控制的特殊情况导致的延迟,不计入上述期限,但该期限最长不超过 20 个工作日。

四、因恶意提交声明导致电子商务平台经营者终止必要措施并造成知识产权权利人损害,权利人依照有关法律规定请求相应惩罚性赔偿的,人民法院可以依法予以支持。

五、知识产权权利人发出的通知内容与客观事实不符,但其在诉讼中主张该通知系善意提交并请求免责,且能够举证证明的,人民法院依法审查属实后应当予以支持。

六、本批复作出时尚未终审的案件,适用本批复;本批复作出时已经终审,当事人申请再审或者按照审判监督程序决定再审的案件,不适用本批复。

(二)著作权

中华人民共和国著作权法

(1990 年 9 月 7 日第七届全国人民代表大会常务委员会第十五次会议通过 根据 2001 年 10 月 27 日第九届全国人民代表大会常务委员会第二十四次会议《关于修改〈中华人民共和国著作权法〉的决定》第一次修正 根据 2010 年 2 月 26 日第十一届全国人民代表大会常务委员会第十三次会议《关于修改〈中华人民共和国著作权法〉的决定》第二次修正 根据 2020 年 11 月 11 日第十三届全国人民代表大会常务委员会第二十三次会议《关于修改〈中华人民共和国著作权法〉的决定》第三次修正)

目 录

第一章 总 则

第一章　总　　则

第一条　为保护文学、艺术和科学作品作者的著作权，以及与著作权有关的权益，鼓励有益于社会主义精神文明、物质文明建设的作品的创作和传播，促进社会主义文化和科学事业的发展与繁荣，根据宪法制定本法。

第二条　中国公民、法人或者非法人组织的作品，不论是否发表，依照本法享有著作权。

外国人、无国籍人的作品根据其作者所属国或者经常居住地国同中国签订的协议或者共同参加的国际条约享有的著作权，受本法保护。

外国人、无国籍人的作品首先在中国境内出版的，依照本法享有著作权。

未与中国签订协议或者共同参加国际条约的国家的作者以及无国籍人的作品首次在中国参加的国际条约的成员国出版的，或者在成员国和非成员国同时出版的，受本法保护。

第三条　本法所称的作品，是指文学、艺术和科学领域内具有独创性并能以一定形式表现的智力成果，包括：

（一）文字作品；

（二）口述作品；

（三）音乐、戏剧、曲艺、舞蹈、杂技艺术作品；

（四）美术、建筑作品；

（五）摄影作品；

（六）视听作品；

（七）工程设计图、产品设计图、地图、示意图等图形作品和模型作品；

（八）计算机软件；

（九）符合作品特征的其他智力成果。

第四条　著作权人和与著作权有关的权利人行使权利，不得违反宪法和法律，不得损害公共利益。国家对作品的出版、传播依法进行监督管理。

第五条　本法不适用于：

（一）法律、法规，国家机关的决议、决定、命令和其他具有立法、行政、司法性质的文件，及其官方正式译文；

（二）单纯事实消息；

（三）历法、通用数表、通用表格和公式。

第六条　民间文学艺术作品的著作权保护办法由国务院另行规定。

第七条　国家著作权主管部门负责全国的著作权管理工作；县级以上地方主管著作权的部门负责本行政区域的著作权管理工作。

第八条　著作权人和与著作权有关的权利人可以授权著作权集体管理组织行使著作权或者与著作权有关的权利。依法设立的著作权集体管理组织是非营利法人，被授权后可以以自己的名义为著作权人和与著作权有关的权利人主张权利，并可以作为当事人进行涉及著作权或者与著作权有关的权利的诉讼、仲裁、调解活动。

著作权集体管理组织根据授权向使用者收取使用费。使用费的收取标准由著作权集体管理组织和使用者代表协商确定,协商不成的,可以向国家著作权主管部门申请裁决,对裁决不服的,可以向人民法院提起诉讼;当事人也可以直接向人民法院提起诉讼。

著作权集体管理组织应当将使用费的收取和转付、管理费的提取和使用、使用费的未分配部分等总体情况定期向社会公布,并应当建立权利信息查询系统,供权利人和使用者查询。国家著作权主管部门应当依法对著作权集体管理组织进行监督、管理。

著作权集体管理组织的设立方式、权利义务、使用费的收取和分配,以及对其监督和管理等由国务院另行规定。

第二章 著 作 权

第一节 著作权人及其权利

第九条 著作权人包括:

(一)作者;

(二)其他依照本法享有著作权的自然人、法人或者非法人组织。

第十条 著作权包括下列人身权和财产权:

(一)发表权,即决定作品是否公之于众的权利;

(二)署名权,即表明作者身份,在作品上署名的权利;

(三)修改权,即修改或者授权他人修改作品的权利;

(四)保护作品完整权,即保护作品不受歪曲、篡改的权利;

(五)复制权,即以印刷、复印、拓印、录音、录像、翻录、翻拍、数字化等方式将作品制作一份或者多份的权利;

(六)发行权,即以出售或者赠与方式向公众提供作品的原件或者复制件的权利;

(七)出租权,即有偿许可他人临时使用视听作品、计算机软件的原件或者复制件的权利,计算机软件不是出租的主要标的的除外;

(八)展览权,即公开陈列美术作品、摄影作品的原件或者复制件的权利;

(九)表演权,即公开表演作品,以及用各种手段公开播送作品的表演的权利;

(十)放映权,即通过放映机、幻灯机等技术设备公开再现美术、摄影、视听作品等的权利;

(十一)广播权,即以有线或者无线方式公开传播或者转播作品,以及通过扩音器或者其他传送符号、声音、图像的类似工具向公众传播广播的作品的权利,但不包括本款第十二项规定的权利;

(十二)信息网络传播权,即以有线或者无线方式向公众提供,使公众可以在其选定的时间和地点获得作品的权利;

(十三)摄制权,即以摄制视听作品的方法将作品固定在载体上的权利;

(十四)改编权,即改变作品,创作出具有独创性的新作品的权利;

(十五)翻译权,即将作品从一种语言文字转换成另一种语言文字的权利;

(十六)汇编权,即将作品或者作品的片段通过选择或者编排,汇集成新作品的权利;

(十七)应当由著作权人享有的其他权利。

著作权人可以许可他人行使前款第五项至第十七项规定的权利,并依照约定或者本法有关规定获得报酬。

著作权人可以全部或者部分转让本条第一款第五项至第十七项规定的权利,并依照约定或者本法有关规定获得报酬。

第二节 著作权归属

第十一条 著作权属于作者,本法另有规定的除外。

创作作品的自然人是作者。

由法人或者非法人组织主持，代表法人或者非法人组织意志创作，并由法人或者非法人组织承担责任的作品，法人或者非法人组织视为作者。

第十二条 在作品上署名的自然人、法人或者非法人组织为作者，且该作品上存在相应权利，但有相反证明的除外。

作者等著作权人可以向国家著作权主管部门认定的登记机构办理作品登记。

与著作权有关的权利参照适用前两款规定。

第十三条 改编、翻译、注释、整理已有作品而产生的作品，其著作权由改编、翻译、注释、整理人享有，但行使著作权时不得侵犯原作品的著作权。

第十四条 两人以上合作创作的作品，著作权由合作作者共同享有。没有参加创作的人，不能成为合作作者。

合作作品的著作权由合作作者通过协商一致行使；不能协商一致，又无正当理由的，任何一方不得阻止他方行使除转让、许可他人专有使用、出质以外的其他权利，但是所得收益应当合理分配给所有合作作者。

合作作品可以分割使用的，作者对各自创作的部分可以单独享有著作权，但行使著作权时不得侵犯合作作品整体的著作权。

第十五条 汇编若干作品、作品的片段或者不构成作品的数据或者其他材料，对其内容的选择或者编排体现独创性的作品，为汇编作品，其著作权由汇编人享有，但行使著作权时，不得侵犯原作品的著作权。

第十六条 使用改编、翻译、注释、整理、汇编已有作品而产生的作品进行出版、演出和制作录音录像制品，应当取得该作品的著作权人和原作品的著作权人许可，并支付报酬。

第十七条 视听作品中的电影作品、电视剧作品的著作权由制作者享有，但编剧、导演、摄影、作词、作曲等作者享有署名权，并有权按照与制作者签订的合同获得报酬。

前款规定以外的视听作品的著作权归属由当事人约定；没有约定或者约定不明确的，由制作者享有，但作者享有署名权和获得报酬的权利。

视听作品中的剧本、音乐等可以单独使用的作品的作者有权单独行使其著作权。

第十八条 自然人为完成法人或者非法人组织工作任务所创作的作品是职务作品，除本条第二款的规定以外，著作权由作者享有，但法人或者非法人组织有权在其业务范围内优先使用。作品完成两年内，未经单位同意，作者不得许可第三人以与单位使用的相同方式使用该作品。

有下列情形之一的职务作品，作者享有署名权，著作权的其他权利由法人或者非法人组织享有，法人或者非法人组织可以给予作者奖励：

（一）主要是利用法人或者非法人组织的物质技术条件创作，并由法人或者非法人组织承担责任的工程设计图、产品设计图、地图、示意图、计算机软件等职务作品；

（二）报社、期刊社、通讯社、广播电台、电视台的工作人员创作的职务作品；

（三）法律、行政法规规定或者合同约定著作权由法人或者非法人组织享有的职务作品。

第十九条 受委托创作的作品，著作权的归属由委托人和受托人通过合同约定。合同未作明确约定或者没有订立合同的，著作权属于受托人。

第二十条 作品原件所有权的转移，不改变作品著作权的归属，但美术、摄影作品原件的展览权由原件所有人享有。

作者将未发表的美术、摄影作品的原件所有权转让给他人，受让人展览该原件不构成对作者发表权的侵犯。

知识产权

第二十一条 著作权属于自然人的,自然人死亡后,其本法第十条第一款第五项至第十七项规定的权利在本法规定的保护期内,依法转移。

著作权属于法人或者非法人组织的,法人或者非法人组织变更、终止后,其本法第十条第一款第五项至第十七项规定的权利在本法规定的保护期内,由承受其权利义务的法人或者非法人组织享有;没有承受其权利义务的法人或者非法人组织的,由国家享有。

第三节 权利的保护期

第二十二条 作者的署名权、修改权、保护作品完整权的保护期不受限制。

第二十三条 自然人的作品,其发表权、本法第十条第一款第五项至第十七项规定的权利的保护期为作者终生及其死亡后五十年,截止于作者死亡后第五十年的 12 月 31 日;如果是合作作品,截止于最后死亡的作者死亡后第五十年的 12 月 31 日。

法人或者非法人组织的作品、著作权(署名权除外)由法人或者非法人组织享有的职务作品,其发表权的保护期为五十年,截止于作品创作完成后第五十年的 12 月 31 日;本法第十条第一款第五项至第十七项规定的权利的保护期为五十年,截止于作品首次发表后第五十年的 12 月 31 日,但作品自创作完成后五十年内未发表的,本法不再保护。

视听作品,其发表权的保护期为五十年,截止于作品创作完成后第五十年的 12 月 31 日;本法第十条第一款第五项至第十七项规定的权利的保护期为五十年,截止于作品首次发表后第五十年的 12 月 31 日,但作品自创作完成后五十年内未发表的,本法不再保护。

第四节 权利的限制

第二十四条 在下列情况下使用作品,可以不经著作权人许可,不向其支付报酬,但应当指明作者姓名或者名称、作品名称,并且不得影响该作品的正常使用,也不得不合理地损害著作权人的合法权益:

(一)为个人学习、研究或者欣赏,使用他人已经发表的作品;

(二)为介绍、评论某一作品或者说明某一问题,在作品中适当引用他人已经发表的作品;

(三)为报道新闻,在报纸、期刊、广播电台、电视台等媒体中不可避免地再现或者引用已经发表的作品;

(四)报纸、期刊、广播电台、电视台等媒体刊登或者播放其他报纸、期刊、广播电台、电视台等媒体已经发表的关于政治、经济、宗教问题的时事性文章,但著作权人声明不许刊登、播放的除外;

(五)报纸、期刊、广播电台、电视台等媒体刊登或者播放在公众集会上发表的讲话,但作者声明不许刊登、播放的除外;

(六)为学校课堂教学或者科学研究,翻译、改编、汇编、播放或者少量复制已经发表的作品,供教学或者科研人员使用,但不得出版发行;

(七)国家机关为执行公务在合理范围内使用已经发表的作品;

(八)图书馆、档案馆、纪念馆、博物馆、美术馆、文化馆等为陈列或者保存版本的需要,复制本馆收藏的作品;

(九)免费表演已经发表的作品,该表演未向公众收取费用,也未向表演者支付报酬,且不以营利为目的;

(十)对设置或者陈列在公共场所的艺术作品进行临摹、绘画、摄影、录像;

(十一)将中国公民、法人或者非法人组织已经发表的以国家通用语言文字创作的作品翻译成少数民族语言文字作品在国内出版发行;

(十二)以阅读障碍者能够感知的无障碍

方式向其提供已经发表的作品;

(十三)法律、行政法规规定的其他情形。

前款规定适用于对与著作权有关的权利的限制。

第二十五条 为实施义务教育和国家教育规划而编写出版教科书,可以不经著作权人许可,在教科书中汇编已经发表的作品片段或者短小的文字作品、音乐作品或者单幅的美术作品、摄影作品、图形作品,但应当按照规定向著作权人支付报酬,指明作者姓名或者名称、作品名称,并且不得侵犯著作权人依照本法享有的其他权利。

前款规定适用于对与著作权有关的权利的限制。

第三章 著作权许可使用和转让合同

第二十六条 使用他人作品应当同著作权人订立许可使用合同,本法规定可以不经许可的除外。

许可使用合同包括下列主要内容:

(一)许可使用的权利种类;

(二)许可使用的权利是专有使用权或者非专有使用权;

(三)许可使用的地域范围、期间;

(四)付酬标准和办法;

(五)违约责任;

(六)双方认为需要约定的其他内容。

第二十七条 转让本法第十条第一款第五项至第十七项规定的权利,应当订立书面合同。

权利转让合同包括下列主要内容:

(一)作品的名称;

(二)转让的权利种类、地域范围;

(三)转让价金;

(四)交付转让价金的日期和方式;

(五)违约责任;

(六)双方认为需要约定的其他内容。

第二十八条 以著作权中的财产权出质的,由出质人和质权人依法办理出质登记。

第二十九条 许可使用合同和转让合同中著作权人未明确许可、转让的权利,未经著作权人同意,另一方当事人不得行使。

第三十条 使用作品的付酬标准可以由当事人约定,也可以按照国家著作权主管部门会同有关部门制定的付酬标准支付报酬。当事人约定不明确的,按照国家著作权主管部门会同有关部门制定的付酬标准支付报酬。

第三十一条 出版者、表演者、录音录像制作者、广播电台、电视台等依照本法有关规定使用他人作品的,不得侵犯作者的署名权、修改权、保护作品完整权和获得报酬的权利。

第四章 与著作权有关的权利

第一节 图书、报刊的出版

第三十二条 图书出版者出版图书应当和著作权人订立出版合同,并支付报酬。

第三十三条 图书出版者对著作权人交付出版的作品,按照合同约定享有的专有出版权受法律保护,他人不得出版该作品。

第三十四条 著作权人应当按照合同约定期限交付作品。图书出版者应当按照合同约定的出版质量、期限出版图书。

图书出版者不按照合同约定期限出版,应当依照本法第六十一条的规定承担民事责任。

图书出版者重印、再版作品的,应当通知著作权人,并支付报酬。图书脱销后,图书出版者拒绝重印、再版的,著作权人有权终止合同。

第三十五条 著作权人向报社、期刊社投稿的,自稿件发出之日起十五日内未收到

知识产权

报社通知决定刊登的，或者自稿件发出之日起三十日内未收到期刊社通知决定刊登的，可以将同一作品向其他报社、期刊社投稿。双方另有约定的除外。

作品刊登后，除著作权人声明不得转载、摘编的外，其他报刊可以转载或者作为文摘、资料刊登，但应当按照规定向著作权人支付报酬。

第三十六条 图书出版者经作者许可，可以对作品修改、删节。

报社、期刊社可以对作品作文字性修改、删节。对内容的修改，应当经作者许可。

第三十七条 出版者有权许可或者禁止他人使用其出版的图书、期刊的版式设计。

前款规定的权利的保护期为十年，截止于使用该版式设计的图书、期刊首次出版后第十年的 12 月 31 日。

第二节 表 演

第三十八条 使用他人作品演出，表演者应当取得著作权人许可，并支付报酬。演出组织者组织演出，由该组织者取得著作权人许可，并支付报酬。

第三十九条 表演者对其表演享有下列权利：

（一）表明表演者身份；

（二）保护表演形象不受歪曲；

（三）许可他人从现场直播和公开传送其现场表演，并获得报酬；

（四）许可他人录音录像，并获得报酬；

（五）许可他人复制、发行、出租录有其表演的录音录像制品，并获得报酬；

（六）许可他人通过信息网络向公众传播其表演，并获得报酬。

被许可人以前款第三项至第六项规定的方式使用作品，还应当取得著作权人许可，并支付报酬。

第四十条 演员为完成本演出单位的演出任务进行的表演为职务表演，演员享有表明身份和保护表演形象不受歪曲的权利，其他权利归属由当事人约定。当事人没有约定或者约定不明确的，职务表演的权利由演出单位享有。

职务表演的权利由演员享有的，演出单位可以在其业务范围内免费使用该表演。

第四十一条 本法第三十九条第一款第一项、第二项规定的权利的保护期不受限制。

本法第三十九条第一款第三项至第六项规定的权利的保护期为五十年，截止于该表演发生后第五十年的 12 月 31 日。

第三节 录 音 录 像

第四十二条 录音录像制作者使用他人作品制作录音录像制品，应当取得著作权人许可，并支付报酬。

录音制作者使用他人已经合法录制为录音制品的音乐作品制作录音制品，可以不经著作权人许可，但应当按照规定支付报酬；著作权人声明不许使用的不得使用。

第四十三条 录音录像制作者制作录音录像制品，应当同表演者订立合同，并支付报酬。

第四十四条 录音录像制作者对其制作的录音录像制品，享有许可他人复制、发行、出租、通过信息网络向公众传播并获得报酬的权利；权利的保护期为五十年，截止于该制品首次制作完成后第五十年的 12 月 31 日。

被许可人复制、发行、通过信息网络向公众传播录音录像制品，应当同时取得著作权人、表演者许可，并支付报酬；被许可人出租录音录像制品，还应当取得表演者许可，并支付报酬。

第四十五条 将录音制品用于有线或者无线公开传播，或者通过传送声音的技术设备向公众公开播送的，应当向录音制作者支付报酬。

第四节 广播电台、电视台播放

第四十六条 广播电台、电视台播放他人未发表的作品，应当取得著作权人许可，并支付报酬。

广播电台、电视台播放他人已发表的作品，可以不经著作权人许可，但应当按照规定支付报酬。

第四十七条 广播电台、电视台有权禁止未经其许可的下列行为：

（一）将其播放的广播、电视以有线或者无线方式转播；

（二）将其播放的广播、电视录制以及复制；

（三）将其播放的广播、电视通过信息网络向公众传播。

广播电台、电视台行使前款规定的权利，不得影响、限制或者侵害他人行使著作权或者与著作权有关的权利。

本条第一款规定的权利的保护期为五十年，截止于该广播、电视首次播放后第五十年的 12 月 31 日。

第四十八条 电视台播放他人的视听作品、录像制品，应当取得视听作品著作权人或者录像制作者许可，并支付报酬；播放他人的录像制品，还应当取得著作权人许可，并支付报酬。

第五章 著作权和与著作权有关的权利的保护

第四十九条 为保护著作权和与著作权有关的权利，权利人可以采取技术措施。

未经权利人许可，任何组织或者个人不得故意避开或者破坏技术措施，不得以避开或者破坏技术措施为目的制造、进口或者向公众提供有关装置或者部件，不得故意为他人避开或者破坏技术措施提供技术服务。但是，法律、行政法规规定可以避开的情形除外。

本法所称的技术措施，是指用于防止、限制未经权利人许可浏览、欣赏作品、表演、录音录像制品或者通过信息网络向公众提供作品、表演、录音录像制品的有效技术、装置或者部件。

第五十条 下列情形可以避开技术措施，但不得向他人提供避开技术措施的技术、装置或者部件，不得侵犯权利人依法享有的其他权利：

（一）为学校课堂教学或者科学研究，提供少量已经发表的作品，供教学或者科研人员使用，而该作品无法通过正常途径获取；

（二）不以营利为目的，以阅读障碍者能够感知的无障碍方式向其提供已经发表的作品，而该作品无法通过正常途径获取；

（三）国家机关依照行政、监察、司法程序执行公务；

（四）对计算机及其系统或者网络的安全性能进行测试；

（五）进行加密研究或者计算机软件反向工程研究。

前款规定适用于对与著作权有关的权利的限制。

第五十一条 未经权利人许可，不得进行下列行为：

（一）故意删除或者改变作品、版式设计、表演、录音录像制品或者广播、电视上的权利管理信息，但由于技术上的原因无法避免的除外；

（二）知道或者应当知道作品、版式设计、表演、录音录像制品或者广播、电视上的权利管理信息未经许可被删除或者改变，仍然向公众提供。

第五十二条 有下列侵权行为的，应当根据情况，承担停止侵害、消除影响、赔礼道歉、赔偿损失等民事责任：

（一）未经著作权人许可，发表其作品的；

（二）未经合作作者许可，将与他人合作创作的作品当作自己单独创作的作品发表的；

（三）没有参加创作，为谋取个人名利，在他人作品上署名的；

（四）歪曲、篡改他人作品的；

（五）剽窃他人作品的；

（六）未经著作权人许可，以展览、摄制视听作品的方法使用作品，或者以改编、翻译、注释等方式使用作品的，本法另有规定的除外；

（七）使用他人作品，应当支付报酬而未支付的；

（八）未经视听作品、计算机软件、录音录像制品的著作权人、表演者或者录音录像制作者许可，出租其作品或者录音录像制品的原件或者复制件的，本法另有规定的除外；

（九）未经出版者许可，使用其出版的图书、期刊的版式设计的；

（十）未经表演者许可，从现场直播或者公开传送其现场表演，或者录制其表演的；

（十一）其他侵犯著作权以及与著作权有关的权利的行为。

第五十三条　有下列侵权行为的，应当根据情况，承担本法第五十二条规定的民事责任；侵权行为同时损害公共利益的，由主管著作权的部门责令停止侵权行为，予以警告，没收违法所得，没收、无害化销毁处理侵权复制品以及主要用于制作侵权复制品的材料、工具、设备等，违法经营额五万元以上的，可以并处违法经营额一倍以上五倍以下的罚款；没有违法经营额、违法经营额难以计算或者不足五万元的，可以并处二十五万元以下的罚款；构成犯罪的，依法追究刑事责任：

（一）未经著作权人许可，复制、发行、表演、放映、广播、汇编、通过信息网络向公众传播其作品的，本法另有规定的除外；

（二）出版他人享有专有出版权的图书的；

（三）未经表演者许可，复制、发行录有其表演的录音录像制品，或者通过信息网络向公众传播其表演的，本法另有规定的除外；

（四）未经录音录像制作者许可，复制、发行、通过信息网络向公众传播其制作的录音录像制品的，本法另有规定的除外；

（五）未经许可，播放、复制或者通过信息网络向公众传播广播、电视的，本法另有规定的除外；

（六）未经著作权人或者与著作权有关的权利人许可，故意避开或者破坏技术措施的，故意制造、进口或者向他人提供主要用于避开、破坏技术措施的装置或者部件的，或者故意为他人避开或者破坏技术措施提供技术服务的，法律、行政法规另有规定的除外；

（七）未经著作权人或者与著作权有关的权利人许可，故意删除或者改变作品、版式设计、表演、录音录像制品或者广播、电视上的权利管理信息的，知道或者应当知道作品、版式设计、表演、录音录像制品或者广播、电视上的权利管理信息未经许可被删除或者改变，仍然向公众提供的，法律、行政法规另有规定的除外；

（八）制作、出售假冒他人署名的作品的。

第五十四条　侵犯著作权或者与著作权有关的权利的，侵权人应当按照权利人因此受到的实际损失或者侵权人的违法所得给予赔偿；权利人的实际损失或者侵权人的违法所得难以计算的，可以参照该权利使用费给予赔偿。对故意侵犯著作权或者与著作权有关的权利，情节严重的，可以在按照上述方法确定数额的一倍以上五倍以下给予赔偿。

权利人的实际损失、侵权人的违法所得、权利使用费难以计算的，由人民法院根据侵权行为的情节，判决给予五百元以上五百万元以下的赔偿。

赔偿数额还应当包括权利人为制止侵权行为所支付的合理开支。

人民法院为确定赔偿数额，在权利人已经尽了必要举证责任，而与侵权行为相关的账簿、资料等主要由侵权人掌握的，可以责令侵权人提供与侵权行为相关的账簿、资料等；侵权人不提供，或者提供虚假的账簿、资料等的，人民法院可以参考权利人的主张和提供的证据确定赔偿数额。

人民法院审理著作权纠纷案件，应权利人请求，对侵权复制品，除特殊情况外，责令销毁；对主要用于制造侵权复制品的材料、工具、设备等，责令销毁，且不予补偿；或者在特殊情况下，责令禁止前述材料、工具、设备等进入商业渠道，且不予补偿。

第五十五条 主管著作权的部门对涉嫌侵犯著作权和与著作权有关的权利的行为进行查处时，可以询问有关当事人，调查与涉嫌违法行为有关的情况；对当事人涉嫌违法行为的场所和物品实施现场检查；查阅、复制与涉嫌违法行为有关的合同、发票、账簿以及其他有关资料；对于涉嫌违法行为的场所和物品，可以查封或者扣押。

主管著作权的部门依法行使前款规定的职权时，当事人应当予以协助、配合，不得拒绝、阻挠。

第五十六条 著作权人或者与著作权有关的权利人有证据证明他人正在实施或者即将实施侵犯其权利、妨碍其实现权利的行为，如不及时制止将会使其合法权益受到难以弥补的损害的，可以在起诉前依法向人民法院申请采取财产保全、责令作出一定行为或者禁止作出一定行为等措施。

第五十七条 为制止侵权行为，在证据可能灭失或者以后难以取得的情况下，著作权人或者与著作权有关的权利人可以在起诉前依法向人民法院申请保全证据。

第五十八条 人民法院审理案件，对于侵犯著作权或者与著作权有关的权利的，可以没收违法所得、侵权复制品以及进行违法活动的财物。

第五十九条 复制品的出版者、制作者不能证明其出版、制作有合法授权的，复制品的发行者或者视听作品、计算机软件、录音录像制品的复制品的出租者不能证明其发行、出租的复制品有合法来源的，应当承担法律责任。

在诉讼程序中，被诉侵权人主张其不承担侵权责任的，应当提供证据证明已经取得权利人的许可，或者具有本法规定的不经权利人许可而可以使用的情形。

第六十条 著作权纠纷可以调解，也可以根据当事人达成的书面仲裁协议或者著作权合同中的仲裁条款，向仲裁机构申请仲裁。

当事人没有书面仲裁协议，也没有在著作权合同中订立仲裁条款的，可以直接向人民法院起诉。

第六十一条 当事人因不履行合同义务或者履行合同义务不符合约定而承担民事责任，以及当事人行使诉讼权利、申请保全等，适用有关法律的规定。

第六章 附 则

第六十二条 本法所称的著作权即版权。

第六十三条 本法第二条所称的出版，指作品的复制、发行。

第六十四条 计算机软件、信息网络传播权的保护办法由国务院另行规定。

第六十五条 摄影作品，其发表权、本法第十条第一款第五项至第十七项规定的权利的保护期在2021年6月1日前已经届满，但依据本法第二十三条第一款的规定仍在保护期内的，不再保护。

第六十六条 本法规定的著作权人和出

版者、表演者、录音录像制作者、广播电台、电视台的权利，在本法施行之日尚未超过本法规定的保护期的，依照本法予以保护。

本法施行前发生的侵权或者违约行为，依照侵权或者违约行为发生时的有关规定处理。

第六十七条 本法自 1991 年 6 月 1 日起施行。

中华人民共和国
著作权法实施条例

（2002 年 8 月 2 日中华人民共和国国务院令第 359 号公布 根据 2011 年 1 月 8 日《国务院关于废止和修改部分行政法规的决定》第一次修订 根据 2013 年 1 月 30 日《国务院关于修改〈中华人民共和国著作权法实施条例〉的决定》第二次修订）

第一条 根据《中华人民共和国著作权法》（以下简称著作权法），制定本条例。

第二条 著作权法所称作品，是指文学、艺术和科学领域内具有独创性并能以某种有形形式复制的智力成果。

第三条 著作权法所称创作，是指直接产生文学、艺术和科学作品的智力活动。

为他人创作进行组织工作，提供咨询意见、物质条件，或者进行其他辅助工作，均不视为创作。

第四条 著作权法和本条例中下列作品的含义：

（一）文字作品，是指小说、诗词、散文、论文等以文字形式表现的作品；

（二）口述作品，是指即兴的演说、授课、法庭辩论等以口头语言形式表现的作品；

（三）音乐作品，是指歌曲、交响乐等能够演唱或者演奏的带词或者不带词的作品；

（四）戏剧作品，是指话剧、歌剧、地方戏等供舞台演出的作品；

（五）曲艺作品，是指相声、快书、大鼓、评书等以说唱为主要形式表演的作品；

（六）舞蹈作品，是指通过连续的动作、姿势、表情等表现思想情感的作品；

（七）杂技艺术作品，是指杂技、魔术、马戏等通过形体动作和技巧表现的作品；

（八）美术作品，是指绘画、书法、雕塑等以线条、色彩或者其他方式构成的有审美意义的平面或者立体的造型艺术作品；

（九）建筑作品，是指以建筑物或者构筑物形式表现的有审美意义的作品；

（十）摄影作品，是指借助器械在感光材料或者其他介质上记录客观物体形象的艺术作品；

（十一）电影作品和以类似摄制电影的方法创作的作品，是指摄制在一定介质上，由一系列有伴音或者无伴音的画面组成，并且借助适当装置放映或者以其他方式传播的作品；

（十二）图形作品，是指为施工、生产绘制的工程设计图、产品设计图，以及反映地理现象、说明事物原理或者结构的地图、示意图等作品；

（十三）模型作品，是指为展示、试验或者观测等用途，根据物体的形状和结构，按照一定比例制成的立体作品。

第五条 著作权法和本条例中下列用语的含义：

（一）时事新闻，是指通过报纸、期刊、广播电台、电视台等媒体报道的单纯事实消息；

（二）录音制品，是指任何对表演的声音和其他声音的录制品；

（三）录像制品，是指电影作品和以类似摄制电影的方法创作的作品以外的任何有伴音或者无伴音的连续相关形象、图像的录制品；

（四）录音制作者，是指录音制品的首次制作人；

（五）录像制作者，是指录像制品的首次制作人；

（六）表演者，是指演员、演出单位或者其他表演文学、艺术作品的人。

第六条 著作权自作品创作完成之日起产生。

第七条 著作权法第二条第三款规定的首先在中国境内出版的外国人、无国籍人的作品，其著作权自首次出版之日起受保护。

第八条 外国人、无国籍人的作品在中国境外首先出版后，30 日内在中国境内出版的，视为该作品同时在中国境内出版。

第九条 合作作品不可以分割使用的，其著作权由各合作作者共同享有，通过协商一致行使；不能协商一致，又无正当理由的，任何一方不得阻止他方行使除转让以外的其他权利，但是所得收益应当合理分配给所有合作作者。

第十条 著作权人许可他人将其作品摄制成电影作品和以类似摄制电影的方法创作的作品的，视为已同意对其作品进行必要的改动，但是这种改动不得歪曲篡改原作品。

第十一条 著作权法第十六条第一款关于职务作品的规定中的"工作任务"，是指公民在该法人或者该组织中应当履行的职责。

著作权法第十六条第二款关于职务作品的规定中的"物质技术条件"，是指该法人或者该组织为公民完成创作专门提供的资金、设备或者资料。

第十二条 职务作品完成两年内，经单位同意，作者许可第三人以与单位使用的相同方式使用作品所获报酬，由作者与单位按约定的比例分配。

作品完成两年的期限，自作者向单位交付作品之日起计算。

第十三条 作者身份不明的作品，由作品原件的所有人行使除署名权以外的著作权。作者身份确定后，由作者或者其继承人行使著作权。

第十四条 合作作者之一死亡后，其对合作作品享有的著作权法第十条第一款第五项至第十七项规定的权利无人继承又无人受遗赠的，由其他合作作者享有。

第十五条 作者死亡后，其著作权中的署名权、修改权和保护作品完整权由作者的继承人或者受遗赠人保护。

著作权无人继承又无人受遗赠的，其署名权、修改权和保护作品完整权由著作权行政管理部门保护。

第十六条 国家享有著作权的作品的使用，由国务院著作权行政管理部门管理。

第十七条 作者生前未发表的作品，如果作者未明确表示不发表，作者死亡后 50 年内，其发表权可由继承人或者受遗赠人行使；没有继承人又无人受遗赠的，由作品原件的所有人行使。

第十八条 作者身份不明的作品，其著作权法第十条第一款第五项至第十七项规定的权利的保护期截止于作品首次发表后第 50 年的 12 月 31 日。作者身份确定后，适用著作权法第二十一条的规定。

第十九条 使用他人作品的，应当指明作者姓名、作品名称；但是，当事人另有约定或者由于作品使用方式的特性无法指明的除外。

第二十条 著作权法所称已经发表的作品，是指著作权人自行或者许可他人公之于众的作品。

第二十一条 依照著作权法有关规定，使用可以不经著作权人许可的已经发表的作品的，不得影响该作品的正常使用，也不得不合理地损害著作权人的合法利益。

第二十二条 依照著作权法第二十三条、第三十三条第二款、第四十条第三款的规定使用作品的付酬标准,由国务院著作权行政管理部门会同国务院价格主管部门制定、公布。

第二十三条 使用他人作品应当同著作权人订立许可使用合同,许可使用的权利是专有使用权的,应当采取书面形式,但是报社、期刊社刊登作品除外。

第二十四条 著作权法第二十四条规定的专有使用权的内容由合同约定,合同没有约定或者约定不明的,视为被许可人有权排除包括著作权人在内的任何人以同样的方式使用作品;除合同另有约定外,被许可人许可第三人行使同一权利,必须取得著作权人的许可。

第二十五条 与著作权人订立专有许可使用合同、转让合同的,可以向著作权行政管理部门备案。

第二十六条 著作权法和本条例所称与著作权有关的权益,是指出版者对其出版的图书和期刊的版式设计享有的权利,表演者对其表演享有的权利,录音录像制作者对其制作的录音录像制品享有的权利,广播电台、电视台对其播放的广播、电视节目享有的权利。

第二十七条 出版者、表演者、录音录像制作者、广播电台、电视台行使权利,不得损害被使用作品和原作品著作权人的权利。

第二十八条 图书出版合同中约定图书出版者享有专有出版权但没有明确其具体内容的,视为图书出版者享有在合同有效期限内和在合同约定的地域范围内以同种文字的原版、修订版出版图书的专有权利。

第二十九条 著作权人寄给图书出版者的两份订单在 6 个月内未能得到履行,视为著作权法第三十二条所称图书脱销。

第三十条 著作权人依照著作权法第三十三条第二款声明不得转载、摘编其作品的,应当在报纸、期刊刊登该作品时附带声明。

第三十一条 著作权人依照著作权法第四十条第三款声明不得对其作品制作录音制品的,应当在该作品合法录制为录音制品时声明。

第三十二条 依照著作权法第二十三条、第三十三条第二款、第四十条第三款的规定,使用他人作品的,应当自使用该作品之日起 2 个月内向著作权人支付报酬。

第三十三条 外国人、无国籍人在中国境内的表演,受著作权法保护。

外国人、无国籍人根据中国参加的国际条约对其表演享有的权利,受著作权法保护。

第三十四条 外国人、无国籍人在中国境内制作、发行的录音制品,受著作权法保护。

外国人、无国籍人根据中国参加的国际条约对其制作、发行的录音制品享有的权利,受著作权法保护。

第三十五条 外国的广播电台、电视台根据中国参加的国际条约对其播放的广播、电视节目享有的权利,受著作权法保护。

第三十六条 有著作权法第四十八条所列侵权行为,同时损害社会公共利益,非法经营额 5 万元以上的,著作权行政管理部门可处非法经营额 1 倍以上 5 倍以下的罚款;没有非法经营额或者非法经营额 5 万元以下的,著作权行政管理部门根据情节轻重,可处 25 万元以下的罚款。

第三十七条 有著作权法第四十八条所列侵权行为,同时损害社会公共利益的,由地方人民政府著作权行政管理部门负责查处。

国务院著作权行政管理部门可以查处在全国有重大影响的侵权行为。

第三十八条 本条例自 2002 年 9 月 15 日起施行。1991 年 5 月 24 日国务院批准、1991 年 5 月 30 日国家版权局发布的《中华人民共和国著作权法实施条例》同时废止。

著作权集体管理条例

（2004 年 12 月 28 日中华人民共和国国务院令第 429 号公布　根据 2011 年 1 月 8 日《国务院关于废止和修改部分行政法规的决定》第一次修订　根据 2013 年 12 月 7 日《国务院关于修改部分行政法规的决定》第二次修订）

第一章　总　　则

第一条　为了规范著作权集体管理活动，便于著作权人和与著作权有关的权利人（以下简称权利人）行使权利和使用者使用作品，根据《中华人民共和国著作权法》（以下简称著作权法）制定本条例。

第二条　本条例所称著作权集体管理，是指著作权集体管理组织经权利人授权，集中行使权利人的有关权利并以自己的名义进行的下列活动：

（一）与使用者订立著作权或者与著作权有关的权利许可使用合同（以下简称许可使用合同）；

（二）向使用者收取使用费；

（三）向权利人转付使用费；

（四）进行涉及著作权或者与著作权有关的权利的诉讼、仲裁等。

第三条　本条例所称著作权集体管理组织，是指为权利人的利益依法设立，根据权利人授权、对权利人的著作权或者与著作权有关的权利进行集体管理的社会团体。

著作权集体管理组织应当依照有关社会团体登记管理的行政法规和本条例的规定进行登记并开展活动。

第四条　著作权法规定的表演权、放映权、广播权、出租权、信息网络传播权、复制权等权利人自己难以有效行使的权利，可以由著作权集体管理组织进行集体管理。

第五条　国务院著作权管理部门主管全国的著作权集体管理工作。

第六条　除依照本条例规定设立的著作权集体管理组织外，任何组织和个人不得从事著作权集体管理活动。

第二章　著作权集体管理组织的设立

第七条　依法享有著作权或者与著作权有关的权利的中国公民、法人或者其他组织，可以发起设立著作权集体管理组织。

设立著作权集体管理组织，应当具备下列条件：

（一）发起设立著作权集体管理组织的权利人不少于 50 人；

（二）不与已经依法登记的著作权集体管理组织的业务范围交叉、重合；

（三）能在全国范围代表相关权利人的利益；

（四）有著作权集体管理组织的章程草案、使用费收取标准草案和向权利人转付使用费的办法（以下简称使用费转付办法）草案。

第八条　著作权集体管理组织章程应当载明下列事项：

（一）名称、住所；

（二）设立宗旨；

（三）业务范围；

（四）组织机构及其职权；

（五）会员大会的最低人数；

（六）理事会的职责及理事会负责人的条件和产生、罢免的程序；

（七）管理费提取、使用办法；

（八）会员加入、退出著作权集体管理组织的条件、程序；

（九）章程的修改程序；

（十）著作权集体管理组织终止的条件、程序和终止后资产的处理。

第九条 申请设立著作权集体管理组织，应当向国务院著作权管理部门提交证明符合本条例第七条规定的条件的材料。国务院著作权管理部门应当自收到材料之日起60日内，作出批准或者不予批准的决定。批准的，发给著作权集体管理许可证；不予批准的，应当说明理由。

第十条 申请人应当自国务院著作权管理部门发给著作权集体管理许可证之日起30日内，依照有关社会团体登记管理的行政法规到国务院民政部门办理登记手续。

第十一条 依法登记的著作权集体管理组织，应当自国务院民政部门发给登记证书之日起30日内，将其登记证书副本报国务院著作权管理部门备案；国务院著作权管理部门应当将报备的登记证书副本以及著作权集体管理组织章程、使用费收取标准、使用费转付办法予以公告。

第十二条 著作权集体管理组织设立分支机构，应当经国务院著作权管理部门批准，并依照有关社会团体登记管理的行政法规到国务院民政部门办理登记手续。经依法登记的，应当将分支机构的登记证书副本报国务院著作权管理部门备案，由国务院著作权管理部门予以公告。

第十三条 著作权集体管理组织应当根据下列因素制定使用费收取标准：

（一）使用作品、录音录像制品等的时间、方式和地域范围；

（二）权利的种类；

（三）订立许可使用合同和收取使用费工作的繁简程度。

第十四条 著作权集体管理组织应当根据权利人的作品或者录音录像制品等使用情况制定使用费转付办法。

第十五条 著作权集体管理组织修改章程，应当依法经国务院民政部门核准后，由国务院著作权管理部门予以公告。

第十六条 著作权集体管理组织被依法撤销登记的，自被撤销登记之日起不得再进行著作权集体管理业务活动。

第三章　著作权集体管理组织的机构

第十七条 著作权集体管理组织会员大会（以下简称会员大会）为著作权集体管理组织的权力机构。

会员大会由理事会依照本条例规定负责召集。理事会应当于会员大会召开60日以前将会议的时间、地点和拟审议事项予以公告；出席会员大会的会员，应当于会议召开30日以前报名。报名出席会员大会的会员少于章程规定的最低人数时，理事会应当将会员大会报名情况予以公告，会员可以于会议召开5日以前补充报名，并由全部报名出席会员大会的会员举行会员大会。

会员大会行使下列职权：

（一）制定和修改章程；

（二）制定和修改使用费收取标准；

（三）制定和修改使用费转付办法；

（四）选举和罢免理事；

（五）审议批准理事会的工作报告和财务报告；

（六）制定内部管理制度；

（七）决定使用费转付方案和著作权集体管理组织提取管理费的比例；

（八）决定其他重大事项。

会员大会每年召开一次；经10%以上会员或者理事会提议，可以召开临时会员大会。会员大会作出决定，应当经出席会议的会员过半数表决通过。

第十八条 著作权集体管理组织设立理

事会,对会员大会负责,执行会员大会决定。理事会成员不得少于9人。

理事会任期为4年,任期届满应当进行换届选举。因特殊情况可以提前或者延期换届,但是换届延期不得超过1年。

第四章　著作权集体管理活动

第十九条　权利人可以与著作权集体管理组织以书面形式订立著作权集体管理合同,授权该组织对其依法享有的著作权或者与著作权有关的权利进行管理。权利人符合章程规定加入条件的,著作权集体管理组织应当与其订立著作权集体管理合同,不得拒绝。

权利人与著作权集体管理组织订立著作权集体管理合同并按照章程规定履行相应手续后,即成为该著作权集体管理组织的会员。

第二十条　权利人与著作权集体管理组织订立著作权集体管理合同后,不得在合同约定期限内自己行使或者许可他人行使合同约定的由著作权集体管理组织行使的权利。

第二十一条　权利人可以依照章程规定的程序,退出著作权集体管理组织,终止著作权集体管理合同。但是,著作权集体管理组织已经与他人订立许可使用合同的,该合同在期限届满前继续有效;该合同有效期内,权利人有权获得相应的使用费并可以查阅有关业务材料。

第二十二条　外国人、无国籍人可以通过与中国的著作权集体管理组织订立相互代表协议的境外同类组织,授权中国的著作权集体管理组织管理其依法在中国境内享有的著作权或者与著作权有关的权利。

前款所称相互代表协议,是指中国的著作权集体管理组织与境外的同类组织相互授权对方在其所在国家或者地区进行集体管理活动的协议。

著作权集体管理组织与境外同类组织订立的相互代表协议应当报国务院著作权管理部门备案,由国务院著作权管理部门予以公告。

第二十三条　著作权集体管理组织许可他人使用其管理的作品、录音录像制品等,应当与使用者以书面形式订立许可使用合同。

著作权集体管理组织不得与使用者订立专有许可使用合同。

使用者以合理的条件要求与著作权集体管理组织订立许可使用合同,著作权集体管理组织不得拒绝。

许可使用合同的期限不得超过2年;合同期限届满可以续订。

第二十四条　著作权集体管理组织应当建立权利信息查询系统,供权利人和使用者查询。权利信息查询系统应当包括著作权集体管理组织管理的权利种类和作品、录音录像制品等的名称、权利人姓名或者名称、授权管理的期限。

权利人和使用者对著作权集体管理组织管理的权利的信息进行咨询时,该组织应当予以答复。

第二十五条　除著作权法第二十三条、第三十三条第二款、第四十条第三款、第四十三条第二款和第四十四条规定应当支付的使用费外,著作权集体管理组织应当根据国务院著作权管理部门公告的使用费收取标准,与使用者约定收取使用费的具体数额。

第二十六条　两个或者两个以上著作权集体管理组织就同一使用方式向同一使用者收取使用费,可以事先协商确定由其中一个著作权集体管理组织统一收取。统一收取的使用费在有关著作权集体管理组织之间经协商分配。

第二十七条　使用者向著作权集体管理组织支付使用费时,应当提供其使用的作品、录音录像制品等的名称、权利人姓名或者名称和使用的方式、数量、时间等有关使用情况;许可使用合同另有约定的除外。

使用者提供的有关使用情况涉及该使用者商业秘密的,著作权集体管理组织负有保密义务。

第二十八条　著作权集体管理组织可以从收取的使用费中提取一定比例作为管理费,用于维持其正常的业务活动。

著作权集体管理组织提取管理费的比例应当随着使用费收入的增加而逐步降低。

第二十九条　著作权集体管理组织收取的使用费,在提取管理费后,应当全部转付给权利人,不得挪作他用。

著作权集体管理组织转付使用费,应当编制使用费转付记录。使用费转付记录应当载明使用费总额、管理费数额、权利人姓名或者名称、作品或者录音录像制品等的名称、有关使用情况、向各权利人转付使用费的具体数额等事项,并应当保存 10 年以上。

第五章　对著作权集体管理组织的监督

第三十条　著作权集体管理组织应当依法建立财务、会计制度和资产管理制度,并按照国家有关规定设置会计账簿。

第三十一条　著作权集体管理组织的资产使用和财务管理受国务院著作权管理部门和民政部门的监督。

著作权集体管理组织应当在每个会计年度结束时制作财务会计报告,委托会计师事务所依法进行审计,并公布审计结果。

第三十二条　著作权集体管理组织应当对下列事项进行记录,供权利人和使用者查阅:

(一)作品许可使用情况;

(二)使用费收取和转付情况;

(三)管理费提取和使用情况。

权利人有权查阅、复制著作权集体管理组织的财务报告、工作报告和其他业务材料;著作权集体管理组织应当提供便利。

第三十三条　权利人认为著作权集体管理组织有下列情形之一的,可以向国务院著作权管理部门检举:

(一)权利人符合章程规定的加入条件要求加入著作权集体管理组织,或者会员依照章程规定的程序要求退出著作权集体管理组织,著作权集体管理组织拒绝的;

(二)著作权集体管理组织不按照规定收取、转付使用费,或者不按照规定提取、使用管理费的;

(三)权利人要求查阅本条例第三十二条规定的记录、业务材料,著作权集体管理组织拒绝提供的。

第三十四条　使用者认为著作权集体管理组织有下列情形之一的,可以向国务院著作权管理部门检举:

(一)著作权集体管理组织违反本条例第二十三条规定拒绝与使用者订立许可使用合同的;

(二)著作权集体管理组织未根据公告的使用费收取标准约定收取使用费的具体数额的;

(三)使用者要求查阅本条例第三十二条规定的记录,著作权集体管理组织拒绝提供的。

第三十五条　权利人和使用者以外的公民、法人或者其他组织认为著作权集体管理组织有违反本条例规定的行为的,可以向国务院著作权管理部门举报。

第三十六条　国务院著作权管理部门应当自接到检举、举报之日起 60 日内对检举、举报事项进行调查并依法处理。

第三十七条　国务院著作权管理部门可以采取下列方式对著作权集体管理组织进行监督,并应当对监督活动作出记录:

（一）检查著作权集体管理组织的业务活动是否符合本条例及其章程的规定；

（二）核查著作权集体管理组织的会计账簿、年度预算和决算报告及其他有关业务材料；

（三）派员列席著作权集体管理组织的会员大会、理事会等重要会议。

第三十八条 著作权集体管理组织应当依法接受国务院民政部门和其他有关部门的监督。

第六章 法 律 责 任

第三十九条 著作权集体管理组织有下列情形之一的，由国务院著作权管理部门责令限期改正：

（一）违反本条例第二十二条规定，未将与境外同类组织订立的相互代表协议报国务院著作权管理部门备案的；

（二）违反本条例第二十四条规定，未建立权利信息查询系统的；

（三）未根据公告的使用费收取标准约定收取使用费的具体数额的。

著作权集体管理组织超出业务范围管理权利人的权利的，由国务院著作权管理部门责令限期改正，其与使用者订立的许可使用合同无效；给权利人、使用者造成损害的，依法承担民事责任。

第四十条 著作权集体管理组织有下列情形之一的，由国务院著作权管理部门责令限期改正；逾期不改正的，责令会员大会或者理事会根据本条例规定的权限罢免或者解聘直接负责的主管人员：

（一）违反本条例第十九条规定拒绝与权利人订立著作权集体管理合同的，或者违反本条例第二十一条的规定拒绝会员退出该组织的要求的；

（二）违反本条例第二十三条规定，拒绝与使用者订立许可使用合同的；

（三）违反本条例第二十八条规定提取管理费的；

（四）违反本条例第二十九条规定转付使用费的；

（五）拒绝提供或者提供虚假的会计账簿、年度预算和决算报告或者其他有关业务材料的。

第四十一条 著作权集体管理组织自国务院民政部门发给登记证书之日起超过6个月无正当理由未开展著作权集体管理活动，或者连续中止著作权集体管理活动6个月以上的，由国务院著作权管理部门吊销其著作权集体管理许可证，并由国务院民政部门撤销登记。

第四十二条 著作权集体管理组织从事营利性经营活动的，由工商行政管理部门依法予以取缔，没收违法所得；构成犯罪的，依法追究刑事责任。

第四十三条 违反本条例第二十七条的规定，使用者能够提供有关使用情况而拒绝提供，或者在提供有关使用情况时弄虚作假的，由国务院著作权管理部门责令改正；著作权集体管理组织可以中止许可使用合同。

第四十四条 擅自设立著作权集体管理组织或者分支机构，或者擅自从事著作权集体管理活动的，由国务院著作权管理部门或者民政部门依照职责分工予以取缔，没收违法所得；构成犯罪的，依法追究刑事责任。

第四十五条 依照本条例规定从事著作权集体管理组织审批和监督工作的国家行政机关工作人员玩忽职守、滥用职权、徇私舞弊，构成犯罪的，依法追究刑事责任；尚不构成犯罪的，依法给予行政处分。

第七章 附 则

第四十六条 本条例施行前已经设立的

著作权集体管理组织,应当自本条例生效之日起3个月内,将其章程、使用费收取标准、使用费转付办法及其他有关材料报国务院著作权管理部门审核,并将其与境外同类组织订立的相互代表协议报国务院著作权管理部门备案。

第四十七条 依照著作权法第二十三条、第三十三条第二款、第四十条第三款的规定使用他人作品,未能依照《中华人民共和国著作权法实施条例》第三十二条的规定向权利人支付使用费的,应当将使用费连同邮资以及使用作品的有关情况送交管理相关权利的著作权集体管理组织,由该著作权集体管理组织将使用费转付给权利人。

负责转付使用费的著作权集体管理组织应当建立作品使用情况查询系统,供权利人、使用者查询。

负责转付使用费的著作权集体管理组织可以从其收到的使用费中提取管理费,管理费按照会员大会决定的该集体管理组织管理费的比例减半提取。除管理费外,该著作权集体管理组织不得从其收到的使用费中提取其他任何费用。

第四十八条 本条例自2005年3月1日起施行。

实施国际著作权条约的规定

(1992年9月25日中华人民共和国国务院令第105号发布 根据2020年11月29日《国务院关于修改和废止部分行政法规的决定》修订)

第一条 为实施国际著作权条约,保护外国作品著作权人的合法权益,制定本规定。

第二条 对外国作品的保护,适用《中华人民共和国著作权法》(以下称著作权法)、《中华人民共和国著作权法实施条例》、《计算机软件保护条例》和本规定。

第三条 本规定所称国际著作权条约,是指中华人民共和国(以下称中国)参加的《伯尔尼保护文学和艺术作品公约》(以下称伯尔尼公约)和与外国签订的有关著作权的双边协定。

第四条 本规定所称外国作品,包括:

(一)作者或者作者之一,其他著作权人或者著作权人之一是国际著作权条约成员国的国民或者在该条约的成员国有经常居所的居民的作品;

(二)作者不是国际著作权条约成员国的国民或者在该条约的成员国有经常居所的居民,但是在该条约的成员国首次或者同时发表的作品;

(三)外商投资企业按照合同约定是著作权人或者著作权人之一的,其委托他人创作的作品。

第五条 对未发表的外国作品的保护期,适用著作权法第二十条、第二十一条的规定。

第六条 对外国实用艺术作品的保护期,为自该作品完成起二十五年。

美术作品(包括动画形象设计)用于工业制品的,不适用前款规定。

第七条 外国计算机程序作为文学作品保护,可以不履行登记手续,保护期为自该程序首次发表之年年底起五十年。

第八条 外国作品是由不受保护的材料编辑而成,但是在材料的选取或者编排上有独创性的,依照著作权法第十四条的规定予以保护。此种保护不排斥他人利用同样的材料进行编辑。

第九条 外国录像制品根据国际著作权条约构成电影作品的,作为电影作品保护。

第十条 将外国人已经发表的以汉族文字创作的作品,翻译成少数民族文字出版发行的,应当事先取得著作权人的授权。

第十一条 外国作品著作权人,可以授权他人以任何方式、手段公开表演其作品或者公开传播对其作品的表演。

第十二条 外国电影、电视和录像作品的著作权人可以授权他人公开表演其作品。

第十三条 报刊转载外国作品,应当事先取得著作权人的授权;但是,转载有关政治、经济等社会问题的时事文章除外。

第十四条 外国作品的著作权人在授权他人发行其作品的复制品后,可以授权或者禁止出租其作品的复制品。

第十五条 外国作品的著作权人有权禁止进口其作品的下列复制品:

(一)侵权复制品;

(二)来自对其作品不予保护的国家的复制品。

第十六条 表演、录音或者广播外国作品,适用伯尔尼公约的规定;有集体管理组织的,应当事先取得该组织的授权。

第十七条 国际著作权条约在中国生效之日尚未在起源国进入公有领域的外国作品,按照著作权法和本规定规定的保护期受保护,到期满为止。

前款规定不适用于国际著作权条约在中国生效之日前发生的对外国作品的使用。

中国公民或者法人在国际著作权条约在中国生效之日前为特定目的而拥有和使用外国作品的特定复制本的,可以继续使用该作品的复制本而不承担责任;但是,该复制本不得以任何不合理地损害该作品著作权人合法权益的方式复制和使用。

前三款规定依照中国同有关国家签订的有关著作权的双边协定的规定实施。

第十八条 本规定第五条、第十二条、第十四条、第十五条、第十七条适用于录音制品。

第十九条 本规定施行前,有关著作权的行政法规与本规定有不同规定的,适用本规定。本规定与国际著作权条约有不同规定的,适用国际著作权条约。

第二十条 国家版权局负责国际著作权条约在中国的实施。

第二十一条 本规定由国家版权局负责解释。

第二十二条 本规定自一九九二年九月三十日起施行。

著作权质权登记办法

(2010 年 11 月 25 日国家版权局令第 8 号公布 自 2011 年 1 月 1 日起施行)

第一条 为规范著作权出质行为,保护债权人合法权益,维护著作权交易秩序,根据《中华人民共和国物权法》、《中华人民共和国担保法》和《中华人民共和国著作权法》的有关规定,制定本办法。

第二条 国家版权局负责著作权质权登记工作。

第三条 《中华人民共和国著作权法》规定的著作权以及与著作权有关的权利(以下统称"著作权")中的财产权可以出质。

以共有的著作权出质的,除另有约定外,应当取得全体共有人的同意。

第四条 以著作权出质的,出质人和质权人应当订立书面质权合同,并由双方共同向登记机构办理著作权质权登记。

出质人和质权人可以自行办理,也可以委托代理人办理。

第五条 著作权质权的设立、变更、转让和消灭,自记载于《著作权质权登记簿》时发生效力。

第六条 申请著作权质权登记的,应提交下列文件:

（一）著作权质权登记申请表；

（二）出质人和质权人的身份证明；

（三）主合同和著作权质权合同；

（四）委托代理人办理的，提交委托书和受托人的身份证明；

（五）以共有的著作权出质的，提交共有人同意出质的书面文件；

（六）出质前授权他人使用的，提交授权合同；

（七）出质的著作权经过价值评估的、质权人要求价值评估的或相关法律法规要求价值评估的，提交有效的价值评估报告；

（八）其他需要提供的材料。

提交的文件是外文的，需同时附送中文译本。

第七条 著作权质权合同一般包括以下内容：

（一）出质人和质权人的基本信息；

（二）被担保债权的种类和数额；

（三）债务人履行债务的期限；

（四）出质著作权的内容和保护期；

（五）质权担保的范围和期限；

（六）当事人约定的其他事项。

第八条 申请人提交材料齐全的，登记机构应当予以受理。提交的材料不齐全的，登记机构不予受理。

第九条 经审查符合要求的，登记机构应当自受理之日起 10 日内予以登记，并向出质人和质权人发放《著作权质权登记证书》。

第十条 经审查不符合要求的，登记机构应当自受理之日起 10 日内通知申请人补正。补正通知书应载明补正事项和合理的补正期限。无正当理由逾期不补正的，视为撤回申请。

第十一条 《著作权质权登记证书》的内容包括：

（一）出质人和质权人的基本信息；

（二）出质著作权的基本信息；

（三）著作权质权登记号；

（四）登记日期。

《著作权质权登记证书》应当标明：著作权质权自登记之日起设立。

第十二条 有下列情形之一的，登记机构不予登记：

（一）出质人不是著作权人的；

（二）合同违反法律法规强制性规定的；

（三）出质著作权的保护期届满的；

（四）债务人履行债务的期限超过著作权保护期的；

（五）出质著作权存在权属争议的；

（六）其他不符合出质条件的。

第十三条 登记机构办理著作权质权登记前，申请人可以撤回登记申请。

第十四条 著作权出质期间，未经质权人同意，出质人不得转让或者许可他人使用已经出质的权利。

出质人转让或者许可他人使用出质的权利所得的价款，应当向质权人提前清偿债务或者提存。

第十五条 有下列情形之一的，登记机构应当撤销质权登记：

（一）登记后发现有第十二条所列情形的；

（二）根据司法机关、仲裁机关或行政管理机关作出的影响质权效力的生效裁决或行政处罚决定书应当撤销的；

（三）著作权质权合同无效或者被撤销的；

（四）申请人提供虚假文件或者以其他手段骗取著作权质权登记的；

（五）其他应当撤销的。

第十六条 著作权出质期间，申请人的基本信息、著作权的基本信息、担保的债权种类及数额、或者担保的范围等事项发生变更的，申请人持变更协议、原《著作权质权登记证书》和其他相关材料向登记机构申请变更登记。

第十七条 申请变更登记的，登记机构自受理之日起 10 日内完成审查。经审查符合要求的，对变更事项予以登记。

变更事项涉及证书内容变更的，应交回原登记证书，由登记机构发放新的证书。

第十八条 有下列情形之一的，申请人应当申请注销质权登记：

（一）出质人和质权人协商一致同意注销的；

（二）主合同履行完毕的；

（三）质权实现的；

（四）质权人放弃质权的；

（五）其他导致质权消灭的。

第十九条 申请注销质权登记的，应当提交注销登记申请书、注销登记证明、申请人身份证明等材料，并交回原《著作权质权登记证书》。

登记机构应当自受理之日起 10 日内办理完毕，并发放注销登记通知书。

第二十条 登记机构应当设立《著作权质权登记簿》，记载著作权质权登记的相关信息，供社会公众查询。

《著作权质权登记证书》的内容应当与《著作权质权登记簿》的内容一致。记载不一致的，除有证据证明《著作权质权登记簿》确有错误外，以《著作权质权登记簿》为准。

第二十一条 《著作权质权登记簿》应当包括以下内容：

（一）出质人和质权人的基本信息；

（二）著作权质权合同的主要内容；

（三）著作权质权登记号；

（四）登记日期；

（五）登记撤销情况；

（六）登记变更情况；

（七）登记注销情况；

（八）其他需要记载的内容。

第二十二条 《著作权质权登记证书》灭失或者毁损的，可以向登记机构申请补发或换发。登记机构应自收到申请之日起 5 日内予以补发或换发。

第二十三条 登记机构应当通过国家版权局网站公布著作权质权登记的基本信息。

第二十四条 本办法由国家版权局负责解释。

第二十五条 本办法自 2011 年 1 月 1 日起施行。1996 年 9 月 23 日国家版权局发布的《著作权质押合同登记办法》同时废止。

最高人民法院关于审理著作权民事纠纷案件适用法律若干问题的解释

（2002 年 10 月 12 日最高人民法院审判委员会第 1246 次会议通过 根据 2020 年 12 月 23 日最高人民法院审判委员会第 1823 次会议通过的《最高人民法院关于修改〈最高人民法院关于审理侵犯专利权纠纷案件应用法律若干问题的解释（二）〉等十八件知识产权类司法解释的决定》修正 2020 年 12 月 29 日最高人民法院公告公布）

为了正确审理著作权民事纠纷案件，根据《中华人民共和国民法典》《中华人民共和国著作权法》《中华人民共和国民事诉讼法》等法律的规定，就适用法律若干问题解释如下：

第一条 人民法院受理以下著作权民事纠纷案件：

（一）著作权及与著作权有关权益权属、侵权、合同纠纷案件；

（二）申请诉前停止侵害著作权、与著作权有关权益行为，申请诉前财产保全、诉前证据保全案件；

（三）其他著作权、与著作权有关权益纠

纷案件。

第二条 著作权民事纠纷案件,由中级以上人民法院管辖。

各高级人民法院根据本辖区的实际情况,可以报请最高人民法院批准,由若干基层人民法院管辖第一审著作权民事纠纷案件。

第三条 对著作权行政管理部门查处的侵害著作权行为,当事人向人民法院提起诉讼追究该行为人民事责任的,人民法院应当受理。

人民法院审理已经过著作权行政管理部门处理的侵害著作权行为的民事纠纷案件,应当对案件事实进行全面审查。

第四条 因侵害著作权行为提起的民事诉讼,由著作权法第四十七条、第四十八条所规定侵权行为的实施地、侵权复制品储藏地或者查封扣押地、被告住所地人民法院管辖。

前款规定的侵权复制品储藏地,是指大量或者经常性储存、隐匿侵权复制品所在地;查封扣押地,是指海关、版权等行政机关依法查封、扣押侵权复制品所在地。

第五条 对涉及不同侵权行为实施地的多个被告提起的共同诉讼,原告可以选择向其中一个被告的侵权行为实施地人民法院提起诉讼;仅对其中某一被告提起的诉讼,该被告侵权行为实施地的人民法院有管辖权。

第六条 依法成立的著作权集体管理组织,根据著作权人的书面授权,以自己的名义提起诉讼,人民法院应当受理。

第七条 当事人提供的涉及著作权的底稿、原件、合法出版物、著作权登记证书、认证机构出具的证明、取得权利的合同等,可以作为证据。

在作品或者制品上署名的自然人、法人或者非法人组织视为著作权、与著作权有关权益的权利人,但有相反证明的除外。

第八条 当事人自行或者委托他人以定购、现场交易等方式购买侵权复制品而取得

的实物、发票等,可以作为证据。

公证人员在未向涉嫌侵权的一方当事人表明身份的情况下,如实对另一方当事人按照前款规定的方式取得的证据和取证过程出具的公证书,应当作为证据使用,但有相反证据的除外。

第九条 著作权法第十条第(一)项规定的"公之于众",是指著作权人自行或者经著作权人许可将作品向不特定的人公开,但不以公众知晓为构成条件。

第十条 著作权法第十五条第二款所指的作品,著作权人是自然人的,其保护期适用著作权法第二十一条第一款的规定;著作权人是法人或非法人组织的,其保护期适用著作权法第二十一条第二款的规定。

第十一条 因作品署名顺序发生的纠纷,人民法院按照下列原则处理:有约定的按约定确定署名顺序;没有约定的,可以按照创作作品付出的劳动、作品排列、作者姓氏笔画等确定署名顺序。

第十二条 按照著作权法第十七条规定委托作品著作权属于受托人的情形,委托人在约定的使用范围内享有使用作品的权利;双方没有约定使用作品范围的,委托人可以在委托创作的特定目的范围内免费使用该作品。

第十三条 除著作权法第十一条第三款规定的情形外,由他人执笔,本人审阅定稿并以本人名义发表的报告、讲话等作品,著作权归报告人或者讲话人享有。著作权人可以支付执笔人适当的报酬。

第十四条 当事人合意以特定人物经历为题材完成的自传体作品,当事人对著作权权属有约定的,依其约定;没有约定的,著作权归该特定人物享有,执笔人或整理人对作品完成付出劳动的,著作权人可以向其支付适当的报酬。

第十五条 由不同作者就同一题材创作

的作品,作品的表达系独立完成并且有创作性的,应当认定作者各自享有独立著作权。

第十六条　通过大众传播媒介传播的单纯事实消息属于著作权法第五条第(二)项规定的时事新闻。传播报道他人采编的时事新闻,应当注明出处。

第十七条　著作权法第三十三条第二款规定的转载,是指报纸、期刊登载其他报刊已发表作品的行为。转载未注明被转载作品的作者和最初登载的报刊出处的,应当承担消除影响、赔礼道歉等民事责任。

第十八条　著作权法第二十二条第(十)项规定的室外公共场所的艺术作品,是指设置或者陈列在室外社会公众活动处所的雕塑、绘画、书法等艺术作品。

对前款规定艺术作品的临摹、绘画、摄影、录像人,可以对其成果以合理的方式和范围再行使用,不构成侵权。

第十九条　出版者、制作者应当对其出版、制作有合法授权承担举证责任,发行者、出租者应当对其发行或者出租的复制品有合法来源承担举证责任。举证不能的,依据著作权法第四十七条、第四十八条的相应规定承担法律责任。

第二十条　出版物侵害他人著作权的,出版者应当根据其过错、侵权程度及损害后果等承担赔偿损失的责任。

出版者对其出版行为的授权、稿件来源和署名、所编辑出版物的内容等未尽到合理注意义务的,依据著作权法第四十九条的规定,承担赔偿损失的责任。

出版者应对其已尽合理注意义务承担举证责任。

第二十一条　计算机软件用户未经许可或者超过许可范围商业使用计算机软件的,依据著作权法第四十八条第(一)项、《计算机软件保护条例》第二十四条第(一)项的规定承担民事责任。

第二十二条　著作权转让合同未采取书面形式的,人民法院依据民法典第四百九十条的规定审查合同是否成立。

第二十三条　出版者将著作权人交付出版的作品丢失、毁损致使出版合同不能履行的,著作权人有权依据民法典第一百八十六条、第二百三十八条、第一千一百八十四条等规定要求出版者承担相应的民事责任。

第二十四条　权利人的实际损失,可以根据权利人因侵权所造成复制品发行减少量或者侵权复制品销售量与权利人发行该复制品单位利润乘积计算。发行减少量难以确定的,按照侵权复制品市场销售量确定。

第二十五条　权利人的实际损失或者侵权人的违法所得无法确定的,人民法院根据当事人的请求或者依职权适用著作权法第四十九条第二款的规定确定赔偿数额。

人民法院在确定赔偿数额时,应当考虑作品类型、合理使用费、侵权行为性质、后果等情节综合确定。

当事人按照本条第一款的规定就赔偿数额达成协议的,应当准许。

第二十六条　著作权法第四十九条第一款规定的制止侵权行为所支付的合理开支,包括权利人或者委托代理人对侵权行为进行调查、取证的合理费用。

人民法院根据当事人的诉讼请求和具体案情,可以将符合国家有关部门规定的律师费用计算在赔偿范围内。

第二十七条　侵害著作权的诉讼时效为三年,自著作权人知道或者应当知道权利受到损害以及义务人之日起计算。权利人超过三年起诉的,如果侵权行为在起诉时仍在持续,在该著作权保护期内,人民法院应当判决被告停止侵权行为;侵权损害赔偿数额应当自权利人向人民法院起诉之日起向前推算三年计算。

第二十八条　人民法院采取保全措施

的，依据民事诉讼法及《最高人民法院关于审查知识产权纠纷行为保全案件适用法律若干问题的规定》的有关规定办理。

第二十九条 除本解释另行规定外，人民法院受理的著作权民事纠纷案件，涉及著作权法修改前发生的民事行为的，适用修改前著作权法的规定；涉及著作权法修改以后发生的民事行为的，适用修改后著作权法的规定；涉及著作权法修改前发生，持续到著作权法修改后的民事行为的，适用修改后著作权法的规定。

第三十条 以前的有关规定与本解释不一致的，以本解释为准。

最高人民法院关于加强著作权和与著作权有关的权利保护的意见

（2020年11月16日 法发〔2020〕42号）

为切实加强文学、艺术和科学领域的著作权保护，充分发挥著作权审判对文化建设的规范、引导、促进和保障作用，激发全民族文化创新创造活力，推进社会主义精神文明建设，繁荣发展文化事业和文化产业，提升国家文化软实力和国际竞争力，服务经济社会高质量发展，根据《中华人民共和国著作权法》等法律规定，结合审判实际，现就进一步加强著作权和与著作权有关的权利保护，提出如下意见。

1. 依法加强创作者权益保护，统筹兼顾传播者和社会公众利益，坚持创新在我国现代化建设全局中的核心地位。依法处理好鼓励新兴产业发展与保障权利人合法权益的关系，协调好激励创作和保障人民文化权益之间的关系，发挥好权利受让人和被许可人在促进作品传播方面的重要作用，依法保护著作权和与著作权有关的权利，促进智力成果

的创作和传播，发展繁荣社会主义文化和科学事业。

2. 大力提高案件审理质效，推进案件繁简分流试点工作，着力缩短涉及著作权和与著作权有关的权利的类型化案件审理周期。完善知识产权诉讼证据规则，允许当事人通过区块链等方式保存、固定和提交证据，有效解决知识产权权利人举证难问题。依法支持当事人的行为保全、证据保全、财产保全请求，综合运用多种民事责任方式，使权利人在民事案件中得到更加全面充分的救济。

3. 在作品、表演、录音制品上以通常方式署名的自然人、法人和非法人组织，应当推定为该作品、表演、录音制品的著作权人或者与著作权有关的权利的权利人，但有相反证据足以推翻的除外。对于署名的争议，应当结合作品、表演、录音制品的性质、类型、表现形式以及行业习惯、公众认知习惯等因素，作出综合判断。权利人完成初步举证的，人民法院应当推定当事人主张的著作权或者与著作权有关的权利成立，但是有相反证据足以推翻的除外。

4. 适用署名推定规则确定著作权或者与著作权有关的权利归属且被告未提交相反证据的，原告可以不再另行提交权利转让协议或其他书面证据。在诉讼程序中，被告主张其不承担侵权责任的，应当提供证据证明已经取得权利人的许可，或者具有著作权法规定的不经权利人许可而可以使用的情形。

5. 高度重视互联网、人工智能、大数据等技术发展新需求，依据著作权法准确界定作品类型，把握好作品的认定标准，依法妥善审理体育赛事直播、网络游戏直播、数据侵权等新类型案件，促进新业态规范发展。

6. 当事人请求立即销毁侵权复制品以及主要用于生产或者制造侵权复制品的材料和工具，除特殊情况外，人民法院在民事诉讼中应当予以支持，在刑事诉讼中应当依职权

责令销毁。在特殊情况下不宜销毁的,人民法院可以责令侵权人在商业渠道之外以适当方式对上述材料和工具予以处置,以尽可能消除进一步侵权的风险。销毁或者处置费用由侵权人承担,侵权人请求补偿的,人民法院不予支持。

在刑事诉讼中,权利人以为后续可能提起的民事或者行政诉讼保全证据为由,请求对侵权复制品及材料和工具暂不销毁的,人民法院可以予以支持。权利人在后续民事或者行政案件中请求侵权人赔偿其垫付的保管费用的,人民法院可以予以支持。

7. 权利人的实际损失、侵权人的违法所得、权利使用费难以计算的,应当综合考虑请求保护的权利类型、市场价值和侵权人主观过错、侵权行为性质和规模、损害后果严重程度等因素,依据著作权法及司法解释等相关规定合理确定赔偿数额。侵权人故意侵权且情节严重,权利人请求适用惩罚性赔偿的,人民法院应当依法审查确定。权利人能够举证证明的合理维权费用,包括诉讼费用和律师费用等,人民法院应当予以支持并在确定赔偿数额时单独计算。

8. 侵权人曾经被生效的法院裁判、行政决定认定构成侵权或者曾经就相同侵权行为与权利人达成和解协议,仍然继续实施或者变相重复实施被诉侵权行为的,应当认定为具有侵权的故意,人民法院在确定侵权民事责任时应当充分考虑。

9. 要通过诚信诉讼承诺书等形式,明确告知当事人不诚信诉讼可能承担的法律责任,促使当事人正当行使诉讼权利,积极履行诉讼义务,在合理期限内积极、诚实地举证,在诉讼过程中作真实、完整的陈述。

10. 要完善失信惩戒与追责机制,对于提交伪造、变造证据,隐匿、毁灭证据,作虚假陈述、虚假证言、虚假鉴定、虚假署名等不诚信诉讼行为,人民法院可以依法采取训诫、罚款、拘留等强制措施。构成犯罪的,依法追究刑事责任。

计算机软件保护条例

(2001年12月20日中华人民共和国国务院令第339号公布 根据2011年1月8日《国务院关于废止和修改部分行政法规的决定》第一次修订 根据2013年1月30日《国务院关于修改〈计算机软件保护条例〉的决定》第二次修订)

第一章 总 则

第一条 为了保护计算机软件著作权人的权益,调整计算机软件在开发、传播和使用中发生的利益关系,鼓励计算机软件的开发与应用,促进软件产业和国民经济信息化的发展,根据《中华人民共和国著作权法》,制定本条例。

第二条 本条例所称计算机软件(以下简称软件),是指计算机程序及其有关文档。

第三条 本条例下列用语的含义:

(一)计算机程序,是指为了得到某种结果而可以由计算机等具有信息处理能力的装置执行的代码化指令序列,或者可以被自动转换成代码化指令序列的符号化指令序列或者符号化语句序列。同一计算机程序的源程序和目标程序为同一作品。

(二)文档,是指用来描述程序的内容、组成、设计、功能规格、开发情况、测试结果及使用方法的文字资料和图表等,如程序设计说明书、流程图、用户手册等。

(三)软件开发者,是指实际组织开发、直接进行开发,并对开发完成的软件承担责任的法人或者其他组织;或者依靠自己具有的条件独立完成软件开发,并对软件承担责任的自然人。

（四）软件著作权人，是指依照本条例的规定，对软件享有著作权的自然人、法人或者其他组织。

第四条 受本条例保护的软件必须由开发者独立开发，并已固定在某种有形物体上。

第五条 中国公民、法人或者其他组织对其所开发的软件，不论是否发表，依照本条例享有著作权。

外国人、无国籍人的软件首先在中国境内发行的，依照本条例享有著作权。

外国人、无国籍人的软件，依照其开发者所属国或者经常居住地国同中国签订的协议或者依照中国参加的国际条约享有的著作权，受本条例保护。

第六条 本条例对软件著作权的保护不延及开发软件所用的思想、处理过程、操作方法或者数学概念等。

第七条 软件著作权人可以向国务院著作权行政管理部门认定的软件登记机构办理登记。软件登记机构发放的登记证明文件是登记事项的初步证明。

办理软件登记应当缴纳费用。软件登记的收费标准由国务院著作权行政管理部门会同国务院价格主管部门规定。

第二章 软件著作权

第八条 软件著作权人享有下列各项权利：

（一）发表权，即决定软件是否公之于众的权利；

（二）署名权，即表明开发者身份，在软件上署名的权利；

（三）修改权，即对软件进行增补、删节，或者改变指令、语句顺序的权利；

（四）复制权，即将软件制作一份或者多份的权利；

（五）发行权，即以出售或者赠与方式向公众提供软件的原件或者复制件的权利；

（六）出租权，即有偿许可他人临时使用软件的权利，但是软件不是出租的主要标的的除外；

（七）信息网络传播权，即以有线或者无线方式向公众提供软件，使公众可以在其个人选定的时间和地点获得软件的权利；

（八）翻译权，即将原软件从一种自然语言文字转换成另一种自然语言文字的权利；

（九）应当由软件著作权人享有的其他权利。

软件著作权人可以许可他人行使其软件著作权，并有权获得报酬。

软件著作权人可以全部或者部分转让其软件著作权，并有权获得报酬。

第九条 软件著作权属于软件开发者，本条例另有规定的除外。

如无相反证明，在软件上署名的自然人、法人或者其他组织为开发者。

第十条 由两个以上的自然人、法人或者其他组织合作开发的软件，其著作权的归属由合作开发者签订书面合同约定。无书面合同或者合同未作明确约定，合作开发的软件可以分割使用的，开发者对各自开发的部分可以单独享有著作权；但是，行使著作权时，不得扩展到合作开发的软件整体的著作权。合作开发的软件不能分割使用的，其著作权由各合作开发者共同享有，通过协商一致行使；不能协商一致，又无正当理由的，任何一方不得阻止他方行使除转让权以外的其他权利，但是所得收益应当合理分配给所有合作开发者。

第十一条 接受他人委托开发的软件，其著作权的归属由委托人与受托人签订书面合同约定；无书面合同或者合同未作明确约定的，其著作权由受托人享有。

第十二条 由国家机关下达任务开发的

软件,著作权的归属与行使由项目任务书或者合同规定;项目任务书或者合同中未作明确规定的,软件著作权由接受任务的法人或者其他组织享有。

第十三条 自然人在法人或者其他组织中任职期间所开发的软件有下列情形之一的,该软件著作权由该法人或者其他组织享有,该法人或者其他组织可以对开发软件的自然人进行奖励:

(一)针对本职工作中明确指定的开发目标所开发的软件;

(二)开发的软件是从事本职工作活动所预见的结果或者自然的结果;

(三)主要使用了法人或者其他组织的资金、专用设备、未公开的专门信息等物质技术条件所开发并由法人或者其他组织承担责任的软件。

第十四条 软件著作权自软件开发完成之日起产生。

自然人的软件著作权,保护期为自然人终生及其死亡后 50 年,截止于自然人死亡后第 50 年的 12 月 31 日;软件是合作开发的,截止于最后死亡的自然人死亡后第 50 年的 12 月 31 日。

法人或者其他组织的软件著作权,保护期为 50 年,截止于软件首次发表后第 50 年的 12 月 31 日,但软件自开发完成之日起 50 年内未发表的,本条例不再保护。

第十五条 软件著作权属于自然人的,该自然人死亡后,在软件著作权的保护期内,软件著作权的继承人可以依照《中华人民共和国继承法》的有关规定,继承本条例第八条规定的除署名权以外的其他权利。

软件著作权属于法人或者其他组织的,法人或者其他组织变更、终止后,其著作权在本条例规定的保护期内由承受其权利义务的法人或者其他组织享有;没有承受其权利义务的法人或者其他组织的,由国家享有。

第十六条 软件的合法复制品所有人享有下列权利:

(一)根据使用的需要把该软件装入计算机等具有信息处理能力的装置内;

(二)为了防止复制品损坏而制作备份复制品。这些备份复制品不得通过任何方式提供给他人使用,并在所有人丧失该合法复制品的所有权时,负责将备份复制品销毁;

(三)为了把该软件用于实际的计算机应用环境或者改进其功能、性能而进行必要的修改;但是,除合同另有约定外,未经该软件著作权人许可,不得向任何第三方提供修改后的软件。

第十七条 为了学习和研究软件内含的设计思想和原理,通过安装、显示、传输或者存储软件等方式使用软件的,可以不经软件著作权人许可,不向其支付报酬。

第三章 软件著作权的许可使用和转让

第十八条 许可他人行使软件著作权的,应当订立许可使用合同。

许可使用合同中软件著作权人未明确许可的权利,被许可人不得行使。

第十九条 许可他人专有行使软件著作权的,当事人应当订立书面合同。

没有订立书面合同或者合同中未明确约定为专有许可的,被许可行使的权利应当视为非专有权利。

第二十条 转让软件著作权的,当事人应当订立书面合同。

第二十一条 订立许可他人专有行使软件著作权的许可合同,或者订立转让软件著作权合同,可以向国务院著作权行政管理部门认定的软件登记机构登记。

第二十二条 中国公民、法人或者其他组织向外国人许可或者转让软件著作权的,应当遵守《中华人民共和国技术进出口管理条例》的有关规定。

第四章 法律责任

第二十三条 除《中华人民共和国著作权法》或者本条例另有规定外,有下列侵权行为的,应当根据情况,承担停止侵害、消除影响、赔礼道歉、赔偿损失等民事责任:

(一)未经软件著作权人许可,发表或者登记其软件的;

(二)将他人软件作为自己的软件发表或者登记的;

(三)未经合作者许可,将与他人合作开发的软件作为自己单独完成的软件发表或者登记的;

(四)在他人软件上署名或者更改他人软件上的署名的;

(五)未经软件著作权人许可,修改、翻译其软件的;

(六)其他侵犯软件著作权的行为。

第二十四条 除《中华人民共和国著作权法》、本条例或者其他法律、行政法规另有规定外,未经软件著作权人许可,有下列侵权行为的,应当根据情况,承担停止侵害、消除影响、赔礼道歉、赔偿损失等民事责任;同时损害社会公共利益的,由著作权行政管理部门责令停止侵权行为,没收违法所得,没收、销毁侵权复制品,可以并处罚款;情节严重的,著作权行政管理部门并可以没收主要用于制作侵权复制品的材料、工具、设备等;触犯刑律的,依照刑法关于侵犯著作权罪、销售侵权复制品罪的规定,依法追究刑事责任:

(一)复制或者部分复制著作权人的软件的;

(二)向公众发行、出租、通过信息网络传播著作权人的软件的;

(三)故意避开或者破坏著作权人为保护其软件著作权而采取的技术措施的;

(四)故意删除或者改变软件权利管理电子信息的;

(五)转让或者许可他人行使著作权人的软件著作权的。

有前款第一项或者第二项行为的,可以并处每件100元或者货值金额1倍以上5倍以下的罚款;有前款第三项、第四项或者第五项行为的,可以并处20万元以下的罚款。

第二十五条 侵犯软件著作权的赔偿数额,依照《中华人民共和国著作权法》第四十九条的规定确定。

第二十六条 软件著作权人有证据证明他人正在实施或者即将实施侵犯其权利的行为,如不及时制止,将会使其合法权益受到难以弥补的损害的,可以依照《中华人民共和国著作权法》第五十条的规定,在提起诉讼前向人民法院申请采取责令停止有关行为和财产保全的措施。

第二十七条 为了制止侵权行为,在证据可能灭失或者以后难以取得的情况下,软件著作权人可以依照《中华人民共和国著作权法》第五十一条的规定,在提起诉讼前向人民法院申请保全证据。

第二十八条 软件复制品的出版者、制作者不能证明其出版、制作有合法授权的,或者软件复制品的发行者、出租者不能证明其发行、出租的复制品有合法来源的,应当承担法律责任。

第二十九条 软件开发者开发的软件,由于可供选用的表达方式有限而与已经存在的软件相似的,不构成对已经存在的软件的著作权的侵犯。

第三十条 软件的复制品持有人不知道也没有合理理由应当知道该软件是侵权复制品的,不承担赔偿责任;但是,应当停止使用、销毁该侵权复制品。如果停止使用并销毁该侵权复制品将给复制品使用人造成重大损失的,复制品使用人可以在向软件著作权人支付合理费用后继续使用。

第三十一条 软件著作权侵权纠纷可以调解。

软件著作权合同纠纷可以依据合同中的仲裁条款或者事后达成的书面仲裁协议,向仲裁机构申请仲裁。

当事人没有在合同中订立仲裁条款,事后又没有书面仲裁协议的,可以直接向人民法院提起诉讼。

第五章 附 则

第三十二条 本条例施行前发生的侵权行为,依照侵权行为发生时的国家有关规定处理。

第三十三条 本条例自2002年1月1日起施行。1991年6月4日国务院发布的《计算机软件保护条例》同时废止。

最高人民法院关于审理涉及计算机网络域名民事纠纷案件适用法律若干问题的解释

(2001年6月26日最高人民法院审判委员会第1182次会议通过 根据2020年12月23日最高人民法院审判委员会第1823次会议通过的《最高人民法院关于修改〈最高人民法院关于审理侵犯专利权纠纷案件应用法律若干问题的解释(二)〉等十八件知识产权类司法解释的决定》修正 2020年12月29日最高人民法院公告公布)

为了正确审理涉及计算机网络域名注册、使用等行为的民事纠纷案件(以下简称域名纠纷案件),根据《中华人民共和国民法典》《中华人民共和国反不正当竞争法》和《中华人民共和国民事诉讼法》(以下简称民事诉讼法)等法律的规定,作如下解释:

第一条 对于涉及计算机网络域名注册、使用等行为的民事纠纷,当事人向人民法院提起诉讼,经审查符合民事诉讼法第一百一十九条规定的,人民法院应当受理。

第二条 涉及域名的侵权纠纷案件,由侵权行为地或者被告住所地的中级人民法院管辖。对难以确定侵权行为地和被告住所地的,原告发现该域名的计算机终端等设备所在地可以视为侵权行为地。

涉外域名纠纷案件包括当事人一方或者双方是外国人、无国籍人、外国企业或组织、国际组织,或者域名注册地在外国的域名纠纷案件。在中华人民共和国领域内发生的涉外域名纠纷案件,依照民事诉讼法第四编的规定确定管辖。

第三条 域名纠纷案件的案由,根据双方当事人争议的法律关系的性质确定,并在其前冠以计算机网络域名;争议的法律关系的性质难以确定的,可以通称为计算机网络域名纠纷案件。

第四条 人民法院审理域名纠纷案件,对符合以下各项条件的,应当认定被告注册、使用域名等行为构成侵权或者不正当竞争:

(一)原告请求保护的民事权益合法有效;

(二)被告域名或其主要部分构成对原告驰名商标的复制、模仿、翻译或音译;或者与原告的注册商标、域名等相同或近似,足以造成相关公众的误认;

(三)被告对该域名或其主要部分不享有权益,也无注册、使用该域名的正当理由;

(四)被告对该域名的注册、使用具有恶意。

第五条 被告的行为被证明具有下列情形之一的,人民法院应当认定其具有恶意:

(一)为商业目的将他人驰名商标注册为

域名的；

（二）为商业目的注册、使用与原告的注册商标、域名等相同或近似的域名，故意造成与原告提供的产品、服务或者原告网站的混淆，误导网络用户访问其网站或其他在线站点的；

（三）曾要约高价出售、出租或者以其他方式转让该域名获取不正当利益的；

（四）注册域名后自己并不使用也未准备使用，而有意阻止权利人注册该域名的；

（五）具有其他恶意情形的。

被告举证证明在纠纷发生前其所持有的域名已经获得一定的知名度，且能与原告的注册商标、域名等相区别，或者具有其他情形足以证明其不具有恶意的，人民法院可以不认定被告具有恶意。

第六条 人民法院审理域名纠纷案件，根据当事人的请求以及案件的具体情况，可以对涉及的注册商标是否驰名依法作出认定。

第七条 人民法院认定域名注册、使用等行为构成侵权或者不正当竞争的，可以判令被告停止侵权、注销域名，或者依原告的请求判令由原告注册使用该域名；给权利人造成实际损害的，可以判令被告赔偿损失。

侵权人故意侵权且情节严重，原告有权向人民法院请求惩罚性赔偿。

信息网络传播权保护条例

（2006 年 5 月 18 日中华人民共和国国务院令第 468 号公布 根据 2013 年 1 月 30 日《国务院关于修改〈信息网络传播权保护条例〉的决定》修订）

第一条 为保护著作权人、表演者、录音录像制作者（以下统称权利人）的信息网络传播权，鼓励有益于社会主义精神文明、物质文明建设的作品的创作和传播，根据《中华人民共和国著作权法》（以下简称著作权法），制定本条例。

第二条 权利人享有的信息网络传播权受著作权法和本条例保护。除法律、行政法规另有规定的外，任何组织或者个人将他人的作品、表演、录音录像制品通过信息网络向公众提供，应当取得权利人许可，并支付报酬。

第三条 依法禁止提供的作品、表演、录音录像制品，不受本条例保护。

权利人行使信息网络传播权，不得违反宪法和法律、行政法规，不得损害公共利益。

第四条 为了保护信息网络传播权，权利人可以采取技术措施。

任何组织或者个人不得故意避开或者破坏技术措施，不得故意制造、进口或者向公众提供主要用于避开或者破坏技术措施的装置或者部件，不得故意为他人避开或者破坏技术措施提供技术服务。但是，法律、行政法规规定可以避开的除外。

第五条 未经权利人许可，任何组织或者个人不得进行下列行为：

（一）故意删除或者改变通过信息网络向公众提供的作品、表演、录音录像制品的权利管理电子信息，但由于技术上的原因无法避免删除或者改变的除外；

（二）通过信息网络向公众提供明知或者应知未经权利人许可被删除或者改变权利管理电子信息的作品、表演、录音录像制品。

第六条 通过信息网络提供他人作品，属于下列情形的，可以不经著作权人许可，不向其支付报酬：

（一）为介绍、评论某一作品或者说明某一问题，在向公众提供的作品中适当引用已经发表的作品；

（二）为报道时事新闻，在向公众提供的

作品中不可避免地再现或者引用已经发表的作品；

（三）为学校课堂教学或者科学研究，向少数教学、科研人员提供少量已经发表的作品；

（四）国家机关为执行公务，在合理范围内向公众提供已经发表的作品；

（五）将中国公民、法人或者其他组织已经发表的、以汉语言文字创作的作品翻译成的少数民族语言文字作品，向中国境内少数民族提供；

（六）不以营利为目的，以盲人能够感知的独特方式向盲人提供已经发表的文字作品；

（七）向公众提供在信息网络上已经发表的关于政治、经济问题的时事性文章；

（八）向公众提供在公众集会上发表的讲话。

第七条　图书馆、档案馆、纪念馆、博物馆、美术馆等可以不经著作权人许可，通过信息网络向本馆馆舍内服务对象提供本馆收藏的合法出版的数字作品和依法为陈列或者保存版本的需要以数字化形式复制的作品，不向其支付报酬，但不得直接或者间接获得经济利益。当事人另有约定的除外。

前款规定的为陈列或者保存版本需要以数字化形式复制的作品，应当是已经损毁或者濒临损毁、丢失或者失窃，或者其存储格式已经过时，并且在市场上无法购买或者只能以明显高于标定的价格购买的作品。

第八条　为通过信息网络实施九年制义务教育或者国家教育规划，可以不经著作权人许可，使用其已经发表作品的片断或者短小的文字作品、音乐作品或者单幅的美术作品、摄影作品制作课件，由制作课件或者依法取得课件的远程教育机构通过信息网络向注册学生提供，但应当向著作权人支付报酬。

第九条　为扶助贫困，通过信息网络向农村地区的公众免费提供中国公民、法人或者其他组织已经发表的种植养殖、防病治病、防灾减灾等与扶助贫困有关的作品和适应基本文化需求的作品，网络服务提供者应当在提供前公告拟提供的作品及其作者、拟支付报酬的标准。自公告之日起 30 日内，著作权人不同意提供的，网络服务提供者不得提供其作品；自公告之日起满 30 日，著作权人没有异议的，网络服务提供者可以提供其作品，并按照公告的标准向著作权人支付报酬。网络服务提供者提供著作权人的作品后，著作权人不同意提供的，网络服务提供者应当立即删除著作权人的作品，并按照公告的标准向著作权人支付提供作品期间的报酬。

依照前款规定提供作品的，不得直接或者间接获得经济利益。

第十条　依照本条例规定不经著作权人许可、通过信息网络向公众提供其作品的，还应当遵守下列规定：

（一）除本条例第六条第一项至第六项、第七条规定的情形外，不得提供作者事先声明不许提供的作品；

（二）指明作品的名称和作者的姓名（名称）；

（三）依照本条例规定支付报酬；

（四）采取技术措施，防止本条例第七条、第八条、第九条规定的服务对象以外的其他人获得著作权人的作品，并防止本条例第七条规定的服务对象的复制行为对著作权人利益造成实质性损害；

（五）不得侵犯著作权人依法享有的其他权利。

第十一条　通过信息网络提供他人表演、录音录像制品的，应当遵守本条例第六条至第十条的规定。

第十二条　属于下列情形的，可以避开技术措施，但不得向他人提供避开技术措施的技术、装置或者部件，不得侵犯权利人依法享有的其他权利：

（一）为学校课堂教学或者科学研究，通过信息网络向少数教学、科研人员提供已经发表的作品、表演、录音录像制品，而该作品、表演、录音录像制品只能通过信息网络获取；

（二）不以营利为目的，通过信息网络以盲人能够感知的独特方式向盲人提供已经发表的文字作品，而该作品只能通过信息网络获取；

（三）国家机关依照行政、司法程序执行公务；

（四）在信息网络上对计算机及其系统或者网络的安全性能进行测试。

第十三条 著作权行政管理部门为了查处侵犯信息网络传播权的行为，可以要求网络服务提供者提供涉嫌侵权的服务对象的姓名（名称）、联系方式、网络地址等资料。

第十四条 对提供信息存储空间或者提供搜索、链接服务的网络服务提供者，权利人认为其服务所涉及的作品、表演、录音录像制品，侵犯自己的信息网络传播权或者被删除、改变了自己的权利管理电子信息的，可以向该网络服务提供者提交书面通知，要求网络服务提供者删除该作品、表演、录音录像制品，或者断开与该作品、表演、录音录像制品的链接。通知书应当包含下列内容：

（一）权利人的姓名（名称）、联系方式和地址；

（二）要求删除或者断开链接的侵权作品、表演、录音录像制品的名称和网络地址；

（三）构成侵权的初步证明材料。

权利人应当对通知书的真实性负责。

第十五条 网络服务提供者接到权利人的通知书后，应当立即删除涉嫌侵权的作品、表演、录音录像制品，或者断开与涉嫌侵权的作品、表演、录音录像制品的链接，并同时将通知书转送提供作品、表演、录音录像制品的服务对象；服务对象网络地址不明、无法转送

的，应当将通知书的内容同时在信息网络上公告。

第十六条 服务对象接到网络服务提供者转送的通知书后，认为其提供的作品、表演、录音录像制品未侵犯他人权利的，可以向网络服务提供者提交书面说明，要求恢复被删除的作品、表演、录音录像制品，或者恢复与被断开的作品、表演、录音录像制品的链接。书面说明应当包含下列内容：

（一）服务对象的姓名（名称）、联系方式和地址；

（二）要求恢复的作品、表演、录音录像制品的名称和网络地址；

（三）不构成侵权的初步证明材料。

服务对象应当对书面说明的真实性负责。

第十七条 网络服务提供者接到服务对象的书面说明后，应当立即恢复被删除的作品、表演、录音录像制品，或者可以恢复与被断开的作品、表演、录音录像制品的链接，同时将服务对象的书面说明转送权利人。权利人不得再通知网络服务提供者删除该作品、表演、录音录像制品，或者断开与该作品、表演、录音录像制品的链接。

第十八条 违反本条例规定，有下列侵权行为之一的，根据情况承担停止侵害、消除影响、赔礼道歉、赔偿损失等民事责任；同时损害公共利益的，可以由著作权行政管理部门责令停止侵权行为，没收违法所得，非法经营额5万元以上的，可处非法经营额1倍以上5倍以下的罚款；没有非法经营额或者非法经营额5万元以下的，根据情节轻重，可处25万元以下的罚款；情节严重的，著作权行政管理部门可以没收主要用于提供网络服务的计算机等设备；构成犯罪的，依法追究刑事责任：

（一）通过信息网络擅自向公众提供他人的作品、表演、录音录像制品的；

（二）故意避开或者破坏技术措施的；

（三）故意删除或者改变通过信息网络向公众提供的作品、表演、录音录像制品的权利管理电子信息，或者通过信息网络向公众提供明知或者应知未经权利人许可而被删除或者改变权利管理电子信息的作品、表演、录音录像制品的；

（四）为扶助贫困通过信息网络向农村地区提供作品、表演、录音录像制品超过规定范围，或者未按照公告的标准支付报酬，或者在权利人不同意提供其作品、表演、录音录像制品后未立即删除的；

（五）通过信息网络提供他人的作品、表演、录音录像制品，未指明作品、表演、录音录像制品的名称或者作者、表演者、录音录像制作者的姓名（名称），或者未支付报酬，或者未依照本条例规定采取技术措施防止服务对象以外的其他人获得他人的作品、表演、录音录像制品，或者未防止服务对象的复制行为对权利人利益造成实质性损害的。

第十九条 违反本条例规定，有下列行为之一的，由著作权行政管理部门予以警告，没收违法所得，没收主要用于避开、破坏技术措施的装置或者部件；情节严重的，可以没收主要用于提供网络服务的计算机等设备；非法经营额 5 万元以上的，可处非法经营额 1 倍以上 5 倍以下的罚款；没有非法经营额或者非法经营额 5 万元以下的，根据情节轻重，可处 25 万元以下的罚款；构成犯罪的，依法追究刑事责任：

（一）故意制造、进口或者向他人提供主要用于避开、破坏技术措施的装置或者部件，或者故意为他人避开或者破坏技术措施提供技术服务的；

（二）通过信息网络提供他人的作品、表演、录音录像制品，获得经济利益的；

（三）为扶助贫困通过信息网络向农村地区提供作品、表演、录音录像制品，未在提供前公告作品、表演、录音录像制品的名称和作者、表演者、录音录像制作者的姓名（名称）以及报酬标准的。

第二十条 网络服务提供者根据服务对象的指令提供网络自动接入服务，或者对服务对象提供的作品、表演、录音录像制品提供自动传输服务，并具备下列条件的，不承担赔偿责任：

（一）未选择并且未改变所传输的作品、表演、录音录像制品；

（二）向指定的服务对象提供该作品、表演、录音录像制品，并防止指定的服务对象以外的其他人获得。

第二十一条 网络服务提供者为提高网络传输效率，自动存储从其他网络服务提供者获得的作品、表演、录音录像制品，根据技术安排自动向服务对象提供，并具备下列条件的，不承担赔偿责任：

（一）未改变自动存储的作品、表演、录音录像制品；

（二）不影响提供作品、表演、录音录像制品的原网络服务提供者掌握服务对象获取该作品、表演、录音录像制品的情况；

（三）在原网络服务提供者修改、删除或者屏蔽该作品、表演、录音录像制品时，根据技术安排自动予以修改、删除或者屏蔽。

第二十二条 网络服务提供者为服务对象提供信息存储空间，供服务对象通过信息网络向公众提供作品、表演、录音录像制品，并具备下列条件的，不承担赔偿责任：

（一）明确标示该信息存储空间是为服务对象所提供，并公开网络服务提供者的名称、联系人、网络地址；

（二）未改变服务对象所提供的作品、表演、录音录像制品；

（三）不知道也没有合理的理由应当知道服务对象提供的作品、表演、录音录像制品侵权；

（四）未从服务对象提供作品、表演、录音

录像制品中直接获得经济利益;

(五)在接到权利人的通知书后,根据本条例规定删除权利人认为侵权的作品、表演、录音录像制品。

第二十三条 网络服务提供者为服务对象提供搜索或者链接服务,在接到权利人的通知书后,根据本条例规定断开与侵权的作品、表演、录音录像制品的链接的,不承担赔偿责任;但是,明知或者应知所链接的作品、表演、录音录像制品侵权的,应当承担共同侵权责任。

第二十四条 因权利人的通知导致网络服务提供者错误删除作品、表演、录音录像制品,或者错误断开与作品、表演、录音录像制品的链接,给服务对象造成损失的,权利人应当承担赔偿责任。

第二十五条 网络服务提供者无正当理由拒绝提供或者拖延提供涉嫌侵权的服务对象的姓名(名称)、联系方式、网络地址等资料的,由著作权行政管理部门予以警告;情节严重的,没收主要用于提供网络服务的计算机等设备。

第二十六条 本条例下列用语的含义:

信息网络传播权,是指以有线或者无线方式向公众提供作品、表演或者录音录像制品,使公众可以在其个人选定的时间和地点获得作品、表演或者录音录像制品的权利。

技术措施,是指用于防止、限制未经权利人许可浏览、欣赏作品、表演、录音录像制品的或者通过信息网络向公众提供作品、表演、录音录像制品的有效技术、装置或者部件。

权利管理电子信息,是指说明作品及其作者、表演及其表演者、录音录像制品及其制作者的信息,作品、表演、录音录像制品权利人的信息和使用条件的信息,以及表示上述信息的数字或者代码。

第二十七条 本条例自 2006 年 7 月 1 日起施行。

(三)专 利

中华人民共和国专利法

(1984 年 3 月 12 日第六届全国人民代表大会常务委员会第四次会议通过 根据 1992 年 9 月 4 日第七届全国人民代表大会常务委员会第二十七次会议《关于修改〈中华人民共和国专利法〉的决定》第一次修正 根据 2000 年 8 月 25 日第九届全国人民代表大会常务委员会第十七次会议《关于修改〈中华人民共和国专利法〉的决定》第二次修正 根据 2008 年 12 月 27 日第十一届全国人民代表大会常务委员会第六次会议《关于修改〈中华人民共和国专利法〉的决定》第三次修正 根据 2020 年 10 月 17 日第十三届全国人民代表大会常务委员会第二十二次会议《关于修改〈中华人民共和国专利法〉的决定》第四次修正)

目 录

第一章 总 则

第一条 为了保护专利权人的合法权益,鼓励发明创造,推动发明创造的应用,提高创新能力,促进科学技术进步和经济社会发展,制定本法。

第二条　本法所称的发明创造是指发明、实用新型和外观设计。

发明，是指对产品、方法或者其改进所提出的新的技术方案。

实用新型，是指对产品的形状、构造或者其结合所提出的适于实用的新的技术方案。

外观设计，是指对产品的整体或者局部的形状、图案或者其结合以及色彩与形状、图案的结合所作出的富有美感并适于工业应用的新设计。

第三条　国务院专利行政部门负责管理全国的专利工作；统一受理和审查专利申请，依法授予专利权。

省、自治区、直辖市人民政府管理专利工作的部门负责本行政区域内的专利管理工作。

第四条　申请专利的发明创造涉及国家安全或者重大利益需要保密的，按照国家有关规定办理。

第五条　对违反法律、社会公德或者妨害公共利益的发明创造，不授予专利权。

对违反法律、行政法规的规定获取或者利用遗传资源，并依赖该遗传资源完成的发明创造，不授予专利权。

第六条　执行本单位的任务或者主要是利用本单位的物质技术条件所完成的发明创造为职务发明创造。职务发明创造申请专利的权利属于该单位，申请被批准后，该单位为专利权人。该单位可以依法处置其职务发明创造申请专利的权利和专利权，促进相关发明创造的实施和运用。

非职务发明创造，申请专利的权利属于发明人或者设计人；申请被批准后，该发明人或者设计人为专利权人。

利用本单位的物质技术条件所完成的发明创造，单位与发明人或者设计人订有合同，对申请专利的权利和专利权的归属作出约定的，从其约定。

第七条　对发明人或者设计人的非职务发明创造专利申请，任何单位或者个人不得压制。

第八条　两个以上单位或者个人合作完成的发明创造、一个单位或者个人接受其他单位或者个人委托所完成的发明创造，除另有协议的以外，申请专利的权利属于完成或者共同完成的单位或者个人；申请被批准后，申请的单位或者个人为专利权人。

第九条　同样的发明创造只能授予一项专利权。但是，同一申请人同日对同样的发明创造既申请实用新型专利又申请发明专利，先获得的实用新型专利权尚未终止，且申请人声明放弃该实用新型专利权的，可以授予发明专利权。

两个以上的申请人分别就同样的发明创造申请专利的，专利权授予最先申请的人。

第十条　专利申请权和专利权可以转让。

中国单位或者个人向外国人、外国企业或者外国其他组织转让专利申请权或者专利权的，应当依照有关法律、行政法规的规定办理手续。

转让专利申请权或者专利权的，当事人应当订立书面合同，并向国务院专利行政部门登记，由国务院专利行政部门予以公告。专利申请权或者专利权的转让自登记之日起生效。

第十一条　发明和实用新型专利权被授予后，除本法另有规定的以外，任何单位或者个人未经专利权人许可，都不得实施其专利，即不得为生产经营目的制造、使用、许诺销售、销售、进口其专利产品，或者使用其专利方法以及使用、许诺销售、销售、进口依照该专利方法直接获得的产品。

外观设计专利权被授予后，任何单位或者个人未经专利权人许可，都不得实施其专利，即不得为生产经营目的制造、许诺销售、销售、进口其外观设计专利产品。

第十二条 任何单位或者个人实施他人专利的，应当与专利权人订立实施许可合同，向专利权人支付专利使用费。被许可人无权允许合同规定以外的任何单位或者个人实施该专利。

第十三条 发明专利申请公布后，申请人可以要求实施其发明的单位或者个人支付适当的费用。

第十四条 专利申请权或者专利权的共有人对权利的行使有约定的，从其约定。没有约定的，共有人可以单独实施或者以普通许可方式许可他人实施该专利；许可他人实施该专利的，收取的使用费应当在共有人之间分配。

除前款规定的情形外，行使共有的专利申请权或者专利权应当取得全体共有人的同意。

第十五条 被授予专利权的单位应当对职务发明创造的发明人或者设计人给予奖励；发明创造专利实施后，根据其推广应用的范围和取得的经济效益，对发明人或者设计人给予合理的报酬。

国家鼓励被授予专利权的单位实行产权激励，采取股权、期权、分红等方式，使发明人或者设计人合理分享创新收益。

第十六条 发明人或者设计人有权在专利文件中写明自己是发明人或者设计人。

专利权人有权在其专利产品或者该产品的包装上标明专利标识。

第十七条 在中国没有经常居所或者营业所的外国人、外国企业或者外国其他组织在中国申请专利的，依照其所属国同中国签订的协议或者共同参加的国际条约，或者依照互惠原则，根据本法办理。

第十八条 在中国没有经常居所或者营业所的外国人、外国企业或者外国其他组织在中国申请专利和办理其他专利事务的，应

当委托依法设立的专利代理机构办理。

中国单位或者个人在国内申请专利和办理其他专利事务的，可以委托依法设立的专利代理机构办理。

专利代理机构应当遵守法律、行政法规，按照被代理人的委托办理专利申请或者其他专利事务；对被代理人发明创造的内容，除专利申请已经公布或者公告的以外，负有保密责任。专利代理机构的具体管理办法由国务院规定。

第十九条 任何单位或者个人将在中国完成的发明或者实用新型向外国申请专利的，应当事先报经国务院专利行政部门进行保密审查。保密审查的程序、期限等按照国务院的规定执行。

中国单位或者个人可以根据中华人民共和国参加的有关国际条约提出专利国际申请。申请人提出专利国际申请的，应当遵守前款规定。

国务院专利行政部门依照中华人民共和国参加的有关国际条约、本法和国务院有关规定处理专利国际申请。

对违反本条第一款规定向外国申请专利的发明或者实用新型，在中国申请专利的，不授予专利权。

第二十条 申请专利和行使专利权应当遵循诚实信用原则。不得滥用专利权损害公共利益或者他人合法权益。

滥用专利权，排除或者限制竞争，构成垄断行为的，依照《中华人民共和国反垄断法》处理。

第二十一条 国务院专利行政部门应当按照客观、公正、准确、及时的要求，依法处理有关专利的申请和请求。

国务院专利行政部门应当加强专利信息公共服务体系建设，完整、准确、及时发布专利信息，提供专利基础数据，定期出版专利公报，促进专利信息传播与利用。

在专利申请公布或者公告前,国务院专利行政部门的工作人员及有关人员对其内容负有保密责任。

第二章 授予专利权的条件

第二十二条 授予专利权的发明和实用新型,应当具备新颖性、创造性和实用性。

新颖性,是指该发明或者实用新型不属于现有技术;也没有任何单位或者个人就同样的发明或者实用新型在申请日以前向国务院专利行政部门提出过申请,并记载在申请日以后公布的专利申请文件或者公告的专利文件中。

创造性,是指与现有技术相比,该发明具有突出的实质性特点和显著的进步,该实用新型具有实质性特点和进步。

实用性,是指该发明或者实用新型能够制造或者使用,并且能够产生积极效果。

本法所称现有技术,是指申请日以前在国内外为公众所知的技术。

第二十三条 授予专利权的外观设计,应当不属于现有设计;也没有任何单位或者个人就同样的外观设计在申请日以前向国务院专利行政部门提出过申请,并记载在申请日以后公告的专利文件中。

授予专利权的外观设计与现有设计或者现有设计特征的组合相比,应当具有明显区别。

授予专利权的外观设计不得与他人在申请日以前已经取得的合法权利相冲突。

本法所称现有设计,是指申请日以前在国内外为公众所知的设计。

第二十四条 申请专利的发明创造在申请日以前六个月内,有下列情形之一的,不丧失新颖性:

(一)在国家出现紧急状态或者非常情况时,为公共利益目的首次公开的;

(二)在中国政府主办或者承认的国际展览会上首次展出的;

(三)在规定的学术会议或者技术会议上首次发表的;

(四)他人未经申请人同意而泄露其内容的。

第二十五条 对下列各项,不授予专利权:

(一)科学发现;

(二)智力活动的规则和方法;

(三)疾病的诊断和治疗方法;

(四)动物和植物品种;

(五)原子核变换方法以及用原子核变换方法获得的物质;

(六)对平面印刷品的图案、色彩或者二者的结合作出的主要起标识作用的设计。

对前款第(四)项所列产品的生产方法,可以依照本法规定授予专利权。

第三章 专利的申请

第二十六条 申请发明或者实用新型专利的,应当提交请求书、说明书及其摘要和权利要求书等文件。

请求书应当写明发明或者实用新型的名称,发明人的姓名,申请人姓名或者名称、地址,以及其他事项。

说明书应当对发明或者实用新型作出清楚、完整的说明,以所属技术领域的技术人员能够实现为准;必要的时候,应当有附图。摘要应当简要说明发明或者实用新型的技术要点。

权利要求书应当以说明书为依据,清楚、简要地限定要求专利保护的范围。

依赖遗传资源完成的发明创造,申请人应当在专利申请文件中说明该遗传资源的直接来源和原始来源;申请人无法说明原始来源的,应当陈述理由。

第二十七条 申请外观设计专利的,应当提交请求书、该外观设计的图片或者照片以及对该外观设计的简要说明等文件。

申请人提交的有关图片或者照片应当清楚地显示要求专利保护的产品的外观设计。

第二十八条 国务院专利行政部门收到专利申请文件之日为申请日。如果申请文件是邮寄的,以寄出的邮戳日为申请日。

第二十九条 申请人自发明或者实用新型在外国第一次提出专利申请之日起十二个月内,或者自外观设计在外国第一次提出专利申请之日起六个月内,又在中国就相同主题提出专利申请的,依照该外国同中国签订的协议或者共同参加的国际条约,或者依照相互承认优先权的原则,可以享有优先权。

申请人自发明或者实用新型在中国第一次提出专利申请之日起十二个月内,或者自外观设计在中国第一次提出专利申请之日起六个月内,又向国务院专利行政部门就相同主题提出专利申请的,可以享有优先权。

第三十条 申请人要求发明、实用新型专利优先权的,应当在申请的时候提出书面声明,并且在第一次提出申请之日起十六个月内,提交第一次提出的专利申请文件的副本。

申请人要求外观设计专利优先权的,应当在申请的时候提出书面声明,并且在三个月内提交第一次提出的专利申请文件的副本。

申请人未提出书面声明或者逾期未提交专利申请文件副本的,视为未要求优先权。

第三十一条 一件发明或者实用新型专利申请应当限于一项发明或者实用新型。属于一个总的发明构思的两项以上的发明或者实用新型,可以作为一件申请提出。

一件外观设计专利申请应当限于一项外观设计。同一产品两项以上的相似外观设计,或者用于同一类别并且成套出售或者使用的产品的两项以上外观设计,可以作为一件申请提出。

第三十二条 申请人可以在被授予专利权之前随时撤回其专利申请。

第三十三条 申请人可以对其专利申请文件进行修改,但是,对发明和实用新型专利申请文件的修改不得超出原说明书和权利要求书记载的范围,对外观设计专利申请文件的修改不得超出原图片或者照片表示的范围。

第四章 专利申请的审查和批准

第三十四条 国务院专利行政部门收到发明专利申请后,经初步审查认为符合本法要求的,自申请日起满十八个月,即行公布。国务院专利行政部门可以根据申请人的请求早日公布其申请。

第三十五条 发明专利申请自申请日起三年内,国务院专利行政部门可以根据申请人随时提出的请求,对其申请进行实质审查;申请人无正当理由逾期不请求实质审查的,该申请即被视为撤回。

国务院专利行政部门认为必要的时候,可以自行对发明专利申请进行实质审查。

第三十六条 发明专利的申请人请求实质审查的时候,应当提交在申请日前与其发明有关的参考资料。

发明专利已经在外国提出过申请的,国务院专利行政部门可以要求申请人在指定期限内提交该国为审查其申请进行检索的资料或者审查结果的资料;无正当理由逾期不提交的,该申请即被视为撤回。

第三十七条 国务院专利行政部门对发明专利申请进行实质审查后,认为不符合本法规定的,应当通知申请人,要求其在指定的期限内陈述意见,或者对其进行修改;无正当理由逾期不答复的,该申请即被视为撤回。

第三十八条 发明专利申请经申请人陈

述意见或者进行修改后,国务院专利行政部门仍然认为不符合本法规定的,应当予以驳回。

第三十九条 发明专利申请经实质审查没有发现驳回理由的,由国务院专利行政部门作出授予发明专利权的决定,发给发明专利证书,同时予以登记和公告。发明专利权自公告之日起生效。

第四十条 实用新型和外观设计专利申请经初步审查没有发现驳回理由的,由国务院专利行政部门作出授予实用新型专利权或者外观设计专利权的决定,发给相应的专利证书,同时予以登记和公告。实用新型专利权和外观设计专利权自公告之日起生效。

第四十一条 专利申请人对国务院专利行政部门驳回申请的决定不服的,可以自收到通知之日起三个月内向国务院专利行政部门请求复审。国务院专利行政部门复审后,作出决定,并通知专利申请人。

专利申请人对国务院专利行政部门的复审决定不服的,可以自收到通知之日起三个月内向人民法院起诉。

第五章　专利权的期限、终止和无效

第四十二条 发明专利权的期限为二十年,实用新型专利权的期限为十年,外观设计专利权的期限为十五年,均自申请日起计算。

自发明专利申请日起满四年,且自实质审查请求之日起满三年后授予发明专利权的,国务院专利行政部门应专利权人的请求,就发明专利在授权过程中的不合理延迟给予专利权期限补偿,但由申请人引起的不合理延迟除外。

为补偿新药上市审评审批占用的时间,对在中国获得上市许可的新药相关发明专利,国务院专利行政部门应专利权人的请求给予专利权期限补偿。补偿期限不超过五

年,新药批准上市后总有效专利权期限不超过十四年。

第四十三条 专利权人应当自被授予专利权的当年开始缴纳年费。

第四十四条 有下列情形之一的,专利权在期限届满前终止:

(一)没有按照规定缴纳年费的;

(二)专利权人以书面声明放弃其专利权的。

专利权在期限届满前终止的,由国务院专利行政部门登记和公告。

第四十五条 自国务院专利行政部门公告授予专利权之日起,任何单位或者个人认为该专利权的授予不符合本法有关规定的,可以请求国务院专利行政部门宣告该专利权无效。

第四十六条 国务院专利行政部门对宣告专利权无效的请求应当及时审查和作出决定,并通知请求人和专利权人。宣告专利权无效的决定,由国务院专利行政部门登记和公告。

对国务院专利行政部门宣告专利权无效或者维持专利权的决定不服的,可以自收到通知之日起三个月内向人民法院起诉。人民法院应当通知无效宣告请求程序的对方当事人作为第三人参加诉讼。

第四十七条 宣告无效的专利权视为自始即不存在。

宣告专利权无效的决定,对在宣告专利权无效前人民法院作出并已执行的专利侵权的判决、调解书,已经履行或者强制执行的专利侵权纠纷处理决定,以及已经履行的专利实施许可合同和专利权转让合同,不具有追溯力。但是因专利权人的恶意给他人造成的损失,应当给予赔偿。

依照前款规定不返还专利侵权赔偿金、专利使用费、专利权转让费,明显违反公平原则的,应当全部或者部分返还。

第六章 专利实施的特别许可

第四十八条 国务院专利行政部门、地方人民政府管理专利工作的部门应当会同同级相关部门采取措施,加强专利公共服务,促进专利实施和运用。

第四十九条 国有企业事业单位的发明专利,对国家利益或者公共利益具有重大意义的,国务院有关主管部门和省、自治区、直辖市人民政府报经国务院批准,可以决定在批准的范围内推广应用,允许指定的单位实施,由实施单位按照国家规定向专利权人支付使用费。

第五十条 专利权人自愿以书面方式向国务院专利行政部门声明愿意许可任何单位或者个人实施其专利,并明确许可使用费支付方式、标准的,由国务院专利行政部门予以公告,实行开放许可。就实用新型、外观设计专利提出开放许可声明的,应当提供专利权评价报告。

专利权人撤回开放许可声明的,应当以书面方式提出,并由国务院专利行政部门予以公告。开放许可声明被公告撤回的,不影响在先给予的开放许可的效力。

第五十一条 任何单位或者个人有意愿实施开放许可的专利,以书面方式通知专利权人,并依照公告的许可使用费支付方式、标准支付许可使用费后,即获得专利实施许可。

开放许可实施期间,对专利权人缴纳专利年费相应给予减免。

实行开放许可的专利权人可以与被许可人就许可使用费进行协商后给予普通许可,但不得就该专利给予独占或者排他许可。

第五十二条 当事人就实施开放许可发生纠纷的,由当事人协商解决;不愿协商或者协商不成的,可以请求国务院专利行政部门进行调解,也可以向人民法院起诉。

第五十三条 有下列情形之一的,国务院专利行政部门根据具备实施条件的单位或者个人的申请,可以给予实施发明专利或者实用新型专利的强制许可:

(一)专利权人自专利权被授予之日起满三年,且自提出专利申请之日起满四年,无正当理由未实施或者未充分实施其专利的;

(二)专利权人行使专利权的行为被依法认定为垄断行为,为消除或者减少该行为对竞争产生的不利影响的。

第五十四条 在国家出现紧急状态或者非常情况时,或者为了公共利益的目的,国务院专利行政部门可以给予实施发明专利或者实用新型专利的强制许可。

第五十五条 为了公共健康目的,对取得专利权的药品,国务院专利行政部门可以给予制造并将其出口到符合中华人民共和国参加的有关国际条约规定的国家或者地区的强制许可。

第五十六条 一项取得专利权的发明或者实用新型比前已经取得专利权的发明或者实用新型具有显著经济意义的重大技术进步,其实施又有赖于前一发明或者实用新型的实施的,国务院专利行政部门根据后一专利权人的申请,可以给予实施前一发明或者实用新型的强制许可。

在依照前款规定给予实施强制许可的情形下,国务院专利行政部门根据前一专利权人的申请,也可以给予实施后一发明或者实用新型的强制许可。

第五十七条 强制许可涉及的发明创造为半导体技术的,其实施限于公共利益的目的和本法第五十三条第(二)项规定的情形。

第五十八条 除依照本法第五十三条第(二)项、第五十五条规定给予的强制许可外,强制许可的实施应当主要为了供应国内市场。

第五十九条 依照本法第五十三条第(一)项、第五十六条规定申请强制许可的单位或者个人应当提供证据,证明其以合理的条件请求专利权人许可其实施专利,但未能在合理的时间内获得许可。

第六十条 国务院专利行政部门作出的给予实施强制许可的决定,应当及时通知专利权人,并予以登记和公告。

给予实施强制许可的决定,应当根据强制许可的理由规定实施的范围和时间。强制许可的理由消除并不再发生时,国务院专利行政部门应当根据专利权人的请求,经审查后作出终止实施强制许可的决定。

第六十一条 取得实施强制许可的单位或者个人不享有独占的实施权,并且无权允许他人实施。

第六十二条 取得实施强制许可的单位或者个人应当付给专利权人合理的使用费,或者依照中华人民共和国参加的有关国际条约的规定处理使用费问题。付给使用费的,其数额由双方协商;双方不能达成协议的,由国务院专利行政部门裁决。

第六十三条 专利权人对国务院专利行政部门关于实施强制许可的决定不服,专利权人和取得实施强制许可的单位或者个人对国务院专利行政部门关于实施强制许可的使用费的裁决不服,可以自收到通知之日起三个月内向人民法院起诉。

第七章 专利权的保护

第六十四条 发明或者实用新型专利权的保护范围以其权利要求的内容为准,说明书及附图可以用于解释权利要求的内容。

外观设计专利权的保护范围以表示在图片或者照片中的该产品的外观设计为准,简要说明可以用于解释图片或者照片所表示的该产品的外观设计。

第六十五条 未经专利权人许可,实施其专利,即侵犯其专利权,引起纠纷的,由当事人协商解决;不愿协商或者协商不成的,专利权人或者利害关系人可以向人民法院起诉,也可以请求管理专利工作的部门处理。管理专利工作的部门处理时,认定侵权行为成立的,可以责令侵权人立即停止侵权行为,当事人不服的,可以自收到处理通知之日起十五日内依照《中华人民共和国行政诉讼法》向人民法院起诉;侵权人期满不起诉又不停止侵权行为的,管理专利工作的部门可以申请人民法院强制执行。进行处理的管理专利工作的部门应当事人的请求,可以就侵犯专利权的赔偿数额进行调解;调解不成的,当事人可以依照《中华人民共和国民事诉讼法》向人民法院起诉。

第六十六条 专利侵权纠纷涉及新产品制造方法的发明专利的,制造同样产品的单位或者个人应当提供其产品制造方法不同于专利方法的证明。

专利侵权纠纷涉及实用新型专利或者外观设计专利的,人民法院或者管理专利工作的部门可以要求专利权人或者利害关系人出具由国务院专利行政部门对相关实用新型或者外观设计进行检索、分析和评价后作出的专利权评价报告,作为审理、处理专利侵权纠纷的证据;专利权人、利害关系人或者被控侵权人也可以主动出具专利权评价报告。

第六十七条 在专利侵权纠纷中,被控侵权人有证据证明其实施的技术或者设计属于现有技术或者现有设计的,不构成侵犯专利权。

第六十八条 假冒专利的,除依法承担民事责任外,由负责专利执法的部门责令改正并予公告,没收违法所得,可以处违法所得五倍以下的罚款;没有违法所得或者违法所得在五万元以下的,可以处二十五万元以下的罚款;构成犯罪的,依法追究刑事责任。

第六十九条 负责专利执法的部门根据已经取得的证据,对涉嫌假冒专利行为进行

查处时,有权采取下列措施:

(一)询问有关当事人,调查与涉嫌违法行为有关的情况;

(二)对当事人涉嫌违法行为的场所实施现场检查;

(三)查阅、复制与涉嫌违法行为有关的合同、发票、账簿以及其他有关资料;

(四)检查与涉嫌违法行为有关的产品;

(五)对有证据证明是假冒专利的产品,可以查封或者扣押。

管理专利工作的部门应专利权人或者利害关系人的请求处理专利侵权纠纷时,可以采取前款第(一)项、第(二)项、第(四)项所列措施。

负责专利执法的部门、管理专利工作的部门依法行使前两款规定的职权时,当事人应当予以协助、配合,不得拒绝、阻挠。

第七十条 国务院专利行政部门可以应专利权人或者利害关系人的请求处理在全国有重大影响的专利侵权纠纷。

地方人民政府管理专利工作的部门应专利权人或者利害关系人请求处理专利侵权纠纷,对在本行政区域内侵犯其同一专利权的案件可以合并处理;对跨区域侵犯其同一专利权的案件可以请求上级地方人民政府管理专利工作的部门处理。

第七十一条 侵犯专利权的赔偿数额按照权利人因被侵权所受到的实际损失或者侵权人因侵权所获得的利益确定;权利人的损失或者侵权人获得的利益难以确定的,参照该专利许可使用费的倍数合理确定。对故意侵犯专利权,情节严重的,可以在按照上述方法确定数额的一倍以上五倍以下确定赔偿数额。

权利人的损失、侵权人获得的利益和专利许可使用费均难以确定的,人民法院可以根据专利权的类型、侵权行为的性质和情节等因素,确定给予三万元以上五百万元以下

的赔偿。

赔偿数额还应当包括权利人为制止侵权行为所支付的合理开支。

人民法院为确定赔偿数额,在权利人已经尽力举证,而与侵权行为相关的账簿、资料主要由侵权人掌握的情况下,可以责令侵权人提供与侵权行为相关的账簿、资料;侵权人不提供或者提供虚假的账簿、资料的,人民法院可以参考权利人的主张和提供的证据判定赔偿数额。

第七十二条 专利权人或者利害关系人有证据证明他人正在实施或者即将实施侵犯专利权、妨碍其实现权利的行为,如不及时制止将会使其合法权益受到难以弥补的损害的,可以在起诉前依法向人民法院申请采取财产保全、责令作出一定行为或者禁止作出一定行为的措施。

第七十三条 为了制止专利侵权行为,在证据可能灭失或者以后难以取得的情况下,专利权人或者利害关系人可以在起诉前依法向人民法院申请保全证据。

第七十四条 侵犯专利权的诉讼时效为三年,自专利权人或者利害关系人知道或者应当知道侵权行为以及侵权人之日起计算。

发明专利申请公布后至专利权授予前使用该发明未支付适当使用费的,专利权人要求支付使用费的诉讼时效为三年,自专利权人知道或者应当知道他人使用其发明之日起计算,但是,专利权人于专利权授予之日前即已知道或者应当知道的,自专利权授予之日起计算。

第七十五条 有下列情形之一的,不视为侵犯专利权:

(一)专利产品或者依照专利方法直接获得的产品,由专利权人或者经其许可的单位、个人售出后,使用、许诺销售、销售、进口该产品的;

(二)在专利申请日前已经制造相同产

品、使用相同方法或者已经作好制造、使用的必要准备，并且仅在原有范围内继续制造、使用的；

（三）临时通过中国领陆、领水、领空的外国运输工具，依照其所属国同中国签订的协议或者共同参加的国际条约，或者依照互惠原则，为运输工具自身需要而在其装置和设备中使用有关专利的；

（四）专为科学研究和实验而使用有关专利的；

（五）为提供行政审批所需要的信息，制造、使用、进口专利药品或者专利医疗器械的，以及专门为其制造、进口专利药品或者专利医疗器械的。

第七十六条　药品上市审评审批过程中，药品上市许可申请人与有关专利权人或者利害关系人，因申请注册的药品相关的专利权产生纠纷的，相关当事人可以向人民法院起诉，请求就申请注册的药品相关技术方案是否落入他人药品专利权保护范围作出判决。国务院药品监督管理部门在规定的期限内，可以根据人民法院生效裁判作出是否暂停批准相关药品上市的决定。

药品上市许可申请人与有关专利权人或者利害关系人也可以就申请注册的药品相关的专利权纠纷，向国务院专利行政部门请求行政裁决。

国务院药品监督管理部门会同国务院专利行政部门制定药品上市许可审批与药品上市许可申请阶段专利权纠纷解决的具体衔接办法，报国务院同意后实施。

第七十七条　为生产经营目的使用、许诺销售或者销售不知道是未经专利权人许可而制造并售出的专利侵权产品，能证明该产品合法来源的，不承担赔偿责任。

第七十八条　违反本法第十九条规定向外国申请专利，泄露国家秘密的，由所在单位或者上级主管机关给予行政处分；构成犯罪的，依法追究刑事责任。

第七十九条　管理专利工作的部门不得参与向社会推荐专利产品等经营活动。

管理专利工作的部门违反前款规定的，由其上级机关或者监察机关责令改正，消除影响，有违法收入的予以没收；情节严重的，对直接负责的主管人员和其他直接责任人员依法给予处分。

第八十条　从事专利管理工作的国家机关工作人员以及其他有关国家机关工作人员玩忽职守、滥用职权、徇私舞弊，构成犯罪的，依法追究刑事责任；尚不构成犯罪的，依法给予处分。

第八章　附　　则

第八十一条　向国务院专利行政部门申请专利和办理其他手续，应当按照规定缴纳费用。

第八十二条　本法自 1985 年 4 月 1 日起施行。

中华人民共和国专利法实施细则

（2001 年 6 月 15 日中华人民共和国国务院令第 306 号公布　根据 2002 年 12 月 28 日《国务院关于修改〈中华人民共和国专利法实施细则〉的决定》第一次修订　根据 2010 年 1 月 9 日《国务院关于修改〈中华人民共和国专利法实施细则〉的决定》第二次修订　根据 2023 年 12 月 11 日《国务院关于修改〈中华人民共和国专利法实施细则〉的决定》第三次修订）

第一章　总　　则

第一条　根据《中华人民共和国专利法》

（以下简称专利法），制定本细则。

第二条　专利法和本细则规定的各种手续，应当以书面形式或者国务院专利行政部门规定的其他形式办理。以电子数据交换等方式能够有形地表现所载内容，并可以随时调取查用的数据电文（以下统称电子形式），视为书面形式。

第三条　依照专利法和本细则规定提交的各种文件应当使用中文；国家有统一规定的科技术语的，应当采用规范词；外国人名、地名和科技术语没有统一中文译文的，应当注明原文。

依照专利法和本细则规定提交的各种证件和证明文件是外文的，国务院专利行政部门认为必要时，可以要求当事人在指定期限内附送中文译文；期满未附送的，视为未提交该证件和证明文件。

第四条　向国务院专利行政部门邮寄的各种文件，以寄出的邮戳日为递交日；邮戳日不清晰的，除当事人能够提出证明外，以国务院专利行政部门收到日为递交日。

以电子形式向国务院专利行政部门提交各种文件的，以进入国务院专利行政部门指定的特定电子系统的日期为递交日。

国务院专利行政部门的各种文件，可以通过电子形式、邮寄、直接送交或者其他方式送达当事人。当事人委托专利代理机构的，文件送交专利代理机构；未委托专利代理机构的，文件送交请求书中指明的联系人。

国务院专利行政部门邮寄的各种文件，自文件发出之日起满15日，推定为当事人收到文件之日。当事人提供证据能够证明实际收到文件的日期的，以实际收到日为准。

根据国务院专利行政部门规定应当直接送交的文件，以交付日为送达日。

文件送交地址不清，无法邮寄的，可以通过公告的方式送达当事人。自公告之日起满1个月，该文件视为已经送达。

国务院专利行政部门以电子形式送达的各种文件，以进入当事人认可的电子系统的日期为送达日。

第五条　专利法和本细则规定的各种期限开始的当日不计算在期限内，自下一日开始计算。期限以年或者月计算的，以其最后一月的相应日为期限届满日；该月无相应日的，以该月最后一日为期限届满日；期限届满日是法定休假日的，以休假日后的第一个工作日为期限届满日。

第六条　当事人因不可抗拒的事由而延误专利法或者本细则规定的期限或者国务院专利行政部门指定的期限，导致其权利丧失的，自障碍消除之日起2个月内且自期限届满之日起2年内，可以向国务院专利行政部门请求恢复权利。

除前款规定的情形外，当事人因其他正当理由延误专利法或者本细则规定的期限或者国务院专利行政部门指定的期限，导致其权利丧失的，可以自收到国务院专利行政部门的通知之日起2个月内向国务院专利行政部门请求恢复权利；但是，延误复审请求期限的，可以自复审请求期限届满之日起2个月内向国务院专利行政部门请求恢复权利。

当事人依照本条第一款或者第二款的规定请求恢复权利的，应当提交恢复权利请求书，说明理由，必要时附具有关证明文件，并办理权利丧失前应当办理的相应手续；依照本条第二款的规定请求恢复权利的，还应当缴纳恢复权利请求费。

当事人请求延长国务院专利行政部门指定的期限的，应当在期限届满前，向国务院专利行政部门提交延长期限请求书，说明理由，并办理有关手续。

本条第一款和第二款的规定不适用专利法第二十四条、第二十九条、第四十二条、第七十四条规定的期限。

第七条　专利申请涉及国防利益需要保

密的,由国防专利机构受理并进行审查;国务院专利行政部门受理的专利申请涉及国防利益需要保密的,应当及时移交国防专利机构进行审查。经国防专利机构审查没有发现驳回理由的,由国务院专利行政部门作出授予国防专利权的决定。

国务院专利行政部门认为其受理的发明或者实用新型专利申请涉及国防利益以外的国家安全或者重大利益需要保密的,应当及时作出按照保密专利申请处理的决定,并通知申请人。保密专利申请的审查、复审以及保密专利权无效宣告的特殊程序,由国务院专利行政部门规定。

第八条 专利法第十九条所称在中国完成的发明或者实用新型,是指技术方案的实质性内容在中国境内完成的发明或者实用新型。

任何单位或者个人将在中国完成的发明或者实用新型向外国申请专利的,应当按照下列方式之一请求国务院专利行政部门进行保密审查:

(一)直接向外国申请专利或者向有关国外机构提交专利国际申请的,应当事先向国务院专利行政部门提出请求,并详细说明其技术方案;

(二)向国务院专利行政部门申请专利后拟向外国申请专利或者向有关国外机构提交专利国际申请的,应当在向外国申请专利或者向有关国外机构提交专利国际申请前向国务院专利行政部门提出请求。

向国务院专利行政部门提交专利国际申请的,视为同时提出了保密审查请求。

第九条 国务院专利行政部门收到依照本细则第八条规定递交的请求后,经过审查认为该发明或者实用新型可能涉及国家安全或者重大利益需要保密的,应当在请求递交日起2个月内向申请人发出保密审查通知;情况复杂的,可以延长2个月。

国务院专利行政部门依照前款规定通知进行保密审查的,应当在请求递交日起4个月内作出是否需要保密的决定,并通知申请人;情况复杂的,可以延长2个月。

第十条 专利法第五条所称违反法律的发明创造,不包括仅其实施为法律所禁止的发明创造。

第十一条 申请专利应当遵循诚实信用原则。提出各类专利申请应当以真实发明创造活动为基础,不得弄虚作假。

第十二条 除专利法第二十八条和第四十二条规定的情形外,专利法所称申请日,有优先权的,指优先权日。

本细则所称申请日,除另有规定的外,是指专利法第二十八条规定的申请日。

第十三条 专利法第六条所称执行本单位的任务所完成的职务发明创造,是指:

(一)在本职工作中作出的发明创造;

(二)履行本单位交付的本职工作之外的任务所作出的发明创造;

(三)退休、调离原单位后或者劳动、人事关系终止后1年内作出的,与其在原单位承担的本职工作或者原单位分配的任务有关的发明创造。

专利法第六条所称本单位,包括临时工作单位;专利法第六条所称本单位的物质技术条件,是指本单位的资金、设备、零部件、原材料或者不对外公开的技术信息和资料等。

第十四条 专利法所称发明人或者设计人,是指对发明创造的实质性特点作出创造性贡献的人。在完成发明创造过程中,只负责组织工作的人、为物质技术条件的利用提供方便的人或者从事其他辅助工作的人,不是发明人或者设计人。

第十五条 除依照专利法第十条规定转让专利权外,专利权因其他事由发生转移的,当事人应当凭有关证明文件或者法律文书向国务院专利行政部门办理专利权转移手续。

专利权人与他人订立的专利实施许可合同,应当自合同生效之日起 3 个月内向国务院专利行政部门备案。

以专利权出质的,由出质人和质权人共同向国务院专利行政部门办理出质登记。

第十六条 专利工作应当贯彻党和国家知识产权战略部署,提升我国专利创造、运用、保护、管理和服务水平,支持全面创新,促进创新型国家建设。

国务院专利行政部门应当提升专利信息公共服务能力,完整、准确、及时发布专利信息,提供专利基础数据,促进专利相关数据资源的开放共享、互联互通。

第二章 专利的申请

第十七条 申请专利的,应当向国务院专利行政部门提交申请文件。申请文件应当符合规定的要求。

申请人委托专利代理机构向国务院专利行政部门申请专利和办理其他专利事务的,应当同时提交委托书,写明委托权限。

申请人有 2 人以上且未委托专利代理机构的,除请求书中另有声明的外,以请求书中指明的第一申请人为代表人。

第十八条 依照专利法第十八条第一款的规定委托专利代理机构在中国申请专利和办理其他专利事务的,涉及下列事务,申请人或者专利权人可以自行办理:

(一)申请要求优先权的,提交第一次提出的专利申请(以下简称在先申请)文件副本;

(二)缴纳费用;

(三)国务院专利行政部门规定的其他事务。

第十九条 发明、实用新型或者外观设计专利申请的请求书应当写明下列事项:

(一)发明、实用新型或者外观设计的名称;

(二)申请人是中国单位或者个人的,其名称或者姓名、地址、邮政编码、统一社会信用代码或者身份证件号码;申请人是外国人、外国企业或者外国其他组织的,其姓名或者名称、国籍或者注册的国家或者地区;

(三)发明人或者设计人的姓名;

(四)申请人委托专利代理机构的,受托机构的名称、机构代码以及该机构指定的专利代理师的姓名、专利代理师资格证号码、联系电话;

(五)要求优先权的,在先申请的申请日、申请号以及原受理机构的名称;

(六)申请人或者专利代理机构的签字或者盖章;

(七)申请文件清单;

(八)附加文件清单;

(九)其他需要写明的有关事项。

第二十条 发明或者实用新型专利申请的说明书应当写明发明或者实用新型的名称,该名称应当与请求书中的名称一致。说明书应当包括下列内容:

(一)技术领域:写明要求保护的技术方案所属的技术领域;

(二)背景技术:写明对发明或者实用新型的理解、检索、审查有用的背景技术;有可能的,并引证反映这些背景技术的文件;

(三)发明内容:写明发明或者实用新型所要解决的技术问题以及解决其技术问题采用的技术方案,并对照现有技术写明发明或者实用新型的有益效果;

(四)附图说明:说明书有附图的,对各幅附图作简略说明;

(五)具体实施方式:详细写明申请人认为实现发明或者实用新型的优选方式;必要时,举例说明;有附图的,对照附图。

发明或者实用新型专利申请人应当按照前款规定的方式和顺序撰写说明书,并在说明书每一部分前面写明标题,除非其发明或者实用新型的性质用其他方式或者顺序撰写能节约说明书的篇幅并使他人能够准确理解其发明或者实用新型。

发明或者实用新型说明书应当用词规范、语句清楚,并不得使用"如权利要求……所述的……"一类的引用语,也不得使用商业性宣传用语。

发明专利申请包含一个或者多个核苷酸或者氨基酸序列的,说明书应当包括符合国务院专利行政部门规定的序列表。

实用新型专利申请说明书应当有表示要求保护的产品的形状、构造或者其结合的附图。

第二十一条 发明或者实用新型的几幅附图应当按照"图1,图2,……"顺序编号排列。

发明或者实用新型说明书文字部分中未提及的附图标记不得在附图中出现,附图中未出现的附图标记不得在说明书文字部分中提及。申请文件中表示同一组成部分的附图标记应当一致。

附图中除必需的词语外,不应当含有其他注释。

第二十二条 权利要求书应当记载发明或者实用新型的技术特征。

权利要求书有几项权利要求的,应当用阿拉伯数字顺序编号。

权利要求书中使用的科技术语应当与说明书中使用的科技术语一致,可以有化学式或者数学式,但是不得有插图。除绝对必要的外,不得使用"如说明书……部分所述"或者"如图……所示"的用语。

权利要求中的技术特征可以引用说明书附图中相应的标记,该标记应当放在相应的技术特征后并置于括号内,便于理解权利要求。附图标记不得解释为对权利要求的限制。

第二十三条 权利要求书应当有独立权利要求,也可以有从属权利要求。

独立权利要求应当从整体上反映发明或者实用新型的技术方案,记载解决技术问题的必要技术特征。

从属权利要求应当用附加的技术特征,对引用的权利要求作进一步限定。

第二十四条 发明或者实用新型的独立权利要求应当包括前序部分和特征部分,按照下列规定撰写:

(一)前序部分:写明要求保护的发明或者实用新型技术方案的主题名称和发明或者实用新型主题与最接近的现有技术共有的必要技术特征;

(二)特征部分:使用"其特征是……"或者类似的用语,写明发明或者实用新型区别于最接近的现有技术的技术特征。这些特征和前序部分写明的特征合在一起,限定发明或者实用新型要求保护的范围。

发明或者实用新型的性质不适于用前款方式表达的,独立权利要求可以用其他方式撰写。

一项发明或者实用新型应当只有一个独立权利要求,并写在同一发明或者实用新型的从属权利要求之前。

第二十五条 发明或者实用新型的从属权利要求应当包括引用部分和限定部分,按照下列规定撰写:

(一)引用部分:写明引用的权利要求的编号及其主题名称;

(二)限定部分:写明发明或者实用新型附加的技术特征。

从属权利要求只能引用在前的权利要求。引用两项以上权利要求的多项从属权利要求,只能以择一方式引用在前的权利要求,并不得作为另一项多项从属权利要求的基础。

第二十六条 说明书摘要应当写明发明或者实用新型专利申请所公开内容的概要,

即写明发明或者实用新型的名称和所属技术领域,并清楚地反映所要解决的技术问题、解决该问题的技术方案的要点以及主要用途。

说明书摘要可以包含最能说明发明的化学式;有附图的专利申请,还应当在请求书中指定一幅最能说明该发明或者实用新型技术特征的说明书附图作为摘要附图。摘要中不得使用商业性宣传用语。

第二十七条 申请专利的发明涉及新的生物材料,该生物材料公众不能得到,并且对该生物材料的说明不足以使所属领域的技术人员实施其发明的,除应当符合专利法和本细则的有关规定外,申请人还应当办理下列手续:

(一)在申请日前或者最迟在申请日(有优先权的,指优先权日),将该生物材料的样品提交国务院专利行政部门认可的保藏单位保藏,并在申请时或者最迟自申请日起4个月内提交保藏单位出具的保藏证明和存活证明;期满未提交证明的,该样品视为未提交保藏;

(二)在申请文件中,提供有关该生物材料特征的资料;

(三)涉及生物材料样品保藏的专利申请应当在请求书和说明书中写明该生物材料的分类命名(注明拉丁文名称)、保藏该生物材料样品的单位名称、地址、保藏日期和保藏编号;申请时未写明的,应当自申请日起4个月内补正;期满未补正的,视为未提交保藏。

第二十八条 发明专利申请人依照本细则第二十七条的规定保藏生物材料样品的,在发明专利申请公布后,任何单位或者个人需要将该专利申请所涉及的生物材料作为实验目的使用的,应当向国务院专利行政部门提出请求,并写明下列事项:

(一)请求人的姓名或者名称和地址;

(二)不向其他任何人提供该生物材料的保证;

(三)在授予专利权前,只作为实验目的使用的保证。

第二十九条 专利法所称遗传资源,是指取自人体、动物、植物或者微生物等含有遗传功能单位并具有实际或者潜在价值的材料和利用此类材料产生的遗传信息;专利法所称依赖遗传资源完成的发明创造,是指利用了遗传资源的遗传功能完成的发明创造。

就依赖遗传资源完成的发明创造申请专利的,申请人应当在请求书中予以说明,并填写国务院专利行政部门制定的表格。

第三十条 申请人应当就每件外观设计产品所需要保护的内容提交有关图片或者照片。

申请局部外观设计专利的,应当提交整体产品的视图,并用虚线与实线相结合或者其他方式表明所需要保护部分的内容。

申请人请求保护色彩的,应当提交彩色图片或者照片。

第三十一条 外观设计的简要说明应当写明外观设计产品的名称、用途,外观设计的设计要点,并指定一幅最能表明设计要点的图片或者照片。省略视图或者请求保护色彩的,应当在简要说明中写明。

对同一产品的多项相似外观设计提出一件外观设计专利申请的,应当在简要说明中指定其中一项作为基本设计。

申请局部外观设计专利的,应当在简要说明中写明请求保护的部分,已在整体产品的视图中用虚线与实线相结合方式表明的除外。

简要说明不得使用商业性宣传用语,也不得说明产品的性能。

第三十二条 国务院专利行政部门认为必要时,可以要求外观设计专利申请人提交使用外观设计的产品样品或者模型。样品或者模型的体积不得超过30厘米×30厘米×30厘米,重量不得超过15公斤。易腐、易损或者危险品不得作为样品或者模型提交。

第三十三条 专利法第二十四条第(二)项所称中国政府承认的国际展览会，是指国际展览会公约规定的在国际展览局注册或者由其认可的国际展览会。

专利法第二十四条第(三)项所称学术会议或者技术会议，是指国务院有关主管部门或者全国性学术团体组织召开的学术会议或者技术会议，以及国务院有关主管部门认可的由国际组织召开的学术会议或者技术会议。

申请专利的发明创造有专利法第二十四条第(二)项或者第(三)项所列情形的，申请人应当在提出专利申请时声明，并自申请日起2个月内提交有关发明创造已经展出或者发表，以及展出或者发表日期的证明文件。

申请专利的发明创造有专利法第二十四条第(一)项或者第(四)项所列情形的，国务院专利行政部门认为必要时，可以要求申请人在指定期限内提交证明文件。

申请人未依照本条第三款的规定提出声明和提交证明文件的，或者未依照本条第四款的规定在指定期限内提交证明文件的，其申请不适用专利法第二十四条的规定。

第三十四条 申请人依照专利法第三十条的规定要求外国优先权的，申请人提交的在先申请文件副本应当经原受理机构证明。依照国务院专利行政部门与该受理机构签订的协议，国务院专利行政部门通过电子交换等途径获得在先申请文件副本的，视为申请人提交了经该受理机构证明的在先申请文件副本。要求本国优先权，申请人在请求书中写明在先申请的申请日和申请号的，视为提交了在先申请文件副本。

要求优先权，但请求书中漏写或者错写在先申请的申请日、申请号和原受理机构名称中的一项或者两项内容的，国务院专利行政部门应当通知申请人在指定期限内补正；

期满未补正的，视为未要求优先权。

要求优先权的申请人的姓名或者名称与在先申请文件副本中记载的申请人姓名或者名称不一致的，应当提交优先权转让证明材料，未提交该证明材料的，视为未要求优先权。

外观设计专利申请人要求外国优先权，其在先申请未包括对外观设计的简要说明，申请人按照本细则第三十一条规定提交的简要说明未超出在先申请文件的图片或者照片表示的范围的，不影响其享有优先权。

第三十五条 申请人在一件专利申请中，可以要求一项或者多项优先权；要求多项优先权的，该申请的优先权期限从最早的优先权日起计算。

发明或者实用新型专利申请人要求本国优先权，在先申请是发明专利申请的，可以就相同主题提出发明或者实用新型专利申请；在先申请是实用新型专利申请的，可以就相同主题提出实用新型或者发明专利申请。外观设计专利申请人要求本国优先权，在先申请是发明或者实用新型专利申请的，可以就附图显示的设计提出相同主题的外观设计专利申请；在先申请是外观设计专利申请的，可以就相同主题提出外观设计专利申请。但是，提出后一申请时，在先申请的主题有下列情形之一的，不得作为要求本国优先权的基础：

(一)已经要求外国优先权或者本国优先权的；

(二)已经被授予专利权的；

(三)属于按照规定提出的分案申请的。

申请人要求本国优先权的，其在先申请自后一申请提出之日起即视为撤回，但外观设计专利申请人要求以发明或者实用新型专利申请作为本国优先权基础的除外。

第三十六条 申请人超出专利法第二十九条规定的期限，向国务院专利行政部门就相同主题提出发明或者实用新型专利申请,有正当理由的,可以在期限届满之日起2个月内请求恢复优先权。

第三十七条 发明或者实用新型专利申请人要求了优先权的,可以自优先权日起16个月内或者自申请日起4个月内,请求在请求书中增加或者改正优先权要求。

第三十八条 在中国没有经常居所或者营业所的申请人,申请专利或者要求外国优先权的,国务院专利行政部门认为必要时,可以要求其提供下列文件:

(一)申请人是个人的,其国籍证明;

(二)申请人是企业或者其他组织的,其注册的国家或者地区的证明文件;

(三)申请人的所属国,承认中国单位和个人可以按照该国国民的同等条件,在该国享有专利权、优先权和其他与专利有关的权利的证明文件。

第三十九条 依照专利法第三十一条第一款规定,可以作为一件专利申请提出的属于一个总的发明构思的两项以上的发明或者实用新型,应当在技术上相互关联,包含一个或者多个相同或者相应的特定技术特征,其中特定技术特征是指每一项发明或者实用新型作为整体,对现有技术作出贡献的技术特征。

第四十条 依照专利法第三十一条第二款规定,将同一产品的多项相似外观设计作为一件申请提出的,对该产品的其他设计应当与简要说明中指定的基本设计相似。一件外观设计专利申请中的相似外观设计不得超过10项。

专利法第三十一条第二款所称同一类别并且成套出售或者使用的产品的两项以上外观设计,是指各产品属于分类表中同一大类,习惯上同时出售或者同时使用,而且各产品的外观设计具有相同的设计构思。

将两项以上外观设计作为一件申请提出的,应当将各项外观设计的顺序编号标注在每件外观设计产品各幅图片或者照片的名称之前。

第四十一条 申请人撤回专利申请的,应当向国务院专利行政部门提出声明,写明发明创造的名称、申请号和申请日。

撤回专利申请的声明在国务院专利行政部门做好公布专利申请文件的印刷准备工作后提出的,申请文件仍予公布;但是,撤回专利申请的声明应当在以后出版的专利公报上予以公告。

第三章 专利申请的审查和批准

第四十二条 在初步审查、实质审查、复审和无效宣告程序中,实施审查和审理的人员有下列情形之一的,应当自行回避,当事人或者其他利害关系人可以要求其回避:

(一)是当事人或者其代理人的近亲属的;

(二)与专利申请或者专利权有利害关系的;

(三)与当事人或者其代理人有其他关系,可能影响公正审查和审理的;

(四)复审或者无效宣告程序中,曾参与原申请的审查的。

第四十三条 国务院专利行政部门收到发明或者实用新型专利申请的请求书、说明书(实用新型必须包括附图)和权利要求书,或者外观设计专利申请的请求书、外观设计的图片或者照片和简要说明后,应当明确申请日、给予申请号,并通知申请人。

第四十四条 专利申请文件有下列情形之一的,国务院专利行政部门不予受理,并通知申请人:

(一)发明或者实用新型专利申请缺少请求书、说明书(实用新型无附图)或者权利要求书的,或者外观设计专利申请缺少请求书、

图片或者照片、简要说明的;

(二)未使用中文的;

(三)申请文件的格式不符合规定的;

(四)请求书中缺少申请人姓名或者名称,或者缺少地址的;

(五)明显不符合专利法第十七条或者第十八条第一款的规定的;

(六)专利申请类别(发明、实用新型或者外观设计)不明确或者难以确定的。

第四十五条 发明或者实用新型专利申请缺少或者错误提交权利要求书、说明书或者权利要求书、说明书的部分内容,但申请人在递交日要求了优先权的,可以自递交日起2个月内或者在国务院专利行政部门指定的期限内以援引在先申请文件的方式补交。补交的文件符合有关规定的,以首次提交文件的递交日为申请日。

第四十六条 说明书中写有对附图的说明但无附图或者缺少部分附图的,申请人应当在国务院专利行政部门指定的期限内补交附图或者声明取消对附图的说明。申请人补交附图的,以向国务院专利行政部门提交或者邮寄附图之日为申请日;取消对附图的说明的,保留原申请日。

第四十七条 两个以上的申请人同日(指申请日;有优先权的,指优先权日)分别就同样的发明创造申请专利的,应当在收到国务院专利行政部门的通知后自行协商确定申请人。

同一申请人在同日(指申请日)对同样的发明创造既申请实用新型专利又申请发明专利的,应当在申请时分别说明对同样的发明创造已申请了另一专利;未作说明的,依照专利法第九条第一款关于同样的发明创造只能授予一项专利权的规定处理。

国务院专利行政部门公告授予实用新型专利权,应当公告申请人已依照本条第二款的规定同时申请了发明专利的说明。

发明专利申请经审查没有发现驳回理由,国务院专利行政部门应当通知申请人在规定期限内声明放弃实用新型专利权。申请人声明放弃的,国务院专利行政部门应当作出授予发明专利权的决定,并在公告授予发明专利权时一并公告申请人放弃实用新型专利权声明。申请人不同意放弃的,国务院专利行政部门应当驳回该发明专利申请;申请人期满未答复的,视为撤回该发明专利申请。

实用新型专利权自公告授予发明专利权之日起终止。

第四十八条 一件专利申请包括两项以上发明、实用新型或者外观设计的,申请人可以在本细则第六十条第一款规定的期限届满前,向国务院专利行政部门提出分案申请;但是,专利申请已经被驳回、撤回或者视为撤回的,不能提出分案申请。

国务院专利行政部门认为一件专利申请不符合专利法第三十一条和本细则第三十九条或者第四十条的规定的,应当通知申请人在指定期限内对其申请进行修改;申请人期满未答复的,该申请视为撤回。

分案的申请不得改变原申请的类别。

第四十九条 依照本细则第四十八条规定提出的分案申请,可以保留原申请日,享有优先权的,可以保留优先权日,但是不得超出原申请记载的范围。

分案申请应当依照专利法及本细则的规定办理有关手续。

分案申请的请求书中应当写明原申请的申请号和申请日。

第五十条 专利法第三十四条和第四十条所称初步审查,是指审查专利申请是否具备专利法第二十六条或者第二十七条规定的文件和其他必要的文件,这些文件是否符合规定的格式,并审查下列各项:

(一)发明专利申请是否明显属于专利法第五条、第二十五条规定的情形,是否不符合专利法第十七条、第十八条第一款、第十九条第一款或者本细则第十一条、第十九条、第二十九条第二款的规定，是否明显不符合专利法第二条第二款、第二十六条第五款、第三十一条第一款、第三十三条或者本细则第二十条至第二十四条的规定；

（二）实用新型专利申请是否明显属于专利法第五条、第二十五条规定的情形，是否不符合专利法第十七条、第十八条第一款、第十九条第一款或者本细则第十一条、第十九条至第二十二条、第二十四条至第二十六条的规定，是否明显不符合专利法第二条第三款、第二十二条、第二十六条第三款、第二十六条第四款、第三十一条第一款、第三十三条或者本细则第二十三条、第四十九条第一款的规定，是否依照专利法第九条规定不能取得专利权；

（三）外观设计专利申请是否明显属于专利法第五条、第二十五条第一款第（六）项规定的情形，是否不符合专利法第十七条、第十八条第一款或者本细则第十一条、第十九条、第三十条、第三十一条的规定，是否明显不符合专利法第二条第四款、第二十三条第一款、第二十三条第二款、第二十七条第二款、第三十一条第二款、第三十三条或者本细则第四十九条第一款的规定，是否依照专利法第九条规定不能取得专利权；

（四）申请文件是否符合本细则第二条、第三条第一款的规定。

国务院专利行政部门应当将审查意见通知申请人，要求其在指定期限内陈述意见或者补正；申请人期满未答复的，其申请视为撤回。申请人陈述意见或者补正后，国务院专利行政部门仍然认为不符合前款所列各项规定的，应当予以驳回。

第五十一条　除专利申请文件外，申请人向国务院专利行政部门提交的与专利申请有关的其他文件有下列情形之一的，视为未提交：

（一）未使用规定的格式或者填写不符合规定的；

（二）未按照规定提交证明材料的。

国务院专利行政部门应当将视为未提交的审查意见通知申请人。

第五十二条　申请人请求早日公布其发明专利申请的，应当向国务院专利行政部门声明。国务院专利行政部门对该申请进行初步审查后，除予以驳回的外，应当立即将申请予以公布。

第五十三条　申请人写明使用外观设计的产品及其所属类别的，应当使用国务院专利行政部门公布的外观设计产品分类表。未写明使用外观设计的产品所属类别或者所写的类别不确切的，国务院专利行政部门可以予以补充或者修改。

第五十四条　自发明专利申请公布之日起至公告授予专利权之日止，任何人均可以对不符合专利法规定的专利申请向国务院专利行政部门提出意见，并说明理由。

第五十五条　发明专利申请人因有正当理由无法提交专利法第三十六条规定的检索资料或者审查结果资料的，应当向国务院专利行政部门声明，并在得到有关资料后补交。

第五十六条　国务院专利行政部门依照专利法第三十五条第二款的规定对专利申请自行进行审查时，应当通知申请人。

申请人可以对专利申请提出延迟审查请求。

第五十七条　发明专利申请人在提出实质审查请求时以及在收到国务院专利行政部门发出的发明专利申请进入实质审查阶段通知书之日起的 3 个月内，可以对发明专利申请主动提出修改。

实用新型或者外观设计专利申请人自申请日起 2 个月内，可以对实用新型或者外观设计专利申请主动提出修改。

申请人在收到国务院专利行政部门发出的审查意见通知书后对专利申请文件进行修改的，应当针对通知书指出的缺陷进行修改。

国务院专利行政部门可以自行修改专利申请文件中文字和符号的明显错误。国务院专利行政部门自行修改的，应当通知申请人。

第五十八条　发明或者实用新型专利申请的说明书或者权利要求书的修改部分，除个别文字修改或者增删外，应当按照规定格式提交替换页。外观设计专利申请的图片或者照片的修改，应当按照规定提交替换页。

第五十九条　依照专利法第三十八条的规定，发明专利申请经实质审查应当予以驳回的情形是指：

（一）申请属于专利法第五条、第二十五条规定的情形，或者依照专利法第九条规定不能取得专利权的；

（二）申请不符合专利法第二条第二款、第十九条第一款、第二十二条、第二十六条第三款、第二十六条第四款、第二十六条第五款、第三十一条第一款或者本细则第十一条、第二十三条第二款规定的；

（三）申请的修改不符合专利法第三十三条规定，或者分案的申请不符合本细则第四十九条第一款的规定的。

第六十条　国务院专利行政部门发出授予专利权的通知后，申请人应当自收到通知之日起2个月内办理登记手续。申请人按期办理登记手续的，国务院专利行政部门应当授予专利权，颁发专利证书，并予以公告。

期满未办理登记手续的，视为放弃取得专利权的权利。

第六十一条　保密专利申请经审查没有发现驳回理由的，国务院专利行政部门应当作出授予保密专利权的决定，颁发保密专利证书，登记保密专利权的有关事项。

第六十二条　授予实用新型或者外观设计专利权的决定公告后，专利法第六十六条

规定的专利权人、利害关系人、被控侵权人可以请求国务院专利行政部门作出专利权评价报告。申请人可以在办理专利权登记手续时请求国务院专利行政部门作出专利权评价报告。

请求作出专利权评价报告的，应当提交专利权评价报告请求书，写明专利申请号或者专利号。每项请求应当限于一项专利申请或者专利权。

专利权评价报告请求书不符合规定的，国务院专利行政部门应当通知请求人在指定期限内补正；请求人期满未补正的，视为未提出请求。

第六十三条　国务院专利行政部门应当自收到专利权评价报告请求书后2个月内作出专利权评价报告，但申请人在办理专利权登记手续时请求作出专利权评价报告的，国务院专利行政部门应当自公告授予专利权之日起2个月内作出专利权评价报告。

对同一项实用新型或者外观设计专利权，有多个请求人请求作出专利权评价报告的，国务院专利行政部门仅作出一份专利权评价报告。任何单位或者个人可以查阅或者复制该专利权评价报告。

第六十四条　国务院专利行政部门对专利公告、专利单行本中出现的错误，一经发现，应当及时更正，并对所作更正予以公告。

第四章　专利申请的复审与专利权的无效宣告

第六十五条　依照专利法第四十一条的规定向国务院专利行政部门请求复审的，应当提交复审请求书，说明理由，必要时还应当附具有关证据。

复审请求不符合专利法第十八条第一款或者第四十一条第一款规定的，国务院专利行政部门不予受理，书面通知复审请求人并

说明理由。

复审请求书不符合规定格式的,复审请求人应当在国务院专利行政部门指定的期限内补正;期满未补正的,该复审请求视为未提出。

第六十六条 请求人在提出复审请求或者在对国务院专利行政部门的复审通知书作出答复时,可以修改专利申请文件;但是,修改应当仅限于消除驳回决定或者复审通知书指出的缺陷。

第六十七条 国务院专利行政部门进行复审后,认为复审请求不符合专利法和本细则有关规定或者专利申请存在其他明显违反专利法和本细则有关规定情形的,应当通知复审请求人,要求其在指定期限内陈述意见。期满未答复的,该复审请求视为撤回;经陈述意见或者进行修改后,国务院专利行政部门认为仍不符合专利法和本细则有关规定的,应当作出驳回复审请求的复审决定。

国务院专利行政部门进行复审后,认为原驳回决定不符合专利法和本细则有关规定的,或者认为经过修改的专利申请文件消除了原驳回决定和复审通知书指出的缺陷的,应当撤销原驳回决定,继续进行审查程序。

第六十八条 复审请求人在国务院专利行政部门作出决定前,可以撤回其复审请求。

复审请求人在国务院专利行政部门作出决定前撤回其复审请求的,复审程序终止。

第六十九条 依照专利法第四十五条的规定,请求宣告专利权无效或者部分无效的,应当向国务院专利行政部门提交专利权无效宣告请求书和必要的证据一式两份。无效宣告请求书应当结合提交的所有证据,具体说明无效宣告请求的理由,并指明每项理由所依据的证据。

前款所称无效宣告请求的理由,是指被授予专利的发明创造不符合专利法第二条、第十九条第一款、第二十二条、第二十三条、

第二十六条第三款、第二十六条第四款、第二十七条第二款、第三十三条或者本细则第十一条、第二十三条第二款、第四十九条第一款的规定,或者属于专利法第五条、第二十五条规定的情形,或者依照专利法第九条规定不能取得专利权。

第七十条 专利权无效宣告请求不符合专利法第十八条第一款或者本细则第六十九条规定的,国务院专利行政部门不予受理。

在国务院专利行政部门就无效宣告请求作出决定之后,又以同样的理由和证据请求无效宣告的,国务院专利行政部门不予受理。

以不符合专利法第二十三条第三款的规定为理由请求宣告外观设计专利权无效,但是未提交证明权利冲突的证据的,国务院专利行政部门不予受理。

专利权无效宣告请求书不符合规定格式的,无效宣告请求人应当在国务院专利行政部门指定的期限内补正;期满未补正的,该无效宣告请求视为未提出。

第七十一条 在国务院专利行政部门受理无效宣告请求后,请求人可以在提出无效宣告请求之日起1个月内增加理由或者补充证据。逾期增加理由或者补充证据的,国务院专利行政部门可以不予考虑。

第七十二条 国务院专利行政部门应当将专利权无效宣告请求书和有关文件的副本送交专利权人,要求其在指定的期限内陈述意见。

专利权人和无效宣告请求人应当在指定期限内答复国务院专利行政部门发出的转送文件通知书或者无效宣告请求审查通知书;期满未答复的,不影响国务院专利行政部门审理。

第七十三条 在无效宣告请求的审查过程中,发明或者实用新型专利的专利权人可以修改其权利要求书,但是不得扩大原专利的保护范围。国务院专利行政部门在修改后

的权利要求基础上作出维持专利权有效或者宣告专利权部分无效的决定的,应当公告修改后的权利要求。

发明或者实用新型专利的专利权人不得修改专利说明书和附图,外观设计专利的专利权人不得修改图片、照片和简要说明。

第七十四条 国务院专利行政部门根据当事人的请求或者案情需要,可以决定对无效宣告请求进行口头审理。

国务院专利行政部门决定对无效宣告请求进行口头审理的,应当向当事人发出口头审理通知书,告知举行口头审理的日期和地点。当事人应当在通知书指定的期限内作出答复。

无效宣告请求人对国务院专利行政部门发出的口头审理通知书在指定的期限内未作答复,并且不参加口头审理的,其无效宣告请求视为撤回;专利权人不参加口头审理的,可以缺席审理。

第七十五条 在无效宣告请求审查程序中,国务院专利行政部门指定的期限不得延长。

第七十六条 国务院专利行政部门对无效宣告的请求作出决定前,无效宣告请求人可以撤回其请求。

国务院专利行政部门作出决定之前,无效宣告请求人撤回其请求或者其无效宣告请求被视为撤回的,无效宣告请求审查程序终止。但是,国务院专利行政部门认为根据已进行的审查工作能够作出宣告专利权无效或者部分无效的决定的,不终止审查程序。

第五章 专利权期限补偿

第七十七条 依照专利法第四十二条第二款的规定请求给予专利权期限补偿的,专利权人应当自公告授予专利权之日起3个月内向国务院专利行政部门提出。

第七十八条 依照专利法第四十二条第二款的规定给予专利权期限补偿的,补偿期限按照发明专利在授权过程中不合理延迟的实际天数计算。

前款所称发明专利在授权过程中不合理延迟的实际天数,是指自发明专利申请日起满4年且自实质审查请求之日起满3年之日至公告授予专利权之日的间隔天数,减去合理延迟的天数和由申请人引起的不合理延迟的天数。

下列情形属于合理延迟:

(一)依照本细则第六十六条的规定修改专利申请文件后被授予专利权的,因复审程序引起的延迟;

(二)因本细则第一百零三条、第一百零四条规定情形引起的延迟;

(三)其他合理情形引起的延迟。

同一申请人同日对同样的发明创造既申请实用新型专利又申请发明专利,依照本细则第四十七条第四款的规定取得发明专利权的,该发明专利权的期限不适用专利法第四十二条第二款的规定。

第七十九条 专利法第四十二条第二款规定的由申请人引起的不合理延迟包括以下情形:

(一)未在指定期限内答复国务院专利行政部门发出的通知;

(二)申请延迟审查;

(三)因本细则第四十五条规定情形引起的延迟;

(四)其他由申请人引起的不合理延迟。

第八十条 专利法第四十二条第三款所称新药相关发明专利是指符合规定的新药产品专利、制备方法专利、医药用途专利。

第八十一条 依照专利法第四十二条第三款的规定请求给予新药相关发明专利权期限补偿的,应当符合下列要求,自该新药在中国获得上市许可之日起3个月内向国务院专利行政部门提出：

（一）该新药同时存在多项专利的，专利权人只能请求对其中一项专利给予专利权期限补偿；

（二）一项专利同时涉及多个新药的，只能对一个新药就该专利提出专利权期限补偿请求；

（三）该专利在有效期内，且尚未获得过新药相关发明专利权期限补偿。

第八十二条　依照专利法第四十二条第三款的规定给予专利权期限补偿的，补偿期限按照该专利申请日至该新药在中国获得上市许可之日的间隔天数减去5年，在符合专利法第四十二条第三款规定的基础上确定。

第八十三条　新药相关发明专利在专利权期限补偿期间，该专利的保护范围限于该新药及其经批准的适应症相关技术方案；在保护范围内，专利权人享有的权利和承担的义务与专利权期限补偿前相同。

第八十四条　国务院专利行政部门对依照专利法第四十二条第二款、第三款的规定提出的专利权期限补偿请求进行审查后，认为符合补偿条件的，作出给予期限补偿的决定，并予以登记和公告；不符合补偿条件的，作出不予期限补偿的决定，并通知提出请求的专利权人。

第六章　专利实施的特别许可

第八十五条　专利权人自愿声明对其专利实行开放许可的，应当在公告授予专利权后提出。

开放许可声明应当写明以下事项：

（一）专利号；

（二）专利权人的姓名或者名称；

（三）专利许可使用费支付方式、标准；

（四）专利许可期限；

（五）其他需要明确的事项。

开放许可声明内容应当准确、清楚，不得出现商业性宣传用语。

第八十六条　专利权有下列情形之一的，专利权人不得对其实行开放许可：

（一）专利权处于独占或者排他许可有效期限内的；

（二）属于本细则第一百零三条、第一百零四条规定的中止情形的；

（三）没有按照规定缴纳年费的；

（四）专利权被质押，未经质权人同意的；

（五）其他妨碍专利权有效实施的情形。

第八十七条　通过开放许可达成专利实施许可的，专利权人或者被许可人应当凭能够证明达成许可的书面文件向国务院专利行政部门备案。

第八十八条　专利权人不得通过提供虚假材料、隐瞒事实等手段，作出开放许可声明或者在开放许可实施期间获得专利年费减免。

第八十九条　专利法第五十三条第（一）项所称未充分实施其专利，是指专利权人及其被许可人实施其专利的方式或者规模不能满足国内对专利产品或者专利方法的需求。

专利法第五十五条所称取得专利权的药品，是指解决公共健康问题所需的医药领域中的任何专利产品或者依照专利方法直接获得的产品，包括取得专利权的制造该产品所需的活性成分以及使用该产品所需的诊断用品。

第九十条　请求给予强制许可的，应当向国务院专利行政部门提交强制许可请求书，说明理由并附具有关证明文件。

国务院专利行政部门应当将强制许可请求书的副本送交专利权人，专利权人应当在国务院专利行政部门指定的期限内陈述意见；期满未答复的，不影响国务院专利行政部门作出决定。

国务院专利行政部门在作出驳回强制许

可请求的决定或者给予强制许可的决定前，应当通知请求人和专利权人拟作出的决定及其理由。

国务院专利行政部门依照专利法第五十五条的规定作出给予强制许可的决定，应当同时符合中国缔结或者参加的有关国际条约关于为了解决公共健康问题而给予强制许可的规定，但中国作出保留的除外。

第九十一条 依照专利法第六十二条的规定，请求国务院专利行政部门裁决使用费数额的，当事人应当提出裁决请求书，并附具双方不能达成协议的证明文件。国务院专利行政部门应当自收到请求书之日起 3 个月内作出裁决，并通知当事人。

第七章 对职务发明创造的发明人或者设计人的奖励和报酬

第九十二条 被授予专利权的单位可以与发明人、设计人约定或者在其依法制定的规章制度中规定专利法第十五条规定的奖励、报酬的方式和数额。鼓励被授予专利权的单位实行产权激励，采取股权、期权、分红等方式，使发明人或者设计人合理分享创新收益。

企业、事业单位给予发明人或者设计人的奖励、报酬，按照国家有关财务、会计制度的规定进行处理。

第九十三条 被授予专利权的单位未与发明人、设计人约定也未在其依法制定的规章制度中规定专利法第十五条规定的奖励的方式和数额的，应当自公告授予专利权之日起 3 个月内发给发明人或者设计人奖金。一项发明专利的奖金最低不少于 4000 元；一项实用新型专利或者外观设计专利的奖金最低不少于 1500 元。

由于发明人或者设计人的建议被其所属单位采纳而完成的发明创造，被授予专利权的单位应当从优发给奖金。

第九十四条 被授予专利权的单位未与发明人、设计人约定也未在其依法制定的规章制度中规定专利法第十五条规定的报酬的方式和数额的，应当依照《中华人民共和国促进科技成果转化法》的规定，给予发明人或者设计人合理的报酬。

第八章 专利权的保护

第九十五条 省、自治区、直辖市人民政府管理专利工作的部门以及专利管理工作量大又有实际处理能力的地级市、自治州、盟、地区和直辖市的区人民政府管理专利工作的部门，可以处理和调解专利纠纷。

第九十六条 有下列情形之一的，属于专利法第七十条所称的在全国有重大影响的专利侵权纠纷：

（一）涉及重大公共利益的；

（二）对行业发展有重大影响的；

（三）跨省、自治区、直辖市区域的重大案件；

（四）国务院专利行政部门认为可能有重大影响的其他情形。

专利权人或者利害关系人请求国务院专利行政部门处理专利侵权纠纷，相关案件不属于在全国有重大影响的专利侵权纠纷的，国务院专利行政部门可以指定有管辖权的地方人民政府管理专利工作的部门处理。

第九十七条 当事人请求处理专利侵权纠纷或者调解专利纠纷的，由被请求人所在地或者侵权行为地的管理专利工作的部门管辖。

两个以上管理专利工作的部门都有管辖权的专利纠纷，当事人可以向其中一个管理专利工作的部门提出请求；当事人向两个以上有管辖权的管理专利工作的部门提出请求的，由最先受理的管理专利工作的部门管辖。

管理专利工作的部门对管辖权发生争议的,由其共同的上级人民政府管理专利工作的部门指定管辖;无共同上级人民政府管理专利工作的部门的,由国务院专利行政部门指定管辖。

第九十八条 在处理专利侵权纠纷过程中,被请求人提出无效宣告请求并被国务院专利行政部门受理的,可以请求管理专利工作的部门中止处理。

管理专利工作的部门认为被请求人提出的中止理由明显不能成立的,可以不中止处理。

第九十九条 专利权人依照专利法第十六条的规定,在其专利产品或者该产品的包装上标明专利标识的,应当按照国务院专利行政部门规定的方式予以标明。

专利标识不符合前款规定的,由县级以上负责专利执法的部门责令改正。

第一百条 申请人或者专利权人违反本细则第十一条、第八十八条规定的,由县级以上负责专利执法的部门予以警告,可以处10万元以下的罚款。

第一百零一条 下列行为属于专利法第六十八条规定的假冒专利的行为:

(一)在未被授予专利权的产品或者其包装上标注专利标识,专利权被宣告无效后或者终止后继续在产品或者其包装上标注专利标识,或者未经许可在产品或者产品包装上标注他人的专利号;

(二)销售第(一)项所述产品;

(三)在产品说明书等材料中将未被授予专利权的技术或者设计称为专利技术或者专利设计,将专利申请称为专利,或者未经许可使用他人的专利号,使公众将所涉及的技术或者设计误认为是专利技术或者专利设计;

(四)伪造或者变造专利证书、专利文件或者专利申请文件;

(五)其他使公众混淆,将未被授予专利

权的技术或者设计误认为是专利技术或者专利设计的行为。

专利权终止前依法在专利产品、依照专利方法直接获得的产品或者其包装上标注专利标识,在专利权终止后许诺销售、销售该产品的,不属于假冒专利行为。

销售不知道是假冒专利的产品,并且能够证明该产品合法来源的,由县级以上负责专利执法的部门责令停止销售。

第一百零二条 除专利法第六十五条规定的外,管理专利工作的部门应当事人请求,可以对下列专利纠纷进行调解:

(一)专利申请权和专利权归属纠纷;

(二)发明人、设计人资格纠纷;

(三)职务发明创造的发明人、设计人的奖励和报酬纠纷;

(四)在发明专利申请公布后专利权授予前使用发明而未支付适当费用的纠纷;

(五)其他专利纠纷。

对于前款第(四)项所列的纠纷,当事人请求管理专利工作的部门调解的,应当在专利权被授予之后提出。

第一百零三条 当事人因专利申请权或者专利权的归属发生纠纷,已请求管理专利工作的部门调解或者向人民法院起诉的,可以请求国务院专利行政部门中止有关程序。

依照前款规定请求中止有关程序的,应当向国务院专利行政部门提交请求书,说明理由,并附具管理专利工作的部门或者人民法院的写明申请号或者专利号的有关受理文件副本。国务院专利行政部门认为当事人提出的中止理由明显不能成立的,可以不中止有关程序。

管理专利工作的部门作出的调解书或者人民法院作出的判决生效后,当事人应当向国务院专利行政部门办理恢复有关程序的手续。自请求中止之日起1年内,有关专利申请权或者专利权归属的纠纷未能结案,需要继续中止有关程序的,请求人应当在该期限内请求延长中止。期满未请求延长的,国务院专利行政部门自行恢复有关程序。

第一百零四条 人民法院在审理民事案件中裁定对专利申请权或者专利权采取保全措施的,国务院专利行政部门应当在收到写明申请号或者专利号的裁定书和协助执行通知书之日中止被保全的专利申请权或者专利权的有关程序。保全期限届满,人民法院没有裁定继续采取保全措施的,国务院专利行政部门自行恢复有关程序。

第一百零五条 国务院专利行政部门根据本细则第一百零三条和第一百零四条规定中止有关程序,是指暂停专利申请的初步审查、实质审查、复审程序,授予专利权程序和专利权无效宣告程序;暂停办理放弃、变更、转移专利权或者专利申请权手续,专利权质押手续以及专利权期限届满前的终止手续等。

第九章 专利登记和专利公报

第一百零六条 国务院专利行政部门设置专利登记簿,登记下列与专利申请和专利权有关的事项:

(一)专利权的授予;
(二)专利申请权、专利权的转移;
(三)专利权的质押、保全及其解除;
(四)专利实施许可合同的备案;
(五)国防专利、保密专利的解密;
(六)专利权的无效宣告;
(七)专利权的终止;
(八)专利权的恢复;
(九)专利权期限的补偿;
(十)专利实施的开放许可;
(十一)专利实施的强制许可;
(十二)专利权人的姓名或者名称、国籍和地址的变更。

第一百零七条 国务院专利行政部门定

期出版专利公报,公布或者公告下列内容:

(一)发明专利申请的著录事项和说明书摘要;
(二)发明专利申请的实质审查请求和国务院专利行政部门对发明专利申请自行进行实质审查的决定;
(三)发明专利申请公布后的驳回、撤回、视为撤回、视为放弃、恢复和转移;
(四)专利权的授予以及专利权的著录事项;
(五)实用新型专利的说明书摘要,外观设计专利的一幅图片或者照片;
(六)国防专利、保密专利的解密;
(七)专利权的无效宣告;
(八)专利权的终止、恢复;
(九)专利权期限的补偿;
(十)专利权的转移;
(十一)专利实施许可合同的备案;
(十二)专利权的质押、保全及其解除;
(十三)专利实施的开放许可事项;
(十四)专利实施的强制许可的给予;
(十五)专利权人的姓名或者名称、国籍和地址的变更;
(十六)文件的公告送达;
(十七)国务院专利行政部门作出的更正;
(十八)其他有关事项。

第一百零八条 国务院专利行政部门应当提供专利公报、发明专利申请单行本以及发明专利、实用新型专利、外观设计专利单行本,供公众免费查阅。

第一百零九条 国务院专利行政部门负责按照互惠原则与其他国家、地区的专利机关或者区域性专利组织交换专利文献。

第十章 费 用

第一百一十条 向国务院专利行政部门申请专利和办理其他手续时,应当缴纳下列费用：

（一）申请费、申请附加费、公布印刷费、优先权要求费；

（二）发明专利申请实质审查费、复审费；

（三）年费；

（四）恢复权利请求费、延长期限请求费；

（五）著录事项变更费、专利权评价报告请求费、无效宣告请求费、专利文件副本证明费。

前款所列各种费用的缴纳标准，由国务院发展改革部门、财政部门会同国务院专利行政部门按照职责分工规定。国务院财政部门、发展改革部门可以会同国务院专利行政部门根据实际情况对申请专利和办理其他手续应当缴纳的费用种类和标准进行调整。

第一百一十一条 专利法和本细则规定的各种费用，应当严格按照规定缴纳。

直接向国务院专利行政部门缴纳费用的，以缴纳当日为缴费日；以邮局汇付方式缴纳费用的，以邮局汇出的邮戳日为缴费日；以银行汇付方式缴纳费用的，以银行实际汇出日为缴费日。

多缴、重缴、错缴专利费用的，当事人可以自缴费日起3年内，向国务院专利行政部门提出退款请求，国务院专利行政部门应当予以退还。

第一百一十二条 申请人应当自申请日起2个月内或者在收到受理通知书之日起15日内缴纳申请费、公布印刷费和必要的申请附加费；期满未缴纳或者未缴足的，其申请视为撤回。

申请人要求优先权的，应当在缴纳申请费的同时缴纳优先权要求费；期满未缴纳或者未缴足的，视为未要求优先权。

第一百一十三条 当事人请求实质审查或者复审的，应当在专利法及本细则规定的相关期限内缴纳费用；期满未缴纳或者未缴足的，视为未提出请求。

第一百一十四条 申请人办理登记手续时，应当缴纳授予专利权当年的年费；期满未缴纳或者未缴足的，视为未办理登记手续。

第一百一十五条 授予专利权当年以后的年费应当在上一年度期满前缴纳。专利权人未缴纳或者未缴足的，国务院专利行政部门应当通知专利权人自应当缴纳年费期满之日起6个月内补缴，同时缴纳滞纳金；滞纳金的金额按照每超过规定的缴费时间1个月，加收当年全额年费的5%计算；期满未缴纳的，专利权自应当缴纳年费期满之日起终止。

第一百一十六条 恢复权利请求费应当在本细则规定的相关期限内缴纳；期满未缴纳或者未缴足的，视为未提出请求。

延长期限请求费应当在相应期限届满之日前缴纳；期满未缴纳或者未缴足的，视为未提出请求。

著录事项变更费、专利权评价报告请求费、无效宣告请求费应当自提出请求之日起1个月内缴纳；期满未缴纳或者未缴足的，视为未提出请求。

第一百一十七条 申请人或者专利权人缴纳本细则规定的各种费用有困难的，可以按照规定向国务院专利行政部门提出减缴的请求。减缴的办法由国务院财政部门会同国务院发展改革部门、国务院专利行政部门规定。

第十一章 关于发明、实用新型国际申请的特别规定

第一百一十八条 国务院专利行政部门根据专利法第十九条规定，受理按照专利合作条约提出的专利国际申请。

按照专利合作条约提出并指定中国的专利国际申请（以下简称国际申请）进入国务院专利行政部门处理阶段（以下称进入中国国家阶段）的条件和程序适用本章的规定；本章

没有规定的,适用专利法及本细则其他各章的有关规定。

第一百一十九条 按照专利合作条约已确定国际申请日并指定中国的国际申请,视为向国务院专利行政部门提出的专利申请,该国际申请日视为专利法第二十八条所称的申请日。

第一百二十条 国际申请的申请人应当在专利合作条约第二条所称的优先权日(本章简称优先权日)起30个月内,向国务院专利行政部门办理进入中国国家阶段的手续;申请人未在该期限内办理该手续的,在缴纳宽限费后,可以在自优先权日起32个月内办理进入中国国家阶段的手续。

第一百二十一条 申请人依照本细则第一百二十条的规定办理进入中国国家阶段的手续的,应当符合下列要求:

(一)以中文提交进入中国国家阶段的书面声明,写明国际申请号和要求获得的专利权类型;

(二)缴纳本细则第一百一十条第一款规定的申请费、公布印刷费,必要时缴纳本细则第一百二十条规定的宽限费;

(三)国际申请以外文提出的,提交原始国际申请的说明书和权利要求书的中文译文;

(四)在进入中国国家阶段的书面声明中写明发明创造的名称,申请人姓名或者名称、地址和发明人的姓名,上述内容应当与世界知识产权组织国际局(以下简称国际局)的记录一致;国际申请中未写明发明人的,在上述声明中写明发明人的姓名;

(五)国际申请以外文提出的,提交摘要的中文译文,有附图和摘要附图的,提交附图副本并指定摘要附图,附图中有文字的,将其替换为对应的中文文字;

(六)在国际阶段向国际局已办理申请人变更手续的,必要时提供变更后的申请人享

有申请权的证明材料;

(七)必要时缴纳本细则第一百一十条第一款规定的申请附加费。

符合本条第一款第(一)项至第(三)项要求的,国务院专利行政部门应当给予申请号,明确国际申请进入中国国家阶段的日期(以下简称进入日),并通知申请人其国际申请已进入中国国家阶段。

国际申请已进入中国国家阶段,但不符合本条第一款第(四)项至第(七)项要求的,国务院专利行政部门应当通知申请人在指定期限内补正;期满未补正的,其申请视为撤回。

第一百二十二条 国际申请有下列情形之一的,其在中国的效力终止:

(一)在国际阶段,国际申请被撤回或者被视为撤回,或者国际申请对中国的指定被撤回的;

(二)申请人未在优先权日起32个月内按照本细则第一百二十条规定办理进入中国国家阶段手续的;

(三)申请人办理进入中国国家阶段的手续,但自优先权日起32个月期限届满仍不符合本细则第一百二十一条第(一)项至第(三)项要求的。

依照前款第(一)项的规定,国际申请在中国的效力终止的,不适用本细则第六条的规定;依照前款第(二)项、第(三)项的规定,国际申请在中国的效力终止的,不适用本细则第六条第二款的规定。

第一百二十三条 国际申请在国际阶段作过修改,申请人要求以经修改的申请文件为基础进行审查的,应当自进入日起2个月内提交修改部分的中文译文。在该期间内未提交中文译文的,对申请人在国际阶段提出的修改,国务院专利行政部门不予考虑。

第一百二十四条 国际申请涉及的发明创造有专利法第二十四条第(二)项或者第

(三)项所列情形之一,在提出国际申请时作过声明的,申请人应当在进入中国国家阶段的书面声明中予以说明,并自进入日起2个月内提交本细则第三十三条第三款规定的有关证明文件;未予说明或者期满未提交证明文件的,其申请不适用专利法第二十四条的规定。

第一百二十五条 申请人按照专利合作条约的规定,对生物材料样品的保藏已作出说明的,视为已经满足了本细则第二十七条第(三)项的要求。申请人应当在进入中国国家阶段声明中指明记载生物材料样品保藏事项的文件以及在该文件中的具体记载位置。

申请人在原始提交的国际申请的说明书中已记载生物材料样品保藏事项,但是没有在进入中国国家阶段声明中指明的,应当自进入日起4个月内补正。期满未补正的,该生物材料视为未提交保藏。

申请人自进入日起4个月内向国务院专利行政部门提交生物材料样品保藏证明和存活证明的,视为在本细则第二十七条第(一)项规定的期限内提交。

第一百二十六条 国际申请涉及的发明创造依赖遗传资源完成的,申请人应当在国际申请进入中国国家阶段的书面声明中予以说明,并填写国务院专利行政部门制定的表格。

第一百二十七条 申请人在国际阶段已要求一项或者多项优先权,在进入中国国家阶段时该优先权要求继续有效的,视为已经依照专利法第三十条的规定提出了书面声明。

申请人应当自进入日起2个月内缴纳优先权要求费;期满未缴纳或者未缴足的,视为未要求该优先权。

申请人在国际阶段已依照专利合作条约的规定,提交过在先申请文件副本的,办理进入中国国家阶段手续时不需要向国务院专利行政部门提交在先申请文件副本。申请人在国际阶段未提交在先申请文件副本的,国务院专利行政部门认为必要时,可以通知申请人在指定期限内补交;申请人期满未补交的,其优先权要求视为未提出。

第一百二十八条 国际申请的申请日在优先权期限届满之后2个月内,在国际阶段受理局已经批准恢复优先权的,视为已经依照本细则第三十六条的规定提出了恢复优先权请求;在国际阶段申请人未请求恢复优先权,或者提出了恢复优先权请求但受理局未批准,申请人有正当理由的,可以自进入日起2个月内向国务院专利行政部门请求恢复优先权。

第一百二十九条 在优先权日起30个月期满前要求国务院专利行政部门提前处理和审查国际申请的,申请人除应当办理进入中国国家阶段手续外,还应当依照专利合作条约第二十三条第二款规定提出请求。国际局尚未向国务院专利行政部门传送国际申请的,申请人应当提交经确认的国际申请副本。

第一百三十条 要求获得实用新型专利权的国际申请,申请人可以自进入日起2个月内对专利申请文件主动提出修改。

要求获得发明专利权的国际申请,适用本细则第五十七条第一款的规定。

第一百三十一条 申请人发现提交的说明书、权利要求书或者附图中的文字的中文译文存在错误的,可以在下列规定期限内依照原始国际申请文本提出改正:

(一)在国务院专利行政部门做好公布发明专利申请或者公告实用新型专利权的准备工作之前;

(二)在收到国务院专利行政部门发出的发明专利申请进入实质审查阶段通知书之日起3个月内。

申请人改正译文错误的,应当提出书面请求并缴纳规定的译文改正费。

申请人按照国务院专利行政部门的通知书的要求改正译文的，应当在指定期限内办理本条第二款规定的手续；期满未办理规定手续的，该申请视为撤回。

第一百三十二条　对要求获得发明专利权的国际申请，国务院专利行政部门经初步审查认为符合专利法和本细则有关规定的，应当在专利公报上予以公布；国际申请以中文以外的文字提出的，应当公布申请文件的中文译文。

要求获得发明专利权的国际申请，由国际局以中文进行国际公布的，自国际公布日或者国务院专利行政部门公布之日起适用专利法第十三条的规定；由国际局以中文以外的文字进行国际公布的，自国务院专利行政部门公布之日起适用专利法第十三条的规定。

对国际申请，专利法第二十一条和第二十二条中所称的公布是指本条第一款所规定的公布。

第一百三十三条　国际申请包含两项以上发明或者实用新型的，申请人可以自进入日起，依照本细则第四十八条第一款的规定提出分案申请。

在国际阶段，国际检索单位或者国际初步审查单位认为国际申请不符合专利合作条约规定的单一性要求时，申请人未按照规定缴纳附加费，导致国际申请某些部分未经国际检索或者未经国际初步审查，在进入中国国家阶段时，申请人要求将所述部分作为审查基础，国务院专利行政部门认为国际检索单位或者国际初步审查单位对发明单一性的判断正确的，应当通知申请人在指定期限内缴纳单一性恢复费。期满未缴纳或者未足额缴纳的，国际申请中未经检索或者未经国际初步审查的部分视为撤回。

第一百三十四条　国际申请在国际阶段被有关国际单位拒绝给予国际申请日或者宣布视为撤回的，申请人在收到通知之日起2个月内，可以请求国际局将国际申请档案中任何文件的副本转交国务院专利行政部门，并在该期限内向国务院专利行政部门办理本细则第一百二十条规定的手续，国务院专利行政部门应当在接到国际局传送的文件后，对国际单位作出的决定是否正确进行复查。

第一百三十五条　基于国际申请授予的专利权，由于译文错误，致使依照专利法第六十四条规定确定的保护范围超出国际申请的原文所表达的范围的，以依据原文限制后的保护范围为准；致使保护范围小于国际申请的原文所表达的范围的，以授权时的保护范围为准。

第十二章　关于外观设计国际申请的特别规定

第一百三十六条　国务院专利行政部门根据专利法第十九条第二款、第三款规定，处理按照工业品外观设计国际注册海牙协定（1999年文本）（以下简称海牙协定）提出的外观设计国际注册申请。

国务院专利行政部门处理按照海牙协定提出并指定中国的外观设计国际注册申请（简称外观设计国际申请）的条件和程序适用本章的规定；本章没有规定的，适用专利法及本细则其他各章的有关规定。

第一百三十七条　按照海牙协定已确定国际注册日并指定中国的外观设计国际申请，视为向国务院专利行政部门提出的外观设计专利申请，该国际注册日视为专利法第二十八条所称的申请日。

第一百三十八条　国际局公布外观设计国际申请后，国务院专利行政部门对外观设计国际申请进行审查，并将审查结果通知国际局。

第一百三十九条　国际局公布的外观设

计国际申请中包括一项或者多项优先权的，视为已经依照专利法第三十条的规定提出了书面声明。

外观设计国际申请的申请人要求优先权的，应当自外观设计国际申请公布之日起3个月内提交在先申请文件副本。

第一百四十条 外观设计国际申请涉及的外观设计有专利法第二十四条第(二)项或者第(三)项所列情形的，应当在提出外观设计国际申请时声明，并自外观设计国际申请公布之日起2个月内提交本细则第三十三条第三款规定的有关证明文件。

第一百四十一条 一件外观设计国际申请包括两项以上外观设计的，申请人可以自外观设计国际申请公布之日起2个月内，向国务院专利行政部门提出分案申请，并缴纳费用。

第一百四十二条 国际局公布的外观设计国际申请中包括含设计要点的说明书的，视为已经依照本细则第三十一条的规定提交了简要说明。

第一百四十三条 外观设计国际申请经国务院专利行政部门审查后没有发现驳回理由的，由国务院专利行政部门作出给予保护的决定，通知国际局。

国务院专利行政部门作出给予保护的决定后，予以公告，该外观设计专利权自公告之日起生效。

第一百四十四条 已在国际局办理权利变更手续的，申请人应当向国务院专利行政部门提供有关证明材料。

第十三章 附 则

第一百四十五条 经国务院专利行政部门同意，任何人均可以查阅或者复制已经公布或者公告的专利申请的案卷和专利登记簿，并可以请求国务院专利行政部门出具专利登记簿副本。

已视为撤回、驳回和主动撤回的专利申请的案卷，自该专利申请失效之日起满2年后不予保存。

已放弃、宣告全部无效和终止的专利权的案卷，自该专利权失效之日起满3年后不予保存。

第一百四十六条 向国务院专利行政部门提交申请文件或者办理各种手续，应当由申请人、专利权人、其他利害关系人或者其代表人签字或者盖章；委托专利代理机构的，由专利代理机构盖章。

请求变更发明人姓名、专利申请人和专利权人的姓名或者名称、国籍和地址、专利代理机构的名称、地址和专利代理师姓名的，应当向国务院专利行政部门办理著录事项变更手续，必要时应当提交变更理由的证明材料。

第一百四十七条 向国务院专利行政部门邮寄有关申请或者专利权的文件，应当使用挂号信函，不得使用包裹。

除首次提交专利申请文件外，向国务院专利行政部门提交各种文件、办理各种手续的，应当标明申请号或者专利号、发明创造名称和申请人或者专利权人姓名或者名称。

一件信函中应当只包含同一申请的文件。

第一百四十八条 国务院专利行政部门根据专利法和本细则制定专利审查指南。

第一百四十九条 本细则自2001年7月1日起施行。1992年12月12日国务院批准修订、1992年12月21日中国专利局发布的《中华人民共和国专利法实施细则》同时废止。

专利代理条例

（1991 年 3 月 4 日中华人民共和国国务院令第 76 号发布　2018 年 9 月 6 日国务院第 23 次常务会议修订通过　2018 年 11 月 6 日中华人民共和国国务院令第 706 号公布　自 2019 年 3 月 1 日起施行）

第一章　总　　则

第一条　为了规范专利代理行为，保障委托人、专利代理机构和专利代理师的合法权益，维护专利代理活动的正常秩序，促进专利代理行业健康发展，根据《中华人民共和国专利法》，制定本条例。

第二条　本条例所称专利代理，是指专利代理机构接受委托，以委托人的名义在代理权限范围内办理专利申请、宣告专利权无效等专利事务的行为。

第三条　任何单位和个人可以自行在国内申请专利和办理其他专利事务，也可以委托依法设立的专利代理机构办理，法律另有规定的除外。

专利代理机构应当按照委托人的委托办理专利事务。

第四条　专利代理机构和专利代理师执业应当遵守法律、行政法规，恪守职业道德、执业纪律，维护委托人的合法权益。

专利代理机构和专利代理师依法执业受法律保护。

第五条　国务院专利行政部门负责全国的专利代理管理工作。

省、自治区、直辖市人民政府管理专利工作的部门负责本行政区域内的专利代理管理工作。

第六条　专利代理机构和专利代理师可以依法成立和参加专利代理行业组织。

专利代理行业组织应当制定专利代理行业自律规范。专利代理行业自律规范不得与法律、行政法规相抵触。

国务院专利行政部门依法对专利代理行业组织进行监督、指导。

第二章　专利代理机构和专利代理师

第七条　专利代理机构的组织形式应当为合伙企业、有限责任公司等。

第八条　合伙企业、有限责任公司形式的专利代理机构从事专利代理业务应当具备下列条件：

（一）有符合法律、行政法规规定的专利代理机构名称；

（二）有书面合伙协议或者公司章程；

（三）有独立的经营场所；

（四）合伙人、股东符合国家有关规定。

第九条　从事专利代理业务，应当向国务院专利行政部门提出申请，提交有关材料，取得专利代理机构执业许可证。国务院专利行政部门应当自受理申请之日起 20 日内作出是否颁发专利代理机构执业许可证的决定。

专利代理机构合伙人、股东或者法定代表人等事项发生变化的，应当办理变更手续。

第十条　具有高等院校理工科专业专科以上学历的中国公民可以参加全国专利代理师资格考试；考试合格的，由国务院专利行政部门颁发专利代理师资格证。专利代理师资格考试办法由国务院专利行政部门制定。

第十一条　专利代理师执业应当取得专利代理师资格证，在专利代理机构实习满 1 年，并在一家专利代理机构从业。

第十二条　专利代理师首次执业，应当自执业之日起 30 日内向专利代理机构所在地省、自治区、直辖市人民政府管理专利工作的部门备案。

省、自治区、直辖市人民政府管理专利工作的部门应当为专利代理师通过互联网备案提供方便。

第三章 专利代理执业

第十三条 专利代理机构可以接受委托,代理专利申请、宣告专利权无效、转让专利申请权或者专利权以及订立专利实施许可合同等专利事务,也可以应当事人要求提供专利事务方面的咨询。

第十四条 专利代理机构接受委托,应当与委托人订立书面委托合同。专利代理机构接受委托后,不得就同一专利申请或者专利权的事务接受有利益冲突的其他当事人的委托。

专利代理机构应当指派在本机构执业的专利代理师承办专利代理业务,指派的专利代理师本人及其近亲属不得与其承办的专利代理业务有利益冲突。

第十五条 专利代理机构解散或者被撤销、吊销执业许可证的,应当妥善处理各种尚未办结的专利代理业务。

第十六条 专利代理师应当根据专利代理机构的指派承办专利代理业务,不得自行接受委托。

专利代理师不得同时在两个以上专利代理机构从事专利代理业务。

专利代理师对其签名办理的专利代理业务负责。

第十七条 专利代理机构和专利代理师对其在执业过程中了解的发明创造的内容,除专利申请已经公布或者公告的以外,负有保守秘密的义务。

第十八条 专利代理机构和专利代理师不得以自己的名义申请专利或者请求宣告专利权无效。

第十九条 国务院专利行政部门和地方人民政府管理专利工作的部门的工作人员离职后,在法律、行政法规规定的期限内不得从事专利代理工作。

曾在国务院专利行政部门或者地方人民政府管理专利工作的部门任职的专利代理师,不得对其审查、审理或者处理过的专利申请或专利案件进行代理。

第二十条 专利代理机构收费应当遵循自愿、公平和诚实信用原则,兼顾经济效益和社会效益。

国家鼓励专利代理机构和专利代理师为小微企业以及无收入或者低收入的发明人、设计人提供专利代理援助服务。

第二十一条 专利代理行业组织应当加强对会员的自律管理,组织开展专利代理师业务培训和职业道德、执业纪律教育,对违反行业自律规范的会员实行惩戒。

第二十二条 国务院专利行政部门和省、自治区、直辖市人民政府管理专利工作的部门应当采取随机抽查等方式,对专利代理机构和专利代理师的执业活动进行检查、监督,发现违反本条例规定的,及时依法予以处理,并向社会公布检查、处理结果。检查不得收取任何费用。

第二十三条 国务院专利行政部门和省、自治区、直辖市人民政府管理专利工作的部门应当加强专利代理公共信息发布,为公众了解专利代理机构经营情况、专利代理师执业情况提供查询服务。

第四章 法律责任

第二十四条 以隐瞒真实情况、弄虚作假手段取得专利代理机构执业许可证、专利代理师资格证的,由国务院专利行政部门撤销专利代理机构执业许可证、专利代理师资格证。

专利代理机构取得执业许可证后，因情况变化不再符合本条例规定的条件的，由国务院专利行政部门责令限期整改；逾期未改正或者整改不合格的，撤销执业许可证。

第二十五条 专利代理机构有下列行为之一的，由省、自治区、直辖市人民政府管理专利工作的部门责令限期改正，予以警告，可以处10万元以下的罚款；情节严重或者逾期未改正的，由国务院专利行政部门责令停止承接新的专利代理业务6个月至12个月，直至吊销专利代理机构执业许可证：

（一）合伙人、股东或者法定代表人等事项发生变化未办理变更手续；

（二）就同一专利申请或者专利权的事务接受有利益冲突的其他当事人的委托；

（三）指派专利代理师承办与其本人或者其近亲属有利益冲突的专利代理业务；

（四）泄露委托人的发明创造内容，或者以自己的名义申请专利或请求宣告专利权无效；

（五）疏于管理，造成严重后果。

专业代理机构在执业过程中泄露委托人的发明创造内容，涉及泄露国家秘密、侵犯商业秘密的，或者向有关行政、司法机关的工作人员行贿，提供虚假证据的，依照有关法律、行政法规的规定承担法律责任；由国务院专利行政部门吊销专利代理机构执业许可证。

第二十六条 专利代理师有下列行为之一的，由省、自治区、直辖市人民政府管理专利工作的部门责令限期改正，予以警告，可以处5万元以下的罚款；情节严重或者逾期未改正的，由国务院专利行政部门责令停止承办新的专利代理业务6个月至12个月，直至吊销专利代理师资格证：

（一）未依照本条例规定进行备案；

（二）自行接受委托办理专利代理业务；

（三）同时在两个以上专利代理机构从事专利代理业务；

（四）违反本条例规定对其审查、审理或者处理过的专利申请或专利案件进行代理；

（五）泄露委托人的发明创造内容，或者以自己的名义申请专利或请求宣告专利权无效。

专利代理师在执业过程中泄露委托人的发明创造内容，涉及泄露国家秘密、侵犯商业秘密的，或者向有关行政、司法机关的工作人员行贿，提供虚假证据的，依照有关法律、行政法规的规定承担法律责任；由国务院专利行政部门吊销专利代理师资格证。

第二十七条 违反本条例规定擅自开展专利代理业务的，由省、自治区、直辖市人民政府管理专利工作的部门责令停止违法行为，没收违法所得，并处违法所得1倍以上5倍以下的罚款。

第二十八条 国务院专利行政部门或者省、自治区、直辖市人民政府管理专利工作的部门的工作人员违反本条例规定，滥用职权、玩忽职守、徇私舞弊的，依法给予处分；构成犯罪的，依法追究刑事责任。

第五章 附 则

第二十九条 外国专利代理机构在中华人民共和国境内设立常驻代表机构，须经国务院专利行政部门批准。

第三十条 律师事务所可以依据《中华人民共和国律师法》、《中华人民共和国民事诉讼法》等法律、行政法规开展与专利有关的业务，但从事代理专利申请、宣告专利权无效业务应当遵守本条例规定，具体办法由国务院专利行政部门商国务院司法行政部门另行制定。

第三十一条 代理国防专利事务的专利代理机构和专利代理师的管理办法，由国务院专利行政部门商国家国防专利机构主管机关另行制定。

第三十二条 本条例自 2019 年 3 月 1 日起施行。

本条例施行前依法设立的专利代理机构以及依法执业的专利代理人，在本条例施行后可以继续以专利代理机构、专利代理师的名义开展专利代理业务。

专利代理管理办法

（2019 年 4 月 4 日国家市场监督管理总局令第 6 号公布 自 2019 年 5 月 1 日起施行）

第一章 总 则

第一条 为了规范专利代理行为，保障委托人、专利代理机构以及专利代理师的合法权益，维护专利代理行业的正常秩序，促进专利代理行业健康发展，根据《中华人民共和国专利法》《专利代理条例》以及其他有关法律、行政法规的规定，制定本办法。

第二条 国家知识产权局和省、自治区、直辖市人民政府管理专利工作的部门依法对专利代理机构和专利代理师进行管理和监督。

第三条 国家知识产权局和省、自治区、直辖市人民政府管理专利工作的部门应当按照公平公正公开、依法有序、透明高效的原则对专利代理执业活动进行检查和监督。

第四条 专利代理机构和专利代理师可以依法成立和参加全国性或者地方性专利代理行业组织。专利代理行业组织是社会团体，是专利代理师的自律性组织。

专利代理行业组织应当制定专利代理行业自律规范，行业自律规范不得与法律、行政法规、部门规章相抵触。专利代理机构、专利代理师应当遵守行业自律规范。

第五条 专利代理机构和专利代理师执业应当遵守法律、行政法规和本办法，恪守职业道德、执业纪律，诚实守信，规范执业，提升专利代理质量，维护委托人的合法权益和专利代理行业正常秩序。

第六条 国家知识产权局和省、自治区、直辖市人民政府管理专利工作的部门可以根据实际情况，通过制定政策、建立机制等措施，支持引导专利代理机构为小微企业以及无收入或者低收入的发明人、设计人提供专利代理援助服务。

鼓励专利代理行业组织和专利代理机构利用自身资源开展专利代理援助工作。

第七条 国家知识产权局和省、自治区、直辖市人民政府管理专利工作的部门应当加强电子政务建设和专利代理公共信息发布，优化专利代理管理系统，方便专利代理机构、专利代理师和公众办理事务、查询信息。

第八条 任何单位、个人未经许可，不得代理专利申请和宣告专利权无效等业务。

第二章 专利代理机构

第九条 专利代理机构的组织形式应当为合伙企业、有限责任公司等。合伙人、股东应当为中国公民。

第十条 合伙企业形式的专利代理机构申请办理执业许可证的，应当具备下列条件：

（一）有符合法律、行政法规和本办法第十四条规定的专利代理机构名称；

（二）有书面合伙协议；

（三）有独立的经营场所；

（四）有两名以上合伙人；

（五）合伙人具有专利代理师资格证，并有两年以上专利代理师执业经历。

第十一条 有限责任公司形式的专利代理机构申请办理执业许可证的，应当具备下列条件：

（一）有符合法律、行政法规和本办法第

十四条规定的专利代理机构名称；

（二）有书面公司章程；

（三）有独立的经营场所；

（四）有五名以上股东；

（五）五分之四以上股东以及公司法定代表人具有专利代理师资格证，并有两年以上专利代理师执业经历。

第十二条 律师事务所申请办理执业许可证的，应当具备下列条件：

（一）有独立的经营场所；

（二）有两名以上合伙人或者专职律师具有专利代理师资格证。

第十三条 有下列情形之一的，不得作为专利代理机构的合伙人、股东：

（一）不具有完全民事行为能力；

（二）因故意犯罪受过刑事处罚；

（三）不能专职在专利代理机构工作；

（四）所在专利代理机构解散或者被撤销、吊销执业许可证，未妥善处理各种尚未办结的专利代理业务。

专利代理机构以欺骗、贿赂等不正当手段取得执业许可证，被依法撤销、吊销的，其合伙人、股东、法定代表人自处罚决定作出之日起三年内不得在专利代理机构新任合伙人或者股东、法定代表人。

第十四条 专利代理机构只能使用一个名称。除律师事务所外，专利代理机构的名称中应当含有"专利代理"或者"知识产权代理"等字样。专利代理机构分支机构的名称由专利代理机构全名称、分支机构所在城市名称或者所在地区名称和"分公司"或者"分所"等组成。

专利代理机构的名称不得在全国范围内与正在使用或者已经使用过的专利代理机构的名称相同或者近似。

律师事务所申请办理执业许可证的，可以使用该律师事务所的名称。

第十五条 申请专利代理机构执业许可证的，应当通过专利代理管理系统向国家知识产权局提交申请书和下列申请材料：

（一）合伙企业形式的专利代理机构应当提交营业执照、合伙协议和合伙人身份证件扫描件；

（二）有限责任公司形式的专利代理机构应当提交营业执照、公司章程和股东身份证件扫描件；

（三）律师事务所应当提交律师事务所执业许可证和具有专利代理师资格证的合伙人、专职律师身份证件扫描件。

申请人应当对其申请材料实质内容的真实性负责。必要时，国家知识产权局可以要求申请人提供原件进行核实。法律、行政法规和国务院决定另有规定的除外。

第十六条 申请材料不符合本办法第十五条规定的，国家知识产权局应当自收到申请材料之日起五日内一次告知申请人需要补正的全部内容，逾期未告知的，自收到申请材料之日起视为受理；申请材料齐全、符合法定形式，或者申请人按照要求提交全部补正申请材料的，应当受理该申请。受理或者不予受理申请的，应当书面通知申请人并说明理由。

国家知识产权局应当自受理之日起十日内予以审核，对符合规定条件的，予以批准，向申请人颁发专利代理机构执业许可证；对不符合规定条件的，不予批准，书面通知申请人并说明理由。

第十七条 专利代理机构名称、经营场所、合伙协议或者公司章程、合伙人或者执行事务合伙人、股东或者法定代表人发生变化的，应当自办理企业变更登记之日起三十日内向国家知识产权局申请办理变更手续；律师事务所具有专利代理师资格证的合伙人或者专职律师等事项发生变化的，应当自司法行政部门批准之日起三十日内向国家知识产权局申请办理变更手续。

国家知识产权局应当自申请受理之日起

十日内作出相应决定,对符合本办法规定的事项予以变更。

第十八条 专利代理机构在国家知识产权局登记的信息应当与其在市场监督管理部门或者司法行政部门的登记信息一致。

第十九条 专利代理机构解散或者不再办理专利代理业务的,应当在妥善处理各种尚未办结的业务后,向国家知识产权局办理注销专利代理机构执业许可证手续。

专利代理机构注销营业执照,或者营业执照、执业许可证被撤销、吊销的,应当在营业执照注销三十日前或者接到撤销、吊销通知书之日起三十日内通知委托人解除委托合同,妥善处理尚未办结的业务,并向国家知识产权局办理注销专利代理机构执业许可证的手续。未妥善处理全部专利代理业务的,专利代理机构的合伙人、股东不得办理专利代理师执业备案变更。

第二十条 专利代理机构设立分支机构办理专利代理业务的,应当具备下列条件:

(一)办理专利代理业务时间满两年;

(二)有十名以上专利代理师执业,拟设分支机构应当有一名以上专利代理师执业,并且分支机构负责人应当具有专利代理师资格证;

(三)专利代理师不得同时在两个以上的分支机构担任负责人;

(四)设立分支机构前三年内未受过专利代理行政处罚;

(五)设立分支机构时未被列入经营异常名录或者严重违法失信名单。

第二十一条 专利代理机构的分支机构不得以自己的名义办理专利代理业务。专利代理机构应当对其分支机构的执业活动承担法律责任。

第二十二条 专利代理机构设立、变更或者注销分支机构的,应当自完成分支机构相关企业或者司法登记手续之日起三十日内,通过专利代理管理系统向分支机构所在地的省、自治区、直辖市人民政府管理专利工作的部门进行备案。

备案应当填写备案表并上传下列材料:

(一)设立分支机构的,上传分支机构营业执照或者律师事务所分所执业许可证扫描件;

(二)变更分支机构注册事项的,上传变更以后的分支机构营业执照或者律师事务所分所执业许可证扫描件;

(三)注销分支机构的,上传妥善处理各种事项的说明。

第二十三条 专利代理机构应当建立健全质量管理、利益冲突审查、投诉处理、年度考核等执业管理制度以及人员管理、财务管理、档案管理等运营制度,对专利代理师在执业活动中遵守职业道德、执业纪律的情况进行监督。

专利代理机构的股东应当遵守国家有关规定,恪守专利代理职业道德、执业纪律,维护专利代理行业正常秩序。

第二十四条 专利代理机构通过互联网平台宣传、承接专利代理业务的,应当遵守《中华人民共和国电子商务法》等相关规定。

前款所述专利代理机构应当在首页显著位置持续公示并及时更新专利代理机构执业许可证等信息。

第三章 专利代理师

第二十五条 专利代理机构应当依法按照自愿和协商一致的原则与其聘用的专利代理师订立劳动合同。专利代理师应当受专利代理机构指派承办专利代理业务,不得自行接受委托。

第二十六条 专利代理师执业应当符合下列条件:

(一)具有完全民事行为能力;

（二）取得专利代理师资格证；

（三）在专利代理机构实习满一年,但具有律师执业经历或者三年以上专利审查经历的人员除外；

（四）在专利代理机构担任合伙人、股东,或者与专利代理机构签订劳动合同；

（五）能专职从事专利代理业务。

符合前款所列全部条件之日为执业之日。

第二十七条 专利代理实习人员进行专利代理业务实习,应当接受专利代理机构的指导。

第二十八条 专利代理师首次执业的,应当自执业之日起三十日内通过专利代理管理系统向专利代理机构所在地的省、自治区、直辖市人民政府管理专利工作的部门进行执业备案。

备案应当填写备案表并上传下列材料：

（一）本人身份证件扫描件；

（二）与专利代理机构签订的劳动合同；

（三）实习评价材料。

专利代理师应当对其备案材料实质内容的真实性负责。必要时,省、自治区、直辖市人民政府管理专利工作的部门可以要求提供原件进行核实。

第二十九条 专利代理师从专利代理机构离职的,应当妥善办理业务移交手续,并自离职之日起三十日内通过专利代理管理系统向专利代理机构所在地的省、自治区、直辖市人民政府管理专利工作的部门提交解聘证明等,进行执业备案变更。

专利代理师转换执业专利代理机构的,应当自转换执业之日起三十日内进行执业备案变更,上传与专利代理机构签订的劳动合同或者担任股东、合伙人的证明。

未在规定时间内变更执业备案的,视为逾期未主动履行备案变更手续,省、自治区、直辖市人民政府管理专利工作的部门核实后可以直接予以变更。

第四章 专利代理行业组织

第三十条 专利代理行业组织应当严格行业自律,组织引导专利代理机构和专利代理师依法规范执业,不断提高行业服务水平。

第三十一条 国家知识产权局和省、自治区、直辖市人民政府管理专利工作的部门根据国家有关规定对专利代理行业组织进行监督和管理。

第三十二条 专利代理行业组织应当依法履行下列职责：

（一）维护专利代理机构和专利代理师的合法权益；

（二）制定行业自律规范,加强行业自律,对会员实施考核、奖励和惩戒,及时向社会公布其吸纳的会员信息和对会员的惩戒情况；

（三）组织专利代理机构、专利代理师开展专利代理援助服务；

（四）组织专利代理师实习培训和执业培训,以及职业道德、执业纪律教育；

（五）按照国家有关规定推荐专利代理师担任诉讼代理人；

（六）指导专利代理机构完善管理制度,提升专利代理服务质量；

（七）指导专利代理机构开展实习工作；

（八）开展专利代理行业国际交流；

（九）其他依法应当履行的职责。

第三十三条 专利代理行业组织应当建立健全非执业会员制度,鼓励取得专利代理师资格证的非执业人员参加专利代理行业组织、参与专利代理行业组织事务,加强非执业会员的培训和交流。

第五章 专利代理监管

第三十四条 国家知识产权局组织指导

全国的专利代理机构年度报告、经营异常名录和严重违法失信名单的公示工作。

第三十五条 专利代理机构应当按照国家有关规定提交年度报告。年度报告应当包括以下内容：

（一）专利代理机构通信地址、邮政编码、联系电话、电子邮箱等信息；

（二）执行事务合伙人或者法定代表人、合伙人或者股东、专利代理师的姓名，从业人数信息；

（三）合伙人、股东的出资额、出资时间、出资方式等信息；

（四）设立分支机构的信息；

（五）专利代理机构通过互联网等信息网络提供专利代理服务的信息网络平台名称、网址等信息；

（六）专利代理机构办理专利申请、宣告专利权无效、转让、许可、纠纷的行政处理和诉讼、质押融资等业务信息；

（七）专利代理机构资产总额、负债总额、营业总收入、主营业务收入、利润总额、净利润、纳税总额等信息；

（八）专利代理机构设立境外分支机构、其从业人员获得境外专利代理从业资质的信息；

（九）其他应当予以报告的信息。

律师事务所可仅提交其从事专利事务相关的内容。

第三十六条 国家知识产权局以及省、自治区、直辖市人民政府管理专利工作的部门的工作人员应当对专利代理机构年度报告中不予公示的内容保密。

第三十七条 专利代理机构有下列情形之一的，按照国家有关规定列入经营异常名录：

（一）未在规定的期限提交年度报告；

（二）取得专利代理机构执业许可证或者提交年度报告时提供虚假信息；

（三）擅自变更名称、办公场所、执行事务合伙人或者法定代表人、合伙人或者股东；

（四）分支机构设立、变更、注销未按照规定办理备案手续；

（五）不再符合执业许可条件，省、自治区、直辖市人民政府管理专利工作的部门责令其整改，期限届满仍不符合条件；

（六）专利代理机构公示信息与其在市场监督管理部门或者司法行政部门的登记信息不一致；

（七）通过登记的经营场所无法联系。

第三十八条 专利代理机构有下列情形之一的，按照国家有关规定列入严重违法失信名单：

（一）被列入经营异常名录满三年仍未履行相关义务；

（二）受到责令停止承接新的专利代理业务、吊销专利代理机构执业许可证的专利代理行政处罚。

第三十九条 国家知识产权局指导省、自治区、直辖市人民政府管理专利工作的部门对专利代理机构和专利代理师的执业活动情况进行检查、监督。

专利代理机构跨省设立分支机构的，其分支机构应当由分支机构所在地的省、自治区、直辖市人民政府管理专利工作的部门进行检查、监督。该专利代理机构所在地的省、自治区、直辖市人民政府管理专利工作的部门应当予以协助。

第四十条 国家知识产权局和省、自治区、直辖市人民政府管理专利工作的部门应当采取书面检查、实地检查、网络监测等方式对专利代理机构和专利代理师进行检查、监督。

在检查过程中应当随机抽取检查对象，随机选派执法检查人员。发现违法违规情况的，应当及时依法处理，并向社会公布检查、处理结果。对已被列入经营异常名录或者严重违法失信名单的专利代理机构,省、自治区、直辖市人民政府管理专利工作的部门应当进行实地检查。

第四十一条 省、自治区、直辖市人民政府管理专利工作的部门应当重点对下列事项进行检查、监督:

(一)专利代理机构是否符合执业许可条件;

(二)专利代理机构合伙人、股东以及法定代表人是否符合规定;

(三)专利代理机构年度报告的信息是否真实、完整、有效,与其在市场监督管理部门或者司法行政部门公示的信息是否一致;

(四)专利代理机构是否存在本办法第三十七条规定的情形;

(五)专利代理机构是否建立健全执业管理制度和运营制度等情况;

(六)专利代理师是否符合执业条件并履行备案手续;

(七)未取得专利代理执业许可的单位或者个人是否存在擅自开展专利代理业务的违法行为。

第四十二条 省、自治区、直辖市人民政府管理专利工作的部门依法进行检查监督时,应当将检查监督的情况和处理结果予以记录,由检查监督人员签字后归档。

当事人应当配合省、自治区、直辖市人民政府管理专利工作的部门的检查监督,接受询问,如实提供有关情况和材料。

第四十三条 国家知识产权局和省、自治区、直辖市人民政府管理专利工作的部门对存在违法违规行为的机构或者人员,可以进行警示谈话、提出意见,督促及时整改。

第四十四条 国家知识产权局和省、自治区、直辖市人民政府管理专利工作的部门应当督促专利代理机构贯彻实施专利代理相关服务规范,引导专利代理机构提升服务质量。

第四十五条 国家知识产权局应当及时向社会公布专利代理机构执业许可证取得、变更、注销、撤销、吊销等相关信息,以及专利代理师的执业备案、撤销、吊销等相关信息。

国家知识产权局和省、自治区、直辖市人民政府管理专利工作的部门应当及时向社会公示专利代理机构年度报告信息,列入或者移出经营异常名录、严重违法失信名单信息,行政处罚信息,以及对专利代理执业活动的检查情况。行政处罚、检查监督结果纳入国家企业信用信息公示系统向社会公布。

律师事务所、律师受到专利代理行政处罚的,应当由国家知识产权局和省、自治区、直辖市人民政府管理专利工作的部门将信息通报相关司法行政部门。

第六章 专利代理违法行为的处理

第四十六条 任何单位或者个人认为专利代理机构、专利代理师的执业活动违反专利代理管理有关法律、行政法规、部门规章规定,或者认为存在擅自开展专利代理业务情形的,可以向省、自治区、直辖市人民政府管理专利工作的部门投诉和举报。

省、自治区、直辖市人民政府管理专利工作的部门收到投诉和举报后,应当依据市场监督管理投诉举报处理办法、行政处罚程序等有关规定进行调查处理。本办法另有规定的除外。

第四十七条 对具有重大影响的专利代理违法违规行为,国家知识产权局可以协调或者指定有关省、自治区、直辖市人民政府管理专利工作的部门进行处理。对于专利代理违法行为的处理涉及两个以上省、自治区、直辖市人民政府管理专利工作的部门的,可以报请国家知识产权局组织协调处理。

对省、自治区、直辖市人民政府管理专利工作的部门专利代理违法行为处理工作,国家知识产权局依法进行监督。

第四十八条 省、自治区、直辖市人民政府管理专利工作的部门可以依据本地实际，要求下一级人民政府管理专利工作的部门协助处理专利代理违法违规行为；也可以依法委托有实际处理能力的管理公共事务的事业组织处理专利代理违法违规行为。

委托方应当对受托方的行为进行监督和指导，并承担法律责任。

第四十九条 省、自治区、直辖市人民政府管理专利工作的部门应当及时、全面、客观、公正地调查收集与案件有关的证据。可以通过下列方式对案件事实进行调查核实：

（一）要求当事人提交书面意见陈述；

（二）询问当事人；

（三）到当事人所在地进行现场调查，可以调阅有关业务案卷和档案材料；

（四）其他必要、合理的方式。

第五十条 案件调查终结后，省、自治区、直辖市人民政府管理专利工作的部门认为应当对专利代理机构作出责令停止承接新的专利代理业务、吊销执业许可证，或者对专利代理师作出责令停止承办新的专利代理业务、吊销专利代理师资格证行政处罚的，应当及时报送调查结果和处罚建议，提请国家知识产权局处理。

第五十一条 专利代理机构有下列情形之一的，属于《专利代理条例》第二十五条规定的"疏于管理，造成严重后果"的违法行为：

（一）因故意或者重大过失给委托人、第三人利益造成损失，或者损害社会公共利益；

（二）从事非正常专利申请行为，严重扰乱专利工作秩序；

（三）诋毁其他专利代理师、专利代理机构，以不正当手段招揽业务，存在弄虚作假行为，严重扰乱行业秩序，受到有关行政机关处罚；

（四）严重干扰专利审查工作或者专利

行政执法工作正常进行；

（五）专利代理师从专利代理机构离职未妥善办理业务移交手续，造成严重后果；

（六）专利代理机构执业许可证信息与市场监督管理部门、司法行政部门的登记信息或者实际情况不一致，未按照要求整改，给社会公众造成重大误解；

（七）分支机构设立、变更、注销不符合规定的条件或者没有按照规定备案，严重损害当事人利益；

（八）默许、指派专利代理师在未经其本人撰写或者审核的专利申请等法律文件上签名，严重损害当事人利益；

（九）涂改、倒卖、出租、出借专利代理机构执业许可证，严重扰乱行业秩序。

第五十二条 有下列情形之一的，属于《专利代理条例》第二十七条规定的"擅自开展专利代理业务"的违法行为：

（一）通过租用、借用等方式利用他人资质开展专利代理业务；

（二）未取得专利代理机构执业许可证或者不符合专利代理师执业条件，擅自代理专利申请、宣告专利权无效等相关业务，或者以专利代理机构、专利代理师的名义招揽业务；

（三）专利代理机构执业许可证或者专利代理师资格证被撤销或者吊销后，擅自代理专利申请、宣告专利权无效等相关业务，或者以专利代理机构、专利代理师的名义招揽业务。

第五十三条 专利代理师对其签名办理的专利代理业务负责。对于非经本人办理的专利事务，专利代理师有权拒绝在相关法律文件上签名。

专利代理师因专利代理质量等原因给委托人、第三人利益造成损失或者损害社会公共利益的，省、自治区、直辖市人民政府管理专利工作的部门可以对签名的专利代理师予以警告。

第五十四条 国家知识产权局按照有关规定,对专利代理领域严重失信主体开展联合惩戒。

第五十五条 法律、行政法规对专利代理机构经营活动违法行为的处理另有规定的,从其规定。

第七章 附 则

第五十六条 本办法由国家市场监督管理总局负责解释。

第五十七条 本办法中二十日以内期限的规定是指工作日,不含法定节假日。

第五十八条 本办法自 2019 年 5 月 1 日起施行。2015 年 4 月 30 日国家知识产权局令第 70 号发布的《专利代理管理办法》、2002 年 12 月 12 日国家知识产权局令第 25 号发布的《专利代理惩戒规则(试行)》同时废止。

专利标识标注办法

(2012 年 3 月 8 日国家知识产权局令第 63 号公布 自 2012 年 5 月 1 日起施行)

第一条 为了规范专利标识的标注方式,维护正常的市场经济秩序,根据《中华人民共和国专利法》(以下简称专利法)和《中华人民共和国专利法实施细则》的有关规定,制定本办法。

第二条 标注专利标识的,应当按照本办法予以标注。

第三条 管理专利工作的部门负责在本行政区域内对标注专利标识的行为进行监督管理。

第四条 在授予专利权之后的专利权有效期内,专利权人或者经专利权人同意享有专利标识标注权的被许可人可以在其专利产品、依照专利方法直接获得的产品、该产品的包装或者该产品的说明书等材料上标注专利标识。

第五条 标注专利标识的,应当标明下述内容:

(一)采用中文标明专利权的类别,例如中国发明专利、中国实用新型专利、中国外观设计专利;

(二)国家知识产权局授予专利权的专利号。

除上述内容之外,可以附加其他文字、图形标记,但附加的文字、图形标记及其标注方式不得误导公众。

第六条 在依照专利方法直接获得的产品、该产品的包装或者该产品的说明书等材料上标注专利标识的,应当采用中文标明该产品系依照专利方法所获得的产品。

第七条 专利权被授予前在产品、该产品的包装或者该产品的说明书等材料上进行标注的,应当采用中文标明中国专利申请的类别、专利申请号,并标明"专利申请,尚未授权"字样。

第八条 专利标识的标注不符合本办法第五条、第六条或者第七条规定的,由管理专利工作的部门责令改正。

专利标识标注不当,构成假冒专利行为的,由管理专利工作的部门依照专利法第六十三条的规定进行处罚。

第九条 本办法由国家知识产权局负责解释。

第十条 本办法自 2012 年 5 月 1 日起施行。2003 年 5 月 30 日国家知识产权局令第二十九号发布的《专利标记和专利号标注方式的规定》同时废止。

专利实施强制许可办法

（2012 年 3 月 15 日国家知识产权局令第 64 号公布　自 2012 年 5 月 1 日起施行）

第一章　总　　则

第一条　为了规范实施发明专利或者实用新型专利的强制许可（以下简称强制许可）的给予、费用裁决和终止程序，根据《中华人民共和国专利法》（以下简称专利法）、《中华人民共和国专利法实施细则》及有关法律法规，制定本办法。

第二条　国家知识产权局负责受理和审查强制许可请求、强制许可使用费裁决请求和终止强制许可请求并作出决定。

第三条　请求给予强制许可、请求裁决强制许可使用费和请求终止强制许可，应当使用中文以书面形式办理。

依照本办法提交的各种证件、证明文件是外文的，国家知识产权局认为必要时，可以要求当事人在指定期限内附送中文译文；期满未附送的，视为未提交该证件、证明文件。

第四条　在中国没有经常居所或者营业所的外国人、外国企业或者外国其他组织办理强制许可事务的，应当委托依法设立的专利代理机构办理。

当事人委托专利代理机构办理强制许可事务的，应当提交委托书，写明委托权限。一方当事人有两个以上且未委托专利代理机构的，除另有声明外，以提交的书面文件中指明的第一当事人为该方代表人。

第二章　强制许可请求
的提出与受理

第五条　专利权人自专利权被授予之日起满 3 年，且自提出专利申请之日起满 4 年，无正当理由未实施或者未充分实施其专利的，具备实施条件的单位或者个人可以根据专利法第四十八条第一项的规定，请求给予强制许可。

专利权人行使专利权的行为被依法认定为垄断行为的，为消除或者减少该行为对竞争产生的不利影响，具备实施条件的单位或者个人可以根据专利法第四十八条第二项的规定，请求给予强制许可。

第六条　在国家出现紧急状态或者非常情况时，或者为了公共利益的目的，国务院有关主管部门可以根据专利法第四十九条的规定，建议国家知识产权局给予其指定的具备实施条件的单位强制许可。

第七条　为了公共健康目的，具备实施条件的单位可以根据专利法第五十条的规定，请求给予制造取得专利权的药品并将其出口到下列国家或者地区的强制许可：

（一）最不发达国家或者地区；

（二）依照有关国际条约通知世界贸易组织表明希望作为进口方的该组织的发达成员或者发展中成员。

第八条　一项取得专利权的发明或者实用新型比前已经取得专利权的发明或者实用新型具有显著经济意义的重大技术进步，其实施又有赖于前一发明或者实用新型的实施的，该专利权人可以根据专利法第五十一条的规定请求给予实施前一专利的强制许可。国家知识产权局给予实施前一专利的强制许可的，前一专利权人也可以请求给予实施后一专利的强制许可。

第九条　请求给予强制许可的，应当提交强制许可请求书，写明下列各项：

（一）请求人的姓名或者名称、地址、邮政编码、联系人及电话；

（二）请求人的国籍或者注册的国家或者地区；

（三）请求给予强制许可的发明专利或者实用新型专利的名称、专利号、申请日、授权公告日，以及专利权人的姓名或者名称；

（四）请求给予强制许可的理由和事实、期限；

（五）请求人委托专利代理机构的，受托机构的名称、机构代码以及该机构指定的代理人的姓名、执业证号码、联系电话；

（六）请求人的签字或者盖章；委托专利代理机构的，还应当有该机构的盖章；

（七）附加文件清单；

（八）其他需要注明的事项。

请求书及其附加文件应当一式两份。

第十条 强制许可请求涉及两个或者两个以上的专利权人的，请求人应当按专利权人的数量提交请求书及其附加文件副本。

第十一条 根据专利法第四十八条第一项或者第五十一条的规定请求给予强制许可的，请求人应当提供证据，证明其以合理的条件请求专利权人许可其实施专利，但未能在合理的时间内获得许可。

根据专利法第四十八条第二项的规定请求给予强制许可的，请求人应当提交已经生效的司法机关或者反垄断执法机构依法将专利权人行使专利权的行为认定为垄断行为的判决或者决定。

第十二条 国务院有关主管部门根据专利法第四十九条建议给予强制许可的，应当指明下列各项：

（一）国家出现紧急状态或者非常情况，或者为了公共利益目的需要给予强制许可；

（二）建议给予强制许可的发明专利或者实用新型专利的名称、专利号、申请日、授权公告日，以及专利权人的姓名或者名称；

（三）建议给予强制许可的期限；

（四）指定的具备实施条件的单位名称、地址、邮政编码、联系人及电话；

（五）其他需要注明的事项。

第十三条 根据专利法第五十条的规定请求给予强制许可的，请求人应当提供进口方及其所需药品和给予强制许可的有关信息。

第十四条 强制许可请求有下列情形之一的，不予受理并通知请求人：

（一）请求给予强制许可的发明专利或者实用新型专利的专利号不明确或者难以确定；

（二）请求文件未使用中文；

（三）明显不具备请求强制许可的理由；

（四）请求给予强制许可的专利权已经终止或者被宣告无效。

第十五条 请求文件不符合本办法第四条、第九条、第十条规定的，请求人应当自收到通知之日起 15 日内进行补正。期满未补正的，该请求视为未提出。

第十六条 国家知识产权局受理强制许可请求的，应当及时将请求书副本送交专利权人。除另有指定的外，专利权人应当自收到通知之日起 15 日内陈述意见；期满未答复的，不影响国家知识产权局作出决定。

第三章 强制许可请求的审查和决定

第十七条 国家知识产权局应当对请求人陈述的理由、提供的信息和提交的有关证明文件以及专利权人陈述的意见进行审查；需要实地核查的，应当指派两名以上工作人员实地核查。

第十八条 请求人或者专利权人要求听证的，由国家知识产权局组织听证。

国家知识产权局应当在举行听证 7 日前通知请求人、专利权人和其他利害关系人。

除涉及国家秘密、商业秘密或者个人隐私外，听证公开进行。

举行听证时，请求人、专利权人和其他利

害关系人可以进行申辩和质证。

举行听证时应当制作听证笔录,交听证参加人员确认无误后签字或者盖章。

根据专利法第四十九条或者第五十条的规定建议或者请求给予强制许可的,不适用听证程序。

第十九条 请求人在国家知识产权局作出决定前撤回其请求的,强制许可请求的审查程序终止。

在国家知识产权局作出决定前,请求人与专利权人订立了专利实施许可合同的,应当及时通知国家知识产权局,并撤回其强制许可请求。

第二十条 经审查认为强制许可请求有下列情形之一的,国家知识产权局应当作出驳回强制许可请求的决定:

(一)请求人不符合本办法第四条、第五条、第七条或者第八条的规定;

(二)请求给予强制许可的理由不符合专利法第四十八条、第五十条或者第五十一条的规定;

(三)强制许可请求涉及的发明创造是半导体技术的,其理由不符合专利法第五十二条的规定;

(四)强制许可请求不符合本办法第十一条或者第十三条的规定;

(五)请求人陈述的理由、提供的信息或者提交的有关证明文件不充分或者不真实。

国家知识产权局在作出驳回强制许可请求的决定前,应当通知请求人拟作出的决定及其理由。除另有指定的外,请求人可以自收到通知之日起 15 日内陈述意见。

第二十一条 经审查认为请求给予强制许可的理由成立的,国家知识产权局应当作出给予强制许可的决定。在作出给予强制许可的决定前,应当通知请求人和专利权人拟作出的决定及其理由。除另有指定的外,双方当事人可以自收到通知之日起 15 日内陈述意见。

国家知识产权局根据专利法第四十九条作出给予强制许可的决定前,应当通知专利权人拟作出的决定及其理由。

第二十二条 给予强制许可的决定应当写明下列各项:

(一)取得强制许可的单位或者个人的名称或者姓名、地址;

(二)被给予强制许可的发明专利或者实用新型专利的名称、专利号、申请日及授权公告日;

(三)给予强制许可的范围和期限;

(四)决定的理由、事实和法律依据;

(五)国家知识产权局的印章及负责人签字;

(六)决定的日期;

(七)其他有关事项。

给予强制许可的决定应当自作出之日起 5 日内通知请求人和专利权人。

第二十三条 国家知识产权局根据专利法第五十条作出给予强制许可的决定的,还应当在该决定中明确下列要求:

(一)依据强制许可制造的药品数量不得超过进口方所需的数量,并且必须全部出口到该进口方;

(二)依据强制许可制造的药品应当采用特定的标签或者标记明确注明该药品是依据强制许可而制造的;在可行并且不会对药品价格产生显著影响的情况下,应当对药品本身采用特殊的颜色或者形状,或者对药品采用特殊的包装;

(三)药品装运前,取得强制许可的单位应当在其网站或者世界贸易组织的有关网站上发布运往进口方的药品数量以及本条第二项所述的药品识别特征等信息。

第二十四条 国家知识产权局根据专利法第五十条作出给予强制许可的决定的,由国务院有关主管部门将下列信息通报世界贸

易组织:

（一）取得强制许可的单位的名称和地址；

（二）出口药品的名称和数量；

（三）进口方；

（四）强制许可的期限；

（五）本办法第二十三条第三项所述网址。

第四章　强制许可使用费裁决请求的审查和裁决

第二十五条　请求裁决强制许可使用费的,应当提交强制许可使用费裁决请求书,写明下列各项:

（一）请求人的姓名或者名称、地址；

（二）请求人的国籍或者注册的国家或者地区；

（三）给予强制许可的决定的文号；

（四）被请求人的姓名或者名称、地址；

（五）请求裁决强制许可使用费的理由；

（六）请求人委托专利代理机构的,受托机构的名称、机构代码以及该机构指定的代理人的姓名、执业证号码、联系电话；

（七）请求人的签字或者盖章；委托专利代理机构的,还应当有该机构的盖章；

（八）附加文件清单；

（九）其他需要注明的事项。

请求书及其附加文件应当一式两份。

第二十六条　强制许可使用费裁决请求有下列情形之一的,不予受理并通知请求人:

（一）给予强制许可的决定尚未作出；

（二）请求人不是专利权人或者取得强制许可的单位或者个人；

（三）双方尚未进行协商或者经协商已经达成协议。

第二十七条　国家知识产权局受理强制许可使用费裁决请求的,应当及时将请求书副本送交对方当事人。除另有指定的外,对方当事人应当自收到通知之日起 15 日内陈述意见；期满未答复的,不影响国家知识产权局作出决定。

强制许可使用费裁决过程中,双方当事人可以提交书面意见。国家知识产权局可以根据案情需要听取双方当事人的口头意见。

第二十八条　请求人在国家知识产权局作出决定前撤回其裁决请求的,裁决程序终止。

第二十九条　国家知识产权局应当自收到请求书之日起 3 个月内作出强制许可使用费的裁决决定。

第三十条　强制许可使用费裁决决定应当写明下列各项:

（一）取得强制许可的单位或者个人的名称或者姓名、地址；

（二）被给予强制许可的发明专利或者实用新型专利的名称、专利号、申请日及授权公告日；

（三）裁决的内容及其理由；

（四）国家知识产权局的印章及负责人签字；

（五）决定的日期；

（六）其他有关事项。

强制许可使用费裁决决定应当自作出之日起 5 日内通知双方当事人。

第五章　终止强制许可请求的审查和决定

第三十一条　有下列情形之一的,强制许可自动终止:

（一）给予强制许可的决定规定的强制许可期限届满；

（二）被给予强制许可的发明专利或者实用新型专利终止或者被宣告无效。

第三十二条 给予强制许可的决定中规定的强制许可期限届满前,强制许可的理由消除并不再发生的,专利权人可以请求国家知识产权局作出终止强制许可的决定。

请求终止强制许可的,应当提交终止强制许可请求书,写明下列各项:

(一)专利权人的姓名或者名称、地址;

(二)专利权人的国籍或者注册的国家或者地区;

(三)请求终止的给予强制许可决定的文号;

(四)请求终止强制许可的理由和事实;

(五)专利权人委托专利代理机构的,受托机构的名称、机构代码以及该机构指定的代理人的姓名、执业证号码、联系电话;

(六)专利权人的签字或者盖章;委托专利代理机构的,还应当有该机构的盖章;

(七)附加文件清单;

(八)其他需要注明的事项。

请求书及其附加文件应当一式两份。

第三十三条 终止强制许可的请求有下列情形之一的,不予受理并通知请求人:

(一)请求人不是被给予强制许可的发明专利或者实用新型专利的专利权人;

(二)未写明请求终止的给予强制许可决定的文号;

(三)请求文件未使用中文;

(四)明显不具备终止强制许可的理由。

第三十四条 请求文件不符合本办法第三十二条规定的,请求人应当自收到通知之日起15日内进行补正。期满未补正的,该请求视为未提出。

第三十五条 国家知识产权局受理终止强制许可请求的,应当及时将请求书副本送交取得强制许可的单位或者个人。除另有指定的外,取得强制许可的单位或者个人应当自收到通知之日起15日内陈述意见;期满未答复的,不影响国家知识产权局作出决定。

第三十六条 国家知识产权局应当对专利权人陈述的理由和提交的有关证明文件以及取得强制许可的单位或者个人陈述的意见进行审查;需要实地核查的,应当指派两名以上工作人员实地核查。

第三十七条 专利权人在国家知识产权局作出决定前撤回其请求的,相关程序终止。

第三十八条 经审查认为请求终止强制许可的理由不成立的,国家知识产权局应当作出驳回终止强制许可请求的决定。在作出驳回终止强制许可请求的决定前,应当通知专利权人拟作出的决定及其理由。除另有指定的外,专利权人可以自收到通知之日起15日内陈述意见。

第三十九条 经审查认为请求终止强制许可的理由成立的,国家知识产权局应当作出终止强制许可的决定。在作出终止强制许可的决定前,应当通知取得强制许可的单位或者个人拟作出的决定及其理由。除另有指定的外,取得强制许可的单位或者个人可以自收到通知之日起15日内陈述意见。

终止强制许可的决定应当写明下列各项:

(一)专利权人的姓名或者名称、地址;

(二)取得强制许可的单位或者个人的名称或者姓名、地址;

(三)被给予强制许可的发明专利或者实用新型专利的名称、专利号、申请日及授权公告日;

(四)给予强制许可的决定的文号;

(五)决定的事实和法律依据;

(六)国家知识产权局的印章及负责人签字;

(七)决定的日期;

(八)其他有关事项。

终止强制许可的决定应当自作出之日起5日内通知专利权人和取得强制许可的单位或者个人。

附　则

第四十条　已经生效的给予强制许可的决定和终止强制许可的决定，以及强制许可自动终止的，应当在专利登记簿上登记并在专利公报上公告。

第四十一条　当事人对国家知识产权局关于强制许可的决定不服的，可以依法申请行政复议或者提起行政诉讼。

第四十二条　本办法由国家知识产权局负责解释。

第四十三条　本办法自 2012 年 5 月 1 日起施行。2003 年 6 月 13 日国家知识产权局令第三十一号发布的《专利实施强制许可办法》和 2005 年 11 月 29 日国家知识产权局令第三十七号发布的《涉及公共健康问题的专利实施强制许可办法》同时废止。

专利实施许可合同备案办法

（2011 年 6 月 27 日国家知识产权局令第 62 号公布　自 2011 年 8 月 1 日起施行）

第一条　为了切实保护专利权，规范专利实施许可行为，促进专利权的运用，根据《中华人民共和国专利法》、《中华人民共和国合同法》和相关法律法规，制定本办法。

第二条　国家知识产权局负责全国专利实施许可合同的备案工作。

第三条　专利实施许可的许可人应当是合法的专利权人或者其他权利人。

以共有的专利权订立专利实施许可合同的，除全体共有人另有约定或者《中华人民共和国专利法》另有规定的外，应当取得其他共有人的同意。

第四条　申请备案的专利实施许可合同应当以书面形式订立。

订立专利实施许可合同可以使用国家知识产权局统一制订的合同范本；采用其他合同文本的，应当符合《中华人民共和国合同法》的规定。

第五条　当事人应当自专利实施许可合同生效之日起 3 个月内办理备案手续。

第六条　在中国没有经常居所或者营业所的外国人、外国企业或者外国其他组织办理备案相关手续的，应当委托依法设立的专利代理机构办理。

中国单位或者个人办理备案相关手续的，可以委托依法设立的专利代理机构办理。

第七条　当事人可以通过邮寄、直接送交或者国家知识产权局规定的其他方式办理专利实施许可合同备案相关手续。

第八条　申请专利实施许可合同备案的，应当提交下列文件：

（一）许可人或者其委托的专利代理机构签字或者盖章的专利实施许可合同备案申请表；

（二）专利实施许可合同；

（三）双方当事人的身份证明；

（四）委托专利代理机构的，注明委托权限的委托书；

（五）其他需要提供的材料。

第九条　当事人提交的专利实施许可合同应当包括以下内容：

（一）当事人的姓名或者名称、地址；

（二）专利权项数以及每项专利权的名称、专利号、申请日、授权公告日；

（三）实施许可的种类和期限。

第十条　除身份证明外，当事人提交的其他各种文件应当使用中文。身份证明是外文的，当事人应当附送中文译文；未附送的，视为未提交。

第十一条　国家知识产权局自收到备案

申请之日起 7 个工作日内进行审查并决定是否予以备案。

第十二条　备案申请经审查合格的，国家知识产权局应当向当事人出具《专利实施许可合同备案证明》。

备案申请有下列情形之一的，不予备案，并向当事人发送《专利实施许可合同不予备案通知书》：

（一）专利权已经终止或者被宣告无效的；

（二）许可人不是专利登记簿记载的专利权人或者有权授予许可的其他权利人的；

（三）专利实施许可合同不符合本办法第九条规定的；

（四）实施许可的期限超过专利权有效期的；

（五）共有专利权人违反法律规定或者约定订立专利实施许可合同的；

（六）专利权处于年费缴纳滞纳期的；

（七）因专利权的归属发生纠纷或者人民法院裁定对专利权采取保全措施，专利权的有关程序被中止的；

（八）同一专利实施许可合同重复申请备案的；

（九）专利权被质押的，但经质权人同意的除外；

（十）与已经备案的专利实施许可合同冲突的；

（十一）其他不应当予以备案的情形。

第十三条　专利实施许可合同备案后，国家知识产权局发现备案申请存在本办法第十二条第二款所列情形并且尚未消除的，应当撤销专利实施许可合同备案，并向当事人发出《撤销专利实施许可合同备案通知书》。

第十四条　专利实施许可合同备案的有关内容由国家知识产权局在专利登记簿上登记，并在专利公报上公告以下内容：许可人、被许可人、主分类号、专利号、申请日、授权公告日、实施许可的种类和期限、备案日期。

专利实施许可合同备案后变更、注销以及撤销的，国家知识产权局予以相应登记和公告。

第十五条　国家知识产权局建立专利实施许可合同备案数据库。公众可以查询专利实施许可合同备案的法律状态。

第十六条　当事人延长实施许可的期限的，应当在原实施许可的期限届满前 2 个月内，持变更协议、备案证明和其他有关文件向国家知识产权局办理备案变更手续。

变更专利实施许可合同其他内容的，参照前款规定办理。

第十七条　实施许可的期限届满或者提前解除专利实施许可合同的，当事人应当在期限届满或者订立解除协议后 30 日内持备案证明、解除协议和其他有关文件向国家知识产权局办理备案注销手续。

第十八条　经备案的专利实施许可合同涉及的专利权被宣告无效或者在期限届满前终止的，当事人应当及时办理备案注销手续。

第十九条　经备案的专利实施许可合同的种类、期限、许可使用费计算方法或者数额等，可以作为管理专利工作的部门对侵权赔偿数额进行调解的参照。

第二十条　当事人以专利申请实施许可合同申请备案的，参照本办法执行。

申请备案时，专利申请被驳回、撤回或者视为撤回的，不予备案。

第二十一条　当事人以专利申请实施许可合同申请备案的，专利申请被批准授予专利权后，当事人应当及时将专利申请实施许可合同名称及有关条款作相应变更；专利申请被驳回、撤回或者视为撤回的，当事人应当及时办理备案注销手续。

第二十二条　本办法自 2011 年 8 月 1

日起施行。2001 年 12 月 17 日国家知识产权局令第十八号发布的《专利实施许可合同备案管理办法》同时废止。

专利优先审查管理办法

（2017 年 6 月 27 日国家知识产权局令第 76 号公布　自 2017 年 8 月 1 日起施行）

第一条　为了促进产业结构优化升级，推进国家知识产权战略实施和知识产权强国建设，服务创新驱动发展，完善专利审查程序，根据《中华人民共和国专利法》和《中华人民共和国专利法实施细则》（以下简称专利法实施细则）的有关规定，制定本办法。

第二条　下列专利申请或者案件的优先审查适用本办法：

（一）实质审查阶段的发明专利申请；

（二）实用新型和外观设计专利申请；

（三）发明、实用新型和外观设计专利申请的复审；

（四）发明、实用新型和外观设计专利的无效宣告。

依据国家知识产权局与其他国家或者地区专利审查机构签订的双边或者多边协议开展优先审查的，按照有关规定处理，不适用本办法。

第三条　有下列情形之一的专利申请或者专利复审案件，可以请求优先审查：

（一）涉及节能环保、新一代信息技术、生物、高端装备制造、新能源、新材料、新能源汽车、智能制造等国家重点发展产业；

（二）涉及各省级和设区的市级人民政府重点鼓励的产业；

（三）涉及互联网、大数据、云计算等领域且技术或者产品更新速度快；

（四）专利申请人或者复审请求人已经做好实施准备或者已经开始实施，或者有证据证明他人正在实施其发明创造；

（五）就相同主题首次在中国提出专利申请又向其他国家或者地区提出申请的该中国首次申请；

（六）其他对国家利益或者公共利益具有重大意义需要优先审查。

第四条　有下列情形之一的无效宣告案件，可以请求优先审查：

（一）针对无效宣告案件涉及的专利发生侵权纠纷，当事人已请求地方知识产权局处理、向人民法院起诉或者请求仲裁调解组织仲裁调解；

（二）无效宣告案件涉及的专利对国家利益或者公共利益具有重大意义。

第五条　对专利申请、专利复审案件提出优先审查请求，应当经全体申请人或者全体复审请求人同意；对无效宣告案件提出优先审查请求，应当经无效宣告请求人或者全体专利权人同意。

处理、审理涉案专利侵权纠纷的地方知识产权局、人民法院或者仲裁调解组织可以对无效宣告案件提出优先审查请求。

第六条　对专利申请、专利复审案件、无效宣告案件进行优先审查的数量，由国家知识产权局根据不同专业技术领域的审查能力、上一年度专利授权量以及本年度待审案件数量等情况确定。

第七条　请求优先审查的专利申请或者专利复审案件应当采用电子申请方式。

第八条　申请人提出发明、实用新型、外观设计专利申请优先审查请求的，应当提交优先审查请求书、现有技术或者现有设计信息材料和相关证明文件；除本办法第三条第五项的情形外，优先审查请求书应当由国务院相关部门或者省级知识产权局签署推荐意见。

当事人提出专利复审、无效宣告案件优

先审查请求的,应当提交优先审查请求书和相关证明文件;除在实质审查或者初步审查程序中已经进行优先审查的专利复审案件外,优先审查请求书应当由国务院相关部门或者省级知识产权局签署推荐意见。

地方知识产权局、人民法院、仲裁调解组织提出无效宣告案件优先审查请求的,应当提交优先审查请求书并说明理由。

第九条 国家知识产权局受理和审核优先审查请求后,应当及时将审核意见通知优先审查请求人。

第十条 国家知识产权局同意进行优先审查的,应当自同意之日起,在以下期限内结案:

(一)发明专利申请在四十五日内发出第一次审查意见通知书,并在一年内结案;

(二)实用新型和外观设计专利申请在两个月内结案;

(三)专利复审案件在七个月内结案;

(四)发明和实用新型专利无效宣告案件在五个月内结案,外观设计专利无效宣告案件在四个月内结案。

第十一条 对于优先审查的专利申请,申请人应当尽快作出答复或者补正。申请人答复发明专利审查意见通知书的期限为通知书发文日起两个月,申请人答复实用新型和外观设计专利审查意见通知书的期限为通知书发文日起十五日。

第十二条 对于优先审查的专利申请,有下列情形之一的,国家知识产权局可以停止优先审查程序,按普通程序处理,并及时通知优先审查请求人:

(一)优先审查请求获得同意后,申请人根据专利法实施细则第五十一条第一、二款对申请文件提出修改;

(二)申请人答复期限超过本办法第十一条规定的期限;

(三)申请人提交虚假材料;

(四)在审查过程中发现为非正常专利申请。

第十三条 对于优先审查的专利复审或者无效宣告案件,有下列情形之一的,专利复审委员会可以停止优先审查程序,按普通程序处理,并及时通知优先审查请求人:

(一)复审请求人延期答复;

(二)优先审查请求获得同意后,无效宣告请求人补充证据和理由;

(三)优先审查请求获得同意后,专利权人以删除以外的方式修改权利要求书;

(四)专利复审或者无效宣告程序被中止;

(五)案件审理依赖于其他案件的审查结论;

(六)疑难案件,并经专利复审委员会主任批准。

第十四条 本办法由国家知识产权局负责解释。

第十五条 本办法自 2017 年 8 月 1 日起施行。2012 年 8 月 1 日起施行的《发明专利申请优先审查管理办法》同时废止。

最高人民法院关于审理申请注册的药品相关的专利权纠纷民事案件适用法律若干问题的规定

(2021 年 5 月 24 日最高人民法院审判委员会第 1839 次会议通过 2021 年 7 月 4 日最高人民法院公告公布 自 2021 年 7 月 5 日起施行 法释〔2021〕13 号)

为正确审理申请注册的药品相关的专利权纠纷民事案件,根据《中华人民共和国专利法》《中华人民共和国民事诉讼法》等有关法律规定,结合知识产权审判实际,制定本规定。

第一条 当事人依据专利法第七十六条

规定提起的确认是否落入专利权保护范围纠纷的第一审案件，由北京知识产权法院管辖。

第二条　专利法第七十六条所称相关的专利，是指适用国务院有关行政部门关于药品上市许可审批与药品上市许可申请阶段专利权纠纷解决的具体衔接办法（以下简称衔接办法）的专利。

专利法第七十六条所称利害关系人，是指前款所称专利的被许可人、相关药品上市许可持有人。

第三条　专利权人或者利害关系人依据专利法第七十六条起诉的，应当按照民事诉讼法第一百一十九条第三项的规定提交下列材料：

（一）国务院有关行政部门依据衔接办法所设平台中登记的相关专利信息，包括专利名称、专利号、相关的权利要求等；

（二）国务院有关行政部门依据衔接办法所设平台中公示的申请注册药品的相关信息，包括药品名称、药品类型、注册类别以及申请注册药品与所涉及的上市药品之间的对应关系等；

（三）药品上市许可申请人依据衔接办法作出的四类声明及声明依据。

药品上市许可申请人应当在一审答辩期内，向人民法院提交其向国家药品审评机构申报的、与认定是否落入相关专利权保护范围对应的必要技术资料副本。

第四条　专利权人或者利害关系人在衔接办法规定的期限内未向人民法院提起诉讼的，药品上市许可申请人可以向人民法院起诉，请求确认申请注册药品未落入相关专利权保护范围。

第五条　当事人以国务院专利行政部门已经受理专利法第七十六条所称行政裁决请求为由，主张不应当受理专利法第七十六条所称诉讼或者申请中止诉讼的，人民法院不予支持。

第六条　当事人依据专利法第七十六条起诉后，以国务院专利行政部门已经受理宣告相关专利权无效的请求为由，申请中止诉讼的，人民法院一般不予支持。

第七条　药品上市许可申请人主张具有专利法第六十七条、第七十五条第二项等规定情形的，人民法院经审查属实，可以判决确认申请注册的药品相关技术方案未落入相关专利权保护范围。

第八条　当事人对其在诉讼中获取的商业秘密或者其他需要保密的商业信息负有保密义务，擅自披露或者在该诉讼活动之外使用、允许他人使用的，应当依法承担民事责任。构成民事诉讼法第一百一十一条规定情形的，人民法院应当依法处理。

第九条　药品上市许可申请人向人民法院提交的申请注册的药品相关技术方案，与其向国家药品审评机构申报的技术资料明显不符，妨碍人民法院审理案件的，人民法院依照民事诉讼法第一百一十一条的规定处理。

第十条　专利权人或者利害关系人在专利法第七十六条所称诉讼中申请行为保全，请求禁止药品上市许可申请人在相关专利权有效期内实施专利法第十一条规定的行为的，人民法院依照专利法、民事诉讼法有关规定处理；请求禁止药品上市申请行为或者审评审批行为的，人民法院不予支持。

第十一条　在针对同一专利权和申请注册药品的侵害专利权或者确认不侵害专利权诉讼中，当事人主张依据专利法第七十六条所称诉讼的生效判决认定涉案药品技术方案是否落入相关专利权保护范围的，人民法院一般予以支持。但是，有证据证明被诉侵权药品技术方案与申请注册的药品相关技术方案不一致或者新主张的事由成立的除外。

第十二条　专利权人或者利害关系人知道或者应当知道其主张的专利权应当被宣告无效或者申请注册药品的相关技术方案未落

人专利权保护范围,仍提起专利法第七十六条所称诉讼或者请求行政裁决的,药品上市许可申请人可以向北京知识产权法院提起损害赔偿之诉。

第十三条 人民法院依法向当事人在国务院有关行政部门依据衔接办法所设平台登载的联系人、通讯地址、电子邮件等进行的送达,视为有效送达。当事人向人民法院提交送达地址确认书后,人民法院也可以向该确认书载明的送达地址送达。

第十四条 本规定自 2021 年 7 月 5 日起施行。本院以前发布的相关司法解释与本规定不一致的,以本规定为准。

最高人民法院关于审理专利纠纷案件适用法律问题的若干规定

(2001 年 6 月 19 日最高人民法院审判委员会第 1180 次会议通过 根据 2013 年 2 月 25 日最高人民法院审判委员会第 1570 次会议通过的《最高人民法院关于修改〈最高人民法院关于审理专利纠纷案件适用法律问题的若干规定〉的决定》第一次修正 根据 2015 年 1 月 19 日最高人民法院审判委员会第 1641 次会议通过的《最高人民法院关于修改〈最高人民法院关于审理专利纠纷案件适用法律问题的若干规定〉的决定》第二次修正 根据 2020 年 12 月 23 日最高人民法院审判委员会第 1823 次会议通过的《最高人民法院关于修改〈最高人民法院关于审理侵犯专利权纠纷案件应用法律若干问题的解释(二)〉等十八件知识产权类司法解释的决定》第三次修正 2020 年 12 月 29 日最高人民法院公告公布)

为了正确审理专利纠纷案件,根据《中华人民共和国民法典》《中华人民共和国专利

法》《中华人民共和国民事诉讼法》和《中华人民共和国行政诉讼法》等法律的规定,作如下规定:

第一条 人民法院受理下列专利纠纷案件:

1. 专利申请权权属纠纷案件;
2. 专利权权属纠纷案件;
3. 专利合同纠纷案件;
4. 侵害专利权纠纷案件;
5. 假冒他人专利纠纷案件;
6. 发明专利临时保护期使用费纠纷案件;
7. 职务发明创造发明人、设计人奖励、报酬纠纷案件;
8. 诉前申请行为保全纠纷案件;
9. 诉前申请财产保全纠纷案件;
10. 因申请行为保全损害责任纠纷案件;
11. 因申请财产保全损害责任纠纷案件;
12. 发明创造发明人、设计人署名权纠纷案件;
13. 确认不侵害专利权纠纷案件;
14. 专利权宣告无效后返还费用纠纷案件;
15. 因恶意提起专利权诉讼损害责任纠纷案件;
16. 标准必要专利使用费纠纷案件;
17. 不服国务院专利行政部门维持驳回申请复审决定案件;
18. 不服国务院专利行政部门专利权无效宣告请求决定案件;
19. 不服国务院专利行政部门实施强制许可决定案件;
20. 不服国务院专利行政部门实施强制许可使用费裁决案件;
21. 不服国务院专利行政部门行政复议决定案件;
22. 不服国务院专利行政部门作出的其他行政决定案件;

23. 不服管理专利工作的部门行政决定案件;

24. 确认是否落入专利权保护范围纠纷案件;

25. 其他专利纠纷案件。

第二条 因侵犯专利权行为提起的诉讼,由侵权行为地或者被告住所地人民法院管辖。

侵权行为地包括:被诉侵犯发明、实用新型专利权的产品的制造、使用、许诺销售、销售、进口等行为的实施地;专利方法使用行为的实施地,依照该专利方法直接获得的产品的使用、许诺销售、销售、进口等行为的实施地;外观设计专利产品的制造、许诺销售、销售、进口等行为的实施地;假冒他人专利的行为实施地。上述侵权行为的侵权结果发生地。

第三条 原告仅对侵权产品制造者提起诉讼,未起诉销售者,侵权产品制造地与销售地不一致的,制造地人民法院有管辖权;以制造者与销售者为共同被告起诉的,销售地人民法院有管辖权。

销售者是制造者分支机构,原告在销售地起诉侵权产品制造者制造、销售行为的,销售地人民法院有管辖权。

第四条 对申请日在 2009 年 10 月 1 日前(不含该日)的实用新型专利提起侵犯专利权诉讼,原告可以出具由国务院专利行政部门作出的检索报告;对申请日在 2009 年 10 月 1 日以后的实用新型或者外观设计专利提起侵犯专利权诉讼,原告可以出具由国务院专利行政部门作出的专利权评价报告。根据案件审理需要,人民法院可以要求原告提交检索报告或者专利权评价报告。原告无正当理由不提交的,人民法院可以裁定中止诉讼或者判令原告承担可能的不利后果。

侵犯实用新型、外观设计专利权纠纷案件的被告请求中止诉讼的,应当在答辩期内

对原告的专利权提出宣告无效的请求。

第五条 人民法院受理的侵犯实用新型、外观设计专利权纠纷案件,被告在答辩期间内请求宣告该项专利权无效的,人民法院应当中止诉讼,但具备下列情形之一的,可以不中止诉讼:

(一)原告出具的检索报告或者专利权评价报告未发现导致实用新型或者外观设计专利权无效的事由的;

(二)被告提供的证据足以证明其使用的技术已经公知的;

(三)被告请求宣告该项专利权无效所提供的证据或者依据的理由明显不充分的;

(四)人民法院认为不应当中止诉讼的其他情形。

第六条 人民法院受理的侵犯实用新型、外观设计专利权纠纷案件,被告在答辩期间届满后请求宣告该项专利权无效的,人民法院不应当中止诉讼,但经审查认为有必要中止诉讼的除外。

第七条 人民法院受理的侵犯发明专利权纠纷案件或者经国务院专利行政部门审查维持专利权的侵犯实用新型、外观设计专利权纠纷案件,被告在答辩期间内请求宣告该项专利权无效的,人民法院可以不中止诉讼。

第八条 人民法院决定中止诉讼,专利权人或者利害关系人请求责令被告停止有关行为或者采取其他制止侵权损害继续扩大的措施,并提供了担保,人民法院经审查符合有关法律规定的,可以在裁定中止诉讼的同时一并作出有关裁定。

第九条 人民法院对专利权进行财产保全,应当向国务院专利行政部门发出协助执行通知书,载明要求协助执行的事项,以及对专利权保全的期限,并附人民法院作出的裁定书。

对专利权保全的期限一次不得超过六个月,自国务院专利行政部门收到协助执行通

知书之日起计算。如果仍然需要对该专利权继续采取保全措施的,人民法院应当在保全期限届满前向国务院专利行政部门另行送达继续保全的协助执行通知书。保全期限届满前未送达的,视为自动解除对该专利权的财产保全。

人民法院对出质的专利权可以采取财产保全措施,质权人的优先受偿权不受保全措施的影响;专利权人与被许可人已经签订的独占实施许可合同,不影响人民法院对该专利权进行财产保全。

人民法院对已经进行保全的专利权,不得重复进行保全。

第十条 2001年7月1日以前利用本单位的物质技术条件所完成的发明创造,单位与发明人或者设计人订有合同,对申请专利的权利和专利权的归属作出约定的,从其约定。

第十一条 人民法院受理的侵犯专利权纠纷案件,涉及权利冲突的,应当保护在先依法享有权利的当事人的合法权益。

第十二条 专利法第二十三条第三款所称的合法权利,包括就作品、商标、地理标志、姓名、企业名称、肖像,以及有一定影响的商品名称、包装、装潢等享有的合法权利或者权益。

第十三条 专利法第五十九条第一款所称的"发明或者实用新型专利权的保护范围以其权利要求的内容为准,说明书及附图可以用于解释权利要求的内容",是指专利权的保护范围应当以权利要求记载的全部技术特征所确定的范围为准,也包括与该技术特征相等同的特征所确定的范围。

等同特征,是指与所记载的技术特征以基本相同的手段,实现基本相同的功能,达到基本相同的效果,并且本领域普通技术人员在被诉侵权行为发生时无需经过创造性劳动就能够联想到的特征。

第十四条 专利法第六十五条规定的权利人因被侵权所受到的实际损失可以根据专利权人的专利产品因侵权所造成销售量减少的总数乘以每件专利产品的合理利润所得之积计算。权利人销售量减少的总数难以确定的,侵权产品在市场上销售的总数乘以每件专利产品的合理利润所得之积可以视为权利人因被侵权所受到的实际损失。

专利法第六十五条规定的侵权人因侵权所获得的利益可以根据该侵权产品在市场上销售的总数乘以每件侵权产品的合理利润所得之积计算。侵权人因侵权所获得的利益一般按照侵权人的营业利润计算,对于完全以侵权为业的侵权人,可以按照销售利润计算。

第十五条 权利人的损失或者侵权人获得的利益难以确定,有专利许可使用费可以参照的,人民法院可以根据专利权的类型、侵权行为的性质和情节、专利许可的性质、范围、时间等因素,参照该专利许可使用费的倍数合理确定赔偿数额;没有专利许可使用费可以参照或者专利许可使用费明显不合理的,人民法院可以根据专利权的类型、侵权行为的性质和情节等因素,依照专利法第六十五条第二款的规定确定赔偿数额。

第十六条 权利人主张其为制止侵权行为所支付合理开支的,人民法院可以在专利法第六十五条确定的赔偿数额之外另行计算。

第十七条 侵犯专利权的诉讼时效为三年,自专利权人或者利害关系人知道或者应当知道权利受到损害以及义务人之日起计算。权利人超过三年起诉的,如果侵权行为在起诉时仍在继续,在该项专利权有效期内,人民法院应当判决被告停止侵权行为,侵权损害赔偿数额应当自权利人向人民法院起诉之日起向前推算三年计算。

第十八条 专利法第十一条、第六十九条所称的许诺销售,是指以做广告、在商店橱窗中陈列或者在展销会上展出等方式作出销售商品的意思表示。

第十九条 人民法院受理的侵犯专利权纠纷案件，已经过管理专利工作的部门作出侵权或者不侵权认定的，人民法院仍应当就当事人的诉讼请求进行全面审查。

第二十条 以前的有关司法解释与本规定不一致的，以本规定为准。

最高人民法院关于审理侵犯专利权纠纷案件应用法律若干问题的解释

（2009年12月21日最高人民法院审判委员会第1480次会议通过 2009年12月28日最高人民法院公告公布 自2010年1月1日起施行 法释〔2009〕21号）

为正确审理侵犯专利权纠纷案件，根据《中华人民共和国专利法》、《中华人民共和国民事诉讼法》等有关法律规定，结合审判实际，制定本解释。

第一条 人民法院应当根据权利人主张的权利要求，依据专利法第五十九条第一款的规定确定专利权的保护范围。权利人在一审法庭辩论终结前变更其主张的权利要求的，人民法院应当准许。

权利人主张以从属权利要求确定专利权保护范围的，人民法院应当以该从属权利要求记载的附加技术特征及其引用的权利要求记载的技术特征，确定专利权的保护范围。

第二条 人民法院应当根据权利要求的记载，结合本领域普通技术人员阅读说明书及附图后对权利要求的理解，确定专利法第五十九条第一款规定的权利要求的内容。

第三条 人民法院对于权利要求，可以运用说明书及附图、权利要求书中的相关权利要求、专利审查档案进行解释。说明书对权利要求用语有特别界定的，从其特别界定。

以上述方法仍不能明确权利要求含义的，可以结合工具书、教科书等公知文献以及本领域普通技术人员的通常理解进行解释。

第四条 对于权利要求中以功能或者效果表述的技术特征，人民法院应当结合说明书和附图描述的该功能或者效果的具体实施方式及其等同的实施方式，确定该技术特征的内容。

第五条 对于仅在说明书或者附图中描述而在权利要求中未记载的技术方案，权利人在侵犯专利权纠纷案件中将其纳入专利权保护范围的，人民法院不予支持。

第六条 专利申请人、专利权人在专利授权或者无效宣告程序中，通过对权利要求、说明书的修改或者意见陈述而放弃的技术方案，权利人在侵犯专利权纠纷案件中又将其纳入专利权保护范围的，人民法院不予支持。

第七条 人民法院判定被诉侵权技术方案是否落入专利权的保护范围，应当审查权利人主张的权利要求所记载的全部技术特征。

被诉侵权技术方案包含与权利要求记载的全部技术特征相同或者等同的技术特征的，人民法院应当认定其落入专利权的保护范围；被诉侵权技术方案的技术特征与权利要求记载的全部技术特征相比，缺少权利要求记载的一个以上的技术特征，或者有一个以上技术特征不相同也不等同的，人民法院应当认定其没有落入专利权的保护范围。

第八条 在与外观设计专利产品相同或者相近种类产品上，采用与授权外观设计相同或者近似的外观设计的，人民法院应当认定被诉侵权设计落入专利法第五十九条第二款规定的外观设计专利权的保护范围。

第九条 人民法院应当根据外观设计产

品的用途,认定产品种类是否相同或者相近。确定产品的用途,可以参考外观设计的简要说明、国际外观设计分类表、产品的功能以及产品销售、实际使用的情况等因素。

第十条 人民法院应当以外观设计专利产品的一般消费者的知识水平和认知能力,判断外观设计是否相同或者近似。

第十一条 人民法院认定外观设计是否相同或者近似时,应当根据授权外观设计、被诉侵权设计的设计特征,以外观设计的整体视觉效果进行综合判断;对于主要由技术功能决定的设计特征以及对整体视觉效果不产生影响的产品的材料、内部结构等特征,应当不予考虑。

下列情形,通常对外观设计的整体视觉效果更具有影响:

(一)产品正常使用时容易被直接观察到的部位相对于其他部位;

(二)授权外观设计区别于现有设计的设计特征相对于授权外观设计的其他设计特征。

被诉侵权设计与授权外观设计在整体视觉效果上无差异的,人民法院应当认定两者相同;在整体视觉效果上无实质性差异的,应当认定两者近似。

第十二条 将侵犯发明或者实用新型专利权的产品作为零部件,制造另一产品的,人民法院应当认定属于专利法第十一条规定的使用行为;销售该另一产品的,人民法院应当认定属于专利法第十一条规定的销售行为。

将侵犯外观设计专利权的产品作为零部件,制造另一产品并销售的,人民法院应当认定属于专利法第十一条规定的销售行为,但侵犯外观设计专利权的产品在该另一产品中仅具有技术功能的除外。

对于前两款规定的情形,被诉侵权人之间存在分工合作的,人民法院应当认定为共同侵权。

第十三条 对于使用专利方法获得的原始产品,人民法院应当认定为专利法第十一条规定的依照专利方法直接获得的产品。

对于将上述原始产品进一步加工、处理而获得后续产品的行为,人民法院应当认定属于专利法第十一条规定的使用依照该专利方法直接获得的产品。

第十四条 被诉落入专利权保护范围的全部技术特征,与一项现有技术方案中的相应技术特征相同或者无实质性差异的,人民法院应当认定被诉侵权人实施的技术属于专利法第六十二条规定的现有技术。

被诉侵权设计与一个现有设计相同或者无实质性差异的,人民法院应当认定被诉侵权人实施的设计属于专利法第六十二条规定的现有设计。

第十五条 被诉侵权人以非法获得的技术或者设计主张先用权抗辩的,人民法院不予支持。

有下列情形之一的,人民法院应当认定属于专利法第六十九条第(二)项规定的已经作好制造、使用的必要准备:

(一)已经完成实施发明创造所必需的主要技术图纸或者工艺文件;

(二)已经制造或者购买实施发明创造所必需的主要设备或者原材料。

专利法第六十九条第(二)项规定的原有范围,包括专利申请日前已有的生产规模以及利用已有的生产设备或者根据已有的生产准备可以达到的生产规模。

先用权人在专利申请日后将其已经实施或作好实施必要准备的技术或设计转让或者许可他人实施,被诉侵权人主张该实施行为属于在原有范围内继续实施的,人民法院不予支持,但该技术或设计与原有企业一并转让或者承继的除外。

第十六条 人民法院依据专利法第六十五条第一款的规定确定侵权人因侵权所获得

的利益,应当限于侵权人因侵犯专利权行为所获得的利益;因其他权利所产生的利益,应当合理扣除。

侵犯发明、实用新型专利权的产品系另一产品的零部件的,人民法院应当根据该零部件本身的价值及其在实现成品利润中的作用等因素合理确定赔偿数额。

侵犯外观设计专利权的产品为包装物的,人民法院应当按照包装物本身的价值及其在实现被包装产品利润中的作用等因素合理确定赔偿数额。

第十七条 产品或者制造产品的技术方案在专利申请日以前为国内外公众所知的,人民法院应当认定该产品不属于专利法第六十一条第一款规定的新产品。

第十八条 权利人向他人发出侵犯专利权的警告,被警告人或者利害关系人经书面催告权利人行使诉权,自权利人收到该书面催告之日起一个月内或者自书面催告发出之日起二个月内,权利人不撤回警告也不提起诉讼,被警告人或者利害关系人向人民法院提起请求确认其行为不侵犯专利权的诉讼的,人民法院应当受理。

第十九条 被诉侵犯专利权行为发生在2009年10月1日以前的,人民法院适用修改前的专利法;发生在2009年10月1日以后的,人民法院适用修改后的专利法。

被诉侵犯专利权行为发生在2009年10月1日以前且持续到2009年10月1日以后,依据修改前和修改后的专利法的规定侵权人均应承担赔偿责任的,人民法院适用修改后的专利法确定赔偿数额。

第二十条 本院以前发布的有关司法解释与本解释不一致的,以本解释为准。

最高人民法院关于审理侵犯专利权纠纷案件应用法律若干问题的解释(二)

(2016年1月25日最高人民法院审判委员会第1676次会议通过 根据2020年12月23日最高人民法院审判委员会第1823次会议通过的《最高人民法院关于修改〈最高人民法院关于审理侵犯专利权纠纷案件应用法律若干问题的解释(二)〉等十八件知识产权类司法解释的决定》修正 2020年12月29日最高人民法院公告公布)

为正确审理侵犯专利权纠纷案件,根据《中华人民共和国民法典》《中华人民共和国专利法》《中华人民共和国民事诉讼法》等有关法律规定,结合审判实践,制定本解释。

第一条 权利要求书有两项以上权利要求的,权利人应当在起诉状中载明据以起诉被诉侵权人侵犯其专利权的权利要求。起诉状对此未记载或者记载不明的,人民法院应当要求权利人明确。经释明,权利人仍不予明确的,人民法院可以裁定驳回起诉。

第二条 权利人在专利侵权诉讼中主张的权利要求被国务院专利行政部门宣告无效的,审理侵犯专利权纠纷案件的人民法院可以裁定驳回权利人基于该无效权利要求的起诉。

有证据证明宣告上述权利要求无效的决定被生效的行政判决撤销的,权利人可以另行起诉。

专利权人另行起诉的,诉讼时效期间从本条第二款所称行政判决书送达之日起计算。

第三条 因明显违反专利法第二十六条第三款、第四款导致说明书无法用于解释权利要求,且不属于本解释第四条规定的情形,专利权因此被请求宣告无效的,审理侵犯专利权纠纷案件的人民法院一般应当裁定中止诉讼;在合理期限内专利权未被请求宣告无效的,人民法院可以根据权利要求的记载确定专利权的保护范围。

第四条 权利要求书、说明书及附图中的语法、文字、标点、图形、符号等存有歧义,但本领域普通技术人员通过阅读权利要求书、说明书及附图可以得出唯一理解的,人民法院应当根据该唯一理解予以认定。

第五条 在人民法院确定专利权的保护范围时,独立权利要求的前序部分、特征部分以及从属权利要求的引用部分、限定部分记载的技术特征均有限定作用。

第六条 人民法院可以运用与涉案专利存在分案申请关系的其他专利及其专利审查档案、生效的专利授权确权裁判文书解释涉案专利的权利要求。

专利审查档案,包括专利审查、复审、无效程序中专利申请人或者专利权人提交的书面材料,国务院专利行政部门制作的审查意见通知书、会晤记录、口头审理记录、生效的专利复审请求审查决定书和专利权无效宣告请求审查决定书等。

第七条 被诉侵权技术方案在包含封闭式组合物权利要求全部技术特征的基础上增加其他技术特征的,人民法院应当认定被诉侵权技术方案未落入专利权的保护范围,但该增加的技术特征属于不可避免的常规数量杂质的除外。

前款所称封闭式组合物权利要求,一般不包括中药组合物权利要求。

第八条 功能性特征,是指对于结构、组分、步骤、条件或其之间的关系等,通过其在发明创造中所起的功能或者效果进行限定的技术特征,但本领域普通技术人员仅通过阅读权利要求即可直接、明确地确定实现上述功能或者效果的具体实施方式的除外。

与说明书及附图记载的实现前款所称功能或者效果不可缺少的技术特征相比,被诉侵权技术方案的相应技术特征是以基本相同的手段,实现相同的功能,达到相同的效果,且本领域普通技术人员在被诉侵权行为发生时无需经过创造性劳动就能够联想到的,人民法院应当认定该相应技术特征与功能性特征相同或者等同。

第九条 被诉侵权技术方案不能适用于权利要求中使用环境特征所限定的使用环境的,人民法院应当认定被诉侵权技术方案未落入专利权的保护范围。

第十条 对于权利要求中以制备方法界定产品的技术特征,被诉侵权产品的制备方法与其不相同也不等同的,人民法院应当认定被诉侵权技术方案未落入专利权的保护范围。

第十一条 方法权利要求未明确记载技术步骤的先后顺序,但本领域普通技术人员阅读权利要求书、说明书及附图后直接、明确地认为该技术步骤应当按照特定顺序实施的,人民法院应当认定该步骤顺序对于专利权的保护范围具有限定作用。

第十二条 权利要求采用"至少""不超过"等用语对数值特征进行界定,且本领域普通技术人员阅读权利要求书、说明书及附图后认为专利技术方案特别强调该用语对技术特征的限定作用,权利人主张与其不相同的数值特征属于等同特征的,人民法院不予支持。

第十三条 权利人证明专利申请人、专利权人在专利授权确权程序中对权利要求书、说明书及附图的限缩性修改或者陈述被明确否定的,人民法院应当认定该修改或者陈述未导致技术方案的放弃。

第十四条 人民法院在认定一般消费者对于外观设计所具有的知识水平和认知能力

时,一般应当考虑被诉侵权行为发生时授权外观设计所属相同或者相近种类产品的设计空间。设计空间较大的,人民法院可以认定一般消费者通常不容易注意到不同设计之间的较小区别;设计空间较小的,人民法院可以认定一般消费者通常更容易注意到不同设计之间的较小区别。

第十五条 对于成套产品的外观设计专利,被诉侵权设计与其一项外观设计相同或者近似的,人民法院应当认定被诉侵权设计落入专利权的保护范围。

第十六条 对于组装关系唯一的组件产品的外观设计专利,被诉侵权设计与其组合状态下的外观设计相同或者近似的,人民法院应当认定被诉侵权设计落入专利权的保护范围。

对于各构件之间无组装关系或者组装关系不唯一的组件产品的外观设计专利,被诉侵权设计与其全部单个构件的外观设计均相同或者近似的,人民法院应当认定被诉侵权设计落入专利权的保护范围;被诉侵权设计缺少其单个构件的外观设计或者与之不相同也不近似的,人民法院应当认定被诉侵权设计未落入专利权的保护范围。

第十七条 对于变化状态产品的外观设计专利,被诉侵权设计与变化状态图所示各种使用状态下的外观设计均相同或者近似的,人民法院应当认定被诉侵权设计落入专利权的保护范围;被诉侵权设计缺少其一种使用状态下的外观设计或者与之不相同也不近似的,人民法院应当认定被诉侵权设计未落入专利权的保护范围。

第十八条 权利人依据专利法第十三条诉请在发明专利申请公布日至授权公告日期间实施该发明的单位或者个人支付适当费用的,人民法院可以参照有关专利许可使用费合理确定。

发明专利申请公布时申请人请求保护的范围与发明专利公告授权时的专利权保护范围不一致,被诉技术方案均落入上述两种范围的,人民法院应当认定被告在前款所称期间内实施了该发明;被诉技术方案仅落入其中一种范围的,人民法院应当认定被告在前款所称期间内未实施该发明。

发明专利公告授权后,未经专利权人许可,为生产经营目的使用、许诺销售、销售在本条第一款所称期间内已由他人制造、销售、进口的产品,且该他人已支付或者书面承诺支付专利法第十三条规定的适当费用的,对于权利人关于上述使用、许诺销售、销售行为侵犯专利权的主张,人民法院不予支持。

第十九条 产品买卖合同依法成立的,人民法院应当认定属于专利法第十一条规定的销售。

第二十条 对于将依照专利方法直接获得的产品进一步加工、处理而获得的后续产品,进行再加工、处理的,人民法院应当认定不属于专利法第十一条规定的"使用依照该专利方法直接获得的产品"。

第二十一条 明知有关产品系专门用于实施专利的材料、设备、零部件、中间物等,未经专利权人许可,为生产经营目的将该产品提供给他人实施了侵犯专利权的行为,权利人主张该提供者的行为属于民法典第一千一百六十九条规定的帮助他人实施侵权行为的,人民法院应予支持。

明知有关产品、方法被授予专利权,未经专利权人许可,为生产经营目的积极诱导他人实施了侵犯专利权的行为,权利人主张该诱导者的行为属于民法典第一千一百六十九条规定的教唆他人实施侵权行为的,人民法院应予支持。

第二十二条 对于被诉侵权人主张的现有技术抗辩或者现有设计抗辩,人民法院应当依照专利申请日时施行的专利法界定现有技术或者现有设计。

第二十三条　被诉侵权技术方案或者外观设计落入在先的涉案专利权的保护范围，被诉侵权人以其技术方案或者外观设计被授予专利权为由抗辩不侵犯涉案专利权的，人民法院不予支持。

第二十四条　推荐性国家、行业或者地方标准明示所涉必要专利的信息，被诉侵权人以实施该标准无需专利权人许可为由抗辩不侵犯该专利权的，人民法院一般不予支持。

推荐性国家、行业或者地方标准明示所涉必要专利的信息，专利权人、被诉侵权人协商该专利的实施许可条件时，专利权人故意违反其在标准制定中承诺的公平、合理、无歧视的许可义务，导致无法达成专利实施许可合同，且被诉侵权人在协商中无明显过错的，对于权利人请求停止标准实施行为的主张，人民法院一般不予支持。

本条第二款所称实施许可条件，应当由专利权人、被诉侵权人协商确定。经充分协商，仍无法达成一致的，可以请求人民法院确定。人民法院在确定上述实施许可条件时，应当根据公平、合理、无歧视的原则，综合考虑专利的创新程度及其在标准中的作用、标准所属的技术领域、标准的性质、标准实施的范围和相关的许可条件等因素。

法律、行政法规对实施标准中的专利另有规定的，从其规定。

第二十五条　为生产经营目的的使用、许诺销售或者销售不知道是未经专利权人许可而制造并售出的专利侵权产品，且举证证明该产品合法来源的，对于权利人请求停止上述使用、许诺销售、销售行为的主张，人民法院应予支持，但被诉侵权产品的使用者举证证明其已支付该产品的合理对价的除外。

本条第一款所称不知道，是指实际不知道且不应当知道。

本条第一款所称合法来源，是指通过合法的销售渠道、通常的买卖合同等正常商业方式取得产品。对于合法来源，使用者、许诺销售者或者销售者应当提供符合交易习惯的相关证据。

第二十六条　被告构成对专利权的侵犯，权利人请求判令其停止侵权行为的，人民法院应予支持，但基于国家利益、公共利益的考量，人民法院可以不判令被告停止被诉行为，而判令其支付相应的合理费用。

第二十七条　权利人因被侵权所受到的实际损失难以确定的，人民法院应当依照专利法第六十五条第一款的规定，要求权利人对侵权人因侵权所获得的利益进行举证；在权利人已经提供侵权人所获利益的初步证据，而与专利侵权行为相关的账簿、资料主要由侵权人掌握的情况下，人民法院可以责令侵权人提供该账簿、资料；侵权人无正当理由拒不提供或者提供虚假的账簿、资料的，人民法院可以根据权利人的主张和提供的证据认定侵权人因侵权所获得的利益。

第二十八条　权利人、侵权人依法约定专利侵权的赔偿数额或者赔偿计算方法，并在专利侵权诉讼中主张依据该约定确定赔偿数额的，人民法院应予支持。

第二十九条　宣告专利权无效的决定作出后，当事人根据该决定依法申请再审，请求撤销专利权无效宣告前人民法院作出但未执行的专利侵权的判决、调解书的，人民法院可以裁定中止再审审查，并中止原判决、调解书的执行。

专利权人向人民法院提供充分、有效的担保，请求继续执行前款所称判决、调解书的，人民法院应当继续执行；侵权人向人民法院提供充分、有效的反担保，请求中止执行的，人民法院应当准许。人民法院生效裁判未撤销宣告专利权无效的决定的，专利权人应当赔偿因继续执行给对方造成的损失；宣告专利权无效的决定被人民法院生效裁判撤销，专利权仍有效的，人民法院可以依据前款所称判决、调解书直接执行上述反担保财产。

第三十条 在法定期限内对宣告专利权无效的决定不向人民法院起诉或者起诉后生效裁判未撤销该决定,当事人根据该决定依法申请再审,请求撤销宣告专利权无效前人民法院作出但未执行的专利侵权的判决、调解书的,人民法院应当再审。当事人根据该决定,依法申请终结执行宣告专利权无效前人民法院作出但未执行的专利侵权的判决、调解书的,人民法院应当裁定终结执行。

第三十一条 本解释自 2016 年 4 月 1 日起施行。最高人民法院以前发布的相关司法解释与本解释不一致的,以本解释为准。

(四) 商标权

中华人民共和国商标法

(1982 年 8 月 23 日第五届全国人民代表大会常务委员会第二十四次会议通过 根据 1993 年 2 月 22 日第七届全国人民代表大会常务委员会第三十次会议《关于修改〈中华人民共和国商标法〉的决定》第一次修正 根据 2001 年 10 月 27 日第九届全国人民代表大会常务委员会第二十四次会议《关于修改〈中华人民共和国商标法〉的决定》第二次修正 根据 2013 年 8 月 30 日第十二届全国人民代表大会常务委员会第四次会议《关于修改〈中华人民共和国商标法〉的决定》第三次修正 根据 2019 年 4 月 23 日第十三届全国人民代表大会常务委员会第十次会议《关于修改〈中华人民共和国建筑法〉等八部法律的决定》第四次修正)

目 录

第一章 总 则

第一条 【立法宗旨】为了加强商标管理,保护商标专用权,促使生产、经营者保证商品和服务质量,维护商标信誉,以保障消费者和生产、经营者的利益,促进社会主义市场经济的发展,特制定本法。

第二条 【行政主管部门】国务院工商行政管理部门商标局主管全国商标注册和管理的工作。

国务院工商行政管理部门设立商标评审委员会,负责处理商标争议事宜。

第三条 【注册商标及其分类与保护】经商标局核准注册的商标为注册商标,包括商品商标、服务商标和集体商标、证明商标;商标注册人享有商标专用权,受法律保护。

本法所称集体商标,是指以团体、协会或者其他组织名义注册,供该组织成员在商事活动中使用,以表明使用者在该组织中的成员资格的标志。

本法所称证明商标,是指由对某种商品或者服务具有监督能力的组织所控制,而由该组织以外的单位或者个人使用于其商品或者服务,用以证明该商品或者服务的原产地、原料、制造方法、质量或者其他特定品质的标志。

集体商标、证明商标注册和管理的特殊事项,由国务院工商行政管理部门规定。

第四条 【商标注册申请】自然人、法人或者其他组织在生产经营活动中,对其商品或者服务需要取得商标专用权的,应当向商标局申请商标注册。不以使用为目的的恶意商标注册申请,应当予以驳回。

本法有关商品商标的规定,适用于服务商标。

第五条　【注册商标共有】两个以上的自然人、法人或者其他组织可以共同向商标局申请注册同一商标,共同享有和行使该商标专用权。

第六条　【商标强制注册】法律、行政法规规定必须使用注册商标的商品,必须申请商标注册,未经核准注册的,不得在市场销售。

第七条　【诚实信用原则和商品质量】申请注册和使用商标,应当遵循诚实信用原则。

商标使用人应当对其使用商标的商品质量负责。各级工商行政管理部门应当通过商标管理,制止欺骗消费者的行为。

第八条　【商标的构成要素】任何能够将自然人、法人或者其他组织的商品与他人的商品区别开的标志,包括文字、图形、字母、数字、三维标志、颜色组合和声音等,以及上述要素的组合,均可以作为商标申请注册。

第九条　【申请注册的商标应具备的条件】申请注册的商标,应当有显著特征,便于识别,并不得与他人在先取得的合法权利相冲突。

商标注册人有权标明"注册商标"或者注册标记。

第十条　【禁止作为商标使用的标志】下列标志不得作为商标使用:

(一)同中华人民共和国的国家名称、国旗、国徽、国歌、军旗、军徽、军歌、勋章等相同或者近似的,以及同中央国家机关的名称、标志、所在地特定地点的名称或者标志性建筑物的名称、图形相同的;

(二)同外国的国家名称、国旗、国徽、军

旗等相同或者近似的,但经该国政府同意的除外;

(三)同政府间国际组织的名称、旗帜、徽记等相同或者近似的,但经该组织同意或者不易误导公众的除外;

(四)与表明实施控制、予以保证的官方标志、检验印记相同或者近似的,但经授权的除外;

(五)同"红十字"、"红新月"的名称、标志相同或者近似的;

(六)带有民族歧视性的;

(七)带有欺骗性,容易使公众对商品的质量等特点或者产地产生误认的;

(八)有害于社会主义道德风尚或者有其他不良影响的。

县级以上行政区划的地名或者公众知晓的外国地名,不得作为商标。但是,地名具有其他含义或者作为集体商标、证明商标组成部分的除外;已经注册的使用地名的商标继续有效。

第十一条　【不得作为商标注册的标志】下列标志不得作为商标注册:

(一)仅有本商品的通用名称、图形、型号的;

(二)仅直接表示商品的质量、主要原料、功能、用途、重量、数量及其他特点的;

(三)其他缺乏显著特征的。

前款所列标志经过使用取得显著特征,并便于识别的,可以作为商标注册。

第十二条　【三维标志申请注册商标的限制条件】以三维标志申请注册商标的,仅由商品自身的性质产生的形状、为获得技术效果而需有的商品形状或者使商品具有实质性价值的形状,不得注册。

第十三条　【驰名商标的保护】为相关公众所熟知的商标,持有人认为其权利受到侵害时,可以依照本法规定请求驰名商标保护。

就相同或者类似商品申请注册的商标是

复制、摹仿或者翻译他人未在中国注册的驰名商标,容易导致混淆的,不予注册并禁止使用。

就不相同或者不相类似商品申请注册的商标是复制、摹仿或者翻译他人已经在中国注册的驰名商标,误导公众,致使该驰名商标注册人的利益可能受到损害的,不予注册并禁止使用。

第十四条 【驰名商标的认定】驰名商标应当根据当事人的请求,作为处理涉及商标案件需要认定的事实进行认定。认定驰名商标应当考虑下列因素:

(一)相关公众对该商标的知晓程度;

(二)该商标使用的持续时间;

(三)该商标的任何宣传工作的持续时间、程度和地理范围;

(四)该商标作为驰名商标受保护的记录;

(五)该商标驰名的其他因素。

在商标注册审查、工商行政管理部门查处商标违法案件过程中,当事人依照本法第十三条规定主张权利的,商标局根据审查、处理案件的需要,可以对商标驰名情况作出认定。

在商标争议处理过程中,当事人依照本法第十三条规定主张权利的,商标评审委员会根据处理案件的需要,可以对商标驰名情况作出认定。

在商标民事、行政案件审理过程中,当事人依照本法第十三条规定主张权利的,最高人民法院指定的人民法院根据审理案件的需要,可以对商标驰名情况作出认定。

生产、经营者不得将"驰名商标"字样用于商品、商品包装或者容器上,或者用于广告宣传、展览以及其他商业活动中。

第十五条 【恶意注册他人商标】未经授权,代理人或者代表人以自己的名义将被代理人或者被代表人的商标进行注册,被代理人或者被代表人提出异议的,不予注册并禁止使用。

就同一种商品或者类似商品申请注册的商标与他人在先使用的未注册商标相同或者近似,申请人与该他人具有前款规定以外的合同、业务往来关系或者其他关系而明知该他人商标存在,该他人提出异议的,不予注册。

第十六条 【地理标志】商标中有商品的地理标志,而该商品并非来源于该标志所标示的地区,误导公众的,不予注册并禁止使用;但是,已经善意取得注册的继续有效。

前款所称地理标志,是指标示某商品来源于某地区,该商品的特定质量、信誉或者其他特征,主要由该地区的自然因素或者人文因素所决定的标志。

第十七条 【外国人在中国申请商标注册】外国人或者外国企业在中国申请商标注册的,应当按其所属国和中华人民共和国签订的协议或者共同参加的国际条约办理,或者按对等原则办理。

第十八条 【商标代理机构】申请商标注册或者办理其他商标事宜,可以自行办理,也可以委托依法设立的商标代理机构办理。

外国人或者外国企业在中国申请商标注册和办理其他商标事宜的,应当委托依法设立的商标代理机构办理。

第十九条 【商标代理机构的行为规范】商标代理机构应当遵循诚实信用原则,遵守法律、行政法规,按照被代理人的委托办理商标注册申请或者其他商标事宜;对在代理过程中知悉的被代理人的商业秘密,负有保密义务。

委托人申请注册的商标可能存在本法规定不得注册情形的,商标代理机构应当明确告知委托人。

商标代理机构知道或者应当知道委托人申请注册的商标属于本法第四条、第十五条和第三十二条规定情形的,不得接受其委托。

商标代理机构除对其代理服务申请商标注册外,不得申请注册其他商标。

第二十条 【商标代理行业组织对会员的管理】商标代理行业组织应当按照章程规定,严格执行吸纳会员的条件,对违反行业自律规范的会员实行惩戒。商标代理行业组织对其吸纳的会员和对会员的惩戒情况,应当及时向社会公布。

第二十一条 【商标国际注册】商标国际注册遵循中华人民共和国缔结或者参加的有关国际条约确立的制度,具体办法由国务院规定。

第二章 商标注册的申请

第二十二条 【商标注册申请的提出】商标注册申请人应当按规定的商品分类表填报使用商标的商品类别和商品名称,提出注册申请。

商标注册申请人可以通过一份申请就多个类别的商品申请注册同一商标。

商标注册申请等有关文件,可以以书面方式或者数据电文方式提出。

第二十三条 【注册申请的另行提出】注册商标需要在核定使用范围之外的商品上取得商标专用权的,应当另行提出注册申请。

第二十四条 【注册申请的重新提出】注册商标需要改变其标志的,应当重新提出注册申请。

第二十五条 【优先权及其手续】商标注册申请人自其商标在外国第一次提出商标注册申请之日起六个月内,又在中国就相同商品以同一商标提出商标注册申请的,依照该外国同中国签订的协议或者共同参加的国际条约,或者按照相互承认优先权的原则,可以享有优先权。

依照前款要求优先权的,应当在提出商标注册申请的时候提出书面声明,并且在三个月内提交第一次提出的商标注册申请文件的副本;未提出书面声明或者逾期未提交商标注册申请文件副本的,视为未要求优先权。

第二十六条 【国际展览会中的临时保护】商标在中国政府主办的或者承认的国际展览会展出的商品上首次使用的,自该商品展出之日起六个月内,该商标的注册申请人可以享有优先权。

依照前款要求优先权的,应当在提出商标注册申请的时候提出书面声明,并且在三个月内提交展出其商品的展览会名称、在展出商品上使用该商标的证据、展出日期等证明文件;未提出书面声明或者逾期未提交证明文件的,视为未要求优先权。

第二十七条 【申报事项和材料的真实、准确、完整】为申请商标注册所申报的事项和所提供的材料应当真实、准确、完整。

第三章 商标注册的审查和核准

第二十八条 【初步审定并公告】对申请注册的商标,商标局应当自收到商标注册申请文件之日起九个月内审查完毕,符合本法有关规定的,予以初步审定公告。

第二十九条 【商标注册申请内容的说明和修正】在审查过程中,商标局认为商标注册申请内容需要说明或者修正的,可以要求申请人做出说明或者修正。申请人未做出说明或者修正的,不影响商标局做出审查决定。

第三十条 【商标注册申请的驳回】申请注册的商标,凡不符合本法有关规定或者同他人在同一种商品或者类似商品上已经注册的或者初步审定的商标相同或者近似的,由商标局驳回申请,不予公告。

第三十一条 【申请在先原则】两个或者两个以上的商标注册申请人,在同一种商品或者类似商品上,以相同或者近似的商标申请注册的,初步审定并公告申请在先的商标;同一天申请的,初步审定并公告使用在先的商标,驳回其他人的申请,不予公告。

第三十二条 【在先权利与恶意抢注】申请商标注册不得损害他人现有的在先权利,也不得以不正当手段抢先注册他人已经使用并有一定影响的商标。

第三十三条 【商标异议和核准注册】对初步审定公告的商标,自公告之日起三个月内,在先权利人、利害关系人认为违反本法第十三条第二款和第三款、第十五条、第十六条第一款、第三十条、第三十一条、第三十二条规定的,或者任何人认为违反本法第四条、第十条、第十一条、第十二条、第十九条第四款规定的,可以向商标局提出异议。公告期满无异议的,予以核准注册,发给商标注册证,并予公告。

第三十四条 【驳回商标申请的处理】对驳回申请、不予公告的商标,商标局应当书面通知商标注册申请人。商标注册申请人不服的,可以自收到通知之日起十五日内向商标评审委员会申请复审。商标评审委员会应当自收到申请之日起九个月内做出决定,并书面通知申请人。有特殊情况需要延长的,经国务院工商行政管理部门批准,可以延长三个月。当事人对商标评审委员会的决定不服的,可以自收到通知之日起三十日内向人民法院起诉。

第三十五条 【商标异议的处理】对初步审定公告的商标提出异议的,商标局应当听取异议人和被异议人陈述事实和理由,经调查核实后,自公告期满之日起十二个月内做出是否准予注册的决定,并书面通知异议人和被异议人。有特殊情况需要延长的,经国务院工商行政管理部门批准,可以延长六个月。

商标局做出准予注册决定的,发给商标注册证,并予公告。异议人不服的,可以依照

本法第四十四条、第四十五条的规定向商标评审委员会请求宣告该注册商标无效。

商标局做出不予注册决定,被异议人不服的,可以自收到通知之日起十五日内向商标评审委员会申请复审。商标评审委员会应当自收到申请之日起十二个月内做出复审决定,并书面通知异议人和被异议人。有特殊情况需要延长的,经国务院工商行政管理部门批准,可以延长六个月。被异议人对商标评审委员会的决定不服的,可以自收到通知之日起三十日内向人民法院起诉。人民法院应当通知异议人作为第三人参加诉讼。

商标评审委员会在依照前款规定进行复审的过程中,所涉及的在先权利的确定必须以人民法院正在审理或者行政机关正在处理的另一案件的结果为依据的,可以中止审查。中止原因消除后,应当恢复审查程序。

第三十六条 【有关决定的生效及效力】法定期限届满,当事人对商标局做出的驳回申请决定、不予注册决定不申请复审或者对商标评审委员会做出的复审决定不向人民法院起诉的,驳回申请决定、不予注册决定或者复审决定生效。

经审查异议不成立而准予注册的商标,商标注册申请人取得商标专用权的时间自初步审定公告三个月期满之日起计算。自该商标公告期满之日起至准予注册决定做出前,对他人在同一种或者类似商品上使用与该商标相同或者近似的标志的行为不具有追溯力;但是,因该使用人的恶意给商标注册人造成的损失,应当给予赔偿。

第三十七条 【及时审查原则】对商标注册申请和商标复审申请应当及时进行审查。

第三十八条 【商标申请文件或注册文件错误的更正】商标注册申请人或者注册人发现商标申请文件或者注册文件有明显错误的,可以申请更正。商标局依法在其职权范围内作出更正,并通知当事人。

前款所称更正错误不涉及商标申请文件或者注册文件的实质性内容。

第四章 注册商标的续展、变更、转让和使用许可

第三十九条 【注册商标的有效期限】注册商标的有效期为十年,自核准注册之日起计算。

第四十条 【续展手续的办理】注册商标有效期满,需要继续使用的,商标注册人应当在期满前十二个月内按照规定办理续展手续;在此期间未能办理的,可以给予六个月的宽展期。每次续展注册的有效期为十年,自该商标上一届有效期满次日起计算。期满未办理续展手续的,注销其注册商标。

商标局应当对续展注册的商标予以公告。

第四十一条 【注册商标的变更】注册商标需要变更注册人的名义、地址或者其他注册事项的,应当提出变更申请。

第四十二条 【注册商标的转让】转让注册商标的,转让人和受让人应当签订转让协议,并共同向商标局提出申请。受让人应当保证使用该注册商标的商品质量。

转让注册商标的,商标注册人对其在同一种商品上注册的近似的商标,或者在类似商品上注册的相同或者近似的商标,应当一并转让。

对容易导致混淆或者有其他不良影响的转让,商标局不予核准,书面通知申请人并说明理由。

转让注册商标经核准后,予以公告。受让人自公告之日起享有商标专用权。

第四十三条 【注册商标的使用许可】商标注册人可以通过签订商标使用许可合同,许可他人使用其注册商标。许可人应当监督被许可人使用其注册商标的商品质量。被许可人应当保证使用该注册商标的商品质量。

经许可使用他人注册商标的,必须在使用该注册商标的商品上标明被许可人的名称和商品产地。

许可他人使用其注册商标的,许可人应当将其商标使用许可报商标局备案,由商标局公告。商标使用许可未经备案不得对抗善意第三人。

第五章 注册商标的无效宣告

第四十四条 【注册不当商标的处理】已经注册的商标,违反本法第四条、第十条、第十一条、第十二条、第十九条第四款规定的,或者是以欺骗手段或者其他不正当手段取得注册的,由商标局宣告该注册商标无效;其他单位或者个人可以请求商标评审委员会宣告该注册商标无效。

商标局做出宣告注册商标无效的决定,应当书面通知当事人。当事人对商标局的决定不服的,可以自收到通知之日起十五日内向商标评审委员会申请复审。商标评审委员会应当自收到申请之日起九个月内做出决定,并书面通知当事人。有特殊情况需要延长的,经国务院工商行政管理部门批准,可以延长三个月。当事人对商标评审委员会的决定不服的,可以自收到通知之日起三十日内向人民法院起诉。

其他单位或者个人请求商标评审委员会宣告注册商标无效的,商标评审委员会收到申请后,应当书面通知有关当事人,并限期提出答辩。商标评审委员会应当自收到申请之日起九个月内做出维持注册商标或者宣告注册商标无效的裁定,并书面通知当事人。有特殊情况需要延长的,经国务院工商行政管理部门批准,可以延长三个月。当事人对商标评审委员会的裁定不服的,可以自收到通知之日起三十日内向人民法院起诉。人民法

院应当通知商标裁定程序的对方当事人作为第三人参加诉讼。

第四十五条 【对与他人在先权利相冲突的注册商标的处理】已经注册的商标，违反本法第十三条第二款和第三款、第十五条、第十六条第一款、第三十条、第三十一条、第三十二条规定的，自商标注册之日起五年内，在先权利人或者利害关系人可以请求商标评审委员会宣告该注册商标无效。对恶意注册的，驰名商标所有人不受五年的时间限制。

商标评审委员会收到宣告注册商标无效的申请后，应当书面通知有关当事人，并限期提出答辩。商标评审委员会应当自收到申请之日起十二个月内做出维持注册商标或者宣告注册商标无效的裁定，并书面通知当事人。有特殊情况需要延长的，经国务院工商行政管理部门批准，可以延长六个月。当事人对商标评审委员会的裁定不服的，可以自收到通知之日起三十日内向人民法院起诉。人民法院应当通知商标裁定程序的对方当事人作为第三人参加诉讼。

商标评审委员会在依照前款规定对无效宣告请求进行审查的过程中，所涉及的在先权利的确定必须以人民法院正在审理或者行政机关正在处理的另一案件的结果为依据的，可以中止审查。中止原因消除后，应当恢复审查程序。

第四十六条 【有关宣告注册商标无效或维持的决定、裁定生效】法定期限届满，当事人对商标局宣告注册商标无效的决定不申请复审或者对商标评审委员会的复审决定、维持注册商标或者宣告注册商标无效的裁定不向人民法院起诉的，商标局的决定或者商标评审委员会的复审决定、裁定生效。

第四十七条 【宣告注册商标无效的法律效力】依照本法第四十四条、第四十五条的规定宣告无效的注册商标，由商标局予以公告，该注册商标专用权视为自始即不存在。

宣告注册商标无效的决定或者裁定，对宣告无效前人民法院做出并已执行的商标侵权案件的判决、裁定、调解书和工商行政管理部门做出并已执行的商标侵权案件的处理决定以及已经履行的商标转让或者使用许可合同不具有追溯力。但是，因商标注册人的恶意给他人造成的损失，应当给予赔偿。

依照前款规定不返还商标侵权赔偿金、商标转让费、商标使用费，明显违反公平原则的，应当全部或者部分返还。

第六章 商标使用的管理

第四十八条 【商标的使用】本法所称商标的使用，是指将商标用于商品、商品包装或者容器以及商品交易文书上，或者将商标用于广告宣传、展览以及其他商业活动中，用于识别商品来源的行为。

第四十九条 【违法使用注册商标】商标注册人在使用注册商标的过程中，自行改变注册商标、注册人名义、地址或者其他注册事项的，由地方工商行政管理部门责令限期改正；期满不改正的，由商标局撤销其注册商标。

注册商标成为其核定使用的商品的通用名称或者没有正当理由连续三年不使用的，任何单位或者个人可以向商标局申请撤销该注册商标。商标局应当自收到申请之日起九个月内做出决定。有特殊情况需要延长的，经国务院工商行政管理部门批准，可以延长三个月。

第五十条 【对被撤销、宣告无效或者注销的商标的管理】注册商标被撤销、被宣告无效或者期满不再续展的，自撤销、宣告无效或者注销之日起一年内，商标局对与该商标相同或者近似的商标注册申请，不予核准。

第五十一条 【对强制注册商标的管理】违反本法第六条规定的，由地方工商行政管理部门责令限期申请注册,违法经营额五万元以上的,可以处违法经营额百分之二十以下的罚款,没有违法经营额或者违法经营额不足五万元的,可以处一万元以下的罚款。

第五十二条 【对未注册商标的管理】将未注册商标冒充注册商标使用的,或者使用未注册商标违反本法第十条规定的,由地方工商行政管理部门予以制止,限期改正,并可以予以通报,违法经营额五万元以上的,可以处违法经营额百分之二十以下的罚款,没有违法经营额或者违法经营额不足五万元的,可以处一万元以下的罚款。

第五十三条 【违法使用驰名商标的责任】违反本法第十四条第五款规定的,由地方工商行政管理部门责令改正,处十万元罚款。

第五十四条 【对撤销或不予撤销注册商标决定的复审】对商标局撤销或者不予撤销注册商标的决定,当事人不服的,可以自收到通知之日起十五日内向商标评审委员会申请复审。商标评审委员会应当自收到申请之日起九个月内做出决定,并书面通知当事人。有特殊情况需要延长的,经国务院工商行政管理部门批准,可以延长三个月。当事人对商标评审委员会的决定不服的,可以自收到通知之日起三十日内向人民法院起诉。

第五十五条 【撤销注册商标决定的生效】法定期限届满,当事人对商标局做出的撤销注册商标的决定不申请复审或者对商标评审委员会做出的复审决定不向人民法院起诉的,撤销注册商标的决定、复审决定生效。

被撤销的注册商标,由商标局予以公告,该注册商标专用权自公告之日起终止。

第七章 注册商标专用权的保护

第五十六条 【注册商标专用权的保护范围】注册商标的专用权,以核准注册的商标和核定使用的商品为限。

第五十七条 【商标侵权行为】有下列行为之一的,均属侵犯注册商标专用权:

(一)未经商标注册人的许可,在同一种商品上使用与其注册商标相同的商标的;

(二)未经商标注册人的许可,在同一种商品上使用与其注册商标近似的商标,或者在类似商品上使用与其注册商标相同或者近似的商标,容易导致混淆的;

(三)销售侵犯注册商标专用权的商品的;

(四)伪造、擅自制造他人注册商标标识或者销售伪造、擅自制造的注册商标标识的;

(五)未经商标注册人同意,更换其注册商标并将该更换商标的商品又投入市场的;

(六)故意为侵犯他人商标专用权行为提供便利条件,帮助他人实施侵犯商标专用权行为的;

(七)给他人的注册商标专用权造成其他损害的。

第五十八条 【不正当竞争】将他人注册商标、未注册的驰名商标作为企业名称中的字号使用,误导公众,构成不正当竞争行为的,依照《中华人民共和国反不正当竞争法》处理。

第五十九条 【注册商标专用权行使限制】注册商标中含有的本商品的通用名称、图形、型号,或者直接表示商品的质量、主要原料、功能、用途、重量、数量及其他特点,或者含有的地名,注册商标专用权人无权禁止他人正当使用。

三维标志注册商标中含有的商品自身的性质产生的形状、为获得技术效果而需有的商品形状或者使商品具有实质性价值的形状,注册商标专用权人无权禁止他人正当使用。

商标注册人申请商标注册前,他人已经在同一种商品或者类似商品上先于商标注册人使用与注册商标相同或者近似并有一定影响的商标的,注册商标专用权人无权禁止该使用人在原使用范围内继续使用该商标,但可以要求其附加适当区别标识。

第六十条 【侵犯注册商标专用权的责任】有本法第五十七条所列侵犯注册商标专用权行为之一,引起纠纷的,由当事人协商解决;不愿协商或者协商不成的,商标注册人或者利害关系人可以向人民法院起诉,也可以请求工商行政管理部门处理。

工商行政管理部门处理时,认定侵权行为成立的,责令立即停止侵权行为,没收、销毁侵权商品和主要用于制造侵权商品、伪造注册商标标识的工具,违法经营额五万元以上的,可以处违法经营额五倍以下的罚款,没有违法经营额或者违法经营额不足五万元的,可以处二十五万元以下的罚款。对五年内实施两次以上商标侵权行为或者有其他严重情节的,应当从重处罚。销售不知道是侵犯注册商标专用权的商品,能证明该商品是自己合法取得并说明提供者的,由工商行政管理部门责令停止销售。

对侵犯商标专用权的赔偿数额的争议,当事人可以请求进行处理的工商行政管理部门调解,也可以依照《中华人民共和国民事诉讼法》向人民法院起诉。经工商行政管理部门调解,当事人未达成协议或者调解书生效后不履行的,当事人可以依照《中华人民共和国民事诉讼法》向人民法院起诉。

第六十一条 【对侵犯注册商标专用权的处理】对侵犯注册商标专用权的行为,工商行政管理部门有权依法查处;涉嫌犯罪的,应当及时移送司法机关依法处理。

第六十二条 【商标侵权行为的查处】县级以上工商行政管理部门根据已经取得的违法嫌疑证据或者举报,对涉嫌侵犯他人注册商标专用权的行为进行查处时,可以行使下列职权:

(一)询问有关当事人,调查与侵犯他人注册商标专用权有关的情况;

(二)查阅、复制当事人与侵权活动有关的合同、发票、账簿以及其他有关资料;

(三)对当事人涉嫌从事侵犯他人注册商标专用权活动的场所实施现场检查;

(四)检查与侵权活动有关的物品;对有证据证明是侵犯他人注册商标专用权的物品,可以查封或者扣押。

工商行政管理部门依法行使前款规定的职权时,当事人应当予以协助、配合,不得拒绝、阻挠。

在查处商标侵权案件过程中,对商标权属存在争议或者权利人同时向人民法院提起商标侵权诉讼的,工商行政管理部门可以中止案件的查处。中止原因消除后,应当恢复或者终结案件查处程序。

第六十三条 【侵犯商标专用权的赔偿数额的确定】侵犯商标专用权的赔偿数额,按照权利人因被侵权所受到的实际损失确定;实际损失难以确定的,可以按照侵权人因侵权所获得的利益确定;权利人的损失或者侵权人获得的利益难以确定的,参照该商标许可使用费的倍数合理确定。对恶意侵犯商标专用权,情节严重的,可以在按照上述方法确定数额的一倍以上五倍以下确定赔偿数额。赔偿数额应当包括权利人为制止侵权行为所支付的合理开支。

人民法院为确定赔偿数额,在权利人已经尽力举证,而与侵权行为相关的账簿、资料主要由侵权人掌握的情况下,可以责令侵权人提供与侵权行为相关的账簿、资料;侵权人不提供或者提供虚假的账簿、资料的,人民法院可以参考权利人的主张和提供的证据判定赔偿数额。

权利人因被侵权所受到的实际损失、侵权人因侵权所获得的利益、注册商标许可使用费难以确定的,由人民法院根据侵权行为的情节判决给予五百万元以下的赔偿。

人民法院审理商标纠纷案件,应权利人请求,对属于假冒注册商标的商品,除特殊情况外,责令销毁;对主要用于制造假冒注册商标的商品的材料、工具,责令销毁,且不予补偿;或者在特殊情况下,责令禁止前述材料、工具进入商业渠道,且不予补偿。

假冒注册商标的商品不得在仅去除假冒注册商标后进入商业渠道。

第六十四条 【商标侵权纠纷中的免责情形】注册商标专用权人请求赔偿,被控侵权人以注册商标专用权人未使用注册商标提出抗辩的,人民法院可以要求注册商标专用权人提供此前三年内实际使用该注册商标的证据。注册商标专用权人不能证明此前三年内实际使用过该注册商标,也不能证明因侵权行为受到其他损失的,被控侵权人不承担赔偿责任。

销售不知道是侵犯注册商标专用权的商品,能证明该商品是自己合法取得并说明提供者的,不承担赔偿责任。

第六十五条 【诉前临时保护措施】商标注册人或者利害关系人有证据证明他人正在实施或者即将实施侵犯其注册商标专用权的行为,如不及时制止将会使其合法权益受到难以弥补的损害,可以依法在起诉前向人民法院申请采取责令停止有关行为和财产保全的措施。

第六十六条 【诉前证据保全】为制止侵权行为,在证据可能灭失或者以后难以取得的情况下,商标注册人或者利害关系人可以依法在起诉前向人民法院申请保全证据。

第六十七条 【刑事责任】未经商标注册人许可,在同一种商品上使用与其注册商标相同的商标,构成犯罪的,除赔偿被侵权人的损失外,依法追究刑事责任。

伪造、擅自制造他人注册商标标识或者销售伪造、擅自制造的注册商标标识,构成犯罪的,除赔偿被侵权人的损失外,依法追究刑

事责任。

销售明知是假冒注册商标的商品,构成犯罪的,除赔偿被侵权人的损失外,依法追究刑事责任。

第六十八条 【商标代理机构的法律责任】商标代理机构有下列行为之一的,由工商行政管理部门责令限期改正,给予警告,处一万元以上十万元以下的罚款;对直接负责的主管人员和其他直接责任人员给予警告,处五千元以上五万元以下的罚款;构成犯罪的,依法追究刑事责任:

(一)办理商标事宜过程中,伪造、变造或者使用伪造、变造的法律文件、印章、签名的;

(二)以诋毁其他商标代理机构等手段招徕商标代理业务或者以其他不正当手段扰乱商标代理市场秩序的;

(三)违反本法第四条、第十九条第三款和第四款规定的。

商标代理机构有前款规定行为的,由工商行政管理部门记入信用档案;情节严重的,商标局、商标评审委员会并可以决定停止受理其办理商标代理业务,予以公告。

商标代理机构违反诚实信用原则,侵害委托人合法利益的,应当依法承担民事责任,并由商标代理行业组织按照章程规定予以惩戒。

对恶意申请商标注册的,根据情节给予警告、罚款等行政处罚;对恶意提起商标诉讼的,由人民法院依法给予处罚。

第六十九条 【商标监管机构及其人员的行为要求】从事商标注册、管理和复审工作的国家机关工作人员必须秉公执法,廉洁自律,忠于职守,文明服务。

商标局、商标评审委员会以及从事商标注册、管理和复审工作的国家机关工作人员不得从事商标代理业务和商品生产经营活动。

第七十条 【内部监督】工商行政管理部

门应当建立健全内部监督制度,对负责商标注册、管理和复审工作的国家机关工作人员执行法律、行政法规和遵守纪律的情况,进行监督检查。

第七十一条 【相关工作人员的法律责任】从事商标注册、管理和复审工作的国家机关工作人员玩忽职守、滥用职权、徇私舞弊,违法办理商标注册、管理和复审事项,收受当事人财物,牟取不正当利益,构成犯罪的,依法追究刑事责任;尚不构成犯罪的,依法给予处分。

第八章 附 则

第七十二条 【商标规费】申请商标注册和办理其他商标事宜的,应当缴纳费用,具体收费标准另定。

第七十三条 【时间效力】本法自 1983 年 3 月 1 日起施行。1963 年 4 月 10 日国务院公布的《商标管理条例》同时废止;其他有关商标管理的规定,凡与本法抵触的,同时失效。

本法施行前已经注册的商标继续有效。

中华人民共和国商标法实施条例

(2002 年 8 月 3 日中华人民共和国国务院令第 358 号公布 2014 年 4 月 29 日中华人民共和国国务院令第 651 号修订)

第一章 总 则

第一条 根据《中华人民共和国商标法》(以下简称商标法),制定本条例。

第二条 本条例有关商品商标的规定,适用于服务商标。

第三条 商标持有人依照商标法第十三条规定请求驰名商标保护的,应当提交其商标构成驰名商标的证据材料。商标局、商标评审委员会应当依照商标法第十四条的规定,根据审查、处理案件的需要以及当事人提交的证据材料,对其商标驰名情况作出认定。

第四条 商标法第十六条规定的地理标志,可以依照商标法和本条例的规定,作为证明商标或者集体商标申请注册。

以地理标志作为证明商标注册的,其商品符合使用该地理标志条件的自然人、法人或者其他组织可以要求使用该证明商标,控制该证明商标的组织应当允许。以地理标志作为集体商标注册的,其商品符合使用该地理标志条件的自然人、法人或者其他组织,可以要求参加以该地理标志作为集体商标注册的团体、协会或者其他组织,该团体、协会或者其他组织应当依据其章程接纳为会员;不要求参加以该地理标志作为集体商标注册的团体、协会或者其他组织的,也可以正当使用该地理标志,该团体、协会或者其他组织无权禁止。

第五条 当事人委托商标代理机构申请商标注册或者办理其他商标事宜,应当提交代理委托书。代理委托书应当载明代理内容及权限;外国人或者外国企业的代理委托书还应当载明委托人的国籍。

外国人或者外国企业的代理委托书及与其有关的证明文件的公证、认证手续,按照对等原则办理。

申请商标注册或者转让商标,商标注册申请人或者商标转让受让人为外国人或者外国企业的,应当在申请书中指定中国境内接收人负责接收商标局、商标评审委员会后继商标业务的法律文件。商标局、商标评审委员会后继商标业务的法律文件向中国境内接收人送达。

商标法第十八条所称外国人或者外国企业,是指在中国没有经常居所或者营业所的外国人或者外国企业。

第六条　申请商标注册或者办理其他商标事宜，应当使用中文。

依照商标法和本条例规定提交的各种证件、证明文件和证据材料是外文的，应当附送中文译文；未附送的，视为未提交该证件、证明文件或者证据材料。

第七条　商标局、商标评审委员会工作人员有下列情形之一的，应当回避，当事人或者利害关系人可以要求其回避：

（一）是当事人或者当事人、代理人的近亲属的；

（二）与当事人、代理人有其他关系，可能影响公正的；

（三）与申请商标注册或者办理其他商标事宜有利害关系的。

第八条　以商标法第二十二条规定的数据电文方式提交商标注册申请等有关文件，应当按照商标局或者商标评审委员会的规定通过互联网提交。

第九条　除本条例第十八条规定的情形外，当事人向商标局或者商标评审委员会提交文件或者材料的日期，直接递交的，以递交日为准；邮寄的，以寄出的邮戳日为准；邮戳日不清晰或者没有邮戳的，以商标局或者商标评审委员会实际收到日为准，但是当事人能够提出实际邮戳日证据的除外。通过邮政企业以外的快递企业递交的，以快递企业收寄日为准；收寄日不明确的，以商标局或者商标评审委员会实际收到日为准，但是当事人能够提出实际收寄日证据的除外。以数据电文方式提交的，以进入商标局或者商标评审委员会电子系统的日期为准。

当事人向商标局或者商标评审委员会邮寄文件，应当使用给据邮件。

当事人向商标局或者商标评审委员会提交文件，以书面方式提交的，以商标局或者商标评审委员会所存档案记录为准；以数据电

文方式提交的，以商标局或者商标评审委员会数据库记录为准，但是当事人确有证据证明商标局或者商标评审委员会档案、数据库记录有错误的除外。

第十条　商标局或者商标评审委员会的各种文件，可以通过邮寄、直接递交、数据电文或者其他方式送达当事人；以数据电文方式送达当事人的，应当经当事人同意。当事人委托商标代理机构的，文件送达商标代理机构视为送达当事人。

商标局或者商标评审委员会向当事人送达各种文件的日期，邮寄的，以当事人收到的邮戳日为准；邮戳日不清晰或者没有邮戳的，自文件发出之日起满15日视为送达当事人，但是当事人能够证明实际收到日的除外；直接递交的，以递交日为准；以数据电文方式送达的，自文件发出之日起满15日视为送达当事人，但是当事人能够证明文件进入其电子系统日期的除外。文件通过上述方式无法送达的，可以通过公告方式送达，自公告发布之日起满30日，该文件视为送达当事人。

第十一条　下列期间不计入商标审查、审理期限：

（一）商标局、商标评审委员会文件公告送达的期间；

（二）当事人需要补充证据或者补正文件的期间以及因当事人更换需要重新答辩的期间；

（三）同日申请提交使用证据及协商、抽签需要的期间；

（四）需要等待优先权确定的期间；

（五）审查、审理过程中，依案件申请人的请求等待在先权利案件审理结果的期间。

第十二条　除本条第二款规定的情形外，商标法和本条例规定的各种期限开始的当日不计算在期限内。期限以年或者月计算的，以期限最后一月的相应日为期限届满日；该月无相应日的，以该月最后一日为期限届

满日；期限届满日是节假日的，以节假日后的第一个工作日为期限届满日。

商标法第三十九条、第四十条规定的注册商标有效期从法定日开始起算，期限最后一月相应日的前一日为期限届满日，该月无相应日的，以该月最后一日为期限届满日。

第二章　商标注册的申请

第十三条　申请商标注册，应当按照公布的商品和服务分类表填报。每一件商标注册申请应当向商标局提交《商标注册申请书》1份、商标图样1份；以颜色组合或者着色图样申请商标注册的，应当提交着色图样，并提交黑白稿1份；不指定颜色的，应当提交黑白图样。

商标图样应当清晰，便于粘贴，用光洁耐用的纸张印制或者用照片代替，长和宽应当不大于10厘米，不小于5厘米。

以三维标志申请商标注册的，应当在申请书中予以声明，说明商标的使用方式，并提交能够确定三维形状的图样，提交的商标图样应当至少包含三面视图。

以颜色组合申请商标注册的，应当在申请书中予以声明，说明商标的使用方式。

以声音标志申请商标注册的，应当在申请书中予以声明，提交符合要求的声音样本，对申请注册的声音商标进行描述，说明商标的使用方式。对声音商标进行描述，应当以五线谱或者简谱对申请用作商标的声音加以描述并附加文字说明；无法以五线谱或者简谱描述的，应当以文字加以描述；商标描述与声音样本应当一致。

申请注册集体商标、证明商标的，应当在申请书中予以声明，并提交主体资格证明文件和使用管理规则。

商标为外文或者包含外文的，应当说明含义。

第十四条　申请商标注册的，申请人应当提交其身份证明文件。商标注册申请人的名义与所提交的证明文件应当一致。

前款关于申请人提交其身份证明文件的规定适用于向商标局提出的办理变更、转让、续展、异议、撤销等其他商标事宜。

第十五条　商品或者服务项目名称应当按照商品和服务分类表中的类别号、名称填写；商品或者服务项目名称未列入商品和服务分类表的，应当附送对该商品或者服务的说明。

商标注册申请等有关文件以纸质方式提出的，应当打字或者印刷。

本条第二款规定适用于办理其他商标事宜。

第十六条　共同申请注册同一商标或者办理其他共有商标事宜的，应当在申请书中指定一个代表人；没有指定代表人的，以申请书中顺序排列的第一人为代表人。

商标局和商标评审委员会的文件应当送达代表人。

第十七条　申请人变更其名义、地址、代理人、文件接收人或者删减指定的商品的，应当向商标局办理变更手续。

申请人转让其商标注册申请的，应当向商标局办理转让手续。

第十八条　商标注册的申请日期以商标局收到申请文件的日期为准。

商标注册申请手续齐备、按照规定填写申请文件并缴纳费用的，商标局予以受理并书面通知申请人；申请手续不齐备、未按照规定填写申请文件或者未缴纳费用的，商标局不予受理，书面通知申请人并说明理由。申请手续基本齐备或者申请文件基本符合规定，但是需要补正的，商标局通知申请人予以补正，限其自收到通知之日起30日内，按照指定内容补正并交回商标局。在规定期限内补正并交回商标局的，保留申请日期；期满未补正的或者不按照要求进行补正的,商标局不予受理并书面通知申请人。

本条第二款关于受理条件的规定适用于办理其他商标事宜。

第十九条 两个或者两个以上的申请人,在同一种商品或者类似商品上,分别以相同或者近似的商标在同一天申请注册的,各申请人应当自收到商标局通知之日起30日内提交其申请注册前在先使用该商标的证据。同日使用或者均未使用的,各申请人可以自收到商标局通知之日起30日内自行协商,并将书面协议报送商标局;不愿协商或者协商不成的,商标局通知各申请人以抽签的方式确定一个申请人,驳回其他人的注册申请。商标局已经通知但申请人未参加抽签的,视为放弃申请,商标局应当书面通知未参加抽签的申请人。

第二十条 依照商标法第二十五条规定要求优先权的,申请人提交的第一次提出商标注册申请文件的副本应当经受理该申请的商标主管机关证明,并注明申请日期和申请号。

第三章 商标注册申请的审查

第二十一条 商标局对受理的商标注册申请,依照商标法及本条例的有关规定进行审查,对符合规定或者在部分指定商品上使用商标的注册申请符合规定的,予以初步审定,并予以公告;对不符合规定或者在部分指定商品上使用商标的注册申请不符合规定的,予以驳回或者驳回在部分指定商品上使用商标的注册申请,书面通知申请人并说明理由。

第二十二条 商标局对一件商标注册申请在部分指定商品上予以驳回的,申请人可以将该申请中初步审定的部分申请分割成另一件申请,分割后的申请保留原申请的申请日期。

需要分割的,申请人应当自收到商标局《商标注册申请部分驳回通知书》之日起15日内,向商标局提出分割申请。

商标局收到分割申请后,应当将原申请分割为两件,对分割出来的初步审定申请生成新的申请号,并予以公告。

第二十三条 依照商标法第二十九条规定,商标局认为对商标注册申请内容需要说明或者修正的,申请人应当自收到商标局通知之日起15日内作出说明或者修正。

第二十四条 对商标局初步审定予以公告的商标提出异议的,异议人应当向商标局提交下列商标异议材料一式两份并标明正、副本:

(一)商标异议申请书;

(二)异议人的身份证明;

(三)以违反商标法第十三条第二款和第三款、第十五条、第十六条第一款、第三十条、第三十一条、第三十二条规定为由提出异议的,异议人作为在先权利人或者利害关系人的证明。

商标异议申请书应当有明确的请求和事实依据,并附送有关证据材料。

第二十五条 商标局收到商标异议申请书后,经审查,符合受理条件的,予以受理,向申请人发出受理通知书。

第二十六条 商标异议申请有下列情形的,商标局不予受理,书面通知申请人并说明理由:

(一)未在法定期限内提出的;

(二)申请人主体资格、异议理由不符合商标法第三十三条规定的;

(三)无明确的异议理由、事实和法律依据的;

(四)同一异议人以相同的理由、事实和法律依据针对同一商标再次提出异议申请的。

第二十七条 商标局应当将商标异议材料副本及时送交被异议人,限其自收到商标异议材料副本之日起 30 日内答辩。被异议人不答辩的,不影响商标局作出决定。

当事人需要在提出异议申请或者答辩后补充有关证据材料,应当在商标异议申请书或者答辩书中声明,并自提交商标异议申请书或者答辩书之日起 3 个月内提交;期满未提交的,视为当事人放弃补充有关证据材料。但是,在期满后生成或者当事人有其他正当理由未能在期满前提交的证据,在期满后提交的,商标局将证据交对方当事人并质证后可以采信。

第二十八条 商标法第三十五条第三款和第三十六条第一款所称不予注册决定,包括在部分指定商品上不予注册决定。

被异议商标在商标局作出准予注册决定或者不予注册决定前已经刊发注册公告的,撤销该注册公告。经审查异议不成立而准予注册的,在准予注册决定生效后重新公告。

第二十九条 商标注册申请人或者商标注册人依照商标法第三十八条规定提出更正申请的,应当向商标局提交更正申请书。符合更正条件的,商标局核准后更正相关内容;不符合更正条件的,商标局不予核准,书面通知申请人并说明理由。

已经刊发初步审定公告或者注册公告的商标经更正的,刊发更正公告。

第四章　注册商标的变更、转让、续展

第三十条 变更商标注册人名义、地址或者其他注册事项的,应当向商标局提交变更申请书。变更商标注册人名义的,还应当提交有关登记机关出具的变更证明文件。商标局核准的,发给商标注册人相应证明,并予以公告;不予核准的,应当书面通知申请人并说明理由。

变更商标注册人名义或者地址的,商标注册人应当将其全部注册商标一并变更;未一并变更的,由商标局通知其限期改正;期满未改正的,视为放弃变更申请,商标局应当书面通知申请人。

第三十一条 转让注册商标的,转让人和受让人应当向商标局提交转让注册商标申请书。转让注册商标申请手续应当由转让人和受让人共同办理。商标局核准转让注册商标申请的,发给受让人相应证明,并予以公告。

转让注册商标,商标注册人对其在同一种或者类似商品上注册的相同或者近似的商标未一并转让的,由商标局通知其限期改正;期满未改正的,视为放弃转让该注册商标的申请,商标局应当书面通知申请人。

第三十二条 注册商标专用权因转让以外的继承等其他事由发生移转的,接受该注册商标专用权的当事人应当凭有关证明文件或者法律文书到商标局办理注册商标专用权移转手续。

注册商标专用权移转的,注册商标专用权人在同一种或者类似商品上注册的相同或者近似的商标,应当一并移转;未一并移转的,由商标局通知其限期改正;期满未改正的,视为放弃该移转注册商标的申请,商标局应当书面通知申请人。

商标移转申请经核准的,予以公告。接受该注册商标专用权移转的当事人自公告之日起享有商标专用权。

第三十三条 注册商标需要续展注册的,应当向商标局提交商标续展注册申请书。商标局核准商标注册续展申请的,发给相应证明并予以公告。

第五章　商标国际注册

第三十四条 商标法第二十一条规定的商标国际注册,是指根据《商标国际注册马德

里协定》(以下简称马德里协定)、《商标国际注册马德里协定有关议定书》(以下简称马德里议定书)及《商标国际注册马德里协定及该协定有关议定书的共同实施细则》的规定办理的马德里商标国际注册。

马德里商标国际注册申请包括以中国为原属国的商标国际注册申请、指定中国的领土延伸申请及其他有关的申请。

第三十五条 以中国为原属国申请商标国际注册的,应当在中国设有真实有效的营业所,或者在中国有住所,或者拥有中国国籍。

第三十六条 符合本条例第三十五条规定的申请人,其商标已在商标局获得注册的,可以根据马德里协定申请办理该商标的国际注册。

符合本条例第三十五条规定的申请人,其商标已在商标局获得注册,或者已向商标局提出商标注册申请并被受理的,可以根据马德里议定书申请办理该商标的国际注册。

第三十七条 以中国为原属国申请商标国际注册的,应当通过商标局向世界知识产权组织国际局(以下简称国际局)申请办理。

以中国为原属国的、与马德里协定有关的商标国际注册的后期指定、放弃、注销,应当通过商标局向国际局申请办理;与马德里协定有关的商标国际注册的转让、删减、变更、续展,可以通过商标局向国际局申请办理,也可以直接向国际局申请办理。

以中国为原属国的、与马德里议定书有关的商标国际注册的后期指定、转让、删减、放弃、注销、变更、续展,可以通过商标局向国际局申请办理,也可以直接向国际局申请办理。

第三十八条 通过商标局向国际局申请商标国际注册及办理其他有关申请的,应当提交符合国际局和商标局要求的申请书和相关材料。

第三十九条 商标国际注册申请指定的商品或者服务不得超出国内基础申请或者基础注册的商品或者服务的范围。

第四十条 商标国际注册申请手续不齐备或者未按照规定填写申请书的,商标局不予受理,申请日不予保留。

申请手续基本齐备或者申请书基本符合规定,但需要补正的,申请人应当自收到补正通知书之日起 30 日内予以补正,逾期未补正的,商标局不予受理,书面通知申请人。

第四十一条 通过商标局向国际局申请商标国际注册及办理其他有关申请的,应当按照规定缴纳费用。

申请人应当自收到商标局缴费通知单之日起 15 日内,向商标局缴纳费用。期满未缴纳的,商标局不受理其申请,书面通知申请人。

第四十二条 商标局在马德里协定或者马德里议定书规定的驳回期限(以下简称驳回期限)内,依照商标法和本条例的有关规定对指定中国的领土延伸申请进行审查,作出决定,并通知国际局。商标局在驳回期限内未发出驳回或者部分驳回通知的,该领土延伸申请视为核准。

第四十三条 指定中国的领土延伸申请人,要求将三维标志、颜色组合、声音标志作为商标保护或者要求保护集体商标、证明商标的,自该商标在国际局国际注册簿登记之日起 3 个月内,应当通过依法设立的商标代理机构,向商标局提交本条例第十三条规定的相关材料。未在上述期限内提交相关材料的,商标局驳回该领土延伸申请。

第四十四条 世界知识产权组织对商标国际注册有关事项进行公告,商标局不再另行公告。

第四十五条 对指定中国的领土延伸申请,自世界知识产权组织《国际商标公告》出版的次月 1 日起 3 个月内,符合商标法第三十三条规定条件的异议人可以向商标局提出异议申请。

商标局在驳回期限内将异议申请的有关情况以驳回决定的形式通知国际局。

被异议人可以自收到国际局转发的驳回通知书之日起 30 日内进行答辩,答辩书及相关证据材料应当通过依法设立的商标代理机构向商标局提交。

第四十六条 在中国获得保护的国际注册商标,有效期自国际注册日或者后期指定日起算。在有效期届满前,注册人可以向国际局申请续展,在有效期内未申请续展的,可以给予 6 个月的宽展期。商标局收到国际局的续展通知后,依法进行审查。国际局通知未续展的,注销该国际注册商标。

第四十七条 指定中国的领土延伸申请办理转让的,受让人应当在缔约方境内有真实有效的营业所,或者在缔约方境内有住所,或者是缔约方国民。

转让人未将其在相同或者类似商品或者服务上的相同或者近似商标一并转让的,商标局通知注册人自发出通知之日起 3 个月内改正;期满未改正或者转让容易引起混淆或者有其他不良影响的,商标局作出该转让在中国无效的决定,并向国际局作出声明。

第四十八条 指定中国的领土延伸申请办理删减,删减后的商品或者服务不符合中国有关商品或者服务分类要求或者超出原指定商品或者服务范围的,商标局作出该删减在中国无效的决定,并向国际局作出声明。

第四十九条 依照商标法第四十九条第二款规定申请撤销国际注册商标,应当自该商标国际注册申请的驳回期限届满之日起满 3 年后向商标局提出申请;驳回期限届满时仍处在驳回复审或者异议相关程序的,应当自商标局或者商标评审委员会作出的准予注册决定生效之日起满 3 年后向商标局提出申请。

依照商标法第四十四条第一款规定申请宣告国际注册商标无效的,应当自该商标国际注册申请的驳回期限届满后向商标评审委员会提出申请;驳回期限届满时仍处在驳回复审或者异议相关程序的,应当自商标局或者商标评审委员会作出的准予注册决定生效后向商标评审委员会提出申请。

依照商标法第四十五条第一款规定申请宣告国际注册商标无效的,应当自该商标国际注册申请的驳回期限届满之日起 5 年内向商标评审委员会提出申请;驳回期限届满时仍处在驳回复审或者异议相关程序的,应当自商标局或者商标评审委员会作出的准予注册决定生效之日起 5 年内向商标评审委员会提出申请。对恶意注册的,驰名商标所有人不受 5 年的时间限制。

第五十条 商标法和本条例下列条款的规定不适用于办理商标国际注册相关事宜:

(一)商标法第二十八条、第三十五条第一款关于审查和审理期限的规定;

(二)本条例第二十二条、第三十条第二款;

(三)商标法第四十二条及本条例第三十一条关于商标转让由转让人和受让人共同申请并办理手续的规定。

第六章 商 标 评 审

第五十一条 商标评审是指商标评审委员会依照商标法第三十四条、第三十五条、第四十四条、第四十五条、第五十四条的规定审理有关商标争议事宜。当事人向商标评审委员会提出商标评审申请,应当有明确的请求、事实、理由和法律依据,并提供相应证据。

商标评审委员会根据事实,依法进行评审。

第五十二条 商标评审委员会审理不服商标局驳回商标注册申请决定的复审案件,

应当针对商标局的驳回决定和申请人申请复审的事实、理由、请求及评审时的事实状态进行审理。

商标评审委员会审理不服商标局驳回商标注册申请决定的复审案件，发现申请注册的商标有违反商标法第十条、第十一条、第十二条和第十六条第一款规定情形，商标局并未依据上述条款作出驳回决定的，可以依据上述条款作出驳回申请的复审决定。商标评审委员会作出复审决定前应当听取申请人的意见。

第五十三条 商标评审委员会审理不服商标局不予注册决定的复审案件，应当针对商标局的不予注册决定和申请人申请复审的事实、理由、请求及原异议人提出的意见进行审理。

商标评审委员会审理不服商标局不予注册决定的复审案件，应当通知原异议人参加并提出意见。原异议人的意见对案件审理结果有实质影响的，可以作为评审的依据；原异议人不参加或者不提出意见的，不影响案件的审理。

第五十四条 商标评审委员会审理依照商标法第四十四条、第四十五条规定请求宣告注册商标无效的案件，应当针对当事人申请和答辩的事实、理由及请求进行审理。

第五十五条 商标评审委员会审理不服商标局依照商标法第四十四条第一款规定作出宣告注册商标无效决定的复审案件，应当针对商标局的决定和申请人申请复审的事实、理由及请求进行审理。

第五十六条 商标评审委员会审理不服商标局依照商标法第四十九条规定作出撤销或者维持注册商标决定的复审案件，应当针对商标局作出撤销或者维持注册商标决定和当事人申请复审时所依据的事实、理由及请求进行审理。

第五十七条 申请商标评审，应当向商标评审委员会提交申请书，并按照对方当事人的数量提交相应份数的副本；基于商标局的决定书申请复审的，还应当同时附送商标局的决定书副本。

商标评审委员会收到申请书后，经审查，符合受理条件的，予以受理；不符合受理条件的，不予受理，书面通知申请人并说明理由；需要补正的，通知申请人自收到通知之日起30日内补正。经补正仍不符合规定的，商标评审委员会不予受理，书面通知申请人并说明理由；期满未补正的，视为撤回申请，商标评审委员会应当书面通知申请人。

商标评审委员会受理商标评审申请后，发现不符合受理条件的，予以驳回，书面通知申请人并说明理由。

第五十八条 商标评审委员会受理商标评审申请后应当及时将申请书副本送交对方当事人，限其自收到申请书副本之日起30日内答辩；期满未答辩的，不影响商标评审委员会的评审。

第五十九条 当事人需要在提出评审申请或者答辩后补充有关证据材料的，应当在申请书或者答辩书中声明，并自提交申请书或者答辩书之日起3个月内提交；期满未提交的，视为放弃补充有关证据材料。但是，在期满后生成或者当事人有其他正当理由未能在期满前提交的证据，在期满后提交的，商标评审委员会将证据交对方当事人并质证后可以采信。

第六十条 商标评审委员会根据当事人的请求或者实际需要，可以决定对评审申请进行口头审理。

商标评审委员会决定对评审申请进行口头审理的，应当在口头审理15日前书面通知当事人，告知口头审理的日期、地点和评审人员。当事人应当在通知书指定的期限内作出答复。

申请人不答复也不参加口头审理的，其

评审申请视为撤回,商标评审委员会应当书面通知申请人;被申请人不答复也不参加口头审理的,商标评审委员会可以缺席评审。

第六十一条 申请人在商标评审委员会作出决定、裁定前,可以书面向商标评审委员会要求撤回申请并说明理由,商标评审委员会认为可以撤回的,评审程序终止。

第六十二条 申请人撤回商标评审申请的,不得以相同的事实和理由再次提出评审申请。商标评审委员会对商标评审申请已经作出裁定或者决定的,任何人不得以相同的事实和理由再次提出评审申请。但是,经不予注册复审程序予以核准注册后向商标评审委员会提起宣告注册商标无效的除外。

第七章 商标使用的管理

第六十三条 使用注册商标,可以在商品、商品包装、说明书或者其他附着物上标明"注册商标"或者注册标记。

注册标记包括Ⓒ和Ⓡ。使用注册标记,应当标注在商标的右上角或者右下角。

第六十四条 《商标注册证》遗失或者破损的,应当向商标局提交补发《商标注册证》申请书。《商标注册证》遗失的,应当在《商标公告》上刊登遗失声明。破损的《商标注册证》,应当在提交补发申请时交回商标局。

商标注册人需要商标局补发商标变更、转让、续展证明,出具商标注册证明,或者商标申请人需要商标局出具优先权证明文件的,应当向商标局提交相应申请书。符合要求的,商标局发给相应证明;不符合要求的,商标局不予办理,通知申请人并告知理由。

伪造或者变造《商标注册证》或者其他商标证明文件的,依照刑法关于伪造、变造国家机关证件罪或者其他罪的规定,依法追究刑事责任。

第六十五条 有商标法第四十九条规定的注册商标成为其核定使用的商品通用名称情形的,任何单位或者个人可以向商标局申请撤销该注册商标,提交申请时应当附送证据材料。商标局受理后应当通知商标注册人,限其自收到通知之日起2个月内答辩;期满未答辩的,不影响商标局作出决定。

第六十六条 有商标法第四十九条规定的注册商标无正当理由连续3年不使用情形的,任何单位或者个人可以向商标局申请撤销该注册商标,提交申请时应当说明有关情况。商标局受理后应当通知商标注册人,限其自收到通知之日起2个月内提交该商标在撤销申请提出前使用的证据材料或者说明不使用的正当理由;期满未提供使用的证据材料或者证据材料无效并没有正当理由的,由商标局撤销其注册商标。

前款所称使用的证据材料,包括商标注册人使用注册商标的证据材料和商标注册人许可他人使用注册商标的证据材料。

以无正当理由连续3年不使用为由申请撤销注册商标的,应当自该注册商标注册公告之日起满3年后提出申请。

第六十七条 下列情形属于商标法第四十九条规定的正当理由:

(一)不可抗力;

(二)政府政策性限制;

(三)破产清算;

(四)其他不可归责于商标注册人的正当事由。

第六十八条 商标局、商标评审委员会撤销注册商标或者宣告注册商标无效,撤销或者宣告无效的理由仅及于部分指定商品的,对在该部分指定商品上使用的商标注册予以撤销或者宣告无效。

第六十九条 许可他人使用其注册商标的,许可人应当在许可合同有效期内向商标局备案并报送备案材料。备案材料应当说明注册商标使用许可人、被许可人、许可期限、许可使用的商品或者服务范围等事项。

第七十条 以注册商标专用权出质的，出质人与质权人应当签订书面质权合同，并共同向商标局提出质权登记申请，由商标局公告。

第七十一条 违反商标法第四十三条第二款规定的，由工商行政管理部门责令限期改正；逾期不改正的，责令停止销售，拒不停止销售的，处 10 万元以下的罚款。

第七十二条 商标持有人依照商标法第十三条规定请求驰名商标保护的，可以向工商行政管理部门提出请求。经商标局依照商标法第十四条规定认定为驰名商标的，由工商行政管理部门责令停止违反商标法第十三条规定使用商标的行为，收缴、销毁违法使用的商标标识；商标标识与商品难以分离的，一并收缴、销毁。

第七十三条 商标注册人申请注销其注册商标或者注销其商标在部分指定商品上的注册的，应当向商标局提交商标注销申请书，并交回原《商标注册证》。

商标注册人申请注销其注册商标或者注销其商标在部分指定商品上的注册，经商标局核准注销的，该注册商标专用权或者该注册商标专用权在该部分指定商品上的效力自商标局收到其注销申请之日起终止。

第七十四条 注册商标被撤销或者依照本条例第七十三条的规定被注销的，原《商标注册证》作废，并予以公告；撤销该商标在部分指定商品上的注册的，或者商标注册人申请注销其商标在部分指定商品上的注册的，重新核发《商标注册证》，并予以公告。

第八章 注册商标专用权的保护

第七十五条 为侵犯他人商标专用权提供仓储、运输、邮寄、印制、隐匿、经营场所、网络商品交易平台等，属于商标法第五十七条第六项规定的提供便利条件。

第七十六条 在同一种商品或者类似商品上将与他人注册商标相同或者近似的标志作为商品名称或者商品装潢使用，误导公众的，属于商标法第五十七条第二项规定的侵犯注册商标专用权的行为。

第七十七条 对侵犯注册商标专用权的行为，任何人可以向工商行政管理部门投诉或者举报。

第七十八条 计算商标法第六十条规定的违法经营额，可以考虑下列因素：

（一）侵权商品的销售价格；

（二）未销售侵权商品的标价；

（三）已查清侵权商品实际销售的平均价格；

（四）被侵权商品的市场中间价格；

（五）侵权人因侵权所产生的营业收入；

（六）其他能够合理计算侵权商品价值的因素。

第七十九条 下列情形属于商标法第六十条规定的能证明该商品是自己合法取得的情形：

（一）有供货单位合法签章的供货清单和货款收据且经查证属实或者供货单位认可的；

（二）有供销双方签订的进货合同且经查证已真实履行的；

（三）有合法进货发票且发票记载事项与涉案商品对应的；

（四）其他能够证明合法取得涉案商品的情形。

第八十条 销售不知道是侵犯注册商标专用权的商品，能证明该商品是自己合法取得并说明提供者的，由工商行政管理部门责令停止销售，并将案件情况通报侵权商品提供者所在地工商行政管理部门。

第八十一条 涉案注册商标权属正在商标局、商标评审委员会审理或者人民法院诉讼中,案件结果可能影响案件定性的,属于商标法第六十二条第三款规定的商标权属存在争议。

第八十二条 在查处商标侵权案件过程中,工商行政管理部门可以要求权利人对涉案商品是否为权利人生产或者其许可生产的产品进行辨认。

第九章 商标代理

第八十三条 商标法所称商标代理,是指接受委托人的委托,以委托人的名义办理商标注册申请、商标评审或者其他商标事宜。

第八十四条 商标法所称商标代理机构,包括经工商行政管理部门登记从事商标代理业务的服务机构和从事商标代理业务的律师事务所。

商标代理机构从事商标局、商标评审委员会主管的商标事宜代理业务的,应当按照下列规定向商标局备案:

(一)交验工商行政管理部门的登记证明文件或者司法行政部门批准设立律师事务所的证明文件并留存复印件;

(二)报送商标代理机构的名称、住所、负责人、联系方式等基本信息;

(三)报送商标代理从业人员名单及联系方式。

工商行政管理部门应当建立商标代理机构信用档案。商标代理机构违反商标法或者本条例规定的,由商标局或者商标评审委员会予以公开通报,并记入其信用档案。

第八十五条 商标法所称商标代理从业人员,是指在商标代理机构中从事商标代理业务的工作人员。

商标代理从业人员不得以个人名义自行接受委托。

第八十六条 商标代理机构向商标局、商标评审委员会提交的有关申请文件,应当加盖该代理机构公章并由相关商标代理从业人员签字。

第八十七条 商标代理机构申请注册或者受让其代理服务以外的其他商标,商标局不予受理。

第八十八条 下列行为属于商标法第六十八条第一款第二项规定的以其他不正当手段扰乱商标代理市场秩序的行为:

(一)以欺诈、虚假宣传、引人误解或者商业贿赂等方式招徕业务的;

(二)隐瞒事实,提供虚假证据,或者威胁、诱导他人隐瞒事实,提供虚假证据的;

(三)在同一商标案件中接受有利益冲突的双方当事人委托的。

第八十九条 商标代理机构有商标法第六十八条规定行为的,由行为人所在地或者违法行为发生地县级以上工商行政管理部门进行查处并将查处情况通报商标局。

第九十条 商标局、商标评审委员会依照商标法第六十八条规定停止受理商标代理机构办理商标代理业务的,可以作出停止受理该商标代理机构商标代理业务6个月以上直至永久停止受理的决定。停止受理商标代理业务的期间届满,商标局、商标评审委员会应当恢复受理。

商标局、商标评审委员会作出停止受理或者恢复受理商标代理的决定应当在其网站予以公告。

第九十一条 工商行政管理部门应当加强对商标代理行业组织的监督和指导。

第十章 附 则

第九十二条 连续使用至1993年7月1日的服务商标,与他人在相同或者类似的服务上已注册的服务商标相同或者近似的,可以继续使用;但是,1993年7月1日后中断使用3年以上的,不得继续使用。

已连续使用至商标局首次受理新放开商品或者服务项目之日的商标,与他人在新放开商品或者服务项目相同或者类似的商品或者服务上已注册的商标相同或者近似的,可以继续使用;但是,首次受理之日后中断使用3年以上的,不得继续使用。

第九十三条 商标注册用商品和服务分类表,由商标局制定并公布。

申请商标注册或者办理其他商标事宜的文件格式,由商标局、商标评审委员会制定并公布。

商标评审委员会的评审规则由国务院工商行政管理部门制定并公布。

第九十四条 商标局设置《商标注册簿》,记载注册商标及有关注册事项。

第九十五条 《商标注册证》及相关证明是权利人享有注册商标专用权的凭证。《商标注册证》记载的注册事项,应当与《商标注册簿》一致;记载不一致的,除有证据证明《商标注册簿》确有错误外,以《商标注册簿》为准。

第九十六条 商标局发布《商标公告》,刊发商标注册及其他有关事项。

《商标公告》采用纸质或者电子形式发布。

除送达公告外,公告内容自发布之日起视为社会公众已经知道或者应当知道。

第九十七条 申请商标注册或者办理其他商标事宜,应当缴纳费用。缴纳费用的项目和标准,由国务院财政部门、国务院价格主管部门分别制定。

第九十八条 本条例自2014年5月1日起施行。

商标评审规则

(1995年11月2日国家工商行政管理局令第37号公布 根据2002年9月17日国家工商行政管理总局令第3号第一次修订 根据2005年9月26日国家工商行政管理总局令第20号第二次修订 根据2014年5月28日国家工商行政管理总局令第65号第三次修订)

第一章 总 则

第一条 为规范商标评审程序,根据《中华人民共和国商标法》(以下简称商标法)和《中华人民共和国商标法实施条例》(以下简称实施条例),制定本规则。

第二条 根据商标法及实施条例的规定,国家工商行政管理总局商标评审委员会(以下简称商标评审委员会)负责处理下列商标评审案件:

(一)不服国家工商行政管理总局商标局(以下简称商标局)驳回商标注册申请决定,依照商标法第三十四条规定申请复审的案件;

(二)不服商标局不予注册决定,依照商标法第三十五条第三款规定申请复审的案件;

(三)对已经注册的商标,依照商标法第四十四条第一款、第四十五条第一款规定请求无效宣告的案件;

(四)不服商标局宣告注册商标无效决定,依照商标法第四十四条第二款规定申请复审的案件;

(五)不服商标局撤销或者不予撤销注册商标决定,依照商标法第五十四条规定申请复审的案件。

在商标评审程序中,前款第(一)项所指请求复审的商标统称为申请商标,第(二)项所指请求复审的商标统称为被异议商标,第(三)项所指请求无效宣告的商标统称为争议商标,第(四)、(五)项所指请求复审的商标统称为复审商标。本规则中,前述商标统称为评审商标。

第三条 当事人参加商标评审活动,可以以书面方式或者数据电文方式办理。

数据电文方式办理的具体办法由商标评审委员会另行制定。

第四条 商标评审委员会审理商标评审案件实行书面审理,但依照实施条例第六十条规定决定进行口头审理的除外。

口头审理的具体办法由商标评审委员会另行制定。

第五条 商标评审委员会根据商标法、实施条例和本规则做出的决定和裁定,应当以书面方式或者数据电文方式送达有关当事人,并说明理由。

第六条 除本规则另有规定外,商标评审委员会审理商标评审案件实行合议制度,由三名以上的单数商标评审人员组成合议组进行审理。

合议组审理案件,实行少数服从多数的原则。

第七条 当事人或者利害关系人依照实施条例第七条的规定申请商标评审人员回避的,应当以书面方式办理,并说明理由。

第八条 在商标评审期间,当事人有权依法处分自己的商标权和与商标评审有关的权利。在不损害社会公共利益、第三方权利的前提下,当事人之间可以自行或者经调解以书面方式达成和解。

对于当事人达成和解的案件,商标评审委员会可以结案,也可以做出决定或者裁定。

第九条 商标评审案件的共同申请人和共有商标的当事人办理商标评审事宜,应当依照实施条例第十六条第一款的规定确定一个代表人。

代表人参与评审的行为对其所代表的当事人发生效力,但代表人变更、放弃评审请求或者承认对方当事人评审请求的,应当有被代表的当事人书面授权。

商标评审委员会的文件应当送达代表人。

第十条 外国人或者外国企业办理商标评审事宜,在中国有经常居所或者营业所的,可以委托依法设立的商标代理机构办理,也可以直接办理;在中国没有经常居所或者营业所的,应当委托依法设立的商标代理机构办理。

第十一条 代理权限发生变更、代理关系解除或者变更代理人的,当事人应当及时书面告知商标评审委员会。

第十二条 当事人及其代理人可以申请查阅本案有关材料。

第二章 申请与受理

第十三条 申请商标评审,应当符合下列条件:

(一)申请人须有合法的主体资格;

(二)在法定期限内提出;

(三)属于商标评审委员会的评审范围;

(四)依法提交符合规定的申请书及有关材料;

(五)有明确的评审请求、事实、理由和法律依据;

(六)依法缴纳评审费用。

第十四条 申请商标评审,应当向商标评审委员会提交申请书;有被申请人的,应当按照被申请人的数量提交相应份数的副本;评审商标发生转让、移转、变更,已向商标局提出申请但是尚未核准公告的,当事人应当提供相应的证明文件;基于商标局的决定书申请复审的,还应当同时附送商标局的决定书。

第十五条 申请书应当载明下列事项:

(一)申请人的名称、通信地址、联系人和联系电话。评审申请有被申请人的,应当载明被申请人的名称和地址。委托商标代理机构办理商标评审事宜的,还应当载明商标代理机构的名称、地址、联系人和联系电话;

(二)评审商标及其申请号或者初步审定号、注册号和刊登该商标的《商标公告》的期号;

(三)明确的评审请求和所依据的事实、理由及法律依据。

第十六条 商标评审申请不符合本规则第十三条第(一)、(二)、(三)、(六)项规定条件之一的,商标评审委员会不予受理,书面通知申请人,并说明理由。

第十七条 商标评审申请不符合本规则第十三条第(四)、(五)项规定条件之一的,或者未按照实施条例和本规则规定提交有关证明文件的,或者有其他需要补正情形的,商标评审委员会应当向申请人发出补正通知,申请人应当自收到补正通知之日起三十日内补正。

经补正仍不符合规定的,商标评审委员会不予受理,书面通知申请人,并说明理由。未在规定期限内补正的,依照实施条例第五十七条规定,视为申请人撤回评审申请,商标评审委员会应当书面通知申请人。

第十八条 商标评审申请经审查符合受理条件的,商标评审委员会应当在三十日内向申请人发出《受理通知书》。

第十九条 商标评审委员会已经受理的商标评审申请,有下列情形之一的,属于不符合受理条件,应当依照实施条例第五十七条规定予以驳回:

(一)违反实施条例第六十二条规定,申请人撤回商标评审申请后,又以相同的事实和理由再次提出评审申请的;

(二)违反实施条例第六十二条规定,对商标评审委员会已经做出的裁定或者决定,以相同的事实和理由再次提出评审申请的;

(三)其他不符合受理条件的情形。

对经不予注册复审程序予以核准注册的商标提起宣告注册商标无效的,不受前款第(二)项规定限制。

商标评审委员会驳回商标评审申请,应当书面通知申请人,并说明理由。

第二十条 当事人参加评审活动,应当按照对方当事人的数量,提交相应份数的申请书、答辩书、意见书、质证意见及证据材料副本,副本内容应当与正本内容相同。不符合前述要求且经补正仍不符合要求的,依照本规则第十七条第二款的规定,不予受理评审申请,或者视为未提交相关材料。

第二十一条 评审申请有被申请人的,商标评审委员会受理后,应当及时将申请书副本及有关证据材料送达被申请人。被申请人应当自收到申请材料之日起三十日内向商标评审委员会提交答辩书及其副本;未在规定期限内答辩的,不影响商标评审委员会的评审。

商标评审委员会审理不服商标局不予注册决定的复审案件,应当通知原异议人参加并提出意见。原异议人应当在收到申请材料之日起三十日内向商标评审委员会提交意见书及其副本;未在规定期限内提出意见的,不影响案件审理。

第二十二条 被申请人参加答辩和原异议人参加不予注册复审程序应当有合法的主体资格。

商标评审答辩书、意见书及有关证据材料应当按照规定的格式和要求填写、提供。

不符合第二款规定或者有其他需要补正情形的,商标评审委员会向被申请人或者原异议人发出补正通知,被申请人或者原异议人应当自收到补正通知之日起三十日内补正。经补正仍不符合规定或者未在法定期限内补正的，视为未答辩或者未提出意见，不影响商标评审委员会的评审。

第二十三条 当事人需要在提出评审申请或者答辩后补充有关证据材料的，应当在申请书或者答辩书中声明，并自提交申请书或者答辩书之日起三个月内一次性提交；未在申请书或者答辩书中声明或者期满未提交的，视为放弃补充证据材料。但是，在期满后生成或者当事人有其他正当理由未能在期满前提交的证据，在期满后提交的，商标评审委员会将证据交对方当事人并质证后可以采信。

对当事人在法定期限内提供的证据材料，有对方当事人的，商标评审委员会应当将该证据材料副本送达给对方当事人。当事人应当在收到证据材料副本之日起三十日内进行质证。

第二十四条 当事人应当对其提交的证据材料逐一分类编号和制作目录清单，对证据材料的来源、待证的具体事实作简要说明，并签名盖章。

商标评审委员会收到当事人提交的证据材料后，应当按目录清单核对证据材料，并由经办人员在回执上签收，注明提交日期。

第二十五条 当事人名称或者通信地址等事项发生变更的，应当及时通知商标评审委员会，并依需要提供相应的证明文件。

第二十六条 在商标评审程序中，当事人的商标发生转让、移转，受让人或者承继人应当及时以书面方式声明承受相关主体地位，参加后续评审程序并承担相应的评审后果。

未书面声明且不影响评审案件审理的，商标评审委员会可以将受让人或者承继人列为当事人做出决定或者裁定。

第三章 审 理

第二十七条 商标评审委员会审理商标评审案件实行合议制度。但有下列情形之一的案件，可以由商标评审人员一人独任评审：

（一）仅涉及商标法第三十条和第三十一条所指在先商标权利冲突的案件中，评审时权利冲突已消除的；

（二）被请求撤销或者无效宣告的商标已经丧失专用权的；

（三）依照本规则第三十二条规定应当予以结案的；

（四）其他可以独任评审的案件。

第二十八条 当事人或者利害关系人依照实施条例第七条和本规则第七条的规定对商标评审人员提出回避申请的，被申请回避的商标评审人员在商标评审委员会做出是否回避的决定前，应当暂停参与本案的审理工作。

商标评审委员会在做出决定、裁定后收到当事人或者利害关系人提出的回避申请的，不影响评审决定、裁定的有效性。但评审人员确实存在需要回避的情形的，商标评审委员会应当依法做出处理。

第二十九条 商标评审委员会审理商标评审案件，应当依照实施条例第五十二条、第五十三条、第五十四条、第五十五条、第五十六条的规定予以审理。

第三十条 经不予注册复审程序予以核准注册的商标，原异议人向商标评审委员会请求无效宣告的，商标评审委员会应当另行组成合议组进行审理。

第三十一条 依照商标法第三十五条第四款、第四十五条第三款和实施条例第十一条第（五）项的规定，需要等待在先权利案件审理结果的，商标评审委员会可以决定暂缓审理该商标评审案件。

第三十二条 有下列情形之一的,终止评审,予以结案:

(一)申请人死亡或者终止后没有继承人或者继承人放弃评审权利的;

(二)申请人撤回评审申请的;

(三)当事人自行或者经调解达成和解协议,可以结案的;

(四)其他应当终止评审的情形。

商标评审委员会予以结案,应当书面通知有关当事人,并说明理由。

第三十三条 合议组审理案件应当制作合议笔录,并由合议组成员签名。合议组成员有不同意见的,应当如实记入合议笔录。

经审理终结的案件,商标评审委员会依法做出决定、裁定。

第三十四条 商标评审委员会做出的决定、裁定应当载明下列内容:

(一)当事人的评审请求、争议的事实、理由和证据;

(二)决定或者裁定认定的事实、理由和适用的法律依据;

(三)决定或者裁定结论;

(四)可以供当事人选用的后续程序和时限;

(五)决定或者裁定做出的日期。

决定、裁定由合议组成员署名,加盖商标评审委员会印章。

第三十五条 对商标评审委员会做出的决定、裁定,当事人不服向人民法院起诉的,应当在向人民法院递交起诉状的同时或者至迟十五日内将该起诉状副本抄送或者另行将起诉信息书面告知商标评审委员会。

除商标评审委员会做出的准予初步审定或者予以核准注册的决定外,商标评审委员会自发出决定、裁定之日起四个月内未收到来自人民法院应诉通知或者当事人提交的起诉状副本、书面起诉通知的,该决定、裁定移送商标局执行。

商标评审委员会自收到当事人提交的起诉状副本或者书面起诉通知之日起四个月内未收到来自人民法院应诉通知的,相关决定、裁定移送商标局执行。

第三十六条 在一审行政诉讼程序中,若因商标评审决定、裁定所引证的商标已经丧失在先权利导致决定、裁定事实认定、法律适用发生变化的,在原告撤诉的情况下,商标评审委员会可以撤回原决定或者裁定,并依据新的事实,重新做出商标评审决定或者裁定。

商标评审决定、裁定送达当事人后,商标评审委员会发现存在文字错误等非实质性错误的,可以向评审当事人发送更正通知书对错误内容进行更正。

第三十七条 商标评审决定、裁定经人民法院生效判决撤销的,商标评审委员会应当重新组成合议组,及时审理,并做出重审决定、裁定。

重审程序中,商标评审委员会对当事人新提出的评审请求和法律依据不列入重审范围;对当事人补充提交的足以影响案件审理结果的证据可以予以采信,有对方当事人的,应当送达对方当事人予以质证。

第四章 证据规则

第三十八条 当事人对自己提出的评审请求所依据的事实或者反驳对方评审请求所依据的事实有责任提供证据加以证明。

证据包括书证、物证、视听资料、电子数据、证人证言、鉴定意见、当事人的陈述等。

没有证据或者证据不足以证明当事人的事实主张的,由负有举证责任的当事人承担不利后果。

一方当事人对另一方当事人陈述的案件事实明确表示承认的,另一方当事人无需举证,但商标评审委员会认为确有必要举证的除外。

当事人委托代理人参加评审的,代理人的承认视为当事人的承认。但未经特别授权的代理人对事实的承认直接导致承认对方评审请求的除外;当事人在场但对其代理人的承认不作否认表示的,视为当事人的承认。

第三十九条 下列事实,当事人无需举证证明:

(一)众所周知的事实;

(二)自然规律及定理;

(三)根据法律规定或者已知事实和日常生活经验法则,能推定出的另一事实;

(四)已为人民法院发生法律效力的裁判所确认的事实;

(五)已为仲裁机构的生效裁决所确认的事实;

(六)已为有效公证文书所证明的事实。

前款(一)、(三)、(四)、(五)、(六)项,有相反证据足以推翻的除外。

第四十条 当事人向商标评审委员会提供书证的,应当提供原件,包括原本、正本和副本。提供原件有困难的,可以提供相应的复印件、照片、节录本;提供由有关部门保管的书证原件的复制件、影印件或者抄录件的,应当注明出处,经该部门核对无异后加盖其印章。

当事人向商标评审委员会提供物证的,应当提供原物。提供原物有困难的,可以提供相应的复制件或者证明该物证的照片、录像等其他证据;原物为数量较多的种类物的,可以提供其中的一部分。

一方当事人对另一方当事人所提书证、物证的复制件、照片、录像等存在怀疑并有相应证据支持的,或者商标评审委员会认为有必要的,被质疑的当事人应当提供或者出示有关证据的原件或者经公证的复印件。

第四十一条 当事人向商标评审委员会提供的证据系在中华人民共和国领域外形成,或者在香港、澳门、台湾地区形成,对方当事人对该证据的真实性存在怀疑并有相应证据支持的,或者商标评审委员会认为有必要的,应当依照有关规定办理相应的公证认证手续。

第四十二条 当事人向商标评审委员会提供外文书证或者外文说明资料,应当附有中文译文。未提交中文译文的,该外文证据视为未提交。

对方当事人对译文具体内容有异议的,应当对有异议的部分提交中文译文。必要时,可以委托双方当事人认可的单位对全文,或者所使用或者有异议的部分进行翻译。

双方当事人对委托翻译达不成协议的,商标评审委员会可以指定专业翻译单位对全文,或者所使用的或者有异议的部分进行翻译。委托翻译所需费用由双方当事人各承担50%;拒绝支付翻译费用的,视为其承认对方提交的译文。

第四十三条 对单一证据有无证明力和证明力大小可以从下列方面进行审核认定:

(一)证据是否原件、原物,复印件、复制品与原件、原物是否相符;

(二)证据与本案事实是否相关;

(三)证据的形式、来源是否符合法律规定;

(四)证据的内容是否真实;

(五)证人或者提供证据的人,与当事人有无利害关系。

第四十四条 评审人员对案件的全部证据,应当从各证据与案件事实的关联程度、各证据之间的联系等方面进行综合审查判断。

有对方当事人的,未经交换质证的证据不应当予以采信。

第四十五条 下列证据不能单独作为认定案件事实的依据:

(一)未成年人所作的与其年龄和智力状况不相适应的证言;

(二)与一方当事人有亲属关系、隶属关系或者其他密切关系的证人所作的对该当事

人有利的证言,或者与一方当事人有不利关系的证人所作的对该当事人不利的证言;

(三)应当参加口头审理作证而无正当理由不参加的证人证言;

(四)难以识别是否经过修改的视听资料;

(五)无法与原件、原物核对的复制件或者复制品;

(六)经一方当事人或者他人改动,对方当事人不予认可的证据材料;

(七)其他不能单独作为认定案件事实依据的证据材料。

第四十六条 一方当事人提出的下列证据,对方当事人提出异议但没有足以反驳的相反证据的,商标评审委员会应当确认其证明力:

(一)书证原件或者与书证原件核对无误的复印件、照片、副本、节录本;

(二)物证原物或者与物证原物核对无误的复制件、照片、录像资料等;

(三)有其他证据佐证并以合法手段取得的、无疑点的视听资料或者与视听资料核对无误的复制件。

第四十七条 一方当事人委托鉴定部门做出的鉴定结论,另一方当事人没有足以反驳的相反证据和理由的,可以确认其证明力。

第四十八条 一方当事人提出的证据,另一方当事人认可或者提出的相反证据不足以反驳的,商标评审委员会可以确认其证明力。

一方当事人提出的证据,另一方当事人有异议并提出反驳证据,对方当事人对反驳证据认可的,可以确认反驳证据的证明力。

第四十九条 双方当事人对同一事实分别举出相反的证据,但都没有足够的依据否定对方证据的,商标评审委员会应当结合案件情况,判断一方提供证据的证明力是否明显大于另一方提供证据的证明力,并对证明力较大的证据予以确认。

因证据的证明力无法判断导致争议事实难以认定的,商标评审委员会应当依据举证责任分配原则做出判断。

第五十条 评审程序中,当事人在申请书、答辩书、陈述及其委托代理人的代理词中承认的对己方不利的事实和认可的证据,商标评审委员会应当予以确认,但当事人反悔并有相反证据足以推翻的除外。

第五十一条 商标评审委员会就数个证据对同一事实的证明力,可以依照下列原则认定:

(一)国家机关以及其他职能部门依职权制作的公文文书优于其他书证;

(二)鉴定结论、档案材料以及经过公证或者登记的书证优于其他书证、视听资料和证人证言;

(三)原件、原物优于复制件、复制品;

(四)法定鉴定部门的鉴定结论优于其他鉴定部门的鉴定结论;

(五)原始证据优于传来证据;

(六)其他证人证言优于与当事人有亲属关系或者其他密切关系的证人提供的对该当事人有利的证言;

(七)参加口头审理作证的证人证言优于未参加口头审理作证的证人证言;

(八)数个种类不同、内容一致的证据优于一个孤立的证据。

第五章 期间、送达

第五十二条 期间包括法定期间和商标评审委员会指定的期间。期间应当依照实施条例第十二条的规定计算。

第五十三条 当事人向商标评审委员会提交的文件或者材料的日期,直接递交的,以递交日为准;邮寄的,以寄出的邮戳日为准;邮戳日不清晰或者没有邮戳的,以商标评审委员会实际收到日为准,但是当事人能够提出实际邮戳日证据的除外。通过邮政企业以外的快递企业递交的，以快递企业收寄日为准；收寄日不明确的，以商标评审委员会实际收到日为准，但是当事人能够提出实际收寄日证据的除外。以数据电文方式提交的，以进入商标评审委员会电子系统的日期为准。

当事人向商标评审委员会邮寄文件，应当使用给据邮件。

当事人向商标评审委员会提交文件，应当在文件中标明商标申请号或者注册号、申请人名称。提交的文件内容，以书面方式提交的，以商标评审委员会所存档案记录为准；以数据电文方式提交的，以商标评审委员会数据库记录为准，但是当事人确有证据证明商标评审委员会档案、数据库记录有错误的除外。

第五十四条 商标评审委员会的各种文件，可以通过邮寄、直接递交、数据电文或者其他方式送达当事人；以数据电文方式送达当事人的，应当经当事人同意。当事人委托商标代理机构的，文件送达商标代理机构视为送达当事人。

商标评审委员会向当事人送达各种文件的日期，邮寄的，以当事人收到的邮戳日为准；邮戳日不清晰或者没有邮戳的，自文件发出之日起满十五日，视为送达当事人，但当事人能够证明实际收到日的除外；直接递交的，以递交日为准。以数据电文方式送达的，自文件发出之日满十五日，视为送达当事人；文件通过上述方式无法送达的，可以通过公告方式送达当事人，自公告发布之日起满三十日，该文件视为已经送达。

商标评审委员会向当事人邮寄送达文件被退回后通过公告送达的，后续文件均采取公告送达方式，但当事人在公告送达后明确告知通信地址的除外。

第五十五条 依照实施条例第五条第三款的规定，商标评审案件的被申请人或者原

异议人是在中国没有经常居所或者营业所的外国人或者外国企业的，由该评审商标注册申请书中载明的国内接收人负责接收商标评审程序的有关法律文件；商标评审委员会将有关法律文件送达该国内接收人，视为送达当事人。

依照前款规定无法确定国内接收人的，由商标局原审程序中的或者最后一个申请办理该商标相关事宜的商标代理机构承担商标评审程序中有关法律文件的签收及转交义务；商标评审委员会将有关法律文件送达该商标代理机构。商标代理机构在有关法律文件送达之前已经与国外当事人解除商标代理关系的，应当以书面形式向商标评审委员会说明有关情况，并自收到文件之日起十日内将有关法律文件交回商标评审委员会，由商标评审委员会另行送达。

马德里国际注册商标涉及国际局转发相关书件的，应当提交相应的送达证据。未提交的，应当书面说明原因，自国际局发文之日起满十五日视为送达。

上述方式无法送达的，公告送达。

第六章 附 则

第五十六条 从事商标评审工作的国家机关工作人员玩忽职守、滥用职权、徇私舞弊，违法办理商标评审事项，收受当事人财物，牟取不正当利益的，依法给予处分。

第五十七条 对于当事人不服商标局做出的驳回商标注册申请决定在 2014 年 5 月 1 日以前向商标评审委员会提出复审申请，商标评审委员会于 2014 年 5 月 1 日以后（含 5 月 1 日，下同）审理的案件，适用修改后的商标法。

对于当事人不服商标局做出的异议裁定在 2014 年 5 月 1 日以前向商标评审委员会提出复审申请，商标评审委员会于 2014 年 5

月1日以后审理的案件,当事人提出异议和复审的主体资格适用修改前的商标法,其他程序问题和实体问题适用修改后的商标法。

对于已经注册的商标,当事人在2014年5月1日以前向商标评审委员会提出争议和撤销复审申请,商标评审委员会于2014年5月1日以后审理的案件,相关程序问题适用修改后的商标法,实体问题适用修改前的商标法。

对于当事人在2014年5月1日以前向商标评审委员会提出申请的商标评审案件,应当自2014年5月1日起开始计算审理期限。

第五十八条 办理商标评审事宜的文书格式,由商标评审委员会制定并公布。

第五十九条 本规则由国家工商行政管理总局负责解释。

第六十条 本规则自2014年6月1日起施行。

集体商标、证明商标注册和管理办法

(2003年4月17日国家工商行政管理总局令第6号公布 自2003年6月1日起施行)

第一条 根据《中华人民共和国商标法》(以下简称商标法)第三条的规定,制定本办法。

第二条 集体商标、证明商标的注册和管理,依照商标法、《中华人民共和国商标法实施条例》(以下简称实施条例)和本办法的有关规定进行。

第三条 本办法有关商品的规定,适用于服务。

第四条 申请集体商标注册的,应当附送主体资格证明文件并应当详细说明该集体组织成员的名称和地址;以地理标志作为集体商标申请注册的,应当附送主体资格证明文件并应当详细说明其所具有的或者其委托的机构具有的专业技术人员、专业检测设备等情况,以表明其具有监督使用该地理标志商品的特定品质的能力。

申请以地理标志作为集体商标注册的团体、协会或者其他组织,应当由来自该地理标志标示的地区范围内的成员组成。

第五条 申请证明商标注册的,应当附送主体资格证明文件并应当详细说明其所具有的或者其委托的机构具有的专业技术人员、专业检测设备等情况,以表明其具有监督该证明商标所证明的特定商品品质的能力。

第六条 申请以地理标志作为集体商标、证明商标注册的,还应当附送管辖该地理标志所标示地区的人民政府或者行业主管部门的批准文件。

外国人或者外国企业申请以地理标志作为集体商标、证明商标注册的,申请人应当提供该地理标志以其名义在其原属国受法律保护的证明。

第七条 以地理标志作为集体商标、证明商标注册的,应当在申请书件中说明下列内容:

(一)该地理标志所标示的商品的特定质量、信誉或者其他特征;

(二)该商品的特定质量、信誉或者其他特征与该地理标志所标示的地区的自然因素和人文因素的关系;

(三)该地理标志所标示的地区的范围。

第八条 作为集体商标、证明商标申请注册的地理标志,可以是该地理标志标示地区的名称,也可以是能够标示某商品来源于该地区的其他可视性标志。

前款所称地区无需与该地区的现行行政区划名称、范围完全一致。

第九条 多个葡萄酒地理标志构成同音字或者同形字的,在这些地理标志能够彼此区分且不误导公众的情况下,每个地理标志都可以作为集体商标或者证明商标申请注册。

第十条 集体商标的使用管理规则应当包括:

(一)使用集体商标的宗旨;

(二)使用该集体商标的商品的品质;

(三)使用该集体商标的手续;

(四)使用该集体商标的权利、义务;

(五)成员违反其使用管理规则应当承担的责任;

(六)注册人对使用该集体商标商品的检验监督制度。

第十一条 证明商标的使用管理规则应当包括:

(一)使用证明商标的宗旨;

(二)该证明商标证明的商品的特定品质;

(三)使用该证明商标的条件;

(四)使用该证明商标的手续;

(五)使用该证明商标的权利、义务;

(六)使用人违反该使用管理规则应当承担的责任;

(七)注册人对使用该证明商标商品的检验监督制度。

第十二条 使用他人作为集体商标、证明商标注册的葡萄酒、烈性酒地理标志标示并非来源于该地理标志所标示地区的葡萄酒、烈性酒,即使同时标出了商品的真正来源地,或者使用的是翻译文字,或者伴有诸如某某"种"、某某"型"、某某"式"、某某"类"等表述的,适用商标法第十六条的规定。

第十三条 集体商标、证明商标的初步审定公告的内容,应当包括该商标的使用管理规则的全文或者摘要。

集体商标、证明商标注册人对使用管理规则的任何修改,应报经商标局审查核准,并自公告之日起生效。

第十四条 集体商标注册人的成员发生变化的,注册人应当向商标局申请变更注册事项,由商标局公告。

第十五条 证明商标注册人准许他人使用其商标的,注册人应当在一年内报商标局备案,由商标局公告。

第十六条 申请转让集体商标、证明商标的,受让人应当具备相应的主体资格,并符合商标法、实施条例和本办法的规定。

集体商标、证明商标发生移转的,权利继受人应当具备相应的主体资格,并符合商标法、实施条例和本办法的规定。

第十七条 集体商标注册人的集体成员,在履行该集体商标使用管理规则规定的手续后,可以使用该集体商标。

集体商标不得许可非集体成员使用。

第十八条 凡符合证明商标使用管理规则规定条件的,在履行该证明商标使用管理规则规定的手续后,可以使用该证明商标,注册人不得拒绝办理手续。

实施条例第六条第二款中的正当使用该地理标志是指正当使用该地理标志中的地名。

第十九条 使用集体商标的,注册人应发给使用人《集体商标使用证》;使用证明商标的,注册人应发给使用人《证明商标使用证》。

第二十条 证明商标的注册人不得在自己提供的商品上使用该证明商标。

第二十一条 集体商标、证明商标注册人没有对该商标的使用进行有效管理或者控制,致使该商标使用的商品达不到其使用管理规则的要求,对消费者造成损害的,由工商行政管理部门责令限期改正;拒不改正的,处以违法所得3倍以下的罚款,但最高不超过3万元;没有违法所得的,处以1万元以下的罚款。

第二十二条 违反实施条例第六条、本办法第十四条、第十五条、第十七条、第十八条、第二十条规定的,由工商行政管理部门责令限期改正;拒不改正的,处以违法所得 3 倍以下的罚款,但最高不超过 3 万元;没有违法所得的,处以 1 万元以下的罚款。

第二十三条 本办法自 2003 年 6 月 1 日起施行。国家工商行政管理局 1994 年 12 月 30 日发布的《集体商标、证明商标注册和管理办法》同时废止。

驰名商标认定和保护规定

(2014 年 7 月 3 日国家工商行政管理总局令第 66 号公布 自公布之日起 30 日后施行)

第一条 为规范驰名商标认定工作,保护驰名商标持有人的合法权益,根据《中华人民共和国商标法》(以下简称商标法)、《中华人民共和国商标法实施条例》(以下简称实施条例),制定本规定。

第二条 驰名商标是在中国为相关公众所熟知的商标。

相关公众包括与使用商标所标示的某类商品或者服务有关的消费者,生产前述商品或者提供服务的其他经营者以及经销渠道中所涉及的销售者和相关人员等。

第三条 商标局、商标评审委员会根据当事人请求和审查、处理案件的需要,负责在商标注册审查、商标争议处理和工商行政管理部门查处商标违法案件过程中认定和保护驰名商标。

第四条 驰名商标认定遵循个案认定、被动保护的原则。

第五条 当事人依照商标法第三十三条规定向商标局提出异议,并依照商标法第十三条规定请求驰名商标保护的,可以向商标局提出驰名商标保护的书面请求并提交其商标构成驰名商标的证据材料。

第六条 当事人在商标不予注册复审案件和请求无效宣告案件中,依照商标法第十三条规定请求驰名商标保护的,可以向商标评审委员会提出驰名商标保护的书面请求并提交其商标构成驰名商标的证据材料。

第七条 涉及驰名商标保护的商标违法案件由市(地、州)级以上工商行政管理部门管辖。当事人请求工商行政管理部门查处商标违法行为,并依照商标法第十三条规定请求驰名商标保护的,可以向违法行为发生地的市(地、州)级以上工商行政管理部门进行投诉,并提出驰名商标保护的书面请求,提交证明其商标构成驰名商标的证据材料。

第八条 当事人请求驰名商标保护应当遵循诚实信用原则,并对事实及所提交的证据材料的真实性负责。

第九条 以下材料可以作为证明符合商标法第十四条第一款规定的证据材料:

(一)证明相关公众对该商标知晓程度的材料。

(二)证明该商标使用持续时间的材料,如该商标使用、注册的历史和范围的材料。该商标为未注册商标的,应当提供证明其使用持续时间不少于五年的材料。该商标为注册商标的,应当提供证明其注册时间不少于三年或者持续使用时间不少于五年的材料。

(三)证明该商标的任何宣传工作的持续时间、程度和地理范围的材料,如近三年广告宣传和促销活动的方式、地域范围、宣传媒体的种类以及广告投放量等材料。

(四)证明该商标曾在中国或者其他国家和地区作为驰名商标受保护的材料。

(五)证明该商标驰名的其他证据材料,如使用该商标的主要商品在近三年的销售收入、市场占有率、净利润、纳税额、销售区域等材料。

前款所称"三年"、"五年",是指被提出

异议的商标注册申请日期、被提出无效宣告请求的商标注册申请日期之前的三年、五年，以及在查处商标违法案件中提出驰名商标保护请求日期之前的三年、五年。

第十条 当事人依照本规定第五条、第六条规定提出驰名商标保护请求的，商标局、商标评审委员会应当在商标法第三十五条、第三十七条、第四十五条规定的期限内及时作出处理。

第十一条 当事人依照本规定第七条规定请求工商行政管理部门查处商标违法行为的，工商行政管理部门应当对投诉材料予以核查，依照《工商行政管理机关行政处罚程序规定》的有关规定决定是否立案。决定立案的，工商行政管理部门应当对当事人提交的驰名商标保护请求及相关证据材料是否符合商标法第十三条、第十四条、实施条例第三条和本规定第九条规定进行初步核实和审查。经初步核查符合规定的，应当自立案之日起三十日内将驰名商标认定请示、案件材料副本一并报送上级工商行政管理部门。经审查不符合规定的，应当依照《工商行政管理机关行政处罚程序规定》的规定及时作出处理。

第十二条 省（自治区、直辖市）工商行政管理部门应当对本辖区内市（地、州）级工商行政管理部门报送的驰名商标认定相关材料是否符合商标法第十三条、第十四条、实施条例第三条和本规定第九条规定进行核实和审查。经核查符合规定的，应当自收到驰名商标认定相关材料之日起三十日内，将驰名商标认定请示、案件材料副本一并报送商标局。经审查不符合规定的，应当将有关材料退回原立案机关，由其依照《工商行政管理机关行政处罚程序规定》的规定及时作出处理。

第十三条 商标局、商标评审委员会在认定驰名商标时，应当综合考虑商标法第十四条第一款和本规定第九条所列各项因素，但不以满足全部因素为前提。

商标局、商标评审委员会在认定驰名商标时，需要地方工商行政管理部门核实有关情况的，相关地方工商行政管理部门应当予以协助。

第十四条 商标局经对省（自治区、直辖市）工商行政管理部门报送的驰名商标认定相关材料进行审查，认定构成驰名商标的，应当向报送请示的省（自治区、直辖市）工商行政管理部门作出批复。

立案的工商行政管理部门应当自商标局作出认定批复后六十日内依法予以处理，并将行政处罚决定书抄报所在省（自治区、直辖市）工商行政管理部门。省（自治区、直辖市）工商行政管理部门应当自收到抄报的行政处罚决定书之日起三十日内将案件处理情况及行政处罚决定书副本报送商标局。

第十五条 各级工商行政管理部门在商标注册和管理工作中应当加强对驰名商标的保护，维护权利人和消费者合法权益。商标违法行为涉嫌犯罪，应当将案件及时移送司法机关。

第十六条 商标注册审查、商标争议处理和工商行政管理部门查处商标违法案件过程中，当事人依照商标法第十三条规定请求驰名商标保护时，可以提供该商标曾在我国作为驰名商标受保护的记录。

当事人请求驰名商标保护的范围与已被作为驰名商标予以保护的范围基本相同，且对方当事人对该商标驰名无异议，或者虽有异议，但异议理由和提供的证据明显不足以支持该异议的，商标局、商标评审委员会、商标违法案件立案部门可以根据该保护记录，结合相关证据，给予该商标驰名商标保护。

第十七条 在商标违法案件中，当事人通过弄虚作假或者提供虚假证据材料等不正当手段骗取驰名商标保护的，由商标局撤销对涉案商标已作出的认定，并通知报送驰名商标认定请示的省（自治区、直辖市）工商行政管理部门。

第十八条 地方工商行政管理部门违反本规定第十一条、第十二条规定未履行对驰名商标认定相关材料进行核实和审查职责，或者违反本规定第十三条第二款规定未予以协助或者未履行核实职责，或者违反本规定第十四条第二款规定逾期未对商标违法案件作出处理或者逾期未报送处理情况的，由上一级工商行政管理部门予以通报，并责令其整改。

第十九条 各级工商行政管理部门应当建立健全驰名商标认定工作监督检查制度。

第二十条 参与驰名商标认定与保护相关工作的人员，玩忽职守、滥用职权、徇私舞弊，违法办理驰名商标认定有关事项，收受当事人财物，牟取不正当利益的，依照有关规定予以处理。

第二十一条 本规定自公布之日起30日后施行。2003年4月17日国家工商行政管理总局公布的《驰名商标认定和保护规定》同时废止。

最高人民法院关于审理商标民事纠纷案件适用法律若干问题的解释

（2002年10月12日最高人民法院审判委员会第1246次会议通过 根据2020年12月23日最高人民法院审判委员会第1823次会议通过的《最高人民法院关于修改〈最高人民法院关于审理侵犯专利权纠纷案件应用法律若干问题的解释（二）〉等十八件知识产权类司法解释的决定》修正 2020年12月29日最高人民法院公告公布）

为了正确审理商标纠纷案件，根据《中华人民共和国民法典》《中华人民共和国商标法》《中华人民共和国民事诉讼法》等法律的规定，就适用法律若干问题解释如下：

第一条 下列行为属于商标法第五十七条第（七）项规定的给他人注册商标专用权造成其他损害的行为：

（一）将与他人注册商标相同或者相近似的文字作为企业的字号在相同或者类似商品上突出使用，容易使相关公众产生误认的；

（二）复制、摹仿、翻译他人注册的驰名商标或其主要部分在不相同或者不相类似商品上作为商标使用，误导公众，致使该驰名商标注册人的利益可能受到损害的；

（三）将与他人注册商标相同或者相近似的文字注册为域名，并且通过该域名进行相关商品交易的电子商务，容易使相关公众产生误认的。

第二条 依据商标法第十三条第二款的规定，复制、摹仿、翻译他人未在中国注册的驰名商标或其主要部分，在相同或者类似商品上作为商标使用，容易导致混淆的，应当承担停止侵害的民事法律责任。

第三条 商标法第四十三条规定的商标使用许可包括以下三类：

（一）独占使用许可，是指商标注册人在约定的期间、地域和以约定的方式，将该注册商标仅许可一个被许可人使用，商标注册人依约定不得使用该注册商标；

（二）排他使用许可，是指商标注册人在约定的期间、地域和以约定的方式，将该注册商标仅许可一个被许可人使用，商标注册人依约定可以使用该注册商标但不得另行许可他人使用该注册商标；

（三）普通使用许可，是指商标注册人在约定的期间、地域和以约定的方式，许可他人使用其注册商标，并可自行使用该注册商标和许可他人使用其注册商标。

第四条 商标法第六十条第一款规定的

利害关系人,包括注册商标使用许可合同的被许可人、注册商标财产权利的合法继承人等。

在发生注册商标专用权被侵害时,独占使用许可合同的被许可人可以向人民法院提起诉讼;排他使用许可合同的被许可人可以和商标注册人共同起诉,也可以在商标注册人不起诉的情况下,自行提起诉讼;普通使用许可合同的被许可人经商标注册人明确授权,可以提起诉讼。

第五条 商标注册人或者利害关系人在注册商标续展宽展期内提出续展申请,未获核准前,以他人侵犯其注册商标专用权提起诉讼的,人民法院应当受理。

第六条 因侵犯注册商标专用权行为提起的民事诉讼,由商标法第十三条、第五十七条所规定侵权行为的实施地、侵权商品的储藏地或者查封扣押地、被告住所地人民法院管辖。

前款规定的侵权商品的储藏地,是指大量或者经常性储存、隐匿侵权商品所在地;查封扣押地,是指海关等行政机关依法查封、扣押侵权商品所在地。

第七条 对涉及不同侵权行为实施地的多个被告提起的共同诉讼,原告可以选择其中一个被告的侵权行为实施地人民法院管辖;仅对其中某一被告提起的诉讼,该被告侵权行为实施地的人民法院有管辖权。

第八条 商标法所称相关公众,是指与商标所标识的某类商品或者服务有关的消费者和与前述商品或者服务的营销有密切关系的其他经营者。

第九条 商标法第五十七条第(一)(二)项规定的商标相同,是指被控侵权的商标与原告的注册商标相比较,二者在视觉上基本无差别。

商标法第五十七条第(二)项规定的商标近似,是指被控侵权的商标与原告的注册商标相比较,其文字的字形、读音、含义或者图形的构图及颜色,或者其各要素组合后的整体结构相似,或者其立体形状、颜色组合近似,易使相关公众对商品的来源产生误认或者认为其来源与原告注册商标的商品有特定的联系。

第十条 人民法院依据商标法第五十七条第(一)(二)项的规定,认定商标相同或者近似按照以下原则进行:

(一)以相关公众的一般注意力为标准;

(二)既要进行对商标的整体比对,又要进行对商标主要部分的比对,比对应当在比对对象隔离的状态下分别进行;

(三)判断商标是否近似,应当考虑请求保护注册商标的显著性和知名度。

第十一条 商标法第五十七条第(二)项规定的类似商品,是指在功能、用途、生产部门、销售渠道、消费对象等方面相同,或者相关公众一般认为其存在特定联系、容易造成混淆的商品。

类似服务,是指在服务的目的、内容、方式、对象等方面相同,或者相关公众一般认为存在特定联系、容易造成混淆的服务。

商品与服务类似,是指商品和服务之间存在特定联系,容易使相关公众混淆。

第十二条 人民法院依据商标法第五十七条第(二)项的规定,认定商品或者服务是否类似,应当以相关公众对商品或者服务的一般认识综合判断;《商标注册用商品和服务国际分类表》《类似商品和服务区分表》可以作为判断类似商品或者服务的参考。

第十三条 人民法院依据商标法第六十三条第一款的规定确定侵权人的赔偿责任时,可以根据权利人选择的计算方法计算赔偿数额。

第十四条 商标法第六十三条第一款规定的侵权所获得的利益,可以根据侵权商品销售量与该商品单位利润乘积计算；该商品单位利润无法查明的，按照注册商标商品的单位利润计算。

第十五条 商标法第六十三条第一款规定的因被侵权所受到的损失，可以根据权利人因侵权所造成商品销售减少量或者侵权商品销售量与该注册商标商品的单位利润乘积计算。

第十六条 权利人因被侵权所受到的实际损失、侵权人因侵权所获得的利益、注册商标使用许可费均难以确定的，人民法院可以根据当事人的请求或者依职权适用商标法第六十三条第三款的规定确定赔偿数额。

人民法院在适用商标法第六十三条第三款规定确定赔偿数额时，应当考虑侵权行为的性质、期间、后果，侵权人的主观过错程度，商标的声誉及制止侵权行为的合理开支等因素综合确定。

当事人按照本条第一款的规定就赔偿数额达成协议的，应当准许。

第十七条 商标法第六十三条第一款规定的制止侵权行为所支付的合理开支，包括权利人或者委托代理人对侵权行为进行调查、取证的合理费用。

人民法院根据当事人的诉讼请求和案件具体情况，可以将符合国家有关部门规定的律师费用计算在赔偿范围内。

第十八条 侵犯注册商标专用权的诉讼时效为三年，自商标注册人或者利害权利人知道或者应当知道权利受到损害以及义务人之日起计算。商标注册人或者利害关系人超过三年起诉的，如果侵权行为在起诉时仍在持续，在该注册商标专用权有效期限内，人民法院应当判决被告停止侵权行为，侵权损害赔偿数额应当自权利人向人民法院起诉之日起向前推算三年计算。

第十九条 商标使用许可合同未经备案的，不影响该许可合同的效力，但当事人另有约定的除外。

第二十条 注册商标的转让不影响转让前已经生效的商标使用许可合同的效力，但商标使用许可合同另有约定的除外。

第二十一条 人民法院在审理侵犯注册商标专用权纠纷案件中，依据民法典第一百七十九条、商标法第六十条的规定和案件具体情况，可以判决侵权人承担停止侵害、排除妨碍、消除危险、赔偿损失、消除影响等民事责任，还可以作出罚款，收缴侵权商品、伪造的商标标识和主要用于生产侵权商品的材料、工具、设备等财物的民事制裁决定。罚款数额可以参照商标法第六十条第二款的有关规定确定。

行政管理部门对同一侵犯注册商标专用权行为已经给予行政处罚的，人民法院不再予以民事制裁。

第二十二条 人民法院在审理商标纠纷案件中，根据当事人的请求和案件的具体情况，可以对涉及的注册商标是否驰名依法作出认定。

认定驰名商标，应当依照商标法第十四条的规定进行。

当事人对曾经被行政主管机关或者人民法院认定的驰名商标请求保护的，对方当事人对涉及的商标驰名不持异议，人民法院不再审查。提出异议的，人民法院依照商标法第十四条的规定审查。

第二十三条 本解释有关商品商标的规定，适用于服务商标。

第二十四条 以前的有关规定与本解释不一致的，以本解释为准。

最高人民法院关于审理涉及驰名商标保护的民事纠纷案件应用法律若干问题的解释

（2009 年 4 月 22 日最高人民法院审判委员会第 1467 次会议通过 根据 2020 年 12 月 23 日最高人民法院审判委员会第 1823 次会议通过的《最高人民法院关于修改〈最高人民法院关于审理侵犯专利权纠纷案件应用法律若干问题的解释（二）〉等十八件知识产权类司法解释的决定》修正 2020 年 12 月 29 日最高人民法院公告公布）

为在审理侵犯商标权等民事纠纷案件中依法保护驰名商标，根据《中华人民共和国商标法》《中华人民共和国反不正当竞争法》《中华人民共和国民事诉讼法》等有关法律规定，结合审判实际，制定本解释。

第一条 本解释所称驰名商标，是指在中国境内为相关公众所熟知的商标。

第二条 在下列民事纠纷案件中，当事人以商标驰名作为事实根据，人民法院根据案件具体情况，认为确有必要的，对所涉商标是否驰名作出认定：

（一）以违反商标法第十三条的规定为由，提起的侵犯商标权诉讼；

（二）以企业名称与其驰名商标相同或者近似为由，提起的侵犯商标权或者不正当竞争诉讼；

（三）符合本解释第六条规定的抗辩或者反诉的诉讼。

第三条 在下列民事纠纷案件中，人民法院对于所涉商标是否驰名不予审查：

（一）被诉侵犯商标权或者不正当竞争行为的成立不以商标驰名为事实根据的；

（二）被诉侵犯商标权或者不正当竞争行为因不具备法律规定的其他要件而不成立的。

原告以被告注册、使用的域名与其注册商标相同或者近似，并通过该域名进行相关商品交易的电子商务，足以造成相关公众误认为由，提起的侵权诉讼，按照前款第（一）项的规定处理。

第四条 人民法院认定商标是否驰名，应当以证明其驰名的事实为依据，综合考虑商标法第十四条第一款规定的各项因素，但是根据案件具体情况无需考虑该条规定的全部因素即足以认定商标驰名的情形除外。

第五条 当事人主张商标驰名的，应当根据案件具体情况，提供下列证据，证明被诉侵犯商标权或者不正当竞争行为发生时，其商标已属驰名：

（一）使用该商标的商品的市场份额、销售区域、利税等；

（二）该商标的持续使用时间；

（三）该商标的宣传或者促销活动的方式、持续时间、程度、资金投入和地域范围；

（四）该商标曾被作为驰名商标受保护的记录；

（五）该商标享有的市场声誉；

（六）证明该商标已属驰名的其他事实。

前款所涉及的商标使用的时间、范围、方式等，包括其核准注册前持续使用的情形。

对于商标使用时间长短、行业排名、市场调查报告、市场价值评估报告、是否曾被认定为著名商标等证据，人民法院应当结合认定商标驰名的其他证据，客观、全面地进行审查。

第六条 原告以被诉商标的使用侵犯其注册商标专用权为由提起民事诉讼，被告以原告的注册商标复制、摹仿或者翻译其在先未注册驰名商标为由提出抗辩或者提起反诉的，应当对其在先未注册商标驰名的事实负举证责任。

第七条 被诉侵犯商标权或者不正当竞争行为发生前，曾被人民法院或者行政管理部门认定驰名的商标，被告对该商标驰名的事实不持异议的，人民法院应当予以认定。被告提出异议的，原告仍应当对该商标驰名的事实负举证责任。

除本解释另有规定外，人民法院对于商标驰名的事实，不适用民事诉讼证据的自认规则。

第八条 对于在中国境内为社会公众所熟知的商标，原告已提供其商标驰名的基本证据，或者被告不持异议的，人民法院对该商标驰名的事实予以认定。

第九条 足以使相关公众对使用驰名商标和被诉商标的商品来源产生误认，或者足以使相关公众认为使用驰名商标和被诉商标的经营者之间具有许可使用、关联企业关系等特定联系的，属于商标法第十三条第二款规定的"容易导致混淆"。

足以使相关公众认为被诉商标与驰名商标具有相当程度的联系，而减弱驰名商标的显著性、贬损驰名商标的市场声誉，或者不正当利用驰名商标的市场声誉的，属于商标法第十三条第三款规定的"误导公众，致使该驰名商标注册人的利益可能受到损害"。

第十条 原告请求禁止被告在不相类似商品上使用与原告驰名的注册商标相同或者近似的商标或者企业名称的，人民法院应当根据案件具体情况，综合考虑以下因素后作出裁判：

（一）该驰名商标的显著程度；

（二）该驰名商标在使用被诉商标或者企业名称的商品的相关公众中的知晓程度；

（三）使用驰名商标的商品与使用被诉商标或者企业名称的商品之间的关联程度；

（四）其他相关因素。

第十一条 被告使用的注册商标违反商标法第十三条的规定，复制、摹仿或者翻译原告驰名商标，构成侵犯商标权的，人民法院应当根据原告的请求，依法判决禁止被告使用该商标，但被告的注册商标有下列情形之一的，人民法院对原告的请求不予支持：

（一）已经超过商标法第四十五条第一款规定的请求宣告无效期限的；

（二）被告提出注册申请时，原告的商标并不驰名的。

第十二条 当事人请求保护的未注册驰名商标，属于商标法第十条、第十一条、第十二条规定不得作为商标使用或者注册情形的，人民法院不予支持。

第十三条 在涉及驰名商标保护的民事纠纷案件中，人民法院对于商标驰名的认定，仅作为案件事实和判决理由，不写入判决主文；以调解方式审结的，在调解书中对商标驰名的事实不予认定。

第十四条 本院以前有关司法解释与本解释不一致的，以本解释为准。

最高人民法院关于审理注册商标、企业名称与在先权利冲突的民事纠纷案件若干问题的规定

（2008年2月18日最高人民法院审判委员会第1444次会议通过 根据2020年12月23日最高人民法院审判委员会第1823次会议通过的《最高人民法院关于修改〈最高人民法院关于审理侵犯专利权纠纷案件应用法律若干问题的解释（二）〉等十八件知识产权类司法解释的决定》修正 2020年12月29日最高人民法院公告公布）

为正确审理注册商标、企业名称与在先权利冲突的民事纠纷案件，根据《中华人民共和国民法典》《中华人民共和国商标法》《中

华人民共和国反不正当竞争法》和《中华人民共和国民事诉讼法》等法律的规定,结合审判实践,制定本规定。

第一条 原告以他人注册商标使用的文字、图形等侵犯其著作权、外观设计专利权、企业名称权等在先权利为由提起诉讼,符合民事诉讼法第一百一十九条规定的,人民法院应当受理。

原告以他人使用在核定商品上的注册商标与其在先的注册商标相同或者近似为由提起诉讼,人民法院应当根据民事诉讼法第一百二十四条第(三)项的规定,告知原告向有关行政主管机关申请解决。但原告以他人超出核定商品的范围或者以改变显著特征、拆分、组合等方式使用的注册商标,与其注册商标相同或者近似为由提起诉讼的,人民法院应当受理。

第二条 原告以他人企业名称与其在先的企业名称相同或者近似,足以使相关公众对其商品的来源产生混淆,违反反不正当竞争法第六条第(二)项的规定为由提起诉讼,符合民事诉讼法第一百一十九条规定的,人民法院应当受理。

第三条 人民法院应当根据原告的诉讼请求和争议民事法律关系的性质,按照民事案件案由规定,确定注册商标或者企业名称与在先权利冲突的民事纠纷案件的案由,并适用相应的法律。

第四条 被诉企业名称侵犯注册商标专用权或者构成不正当竞争的,人民法院可以根据原告的诉讼请求和案件具体情况,确定被告承担停止使用、规范使用等民事责任。

最高人民法院关于审理商标授权确权行政案件若干问题的规定

(2016 年 12 月 12 日最高人民法院审判委员会第 1703 次会议通过 根据 2020 年 12 月 23 日最高人民法院审判委员会第 1823 次会议通过的《最高人民法院关于修改〈最高人民法院关于审理侵犯专利权纠纷案件应用法律若干问题的解释(二)〉等十八件知识产权类司法解释的决定》修正 2020 年 12 月 29 日最高人民法院公告公布)

为正确审理商标授权确权行政案件,根据《中华人民共和国商标法》《中华人民共和国行政诉讼法》等法律规定,结合审判实践,制定本规定。

第一条 本规定所称商标授权确权行政案件,是指相对人或者利害关系人因不服国家知识产权局作出的商标驳回复审、商标不予注册复审、商标撤销复审、商标无效宣告及无效宣告复审等行政行为,向人民法院提起诉讼的案件。

第二条 人民法院对商标授权确权行政行为进行审查的范围,一般应根据原告的诉讼请求及理由确定。原告在诉讼中未提出主张,但国家知识产权局相关认定存在明显不当的,人民法院在各方当事人陈述意见后,可以对相关事由进行审查并作出裁判。

第三条 商标法第十条第一款第(一)项规定的同中华人民共和国的国家名称等"相同或者近似",是指商标标志整体上与国家名称等相同或者近似。

对于含有中华人民共和国的国家名称等,但整体上并不相同或者不相近似的标志,如果该标志作为商标注册可能导致损害国家尊严的,人民法院可以认定属于商标法第十条第一款第(八)项规定的情形。

第四条 商标标志或者其构成要素带有欺骗性，容易使公众对商品的质量等特点或者产地产生误认，国家知识产权局认定其属于2001年修正的商标法第十条第一款第(七)项规定情形的，人民法院予以支持。

第五条 商标标志或者其构成要素可能对我国社会公共利益和公共秩序产生消极、负面影响的，人民法院可以认定其属于商标法第十条第一款第(八)项规定的"其他不良影响"。

将政治、经济、文化、宗教、民族等领域公众人物姓名等申请注册为商标，属于前款所指的"其他不良影响"。

第六条 商标标志由县级以上行政区划的地名或者公众知晓的外国地名和其他要素组成，如果整体上具有区别于地名的含义，人民法院应当认定其不属于商标法第十条第二款所指情形。

第七条 人民法院审查诉争商标是否具有显著特征，应当根据商标所指定使用商品的相关公众的通常认识，判断该商标整体上是否具有显著特征。商标标志中含有描述性要素，但不影响其整体具有显著特征的；或者描述性标志以独特方式加以表现，相关公众能够以其识别商品来源的，应当认定其具有显著特征。

第八条 诉争商标为外文标志时，人民法院应当根据中国境内相关公众的通常认识，对该外文商标是否具有显著特征进行审查判断。标志中外文的固有含义可能影响其在指定使用商品上的显著特征，但相关公众对该固有含义的认知程度较低，能够以该标志识别商品来源的，可以认定其具有显著特征。

第九条 仅以商品自身形状或者自身形状的一部分作为三维标志申请注册商标，相关公众一般情况下不易将其识别为指示商品来源标志的，该三维标志不具有作为商标的显著特征。

该形状系申请人所独创或者最早使用并不能当然导致其具有作为商标的显著特征。

第一款所称标志经过长期或者广泛使用，相关公众能够通过该标志识别商品来源的，可以认定该标志具有显著特征。

第十条 诉争商标属于法定的商品名称或者约定俗成的商品名称的，人民法院应当认定其属于商标法第十一条第一款第(一)项所指的通用名称。依据法律规定或者国家标准、行业标准属于商品通用名称的，应当认定为通用名称。相关公众普遍认为某一名称能够指代一类商品的，应当认定为约定俗成的通用名称。被专业工具书、辞典等列为商品名称的，可以作为认定约定俗成的通用名称的参考。

约定俗成的通用名称一般以全国范围内相关公众的通常认识为判断标准。对于由于历史传统、风土人情、地理环境等原因形成的相关市场固定的商品，在该相关市场内通用的称谓，人民法院可以认定为通用名称。

诉争商标申请人明知或者应知其申请注册的商标为部分区域内约定俗成的商品名称的，人民法院可以视其申请注册的商标为通用名称。

人民法院审查判断诉争商标是否属于通用名称，一般以商标申请日时的事实状态为准。核准注册时事实状态发生变化的，以核准注册时的事实状态判断其是否属于通用名称。

第十一条 商标标志只是或者主要是描述、说明所使用商品的质量、主要原料、功能、用途、重量、数量、产地等的，人民法院应当认定其属于商标法第十一条第一款第(二)项规定的情形。商标标志或者其构成要素暗示商品的特点，但不影响其识别商品来源功能的，不属于该项所规定的情形。

第十二条 当事人依据商标法第十三条第二款主张诉争商标构成对其未注册的驰名商标的复制、摹仿或者翻译而不应予以注册或者应予无效的，人民法院应当综合考量如下因素以及因素之间的相互影响，认定是否容易导致混淆：

（一）商标标志的近似程度；

（二）商品的类似程度；

（三）请求保护商标的显著性和知名程度；

（四）相关公众的注意程度；

（五）其他相关因素。

商标申请人的主观意图以及实际混淆的证据可以作为判断混淆可能性的参考因素。

第十三条 当事人依据商标法第十三条第三款主张诉争商标构成对其已注册的驰名商标的复制、摹仿或者翻译而不应予以注册或者应予无效的，人民法院应当综合考虑如下因素，以认定诉争商标的使用是否足以使相关公众认为其与驰名商标具有相当程度的联系，从而误导公众，致使驰名商标注册人的利益可能受到损害：

（一）引证商标的显著性和知名程度；

（二）商标标志是否足够近似；

（三）指定使用的商品情况；

（四）相关公众的重合程度及注意程度；

（五）与引证商标近似的标志被其他市场主体合法使用的情况或者其他相关因素。

第十四条 当事人主张诉争商标构成对其已注册的驰名商标的复制、摹仿或者翻译而不应予以注册或者应予无效，国家知识产权局依据商标法第三十条规定裁决支持其主张的，如果诉争商标注册未满五年，人民法院在当事人陈述意见之后，可以按照商标法第三十条规定进行审理；如果诉争商标注册已满五年，应当适用商标法第十三条第三款进行审理。

第十五条 商标代理人、代表人或者经销、代理等销售代理关系意义上的代理人、代表人未经授权，以自己的名义将与被代理人或者被代表人的商标相同或者近似的商标在相同或者类似商品上申请注册的，人民法院适用商标法第十五条第一款的规定进行审理。

在为建立代理或者代表关系的磋商阶段，前款规定的代理人或者代表人将被代理人或者被代表人的商标申请注册的，人民法院适用商标法第十五条第一款的规定进行审理。

商标申请人与代理人或者代表人之间存在亲属关系等特定身份关系的，可以推定其商标注册行为系与该代理人或者代表人恶意串通，人民法院适用商标法第十五条第一款的规定进行审理。

第十六条 以下情形可以认定为商标法第十五条第二款中规定的"其他关系"：

（一）商标申请人与在先使用人之间具有亲属关系；

（二）商标申请人与在先使用人之间具有劳动关系；

（三）商标申请人与在先使用人营业地址邻近；

（四）商标申请人与在先使用人曾就达成代理、代表关系进行过磋商，但未形成代理、代表关系；

（五）商标申请人与在先使用人曾就达成合同、业务往来关系进行过磋商，但未达成合同、业务往来关系。

第十七条 地理标志利害关系人依据商标法第十六条主张他人商标不应予以注册或者应予无效，如果诉争商标指定使用的商品与地理标志产品并非相同商品，而地理标志利害关系人能够证明诉争商标使用在该产品上仍然容易导致相关公众误认为该产品来源于该地区并因此具有特定的质量、信誉或者其他特征的，人民法院予以支持。

如果该地理标志已经注册为集体商标或者证明商标,集体商标或者证明商标的权利人或者利害关系人可选择依据该条或者另行依据商标法第十三条、第三十条等主张权利。

第十八条　商标法第三十二条规定的在先权利,包括当事人在诉争商标申请日之前享有的民事权利或者其他应予保护的合法权益。诉争商标核准注册时在先权利已不存在的,不影响诉争商标的注册。

第十九条　当事人主张诉争商标损害其在先著作权的,人民法院应当依照著作权法等相关规定,对所主张的客体是否构成作品、当事人是否为著作权人或者其他有权主张著作权的利害关系人以及诉争商标是否构成对著作权的侵害等进行审查。

商标标志构成受著作权法保护的作品的,当事人提供的涉及商标标志的设计底稿、原件、取得权利的合同、诉争商标申请日之前的著作权登记证书等,均可以作为证明著作权归属的初步证据。

商标公告、商标注册证等可以作为确定商标申请人为有权主张商标标志著作权的利害关系人的初步证据。

第二十条　当事人主张诉争商标损害其姓名权,如果相关公众认为该商标标志指代了该自然人,容易认为标记有该商标的商品系经过该自然人许可或者与该自然人存在特定联系的,人民法院应当认定该商标损害了该自然人的姓名权。

当事人以其笔名、艺名、译名等特定名称主张姓名权,该特定名称具有一定的知名度,与该自然人建立了稳定的对应关系,相关公众以其指代该自然人的,人民法院予以支持。

第二十一条　当事人主张的字号具有一定的市场知名度,他人未经许可申请注册与该字号相同或者近似的商标,容易导致相关公众对商品来源产生混淆,当事人以此主张构成在先权益的,人民法院予以支持。

当事人以具有一定市场知名度并已与企业建立稳定对应关系的企业名称的简称为依据提出主张的,适用前款规定。

第二十二条　当事人主张诉争商标损害角色形象著作权的,人民法院按照本规定第十九条进行审查。

对于著作权保护期限内的作品,如果作品名称、作品中的角色名称等具有较高知名度,将其作为商标使用在相关商品上容易导致相关公众误认为其经过权利人的许可或者与权利人存在特定联系,当事人以此主张构成在先权益的,人民法院予以支持。

第二十三条　在先使用人主张商标申请人以不正当手段抢先注册其在先使用并有一定影响的商标的,如果在先使用商标已经有一定影响,而商标申请人明知或者应知该商标,即可推定其构成"以不正当手段抢先注册"。但商标申请人举证证明其没有利用在先使用商标商誉的恶意的除外。

在先使用人举证证明其在先商标有一定的持续使用时间、区域、销售量或者广告宣传的,人民法院可以认定为有一定影响。

在先使用人主张商标申请人在与其不相类似的商品上申请注册其在先使用并有一定影响的商标,违反商标法第三十二条规定的,人民法院不予支持。

第二十四条　以欺骗手段以外的其他方式扰乱商标注册秩序、损害公共利益、不正当占用公共资源或者谋取不正当利益的,人民法院可以认定其属于商标法第四十四条第一款规定的"其他不正当手段"。

第二十五条　人民法院判断诉争商标申请人是否"恶意注册"他人驰名商标,应综合考虑引证商标的知名度、诉争商标申请人申请诉争商标的理由以及使用诉争商标的具体情形来判断其主观意图。引证商标知名度高、诉争商标申请人没有正当理由的,人民法院可以推定其注册构成商标法第四十五条第一款所指的"恶意注册"。

第二十六条 商标权人自行使用、他人经许可使用以及其他不违背商标权人意志的使用,均可认定为商标法第四十九条第二款所称的使用。

实际使用的商标标志与核准注册的商标标志有细微差别,但未改变其显著特征的,可以视为注册商标的使用。

没有实际使用注册商标,仅有转让或者许可行为;或者仅是公布商标注册信息、声明享有注册商标专用权的,不认定为商标使用。

商标权人有真实使用商标的意图,并且有实际使用的必要准备,但因其他客观原因尚未实际使用注册商标的,人民法院可以认定其有正当理由。

第二十七条 当事人主张国家知识产权局下列情形属于行政诉讼法第七十条第(三)项规定的"违反法定程序"的,人民法院予以支持:

(一)遗漏当事人提出的评审理由,对当事人权利产生实际影响的;

(二)评审程序中未告知合议组成员,经审查确有应当回避事由而未回避的;

(三)未通知适格当事人参加评审,该方当事人明确提出异议的;

(四)其他违反法定程序的情形。

第二十八条 人民法院审理商标授权确权行政案件的过程中,国家知识产权局对诉争商标予以驳回、不予核准注册或者予以无效宣告的事由不复存在的,人民法院可以依据新的事实撤销国家知识产权局相关裁决,并判令其根据变更后的事实重新作出裁决。

第二十九条 当事人依据在原行政行为之后新发现的证据,或者在原行政程序中因客观原因无法取得或在规定的期限内不能提供的证据,或者新的法律依据提出的评审申请,不属于以"相同的事实和理由"再次提出评审申请。

在商标驳回复审程序中,国家知识产权局以申请商标与引证商标不构成使用在同一种或者类似商品上的相同或者近似商标为由准予申请商标初步审定公告后,以下情形不视为"以相同的事实和理由"再次提出评审申请:

(一)引证商标所有人或者利害关系人依据该引证商标提出异议,国家知识产权局予以支持,被异议商标申请人申请复审的;

(二)引证商标所有人或者利害关系人在申请商标获准注册后依据该引证商标申请宣告其无效的。

第三十条 人民法院生效裁判对于相关事实和法律适用已作出明确认定,相对人或者利害关系人对于国家知识产权局依据该生效裁判重新作出的裁决提起诉讼的,人民法院依法裁定不予受理;已经受理的,裁定驳回起诉。

第三十一条 本规定自2017年3月1日起施行。人民法院依据2001年修正的商标法审理的商标授权确权行政案件可参照适用本规定。

八、劳 动

中华人民共和国劳动法

（1994年7月5日第八届全国人民代表大会常务委员会第八次会议通过 根据2009年8月27日第十一届全国人民代表大会常务委员会第十次会议《关于修改部分法律的决定》第一次修正 根据2018年12月29日第十三届全国人民代表大会常务委员会第七次会议《关于修改〈中华人民共和国劳动法〉等七部法律的决定》第二次修正）

目 录

第一章 总 则

第一条 【立法宗旨】为了保护劳动者的合法权益，调整劳动关系，建立和维护适应社会主义市场经济的劳动制度，促进经济发展和社会进步，根据宪法，制定本法。

第二条 【适用范围】在中华人民共和国境内的企业、个体经济组织（以下统称用人单位）和与之形成劳动关系的劳动者，适用本法。

国家机关、事业组织、社会团体和与之建立劳动合同关系的劳动者，依照本法执行。

第三条 【劳动者的权利和义务】劳动者享有平等就业和选择职业的权利、取得劳动报酬的权利、休息休假的权利、获得劳动安全卫生保护的权利、接受职业技能培训的权利、享受社会保险和福利的权利、提请劳动争议处理的权利以及法律规定的其他劳动权利。

劳动者应当完成劳动任务，提高职业技能，执行劳动安全卫生规程，遵守劳动纪律和职业道德。

第四条 【用人单位规章制度】用人单位应当依法建立和完善规章制度，保障劳动者享有劳动权利和履行劳动义务。

第五条 【国家发展劳动事业】国家采取各种措施，促进劳动就业，发展职业教育，制定劳动标准，调节社会收入，完善社会保险，协调劳动关系，逐步提高劳动者的生活水平。

第六条 【国家的倡导、鼓励和奖励政策】国家提倡劳动者参加社会义务劳动，开展劳动竞赛和合理化建议活动，鼓励和保护劳动者进行科学研究、技术革新和发明创造，表彰和奖励劳动模范和先进工作者。

第七条 【工会的组织和权利】劳动者有

劳
动

权依法参加和组织工会。

工会代表和维护劳动者的合法权益,依法独立自主地开展活动。

第八条 【劳动者参与民主管理和平等协商】劳动者依照法律规定,通过职工大会、职工代表大会或者其他形式,参与民主管理或者就保护劳动者合法权益与用人单位进行平等协商。

第九条 【劳动行政部门设置】国务院劳动行政部门主管全国劳动工作。

县级以上地方人民政府劳动行政部门主管本行政区域内的劳动工作。

第二章 促进就业

第十条 【国家促进就业政策】国家通过促进经济和社会发展,创造就业条件,扩大就业机会。

国家鼓励企业、事业组织、社会团体在法律、行政法规规定的范围内兴办产业或者拓展经营,增加就业。

国家支持劳动者自愿组织起来就业和从事个体经营实现就业。

第十一条 【地方政府促进就业措施】地方各级人民政府应当采取措施,发展多种类型的职业介绍机构,提供就业服务。

第十二条 【就业平等原则】劳动者就业,不因民族、种族、性别、宗教信仰不同而受歧视。

第十三条 【妇女享有与男子平等的就业权利】妇女享有与男子平等的就业权利。在录用职工时,除国家规定的不适合妇女的工种或者岗位外,不得以性别为由拒绝录用妇女或者提高对妇女的录用标准。

第十四条 【特殊就业群体的就业保护】残疾人、少数民族人员、退出现役的军人的就业,法律、法规有特别规定的,从其规定。

第十五条 【使用童工的禁止】禁止用人单位招用未满16周岁的未成年人。

文艺、体育和特种工艺单位招用未满16周岁的未成年人,必须遵守国家有关规定,并保障其接受义务教育的权利。

第三章 劳动合同和集体合同

第十六条 【劳动合同的概念】劳动合同是劳动者与用人单位确立劳动关系、明确双方权利和义务的协议。

建立劳动关系应当订立劳动合同。

第十七条 【订立和变更劳动合同的原则】订立和变更劳动合同,应当遵循平等自愿、协商一致的原则,不得违反法律、行政法规的规定。

劳动合同依法订立即具有法律约束力,当事人必须履行劳动合同规定的义务。

第十八条 【无效劳动合同】下列劳动合同无效:

(一)违反法律、行政法规的劳动合同;

(二)采取欺诈、威胁等手段订立的劳动合同。

无效的劳动合同,从订立的时候起,就没有法律约束力。确认劳动合同部分无效的,如果不影响其余部分的效力,其余部分仍然有效。

劳动合同的无效,由劳动争议仲裁委员会或者人民法院确认。

第十九条 【劳动合同的形式和内容】劳动合同应当以书面形式订立,并具备以下条款:

(一)劳动合同期限;

(二)工作内容;

(三)劳动保护和劳动条件;

(四)劳动报酬;

(五)劳动纪律;

(六)劳动合同终止的条件;

(七)违反劳动合同的责任。

劳动合同除前款规定的必备条款外,当事人可以协商约定其他内容。

第二十条 【劳动合同的期限】劳动合同的期限分为有固定期限、无固定期限和以完成一定的工作为期限。

劳动者在同一用人单位连续工作满10年以上,当事人双方同意续延劳动合同的,如果劳动者提出订立无固定期限的劳动合同,应当订立无固定期限的劳动合同。

第二十一条 【试用期条款】劳动合同可以约定试用期。试用期最长不得超过6个月。

第二十二条 【保守商业秘密之约定】劳动合同当事人可以在劳动合同中约定保守用人单位商业秘密的有关事项。

第二十三条 【劳动合同的终止】劳动合同期满或者当事人约定的劳动合同终止条件出现,劳动合同即行终止。

第二十四条 【劳动合同的合意解除】经劳动合同当事人协商一致,劳动合同可以解除。

第二十五条 【过失性辞退】劳动者有下列情形之一的,用人单位可以解除劳动合同:

(一)在试用期间被证明不符合录用条件的;

(二)严重违反劳动纪律或者用人单位规章制度的;

(三)严重失职,营私舞弊,对用人单位利益造成重大损害的;

(四)被依法追究刑事责任的。

第二十六条 【非过失性辞退】有下列情形之一的,用人单位可以解除劳动合同,但是应当提前30日以书面形式通知劳动者本人:

(一)劳动者患病或者非因工负伤,医疗期满后,不能从事原工作也不能从事由用人单位另行安排的工作的;

(二)劳动者不能胜任工作,经过培训或者调整工作岗位,仍不能胜任工作的;

(三)劳动合同订立时所依据的客观情况发生重大变化,致使原劳动合同无法履行,经当事人协商不能就变更劳动合同达成协议的。

第二十七条 【用人单位经济性裁员】用人单位濒临破产进行法定整顿期间或者生产经营状况发生严重困难,确需裁减人员的,应当提前30日向工会或者全体职工说明情况,听取工会或者职工的意见,经向劳动行政部门报告后,可以裁减人员。

用人单位依据本条规定裁减人员,在6个月内录用人员的,应当优先录用被裁减的人员。

第二十八条 【用人单位解除劳动合同的经济补偿】用人单位依据本法第二十四条、第二十六条、第二十七条的规定解除劳动合同的,应当依照国家有关规定给予经济补偿。

第二十九条 【用人单位不得解除劳动合同的情形】劳动者有下列情形之一的,用人单位不得依据本法第二十六条、第二十七条的规定解除劳动合同:

(一)患职业病或者因工负伤并被确认丧失或者部分丧失劳动能力的;

(二)患病或者负伤,在规定的医疗期内的;

(三)女职工在孕期、产期、哺乳期内的;

(四)法律、行政法规规定的其他情形。

第三十条 【工会对用人单位解除劳动合同的监督权】用人单位解除劳动合同,工会认为不适当的,有权提出意见。如果用人单位违反法律、法规或者劳动合同,工会有权要求重新处理;劳动者申请仲裁或者提起诉讼的,工会应当依法给予支持和帮助。

第三十一条 【劳动者单方解除劳动合同】劳动者解除劳动合同,应当提前30日以书面形式通知用人单位。

第三十二条 【劳动者无条件解除劳动合同的情形】有下列情形之一的,劳动者可以随时通知用人单位解除劳动合同：

（一）在试用期内的；

（二）用人单位以暴力、威胁或者非法限制人身自由的手段强迫劳动的；

（三）用人单位未按照劳动合同约定支付劳动报酬或者提供劳动条件的。

第三十三条 【**集体合同的内容和签订程序**】企业职工一方与企业可以就劳动报酬、工作时间、休息休假、劳动安全卫生、保险福利等事项，签订集体合同。集体合同草案应当提交职工代表大会或者全体职工讨论通过。

集体合同由工会代表职工与企业签订；没有建立工会的企业，由职工推举的代表与企业签订。

第三十四条 【**集体合同的审查**】集体合同签订后应当报送劳动行政部门；劳动行政部门自收到集体合同文本之日起 15 日内未提出异议的，集体合同即行生效。

第三十五条 【**集体合同的效力**】依法签订的集体合同对企业和企业全体职工具有约束力。职工个人与企业订立的劳动合同中劳动条件和劳动报酬等标准不得低于集体合同的规定。

第四章 工作时间和休息休假

第三十六条 【**标准工作时间**】国家实行劳动者每日工作时间不超过 8 小时、平均每周工作时间不超过 44 小时的工时制度。

第三十七条 【**计件工作时间**】对实行计件工作的劳动者，用人单位应当根据本法第三十六条规定的工时制度合理确定其劳动定额和计件报酬标准。

第三十八条 【**劳动者的周休日**】用人单位应当保证劳动者每周至少休息 1 日。

第三十九条 【**其他工时制度**】企业因生产特点不能实行本法第三十六条、第三十八

条规定的，经劳动行政部门批准，可以实行其他工作和休息办法。

第四十条 【**法定休假节日**】用人单位在下列节日期间应当依法安排劳动者休假：

（一）元旦；

（二）春节；

（三）国际劳动节；

（四）国庆节；

（五）法律、法规规定的其他休假节日。

第四十一条 【**延长工作时间**】用人单位由于生产经营需要，经与工会和劳动者协商后可以延长工作时间，一般每日不得超过 1 小时；因特殊原因需要延长工作时间的，在保障劳动者身体健康的条件下延长工作时间每日不得超过 3 小时，但是每月不得超过 36 小时。

第四十二条 【**特殊情况下的延长工作时间**】有下列情形之一的，延长工作时间不受本法第四十一条规定的限制：

（一）发生自然灾害、事故或者因其他原因，威胁劳动者生命健康和财产安全，需要紧急处理的；

（二）生产设备、交通运输线路、公共设施发生故障，影响生产和公众利益，必须及时抢修的；

（三）法律、行政法规规定的其他情形。

第四十三条 【**用人单位延长工作时间的禁止**】用人单位不得违反本法规定延长劳动者的工作时间。

第四十四条 【**延长工作时间的工资支付**】有下列情形之一的，用人单位应当按照下列标准支付高于劳动者正常工作时间工资的工资报酬：

（一）安排劳动者延长工作时间的，支付不低于工资的150%的工资报酬；

（二）休息日安排劳动者工作又不能安排补休的，支付不低于工资的200%的工资报酬；

（三）法定休假日安排劳动者工作的，支付不低于工资的300%的工资报酬。

第四十五条 【年休假制度】国家实行带薪年休假制度。

劳动者连续工作1年以上的，享受带薪年休假。具体办法由国务院规定。

第五章 工　资

第四十六条 【工资分配基本原则】工资分配应当遵循按劳分配原则，实行同工同酬。

工资水平在经济发展的基础上逐步提高。国家对工资总量实行宏观调控。

第四十七条 【用人单位自主确定工资分配】用人单位根据本单位的生产经营特点和经济效益，依法自主确定本单位的工资分配方式和工资水平。

第四十八条 【最低工资保障】国家实行最低工资保障制度。最低工资的具体标准由省、自治区、直辖市人民政府规定，报国务院备案。

用人单位支付劳动者的工资不得低于当地最低工资标准。

第四十九条 【确定和调整最低工资标准的因素】确定和调整最低工资标准应当综合参考下列因素：

（一）劳动者本人及平均赡养人口的最低生活费用；

（二）社会平均工资水平；

（三）劳动生产率；

（四）就业状况；

（五）地区之间经济发展水平的差异。

第五十条 【工资支付形式和不得克扣、拖欠工资】工资应当以货币形式按月支付给劳动者本人。不得克扣或者无故拖欠劳动者的工资。

第五十一条 【法定休假日等的工资支付】劳动者在法定休假日和婚丧假期间以及依法参加社会活动期间，用人单位应当依法支付工资。

第六章 劳动安全卫生

第五十二条 【劳动安全卫生制度的建立】用人单位必须建立、健全劳动安全卫生制度，严格执行国家劳动安全卫生规程和标准，对劳动者进行劳动安全卫生教育，防止劳动过程中的事故，减少职业危害。

第五十三条 【劳动安全卫生设施】劳动安全卫生设施必须符合国家规定的标准。

新建、改建、扩建工程的劳动安全卫生设施必须与主体工程同时设计、同时施工、同时投入生产和使用。

第五十四条 【用人单位的劳动保护义务】用人单位必须为劳动者提供符合国家规定的劳动安全卫生条件和必要的劳动防护用品，对从事有职业危害作业的劳动者应当定期进行健康检查。

第五十五条 【特种作业的上岗要求】从事特种作业的劳动者必须经过专门培训并取得特种作业资格。

第五十六条 【劳动者在安全生产中的权利和义务】劳动者在劳动过程中必须严格遵守安全操作规程。

劳动者对用人单位管理人员违章指挥、强令冒险作业，有权拒绝执行；对危害生命安全和身体健康的行为，有权提出批评、检举和控告。

第五十七条 【伤亡事故和职业病的统计、报告、处理】国家建立伤亡事故和职业病统计报告和处理制度。县级以上各级人民政府劳动行政部门、有关部门和用人单位应当依法对劳动者在劳动过程中发生的伤亡事故和劳动者的职业病状况，进行统计、报告和处理。

第七章　女职工和未成年工特殊保护

第五十八条　【女职工和未成年工的特殊劳动保护】国家对女职工和未成年工实行特殊劳动保护。

未成年工是指年满16周岁未满18周岁的劳动者。

第五十九条　【女职工禁忌劳动的范围】禁止安排女职工从事矿山井下、国家规定的第四级体力劳动强度的劳动和其他禁忌从事的劳动。

第六十条　【女职工经期的保护】不得安排女职工在经期从事高处、低温、冷水作业和国家规定的第三级体力劳动强度的劳动。

第六十一条　【女职工孕期的保护】不得安排女职工在怀孕期间从事国家规定的第三级体力劳动强度的劳动和孕期禁忌从事的劳动。对怀孕7个月以上的女职工，不得安排其延长工作时间和夜班劳动。

第六十二条　【女职工产期的保护】女职工生育享受不少于90天的产假。

第六十三条　【女职工哺乳期的保护】不得安排女职工在哺乳未满1周岁的婴儿期间从事国家规定的第三级体力劳动强度的劳动和哺乳期禁忌从事的其他劳动，不得安排其延长工作时间和夜班劳动。

第六十四条　【未成年工禁忌劳动的范围】不得安排未成年工从事矿山井下、有毒有害、国家规定的第四级体力劳动强度的劳动和其他禁忌从事的劳动。

第六十五条　【未成年工定期健康检查】用人单位应当对未成年工定期进行健康检查。

第八章　职业培训

第六十六条　【国家发展职业培训事业】国家通过各种途径，采取各种措施，发展职业培训事业，开发劳动者的职业技能，提高劳动者素质，增强劳动者的就业能力和工作能力。

第六十七条　【各级政府的职责】各级人民政府应当把发展职业培训纳入社会经济发展的规划，鼓励和支持有条件的企业、事业组织、社会团体和个人进行各种形式的职业培训。

第六十八条　【用人单位建立职业培训制度】用人单位应当建立职业培训制度，按照国家规定提取和使用职业培训经费，根据本单位实际，有计划地对劳动者进行职业培训。

从事技术工种的劳动者，上岗前必须经过培训。

第六十九条　【职业技能资格】国家确定职业分类，对规定的职业制定职业技能标准，实行职业资格证书制度，由经备案的考核鉴定机构负责对劳动者实施职业技能考核鉴定。

第九章　社会保险和福利

第七十条　【社会保险制度】国家发展社会保险事业，建立社会保险制度，设立社会保险基金，使劳动者在年老、患病、工伤、失业、生育等情况下获得帮助和补偿。

第七十一条　【社会保险水平】社会保险水平应当与社会经济发展水平和社会承受能力相适应。

第七十二条　【社会保险基金】社会保险基金按照保险类型确定资金来源，逐步实行社会统筹。用人单位和劳动者必须依法参加社会保险，缴纳社会保险费。

第七十三条　【享受社会保险待遇的条件和标准】劳动者在下列情形下，依法享受社会保险待遇：

（一）退休；

（二）患病、负伤；

（三）因工伤残或者患职业病；

（四）失业；

（五）生育。

劳动者死亡后，其遗属依法享受遗属津贴。

劳动者享受社会保险待遇的条件和标准由法律、法规规定。

劳动者享受的社会保险金必须按时足额支付。

第七十四条 【社会保险基金管理】社会保险基金经办机构依照法律规定收支、管理和运营社会保险基金，并负有使社会保险基金保值增值的责任。

社会保险基金监督机构依照法律规定，对社会保险基金的收支、管理和运营实施监督。

社会保险基金经办机构和社会保险基金监督机构的设立和职能由法律规定。

任何组织和个人不得挪用社会保险基金。

第七十五条 【补充保险和个人储蓄保险】国家鼓励用人单位根据本单位实际情况为劳动者建立补充保险。

国家提倡劳动者个人进行储蓄性保险。

第七十六条 【职工福利】国家发展社会福利事业，兴建公共福利设施，为劳动者休息、休养和疗养提供条件。

用人单位应当创造条件，改善集体福利，提高劳动者的福利待遇。

第十章 劳动争议

第七十七条 【劳动争议的解决途径】用人单位与劳动者发生劳动争议，当事人可以依法申请调解、仲裁、提起诉讼，也可以协商解决。

调解原则适用于仲裁和诉讼程序。

第七十八条 【劳动争议的处理原则】解决劳动争议，应当根据合法、公正、及时处理的原则，依法维护劳动争议当事人的合法权益。

第七十九条 【劳动争议的调解、仲裁和诉讼的相互关系】劳动争议发生后，当事人可以向本单位劳动争议调解委员会申请调解；调解不成，当事人一方要求仲裁的，可以向劳动争议仲裁委员会申请仲裁。当事人一方也可以直接向劳动争议仲裁委员会申请仲裁。对仲裁裁决不服的，可以向人民法院提起诉讼。

第八十条 【劳动争议的调解】在用人单位内，可以设立劳动争议调解委员会。劳动争议调解委员会由职工代表、用人单位代表和工会代表组成。劳动争议调解委员会主任由工会代表担任。

劳动争议经调解达成协议的，当事人应当履行。

第八十一条 【劳动争议仲裁委员会的组成】劳动争议仲裁委员会由劳动行政部门代表、同级工会代表、用人单位方面的代表组成。劳动争议仲裁委员会主任由劳动行政部门代表担任。

第八十二条 【劳动争议仲裁的程序】提出仲裁要求的一方应当自劳动争议发生之日起60日内向劳动争议仲裁委员会提出书面申请。仲裁裁决一般应在收到仲裁申请的60日内作出。对仲裁裁决无异议的，当事人必须履行。

第八十三条 【仲裁裁决的效力】劳动争议当事人对仲裁裁决不服的，可以自收到仲裁裁决书之日起15日内向人民法院提起诉讼。一方当事人在法定期限内不起诉又不履行仲裁裁决的，另一方当事人可以申请人民法院强制执行。

第八十四条 【集体合同争议的处理】因签订集体合同发生争议，当事人协商解决不成，当地人民政府劳动行政部门可以组织有关各方协调处理。

因履行集体合同发生争议,当事人协商解决不成的,可以向劳动争议仲裁委员会申请仲裁;对仲裁裁决不服的,可以自收到仲裁裁决书之日起15日内向人民法院提起诉讼。

第十一章 监督检查

第八十五条 【劳动行政部门的监督检查】县级以上各级人民政府劳动行政部门依法对用人单位遵守劳动法律、法规的情况进行监督检查,对违反劳动法律、法规的行为有权制止,并责令改正。

第八十六条 【劳动监察机构的监察程序】县级以上各级人民政府劳动行政部门监督检查人员执行公务,有权进入用人单位了解执行劳动法律、法规的情况,查阅必要的资料,并对劳动场所进行检查。

县级以上各级人民政府劳动行政部门监督检查人员执行公务,必须出示证件,秉公执法并遵守有关规定。

第八十七条 【政府有关部门的监察】县级以上各级人民政府有关部门在各自职责范围内,对用人单位遵守劳动法律、法规的情况进行监督。

第八十八条 【工会监督、社会监督】各级工会依法维护劳动者的合法权益,对用人单位遵守劳动法律、法规的情况进行监督。

任何组织和个人对于违反劳动法律、法规的行为有权检举和控告。

第十二章 法律责任

第八十九条 【劳动规章制度违法的法律责任】用人单位制定的劳动规章制度违反法律、法规规定的,由劳动行政部门给予警告,责令改正;对劳动者造成损害的,应当承担赔偿责任。

第九十条 【违法延长工时的法律责任】用人单位违反本法规定,延长劳动者工作时间的,由劳动行政部门给予警告,责令改正,并可以处以罚款。

第九十一条 【用人单位侵权的民事责任】用人单位有下列侵害劳动者合法权益情形之一的,由劳动行政部门责令支付劳动者的工资报酬、经济补偿,并可以责令支付赔偿金:

(一)克扣或者无故拖欠劳动者工资的;

(二)拒不支付劳动者延长工作时间工资报酬的;

(三)低于当地最低工资标准支付劳动者工资的;

(四)解除劳动合同后,未依照本法规定给予劳动者经济补偿的。

第九十二条 【用人单位违反劳动安全卫生规定的法律责任】用人单位的劳动安全设施和劳动卫生条件不符合国家规定或者未向劳动者提供必要的劳动防护用品和劳动保护设施的,由劳动行政部门或者有关部门责令改正,可以处以罚款;情节严重的,提请县级以上人民政府决定责令停产整顿;对事故隐患不采取措施,致使发生重大事故,造成劳动者生命和财产损失的,对责任人员依照刑法有关规定追究刑事责任。

第九十三条 【强令劳动者违章作业的法律责任】用人单位强令劳动者违章冒险作业,发生重大伤亡事故,造成严重后果的,对责任人员依法追究刑事责任。

第九十四条 【用人单位非法招用未成年工的法律责任】用人单位非法招用未满16周岁的未成年人的,由劳动行政部门责令改正,处以罚款;情节严重的,由市场监督管理部门吊销营业执照。

第九十五条 【违反女职工和未成年工保护规定的法律责任】用人单位违反本法对女职工和未成年工的保护规定,侵害其合法权益的,由劳动行政部门责令改正,处以罚款;对女职工或者未成年工造成损害的,应当承担赔偿责任。

第九十六条 【**侵犯劳动者人身自由的法律责任**】用人单位有下列行为之一,由公安机关对责任人员处以 15 日以下拘留、罚款或者警告;构成犯罪的,对责任人员依法追究刑事责任:

(一)以暴力、威胁或者非法限制人身自由的手段强迫劳动的;

(二)侮辱、体罚、殴打、非法搜查和拘禁劳动者的。

第九十七条 【**订立无效合同的民事责任**】由于用人单位的原因订立的无效合同,对劳动者造成损害的,应当承担赔偿责任。

第九十八条 【**违法解除或故意拖延不订立劳动合同的法律责任**】用人单位违反本法规定的条件解除劳动合同或者故意拖延不订立劳动合同的,由劳动行政部门责令改正;对劳动者造成损害的,应当承担赔偿责任。

第九十九条 【**招用尚未解除劳动合同者的法律责任**】用人单位招用尚未解除劳动合同的劳动者,对原用人单位造成经济损失的,该用人单位应当依法承担连带赔偿责任。

第一百条 【**用人单位不缴纳社会保险费的法律责任**】用人单位无故不缴纳社会保险费的,由劳动行政部门责令其限期缴纳;逾期不缴的,可以加收滞纳金。

第一百零一条 【**阻挠监督检查、打击报复举报人员的法律责任**】用人单位无理阻挠劳动行政部门、有关部门及其工作人员行使监督检查权,打击报复举报人员的,由劳动行政部门或者有关部门处以罚款;构成犯罪的,对责任人员依法追究刑事责任。

第一百零二条 【**劳动者违法解除劳动合同或违反保密约定的民事责任**】劳动者违反本法规定的条件解除劳动合同或者违反劳动合同中约定的保密事项,对用人单位造成经济损失的,应当依法承担赔偿责任。

第一百零三条 【**劳动行政部门和有关部门工作人员渎职的法律责任**】劳动行政部门或者有关部门的工作人员滥用职权、玩忽职守、徇私舞弊,构成犯罪的,依法追究刑事责任;不构成犯罪的,给予行政处分。

第一百零四条 【**挪用社会保险基金的法律责任**】国家工作人员和社会保险基金经办机构的工作人员挪用社会保险基金,构成犯罪的,依法追究刑事责任。

第一百零五条 【**其他法律、行政法规的处罚效力**】违反本法规定侵害劳动者合法权益,其他法律、行政法规已规定处罚的,依照该法律、行政法规的规定处罚。

第十三章 附 则

第一百零六条 【**省级人民政府实施步骤的制定和备案**】省、自治区、直辖市人民政府根据本法和本地区的实际情况,规定劳动合同制度的实施步骤,报国务院备案。

第一百零七条 【**施行时间**】本法自 1995 年 1 月 1 日起施行。

劳动部关于贯彻执行《中华人民共和国劳动法》若干问题的意见

(1995 年 8 月 4 日 劳部发〔1995〕309 号)

《中华人民共和国劳动法》(以下简称劳动法)已于 1995 年 1 月 1 日起施行,现就劳动法在贯彻执行中遇到的若干问题提出以下意见。

一、适 用 范 围

1. 劳动法第二条中的"个体经济组织"

是指一般雇工在七人以下的个体工商户。

2. 中国境内的企业、个体经济组织与劳动者之间,只要形成劳动关系,即劳动者事实上已成为企业、个体经济组织的成员,并为其提供有偿劳动,适用劳动法。

3. 国家机关、事业组织、社会团体实行劳动合同制度的以及按规定应实行劳动合同制度的工勤人员;实行企业化管理的事业组织的人员;其他通过劳动合同与国家机关、事业组织、社会团体建立劳动关系的劳动者,适用劳动法。

4. 公务员和比照实行公务员制度的事业组织和社会团体的工作人员,以及农村劳动者(乡镇企业职工和进城务工、经商的农民除外)、现役军人和家庭保姆等不适用劳动法。

5. 中国境内的企业、个体经济组织在劳动法中被称为用人单位。国家机关、事业组织、社会团体和与之建立劳动合同关系的劳动者依照劳动法执行。根据劳动法的这一规定,国家机关、事业组织、社会团体应当视为用人单位。

二、劳动合同和集体合同①

(一)劳动合同的订立

6. 用人单位应与其富余人员、放长假的职工,签订劳动合同,但其劳动合同与在岗职工的劳动合同在内容上可以有所区别。用人单位与劳动者经协商一致可以在劳动合同中就不在岗期间的有关事项作出规定。

7. 用人单位应与其长期被外单位借用的人员、带薪上学人员、以及其他非在岗但仍保持劳动关系的人员签订劳动合同,但在外借和上学期间,劳动合同中的某些相关条款经双方协商可以变更。

8. 请长病假的职工,在病假期间与原单位保持着劳动关系,用人单位应与其签订劳动合同。

9. 原固定工中经批准的停薪留职人员,愿意回原单位继续工作的,原单位应与其签订劳动合同;不愿回原单位继续工作的,原单位可以与其解除劳动关系。

10. 根据劳动部《实施〈劳动法〉中有关劳动合同问题的解答》(劳部发〔1995〕202号)的规定,党委书记、工会主席等党群专职人员也是职工的一员,依照劳动法的规定,与用人单位签订劳动合同。对于有特殊规定的,可以按有关规定办理。

11. 根据劳动部《实施〈劳动法〉中有关劳动合同问题的解答》(劳部发〔1995〕202号)的规定,经理由其上级部门聘任(委任)的,应与聘任(委任)部门签订劳动合同。实行公司制的经理和有关经营管理人员,应依据《中华人民共和国公司法》的规定与董事会签订劳动合同。

12. 在校生利用业余时间勤工助学,不视为就业,未建立劳动关系,可以不签订劳动合同。

13. 用人单位发生分立或合并后,分立或合并后的用人单位可依据其实际情况与原用人单位的劳动者遵循平等自愿、协商一致的原则变更原劳动合同。

14. 派出到合资、参股单位的职工如果与原单位仍保持着劳动关系,应当与原单位签订劳动合同,原单位可就劳动合同的有关内容在与合资、参股单位订立的劳务合同时,明确职工的工资、保险、福利、休假等有关待遇。

15. 租赁经营(生产)、承包经营(生产)的企业,所有权并没有发生改变,法人名称未变,在与职工订立劳动合同时,该企业仍为用

---

① 本部分内容与《劳动合同法》、《劳动合同法实施条例》冲突的,以《劳动合同法》及其实施条例为准。

人单位一方。依据租赁合同或承包合同，租赁人、承包人如果作为该企业的法定代表人或者该法定代表人的授权委托人时，可代表该企业（用人单位）与劳动者订立劳动合同。

16. 用人单位与劳动者签订劳动合同时，劳动合同可以由用人单位拟定，也可以由双方当事人共同拟定，但劳动合同必须经双方当事人协商一致后才能签订，职工被迫签订的劳动合同或未经协商一致签订的劳动合同为无效劳动合同。

17. 用人单位与劳动者之间形成了事实劳动关系，而用人单位故意拖延不订立劳动合同，劳动行政部门应予以纠正。用人单位因此给劳动者造成损害的，应按劳动部《违反〈劳动法〉有关劳动合同规定的赔偿办法》（劳部发〔1995〕223号）的规定进行赔偿。

（二）劳动合同的内容

18. 劳动者被用人单位录用后，双方可以在劳动合同中约定试用期，试用期应包括在劳动合同期限内。

19. 试用期是用人单位和劳动者为相互了解、选择而约定的不超过六个月的考察期。一般对初次就业或再次就业的职工可以约定。在原固定工进行劳动合同制度的转制过程中，用人单位与原固定工签订劳动合同时，可以不再约定试用期。

20. 无固定期限的劳动合同是指不约定终止日期的劳动合同。按照平等自愿、协商一致的原则，用人单位和劳动者只要达成一致，无论初次就业的，还是由固定工转制的，都可以签订无固定期限的劳动合同。

无固定期限的劳动合同不得将法定解除条件约定为终止条件，以规避解除劳动合同时用人单位应承担支付给劳动者经济补偿的义务。

21. 用人单位经批准招用农民工，其劳动合同期限可以由用人单位和劳动者协商确定。

从事矿山井下以及在其他有害身体健康的工种、岗位工作的农民工，实行定期轮换制度，合同期限最长不超过八年。

22. 劳动法第二十条中的"在同一用人单位连续工作满十年以上"是指劳动者与同一用人单位签订的劳动合同的期限不间断达到十年，劳动合同期满双方同意续订劳动合同时，只要劳动者提出签订无固定期限劳动合同的，用人单位应当与其签订无固定期限的劳动合同。在固定工转制中各地如有特殊规定的，从其规定。

23. 用人单位用于劳动者职业技能培训费用的支付和劳动者违约时培训费的赔偿可以在劳动合同中约定，但约定劳动者违约时负担的培训费和赔偿金的标准不得违反劳动部《违反〈劳动法〉有关劳动合同规定的赔偿办法》（劳部发〔1995〕223号）等有关规定。

24. 用人单位在与劳动者订立劳动合同时，不得以任何形式向劳动者收取定金、保证金（物）或抵押金（物）。对违反以上规定的，应按照劳动部、公安部、全国总工会《关于加强外商投资企业和私营企业劳动管理切实保障职工合法权益的通知》（劳部发〔1994〕118号）和劳动部办公厅《对"关于国有企业和集体所有制企业能否参照执行劳部发〔1994〕118号文件中的有关规定的请示"的复函》（劳办发〔1994〕256号）的规定，由公安部门和劳动行政部门责令用人单位立即退还给劳动者本人。

（三）经济性裁员

25. 依据劳动法第二十七条和劳动部《企业经济性裁减人员规定》①（劳部发〔1994

---

① 因与《劳动合同法》不一致，《企业经济性裁减人员规定》已被列入拟修订的劳动和社会保障规章目录。

447 号)第四条的规定,用人单位确需裁减人员,应按下列程序进行:

(1)提前 30 日向工会或全体职工说明情况,并提供有关生产经营状况的资料;

(2)提出裁减人员方案,内容包括:被裁减人员名单、裁减时间及实施步骤,符合法律、法规规定和集体合同约定的被裁减人员的经济补偿办法;

(3)将裁减人员方案征求工会或者全体职工的意见,并对方案进行修改和完善;

(4)向当地劳动行政部门报告裁减人员方案以及工会或者全体职工的意见,并听取劳动行政部门的意见;

(5)由用人单位正式公布裁减人员方案,与被裁减人员办理解除劳动合同手续,按照有关规定向被裁减人员本人支付经济补偿金,并出具裁减人员证明书。

(四)劳动合同的解除和无效劳动合同

26. 劳动合同的解除是指劳动合同订立后,尚未全部履行以前,由于某种原因导致劳动合同一方或双方当事人提前消灭劳动关系的法律行为。劳动合同的解除分为法定解除和约定解除两种。根据劳动法的规定,劳动合同既可以由单方依法解除,也可以双方协商解除。劳动合同的解除,只对未履行的部分发生效力,不涉及已履行的部分。

27. 无效劳动合同是指所订立的劳动合同不符合法定条件,不能发生当事人预期的法律后果的劳动合同。劳动合同的无效由人民法院或劳动争议仲裁委员会确认,不能由合同双方当事人决定。

28. 劳动者涉嫌违法犯罪被有关机关收容审查、拘留或逮捕的,用人单位在劳动者被限制人身自由期间,可与其暂时停止劳动合同的履行。

暂时停止履行劳动合同期间,用人单位不承担劳动合同规定的相应义务。劳动者经证明被错误限制人身自由的,暂时停止履行劳动合同期间劳动者的损失,可由其依据《国家赔偿法》要求有关部门赔偿。

29. 劳动者被依法追究刑事责任的,用人单位可依据劳动法第二十五条解除劳动合同。

"被依法追究刑事责任"是指:被人民检察院免予起诉的、被人民法院判处刑罚的、被人民法院依据刑法第三十二条免予刑事处分的。

劳动者被人民法院判处拘役、3 年以下有期徒刑缓刑的,用人单位可以解除劳动合同。

30. 劳动法第二十五条为用人单位可以解除劳动合同的条款,即使存在第二十九条规定的情况,只要劳动者同时存在第二十五条规定的四种情形之一,用人单位也可以根据第二十五条的规定解除劳动合同。

31. 劳动者被劳动教养的,用人单位可以依据被劳教的事实解除与该劳动者的劳动合同。

32. 按照劳动法第三十一条的规定,劳动者解除劳动合同,应当提前 30 日以书面形式通知用人单位。超过 30 日,劳动者可以向用人单位提出办理解除劳动合同手续,用人单位予以办理。如果劳动者违法解除劳动合同给原用人单位造成经济损失,应当承担赔偿责任。

33. 劳动者违反劳动法规定或劳动合同的约定解除劳动合同(如擅自离职),给用人单位造成经济损失的,应当根据劳动法第一百零二条和劳动部《违反〈劳动法〉有关劳动合同规定的赔偿办法》(劳部发〔1995〕223 号)的规定,承担赔偿责任。

34. 除劳动法第二十五条规定的情形外,劳动者在医疗期、孕期、产期和哺乳期内,劳动合同期限届满时,用人单位不得终止劳动合同。劳动合同的期限应自动延续至医疗期、孕期、产期和哺乳期满为止。

35. 请长病假的职工在医疗期满后,能从事原工作的,可以继续履行劳动合同;医疗期满后仍不能从事原工作也不能从事由单位另行安排的工作的,由劳动鉴定委员会参照工伤与职业病致残程度鉴定标准进行劳动能力鉴定。被鉴定为一至四级的,应当退出劳动岗位,解除劳动关系,办理因病或非因工负伤退休退职手续,享受相应的退休退职待遇;被鉴定为五至十级的,用人单位可以解除劳动合同,并按规定支付经济补偿金和医疗补助费。

(五)解除劳动合同的经济补偿

36. 用人单位依据劳动法第二十四条、第二十六条、第二十七条的规定解除劳动合同,应当按照劳动法和劳动部《违反和解除劳动合同的经济补偿办法》(劳部发〔1994〕481号)①支付劳动者经济补偿金。

37. 根据《民法通则》第四十四条第二款"企业法人分立、合并,它的权利和义务由变更后的法人享有和承担"的规定,用人单位发生分立或合并后,分立或合并后的用人单位可依据其实际情况与原用人单位的劳动者遵循平等自愿、协商一致的原则变更、解除或重新签订劳动合同。在此种情况下的重新签订劳动合同视为原劳动合同的变更,用人单位变更劳动合同,劳动者不能依据劳动法第二十八条要求经济补偿。

38. 劳动合同期满或者当事人约定的劳动合同终止条件出现,劳动合同即行终止,用人单位可以不支付劳动者经济补偿金。国家另有规定的,可以从其规定。

39. 用人单位依据劳动法第二十五条解除劳动合同,可以不支付劳动者经济补偿金。

40. 劳动者依据劳动法第三十二条第(一)项解除劳动合同,用人单位可以不支付经济补偿金,但应按照劳动者的实际工作天数支付工资。

41. 在原固定工实行劳动合同制度的过程中,企业富余职工辞职,经企业同意可以不与企业签订劳动合同的,企业应根据《国有企业富余职工安置规定》(国务院令第111号,1993年公布)发给劳动者一次性生活补助费。

42. 职工在接近退休年龄(按有关规定一般为五年以内)时因劳动合同到期终止劳动合同的,如果符合退休、退职条件,可以办理退休、退职手续;不符合退休、退职条件的,在终止劳动合同后按规定领取失业救济金。享受失业救济金的期限届满后仍未就业,符合社会救济条件的,可以按规定领取社会救济金,达到退休年龄时办理退休手续,领取养老保险金。

43. 劳动合同解除后,用人单位对符合规定的劳动者应支付经济补偿金。不能因劳动者领取了失业救济金而拒付或克扣经济补偿金,失业保险机构也不得以劳动者领取了经济补偿金为由,停发或减发失业救济金。

(六)体制改革过程中实行劳动合同制度的有关政策

44. 困难企业签订劳动合同,应区分不同情况,有些亏损企业属政策性亏损,生产仍在进行,还能发出工资,应该按照劳动法的规定签订劳动合同。已经停产半停产的企业,要根据具体情况签订劳动合同,保证这些企业职工的基本生活。

45. 在国有企业固定工转制过程中,劳动者无正当理由不得单方面与用人单位解除劳动关系;用人单位也不得以实行劳动合同制度为由,借机辞退部分职工。

46. 关于在企业内录干、聘干问题,劳动

---

① 因与《劳动合同法》不一致,《违反和解除劳动合同的经济补偿办法》已被列入拟修订的劳动和社会保障规章目录。

法规定用人单位内的全体职工统称为劳动者,在同一用人单位内,各种不同的身份界限随之打破。应该按照劳动法的规定,通过签订劳动合同来明确劳动者的工作内容、岗位等。用人单位根据工作需要,调整劳动者的工作岗位时,可以与劳动者协商一致,变更劳动合同的相关内容。

47. 由于各用人单位千差万别,对工作内容、劳动报酬的规定也就差异很大,因此,国家不宜制定统一的劳动合同标准文本。目前,各地、各行业制定并向企业推荐的劳动合同文本,对于用人单位和劳动者双方有一定的指导意义,但这些劳动合同文本只能供用人单位和劳动者参考。

48. 按照劳动部办公厅《对全面实行劳动合同制若干问题的请示的复函》(劳办发〔1995〕19号)的规定,各地企业在与原固定工签订劳动合同时,应注意保护老弱病残职工的合法权益。对工作时间较长,年龄较大的职工,各地可以根据劳动法第一百零六条制定一次性的过渡政策,具体办法由各省、自治区、直辖市确定。

49. 在企业全面建立劳动合同制度以后,原合同制工人与本企业内的原固定工应享受同等待遇。是否发给15%的工资性补贴,可以由各省、自治区、直辖市人民政府根据劳动法第一百零六条在制定劳动合同制度的实施步骤时加以规定。

50. 在目前工伤保险和残疾人康复就业制度尚未建立和完善的情况下,对因工部分丧失劳动能力的职工,劳动合同期满也不能终止劳动合同,仍由原单位按照国家有关规定提供医疗等待遇。

(七)集体合同

51. 当前签订集体合同的重点应在非国有企业和现代企业制度试点的企业进行,积累经验,逐步扩大范围。

52. 关于国有企业在承包制条件下签订的"共保合同",凡内容符合劳动法和有关法律、法规和规章关于集体合同规定的,应按照有关规定办理集体合同送审、备案手续;凡不符合劳动法和有关法律、法规和规章规定的,应积极创造条件逐步向规范的集体合同过渡。

三、工 资

(一)最低工资

53. 劳动法中的"工资"是指用人单位依据国家有关规定或劳动合同的约定,以货币形式直接支付给本单位劳动者的劳动报酬,一般包括计时工资、计件工资、奖金、津贴和补贴、延长工作时间的工资报酬以及特殊情况下支付的工资等。"工资"是劳动者劳动收入的主要组成部分。劳动者的以下劳动收入不属于工资范围:(1)单位支付给劳动者个人的社会保险福利费用,如丧葬抚恤救济费、生活困难补助费、计划生育补贴等;(2)劳动保护方面的费用,如用人单位支付给劳动者的工作服、解毒剂、清凉饮料费用等;(3)按规定未列入工资总额的各种劳动报酬及其他劳动收入,如根据国家规定发放的创造发明奖、国家星火奖、自然科学奖、科学技术进步奖、合理化建议和技术改进奖、中华技能大奖等,以及稿费、讲课费、翻译费等。

54. 劳动法第四十八条中的"最低工资"是指劳动者在法定工作时间内履行了正常劳动义务的前提下,由其所在单位支付的最低劳动报酬。最低工资不包括延长工作时间的工资报酬,以货币形式支付的住房和用人单位支付的伙食补贴,中班、夜班、高温、低温、井下、有毒、有害等特殊工作环境和劳动条件下的津贴,国家法律、法规、规章规定的社会保险福利待遇。

55. 劳动法第四十四条中的"劳动者正常工作时间工资"是指劳动合同规定的劳动

者本人所在工作岗位(职位)相对应的工资。鉴于当前劳动合同制度尚处于推进过程中，按上述规定执行确有困难的用人单位，地方或行业劳动部门可在不违反劳动部《关于工资〈支付暂行规定〉有关问题的补充规定》(劳部发〔1995〕226 号)文件所确定的总的原则的基础上，制定过渡办法。

56. 在劳动合同中，双方当事人约定的劳动者在未完成劳动定额或承包任务的情况下，用人单位可低于最低工资标准支付劳动者工资的条款不具有法律效力。

57. 劳动者与用人单位形成或建立劳动关系后，试用、熟练、见习期间，在法定工作时间内提供了正常劳动，其所在的用人单位应当支付其不低于最低工资标准的工资。

58. 企业下岗待工人员，由企业依据当地政府的有关规定支付其生活费，生活费可以低于最低工资标准，下岗待工人员中重新就业的，企业应停发其生活费。女职工因生育、哺乳请长假而下岗，在其享受法定产假期间，依法领取生育津贴；没有参加生育保险的企业，由企业照发原工资。

59. 职工患病或非因工负伤治疗期间，在规定的医疗期间内由企业按有关规定支付其病假工资或疾病救济费，病假工资或疾病救济费可以低于当地最低工资标准支付，但不能低于最低工资标准的 80%。

(二)延长工作时间的工资报酬

60. 实行每天不超过 8 小时，每周不超过 44 小时或 40 小时标准工作时间制度的企业，以及经批准实行综合计算工时工作制的企业，应当按照劳动法的规定支付劳动者延长工作时间的工资报酬。全体职工已实行劳动合同制度的企业，一般管理人员(实行不定时工作制人员除外)经批准延长工作时间的，可以支付延长工作时间的工资报酬。

61. 实行计时工资制的劳动者的日工资，按其本人月工资标准除以平均每月法定工作天数(实行每周 40 小时工作制的为 21.16 天，实行每周 44 小时工作制的为 23.33 天)进行计算。

62. 实行综合计算工时工作制的企业职工，工作日正好是周休息日的，属于正常工作；工作日正好是法定节假日时，要依照劳动法第四十四条第(三)项的规定支付职工的工资报酬。

(三)有关企业工资支付的政策

63. 企业克扣或无故拖欠劳动者工资的，劳动监察部门应根据劳动法第九十一条、劳动部《违反和解除劳动合同的经济补偿办法》第三条、《违反〈中华人民共和国劳动法〉行政处罚办法》第六条予以处理。

64. 经济困难的企业执行劳动部《工资支付暂行规定》(劳部发〔1994〕489 号)确有困难，应根据以下规定执行：

(1)《关于做好国有企业职工和离退休人员基本生活保障工作的通知》(国发〔1993〕76 号)的规定，"企业发放工资确有困难时，应发给职工基本生活费，具体标准由各地区、各部门根据实际情况确定"；

(2)《关于国有企业流动资金贷款的紧急通知》(银传〔1994〕34 号)的规定，"地方政府通过财政补贴，企业主管部门有可能也要拿出一部分资金，银行要拿出一部分贷款，共同保证职工基本生活和社会的稳定"；

(3)《国有企业富余职工安置规定》(国务院令第 111 号，1993 年发布)的规定："企业可以对职工实行有限期的放假。职工放假期间，由企业发给生活费"。

四、工作时间和休假

(一)综合计算工作时间

65. 经批准实行综合计算工作时间的用人单位，分别以周、月、季、年等为周期综合计算工作时间，但其平均日工作时间和平均周工作时间应与法定标准工作时间基本相同。

66. 对于那些在市场竞争中，由于外界因素的影响，生产任务不均衡的企业的部分职工，经劳动行政部门严格审批后，可以参照综合计算工时工作制的办法实施，但用人单位应采取适当方式确保职工的休息休假权利和生产、工作任务的完成。

67. 经批准实行不定时工作制的职工，不受劳动法第四十一条规定的日延长工作时间标准和月延长工作时间标准的限制，但用人单位应采用弹性工作时间等适当的工作和休息方式，确保职工的休息休假权利和生产、工作任务的完成。

68. 实行标准工时制度的企业，延长工作时间应严格按劳动法第四十一条的规定执行，不能按季、年综合计算延长工作时间。

69. 中央直属企业、企业化管理的事业单位实行不定时工作制和综合计算工时工作制等其他工作和休息办法的，须经国务院行业主管部门审核，报国务院劳动行政部门批准。地方企业实行不定时工作制和综合计算工时工作制等其他工作和休息办法的审批办法，由省、自治区、直辖市人民政府劳动行政部门制定，报国务院劳动行政部门备案。

（二）延长工作时间

70. 休息日安排劳动者工作的，应先按同等时间安排其补休，不能安排补休的应按劳动法第四十四条第（二）项的规定支付劳动者延长工作时间的工资报酬。法定节假日（元旦、春节、劳动节、国庆节）安排劳动者工作的，应按劳动法第四十四条第（三）项支付劳动者延长工作时间的工资报酬。

71. 协商是企业决定延长工作时间的程序（劳动法第四十二条和《劳动部贯彻〈国务院关于职工工作时间的规定〉的实施办法》第七条规定除外），企业确因生产经营需要，必须延长工作时间时，应与工会和劳动者协商。协商后，企业可以在劳动法限定的延长工作时数内决定延长工作时间，对企业违反法律、法规强迫劳动者延长工作时间的，劳动者有权拒绝。若由此发生劳动争议，可以提请劳动争议处理机构予以处理。

（三）休假

72. 实行新工时制度后，企业职工原有的年休假制度仍然实行。在国务院尚未作出新的规定之前，企业可以按照1991年6月5日《中共中央国务院关于职工休假问题的通知》，安排职工休假。

五、社　会　保　险

73. 企业实施破产时，按照国家有关企业破产的规定，从其财产清产和土地转让所得中按实际需要划拨出社会保险费用和职工再就业的安置费。其划拨的养老保险费和失业保险费由当地社会保险基金经办机构和劳动部门就业服务机构接收，并负责支付离退休人员的养老保险费用和支付失业人员应享受的失业保险待遇。

74. 企业富余职工、请长假人员、请长病假人员、外借人员和带薪上学人员，其社会保险费仍按规定由原单位和个人继续缴纳，缴纳保险费期间计算为缴费年限。

75. 用人单位全部职工实行劳动合同制度后，职工在用人单位内由转制前的原工人岗位转为原干部（技术）岗位或由原干部（技术）岗位转为原工人岗位，其退休年龄和条件，按现岗位国家规定执行。

76. 依据劳动部《企业职工患病或非因工负伤医疗期的规定》（劳部发〔1994〕479号）和劳动部《关于贯彻〈企业职工患病或非因工负伤医疗期的规定〉的通知》（劳部发〔1995〕236号），职工患病或非因工负伤，根据本人实际参加工作的年限和本企业工作年限长短，享受3-24个月的医疗期。对于某些患特殊疾病（如癌症、精神病、瘫痪等）的职工,在 24 个月内尚不能痊愈的,经企业和当地劳动部门批准,可以适当延长医疗期。

77. 劳动者的工伤待遇在国家尚未颁布新的工伤保险法律、行政法规之前,各类企业仍要执行《劳动保险条例》及相关的政策规定,如果当地政府已实行工伤保险制度改革的,应执行当地的新规定;个体经济组织的劳动者的工伤保险参照企业职工的规定执行;国家机关、事业组织、社会团体的劳动者的工伤保险,如果包括在地方人民政府的工伤改革规定范围内的,按地方政府的规定执行。

78. 劳动者患职业病按照 1987 年由卫生部等部门发布的《职业病范围和职业病患者处理办法的规定》和所附的"职业病名单"(〔87〕卫防第 60 号)处理,经职业病诊断机构确诊并发给《职业病诊断证明书》,劳动行政部门据此确认工伤,并通知用人单位或者社会保险基金经办机构发给有关工伤保险待遇;劳动者因工负伤的,劳动行政部门根据企业的工伤事故报告和工伤者本人的申请,作出工伤认定,由社会保险基金经办机构或用人单位,发给有关工伤保险待遇。患职业病或工伤致残的,由当地劳动鉴定委员会按照劳动部《职工工伤和职业病致残程度鉴定标准》(劳险字〔1992〕6 号)①评定伤残等级和护理依赖程度。劳动鉴定委员会的伤残等级和护理依赖程度的结论,以医学检查、诊断结果为技术依据。

79. 劳动者因工负伤或患职业病,用人单位应按国家和地方政府的规定进行工伤事故报告,或者经职业病诊断机构确诊进行职业病报告。用人单位和劳动者有权按规定向当地劳动行政部门报告。如果用人单位瞒报、漏报工作或职业病,工会、劳动者可以向劳动行政部门报告。经劳动行政部门确认后,用人单位或社会保险基金经办机构应补发工伤保险待遇。

80. 劳动者对劳动行政部门作出的工伤或职业病的确认意见不服,可依法提起行政复议或行政诉讼。

81. 劳动者被认定患职业病或因工负伤后,对劳动鉴定委员会作出的伤残等级和护理依赖程度鉴定结论不服,可依法提起行政复议或行政诉讼。对劳动能力鉴定结论所依据的医学检查、诊断结果有异议的,可以要求复查诊断,复查诊断按各省、自治区和直辖市劳动鉴定委员会规定的程序进行。

六、劳动争议

82. 用人单位与劳动者发生劳动争议不论是否订立劳动合同,只要存在事实劳动关系,并符合劳动法的适用范围和《中华人民共和国企业劳动争议处理条例》②的受案范围,劳动争议仲裁委员会均应受理。

83. 劳动合同鉴证是劳动行政部门审查、证明劳动合同的真实性、合法性的一项行政监督措施,尤其在劳动合同制度全面实施的初期有其必要性。劳动行政部门鼓励并提倡用人单位和劳动者进行劳动合同鉴证。劳动争议仲裁委员会不能以劳动合同未经鉴证为由不受理相关的劳动争议案件。

84. 国家机关、事业组织、社会团体与本单位工人以及其他与之建立劳动合同关系的劳动者之间,个体工商户与帮工、学徒之间,以及军队、武警部队的事业组织和企业与其

---

① 自 2015 年 1 月 1 日起,劳动能力鉴定适用新标准《劳动能力鉴定 职工工伤与职业病致残等级(GB/T 16180—2014)》。

② 自 2008 年 5 月 1 日起,劳动争议的调解、仲裁程序应按《中华人民共和国劳动争议调解仲裁法》的规定执行。

无军籍的职工之间发生的劳动争议,只要符合劳动争议的受案范围,劳动争议仲裁委员会应予受理。

85. "劳动争议发生之日"是指当事人知道或者应当知道其权利被侵害之日。

86. 根据《中华人民共和国商业银行法》的规定,商业银行为企业法人。商业银行与其职工适用《劳动法》、《中华人民共和国企业劳动争议处理条例》等劳动法律、法规和规章。商业银行与其职工发生的争议属于劳动争议的受案范围的,劳动争议仲裁委员会应予受理。

87. 劳动法第二十五条第(三)项中的"重大损害",应由企业内部规章来规定,不便于在全国对其作统一解释。若用人单位以此为由解除劳动合同,与劳动者发生劳动争议,当事人向劳动争议仲裁委员会申请仲裁的,由劳动争议仲裁委员会根据企业类型、规模和损害程度等情况,对企业规章中规定的"重大损害"进行认定。

88. 劳动监察是劳动法授予劳动行政部门的职责,劳动争议仲裁是劳动法授予各级劳动争议仲裁委员会的职能。用人单位或行业部门不能设立劳动监察机构和劳动争议仲裁委员会,也不能设立劳动行政部门劳动监察机构的派出机构和劳动争议仲裁委员会的派出机构。

89. 劳动争议当事人向企业劳动争议调解委员会申请调解,从当事人提出申请之日起,仲裁申诉时效中止,企业劳动争议调解委员会应当在30日内结束调解,即中止期间最长不得超过30日。结束调解之日起,当事人的申诉时效继续计算。调解超过30日的,申诉时效从30日之后的第一天继续计算。

90. 劳动争议仲裁委员会的办事机构对未予受理的仲裁申请,应逐件向仲裁委员会报告并说明情况,仲裁委员会认为应当受理的,应及时通知当事人。当事人从申请至受理的期间应视为时效中止。

七、法律责任

91. 劳动法第九十一条的含义是,如果用人单位实施了本条规定的前三项侵权行为之一的,劳动行政部门应责令用人单位支付劳动者的工资报酬和经济补偿,并可以责令支付赔偿金。如果用人单位实施了本条规定的第四项侵权行为,即解除劳动合同后未依法给予劳动者经济补偿的,因不存在支付工资报酬的问题,故劳动行政部门只责令用人单位支付劳动者经济补偿,还可以支付赔偿金。

92. 用人单位实施下列行为之一的,应认定为劳动法第一百零一条中的"无理阻挠"行为:

(1)阻止劳动监督检查人员进入用人单位内(包括进入劳动现场)进行监督检查的;

(2)隐瞒事实真相,出具伪证,或者隐匿、毁灭证据的;

(3)拒绝提供有关资料的;

(4)拒绝在规定的时间和地点就劳动行政部门所提问题作出解释和说明的;

(5)法律、法规和规章规定的其他情况。

八、适用法律

93. 劳动部、外经贸部《外商投资企业劳动管理规定》(劳部发〔1994〕246号)①与劳动部《违反和解除劳动合同的经济补偿办法》(劳部发〔1994〕481号)中关于解除劳动合同的经济补偿规定是一致的,246号文中的"生

---

① 该规定已被《关于废止部分劳动和社会保障规章的决定》(2007年11月9日劳动和社会保障部令第29号)废止。

活补助费"是劳动法第二十八条所指经济补偿的具体化,与481号文中的"经济补偿金"可视为同一概念。

94. 劳动部、外经贸部《外商投资企业劳动管理规定》(劳动发〔1994〕246号)与劳动部《违反〈中华人民共和国劳动法〉行政处罚办法》(劳部发〔1994〕532号)在企业低于当地最低工资标准支付职工工资应付赔偿金的标准,延长工作时间的罚款标准,阻止劳动监察人员行使监督检查权的罚款标准等方面规定不一致,按照同等效力的法律规范新法优于旧法执行的原则,应执行劳动部劳部发〔1994〕532号规章。

95. 劳动部《企业最低工资规定》(劳部发〔1993〕333号)①与劳动部《违反〈中华人民共和国劳动法〉行政处罚办法》(劳部发〔1994〕532号)在拖欠或低于国家最低工资标准支付工资的赔偿金标准方面规定不一致,应按劳动部劳部发〔1994〕532号规章执行。

96. 劳动部《违反〈中华人民共和国劳动法〉行政处罚办法》(劳部发〔1994〕532号)对行政处罚行为、处罚标准未作规定,而其他劳动行政规章和地方政府规章作了规定的,按有关规定执行。

97. 对违反劳动法的用人单位,劳动行政部门有权依据劳动法律、法规和规章的规定予以处理,用人单位对劳动行政部门作出的行政处罚决定不服,在法定期限内不提起诉讼或不申请复议又不执行行政处罚决定的,劳动行政部门可以根据行政诉讼法第六十六条申请人民法院强制执行。劳动行政部门依法申请人民法院强制执行时,应当提交申请执行书,据以执行的法律文书和其他必须提交的材料。

98. 适用法律、法规、规章及其他规范性

文件遵循下列原则:

(1)法律的效力高于行政法规与地方性法规;行政法规与地方性法规效力高于部门规章和地方政府规章;部门规章和地方政府规章效力高于其他规范性文件。

(2)在适用同一效力层次的文件时,新法律优于旧法律;新法规优于旧法规;新规章优于旧规章;新规范性文件优于旧规范性文件。

99. 依据《法规规章备案规定》(国务院令第48号,1990年发布)"地方人民政府规章同国务院部门规章之间或者国务院部门规章相互之间有矛盾的,由国务院法制局进行协调;经协调不能取得一致意见的,由国务院法制局提出意见,报国务院决定。"地方劳动行政部门在发现劳动部规章与国务院其他部门规章或地方政府规章相矛盾时,可将情况报劳动部,由劳动部报国务院法制局进行协调或决定。

100. 地方或行业劳动部门发现劳动部的规章之间、其他规范性文件之间或规章与其他规范性文件之间相矛盾,一般适用"新文件优于旧文件"的原则,同时可向劳动部请示。

中华人民共和国劳动合同法

(2007年6月29日第十届全国人民代表大会常务委员会第二十八次会议通过 根据2012年12月28日第十一届全国人民代表大会常务委员会第三十次会议《关于修改〈中华人民共和国劳动合同法〉的决定》修正)

目 录

① 自2004年3月1日起开始执行《最低工资规定》,《企业最低工资规定》同时废止。

第一章 总 则

第一条 【立法宗旨】为了完善劳动合同制度,明确劳动合同双方当事人的权利和义务,保护劳动者的合法权益,构建和发展和谐稳定的劳动关系,制定本法。

第二条 【适用范围】中华人民共和国境内的企业、个体经济组织、民办非企业单位等组织(以下称用人单位)与劳动者建立劳动关系,订立、履行、变更、解除或者终止劳动合同,适用本法。

国家机关、事业单位、社会团体和与其建立劳动关系的劳动者,订立、履行、变更、解除或者终止劳动合同,依照本法执行。

第三条 【基本原则】订立劳动合同,应当遵循合法、公平、平等自愿、协商一致、诚实信用的原则。

依法订立的劳动合同具有约束力,用人单位与劳动者应当履行劳动合同约定的义务。

第四条 【规章制度】用人单位应当依法建立和完善劳动规章制度,保障劳动者享有劳动权利、履行劳动义务。

用人单位在制定、修改或者决定有关劳动报酬、工作时间、休息休假、劳动安全卫生、保险福利、职工培训、劳动纪律以及劳动定额管理等直接涉及劳动者切身利益的规章制度或者重大事项时,应当经职工代表大会或者全体职工讨论,提出方案和意见,与工会或者职工代表平等协商确定。

在规章制度和重大事项决定实施过程中,工会或者职工认为不适当的,有权向用人单位提出,通过协商予以修改完善。

用人单位应当将直接涉及劳动者切身利益的规章制度和重大事项决定公示,或者告知劳动者。

第五条 【协调劳动关系三方机制】县级以上人民政府劳动行政部门会同工会和企业方面代表,建立健全协调劳动关系三方机制,共同研究解决有关劳动关系的重大问题。

第六条 【集体协商机制】工会应当帮助、指导劳动者与用人单位依法订立和履行劳动合同,并与用人单位建立集体协商机制,维护劳动者的合法权益。

第二章 劳动合同的订立

第七条 【劳动关系的建立】用人单位自用工之日起即与劳动者建立劳动关系。用人单位应当建立职工名册备查。

第八条 【用人单位的告知义务和劳动者的说明义务】用人单位招用劳动者时,应当如实告知劳动者工作内容、工作条件、工作地点、职业危害、安全生产状况、劳动报酬,以及劳动者要求了解的其他情况;用人单位有权了解劳动者与劳动合同直接相关的基本情况,劳动者应当如实说明。

第九条 【用人单位不得扣押劳动者证件和要求提供担保】用人单位招用劳动者,不得扣押劳动者的居民身份证和其他证件,不得要求劳动者提供担保或者以其他名义向劳动者收取财物。

第十条 【订立书面劳动合同】建立劳动关系,应当订立书面劳动合同。

已建立劳动关系,未同时订立书面劳动合同的,应当自用工之日起一个月内订立书面劳动合同。

用人单位与劳动者在用工前订立劳动合同的,劳动关系自用工之日起建立。

第十一条　【未订立书面劳动合同时劳动报酬不明确的解决】用人单位未在用工的同时订立书面劳动合同,与劳动者约定的劳动报酬不明确的,新招用的劳动者的劳动报酬按照集体合同规定的标准执行;没有集体合同或者集体合同未规定的,实行同工同酬。

第十二条　【劳动合同的种类】劳动合同分为固定期限劳动合同、无固定期限劳动合同和以完成一定工作任务为期限的劳动合同。

第十三条　【固定期限劳动合同】固定期限劳动合同,是指用人单位与劳动者约定合同终止时间的劳动合同。

用人单位与劳动者协商一致,可以订立固定期限劳动合同。

第十四条　【无固定期限劳动合同】无固定期限劳动合同,是指用人单位与劳动者约定无确定终止时间的劳动合同。

用人单位与劳动者协商一致,可以订立无固定期限劳动合同。有下列情形之一,劳动者提出或者同意续订、订立劳动合同的,除劳动者提出订立固定期限劳动合同外,应当订立无固定期限劳动合同:

(一)劳动者在该用人单位连续工作满十年的;

(二)用人单位初次实行劳动合同制度或者国有企业改制重新订立劳动合同时,劳动者在该用人单位连续工作满十年且距法定退休年龄不足十年的;

(三)连续订立二次固定期限劳动合同,且劳动者没有本法第三十九条和第四十条第一项、第二项规定的情形,续订劳动合同的。

用人单位自用工之日起满一年不与劳动者订立书面劳动合同的,视为用人单位与劳动者已订立无固定期限劳动合同。

第十五条　【以完成一定工作任务为期限的劳动合同】以完成一定工作任务为期限的劳动合同,是指用人单位与劳动者约定以某项工作的完成为合同期限的劳动合同。

用人单位与劳动者协商一致,可以订立以完成一定工作任务为期限的劳动合同。

第十六条　【劳动合同的生效】劳动合同由用人单位与劳动者协商一致,并经用人单位与劳动者在劳动合同文本上签字或者盖章生效。

劳动合同文本由用人单位和劳动者各执一份。

第十七条　【劳动合同的内容】劳动合同应当具备以下条款:

(一)用人单位的名称、住所和法定代表人或者主要负责人;

(二)劳动者的姓名、住址和居民身份证或者其他有效身份证件号码;

(三)劳动合同期限;

(四)工作内容和工作地点;

(五)工作时间和休息休假;

(六)劳动报酬;

(七)社会保险;

(八)劳动保护、劳动条件和职业危害防护;

(九)法律、法规规定应当纳入劳动合同的其他事项。

劳动合同除前款规定的必备条款外,用人单位与劳动者可以约定试用期、培训、保守秘密、补充保险和福利待遇等其他事项。

第十八条　【劳动合同对劳动报酬和劳动条件约定不明确的解决】劳动合同对劳动报酬和劳动条件等标准约定不明确,引发争议的,用人单位与劳动者可以重新协商;协商不成的,适用集体合同规定;没有集体合同或者集体合同未规定劳动报酬的,实行同工同酬;没有集体合同或者集体合同未规定劳动条件等标准的,适用国家有关规定。

第十九条　【试用期】劳动合同期限三个月以上不满一年的,试用期不得超过一个月;劳动合同期限一年以上不满三年的,试用期不得超过二个月;三年以上固定期限和无固定期限的劳动合同,试用期不得超过六个月。

同一用人单位与同一劳动者只能约定一次试用期。

以完成一定工作任务为期限的劳动合同或者劳动合同期限不满三个月的,不得约定试用期。

试用期包含在劳动合同期限内。劳动合同仅约定试用期的,试用期不成立,该期限为劳动合同期限。

第二十条　【试用期工资】劳动者在试用期的工资不得低于本单位相同岗位最低档工资或者劳动合同约定工资的百分之八十,并不得低于用人单位所在地的最低工资标准。

第二十一条　【试用期内解除劳动合同】在试用期中,除劳动者有本法第三十九条和第四十条第一项、第二项规定的情形外,用人单位不得解除劳动合同。用人单位在试用期解除劳动合同的,应当向劳动者说明理由。

第二十二条　【服务期】用人单位为劳动者提供专项培训费用,对其进行专业技术培训的,可以与该劳动者订立协议,约定服务期。

劳动者违反服务期约定的,应当按照约定向用人单位支付违约金。违约金的数额不得超过用人单位提供的培训费用。用人单位要求劳动者支付的违约金不得超过服务期尚未履行部分所应分摊的培训费用。

用人单位与劳动者约定服务期的,不影响按照正常的工资调整机制提高劳动者在服务期期间的劳动报酬。

第二十三条　【保密义务和竞业限制】用人单位与劳动者可以在劳动合同中约定保守用人单位的商业秘密和与知识产权相关的保密事项。

对负有保密义务的劳动者,用人单位可以在劳动合同或者保密协议中与劳动者约定竞业限制条款,并约定在解除或者终止劳动合同后,在竞业限制期限内按月给予劳动者经济补偿。劳动者违反竞业限制约定的,应当按照约定向用人单位支付违约金。

第二十四条　【竞业限制的范围和期限】竞业限制的人员限于用人单位的高级管理人员、高级技术人员和其他负有保密义务的人员。竞业限制的范围、地域、期限由用人单位与劳动者约定,竞业限制的约定不得违反法律、法规的规定。

在解除或者终止劳动合同后,前款规定的人员到与本单位生产或者经营同类产品、从事同类业务的有竞争关系的其他用人单位,或者自己开业生产或者经营同类产品、从事同类业务的竞业限制期限,不得超过二年。

第二十五条　【违约金】除本法第二十二条和第二十三条规定的情形外,用人单位不得与劳动者约定由劳动者承担违约金。

第二十六条　【劳动合同的无效】下列劳动合同无效或者部分无效:

(一)以欺诈、胁迫的手段或者乘人之危,使对方在违背真实意思的情况下订立或者变更劳动合同的;

(二)用人单位免除自己的法定责任、排除劳动者权利的;

(三)违反法律、行政法规强制性规定的。

对劳动合同的无效或者部分无效有争议的,由劳动争议仲裁机构或者人民法院确认。

第二十七条　【劳动合同部分无效】劳动合同部分无效,不影响其他部分效力的,其他部分仍然有效。

第二十八条　【劳动合同无效后劳动报酬的支付】劳动合同被确认无效,劳动者已付出劳动的,用人单位应当向劳动者支付劳动报酬。劳动报酬的数额,参照本单位相同或者相近岗位劳动者的劳动报酬确定。

第三章　劳动合同的履行和变更

第二十九条　【劳动合同的履行】用人单位与劳动者应当按照劳动合同的约定，全面履行各自的义务。

第三十条　【劳动报酬】用人单位应当按照劳动合同约定和国家规定，向劳动者及时足额支付劳动报酬。

用人单位拖欠或者未足额支付劳动报酬的，劳动者可以依法向当地人民法院申请支付令，人民法院应当依法发出支付令。

第三十一条　【加班】用人单位应当严格执行劳动定额标准，不得强迫或者变相强迫劳动者加班。用人单位安排加班的，应当按照国家有关规定向劳动者支付加班费。

第三十二条　【劳动者拒绝违章指挥、强令冒险作业】劳动者拒绝用人单位管理人员违章指挥、强令冒险作业的，不视为违反劳动合同。

劳动者对危害生命安全和身体健康的劳动条件，有权对用人单位提出批评、检举和控告。

第三十三条　【用人单位名称、法定代表人等的变更】用人单位变更名称、法定代表人、主要负责人或者投资人等事项，不影响劳动合同的履行。

第三十四条　【用人单位合并或者分立】用人单位发生合并或者分立等情况，原劳动合同继续有效，劳动合同由承继其权利和义务的用人单位继续履行。

第三十五条　【劳动合同的变更】用人单位与劳动者协商一致，可以变更劳动合同约定的内容。变更劳动合同，应当采用书面形式。

变更后的劳动合同文本由用人单位和劳动者各执一份。

第四章　劳动合同的解除和终止

第三十六条　【协商解除劳动合同】用人单位与劳动者协商一致，可以解除劳动合同。

第三十七条　【劳动者提前通知解除劳动合同】劳动者提前三十日以书面形式通知用人单位，可以解除劳动合同。劳动者在试用期内提前三日通知用人单位，可以解除劳动合同。

第三十八条　【劳动者解除劳动合同】用人单位有下列情形之一的，劳动者可以解除劳动合同：

（一）未按照劳动合同约定提供劳动保护或者劳动条件的；

（二）未及时足额支付劳动报酬的；

（三）未依法为劳动者缴纳社会保险费的；

（四）用人单位的规章制度违反法律、法规的规定，损害劳动者权益的；

（五）因本法第二十六条第一款规定的情形致使劳动合同无效的；

（六）法律、行政法规规定劳动者可以解除劳动合同的其他情形。

用人单位以暴力、威胁或者非法限制人身自由的手段强迫劳动者劳动的，或者用人单位违章指挥、强令冒险作业危及劳动者人身安全的，劳动者可以立即解除劳动合同，不需事先告知用人单位。

第三十九条　【用人单位单方解除劳动合同】劳动者有下列情形之一的，用人单位可以解除劳动合同：

（一）在试用期间被证明不符合录用条件的；

（二）严重违反用人单位的规章制度的；

（三）严重失职，营私舞弊，给用人单位造成重大损害的；

（四）劳动者同时与其他用人单位建立劳

动关系,对完成本单位的工作任务造成严重影响,或者经用人单位提出,拒不改正的;

(五)因本法第二十六条第一款第一项规定的情形致使劳动合同无效的;

(六)被依法追究刑事责任的。

第四十条 【无过失性辞退】有下列情形之一的,用人单位提前三十日以书面形式通知劳动者本人或者额外支付劳动者一个月工资后,可以解除劳动合同:

(一)劳动者患病或者非因工负伤,在规定的医疗期满后不能从事原工作,也不能从事由用人单位另行安排的工作的;

(二)劳动者不能胜任工作,经过培训或者调整工作岗位,仍不能胜任工作的;

(三)劳动合同订立时所依据的客观情况发生重大变化,致使劳动合同无法履行,经用人单位与劳动者协商,未能就变更劳动合同内容达成协议的。

第四十一条 【经济性裁员】有下列情形之一,需要裁减人员二十人以上或者裁减不足二十人但占企业职工总数百分之十以上的,用人单位提前三十日向工会或者全体职工说明情况,听取工会或者职工的意见后,裁减人员方案经向劳动行政部门报告,可以裁减人员:

(一)依照企业破产法规定进行重整的;

(二)生产经营发生严重困难的;

(三)企业转产、重大技术革新或者经营方式调整,经变更劳动合同后,仍需裁减人员的;

(四)其他因劳动合同订立时所依据的客观经济情况发生重大变化,致使劳动合同无法履行的。

裁减人员时,应当优先留用下列人员:

(一)与本单位订立较长期限的固定期限劳动合同的;

(二)与本单位订立无固定期限劳动合同的;

(三)家庭无其他就业人员,有需要扶养的老人或者未成年人的。

用人单位依照本条第一款规定裁减人员,在六个月内重新招用人员的,应当通知被裁减的人员,并在同等条件下优先招用被裁减的人员。

第四十二条 【用人单位不得解除劳动合同的情形】劳动者有下列情形之一的,用人单位不得依照本法第四十条、第四十一条的规定解除劳动合同:

(一)从事接触职业病危害作业的劳动者未进行离岗前职业健康检查,或者疑似职业病病人在诊断或者医学观察期间的;

(二)在本单位患职业病或者因工负伤并被确认丧失或者部分丧失劳动能力的;

(三)患病或者非因工负伤,在规定的医疗期内的;

(四)女职工在孕期、产期、哺乳期的;

(五)在本单位连续工作满十五年,且距法定退休年龄不足五年的;

(六)法律、行政法规规定的其他情形。

第四十三条 【工会在劳动合同解除中的监督作用】用人单位单方解除劳动合同,应当事先将理由通知工会。用人单位违反法律、行政法规规定或者劳动合同约定的,工会有权要求用人单位纠正。用人单位应当研究工会的意见,并将处理结果书面通知工会。

第四十四条 【劳动合同的终止】有下列情形之一的,劳动合同终止:

(一)劳动合同期满的;

(二)劳动者开始依法享受基本养老保险待遇的;

(三)劳动者死亡,或者被人民法院宣告死亡或者宣告失踪的;

(四)用人单位被依法宣告破产的;

(五)用人单位被吊销营业执照、责令关闭、撤销或者用人单位决定提前解散的;

(六)法律、行政法规规定的其他情形。

第四十五条 【劳动合同的逾期终止】劳动合同期满,有本法第四十二条规定情形之一的,劳动合同应当续延至相应的情形消失时终止。但是,本法第四十二条第二项规定丧失或者部分丧失劳动能力劳动者的劳动合同的终止,按照国家有关工伤保险的规定执行。

第四十六条 【经济补偿】有下列情形之一的,用人单位应当向劳动者支付经济补偿:

(一)劳动者依照本法第三十八条规定解除劳动合同的;

(二)用人单位依照本法第三十六条规定向劳动者提出解除劳动合同并与劳动者协商一致解除劳动合同的;

(三)用人单位依照本法第四十条规定解除劳动合同的;

(四)用人单位依照本法第四十一条第一款规定解除劳动合同的;

(五)除用人单位维持或者提高劳动合同约定条件续订劳动合同,劳动者不同意续订的情形外,依照本法第四十四条第一项规定终止固定期限劳动合同的;

(六)依照本法第四十四条第四项、第五项规定终止劳动合同的;

(七)法律、行政法规规定的其他情形。

第四十七条 【经济补偿的计算】经济补偿按劳动者在本单位工作的年限,每满一年支付一个月工资的标准向劳动者支付。六个月以上不满一年的,按一年计算;不满六个月的,向劳动者支付半个月工资的经济补偿。

劳动者月工资高于用人单位所在直辖市、设区的市级人民政府公布的本地区上年度职工月平均工资三倍的,向其支付经济补偿的标准按职工月平均工资三倍的数额支付,向其支付经济补偿的年限最高不超过十二年。

本条所称月工资是指劳动者在劳动合同解除或者终止前十二个月的平均工资。

第四十八条 【违法解除或者终止劳动合同的法律后果】用人单位违反本法规定解除或者终止劳动合同,劳动者要求继续履行劳动合同的,用人单位应当继续履行;劳动者不要求继续履行劳动合同或者劳动合同已经不能继续履行的,用人单位应当依照本法第八十七条规定支付赔偿金。

第四十九条 【社会保险关系跨地区转移接续】国家采取措施,建立健全劳动者社会保险关系跨地区转移接续制度。

第五十条 【劳动合同解除或者终止后双方的义务】用人单位应当在解除或者终止劳动合同时出具解除或者终止劳动合同的证明,并在十五日内为劳动者办理档案和社会保险关系转移手续。

劳动者应当按照双方约定,办理工作交接。用人单位依照本法有关规定应当向劳动者支付经济补偿的,在办结工作交接时支付。

用人单位对已经解除或者终止的劳动合同的文本,至少保存二年备查。

第五章 特别规定

第一节 集体合同

第五十一条 【集体合同的订立和内容】企业职工一方与用人单位通过平等协商,可以就劳动报酬、工作时间、休息休假、劳动安全卫生、保险福利等事项订立集体合同。集体合同草案应当提交职工代表大会或者全体职工讨论通过。

集体合同由工会代表企业职工一方与用人单位订立;尚未建立工会的用人单位,由上级工会指导劳动者推举的代表与用人单位订立。

第五十二条 【专项集体合同】企业职工一方与用人单位可以订立劳动安全卫生、女职工权益保护、工资调整机制等专项集体合同。

第五十三条 【行业性集体合同、区域性集体合同】在县级以下区域内,建筑业、采矿业、餐饮服务业等行业可以由工会与企业方面代表订立行业性集体合同,或者订立区域性集体合同。

第五十四条 【集体合同的报送和生效】集体合同订立后,应当报送劳动行政部门;劳动行政部门自收到集体合同文本之日起十五日内未提出异议的,集体合同即行生效。

依法订立的集体合同对用人单位和劳动者具有约束力。行业性、区域性集体合同对当地本行业、本区域的用人单位和劳动者具有约束力。

第五十五条 【集体合同中劳动报酬、劳动条件等标准】集体合同中劳动报酬和劳动条件等标准不得低于当地人民政府规定的最低标准;用人单位与劳动者订立的劳动合同中劳动报酬和劳动条件等标准不得低于集体合同规定的标准。

第五十六条 【集体合同纠纷和法律救济】用人单位违反集体合同,侵犯职工劳动权益的,工会可以依法要求用人单位承担责任;因履行集体合同发生争议,经协商解决不成的,工会可以依法申请仲裁、提起诉讼。

第二节 劳务派遣

第五十七条 【劳务派遣单位的设立】经营劳务派遣业务应当具备下列条件:

(一)注册资本不得少于人民币二百万元;

(二)有与开展业务相适应的固定的经营场所和设施;

(三)有符合法律、行政法规规定的劳务派遣管理制度;

(四)法律、行政法规规定的其他条件。

经营劳务派遣业务,应当向劳动行政部门依法申请行政许可;经许可的,依法办理相应的公司登记。未经许可,任何单位和个人不得经营劳务派遣业务。

第五十八条 【劳务派遣单位、用工单位及劳动者的权利义务】劳务派遣单位是本法所称用人单位,应当履行用人单位对劳动者的义务。劳务派遣单位与被派遣劳动者订立的劳动合同,除应当载明本法第十七条规定的事项外,还应当载明被派遣劳动者的用工单位以及派遣期限、工作岗位等情况。

劳务派遣单位应当与被派遣劳动者订立二年以上的固定期限劳动合同,按月支付劳动报酬;被派遣劳动者在无工作期间,劳务派遣单位应当按照所在地人民政府规定的最低工资标准,向其按月支付报酬。

第五十九条 【劳务派遣协议】劳务派遣单位派遣劳动者应当与接受以劳务派遣形式用工的单位(以下称用工单位)订立劳务派遣协议。劳务派遣协议应当约定派遣岗位和人员数量、派遣期限、劳动报酬和社会保险费的数额与支付方式以及违反协议的责任。

用工单位应当根据工作岗位的实际需要与劳务派遣单位确定派遣期限,不得将连续用工期限分割订立数个短期劳务派遣协议。

第六十条 【劳务派遣单位的告知义务】劳务派遣单位应当将劳务派遣协议的内容告知被派遣劳动者。

劳务派遣单位不得克扣用工单位按照劳务派遣协议支付给被派遣劳动者的劳动报酬。

劳务派遣单位和用工单位不得向被派遣劳动者收取费用。

第六十一条 【跨地区派遣劳动者的劳动报酬、劳动条件】劳务派遣单位跨地区派遣劳动者的,被派遣劳动者享有的劳动报酬和劳动条件,按照用工单位所在地的标准执行。

第六十二条 【用工单位的义务】用工单位应当履行下列义务:

(一)执行国家劳动标准,提供相应的劳动条件和劳动保护;

（二）告知被派遣劳动者的工作要求和劳动报酬；

（三）支付加班费、绩效奖金，提供与工作岗位相关的福利待遇；

（四）对在岗被派遣劳动者进行工作岗位所必需的培训；

（五）连续用工的，实行正常的工资调整机制。

用工单位不得将被派遣劳动者再派遣到其他用人单位。

第六十三条　【被派遣劳动者同工同酬】 被派遣劳动者享有与用工单位的劳动者同工同酬的权利。用工单位应当按照同工同酬原则，对被派遣劳动者与本单位同类岗位的劳动者实行相同的劳动报酬分配办法。用工单位无同类岗位劳动者的，参照用工单位所在地相同或者相近岗位劳动者的劳动报酬确定。

劳务派遣单位与被派遣劳动者订立的劳动合同和与用工单位订立的劳务派遣协议，载明或者约定的向被派遣劳动者支付的劳动报酬应当符合前款规定。

第六十四条　【被派遣劳动者参加或者组织工会】 被派遣劳动者有权在劳务派遣单位或者用工单位依法参加或者组织工会，维护自身的合法权益。

第六十五条　【劳务派遣中解除劳动合同】 被派遣劳动者可以依照本法第三十六条、第三十八条的规定与劳务派遣单位解除劳动合同。

被派遣劳动者有本法第三十九条和第四十条第一项、第二项规定情形的，用工单位可以将劳动者退回劳务派遣单位，劳务派遣单位依照本法有关规定，可以与劳动者解除劳动合同。

第六十六条　【劳务派遣的适用岗位】 劳动合同用工是我国的企业基本用工形式。劳务派遣用工是补充形式，只能在临时性、辅助性或者替代性的工作岗位上实施。

前款规定的临时性工作岗位是指存续时间不超过六个月的岗位；辅助性工作岗位是指为主营业务岗位提供服务的非主营业务岗位；替代性工作岗位是指用工单位的劳动者因脱产学习、休假等原因无法工作的一定期间内，可以由其他劳动者替代工作的岗位。

用工单位应当严格控制劳务派遣用工数量，不得超过其用工总量的一定比例，具体比例由国务院劳动行政部门规定。

第六十七条　【用人单位不得自设劳务派遣单位】 用人单位不得设立劳务派遣单位向本单位或者所属单位派遣劳动者。

第三节　非全日制用工

第六十八条　【非全日制用工的概念】 非全日制用工，是指以小时计酬为主，劳动者在同一用人单位一般平均每日工作时间不超过四小时，每周工作时间累计不超过二十四小时的用工形式。

第六十九条　【非全日制用工的劳动合同】 非全日制用工双方当事人可以订立口头协议。

从事非全日制用工的劳动者可以与一个或者一个以上用人单位订立劳动合同；但是，后订立的劳动合同不得影响先订立的劳动合同的履行。

第七十条　【非全日制用工不得约定试用期】 非全日制用工双方当事人不得约定试用期。

第七十一条　【非全日制用工的终止用工】 非全日制用工双方当事人任何一方都可以随时通知对方终止用工。终止用工，用人单位不向劳动者支付经济补偿。

第七十二条　【非全日制用工的劳动报酬】 非全日制用工小时计酬标准不得低于用人单位所在地人民政府规定的最低小时工资标准。

非全日制用工劳动报酬结算支付周期最长不得超过十五日。

第六章　监督检查

第七十三条　【劳动合同制度的监督管理体制】国务院劳动行政部门负责全国劳动合同制度实施的监督管理。

县级以上地方人民政府劳动行政部门负责本行政区域内劳动合同制度实施的监督管理。

县级以上各级人民政府劳动行政部门在劳动合同制度实施的监督管理工作中，应当听取工会、企业方面代表以及有关行业主管部门的意见。

第七十四条　【劳动行政部门监督检查事项】县级以上地方人民政府劳动行政部门依法对下列实施劳动合同制度的情况进行监督检查：

（一）用人单位制定直接涉及劳动者切身利益的规章制度及其执行的情况；

（二）用人单位与劳动者订立和解除劳动合同的情况；

（三）劳务派遣单位和用工单位遵守劳务派遣有关规定的情况；

（四）用人单位遵守国家关于劳动者工作时间和休息休假规定的情况；

（五）用人单位支付劳动合同约定的劳动报酬和执行最低工资标准的情况；

（六）用人单位参加各项社会保险和缴纳社会保险费的情况；

（七）法律、法规规定的其他劳动监察事项。

第七十五条　【监督检查措施和依法行政、文明执法】县级以上地方人民政府劳动行政部门实施监督检查时，有权查阅与劳动合同、集体合同有关的材料，有权对劳动场所进行实地检查，用人单位和劳动者都应当如实提供有关情况和材料。

劳动行政部门的工作人员进行监督检查，应当出示证件，依法行使职权，文明执法。

第七十六条　【其他有关主管部门的监督管理】县级以上人民政府建设、卫生、安全生产监督管理等有关主管部门在各自职责范围内，对用人单位执行劳动合同制度的情况进行监督管理。

第七十七条　【劳动者权利救济途径】劳动者合法权益受到侵害的，有权要求有关部门依法处理，或者依法申请仲裁、提起诉讼。

第七十八条　【工会监督检查的权利】工会依法维护劳动者的合法权益，对用人单位履行劳动合同、集体合同的情况进行监督。用人单位违反劳动法律、法规和劳动合同、集体合同的，工会有权提出意见或者要求纠正；劳动者申请仲裁、提起诉讼的，工会依法给予支持和帮助。

第七十九条　【对违法行为的举报】任何组织或者个人对违反本法的行为都有权举报，县级以上人民政府劳动行政部门应当及时核实、处理，并对举报有功人员给予奖励。

第七章　法律责任

第八十条　【规章制度违法的法律责任】用人单位直接涉及劳动者切身利益的规章制度违反法律、法规规定的，由劳动行政部门责令改正，给予警告；给劳动者造成损害的，应当承担赔偿责任。

第八十一条　【缺乏必备条款、不提供劳动合同文本的法律责任】用人单位提供的劳动合同文本未载明本法规定的劳动合同必备条款或者用人单位未将劳动合同文本交付劳动者的，由劳动行政部门责令改正；给劳动者造成损害的，应当承担赔偿责任。

第八十二条　【不订立书面劳动合同的法律责任】用人单位自用工之日起超过一个

月不满一年未与劳动者订立书面劳动合同的,应当向劳动者每月支付二倍的工资。

用人单位违反本法规定不与劳动者订立无固定期限劳动合同的,自应当订立无固定期限劳动合同之日起向劳动者每月支付二倍的工资。

第八十三条 【违法约定试用期的法律责任】用人单位违反本法规定与劳动者约定试用期的,由劳动行政部门责令改正;违法约定的试用期已经履行的,由用人单位以劳动者试用期满月工资为标准,按已经履行的超过法定试用期的期间向劳动者支付赔偿金。

第八十四条 【扣押劳动者身份证等证件的法律责任】用人单位违反本法规定,扣押劳动者居民身份证等证件的,由劳动行政部门责令限期退还劳动者本人,并依照有关法律规定给予处罚。

用人单位违反本法规定,以担保或者其他名义向劳动者收取财物的,由劳动行政部门责令限期退还劳动者本人,并以每人五百元以上二千元以下的标准处以罚款;给劳动者造成损害的,应当承担赔偿责任。

劳动者依法解除或者终止劳动合同,用人单位扣押劳动者档案或者其他物品的,依照前款规定处罚。

第八十五条 【未依法支付劳动报酬、经济补偿等的法律责任】用人单位有下列情形之一的,由劳动行政部门责令限期支付劳动报酬、加班费或者经济补偿;劳动报酬低于当地最低工资标准的,应当支付其差额部分;逾期不支付,责令用人单位按应付金额百分之五十以上百分之一百以下的标准向劳动者加付赔偿金:

(一)未按照劳动合同的约定或者国家规定及时足额支付劳动者劳动报酬的;

(二)低于当地最低工资标准支付劳动者工资的;

(三)安排加班不支付加班费的;

(四)解除或者终止劳动合同,未依照本法规定向劳动者支付经济补偿的。

第八十六条 【订立无效劳动合同的法律责任】劳动合同依照本法第二十六条规定被确认无效,给对方造成损害的,有过错的一方应当承担赔偿责任。

第八十七条 【违法解除或者终止劳动合同的法律责任】用人单位违反本法规定解除或者终止劳动合同的,应当依照本法第四十七条规定的经济补偿标准的二倍向劳动者支付赔偿金。

第八十八条 【侵害劳动者人身权益的法律责任】用人单位有下列情形之一的,依法给予行政处罚;构成犯罪的,依法追究刑事责任;给劳动者造成损害的,应当承担赔偿责任:

(一)以暴力、威胁或者非法限制人身自由的手段强迫劳动的;

(二)违章指挥或者强令冒险作业危及劳动者人身安全的;

(三)侮辱、体罚、殴打、非法搜查或者拘禁劳动者的;

(四)劳动条件恶劣、环境污染严重,给劳动者身心健康造成严重损害的。

第八十九条 【不出具解除、终止书面证明的法律责任】用人单位违反本法规定未向劳动者出具解除或者终止劳动合同的书面证明,由劳动行政部门责令改正;给劳动者造成损害的,应当承担赔偿责任。

第九十条 【劳动者的赔偿责任】劳动者违反本法规定解除劳动合同,或者违反劳动合同中约定的保密义务或者竞业限制,给用人单位造成损失的,应当承担赔偿责任。

第九十一条 【用人单位的连带赔偿责任】用人单位招用与其他用人单位尚未解除或者终止劳动合同的劳动者,给其他用人单位造成损失的,应当承担连带赔偿责任。

第九十二条 【劳务派遣单位的法律责

任】违反本法规定,未经许可,擅自经营劳务派遣业务的,由劳动行政部门责令停止违法行为,没收违法所得,并处违法所得一倍以上五倍以下的罚款;没有违法所得的,可以处五万元以下的罚款。

劳务派遣单位、用工单位违反本法有关劳务派遣规定的,由劳动行政部门责令限期改正;逾期不改正的,以每人五千元以上一万元以下的标准处以罚款,对劳务派遣单位,吊销其劳务派遣业务经营许可证。用工单位给被派遣劳动者造成损害的,劳务派遣单位与用工单位承担连带赔偿责任。

第九十三条 【无营业执照经营单位的法律责任】对不具备合法经营资格的用人单位的违法犯罪行为,依法追究法律责任;劳动者已经付出劳动的,该单位或者其出资人应当依照本法有关规定向劳动者支付劳动报酬、经济补偿、赔偿金;给劳动者造成损害的,应当承担赔偿责任。

第九十四条 【个人承包经营者的连带赔偿责任】个人承包经营违反本法规定招用劳动者,给劳动者造成损害的,发包的组织与个人承包经营者承担连带赔偿责任。

第九十五条 【不履行法定职责、违法行使职权的法律责任】劳动行政部门和其他有关主管部门及其工作人员玩忽职守、不履行法定职责,或者违法行使职权,给劳动者或者用人单位造成损害的,应当承担赔偿责任;对直接负责的主管人员和其他直接责任人员,依法给予行政处分;构成犯罪的,依法追究刑事责任。

第八章 附 则

第九十六条 【事业单位聘用制劳动合同的法律适用】事业单位与实行聘用制的工作人员订立、履行、变更、解除或者终止劳动合同,法律、行政法规或者国务院另有规定

的,依照其规定;未作规定的,依照本法有关规定执行。

第九十七条 【过渡性条款】本法施行前已依法订立且在本法施行之日存续的劳动合同,继续履行;本法第十四条第二款第三项规定连续订立固定期限劳动合同的次数,自本法施行后续订固定期限劳动合同时开始计算。

本法施行前已建立劳动关系,尚未订立书面劳动合同的,应当自本法施行之日起一个月内订立。

本法施行之日存续的劳动合同在本法施行后解除或者终止,依照本法第四十六条规定应当支付经济补偿的,经济补偿年限自本法施行之日起计算;本法施行前按照当时有关规定,用人单位应当向劳动者支付经济补偿的,按照当时有关规定执行。

第九十八条 【施行时间】本法自2008年1月1日起施行。

中华人民共和国
劳动合同法实施条例

(2008年9月3日国务院第25次常务会议通过 2008年9月18日中华人民共和国国务院令第535号公布 自公布之日起施行)

第一章 总 则

第一条 为了贯彻实施《中华人民共和国劳动合同法》(以下简称劳动合同法),制定本条例。

第二条 各级人民政府和县级以上人民政府劳动行政等有关部门以及工会等组织,应当采取措施,推动劳动合同法的贯彻实施,促进劳动关系的和谐。

第三条 依法成立的会计师事务所、律师事务所等合伙组织和基金会，属于劳动合同法规定的用人单位。

第二章 劳动合同的订立

第四条 劳动合同法规定的用人单位设立的分支机构，依法取得营业执照或者登记证书的，可以作为用人单位与劳动者订立劳动合同；未依法取得营业执照或者登记证书的，受用人单位委托可以与劳动者订立劳动合同。

第五条 自用工之日起一个月内，经用人单位书面通知后，劳动者不与用人单位订立书面劳动合同，用人单位应当书面通知劳动者终止劳动关系，无需向劳动者支付经济补偿，但是应当依法向劳动者支付其实际工作时间的劳动报酬。

第六条 用人单位自用工之日起超过一个月不满一年未与劳动者订立书面劳动合同的，应当依照劳动合同法第八十二条的规定向劳动者每月支付两倍的工资，并与劳动者补订书面劳动合同；劳动者不与用人单位订立书面劳动合同的，用人单位应当书面通知劳动者终止劳动关系，并依照劳动合同法第四十七条的规定支付经济补偿。

前款规定的用人单位向劳动者每月支付两倍工资的起算时间为用工之日起满一个月的次日，截止时间为补订书面劳动合同的前一日。

第七条 用人单位自用工之日起满一年未与劳动者订立书面劳动合同的，自用工之日起满一个月的次日至满一年的前一日应当依照劳动合同法第八十二条的规定向劳动者每月支付两倍的工资，并视为自用工之日起满一年的当日已经与劳动者订立无固定期限劳动合同，应当立即与劳动者补订书面劳动合同。

第八条 劳动合同法第七条规定的职工名册，应当包括劳动者姓名、性别、公民身份号码、户籍地址及现住址、联系方式、用工形式、用工起始时间、劳动合同期限等内容。

第九条 劳动合同法第十四条第二款规定的连续工作满 10 年的起始时间，应当自用人单位用工之日起计算，包括劳动合同法施行前的工作年限。

第十条 劳动者非因本人原因从原用人单位被安排到新用人单位工作的，劳动者在原用人单位的工作年限合并计算为新用人单位的工作年限。原用人单位已经向劳动者支付经济补偿的，新用人单位在依法解除、终止劳动合同计算支付经济补偿的工作年限时，不再计算劳动者在原用人单位的工作年限。

第十一条 除劳动者与用人单位协商一致的情形外，劳动者依照劳动合同法第十四条第二款的规定，提出订立无固定期限劳动合同的，用人单位应当与其订立无固定期限劳动合同。对劳动合同的内容，双方应当按照合法、公平、平等自愿、协商一致、诚实信用的原则协商确定；对协商不一致的内容，依照劳动合同法第十八条的规定执行。

第十二条 地方各级人民政府及县级以上地方人民政府有关部门为安置就业困难人员提供的给予岗位补贴和社会保险补贴的公益性岗位，其劳动合同不适用劳动合同法有关无固定期限劳动合同的规定以及支付经济补偿的规定。

第十三条 用人单位与劳动者不得在劳动合同法第四十四条规定的劳动合同终止情形之外约定其他的劳动合同终止条件。

第十四条 劳动合同履行地与用人单位注册地不一致的，有关劳动者的最低工资标准、劳动保护、劳动条件、职业危害防护和本地区上年度职工月平均工资标准等事项，按照劳动合同履行地的有关规定执行；用人单位注册地的有关标准高于劳动合同履行地的有关标准，且用人单位与劳动者约定按照用人单位注册地的有关规定执行的，从其约定。

第十五条 劳动者在试用期的工资不得低于本单位相同岗位最低档工资的 80% 或者不得低于劳动合同约定工资的 80%，并不得低于用人单位所在地的最低工资标准。

第十六条 劳动合同法第二十二条第二款规定的培训费用，包括用人单位为了对劳动者进行专业技术培训而支付的有凭证的培训费用、培训期间的差旅费用以及因培训产生的用于该劳动者的其他直接费用。

第十七条 劳动合同期满，但是用人单位与劳动者依照劳动合同法第二十二条的规定约定的服务期尚未到期的，劳动合同应当续延至服务期满；双方另有约定的，从其约定。

第三章 劳动合同的解除和终止

第十八条 有下列情形之一的，依照劳动合同法规定的条件、程序，劳动者可以与用人单位解除固定期限劳动合同、无固定期限劳动合同或者以完成一定工作任务为期限的劳动合同：

（一）劳动者与用人单位协商一致的；

（二）劳动者提前 30 日以书面形式通知用人单位的；

（三）劳动者在试用期内提前 3 日通知用人单位的；

（四）用人单位未按照劳动合同约定提供劳动保护或者劳动条件的；

（五）用人单位未及时足额支付劳动报酬的；

（六）用人单位未依法为劳动者缴纳社会保险费的；

（七）用人单位的规章制度违反法律、法规的规定，损害劳动者权益的；

（八）用人单位以欺诈、胁迫的手段或者乘人之危，使劳动者在违背真实意思的情况下订立或者变更劳动合同的；

（九）用人单位在劳动合同中免除自己的法定责任、排除劳动者权利的；

（十）用人单位违反法律、行政法规强制性规定的；

（十一）用人单位以暴力、威胁或者非法限制人身自由的手段强迫劳动者劳动的；

（十二）用人单位违章指挥、强令冒险作业危及劳动者人身安全的；

（十三）法律、行政法规规定劳动者可以解除劳动合同的其他情形。

第十九条 有下列情形之一的，依照劳动合同法规定的条件、程序，用人单位可以与劳动者解除固定期限劳动合同、无固定期限劳动合同或者以完成一定工作任务为期限的劳动合同：

（一）用人单位与劳动者协商一致的；

（二）劳动者在试用期间被证明不符合录用条件的；

（三）劳动者严重违反用人单位的规章制度的；

（四）劳动者严重失职，营私舞弊，给用人单位造成重大损害的；

（五）劳动者同时与其他用人单位建立劳动关系，对完成本单位的工作任务造成严重影响，或者经用人单位提出，拒不改正的；

（六）劳动者以欺诈、胁迫的手段或者乘人之危，使用人单位在违背真实意思的情况下订立或者变更劳动合同的；

（七）劳动者被依法追究刑事责任的；

（八）劳动者患病或者非因工负伤，在规定的医疗期满后不能从事原工作，也不能从事由用人单位另行安排的工作的；

（九）劳动者不能胜任工作，经过培训或者调整工作岗位，仍不能胜任工作的；

（十）劳动合同订立时所依据的客观情况发生重大变化，致使劳动合同无法履行，经用人单位与劳动者协商，未能就变更劳动合同内容达成协议的；

（十一）用人单位依照企业破产法规定进行重整的；

（十二）用人单位生产经营发生严重困难的；

（十三）企业转产、重大技术革新或者经营方式调整，经变更劳动合同后，仍需裁减人员的；

（十四）其他因劳动合同订立时所依据的客观经济情况发生重大变化，致使劳动合同无法履行的。

第二十条 用人单位依照劳动合同法第四十条的规定，选择额外支付劳动者一个月工资解除劳动合同的，其额外支付的工资应当按照该劳动者上一个月的工资标准确定。

第二十一条 劳动者达到法定退休年龄的，劳动合同终止。

第二十二条 以完成一定工作任务为期限的劳动合同因任务完成而终止的，用人单位应当依照劳动合同法第四十七条的规定向劳动者支付经济补偿。

第二十三条 用人单位依法终止工伤职工的劳动合同的，除依照劳动合同法第四十七条的规定支付经济补偿外，还应当依照国家有关工伤保险的规定支付一次性工伤医疗补助金和伤残就业补助金。

第二十四条 用人单位出具的解除、终止劳动合同的证明，应当写明劳动合同期限、解除或者终止劳动合同的日期、工作岗位、在本单位的工作年限。

第二十五条 用人单位违反劳动合同法的规定解除或者终止劳动合同，依照劳动合同法第八十七条的规定支付了赔偿金的，不再支付经济补偿。赔偿金的计算年限自用工之日起计算。

第二十六条 用人单位与劳动者约定了服务期，劳动者依照劳动合同法第三十八条

的规定解除劳动合同的，不属于违反服务期的约定，用人单位不得要求劳动者支付违约金。

有下列情形之一，用人单位与劳动者解除约定服务期的劳动合同的，劳动者应当按照劳动合同的约定向用人单位支付违约金：

（一）劳动者严重违反用人单位的规章制度的；

（二）劳动者严重失职，营私舞弊，给用人单位造成重大损害的；

（三）劳动者同时与其他用人单位建立劳动关系，对完成本单位的工作任务造成严重影响，或者经用人单位提出，拒不改正的；

（四）劳动者以欺诈、胁迫的手段或者乘人之危，使用人单位在违背真实意思的情况下订立或者变更劳动合同的；

（五）劳动者被依法追究刑事责任的。

第二十七条 劳动合同法第四十七条规定的经济补偿的月工资按照劳动者应得工资计算，包括计时工资或者计件工资以及奖金、津贴和补贴等货币性收入。劳动者在劳动合同解除或者终止前 12 个月的平均工资低于当地最低工资标准的，按照当地最低工资标准计算。劳动者工作不满 12 个月的，按照实际工作的月数计算平均工资。

第四章 劳务派遣特别规定

第二十八条 用人单位或者其所属单位出资或者合伙设立的劳务派遣单位，向本单位或者所属单位派遣劳动者的，属于劳动合同法第六十七条规定的不得设立的劳务派遣单位。

第二十九条 用工单位应当履行劳动合同法第六十二条规定的义务，维护被派遣劳动者的合法权益。

第三十条 劳务派遣单位不得以非全日制用工形式招用被派遣劳动者。

第三十一条 劳务派遣单位或者被派遣劳动者依法解除、终止劳动合同的经济补偿，依照劳动合同法第四十六条、第四十七条的规定执行。

第三十二条 劳务派遣单位违法解除或者终止被派遣劳动者的劳动合同的，依照劳动合同法第四十八条的规定执行。

第五章 法律责任

第三十三条 用人单位违反劳动合同法有关建立职工名册规定的，由劳动行政部门责令限期改正；逾期不改正的，由劳动行政部门处 2000 元以上 2 万元以下的罚款。

第三十四条 用人单位依照劳动合同法的规定应当向劳动者每月支付两倍的工资或者应当向劳动者支付赔偿金而未支付的，劳动行政部门应当责令用人单位支付。

第三十五条 用工单位违反劳动合同法和本条例有关劳务派遣规定的，由劳动行政部门和其他有关主管部门责令改正；情节严重的，以每位被派遣劳动者 1000 元以上 5000 元以下的标准处以罚款；给被派遣劳动者造成损害的，劳务派遣单位和用工单位承担连带赔偿责任。

第六章 附 则

第三十六条 对违反劳动合同法和本条例的行为的投诉、举报，县级以上地方人民政府劳动行政部门依照《劳动保障监察条例》的规定处理。

第三十七条 劳动者与用人单位因订立、履行、变更、解除或者终止劳动合同发生争议的，依照《中华人民共和国劳动争议调解仲裁法》的规定处理。

第三十八条 本条例自公布之日起施行。

集体合同规定

（2004 年 1 月 20 日劳动和社会保障部令第 22 号公布 自 2004 年 5 月 1 日起施行）

第一章 总 则

第一条 为规范集体协商和签订集体合同行为，依法维护劳动者和用人单位的合法权益，根据《中华人民共和国劳动法》和《中华人民共和国工会法》，制定本规定。

第二条 中华人民共和国境内的企业和实行企业化管理的事业单位（以下统称用人单位）与本单位职工之间进行集体协商，签订集体合同，适用本规定。

第三条 本规定所称集体合同，是指用人单位与本单位职工根据法律、法规、规章的规定，就劳动报酬、工作时间、休息休假、劳动安全卫生、职业培训、保险福利等事项，通过集体协商签订的书面协议；所称专项集体合同，是指用人单位与本单位职工根据法律、法规、规章的规定，就集体协商的某项内容签订的专项书面协议。

第四条 用人单位与本单位职工签订集体合同或专项集体合同，以及确定相关事宜，应当采取集体协商的方式。集体协商主要采取协商会议的形式。

第五条 进行集体协商，签订集体合同或专项集体合同，应当遵循下列原则：

（一）遵守法律、法规、规章及国家有关规定；

（二）相互尊重，平等协商；

（三）诚实守信，公平合作；

（四）兼顾双方合法权益；

（五）不得采取过激行为。

第六条 符合本规定的集体合同或专项

集体合同,对用人单位和本单位的全体职工具有法律约束力。

用人单位与职工个人签订的劳动合同约定的劳动条件和劳动报酬等标准,不得低于集体合同或专项集体合同的规定。

第七条 县级以上劳动保障行政部门对本行政区域内用人单位与本单位职工开展集体协商、签订、履行集体合同的情况进行监督,并负责审查集体合同或专项集体合同。

第二章 集体协商内容

第八条 集体协商双方可以就下列多项或某项内容进行集体协商,签订集体合同或专项集体合同:

(一)劳动报酬;

(二)工作时间;

(三)休息休假;

(四)劳动安全与卫生;

(五)补充保险和福利;

(六)女职工和未成年工特殊保护;

(七)职业技能培训;

(八)劳动合同管理;

(九)奖惩;

(十)裁员;

(十一)集体合同期限;

(十二)变更、解除集体合同的程序;

(十三)履行集体合同发生争议时的协商处理办法;

(十四)违反集体合同的责任;

(十五)双方认为应当协商的其他内容。

第九条 劳动报酬主要包括:

(一)用人单位工资水平、工资分配制度、工资标准和工资分配形式;

(二)工资支付办法;

(三)加班、加点工资及津贴、补贴标准和奖金分配办法;

(四)工资调整办法;

(五)试用期及病、事假等期间的工资待遇;

(六)特殊情况下职工工资(生活费)支付办法;

(七)其他劳动报酬分配办法。

第十条 工作时间主要包括:

(一)工时制度;

(二)加班加点办法;

(三)特殊工种的工作时间;

(四)劳动定额标准。

第十一条 休息休假主要包括:

(一)日休息时间、周休息日安排、年休假办法;

(二)不能实行标准工时职工的休息休假;

(三)其他假期。

第十二条 劳动安全卫生主要包括:

(一)劳动安全卫生责任制;

(二)劳动条件和安全技术措施;

(三)安全操作规程;

(四)劳保用品发放标准;

(五)定期健康检查和职业健康体检。

第十三条 补充保险和福利主要包括:

(一)补充保险的种类、范围;

(二)基本福利制度和福利设施;

(三)医疗期延长及其待遇;

(四)职工亲属福利制度。

第十四条 女职工和未成年工的特殊保护主要包括:

(一)女职工和未成年工禁忌从事的劳动;

(二)女职工的经期、孕期、产期和哺乳期的劳动保护;

(三)女职工、未成年工定期健康检查;

(四)未成年工的使用和登记制度。

第十五条 职业技能培训主要包括:

(一)职业技能培训项目规划及年度计划;

（二）职业技能培训费用的提取和使用；

（三）保障和改善职业技能培训的措施。

第十六条　劳动合同管理主要包括：

（一）劳动合同签订时间；

（二）确定劳动合同期限的条件；

（三）劳动合同变更、解除、续订的一般原则及无固定期限劳动合同的终止条件；

（四）试用期的条件和期限。

第十七条　奖惩主要包括：

（一）劳动纪律；

（二）考核奖惩制度；

（三）奖惩程序。

第十八条　裁员主要包括：

（一）裁员的方案；

（二）裁员的程序；

（三）裁员的实施办法和补偿标准。

第三章　集体协商代表

第十九条　本规定所称集体协商代表（以下统称协商代表），是指按照法定程序产生并有权代表本方利益进行集体协商的人员。

集体协商双方的代表人数应当对等，每方至少3人，并各确定1名首席代表。

第二十条　职工一方的协商代表由本单位工会选派。未建立工会的，由本单位职工民主推荐，并经本单位半数以上职工同意。

职工一方的首席代表由本单位工会主席担任。工会主席可以书面委托其他协商代表代理首席代表。工会主席空缺的，首席代表由工会主要负责人担任。未建立工会的，职工一方的首席代表从协商代表中民主推举产生。

第二十一条　用人单位一方的协商代表，由用人单位法定代表人指派，首席代表由单位法定代表人担任或由其书面委托的其他管理人员担任。

第二十二条　协商代表履行职责的期限由被代表方确定。

第二十三条　集体协商双方首席代表可以书面委托本单位以外的专业人员作为本方协商代表。委托人数不得超过本方代表的三分之一。

首席代表不得由非本单位人员代理。

第二十四条　用人单位协商代表与职工协商代表不得相互兼任。

第二十五条　协商代表应履行下列职责：

（一）参加集体协商；

（二）接受本方人员质询，及时向本方人员公布协商情况并征求意见；

（三）提供与集体协商有关的情况和资料；

（四）代表本方参加集体协商争议的处理；

（五）监督集体合同或专项集体合同的履行；

（六）法律、法规和规章规定的其他职责。

第二十六条　协商代表应当维护本单位正常的生产、工作秩序，不得采取威胁、收买、欺骗等行为。

协商代表应当保守在集体协商过程中知悉的用人单位的商业秘密。

第二十七条　企业内部的协商代表参加集体协商视为提供了正常劳动。

第二十八条　职工一方协商代表在其履行协商代表职责期间劳动合同期满的，劳动合同期限自动延长至完成履行协商代表职责之时，除出现下列情形之一的，用人单位不得与其解除劳动合同：

（一）严重违反劳动纪律或用人单位依法制定的规章制度的；

（二）严重失职、营私舞弊，对用人单位利益造成重大损害的；

（三）被依法追究刑事责任的。

职工一方协商代表履行协商代表职责期间,用人单位无正当理由不得调整其工作岗位。

第二十九条 职工一方协商代表就本规定第二十七条、第二十八条的规定与用人单位发生争议的,可以向当地劳动争议仲裁委员会申请仲裁。

第三十条 工会可以更换职工一方协商代表;未建立工会的,经本单位半数以上职工同意可以更换职工一方协商代表。

用人单位法定代表人可以更换用人单位一方协商代表。

第三十一条 协商代表因更换、辞任或遇有不可抗力等情形造成空缺的,应在空缺之日起15日内按照本规定产生新的代表。

第四章 集体协商程序

第三十二条 集体协商任何一方均可就签订集体合同或专项集体合同以及相关事宜,以书面形式向对方提出进行集体协商的要求。

一方提出进行集体协商要求的,另一方应当在收到集体协商要求之日起20日内以书面形式给以回应,无正当理由不得拒绝进行集体协商。

第三十三条 协商代表在协商前应进行下列准备工作:

(一)熟悉与集体协商内容有关的法律、法规、规章和制度;

(二)了解与集体协商内容有关的情况和资料,收集用人单位和职工对协商意向所持的意见;

(三)拟定集体协商议题,集体协商议题可由提出协商一方起草,也可由双方指派代表共同起草;

(四)确定集体协商的时间、地点等事项;

(五)共同确定一名非协商代表担任集体协商记录员。记录员应保持中立、公正,并为集体协商双方保密。

第三十四条 集体协商会议由双方首席代表轮流主持,并按下列程序进行:

(一)宣布议程和会议纪律;

(二)一方首席代表提出协商的具体内容和要求,另一方首席代表就对方的要求作出回应;

(三)协商双方就商谈事项发表各自意见,开展充分讨论;

(四)双方首席代表归纳意见。达成一致的,应当形成集体合同草案或专项集体合同草案,由双方首席代表签字。

第三十五条 集体协商未达成一致意见或出现事先未预料的问题时,经双方协商,可以中止协商。中止期限及下次协商时间、地点、内容由双方商定。

第五章 集体合同的订立、 变更、解除和终止

第三十六条 经双方协商代表协商一致的集体合同草案或专项集体合同草案应当提交职工代表大会或者全体职工讨论。

职工代表大会或者全体职工讨论集体合同草案或专项集体合同草案,应当有三分之二以上职工代表或者职工出席,且须经全体职工代表半数以上或者全体职工半数以上同意,集体合同草案或专项集体合同草案方获通过。

第三十七条 集体合同草案或专项集体合同草案经职工代表大会或者职工大会通过后,由集体协商双方首席代表签字。

第三十八条 集体合同或专项集体合同期限一般为1至3年,期满或双方约定的终止条件出现,即行终止。

集体合同或专项集体合同期满前3个月内,任何一方均可向对方提出重新签订或续

订的要求。

第三十九条 双方协商代表协商一致，可以变更或解除集体合同或专项集体合同。

第四十条 有下列情形之一的，可以变更或解除集体合同或专项集体合同：

（一）用人单位因被兼并、解散、破产等原因，致使集体合同或专项集体合同无法履行的；

（二）因不可抗力等原因致使集体合同或专项集体合同无法履行或部分无法履行的；

（三）集体合同或专项集体合同约定的变更或解除条件出现的；

（四）法律、法规、规章规定的其他情形。

第四十一条 变更或解除集体合同或专项集体合同适用本规定的集体协商程序。

第六章　集体合同审查

第四十二条 集体合同或专项集体合同签订或变更后，应当自双方首席代表签字之日起 10 日内，由用人单位一方将文本一式三份报送劳动保障行政部门审查。

劳动保障行政部门对报送的集体合同或专项集体合同应当办理登记手续。

第四十三条 集体合同或专项集体合同审查实行属地管辖，具体管辖范围由省级劳动保障行政部门规定。

中央管辖的企业以及跨省、自治区、直辖市的用人单位的集体合同应当报送劳动保障部或劳动保障部指定的省级劳动保障行政部门。

第四十四条 劳动保障行政部门应当对报送的集体合同或专项集体合同的下列事项进行合法性审查：

（一）集体协商双方的主体资格是否符合法律、法规和规章规定；

（二）集体协商程序是否违反法律、法规、规章规定；

（三）集体合同或专项集体合同内容是否与国家规定相抵触。

第四十五条 劳动保障行政部门对集体合同或专项集体合同有异议的，应当自收到文本之日起 15 日内将《审查意见书》送达双方协商代表。《审查意见书》应当载明以下内容：

（一）集体合同或专项集体合同当事人双方的名称、地址；

（二）劳动保障行政部门收到集体合同或专项集体合同的时间；

（三）审查意见；

（四）作出审查意见的时间。

《审查意见书》应当加盖劳动保障行政部门印章。

第四十六条 用人单位与本单位职工就劳动保障行政部门提出异议的事项经集体协商重新签订集体合同或专项集体合同的，用人单位一方应当根据本规定第四十二条的规定将文本报送劳动保障行政部门审查。

第四十七条 劳动保障行政部门自收到文本之日起 15 日内未提出异议的，集体合同或专项集体合同即行生效。

第四十八条 生效的集体合同或专项集体合同，应当自其生效之日起由协商代表及时以适当的形式向本方全体人员公布。

第七章　集体协商争议的协调处

第四十九条 集体协商过程中发生争议，双方当事人不能协商解决的，当事人一方或双方可以书面向劳动保障行政部门提出协调处理申请；未提出申请的，劳动保障行政部门认为必要时也可以进行协调处理。

第五十条 劳动保障行政部门应当组织同级工会和企业组织等三方面的人员，共同协调处理集体协商争议。

第五十一条 集体协商争议处理实行属

地管辖,具体管辖范围由省级劳动保障行政部门规定。

中央管辖的企业以及跨省、自治区、直辖市用人单位因集体协商发生的争议,由劳动保障部指定的省级劳动保障行政部门组织同级工会和企业组织等三方面的人员协调处理,必要时,劳动保障部也可以组织有关方面协调处理。

第五十二条 协调处理集体协商争议,应当自受理协调处理申请之日起 30 日内结束协调处理工作。期满未结束的,可以适当延长协调期限,但延长期限不得超过 15 日。

第五十三条 协调处理集体协商争议应当按照以下程序进行:

(一)受理协调处理申请;

(二)调查了解争议的情况;

(三)研究制定协调处理争议的方案;

(四)对争议进行协调处理;

(五)制作《协调处理协议书》。

第五十四条 《协调处理协议书》应当载明协调处理申请、争议的事实和协调结果,双方当事人就某些协商事项不能达成一致的,应将继续协商的有关事项予以载明。《协调处理协议书》由集体协商争议协调处理人员和争议双方首席代表签字盖章后生效。争议双方均应遵守生效后的《协调处理协议书》。

第八章　附　　则

第五十五条 因履行集体合同发生的争议,当事人协商解决不成的,可以依法向劳动争议仲裁委员会申请仲裁。

第五十六条 用人单位无正当理由拒绝工会或职工代表提出的集体协商要求的,按照《工会法》及有关法律、法规的规定处理。

第五十七条 本规定于 2004 年 5 月 1 日起实施。原劳动部 1994 年 12 月 5 日颁布的《集体合同规定》同时废止。

最高人民法院关于审理劳动争议案件适用法律问题的解释(一)

(2020 年 12 月 25 日最高人民法院审判委员会第 1825 次会议通过　2020 年 12 月 29 日最高人民法院公告公布　自 2021 年 1 月 1 日起施行　法释〔2020〕26 号)

为正确审理劳动争议案件,根据《中华人民共和国民法典》《中华人民共和国劳动法》《中华人民共和国劳动合同法》《中华人民共和国劳动争议调解仲裁法》《中华人民共和国民事诉讼法》等相关法律规定,结合审判实践,制定本解释。

第一条 劳动者与用人单位之间发生的下列纠纷,属于劳动争议,当事人不服劳动争议仲裁机构作出的裁决,依法提起诉讼的,人民法院应予受理:

(一)劳动者与用人单位在履行劳动合同过程中发生的纠纷;

(二)劳动者与用人单位之间没有订立书面劳动合同,但已形成劳动关系后发生的纠纷;

(三)劳动者与用人单位因劳动关系是否已经解除或者终止,以及应否支付解除或者终止劳动关系经济补偿金发生的纠纷;

(四)劳动者与用人单位解除或者终止劳动关系后,请求用人单位返还其收取的劳动合同定金、保证金、抵押金、抵押物发生的纠纷,或者办理劳动者的人事档案、社会保险关系等移转手续发生的纠纷;

(五)劳动者以用人单位未为其办理社会保险手续,且社会保险经办机构不能补办导致其无法享受社会保险待遇为由,要求用人单位赔偿损失发生的纠纷;

（六）劳动者退休后，与尚未参加社会保险统筹的原用人单位因追索养老金、医疗费、工伤保险待遇和其他社会保险待遇而发生的纠纷；

（七）劳动者因为工伤、职业病，请求用人单位依法给予工伤保险待遇发生的纠纷；

（八）劳动者依据劳动合同法第八十五条规定，要求用人单位支付加付赔偿金发生的纠纷；

（九）因企业自主进行改制发生的纠纷。

第二条 下列纠纷不属于劳动争议：

（一）劳动者请求社会保险经办机构发放社会保险金的纠纷；

（二）劳动者与用人单位因住房制度改革产生的公有住房转让纠纷；

（三）劳动者对劳动能力鉴定委员会的伤残等级鉴定结论或者对职业病诊断鉴定委员会的职业病诊断鉴定结论的异议纠纷；

（四）家庭或者个人与家政服务人员之间的纠纷；

（五）个体工匠与帮工、学徒之间的纠纷；

（六）农村承包经营户与受雇人之间的纠纷。

第三条 劳动争议案件由用人单位所在地或者劳动合同履行地的基层人民法院管辖。

劳动合同履行地不明确的，由用人单位所在地的基层人民法院管辖。

法律另有规定的，依照其规定。

第四条 劳动者与用人单位均不服劳动争议仲裁机构的同一裁决，向同一人民法院起诉的，人民法院应当并案审理，双方当事人互为原告和被告，对双方的诉讼请求，人民法院应当一并作出裁决。在诉讼过程中，一方当事人撤诉的，人民法院应当根据另一方当事人的诉讼请求继续审理。双方当事人就同一仲裁裁决分别向有管辖权的人民法院起诉的，后受理的人民法院应当将案件移送给先受理的人民法院。

第五条 劳动争议仲裁机构以无管辖权为由对劳动争议案件不予受理，当事人提起诉讼的，人民法院按照以下情形分别处理：

（一）经审查认为该劳动争议仲裁机构对案件确无管辖权的，应当告知当事人向有管辖权的劳动争议仲裁机构申请仲裁；

（二）经审查认为该劳动争议仲裁机构有管辖权的，应当告知当事人申请仲裁，并将审查意见书面通知该劳动争议仲裁机构；劳动争议仲裁机构仍不受理，当事人就该劳动争议事项提起诉讼的，人民法院应予受理。

第六条 劳动争议仲裁机构以当事人申请仲裁的事项不属于劳动争议为由，作出不予受理的书面裁决、决定或者通知，当事人不服依法提起诉讼的，人民法院应当分别情况予以处理：

（一）属于劳动争议案件的，应当受理；

（二）虽不属于劳动争议案件，但属于人民法院主管的其他案件，应当依法受理。

第七条 劳动争议仲裁机构以申请仲裁的主体不适格为由，作出不予受理的书面裁决、决定或者通知，当事人不服依法提起诉讼，经审查确属主体不适格的，人民法院不予受理；已经受理的，裁定驳回起诉。

第八条 劳动争议仲裁机构为纠正原仲裁裁决错误重新作出裁决，当事人不服依法提起诉讼的，人民法院应当受理。

第九条 劳动争议仲裁机构仲裁的事项不属于人民法院受理的案件范围，当事人不服依法提起诉讼的，人民法院不予受理；已经受理的，裁定驳回起诉。

第十条 当事人不服劳动争议仲裁机构作出的预先支付劳动者劳动报酬、工伤医疗费、经济补偿或者赔偿金的裁决，依法提起诉讼的，人民法院不予受理。

用人单位不履行上述裁决中的给付义务，劳动者依法申请强制执行的，人民法院应予受理。

第十一条 劳动争议仲裁机构作出的调解书已经发生法律效力,一方当事人反悔提起诉讼的,人民法院不予受理;已经受理的,裁定驳回起诉。

第十二条 劳动争议仲裁机构逾期未作出受理决定或仲裁裁决,当事人直接提起诉讼的,人民法院应予受理,但申请仲裁的案件存在下列事由的除外:

(一)移送管辖的;

(二)正在送达或者送达延误的;

(三)等待另案诉讼结果、评残结论的;

(四)正在等待劳动争议仲裁机构开庭的;

(五)启动鉴定程序或者委托其他部门调查取证的;

(六)其他正当事由。

当事人以劳动争议仲裁机构逾期未作出仲裁裁决为由提起诉讼的,应当提交该仲裁机构出具的受理通知书或者其他已接受仲裁申请的凭证、证明。

第十三条 劳动者依据劳动合同法第三十条第二款和调解仲裁法第十六条规定向人民法院申请支付令,符合民事诉讼法第十七章督促程序规定的,人民法院应予受理。

依据劳动合同法第三十条第二款规定申请支付令被人民法院裁定终结督促程序后,劳动者就劳动争议事项直接提起诉讼的,人民法院应当告知其先向劳动争议仲裁机构申请仲裁。

依据调解仲裁法第十六条规定申请支付令被人民法院裁定终结督促程序后,劳动者依据调解协议直接提起诉讼的,人民法院应予受理。

第十四条 人民法院受理劳动争议案件后,当事人增加诉讼请求的,如该诉讼请求与讼争的劳动争议具有不可分性,应当合并审理;如属独立的劳动争议,应当告知当事人向劳动争议仲裁机构申请仲裁。

第十五条 劳动者以用人单位的工资欠条为证据直接提起诉讼,诉讼请求不涉及劳动关系其他争议的,视为拖欠劳动报酬争议,人民法院按照普通民事纠纷受理。

第十六条 劳动争议仲裁机构作出仲裁裁决后,当事人对裁决中的部分事项不服,依法提起诉讼的,劳动争议仲裁裁决不发生法律效力。

第十七条 劳动争议仲裁机构对多个劳动者的劳动争议作出仲裁裁决后,部分劳动者对仲裁裁决不服,依法提起诉讼的,仲裁裁决对提起诉讼的劳动者不发生法律效力;对未提起诉讼的部分劳动者,发生法律效力,如其申请执行的,人民法院应当受理。

第十八条 仲裁裁决的类型以仲裁裁决书确定为准。仲裁裁决书未载明该裁决为终局裁决或者非终局裁决,用人单位不服该仲裁裁决向基层人民法院提起诉讼的,应当按照以下情形分别处理:

(一)经审查认为该仲裁裁决为非终局裁决的,基层人民法院应予受理;

(二)经审查认为该仲裁裁决为终局裁决的,基层人民法院不予受理,但应告知用人单位可以自收到不予受理裁定书之日起三十日内向劳动争议仲裁机构所在地的中级人民法院申请撤销该仲裁裁决;已经受理的,裁定驳回起诉。

第十九条 仲裁裁决书未载明该裁决为终局裁决或者非终局裁决,劳动者依据调解仲裁法第四十七条第一项规定,追索劳动报酬、工伤医疗费、经济补偿或者赔偿金,如果仲裁裁决涉及数项,每项确定的数额均不超过当地月最低工资标准十二个月金额的,应当按照终局裁决处理。

第二十条 劳动争议仲裁机构作出的同一仲裁裁决同时包含终局裁决事项和非终局裁决事项,当事人不服该仲裁裁决向人民法院提起诉讼的,应当按照非终局裁决处理。

第二十一条　劳动者依据调解仲裁法第四十八条规定向基层人民法院提起诉讼,用人单位依据调解仲裁法第四十九条规定向劳动争议仲裁机构所在地的中级人民法院申请撤销仲裁裁决的,中级人民法院应当不予受理;已经受理的,应当裁定驳回申请。

被人民法院驳回起诉或者劳动者撤诉的,用人单位可以自收到裁定书之日起三十日内,向劳动争议仲裁机构所在地的中级人民法院申请撤销仲裁裁决。

第二十二条　用人单位依据调解仲裁法第四十九条规定向中级人民法院申请撤销仲裁裁决,中级人民法院作出的驳回申请或者撤销仲裁裁决的裁定为终审裁定。

第二十三条　中级人民法院审理用人单位申请撤销终局裁决的案件,应当组成合议庭开庭审理。经过阅卷、调查和询问当事人,对没有新的事实、证据或者理由,合议庭认为不需要开庭审理的,可以不开庭审理。

中级人民法院可以组织双方当事人调解。达成调解协议的,可以制作调解书。一方当事人逾期不履行调解协议的,另一方可以申请人民法院强制执行。

第二十四条　当事人申请人民法院执行劳动争议仲裁机构作出的发生法律效力的裁决书、调解书,被申请人提出证据证明劳动争议仲裁裁决书、调解书有下列情形之一,并经审查核实的,人民法院可以根据民事诉讼法第二百三十七条规定,裁定不予执行:

(一)裁决的事项不属于劳动争议仲裁范围,或者劳动争议仲裁机构无权仲裁的;

(二)适用法律、法规确有错误的;

(三)违反法定程序的;

(四)裁决所根据的证据是伪造的;

(五)对方当事人隐瞒了足以影响公正裁决的证据的;

(六)仲裁员在仲裁该案时有索贿受贿、

徇私舞弊、枉法裁决行为的;

(七)人民法院认定执行该劳动争议仲裁裁决违背社会公共利益的。

人民法院在不予执行的裁定书中,应当告知当事人在收到裁定书之次日起三十日内,可以就该劳动争议事项向人民法院提起诉讼。

第二十五条　劳动争议仲裁机构作出终局裁决,劳动者向人民法院申请执行,用人单位向劳动争议仲裁机构所在地的中级人民法院申请撤销的,人民法院应当裁定中止执行。

用人单位撤回撤销终局裁决申请或者其申请被驳回的,人民法院应当裁定恢复执行。仲裁裁决被撤销的,人民法院应当裁定终结执行。

用人单位向人民法院申请撤销仲裁裁决被驳回后,又在执行程序中以相同理由提出不予执行抗辩的,人民法院不予支持。

第二十六条　用人单位与其它单位合并的,合并前发生的劳动争议,由合并后的单位为当事人;用人单位分立为若干单位的,其分立前发生的劳动争议,由分立后的实际用人单位为当事人。

用人单位分立为若干单位后,具体承受劳动权利义务的单位不明确的,分立后的单位均为当事人。

第二十七条　用人单位招用尚未解除劳动合同的劳动者,原用人单位与劳动者发生的劳动争议,可以列新的用人单位为第三人。

原用人单位以新的用人单位侵权为由提起诉讼的,可以列劳动者为第三人。

原用人单位以新的用人单位和劳动者共同侵权为由提起诉讼的,新的用人单位和劳动者列为共同被告。

第二十八条　劳动者在用人单位与其他平等主体之间的承包经营期间,与发包方和承包方双方或者一方发生劳动争议,依法提起诉讼的,应当将承包方和发包方作为当事人。

第二十九条　劳动者与未办理营业执照、营业执照被吊销或者营业期限届满仍继续经营的用人单位发生争议的,应当将用人单位或者其出资人列为当事人。

第三十条　未办理营业执照、营业执照被吊销或者营业期限届满仍继续经营的用人单位,以挂靠等方式借用他人营业执照经营的,应当将用人单位和营业执照出借方列为当事人。

第三十一条　当事人不服劳动争议仲裁机构作出的仲裁裁决,依法提起诉讼,人民法院审查认为仲裁裁决遗漏了必须共同参加仲裁的当事人的,应当依法追加遗漏的人为诉讼当事人。

被追加的当事人应当承担责任的,人民法院应当一并处理。

第三十二条　用人单位与其招用的已经依法享受养老保险待遇或者领取退休金的人员发生用工争议而提起诉讼的,人民法院应当按劳务关系处理。

企业停薪留职人员、未达到法定退休年龄的内退人员、下岗待岗人员以及企业经营性停产放长假人员,因与新的用人单位发生用工争议而提起诉讼的,人民法院应当按劳动关系处理。

第三十三条　外国人、无国籍人未依法取得就业证件即与中华人民共和国境内的用人单位签订劳动合同,当事人请求确认与用人单位存在劳动关系的,人民法院不予支持。

持有《外国专家证》并取得《外国人来华工作许可证》的外国人,与中华人民共和国境内的用人单位建立用工关系的,可以认定为劳动关系。

第三十四条　劳动合同期满后,劳动者仍在原用人单位工作,原用人单位未表示异议的,视为双方同意以原条件继续履行劳动合同。一方提出终止劳动关系的,人民法院应予支持。

根据劳动合同法第十四条规定,用人单位应当与劳动者签订无固定期限劳动合同而未签订的,人民法院可以视为双方之间存在无固定期限劳动合同关系,并以原劳动合同确定双方的权利义务关系。

第三十五条　劳动者与用人单位就解除或者终止劳动合同办理相关手续、支付工资报酬、加班费、经济补偿或者赔偿金等达成的协议,不违反法律、行政法规的强制性规定,且不存在欺诈、胁迫或者乘人之危情形的,应当认定有效。

前款协议存在重大误解或者显失公平情形,当事人请求撤销的,人民法院应予支持。

第三十六条　当事人在劳动合同或者保密协议中约定了竞业限制,但未约定解除或者终止劳动合同后给予劳动者经济补偿,劳动者履行了竞业限制义务,要求用人单位按照劳动者在劳动合同解除或者终止前十二个月平均工资的30%按月支付经济补偿的,人民法院应予支持。

前款规定的月平均工资的30%低于劳动合同履行地最低工资标准的,按照劳动合同履行地最低工资标准支付。

第三十七条　当事人在劳动合同或者保密协议中约定了竞业限制和经济补偿,当事人解除劳动合同时,除另有约定外,用人单位要求劳动者履行竞业限制义务,或者劳动者履行了竞业限制义务后要求用人单位支付经济补偿的,人民法院应予支持。

第三十八条　当事人在劳动合同或者保密协议中约定了竞业限制和经济补偿,劳动合同解除或者终止后,因用人单位的原因导致三个月未支付经济补偿,劳动者请求解除竞业限制约定的,人民法院应予支持。

第三十九条　在竞业限制期限内,用人单位请求解除竞业限制协议的,人民法院应予支持。

在解除竞业限制协议时,劳动者请求用

人单位额外支付劳动者三个月的竞业限制经济补偿的，人民法院应予支持。

　　第四十条　劳动者违反竞业限制约定，向用人单位支付违约金后，用人单位要求劳动者按照约定继续履行竞业限制义务的，人民法院应予支持。

　　第四十一条　劳动合同被确认为无效，劳动者已付出劳动的，用人单位应当按照劳动合同法第二十八条、第四十六条、第四十七条的规定向劳动者支付劳动报酬和经济补偿。

　　由于用人单位原因订立无效劳动合同，给劳动者造成损害的，用人单位应当赔偿劳动者因合同无效所造成的经济损失。

　　第四十二条　劳动者主张加班费的，应当就加班事实的存在承担举证责任。但劳动者有证据证明用人单位掌握加班事实存在的证据，用人单位不提供的，由用人单位承担不利后果。

　　第四十三条　用人单位与劳动者协商一致变更劳动合同，虽未采用书面形式，但已经实际履行了口头变更的劳动合同超过一个月，变更后的劳动合同内容不违反法律、行政法规且不违背公序良俗，当事人以未采用书面形式为由主张劳动合同变更无效的，人民法院不予支持。

　　第四十四条　因用人单位作出的开除、除名、辞退、解除劳动合同、减少劳动报酬、计算劳动者工作年限等决定而发生的劳动争议，用人单位负举证责任。

　　第四十五条　用人单位有下列情形之一，迫使劳动者提出解除劳动合同的，用人单位应当支付劳动者的劳动报酬和经济补偿，并可支付赔偿金：

　　（一）以暴力、威胁或者非法限制人身自由的手段强迫劳动的；

　　（二）未按照劳动合同约定支付劳动报酬或者提供劳动条件的；

　　（三）克扣或者无故拖欠劳动者工资的；

　　（四）拒不支付劳动者延长工作时间工资报酬的；

　　（五）低于当地最低工资标准支付劳动者工资的。

　　第四十六条　劳动者非因本人原因从原用人单位被安排到新用人单位工作，原用人单位未支付经济补偿，劳动者依据劳动合同法第三十八条规定与新用人单位解除劳动合同，或者新用人单位向劳动者提出解除、终止劳动合同，在计算支付经济补偿或赔偿金的工作年限时，劳动者请求把在原用人单位的工作年限合并计算为新用人单位工作年限的，人民法院应予支持。

　　用人单位符合下列情形之一的，应当认定属于"劳动者非因本人原因从原用人单位被安排到新用人单位工作"：

　　（一）劳动者仍在原工作场所、工作岗位工作，劳动合同主体由原用人单位变更为新用人单位；

　　（二）用人单位以组织委派或任命形式对劳动者进行工作调动；

　　（三）因用人单位合并、分立等原因导致劳动者工作调动；

　　（四）用人单位及其关联企业与劳动者轮流订立劳动合同；

　　（五）其他合理情形。

　　第四十七条　建立了工会组织的用人单位解除劳动合同符合劳动合同法第三十九条、第四十条规定，但未按照劳动合同法第四十三条规定事先通知工会，劳动者以用人单位违法解除劳动合同为由请求用人单位支付赔偿金的，人民法院应予支持，但起诉前用人单位已经补正有关程序的除外。

　　第四十八条　劳动合同法施行后，因用人单位经营期限届满不再继续经营导致劳动合同不能继续履行，劳动者请求用人单位支付经济补偿的，人民法院应予支持。

第四十九条　在诉讼过程中,劳动者向人民法院申请采取财产保全措施,人民法院经审查认为申请人经济确有困难,或者有证据证明用人单位存在欠薪逃匿可能的,应当减轻或者免除劳动者提供担保的义务,及时采取保全措施。

人民法院作出的财产保全裁定中,应当告知当事人在劳动争议仲裁机构的裁决书或者在人民法院的裁判文书生效后三个月内申请强制执行。逾期不申请的,人民法院应当裁定解除保全措施。

第五十条　用人单位根据劳动合同法第四条规定,通过民主程序制定的规章制度,不违反国家法律、行政法规及政策规定,并已向劳动者公示的,可以作为确定双方权利义务的依据。

用人单位制定的内部规章制度与集体合同或者劳动合同约定的内容不一致,劳动者请求优先适用合同约定的,人民法院应予支持。

第五十一条　当事人在调解仲裁法第十条规定的调解组织主持下达成的具有劳动权利义务内容的调解协议,具有劳动合同的约束力,可以作为人民法院裁判的根据。

当事人在调解仲裁法第十条规定的调解组织主持下仅就劳动报酬争议达成调解协议,用人单位不履行调解协议确定的给付义务,劳动者直接提起诉讼的,人民法院可以按照普通民事纠纷受理。

第五十二条　当事人在人民调解委员会主持下仅就给付义务达成的调解协议,双方认为有必要的,可以共同向人民调解委员会所在地的基层人民法院申请司法确认。

第五十三条　用人单位对劳动者作出的开除、除名、辞退等处理,或者因其他原因解除劳动合同确有错误的,人民法院可以依法判决予以撤销。

对于追索劳动报酬、养老金、医疗费以及工伤保险待遇、经济补偿金、培训费及其他相关费用等案件,给付数额不当的,人民法院可以予以变更。

第五十四条　本解释自 2021 年 1 月 1 日起施行。

最高人民法院关于在民事审判工作中适用《中华人民共和国工会法》若干问题的解释

（2003 年 1 月 9 日最高人民法院审判委员会第 1263 次会议通过　根据 2020 年 12 月 23 日最高人民法院审判委员会第 1823 次会议通过的《最高人民法院关于修改〈最高人民法院关于在民事审判工作中适用《中华人民共和国工会法》若干问题的解释〉等二十七件民事类司法解释的决定》修正　2020 年 12 月 29 日最高人民法院公告公布）

为正确审理涉及工会经费和财产、工会工作人员权利的民事案件,维护工会和职工的合法权益,根据《中华人民共和国民法典》《中华人民共和国工会法》和《中华人民共和国民事诉讼法》等法律的规定,现就有关法律的适用问题解释如下：

第一条　人民法院审理涉及工会组织的有关案件时,应当认定依照工会法建立的工会组织的社团法人资格。具有法人资格的工会组织依法独立享有民事权利,承担民事义务。建立工会的企业、事业单位、机关与所建工会以及工会投资兴办的企业,根据法律和司法解释的规定,应当分别承担各自的民事责任。

第二条　根据工会法第十八条规定,人民法院审理劳动争议案件,涉及确定基层工会专职主席、副主席或者委员延长的劳动合同期限的,应当自上述人员工会职务任职期限届满之日起计算,延长的期限等于其工会职务任职的期间。

工会法第十八条规定的"个人严重过失",是指具有《中华人民共和国劳动法》第二十五条第(二)项、第(三)项或者第(四)项规定的情形。

第三条　基层工会或者上级工会依照工会法第四十三条规定向人民法院申请支付令的,由被申请人所在地的基层人民法院管辖。

第四条　人民法院根据工会法第四十三条的规定受理工会提出的拨缴工会经费的支付令申请后,应当先行征询被申请人的意见。被申请人仅对应拨缴经费数额有异议的,人民法院应当就无异议部分的工会经费数额发出支付令。

人民法院在审理涉及工会经费的案件中,需要按照工会法第四十二条第一款第(二)项规定的"全部职工""工资总额"确定拨缴数额的,"全部职工""工资总额"的计算,应当按照国家有关部门规定的标准执行。

第五条　根据工会法第四十三条和民事诉讼法的有关规定,上级工会向人民法院申请支付令或者提起诉讼,要求企业、事业单位拨缴工会经费的,人民法院应当受理。基层工会要求参加诉讼的,人民法院可以准许其作为共同申请人或者共同原告参加诉讼。

第六条　根据工会法第五十二条规定,人民法院审理涉及职工和工会工作人员因参加工会活动或者履行工会法规定的职责而被解除劳动合同的劳动争议案件,可以根据当事人的请求裁判用人单位恢复其工作,并补发被解除劳动合同期间应得的报酬;或者根据当事人的请求裁判用人单位给予本人年收入二倍的赔偿,并根据劳动合同法第四十六条、第四十七条规定给予解除劳动合同时的经济补偿。

第七条　对于企业、事业单位无正当理由拖延或者拒不拨缴工会经费的,工会组织向人民法院请求保护其权利的诉讼时效期间,适用民法典第一百八十八条的规定。

第八条　工会组织就工会经费的拨缴向人民法院申请支付令的,应当按照《诉讼费用交纳办法》第十四条的规定交纳申请费;督促程序终结后,工会组织另行起诉的,按照《诉讼费用交纳办法》第十三条规定的财产案件受理费标准交纳诉讼费用。

民事程序篇

九、诉讼程序

（一）一般规定

中华人民共和国民事诉讼法

（1991 年 4 月 9 日第七届全国人民代表大会第四次会议通过　根据 2007 年 10 月 28 日第十届全国人民代表大会常务委员会第三十次会议《关于修改〈中华人民共和国民事诉讼法〉的决定》第一次修正　根据 2012 年 8 月 31 日第十一届全国人民代表大会常务委员会第二十八次会议《关于修改〈中华人民共和国民事诉讼法〉的决定》第二次修正　根据 2017 年 6 月 27 日第十二届全国人民代表大会常务委员会第二十八次会议《关于修改〈中华人民共和国民事诉讼法〉和〈中华人民共和国行政诉讼法〉的决定》第三次修正　根据 2021 年 12 月 24 日第十三届全国人民代表大会常务委员会第三十二次会议《关于修改〈中华人民共和国民事诉讼法〉的决定》第四次修正　根据 2023 年 9 月 1 日第十四届全国人民代表大会常务委员会第五次会议《关于修改〈中华人民共和国民事诉讼法〉的决定》第五次修正）

目　录

诉讼程序

第一编　总　则

第一章　任务、适用范围和基本原则

第一条　【立法依据】中华人民共和国民事诉讼法以宪法为根据,结合我国民事审判工作的经验和实际情况制定。

第二条　【立法目的】中华人民共和国民事诉讼法的任务,是保护当事人行使诉讼权利,保证人民法院查明事实,分清是非,正确适用法律,及时审理民事案件,确认民事权利义务关系,制裁民事违法行为,保护当事人的合法权益,教育公民自觉遵守法律,维护社会秩序、经济秩序,保障社会主义建设事业顺利进行。

第三条　【适用范围】人民法院受理公民之间、法人之间、其他组织之间以及他们相互之间因财产关系和人身关系提起的民事诉讼,适用本法的规定。

第四条　【空间效力】凡在中华人民共和国领域内进行民事诉讼,必须遵守本法。

第五条　【同等原则和对等原则】外国人、无国籍人、外国企业和组织在人民法院起诉、应诉,同中华人民共和国公民、法人和其他组织有同等的诉讼权利义务。

外国法院对中华人民共和国公民、法人和其他组织的民事诉讼权利加以限制的,中华人民共和国人民法院对该国公民、企业和组织的民事诉讼权利,实行对等原则。

第六条　【独立审判原则】民事案件的审判权由人民法院行使。

人民法院依照法律规定对民事案件独立进行审判,不受行政机关、社会团体和个人的干涉。

第七条　【以事实为根据,以法律为准绳原则】人民法院审理民事案件,必须以事实为根据,以法律为准绳。

第八条　【诉讼权利平等原则】民事诉讼当事人有平等的诉讼权利。人民法院审理民事案件,应当保障和便利当事人行使诉讼权利,对当事人在适用法律上一律平等。

第九条　【法院调解原则】人民法院审理民事案件,应当根据自愿和合法的原则进行调解;调解不成的,应当及时判决。

第十条　【合议、回避、公开审判、两审终审制度】人民法院审理民事案件,依照法律规定实行合议、回避、公开审判和两审终审制度。

第十一条　【使用本民族语言文字原则】各民族公民都有用本民族语言、文字进行民事诉讼的权利。

在少数民族聚居或者多民族共同居住的地区,人民法院应当用当地民族通用的语言、文字进行审理和发布法律文书。

人民法院应当对不通晓当地民族通用的语言、文字的诉讼参与人提供翻译。

第十二条 【辩论原则】人民法院审理民事案件时,当事人有权进行辩论。

第十三条 【诚信原则和处分原则】民事诉讼应当遵循诚信原则。

当事人有权在法律规定的范围内处分自己的民事权利和诉讼权利。

第十四条 【检察监督原则】人民检察院有权对民事诉讼实行法律监督。

第十五条 【支持起诉原则】机关、社会团体、企业事业单位对损害国家、集体或者个人民事权益的行为,可以支持受损害的单位或者个人向人民法院起诉。

第十六条 【在线诉讼法律效力】经当事人同意,民事诉讼活动可以通过信息网络平台在线进行。

民事诉讼活动通过信息网络平台在线进行的,与线下诉讼活动具有同等法律效力。

第十七条 【民族自治地方的变通或者补充规定】民族自治地方的人民代表大会根据宪法和本法的原则,结合当地民族的具体情况,可以制定变通或者补充的规定。自治区的规定,报全国人民代表大会常务委员会批准。自治州、自治县的规定,报省或者自治区的人民代表大会常务委员会批准,并报全国人民代表大会常务委员会备案。

第二章 管 辖

第一节 级别管辖

第十八条 【基层法院管辖】基层人民法院管辖第一审民事案件,但本法另有规定的除外。

第十九条 【中级法院管辖】中级人民法院管辖下列第一审民事案件:

(一)重大涉外案件;

(二)在本辖区有重大影响的案件;

(三)最高人民法院确定由中级人民法院管辖的案件。

第二十条 【高级法院管辖】高级人民法院管辖在本辖区有重大影响的第一审民事案件。

第二十一条 【最高法院管辖】最高人民法院管辖下列第一审民事案件:

(一)在全国有重大影响的案件;

(二)认为应当由本院审理的案件。

第二节 地域管辖

第二十二条 【被告住所地、经常居住地法院管辖】对公民提起的民事诉讼,由被告住所地人民法院管辖;被告住所地与经常居住地不一致的,由经常居住地人民法院管辖。

对法人或者其他组织提起的民事诉讼,由被告住所地人民法院管辖。

同一诉讼的几个被告住所地、经常居住地在两个以上人民法院辖区的,各该人民法院都有管辖权。

第二十三条 【原告住所地、经常居住地法院管辖】下列民事诉讼,由原告住所地人民法院管辖;原告住所地与经常居住地不一致的,由原告经常居住地人民法院管辖:

(一)对不在中华人民共和国领域内居住的人提起的有关身份关系的诉讼;

(二)对下落不明或者宣告失踪的人提起的有关身份关系的诉讼;

(三)对被采取强制性教育措施的人提起的诉讼;

(四)对被监禁的人提起的诉讼。

第二十四条 【合同纠纷的地域管辖】因合同纠纷提起的诉讼,由被告住所地或者合同履行地人民法院管辖。

第二十五条 【保险合同纠纷的地域管辖】因保险合同纠纷提起的诉讼,由被告住所地或者保险标的物所在地人民法院管辖。

第二十六条 【票据纠纷的地域管辖】因票据纠纷提起的诉讼,由票据支付地或者被告住所地人民法院管辖。

第二十七条 【公司纠纷的地域管辖】因公司设立、确认股东资格、分配利润、解散等纠纷提起的诉讼，由公司住所地人民法院管辖。

第二十八条 【运输合同纠纷的地域管辖】因铁路、公路、水上、航空运输和联合运输合同纠纷提起的诉讼，由运输始发地、目的地或者被告住所地人民法院管辖。

第二十九条 【侵权纠纷的地域管辖】因侵权行为提起的诉讼，由侵权行为地或者被告住所地人民法院管辖。

第三十条 【交通事故损害赔偿纠纷的地域管辖】因铁路、公路、水上和航空事故请求损害赔偿提起的诉讼，由事故发生地或者车辆、船舶最先到达地、航空器最先降落地或者被告住所地人民法院管辖。

第三十一条 【海事损害事故赔偿纠纷的地域管辖】因船舶碰撞或者其他海事损害事故请求损害赔偿提起的诉讼，由碰撞发生地、碰撞船舶最先到达地、加害船舶被扣留地或者被告住所地人民法院管辖。

第三十二条 【海难救助费用纠纷的地域管辖】因海难救助费用提起的诉讼，由救助地或者被救助船舶最先到达地人民法院管辖。

第三十三条 【共同海损纠纷的地域管辖】因共同海损提起的诉讼，由船舶最先到达地、共同海损理算地或者航程终止地的人民法院管辖。

第三十四条 【专属管辖】下列案件，由本条规定的人民法院专属管辖：

（一）因不动产纠纷提起的诉讼，由不动产所在地人民法院管辖；

（二）因港口作业中发生纠纷提起的诉讼，由港口所在地人民法院管辖；

（三）因继承遗产纠纷提起的诉讼，由被继承人死亡时住所地或者主要遗产所在地人

民法院管辖。

第三十五条 【协议管辖】合同或者其他财产权益纠纷的当事人可以书面协议选择被告住所地、合同履行地、合同签订地、原告住所地、标的物所在地等与争议有实际联系的地点的人民法院管辖，但不得违反本法对级别管辖和专属管辖的规定。

第三十六条 【选择管辖】两个以上人民法院都有管辖权的诉讼，原告可以向其中一个人民法院起诉；原告向两个以上有管辖权的人民法院起诉的，由最先立案的人民法院管辖。

第三节　移送管辖和指定管辖

第三十七条 【移送管辖】人民法院发现受理的案件不属于本院管辖的，应当移送有管辖权的人民法院，受移送的人民法院应当受理。受移送的人民法院认为受移送的案件依照规定不属于本院管辖的，应当报请上级人民法院指定管辖，不得再自行移送。

第三十八条 【指定管辖】有管辖权的人民法院由于特殊原因，不能行使管辖权的，由上级人民法院指定管辖。

人民法院之间因管辖权发生争议，由争议双方协商解决；协商解决不了的，报请它们的共同上级人民法院指定管辖。

第三十九条 【管辖权的转移】上级人民法院有权审理下级人民法院管辖的第一审民事案件；确有必要将本院管辖的第一审民事案件交下级人民法院审理的，应当报请其上级人民法院批准。

下级人民法院对它所管辖的第一审民事案件，认为需要由上级人民法院审理的，可以报请上级人民法院审理。

第三章　审判组织

第四十条 【一审审判组织】人民法院审

理第一审民事案件,由审判员、人民陪审员共同组成合议庭或者由审判员组成合议庭。合议庭的成员人数,必须是单数。

适用简易程序审理的民事案件,由审判员一人独任审理。基层人民法院审理的基本事实清楚、权利义务关系明确的第一审民事案件,可以由审判员一人适用普通程序独任审理。

人民陪审员在参加审判活动时,除法律另有规定外,与审判员有同等的权利义务。

第四十一条 【二审和再审审判组织】人民法院审理第二审民事案件,由审判员组成合议庭。合议庭的成员人数,必须是单数。

中级人民法院对第一审适用简易程序审结或者不服裁定提起上诉的第二审民事案件,事实清楚、权利义务关系明确的,经双方当事人同意,可以由审判员一人独任审理。

发回重审的案件,原审人民法院应当按照第一审程序另行组成合议庭。

审理再审案件,原来是第一审的,按照第一审程序另行组成合议庭;原来是第二审的或者是上级人民法院提审的,按照第二审程序另行组成合议庭。

第四十二条 【不适用独任制的情形】人民法院审理下列民事案件,不得由审判员一人独任审理:

(一)涉及国家利益、社会公共利益的案件;

(二)涉及群体性纠纷,可能影响社会稳定的案件;

(三)人民群众广泛关注或者其他社会影响较大的案件;

(四)属于新类型或者疑难复杂的案件;

(五)法律规定应当组成合议庭审理的案件;

(六)其他不宜由审判员一人独任审理的案件。

第四十三条 【独任制向合议制转换】人民法院在审理过程中,发现案件不宜由审判员一人独任审理的,应当裁定转由合议庭审理。

当事人认为案件由审判员一人独任审理违反法律规定的,可以向人民法院提出异议。人民法院对当事人提出的异议应当审查,异议成立的,裁定转由合议庭审理;异议不成立的,裁定驳回。

第四十四条 【合议庭审判长的产生】合议庭的审判长由院长或者庭长指定审判员一人担任;院长或者庭长参加审判的,由院长或者庭长担任。

第四十五条 【合议庭的评议规则】合议庭评议案件,实行少数服从多数的原则。评议应当制作笔录,由合议庭成员签名。评议中的不同意见,必须如实记入笔录。

第四十六条 【审判人员工作纪律】审判人员应当依法秉公办案。

审判人员不得接受当事人及其诉讼代理人请客送礼。

审判人员有贪污受贿,徇私舞弊,枉法裁判行为的,应当追究法律责任;构成犯罪的,依法追究刑事责任。

第四章 回 避

第四十七条 【回避的对象、条件和方式】审判人员有下列情形之一的,应当自行回避,当事人有权用口头或者书面方式申请他们回避:

(一)是本案当事人或者当事人、诉讼代理人近亲属的;

(二)与本案有利害关系的;

(三)与本案当事人、诉讼代理人有其他关系,可能影响对案件公正审理的。

审判人员接受当事人、诉讼代理人请客送礼,或者违反规定会见当事人、诉讼代理人的,当事人有权要求他们回避。

审判人员有前款规定的行为的,应当依法追究法律责任。

前三款规定,适用于法官助理、书记员、司法技术人员、翻译人员、鉴定人、勘验人。

第四十八条 【回避申请】当事人提出回避申请,应当说明理由,在案件开始审理时提出;回避事由在案件开始审理后知道的,也可以在法庭辩论终结前提出。

被申请回避的人员在人民法院作出是否回避的决定前,应当暂停参与本案的工作,但案件需要采取紧急措施的除外。

第四十九条 【回避决定的程序】院长担任审判长或者独任审判员时的回避,由审判委员会决定;审判人员的回避,由院长决定;其他人员的回避,由审判长或者独任审判员决定。

第五十条 【回避决定的时限及效力】人民法院对当事人提出的回避申请,应当在申请提出的三日内,以口头或者书面形式作出决定。申请人对决定不服的,可以在接到决定时申请复议一次。复议期间,被申请回避的人员,不停止参与本案的工作。人民法院对复议申请,应当在三日内作出复议决定,并通知复议申请人。

第五章 诉讼参加人

第一节 当事人

第五十一条 【当事人范围】公民、法人和其他组织可以作为民事诉讼的当事人。

法人由其法定代表人进行诉讼。其他组织由其主要负责人进行诉讼。

第五十二条 【诉讼权利义务】当事人有权委托代理人,提出回避申请,收集、提供证据,进行辩论,请求调解,提起上诉,申请执行。

当事人可以查阅本案有关材料,并可以复制本案有关材料和法律文书。查阅、复制本案有关材料的范围和办法由最高人民法院规定。

当事人必须依法行使诉讼权利,遵守诉讼秩序,履行发生法律效力的判决书、裁定书和调解书。

第五十三条 【自行和解】双方当事人可以自行和解。

第五十四条 【诉讼请求的放弃、变更、承认、反驳及反诉】原告可以放弃或者变更诉讼请求。被告可以承认或者反驳诉讼请求,有权提起反诉。

第五十五条 【共同诉讼】当事人一方或者双方为二人以上,其诉讼标的是共同的,或者诉讼标的是同一种类、人民法院认为可以合并审理并经当事人同意的,为共同诉讼。

共同诉讼的一方当事人对诉讼标的有共同权利义务的,其中一人的诉讼行为经其他共同诉讼人承认,对其他共同诉讼人发生效力;对诉讼标的没有共同权利义务的,其中一人的诉讼行为对其他共同诉讼人不发生效力。

第五十六条 【当事人人数确定的代表人诉讼】当事人一方人数众多的共同诉讼,可以由当事人推选代表人进行诉讼。代表人的诉讼行为对其所代表的当事人发生效力,但代表人变更、放弃诉讼请求或者承认对方当事人的诉讼请求,进行和解,必须经被代表的当事人同意。

第五十七条 【当事人人数不确定的代表人诉讼】诉讼标的是同一种类、当事人一方人数众多在起诉时人数尚未确定的,人民法院可以发出公告,说明案件情况和诉讼请求,通知权利人在一定期间向人民法院登记。

向人民法院登记的权利人可以推选代表人进行诉讼;推选不出代表人的,人民法院可以与参加登记的权利人商定代表人。

代表人的诉讼行为对其所代表的当事人

发生效力,但代表人变更、放弃诉讼请求或者承认对方当事人的诉讼请求,进行和解,必须经被代表的当事人同意。

人民法院作出的判决、裁定,对参加登记的全体权利人发生效力。未参加登记的权利人在诉讼时效期间提起诉讼的,适用该判决、裁定。

第五十八条 【公益诉讼】对污染环境、侵害众多消费者合法权益等损害社会公共利益的行为,法律规定的机关和有关组织可以向人民法院提起诉讼。

人民检察院在履行职责中发现破坏生态环境和资源保护、食品药品安全领域侵害众多消费者合法权益等损害社会公共利益的行为,在没有前款规定的机关和组织或者前款规定的机关和组织不提起诉讼的情况下,可以向人民法院提起诉讼。前款规定的机关或者组织提起诉讼的,人民检察院可以支持起诉。

第五十九条 【第三人】对当事人双方的诉讼标的,第三人认为有独立请求权的,有权提起诉讼。

对当事人双方的诉讼标的,第三人虽然没有独立请求权,但案件处理结果同他有法律上的利害关系的,可以申请参加诉讼,或者由人民法院通知他参加诉讼。人民法院判决承担民事责任的第三人,有当事人的诉讼权利义务。

前两款规定的第三人,因不能归责于本人的事由未参加诉讼,但有证据证明发生法律效力的判决、裁定、调解书的部分或者全部内容错误,损害其民事权益的,可以自知道或者应当知道其民事权益受到损害之日起六个月内,向作出该判决、裁定、调解书的人民法院提起诉讼。人民法院经审理,诉讼请求成立的,应当改变或者撤销原判决、裁定、调解书;诉讼请求不成立的,驳回诉讼请求。

第二节 诉讼代理人

第六十条 【法定诉讼代理人】无诉讼行为能力人由他的监护人作为法定代理人代为诉讼。法定代理人之间互相推诿代理责任的,由人民法院指定其中一人代为诉讼。

第六十一条 【委托诉讼代理人】当事人、法定代理人可以委托一至二人作为诉讼代理人。

下列人员可以被委托为诉讼代理人:

(一)律师、基层法律服务工作者;

(二)当事人的近亲属或者工作人员;

(三)当事人所在社区、单位以及有关社会团体推荐的公民。

第六十二条 【委托诉讼代理权的取得和权限】委托他人代为诉讼,必须向人民法院提交由委托人签名或者盖章的授权委托书。

授权委托书必须记明委托事项和权限。诉讼代理人代为承认、放弃、变更诉讼请求,进行和解,提起反诉或者上诉,必须有委托人的特别授权。

侨居在国外的中华人民共和国公民从国外寄交或者托交的授权委托书,必须经中华人民共和国驻该国的使领馆证明;没有使领馆的,由与中华人民共和国有外交关系的第三国驻该国的使领馆证明,再转由中华人民共和国驻该第三国使领馆证明,或者由当地的爱国华侨团体证明。

第六十三条 【诉讼代理权的变更和解除】诉讼代理人的权限如果变更或者解除,当事人应当书面告知人民法院,并由人民法院通知对方当事人。

第六十四条 【诉讼代理人调查收集证据和查阅有关资料的权利】代理诉讼的律师和其他诉讼代理人有权调查收集证据,可以查阅本案有关材料。查阅本案有关材料的范围和办法由最高人民法院规定。

第六十五条 【离婚诉讼代理的特别规

诉讼程序

定】离婚案件有诉讼代理人的,本人除不能表达意思的以外,仍应出庭;确因特殊情况无法出庭的,必须向人民法院提交书面意见。

第六章 证 据

第六十六条 【证据的种类】证据包括:

(一)当事人的陈述;

(二)书证;

(三)物证;

(四)视听资料;

(五)电子数据;

(六)证人证言;

(七)鉴定意见;

(八)勘验笔录。

证据必须查证属实,才能作为认定事实的根据。

第六十七条 【举证责任与查证】当事人对自己提出的主张,有责任提供证据。

当事人及其诉讼代理人因客观原因不能自行收集的证据,或者人民法院认为审理案件需要的证据,人民法院应当调查收集。

人民法院应当按照法定程序,全面地、客观地审查核实证据。

第六十八条 【举证期限及逾期后果】当事人对自己提出的主张应当及时提供证据。

人民法院根据当事人的主张和案件审理情况,确定当事人应当提供的证据及其期限。当事人在该期限内提供证据确有困难的,可以向人民法院申请延长期限,人民法院根据当事人的申请适当延长。当事人逾期提供证据的,人民法院应当责令其说明理由;拒不说明理由或者理由不成立的,人民法院根据不同情形可以不予采纳该证据,或者采纳该证据但予以训诫、罚款。

第六十九条 【人民法院签收证据】人民法院收到当事人提交的证据材料,应当出具收据,写明证据名称、页数、份数、原件或者复印件以及收到时间等,并由经办人员签名或者盖章。

第七十条 【人民法院调查取证】人民法院有权向有关单位和个人调查取证,有关单位和个人不得拒绝。

人民法院对有关单位和个人提出的证明文书,应当辨别真伪,审查确定其效力。

第七十一条 【证据的公开与质证】证据应当在法庭上出示,并由当事人互相质证。对涉及国家秘密、商业秘密和个人隐私的证据应当保密,需要在法庭出示的,不得在公开开庭时出示。

第七十二条 【公证证据】经过法定程序公证证明的法律事实和文书,人民法院应当作为认定事实的根据,但有相反证据足以推翻公证证明的除外。

第七十三条 【书证和物证】书证应当提交原件。物证应当提交原物。提交原件或者原物确有困难的,可以提交复制品、照片、副本、节录本。

提交外文书证,必须附有中文译本。

第七十四条 【视听资料】人民法院对视听资料,应当辨别真伪,并结合本案的其他证据,审查确定能否作为认定事实的根据。

第七十五条 【证人的义务】凡是知道案件情况的单位和个人,都有义务出庭作证。有关单位的负责人应当支持证人作证。

不能正确表达意思的人,不能作证。

第七十六条 【证人不出庭作证的情形】经人民法院通知,证人应当出庭作证。有下列情形之一的,经人民法院许可,可以通过书面证言、视听传输技术或者视听资料等方式作证:

(一)因健康原因不能出庭的;

(二)因路途遥远,交通不便不能出庭的;

(三)因自然灾害等不可抗力不能出庭的;

(四)其他有正当理由不能出庭的。

第七十七条　【证人出庭作证费用的承担】证人因履行出庭作证义务而支出的交通、住宿、就餐等必要费用以及误工损失，由败诉一方当事人负担。当事人申请证人作证的，由该当事人先行垫付；当事人没有申请，人民法院通知证人作证的，由人民法院先行垫付。

第七十八条　【当事人陈述】人民法院对当事人的陈述，应当结合本案的其他证据，审查确定能否作为认定事实的根据。

当事人拒绝陈述的，不影响人民法院根据证据认定案件事实。

第七十九条　【申请鉴定】当事人可以就查明事实的专门性问题向人民法院申请鉴定。当事人申请鉴定的，由双方当事人协商确定具备资格的鉴定人；协商不成的，由人民法院指定。

当事人未申请鉴定，人民法院对专门性问题认为需要鉴定的，应当委托具备资格的鉴定人进行鉴定。

第八十条　【鉴定人的职责】鉴定人有权了解进行鉴定所需要的案件材料，必要时可以询问当事人、证人。

鉴定人应当提出书面鉴定意见，在鉴定书上签名或者盖章。

第八十一条　【鉴定人出庭作证的义务】当事人对鉴定意见有异议或者人民法院认为鉴定人有必要出庭的，鉴定人应当出庭作证。经人民法院通知，鉴定人拒不出庭作证的，鉴定意见不得作为认定事实的根据；支付鉴定费用的当事人可以要求返还鉴定费用。

第八十二条　【对鉴定意见的查证】当事人可以申请人民法院通知有专门知识的人出庭，就鉴定人作出的鉴定意见或者专业问题提出意见。

第八十三条　【勘验笔录】勘验物证或者现场，勘验人必须出示人民法院的证件，并邀请当地基层组织或者当事人所在单位派人参加。当事人或者当事人的成年家属应当到场，拒不到场的，不影响勘验的进行。

有关单位和个人根据人民法院的通知，有义务保护现场，协助勘验工作。

勘验人应当将勘验情况和结果制作笔录，由勘验人、当事人和被邀参加人签名或者盖章。

第八十四条　【证据保全】在证据可能灭失或者以后难以取得的情况下，当事人可以在诉讼过程中向人民法院申请保全证据，人民法院也可以主动采取保全措施。

因情况紧急，在证据可能灭失或者以后难以取得的情况下，利害关系人可以在提起诉讼或者申请仲裁前向证据所在地、被申请人住所地或者对案件有管辖权的人民法院申请保全证据。

证据保全的其他程序，参照适用本法第九章保全的有关规定。

第七章　期间、送达

第一节　期　　间

第八十五条　【期间的种类和计算】期间包括法定期间和人民法院指定的期间。

期间以时、日、月、年计算。期间开始的时和日，不计算在期间内。

期间届满的最后一日是法定休假日的，以法定休假日后的第一日为期间届满的日期。

期间不包括在途时间，诉讼文书在期满前交邮的，不算过期。

第八十六条　【期间的耽误和顺延】当事人因不可抗拒的事由或者其他正当理由耽误期限的，在障碍消除后的十日内，可以申请顺延期限，是否准许，由人民法院决定。

第二节　送　　达

第八十七条　【送达回证】送达诉讼文书

必须有送达回证,由受送达人在送达回证上记明收到日期,签名或者盖章。

受送达人在送达回证上的签收日期为送达日期。

第八十八条 【直接送达】送达诉讼文书,应当直接送交受送达人。受送达人是公民的,本人不在交他的同住成年家属签收;受送达人是法人或者其他组织的,应当由法人的法定代表人、其他组织的主要负责人或者该法人、组织负责收件的人签收;受送达人有诉讼代理人的,可以送交其代理人签收;受送达人已向人民法院指定代收人的,送交代收人签收。

受送达人的同住成年家属,法人或者其他组织的负责收件的人,诉讼代理人或者代收人在送达回证上签收的日期为送达日期。

第八十九条 【留置送达】受送达人或者他的同住成年家属拒绝接收诉讼文书的,送达人可以邀请有关基层组织或者所在单位的代表到场,说明情况,在送达回证上记明拒收事由和日期,由送达人、见证人签名或者盖章,把诉讼文书留在受送达人的住所;也可以把诉讼文书留在受送达人的住所,并采用拍照、录像等方式记录送达过程,即视为送达。

第九十条 【电子送达】经受送达人同意,人民法院可以采用能够确认其收悉的电子方式送达诉讼文书。通过电子方式送达的判决书、裁定书、调解书,受送达人提出需要纸质文书的,人民法院应当提供。

采用前款方式送达的,以送达信息到达受送达人特定系统的日期为送达日期。

第九十一条 【委托送达与邮寄送达】直接送达诉讼文书有困难的,可以委托其他人民法院代为送达,或者邮寄送达。邮寄送达的,以回执上注明的收件日期为送达日期。

第九十二条 【军人的转交送达】受送达人是军人的,通过其所在部队团以上单位的政治机关转交。

第九十三条 【被监禁人或被采取强制性教育措施人的转交送达】受送达人被监禁的,通过其所在监所转交。

受送达人被采取强制性教育措施的,通过其所在强制性教育机构转交。

第九十四条 【转交送达的送达日期】代为转交的机关、单位收到诉讼文书后,必须立即交受送达人签收,以在送达回证上的签收日期,为送达日期。

第九十五条 【公告送达】受送达人下落不明,或者用本节规定的其他方式无法送达的,公告送达。自发出公告之日起,经过三十日,即视为送达。

公告送达,应当在案卷中记明原因和经过。

第八章 调 解

第九十六条 【法院调解原则】人民法院审理民事案件,根据当事人自愿的原则,在事实清楚的基础上,分清是非,进行调解。

第九十七条 【法院调解的程序】人民法院进行调解,可以由审判员一人主持,也可以由合议庭主持,并尽可能就地进行。

人民法院进行调解,可以用简便方式通知当事人、证人到庭。

第九十八条 【对法院调解的协助】人民法院进行调解,可以邀请有关单位和个人协助。被邀请的单位和个人,应当协助人民法院进行调解。

第九十九条 【调解协议的达成】调解达成协议,必须双方自愿,不得强迫。调解协议的内容不得违反法律规定。

第一百条 【调解书的制作、送达和效力】调解达成协议,人民法院应当制作调解书。调解书应当写明诉讼请求、案件的事实和调解结果。

调解书由审判人员、书记员署名,加盖人民法院印章,送达双方当事人。

调解书经双方当事人签收后,即具有法律效力。

第一百零一条 【不需要制作调解书的案件】下列案件调解达成协议,人民法院可以不制作调解书:

(一)调解和好的离婚案件;

(二)调解维持收养关系的案件;

(三)能够即时履行的案件;

(四)其他不需要制作调解书的案件。

对不需要制作调解书的协议,应当记入笔录,由双方当事人、审判人员、书记员签名或者盖章后,即具有法律效力。

第一百零二条 【调解不成或调解后反悔的处理】调解未达成协议或者调解书送达前一方反悔的,人民法院应当及时判决。

第九章 保全和先予执行

第一百零三条 【诉讼保全】人民法院对于可能因当事人一方的行为或者其他原因,使判决难以执行或者造成当事人其他损害的案件,根据对方当事人的申请,可以裁定对其财产进行保全、责令其作出一定行为或者禁止其作出一定行为;当事人没有提出申请的,人民法院在必要时也可以裁定采取保全措施。

人民法院采取保全措施,可以责令申请人提供担保,申请人不提供担保的,裁定驳回申请。

人民法院接受申请后,对情况紧急的,必须在四十八小时内作出裁定;裁定采取保全措施的,应当立即开始执行。

第一百零四条 【诉前保全】利害关系人因情况紧急,不立即申请保全将会使其合法权益受到难以弥补的损害的,可以在提起诉讼或者申请仲裁前向被保全财产所在地、被

申请人住所地或者对案件有管辖权的人民法院申请采取保全措施。申请人应当提供担保,不提供担保的,裁定驳回申请。

人民法院接受申请后,必须在四十八小时内作出裁定;裁定采取保全措施的,应当立即开始执行。

申请人在人民法院采取保全措施后三十日内不依法提起诉讼或者申请仲裁的,人民法院应当解除保全。

第一百零五条 【保全的范围】保全限于请求的范围,或者与本案有关的财物。

第一百零六条 【财产保全的措施】财产保全采取查封、扣押、冻结或者法律规定的其他方法。人民法院保全财产后,应当立即通知被保全财产的人。

财产已被查封、冻结的,不得重复查封、冻结。

第一百零七条 【保全的解除】财产纠纷案件,被申请人提供担保的,人民法院应当裁定解除保全。

第一百零八条 【保全申请错误的处理】申请有错误的,申请人应当赔偿被申请人因保全所遭受的损失。

第一百零九条 【先予执行的适用范围】人民法院对下列案件,根据当事人的申请,可以裁定先予执行:

(一)追索赡养费、扶养费、抚养费、抚恤金、医疗费用的;

(二)追索劳动报酬的;

(三)因情况紧急需要先予执行的。

第一百一十条 【先予执行的条件】人民法院裁定先予执行的,应当符合下列条件:

(一)当事人之间权利义务关系明确,不先予执行将严重影响申请人的生活或者生产经营的;

(二)被申请人有履行能力。

人民法院可以责令申请人提供担保,申请人不提供担保的,驳回申请。申请人败诉

的,应当赔偿被申请人因先予执行遭受的财产损失。

第一百一十一条 【对保全或先予执行不服的救济程序】当事人对保全或者先予执行的裁定不服的,可以申请复议一次。复议期间不停止裁定的执行。

第十章 对妨害民事诉讼的强制措施

第一百一十二条 【拘传的适用】人民法院对必须到庭的被告,经两次传票传唤,无正当理由拒不到庭的,可以拘传。

第一百一十三条 【对违反法庭规则、扰乱法庭秩序行为的强制措施】诉讼参与人和其他人应当遵守法庭规则。

人民法院对违反法庭规则的人,可以予以训诫,责令退出法庭或者予以罚款、拘留。

人民法院对哄闹、冲击法庭,侮辱、诽谤、威胁、殴打审判人员,严重扰乱法庭秩序的人,依法追究刑事责任;情节较轻的,予以罚款、拘留。

第一百一十四条 【对妨害诉讼证据的收集、调查和阻拦、干扰诉讼进行的强制措施】诉讼参与人或者其他人有下列行为之一的,人民法院可以根据情节轻重予以罚款、拘留;构成犯罪的,依法追究刑事责任:

(一)伪造、毁灭重要证据,妨碍人民法院审理案件的;

(二)以暴力、威胁、贿买方法阻止证人作证或者指使、贿买、胁迫他人作伪证的;

(三)隐藏、转移、变卖、毁损已被查封、扣押的财产,或者已被清点并责令其保管的财产,转移已被冻结的财产的;

(四)对司法工作人员、诉讼参加人、证人、翻译人员、鉴定人、勘验人、协助执行的人,进行侮辱、诽谤、诬陷、殴打或者打击报复的;

(五)以暴力、威胁或者其他方法阻碍司法工作人员执行职务的;

(六)拒不履行人民法院已经发生法律效力的判决、裁定的。

人民法院对有前款规定的行为之一的单位,可以对其主要负责人或者直接责任人员予以罚款、拘留;构成犯罪的,依法追究刑事责任。

第一百一十五条 【虚假诉讼的认定】当事人之间恶意串通,企图通过诉讼、调解等方式侵害国家利益、社会公共利益或者他人合法权益的,人民法院应当驳回其请求,并根据情节轻重予以罚款、拘留;构成犯罪的,依法追究刑事责任。

当事人单方捏造民事案件基本事实,向人民法院提起诉讼,企图侵害国家利益、社会公共利益或者他人合法权益的,适用前款规定。

第一百一十六条 【对恶意串通,通过诉讼、仲裁、调解等方式逃避履行法律文书确定的义务的强制措施】被执行人与他人恶意串通,通过诉讼、仲裁、调解等方式逃避履行法律文书确定的义务的,人民法院应当根据情节轻重予以罚款、拘留;构成犯罪的,依法追究刑事责任。

第一百一十七条 【对拒不履行协助义务的单位的强制措施】有义务协助调查、执行的单位有下列行为之一的,人民法院除责令其履行协助义务外,并可以予以罚款:

(一)有关单位拒绝或者妨碍人民法院调查取证的;

(二)有关单位接到人民法院协助执行通知书后,拒不协助查询、扣押、冻结、划拨、变价财产的;

(三)有关单位接到人民法院协助执行通知书后,拒不协助扣留被执行人的收入、办理有关财产权证照转移手续、转交有关票证、证照或者其他财产的;

（四）其他拒绝协助执行的。

人民法院对有前款规定的行为之一的单位，可以对其主要负责人或者直接责任人员予以罚款；对仍不履行协助义务的，可以予以拘留；并可以向监察机关或者有关机关提出予以纪律处分的司法建议。

第一百一十八条 【罚款金额和拘留期限】对个人的罚款金额，为人民币十万元以下。对单位的罚款金额，为人民币五万元以上一百万元以下。

拘留的期限，为十五日以下。

被拘留的人，由人民法院交公安机关看管。在拘留期间，被拘留人承认并改正错误的，人民法院可以决定提前解除拘留。

第一百一十九条 【拘传、罚款、拘留的批准】拘传、罚款、拘留必须经院长批准。

拘传应当发拘传票。

罚款、拘留应当用决定书。对决定不服的，可以向上一级人民法院申请复议一次。复议期间不停止执行。

第一百二十条 【强制措施由法院决定】采取对妨害民事诉讼的强制措施必须由人民法院决定。任何单位和个人采取非法拘禁他人或者非法私自扣押他人财产追索债务的，应当依法追究刑事责任，或者予以拘留、罚款。

第十一章 诉讼费用

第一百二十一条 【诉讼费用】当事人进行民事诉讼，应当按照规定交纳案件受理费。财产案件除交纳案件受理费外，并按照规定交纳其他诉讼费用。

当事人交纳诉讼费用确有困难的，可以按照规定向人民法院申请缓交、减交或者免交。

收取诉讼费用的办法另行制定。

第二编 审判程序

第十二章 第一审普通程序

第一节 起诉和受理

第一百二十二条 【起诉的实质要件】起诉必须符合下列条件：

（一）原告是与本案有直接利害关系的公民、法人和其他组织；

（二）有明确的被告；

（三）有具体的诉讼请求和事实、理由；

（四）属于人民法院受理民事诉讼的范围和受诉人民法院管辖。

第一百二十三条 【起诉的形式要件】起诉应当向人民法院递交起诉状，并按照被告人数提出副本。

书写起诉状确有困难的，可以口头起诉，由人民法院记入笔录，并告知对方当事人。

第一百二十四条 【起诉状的内容】起诉状应当记明下列事项：

（一）原告的姓名、性别、年龄、民族、职业、工作单位、住所、联系方式，法人或者其他组织的名称、住所和法定代表人或者主要负责人的姓名、职务、联系方式；

（二）被告的姓名、性别、工作单位、住所等信息，法人或者其他组织的名称、住所等信息；

（三）诉讼请求和所根据的事实与理由；

（四）证据和证据来源，证人姓名和住所。

第一百二十五条 【先行调解】当事人起诉到人民法院的民事纠纷，适宜调解的，先行调解，但当事人拒绝调解的除外。

第一百二十六条 【起诉权和受理程序】人民法院应当保障当事人依照法律规定享有的起诉权利。对符合本法第一百二十二条的起诉,必须受理。符合起诉条件的,应当在七日内立案,并通知当事人;不符合起诉条件的,应当在七日内作出裁定书,不予受理;原告对裁定不服的,可以提起上诉。

第一百二十七条 【对特殊情形的处理】人民法院对下列起诉,分别情形,予以处理:

(一)依照行政诉讼法的规定,属于行政诉讼受案范围的,告知原告提起行政诉讼;

(二)依照法律规定,双方当事人达成书面仲裁协议申请仲裁、不得向人民法院起诉的,告知原告向仲裁机构申请仲裁;

(三)依照法律规定,应当由其他机关处理的争议,告知原告向有关机关申请解决;

(四)对不属于本院管辖的案件,告知原告向有管辖权的人民法院起诉;

(五)对判决、裁定、调解书已经发生法律效力的案件,当事人又起诉的,告知原告申请再审,但人民法院准许撤诉的裁定除外;

(六)依照法律规定,在一定期限内不得起诉的案件,在不得起诉的期限内起诉的,不予受理;

(七)判决不准离婚和调解和好的离婚案件,判决、调解维持收养关系的案件,没有新情况、新理由,原告在六个月内又起诉的,不予受理。

第二节 审理前的准备

第一百二十八条 【送达起诉状和答辩状】人民法院应当在立案之日起五日内将起诉状副本发送被告,被告应当在收到之日起十五日内提出答辩状。答辩状应当记明被告的姓名、性别、年龄、民族、职业、工作单位、住所、联系方式;法人或者其他组织的名称、住所和法定代表人或者主要负责人的姓名、职务、联系方式。人民法院应当在收到答辩状之日起五日内将答辩状副本发送原告。

被告不提出答辩状的,不影响人民法院审理。

第一百二十九条 【诉讼权利义务的告知】人民法院对决定受理的案件,应当在受理案件通知书和应诉通知书中向当事人告知有关的诉讼权利义务,或者口头告知。

第一百三十条 【对管辖权异议的审查和处理】人民法院受理案件后,当事人对管辖权有异议的,应当在提交答辩状期间提出。人民法院对当事人提出的异议,应当审查。异议成立的,裁定将案件移送有管辖权的人民法院;异议不成立的,裁定驳回。

当事人未提出管辖异议,并应诉答辩或者提出反诉的,视为受诉人民法院有管辖权,但违反级别管辖和专属管辖规定的除外。

第一百三十一条 【审判人员的告知】审判人员确定后,应当在三日内告知当事人。

第一百三十二条 【审核取证】审判人员必须认真审核诉讼材料,调查收集必要的证据。

第一百三十三条 【调查取证的程序】人民法院派出人员进行调查时,应当向被调查人出示证件。

调查笔录经被调查人校阅后,由被调查人、调查人签名或者盖章。

第一百三十四条 【委托调查】人民法院在必要时可以委托外地人民法院调查。

委托调查,必须提出明确的项目和要求。受委托人民法院可以主动补充调查。

受委托人民法院收到委托书后,应当在三十日内完成调查。因故不能完成的,应当在上述期限内函告委托人民法院。

第一百三十五条 【当事人的追加】必须共同进行诉讼的当事人没有参加诉讼的,人民法院应当通知其参加诉讼。

第一百三十六条 【案件受理后的处理】人民法院对受理的案件,分别情形,予以处理:

(一)当事人没有争议,符合督促程序规定条件的,可以转入督促程序;

（二）开庭前可以调解的，采取调解方式及时解决纠纷；

（三）根据案件情况，确定适用简易程序或者普通程序；

（四）需要开庭审理的，通过要求当事人交换证据等方式，明确争议焦点。

第三节 开庭审理

第一百三十七条 【公开审理及例外】人民法院审理民事案件，除涉及国家秘密、个人隐私或者法律另有规定的以外，应当公开进行。

离婚案件，涉及商业秘密的案件，当事人申请不公开审理的，可以不公开审理。

第一百三十八条 【巡回审理】人民法院审理民事案件，根据需要进行巡回审理，就地办案。

第一百三十九条 【开庭通知与公告】人民法院审理民事案件，应当在开庭三日前通知当事人和其他诉讼参与人。公开审理的，应当公告当事人姓名、案由和开庭的时间、地点。

第一百四十条 【宣布开庭】开庭审理前，书记员应当查明当事人和其他诉讼参与人是否到庭，宣布法庭纪律。

开庭审理时，由审判长或者独任审判员核对当事人，宣布案由，宣布审判人员、法官助理、书记员等的名单，告知当事人有关的诉讼权利义务，询问当事人是否提出回避申请。

第一百四十一条 【法庭调查顺序】法庭调查按照下列顺序进行：

（一）当事人陈述；

（二）告知证人的权利义务，证人作证，宣读未到庭的证人证言；

（三）出示书证、物证、视听资料和电子数据；

（四）宣读鉴定意见；

（五）宣读勘验笔录。

第一百四十二条 【当事人庭审诉讼权利】当事人在法庭上可以提出新的证据。

当事人经法庭许可，可以向证人、鉴定人、勘验人发问。

当事人要求重新进行调查、鉴定或者勘验的，是否准许，由人民法院决定。

第一百四十三条 【合并审理】原告增加诉讼请求，被告提出反诉，第三人提出与本案有关的诉讼请求，可以合并审理。

第一百四十四条 【法庭辩论】法庭辩论按照下列顺序进行：

（一）原告及其诉讼代理人发言；

（二）被告及其诉讼代理人答辩；

（三）第三人及其诉讼代理人发言或者答辩；

（四）互相辩论。

法庭辩论终结，由审判长或者独任审判员按照原告、被告、第三人的先后顺序征询各方最后意见。

第一百四十五条 【法庭调解】法庭辩论终结，应当依法作出判决。判决前能够调解的，还可以进行调解，调解不成的，应当及时判决。

第一百四十六条 【原告不到庭和中途退庭的处理】原告经传票传唤，无正当理由拒不到庭的，或者未经法庭许可中途退庭的，可以按撤诉处理；被告反诉的，可以缺席判决。

第一百四十七条 【被告不到庭和中途退庭的处理】被告经传票传唤，无正当理由拒不到庭的，或者未经法庭许可中途退庭的，可以缺席判决。

第一百四十八条 【原告申请撤诉的处理】宣判前，原告申请撤诉的，是否准许，由人民法院裁定。

人民法院裁定不准许撤诉的，原告经传票传唤，无正当理由拒不到庭的，可以缺席判决。

第一百四十九条 【延期审理】有下列情

形之一的,可以延期开庭审理:

(一) 必须到庭的当事人和其他诉讼参与人有正当理由没有到庭的;

(二)当事人临时提出回避申请的;

(三)需要通知新的证人到庭,调取新的证据,重新鉴定、勘验,或者需要补充调查的;

(四)其他应当延期的情形。

第一百五十条 【法庭笔录】书记员应当将法庭审理的全部活动记入笔录,由审判人员和书记员签名。

法庭笔录应当当庭宣读,也可以告知当事人和其他诉讼参与人当庭或者在五日内阅读。当事人和其他诉讼参与人认为对自己的陈述记录有遗漏或者差错的,有权申请补正。如果不予补正,应当将申请记录在案。

法庭笔录由当事人和其他诉讼参与人签名或者盖章。拒绝签名盖章的,记明情况附卷。

第一百五十一条 【宣告判决】人民法院对公开审理或者不公开审理的案件,一律公开宣告判决。

当庭宣判的,应当在十日内发送判决书;定期宣判的,宣判后立即发给判决书。

宣告判决时,必须告知当事人上诉权利、上诉期限和上诉的法院。

宣告离婚判决,必须告知当事人在判决发生法律效力前不得另行结婚。

第一百五十二条 【一审审限】人民法院适用普通程序审理的案件,应当在立案之日起六个月内审结。有特殊情况需要延长的,经本院院长批准,可以延长六个月;还需要延长的,报请上级人民法院批准。

第四节 诉讼中止和终结

第一百五十三条 【诉讼中止】有下列情形之一的,中止诉讼:

(一)一方当事人死亡,需要等待继承人表明是否参加诉讼的;

(二)一方当事人丧失诉讼行为能力,尚未确定法定代理人的;

(三)作为一方当事人的法人或者其他组织终止,尚未确定权利义务承受人的;

(四)一方当事人因不可抗拒的事由,不能参加诉讼的;

(五)本案必须以另一案的审理结果为依据,而另一案尚未审结的;

(六)其他应当中止诉讼的情形。

中止诉讼的原因消除后,恢复诉讼。

第一百五十四条 【诉讼终结】有下列情形之一的,终结诉讼:

(一)原告死亡,没有继承人,或者继承人放弃诉讼权利的;

(二)被告死亡,没有遗产,也没有应当承担义务的人的;

(三)离婚案件一方当事人死亡的;

(四)追索赡养费、扶养费、抚养费以及解除收养关系案件的一方当事人死亡的。

第五节 判决和裁定

第一百五十五条 【判决书的内容】判决书应当写明判决结果和作出该判决的理由。判决书内容包括:

(一)案由、诉讼请求、争议的事实和理由;

(二)判决认定的事实和理由、适用的法律和理由;

(三)判决结果和诉讼费用的负担;

(四)上诉期间和上诉的法院。

判决书由审判人员、书记员署名,加盖人民法院印章。

第一百五十六条 【先行判决】人民法院审理案件,其中一部分事实已经清楚,可以就该部分先行判决。

第一百五十七条 【裁定】裁定适用于下列范围:

(一)不予受理;

（二）对管辖权有异议的；

（三）驳回起诉；

（四）保全和先予执行；

（五）准许或者不准许撤诉；

（六）中止或者终结诉讼；

（七）补正判决书中的笔误；

（八）中止或者终结执行；

（九）撤销或者不予执行仲裁裁决；

（十）不予执行公证机关赋予强制执行效力的债权文书；

（十一）其他需要裁定解决的事项。

对前款第一项至第三项裁定，可以上诉。

裁定书应当写明裁定结果和作出该裁定的理由。裁定书由审判人员、书记员署名，加盖人民法院印章。口头裁定的，记入笔录。

第一百五十八条　【一审裁判的生效】最高人民法院的判决、裁定，以及依法不准上诉或者超过上诉期没有上诉的判决、裁定，是发生法律效力的判决、裁定。

第一百五十九条　【判决、裁定的公开】公众可以查阅发生法律效力的判决书、裁定书，但涉及国家秘密、商业秘密和个人隐私的内容除外。

第十三章　简易程序

第一百六十条　【简易程序的适用范围】基层人民法院和它派出的法庭审理事实清楚、权利义务关系明确、争议不大的简单的民事案件，适用本章规定。

基层人民法院和它派出的法庭审理前款规定以外的民事案件，当事人双方也可以约定适用简易程序。

第一百六十一条　【简易程序的起诉方式和受理程序】对简单的民事案件，原告可以口头起诉。

当事人双方可以同时到基层人民法院或者它派出的法庭，请求解决纠纷。基层人民法院或者它派出的法庭可以当即审理，也可以另定日期审理。

第一百六十二条　【简易程序的传唤方式】基层人民法院和它派出的法庭审理简单的民事案件，可以用简便方式传唤当事人和证人、送达诉讼文书、审理案件，但应当保障当事人陈述意见的权利。

第一百六十三条　【简易程序的独任审理】简单的民事案件由审判员一人独任审理，并不受本法第一百三十九条、第一百四十一条、第一百四十四条规定的限制。

第一百六十四条　【简易程序的审限】人民法院适用简易程序审理案件，应当在立案之日起三个月内审结。有特殊情况需要延长的，经本院院长批准，可以延长一个月。

第一百六十五条　【小额诉讼程序】基层人民法院和它派出的法庭审理事实清楚、权利义务关系明确、争议不大的简单金钱给付民事案件，标的额为各省、自治区、直辖市上年度就业人员年平均工资百分之五十以下的，适用小额诉讼的程序审理，实行一审终审。

基层人民法院和它派出的法庭审理前款规定的民事案件，标的额超过各省、自治区、直辖市上年度就业人员年平均工资百分之五十但在二倍以下的，当事人双方也可以约定适用小额诉讼的程序。

第一百六十六条　【不适用小额诉讼程序的案件】人民法院审理下列民事案件，不适用小额诉讼的程序：

（一）人身关系、财产确权案件；

（二）涉外案件；

（三）需要评估、鉴定或者对诉前评估、鉴定结果有异议的案件；

（四）一方当事人下落不明的案件；

（五）当事人提出反诉的案件；

（六）其他不宜适用小额诉讼的程序审理的案件。

第一百六十七条 【小额诉讼的审理方式】人民法院适用小额诉讼的程序审理案件,可以一次开庭审结并且当庭宣判。

第一百六十八条 【小额诉讼的审限】人民法院适用小额诉讼的程序审理案件,应当在立案之日起两个月内审结。有特殊情况需要延长的,经本院院长批准,可以延长一个月。

第一百六十九条 【小额诉讼程序转化及当事人异议权】人民法院在审理过程中,发现案件不宜适用小额诉讼的程序的,应当适用简易程序的其他规定审理或者裁定转为普通程序。

当事人认为案件适用小额诉讼的程序审理违反法律规定的,可以向人民法院提出异议。人民法院对当事人提出的异议应当审查,异议成立的,应当适用简易程序的其他规定审理或者裁定转为普通程序;异议不成立的,裁定驳回。

第一百七十条 【简易程序转为普通程序】人民法院在审理过程中,发现案件不宜适用简易程序的,裁定转为普通程序。

第十四章 第二审程序

第一百七十一条 【上诉权】当事人不服地方人民法院第一审判决的,有权在判决书送达之日起十五日内向上一级人民法院提起上诉。

当事人不服地方人民法院第一审裁定的,有权在裁定书送达之日起十日内向上一级人民法院提起上诉。

第一百七十二条 【上诉状的内容】上诉应当递交上诉状。上诉状的内容,应当包括当事人的姓名,法人的名称及其法定代表人的姓名或者其他组织的名称及其主要负责人的姓名;原审人民法院名称、案件的编号和案由;上诉的请求和理由。

第一百七十三条 【上诉的提起】上诉状应当通过原审人民法院提出,并按照对方当事人或者代表人的人数提出副本。

当事人直接向第二审人民法院上诉的,第二审人民法院应当在五日内将上诉状移交原审人民法院。

第一百七十四条 【上诉的受理】原审人民法院收到上诉状,应当在五日内将上诉状副本送达对方当事人,对方当事人在收到之日起十五日内提出答辩状。人民法院应当在收到答辩状之日起五日内将副本送达上诉人。对方当事人不提出答辩状的,不影响人民法院审理。

原审人民法院收到上诉状、答辩状,应当在五日内连同全部案卷和证据,报送第二审人民法院。

第一百七十五条 【二审的审理范围】第二审人民法院应当对上诉请求的有关事实和适用法律进行审查。

第一百七十六条 【二审的审理方式和地点】第二审人民法院对上诉案件应当开庭审理。经过阅卷、调查和询问当事人,对没有提出新的事实、证据或者理由,人民法院认为不需要开庭审理的,可以不开庭审理。

第二审人民法院审理上诉案件,可以在本院进行,也可以到案件发生地或者原审人民法院所在地进行。

第一百七十七条 【二审裁判】第二审人民法院对上诉案件,经过审理,按照下列情形,分别处理:

(一)原判决、裁定认定事实清楚,适用法律正确的,以判决、裁定方式驳回上诉,维持原判决、裁定;

(二)原判决、裁定认定事实错误或者适用法律错误的,以判决、裁定方式依法改判、撤销或者变更;

(三)原判决认定基本事实不清的,裁定撤销原判决,发回原审人民法院重审,或者查

清事实后改判;

(四)原判决遗漏当事人或者违法缺席判决等严重违反法定程序的,裁定撤销原判决,发回原审人民法院重审。

原审人民法院对发回重审的案件作出判决后,当事人提起上诉的,第二审人民法院不得再次发回重审。

第一百七十八条 【对一审适用裁定的上诉案件的处理】第二审人民法院对不服第一审人民法院裁定的上诉案件的处理,一律使用裁定。

第一百七十九条 【上诉案件的调解】第二审人民法院审理上诉案件,可以进行调解。调解达成协议,应当制作调解书,由审判人员、书记员署名,加盖人民法院印章。调解书送达后,原审人民法院的判决即视为撤销。

第一百八十条 【上诉的撤回】第二审人民法院判决宣告前,上诉人申请撤回上诉的,是否准许,由第二审人民法院裁定。

第一百八十一条 【二审适用的程序】第二审人民法院审理上诉案件,除依照本章规定外,适用第一审普通程序。

第一百八十二条 【二审裁判的效力】第二审人民法院的判决、裁定,是终审的判决、裁定。

第一百八十三条 【二审审限】人民法院审理对判决的上诉案件,应当在第二审立案之日起三个月内审结。有特殊情况需要延长的,由本院院长批准。

人民法院审理对裁定的上诉案件,应当在第二审立案之日起三十日内作出终审裁定。

第十五章 特别程序

第一节 一般规定

第一百八十四条 【特别程序的适用范围】人民法院审理选民资格案件、宣告失踪或者宣告死亡案件、指定遗产管理人案件、认定公民无民事行为能力或者限制民事行为能力案件、认定财产无主案件、确认调解协议案件和实现担保物权案件,适用本章规定。本章没有规定的,适用本法和其他法律的有关规定。

第一百八十五条 【一审终审与独任审理】依照本章程序审理的案件,实行一审终审。选民资格案件或者重大、疑难的案件,由审判员组成合议庭审理;其他案件由审判员一人独任审理。

第一百八十六条 【特别程序的转换】人民法院在依照本章程序审理案件的过程中,发现本案属于民事权益争议的,应当裁定终结特别程序,并告知利害关系人可以另行起诉。

第一百八十七条 【特别程序的审限】人民法院适用特别程序审理的案件,应当在立案之日起三十日内或者公告期满后三十日内审结。有特殊情况需要延长的,由本院院长批准。但审理选民资格的案件除外。

第二节 选民资格案件

第一百八十八条 【起诉与管辖】公民不服选举委员会对选民资格的申诉所作的处理决定,可以在选举日的五日以前向选区所在地基层人民法院起诉。

第一百八十九条 【审理、审限及判决】人民法院受理选民资格案件后,必须在选举日前审结。

审理时,起诉人、选举委员会的代表和有关公民必须参加。

人民法院的判决书,应当在选举日前送达选举委员会和起诉人,并通知有关公民。

第三节 宣告失踪、宣告死亡案件

第一百九十条 【宣告失踪案件的提起】公民下落不明满二年,利害关系人申请宣告其失踪的,向下落不明人住所地基层人民法院提出。

申请书应当写明失踪的事实、时间和请求,并附有公安机关或者其他有关机关关于该公民下落不明的书面证明。

第一百九十一条 【宣告死亡案件的提起】公民下落不明满四年,或者因意外事件下落不明满二年,或者因意外事件下落不明,经有关机关证明该公民不可能生存,利害关系人申请宣告其死亡的,向下落不明人住所地基层人民法院提出。

申请书应当写明下落不明的事实、时间和请求,并附有公安机关或者其他有关机关关于该公民下落不明的书面证明。

第一百九十二条 【公告与判决】人民法院受理宣告失踪、宣告死亡案件后,应当发出寻找下落不明人的公告。宣告失踪的公告期间为三个月,宣告死亡的公告期间为一年。因意外事件下落不明,经有关机关证明该公民不可能生存的,宣告死亡的公告期间为三个月。

公告期间届满,人民法院应当根据被宣告失踪、宣告死亡的事实是否得到确认,作出宣告失踪、宣告死亡的判决或者驳回申请的判决。

第一百九十三条 【判决的撤销】被宣告失踪、宣告死亡的公民重新出现,经本人或者利害关系人申请,人民法院应当作出新判决,撤销原判决。

第四节 指定遗产管理人案件

第一百九十四条 【指定遗产管理人的管辖】对遗产管理人的确定有争议,利害关系人申请指定遗产管理人的,向被继承人死亡时住所地或者主要遗产所在地基层人民法院提出。

申请书应当写明被继承人死亡的时间、申请事由和具体请求,并附有被继承人死亡

的相关证据。

第一百九十五条 【遗产管理人的指定原则】人民法院受理申请后,应当审查核实,并按照有利于遗产管理的原则,判决指定遗产管理人。

第一百九十六条 【遗产管理人的变更】被指定的遗产管理人死亡、终止、丧失民事行为能力或者存在其他无法继续履行遗产管理职责情形的,人民法院可以根据利害关系人或者本人的申请另行指定遗产管理人。

第一百九十七条 【遗产管理人的另行指定】遗产管理人违反遗产管理职责,严重侵害继承人、受遗赠人或者债权人合法权益的,人民法院可以根据利害关系人的申请,撤销其遗产管理人资格,并依法指定新的遗产管理人。

第五节 认定公民无民事行为能力、限制民事行为能力案件

第一百九十八条 【认定公民无民事行为能力、限制民事行为能力案件的提起】申请认定公民无民事行为能力或者限制民事行为能力,由利害关系人或者有关组织向该公民住所地基层人民法院提出。

申请书应当写明该公民无民事行为能力或者限制民事行为能力的事实和根据。

第一百九十九条 【民事行为能力鉴定】人民法院受理申请后,必要时应当对被请求认定为无民事行为能力或者限制民事行为能力的公民进行鉴定。申请人已提供鉴定意见的,应当对鉴定意见进行审查。

第二百条 【审理及判决】人民法院审理认定公民无民事行为能力或者限制民事行为能力的案件,应当由该公民的近亲属为代理人,但申请人除外。近亲属互相推诿的,由人民法院指定其中一人为代理人。该公民健康情况许可的,还应当询问本人的意见。

人民法院经审理认定申请有事实根据

的,判决该公民为无民事行为能力或者限制民事行为能力人;认定申请没有事实根据的,应当判决予以驳回。

第二百零一条　【判决的撤销】人民法院根据被认定为无民事行为能力人、限制民事行为能力人本人、利害关系人或者有关组织的申请,证实该公民无民事行为能力或者限制民事行为能力的原因已经消除的,应当作出新判决,撤销原判决。

第六节　认定财产无主案件

第二百零二条　【财产无主案件的提起】申请认定财产无主,由公民、法人或者其他组织向财产所在地基层人民法院提出。

申请书应当写明财产的种类、数量以及要求认定财产无主的根据。

第二百零三条　【公告及判决】人民法院受理申请后,经审查核实,应当发出财产认领公告。公告满一年无人认领的,判决认定财产无主,收归国家或者集体所有。

第二百零四条　【判决的撤销】判决认定财产无主后,原财产所有人或者继承人出现,在民法典规定的诉讼时效期间可以对财产提出请求,人民法院审查属实后,应当作出新判决,撤销原判决。

第七节　确认调解协议案件

第二百零五条　【调解协议的司法确认】经依法设立的调解组织调解达成调解协议,申请司法确认的,由双方当事人自调解协议生效之日起三十日内,共同向下列人民法院提出:

(一)人民法院邀请调解组织开展先行调解的,向作出邀请的人民法院提出;

(二)调解组织自行开展调解的,向当事人住所地、标的物所在地、调解组织所在地的基层人民法院提出;调解协议所涉纠纷应当由中级人民法院管辖的,向相应的中级人民

法院提出。

第二百零六条　【审查及裁定】人民法院受理申请后,经审查,符合法律规定的,裁定调解协议有效,一方当事人拒绝履行或者未全部履行的,对方当事人可以向人民法院申请执行;不符合法律规定的,裁定驳回申请,当事人可以通过调解方式变更原调解协议或者达成新的调解协议,也可以向人民法院提起诉讼。

第八节　实现担保物权案件

第二百零七条　【实现担保物权案件的提起】申请实现担保物权,由担保物权人以及其他有权请求实现担保物权的人依照民法典等法律,向担保财产所在地或者担保物权登记地基层人民法院提出。

第二百零八条　【审查及裁定】人民法院受理申请后,经审查,符合法律规定的,裁定拍卖、变卖担保财产,当事人依据该裁定可以向人民法院申请执行;不符合法律规定的,裁定驳回申请,当事人可以向人民法院提起诉讼。

第十六章　审判监督程序

第二百零九条　【人民法院决定再审】各级人民法院院长对本院已经发生法律效力的判决、裁定、调解书,发现确有错误,认为需要再审的,应当提交审判委员会讨论决定。

最高人民法院对地方各级人民法院已经发生法律效力的判决、裁定、调解书,上级人民法院对下级人民法院已经发生法律效力的判决、裁定、调解书,发现确有错误的,有权提审或者指令下级人民法院再审。

第二百一十条　【当事人申请再审】当事人对已经发生法律效力的判决、裁定,认为有错误的,可以向上一级人民法院申请再审;当事人一方人数众多或者当事人双方为公民的

案件,也可以向原审人民法院申请再审。当事人申请再审的,不停止判决、裁定的执行。

第二百一十一条　【再审事由】当事人的申请符合下列情形之一的,人民法院应当再审:

（一）有新的证据,足以推翻原判决、裁定的;

（二）原判决、裁定认定的基本事实缺乏证据证明的;

（三）原判决、裁定认定事实的主要证据是伪造的;

（四）原判决、裁定认定事实的主要证据未经质证的;

（五）对审理案件需要的主要证据,当事人因客观原因不能自行收集,书面申请人民法院调查收集,人民法院未调查收集的;

（六）原判决、裁定适用法律确有错误的;

（七）审判组织的组成不合法或者依法应当回避的审判人员没有回避的;

（八）无诉讼行为能力人未经法定代理人代为诉讼或者应当参加诉讼的当事人,因不能归责于本人或者其诉讼代理人的事由,未参加诉讼的;

（九）违反法律规定,剥夺当事人辩论权利的;

（十）未经传票传唤,缺席判决的;

（十一）原判决、裁定遗漏或者超出诉讼请求的;

（十二）据以作出原判决、裁定的法律文书被撤销或者变更的;

（十三）审判人员审理该案件时有贪污受贿,徇私舞弊,枉法裁判行为的。

第二百一十二条　【调解书的再审】当事人对已经发生法律效力的调解书,提出证据证明调解违反自愿原则或者调解协议的内容违反法律的,可以申请再审。经人民法院审查属实的,应当再审。

第二百一十三条　【不得申请再审的案件】当事人对已经发生法律效力的解除婚姻关系的判决、调解书,不得申请再审。

第二百一十四条　【再审申请以及审查】当事人申请再审的,应当提交再审申请书等材料。人民法院应当自收到再审申请书之日起五日内将再审申请书副本发送对方当事人。对方当事人应当自收到再审申请书副本之日起十五日内提交书面意见;不提交书面意见的,不影响人民法院审查。人民法院可以要求申请人和对方当事人补充有关材料,询问有关事项。

第二百一十五条　【再审申请的审查期限以及再审案件管辖法院】人民法院应当自收到再审申请书之日起三个月内审查,符合本法规定的,裁定再审;不符合本法规定的,裁定驳回申请。有特殊情况需要延长的,由本院院长批准。

因当事人申请裁定再审的案件由中级人民法院以上的人民法院审理,但当事人依照本法第二百一十条的规定选择向基层人民法院申请再审的除外。最高人民法院、高级人民法院裁定再审的案件,由本院再审或者交其他人民法院再审,也可以交原审人民法院再审。

第二百一十六条　【当事人申请再审的期限】当事人申请再审,应当在判决、裁定发生法律效力后六个月内提出;有本法第二百一十一条第一项、第三项、第十二项、第十三项规定情形的,自知道或者应当知道之日起六个月内提出。

第二百一十七条　【中止原判决的执行及例外】按照审判监督程序决定再审的案件,裁定中止原判决、裁定、调解书的执行,但追索赡养费、扶养费、抚养费、抚恤金、医疗费用、劳动报酬等案件,可以不中止执行。

第二百一十八条　【再审案件的审理程序】人民法院按照审判监督程序再审的案件,发生法律效力的判决、裁定是由第一审法院作出的,按照第一审程序审理,所作的判决、裁定,当事人可以上诉;发生法律效力的判决、裁定是由第二审法院作出的,按照第二审程序审理,所作的判决、裁定,是发生法律效力的判决、裁定;上级人民法院按照审判监督程序提审的,按照第二审程序审理,所作的判决、裁定是发生法律效力的判决、裁定。

人民法院审理再审案件,应当另行组成合议庭。

第二百一十九条 【人民检察院提起抗诉】最高人民检察院对各级人民法院已经发生法律效力的判决、裁定,上级人民检察院对下级人民法院已经发生法律效力的判决、裁定,发现有本法第二百一十一条规定情形之一的,或者发现调解书损害国家利益、社会公共利益的,应当提出抗诉。

地方各级人民检察院对同级人民法院已经发生法律效力的判决、裁定,发现有本法第二百一十一条规定情形之一的,或者发现调解书损害国家利益、社会公共利益的,可以向同级人民法院提出检察建议,并报上级人民检察院备案;也可以提请上级人民检察院向同级人民法院提出抗诉。

各级人民检察院对审判监督程序以外的其他审判程序中审判人员的违法行为,有权向同级人民法院提出检察建议。

第二百二十条 【当事人申请再审检察建议及抗诉的条件】有下列情形之一的,当事人可以向人民检察院申请检察建议或者抗诉:

(一)人民法院驳回再审申请的;

(二)人民法院逾期未对再审申请作出裁定的;

(三)再审判决、裁定有明显错误的。

人民检察院对当事人的申请应当在三个月内进行审查,作出提出或者不予提出检察建议或者抗诉的决定。当事人不得再次向人民检察院申请检察建议或者抗诉。

第二百二十一条 【抗诉案件的调查】人民检察院因履行法律监督职责提出检察建议或者抗诉的需要,可以向当事人或者案外人调查核实有关情况。

第二百二十二条 【抗诉案件裁定再审的期限及审理法院】人民检察院提出抗诉的案件,接受抗诉的人民法院应当自收到抗诉书之日起三十日内作出再审的裁定;有本法第二百一十一条第一项至第五项规定情形之一的,可以交下一级人民法院再审,但经该下一级人民法院再审的除外。

第二百二十三条 【抗诉书】人民检察院决定对人民法院的判决、裁定、调解书提出抗诉的,应当制作抗诉书。

第二百二十四条 【人民检察院派员出庭】人民检察院提出抗诉的案件,人民法院再审时,应当通知人民检察院派员出席法庭。

第十七章 督促程序

第二百二十五条 【支付令的申请】债权人请求债务人给付金钱、有价证券,符合下列条件的,可以向有管辖权的基层人民法院申请支付令:

(一)债权人与债务人没有其他债务纠纷的;

(二)支付令能够送达债务人的。

申请书应当写明请求给付金钱或者有价证券的数量和所根据的事实、证据。

第二百二十六条 【支付令申请的受理】债权人提出申请后,人民法院应当在五日内通知债权人是否受理。

第二百二十七条 【审理】人民法院受理申请后,经审查债权人提供的事实、证据,对债权债务关系明确、合法的,应当在受理之日起十五日内向债务人发出支付令;申请不成立的,裁定予以驳回。

债务人应当自收到支付令之日起十五日

内清偿债务,或者向人民法院提出书面异议。

债务人在前款规定的期间不提出异议又不履行支付令的,债权人可以向人民法院申请执行。

第二百二十八条 【支付令的异议及失效的处理】人民法院收到债务人提出的书面异议后,经审查,异议成立的,应当裁定终结督促程序,支付令自行失效。

支付令失效的,转入诉讼程序,但申请支付令的一方当事人不同意提起诉讼的除外。

第十八章 公示催告程序

第二百二十九条 【公示催告程序的提起】按照规定可以背书转让的票据持有人,因票据被盗、遗失或者灭失,可以向票据支付地的基层人民法院申请公示催告。依照法律规定可以申请公示催告的其他事项,适用本章规定。

申请人应当向人民法院递交申请书,写明票面金额、发票人、持票人、背书人等票据主要内容和申请的理由、事实。

第二百三十条 【受理、止付通知与公告】人民法院决定受理申请,应当同时通知支付人停止支付,并在三日内发出公告,催促利害关系人申报权利。公示催告的期间,由人民法院根据情况决定,但不得少于六十日。

第二百三十一条 【止付通知和公告的效力】支付人收到人民法院停止支付的通知,应当停止支付,至公示催告程序终结。

公示催告期间,转让票据权利的行为无效。

第二百三十二条 【利害关系人申报权利】利害关系人应当在公示催告期间向人民法院申报。

人民法院收到利害关系人的申报后,应当裁定终结公示催告程序,并通知申请人和支付人。

申请人或者申报人可以向人民法院起诉。

第二百三十三条 【除权判决】没有人申报的,人民法院应当根据申请人的申请,作出判决,宣告票据无效。判决应当公告,并通知支付人。自判决公告之日起,申请人有权向支付人请求支付。

第二百三十四条 【除权判决的撤销】利害关系人因正当理由不能在判决前向人民法院申报的,自知道或者应当知道判决公告之日起一年内,可以向作出判决的人民法院起诉。

第三编 执 行 程 序

第十九章 一 般 规 定

第二百三十五条 【执行依据及管辖】发生法律效力的民事判决、裁定,以及刑事判决、裁定中的财产部分,由第一审人民法院或者与第一审人民法院同级的被执行的财产所在地人民法院执行。

法律规定由人民法院执行的其他法律文书,由被执行人住所地或者被执行的财产所在地人民法院执行。

第二百三十六条 【对违法的执行行为的异议】当事人、利害关系人认为执行行为违反法律规定的,可以向负责执行的人民法院提出书面异议。当事人、利害关系人提出书面异议的,人民法院应当自收到书面异议之日起十五日内审查,理由成立的,裁定撤销或者改正;理由不成立的,裁定驳回。当事人、利害关系人对裁定不服的,可以自裁定送达之日起十日内向上一级人民法院申请复议。

第二百三十七条 【变更执行法院】人民法院自收到申请执行书之日起超过六个月未执行的,申请执行人可以向上一级人民法院申请执行。上一级人民法院经审查,可以责令原人民法院在一定期限内执行,也可以决定由本院执行或者指令其他人民法院执行。

第二百三十八条 【案外人异议】执行过程中,案外人对执行标的提出书面异议的,人民法院应当自收到书面异议之日起十五日内审查,理由成立的,裁定中止对该标的的执行;理由不成立的,裁定驳回。案外人、当事人对裁定不服,认为原判决、裁定错误的,依照审判监督程序办理;与原判决、裁定无关的,可以自裁定送达之日起十五日内向人民法院提起诉讼。

第二百三十九条 【执行员与执行机构】执行工作由执行员进行。

采取强制执行措施时,执行员应当出示证件。执行完毕后,应当将执行情况制作笔录,由在场的有关人员签名或者盖章。

人民法院根据需要可以设立执行机构。

第二百四十条 【委托执行】被执行人或者被执行的财产在外地的,可以委托当地人民法院代为执行。受委托人民法院收到委托函件后,必须在十五日内开始执行,不得拒绝。执行完毕后,应当将执行结果及时函复委托人民法院;在三十日内如果还未执行完毕,也应当将执行情况函告委托人民法院。

受委托人民法院自收到委托函件之日起十五日内不执行的,委托人民法院可以请求受委托人民法院的上级人民法院指令受委托人民法院执行。

第二百四十一条 【执行和解】在执行中,双方当事人自行和解达成协议的,执行员应当将协议内容记入笔录,由双方当事人签名或者盖章。

申请执行人因受欺诈、胁迫与被执行人达成和解协议,或者当事人不履行和解协议的,人民法院可以根据当事人的申请,恢复对原生效法律文书的执行。

第二百四十二条 【执行担保】在执行中,被执行人向人民法院提供担保,并经申请执行人同意的,人民法院可以决定暂缓执行及暂缓执行的期限。被执行人逾期仍不履行的,人民法院有权执行被执行人的担保财产或者担保人的财产。

第二百四十三条 【被执行主体的变更】作为被执行人的公民死亡的,以其遗产偿还债务。作为被执行人的法人或者其他组织终止的,由其权利义务承受人履行义务。

第二百四十四条 【执行回转】执行完毕后,据以执行的判决、裁定和其他法律文书确有错误,被人民法院撤销的,对已被执行的财产,人民法院应当作出裁定,责令取得财产的人返还;拒不返还的,强制执行。

第二百四十五条 【法院调解书的执行】人民法院制作的调解书的执行,适用本编的规定。

第二百四十六条 【对执行的法律监督】人民检察院有权对民事执行活动实行法律监督。

第二十章 执行的申请和移送

第二百四十七条 【申请执行与移送执行】发生法律效力的民事判决、裁定,当事人必须履行。一方拒绝履行的,对方当事人可以向人民法院申请执行,也可以由审判员移送执行员执行。

调解书和其他应当由人民法院执行的法律文书,当事人必须履行。一方拒绝履行的,对方当事人可以向人民法院申请执行。

第二百四十八条 【仲裁裁决的申请执行】对依法设立的仲裁机构的裁决,一方当事人不履行的,对方当事人可以向有管辖权的人民法院申请执行。受申请的人民法院应当执行。

被申请人提出证据证明仲裁裁决有下列情形之一的,经人民法院组成合议庭审查核

实,裁定不予执行:

(一)当事人在合同中没有订有仲裁条款或者事后没有达成书面仲裁协议的;

(二)裁决的事项不属于仲裁协议的范围或者仲裁机构无权仲裁的;

(三)仲裁庭的组成或者仲裁的程序违反法定程序的;

(四)裁决所根据的证据是伪造的;

(五)对方当事人向仲裁机构隐瞒了足以影响公正裁决的证据的;

(六)仲裁员在仲裁该案时有贪污受贿,徇私舞弊,枉法裁决行为的。

人民法院认定执行该裁决违背社会公共利益的,裁定不予执行。

裁定书应当送达双方当事人和仲裁机构。

仲裁裁决被人民法院裁定不予执行的,当事人可以根据双方达成的书面仲裁协议重新申请仲裁,也可以向人民法院起诉。

第二百四十九条 【公证债权文书的申请执行】对公证机关依法赋予强制执行效力的债权文书,一方当事人不履行的,对方当事人可以向有管辖权的人民法院申请执行,受申请的人民法院应当执行。

公证债权文书确有错误的,人民法院裁定不予执行,并将裁定书送达双方当事人和公证机关。

第二百五十条 【申请执行期间】申请执行的期间为二年。申请执行时效的中止、中断,适用法律有关诉讼时效中止、中断的规定。

前款规定的期间,从法律文书规定履行期间的最后一日起计算;法律文书规定分期履行的,从最后一期履行期限届满之日起计算;法律文书未规定履行期间的,从法律文书生效之日起计算。

第二百五十一条 【执行通知】执行员接到申请执行书或者移交执行书后,应当向被执

行人发出执行通知,并可以立即采取强制执行措施。

第二十一章 执行措施

第二百五十二条 【被执行人报告财产情况】被执行人未按执行通知履行法律文书确定的义务,应当报告当前以及收到执行通知之日前一年的财产情况。被执行人拒绝报告或者虚假报告的,人民法院可以根据情节轻重对被执行人或者其法定代理人、有关单位的主要负责人或者直接责任人员予以罚款、拘留。

第二百五十三条 【被执行人存款等财产的执行】被执行人未按执行通知履行法律文书确定的义务,人民法院有权向有关单位查询被执行人的存款、债券、股票、基金份额等财产情况。人民法院有权根据不同情形扣押、冻结、划拨、变价被执行人的财产。人民法院查询、扣押、冻结、划拨、变价的财产不得超出被执行人应当履行义务的范围。

人民法院决定扣押、冻结、划拨、变价财产,应当作出裁定,并发出协助执行通知书,有关单位必须办理。

第二百五十四条 【被执行人收入的执行】被执行人未按执行通知履行法律文书确定的义务,人民法院有权扣留、提取被执行人应当履行义务部分的收入。但应当保留被执行人及其所扶养家属的生活必需费用。

人民法院扣留、提取收入时,应当作出裁定,并发出协助执行通知书,被执行人所在单位、银行、信用合作社和其他有储蓄业务的单位必须办理。

第二百五十五条 【被执行人其他财产的执行】被执行人未按执行通知履行法律文书确定的义务,人民法院有权查封、扣押、冻结、拍卖、变卖被执行人应当履行义务部分的财产。但应当保留被执行人及其所扶养家属

的生活必需品。

采取前款措施,人民法院应当作出裁定。

第二百五十六条 【查封、扣押】人民法院查封、扣押财产时,被执行人是公民的,应当通知被执行人或者他的成年家属到场;被执行人是法人或者其他组织的,应当通知其法定代表人或者主要负责人到场。拒不到场的,不影响执行。被执行人是公民的,其工作单位或者财产所在地的基层组织应当派人参加。

对被查封、扣押的财产,执行员必须造具清单,由在场人签名或者盖章后,交被执行人一份。被执行人是公民的,也可以交他的成年家属一份。

第二百五十七条 【被查封财产的保管】被查封的财产,执行员可以指定被执行人负责保管。因被执行人的过错造成的损失,由被执行人承担。

第二百五十八条 【拍卖、变卖】财产被查封、扣押后,执行员应当责令被执行人在指定期间履行法律文书确定的义务。被执行人逾期不履行的,人民法院应当拍卖被查封、扣押的财产;不适于拍卖或者当事人双方同意不进行拍卖的,人民法院可以委托有关单位变卖或者自行变卖。国家禁止自由买卖的物品,交有关单位按照国家规定的价格收购。

第二百五十九条 【搜查】被执行人不履行法律文书确定的义务,并隐匿财产的,人民法院有权发出搜查令,对被执行人及其住所或者财产隐匿地进行搜查。

采取前款措施,由院长签发搜查令。

第二百六十条 【指定交付】法律文书指定交付的财物或者票证,由执行员传唤双方当事人当面交付,或者由执行员转交,并由被交付人签收。

有关单位持有该项财物或者票证的,应当根据人民法院的协助执行通知书转交,并由被交付人签收。

有关公民持有该项财物或者票证的,人民法院通知其交出。拒不交出的,强制执行。

第二百六十一条 【强制迁出】强制迁出房屋或者强制退出土地,由院长签发公告,责令被执行人在指定期间履行。被执行人逾期不履行的,由执行员强制执行。

强制执行时,被执行人是公民的,应当通知被执行人或者他的成年家属到场;被执行人是法人或者其他组织的,应当通知其法定代表人或者主要负责人到场。拒不到场的,不影响执行。被执行人是公民的,其工作单位或者房屋、土地所在地的基层组织应当派人参加。执行员应当将强制执行情况记入笔录,由在场人签名或者盖章。

强制迁出房屋被搬出的财物,由人民法院派人运至指定处所,交给被执行人。被执行人是公民的,也可以交给他的成年家属。因拒绝接收而造成的损失,由被执行人承担。

第二百六十二条 【财产权证照转移】在执行中,需要办理有关财产权证照转移手续的,人民法院可以向有关单位发出协助执行通知书,有关单位必须办理。

第二百六十三条 【行为的执行】对判决、裁定和其他法律文书指定的行为,被执行人未按执行通知履行的,人民法院可以强制执行或者委托有关单位或者其他人完成,费用由被执行人承担。

第二百六十四条 【迟延履行的责任】被执行人未按判决、裁定和其他法律文书指定的期间履行给付金钱义务的,应当加倍支付迟延履行期间的债务利息。被执行人未按判决、裁定和其他法律文书指定的期间履行其他义务的,应当支付迟延履行金。

第二百六十五条 【继续执行】人民法院采取本法第二百五十三条、第二百五十四条、第二百五十五条规定的执行措施后,被执行人仍不能偿还债务的,应当继续履行义务。债权人发现被执行人有其他财产的,可以随时请求人民法院执行。

第二百六十六条 【对被执行人的限制措施】被执行人不履行法律文书确定的义务的,人民法院可以对其采取或者通知有关单位协助采取限制出境,在征信系统记录、通过媒体公布不履行义务信息以及法律规定的其他措施。

第二十二章 执行中止和终结

第二百六十七条 【中止执行】有下列情形之一的,人民法院应当裁定中止执行:

(一)申请人表示可以延期执行的;

(二)案外人对执行标的提出确有理由的异议的;

(三)作为一方当事人的公民死亡,需要等待继承人继承权利或者承担义务的;

(四)作为一方当事人的法人或者其他组织终止,尚未确定权利义务承受人的;

(五)人民法院认为应当中止执行的其他情形。

中止的情形消失后,恢复执行。

第二百六十八条 【终结执行】有下列情形之一的,人民法院裁定终结执行:

(一)申请人撤销申请的;

(二)据以执行的法律文书被撤销的;

(三)作为被执行人的公民死亡,无遗产可供执行,又无义务承担人的;

(四)追索赡养费、扶养费、抚养费案件的权利人死亡的;

(五)作为被执行人的公民因生活困难无力偿还借款,无收入来源,又丧失劳动能力的;

(六)人民法院认为应当终结执行的其他情形。

第二百六十九条 【执行中止、终结裁定的生效】中止和终结执行的裁定,送达当事人后立即生效。

第四编 涉外民事诉讼程序的特别规定

第二十三章 一般原则

第二百七十条 【适用本法原则】在中华人民共和国领域内进行涉外民事诉讼,适用本编规定。本编没有规定的,适用本法其他有关规定。

第二百七十一条 【信守国际条约原则】中华人民共和国缔结或者参加的国际条约同本法有不同规定的,适用该国际条约的规定,但中华人民共和国声明保留的条款除外。

第二百七十二条 【司法豁免原则】对享有外交特权与豁免的外国人、外国组织或者国际组织提起的民事诉讼,应当依照中华人民共和国有关法律和中华人民共和国缔结或者参加的国际条约的规定办理。

第二百七十三条 【使用我国通用语言、文字原则】人民法院审理涉外民事案件,应当使用中华人民共和国通用的语言、文字。当事人要求提供翻译的,可以提供,费用由当事人承担。

第二百七十四条 【委托中国律师代理诉讼原则】外国人、无国籍人、外国企业和组织在人民法院起诉、应诉,需要委托律师代理诉讼的,必须委托中华人民共和国的律师。

第二百七十五条 【委托授权书的公证与认证】在中华人民共和国领域内没有住所的外国人、无国籍人、外国企业和组织委托中华人民共和国律师或者其他人代理诉讼,从中华人民共和国领域外寄交或者托交的授权委托书,应当经所在国公证机关证明,并经中华人民共和国驻该国使领馆认证,或者履行中华人民共和国与该所在国订立的有关条约中规定的证明手续后,才具有效力。

第二十四章 管 辖

第二百七十六条 【特殊地域管辖】因涉外民事纠纷，对在中华人民共和国领域内没有住所的被告提起除身份关系以外的诉讼，如果合同签订地、合同履行地、诉讼标的物所在地、可供扣押财产所在地、侵权行为地、代表机构住所地位于中华人民共和国领域内的，可以由合同签订地、合同履行地、诉讼标的物所在地、可供扣押财产所在地、侵权行为地、代表机构住所地人民法院管辖。

除前款规定外，涉外民事纠纷与中华人民共和国存在其他适当联系的，可以由人民法院管辖。

第二百七十七条 【涉外民事纠纷的协议管辖】涉外民事纠纷的当事人书面协议选择人民法院管辖的，可以由人民法院管辖。

第二百七十八条 【涉外民事纠纷的应诉管辖】当事人未提出管辖异议，并应诉答辩或者提出反诉的，视为人民法院有管辖权。

第二百七十九条 【专属管辖】下列民事案件，由人民法院专属管辖：

（一）因在中华人民共和国领域内设立的法人或者其他组织的设立、解散、清算，以及该法人或者其他组织作出的决议的效力等纠纷提起的诉讼；

（二）因与在中华人民共和国领域内审查授予的知识产权的有效性有关的纠纷提起的诉讼；

（三）因在中华人民共和国领域内履行中外合资经营企业合同、中外合作经营企业合同、中外合作勘探开发自然资源合同发生纠纷提起的诉讼。

第二百八十条 【排他性管辖协议】当事人之间的同一纠纷，一方当事人向外国法院起诉，另一方当事人向人民法院起诉，或者一方当事人既向外国法院起诉，又向人民法院起诉，人民法院依照本法有管辖权的，可以受理。当事人订立排他性管辖协议选择外国法院管辖且不违反本法对专属管辖的规定，不涉及中华人民共和国主权、安全或者社会公共利益的，人民法院可以裁定不予受理；已经受理的，裁定驳回起诉。

第二百八十一条 【平行诉讼的处理】人民法院依据前条规定受理案件后，当事人以外国法院已经先于人民法院受理为由，书面申请人民法院中止诉讼的，人民法院可以裁定中止诉讼，但是存在下列情形之一的除外：

（一）当事人协议选择人民法院管辖，或者纠纷属于人民法院专属管辖；

（二）由人民法院审理明显更为方便。

外国法院未采取必要措施审理案件，或者未在合理期限内审结的，依当事人的书面申请，人民法院应当恢复诉讼。

外国法院作出的发生法律效力的判决、裁定，已经被人民法院全部或者部分承认，当事人对已经获得承认的部分又向人民法院起诉的，裁定不予受理；已经受理的，裁定驳回起诉。

第二百八十二条 【不方便法院原则】人民法院受理的涉外民事案件，被告提出管辖异议，且同时有下列情形的，可以裁定驳回起诉，告知原告向更为方便的外国法院提起诉讼：

（一）案件争议的基本事实不是发生在中华人民共和国领域内，人民法院审理案件和当事人参加诉讼均明显不方便；

（二）当事人之间不存在选择人民法院管辖的协议；

（三）案件不属于人民法院专属管辖；

（四）案件不涉及中华人民共和国主权、安全或者社会公共利益；

（五）外国法院审理案件更为方便。

裁定驳回起诉后，外国法院对纠纷拒绝行使管辖权，或者未采取必要措施审理案件，或者未在合理期限内审结，当事人又向人民法院起诉的，人民法院应当受理。

第二十五章　送达、调查取证、期间

第二百八十三条　【送达方式】人民法院对在中华人民共和国领域内没有住所的当事人送达诉讼文书，可以采用下列方式：

（一）依照受送达人所在国与中华人民共和国缔结或者共同参加的国际条约中规定的方式送达；

（二）通过外交途径送达；

（三）对具有中华人民共和国国籍的受送达人，可以委托中华人民共和国驻受送达人所在国的使领馆代为送达；

（四）向受送达人在本案中委托的诉讼代理人送达；

（五）向受送达人在中华人民共和国领域内设立的独资企业、代表机构、分支机构或者有权接受送达的业务代办人送达；

（六）受送达人为外国人、无国籍人，其在中华人民共和国领域内设立的法人或者其他组织担任法定代表人或者主要负责人，且与该法人或者其他组织为共同被告的，向该法人或者其他组织送达；

（七）受送达人为外国法人或者其他组织，其法定代表人或者主要负责人在中华人民共和国领域内的，向其法定代表人或者主要负责人送达；

（八）受送达人所在国的法律允许邮寄送达的，可以邮寄送达，自邮寄之日起满三个月，送达回证没有退回，但根据各种情况足以认定已经送达的，期间届满之日视为送达；

（九）采用能够确认受送达人收悉的电子方式送达，但是受送达人所在国法律禁止的除外；

（十）以受送达人同意的其他方式送达，但是受送达人所在国法律禁止的除外。

不能用上述方式送达的，公告送达，自发出公告之日起，经过六十日，即视为送达。

第二百八十四条　【域外调查取证】当事人申请人民法院调查收集的证据位于中华人民共和国领域外，人民法院可以依照证据所在国与中华人民共和国缔结或者共同参加的国际条约中规定的方式，或者通过外交途径调查收集。

在所在国法律不禁止的情况下，人民法院可以采用下列方式调查收集：

（一）对具有中华人民共和国国籍的当事人、证人，可以委托中华人民共和国驻当事人、证人所在国的使领馆代为取证；

（二）经双方当事人同意，通过即时通讯工具取证；

（三）以双方当事人同意的其他方式取证。

第二百八十五条　【答辩期间】被告在中华人民共和国领域内没有住所的，人民法院应当将起诉状副本送达被告，并通知被告在收到起诉状副本后三十日内提出答辩状。被告申请延期的，是否准许，由人民法院决定。

第二百八十六条　【上诉期间】在中华人民共和国领域内没有住所的当事人，不服第一审人民法院判决、裁定的，有权在判决书、裁定书送达之日起三十日内提起上诉。被上诉人在收到上诉状副本后，应当在三十日内提出答辩状。当事人不能在法定期间提起上诉或者提出答辩状，申请延期的，是否准许，由人民法院决定。

第二百八十七条　【审理期间】人民法院审理涉外民事案件的期间，不受本法第一百五十二条、第一百八十三条规定的限制。

第二十六章　仲　裁

第二百八十八条　【或裁或审原则】涉外经济贸易、运输和海事中发生的纠纷，当事人在合同中订有仲裁条款或者事后达成书面仲裁协议，提交中华人民共和国涉外仲裁机构或者其他仲裁机构仲裁的，当事人不得向人民法院起诉。

当事人在合同中没有订有仲裁条款或者事后没有达成书面仲裁协议的，可以向人民法院起诉。

第二百八十九条 【仲裁程序中的保全】当事人申请采取保全的，中华人民共和国的涉外仲裁机构应当将当事人的申请，提交被申请人住所地或者财产所在地的中级人民法院裁定。

第二百九十条 【仲裁裁决的执行】经中华人民共和国涉外仲裁机构裁决的，当事人不得向人民法院起诉。一方当事人不履行仲裁裁决的，对方当事人可以向被申请人住所地或者财产所在地的中级人民法院申请执行。

第二百九十一条 【仲裁裁决不予执行的情形】对中华人民共和国涉外仲裁机构作出的裁决，被申请人提出证据证明仲裁裁决有下列情形之一的，经人民法院组成合议庭审查核实，裁定不予执行：

（一）当事人在合同中没有订有仲裁条款或者事后没有达成书面仲裁协议的；

（二）被申请人没有得到指定仲裁员或者进行仲裁程序的通知，或者由于其他不属于被申请人负责的原因未能陈述意见的；

（三）仲裁庭的组成或者仲裁的程序与仲裁规则不符的；

（四）裁决的事项不属于仲裁协议的范围或者仲裁机构无权仲裁的。

人民法院认定执行该裁决违背社会公共利益的，裁定不予执行。

第二百九十二条 【仲裁裁决不予执行的法律后果】仲裁裁决被人民法院裁定不予执行的，当事人可以根据双方达成的书面仲裁协议重新申请仲裁，也可以向人民法院起诉。

第二十七章 司 法 协 助

第二百九十三条 【司法协助的原则】根据中华人民共和国缔结或者参加的国际条约，或者按照互惠原则，人民法院和外国法院可以相互请求，代为送达文书、调查取证以及进行其他诉讼行为。

外国法院请求协助的事项有损于中华人民共和国的主权、安全或者社会公共利益的，人民法院不予执行。

第二百九十四条 【司法协助的途径】请求和提供司法协助，应当依照中华人民共和国缔结或者参加的国际条约所规定的途径进行；没有条约关系的，通过外交途径进行。

外国驻中华人民共和国的使领馆可以向该国公民送达文书和调查取证，但不得违反中华人民共和国的法律，并不得采取强制措施。

除前款规定的情况外，未经中华人民共和国主管机关准许，任何外国机关或者个人不得在中华人民共和国领域内送达文书、调查取证。

第二百九十五条 【司法协助请求使用的文字】外国法院请求人民法院提供司法协助的请求书及其所附文件，应当附有中文译本或者国际条约规定的其他文字文本。

人民法院请求外国法院提供司法协助的请求书及其所附文件，应当附有该国文字译本或者国际条约规定的其他文字文本。

第二百九十六条 【司法协助程序】人民法院提供司法协助，依照中华人民共和国法律规定的程序进行。外国法院请求采用特殊方式的，也可以按照其请求的特殊方式进行，但请求采用的特殊方式不得违反中华人民共和国法律。

第二百九十七条 【申请外国承认和执行】人民法院作出的发生法律效力的判决、裁定，如果被执行人或者其财产不在中华人民共和国领域内,当事人请求执行的,可以由当事人直接向有管辖权的外国法院申请承认和执行,也可以由人民法院依照中华人民共和国缔结或者参加的国际条约的规定,或者按照互惠原则,请求外国法院承认和执行。

在中华人民共和国领域内依法作出的发生法律效力的仲裁裁决,当事人请求执行的,如果被执行人或者其财产不在中华人民共和国领域内,当事人可以直接向有管辖权的外国法院申请承认和执行。

第二百九十八条 【外国申请承认和执行】 外国法院作出的发生法律效力的判决、裁定,需要人民法院承认和执行的,可以由当事人直接向有管辖权的中级人民法院申请承认和执行,也可以由外国法院依照该国与中华人民共和国缔结或者参加的国际条约的规定,或者按照互惠原则,请求人民法院承认和执行。

第二百九十九条 【外国法院裁判的承认与执行】 人民法院对申请或者请求承认和执行的外国法院作出的发生法律效力的判决、裁定,依照中华人民共和国缔结或者参加的国际条约,或者按照互惠原则进行审查后,认为不违反中华人民共和国法律的基本原则且不损害国家主权、安全、社会公共利益的,裁定承认其效力;需要执行的,发出执行令,依照本法的有关规定执行。

第三百条 【外国法院裁判的不予承认和执行】 对申请或者请求承认和执行的外国法院作出的发生法律效力的判决、裁定,人民法院经审查,有下列情形之一的,裁定不予承认和执行:

(一)依据本法第三百零一条的规定,外国法院对案件无管辖权;

(二)被申请人未得到合法传唤或者虽经合法传唤但未获得合理的陈述、辩论机会,或者无诉讼行为能力的当事人未得到适当代理;

(三)判决、裁定是通过欺诈方式取得的;

(四)人民法院已对同一纠纷作出判决、裁定,或者已经承认第三国法院对同一纠纷作出的判决、裁定;

(五)违反中华人民共和国法律的基本原则或者损害国家主权、安全、社会公共利益。

第三百零一条 【外国法院无管辖权的认定】 有下列情形之一的,人民法院应当认定该外国法院对案件无管辖权:

(一)外国法院依照其法律对案件没有管辖权,或者虽然依照其法律有管辖权但与案件所涉纠纷无适当联系;

(二)违反本法对专属管辖的规定;

(三)违反当事人排他性选择法院管辖的协议。

第三百零二条 【同一争议的处理】 当事人向人民法院申请承认和执行外国法院作出的发生法律效力的判决、裁定,该判决、裁定涉及的纠纷与人民法院正在审理的纠纷属于同一纠纷的,人民法院可以裁定中止诉讼。

外国法院作出的发生法律效力的判决、裁定不符合本法规定的承认条件的,人民法院裁定不予承认和执行,并恢复已经中止的诉讼;符合本法规定的承认条件的,人民法院裁定承认其效力;需要执行的,发出执行令,依照本法的有关规定执行;对已经中止的诉讼,裁定驳回起诉。

第三百零三条 【承认和执行的复议】 当事人对承认和执行或者不予承认和执行的裁定不服的,可以自裁定送达之日起十日内向上一级人民法院申请复议。

第三百零四条 【外国仲裁裁决的承认和执行】 在中华人民共和国领域外作出的发生法律效力的仲裁裁决,需要人民法院承认和执行的,当事人可以直接向被执行人住所地或者其财产所在地的中级人民法院申请。被执行人住所地或者其财产不在中华人民共和国领域内的,当事人可以向申请人住所地或者与裁决的纠纷有适当联系的地点的中级人民法院申请。人民法院应当依照中华人民共和国缔结或者参加的国际条约,或者按照互惠原则办理。

第三百零五条 【外国国家豁免】涉及外国国家的民事诉讼,适用中华人民共和国有关外国国家豁免的法律规定;有关法律没有规定的,适用本法。

第三百零六条 【施行时间】本法自公布之日起施行,《中华人民共和国民事诉讼法(试行)》同时废止。

最高人民法院关于适用《中华人民共和国民事诉讼法》的解释

(2014年12月18日最高人民法院审判委员会第1636次会议通过 根据2020年12月23日最高人民法院审判委员会第1823次会议通过的《最高人民法院关于修改〈最高人民法院关于人民法院民事调解工作若干问题的规定〉等十九件民事诉讼类司法解释的决定》第一次修正 根据2022年3月22日最高人民法院审判委员会第1866次会议通过的《最高人民法院关于修改〈最高人民法院关于适用《中华人民共和国民事诉讼法》的解释〉的决定》第二次修正 2022年4月1日最高人民法院公告公布)

2012年8月31日,第十一届全国人民代表大会常务委员会第二十八次会议审议通过了《关于修改〈中华人民共和国民事诉讼法〉的决定》。根据修改后的民事诉讼法,结合人民法院民事审判和执行工作实际,制定本解释。

一、管 辖

第一条 民事诉讼法第十九条第一项规

定的重大涉外案件,包括争议标的额大的案件、案情复杂的案件,或者一方当事人人数众多等具有重大影响的案件。

第二条 专利纠纷案件由知识产权法院、最高人民法院确定的中级人民法院和基层人民法院管辖。

海事、海商案件由海事法院管辖。

第三条 公民的住所地是指公民的户籍所在地,法人或者其他组织的住所地是指法人或者其他组织的主要办事机构所在地。

法人或者其他组织的主要办事机构所在地不能确定的,法人或者其他组织的注册地或者登记地为住所地。

第四条 公民的经常居住地是指公民离开住所地至起诉时已连续居住一年以上的地方,但公民住院就医的地方除外。

第五条 对没有办事机构的个人合伙、合伙型联营体提起的诉讼,由被告注册登记地人民法院管辖。没有注册登记,几个被告又不在同一辖区的,被告住所地的人民法院都有管辖权。

第六条 被告被注销户籍的,依照民事诉讼法第二十三条规定确定管辖;原告、被告均被注销户籍的,由被告居住地人民法院管辖。

第七条 当事人的户籍迁出后尚未落户,有经常居住地的,由该地人民法院管辖;没有经常居住地的,由其原户籍所在地人民法院管辖。

第八条 双方当事人都被监禁或者被采取强制性教育措施的,由被告原住所地人民法院管辖。被告被监禁或者被采取强制性教育措施一年以上的,由被告被监禁地或者被采取强制性教育措施地人民法院管辖。

第九条 追索赡养费、扶养费、抚养费案件的几个被告住所地不在同一辖区的,可以由原告住所地人民法院管辖。

第十条 不服指定监护或者变更监护关

系的案件,可以由被监护人住所地人民法院管辖。

第十一条 双方当事人均为军人或者军队单位的民事案件由军事法院管辖。

第十二条 夫妻一方离开住所地超过一年,另一方起诉离婚的案件,可以由原告住所地人民法院管辖。

夫妻双方离开住所地超过一年,一方起诉离婚的案件,由被告经常居住地人民法院管辖;没有经常居住地的,由原告起诉时被告居住地人民法院管辖。

第十三条 在国内结婚并定居国外的华侨,如定居国法院以离婚诉讼须由婚姻缔结地法院管辖为由不予受理,当事人向人民法院提出离婚诉讼的,由婚姻缔结地或者一方在国内的最后居住地人民法院管辖。

第十四条 在国外结婚并定居国外的华侨,如定居国法院以离婚诉讼须由国籍所属国法院管辖为由不予受理,当事人向人民法院提出离婚诉讼的,由一方原住所地或者在国内的最后居住地人民法院管辖。

第十五条 中国公民一方居住在国外,一方居住在国内,不论哪一方向人民法院提起离婚诉讼,国内一方住所地人民法院都有权管辖。国外一方在居住国法院起诉,国内一方向人民法院起诉的,受诉人民法院有权管辖。

第十六条 中国公民双方在国外但未定居,一方向人民法院起诉离婚的,应由原告或者被告原住所地人民法院管辖。

第十七条 已经离婚的中国公民,双方均定居国外,仅就国内财产分割提起诉讼的,由主要财产所在地人民法院管辖。

第十八条 合同约定履行地点的,以约定的履行地点为合同履行地。

合同对履行地点没有约定或者约定不明确,争议标的为给付货币的,接收货币一方所在地为合同履行地;交付不动产的,不动产所在地为合同履行地;其他标的,履行义务一方所在地为合同履行地。即时结清的合同,交易行为地为合同履行地。

合同没有实际履行,当事人双方住所地都不在合同约定的履行地的,由被告住所地人民法院管辖。

第十九条 财产租赁合同、融资租赁合同以租赁物使用地为合同履行地。合同对履行地有约定的,从其约定。

第二十条 以信息网络方式订立的买卖合同,通过信息网络交付标的的,以买受人住所地为合同履行地;通过其他方式交付标的的,收货地为合同履行地。合同对履行地有约定的,从其约定。

第二十一条 因财产保险合同纠纷提起的诉讼,如果保险标的物是运输工具或者运输中的货物,可以由运输工具登记注册地、运输目的地、保险事故发生地人民法院管辖。

因人身保险合同纠纷提起的诉讼,可以由被保险人住所地人民法院管辖。

第二十二条 因股东名册记载、请求变更公司登记、股东知情权、公司决议、公司合并、公司分立、公司减资、公司增资等纠纷提起的诉讼,依照民事诉讼法第二十七条规定确定管辖。

第二十三条 债权人申请支付令,适用民事诉讼法第二十二条规定,由债务人住所地基层人民法院管辖。

第二十四条 民事诉讼法第二十九条规定的侵权行为地,包括侵权行为实施地、侵权结果发生地。

第二十五条 信息网络侵权行为实施地包括实施被诉侵权行为的计算机等信息设备所在地,侵权结果发生地包括被侵权人住所地。

第二十六条 因产品、服务质量不合格造成他人财产、人身损害提起的诉讼,产品制造地、产品销售地、服务提供地、侵权行为地和被告住所地人民法院都有管辖权。

第二十七条 当事人申请诉前保全后没有在法定期间起诉或者申请仲裁,给被申请人、利害关系人造成损失引起的诉讼,由采取保全措施的人民法院管辖。

当事人申请诉前保全后在法定期间内起诉或者申请仲裁,被申请人、利害关系人因保全受到损失提起的诉讼,由受理起诉的人民法院或者采取保全措施的人民法院管辖。

第二十八条 民事诉讼法第三十四条第一项规定的不动产纠纷是指因不动产的权利确认、分割、相邻关系等引起的物权纠纷。

农村土地承包经营合同纠纷、房屋租赁合同纠纷、建设工程施工合同纠纷、政策性房屋买卖合同纠纷,按照不动产纠纷确定管辖。

不动产已登记的,以不动产登记簿记载的所在地为不动产所在地;不动产未登记的,以不动产实际所在地为不动产所在地。

第二十九条 民事诉讼法第三十五条规定的书面协议,包括书面合同中的协议管辖条款或者诉讼前以书面形式达成的选择管辖的协议。

第三十条 根据管辖协议,起诉时能够确定管辖法院的,从其约定;不能确定的,依照民事诉讼法的相关规定确定管辖。

管辖协议约定两个以上与争议有实际联系的地点的人民法院管辖,原告可以向其中一个人民法院起诉。

第三十一条 经营者使用格式条款与消费者订立管辖协议,未采取合理方式提请消费者注意,消费者主张管辖协议无效的,人民法院应予支持。

第三十二条 管辖协议约定由一方当事人住所地人民法院管辖,协议签订后当事人住所地变更的,由签订管辖协议时的住所地人民法院管辖,但当事人另有约定的除外。

第三十三条 合同转让的,合同的管辖协议对合同受让人有效,但转让时受让人不

知道有管辖协议,或者转让协议另有约定且原合同相对人同意的除外。

第三十四条 当事人因同居或者在解除婚姻、收养关系后发生财产争议,约定管辖的,可以适用民事诉讼法第三十五条规定确定管辖。

第三十五条 当事人在答辩期间届满后未应诉答辩,人民法院在一审开庭前,发现案件不属于本院管辖的,应当裁定移送有管辖权的人民法院。

第三十六条 两个以上人民法院都有管辖权的诉讼,先立案的人民法院不得将案件移送给另一个有管辖权的人民法院。人民法院在立案前发现其他有管辖权的人民法院已先立案的,不得重复立案;立案后发现其他有管辖权的人民法院已先立案的,裁定将案件移送给先立案的人民法院。

第三十七条 案件受理后,受诉人民法院的管辖权不受当事人住所地、经常居住地变更的影响。

第三十八条 有管辖权的人民法院受理案件后,不得以行政区域变更为由,将案件移送给变更后有管辖权的人民法院。判决后的上诉案件和依审判监督程序提审的案件,由原审人民法院的上级人民法院进行审判;上级人民法院指令再审、发回重审的案件,由原审人民法院再审或者重审。

第三十九条 人民法院对管辖异议审查后确定有管辖权的,不因当事人提起反诉、增加或者变更诉讼请求等改变管辖,但违反级别管辖、专属管辖规定的除外。

人民法院发回重审或者按第一审程序再审的案件,当事人提出管辖异议的,人民法院不予审查。

第四十条 依照民事诉讼法第三十八条第二款规定,发生管辖权争议的两个人民法院因协商不成报请它们的共同上级人民法院指定管辖时,双方为同属一个地、市辖区的基

层人民法院的,由该地、市的中级人民法院及时指定管辖;同属一个省、自治区、直辖市的两个人民法院的,由该省、自治区、直辖市的高级人民法院及时指定管辖;双方为跨省、自治区、直辖市的人民法院,高级人民法院协商不成的,由最高人民法院及时指定管辖。

依照前款规定报请上级人民法院指定管辖时,应当逐级进行。

第四十一条　人民法院依照民事诉讼法第三十八条第二款规定指定管辖的,应当作出裁定。

对报请上级人民法院指定管辖的案件,下级人民法院应当中止审理。指定管辖裁定作出前,下级人民法院对案件作出判决、裁定的,上级人民法院应当在裁定指定管辖的同时,一并撤销下级人民法院的判决、裁定。

第四十二条　下列第一审民事案件,人民法院依照民事诉讼法第三十九条第一款规定,可以在开庭前交下级人民法院审理:

(一)破产程序中有关债务人的诉讼案件;

(二)当事人人数众多且不方便诉讼的案件;

(三)最高人民法院确定的其他类型案件。

人民法院交下级人民法院审理前,应当报请其上级人民法院批准。上级人民法院批准后,人民法院应当裁定将案件交下级人民法院审理。

二、回　避

第四十三条　审判人员有下列情形之一的,应当自行回避,当事人有权申请其回避:

(一)是本案当事人或者当事人近亲属的;

(二)本人或者其近亲属与本案有利害关系的;

(三)担任过本案的证人、鉴定人、辩护

人、诉讼代理人、翻译人员的;

(四)是本案诉讼代理人近亲属的;

(五)本人或者其近亲属持有本案非上市公司当事人的股份或者股权的;

(六)与本案当事人或者诉讼代理人有其他利害关系,可能影响公正审理的。

第四十四条　审判人员有下列情形之一的,当事人有权申请其回避:

(一)接受本案当事人及其受托人宴请,或者参加由其支付费用的活动的;

(二)索取、接受本案当事人及其受托人财物或者其他利益的;

(三)违反规定会见本案当事人、诉讼代理人的;

(四)为本案当事人推荐、介绍诉讼代理人,或者为律师、其他人员介绍代理本案的;

(五)向本案当事人及其受托人借用款物的;

(六)有其他不正当行为,可能影响公正审理的。

第四十五条　在一个审判程序中参与过本案审判工作的审判人员,不得再参与该案其他程序的审判。

发回重审的案件,在一审法院作出裁判后又进入第二审程序的,原第二审程序中审判人员不受前款规定的限制。

第四十六条　审判人员有应当回避的情形,没有自行回避,当事人也没有申请其回避的,由院长或者审判委员会决定其回避。

第四十七条　人民法院应当依法告知当事人对合议庭组成人员、独任审判员和书记员等人员有申请回避的权利。

第四十八条　民事诉讼法第四十七条所称的审判人员,包括参与本案审理的人民法院院长、副院长、审判委员会委员、庭长、副庭长、审判员和人民陪审员。

第四十九条　书记员和执行员适用审判人员回避的有关规定。

三、诉讼参加人

第五十条 法人的法定代表人以依法登记的为准，但法律另有规定的除外。依法不需要办理登记的法人，以其正职负责人为法定代表人；没有正职负责人的，以其主持工作的副职负责人为法定代表人。

法定代表人已经变更，但未完成登记，变更后的法定代表人要求代表法人参加诉讼的，人民法院可以准许。

其他组织，以其主要负责人为代表人。

第五十一条 在诉讼中，法人的法定代表人变更的，由新的法定代表人继续进行诉讼，并应向人民法院提交新的法定代表人身份证明书。原法定代表人进行的诉讼行为有效。

前款规定，适用于其他组织参加的诉讼。

第五十二条 民事诉讼法第五十一条规定的其他组织是指合法成立、有一定的组织机构和财产，但又不具备法人资格的组织，包括：

（一）依法登记领取营业执照的个人独资企业；

（二）依法登记领取营业执照的合伙企业；

（三）依法登记领取我国营业执照的中外合作经营企业、外资企业；

（四）依法成立的社会团体的分支机构、代表机构；

（五）依法设立并领取营业执照的法人的分支机构；

（六）依法设立并领取营业执照的商业银行、政策性银行和非银行金融机构的分支机构；

（七）经依法登记领取营业执照的乡镇企业、街道企业；

（八）其他符合本条规定条件的组织。

第五十三条 法人非依法设立的分支机构，或者虽依法设立，但没有领取营业执照的分支机构，以设立该分支机构的法人为当事人。

第五十四条 以挂靠形式从事民事活动，当事人请求由挂靠人和被挂靠人依法承担民事责任的，该挂靠人和被挂靠人为共同诉讼人。

第五十五条 在诉讼中，一方当事人死亡，需要等待继承人表明是否参加诉讼的，裁定中止诉讼。人民法院应当及时通知继承人作为当事人承担诉讼，被继承人已经进行的诉讼行为对承担诉讼的继承人有效。

第五十六条 法人或者其他组织的工作人员执行工作任务造成他人损害的，该法人或者其他组织为当事人。

第五十七条 提供劳务一方因劳务造成他人损害，受害人提起诉讼的，以接受劳务一方为被告。

第五十八条 在劳务派遣期间，被派遣的工作人员因执行工作任务造成他人损害的，以接受劳务派遣的用工单位为当事人。当事人主张劳务派遣单位承担责任的，该劳务派遣单位为共同被告。

第五十九条 在诉讼中，个体工商户以营业执照上登记的经营者为当事人。有字号的，以营业执照上登记的字号为当事人，但应同时注明该字号经营者的基本信息。

营业执照上登记的经营者与实际经营者不一致的，以登记的经营者和实际经营者为共同诉讼人。

第六十条 在诉讼中，未依法登记领取营业执照的个人合伙的全体合伙人为共同诉讼人。个人合伙有依法核准登记的字号的，应在法律文书中注明登记的字号。全体合伙人可以推选代表人；被推选的代表人，应由全体合伙人出具推选书。

第六十一条 当事人之间的纠纷经人民

调解委员会或者其他依法设立的调解组织调解达成协议后,一方当事人不履行调解协议,另一方当事人向人民法院提起诉讼的,应以对方当事人为被告。

第六十二条 下列情形,以行为人为当事人:

(一)法人或者其他组织应登记而未登记,行为人即以该法人或者其他组织名义进行民事活动的;

(二)行为人没有代理权、超越代理权或者代理权终止后以被代理人名义进行民事活动的,但相对人有理由相信行为人有代理权的除外;

(三)法人或者其他组织依法终止后,行为人仍以其名义进行民事活动的。

第六十三条 企业法人合并的,因合并前的民事活动发生的纠纷,以合并后的企业为当事人;企业法人分立的,因分立前的民事活动发生的纠纷,以分立后的企业为共同诉讼人。

第六十四条 企业法人解散的,依法清算并注销前,以该企业法人为当事人;未依法清算即被注销的,以该企业法人的股东、发起人或者出资人为当事人。

第六十五条 借用业务介绍信、合同专用章、盖章的空白合同书或者银行账户的,出借单位和借用人为共同诉讼人。

第六十六条 因保证合同纠纷提起的诉讼,债权人向保证人和被保证人一并主张权利的,人民法院应当将保证人和被保证人列为共同被告。保证合同约定为一般保证,债权人仅起诉保证人的,人民法院应当通知被保证人作为共同被告参加诉讼;债权人仅起诉被保证人的,可以只列被保证人为被告。

第六十七条 无民事行为能力人、限制民事行为能力人造成他人损害的,无民事行为能力人、限制民事行为能力人和其监护人为共同被告。

第六十八条 居民委员会、村民委员会或者村民小组与他人发生民事纠纷的,居民委员会、村民委员会或者有独立财产的村民小组为当事人。

第六十九条 对侵害死者遗体、遗骨以及姓名、肖像、名誉、荣誉、隐私等行为提起诉讼的,死者的近亲属为当事人。

第七十条 在继承遗产的诉讼中,部分继承人起诉的,人民法院应通知其他继承人作为共同原告参加诉讼;被通知的继承人不愿意参加诉讼又未明确表示放弃实体权利的,人民法院仍应将其列为共同原告。

第七十一条 原告起诉被代理人和代理人,要求承担连带责任的,被代理人和代理人为共同被告。

原告起诉代理人和相对人,要求承担连带责任的,代理人和相对人为共同被告。

第七十二条 共有财产权受到他人侵害,部分共有权人起诉的,其他共有权人为共同诉讼人。

第七十三条 必须共同进行诉讼的当事人没有参加诉讼的,人民法院应当依照民事诉讼法第一百三十五条的规定,通知其参加;当事人也可以向人民法院申请追加。人民法院对当事人提出的申请,应当进行审查,申请理由不成立的,裁定驳回;申请理由成立的,书面通知被追加的当事人参加诉讼。

第七十四条 人民法院追加共同诉讼的当事人时,应当通知其他当事人。应当追加的原告,已明确表示放弃实体权利的,可不予追加;既不愿意参加诉讼,又不放弃实体权利的,仍应追加为共同原告,其不参加诉讼,不影响人民法院对案件的审理和依法作出判决。

第七十五条 民事诉讼法第五十六条、第五十七条和第二百零六条规定的人数众多,一般指十人以上。

第七十六条 依照民事诉讼法第五十六

条规定,当事人一方人数众多在起诉时确定的,可以由全体当事人推选共同的代表人,也可以由部分当事人推选自己的代表人;推选不出代表人的当事人,在必要的共同诉讼中可以自己参加诉讼,在普通的共同诉讼中可以另行起诉。

第七十七条 根据民事诉讼法第五十七条规定,当事人一方人数众多在起诉时不确定的,由当事人推选代表人。当事人推选不出的,可以由人民法院提出人选与当事人协商;协商不成的,也可以由人民法院在起诉的当事人中指定代表人。

第七十八条 民事诉讼法第五十六条和第五十七条规定的代表人为二至五人,每位代表人可以委托一至二人作为诉讼代理人。

第七十九条 依照民事诉讼法第五十七条规定受理的案件,人民法院可以发出公告,通知权利人向人民法院登记。公告期间根据案件的具体情况确定,但不得少于三十日。

第八十条 根据民事诉讼法第五十七条规定向人民法院登记的权利人,应当证明其与对方当事人的法律关系和所受到的损害。证明不了的,不予登记,权利人可以另行起诉。人民法院的裁判在登记的范围内执行。未参加登记的权利人提起诉讼,人民法院认定其请求成立的,裁定适用人民法院已作出的判决、裁定。

第八十一条 根据民事诉讼法第五十九条的规定,有独立请求权的第三人有权向人民法院提出诉讼请求和事实、理由,成为当事人;无独立请求权的第三人,可以申请或者由人民法院通知参加诉讼。

第一审程序中未参加诉讼的第三人,申请参加第二审程序的,人民法院可以准许。

第八十二条 在一审诉讼中,无独立请求权的第三人无权提出管辖异议,无权放弃、变更诉讼请求或者申请撤诉,被判决承担民事责任的,有权提起上诉。

第八十三条 在诉讼中,无民事行为能力人、限制民事行为能力人的监护人是他的法定代理人。事先没有确定监护人的,可以由有监护资格的人协商确定;协商不成的,由人民法院在他们之中指定诉讼中的法定代理人。当事人没有民法典第二十七条、第二十八条规定的监护人的,可以指定民法典第三十二条规定的有关组织担任诉讼中的法定代理人。

第八十四条 无民事行为能力人、限制民事行为能力人以及其他依法不能作为诉讼代理人的,当事人不得委托其作为诉讼代理人。

第八十五条 根据民事诉讼法第六十一条第二款第二项规定,与当事人有夫妻、直系血亲、三代以内旁系血亲、近姻亲关系以及其他有抚养、赡养关系的亲属,可以当事人近亲属的名义作为诉讼代理人。

第八十六条 根据民事诉讼法第六十一条第二款第二项规定,与当事人有合法劳动人事关系的职工,可以当事人工作人员的名义作为诉讼代理人。

第八十七条 根据民事诉讼法第六十一条第二款第三项规定,有关社会团体推荐公民担任诉讼代理人的,应当符合下列条件:

(一)社会团体属于依法登记设立或者依法免予登记设立的非营利性法人组织;

(二)被代理人属于该社会团体的成员,或者当事人一方住所地位于该社会团体的活动地域;

(三)代理事务属于该社会团体章程载明的业务范围;

(四)被推荐的公民是该社会团体的负责人或者与该社会团体有合法劳动人事关系的工作人员。

专利代理人经中华全国专利代理人协会推荐,可以在专利纠纷案件中担任诉讼代理人。

第八十八条 诉讼代理人除根据民事诉讼法第六十二条规定提交授权委托书外,还应当按照下列规定向人民法院提交相关材料:

(一)律师应当提交律师执业证、律师事务所证明材料;

(二)基层法律服务工作者应当提交法律服务工作者执业证、基层法律服务所出具的介绍信以及当事人一方位于本辖区内的证明材料;

(三)当事人的近亲属应当提交身份证件和与委托人有近亲属关系的证明材料;

(四)当事人的工作人员应当提交身份证件和与当事人有合法劳动人事关系的证明材料;

(五)当事人所在社区、单位推荐的公民应当提交身份证件、推荐材料和当事人属于该社区、单位的证明材料;

(六)有关社会团体推荐的公民应当提交身份证件和符合本解释第八十七条规定条件的证明材料。

第八十九条 当事人向人民法院提交的授权委托书,应当在开庭审理前送交人民法院。授权委托书仅写"全权代理"而无具体授权的,诉讼代理人无权代为承认、放弃、变更诉讼请求,进行和解,提出反诉或者提起上诉。

适用简易程序审理的案件,双方当事人同时到庭并径行开庭审理的,可以当场口头委托诉讼代理人,由人民法院记入笔录。

四、证 据

第九十条 当事人对自己提出的诉讼请求所依据的事实或者反驳对方诉讼请求所依据的事实,应当提供证据加以证明,但法律另有规定的除外。

在作出判决前,当事人未能提供证据或者证据不足以证明其事实主张的,由负有举证证明责任的当事人承担不利的后果。

第九十一条 人民法院应当依照下列原则确定举证证明责任的承担,但法律另有规定的除外:

(一)主张法律关系存在的当事人,应当对产生该法律关系的基本事实承担举证证明责任;

(二)主张法律关系变更、消灭或者权利受到妨害的当事人,应当对该法律关系变更、消灭或者权利受到妨害的基本事实承担举证证明责任。

第九十二条 一方当事人在法庭审理中,或者在起诉状、答辩状、代理词等书面材料中,对于己不利的事实明确表示承认的,另一方当事人无需举证证明。

对于涉及身份关系、国家利益、社会公共利益等应当由人民法院依职权调查的事实,不适用前款自认的规定。

自认的事实与查明的事实不符的,人民法院不予确认。

第九十三条 下列事实,当事人无须举证证明:

(一)自然规律以及定理、定律;

(二)众所周知的事实;

(三)根据法律规定推定的事实;

(四)根据已知的事实和日常生活经验法则推定出的另一事实;

(五)已为人民法院发生法律效力的裁判所确认的事实;

(六)已为仲裁机构生效裁决所确认的事实;

(七)已为有效公证文书所证明的事实。

前款第二项至第四项规定的事实,当事人有相反证据足以反驳的除外;第五项至第七项规定的事实,当事人有相反证据足以推翻的除外。

第九十四条 民事诉讼法第六十七条第

二款规定的当事人及其诉讼代理人因客观原因不能自行收集的证据包括：

（一）证据由国家有关部门保存，当事人及其诉讼代理人无权查阅调取的；

（二）涉及国家秘密、商业秘密或者个人隐私的；

（三）当事人及其诉讼代理人因客观原因不能自行收集的其他证据。

当事人及其诉讼代理人因客观原因不能自行收集的证据，可以在举证期限届满前书面申请人民法院调查收集。

第九十五条　当事人申请调查收集的证据，与待证事实无关联、对证明待证事实无意义或者其他无调查收集必要的，人民法院不予准许。

第九十六条　民事诉讼法第六十七条第二款规定的人民法院认为审理案件需要的证据包括：

（一）涉及可能损害国家利益、社会公共利益的；

（二）涉及身份关系的；

（三）涉及民事诉讼法第五十八条规定诉讼的；

（四）当事人有恶意串通损害他人合法权益可能的；

（五）涉及依职权追加当事人、中止诉讼、终结诉讼、回避等程序性事项的。

除前款规定外，人民法院调查收集证据，应当依照当事人的申请进行。

第九十七条　人民法院调查收集证据，应当由两人以上共同进行。调查材料要由调查人、被调查人、记录人签名、捺印或者盖章。

第九十八条　当事人根据民事诉讼法第八十四条第一款规定申请证据保全的，可以在举证期限届满前书面提出。

证据保全可能对他人造成损失的，人民法院应当责令申请人提供相应的担保。

第九十九条　人民法院应当在审理前的准备阶段确定当事人的举证期限。举证期限可以由当事人协商，并经人民法院准许。

人民法院确定举证期限，第一审普通程序案件不得少于十五日，当事人提供新的证据的第二审案件不得少于十日。

举证期限届满后，当事人对已经提供的证据，申请提供反驳证据或者对证据来源、形式等方面的瑕疵进行补正的，人民法院可以酌情再次确定举证期限，该期限不受前款规定的限制。

第一百条　当事人申请延长举证期限的，应当在举证期限届满前向人民法院提出书面申请。

申请理由成立的，人民法院应当准许，适当延长举证期限，并通知其他当事人。延长的举证期限适用于其他当事人。

申请理由不成立的，人民法院不予准许，并通知申请人。

第一百零一条　当事人逾期提供证据的，人民法院应当责令其说明理由，必要时可以要求其提供相应的证据。

当事人因客观原因逾期提供证据，或者对方当事人对逾期提供证据未提出异议的，视为未逾期。

第一百零二条　当事人因故意或者重大过失逾期提供的证据，人民法院不予采纳。但该证据与案件基本事实有关的，人民法院应当采纳，并依照民事诉讼法第六十八条、第一百一十八条第一款的规定予以训诫、罚款。

当事人非因故意或者重大过失逾期提供的证据，人民法院应当采纳，并对当事人予以训诫。

当事人一方要求另一方赔偿因逾期提供证据致使其增加的交通、住宿、就餐、误工、证人出庭作证等必要费用的，人民法院可予支持。

第一百零三条　证据应当在法庭上出示，由当事人互相质证。未经当事人质证的证据,不得作为认定案件事实的根据。

当事人在审理前的准备阶段认可的证据,经审判人员在庭审中说明后,视为质证过的证据。

涉及国家秘密、商业秘密、个人隐私或者法律规定应当保密的证据,不得公开质证。

第一百零四条 人民法院应当组织当事人围绕证据的真实性、合法性以及与待证事实的关联性进行质证,并针对证据有无证明力和证明力大小进行说明和辩论。

能够反映案件真实情况、与待证事实相关联、来源和形式符合法律规定的证据,应当作为认定案件事实的根据。

第一百零五条 人民法院应当按照法定程序,全面、客观地审核证据,依照法律规定,运用逻辑推理和日常生活经验法则,对证据有无证明力和证明力大小进行判断,并公开判断的理由和结果。

第一百零六条 对以严重侵害他人合法权益、违反法律禁止性规定或者严重违背公序良俗的方法形成或者获取的证据,不得作为认定案件事实的根据。

第一百零七条 在诉讼中,当事人为达成调解协议或者和解协议作出妥协而认可的事实,不得在后续的诉讼中作为对其不利的根据,但法律另有规定或者当事人均同意的除外。

第一百零八条 对负有举证证明责任的当事人提供的证据,人民法院经审查并结合相关事实,确信待证事实的存在具有高度可能性的,应当认定该事实存在。

对一方当事人为反驳负有举证证明责任的当事人所主张事实而提供的证据,人民法院经审查并结合相关事实,认为待证事实真伪不明的,应当认定该事实不存在。

法律对于待证事实所应达到的证明标准另有规定的,从其规定。

第一百零九条 当事人对欺诈、胁迫、恶意串通事实的证明,以及对口头遗嘱或者赠与事实的证明,人民法院确信该待证事实存在的可能性能够排除合理怀疑的,应当认定该事实存在。

第一百一十条 人民法院认为有必要的,可以要求当事人本人到庭,就案件有关事实接受询问。在询问当事人之前,可以要求其签署保证书。

保证书应当载明据实陈述、如有虚假陈述愿意接受处罚等内容。当事人应当在保证书上签名或者捺印。

负有举证证明责任的当事人拒绝到庭、拒绝接受询问或者拒绝签署保证书,待证事实又欠缺其他证据证明的,人民法院对其主张的事实不予认定。

第一百一十一条 民事诉讼法第七十三条规定的提交书证原件确有困难,包括下列情形:

(一)书证原件遗失、灭失或者毁损的;

(二)原件在对方当事人控制之下,经合法通知提交而拒不提交的;

(三)原件在他人控制之下,而其有权不提交的;

(四)原件因篇幅或者体积过大而不便提交的;

(五)承担举证证明责任的当事人通过申请人民法院调查收集或者其他方式无法获得书证原件的。

前款规定情形,人民法院应当结合其他证据和案件具体情况,审查判断书证复制品等能否作为认定案件事实的根据。

第一百一十二条 书证在对方当事人控制之下的,承担举证证明责任的当事人可以在举证期限届满前书面申请人民法院责令对方当事人提交。

申请理由成立的,人民法院应当责令对方当事人提交,因提交书证所产生的费用,由申请人负担。对方当事人无正当理由拒不提交的,人民法院可以认定申请人所主张的书证内容为真实。

第一百一十三条 持有书证的当事人以妨碍对方当事人使用为目的,毁灭有关书证或者实施其他致使书证不能使用行为的,人民法院可以依照民事诉讼法第一百一十四条规定,对其处以罚款、拘留。

第一百一十四条 国家机关或者其他依法具有社会管理职能的组织,在其职权范围内制作的文书所记载的事项推定为真实,但有相反证据足以推翻的除外。必要时,人民法院可以要求制作文书的机关或者组织对文书的真实性予以说明。

第一百一十五条 单位向人民法院提出的证明材料,应当由单位负责人及制作证明材料的人员签名或者盖章,并加盖单位印章。人民法院就单位出具的证明材料,可以向单位及制作证明材料的人员进行调查核实。必要时,可以要求制作证明材料的人员出庭作证。

单位及制作证明材料的人员拒绝人民法院调查核实,或者制作证明材料的人员无正当理由拒绝出庭作证的,该证明材料不得作为认定案件事实的根据。

第一百一十六条 视听资料包括录音资料和影像资料。

电子数据是指通过电子邮件、电子数据交换、网上聊天记录、博客、微博客、手机短信、电子签名、域名等形成或者存储在电子介质中的信息。

存储在电子介质中的录音资料和影像资料,适用电子数据的规定。

第一百一十七条 当事人申请证人出庭作证的,应当在举证期限届满前提出。

符合本解释第九十六条第一款规定情形的,人民法院可以依职权通知证人出庭作证。

未经人民法院通知,证人不得出庭作证,但双方当事人同意并经人民法院准许的除外。

第一百一十八条 民事诉讼法第七十七条规定的证人因履行出庭作证义务而支出的交通、住宿、就餐等必要费用,按照机关事业单位工作人员差旅费用和补贴标准计算;误工损失按照国家上年度职工日平均工资标准计算。

人民法院准许证人出庭作证申请的,应当通知申请人预缴证人出庭作证费用。

第一百一十九条 人民法院在证人出庭作证前应当告知其如实作证的义务以及作伪证的法律后果,并责令其签署保证书,但无民事行为能力人和限制民事行为能力人除外。

证人签署保证书适用本解释关于当事人签署保证书的规定。

第一百二十条 证人拒绝签署保证书的,不得作证,并自行承担相关费用。

第一百二十一条 当事人申请鉴定,可以在举证期限届满前提出。申请鉴定的事项与待证事实无关联,或者对证明待证事实无意义的,人民法院不予准许。

人民法院准许当事人鉴定申请的,应当组织双方当事人协商确定具备相应资格的鉴定人。当事人协商不成的,由人民法院指定。

符合依职权调查收集证据条件的,人民法院应当依职权委托鉴定,在询问当事人的意见后,指定具备相应资格的鉴定人。

第一百二十二条 当事人可以依照民事诉讼法第八十二条的规定,在举证期限届满前申请一至二名具有专门知识的人出庭,代表当事人对鉴定意见进行质证,或者对案件事实所涉及的专业问题提出意见。

具有专门知识的人在法庭上就专业问题提出的意见,视为当事人的陈述。

人民法院准许当事人申请的,相关费用由提出申请的当事人负担。

第一百二十三条 人民法院可以对出庭的具有专门知识的人进行询问。经法庭准许,当事人可以对出庭的具有专门知识的人进行询问,当事人各自申请的具有专门知识的人可以就案件中的有关问题进行对质。

具有专门知识的人不得参与专业问题之外的法庭审理活动。

第一百二十四条 人民法院认为有必要的,可以根据当事人的申请或者依职权对物证或者现场进行勘验。勘验时应当保护他人的隐私和尊严。

人民法院可以要求鉴定人参与勘验。必要时,可以要求鉴定人在勘验中进行鉴定。

五、期间和送达

第一百二十五条 依照民事诉讼法第八十五条第二款规定,民事诉讼中以时起算的期间从次时起算;以日、月、年计算的期间从次日起算。

第一百二十六条 民事诉讼法第一百二十六条规定的立案期限,因起诉状内容欠缺通知原告补正的,从补正后交人民法院的次日起算。由上级人民法院转交下级人民法院立案的案件,从受诉人民法院收到起诉状的次日起算。

第一百二十七条 民事诉讼法第五十九条第三款、第二百一十二条以及本解释第三百七十二条、第三百八十二条、第三百九十九条、第四百二十条、第四百二十一条规定的六个月,民事诉讼法第二百三十条规定的一年,为不变期间,不适用诉讼时效中止、中断、延长的规定。

第一百二十八条 再审案件按照第一审程序或者第二审程序审理的,适用民事诉讼法第一百五十二条、第一百八十三条规定的审限。审限自再审立案的次日起算。

第一百二十九条 对申请再审案件,人民法院应当自受理之日起三个月内审查完毕,但公告期间、当事人和解期间等不计入审查期限。有特殊情况需要延长的,由本院院长批准。

第一百三十条 向法人或者其他组织送达诉讼文书,应当由法人的法定代表人、该组织的主要负责人或者办公室、收发室、值班室等负责收件的人签收或者盖章,拒绝签收或者盖章的,适用留置送达。

民事诉讼法第八十九条规定的有关基层组织和所在单位的代表,可以是受送达人住所地的居民委员会、村民委员会的工作人员以及受送达人所在单位的工作人员。

第一百三十一条 人民法院直接送达诉讼文书的,可以通知当事人到人民法院领取。当事人到达人民法院,拒绝签署送达回证的,视为送达。审判人员、书记员应当在送达回证上注明送达情况并签名。

人民法院可以在当事人住所地以外向当事人直接送达诉讼文书。当事人拒绝签署送达回证的,采用拍照、录像等方式记录送达过程即视为送达。审判人员、书记员应当在送达回证上注明送达情况并签名。

第一百三十二条 受送达人有诉讼代理人的,人民法院既可以向受送达人送达,也可以向其诉讼代理人送达。受送达人指定诉讼代理人为代收人的,向诉讼代理人送达时,适用留置送达。

第一百三十三条 调解书应当直接送达当事人本人,不适用留置送达。当事人本人因故不能签收的,可由其指定的代收人签收。

第一百三十四条 依照民事诉讼法第九十一条规定,委托其他人民法院代为送达的,委托法院应当出具委托函,并附需要送达的诉讼文书和送达回证,以受送达人在送达回证上签收的日期为送达日期。

委托送达的,受委托人民法院应当自收到委托函及相关诉讼文书之日起十日内代为送达。

第一百三十五条 电子送达可以采用传真、电子邮件、移动通信等即时收悉的特定系统作为送达媒介。

民事诉讼法第九十条第二款规定的到达受送达人特定系统的日期,为人民法院对应系统显示发送成功的日期,但受送达人证明到达其特定系统的日期与人民法院对应系统显示发送成功的日期不一致的,以受送达人证明到达其特定系统的日期为准。

第一百三十六条 受送达人同意采用电子方式送达的,应当在送达地址确认书中予以确认。

第一百三十七条 当事人在提起上诉、申请再审、申请执行时未书面变更送达地址的,其在第一审程序中确认的送达地址可以作为第二审程序、审判监督程序、执行程序的送达地址。

第一百三十八条 公告送达可以在法院的公告栏和受送达人住所地张贴公告,也可以在报纸、信息网络等媒体上刊登公告,发出公告日期以最后张贴或者刊登的日期为准。对公告送达方式有特殊要求的,应当按要求的方式进行。公告期满,即视为送达。

人民法院在受送达人住所地张贴公告的,应当采取拍照、录像等方式记录张贴过程。

第一百三十九条 公告送达应当说明公告送达的原因;公告送达起诉状或者上诉状副本的,应当说明起诉或者上诉要点,受送达人答辩期限及逾期不答辩的法律后果;公告送达传票,应当说明出庭的时间和地点及逾期不出庭的法律后果;公告送达判决书、裁定书的,应当说明裁判主要内容,当事人有权上诉的,还应当说明上诉权利、上诉期限和上诉的人民法院。

第一百四十条 适用简易程序的案件,不适用公告送达。

第一百四十一条 人民法院在定期宣判时,当事人拒不签收判决书、裁定书的,应视为送达,并在宣判笔录中记明。

六、调　解

第一百四十二条 人民法院受理案件后,经审查,认为法律关系明确、事实清楚,在征得当事人双方同意后,可以径行调解。

第一百四十三条 适用特别程序、督促程序、公示催告程序的案件,婚姻等身份关系确认案件以及其他根据案件性质不能进行调解的案件,不得调解。

第一百四十四条 人民法院审理民事案件,发现当事人之间恶意串通,企图通过和解、调解方式侵害他人合法权益的,应当依照民事诉讼法第一百一十五条的规定处理。

第一百四十五条 人民法院审理民事案件,应当根据自愿、合法的原则进行调解。当事人一方或者双方坚持不愿调解的,应当及时裁判。

人民法院审理离婚案件,应当进行调解,但不应久调不决。

第一百四十六条 人民法院审理民事案件,调解过程不公开,但当事人同意公开的除外。

调解协议内容不公开,但为保护国家利益、社会公共利益、他人合法权益,人民法院认为确有必要公开的除外。

主持调解以及参与调解的人员,对调解过程以及调解过程中获悉的国家秘密、商业秘密、个人隐私和其他不宜公开的信息,应当保守秘密,但为保护国家利益、社会公共利益、他人合法权益的除外。

第一百四十七条 人民法院调解案件时,当事人不能出庭的,经其特别授权,可由其委托代理人参加调解,达成的调解协议,可由委托代理人签名。

离婚案件当事人确因特殊情况无法出庭参加调解的,除本人不能表达意志的以外,应当出具书面意见。

第一百四十八条 当事人自行和解或者调解达成协议后，请求人民法院按照和解协议或者调解协议的内容制作判决书的，人民法院不予准许。

无民事行为能力人的离婚案件，由其法定代理人进行诉讼。法定代理人与对方达成协议要求发给判决书的，可根据协议内容制作判决书。

第一百四十九条 调解书经当事人签收后才发生法律效力的，应当以最后收到调解书的当事人签收的日期为调解书生效日期。

第一百五十条 人民法院调解民事案件，需由无独立请求权的第三人承担责任的，应当经其同意。该第三人在调解书送达前反悔的，人民法院应当及时裁判。

第一百五十一条 根据民事诉讼法第一百零一条第一款第四项规定，当事人各方同意在调解协议上签名或者盖章后即发生法律效力的，经人民法院审查确认后，应当记入笔录或者将调解协议附卷，并由当事人、审判人员、书记员签名或者盖章后即具有法律效力。

前款规定情形，当事人请求制作调解书的，人民法院审查确认后可以制作调解书送交当事人。当事人拒收调解书的，不影响调解协议的效力。

七、保全和先予执行

第一百五十二条 人民法院依照民事诉讼法第一百零三条、第一百零四条规定，在采取诉前保全、诉讼保全措施时，责令利害关系人或者当事人提供担保的，应当书面通知。

利害关系人申请诉前保全的，应当提供担保。申请诉前财产保全的，应当提供相当于请求保全数额的担保；情况特殊的，人民法院可以酌情处理。申请诉前行为保全的，担保的数额由人民法院根据案件的具体情况决定。

在诉讼中，人民法院依申请或者依职权采取保全措施的，应当根据案件的具体情况，决定当事人是否应当提供担保以及担保的数额。

第一百五十三条 人民法院对季节性商品、鲜活、易腐烂变质以及其他不宜长期保存的物品采取保全措施时，可以责令当事人及时处理，由人民法院保存价款；必要时，人民法院可予以变卖，保存价款。

第一百五十四条 人民法院在财产保全中采取查封、扣押、冻结财产措施时，应当妥善保管被查封、扣押、冻结的财产。不宜由人民法院保管的，人民法院可以指定被保全人负责保管；不宜由被保全人保管的，可以委托他人或者申请保全人保管。

查封、扣押、冻结担保物权人占有的担保财产，一般由担保物权人保管；由人民法院保管的，质权、留置权不因采取保全措施而消灭。

第一百五十五条 由人民法院指定被保全人保管的财产，如果继续使用对该财产的价值无重大影响，可以允许被保全人继续使用；由人民法院保管或者委托他人、申请保全人保管的财产，人民法院和其他保管人不得使用。

第一百五十六条 人民法院采取财产保全的方法和措施，依照执行程序相关规定办理。

第一百五十七条 人民法院对抵押物、质押物、留置物可以采取财产保全措施，但不影响抵押权人、质权人、留置权人的优先受偿权。

第一百五十八条 人民法院对债务人到期应得的收益，可以采取财产保全措施，限制其支取，通知有关单位协助执行。

第一百五十九条 债务人的财产不能满足保全请求，但对他人有到期债权的，人民法院可以依债权人的申请裁定该他人不得对本案债务人清偿。该他人要求偿付的,由人民法院提存财物或者价款。

第一百六十条 当事人向采取诉前保全措施以外的其他有管辖权的人民法院起诉的,采取诉前保全措施的人民法院应当将保全手续移送受理案件的人民法院。诉前保全的裁定视为受移送人民法院作出的裁定。

第一百六十一条 对当事人不服一审判决提起上诉的案件,在第二审人民法院接到报送的案件之前,当事人有转移、隐匿、出卖或者毁损财产等行为,必须采取保全措施的,由第一审人民法院依当事人申请或者依职权采取。第一审人民法院的保全裁定,应当及时报送第二审人民法院。

第一百六十二条 第二审人民法院裁定对第一审人民法院采取的保全措施予以续保或者采取新的保全措施的,可以自行实施,也可以委托第一审人民法院实施。

再审人民法院裁定对原保全措施予以续保或者采取新的保全措施的,可以自行实施,也可以委托原审人民法院或者执行法院实施。

第一百六十三条 法律文书生效后,进入执行程序前,债权人因对方当事人转移财产等紧急情况,不申请保全将可能导致生效法律文书不能执行或者难以执行的,可以向执行法院申请采取保全措施。债权人在法律文书指定的履行期间届满后五日内不申请执行的,人民法院应当解除保全。

第一百六十四条 对申请保全人或者他人提供的担保财产,人民法院应当依法办理查封、扣押、冻结等手续。

第一百六十五条 人民法院裁定采取保全措施后,除作出保全裁定的人民法院自行解除或者其上级人民法院决定解除外,在保全期限内,任何单位不得解除保全措施。

第一百六十六条 裁定采取保全措施后,有下列情形之一的,人民法院应当作出解除保全裁定:

(一)保全错误的;

(二)申请人撤回保全申请的;

(三)申请人的起诉或者诉讼请求被生效裁判驳回的;

(四)人民法院认为应当解除保全的其他情形。

解除以登记方式实施的保全措施的,应当向登记机关发出协助执行通知书。

第一百六十七条 财产保全的被保全人提供其他等值担保财产且有利于执行的,人民法院可以裁定变更保全标的物为被保全人提供的担保财产。

第一百六十八条 保全裁定未经人民法院依法撤销或者解除,进入执行程序后,自动转为执行中的查封、扣押、冻结措施,期限连续计算,执行法院无需重新制作裁定书,但查封、扣押、冻结期限届满的除外。

第一百六十九条 民事诉讼法规定的先予执行,人民法院应当在受理案件后终审判决作出前采取。先予执行应当限于当事人诉讼请求的范围,并以当事人的生活、生产经营的急需为限。

第一百七十条 民事诉讼法第一百零九条第三项规定的情况紧急,包括:

(一)需要立即停止侵害、排除妨碍的;

(二)需要立即制止某项行为的;

(三)追索恢复生产、经营急需的保险理赔费的;

(四)需要立即返还社会保险金、社会救助资金的;

(五)不立即返还款项,将严重影响权利人生活和生产经营的。

第一百七十一条 当事人对保全或者先予执行裁定不服的,可以自收到裁定书之日起五日内向作出裁定的人民法院申请复议。人民法院应当在收到复议申请后十日内审查。裁定正确的,驳回当事人的申请;裁定不当的,变更或者撤销原裁定。

第一百七十二条 利害关系人对保全或者先予执行的裁定不服申请复议的,由作出裁定的人民法院依照民事诉讼法第一百一十一条规定处理。

第一百七十三条 人民法院先予执行后,根据发生法律效力的判决,申请人应当返还因先予执行所取得的利益的,适用民事诉讼法第二百四十条的规定。

八、对妨害民事诉讼的强制措施

第一百七十四条 民事诉讼法第一百一十二条规定的必须到庭的被告,是指负有赡养、抚育、扶养义务和不到庭就无法查清案情的被告。

人民法院对必须到庭才能查清案件基本事实的原告,经两次传票传唤,无正当理由拒不到庭的,可以拘传。

第一百七十五条 拘传必须用拘传票,并直接送达被拘传人;在拘传前,应当向被拘传人说明拒不到庭的后果,经批评教育仍拒不到庭的,可以拘传其到庭。

第一百七十六条 诉讼参与人或者其他人有下列行为之一的,人民法院可以适用民事诉讼法第一百一十三条规定处理:

(一)未经准许进行录音、录像、摄影的;

(二)未经准许以移动通信等方式现场传播审判活动的;

(三)其他扰乱法庭秩序,妨害审判活动进行的。

有前款规定情形的,人民法院可以暂扣诉讼参与人或者其他人进行录音、录像、摄影、传播审判活动的器材,并责令其删除有关内容;拒不删除的,人民法院可以采取必要手段强制删除。

第一百七十七条 训诫、责令退出法庭由合议庭或者独任审判员决定。训诫的内容、被责令退出法庭者的违法事实应当记入庭审笔录。

第一百七十八条 人民法院依照民事诉讼法第一百一十三条至第一百一十七条的规定采取拘留措施的,应经院长批准,作出拘留决定书,由司法警察将被拘留人送交当地公安机关看管。

第一百七十九条 被拘留人不在本辖区的,作出拘留决定的人民法院应当派员到被拘留人所在地的人民法院,请该院协助执行,受委托的人民法院应当及时派员协助执行。被拘留人申请复议或者在拘留期间承认并改正错误,需要提前解除拘留的,受委托人民法院应当向委托人民法院转达或者提出建议,由委托人民法院审查决定。

第一百八十条 人民法院对被拘留人采取拘留措施后,应当在二十四小时内通知其家属;确实无法按时通知或者通知不到的,应当记录在案。

第一百八十一条 因哄闹、冲击法庭,用暴力、威胁等方法抗拒执行公务等紧急情况,必须立即采取拘留措施的,可在拘留后,立即报告院长补办批准手续。院长认为拘留不当的,应当解除拘留。

第一百八十二条 被拘留人在拘留期间认错悔改的,可以责令其具结悔过,提前解除拘留。提前解除拘留,应报经院长批准,并作出提前解除拘留决定书,交负责看管的公安机关执行。

第一百八十三条 民事诉讼法第一百一十三条至第一百一十六条规定的罚款、拘留可以单独适用,也可以合并适用。

第一百八十四条 对同一妨害民事诉讼行为的罚款、拘留不得连续适用。发生新的妨害民事诉讼行为的,人民法院可以重新予以罚款、拘留。

第一百八十五条 被罚款、拘留的人不服罚款、拘留决定申请复议的,应当自收到决定书之日起三日内提出。上级人民法院应当在收到复议申请后五日内作出决定,并将复议结果通知下级人民法院和当事人。

第一百八十六条 上级人民法院复议时认为强制措施不当的,应当制作决定书,撤销或者变更下级人民法院作出的拘留、罚款决定。情况紧急的,可以在口头通知后三日内发出决定书。

第一百八十七条 民事诉讼法第一百一十四条第一款第五项规定的以暴力、威胁或者其他方法阻碍司法工作人员执行职务的行为,包括:

(一)在人民法院哄闹、滞留,不听从司法工作人员劝阻的;

(二)故意毁损、抢夺人民法院法律文书、查封标志的;

(三)哄闹、冲击执行公务现场,围困、扣押执行或者协助执行公务人员的;

(四)毁损、抢夺、扣留案件材料、执行公务车辆、其他执行公务器械、执行公务人员服装和执行公务证件的;

(五)以暴力、威胁或者其他方法阻碍司法工作人员查询、查封、扣押、冻结、划拨、拍卖、变卖财产的;

(六)以暴力、威胁或者其他方法阻碍司法工作人员执行职务的其他行为。

第一百八十八条 民事诉讼法第一百一十四条第一款第六项规定的拒不履行人民法院已经发生法律效力的判决、裁定的行为,包括:

(一)在法律文书发生法律效力后隐藏、转移、变卖、毁损财产或者无偿转让财产、以明显不合理的价格交易财产、放弃到期债权、无偿为他人提供担保等,致使人民法院无法执行的;

(二)隐藏、转移、毁损或者未经人民法院允许处分已向人民法院提供担保的财产的;

(三)违反人民法院限制高消费令进行消费的;

(四)有履行能力而拒不按照人民法院执行通知履行生效法律文书确定的义务的;

(五)有义务协助执行的个人接到人民法院协助执行通知书后,拒不协助执行的。

第一百八十九条 诉讼参与人或者其他人有下列行为之一的,人民法院可以适用民事诉讼法第一百一十四条的规定处理:

(一)冒充他人提起诉讼或者参加诉讼的;

(二)证人签署保证书后作虚假证言,妨碍人民法院审理案件的;

(三)伪造、隐藏、毁灭或者拒绝交出有关被执行人履行能力的重要证据,妨碍人民法院查明被执行人财产状况的;

(四)擅自解冻已被人民法院冻结的财产的;

(五)接到人民法院协助执行通知书后,给当事人通风报信,协助其转移、隐匿财产的。

第一百九十条 民事诉讼法第一百一十五条规定的他人合法权益,包括案外人的合法权益、国家利益、社会公共利益。

第三人根据民事诉讼法第五十九条第三款规定提起撤销之诉,经审查,原案当事人之间恶意串通进行虚假诉讼的,适用民事诉讼法第一百一十五条规定处理。

第一百九十一条 单位有民事诉讼法第一百一十五条或者第一百一十六条规定行为的,人民法院应当对该单位进行罚款,并可以对其主要负责人或者直接责任人员予以罚款、拘留;构成犯罪的,依法追究刑事责任。

第一百九十二条 有关单位接到人民法院协助执行通知书后,有下列行为之一的,人民法院可以适用民事诉讼法第一百一十七条规定处理:

(一)允许被执行人高消费的;

(二)允许被执行人出境的;

(三)拒不停止办理有关财产权证照转移

手续、权属变更登记、规划审批等手续的；

（四）以需要内部请示、内部审批,有内部规定等为由拖延办理的。

第一百九十三条 人民法院对个人或者单位采取罚款措施时,应当根据其实施妨害民事诉讼行为的性质、情节、后果,当地的经济发展水平,以及诉讼标的额等因素,在民事诉讼法第一百一十八条第一款规定的限额内确定相应的罚款金额。

九、诉讼费用

第一百九十四条 依照民事诉讼法第五十七条审理的案件不预交案件受理费,结案后按照诉讼标的额由败诉方交纳。

第一百九十五条 支付令失效后转入诉讼程序的,债权人应当按照《诉讼费用交纳办法》补交案件受理费。

支付令被撤销后,债权人另行起诉的,按照《诉讼费用交纳办法》交纳诉讼费用。

第一百九十六条 人民法院改变原判决、裁定、调解结果的,应当在裁判文书中对原审诉讼费用的负担一并作出处理。

第一百九十七条 诉讼标的物是证券的,按照证券交易规则并根据当事人起诉之日前最后一个交易日的收盘价、当日的市场价或者其载明的金额计算诉讼标的金额。

第一百九十八条 诉讼标的物是房屋、土地、林木、车辆、船舶、文物等特定物或者知识产权,起诉时价值难以确定的,人民法院应当向原告释明主张过高或者过低的诉讼风险,以原告主张的价值确定诉讼标的金额。

第一百九十九条 适用简易程序审理的案件转为普通程序的,原告自接到人民法院交纳诉讼费用通知之日起七日内补交案件受理费。

原告无正当理由未按期足额补交的,按撤诉处理,已经收取的诉讼费用退还一半。

第二百条 破产程序中有关债务人的民事诉讼案件,按照财产案件标准交纳诉讼费,但劳动争议案件除外。

第二百零一条 既有财产性诉讼请求,又有非财产性诉讼请求的,按照财产性诉讼请求的标准交纳诉讼费。

有多个财产性诉讼请求的,合并计算交纳诉讼费;诉讼请求中有多个非财产性诉讼请求的,按一件交纳诉讼费。

第二百零二条 原告、被告、第三人分别上诉的,按照上诉请求分别预交二审案件受理费。

同一方多人共同上诉的,只预交一份二审案件受理费;分别上诉的,按照上诉请求分别预交二审案件受理费。

第二百零三条 承担连带责任的当事人败诉的,应当共同负担诉讼费用。

第二百零四条 实现担保物权案件,人民法院裁定拍卖、变卖担保财产的,申请费由债务人、担保人负担;人民法院裁定驳回申请的,申请费由申请人负担。

申请人另行起诉的,其已经交纳的申请费可以从案件受理费中扣除。

第二百零五条 拍卖、变卖担保财产的裁定作出后,人民法院强制执行的,按照执行金额收取执行申请费。

第二百零六条 人民法院决定减半收取案件受理费的,只能减半一次。

第二百零七条 判决生效后,胜诉方预交但不应负担的诉讼费用,人民法院应当退还,由败诉方向人民法院交纳,但胜诉方自愿承担或者同意败诉方直接向其支付的除外。

当事人拒不交纳诉讼费用的,人民法院可以强制执行。

十、第一审普通程序

第二百零八条 人民法院接到当事人提

交的民事起诉状时,对符合民事诉讼法第一百二十二条的规定,且不属于第一百二十七条规定情形的,应当登记立案;对当场不能判定是否符合起诉条件的,应当接收起诉材料,并出具注明收到日期的书面凭证。

需要补充必要相关材料的,人民法院应当及时告知当事人。在补齐相关材料后,应当在七日内决定是否立案。

立案后发现不符合起诉条件或者属于民事诉讼法第一百二十七条规定情形的,裁定驳回起诉。

第二百零九条 原告提供被告的姓名或者名称、住所等信息具体明确,足以使被告与他人相区别的,可以认定为有明确的被告。

起诉状列写被告信息不足以认定明确的被告的,人民法院可以告知原告补正。原告补正后仍不能确定明确的被告的,人民法院裁定不予受理。

第二百一十条 原告在起诉状中有谩骂和人身攻击之辞的,人民法院应当告知其修改后提起诉讼。

第二百一十一条 对本院没有管辖权的案件,告知原告向有管辖权的人民法院起诉;原告坚持起诉的,裁定不予受理;立案后发现本院没有管辖权的,应当将案件移送有管辖权的人民法院。

第二百一十二条 裁定不予受理、驳回起诉的案件,原告再次起诉,符合起诉条件且不属于民事诉讼法第一百二十七条规定情形的,人民法院应予受理。

第二百一十三条 原告应当预交而未预交案件受理费,人民法院应当通知其预交,通知后仍不预交或者申请减、缓、免未获批准而仍不预交的,裁定按撤诉处理。

第二百一十四条 原告撤诉或者人民法院按撤诉处理后,原告以同一诉讼请求再次起诉的,人民法院应予受理。

原告撤诉或者按撤诉处理的离婚案件,没有新情况、新理由,六个月内又起诉的,比照民事诉讼法第一百二十七条第七项的规定不予受理。

第二百一十五条 依照民事诉讼法第一百二十七条第二项的规定,当事人在书面合同中订有仲裁条款,或者在发生纠纷后达成书面仲裁协议,一方向人民法院起诉的,人民法院应当告知原告向仲裁机构申请仲裁,其坚持起诉的,裁定不予受理,但仲裁条款或者仲裁协议不成立、无效、失效、内容不明确无法执行的除外。

第二百一十六条 在人民法院首次开庭前,被告以有书面仲裁协议为由对受理民事案件提出异议的,人民法院应当进行审查。

经审查符合下列情形之一的,人民法院应当裁定驳回起诉:

(一)仲裁机构或者人民法院已经确认仲裁协议有效的;

(二)当事人没有在仲裁庭首次开庭前对仲裁协议的效力提出异议的;

(三)仲裁协议符合仲裁法第十六条规定且不具有仲裁法第十七条规定情形的。

第二百一十七条 夫妻一方下落不明,另一方诉至人民法院,只要求离婚,不申请宣告下落不明人失踪或者死亡的案件,人民法院应当受理,对下落不明人公告送达诉讼文书。

第二百一十八条 赡养费、扶养费、抚养费案件,裁判发生法律效力后,因新情况、新理由,一方当事人再行起诉要求增加或者减少费用的,人民法院应作为新案受理。

第二百一十九条 当事人超过诉讼时效期间起诉的,人民法院应予受理。受理后对方当事人提出诉讼时效抗辩,人民法院经审理认为抗辩事由成立的,判决驳回原告的诉讼请求。

第二百二十条 民事诉讼法第七十一条、第一百三十七条、第一百五十九条规定的商业秘密,是指生产工艺、配方、贸易联系、购销渠道等当事人不愿公开的技术秘密、商业情报及信息。

第二百二十一条 基于同一事实发生的纠纷,当事人分别向同一人民法院起诉的,人民法院可以合并审理。

第二百二十二条 原告在起诉状中直接列写第三人的,视为其申请人民法院追加该第三人参加诉讼。是否通知第三人参加诉讼,由人民法院审查决定。

第二百二十三条 当事人在提交答辩状期间提出管辖异议,又针对起诉状的内容进行答辩的,人民法院应当依照民事诉讼法第一百三十条第一款的规定,对管辖异议进行审查。

当事人未提出管辖异议,就案件实体内容进行答辩、陈述或者反诉的,可以认定为民事诉讼法第一百三十条第二款规定的应诉答辩。

第二百二十四条 依照民事诉讼法第一百三十六条第四项规定,人民法院可以在答辩期届满后,通过组织证据交换、召集庭前会议等方式,作好审理前的准备。

第二百二十五条 根据案件具体情况,庭前会议可以包括下列内容:

(一)明确原告的诉讼请求和被告的答辩意见;

(二)审查处理当事人增加、变更诉讼请求的申请和提出的反诉,以及第三人提出的与本案有关的诉讼请求;

(三)根据当事人的申请决定调查收集证据,委托鉴定,要求当事人提供证据,进行勘验,进行证据保全;

(四)组织交换证据;

(五)归纳争议焦点;

(六)进行调解。

第二百二十六条 人民法院应当根据当事人的诉讼请求、答辩意见以及证据交换的情况,归纳争议焦点,并就归纳的争议焦点征求当事人的意见。

第二百二十七条 人民法院适用普通程序审理案件,应当在开庭三日前用传票传唤当事人。对诉讼代理人、证人、鉴定人、勘验人、翻译人员应当用通知书通知其到庭。当事人或者其他诉讼参与人在外地的,应当留有必要的在途时间。

第二百二十八条 法庭审理应当围绕当事人争议的事实、证据和法律适用等焦点问题进行。

第二百二十九条 当事人在庭审中对其在审理前的准备阶段认可的事实和证据提出不同意见的,人民法院应当责令其说明理由。必要时,可以责令其提供相应证据。人民法院应当结合当事人的诉讼能力、证据和案件的具体情况进行审查。理由成立的,可以列入争议焦点进行审理。

第二百三十条 人民法院根据案件具体情况并征得当事人同意,可以将法庭调查和法庭辩论合并进行。

第二百三十一条 当事人在法庭上提出新的证据的,人民法院应当依照民事诉讼法第六十八条第二款规定和本解释相关规定处理。

第二百三十二条 在案件受理后,法庭辩论结束前,原告增加诉讼请求,被告提出反诉,第三人提出与本案有关的诉讼请求,可以合并审理的,人民法院应当合并审理。

第二百三十三条 反诉的当事人应当限于本诉的当事人的范围。

反诉与本诉的诉讼请求基于相同法律关系、诉讼请求之间具有因果关系,或者反诉与本诉的诉讼请求基于相同事实的,人民法院应当合并审理。

反诉应由其他人民法院专属管辖,或者与本诉的诉讼标的及诉讼请求所依据的事实、理由无关联的,裁定不予受理,告知另行起诉。

第二百三十四条 无民事行为能力人的离婚诉讼,当事人的法定代理人应当到庭;法定代理人不能到庭的,人民法院应当在查清事实的基础上,依法作出判决。

第二百三十五条 无民事行为能力的当事人的法定代理人,经传票传唤无正当理由拒不到庭,属于原告方的,比照民事诉讼法第一百四十六条的规定,按撤诉处理;属于被告方的,比照民事诉讼法第一百四十七条的规定,缺席判决。必要时,人民法院可以拘传其到庭。

第二百三十六条 有独立请求权的第三人经人民法院传票传唤,无正当理由拒不到庭,或者未经法庭许可中途退庭的,比照民事诉讼法第一百四十六条的规定,按撤诉处理。

第二百三十七条 有独立请求权的第三人参加诉讼后,原告申请撤诉,人民法院在准许原告撤诉后,有独立请求权的第三人作为另案原告,原案原告、被告作为另案被告,诉讼继续进行。

第二百三十八条 当事人申请撤诉或者依法可以按撤诉处理的案件,如果当事人有违反法律的行为需要依法处理的,人民法院可以不准许撤诉或者不按撤诉处理。

法庭辩论终结后原告申请撤诉,被告不同意的,人民法院可以不予准许。

第二百三十九条 人民法院准许本诉原告撤诉的,应当对反诉继续审理;被告申请撤回反诉的,人民法院应予准许。

第二百四十条 无独立请求权的第三人经人民法院传票传唤,无正当理由拒不到庭,或者未经法庭许可中途退庭的,不影响案件的审理。

第二百四十一条 被告经传票传唤无正当理由拒不到庭,或者未经法庭许可中途退庭的,人民法院应当按期开庭或者继续开庭

审理,对到庭的当事人诉讼请求、双方的诉辩理由以及已经提交的证据及其他诉讼材料进行审理后,可以依法缺席判决。

第二百四十二条 一审宣判后,原审人民法院发现判决有错误,当事人在上诉期内提出上诉的,原审人民法院可以提出原判决有错误的意见,报送第二审人民法院,由第二审人民法院按照第二审程序进行审理;当事人不上诉的,按照审判监督程序处理。

第二百四十三条 民事诉讼法第一百五十二条规定的审限,是指从立案之日起至裁判宣告、调解书送达之日止的期间,但公告期间、鉴定期间、双方当事人和解期间、审理当事人提出的管辖异议以及处理人民法院之间的管辖争议期间不应计算在内。

第二百四十四条 可以上诉的判决书、裁定书不能同时送达双方当事人的,上诉期从各自收到判决书、裁定书之日计算。

第二百四十五条 民事诉讼法第一百五十七条第一款第七项规定的笔误是指法律文书误写、误算,诉讼费用漏写、误算和其他笔误。

第二百四十六条 裁定中止诉讼的原因消除,恢复诉讼程序时,不必撤销原裁定,从人民法院通知或者准许当事人双方继续进行诉讼时起,中止诉讼的裁定即失去效力。

第二百四十七条 当事人就已经提起诉讼的事项在诉讼过程中或者裁判生效后再次起诉,同时符合下列条件的,构成重复起诉:

(一)后诉与前诉的当事人相同;

(二)后诉与前诉的诉讼标的相同;

(三)后诉与前诉的诉讼请求相同,或者后诉的诉讼请求实质上否定前诉裁判结果。

当事人重复起诉的,裁定不予受理;已经受理的,裁定驳回起诉,但法律、司法解释另有规定的除外。

第二百四十八条 裁判发生法律效力后,发生新的事实,当事人再次提起诉讼的,

人民法院应当依法受理。

第二百四十九条 在诉讼中,争议的民事权利义务转移的,不影响当事人的诉讼主体资格和诉讼地位。人民法院作出的发生法律效力的判决、裁定对受让人具有拘束力。

受让人申请以无独立请求权的第三人身份参加诉讼的,人民法院可予准许。受让人申请替代当事人承担诉讼的,人民法院可以根据案件的具体情况决定是否准许;不予准许的,可以追加其为无独立请求权的第三人。

第二百五十条 依照本解释第二百四十九条规定,人民法院准许受让人替代当事人承担诉讼的,裁定变更当事人。

变更当事人后,诉讼程序以受让人为当事人继续进行,原当事人应当退出诉讼。原当事人已经完成的诉讼行为对受让人具有拘束力。

第二百五十一条 二审裁定撤销一审判决发回重审的案件,当事人申请变更、增加诉讼请求或者提出反诉,第三人提出与本案有关的诉讼请求的,依照民事诉讼法第一百四十三条规定处理。

第二百五十二条 再审裁定撤销原判决、裁定发回重审的案件,当事人申请变更、增加诉讼请求或者提出反诉,符合下列情形之一的,人民法院应当准许:

(一)原审未合法传唤缺席判决,影响当事人行使诉讼权利的;

(二)追加新的诉讼当事人的;

(三)诉讼标的物灭失或者发生变化致使原诉讼请求无法实现的;

(四)当事人申请变更、增加的诉讼请求或者提出的反诉,无法通过另诉解决的。

第二百五十三条 当庭宣判的案件,除当事人当庭要求邮寄发送裁判文书的外,人民法院应当告知当事人或者诉讼代理人领取裁判文书的时间和地点以及逾期不领取的法律后果。上述情况,应当记入笔录。

第二百五十四条 公民、法人或者其他组织申请查阅发生法律效力的判决书、裁定书的,应当向作出该生效裁判的人民法院提出。申请应当以书面形式提出,并提供具体的案号或者当事人姓名、名称。

第二百五十五条 对于查阅判决书、裁定书的申请,人民法院根据下列情形分别处理:

(一)判决书、裁定书已经通过信息网络向社会公开的,应当引导申请人自行查阅;

(二)判决书、裁定书未通过信息网络向社会公开,且申请符合要求的,应当及时提供便捷的查阅服务;

(三)判决书、裁定书尚未发生法律效力,或者已失去法律效力的,不提供查阅并告知申请人;

(四)发生法律效力的判决书、裁定书不是本院作出的,应当告知申请人向作出生效裁判的人民法院申请查阅;

(五)申请查阅的内容涉及国家秘密、商业秘密、个人隐私的,不予准许并告知申请人。

十一、简易程序

第二百五十六条 民事诉讼法第一百六十条规定的简单民事案件中的事实清楚,是指当事人对争议的事实陈述基本一致,并能提供相应的证据,无须人民法院调查收集证据即可查明事实;权利义务关系明确是指能明确区分谁是责任的承担者,谁是权利的享有者;争议不大是指当事人对案件的是非、责任承担以及诉讼标的争执无原则分歧。

第二百五十七条 下列案件,不适用简易程序:

(一)起诉时被告下落不明的;

(二)发回重审的;

(三)当事人一方人数众多的;

（四）适用审判监督程序的；

（五）涉及国家利益、社会公共利益的；

（六）第三人起诉请求改变或者撤销生效判决、裁定、调解书的；

（七）其他不宜适用简易程序的案件。

第二百五十八条 适用简易程序审理的案件，审理期限到期后，有特殊情况需要延长的，经本院院长批准，可以延长审理期限。延长后的审理期限累计不得超过四个月。

人民法院发现案件不宜适用简易程序，需要转为普通程序审理的，应当在审理期限届满前作出裁定并将审判人员及相关事项书面通知双方当事人。

案件转为普通程序审理的，审理期限自人民法院立案之日计算。

第二百五十九条 当事人双方可就开庭方式向人民法院提出申请，由人民法院决定是否准许。经当事人双方同意，可以采用视听传输技术等方式开庭。

第二百六十条 已经按照普通程序审理的案件，在开庭后不得转为简易程序审理。

第二百六十一条 适用简易程序审理案件，人民法院可以依照民事诉讼法第九十条、第一百六十二条的规定采取捎口信、电话、短信、传真、电子邮件等简便方式传唤双方当事人、通知证人和送达诉讼文书。

以简便方式送达的开庭通知，未经当事人确认或者没有其他证据证明当事人已经收到的，人民法院不得缺席判决。

适用简易程序审理案件，由审判员独任审判，书记员担任记录。

第二百六十二条 人民法庭制作的判决书、裁定书、调解书，必须加盖基层人民法院印章，不得用人民法庭的印章代替基层人民法院的印章。

第二百六十三条 适用简易程序审理案件，卷宗中应当具备以下材料：

（一）起诉状或者口头起诉笔录；

（二）答辩状或者口头答辩笔录；

（三）当事人身份证明材料；

（四）委托他人代理诉讼的授权委托书或者口头委托笔录；

（五）证据；

（六）询问当事人笔录；

（七）审理（包括调解）笔录；

（八）判决书、裁定书、调解书或者调解协议；

（九）送达和宣判笔录；

（十）执行情况；

（十一）诉讼费收据；

（十二）适用民事诉讼法第一百六十五条规定审理的，有关程序适用的书面告知。

第二百六十四条 当事人双方根据民事诉讼法第一百六十条第二款规定约定适用简易程序的，应当在开庭前提出。口头提出的，记入笔录，由双方当事人签名或者捺印确认。

本解释第二百五十七条规定的案件，当事人约定适用简易程序的，人民法院不予准许。

第二百六十五条 原告口头起诉的，人民法院应当将当事人的姓名、性别、工作单位、住所、联系方式等基本信息，诉讼请求，事实及理由等准确记入笔录，由原告核对无误后签名或者捺印。对当事人提交的证据材料，应当出具收据。

第二百六十六条 适用简易程序案件的举证期限由人民法院确定，也可以由当事人协商一致并经人民法院准许，但不得超过十五日。被告要求书面答辩的，人民法院可在征得其同意的基础上，合理确定答辩期间。

人民法院应当将举证期限和开庭日期告知双方当事人，并向当事人说明逾期举证以及拒不到庭的法律后果，由双方当事人在笔录和开庭传票的送达回证上签名或者捺印。

当事人双方均表示不需要举证期限、答辩期间的，人民法院可以立即开庭审理或者确定开庭日期。

第二百六十七条　适用简易程序审理案件，可以简便方式进行审理前的准备。

第二百六十八条　对没有委托律师、基层法律服务工作者代理诉讼的当事人，人民法院在庭审过程中可以对回避、自认、举证证明责任等相关内容向其作必要的解释或者说明，并在庭审过程中适当提示当事人正确行使诉讼权利、履行诉讼义务。

第二百六十九条　当事人就案件适用简易程序提出异议，人民法院经审查，异议成立的，裁定转为普通程序；异议不成立的，裁定驳回。裁定以口头方式作出的，应当记入笔录。

转为普通程序的，人民法院应当将审判人员及相关事项以书面形式通知双方当事人。

转为普通程序前，双方当事人已确认的事实，可以不再进行举证、质证。

第二百七十条　适用简易程序审理的案件，有下列情形之一的，人民法院在制作判决书、裁定书、调解书时，对认定事实或者裁判理由部分可以适当简化：

（一）当事人达成调解协议并需要制作民事调解书的；

（二）一方当事人明确表示承认对方全部或者部分诉讼请求的；

（三）涉及商业秘密、个人隐私的案件，当事人一方要求简化裁判文书中的相关内容，人民法院认为理由正当的；

（四）当事人双方同意简化的。

十二、简易程序中的小额诉讼

第二百七十一条　人民法院审理小额诉讼案件，适用民事诉讼法第一百六十五条的规定，实行一审终审。

第二百七十二条　民事诉讼法第一百六十五条规定的各省、自治区、直辖市上年度就业人员年平均工资，是指已经公布的各省、自治区、直辖市上一年度就业人员年平均工资。在上一年度就业人员年平均工资公布前，以已经公布的最近年度就业人员年平均工资为准。

第二百七十三条　海事法院可以适用小额诉讼的程序审理海事、海商案件。案件标的额应当以实际受理案件的海事法院或者其派出法庭所在的省、自治区、直辖市上年度就业人员年平均工资为基数计算。

第二百七十四条　人民法院受理小额诉讼案件，应当向当事人告知该类案件的审判组织、一审终审、审理期限、诉讼费用交纳标准等相关事项。

第二百七十五条　小额诉讼案件的举证期限由人民法院确定，也可以由当事人协商一致并经人民法院准许，但一般不超过七日。

被告要求书面答辩的，人民法院可以在征得其同意的基础上合理确定答辩期间，但最长不得超过十五日。

当事人到庭后表示不需要举证期限和答辩期间的，人民法院可立即开庭审理。

第二百七十六条　当事人对小额诉讼案件提出管辖异议的，人民法院应当作出裁定。裁定一经作出即生效。

第二百七十七条　人民法院受理小额诉讼案件后，发现起诉不符合民事诉讼法第一百二十二条规定的起诉条件的，裁定驳回起诉。裁定一经作出即生效。

第二百七十八条　因当事人申请增加或者变更诉讼请求、提出反诉、追加当事人等，致使案件不符合小额诉讼案件条件的，应当适用简易程序的其他规定审理。

前款规定案件，应当适用普通程序审理的，裁定转为普通程序。

适用简易程序的其他规定或者普通程序审理前，双方当事人已确认的事实，可以不再进行举证、质证。

第二百七十九条 当事人对按照小额诉讼案件审理有异议的,应当在开庭前提出。人民法院经审查,异议成立的,适用简易程序的其他规定审理或者裁定转为普通程序;异议不成立的,裁定驳回。裁定以口头方式作出的,应当记入笔录。

第二百八十条 小额诉讼案件的裁判文书可以简化,主要记载当事人基本信息、诉讼请求、裁判主文等内容。

第二百八十一条 人民法院审理小额诉讼案件,本解释没有规定的,适用简易程序的其他规定。

十三、公益诉讼

第二百八十二条 环境保护法、消费者权益保护法等法律规定的机关和有关组织对污染环境、侵害众多消费者合法权益等损害社会公共利益的行为,根据民事诉讼法第五十八条规定提起公益诉讼,符合下列条件的,人民法院应当受理:

(一)有明确的被告;

(二)有具体的诉讼请求;

(三)有社会公共利益受到损害的初步证据;

(四)属于人民法院受理民事诉讼的范围和受诉人民法院管辖。

第二百八十三条 公益诉讼案件由侵权行为地或者被告住所地中级人民法院管辖,但法律、司法解释另有规定的除外。

因污染海洋环境提起的公益诉讼,由污染发生地、损害结果地或者采取预防污染措施地海事法院管辖。

对同一侵权行为分别向两个以上人民法院提起公益诉讼的,由最先立案的人民法院管辖,必要时由它们的共同上级人民法院指定管辖。

第二百八十四条 人民法院受理公益诉讼案件后,应当在十日内书面告知相关行政主管部门。

第二百八十五条 人民法院受理公益诉讼案件后,依法可以提起诉讼的其他机关和有关组织,可以在开庭前向人民法院申请参加诉讼。人民法院准许参加诉讼的,列为共同原告。

第二百八十六条 人民法院受理公益诉讼案件,不影响同一侵权行为的受害人根据民事诉讼法第一百二十二条规定提起诉讼。

第二百八十七条 对公益诉讼案件,当事人可以和解,人民法院可以调解。

当事人达成和解或者调解协议后,人民法院应当将和解或者调解协议进行公告。公告期间不得少于三十日。

公告期满后,人民法院经审查,和解或者调解协议不违反社会公共利益的,应当出具调解书;和解或者调解协议违反社会公共利益的,不予出具调解书,继续对案件进行审理并依法作出裁判。

第二百八十八条 公益诉讼案件的原告在法庭辩论终结后申请撤诉的,人民法院不予准许。

第二百八十九条 公益诉讼案件的裁判发生法律效力后,其他依法具有原告资格的机关和有关组织就同一侵权行为另行提起公益诉讼的,人民法院裁定不予受理,但法律、司法解释另有规定的除外。

十四、第三人撤销之诉

第二百九十条 第三人对已经发生法律效力的判决、裁定、调解书提起撤销之诉的,应当自知道或者应当知道其民事权益受到损害之日起六个月内,向作出生效判决、裁定、调解书的人民法院提出,并应当提供存在下列情形的证据材料:

（一）因不能归责于本人的事由未参加诉讼；

（二）发生法律效力的判决、裁定、调解书的全部或者部分内容错误；

（三）发生法律效力的判决、裁定、调解书内容错误损害其民事权益。

第二百九十一条　人民法院应当在收到起诉状和证据材料之日起五日内送交对方当事人，对方当事人可以自收到起诉状之日起十日内提出书面意见。

人民法院应当对第三人提交的起诉状、证据材料以及对方当事人的书面意见进行审查。必要时，可以询问双方当事人。

经审查，符合起诉条件的，人民法院应当在收到起诉状之日起三十日内立案。不符合起诉条件的，应当在收到起诉状之日起三十日内裁定不予受理。

第二百九十二条　人民法院对第三人撤销之诉案件，应当组成合议庭开庭审理。

第二百九十三条　民事诉讼法第五十九条第三款规定的因不能归责于本人的事由未参加诉讼，是指没有被列为生效判决、裁定、调解书当事人，且无过错或者无明显过错的情形。包括：

（一）不知道诉讼而未参加的；

（二）申请参加未获准许的；

（三）知道诉讼，但因客观原因无法参加的；

（四）因其他不能归责于本人的事由未参加诉讼的。

第二百九十四条　民事诉讼法第五十九条第三款规定的判决、裁定、调解书的部分或者全部内容，是指判决、裁定的主文，调解书中处理当事人民事权利义务的结果。

第二百九十五条　对下列情形提起第三人撤销之诉的，人民法院不予受理：

（一）适用特别程序、督促程序、公示催告程序、破产程序等非讼程序处理的案件；

（二）婚姻无效、撤销或者解除婚姻关系等判决、裁定、调解书中涉及身份关系的内容；

（三）民事诉讼法第五十七条规定的未参加登记的权利人对代表人诉讼案件的生效裁判；

（四）民事诉讼法第五十八条规定的损害社会公共利益行为的受害人对公益诉讼案件的生效裁判。

第二百九十六条　第三人提起撤销之诉，人民法院应当将该第三人列为原告，生效判决、裁定、调解书的当事人列为被告，但生效判决、裁定、调解书中没有承担责任的无独立请求权的第三人列为第三人。

第二百九十七条　受理第三人撤销之诉案件后，原告提供相应担保，请求中止执行的，人民法院可以准许。

第二百九十八条　对第三人撤销或者部分撤销发生法律效力的判决、裁定、调解书内容的请求，人民法院经审理，按下列情形分别处理：

（一）请求成立且确认其民事权利的主张全部或部分成立的，改变原判决、裁定、调解书内容的错误部分；

（二）请求成立，但确认其全部或部分民事权利的主张不成立，或者未提出确认其民事权利请求的，撤销原判决、裁定、调解书内容的错误部分；

（三）请求不成立的，驳回诉讼请求。

对前款规定裁判不服的，当事人可以上诉。

原判决、裁定、调解书的内容未改变或者未撤销的部分继续有效。

第二百九十九条　第三人撤销之诉案件审理期间，人民法院对生效判决、裁定、调解书裁定再审的，受理第三人撤销之诉的人民法院应当裁定将第三人的诉讼请求并入再审程序。但有证据证明原审当事人之间恶意串通损害第三人合法权益的，人民法院应当先行审理第三人撤销之诉案件,裁定中止再审诉讼。

第三百条 第三人诉讼请求并入再审程序审理的,按照下列情形分别处理:

(一)按照第一审程序审理的,人民法院应当对第三人的诉讼请求一并审理,所作的判决可以上诉;

(二)按照第二审程序审理的,人民法院可以调解,调解达不成协议的,应当裁定撤销原判决、裁定、调解书,发回一审法院重审,重审时应当列明第三人。

第三百零一条 第三人提起撤销之诉后,未中止生效判决、裁定、调解书执行的,执行法院对第三人依照民事诉讼法第二百三十四条规定提出的执行异议,应予审查。第三人不服驳回执行异议裁定,申请对原判决、裁定、调解书再审的,人民法院不予受理。

案外人对人民法院驳回其执行异议裁定不服,认为原判决、裁定、调解书内容错误损害其合法权益的,应当根据民事诉讼法第二百三十四条规定申请再审,提起第三人撤销之诉的,人民法院不予受理。

十五、执行异议之诉

第三百零二条 根据民事诉讼法第二百三十四条规定,案外人、当事人对执行异议裁定不服,自裁定送达之日起十五日内向人民法院提起执行异议之诉的,由执行法院管辖。

第三百零三条 案外人提起执行异议之诉,除符合民事诉讼法第一百二十二条规定外,还应当具备下列条件:

(一)案外人的执行异议申请已经被人民法院裁定驳回;

(二)有明确的排除对执行标的执行的诉讼请求,且诉讼请求与原判决、裁定无关;

(三)自执行异议裁定送达之日起十五日内提起。

人民法院应当在收到起诉状之日起十五日内决定是否立案。

第三百零四条 申请执行人提起执行异议之诉,除符合民事诉讼法第一百二十二条规定外,还应当具备下列条件:

(一)依案外人执行异议申请,人民法院裁定中止执行;

(二)有明确的对执行标的继续执行的诉讼请求,且诉讼请求与原判决、裁定无关;

(三)自执行异议裁定送达之日起十五日内提起。

人民法院应当在收到起诉状之日起十五日内决定是否立案。

第三百零五条 案外人提起执行异议之诉的,以申请执行人为被告。被执行人反对案外人异议的,被执行人为共同被告;被执行人不反对案外人异议的,可以列被执行人为第三人。

第三百零六条 申请执行人提起执行异议之诉的,以案外人为被告。被执行人反对申请执行人主张的,以案外人和被执行人为共同被告;被执行人不反对申请执行人主张的,可以列被执行人为第三人。

第三百零七条 申请执行人对中止执行裁定未提起执行异议之诉,被执行人提起执行异议之诉的,人民法院告知其另行起诉。

第三百零八条 人民法院审理执行异议之诉案件,适用普通程序。

第三百零九条 案外人或者申请执行人提起执行异议之诉的,案外人应当就其对执行标的享有足以排除强制执行的民事权益承担举证证明责任。

第三百一十条 对案外人提起的执行异议之诉,人民法院经审理,按照下列情形分别处理:

(一)案外人就执行标的享有足以排除强制执行的民事权益的,判决不得执行该执行标的;

（二）案外人就执行标的不享有足以排除强制执行的民事权益的，判决驳回诉讼请求。

案外人同时提出确认其权利的诉讼请求的，人民法院可以在判决中一并作出裁判。

第三百一十一条　对申请执行人提起的执行异议之诉，人民法院经审理，按照下列情形分别处理：

（一）案外人就执行标的不享有足以排除强制执行的民事权益的，判决准许执行该执行标的；

（二）案外人就执行标的享有足以排除强制执行的民事权益的，判决驳回诉讼请求。

第三百一十二条　对案外人执行异议之诉，人民法院判决不得对执行标的的执行的，执行异议裁定失效。

对申请执行人执行异议之诉，人民法院判决准许对该执行标的的执行的，执行异议裁定失效，执行法院可以根据申请执行人的申请或者依职权恢复执行。

第三百一十三条　案外人执行异议之诉审理期间，人民法院不得对执行标的的进行处分。申请执行人请求人民法院继续执行并提供相应担保的，人民法院可以准许。

被执行人与案外人恶意串通，通过执行异议、执行异议之诉妨害执行的，人民法院应当依照民事诉讼法第一百一十六条规定处理。申请执行人因此受到损害的，可以提起诉讼要求被执行人、案外人赔偿。

第三百一十四条　人民法院对执行标的的裁定中止执行后，申请执行人在法律规定的期间内未提起执行异议之诉的，人民法院应当自起诉期限届满之日起七日内解除对该执行标的的采取的执行措施。

十六、第二审程序

第三百一十五条　双方当事人和第三人都提起上诉的，均列为上诉人。人民法院可以依职权确定第二审程序中当事人的诉讼地位。

第三百一十六条　民事诉讼法第一百七十三条、第一百七十四条规定的对方当事人包括被上诉人和原审其他当事人。

第三百一十七条　必要共同诉讼人的一人或者部分人提起上诉的，按下列情形分别处理：

（一）上诉仅对与对方当事人之间权利义务分担有意见，不涉及其他共同诉讼人利益的，对方当事人为被上诉人，未上诉的同一方当事人依原审诉讼地位列明；

（二）上诉仅对共同诉讼人之间权利义务分担有意见，不涉及对方当事人利益的，未上诉的同一方当事人为被上诉人，对方当事人依原审诉讼地位列明；

（三）上诉对双方当事人之间以及共同诉讼人之间权利义务承担有意见的，未提起上诉的其他当事人均为被上诉人。

第三百一十八条　一审宣判时或者判决书、裁定书送达时，当事人口头表示上诉的，人民法院应告知其必须在法定上诉期间内递交上诉状。未在法定上诉期间内递交上诉状的，视为未提起上诉。虽递交上诉状，但未在指定的期限内交纳上诉费的，按自动撤回上诉处理。

第三百一十九条　无民事行为能力人、限制民事行为能力人的法定代理人，可以代理当事人提起上诉。

第三百二十条　上诉案件的当事人死亡或者终止的，人民法院依法通知其权利义务承继者参加诉讼。

需要终结诉讼的，适用民事诉讼法第一百五十四条规定。

第三百二十一条　第二审人民法院应当围绕当事人的上诉请求进行审理。

当事人没有提出请求的，不予审理，但一审判决违反法律禁止性规定，或者损害国家利益、社会公共利益、他人合法权益的除外。

第三百二十二条 开庭审理的上诉案件,第二审人民法院可以依照民事诉讼法第一百三十六条第四项规定进行审理前的准备。

第三百二十三条 下列情形,可以认定为民事诉讼法第一百七十七条第一款第四项规定的严重违反法定程序:

(一)审判组织的组成不合法的;

(二)应当回避的审判人员未回避的;

(三)无诉讼行为能力人未经法定代理人代为诉讼的;

(四)违法剥夺当事人辩论权利的。

第三百二十四条 对当事人在第一审程序中已经提出的诉讼请求,原审人民法院未作审理、判决的,第二审人民法院可以根据当事人自愿的原则进行调解;调解不成的,发回重审。

第三百二十五条 必须参加诉讼的当事人或者有独立请求权的第三人,在第一审程序中未参加诉讼,第二审人民法院可以根据当事人自愿的原则予以调解;调解不成的,发回重审。

第三百二十六条 在第二审程序中,原审原告增加独立的诉讼请求或者原审被告提出反诉的,第二审人民法院可以根据当事人自愿的原则就新增加的诉讼请求或者反诉进行调解;调解不成的,告知当事人另行起诉。

双方当事人同意由第二审人民法院一并审理的,第二审人民法院可以一并裁判。

第三百二十七条 一审判决不准离婚的案件,上诉后,第二审人民法院认为应当判决离婚的,可以根据当事人自愿的原则,与子女抚养、财产问题一并调解;调解不成的,发回重审。

双方当事人同意由第二审人民法院一并审理的,第二审人民法院可以一并裁判。

第三百二十八条 人民法院依照第二审程序审理案件,认为依法不应由人民法院受理的,可以由第二审人民法院直接裁定撤销原裁判,驳回起诉。

第三百二十九条 人民法院依照第二审程序审理案件,认为第一审人民法院受理案件违反专属管辖规定的,应当裁定撤销原裁判并移送有管辖权的人民法院。

第三百三十条 第二审人民法院查明第一审人民法院作出的不予受理裁定有错误的,应当在撤销原裁定的同时,指令第一审人民法院立案受理;查明第一审人民法院作出的驳回起诉裁定有错误的,应当在撤销原裁定的同时,指令第一审人民法院审理。

第三百三十一条 第二审人民法院对下列上诉案件,依照民事诉讼法第一百七十六条规定可以不开庭审理:

(一)不服不予受理、管辖权异议和驳回起诉裁定的;

(二)当事人提出的上诉请求明显不能成立的;

(三)原判决、裁定认定事实清楚,但适用法律错误的;

(四)原判决严重违反法定程序,需要发回重审的。

第三百三十二条 原判决、裁定认定事实或者适用法律虽有瑕疵,但裁判结果正确的,第二审人民法院可以在判决、裁定中纠正瑕疵后,依照民事诉讼法第一百七十七条第一款第一项规定予以维持。

第三百三十三条 民事诉讼法第一百七十七条第一款第三项规定的基本事实,是指用以确定当事人主体资格、案件性质、民事权利义务等对原判决、裁定的结果有实质性影响的事实。

第三百三十四条 在第二审程序中,作为当事人的法人或者其他组织分立的,人民法院可以直接将分立后的法人或者其他组织列为共同诉讼人;合并的,将合并后的法人或者其他组织列为当事人。

第三百三十五条 在第二审程序中,当事人申请撤回上诉,人民法院经审查认为一审判决确有错误,或者当事人之间恶意串通损害国家利益、社会公共利益、他人合法权益的,不应准许。

第三百三十六条 在第二审程序中,原审原告申请撤回起诉,经其他当事人同意,且不损害国家利益、社会公共利益、他人合法权益的,人民法院可以准许。准许撤诉的,应当一并裁定撤销一审裁判。

原审原告在第二审程序中撤回起诉后重复起诉的,人民法院不予受理。

第三百三十七条 当事人在第二审程序中达成和解协议的,人民法院可以根据当事人的请求,对双方达成的和解协议进行审查并制作调解书送达当事人;因和解而申请撤诉,经审查符合撤诉条件的,人民法院应予准许。

第三百三十八条 第二审人民法院宣告判决可以自行宣判,也可以委托原审人民法院或者当事人所在地人民法院代行宣判。

第三百三十九条 人民法院审理对裁定的上诉案件,应当在第二审立案之日起三十日内作出终审裁定。有特殊情况需要延长审限的,由本院院长批准。

第三百四十条 当事人在第一审程序中实施的诉讼行为,在第二审程序中对该当事人仍具有拘束力。

当事人推翻其在第一审程序中实施的诉讼行为时,人民法院应当责令其说明理由。理由不成立的,不予支持。

十七、特别程序

第三百四十一条 宣告失踪或者宣告死亡案件,人民法院可以根据申请人的请求,清理下落不明人的财产,并指定案件审理期间

的财产管理人。公告期满后,人民法院判决宣告失踪的,应当同时依照民法典第四十二条的规定指定失踪人的财产代管人。

第三百四十二条 失踪人的财产代管人经人民法院指定后,代管人申请变更代管的,比照民事诉讼法特别程序的有关规定进行审理。申请理由成立的,裁定撤销申请人的代管人身份,同时另行指定财产代管人;申请理由不成立的,裁定驳回申请。

失踪人的其他利害关系人申请变更代管的,人民法院应当告知其以原指定的代管人为被告起诉,并按普通程序进行审理。

第三百四十三条 人民法院判决宣告公民失踪后,利害关系人向人民法院申请宣告失踪人死亡,自失踪之日起满四年的,人民法院应当受理,宣告失踪的判决即是该公民失踪的证明,审理中仍应依照民事诉讼法第一百九十二条规定进行公告。

第三百四十四条 符合法律规定的多个利害关系人提出宣告失踪、宣告死亡申请的,列为共同申请人。

第三百四十五条 寻找下落不明人的公告应当记载下列内容:

(一)被申请人应当在规定期间内向受理法院申报其具体地址及其联系方式。否则,被申请人将被宣告失踪、宣告死亡;

(二)凡知悉被申请人生存现状的人,应当在公告期间内将其所知道情况向受理法院报告。

第三百四十六条 人民法院受理宣告失踪、宣告死亡案件后,作出判决前,申请人撤回申请的,人民法院应当裁定终结案件,但其他符合法律规定的利害关系人加入程序要求继续审理的除外。

第三百四十七条 在诉讼中,当事人的利害关系人或者有关组织提出该当事人不能辨认或者不能完全辨认自己的行为,要求宣告该当事人无民事行为能力或者限制民事行

为能力的,应由利害关系人或者有关组织向人民法院提出申请,由受诉人民法院按照特别程序立案审理,原诉讼中止。

第三百四十八条 认定财产无主案件,公告期间有人对财产提出请求的,人民法院应当裁定终结特别程序,告知申请人另行起诉,适用普通程序审理。

第三百四十九条 被指定的监护人不服居民委员会、村民委员会或者民政部门指定,应当自接到通知之日起三十日内向人民法院提出异议。经审理,认为指定并无不当的,裁定驳回异议;指定不当的,判决撤销指定,同时另行指定监护人。判决书应当送达异议人、原指定单位及判决指定的监护人。

有关当事人依照民法典第三十一条第一款规定直接向人民法院申请指定监护人的,适用特别程序审理,判决指定监护人。判决书应当送达申请人、判决指定的监护人。

第三百五十条 申请认定公民无民事行为能力或者限制民事行为能力的案件,被申请人没有近亲属的,人民法院可以指定经被申请人住所地的居民委员会、村民委员会或者民政部门同意,且愿意担任代理人的个人或者组织为代理人。

没有前款规定的代理人的,由被申请人住所地的居民委员会、村民委员会或者民政部门担任代理人。

代理人可以是一人,也可以是同一顺序中的两人。

第三百五十一条 申请司法确认调解协议的,双方当事人应当本人或者由符合民事诉讼法第六十一条规定的代理人依照民事诉讼法第二百零一条的规定提出申请。

第三百五十二条 调解组织自行开展的调解,有两个以上调解组织参与的,符合民事诉讼法第二百零一条规定的各调解组织所在地人民法院均有管辖权。

双方当事人可以共同向符合民事诉讼法

第二百零一条规定的其中一个有管辖权的人民法院提出申请;双方当事人共同向两个以上有管辖权的人民法院提出申请的,由最先立案的人民法院管辖。

第三百五十三条 当事人申请司法确认调解协议,可以采用书面形式或者口头形式。当事人口头申请的,人民法院应当记入笔录,并由当事人签名、捺印或者盖章。

第三百五十四条 当事人申请司法确认调解协议,应当向人民法院提交调解协议、调解组织主持调解的证明,以及与调解协议相关的财产权利证明等材料,并提供双方当事人的身份、住所、联系方式等基本信息。

当事人未提交上述材料的,人民法院应当要求当事人限期补交。

第三百五十五条 当事人申请司法确认调解协议,有下列情形之一的,人民法院裁定不予受理:

(一)不属于人民法院受理范围的;

(二)不属于收到申请的人民法院管辖的;

(三)申请确认婚姻关系、亲子关系、收养关系等身份关系无效、有效或者解除的;

(四)涉及适用其他特别程序、公示催告程序、破产程序审理的;

(五)调解协议内容涉及物权、知识产权确权的。

人民法院受理申请后,发现有上述不予受理情形的,应当裁定驳回当事人的申请。

第三百五十六条 人民法院审查相关情况时,应当通知双方当事人共同到场对案件进行核实。

人民法院经审查,认为当事人的陈述或者提供的证明材料不充分、不完备或者有疑义的,可以要求当事人限期补充陈述或者补充证明材料。必要时,人民法院可以向调解组织核实有关情况。

第三百五十七条 确认调解协议的裁定

作出前,当事人撤回申请的,人民法院可以裁定准许。

当事人无正当理由未在限期内补充陈述、补充证明材料或者拒不接受询问的,人民法院可以按撤回申请处理。

第三百五十八条 经审查,调解协议有下列情形之一的,人民法院应当裁定驳回申请:

(一)违反法律强制性规定的;

(二)损害国家利益、社会公共利益、他人合法权益的;

(三)违背公序良俗的;

(四)违反自愿原则的;

(五)内容不明确的;

(六)其他不能进行司法确认的情形。

第三百五十九条 民事诉讼法第二百零三条规定的担保物权人,包括抵押权人、质权人、留置权人;其他有权请求实现担保物权的人,包括抵押人、出质人、财产被留置的债务人或者所有权人等。

第三百六十条 实现票据、仓单、提单等有权利凭证的权利质权案件,可以由权利凭证持有人住所地人民法院管辖;无权利凭证的权利质权,由出质登记地人民法院管辖。

第三百六十一条 实现担保物权案件属于海事法院等专门人民法院管辖的,由专门人民法院管辖。

第三百六十二条 同一债权的担保物有多个且所在地不同,申请人分别向有管辖权的人民法院申请实现担保物权的,人民法院应当依法受理。

第三百六十三条 依照民法典第三百九十二条的规定,被担保的债权既有物的担保又有人的担保,当事人对实现担保物权的顺序有约定,实现担保物权的申请违反该约定的,人民法院裁定不予受理;没有约定或者约定不明的,人民法院应当受理。

第三百六十四条 同一财产上设立多个担保物权,登记在先的担保物权尚未实现的,不影响后顺位的担保物权人向人民法院申请实现担保物权。

第三百六十五条 申请实现担保物权,应当提交下列材料:

(一)申请书。申请书应当记明申请人、被申请人的姓名或者名称、联系方式等基本信息,具体的请求和事实、理由;

(二)证明担保物权存在的材料,包括主合同、担保合同、抵押登记证明或者他项权利证书,权利质权的权利凭证或者质权出质登记证明等;

(三)证明实现担保物权条件成就的材料;

(四)担保财产现状的说明;

(五)人民法院认为需要提交的其他材料。

第三百六十六条 人民法院受理申请后,应当在五日内向被申请人送达申请书副本、异议权利告知书等文书。

被申请人有异议的,应当在收到人民法院通知后的五日内向人民法院提出,同时说明理由并提供相应的证据材料。

第三百六十七条 实现担保物权案件可以由审判员一人独任审查。担保财产标的额超过基层人民法院管辖范围的,应当组成合议庭进行审查。

第三百六十八条 人民法院审查实现担保物权案件,可以询问申请人、被申请人、利害关系人,必要时可以依职权调查相关事实。

第三百六十九条 人民法院应当就主合同的效力、期限、履行情况,担保物权是否有效设立、担保财产的范围、被担保的债权范围、被担保的债权是否已届清偿期等担保物权实现的条件,以及是否损害他人合法权益等内容进行审查。

被申请人或者利害关系人提出异议的,人民法院应当一并审查。

第三百七十条　人民法院审查后，按下列情形分别处理：

（一）当事人对实现担保物权无实质性争议且实现担保物权条件成就的，裁定准许拍卖、变卖担保财产；

（二）当事人对实现担保物权有部分实质性争议的，可以就无争议部分裁定准许拍卖、变卖担保财产；

（三）当事人对实现担保物权有实质性争议的，裁定驳回申请，并告知申请人向人民法院提起诉讼。

第三百七十一条　人民法院受理申请后，申请人对担保财产提出保全申请的，可以按照民事诉讼法关于诉讼保全的规定办理。

第三百七十二条　适用特别程序作出的判决、裁定，当事人、利害关系人认为有错误的，可以向作出该判决、裁定的人民法院提出异议。人民法院经审查，异议成立或者部分成立的，作出新的判决、裁定撤销或者改变原判决、裁定；异议不成立的，裁定驳回。

对人民法院作出的确认调解协议、准许实现担保物权的裁定，当事人有异议的，应当自收到裁定之日起十五日内提出；利害关系人有异议的，自知道或者应当知道其民事权益受到侵害之日起六个月内提出。

十八、审判监督程序

第三百七十三条　当事人死亡或者终止的，其权利义务承继者可以根据民事诉讼法第二百零六条、第二百零八条的规定申请再审。

判决、调解书生效后，当事人将判决、调解书确认的债权转让，债权受让人对该判决、调解书不服申请再审的，人民法院不予受理。

第三百七十四条　民事诉讼法第二百零六条规定的人数众多的一方当事人，包括公民、法人和其他组织。

民事诉讼法第二百零六条规定的当事人双方为公民的案件，是指原告和被告均为公民的案件。

第三百七十五条　当事人申请再审，应当提交下列材料：

（一）再审申请书，并按照被申请人和原审其他当事人的人数提交副本；

（二）再审申请人是自然人的，应当提交身份证明；再审申请人是法人或者其他组织的，应当提交营业执照、组织机构代码证书、法定代表人或者主要负责人身份证明书。委托他人代为申请的，应当提交授权委托书和代理人身份证明；

（三）原审判决书、裁定书、调解书；

（四）反映案件基本事实的主要证据及其他材料。

前款第二项、第三项、第四项规定的材料可以是与原件核对无异的复印件。

第三百七十六条　再审申请书应当记明下列事项：

（一）再审申请人与被申请人及原审其他当事人的基本信息；

（二）原审人民法院的名称，原审裁判文书案号；

（三）具体的再审请求；

（四）申请再审的法定情形及具体事实、理由。

再审申请书应当明确申请再审的人民法院，并由再审申请人签名、捺印或者盖章。

第三百七十七条　当事人一方人数众多或者当事人双方为公民的案件，当事人分别向原审人民法院和上一级人民法院申请再审且不能协商一致的，由原审人民法院受理。

第三百七十八条　适用特别程序、督促程序、公示催告程序、破产程序等非讼程序审理的案件，当事人不得申请再审。

第三百七十九条　当事人认为发生法律效力的不予受理、驳回起诉的裁定错误的，可以申请再审。

第三百八十条　当事人就离婚案件中的财产分割问题申请再审,如涉及判决中已分割的财产,人民法院应当依照民事诉讼法第二百零七条的规定进行审查,符合再审条件的,应当裁定再审;如涉及判决中未作处理的夫妻共同财产,应当告知当事人另行起诉。

第三百八十一条　当事人申请再审,有下列情形之一的,人民法院不予受理:

(一)再审申请被驳回后再次提出申请的;

(二)对再审判决、裁定提出申请的;

(三)在人民检察院对当事人的申请作出不予提出再审检察建议或者抗诉决定后又提出申请的。

前款第一项、第二项规定情形,人民法院应当告知当事人可以向人民检察院申请再审检察建议或者抗诉,但因人民检察院提出再审检察建议或者抗诉而再审作出的判决、裁定除外。

第三百八十二条　当事人对已经发生法律效力的调解书申请再审,应当在调解书发生法律效力后六个月内提出。

第三百八十三条　人民法院应当自收到符合条件的再审申请书等材料之日起五日内向再审申请人发送受理通知书,并向被申请人及原审其他当事人发送应诉通知书、再审申请书副本等材料。

第三百八十四条　人民法院受理申请再审案件后,应当依照民事诉讼法第二百零七条、第二百零八条、第二百一十一条等规定,对当事人主张的再审事由进行审查。

第三百八十五条　再审申请人提供的新的证据,能够证明原判决、裁定认定基本事实或者裁判结果错误的,应当认定为民事诉讼法第二百零七条第一项规定的情形。

对于符合前款规定的证据,人民法院应当责令再审申请人说明其逾期提供该证据的理由;拒不说明理由或者理由不成立的,依照民事诉讼法第六十八条第二款和本解释第一百零二条的规定处理。

第三百八十六条　再审申请人证明其提交的新的证据符合下列情形之一的,可以认定逾期提供证据的理由成立:

(一)在原审庭审结束前已经存在,因客观原因于庭审结束后才发现的;

(二)在原审庭审结束前已经发现,但因客观原因无法取得或者在规定的期限内不能提供的;

(三)在原审庭审结束后形成,无法据此另行提起诉讼的。

再审申请人提交的证据在原审中已经提供,原审人民法院未组织质证且未作为裁判根据的,视为逾期提供证据的理由成立,但原审人民法院依照民事诉讼法第六十八条规定不予采纳的除外。

第三百八十七条　当事人对原判决、裁定认定事实的主要证据在原审中拒绝发表质证意见或者质证中未对证据发表质证意见的,不属于民事诉讼法第二百零七条第四项规定的未经质证的情形。

第三百八十八条　有下列情形之一,导致判决、裁定结果错误的,应当认定为民事诉讼法第二百零七条第六项规定的原判决、裁定适用法律确有错误:

(一)适用的法律与案件性质明显不符的;

(二)确定民事责任明显违背当事人约定或者法律规定的;

(三)适用已经失效或者尚未施行的法律的;

(四)违反法律溯及力规定的;

(五)违反法律适用规则的;

(六)明显违背立法原意的。

第三百八十九条　原审开庭过程中有下列情形之一的,应当认定为民事诉讼法第二百零七条第九项规定的剥夺当事人辩论权利：

（一）不允许当事人发表辩论意见的；

（二）应当开庭审理而未开庭审理的；

（三）违反法律规定送达起诉状副本或者上诉状副本，致使当事人无法行使辩论权利的；

（四）违法剥夺当事人辩论权利的其他情形。

第三百九十条 民事诉讼法第二百零七条第十一项规定的诉讼请求，包括一审诉讼请求、二审上诉请求，但当事人未对一审判决、裁定遗漏或者超出诉讼请求提起上诉的除外。

第三百九十一条 民事诉讼法第二百零七条第十二项规定的法律文书包括：

（一）发生法律效力的判决书、裁定书、调解书；

（二）发生法律效力的仲裁裁决书；

（三）具有强制执行效力的公证债权文书。

第三百九十二条 民事诉讼法第二百零七条第十三项规定的审判人员审理该案件时有贪污受贿、徇私舞弊、枉法裁判行为，是指已经由生效刑事法律文书或者纪律处分决定所确认的行为。

第三百九十三条 当事人主张的再审事由成立，且符合民事诉讼法和本解释规定的申请再审条件的，人民法院应当裁定再审。

当事人主张的再审事由不成立，或者当事人申请再审超过法定申请再审期限、超出法定再审事由范围等不符合民事诉讼法和本解释规定的申请再审条件的，人民法院应当裁定驳回再审申请。

第三百九十四条 人民法院对已经发生法律效力的判决、裁定、调解书依法决定再审，依照民事诉讼法第二百一十三条规定，需要中止执行的，应当在再审裁定中同时写明

中止原判决、裁定、调解书的执行；情况紧急的，可以将中止执行裁定口头通知负责执行的人民法院，并在通知后十日内发出裁定书。

第三百九十五条 人民法院根据审查案件的需要决定是否询问当事人。新的证据可能推翻原判决、裁定的，人民法院应当询问当事人。

第三百九十六条 审查再审申请期间，被申请人及原审其他当事人依法提出再审申请的，人民法院应当将其列为再审申请人，对其再审事由一并审查，审查期限重新计算。经审查，其中一方再审申请人主张的再审事由成立的，应当裁定再审。各方再审申请人主张的再审事由均不成立的，一并裁定驳回再审申请。

第三百九十七条 审查再审申请期间，再审申请人申请人民法院委托鉴定、勘验的，人民法院不予准许。

第三百九十八条 审查再审申请期间，再审申请人撤回再审申请的，是否准许，由人民法院裁定。

再审申请人经传票传唤，无正当理由拒不接受询问的，可以按撤回再审申请处理。

第三百九十九条 人民法院准许撤回再审申请或者按撤回再审申请处理后，再审申请人再次申请再审的，不予受理，但有民事诉讼法第二百零七条第一项、第三项、第十二项、第十三项规定情形，自知道或者应当知道之日起六个月内提出的除外。

第四百条 再审申请审查期间，有下列情形之一的，裁定终结审查：

（一）再审申请人死亡或者终止，无权利义务承继者或者权利义务承继者声明放弃再审申请的；

（二）在给付之诉中，负有给付义务的被申请人死亡或者终止，无可供执行的财产，也没有应当承担义务的人的；

（三）当事人达成和解协议且已履行完毕

的,但当事人在和解协议中声明不放弃申请再审权利的除外;

(四)他人未经授权以当事人名义申请再审的;

(五)原审或者上一级人民法院已经裁定再审的;

(六)有本解释第三百八十一条第一款规定情形的。

第四百零一条　人民法院审理再审案件应当组成合议庭开庭审理,但按照第二审程序审理,有特殊情况或者双方当事人已经通过其他方式充分表达意见,且书面同意不开庭审理的除外。

符合缺席判决条件的,可以缺席判决。

第四百零二条　人民法院开庭审理再审案件,应当按照下列情形分别进行:

(一)因当事人申请再审的,先由再审申请人陈述再审请求及理由,后由被申请人答辩、其他原审当事人发表意见;

(二)因抗诉再审的,先由抗诉机关宣读抗诉书,再由申请抗诉的当事人陈述,后由被申请人答辩、其他原审当事人发表意见;

(三)人民法院依职权再审,有申诉人的,先由申诉人陈述再审请求及理由,后由被申诉人答辩、其他原审当事人发表意见;

(四)人民法院依职权再审,没有申诉人的,先由原审原告或者原审上诉人陈述,后由原审其他当事人发表意见。

对前款第一项至第三项规定的情形,人民法院应当要求当事人明确其再审请求。

第四百零三条　人民法院审理再审案件应当围绕再审请求进行。当事人的再审请求超出原审诉讼请求的,不予审理;符合另案诉讼条件的,告知当事人可以另行起诉。

被申请人及原审其他当事人在庭审辩论结束前提出的再审请求,符合民事诉讼法第二百一十二条规定的,人民法院应当一并审理。

人民法院经再审,发现已经发生法律效力的判决、裁定损害国家利益、社会公共利益、他人合法权益的,应当一并审理。

第四百零四条　再审审理期间,有下列情形之一的,可以裁定终结再审程序:

(一)再审申请人在再审期间撤回再审请求,人民法院准许的;

(二)再审申请人经传票传唤,无正当理由拒不到庭的,或者未经法庭许可中途退庭,按撤回再审请求处理的;

(三)人民检察院撤回抗诉的;

(四)有本解释第四百条第一项至第四项规定情形的。

因人民检察院提出抗诉裁定再审的案件,申请抗诉的当事人有前款规定的情形,且不损害国家利益、社会公共利益或者他人合法权益的,人民法院应当裁定终结再审程序。

再审程序终结后,人民法院裁定中止执行的原生效判决自动恢复执行。

第四百零五条　人民法院经再审审理认为,原判决、裁定认定事实清楚、适用法律正确的,应予维持;原判决、裁定认定事实、适用法律虽有瑕疵,但裁判结果正确的,应当在再审判决、裁定中纠正瑕疵后予以维持。

原判决、裁定认定事实、适用法律错误,导致裁判结果错误的,应当依法改判、撤销或者变更。

第四百零六条　按照第二审程序再审的案件,人民法院经审理认为不符合民事诉讼法规定的起诉条件或者符合民事诉讼法第一百二十七条规定不予受理情形的,应当裁定撤销一、二审判决,驳回起诉。

第四百零七条　人民法院对调解书裁定再审后,按照下列情形分别处理:

(一)当事人提出的调解违反自愿原则的事由不成立,且调解书的内容不违反法律强制性规定的,裁定驳回再审申请;

(二)人民检察院抗诉或者再审检察建议

所主张的损害国家利益、社会公共利益的理由不成立的,裁定终结再审程序。

前款规定情形,人民法院裁定中止执行的调解书需要继续执行的,自动恢复执行。

第四百零八条 一审原告在再审审理程序中申请撤回起诉,经其他当事人同意,且不损害国家利益、社会公共利益、他人合法权益的,人民法院可以准许。裁定准许撤诉的,应当一并撤销原判决。

一审原告在再审审理程序中撤回起诉后重复起诉的,人民法院不予受理。

第四百零九条 当事人提交新的证据致使再审改判,因再审申请人或者申请检察监督当事人的过错未能在原审程序中及时举证,被申请人等当事人请求补偿其增加的交通、住宿、就餐、误工等必要费用的,人民法院应予支持。

第四百一十条 部分当事人到庭并达成调解协议,其他当事人未作出书面表示的,人民法院应当在判决中对该事实作出表述;调解协议内容不违反法律规定,且不损害其他当事人合法权益的,可以在判决主文中予以确认。

第四百一十一条 人民检察院依法对损害国家利益、社会公共利益的发生法律效力的判决、裁定、调解书提出抗诉,或者经人民检察院检察委员会讨论决定提出再审检察建议的,人民法院应予受理。

第四百一十二条 人民检察院对已经发生法律效力的判决以及不予受理、驳回起诉的裁定依法提出抗诉的,人民法院应予受理,但适用特别程序、督促程序、公示催告程序、破产程序以及解除婚姻关系的判决、裁定等不适用审判监督程序的判决、裁定除外。

第四百一十三条 人民检察院依照民事诉讼法第二百一十六条第一款第三项规定对有明显错误的再审判决、裁定提出抗诉或者再审检察建议的,人民法院应予受理。

第四百一十四条 地方各级人民检察院依当事人的申请对生效判决、裁定向同级人民法院提出再审检察建议,符合下列条件的,应予受理:

(一)再审检察建议书和原审当事人申请书及相关证据材料已经提交;

(二)建议再审的对象为依照民事诉讼法和本解释规定可以进行再审的判决、裁定;

(三)再审检察建议书列明该判决、裁定有民事诉讼法第二百一十五条第二款规定情形;

(四)符合民事诉讼法第二百一十六条第一款第一项、第二项规定情形;

(五)再审检察建议经该人民检察院检察委员会讨论决定。

不符合前款规定的,人民法院可以建议人民检察院予以补正或者撤回;不予补正或者撤回的,应当函告人民检察院不予受理。

第四百一十五条 人民检察院依当事人的申请对生效判决、裁定提出抗诉,符合下列条件的,人民法院应当在三十日内裁定再审:

(一)抗诉书和原审当事人申请书及相关证据材料已经提交;

(二)抗诉对象为依照民事诉讼法和本解释规定可以进行再审的判决、裁定;

(三)抗诉书列明该判决、裁定有民事诉讼法第二百一十五条第一款规定情形;

(四)符合民事诉讼法第二百一十六条第一款第一项、第二项规定情形。

不符合前款规定的,人民法院可以建议人民检察院予以补正或者撤回;不予补正或者撤回的,人民法院可以裁定不予受理。

第四百一十六条 当事人的再审申请被上级人民法院裁定驳回后,人民检察院对原判决、裁定、调解书提出抗诉,抗诉事由符合民事诉讼法第二百零七条第一项至第五项规定情形之一的,受理抗诉的人民法院可以交由下一级人民法院再审。

第四百一十七条 人民法院收到再审检察建议后，应当组成合议庭，在三个月内进行审查，发现原判决、裁定、调解书确有错误，需要再审的，依照民事诉讼法第二百零五条规定裁定再审，并通知当事人；经审查，决定不予再审的，应当书面回复人民检察院。

第四百一十八条 人民法院审理因人民检察院抗诉或者检察建议裁定再审的案件，不受此前已经作出的驳回当事人再审申请裁定的影响。

第四百一十九条 人民法院开庭审理抗诉案件，应当在开庭三日前通知人民检察院、当事人和其他诉讼参与人。同级人民检察院或者提出抗诉的人民检察院应当派员出庭。

人民检察院因履行法律监督职责向当事人或者案外人调查核实的情况，应当向法庭提交并予以说明，由双方当事人进行质证。

第四百二十条 必须共同进行诉讼的当事人因不能归责于本人或者其诉讼代理人的事由未参加诉讼的，可以根据民事诉讼法第二百零七条第八项规定，自知道或者应当知道之日起六个月内申请再审，但符合本解释第四百二十一条规定情形的除外。

人民法院因前款规定的当事人申请而裁定再审，按照第一审程序再审的，应当追加其为当事人，作出新的判决、裁定；按照第二审程序再审，经调解不能达成协议的，应当撤销原判决、裁定，发回重审，重审时应追加其为当事人。

第四百二十一条 根据民事诉讼法第二百三十四条规定，案外人对驳回其执行异议的裁定不服，认为原判决、裁定、调解书内容错误损害其民事权益的，可以自执行异议裁定送达之日起六个月内，向作出原判决、裁定、调解书的人民法院申请再审。

第四百二十二条 根据民事诉讼法第二百三十四条规定，人民法院裁定再审后，案外人属于必要的共同诉讼当事人的，依照本解释第四百二十条第二款规定处理。

案外人不是必要的共同诉讼当事人的，人民法院仅审理原判决、裁定、调解书对其民事权益造成损害的内容。经审理，再审请求成立的，撤销或者改变原判决、裁定、调解书；再审请求不成立的，维持原判决、裁定、调解书。

第四百二十三条 本解释第三百三十八条规定适用于审判监督程序。

第四百二十四条 对小额诉讼案件的判决、裁定，当事人以民事诉讼法第二百零七条规定的事由向原审人民法院申请再审的，人民法院应当受理。申请再审事由成立的，应当裁定再审，组成合议庭进行审理。作出的再审判决、裁定，当事人不得上诉。

当事人以不应按小额诉讼案件审理为由向原审人民法院申请再审的，人民法院应当受理。理由成立的，应当裁定再审，组成合议庭审理。作出的再审判决、裁定，当事人可以上诉。

十九、督促程序

第四百二十五条 两个以上人民法院都有管辖权的，债权人可以向其中一个基层人民法院申请支付令。

债权人向两个以上有管辖权的基层人民法院申请支付令的，由最先立案的人民法院管辖。

第四百二十六条 人民法院收到债权人的支付令申请书后，认为申请书不符合要求的，可以通知债权人限期补正。人民法院应当自收到补正材料之日起五日内通知债权人是否受理。

第四百二十七条 债权人申请支付令，符合下列条件的，基层人民法院应当受理，并在收到支付令申请书后五日内通知债权人：

（一）请求给付金钱或者汇票、本票、支

票、股票、债券、国库券、可转让的存款单等有价证券；

（二）请求给付的金钱或者有价证券已到期且数额确定，并写明了请求所根据的事实、证据；

（三）债权人没有对待给付义务；

（四）债务人在我国境内且未下落不明；

（五）支付令能够送达债务人；

（六）收到申请书的人民法院有管辖权；

（七）债权人未向人民法院申请诉前保全。

不符合前款规定的，人民法院应当在收到支付令申请书后五日内通知债权人不予受理。

基层人民法院受理申请支付令案件，不受债权金额的限制。

第四百二十八条 人民法院受理申请后，由审判员一人进行审查。经审查，有下列情形之一的，裁定驳回申请：

（一）申请人不具备当事人资格的；

（二）给付金钱或者有价证券的证明文件没有约定逾期给付利息或者违约金、赔偿金，债权人坚持要求给付利息或者违约金、赔偿金的；

（三）要求给付的金钱或者有价证券属于违法所得的；

（四）要求给付的金钱或者有价证券尚未到期或者数额不确定的。

人民法院受理支付令申请后，发现不符合本解释规定的受理条件的，应当在受理之日起十五日内裁定驳回申请。

第四百二十九条 向债务人本人送达支付令，债务人拒绝接收的，人民法院可以留置送达。

第四百三十条 有下列情形之一的，人民法院应当裁定终结督促程序，已发出支付令的，支付令自行失效：

（一）人民法院受理支付令申请后，债权人就同一债权债务关系又提起诉讼的；

（二）人民法院发出支付令之日起三十日内无法送达债务人的；

（三）债务人收到支付令前，债权人撤回申请的。

第四百三十一条 债务人在收到支付令后，未在法定期间提出书面异议，而向其他人民法院起诉的，不影响支付令的效力。

债务人超过法定期间提出异议的，视为未提出异议。

第四百三十二条 债权人基于同一债权债务关系，在同一支付令申请中向债务人提出多项支付请求，债务人仅就其中一项或者几项请求提出异议的，不影响其他各项请求的效力。

第四百三十三条 债权人基于同一债权债务关系，就可分之债向多个债务人提出支付请求，多个债务人中的一人或者几人提出异议的，不影响其他请求的效力。

第四百三十四条 对设有担保的债务的主债务人发出的支付令，对担保人没有拘束力。

债权人就担保关系单独提起诉讼的，支付令自人民法院受理案件之日起失效。

第四百三十五条 经形式审查，债务人提出的书面异议有下列情形之一的，应当认定异议成立，裁定终结督促程序，支付令自行失效：

（一）本解释规定的不予受理申请情形的；

（二）本解释规定的裁定驳回申请情形的；

（三）本解释规定的应当裁定终结督促程序情形的；

（四）人民法院对是否符合发出支付令条件产生合理怀疑的。

第四百三十六条 债务人对债务本身没有异议，只是提出缺乏清偿能力、延缓债务清偿期限、变更债务清偿方式等异议的，不影响支付令的效力。

人民法院经审查认为异议不成立的，裁定驳回。

债务人的口头异议无效。

第四百三十七条 人民法院作出终结督促程序或者驳回异议裁定前，债务人请求撤回异议的，应当裁定准许。

债务人对撤回异议反悔的，人民法院不予支持。

第四百三十八条 支付令失效后，申请支付令的一方当事人不同意提起诉讼的，应当自收到终结督促程序裁定之日起七日内向受理申请的人民法院提出。

申请支付令的一方当事人不同意提起诉讼的，不影响其向其他有管辖权的人民法院提起诉讼。

第四百三十九条 支付令失效后，申请支付令的一方当事人自收到终结督促程序裁定之日起七日内未向受理申请的人民法院表明不同意提起诉讼的，视为向受理申请的人民法院起诉。

债权人提出支付令申请的时间，即为向人民法院起诉的时间。

第四百四十条 债权人向人民法院申请执行支付令的期间，适用民事诉讼法第二百四十六条的规定。

第四百四十一条 人民法院院长发现本院已经发生法律效力的支付令确有错误，认为需要撤销的，应当提交本院审判委员会讨论决定后，裁定撤销支付令，驳回债权人的申请。

二十、公示催告程序

第四百四十二条 民事诉讼法第二百二十五条规定的票据持有人，是指票据被盗、遗失或者灭失前的最后持有人。

第四百四十三条 人民法院收到公示催告的申请后，应当立即审查，并决定是否受理。经审查认为符合受理条件的，通知予以受理，并同时通知支付人停止支付；认为不符合受理条件的，七日内裁定驳回申请。

第四百四十四条 因票据丧失，申请公示催告的，人民法院应结合票据存根、丧失票据的复印件、出票人关于签发票据的证明、申请人合法取得票据的证明、银行挂失止付通知书、报案证明等证据，决定是否受理。

第四百四十五条 人民法院依照民事诉讼法第二百二十六条规定发出的受理申请的公告，应当写明下列内容：

（一）公示催告申请人的姓名或者名称；

（二）票据的种类、号码、票面金额、出票人、背书人、持票人、付款期限等事项以及其他可以申请公示催告的权利凭证的种类、号码、权利范围、权利人、义务人、行权日期等事项；

（三）申报权利的期间；

（四）在公示催告期间转让票据等权利凭证，利害关系人不申报的法律后果。

第四百四十六条 公告应当在有关报纸或者其他媒体上刊登，并于同日公布于人民法院公告栏内。人民法院所在地有证券交易所的，还应当同日在该交易所公布。

第四百四十七条 公告期间不得少于六十，且公示催告期间届满日不得早于票据付款日后十五日。

第四百四十八条 在申报期届满后、判决作出之前，利害关系人申报权利的，应当适用民事诉讼法第二百二十八条第二款、第三款规定处理。

第四百四十九条 利害关系人申报权利，人民法院应当通知其向法院出示票据，并通知公示催告申请人在指定的期间查看该票据。公示催告申请人申请公示催告的票据与利害关系人出示的票据不一致的，应当裁定驳回利害关系人的申报。

第四百五十条 在申报权利的期间无人申报权利,或者申报被驳回的,申请人应当自公示催告期间届满之日起一个月内申请作出判决。逾期不申请判决的,终结公示催告程序。

裁定终结公示催告程序的,应当通知申请人和支付人。

第四百五十一条 判决公告之日起,公示催告申请人有权依据判决向付款人请求付款。

付款人拒绝付款,申请人向人民法院起诉,符合民事诉讼法第一百二十二条规定的起诉条件的,人民法院应予受理。

第四百五十二条 适用公示催告程序审理案件,可由审判员一人独任审理;判决宣告票据无效的,应当组成合议庭审理。

第四百五十三条 公示催告申请人撤回申请,应在公示催告前提出;公示催告期间申请撤回的,人民法院可以径行裁定终结公示催告程序。

第四百五十四条 人民法院依照民事诉讼法第二百二十七条规定通知支付人停止支付,应当符合有关财产保全的规定。支付人收到停止支付通知后拒不止付的,除可依照民事诉讼法第一百一十四条、第一百一十七条规定采取强制措施外,在判决后,支付人仍应承担付款义务。

第四百五十五条 人民法院依照民事诉讼法第二百二十八条规定终结公示催告程序后,公示催告申请人或者申报人向人民法院提起诉讼,因票据权利纠纷提起的,由票据支付地或者被告住所地人民法院管辖;因非票据权利纠纷提起的,由被告住所地人民法院管辖。

第四百五十六条 依照民事诉讼法第二百二十八条规定制作的终结公示催告程序的裁定书,由审判员、书记员署名,加盖人民法院印章。

第四百五十七条 依照民事诉讼法第二百三十条的规定,利害关系人向人民法院起诉的,人民法院可按票据纠纷适用普通程序审理。

第四百五十八条 民事诉讼法第二百三十条规定的正当理由,包括:

(一)因发生意外事件或者不可抗力致使利害关系人无法知道公告事实的;

(二)利害关系人因被限制人身自由而无法知道公告事实,或者虽然知道公告事实,但无法自己或者委托他人代为申报权利的;

(三)不属于法定申请公示催告情形的;

(四)未予公告或者未按法定方式公告的;

(五)其他导致利害关系人在判决作出前未能向人民法院申报权利的客观事由。

第四百五十九条 根据民事诉讼法第二百三十条的规定,利害关系人请求人民法院撤销除权判决的,应当将申请人列为被告。

利害关系人仅诉请确认其为合法持票人的,人民法院应当在裁判文书中写明,确认利害关系人为票据权利人的判决作出后,除权判决即被撤销。

二十一、执行程序

第四百六十条 发生法律效力的实现担保物权裁定、确认调解协议裁定、支付令,由作出裁定、支付令的人民法院或者与其同级的被执行财产所在地的人民法院执行。

认定财产无主的判决,由作出判决的人民法院将无主财产收归国家或者集体所有。

第四百六十一条 当事人申请人民法院执行的生效法律文书应当具备下列条件:

(一)权利义务主体明确;

(二)给付内容明确。

法律文书确定继续履行合同的,应当明

确继续履行的具体内容。

第四百六十二条 根据民事诉讼法第二百三十四条规定,案外人对执行标的提出异议的,应当在该执行标的执行程序终结前提出。

第四百六十三条 案外人对执行标的提出的异议,经审查,按照下列情形分别处理:

(一)案外人对执行标的不享有足以排除强制执行的权益的,裁定驳回其异议;

(二)案外人对执行标的享有足以排除强制执行的权益的,裁定中止执行。

驳回案外人执行异议裁定送达案外人之日起十五日内,人民法院不得对执行标的进行处分。

第四百六十四条 申请执行人与被执行人达成和解协议后请求中止执行或者撤回执行申请的,人民法院可以裁定中止执行或者终结执行。

第四百六十五条 一方当事人不履行或者不完全履行在执行中双方自愿达成的和解协议,对方当事人申请执行原生效法律文书的,人民法院应当恢复执行,但和解协议已履行的部分应当扣除。和解协议已经履行完毕的,人民法院不予恢复执行。

第四百六十六条 申请恢复执行原生效法律文书,适用民事诉讼法第二百四十六条申请执行期间的规定。申请执行期间因达成执行中的和解协议而中断,其期间自和解协议约定履行期限的最后一日起重新计算。

第四百六十七条 人民法院依照民事诉讼法第二百三十八条规定决定暂缓执行的,如果担保是有期限的,暂缓执行的期限应当与担保期限一致,但最长不得超过一年。被执行人或者担保人对担保的财产在暂缓执行期间有转移、隐藏、变卖、毁损等行为的,人民法院可以恢复强制执行。

第四百六十八条 根据民事诉讼法第二百三十八条规定向人民法院提供执行担保

的,可以由被执行人或者他人提供财产担保,也可以由他人提供保证。担保人应当具有代为履行或者代为承担赔偿责任的能力。

他人提供执行保证的,应当向执行法院出具保证书,并将保证书副本送交申请执行人。被执行人或者他人提供财产担保的,应当参照民法典的有关规定办理相应手续。

第四百六十九条 被执行人在人民法院决定暂缓执行的期限届满后仍不履行义务的,人民法院可以直接执行担保财产,或者裁定执行担保人的财产,但执行担保人的财产以担保人应当履行义务部分的财产为限。

第四百七十条 依照民事诉讼法第二百三十九条规定,执行中作为被执行人的法人或者其他组织分立、合并的,人民法院可以裁定变更后的法人或者其他组织为被执行人;被注销的,如果依照有关实体法的规定有权利义务承受人的,可以裁定该权利义务承受人为被执行人。

第四百七十一条 其他组织在执行中不能履行法律文书确定的义务的,人民法院可以裁定执行对该其他组织依法承担义务的法人或者公民个人的财产。

第四百七十二条 在执行中,作为被执行人的法人或者其他组织名称变更的,人民法院可以裁定变更后的法人或者其他组织为被执行人。

第四百七十三条 作为被执行人的公民死亡,其遗产继承人没有放弃继承的,人民法院可以裁定变更被执行人,由该继承人在遗产的范围内偿还债务。继承人放弃继承的,人民法院可以直接执行被执行人的遗产。

第四百七十四条 法律规定由人民法院执行的其他法律文书执行完毕后,该法律文书被有关机关或者组织依法撤销的,经当事人申请,适用民事诉讼法第二百四十条规定。

第四百七十五条 仲裁机构裁决的事项,部分有民事诉讼法第二百四十四条第二款、第三款规定情形的,人民法院应当裁定对该部分不予执行。

应当不予执行部分与其他部分不可分的,人民法院应当裁定不予执行仲裁裁决。

第四百七十六条 依照民事诉讼法第二百四十四条第二款、第三款规定,人民法院裁定不予执行仲裁裁决后,当事人对该裁定提出执行异议或者复议的,人民法院不予受理。当事人可以就该民事纠纷重新达成书面仲裁协议申请仲裁,也可以向人民法院起诉。

第四百七十七条 在执行中,被执行人通过仲裁程序将人民法院查封、扣押、冻结的财产确权或者分割给案外人的,不影响人民法院执行程序的进行。

案外人不服的,可以根据民事诉讼法第二百三十四条规定提出异议。

第四百七十八条 有下列情形之一的,可以认定为民事诉讼法第二百四十五条第二款规定的公证债权文书确有错误:

(一)公证债权文书属于不得赋予强制执行效力的债权文书的;

(二)被执行人一方未亲自或者未委托代理人到场公证等严重违反法律规定的公证程序的;

(三)公证债权文书的内容与事实不符或者违反法律强制性规定的;

(四)公证债权文书未载明被执行人不履行义务或者不完全履行义务时同意接受强制执行的。

人民法院认定执行该公证债权文书违背社会公共利益的,裁定不予执行。

公证债权文书被裁定不予执行后,当事人、公证事项的利害关系人可以就债权争议提起诉讼。

第四百七十九条 当事人请求不予执行仲裁裁决或者公证债权文书的,应当在执行终结前向执行法院提出。

第四百八十条 人民法院应当在收到申请执行书或者移交执行书后十日内发出执行通知。

执行通知中除应责令被执行人履行法律文书确定的义务外,还应通知其承担民事诉讼法第二百六十条规定的迟延履行利息或者迟延履行金。

第四百八十一条 申请执行人超过申请执行时效期间向人民法院申请强制执行的,人民法院应予受理。被执行人对申请执行时效期间提出异议,人民法院经审查异议成立的,裁定不予执行。

被执行人履行全部或者部分义务后,又以不知道申请执行时效期间届满为由请求执行回转的,人民法院不予支持。

第四百八十二条 对必须接受调查询问的被执行人、被执行人的法定代表人、负责人或者实际控制人,经依法传唤无正当理由拒不到场的,人民法院可以拘传其到场。

人民法院应当及时对被拘传人进行调查询问,调查询问的时间不得超过八小时;情况复杂,依法可能采取拘留措施的,调查询问的时间不得超过二十四小时。

人民法院在本辖区以外采取拘传措施时,可以将被拘传人拘传到当地人民法院,当地人民法院应予协助。

第四百八十三条 人民法院有权查询被执行人的身份信息与财产信息,掌握相关信息的单位和个人必须按照协助执行通知书办理。

第四百八十四条 对被执行的财产,人民法院非经查封、扣押、冻结不得处分。对银行存款等各类可以直接扣划的财产,人民法院的扣划裁定同时具有冻结的法律效力。

第四百八十五条 人民法院冻结被执行人的银行存款的期限不得超过一年,查封、扣押动产的期限不得超过两年,查封不动产、冻结其他财产权的期限不得超过三年。

申请执行人申请延长期限的,人民法院

应当在查封、扣押、冻结期限届满前办理续行查封、扣押、冻结手续，续行期限不得超过前款规定的期限。

人民法院也可以依职权办理续行查封、扣押、冻结手续。

第四百八十六条 依照民事诉讼法第二百五十四条规定，人民法院在执行中需要拍卖被执行人财产的，可以由人民法院自行组织拍卖，也可以交由具备相应资质的拍卖机构拍卖。

交拍卖机构拍卖的，人民法院应当对拍卖活动进行监督。

第四百八十七条 拍卖评估需要对现场进行检查、勘验的，人民法院应当责令被执行人、协助义务人予以配合。被执行人、协助义务人不予配合的，人民法院可以强制进行。

第四百八十八条 人民法院在执行中需要变卖被执行人财产的，可以交有关单位变卖，也可以由人民法院直接变卖。

对变卖的财产，人民法院或者其工作人员不得买受。

第四百八十九条 经申请执行人和被执行人同意，且不损害其他债权人合法权益和社会公共利益的，人民法院可以不经拍卖、变卖，直接将被执行人的财产作价交申请执行人抵偿债务。对剩余债务，被执行人应当继续清偿。

第四百九十条 被执行人的财产无法拍卖或者变卖的，经申请执行人同意，且不损害其他债权人合法权益和社会公共利益的，人民法院可以将该项财产作价后交付申请执行人抵偿债务，或者交付申请执行人管理；申请执行人拒绝接收或者管理的，退回被执行人。

第四百九十一条 拍卖成交或者依法定程序裁定以物抵债的，标的物所有权自拍卖成交裁定或者抵债裁定送达买受人或者接受抵债物的债权人时转移。

第四百九十二条 执行标的物为特定物

的，应当执行原物。原物确已毁损或者灭失的，经双方当事人同意，可以折价赔偿。

双方当事人对折价赔偿不能协商一致的，人民法院应当终结执行程序。申请执行人可以另行起诉。

第四百九十三条 他人持有法律文书指定交付的财物或者票证，人民法院依照民事诉讼法第二百五十六条第二款、第三款规定发出协助执行通知后，拒不转交的，可以强制执行，并可依照民事诉讼法第一百一十七条、第一百一十八条规定处理。

他人持有期间财物或者票证毁损、灭失的，参照本解释第四百九十二条规定处理。

他人主张合法持有财物或者票证的，可以根据民事诉讼法第二百三十四条规定提出执行异议。

第四百九十四条 在执行中，被执行人隐匿财产、会计账簿等资料的，人民法院除可依照民事诉讼法第一百一十四条第一款第六项规定对其处理外，还应责令被执行人交出隐匿的财产、会计账簿等资料。被执行人拒不交出的，人民法院可以采取搜查措施。

第四百九十五条 搜查人员应当按规定着装并出示搜查令和工作证件。

第四百九十六条 人民法院搜查时禁止无关人员进入搜查现场；搜查对象是公民的，应当通知被执行人或者他的成年家属以及基层组织派员到场；搜查对象是法人或者其他组织的，应当通知法定代表人或者主要负责人到场。拒不到场的，不影响搜查。

搜查妇女身体，应当由女执行人员进行。

第四百九十七条 搜查中发现应当依法采取查封、扣押措施的财产，依照民事诉讼法第二百五十二条第二款和第二百五十四条规定办理。

第四百九十八条 搜查应当制作搜查笔录，由搜查人员、被搜查人及其他在场人签名、捺印或者盖章。拒绝签名、捺印或者盖章的,应当记入搜查笔录。

第四百九十九条 人民法院执行被执行人对他人的到期债权,可以作出冻结债权的裁定,并通知该他人向申请执行人履行。

该他人对到期债权有异议,申请执行人请求对异议部分强制执行的,人民法院不予支持。利害关系人对到期债权有异议的,人民法院应当按照民事诉讼法第二百三十四条规定处理。

对生效法律文书确定的到期债权,该他人予以否认的,人民法院不予支持。

第五百条 人民法院在执行中需要办理房产证、土地证、林权证、专利证书、商标证书、车船执照等有关财产权证照转移手续的,可以依照民事诉讼法第二百五十八条规定办理。

第五百零一条 被执行人不履行生效法律文书确定的行为义务,该义务可由他人完成的,人民法院可以选定代履行人;法律、行政法规对履行该行为义务有资格限制的,应当从有资格的人中选定。必要时,可以通过招标的方式确定代履行人。

申请执行人可以在符合条件的人中推荐代履行人,也可以申请自己代为履行,是否准许,由人民法院决定。

第五百零二条 代履行费用的数额由人民法院根据案件具体情况确定,并由被执行人在指定期限内预先支付。被执行人未预付的,人民法院可以对该费用强制执行。

代履行结束后,被执行人可以查阅、复制费用清单以及主要凭证。

第五百零三条 被执行人不履行法律文书指定的行为,且该项行为只能由被执行人完成的,人民法院可以依照民事诉讼法第一百一十四条第一款第六项规定处理。

被执行人在人民法院确定的履行期间内仍不履行的,人民法院可以依照民事诉讼法第一百一十四条第一款第六项规定再次处理。

第五百零四条 被执行人迟延履行的,

迟延履行期间的利息或者迟延履行金自判决、裁定和其他法律文书指定的履行期间届满之日起计算。

第五百零五条 被执行人未按判决、裁定和其他法律文书指定的期间履行非金钱给付义务的,无论是否已给申请执行人造成损失,都应当支付迟延履行金。已经造成损失的,双倍补偿申请执行人已经受到的损失;没有造成损失的,迟延履行金可以由人民法院根据具体案件情况决定。

第五百零六条 被执行人为公民或者其他组织,在执行程序开始后,被执行人的其他已经取得执行依据的债权人发现被执行人的财产不能清偿所有债权的,可以向人民法院申请参与分配。

对人民法院查封、扣押、冻结的财产有优先权、担保物权的债权人,可以直接申请参与分配,主张优先受偿权。

第五百零七条 申请参与分配,申请人应当提交申请书。申请书应当写明参与分配和被执行人不能清偿所有债权的事实、理由,并附有执行依据。

参与分配申请应当在执行程序开始后,被执行人的财产执行终结前提出。

第五百零八条 参与分配执行中,执行所得价款扣除执行费用,并清偿应当优先受偿的债权后,对于普通债权,原则上按照其占全部申请参与分配债权数额的比例受偿。清偿后的剩余债务,被执行人应当继续清偿。债权人发现被执行人有其他财产的,可以随时请求人民法院执行。

第五百零九条 多个债权人对执行财产申请参与分配的,执行法院应当制作财产分配方案,并送达各债权人和被执行人。债权人或者被执行人对分配方案有异议的,应当自收到分配方案之日起十五日内向执行法院提出书面异议。

第五百一十条 债权人或者被执行人对

分配方案提出书面异议的,执行法院应当通知未提出异议的债权人、被执行人。

未提出异议的债权人、被执行人自收到通知之日起十五日内未提出反对意见的,执行法院依异议人的意见对分配方案审查修正后进行分配;提出反对意见的,应当通知异议人。异议人可以自收到通知之日起十五日内,以提出反对意见的债权人、被执行人为被告,向执行法院提起诉讼;异议人逾期未提起诉讼的,执行法院按照原分配方案进行分配。

诉讼期间进行分配的,执行法院应当提存与争议债权数额相应的款项。

第五百一十一条 在执行中,作为被执行人的企业法人符合企业破产法第二条第一款规定情形的,执行法院经申请执行人之一或者被执行人同意,应当裁定中止对该被执行人的执行,将执行案件相关材料移送被执行人住所地人民法院。

第五百一十二条 被执行人住所地人民法院应当自收到执行案件相关材料之日起三十日内,将是否受理破产案件的裁定告知执行法院。不予受理的,应当将相关案件材料退回执行法院。

第五百一十三条 被执行人住所地人民法院裁定受理破产案件的,执行法院应当解除对被执行人财产的保全措施。被执行人住所地人民法院裁定宣告被执行人破产的,执行法院应当裁定终结对该被执行人的执行。

被执行人住所地人民法院不受理破产案件的,执行法院应当恢复执行。

第五百一十四条 当事人不同意移送破产或者被执行人住所地人民法院不受理破产案件的,执行法院就执行变价所得财产,在扣除执行费用及清偿优先受偿的债权后,对于普通债权,按照财产保全和执行中查封、扣押、冻结财产的先后顺序清偿。

第五百一十五条 债权人根据民事诉讼法第二百六十一条规定请求人民法院继续执

行的,不受民事诉讼法第二百四十六条规定申请执行时效期间的限制。

第五百一十六条 被执行人不履行法律文书确定的义务的,人民法院除对被执行人予以处罚外,还可以根据情节将其纳入失信被执行人名单,将被执行人不履行或者不完全履行义务的信息向其所在单位、征信机构以及其他相关机构通报。

第五百一十七条 经过财产调查未发现可供执行的财产,在申请执行人签字确认或者执行法院组成合议庭审查核实并经院长批准后,可以裁定终结本次执行程序。

依照前款规定终结执行后,申请执行人发现被执行人有可供执行财产的,可以再次申请执行。再次申请不受申请执行时效期间的限制。

第五百一十八条 因撤销申请而终结执行后,当事人在民事诉讼法第二百四十六条规定的申请执行时效期间内再次申请执行的,人民法院应当受理。

第五百一十九条 在执行终结六个月内,被执行人或者其他人对已执行的标的有妨害行为的,人民法院可以依申请排除妨害,并可以依照民事诉讼法第一百一十四条规定进行处罚。因妨害行为给执行债权人或者其他人造成损失的,受害人可以另行起诉。

二十二、涉外民事诉讼程序的特别规定

第五百二十条 有下列情形之一,人民法院可以认定为涉外民事案件:

(一)当事人一方或者双方是外国人、无国籍人、外国企业或者组织的;

(二)当事人一方或者双方的经常居所地在中华人民共和国领域外的;

(三)标的物在中华人民共和国领域外的;

（四）产生、变更或者消灭民事关系的法律事实发生在中华人民共和国领域外的；

（五）可以认定为涉外民事案件的其他情形。

第五百二十一条 外国人参加诉讼，应当向人民法院提交护照等用以证明自己身份的证件。

外国企业或者组织参加诉讼，向人民法院提交的身份证明文件，应当经所在国公证机关公证，并经中华人民共和国驻该国使领馆认证，或者履行中华人民共和国与该所在国订立的有关条约中规定的证明手续。

代表外国企业或者组织参加诉讼的人，应当向人民法院提交其有权作为代表人参加诉讼的证明，该证明应当经所在国公证机关公证，并经中华人民共和国驻该国使领馆认证，或者履行中华人民共和国与该所在国订立的有关条约中规定的证明手续。

本条所称的"所在国"，是指外国企业或者组织的设立登记地国，也可以是办理了营业登记手续的第三国。

第五百二十二条 依照民事诉讼法第二百七十一条以及本解释第五百二十一条规定，需要办理公证、认证手续，而外国当事人所在国与中华人民共和国没有建立外交关系的，可以经该国公证机关公证，经与中华人民共和国有外交关系的第三国驻该国使领馆认证，再转由中华人民共和国驻该第三国使领馆认证。

第五百二十三条 外国人、外国企业或者组织的代表人在人民法院法官的见证下签署授权委托书，委托代理人进行民事诉讼的，人民法院应予认可。

第五百二十四条 外国人、外国企业或者组织的代表人在中华人民共和国境内签署授权委托书，委托代理人进行民事诉讼，经中华人民共和国公证机构公证的，人民法院应予认可。

第五百二十五条 当事人向人民法院提交的书面材料是外文的，应当同时向人民法院提交中文翻译件。

当事人对中文翻译件有异议的，应当共同委托翻译机构提供翻译文本；当事人对翻译机构的选择不能达成一致的，由人民法院确定。

第五百二十六条 涉外民事诉讼中的外籍当事人，可以委托本国人为诉讼代理人，也可以委托本国律师以非律师身份担任诉讼代理人；外国驻华使领馆官员，受本国公民的委托，可以以个人名义担任诉讼代理人，但在诉讼中不享有外交或者领事特权和豁免。

第五百二十七条 涉外民事诉讼中，外国驻华使领馆授权其本馆官员，在作为当事人的本国国民不在中华人民共和国领域内的情况下，可以以外交代表身份为其本国国民在中华人民共和国聘请中华人民共和国律师或者中华人民共和国公民代理民事诉讼。

第五百二十八条 涉外民事诉讼中，经调解双方达成协议，应当制发调解书。当事人要求发给判决书的，可以依协议的内容制作判决书送达当事人。

第五百二十九条 涉外合同或者其他财产权益纠纷的当事人，可以书面协议选择被告住所地、合同履行地、合同签订地、原告住所地、标的物所在地、侵权行为地等与争议有实际联系地点的外国法院管辖。

根据民事诉讼法第三十四条和第二百七十三条规定，属于中华人民共和国法院专属管辖的案件，当事人不得协议选择外国法院管辖，但协议选择仲裁的除外。

第五百三十条 涉外民事案件同时符合下列情形的，人民法院可以裁定驳回原告的起诉，告知其向更方便的外国法院提起诉讼：

（一）被告提出案件应由更方便外国法院管辖的请求，或者提出管辖异议；

（二）当事人之间不存在选择中华人民共

和国法院管辖的协议；

（三）案件不属于中华人民共和国法院专属管辖；

（四）案件不涉及中华人民共和国国家、公民、法人或者其他组织的利益；

（五）案件争议的主要事实不是发生在中华人民共和国境内，且案件不适用中华人民共和国法律，人民法院审理案件在认定事实和适用法律方面存在重大困难；

（六）外国法院对案件享有管辖权，且审理该案件更加方便。

第五百三十一条 中华人民共和国法院和外国法院都有管辖权的案件，一方当事人向外国法院起诉，而另一方当事人向中华人民共和国法院起诉的，人民法院可予受理。判决后，外国法院申请或者当事人请求人民法院承认和执行外国法院对本案作出的判决、裁定的，不予准许；但双方共同缔结或者参加的国际条约另有规定的除外。

外国法院判决、裁定已经被人民法院承认，当事人就同一争议向人民法院起诉的，人民法院不予受理。

第五百三十二条 对在中华人民共和国领域内没有住所的当事人，经用公告方式送达诉讼文书，公告期满不应诉，人民法院缺席判决后，仍应当将裁判文书依照民事诉讼法第二百七十四条第八项规定公告送达。自公告送达裁判文书满三个月之日起，经过三十日的上诉期当事人没有上诉的，一审判决即发生法律效力。

第五百三十三条 外国人或者外国企业、组织的代表人、主要负责人在中华人民共和国领域内的，人民法院可以向该自然人或者外国企业、组织的代表人、主要负责人送达。

外国企业、组织的主要负责人包括该企业、组织的董事、监事、高级管理人员等。

第五百三十四条 受送达人所在国允许邮寄送达的，人民法院可以邮寄送达。

邮寄送达时应当附有送达回证。受送达人未在送达回证上签收但在邮件回执上签收的，视为送达，签收日期为送达日期。

自邮寄之日起满三个月，如果未收到送达的证明文件，且根据各种情况不足以认定已经送达的，视为不能用邮寄方式送达。

第五百三十五条 人民法院一审时采取公告方式向当事人送达诉讼文书的，二审时可径行采取公告方式向其送达诉讼文书，但人民法院能够采取公告方式之外的其他方式送达的除外。

第五百三十六条 不服第一审人民法院判决、裁定的上诉期，对在中华人民共和国领域内有住所的当事人，适用民事诉讼法第一百七十一条规定的期限；对在中华人民共和国领域内没有住所的当事人，适用民事诉讼法第二百七十六条规定的期限。当事人的上诉期均已届满没有上诉的，第一审人民法院的判决、裁定即发生法律效力。

第五百三十七条 人民法院对涉外民事案件的当事人申请再审进行审查的期间，不受民事诉讼法第二百一十一条规定的限制。

第五百三十八条 申请人向人民法院申请执行中华人民共和国涉外仲裁机构的裁决，应当提出书面申请，并附裁决书正本。如申请人为外国当事人，其申请书应当用中文文本提出。

第五百三十九条 人民法院强制执行涉外仲裁机构的仲裁裁决时，被执行人以有民事诉讼法第二百八十一条第一款规定的情形为由提出抗辩的，人民法院应当对被执行人的抗辩进行审查，并根据审查结果裁定执行或者不予执行。

第五百四十条 依照民事诉讼法第二百七十九条规定，中华人民共和国涉外仲裁机构将当事人的保全申请提交人民法院裁定的，人民法院可以进行审查，裁定是否进行保全。裁定保全的，应当责令申请人提供担保，申请人不提供担保的，裁定驳回申请。

当事人申请证据保全，人民法院经审查认为无需提供担保的，申请人可以不提供担保。

第五百四十一条 申请人向人民法院申请承认和执行外国法院作出的发生法律效力的判决、裁定，应当提交申请书，并附外国法院作出的发生法律效力的判决、裁定正本或者经证明无误的副本以及中文译本。外国法院判决、裁定为缺席判决、裁定的，申请人应当同时提交该外国法院已经合法传唤的证明文件，但判决、裁定已经对此予以明确说明的除外。

中华人民共和国缔结或者参加的国际条约对提交文件有规定的，按照规定办理。

第五百四十二条 当事人向中华人民共和国有管辖权的中级人民法院申请承认和执行外国法院作出的发生法律效力的判决、裁定的，如果该法院所在国与中华人民共和国没有缔结或者共同参加国际条约，也没有互惠关系的，裁定驳回申请，但当事人向人民法院申请承认外国法院作出的发生法律效力的离婚判决的除外。

承认和执行申请被裁定驳回的，当事人可以向人民法院起诉。

第五百四十三条 对临时仲裁庭在中华人民共和国领域外作出的仲裁裁决，一方当事人向人民法院申请承认和执行的，人民法院应当依照民事诉讼法第二百九十条规定处理。

第五百四十四条 对外国法院作出的发生法律效力的判决、裁定或者外国仲裁裁决，需要中华人民共和国法院执行的，当事人应当先向人民法院申请承认。人民法院经审查，裁定承认后，再根据民事诉讼法第三编的规定予以执行。

当事人仅申请承认而未同时申请执行的，人民法院仅对应否承认进行审查并作出裁定。

第五百四十五条 当事人申请承认和执行外国法院作出的发生法律效力的判决、裁定或者外国仲裁裁决的期间，适用民事诉讼法第二百四十六条的规定。

当事人仅申请承认而未同时申请执行的，申请执行的期间自人民法院对承认申请作出的裁定生效之日起重新计算。

第五百四十六条 承认和执行外国法院作出的发生法律效力的判决、裁定或者外国仲裁裁决的案件，人民法院应当组成合议庭进行审查。

人民法院应当将申请书送达被申请人。被申请人可以陈述意见。

人民法院经审查作出的裁定，一经送达即发生法律效力。

第五百四十七条 与中华人民共和国没有司法协助条约又无互惠关系的国家的法院，未通过外交途径，直接请求人民法院提供司法协助的，人民法院应予退回，并说明理由。

第五百四十八条 当事人在中华人民共和国领域外使用中华人民共和国法院的判决书、裁定书，要求中华人民共和国法院证明其法律效力的，或者外国法院要求中华人民共和国法院证明判决书、裁定书的法律效力的，作出判决、裁定的中华人民共和国法院，可以本法院的名义出具证明。

第五百四十九条 人民法院审理涉及香港、澳门特别行政区和台湾地区的民事诉讼案件，可以参照适用涉外民事诉讼程序的特别规定。

二十三、附　则

第五百五十条 本解释公布施行后，最高人民法院于 1992 年 7 月 14 日发布的《关于适用〈中华人民共和国民事诉讼法〉若干问题的意见》同时废止;最高人民法院以前发布的司法解释与本解释不一致的,不再适用。

中华人民共和国人民陪审员法

(2018 年 4 月 27 日第十三届全国人民代表大会常务委员会第二次会议通过 2018 年 4 月 27 日中华人民共和国主席令第 4 号公布 自公布之日起施行)

第一条 为了保障公民依法参加审判活动,促进司法公正,提升司法公信,制定本法。

第二条 公民有依法担任人民陪审员的权利和义务。

人民陪审员依照本法产生,依法参加人民法院的审判活动,除法律另有规定外,同法官有同等权利。

第三条 人民陪审员依法享有参加审判活动、独立发表意见、获得履职保障等权利。

人民陪审员应当忠实履行审判职责,保守审判秘密,注重司法礼仪,维护司法形象。

第四条 人民陪审员依法参加审判活动,受法律保护。

人民法院应当依法保障人民陪审员履行审判职责。

人民陪审员所在单位、户籍所在地或者经常居住地的基层群众性自治组织应当依法保障人民陪审员参加审判活动。

第五条 公民担任人民陪审员,应当具备下列条件:

(一)拥护中华人民共和国宪法;

(二)年满二十八周岁;

(三)遵纪守法、品行良好、公道正派;

(四)具有正常履行职责的身体条件。

担任人民陪审员,一般应当具有高中以上文化程度。

第六条 下列人员不能担任人民陪审员:

(一)人民代表大会常务委员会的组成人员,监察委员会、人民法院、人民检察院、公安机关、国家安全机关、司法行政机关的工作人员;

(二)律师、公证员、仲裁员、基层法律服务工作者;

(三)其他因职务原因不适宜担任人民陪审员的人员。

第七条 有下列情形之一的,不得担任人民陪审员:

(一)受过刑事处罚的;

(二)被开除公职的;

(三)被吊销律师、公证员执业证书的;

(四)被纳入失信被执行人名单的;

(五)因受惩戒被免除人民陪审员职务的;

(六)其他有严重违法违纪行为,可能影响司法公信的。

第八条 人民陪审员的名额,由基层人民法院根据审判案件的需要,提请同级人民代表大会常务委员会确定。

人民陪审员的名额数不低于本院法官数的三倍。

第九条 司法行政机关会同基层人民法院、公安机关,从辖区内的常住居民名单中随机抽选拟任命人民陪审员数五倍以上的人员作为人民陪审员候选人,对人民陪审员候选人进行资格审查,征求候选人意见。

第十条 司法行政机关会同基层人民法院,从通过资格审查的人民陪审员候选人名单中随机抽选确定人民陪审员人选,由基层人民法院院长提请同级人民代表大会常务委员会任命。

第十一条 因审判活动需要,可以通过个人申请和所在单位、户籍所在地或者经常居住地的基层群众性自治组织、人民团体推荐的方式产生人民陪审员候选人,经司法行政机关会同基层人民法院、公安机关进行资格审查,确定人民陪审员人选,由基层人民法院院长提请同级人民代表大会常务委员会任命。

依照前款规定产生的人民陪审员,不得超过人民陪审员名额数的五分之一。

第十二条 人民陪审员经人民代表大会常务委员会任命后,应当公开进行就职宣誓。宣誓仪式由基层人民法院会同司法行政机关组织。

第十三条 人民陪审员的任期为五年,一般不得连任。

第十四条 人民陪审员和法官组成合议庭审判案件,由法官担任审判长,可以组成三人合议庭,也可以由法官三人与人民陪审员四人组成七人合议庭。

第十五条 人民法院审判第一审刑事、民事、行政案件,有下列情形之一的,由人民陪审员和法官组成合议庭进行:

(一)涉及群体利益、公共利益的;

(二)人民群众广泛关注或者其他社会影响较大的;

(三)案情复杂或者有其他情形,需要由人民陪审员参加审判的。

人民法院审判前款规定的案件,法律规定由法官独任审理或者由法官组成合议庭审理的,从其规定。

第十六条 人民法院审判下列第一审案件,由人民陪审员和法官组成七人合议庭进行:

(一)可能判处十年以上有期徒刑、无期徒刑、死刑,社会影响重大的刑事案件;

(二)根据民事诉讼法、行政诉讼法提起的公益诉讼案件;

(三)涉及征地拆迁、生态环境保护、食品药品安全,社会影响重大的案件;

(四)其他社会影响重大的案件。

第十七条 第一审刑事案件被告人、民事案件原告或者被告、行政案件原告申请由人民陪审员参加合议庭审判的,人民法院可以决定由人民陪审员和法官组成合议庭审判。

第十八条 人民陪审员的回避,适用审判人员回避的法律规定。

第十九条 基层人民法院审判案件需要由人民陪审员参加合议庭审判的,应当在人民陪审员名单中随机抽取确定。

中级人民法院、高级人民法院审判案件需要由人民陪审员参加合议庭审判的,在其辖区内的基层人民法院的人民陪审员名单中随机抽取确定。

第二十条 审判长应当履行与案件审判相关的指引、提示义务,但不得妨碍人民陪审员对案件的独立判断。

合议庭评议案件,审判长应当对本案中涉及的事实认定、证据规则、法律规定等事项及应当注意的问题,向人民陪审员进行必要的解释和说明。

第二十一条 人民陪审员参加三人合议庭审判案件,对事实认定、法律适用,独立发表意见,行使表决权。

第二十二条 人民陪审员参加七人合议庭审判案件,对事实认定,独立发表意见,并与法官共同表决;对法律适用,可以发表意见,但不参加表决。

第二十三条 合议庭评议案件,实行少数服从多数的原则。人民陪审员同合议庭其他组成人员意见分歧的,应当将其意见写入笔录。

合议庭组成人员意见有重大分歧的,人民陪审员或者法官可以要求合议庭将案件提请院长决定是否提交审判委员会讨论决定。

第二十四条 人民法院应当结合本辖区实际情况,合理确定每名人民陪审员年度参加审判案件的数量上限,并向社会公告。

第二十五条 人民陪审员的培训、考核和奖惩等日常管理工作，由基层人民法院会同司法行政机关负责。

对人民陪审员应当有计划地进行培训。人民陪审员应当按照要求参加培训。

第二十六条 对于在审判工作中有显著成绩或者有其他突出事迹的人民陪审员，依照有关规定给予表彰和奖励。

第二十七条 人民陪审员有下列情形之一，经所在基层人民法院会同司法行政机关查证属实的，由院长提请同级人民代表大会常务委员会免除其人民陪审员职务：

（一）本人因正当理由申请辞去人民陪审员职务的；

（二）具有本法第六条、第七条所列情形之一的；

（三）无正当理由，拒绝参加审判活动，影响审判工作正常进行的；

（四）违反与审判工作有关的法律及相关规定，徇私舞弊，造成错误裁判或者其他严重后果的。

人民陪审员有前款第三项、第四项所列行为的，可以采取通知其所在单位、户籍所在地或者经常居住地的基层群众性自治组织、人民团体，在辖区范围内公开通报等措施进行惩戒；构成犯罪的，依法追究刑事责任。

第二十八条 人民陪审员的人身和住所安全受法律保护。任何单位和个人不得对人民陪审员及其近亲属打击报复。

对报复陷害、侮辱诽谤、暴力侵害人民陪审员及其近亲属的，依法追究法律责任。

第二十九条 人民陪审员参加审判活动期间，所在单位不得克扣或者变相克扣其工资、奖金及其他福利待遇。

人民陪审员所在单位违反前款规定的，基层人民法院应当及时向人民陪审员所在单位或者所在单位的主管部门、上级部门提出纠正意见。

第三十条 人民陪审员参加审判活动期间，由人民法院依照有关规定按实际工作日给予补助。

人民陪审员因参加审判活动而支出的交通、就餐等费用，由人民法院依照有关规定给予补助。

第三十一条 人民陪审员因参加审判活动应当享受的补助，人民法院和司法行政机关为实施人民陪审员制度所必需的开支，列入人民法院和司法行政机关业务经费，由相应政府财政予以保障。具体办法由最高人民法院、国务院司法行政部门会同国务院财政部门制定。

第三十二条 本法自公布之日起施行。2004年8月28日第十届全国人民代表大会常务委员会第十一次会议通过的《全国人民代表大会常务委员会关于完善人民陪审员制度的决定》同时废止。

最高人民法院关于适用《中华人民共和国人民陪审员法》若干问题的解释

（2019年2月18日最高人民法院审判委员会第1761次会议通过 2019年4月24日最高人民法院公告公布 自2019年5月1日起施行 法释〔2019〕5号）

为依法保障和规范人民陪审员参加审判活动，根据《中华人民共和国人民陪审员法》等法律的规定，结合审判实际，制定本解释。

第一条 根据人民陪审员法第十五条、第十六条的规定，人民法院决定由人民陪审员和法官组成合议庭审判的，合议庭成员确定后，应当及时告知当事人。

第二条 对于人民陪审员法第十五条、第十六条规定之外的第一审普通程序案件，人民法院应当告知刑事案件被告人、民事案件原告和被告、行政案件原告，在收到通知五日内有权申请由人民陪审员参加合议庭审判案件。

人民法院接到当事人在规定期限内提交的申请后，经审查决定由人民陪审员和法官组成合议庭审判的，合议庭成员确定后，应当及时告知当事人。

第三条 人民法院应当在开庭七日前从人民陪审员名单中随机抽取确定人民陪审员。

人民法院可以根据案件审判需要，从人民陪审员名单中随机抽取一定数量的候补人民陪审员，并确定递补顺序，一并告知当事人。

因案件类型需要具有相应专业知识的人民陪审员参加合议庭审判的，可以根据具体案情，在符合专业需求的人民陪审员名单中随机抽取确定。

第四条 人民陪审员确定后，人民法院应当将参审案件案由、当事人姓名或名称、开庭地点、开庭时间等事项告知参审人民陪审员及候补人民陪审员。

必要时，人民法院可以将参加审判活动的时间、地点等事项书面通知人民陪审员所在单位。

第五条 人民陪审员不参加下列案件的审理：

（一）依照民事诉讼法适用特别程序、督促程序、公示催告程序审理的案件；

（二）申请承认外国法院离婚判决的案件；

（三）裁定不予受理或者不需要开庭审理的案件。

第六条 人民陪审员不得参与审理由其以人民调解员身份先行调解的案件。

第七条 当事人依法有权申请人民陪审员回避。人民陪审员的回避，适用审判人员回避的法律规定。

人民陪审员回避事由经审查成立的，人民法院应当及时确定递补人选。

第八条 人民法院应当在开庭前，将相关权利和义务告知人民陪审员，并为其阅卷提供便利条件。

第九条 七人合议庭开庭前，应当制作事实认定问题清单，根据案件具体情况，区分事实认定问题与法律适用问题，对争议事实问题逐项列举，供人民陪审员在庭审时参考。事实认定问题和法律适用问题难以区分的，视为事实认定问题。

第十条 案件审判过程中，人民陪审员依法有权参加案件调查和调解工作。

第十一条 庭审过程中，人民陪审员依法有权向诉讼参加人发问，审判长应当提示人民陪审员围绕案件争议焦点进行发问。

第十二条 合议庭评议案件时，先由承办法官介绍案件涉及的相关法律、证据规则，然后由人民陪审员和法官依次发表意见，审判长最后发表意见并总结合议庭意见。

第十三条 七人合议庭评议时，审判长应当归纳和介绍需要通过评议讨论决定的案件事实认定问题，并列出案件事实问题清单。

人民陪审员全程参加合议庭评议，对于事实认定问题，由人民陪审员和法官在共同评议的基础上进行表决。对于法律适用问题，人民陪审员不参加表决，但可以发表意见，并记录在卷。

第十四条 人民陪审员应当认真阅读评议笔录，确认无误后签名。

第十五条 人民陪审员列席审判委员会讨论其参加审理的案件时，可以发表意见。

第十六条 案件审结后，人民法院应将裁判文书副本及时送交参加该案审判的人民陪审员。

第十七条 中级、基层人民法院应当保障人民陪审员均衡参审，结合本院实际情况，一般在不超过 30 件的范围内合理确定每名人民陪审员年度参加审判案件的数量上限，报高级人民法院备案，并向社会公告。

第十八条　人民法院应当依法规范和保障人民陪审员参加审判活动，不得安排人民陪审员从事与履行法定审判职责无关的工作。

第十九条　本解释自 2019 年 5 月 1 日起施行。

本解释公布施行后，最高人民法院于 2010 年 1 月 12 日发布的《最高人民法院关于人民陪审员参加审判活动若干问题的规定》同时废止。最高人民法院以前发布的司法解释与本解释不一致的，不再适用。

《中华人民共和国人民陪审员法》实施中若干问题的答复

（2020 年 8 月 11 日　法发〔2020〕29 号）

在《中华人民共和国人民陪审员法》（以下简称《人民陪审员法》）及配套规范性文件实施过程中，部分地方就有关问题进行请示，经研究，现答复如下：

1. 新疆维吾尔自治区生产建设兵团法院如何选任人民陪审员？

答：没有对应同级人民代表大会的兵团基层人民法院人民陪审员的名额由兵团分院确定，经公示后确定的人民陪审员人选，由基层人民法院院长提请兵团分院任命。在未设立垦区司法局的垦区，可以由师（市）司法局会同垦区人民法院、公安机关组织开展人民陪审员选任工作。

2.《人民陪审员法》第六条第一项所指的监察委员会、人民法院、人民检察院、公安机关、国家安全机关、司法行政机关的工作人员是否包括行政编制外人员？

答：上述工作人员包括占用行政编制和行政编制外的所有工作人员。

3. 乡镇人民代表大会主席团的成员能否担任人民陪审员？

答：符合担任人民陪审员条件的乡镇人民代表大会主席团成员，不是上级人民代表大会常务委员会组成人员的，可以担任人民陪审员，法律另有禁止性规定的除外。

4. 人民代表大会常务委员会的工作人员能否担任人民陪审员？

答：人民代表大会常务委员会的工作人员，符合担任人民陪审员条件的，可以担任人民陪审员，法律另有禁止性规定的除外。

5. 人民代表大会常务委员会的组成人员、法官、检察官，以及人民法院、人民检察院的其他工作人员，监察委员会、公安机关、国家安全机关、司法行政机关的工作人员离任后能否担任人民陪审员？

答：（1）人民代表大会常务委员会的组成人员，监察委员会、人民法院、人民检察院、公安机关、国家安全机关、司法行政机关的工作人员离任后，符合担任人民陪审员条件的，可以担任人民陪审员。上述人员担任人民陪审员的比例应当与其他人员的比例适当平衡。

（2）法官、检察官从人民法院、人民检察院离任后二年内，不得担任人民陪审员。

（3）法官从人民法院离任后，曾在基层人民法院工作的，不得在原任职的基层人民法院担任人民陪审员；检察官从人民检察院离任后，曾在基层人民检察院工作的，不得在与原任职的基层人民检察院同级、同辖区的人民法院担任人民陪审员。

（4）法官从人民法院离任后，担任人民陪审员的，不得参与原任职人民法院的审判活动；检察官从人民检察院离任后，担任人民陪审员的，不得参与原任职人民检察院同级、同辖区的人民法院的审判活动。

6. 劳动争议仲裁委员会的仲裁员能否担任人民陪审员?

答:劳动争议仲裁委员会的仲裁员不能担任人民陪审员。

7. 被纳入失信被执行人名单的公民能否担任人民陪审员?

答:公民被纳入失信被执行人名单期间,不得担任人民陪审员。人民法院撤销或者删除失信信息后,公民符合法定条件的,可以担任人民陪审员。

8. 公民担任人民陪审员不得超过两次,是否包括《人民陪审员法》实施前以及在不同人民法院任职的情形?

答:公民担任人民陪审员总共不得超过两次,包括《人民陪审员法》实施前任命以及在不同人民法院任职的情形。

9. 有独立请求权的第三人是否可以申请由人民陪审员参加合议庭审判案件?

答:有独立请求权的第三人可以依据《人民陪审员法》相关规定申请由人民陪审员参加合议庭审判案件。

10. 人民法院可否吸收人民陪审员参加减刑、假释案件的审理?

答:人民法院可以结合案件情况,吸收人民陪审员参加减刑、假释案件审理,但不需要开庭审理的除外。

11. 人民陪审员是否可以参加案件执行工作?

答:根据《人民陪审员法》,人民陪审员参加第一审刑事、民事、行政案件的审判。人民法院不得安排人民陪审员参加案件执行工作。

12. 人民法院可以根据案件审判需要,从人民陪审员名单中随机抽取一定数量的候补人民陪审员,并确定递补顺序,一并告知当事人。如果原定人民陪审员因故无法到庭,由候补人民陪审员参与案件审理,是否需要就变更合议庭成员另行告知双方当事人?候补人民陪审员的递补顺序,应如何确定?

答:人民法院已一并告知候补人民陪审员名单的,如变更由候补人民陪审员参加庭审的,无需另行告知当事人。确定候补人民陪审员的递补顺序,可按照姓氏笔画排序等方式确定。

13. 根据《最高人民法院关于适用〈中华人民共和国人民陪审员法〉若干问题的解释》,七人合议庭开庭前和评议时,应当制作事实认定问题清单。审判实践中,如何制作事实认定问题清单?

答:事实认定问题清单应当立足全部案件事实,重点针对案件难点和争议的焦点内容。刑事案件中,可以以犯罪构成要件事实为基础,主要包括构成犯罪的事实、不构成犯罪的事实,以及有关量刑情节的事实等。民事案件中,可以根据不同类型纠纷的请求权规范基础,归纳出当事人争议的要件事实。行政案件中,主要包括审查行政行为合法性所必须具备的事实。

14. 合议庭评议案件时,人民陪审员和法官可否分组分别进行评议、表决?

答:合议庭评议案件时,人民陪审员和法官应当共同评议、表决,不得分组进行。

15. 案件审结后,人民法院将裁判文书副本送交参加该案审判的人民陪审员时,能否要求人民陪审员在送达回证上签字?

答:人民陪审员不是受送达对象,不能要求人民陪审员在送达回证上签字。人民法院将裁判文书副本送交人民陪审员时,可以以适当方式请人民陪审员签收后存档。

16. 如何把握人民陪审员年度参审数上限一般不超过30件的要求?对于人民陪审员参与审理批量系列案件的,如何计算案件数量?

答:个别案件量大的人民法院可以结合本院实际情况,提出参审数上限在30件以上设置的意见,层报高级人民法院备案后实施。

高级人民法院应统筹辖区整体情况从严把握。

人民陪审员参加审理批量系列案件的，可以按一定比例折算案件数以核定是否超出参审数上限。具体折算比例，由高级人民法院确定。

17. 对于人民陪审员参审案件数占第一审案件数的比例即陪审率，是否可以设定考核指标？

答：《人民陪审员法》及相关司法解释规定了人民陪审员参审案件范围和年度参审数上限，要严格执行相关规定。人民法院不得对第一审案件总体陪审率设定考核指标，但要对第一审案件总体陪审率、人民陪审员参加七人合议庭等情况进行统计监测。

18. 人民陪审员是否适用法官法中法官任职回避的规定？

答：人民陪审员适用民事、刑事、行政诉讼法中诉讼回避的规定，不适用法官法中法官任职回避的规定。

19. 人民陪审员在参加庭审等履职过程中，着装有何要求？

答：人民陪审员在参加庭审等履职过程中，着装应当端庄、得体，但不得配发、穿着统一制服。

最高人民法院关于具有专门知识的人民陪审员参加环境资源案件审理的若干规定

（2023 年 4 月 17 日最高人民法院审判委员会第 1885 次会议通过 2023 年 7 月 26 日最高人民法院公告公布 自 2023 年 8 月 1 日起施行 法释〔2023〕4 号）

为依法妥善审理环境资源案件，规范和保障具有专门知识的人民陪审员参加环境资源案件审判活动，根据《中华人民共和国刑事诉讼法》《中华人民共和国民事诉讼法》《中华人民共和国行政诉讼法》《中华人民共和国人民陪审员法》等法律的规定，结合环境资源案件特点和审判实际，制定本规定。

第一条 人民法院审理的第一审环境资源刑事、民事、行政案件，符合人民陪审员法第十五条规定，且案件事实涉及复杂专门性问题的，由不少于一名具有专门知识的人民陪审员参加合议庭审理。

前款规定外的第一审环境资源案件，人民法院认为有必要的，可以由具有专门知识的人民陪审员参加合议庭审理。

第二条 符合下列条件的人民陪审员，为本规定所称具有专门知识的人民陪审员：

（一）具有环境资源领域专门知识；

（二）在环境资源行政主管部门、科研院所、高等院校、企业、社会组织等单位从业三年以上。

第三条 人民法院参与人民陪审员选任，可以根据环境资源审判活动需要，结合案件类型、数量等特点，协商司法行政机关确定一定数量具有专门知识的人民陪审员候选人。

第四条 具有专门知识的人民陪审员任期届满后，人民法院认为有必要的，可以商请本人同意后协商司法行政机关经法定程序再次选任。

第五条 需要具有专门知识的人民陪审员参加案件审理的，人民法院可以根据环境资源案件的特点和具有专门知识的人民陪审员选任情况，在符合专业需求的人民陪审员名单中随机抽取确定。

第六条 基层人民法院可以根据环境资源案件审理的需要，协商司法行政机关选任具有专门知识的人民陪审员。

设立环境资源审判专门机构的基层人民法院，应当协商司法行政机关选任具有专门知识的人民陪审员。

设立环境资源审判专门机构的中级人民法院,辖区内基层人民法院均未设立环境资源审判专门机构的,应当指定辖区内不少于一家基层人民法院协商司法行政机关选任有专门知识的人民陪审员。

第七条 基层人民法院审理的环境资源案件,需要具有专门知识的人民陪审员参加合议庭审理的,组成不少于一名具有专门知识的人民陪审员参加的三人合议庭。

基层人民法院审理的可能判处十年以上有期徒刑且社会影响重大的环境资源刑事案件,以及环境行政公益诉讼案件,需要具有专门知识的人民陪审员参加合议庭审理的,组成不少于一名具有专门知识的人民陪审员参加的七人合议庭。

第八条 中级人民法院审理的环境民事公益诉讼案件、环境行政公益诉讼案件、生态环境损害赔偿诉讼案件以及其他具有重大社会影响的环境污染防治、生态保护、气候变化应对、资源开发利用、生态环境治理与服务等案件,需要具有专门知识的人民陪审员参加合议庭审理的,组成不少于一名具有专门知识的人民陪审员参加的七人合议庭。

第九条 实行环境资源案件跨区域集中管辖的中级人民法院审理第一审环境资源案件,需要具有专门知识的人民陪审员参加合议庭审理的,可以从环境资源案件集中管辖区域内基层人民法院具有专门知识的人民陪审员名单中随机抽取确定。

第十条 铁路运输法院等没有对应同级人民代表大会的法院审理第一审环境资源案件,需要具有专门知识的人民陪审员参加合议庭审理的,在其所在地级市辖区或案件管辖区域内基层人民法院具有专门知识的人民陪审员名单中随机抽取确定。

第十一条 符合法律规定的审判人员应当回避的情形,或所在单位与案件有利害关系的,具有专门知识的人民陪审员应当自行回避。当事人也可以申请具有专门知识的人民陪审员回避。

第十二条 审判长应当依照人民陪审员法第二十条的规定,对具有专门知识的人民陪审员参加的下列工作,重点进行指引和提示:

(一)专门性事实的调查;

(二)就是否进行证据保全、行为保全提出意见;

(三)庭前会议、证据交换和勘验;

(四)就是否委托司法鉴定,以及鉴定事项、范围、目的和期限提出意见;

(五)生态环境修复方案的审查;

(六)环境民事公益诉讼案件、生态环境损害赔偿诉讼案件的调解、和解协议的审查。

第十三条 具有专门知识的人民陪审员参加环境资源案件评议时,应当就案件事实涉及的专门性问题发表明确意见。

具有专门知识的人民陪审员就该专门性问题发表的意见与合议庭其他成员不一致的,合议庭可以将案件提请院长决定是否提交审判委员会讨论决定。有关情况应当记入评议笔录。

第十四条 具有专门知识的人民陪审员可以参与监督生态环境修复、验收和修复效果评估。

第十五条 具有专门知识的人民陪审员参加环境资源案件的审理,本规定没有规定的,适用《最高人民法院关于适用〈中华人民共和国人民陪审员法〉若干问题的解释》的规定。

第十六条 本规定自 2023 年 8 月 1 日起施行。

最高人民法院关于技术调查官参与知识产权案件诉讼活动的若干规定

（2019 年 1 月 28 日最高人民法院审判委员会第 1760 次会议通过　2019 年 3 月 18 日最高人民法院公告公布　自 2019 年 5 月 1 日起施行　法释〔2019〕2 号）

为规范技术调查官参与知识产权案件诉讼活动，根据《中华人民共和国人民法院组织法》《中华人民共和国刑事诉讼法》《中华人民共和国民事诉讼法》《中华人民共和国行政诉讼法》的规定，结合审判实际，制定本规定。

第一条　人民法院审理专利、植物新品种、集成电路布图设计、技术秘密、计算机软件、垄断等专业技术性较强的知识产权案件时，可以指派技术调查官参与诉讼活动。

第二条　技术调查官属于审判辅助人员。

人民法院可以设置技术调查室，负责技术调查官的日常管理，指派技术调查官参与知识产权案件诉讼活动、提供技术咨询。

第三条　参与知识产权案件诉讼活动的技术调查官确定或者变更后，应当在三日内告知当事人，并依法告知当事人有权申请技术调查官回避。

第四条　技术调查官的回避，参照适用刑事诉讼法、民事诉讼法、行政诉讼法等有关其他人员回避的规定。

第五条　在一个审判程序中参与过案件诉讼活动的技术调查官，不得再参与该案其他程序的诉讼活动。

发回重审的案件，在一审法院作出裁判后又进入第二审程序的，原第二审程序中参与诉讼的技术调查官不受前款规定的限制。

第六条　参与知识产权案件诉讼活动的技术调查官就案件所涉技术问题履行下列职责：

（一）对技术事实的争议焦点以及调查范围、顺序、方法等提出建议；

（二）参与调查取证、勘验、保全；

（三）参与询问、听证、庭前会议、开庭审理；

（四）提出技术调查意见；

（五）协助法官组织鉴定人、相关技术领域的专业人员提出意见；

（六）列席合议庭评议等有关会议；

（七）完成其他相关工作。

第七条　技术调查官参与调查取证、勘验、保全的，应当事先查阅相关技术资料，就调查取证、勘验、保全的方法、步骤和注意事项等提出建议。

第八条　技术调查官参与询问、听证、庭前会议、开庭审理活动时，经法官同意，可以就案件所涉技术问题向当事人及其他诉讼参与人发问。

技术调查官在法庭上的座位设在法官助理的左侧，书记员的座位设在法官助理的右侧。

第九条　技术调查官应当在案件评议前就案件所涉技术问题提出技术调查意见。

技术调查意见由技术调查官独立出具并签名，不对外公开。

第十条　技术调查官列席案件评议时，其提出的意见应当记入评议笔录，并由其签名。

技术调查官对案件裁判结果不具有表决权。

第十一条　技术调查官提出的技术调查意见可以作为合议庭认定技术事实的参考。

合议庭对技术事实认定依法承担责任。

第十二条　技术调查官参与知识产权案件诉讼活动的，应当在裁判文书上署名。技术调查官的署名位于法官助理之下、书记员之上。

第十三条 技术调查官违反与审判工作有关的法律及相关规定,贪污受贿、徇私舞弊,故意出具虚假、误导或者重大遗漏的不实技术调查意见的,应当追究法律责任;构成犯罪的,依法追究刑事责任。

第十四条 根据案件审理需要,上级人民法院可以对本辖区内各级人民法院的技术调查官进行调派。

人民法院审理本规定第一条所称案件时,可以申请上级人民法院调派技术调查官参与诉讼活动。

第十五条 本规定自 2019 年 5 月 1 日起施行。本院以前发布的相关规定与本规定不一致的,以本规定为准。

最高人民法院关于互联网法院审理案件若干问题的规定

（2018 年 9 月 3 日最高人民法院审判委员会第 1747 次会议通过 2018 年 9 月 6 日最高人民法院公告公布 自 2018 年 9 月 7 日起施行 法释〔2018〕16 号）

为规范互联网法院诉讼活动,保护当事人及其他诉讼参与人合法权益,确保公正高效审理案件,根据《中华人民共和国民事诉讼法》《中华人民共和国行政诉讼法》等法律,结合人民法院审判工作实际,就互联网法院审理案件相关问题规定如下。

第一条 互联网法院采取在线方式审理案件,案件的受理、送达、调解、证据交换、庭前准备、庭审、宣判等诉讼环节一般应当在线上完成。

根据当事人申请或者案件审理需要,互联网法院可以决定在线下完成部分诉讼环节。

第二条 北京、广州、杭州互联网法院集中管辖所在市的辖区内应当由基层人民法院受理的下列第一审案件:

（一）通过电子商务平台签订或者履行网络购物合同而产生的纠纷;

（二）签订、履行行为均在互联网上完成的网络服务合同纠纷;

（三）签订、履行行为均在互联网上完成的金融借款合同纠纷、小额借款合同纠纷;

（四）在互联网上首次发表作品的著作权或者邻接权权属纠纷;

（五）在互联网上侵害在线发表或者传播作品的著作权或者邻接权而产生的纠纷;

（六）互联网域名权属、侵权及合同纠纷;

（七）在互联网上侵害他人人身权、财产权等民事权益而产生的纠纷;

（八）通过电子商务平台购买的产品,因存在产品缺陷,侵害他人人身、财产权益而产生的产品责任纠纷;

（九）检察机关提起的互联网公益诉讼案件;

（十）因行政机关作出互联网信息服务管理、互联网商品交易及有关服务管理等行政行为而产生的行政纠纷;

（十一）上级人民法院指定管辖的其他互联网民事、行政案件。

第三条 当事人可以在本规定第二条确定的合同及其他财产权益纠纷范围内,依法协议约定与争议有实际联系地点的互联网法院管辖。

电子商务经营者、网络服务提供商等采取格式条款形式与用户订立管辖协议的,应当符合法律及司法解释关于格式条款的规定。

第四条 当事人对北京互联网法院作出的判决、裁定提起上诉的案件,由北京市第四中级人民法院审理,但互联网著作权权属纠纷和侵权纠纷、互联网域名纠纷的上诉案件，由北京知识产权法院审理。

当事人对广州互联网法院作出的判决、裁定提起上诉的案件，由广州市中级人民法院审理，但互联网著作权权属纠纷和侵权纠纷、互联网域名纠纷的上诉案件，由广州知识产权法院审理。

当事人对杭州互联网法院作出的判决、裁定提起上诉的案件，由杭州市中级人民法院审理。

第五条 互联网法院应当建设互联网诉讼平台（以下简称诉讼平台），作为法院办理案件和当事人及其他诉讼参与人实施诉讼行为的专用平台。通过诉讼平台作出的诉讼行为，具有法律效力。

互联网法院审理案件所需涉案数据，电子商务平台经营者、网络服务提供商、相关国家机关应当提供，并有序接入诉讼平台，由互联网法院在线核实、实时固定、安全管理。诉讼平台对涉案数据的存储和使用，应当符合《中华人民共和国网络安全法》等法律法规的规定。

第六条 当事人及其他诉讼参与人使用诉讼平台实施诉讼行为的，应当通过证件证照比对、生物特征识别或者国家统一身份认证平台认证等在线方式完成身份认证，并取得登录诉讼平台的专用账号。

使用专用账号登录诉讼平台所作出的行为，视为被认证人本人行为，但因诉讼平台技术原因导致系统错误，或者被认证人能够证明诉讼平台账号被盗用的除外。

第七条 互联网法院在线接收原告提交的起诉材料，并于收到材料后七日内，在线作出以下处理：

（一）符合起诉条件的，登记立案并送达案件受理通知书、诉讼费交纳通知书、举证通知书等诉讼文书。

（二）提交材料不符合要求的，及时发出补正通知，并于收到补正材料后次日重新起算受理时间；原告未在指定期限内按要求补正的，起诉材料作退回处理。

（三）不符合起诉条件的，经释明后，原告无异议的，起诉材料作退回处理；原告坚持继续起诉的，依法作出不予受理裁定。

第八条 互联网法院受理案件后，可以通过原告提供的手机号码、传真、电子邮箱、即时通讯账号等，通知被告、第三人通过诉讼平台进行案件关联和身份验证。

被告、第三人应当通过诉讼平台了解案件信息，接收和提交诉讼材料，实施诉讼行为。

第九条 互联网法院组织在线证据交换的，当事人应当将在线电子数据上传、导入诉讼平台，或者将线下证据通过扫描、翻拍、转录等方式进行电子化处理后上传至诉讼平台进行举证，也可以运用已经导入诉讼平台的电子数据证明自己的主张。

第十条 当事人及其他诉讼参与人通过技术手段将身份证明、营业执照副本、授权委托书、法定代表人身份证明等诉讼材料，以及书证、鉴定意见、勘验笔录等证据材料进行电子化处理后提交，经互联网法院审核通过后，视为符合原件形式要求。对方当事人对上述材料真实性提出异议且有合理理由的，互联网法院应当要求当事人提供原件。

第十一条 当事人对电子数据真实性提出异议的，互联网法院应当结合质证情况，审查判断电子数据生成、收集、存储、传输过程的真实性，并着重审查以下内容：

（一）电子数据生成、收集、存储、传输所依赖的计算机系统等硬件、软件环境是否安全、可靠；

（二）电子数据的生成主体和时间是否明确，表现内容是否清晰、客观、准确；

（三）电子数据的存储、保管介质是否明确，保管方式和手段是否妥当；

(四)电子数据提取和固定的主体、工具和方式是否可靠,提取过程是否可以重现;

(五)电子数据的内容是否存在增加、删除、修改及不完整等情形;

(六)电子数据是否可以通过特定形式得到验证。

当事人提交的电子数据,通过电子签名、可信时间戳、哈希值校验、区块链等证据收集、固定和防篡改的技术手段或者通过电子取证存证平台认证,能够证明其真实性的,互联网法院应当确认。

当事人可以申请具有专门知识的人就电子数据技术问题提出意见。互联网法院可以根据当事人申请或者依职权,委托鉴定电子数据的真实性或者调取其他相关证据进行核对。

第十二条 互联网法院采取在线视频方式开庭。存在确需当庭查明身份、核对原件、查验实物等特殊情形的,互联网法院可以决定在线下开庭,但其他诉讼环节仍应当在线完成。

第十三条 互联网法院可以视情决定采取下列方式简化庭审程序:

(一)开庭前已经在线完成当事人身份核实、权利义务告知、庭审纪律宣示的,开庭时可以不再重复进行;

(二)当事人已经在线完成证据交换的,对于无争议的证据,法官在庭审中说明后,可以不再举证、质证;

(三)经征得当事人同意,可以将当事人陈述、法庭调查、法庭辩论等庭审环节合并进行。对于简单民事案件,庭审可以直接围绕诉讼请求或者案件要素进行。

第十四条 互联网法院根据在线庭审特点,适用《中华人民共和国人民法院法庭规则》的有关规定。除经查明确属网络故障、设备损坏、电力中断或者不可抗力等原因外,当事人不按时参加在线庭审的,视为"拒不到庭",庭审中擅自退出的,视为"中途退庭",分别按照《中华人民共和国民事诉讼法》《中华人民共和国行政诉讼法》及相关司法解释的规定处理。

第十五条 经当事人同意,互联网法院应当通过中国审判流程信息公开网、诉讼平台、手机短信、传真、电子邮件、即时通讯账号等电子方式送达诉讼文书及当事人提交的证据材料等。

当事人未明确表示同意,但已经约定发生纠纷时在诉讼中适用电子送达的,或者通过回复收悉、作出相应诉讼行为等方式接受已经完成的电子送达,并且未明确表示不同意电子送达的,可以视为同意电子送达。

经告知当事人权利义务,并征得其同意,互联网法院可以电子送达裁判文书。当事人提出需要纸质版裁判文书的,互联网法院应当提供。

第十六条 互联网法院进行电子送达,应当向当事人确认电子送达的具体方式和地址,并告知电子送达的适用范围、效力、送达地址变更方式以及其他需告知的送达事项。

受送达人未提供有效电子送达地址的,互联网法院可以将能够确认为受送达人本人的近三个月内处于日常活跃状态的手机号码、电子邮箱、即时通讯账号等常用电子地址作为优先送达地址。

第十七条 互联网法院向受送达人主动提供或者确认的电子地址进行送达的,送达信息到达受送达人特定系统时,即为送达。

互联网法院向受送达人常用电子地址或者能够获取的其他电子地址进行送达的,根据下列情形确定是否完成送达:

(一)受送达人回复已收到送达材料,或者根据送达内容作出相应诉讼行为的,视为完成有效送达。

(二)受送达人的媒介系统反馈受送达人已阅知,或者有其他证据可以证明受送达人已经收悉的,推定完成有效送达,但受送达人能够证明存在媒介系统错误、送达地址非本人所有或者使用、非本人阅知等未收悉送达内容的情形除外。

完成有效送达的,互联网法院应当制作电子送达凭证。电子送达凭证具有送达回证效力。

第十八条　对需要进行公告送达的事实清楚、权利义务关系明确的简单民事案件,互联网法院可以适用简易程序审理。

第十九条　互联网法院在线审理的案件,审判人员、法官助理、书记员、当事人及其他诉讼参与人等通过在线确认、电子签章等在线方式对调解协议、笔录、电子送达凭证及其他诉讼材料予以确认的,视为符合《中华人民共和国民事诉讼法》有关"签名"的要求。

第二十条　互联网法院在线审理的案件,可以在调解、证据交换、庭审、合议等诉讼环节运用语音识别技术同步生成电子笔录。电子笔录在线方式核对确认后,与书面笔录具有同等法律效力。

第二十一条　互联网法院应当利用诉讼平台随案同步生成电子卷宗,形成电子档案。案件纸质档案已经全部转化为电子档案的,可以以电子档案代替纸质档案进行上诉移送和案卷归档。

第二十二条　当事人对互联网法院审理的案件提起上诉的,第二审法院原则上采取在线方式审理。第二审法院在线审理规则参照适用本规定。

第二十三条　本规定自2018年9月7日起施行。最高人民法院之前发布的司法解释与本规定不一致的,以本规定为准。

最高人民法院、最高人民检察院关于检察公益诉讼案件适用法律若干问题的解释

（2018年2月23日最高人民法院审判委员会第1734次会议、2018年2月11日最高人民检察院第十二届检察委员会第73次会议通过　根据2020年12月23日最高人民法院审判委员会第1823次会议、2020年12月28日最高人民检察院第十三届检察委员会第58次会议修正　2020年12月29日最高人民法院公告公布）

一、一般规定

第一条　为正确适用《中华人民共和国民法典》《中华人民共和国民事诉讼法》《中华人民共和国行政诉讼法》关于人民检察院提起公益诉讼制度的规定,结合审判、检察工作实际,制定本解释。

第二条　人民法院、人民检察院办理公益诉讼案件主要任务是充分发挥司法审判、法律监督职能作用,维护宪法法律权威,维护社会公平正义,维护国家利益和社会公共利益,督促适格主体依法行使公益诉权,促进依法行政、严格执法。

第三条　人民法院、人民检察院办理公益诉讼案件,应当遵守宪法法律规定,遵循诉讼制度的原则,遵循审判权、检察权运行规律。

第四条　人民检察院以公益诉讼起诉人身份提起公益诉讼,依照民事诉讼法、行政诉讼法享有相应的诉讼权利,履行相应的诉讼义务,但法律、司法解释另有规定的除外。

第五条　市（分、州）人民检察院提起的第一审民事公益诉讼案件,由侵权行为地或

者被告住所地中级人民法院管辖。

基层人民检察院提起的第一审行政公益诉讼案件,由被诉行政机关所在地基层人民法院管辖。

第六条 人民检察院办理公益诉讼案件,可以向有关行政机关以及其他组织、公民调查收集证据材料;有关行政机关以及其他组织、公民应当配合;需要采取证据保全措施的,依照民事诉讼法、行政诉讼法相关规定办理。

第七条 人民法院审理人民检察院提起的第一审公益诉讼案件,适用人民陪审制。

第八条 人民法院开庭审理人民检察院提起的公益诉讼案件,应当在开庭三日前向人民检察院送达出庭通知书。

人民检察院应当派员出庭,并应当自收到人民法院出庭通知书之日起三日内向人民法院提交派员出庭通知书。派员出庭通知书应当写明出庭人员的姓名、法律职务以及出庭履行的具体职责。

第九条 出庭检察人员履行以下职责:

(一)宣读公益诉讼起诉书;

(二)对人民检察院调查收集的证据予以出示和说明,对相关证据进行质证;

(三)参加法庭调查,进行辩论并发表意见;

(四)依法从事其他诉讼活动。

第十条 人民检察院不服人民法院第一审判决、裁定的,可以向上一级人民法院提起上诉。

第十一条 人民法院审理第二审案件,由提起公益诉讼的人民检察院派员出庭,上一级人民检察院也可以派员参加。

第十二条 人民检察院提起公益诉讼案件判决、裁定发生法律效力,被告不履行的,人民法院应当移送执行。

二、民事公益诉讼

第十三条 人民检察院在履行职责中发现破坏生态环境和资源保护,食品药品安全领域侵害众多消费者合法权益,侵害英雄烈士等的姓名、肖像、名誉、荣誉等损害社会公共利益的行为,拟提起公益诉讼的,应当依法公告,公告期间为三十日。

公告期满,法律规定的机关和有关组织、英雄烈士等的近亲属不提起诉讼的,人民检察院可以向人民法院提起诉讼。

人民检察院办理侵害英雄烈士等的姓名、肖像、名誉、荣誉等的民事公益诉讼案件,也可以直接征询英雄烈士等的近亲属的意见。

第十四条 人民检察院提起民事公益诉讼应当提交下列材料:

(一)民事公益诉讼起诉书,并按照被告人数提出副本;

(二)被告的行为已经损害社会公共利益的初步证明材料;

(三)已经履行公告程序、征询英雄烈士等的近亲属意见的证明材料。

第十五条 人民检察院依据民事诉讼法第五十五条第二款的规定提起民事公益诉讼,符合民事诉讼法第一百一十九条第二项、第三项、第四项及本解释规定的起诉条件的,人民法院应当登记立案。

第十六条 人民检察院提起的民事公益诉讼案件中,被告以反诉方式提出诉讼请求的,人民法院不予受理。

第十七条 人民法院受理人民检察院提起的民事公益诉讼案件后,应当在立案之日起五日内将起诉书副本送达被告。

人民检察院已履行诉前公告程序的,人民法院立案后不再进行公告。

第十八条 人民法院认为人民检察院提

出的诉讼请求不足以保护社会公共利益的，可以向其释明变更或者增加停止侵害、恢复原状等诉讼请求。

第十九条　民事公益诉讼案件审理过程中，人民检察院诉讼请求全部实现而撤回起诉的，人民法院应予准许。

第二十条　人民检察院对破坏生态环境和资源保护，食品药品安全领域侵害众多消费者合法权益，侵害英雄烈士等的姓名、肖像、名誉、荣誉等损害社会公共利益的犯罪行为提起刑事公诉时，可以向人民法院一并提起附带民事公益诉讼，由人民法院同一审判组织审理。

人民检察院提起的刑事附带民事公益诉讼案件由审理刑事案件的人民法院管辖。

三、行政公益诉讼

第二十一条　人民检察院在履行职责中发现生态环境和资源保护、食品药品安全、国有财产保护、国有土地使用权出让等领域负有监督管理职责的行政机关违法行使职权或者不作为，致使国家利益或者社会公共利益受到侵害的，应当向行政机关提出检察建议，督促其依法履行职责。

行政机关应当在收到检察建议书之日起两个月内依法履行职责，并书面回复人民检察院。出现国家利益或者社会公共利益损害继续扩大等紧急情形的，行政机关应当在十五日内书面回复。

行政机关不依法履行职责的，人民检察院依法向人民法院提起诉讼。

第二十二条　人民检察院提起行政公益诉讼应当提交下列材料：

（一）行政公益诉讼起诉书，并按照被告人数提出副本；

（二）被告违法行使职权或者不作为，致使国家利益或者社会公共利益受到侵害的证明材料；

（三）已经履行诉前程序，行政机关仍不依法履行职责或者纠正违法行为的证明材料。

第二十三条　人民检察院依据行政诉讼法第二十五条第四款的规定提起行政公益诉讼，符合行政诉讼法第四十九条第二项、第三项、第四项及本解释规定的起诉条件的，人民法院应当登记立案。

第二十四条　在行政公益诉讼案件审理过程中，被告纠正违法行为或者依法履行职责而使人民检察院的诉讼请求全部实现，人民检察院撤回起诉的，人民法院应当裁定准许；人民检察院变更诉讼请求，请求确认原行政行为违法的，人民法院应当判决确认违法。

第二十五条　人民法院区分下列情形作出行政公益诉讼判决：

（一）被诉行政行为具有行政诉讼法第七十四条、第七十五条规定情形之一的，判决确认违法或者确认无效，并可以同时判决责令行政机关采取补救措施；

（二）被诉行政行为具有行政诉讼法第七十条规定情形之一的，判决撤销或者部分撤销，并可以判决被诉行政机关重新作出行政行为；

（三）被诉行政机关不履行法定职责的，判决在一定期限内履行；

（四）被诉行政机关作出的行政处罚明显不当，或者其他行政行为涉及对款额的确定、认定确有错误的，可以判决予以变更；

（五）被诉行政行为证据确凿，适用法律、法规正确，符合法定程序，未超越职权，未滥用职权，无明显不当，或者人民检察院请求被诉行政机关履行法定职责理由不成立的，判决驳回诉讼请求。

人民法院可以将判决结果告知被诉行政机关所属的人民政府或者其他相关的职能部门。

四、附　则

第二十六条　本解释未规定的其他事项,适用民事诉讼法、行政诉讼法以及相关司法解释的规定。

第二十七条　本解释自 2018 年 3 月 2 日起施行。

最高人民法院、最高人民检察院之前发布的司法解释和规范性文件与本解释不一致的,以本解释为准。

人民检察院公益诉讼办案规则

(2021 年 6 月 29 日　高检发释字〔2021〕2 号)

第一章　总　则

第一条　为了规范人民检察院履行公益诉讼检察职责,加强对国家利益和社会公共利益的保护,根据《中华人民共和国人民检察院组织法》《中华人民共和国民事诉讼法》《中华人民共和国行政诉讼法》等法律规定,结合人民检察院工作实际,制定本规则。

第二条　人民检察院办理公益诉讼案件的任务,是通过依法独立行使检察权,督促行政机关依法履行监督管理职责,支持适格主体依法行使公益诉权,维护国家利益和社会公共利益,维护社会公平正义,维护宪法和法律权威,促进国家治理体系和治理能力现代化。

第三条　人民检察院办理公益诉讼案件,应当遵守宪法、法律和相关法规,秉持客观公正立场,遵循相关诉讼制度的基本原则和程序规定,坚持司法公开。

第四条　人民检察院通过提出检察建议、提起诉讼和支持起诉等方式履行公益诉讼检察职责。

第五条　人民检察院办理公益诉讼案件,由检察官、检察长、检察委员会在各自职权范围内对办案事项作出决定,并依照规定承担相应司法责任。

检察官在检察长领导下开展工作。重大办案事项,由检察长决定。检察长可以根据案件情况,提交检察委员会讨论决定。其他办案事项,检察长可以自行决定,也可以授权检察官决定。

以人民检察院名义制发的法律文书,由检察长签发;属于检察官职权范围内决定事项的,检察长可以授权检察官签发。

第六条　人民检察院办理公益诉讼案件,根据案件情况,可以由一名检察官独任办理,也可以由两名以上检察官组成办案组办理。由检察官办案组办理的,检察长应当指定一名检察官担任主办检察官,组织、指挥办案组办理案件。

检察官办理案件,可以根据需要配备检察官助理、书记员、司法警察、检察技术人员等检察辅助人员。检察辅助人员依照法律规定承担相应的检察辅助事务。

第七条　负责公益诉讼检察的部门负责人对本部门的办案活动进行监督管理。需要报请检察长决定的事项,应当先由部门负责人审核。部门负责人可以主持召开检察官联席会议进行讨论,也可以直接报请检察长决定。

第八条　检察长不同意检察官处理意见的,可以要求检察官复核,也可以直接作出决定,或者提请检察委员会讨论决定。

检察官执行检察长决定时,认为决定错误的,应当书面提出意见。检察长不改变原决定的,检察官应当执行。

第九条　人民检察院提起诉讼或者支持起诉的民事、行政公益诉讼案件,由负责民事、行政检察的部门或者办案组织分别履行诉讼监督的职责。

第十条 最高人民检察院领导地方各级人民检察院和专门人民检察院的公益诉讼检察工作,上级人民检察院领导下级人民检察院的公益诉讼检察工作。

上级人民检察院对下级人民检察院作出的决定,有权予以撤销或者变更;发现下级人民检察院办理的案件有错误的,有权指令下级人民检察院予以纠正。

下级人民检察院对上级人民检察院的决定应当执行。如果认为有错误的,应当在执行的同时向上级人民检察院报告。

第十一条 人民检察院办理公益诉讼案件,实行一体化工作机制,上级人民检察院根据办案需要,可以交办、提办、督办、领办案件。

上级人民检察院可以依法统一调用辖区的检察人员办理案件,调用的决定应当以书面形式作出。被调用的检察官可以代表办理案件的人民检察院履行调查、出庭等职责。

第十二条 人民检察院办理公益诉讼案件,依照规定接受人民监督员监督。

第二章 一般规定

第一节 管 辖

第十三条 人民检察院办理行政公益诉讼案件,由行政机关对应的同级人民检察院立案管辖。

行政机关为人民政府,由上一级人民检察院管辖更为适宜的,也可以由上一级人民检察院立案管辖。

第十四条 人民检察院办理民事公益诉讼案件,由违法行为发生地、损害结果地或者违法行为人住所地基层人民检察院立案管辖。

刑事附带民事公益诉讼案件,由办理刑事案件的人民检察院立案管辖。

第十五条 设区的市级以上人民检察院管辖本辖区内重大、复杂的案件。公益损害范围涉及两个以上行政区划的公益诉讼案件,可以由共同的上一级人民检察院管辖。

第十六条 人民检察院立案管辖与人民法院诉讼管辖级别、地域不对应的,具有管辖权的人民检察院可以立案,需要提起诉讼的,应当将案件移送有管辖权人民法院对应的同级人民检察院。

第十七条 上级人民检察院可以根据办案需要,将下级人民检察院管辖的公益诉讼案件指定本辖区内其他人民检察院办理。

最高人民检察院、省级人民检察院和设区的市级人民检察院可以根据跨区域协作工作机制规定,将案件指定或移送相关人民检察院跨行政区划管辖。基层人民检察院可以根据跨区域协作工作机制规定,将案件移送相关人民检察院跨行政区划管辖。

人民检察院对管辖权发生争议的,由争议双方协商解决。协商不成的,报共同的上级人民检察院指定管辖。

第十八条 上级人民检察院认为确有必要的,可以办理下级人民检察院管辖的案件,也可以将本院管辖的案件交下级人民检察院办理。

下级人民检察院认为需要由上级人民检察院办理的,可以报请上级人民检察院决定。

第二节 回 避

第十九条 检察人员具有下列情形之一的,应当自行回避,当事人、诉讼代理人有权申请其回避:

(一)是行政公益诉讼行政机关法定代表人或者主要负责人、诉讼代理人近亲属,或者有其他关系,可能影响案件公正办理的;

(二)是民事公益诉讼当事人、诉讼代理

人近亲属,或者有其他关系,可能影响案件公正办理的。

应当回避的检察人员,本人没有自行回避,当事人及其诉讼代理人也没有申请其回避的,检察长或者检察委员会应当决定其回避。

前两款规定,适用于翻译人员、鉴定人、勘验人等。

第二十条 检察人员自行回避的,应当书面或者口头提出,并说明理由。口头提出的,应当记录在卷。

第二十一条 当事人及其诉讼代理人申请回避的,应当书面或者口头提出,并说明理由。口头提出的,应当记录在卷。

被申请回避的人员在人民检察院作出是否回避的决定前,不停止参与本案工作。

第二十二条 检察长的回避,由检察委员会讨论决定;检察人员和其他人员的回避,由检察长决定。检察委员会讨论检察长回避问题时,由副检察长主持。

第二十三条 人民检察院对当事人提出的回避申请,应当在收到申请后三日内作出决定,并通知申请人。申请人对决定不服的,可以在接到决定时向原决定机关申请复议一次。人民检察院应当在三日内作出复议决定,并通知复议申请人。复议期间,被申请回避的人员不停止参与本案工作。

第三节 立 案

第二十四条 公益诉讼案件线索的来源包括:

(一)自然人、法人和非法人组织向人民检察院控告、举报的;

(二)人民检察院在办案中发现的;

(三)行政执法信息共享平台上发现的;

(四)国家机关、社会团体和人大代表、政协委员等转交的;

(五)新闻媒体、社会舆论等反映的;

(六)其他在履行职责中发现的。

第二十五条 人民检察院对公益诉讼案件线索实行统一登记备案管理制度。重大案件线索应当向上一级人民检察院备案。

人民检察院其他部门发现公益诉讼案件线索的,应当将有关材料及时移送负责公益诉讼检察的部门。

第二十六条 人民检察院发现公益诉讼案件线索不属于本院管辖的,应当制作《移送案件线索通知书》,移送有管辖权的同级人民检察院,受移送的人民检察院应当受理。受移送的人民检察院认为不属于本院管辖的,应当报告上级人民检察院,不得自行退回原移送线索的人民检察院或者移送其他人民检察院。

人民检察院发现公益诉讼案件线索属于上级人民检察院管辖的,应当制作《报请移送案件线索意见书》,报请移送上级人民检察院。

第二十七条 人民检察院应当对公益诉讼案件线索的真实性、可查性等进行评估,必要时可以进行初步调查,并形成《初步调查报告》。

第二十八条 人民检察院经过评估,认为国家利益或者社会公共利益受到侵害,可能存在违法行为的,应当立案调查。

第二十九条 对于国家利益或者社会公共利益受到严重侵害,人民检察院经初步调查仍难以确定不依法履行监督管理职责的行政机关或者违法行为人的,也可以立案调查。

第三十条 检察官对案件线索进行评估后提出立案或者不立案意见的,应当制作《立案审批表》,经过初步调查的附《初步调查报告》,报请检察长决定后制作《立案决定书》或者《不立案决定书》。

第三十一条 负责公益诉讼检察的部门在办理公益诉讼案件过程中,发现涉嫌犯罪或者职务违法、违纪线索的,应当依照规定移送本院相关检察业务部门或者其他有管辖权的主管机关。

第四节 调 查

第三十二条 人民检察院办理公益诉讼案件,应当依法、客观、全面调查收集证据。

第三十三条 人民检察院在调查前应当制定调查方案,确定调查思路、方法、步骤以及拟收集的证据清单等。

第三十四条 人民检察院办理公益诉讼案件的证据包括书证、物证、视听资料、电子数据、证人证言、当事人陈述、鉴定意见、专家意见、勘验笔录等。

第三十五条 人民检察院办理公益诉讼案件,可以采取以下方式开展调查和收集证据:

(一)查阅、调取、复制有关执法、诉讼卷宗材料等;

(二)询问行政机关工作人员、违法行为人以及行政相对人、利害关系人、证人等;

(三)向有关单位和个人收集书证、物证、视听资料、电子数据等证据;

(四)咨询专业人员、相关部门或者行业协会等对专门问题的意见;

(五)委托鉴定、评估、审计、检验、检测、翻译;

(六)勘验物证、现场;

(七)其他必要的调查方式。

人民检察院开展调查和收集证据不得采取限制人身自由或者查封、扣押、冻结财产等强制性措施。

第三十六条 人民检察院开展调查和收集证据,应当由两名以上检察人员共同进行。检察官可以组织司法警察、检察技术人员参加,必要时可以指派或者聘请其他具有专门知识的人参与。根据案件实际情况,也可以商请相关单位协助进行。

在调查收集证据过程中,检察人员可以依照有关规定使用执法记录仪、自动检测仪等办案设备和无人航拍、卫星遥感等技术手段。

第三十七条 询问应当个别进行。检察人员在询问前应当出示工作证,询问过程中应当制作《询问笔录》。被询问人确认无误后,签名或者盖章。被询问人拒绝签名盖章的,应当在笔录上注明。

第三十八条 需要向有关单位或者个人调取物证、书证的,应当制作《调取证据通知书》和《调取证据清单》,持上述文书调取有关证据材料。

调取书证应当调取原件,调取原件确有困难或者因保密需要无法调取原件的,可以调取复制件。书证为复制件的,应当注明调取人、提供人、调取时间、证据出处和"本复制件与原件核对一致"等字样,并签字、盖章。书证页码较多的,加盖骑缝章。

调取物证应当调取原物,调取原物确有困难的,可以调取足以反映原物外形或者内容的照片、录像或者复制品等其他证据材料。

第三十九条 人民检察院应当收集提取视听资料、电子数据的原始存储介质,调取原始存储介质确有困难或者因保密需要无法调取的,可以调取复制件。调取复制件的,应当说明其来源和制作经过。

人民检察院自行收集提取视听资料、电子数据的,应当注明收集时间、地点、收集人员及其他需要说明的情况。

第四十条 人民检察院可以就专门性问题书面或者口头咨询有关专业人员、相关部门或者行业协会的意见。

口头咨询的,应当制作笔录,由接受咨询的专业人员签名或者盖章。书面咨询的,应当由出具咨询意见的专业人员或者单位签名、盖章。

第四十一条 人民检察院对专门性问题认为确有必要鉴定、评估、审计、检验、检测、翻译的,可以委托具备资格的机构进行鉴定、评估、审计、检验、检测、翻译,委托时应当制作《委托鉴定(评估、审计、检验、检测、翻译)函》。

第四十二条 人民检察院认为确有必要的,可以勘验物证或者现场。

勘验应当在检察官的主持下,由两名以上检察人员进行,可以邀请见证人参加。必要时,可以指派或者聘请有专门知识的人进行。勘验情况和结果应当制作笔录,由参加勘验的人员、见证人签名或者盖章。

检察技术人员可以依照相关规定在勘验过程中进行取样并进行快速检测。

第四十三条 人民检察院办理公益诉讼案件,需要异地调查收集证据的,可以自行调查或者委托当地同级人民检察院进行。委托时应当出具委托书,载明需要调查的对象、事项及要求。受委托人民检察院应当在收到委托书之日起三十日内完成调查,并将情况回复委托的人民检察院。

第四十四条 人民检察院可以依照规定组织听证,听取听证员、行政机关、违法行为人、行政相对人、受害人代表等相关各方意见,了解有关情况。

听证形成的书面材料是人民检察院依法办理公益诉讼案件的重要参考。

第四十五条 行政机关及其工作人员拒绝或者妨碍人民检察院调查收集证据的,人民检察院可以向同级人大常委会报告,向同级纪检监察机关通报,或者通过上级人民检察院向其上级主管机关通报。

第五节 提起诉讼

第四十六条 人民检察院对于符合起诉条件的公益诉讼案件,应当依法向人民法院提起诉讼。

人民检察院提起公益诉讼,应当向人民法院提交公益诉讼起诉书和相关证据材料。

起诉书的主要内容包括:

(一)公益诉讼起诉人;

(二)被告的基本信息;

(三)诉讼请求及所依据的事实和理由。

公益诉讼起诉书应当自送达人民法院之日起五日内报上一级人民检察院备案。

第四十七条 人民检察院办理行政公益诉讼案件,审查起诉期限为一个月,自检察建议整改期满之日起计算。

人民检察院办理民事公益诉讼案件,审查起诉期限为三个月,自公告期满之日起计算。

移送其他人民检察院起诉的,受移送的人民检察院审查起诉期限自收到案件之日起计算。

重大、疑难、复杂案件需要延长审查起诉期限的,行政公益诉讼案件经检察长批准后可以延长一个月,还需要延长的,报上一级人民检察院批准,上一级人民检察院认为已经符合起诉条件的,可以依照本规则第十七条规定指定本辖区内其他人民检察院提起诉讼。民事公益诉讼案件经检察长批准后可以延长一个月,还需要延长的,报上一级人民检察院批准。

第四十八条 人民检察院办理公益诉讼案件,委托鉴定、评估、审计、检验、检测、翻译期间不计入审查起诉期限。

第六节 出席第一审法庭

第四十九条 人民检察院提起公益诉讼的案件,应当派员出庭履行职责,参加相关诉讼活动。

人民检察院应当自收到人民法院出庭通知书之日起三日内向人民法院提交《派员出庭通知书》。《派员出庭通知书》应当写明出庭人员的姓名、法律职务以及出庭履行的职责。

人民检察院应当指派检察官出席第一审

法庭,检察官助理可以协助检察官出庭,并根据需要配备书记员担任记录及其他辅助工作。涉及专门性、技术性问题,可以指派或者聘请有专门知识的人协助检察官出庭。

第五十条 人民法院通知人民检察院派员参加证据交换、庭前会议的,由出席法庭的检察人员参加。人民检察院认为有必要的,可以商人民法院组织证据交换或者召开庭前会议。

第五十一条 出庭检察人员履行以下职责:

(一)宣读公益诉讼起诉书;

(二)对人民检察院调查收集的证据予以出示和说明,对相关证据进行质证;

(三)参加法庭调查、进行辩论,并发表出庭意见;

(四)依法从事其他诉讼活动。

第五十二条 出庭检察人员应当客观、全面地向法庭出示证据。根据庭审情况合理安排举证顺序,分组列举证据,可以使用多媒体等示证方式。质证应当围绕证据的真实性、合法性、关联性展开。

第五十三条 出庭检察人员向被告、证人、鉴定人、勘验人等发问应当遵循下列要求:

(一)围绕案件基本事实和争议焦点进行发问;

(二)与调查收集的证据相互支撑;

(三)不得使用带有人身攻击或者威胁性的语言和方式。

第五十四条 出庭检察人员可以申请人民法院通知证人、鉴定人、有专门知识的人出庭作证或者提出意见。

第五十五条 出庭检察人员在法庭审理期间,发现需要补充调查的,可以在法庭休庭后进行补充调查。

第五十六条 出庭检察人员参加法庭辩论,应结合法庭调查情况,围绕双方在事实、

证据、法律适用等方面的争议焦点发表辩论意见。

第五十七条 出庭检察人员应当结合庭审情况,客观公正发表出庭意见。

第七节 上 诉

第五十八条 人民检察院应当在收到人民法院第一审公益诉讼判决书、裁定书后三日内报送上一级人民检察院备案。

人民检察院认为第一审公益诉讼判决、裁定确有错误的,应当提出上诉。

提出上诉的,由提起诉讼的人民检察院决定。上一级人民检察院应当同步审查进行指导。

第五十九条 人民检察院提出上诉的,应当制作公益诉讼上诉书。公益诉讼上诉书的主要内容包括:

(一)公益诉讼上诉人;

(二)被上诉人的基本情况;

(三)原审人民法院名称、案件编号和案由;

(四)上诉请求和事实理由。

第六十条 人民检察院应当在上诉期限内通过原审人民法院向上一级人民法院提交公益诉讼上诉书,并将副本连同相关证据材料报送上一级人民检察院。

第六十一条 上一级人民检察院认为上诉不当的,应当指令下级人民检察院撤回上诉。

上一级人民检察院在上诉期限内,发现下级人民检察院应当上诉而没有提出上诉的,应当指令下级人民检察院依法提出上诉。

第六十二条 被告不服第一审公益诉讼判决、裁定上诉的,人民检察院应当在收到上诉状副本后三日内报送上一级人民检察院,提起诉讼的人民检察院和上一级人民检察院应当全面审查案卷材料。

第六十三条 人民法院决定开庭审理的

上诉案件,提起诉讼的人民检察院和上一级人民检察院应当共同派员出席第二审法庭。

人民检察院应当在出席第二审法庭之前向人民法院提交《派员出庭通知书》,载明人民检察院出庭检察人员的姓名、法律职务以及出庭履行的职责等。

第八节 诉 讼 监 督

第六十四条 最高人民检察院发现各级人民法院、上级人民检察院发现下级人民法院已经发生法律效力的公益诉讼判决、裁定确有错误,损害国家利益或者社会公共利益的,应当依法提出抗诉。

第六十五条 人民法院决定开庭审理的公益诉讼再审案件,与人民法院对应的同级人民检察院应当派员出席法庭。

第六十六条 人民检察院发现人民法院公益诉讼审判程序违反法律规定,或者审判人员有《中华人民共和国法官法》第四十六条规定的违法行为,可能影响案件公正审判、执行的,或者人民法院在公益诉讼案件判决生效后不依法移送执行或者执行活动违反法律规定的,应当依法向同级人民法院提出检察建议。

第三章 行政公益诉讼

第一节 立案与调查

第六十七条 人民检察院经过对行政公益诉讼案件线索进行评估,认为同时存在以下情形的,应当立案:

(一)国家利益或者社会公共利益受到侵害;

(二)生态环境和资源保护、食品药品安全、国有财产保护、国有土地使用权出让、未成年人保护等领域对保护国家利益或者社会公共利益负有监督管理职责的行政机关可能违法行使职权或者不作为。

第六十八条 人民检察院对于符合本规则第六十七条规定的下列情形,应当立案:

(一)对于行政机关作出的行政决定,行政机关有强制执行权而怠于强制执行,或者没有强制执行权而怠于申请人民法院强制执行的;

(二)在人民法院强制执行过程中,行政机关违法处分执行标的的;

(三)根据地方裁执分离规定,人民法院将行政强制执行案件交由有强制执行权的行政机关执行,行政机关不依法履职的;

(四)其他行政强制执行中行政机关违法行使职权或者不作为的情形。

第六十九条 对于同一侵害国家利益或者社会公共利益的损害后果,数个负有不同监督管理职责的行政机关均可能存在不依法履行职责情形的,人民检察院可以对数个行政机关分别立案。

人民检察院在立案前发现同一行政机关对多个同一性质的违法行为可能存在不依法履行职责情形的,应当作为一个案件立案。在发出检察建议前发现其他同一性质的违法行为的,应当与已立案案件一并处理。

第七十条 人民检察院决定立案的,应当在七日内将《立案决定书》送达行政机关,并可以就其是否存在违法行使职权或者不作为、国家利益或者社会公共利益受到侵害的后果、整改方案等事项进行磋商。

磋商可以采取召开磋商座谈会、向行政机关发送事实确认书等方式进行,并形成会议记录或者纪要等书面材料。

第七十一条 人民检察院办理行政公益诉讼案件,围绕以下事项进行调查:

(一)国家利益或者社会公共利益受到侵害的事实;

(二)行政机关的监督管理职责;

(三)行政机关不依法履行职责的行为;

（四）行政机关不依法履行职责的行为与国家利益或者社会公共利益受到侵害的关联性；

（五）其他需要查明的事项。

第七十二条 人民检察院认定行政机关监督管理职责的依据为法律法规规章，可以参考行政机关的"三定"方案、权力清单和责任清单等。

第七十三条 调查结束，检察官应当制作《调查终结报告》，区分情况提出以下处理意见：

（一）终结案件；

（二）提出检察建议。

第七十四条 经调查，人民检察院认为存在下列情形之一的，应当作出终结案件决定：

（一）行政机关未违法行使职权或者不作为的；

（二）国家利益或者社会公共利益已经得到有效保护的；

（三）行政机关已经全面采取整改措施依法履行职责的；

（四）其他应当终结案件的情形。

终结案件的，应当报检察长决定，并制作《终结案件决定书》送达行政机关。

第二节 检察建议

第七十五条 经调查，人民检察院认为行政机关不依法履行职责，致使国家利益或者社会公共利益受到侵害的，应当报检察长决定向行政机关提出检察建议，并于《检察建议书》送达之日起五日内向上一级人民检察院备案。

《检察建议书》应当包括以下内容：

（一）行政机关的名称；

（二）案件来源；

（三）国家利益或者社会公共利益受到侵害的事实；

（四）认定行政机关不依法履行职责的事实和理由；

（五）提出检察建议的法律依据；

（六）建议的具体内容；

（七）行政机关整改期限；

（八）其他需要说明的事项。

《检察建议书》的建议内容应当与可能提起的行政公益诉讼请求相衔接。

第七十六条 人民检察院决定提出检察建议的，应当在三日内将《检察建议书》送达行政机关。

行政机关拒绝签收的，应当在送达回证上记录，把《检察建议书》留在其住所地，并可以采用拍照、录像等方式记录送达过程。

人民检察院可以采取宣告方式向行政机关送达《检察建议书》，必要时，可以邀请人大代表、政协委员、人民监督员等参加。

第七十七条 提出检察建议后，人民检察院应当对行政机关履行职责的情况和国家利益或者社会公共利益受到侵害的情况跟进调查，收集相关证据材料。

第七十八条 行政机关在法律、司法解释规定的整改期限内已依法作出行政决定或者制定整改方案，但因突发事件等客观原因不能全部整改到位，且没有怠于履行监督管理职责情形的，人民检察院可以中止审查。

中止审查的，应当经检察长批准，制作《中止审查决定书》，并报送上一级人民检察院备案。中止审查的原因消除后，应当恢复审查并制作《恢复审查决定书》。

第七十九条 经过跟进调查，检察官应当制作《审查终结报告》，区分情况提出以下处理意见：

（一）终结案件；

（二）提起行政公益诉讼；

（三）移送其他人民检察院处理。

第八十条 经审查，人民检察院发现有本规则第七十四条第一款规定情形之一的，应当终结案件。

第三节 提 起 诉 讼

第八十一条 行政机关经检察建议督促仍然没有依法履行职责,国家利益或者社会公共利益处于受侵害状态的,人民检察院应当依法提起行政公益诉讼。

第八十二条 有下列情形之一的,人民检察院可以认定行政机关未依法履行职责:

(一)逾期不回复检察建议,也没有采取有效整改措施的;

(二)已经制定整改措施,但没有实质性执行的;

(三)虽按期回复,但未采取整改措施或者仅采取部分整改措施的;

(四)违法行为人已经被追究刑事责任或者案件已经移送刑事司法机关处理,但行政机关仍应当继续依法履行职责的;

(五)因客观障碍导致整改方案难以按期执行,但客观障碍消除后未及时恢复整改的;

(六)整改措施违反法律法规规定的;

(七)其他没有依法履行职责的情形。

第八十三条 人民检察院可以根据行政机关的不同违法情形,向人民法院提出确认行政行为违法或者无效、撤销或者部分撤销违法行政行为、依法履行法定职责、变更行政行为等诉讼请求。

依法履行法定职责的诉讼请求中不予载明行政相对人承担具体义务或者减损具体权益的事项。

第八十四条 在行政公益诉讼案件审理过程中,行政机关已经依法履行职责而全部实现诉讼请求的,人民检察院可以撤回起诉。确有必要的,人民检察院可以变更诉讼请求,请求判决确认行政行为违法。

人民检察院决定撤回起诉或者变更诉讼请求的,应当经检察长决定后制作《撤回起诉决定书》或者《变更诉讼请求决定书》,并在三日内提交人民法院。

第四章 民事公益诉讼

第一节 立案与调查

第八十五条 人民检察院经过对民事公益诉讼线索进行评估,认为同时存在以下情形的,应当立案:

(一)社会公共利益受到损害;

(二)可能存在破坏生态环境和资源保护,食品药品安全领域侵害众多消费者合法权益,侵犯未成年人合法权益,侵害英雄烈士等的姓名、肖像、名誉、荣誉等损害社会公共利益的违法行为。

第八十六条 人民检察院立案后,应当调查以下事项:

(一)违法行为人的基本情况;

(二)违法行为人实施的损害社会公共利益的行为;

(三)社会公共利益受到损害的类型、具体数额或者修复费用等;

(四)违法行为与损害后果之间的因果关系;

(五)违法行为人的主观过错情况;

(六)违法行为人是否存在免除或者减轻责任的相关事实;

(七)其他需要查明的事项。

对于污染环境、破坏生态等应当由违法行为人依法就其不承担责任或者减轻责任,及其行为与损害后果之间不存在因果关系承担举证责任的案件,可以重点调查(一)(二)(三)项以及违法行为与损害后果之间的关联性。

第八十七条 人民检察院办理涉及刑事犯罪的民事公益诉讼案件,在刑事案件的委托鉴定评估中,可以同步提出公益诉讼案件办理的鉴定评估需求。

第八十八条 刑事侦查中依法收集的证

据材料,可以在基于同一违法事实提起的民事公益诉讼案件中作为证据使用。

第八十九条 调查结束,检察官应当制作《调查终结报告》,区分情况提出以下处理意见:

(一)终结案件;

(二)发布公告。

第九十条 经调查,人民检察院发现存在以下情形之一的,应当终结案件:

(一)不存在违法行为的;

(二)生态环境损害赔偿权利人与赔偿义务人经磋商达成赔偿协议,或者已经提起生态环境损害赔偿诉讼的;

(三)英雄烈士等的近亲属不同意人民检察院提起公益诉讼的;

(四)其他适格主体依法向人民法院提起诉讼的;

(五)社会公共利益已经得到有效保护的;

(六)其他应当终结案件的情形。

有前款(二)(三)(四)项情形之一,人民检察院支持起诉的除外。

终结案件的,应当报请检察长决定,并制作《终结案件决定书》。

第二节 公 告

第九十一条 经调查,人民检察院认为社会公共利益受到损害,存在违法行为的,应当依法发布公告。公告应当包括以下内容:

(一)社会公共利益受到损害的事实;

(二)告知适格主体可以向人民法院提起诉讼,符合启动生态环境损害赔偿程序条件的案件,告知赔偿权利人启动生态环境损害赔偿程序;

(三)公告期限;

(四)联系人、联系电话;

(五)公告单位、日期。

公告应当在具有全国影响的媒体发布,公告期间为三十日。

第九十二条 人民检察院办理侵害英雄烈士等的姓名、肖像、名誉、荣誉的民事公益诉讼案件,可以直接征询英雄烈士等的近亲属的意见。被侵害的英雄烈士等人数众多、难以确定近亲属,或者直接征询近亲属意见确有困难的,也可以通过公告的方式征询英雄烈士等的近亲属的意见。

第九十三条 发布公告后,人民检察院应当对赔偿权利人启动生态环境损害赔偿程序情况、适格主体起诉情况、英雄烈士等的近亲属提起民事诉讼情况,以及社会公共利益受到损害的情况跟进调查,收集相关证据材料。

第九十四条 经过跟进调查,检察官应当制作《审查终结报告》,区分情况提出以下处理意见:

(一)终结案件;

(二)提起民事公益诉讼;

(三)移送其他人民检察院处理。

第九十五条 经审查,人民检察院发现有本规则第九十条规定情形之一的,应当终结案件。

第三节 提 起 诉 讼

第九十六条 有下列情形之一,社会公共利益仍然处于受损害状态的,人民检察院应当提起民事公益诉讼:

(一)生态环境损害赔偿权利人未启动生态环境损害赔偿程序,或者经过磋商未达成一致,赔偿权利人又不提起诉讼的;

(二)没有适格主体,或者公告期满后适格主体不提起诉讼的;

(三)英雄烈士等没有近亲属,或者近亲属不提起诉讼的。

第九十七条 人民检察院在刑事案件提起公诉时,对破坏生态环境和资源保护,食品药品安全领域侵害众多消费者合法权益,侵犯未成年人合法权益,侵害英雄烈士等的姓名、肖像、名誉、荣誉等损害社会公共利益的违法行为,可以向人民法院提起刑事附带民事公益诉讼。

第九十八条 人民检察院可以向人民法院提出要求被告停止侵害、排除妨碍、消除危险、恢复原状、赔偿损失等诉讼请求。

针对不同领域案件,还可以提出以下诉讼请求:

(一)破坏生态环境和资源保护领域案件,可以提出要求被告以补植复绿、增殖放流、土地复垦等方式修复生态环境的诉讼请求,或者支付生态环境修复费用,赔偿生态环境受到损害至修复完成期间服务功能丧失造成的损失、生态环境功能永久性损害造成的损失等诉讼请求,被告违反法律规定故意污染环境、破坏生态造成严重后果的,可以提出惩罚性赔偿等诉讼请求;

(二)食品药品安全领域案件,可以提出要求被告召回并依法处置相关食品药品以及承担相关费用和惩罚性赔偿等诉讼请求;

(三)英雄烈士等的姓名、肖像、名誉、荣誉保护案件,可以提出要求被告消除影响、恢复名誉、赔礼道歉等诉讼请求。

人民检察院为诉讼支出的鉴定评估、专家咨询等费用,可以在起诉时一并提出由被告承担的诉讼请求。

第九十九条 民事公益诉讼案件可以依法在人民法院主持下进行调解。调解协议不得减免诉讼请求载明的民事责任,不得损害社会公共利益。

诉讼请求全部实现的,人民检察院可以撤回起诉。人民检察院决定撤回起诉的,应当经检察长决定后制作《撤回起诉决定书》,并在三日内提交人民法院。

第四节 支持起诉

第一百条 下列案件,人民检察院可以支持起诉:

(一)生态环境损害赔偿权利人提起的生态环境损害赔偿诉讼案件;

(二)适格主体提起的民事公益诉讼案件;

(三)英雄烈士等的近亲属提起的维护英雄烈士等的姓名、肖像、名誉、荣誉的民事诉讼案件;

(四)军人和因公牺牲军人、病故军人遗属提起的侵害军人荣誉、名誉和其他相关合法权益的民事诉讼案件;

(五)其他依法可以支持起诉的公益诉讼案件。

第一百零一条 人民检察院可以采取提供法律咨询、向人民法院提交支持起诉意见书、协助调查取证、出席法庭等方式支持起诉。

第一百零二条 人民检察院在向人民法院提交支持起诉意见书后,发现有以下不适合支持起诉情形的,可以撤回支持起诉:

(一)原告无正当理由变更、撤回部分诉讼请求,致使社会公共利益不能得到有效保护的;

(二)原告撤回起诉或者与被告达成和解协议,致使社会公共利益不能得到有效保护的;

(三)原告请求被告承担的律师费以及为诉讼支出的其他费用过高,对社会公共利益保护产生明显不利影响的;

(四)其他不适合支持起诉的情形。

人民检察院撤回支持起诉的,应当制作《撤回支持起诉决定书》,在三日内提交人民法院,并发送原告。

第一百零三条 人民检察院撤回支持起诉后,认为适格主体提出的诉讼请求不足以保护社会公共利益,符合立案条件的,可以另行立案。

第五章 其他规定

第一百零四条 办理公益诉讼案件的人民检察院对涉及法律适用、办案程序、司法政策等问题，可以依照有关规定向上级人民检察院请示。

第一百零五条 本规则所涉及的法律文书格式，由最高人民检察院统一制定。

第一百零六条 各级人民检察院办理公益诉讼案件，应当依照有关规定及时归档。

第一百零七条 人民检察院提起公益诉讼，不需要交纳诉讼费用。

第六章 附 则

第一百零八条 军事检察院等专门人民检察院办理公益诉讼案件，适用本规则和其他有关规定。

第一百零九条 本规则所称检察官，包括检察长、副检察长、检察委员会委员、检察员。

本规则所称检察人员，包括检察官和检察辅助人员。

第一百一十条 《中华人民共和国军人地位和权益保障法》《中华人民共和国安全生产法（2021修正）》等法律施行后，人民检察院办理公益诉讼案件的范围相应调整。

第一百一十一条 本规则未规定的其他事项，适用民事诉讼法、行政诉讼法及相关司法解释的规定。

第一百一十二条 本规则自2021年7月1日起施行。

最高人民检察院以前发布的司法解释和规范性文件与本规则不一致的，以本规则为准。

人民检察院民事诉讼监督规则

（2021年6月26日 高检发释字〔2021〕1号）

第一章 总 则

第一条 为了保障和规范人民检察院依法履行民事检察职责，根据《中华人民共和国民事诉讼法》《中华人民共和国人民检察院组织法》和其他有关规定，结合人民检察院工作实际，制定本规则。

第二条 人民检察院依法独立行使检察权，通过办理民事诉讼监督案件，维护司法公正和司法权威，维护国家利益和社会公共利益，维护自然人、法人和非法人组织的合法权益，保障国家法律的统一正确实施。

第三条 人民检察院通过抗诉、检察建议等方式，对民事诉讼活动实行法律监督。

第四条 人民检察院办理民事诉讼监督案件，应当以事实为根据，以法律为准绳，坚持公开、公平、公正和诚实信用原则，尊重和保障当事人的诉讼权利，监督和支持人民法院依法行使审判权和执行权。

第五条 负责控告申诉检察、民事检察、案件管理的部门分别承担民事诉讼监督案件的受理、办理、管理工作，各部门互相配合，互相制约。

第六条 人民检察院办理民事诉讼监督案件，实行检察官办案责任制，由检察官、检察长、检察委员会在各自职权范围内对办案事项作出决定，并依照规定承担相应司法责任。

第七条 人民检察院办理民事诉讼监督案件，根据案件情况，可以由一名检察官独任办理，也可以由两名以上检察官组成办案组办理。由检察官办案组办理的,检察长应当指定一名检察官担任主办检察官,组织、指挥办案组办理案件。

检察官办理案件,可以根据需要配备检察官助理、书记员、司法警察、检察技术人员等检察辅助人员。检察辅助人员依照有关规定承担相应的检察辅助事务。

第八条 最高人民检察院领导地方各级人民检察院和专门人民检察院的民事诉讼监督工作,上级人民检察院领导下级人民检察院的民事诉讼监督工作。

上级人民检察院认为下级人民检察院的决定错误的,有权指令下级人民检察院纠正,或者依法撤销、变更。上级人民检察院的决定,应当以书面形式作出,下级人民检察院应当执行。下级人民检察院对上级人民检察院的决定有不同意见的,可以在执行的同时向上级人民检察院报告。

上级人民检察院可以依法统一调用辖区的检察人员办理民事诉讼监督案件,调用的决定应当以书面形式作出。被调用的检察官可以代表办理案件的人民检察院履行相关检察职责。

第九条 人民检察院检察长或者检察长委托的副检察长在同级人民法院审判委员会讨论民事抗诉案件或者其他与民事诉讼监督工作有关的议题时,可以依照有关规定列席会议。

第十条 人民检察院办理民事诉讼监督案件,实行回避制度。

第十一条 检察人员办理民事诉讼监督案件,应当秉持客观公正的立场,自觉接受监督。

检察人员不得接受当事人及其诉讼代理人、特定关系人、中介组织请客送礼或者其他利益,不得违反规定会见当事人及其委托的人。

检察人员有收受贿赂、徇私枉法等行为

的,应当追究纪律责任和法律责任。

检察人员对过问或者干预、插手民事诉讼监督案件办理等重大事项的行为,应当按照有关规定全面、如实、及时记录、报告。

第二章 回 避

第十二条 检察人员有《中华人民共和国民事诉讼法》第四十四条规定情形之一的,应当自行回避,当事人有权申请他们回避。

前款规定,适用于书记员、翻译人员、鉴定人、勘验人等。

第十三条 检察人员自行回避的,可以口头或者书面方式提出,并说明理由。口头提出申请的,应当记录在卷。

第十四条 当事人申请回避,应当在人民检察院作出提出抗诉或者检察建议等决定前以口头或者书面方式提出,并说明理由。口头提出申请的,应当记录在卷。根据《中华人民共和国民事诉讼法》第四十四条第二款规定提出回避申请的,应当提供相关证据。

被申请回避的人员在人民检察院作出是否回避的决定前,应当暂停参与本案工作,但案件需要采取紧急措施的除外。

第十五条 检察人员有应当回避的情形,没有自行回避,当事人也没有申请其回避的,由检察长或者检察委员会决定其回避。

第十六条 检察长的回避,由检察委员会讨论决定;检察人员和其他人员的回避,由检察长决定。检察委员会讨论检察长回避问题时,由副检察长主持,检察长不得参加。

第十七条 人民检察院对当事人提出的回避申请,应当在三日内作出决定,并通知申请人。申请人对决定不服的,可以在接到决定时向原决定机关申请复议一次。人民检察院应当在三日内作出复议决定,并通知复议申请人。复议期间,被申请回避的人员不停止参与本案工作。

第三章 受 理

第十八条 民事诉讼监督案件的来源包括:

(一)当事人向人民检察院申请监督;

(二)当事人以外的自然人、法人和非法人组织向人民检察院控告;

(三)人民检察院在履行职责中发现。

第十九条 有下列情形之一的,当事人可以向人民检察院申请监督:

(一)已经发生法律效力的民事判决、裁定、调解书符合《中华人民共和国民事诉讼法》第二百零九条第一款规定的;

(二)认为民事审判程序中审判人员存在违法行为的;

(三)认为民事执行活动存在违法情形的。

第二十条 当事人依照本规则第十九条第一项规定向人民检察院申请监督,应当在人民法院作出驳回再审申请裁定或者再审判决、裁定发生法律效力之日起两年内提出。

本条规定的期间为不变期间,不适用中止、中断、延长的规定。

人民检察院依职权启动监督程序的案件,不受本条第一款规定期限的限制。

第二十一条 当事人向人民检察院申请监督,应当提交监督申请书、身份证明、相关法律文书及证据材料。提交证据材料的,应当附证据清单。

申请监督材料不齐备的,人民检察院应当要求申请人限期补齐,并一次性明确告知应补齐的全部材料。申请人逾期未补齐的,视为撤回监督申请。

第二十二条 本规则第二十一条规定的监督申请书应当记明下列事项:

(一)申请人的姓名、性别、年龄、民族、职业、工作单位、住所、有效联系方式,法人或者非法人组织的名称、住所和法定代表人或者主要负责人的姓名、职务、有效联系方式;

(二)其他当事人的姓名、性别、工作单位、住所、有效联系方式等信息,法人或者非法人组织的名称、住所、负责人、有效联系方式等信息;

(三)申请监督请求;

(四)申请监督的具体法定情形及事实、理由。

申请人应当按照其他当事人的人数提交监督申请书副本。

第二十三条 本规则第二十一条规定的身份证明包括:

(一)自然人的居民身份证、军官证、士兵证、护照等能够证明本人身份的有效证件;

(二)法人或者非法人组织的统一社会信用代码证书或者营业执照副本、组织机构代码证书和法定代表人或者主要负责人的身份证明等有效证照。

对当事人提交的身份证明,人民检察院经核对无误留存复印件。

第二十四条 本规则第二十一条规定的相关法律文书是指人民法院在该案件诉讼过程中作出的全部判决书、裁定书、决定书、调解书等法律文书。

第二十五条 当事人申请监督,可以依照《中华人民共和国民事诉讼法》的规定委托诉讼代理人。

第二十六条 当事人申请监督符合下列条件的,人民检察院应当受理:

(一)符合本规则第十九条的规定;

(二)申请人提供的材料符合本规则第二十一条至第二十四条的规定;

(三)属于本院受理案件范围;

(四)不具有本规则规定的不予受理情形。

第二十七条 当事人根据《中华人民共和国民事诉讼法》第二百零九条第一款的规

定向人民检察院申请监督,有下列情形之一的,人民检察院不予受理:

(一)当事人未向人民法院申请再审的;

(二)当事人申请再审超过法律规定的期限的,但不可归责于其自身原因的除外;

(三)人民法院在法定期限内正在对民事再审申请进行审查的;

(四)人民法院已经裁定再审且尚未审结的;

(五)判决、调解解除婚姻关系的,但对财产分割部分不服的除外;

(六)人民检察院已经审查终结作出决定的;

(七)民事判决、裁定、调解书是人民法院根据人民检察院的抗诉或者再审检察建议再审后作出的;

(八)申请监督超过本规则第二十条规定的期限的;

(九)其他不应受理的情形。

第二十八条 当事人认为民事审判程序或者执行活动存在违法情形,向人民检察院申请监督,有下列情形之一的,人民检察院不予受理:

(一)法律规定可以提出异议、申请复议或者提起诉讼,当事人没有提出异议、申请复议或者提起诉讼的,但有正当理由的除外;

(二)当事人提出异议、申请复议或者提起诉讼后,人民法院已经受理并正在审查处理的,但超过法定期限未作出处理的除外;

(三)其他不应受理的情形。

当事人对审判、执行人员违法行为申请监督的,不受前款规定的限制。

第二十九条 当事人根据《中华人民共和国民事诉讼法》第二百零九条第一款的规定向人民检察院申请检察建议或者抗诉,由作出生效民事判决、裁定、调解书的人民法院所在地同级人民检察院负责控告申诉检察的部门受理。

人民法院裁定驳回再审申请或者逾期未对再审申请作出裁定,当事人向人民检察院申请监督的,由作出原生效民事判决、裁定、调解书的人民法院所在地同级人民检察院受理。

第三十条 当事人认为民事审判程序中审判人员存在违法行为或者民事执行活动存在违法情形,向人民检察院申请监督的,由审理、执行案件的人民法院所在地同级人民检察院负责控告申诉检察的部门受理。

当事人不服上级人民法院作出的复议裁定、决定等,提出监督申请的,由上级人民法院所在地同级人民检察院受理。人民检察院受理后,可以根据需要依照本规则有关规定将案件交由原审理、执行案件的人民法院所在地同级人民检察院办理。

第三十一条 当事人认为人民检察院不依法受理其监督申请的,可以向上一级人民检察院申请监督。上一级人民检察院认为当事人监督申请符合受理条件的,应当指令下一级人民检察院受理,必要时也可以直接受理。

第三十二条 人民检察院负责控告申诉检察的部门对监督申请,应当根据以下情形作出处理:

(一)符合受理条件的,应当依照本规则规定作出受理决定;

(二)不属于本院受理案件范围的,应当告知申请人向有关人民检察院申请监督;

(三)不属于人民检察院主管范围的,应当告知申请人向有关机关反映;

(四)不符合受理条件,且申请人不撤回监督申请的,可以决定不予受理。

第三十三条 负责控告申诉检察的部门应当在决定受理之日起三日内制作《受理通知书》,发送申请人,并告知其权利义务;同时将《受理通知书》和监督申请书副本发送其他当事人,并告知其权利义务。其他当事人可以在收到监督申请书副本之日起十五日内提出书面意见,不提出意见的不影响人民检察院对案件的审查。

第三十四条 负责控告申诉检察的部门应当在决定受理之日起三日内将案件材料移送本院负责民事检察的部门,同时将《受理通知书》抄送本院负责案件管理的部门。负责控告申诉检察的部门收到其他当事人提交的书面意见等材料,应当及时移送负责民事检察的部门。

第三十五条 当事人以外的自然人、法人和非法人组织认为人民法院民事审判程序中审判人员存在违法行为或者民事执行活动存在违法情形等,可以向同级人民检察院控告。控告由人民检察院负责控告申诉检察的部门受理。

负责控告申诉检察的部门对收到的控告,应当依据《人民检察院信访工作规定》等办理。

第三十六条 负责控告申诉检察的部门可以依据《人民检察院信访工作规定》,向下级人民检察院交办涉及民事诉讼监督的信访案件。

第三十七条 人民检察院在履行职责中发现民事案件有下列情形之一的,应当依职权启动监督程序:

(一)损害国家利益或者社会公共利益的;

(二)审判、执行人员有贪污受贿,徇私舞弊,枉法裁判等违法行为的;

(三)当事人存在虚假诉讼等妨害司法秩序行为的;

(四)人民法院作出的已经发生法律效力的民事公益诉讼判决、裁定、调解书确有错误,审判程序中审判人员存在违法行为,或者执行活动存在违法情形的;

(五)依照有关规定需要人民检察院跟进监督的;

(六)具有重大社会影响等确有必要进行监督的情形。

人民检察院对民事案件依职权启动监督程序,不受当事人是否申请再审的限制。

第三十八条 下级人民检察院提请抗诉、提请其他监督等案件,由上一级人民检察院负责案件管理的部门受理。

依职权启动监督程序的民事诉讼监督案件,负责民事检察的部门应当到负责案件管理的部门登记受理。

第三十九条 负责案件管理的部门接收案件材料后,应当在三日内登记并将案件材料和案件登记表移送负责民事检察的部门;案件材料不符合规定的,应当要求补齐。

负责案件管理的部门登记受理后,需要通知当事人的,负责民事检察的部门应当制作《受理通知书》,并在三日内发送当事人。

第四章 审 查

第一节 一般规定

第四十条 受理后的民事诉讼监督案件由负责民事检察的部门进行审查。

第四十一条 上级人民检察院认为确有必要的,可以办理下级人民检察院受理的民事诉讼监督案件。

下级人民检察院对受理的民事诉讼监督案件,认为需要由上级人民检察院办理的,可以报请上级人民检察院办理。

第四十二条 上级人民检察院可以将受理的民事诉讼监督案件交由下级人民检察院办理,并限定办理期限。交办的案件应当制作《交办通知书》,并将有关材料移送下级人民检察院。下级人民检察院应当依法办理,不得将案件再行交办。除本规则第一百零七条规定外,下级人民检察院应当在规定期限内提出处理意见并报送上级人民检察院,上级人民检察院应当在法定期限内作出决定。

交办案件需要通知当事人的,应当制作《通知书》,并发送当事人。

第四十三条 人民检察院审查民事诉讼监督案件,应当围绕申请人的申请监督请求、争议焦点以及本规则第三十七条规定的情形,对人民法院民事诉讼活动是否合法进行全面审查。其他当事人在人民检察院作出决定前也申请监督的,应当将其列为申请人,对其申请监督请求一并审查。

第四十四条 申请人或者其他当事人对提出的主张,应当提供证据材料。人民检察院收到当事人提交的证据材料,应当出具收据。

第四十五条 人民检察院应当告知当事人有申请回避的权利,并告知办理案件的检察人员、书记员等的姓名、法律职务。

第四十六条 人民检察院审查案件,应当通过适当方式听取当事人意见,必要时可以听证或者调查核实有关情况,也可以依照有关规定组织专家咨询论证。

第四十七条 人民检察院审查案件,可以依照有关规定调阅人民法院的诉讼卷宗。

通过拷贝电子卷、查阅、复制、摘录等方式能够满足办案需要的,可以不调阅诉讼卷宗。

人民检察院认为确有必要,可以依照有关规定调阅人民法院的诉讼卷宗副卷,并采取严格保密措施。

第四十八条 承办检察官审查终结后,应当制作审查终结报告。审查终结报告应当全面、客观、公正地叙述案件事实,依据法律提出处理建议或者意见。

承办检察官通过审查监督申请书等材料即可以认定案件事实的,可以直接制作审查终结报告,提出处理建议或者意见。

第四十九条 承办检察官办理案件过程中,可以提请部门负责人召集检察官联席会议讨论。检察长、部门负责人在审核或者决定案件时,也可以召集检察官联席会议讨论。

检察官联席会议讨论情况和意见应当如实记录,由参加会议的检察官签名后附卷保存。部门负责人或者承办检察官不同意检察官联席会议多数人意见的,部门负责人应当报请检察长决定。

检察长认为必要的,可以提请检察委员会讨论决定。检察长、检察委员会对案件作出的决定,承办检察官应当执行。

第五十条 人民检察院对审查终结的案件,应当区分情况作出下列决定:

(一)提出再审检察建议;

(二)提请抗诉或者提请其他监督;

(三)提出抗诉;

(四)提出检察建议;

(五)终结审查;

(六)不支持监督申请;

(七)复查维持。

负责控告申诉检察的部门受理的案件,负责民事检察的部门应当将案件办理结果告知负责控告申诉检察的部门。

第五十一条 人民检察院在办理民事诉讼监督案件过程中,当事人有和解意愿的,可以引导当事人自行和解。

第五十二条 人民检察院受理当事人申请对人民法院已经发生法律效力的民事判决、裁定、调解书监督的案件,应当在三个月内审查终结并作出决定,但调卷、鉴定、评估、审计、专家咨询等期间不计入审查期限。

对民事审判程序中审判人员违法行为监督案件和对民事执行活动监督案件的审查期限,参照前款规定执行。

第五十三条 人民检察院办理民事诉讼监督案件,可以依照有关规定指派司法警察协助承办检察官履行调查核实、听证等职责。

第二节 听 证

第五十四条 人民检察院审查民事诉讼监督案件,认为确有必要的,可以组织有关当事人听证。

人民检察院审查民事诉讼监督案件，可以邀请与案件没有利害关系的人大代表、政协委员、人民监督员、特约检察员、专家咨询委员、人民调解员或者当事人所在单位、居住地的居民委员会、村民委员会成员以及专家、学者等其他社会人士参加公开听证，但该民事案件涉及国家秘密、个人隐私或者法律另有规定不得公开的除外。

第五十五条 人民检察院组织听证，由承办检察官主持，书记员负责记录。

听证一般在人民检察院专门听证场所内进行。

第五十六条 人民检察院组织听证，应当在听证三日前告知听证会参加人案由、听证时间和地点。

第五十七条 参加听证的当事人和其他相关人员应当按时参加听证，当事人无正当理由缺席或者未经许可中途退席的，不影响听证程序的进行。

第五十八条 听证应当围绕民事诉讼监督案件中的事实认定和法律适用等问题进行。

对当事人提交的证据材料和人民检察院调查取得的证据，应当充分听取各方当事人的意见。

第五十九条 听证会一般按照下列步骤进行：

（一）承办案件的检察官介绍案件情况和需要听证的问题；

（二）当事人及其他参加人就需要听证的问题分别说明情况；

（三）听证员向当事人或者其他参加人提问；

（四）主持人宣布休会，听证员就听证事项进行讨论；

（五）主持人宣布复会，根据案件情况，可以由听证员或者听证员代表发表意见；

（六）当事人发表最后陈述意见；

（七）主持人对听证会进行总结。

第六十条 听证应当制作笔录，经当事人校阅后，由当事人签名或者盖章。拒绝签名盖章的，应当记明情况。

第六十一条 参加听证的人员应当服从听证主持人指挥。

对违反听证秩序的，人民检察院可以予以批评教育，责令退出听证场所；对哄闹、冲击听证场所，侮辱、诽谤、威胁、殴打检察人员等严重扰乱听证秩序的，依法追究相应法律责任。

第三节 调查核实

第六十二条 人民检察院因履行法律监督职责的需要，有下列情形之一的，可以向当事人或者案外人调查核实有关情况：

（一）民事判决、裁定、调解书可能存在法律规定需要监督的情形，仅通过阅卷及审查现有材料难以认定的；

（二）民事审判程序中审判人员可能存在违法行为的；

（三）民事执行活动可能存在违法情形的；

（四）其他需要调查核实的情形。

第六十三条 人民检察院可以采取以下调查核实措施：

（一）查询、调取、复制相关证据材料；

（二）询问当事人或者案外人；

（三）咨询专业人员、相关部门或者行业协会等对专门问题的意见；

（四）委托鉴定、评估、审计；

（五）勘验物证、现场；

（六）查明案件事实所需要采取的其他措施。

人民检察院调查核实，不得采取限制人身自由和查封、扣押、冻结财产等强制性措施。

第六十四条　有下列情形之一的，人民检察院可以向银行业金融机构查询、调取、复制相关证据材料：

（一）可能损害国家利益、社会公共利益的；

（二）审判、执行人员可能存在违法行为的；

（三）涉及《中华人民共和国民事诉讼法》第五十五条规定诉讼的；

（四）当事人有伪造证据、恶意串通损害他人合法权益可能的。

人民检察院可以依照有关规定指派具备相应资格的检察技术人员对民事诉讼监督案件中的鉴定意见等技术性证据进行专门审查，并出具审查意见。

第六十五条　人民检察院可以就专门性问题书面或者口头咨询有关专业人员、相关部门或者行业协会的意见。口头咨询的，应当制作笔录，由接受咨询的专业人员签名或者盖章。拒绝签名盖章的，应当记明情况。

第六十六条　人民检察院对专门性问题认为需要鉴定、评估、审计的，可以委托具备资格的机构进行鉴定、评估、审计。

在诉讼过程中已经进行过鉴定、评估、审计的，一般不再委托鉴定、评估、审计。

第六十七条　人民检察院认为确有必要的，可以勘验物证或者现场。勘验人应当出示人民检察院的证件，并邀请当地基层组织或者当事人所在单位派人参加。当事人或者当事人的成年家属应当到场，拒不到场的，不影响勘验的进行。

勘验人应当将勘验情况和结果制作笔录，由勘验人、当事人和被邀参加人签名或者盖章。

第六十八条　需要调查核实的，由承办检察官在职权范围内决定，或者报检察长决定。

第六十九条　人民检察院调查核实，应当由二人以上共同进行。

调查笔录经被调查人校阅后，由调查人、被调查人签名或者盖章。被调查人拒绝签名盖章的，应当记明情况。

第七十条　人民检察院可以指令下级人民检察院或者委托外地人民检察院调查核实。

人民检察院指令调查或者委托调查的，应当发送《指令调查通知书》或者《委托调查函》，载明调查核实事项、证据线索及要求。受指令或者受委托人民检察院收到《指令调查通知书》或者《委托调查函》后，应当在十五日内完成调查核实工作并书面回复。因客观原因不能完成调查的，应当在上述期限内书面回复指令或者委托的人民检察院。

人民检察院到外地调查的，当地人民检察院应当配合。

第七十一条　人民检察院调查核实，有关单位和个人应当配合。拒绝或者妨碍人民检察院调查核实的，人民检察院可以向有关单位或者其上级主管部门提出检察建议，责令纠正；涉嫌违纪违法犯罪的，依照规定移送有关机关处理。

第四节　中止审查和终结审查

第七十二条　有下列情形之一的，人民检察院可以中止审查：

（一）申请监督的自然人死亡，需要等待继承人表明是否继续申请监督的；

（二）申请监督的法人或者非法人组织终止，尚未确定权利义务承受人的；

（三）本案必须以另一案的处理结果为依据，而另一案尚未审结的；

（四）其他可以中止审查的情形。

中止审查的，应当制作《中止审查决定书》，并发送当事人。中止审查的原因消除后，应当及时恢复审查。

第七十三条　有下列情形之一的，人民检察院应当终结审查：

（一）人民法院已经裁定再审或者已经纠正违法行为的；

（二）申请人撤回监督申请，且不损害国家利益、社会公共利益或者他人合法权益的；

（三）申请人在与其他当事人达成的和解协议中声明放弃申请监督权利，且不损害国家利益、社会公共利益或者他人合法权益的；

（四）申请监督的自然人死亡，没有继承人或者继承人放弃申请，且没有发现其他应当监督的违法情形的；

（五）申请监督的法人或者非法人组织终止，没有权利义务承受人或者权利义务承受人放弃申请，且没有发现其他应当监督的违法情形的；

（六）发现已经受理的案件不符合受理条件的；

（七）人民检察院依职权启动监督程序的案件，经审查不需要采取监督措施的；

（八）其他应当终结审查的情形。

终结审查的，应当制作《终结审查决定书》，需要通知当事人的，发送当事人。

第五章　对生效判决、裁定、调解书的监督

第一节　一般规定

第七十四条　人民检察院发现人民法院已经发生法律效力的民事判决、裁定有《中华人民共和国民事诉讼法》第二百条规定情形之一的，依法向人民法院提出再审检察建议或者抗诉。

第七十五条　人民检察院发现民事调解书损害国家利益、社会公共利益的，依法向人民法院提出再审检察建议或者抗诉。

人民检察院对当事人通过虚假诉讼获得的民事调解书应当依照前款规定监督。

第七十六条　当事人因故意或者重大过失逾期提供的证据，人民检察院不予采纳。但该证据与案件基本事实有关并且能够证明原判决、裁定确有错误的，应当认定为《中华人民共和国民事诉讼法》第二百条第一项规定的情形。

人民检察院依照本规则第六十三条、第六十四条规定调查取得的证据，与案件基本事实有关并且能够证明原判决、裁定确有错误的，应当认定为《中华人民共和国民事诉讼法》第二百条第一项规定的情形。

第七十七条　有下列情形之一的，应当认定为《中华人民共和国民事诉讼法》第二百条第二项规定的"认定的基本事实缺乏证据证明"：

（一）认定的基本事实没有证据支持，或者认定的基本事实所依据的证据虚假、缺乏证明力的；

（二）认定的基本事实所依据的证据不合法的；

（三）对基本事实的认定违反逻辑推理或者日常生活法则的；

（四）认定的基本事实缺乏证据证明的其他情形。

第七十八条　有下列情形之一，导致原判决、裁定结果错误的，应当认定为《中华人民共和国民事诉讼法》第二百条第六项规定的"适用法律确有错误"：

（一）适用的法律与案件性质明显不符的；

（二）确定民事责任明显违背当事人约定或者法律规定的；

（三）适用已经失效或者尚未施行的法律的；

（四）违反法律溯及力规定的；

（五）违反法律适用规则的；

（六）明显违背立法原意的；

（七）适用法律错误的其他情形。

第七十九条 有下列情形之一的,应当认定为《中华人民共和国民事诉讼法》第二百条第七项规定的"审判组织的组成不合法":

(一)应当组成合议庭审理的案件独任审判的;

(二)人民陪审员参与第二审案件审理的;

(三)再审、发回重审的案件没有另行组成合议庭的;

(四)审理案件的人员不具有审判资格的;

(五)审判组织或者人员不合法的其他情形。

第八十条 有下列情形之一的,应当认定为《中华人民共和国民事诉讼法》第二百条第九项规定的"违反法律规定,剥夺当事人辩论权利":

(一)不允许或者严重限制当事人行使辩论权利的;

(二)应当开庭审理而未开庭审理的;

(三)违反法律规定送达起诉状副本或者上诉状副本,致使当事人无法行使辩论权利的;

(四)违法剥夺当事人辩论权利的其他情形。

第二节 再审检察建议和提请抗诉

第八十一条 地方各级人民检察院发现同级人民法院已经发生法律效力的民事判决、裁定有下列情形之一的,可以向同级人民法院提出再审检察建议:

(一)有新的证据,足以推翻原判决、裁定的;

(二)原判决、裁定认定的基本事实缺乏证据证明的;

(三)原判决、裁定认定事实的主要证据是伪造的;

(四)原判决、裁定认定事实的主要证据未经质证的;

(五)对审理案件需要的主要证据,当事人因客观原因不能自行收集,书面申请人民法院调查收集,人民法院未调查收集的;

(六)审判组织的组成不合法或者依法应当回避的审判人员没有回避的;

(七)无诉讼行为能力人未经法定代理人代为诉讼或者应当参加诉讼的当事人,因不能归责于本人或者其诉讼代理人的事由,未参加诉讼的;

(八)违反法律规定,剥夺当事人辩论权利的;

(九)未经传票传唤,缺席判决的;

(十)原判决、裁定遗漏或者超出诉讼请求的;

(十一)据以作出原判决、裁定的法律文书被撤销或者变更的。

第八十二条 符合本规则第八十一条规定的案件有下列情形之一的,地方各级人民检察院一般应当提请上一级人民检察院抗诉:

(一)判决、裁定是经同级人民法院再审后作出的;

(二)判决、裁定是经同级人民法院审判委员会讨论作出的。

第八十三条 地方各级人民检察院发现同级人民法院已经发生法律效力的民事判决、裁定有下列情形之一的,一般应当提请上一级人民检察院抗诉:

(一)原判决、裁定适用法律确有错误的;

(二)审判人员在审理该案件时有贪污受贿,徇私舞弊,枉法裁判行为的。

第八十四条 符合本规则第八十二条、第八十三条规定的案件,适宜由同级人民法院再审纠正的,地方各级人民检察院可以向同级人民法院提出再审检察建议。

第八十五条 地方各级人民检察院发现民事调解书损害国家利益、社会公共利益的,可以向同级人民法院提出再审检察建议，也可以提请上一级人民检察院抗诉。

第八十六条　对人民法院已经采纳再审检察建议进行再审的案件，提出再审检察建议的人民检察院一般不得再向上级人民检察院提请抗诉。

第八十七条　人民检察院提出再审检察建议，应当制作《再审检察建议书》，在决定提出再审检察建议之日起十五日内将《再审检察建议书》连同案件卷宗移送同级人民法院，并制作决定提出再审检察建议的《通知书》，发送当事人。

人民检察院提出再审检察建议，应当经本院检察委员会决定，并将《再审检察建议书》报上一级人民检察院备案。

第八十八条　人民检察院提请抗诉，应当制作《提请抗诉报告书》，在决定提请抗诉之日起十五日内将《提请抗诉报告书》连同案件卷宗报送上一级人民检察院，并制作决定提请抗诉的《通知书》，发送当事人。

第八十九条　人民检察院认为当事人的监督申请不符合提出再审检察建议或者提请抗诉条件的，应当作出不支持监督申请的决定，并在决定之日起十五日内制作《不支持监督申请决定书》，发送当事人。

第三节　抗　　诉

第九十条　最高人民检察院对各级人民法院已经发生法律效力的民事判决、裁定、调解书，上级人民检察院对下级人民法院已经发生法律效力的民事判决、裁定、调解书，发现有《中华人民共和国民事诉讼法》第二百条、第二百零八条规定情形的，应当向同级人民法院提出抗诉。

第九十一条　人民检察院提出抗诉的案件，接受抗诉的人民法院将案件交下一级人民法院再审，下一级人民法院审理后作出的再审判决、裁定仍有明显错误，原提出抗诉

的人民检察院可以依职权再次提出抗诉。

第九十二条　人民检察院提出抗诉，应当制作《抗诉书》，在决定抗诉之日起十五日内将《抗诉书》连同案件卷宗移送同级人民法院，并由接受抗诉的人民法院向当事人送达再审裁定时一并送达《抗诉书》。

人民检察院应当制作决定抗诉的《通知书》，发送当事人。上级人民检察院可以委托提请抗诉的人民检察院将决定抗诉的《通知书》发送当事人。

第九十三条　人民检察院认为当事人的监督申请不符合抗诉条件的，应当作出不支持监督申请的决定，并在决定之日起十五日内制作《不支持监督申请决定书》，发送当事人。上级人民检察院可以委托提请抗诉的人民检察院将《不支持监督申请决定书》发送当事人。

第四节　出　　庭

第九十四条　人民检察院提出抗诉的案件，人民法院再审时，人民检察院应当派员出席法庭。

必要时，人民检察院可以协调人民法院安排人民监督员旁听。

第九十五条　接受抗诉的人民法院将抗诉案件交下级人民法院再审的，提出抗诉的人民检察院可以指令再审人民法院的同级人民检察院派员出庭。

第九十六条　检察人员出席再审法庭的任务是：

（一）宣读抗诉书；

（二）对人民检察院调查取得的证据予以出示和说明；

（三）庭审结束时，经审判长许可，可以发表法律监督意见；

（四）对法庭审理中违反诉讼程序的情况予以记录。

检察人员发现庭审活动违法的，应当待

休庭或者庭审结束之后,以人民检察院的名义提出检察建议。

出庭检察人员应当全程参加庭审。

第九十七条 当事人或者其他参加庭审人员在庭审中对检察机关或者出庭检察人员有侮辱、诽谤、威胁等不当言论或者行为的,出庭检察人员应当建议法庭即时予以制止;情节严重的,应当建议法庭依照规定予以处理,并在庭审结束后向检察长报告。

第六章 对审判程序中审判人员违法行为的监督

第九十八条 《中华人民共和国民事诉讼法》第二百零八条第三款规定的审判程序包括:

(一)第一审普通程序;

(二)简易程序;

(三)第二审程序;

(四)特别程序;

(五)审判监督程序;

(六)督促程序;

(七)公示催告程序;

(八)海事诉讼特别程序;

(九)破产程序。

第九十九条 《中华人民共和国民事诉讼法》第二百零八条第三款的规定适用于法官、人民陪审员、法官助理、书记员。

第一百条 人民检察院发现同级人民法院民事审判程序中有下列情形之一的,应当向同级人民法院提出检察建议:

(一)判决、裁定确有错误,但不适用再审程序纠正的;

(二)调解违反自愿原则或者调解协议的内容违反法律的;

(三)符合法律规定的起诉和受理条件,应当立案而不立案的;

(四)审理案件适用审判程序错误的;

(五)保全和先予执行违反法律规定的;

(六)支付令违反法律规定的;

(七)诉讼中止或者诉讼终结违反法律规定的;

(八)违反法定审理期限的;

(九)对当事人采取罚款、拘留等妨害民事诉讼的强制措施违反法律规定的;

(十)违反法律规定送达的;

(十一)其他违反法律规定的情形。

第一百零一条 人民检察院发现同级人民法院民事审判程序中审判人员有《中华人民共和国法官法》第四十六条等规定的违法行为且可能影响案件公正审判、执行的,应当向同级人民法院提出检察建议。

第一百零二条 人民检察院依照本章规定提出检察建议的,应当制作《检察建议书》,在决定提出检察建议之日起十五日内将《检察建议书》连同案件卷宗移送同级人民法院,并制作决定提出检察建议的《通知书》,发送申请人。

第一百零三条 人民检察院认为当事人申请监督的审判程序中审判人员违法行为认定依据不足的,应当作出不支持监督申请的决定,并在决定之日起十五日内制作《不支持监督申请决定书》,发送申请人。

第七章 对执行活动的监督

第一百零四条 人民检察院对人民法院执行生效民事判决、裁定、调解书、支付令、仲裁裁决以及公证债权文书等法律文书的活动实行法律监督。

第一百零五条 人民检察院认为人民法院在执行活动中可能存在怠于履行职责情形的,可以依照有关规定向人民法院发出《说明案件执行情况通知书》,要求说明案件的执行情况及理由。

第一百零六条 人民检察院发现人民法

院在执行活动中有下列情形之一的,应当向同级人民法院提出检察建议:

(一)决定是否受理、执行管辖权的移转以及审查和处理执行异议、复议、申诉等执行审查活动存在违法、错误情形的;

(二)实施财产调查、控制、处分、交付和分配以及罚款、拘留、信用惩戒措施等执行实施活动存在违法、错误情形的;

(三)存在消极执行、拖延执行等情形的;

(四)其他执行违法、错误情形。

第一百零七条 人民检察院依照本规则第三十条第二款规定受理后交办的案件,下级人民检察院经审查认为人民法院作出的执行复议裁定、决定等存在违法、错误情形的,应当提请上级人民检察院监督;认为人民法院作出的执行复议裁定、决定等正确的,应当作出不支持监督申请的决定。

第一百零八条 人民检察院对执行活动提出检察建议的,应当经检察长或者检察委员会决定,制作《检察建议书》,在决定之日起十五日内将《检察建议书》连同案件卷宗移送同级人民法院,并制作决定提出检察建议的《通知书》,发送当事人。

第一百零九条 人民检察院认为当事人申请监督的人民法院执行活动不存在违法情形的,应当作出不支持监督申请的决定,并在决定之日起十五日内制作《不支持监督申请决定书》,发送申请人。

第一百一十条 人民检察院发现同级人民法院执行活动中执行人员存在违法行为的,参照本规则第六章有关规定执行。

第八章 案件管理

第一百一十一条 人民检察院负责案件管理的部门对民事诉讼监督案件的受理、期限、程序、质量等进行管理、监督、预警。

第一百一十二条 负责案件管理的部门发现本院办案活动有下列情形之一的,应当及时提出纠正意见:

(一)法律文书制作、使用不符合法律和有关规定的;

(二)违反办案期限有关规定的;

(三)侵害当事人、诉讼代理人诉讼权利的;

(四)未依法对民事审判活动以及执行活动中的违法行为履行法律监督职责的;

(五)其他应当提出纠正意见的情形。

情节轻微的,可以口头提示;情节较重的,应当发送《案件流程监控通知书》,提示办案部门及时查明情况并予以纠正;情节严重的,应当同时向检察长报告。

办案部门收到《案件流程监控通知书》后,应当在十日内将核查情况书面回复负责案件管理的部门。

第一百一十三条 负责案件管理的部门对以本院名义制发民事诉讼监督法律文书实施监督管理。

第一百一十四条 人民检察院办理的民事诉讼监督案件,办结后需要向其他单位移送案卷材料的,统一由负责案件管理的部门审核移送材料是否规范、齐备。负责案件管理的部门认为材料规范、齐备,符合移送条件的,应当立即由办案部门按照规定移送;认为材料不符合要求的,应当及时通知办案部门补送、更正。

第一百一十五条 人民法院向人民检察院送达的民事判决书、裁定书或者调解书等法律文书,由负责案件管理的部门负责接收,并即时登记移送负责民事检察的部门。

第一百一十六条 人民检察院在办理民事诉讼监督案件过程中,当事人及其诉讼代理人提出有关申请、要求或者提交有关书面材料的,由负责案件管理的部门负责接收,需要出具相关手续的,负责案件管理的部门应当出具。负责案件管理的部门接收材料后应当及时移送负责民事检察的部门。

第九章 其 他 规 定

第一百一十七条 人民检察院发现人民法院在多起同一类型民事案件中有下列情形之一的,可以提出检察建议:

(一)同类问题适用法律不一致的;

(二)适用法律存在同类错误的;

(三)其他同类违法行为。

人民检察院发现有关单位的工作制度、管理方法、工作程序违法或者不当,需要改正、改进的,可以提出检察建议。

第一百一十八条 申请人向人民检察院提交的新证据是伪造的,或者对案件重要事实作虚假陈述的,人民检察院应当予以批评教育,并可以终结审查,但确有必要进行监督的除外;涉嫌违纪违法犯罪的,依照规定移送有关机关处理。

其他当事人有前款规定情形的,人民检察院应当予以批评教育;涉嫌违纪违法犯罪的,依照规定移送有关机关处理。

第一百一十九条 人民检察院发现人民法院审查和处理当事人申请执行、撤销仲裁裁决或者申请执行公证债权文书存在违法、错误情形的,参照本规则第六章、第七章有关规定执行。

第一百二十条 负责民事检察的部门在履行职责过程中,发现涉嫌违纪违法犯罪以及需要追究司法责任的行为,应当报检察长决定,及时将相关线索及材料移送有管辖权的机关或者部门。

人民检察院其他职能部门在履行职责中发现符合本规则规定的应当依职权启动监督程序的民事诉讼监督案件线索,应当及时向负责民事检察的部门通报。

第一百二十一条 人民检察院发现作出的相关决定确有错误需要纠正或者有其他情形需要撤回的,应当经本院检察长或者检察委员会决定。

第一百二十二条 人民法院对人民检察院监督行为提出建议的,人民检察院应当在一个月内将处理结果书面回复人民法院。人民法院对回复意见有异议,并通过上一级人民法院向上一级人民检察院提出的,上一级人民检察院认为人民法院建议正确,应当要求下级人民检察院及时纠正。

第一百二十三条 人民法院对民事诉讼监督案件作出再审判决、裁定或者其他处理决定后,提出监督意见的人民检察院应当对处理结果进行审查,并填写《民事诉讼监督案件处理结果审查登记表》。

第一百二十四条 有下列情形之一的,人民检察院可以按照有关规定再次监督或者提请上级人民检察院监督:

(一)人民法院审理民事抗诉案件作出的判决、裁定、调解书仍有明显错误的;

(二)人民法院对检察建议未在规定的期限内作出处理并书面回复的;

(三)人民法院对检察建议的处理结果错误的。

第一百二十五条 地方各级人民检察院对适用法律确属疑难、复杂,本院难以决断的重大民事诉讼监督案件,可以向上一级人民检察院请示。

请示案件依照最高人民检察院关于办理下级人民检察院请示件、下级人民检察院向最高人民检察院报送公文的相关规定办理。

第一百二十六条 当事人认为人民检察院对同级人民法院已经发生法律效力的民事判决、裁定、调解书作出的不支持监督申请决定存在明显错误的,可以在不支持监督申请决定作出之日起一年内向上一级人民检察院申请复查一次。负责控告申诉检察的部门经初核,发现可能有以下情形之一的,可以移送本院负责民事检察的部门审查处理:

（一）有新的证据，足以推翻原判决、裁定的；

（二）有证据证明原判决、裁定认定事实的主要证据是伪造的；

（三）据以作出原判决、裁定的法律文书被撤销或者变更的；

（四）有证据证明审判人员审理该案件时有贪污受贿，徇私舞弊，枉法裁判等行为的；

（五）有证据证明检察人员办理该案件时有贪污受贿，徇私舞弊，滥用职权等行为的；

（六）其他确有必要进行复查的。

负责民事检察的部门审查后，认为下一级人民检察院不支持监督申请决定错误，应当以人民检察院的名义予以撤销并依法提出抗诉；认为不存在错误，应当决定复查维持，并制作《复查决定书》，发送申请人。

上级人民检察院可以依职权复查下级人民检察院对同级人民法院已经发生法律效力的民事判决、裁定、调解书作出不支持监督申请决定的案件。

对复查案件的审查期限，参照本规则第五十二条第一款规定执行。

第一百二十七条 制作民事诉讼监督法律文书，应当符合规定的格式。

民事诉讼监督法律文书的格式另行制定。

第一百二十八条 人民检察院可以参照《中华人民共和国民事诉讼法》有关规定发送法律文书。

第一百二十九条 人民检察院发现制作的法律文书存在笔误的，应当作出《补正决定书》予以补正。

第一百三十条 人民检察院办理民事诉讼监督案件，应当按照规定建立民事诉讼监督案卷。

第一百三十一条 人民检察院办理民事诉讼监督案件，不收取案件受理费。申请复印、鉴定、审计、勘验等产生的费用由申请人直接支付给有关机构或者单位，人民检察院不得代收代付。

第十章　附　　则

第一百三十二条 检察建议案件的办理，本规则未规定的，适用《人民检察院检察建议工作规定》。

第一百三十三条 民事公益诉讼监督案件的办理，适用本规则及有关公益诉讼检察司法解释的规定。

第一百三十四条 军事检察院等专门人民检察院对民事诉讼监督案件的办理，以及人民检察院对其他专门人民法院的民事诉讼监督案件的办理，适用本规则和其他有关规定。

第一百三十五条 本规则自2021年8月1日起施行，《人民检察院民事诉讼监督规则（试行）》同时废止。本院之前公布的其他规定与本规则内容不一致的，以本规则为准。

最高人民法院关于审理民事、行政诉讼中司法赔偿案件适用法律若干问题的解释

（2016年2月15日最高人民法院审判委员会第1678次会议通过　2016年9月7日最高人民法院公告公布　自2016年10月1日起施行　法释〔2016〕20号）

根据《中华人民共和国国家赔偿法》及有关法律规定，结合人民法院国家赔偿工作实际，现就人民法院赔偿委员会审理民事、行政诉讼中司法赔偿案件的若干法律适用问题解释如下：

第一条 人民法院在民事、行政诉讼过程中，违法采取对妨害诉讼的强制措施、保全

措施、先予执行措施,或者对判决、裁定及其他生效法律文书执行错误,侵犯公民、法人和其他组织合法权益并造成损害的,赔偿请求人可以依法向人民法院申请赔偿。

第二条 违法采取对妨害诉讼的强制措施,包括以下情形:

(一)对没有实施妨害诉讼行为的人采取罚款或者拘留措施的;

(二)超过法律规定金额采取罚款措施的;

(三)超过法律规定期限采取拘留措施的;

(四)对同一妨害诉讼的行为重复采取罚款、拘留措施的;

(五)其他违法情形。

第三条 违法采取保全措施,包括以下情形:

(一)依法不应当采取保全措施而采取的;

(二)依法不应当解除保全措施而解除,或者依法应当解除保全措施而不解除的;

(三)明显超出诉讼请求的范围采取保全措施的,但保全财产为不可分割物且被保全人无其他财产或者其他财产不足以担保债权实现的除外;

(四)在给付特定物之诉中,对与案件无关的财物采取保全措施的;

(五)违法保全案外人财产的;

(六)对查封、扣押、冻结的财产不履行监管职责,造成被保全财产毁损、灭失的;

(七)对季节性商品或者鲜活、易腐烂变质以及其他不宜长期保存的物品采取保全措施,未及时处理或者违法处理,造成物品毁损或者严重贬值的;

(八)对不动产或者船舶、航空器和机动车等特定动产采取保全措施,未依法通知有关登记机构不予办理该保全财产的变更登记,造成该保全财产所有权被转移的;

(九)违法采取行为保全措施的;

(十)其他违法情形。

第四条 违法采取先予执行措施,包括以下情形:

(一)违反法律规定的条件和范围先予执行的;

(二)超出诉讼请求的范围先予执行的;

(三)其他违法情形。

第五条 对判决、裁定及其他生效法律文书执行错误,包括以下情形:

(一)执行未生效法律文书的;

(二)超出生效法律文书确定的数额和范围执行的;

(三)对已经发现的被执行人的财产,故意拖延执行或者不执行,导致被执行财产流失的;

(四)应当恢复执行而不恢复,导致被执行财产流失的;

(五)违法执行案外人财产的;

(六)违法将案件执行款物执行给其他当事人或者案外人的;

(七)违法对抵押物、质物或者留置物采取执行措施,致使抵押权人、质权人或者留置权人的优先受偿权无法实现的;

(八)对执行中查封、扣押、冻结的财产不履行监管职责,造成财产毁损、灭失的;

(九)对季节性商品或者鲜活、易腐烂变质以及其他不宜长期保存的物品采取执行措施,未及时处理或者违法处理,造成物品毁损或者严重贬值的;

(十)对执行财产应当拍卖而未依法拍卖的,或者应当由资产评估机构评估而未依法评估,违法变卖或者以物抵债的;

(十一)其他错误情形。

第六条 人民法院工作人员在民事、行政诉讼过程中,有殴打、虐待或者唆使、放纵他人殴打、虐待等行为,以及违法使用武器、警械,造成公民身体伤害或者死亡的,适用国家赔偿法第十七条第四项、第五项的规定予以赔偿。

第七条 具有下列情形之一的,国家不承担赔偿责任:

(一)属于民事诉讼法第一百零五条、第一百零七条第二款和第二百三十三条规定情形的;

(二)申请执行人提供执行标的物错误的,但人民法院明知该标的物错误仍予以执行的除外;

(三)人民法院依法指定的保管人对查封、扣押、冻结的财产违法动用、隐匿、毁损、转移或者变卖的;

(四)人民法院工作人员与行使职权无关的个人行为;

(五)因不可抗力、正当防卫和紧急避险造成损害后果的;

(六)依法不应由国家承担赔偿责任的其他情形。

第八条 因多种原因造成公民、法人和其他组织合法权益损害的,应当根据人民法院及其工作人员行使职权的行为对损害结果的发生或者扩大所起的作用等因素,合理确定赔偿金额。

第九条 受害人对损害结果的发生或者扩大也有过错的,应当根据其过错对损害结果的发生或者扩大所起的作用等因素,依法减轻国家赔偿责任。

第十条 公民、法人和其他组织的损失,已经在民事、行政诉讼过程中获得赔偿、补偿的,对该部分损失,国家不承担赔偿责任。

第十一条 人民法院及其工作人员在民事、行政诉讼过程中,具有本解释第二条、第六条规定情形,侵犯公民人身权的,应当依照国家赔偿法第三十三条、第三十四条的规定计算赔偿金。致人精神损害的,应当依照国家赔偿法第三十五条的规定,在侵权行为影响的范围内,为受害人消除影响、恢复名誉、赔礼道歉;造成严重后果的,还应当支付相应的精神损害抚慰金。

第十二条 人民法院及其工作人员在民事、行政诉讼过程中,具有本解释第二条至第五条规定情形,侵犯公民、法人和其他组织的财产权并造成损害的,应当依照国家赔偿法第三十六条的规定承担赔偿责任。

财产不能恢复原状或者灭失的,应当按照侵权行为发生时的市场价格计算损失;市场价格无法确定或者该价格不足以弥补受害人所受损失的,可以采用其他合理方式计算损失。

第十三条 人民法院及其工作人员对判决、裁定及其他生效法律文书执行错误,且对公民、法人或者其他组织的财产已经依照法定程序拍卖或者变卖的,应当给付拍卖或者变卖所得的价款。

人民法院违法拍卖,或者变卖价款明显低于财产价值的,应当依照本解释第十二条的规定支付相应的赔偿金。

第十四条 国家赔偿法第三十六条第六项规定的停产停业期间必要的经常性费用开支,是指法人、其他组织和个体工商户为维系停产停业期间运营所需的基本开支,包括留守职工工资、必须缴纳的税费、水电费、房屋场地租金、设备租金、设备折旧费等必要的经常性费用。

第十五条 国家赔偿法第三十六条第七项规定的银行同期存款利息,以作出生效赔偿决定时中国人民银行公布的一年期人民币整存整取定期存款基准利率计算,不计算复利。

应当返还的财产属于金融机构合法存款的,对存款合同存续期间的利息按照合同约定利率计算。

应当返还的财产系现金的,比照本条第一款规定支付利息。

第十六条 依照国家赔偿法第三十六条

规定返还的财产系国家批准的金融机构贷款的,除贷款本金外,还应当支付该贷款借贷状态下的贷款利息。

第十七条 用益物权人、担保物权人、承租人或者其他合法占有使用财产的人,依据国家赔偿法第三十八条规定申请赔偿的,人民法院应当依照《最高人民法院关于国家赔偿案件立案工作的规定》予以审查立案。

第十八条 人民法院在民事、行政诉讼过程中,违法采取对妨害诉讼的强制措施、保全措施、先予执行措施,或者对判决、裁定及其他生效法律文书执行错误,系因上一级人民法院复议改变原裁决所致的,由该上一级人民法院作为赔偿义务机关。

第十九条 公民、法人或者其他组织依据国家赔偿法第三十八条规定申请赔偿的,应当在民事、行政诉讼程序或者执行程序终结后提出,但下列情形除外:

(一)人民法院已依法撤销对妨害诉讼的强制措施的;

(二)人民法院采取对妨害诉讼的强制措施,造成公民身体伤害或者死亡的;

(三)经诉讼程序依法确认不属于被保全人或者被执行人的财产,且无法在相关诉讼程序或者执行程序中予以补救的;

(四)人民法院生效法律文书已确认相关行为违法,且无法在相关诉讼程序或者执行程序中予以补救的;

(五)赔偿请求人有证据证明其请求与民事、行政诉讼程序或者执行程序无关的;

(六)其他情形。

赔偿请求人依据前款规定,在民事、行政诉讼程序或者执行程序终结后申请赔偿的,该诉讼程序或者执行程序期间不计入赔偿请求时效。

第二十条 人民法院赔偿委员会审理民事、行政诉讼中的司法赔偿案件,有下列情形之一的,相应期间不计入审理期限:

(一)需要向赔偿义务机关、有关人民法院或者其他国家机关调取案卷或者其他材料的;

(二)人民法院赔偿委员会委托鉴定、评估的。

第二十一条 人民法院赔偿委员会审理民事、行政诉讼中的司法赔偿案件,应当对人民法院及其工作人员行使职权的行为是否符合法律规定,赔偿请求人主张的损害事实是否存在,以及该职权行为与损害事实之间是否存在因果关系等事项一并予以审查。

第二十二条 本解释自2016年10月1日起施行。本解释施行前最高人民法院发布的司法解释与本解释不一致的,以本解释为准。

(二)起诉和受理

最高人民法院关于人民法院登记立案若干问题的规定

(2015年4月13日最高人民法院审判委员会第1647次会议通过 2015年4月15日最高人民法院公告公布 自2015年5月1日起施行 法释〔2015〕8号)

为保护公民、法人和其他组织依法行使诉权,实现人民法院依法、及时受理案件,根据《中华人民共和国民事诉讼法》《中华人民共和国行政诉讼法》《中华人民共和国刑事诉讼法》等法律规定,制定本规定。

第一条 人民法院对依法应该受理的一审民事起诉、行政起诉和刑事自诉,实行立案登记制。

第二条 对起诉、自诉,人民法院应当一律接收诉状,出具书面凭证并注明收到日期。

对符合法律规定的起诉、自诉,人民法院应当当场予以登记立案。

对不符合法律规定的起诉、自诉,人民法院应当予以释明。

第三条 人民法院应当提供诉状样本,为当事人书写诉状提供示范和指引。

当事人书写诉状确有困难的,可以口头提出,由人民法院记入笔录。符合法律规定的,予以登记立案。

第四条 民事起诉状应当记明以下事项:

(一)原告的姓名、性别、年龄、民族、职业、工作单位、住所、联系方式,法人或者其他组织的名称、住所和法定代表人或者主要负责人的姓名、职务、联系方式;

(二)被告的姓名、性别、工作单位、住所等信息,法人或者其他组织的名称、住所等信息;

(三)诉讼请求和所根据的事实与理由;

(四)证据和证据来源;

(五)有证人的,载明证人姓名和住所。

行政起诉状参照民事起诉状书写。

第五条 刑事自诉状应当记明以下事项:

(一)自诉人或者代为告诉人、被告人的姓名、性别、年龄、民族、文化程度、职业、工作单位、住址、联系方式;

(二)被告人实施犯罪的时间、地点、手段、情节和危害后果等;

(三)具体的诉讼请求;

(四)致送的人民法院和具状时间;

(五)证据的名称、来源等;

(六)有证人的,载明证人的姓名、住所、联系方式等。

第六条 当事人提出起诉、自诉的,应当提交以下材料:

(一)起诉人、自诉人是自然人的,提交身份证明复印件;起诉人、自诉人是法人或者其他组织的,提交营业执照或者组织机构代码复印件、法定代表人或者主要负责人身份证明书;法人或者其他组织不能提供组织机构代码的,应当提供组织机构被注销的情况说明;

(二)委托起诉或者代为告诉的,应当提交授权委托书、代理人身份证明、代为告诉人身份证明等相关材料;

(三)具体明确的足以使被告或者被告人与他人相区别的姓名或者名称、住所等信息;

(四)起诉状原本和与被告或者被告人及其他当事人人数相符的副本;

(五)与诉请相关的证据或者证明材料。

第七条 当事人提交的诉状和材料不符合要求的,人民法院应当一次性书面告知在指定期限内补正。

当事人在指定期限内补正的,人民法院决定是否立案的期间,自收到补正材料之日起计算。

当事人在指定期限内没有补正的,退回诉状并记录在册;坚持起诉、自诉的,裁定或者决定不予受理、不予立案。

经补正仍不符合要求的,裁定或者决定不予受理、不予立案。

第八条 对当事人提出的起诉、自诉,人民法院当场不能判定是否符合法律规定的,应当作出以下处理:

(一)对民事、行政起诉,应当在收到起诉状之日起七日内决定是否立案;

(二)对刑事自诉,应当在收到自诉状次日起十五日内决定是否立案;

(三)对第三人撤销之诉,应当在收到起诉状之日起三十日内决定是否立案;

(四)对执行异议之诉,应当在收到起诉状之日起十五日内决定是否立案。

人民法院在法定期间内不能判定起诉、自诉是否符合法律规定的,应当先行立案。

第九条 人民法院对起诉、自诉不予受理或者不予立案的,应当出具书面裁定或者决定,并载明理由。

第十条 人民法院对下列起诉、自诉不予登记立案:

(一)违法起诉或者不符合法律规定的;

(二)涉及危害国家主权和领土完整的;

(三)危害国家安全的;

(四)破坏国家统一和民族团结的;

(五)破坏国家宗教政策的;

(六)所诉事项不属于人民法院主管的。

第十一条 登记立案后,当事人未在法定期限内交纳诉讼费的,按撤诉处理,但符合法律规定的缓、减、免交诉讼费条件的除外。

第十二条 登记立案后,人民法院立案庭应当及时将案件移送审判庭审理。

第十三条 对立案工作中存在的不接收诉状、接收诉状后不出具书面凭证,不一次性告知当事人补正诉状内容,以及有案不立、拖延立案、干扰立案、既不立案又不作出裁定或者决定等违法违纪情形,当事人可以向受诉人民法院或者上级人民法院投诉。

人民法院应当在受理投诉之日起十五日内,查明事实,并将情况反馈当事人。发现违法违纪行为的,依法依纪追究相关人员责任;构成犯罪的,依法追究刑事责任。

第十四条 为方便当事人行使诉权,人民法院提供网上立案、预约立案、巡回立案等诉讼服务。

第十五条 人民法院推动多元化纠纷解决机制建设,尊重当事人选择人民调解、行政调解、行业调解、仲裁等多种方式维护权益,化解纠纷。

第十六条 人民法院依法维护登记立案秩序,推进诉讼诚信建设。对干扰立案秩序、虚假诉讼的,根据民事诉讼法、行政诉讼法有关规定予以罚款、拘留;构成犯罪的,依法追究刑事责任。

第十七条 本规定的"起诉",是指当事人提起民事、行政诉讼;"自诉",是指当事人提起刑事自诉。

第十八条 强制执行和国家赔偿申请登记立案工作,按照本规定执行。

上诉、申请再审、刑事申诉、执行复议和国家赔偿申诉案件立案工作,不适用本规定。

第十九条 人民法庭登记立案工作,按照本规定执行。

第二十条 本规定自 2015 年 5 月 1 日起施行。以前有关立案的规定与本规定不一致的,按照本规定执行。

民事案件案由规定

(2007 年 10 月 29 日最高人民法院审判委员会第 1438 次会议通过 根据 2011 年 2 月 18 日最高人民法院《关于修改〈民事案件案由规定〉的决定》第一次修正 根据 2020 年 12 月 14 日最高人民法院审判委员会第 1821 次会议通过的《最高人民法院关于修改〈民事案件案由规定〉的决定》第二次修正 2020 年 12 月 29 日最高人民法院公布)

为了正确适用法律,统一确定案由,根据《中华人民共和国民法典》《中华人民共和国民事诉讼法》等法律规定,结合人民法院民事审判工作实际情况,对民事案件案由规定如下:

第一部分 人格权纠纷

一、人格权纠纷

1. 生命权、身体权、健康权纠纷

2. 姓名权纠纷

3. 名称权纠纷

4. 肖像权纠纷

5. 声音保护纠纷

6. 名誉权纠纷

7. 荣誉权纠纷

8. 隐私权、个人信息保护纠纷

(1)隐私权纠纷

(2)个人信息保护纠纷

9. 婚姻自主权纠纷

10. 人身自由权纠纷

11. 一般人格权纠纷

(1)平等就业权纠纷

第二部分　婚姻家庭、继承纠纷

二、婚姻家庭纠纷

12. 婚约财产纠纷

13. 婚内夫妻财产分割纠纷

14. 离婚纠纷

15. 离婚后财产纠纷

16. 离婚后损害责任纠纷

17. 婚姻无效纠纷

18. 撤销婚姻纠纷

19. 夫妻财产约定纠纷

20. 同居关系纠纷

(1)同居关系析产纠纷

(2)同居关系子女抚养纠纷

21. 亲子关系纠纷

(1)确认亲子关系纠纷

(2)否认亲子关系纠纷

22. 抚养纠纷

(1)抚养费纠纷

(2)变更抚养关系纠纷

23. 扶养纠纷

(1)扶养费纠纷

(2)变更扶养关系纠纷

24. 赡养纠纷

(1)赡养费纠纷

(2)变更赡养关系纠纷

25. 收养关系纠纷

(1)确认收养关系纠纷

(2)解除收养关系纠纷

26. 监护权纠纷

27. 探望权纠纷

28. 分家析产纠纷

三、继承纠纷

29. 法定继承纠纷

(1)转继承纠纷

(2)代位继承纠纷

30. 遗嘱继承纠纷

31. 被继承人债务清偿纠纷

32. 遗赠纠纷

33. 遗赠扶养协议纠纷

34. 遗产管理纠纷

第三部分　物权纠纷

四、不动产登记纠纷

35. 异议登记不当损害责任纠纷

36. 虚假登记损害责任纠纷

五、物权保护纠纷

37. 物权确认纠纷

(1)所有权确认纠纷

(2)用益物权确认纠纷

(3)担保物权确认纠纷

38. 返还原物纠纷

39. 排除妨害纠纷

40. 消除危险纠纷

41. 修理、重作、更换纠纷

42. 恢复原状纠纷

43. 财产损害赔偿纠纷

六、所有权纠纷

44. 侵害集体经济组织成员权益纠纷

45. 建筑物区分所有权纠纷

(1)业主专有权纠纷

(2)业主共有权纠纷

(3)车位纠纷

(4)车库纠纷

46. 业主撤销权纠纷

47. 业主知情权纠纷

48. 遗失物返还纠纷

49. 漂流物返还纠纷

50. 埋藏物返还纠纷

51. 隐藏物返还纠纷

52. 添附物归属纠纷

53. 相邻关系纠纷

（1）相邻用水、排水纠纷

（2）相邻通行纠纷

（3）相邻土地、建筑物利用关系纠纷

（4）相邻通风纠纷

（5）相邻采光、日照纠纷

（6）相邻污染侵害纠纷

（7）相邻损害防免关系纠纷

54. 共有纠纷

（1）共有权确认纠纷

（2）共有物分割纠纷

（3）共有人优先购买权纠纷

（4）债权人代位析产纠纷

七、用益物权纠纷

55. 海域使用权纠纷

56. 探矿权纠纷

57. 采矿权纠纷

58. 取水权纠纷

59. 养殖权纠纷

60. 捕捞权纠纷

61. 土地承包经营权纠纷

（1）土地承包经营权确认纠纷

（2）承包地征收补偿费用分配纠纷

（3）土地承包经营权继承纠纷

62. 土地经营权纠纷

63. 建设用地使用权纠纷

64. 宅基地使用权纠纷

65. 居住权纠纷

66. 地役权纠纷

八、担保物权纠纷

67. 抵押权纠纷

（1）建筑物和其他土地附着物抵押权纠纷

（2）在建建筑物抵押权纠纷

（3）建设用地使用权抵押权纠纷

（4）土地经营权抵押权纠纷

（5）探矿权抵押权纠纷

（6）采矿权抵押权纠纷

（7）海域使用权抵押权纠纷

（8）动产抵押权纠纷

（9）在建船舶、航空器抵押权纠纷

（10）动产浮动抵押权纠纷

（11）最高额抵押权纠纷

68. 质权纠纷

（1）动产质权纠纷

（2）转质权纠纷

（3）最高额质权纠纷

（4）票据质权纠纷

（5）债券质权纠纷

（6）存单质权纠纷

（7）仓单质权纠纷

（8）提单质权纠纷

（9）股权质权纠纷

（10）基金份额质权纠纷

（11）知识产权质权纠纷

（12）应收账款质权纠纷

69. 留置权纠纷

九、占有保护纠纷

70. 占有物返还纠纷

71. 占有排除妨害纠纷

72. 占有消除危险纠纷

73. 占有物损害赔偿纠纷

第四部分　合同、准合同纠纷

十、合同纠纷

74. 缔约过失责任纠纷

75. 预约合同纠纷

76. 确认合同效力纠纷

（1）确认合同有效纠纷

（2）确认合同无效纠纷

77. 债权人代位权纠纷

78. 债权人撤销权纠纷
79. 债权转让合同纠纷
80. 债务转移合同纠纷
81. 债权债务概括转移合同纠纷
82. 债务加入纠纷
83. 悬赏广告纠纷
84. 买卖合同纠纷
(1)分期付款买卖合同纠纷
(2)凭样品买卖合同纠纷
(3)试用买卖合同纠纷
(4)所有权保留买卖合同纠纷
(5)招标投标买卖合同纠纷
(6)互易纠纷
(7)国际货物买卖合同纠纷
(8)信息网络买卖合同纠纷
85. 拍卖合同纠纷
86. 建设用地使用权合同纠纷
(1)建设用地使用权出让合同纠纷
(2)建设用地使用权转让合同纠纷
87. 临时用地合同纠纷
88. 探矿权转让合同纠纷
89. 采矿权转让合同纠纷
90. 房地产开发经营合同纠纷
(1)委托代建合同纠纷
(2)合资、合作开发房地产合同纠纷
(3)项目转让合同纠纷
91. 房屋买卖合同纠纷
(1)商品房预约合同纠纷
(2)商品房预售合同纠纷
(3)商品房销售合同纠纷
(4)商品房委托代理销售合同纠纷
(5)经济适用房转让合同纠纷
(6)农村房屋买卖合同纠纷
92. 民事主体间房屋拆迁补偿合同纠纷
93. 供用电合同纠纷
94. 供用水合同纠纷
95. 供用气合同纠纷
96. 供用热力合同纠纷

97. 排污权交易纠纷
98. 用能权交易纠纷
99. 用水权交易纠纷
100. 碳排放权交易纠纷
101. 碳汇交易纠纷
102. 赠与合同纠纷
(1)公益事业捐赠合同纠纷
(2)附义务赠与合同纠纷
103. 借款合同纠纷
(1)金融借款合同纠纷
(2)同业拆借纠纷
(3)民间借贷纠纷
(4)小额借款合同纠纷
(5)金融不良债权转让合同纠纷
(6)金融不良债权追偿纠纷
104. 保证合同纠纷
105. 抵押合同纠纷
106. 质押合同纠纷
107. 定金合同纠纷
108. 进出口押汇纠纷
109. 储蓄存款合同纠纷
110. 银行卡纠纷
(1)借记卡纠纷
(2)信用卡纠纷
111. 租赁合同纠纷
(1)土地租赁合同纠纷
(2)房屋租赁合同纠纷
(3)车辆租赁合同纠纷
(4)建筑设备租赁合同纠纷
112. 融资租赁合同纠纷
113. 保理合同纠纷
114. 承揽合同纠纷
(1)加工合同纠纷
(2)定作合同纠纷
(3)修理合同纠纷
(4)复制合同纠纷
(5)测试合同纠纷
(6)检验合同纠纷

(7)铁路机车、车辆建造合同纠纷
115. 建设工程合同纠纷
(1)建设工程勘察合同纠纷
(2)建设工程设计合同纠纷
(3)建设工程施工合同纠纷
(4)建设工程价款优先受偿权纠纷
(5)建设工程分包合同纠纷
(6)建设工程监理合同纠纷
(7)装饰装修合同纠纷
(8)铁路修建合同纠纷
(9)农村建房施工合同纠纷
116. 运输合同纠纷
(1)公路旅客运输合同纠纷
(2)公路货物运输合同纠纷
(3)水路旅客运输合同纠纷
(4)水路货物运输合同纠纷
(5)航空旅客运输合同纠纷
(6)航空货物运输合同纠纷
(7)出租汽车运输合同纠纷
(8)管道运输合同纠纷
(9)城市公交运输合同纠纷
(10)联合运输合同纠纷
(11)多式联运合同纠纷
(12)铁路货物运输合同纠纷
(13)铁路旅客运输合同纠纷
(14)铁路行李运输合同纠纷
(15)铁路包裹运输合同纠纷
(16)国际铁路联运合同纠纷
117. 保管合同纠纷
118. 仓储合同纠纷
119. 委托合同纠纷
(1)进出口代理合同纠纷
(2)货运代理合同纠纷
(3)民用航空运输销售代理合同纠纷
(4)诉讼、仲裁、人民调解代理合同纠纷
(5)销售代理合同纠纷
120. 委托理财合同纠纷
(1)金融委托理财合同纠纷

(2)民间委托理财合同纠纷
121. 物业服务合同纠纷
122. 行纪合同纠纷
123. 中介合同纠纷
124. 补偿贸易纠纷
125. 借用合同纠纷
126. 典当纠纷
127. 合伙合同纠纷
128. 种植、养殖回收合同纠纷
129. 彩票、奖券纠纷
130. 中外合作勘探开发自然资源合同纠纷
131. 农业承包合同纠纷
132. 林业承包合同纠纷
133. 渔业承包合同纠纷
134. 牧业承包合同纠纷
135. 土地承包经营权合同纠纷
(1)土地承包经营权转让合同纠纷
(2)土地承包经营权互换合同纠纷
(3)土地经营权入股合同纠纷
(4)土地经营权抵押合同纠纷
(5)土地经营权出租合同纠纷
136. 居住权合同纠纷
137. 服务合同纠纷
(1)电信服务合同纠纷
(2)邮政服务合同纠纷
(3)快递服务合同纠纷
(4)医疗服务合同纠纷
(5)法律服务合同纠纷
(6)旅游合同纠纷
(7)房地产咨询合同纠纷
(8)房地产价格评估合同纠纷
(9)旅店服务合同纠纷
(10)财会服务合同纠纷
(11)餐饮服务合同纠纷
(12)娱乐服务合同纠纷
(13)有线电视服务合同纠纷
(14)网络服务合同纠纷

（15）教育培训合同纠纷

（16）家政服务合同纠纷

（17）庆典服务合同纠纷

（18）殡葬服务合同纠纷

（19）农业技术服务合同纠纷

（20）农机作业服务合同纠纷

（21）保安服务合同纠纷

（22）银行结算合同纠纷

138. 演出合同纠纷

139. 劳务合同纠纷

140. 离退休人员返聘合同纠纷

141. 广告合同纠纷

142. 展览合同纠纷

143. 追偿权纠纷

十一、不当得利纠纷

144. 不当得利纠纷

十二、无因管理纠纷

145. 无因管理纠纷

第五部分　知识产权与竞争纠纷

十三、知识产权合同纠纷

146. 著作权合同纠纷

（1）委托创作合同纠纷

（2）合作创作合同纠纷

（3）著作权转让合同纠纷

（4）著作权许可使用合同纠纷

（5）出版合同纠纷

（6）表演合同纠纷

（7）音像制品制作合同纠纷

（8）广播电视播放合同纠纷

（9）邻接权转让合同纠纷

（10）邻接权许可使用合同纠纷

（11）计算机软件开发合同纠纷

（12）计算机软件著作权转让合同纠纷

（13）计算机软件著作权许可使用合同纠纷

147. 商标合同纠纷

（1）商标权转让合同纠纷

（2）商标使用许可合同纠纷

（3）商标代理合同纠纷

148. 专利合同纠纷

（1）专利申请权转让合同纠纷

（2）专利权转让合同纠纷

（3）发明专利实施许可合同纠纷

（4）实用新型专利实施许可合同纠纷

（5）外观设计专利实施许可合同纠纷

（6）专利代理合同纠纷

149. 植物新品种合同纠纷

（1）植物新品种育种合同纠纷

（2）植物新品种申请权转让合同纠纷

（3）植物新品种权转让合同纠纷

（4）植物新品种实施许可合同纠纷

150. 集成电路布图设计合同纠纷

（1）集成电路布图设计创作合同纠纷

（2）集成电路布图设计专有权转让合同纠纷

（3）集成电路布图设计许可使用合同纠纷

151. 商业秘密合同纠纷

（1）技术秘密让与合同纠纷

（2）技术秘密许可使用合同纠纷

（3）经营秘密让与合同纠纷

（4）经营秘密许可使用合同纠纷

152. 技术合同纠纷

（1）技术委托开发合同纠纷

（2）技术合作开发合同纠纷

（3）技术转化合同纠纷

（4）技术转让合同纠纷

（5）技术许可合同纠纷

（6）技术咨询合同纠纷

（7）技术服务合同纠纷

（8）技术培训合同纠纷

（9）技术中介合同纠纷

（10）技术进口合同纠纷

（11）技术出口合同纠纷

（12）职务技术成果完成人奖励、报酬纠纷

（13）技术成果完成人署名权、荣誉权、奖励权纠纷

153. 特许经营合同纠纷

154. 企业名称（商号）合同纠纷

（1）企业名称（商号）转让合同纠纷

（2）企业名称（商号）使用合同纠纷

155. 特殊标志合同纠纷

156. 网络域名合同纠纷

（1）网络域名注册合同纠纷

（2）网络域名转让合同纠纷

（3）网络域名许可使用合同纠纷

157. 知识产权质押合同纠纷

十四、知识产权权属、侵权纠纷

158. 著作权权属、侵权纠纷

（1）著作权权属纠纷

（2）侵害作品发表权纠纷

（3）侵害作品署名权纠纷

（4）侵害作品修改权纠纷

（5）侵害保护作品完整权纠纷

（6）侵害作品复制权纠纷

（7）侵害作品发行权纠纷

（8）侵害作品出租权纠纷

（9）侵害作品展览权纠纷

（10）侵害作品表演权纠纷

（11）侵害作品放映权纠纷

（12）侵害作品广播权纠纷

（13）侵害作品信息网络传播权纠纷

（14）侵害作品摄制权纠纷

（15）侵害作品改编权纠纷

（16）侵害作品翻译权纠纷

（17）侵害作品汇编权纠纷

（18）侵害其他著作财产权纠纷

（19）出版者权权属纠纷

（20）表演者权权属纠纷

（21）录音录像制作者权权属纠纷

（22）广播组织权权属纠纷

（23）侵害出版者权纠纷

（24）侵害表演者权纠纷

（25）侵害录音录像制作者权纠纷

（26）侵害广播组织权纠纷

（27）计算机软件著作权权属纠纷

（28）侵害计算机软件著作权纠纷

159. 商标权权属、侵权纠纷

（1）商标权权属纠纷

（2）侵害商标权纠纷

160. 专利权权属、侵权纠纷

（1）专利申请权权属纠纷

（2）专利权权属纠纷

（3）侵害发明专利权纠纷

（4）侵害实用新型专利权纠纷

（5）侵害外观设计专利权纠纷

（6）假冒他人专利纠纷

（7）发明专利临时保护期使用费纠纷

（8）职务发明创造发明人、设计人奖励、报酬纠纷

（9）发明创造发明人、设计人署名权纠纷

（10）标准必要专利使用费纠纷

161. 植物新品种权权属、侵权纠纷

（1）植物新品种申请权权属纠纷

（2）植物新品种权权属纠纷

（3）侵害植物新品种权纠纷

（4）植物新品种临时保护期使用费纠纷

162. 集成电路布图设计专有权权属、侵权纠纷

（1）集成电路布图设计专有权权属纠纷

（2）侵害集成电路布图设计专有权纠纷

163. 侵害企业名称（商号）权纠纷

164. 侵害特殊标志专有权纠纷

165. 网络域名权属、侵权纠纷

（1）网络域名权属纠纷

（2）侵害网络域名纠纷

166. 发现权纠纷

167. 发明权纠纷

168. 其他科技成果权纠纷

169. 确认不侵害知识产权纠纷

(1)确认不侵害专利权纠纷

(2)确认不侵害商标权纠纷

(3)确认不侵害著作权纠纷

(4)确认不侵害植物新品种权纠纷

(5)确认不侵害集成电路布图设计专用权纠纷

(6)确认不侵害计算机软件著作权纠纷

170. 因申请知识产权临时措施损害责任纠纷

(1)因申请诉前停止侵害专利权损害责任纠纷

(2)因申请诉前停止侵害注册商标专用权损害责任纠纷

(3)因申请诉前停止侵害著作权损害责任纠纷

(4)因申请诉前停止侵害植物新品种权损害责任纠纷

(5)因申请海关知识产权保护措施损害责任纠纷

(6)因申请诉前停止侵害计算机软件著作权损害责任纠纷

(7)因申请诉前停止侵害集成电路布图设计专用权损害责任纠纷

171. 因恶意提起知识产权诉讼损害责任纠纷

172. 专利权宣告无效后返还费用纠纷

十五、不正当竞争纠纷

173. 仿冒纠纷

(1)擅自使用与他人有一定影响的商品名称、包装、装潢等相同或者近似的标识纠纷

(2)擅自使用他人有一定影响的企业名称、社会组织名称、姓名纠纷

(3)擅自使用他人有一定影响的域名主体部分、网站名称、网页纠纷

174. 商业贿赂不正当竞争纠纷

175. 虚假宣传纠纷

176. 侵害商业秘密纠纷

(1)侵害技术秘密纠纷

(2)侵害经营秘密纠纷

177. 低价倾销不正当竞争纠纷

178. 捆绑销售不正当竞争纠纷

179. 有奖销售纠纷

180. 商业诋毁纠纷

181. 串通投标不正当竞争纠纷

182. 网络不正当竞争纠纷

十六、垄断纠纷

183. 垄断协议纠纷

(1)横向垄断协议纠纷

(2)纵向垄断协议纠纷

184. 滥用市场支配地位纠纷

(1)垄断定价纠纷

(2)掠夺定价纠纷

(3)拒绝交易纠纷

(4)限定交易纠纷

(5)捆绑交易纠纷

(6)差别待遇纠纷

185. 经营者集中纠纷

第六部分 劳动争议、人事争议

十七、劳动争议

186. 劳动合同纠纷

(1)确认劳动关系纠纷

(2)集体合同纠纷

(3)劳务派遣合同纠纷

(4)非全日制用工纠纷

(5)追索劳动报酬纠纷

(6)经济补偿金纠纷

(7)竞业限制纠纷

187. 社会保险纠纷

(1)养老保险待遇纠纷

(2)工伤保险待遇纠纷

(3)医疗保险待遇纠纷

(4)生育保险待遇纠纷

(5)失业保险待遇纠纷

188. 福利待遇纠纷

十八、人事争议

189. 聘用合同纠纷

190. 聘任合同纠纷

191. 辞职纠纷

192. 辞退纠纷

第七部分　海事海商纠纷

十九、海事海商纠纷

193. 船舶碰撞损害责任纠纷

194. 船舶触碰损害责任纠纷

195. 船舶损坏空中设施、水下设施损害责任纠纷

196. 船舶污染损害责任纠纷

197. 海上、通海水域污染损害责任纠纷

198. 海上、通海水域养殖损害责任纠纷

199. 海上、通海水域财产损害责任纠纷

200. 海上、通海水域人身损害责任纠纷

201. 非法留置船舶、船载货物、船用燃油、船用物料损害责任纠纷

202. 海上、通海水域货物运输合同纠纷

203. 海上、通海水域旅客运输合同纠纷

204. 海上、通海水域行李运输合同纠纷

205. 船舶经营管理合同纠纷

206. 船舶买卖合同纠纷

207. 船舶建造合同纠纷

208. 船舶修理合同纠纷

209. 船舶改建合同纠纷

210. 船舶拆解合同纠纷

211. 船舶抵押合同纠纷

212. 航次租船合同纠纷

213. 船舶租用合同纠纷

（1）定期租船合同纠纷

（2）光船租赁合同纠纷

214. 船舶融资租赁合同纠纷

215. 海上、通海水域运输船舶承包合同纠纷

216. 渔船承包合同纠纷

217. 船舶属具租赁合同纠纷

218. 船舶属具保管合同纠纷

219. 海运集装箱租赁合同纠纷

220. 海运集装箱保管合同纠纷

221. 港口货物保管合同纠纷

222. 船舶代理合同纠纷

223. 海上、通海水域货运代理合同纠纷

224. 理货合同纠纷

225. 船舶物料和备品供应合同纠纷

226. 船员劳务合同纠纷

227. 海难救助合同纠纷

228. 海上、通海水域打捞合同纠纷

229. 海上、通海水域拖航合同纠纷

230. 海上、通海水域保险合同纠纷

231. 海上、通海水域保赔合同纠纷

232. 海上、通海水域运输联营合同纠纷

233. 船舶营运借款合同纠纷

234. 海事担保合同纠纷

235. 航道、港口疏浚合同纠纷

236. 船坞、码头建造合同纠纷

237. 船舶检验合同纠纷

238. 海事请求担保纠纷

239. 海上、通海水域运输重大责任事故责任纠纷

240. 港口作业重大责任事故责任纠纷

241. 港口作业纠纷

242. 共同海损纠纷

243. 海洋开发利用纠纷

244. 船舶共有纠纷

245. 船舶权属纠纷

246. 海运欺诈纠纷

247. 海事债权确权纠纷

第八部分　与公司、证券、保险、票据等有关的民事纠纷

二十、与企业有关的纠纷

248. 企业出资人权益确认纠纷

249. 侵害企业出资人权益纠纷

250. 企业公司制改造合同纠纷

251. 企业股份合作制改造合同纠纷

252. 企业债权转股权合同纠纷

253. 企业分立合同纠纷

254. 企业租赁经营合同纠纷

255. 企业出售合同纠纷

256. 挂靠经营合同纠纷

257. 企业兼并合同纠纷

258. 联营合同纠纷

259. 企业承包经营合同纠纷

(1)中外合资经营企业承包经营合同纠纷

(2)中外合作经营企业承包经营合同纠纷

(3)外商独资企业承包经营合同纠纷

(4)乡镇企业承包经营合同纠纷

260. 中外合资经营企业合同纠纷

261. 中外合作经营企业合同纠纷

二十一、与公司有关的纠纷

262. 股东资格确认纠纷

263. 股东名册记载纠纷

264. 请求变更公司登记纠纷

265. 股东出资纠纷

266. 新增资本认购纠纷

267. 股东知情权纠纷

268. 请求公司收购股份纠纷

269. 股权转让纠纷

270. 公司决议纠纷

(1)公司决议效力确认纠纷

(2)公司决议撤销纠纷

271. 公司设立纠纷

272. 公司证照返还纠纷

273. 发起人责任纠纷

274. 公司盈余分配纠纷

275. 损害股东利益责任纠纷

276. 损害公司利益责任纠纷

277. 损害公司债权人利益责任纠纷

(1)股东损害公司债权人利益责任纠纷

(2)实际控制人损害公司债权人利益责任纠纷

278. 公司关联交易损害责任纠纷

279. 公司合并纠纷

280. 公司分立纠纷

281. 公司减资纠纷

282. 公司增资纠纷

283. 公司解散纠纷

284. 清算责任纠纷

285. 上市公司收购纠纷

二十二、合伙企业纠纷

286. 入伙纠纷

287. 退伙纠纷

288. 合伙企业财产份额转让纠纷

二十三、与破产有关的纠纷

289. 请求撤销个别清偿行为纠纷

290. 请求确认债务人行为无效纠纷

291. 对外追收债权纠纷

292. 追收未缴出资纠纷

293. 追收抽逃出资纠纷

294. 追收非正常收入纠纷

295. 破产债权确认纠纷

(1)职工破产债权确认纠纷

(2)普通破产债权确认纠纷

296. 取回权纠纷

(1)一般取回权纠纷

(2)出卖人取回权纠纷

297. 破产抵销权纠纷

298. 别除权纠纷

299. 破产撤销权纠纷

300. 损害债务人利益赔偿纠纷

301. 管理人责任纠纷

二十四、证券纠纷

302. 证券权利确认纠纷

(1)股票权利确认纠纷

(2)公司债券权利确认纠纷

(3)国债权利确认纠纷

（4）证券投资基金权利确认纠纷

303. 证券交易合同纠纷

（1）股票交易纠纷

（2）公司债券交易纠纷

（3）国债交易纠纷

（4）证券投资基金交易纠纷

304. 金融衍生品种交易纠纷

305. 证券承销合同纠纷

（1）证券代销合同纠纷

（2）证券包销合同纠纷

306. 证券投资咨询纠纷

307. 证券资信评级服务合同纠纷

308. 证券回购合同纠纷

（1）股票回购合同纠纷

（2）国债回购合同纠纷

（3）公司债券回购合同纠纷

（4）证券投资基金回购合同纠纷

（5）质押式证券回购纠纷

309. 证券上市合同纠纷

310. 证券交易代理合同纠纷

311. 证券上市保荐合同纠纷

312. 证券发行纠纷

（1）证券认购纠纷

（2）证券发行失败纠纷

313. 证券返还纠纷

314. 证券欺诈责任纠纷

（1）证券内幕交易责任纠纷

（2）操纵证券交易市场责任纠纷

（3）证券虚假陈述责任纠纷

（4）欺诈客户责任纠纷

315. 证券托管纠纷

316. 证券登记、存管、结算纠纷

317. 融资融券交易纠纷

318. 客户交易结算资金纠纷

二十五、期货交易纠纷

319. 期货经纪合同纠纷

320. 期货透支交易纠纷

321. 期货强行平仓纠纷

322. 期货实物交割纠纷

323. 期货保证合约纠纷

324. 期货交易代理合同纠纷

325. 侵占期货交易保证金纠纷

326. 期货欺诈责任纠纷

327. 操纵期货交易市场责任纠纷

328. 期货内幕交易责任纠纷

329. 期货虚假信息责任纠纷

二十六、信托纠纷

330. 民事信托纠纷

331. 营业信托纠纷

332. 公益信托纠纷

二十七、保险纠纷

333. 财产保险合同纠纷

（1）财产损失保险合同纠纷

（2）责任保险合同纠纷

（3）信用保险合同纠纷

（4）保证保险合同纠纷

（5）保险人代位求偿权纠纷

334. 人身保险合同纠纷

（1）人寿保险合同纠纷

（2）意外伤害保险合同纠纷

（3）健康保险合同纠纷

335. 再保险合同纠纷

336. 保险经纪合同纠纷

337. 保险代理合同纠纷

338. 进出口信用保险合同纠纷

339. 保险费纠纷

二十八、票据纠纷

340. 票据付款请求权纠纷

341. 票据追索权纠纷

342. 票据交付请求权纠纷

343. 票据返还请求权纠纷

344. 票据损害责任纠纷

345. 票据利益返还请求权纠纷

346. 汇票回单签发请求权纠纷

347. 票据保证纠纷

348. 确认票据无效纠纷

349. 票据代理纠纷
350. 票据回购纠纷

二十九、信用证纠纷

351. 委托开立信用证纠纷
352. 信用证开证纠纷
353. 信用证议付纠纷
354. 信用证欺诈纠纷
355. 信用证融资纠纷
356. 信用证转让纠纷

三十、独立保函纠纷

357. 独立保函开立纠纷
358. 独立保函付款纠纷
359. 独立保函追偿纠纷
360. 独立保函欺诈纠纷
361. 独立保函转让纠纷
362. 独立保函通知纠纷
363. 独立保函撤销纠纷

第九部分 侵权责任纠纷

三十一、侵权责任纠纷

364. 监护人责任纠纷
365. 用人单位责任纠纷
366. 劳务派遣工作人员侵权责任纠纷
367. 提供劳务者致害责任纠纷
368. 提供劳务者受害责任纠纷
369. 网络侵权责任纠纷
(1)网络侵害虚拟财产纠纷
370. 违反安全保障义务责任纠纷
(1)经营场所、公共场所的经营者、管理者责任纠纷
(2)群众性活动组织者责任纠纷
371. 教育机构责任纠纷
372. 性骚扰损害责任纠纷
373. 产品责任纠纷
(1)产品生产者责任纠纷
(2)产品销售者责任纠纷
(3)产品运输者责任纠纷

(4)产品仓储者责任纠纷
374. 机动车交通事故责任纠纷
375. 非机动车交通事故责任纠纷
376. 医疗损害责任纠纷
(1)侵害患者知情同意权责任纠纷
(2)医疗产品责任纠纷
377. 环境污染责任纠纷
(1)大气污染责任纠纷
(2)水污染责任纠纷
(3)土壤污染责任纠纷
(4)电子废物污染责任纠纷
(5)固体废物污染责任纠纷
(6)噪声污染责任纠纷
(7)光污染责任纠纷
(8)放射性污染责任纠纷
378. 生态破坏责任纠纷
379. 高度危险责任纠纷
(1)民用核设施、核材料损害责任纠纷
(2)民用航空器损害责任纠纷
(3)占有、使用高度危险物损害责任纠纷
(4)高度危险活动损害责任纠纷
(5)遗失、抛弃高度危险物损害责任纠纷
(6)非法占有高度危险物损害责任纠纷
380. 饲养动物损害责任纠纷
381. 建筑物和物件损害责任纠纷
(1)物件脱落、坠落损害责任纠纷
(2)建筑物、构筑物倒塌、塌陷损害责任纠纷
(3)高空抛物、坠物损害责任纠纷
(4)堆放物倒塌、滚落、滑落损害责任纠纷
(5)公共道路妨碍通行损害责任纠纷
(6)林木折断、倾倒、果实坠落损害责任纠纷
(7)地面施工、地下设施损害责任纠纷
382. 触电人身损害责任纠纷
383. 义务帮工人受害责任纠纷
384. 见义勇为人受害责任纠纷

385. 公证损害责任纠纷

386. 防卫过当损害责任纠纷

387. 紧急避险损害责任纠纷

388. 驻香港、澳门特别行政区军人执行职务侵权责任纠纷

389. 铁路运输损害责任纠纷

（1）铁路运输人身损害责任纠纷

（2）铁路运输财产损害责任纠纷

390. 水上运输损害责任纠纷

（1）水上运输人身损害责任纠纷

（2）水上运输财产损害责任纠纷

391. 航空运输损害责任纠纷

（1）航空运输人身损害责任纠纷

（2）航空运输财产损害责任纠纷

392. 因申请财产保全损害责任纠纷

393. 因申请行为保全损害责任纠纷

394. 因申请证据保全损害责任纠纷

395. 因申请先予执行损害责任纠纷

第十部分　非讼程序案件案由

三十二、选民资格案件

396. 申请确定选民资格

三十三、宣告失踪、宣告死亡案件

397. 申请宣告自然人失踪

398. 申请撤销宣告失踪判决

399. 申请为失踪人财产指定、变更代管人

400. 申请宣告自然人死亡

401. 申请撤销宣告自然人死亡判决

三十四、认定自然人无民事行为能力、限制民事行为能力案件

402. 申请宣告自然人无民事行为能力

403. 申请宣告自然人限制民事行为能力

404. 申请宣告自然人恢复限制民事行为能力

405. 申请宣告自然人恢复完全民事行为能力

三十五、指定遗产管理人案件

406. 申请指定遗产管理人

三十六、认定财产无主案件

407. 申请认定财产无主

408. 申请撤销认定财产无主判决

三十七、确认调解协议案件

409. 申请司法确认调解协议

410. 申请撤销确认调解协议裁定

三十八、实现担保物权案件

411. 申请实现担保物权

412. 申请撤销准许实现担保物权裁定

三十九、监护权特别程序案件

413. 申请确定监护人

414. 申请指定监护人

415. 申请变更监护人

416. 申请撤销监护人资格

417. 申请恢复监护人资格

四十、督促程序案件

418. 申请支付令

四十一、公示催告程序案件

419. 申请公示催告

四十二、公司清算案件

420. 申请公司清算

四十三、破产程序案件

421. 申请破产清算

422. 申请破产重整

423. 申请破产和解

424. 申请对破产财产追加分配

四十四、申请诉前停止侵害知识产权案件

425. 申请诉前停止侵害专利权

426. 申请诉前停止侵害注册商标专用权

427. 申请诉前停止侵害著作权

428. 申请诉前停止侵害植物新品种权

429. 申请诉前停止侵害计算机软件著作权

430. 申请诉前停止侵害集成电路布图设计专用权

人民法院民事诉讼风险提示书

（2003 年 12 月 24 日　法发〔2003〕25 号）

为方便人民群众诉讼，帮助当事人避免常见的诉讼风险，减少不必要的损失，根据《中华人民共和国民法通则》、《中华人民共和国民事诉讼法》以及最高人民法院《关于民事诉讼证据的若干规定》等法律和司法解释的规定，现将常见的民事诉讼风险提示如下：

一、起诉不符合条件

当事人起诉不符合法律规定条件的，人民法院不会受理，即使受理也会驳回起诉。

当事人起诉不符合管辖规定的，案件将会被移送到有权管辖的人民法院审理。

二、诉讼请求不适当

当事人提出的诉讼请求应明确、具体、完整，对未提出的诉讼请求人民法院不会审理。

当事人提出的诉讼请求要适当，不要随意扩大诉讼请求范围；无根据的诉讼请求，除得不到人民法院支持外，当事人还要负担相应的诉讼费用。

三、逾期改变诉讼请求

当事人增加、变更诉讼请求或者提出反诉，超过人民法院许可或者指定期限的，可能不被审理。

四、超过诉讼时效

当事人请求人民法院保护民事权利的期间一般为二年（特殊的为一年）。原告向人民法院起诉后，被告提出原告的起诉已超过法律保护期间的，如果原告没有对超过法律保护期间的事实提供证据证明，其诉讼请求不会得到人民法院的支持。

五、授权不明

当事人委托诉讼代理人代为承认、放弃、变更诉讼请求，进行和解，提起反诉或者上诉等事项的，应在授权委托书中特别注明。没有在授权委托书中明确、具体记明特别授权事项的，诉讼代理人就上述特别授权事项发表的意见不具有法律效力。

六、不按时交纳诉讼费用

当事人起诉或者上诉，不按时交纳诉讼费用，或者提出缓交、减交、免交诉讼费用申请未获批准仍不交纳诉讼费用的，人民法院将会裁定按自动撤回起诉、上诉处理。

当事人提出反诉，不按规定预交相应的案件受理费的，人民法院将不会审理。

七、申请财产保全不符合规定

当事人申请财产保全，应当按规定交纳保全费用而没有交纳的，人民法院不会对申请保全的财产采取保全措施。

当事人提出财产保全申请，未按人民法院要求提供相应财产担保的，人民法院将依法驳回其申请。

申请人申请财产保全有错误的，将要赔偿被申请人因财产保全所受到的损失。

八、不提供或者不充分提供证据

除法律和司法解释规定不需要提供证据证明外，当事人提出诉讼请求或者反驳对方的诉讼请求，应提供证据证明。不能提供相应的证据或者提供的证据证明不了有关事实的，可能面临不利的裁判后果。

九、超过举证时限提供证据

当事人向人民法院提交的证据，应当在当事人协商一致并经人民法院认可或者人民法院指定的期限内完成。超过上述期限提交的，人民法院可能视其放弃了举证的权利，但属于法律和司法解释规定的新的证据除外。

十、不提供原始证据

当事人向人民法院提供证据，应当提供原件或者原物，特殊情况下也可以提供经人民法院核对无异的复制件或者复制品。提供的证据不符合上述条件的，可能影响证据的证明力，甚至可能不被采信。

十一、证人不出庭作证

除属于法律和司法解释规定的证人确有困难不能出庭的特殊情况外,当事人提供证人证言的,证人应当出庭作证并接受质询。如果证人不出庭作证,可能影响该证人证言的证据效力,甚至不被采信。

十二、不按规定申请审计、评估、鉴定

当事人申请审计、评估、鉴定,未在人民法院指定期限内提出申请或者不预交审计、评估、鉴定费用,或者不提供相关材料,致使争议的事实无法通过审计、评估、鉴定结论予以认定的,可能对申请人产生不利的裁判后果。

十三、不按时出庭或者中途退出法庭

原告经传票传唤,无正当理由拒不到庭,或者未经法庭许可中途退出法庭的,人民法院将按自动撤回起诉处理;被告反诉的,人民法院将对反诉的内容缺席审判。

被告经传票传唤,无正当理由拒不到庭,或者未经法庭许可中途退出法庭的,人民法院将缺席判决。

十四、不准确提供送达地址

适用简易程序审理的案件,人民法院按照当事人自己提供的送达地址送达诉讼文书时,因当事人提供的己方送达地址不准确,或者送达地址变更未及时告知人民法院,致使人民法院无法送达,造成诉讼文书被退回的,诉讼文书也视为送达。

十五、超过期限申请强制执行

向人民法院申请强制执行的期限,双方或者一方当事人是公民的为一年,双方是法人或者其他组织的为六个月。期限自生效法律文书确定的履行义务期限届满之日起算。超过上述期限申请的,人民法院不予受理。

十六、无财产或者无足够财产可供执行

被执行人没有财产或者没有足够财产履行生效法律文书确定义务的,人民法院可能对未履行的部分裁定中止执行,申请执行人的财产权益将可能暂时无法实现或者不能完全实现。

十七、不履行生效法律文书确定义务

被执行人未按生效法律文书指定期间履行给付金钱义务的,将要支付迟延履行期间的双倍债务利息。

被执行人未按生效法律文书指定期间履行其他义务的,将要支付迟延履行金。

最高人民法院关于当事人申请承认澳大利亚法院出具的离婚证明书人民法院应否受理问题的批复

(2005年7月11日最高人民法院审判委员会第1359次会议通过 根据2008年12月16日公布的《最高人民法院关于调整司法解释等文件中引用〈中华人民共和国民事诉讼法〉条文序号的决定》第一次修正 根据2020年12月23日最高人民法院审判委员会第1823次会议通过的《最高人民法院关于修改〈最高人民法院关于人民法院民事调解工作若干问题的规定〉等十九件民事诉讼类司法解释的决定》第二次修正 2020年12月29日最高人民法院公告公布)

广东省高级人民法院:

你院报送的粤高法民一他字〔2004〕9号"关于当事人申请承认澳大利亚法院出具的离婚证明书有关问题"的请示收悉。经研究,答复如下:

当事人持澳大利亚法院出具的离婚证明书向人民法院申请承认其效力的,人民法院应予受理,并依照《中华人民共和国民事诉讼法》第二百八十一条和第二百八十二条以及最高人民法院《关于中国公民申请承认外国法院离婚判决程序问题的规定》的有关规定进行审查,依法作出承认或者不予承认的裁定。

此复。

最高人民法院关于产品侵权案件的受害人能否以产品的商标所有人为被告提起民事诉讼的批复

（2002 年 7 月 4 日最高人民法院审判委员会第 1229 次会议通过　根据 2020 年 12 月 23 日最高人民法院审判委员会第 1823 次会议通过的《最高人民法院关于修改〈最高人民法院关于人民法院民事调解工作若干问题的规定〉等十九件民事诉讼类司法解释的决定》修正　2020 年 12 月 29 日最高人民法院公告公布）

北京市高级人民法院：

你院京高法〔2001〕271 号《关于荆其廉、张新荣等诉美国通用汽车公司、美国通用汽车海外公司损害赔偿案诉讼主体确立问题处理结果的请示报告》收悉。经研究，我们认为，任何将自己的姓名、名称、商标或者可资识别的其他标识体现在产品上，表示其为产品制造者的企业或个人，均属于《中华人民共和国民法典》和《中华人民共和国产品质量法》规定的"生产者"。本案中美国通用汽车公司为事故车的商标所有人，根据受害人的起诉和本案的实际情况，本案以通用汽车公司、通用汽车海外公司、通用汽车巴西公司为被告并无不当。

最高人民法院关于对经济确有困难的当事人提供司法救助的规定

（2005 年 4 月 5 日　法发〔2005〕6 号）

第一条　为了使经济确有困难的当事人能够依法行使诉讼权利，维护其合法权益，根据《中华人民共和国民事诉讼法》、《中华人民共和国行政诉讼法》和《人民法院诉讼收费办法》，制定本规定。

第二条　本规定所称司法救助，是指人民法院对于当事人为维护自己的合法权益，向人民法院提起民事、行政诉讼，但经济确有困难的，实行诉讼费用的缓交、减交、免交。

第三条　当事人符合本规定第二条并具有下列情形之一的，可以向人民法院申请司法救助：

（一）追索赡养费、扶养费、抚育费、抚恤金的；

（二）孤寡老人、孤儿和农村"五保户"；

（三）没有固定生活来源的残疾人、患有严重疾病的人；

（四）国家规定的优抚、安置对象；

（五）追索社会保险金、劳动报酬和经济补偿金的；

（六）交通事故、医疗事故、工伤事故、产品质量事故或者其他人身伤害事故的受害人，请求赔偿的；

（七）因见义勇为或为保护社会公共利益致使自己合法权益受到损害，本人或者近亲属请求赔偿或经济补偿的；

（八）进城务工人员追索劳动报酬或其他合法权益受到侵害而请求赔偿的；

（九）正在享受城市居民最低生活保障、农村特困户救济或者领取失业保险金，无其他收入的；

（十）因自然灾害等不可抗力造成生活困难，正在接受社会救济，或者家庭生产经营难以为继的；

（十一）起诉行政机关违法要求农民履行义务的；

（十二）正在接受有关部门法律援助的；

（十三）当事人为社会福利机构、敬老院、优抚医院、精神病院、SOS 儿童村、社会救助站、特殊教育机构等社会公共福利单位的；

（十四）其他情形确实需要司法救助的。

第四条 当事人请求人民法院提供司法救助，应在起诉或上诉时提交书面申请和足以证明其确有经济困难的证明材料。其中因生活困难或者追索基本生活费用申请司法救助的，应当提供本人及其家庭经济状况符合当地民政、劳动和社会保障等部门规定的公民经济困难标准的证明。

第五条 人民法院对当事人司法救助的请求，经审查符合本规定第三条所列情形的，立案时应准许当事人缓交诉讼费用。

第六条 人民法院决定对一方当事人司法救助，对方当事人败诉的，诉讼费用由对方当事人交纳；拒不交纳的强制执行。

对方当事人胜诉的，可视申请司法救助当事人的经济状况决定其减交、免交诉讼费用。决定减交诉讼费用的，减交比例不得低于30%。符合本规定第三条第二项、第九项规定情形的，应免交诉讼费用。

第七条 对当事人请求缓交诉讼费用的，由承办案件的审判人员或合议庭提出意见，报庭长审批；对当事人请求减交、免交诉讼费用的，由承办案件的审判人员或合议庭提出意见，经庭长审核同意后，报院长审批。

第八条 人民法院决定对当事人减交、免交诉讼费用的，应在法律文书中列明。

第九条 当事人骗取司法救助的，人民法院应当责令其补交诉讼费用；拒不补交的，以妨害诉讼行为论处。

第十条 本规定自公布之日起施行。

诉讼费用交纳办法

（2006年12月8日国务院第159次常务会议通过 2006年12月19日中华人民共和国国务院令第481号公布 自2007年4月1日起施行）

第一章 总 则

第一条 根据《中华人民共和国民事诉讼法》（以下简称民事诉讼法）和《中华人民共和国行政诉讼法》（以下简称行政诉讼法）的有关规定，制定本办法。

第二条 当事人进行民事诉讼、行政诉讼，应当依照本办法交纳诉讼费用。

本办法规定可以不交纳或者免予交纳诉讼费用的除外。

第三条 在诉讼过程中不得违反本办法规定的范围和标准向当事人收取费用。

第四条 国家对交纳诉讼费用确有困难的当事人提供司法救助，保障其依法行使诉讼权利，维护其合法权益。

第五条 外国人、无国籍人、外国企业或者组织在人民法院进行诉讼，适用本办法。

外国法院对中华人民共和国公民、法人或者其他组织，与其本国公民、法人或者其他组织在诉讼费用交纳上实行差别对待的，按照对等原则处理。

第二章 诉讼费用交纳范围

第六条 当事人应当向人民法院交纳的诉讼费用包括：

（一）案件受理费；

（二）申请费；

（三）证人、鉴定人、翻译人员、理算人员

在人民法院指定日期出庭发生的交通费、住宿费、生活费和误工补贴。

第七条 案件受理费包括：

（一）第一审案件受理费；

（二）第二审案件受理费；

（三）再审案件中，依照本办法规定需要交纳的案件受理费。

第八条 下列案件不交纳案件受理费：

（一）依照民事诉讼法规定的特别程序审理的案件；

（二）裁定不予受理、驳回起诉、驳回上诉的案件；

（三）对不予受理、驳回起诉和管辖权异议裁定不服，提起上诉的案件；

（四）行政赔偿案件。

第九条 根据民事诉讼法和行政诉讼法规定的审判监督程序审理的案件，当事人不交纳案件受理费。但是，下列情形除外：

（一）当事人有新的证据，足以推翻原判决、裁定，向人民法院申请再审，人民法院经审查决定再审的案件；

（二）当事人对人民法院第一审判决或者裁定未提出上诉，第一审判决、裁定或者调解书发生法律效力后又申请再审，人民法院经审查决定再审的案件。

第十条 当事人依法向人民法院申请下列事项，应当交纳申请费：

（一）申请执行人民法院发生法律效力的判决、裁定、调解书，仲裁机构依法作出的裁决和调解书，公证机构依法赋予强制执行效力的债权文书；

（二）申请保全措施；

（三）申请支付令；

（四）申请公示催告；

（五）申请撤销仲裁裁决或者认定仲裁协议效力；

（六）申请破产；

（七）申请海事强制令、共同海损理算、设立海事赔偿责任限制基金、海事债权登记、船舶优先权催告；

（八）申请承认和执行外国法院判决、裁定和国外仲裁机构裁决。

第十一条 证人、鉴定人、翻译人员、理算人员在人民法院指定日期出庭发生的交通费、住宿费、生活费和误工补贴，由人民法院按照国家规定标准代为收取。

当事人复制案件卷宗材料和法律文书应当按实际成本向人民法院交纳工本费。

第十二条 诉讼过程中因鉴定、公告、勘验、翻译、评估、拍卖、变卖、仓储、保管、运输、船舶监管等发生的依法应当由当事人负担的费用，人民法院根据谁主张、谁负担的原则，决定由当事人直接支付给有关机构或者单位，人民法院不得代收代付。

人民法院依照民事诉讼法第十一条第三款规定提供当地民族通用语言、文字翻译的，不收取费用。

第三章　诉讼费用交纳标准

第十三条 案件受理费分别按照下列标准交纳：

（一）财产案件根据诉讼请求的金额或者价额，按照下列比例分段累计交纳：

1. 不超过 1 万元的，每件交纳 50 元；

2. 超过 1 万元至 10 万元的部分，按照 2.5%交纳；

3. 超过 10 万元至 20 万元的部分，按照 2%交纳；

4. 超过 20 万元至 50 万元的部分，按照 1.5%交纳；

5. 超过 50 万元至 100 万元的部分，按照 1%交纳；

6. 超过 100 万元至 200 万元的部分，按照 0.9%交纳；

7. 超过 200 万元至 500 万元的部分，按照 0.8%交纳；

8. 超过 500 万元至 1000 万元的部分,按照 0.7%交纳；

9. 超过 1000 万元至 2000 万元的部分,按照 0.6%交纳；

10. 超过 2000 万元的部分,按照 0.5%交纳。

(二)非财产案件按照下列标准交纳：

1. 离婚案件每件交纳 50 元至 300 元。涉及财产分割,财产总额不超过 20 万元的,不另行交纳；超过 20 万元的部分,按照 0.5%交纳。

2. 侵害姓名权、名称权、肖像权、名誉权、荣誉权以及其他人格权的案件,每件交纳 100 元至 500 元。涉及损害赔偿,赔偿金额不超过 5 万元的,不另行交纳；超过 5 万元至 10 万元的部分,按照 1%交纳；超过 10 万元的部分,按照 0.5%交纳。

3. 其他非财产案件每件交纳 50 元至 100 元。

(三)知识产权民事案件,没有争议金额或者价额的,每件交纳 500 元至 1000 元；有争议金额或者价额的,按照财产案件的标准交纳。

(四)劳动争议案件每件交纳 10 元。

(五)行政案件按照下列标准交纳：

1. 商标、专利、海事行政案件每件交纳 100 元；

2. 其他行政案件每件交纳 50 元。

(六)当事人提出案件管辖权异议,异议不成立的,每件交纳 50 元至 100 元。

省、自治区、直辖市人民政府可以结合本地实际情况在本条第(二)项、第(三)项、第(六)项规定的幅度内制定具体交纳标准。

第十四条 申请费分别按照下列标准交纳：

(一)依法向人民法院申请执行人民法院发生法律效力的判决、裁定、调解书,仲裁机构依法作出的裁决和调解书,公证机关依法赋予强制执行效力的债权文书,申请承认和执行外国法院判决、裁定以及国外仲裁机构裁决的,按照下列标准交纳：

1. 没有执行金额或者价额的,每件交纳 50 元至 500 元。

2. 执行金额或者价额不超过 1 万元的,每件交纳 50 元；超过 1 万元至 50 万元的部分,按照 1.5%交纳；超过 50 万元至 500 万元的部分,按照 1%交纳；超过 500 万元至 1000 万元的部分,按照 0.5%交纳；超过 1000 万元的部分,按照 0.1%交纳。

3. 符合民事诉讼法第五十五条第四款规定,未参加登记的权利人向人民法院提起诉讼的,按照本项规定的标准交纳申请费,不再交纳案件受理费。

(二)申请保全措施的,根据实际保全的财产数额按照下列标准交纳：

财产数额不超过 1000 元或者不涉及财产数额的,每件交纳 30 元；超过 1000 元至 10 万元的部分,按照 1%交纳；超过 10 万元的部分,按照 0.5%交纳。但是,当事人申请保全措施交纳的费用最多不超过 5000 元。

(三)依法申请支付令的,比照财产案件受理费标准的 1/3 交纳。

(四)依法申请公示催告的,每件交纳 100 元。

(五)申请撤销仲裁裁决或者认定仲裁协议效力的,每件交纳 400 元。

(六)破产案件依据破产财产总额计算,按照财产案件受理费标准减半交纳,但是,最高不超过 30 万元。

(七)海事案件的申请费按照下列标准交纳：

1. 申请设立海事赔偿责任限制基金的,每件交纳 1000 元至 1 万元；

2. 申请海事强制令的,每件交纳 1000 元至 5000 元；

3. 申请船舶优先权催告的,每件交纳 1000 元至 5000 元;

4. 申请海事债权登记的,每件交纳 1000 元;

5. 申请共同海损理算的,每件交纳 1000 元。

第十五条 以调解方式结案或者当事人申请撤诉的,减半交纳案件受理费。

第十六条 适用简易程序审理的案件减半交纳案件受理费。

第十七条 对财产案件提起上诉的,按照不服一审判决部分的上诉请求数额交纳案件受理费。

第十八条 被告提起反诉、有独立请求权的第三人提出与本案有关的诉讼请求,人民法院决定合并审理的,分别减半交纳案件受理费。

第十九条 依照本办法第九条规定需要交纳案件受理费的再审案件,按照不服原判决部分的再审请求数额交纳案件受理费。

第四章 诉讼费用的交纳和退还

第二十条 案件受理费由原告、有独立请求权的第三人、上诉人预交。被告提起反诉,依照本办法规定需要交纳案件受理费的,由被告预交。追索劳动报酬的案件可以不预交案件受理费。

申请费由申请人预交。但是,本办法第十条第(一)项、第(六)项规定的申请费不由申请人预交,执行申请费执行后交纳,破产申请费清算后交纳。

本办法第十一条规定的费用,待实际发生后交纳。

第二十一条 当事人在诉讼中变更诉讼请求数额,案件受理费依照下列规定处理:

(一)当事人增加诉讼请求数额的,按照增加后的诉讼请求数额计算补交;

(二)当事人在法庭调查终结前提出减少诉讼请求数额的,按照减少后的诉讼请求数额计算退还。

第二十二条 原告自接到人民法院交纳诉讼费用通知次日起 7 日内交纳案件受理费;反诉案件由提起反诉的当事人自提起反诉次日起 7 日内交纳案件受理费。

上诉案件的案件受理费由上诉人向人民法院提交上诉状时预交。双方当事人都提起上诉的,分别预交。上诉人在上诉期内未预交诉讼费用的,人民法院应当通知其在 7 日内预交。

申请费由申请人在提出申请时或者在人民法院指定的期限内预交。

当事人逾期不交纳诉讼费用又未提出司法救助申请,或者申请司法救助未获批准,在人民法院指定期限内仍未交纳诉讼费用的,由人民法院依照有关规定处理。

第二十三条 依照本办法第九条规定需要交纳案件受理费的再审案件,由申请再审的当事人预交。双方当事人都申请再审的,分别预交。

第二十四条 依照民事诉讼法第三十六条、第三十七条、第三十八条、第三十九条规定移送、移交的案件,原受理人民法院应当将当事人预交的诉讼费用随案移交接收案件的人民法院。

第二十五条 人民法院审理民事案件过程中发现涉嫌刑事犯罪并将案件移送有关部门处理的,当事人交纳的案件受理费予以退还;移送后民事案件需要继续审理的,当事人已交纳的案件受理费不予退还。

第二十六条 中止诉讼、中止执行的案件,已交纳的案件受理费、申请费不予退还。中止诉讼、中止执行的原因消除,恢复诉讼、执行的,不再交纳案件受理费、申请费。

第二十七条 第二审人民法院决定将案件发回重审的,应当退还上诉人已交纳的第二审案件受理费。

第一审人民法院裁定不予受理或者驳回起诉的,应当退还当事人已交纳的案件受理费;当事人对第一审人民法院不予受理、驳回起诉的裁定提起上诉,第二审人民法院维持第一审人民法院作出的裁定的,第一审人民法院应当退还当事人已交纳的案件受理费。

第二十八条 依照民事诉讼法第一百三十七条规定终结诉讼的案件,依照本办法规定已交纳的案件受理费不予退还。

第五章　诉讼费用的负担

第二十九条 诉讼费用由败诉方负担,胜诉方自愿承担的除外。

部分胜诉、部分败诉的,人民法院根据案件的具体情况决定当事人各自负担的诉讼费用数额。

共同诉讼当事人败诉的,人民法院根据其对诉讼标的的利害关系,决定当事人各自负担的诉讼费用数额。

第三十条 第二审人民法院改变第一审人民法院作出的判决、裁定的,应当相应变更第一审人民法院对诉讼费用负担的决定。

第三十一条 经人民法院调解达成协议的案件,诉讼费用的负担由双方当事人协商解决;协商不成的,由人民法院决定。

第三十二条 依照本办法第九条第(一)项、第(二)项的规定应当交纳案件受理费的再审案件,诉讼费用由申请再审的当事人负担;双方当事人都申请再审的,诉讼费用依照本办法第二十九条的规定负担。原审诉讼费用的负担由人民法院根据诉讼费用负担原则重新确定。

第三十三条 离婚案件诉讼费用的负担由双方当事人协商解决;协商不成的,由人民法院决定。

第三十四条 民事案件的原告或者上诉人申请撤诉,人民法院裁定准许的,案件受理费由原告或者上诉人负担。

行政案件的被告改变或者撤销具体行政行为,原告申请撤诉,人民法院裁定准许的,案件受理费由被告负担。

第三十五条 当事人在法庭调查终结后提出减少诉讼请求数额的,减少请求数额部分的案件受理费由变更诉讼请求的当事人负担。

第三十六条 债务人对督促程序未提出异议的,申请费由债务人负担。债务人对督促程序提出异议致使督促程序终结的,申请费由申请人负担;申请人另行起诉的,可以将申请费列入诉讼请求。

第三十七条 公示催告的申请费由申请人负担。

第三十八条 本办法第十条第(一)项、第(八)项规定的申请费由被执行人负担。

执行中当事人达成和解协议的,申请费的负担由双方当事人协商解决;协商不成的,由人民法院决定。

本办法第十条第(二)项规定的申请费由申请人负担,申请人提起诉讼的,可以将该申请费列入诉讼请求。

本办法第十条第(五)项规定的申请费,由人民法院依照本办法第二十九条规定决定申请费的负担。

第三十九条 海事案件中的有关诉讼费用依照下列规定负担:

(一)诉前申请海事请求保全、海事强制令的,申请费由申请人负担;申请人就有关海事请求提起诉讼的,可将上述费用列入诉讼请求;

(二)诉前申请海事证据保全的,申请费由申请人负担;

(三)诉讼中拍卖、变卖被扣押船舶、船载货物、船用燃油、船用物料发生的合理费用,由申请人预付,从拍卖、变卖价款中先行扣

除,退还申请人;

（四）申请设立海事赔偿责任限制基金、申请债权登记与受偿、申请船舶优先权催告案件的申请费,由申请人负担;

（五）设立海事赔偿责任限制基金、船舶优先权催告程序中的公告费用由申请人负担。

第四十条 当事人因自身原因未能在举证期限内举证,在二审或者再审期间提出新的证据致使诉讼费用增加的,增加的诉讼费用由该当事人负担。

第四十一条 依照特别程序审理案件的公告费,由起诉人或者申请人负担。

第四十二条 依法向人民法院申请破产的,诉讼费用依照有关法律规定从破产财产中拨付。

第四十三条 当事人不得单独对人民法院关于诉讼费用的决定提起上诉。

当事人单独对人民法院关于诉讼费用的决定有异议的,可以向作出决定的人民法院院长申请复核。复核决定应当自收到当事人申请之日起 15 日内作出。

当事人对人民法院决定诉讼费用的计算有异议的,可以向作出决定的人民法院请求复核。计算确有错误的,作出决定的人民法院应当予以更正。

第六章 司 法 救 助

第四十四条 当事人交纳诉讼费用确有困难的,可以依照本办法向人民法院申请缓交、减交或者免交诉讼费用的司法救助。

诉讼费用的免交只适用于自然人。

第四十五条 当事人申请司法救助,符合下列情形之一的,人民法院应当准予免交诉讼费用:

（一）残疾人无固定生活来源的;

（二）追索赡养费、扶养费、抚育费、抚恤金的;

（三）最低生活保障对象、农村特困定期救济对象、农村五保供养对象或者领取失业保险金人员,无其他收入的;

（四）因见义勇为或者为保护社会公共利益致使自身合法权益受到损害,本人或者其近亲属请求赔偿或者补偿的;

（五）确实需要免交的其他情形。

第四十六条 当事人申请司法救助,符合下列情形之一的,人民法院应当准予减交诉讼费用:

（一）因自然灾害等不可抗力造成生活困难,正在接受社会救济,或者家庭生产经营难以为继的;

（二）属于国家规定的优抚、安置对象的;

（三）社会福利机构和救助管理站;

（四）确实需要减交的其他情形。

人民法院准予减交诉讼费用的,减交比例不得低于 30%。

第四十七条 当事人申请司法救助,符合下列情形之一的,人民法院应当准予缓交诉讼费用:

（一）追索社会保险金、经济补偿金的;

（二）海上事故、交通事故、医疗事故、工伤事故、产品质量事故或者其他人身伤害事故的受害人请求赔偿的;

（三）正在接受有关部门法律援助的;

（四）确实需要缓交的其他情形。

第四十八条 当事人申请司法救助,应当在起诉或者上诉时提交书面申请、足以证明其确有经济困难的证明材料以及其他相关证明材料。

因生活困难或者追索基本生活费用申请免交、减交诉讼费用的,还应当提供本人及其家庭经济状况符合当地民政、劳动保障等部门规定的公民经济困难标准的证明。

人民法院对当事人的司法救助申请不予批准的,应当向当事人书面说明理由。

第四十九条 当事人申请缓交诉讼费用

经审查符合本办法第四十七条规定的，人民法院应当在决定立案之前作出准予缓交的决定。

第五十条 人民法院对一方当事人提供司法救助，对方当事人败诉的，诉讼费用由对方当事人负担；对方当事人胜诉的，可以视申请司法救助的当事人的经济状况决定其减交、免交诉讼费用。

第五十一条 人民法院准予当事人减交、免交诉讼费用的，应当在法律文书中载明。

第七章 诉讼费用的管理和监督

第五十二条 诉讼费用的交纳和收取制度应当公示。人民法院收取诉讼费用按照其财务隶属关系使用国务院财政部门或者省级人民政府财政部门印制的财政票据。案件受理费、申请费全额上缴财政，纳入预算，实行收支两条线管理。

人民法院收取诉讼费用应当向当事人开具缴费凭证，当事人持缴费凭证到指定代理银行交费。依法应当向当事人退费的，人民法院应当按照国家有关规定办理。诉讼费用缴库和退费的具体办法由国务院财政部门商最高人民法院另行制定。

在边远、水上、交通不便地区，基层巡回法庭当场审理案件，当事人提出向指定代理银行交纳诉讼费用确有困难的，基层巡回法庭可以当场收取诉讼费用，并向当事人出具省级人民政府财政部门印制的财政票据；不出具省级人民政府财政部门印制的财政票据的，当事人有权拒绝交纳。

第五十三条 案件审结后，人民法院应当将诉讼费用的详细清单和当事人应当负担的数额书面通知当事人，同时在判决书、裁定书或者调解书中写明当事人各方应当负担的数额。

需要向当事人退还诉讼费用的，人民法院应当自法律文书生效之日起15日内退还

有关当事人。

第五十四条 价格主管部门、财政部门按照收费管理的职责分工，对诉讼费用进行管理和监督；对违反本办法规定的乱收费行为，依照法律、法规和国务院相关规定予以查处。

第八章 附 则

第五十五条 诉讼费用以人民币为计算单位。以外币为计算单位的，依照人民法院决定受理案件之日国家公布的汇率换算成人民币计算交纳；上诉案件和申请再审案件的诉讼费用，按照第一审人民法院决定受理案件之日国家公布的汇率换算。

第五十六条 本办法自2007年4月1日起施行。

（三）管 辖

最高人民法院关于审理植物新品种纠纷案件若干问题的解释

（2000年12月25日最高人民法院审判委员会第1154次会议通过 根据2020年12月23日最高人民法院审判委员会第1823次会议通过的《最高人民法院关于修改〈最高人民法院关于审理侵犯专利权纠纷案件应用法律若干问题的解释（二）〉等十八件知识产权类司法解释的决定》修正 2020年12月29日最高人民法院公告公布）

为依法受理和审判植物新品种纠纷案件，根据《中华人民共和国民法典》《中华人民共和国种子法》《中华人民共和国民事诉讼法》《中华人民共和国行政诉讼法》《全国人民代表大会常务委员会关于在北京、上海、广

州设立知识产权法院的决定》和《全国人民代表大会常务委员会关于专利等知识产权案件诉讼程序若干问题的决定》的有关规定,现就有关问题解释如下:

第一条 人民法院受理的植物新品种纠纷案件主要包括以下几类:

(一)植物新品种申请驳回复审行政纠纷案件;

(二)植物新品种权无效行政纠纷案件;

(三)植物新品种权更名行政纠纷案件;

(四)植物新品种权强制许可纠纷案件;

(五)植物新品种权实施强制许可使用费纠纷案件;

(六)植物新品种申请权权属纠纷案件;

(七)植物新品种权权属纠纷案件;

(八)植物新品种申请权转让合同纠纷案件;

(九)植物新品种权转让合同纠纷案件;

(十)侵害植物新品种权纠纷案件;

(十一)假冒他人植物新品种权纠纷案件;

(十二)植物新品种培育人署名权纠纷案件;

(十三)植物新品种临时保护期使用费纠纷案件;

(十四)植物新品种行政处罚纠纷案件;

(十五)植物新品种行政复议纠纷案件;

(十六)植物新品种行政赔偿纠纷案件;

(十七)植物新品种行政奖励纠纷案件;

(十八)其他植物新品种权纠纷案件。

第二条 人民法院在依法审查当事人涉及植物新品种权的起诉时,只要符合《中华人民共和国民事诉讼法》第一百一十九条、《中华人民共和国行政诉讼法》第四十九条规定的民事案件或者行政案件的起诉条件,均应当依法予以受理。

第三条 本解释第一条所列第一至五类案件,由北京知识产权法院作为第一审人民法院审理;第六至十八类案件,由知识产权法院,各省、自治区、直辖市人民政府所在地和最高人民法院指定的中级人民法院作为第一审人民法院审理。

当事人对植物新品种纠纷民事、行政案件第一审判决、裁定不服,提起上诉的,由最高人民法院审理。

第四条 以侵权行为地确定人民法院管辖的侵害植物新品种权的民事案件,其所称的侵权行为地,是指未经品种权所有人许可,生产、繁殖或者销售该授权植物新品种的繁殖材料的所在地,或者为商业目的将该授权品种的繁殖材料重复使用于生产另一品种的繁殖材料的所在地。

第五条 关于植物新品种申请驳回复审行政纠纷案件、植物新品种权无效或者更名行政纠纷案件,应当以植物新品种审批机关为被告;关于植物新品种强制许可纠纷案件,应当以植物新品种审批机关为被告;关于实施强制许可使用费纠纷案件,应当根据原告所请求的事项和所起诉的当事人确定被告。

第六条 人民法院审理侵害植物新品种权纠纷案件,被告在答辩期间内向植物新品种审批机关请求宣告该植物新品种权无效的,人民法院一般不中止诉讼。

最高人民法院关于审理侵害植物新品种权纠纷案件具体应用法律问题的若干规定(二)

(2021年6月29日最高人民法院审判委员会第1843次会议通过 2021年7月5日最高人民法院公告公布 自2021年7月7日起施行 法释〔2021〕14号)

为正确审理侵害植物新品种权纠纷案件,根据《中华人民共和国民法典》《中华人民共和国种子法》《中华人民共和国民事诉讼法》等法律规定,结合审判实践,制定本规定。

第一条 植物新品种权(以下简称品种权)或者植物新品种申请权的共有人对权利行使有约定的,人民法院按照其约定处理。没有约定或者约定不明的,共有人主张其可以单独实施或者以普通许可方式许可他人实施的,人民法院应予支持。

共有人单独实施该品种权,其他共有人主张该实施收益在共有人之间分配的,人民法院不予支持,但是其他共有人有证据证明其不具备实施能力或者实施条件的除外。

共有人之一许可他人实施该品种权,其他共有人主张收取的许可费在共有人之间分配的,人民法院应予支持。

第二条 品种权转让未经国务院农业、林业主管部门登记、公告,受让人以品种权人名义提起侵害品种权诉讼的,人民法院不予受理。

第三条 受品种权保护的繁殖材料应当具有繁殖能力,且繁殖出的新个体与该授权品种的特征、特性相同。

前款所称的繁殖材料不限于以品种权申请文件所描述的繁殖方式获得的繁殖材料。

第四条 以广告、展陈等方式作出销售授权品种的繁殖材料的意思表示的,人民法院可以以销售行为认定处理。

第五条 种植授权品种的繁殖材料的,人民法院可以根据案件具体情况,以生产、繁殖行为认定处理。

第六条 品种权人或者利害关系人(以下合称权利人)举证证明被诉侵权品种繁殖材料使用的名称与授权品种相同的,人民法院可以推定该被诉侵权品种繁殖材料属于授权品种的繁殖材料;有证据证明不属于该授权品种的繁殖材料的,人民法院可以认定被诉侵权人构成假冒品种行为,并参照假冒注册商标行为的有关规定确定民事责任。

第七条 受托人、被许可人超出与品种权人约定的规模或者区域生产、繁殖授权品种的繁殖材料,或者超出与品种权人约定的规模销售授权品种的繁殖材料,品种权人请求判令受托人、被许可人承担侵权责任的,人民法院依法予以支持。

第八条 被诉侵权人知道或者应当知道他人实施侵害品种权的行为,仍然提供收购、存储、运输、以繁殖为目的的加工处理等服务或者提供相关证明材料等条件的,人民法院可以依据民法典第一千一百六十九条的规定认定为帮助他人实施侵权行为。

第九条 被诉侵权物既可以作为繁殖材料又可以作为收获材料,被诉侵权人主张被诉侵权物系作为收获材料用于消费而非用于生产、繁殖的,应当承担相应的举证责任。

第十条 授权品种的繁殖材料经品种权人或者经其许可的单位、个人售出后,权利人主张他人生产、繁殖、销售该繁殖材料构成侵权的,人民法院一般不予支持,但是下列情形除外:

(一)对该繁殖材料生产、繁殖后获得的繁殖材料进行生产、繁殖、销售;

(二)为生产、繁殖目的将该繁殖材料出口到不保护该种所属植物属或者种的国家或者地区。

第十一条 被诉侵权人主张对授权品种进行的下列生产、繁殖行为属于科研活动的,人民法院应予支持:

(一)利用授权品种培育新品种;

(二)利用授权品种培育形成新品种后,为品种权申请、品种审定、品种登记需要而重复利用授权品种的繁殖材料。

第十二条 农民在其家庭农村土地承包经营合同约定的土地范围内自繁自用授权品种的繁殖材料,权利人对此主张构成侵权的,人民法院不予支持。

对前款规定以外的行为,被诉侵权人主张其行为属于种子法规定的农民自繁自用授权品种的繁殖材料的，人民法院应当综合考虑被诉侵权行为的目的、规模、是否营利等因素予以认定。

第十三条 销售不知道也不应当知道是未经品种权人许可而售出的被诉侵权品种繁殖材料，且举证证明具有合法来源的，人民法院可以不判令销售者承担赔偿责任，但应当判令其停止销售并承担权利人为制止侵权行为所支付的合理开支。

对于前款所称合法来源，销售者一般应当举证证明购货渠道合法、价格合理、存在实际的具体供货方、销售行为符合相关生产经营许可制度等。

第十四条 人民法院根据已经查明侵害品种权的事实，认定侵权行为成立的，可以先行判决停止侵害，并可以依据当事人的请求和具体案情，责令采取消灭活性等阻止被诉侵权物扩散、繁殖的措施。

第十五条 人民法院为确定赔偿数额，在权利人已经尽力举证，而与侵权行为相关的账簿、资料主要由被诉侵权人掌握的情况下，可以责令被诉侵权人提供与侵权行为相关的账簿、资料；被诉侵权人不提供或者提供虚假账簿、资料的，人民法院可以参考权利人的主张和提供的证据判定赔偿数额。

第十六条 被诉侵权人有抗拒保全或者擅自拆封、转移、毁损被保全物等举证妨碍行为，致使案件相关事实无法查明的，人民法院可以推定权利人就该证据所涉证明事项的主张成立。构成民事诉讼法第一百一十一条规定情形的，依法追究法律责任。

第十七条 除有关法律和司法解释规定的情形以外，以下情形也可以认定为侵权行为情节严重：

（一）因侵权被行政处罚或者法院裁判承担责任后，再次实施相同或者类似侵权行为；

（二）以侵害品种权为业；

（三）伪造品种权证书；

（四）以无标识、标签的包装销售授权品种；

（五）违反种子法第七十七条第一款第一项、第二项、第四项的规定；

（六）拒不提供被诉侵权物的生产、繁殖、销售和储存地点。

存在前款第一项至第五项情形的，在依法适用惩罚性赔偿时可以按照计算基数的二倍以上确定惩罚性赔偿数额。

第十八条 品种权终止后依法恢复权利，权利人要求实施品种权的单位或者个人支付终止期间实施品种权的费用的，人民法院可以参照有关品种权实施许可费，结合品种类型、种植时间、经营规模、当时的市场价值等因素合理确定。

第十九条 他人未经许可，自品种权初步审查合格公告之日起至被授予品种权之日止，生产、繁殖或者销售该授权品种的繁殖材料，或者为商业目的将该授权品种的繁殖材料重复使用于生产另一品种的繁殖材料，权利人对此主张追偿利益损失的，人民法院可以按照临时保护期使用费纠纷处理，并参照有关品种权实施许可费，结合品种类型、种植时间、经营规模、当时的市场价值等因素合理确定该使用费数额。

前款规定的被诉行为延续到品种授权之后，权利人对品种权临时保护期使用费和侵权损害赔偿均主张权利的，人民法院可以合并审理，但应当分别计算处理。

第二十条 侵害品种权纠纷案件涉及的专门性问题需要鉴定的，由当事人在相关领域鉴定人名录或者国务院农业、林业主管部门向人民法院推荐的鉴定人中协商确定；协商不成的，由人民法院从中指定。

第二十一条 对于没有基因指纹图谱等分子标记检测方法进行鉴定的品种，可以采用行业通用方法对授权品种与被诉侵权物的特征、特性进行同一性判断。

第二十二条 对鉴定意见有异议的一方当事人向人民法院申请复检、补充鉴定或者重新鉴定,但未提出合理理由和证据的,人民法院不予准许。

第二十三条 通过基因指纹图谱等分子标记检测方法进行鉴定,待测样品与对照样品的差异位点小于但接近临界值,被诉侵权人主张二者特征、特性不同的,应当承担举证责任;人民法院也可以根据当事人的申请,采取扩大检测位点进行加测或者提取授权品种标准样品进行测定等方法,并结合其他相关因素作出认定。

第二十四条 田间观察检测与基因指纹图谱等分子标记检测的结论不同的,人民法院应当以田间观察检测结论为准。

第二十五条 本规定自 2021 年 7 月 7 日起施行。本院以前发布的相关司法解释与本规定不一致的,按照本规定执行。

最高人民法院关于商标法修改决定施行后商标案件管辖和法律适用问题的解释

(2014 年 2 月 10 日最高人民法院审判委员会第 1606 次会议通过 根据 2020 年 12 月 23 日最高人民法院审判委员会第 1823 次会议通过的《最高人民法院关于修改〈最高人民法院关于审理侵犯专利权纠纷案件应用法律若干问题的解释(二)〉等十八件知识产权类司法解释的决定》修正 2020 年 12 月 29 日最高人民法院公告公布)

为正确审理商标案件,根据 2013 年 8 月 30 日第十二届全国人民代表大会常务委员会第四次会议《关于修改〈中华人民共和国商标法〉的决定》和重新公布的《中华人民共和国商标法》《中华人民共和国民事诉讼法》和《中华人民共和国行政诉讼法》等法律的规定,就人民法院审理商标案件有关管辖和法律适用等问题,制定本解释。

第一条 人民法院受理以下商标案件:

1. 不服国家知识产权局作出的复审决定或者裁定的行政案件;

2. 不服国家知识产权局作出的有关商标的其他行政行为的案件;

3. 商标权权属纠纷案件;

4. 侵害商标权纠纷案件;

5. 确认不侵害商标权纠纷案件;

6. 商标权转让合同纠纷案件;

7. 商标使用许可合同纠纷案件;

8. 商标代理合同纠纷案件;

9. 申请诉前停止侵害注册商标专用权案件;

10. 申请停止侵害注册商标专用权损害责任案件;

11. 申请诉前财产保全案件;

12. 申请诉前证据保全案件;

13. 其他商标案件。

第二条 不服国家知识产权局作出的复审决定或者裁定的行政案件及国家知识产权局作出的有关商标的行政行为案件,由北京市有关中级人民法院管辖。

第三条 第一审商标民事案件,由中级以上人民法院及最高人民法院指定的基层人民法院管辖。

涉及对驰名商标保护的民事、行政案件,由省、自治区人民政府所在地市、计划单列市、直辖市辖区中级人民法院及最高人民法院指定的其他中级人民法院管辖。

第四条 在行政管理部门查处侵害商标权行为过程中,当事人就相关商标提起商标权权属或者侵害商标权民事诉讼的,人民法院应当受理。

第五条 对于在商标法修改决定施行前提出的商标注册及续展申请,国家知识产权局于决定施行后作出对该商标申请不予受理或者不予续展的决定,当事人提起行政诉讼的,人民法院审查时适用修改后的商标法。

对于在商标法修改决定施行前提出的商标异议申请,国家知识产权局于决定施行后作出对该异议不予受理的决定,当事人提起行政诉讼的,人民法院审查时适用修改前的商标法。

第六条 对于在商标法修改决定施行前当事人就尚未核准注册的商标申请复审,国家知识产权局于决定施行后作出复审决定或者裁定,当事人提起行政诉讼的,人民法院审查时适用修改后的商标法。

对于在商标法修改决定施行前受理的商标复审申请,国家知识产权局于决定施行后作出核准注册决定,当事人提起行政诉讼的,人民法院不予受理;国家知识产权局于决定施行后作出不予核准注册决定,当事人提起行政诉讼的,人民法院审查相关诉权和主体资格问题时,适用修改前的商标法。

第七条 对于在商标法修改决定施行前已经核准注册的商标,国家知识产权局于决定施行前受理、在决定施行后作出复审决定或者裁定,当事人提起行政诉讼的,人民法院审查相关程序问题适用修改后的商标法,审查实体问题适用修改前的商标法。

第八条 对于在商标法修改决定施行前受理的相关商标案件,国家知识产权局于决定施行后作出决定或者裁定,当事人提起行政诉讼的,人民法院认定该决定或者裁定是否符合商标法有关审查时限规定时,应当从修改决定施行之日起计算该审查时限。

第九条 除本解释另行规定外,商标法修改决定施行后人民法院受理的商标民事案件,涉及该决定施行前发生的行为的,适用修改前商标法的规定;涉及该决定施行前发生、持续到该决定施行后的行为的,适用修改后商标法的规定。

最高人民法院关于审理商标案件有关管辖和法律适用范围问题的解释

(2001年12月25日最高人民法院审判委员会第1203次会议通过 根据2020年12月23日最高人民法院审判委员会第1823次会议通过的《最高人民法院关于修改〈最高人民法院关于审理侵犯专利权纠纷案件应用法律若干问题的解释(二)〉等十八件知识产权类司法解释的决定》修正 2020年12月29日最高人民法院公告公布)

《全国人民代表大会常务委员会关于修改〈中华人民共和国商标法〉的决定》(以下简称商标法修改决定)已由第九届全国人民代表大会常务委员会第二十四次会议通过,自2001年12月1日起施行。为了正确审理商标案件,根据《中华人民共和国商标法》(以下简称商标法)、《中华人民共和国民事诉讼法》和《中华人民共和国行政诉讼法》(以下简称行政诉讼法)的规定,现就人民法院审理商标案件有关管辖和法律适用范围等问题,作如下解释:

第一条 人民法院受理以下商标案件:

1. 不服国家知识产权局作出的复审决定或者裁定的行政案件;

2. 不服国家知识产权局作出的有关商标的其他行政行为的案件;

3. 商标权权属纠纷案件;

4. 侵害商标权纠纷案件;

5. 确认不侵害商标权纠纷案件;

6. 商标权转让合同纠纷案件;

7. 商标使用许可合同纠纷案件;

8. 商标代理合同纠纷案件;

9. 申请诉前停止侵害注册商标专用权

案件;

10. 申请停止侵害注册商标专用权损害责任案件;

11. 申请诉前财产保全案件;

12. 申请诉前证据保全案件;

13. 其他商标案件。

第二条 本解释第一条所列第1项第一审案件,由北京市高级人民法院根据最高人民法院的授权确定其辖区内有关中级人民法院管辖。

本解释第一条所列第2项第一审案件,根据行政诉讼法的有关规定确定管辖。

商标民事纠纷第一审案件,由中级以上人民法院管辖。

各高级人民法院根据本辖区的实际情况,经最高人民法院批准,可以在较大城市确定1-2个基层人民法院受理第一审商标民事纠纷案件。

第三条 商标注册人或者利害关系人向国家知识产权局就侵犯商标权行为请求处理,又向人民法院提起侵害商标权诉讼请求损害赔偿的,人民法院应当受理。

第四条 国家知识产权局在商标法修改决定施行前受理的案件,于该决定施行后作出复审决定或裁定,当事人对复审决定或裁定不服向人民法院起诉的,人民法院应当受理。

第五条 除本解释另行规定外,对商标法修改决定施行前发生,属于修改后商标法第四条、第五条、第八条、第九条第一款、第十条第一款第(二)、(三)、(四)项、第十条第二款、第十一条、第十二条、第十三条、第十五条、第十六条、第二十四条、第二十五条、第三十一条所列举的情形,国家知识产权局于商标法修改决定施行后作出复审决定或者裁定,当事人不服向人民法院起诉的行政案件,适用修改后商标法的相应规定进行审查;属于其他情形的,适用修改前商标法的相应规

定进行审查。

第六条 当事人就商标法修改决定施行时已满一年的注册商标发生争议,不服国家知识产权局作出的裁定向人民法院起诉的,适用修改前商标法第二十七条第二款规定的提出申请的期限处理;商标法修改决定施行时商标注册不满一年的,适用修改后商标法第四十一条第二款、第三款规定的提出申请的期限处理。

第七条 对商标法修改决定施行前发生的侵犯商标专用权行为,商标注册人或者利害关系人于该决定施行后在起诉前向人民法院提出申请采取责令停止侵权行为或者保全证据措施的,适用修改后商标法第五十七条、第五十八条的规定。

第八条 对商标法修改决定施行前发生的侵犯商标专用权行为起诉的案件,人民法院于该决定施行时尚未作出生效判决的,参照修改后商标法第五十六条的规定处理。

第九条 除本解释另行规定外,商标法修改决定施行后人民法院受理的商标民事纠纷案件,涉及该决定施行前发生的民事行为的,适用修改前商标法的规定;涉及该决定施行后发生的民事行为的,适用修改后商标法的规定;涉及该决定施行前发生,持续到该决定施行后的民事行为的,分别适用修改前、后商标法的规定。

第十条 人民法院受理的侵犯商标权纠纷案件,已经过行政管理部门处理的,人民法院仍应当就当事人民事争议的事实进行审查。

最高人民法院关于对与证券交易所监管职能相关的诉讼案件管辖与受理问题的规定

（2004 年 11 月 18 日最高人民法院审判委员会第 1333 次会议通过 根据 2020 年 12 月 23 日最高人民法院审判委员会第 1823 次会议通过的《最高人民法院关于修改〈最高人民法院关于人民法院民事调解工作若干问题的规定〉等十九件民事诉讼类司法解释的决定》修正 2020 年 12 月 29 日最高人民法院公告公布）

为正确及时地管辖、受理与证券交易所监管职能相关的诉讼案件，特作出以下规定：

一、根据《中华人民共和国民事诉讼法》第三十七条和《中华人民共和国行政诉讼法》第二十三条的有关规定，指定上海证券交易所和深圳证券交易所所在地的中级人民法院分别管辖以上海证券交易所和深圳证券交易所为被告或第三人的与证券交易所监管职能相关的第一审民事和行政案件。

二、与证券交易所监管职能相关的诉讼案件包括：

（一）证券交易所根据《中华人民共和国公司法》《中华人民共和国证券法》《中华人民共和国证券投资基金法》《证券交易所管理办法》等法律、法规、规章的规定，对证券发行人及其相关人员、证券交易所会员及其相关人员、证券上市和交易活动做出处理决定引发的诉讼；

（二）证券交易所根据国务院证券监督管理机构的依法授权，对证券发行人及其相关人员、证券交易所会员及其相关人员、证券上市和交易活动做出处理决定引发的诉讼；

（三）证券交易所根据其章程、业务规则、业务合同的规定，对证券发行人及其相关人员、证券交易所会员及其相关人员、证券上市和交易活动做出处理决定引发的诉讼；

（四）证券交易所在履行监管职能过程中引发的其他诉讼。

三、投资者对证券交易所履行监管职责过程中对证券发行人及其相关人员、证券交易所会员及其相关人员、证券上市和交易活动做出的不直接涉及投资者利益的行为提起的诉讼，人民法院不予受理。

四、本规定自发布之日起施行。

最高人民法院关于涉外民商事案件管辖若干问题的规定

（2022 年 8 月 16 日最高人民法院审判委员会第 1872 次会议通过 2022 年 11 月 14 日最高人民法院公告公布 自 2023 年 1 月 1 日起施行 法释〔2022〕18 号）

为依法保护中外当事人合法权益，便利当事人诉讼，进一步提升涉外民商事审判质效，根据《中华人民共和国民事诉讼法》的规定，结合审判实践，制定本规定。

第一条 基层人民法院管辖第一审涉外民商事案件，法律、司法解释另有规定的除外。

第二条 中级人民法院管辖下列第一审涉外民商事案件：

（一）争议标的额大的涉外民商事案件。

北京、天津、上海、江苏、浙江、福建、山东、广东、重庆辖区中级人民法院，管辖诉讼标的额人民币 4000 万元以上（包含本数）的涉外民商事案件；

河北、山西、内蒙古、辽宁、吉林、黑龙江、安徽、江西、河南、湖北、湖南、广西、海南、四川、贵州、云南、西藏、陕西、甘肃、青海、宁夏、新疆辖区中级人民法院,解放军各战区、总直属军事法院,新疆维吾尔自治区高级人民法院生产建设兵团分院所辖各中级人民法院,管辖诉讼标的额人民币 2000 万元以上(包含本数)的涉外民商事案件。

(二)案情复杂或者一方当事人人数众多的涉外民商事案件。

(三)其他在本辖区有重大影响的涉外民商事案件。

法律、司法解释对中级人民法院管辖第一审涉外民商事案件另有规定的,依照相关规定办理。

第三条 高级人民法院管辖诉讼标的额人民币 50 亿元以上(包含本数)或者其他在本辖区有重大影响的第一审涉外民商事案件。

第四条 高级人民法院根据本辖区的实际情况,认为确有必要的,经报最高人民法院批准,可以指定一个或数个基层人民法院、中级人民法院分别对本规定第一条、第二条规定的第一审涉外民商事案件实行跨区域集中管辖。

依据前款规定实行跨区域集中管辖的,高级人民法院应及时向社会公布该基层人民法院、中级人民法院相应的管辖区域。

第五条 涉外民商事案件由专门的审判庭或合议庭审理。

第六条 涉外海事海商纠纷案件、涉外知识产权纠纷案件、涉外生态环境损害赔偿纠纷案件以及涉外环境民事公益诉讼案件,不适用本规定。

第七条 涉及香港、澳门特别行政区和台湾地区的民商事案件参照适用本规定。

第八条 本规定自 2023 年 1 月 1 日起施行。本规定施行后受理的案件适用本规定。

第九条 本院以前发布的司法解释与本规定不一致的,以本规定为准。

最高人民法院关于涉外民商事案件诉讼管辖若干问题的规定

(2001 年 12 月 25 日最高人民法院审判委员会第 1203 次会议通过 根据 2020 年 12 月 23 日最高人民法院审判委员会第 1823 次会议通过的《最高人民法院关于修改〈最高人民法院关于人民法院民事调解工作若干问题的规定〉等十九件民事诉讼类司法解释的决定》修正 2020 年 12 月 29 日最高人民法院公告公布)

为正确审理涉外民商事案件,依法保护中外当事人的合法权益,根据《中华人民共和国民事诉讼法》第十八条的规定,现将有关涉外民商事案件诉讼管辖的问题规定如下:

第一条 第一审涉外民商事案件由下列人民法院管辖:

(一)国务院批准设立的经济技术开发区人民法院;

(二)省会、自治区首府、直辖市所在地的中级人民法院;

(三)经济特区、计划单列市中级人民法院;

(四)最高人民法院指定的其他中级人民法院;

(五)高级人民法院。

上述中级人民法院的区域管辖范围由所在地的高级人民法院确定。

第二条 对国务院批准设立的经济技术开发区人民法院所作的第一审判决、裁定不服的,其第二审由所在地中级人民法院管辖。

第三条 本规定适用于下列案件:

(一)涉外合同和侵权纠纷案件;

(二)信用证纠纷案件;

（三）申请撤销、承认与强制执行国际仲裁裁决的案件；

（四）审查有关涉外民商事仲裁条款效力的案件；

（五）申请承认和强制执行外国法院民商事判决、裁定的案件。

第四条 发生在与外国接壤的边境省份的边境贸易纠纷案件，涉外房地产案件和涉外知识产权案件，不适用本规定。

第五条 涉及香港、澳门特别行政区和台湾地区当事人的民商事纠纷案件的管辖，参照本规定处理。

第六条 高级人民法院应当对涉外民商事案件的管辖实施监督，凡越权受理涉外民商事案件的，应当通知或者裁定将案件移送有管辖权的人民法院审理。

第七条 本规定于2002年3月1日起施行。本规定施行前已经受理的案件由原受理人民法院继续审理。

本规定人发布前的有关司法解释、规定与本规定不一致的，以本规定为准。

最高人民法院关于审理民事级别管辖异议案件若干问题的规定

（2009年7月20日最高人民法院审判委员会第1471次会议通过 根据2020年12月23日最高人民法院审判委员会第1823次会议通过的《最高人民法院关于修改〈最高人民法院关于人民法院民事调解工作若干问题的规定〉等十九件民事诉讼类司法解释的决定》修正 2020年12月29日最高人民法院公告公布）

为正确审理民事级别管辖异议案件，依法维护诉讼秩序和当事人的合法权益，根据《中华人民共和国民事诉讼法》的规定，结合审判实践，制定本规定。

第一条 被告在提交答辩状期间提出管辖权异议，认为受诉人民法院违反级别管辖规定，案件应当由上级人民法院或者下级人民法院管辖的，受诉人民法院应当审查，并在受理异议之日起十五日内作出裁定：

（一）异议不成立的，裁定驳回；

（二）异议成立的，裁定移送有管辖权的人民法院。

第二条 在管辖权异议裁定作出前，原告申请撤回起诉，受诉人民法院作出准予撤回起诉裁定的，对管辖权异议不再审查，并在裁定书中一并写明。

第三条 提交答辩状期间届满后，原告增加诉讼请求金额致使案件标的额超过受诉人民法院级别管辖标准，被告提出管辖权异议，请求由上级人民法院管辖的，人民法院应当按照本规定第一条审查并作出裁定。

第四条 对于应由上级人民法院管辖的第一审民事案件，下级人民法院不得报请上级人民法院交其审理。

第五条 被告以受诉人民法院同时违反级别管辖和地域管辖规定为由提出管辖权异议的，受诉人民法院应当一并作出裁定。

第六条 当事人未依法提出管辖权异议，但受诉人民法院发现其没有级别管辖权的，应当将案件移送有管辖权的人民法院审理。

第七条 对人民法院就级别管辖异议作出的裁定，当事人不服提起上诉的，第二审人民法院应当依法审理并作出裁定。

第八条 对于将案件移送上级人民法院管辖的裁定，当事人未提出上诉，但受移送的上级人民法院认为确有错误的，可以依职权裁定撤销。

第九条 经最高人民法院批准的第一审民事案件级别管辖标准的规定，应当作为审理民事级别管辖异议案件的依据。

　　第十条　本规定施行前颁布的有关司法解释与本规定不一致的,以本规定为准。

最高人民法院关于军事法院管辖民事案件若干问题的规定

　　(2012年8月20日最高人民法院审判委员会第1553次会议通过　根据2020年12月23日最高人民法院审判委员会第1823次会议通过的《最高人民法院关于修改〈最高人民法院关于人民法院民事调解工作若干问题的规定〉等十九件民事诉讼类司法解释的决定》修正　2020年12月29日最高人民法院公告公布)

　　根据《中华人民共和国人民法院组织法》《中华人民共和国民事诉讼法》等法律规定,结合人民法院民事审判工作实际,对军事法院管辖民事案件有关问题作如下规定:

　　第一条　下列民事案件,由军事法院管辖:

　　(一)双方当事人均为军人或者军队单位的案件,但法律另有规定的除外;

　　(二)涉及机密级以上军事秘密的案件;

　　(三)军队设立选举委员会的选民资格案件;

　　(四)认定营区内无主财产案件。

　　第二条　下列民事案件,地方当事人向军事法院提起诉讼或者提出申请的,军事法院应当受理:

　　(一)军人或者军队单位执行职务过程中造成他人损害的侵权责任纠纷案件;

　　(二)当事人一方为军人或者军队单位,侵权行为发生在营区内的侵权责任纠纷案件;

　　(三)当事人一方为军人的婚姻家庭纠纷

案件;

　　(四)民事诉讼法第三十三条规定的不动产所在地、港口所在地、被继承人死亡时住所地或者主要遗产所在地在营区内,且当事人一方为军人或者军队单位的案件;

　　(五)申请宣告军人失踪或者死亡的案件;

　　(六)申请认定军人无民事行为能力或者限制民事行为能力的案件。

　　第三条　当事人一方是军人或者军队单位,且合同履行地或者标的物所在地在营区内的合同纠纷,当事人书面约定由军事法院管辖,不违反法律关于级别管辖、专属管辖和专门管辖规定的,可以由军事法院管辖。

　　第四条　军事法院受理第一审民事案件,应当参照民事诉讼法关于地域管辖、级别管辖的规定确定。

　　当事人住所地省级行政区划内没有可以受理案件的第一审军事法院,或者处于交通十分不便的边远地区,双方当事人同意由地方人民法院管辖的,地方人民法院可以管辖,但本规定第一条第(二)项规定的案件除外。

　　第五条　军事法院发现受理的民事案件属于地方人民法院管辖的,应当移送有管辖权的地方人民法院,受移送的地方人民法院应当受理。地方人民法院认为受移送的案件不属于本院管辖的,应当报请上级地方人民法院处理,不得再自行移送。

　　地方人民法院发现受理的民事案件属于军事法院管辖的,参照前款规定办理。

　　第六条　军事法院与地方人民法院之间因管辖权发生争议,由争议双方协商解决;协商不成的,报请各自的上级法院协商解决;仍然协商不成的,报请最高人民法院指定管辖。

　　第七条　军事法院受理案件后,当事人对管辖权有异议的,应当在提交答辩状期间提出。军事法院对当事人提出的异议,应当审查。异议成立的,裁定将案件移送有管辖权的军事法院或者地方人民法院;异议不成立的,裁定驳回。

第八条 本规定所称军人是指中国人民解放军的现役军官、文职干部、士兵及具有军籍的学员,中国人民武装警察部队的现役警官、文职干部、士兵及具有军籍的学员。军队中的文职人员、非现役公勤人员、正式职工,由军队管理的离退休人员,参照军人确定管辖。

军队单位是指中国人民解放军现役部队和预备役部队、中国人民武装警察部队及其编制内的企业事业单位。

营区是指由军队管理使用的区域,包括军事禁区、军事管理区。

第九条 本解释施行前本院公布的司法解释以及司法解释性文件与本解释不一致的,以本解释为准。

(四)证 据

最高人民法院关于民事诉讼证据的若干规定

(2001 年 12 月 6 日最高人民法院审判委员会第 1201 次会议通过 根据 2019 年 10 月 14 日最高人民法院审判委员会第 1777 次会议《关于修改〈关于民事诉讼证据的若干规定〉的决定》修正 2019 年 12 月 25 日最高人民法院公告公布)

为保证人民法院正确认定案件事实,公正、及时审理民事案件,保障和便利当事人依法行使诉讼权利,根据《中华人民共和国民事诉讼法》(以下简称民事诉讼法)等有关法律的规定,结合民事审判经验和实际情况,制定本规定。

一、当事人举证

第一条 原告向人民法院起诉或者被告提出反诉,应当提供符合起诉条件的相应的证据。

第二条 人民法院应当向当事人说明举证的要求及法律后果,促使当事人在合理期限内积极、全面、正确、诚实地完成举证。

当事人因客观原因不能自行收集的证据,可申请人民法院调查收集。

第三条 在诉讼过程中,一方当事人陈述的于己不利的事实,或者对于己不利的事实明确表示承认的,另一方当事人无需举证证明。

在证据交换、询问、调查过程中,或者在起诉状、答辩状、代理词等书面材料中,当事人明确承认于己不利的事实的,适用前款规定。

第四条 一方当事人对于另一方当事人主张的于己不利的事实既不承认也不否认,经审判人员说明并询问后,其仍然不明确表示肯定或者否定的,视为对该事实的承认。

第五条 当事人委托诉讼代理人参加诉讼的,除授权委托书明确排除的事项外,诉讼代理人的自认视为当事人的自认。

当事人在场对诉讼代理人的自认明确否认的,不视为自认。

第六条 普通共同诉讼中,共同诉讼人中一人或者数人作出的自认,对作出自认的当事人发生效力。

必要共同诉讼中,共同诉讼人中一人或者数人作出自认而其他共同诉讼人予以否认的,不发生自认的效力。其他共同诉讼人既不承认也不否认,经审判人员说明并询问后仍然不明确表示意见的,视为全体共同诉讼人的自认。

第七条 一方当事人对于另一方当事人

主张的于己不利的事实有所限制或者附加条件予以承认的,由人民法院综合案件情况决定是否构成自认。

第八条 《最高人民法院关于适用〈中华人民共和国民事诉讼法〉的解释》第九十六条第一款规定的事实,不适用有关自认的规定。

自认的事实与已经查明的事实不符的,人民法院不予确认。

第九条 有下列情形之一,当事人在法庭辩论终结前撤销自认的,人民法院应当准许:

(一)经对方当事人同意的;

(二)自认是在受胁迫或者重大误解情况下作出的。

人民法院准许当事人撤销自认的,应当作出口头或者书面裁定。

第十条 下列事实,当事人无须举证证明:

(一)自然规律以及定理、定律;

(二)众所周知的事实;

(三)根据法律规定推定的事实;

(四)根据已知的事实和日常生活经验法则推定出的另一事实;

(五)已为仲裁机构的生效裁决所确认的事实;

(六)已为人民法院发生法律效力的裁判所确认的基本事实;

(七)已为有效公证文书所证明的事实。

前款第二项至第五项事实,当事人有相反证据足以反驳的除外;第六项、第七项事实,当事人有相反证据足以推翻的除外。

第十一条 当事人向人民法院提供证据,应当提供原件或者原物。如需自己保存证据原件、原物或者提供原件、原物确有困难的,可以提供经人民法院核对无异的复制件或者复制品。

第十二条 以动产作为证据的,应当将原物提交人民法院。原物不宜搬移或者不宜

保存的,当事人可以提供复制品、影像资料或者其他替代品。

人民法院在收到当事人提交的动产或者替代品后,应当及时通知双方当事人到人民法院或者保存现场查验。

第十三条 当事人以不动产作为证据的,应当向人民法院提供该不动产的影像资料。

人民法院认为有必要的,应当通知双方当事人到场进行查验。

第十四条 电子数据包括下列信息、电子文件:

(一)网页、博客、微博客等网络平台发布的信息;

(二)手机短信、电子邮件、即时通信、通讯群组等网络应用服务的通信信息;

(三)用户注册信息、身份认证信息、电子交易记录、通信记录、登录日志等信息;

(四)文档、图片、音频、视频、数字证书、计算机程序等电子文件;

(五)其他以数字化形式存储、处理、传输的能够证明案件事实的信息。

第十五条 当事人以视听资料作为证据的,应当提供存储该视听资料的原始载体。

当事人以电子数据作为证据的,应当提供原件。电子数据的制作者制作的与原件一致的副本,或者直接来源于电子数据的打印件或其他可以显示、识别的输出介质,视为电子数据的原件。

第十六条 当事人提供的公文书证系在中华人民共和国领域外形成的,该证据应当经所在国公证机关证明,或者履行中华人民共和国与该所在国订立的有关条约中规定的证明手续。

中华人民共和国领域外形成的涉及身份关系的证据,应当经所在国公证机关证明并经中华人民共和国驻该国使领馆认证,或者履行中华人民共和国与该所在国订立的有关

条约中规定的证明手续。

当事人向人民法院提供的证据是在香港、澳门、台湾地区形成的,应当履行相关的证明手续。

第十七条 当事人向人民法院提供外文书证或者外文说明资料,应当附有中文译本。

第十八条 双方当事人无争议的事实符合《最高人民法院关于适用〈中华人民共和国民事诉讼法〉的解释》第九十六条第一款规定情形的,人民法院可以责令当事人提供有关证据。

第十九条 当事人应当对其提交的证据材料逐一分类编号,对证据材料的来源、证明对象和内容作简要说明,签名盖章,注明提交日期,并依照对方当事人人数提出副本。

人民法院收到当事人提交的证据材料,应当出具收据,注明证据的名称、份数和页数以及收到的时间,由经办人员签名或者盖章。

二、证据的调查收集和保全

第二十条 当事人及其诉讼代理人申请人民法院调查收集证据,应当在举证期限届满前提交书面申请。

申请书应当载明被调查人的姓名或者单位名称、住所地等基本情况、所要调查收集的证据名称或者内容、需要由人民法院调查收集证据的原因及其要证明的事实以及明确的线索。

第二十一条 人民法院调查收集的书证,可以是原件,也可以是经核对无误的副本或者复制件。是副本或者复制件的,应当在调查笔录中说明来源和取证情况。

第二十二条 人民法院调查收集的物证应当是原物。被调查人提供原物确有困难的,可以提供复制品或者影像资料。提供复制品或者影像资料的,应当在调查笔录中说明取证情况。

第二十三条 人民法院调查收集视听资料、电子数据,应当要求被调查人提供原始载体。

提供原始载体确有困难的,可以提供复制件。提供复制件的,人民法院应当在调查笔录中说明其来源和制作经过。

人民法院对视听资料、电子数据采取证据保全措施的,适用前款规定。

第二十四条 人民法院调查收集可能需要鉴定的证据,应当遵守相关技术规范,确保证据不被污染。

第二十五条 当事人或者利害关系人根据民事诉讼法第八十一条的规定申请证据保全的,申请书应当载明需要保全的证据的基本情况、申请保全的理由以及采取何种保全措施等内容。

当事人根据民事诉讼法第八十一条第一款的规定申请证据保全的,应当在举证期限届满前向人民法院提出。

法律、司法解释对诉前证据保全有规定的,依照其规定办理。

第二十六条 当事人或者利害关系人申请采取查封、扣押等限制保全标的物使用、流通等保全措施,或者保全可能对证据持有人造成损失的,人民法院应当责令申请人提供相应的担保。

担保方式或者数额由人民法院根据保全措施对证据持有人的影响、保全标的物的价值、当事人或者利害关系人争议的诉讼标的金额等因素综合确定。

第二十七条 人民法院进行证据保全,可以要求当事人或者诉讼代理人到场。

根据当事人的申请和具体情况,人民法院可以采取查封、扣押、录音、录像、复制、鉴定、勘验等方法进行证据保全,并制作笔录。

在符合证据保全目的的情况下,人民法院应当选择对证据持有人利益影响最小的保全措施。

第二十八条 申请证据保全错误造成财产损失,当事人请求申请人承担赔偿责任的,人民法院应予支持。

第二十九条 人民法院采取诉前证据保全措施后,当事人向其他有管辖权的人民法院提起诉讼的,采取保全措施的人民法院应当根据当事人的申请,将保全的证据及时移交受理案件的人民法院。

第三十条 人民法院在审理案件过程中认为待证事实需要通过鉴定意见证明的,应当向当事人释明,并指定提出鉴定申请的期间。

符合《最高人民法院关于适用〈中华人民共和国民事诉讼法〉的解释》第九十六条第一款规定情形的,人民法院应当依职权委托鉴定。

第三十一条 当事人申请鉴定,应当在人民法院指定期间内提出,并预交鉴定费用。逾期不提出申请或者不预交鉴定费用的,视为放弃申请。

对需要鉴定的待证事实负有举证责任的当事人,在人民法院指定期间内无正当理由不提出鉴定申请或者不预交鉴定费用,或者拒不提供相关材料,致使待证事实无法查明的,应当承担举证不能的法律后果。

第三十二条 人民法院准许鉴定申请的,应当组织双方当事人协商确定具备相应资格的鉴定人。当事人协商不成的,由人民法院指定。

人民法院依职权委托鉴定的,可以在询问当事人的意见后,指定具备相应资格的鉴定人。

人民法院在确定鉴定人后应当出具委托书,委托书中应当载明鉴定事项、鉴定范围、鉴定目的和鉴定期限。

第三十三条 鉴定开始之前,人民法院应当要求鉴定人签署承诺书。承诺书中应当载明鉴定人保证客观、公正、诚实地进行鉴定,保证出庭作证,如作虚假鉴定应当承担法律责任等内容。

鉴定人故意作虚假鉴定的,人民法院应当责令其退还鉴定费用,并根据情节,依照民事诉讼法第一百一十一条的规定进行处罚。

第三十四条 人民法院应当组织当事人对鉴定材料进行质证。未经质证的材料,不得作为鉴定的根据。

经人民法院准许,鉴定人可以调取证据、勘验物证和现场、询问当事人或者证人。

第三十五条 鉴定人应当在人民法院确定的期限内完成鉴定,并提交鉴定书。

鉴定人无正当理由未按期提交鉴定书的,当事人可以申请人民法院另行委托鉴定人进行鉴定。人民法院准许的,原鉴定人已经收取的鉴定费用应当退还;拒不退还的,依照本规定第八十一条第二款的规定处理。

第三十六条 人民法院对鉴定人出具的鉴定书,应当审查是否具有下列内容:

(一)委托法院的名称;

(二)委托鉴定的内容、要求;

(三)鉴定材料;

(四)鉴定所依据的原理、方法;

(五)对鉴定过程的说明;

(六)鉴定意见;

(七)承诺书。

鉴定书应当由鉴定人签名或者盖章,并附鉴定人的相应资格证明。委托机构鉴定的,鉴定书应当由鉴定机构盖章,并由从事鉴定的人员签名。

第三十七条 人民法院收到鉴定书后,应当及时将副本送交当事人。

当事人对鉴定书的内容有异议的,应当在人民法院指定期间内以书面方式提出。

对于当事人的异议,人民法院应当要求鉴定人作出解释、说明或者补充。人民法院认为有必要的,可以要求鉴定人对当事人未提出异议的内容进行解释、说明或者补充。

第三十八条 当事人在收到鉴定人的书面答复后仍有异议的,人民法院应当根据《诉讼费用交纳办法》第十一条的规定,通知有异议的当事人预交鉴定人出庭费用,并通知鉴定人出庭。有异议的当事人不预交鉴定人出庭费用的,视为放弃异议。

双方当事人对鉴定意见均有异议的,分摊预交鉴定人出庭费用。

第三十九条 鉴定人出庭费用按照证人出庭作证费用的标准计算,由败诉的当事人负担。因鉴定意见不明确或者有瑕疵需要鉴定人出庭的,出庭费用由其自行负担。

人民法院委托鉴定时已经确定鉴定人出庭费用包含在鉴定费用中的,不再通知当事人预交。

第四十条 当事人申请重新鉴定,存在下列情形之一的,人民法院应当准许:

(一)鉴定人不具备相应资格的;

(二)鉴定程序严重违法的;

(三)鉴定意见明显依据不足的;

(四)鉴定意见不能作为证据使用的其他情形。

存在前款第一项至第三项情形的,鉴定人已经收取的鉴定费用应当退还。拒不退还的,依照本规定第八十一条第二款的规定处理。

对鉴定意见的瑕疵,可以通过补正、补充鉴定或者补充质证、重新质证等方法解决的,人民法院不予准许重新鉴定的申请。

重新鉴定的,原鉴定意见不得作为认定案件事实的根据。

第四十一条 对于一方当事人就专门性问题自行委托有关机构或者人员出具的意见,另一方当事人有证据或者理由足以反驳并申请鉴定的,人民法院应予准许。

第四十二条 鉴定意见被采信后,鉴定人无正当理由撤销鉴定意见的,人民法院应当责令其退还鉴定费用,并可以根据情节,依照民事诉讼法第一百一十一条的规定对鉴定人进行处罚。当事人主张鉴定人负担由此增加的合理费用的,人民法院应予支持。

人民法院采信鉴定意见后准许鉴定人撤销的,应当责令其退还鉴定费用。

第四十三条 人民法院应当在勘验前将勘验的时间和地点通知当事人。当事人不参加的,不影响勘验进行。

当事人可以就勘验事项向人民法院进行解释和说明,可以请求人民法院注意勘验中的重要事项。

人民法院勘验物证或者现场,应当制作笔录,记录勘验的时间、地点、勘验人、在场人、勘验的经过、结果,由勘验人、在场人签名或者盖章。对于绘制的现场图应当注明绘制的时间、方位、测绘人姓名、身份等内容。

第四十四条 摘录有关单位制作的与案件事实相关的文件、材料,应当注明出处,并加盖制作单位或者保管单位的印章,摘录人和其他调查人员应当在摘录件上签名或者盖章。

摘录文件、材料应当保持内容相应的完整性。

第四十五条 当事人根据《最高人民法院关于适用〈中华人民共和国民事诉讼法〉的解释》第一百一十二条的规定申请人民法院责令对方当事人提交书证的,申请书应当载明所申请提交的书证名称或者内容、需要以该书证证明的事实及事实的重要性、对方当事人控制该书证的根据以及应当提交该书证的理由。

对方当事人否认控制书证的,人民法院应当根据法律规定、习惯等因素,结合案件的事实、证据,对于书证是否在对方当事人控制之下的事实作出综合判断。

第四十六条 人民法院对当事人提交书证的申请进行审查时,应当听取对方当事人的意见,必要时可以要求双方当事人提供证据、进行辩论。

当事人申请提交的书证不明确、书证对于待证事实的证明无必要、待证事实对于裁判结果无实质性影响、书证未在对方当事人控制之下或者不符合本规定第四十七条情形的,人民法院不予准许。

当事人申请理由成立的,人民法院应当作出裁定,责令对方当事人提交书证;理由不成立的,通知申请人。

第四十七条　下列情形,控制书证的当事人应当提交书证:

(一)控制书证的当事人在诉讼中曾经引用过的书证;

(二)为对方当事人的利益制作的书证;

(三)对方当事人依照法律规定有权查阅、获取的书证;

(四)账簿、记账原始凭证;

(五)人民法院认为应当提交书证的其他情形。

前款所列书证,涉及国家秘密、商业秘密、当事人或第三人的隐私,或者存在法律规定应当保密的情形的,提交后不得公开质证。

第四十八条　控制书证的当事人无正当理由拒不提交书证的,人民法院可以认定对方当事人所主张的书证内容为真实。

控制书证的当事人存在《最高人民法院关于适用〈中华人民共和国民事诉讼法〉的解释》第一百一十三条规定情形的,人民法院可以认定对方当事人主张以该书证证明的事实为真实。

三、举证时限与证据交换

第四十九条　被告应当在答辩期届满前提出书面答辩,阐明其对原告诉讼请求及所依据的事实和理由的意见。

第五十条　人民法院应当在审理前的准备阶段向当事人送达举证通知书。

举证通知书应当载明举证责任的分配原则和要求、可以向人民法院申请调查收集证据的情形、人民法院根据案件情况指定的举证期限以及逾期提供证据的法律后果等内容。

第五十一条　举证期限可以由当事人协商,并经人民法院准许。

人民法院指定举证期限的,适用第一审普通程序审理的案件不得少于十五日,当事人提供新的证据的第二审案件不得少于十日。适用简易程序审理的案件不得超过十五日,小额诉讼案件的举证期限一般不得超过七日。

举证期限届满后,当事人提供反驳证据或者对已经提供的证据的来源、形式等方面的瑕疵进行补正的,人民法院可以酌情再次确定举证期限,该期限不受前款规定的期间限制。

第五十二条　当事人在举证期限内提供证据存在客观障碍,属于民事诉讼法第六十五条第二款规定的"当事人在该期限内提供证据确有困难"的情形。

前款情形,人民法院应当根据当事人的举证能力、不能在举证期限内提供证据的原因等因素综合判断。必要时,可以听取对方当事人的意见。

第五十三条　诉讼过程中,当事人主张的法律关系性质或者民事行为效力与人民法院根据案件事实作出的认定不一致的,人民法院应当将法律关系性质或者民事行为效力作为焦点问题进行审理。但法律关系性质对裁判理由及结果没有影响,或者有关问题已经当事人充分辩论的除外。

存在前款情形,当事人根据法庭审理情况变更诉讼请求的,人民法院应当准许并可以根据案件的具体情况重新指定举证期限。

第五十四条　当事人申请延长举证期限的,应当在举证期限届满前向人民法院提出书面申请。

申请理由成立的,人民法院应当准许,适当延长举证期限,并通知其他当事人。延长的举证期限适用于其他当事人。

申请理由不成立的,人民法院不予准许,并通知申请人。

第五十五条 存在下列情形的,举证期限按照如下方式确定:

(一)当事人依照民事诉讼法第一百二十七条规定提出管辖权异议的,举证期限中止,自驳回管辖权异议的裁定生效之日起恢复计算;

(二)追加当事人、有独立请求权的第三人参加诉讼或者无独立请求权的第三人经人民法院通知参加诉讼的,人民法院应当依照本规定第五十一条的规定为新参加诉讼的当事人确定举证期限,该举证期限适用于其他当事人;

(三)发回重审的案件,第一审人民法院可以结合案件具体情况和发回重审的原因,酌情确定举证期限;

(四)当事人增加、变更诉讼请求或者提出反诉的,人民法院应当根据案件具体情况重新确定举证期限;

(五)公告送达的,举证期限自公告期届满之次日起计算。

第五十六条 人民法院依照民事诉讼法第一百三十三条第四项的规定,通过组织证据交换进行审理前准备的,证据交换之日举证期限届满。

证据交换的时间可以由当事人协商一致并经人民法院认可,也可以由人民法院指定。当事人申请延期举证经人民法院准许的,证据交换日相应顺延。

第五十七条 证据交换应当在审判人员的主持下进行。

在证据交换的过程中,审判人员对当事人无异议的事实、证据应当记录在卷;对有异议的证据,按照需要证明的事实分类记录在卷,并记载异议的理由。通过证据交换,确定双方当事人争议的主要问题。

第五十八条 当事人收到对方的证据后有反驳证据需要提交的,人民法院应当再次组织证据交换。

第五十九条 人民法院对逾期提供证据的当事人处以罚款的,可以结合当事人逾期提供证据的主观过错程度、导致诉讼迟延的情况、诉讼标的金额等因素,确定罚款数额。

四、质 证

第六十条 当事人在审理前的准备阶段或者人民法院调查、询问过程中发表过质证意见的证据,视为质证过的证据。

当事人要求以书面方式发表质证意见,人民法院在听取对方当事人意见后认为有必要的,可以准许。人民法院应当及时将书面质证意见送交对方当事人。

第六十一条 对书证、物证、视听资料进行质证时,当事人应当出示证据的原件或者原物。但有下列情形之一的除外:

(一)出示原件或者原物确有困难并经人民法院准许出示复制件或者复制品的;

(二)原件或者原物已不存在,但有证据证明复制件、复制品与原件或者原物一致的。

第六十二条 质证一般按下列顺序进行:

(一)原告出示证据,被告、第三人与原告进行质证;

(二)被告出示证据,原告、第三人与被告进行质证;

(三)第三人出示证据,原告、被告与第三人进行质证。

人民法院根据当事人申请调查收集的证据,审判人员对调查收集证据的情况进行说明后,由提出申请的当事人与对方当事人、第三人进行质证。

人民法院依职权调查收集的证据,由审判人员对调查收集证据的情况进行说明后,听取当事人的意见。

第六十三条　当事人应当就案件事实作真实、完整的陈述。

当事人的陈述与此前陈述不一致的,人民法院应当责令其说明理由,并结合当事人的诉讼能力、证据和案件具体情况进行审查认定。

当事人故意作虚假陈述妨碍人民法院审理的,人民法院应当根据情节,依照民事诉讼法第一百一十一条的规定进行处罚。

第六十四条　人民法院认为有必要的,可以要求当事人本人到场,就案件的有关事实接受询问。

人民法院要求当事人到场接受询问的,应当通知当事人询问的时间、地点、拒不到场的后果等内容。

第六十五条　人民法院应当在询问前责令当事人签署保证书并宣读保证书的内容。

保证书应当载明保证据实陈述,绝无隐瞒、歪曲、增减,如有虚假陈述应当接受处罚等内容。当事人应当在保证书上签名、捺印。

当事人有正当理由不能宣读保证书的,由书记员宣读并进行说明。

第六十六条　当事人无正当理由拒不到场、拒不签署或宣读保证书或者拒不接受询问的,人民法院应当综合案件情况,判断待证事实的真伪。待证事实无其他证据证明的,人民法院应当作出不利于该当事人的认定。

第六十七条　不能正确表达意思的人,不能作为证人。

待证事实与其年龄、智力状况或者精神健康状况相适应的无民事行为能力人和限制民事行为能力人,可以作为证人。

第六十八条　人民法院应当要求证人出庭作证,接受审判人员和当事人的询问。证

人在审理前的准备阶段或者人民法院调查、询问等双方当事人在场时陈述证言的,视为出庭作证。

双方当事人同意证人以其他方式作证并经人民法院准许的,证人可以不出庭作证。

无正当理由未出庭的证人以书面等方式提供的证言,不得作为认定案件事实的根据。

第六十九条　当事人申请证人出庭作证的,应当在举证期限届满前向人民法院提交申请书。

申请书应当载明证人的姓名、职业、住所、联系方式,作证的主要内容,作证内容与待证事实的关联性,以及证人出庭作证的必要性。

符合《最高人民法院关于适用〈中华人民共和国民事诉讼法〉的解释》第九十六条第一款规定情形的,人民法院应当依职权通知证人出庭作证。

第七十条　人民法院准许证人出庭作证申请的,应当向证人送达通知书并告知双方当事人。通知书中应当载明证人作证的时间、地点,作证的事项、要求以及作伪证的法律后果等内容。

当事人申请证人出庭作证的事项与待证事实无关,或者没有通知证人出庭作证必要的,人民法院不予准许当事人的申请。

第七十一条　人民法院应当要求证人在作证之前签署保证书,并在法庭上宣读保证书的内容。但无民事行为能力人和限制民事行为能力人作为证人的除外。

证人确有正当理由不能宣读保证书的,由书记员代为宣读并进行说明。

证人拒绝签署或者宣读保证书的,不得作证,并自行承担相关费用。

证人保证书的内容适用当事人保证书的规定。

第七十二条　证人应当客观陈述其亲身感知的事实,作证时不得使用猜测、推断或者

评论性语言。

证人作证前不得旁听法庭审理,作证时不得以宣读事先准备的书面材料的方式陈述证言。

证人言辞表达有障碍的,可以通过其他表达方式作证。

第七十三条 证人应当就其作证的事项进行连续陈述。

当事人及其法定代理人、诉讼代理人或者旁听人员干扰证人陈述的,人民法院应当及时制止,必要时可以依照民事诉讼法第一百一十条的规定进行处罚。

第七十四条 审判人员可以对证人进行询问。当事人及其诉讼代理人经审判人员许可后可以询问证人。

询问证人时其他证人不得在场。

人民法院认为有必要的,可以要求证人之间进行对质。

第七十五条 证人出庭作证后,可以向人民法院申请支付证人出庭作证费用。证人有困难需要预先支取出庭作证费用的,人民法院可以根据证人的申请在出庭作证前支付。

第七十六条 证人确有困难不能出庭作证,申请以书面证言、视听传输技术或者视听资料等方式作证的,应当向人民法院提交申请书。申请书中应当载明不能出庭的具体原因。

符合民事诉讼法第七十三条规定情形的,人民法院应当准许。

第七十七条 证人经人民法院准许,以书面证言方式作证的,应当签署保证书;以视听传输技术或者视听资料方式作证的,应当签署保证书并宣读保证书的内容。

第七十八条 当事人及其诉讼代理人对证人的询问与待证事实无关,或者存在威胁、侮辱证人或不适当引导等情形的,审判人员应当及时制止。必要时可以依照民事诉讼法

第一百一十条、第一百一十一条的规定进行处罚。

证人故意作虚假陈述,诉讼参与人或者其他人以暴力、威胁、贿买等方法妨碍证人作证,或者在证人作证后以侮辱、诽谤、诬陷、恐吓、殴打等方式对证人打击报复的,人民法院应当根据情节,依照民事诉讼法第一百一十一条的规定,对行为人进行处罚。

第七十九条 鉴定人依照民事诉讼法第七十八条的规定出庭作证的,人民法院应当在开庭审理三日前将出庭的时间、地点及要求通知鉴定人。

委托机构鉴定的,应当由从事鉴定的人员代表机构出庭。

第八十条 鉴定人应当就鉴定事项如实答复当事人的异议和审判人员的询问。当庭答复确有困难的,经人民法院准许,可以在庭审结束后书面答复。

人民法院应当及时将书面答复送交当事人,并听取当事人的意见。必要时,可以再次组织质证。

第八十一条 鉴定人拒不出庭作证的,鉴定意见不得作为认定案件事实的根据。人民法院应当建议有关主管部门或者组织对拒不出庭作证的鉴定人予以处罚。

当事人要求退还鉴定费用的,人民法院应当在三日内作出裁定,责令鉴定人退还;拒不退还的,由人民法院依法执行。

当事人因鉴定人拒不出庭作证申请重新鉴定的,人民法院应当准许。

第八十二条 经法庭许可,当事人可以询问鉴定人、勘验人。

询问鉴定人、勘验人不得使用威胁、侮辱等不适当的言语和方式。

第八十三条 当事人依照民事诉讼法第七十九条和《最高人民法院关于适用〈中华人民共和国民事诉讼法〉的解释》第一百二十二条的规定,申请有专门知识的人出庭的,申请

书中应当载明有专门知识的人的基本情况和申请的目的。

人民法院准许当事人申请的，应当通知双方当事人。

第八十四条 审判人员可以对有专门知识的人进行询问。经法庭准许，当事人可以对有专门知识的人进行询问，当事人各自申请的有专门知识的人可以就案件中的有关问题进行对质。

有专门知识的人不得参与对鉴定意见质证或者就专业问题发表意见之外的法庭审理活动。

五、证据的审核认定

第八十五条 人民法院应当以证据能够证明的案件事实为根据依法作出裁判。

审判人员应当依照法定程序，全面、客观地审核证据，依据法律的规定，遵循法官职业道德，运用逻辑推理和日常生活经验，对证据有无证明力和证明力大小独立进行判断，并公开判断的理由和结果。

第八十六条 当事人对于欺诈、胁迫、恶意串通事实的证明，以及对于口头遗嘱或赠与事实的证明，人民法院确信该待证事实存在的可能性能够排除合理怀疑的，应当认定该事实存在。

与诉讼保全、回避等程序事项有关的事实，人民法院结合当事人的说明及相关证据，认为有关事实存在的可能性较大的，可以认定该事实存在。

第八十七条 审判人员对单一证据可以从下列方面进行审核认定：

（一）证据是否为原件、原物，复制件、复制品与原件、原物是否相符；

（二）证据与本案事实是否相关；

（三）证据的形式、来源是否符合法律规定；

（四）证据的内容是否真实；

（五）证人或者提供证据的人与当事人有无利害关系。

第八十八条 审判人员对案件的全部证据，应当从各证据与案件事实的关联程度、各证据之间的联系等方面进行综合审查判断。

第八十九条 当事人在诉讼过程中认可的证据，人民法院应当予以确认。但法律、司法解释另有规定的除外。

当事人对认可的证据反悔的，参照《最高人民法院关于适用〈中华人民共和国民事诉讼法〉的解释》第二百二十九条的规定处理。

第九十条 下列证据不能单独作为认定案件事实的根据：

（一）当事人的陈述；

（二）无民事行为能力人或者限制民事行为能力人所作的与其年龄、智力状况或者精神健康状况不相当的证言；

（三）与一方当事人或者其代理人有利害关系的证人陈述的证言；

（四）存有疑点的视听资料、电子数据；

（五）无法与原件、原物核对的复制件、复制品。

第九十一条 公文书证的制作者根据文书原件制作的载有部分或者全部内容的副本，与正本具有相同的证明力。

在国家机关存档的文件，其复制件、副本、节录本经档案部门或者制作原本的机关证明其内容与原本一致的，该复制件、副本、节录本具有与原本相同的证明力。

第九十二条 私文书证的真实性，由主张以私文书证证明案件事实的当事人承担举证责任。

私文书证由制作者或者其代理人签名、盖章或捺印的，推定为真实。

私文书证上有删除、涂改、增添或者其他形式瑕疵的，人民法院应当综合案件的具体情况判断其证明力。

第九十三条 人民法院对于电子数据的真实性,应当结合下列因素综合判断:

(一)电子数据的生成、存储、传输所依赖的计算机系统的硬件、软件环境是否完整、可靠;

(二)电子数据的生成、存储、传输所依赖的计算机系统的硬件、软件环境是否处于正常运行状态,或者不处于正常运行状态时对电子数据的生成、存储、传输是否有影响;

(三)电子数据的生成、存储、传输所依赖的计算机系统的硬件、软件环境是否具备有效的防止出错的监测、核查手段;

(四)电子数据是否被完整地保存、传输、提取,保存、传输、提取的方法是否可靠;

(五)电子数据是否在正常的往来活动中形成和存储;

(六)保存、传输、提取电子数据的主体是否适当;

(七)影响电子数据完整性和可靠性的其他因素。

人民法院认为有必要的,可以通过鉴定或者勘验等方法,审查判断电子数据的真实性。

第九十四条 电子数据存在下列情形的,人民法院可以确认其真实性,但有足以反驳的相反证据的除外:

(一)由当事人提交或者保管的于己不利的电子数据;

(二)由记录和保存电子数据的中立第三方平台提供或者确认的;

(三)在正常业务活动中形成的;

(四)以档案管理方式保管的;

(五)以当事人约定的方式保存、传输、提取的。

电子数据的内容经公证机关公证的,人民法院应当确认其真实性,但有相反证据足以推翻的除外。

第九十五条 一方当事人控制证据无正当理由拒不提交,对待证事实负有举证责任的当事人主张该证据的内容不利于控制人的,人民法院可以认定该主张成立。

第九十六条 人民法院认定证人证言,可以通过对证人的智力状况、品德、知识、经验、法律意识和专业技能等的综合分析作出判断。

第九十七条 人民法院应当在裁判文书中阐明证据是否采纳的理由。

对当事人无争议的证据,是否采纳的理由可以不在裁判文书中表述。

六、其 他

第九十八条 对证人、鉴定人、勘验人的合法权益依法予以保护。

当事人或者其他诉讼参与人伪造、毁灭证据,提供虚假证据,阻止证人作证,指使、贿买、胁迫他人作伪证,或者对证人、鉴定人、勘验人打击报复的,依照民事诉讼法第一百一十条、第一百一十一条的规定进行处罚。

第九十九条 本规定对证据保全没有规定的,参照适用法律、司法解释关于财产保全的规定。

除法律、司法解释另有规定外,对当事人、鉴定人、有专门知识的人的询问参照适用本规定中关于询问证人的规定;关于书证的规定适用于视听资料、电子数据;存储在电子计算机等电子介质中的视听资料,适用电子数据的规定。

第一百条 本规定自 2020 年 5 月 1 日起施行。

本规定公布施行后,最高人民法院以前发布的司法解释与本规定不一致的,不再适用。

最高人民法院关于知识产权民事诉讼证据的若干规定

（2020年11月9日最高人民法院审判委员会第1815次会议通过　2020年11月16日最高人民法院公告公布　自2020年11月18日起施行　法释〔2020〕12号）

为保障和便利当事人依法行使诉讼权利，保证人民法院公正、及时审理知识产权民事案件，根据《中华人民共和国民事诉讼法》等有关法律规定，结合知识产权民事审判实际，制定本规定。

第一条　知识产权民事诉讼当事人应当遵循诚信原则，依照法律及司法解释的规定，积极、全面、正确、诚实地提供证据。

第二条　当事人对自己提出的主张，应当提供证据加以证明。根据案件审理情况，人民法院可以适用民事诉讼法第六十五条第二款的规定，根据当事人的主张及待证事实、当事人的证据持有情况、举证能力等，要求当事人提供有关证据。

第三条　专利方法制造的产品不属于新产品的，侵害专利权纠纷的原告应当举证证明下列事实：

（一）被告制造的产品与使用专利方法制造的产品属于相同产品；

（二）被告制造的产品经由专利方法制造的可能性较大；

（三）原告为证明被告使用了专利方法尽到合理努力。

原告完成前款举证后，人民法院可以要求被告举证证明其产品制造方法不同于专利方法。

第四条　被告依法主张合法来源抗辩的，应当举证证明合法取得被诉侵权产品、复制品的事实，包括合法的购货渠道、合理的价格和直接的供货方等。

被告提供的被诉侵权产品、复制品来源证据与其合理注意义务程度相当的，可以认定其完成前款所称举证，并推定其不知道被诉侵权产品、复制品侵害知识产权。被告的经营规模、专业程度、市场交易习惯等，可以作为确定其合理注意义务的证据。

第五条　提起确认不侵害知识产权之诉的原告应当举证证明下列事实：

（一）被告向原告发出侵权警告或者对原告进行侵权投诉；

（二）原告向被告发出诉权行使催告及催告时间、送达时间；

（三）被告未在合理期限内提起诉讼。

第六条　对于未在法定期限内提起行政诉讼的行政行为所认定的基本事实，或者行政行为认定的基本事实已为生效裁判所确认的部分，当事人在知识产权民事诉讼中无须再证明，但有相反证据足以推翻的除外。

第七条　权利人为发现或者证明知识产权侵权行为，自行或者委托他人以普通购买者的名义向被诉侵权人购买侵权物品所取得的实物、票据等可以作为起诉被诉侵权人侵权的证据。

被诉侵权人基于他人行为而实施侵害知识产权行为所形成的证据，可以作为权利人起诉其侵权的证据，但被诉侵权人仅基于权利人的取证行为而实施侵害知识产权行为的除外。

第八条　中华人民共和国领域外形成的下列证据，当事人仅以该证据未办理公证、认证等证明手续为由提出异议的，人民法院不予支持：

（一）已为发生法律效力的人民法院裁判所确认的；

（二）已为仲裁机构生效裁决所确认的；

（三）能够从官方或者公开渠道获得的公

开出版物、专利文献等；

（四）有其他证据能够证明真实性的。

第九条 中华人民共和国领域外形成的证据，存在下列情形之一的，当事人仅以该证据未办理认证手续为由提出异议的，人民法院不予支持：

（一）提出异议的当事人对证据的真实性明确认可的；

（二）对方当事人提供证人证言对证据的真实性予以确认，且证人明确表示如作伪证愿意接受处罚的。

前款第二项所称证人作伪证，构成民事诉讼法第一百一十一条规定情形的，人民法院依法处理。

第十条 在一审程序中已经根据民事诉讼法第五十九条、第二百六十四条的规定办理授权委托书公证、认证或者其他证明手续的，在后续诉讼程序中，人民法院可以不再要求办理该授权委托书的上述证明手续。

第十一条 人民法院对于当事人或者利害关系人的证据保全申请，应当结合下列因素进行审查：

（一）申请人是否已就其主张提供初步证据；

（二）证据是否可以由申请人自行收集；

（三）证据灭失或者以后难以取得的可能性及其对证明待证事实的影响；

（四）可能采取的保全措施对证据持有人的影响。

第十二条 人民法院进行证据保全，应当以有效固定证据为限，尽量减少对保全标的物价值的损害和对证据持有人正常生产经营的影响。

证据保全涉及技术方案的，可以采取制作现场勘验笔录、绘图、拍照、录音、录像、复制设计和生产图纸等保全措施。

第十三条 当事人无正当理由拒不配合或者妨害证据保全，致使无法保全证据的，人民法院可以确定由其承担不利后果。构成民事诉讼法第一百一十一条规定情形的，人民法院依法处理。

第十四条 对于人民法院已经采取保全措施的证据，当事人擅自拆装证据实物、篡改证据材料或者实施其他破坏证据的行为，致使证据不能使用的，人民法院可以确定由其承担不利后果。构成民事诉讼法第一百一十一条规定情形的，人民法院依法处理。

第十五条 人民法院进行证据保全，可以要求当事人或者诉讼代理人到场，必要时可以根据当事人的申请通知有专门知识的人到场，也可以指派技术调查官参与证据保全。

证据为案外人持有的，人民法院可以对其持有的证据采取保全措施。

第十六条 人民法院进行证据保全，应当制作笔录、保全证据清单，记录保全时间、地点、实施人、在场人、保全经过、保全标的物状态，由实施人、在场人签名或者盖章。有关人员拒绝签名或者盖章的，不影响保全的效力，人民法院可以在笔录上记明并拍照、录像。

第十七条 被申请人对证据保全的范围、措施、必要性等提出异议并提供相关证据，人民法院经审查认为异议理由成立的，可以变更、终止、解除证据保全。

第十八条 申请人放弃使用被保全证据，但被保全证据涉及案件基本事实查明或者其他当事人主张使用的，人民法院可以对该证据进行审查认定。

第十九条 人民法院可以对下列待证事实的专门性问题委托鉴定：

（一）被诉侵权技术方案与专利技术方案、现有技术的对应技术特征在手段、功能、效果等方面的异同；

（二）被诉侵权作品与主张权利的作品的异同；

（三）当事人主张的商业秘密与所属领域

已为公众所知悉的信息的异同、被诉侵权的信息与商业秘密的异同；

（四）被诉侵权物与授权品种在特征、特性方面的异同，其不同是否因非遗传变异所致；

（五）被诉侵权集成电路布图设计与请求保护的集成电路布图设计的异同；

（六）合同涉及的技术是否存在缺陷；

（七）电子数据的真实性、完整性；

（八）其他需要委托鉴定的专门性问题。

第二十条 经人民法院准许或者双方当事人同意，鉴定人可以将鉴定所涉部分检测事项委托其他检测机构进行检测，鉴定人对根据检测结果出具的鉴定意见承担法律责任。

第二十一条 鉴定业务领域未实行鉴定人和鉴定机构统一登记管理制度的，人民法院可以依照《最高人民法院关于民事诉讼证据的若干规定》第三十二条规定的鉴定人选任程序，确定具有相应技术水平的专业机构、专业人员鉴定。

第二十二条 人民法院应当听取各方当事人意见，并结合当事人提出的证据确定鉴定范围。鉴定过程中，一方当事人申请变更鉴定范围，对方当事人无异议的，人民法院可以准许。

第二十三条 人民法院应当结合下列因素对鉴定意见进行审查：

（一）鉴定人是否具备相应资格；

（二）鉴定人是否具备解决相关专门性问题应有的知识、经验及技能；

（三）鉴定方法和鉴定程序是否规范，技术手段是否可靠；

（四）送检材料是否经过当事人质证且符合鉴定条件；

（五）鉴定意见的依据是否充分；

（六）鉴定人有无应当回避的法定事由；

（七）鉴定人在鉴定过程中有无徇私舞弊或者其他影响公正鉴定的情形。

第二十四条 承担举证责任的当事人书面申请人民法院责令控制证据的对方当事人提交证据，申请理由成立的，人民法院应当作出裁定，责令其提交。

第二十五条 人民法院依法要求当事人提交有关证据，其无正当理由拒不提交、提交虚假证据、毁灭证据或者实施其他致使证据不能使用行为的，人民法院可以推定对方当事人就该证据所涉证明事项的主张成立。

当事人实施前款所列行为，构成民事诉讼法第一百一十一条规定情形的，人民法院依法处理。

第二十六条 证据涉及商业秘密或者其他需要保密的商业信息的，人民法院应当在相关诉讼参与人接触该证据前，要求其签订保密协议、作出保密承诺，或者以裁定等法律文书责令其不得出于本案诉讼之外的任何目的的披露、使用、允许他人使用在诉讼程序中接触到的秘密信息。

当事人申请对接触前款所称证据的人员范围作出限制，人民法院经审查认为确有必要的，应当准许。

第二十七条 证人应当出庭作证，接受审判人员及当事人的询问。

双方当事人同意并经人民法院准许，证人不出庭的，人民法院应当组织当事人对该证人证言进行质证。

第二十八条 当事人可以申请有专门知识的人出庭，就专业问题提出意见。经法庭准许，当事人可以对有专门知识的人进行询问。

第二十九条 人民法院指派技术调查官参与庭前会议、开庭审理的，技术调查官可以就案件所涉技术问题询问当事人、诉讼代理人、有专门知识的人、证人、鉴定人、勘验人等。

第三十条 当事人对公证文书提出异议，并提供相反证据足以推翻的，人民法院对该公证文书不予采纳。

当事人对公证文书提出异议的理由成立的,人民法院可以要求公证机构出具说明或者补正,并结合其他相关证据对该公证文书进行审核认定。

第三十一条 当事人提供的财务账簿、会计凭证、销售合同、进出货单据、上市公司年报、招股说明书、网站或者宣传册等有关记载,设备系统存储的交易数据,第三方平台统计的商品流通数据,评估报告,知识产权许可使用合同以及市场监管、税务、金融部门的记录等,可以作为证据,用以证明当事人主张的侵害知识产权赔偿数额。

第三十二条 当事人主张参照知识产权许可使用费的合理倍数确定赔偿数额的,人民法院可以考量下列因素对许可使用费证据进行审核认定:

(一)许可使用费是否实际支付及支付方式,许可使用合同是否实际履行或者备案;

(二)许可使用的权利内容、方式、范围、期限;

(三)被许可人与许可人是否存在利害关系;

(四)行业许可的通常标准。

第三十三条 本规定自 2020 年 11 月 18 日起施行。本院以前发布的相关司法解释与本规定不一致的,以本规定为准。

最高人民法院关于生态环境侵权民事诉讼证据的若干规定

(2023 年 4 月 17 日最高人民法院审判委员会第 1885 次会议通过 2023 年 8 月 14 日最高人民法院公告公布 自 2023 年 9 月 1 日起施行 法释〔2023〕6 号)

为保证人民法院正确认定案件事实,公正、及时审理生态环境侵权责任纠纷案件,保障和便利当事人依法行使诉讼权利,保护生态环境,根据《中华人民共和国民法典》《中华人民共和国民事诉讼法》《中华人民共和国环境保护法》等有关法律规定,结合生态环境侵权民事案件审判经验和实际情况,制定本规定。

第一条 人民法院审理环境污染责任纠纷案件、生态破坏责任纠纷案件和生态环境保护民事公益诉讼案件,适用本规定。

生态环境保护民事公益诉讼案件,包括环境污染民事公益诉讼案件、生态破坏民事公益诉讼案件和生态环境损害赔偿诉讼案件。

第二条 环境污染责任纠纷案件、生态破坏责任纠纷案件的原告应当就以下事实承担举证责任:

(一)被告实施了污染环境或者破坏生态的行为;

(二)原告人身、财产受到损害或者有遭受损害的危险。

第三条 生态环境保护民事公益诉讼案件的原告应当就以下事实承担举证责任:

(一)被告实施了污染环境或者破坏生态的行为,且该行为违反国家规定;

(二)生态环境受到损害或者有遭受损害的重大风险。

第四条 原告请求被告就其污染环境、破坏生态行为支付人身、财产损害赔偿费用,或者支付民法典第一千二百三十五条规定的损失、费用的,应当就其主张的损失、费用的数额承担举证责任。

第五条 原告起诉请求被告承担环境污染、生态破坏责任的,应当提供被告行为与损害之间具有关联性的证据。

人民法院应当根据当事人提交的证据,结合污染环境、破坏生态的行为方式、污染物的性质、环境介质的类型、生态因素的特征、时间顺序、空间距离等因素,综合判断被告行为与损害之间的关联性是否成立。

第六条 被告应当就其行为与损害之间不存在因果关系承担举证责任。

被告主张不承担责任或者减轻责任的，应当就法律规定的不承担责任或者减轻责任的情形承担举证责任。

第七条 被告证明其排放的污染物、释放的生态因素、产生的生态影响未到达损害发生地，或者其行为在损害发生后才实施且未加重损害后果，或者存在其行为不可能导致损害发生的其他情形的，人民法院应当认定被告行为与损害之间不存在因果关系。

第八条 对于发生法律效力的刑事裁判、行政裁判因未达到证明标准未予认定的事实，在因同一污染环境、破坏生态行为提起的生态环境侵权民事诉讼中，人民法院根据有关事实和证据确信待证事实的存在具有高度可能性的，应当认定该事实存在。

第九条 对于人民法院在生态环境保护民事公益诉讼生效裁判中确认的基本事实，当事人在因同一污染环境、破坏生态行为提起的人身、财产损害赔偿诉讼中无需举证证明，但有相反证据足以推翻的除外。

第十条 对于可能损害国家利益、社会公共利益的事实，双方当事人未主张或者无争议，人民法院认为可能影响裁判结果的，可以责令当事人提供有关证据。

前款规定的证据，当事人申请人民法院调查收集，符合《最高人民法院关于适用〈中华人民共和国民事诉讼法〉的解释》第九十四条规定情形的，人民法院应当准许；人民法院认为有必要的，可以依职权调查收集。

第十一条 实行环境资源案件集中管辖的法院，可以委托侵权行为实施地、侵权结果发生地、被告住所地等人民法院调查收集证据。受委托法院应当在收到委托函次日起三十日内完成委托事项，并将调查收集的证据及有关笔录移送委托法院。

受委托法院未能完成委托事项的，应当向委托法院书面告知有关情况及未能完成的原因。

第十二条 当事人或者利害关系人申请保全环境污染、生态破坏相关证据的，人民法院应当结合下列因素进行审查，确定是否采取保全措施：

（一）证据灭失或者以后难以取得的可能性；

（二）证据对证明待证事实有无必要；

（三）申请人自行收集证据是否存在困难；

（四）有必要采取证据保全措施的其他因素。

第十三条 在符合证据保全目的的情况下，人民法院应当选择对证据持有人利益影响最小的保全措施，尽量减少对保全标的物价值的损害和对证据持有人生产、生活的影响。

确需采取查封、扣押等限制保全标的物使用的保全措施的，人民法院应当及时组织当事人对保全的证据进行质证。

第十四条 人民法院调查收集、保全或者勘验涉及环境污染、生态破坏专门性问题的证据，应当遵守相关技术规范。必要时，可以通知鉴定人到场，或者邀请负有环境资源保护监督管理职责的部门派员协助。

第十五条 当事人向人民法院提交证据后申请撤回该证据，或者声明不以该证据证明案件事实的，不影响其他当事人援引该证据证明案件事实以及人民法院对证据进行审查认定。

当事人放弃使用人民法院依其申请调查收集或者保全的证据的，按照前款规定处理。

第十六条 对于查明环境污染、生态破坏案件事实的专门性问题，人民法院经审查认为有必要的，应当根据当事人的申请或者依职权委托具有相应资格的机构、人员出具鉴定意见。

第十七条 对于法律适用、当事人责任划分等非专门性问题，或者虽然属于专门性问题，但可以通过法庭调查、勘验等其他方式查明的，人民法院不予委托鉴定。

第十八条 鉴定人需要邀请其他机构、人员完成部分鉴定事项的，应当向人民法院提出申请。

人民法院经审查认为确有必要的，在听取双方当事人意见后，可以准许，并告知鉴定人对最终鉴定意见承担法律责任；主要鉴定事项由其他机构、人员实施的，人民法院不予准许。

第十九条 未经人民法院准许，鉴定人邀请其他机构、人员完成部分鉴定事项的，鉴定意见不得作为认定案件事实的根据。

前款情形，当事人申请退还鉴定费用的，人民法院应当在三日内作出裁定，责令鉴定人退还；拒不退还的，由人民法院依法执行。

第二十条 鉴定人提供虚假鉴定意见的，该鉴定意见不得作为认定案件事实的根据。人民法院可以依照民事诉讼法第一百一十四条的规定进行处理。

鉴定事项由其他机构、人员完成，其他机构、人员提供虚假鉴定意见的，按照前款规定处理。

第二十一条 因没有鉴定标准、成熟的鉴定方法、相应资格的鉴定人等原因无法进行鉴定，或者鉴定周期过长、费用过高的，人民法院可以结合案件有关事实、当事人申请的有专门知识的人的意见和其他证据，对涉及专门性问题的事实作出认定。

第二十二条 当事人申请有专门知识的人出庭，就鉴定意见或者污染物认定、损害结果、因果关系、生态环境修复方案、生态环境修复费用、生态环境受到损害至修复完成期间服务功能丧失导致的损失、生态环境功能永久性损害造成的损失等专业问题提出意见

的，人民法院可以准许。

对方当事人以有专门知识的人不具备相应资格为由提出异议的，人民法院对该异议不予支持。

第二十三条 当事人就环境污染、生态破坏的专门性问题自行委托有关机构、人员出具的意见，人民法院应当结合本案的其他证据，审查确定能否作为认定案件事实的根据。

对方当事人对该意见有异议的，人民法院应当告知提供意见的当事人可以申请出具意见的机构或者人员出庭陈述意见；未出庭的，该意见不得作为认定案件事实的根据。

第二十四条 负有环境资源保护监督管理职责的部门在其职权范围内制作的处罚决定等文书所记载的事项推定为真实，但有相反证据足以推翻的除外。

人民法院认为有必要的，可以依职权对上述文书的真实性进行调查核实。

第二十五条 负有环境资源保护监督管理职责的部门及其所属或者委托的监测机构在行政执法过程中收集的监测数据、形成的事件调查报告、检验检测报告、评估报告等材料，以及公安机关单独或者会同负有环境资源保护监督管理职责的部门提取样品进行检测获取的数据，经当事人质证，可以作为认定案件事实的根据。

第二十六条 对于证明环境污染、生态破坏案件事实有重要意义的书面文件、数据信息或者录音、录像等证据在对方当事人控制之下的，承担举证责任的当事人可以根据《最高人民法院关于适用〈中华人民共和国民事诉讼法〉的解释》第一百一十二条的规定，书面申请人民法院责令对方当事人提交。

第二十七条 承担举证责任的当事人申请人民法院责令对方当事人提交证据的，应当提供有关证据的名称、主要内容、制作人、制作时间或者其他可以将有关证据特定化的

信息。根据申请人提供的信息不能使证据特定化的,人民法院不予准许。

人民法院应当结合申请人是否参与证据形成过程、是否接触过该证据等因素,综合判断其提供的信息是否达到证据特定化的要求。

第二十八条 承担举证责任的当事人申请人民法院责令对方当事人提交证据的,应当提出证据由对方当事人控制的依据。对方当事人否认控制有关证据的,人民法院应当根据法律规定、当事人约定、交易习惯等因素,结合案件的事实、证据作出判断。

有关证据虽未由对方当事人直接持有,但在其控制范围之内,其获取不存在客观障碍的,人民法院应当认定有关证据由其控制。

第二十九条 法律、法规、规章规定当事人应当披露或者持有的关于其排放的主要污染物名称、排放方式、排放浓度和总量、超标排放情况、防治污染设施的建设和运行情况、生态环境开发利用情况、生态环境违法信息等环境信息,属于《最高人民法院关于民事诉讼证据的若干规定》第四十七条第一款第三项规定的"对方当事人依照法律规定有权查阅、获取的书证"。

第三十条 在环境污染责任纠纷、生态破坏责任纠纷案件中,损害事实成立,但人身、财产损害赔偿数额难以确定的,人民法院可以结合侵权行为对原告造成损害的程度、被告因侵权行为获得的利益以及过错程度等因素,并可以参考负有环境资源保护监督管理职责的部门的意见等,合理确定。

第三十一条 在生态环境保护民事公益诉讼案件中,损害事实成立,但生态环境修复费用、生态环境受到损害至修复完成期间服务功能丧失导致的损失、生态环境功能永久性损害造成的损失等数额难以确定的,人民法院可以根据污染环境、破坏生态的范围和程度等已查明的案件事实,结合生态环境及

其要素的稀缺性、生态环境恢复的难易程度、防治污染设备的运行成本、被告因侵权行为获得的利益以及过错程度等因素,并可以参考负有环境资源保护监督管理职责的部门的意见等,合理确定。

第三十二条 本规定未作规定的,适用《最高人民法院关于民事诉讼证据的若干规定》。

第三十三条 人民法院审理人民检察院提起的环境污染民事公益诉讼案件、生态破坏民事公益诉讼案件,参照适用本规定。

第三十四条 本规定自 2023 年 9 月 1 日起施行。

本规定公布施行后,最高人民法院以前发布的司法解释与本规定不一致的,不再适用。

最高人民法院关于诉讼代理人查阅民事案件材料的规定

(2002 年 11 月 4 日最高人民法院审判委员会第 1254 次会议通过 根据 2020 年 12 月 23 日最高人民法院审判委员会第 1823 次会议通过的《最高人民法院关于修改〈最高人民法院关于人民法院民事调解工作若干问题的规定〉等十九件民事诉讼类司法解释的决定》修正 2020 年 12 月 29 日最高人民法院公告公布)

为保障代理民事诉讼的律师和其他诉讼代理人依法行使查阅所代理案件有关材料的权利,保证诉讼活动的顺利进行,根据《中华人民共和国民事诉讼法》第六十一条的规定,现对诉讼代理人查阅代理案件有关材料的范围和办法作如下规定:

第一条 代理民事诉讼的律师和其他诉讼代理人有权查阅所代理案件的有关材料。

但是,诉讼代理人查阅案件材料不得影响案件的审理。

诉讼代理人为了申请再审的需要,可以查阅已经审理终结的所代理案件有关材料。

第二条 人民法院应当为诉讼代理人阅卷提供便利条件,安排阅卷场所。必要时,该案件的书记员或者法院其他工作人员应当在场。

第三条 诉讼代理人在诉讼过程中需要查阅案件有关材料的,应当提前与该案件的书记员或者审判人员联系;查阅已经审理终结的案件有关材料的,应当与人民法院有关部门工作人员联系。

第四条 诉讼代理人查阅案件有关材料应当出示律师证或者身份证等有效证件。查阅案件有关材料应当填写查阅案件有关材料阅卷单。

第五条 诉讼代理人在诉讼中查阅案件材料限于案件审判卷和执行卷的正卷,包括起诉书、答辩书、庭审笔录及各种证据材料等。

案件审理终结后,可以查阅案件审判卷的正卷。

第六条 诉讼代理人查阅案件有关材料后,应当及时将查阅的全部案件材料交回书记员或者其他负责保管案卷的工作人员。

书记员或者法院其他工作人员对诉讼代理人交回的案件材料应当当面清查,认为无误后在阅卷单上签注。阅卷单应当附卷。

诉讼代理人不得将查阅的案件材料携出法院指定的阅卷场所。

第七条 诉讼代理人查阅案件材料可以摘抄或者复印。涉及国家秘密的案件材料,依照国家有关规定办理。

复印案件材料应当经案卷保管人员的同意。复印已经审理终结的案件有关材料,诉讼代理人可以要求案卷管理部门在复印材料上盖章确认。

复印案件材料可以收取必要的费用。

第八条 查阅案件材料中涉及国家秘密、商业秘密和个人隐私的,诉讼代理人应当保密。

第九条 诉讼代理人查阅案件材料时不得涂改、损毁、抽取案件材料。

人民法院对修改、损毁、抽取案卷材料的诉讼代理人,可以参照民事诉讼法第一百一十一条第一款第(一)项的规定处理。

第十条 民事案件的当事人查阅案件有关材料的,参照本规定执行。

第十一条 本规定自公布之日起施行。

司法鉴定程序通则

(2016年3月2日司法部令第132号发布 自2016年5月1日起施行)

第一章 总 则

第一条 为了规范司法鉴定机构和司法鉴定人的司法鉴定活动,保障司法鉴定质量,保障诉讼活动的顺利进行,根据《全国人民代表大会常务委员会关于司法鉴定管理问题的决定》和有关法律、法规的规定,制定本通则。

第二条 司法鉴定是指在诉讼活动中鉴定人运用科学技术或者专门知识对诉讼涉及的专门性问题进行鉴别和判断并提供鉴定意见的活动。司法鉴定程序是指司法鉴定机构和司法鉴定人进行司法鉴定活动的方式、步骤以及相关规则的总称。

第三条 本通则适用于司法鉴定机构和司法鉴定人从事各类司法鉴定业务的活动。

第四条 司法鉴定机构和司法鉴定人进行司法鉴定活动,应当遵守法律、法规、规章,遵守职业道德和执业纪律,尊重科学,遵守技术操作规范。

第五条 司法鉴定实行鉴定人负责制

度。司法鉴定人应当依法独立、客观、公正地进行鉴定，并对自己作出的鉴定意见负责。司法鉴定人不得违反规定会见诉讼当事人及其委托的人。

第六条 司法鉴定机构和司法鉴定人应当保守在执业活动中知悉的国家秘密、商业秘密，不得泄露个人隐私。

第七条 司法鉴定人在执业活动中应当依照有关诉讼法律和本通则规定实行回避。

第八条 司法鉴定收费执行国家有关规定。

第九条 司法鉴定机构和司法鉴定人进行司法鉴定活动应当依法接受监督。对于有违反有关法律、法规、规章规定行为的，由司法行政机关依法给予相应的行政处罚；对于有违反司法鉴定行业规范行为的，由司法鉴定协会给予相应的行业处分。

第十条 司法鉴定机构应当加强对司法鉴定人执业活动的管理和监督。司法鉴定人违反本通则规定的，司法鉴定机构应当予以纠正。

第二章 司法鉴定的委托与受理

第十一条 司法鉴定机构应当统一受理办案机关的司法鉴定委托。

第十二条 委托人委托鉴定的，应当向司法鉴定机构提供真实、完整、充分的鉴定材料，并对鉴定材料的真实性、合法性负责。司法鉴定机构应当核对并记录鉴定材料的名称、种类、数量、性状、保存状况、收到时间等。

诉讼当事人对鉴定材料有异议的，应当向委托人提出。

本通则所称鉴定材料包括生物检材和非生物检材、比对样本材料以及其他与鉴定事项有关的鉴定资料。

第十三条 司法鉴定机构应当自收到委托之日起七个工作日内作出是否受理的决定。对于复杂、疑难或者特殊鉴定事项的委托，司法鉴定机构可以与委托人协商决定受理的时间。

第十四条 司法鉴定机构应当对委托鉴定事项、鉴定材料等进行审查。对属于本机构司法鉴定业务范围，鉴定用途合法，提供的鉴定材料能够满足鉴定需要的，应当受理。

对于鉴定材料不完整、不充分，不能满足鉴定需要的，司法鉴定机构可以要求委托人补充；经补充后能够满足鉴定需要的，应当受理。

第十五条 具有下列情形之一的鉴定委托，司法鉴定机构不得受理：

（一）委托鉴定事项超出本机构司法鉴定业务范围的；

（二）发现鉴定材料不真实、不完整、不充分或者取得方式不合法的；

（三）鉴定用途不合法或者违背社会公德的；

（四）鉴定要求不符合司法鉴定执业规则或者相关鉴定技术规范的；

（五）鉴定要求超出本机构技术条件或者鉴定能力的；

（六）委托人就同一鉴定事项同时委托其他司法鉴定机构进行鉴定的；

（七）其他不符合法律、法规、规章规定的情形。

第十六条 司法鉴定机构决定受理鉴定委托的，应当与委托人签订司法鉴定委托书。司法鉴定委托书应当载明委托人名称、司法鉴定机构名称、委托鉴定事项、是否属于重新鉴定、鉴定用途、与鉴定有关的基本案情、鉴定材料的提供和退还、鉴定风险，以及双方商定的鉴定时限、鉴定费用及收取方式、双方权利义务等其他需要载明的事项。

第十七条 司法鉴定机构决定不予受理鉴定委托的，应当向委托人说明理由，退还鉴定材料。

第三章　司法鉴定的实施

第十八条　司法鉴定机构受理鉴定委托后,应当指定本机构具有该鉴定事项执业资格的司法鉴定人进行鉴定。

委托人有特殊要求的,经双方协商一致,也可以从本机构中选择符合条件的司法鉴定人进行鉴定。

委托人不得要求或者暗示司法鉴定机构、司法鉴定人按其意图或者特定目的提供鉴定意见。

第十九条　司法鉴定机构对同一鉴定事项,应当指定或者选择二名司法鉴定人进行鉴定;对复杂、疑难或者特殊鉴定事项,可以指定或者选择多名司法鉴定人进行鉴定。

第二十条　司法鉴定人本人或者其近亲属与诉讼当事人、鉴定事项涉及的案件有利害关系,可能影响其独立、客观、公正进行鉴定的,应当回避。

司法鉴定人曾经参加过同一鉴定事项鉴定的,或者曾经作为专家提供过咨询意见的,或者曾被聘请为有专门知识的人参与过同一鉴定事项法庭质证的,应当回避。

第二十一条　司法鉴定人自行提出回避的,由其所属的司法鉴定机构决定;委托人要求司法鉴定人回避的,应当向该司法鉴定人所属的司法鉴定机构提出,由司法鉴定机构决定。

委托人对司法鉴定机构作出的司法鉴定人是否回避的决定有异议的,可以撤销鉴定委托。

第二十二条　司法鉴定机构应当建立鉴定材料管理制度,严格监控鉴定材料的接收、保管、使用和退还。

司法鉴定机构和司法鉴定人在鉴定过程中应当严格依照技术规范保管和使用鉴定材料,因严重不负责任造成鉴定材料损毁、遗失的,应当依法承担责任。

第二十三条　司法鉴定人进行鉴定,应当依下列顺序遵守和采用该专业领域的技术标准、技术规范和技术方法:

(一)国家标准;

(二)行业标准和技术规范;

(三)该专业领域多数专家认可的技术方法。

第二十四条　司法鉴定人有权了解进行鉴定所需要的案件材料,可以查阅、复制相关资料,必要时可以询问诉讼当事人、证人。

经委托人同意,司法鉴定机构可以派员到现场提取鉴定材料。现场提取鉴定材料应当由不少于二名司法鉴定机构的工作人员进行,其中至少一名应为该鉴定事项的司法鉴定人。现场提取鉴定材料时,应当有委托人指派或者委托的人员在场见证并在提取记录上签名。

第二十五条　鉴定过程中,需要对无民事行为能力人或者限制民事行为能力人进行身体检查的,应当通知其监护人或者近亲属到场见证;必要时,可以通知委托人到场见证。

对被鉴定人进行法医精神病鉴定的,应当通知委托人或者被鉴定人的近亲属或者监护人到场见证。

对需要进行尸体解剖的,应当通知委托人或者死者的近亲属或者监护人到场见证。

到场见证人员应当在鉴定记录上签名。见证人员未到场的,司法鉴定人不得开展相关鉴定活动,延误时间不计入鉴定时限。

第二十六条　鉴定过程中,需要对被鉴定人身体进行法医临床检查的,应当采取必要措施保护其隐私。

第二十七条　司法鉴定人应当对鉴定过程进行实时记录并签名。记录可以采取笔记、录音、录像、拍照等方式。记录应当载明主要的鉴定方法和过程,检查、检验、检测结果,以及仪器设备使用情况等。记录的内容应当真实、客观、准确、完整、清晰,记录的文本资料、音像资料等应当存入鉴定档案。

第二十八条 司法鉴定机构应当自司法鉴定委托书生效之日起三十个工作日内完成鉴定。

鉴定事项涉及复杂、疑难、特殊技术问题或者鉴定过程需要较长时间的,经本机构负责人批准,完成鉴定的时限可以延长,延长时限一般不得超过三十个工作日。鉴定时限延长的,应当及时告知委托人。

司法鉴定机构与委托人对鉴定时限另有约定的,从其约定。

在鉴定过程中补充或者重新提取鉴定材料所需的时间,不计入鉴定时限。

第二十九条 司法鉴定机构在鉴定过程中,有下列情形之一的,可以终止鉴定:

(一)发现有本通则第十五条第二项至第七项规定情形的;

(二)鉴定材料发生耗损,委托人不能补充提供的;

(三)委托人拒不履行司法鉴定委托书规定的义务、被鉴定人拒不配合或者鉴定活动受到严重干扰,致使鉴定无法继续进行的;

(四)委托人主动撤销鉴定委托,或者委托人、诉讼当事人拒绝支付鉴定费用的;

(五)因不可抗力致使鉴定无法继续进行的;

(六)其他需要终止鉴定的情形。

终止鉴定的,司法鉴定机构应当书面通知委托人,说明理由并退还鉴定材料。

第三十条 有下列情形之一的,司法鉴定机构可以根据委托人的要求进行补充鉴定:

(一)原委托鉴定事项有遗漏的;

(二)委托人就原委托鉴定事项提供新的鉴定材料的;

(三)其他需要补充鉴定的情形。

补充鉴定是原委托鉴定的组成部分,应当由原司法鉴定人进行。

第三十一条 有下列情形之一的,司法鉴定机构可以接受办案机关委托进行重新鉴定:

(一)原司法鉴定人不具有从事委托鉴定事项执业资格的;

(二)原司法鉴定机构超出登记的业务范围组织鉴定的;

(三)原司法鉴定人应当回避没有回避的;

(四)办案机关认为需要重新鉴定的;

(五)法律规定的其他情形。

第三十二条 重新鉴定应当委托原司法鉴定机构以外的其他司法鉴定机构进行;因特殊原因,委托人也可以委托原司法鉴定机构进行,但原司法鉴定机构应当指定原司法鉴定人以外的其他符合条件的司法鉴定人进行。

接受重新鉴定委托的司法鉴定机构的资质条件应当不低于原司法鉴定机构,进行重新鉴定的司法鉴定人中应当至少有一名具有相关专业高级专业技术职称。

第三十三条 鉴定过程中,涉及复杂、疑难、特殊技术问题的,可以向本机构以外的相关专业领域的专家进行咨询,但最终的鉴定意见应当由本机构的司法鉴定人出具。

专家提供咨询意见应当签名,并存入鉴定档案。

第三十四条 对于涉及重大案件或者特别复杂、疑难、特殊技术问题或者多个鉴定类别的鉴定事项,办案机关可以委托司法鉴定行业协会组织协调多个司法鉴定机构进行鉴定。

第三十五条 司法鉴定人完成鉴定后,司法鉴定机构应当指定具有相应资质的人员对鉴定程序和鉴定意见进行复核;对于涉及复杂、疑难、特殊技术问题或者重新鉴定的鉴定事项,可以组织三名以上的专家进行复核。

复核人员完成复核后,应当提出复核意见并签名,存入鉴定档案。

第四章 司法鉴定意见书的出具

第三十六条 司法鉴定机构和司法鉴定人应当按照统一规定的文本格式制作司法鉴定意见书。

第三十七条 司法鉴定意见书应当由司法鉴定人签名。多人参加的鉴定,对鉴定意见有不同意见的,应当注明。

第三十八条 司法鉴定意见书应当加盖司法鉴定机构的司法鉴定专用章。

第三十九条 司法鉴定意见书应当一式四份,三份交委托人收执,一份由司法鉴定机构存档。司法鉴定机构应当按照有关规定或者与委托人约定的方式,向委托人发送司法鉴定意见书。

第四十条 委托人对鉴定过程、鉴定意见提出询问的,司法鉴定机构和司法鉴定人应当给予解释或者说明。

第四十一条 司法鉴定意见书出具后,发现有下列情形之一的,司法鉴定机构可以进行补正:

(一)图像、谱图、表格不清晰的;

(二)签名、盖章或者编号不符合制作要求的;

(三)文字表达有瑕疵或者错别字,但不影响司法鉴定意见的。

补正应当在原司法鉴定意见书上进行,由至少一名司法鉴定人在补正处签名。必要时,可以出具补正书。

对司法鉴定意见书进行补正,不得改变司法鉴定意见的原意。

第四十二条 司法鉴定机构应当按照规定将司法鉴定意见书以及有关资料整理立卷、归档保管。

第五章 司法鉴定人出庭作证

第四十三条 经人民法院依法通知,司法鉴定人应当出庭作证,回答与鉴定事项有关的问题。

第四十四条 司法鉴定机构接到出庭通知后,应当及时与人民法院确认司法鉴定人出庭的时间、地点、人数、费用、要求等。

第四十五条 司法鉴定机构应当支持司法鉴定人出庭作证,为司法鉴定人依法出庭提供必要条件。

第四十六条 司法鉴定人出庭作证,应当举止文明,遵守法庭纪律。

第六章 附 则

第四十七条 本通则是司法鉴定机构和司法鉴定人进行司法鉴定活动应当遵守和采用的一般程序规则,不同专业领域对鉴定程序有特殊要求的,可以依据本通则制定鉴定程序细则。

第四十八条 本通则所称办案机关,是指办理诉讼案件的侦查机关、审查起诉机关和审判机关。

第四十九条 在诉讼活动之外,司法鉴定机构和司法鉴定人依法开展相关鉴定业务的,参照本通则规定执行。

第五十条 本通则自 2016 年 5 月 1 日起施行。司法部 2007 年 8 月 7 日发布的《司法鉴定程序通则》(司法部第 107 号令)同时废止。

人民法院司法鉴定工作暂行规定

(2001 年 11 月 16 日 法发〔2001〕23 号)

第一章 总 则

第一条 为了规范人民法院司法鉴定工作,根据《中华人民共和国刑事诉讼法》、《中华人民共和国民事诉讼法》、《中华人民共和国行政诉讼法》、《中华人民共和国人民法院组织法》等法律,制定本规定。

第二条 本规定所称司法鉴定,是指在诉讼过程中,为查明案件事实,人民法院依据职权,或者应当事人及其他诉讼参与人的申请,指派或委托具有专门知识人,对专门性问题进行检验、鉴别和评定的活动。

第三条 司法鉴定应当遵循下列原则:

(一) 合法、独立、公开;

(二) 客观、科学、准确;

(三) 文明、公正、高效。

第四条 凡需要进行司法鉴定的案件,应当由人民法院司法鉴定机构鉴定,或者由人民法院司法鉴定机构统一对外委托鉴定。

第五条 最高人民法院指导地方各级人民法院的司法鉴定工作,上级人民法院指导下级人民法院的司法鉴定工作。

第二章 司法鉴定机构及鉴定人

第六条 最高人民法院、各高级人民法院和有条件的中级人民法院设立独立的司法鉴定机构。新建司法鉴定机构须报最高人民法院批准。

最高人民法院的司法鉴定机构为人民法院司法鉴定中心,根据工作需要可设立分支机构。

第七条 鉴定人权利:

(一) 了解案情,要求委托人提供鉴定所需的材料;

(二) 勘验现场,进行有关的检验,询问与鉴定有关的当事人。必要时,可申请人民法院依据职权采集鉴定材料,决定鉴定方法和处理检材;

(三) 自主阐述鉴定观点,与其他鉴定人意见不同时,可不在鉴定文书上署名;

(四) 拒绝受理违反法律规定的委托。

第八条 鉴定人义务:

(一) 尊重科学,恪守职业道德;

(二) 保守案件秘密;

(三) 及时出具鉴定结论;

(四) 依法出庭宣读鉴定结论并回答与鉴定相关的提问。

第九条 有下列情形之一的,鉴定人应当回避:

(一) 鉴定人系案件的当事人,或者当事人的近亲属;

(二) 鉴定人的近亲属与案件有利害关系;

(三) 鉴定人担任过本案的证人、辩护人、诉讼代理人;

(四) 其他可能影响准确鉴定的情形。

第三章 委托与受理

第十条 各级人民法院司法鉴定机构,受理本院及下级人民法院委托的司法鉴定。下级人民法院可逐级委托上级人民法院司法鉴定机构鉴定。

第十一条 司法鉴定应当采用书面委托形式,提出鉴定目的、要求,提供必要的案情说明材料和鉴定材料。

第十二条 司法鉴定机构应当在 3 日内做出是否受理的决定。对不予受理的,应当向委托人说明原因。

第十三条 司法鉴定机构接受委托后，可根据情况自行鉴定，也可以组织专家、联合科研机构或者委托从相关鉴定人名册中随机选定的鉴定人进行鉴定。

第十四条 有下列情形之一需要重新鉴定的，人民法院应当委托上级法院的司法鉴定机构做重新鉴定：

（一）鉴定人不具备相关鉴定资格的；

（二）鉴定程序不符合法律规定的；

（三）鉴定结论与其他证据有矛盾的；

（四）鉴定材料有虚假，或者原鉴定方法有缺陷的；

（五）鉴定人应当回避没有回避，而对其鉴定结论有持不同意见的；

（六）同一案件具有多个不同鉴定结论的；

（七）有证据证明存在影响鉴定人准确鉴定因素的。

第十五条 司法鉴定机构可受人民法院的委托，对拟作为证据使用的鉴定文书、检验报告、勘验检查记录、医疗病情资料、会计资料等材料作文证审查。

第四章　检验与鉴定

第十六条 鉴定工作一般应按下列步骤进行：

（一）审查鉴定委托书；

（二）查验送检材料、客体，审查相关技术资料；

（三）根据技术规范制定鉴定方案；

（四）对鉴定活动进行详细记录；

（五）出具鉴定文书。

第十七条 对存在损耗检材的鉴定，应当向委托人说明。必要时，应由委托人出具检材处理授权书。

第十八条 检验取样和鉴定取样时，应当通知委托人、当事人或者代理人到场。

第十九条 进行身体检查时，受检人、鉴定人互为异性的，应当增派一名女性工作人员在场。

第二十条 对疑难或者涉及多学科的鉴定，出具鉴定结论前，可听取有关专家的意见。

第五章　鉴定期限、鉴定中止与鉴定终结

第二十一条 鉴定期限是指决定受理委托鉴定之日起，到发出鉴定文书之日止的时间。

一般的司法鉴定应当在 30 个工作日内完成；疑难的司法鉴定应当在 60 个工作日内完成。

第二十二条 具有下列情形之一，影响鉴定期限的，应当中止鉴定：

（一）受检人或者其他受检物处于不稳定状态，影响鉴定结论的；

（二）受检人不能在指定的时间、地点接受检验的；

（三）因特殊检验需预约时间或者等待检验结果的；

（四）须补充鉴定材料的。

第二十三条 具有下列情形之一的，可终结鉴定：

（一）无法获取必要的鉴定材料的；

（二）被鉴定人或者受检人不配合检验，经做工作仍不配合的；

（三）鉴定过程中撤诉或者调解结案的；

（四）其他情况使鉴定无法进行的。

在规定期限内，鉴定人因鉴定中止、终结或者其他特殊情况不能完成鉴定的，应当向司法鉴定机构申请办理延长期限或者终结手续。司法鉴定机构对是否中止、终结应当做出决定。做出中止、终结决定的，应当函告委托人。

第六章 其 他

第二十四条 人民法院司法鉴定机构工作人员因徇私舞弊、严重不负责任造成鉴定错误导致错案的,参照《人民法院审判人员违法审判责任追究办法(试行)》和《人民法院审判纪律处分办法(试行)》追究责任。

其他鉴定人因鉴定结论错误导致错案的,依法追究其法律责任。

第二十五条 司法鉴定按国家价格主管部门核定的标准收取费用。

第二十六条 人民法院司法鉴定中心根据本规定制定细则。

第二十七条 本规定自颁布之日起实行。

第二十八条 本规定由最高人民法院负责解释。

人民法院对外委托
司法鉴定管理规定

(2002 年 2 月 22 日最高人民法院审判委员会第 1214 次会议通过 2002 年 3 月 27 日最高人民法院公告公布 自 2002 年 4 月 1 日起施行 法释〔2002〕8 号)

第一条 为规范人民法院对外委托和组织司法鉴定工作,根据《人民法院司法鉴定工作暂行规定》,制定本办法。

第二条 人民法院司法鉴定机构负责统一对外委托和组织司法鉴定。未设司法鉴定机构的人民法院,可在司法行政管理部门配备专职司法鉴定人员,并由司法行政管理部门代行对外委托司法鉴定的职责。

第三条 人民法院司法鉴定机构建立社会鉴定机构和鉴定人(以下简称鉴定人)名册,根据鉴定对象对专业技术的要求,随机选择和委托鉴定人进行司法鉴定。

第四条 自愿接受人民法院委托从事司法鉴定,申请进入人民法院司法鉴定人名册的社会鉴定、检测、评估机构,应当向人民法院司法鉴定机构提交申请书和以下材料:

(一)企业或社团法人营业执照副本;

(二)专业资质证书;

(三)专业技术人员名单、执业资格和主要业绩;

(四)年检文书;

(五)其他必要的文件、资料。

第五条 以个人名义自愿接受人民法院委托从事司法鉴定,申请进入人民法院司法鉴定人名册的专业技术人员,应当向人民法院司法鉴定机构提交申请书和以下材料:

(一)单位介绍信;

(二)专业资格证书;

(三)主要业绩证明;

(四)其他必要的文件、资料等。

第六条 人民法院司法鉴定机构应当对提出申请的鉴定人进行全面审查,择优确定对外委托和组织司法鉴定的鉴定人候选名单。

第七条 申请进入地方人民法院鉴定人名册的单位和个人,其入册资格由有关人民法院司法鉴定机构审核,报上一级人民法院司法鉴定机构批准,并报最高人民法院司法鉴定机构备案。

第八条 经批准列入人民法院司法鉴定人名册的鉴定人,在《人民法院报》予以公告。

第九条 已列入名册的鉴定人应当接受有关人民法院司法鉴定机构的年度审核,并提交以下材料:

(一)年度业务工作报告书;

(二)专业技术人员变更情况;

(三)仪器设备更新情况;

(四)其他变更情况和要求提交的材料。

年度审核有变更事项的，有关司法鉴定机构应当逐级报最高人民法院司法鉴定机构备案。

第十条 人民法院司法鉴定机构依据尊重当事人选择和人民法院指定相结合的原则，组织诉讼双方当事人进行司法鉴定的对外委托。

诉讼双方当事人协商不一致的，由人民法院司法鉴定机构在列入名册的、符合鉴定要求的鉴定人中，选择受委托人鉴定。

第十一条 司法鉴定所涉及的专业未纳入名册时，人民法院司法鉴定机构可以从社会相关专业中，择优选定受委托单位或专业人员进行鉴定。如果被选定的单位或专业人员需要进入鉴定人名册的，仍应当呈报上一级人民法院司法鉴定机构批准。

第十二条 遇有鉴定人应当回避等情形时，有关人民法院司法鉴定机构应当重新选择鉴定人。

第十三条 人民法院司法鉴定机构对外委托鉴定的，应当指派专人负责协调，主动了解鉴定的有关情况，及时处理可能影响鉴定的问题。

第十四条 接受委托的鉴定人认为需要补充鉴定材料时，如果申请鉴定的当事人提供确有困难的，可以向有关人民法院司法鉴定机构提出请求，由人民法院决定依据职权采集鉴定材料。

第十五条 鉴定人应当依法履行出庭接受质询的义务。人民法院司法鉴定机构应当协调鉴定人做好出庭工作。

第十六条 列入名册的鉴定人有不履行义务、违反司法鉴定有关规定的，由有关人民法院视情节取消入册资格，并在《人民法院报》公告。

最高人民法院关于人民法院民事诉讼中委托鉴定审查工作若干问题的规定

（2020 年 8 月 14 日 法〔2020〕202 号）

为进一步规范民事诉讼中委托鉴定工作，促进司法公正，根据《中华人民共和国民事诉讼法》《最高人民法院关于适用〈中华人民共和国民事诉讼法〉的解释》《最高人民法院关于民事诉讼证据的若干规定》等法律、司法解释的规定，结合人民法院工作实际，制定本规定。

一、对鉴定事项的审查

1. 严格审查拟鉴定事项是否属于查明案件事实的专门性问题，有下列情形之一的，人民法院不予委托鉴定：

（1）通过生活常识、经验法则可以推定的事实；

（2）与待证事实无关联的问题；

（3）对证明待证事实无意义的问题；

（4）应当由当事人举证的非专门性问题；

（5）通过法庭调查、勘验等方法可以查明的事实；

（6）对当事人责任划分的认定；

（7）法律适用问题；

（8）测谎；

（9）其他不适宜委托鉴定的情形。

2. 拟鉴定事项所涉鉴定技术和方法争议较大的，应当先对其鉴定技术和方法的科学可靠性进行审查。所涉鉴定技术和方法没有科学可靠性的，不予委托鉴定。

二、对鉴定材料的审查

3. 严格审查鉴定材料是否符合鉴定要求，人民法院应当告知当事人不提供符合要求鉴定材料的法律后果。

4. 未经法庭质证的材料(包括补充材料),不得作为鉴定材料。

当事人无法联系、公告送达或当事人放弃质证的,鉴定材料应当经合议庭确认。

5. 对当事人有争议的材料,应当由人民法院予以认定,不得直接交由鉴定机构、鉴定人选用。

三、对鉴定机构的审查

6. 人民法院选择鉴定机构,应当根据法律、司法解释等规定,审查鉴定机构的资质、执业范围等事项。

7. 当事人协商一致选择鉴定机构的,人民法院应审查协商选择的鉴定机构是否具备鉴定资质及符合法律、司法解释等规定。发现双方当事人的选择有可能损害国家利益、集体利益或第三方利益的,应当终止协商选择程序,采用随机方式选择。

8. 人民法院应当要求鉴定机构在接受委托后5个工作日内,提交鉴定方案、收费标准、鉴定人情况和鉴定人承诺书。

重大、疑难、复杂鉴定事项可适当延长提交期限。

鉴定人拒绝签署承诺书的,人民法院应当要求更换鉴定人或另行委托鉴定机构。

四、对鉴定人的审查

9. 人民法院委托鉴定机构指定鉴定人的,应当严格依照法律、司法解释等规定,对鉴定人的专业能力、从业经验、业内评价、执业范围、鉴定资格、资质证书有效期以及是否有依法回避的情形等进行审查。

特殊情形人民法院直接指定鉴定人的,依照前款规定进行审查。

五、对鉴定意见书的审查

10. 人民法院应当审查鉴定意见书是否具备《最高人民法院关于民事诉讼证据的若干规定》第三十六条规定的内容。

11. 鉴定意见书有下列情形之一的,视为未完成委托鉴定事项,人民法院应当要求鉴定人补充鉴定或重新鉴定:

(1)鉴定意见和鉴定意见书的其他部分相互矛盾的;

(2)同一认定意见使用不确定性表述的;

(3)鉴定意见书有其他明显瑕疵的。

补充鉴定或重新鉴定仍不能完成委托鉴定事项的,人民法院应当责令鉴定人退回已经收取的鉴定费用。

六、加强对鉴定活动的监督

12. 人民法院应当向当事人释明不按期预交鉴定费用及鉴定人出庭费用的法律后果,并对鉴定机构、鉴定人收费情况进行监督。

公益诉讼可以申请暂缓交纳鉴定费用和鉴定人出庭费用。

符合法律援助条件的当事人可以申请暂缓或减免交纳鉴定费用和鉴定人出庭费用。

13. 人民法院委托鉴定应当根据鉴定事项的难易程度、鉴定材料准备情况,确定合理的鉴定期限,一般案件鉴定时限不超过30个工作日,重大、疑难、复杂案件鉴定时限不超过60个工作日。

鉴定机构、鉴定人因特殊情况需要延长鉴定期限的,应当提出书面申请,人民法院可以根据具体情况决定是否延长鉴定期限。

鉴定人未按期提交鉴定书的,人民法院应当审查鉴定人是否存在正当理由。如无正当理由且人民法院准许当事人申请另行委托鉴定的,应当责令原鉴定机构、鉴定人退回已经收取的鉴定费用。

14. 鉴定机构、鉴定人超范围鉴定、虚假鉴定、无正当理由拖延鉴定、拒不出庭作证、违规收费以及有其他违法违规情形的,人民法院可以根据情节轻重,对鉴定机构、鉴定人予以暂停委托、责令退还鉴定费用、从人民法院委托鉴定专业机构、专业人员备选名单中除名等惩戒,并向行政主管部门或者行业协会发出司法建议。鉴定机构、鉴定人存在违法犯罪情形的,人民法院应当将有关线索材料移送公安、检察机关处理。

人民法院建立鉴定人黑名单制度。鉴定机构、鉴定人有前款情形的,可列入鉴定人黑名单。鉴定机构、鉴定人被列入黑名单期间,不得进入人民法院委托鉴定专业机构、专业人员备选名单和相关信息平台。

15. 人民法院应当充分运用委托鉴定信息平台加强对委托鉴定工作的管理。

16. 行政诉讼中人民法院委托鉴定,参照适用本规定。

17. 本规定自 2020 年 9 月 1 日起施行。

附件:鉴定人承诺书(试行)(略)

(五)审 判

最高人民法院关于人民法院合议庭工作的若干规定

(2002 年 7 月 30 日最高人民法院审判委员会第 1234 次会议通过 2002 年 8 月 12 日最高人民法院公告公布 自 2002 年 8 月 17 日起施行 法释〔2002〕25 号)

为了进一步规范合议庭的工作程序,充分发挥合议庭的职能作用,根据《中华人民共和国法院组织法》、《中华人民共和国刑事诉讼法》、《中华人民共和国民事诉讼法》、《中华人民共和国行政诉讼法》等法律的有关规定,结合人民法院审判工作实际,制定本规定。

第一条 人民法院实行合议制审判第一审案件,由法官或者由法官和人民陪审员组成合议庭进行;人民法院实行合议制审判第二审案件和其他应当组成合议庭审判的案件,由法官组成合议庭进行。

人民陪审员在人民法院执行职务期间,除不能担任审判长外,同法官有同等的权利义务。

第二条 合议庭的审判长由符合审判长任职条件的法官担任。

院长或者庭长参加合议庭审判案件的时候,自己担任审判长。

第三条 合议庭组成人员确定后,除因回避或者其他特殊情况,不能继续参加案件审理的之外,不得在案件审理过程中更换。更换合议庭成员,应当报请院长或者庭长决定。合议庭成员的更换情况应当及时通知诉讼当事人。

第四条 合议庭的审判活动由审判长主持,全体成员平等参与案件的审理、评议、裁判,共同对案件认定事实和适用法律负责。

第五条 合议庭承担下列职责:

(一)根据当事人的申请或者案件的具体情况,可以作出财产保全、证据保全、先予执行等裁定;

(二)确定案件委托评估、委托鉴定等事项;

(三)依法开庭审理第一审、第二审和再审案件;

(四)评议案件;

(五)提请院长决定将案件提交审判委员会讨论决定;

(六)按照权限对案件及其有关程序性事项作出裁判或者提出裁判意见;

(七)制作裁判文书;

(八)执行审判委员会决定;

(九)办理有关审判的其他事项。

第六条 审判长履行下列职责:

(一)指导和安排审判辅助人员做好庭前调解、庭前准备及其他审判业务辅助性工作;

(二)确定案件审理方案、庭审提纲、协调合议庭成员的庭审分工以及做好其他必要的庭审准备工作;

（三）主持庭审活动；

（四）主持合议庭对案件进行评议；

（五）依照有关规定，提请院长决定将案件提交审判委员会讨论决定；

（六）制作裁判文书，审核合议庭其他成员制作的裁判文书；

（七）依照规定权限签发法律文书；

（八）根据院长或者庭长的建议主持合议庭对案件复议；

（九）对合议庭遵守案件审理期限制度的情况负责；

（十）办理有关审判的其他事项。

第七条　合议庭接受案件后，应当根据有关规定确定案件承办法官，或者由审判长指定案件承办法官。

第八条　在案件开庭审理过程中，合议庭成员必须认真履行法定职责，遵守《中华人民共和国法官职业道德基本准则》中有关司法礼仪的要求。

第九条　合议庭评议案件应当在庭审结束后五个工作日内进行。

第十条　合议庭评议案件时，先由承办法官对认定案件事实、证据是否确实、充分以及适用法律等发表意见，审判长最后发表意见；审判长作为承办法官的，由审判长最后发表意见。对案件的裁判结果进行评议时，由审判长最后发表意见。审判长应当根据评议情况总结合议庭评议的结论性意见。

合议庭成员进行评议的时候，应当认真负责，充分陈述意见，独立行使表决权，不得拒绝陈述意见或者仅作同意与否的简单表态。同意他人意见的，也应当提出事实根据和法律依据，进行分析论证。

合议庭成员对评议结果的表决，以口头表决的形式进行。

第十一条　合议庭进行评议的时候，如果意见分歧，应当按多数人的意见作出决定，但是少数人的意见应当写入笔录。

评议笔录由书记员制作，由合议庭的组成人员签名。

第十二条　合议庭应当依照规定的权限，及时对评议意见一致或者形成多数意见的案件直接作出判决或者裁定。但是对于下列案件，合议庭应当提请院长决定提交审判委员会讨论决定：

（一）拟判处死刑的；

（二）疑难、复杂、重大或者新类型的案件，合议庭认为有必要提交审判委员会讨论决定的；

（三）合议庭在适用法律方面有重大意见分歧的；

（四）合议庭认为需要提请审判委员会讨论决定的其他案件，或者本院审判委员会确定的应当由审判委员会讨论决定的案件。

第十三条　合议庭对审判委员会的决定有异议，可以提请院长决定提交审判委员会复议一次。

第十四条　合议庭一般应当在作出评议结论或者审判委员会作出决定后的五个工作日内制作出裁判文书。

第十五条　裁判文书一般由审判长或者承办法官制作。但是审判长或者承办法官的评议意见与合议庭评议结论或者审判委员会的决定有明显分歧的，也可以由其他合议庭成员制作裁判文书。

对制作的裁判文书，合议庭成员应当共同审核，确认无误后签名。

第十六条　院长、庭长可以对合议庭的评议意见和制作的裁判文书进行审核，但是不得改变合议庭的评议结论。

第十七条　院长、庭长在审核合议庭的评议意见和裁判文书过程中，对评议结论有异议的，可以建议合议庭复议，同时应当对要求复议的问题及理由提出书面意见。

合议庭复议后，庭长仍有异议的，可以将案件提请院长审核，院长可以提交审判委员会讨论决定。

第十八条 合议庭应当严格执行案件审理期限的有关规定。遇有特殊情况需要延长审理期限的,应当在审限届满前按规定的时限报请审批。

最高人民法院关于进一步加强合议庭职责的若干规定

(2009年12月14日最高人民法院审判委员会第1479次会议通过 2010年1月11日最高人民法院公告公布 自2010年2月1日起施行 法释〔2010〕1号)

为了进一步加强合议庭的审判职责,充分发挥合议庭的职能作用,根据《中华人民共和国人民法院组织法》和有关法律规定,结合人民法院工作实际,制定本规定。

第一条 合议庭是人民法院的基本审判组织。合议庭全体成员平等参与案件的审理、评议和裁判,依法履行审判职责。

第二条 合议庭由审判员、助理审判员或者人民陪审员随机组成。合议庭成员相对固定的,应当定期交流。人民陪审员参加合议庭的,应当从人民陪审员名单中随机抽取确定。

第三条 承办法官履行下列职责:

(一)主持或者指导审判辅助人员进行庭前调解、证据交换等庭前准备工作;

(二)拟定庭审提纲,制作阅卷笔录;

(三)协助审判长组织法庭审理活动;

(四)在规定期限内及时制作审理报告;

(五)案件需要提交审判委员会讨论的,受审判长指派向审判委员会汇报案件;

(六)制作裁判文书提交合议庭审核;

(七)办理有关审判的其他事项。

第四条 依法不开庭审理的案件,合议庭全体成员均应当阅卷,必要时提交书面阅卷意见。

第五条 开庭审理时,合议庭全体成员应当共同参加,不得缺席、中途退庭或者从事与该庭审无关的活动。合议庭成员未参加庭审、中途退庭或者从事与该庭审无关的活动,当事人提出异议的,应当纠正。合议庭仍不纠正的,当事人可以要求休庭,并将有关情况记入庭审笔录。

第六条 合议庭全体成员均应当参加案件评议。评议案件时,合议庭成员应当针对案件的证据采信、事实认定、法律适用、裁判结果以及诉讼程序等问题充分发表意见。必要时,合议庭成员还可提交书面评议意见。

合议庭成员评议时发表意见不受追究。

第七条 除提交审判委员会讨论的案件外,合议庭对评议意见一致或者形成多数意见的案件,依法作出判决或者裁定。下列案件可以由审判长提请院长或者庭长决定组织相关审判人员共同讨论,合议庭成员应当参加:

(一)重大、疑难、复杂或者新类型的案件;

(二)合议庭在事实认定或法律适用上有重大分歧的案件;

(三)合议庭意见与本院或上级法院以往同类型案件的裁判有可能不一致的案件;

(四)当事人反映强烈的群体性纠纷案件;

(五)经审判长提请且院长或者庭长认为确有必要讨论的其他案件。

上述案件的讨论意见供合议庭参考,不影响合议庭依法作出裁判。

第八条 各级人民法院的院长、副院长、庭长、副庭长应当参加合议庭审理案件,并逐步增加审理案件的数量。

第九条 各级人民法院应当建立合议制落实情况的考评机制,并将考评结果纳入岗位绩效考评体系。考评可采取抽查卷宗、案件评查、检查庭审情况、回访当事人等方式。考评包括以下内容：

（一）合议庭全体成员参加庭审的情况；

（二）院长、庭长参加合议庭庭审的情况；

（三）审判委员会委员参加合议庭庭审的情况；

（四）承办法官制作阅卷笔录、审理报告以及裁判文书的情况；

（五）合议庭其他成员提交阅卷意见、发表评议意见的情况；

（六）其他应当考核的事项。

第十条 合议庭组成人员存在违法审判行为的，应当按照《人民法院审判人员违法审判责任追究办法（试行）》等规定追究相应责任。合议庭审理案件有下列情形之一的，合议庭成员不承担责任：

（一）因对法律理解和认识上的偏差而导致案件被改判或者发回重审的；

（二）因对案件事实和证据认识上的偏差而导致案件被改判或者发回重审的；

（三）因新的证据而导致案件被改判或者发回重审的；

（四）因法律修订或者政策调整而导致案件被改判或者发回重审的；

（五）因裁判所依据的其他法律文书被撤销或变更而导致案件被改判或者发回重审的；

（六）其他依法履行审判职责不应当承担责任的情形。

第十一条 执行工作中依法需要组成合议庭的，参照本规定执行。

第十二条 本院以前发布的司法解释与本规定不一致的，以本规定为准。

最高人民法院关于严格规范民商事案件延长审限和延期开庭问题的规定

（2018年4月23日最高人民法院审判委员会第1737次会议通过 根据2019年2月25日《最高人民法院关于修改〈最高人民法院关于严格规范民商事案件延长审限和延期开庭问题的规定〉的决定》修正 2019年3月27日最高人民法院公告公布）

为维护诉讼当事人合法权益，根据《中华人民共和国民事诉讼法》等规定，结合审判实际，现就民商事案件延长审限和延期开庭等有关问题规定如下。

第一条 人民法院审理民商事案件时，应当严格遵守法律及司法解释有关审限的规定。适用普通程序审理的第一审案件，审限为六个月；适用简易程序审理的第一审案件，审限为三个月。审理对判决的上诉案件，审限为三个月；审理对裁定的上诉案件，审限为三十日。

法律规定有特殊情况需要延长审限的，独任审判员或合议庭应当在期限届满十五日前向本院院长提出申请，并说明详细情况和理由。院长应当在期限届满五日前作出决定。

经本院院长批准延长审限后尚不能结案，需要再次延长的，应当在期限届满十五日前报请上级人民法院批准。上级人民法院应当在审限届满五日前作出决定。

第二条 民事诉讼法第一百四十六条第四项规定的"其他应当延期的情形"，是指因不可抗力或者意外事件导致庭审无法正常进行的情形。

第三条 人民法院应当严格限制延期开

庭审理次数。适用普通程序审理民商事案件,延期开庭审理次数不超过两次;适用简易程序以及小额速裁程序审理民商事案件,延期开庭审理次数不超过一次。

第四条 基层人民法院及其派出的法庭审理事实清楚、权利义务关系明确、争议不大的简单民商事案件,适用简易程序。

基层人民法院及其派出的法庭审理符合前款规定且标的额为各省、自治区、直辖市上年度就业人员年平均工资两倍以下的民商事案件,应当适用简易程序,法律及司法解释规定不适用简易程序的案件除外。

适用简易程序审理的民商事案件,证据交换、庭前会议等庭前准备程序与开庭程序一并进行,不再另行组织。

适用简易程序的案件,不适用公告送达。

第五条 人民法院开庭审理民商事案件后,认为需要延期开庭审理的,应当依法告知当事人下次开庭的时间。两次开庭间隔时间不得超过一个月,但因不可抗力或当事人同意的除外。

第六条 独任审判员或者合议庭适用民事诉讼法第一百四十六条第四项规定决定延期开庭的,应当报本院院长批准。

第七条 人民法院应当将案件的立案时间、审理期限,扣除、延长、重新计算审限,延期开庭审理的情况及事由,按照《最高人民法院关于人民法院通过互联网公开审判流程信息的规定》及时向当事人及其法定代理人、诉讼代理人公开。当事人及其法定代理人、诉讼代理人有异议的,可以依法向受理案件的法院申请监督。

第八条 故意违反法律、审判纪律、审判管理规定拖延办案,或者因过失延误办案,造成严重后果的,依照《人民法院工作人员处分条例》第四十七条的规定予以处分。

第九条 本规定自2018年4月26日起施行;最高人民法院此前发布的司法解释及

规范性文件与本规定不一致的,以本规定为准。

最高人民法院关于审判人员在诉讼活动中执行回避制度若干问题的规定

（2011年4月11日最高人民法院审判委员会第1517次会议通过 2011年6月10日最高人民法院公告公布 自2011年6月13日起施行 法释〔2011〕12号）

为进一步规范审判人员的诉讼回避行为,维护司法公正,根据《中华人民共和国人民法院组织法》、《中华人民共和国法官法》、《中华人民共和国民事诉讼法》、《中华人民共和国刑事诉讼法》、《中华人民共和国行政诉讼法》等法律规定,结合人民法院审判工作实际,制定本规定。

第一条 审判人员具有下列情形之一的,应当自行回避,当事人及其法定代理人有权以口头或者书面形式申请其回避:

（一）是本案的当事人或者与当事人有近亲属关系的;

（二）本人或者其近亲属与本案有利害关系的;

（三）担任过本案的证人、翻译人员、鉴定人、勘验人、诉讼代理人、辩护人的;

（四）与本案的诉讼代理人、辩护人有夫妻、父母、子女或者兄弟姐妹关系的;

（五）与本案当事人之间存在其他利害关系,可能影响案件公正审理的。

本规定所称近亲属,包括与审判人员有夫妻、直系血亲、三代以内旁系血亲及近姻亲关系的亲属。

第二条 当事人及其法定代理人发现审判人员违反规定,具有下列情形之一的,有权申请其回避：

（一）私下会见本案一方当事人及其诉讼代理人、辩护人的；

（二）为本案当事人推荐、介绍诉讼代理人、辩护人，或者为律师、其他人员介绍办理该案件的；

（三）索取、接受本案当事人及其受托人的财物、其他利益，或者要求当事人及其受托人报销费用的；

（四）接受本案当事人及其受托人的宴请，或者参加由其支付费用的各项活动的；

（五）向本案当事人及其受托人借款，借用交通工具、通讯工具或者其他物品，或者索取、接受当事人及其受托人在购买商品、装修住房以及其他方面给予的好处的；

（六）有其他不正当行为，可能影响案件公正审理的。

第三条 凡在一个审判程序中参与过本案审判工作的审判人员，不得再参与该案其他程序的审判。但是，经过第二审程序发回重审的案件，在一审法院作出裁判后又进入第二审程序的，原第二审程序中合议庭组成人员不受本条规定的限制。

第四条 审判人员应当回避，本人没有自行回避，当事人及其法定代理人也没有申请其回避的，院长或者审判委员会应当决定其回避。

第五条 人民法院应当依法告知当事人及其法定代理人有申请回避的权利，以及合议庭组成人员、书记员的姓名、职务等相关信息。

第六条 人民法院依法调解案件，应当告知当事人及其法定代理人有申请回避的权利，以及主持调解工作的审判人员及其他参与调解工作的人员的姓名、职务等相关信息。

第七条 第二审人民法院认为第一审人民法院的审理有违反本规定第一条至第三条规定的，应当裁定撤销原判，发回原审人民院重新审判。

第八条 审判人员及法院其他工作人员从人民法院离任后二年内，不得以律师身份担任诉讼代理人或者辩护人。

审判人员及法院其他工作人员从人民法院离任后，不得担任原任职法院所审理案件的诉讼代理人或者辩护人，但是作为当事人的监护人或者近亲属代理诉讼或者进行辩护的除外。

本条所规定的离任，包括退休、调离、解聘、辞职、辞退、开除等离开法院工作岗位的情形。

本条所规定的原任职法院，包括审判人员及法院其他工作人员曾任职的所有法院。

第九条 审判人员及法院其他工作人员的配偶、子女或者父母不得担任其所任职法院审理案件的诉讼代理人或者辩护人。

第十条 人民法院发现诉讼代理人或者辩护人违反本规定第八条、第九条的规定的，应当责令其停止相关诉讼代理或者辩护行为。

第十一条 当事人及其法定代理人、诉讼代理人、辩护人认为审判人员有违反本规定行为的，可以向法院纪检、监察部门或者其他有关部门举报。受理举报的人民法院应当及时处理，并将相关意见反馈给举报人。

第十二条 对明知具有本规定第一条至第三条规定情形不依法自行回避的审判人员，依照《人民法院工作人员处分条例》的规定予以处分。

对明知诉讼代理人、辩护人具有本规定第八条、第九条规定情形之一，未责令其停止相关诉讼代理或者辩护行为的审判人员，依照《人民法院工作人员处分条例》的规定予以处分。

第十三条 本规定所称审判人员，包括各级人民法院院长、副院长、审判委员会委员、庭长、副庭长、审判员和助理审判员。

本规定所称法院其他工作人员,是指审判人员以外的在编工作人员。

第十四条 人民陪审员、书记员和执行员适用审判人员回避的有关规定,但不属于本规定第十三条所规定人员的,不适用本规定第八条、第九条的规定。

第十五条 自本规定施行之日起,《最高人民法院关于审判人员严格执行回避制度的若干规定》(法发〔2000〕5号)即行废止;本规定施行前本院发布的司法解释与本规定不一致的,以本规定为准。

最高人民法院关于人民法院庭审录音录像的若干规定

(2017年1月25日最高人民法院审判委员会第1708次会议通过 2017年2月22日最高人民法院公告公布 自2017年3月1日起施行 法释〔2017〕5号)

为保障诉讼参与人诉讼权利,规范庭审活动,提高庭审效率,深化司法公开,促进司法公正,根据《中华人民共和国刑事诉讼法》《中华人民共和国民事诉讼法》《中华人民共和国行政诉讼法》等法律规定,结合审判工作实际,制定本规定。

第一条 人民法院开庭审判案件,应当对庭审活动进行全程录音录像。

第二条 人民法院应当在法庭内配备固定或者移动的录音录像设备。

有条件的人民法院可以在法庭安装使用智能语音识别同步转换文字系统。

第三条 庭审录音录像应当自宣布开庭时开始,至闭庭时结束。除下列情形外,庭审录音录像不得人为中断:

(一)休庭;

(二)公开庭审中的不公开举证、质证活动;

(三)不宜录制的调解活动。

负责录音录像的人员应当对录音录像的起止时间、有无中断等情况进行记录并附卷。

第四条 人民法院应当采取叠加同步录制时间或者其他措施保证庭审录音录像的真实和完整。

因设备故障或技术原因导致录音录像不真实、不完整的,负责录音录像的人员应当作出书面说明,经审判长或独任审判员审核签字后附卷。

第五条 人民法院应当使用专门设备在线或离线存储、备份庭审录音录像。因设备故障等原因导致不符合技术标准的录音录像,应当一并存储。

庭审录音录像的归档,按照人民法院电子诉讼档案管理规定执行。

第六条 人民法院通过使用智能语音识别系统同步转换生成的庭审文字记录,经审判人员、书记员、诉讼参与人核对签字后,作为法庭笔录管理和使用。

第七条 诉讼参与人对法庭笔录有异议并申请补正的,书记员可以播放庭审录音录像进行核对、补正;不予补正的,应当将申请记录在案。

第八条 适用简易程序审理民事案件的庭审录音录像,经当事人同意的,可以替代法庭笔录。

第九条 人民法院应当将替代法庭笔录的庭审录音录像同步保存在服务器或者刻录成光盘,并由当事人和其他诉讼参与人对其完整性校验值签字或者采取其他方法进行确认。

第十条 人民法院应当通过审判流程信息公开平台、诉讼服务平台以及其他便民诉讼服务平台,为当事人、辩护律师、诉讼代理人等依法查阅庭审录音录像提供便利。

对提供查阅的录音录像,人民法院应当

设置必要的安全防范措施。

第十一条 当事人、辩护律师、诉讼代理人等可以依照规定复制录音或者誊录庭审录音录像，必要时人民法院应当配备相应设施。

第十二条 人民法院可以播放依法公开审理案件的庭审录音录像。

第十三条 诉讼参与人、旁听人员违反法庭纪律或者有关法律规定，危害法庭安全、扰乱法庭秩序的，人民法院可以通过庭审录音录像进行调查核实，并将其作为追究法律责任的证据。

第十四条 人民检察院、诉讼参与人认为庭审活动不规范或者违反法律规定的，人民法院应当结合庭审录音录像进行调查核实。

第十五条 未经人民法院许可，任何人不得对庭审活动进行录音录像，不得对庭审录音录像进行拍录、复制、删除和迁移。

行为人实施前款行为的，依照规定追究其相应责任。

第十六条 涉及国家秘密、商业秘密、个人隐私等庭审活动的录制，以及对庭审录音录像的存储、查阅、复制、誊录等，应当符合保密管理等相关规定。

第十七条 庭审录音录像涉及的相关技术保障、技术标准和技术规范，由最高人民法院另行制定。

第十八条 人民法院从事其他审判活动或者进行执行、听证、接访等活动需要进行录音录像的，参照本规定执行。

第十九条 本规定自 2017 年 3 月 1 日起施行。最高人民法院此前发布的司法解释及规范性文件与本规定不一致的，以本规定为准。

最高人民法院关于适用简易程序审理民事案件的若干规定

（2003 年 7 月 4 日最高人民法院审判委员会第 1280 次会议通过　根据 2020 年 12 月 23 日最高人民法院审判委员会第 1823 次会议通过的《最高人民法院关于修改〈最高人民法院关于人民法院民事调解工作若干问题的规定〉等十九件民事诉讼类司法解释的决定》修正　2020 年 12 月 29 日最高人民法院公告公布）

为保障和方便当事人依法行使诉讼权利，保证人民法院公正、及时审理民事案件，根据《中华人民共和国民事诉讼法》的有关规定，结合民事审判经验和实际情况，制定本规定。

一、适用范围

第一条 基层人民法院根据民事诉讼法第一百五十七条规定审理简单的民事案件，适用本规定，但有下列情形之一的案件除外：

（一）起诉时被告下落不明的；

（二）发回重审的；

（三）共同诉讼中一方或者双方当事人人数众多的；

（四）法律规定应当适用特别程序、审判监督程序、督促程序、公示催告程序和企业法人破产还债程序的；

（五）人民法院认为不宜适用简易程序进行审理的。

第二条 基层人民法院适用第一审普通程序审理的民事案件，当事人各方自愿选择适用简易程序，经人民法院审查同意的，可以适用简易程序进行审理。

人民法院不得违反当事人自愿原则，将普通程序转为简易程序。

第三条 当事人就适用简易程序提出异议，人民法院认为异议成立的，或者人民法院在审理过程中发现不宜适用简易程序的，应当将案件转入普通程序审理。

二、起诉与答辩

第四条 原告本人不能书写起诉状，委托他人代写起诉状确有困难的，可以口头起诉。

原告口头起诉的，人民法院应当将当事人的基本情况、联系方式、诉讼请求、事实及理由予以准确记录，将相关证据予以登记。人民法院应当将上述记录和登记的内容向原告当面宣读，原告认为无误后应当签名或者按指印。

第五条 当事人应当在起诉或者答辩时向人民法院提供自己准确的送达地址、收件人、电话号码等其他联系方式，并签名或者按指印确认。

送达地址应当写明受送达人住所地的邮政编码和详细地址；受送达人是有固定职业的自然人的，其从业的场所可以视为送达地址。

第六条 原告起诉后，人民法院可以采取捎口信、电话、传真、电子邮件等简便方式随时传唤双方当事人、证人。

第七条 双方当事人到庭后，被告同意口头答辩的，人民法院可以当即开庭审理；被告要求书面答辩的，人民法院应当将提交答辩状的期限和开庭的具体日期告知各方当事人，并向当事人说明逾期举证以及拒不到庭的法律后果，由各方当事人在笔录和开庭传票的送达回证上签名或者按指印。

第八条 人民法院按照原告提供的被告的送达地址或者其他联系方式无法通知被告应诉的，应当按以下情况分别处理：

（一）原告提供了被告准确的送达地址，但人民法院无法向被告直接送达或者留置送达应诉通知书的，应当将案件转入普通程序审理；

（二）原告不能提供被告准确的送达地址，人民法院经查证后仍不能确定被告送达地址的，可以被告不明确为由裁定驳回原告起诉。

第九条 被告到庭后拒绝提供自己的送达地址和联系方式的，人民法院应当告知其拒不提供送达地址的后果；经人民法院告知后被告仍然拒不提供的，按下列方式处理：

（一）被告是自然人的，以其户籍登记中的住所或者经常居所为送达地址；

（二）被告是法人或者非法人组织的，应当以其在登记机关登记、备案中的住所为送达地址。

人民法院应当将上述告知的内容记入笔录。

第十条 因当事人自己提供的送达地址不准确、送达地址变更未及时告知人民法院，或者当事人拒不提供自己的送达地址而导致诉讼文书未能被当事人实际接收的，按下列方式处理：

（一）邮寄送达的，以邮件回执上注明的退回之日视为送达之日；

（二）直接送达的，送达人当场在送达回证上记明情况之日视为送达之日。

上述内容，人民法院应当在原告起诉和被告答辩时以书面或者口头方式告知当事人。

第十一条 受送达的自然人以及他的同住成年家属拒绝签收诉讼文书的，或者法人、非法人组织负责收件的人拒绝签收诉讼文书的，送达人应当依据民事诉讼法第八十六条的规定邀请有关基层组织或者所在单位的代表到场见证，被邀请的人不愿到场见证的，送达人应当在送达回证上记明拒收事由、时间和地点以及被邀请人不愿到场见证的情形，将诉讼文书留在受送达人的住所或者从业场所，即视为送达。

受送达人的同住成年家属或者法人、非法人组织负责收件的人是同一案件中另一方当事人的，不适用前款规定。

三、审理前的准备

第十二条　适用简易程序审理的民事案件，当事人及其诉讼代理人申请证人出庭作证，应当在举证期限届满前提出。

第十三条　当事人一方或者双方就适用简易程序提出异议后，人民法院应当进行审查，并按下列情形分别处理：

（一）异议成立的，应当将案件转入普通程序审理，并将合议庭的组成人员及相关事项以书面形式通知双方当事人；

（二）异议不成立的，口头告知双方当事人，并将上述内容记入笔录。

转入普通程序审理的民事案件的审理期限自人民法院立案的次日起开始计算。

第十四条　下列民事案件，人民法院在开庭审理时应当先行调解：

（一）婚姻家庭纠纷和继承纠纷；

（二）劳务合同纠纷；

（三）交通事故和工伤事故引起的权利义务关系较为明确的损害赔偿纠纷；

（四）宅基地和相邻关系纠纷；

（五）合伙合同纠纷；

（六）诉讼标的额较小的纠纷。

但是根据案件的性质和当事人的实际情况不能调解或者显然没有调解必要的除外。

第十五条　调解达成协议并经审判人员审核后，双方当事人同意该调解协议经双方签名或者按指印生效的，该调解协议自双方签名或者按指印之日起发生法律效力。当事人要求摘录或者复制该调解协议的，应予准许。

调解协议符合前款规定，且不属于不需要制作调解书的，人民法院应当另行制作民事调解书。调解协议生效后一方拒不履行的，另一方可以持民事调解书申请强制执行。

第十六条　人民法院可以当庭告知当事人到人民法院领取民事调解书的具体日期，也可以在当事人达成调解协议的次日起十日内将民事调解书发送给当事人。

第十七条　当事人以民事调解书与调解协议的原意不一致为由提出异议，人民法院审查后认为异议成立的，应当根据调解协议裁定补正民事调解书的相关内容。

四、开庭审理

第十八条　以捎口信、电话、传真、电子邮件等形式发送的开庭通知，未经当事人确认或者没有其他证据足以证明当事人已经收到的，人民法院不得将其作为按撤诉处理和缺席判决的根据。

第十九条　开庭前已经书面或者口头告知当事人诉讼权利义务，或者当事人各方均委托律师代理诉讼的，审判人员除告知当事人申请回避的权利外，可以不再告知当事人其他的诉讼权利义务。

第二十条　对没有委托律师代理诉讼的当事人，审判人员应当对回避、自认、举证责任等相关内容向其作必要的解释或者说明，并在庭审过程中适当提示当事人正确行使诉讼权利、履行诉讼义务，指导当事人进行正常的诉讼活动。

第二十一条　开庭时，审判人员可以根据当事人的诉讼请求和答辩意见归纳出争议焦点，经当事人确认后，由当事人围绕争议焦点举证、质证和辩论。

当事人对案件事实无争议的，审判人员可以在听取当事人就适用法律方面的辩论意见后迳行判决、裁定。

第二十二条　当事人双方同时到基层人民法院请求解决简单的民事纠纷,但未协商举证期限,或者被告一方经简便方式传唤到庭的,当事人在开庭审理时要求当庭举证的,应予准许;当事人当庭举证有困难的,举证的期限由当事人协商决定,但最长不得超过十五日;协商不成的,由人民法院决定。

第二十三条　适用简易程序审理的民事案件,应当一次开庭审结,但人民法院认为确有必要再次开庭的除外。

第二十四条　书记员应当将适用简易程序审理民事案件的全部活动记入笔录。对于下列事项,应当详细记载:

(一)审判人员关于当事人诉讼权利义务的告知、争议焦点的概括、证据的认定和裁判的宣告等重大事项;

(二)当事人申请回避、自认、撤诉、和解等重大事项;

(三)当事人当庭陈述的与其诉讼权利直接相关的其他事项。

第二十五条　庭审结束时,审判人员可以根据案件的审理情况对争议焦点和当事人各方举证、质证和辩论的情况进行简要总结,并就是否同意调解征询当事人的意见。

第二十六条　审判人员在审理过程中发现案情复杂需要转为普通程序的,应当在审限届满前及时作出决定,并书面通知当事人。

五、宣判与送达

第二十七条　适用简易程序审理的民事案件,除人民法院认为不宜当庭宣判的以外,应当当庭宣判。

第二十八条　当庭宣判的案件,除当事人当庭要求邮寄送达的以外,人民法院应当告知当事人或者诉讼代理人领取裁判文书的期间和地点以及逾期不领取的法律后果。上述情况,应当记入笔录。

人民法院已经告知当事人领取裁判文书的期间和地点的,当事人在指定期间内领取裁判文书之日即为送达之日;当事人在指定期间内未领取的,指定领取裁判文书期间届满之日即为送达之日,当事人的上诉期从人民法院指定领取裁判文书期间届满之日的次日起开始计算。

第二十九条　当事人因交通不便或者其他原因要求邮寄送达裁判文书的,人民法院可以按照当事人自己提供的送达地址邮寄送达。

人民法院根据当事人自己提供的送达地址邮寄送达的,邮件回执上注明收到或者退回之日即为送达之日,当事人的上诉期从邮件回执上注明收到或者退回之日的次日起开始计算。

第三十条　原告经传票传唤,无正当理由拒不到庭或者未经法庭许可中途退庭的,可以按撤诉处理;被告经传票传唤,无正当理由拒不到庭或者未经法庭许可中途退庭的,人民法院可以根据原告的诉讼请求及双方已经提交给法庭的证据材料缺席判决。

按撤诉处理或者缺席判决的,人民法院可以按照当事人自己提供的送达地址将裁判文书送达给未到庭的当事人。

第三十一条　定期宣判的案件,定期宣判之日即为送达之日,当事人的上诉期自定期宣判的次日起开始计算。当事人在定期宣判的日期无正当理由未到庭的,不影响该裁判上诉期间的计算。

当事人确有正当理由不能到庭,并在定期宣判前已经告知人民法院的,人民法院可以按照当事人自己提供的送达地址将裁判文书送达给未到庭的当事人。

第三十二条　适用简易程序审理的民事案件,有下列情形之一的,人民法院在制作裁判文书时对认定事实或者判决理由部分可以适当简化:

（一）当事人达成调解协议并需要制作民事调解书的；

（二）一方当事人在诉讼过程中明确表示承认对方全部诉讼请求或者部分诉讼请求的；

（三）当事人对案件事实没有争议或者争议不大的；

（四）涉及自然人的隐私、个人信息，或者商业秘密的案件，当事人一方要求简化裁判文书中的相关内容，人民法院认为理由正当的；

（五）当事人双方一致同意简化裁判文书的。

六、其　他

第三十三条　本院已经公布的司法解释与本规定不一致的，以本规定为准。

第三十四条　本规定自 2003 年 12 月 1 日起施行。2003 年 12 月 1 日以后受理的民事案件,适用本规定。

最高人民法院关于适用《中华人民共和国民事诉讼法》审判监督程序若干问题的解释

（2008 年 11 月 10 日最高人民法院审判委员会第 1453 次会议通过　根据 2020 年 12 月 23 日最高人民法院审判委员会第 1823 次会议通过的《最高人民法院关于修改〈最高人民法院关于人民法院民事调解工作若干问题的规定〉等十九件民事诉讼类司法解释的决定》修正　2020 年 12 月 29 日最高人民法院公告公布）

为了保障当事人申请再审权利，规范审判监督程序，维护各方当事人的合法权益，根据《中华人民共和国民事诉讼法》，结合审判实践，对审判监督程序中适用法律的若干问题作出如下解释：

第一条　当事人在民事诉讼法第二百零五条规定的期限内，以民事诉讼法第二百条所列明的再审事由，向原审人民法院的上一级人民法院申请再审的，上一级人民法院应当依法受理。

第二条　民事诉讼法第二百零五条规定的申请再审期间不适用中止、中断和延长的规定。

第三条　当事人申请再审，应当向人民法院提交再审申请书，并按照对方当事人人数提出副本。

人民法院应当审查再审申请书是否载明下列事项：

（一）申请再审人与对方当事人的姓名、住所及有效联系方式等基本情况；法人或其他组织的名称、住所和法定代表人或主要负责人的姓名、职务及有效联系方式等基本情况；

（二）原审人民法院的名称，原判决、裁定、调解文书案号；

（三）申请再审的法定情形及具体事实、理由；

（四）具体的再审请求。

第四条　当事人申请再审，应当向人民法院提交已经发生法律效力的判决书、裁定书、调解书，身份证明及相关证据材料。

第五条　申请再审人提交的再审申请书或者其他材料不符合本解释第三条、第四条的规定，或者有人身攻击等内容，可能引起矛盾激化的，人民法院应当要求申请再审人补充或改正。

第六条　人民法院应当自收到符合条件的再审申请书等材料后五日内完成向申请再审人发送受理通知书等受理登记手续，并向对方当事人发送受理通知书及再审申请书副本。

第七条 人民法院受理再审申请后,应当组成合议庭予以审查。

第八条 人民法院对再审申请的审查,应当围绕再审事由是否成立进行。

第九条 民事诉讼法第二百条第(五)项规定的"对审理案件需要的主要证据",是指人民法院认定案件基本事实所必须的证据。

第十条 原判决、裁定对基本事实和案件性质的认定系根据其他法律文书作出,而上述其他法律文书被撤销或变更的,人民法院可以认定为民事诉讼法第二百条第(十二)项规定的情形。

第十一条 人民法院经审查再审申请书等材料,认为申请再审事由成立的,应当进行裁定再审。

当事人申请再审超过民事诉讼法第二百零五条规定的期限,或者超出民事诉讼法第二百条所列明的再审事由范围的,人民法院应当裁定驳回再审申请。

第十二条 人民法院认为仅审查再审申请书等材料难以作出裁定的,应当调阅原审卷宗予以审查。

第十三条 人民法院可以根据案情需要决定是否询问当事人。

以有新的证据足以推翻原判决、裁定为由申请再审的,人民法院应当询问当事人。

第十四条 在审查再审申请过程中,对方当事人也申请再审的,人民法院应当将其列为申请再审人,对其提出的再审申请一并审查。

第十五条 申请再审人在案件审查期间申请撤回再审申请的,是否准许,由人民法院裁定。

申请再审人经传票传唤,无正当理由拒不接受询问,可以裁定按撤回再审申请处理。

第十六条 人民法院经审查认为申请再审事由不成立的,应当裁定驳回再审申请。

驳回再审申请的裁定一经送达,即发生法律效力。

第十七条 人民法院审查再审申请期间,人民检察院对该案提出抗诉的,人民法院应依照民事诉讼法第二百一十一条的规定裁定再审。申请再审人提出的具体再审请求应纳入审理范围。

第十八条 上一级人民法院经审查认为申请再审事由成立的,一般由本院提审。最高人民法院、高级人民法院也可以指定与原审人民法院同级的其他人民法院再审,或者指令原审人民法院再审。

第十九条 上一级人民法院可以根据案件的影响程度以及案件参与人等情况,决定是否指定再审。需要指定再审的,应当考虑便利当事人行使诉讼权利以及便利人民法院审理等因素。

接受指定再审的人民法院,应当按照民事诉讼法第二百零七条第一款规定的程序审理。

第二十条 有下列情形之一的,不得指令原审人民法院再审:

(一)原审人民法院对该案无管辖权的;

(二)审判人员在审理该案件时有贪污受贿,徇私舞弊,枉法裁判行为的;

(三)原判决、裁定系经原审人民法院审判委员会讨论作出的;

(四)其他不宜指令原审人民法院再审的。

第二十一条 当事人未申请再审、人民检察院未抗诉的案件,人民法院发现原判决、裁定、调解协议有损害国家利益、社会公共利益等确有错误情形的,应当依照民事诉讼法第一百九十八条的规定提起再审。

第二十二条 人民法院应当依照民事诉讼法第二百零七条的规定,按照第一审程序或者第二审程序审理再审案件。

人民法院审理再审案件应当开庭审理。但按照第二审程序审理的,双方当事人已经其他方式充分表达意见,且书面同意不开庭审理的除外。

第二十三条 申请再审人在再审期间撤回再审申请的,是否准许由人民法院裁定。裁定准许的,应终结再审程序。申请再审人经传票传唤,无正当理由拒不到庭的,或者未经法庭许可中途退庭的,可以裁定按自动撤回再审申请处理。

人民检察院抗诉再审的案件,申请抗诉的当事人有前款规定的情形,且不损害国家利益、社会公共利益或第三人利益的,人民法院应当裁定终结再审程序;人民检察院撤回抗诉的,应当准予。

终结再审程序的,恢复原判决的执行。

第二十四条 按照第一审程序审理再审案件时,一审原告申请撤回起诉的,是否准许由人民法院裁定。裁定准许的,应当同时裁定撤销原判决、裁定、调解书。

第二十五条 当事人在再审审理中经调解达成协议的,人民法院应当制作调解书。调解书经各方当事人签收后,即具有法律效力,原判决、裁定视为被撤销。

第二十六条 人民法院经再审审理认为,原判决、裁定认定事实清楚、适用法律正确的,应予维持;原判决、裁定在认定事实、适用法律、阐述理由方面虽有瑕疵,但裁判结果正确的,人民法院应在再审判决、裁定中纠正上述瑕疵后予以维持。

第二十七条 人民法院按照第二审程序审理再审案件,发现原判决认定事实错误或者认定事实不清的,应当在查清事实后改判。但原审人民法院便于查清事实,化解纠纷的,可以裁定撤销原判决,发回重审;原审程序遗漏必须参加诉讼的当事人且无法达成调解协议,以及其他违反法定程序不宜在再审程序中直接作出实体处理的,应当裁定撤销原判决,发回重审。

第二十八条 人民法院以调解方式审结的案件裁定再审后,经审理发现申请再审人提出的调解违反自愿原则的事由不成立,且调解协议的内容不违反法律强制性规定的,应当裁定驳回再审申请,并恢复原调解书的执行。

第二十九条 民事再审案件的当事人应为原审案件的当事人。原审案件当事人死亡或者终止的,其权利义务承受人可以申请再审并参加再审诉讼。

第三十条 本院以前发布的司法解释与本解释不一致的,以本解释为准。本解释未作规定的,按照以前的规定执行。

最高人民法院关于民事审判监督程序严格依法适用指令再审和发回重审若干问题的规定

(2015年2月2日最高人民法院审判委员会第1643次会议通过 2015年2月16日最高人民法院公告公布 自2015年3月15日起施行 法释〔2015〕7号)

为了及时有效维护各方当事人的合法权益,维护司法公正,进一步规范民事案件指令再审和再审发回重审,提高审判监督质量和效率,根据《中华人民共和国民事诉讼法》,结合审判实际,制定本规定。

第一条 上级人民法院应当严格依照民事诉讼法第二百条等规定审查当事人的再审申请,符合法定条件的,裁定再审。不得因指令再审而降低再审启动标准,也不得因当事人反复申诉将依法不应当再审的案件指令下级人民法院再审。

第二条 因当事人申请裁定再审的案件一般应当由裁定再审的人民法院审理。有下列情形之一的,最高人民法院、高级人民法院可以指令原审人民法院再审:

（一）依据民事诉讼法第二百条第（四）项、第（五）项或者第（九）项裁定再审的；

（二）发生法律效力的判决、裁定、调解书是由第一审法院作出的；

（三）当事人一方人数众多或者当事人双方为公民的；

（四）经审判委员会讨论决定的其他情形。

人民检察院提出抗诉的案件，由接受抗诉的人民法院审理，具有民事诉讼法第二百条第（一）至第（五）项规定情形之一的，可以指令原人民法院再审。

人民法院依据民事诉讼法第一百九十八条第二款裁定再审的，应当提审。

第三条 虽然符合本规定第二条可以指令再审的条件，但有下列情形之一的，应当提审：

（一）原判决、裁定系经原审人民法院再审理后作出的；

（二）原判决、裁定系经原审人民法院审判委员会讨论作出的；

（三）原审审判人员在审理该案件时有贪污受贿，徇私舞弊，枉法裁判行为的；

（四）原审人民法院对该案无再审管辖权的；

（五）需要统一法律适用或裁量权行使标准的；

（六）其他不宜指令原审人民法院再审的情形。

第四条 人民法院按照第二审程序审理再审案件，发现原判决认定基本事实不清的，一般应当通过庭审认定事实后依法作出判决。但原审人民法院未对基本事实进行过审理的，可以裁定撤销原判决，发回重审。原判决认定事实错误的，上级人民法院不得以基本事实不清为由裁定发回重审。

第五条 人民法院按照第二审程序审理再审案件，发现第一审人民法院有下列严重违反法定程序情形之一的，可以依照民事诉讼法第一百七十条第一款第（四）项的规定，裁定撤销原判决，发回第一审人民法院重审：

（一）原判决遗漏必须参加诉讼的当事人的；

（二）无诉讼行为能力人未经法定代理人代为诉讼，或者应当参加诉讼的当事人，因不能归责于本人或者其诉讼代理人的事由，未参加诉讼的；

（三）未经合法传唤缺席判决，或者违反法律规定剥夺当事人辩论权利的；

（四）审判组织的组成不合法或者依法应当回避的审判人员没有回避的；

（五）原判决、裁定遗漏诉讼请求的。

第六条 上级人民法院裁定指令再审、发回重审的，应当在裁定书中阐明指令再审或者发回重审的具体理由。

第七条 再审案件应当围绕申请人的再审请求进行审理和裁判。对方当事人在再审庭审辩论终结前也提出再审请求的，应一并审理和裁判。当事人的再审请求超出原审诉讼请求的不予审理，构成另案诉讼的应告知当事人可以提起新的诉讼。

第八条 再审发回重审的案件，应当围绕当事人原诉讼请求进行审理。当事人申请变更、增加诉讼请求和提出反诉的，按照最高人民法院《关于适用〈中华人民共和国民事诉讼法〉的解释》第二百五十二条的规定审查决定是否准许。当事人变更其在原审中的诉讼主张、质证及辩论意见的，应说明理由并提交相应的证据，理由不成立或证据不充分的，人民法院不予支持。

第九条 各级人民法院对民事案件指令再审和再审发回重审的审判行为，应当严格遵守本规定。违反本规定的，应当依照相关规定追究有关人员的责任。

第十条 最高人民法院以前发布的司法解释与本规定不一致的，不再适用。

最高人民法院关于受理审查民事申请再审案件的若干意见

（2009 年 4 月 27 日　法发〔2009〕26 号）

为依法保障当事人申请再审权利,规范人民法院受理审查民事申请再审案件工作,根据《中华人民共和国民事诉讼法》和《最高人民法院关于适用〈中华人民共和国民事诉讼法〉审判监督程序若干问题的解释》的有关规定,结合审判工作实际,现就受理审查民事申请再审案件工作提出以下意见:

一、民事申请再审案件的受理

第一条　当事人或案外人申请再审,应当提交再审申请书等材料,并按照被申请人及原审其他当事人人数提交再审申请书副本。

第二条　人民法院应当审查再审申请书是否载明下列事项:

(一)申请再审人、被申请人及原审其他当事人的基本情况。当事人是自然人的,应列明姓名、性别、年龄、民族、职业、工作单位、住所及有效联系电话、邮寄地址;当事人是法人或者其他组织的,应列明名称、住所和法定代表人或者主要负责人的姓名、职务及有效联系电话、邮寄地址;

(二)原审法院名称,原判决、裁定、调解文书案号;

(三)具体的再审请求;

(四)申请再审的法定事由及具体事实、理由;

(五)受理再审申请的法院名称;

(六)申请再审人的签名或者盖章。

第三条　申请再审人申请再审,除应提交符合前条规定的再审申请书外,还应当提交以下材料:

(一)申请再审人是自然人的,应提交身份证明复印件;申请再审人是法人或其他组织的,应提交营业执照复印件、法定代表人或主要负责人身份证明书。委托他人代为申请的,应提交授权委托书和代理人身份证明;

(二)申请再审的生效裁判文书原件,或者经核对无误的复印件;生效裁判系二审、再审裁判的,应同时提交一审、二审裁判文书原件,或者经核对无误的复印件;

(三)在原审诉讼过程中提交的主要证据复印件;

(四)支持申请再审事由和再审诉讼请求的证据材料。

第四条　申请再审人提交再审申请书等材料的同时,应提交材料清单一式两份,并可附申请再审材料的电子文本,同时填写送达地址确认书。

第五条　申请再审人提交的再审申请书等材料不符合上述要求,或者有人身攻击等内容,可能引起矛盾激化的,人民法院应将材料退回申请再审人并告知其补充或改正。

再审申请书等材料符合上述要求的,人民法院应在申请再审人提交的材料清单上注明收到日期,加盖收件章,并将其中一份清单返还申请再审人。

第六条　申请再审人提出的再审申请符合以下条件的,人民法院应当在 5 日内受理并向申请再审人发送受理通知书,同时向被申请人及原审其他当事人发送受理通知书、再审申请书副本及送达地址确认书:

(一)申请再审人是生效裁判文书列明的当事人,或者符合法律和司法解释规定的案外人;

(二)受理再审申请的法院是作出生效裁判法院的上一级法院;

(三)申请再审的裁判属于法律和司法解释允许申请再审的生效裁判;

（四）申请再审的事由属于民事诉讼法第一百七十九条规定的情形。

再审申请不符合上述条件的，应当及时告知申请再审人。

第七条 申请再审人向原审法院申请再审的，原审法院应针对申请再审事由并结合原裁判理由作好释明工作。申请再审人坚持申请再审的，告知其可以向上一级法院提出。

第八条 申请再审人越级申请再审的，有关上级法院应告知其向原审法院的上一级法院提出。

第九条 人民法院认为再审申请不符合民事诉讼法第一百八十四条规定的期间要求的，应告知申请再审人。申请再审人认为未超过法定期间的，人民法院可以限期要求其提交生效裁判文书的送达回证复印件或其他能够证明裁判文书实际生效日期的相应证据材料。

二、民事申请再审案件的审查

第十条 人民法院受理申请再审案件后，应当组成合议庭进行审查。

第十一条 人民法院审查申请再审案件，应当围绕申请再审事由是否成立进行，申请再审人未主张的事由不予审查。

第十二条 人民法院审查申请再审案件，应当审查当事人诉讼主体资格的变化情况。

第十三条 人民法院审查申请再审案件，采取以下方式：

（一）审查当事人提交的再审申请书、书面意见等材料；

（二）审阅原审卷宗；

（三）询问当事人；

（四）组织当事人听证。

第十四条 人民法院经审查申请再审人提交的再审申请书、对方当事人提交的书面意见、原审裁判文书和证据等材料，足以确定

申请再审事由不能成立的，可以径行裁定驳回再审申请。

第十五条 对于以下列事由申请再审，且根据当事人提交的申请材料足以确定再审事由成立的案件，人民法院可以径行裁定再审：

（一）违反法律规定，管辖错误的；

（二）审判组织的组成不合法或者依法应当回避的审判人员没有回避的；

（三）无诉讼行为能力人未经法定代理人代为诉讼，或者应当参加诉讼的当事人因不能归责于本人或者其诉讼代理人的事由未参加诉讼的；

（四）据以作出原判决、裁定的法律文书被撤销或者变更的；

（五）审判人员在审理该案件时有贪污受贿、徇私舞弊、枉法裁判行为，并经相关刑事法律文书或者纪律处分决定确认的。

第十六条 人民法院决定调卷审查的，原审法院应当在收到调卷函后15日内按要求报送卷宗。

调取原审卷宗的范围可根据审查工作需要决定。必要时，在保证真实的前提下，可要求原审法院以传真件、复印件、电子文档等方式及时报送相关卷宗材料。

第十七条 人民法院可根据审查工作需要询问一方或者双方当事人。

第十八条 人民法院对以下列事由申请再审的案件，可以组织当事人进行听证：

（一）有新的证据，足以推翻原判决、裁定的；

（二）原判决、裁定认定的基本事实缺乏证据证明的；

（三）原判决、裁定认定事实的主要证据是伪造的；

（四）原判决、裁定适用法律确有错误的。

第十九条 合议庭决定听证的案件，应在听证5日前通知当事人。

第二十条 听证由审判长主持，围绕申

请再审事由是否成立进行。

第二十一条 申请再审人经传票传唤，无正当理由拒不参加询问、听证或未经许可中途退出的，裁定按撤回再审申请处理。被申请人及原审其他当事人不参加询问、听证或未经许可中途退出的，视为放弃在询问、听证过程中陈述意见的权利。

第二十二条 人民法院在审查申请再审案件过程中，被申请人或者原审其他当事人提出符合条件的再审申请的，应当将其列为申请再审人，对于其申请再审事由一并审查，审查期限重新计算。经审查，其中一方申请再审人主张的再审事由成立的，人民法院即应裁定再审。各方申请再审人主张的再审事由均不成立的，一并裁定驳回。

第二十三条 申请再审人在审查过程中撤回再审申请的，是否准许，由人民法院裁定。

第二十四条 审查过程中，申请再审人、被申请人及原审其他当事人自愿达成和解协议，当事人申请人民法院出具调解书且能够确定申请再审事由成立的，人民法院应当裁定再审并制作调解书。

第二十五条 审查过程中，申请再审人或者被申请人死亡或者终止的，按下列情形分别处理：

（一）申请再审人有权利义务继受人且该权利义务继受人申请参加审查程序的，变更其为申请再审人；

（二）被申请人有权利义务继受人的，变更其权利义务继受人为被申请人；

（三）申请再审人无权利义务继受人或其权利义务继受人未申请参加审查程序的，裁定终结审查程序；

（四）被申请人无权利义务继受人且无可供执行财产的，裁定终结审查程序。

第二十六条 人民法院经审查认为再审申请超过民事诉讼法第一百八十四条规定期间的，裁定驳回申请。

第二十七条 人民法院经审查认为申请再审事由成立的，一般应由本院提审。

第二十八条 最高人民法院、高级人民法院审查的下列案件，可以指令原审法院再审：

（一）依据民事诉讼法第一百七十九条第一款第（八）至第（十三）项事由提起再审的；

（二）因违反法定程序可能影响案件正确判决、裁定提起再审的；

（三）上一级法院认为其他应当指令原审法院再审的。

第二十九条 提审和指令再审的裁定书应当包括以下内容：

（一）申请再审人、被申请人及原审其他当事人基本情况；

（二）原审法院名称、申请再审的生效裁判文书名称、案号；

（三）裁定再审的法律依据；

（四）裁定结果。

裁定书由院长署名，加盖人民法院印章。

第三十条 驳回再审申请的裁定书，应当包括以下内容：

（一）申请再审人、被申请人及原审其他当事人基本情况；

（二）原审法院名称、申请再审的生效裁判文书名称、案号；

（三）申请再审人主张的再审事由、被申请人的意见；

（四）驳回再审申请的理由、法律依据；

（五）裁定结果。

裁定书由审判人员、书记员署名，加盖人民法院印章。

第三十一条 再审申请被裁定驳回后，申请再审人以相同理由再次申请再审的，不作为申请再审案件审查处理。

申请再审人不服驳回其再审申请的裁定，向作出驳回裁定法院的上一级法院申请再审的，不作为申请再审案件审查处理。

第三十二条 人民法院应当自受理再审

申请之日起 3 个月内审查完毕,但鉴定期间等不计入审查期限。有特殊情况需要延长的,报经本院院长批准。

第三十三条 2008 年 4 月 1 日之前受理,尚未审结的案件,符合申请再审条件的,由受理再审申请的人民法院继续审查处理并作出裁定。

最高人民法院关于规范人民法院再审立案的若干意见(试行)

(2002 年 9 月 10 日 法发〔2002〕13 号)

为加强审判监督,规范再审立案工作,根据《中华人民共和国刑事诉讼法》、《中华人民共和国民事诉讼法》和《中华人民共和国行政诉讼法》的有关规定,结合审判实际,制定本规定。

第一条 各级人民法院、专门人民法院对本院或者上级人民法院对下级人民法院作出的终审裁判,经复查认为符合再审立案条件的,应当决定或裁定再审。

人民检察院依照法律规定对人民法院作出的终审裁判提出抗诉的,应当再审立案。

第二条 地方各级人民法院、专门人民法院负责下列案件的再审立案:

(一)本院作出的终审裁判,符合再审立案条件的;

(二)下一级人民法院复查驳回或者再审改判,符合再审立案条件的;

(三)上级人民法院指令再审;

(四)人民检察院依法提出抗诉的。

第三条 最高人民法院负责下列案件的再审立案:

(一)本院作出的终审裁判,符合再审立案条件的;

(二)高级人民法院复查驳回或者再审

改判,符合再审立案条件的;

(三)最高人民检察院依法提出抗诉的;

(四)最高人民法院认为应由自己再审的。

第四条 上级人民法院对下级人民法院作出的终审裁判,认为确有必要的,可以直接立案复查,经复查认为符合再审立案条件的,可以决定或裁定再审。

第五条 再审申请人或申诉人向人民法院申请再审或申诉,应当提交以下材料:

(一)再审申请书或申诉状,应当载明当事人的基本情况、申请再审或申诉的事实与理由;

(二)原一、二审判决书、裁定书等法律文书,经过人民法院复查或再审的,应当附有驳回通知书、再审判决书或裁定书;

(三)以有新的证据证明原裁判认定的事实确有错误为由申请再审或申诉的,应当同时附有证据目录、证人名单和主要证据复印件或者照片;需要人民法院调查取证的,应当附有证据线索。

申请再审或申诉不符合前款规定的,人民法院不予审查。

第六条 申请再审或申诉一般由终审人民法院审查处理。

上一级人民法院对未经终审人民法院审查处理的申请再审或申诉,一般交终审人民法院审查;对经终审人民法院审查处理后仍坚持申请再审或申诉的,应当受理。

对未经终审人民法院及其上一级人民法院审查处理,直接向上级人民法院申请再审或申诉的,上级人民法院应当交下一级人民法院处理。

第七条 对终审刑事裁判的申诉,具备下列情形之一的,人民法院应当决定再审:

(一)有审判时未收集到的或者未被采信的证据,可能推翻原定罪量刑的;

(二)主要证据不充分或者不具有证明力的;

（三）原裁判的主要事实依据被依法变更或撤销的；

（四）据以定罪量刑的主要证据自相矛盾的；

（五）引用法律条文错误或者违反刑法第十二条的规定适用失效法律的；

（六）违反法律关于溯及力规定的；

（七）量刑明显不当的；

（八）审判程序不合法，影响案件公正裁判的；

（九）审判人员在审理案件时索贿受贿、徇私舞弊并导致枉法裁判的。

第八条　对终审民事裁判、调解的再审申请，具备下列情形之一的，人民法院应当裁定再审：

（一）有再审申请人以前不知道或举证不能的证据，可能推翻原裁判的；

（二）主要证据不充分或者不具有证明力的；

（三）原裁判的主要事实依据被依法变更或撤销的；

（四）就同一法律事实或同一法律关系，存在两个相互矛盾的生效法律文书，再审申请人对后一生效法律文书提出再审申请的；

（五）引用法律条文错误或者适用失效、尚未生效法律的；

（六）违反法律关于溯及力规定的；

（七）调解协议明显违反自愿原则，内容违反法律或者损害国家利益、公共利益和他人利益的；

（八）审判程序不合法，影响案件公正裁判的；

（九）审判人员在审理案件时索贿受贿、徇私舞弊并导致枉法裁判的。

第九条　对终审行政裁判的申诉，具备下列情形之一的，人民法院应当裁定再审：

（一）依法应当受理而不予受理或驳回起诉的；

（二）有新的证据可能改变原裁判的；

（三）主要证据不充分或不具有证明力的；

（四）原裁判的主要事实依据被依法变更或撤销的；

（五）引用法律条文错误或者适用失效、尚未生效法律的；

（六）违反法律关于溯及力规定的；

（七）行政赔偿调解协议违反自愿原则，内容违反法律或损害国家利益、公共利益和他人利益的；

（八）审判程序不合法，影响案件公正裁判的；

（九）审判人员在审理案件时索贿受贿、徇私舞弊并导致枉法裁判的。

第十条　人民法院对刑事案件的申诉人在刑罚执行完毕后两年内提出的申诉，应当受理；超过两年提出申诉，具有下列情形之一的，应当受理：

（一）可能对原审被告人宣告无罪的；

（二）原审被告人在本条规定的期限内向人民法院提出申诉，人民法院未受理的；

（三）属于疑难、复杂、重大案件的。

不符合前款规定的，人民法院不予受理。

第十一条　人民法院对刑事附带民事案件中仅就民事部分提出申诉的，一般不予再审立案。但有证据证明民事部分明显失当且原审被告人有赔偿能力的除外。

第十二条　人民法院对民事、行政案件的再审申请人或申诉人超过两年提出再审申请或申诉的，不予受理。

第十三条　人民法院对不符合法定主体资格的再审申请或申诉，不予受理。

第十四条　人民法院对下列民事案件的再审申请不予受理：

（一）人民法院依照督促程序、公示催告程序和破产还债程序审理的案件；

（二）人民法院裁定撤销仲裁裁决和裁定不予执行仲裁裁决的案件；

（三）人民法院判决、调解解除婚姻关系的案件，但当事人就财产分割问题申请再审的除外。

第十五条 上级人民法院对经终审法院的上一级人民法院依照审判监督程序审理后维持原判或者经两级人民法院依照审判监督程序复查均驳回的申请再审或申诉案件，一般不予受理。

但再审申请人或申诉人提出新的理由，且符合《中华人民共和国刑事诉讼法》第二百零四条、《中华人民共和国民事诉讼法》第一百七十九条、《中华人民共和国行政诉讼法》第六十二条及本规定第七、八、九条规定条件的，以及刑事案件的原审被告人可能被宣告无罪的除外。

第十六条 最高人民法院再审裁判或者复查驳回的案件，再审申请人或申诉人仍不服提出再审申请或申诉的，不予受理。

第十七条 本意见自 2002 年 11 月 1 日起施行。以前有关再审立案的规定与本意见不一致的，按本意见执行。

最高人民法院关于人民法院发现本院作出的诉前保全裁定和在执行程序中作出的裁定确有错误以及人民检察院对人民法院作出的诉前保全裁定提出抗诉人民法院应当如何处理的批复

（1998 年 7 月 21 日最高人民法院审判委员会第 1005 次会议通过 1998 年 7 月 30 日最高人民法院公告公布 自 1998 年 8 月 5 日施行 法释〔1998〕17 号）

山东省高级人民法院：

你院鲁高法函〔1998〕57 号《关于人民法院在执行程序中作出的裁定如发现确有错误应按何种程序纠正的请示》和鲁高法函〔1998〕58 号《关于人民法院发现本院作出的诉前保全裁定确有错误或者人民检察院对人民法院作出的诉前保全提出抗诉人民法院应如何处理的请示》收悉。经研究，答复如下：

一、人民法院院长对本院已经发生法律效力的诉前保全裁定和在执行程序中作出的裁定，发现确有错误，认为需要撤销的，应当提交审判委员会讨论决定后，裁定撤销原裁定。

二、人民检察院对人民法院作出的诉前保全裁定提出抗诉，没有法律依据，人民法院应当通知其不予受理。

此复

最高人民法院关于进一步加强民事送达工作的若干意见

（2017 年 7 月 19 日 法发〔2017〕19 号）

送达是民事案件审理过程中的重要程序事项，是保障人民法院依法公正审理民事案件、及时维护当事人合法权益的基础。近年来，随着我国社会经济的发展和人民群众司法需求的提高，送达问题已经成为制约民事审判公正与效率的瓶颈之一。为此，各级人民法院要切实改进和加强送达工作，在法律和司法解释的框架内，创新工作机制和方法，全面推进当事人送达地址确认制度，统一送达地址确认书格式，规范送达地址确认书内容，提升民事送达的质量和效率，将司法为民切实落到实处。

一、送达地址确认书是当事人送达地址确认制度的基础。送达地址确认书应当包括当事人提供的送达地址、人民法院告知事项、当事人对送达地址的确认、送达地址确认书的适用范围和变更方式等内容。

二、当事人提供的送达地址应当包括邮

政编码、详细地址以及受送达人的联系电话等。同意电子送达的，应当提供并确认接收民事诉讼文书的传真号、电子信箱、微信号等电子送达地址。当事人委托诉讼代理人的，诉讼代理人确认的送达地址视为当事人的送达地址。

三、为保障当事人的诉讼权利，人民法院应当告知送达地址确认书的填写要求和注意事项以及拒绝提供送达地址、提供虚假地址或者提供地址不准确的法律后果。

四、人民法院应当要求当事人对其填写的送达地址及法律后果等事项进行确认。当事人确认的内容应当包括当事人已知晓人民法院告知的事项及送达地址确认书的法律后果，保证送达地址准确、有效，同意人民法院通过其确认的地址送达诉讼文书等，并由当事人或者诉讼代理人签名、盖章或者捺印。

五、人民法院应当在登记立案时要求当事人确认送达地址。当事人拒绝确认送达地址的，依照最高人民法院《关于登记立案若干问题的规定》第七条的规定处理。

六、当事人在送达地址确认书中确认的送达地址，适用于第一审程序、第二审程序和执行程序。当事人变更送达地址，应当以书面方式告知人民法院。当事人未书面变更的，以其确认的地址为送达地址。

七、因当事人提供的送达地址不准确、拒不提供送达地址、送达地址变更未书面告知人民法院，导致民事诉讼文书未能被受送达人实际接收的，直接送达的，民事诉讼文书留在该地址之日为送达之日；邮寄送达的，文书被退回之日为送达之日。

八、当事人拒绝确认送达地址或以拒绝应诉、拒接电话、避而不见送达人员、搬离原住所等躲避、规避送达，人民法院不能或无法要求其确认送达地址的，可以分别以下列情形处理：

（一）当事人在诉讼所涉及的合同、往来函件中对送达地址有明确约定的，以约定的地址为送达地址；

（二）没有约定的，以当事人在诉讼中提交的书面材料中载明的自己的地址为送达地址；

（三）没有约定、当事人也未提交书面材料或者书面材料中未载明地址的，以一年内进行其他诉讼、仲裁案件中提供的地址为送达地址；

（四）无以上情形的，以当事人一年内进行民事活动时经常使用的地址为送达地址。

人民法院按照上述地址进行送达的，可以同时以电话、微信等方式通知受送达人。

九、依第八条规定仍不能确认送达地址的，自然人以其户籍登记的住所或者在经常居住地登记的住址为送达地址，法人或者其他组织以其工商登记或其他依法登记、备案的住所地为送达地址。

十、在严格遵守民事诉讼法和民事诉讼法司法解释关于电子送达适用条件的前提下，积极主动探索电子送达及送达凭证保全的有效方式、方法。有条件的法院可以建立专门的电子送达平台，或以诉讼服务平台为依托进行电子送达，或者采取与大型门户网站、通信运营商合作的方式，通过专门的电子邮箱、特定的通信号码、信息公众号等方式进行送达。

十一、采用传真、电子邮件方式送达的，送达人员应记录传真发送和接收号码、电子邮件发送和接收邮箱、发送时间、送达诉讼文书名称，并打印传真发送确认单、电子邮件发送成功网页，存卷备查。

十二、采用短信、微信等方式送达的，送达人员应记录收发手机号码、发送时间、送达诉讼文书名称，并将短信、微信等送达内容拍摄照片，存卷备查。

十三、可以根据实际情况，有针对性地探索提高送达质量和效率的工作机制，确定由专门的送达机构或者由各审判、执行部门进行送达。在不违反法律、司法解释规定的前提下,可以积极探索创新行之有效的工作方法。

十四、对于移动通信工具能够接通但无法直接送达、邮寄送达的,除判决书、裁定书、调解书外,可以采取电话送达的方式,由送达人员告知当事人诉讼文书内容,并记录拨打、接听电话号码、通话时间、送达诉讼文书内容,通话过程应当录音以存卷备查。

十五、要严格适用民事诉讼法关于公告送达的规定,加强对公告送达的管理,充分保障当事人的诉讼权利。只有在受送达人下落不明,或者用民事诉讼法第一编第七章第二节规定的其他方式无法送达的,才能适用公告送达。

十六、在送达工作中,可以借助基层组织的力量和社会力量,加强与基层组织和有关部门的沟通、协调,为做好送达工作创造良好的外部环境。有条件的地方可以要求基层组织协助送达,并可适当支付费用。

十七、要树立全国法院一盘棋意识,对于其他法院委托送达的诉讼文书,要认真、及时进行送达。鼓励法院之间建立委托送达协作机制,节约送达成本,提高送达效率。

最高人民法院关于涉外民事或商事案件司法文书送达问题若干规定

(2006年7月17日最高人民法院审判委员会第1394次会议通过 根据2020年12月23日最高人民法院审判委员会第1823次会议通过的《最高人民法院关于修改〈最高人民法院关于人民法院民事调解工作若干问题的规定〉等十九件民事诉讼类司法解释的决定》修正 2020年12月29日最高人民法院公告公布)

为规范涉外民事或商事案件司法文书送达,根据《中华人民共和国民事诉讼法》(以下简称民事诉讼法)的规定,结合审判实践,制定本规定。

第一条 人民法院审理涉外民事或商事案件时,向在中华人民共和国领域内没有住所的受送达人送达司法文书,适用本规定。

第二条 本规定所称司法文书,是指起诉状副本、上诉状副本、反诉状副本、答辩状副本、传票、判决书、调解书、裁定书、支付令、决定书、通知书、证明书、送达回证以及其他司法文书。

第三条 作为受送达人的自然人或者企业、其他组织的法定代表人、主要负责人在中华人民共和国领域内的,人民法院可以向该自然人或者法定代表人、主要负责人送达。

第四条 除受送达人在授权委托书中明确表明其诉讼代理人无权代为接收有关司法文书外,其委托的诉讼代理人为民事诉讼法第二百六十七条第(四)项规定的有权代其接受送达的诉讼代理人,人民法院可以向该诉讼代理人送达。

第五条 人民法院向受送达人送达司法文书,可以送达给其在中华人民共和国领域内设立的代表机构。

受送达人在中华人民共和国领域内有分支机构或者业务代办人的,经该受送达人授权,人民法院可以向其分支机构或者业务代办人送达。

第六条 人民法院向在中华人民共和国领域内没有住所的受送达人送达司法文书时,若该受送达人所在国与中华人民共和国签订有司法协助协定,可以依照司法协助协定规定的方式送达;若该受送达人所在国是《关于向国外送达民事或商事司法文书和司法外文书公约》的成员国,可以依照该公约规定的方式送达。

依照受送达人所在国与中华人民共和国缔结或者共同参加的国际条约中规定的方式送达的,根据《最高人民法院关于依据国际公约和双边司法协助条约办理民商事案件司法文书送达和调查取证司法协助请求的规定》办理。

第七条 按照司法协助协定、《关于向国外送达民事或商事司法文书和司法外文书公约》或者外交途径送达司法文书,自我国有关机关将司法文书转递受送达人所在国有关机关之日起满六个月,如果未能收到送达与否的证明文件,且根据各种情况不足以认定已经送达的,视为不能用该种方式送达。

第八条 受送达人所在国允许邮寄送达的,人民法院可以邮寄送达。

邮寄送达时应附有送达回证。受送达人未在送达回证上签收但在邮件回执上签收的,视为送达,签收日期为送达日期。

自邮寄之日起满三个月,如果未能收到送达与否的证明文件,且根据各种情况不足以认定已经送达的,视为不能用邮寄方式送达。

第九条 人民法院依照民事诉讼法第二百六十七条第(八)项规定的公告方式送达时,公告内容应在国内外公开发行的报刊上刊登。

第十条 除本规定上述送达方式外,人民法院可以通过传真、电子邮件等能够确认收悉的其他适当方式向受送达人送达。

第十一条 除公告送达方式外,人民法院可以同时采取多种方式向受送达人进行送达,但应根据最先实现送达的方式确定送达日期。

第十二条 人民法院向受送达人在中华人民共和国领域内的法定代表人、主要负责人、诉讼代理人、代表机构以及有权接受送达的分支机构、业务代办人送达司法文书,可以适用留置送达的方式。

第十三条 受送达人未对人民法院送达的司法文书履行签收手续,但存在以下情形之一的,视为送达:

(一)受送达人书面向人民法院提及了所送达司法文书的内容;

(二)受送达人已经按照所送达司法文书

的内容履行;

(三)其他可以视为已经送达的情形。

第十四条 人民法院送达司法文书,根据有关规定需要通过上级人民法院转递的,应附申请转递函。

上级人民法院收到下级人民法院申请转递的司法文书,应在七个工作日内予以转递。

上级人民法院认为下级人民法院申请转递的司法文书不符合有关规定需要补正的,应在七个工作日内退回申请转递的人民法院。

第十五条 人民法院送达司法文书,根据有关规定需要提供翻译件的,应由受理案件的人民法院委托中华人民共和国领域内的翻译机构进行翻译。

翻译件不加盖人民法院印章,但应由翻译机构或翻译人员签名或盖章证明译文与原文一致。

第十六条 本规定自公布之日起施行。

最高人民法院关于依据国际公约和双边司法协助条约办理民商事案件司法文书送达和调查取证司法协助请求的规定

(2013年1月21日最高人民法院审判委员会第1568次会议通过 根据2020年12月23日最高人民法院审判委员会第1823次会议通过的《最高人民法院关于修改〈最高人民法院关于人民法院民事调解工作若干问题的规定〉等十九件民事诉讼类司法解释的决定》修正 2020年12月29日最高人民法院公告公布)

为正确适用有关国际公约和双边司法协助条约,依法办理民商事案件司法文书送达和调查取证请求,根据《中华人民共和国民事诉讼法》《关于向国外送达民事或商事司法文书和司法外文书的公约》(海牙送达公约)、《关于从国外调取民事或商事证据的公约》(海牙取证公约)和双边民事司法协助条约的规定,结合我国的司法实践,制定本规定。

第一条 人民法院应当根据便捷、高效的原则确定依据海牙送达公约、海牙取证公约,或者双边民事司法协助条约,对外提出民商事案件司法文书送达和调查取证请求。

第二条 人民法院协助外国办理民商事案件司法文书送达和调查取证请求,适用对等原则。

第三条 人民法院协助外国办理民商事案件司法文书送达和调查取证请求,应当进行审查。外国提出的司法协助请求,具有海牙送达公约、海牙取证公约或双边民事司法协助条约规定的拒绝提供协助的情形的,人民法院应当拒绝提供协助。

第四条 人民法院协助外国办理民商事案件司法文书送达和调查取证请求,应当按照民事诉讼法和相关司法解释规定的方式办理。

请求方要求按照请求书中列明的特殊方式办理的,如果该方式与我国法律不相抵触,且在实践中不存在无法办理或者办理困难的情形,应当按照该特殊方式办理。

第五条 人民法院委托外国送达民商事案件司法文书和进行民商事案件调查取证,需要提供译文的,应当委托中华人民共和国领域内的翻译机构进行翻译。

翻译件不加盖人民法院印章,但应由翻译机构或翻译人员签名或盖章证明译文与原文一致。

第六条 最高人民法院统一管理全国各级人民法院的国际司法协助工作。高级人民法院应当确定一个部门统一管理本辖区各级人民法院的国际司法协助工作并指定专人负责。中级人民法院、基层人民法院和有权受理涉外案件的专门法院,应当指定专人管理国际司法协助工作;有条件的,可以同时确定

一个部门管理国际司法协助工作。

第七条 人民法院应当建立独立的国际司法协助登记制度。

第八条 人民法院应当建立国际司法协助档案制度。办理民商事案件司法文书送达的送达回证、送达证明在各个转递环节应当以适当方式保存。办理民商事案件调查取证的材料应当作为档案保存。

第九条 经最高人民法院授权的高级人民法院,可以依据海牙送达公约、海牙取证公约直接对外发出本辖区各级人民法院提出的民商事案件司法文书送达和调查取证请求。

第十条 通过外交途径办理民商事案件司法文书送达和调查取证,不适用本规定。

第十一条 最高人民法院国际司法协助统一管理部门根据本规定制定实施细则。

第十二条 最高人民法院以前所作的司法解释及规范性文件,凡与本规定不一致的,按本规定办理。

(六)保全和先予执行

最高人民法院关于人民法院办理财产保全案件若干问题的规定

(2016年10月17日最高人民法院审判委员会第1696次会议通过 根据2020年12月23日最高人民法院审判委员会第1823次会议通过的《最高人民法院关于修改〈最高人民法院关于人民法院扣押铁路运输货物若干问题的规定〉等十八件执行类司法解释的决定》修正 2020年12月29日最高人民法院公告公布)

为依法保护当事人、利害关系人的合法权益,规范人民法院办理财产保全案件,根据

《中华人民共和国民事诉讼法》等法律规定，结合审判、执行实践，制定本规定。

第一条　当事人、利害关系人申请财产保全，应当向人民法院提交申请书，并提供相关证据材料。

申请书应当载明下列事项：

（一）申请保全人与被保全人的身份、送达地址、联系方式；

（二）请求事项和所根据的事实与理由；

（三）请求保全数额或者争议标的；

（四）明确的被保全财产信息或者具体的被保全财产线索；

（五）为财产保全提供担保的财产信息或资信证明，或者不需要提供担保的理由；

（六）其他需要载明的事项。

法律文书生效后，进入执行程序前，债权人申请财产保全的，应当写明生效法律文书的制作机关、文号和主要内容，并附生效法律文书副本。

第二条　人民法院进行财产保全，由立案、审判机构作出裁定，一般应当移送执行机构实施。

第三条　仲裁过程中，当事人申请财产保全的，应当通过仲裁机构向人民法院提交申请书及仲裁案件受理通知书等相关材料。人民法院裁定采取保全措施或者裁定驳回申请的，应当将裁定书送达当事人，并通知仲裁机构。

第四条　人民法院接受财产保全申请后，应当在五日内作出裁定；需要提供担保的，应当在提供担保后五日内作出裁定；裁定采取保全措施的，应当在五日内开始执行。对情况紧急的，必须在四十八小时内作出裁定；裁定采取保全措施的，应当立即开始执行。

第五条　人民法院依照民事诉讼法第一百条规定责令申请保全人提供财产保全担保的，担保数额不超过请求保全数额的百分之三十；申请保全的财产系争议标的的，担保数额不超过争议标的的价值的百分之三十。

利害关系人申请诉前财产保全的，应当提供相当于请求保全数额的担保；情况特殊的，人民法院可以酌情处理。

财产保全期间，申请保全人提供的担保不足以赔偿可能给被保全人造成的损失的，人民法院可以责令其追加相应的担保；拒不追加的，可以裁定解除或者部分解除保全。

第六条　申请保全人或第三人为财产保全提供财产担保的，应当向人民法院出具担保书。担保书应当载明担保人、担保方式、担保范围、担保财产及其价值、担保责任承担等内容，并附相关证据材料。

第三人为财产保全提供保证担保的，应当向人民法院提交保证书。保证书应当载明保证人、保证方式、保证范围、保证责任承担等内容，并附相关证据材料。

对财产保全担保，人民法院经审查，认为违反民法典、公司法等有关法律禁止性规定的，应当责令申请保全人在指定期限内提供其他担保；逾期未提供的，裁定驳回申请。

第七条　保险人以其与申请保全人签订财产保全责任险合同的方式为财产保全提供担保的，应当向人民法院出具担保书。

担保书应当载明，因申请财产保全错误，由保险人赔偿被保全人因保全所遭受的损失等内容，并附相关证据材料。

第八条　金融监管部门批准设立的金融机构以独立保函形式为财产保全提供担保的，人民法院应当依法准许。

第九条　当事人在诉讼中申请财产保全，有下列情形之一的，人民法院可以不要求提供担保：

（一）追索赡养费、扶养费、抚育费、抚恤金、医疗费用、劳动报酬、工伤赔偿、交通事故人身损害赔偿的；

（二）婚姻家庭纠纷案件中遭遇家庭暴力

且经济困难的；

（三）人民检察院提起的公益诉讼涉及损害赔偿的；

（四）因见义勇为遭受侵害请求损害赔偿的；

（五）案件事实清楚、权利义务关系明确，发生保全错误可能性较小的；

（六）申请保全人为商业银行、保险公司等由金融监管部门批准设立的具有独立偿付债务能力的金融机构及其分支机构的。

法律文书生效后，进入执行程序前，债权人申请财产保全的，人民法院可以不要求提供担保。

第十条 当事人、利害关系人申请财产保全，应当向人民法院提供明确的被保全财产信息。

当事人在诉讼中申请财产保全，确因客观原因不能提供明确的被保全财产信息，但提供了具体财产线索的，人民法院可以依法裁定采取财产保全措施。

第十一条 人民法院依照本规定第十条第二款规定作出保全裁定的，在该裁定执行过程中，申请保全人可以向已经建立网络执行查控系统的执行法院，书面申请通过该系统查询被保全人的财产。

申请保全人提出查询申请的，执行法院可以利用网络执行查控系统，对裁定保全的财产或者保全数额范围内的财产进行查询，并采取相应的查封、扣押、冻结措施。

人民法院利用网络执行查控系统未查询到可供保全财产的，应当书面告知申请保全人。

第十二条 人民法院对查询到的被保全人财产信息，应当依法保密。除依法保全的财产外，不得泄露被保全人其他财产信息，也不得在财产保全、强制执行以外使用相关信息。

第十三条 被保全人有多项财产可供保

全的，在能够实现保全目的的情况下，人民法院应当选择对其生产经营活动影响较小的财产进行保全。

人民法院对厂房、机器设备等生产经营性财产进行保全时，指定被保全人保管的，应当允许其继续使用。

第十四条 被保全财产系机动车、航空器等特殊动产的，除被保全人下落不明的以外，人民法院应当责令被保全人书面报告该动产的权属和占有、使用等情况，并予以核实。

第十五条 人民法院应当依据财产保全裁定采取相应的查封、扣押、冻结措施。

可供保全的土地、房屋等不动产的整体价值明显高于保全裁定载明金额的，人民法院应当对该不动产的相应价值部分采取查封、扣押、冻结措施，但该不动产在使用上不可分或者分割会严重减损其价值的除外。

对银行账户内资金采取冻结措施的，人民法院应当明确具体的冻结数额。

第十六条 人民法院在财产保全中采取查封、扣押、冻结措施，需要有关单位协助办理登记手续的，有关单位应当在裁定书和协助执行通知书送达后立即办理。针对同一财产有多个裁定书和协助执行通知书的，应当按照送达的时间先后办理登记手续。

第十七条 利害关系人申请诉前财产保全，在人民法院采取保全措施后三十日内依法提起诉讼或者申请仲裁的，诉前财产保全措施自动转为诉讼或仲裁中的保全措施；进入执行程序后，保全措施自动转为执行中的查封、扣押、冻结措施。

依前款规定，自动转为诉讼、仲裁中的保全措施或者执行中的查封、扣押、冻结措施的，期限连续计算，人民法院无需重新制作裁定书。

第十八条 申请保全人申请续行财产保全的，应当在保全期限届满七日前向人民法院提出;逾期申请或者不申请的,自行承担不能续行保全的法律后果。

人民法院进行财产保全时,应当书面告知申请保全人明确的保全期限届满日以及前款有关申请续行保全的事项。

第十九条 再审审查期间,债务人申请保全生效法律文书确定给付的财产的,人民法院不予受理。

再审审理期间,原生效法律文书中止执行,当事人申请财产保全的,人民法院应当受理。

第二十条 财产保全期间,被保全人请求对被保全财产自行处分,人民法院经审查,认为不损害申请保全人和其他执行债权人合法权益的,可以准许,但应当监督被保全人按照合理价格在指定期限内处分,并控制相应价款。

被保全人请求对作为争议标的的被保全财产自行处分的,须经申请保全人同意。

人民法院准许被保全人自行处分被保全财产的,应当通知申请保全人;申请保全人不同意的,可以依照民事诉讼法第二百二十五条规定提出异议。

第二十一条 保全法院在首先采取查封、扣押、冻结措施后超过一年未对被保全财产进行处分的,除被保全财产系争议标的外,在先轮候查封、扣押、冻结的执行法院可以商请保全法院将被保全财产移送执行。但司法解释另有特别规定的,适用其规定。

保全法院与在先轮候查封、扣押、冻结的执行法院就移送被保全财产发生争议的,可以逐级报请共同的上级法院指定该财产的执行法院。

共同的上级法院应当根据被保全财产的种类及所在地、各债权数额与被保全财产价值之间的关系等案件具体情况指定执行法院,并督促其在指定期限内处分被保全财产。

第二十二条 财产纠纷案件,被保全人

或第三人提供充分有效担保请求解除保全,人民法院应当裁定准许。被保全人请求对作为争议标的的财产解除保全的,须经申请保全人同意。

第二十三条 人民法院采取财产保全措施后,有下列情形之一的,申请保全人应当及时申请解除保全:

(一)采取诉前财产保全措施后三十日内不依法提起诉讼或者申请仲裁的;

(二)仲裁机构不予受理仲裁申请、准许撤回仲裁申请或者按撤回仲裁申请处理的;

(三)仲裁申请或者请求被仲裁裁决驳回的;

(四)其他人民法院对起诉不予受理、准许撤诉或者按撤诉处理的;

(五)起诉或者诉讼请求被其他人民法院生效裁判驳回的;

(六)申请保全人应当申请解除保全的其他情形。

人民法院收到解除保全申请后,应当在五日内裁定解除保全;对情况紧急的,必须在四十八小时内裁定解除保全。

申请保全人未及时申请人民法院解除保全,应当赔偿被保全人因财产保全所遭受的损失。

被保全人申请解除保全,人民法院经审查认为符合法律规定的,应当在本条第二款规定的期间内裁定解除保全。

第二十四条 财产保全裁定执行中,人民法院发现保全裁定的内容与被保全财产的实际情况不符的,应当予以撤销、变更或补正。

第二十五条 申请保全人、被保全人对保全裁定或者驳回申请裁定不服的,可以自裁定书送达之日起五日内向作出裁定的人民法院申请复议一次。人民法院应当自收到复议申请后十日内审查。

对保全裁定不服申请复议的,人民法院

经审查,理由成立的,裁定撤销或变更;理由不成立的,裁定驳回。

对驳回申请裁定不服申请复议的,人民法院经审查,理由成立的,裁定撤销,并采取保全措施;理由不成立的,裁定驳回。

第二十六条 申请保全人、被保全人、利害关系人认为保全裁定实施过程中的执行行为违反法律规定提出书面异议的,人民法院应当依照民事诉讼法第二百二十五条规定审查处理。

第二十七条 人民法院对诉讼争议标的以外的财产进行保全,案外人对保全裁定或者保全裁定实施过程中的执行行为不服,基于实体权利对被保全财产提出书面异议的,人民法院应当依照民事诉讼法第二百二十七条规定审查处理并作出裁定。案外人、申请保全人对该裁定不服的,可以自裁定送达之日起十五日内向人民法院提起执行异议之诉。

人民法院裁定案外人异议成立后,申请保全人在法律规定的期间内未提起执行异议之诉的,人民法院应当自起诉期限届满之日起七日内对该被保全财产解除保全。

第二十八条 海事诉讼中,海事请求人申请海事请求保全,适用《中华人民共和国海事诉讼特别程序法》及相关司法解释。

第二十九条 本规定自 2016 年 12 月 1 日起施行。

本规定施行前公布的司法解释与本规定不一致的,以本规定为准。

最高人民法院关于人民法院对注册商标权进行财产保全的解释

（2000 年 11 月 22 日最高人民法院审判委员会第 1144 次会议通过　根据 2020 年 12 月 23 日最高人民法院审判委员会第 1823 次会议通过的《最高人民法院关于修改〈最高人民法院关于审理侵犯专利权纠纷案件应用法律若干问题的解释（二）〉等十八件知识产权类司法解释的决定》修正　2020 年 12 月 29 日最高人民法院公告公布）

为了正确实施对注册商标权的财产保全措施,避免重复保全,现就人民法院对注册商标权进行财产保全有关问题解释如下:

第一条 人民法院根据民事诉讼法有关规定采取财产保全措施时,需要对注册商标权进行保全的,应当向国家知识产权局商标局(以下简称商标局)发出协助执行通知书,载明要求商标局协助保全的注册商标的名称、注册人、注册证号码、保全期限以及协助执行保全的内容,包括禁止转让、注销注册商标、变更注册事项和办理商标权质押登记等事项。

第二条 对注册商标权保全的期限一次不得超过一年,自商标局收到协助执行通知书之日起计算。如果仍然需要对该注册商标权继续采取保全措施的,人民法院应当在保全期限届满前向商标局重新发出协助执行通知书,要求继续保全。否则,视为自动解除对该注册商标权的财产保全。

第三条 人民法院对已经进行保全的注册商标权,不得重复进行保全。

最高人民法院关于产业工会、基层工会是否具备社会团体法人资格和工会经费集中户可否冻结划拨问题的批复

(1997 年 5 月 16 日 根据 2020 年 12 月 23 日最高人民法院审判委员会第 1823 次会议通过的《最高人民法院关于修改〈最高人民法院关于人民法院扣押铁路运输货物若干问题的规定〉等十八件执行类司法解释的决定》修正 2020 年 12 月 29 日最高人民法院公告公布)

各省、自治区、直辖市高级人民法院,解放军军事法院:

　　山东等省高级人民法院就审判工作中如何认定产业工会、基层工会的社会团体法人资格和对工会财产、经费查封、扣押、冻结、划拨的问题,向我院请示。经研究,批复如下:

　　一、根据《中华人民共和国工会法》(以下简称工会法)的规定,产业工会社会团体法人资格的取得是由工会法直接规定的,依法不需要办理法人登记。基层工会只要符合《中华人民共和国民法典》、工会法和《中国工会章程》规定的条件,报上一级工会批准成立,即具有社会团体法人资格。人民法院在审理案件中,应当严格按照法律规定的社会团体法人条件,审查基层工会社会团体法人的法律地位。产业工会、具有社会团体法人资格的基层工会与建立工会的营利法人是各自独立的法人主体。企业或企业工会对外发生的经济纠纷,各自承担民事责任。上级工会对基层工会是否具备法律规定的社会团体法人的条件审查不严或不实,应当承担与其过错相应的民事责任。

　　二、确定产业工会或者基层工会兴办企业的法人资格,原则上以工商登记为准;其上级工会依据有关规定进行审批是必经程序,人民法院不应以此为由冻结、划拨上级工会的经费并替欠债企业清偿债务。产业工会或基层工会投资兴办的具备法人资格的企业,如果投资不足或者抽逃资金的,应当补足投资或者在注册资金不实的范围内承担责任;如果投资全部到位,又无抽逃资金的行为,当企业负债时,应当以企业所有的或者经营管理的财产承担有限责任。

　　三、根据工会法的规定,工会经费包括工会会员缴纳的会费,建立工会组织的企业事业单位、机关按每月全部职工工资总额的百分之二的比例向工会拨交的经费,以及工会所属的企业、事业单位上缴的收入和人民政府的补助等。工会经费要按比例逐月向地方各级总工会和全国总工会拨交。工会的经费一经拨交,所有权随之转移。在银行独立开列的"工会经费集中户",与企业经营资金无关,专门用于工会经费的集中与分配,不能在此账户开支费用或挪用、转移资金。因此,人民法院在审理案件中,不应将工会经费视为所在企业的财产,在企业欠债的情况下,不应冻结、划拨工会经费及"工会经费集中户"的款项。

　　此复

最高人民法院关于诉前财产保全几个问题的批复

　　(1998 年 11 月 19 日最高人民法院审判委员会第 1030 次会议通过 1998 年 11 月 27 日最高人民法院公告公布 自 1998 年 12 月 5 日施行 法释〔1998〕29 号)

湖北省高级人民法院:

　　你院鄂高法〔1998〕63 号《关于采取诉前

财产保全几个问题的请示》收悉。经研究,答复如下:

一、人民法院受理当事人诉前财产保全申请后,应当按照诉前财产保全标的金额并参照《中华人民共和国民事诉讼法》关于级别管辖和专属管辖的规定,决定采取诉前财产保全措施。

二、采取财产保全措施的人民法院受理申请人的起诉后,发现所受理的案件不属于本院管辖的,应当将案件和财产保全申请费一并移送有管辖权的人民法院。

案件移送后,诉前财产保全裁定继续有效。

因执行诉前财产保全裁定而实际支出的费用,应由受诉人民法院在申请费中返还给作出诉前财产保全的人民法院。

此复

最高人民法院关于因申请诉中财产保全损害责任纠纷管辖问题的批复

(2017年7月17日最高人民法院审判委员会第1722次会议通过 2017年8月1日最高人民法院公告公布 自2017年8月10日起施行 法释〔2017〕14号)

浙江省高级人民法院:

你院《关于因申请诉中财产保全损害责任纠纷管辖问题的请示》((2015)浙立他字第91号)收悉。经研究,批复如下:

为便于当事人诉讼,诉讼中财产保全的被申请人、利害关系人依照《中华人民共和国民事诉讼法》第一百零五条规定提起的因申请诉中财产保全损害责任纠纷之诉,由作出诉中财产保全裁定的人民法院管辖。

此复

(七)执 行

最高人民法院关于适用《中华人民共和国民事诉讼法》执行程序若干问题的解释

(2008年9月8日最高人民法院审判委员会第1452次会议通过 根据2020年12月23日最高人民法院审判委员会第1823次会议通过的《最高人民法院关于修改〈最高人民法院关于人民法院扣押铁路运输货物若干问题的规定〉等十八件执行类司法解释的决定》修正 2020年12月29日最高人民法院公告公布)

为了依法及时有效地执行生效法律文书,维护当事人的合法权益,根据《中华人民共和国民事诉讼法》(以下简称民事诉讼法),结合人民法院执行工作实际,对执行程序中适用法律的若干问题作出如下解释:

第一条 申请执行人向被执行的财产所在地人民法院申请执行的,应当提供该人民法院辖区有可供执行财产的证明材料。

第二条 对两个以上人民法院都有管辖权的执行案件,人民法院在立案前发现其他有管辖权的人民法院已经立案的,不得重复立案。

立案后发现其他有管辖权的人民法院已经立案的,应当撤销案件;已经采取执行措施的,应当将控制的财产交先立案的执行法院处理。

第三条 人民法院受理执行申请后,当事人对管辖权有异议的,应当自收到执行通知书之日起十日内提出。

人民法院对当事人提出的异议，应当审查。异议成立的，应当撤销执行案件，并告知当事人向有管辖权的人民法院申请执行；异议不成立的，裁定驳回。当事人对裁定不服的，可以向上一级人民法院申请复议。

管辖权异议审查和复议期间，不停止执行。

第四条 对人民法院采取财产保全措施的案件，申请执行人向采取保全措施的人民法院以外的其他有管辖权的人民法院申请执行的，采取保全措施的人民法院应当将保全的财产交执行法院处理。

第五条 执行过程中，当事人、利害关系人认为执行法院的执行行为违反法律规定的，可以依照民事诉讼法第二百二十五条的规定提出异议。

执行法院审查处理执行异议，应当自收到书面异议之日起十五日内作出裁定。

第六条 当事人、利害关系人依照民事诉讼法第二百二十五条规定申请复议的，应当采取书面形式。

第七条 当事人、利害关系人申请复议的书面材料，可以通过执行法院转交，也可以直接向执行法院的上一级人民法院提交。

执行法院收到复议申请后，应当在五日内将复议所需的案卷材料报送上一级人民法院；上一级人民法院收到复议申请后，应当通知执行法院在五日内报送复议所需的案卷材料。

第八条 当事人、利害关系人依照民事诉讼法第二百二十五条规定申请复议的，上一级人民法院应当自收到复议申请之日起三十日内审查完毕，并作出裁定。有特殊情况需要延长的，经本院院长批准，可以延长，延长的期限不得超过三十日。

第九条 执行异议审查和复议期间，不停止执行。

被执行人、利害关系人提供充分、有效的担保请求停止相应处分措施的，人民法院可以准许；申请执行人提供充分、有效的担保请求继续执行的，应当继续执行。

第十条 依照民事诉讼法第二百二十六条的规定，有下列情形之一的，上一级人民法院可以根据申请执行人的申请，责令执行法院限期执行或者变更执行法院：

（一）债权人申请执行时被执行人有可供执行的财产，执行法院自收到申请执行书之日起超过六个月对该财产未执行完结的；

（二）执行过程中发现被执行人可供执行的财产，执行法院自发现财产之日起超过六个月对该财产未执行完结的；

（三）对法律文书确定的行为义务的执行，执行法院自收到申请执行书之日起超过六个月未依法采取相应执行措施的；

（四）其他有条件执行超过六个月未执行的。

第十一条 上一级人民法院依照民事诉讼法第二百二十六条规定责令执行法院限期执行的，应当向其发出督促执行令，并将有关情况书面通知申请执行人。

上一级人民法院决定由本院执行或者指令本辖区其他人民法院执行的，应当作出裁定，送达当事人并通知有关人民法院。

第十二条 上一级人民法院责令执行法院限期执行，执行法院在指定期间内无正当理由仍未执行完结的，上一级人民法院应当裁定由本院执行或者指令本辖区其他人民法院执行。

第十三条 民事诉讼法第二百二十六条规定的六个月期间，不应当计算执行中的公告期间、鉴定评估期间、管辖争议处理期间、执行争议协调期间、暂缓执行期间以及中止执行期间。

第十四条 案外人对执行标的主张所有权或者有其他足以阻止执行标的转让、交付的实体权利的，可以依照民事诉讼法第二百二十七条的规定,向执行法院提出异议。

第十五条 案外人异议审查期间,人民法院不得对执行标的进行处分。

案外人向人民法院提供充分、有效的担保请求解除对异议标的的查封、扣押、冻结的,人民法院可以准许;申请执行人提供充分、有效的担保请求继续执行的,应当继续执行。

因案外人提供担保解除查封、扣押、冻结有错误,致使该标的无法执行的,人民法院可以直接执行担保财产;申请执行人提供担保请求继续执行有错误,给对方造成损失的,应当予以赔偿。

第十六条 案外人执行异议之诉审理期间,人民法院不得对执行标的进行处分。申请执行人请求人民法院继续执行并提供相应担保的,人民法院可以准许。

案外人请求解除查封、扣押、冻结或者申请执行人请求继续执行有错误,给对方造成损失的,应当予以赔偿。

第十七条 多个债权人对同一被执行人申请执行或者对执行财产申请参与分配的,执行法院应当制作财产分配方案,并送达各债权人和被执行人。债权人或者被执行人对分配方案有异议的,应当自收到分配方案之日起十五日内向执行法院提出书面异议。

第十八条 债权人或者被执行人对分配方案提出书面异议的,执行法院应当通知未提出异议的债权人或被执行人。

未提出异议的债权人、被执行人收到通知之日起十五日内未提出反对意见的,执行法院依异议人的意见对分配方案审查修正后进行分配;提出反对意见的,应当通知异议人。异议人可以自收到通知之日起十五日内,以提出反对意见的债权人、被执行人为被告,向执行法院提起诉讼;异议人逾期未提起诉讼的,执行法院依原分配方案进行分配。

诉讼期间进行分配的,执行法院应当将与争议债权数额相应的款项予以提存。

第十九条 在申请执行时效期间的最后六个月内,因不可抗力或者其他障碍不能行使请求权的,申请执行时效中止。从中止时效的原因消除之日起,申请执行时效期间继续计算。

第二十条 申请执行时效因申请执行、当事人双方达成和解协议、当事人一方提出履行要求或者同意履行义务而中断。从中断时起,申请执行时效期间重新计算。

第二十一条 生效法律文书规定债务人负有不作为义务的,申请执行时效期间从债务人违反不作为义务之日起计算。

第二十二条 执行员依照民事诉讼法第二百四十条规定立即采取强制执行措施的,可以同时或者自采取强制执行措施之日起三日内发送执行通知书。

第二十三条 依照民事诉讼法第二百五十五条规定对被执行人限制出境的,应当由申请执行人向执行法院提出书面申请;必要时,执行法院可以依职权决定。

第二十四条 被执行人为单位的,可以对其法定代表人、主要负责人或者影响债务履行的直接责任人员限制出境。

被执行人为无民事行为能力人或者限制民事行为能力人的,可以对其法定代理人限制出境。

第二十五条 在限制出境期间,被执行人履行法律文书确定的全部债务的,执行法院应当及时解除限制出境措施;被执行人提供充分、有效的担保或者申请执行人同意的,可以解除限制出境措施。

第二十六条 依照民事诉讼法第二百五十五条的规定,执行法院可以依职权或者依申请执行人的申请,将被执行人不履行法律文书确定义务的信息,通过报纸、广播、电视、互联网等媒体公布。

媒体公布的有关费用,由被执行人负担;

申请执行人申请在媒体公布的,应当垫付有关费用。

第二十七条 本解释施行前本院公布的司法解释与本解释不一致的,以本解释为准。

最高人民法院关于执行担保若干问题的规定

(2017年12月11日最高人民法院审判委员会第1729次会议通过 根据2020年12月23日最高人民法院审判委员会第1823次会议通过的《最高人民法院关于修改〈最高人民法院关于人民法院扣押铁路运输货物若干问题的规定〉等十八件执行类司法解释的决定》修正 2020年12月29日最高人民法院公告公布)

为了进一步规范执行担保,维护当事人、利害关系人的合法权益,根据《中华人民共和国民事诉讼法》等法律规定,结合执行实践,制定本规定。

第一条 本规定所称执行担保,是指担保人依照民事诉讼法第二百三十一条规定,为担保被执行人履行生效法律文书确定的全部或者部分义务,向人民法院提供的担保。

第二条 执行担保可以由被执行人提供财产担保,也可以由他人提供财产担保或者保证。

第三条 被执行人或者他人提供执行担保的,应当向人民法院提交担保书,并将担保书副本送交申请执行人。

第四条 担保书中应当载明担保人的基本信息、暂缓执行期限、担保期间、被担保的债权种类及数额、担保范围、担保方式、被执行人于暂缓执行期限届满后仍不履行时担保人自愿接受直接强制执行的承诺等内容。

提供财产担保的,担保书中还应当载明担保财产的名称、数量、质量、状况、所在地、所有权或者使用权归属等内容。

第五条 公司为被执行人提供执行担保的,应当提交符合公司法第十六条规定的公司章程、董事会或者股东会、股东大会决议。

第六条 被执行人或者他人提供执行担保,申请执行人同意的,应当向人民法院出具书面同意意见,也可以由执行人员将其同意的内容记入笔录,并由申请执行人签名或者盖章。

第七条 被执行人或者他人提供财产担保,可以依照民法典规定办理登记等担保物权公示手续;已经办理公示手续的,申请执行人可以依法主张优先受偿权。

申请执行人申请人民法院查封、扣押、冻结担保财产的,人民法院应当准许,但担保书另有约定的除外。

第八条 人民法院决定暂缓执行的,可以暂缓全部执行措施的实施,但担保书另有约定的除外。

第九条 担保书内容与事实不符,且对申请执行人合法权益产生实质影响的,人民法院可以依申请执行人的申请恢复执行。

第十条 暂缓执行的期限应当与担保书约定一致,但最长不得超过一年。

第十一条 暂缓执行期限届满后被执行人仍不履行义务,或者暂缓执行期间担保人有转移、隐藏、变卖、毁损担保财产等行为的,人民法院可以依申请执行人的申请恢复执行,并直接裁定执行担保财产或者保证人的财产,不得将担保人变更、追加为被执行人。

执行担保财产或者保证人的财产,以担保人应当履行义务部分的财产为限。被执行人有便于执行的现金、银行存款的,应当优先执行该现金、银行存款。

第十二条 担保期间自暂缓执行期限届满之日起计算。

担保书中没有记载担保期间或者记载不明的,担保期间为一年。

第十三条 担保期间届满后,申请执行人申请执行担保财产或者保证人财产的,人民法院不予支持。他人提供财产担保的,人民法院可以依其申请解除对担保财产的查封、扣押、冻结。

第十四条 担保人承担担保责任后,提起诉讼向被执行人追偿的,人民法院应予受理。

第十五条 被执行人申请变更、解除全部或者部分执行措施,并担保履行生效法律文书确定义务的,参照适用本规定。

第十六条 本规定自 2018 年 3 月 1 日起施行。

本规定施行前成立的执行担保,不适用本规定。

本规定施行前本院公布的司法解释与本规定不一致的,以本规定为准。

最高人民法院关于执行和解若干问题的规定

(2017 年 11 月 6 日最高人民法院审判委员会第 1725 次会议通过 根据 2020 年 12 月 23 日最高人民法院审判委员会第 1823 次会议通过的《最高人民法院关于修改〈最高人民法院关于人民法院扣押铁路运输货物若干问题的规定〉等十八件执行类司法解释的决定》修正 2020 年 12 月 29 日最高人民法院公告公布)

为了进一步规范执行和解,维护当事人、利害关系人的合法权益,根据《中华人民共和国民事诉讼法》等法律规定,结合执行实践,制定本规定。

第一条 当事人可以自愿协商达成和解协议,依法变更生效法律文书确定的权利义务主体、履行标的、期限、地点和方式等内容。

和解协议一般采用书面形式。

第二条 和解协议达成后,有下列情形之一的,人民法院可以裁定中止执行:

(一)各方当事人共同向人民法院提交书面和解协议的;

(二)一方当事人向人民法院提交书面和解协议,其他当事人予以认可的;

(三)当事人达成口头和解协议,执行人员将和解协议内容记入笔录,由各方当事人签名或者盖章的。

第三条 中止执行后,申请执行人申请解除查封、扣押、冻结的,人民法院可以准许。

第四条 委托代理人代为执行和解,应当有委托人的特别授权。

第五条 当事人协商一致,可以变更执行和解协议,并向人民法院提交变更后的协议,或者由执行人员将变更后的内容记入笔录,并由各方当事人签名或者盖章。

第六条 当事人达成以物抵债执行和解协议的,人民法院不得依据该协议作出以物抵债裁定。

第七条 执行和解协议履行过程中,符合民法典第五百七十条规定情形的,债务人可以依法向有关机构申请提存;执行和解协议约定给付金钱的,债务人也可以向执行法院申请提存。

第八条 执行和解协议履行完毕的,人民法院作执行结案处理。

第九条 被执行人一方不履行执行和解协议的,申请执行人可以申请恢复执行原生效法律文书,也可以就履行执行和解协议向执行法院提起诉讼。

第十条 申请恢复执行原生效法律文书,适用民事诉讼法第二百三十九条申请执行期间的规定。

当事人不履行执行和解协议的,申请恢

复执行期间自执行和解协议约定履行期间的最后一日起计算。

第十一条 申请执行人以被执行人一方不履行执行和解协议为由申请恢复执行，人民法院经审查，理由成立的，裁定恢复执行；有下列情形之一的，裁定不予恢复执行：

（一）执行和解协议履行完毕后申请恢复执行的；

（二）执行和解协议约定的履行期限尚未届至或者履行条件尚未成就的，但符合民法典第五百七十八条规定情形的除外；

（三）被执行人一方正在按照执行和解协议约定履行义务的；

（四）其他不符合恢复执行条件的情形。

第十二条 当事人、利害关系人认为恢复执行或者不予恢复执行违反法律规定的，可以依照民事诉讼法第二百二十五条规定提出异议。

第十三条 恢复执行后，对申请执行人就履行执行和解协议提起的诉讼，人民法院不予受理。

第十四条 申请执行人就履行执行和解协议提起诉讼，执行法院受理后，可以裁定终结原生效法律文书的执行。执行中的查封、扣押、冻结措施，自动转为诉讼中的保全措施。

第十五条 执行和解协议履行完毕，申请执行人因被执行人迟延履行、瑕疵履行遭受损害的，可以向执行法院另行提起诉讼。

第十六条 当事人、利害关系人认为执行和解协议无效或者应予撤销的，可以向执行法院提起诉讼。执行和解协议被确认无效或者撤销后，申请执行人可以据此申请恢复执行。

被执行人以执行和解协议无效或者应予撤销为由提起诉讼的，不影响申请执行人申请恢复执行。

第十七条 恢复执行后，执行和解协议

已经履行部分应当依法扣除。当事人、利害关系人认为人民法院的扣除行为违反法律规定的，可以依照民事诉讼法第二百二十五条规定提出异议。

第十八条 执行和解协议中约定担保条款，且担保人向人民法院承诺在被执行人不履行执行和解协议时自愿接受直接强制执行的，恢复执行原生效法律文书后，人民法院可以依申请执行人申请及担保条款的约定，直接裁定执行担保财产或者保证人的财产。

第十九条 执行过程中，被执行人根据当事人自行达成但未提交人民法院的和解协议，或者一方当事人提交人民法院但其他当事人不予认可的和解协议，依照民事诉讼法第二百二十五条规定提出异议的，人民法院按照下列情形，分别处理：

（一）和解协议履行完毕的，裁定终结原生效法律文书的执行；

（二）和解协议约定的履行期限尚未届至或者履行条件尚未成就的，裁定中止执行，但符合民法典第五百七十八条规定情形的除外；

（三）被执行人一方正在按照和解协议约定履行义务的，裁定中止执行；

（四）被执行人不履行和解协议的，裁定驳回异议；

（五）和解协议不成立、未生效或者无效的，裁定驳回异议。

第二十条 本规定自 2018 年 3 月 1 日起施行。

本规定施行前本院公布的司法解释与本规定不一致的，以本规定为准。

最高人民法院关于人民法院办理仲裁裁决执行案件若干问题的规定

（2018年1月5日最高人民法院审判委员会第1730次会议通过 2018年2月22日最高人民法院公告公布 自2018年3月1日起施行 法释〔2018〕5号）

为了规范人民法院办理仲裁裁决执行案件，依法保护当事人、案外人的合法权益，根据《中华人民共和国民事诉讼法》《中华人民共和国仲裁法》等法律规定，结合人民法院执行工作实际，制定本规定。

第一条 本规定所称的仲裁裁决执行案件，是指当事人申请人民法院执行仲裁机构依据仲裁法作出的仲裁裁决或者仲裁调解书的案件。

第二条 当事人对仲裁机构作出的仲裁裁决或者仲裁调解书申请执行的，由被执行人住所地或者被执行的财产所在地的中级人民法院管辖。

符合下列条件的，经上级人民法院批准，中级人民法院可以参照民事诉讼法第三十八条的规定指定基层人民法院管辖：

（一）执行标的额符合基层人民法院一审民商事案件级别管辖受理范围；

（二）被执行人住所地或者被执行的财产所在地在被指定的基层人民法院辖区内。

被执行人、案外人对仲裁裁决执行案件申请不予执行的，负责执行的中级人民法院应当另行立案审查处理；执行案件已指定基层人民法院管辖的，应当于收到不予执行申请后三日内移送原执行法院另行立案审查处理。

第三条 仲裁裁决或者仲裁调解书执行内容具有下列情形之一导致无法执行的，人民法院可以裁定驳回执行申请；导致部分无法执行的，可以裁定驳回该部分的执行申请；导致部分无法执行且该部分与其他部分不可分的，可以裁定驳回执行申请：

（一）权利义务主体不明确；

（二）金钱给付具体数额不明确或者计算方法不明确导致无法计算出具体数额；

（三）交付的特定物不明确或者无法确定；

（四）行为履行的标准、对象、范围不明确；

仲裁裁决或者仲裁调解书仅确定继续履行合同，但对继续履行的权利义务，以及履行的方式、期限等具体内容不明确，导致无法执行的，依照前款规定处理。

第四条 对仲裁裁决主文或者仲裁调解书中的文字、计算错误以及仲裁庭已经认定但在裁决主文中遗漏的事项，可以补正或说明的，人民法院应当书面告知仲裁庭补正或说明，或者向仲裁机构调阅仲裁案卷查明。仲裁庭不补正也不说明，且人民法院调阅仲裁案卷后执行内容仍然不明确具体无法执行的，可以裁定驳回执行申请。

第五条 申请执行人对人民法院依照本规定第三条、第四条作出的驳回执行申请裁定不服的，可以自裁定送达之日起十日内向上一级人民法院申请复议。

第六条 仲裁裁决或者仲裁调解书确定交付的特定物确已毁损或者灭失的，依照《最高人民法院关于适用〈中华人民共和国民事诉讼法〉的解释》第四百九十四条的规定处理。

第七条 被执行人申请撤销仲裁裁决并已由人民法院受理的，或者被执行人、案外人对仲裁裁决执行案件提出不予执行申请并提供适当担保的，执行法院应当裁定中止执行。中止执行期间，人民法院应当停止处分性措施,但申请执行人提供充分、有效的担保请求继续执行的除外;执行标的查封、扣押、冻结期限届满前,人民法院可以根据当事人申请或者依职权办理续行查封、扣押、冻结手续。

申请撤销仲裁裁决、不予执行仲裁裁决案件司法审查期间,当事人、案外人申请对已查封、扣押、冻结之外的财产采取保全措施的,负责审查的人民法院参照民事诉讼法第一百条的规定处理。司法审查后仍需继续执行的,保全措施自动转为执行中的查封、扣押、冻结措施;采取保全措施的人民法院与执行法院不一致的,应当将保全手续移送执行法院,保全裁定视为执行法院作出的裁定。

第八条　被执行人向人民法院申请不予执行仲裁裁决的,应当在执行通知书送达之日起十五日内提出书面申请;有民事诉讼法第二百三十七条第二款第四、六项规定情形且执行程序尚未终结的,应当自知道或者应当知道有关事实或案件之日起十五日内提出书面申请。

本条前款规定期限届满前,被执行人已向有管辖权的人民法院申请撤销仲裁裁决且已被受理的,自人民法院驳回撤销仲裁裁决申请的裁判文书生效之日起重新计算期限。

第九条　案外人向人民法院申请不予执行仲裁裁决或者仲裁调解书的,应当提交申请书以及证明其请求成立的证据材料,并符合下列条件:

(一)有证据证明仲裁案件当事人恶意申请仲裁或者虚假仲裁,损害其合法权益;

(二)案外人主张的合法权益所涉及的执行标的尚未执行终结;

(三)自知道或者应当知道人民法院对该标的采取执行措施之日起三十日内提出。

第十条　被执行人申请不予执行仲裁裁决,对同一仲裁裁决的多个不予执行事由应当一并提出。不予执行仲裁裁决申请被裁定驳回后,再次提出申请的,人民法院不予审

查,但有新证据证明存在民事诉讼法第二百三十七条第二款第四、六项规定情形的除外。

第十一条　人民法院对不予执行仲裁裁决案件应当组成合议庭围绕被执行人申请的事由、案外人的申请进行审查;对被执行人没有申请的事由不予审查,但仲裁裁决可能违背社会公共利益的除外。

被执行人、案外人对仲裁裁决执行案件申请不予执行的,人民法院应当进行询问;被执行人在询问终结前提出其他不予执行事由的,应当一并审查。人民法院审查时,认为必要的,可以要求仲裁庭作出说明,或者向仲裁机构调阅仲裁案卷。

第十二条　人民法院对不予执行仲裁裁决案件的审查,应当在立案之日起两个月内审查完毕并作出裁定;有特殊情况需要延长的,经本院院长批准,可以延长一个月。

第十三条　下列情形经人民法院审查属实的,应当认定为民事诉讼法第二百三十七条第二款第二项规定的“裁决的事项不属于仲裁协议的范围或者仲裁机构无权仲裁的”情形:

(一)裁决的事项超出仲裁协议约定的范围;

(二)裁决的事项属于依照法律规定或者当事人选择的仲裁规则规定的不可仲裁事项;

(三)裁决内容超出当事人仲裁请求的范围;

(四)作出裁决的仲裁机构非仲裁协议所约定。

第十四条　违反仲裁法规定的仲裁程序、当事人选择的仲裁规则或者当事人对仲裁程序的特别约定,可能影响案件公正裁决,经人民法院审查属实的,应当认定为民事诉讼法第二百三十七条第二款第三项规定的“仲裁庭的组成或者仲裁的程序违反法定程序的”情形。

当事人主张未按照仲裁法或仲裁规则规定的方式送达法律文书导致其未能参与仲裁，或者仲裁员根据仲裁法或仲裁规则的规定应当回避而未回避，可能影响公正裁决，经审查属实的，人民法院应当支持；仲裁庭按照仲裁法或仲裁规则以及当事人约定的方式送达仲裁法律文书，当事人主张不符合民事诉讼法有关送达规定的，人民法院不予支持。

适用的仲裁程序或仲裁规则经特别提示，当事人知道或者应当知道法定仲裁程序或选择的仲裁规则未被遵守，但仍然参加或者继续参加仲裁程序且未提出异议，在仲裁裁决作出之后以违反法定程序为由申请不予执行仲裁裁决的，人民法院不予支持。

第十五条 符合下列条件的，人民法院应当认定为民事诉讼法第二百三十七条第二款第四项规定的"裁决所根据的证据是伪造的"情形：

（一）该证据已被仲裁裁决采信；

（二）该证据属于认定案件基本事实的主要证据；

（三）该证据经查明确属通过捏造、变造、提供虚假证明等非法方式形成或者获取，违反证据的客观性、关联性、合法性要求。

第十六条 符合下列条件的，人民法院应当认定为民事诉讼法第二百三十七条第二款第五项规定的"对方当事人向仲裁机构隐瞒了足以影响公正裁决的证据的"情形：

（一）该证据属于认定案件基本事实的主要证据；

（二）该证据仅为对方当事人掌握，但未向仲裁庭提交；

（三）仲裁过程中知悉存在该证据，且要求对方当事人出示或者请求仲裁庭责令其提交，但对方当事人无正当理由未予出示或者提交。

当事人一方在仲裁过程中隐瞒己方掌握的证据，仲裁裁决作出后以己方所隐瞒的证据足以影响公正裁决为由申请不予执行仲裁裁决的，人民法院不予支持。

第十七条 被执行人申请不予执行仲裁调解书或者根据当事人之间的和解协议、调解协议作出的仲裁裁决，人民法院不予支持，但该仲裁调解书或者仲裁裁决违背社会公共利益的除外。

第十八条 案外人根据本规定第九条申请不予执行仲裁裁决或者仲裁调解书，符合下列条件的，人民法院应当支持：

（一）案外人系权利或者利益的主体；

（二）案外人主张的权利或者利益合法、真实；

（三）仲裁案件当事人之间存在虚构法律关系，捏造案件事实的情形；

（四）仲裁裁决主文或者仲裁调解书处理当事人民事权利义务的结果部分或者全部错误，损害案外人合法权益。

第十九条 被执行人、案外人对仲裁裁决执行案件逾期申请不予执行的，人民法院应当裁定不予受理；已经受理的，应当裁定驳回不予执行申请。

被执行人、案外人对仲裁裁决执行案件申请不予执行，经审查理由成立的，人民法院应当裁定不予执行；理由不成立的，应当裁定驳回不予执行申请。

第二十条 当事人向人民法院申请撤销仲裁裁决被驳回后，又在执行程序中以相同事由提出不予执行申请的，人民法院不予支持；当事人向人民法院申请不予执行被驳回后，又以相同事由申请撤销仲裁裁决的，人民法院不予支持。

在不予执行仲裁裁决案件审查期间，当事人向有管辖权的人民法院提出撤销仲裁裁决申请并被受理的，人民法院应当裁定中止对不予执行申请的审查；仲裁裁决被撤销或者决定重新仲裁的，人民法院应当裁定终结执行，并终结对不予执行申请的审查；撤销仲裁裁决申请被驳回或者申请执行人撤回撤销仲裁裁决申请的,人民法院应当恢复对不予执行申请的审查;被执行人撤回撤销仲裁裁决申请的,人民法院应当裁定终结对不予执行申请的审查,但案外人申请不予执行仲裁裁决的除外。

第二十一条 人民法院裁定驳回撤销仲裁裁决申请或者驳回不予执行仲裁裁决、仲裁调解书申请的,执行法院应当恢复执行。

人民法院裁定撤销仲裁裁决或者基于被执行人申请裁定不予执行仲裁裁决,原被执行人申请执行回转或者解除强制执行措施的,人民法院应当支持。原申请执行人对已履行或者被人民法院强制执行的款物申请保全的,人民法院应当依法准许;原申请执行人在人民法院采取保全措施之日起三十日内,未根据双方达成的书面仲裁协议重新申请仲裁或者向人民法院起诉的,人民法院应当裁定解除保全。

人民法院基于案外人申请裁定不予执行仲裁裁决或者仲裁调解书,案外人申请执行回转或者解除强制执行措施的,人民法院应当支持。

第二十二条 人民法院裁定不予执行仲裁裁决、驳回或者不予受理不予执行仲裁裁决申请后,当事人对该裁定提出执行异议或者申请复议的,人民法院不予受理。

人民法院裁定不予执行仲裁裁决的,当事人可以根据双方达成的书面仲裁协议重新申请仲裁,也可以向人民法院起诉。

人民法院基于案外人申请裁定不予执行仲裁裁决或者仲裁调解书,当事人不服的,可以自裁定送达之日起十日内向上一级人民法院申请复议;人民法院裁定驳回或者不予受理案外人提出的不予执行仲裁裁决、仲裁调解书申请,案外人不服的,可以自裁定送达之日起十日内向上一级人民法院申请复议。

第二十三条 本规定第八条、第九条关于对仲裁裁决执行案件申请不予执行的期限自本规定施行之日起重新计算。

第二十四条 本规定自2018年3月1日起施行,本院以前发布的司法解释与本规定不一致的,以本规定为准。

本规定施行前已经执行终结的执行案件,不适用本规定;本规定施行后尚未执行终结的执行案件,适用本规定。

最高人民法院关于民事执行中财产调查若干问题的规定

（2017年1月25日最高人民法院审判委员会第1708次会议通过 根据2020年12月23日最高人民法院审判委员会第1823次会议通过的《最高人民法院关于修改〈最高人民法院关于人民法院扣押铁路运输货物若干问题的规定〉等十八件执行类司法解释的决定》修正 2020年12月29日最高人民法院公告公布）

为规范民事执行财产调查,维护当事人及利害关系人的合法权益,根据《中华人民共和国民事诉讼法》等法律的规定,结合执行实践,制定本规定。

第一条 执行过程中,申请执行人应当提供被执行人的财产线索;被执行人应当如实报告财产;人民法院应当通过网络执行查控系统进行调查,根据案件需要应当通过其他方式进行调查的,同时采取其他调查方式。

第二条 申请执行人提供被执行人财产线索,应当填写财产调查表。财产线索明确、具体的,人民法院应当在七日内调查核实;情况紧急的,应当在三日内调查核实。财产线索确实的,人民法院应当及时采取相应的执行措施。

申请执行人确因客观原因无法自行查明

财产的,可以申请人民法院调查。

第三条 人民法院依申请执行人的申请或依职权责令被执行人报告财产情况的,应当向其发出报告财产令。金钱债权执行中,报告财产令应当与执行通知同时发出。

人民法院根据案件需要再次责令被执行人报告财产情况的,应当重新向其发出报告财产令。

第四条 报告财产令应当载明下列事项:

(一)提交财产报告的期限;

(二)报告财产的范围、期间;

(三)补充报告财产的条件及期间;

(四)违反报告财产义务应承担的法律责任;

(五)人民法院认为有必要载明的其他事项。

报告财产令应附财产调查表,被执行人必须按照要求逐项填写。

第五条 被执行人应当在报告财产令载明的期限内向人民法院书面报告下列财产情况:

(一)收入、银行存款、现金、理财产品、有价证券;

(二)土地使用权、房屋等不动产;

(三)交通运输工具、机器设备、产品、原材料等动产;

(四)债权、股权、投资权益、基金份额、信托受益权、知识产权等财产性权利;

(五)其他应当报告的财产。

被执行人的财产已出租、已设立担保物权等权利负担,或者存在共有、权属争议等情形的,应当一并报告;被执行人的动产由第三人占有,被执行人的不动产、特定动产、其他财产权等登记在第三人名下的,也应当一并报告。

被执行人在报告财产令载明的期限内提交书面报告确有困难的,可以向人民法院书面申请延长期限;申请有正当理由的,人民法院可以适当延长。

第六条 被执行人自收到执行通知之日前一年至提交书面财产报告之日,其财产情况发生下列变动的,应当将变动情况一并报告:

(一)转让、出租财产的;

(二)在财产上设立担保物权等权利负担的;

(三)放弃债权或延长债权清偿期的;

(四)支出大额资金的;

(五)其他影响生效法律文书确定债权实现的财产变动。

第七条 被执行人报告财产后,其财产情况发生变动,影响申请执行人债权实现的,应当自财产变动之日起十日内向人民法院补充报告。

第八条 对被执行人报告的财产情况,人民法院应当及时调查核实,必要时可以组织当事人进行听证。

申请执行人申请查询被执行人报告的财产情况的,人民法院应当准许。申请执行人及其代理人对查询过程中知悉的信息应当保密。

第九条 被执行人拒绝报告、虚假报告或者无正当理由逾期报告财产情况的,人民法院可以根据情节轻重对被执行人或者其法定代理人予以罚款、拘留;构成犯罪的,依法追究刑事责任。

人民法院对有前款规定行为之一的单位,可以对其主要负责人或者直接责任人员予以罚款、拘留;构成犯罪的,依法追究刑事责任。

第十条 被执行人拒绝报告、虚假报告或者无正当理由逾期报告财产情况的,人民法院应当依照相关规定将其纳入失信被执行人名单。

第十一条 有下列情形之一的,财产报告程序终结：

（一）被执行人履行完毕生效法律文书确定义务的；

（二）人民法院裁定终结执行的；

（三）人民法院裁定不予执行的；

（四）人民法院认为财产报告程序应当终结的其他情形。

发出报告财产令后，人民法院裁定终结本次执行程序的，被执行人仍应依照本规定第七条的规定履行补充报告义务。

第十二条　被执行人未按执行通知履行生效法律文书确定的义务，人民法院有权通过网络执行查控系统、现场调查等方式向被执行人、有关单位或个人调查被执行人的身份信息和财产信息，有关单位和个人应当依法协助办理。

人民法院对调查所需资料可以复制、打印、抄录、拍照或以其他方式进行提取、留存。

申请执行人申请查询人民法院调查的财产信息的，人民法院可以根据案件需要决定是否准许。申请执行人及其代理人对查询过程中知悉的信息应当保密。

第十三条　人民法院通过网络执行查控系统进行调查，与现场调查具有同等法律效力。

人民法院调查过程中作出的电子法律文书与纸质法律文书具有同等法律效力；协助执行单位反馈的电子查询结果与纸质反馈结果具有同等法律效力。

第十四条　被执行人隐匿财产、会计账簿等资料拒不交出的，人民法院可以依法采取搜查措施。

人民法院依法搜查时，对被执行人可能隐匿财产或者资料的处所、箱柜等，经责令被执行人开启而拒不配合的，可以强制开启。

第十五条　为查明被执行人的财产情况和履行义务的能力，可以传唤被执行人或被执行人的法定代表人、负责人、实际控制人、

直接责任人员到人民法院接受调查询问。

对必须接受调查询问的被执行人、被执行人的法定代表人、负责人或者实际控制人，经依法传唤无正当理由拒不到场的，人民法院可以拘传其到场；上述人员下落不明的，人民法院可以依照相关规定通知有关单位协助查找。

第十六条　人民法院对已经办理查封登记手续的被执行人机动车、船舶、航空器等特定动产未能实际扣押的，可以依照相关规定通知有关单位协助查找。

第十七条　作为被执行人的法人或非法人组织不履行生效法律文书确定的义务，申请执行人认为其有拒绝报告、虚假报告财产情况，隐匿、转移财产等逃避债务情形或者其股东、出资人有出资不实、抽逃出资等情形的，可以书面申请人民法院委托审计机构对该被执行人进行审计。人民法院应当自收到书面申请之日起十日内决定是否准许。

第十八条　人民法院决定审计的，应当随机确定具备资格的审计机构，并责令被执行人提交会计凭证、会计账簿、财务会计报告等与审计事项有关的资料。

被执行人隐匿审计资料的，人民法院可以依法采取搜查措施。

第十九条　被执行人拒不提供、转移、隐匿、伪造、篡改、毁弃审计资料，阻挠审计人员查看业务现场或者有其他妨碍审计调查行为的，人民法院可以根据情节轻重对被执行人或其主要负责人、直接责任人员予以罚款、拘留；构成犯罪的，依法追究刑事责任。

第二十条　审计费用由提出审计申请的申请执行人预交。被执行人存在拒绝报告或虚假报告财产情况，隐匿、转移财产或者其他逃避债务情形的，审计费用由被执行人承担；未发现被执行人存在上述情形的，审计费用由申请执行人承担。

第二十一条　被执行人不履行生效法律

文书确定的义务,申请执行人可以向人民法院书面申请发布悬赏公告查找可供执行的财产。申请书应当载明下列事项:

(一)悬赏金的数额或计算方法;

(二)有关人员提供人民法院尚未掌握的财产线索,使该申请执行人的债权得以全部或部分实现时,自愿支付悬赏金的承诺;

(三)悬赏公告的发布方式;

(四)其他需要载明的事项。

人民法院应当自收到书面申请之日起十日内决定是否准许。

第二十二条 人民法院决定悬赏查找财产的,应当制作悬赏公告。悬赏公告应当载明悬赏金的数额或计算方法、领取条件等内容。

悬赏公告应当在全国法院执行悬赏公告平台、法院微博或微信等媒体平台发布,也可以在执行法院公告栏或被执行人住所地、经常居住地等处张贴。申请执行人申请在其他媒体平台发布,并自愿承担发布费用的,人民法院应当准许。

第二十三条 悬赏公告发布后,有关人员向人民法院提供财产线索的,人民法院应当对有关人员的身份信息和财产线索进行登记;两人以上提供相同财产线索的,应当按照提供线索的先后顺序登记。

人民法院对有关人员的身份信息和财产线索应当保密,但为发放悬赏金需要告知申请执行人的除外。

第二十四条 有关人员提供人民法院尚未掌握的财产线索,使申请发布悬赏公告的申请执行人的债权得以全部或部分实现的,人民法院应当按照悬赏公告发放悬赏金。

悬赏金从前款规定的申请执行人应得的执行款中予以扣减。特定物交付执行或者存在其他无法扣减情形的,悬赏金由该申请执行人另行支付。

有关人员为申请执行人的代理人、有义务向人民法院提供财产线索的人员或者存在其他不应发放悬赏金情形的,不予发放。

第二十五条 执行人员不得调查与执行案件无关的信息,对调查过程中知悉的国家秘密、商业秘密和个人隐私应当保密。

第二十六条 本规定自 2017 年 5 月 1 日起施行。

本规定施行后,本院以前公布的司法解释与本规定不一致的,以本规定为准。

最高人民法院关于执行案件立案、结案若干问题的意见

(2014 年 12 月 17 日 法发〔2014〕26 号)

为统一执行案件立案、结案标准,规范执行行为,根据《中华人民共和国民事诉讼法》等法律、司法解释的规定,结合人民法院执行工作实际,制定本意见。

第一条 本意见所称执行案件包括执行实施类案件和执行审查类案件。

执行实施类案件是指人民法院因申请执行人申请、审判机构移送、受托、提级、指定和依职权,对已发生法律效力且具有可强制执行内容的法律文书所确定的事项予以执行的案件。

执行审查类案件是指在执行过程中,人民法院审查和处理执行异议、复议、申诉、请示、协调以及决定执行管辖权的移转等事项的案件。

第二条 执行案件统一由人民法院立案机构进行审查立案,人民法庭经授权执行自审案件的,可以自行审查立案,法律、司法解释规定可以移送执行的,相关审判机构可以移送立案机构办理立案登记手续。

立案机构立案后,应当依照法律、司法解释的规定向申请人发出执行案件受理通知书。

第三条 人民法院对符合法律、司法解

释规定的立案标准的执行案件,应当予以立案,并纳入审判和执行案件统一管理体系。

人民法院不得有审判和执行案件统一管理体系之外的执行案件。

任何案件不得以任何理由未经立案即进入执行程序。

第四条 立案机构在审查立案时,应当按照本意见确定执行案件的类型代字和案件编号,不得违反本意见创设案件类型代字。

第五条 执行实施类案件类型代字为"执字",按照立案时间的先后顺序确定案件编号,单独进行排序;但执行财产保全裁定的,案件类型代字为"执保字",按照立案时间的先后顺序确定案件编号,单独进行排序;恢复执行的,案件类型代字为"执恢字",按照立案时间的先后顺序确定案件编号,单独进行排序。

第六条 下列案件,人民法院应当按照恢复执行案件予以立案:

(一)申请执行人因受欺诈、胁迫与被执行人达成和解协议,申请恢复执行原生效法律文书的;

(二)一方当事人不履行或不完全履行执行和解协议,对方当事人申请恢复执行原生效法律文书的;

(三)执行实施案件以裁定终结本次执行程序方式报结后,如发现被执行人有财产可供执行,申请执行人申请或者人民法院依职权恢复执行的;

(四)执行实施案件因委托执行结案后,确因委托不当被已立案的受托法院退回委托的;

(五)依照民事诉讼法第二百五十七条的规定而终结执行的案件,申请执行的条件具备时,申请执行人申请恢复执行的。

第七条 除下列情形外,人民法院不得人为拆分执行实施案件:

(一)生效法律文书确定的给付内容为分期履行的,各期债务履行期间届满,被执行人未自动履行,申请执行人可分期申请执行,也可以对几期或全部到期债权一并申请执行;

(二)生效法律文书确定有多个债务人各自单独承担明确的债务的,申请执行人可以对每个债务人分别申请执行,也可以对几个或全部债务人一并申请执行;

(三)生效法律文书确定有多个债权人各自享有明确的债权的(包括按份共有),每个债权人可以分别申请执行;

(四)申请执行赡养费、扶养费、抚养费的案件,涉及金钱给付内容的,人民法院应当根据申请执行时已发生的债权数额进行审查立案,执行过程中新发生的债权应当另行申请执行;涉及人身权内容的,人民法院应当根据申请执行时义务人未履行义务的事实进行审查立案,执行过程中义务人延续消极行为的,应当依据申请执行人的申请一并执行。

第八条 执行审查类案件按下列规则确定类型代字和案件编号:

(一)执行异议案件类型代字为"执异字",按照立案时间的先后顺序确定案件编号,单独进行排序;

(二)执行复议案件类型代字为"执复字",按照立案时间的先后顺序确定案件编号,单独进行排序;

(三)执行监督案件类型代字为"执监字",按照立案时间的先后顺序确定案件编号,单独进行排序;

(四)执行请示案件类型代字为"执请字",按照立案时间的先后顺序确定案件编号,单独进行排序;

(五)执行协调案件类型代字为"执协字",按照立案时间的先后顺序确定案件编号,单独进行排序。

第九条 下列案件,人民法院应当按照执行异议案件予以立案:

(一)当事人、利害关系人认为人民法院

的执行行为违反法律规定,提出书面异议的;

(二)执行过程中,案外人对执行标的提出书面异议的;

(三)人民法院受理执行申请后,当事人对管辖权提出异议的;

(四)申请执行人申请追加、变更被执行人的;

(五)被执行人以债权消灭、超过申请执行期间或者其他阻止执行的实体事由提出阻止执行的;

(六)被执行人对仲裁裁决或者公证机关赋予强制执行效力的公证债权文书申请不予执行的;

(七)其他依法可以申请执行异议的。

第十条 下列案件,人民法院应当按照执行复议案件予以立案:

(一)当事人、利害关系人不服人民法院针对本意见第九条第(一)项、第(三)项、第(五)项作出的裁定,向上一级人民法院申请复议的;

(二)除因夫妻共同债务、出资人未依法出资、股权转让引起的追加和对一人公司股东的追加外,当事人、利害关系人不服人民法院针对本意见第九条第(四)项作出的裁定,向上一级人民法院申请复议的;

(三)当事人不服人民法院针对本意见第九条第(六)项作出的不予执行公证债权文书、驳回不予执行公证债权文书申请、不予执行仲裁裁决、驳回不予执行仲裁裁决申请的裁定,向上一级人民法院申请复议的;

(四)其他依法可以申请复议的。

第十一条 上级人民法院对下级人民法院,最高人民法院对地方各级人民法院依法进行监督的案件,应当按照执行监督案件予以立案。

第十二条 下列案件,人民法院应当按照执行请示案件予以立案:

(一)当事人向人民法院申请执行内地仲

裁机构作出的涉港澳仲裁裁决或者香港特别行政区、澳门特别行政区仲裁机构作出的仲裁裁决或者临时仲裁庭在香港特别行政区、澳门特别行政区作出的仲裁裁决,人民法院经审查认为裁决存在依法不予执行的情形,在作出裁定前,报请所属高级人民法院进行审查的,以及高级人民法院同意不予执行,报请最高人民法院的;

(二)下级人民法院依法向上级人民法院请示的。

第十三条 下列案件,人民法院应当按照执行协调案件予以立案:

(一)不同法院因执行程序、执行与破产、强制清算、审判等程序之间对执行标的产生争议,经自行协调无法达成一致意见,向共同上级人民法院报请协调处理的;

(二)对跨高级人民法院辖区的法院与公安、检察等机关之间的执行争议案件,执行法院报请所属高级人民法院与有关公安、检察等机关所在地的高级人民法院商有关机关协调解决或者报请最高人民法院协调处理的;

(三)当事人对内地仲裁机构作出的涉港澳仲裁裁决分别向不同人民法院申请撤销及执行,受理执行申请的人民法院对受理撤销申请的人民法院作出的决定撤销或者不予撤销的裁定存在异议,亦不能直接作出与该裁定相矛盾的执行或者不予执行的裁定,报请共同上级人民法院解决的;

(四)当事人对内地仲裁机构作出的涉港澳仲裁裁决向人民法院申请执行且人民法院已经作出应予执行的裁定后,一方当事人向人民法院申请撤销该裁决,受理撤销申请的人民法院认为裁决应予撤销且该人民法院与受理执行申请的人民法院非同一人民法院时,报请共同上级人民法院解决的;

(五)跨省、自治区、直辖市的执行争议案件报请最高人民法院协调处理的;

(六)其他依法报请协调的。

第十四条 除执行财产保全裁定、恢复执行的案件外,其他执行实施类案件的结案方式包括:

(一)执行完毕;

(二)终结本次执行程序;

(三)终结执行;

(四)销案;

(五)不予执行;

(六)驳回申请。

第十五条 生效法律文书确定的执行内容,经被执行人自动履行、人民法院强制执行,已全部执行完毕,或者是当事人达成执行和解协议,且执行和解协议履行完毕,可以以"执行完毕"方式结案。

执行完毕应当制作结案通知书并发送当事人。双方当事人书面认可执行完毕或口头认可执行完毕并计入笔录的,无需制作结案通知书。

执行和解协议应当附卷,没有签订书面执行和解协议的,应当将口头和解协议的内容作成笔录,经当事人签字后附卷。

第十六条 有下列情形之一的,可以以"终结本次执行程序"方式结案:

(一)被执行人确无财产可供执行,申请执行人书面同意人民法院终结本次执行程序的;

(二)因被执行人无财产而中止执行满两年,经查证被执行人确无财产可供执行的;

(三)申请执行人明确表示提供不出被执行人的财产或财产线索,并在人民法院穷尽财产调查措施之后,对人民法院认定被执行人无财产可供执行书面表示认可的;

(四)被执行人的财产无法拍卖变卖,或者动产经两次拍卖、不动产或其他财产权经三次拍卖仍然流拍,申请执行人拒绝接受或者依法不能交付其抵债,经人民法院穷尽财产调查措施,被执行人确无其他财产可供执行的;

(五)经人民法院穷尽财产调查措施,被执行人确无财产可供执行或虽有财产但不宜强制执行,当事人达成分期履行和解协议,且未履行完毕的;

(六)被执行人确无财产可供执行,申请执行人属于特困群体,执行法院已经给予其适当救助的。

人民法院应当依法组成合议庭,就案件是否终结本次执行程序进行合议。

终结本次执行程序应当制作裁定书,送达申请执行人。裁定应当载明案件的执行情况、申请执行人债权已受偿和未受偿的情况、终结本次执行程序的理由,以及发现被执行人有可供执行财产,可以申请恢复执行等内容。

依据本条第一款第(二)(四)(五)(六)项规定的情形裁定终结本次执行程序前,应当告知申请执行人可以在指定的期限内提出异议。申请执行人提出异议的,应当另行组成合议庭组织当事人就被执行人是否有财产可供执行进行听证;申请执行人提供被执行人财产线索的,人民法院应当就其提供的线索重新调查核实,发现被执行人有财产可供执行的,应当继续执行;经听证认定被执行人确无财产可供执行,申请执行人亦不能提供被执行人有可供执行财产的,可以裁定终结本次执行程序。

本条第一款第(三)(四)(五)项中规定的"人民法院穷尽财产调查措施",是指至少完成下列调查事项:

(一)被执行人是法人或其他组织的,应当向银行业金融机构查询银行存款,向有关房地产管理部门查询房地产登记,向法人登记机关查询股权,向有关车管部门查询车辆等情况;

(二)被执行人是自然人的,应当向被执行人所在单位及居住地周边群众调查了解被执行人的财产状况或财产线索,包括被执行人的经济收入来源、被执行人到期债权等。如果根据财产线索判断被执行人有较高收入，应当按照对法人或其他组织的调查途径进行调查；

（三）通过最高人民法院的全国法院网络执行查控系统和执行法院所属高级人民法院的"点对点"网络执行查控系统能够完成的调查事项；

（四）法律、司法解释规定必须完成的调查事项。

人民法院裁定终结本次执行程序后，发现被执行人有财产的，可以依申请执行人的申请或依职权恢复执行。申请执行人申请恢复执行的，不受申请执行期限的限制。

第十七条 有下列情形之一的，可以以"终结执行"方式结案：

（一）申请人撤销申请或者是当事人双方达成执行和解协议，申请执行人撤回执行申请的；

（二）据以执行的法律文书被撤销的；

（三）作为被执行人的公民死亡，无遗产可供执行，又无义务承担人的；

（四）追索赡养费、扶养费、抚育费案件的权利人死亡的；

（五）作为被执行人的公民因生活困难无力偿还借款，无收入来源，又丧失劳动能力的；

（六）作为被执行人的企业法人或其他组织被撤销、注销、吊销营业执照或者歇业、终止后既无财产可供执行，又无义务承受人，也没有能够依法追加变更执行主体的；

（七）依照刑法第五十三条规定免除罚金的；

（八）被执行人被人民法院裁定宣告破产的；

（九）行政执行标的灭失的；

（十）案件被上级人民法院裁定提级执行的；

（十一）案件被上级人民法院裁定指定由其他法院执行的；

（十二）按照最高人民法院《关于委托执行若干问题的规定》，办理了委托执行手续，且收到受托法院立案通知书的；

（十三）人民法院认为应当终结执行的其他情形。

前款除第（十）项、第（十一）项、第（十二）项规定的情形外，终结执行的，应当制作裁定书，送达当事人。

第十八条 执行实施案件立案后，有下列情形之一的，可以以"销案"方式结案：

（一）被执行人提出管辖异议，经审查异议成立，将案件移送有管辖权的法院或申请执行人撤回申请的；

（二）发现其他有管辖权的人民法院已经立案在先的；

（三）受托法院报经高级人民法院同意退回委托的。

第十九条 执行实施案件立案后，被执行人对仲裁裁决或公证债权文书提出不予执行申请，经人民法院审查，裁定不予执行的，以"不予执行"方式结案。

第二十条 执行实施案件立案后，经审查发现不符合最高人民法院《关于人民法院执行工作若干问题的规定（试行）》第18条规定的受理条件，裁定驳回申请的，以"驳回申请"方式结案。

第二十一条 执行财产保全裁定案件的结案方式包括：

（一）保全完毕，即保全事项全部实施完毕；

（二）部分保全，即因未查询到足额财产，致使保全事项未能全部实施完毕；

（三）无标的物可实施保全，即未查到财产可供保全。

第二十二条 恢复执行案件的结案方式包括：

（一）执行完毕；

（二）终结本次执行程序；

（三）终结执行。

第二十三条 下列案件不得作结案处理：

（一）人民法院裁定中止执行的；

（二）人民法院决定暂缓执行的；

（三）执行和解协议未全部履行完毕，且不符合本意见第十六条、第十七条规定终结本次执行程序、终结执行条件的。

第二十四条 执行异议案件的结案方式包括：

（一）准予撤回异议或申请，即异议人撤回异议或申请的；

（二）驳回异议或申请，即异议不成立或者案外人虽然对执行标的享有实体权利但不能阻止执行的；

（三）撤销相关执行行为、中止对执行标的的执行、不予执行、追加变更当事人，即异议成立的；

（四）部分撤销并变更执行行为、部分不予执行、部分追加变更当事人，即异议部分成立的；

（五）不能撤销、变更执行行为，即异议成立或部分成立，但不能撤销、变更执行行为的；

（六）移送其他人民法院管辖，即管辖权异议成立的。

执行异议案件应当制作裁定书，并送达当事人。法律、司法解释规定对执行异议案件可以口头裁定的，应当记入笔录。

第二十五条 执行复议案件的结案方式包括：

（一）准许撤回申请，即申请复议人撤回复议申请的；

（二）驳回复议申请，维持异议裁定，即异议裁定认定事实清楚，适用法律正确，复议理由不成立的；

（三）撤销或变更异议裁定，即异议裁定认定事实错误或者适用法律错误，复议理由成立的；

（四）查清事实后作出裁定，即异议裁定认定事实不清，证据不足的；

（五）撤销异议裁定，发回重新审查，即异议裁定遗漏异议请求或者异议裁定错误对案外人异议适用执行行为异议审查程序的。

人民法院对重新审查的案件作出裁定后，当事人申请复议的，上级人民法院不得再次发回重新审查。

执行复议案件应当制作裁定书，并送达当事人。法律、司法解释规定对执行复议案件可以口头裁定的，应当记入笔录。

第二十六条 执行监督案件的结案方式包括：

（一）准许撤回申请，即当事人撤回监督申请的；

（二）驳回申请，即监督申请不成立的；

（三）限期改正，即监督申请成立，指定执行法院在一定期限内改正的；

（四）撤销并改正，即监督申请成立，撤销执行法院的裁定直接改正的；

（五）提级执行，即监督申请成立，上级人民法院决定提级自行执行的；

（六）指定执行，即监督申请成立，上级人民法院决定指定其他法院执行的；

（七）其他，即其他可以报结的情形。

第二十七条 执行请示案件的结案方式包括：

（一）答复，即符合请示条件的；

（二）销案，即不符合请示条件的。

第二十八条 执行协调案件的结案方式包括：

（一）撤回协调请求，即执行争议法院自行协商一致，撤回协调请求的；

（二）协调解决，即经过协调，执行争议法院达成一致协调意见，将协调意见记入笔录或者向执行争议法院发出协调意见函的。

第二十九条 执行案件的立案、执行和结案情况应当及时、完整、真实、准确地录入全国法院执行案件信息管理系统。

第三十条 地方各级人民法院不能制定与法律、司法解释和本意见规定相抵触的执行案件立案、结案标准和结案方式。

违反法律、司法解释和本意见的规定立案、结案，或者在全国法院执行案件信息管理系统录入立案、结案情况时弄虚作假的，通报批评；造成严重后果或恶劣影响的，根据《人民法院工作人员纪律处分条例》追究相关领导和工作人员的责任。

第三十一条 各高级人民法院应当积极推进执行信息化建设，通过建立、健全辖区三级法院统一使用、切合实际、功能完备、科学有效的案件管理系统，加强对执行案件立、结案的管理。实现立、审、执案件信息三位一体的综合管理；实现对终结本次执行程序案件的单独管理；实现对恢复执行案件的动态管理；实现辖区的案件管理系统与全国法院执行案件信息管理系统的数据对接。

第三十二条 本意见自 2015 年 1 月 1 日起施行。

最高人民法院关于严格规范终结本次执行程序的规定（试行）

（2016 年 10 月 29 日　法〔2016〕373 号）

为严格规范终结本次执行程序，维护当事人的合法权益，根据《中华人民共和国民事诉讼法》及有关司法解释的规定，结合人民法院执行工作实际，制定本规定。

第一条 人民法院终结本次执行程序，应当同时符合下列条件：

（一）已向被执行人发出执行通知、责令被执行人报告财产；

（二）已向被执行人发出限制消费令，并将符合条件的被执行人纳入失信被执行人名单；

（三）已穷尽财产调查措施，未发现被执行人有可供执行的财产或者发现的财产不能处置；

（四）自执行案件立案之日起已超过三个月；

（五）被执行人下落不明的，已依法予以查找；被执行人或者其他人妨害执行的，已依法采取罚款、拘留等强制措施，构成犯罪的，已依法启动刑事责任追究程序。

第二条 本规定第一条第一项中的"责令被执行人报告财产"，是指应当完成下列事项：

（一）向被执行人发出报告财产令；

（二）对被执行人报告的财产情况予以核查；

（三）对逾期报告、拒绝报告或者虚假报告的被执行人或者相关人员，依法采取罚款、拘留等强制措施，构成犯罪的，依法启动刑事责任追究程序。

人民法院应当将财产报告、核实及处罚的情况记录入卷。

第三条 本规定第一条第三项中的"已穷尽财产调查措施"，是指应当完成下列调查事项：

（一）对申请执行人或者其他人提供的财产线索进行核查；

（二）通过网络执行查控系统对被执行人的存款、车辆及其他交通运输工具、不动产、有价证券等财产情况进行查询；

（三）无法通过网络执行查控系统查询本款第二项规定的财产情况的，在被执行人住所地或者可能隐匿、转移财产所在地进行必要调查；

（四）被执行人隐匿财产、会计账簿等资

料且拒不交出的,依法采取搜查措施;

(五)经申请执行人申请,根据案件实际情况,依法采取审计调查、公告悬赏等调查措施;

(六)法律、司法解释规定的其他财产调查措施。

人民法院应当将财产调查情况记录入卷。

第四条　本规定第一条第三项中的"发现的财产不能处置",包括下列情形:

(一)被执行人的财产经法定程序拍卖、变卖未成交,申请执行人不接受抵债或者依法不能交付其抵债,又不能对该财产采取强制管理等其他执行措施的;

(二)人民法院在登记机关查封的被执行人车辆、船舶等财产,未能实际扣押的。

第五条　终结本次执行程序前,人民法院应当将案件执行情况、采取的财产调查措施、被执行人的财产情况、终结本次执行程序的依据及法律后果等信息告知申请执行人,并听取其对终结本次执行程序的意见。

人民法院应当将申请执行人的意见记录入卷。

第六条　终结本次执行程序应当制作裁定书,载明下列内容:

(一)申请执行的债权情况;

(二)执行经过及采取的执行措施、强制措施;

(三)查明的被执行人财产情况;

(四)实现的债权情况;

(五)申请执行人享有要求被执行人继续履行债务及依法向人民法院申请恢复执行的权利,被执行人负有继续向申请执行人履行债务的义务。

终结本次执行程序裁定书送达申请执行人后,执行案件可以作结案处理。人民法院进行相关统计时,应当对以终结本次执行程序方式结案的案件与其他方式结案的案件予

以区分。

终结本次执行程序裁定书应当依法在互联网上公开。

第七条　当事人、利害关系人认为终结本次执行程序违反法律规定的,可以提出执行异议。人民法院应当依照民事诉讼法第二百二十五条的规定进行审查。

第八条　终结本次执行程序后,被执行人应当继续履行生效法律文书确定的义务。被执行人自动履行完毕的,当事人应当及时告知执行法院。

第九条　终结本次执行程序后,申请执行人发现被执行人有可供执行财产的,可以向执行法院申请恢复执行。申请恢复执行不受申请执行时效期间的限制。执行法院核查属实的,应当恢复执行。

终结本次执行程序后的五年内,执行法院应当每六个月通过网络执行查控系统查询一次被执行人的财产,并将查询结果告知申请执行人。符合恢复执行条件的,执行法院应当及时恢复执行。

第十条　终结本次执行程序后,发现被执行人有可供执行财产,不立即采取执行措施可能导致财产被转移、隐匿、出卖或者毁损的,执行法院可以依申请执行人申请或依职权立即采取查封、扣押、冻结等控制性措施。

第十一条　案件符合终结本次执行程序条件,又符合移送破产审查相关规定的,执行法院应当在作出终结本次执行程序裁定的同时,将执行案件相关材料移送被执行人住所地人民法院进行破产审查。

第十二条　终结本次执行程序裁定书送达申请执行人以后,执行法院应当在七日内将相关案件信息录入最高人民法院建立的终结本次执行程序案件信息库,并通过该信息库统一向社会公布。

第十三条　终结本次执行程序案件信息库记载的信息应当包括下列内容:

（一）作为被执行人的法人或者其他组织的名称、住所地、组织机构代码及其法定代表人或者负责人的姓名，作为被执行人的自然人的姓名、性别、年龄、身份证件号码和住址；

（二）生效法律文书的制作单位和文号、执行案号、立案时间、执行法院；

（三）生效法律文书确定的义务和被执行人的履行情况；

（四）人民法院认为应当记载的其他事项。

第十四条　当事人、利害关系人认为公布的终结本次执行程序案件信息错误的，可以向执行法院申请更正。执行法院审查属实的，应当在三日内予以更正。

第十五条　终结本次执行程序后，人民法院已对被执行人依法采取的执行措施和强制措施继续有效。

第十六条　终结本次执行程序后，申请执行人申请延长查封、扣押、冻结期限的，人民法院应当依法办理续行查封、扣押、冻结手续。

终结本次执行程序后，当事人、利害关系人申请变更、追加执行当事人，符合法定情形的，人民法院应予支持。变更、追加被执行人后，申请执行人申请恢复执行的，人民法院应予支持。

第十七条　终结本次执行程序后，被执行人或者其他人妨害执行的，人民法院可以依法予以罚款、拘留；构成犯罪的，依法追究刑事责任。

第十八条　有下列情形之一的，人民法院应当在三日内将案件信息从终结本次执行程序案件信息库中屏蔽：

（一）生效法律文书确定的义务执行完毕的；

（二）依法裁定终结执行的；

（三）依法应予屏蔽的其他情形。

第十九条　本规定自 2016 年 12 月 1 日起施行。

最高人民法院、最高人民检察院关于民事执行活动法律监督若干问题的规定

（2016 年 12 月 19 日　法发〔2016〕30 号）

为促进人民法院依法执行，规范人民检察院民事执行法律监督活动，根据《中华人民共和国民事诉讼法》和其他有关法律规定，结合人民法院民事执行和人民检察院民事执行法律监督工作实际，制定本规定。

第一条　人民检察院依法对民事执行活动实行法律监督。人民法院依法接受人民检察院的法律监督。

第二条　人民检察院办理民事执行监督案件，应当以事实为依据，以法律为准绳，坚持公开、公平、公正和诚实信用原则，尊重和保障当事人的诉讼权利，监督和支持人民法院依法行使执行权。

第三条　人民检察院对人民法院执行生效民事判决、裁定、调解书、支付令、仲裁裁决以及公证债权文书等法律文书的活动实施法律监督。

第四条　对民事执行活动的监督案件，由执行法院所在地同级人民检察院管辖。

上级人民检察院认为确有必要的，可以办理下级人民检察院管辖的民事执行监督案件。下级人民检察院对有管辖权的民事执行监督案件，认为需要上级人民检察院办理的，可以报请上级人民检察院办理。

第五条　当事人、利害关系人、案外人认为人民法院的民事执行活动存在违法情形向人民检察院申请监督，应当提交监督申请书、身份证明、相关法律文书及证据材料。提交证据材料的，应当附证据清单。

申请监督材料不齐备的，人民检察院应

当要求申请人限期补齐,并明确告知应补齐的全部材料。申请人逾期未补齐的,视为撤回监督申请。

第六条 当事人、利害关系人、案外人认为民事执行活动存在违法情形,向人民检察院申请监督,法律规定可以提出异议、复议或者提起诉讼,当事人、利害关系人、案外人没有提出异议、申请复议或者提起诉讼的,人民检察院不予受理,但有正当理由的除外。

当事人、利害关系人、案外人已经向人民法院提出执行异议或者申请复议,人民法院审查异议、复议期间,当事人、利害关系人、案外人又向人民检察院申请监督的,人民检察院不予受理,但申请对人民法院的异议、复议程序进行监督的除外。

第七条 具有下列情形之一的民事执行案件,人民检察院应当依职权进行监督:

(一)损害国家利益或者社会公共利益的;

(二)执行人员在执行该案时有贪污受贿、徇私舞弊、枉法执行等违法行为,司法机关已经立案的;

(三)造成重大社会影响的;

(四)需要跟进监督的。

第八条 人民检察院因办理监督案件的需要,依照有关规定可以调阅人民法院的执行卷宗,人民法院应当予以配合。

通过拷贝电子卷、查阅、复制、摘录等方式能够满足办案需要的,不调阅卷宗。

人民检察院调阅人民法院卷宗,由人民法院办公室(厅)负责办理,并在五日内提供,因特殊情况不能按时提供的,应当向人民检察院说明理由,并在情况消除后及时提供。

人民法院正在办理或者已结案尚未归档的案件,人民检察院办理民事执行监督案件时可以直接到办理部门查阅、复制、拷贝、摘录案件材料,不调阅卷宗。

第九条 人民检察院因履行法律监督职责的需要,可以向当事人或者案外人调查核实有关情况。

第十条 人民检察院认为人民法院在民事执行活动中可能存在怠于履行职责情形的,可以向人民法院书面了解相关情况,人民法院应当说明案件的执行情况及理由,并在十五日内书面回复人民检察院。

第十一条 人民检察院向人民法院提出民事执行监督检察建议,应当经检察长批准或者检察委员会决定,制作检察建议书,在决定之日起十五日内将检察建议书连同案件卷宗移送同级人民法院。

检察建议书应当载明检察机关查明的事实、监督理由、依据以及建议内容等。

第十二条 人民检察院提出的民事执行监督检察建议,统一由同级人民法院立案受理。

第十三条 人民法院收到人民检察院的检察建议书后,应当在三个月内将审查处理情况以回复意见函的形式回复人民检察院,并附裁定、决定等相关法律文书。有特殊情况需要延长的,经本院院长批准,可以延长一个月。

回复意见函应当载明人民法院查明的事实、回复意见和理由并加盖院章。不采纳检察建议的,应当说明理由。

第十四条 人民法院收到检察建议后逾期未回复或者处理结果不当的,提出检察建议的人民检察院可以依职权提请上一级人民检察院向其同级人民法院提出检察建议。上一级人民检察院认为应当跟进监督的,应当向其同级人民法院提出检察建议。人民法院应当在三个月内提出审查处理意见并以回复意见函的形式回复人民检察院,认为人民检察院的意见正确的,应当监督下级人民法院及时纠正。

第十五条 当事人在人民检察院审查案件过程中达成和解协议且不违反法律规定

的,人民检察院应当告知其将和解协议送交人民法院,由人民法院依照民事诉讼法第二百三十条的规定进行处理。

第十六条 当事人、利害关系人、案外人申请监督的案件,人民检察院认为人民法院民事执行活动不存在违法情形的,应当作出不支持监督申请的决定,在决定之日起十五日内制作不支持监督申请决定书,发送申请人,并做好释法说理工作。

人民检察院办理依职权监督的案件,认为人民法院民事执行活动不存在违法情形的,应当作出终结审查决定。

第十七条 人民法院认为检察监督行为违反法律规定的,可以向人民检察院提出书面建议。人民检察院应当在收到书面建议后三个月内作出处理并将处理情况书面回复人民法院;人民法院对于人民检察院的回复有异议,可以通过上一级人民法院向上一级人民检察院提出。上一级人民检察院认为人民法院建议正确的,应当要求下级人民检察院及时纠正。

第十八条 有关国家机关不依法履行生效法律文书确定的执行义务或者协助执行义务的,人民检察院可以向相关国家机关提出检察建议。

第十九条 人民检察院民事检察部门在办案中发现被执行人涉嫌构成拒不执行判决、裁定罪且公安机关不予立案侦查的,应当移送侦查监督部门处理。

第二十条 人民法院、人民检察院应当建立完善沟通联系机制,密切配合,互相支持,促进民事执行法律监督工作依法有序稳妥开展。

第二十一条 人民检察院对人民法院行政执行活动实施法律监督,行政诉讼法及有关司法解释没有规定的,参照本规定执行。

第二十二条 本规定自2017年1月1日起施行。

最高人民法院关于民事执行中变更、追加当事人若干问题的规定

(2016年8月29日最高人民法院审判委员会第1691次会议通过 根据2020年12月23日最高人民法院审判委员会第1823次会议通过的《最高人民法院关于修改〈最高人民法院关于人民法院扣押铁路运输货物若干问题的规定〉等十八件执行类司法解释的决定》修正 2020年12月29日最高人民法院公告公布)

为正确处理民事执行中变更、追加当事人问题,维护当事人、利害关系人的合法权益,根据《中华人民共和国民事诉讼法》等法律规定,结合执行实践,制定本规定。

第一条 执行过程中,申请执行人或其继承人、权利承受人可以向人民法院申请变更、追加当事人。申请符合法定条件的,人民法院应予支持。

第二条 作为申请执行人的自然人死亡或被宣告死亡,该自然人的遗产管理人、继承人、受遗赠人或其他因该自然人死亡或被宣告死亡依法承受生效法律文书确定权利的主体,申请变更、追加其为申请执行人的,人民法院应予支持。

作为申请执行人的自然人被宣告失踪,该自然人的财产代管人申请变更、追加其为申请执行人的,人民法院应予支持。

第三条 作为申请执行人的自然人离婚时,生效法律文书确定的权利全部或部分分割给其配偶,该配偶申请变更、追加其为申请执行人的,人民法院应予支持。

第四条 作为申请执行人的法人或非法人组织终止,因该法人或非法人组织终止依

法承受生效法律文书确定权利的主体,申请变更、追加其为申请执行人的,人民法院应予支持。

第五条 作为申请执行人的法人或非法人组织因合并而终止,合并后存续或新设的法人、非法人组织申请变更其为申请执行人的,人民法院应予支持。

第六条 作为申请执行人的法人或非法人组织分立,依分立协议约定承受生效法律文书确定权利的新设法人或非法人组织,申请变更、追加其为申请执行人的,人民法院应予支持。

第七条 作为申请执行人的法人或非法人组织清算或破产时,生效法律文书确定的权利依法分配给第三人,该第三人申请变更、追加其为申请执行人的,人民法院应予支持。

第八条 作为申请执行人的机关法人被撤销,继续履行其职能的主体申请变更、追加其为申请执行人的,人民法院应予支持,但生效法律文书确定的权利依法应由其他主体承受的除外;没有继续履行其职能的主体,且生效法律文书确定权利的承受主体不明确,作出撤销决定的主体申请变更、追加其为申请执行人的,人民法院应予支持。

第九条 申请执行人将生效法律文书确定的债权依法转让给第三人,且书面认可第三人取得该债权,该第三人申请变更、追加其为申请执行人的,人民法院应予支持。

第十条 作为被执行人的自然人死亡或被宣告死亡,申请执行人申请变更、追加该自然人的遗产管理人、继承人、受遗赠人或其他因该自然人死亡或被宣告死亡取得遗产的主体为被执行人,在遗产范围内承担责任的,人民法院应予支持。

作为被执行人的自然人被宣告失踪,申请执行人申请变更该自然人的财产代管人为被执行人,在代管的财产范围内承担责任的,人民法院应予支持。

第十一条 作为被执行人的法人或非法人组织因合并而终止,申请执行人申请变更合并后存续或新设的法人、非法人组织为被执行人的,人民法院应予支持。

第十二条 作为被执行人的法人或非法人组织分立,申请执行人申请变更、追加分立后新设的法人或非法人组织为被执行人,对生效法律文书确定的债务承担连带责任的,人民法院应予支持。但被执行人在分立前与申请执行人就债务清偿达成的书面协议另有约定的除外。

第十三条 作为被执行人的个人独资企业,不能清偿生效法律文书确定的债务,申请执行人申请变更、追加其出资人为被执行人的,人民法院应予支持。个人独资企业出资人作为被执行人的,人民法院可以直接执行该个人独资企业的财产。

个体工商户的字号为被执行人的,人民法院可以直接执行该字号经营者的财产。

第十四条 作为被执行人的合伙企业,不能清偿生效法律文书确定的债务,申请执行人申请变更、追加普通合伙人为被执行人的,人民法院应予支持。

作为被执行人的有限合伙企业,财产不足以清偿生效法律文书确定的债务,申请执行人申请变更、追加未按期足额缴纳出资的有限合伙人为被执行人,在未足额缴纳出资的范围内承担责任的,人民法院应予支持。

第十五条 作为被执行人的法人分支机构,不能清偿生效法律文书确定的债务,申请执行人申请变更、追加该法人为被执行人的,人民法院应予支持。法人直接管理的责任财产仍不能清偿债务的,人民法院可以直接执行该法人其他分支机构的财产。

作为被执行人的法人,直接管理的责任财产不能清偿生效法律文书确定债务的,人民法院可以直接执行该法人分支机构的财产。

第十六条 个人独资企业、合伙企业、法人分支机构以外的非法人组织作为被执行人，不能清偿生效法律文书确定的债务，申请执行人申请变更、追加依法对该非法人组织的债务承担责任的主体为被执行人的，人民法院应予支持。

第十七条 作为被执行人的营利法人，财产不足以清偿生效法律文书确定的债务，申请执行人申请变更、追加未缴纳或未足额缴纳出资的股东、出资人或依公司法规定对该出资承担连带责任的发起人为被执行人，在尚未缴纳出资的范围内依法承担责任的，人民法院应予支持。

第十八条 作为被执行人的营利法人，财产不足以清偿生效法律文书确定的债务，申请执行人申请变更、追加抽逃出资的股东、出资人为被执行人，在抽逃出资的范围内承担责任的，人民法院应予支持。

第十九条 作为被执行人的公司，财产不足以清偿生效法律文书确定的债务，其股东未依法履行出资义务即转让股权，申请执行人申请变更、追加该原股东或依公司法规定对该出资承担连带责任的发起人为被执行人，在未依法出资的范围内承担责任的，人民法院应予支持。

第二十条 作为被执行人的一人有限责任公司，财产不足以清偿生效法律文书确定的债务，股东不能证明公司财产独立于自己的财产，申请执行人申请变更、追加该股东为被执行人，对公司债务承担连带责任的，人民法院应予支持。

第二十一条 作为被执行人的公司，未经清算即办理注销登记，导致公司无法进行清算，申请执行人申请变更、追加有限责任公司的股东、股份有限公司的董事和控股股东为被执行人，对公司债务承担连带清偿责任的，人民法院应予支持。

第二十二条 作为被执行人的法人或非法人组织，被注销或出现被吊销营业执照、被撤销、被责令关闭、歇业等解散事由后，其股东、出资人或主管部门无偿接受其财产，致使该被执行人无遗留财产或遗留财产不足以清偿债务，申请执行人申请变更、追加该股东、出资人或主管部门为被执行人，在接受的财产范围内承担责任的，人民法院应予支持。

第二十三条 作为被执行人的法人或非法人组织，未经依法清算即办理注销登记，在登记机关办理注销登记时，第三人书面承诺对被执行人的债务承担清偿责任，申请执行人申请变更、追加该第三人为被执行人，在承诺范围内承担清偿责任的，人民法院应予支持。

第二十四条 执行过程中，第三人向执行法院书面承诺自愿代被执行人履行生效法律文书确定的债务，申请执行人申请变更、追加该第三人为被执行人，在承诺范围内承担责任的，人民法院应予支持。

第二十五条 作为被执行人的法人或非法人组织，财产依行政命令被无偿调拨、划转给第三人，致使该被执行人财产不足以清偿生效法律文书确定的债务，申请执行人申请变更、追加该第三人为被执行人，在接受的财产范围内承担责任的，人民法院应予支持。

第二十六条 被申请人在应承担责任范围内已承担相应责任的，人民法院不得责令其重复承担责任。

第二十七条 执行当事人的姓名或名称发生变更的，人民法院可以直接将姓名或名称变更后的主体作为执行当事人，并在法律文书中注明变更前的姓名或名称。

第二十八条 申请人申请变更、追加执行当事人，应当向执行法院提交书面申请及相关证据材料。

除事实清楚、权利义务关系明确、争议不大的案件外，执行法院应当组成合议庭审查并公开听证。经审查，理由成立的，裁定变更、追加;理由不成立的,裁定驳回。

执行法院应当自收到书面申请之日起六十日内作出裁定。有特殊情况需要延长的,由本院院长批准。

第二十九条 执行法院审查变更、追加被执行人申请期间,申请人申请对被申请人的财产采取查封、扣押、冻结措施的,执行法院应当参照民事诉讼法第一百条的规定办理。

申请执行人在申请变更、追加第三人前,向执行法院申请查封、扣押、冻结该第三人财产的,执行法院应当参照民事诉讼法第一百零一条的规定办理。

第三十条 被申请人、申请人或其他执行当事人对执行法院作出的变更、追加裁定或驳回申请裁定不服的,可以自裁定书送达之日起十日内向上一级人民法院申请复议,但依据本规定第三十二条的规定应当提起诉讼的除外。

第三十一条 上一级人民法院对复议申请应当组成合议庭审查,并自收到申请之日起六十日内作出复议裁定。有特殊情况需要延长的,由本院院长批准。

被裁定变更、追加的被申请人申请复议的,复议期间,人民法院不得对其争议范围内的财产进行处分。申请人请求人民法院继续执行并提供相应担保的,人民法院可以准许。

第三十二条 被申请人或申请人对执行法院依据本规定第十四条第二款、第十七条至第二十一条规定作出的变更、追加裁定或驳回申请裁定不服的,可以自裁定书送达之日起十五日内,向执行法院提起执行异议之诉。

被申请人提起执行异议之诉的,以申请人为被告。申请人提起执行异议之诉的,以被申请人为被告。

第三十三条 被申请人提起的执行异议之诉,人民法院经审理,按照下列情形分别处理:

(一)理由成立的,判决不得变更、追加被申请人为被执行人或者判决变更责任范围;

(二)理由不成立的,判决驳回诉讼请求。

诉讼期间,人民法院不得对被申请人争议范围内的财产进行处分。申请人请求人民法院继续执行并提供相应担保的,人民法院可以准许。

第三十四条 申请人提起的执行异议之诉,人民法院经审理,按照下列情形分别处理:

(一)理由成立的,判决变更、追加被申请人为被执行人并承担相应责任或者判决变更责任范围;

(二)理由不成立的,判决驳回诉讼请求。

第三十五条 本规定自 2016 年 12 月 1 日起施行。

本规定施行后,本院以前公布的司法解释与本规定不一致的,以本规定为准。

最高人民法院关于人民法院办理执行异议和复议案件若干问题的规定

(2014 年 12 月 29 日最高人民法院审判委员会第 1638 次会议通过 根据 2020 年 12 月 23 日最高人民法院审判委员会第 1823 次会议通过的《最高人民法院关于修改〈最高人民法院关于人民法院扣押铁路运输货物若干问题的规定〉等十八件执行类司法解释的决定》修正 2020 年 12 月 29 日最高人民法院公告公布)

为了规范人民法院办理执行异议和复议案件,维护当事人、利害关系人和案外人的合法权益,根据民事诉讼法等法律规定,结合人民法院执行工作实际,制定本规定。

第一条 异议人提出执行异议或者复议

申请人申请复议,应当向人民法院提交申请书。申请书应当载明具体的异议或者复议请求、事实、理由等内容,并附下列材料:

(一)异议人或者复议申请人的身份证明;

(二)相关证据材料;

(三)送达地址和联系方式。

第二条 执行异议符合民事诉讼法第二百二十五条或者第二百二十七条规定条件的,人民法院应当在三日内立案,并在立案后三日内通知异议人和相关当事人。不符合受理条件的,裁定不予受理;立案后发现不符合受理条件的,裁定驳回申请。

执行异议申请材料不齐备的,人民法院应当一次性告知异议人在三日内补足,逾期未补足的,不予受理。

异议人对不予受理或者驳回申请裁定不服的,可以自裁定送达之日起十日内向上一级人民法院申请复议。上一级人民法院审查后认为符合受理条件的,应当裁定撤销原裁定,指令执行法院立案或者对执行异议进行审查。

第三条 执行法院收到执行异议后三日内既不立案又不作出不予受理裁定,或者受理后无正当理由超过法定期限不作出异议裁定的,异议人可以向上一级人民法院提出异议。上一级人民法院审查后认为理由成立的,应当指令执行法院在三日内立案或者在十五日内作出异议裁定。

第四条 执行案件被指定执行、提级执行、委托执行后,当事人、利害关系人对原执行法院的执行行为提出异议的,由提出异议时负责该案件执行的人民法院审查处理;受指定或者受委托的人民法院是原执行法院的下级人民法院的,仍由原执行法院审查处理。

执行案件被指定执行、提级执行、委托执行后,案外人对原执行法院的执行标的提出异议的,参照前款规定处理。

第五条 有下列情形之一的,当事人以外的自然人、法人和非法人组织,可以作为利害关系人提出执行行为异议:

(一)认为人民法院的执行行为违法,妨碍其轮候查封、扣押、冻结的债权受偿的;

(二)认为人民法院的拍卖措施违法,妨碍其参与公平竞价的;

(三)认为人民法院的拍卖、变卖或者以物抵债措施违法,侵害其对执行标的的优先购买权的;

(四)认为人民法院要求协助执行的事项超过其协助范围或者违反法律规定的;

(五)认为其他合法权益受到人民法院违法执行行为侵害的。

第六条 当事人、利害关系人依照民事诉讼法第二百二十五条规定提出异议的,应当在执行程序终结之前提出,但对终结执行措施提出异议的除外。

案外人依照民事诉讼法第二百二十七条规定提出异议的,应当在异议指向的执行标的执行终结之前提出;执行标的由当事人受让的,应当在执行程序终结之前提出。

第七条 当事人、利害关系人认为执行过程中或者执行保全、先予执行裁定过程中的下列行为违法提出异议的,人民法院应当依照民事诉讼法第二百二十五条规定进行审查:

(一)查封、扣押、冻结、拍卖、变卖、以物抵债、暂缓执行、中止执行、终结执行等执行措施;

(二)执行的期间、顺序等应当遵守的法定程序;

(三)人民法院作出的侵害当事人、利害关系人合法权益的其他行为。

被执行人以债权消灭、丧失强制执行效力等执行依据生效之后的实体事由提出排除执行异议的,人民法院应当参照民事诉讼法第二百二十五条规定进行审查。

除本规定第十九条规定的情形外,被执行人以执行依据生效之前的实体事由提出排除执行异议的,人民法院应当告知其依法申请再审或者通过其他程序解决。

第八条 案外人基于实体权利既对执行标的提出排除执行异议又作为利害关系人提出执行行为异议的,人民法院应当依照民事诉讼法第二百二十七条规定进行审查。

案外人既基于实体权利对执行标的提出排除执行异议又作为利害关系人提出与实体权利无关的执行行为异议的,人民法院应当分别依照民事诉讼法第二百二十七条和第二百二十五条规定进行审查。

第九条 被限制出境的人认为对其限制出境错误的,可以自收到限制出境决定之日起十日内向上一级人民法院申请复议。上一级人民法院应当自收到复议申请之日起十五日内作出决定。复议期间,不停止原决定的执行。

第十条 当事人不服驳回不予执行公证债权文书申请的裁定的,可以自收到裁定之日起十日内向上一级人民法院申请复议。上一级人民法院应当自收到复议申请之日起三十日内审查,理由成立的,裁定撤销原裁定,不予执行该公证债权文书;理由不成立的,裁定驳回复议申请。复议期间,不停止执行。

第十一条 人民法院审查执行异议或者复议案件,应当依法组成合议庭。

指令重新审查的执行异议案件,应当另行组成合议庭。

办理执行实施案件的人员不得参与相关执行异议和复议案件的审查。

第十二条 人民法院对执行异议和复议案件实行书面审查。案情复杂、争议较大的,应当进行听证。

第十三条 执行异议、复议案件审查期间,异议人、复议申请人申请撤回异议、复议申请的,是否准许由人民法院裁定。

第十四条 异议人或者复议申请人经合法传唤,无正当理由拒不参加听证,或者未经法庭许可中途退出听证,致使人民法院无法查清相关事实的,由其自行承担不利后果。

第十五条 当事人、利害关系人对同一执行行为有多个异议事由,但未在异议审查过程中一并提出,撤回异议或者被裁定驳回异议后,再次就该执行行为提出异议的,人民法院不予受理。

案外人撤回异议或者被裁定驳回异议后,再次就同一执行标的提出异议的,人民法院不予受理。

第十六条 人民法院依照民事诉讼法第二百二十五条规定作出裁定时,应当告知相关权利人申请复议的权利和期限。

人民法院依照民事诉讼法第二百二十七条规定作出裁定时,应当告知相关权利人提起执行异议之诉的权利和期限。

人民法院作出其他裁定和决定时,法律、司法解释规定了相关权利人申请复议的权利和期限的,应当进行告知。

第十七条 人民法院对执行行为异议,应当按照下列情形,分别处理:

(一)异议不成立的,裁定驳回异议;

(二)异议成立的,裁定撤销相关执行行为;

(三)异议部分成立的,裁定变更相关执行行为;

(四)异议成立或者部分成立,但执行行为无撤销、变更内容的,裁定异议成立或者相应部分异议成立。

第十八条 执行过程中,第三人因书面承诺自愿代被执行人偿还债务而被追加为被执行人后,无正当理由反悔并提出异议的,人民法院不予支持。

第十九条 当事人互负到期债务,被执行人请求抵销,请求抵销的债务符合下列情形的,除依照法律规定或者按照债务性质不

得抵销的以外,人民法院应予支持:

(一)已经生效法律文书确定或者经申请执行人认可;

(二)与被执行人所负债务的标的物种类、品质相同。

第二十条 金钱债权执行中,符合下列情形之一,被执行人以执行标的系本人及所扶养家属维持生活必需的居住房屋为由提出异议的,人民法院不予支持:

(一)对被执行人有扶养义务的人名下有其他能够维持生活必需的居住房屋的;

(二)执行依据生效后,被执行人为逃避债务转让其名下其他房屋的;

(三)申请执行人按照当地廉租住房保障面积标准为被执行人及所扶养家属提供居住房屋,或者同意参照当地房屋租赁市场平均租金标准从该房屋的变价款中扣除五至八年租金的。

执行依据确定被执行人交付居住的房屋,自执行通知送达之日起,已经给予三个月的宽限期,被执行人以该房屋系本人及所扶养家属维持生活的必需品为由提出异议的,人民法院不予支持。

第二十一条 当事人、利害关系人提出异议请求撤销拍卖,符合下列情形之一的,人民法院应予支持:

(一)竞买人之间、竞买人与拍卖机构之间恶意串通,损害当事人或者其他竞买人利益的;

(二)买受人不具备法律规定的竞买资格的;

(三)违法限制竞买人参加竞买或者对不同的竞买人规定不同竞买条件的;

(四)未按照法律、司法解释的规定对拍卖标的物进行公告的;

(五)其他严重违反拍卖程序且损害当事人或者竞买人利益的情形。

当事人、利害关系人请求撤销变卖的,参

照前款规定处理。

第二十二条 公证债权文书对主债务和担保债务同时赋予强制执行效力的,人民法院应予执行;仅对主债务赋予强制执行效力未涉及担保债务的,对担保债务的执行申请不予受理;仅对担保债务赋予强制执行效力未涉及主债务的,对主债务的执行申请不予受理。

人民法院受理担保债务的执行申请后,被执行人仅以担保合同不属于赋予强制执行效力的公证债权文书范围为由申请不予执行的,不予支持。

第二十三条 上一级人民法院对不服异议裁定的复议申请审查后,应当按照下列情形,分别处理:

(一)异议裁定认定事实清楚,适用法律正确,结果应予维持的,裁定驳回复议申请,维持异议裁定;

(二)异议裁定认定事实错误,或者适用法律错误,结果应予纠正的,裁定撤销或者变更异议裁定;

(三)异议裁定认定基本事实不清、证据不足的,裁定撤销异议裁定,发回作出裁定的人民法院重新审查,或者查清事实后作出相应裁定;

(四)异议裁定遗漏异议请求或者存在其他严重违反法定程序的情形,裁定撤销异议裁定,发回作出裁定的人民法院重新审查;

(五)异议裁定对应当适用民事诉讼法第二百二十七条规定审查处理的异议,错误适用民事诉讼法第二百二十五条规定审查处理的,裁定撤销异议裁定,发回作出裁定的人民法院重新作出裁定。

除依照本条第一款第三、四、五项发回重新审查或者重新作出裁定的情形外,裁定撤销或者变更异议裁定且执行行为可撤销、变更的,应当同时撤销或者变更该裁定维持的执行行为。

人民法院对发回重新审查的案件作出裁定后,当事人、利害关系人申请复议的,上一级人民法院复议后不得再次发回重新审查。

第二十四条 对案外人提出的排除执行异议,人民法院应当审查下列内容:

(一)案外人是否系权利人;

(二)该权利的合法性与真实性;

(三)该权利能否排除执行。

第二十五条 对案外人的异议,人民法院应当按照下列标准判断其是否系权利人:

(一)已登记的不动产,按照不动产登记簿判断;未登记的建筑物、构筑物及其附属设施,按照土地使用权登记簿、建设工程规划许可、施工许可等相关证据判断;

(二)已登记的机动车、船舶、航空器等特定动产,按照相关管理部门的登记判断;未登记的特定动产和其他动产,按照实际占有情况判断;

(三)银行存款和存管在金融机构的有价证券,按照金融机构和登记结算机构登记的账户名称判断;有价证券由具备合法经营资质的托管机构名义持有的,按照该机构登记的实际出资人账户名称判断;

(四)股权按照工商行政管理机关的登记和企业信用信息公示系统公示的信息判断;

(五)其他财产和权利,有登记的,按照登记机构的登记判断;无登记的,按照合同等证明财产权属或者权利人的证据判断。

案外人依据另案生效法律文书提出排除执行异议,该法律文书认定的执行标的权利人与依照前款规定得出的判断不一致的,依照本规定第二十六条规定处理。

第二十六条 金钱债权执行中,案外人依据执行标的被查封、扣押、冻结前作出的另案生效法律文书提出排除执行异议,人民法院应当按照下列情形,分别处理:

(一)该法律文书系就案外人与被执行人之间的权属纠纷以及租赁、借用、保管等

不以转移财产权属为目的的合同纠纷,判决、裁决执行标的归属于案外人或者向其返还执行标的且其权利能够排除执行的,应予支持;

(二)该法律文书系就案外人与被执行人之间除前项所列合同之外的债权纠纷,判决、裁决执行标的归属于案外人或者向其交付、返还执行标的的,不予支持。

(三)该法律文书系案外人受让执行标的的拍卖、变卖成交裁定或者以物抵债裁定且其权利能够排除执行的,应予支持。

金钱债权执行中,案外人依据执行标的被查封、扣押、冻结后作出的另案生效法律文书提出排除执行异议的,人民法院不予支持。

非金钱债权执行中,案外人依据另案生效法律文书提出排除执行异议,该法律文书对执行标的的权属作出不同认定的,人民法院应当告知案外人依法申请再审或者通过其他程序解决。

申请执行人或者案外人不服人民法院依照本条第一、二款规定作出的裁定,可以依照民事诉讼法第二百二十七条规定提起执行异议之诉。

第二十七条 申请执行人对执行标的依法享有对抗案外人的担保物权等优先受偿权,人民法院对案外人提出的排除执行异议不予支持,但法律、司法解释另有规定的除外。

第二十八条 金钱债权执行中,买受人对登记在被执行人名下的不动产提出异议,符合下列情形且其权利能够排除执行的,人民法院应予支持:

(一)在人民法院查封之前已签订合法有效的书面买卖合同;

(二)在人民法院查封之前已合法占有该不动产;

(三)已支付全部价款,或者已按照合同

约定支付部分价款且将剩余价款按照人民法院的要求交付执行；

（四）非因买受人自身原因未办理过户登记。

第二十九条 金钱债权执行中，买受人对登记在被执行的房地产开发企业名下的商品房提出异议，符合下列情形且其权利能够排除执行的，人民法院应予支持：

（一）在人民法院查封之前已签订合法有效的书面买卖合同；

（二）所购商品房系用于居住且买受人名下无其他用于居住的房屋；

（三）已支付的价款超过合同约定总价款的百分之五十。

第三十条 金钱债权执行中，对被查封的办理了受让物权预告登记的不动产，受让人提出停止处分异议的，人民法院应予支持；符合物权登记条件，受让人提出排除执行异议的，应予支持。

第三十一条 承租人请求在租赁期内阻止向受让人移交占有被执行的不动产，在人民法院查封之前已签订合法有效的书面租赁合同并占有使用该不动产的，人民法院应予支持。

承租人与被执行人恶意串通，以明显不合理的低价承租被执行的不动产或者伪造交付租金证据的，对其提出的阻止移交占有的请求，人民法院不予支持。

第三十二条 本规定施行后尚未审查终结的执行异议和复议案件，适用本规定。本规定施行前已经审查终结的执行异议和复议案件，人民法院依法提起执行监督程序的，不适用本规定。

最高人民法院关于人民法院执行工作若干问题的规定（试行）

（1998年6月11日最高人民法院审判委员会第992次会议通过 根据2020年12月23日最高人民法院审判委员会第1823次会议通过的《最高人民法院关于修改〈最高人民法院关于人民法院扣押铁路运输货物若干问题的规定〉等十八件执行类司法解释的决定》修正 2020年12月29日最高人民法院公告公布）

为了保证在执行程序中正确适用法律，及时有效地执行生效法律文书，维护当事人的合法权益，根据《中华人民共和国民事诉讼法》（以下简称民事诉讼法）等有关法律的规定，结合人民法院执行工作的实践经验，现对人民法院执行工作若干问题作如下规定。

一、执行机构及其职责

1. 人民法院根据需要，依据有关法律的规定，设立执行机构，专门负责执行工作。

2. 执行机构负责执行下列生效法律文书：

（1）人民法院民事、行政判决、裁定、调解书，民事制裁决定、支付令，以及刑事附带民事判决、裁定、调解书，刑事裁判涉财产部分；

（2）依法应由人民法院执行的行政处罚决定、行政处理决定；

（3）我国仲裁机构作出的仲裁裁决和调解书，人民法院依据《中华人民共和国仲裁法》有关规定作出的财产保全和证据保全裁定；

（4）公证机关依法赋予强制执行效力的债权文书；

（5）经人民法院裁定承认其效力的外国法院作出的判决、裁定，以及国外仲裁机构作出的仲裁裁决；

（6）法律规定由人民法院执行的其他法律文书。

3. 人民法院在审理民事、行政案件中作出的财产保全和先予执行裁定,一般应当移送执行机构实施。

4. 人民法庭审结的案件,由人民法庭负责执行。其中复杂、疑难或被执行人不在本法院辖区的案件,由执行机构负责执行。

5. 执行程序中重大事项的办理,应由三名以上执行员讨论,并报经院长批准。

6. 执行机构应配备必要的交通工具、通讯设备、音像设备和警械用具等,以保障及时有效地履行职责。

7. 执行人员执行公务时,应向有关人员出示工作证件,并按规定着装。必要时应由司法警察参加。

8. 上级人民法院执行机构负责本院对下级人民法院执行工作的监督、指导和协调。

二、执行管辖

9. 在国内仲裁过程中,当事人申请财产保全,经仲裁机构提交人民法院的,由被申请人住所地或被申请保全的财产所在地的基层人民法院裁定并执行;申请证据保全的,由证据所在地的基层人民法院裁定并执行。

10. 在涉外仲裁过程中,当事人申请财产保全,经仲裁机构提交人民法院的,由被申请人住所地或被申请保全的财产所在地的中级人民法院裁定并执行;申请证据保全的,由证据所在地的中级人民法院裁定并执行。

11. 专利管理机关依法作出的处理决定和处罚决定,由被执行人住所地或财产所在地的省、自治区、直辖市有权受理专利纠纷案件的中级人民法院执行。

12. 国务院各部门、各省、自治区、直辖市人民政府和海关依照法律、法规作出的处理决定和处罚决定,由被执行人住所地或财产所在地的中级人民法院执行。

13. 两个以上人民法院都有管辖权的,当事人可以向其中一个人民法院申请执行;当事人向两个以上人民法院申请执行的,由最先立案的人民法院管辖。

14. 人民法院之间因执行管辖权发生争议的,由双方协商解决;协商不成的,报请双方共同的上级人民法院指定管辖。

15. 基层人民法院和中级人民法院管辖的执行案件,因特殊情况需要由上级人民法院执行的,可以报请上级人民法院执行。

三、执行的申请和移送

16. 人民法院受理执行案件应当符合下列条件：

（1）申请或移送执行的法律文书已经生效；

（2）申请执行人是生效法律文书确定的权利人或其继承人、权利承受人；

（3）申请执行的法律文书有给付内容,且执行标的和被执行人明确；

（4）义务人在生效法律文书确定的期限内未履行义务；

（5）属于受申请执行的人民法院管辖。

人民法院对符合上述条件的申请,应当在七日内予以立案;不符合上述条件之一的,应当在七日内裁定不予受理。

17. 生效法律文书的执行,一般应当由当事人依法提出申请。

发生法律效力的具有给付赡养费、扶养费、抚育费内容的法律文书、民事制裁决定书,以及刑事附带民事判决、裁定、调解书,由审判庭移送执行机构执行。

18. 申请执行,应向人民法院提交下列文件和证件：

（1）申请执行书。申请执行书中应当写明申请执行的理由、事项、执行标的,以及申请执行人所了解的被执行人的财产状况。

申请执行人书写申请执行书确有困难的,可以口头提出申请。人民法院接待人员对口头申请应当制作笔录,由申请执行人签字或盖章。

外国一方当事人申请执行的,应当提交中文申请执行书。当事人所在国与我国缔结或共同参加的司法协助条约有特别规定的,按照条约规定办理。

(2)生效法律文书副本。

(3)申请执行人的身份证明。自然人申请的,应当出示居民身份证;法人申请的,应当提交法人营业执照副本和法定代表人身份证明;非法人组织申请的,应当提交营业执照副本和主要负责人身份证明。

(4)继承人或权利承受人申请执行的,应当提交继承或承受权利的证明文件。

(5)其他应当提交的文件或证件。

19. 申请执行仲裁机构的仲裁裁决,应当向人民法院提交有仲裁条款的合同书或仲裁协议书。

申请执行国外仲裁机构的仲裁裁决的,应当提交经我国驻外使领馆认证或我国公证机关公证的仲裁裁决书中文本。

20. 申请执行人可以委托代理人代为申请执行。委托代理的,应当向人民法院提交经委托人签字或盖章的授权委托书,写明代理人的姓名或者名称、代理事项、权限和期限。

委托代理人代为放弃、变更民事权利,或代为进行执行和解,或代为收取执行款项的,应当有委托人的特别授权。

21. 执行申请费的收取按照《诉讼费用交纳办法》办理。

四、执行前的准备

22. 人民法院应当在收到申请执行书或者移交执行书后十日内发出执行通知。

执行通知中除应责令被执行人履行法律文书确定的义务外,还应通知其承担民事诉讼法第二百五十三条规定的迟延履行利息或者迟延履行金。

23. 执行通知书的送达,适用民事诉讼法关于送达的规定。

24. 被执行人未按执行通知书履行生效法律文书确定的义务的,应当及时采取执行措施。

人民法院采取执行措施,应当制作相应法律文书,送达被执行人。

25. 人民法院执行非诉讼生效法律文书,必要时可向制作生效法律文书的机构调取卷宗材料。

五、金钱给付的执行

26. 金融机构擅自解冻被人民法院冻结的款项,致冻结款项被转移的,人民法院有权责令其限期追回已转移的款项。在限期内未能追回的,应当裁定该金融机构在转移的款项范围内以自己的财产向申请执行人承担责任。

27. 被执行人为金融机构的,对其交存在人民银行的存款准备金和备付金不得冻结和扣划,但对其在本机构、其他金融机构的存款,及其在人民银行的其他存款可以冻结、划拨,并可对被执行人的其他财产采取执行措施,但不得查封其营业场所。

28. 作为被执行人的自然人,其收入转为储蓄存款的,应当责令其交出存单。拒不交出的,人民法院应当作出提取其存款的裁定,向金融机构发出协助执行通知书,由金融机构提取被执行人的存款交人民法院或存入人民法院指定的账户。

29. 被执行人在有关单位的收入尚未支取的,人民法院应当作出裁定,向该单位发出协助执行通知书,由其协助扣留或提取。

30. 有关单位收到人民法院协助执行被执行人收入的通知后,擅自向被执行人或其他人支付的,人民法院有权责令其限期追回;逾期未追回的,应当裁定其在支付的数额内向申请执行人承担责任。

31. 人民法院对被执行人所有的其他人

享有抵押权、质押权或留置权的财产，可以采取查封、扣押措施。财产拍卖、变卖后所得价款，应当在抵押权人、质押权人或留置权人优先受偿后，其余额部分用于清偿申请执行人的债权。

32. 被执行人或其他人擅自处分已被查封、扣押、冻结财产的，人民法院有权责令责任人限期追回财产或承担相应的赔偿责任。

33. 被执行人申请对人民法院查封的财产自行变卖的，人民法院可以准许，但应当监督其按照合理价格在指定的期限内进行，并控制变卖的价款。

34. 拍卖、变卖被执行人的财产成交后，必须即时钱物两清。

委托拍卖、组织变卖被执行人财产所发生的实际费用，从所得价款中优先扣除。所得价款超出执行标的数额和执行费用的部分，应当退还被执行人。

35. 被执行人不履行生效法律文书确定的义务，人民法院有权裁定禁止被执行人转让其专利权、注册商标专用权、著作权（财产权部分）等知识产权。上述权利有登记主管部门的，应当同时向有关部门发出协助执行通知书，要求其不得办理财产权转移手续，必要时可以责令被执行人将产权或使用权证照交人民法院保存。

对前款财产权，可以采取拍卖、变卖等执行措施。

36. 对被执行人从有关企业中应得的已到期的股息或红利等收益，人民法院有权裁定禁止被执行人提取和有关企业向被执行人支付，并要求有关企业直接向申请执行人支付。

对被执行人预期从有关企业中应得的股息或红利等收益，人民法院可以采取冻结措施，禁止到期后被执行人提取和有关企业向被执行人支付。到期后人民法院可从有关企业中提取，并出具提取收据。

37. 对被执行人在其他股份有限公司中持有的股份凭证（股票），人民法院可以扣押，并强制被执行人按照公司法的有关规定转让，也可以直接采取拍卖、变卖的方式进行处分，或直接将股票抵偿给债权人，用于清偿被执行人的债务。

38. 对被执行人在有限责任公司、其他法人企业中的投资权益或股权，人民法院可以采取冻结措施。

冻结投资权益或股权的，应当通知有关企业不得办理被冻结投资权益或股权的转移手续，不得向被执行人支付股息或红利。被冻结的投资权益或股权，被执行人不得自行转让。

39. 被执行人在其独资开办的法人企业中拥有的投资权益被冻结后，人民法院可以直接裁定予以转让，以转让所得清偿其对申请执行人的债务。

对被执行人在有限责任公司中被冻结的投资权益或股权，人民法院可以依据《中华人民共和国公司法》第七十一条、第七十二条、第七十三条的规定，征得全体股东过半数同意后，予以拍卖、变卖或以其他方式转让。不同意转让的股东，应当购买该转让的投资权益或股权，不购买的，视为同意转让，不影响执行。

人民法院也可允许并监督被执行人自行转让其投资权益或股权，将转让所得收益用于清偿对申请执行人的债务。

40. 有关企业收到人民法院发出的协助冻结通知后，擅自向被执行人支付股息或红利，或擅自为被执行人办理已冻结股权的转移手续，造成已转移的财产无法追回的，应当在所支付的股息或红利或转移的股权价值范围内向申请执行人承担责任。

六、交付财产和完成行为的执行

41. 生效法律文书确定被执行人交付特定标的物的，应当执行原物。原物被隐匿或非法转移的,人民法院有权责令其交出。原物确已毁损或灭失的,经双方当事人同意,可以折价赔偿。

双方当事人对折价赔偿不能协商一致的,人民法院应当终结执行程序。申请执行人可以另行起诉。

42. 有关组织或者个人持有法律文书指定交付的财物或票证,在接到人民法院协助执行通知书或通知书后,协同被执行人转移财物或票证的,人民法院有权责令其限期追回;逾期未追回的,应当裁定其承担赔偿责任。

43. 被执行人的财产经拍卖、变卖或裁定以物抵债后,需从现占有人处交付给买受人或申请执行人的,适用民事诉讼法第二百四十九条、第二百五十条和本规定第41条、第42条的规定。

44. 被执行人拒不履行生效法律文书中指定的行为的,人民法院可以强制其履行。

对于可以替代履行的行为,可以委托有关单位或他人完成,因完成上述行为发生的费用由被执行人承担。

对于只能由被执行人完成的行为,经教育,被执行人仍拒不履行的,人民法院应当按照妨害执行行为的有关规定处理。

七、被执行人到期债权的执行

45. 被执行人不能清偿债务,但对本案以外的第三人享有到期债权的,人民法院可以依申请执行人或被执行人的申请,向第三人发出履行到期债务的通知(以下简称履行通知)。履行通知必须直接送达第三人。

履行通知应当包含下列内容:

(1)第三人直接向申请执行人履行其对被执行人所负的债务,不得向被执行人清偿;

(2)第三人应当在收到履行通知后的十五日内向申请执行人履行债务;

(3)第三人对履行到期债权有异议的,应当在收到履行通知后的十五日内向执行法院

提出;

(4)第三人违背上述义务的法律后果。

46. 第三人对履行通知的异议一般应当以书面形式提出,口头提出的,执行人员应记入笔录,并由第三人签字或盖章。

47. 第三人在履行通知指定的期间内提出异议的,人民法院不得对第三人强制执行,对提出的异议不进行审查。

48. 第三人提出自己无履行能力或其与申请执行人无直接法律关系,不属于本规定所指的异议。

第三人对债务部分承认、部分有异议的,可以对其承认的部分强制执行。

49. 第三人在履行通知指定的期限内没有提出异议,而又不履行的,执行法院有权裁定对其强制执行。此裁定同时送达第三人和被执行人。

50. 被执行人收到人民法院履行通知后,放弃其对第三人的债权或缓延第三人履行期限的行为无效,人民法院仍可在第三人无异议又不履行的情况下予以强制执行。

51. 第三人收到人民法院要求其履行到期债务的通知后,擅自向被执行人履行,造成已向被执行人履行的财产不能追回的,除在已履行的财产范围内与被执行人承担连带清偿责任外,可以追究其妨害执行的责任。

52. 在对第三人作出强制执行裁定后,第三人确无财产可供执行的,不得就第三人对他人享有的到期债权强制执行。

53. 第三人按照人民法院履行通知向申请执行人履行了债务或已被强制执行后,人民法院应当出具有关证明。

八、执行担保

54. 人民法院在审理案件期间,保证人为被执行人提供保证,人民法院据此未对被执行人的财产采取保全措施或解除保全措施的,案件审结后如果被执行人无财产可供执行或其财产不足清偿债务时,即使生效法律

文书中未确定保证人承担责任,人民法院有权裁定执行保证人在保证责任范围内的财产。

九、多个债权人对一个债务人申请执行和参与分配

55. 多份生效法律文书确定金钱给付内容的多个债权人分别对同一被执行人申请执行,各债权人对执行标的物均无担保物权的,按照执行法院采取执行措施的先后顺序受偿。

多个债权人的债权种类不同的,基于所有权和担保物权而享有的债权,优先于金钱债权受偿。有多个担保物权的,按照各担保物权成立的先后顺序清偿。

一份生效法律文书确定金钱给付内容的多个债权人对同一被执行人申请执行,执行的财产不足清偿全部债务的,各债权人对执行标的物均无担保物权的,按照各债权比例受偿。

56. 对参与被执行人财产的具体分配,应当由首先查封、扣押或冻结的法院主持进行。

首先查封、扣押、冻结的法院所采取的执行措施如系为执行财产保全裁定,具体分配应当在该院案件审理终结后进行。

十、对妨害执行行为的强制措施的适用

57. 被执行人或其他人有下列拒不履行生效法律文书或者妨害执行行为之一的,人民法院可以依照民事诉讼法第一百一十一条的规定处理:

(1)隐藏、转移、变卖、毁损向人民法院提供执行担保的财产的;

(2)案外人与被执行人恶意串通转移被执行人财产的;

(3)故意撕毁人民法院执行公告、封条的;

(4)伪造、隐藏、毁灭有关被执行人履行能力的重要证据,妨碍人民法院查明被执行人财产状况的;

(5)指使、贿买、胁迫他人对被执行人的财产状况和履行义务的能力问题作伪证的;

(6)妨碍人民法院依法搜查的;

(7)以暴力、威胁或其他方法妨碍或抗拒执行的;

(8)哄闹、冲击执行现场的;

(9)对人民法院执行人员或协助执行人员进行侮辱、诽谤、诬陷、围攻、威胁、殴打或者打击报复的;

(10)毁损、抢夺执行案件材料、执行公务车辆、其他执行器械、执行人员服装和执行公务证件的。

58. 在执行过程中遇有被执行人或其他人拒不履行生效法律文书或者妨害执行情节严重,需要追究刑事责任的,应将有关材料移交有关机关处理。

十一、执行的中止、终结、结案和执行回转

59. 按照审判监督程序提审或再审的案件,执行机构根据上级法院或本院作出的中止执行裁定书中止执行。

60. 中止执行的情形消失后,执行法院可以根据当事人的申请或依职权恢复执行。

恢复执行应当书面通知当事人。

61. 在执行中,被执行人被人民法院裁定宣告破产的,执行法院应当依照民事诉讼法第二百五十七条第六项的规定,裁定终结执行。

62. 中止执行和终结执行的裁定书应当写明中止或终结执行的理由和法律依据。

63. 人民法院执行生效法律文书,一般应当在立案之日起六个月内执行结案,但中止执行的期间应当扣除。确有特殊情况需要延长的,由本院院长批准。

64. 执行结案的方式为:

(1)执行完毕;

(2)终结本次执行程序;

(3)终结执行;

(4)销案;

(5)不予执行;

(6)驳回申请。

65. 在执行中或执行完毕后,据以执行的法律文书被人民法院或其他有关机关撤销或变更的,原执行机构应当依照民事诉讼法第二百三十三条的规定,依当事人申请或依职权,按照新的生效法律文书,作出执行回转的裁定,责令原申请执行人返还已取得的财产及其孳息。拒不返还的,强制执行。

执行回转应重新立案,适用执行程序的有关规定。

66. 执行回转时,已执行的标的物系特定物的,应当退还原物。不能退还原物的,经双方当事人同意,可以折价赔偿。

双方当事人对折价赔偿不能协商一致的,人民法院应当终结执行回转程序。申请执行人可以另行起诉。

十二、执行争议的协调

67. 两个或两个以上人民法院在执行相关案件中发生争议的,应当协商解决。协商不成的,逐级报请上级法院,直至报请共同的上级法院协调处理。

执行争议经高级人民法院协商不成的,由有关的高级人民法院书面报请最高人民法院协调处理。

68. 执行中发现两地法院或人民法院与仲裁机构就同一法律关系作出不同裁判内容的法律文书的,各有关法院应当立即停止执行,报请共同的上级法院处理。

69. 上级法院协调处理有关执行争议案件,认为必要时,可以决定将有关款项划到本院指定的账户。

70. 上级法院协调下级法院之间的执行争议所作出的处理决定,有关法院必须执行。

十三、执行监督

71. 上级人民法院依法监督下级人民法院的执行工作。最高人民法院依法监督地方各级人民法院和专门法院的执行工作。

72. 上级法院发现下级法院在执行中作出的裁定、决定、通知或具体执行行为不当或有错误的,应当及时指令下级法院纠正,并可

以通知有关法院暂缓执行。

下级法院收到上级法院的指令后必须立即纠正。如果认为上级法院的指令有错误,可以在收到该指令后五日内请求上级法院复议。

上级法院认为请求复议的理由不成立,而下级法院仍不纠正的,上级法院可直接作出裁定或决定予以纠正,送达有关法院及当事人,并可直接向有关单位发出协助执行通知书。

73. 上级法院发现下级法院执行的非诉讼生效法律文书有不予执行事由,应当依法作出不予执行裁定而不制作的,可以责令下级法院在指定时限内作出裁定,必要时可直接裁定不予执行。

74. 上级法院发现下级法院的执行案件(包括受委托执行的案件)在规定的期限内未能执行结案的,应当作出裁定、决定、通知而不制作的,或应当依法实施具体执行行为而不实施的,应当督促下级法院限期执行,及时作出有关裁定等法律文书,或采取相应措施。

对下级法院长期未能执结的案件,确有必要的,上级法院可以决定由本院执行或与下级法院共同执行,也可以指定本辖区其他法院执行。

75. 上级法院在监督、指导、协调下级法院执行案件中,发现据以执行的生效法律文书确有错误的,应当书面通知下级法院暂缓执行,并按照审判监督程序处理。

76. 上级法院在申诉案件复查期间,决定对生效法律文书暂缓执行的,有关审判庭应当将暂缓执行的通知抄送执行机构。

77. 上级法院通知暂缓执行的,应同时指定暂缓执行的期限。暂缓执行的期限一般不得超过三个月。有特殊情况需要延长的,应报经院长批准,并及时通知下级法院。

暂缓执行的原因消除后,应当及时通知执行法院恢复执行。期满后上级法院未通知

继续暂缓执行的,执行法院可以恢复执行。

78. 下级法院不按照上级法院的裁定、决定或通知执行,造成严重后果的,按照有关规定追究有关主管人员和直接责任人员的责任。

十四、附 则

79. 本规定自公布之日起试行。

本院以前作出的司法解释与本规定有抵触的,以本规定为准。本规定未尽事宜,按照以前的规定办理。

最高人民法院关于人民法院执行流程公开的若干意见

(2014 年 9 月 3 日 法发〔2014〕18 号)

为贯彻落实执行公开原则,规范人民法院执行流程公开工作,方便当事人及时了解案件执行进展情况,更好地保障当事人和社会公众对执行工作的知情权、参与权、表达权和监督权,进一步提高执行工作的透明度,以公开促公正、以公正立公信,根据《最高人民法院关于人民法院执行公开的若干规定》(法发〔2006〕35 号)、《最高人民法院关于推进司法公开三大平台建设的若干意见》(法发〔2013〕13 号)等规定,结合执行工作实际,制定本意见。

一、总体要求

第一条 人民法院执行流程信息以公开为原则、不公开为例外。对依法应当公开、可以公开的执行流程及其相关信息,一律予以公开,实现执行案件办理过程全公开、节点全告知、程序全对接、文书全上网,为当事人和社会公众提供全方位、多元化、实时性的执行公开服务,全面推进阳光执行。

第二条 人民法院执行流程公开工作,以各级人民法院互联网门户网站(政务网)为基础平台和主要公开渠道,辅以手机短信、电话语音系统、电子公告屏和触摸屏、手机应用客户端、法院微博、法院微信公众号等其他平台或渠道,将执行案件流程节点信息、案件进展状态及有关材料向案件当事人及委托代理人公开,将与法院执行工作有关的执行服务信息、执行公告信息等公共信息向社会公众公开。

各级人民法院应当在本院门户网站(政务网)下设的审判流程信息公开网上建立查询执行流程信息的功能模块。最高人民法院在政务网上建立"中国执行信息公开网",开设"中国审判流程信息公开网"的入口,提供查询执行案件流程信息的功能以及全国各级人民法院执行流程信息公开平台的链接。各级人民法院应当建立电话语音系统,在立案大厅或信访接待等场所设立电子触摸屏,供案件当事人和委托代理人以及社会公众查阅有关执行公开事项。具备条件的法院,应当建立电子公告屏、在执行指挥系统建设中增加 12368 智能短信服务平台、法院微博以及法院微信公众号等公开渠道。

二、公开的渠道和内容

第三条 下列执行案件信息应当向当事人及委托代理人公开:

(一)当事人名称、案号、案由、立案日期等立案信息;

(二)执行法官以及书记员的姓名和办公电话;

(三)采取执行措施信息,包括被执行人财产查询、查封、冻结、扣划、扣押等信息;

(四)采取强制措施信息,包括司法拘留、罚款、拘传、搜查以及限制出境、限制高消费、纳入失信被执行人名单库等信息;

（五）执行财产处置信息,包括委托评估、拍卖、变卖、以物抵债等信息;

（六）债权分配和执行款收付信息,包括债权分配方案、债权分配方案异议、债权分配方案修改、执行款进入法院执行专用账户、执行款划付等信息;

（七）暂缓执行、中止执行、委托执行、指定执行、提级执行等信息;

（八）执行和解协议信息;

（九）执行实施案件结案信息,包括执行结案日期、执行标的到位情况、结案方式、终结本次执行程序征求申请执行人意见等信息;

（十）执行异议、执行复议、案外人异议、执行主体变更和追加等案件的立案时间、案件承办法官和合议庭其他组成人员以及书记员的姓名和办公电话、执行裁决、结案时间等信息;

（十一）执行申诉信访、执行督促、执行监督等案件的立案时间、案件承办法官和合议庭其他组成人员以及书记员的姓名和办公电话、案件处理意见、结案时间等信息;

（十二）执行听证、询问的时间、地点等信息;

（十三）案件的执行期限或审查期限,以及执行期限或审查期限扣除、延长等变更情况;

（十四）执行案件受理通知书、执行通知书、财产申报通知书、询问通知、听证通知、传票和询问笔录、调查取证笔录、执行听证笔录等材料;

（十五）执行裁定书、决定书等裁判文书;

（十六）执行裁判文书开始送达时间、完成送达时间、送达方式等送达信息;

（十七）执行裁判文书在执行法院执行流程信息公开模块、中国执行信息公开网及中国裁判文书网公布的情况,包括公布时间、查询方式等;

（十八）有关法律或司法解释要求公布的其他执行流程信息。

第四条 具备条件的法院,询问当事人、执行听证和开展重大执行活动时应当进行录音录像。询问、听证和执行活动结束后,该录音录像应当向当事人及委托代理人公开。当事人及委托代理人申请查阅录音录像的,执行法院经核对身份信息后,及时提供查阅。

第五条 各级人民法院通过网上办案,自动生成执行案件电子卷宗。电子卷宗正本应当向当事人及委托代理人公开。当事人及委托代理人申请查阅电子卷宗的,执行法院经核对身份信息后,及时提供查阅。

第六条 对于执行裁定书、决定书以外的程序性执行文书,各级法院通过执行流程信息公开模块,向当事人及诉讼代理人提供电子送达服务。当事人及委托代理人同意人民法院采用电子方式送达执行文书的,应当在立案时提交签名或者盖章的确认书。

第七条 各级人民法院通过互联网门户网站（政务网）向社会公众公开本院下列信息:

（一）法院地址、交通图示、联系方式、管辖范围、下辖法院、内设部门及其职能、投诉渠道等机构信息;

（二）审判委员会组成人员、审判执行人员的姓名、职务等人员信息;

（三）执行流程、执行裁判文书和执行信息的公开范围和查询方法等执行公开指南信息;

（四）执行立案条件、执行流程、申请执行书等执行文书样式、收费标准、执行费缓减免交的条件和程序、申请强制执行风险提示等执行指南信息;

（五）听证公告、悬赏公告、拍卖公告;

（六）评估、拍卖及其他社会中介入选机构名册等名册信息。

（七）司法解释、指导性案例、执行业务文件等。

三、公开的流程

第八条 除执行请求、执行协调案件外，各级人民法院受理的各类执行案件，应当及时向案件当事人及委托代理人预留的手机号码，自动推送短信，提示案件流程进展情况，提醒案件当事人及委托代理人及时接受电子送达的执行文书。

立案部门、执行机构在向案件当事人及其委托代理人送达案件受理通知书、执行通知书时，应当告知案件流程进展查询、接受电子送达执行文书的方法，并做好宣传、咨询服务等工作。

在执行过程中，追加或变更当事人、委托代理人的，由执行机构在送达相关法律文书时告知前述事项。

第九条 在执行案件办理过程中，案件当事人及委托代理人可凭有效证件号码或组织机构代码、手机号码以及执行法院提供的查询码、密码，通过执行流程信息公开模块、电话语音系统、电子公告屏和触摸屏、手机应用客户端、法院微博、法院微信公众号等多种载体，查询、下载有关执行流程信息、材料等。

第十条 执行流程信息公开模块应具备双向互动功能。案件当事人及委托代理人登录执行流程信息公开模块后，可向案件承办人留言。留言内容应于次日自动导入网上办案平台，案件承办人可通过网上办案平台对留言进行回复。

第十一条 同意采用电子方式送达执行文书的当事人及委托代理人，可以通过执行流程信息公开模块签收执行法院以电子方式送达的各类执行文书。

当事人及委托代理人下载或者查阅以电子方式送达的执行文书时，自动生成送达回证，记录受送达人下载文书的名称、下载时间、IP地址等。自动生成的送达回证归入电子卷宗。

执行机构书记员负责跟踪受送达人接受电子送达的情况，提醒、指导受送达人及时下载、查阅电子送达的执行文书。提醒短信发出后三日内受送达人未下载或者查阅电子送达的执行文书的，应当通过电子邮件、传真、邮寄等方式及时送达。

四、职责分工

第十二条 具备网上办案条件的法院，应当严格按照网上办案的相关要求，在网上办案系统中流转、审批执行案件，制作各类文书、笔录和报告，及时、准确、完整地扫描、录入案件材料和案件信息。

执行案件因特殊情形未能严格实行网上办案的，案件信息录入工作应当与实际操作同步完成。

因具有特殊情形不能及时录入信息的，应当详细说明原因，报执行机构负责人和分管院领导审批。

第十三条 案件承办人认为具体案件不宜按照本意见第三条、第四条和第五条公开全部或部分流程信息及材料的，应当填写《执行流程信息不予公开审批表》，详细说明原因，经执行机构负责人审核后，呈报分管院领导审批。

第十四条 各级人民法院网上办案系统生成的执行流程数据和执行过程中生成的其他流程信息，应当存储在网上办案系统数据库中，作为执行信息公开的基础数据，通过数据摆渡的方式同步到互联网上的执行信息公开模块，并及时、全面、准确将执行案件流程数据录入全国法院执行案件信息管理系统数据库。

执行法院网上办案系统形成的执行裁判文书，通过数据摆渡的方式导出至执行法院互联网门户网站（政务网）下设的裁判文书公开网,并提供与中国裁判文书网和中国执行信息公开网链接的端口。

第十五条 案件承办人认为具体案件不宜按照本意见第二条和第三条公开全部或部分流程信息及材料的,应当填写《执行流程信息不予公开审批表》,详细说明原因,经执行机构负责人审核后,呈报分管院领导审批。

第十六条 已在执行流程信息公开平台上发布的信息,因故需要变更的,案件承办人应当呈报执行机构领导审批后,及时更正网上办案平台中的相关信息,并通知当事人及网管人员,由网管人员及时更新执行流程信息公开平台上的相关信息。

第十七条 各级人民法院立案部门、执行机构是执行流程信息公开平台具体执行案件进度信息公开工作的责任部门,负责确保案件信息的准确性、完整性和录入、公开的及时性。

第十八条 各级人民法院司法行政装备管理部门应当为执行信息公开工作提供物质保障。

信息技术部门负责网站建设、运行维护、技术支持,督促技术部门每日定时将网上办案平台中的有关信息数据,包括领导已经签发的各类执行文书等,导出至执行流程信息公开平台,并通过执行流程信息公开平台将收集的有关信息,包括自动生成的送达回证等,导入网上办案平台,实现网上办案平台与执行流程信息公开平台的数据安全传输和对接。

第十九条 审判管理部门负责组织实施执行流程公开工作,监管执行流程信息公开平台,适时组织检查,汇总工作信息,向院领导报告工作情况,编发通报,进行督促、督办等。

发现案件信息不完整、滞后公开或存在错误的,审判管理部门应当督促相关部门补正,并协调、指导信息技术部门及时做好信息更新等工作。

第二十条 向公众公开信息的发布和更新,由各级法院确定具体负责部门。

五、责任与考评

第二十一条 因过失致公开的执行流程信息出现重大错漏,造成严重后果的,依据相关规定追究有关人员的责任。

第二十二条 执行流程信息公开工作纳入司法公开工作绩效考评范围,考评办法另行制定。

六、附 则

第二十三条 本意见自下发之日起执行。

最高人民法院关于人民法院执行公开的若干规定

(2006年12月23日 法发〔2006〕35号)

为进一步规范人民法院执行行为,增强执行工作的透明度,保障当事人的知情权和监督权,进一步加强对执行工作的监督,确保执行公正,根据《中华人民共和国民事诉讼法》和有关司法解释等规定,结合执行工作实际,制定本规定。

第一条 本规定所称的执行公开,是指人民法院将案件执行过程和执行程序予以公开。

第二条 人民法院应当通过通知、公告或者法院网络、新闻媒体等方式,依法公开案件执行各个环节和有关信息,但涉及国家秘密、商业秘密等法律禁止公开的信息除外。

第三条 人民法院应当向社会公开执行案件的立案标准和启动程序。

人民法院对当事人的强制执行申请立案受理后,应当及时将立案的有关情况、当事人在执行程序中的权利和义务以及可能存在的执行风险书面告知当事人;不予立案的,应当制作裁定书送达申请人,裁定书应当载明不予立案的法律依据和理由。

第四条　人民法院应当向社会公开执行费用的收费标准和根据,公开执行费减、缓、免交的基本条件和程序。

第五条　人民法院受理执行案件后,应当及时将案件承办人或合议庭成员及联系方式告知双方当事人。

第六条　人民法院在执行过程中,申请执行人要求了解案件执行进展情况的,执行人员应当如实告知。

第七条　人民法院对申请执行人提供的财产线索进行调查后,应当及时将调查结果告知申请执行人;对依职权调查的被执行人财产状况和被执行人申报的财产状况,应当主动告知申请执行人。

第八条　人民法院采取查封、扣押、冻结、划拨等执行措施的,应当依法制作裁定书送达被执行人,并在实施执行措施后将有关情况及时告知双方当事人,或者以方便当事人查询的方式予以公开。

第九条　人民法院采取拘留、罚款、拘传等强制措施的,应当依法向被采取强制措施的人出示有关手续,并说明对其采取强制措施的理由和法律依据。采取强制措施后,应当将情况告知其他当事人。

采取拘留或罚款措施的,应当在决定书中告知被拘留或者被罚款的人享有向上级人民法院申请复议的权利。

第十条　人民法院拟委托评估、拍卖或者变卖被执行人财产的,应当及时告知双方当事人及其他利害关系人,并严格按照《中华人民共和国民事诉讼法》和最高人民法院《关于人民法院民事执行中拍卖、变卖财产的规定》等有关规定,采取公开的方式选定评估机构和拍卖机构,并依法公开进行拍卖、变卖。

评估结束后,人民法院应当及时向双方当事人及其他利害关系人送达评估报告;拍卖、变卖结束后,应当及时将结果告知双方当事人及其他利害关系人。

第十一条　人民法院在办理参与分配的执行案件时,应当将被执行人财产的处理方案、分配原则和分配方案以及相关法律规定告知申请参与分配的债权人。必要时,应当组织各方当事人举行听证会。

第十二条　人民法院对案外人异议、不予执行的申请以及变更、追加被执行主体等重大执行事项,一般应当公开听证进行审查;案情简单,事实清楚,没有必要听证的,人民法院可以直接审查。审查结果应当依法制作裁定书送达各方当事人。

第十三条　人民法院依职权对案件中止执行的,应当制作裁定书并送达当事人。裁定书应当说明中止执行的理由,并明确援引相应的法律依据。

对已经中止执行的案件,人民法院应当告知当事人中止执行案件的管理制度、申请恢复执行或者人民法院依职权恢复执行的条件和程序。

第十四条　人民法院依职权对据以执行的生效法律文书终结执行的,应当公开听证,但申请执行人没有异议的除外。

终结执行应当制作裁定书并送达双方当事人。裁定书应当充分说明终结执行的理由,并明确援引相应的法律依据。

第十五条　人民法院未能按照最高人民法院《关于人民法院办理执行案件若干期限的规定》中规定的期限完成执行行为的,应当及时向申请执行人说明原因。

第十六条　人民法院对执行过程中形成的各种法律文书和相关材料,除涉及国家秘密、商业秘密等不宜公开的文书材料外,其他一般都应当予以公开。

当事人及其委托代理人申请查阅执行卷

宗的,经人民法院许可,可以按照有关规定查阅、抄录、复制执行卷宗正卷中的有关材料。

第十七条 对违反本规定不公开或不及时公开案件执行信息的,视情节轻重,依有关规定追究相应的责任。

第十八条 各高级人民法院在实施本规定过程中,可以根据实际需要制定实施细则。

第十九条 本规定自 2007 年 1 月 1 日起施行。

最高人民法院关于办理申请执行监督案件若干问题的意见

(2023 年 1 月 19 日 法发〔2023〕4 号)

为进一步完善申请执行监督案件办理程序,推动法律正确统一适用,根据《中华人民共和国民事诉讼法》的规定和《最高人民法院关于进一步完善执行权制约机制加强执行监督的意见》的要求,结合执行工作实际,制定本意见。

第一条 当事人、利害关系人对于人民法院依照民事诉讼法第二百三十二条规定作出的执行复议裁定不服,向上一级人民法院申请执行监督,人民法院应当立案,但法律、司法解释或者本意见另有规定的除外。

申请人依法应当提出执行异议而未提出,直接向异议法院的上一级人民法院申请执行监督的,人民法院应当告知其向异议法院提出执行异议或者申请执行监督;申请人依法应当申请复议而未申请,直接向复议法院的上一级人民法院申请执行监督的,人民法院应当告知其向复议法院申请复议或者申请执行监督。

人民法院在办理执行申诉信访过程中,发现信访诉求符合前两款规定情形的,按照前两款规定处理。

第二条 申请执行人认为人民法院应当采取执行措施而未采取,向执行法院请求采取执行措施的,人民法院应当及时审查处理,一般不立执行异议案件。

执行法院在法定期限内未执行,申请执行人依照民事诉讼法第二百三十三条规定请求上一级人民法院提级执行、责令下级人民法院限期执行或者指令其他人民法院执行的,应当立案办理。

第三条 当事人对执行裁定不服,向人民法院申请复议或者申请执行监督,有下列情形之一的,人民法院应当以适当的方式向其释明法律规定或者法定救济途径,一般不作为执行复议或者执行监督案件受理:

(一)依照民事诉讼法第二百三十四条规定,对案外人异议裁定不服,依照审判监督程序办理或者向人民法院提起诉讼的;

(二)依照《最高人民法院关于民事执行中变更、追加当事人若干问题的规定》第三十二条规定,对处理变更、追加当事人申请的裁定不服,可以向人民法院提起执行异议之诉的;

(三)依照民事诉讼法第二百四十四条规定,仲裁裁决被人民法院裁定不予执行,当事人可以重新申请仲裁或者向人民法院起诉的;

(四)依照《最高人民法院关于公证债权文书执行若干问题的规定》第二十条规定,公证债权文书被裁定不予执行或者部分不予执行,当事人可以向人民法院提起诉讼的;

(五)法律或者司法解释规定不通过执行复议程序进行救济的其他情形。

第四条 申请人向人民法院申请执行监督,有下列情形之一的,不予受理:

(一)针对人民法院就复议裁定作出的执行监督裁定提出执行监督申请的;

(二)在人民检察院对申请人的申请作出不予提出检察建议后又提出执行监督申请的。

前款第一项规定情形,人民法院应当告

知当事人可以向人民检察院申请检察建议，但因人民检察院提出检察建议而作出执行监督裁定的除外。

第五条 申请人对执行复议裁定不服向人民法院申请执行监督的，参照民事诉讼法第二百一十二条规定，应当在执行复议裁定发生法律效力后六个月内提出。

申请人因超过提出执行异议期限或者申请复议期限向人民法院申请执行监督的，应当在提出异议期限或者申请复议期限届满之日起六个月内提出。

申请人超过上述期限向人民法院申请执行监督的，人民法院不予受理；已经受理的，裁定终结审查。

第六条 申请人对高级人民法院作出的执行复议裁定不服的，应当向原审高级人民法院申请执行监督；申请人向最高人民法院申请执行监督，符合下列情形之一的，最高人民法院应当受理：

（一）申请人对执行复议裁定认定的基本事实和审查程序无异议，但认为适用法律有错误的；

（二）执行复议裁定经高级人民法院审判委员会讨论决定的。

第七条 向最高人民法院申请执行监督的，执行监督申请书除依法必须载明的事项外，还应当声明对原裁定认定的基本事实、适用的审查程序没有异议，同时载明案件所涉法律适用问题的争议焦点、论证裁定适用法律存在错误的理由和依据。

申请人提交的执行监督申请书不符合前款规定要求的，最高人民法院应当给予指导和释明，一次性全面告知其在十日内予以补正；申请人无正当理由逾期未予补正的，按撤回监督申请处理。

第八条 高级人民法院作出的执行复议裁定适用法律确有错误，且符合下列情形之一的，最高人民法院可以立执行监督案件：

（一）具有普遍法律适用指导意义的；

（二）最高人民法院或者不同高级人民法院之间近三年裁判生效的同类案件存在重大法律适用分歧，截至案件审查时仍未解决的；

（三）最高人民法院认为应当立执行监督案件的其他情形。

最高人民法院对地方各级人民法院、专门人民法院已经发生法律效力的执行裁定，发现确有错误，且符合前款所列情形之一的，可以立案监督。

第九条 向最高人民法院申请的执行监督案件符合下列情形之一的，最高人民法院可以决定由原审高级人民法院审查：

（一）案件可能存在基本事实不清、审查程序违法、遗漏异议请求情形的；

（二）原执行复议裁定适用法律可能存在错误，但不具有普遍法律适用指导意义的。

第十条 高级人民法院经审查，认为原裁定适用法律确有错误，且符合本意见第八条第一项、第二项规定情形之一，需要由最高人民法院审查的，经该院审判委员会讨论决定后，可以报请最高人民法院审查。

最高人民法院收到高级人民法院根据前款规定提出的报请后，认为有必要由本院审查的，应当立案审查；认为没有必要的，不予立案，并决定交高级人民法院立案审查。

第十一条 最高人民法院应当自收到执行监督申请书之日起三十日内，决定由本院或者作出执行复议裁定的高级人民法院立案审查。

最高人民法院决定由原审高级人民法院审查的，应当在作出决定之日起十日内将执行监督申请书和相关材料交原审高级人民法院立案审查，并及时通知申请人。

第十二条 除《最高人民法院关于执行案件立案、结案若干问题的意见》第二十六条规定的结案方式外，执行监督案件还可采用以下方式结案：

（一）撤销执行异议裁定和执行复议裁定,发回异议法院重新审查;或者撤销执行复议裁定,发回复议法院重新审查;

（二）按撤回执行监督申请处理;

（三）终结审查。

第十三条 人民法院审查执行监督案件,一般应当作出执行裁定,但不支持申诉请求的,可以根据案件具体情况作出驳回通知书。

第十四条 本意见自2023年2月1日起施行。本意见施行以后,最高人民法院之前有关意见的规定与本意见不一致的,按照本意见执行。

最高人民法院于本意见施行之前受理的申请执行监督案件,施行当日尚未审查完毕的,应当继续审查处理。

最高人民法院关于审理拒不执行判决、裁定刑事案件适用法律若干问题的解释

（2015年7月6日最高人民法院审判委员会第1657次会议通过 根据2020年12月23日最高人民法院审判委员会第1823次会议通过的《最高人民法院关于修改〈最高人民法院关于人民法院扣押铁路运输货物若干问题的规定〉等十八件执行类司法解释的决定》修正 2020年12月29日最高人民法院公告公布）

为依法惩治拒不执行判决、裁定犯罪,确保人民法院判决、裁定依法执行,切实维护当事人合法权益,根据《中华人民共和国刑法》《中华人民共和国刑事诉讼法》《中华人民共和国民事诉讼法》等法律规定,就审理拒不执行判决、裁定刑事案件适用法律若干问题,解释如下:

第一条 被执行人、协助执行义务人、担保人等负有执行义务的人对人民法院的判决、裁定有能力执行而拒不执行,情节严重的,应当依照刑法第三百一十三条的规定,以拒不执行判决、裁定罪处罚。

第二条 负有执行义务的人有能力执行而实施下列行为之一的,应当认定为全国人民代表大会常务委员会关于刑法第三百一十三条的解释中规定的"其他有能力执行而拒不执行,情节严重的情形":

（一）具有拒绝报告或者虚假报告财产情况、违反人民法院限制高消费及有关消费令等拒不执行行为,经采取罚款或者拘留等强制措施后仍拒不执行的;

（二）伪造、毁灭有关被执行人履行能力的重要证据,以暴力、威胁、贿买方法阻止他人作证或者指使、贿买、胁迫他人作伪证,妨碍人民法院查明被执行人财产情况,致使判决、裁定无法执行的;

（三）拒不交付法律文书指定交付的财物、票证或者拒不迁出房屋、退出土地,致使判决、裁定无法执行的;

（四）与他人串通,通过虚假诉讼、虚假仲裁、虚假和解等方式妨害执行,致使判决、裁定无法执行的;

（五）以暴力、威胁方法阻碍执行人员进入执行现场或者聚众哄闹、冲击执行现场,致使执行工作无法进行的;

（六）对执行人员进行侮辱、围攻、扣押、殴打,致使执行工作无法进行的;

（七）毁损、抢夺执行案件材料、执行公务车辆和其他执行器械、执行人员服装以及执行公务证件,致使执行工作无法进行的;

（八）拒不执行法院判决、裁定,致使债权人遭受重大损失的。

第三条 申请执行人有证据证明同时具有下列情形,人民法院认为符合刑事诉讼法第二百一十条第三项规定的,以自诉案件立案审理

（一）负有执行义务的人拒不执行判决、裁定，侵犯了申请执行人的人身、财产权利，应当依法追究刑事责任的；

（二）申请执行人曾经提出控告，而公安机关或者人民检察院对负有执行义务的人不予追究刑事责任的。

第四条　本解释第三条规定的自诉案件，依照刑事诉讼法第二百一十二条的规定，自诉人在宣告判决前，可以同被告人自行和解或者撤回自诉。

第五条　拒不执行判决、裁定刑事案件，一般由执行法院所在地人民法院管辖。

第六条　拒不执行判决、裁定的被告人在一审宣告判决前，履行全部或部分执行义务的，可以酌情从宽处罚。

第七条　拒不执行支付赡养费、扶养费、抚育费、抚恤金、医疗费用、劳动报酬等判决、裁定的，可以酌情从重处罚。

第八条　本解释自发布之日起施行。此前发布的司法解释和规范性文件与本解释不一致的，以本解释为准。

最高人民法院关于委托执行若干问题的规定

（2011年4月25日最高人民法院审判委员会第1521次会议通过　根据2020年12月23日最高人民法院审判委员会第1823次会议通过的《最高人民法院关于修改〈最高人民法院关于人民法院扣押铁路运输货物若干问题的规定〉等十八件执行类司法解释的决定》修正　2020年12月29日最高人民法院公告公布）

为了规范委托执行工作，维护当事人的合法权益，根据《中华人民共和国民事诉讼法》的规定，结合司法实践，制定本规定。

第一条　执行法院经调查发现被执行人在本辖区内已无财产可供执行，且在其他省、自治区、直辖市内有可供执行财产的，可以将案件委托异地的同级人民法院执行。

执行法院确需赴异地执行案件的，应当经其所在辖区高级人民法院批准。

第二条　案件委托执行后，受托法院应当依法立案，委托法院应当在收到受托法院的立案通知书后作销案处理。

委托异地法院协助查询、冻结、查封、调查或者送达法律文书等有关事项的，受托法院不作为委托执行案件立案办理，但应当积极予以协助。

第三条　委托执行应当以执行标的物所在地或者执行行为实施地的同级人民法院为受托执行法院。有两处以上财产在异地的，可以委托主要财产所在地的人民法院执行。

被执行人是现役军人或者军事单位的，可以委托对其有管辖权的军事法院执行。

执行标的物是船舶的，可以委托有管辖权的海事法院执行。

第四条　委托执行案件应当由委托法院直接向受托法院办理委托手续，并层报各自所在的高级人民法院备案。

事项委托应当通过人民法院执行指挥中心综合管理平台办理委托事项的相关手续。

第五条　案件委托执行时，委托法院应当提供下列材料：

（一）委托执行函；

（二）申请执行书和委托执行案件审批表；

（三）据以执行的生效法律文书副本；

（四）有关案件情况的材料或者说明，包括本辖区无财产的调查材料、财产保全情况、被执行人财产状况、生效法律文书的履行情况等；

（五）申请执行人地址、联系电话；

（六）被执行人身份证件或者营业执照复

印件、地址、联系电话;

(七)委托法院执行员和联系电话;

(八)其他必要的案件材料等。

第六条 委托执行时,委托法院应当将已经查封、扣押、冻结的被执行人的异地财产,一并移交受托法院处理,并在委托执行函中说明。

委托执行后,委托法院对被执行人财产已经采取查封、扣押、冻结等措施的,视为受托法院的查封、扣押、冻结措施。受托法院需要继续查封、扣押、冻结,持委托执行函和立案通知书办理相关手续。续封续冻时,仍为原委托法院的查封冻结顺序。

查封、扣押、冻结等措施的有效期限在移交受托法院时不足1个月的,委托法院应当先行续封或者续冻,再移交受托法院。

第七条 受托法院收到委托执行函后,应当在7日内予以立案,并及时将立案通知书通过委托法院送达申请执行人,同时将指定的承办人、联系电话等书面告知委托法院。

委托法院收到上述通知书后,应当在7日内书面通知申请执行人案件已经委托执行,并告知申请执行人可以直接与受托法院联系执行相关事宜。

第八条 受托法院如发现委托执行的手续、材料不全,可以要求委托法院补办。委托法院应当在30日内完成补办事项,在上述期限内未完成的,应当作出书面说明。委托法院既不补办又不说明原因的,视为撤回委托,受托法院可以将委托材料退回委托法院。

第九条 受托法院退回委托的,应当层报所在辖区高级人民法院审批。高级人民法院同意退回后,受托法院应当在15日内将有关委托手续和案卷材料退回委托法院,并作出书面说明。

委托执行案件退回后,受托法院已立案的,应当作销案处理。委托法院在案件退回原因消除之后可以再行委托。确因委托不当

被退回的,委托法院应当决定撤销委托并恢复案件执行,报所在的高级人民法院备案。

第十条 委托法院在案件委托执行后又发现有可供执行财产的,应当及时告知受托法院。受托法院发现被执行人在受托法院辖区外另有可供执行财产的,可以直接异地执行,一般不再行委托执行。根据情况确需再行委托的,应当按照委托执行案件的程序办理,并通知案件当事人。

第十一条 受托法院未能在6个月内将受托案件执结的,申请执行人有权请求受托法院的上一级人民法院提级执行或者指定执行,上一级人民法院应当立案审查,发现受托法院无正当理由不予执行的,应当限期执行或者作出裁定提级执行或者指定执行。

第十二条 异地执行时,可以根据案件具体情况,请求当地法院协助执行,当地法院应当积极配合,保证执行人员的人身安全和执行装备、执行标的物不受侵害。

第十三条 高级人民法院应当对辖区内委托执行和异地执行工作实行统一管理和协调,履行以下职责:

(一)统一管理跨省、自治区、直辖市辖区的委托和受托执行案件;

(二)指导、检查、监督本辖区内的受托案件的执行情况;

(三)协调本辖区内跨省、自治区、直辖市辖区的委托和受托执行争议案件;

(四)承办需异地执行的有关案件的审批事项;

(五)对下级法院报送的有关委托和受托执行案件中的相关问题提出指导性处理意见;

(六)办理其他涉及委托执行工作的事项。

第十四条 本规定所称的异地是指本省、自治区、直辖市以外的区域。各省、自治区、直辖市内的委托执行,由各高级人民法院

参照本规定,结合实际情况,制定具体办法。

第十五条 本规定施行之后,其他有关委托执行的司法解释不再适用。

最高人民法院关于人民法院办理执行案件若干期限的规定

(2006年12月23日 法发〔2006〕35号)

为确保及时、高效、公正办理执行案件,依据《中华人民共和国民事诉讼法》和有关司法解释的规定,结合执行工作实际,制定本规定。

第一条 被执行人有财产可供执行的案件,一般应当在立案之日起6个月内执结;非诉执行案件一般应当在立案之日起3个月内执结。

有特殊情况须延长执行期限的,应当报请本院院长或副院长批准。

申请延长执行期限的,应当在期限届满前5日内提出。

第二条 人民法院应当在立案后7日内确定承办人。

第三条 承办人收到案件材料后,经审查认为情况紧急、需立即采取执行措施的,经批准后可立即采取相应的执行措施。

第四条 承办人应当在收到案件材料后3日内向被执行人发出执行通知书,通知被执行人按照有关规定申报财产,责令被执行人履行生效法律文书确定的义务。

被执行人在指定的履行期间内有转移、隐匿、变卖、毁损财产等情形的,人民法院在获悉后应当立即采取控制性执行措施。

第五条 承办人应当在收到案件材料后3日内通知申请执行人提供被执行人财产状况或财产线索。

第六条 申请执行人提供了明确、具体的财产状况或财产线索的,承办人应当在申请执行人提供财产状况或财产线索后5日内进行查证、核实。情况紧急的,应当立即予以核查。

申请执行人无法提供被执行人财产状况或财产线索,或者提供财产状况或财产线索确有困难,需人民法院进行调查的,承办人应当在申请执行人提出调查申请后10日内启动调查程序。

根据案件具体情况,承办人一般应当在1个月内完成对被执行人收入、银行存款、有价证券、不动产、车辆、机器设备、知识产权、对外投资权益及收益、到期债权等资产状况的调查。

第七条 执行中采取评估、拍卖措施的,承办人应当在10日内完成评估、拍卖机构的遴选。

第八条 执行中涉及不动产、特定动产及其他财产需办理过户登记手续的,承办人应当在5日内向有关登记机关送达协助执行通知书。

第九条 对执行异议的审查,承办人应当在收到异议材料及执行案卷后15日内提出审查处理意见。

第十条 对执行异议的审查需进行听证的,合议庭应当在决定听证后10日内组织异议人、申请执行人、被执行人及其他利害关系人进行听证。

承办人应当在听证结束后5日内提出审查处理意见。

第十一条 对执行异议的审查,人民法院一般应当在1个月内办理完毕。

需延长期限的,承办人应当在期限届满前3日内提出申请。

第十二条 执行措施的实施及执行法律文书的制作需报经审批的,相关负责人应当在7日内完成审批程序。

第十三条 下列期间不计入办案期限:

1. 公告送达执行法律文书的期间；

2. 暂缓执行的期间；

3. 中止执行的期间；

4. 就法律适用问题向上级法院请示的期间；

5. 与其他法院发生执行争议报请共同的上级法院协调处理的期间。

第十四条 法律或司法解释对办理期限有明确规定的，按照法律或司法解释规定执行。

第十五条 本规定自 2007 年 1 月 1 日起施行。

最高人民法院关于高级人民法院统一管理执行工作若干问题的规定

（2000 年 1 月 14 日　法发〔2000〕3 号）

为了保障依法公正执行，提高执行工作效率，根据有关规定和执行工作具体情况，现就高级人民法院统一管理执行工作的若干问题规定如下：

一、高级人民法院在最高人民法院的监督和指导下，对本辖区执行工作的整体部署、执行案件的监督和协调、执行力量的调度以及执行装备的使用等，实行统一管理。

地方各级人民法院办理执行案件，应当依照法律规定分级负责。

二、高级人民法院应当根据法律、法规、司法解释和最高人民法院的有关规定，结合本辖区的实际情况制定统一管理执行工作的具体规章制度，确定一定时期内执行工作的目标和重点，组织本辖区内的各级人民法院实施。

三、高级人民法院应当根据最高人民法院的统一部署或本地区的具体情况适时组织

集中执行和专项执行活动。

四、高级人民法院在组织集中执行、专项执行或其他重大执行活动中，可以统一调度、使用下级人民法院的执行力量，包括执行人员、司法警察、执行装备等。

五、高级人民法院有权对下级人民法院的违法、错误的执行裁定、执行行为函告下级法院自行纠正或直接下达裁定、决定予以纠正。

六、高级人民法院负责协调处理本辖区内跨中级人民法院辖区的法院与法院之间的执行争议案件。对跨高级人民法院辖区的法院与法院之间的执行争议案件，由争议双方所在地的两地高级人民法院协商处理；协商不成，按有关规定报请最高人民法院协调处理。

七、对跨高级人民法院辖区的法院与公安、检察等机关之间的执行争议案件，由执行法院所在地的高级人民法院与有关公安、检察等机关所在地的高级人民法院商有关机关协调解决，必要时可报请最高人民法院协调处理。

八、高级人民法院对本院及下级人民法院的执行案件，认为需要指定执行的，可以裁定指定执行。

高级人民法院对最高人民法院函示指定执行的案件，应当裁定指定执行。

九、高级人民法院对下级人民法院的下列案件可以裁定提级执行：

1. 高级人民法院指令下级人民法院限期执结，逾期未执结需要提级执行的；

2. 下级人民法院报请高级人民法院提级执行，高级人民法院认为应当提级执行的；

3. 疑难、重大和复杂的案件，高级人民法院认为应当提级执行的。

高级人民法院对最高人民法院函示提级执行的案件，应当裁定提级执行。

十、高级人民法院应监督本辖区内各级

人民法院按有关规定精神配备合格的执行人员,并根据最高人民法院的要求和本辖区的具体情况,制定培训计划,确定培训目标,采取切实有效措施予以落实。

十一、中级人民法院、基层人民法院和专门人民法院执行机构的主要负责人在按干部管理制度和法定程序规定办理任免手续前应征得上一级人民法院的同意。

上级人民法院认为下级人民法院执行机构的主要负责人不称职的,可以建议有关部门予以调整、调离或者免职。

十二、高级人民法院应根据执行工作需要,商财政、计划等有关部门编制本辖区内各级人民法院关于交通工具、通讯设备、警械器具、摄录器材等执行装备和业务经费的计划,确定执行装备的标准和数量,并由本辖区内各级人民法院协同当地政府予以落实。

十三、下级人民法院不执行上级人民法院对执行工作和案件处理作出的决定,上级人民法院应通报批评;情节严重的,可以建议有关部门对有关责任人员予以纪律处分。

十四、中级人民法院、基层人民法院和专门人民法院对执行工作的管理职责由高级人民法院规定。

十五、本规定自颁布之日起执行。

最高人民法院关于人民法院确定财产处置参考价若干问题的规定

(2018年6月4日最高人民法院审判委员会第1741次会议通过　2018年8月28日最高人民法院公告公布　自2018年9月1日起施行　法释〔2018〕15号)

为公平、公正、高效确定财产处置参考价,维护当事人、利害关系人的合法权益,根据《中华人民共和国民事诉讼法》等法律规定,结合人民法院工作实际,制定本规定。

第一条　人民法院查封、扣押、冻结财产后,对需要拍卖、变卖的财产,应当在三十日内启动确定财产处置参考价程序。

第二条　人民法院确定财产处置参考价,可以采取当事人议价、定向询价、网络询价、委托评估等方式。

第三条　人民法院确定参考价前,应当查明财产的权属、权利负担、占有使用、欠缴税费、质量瑕疵等事项。

人民法院查明前款规定事项需要当事人、有关单位或者个人提供相关资料的,可以通知其提交;拒不提交的,可以强制提取;对妨碍强制提取的,参照民事诉讼法第一百一十一条、第一百一十四条的规定处理。

查明本条第一款规定事项需要审计、鉴定的,人民法院可以先行审计、鉴定。

第四条　采取当事人议价方式确定参考价的,除一方当事人拒绝议价或者下落不明外,人民法院应当以适当的方式通知或者组织当事人进行协商,当事人应当在指定期限内提交议价结果。

双方当事人提交的议价结果一致,且不损害他人合法权益的,议价结果为参考价。

第五条　当事人议价不能或者不成,且财产有计税基准价、政府定价或者政府指导价的,人民法院应当向确定参考价时财产所在地的有关机构进行定向询价。

双方当事人一致要求直接进行定向询价,且财产有计税基准价、政府定价或者政府指导价的,人民法院应当准许。

第六条　采取定向询价方式确定参考价的,人民法院应当向有关机构出具询价函,询价函应当载明询价要求、完成期限等内容。

接受定向询价的机构在指定期限内出具的询价结果为参考价。

第七条　定向询价不能或者不成,财产无需由专业人员现场勘验或者鉴定,且具备网络询价条件的,人民法院应当通过司法网络询价平台进行网络询价。

双方当事人一致要求或者同意直接进行网络询价,财产无需由专业人员现场勘验或者鉴定,且具备网络询价条件的,人民法院应当准许。

第八条 最高人民法院建立全国性司法网络询价平台名单库。

司法网络询价平台应当同时符合下列条件:

(一)具备能够依法开展互联网信息服务工作的资质;

(二)能够合法获取并整合全国各地区同种类财产一定时期的既往成交价、政府定价、政府指导价或者市场公开交易价等不少于三类价格数据,并保证数据真实、准确;

(三)能够根据数据化财产特征,运用一定的运算规则对市场既往交易价格、交易趋势予以分析;

(四)程序运行规范、系统安全高效、服务质优价廉;

(五)能够全程记载数据的分析过程,将形成的电子数据完整保存不少于十年,但法律、行政法规、司法解释另有规定的除外。

第九条 最高人民法院组成专门的评审委员会,负责司法网络询价平台的选定、评审和除名。每年引入权威第三方对已纳入和新申请纳入名单库的司法网络询价平台予以评审并公布结果。

司法网络询价平台具有下列情形之一的,应当将其从名单库中除名:

(一)无正当理由拒绝进行网络询价;

(二)无正当理由一年内累计五次未按期完成网络询价;

(三)存在恶意串通、弄虚作假、泄露保密信息等行为;

(四)经权威第三方评审认定不符合提供网络询价服务条件;

(五)存在其他违反询价规则以及法律、行政法规、司法解释规定的情形。

司法网络询价平台被除名后,五年内不得被纳入名单库。

第十条 采取网络询价方式确定参考价的,人民法院应当同时向名单库中的全部司法网络询价平台发出网络询价委托书。网络询价委托书应当载明财产名称、物理特征、规格数量、目的要求、完成期限以及其他需要明确的内容等。

第十一条 司法网络询价平台应当在收到人民法院网络询价委托书之日起三日内出具网络询价报告。网络询价报告应当载明财产的基本情况、参照样本、计算方法、询价结果及有效期等内容。

司法网络询价平台不能在期限内完成询价的,应当在期限届满前申请延长期限。全部司法网络询价平台均未能在期限内出具询价结果的,人民法院应当根据各司法网络询价平台的延期申请延期三日;部分司法网络询价平台在期限内出具网络询价结果的,人民法院对其他司法网络询价平台的延期申请不予准许。

全部司法网络询价平台均未在期限内出具或者补正网络询价报告,且未按照规定申请延长期限的,人民法院应当委托评估机构进行评估。

人民法院未在网络询价结果有效期内发布一拍拍卖公告或者直接进入变卖程序的,应当通知司法网络询价平台在三日内重新出具网络询价报告。

第十二条 人民法院应当对网络询价报告进行审查。网络询价报告均存在财产基本信息错误、超出财产范围或者遗漏财产等情形的,应当通知司法网络询价平台在三日内予以补正;部分网络询价报告不存在上述情形的,无需通知其他司法网络询价平台补正。

第十三条 全部司法网络询价平台均在期限内出具询价结果或者补正结果的,人民法院应当以全部司法网络询价平台出具结果的平均值为参考价;部分司法网络询价平台在期限内出具询价结果或者补正结果的,人民法院应当以该部分司法网络询价平台出具结果的平均值为参考价。

当事人、利害关系人依据本规定第二十二条的规定对全部网络询价报告均提出异议,且所提异议被驳回或者司法网络询价平台已作出补正的,人民法院应当以异议被驳回或者已作出补正的各司法网络询价平台出具结果的平均值为参考价;对部分网络询价报告提出异议的,人民法院应当以网络询价报告未被提出异议的各司法网络询价平台出具结果的平均值为参考价。

第十四条 法律、行政法规规定必须委托评估、双方当事人要求委托评估或者网络询价不能或不成的,人民法院应当委托评估机构进行评估。

第十五条 最高人民法院根据全国性评估行业协会推荐的评估机构名单建立人民法院司法评估机构名单库。按评估专业领域和评估机构的执业范围建立名单分库,在分库下根据行政区划设省、市两级名单子库。

评估机构无正当理由拒绝进行司法评估或者存在弄虚作假等情形的,最高人民法院可以商全国性评估行业协会将其从名单库中除名;除名后五年内不得被纳入名单库。

第十六条 采取委托评估方式确定参考价的,人民法院应当通知双方当事人在指定期限内从名单分库中协商确定三家评估机构以及顺序;双方当事人在指定期限内协商不成或者一方当事人下落不明的,采取摇号方式在名单分库或者财产所在地的名单子库中随机确定三家评估机构以及顺序。双方当事人一致要求在同一名单子库中随机确定的,人民法院应当准许。

第十七条 人民法院应当向顺序在先的评估机构出具评估委托书,评估委托书应当载明财产名称、物理特征、规格数量、目的要求、完成期限以及其他需要明确的内容等,同时应当将查明的财产情况及相关材料一并移交给评估机构。

评估机构应当出具评估报告,评估报告应当载明评估财产的基本情况、评估方法、评估标准、评估结果及有效期等内容。

第十八条 评估需要进行现场勘验的,人民法院应当通知当事人到场;当事人不到场的,不影响勘验的进行,但应当有见证人见证。现场勘验需要当事人、协助义务人配合的,人民法院依法责令其配合;不予配合的,可以依法强制进行。

第十九条 评估机构应当在三十日内出具评估报告。人民法院决定暂缓或者裁定中止执行的期间,应当从前述期限中扣除。

评估机构不能在期限内出具评估报告的,应当在期限届满五日前书面向人民法院申请延长期限。人民法院决定延长期限的,延期次数不超过两次,每次不超过十五日。

评估机构未在期限内出具评估报告、补正说明,且未按照规定申请延长期限的,人民法院应当通知该评估机构三日内将人民法院委托评估时移交的材料退回,另行委托下一顺序的评估机构重新进行评估。

人民法院未在评估结果有效期内发布一拍拍卖公告或者直接进入变卖程序的,应当通知原评估机构在十五日内重新出具评估报告。

第二十条 人民法院应当对评估报告进行审查。具有下列情形之一的,应当责令评估机构在三日内予以书面说明或者补正:

(一)财产基本信息错误;

(二)超出财产范围或者遗漏财产;

(三)选定的评估机构与评估报告上签章的评估机构不符;

（四）评估人员执业资格证明与评估报告上署名的人员不符；

（五）具有其他应当书面说明或者补正的情形。

第二十一条 人民法院收到定向询价、网络询价、委托评估、说明补正等报告后，应当在三日内发送给当事人及利害关系人。

当事人、利害关系人已提供有效送达地址的，人民法院应当将报告以直接送达、留置送达、委托送达、邮寄送达或者电子送达的方式送达；当事人、利害关系人下落不明或者无法获取其有效送达地址，人民法院无法按照前述规定送达的，应当在中国执行信息公开网上予以公示，公示满十五日即视为收到。

第二十二条 当事人、利害关系人认为网络询价报告或者评估报告具有下列情形之一的，可以在收到报告后五日内提出书面异议：

（一）财产基本信息错误；

（二）超出财产范围或者遗漏财产；

（三）评估机构或者评估人员不具备相应评估资质；

（四）评估程序严重违法。

对当事人、利害关系人依据前款规定提出的书面异议，人民法院应当参照民事诉讼法第二百二十五条的规定处理。

第二十三条 当事人、利害关系人收到评估报告后五日内对评估报告的参照标准、计算方法或者评估结果等提出书面异议的，人民法院应当在三日内交评估机构予以书面说明。评估机构在五日内未作说明或者当事人、利害关系人对作出的说明仍有异议的，人民法院应当交由相关行业协会在指定期限内组织专业技术评审，并根据专业技术评审出具的结论认定评估结果或者责令原评估机构予以补正。

当事人、利害关系人提出前款异议，同时涉及本规定第二十二条第一款第一、二项情形的，按照前款规定处理；同时涉及本规定第二十二条第一款第三、四项情形的，按照本规定第二十二条第二款先对第三、四项情形审查，异议成立的，应当通知评估机构三日内将人民法院委托评估时移交的材料退回，另行委托下一顺序的评估机构重新进行评估；异议不成立的，按照前款规定处理。

第二十四条 当事人、利害关系人未在本规定第二十二条、第二十三条规定的期限内提出异议或者对网络询价平台、评估机构、行业协会按照本规定第二十二条、第二十三条所作的补正说明、专业技术评审结论提出异议的，人民法院不予受理。

当事人、利害关系人对议价或者定向询价提出异议的，人民法院不予受理。

第二十五条 当事人、利害关系人有证据证明具有下列情形之一，且在发布一拍拍卖公告或者直接进入变卖程序之前提出异议的，人民法院应当按照执行监督程序进行审查处理：

（一）议价中存在欺诈、胁迫情形；

（二）恶意串通损害第三人利益；

（三）有关机构出具虚假定向询价结果；

（四）依照本规定第二十二条、第二十三条作出的处理结果确有错误。

第二十六条 当事人、利害关系人对评估报告未提出异议、所提异议被驳回或者评估机构已作出补正的，人民法院应当以评估结果或者补正结果为参考价；当事人、利害关系人对评估报告提出的异议成立的，人民法院应当以评估机构作出的补正结果或者重新作出的评估结果为参考价。专业技术评审对评估报告未作出否定结论的，人民法院应当以该评估结果为参考价。

第二十七条 司法网络询价平台、评估机构应当确定网络询价或者委托评估结果的有效期，有效期最长不得超过一年。

当事人议价的，可以自行协商确定议价

结果的有效期,但不得超过前款规定的期限;定向询价结果的有效期,参照前款规定确定。

人民法院在议价、询价、评估结果有效期内发布一拍拍卖公告或者直接进入变卖程序,拍卖、变卖时未超过有效期六个月的,无需重新确定参考价,但法律、行政法规、司法解释另有规定的除外。

第二十八条 具有下列情形之一的,人民法院应当决定暂缓网络询价或者委托评估:

(一)案件暂缓执行或者中止执行;

(二)评估材料与事实严重不符,可能影响评估结果,需要重新调查核实;

(三)人民法院认为应当暂缓的其他情形。

第二十九条 具有下列情形之一的,人民法院应当撤回网络询价或者委托评估:

(一)申请执行人撤回执行申请;

(二)生效法律文书确定的义务已全部执行完毕;

(三)据以执行的生效法律文书被撤销或者被裁定不予执行;

(四)人民法院认为应当撤回的其他情形。

人民法院决定网络询价或者委托评估后,双方当事人议价确定参考价或者协商不再对财产进行变价处理的,人民法院可以撤回网络询价或者委托评估。

第三十条 人民法院应当在参考价确定后十日内启动财产变价程序。拍卖的,参照参考价确定起拍价;直接变卖的,参照参考价确定变卖价。

第三十一条 人民法院委托司法网络询价平台进行网络询价的,网络询价费用应当按次计付给出具网络询价结果与财产处置成交价最接近的司法网络询价平台;多家司法网络询价平台出具的网络询价结果相同或者与财产处置成交价差距相同的,网络询价费

用平均分配。

人民法院依照本规定第十一条第三款规定委托评估机构进行评估或者依照本规定第二十九条规定撤回网络询价的,对司法网络询价平台不计付费用。

第三十二条 人民法院委托评估机构进行评估,财产处置未成交的,按照评估机构合理的实际支出计付费用;财产处置成交价高于评估价的,以评估价为基准计付费用;财产处置成交价低于评估价的,以财产处置成交价为基准计付费用。

人民法院依照本规定第二十九条规定撤回委托评估的,按照评估机构合理的实际支出计付费用;人民法院依照本规定通知原评估机构重新出具评估报告的,按照前款规定的百分之三十计付费用。

人民法院依照本规定另行委托评估机构重新进行评估的,对原评估机构不计付费用。

第三十三条 网络询价费及委托评估费由申请执行人先行垫付,由被执行人负担。

申请执行人通过签订保险合同的方式垫付网络询价费或者委托评估费的,保险人应当向人民法院出具担保书。担保书应当载明因申请执行人未垫付网络询价费或者委托评估费由保险人支付等内容,并附相关证据材料。

第三十四条 最高人民法院建设全国法院询价评估系统。询价评估系统与定向询价机构、司法网络询价平台、全国性评估行业协会的系统对接,实现数据共享。

询价评估系统应当具有记载当事人议价、定向询价、网络询价、委托评估、摇号过程等功能,并形成固化数据,长期保存、随案备查。

第三十五条 本规定自 2018 年 9 月 1 日起施行。

最高人民法院此前公布的司法解释及规范性文件与本规定不一致的,以本规定为准。

最高人民法院关于人民法院网络司法拍卖若干问题的规定

（2016年5月30日最高人民法院审判委员会第1685次会议通过 2016年8月2日最高人民法院公告公布 自2017年1月1日起施行 法释〔2016〕18号）

为了规范网络司法拍卖行为，保障网络司法拍卖公开、公平、公正、安全、高效，维护当事人的合法权益，根据《中华人民共和国民事诉讼法》等法律的规定，结合人民法院执行工作的实际，制定本规定。

第一条 本规定所称的网络司法拍卖，是指人民法院依法通过互联网拍卖平台，以网络电子竞价方式公开处置财产的行为。

第二条 人民法院以拍卖方式处置财产的，应当采取网络司法拍卖方式，但法律、行政法规和司法解释规定必须通过其他途径处置，或者不宜采用网络拍卖方式处置的除外。

第三条 网络司法拍卖应当在互联网拍卖平台上向社会全程公开，接受社会监督。

第四条 最高人民法院建立全国性网络服务提供者名单库。网络服务提供者申请纳入名单库的，其提供的网络司法拍卖平台应当符合下列条件：

（一）具备全面展示司法拍卖信息的界面；

（二）具备本规定要求的信息公示、网上报名、竞价、结算等功能；

（三）具有信息共享、功能齐全、技术拓展等功能的独立系统；

（四）程序运作规范、系统安全高效、服务优质价廉；

（五）在全国具有较高的知名度和广泛的社会参与度。

最高人民法院组成专门的评审委员会，负责网络服务提供者的选定、评审和除名。最高人民法院每年引入第三方评估机构对已纳入和新申请纳入名单库的网络服务提供者予以评审并公布结果。

第五条 网络服务提供者由申请执行人从名单库中选择；未选择或者多个申请执行人的选择不一致的，由人民法院指定。

第六条 实施网络司法拍卖的，人民法院应当履行下列职责：

（一）制作、发布拍卖公告；

（二）查明拍卖财产现状、权利负担等内容，并予以说明；

（三）确定拍卖保留价、保证金的数额、税费负担等；

（四）确定保证金、拍卖款项等支付方式；

（五）通知当事人和优先购买权人；

（六）制作拍卖成交裁定；

（七）办理财产交付和出具财产权证照转移协助执行通知书；

（八）开设网络司法拍卖专用账户；

（九）其他依法由人民法院履行的职责。

第七条 实施网络司法拍卖的，人民法院可以将下列拍卖辅助工作委托社会机构或者组织承担：

（一）制作拍卖财产的文字说明及视频或者照片等资料；

（二）展示拍卖财产，接受咨询，引领查看，封存样品等；

（三）拍卖财产的鉴定、检验、评估、审计、仓储、保管、运输等；

（四）其他可以委托的拍卖辅助工作。

社会机构或者组织承担网络司法拍卖辅助工作所支出的必要费用由被执行人承担。

第八条 实施网络司法拍卖的，下列事项应当由网络服务提供者承担：

（一）提供符合法律、行政法规和司法解释规定的网络司法拍卖平台，并保障安全正常运行；

（二）提供安全便捷配套的电子支付对接系统；

（三）全面、及时展示人民法院及其委托的社会机构或者组织提供的拍卖信息；

（四）保证拍卖全程的信息数据真实、准确、完整和安全；

（五）其他应当由网络服务提供者承担的工作。

网络服务提供者不得在拍卖程序中设置阻碍适格竞买人报名、参拍、竞价以及监视竞买人信息等后台操控功能。

网络服务提供者提供的服务无正当理由不得中断。

第九条 网络司法拍卖服务提供者从事与网络司法拍卖相关的行为，应当接受人民法院的管理、监督和指导。

第十条 网络司法拍卖应当确定保留价，拍卖保留价即为起拍价。

起拍价由人民法院参照评估价确定；未作评估的，参照市价确定，并征询当事人意见。起拍价不得低于评估价或者市价的百分之七十。

第十一条 网络司法拍卖不限制竞买人数量。一人参与竞拍，出价不低于起拍价的，拍卖成交。

第十二条 网络司法拍卖应当先期公告，拍卖公告除通过法定途径发布外，还应同时在网络司法拍卖平台发布。拍卖动产的，应当在拍卖十五日前公告；拍卖不动产或者其他财产权的，应当在拍卖三十日前公告。

拍卖公告应当包括拍卖财产、价格、保证金、竞买人条件、拍卖财产已知瑕疵、相关权利义务、法律责任、拍卖时间、网络平台和拍卖法院等信息。

第十三条 实施网络司法拍卖的，人民法院应当在拍卖公告发布当日通过网络司法拍卖平台公示下列信息：

（一）拍卖公告；

（二）执行所依据的法律文书，但法律规定不得公开的除外；

（三）评估报告副本，或者未经评估的定价依据；

（四）拍卖时间、起拍价以及竞价规则；

（五）拍卖财产权属、占有使用、附随义务等现状的文字说明、视频或者照片等；

（六）优先购买权主体以及权利性质；

（七）通知或者无法通知当事人、已知优先购买权人的情况；

（八）拍卖保证金、拍卖款项支付方式和账户；

（九）拍卖财产产权转移可能产生的税费及承担方式；

（十）执行法院名称，联系、监督方式等；

（十一）其他应当公示的信息。

第十四条 实施网络司法拍卖的，人民法院应当在拍卖公告发布当日通过网络司法拍卖平台对下列事项予以特别提示：

（一）竞买人应当具备完全民事行为能力，法律、行政法规和司法解释对买受人资格或者条件有特殊规定的，竞买人应当具备规定的资格或者条件；

（二）委托他人代为竞买的，应当在竞价程序开始前经人民法院确认，并通知网络服务提供者；

（三）拍卖财产已知瑕疵和权利负担；

（四）拍卖财产以实物现状为准，竞买人可以申请实地看样；

（五）竞买人决定参与竞买的，视为对拍卖财产完全了解，并接受拍卖财产一切已知和未知瑕疵；

（六）载明买受人真实身份的拍卖成交确认书在网络司法拍卖平台上公示；

（七）买受人悔拍后保证金不予退还。

第十五条 被执行人应当提供拍卖财产品质的有关资料和说明。

人民法院已按本规定第十三条、第十四条的要求予以公示和特别提示,且在拍卖公告中声明不能保证拍卖财产真伪或者品质的,不承担瑕疵担保责任。

第十六条 网络司法拍卖的事项应当在拍卖公告发布三日前以书面或者其他能够确认收悉的合理方式,通知当事人、已知优先购买权人。权利人书面明确放弃权利的,可以不通知。无法通知的,应当在网络司法拍卖平台公示并说明无法通知的理由,公示满五日视为已经通知。

优先购买权人经通知未参与竞买的,视为放弃优先购买权。

第十七条 保证金数额由人民法院在起拍价的百分之五至百分之二十范围内确定。

竞买人应当在参加拍卖前以实名交纳保证金,未交纳的,不得参加竞买。申请执行人参加竞买的,可以不交保证金;但债权数额小于保证金数额的按差额部分交纳。

交纳保证金,竞买人可以向人民法院指定的账户交纳,也可以由网络服务提供者在其提供的支付系统中对竞买人的相应款项予以冻结。

第十八条 竞买人在拍卖竞价程序结束前交纳保证金经人民法院或者网络服务提供者确认后,取得竞买资格。网络服务提供者应当向取得资格的竞买人赋予竞买代码、参拍密码;竞买人以该代码参与竞买。

网络司法拍卖竞价程序结束前,人民法院及网络服务提供者对竞买人以及其他能够确认竞买人真实身份的信息、密码等,应当予以保密。

第十九条 优先购买权人经人民法院确认后,取得优先竞买资格以及优先竞买代码、参拍密码,并以优先竞买代码参与竞买;未经确认的,不得以优先购买权人身份参与竞买。

顺序不同的优先购买权人申请参与竞买的,人民法院应当确认其顺序,赋予不同顺序的优先竞买代码。

第二十条 网络司法拍卖从起拍价开始以递增出价方式竞价,增价幅度由人民法院确定。竞买人以低于起拍价出价的无效。

网络司法拍卖的竞价时间应当不少于二十四小时。竞价程序结束前五分钟内无人出价的,最后出价即为成交价;有出价的,竞价时间自该出价时点顺延五分钟。竞买人的出价时间以进入网络司法拍卖平台服务系统的时间为准。

竞买代码及其出价信息应当在网络竞价页面实时显示,并储存、显示竞价全程。

第二十一条 优先购买权人参与竞买的,可以与其他竞买人以相同的价格出价,没有更高出价的,拍卖财产由优先购买权人竞得。

顺序不同的优先购买权人以相同价格出价的,拍卖财产由顺序在先的优先购买权人竞得。

顺序相同的优先购买权人以相同价格出价的,拍卖财产由出价在先的优先购买权人竞得。

第二十二条 网络司法拍卖成交的,由网络司法拍卖平台以买受人的真实身份自动生成确认书并公示。

拍卖财产所有权自拍卖成交裁定送达买受人时转移。

第二十三条 拍卖成交后,买受人交纳的保证金可以充抵价款;其他竞买人交纳的保证金应当在竞价程序结束后二十四小时内退还或者解冻。拍卖未成交的,竞买人交纳的保证金应当在竞价程序结束后二十四小时内退还或者解冻。

第二十四条 拍卖成交后买受人悔拍的,交纳的保证金不予退还,依次用于支付拍卖产生的费用损失、弥补重新拍卖价款低于原拍卖价款的差价、冲抵本案被执行人的债务以及与拍卖财产相关的被执行人的债务。

悔拍后重新拍卖的,原买受人不得参加竞买。

第二十五条 拍卖成交后,买受人应当在拍卖公告确定的期限内将剩余价款交付人民法院指定账户。拍卖成交后二十四小时内,网络服务提供者应当将冻结的买受人交纳的保证金划入人民法院指定账户。

第二十六条 网络司法拍卖竞价期间无人出价的,本次拍卖流拍。流拍后应当在三十日内在同一网络司法拍卖平台再次拍卖,拍卖动产的应当在拍卖七日前公告;拍卖不动产或者其他财产权的应当在拍卖十五日前公告。再次拍卖的起拍价降价幅度不得超过前次起拍价的百分之二十。

再次拍卖流拍的,可以依法在同一网络司法拍卖平台变卖。

第二十七条 起拍价及其降价幅度、竞价增价幅度、保证金数额和优先购买权人竞买资格及其顺序等事项,应当由人民法院依法组成合议庭评议确定。

第二十八条 网络司法拍卖竞价程序中,有依法应当暂缓、中止执行等情形的,人民法院应当决定暂缓或者裁定中止拍卖;人民法院可以自行或者通知网络服务提供者停止拍卖。

网络服务提供者发现系统故障、安全隐患等紧急情况的,可以先行暂缓拍卖,并立即报告人民法院。

暂缓或者中止拍卖的,应当及时在网络司法拍卖平台公告原因或者理由。

暂缓拍卖期限届满或者中止拍卖的事由消失后,需要继续拍卖的,应当在五日内恢复拍卖。

第二十九条 网络服务提供者对拍卖形成的电子数据,应当完整保存不少于十年,但法律、行政法规另有规定的除外。

第三十条 因网络司法拍卖本身形成的税费,应当依照相关法律、行政法规的规定,由相应主体承担;没有规定或者规定不明的,人民法院可以根据法律原则和案件实际情况确定税费承担的相关主体、数额。

第三十一条 当事人、利害关系人提出异议请求撤销网络司法拍卖,符合下列情形之一的,人民法院应当支持:

(一)由于拍卖财产的文字说明、视频或者照片展示以及瑕疵说明严重失实,致使买受人产生重大误解,购买目的无法实现的,但拍卖时的技术水平不能发现或者已经就相关瑕疵以及责任承担予以公示说明的除外;

(二)由于系统故障、病毒入侵、黑客攻击、数据错误等原因致使拍卖结果错误,严重损害当事人或者其他竞买人利益的;

(三)竞买人之间,竞买人与网络司法拍卖服务提供者之间恶意串通,损害当事人或者其他竞买人利益的;

(四)买受人不具备法律、行政法规和司法解释规定的竞买资格的;

(五)违法限制竞买人参加竞买或者对享有同等权利的竞买人规定不同竞买条件的;

(六)其他严重违反网络司法拍卖程序且损害当事人或者竞买人利益的情形。

第三十二条 网络司法拍卖被人民法院撤销,当事人、利害关系人、案外人认为人民法院的拍卖行为违法致使其合法权益遭受损害的,可以依法申请国家赔偿;认为其他主体的行为违法致使其合法权益遭受损害的,可以另行提起诉讼。

第三十三条 当事人、利害关系人、案外人认为网络司法拍卖服务提供者的行为违法致使其合法权益遭受损害的,可以另行提起诉讼;理由成立的,人民法院应当支持,但具有法定免责事由的除外。

第三十四条 实施网络司法拍卖的,下列机构和人员不得竞买并不得委托他人代为竞买与其行为相关的拍卖财产:

(一)负责执行的人民法院;

（二）网络服务提供者；

（三）承担拍卖辅助工作的社会机构或者组织；

（四）第（一）至（三）项规定主体的工作人员及其近亲属。

第三十五条 网络服务提供者有下列情形之一的，应当将其从名单库中除名：

（一）存在违反本规定第八条第二款规定操控拍卖程序、修改拍卖信息等行为的；

（二）存在恶意串通、弄虚作假、泄漏保密信息等行为的；

（三）因违反法律、行政法规和司法解释等规定受到处罚，不适于继续从事网络司法拍卖的；

（四）存在违反本规定第三十四条规定行为的；

（五）其他应当除名的情形。

网络服务提供者有前款规定情形之一，人民法院可以依照《中华人民共和国民事诉讼法》的相关规定予以处理。

第三十六条 当事人、利害关系人认为网络司法拍卖行为违法侵害其合法权益的，可以提出执行异议。异议、复议期间，人民法院可以决定暂缓或者裁定中止拍卖。

案外人对网络司法拍卖的标的提出异议的，人民法院应当依据《中华人民共和国民事诉讼法》第二百二十七条及相关司法解释的规定处理，并决定暂缓或者裁定中止拍卖。

第三十七条 人民法院通过互联网平台以变卖方式处置财产的，参照本规定执行。

执行程序中委托拍卖机构通过互联网平台实施网络拍卖的，参照本规定执行。

本规定对网络司法拍卖行为没有规定的，适用其他有关司法拍卖的规定。

第三十八条 本规定自2017年1月1日起施行。施行前最高人民法院公布的司法解释和规范性文件与本规定不一致的，以本规定为准。

最高人民法院关于人民法院委托评估、拍卖工作的若干规定

（2010年8月16日最高人民法院审判委员会第1492次会议通过 2011年9月7日最高人民法院公告公布 自2012年1月1日起施行 法释〔2011〕21号）

为进一步规范人民法院委托评估、拍卖工作，促进审判执行工作公正、廉洁、高效，维护当事人的合法权益，根据《中华人民共和国民事诉讼法》等有关法律规定，结合人民法院工作实际，制定本规定。

第一条 人民法院司法辅助部门负责统一管理和协调司法委托评估、拍卖工作。

第二条 取得政府管理部门行政许可并达到一定资质等级的评估、拍卖机构，可以自愿报名参加人民法院委托的评估、拍卖活动。

人民法院不再编制委托评估、拍卖机构名册。

第三条 人民法院采用随机方式确定评估、拍卖机构。高级人民法院或者中级人民法院可以根据本地实际情况统一实施对外委托。

第四条 人民法院委托的拍卖活动应在有关管理部门确定的统一交易场所或网络平台上进行，另有规定的除外。

第五条 受委托的拍卖机构应通过管理部门的信息平台发布拍卖信息，公示评估、拍卖结果。

第六条 涉国有资产的司法委托拍卖由省级以上国有产权交易机构实施，拍卖机构负责拍卖环节相关工作，并依照相关监管部门制定的实施细则进行。

第七条 《中华人民共和国证券法》规定应当在证券交易所上市交易或转让的证券资产的司法委托拍卖，通过证券交易所实施，拍

卖机构负责拍卖环节相关工作;其他证券类资产的司法委托拍卖由拍卖机构实施,并依照相关监管部门制定的实施细则进行。

第八条 人民法院对其委托的评估、拍卖活动实行监督。出现下列情形之一,影响评估、拍卖结果,侵害当事人合法利益的,人民法院将不再委托其从事委托评估、拍卖工作。涉及违反法律法规的,依据有关规定处理:

(1)评估结果明显失实;

(2)拍卖过程中弄虚作假、存在瑕疵;

(3)随机选定后无正当理由不能按时完成评估拍卖工作;

(4)其他有关情形。

第九条 各高级人民法院可参照本规定,结合各地实际情况,制定实施细则,报最高人民法院备案。

第十条 本规定自 2012 年 1 月 1 日起施行。此前的司法解释和有关规定,与本规定相抵触的,以本规定为准。

最高人民法院关于人民法院委托评估、拍卖和变卖工作的若干规定

(2009 年 8 月 24 日最高人民法院审判委员会第 1472 次会议通过 2009 年 11 月 12 日最高人民法院公告公布 自 2009 年 11 月 20 日起施行 法释〔2009〕16 号)

为规范人民法院委托评估、拍卖和变卖工作,保障当事人的合法权益,维护司法公正,根据《中华人民共和国民事诉讼法》等有关法律的规定,结合人民法院委托评估、拍卖和变卖工作实际,制定本规定。

第一条 人民法院司法技术管理部门负责本院的委托评估、拍卖和流拍财产的变卖工作,依法对委托评估、拍卖机构的评估、拍卖活动进行监督。

第二条 根据工作需要,下级人民法院可将评估、拍卖和变卖工作报请上级人民法院办理。

第三条 人民法院需要对异地的财产进行评估或拍卖时,可以委托财产所在地人民法院办理。

第四条 人民法院按照公开、公平、择优的原则编制人民法院委托评估、拍卖机构名册。

人民法院编制委托评估、拍卖机构名册,应当先期公告,明确入册机构的条件和评审程序等事项。

第五条 人民法院在编制委托评估、拍卖机构名册时,由司法技术管理部门、审判部门、执行部门组成评审委员会,必要时可邀请评估、拍卖行业的专家参加评审。

第六条 评审委员会对申请加入人民法院委托评估、拍卖名册的机构,应当从资质等级、职业信誉、经营业绩、执业人员情况等方面进行审查、打分,按分数高低经过初审、公示、复审后确定进入名册的机构,并对名册进行动态管理。

第七条 人民法院选择评估、拍卖机构,应当在人民法院委托评估、拍卖机构名册内采取公开随机的方式选定。

第八条 人民法院选择评估、拍卖机构,应当通知审判、执行人员到场,视情况可邀请社会有关人员到场监督。

第九条 人民法院选择评估、拍卖机构,应当提前通知各方当事人到场;当事人不到场的,人民法院可将选择机构的情况,以书面形式送达当事人。

第十条 评估、拍卖机构选定后,人民法院应当向选定的机构出具委托书,委托书中应当载明本次委托的要求和工作完成的期限等事项。

第十一条 评估、拍卖机构接受人民法院的委托后,在规定期限内无正当理由不能完成委托事项的,人民法院应当解除委托,重新选择机构,并对其暂停备选资格或从委托

评估、拍卖机构名册内除名。

第十二条 评估机构在工作中需要对现场进行勘验的,人民法院应当提前通知审判、执行人员和当事人到场。当事人不到场的,不影响勘验的进行,但应当有见证人见证。评估机构勘验现场,应当制作现场勘验笔录。

勘验现场人员、当事人或见证人应当在勘验笔录上签字或盖章确认。

第十三条 拍卖财产经过评估的,评估价即为第一次拍卖的保留价;未作评估的,保留价由人民法院参照市价确定,并应当征询有关当事人的意见。

第十四条 审判、执行部门未经司法技术管理部门同意擅自委托评估、拍卖,或对流拍财产进行变卖的,按照有关纪律规定追究责任。

第十五条 人民法院司法技术管理部门,在组织评审委员会审查评估、拍卖入册机构,或选择评估、拍卖机构,或对流拍财产进行变卖时,应当通知本院纪检监察部门。纪检监察部门可视情况派员参加。

第十六条 施行前本院公布的司法解释与本规定不一致的,以本规定为准。

最高人民法院关于人民法院民事执行中拍卖、变卖财产的规定

(2004 年 10 月 26 日最高人民法院审判委员会第 1330 次会议通过 根据 2020 年 12 月 23 日最高人民法院审判委员会第 1823 次会议通过的《最高人民法院关于修改〈最高人民法院关于人民法院扣押铁路运输货物若干问题的规定〉等十八件执行类司法解释的决定》修正 2020 年 12 月 29 日最高人民法院公告公布)

为了进一步规范民事执行中的拍卖、变卖措施,维护当事人的合法权益,根据《中华人民共和国民事诉讼法》等法律的规定,结合人民法院民事执行工作的实践经验,制定本规定。

第一条 在执行程序中,被执行人的财产被查封、扣押、冻结后,人民法院应当及时进行拍卖、变卖或者采取其他执行措施。

第二条 人民法院对查封、扣押、冻结的财产进行变价处理时,应当首先采取拍卖的方式,但法律、司法解释另有规定的除外。

第三条 人民法院拍卖被执行人财产,应当委托具有相应资质的拍卖机构进行,并对拍卖机构的拍卖进行监督,但法律、司法解释另有规定的除外。

第四条 对拟拍卖的财产,人民法院可以委托具有相应资质的评估机构进行价格评估。对于财产价值较低或者价格依照通常方法容易确定的,可以不进行评估。

当事人双方及其他执行债权人申请不进行评估的,人民法院应当准许。

对被执行人的股权进行评估时,人民法院可以责令有关企业提供会计报表等资料;有关企业拒不提供的,可以强制提取。

第五条 拍卖应当确定保留价。

拍卖财产经过评估的,评估价即为第一次拍卖的保留价;未作评估的,保留价由人民法院参照市价确定,并应当征询有关当事人的意见。

如果出现流拍,再行拍卖时,可以酌情降低保留价,但每次降低的数额不得超过前次保留价的百分之二十。

第六条 保留价确定后,依据本次拍卖保留价计算,拍卖所得价款在清偿优先债权和强制执行费用后无剩余可能的,应当在实施拍卖前将有关情况通知申请执行人。申请执行人于收到通知后五日内申请继续拍卖的,人民法院应当准许,但应当重新确定保留价;重新确定的保留价应当大于该优先债权及强制执行费用的总额。

依照前款规定流拍的,拍卖费用由申请

执行人负担。

第七条　执行人员应当对拍卖财产的权属状况、占有使用情况等进行必要的调查,制作拍卖财产现状的调查笔录或者收集其他有关资料。

第八条　拍卖应当先期公告。

拍卖动产的,应当在拍卖七日前公告;拍卖不动产或者其他财产权的,应当在拍卖十五日前公告。

第九条　拍卖公告的范围及媒体由当事人双方协商确定;协商不成的,由人民法院确定。拍卖财产具有专业属性的,应当同时在专业性报纸上进行公告。

当事人申请在其他新闻媒体上公告或者要求扩大公告范围的,应当准许,但该部分的公告费用由其自行承担。

第十条　拍卖不动产、其他财产权或者价值较高的动产的,竞买人应当于拍卖前向人民法院预交保证金。申请执行人参加竞买的,可以不预交保证金。保证金的数额由人民法院确定,但不得低于评估价或者市价的百分之五。

应当预交保证金而未交纳的,不得参加竞买。拍卖成交后,买受人预交的保证金充抵价款,其他竞买人预交的保证金应当在三日内退还;拍卖未成交的,保证金应当于三日内退还竞买人。

第十一条　人民法院应当在拍卖五日前以书面或者其他能够确认收悉的适当方式,通知当事人和已知的担保物权人、优先购买权人或者其他优先权人于拍卖日到场。

优先购买权人经通知未到场的,视为放弃优先购买权。

第十二条　法律、行政法规对买受人的资格或者条件有特殊规定的,竞买人应当具备规定的资格或者条件。

申请执行人、被执行人可以参加竞买。

第十三条　拍卖过程中,有最高应价时,优先购买权人可以表示以该最高价买受,如无更高应价,则拍归优先购买权人;如有更高应价,而优先购买权人不作表示的,则拍归该应价最高的竞买人。

顺序相同的多个优先购买权人同时表示买受的,以抽签方式决定买受人。

第十四条　拍卖多项财产时,其中部分财产卖得的价款足以清偿债务和支付被执行人应当负担的费用的,对剩余的财产应当停止拍卖,但被执行人同意全部拍卖的除外。

第十五条　拍卖的多项财产在使用上不可分,或者分别拍卖可能严重减损其价值的,应当合并拍卖。

第十六条　拍卖时无人竞买或者竞买人的最高应价低于保留价,到场的申请执行人或者其他执行债权人申请或者同意以该次拍卖所定的保留价接受拍卖财产的,应当将该财产交其抵债。

有两个以上执行债权人申请以拍卖财产抵债的,由法定受偿顺位在先的债权人优先承受;受偿顺位相同的,以抽签方式决定承受人。承受人应受清偿的债权额低于抵债财产的价额的,人民法院应当责令其在指定的期间内补交差额。

第十七条　在拍卖开始前,有下列情形之一的,人民法院应当撤回拍卖委托:

(一)据以执行的生效法律文书被撤销的;

(二)申请执行人及其他执行债权人撤回执行申请的;

(三)被执行人全部履行了法律文书确定的金钱债务的;

(四)当事人达成了执行和解协议,不需要拍卖财产的;

(五)案外人对拍卖财产提出确有理由的异议的;

(六)拍卖机构与竞买人恶意串通的;

(七)其他应当撤回拍卖委托的情形。

第十八条　人民法院委托拍卖后,遇有

依法应当暂缓执行或者中止执行的情形的，应当决定暂缓执行或者裁定中止执行，并及时通知拍卖机构和当事人。拍卖机构收到通知后，应当立即停止拍卖，并通知竞买人。

暂缓执行期限届满或者中止执行的事由消失后，需要继续拍卖的，人民法院应当在十五日内通知拍卖机构恢复拍卖。

第十九条　被执行人在拍卖日之前向人民法院提交足额金钱清偿债务，要求停止拍卖的，人民法院应当准许，但被执行人应当负担因拍卖支出的必要费用。

第二十条　拍卖成交或者以流拍的财产抵债的，人民法院应当作出裁定，并于价款或者需要补交的差价全额交付后十日内，送达买受人或者承受人。

第二十一条　拍卖成交后，买受人应当在拍卖公告确定的期限或者人民法院指定的期限内将价款交付到人民法院或者汇入人民法院指定的账户。

第二十二条　拍卖成交或者以流拍的财产抵债后，买受人逾期未支付价款或者承受人逾期未补交差价而使拍卖、抵债的目的难以实现的，人民法院可以裁定重新拍卖。重新拍卖时，原买受人不得参加竞买。

重新拍卖的价款低于原拍卖价款造成的差价、费用损失及原拍卖中的佣金，由原买受人承担。人民法院可以直接从其预交的保证金中扣除。扣除后保证金有剩余的，应当退还原买受人；保证金数额不足的，可以责令原买受人补交；拒不补交的，强制执行。

第二十三条　拍卖时无人竞买或者竞买人的最高应价低于保留价，到场的申请执行人或者其他执行债权人不申请以该次拍卖所定的保留价抵债的，应当在六十日内再行拍卖。

第二十四条　对于第二次拍卖仍流拍的动产，人民法院可以依照本规定第十六条的规定将其作价交申请执行人或者其他执行债权人抵债。申请执行人或者其他执行债权人

拒绝接受或者依法不能交付其抵债的，人民法院应当解除查封、扣押，并将该动产退还被执行人。

第二十五条　对于第二次拍卖仍流拍的不动产或者其他财产权，人民法院可以依照本规定第十六条的规定将其作价交申请执行人或者其他执行债权人抵债。申请执行人或者其他执行债权人拒绝接受或者依法不能交付其抵债的，应当在六十日内进行第三次拍卖。

第三次拍卖流拍且申请执行人或者其他执行债权人拒绝接受或者依法不能接受该不动产或者其他财产权抵债的，人民法院应当于第三次拍卖终结之日起七日内发出变卖公告。自公告之日起六十日内没有买受人愿意以第三次拍卖的保留价买受该财产，且申请执行人、其他执行债权人仍不表示接受该财产抵债的，应当解除查封、冻结，将该财产退还被执行人，但对该财产可以采取其他执行措施的除外。

第二十六条　不动产、动产或者其他财产权拍卖成交或者抵债后，该不动产、动产的所有权、其他财产权自拍卖成交或者抵债裁定送达买受人或者承受人时起转移。

第二十七条　人民法院裁定拍卖成交或者以流拍的财产抵债后，除有依法不能移交的情形外，应当于裁定送达后十五日内，将拍卖的财产移交买受人或者承受人。被执行人或者第三人占有拍卖财产应当移交而拒不移交的，强制执行。

第二十八条　拍卖财产上原有的担保物权及其他优先受偿权，因拍卖而消灭，拍卖所得价款，应当优先清偿担保物权人及其他优先受偿权人的债权，但当事人另有约定的除外。

拍卖财产上原有的租赁权及其他用益物权，不因拍卖而消灭，但该权利继续存在于拍卖财产上，对在先的担保物权或者其他优先受偿权的实现有影响的，人民法院应当依法将其除去后进行拍卖。

第二十九条 拍卖成交的,拍卖机构可以按照下列比例向买受人收取佣金:

拍卖成交价200万元以下的,收取佣金的比例不得超过5%;超过200万元至1000万元的部分,不得超过3%;超过1000万元至5000万元的部分,不得超过2%;超过5000万元至1亿元的部分,不得超过1%;超过1亿元的部分,不得超过0.5%。

采取公开招标方式确定拍卖机构的,按照中标方案确定的数额收取佣金。

拍卖未成交或者非因拍卖机构的原因撤回拍卖委托的,拍卖机构为本次拍卖已经支出的合理费用,应当由被执行人负担。

第三十条 在执行程序中拍卖上市公司国有股和社会法人股的,适用最高人民法院《关于冻结、拍卖上市公司国有股和社会法人股若干问题的规定》。

第三十一条 对查封、扣押、冻结的财产,当事人双方及有关权利人同意变卖的,可以变卖。

金银及其制品、当地市场有公开交易价格的动产、易腐烂变质的物品、季节性商品、保管困难或者保管费用过高的物品,人民法院可以决定变卖。

第三十二条 当事人双方及有关权利人对变卖财产的价格有约定的,按照其约定价格变卖;无约定价格但有市价的,变卖价格不得低于市价;无市价但价值较大、价格不易确定的,应当委托评估机构进行评估,并按照评估价格进行变卖。

按照评估价格变卖不成的,可以降低价格变卖,但最低的变卖价不得低于评估价的二分之一。

变卖的财产无人应买的,适用本规定第十六条的规定将该财产交申请执行人或者其他执行债权人抵债;申请执行人或者其他执行债权人拒绝接受或者依法不能交付其抵债的,人民法院应当解除查封、扣押,并将该财产退还被执行人。

第三十三条 本规定自2005年1月1日起施行。施行前本院公布的司法解释与本规定不一致的,以本规定为准。

最高人民法院关于人民法院民事执行中查封、扣押、冻结财产的规定

(2004年10月26日最高人民法院审判委员会第1330次会议通过 根据2020年12月23日最高人民法院审判委员会第1823次会议通过的《最高人民法院关于修改〈最高人民法院关于人民法院扣押铁路运输货物若干问题的规定〉等十八件执行类司法解释的决定》修正 2020年12月29日最高人民法院公告公布)

为了进一步规范民事执行中的查封、扣押、冻结措施,维护当事人的合法权益,根据《中华人民共和国民事诉讼法》等法律的规定,结合人民法院民事执行工作的实践经验,制定本规定。

第一条 人民法院查封、扣押、冻结被执行人的动产、不动产及其他财产权,应当作出裁定,并送达被执行人和申请执行人。

采取查封、扣押、冻结措施需要有关单位或者个人协助的,人民法院应当制作协助执行通知书,连同裁定书副本一并送达协助执行人。查封、扣押、冻结裁定书和协助执行通知书送达时发生法律效力。

第二条 人民法院可以查封、扣押、冻结被执行人占有的动产、登记在被执行人名下的不动产、特定动产及其他财产权。

未登记的建筑物和土地使用权,依据土地使用权的审批文件和其他相关证据确定权属。

对于第三人占有的动产或者登记在第三人名下的不动产、特定动产及其他财产权，第三人书面确认该财产属于被执行人的，人民法院可以查封、扣押、冻结。

第三条 人民法院对被执行人下列的财产不得查封、扣押、冻结：

（一）被执行人及其所扶养家属生活所必需的衣服、家具、炊具、餐具及其他家庭生活必需的物品；

（二）被执行人及其所扶养家属所必需的生活费用。当地有最低生活保障标准的，必需的生活费用依照该标准确定；

（三）被执行人及其所扶养家属完成义务教育所必需的物品；

（四）未公开的发明或者未发表的著作；

（五）被执行人及其所扶养家属用于身体缺陷所必需的辅助工具、医疗物品；

（六）被执行人所得的勋章及其他荣誉表彰的物品；

（七）根据《中华人民共和国缔结条约程序法》，以中华人民共和国、中华人民共和国政府或者中华人民共和国政府部门名义同外国、国际组织缔结的条约、协定和其他具有条约、协定性质的文件中规定免于查封、扣押、冻结的财产；

（八）法律或者司法解释规定的其他不得查封、扣押、冻结的财产。

第四条 对被执行人及其所扶养家属生活所必需的居住房屋，人民法院可以查封，但不得拍卖、变卖或者抵债。

第五条 对于超过被执行人及其所扶养家属生活所必需的房屋和生活用品，人民法院根据申请执行人的申请，在保障被执行人及其所扶养家属最低生活标准所必需的居住房屋和普通生活必需品后，可予以执行。

第六条 查封、扣押动产的，人民法院可以直接控制该项财产。人民法院将查封、扣押的动产交付其他人控制的，应当在该动产上加贴封条或者采取其他足以公示查封、扣押的适当方式。

第七条 查封不动产的，人民法院应当张贴封条或者公告，并可以提取保存有关财产权证照。

查封、扣押、冻结已登记的不动产、特定动产及其他财产权，应当通知有关登记机关办理登记手续。未办理登记手续的，不得对抗其他已经办理了登记手续的查封、扣押、冻结行为。

第八条 查封尚未进行权属登记的建筑物时，人民法院应当通知其管理人或者该建筑物的实际占有人，并在显著位置张贴公告。

第九条 扣押尚未进行权属登记的机动车辆时，人民法院应当在扣押清单上记载该机动车辆的发动机编号。该车辆在扣押期间权利人要求办理权属登记手续的，人民法院应当准许并及时办理相应的扣押登记手续。

第十条 查封、扣押的财产不宜由人民法院保管的，人民法院可以指定被执行人负责保管；不宜由被执行人保管的，可以委托第三人或者申请执行人保管。

由人民法院指定被执行人保管的财产，如果继续使用对该财产的价值无重大影响，可以允许被执行人继续使用；由人民法院保管或者委托第三人、申请执行人保管的，保管人不得使用。

第十一条 查封、扣押、冻结担保物权人占有的担保财产，一般应当指定该担保物权人作为保管人；该财产由人民法院保管的，质权、留置权不因转移占有而消灭。

第十二条 对被执行人与其他人共有的财产，人民法院可以查封、扣押、冻结，并及时通知共有人。

共有人协议分割共有财产，并经债权人认可的，人民法院可以认定有效。查封、扣押、冻结的效力及于协议分割后被执行人享有份额内的财产；对其他共有人享有份额内的财产的查封、扣押、冻结,人民法院应当裁定予以解除。

共有人提起析产诉讼或者申请执行人代位提起析产诉讼的,人民法院应当准许。诉讼期间中止对该财产的执行。

第十三条 对第三人为被执行人的利益占有的被执行人的财产,人民法院可以查封、扣押、冻结;该财产被指定给第三人继续保管的,第三人不得将其交付给被执行人。

对第三人为自己的利益依法占有的被执行人的财产,人民法院可以查封、扣押、冻结,第三人可以继续占有和使用该财产,但不得将其交付给被执行人。

第三人无偿借用被执行人的财产的,不受前款规定的限制。

第十四条 被执行人将其财产出卖给第三人,第三人已经支付部分价款并实际占有该财产,但根据合同约定被执行人保留所有权的,人民法院可以查封、扣押、冻结;第三人要求继续履行合同的,向人民法院交付全部余款后,裁定解除查封、扣押、冻结。

第十五条 被执行人将其所有的需要办理过户登记的财产出卖给第三人,第三人已经支付部分或者全部价款并实际占有该财产,但尚未办理产权过户登记手续的,人民法院可以查封、扣押、冻结;第三人已经支付全部价款并实际占有,但未办理过户登记手续的,如果第三人对此没有过错,人民法院不得查封、扣押、冻结。

第十六条 被执行人购买第三人的财产,已经支付部分价款并实际占有该财产,第三人依合同约定保留所有权的,人民法院可以查封、扣押、冻结。保留所有权已办理登记的,第三人的剩余价款从该财产变价款中优先支付;第三人主张取回该财产的,可以依据民事诉讼法第二百二十七条规定提出异议。

第十七条 被执行人购买需要办理过户登记的第三人的财产,已经支付部分或者全部价款并实际占有该财产,虽未办理产权过户登记手续,但申请执行人已向第三人支付剩余价款或者第三人同意剩余价款从变价款中优先支付的,人民法院可以查封、扣押、冻结。

第十八条 查封、扣押、冻结被执行人的财产时,执行人员应当制作笔录,载明下列内容:

(一)执行措施开始及完成的时间;

(二)财产的所在地、种类、数量;

(三)财产的保管人;

(四)其他应当记明的事项。

执行人员及保管人应当在笔录上签名,有民事诉讼法第二百四十五条规定的人员到场的,到场人员也应当在笔录上签名。

第十九条 查封、扣押、冻结被执行人的财产,以其价额足以清偿法律文书确定的债权额及执行费用为限,不得明显超标的额查封、扣押、冻结。

发现超标的额查封、扣押、冻结的,人民法院应当根据被执行人的申请或者依职权,及时解除对超标的额部分财产的查封、扣押、冻结,但该财产为不可分物且被执行人无其他可供执行的财产或者其他财产不足以清偿债务的除外。

第二十条 查封、扣押的效力及于查封、扣押物的从物和天然孳息。

第二十一条 查封地上建筑物的效力及于该地上建筑物使用范围内的土地使用权,查封土地使用权的效力及于地上建筑物,但土地使用权与地上建筑物的所有权分属被执行人与他人的除外。

地上建筑物和土地使用权的登记机关不是同一机关的,应当分别办理查封登记。

第二十二条 查封、扣押、冻结的财产灭失或者毁损的,查封、扣押、冻结的效力及于该财产的替代物、赔偿款。人民法院应当及时作出查封、扣押、冻结该替代物、赔偿款的裁定。

第二十三条 查封、扣押、冻结协助执行通知书在送达登记机关时，登记机关已经受理被执行人转让不动产、特定动产及其他财产的过户登记申请，尚未完成登记的，应当协助人民法院执行。人民法院不得对登记机关已经完成登记的被执行人已转让的财产实施查封、扣押、冻结措施。

查封、扣押、冻结协助执行通知书在送达登记机关时，其他人民法院已向该登记机关送达了过户登记协助执行通知书的，应当优先办理过户登记。

第二十四条 被执行人就已经查封、扣押、冻结的财产所作的移转、设定权利负担或者其他有碍执行的行为，不得对抗申请执行人。

第三人未经人民法院准许占有查封、扣押、冻结的财产或者实施其他有碍执行的行为的，人民法院可以依据申请执行人的申请或者依职权解除其占有或者排除其妨害。

人民法院的查封、扣押、冻结没有公示的，其效力不得对抗善意第三人。

第二十五条 人民法院查封、扣押被执行人设定最高额抵押权的抵押物的，应当通知抵押权人。抵押权人受抵押担保的债权数额自收到人民法院通知时起不再增加。

人民法院虽然没有通知抵押权人，但有证据证明抵押权人知道或者应当知道查封、扣押事实的，受抵押担保的债权数额从其知道或者应当知道该事实时起不再增加。

第二十六条 对已被人民法院查封、扣押、冻结的财产，其他人民法院可以进行轮候查封、扣押、冻结。查封、扣押、冻结解除的，登记在先的轮候查封、扣押、冻结即自动生效。

其他人民法院对已登记的财产进行轮候查封、扣押、冻结的，应当通知有关登记机关协助进行轮候登记，实施查封、扣押、冻结的

人民法院应当允许其他人民法院查阅有关文书和记录。

其他人民法院对没有登记的财产进行轮候查封、扣押、冻结的，应当制作笔录，并经实施查封、扣押、冻结的人民法院执行人员及被执行人签字，或者书面通知实施查封、扣押、冻结的人民法院。

第二十七条 查封、扣押、冻结期限届满，人民法院未办理延期手续的，查封、扣押、冻结的效力消灭。

查封、扣押、冻结的财产已经被执行拍卖、变卖或者抵债的，查封、扣押、冻结的效力消灭。

第二十八条 有下列情形之一的，人民法院应当作出解除查封、扣押、冻结裁定，并送达申请执行人、被执行人或者案外人：

（一）查封、扣押、冻结案外人财产的；

（二）申请执行人撤回执行申请或者放弃债权的；

（三）查封、扣押、冻结的财产流拍或者变卖不成，申请执行人和其他执行债权人又不同意接受抵债，且对该财产又无法采取其他执行措施的；

（四）债务已经清偿的；

（五）被执行人提供担保且申请执行人同意解除查封、扣押、冻结的；

（六）人民法院认为应当解除查封、扣押、冻结的其他情形。

解除以登记方式实施的查封、扣押、冻结的，应当向登记机关发出协助执行通知书。

第二十九条 财产保全裁定和先予执行裁定的执行适用本规定。

第三十条 本规定自 2005 年 1 月 1 日起施行。施行前本院公布的司法解释与本规定不一致的，以本规定为准。

最高人民法院关于法院冻结财产的户名与账号不符银行能否自行解冻的请示的答复

（1997 年 1 月 20 日　根据 2020 年 12 月 23 日最高人民法院审判委员会第 1823 次会议通过的《最高人民法院关于修改〈最高人民法院关于人民法院扣押铁路运输货物若干问题的规定〉等十八件执行类司法解释的决定》修正　2020 年 12 月 29 日最高人民法院公告公布）

江西省高级人民法院：

你院赣高法研〔1996〕6 号请示收悉，经研究，答复如下：

人民法院根据当事人申请，对财产采取冻结措施，是我国民事诉讼法赋予人民法院的职权，任何组织或者个人不得加以妨碍。人民法院在完成对财产冻结手续后，银行如发现被冻结的户名与账号不符时，应主动向法院提出存在的问题，由法院更正，而不能自行解冻；如因自行解冻不当造成损失，应视其过错程度承担相应的法律责任。

此复

最高人民法院关于扣押与拍卖船舶适用法律若干问题的规定

（2014 年 12 月 8 日最高人民法院审判委员会第 1631 次会议通过　2015 年 2 月 28 日最高人民法院公告公布　自 2015 年 3 月 1 日起施行　法释〔2015〕6 号）

为规范海事诉讼中扣押与拍卖船舶，根据《中华人民共和国民事诉讼法》《中华人民共和国海事诉讼特别程序法》等法律，结合司法实践，制定本规定。

第一条　海事请求人申请对船舶采取限制处分或者抵押等保全措施的，海事法院可以依照民事诉讼法的有关规定，裁定准许并通知船舶登记机关协助执行。

前款规定的保全措施不影响其他海事请求人申请扣押船舶。

第二条　海事法院应不同海事请求人的申请，可以对本院或其他海事法院已经扣押的船舶采取扣押措施。

先申请扣押船舶的海事请求人未申请拍卖船舶的，后申请扣押船舶的海事请求人可以依据海事诉讼特别程序法第二十九条的规定，向准许其扣押申请的海事法院申请拍卖船舶。

第三条　船舶因光船承租人对海事请求负有责任而被扣押的，海事请求人依据海事诉讼特别程序法第二十九条的规定，申请拍卖船舶用于清偿光船承租人经营该船舶产生的相关债务的，海事法院应予准许。

第四条　海事请求人申请扣押船舶的，海事法院应当责令其提供担保。但因船员劳务合同、海上及通海水域人身损害赔偿纠纷申请扣押船舶，且事实清楚、权利义务关系明确的，可以不要求提供担保。

第五条　海事诉讼特别程序法第七十六条第二款规定的海事请求人提供担保的具体数额，应当相当于船舶扣押期间可能产生的各项维持费用与支出、因扣押造成的船期损失和被请求人为使船舶解除扣押而提供担保所支出的费用。

船舶扣押后，海事请求人提供的担保不足以赔偿可能给被请求人造成损失的，海事法院应责令其追加担保。

第六条　案件终审后，海事请求人申请返还其所提供担保的，海事法院应将该申请告知被请求人，被请求人在三十日内未提起相关索赔诉讼的,海事法院可以准许海事请求人返还担保的申请。

被请求人同意返还,或生效法律文书认定被请求人负有责任,且赔偿或给付金额与海事请求人要求被请求人提供担保的数额基本相当的,海事法院可以直接准许海事请求人返还担保的申请。

第七条 船舶扣押期间由船舶所有人或光船承租人负责管理。

船舶所有人或光船承租人不履行船舶管理职责的,海事法院可委托第三人或者海事请求人代为管理,由此产生的费用由船舶所有人或光船承租人承担,或在拍卖船舶价款中优先拨付。

第八条 船舶扣押后,海事请求人依据海事诉讼特别程序法第十九条的规定,向其他有管辖权的海事法院提起诉讼的,可以由扣押船舶的海事法院继续实施保全措施。

第九条 扣押船舶裁定执行前,海事请求人撤回扣押船舶申请的,海事法院应当裁定予以准许,并终结扣押船舶裁定的执行。

扣押船舶裁定作出后因客观原因无法执行的,海事法院应当裁定终结执行。

第十条 船舶拍卖未能成交,需要再次拍卖的,适用拍卖法第四十五条关于拍卖日七日前发布拍卖公告的规定。

第十一条 拍卖船舶由拍卖船舶委员会实施,海事法院不另行委托拍卖机构进行拍卖。

第十二条 海事法院拍卖船舶应当依据评估价确定保留价。保留价不得公开。

第一次拍卖时,保留价不得低于评估价的百分之八十;因流拍需要再行拍卖的,可以酌情降低保留价,但降低的数额不得超过前次保留价的百分之二十。

第十三条 对经过两次拍卖仍然流拍的船舶,可以进行变卖。变卖价格不得低于评估价的百分之五十。

第十四条 依照本规定第十三条变卖仍未成交的,经已受理登记债权三分之二以上份额的债权人同意,可以低于评估价的百分之五十进行变卖处理。仍未成交的,海事法院可以解除船舶扣押。

第十五条 船舶经海事法院拍卖、变卖后,对该船舶已采取的其他保全措施效力消灭。

第十六条 海事诉讼特别程序法第一百一十一条规定的申请债权登记期间的届满之日,为拍卖船舶公告最后一次发布之日起第六十日。

前款所指公告为第一次拍卖时的拍卖船舶公告。

第十七条 海事法院受理债权登记申请后,应当在船舶被拍卖、变卖成交后,依照海事诉讼特别程序法第一百一十四条的规定作出是否准予的裁定。

第十八条 申请拍卖船舶的海事请求人未经债权登记,直接要求参与拍卖船舶价款分配的,海事法院应予准许。

第十九条 海事法院裁定终止拍卖船舶的,应当同时裁定终结债权登记受偿程序,当事人已经缴纳的债权登记申请费予以退还。

第二十条 当事人在债权登记前已经就有关债权提起诉讼的,不适用海事诉讼特别程序法第一百一十六条第二款的规定,当事人对海事法院作出的判决、裁定可以依法提起上诉。

第二十一条 债权人依照海事诉讼特别程序法第一百一十六条第一款的规定提起确权诉讼后,需要判定碰撞船舶过失程度比例的,当事人对海事法院作出的判决、裁定可以依法提起上诉。

第二十二条 海事法院拍卖、变卖船舶所得价款及其利息,先行拨付海事诉讼特别程序法第一百一十九条第二款规定的费用后,依法按照下列顺序进行分配:

(一)具有船舶优先权的海事请求;

(二)由船舶留置权担保的海事请求;

(三)由船舶抵押权担保的海事请求;

（四）与被拍卖、变卖船舶有关的其他海事请求。

依据海事诉讼特别程序法第二十三条第二款的规定申请扣押船舶的海事请求人申请拍卖船舶的，在前款规定海事请求清偿后，参与船舶价款的分配。

依照前款规定分配后的余款，按照民事诉讼法及相关司法解释的规定执行。

第二十三条 当事人依照民事诉讼法第十五章第七节的规定，申请拍卖船舶实现船舶担保物权的，由船舶所在地或船籍港所在地的海事法院管辖，按照海事诉讼特别程序法以及本规定关于船舶拍卖受偿程序的规定处理。

第二十四条 海事法院的上级人民法院扣押与拍卖船舶的，适用本规定。

执行程序中拍卖被扣押船舶清偿债务的，适用本规定。

第二十五条 本规定施行前已经实施的船舶扣押与拍卖，本规定施行后当事人申请复议的，不适用本规定。

本规定施行后，最高人民法院1994年7月6日制定的《关于海事法院拍卖被扣押船舶清偿债务的规定》（法发〔1994〕14号）同时废止。最高人民法院以前发布的司法解释和规范性文件与本规定不一致的，以本规定为准。

最高人民法院关于首先查封法院与优先债权执行法院处分查封财产有关问题的批复

（2015年12月16日最高人民法院审判委员会第1672次会议通过 2016年4月12日最高人民法院公告公布 自2016年4月14日起施行 法释〔2016〕6号）

福建省高级人民法院：

你院《关于解决法院首封处分权与债权人行使优先受偿债权冲突问题的请示》（闽高法〔2015〕261号）收悉。经研究，批复如下：

一、执行过程中，应当由首先查封、扣押、冻结（以下简称查封）法院负责处分查封财产。但已进入其他法院执行程序的债权对查封财产有顺位在先的担保物权、优先权（该债权以下简称优先债权），自首先查封之日起已超过60日，且首先查封法院就该查封财产尚未发布拍卖公告或者进入变卖程序的，优先债权执行法院可以要求将该查封财产移送执行。

二、优先债权执行法院要求首先查封法院将查封财产移送执行的，应当出具商请移送执行函，并附确认优先债权的生效法律文书及案件情况说明。

首先查封法院应当在收到优先债权执行法院商请移送执行函之日起15日内出具移送执行函，将查封财产移送优先债权执行法院执行，并告知当事人。

移送执行函应当载明将查封财产移送执行及首先查封债权的相关情况等内容。

三、财产移送执行后，优先债权执行法院在处分或继续查封该财产时，可以持首先查封法院移送执行函办理相关手续。

优先债权执行法院对移送的财产变价后，应当按照法律规定的清偿顺序分配，并将相关情况告知首先查封法院。

首先查封债权尚未经生效法律文书确认的，应当按照首先查封债权的清偿顺位，预留相应份额。

四、首先查封法院与优先债权执行法院就移送查封财产发生争议的，可以逐级报请双方共同的上级法院指定该财产的执行法院。

共同的上级法院根据首先查封债权所处的诉讼阶段、查封财产的种类及所在地、各债权数额与查封财产价值之间的关系等案件具体情况，认为由首先查封法院执行更为妥当的,也可以决定由首先查封法院继续执行,但应当督促其在指定期限内处分查封财产。

此复。

附件:(略)

金融机构协助查询、冻结、扣划工作管理规定

(2002年1月15日 银发〔2002〕1号)

第一条 为规范金融机构协助有权机关查询、冻结和扣划单位、个人在金融机构存款的行为,根据《中华人民共和国商业银行法》及其他有关法律、行政法规的规定,制定本规定。

第二条 本规定所称"协助查询、冻结、扣划"是指金融机构依法协助有权机关查询、冻结、扣划单位或个人在金融机构存款的行为。

协助查询是指金融机构依照有关法律或行政法规的规定以及有权机关查询的要求,将单位或个人存款的金额、币种以及其他存款信息告知有权机关的行为。

协助冻结是指金融机构依照法律的规定以及有权机关冻结的要求,在一定时期内禁止单位或个人提取其存款账户内的全部或部分存款的行为。

协助扣划是指金融机构依照法律的规定以及有权机关扣划的要求,将单位或个人存款账户内的全部或部分存款资金划拨到指定账户上的行为。

第三条 本规定所称金融机构是指依法经营存款业务的金融机构(含外资金融机构),包括政策性银行、商业银行、城市和农村信用合作社、财务公司、邮政储蓄机构等。

金融机构协助查询、冻结和扣划存款,应当在存款人开户的营业分支机构具体办理。

第四条 本规定所称有权机关是指依照法律、行政法规的明确规定,有权查询、冻结、扣划单位或个人在金融机构存款的司法机关、行政机关、军事机关及行使行政职能的事业单位(详见附表)。

第五条 协助查询、冻结和扣划工作应当遵循依法合规、不损害客户合法权益的原则。

第六条 金融机构应当依法做好协助工作,建立健全有关规章制度,切实加强协助查询、冻结、扣划的管理工作。

第七条 金融机构应当在其营业机构确定专职部门或专职人员,负责接待要求协助查询、冻结和扣划的有权机关,及时处理协助事宜,并注意保守国家秘密。

第八条 办理协助查询业务时,经办人员应当核实执法人员的工作证件,以及有权机关县团级以上(含,下同)机构签发的协助查询存款通知书。

第九条 办理协助冻结业务时,金融机构经办人员应当核实以下证件和法律文书:

(一)有权机关执法人员的工作证件;

(二)有权机关县团级以上机构签发的协助冻结存款通知书,法律、行政法规规定应当由有权机关主要负责人签字的,应当由主要负责人签字;

(三)人民法院出具的冻结存款裁定书、其他有权机关出具的冻结存款决定书。

第十条 办理协助扣划业务时,金融机构经办人员应当核实以下证件和法律文书:

(一)有权机关执法人员的工作证件;

(二)有权机关县团级以上机构签发的协助扣划存款通知书,法律、行政法规规定应当由有权机关主要负责人签字的,应当由主要负责人签字;

(三)有关生效法律文书或行政机关的有关决定书。

第十一条 金融机构在协助冻结、扣划

单位或个人存款时，应当审查以下内容：

（一）"协助冻结、扣划存款通知书"填写的需被冻结或扣划存款的单位或个人开户金融机构名称、户名和账号、大小写金额；

（二）协助冻结或扣划存款通知书上的义务人应与所依据的法律文书上的义务人相同；

（三）协助冻结或扣划存款通知书上的冻结或扣划金额应当是确定的。如发现缺少应附的法律文书，以及法律文书有关内容与"协助冻结、扣划存款通知书"的内容不符，应说明原因，退回"协助冻结、扣划存款通知书"或所附的法律文书。

有权机关对个人存款户不能提供账号的，金融机构应当要求有权机关提供该个人的居民身份证号码或其他足以确定该个人存款账户的情况。

第十二条 金融机构应当按照内控制度的规定建立和完善协助查询、冻结和扣划工作的登记制度。

金融机构在协助有权机关办理查询、冻结和扣划手续时，应对下列情况进行登记：有权机关名称，执法人员姓名和证件号码，金融机构经办人员姓名，被查询、冻结、扣划单位或个人的名称或姓名，协助查询、冻结、扣划的时间和金额，相关法律文书名称及文号，协助结果等。

登记表应当在协助办理查询、冻结、扣划手续时填写，并由有权机关执法人员和金融机构经办人签字。

金融机构应当妥善保存登记表，并严格保守有关国家秘密。

金融机构协助查询、冻结、扣划存款，涉及内控制度中的核实、授权和审批工作时，应当严格按内控制度及时办理相关手续，不得拖延推诿。

第十三条 金融机构对有权机关办理查询、冻结和扣划手续完备的，应当认真协助办理。在接到协助冻结、扣划存款通知书后，不得再扣划应当协助执行的款项用于收贷收息，不得向被查询、冻结、扣划单位或个人通风报信，帮助隐匿或转移存款。

金融机构在协助有权机关办理完毕查询存款手续后，有权机关要求予以保密的，金融机构应当保守秘密。金融机构在协助有权机关办理完毕冻结、扣划存款手续后，根据业务需要可以通知存款单位或个人。

第十四条 金融机构协助有权机关查询的资料应限于存款资料，包括被查询单位或个人开户、存款情况以及与存款有关的会计凭证、账簿、对账单等资料。对上述资料，金融机构应当如实提供，有权机关根据需要可以抄录、复制、照相，但不得带走原件。

金融机构协助复制存款资料等支付了成本费用的，可以按相关规定收取工本费。

第十五条 有权机关在查询单位存款情况时，只提供被查询单位名称而未提供账号的，金融机构应当根据账户管理档案积极协助查询，没有所查询的账户的，应如实告知有权机关。

第十六条 冻结单位或个人存款的期限最长为 6 个月，期满后可以续冻。有权机关应在冻结期满前办理续冻手续，逾期未办理续冻手续的，视为自动解除冻结措施。

第十七条 有权机关要求对已被冻结的存款再行冻结的，金融机构不予办理并应当说明情况。

第十八条 在冻结期限内，只有在原作出冻结决定的有权机关作出解冻决定并出具解除冻结存款通知书的情况下，金融机构才能对已经冻结的存款予以解冻。被冻结存款的单位或个人对冻结提出异议的，金融机构应告知其与作出冻结决定的有权机关联系，在存款冻结期限内金融机构不得自行解冻。

第十九条 有权机关在冻结、解冻工作中发生错误，其上级机关直接作出变更决定或裁定的,金融机构接到变更决定书或裁定书后,应当予以办理。

第二十条 金融机构协助扣划时,应当将扣划的存款直接划入有权机关指定的账户。有权机关要求提取现金的,金融机构不予协助。

第二十一条 查询、冻结、扣划存款通知书与解除冻结、扣划存款通知书均应由有权机关执法人员依法送达,金融机构不接受有权机关执法人员以外的人员代为送达的上述通知书。

第二十二条 两个以上有权机关对同一单位或个人的同一笔存款采取冻结或扣划措施时,金融机构应当协助最先送达协助冻结、扣划存款通知书的有权机关办理冻结、扣划手续。

两个以上有权机关对金融机构协助冻结、扣划的具体措施有争议的,金融机构应当按照有关争议机关协商后的意见办理。

第二十三条 本规定由中国人民银行负责解释。

第二十四条 本规定自 2002 年 2 月 1 日起施行。

附表:

有权查询、冻结、扣划单位、个人存款的执法机关一览表

单位名称	查 询		冻 结		扣 划	
	单位	个人	单位	个人	单位	个人
人民法院	有权	有权	有权	有权	有权	有权
税务机关	有权	有权	有权	有权	有权	有权
海关	有权	有权	有权	有权	有权	有权
人民检察院	有权	有权	有权	有权	无权	无权
公安机关	有权	有权	有权	有权	无权	无权
国家安全机关	有权	有权	有权	有权	无权	无权
军队保卫部门	有权	有权	有权	有权	无权	无权
监狱	有权	有权	有权	有权	无权	无权
走私犯罪侦查机关	有权	有权	有权	有权	无权	无权
监察机关(包括军队监察机关)	有权	有权	无权	无权	无权	无权
审计机关	有权	无权	无权	无权	无权	无权
工商行政管理机关	有权	无权	暂停结算	暂停结算	无权	无权
证券监管管理机关	有权	无权	无权	无权	无权	无权

注:本表所列机关是《金融机构查询、冻结、扣划工作管理规定》发布之日前有关法律、行政法规明确规定具有查询、冻结或者扣划存款权力的机关。规定发布实施之后,法律、行政法规有新规定的,从其规定。

最高人民法院关于冻结、拍卖上市公司国有股和社会法人股若干问题的规定

（2001 年 8 月 28 日最高人民法院审判委员会 1188 次会议通过　2001 年 9 月 21 日最高人民法院公告公布　自 2001 年 9 月 30 日起施行　法释〔2001〕28 号）

为了保护债权人以及其他当事人的合法权益，维护证券市场的正常交易秩序，根据《中华人民共和国证券法》、《中华人民共和国公司法》、《中华人民共和国民事诉讼法》，参照《中华人民共和国拍卖法》等法律的有关规定，对人民法院在财产保全和执行过程中，冻结、拍卖上市公司国有股和社会法人股（以下均简称股权）等有关问题，作如下规定：

第一条　人民法院在审理民事纠纷案件过程中，对股权采取冻结、评估、拍卖和办理股权过户等财产保全和执行措施，适用本规定。

第二条　本规定所指上市公司国有股、包括国家股和国有法人股。国家股指有权代表国家投资的机构或部门向股份有限公司出资或依据法定程序取得的股份；国有法人股指国有法人单位，包括国有资产比例超过 50% 的国有控股企业，以其依法占有的法人资产向股份有限公司出资形成或者依据法定程序取得的股份。

本规定所指社会法人股是指非国有法人资产投资于上市公司形成的股份。

第三条　人民法院对股权采取冻结、拍卖措施时，被保全人和被执行人应当是股权的持有人或者所有权人。被冻结、拍卖股权的上市公司非依据法定程序确定为案件当事人或者被执行人，人民法院不得对其采取保全或执行措施。

第四条　人民法院在审理案件过程中，股权持有人或者所有权人作为债务人，如有偿还能力的，人民法院一般不应对其股权采取冻结保全措施。

人民法院已对股权采取冻结保全措施的，股权持有人、所有权人或者第三人提供了有效担保，人民法院经审查符合法律规定的，可以解除对股权的冻结。

第五条　人民法院裁定冻结或者解除冻结股权，除应当将法律文书送达负有协助执行义务的单位以外，还应当在作出冻结或者解除冻结裁定后 7 日内，将法律文书送达股权持有人或者所有权人并书面通知上市公司。

人民法院裁定拍卖上市公司股权，应当于委托拍卖之前将法律文书送达股权持有人或者所有权人并书面通知上市公司。

被冻结或者拍卖股权的当事人是国有股份持有人的，人民法院在向该国有股份持有人送达冻结或者拍卖裁定时，应当告其于 5 日内报主管财政部门备案。

第六条　冻结股权的期限不超过一年。如申请人需要延长期限的，人民法院应当根据申请，在冻结期限届满前办理续冻手续，每次续冻期限不超过 6 个月。逾期不办理续冻手续的，视为自动撤销冻结。

第七条　人民法院采取保全措施，所冻结的股权价值不得超过股权持有人或者所有权人的债务总额。股权价值应当按照上市公司最近期报表每股资产净值计算。

股权冻结的效力及于股权产生的股息以及红利、红股等孳息，但股权持有人或者所有权人仍可享有因上市公司增发、配售新股而产生的权利。

第八条　人民法院采取强制执行措施时，如果股权持有人或者所有权人在限期内提供了方便执行的其他财产，应当首先执行

其他财产。其他财产不足以清偿债务的,方可执行股权。

本规定所称可供方便执行的其他财产,是指存款、现金、成品和半成品、原材料、交通工具等。

人民法院执行股权,必须进行拍卖。

股权的持有人或者所有权人以股权向债权人质押的,人民法院执行时也应当通过拍卖方式进行,不得直接将股权执行给债权人。

第九条 拍卖股权之前,人民法院应当委托具有证券从业资格的资产评估机构对股权价值进行评估。资产评估机构由债权人和债务人协商选定。不能达成一致意见的,由人民法院召集债权人和债务人提出候选评估机构,以抽签方式决定。

第十条 人民法院委托资产评估机构评估时,应当要求资产评估机构严格依照国家规定的标准、程序和方法对股权价值进行评估,并说明其应当对所作出的评估报告依法承担相应责任。

人民法院还应当要求上市公司向接受人民法院委托的资产评估机构如实提供有关情况和资料;要求资产评估机构对上市公司提供的情况和资料保守秘密。

第十一条 人民法院收到资产评估机构作出的评估报告后,须将评估报告分别送达债权人和债务人以及上市公司。债权人和债务人以及上市公司对评估报告有异议的,应当在收到评估报告后7日内书面提出。人民法院应当将异议书交资产评估机构,要求该机构在10日之内作出说明或者补正。

第十二条 对股权拍卖,人民法院应当委托依法成立的拍卖机构进行。拍卖机构的选定,参照本规定第九条规定的方法进行。

第十三条 股权拍卖保留价,应当按照评估值确定。

第一次拍卖最高应价未达到保留价时,应当继续进行拍卖,每次拍卖的保留价应当不低于前次保留价的90%。经三次拍卖仍不能成交时,人民法院应当将所拍卖的股权按第三次拍卖的保留价折价抵偿给债权人。

人民法院可以在每次拍卖未成交后主持调解,将所拍卖的股权参照该次拍卖保留价折价抵偿给债权人。

第十四条 拍卖股权,人民法院应当委托拍卖机构于拍卖日前10天,在《中国证券报》、《证券时报》或者《上海证券报》上进行公告。

第十五条 国有股权竞买人应当具备依法受让国有股权的条件。

第十六条 股权拍卖过程中,竞买人已经持有的该上市公司股份数额和其竞买的股份数额累计不得超过该上市公司已经发行股份数额的30%。如竞买人累计持有该上市公司股份数额已达到30%仍参与竞买的,须依照《中华人民共和国证券法》的相关规定办理,在此期间应当中止拍卖程序。

第十七条 拍卖成交后,人民法院应当向证券交易市场和证券登记结算公司出具协助执行通知书,由买受人持拍卖机构出具的成交证明和财政主管部门对股权性质的界定等有关文件,向证券交易市场和证券登记结算公司办理股权变更登记。

最高人民法院关于冻结、划拨证券或期货交易所、证券登记结算机构、证券经营或期货经纪机构清算账户资金等问题的通知

(1997年12月2日 法发〔1997〕27号)

各省、自治区、直辖市高级人民法院,解放军军事法院:

为了维护证券、期货市场的正常交易秩序,现对人民法院在财产保全或执行生效法

律文书过程中,冻结、划拨证券或期货交易所、证券登记结算机构、证券经营或期货经纪机构清算账户清算资金等问题,作如下通知:

一、证券交易所、证券登记结算机构及其异地清算代理机构开设的清算账户上的资金,是证券经营机构缴存的自营及其所代理的投资者的证券交易清算资金。当证券经营机构为债务人,人民法院确需冻结、划拨其交易清算资金时,应冻结、划拨其自营账户中的资金;如证券经营机构未开设自营账户而进行自营业务的,依法可以冻结其在证券交易所、证券登记结算机构及其异地清算代理机构清算账户上的清算资金,但暂时不得划拨。如果证券经营机构在法院规定的合理期限内举证证明被冻结的上述清算账户中的资金是其他投资者的,应当对投资者的资金解除冻结。否则,人民法院可以划拨已冻结的资金。

证券经营机构清算账户上的资金是投资者为进行证券交易缴存的清算备付金。当投资者为债务人时,人民法院对证券经营机构清算账户中该投资者的相应部分资金依法可以冻结、划拨。

人民法院冻结、划拨期货交易所清算账户上期货经纪机构的清算资金及期货经纪机构清算账户上投资者的清算备付金(亦称保证金),适用上述规定。

二、证券经营机构的交易席位系该机构向证券交易所申购的用以参加交易的权利,是一种无形财产。人民法院对证券经营机构的交易席位进行财产保全或执行时,应依法裁定其不得自行转让该交易席位,但不能停止该交易席位的使用。人民法院认为需要转让该交易席位时,按交易所的有关规定应转让给有资格受让席位的法人。

人民法院对期货交易所、期货经纪机构的交易席位采取财产保全或执行措施,适用上述规定。

三、证券经营机构在证券交易所、证券登记结算机构的债券实物代保管处托管的债券,是其自营或代销的其他投资者的债券。当证券经营机构或投资者为债务人时,人民法院如需冻结、提取托管的债券,应当通过证券交易所查明该债务人托管的债券是否已作回购质押,对未作回购质押,而且确属债务人所有的托管债券可以依法冻结、提取。

四、交易保证金是证券经营机构向证券交易所缴存的用以防范交易风险的资金,该资金由证券交易所专项存储,人民法院不应冻结、划拨交易保证金。但在该资金失去保证金作用的情况下,人民法院可以依法予以冻结、划拨。

最高人民法院关于公布失信被执行人名单信息的若干规定

(2013 年 7 月 1 日最高人民法院审判委员会第 1582 次会议通过　根据 2017 年 1 月 16 日最高人民法院审判委员会第 1707 次会议通过的《最高人民法院关于修改〈最高人民法院关于公布失信被执行人名单信息的若干规定〉的决定》修正　2017 年 2 月 28 日最高人民法院公告公布)

为促使被执行人自觉履行生效法律文书确定的义务,推进社会信用体系建设,根据《中华人民共和国民事诉讼法》的规定,结合人民法院工作实际,制定本规定。

第一条　被执行人未履行生效法律文书确定的义务,并具有下列情形之一的,人民法院应当将其纳入失信被执行人名单,依法对其进行信用惩戒:

(一)有履行能力而拒不履行生效法律文书确定义务的;

(二)以伪造证据、暴力、威胁等方法妨

碍、抗拒执行的;

(三)以虚假诉讼、虚假仲裁或者以隐匿、转移财产等方法规避执行的;

(四)违反财产报告制度的;

(五)违反限制消费令的;

(六)无正当理由拒不履行执行和解协议的。

第二条 被执行人具有本规定第一条第二项至第六项规定情形的,纳入失信被执行人名单的期限为二年。被执行人以暴力、威胁方法妨碍、抗拒执行情节严重或具有多项失信行为的,可以延长一至三年。

失信被执行人积极履行生效法律文书确定义务或主动纠正失信行为的,人民法院可以决定提前删除失信信息。

第三条 具有下列情形之一的,人民法院不得依据本规定第一条第一项的规定将被执行人纳入失信被执行人名单:

(一)提供了充分有效担保的;

(二)已被采取查封、扣押、冻结等措施的财产足以清偿生效法律文书确定债务的;

(三)被执行人履行顺序在后,对其依法不应强制执行的;

(四)其他不属于有履行能力而拒不履行生效法律文书确定义务的情形。

第四条 被执行人为未成年人的,人民法院不得将其纳入失信被执行人名单。

第五条 人民法院向被执行人发出的执行通知中,应当载明有关纳入失信被执行人名单的风险提示等内容。

申请执行人认为被执行人具有本规定第一条规定情形之一的,可以向人民法院申请将其纳入失信被执行人名单。人民法院应当自收到申请之日起十五日内审查并作出决定。人民法院认为被执行人具有本规定第一条规定情形之一的,也可以依职权决定将其纳入失信被执行人名单。

人民法院决定将被执行人纳入失信被执

行人名单的,应当制作决定书,决定书应当写明纳入失信被执行人名单的理由,有纳入期限的,应当写明纳入期限。决定书由院长签发,自作出之日起生效。决定书应当按照民事诉讼法规定的法律文书送达方式送达当事人。

第六条 记载和公布的失信被执行人名单信息应当包括:

(一)作为被执行人的法人或者其他组织的名称、统一社会信用代码(或组织机构代码)、法定代表人或者负责人姓名;

(二)作为被执行人的自然人的姓名、性别、年龄、身份证号码;

(三)生效法律文书确定的义务和被执行人的履行情况;

(四)被执行人失信行为的具体情形;

(五)执行依据的制作单位和文号、执行案号、立案时间、执行法院;

(六)人民法院认为应当记载和公布的不涉及国家秘密、商业秘密、个人隐私的其他事项。

第七条 各级人民法院应当将失信被执行人名单信息录入最高人民法院失信被执行人名单库,并通过该名单库统一向社会公布。

各级人民法院可以根据各地实际情况,将失信被执行人名单通过报纸、广播、电视、网络、法院公告栏等其他方式予以公布,并可以采取新闻发布会或者其他方式对本院及辖区法院实施失信被执行人名单制度的情况定期向社会公布。

第八条 人民法院应当将失信被执行人名单信息,向政府相关部门、金融监管机构、金融机构、承担行政职能的事业单位及行业协会等通报,供相关单位依照法律、法规和有关规定,在政府采购、招标投标、行政审批、政府扶持、融资信贷、市场准入、资质认定等方面,对失信被执行人予以信用惩戒。

人民法院应当将失信被执行人名单信息

向征信机构通报,并由征信机构在其征信系统中记录。

国家工作人员、人大代表、政协委员等被纳入失信被执行人名单的,人民法院应当将失信情况通报其所在单位和相关部门。

国家机关、事业单位、国有企业等被纳入失信被执行人名单的,人民法院应当将失信情况通报其上级单位、主管部门或者履行出资人职责的机构。

第九条 不应纳入失信被执行人名单的公民、法人或其他组织被纳入失信被执行人名单的,人民法院应当在三个工作日内撤销失信信息。

记载和公布的失信信息不准确的,人民法院应当在三个工作日内更正失信信息。

第十条 具有下列情形之一的,人民法院应当在三个工作日内删除失信信息:

(一)被执行人已履行生效法律文书确定的义务或人民法院已执行完毕的;

(二)当事人达成执行和解协议且已履行完毕的;

(三)申请执行人书面申请删除失信信息,人民法院审查同意的;

(四)终结本次执行程序后,通过网络执行查控系统查询被执行人财产两次以上,未发现有可供执行财产,且申请执行人或者其他人未提供有效财产线索的;

(五)因审判监督或破产程序,人民法院依法裁定对失信被执行人中止执行的;

(六)人民法院依法裁定不予执行的;

(七)人民法院依法裁定终结执行的。

有纳入期限的,不适用前款规定。纳入期限届满后三个工作日内,人民法院应当删除失信信息。

依照本条第一款规定删除失信信息后,被执行人具有本规定第一条规定情形之一的,人民法院可以重新将其纳入失信被执行人名单。

依照本条第一款第三项规定删除失信信息后六个月内,申请执行人申请将该被执行人纳入失信被执行人名单的,人民法院不予支持。

第十一条 被纳入失信被执行人名单的公民、法人或其他组织认为有下列情形之一的,可以向执行法院申请纠正:

(一)不应将其纳入失信被执行人名单的;

(二)记载和公布的失信信息不准确的;

(三)失信信息应予删除的。

第十二条 公民、法人或其他组织对被纳入失信被执行人名单申请纠正的,执行法院应当自收到书面纠正申请之日起十五日内审查,理由成立的,应当在三个工作日内纠正;理由不成立的,决定驳回。公民、法人或其他组织对驳回决定不服的,可以自决定书送达之日起十日内向上一级人民法院申请复议。上一级人民法院应当自收到复议申请之日起十五日内作出决定。

复议期间,不停止原决定的执行。

第十三条 人民法院工作人员违反本规定公布、撤销、更正、删除失信信息的,参照有关规定追究责任。

最高人民法院关于限制被执行人高消费及有关消费的若干规定

(2010年5月17日最高人民法院审判委员会第1487次会议通过 根据2015年7月6日最高人民法院审判委员会第1657次会议通过的《最高人民法院关于修改〈最高人民法院关于限制被执行人高消费的若干规定〉的决定》修正 2015年7月20日最高人民法院公告公布)

为进一步加大执行力度,推动社会信用机制建设,最大限度保护申请执行人和被执行人的合法权益,根据《中华人民共和国民事诉讼法》的有关规定,结合人民法院民事执行工作的实践经验,制定本规定。

第一条 被执行人未按执行通知书指定的期间履行生效法律文书确定的给付义务的,人民法院可以采取限制消费措施,限制其高消费及非生活或者经营必需的有关消费。

纳入失信被执行人名单的被执行人,人民法院应当对其采取限制消费措施。

第二条 人民法院决定采取限制消费措施时,应当考虑被执行人是否有消极履行、规避执行或者抗拒执行的行为以及被执行人的履行能力等因素。

第三条 被执行人为自然人的,被采取限制消费措施后,不得有以下高消费及非生活和工作必需的消费行为:

(一)乘坐交通工具时,选择飞机、列车软卧、轮船二等以上舱位;

(二)在星级以上宾馆、酒店、夜总会、高尔夫球场等场所进行高消费;

(三)购买不动产或者新建、扩建、高档装修房屋;

(四)租赁高档写字楼、宾馆、公寓等场所办公;

(五)购买非经营必需车辆;

(六)旅游、度假;

(七)子女就读高收费私立学校;

(八)支付高额保费购买保险理财产品;

(九)乘坐G字头动车组列车全部座位、其他动车组列车一等以上座位等其他非生活和工作必需的消费行为。

被执行人为单位的,被采取限制消费措施后,被执行人及其法定代表人、主要负责人、影响债务履行的直接责任人员、实际控制人不得实施前款规定的行为。因私消费以个人财产实施前款规定行为的,可以向执行法院提出申请。执行法院审查属实的,应予准许。

第四条 限制消费措施一般由申请执行人提出书面申请,经人民法院审查决定;必要时人民法院可以依职权决定。

第五条 人民法院决定采取限制消费措施的,应当向被执行人发出限制消费令。限制消费令由人民法院院长签发。限制消费令应当载明限制消费的期间、项目、法律后果等内容。

第六条 人民法院决定采取限制消费措施的,可以根据案件需要和被执行人的情况向有义务协助调查、执行的单位送达协助执行通知书,也可以在相关媒体上进行公告。

第七条 限制消费令的公告费用由被执行人负担;申请执行人申请在媒体公告的,应当垫付公告费用。

第八条 被限制消费的被执行人因生活或者经营必需而进行本规定禁止的消费活动的,应当向人民法院提出申请,获批准后方可进行。

第九条 在限制消费期间,被执行人提供确实有效的担保或者经申请执行人同意的,人民法院可以解除限制消费令;被执行人履行完毕生效法律文书确定的义务的,人民法院应当在本规定第六条通知或者公告的范围内及时以通知或者公告解除限制消费令。

第十条 人民法院应当设置举报电话或者邮箱,接受申请执行人和社会公众对被限制消费的被执行人违反本规定第三条的举报,并进行审查认定。

第十一条 被执行人违反限制消费令进行消费的行为属于拒不履行人民法院已经发生法律效力的判决、裁定的行为,经查证属实的,依照《中华人民共和国民事诉讼法》第一百一十一条的规定,予以拘留、罚款;情节严重,构成犯罪的,追究其刑事责任。

有关单位在收到人民法院协助执行通知书后,仍允许被执行人进行高消费及非生活或者经营必需的有关消费的,人民法院可以依照《中华人民共和国民事诉讼法》第一百一十四条的规定,追究其法律责任。

最高人民法院、国土资源部、建设部关于依法规范人民法院执行和国土资源房地产管理部门协助执行若干问题的通知

(2004年2月10日 法发〔2004〕5号)

各省、自治区、直辖市高级人民法院,解放军军事法院,新疆维吾尔自治区高级人民法院生产建设兵团分院;各省、自治区、直辖市国土资源厅(国土环境资源厅、国土资源和房屋管理局、房屋土地资源管理局、规划和国土资源局),新疆生产建设兵团国土资源局;各省、自治区建设厅,新疆生产建设兵团建设局,各直辖市房地产管理局:

为保证人民法院生效判决、裁定及其他生效法律文书依法及时执行,保护当事人的合法权益,根据《中华人民共和国民事诉讼法》、《中华人民共和国土地管理法》、《中华人民共和国城市房地产管理法》等有关法律规定,现就规范人民法院执行和国土资源、房地产管理部门协助执行的有关问题通知如下:

一、人民法院在办理案件时,需要国土资源、房地产管理部门协助执行的,国土资源、房地产管理部门应当按照人民法院的生效法律文书和协助执行通知书办理协助执行事项。

国土资源、房地产管理部门依法协助人民法院执行时,除复制有关材料所必需的工本费外,不得向人民法院收取其他费用。登记过户的费用按照国家有关规定收取。

二、人民法院对土地使用权、房屋实施查封或者进行实体处理前,应当向国土资源、房地产管理部门查询该土地、房屋的权属。

人民法院执行人员到国土资源、房地产管理部门查询土地、房屋权属情况时,应当出示本人工作证和执行公务证,并出具协助查询通知书。

人民法院执行人员到国土资源、房地产管理部门办理土地使用权或者房屋查封、预查封登记手续时,应当出示本人工作证和执行公务证,并出具查封、预查封裁定书和协助执行通知书。

三、对人民法院查封或者预查封的土地使用权、房屋,国土资源、房地产管理部门应当及时办理查封或者预查封登记。

国土资源、房地产管理部门在协助人民法院执行土地使用权、房屋时,不对生效法律文书和协助执行通知书进行实体审查。国土资源、房地产管理部门认为人民法院查封、预查封或者处理的土地、房屋权属错误的,可以向人民法院提出审查建议,但不应当停止办理协助执行事项。

四、人民法院在国土资源、房地产管理部门查询并复制或者抄录的书面材料,由土地、房屋权属的登记机构或者其所属的档案室(馆)加盖印章。无法查询或者查询无结果的,国土资源、房地产管理部门应当书面告知人民法院。

五、人民法院查封时,土地、房屋权属的确认以国土资源、房地产管理部门的登记或者出具的权属证明为准。权属证明与权属登记不一致的,以权属登记为准。

在执行人民法院确认土地、房屋权属的生效法律文书时,应当按照人民法院生效法律文书所确认的权利人办理土地、房屋权属变更、转移登记手续。

六、土地使用权和房屋所有权归属同一权利人的,人民法院应当同时查封;土地使用权和房屋所有权归属不一致的,查封被执行人名下的土地使用权或者房屋。

七、登记在案外人名下的土地使用权、房屋,登记名义人(案外人)书面认可该土地、房屋实际属于被执行人时,执行法院可以采取查封措施。

如果登记名义人否认该土地、房屋属于被执行人,而执行法院、申请执行人认为登记为虚假时,须经当事人另行提起诉讼或者通过其他程序,撤销该登记并登记在被执行人名下之后,才可以采取查封措施。

八、对被执行人因继承、判决或者强制执行取得,但尚未办理过户登记的土地使用权、房屋的查封,执行法院应当向国土资源、房地产管理部门提交被执行人取得财产所依据的继承证明、生效判决书或者执行裁定书及协助执行通知书,由国土资源、房地产管理部门办理过户登记手续后,办理查封登记。

九、对国土资源、房地产管理部门已经受理被执行人转让土地使用权、房屋的过户登记申请,尚未核准登记的,人民法院可以进行查封,已核准登记的,不得进行查封。

十、人民法院对可以分割处分的房屋应当在执行标的额的范围内分割查封,不可分割的房屋可以整体查封。

分割查封的,应当在协助执行通知书中明确查封房屋的具体部位。

十一、人民法院对土地使用权、房屋的查封期限不得超过二年。期限届满可以续封一次,续封时应当重新制作查封裁定书和协助执行通知书,续封的期限不得超过一年。确有特殊情况需要再续封的,应当经过所属高级人民法院批准,且每次再续封的期限不得超过一年。

查封期限届满,人民法院未办理继续查封手续的,查封的效力消灭。

十二、人民法院在案件执行完毕后,对未处理的土地使用权、房屋需要解除查封的,应当及时作出裁定解除查封,并将解除查封裁定书和协助执行通知书送达国土资源、房地产管理部门。

十三、被执行人全部缴纳土地使用权出让金但尚未办理土地使用权登记的,人民法院可以对该土地使用权进行预查封。

十四、被执行人部分缴纳土地使用权出让金但尚未办理土地使用权登记的,对可以分割的土地使用权,按已缴付的土地使用权出让金,由国土资源管理部门确认被执行人的土地使用权,人民法院可以对确认后的土地使用权裁定预查封。对不可以分割的土地使用权,可以全部进行预查封。

被执行人在规定的期限内仍未全部缴纳土地出让金的,在人民政府收回土地使用权的同时,应当将被执行人缴纳的按照有关规定应当退还的土地出让金交由人民法院处理,预查封自动解除。

十五、下列房屋虽未进行房屋所有权登记,人民法院也可以进行预查封:

(一)作为被执行人的房地产开发企业,已办理了商品房预售许可证且尚未出售的房屋;

(二)被执行人购买的已由房地产开发企业办理了房屋权属初始登记的房屋;

(三)被执行人购买的办理了商品房预售合同登记备案手续或者商品房预告登记的房屋。

十六、国土资源、房地产管理部门应当依据人民法院的协助执行通知书和所附的裁定书办理预查封登记。土地、房屋权属在预查封期间登记在被执行人名下的,预查封登记自动转为查封登记,预查封转为正式查封后,查封期限从预查封之日起开始计算。

十七、预查封的期限为二年。期限届满可以续封一次,续封时应当重新制作预查封裁定书和协助执行通知书,预查封的续封期限为一年。确有特殊情况需要再续封的,应当经过所属高级人民法院批准,且每次再续封的期限不得超过一年。

十八、预查封的效力等同于正式查封。预查封期限届满之日，人民法院未办理预查封续封手续的，预查封的效力消灭。

十九、两个以上人民法院对同一宗土地使用权、房屋进行查封的，国土资源、房地产管理部门为首先送达协助执行通知书的人民法院办理查封登记手续后，对后来办理查封登记的人民法院作轮候查封登记，并书面告知该土地使用权、房屋已被其他人民法院查封的事实及查封的有关情况。

二十、轮候查封登记的顺序按照人民法院送达协助执行通知书的时间先后进行排列。查封法院依法解除查封的，排列在先的轮候查封自动转为查封；查封法院对查封的土地使用权、房屋全部处理的，排列在后的轮候查封自动失效；查封法院对查封的土地使用权、房屋部分处理的，对剩余部分，排列在后的轮候查封自动转为查封。

预查封的轮候登记参照第十九条和本条第一款的规定办理。

二十一、已被人民法院查封、预查封并在国土资源、房地产管理部门办理了查封、预查封登记手续的土地使用权、房屋，被执行人隐瞒真实情况，到国土资源、房地产管理部门办理抵押、转让等手续的，人民法院应当依法确认其行为无效，并可视情节轻重，依法追究有关人员的法律责任。国土资源、房地产管理部门应当按照人民法院的生效法律文书撤销不合法的抵押、转让等登记，并注销所颁发的证照。

二十二、国土资源、房地产管理部门对被人民法院依法查封、预查封的土地使用权、房屋，在查封、预查封期间不得办理抵押、转让等权属变更、转移登记手续。

国土资源、房地产管理部门明知土地使用权、房屋已被人民法院查封、预查封，仍然办理抵押、转让等权属变更、转移登记手续的，对有关的国土资源、房地产管理部门和直接责任人可以依照民事诉讼法第一百零二条的规定处理。

二十三、在变价处理土地使用权、房屋时，土地使用权、房屋所有权同时转移；土地使用权与房屋所有权归属不一致的，受让人继受原权利人的合法权利。

二十四、人民法院执行集体土地使用权时，经与国土资源管理部门取得一致意见后，可以裁定予以处理，但应当告知权利受让人到国土资源管理部门办理土地征用和国有土地使用权出让手续，缴纳土地使用权出让金及有关税费。

对处理农村房屋涉及集体土地的，人民法院应当与国土资源管理部门协商一致后再行处理。

二十五、人民法院执行土地使用权时，不得改变原土地用途和出让年限。

二十六、经申请执行人和被执行人协商同意，可以不经拍卖、变卖，直接裁定将被执行人以出让方式取得的国有土地使用权及其地上房屋经评估作价后交由申请执行人抵偿债务，但应当依法向国土资源和房地产管理部门办理土地、房屋权属变更、转移登记手续。

二十七、人民法院制作的土地使用权、房屋所有权转移裁定送达权利受让人时即发生法律效力，人民法院应当明确告知权利受让人及时到国土资源、房地产管理部门申请土地、房屋权属变更、转移登记。

国土资源、房地产管理部门依据生效法律文书进行权属登记时，当事人的土地、房屋权利应当追溯到相关法律文书生效之时。

二十八、人民法院进行财产保全和先予执行时适用本通知。

二十九、本通知下发前已经进行的查封，自本通知实施之日起计算期限。

三十、本通知自 2004 年 3 月 1 日起实施。

最高人民法院、中国人民银行关于依法规范人民法院执行和金融机构协助执行的通知

（2000年9月4日 法发〔2000〕21号）

各省、自治区、直辖市高级人民法院，解放军军事法院，新疆维吾尔自治区高级人民法院生产建设兵团分院，中国人民银行各分行，中国工商银行，中国农业银行，中国银行，中国建设银行及其他金融机构：

为依法保障当事人的合法权益，维护经济秩序，根据《中华人民共和国民事诉讼法》，现就规范人民法院执行和银行（含其分理处、营业所和储蓄所）以及其他办理存款业务的金融机构（以下统称金融机构）协助执行的有关问题通知如下：

一、人民法院查询被执行人在金融机构的存款时，执行人员应当出示本人工作证和执行公务证，并出具法院协助查询存款通知书。金融机构应当立即协助办理查询事宜，不需办理签字手续，对于查询的情况，由经办人签字确认。对协助执行手续完备拒不协助查询的，按照民事诉讼法第一百零二条规定处理。

人民法院对查询到的被执行人在金融机构的存款，需要冻结的，执行人员应当出示本人工作证和执行公务证，并出具法院冻结裁定书和协助冻结存款通知书。金融机构应当立即协助执行。对协助执行手续完备拒不协助冻结的，按照民事诉讼法第一百零二条规定处理。

人民法院扣划被执行人在金融机构存款的，执行人员应当出示本人工作证和执行公务证，并出具法院扣划裁定书和协助扣划存款通知书，还应当附生效法律文书副本。金融机构应当立即协助执行。对协助执行手续完备拒不协助扣划的，按照民事诉讼法第一

百零二条规定处理。

人民法院查询、冻结、扣划被执行人在金融机构的存款时，可以根据工作情况要求存款人开户的营业场所的上级机构责令该营业场所做好协助执行工作，但不得要求该上级机构协助执行。

二、人民法院要求金融机构协助冻结、扣划被执行人的存款时，冻结、扣划裁定和协助执行通知书适用留置送达的规定。

三、对人民法院依法冻结、扣划被执行人在金融机构的存款，金融机构应当立即予以办理，在接到协助执行通知书后，不得再扣划应当协助执行的款项用以收贷收息；不得为被执行人隐匿、转移存款。违反此项规定的，按照民事诉讼法第一百零二条的有关规定处理。

四、金融机构在接到人民法院的协助执行通知书后，向当事人通风报信，致使当事人转移存款的，法院有权责令该金融机构限期追回，逾期未追回的，按照民事诉讼法第一百零二条的规定予以罚款、拘留；构成犯罪的，依法追究刑事责任，并建议有关部门给予行政处分。

五、对人民法院依法向金融机构查询或查阅的有关资料，包括被执行人开户、存款情况以及会计凭证、账簿、有关对账单等资料（含电脑储存资料），金融机构应当及时如实提供并加盖印章；人民法院根据需要可抄录、复制、照相，但应当依法保守秘密。

六、金融机构作为被执行人，执行法院到有关人民银行查询其在人民银行开户、存款情况的，有关人民银行应当协助查询。

七、人民法院在查询被执行人存款情况时，只提供单位账户名称而未提供账号的，开户银行应当根据银发（1997）94号《关于贯彻落实中共中央政法委〈关于司法机关冻结、扣划银行存款问题的意见〉的通知》第二条的规定，积极协助查询并书面告知。

八、金融机构的分支机构作为被执行人的，执行法院应当向其发出限期履行通知书，

期限为 15 日；逾期未自动履行的，依法予以强制执行；对被执行人未能提供可供执行财产的，应当依法裁定逐级变更其上级机构为被执行人，直至其总行、总公司。每次变更前，均应当给予被变更主体 15 日的自动履行期限；逾期未自动履行的，依法予以强制执行。

九、人民法院依法可以对银行承兑汇票保证金采取冻结措施，但不得扣划。如果金融机构已对汇票承兑或者已对外付款，根据金融机构的申请，人民法院应当解除对银行承兑汇票保证金相应部分的冻结措施。银行承兑汇票保证金已丧失保证金功能时，人民法院可以依法采取扣划措施。

十、有关人民法院在执行由两个人民法院或者人民法院与仲裁、公证等有关机构就同一法律关系作出的两份或者多份生效法律文书的过程中，需要金融机构协助执行的，金融机构应当协助最先送达协助执行通知书的法院，予以查询、冻结，但不得扣划。有关人民法院应当就该两份或多份生效法律文书上报共同上级法院协调解决，金融机构应当按照共同上级法院的最终协调意见办理。

十一、财产保全和先予执行依照上述规定办理。

此前的规定与本通知有抵触的，以本通知为准。

最高人民法院关于执行程序中计算迟延履行期间的债务利息适用法律若干问题的解释

（2014 年 6 月 9 日最高人民法院审判委员会第 1619 次会议通过　2014 年 7 月 7 日最高人民法院公告公布　自 2014 年 8 月 1 日起施行　法释〔2014〕8 号）

为规范执行程序中迟延履行期间债务利息的计算，根据《中华人民共和国民事诉讼法》的规定，结合司法实践，制定本解释。

第一条　根据民事诉讼法第二百五十三条规定加倍计算之后的迟延履行期间的债务利息，包括迟延履行期间的一般债务利息和加倍部分债务利息。

迟延履行期间的一般债务利息，根据生效法律文书确定的方法计算；生效法律文书未确定给付该利息的，不予计算。

加倍部分债务利息的计算方法为：加倍部分债务利息＝债务人尚未清偿的生效法律文书确定的除一般债务利息之外的金钱债务×日万分之一点七五×迟延履行期间。

第二条　加倍部分债务利息自生效法律文书确定的履行期间届满之日起计算；生效法律文书确定分期履行的，自每次履行期间届满之日起计算；生效法律文书未确定履行期间的，自法律文书生效之日起计算。

第三条　加倍部分债务利息计算至被执行人履行完毕之日；被执行人分次履行的，相应部分的加倍部分债务利息计算至每次履行完毕之日。

人民法院划拨、提取被执行人的存款、收入、股息、红利等财产的，相应部分的加倍部分债务利息计算至划拨、提取之日；人民法院对被执行人财产拍卖、变卖或者以物抵债的，计算至成交裁定或者抵债裁定生效之日；人民法院对被执行人财产通过其他方式变价的，计算至财产变价完成之日。

非因被执行人的申请，对生效法律文书审查而中止或者暂缓执行的期间及再审中止执行的期间，不计算加倍部分债务利息。

第四条　被执行人的财产不足以清偿全部债务的，应当先清偿生效法律文书确定的金钱债务，再清偿加倍部分债务利息，但当事人对清偿顺序另有约定的除外。

第五条　生效法律文书确定给付外币的，执行时以该种外币按日万分之一点七五计算加倍部分债务利息,但申请执行人主张以人民币计算的,人民法院应予准许。

以人民币计算加倍部分债务利息的,应当先将生效法律文书确定的外币折算或者套算为人民币后再进行计算。

外币折算或者套算为人民币的,按照加倍部分债务利息起算之日的中国外汇交易中心或者中国人民银行授权机构公布的人民币对该外币的中间价折合成人民币计算;中国外汇交易中心或者中国人民银行授权机构未公布汇率中间价的外币,按照该日境内银行人民币对该外币的中间价折算成人民币,或者该外币在境内银行、国际外汇市场对美元汇率,与人民币对美元汇率中间价进行套算。

第六条 执行回转程序中,原申请执行人迟延履行金钱给付义务的,应当按照本解释的规定承担加倍部分债务利息。

第七条 本解释施行时尚未执行完毕部分的金钱债务,本解释施行前的迟延履行期间债务利息按照之前的规定计算;施行后的迟延履行期间债务利息按照本解释计算。

本解释施行前本院发布的司法解释与本解释不一致的,以本解释为准。

最高人民法院关于在执行工作中如何计算迟延履行期间的债务利息等问题的批复

(2009年3月30日最高人民法院审判委员会第1465次会议通过 2009年5月11日最高人民法院公告公布 自2009年5月18日起施行 法释〔2009〕6号)

四川省高级人民法院:

你院《关于执行工作几个适用法律问题的请示》(川高法〔2007〕390号)收悉。经研究,批复如下:

一、人民法院根据《中华人民共和国民事诉讼法》第二百二十九条计算"迟延履行期间的债务利息"时,应当按照中国人民银行规定的同期贷款基准利率计算。

二、执行款不足以偿付全部债务的,应当根据并还原则按比例清偿法律文书确定的金钱债务与迟延履行期间的债务利息,但当事人在执行和解中对清偿顺序另有约定的除外。

此复。

附:

具体计算方法

(1)执行款=清偿的法律文书确定的金钱债务+清偿的迟延履行期间的债务利息。

(2)清偿的迟延履行期间的债务利息=清偿的法律文书确定的金钱债务×同期贷款基准利率×2×迟延履行期间。

最高人民法院关于劳动争议仲裁委员会的复议仲裁决定书可否作为执行依据问题的批复

(1996年7月21日 法复〔1996〕10号)

河南省高级人民法院:

你院(1995)豫法执请字第1号《关于郑劳仲复裁字〔1991〕第1号复议仲裁决定书能否作为执行依据的请示》收悉。经研究,答复如下:

仲裁一裁终局制度,是指仲裁决定一经作出即发生法律效力,当事人没有提请再次裁决的权利,但这并不排除原仲裁机构发现自己作出的裁决有错误进行重新裁决的情况。劳动争议仲裁委员会发现自己作出的仲裁决定书有错误而进行重新仲裁,符合实事求是的原则,不违背一裁终局制度,不应视为违反法定程序。因此对当事人申请执行劳动争议仲裁委员会复议仲裁决定的,应予立案执行。如被执行人提出申辩称该复议仲裁决定书有其他应不予执行的情形,应按照民事诉讼法第二百一十七条的规定,认真审查,慎重处理。

最高人民法院关于对被执行人存在银行的凭证式国库券可否采取执行措施问题的批复

(1998 年 2 月 5 日最高人民法院审判委员会第 958 次会议通过 根据 2020 年 12 月 23 日最高人民法院审判委员会第 1823 次会议通过的《最高人民法院关于修改〈最高人民法院关于人民法院扣押铁路运输货物若干问题的规定〉等十八件执行类司法解释的决定》修正 2020 年 12 月 29 日最高人民法院公告公布)

北京市高级人民法院:

你院《关于对被执行人在银行的凭证式记名国库券可否采取冻结、扣划强制措施的请示》(京高法〔1997〕194 号)收悉。经研究,答复如下:

被执行人存在银行的凭证式国库券是由被执行人交银行管理的到期偿还本息的有价证券,在性质上与银行的定期储蓄存款相似,属于被执行人的财产。依照《中华人民共和国民事诉讼法》第二百四十二条规定的精神,人民法院有权冻结、划拨被执行人存在银行的凭证式国库券。有关银行应当按照人民法院的协助执行通知书将本息划归申请执行人。

最高人民法院关于未被续聘的仲裁员在原参加审理的案件裁决书上签名人民法院应当执行该仲裁裁决书的批复

(1998 年 7 月 13 日最高人民法院审判委员会第 1001 次会议通过 1998 年 8 月 31 日最高人民法院公告公布 自 1998 年 9 月 5 日起施行 法释〔1998〕21 号)

广东省高级人民法院:

你院(1996)粤高法执函字第 5 号《关于未被续聘的仲裁员继续参加审理并作出裁决的案件,人民法院应否立案执行的请示》收悉。经研究,答复如下:

在中国国际经济贸易仲裁委员会深圳分会对深圳东鹏实业有限公司与中国化工建设深圳公司合资经营合同纠纷案件仲裁过程中,陈野被当事人指定为该案的仲裁员时具有合法的仲裁员身份,并参与了开庭审理工作。之后,新的仲裁员名册中没有陈野的名字,说明仲裁机构不再聘任陈野为仲裁员,但这只能约束仲裁机构以后审理的案件,不影响陈野在此前已合法成立的仲裁庭中的案件审理工作。其在该仲裁庭所作的(94)深仲结字第 47 号裁决书上签字有效。深圳市中级人民法院应当根据当事人的申请对该仲裁裁决书予以执行。

此复

十、非诉程序

（一）一般仲裁

中华人民共和国仲裁法

（1994 年 8 月 31 日第八届全国人民代表大会常务委员会第九次会议通过 根据 2009 年 8 月 27 日第十一届全国人民代表大会常务委员会第十次会议《关于修改部分法律的决定》第一次修正 根据 2017 年 9 月 1 日第十二届全国人民代表大会常务委员会第二十九次会议《关于修改〈中华人民共和国法官法〉等八部法律的决定》第二次修正）

目　　录

第一章　总　　则

第一条　【立法宗旨】为保证公正、及时地仲裁经济纠纷，保护当事人的合法权益，保障社会主义市场经济健康发展，制定本法。

第二条　【适用范围】平等主体的公民、法人和其他组织之间发生的合同纠纷和其他财产权益纠纷，可以仲裁。

第三条　【适用范围的例外】下列纠纷不能仲裁：

（一）婚姻、收养、监护、扶养、继承纠纷；

（二）依法应当由行政机关处理的行政争议。

第四条　【自愿仲裁原则】当事人采用仲裁方式解决纠纷，应当双方自愿，达成仲裁协议。没有仲裁协议，一方申请仲裁的，仲裁委员会不予受理。

第五条　【或裁或审原则】当事人达成仲裁协议，一方向人民法院起诉的，人民法院不予受理，但仲裁协议无效的除外。

第六条　【仲裁机构的选定】仲裁委员会应当由当事人协议选定。

仲裁不实行级别管辖和地域管辖。

第七条　【以事实为根据、符合法律规定、公平合理解决纠纷的原则】仲裁应当根据事实，符合法律规定，公平合理地解决纠纷。

第八条　【仲裁独立原则】仲裁依法独立进行，不受行政机关、社会团体和个人的干涉。

第九条　【一裁终局制度】仲裁实行一裁

非诉程序

终局的制度。裁决作出后,当事人就同一纠纷再申请仲裁或者向人民法院起诉的,仲裁委员会或者人民法院不予受理。

裁决被人民法院依法裁定撤销或者不予执行的,当事人就该纠纷可以根据双方重新达成的仲裁协议申请仲裁,也可以向人民法院起诉。

第二章 仲裁委员会和仲裁协会

第十条 【仲裁委员会的设立】仲裁委员会可以在直辖市和省、自治区人民政府所在地的市设立,也可以根据需要在其他设区的市设立,不按行政区划层层设立。

仲裁委员会由前款规定的市的人民政府组织有关部门和商会统一组建。

设立仲裁委员会,应当经省、自治区、直辖市的司法行政部门登记。

第十一条 【仲裁委员会的设立条件】仲裁委员会应当具备下列条件:

(一)有自己的名称、住所和章程;

(二)有必要的财产;

(三)有该委员会的组成人员;

(四)有聘任的仲裁员。

仲裁委员会的章程应当依照本法制定。

第十二条 【仲裁委员会的组成人员】仲裁委员会由主任 1 人、副主任 2 至 4 人和委员 7 至 11 人组成。

仲裁委员会的主任、副主任和委员由法律、经济贸易专家和有实际工作经验的人员担任。仲裁委员会的组成人员中,法律、经济贸易专家不得少于 2/3。

第十三条 【仲裁员的条件】仲裁委员会应当从公道正派的人员中聘任仲裁员。

仲裁员应当符合下列条件之一:

(一)通过国家统一法律职业资格考试取得法律职业资格,从事仲裁工作满八年的;

(二)从事律师工作满八年的;

(三)曾任法官满八年的;

(四)从事法律研究、教学工作并具有高级职称的;

(五)具有法律知识、从事经济贸易等专业工作并具有高级职称或者具有同等专业水平的。

仲裁委员会按照不同专业设仲裁员名册。

第十四条 【仲裁委员会与行政机关以及仲裁委员会之间的关系】仲裁委员会独立于行政机关,与行政机关没有隶属关系。仲裁委员会之间也没有隶属关系。

第十五条 【中国仲裁协会】中国仲裁协会是社会团体法人。仲裁委员会是中国仲裁协会的会员。中国仲裁协会的章程由全国会员大会制定。

中国仲裁协会是仲裁委员会的自律性组织,根据章程对仲裁委员会及其组成人员、仲裁员的违纪行为进行监督。

中国仲裁协会依照本法和民事诉讼法的有关规定制定仲裁规则。

第三章 仲 裁 协 议

第十六条 【仲裁协议的形式和内容】仲裁协议包括合同中订立的仲裁条款和以其他书面方式在纠纷发生前或者纠纷发生后达成的请求仲裁的协议。

仲裁协议应当具有下列内容:

(一)请求仲裁的意思表示;

(二)仲裁事项;

(三)选定的仲裁委员会。

第十七条 【仲裁协议无效的情形】有下列情形之一的,仲裁协议无效:

(一)约定的仲裁事项超出法律规定的仲裁范围的;

(二)无民事行为能力人或者限制民事行为能力人订立的仲裁协议;

（三）一方采取胁迫手段，迫使对方订立仲裁协议的。

第十八条　【对内容不明确的仲裁协议的处理】仲裁协议对仲裁事项或者仲裁委员会没有约定或者约定不明确的，当事人可以补充协议；达不成补充协议的，仲裁协议无效。

第十九条　【合同的变更、解除、终止或者无效对仲裁协议效力的影响】仲裁协议独立存在，合同的变更、解除、终止或者无效，不影响仲裁协议的效力。

仲裁庭有权确认合同的效力。

第二十条　【对仲裁协议的异议】当事人对仲裁协议的效力有异议的，可以请求仲裁委员会作出决定或者请求人民法院作出裁定。一方请求仲裁委员会作出决定，另一方请求人民法院作出裁定的，由人民法院裁定。

当事人对仲裁协议的效力有异议，应当在仲裁庭首次开庭前提出。

第四章　仲裁程序

第一节　申请和受理

第二十一条　【申请仲裁的条件】当事人申请仲裁应当符合下列条件：

（一）有仲裁协议；

（二）有具体的仲裁请求和事实、理由；

（三）属于仲裁委员会的受理范围。

第二十二条　【申请仲裁时应递交的文件】当事人申请仲裁，应当向仲裁委员会递交仲裁协议、仲裁申请书及副本。

第二十三条　【仲裁申请书的内容】仲裁申请书应当载明下列事项：

（一）当事人的姓名、性别、年龄、职业、工作单位和住所，法人或者其他组织的名称、住所和法定代表人或者主要负责人的姓名、职务；

（二）仲裁请求和所根据的事实、理由；

（三）证据和证据来源、证人姓名和住所。

第二十四条　【仲裁申请的受理与不受理】仲裁委员会收到仲裁申请书之日起5日内，认为符合受理条件的，应当受理，并通知当事人；认为不符合受理条件的，应当书面通知当事人不予受理，并说明理由。

第二十五条　【受理后的准备工作】仲裁委员会受理仲裁申请后，应当在仲裁规则规定的期限内将仲裁规则和仲裁员名册送达申请人，并将仲裁申请书副本和仲裁规则、仲裁员名册送达被申请人。

被申请人收到仲裁申请书副本后，应当在仲裁规则规定的期限内向仲裁委员会提交答辩书。仲裁委员会收到答辩书后，应当在仲裁规则规定的期限内将答辩书副本送达申请人。被申请人未提交答辩书的，不影响仲裁程序的进行。

第二十六条　【仲裁协议的当事人一方向人民法院起诉的处理】当事人达成仲裁协议，一方向人民法院起诉未声明有仲裁协议，人民法院受理后，另一方在首次开庭前提交仲裁协议的，人民法院应当驳回起诉，但仲裁协议无效的除外；另一方在首次开庭前未对人民法院受理该案提出异议的，视为放弃仲裁协议，人民法院应当继续审理。

第二十七条　【仲裁请求的放弃、变更、承认、反驳以及反请求】申请人可以放弃或者变更仲裁请求。被申请人可以承认或者反驳仲裁请求，有权提出反请求。

第二十八条　【财产保全】一方当事人因另一方当事人的行为或者其他原因，可能使裁决不能执行或者难以执行的，可以申请财产保全。

当事人申请财产保全的，仲裁委员会应当将当事人的申请依照民事诉讼法的有关规定提交人民法院。

申请有错误的,申请人应当赔偿被申请人因财产保全所遭受的损失。

第二十九条 【仲裁代理】当事人、法定代理人可以委托律师和其他代理人进行仲裁活动。委托律师和其他代理人进行仲裁活动的,应当向仲裁委员会提交授权委托书。

第二节 仲裁庭的组成

第三十条 【仲裁庭的组成】仲裁庭可以由 3 名仲裁员或者 1 名仲裁员组成。由 3 名仲裁员组成的,设首席仲裁员。

第三十一条 【仲裁员的选任】当事人约定由 3 名仲裁员组成仲裁庭的,应当各自选定或者各自委托仲裁委员会主任指定 1 名仲裁员,第三名仲裁员由当事人共同选定或者共同委托仲裁委员会主任指定。第三名仲裁员是首席仲裁员。

当事人约定由 1 名仲裁员成立仲裁庭的,应当由当事人共同选定或者共同委托仲裁委员会主任指定仲裁员。

第三十二条 【仲裁员的指定】当事人没有在仲裁规则规定的期限内约定仲裁庭的组成方式或者选定仲裁员的,由仲裁委员会主任指定。

第三十三条 【仲裁庭组成情况的书面通知】仲裁庭组成后,仲裁委员会应当将仲裁庭的组成情况书面通知当事人。

第三十四条 【仲裁员回避的方式与理由】仲裁员有下列情形之一的,必须回避,当事人也有权提出回避申请:

(一)是本案当事人或者当事人、代理人的近亲属;

(二)与本案有利害关系;

(三)与本案当事人、代理人有其他关系,可能影响公正仲裁的;

(四)私自会见当事人、代理人,或者接受当事人、代理人的请客送礼的。

第三十五条 【回避申请的提出】当事人提出回避申请,应当说明理由,在首次开庭前提出。回避事由在首次开庭后知道的,可以在最后一次开庭终结前提出。

第三十六条 【回避的决定】仲裁员是否回避,由仲裁委员会主任决定;仲裁委员会主任担任仲裁员时,由仲裁委员会集体决定。

第三十七条 【仲裁员的重新确定】仲裁员因回避或者其他原因不能履行职责的,应当依照本法规定重新选定或者指定仲裁员。

因回避而重新选定或者指定仲裁员后,当事人可以请求已进行的仲裁程序重新进行,是否准许,由仲裁庭决定;仲裁庭也可以自行决定已进行的仲裁程序是否重新进行。

第三十八条 【仲裁员的除名】仲裁员有本法第三十四条第四项规定的情形,情节严重的,或者有本法第五十八条第六项规定的情形的,应当依法承担法律责任,仲裁委员会应当将其除名。

第三节 开庭和裁决

第三十九条 【仲裁审理的方式】仲裁应当开庭进行。当事人协议不开庭的,仲裁庭可以根据仲裁申请书、答辩书以及其他材料作出裁决。

第四十条 【开庭审理的方式】仲裁不公开进行。当事人协议公开的,可以公开进行,但涉及国家秘密的除外。

第四十一条 【开庭日期的通知与延期开庭】仲裁委员会应当在仲裁规则规定的期限内将开庭日期通知双方当事人。当事人有正当理由的,可以在仲裁规则规定的期限内请求延期开庭。是否延期,由仲裁庭决定。

第四十二条 【当事人缺席的处理】申请人经书面通知,无正当理由不到庭或者未经仲裁庭许可中途退庭的,可以视为撤回仲裁申请。

被申请人经书面通知,无正当理由不到庭或者未经仲裁庭许可中途退庭的,可以缺席裁决。

第四十三条　【证据提供与收集】当事人应当对自己的主张提供证据。

仲裁庭认为有必要收集的证据,可以自行收集。

第四十四条　【专门性问题的鉴定】仲裁庭对专门性问题认为需要鉴定的,可以交由当事人约定的鉴定部门鉴定,也可以由仲裁庭指定的鉴定部门鉴定。

根据当事人的请求或者仲裁庭的要求,鉴定部门应当派鉴定人参加开庭。当事人经仲裁庭许可,可以向鉴定人提问。

第四十五条　【证据的出示与质证】证据应当在开庭时出示,当事人可以质证。

第四十六条　【证据保全】在证据可能灭失或者以后难以取得的情况下,当事人可以申请证据保全。当事人申请证据保全的,仲裁委员会应当将当事人的申请提交证据所在地的基层人民法院。

第四十七条　【当事人的辩论】当事人在仲裁过程中有权进行辩论。辩论终结时,首席仲裁员或者独任仲裁员应当征询当事人的最后意见。

第四十八条　【仲裁笔录】仲裁庭应当将开庭情况记入笔录。当事人和其他仲裁参与人认为对自己陈述的记录有遗漏或者差错的,有权申请补正。如果不予补正,应当记录该申请。

笔录由仲裁员、记录人员、当事人和其他仲裁参与人签名或者盖章。

第四十九条　【仲裁和解】当事人申请仲裁后,可以自行和解。达成和解协议的,可以请求仲裁庭根据和解协议作出裁决书,也可以撤回仲裁申请。

第五十条　【达成和解协议、撤回仲裁申请后反悔的处理】当事人达成和解协议,撤回仲裁申请后反悔的,可以根据仲裁协议申请仲裁。

第五十一条　【仲裁调解】仲裁庭在作出裁决前,可以先行调解。当事人自愿调解的,仲裁庭应当调解。调解不成的,应当及时作出裁决。

调解达成协议的,仲裁庭应当制作调解书或者根据协议的结果制作裁决书。调解书与裁决书具有同等法律效力。

第五十二条　【仲裁调解书】调解书应当写明仲裁请求和当事人协议的结果。调解书由仲裁员签名,加盖仲裁委员会印章,送达双方当事人。

调解书经双方当事人签收后,即发生法律效力。

在调解书签收前当事人反悔的,仲裁庭应当及时作出裁决。

第五十三条　【仲裁裁决的作出】裁决应当按照多数仲裁员的意见作出,少数仲裁员的不同意见可以记入笔录。仲裁庭不能形成多数意见时,裁决应当按照首席仲裁员的意见作出。

第五十四条　【裁决书的内容】裁决书应当写明仲裁请求、争议事实、裁决理由、裁决结果、仲裁费用的负担和裁决日期。当事人协议不愿写明争议事实和裁决理由的,可以不写。裁决书由仲裁员签名,加盖仲裁委员会印章。对裁决持不同意见的仲裁员,可以签名,也可以不签名。

第五十五条　【先行裁决】仲裁庭仲裁纠纷时,其中一部分事实已经清楚,可以就该部分先行裁决。

第五十六条　【裁决书的补正】对裁决书中的文字、计算错误或者仲裁庭已经裁决但在裁决书中遗漏的事项,仲裁庭应当补正;当事人自收到裁决书之日起 30 日内,可以请求仲裁庭补正。

第五十七条　【裁决书生效】裁决书自作出之日起发生法律效力。

第五章 申请撤销裁决

第五十八条 【申请撤销仲裁裁决的法定情形】当事人提出证据证明裁决有下列情形之一的，可以向仲裁委员会所在地的中级人民法院申请撤销裁决：

（一）没有仲裁协议的；

（二）裁决的事项不属于仲裁协议的范围或者仲裁委员会无权仲裁的；

（三）仲裁庭的组成或者仲裁的程序违反法定程序的；

（四）裁决所根据的证据是伪造的；

（五）对方当事人隐瞒了足以影响公正裁决的证据的；

（六）仲裁员在仲裁该案时有索贿受贿，徇私舞弊，枉法裁决行为的。

人民法院经组成合议庭审查核实裁决有前款规定情形之一的，应当裁定撤销。

人民法院认定该裁决违背社会公共利益的，应当裁定撤销。

第五十九条 【申请撤销仲裁裁决的期限】当事人申请撤销裁决的，应当自收到裁决书之日起6个月内提出。

第六十条 【人民法院对撤销申请的审查与处理】人民法院应当在受理撤销裁决申请之日起两个月内作出撤销裁决或者驳回申请的裁定。

第六十一条 【申请撤销仲裁裁决的后果】人民法院受理撤销裁决的申请后，认为可以由仲裁庭重新仲裁的，通知仲裁庭在一定期限内重新仲裁，并裁定中止撤销程序。仲裁庭拒绝重新仲裁的，人民法院应当裁定恢复撤销程序。

第六章 执 行

第六十二条 【仲裁裁决的执行】当事人应当履行裁决。一方当事人不履行的，另一方当事人可以依照民事诉讼法的有关规定向人民法院申请执行。受申请的人民法院应当执行。

第六十三条 【仲裁裁决的不予执行】被申请人提出证据证明裁决有民事诉讼法第二百一十三条第二款规定的情形之一的，经人民法院组成合议庭审查核实，裁定不予执行。

第六十四条 【仲裁裁决的执行中止、终结与恢复】一方当事人申请执行裁决，另一方当事人申请撤销裁决的，人民法院应当裁定中止执行。

人民法院裁定撤销裁决的，应当裁定终结执行。撤销裁决的申请被裁定驳回的，人民法院应当裁定恢复执行。

第七章 涉外仲裁的特别规定

第六十五条 【涉外仲裁的法律适用】涉外经济贸易、运输和海事中发生的纠纷的仲裁，适用本章规定。本章没有规定的，适用本法其他有关规定。

第六十六条 【涉外仲裁委员会的设立】涉外仲裁委员会可以由中国国际商会组织设立。

涉外仲裁委员会由主任1人、副主任若干人和委员若干人组成。

涉外仲裁委员会的主任、副主任和委员可以由中国国际商会聘任。

第六十七条 【涉外仲裁委员会仲裁员的聘任】涉外仲裁委员会可以从具有法律、经济贸易、科学技术等专门知识的外籍人士中聘任仲裁员。

第六十八条 【涉外仲裁的证据保全】涉外仲裁的当事人申请证据保全的，涉外仲裁委员会应当将当事人的申请提交证据所在地的中级人民法院。

**第六十九条 【涉外仲裁的开庭笔录与

笔录要点】涉外仲裁的仲裁庭可以将开庭情况记入笔录，或者作出笔录要点，笔录要点可以由当事人和其他仲裁参与人签字或者盖章。

第七十条 【涉外仲裁裁决的撤销】当事人提出证据证明涉外仲裁裁决有民事诉讼法第二百五十八条第一款规定的情形之一的，经人民法院组成合议庭审查核实，裁定撤销。

第七十一条 【涉外仲裁裁决的不予执行】被申请人提出证据证明涉外仲裁裁决有民事诉讼法第二百五十八条第一款规定的情形之一的，经人民法院组成合议庭审查核实，裁定不予执行。

第七十二条 【涉外仲裁裁决的执行】涉外仲裁委员会作出的发生法律效力的仲裁裁决，当事人请求执行的，如果被执行人或者其财产不在中华人民共和国领域内，应当由当事人直接向有管辖权的外国法院申请承认和执行。

第七十三条 【涉外仲裁规则】涉外仲裁规则可以由中国国际商会依照本法和民事诉讼法的有关规定制定。

第八章 附 则

第七十四条 【仲裁时效】法律对仲裁时效有规定的，适用该规定。法律对仲裁时效没有规定的，适用诉讼时效的规定。

第七十五条 【仲裁暂行规则的判定】中国仲裁协会制定仲裁规则前，仲裁委员会依照本法和民事诉讼法的有关规定可以制定仲裁暂行规则。

第七十六条 【仲裁费用】当事人应当按照规定交纳仲裁费用。

收取仲裁费用的办法，应当报物价管理部门核准。

第七十七条 【本法适用的例外】劳动争议和农业集体经济组织内部的农业承包合同纠纷的仲裁，另行规定。

第七十八条 【本法施行前制定的有关仲裁的规定的效力】本法施行前制定的有关仲裁的规定与本法的规定相抵触的，以本法为准。

第七十九条 【本法施行前后仲裁机构的衔接与过渡】本法施行前在直辖市、省、自治区人民政府所在地的市和其他设区的市设立的仲裁机构，应当依照本法的有关规定重新组建；未重新组建的，自本法施行之日起届满1年时终止。

本法施行前设立的不符合本法规定的其他仲裁机构，自本法施行之日起终止。

第八十条 【施行日期】本法自1995年9月1日起施行。

最高人民法院关于适用《中华人民共和国仲裁法》若干问题的解释

（2005年12月26日最高人民法院审判委员会第1375次会议通过 2006年8月23日最高人民法院公告公布 自2006年9月8日起施行 法释〔2006〕7号）

根据《中华人民共和国仲裁法》和《中华人民共和国民事诉讼法》等法律规定，对人民法院审理涉及仲裁案件适用法律的若干问题作如下解释：

第一条 仲裁法第十六条规定的"其他书面形式"的仲裁协议，包括以合同书、信件和数据电文（包括电报、电传、传真、电子数据交换和电子邮件）等形式达成的请求仲裁的协议。

第二条 当事人概括约定仲裁事项为合同争议的，基于合同成立、效力、变更、转让、履行、违约责任、解释、解除等产生的纠纷都可以认定为仲裁事项。

第三条 仲裁协议约定的仲裁机构名称不准确,但能够确定具体的仲裁机构的,应当认定选定了仲裁机构。

第四条 仲裁协议仅约定纠纷适用的仲裁规则的,视为未约定仲裁机构,但当事人达成补充协议或者按照约定的仲裁规则能够确定仲裁机构的除外。

第五条 仲裁协议约定两个以上仲裁机构的,当事人可以协议选择其中的一个仲裁机构申请仲裁;当事人不能就仲裁机构选择达成一致的,仲裁协议无效。

第六条 仲裁协议约定由某地的仲裁机构仲裁且该地仅有一个仲裁机构的,该仲裁机构视为约定的仲裁机构。该地有两个以上仲裁机构的,当事人可以协议选择其中的一个仲裁机构申请仲裁;当事人不能就仲裁机构选择达成一致的,仲裁协议无效。

第七条 当事人约定争议可以向仲裁机构申请仲裁也可以向人民法院起诉的,仲裁协议无效。但一方向仲裁机构申请仲裁,另一方未在仲裁法第二十条第二款规定期间内提出异议的除外。

第八条 当事人订立仲裁协议后合并、分立的,仲裁协议对其权利义务的继受人有效。

当事人订立仲裁协议后死亡的,仲裁协议对承继其仲裁事项中的权利义务的继承人有效。

前两款规定情形,当事人订立仲裁协议时另有约定的除外。

第九条 债权债务全部或者部分转让的,仲裁协议对受让人有效,但当事人另有约定、在受让债权债务时受让人明确反对或者不知有单独仲裁协议的除外。

第十条 合同成立后未生效或者被撤销的,仲裁协议效力的认定适用仲裁法第十九条第一款的规定。

当事人在订立合同时就争议达成仲裁协议的,合同未成立不影响仲裁协议的效力。

第十一条 合同约定解决争议适用其他合同、文件中的有效仲裁条款的,发生合同争议时,当事人应当按照该仲裁条款提请仲裁。

涉外合同应当适用的有关国际条约中有仲裁规定的,发生合同争议时,当事人应当按照国际条约中的仲裁规定提请仲裁。

第十二条 当事人向人民法院申请确认仲裁协议效力的案件,由仲裁协议约定的仲裁机构所在地的中级人民法院管辖;仲裁协议约定的仲裁机构不明确的,由仲裁协议签订地或者被申请人住所地的中级人民法院管辖。

申请确认涉外仲裁协议效力的案件,由仲裁协议约定的仲裁机构所在地、仲裁协议签订地、申请人或者被申请人住所地的中级人民法院管辖。

涉及海事海商纠纷仲裁协议效力的案件,由仲裁协议约定的仲裁机构所在地、仲裁协议签订地、申请人或者被申请人住所地的海事法院管辖;上述地点没有海事法院的,由就近的海事法院管辖。

第十三条 依照仲裁法第二十条第二款的规定,当事人在仲裁庭首次开庭前没有对仲裁协议的效力提出异议,而后向人民法院申请确认仲裁协议无效的,人民法院不予受理。

仲裁机构对仲裁协议的效力作出决定后,当事人向人民法院申请确认仲裁协议效力或者申请撤销仲裁机构的决定的,人民法院不予受理。

第十四条 仲裁法第二十六条规定的"首次开庭"是指答辩期满后人民法院组织的第一次开庭审理,不包括审前程序中的各项活动。

第十五条 人民法院审理仲裁协议效力

确认案件,应当组成合议庭进行审查,并询问当事人。

第十六条　对涉外仲裁协议的效力审查,适用当事人约定的法律;当事人没有约定适用的法律但约定了仲裁地的,适用仲裁地法律;没有约定适用的法律也没有约定仲裁地或者仲裁地约定不明的,适用法院地法律。

第十七条　当事人以不属于仲裁法第五十八条或者民事诉讼法第二百五十八条规定的事由申请撤销仲裁裁决的,人民法院不予支持。

第十八条　仲裁法第五十八条第一款第一项规定的"没有仲裁协议"是指当事人没有达成仲裁协议。仲裁协议被认定无效或者被撤销的,视为没有仲裁协议。

第十九条　当事人以仲裁裁决事项超出仲裁协议范围为由申请撤销仲裁裁决,经审查属实的,人民法院应当撤销仲裁裁决中的超裁部分。但超裁部分与其他裁决事项不可分的,人民法院应当撤销仲裁裁决。

第二十条　仲裁法第五十八条规定的"违反法定程序",是指违反仲裁法规定的仲裁程序和当事人选择的仲裁规则可能影响案件正确裁决的情形。

第二十一条　当事人申请撤销国内仲裁裁决的案件属于下列情形之一的,人民法院可以依照仲裁法第六十一条的规定通知仲裁庭在一定期限内重新仲裁:

(一)仲裁裁决所根据的证据是伪造的;

(二)对方当事人隐瞒了足以影响公正裁决的证据的。

人民法院应当在通知中说明要求重新仲裁的具体理由。

第二十二条　仲裁庭在人民法院指定的期限内开始重新仲裁的,人民法院应当裁定终结撤销程序;未开始重新仲裁的,人民法院应当裁定恢复撤销程序。

第二十三条　当事人对重新仲裁裁决不服的,可以在重新仲裁裁决书送达之日起六个月内依据仲裁法第五十八条规定向人民法院申请撤销。

第二十四条　当事人申请撤销仲裁裁决的案件,人民法院应当组成合议庭审理,并询问当事人。

第二十五条　人民法院受理当事人撤销仲裁裁决的申请后,另一方当事人申请执行同一仲裁裁决的,受理执行申请的人民法院应当在受理后裁定中止执行。

第二十六条　当事人向人民法院申请撤销仲裁裁决被驳回后,又在执行程序中以相同理由提出不予执行抗辩的,人民法院不予支持。

第二十七条　当事人在仲裁程序中未对仲裁协议的效力提出异议,在仲裁裁决作出后以仲裁协议无效为由主张撤销仲裁裁决或者提出不予执行抗辩的,人民法院不予支持。

当事人在仲裁程序中对仲裁协议的效力提出异议,在仲裁裁决作出后又以此为由主张撤销仲裁裁决或者提出不予执行抗辩,经审查符合仲裁法第五十八条或者民事诉讼法第二百一十三条、第二百五十八条规定的,人民法院应予支持。

第二十八条　当事人请求不予执行仲裁调解书或者根据当事人之间的和解协议作出的仲裁裁决书的,人民法院不予支持。

第二十九条　当事人申请执行仲裁裁决案件,由被执行人住所地或者被执行的财产所在地的中级人民法院管辖。

第三十条　根据审理撤销、执行仲裁裁决案件的实际需要,人民法院可以要求仲裁机构作出说明或者向相关仲裁机构调阅仲裁案卷。

人民法院在办理涉及仲裁的案件过程中作出的裁定,可以送相关的仲裁机构。

第三十一条 本解释自 2006 年 9 月 8 日起实施。

本院以前发布的司法解释与本解释不一致的,以本解释为准。

最高人民法院关于实施《中华人民共和国仲裁法》几个问题的通知

(1997 年 3 月 26 日 法发〔1997〕4 号)

各省、自治区、直辖市高级人民法院:

现就人民法院实施《中华人民共和国仲裁法》(以下简称《仲裁法》)需要明确的几个问题,通知如下:

一、《仲裁法》施行前当事人依法订立的仲裁协议继续有效,有关当事人向人民法院起诉的,人民法院不予受理,应当告知其向依照《仲裁法》组建的仲裁机构申请仲裁。当事人双方书面协议放弃仲裁后,一方向人民法院起诉的,人民法院应当依法受理。

二、在仲裁过程中,当事人申请财产保全的,一般案件由被申请人住所地或者财产所在地的基层人民法院作出裁定;属涉外仲裁案件的,依据《中华人民共和国民事诉讼法》第二百五十六条的规定,由被申请人住所地或者财产所在地的中级人民法院作出裁定。有关人民法院对仲裁机构提交的财产保全申请应当认真进行审查,符合法律规定的,即应依法作出财产保全的裁定;如认为不符合法律规定的,应依法裁定驳回申请。

三、对依照《仲裁法》组建的仲裁机构所作出的仲裁裁决(包括涉外仲裁裁决),当事人申请执行的,人民法院应当依法受理。

最高人民法院关于审理仲裁司法审查案件若干问题的规定

(2017 年 12 月 4 日最高人民法院审判委员会第 1728 次会议通过 2017 年 12 月 26 日最高人民法院公告公布 自 2018 年 1 月 1 日起施行 法释〔2017〕22 号)

为正确审理仲裁司法审查案件,依法保护各方当事人合法权益,根据《中华人民共和国民事诉讼法》《中华人民共和国仲裁法》等法律规定,结合审判实践,制定本规定。

第一条 本规定所称仲裁司法审查案件,包括下列案件:

(一)申请确认仲裁协议效力案件;

(二)申请执行我国内地仲裁机构的仲裁裁决案件;

(三)申请撤销我国内地仲裁机构的仲裁裁决案件;

(四)申请认可和执行香港特别行政区、澳门特别行政区、台湾地区仲裁裁决案件;

(五)申请承认和执行外国仲裁裁决案件;

(六)其他仲裁司法审查案件。

第二条 申请确认仲裁协议效力的案件,由仲裁协议约定的仲裁机构所在地、仲裁协议签订地、申请人住所地、被申请人住所地的中级人民法院或者专门人民法院管辖。

涉及海事海商纠纷仲裁协议效力的案件,由仲裁协议约定的仲裁机构所在地、仲裁协议签订地、申请人住所地、被申请人住所地的海事法院管辖;上述地点没有海事法院的,由就近的海事法院管辖。

第三条 外国仲裁裁决与人民法院审理的案件存在关联,被申请人住所地、被申请人财产所在地均不在我国内地,申请人申请承认外国仲裁裁决的,由受理关联案件的人民法院管辖。受理关联案件的人民法院为基层人民法院的,申请承认外国仲裁裁决的案件应当由该基层人民法院的上一级人民法院管辖。受理关联案件的人民法院是高级人民法院或者最高人民法院的,由上述法院决定自行审查或者指定中级人民法院审查。

外国仲裁裁决与我国内地仲裁机构审理的案件存在关联,被申请人住所地、被申请人财产所在地均不在我国内地,申请人申请承认外国仲裁裁决的,由受理关联案件的仲裁机构所在地的中级人民法院管辖。

第四条 申请人向两个以上有管辖权的人民法院提出申请的,由最先立案的人民法院管辖。

第五条 申请人向人民法院申请确认仲裁协议效力的,应当提交申请书及仲裁协议正本或者经证明无误的副本。

申请书应当载明下列事项:

(一)申请人或者被申请人为自然人的,应当载明其姓名、性别、出生日期、国籍及住所;为法人或者其他组织的,应当载明其名称、住所以及法定代表人或者代表人的姓名和职务;

(二)仲裁协议的内容;

(三)具体的请求和理由。

当事人提交的外文申请书、仲裁协议及其他文件,应当附有中文译本。

第六条 申请人向人民法院申请执行或者撤销我国内地仲裁机构的仲裁裁决、申请承认和执行外国仲裁裁决的,应当提交申请书及裁决书正本或者经证明无误的副本。

申请书应当载明下列事项:

(一)申请人或者被申请人为自然人的,应当载明其姓名、性别、出生日期、国籍及住所;为法人或者其他组织的,应当载明其名称、住所以及法定代表人或者代表人的姓名和职务;

(二)裁决书的主要内容及生效日期;

(三)具体的请求和理由。

当事人提交的外文申请书、裁决书及其他文件,应当附有中文译本。

第七条 申请人提交的文件不符合第五条、第六条的规定,经人民法院释明后提交的文件仍然不符合规定的,裁定不予受理。

申请人向对案件不具有管辖权的人民法院提出申请,人民法院应当告知其向有管辖权的人民法院提出申请,申请人仍不变更申请的,裁定不予受理。

申请人对不予受理的裁定不服的,可以提起上诉。

第八条 人民法院立案后发现不符合受理条件的,裁定驳回申请。

前款规定的裁定驳回申请的案件,申请人再次申请并符合受理条件的,人民法院应予受理。

当事人对驳回申请的裁定不服的,可以提起上诉。

第九条 对于申请人的申请,人民法院应当在七日内审查决定是否受理。

人民法院受理仲裁司法审查案件后,应当在五日内向申请人和被申请人发出通知书,告知其受理情况及相关的权利义务。

第十条 人民法院受理仲裁司法审查案件后,被申请人对管辖权有异议的,应当自收到人民法院通知之日起十五日内提出。人民法院对被申请人提出的异议,应当审查并作出裁定。当事人对裁定不服的,可以提起上诉。

在中华人民共和国领域内没有住所的被申请人对人民法院的管辖权有异议的,应当自收到人民法院通知之日起三十日内提出。

第十一条 人民法院审查仲裁司法审查案件,应当组成合议庭并询问当事人。

第十二条 仲裁协议或者仲裁裁决具有《最高人民法院关于适用〈中华人民共和国涉外民事关系法律适用法〉若干问题的解释

非诉程序

（一）》第一条规定情形的，为涉外仲裁协议或者涉外仲裁裁决。

第十三条　当事人协议选择确认涉外仲裁协议效力适用的法律，应当作出明确的意思表示，仅约定合同适用的法律，不能作为确认合同中仲裁条款效力适用的法律。

第十四条　人民法院根据《中华人民共和国涉外民事关系法律适用法》第十八条的规定，确定确认涉外仲裁协议效力适用的法律时，当事人没有选择适用的法律，适用仲裁机构所在地的法律与适用仲裁地的法律将对仲裁协议的效力作出不同认定的，人民法院应当适用确认仲裁协议有效的法律。

第十五条　仲裁协议未约定仲裁机构和仲裁地，但根据仲裁协议约定适用的仲裁规则可以确定仲裁机构或者仲裁地的，应当认定其为《中华人民共和国涉外民事关系法律适用法》第十八条中规定的仲裁机构或者仲裁地。

第十六条　人民法院适用《承认及执行外国仲裁裁决公约》审查当事人申请承认和执行外国仲裁裁决案件时，被申请人以仲裁协议无效为由提出抗辩的，人民法院应当依照该公约第五条第一款（甲）项的规定，确定确认仲裁协议效力应当适用的法律。

第十七条　人民法院对申请执行我国内地仲裁机构作出的非涉外仲裁裁决案件的审查，适用《中华人民共和国民事诉讼法》第二百三十七条的规定。

人民法院对申请执行我国内地仲裁机构作出的涉外仲裁裁决案件的审查，适用《中华人民共和国民事诉讼法》第二百七十四条的规定。

第十八条　《中华人民共和国仲裁法》第五十八条第一款第六项和《中华人民共和国民事诉讼法》第二百三十七条第二款第六项规定的仲裁员在仲裁该案时有索贿受贿，徇私舞弊，枉法裁决行为，是指已经由生效刑事法律文书或者纪律处分决定所确认的行为。

第十九条　人民法院受理仲裁司法审查案件后，作出裁定前，申请人请求撤回申请的，裁定准许。

第二十条　人民法院在仲裁司法审查案件中作出的裁定，除不予受理、驳回申请、管辖权异议的裁定外，一经送达即发生法律效力。当事人申请复议、提出上诉或者申请再审的，人民法院不予受理，但法律和司法解释另有规定的除外。

第二十一条　人民法院受理的申请确认涉及香港特别行政区、澳门特别行政区、台湾地区仲裁协议效力的案件，申请执行或者撤销我国内地仲裁机构作出的涉及香港特别行政区、澳门特别行政区、台湾地区仲裁裁决的案件，参照适用涉外仲裁司法审查案件的规定审查。

第二十二条　本规定自 2018 年 1 月 1 日起施行，本院以前发布的司法解释与本规定不一致的，以本规定为准。

最高人民法院关于仲裁司法审查案件报核问题的有关规定

（2017 年 11 月 20 日最高人民法院审判委员会第 1727 次会议通过　根据 2021 年 11 月 15 日最高人民法院审判委员会第 1850 次会议通过的《最高人民法院关于修改〈最高人民法院关于仲裁司法审查案件报核问题的有关规定〉的决定》修正　2021 年 12 月 24 日最高人民法院公告公布）

为正确审理仲裁司法审查案件，统一裁判尺度，依法保护当事人合法权益，保障仲裁发展，根据《中华人民共和国民事诉讼法》《中华人民共和国仲裁法》等法律规定，结合审判实践，制定本规定。

第一条 本规定所称仲裁司法审查案件,包括下列案件:

(一)申请确认仲裁协议效力案件;

(二)申请撤销我国内地仲裁机构的仲裁裁决案件;

(三)申请执行我国内地仲裁机构的仲裁裁决案件;

(四)申请认可和执行香港特别行政区、澳门特别行政区、台湾地区仲裁裁决案件;

(五)申请承认和执行外国仲裁裁决案件;

(六)其他仲裁司法审查案件。

第二条 各中级人民法院或者专门人民法院办理涉外涉港澳台仲裁司法审查案件,经审查拟认定仲裁协议无效,不予执行或者撤销我国内地仲裁机构的仲裁裁决,不予认可和执行香港特别行政区、澳门特别行政区、台湾地区仲裁裁决,不予承认和执行外国仲裁裁决,应当向本辖区所属高级人民法院报核;高级人民法院经审查拟同意的,应当向最高人民法院报核。待最高人民法院审核后,方可依最高人民法院的审核意见作出裁定。

各中级人民法院或者专门人民法院办理非涉外涉港澳台仲裁司法审查案件,经审查拟认定仲裁协议无效,不予执行或者撤销我国内地仲裁机构的仲裁裁决,应当向本辖区所属高级人民法院报核;待高级人民法院审核后,方可依高级人民法院的审核意见作出裁定。

第三条 本规定第二条第二款规定的非涉外涉港澳台仲裁司法审查案件,高级人民法院经审查,拟同意中级人民法院或者专门人民法院以违背社会公共利益为由不予执行或者撤销我国内地仲裁机构的仲裁裁决的,应当向最高人民法院报核,待最高人民法院审核后,方可依最高人民法院的审核意见作出裁定。

第四条 依据本规定第二条第二款由高级人民法院审核的案件,高级人民法院应当在作出审核意见之日起十五日内向最高人民法院报备。

第五条 下级人民法院报请上级人民法院审核的案件,应当将书面报告和案件卷宗材料一并上报。书面报告应当写明审查意见及具体理由。

第六条 上级人民法院收到下级人民法院的报核申请后,认为案件相关事实不清的,可以询问当事人或者退回下级人民法院补充查明事实后再报。

第七条 上级人民法院应当以复函的形式将审核意见答复下级人民法院。

第八条 在民事诉讼案件中,对于人民法院因涉及仲裁协议效力而作出的不予受理、驳回起诉、管辖权异议的裁定,当事人不服提起上诉,第二审人民法院经审查拟认定仲裁协议不成立、无效、失效、内容不明确无法执行的,须按照本规定第二条的规定逐级报核,待上级人民法院审核后,方可依上级人民法院的审核意见作出裁定。

第九条 本规定自2018年1月1日起施行,本院以前发布的司法解释与本规定不一致的,以本规定为准。

最高人民法院关于审理当事人申请撤销仲裁裁决案件几个具体问题的批复

(1998年6月11日最高人民法院审判委员会第992次会议通过 1998年7月21日最高人民法院公告公布 自1998年7月28日起施行 法释〔1998〕16号)

安徽省高级人民法院:

你院(1996)经他字第26号《关于在审理

一方当事人申请撤销仲裁裁决的案件中几个具体问题应如何解决的请示报告》收悉。经研究,答复如下:

一、原依照有关规定设立的仲裁机构在《中华人民共和国仲裁法》(以下简称仲裁法)实施前受理、实施后审理的案件,原则上应当适用仲裁法的有关规定。鉴于原仲裁机构的体制与仲裁法规定的仲裁机构有所不同,原仲裁机构适用仲裁法某些规定有困难的,如仲裁庭的组成,也可以适用《中华人民共和国经济合同仲裁条例》的有关规定,人民法院在审理有关申请撤销仲裁裁决案件中不应以未适用仲裁法的规定为由,撤销仲裁裁决。

二、一方当事人向人民法院申请撤销仲裁裁决的,人民法院在审理时,应当列对方当事人为被申请人。

三、当事人向人民法院申请撤销仲裁裁决的案件,应当按照非财产案件收费标准计收案件受理费;该费用由申请人交纳。

此复

最高人民法院关于确认仲裁协议效力几个问题的批复

(1998年10月21日最高人民法院审判委员会第1029次会议通过 1998年10月26日最高人民法院公告公布 自1998年11月5日起施行 法释〔1998〕27号)

山东省高级人民法院:

你院鲁高法函〔1997〕84号《关于认定重建仲裁机构前达成的仲裁协议的效力的几个问题的请示》收悉。经研究,答复如下:

一、在《中华人民共和国仲裁法》实施后重新组建仲裁机构前,当事人达成的仲裁协议只约定了仲裁地点,未约定仲裁机构,双方

当事人在补充协议中选定了在该地点依法重新组建的仲裁机构的,仲裁协议有效;双方当事人达不成补充协议的,仲裁协议无效。

二、在仲裁法实施后依法重新组建仲裁机构前,当事人在仲裁协议中约定了仲裁机构,一方当事人申请仲裁,另一方当事人向人民法院起诉的,经人民法院审查,按照有关规定能够确定新的仲裁机构的,仲裁协议有效。对当事人的起诉,人民法院不予受理。

三、当事人对仲裁协议的效力有异议,一方当事人申请仲裁机构确认仲裁协议效力,另一方当事人请求人民法院确认仲裁协议无效,如果仲裁机构先于人民法院接受申请并已作出决定,人民法院不予受理;如果仲裁机构接受申请后尚未作出决定,人民法院应予受理,同时通知仲裁机构终止仲裁。

四、一方当事人就合同纠纷或者其他财产权益纠纷申请仲裁,另一方当事人对仲裁协议的效力有异议,请求人民法院确认仲裁协议无效并就合同纠纷或者其他财产权益纠纷起诉的,人民法院受理后应当通知仲裁机构中止仲裁。人民法院依法作出仲裁协议有效或者无效的裁定后,应当将裁定书副本送达仲裁机构,由仲裁机构根据人民法院的裁定恢复仲裁或者撤销仲裁案件。

人民法院依法对仲裁协议作出无效的裁定后,另一方当事人拒不应诉的,人民法院可以缺席判决;原受理仲裁申请的仲裁机构在人民法院确认仲裁协议无效后仍不撤销其仲裁案件的,不影响人民法院对案件的审理。

此复

最高人民法院关于当事人对人民法院撤销仲裁裁决的裁定不服申请再审人民法院是否受理问题的批复

（1999 年 1 月 29 日最高人民法院审判委员会第 1042 次会议通过　1999 年 2 月 11 日最高人民法院公告公布　自 1999 年 2 月 16 日起施行　法释〔1999〕6 号）

陕西省高级人民法院：

你院陕高法〔1998〕78 号《关于当事人对人民法院撤销仲裁裁决的裁定不服申请再审是否应当受理的请示》收悉。经研究，答复如下：

根据《中华人民共和国仲裁法》第九条规定的精神，当事人对人民法院撤销仲裁裁决的裁定不服申请再审的，人民法院不予受理。

此复

最高人民法院关于人民检察院对撤销仲裁裁决的民事裁定提起抗诉人民法院应如何处理问题的批复

（2000 年 6 月 30 日最高人民法院审判委员会第 1121 次会议通过　2000 年 7 月 10 日最高人民法院公告公布　自 2000 年 7 月 15 日起施行　法释〔2000〕17 号）

陕西省高级人民法院：

你院陕高法〔1999〕183 号《关于下级法院撤销仲裁裁决的民事裁定确有错误，检察机关抗诉应如何处理的请示》收悉。经研究，答复如下：

检察机关对发生法律效力的撤销仲裁裁决的民事裁定提起抗诉，没有法律依据，人民法院不予受理。依照《中华人民共和国仲裁法》第九条的规定，仲裁裁决被人民法院依法撤销后，当事人可以重新达成仲裁协议申请仲裁，也可以向人民法院提起诉讼。

此复

最高人民法院关于人民检察院对不撤销仲裁裁决的民事裁定提出抗诉人民法院应否受理问题的批复

（2000 年 12 月 12 日最高人民法院审判委员会第 1150 次会议通过　2000 年 12 月 13 日最高人民法院公告公布　自 2000 年 12 月 19 日起施行　法释〔2000〕46 号）

内蒙古自治区高级人民法院：

你院〔2000〕内法民再字第 29 号《关于人民检察院能否对人民法院不予撤销仲裁裁决的民事裁定抗诉的请示报告》收悉。经研究，答复如下：

人民检察院对发生法律效力的不撤销仲裁裁决的民事裁定提出抗诉，没有法律依据，人民法院不予受理。

此复

（二）劳动争议仲裁

中华人民共和国
劳动争议调解仲裁法

（2007 年 12 月 29 日第十届全国人民代表大会常务委员会第三十一次会议通过 2007 年 12 月 29 日中华人民共和国主席令第 80 号公布　自 2008 年 5 月 1 日起施行）

目　　录

第一章　总　　则

第一条　【立法目的】为了公正及时解决劳动争议，保护当事人合法权益，促进劳动关系和谐稳定，制定本法。

第二条　【适用范围】中华人民共和国境内的用人单位与劳动者发生的下列劳动争议，适用本法：

（一）因确认劳动关系发生的争议；

（二）因订立、履行、变更、解除和终止劳动合同发生的争议；

（三）因除名、辞退和辞职、离职发生的争议；

（四）因工作时间、休息休假、社会保险、福利、培训以及劳动保护发生的争议；

（五）因劳动报酬、工伤医疗费、经济补偿或者赔偿金等发生的争议；

（六）法律、法规规定的其他劳动争议。

第三条　【基本原则】解决劳动争议，应当根据事实，遵循合法、公正、及时、着重调解的原则，依法保护当事人的合法权益。

第四条　【协商】发生劳动争议，劳动者可以与用人单位协商，也可以请工会或者第三方共同与用人单位协商，达成和解协议。

第五条　【调解、仲裁、诉讼】发生劳动争议，当事人不愿协商、协商不成或者达成和解协议后不履行的，可以向调解组织申请调解；不愿调解、调解不成或者达成调解协议后不履行的，可以向劳动争议仲裁委员会申请仲裁；对仲裁裁决不服的，除本法另有规定的外，可以向人民法院提起诉讼。

第六条　【举证责任】发生劳动争议，当事人对自己提出的主张，有责任提供证据。与争议事项有关的证据属于用人单位掌握管理的，用人单位应当提供；用人单位不提供的，应当承担不利后果。

第七条　【推举代表参加调解、仲裁或诉讼】发生劳动争议的劳动者一方在十人以上，并有共同请求的，可以推举代表参加调解、仲裁或者诉讼活动。

第八条　【三方机制】县级以上人民政府劳动行政部门会同工会和企业方面代表建立协调劳动关系三方机制，共同研究解决劳动争议的重大问题。

第九条　【拖欠劳动报酬等争议的行政救济】用人单位违反国家规定，拖欠或者未足额支付劳动报酬，或者拖欠工伤医疗费、经济补偿或者赔偿金的，劳动者可以向劳动行政部门投诉，劳动行政部门应当依法处理。

第二章　调　　解

第十条　【调解组织】发生劳动争议，当事人可以到下列调解组织申请调解：

（一）企业劳动争议调解委员会；

（二）依法设立的基层人民调解组织；

（三）在乡镇、街道设立的具有劳动争议调解职能的组织。

企业劳动争议调解委员会由职工代表和企业代表组成。职工代表由工会成员担任或者由全体职工推举产生，企业代表由企业负责人指定。企业劳动争议调解委员会主任由工会成员或者双方推举的人员担任。

第十一条 【调解员】劳动争议调解组织的调解员应当由公道正派、联系群众、热心调解工作，并具有一定法律知识、政策水平和文化水平的成年公民担任。

第十二条 【申请调解的形式】当事人申请劳动争议调解可以书面申请，也可以口头申请。口头申请的，调解组织应当当场记录申请人基本情况、申请调解的争议事项、理由和时间。

第十三条 【调解的基本原则】调解劳动争议，应当充分听取双方当事人对事实和理由的陈述，耐心疏导，帮助其达成协议。

第十四条 【调解协议书】经调解达成协议的，应当制作调解协议书。

调解协议书由双方当事人签名或者盖章，经调解员签名并加盖调解组织印章后生效，对双方当事人具有约束力，当事人应当履行。

自劳动争议调解组织收到调解申请之日起十五日内未达成调解协议的，当事人可以依法申请仲裁。

第十五条 【不履行调解协议可申请仲裁】达成调解协议后，一方当事人在协议约定期限内不履行调解协议的，另一方当事人可以依法申请仲裁。

第十六条 【劳动者可以调解协议书申请支付令的情形】因支付拖欠劳动报酬、工伤医疗费、经济补偿或者赔偿金事项达成调解

协议，用人单位在协议约定期限内不履行的，劳动者可以持调解协议书依法向人民法院申请支付令。人民法院应当依法发出支付令。

第三章 仲 裁

第一节 一般规定

第十七条 【劳动争议仲裁委员会的设立】劳动争议仲裁委员会按照统筹规划、合理布局和适应实际需要的原则设立。省、自治区人民政府可以决定在市、县设立；直辖市人民政府可以决定在区、县设立。直辖市、设区的市也可以设立一个或者若干个劳动争议仲裁委员会。劳动争议仲裁委员会不按行政区划层层设立。

第十八条 【政府的职责】国务院劳动行政部门依照本法有关规定制定仲裁规则。省、自治区、直辖市人民政府劳动行政部门对本行政区域的劳动争议仲裁工作进行指导。

第十九条 【劳动争议仲裁委员会的组成与职责】劳动争议仲裁委员会由劳动行政部门代表、工会代表和企业方面代表组成。劳动争议仲裁委员会组成人员应当是单数。

劳动争议仲裁委员会依法履行下列职责：

（一）聘任、解聘专职或者兼职仲裁员；

（二）受理劳动争议案件；

（三）讨论重大或者疑难的劳动争议案件；

（四）对仲裁活动进行监督。

劳动争议仲裁委员会下设办事机构，负责办理劳动争议仲裁委员会的日常工作。

第二十条 【仲裁员】劳动争议仲裁委员会应当设仲裁员名册。

仲裁员应当公道正派并符合下列条件之一：

（一）曾任审判员的；

（二）从事法律研究、教学工作并具有中级以上职称的；

（三）具有法律知识、从事人力资源管理或者工会等专业工作满五年的；

（四）律师执业满三年的。

第二十一条　【劳动争议仲裁案件的管辖】劳动争议仲裁委员会负责管辖本区域内发生的劳动争议。

劳动争议由劳动合同履行地或者用人单位所在地的劳动争议仲裁委员会管辖。双方当事人分别向劳动合同履行地和用人单位所在地的劳动争议仲裁委员会申请仲裁的，由劳动合同履行地的劳动争议仲裁委员会管辖。

第二十二条　【劳动争议仲裁案件的当事人】发生劳动争议的劳动者和用人单位为劳动争议仲裁案件的双方当事人。

劳务派遣单位或者用工单位与劳动者发生劳动争议的，劳务派遣单位和用工单位为共同当事人。

第二十三条　【有利害关系的第三人】与劳动争议案件的处理结果有利害关系的第三人，可以申请参加仲裁活动或者由劳动争议仲裁委员会通知其参加仲裁活动。

第二十四条　【委托代理人参加仲裁活动】当事人可以委托代理人参加仲裁活动。委托他人参加仲裁活动，应当向劳动争议仲裁委员会提交有委托人签名或者盖章的委托书，委托书应当载明委托事项和权限。

第二十五条　【法定代理人、指定代理人或近亲属参加仲裁的情形】丧失或者部分丧失民事行为能力的劳动者，由其法定代理人代为参加仲裁活动；无法定代理人的，由劳动争议仲裁委员会为其指定代理人。劳动者死亡的，由其近亲属或者代理人参加仲裁活动。

第二十六条　【仲裁公开原则及例外】劳动争议仲裁公开进行，但当事人协议不公开进行或者涉及国家秘密、商业秘密和个人隐私的除外。

第二节　申请和受理

第二十七条　【仲裁时效】劳动争议申请仲裁的时效期间为一年。仲裁时效期间从当事人知道或者应当知道其权利被侵害之日起计算。

前款规定的仲裁时效，因当事人一方向对方当事人主张权利，或者向有关部门请求权利救济，或者对方当事人同意履行义务而中断。从中断时起，仲裁时效期间重新计算。

因不可抗力或者有其他正当理由，当事人不能在本条第一款规定的仲裁时效期间申请仲裁的，仲裁时效中止。从中止时效的原因消除之日起，仲裁时效期间继续计算。

劳动关系存续期间因拖欠劳动报酬发生争议的，劳动者申请仲裁不受本条第一款规定的仲裁时效期间的限制；但是，劳动关系终止的，应当自劳动关系终止之日起一年内提出。

第二十八条　【申请仲裁的形式】申请人申请仲裁应当提交书面仲裁申请，并按照被申请人人数提交副本。

仲裁申请书应当载明下列事项：

（一）劳动者的姓名、性别、年龄、职业、工作单位和住所，用人单位的名称、住所和法定代表人或者主要负责人的姓名、职务；

（二）仲裁请求和所根据的事实、理由；

（三）证据和证据来源、证人姓名和住所。

书写仲裁申请确有困难的，可以口头申请，由劳动争议仲裁委员会记入笔录，并告知对方当事人。

第二十九条　【仲裁的受理】劳动争议仲裁委员会收到仲裁申请之日起五日内，认为符合受理条件的，应当受理，并通知申请人；认为不符合受理条件的，应当书面通知申请人不予受理，并说明理由。对劳动争议仲裁委员会不予受理或者逾期未作出决定的，申请人可以就该劳动争议事项向人民法院提起诉讼。

第三十条　【被申请人答辩书】劳动争议仲裁委员会受理仲裁申请后，应当在五日内将仲裁申请书副本送达被申请人。

被申请人收到仲裁申请书副本后，应当在十日内向劳动争议仲裁委员会提交答辩书。劳动争议仲裁委员会收到答辩书后，应当在五日内将答辩书副本送达申请人。被申请人未提交答辩书的，不影响仲裁程序的进行。

第三节　开庭和裁决

第三十一条　【仲裁庭】劳动争议仲裁委员会裁决劳动争议案件实行仲裁庭制。仲裁庭由三名仲裁员组成，设首席仲裁员。简单劳动争议案件可以由一名仲裁员独任仲裁。

第三十二条　【通知仲裁庭的组成情况】劳动争议仲裁委员会应当在受理仲裁申请之日起五日内将仲裁庭的组成情况书面通知当事人。

第三十三条　【回避】仲裁员有下列情形之一，应当回避，当事人也有权以口头或者书面方式提出回避申请：

（一）是本案当事人或者当事人、代理人的近亲属的；

（二）与本案有利害关系的；

（三）与本案当事人、代理人有其他关系，可能影响公正裁决的；

（四）私自会见当事人、代理人，或者接受当事人、代理人的请客送礼的。

劳动争议仲裁委员会对回避申请应当及时作出决定，并以口头或者书面方式通知当事人。

第三十四条　【仲裁员承担责任的情形】仲裁员有本法第三十三条第四项规定情形，或者有索贿受贿、徇私舞弊、枉法裁决行为的，应当依法承担法律责任。劳动争议仲裁委员会应当将其解聘。

第三十五条　【开庭通知及延期】仲裁庭应当在开庭五日前，将开庭日期、地点书面通知双方当事人。当事人有正当理由的，可以在开庭三日前请求延期开庭。是否延期，由劳动争议仲裁委员会决定。

第三十六条　【申请人、被申请人无故不到庭或中途退庭】申请人收到书面通知，无正当理由拒不到庭或者未经仲裁庭同意中途退庭的，可以视为撤回仲裁申请。

被申请人收到书面通知，无正当理由拒不到庭或者未经仲裁庭同意中途退庭的，可以缺席裁决。

第三十七条　【鉴定】仲裁庭对专门性问题认为需要鉴定的，可以交由当事人约定的鉴定机构鉴定；当事人没有约定或者无法达成约定的，由仲裁庭指定的鉴定机构鉴定。

根据当事人的请求或者仲裁庭的要求，鉴定机构应当派鉴定人参加开庭。当事人经仲裁庭许可，可以向鉴定人提问。

第三十八条　【质证和辩论】当事人在仲裁过程中有权进行质证和辩论。质证和辩论终结时，首席仲裁员或者独任仲裁员应当征询当事人的最后意见。

第三十九条　【举证】当事人提供的证据经查证属实的，仲裁庭应当将其作为认定事实的根据。

劳动者无法提供由用人单位掌握管理的与仲裁请求有关的证据，仲裁庭可以要求用人单位在指定期限内提供。用人单位在指定期限内不提供的，应当承担不利后果。

第四十条　【开庭笔录】仲裁庭应当将开庭情况记入笔录。当事人和其他仲裁参加人认为对自己陈述的记录有遗漏或者差错的，有权申请补正。如果不予补正，应当记录该申请。

笔录由仲裁员、记录人员、当事人和其他仲裁参加人签名或者盖章。

第四十一条　【申请仲裁后自行和解】当

事人申请劳动争议仲裁后,可以自行和解。达成和解协议的,可以撤回仲裁申请。

第四十二条 【先行调解】仲裁庭在作出裁决前,应当先行调解。

调解达成协议的,仲裁庭应当制作调解书。

调解书应当写明仲裁请求和当事人协议的结果。调解书由仲裁员签名,加盖劳动争议仲裁委员会印章,送达双方当事人。调解书经双方当事人签收后,发生法律效力。

调解不成或者调解书送达前,一方当事人反悔的,仲裁庭应当及时作出裁决。

第四十三条 【仲裁案件审理期限】仲裁庭裁决劳动争议案件,应当自劳动争议委员会受理仲裁申请之日起四十五日内结束。案情复杂需要延期的,经劳动争议仲裁委员会主任批准,可以延期并书面通知当事人,但是延长期限不得超过十五日。逾期未作出仲裁裁决的,当事人可以就该劳动争议事项向人民法院提起诉讼。

仲裁庭裁决劳动争议案件时,其中一部分事实已经清楚,可以就该部分先行裁决。

第四十四条 【可以裁决先予执行的案件】仲裁庭对追索劳动报酬、工伤医疗费、经济补偿或者赔偿金的案件,根据当事人的申请,可以裁决先予执行,移送人民法院执行。

仲裁庭裁决先予执行的,应当符合下列条件:

(一)当事人之间权利义务关系明确;

(二)不先予执行将严重影响申请人的生活。

劳动者申请先予执行的,可以不提供担保。

第四十五条 【作出裁决意见】裁决应当按照多数仲裁员的意见作出,少数仲裁员的不同意见应当记入笔录。仲裁庭不能形成多数意见时,裁决应当按照首席仲裁员的意见作出。

第四十六条 【裁决书】裁决书应当载明仲裁请求、争议事实、裁决理由、裁决结果和裁决日期。裁决书由仲裁员签名,加盖劳动争议仲裁委员会印章。对裁决持不同意见的仲裁员,可以签名,也可以不签名。

第四十七条 【一裁终局的案件】下列劳动争议,除本法另有规定的外,仲裁裁决为终局裁决,裁决书自作出之日起发生法律效力:

(一)追索劳动报酬、工伤医疗费、经济补偿或者赔偿金,不超过当地月最低工资标准十二个月金额的争议;

(二)因执行国家的劳动标准在工作时间、休息休假、社会保险等方面发生的争议。

第四十八条 【劳动者不服一裁终局案件的裁决提起诉讼的期限】劳动者对本法第四十七条规定的仲裁裁决不服的,可以自收到仲裁裁决书之日起十五日内向人民法院提起诉讼。

第四十九条 【用人单位不服一裁终局案件的裁决可诉请撤销的案件】用人单位有证据证明本法第四十七条规定的仲裁裁决有下列情形之一,可以自收到仲裁裁决书之日起三十日内向劳动争议仲裁委员会所在地的中级人民法院申请撤销裁决:

(一)适用法律、法规确有错误的;

(二)劳动争议仲裁委员会无管辖权的;

(三)违反法定程序的;

(四)裁决所根据的证据是伪造的;

(五)对方当事人隐瞒了足以影响公正裁决的证据的;

(六)仲裁员在仲裁该案时有索贿受贿、徇私舞弊、枉法裁决行为的。

人民法院经组成合议庭审查核实裁决有前款规定情形之一的,应当裁定撤销。

仲裁裁决被人民法院裁定撤销的,当事人可以自收到裁定书之日起十五日内就该劳动争议事项向人民法院提起诉讼。

第五十条 【其他不服仲裁裁决提起诉

讼的期限】当事人对本法第四十七条规定以外的其他劳动争议案件的仲裁裁决不服的,可以自收到仲裁裁决书之日起十五日内向人民法院提起诉讼;期满不起诉的,裁决书发生法律效力。

第五十一条 【生效调解书、裁决书的执行】当事人对发生法律效力的调解书、裁决书,应当依照规定的期限履行。一方当事人逾期不履行的,另一方当事人可以依照民事诉讼法的有关规定向人民法院申请执行。受理申请的人民法院应当依法执行。

第四章 附 则

第五十二条 【人事争议处理的法律适用】事业单位实行聘用制的工作人员与本单位发生劳动争议的,依照本法执行;法律、行政法规或者国务院另有规定的,依照其规定。

第五十三条 【劳动争议仲裁不收费】劳动争议仲裁不收费。劳动争议仲裁委员会的经费由财政予以保障。

第五十四条 【实施日期】本法自 2008 年 5 月 1 日起施行。

劳动人事争议仲裁办案规则

(2017 年 5 月 8 日人力资源和社会保障部令第 33 号公布 自 2017 年 7 月 1 日起施行)

第一章 总 则

第一条 为公正及时处理劳动人事争议(以下简称争议),规范仲裁办案程序,根据《中华人民共和国劳动争议调解仲裁法》(以下简称调解仲裁法)以及《中华人民共和国公务员法》(以下简称公务员法)、《事业单位人

事管理条例》、《中国人民解放军文职人员条例》和有关法律、法规、国务院有关规定,制定本规则。

第二条 本规则适用下列争议的仲裁:

(一)企业、个体经济组织、民办非企业单位等组织与劳动者之间,以及机关、事业单位、社会团体与其建立劳动关系的劳动者之间,因确认劳动关系,订立、履行、变更、解除和终止劳动合同,工作时间、休息休假、社会保险、福利、培训以及劳动保护,劳动报酬、工伤医疗费、经济补偿或者赔偿金等发生的争议;

(二)实施公务员法的机关与聘任制公务员之间、参照公务员法管理的机关(单位)与聘任工作人员之间因履行聘任合同发生的争议;

(三)事业单位与其建立人事关系的工作人员之间因终止人事关系以及履行聘用合同发生的争议;

(四)社会团体与其建立人事关系的工作人员之间因终止人事关系以及履行聘用合同发生的争议;

(五)军队文职人员用人单位与聘用制文职人员之间因履行聘用合同发生的争议;

(六)法律、法规规定由劳动人事争议仲裁委员会(以下简称仲裁委员会)处理的其他争议。

第三条 仲裁委员会处理争议案件,应当遵循合法、公正的原则,先行调解,及时裁决。

第四条 仲裁委员会下设实体化的办事机构,称为劳动人事争议仲裁院(以下简称仲裁院)。

第五条 劳动者一方在十人以上并有共同请求的争议,或者因履行集体合同发生的劳动争议,仲裁委员会应当优先立案,优先审理。

第二章 一般规定

第六条 发生争议的用人单位未办理营业执照、被吊销营业执照、营业执照到期继续经营、被责令关闭、被撤销以及用人单位解散、歇业,不能承担相关责任的,应当将用人单位和其出资人、开办单位或者主管部门作为共同当事人。

第七条 劳动者与个人承包经营者发生争议,依法向仲裁委员会申请仲裁的,应当将发包的组织和个人承包经营者作为共同当事人。

第八条 劳动合同履行地为劳动者实际工作场所地,用人单位所在地为用人单位注册、登记地或者主要办事机构所在地。用人单位未经注册、登记的,其出资人、开办单位或者主管部门所在地为用人单位所在地。

双方当事人分别向劳动合同履行地和用人单位所在地的仲裁委员会申请仲裁的,由劳动合同履行地的仲裁委员会管辖。有多个劳动合同履行地的,由最先受理的仲裁委员会管辖。劳动合同履行地不明确的,由用人单位所在地的仲裁委员会管辖。

案件受理后,劳动合同履行地或者用人单位所在地发生变化的,不改变争议仲裁的管辖。

第九条 仲裁委员会发现已受理案件不属于其管辖范围的,应当移送至有管辖权的仲裁委员会,并书面通知当事人。

对上述移送案件,受移送的仲裁委员会应当依法受理。受移送的仲裁委员会认为移送的案件按照规定不属于其管辖,或者仲裁委员会之间因管辖争议协商不成的,应当报请共同的上一级仲裁委员会主管部门指定管辖。

第十条 当事人提出管辖异议的,应当在答辩期满前书面提出。仲裁委员会应当审查当事人提出的管辖异议,异议成立的,将案件移送至有管辖权的仲裁委员会并书面通知当事人;异议不成立的,应当书面决定驳回。

当事人逾期提出的,不影响仲裁程序的进行。

第十一条 当事人申请回避,应当在案件开庭审理前提出,并说明理由。回避事由在案件开庭审理后知晓的,也可以在庭审辩论终结前提出。

当事人在庭审辩论终结后提出回避申请的,不影响仲裁程序的进行。

仲裁委员会应当在回避申请提出的三日内,以口头或者书面形式作出决定。以口头形式作出的,应当记入笔录。

第十二条 仲裁员、记录人员是否回避,由仲裁委员会主任或者其委托的仲裁院负责人决定。仲裁委员会主任担任案件仲裁员是否回避,由仲裁委员会决定。

在回避决定作出前,被申请回避的人员应当暂停参与该案处理,但因案件需要采取紧急措施的除外。

第十三条 当事人对自己提出的主张有责任提供证据。与争议事项有关的证据属于用人单位掌握管理的,用人单位应当提供;用人单位不提供的,应当承担不利后果。

第十四条 法律没有具体规定、按照本规则第十三条规定无法确定举证责任承担的,仲裁庭可以根据公平原则和诚实信用原则,综合当事人举证能力等因素确定举证责任的承担。

第十五条 承担举证责任的当事人应当在仲裁委员会指定的期限内提供有关证据。当事人在该期限内提供证据确有困难的,可以向仲裁委员会申请延长期限,仲裁委员会根据当事人的申请适当延长。当事人逾期提供证据的,仲裁委员会应当责令其说明理由;拒不说明理由或者理由不成立的,仲裁委员会可以根据不同情形不予采纳该证据,或者采纳该证据但予以训诫。

第十六条 当事人因客观原因不能自行收集的证据,仲裁委员会可以根据当事人的申请,参照民事诉讼有关规定予以收集;仲裁委员会认为有必要的,也可以决定参照民事诉讼有关规定予以收集。

第十七条 仲裁委员会依法调查取证时,有关单位和个人应当协助配合。

仲裁委员会调查取证时,不得少于两人,并应当向被调查对象出示工作证件和仲裁委员会出具的介绍信。

第十八条 争议处理中涉及证据形式、证据提交、证据交换、证据质证、证据认定等事项,本规则未规定的,可以参照民事诉讼证据规则的有关规定执行。

第十九条 仲裁期间包括法定期间和仲裁委员会指定期间。

仲裁期间的计算,本规则未规定的,仲裁委员会可以参照民事诉讼关于期间计算的有关规定执行。

第二十条 仲裁委员会送达仲裁文书必须有送达回证,由受送达人在送达回证上记明收到日期,并签名或者盖章。受送达人在送达回证上的签收日期为送达日期。

因企业停业等原因导致无法送达且劳动者一方在十人以上的,或者受送达人拒绝签收仲裁文书的,通过在受送达人住所留置、张贴仲裁文书,并采用拍照、录像等方式记录的,自留置、张贴之日起经过三日即视为送达,不受本条第一款的限制。

仲裁文书的送达方式,本规则未规定的,仲裁委员会可以参照民事诉讼关于送达方式的有关规定执行。

第二十一条 案件处理终结后,仲裁委员会应当将处理过程中形成的全部材料立卷归档。

第二十二条 仲裁案卷分正卷和副卷装订。

正卷包括:仲裁申请书、受理(不予受理)通知书、答辩书、当事人及其他仲裁参加人的身份证明材料、授权委托书、调查证据、勘验笔录、当事人提供的证据材料、委托鉴定材料、开庭通知、庭审笔录、延期通知书、撤回仲裁申请书、调解书、裁决书、决定书、案件移送函、送达回证等。

副卷包括:立案审批表、延期审理审批表、中止审理审批表、调查提纲、阅卷笔录、会议笔录、评议记录、结案审批表等。

第二十三条 仲裁委员会应当建立案卷查阅制度。对案卷正卷材料,应当允许当事人及其代理人依法查阅、复制。

第二十四条 仲裁裁决结案的案卷,保存期不少于十年;仲裁调解和其他方式结案的案卷,保存期不少于五年;国家另有规定的,从其规定。

保存期满后的案卷,应当按照国家有关档案管理的规定处理。

第二十五条 在仲裁活动中涉及国家秘密或者军事秘密的,按照国家或者军队有关保密规定执行。

当事人协议不公开或者涉及商业秘密和个人隐私的,经相关当事人书面申请,仲裁委员会应当不公开审理。

第三章 仲裁程序

第一节 申请和受理

第二十六条 本规则第二条第(一)、(三)、(四)、(五)项规定的争议,申请仲裁的时效期间为一年。仲裁时效期间从当事人知道或者应当知道其权利被侵害之日起计算。

本规则第二条第(二)项规定的争议,申请仲裁的时效期间适用公务员法有关规定。

劳动人事关系存续期间因拖欠劳动报酬发生争议的,劳动者申请仲裁不受本条第一款规定的仲裁时效期间的限制;但是,劳动人事关系终止的,应当自劳动人事关系终止之日起一年内提出。

第二十七条　在申请仲裁的时效期间内,有下列情形之一的,仲裁时效中断:

(一)一方当事人通过协商、申请调解等方式向对方当事人主张权利的;

(二)一方当事人通过向有关部门投诉,向仲裁委员会申请仲裁,向人民法院起诉或者申请支付令等方式请求权利救济的;

(三)对方当事人同意履行义务的。

从中断时起,仲裁时效期间重新计算。

第二十八条　因不可抗力,或者有无民事行为能力或者限制民事行为能力劳动者的法定代理人未确定等其他正当理由,当事人不能在规定的仲裁时效期间申请仲裁的,仲裁时效中止。从中止时效的原因消除之日起,仲裁时效期间继续计算。

第二十九条　申请人申请仲裁应当提交书面仲裁申请,并按照被申请人人数提交副本。

仲裁申请书应当载明下列事项:

(一)劳动者的姓名、性别、出生日期、身份证件号码、住所、通讯地址和联系电话,用人单位的名称、住所、通讯地址、联系电话和法定代表人或者主要负责人的姓名、职务;

(二)仲裁请求和所根据的事实、理由;

(三)证据和证据来源,证人姓名和住所。

书写仲裁申请确有困难的,可以口头申请,由仲裁委员会记入笔录,经申请人签名、盖章或者捺印确认。

对于仲裁申请书不规范或者材料不齐备的,仲裁委员会应当当场或者在五日内一次性告知申请人需要补正的全部材料。

仲裁委员会收取当事人提交的材料应当出具收件回执。

第三十条　仲裁委员会对符合下列条件的仲裁申请应当予以受理,并在收到仲裁申请之日起五日内向申请人出具受理通知书:

(一)属于本规则第二条规定的争议范围;

(二)有明确的仲裁请求和事实理由;

(三)申请人是与本案有直接利害关系的自然人、法人或者其他组织,有明确的被申请人;

(四)属于本仲裁委员会管辖范围。

第三十一条　对不符合本规则第三十条第(一)、(二)、(三)项规定之一的仲裁申请,仲裁委员会不予受理,并在收到仲裁申请之日起五日内向申请人出具不予受理通知书;对不符合本规则第三十条第(四)项规定的仲裁申请,仲裁委员会应当在收到仲裁申请之日起五日内,向申请人作出书面说明并告知申请人向有管辖权的仲裁委员会申请仲裁。

对仲裁委员会逾期未作出决定或者决定不予受理的,申请人可以就该争议事项向人民法院提起诉讼。

第三十二条　仲裁委员会受理案件后,发现不应当受理的,除本规则第九条规定外,应当撤销案件,并自决定撤销案件后五日内,以决定书的形式通知当事人。

第三十三条　仲裁委员会受理仲裁申请后,应当在五日内将仲裁申请书副本送达被申请人。

被申请人收到仲裁申请书副本后,应当在十日内向仲裁委员会提交答辩书。仲裁委员会收到答辩书后,应当在五日内将答辩书副本送达申请人。被申请人逾期未提交答辩书的,不影响仲裁程序的进行。

第三十四条　符合下列情形之一,申请人基于同一事实、理由和仲裁请求又申请仲裁的,仲裁委员会不予受理:

(一)仲裁委员会已经依法出具不予受理通知书的;

(二)案件已在仲裁、诉讼过程中或者调解书、裁决书、判决书已经发生法律效力的。

第三十五条 仲裁处理结果作出前,申请人可以自行撤回仲裁申请。申请人再次申请仲裁的,仲裁委员会应当受理。

第三十六条 被申请人可以在答辩期间提出反申请,仲裁委员会应当自收到被申请人反申请之日起五日内决定是否受理并通知被申请人。

决定受理的,仲裁委员会可以将反申请和申请合并处理。

反申请应当另行申请仲裁的,仲裁委员会应当书面告知被申请人另行申请仲裁;反申请不属于本规则规定应当受理的,仲裁委员会应当向被申请人出具不予受理通知书。

被申请人答辩期满后对申请人提出反申请的,应当另行申请仲裁。

第二节 开庭和裁决

第三十七条 仲裁委员会应当在受理仲裁申请之日起五日内组成仲裁庭并将仲裁庭的组成情况书面通知当事人。

第三十八条 仲裁庭应当在开庭五日前,将开庭日期、地点书面通知双方当事人。当事人有正当理由的,可以在开庭三日前请求延期开庭。是否延期,由仲裁委员会根据实际情况决定。

第三十九条 申请人收到书面开庭通知,无正当理由拒不到庭或者未经仲裁庭同意中途退庭的,可以按撤回仲裁申请处理;申请人重新申请仲裁的,仲裁委员会不予受理。被申请人收到书面开庭通知,无正当理由拒不到庭或者未经仲裁庭同意中途退庭的,仲裁庭可以继续开庭审理,并缺席裁决。

第四十条 当事人申请鉴定的,鉴定费由申请鉴定方先行垫付,案件处理终结后,由鉴定结果对其不利方负担。鉴定结果不明确的,由申请鉴定方负担。

第四十一条 开庭审理前,记录人员应当查明当事人和其他仲裁参与人是否到庭,宣布仲裁庭纪律。

开庭审理时,由仲裁员宣布开庭、案由和仲裁员、记录人员名单,核对当事人,告知当事人有关的权利义务,询问当事人是否提出回避申请。

开庭审理中,仲裁员应当听取申请人的陈述和被申请人的答辩,主持庭审调查、质证和辩论、征询当事人最后意见,并进行调解。

第四十二条 仲裁庭应当将开庭情况记入笔录。当事人或者其他仲裁参与人认为对自己陈述的记录有遗漏或者差错的,有权当庭申请补正。仲裁庭认为申请无理由或者无必要的,可以不予补正,但是应当记录该申请。

仲裁员、记录人员、当事人和其他仲裁参与人应当在庭审笔录上签名或者盖章。当事人或者其他仲裁参与人拒绝在庭审笔录上签名或者盖章的,仲裁庭应当记明情况附卷。

第四十三条 仲裁参与人和其他人应当遵守仲裁庭纪律,不得有下列行为:

(一)未经准许进行录音、录像、摄影;

(二)未经准许以移动通信等方式现场传播庭审活动;

(三)其他扰乱仲裁庭秩序、妨害审理活动进行的行为。

仲裁参与人或者其他人有前款规定的情形之一的,仲裁庭可以训诫、责令退出仲裁庭,也可以暂扣进行录音、录像、摄影、传播庭审活动的器材,并责令其删除有关内容。拒不删除的,可以采取必要手段强制删除,并将上述事实记入庭审笔录。

第四十四条 申请人在举证期限届满前可以提出增加或者变更仲裁请求;仲裁庭对申请人增加或者变更的仲裁请求审查后认为应当受理的,应当通知被申请人并给予答辩期,被申请人明确表示放弃答辩期的除外。

申请人在举证期限届满后提出增加或者变更仲裁请求的,应当另行申请仲裁。

第四十五条 仲裁庭裁决案件,应当自仲裁委员会受理仲裁申请之日起四十五日内结束。案情复杂需要延期的,经仲裁委员会主任或者其委托的仲裁院负责人书面批准,可以延期并书面通知当事人,但延长期限不得超过十五日。

第四十六条 有下列情形的,仲裁期限按照下列规定计算:

(一)仲裁庭追加当事人或者第三人的,仲裁期限从决定追加之日起重新计算;

(二)申请人需要补正材料的,仲裁委员会收到仲裁申请的时间从材料补正之日起重新计算;

(三)增加、变更仲裁请求的,仲裁期限从受理增加、变更仲裁请求之日起重新计算;

(四)仲裁申请和反申请合并处理的,仲裁期限从受理反申请之日起重新计算;

(五)案件移送管辖的,仲裁期限从接受移送之日起重新计算;

(六)中止审理期间、公告送达期间不计入仲裁期限内;

(七)法律、法规规定应当另行计算的其他情形。

第四十七条 有下列情形之一的,经仲裁委员会主任或者其委托的仲裁院负责人批准,可以中止案件审理,并书面通知当事人:

(一)劳动者一方当事人死亡,需要等待继承人表明是否参加仲裁的;

(二)劳动者一方当事人丧失民事行为能力,尚未确定法定代理人参加仲裁的;

(三)用人单位终止,尚未确定权利义务承继者的;

(四)一方当事人因不可抗拒的事由,不能参加仲裁的;

(五)案件审理需要以其他案件的审理结果为依据,且其他案件尚未审结的;

(六)案件处理需要等待工伤认定、伤残等级鉴定以及其他鉴定结论的;

(七)其他应当中止仲裁审理的情形。

中止审理的情形消除后,仲裁庭应当恢复审理。

第四十八条 当事人因仲裁庭逾期未作出仲裁裁决而向人民法院提起诉讼并立案受理的,仲裁委员会应当决定该案件终止审理;当事人未就该争议事项向人民法院提起诉讼的,仲裁委员会应当继续处理。

第四十九条 仲裁庭裁决案件时,其中一部分事实已经清楚的,可以就该部分先行裁决。当事人对先行裁决不服的,可以按照调解仲裁法有关规定处理。

第五十条 仲裁庭裁决案件时,申请人根据调解仲裁法第四十七条第(一)项规定,追索劳动报酬、工伤医疗费、经济补偿或者赔偿金,如果仲裁裁决涉及数项,对单项裁决数额不超过当地月最低工资标准十二个月金额的事项,应当适用终局裁决。

前款经济补偿包括《中华人民共和国劳动合同法》(以下简称劳动合同法)规定的竞业限制期限内给予的经济补偿、解除或者终止劳动合同的经济补偿等;赔偿金包括劳动合同法规定的未签订书面劳动合同第二倍工资、违法约定试用期的赔偿金、违法解除或者终止劳动合同的赔偿金等。

根据调解仲裁法第四十七条第(二)项的规定,因执行国家的劳动标准在工作时间、休息休假、社会保险等方面发生的争议,应当适用终局裁决。

仲裁庭裁决案件时,裁决内容同时涉及终局裁决和非终局裁决的,应当分别制作裁决书,并告知当事人相应的救济权利。

第五十一条 仲裁庭对追索劳动报酬、工伤医疗费、经济补偿或者赔偿金的案件,根据当事人的申请,可以裁决先予执行,移送人民法院执行。

仲裁庭裁决先予执行的,应当符合下列条件:

（一）当事人之间权利义务关系明确；

（二）不先予执行将严重影响申请人的生活。

劳动者申请先予执行的，可以不提供担保。

第五十二条 裁决应当按照多数仲裁员的意见作出，少数仲裁员的不同意见应当记入笔录。仲裁庭不能形成多数意见时，裁决应当按照首席仲裁员的意见作出。

第五十三条 裁决书应当载明仲裁请求、争议事实、裁决理由、裁决结果、当事人权利和裁决日期。裁决书由仲裁员签名，加盖仲裁委员会印章。对裁决持不同意见的仲裁员，可以签名，也可以不签名。

第五十四条 对裁决书中的文字、计算错误或者仲裁庭已经裁决但在裁决书中遗漏的事项，仲裁庭应当及时制作决定书予以补正并送达当事人。

第五十五条 当事人对裁决不服向人民法院提起诉讼的，按照调解仲裁法有关规定处理。

第三节 简易处理

第五十六条 争议案件符合下列情形之一的，可以简易处理：

（一）事实清楚、权利义务关系明确、争议不大的；

（二）标的额不超过本省、自治区、直辖市上年度职工年平均工资的；

（三）双方当事人同意简易处理的。

仲裁委员会决定简易处理的，可以指定一名仲裁员独任仲裁，并应当告知当事人。

第五十七条 争议案件有下列情形之一的，不得简易处理：

（一）涉及国家利益、社会公共利益的；

（二）有重大社会影响的；

（三）被申请人下落不明的；

（四）仲裁委员会认为不宜简易处理的。

第五十八条 简易处理的案件，经与被申请人协商同意，仲裁庭可以缩短或者取消答辩期。

第五十九条 简易处理的案件，仲裁庭可以用电话、短信、传真、电子邮件等简便方式送达仲裁文书，但送达调解书、裁决书除外。

以简便方式送达的开庭通知，未经当事人确认或者没有其他证据证明当事人已经收到的，仲裁庭不得按撤回仲裁申请处理或者缺席裁决。

第六十条 简易处理的案件，仲裁庭可以根据案件情况确定举证期限、开庭日期、审理程序、文书制作等事项，但应当保障当事人陈述意见的权利。

第六十一条 仲裁庭在审理过程中，发现案件不宜简易处理的，应当在仲裁期限届满前决定转为按照一般程序处理，并告知当事人。

案件转为按照一般程序处理的，仲裁期限自仲裁委员会受理仲裁申请之日起计算，双方当事人已经确认的事实，可以不再进行举证、质证。

第四节 集体劳动人事争议处理

第六十二条 处理劳动者一方在十人以上并有共同请求的争议案件，或者因履行集体合同发生的劳动争议案件，适用本节规定。

符合本规则第五十六条第一款规定情形之一的集体劳动人事争议案件，可以简易处理，不受本节规定的限制。

第六十三条 发生劳动者一方在十人以上并有共同请求的争议的，劳动者可以推举三至五名代表参加仲裁活动。代表人参加仲裁的行为对其所代表的当事人发生效力，但代表人变更、放弃仲裁请求或者承认对方当事人的仲裁请求，进行和解，必须经被代表的当事人同意。

因履行集体合同发生的劳动争议,经协商解决不成的,工会可以依法申请仲裁;尚未建立工会的,由上级工会指导劳动者推举产生的代表依法申请仲裁。

第六十四条　仲裁委员会应当自收到当事人集体劳动人事争议仲裁申请之日起五日内作出受理或者不予受理的决定。决定受理的,应当自受理之日起五日内将仲裁庭组成人员、答辩期限、举证期限、开庭日期和地点等事项一次性通知当事人。

第六十五条　仲裁委员会处理集体劳动人事争议案件,应当由三名仲裁员组成仲裁庭,设首席仲裁员。

仲裁委员会处理因履行集体合同发生的劳动争议,应当按照三方原则组成仲裁庭处理。

第六十六条　仲裁庭处理集体劳动人事争议,开庭前应当引导当事人自行协商,或者先行调解。

仲裁庭处理集体劳动人事争议案件,可以邀请法律工作者、律师、专家学者等第三方共同参与调解。

协商或者调解未能达成协议的,仲裁庭应当及时裁决。

第六十七条　仲裁庭开庭场所可以设在发生争议的用人单位或者其他便于及时处理争议的地点。

第四章　调解程序

第一节　仲裁调解

第六十八条　仲裁委员会处理争议案件,应当坚持调解优先,引导当事人通过协商、调解方式解决争议,给予必要的法律释明以及风险提示。

第六十九条　对未经调解、当事人直接申请仲裁的争议,仲裁委员会可以向当事人发出调解建议书,引导其到调解组织进行调解。当事人同意先行调解的,应当暂缓受理;当事人不同意先行调解的,应当依法受理。

第七十条　开庭之前,经双方当事人同意,仲裁庭可以委托调解组织或者其他具有调解能力的组织、个人进行调解。

自当事人同意之日起十日内未达成调解协议的,应当开庭审理。

第七十一条　仲裁庭审理争议案件时,应当进行调解。必要时可以邀请有关单位、组织或者个人参与调解。

第七十二条　仲裁调解达成协议的,仲裁庭应当制作调解书。

调解书应当写明仲裁请求和当事人协议的结果。调解书由仲裁员签名,加盖仲裁委员会印章,送达双方当事人。调解书经双方当事人签收后,发生法律效力。

调解不成或者调解书送达前,一方当事人反悔的,仲裁庭应当及时作出裁决。

第七十三条　当事人就部分仲裁请求达成调解协议的,仲裁庭可以就该部分先行出具调解书。

第二节　调解协议的仲裁审查

第七十四条　经调解组织调解达成调解协议的,双方当事人可以自调解协议生效之日起十五日内,共同向有管辖权的仲裁委员会提出仲裁审查申请。

当事人申请审查调解协议,应当向仲裁委员会提交仲裁审查申请书、调解协议和身份证明、资格证明以及其他与调解协议相关的证明材料,并提供双方当事人的送达地址、电话号码等联系方式。

第七十五条　仲裁委员会收到当事人仲裁审查申请,应当及时决定是否受理。决定受理的,应当出具受理通知书。

有下列情形之一的,仲裁委员会不予受理:

（一）不属于仲裁委员会受理争议范围的；

（二）不属于本仲裁委员会管辖的；

（三）超出规定的仲裁审查申请期间的；

（四）确认劳动关系的；

（五）调解协议已经人民法院司法确认的。

第七十六条 仲裁委员会审查调解协议，应当自受理仲裁审查申请之日起五日内结束。因特殊情况需要延期的，经仲裁委员会主任或者其委托的仲裁院负责人批准，可以延长五日。

调解书送达前，一方或者双方当事人撤回仲裁审查申请的，仲裁委员会应当准许。

第七十七条 仲裁委员会受理仲裁审查申请后，应当指定仲裁员对调解协议进行审查。

仲裁委员会经审查认为调解协议的形式和内容合法有效的，应当制作调解书。调解书的内容应当与调解协议的内容相一致。调解书经双方当事人签收后，发生法律效力。

第七十八条 调解协议具有下列情形之一的，仲裁委员会不予制作调解书：

（一）违反法律、行政法规强制性规定的；

（二）损害国家利益、社会公共利益或者公民、法人、其他组织合法权益的；

（三）当事人提供证据材料有弄虚作假嫌疑的；

（四）违反自愿原则的；

（五）内容不明确的；

（六）其他不能制作调解书的情形。

仲裁委员会决定不予制作调解书的，应当书面通知当事人。

第七十九条 当事人撤回仲裁审查申请或者仲裁委员会决定不予制作调解书的，应当终止仲裁审查。

第五章 附 则

第八十条 本规则规定的"三日"、"五日"、"十日"指工作日，"十五日"、"四十五日"指自然日。

第八十一条 本规则自 2017 年 7 月 1日起施行。2009 年 1 月 1 日人力资源社会保障部公布的《劳动人事争议仲裁办案规则》（人力资源和社会保障部令第 2 号）同时废止。

最高人民法院关于人民法院对经劳动争议仲裁裁决的纠纷准予撤诉或驳回起诉后劳动争议仲裁裁决从何时起生效的解释

（2000 年 4 月 4 日最高人民法院审判委员会第 1108 次会议通过 2000 年 7 月 10 日最高人民法院公告公布 自 2000 年 7 月 19日起施行 法释〔2000〕18 号）

为正确适用法律审理劳动争议案件，对人民法院裁定准予撤诉或驳回起诉后，劳动争议仲裁裁决从何时起生效的问题解释如下：

第一条 当事人不服劳动争议仲裁裁决向人民法院起诉后又申请撤诉，经人民法院审查准予撤诉的，原仲裁裁决自人民法院裁定送达当事人之日起发生法律效力。

第二条 当事人因超过起诉期间而被人民法院裁定驳回起诉的，原仲裁裁决自起诉期间届满之次日起恢复法律效力。

第三条 因仲裁裁决确定的主体资格错误或仲裁裁决事项不属于劳动争议，被人民法院驳回起诉的，原仲裁裁决不发生法律效力。

（三）土地承包经营纠纷仲裁

中华人民共和国农村土地承包经营纠纷调解仲裁法

（2009年6月27日第十一届全国人民代表大会常务委员会第九次会议通过 2009年6月27日中华人民共和国主席令第14号公布 自2010年1月1日起施行）

目 录

第一章 总 则

第一条 【立法宗旨】为了公正、及时解决农村土地承包经营纠纷，维护当事人的合法权益，促进农村经济发展和社会稳定，制定本法。

第二条 【调整范围】农村土地承包经营纠纷调解和仲裁，适用本法。

农村土地承包经营纠纷包括：

（一）因订立、履行、变更、解除和终止农村土地承包合同发生的纠纷；

（二）因农村土地承包经营权转包、出租、互换、转让、入股等流转发生的纠纷；

（三）因收回、调整承包地发生的纠纷；

（四）因确认农村土地承包经营权发生的纠纷；

（五）因侵害农村土地承包经营权发生的纠纷；

（六）法律、法规规定的其他农村土地承包经营纠纷。

因征收集体所有的土地及其补偿发生的纠纷，不属于农村土地承包仲裁委员会的受理范围，可以通过行政复议或者诉讼等方式解决。

第三条 【和解、调解途径】发生农村土地承包经营纠纷的，当事人可以自行和解，也可以请求村民委员会、乡（镇）人民政府等调解。

第四条 【仲裁、诉讼途径】当事人和解、调解不成或者不愿和解、调解的，可以向农村土地承包仲裁委员会申请仲裁，也可以直接向人民法院起诉。

第五条 【基本原则】农村土地承包经营纠纷调解和仲裁，应当公开、公平、公正，便民高效，根据事实，符合法律，尊重社会公德。

第六条 【指导部门】县级以上人民政府应当加强对农村土地承包经营纠纷调解和仲裁工作的指导。

县级以上人民政府农村土地承包管理部门及其他有关部门应当依照职责分工，支持有关调解组织和农村土地承包仲裁委员会依法开展工作。

第二章 调 解

第七条 【调解工作】村民委员会、乡（镇）人民政府应当加强农村土地承包经营纠纷的调解工作，帮助当事人达成协议解决纠纷。

第八条 【调解申请】当事人申请农村土地承包经营纠纷调解可以书面申请，也可以口头申请。口头申请的,由村民委员会或者乡(镇)人民政府当场记录申请人的基本情况、申请调解的纠纷事项、理由和时间。

第九条 【调解方式】调解农村土地承包经营纠纷,村民委员会或者乡(镇)人民政府应当充分听取当事人对事实和理由的陈述,讲解有关法律以及国家政策,耐心疏导,帮助当事人达成协议。

第十条 【调解协议书】经调解达成协议的,村民委员会或者乡(镇)人民政府应当制作调解协议书。

调解协议书由双方当事人签名、盖章或者按指印,经调解人员签名并加盖调解组织印章后生效。

第十一条 【仲裁调解】仲裁庭对农村土地承包经营纠纷应当进行调解。调解达成协议的,仲裁庭应当制作调解书;调解不成的,应当及时作出裁决。

调解书应当写明仲裁请求和当事人协议的结果。调解书由仲裁员签名,加盖农村土地承包仲裁委员会印章,送达双方当事人。

调解书经双方当事人签收后,即发生法律效力。在调解书签收前当事人反悔的,仲裁庭应当及时作出裁决。

第三章 仲 裁

第一节 仲裁委员会和仲裁员

第十二条 【农村土地承包仲裁委员会的设立】农村土地承包仲裁委员会,根据解决农村土地承包经营纠纷的实际需要设立。农村土地承包仲裁委员会可以在县和不设区的市设立,也可以在设区的市或者其市辖区设立。

农村土地承包仲裁委员会在当地人民政府指导下设立。设立农村土地承包仲裁委员会的,其日常工作由当地农村土地承包管理部门承担。

第十三条 【农村土地承包仲裁委员会的组成】农村土地承包仲裁委员会由当地人民政府及其有关部门代表、有关人民团体代表、农村集体经济组织代表、农民代表和法律、经济等相关专业人员兼任组成,其中农民代表和法律、经济等相关专业人员不得少于组成人员的二分之一。

农村土地承包仲裁委员会设主任一人、副主任一至二人和委员若干人。主任、副主任由全体组成人员选举产生。

第十四条 【农村土地承包仲裁委员会的职责】农村土地承包仲裁委员会依法履行下列职责:

(一)聘任、解聘仲裁员;

(二)受理仲裁申请;

(三)监督仲裁活动。

农村土地承包仲裁委员会应当依照本法制定章程,对其组成人员的产生方式及任期、议事规则等作出规定。

第十五条 【仲裁员的选任】农村土地承包仲裁委员会应当从公道正派的人员中聘任仲裁员。

仲裁员应当符合下列条件之一:

(一)从事农村土地承包管理工作满五年;

(二)从事法律工作或者人民调解工作满五年;

(三)在当地威信较高,并熟悉农村土地承包法律以及国家政策的居民。

第十六条 【仲裁员的培训】农村土地承包仲裁委员会应当对仲裁员进行农村土地承包法律以及国家政策的培训。

省、自治区、直辖市人民政府农村土地承包管理部门应当制定仲裁培训计划,加强对仲裁员培训工作的组织和指导。

第十七条 【仲裁人员禁止行为】农村土地承包仲裁委员会组成人员、仲裁员应当依法履行职责,遵守农村土地承包仲裁委员会章程和仲裁规则,不得索贿受贿、徇私舞弊,不得侵害当事人的合法权益。

仲裁员有索贿受贿、徇私舞弊、枉法裁决以及接受当事人请客送礼等违法违纪行为的,农村土地承包仲裁委员会应当将其除名;构成犯罪的,依法追究刑事责任。

县级以上地方人民政府及有关部门应当受理对农村土地承包仲裁委员会组成人员、仲裁员违法违纪行为的投诉和举报,并依法组织查处。

第二节　申请和受理

第十八条　【仲裁时效】农村土地承包经营纠纷申请仲裁的时效期间为二年,自当事人知道或者应当知道其权利被侵害之日起计算。

第十九条　【仲裁参与人】农村土地承包经营纠纷仲裁的申请人、被申请人为当事人。家庭承包的,可以由农户代表人参加仲裁。当事人一方人数众多的,可以推选代表人参加仲裁。

与案件处理结果有利害关系的,可以申请作为第三人参加仲裁,或者由农村土地承包仲裁委员会通知其参加仲裁。

当事人、第三人可以委托代理人参加仲裁。

第二十条　【申请仲裁的条件】申请农村土地承包经营纠纷仲裁应当符合下列条件:

（一）申请人与纠纷有直接的利害关系;

（二）有明确的被申请人;

（三）有具体的仲裁请求和事实、理由;

（四）属于农村土地承包仲裁委员会的受理范围。

第二十一条　【仲裁申请】当事人申请仲裁,应当向纠纷涉及的土地所在地的农村土地承包仲裁委员会递交仲裁申请书。仲裁申请书可以邮寄或者委托他人代交。仲裁申请书应当载明申请人和被申请人的基本情况,

仲裁请求和所根据的事实、理由,并提供相应的证据和证据来源。

书面申请确有困难的,可以口头申请,由农村土地承包仲裁委员会记入笔录,经申请人核实后由其签名、盖章或者按指印。

第二十二条　【仲裁申请的审查受理】农村土地承包仲裁委员会应当对仲裁申请予以审查,认为符合本法第二十条规定的,应当受理。有下列情形之一的,不予受理;已受理的,终止仲裁程序:

（一）不符合申请条件;

（二）人民法院已受理该纠纷;

（三）法律规定该纠纷应当由其他机构处理;

（四）对该纠纷已有生效的判决、裁定、仲裁裁决、行政处理决定等。

第二十三条　【仲裁申请处理程序】农村土地承包仲裁委员会决定受理的,应当自收到仲裁申请之日起五个工作日内,将受理通知书、仲裁规则和仲裁员名册送达申请人;决定不予受理或者终止仲裁程序的,应当自收到仲裁申请或者发现终止仲裁程序情形之日起五个工作日内书面通知申请人,并说明理由。

第二十四条　【送达】农村土地承包仲裁委员会应当自受理仲裁申请之日起五个工作日内,将受理通知书、仲裁申请书副本、仲裁规则和仲裁员名册送达被申请人。

第二十五条　【仲裁答辩】被申请人应当自收到仲裁申请书副本之日起十日内向农村土地承包仲裁委员会提交答辩书;书面答辩确有困难的,可以口头答辩,由农村土地承包仲裁委员会记入笔录,经被申请人核实后由其签名、盖章或者按指印。农村土地承包仲裁委员会应当自收到答辩书之日起五个工作日内将答辩书副本送达申请人。被申请人未答辩的,不影响仲裁程序的进行。

第二十六条　【财产保全】一方当事人因另一方当事人的行为或者其他原因,可能使

裁决不能执行或者难以执行的,可以申请财产保全。

当事人申请财产保全的,农村土地承包仲裁委员会应当将当事人的申请提交被申请人住所地或者财产所在地的基层人民法院。

申请有错误的,申请人应当赔偿被申请人因财产保全所遭受的损失。

第三节 仲裁庭的组成

第二十七条 【仲裁员的选定】仲裁庭由三名仲裁员组成,首席仲裁员由当事人共同选定,其他二名仲裁员由当事人各自选定;当事人不能选定的,由农村土地承包仲裁委员会主任指定。

事实清楚、权利义务关系明确、争议不大的农村土地承包经营纠纷,经双方当事人同意,可以由一名仲裁员仲裁。仲裁员由当事人共同选定或者由农村土地承包仲裁委员会主任指定。

农村土地承包仲裁委员会应当自仲裁庭组成之日起二个工作日内将仲裁庭组成情况通知当事人。

第二十八条 【回避】仲裁员有下列情形之一的,必须回避,当事人也有权以口头或者书面方式申请其回避:

(一)是本案当事人或者当事人、代理人的近亲属;

(二)与本案有利害关系;

(三)与本案当事人、代理人有其他关系,可能影响公正仲裁;

(四)私自会见当事人、代理人,或者接受当事人、代理人的请客送礼。

当事人提出回避申请,应当说明理由,在首次开庭前提出。回避事由在首次开庭后知道的,可以在最后一次开庭终结前提出。

第二十九条 【回避决定】农村土地承包仲裁委员会对回避申请应当及时作出决定,以口头或者书面方式通知当事人,并说明理由。

仲裁员是否回避,由农村土地承包仲裁委员会主任决定;农村土地承包仲裁委员会主任担任仲裁员时,由农村土地承包仲裁委员会集体决定。

仲裁员因回避或者其他原因不能履行职责的,应当依照本法规定重新选定或者指定仲裁员。

第四节 开庭和裁决

第三十条 【仲裁方式】农村土地承包经营纠纷仲裁应当开庭进行。

开庭可以在纠纷涉及的土地所在地的乡(镇)或者村进行,也可以在农村土地承包仲裁委员会所在地进行。当事人双方要求在乡(镇)或者村开庭的,应当在该乡(镇)或者村开庭。

开庭应当公开,但涉及国家秘密、商业秘密和个人隐私以及当事人约定不公开的除外。

第三十一条 【开庭事宜通知】仲裁庭应当在开庭五个工作日前将开庭的时间、地点通知当事人和其他仲裁参与人。

当事人有正当理由的,可以向仲裁庭请求变更开庭的时间、地点。是否变更,由仲裁庭决定。

第三十二条 【仲裁和解】当事人申请仲裁后,可以自行和解。达成和解协议的,可以请求仲裁庭根据和解协议作出裁决书,也可以撤回仲裁申请。

第三十三条 【仲裁请求】申请人可以放弃或者变更仲裁请求。被申请人可以承认或者反驳仲裁请求,有权提出反请求。

第三十四条 【撤回仲裁申请】仲裁庭作出裁决前,申请人撤回仲裁申请的,除被申请人提出反请求的外,仲裁庭应当终止仲裁。

第三十五条 【缺席裁决】申请人经书面通知,无正当理由不到庭或者未经仲裁庭许可中途退庭的,可以视为撤回仲裁申请。

被申请人经书面通知,无正当理由不到

庭或者未经仲裁庭许可中途退庭的,可以缺席裁决。

第三十六条　【仲裁庭审】当事人在开庭过程中有权发表意见、陈述事实和理由、提供证据、进行质证和辩论。对不通晓当地通用语言文字的当事人,农村土地承包仲裁委员会应当为其提供翻译。

第三十七条　【证据规则】当事人应当对自己的主张提供证据。与纠纷有关的证据由作为当事人一方的发包方等掌握管理的,该当事人应当在仲裁庭指定的期限内提供,逾期不提供的,应当承担不利后果。

第三十八条　【证据收集】仲裁庭认为有必要收集的证据,可以自行收集。

第三十九条　【鉴定】仲裁庭对专门性问题认为需要鉴定的,可以交由当事人约定的鉴定机构鉴定;当事人没有约定的,由仲裁庭指定的鉴定机构鉴定。

根据当事人的请求或者仲裁庭的要求,鉴定机构应当派鉴定人参加开庭。当事人经仲裁庭许可,可以向鉴定人提问。

第四十条　【质证】证据应当在开庭时出示,但涉及国家秘密、商业秘密和个人隐私的证据不得在公开开庭时出示。

仲裁庭应当依照仲裁规则的规定开庭,给予双方当事人平等陈述、辩论的机会,并组织当事人进行质证。

经仲裁庭查证属实的证据,应当作为认定事实的根据。

第四十一条　【证据保全】在证据可能灭失或者以后难以取得的情况下,当事人可以申请证据保全。当事人申请证据保全的,农村土地承包仲裁委员会应当将当事人的申请提交证据所在地的基层人民法院。

第四十二条　【先行裁定】对权利义务关系明确的纠纷,经当事人申请,仲裁庭可以先行裁定维持现状、恢复农业生产以及停止取土、占地等行为。

一方当事人不履行先行裁定的,另一方当事人可以向人民法院申请执行,但应当提供相应的担保。

第四十三条　【开庭笔录】仲裁庭应当将开庭情况记入笔录,由仲裁员、记录人员、当事人和其他仲裁参与人签名、盖章或者按指印。

当事人和其他仲裁参与人认为对自己陈述的记录有遗漏或者差错的,有权申请补正。如果不予补正,应当记录该申请。

第四十四条　【仲裁裁决】仲裁庭应当根据认定的事实和法律以及国家政策作出裁决并制作裁决书。

裁决应当按照多数仲裁员的意见作出,少数仲裁员的不同意见可以记入笔录。仲裁庭不能形成多数意见时,裁决应当按照首席仲裁员的意见作出。

第四十五条　【裁决书】裁决书应当写明仲裁请求、争议事实、裁决理由、裁决结果、裁决日期以及当事人不服仲裁裁决的起诉权利、期限,由仲裁员签名,加盖农村土地承包仲裁委员会印章。

农村土地承包仲裁委员会应当在裁决作出之日起三个工作日内将裁决书送达当事人,并告知当事人不服仲裁裁决的起诉权利、期限。

第四十六条　【独立仲裁原则】仲裁庭依法独立履行职责,不受行政机关、社会团体和个人的干涉。

第四十七条　【仲裁时限】仲裁农村土地承包经营纠纷,应当自受理仲裁申请之日起六十日内结束;案情复杂需要延长的,经农村土地承包仲裁委员会主任批准可以延长,并书面通知当事人,但延长期限不得超过三十日。

第四十八条　【裁决效力】当事人不服仲裁裁决的,可以自收到裁决书之日起三十日内向人民法院起诉。逾期不起诉的,裁决书即发生法律效力。

第四十九条　【申请执行】当事人对发生

法律效力的调解书、裁决书,应当依照规定的期限履行。一方当事人逾期不履行的,另一方当事人可以向被申请人住所地或者财产所在地的基层人民法院申请执行。受理申请的人民法院应当依法执行。

第四章 附 则

第五十条 【农村土地界定】本法所称农村土地,是指农民集体所有和国家所有依法由农民集体使用的耕地、林地、草地,以及其他依法用于农业的土地。

第五十一条 【仲裁规则等的制定】农村土地承包经营纠纷仲裁规则和农村土地承包仲裁委员会示范章程,由国务院农业、林业行政主管部门依照本法规定共同制定。

第五十二条 【仲裁不收费】农村土地承包经营纠纷仲裁不得向当事人收取费用,仲裁工作经费纳入财政预算予以保障。

第五十三条 【施行日期】本法自2010年1月1日起施行。

最高人民法院关于审理涉及农村土地承包经营纠纷调解仲裁案件适用法律若干问题的解释

(2013年12月27日最高人民法院审判委员会第1601次会议通过 根据2020年12月23日最高人民法院审判委员会第1823次会议通过的《最高人民法院关于修改〈最高人民法院关于在民事审判工作中适用《中华人民共和国工会法》若干问题的解释〉等二十七件民事类司法解释的决定》修正 2020年12月29日最高人民法院公告公布)

为正确审理涉及农村土地承包经营纠纷调解仲裁案件,根据《中华人民共和国农村土地承包法》《中华人民共和国农村土地承包经营纠纷调解仲裁法》《中华人民共和国民事诉讼法》等法律的规定,结合民事审判实践,就审理涉及农村土地承包经营纠纷调解仲裁案件适用法律的若干问题,制定本解释。

第一条 农村土地承包仲裁委员会根据农村土地承包经营纠纷调解仲裁法第十八条规定,以超过申请仲裁的时效期间为由驳回申请后,当事人就同一纠纷提起诉讼的,人民法院应予受理。

第二条 当事人在收到农村土地承包仲裁委员会作出的裁决书之日起三十日后或者签收农村土地承包仲裁委员会作出的调解书后,就同一纠纷向人民法院提起诉讼的,裁定不予受理;已经受理的,裁定驳回起诉。

第三条 当事人在收到农村土地承包仲裁委员会作出的裁决书之日起三十日内,向人民法院提起诉讼,请求撤销仲裁裁决的,人民法院应当告知当事人就原纠纷提起诉讼。

第四条 农村土地承包仲裁委员会依法向人民法院提交当事人财产保全申请的,申请财产保全的当事人为申请人。

农村土地承包仲裁委员会应当提交下列材料:

(一)财产保全申请书;

(二)农村土地承包仲裁委员会发出的受理案件通知书;

(三)申请人的身份证明;

(四)申请保全财产的具体情况。

人民法院采取保全措施,可以责令申请人提供担保,申请人不提供担保的,裁定驳回申请。

第五条 人民法院对农村土地承包仲裁委员会提交的财产保全申请材料,应当进行审查。符合前条规定的,应予受理;申请材料不齐全或不符合规定的,人民法院应当告知农村土地承包仲裁委员会需要补齐的内容。

人民法院决定受理的,应当于三日内向

当事人送达受理通知书并告知农村土地承包仲裁委员会。

第六条 人民法院受理财产保全申请后,应当在十日内作出裁定。因特殊情况需要延长的,经本院院长批准,可以延长五日。

人民法院接受申请后,对情况紧急的,必须在四十八小时内作出裁定;裁定采取保全措施的,应当立即开始执行。

第七条 农村土地承包经营纠纷仲裁中采取的财产保全措施,在申请保全的当事人依法提起诉讼后,自动转为诉讼中的财产保全措施,并适用《最高人民法院关于适用〈中华人民共和国民事诉讼法〉的解释》第四百八十七条关于查封、扣押、冻结期限的规定。

第八条 农村土地承包仲裁委员会依法向人民法院提交当事人证据保全申请的,应当提供下列材料:

(一)证据保全申请书;

(二)农村土地承包仲裁委员会发出的受理案件通知书;

(三)申请人的身份证明;

(四)申请保全证据的具体情况。

对证据保全的具体程序事项,适用本解释第五、六、七条关于财产保全的规定。

第九条 农村土地承包仲裁委员会作出先行裁定后,一方当事人依法向被执行人住所地或者被执行的财产所在地基层人民法院申请执行的,人民法院应予受理和执行。

申请执行先行裁定的,应当提供以下材料:

(一)申请执行书;

(二)农村土地承包仲裁委员会作出的先行裁定书;

(三)申请执行人的身份证明;

(四)申请执行人提供的担保情况;

(五)其他应当提交的文件或证件。

第十条 当事人根据农村土地承包经营纠纷调解仲裁法第四十九条规定,向人民法院申请执行调解书、裁决书,符合《最高人民法院关于人民法院执行工作若干问题的规定(试行)》第十六条规定条件的,人民法院应予受理和执行。

第十一条 当事人因不服农村土地承包仲裁委员会作出的仲裁裁决向人民法院提起诉讼的,起诉期从其收到裁决书的次日起计算。

第十二条 本解释施行后,人民法院尚未审结的一审、二审案件适用本解释规定。本解释施行前已经作出生效裁判的案件,本解释施行后依法再审的,不适用本解释规定。

(四)人民调解

中华人民共和国人民调解法

(2010 年 8 月 28 日第十一届全国人民代表大会常务委员会第十六次会议通过 2010 年 8 月 28 日中华人民共和国主席令第 34 号公布 自 2011 年 1 月 1 日起施行)

目 录

第一章 总 则

第一条 【立法目的和立法根据】为了完善人民调解制度,规范人民调解活动,及时解决民间纠纷,维护社会和谐稳定,根据宪法,制定本法。

第二条 【人民调解定义】本法所称人民调解,是指人民调解委员会通过说服、疏导等方法,促使当事人在平等协商基础上自愿达成调解协议,解决民间纠纷的活动。

第三条 【人民调解工作基本原则】人民调解委员会调解民间纠纷,应当遵循下列原则:

(一)在当事人自愿、平等的基础上进行调解;

(二)不违背法律、法规和国家政策;

(三)尊重当事人的权利,不得因调解而阻止当事人依法通过仲裁、行政、司法等途径维护自己的权利。

第四条 【人民调解不收费】人民调解委员会调解民间纠纷,不收取任何费用。

第五条 【对人民调解工作的指导】国务院司法行政部门负责指导全国的人民调解工作,县级以上地方人民政府司法行政部门负责指导本行政区域的人民调解工作。

基层人民法院对人民调解委员会调解民间纠纷进行业务指导。

第六条 【鼓励和支持人民调解工作】国家鼓励和支持人民调解工作。县级以上地方人民政府对人民调解工作所需经费应当给予必要的支持和保障,对有突出贡献的人民调解委员会和人民调解员按照国家规定给予表彰奖励。

第二章 人民调解委员会

第七条 【人民调解委员会的性质】人民调解委员会是依法设立的调解民间纠纷的群众性组织。

第八条 【人民调解委员会的组织形式与人员构成】村民委员会、居民委员会设立人民调解委员会。企业事业单位根据需要设立人民调解委员会。

人民调解委员会由委员三至九人组成,设主任一人,必要时,可以设副主任若干人。

人民调解委员会应当有妇女成员,多民族居住的地区应当有人数较少民族的成员。

第九条 【人民调解委员会委员产生方式及任期】村民委员会、居民委员会的人民调解委员会委员由村民会议或者村民代表会议、居民会议推选产生;企业事业单位设立的人民调解委员会委员由职工大会、职工代表大会或者工会组织推选产生。

人民调解委员会委员每届任期三年,可以连选连任。

第十条 【人民调解委员会有关情况的统计与通报】县级人民政府司法行政部门应当对本行政区域内人民调解委员会的设立情况进行统计,并且将人民调解委员会以及人员组成和调整情况及时通报所在地基层人民法院。

第十一条 【健全工作制度与密切群众关系】人民调解委员会应当建立健全各项调解工作制度,听取群众意见,接受群众监督。

第十二条 【为人民调解委员会开展工作提供保障】村民委员会、居民委员会和企业事业单位应当为人民调解委员会开展工作提供办公条件和必要的工作经费。

第三章 人民调解员

第十三条 【人民调解员的构成】人民调解员由人民调解委员会委员和人民调解委员会聘任的人员担任。

第十四条 【人民调解员的任职条件与业务培训】人民调解员应当由公道正派、热心人民调解工作,并具有一定文化水平、政策水平和法律知识的成年公民担任。

县级人民政府司法行政部门应当定期对人民调解员进行业务培训。

第十五条 【罢免或者解聘人民调解员的情形】人民调解员在调解工作中有下列行为之一的,由其所在的人民调解委员会给予批评教育、责令改正,情节严重的,由推选或者聘任单位予以罢免或者解聘:

(一)偏袒一方当事人的;

(二)侮辱当事人的;

(三)索取、收受财物或者牟取其他不正当利益的;

(四)泄露当事人的个人隐私、商业秘密的。

第十六条 【人民调解员待遇】人民调解员从事调解工作,应当给予适当的误工补贴;因从事调解工作致伤致残,生活发生困难的,当地人民政府应当提供必要的医疗、生活救助;在人民调解工作岗位上牺牲的人民调解员,其配偶、子女按照国家规定享受抚恤和优待。

第四章 调解程序

第十七条 【人民调解的启动方式】当事人可以向人民调解委员会申请调解;人民调解委员会也可以主动调解。当事人一方明确拒绝调解的,不得调解。

第十八条 【告知当事人申请人民调解】基层人民法院、公安机关对适宜通过人民调解方式解决的纠纷,可以在受理前告知当事人向人民调解委员会申请调解。

第十九条 【人民调解员的确定】人民调解委员会根据调解纠纷的需要,可以指定一名或者数名人民调解员进行调解,也可以由当事人选择一名或者数名人民调解员进行调解。

第二十条 【邀请、支持有关人员参与调解】人民调解员根据调解纠纷的需要,在征得当事人的同意后,可以邀请当事人的亲属、邻里、同事等参与调解,也可以邀请具有专门知识、特定经验的人员或者有关社会组织的人员参与调解。

人民调解委员会支持当地公道正派、热心调解、群众认可的社会人士参与调解。

第二十一条 【人民调解员调解工作要求】人民调解员调解民间纠纷,应当坚持原则,明法析理,主持公道。

调解民间纠纷,应当及时、就地进行,防止矛盾激化。

第二十二条 【调解程序与调解方式】人民调解员根据纠纷的不同情况,可以采取多种方式调解民间纠纷,充分听取当事人的陈述,讲解有关法律、法规和国家政策,耐心疏导,在当事人平等协商、互谅互让的基础上提出纠纷解决方案,帮助当事人自愿达成调解协议。

第二十三条 【人民调解活动中的当事人权利】当事人在人民调解活动中享有下列权利:

(一)选择或者接受人民调解员;

(二)接受调解、拒绝调解或者要求终止调解;

(三)要求调解公开进行或者不公开进行;

(四)自主表达意愿、自愿达成调解协议。

第二十四条 【人民调解活动中的当事人义务】当事人在人民调解活动中履行下列义务:

(一)如实陈述纠纷事实;

(二)遵守调解现场秩序,尊重人民调解员;

(三)尊重对方当事人行使权利。

第二十五条 【调解过程中预防纠纷激化工作的措施】人民调解员在调解纠纷过程中,发现纠纷有可能激化的,应当采取有针对性的预防措施;对有可能引起治安案件、刑事案件的纠纷,应当及时向当地公安机关或者其他有关部门报告。

第二十六条 【调解终止】人民调解员调解纠纷，调解不成的，应当终止调解，并依据有关法律、法规的规定，告知当事人可以依法通过仲裁、行政、司法等途径维护自己的权利。

第二十七条 【人民调解材料立卷归档】人民调解员应当记录调解情况。人民调解委员会应当建立调解工作档案，将调解登记、调解工作记录、调解协议书等材料立卷归档。

第五章 调解协议

第二十八条 【达成调解协议的方式】经人民调解委员会调解达成调解协议的，可以制作调解协议书。当事人认为无需制作调解协议书的，可以采取口头协议方式，人民调解员应当记录协议内容。

第二十九条 【调解协议书的制作、生效及留存】调解协议书可以载明下列事项：

（一）当事人的基本情况；

（二）纠纷的主要事实、争议事项以及各方当事人的责任；

（三）当事人达成调解协议的内容，履行的方式、期限。

调解协议书自各方当事人签名、盖章或者按指印，人民调解员签名并加盖人民调解委员会印章之日起生效。调解协议书由当事人各执一份，人民调解委员会留存一份。

第三十条 【口头调解协议的生效】口头调解协议自各方当事人达成协议之日起生效。

第三十一条 【调解协议效力】经人民调解委员会调解达成的调解协议，具有法律约束力，当事人应当按照约定履行。

人民调解委员会应当对调解协议的履行情况进行监督，督促当事人履行约定的义务。

第三十二条 【当事人对调解协议的内容或履行发生争议的救济】经人民调解委员会调解达成调解协议后，当事人之间就调解协议的履行或者调解协议的内容发生争议的，一方当事人可以向人民法院提起诉讼。

第三十三条 【对调解协议的司法确认】经人民调解委员会调解达成调解协议后，双方当事人认为有必要的，可以自调解协议生效之日起三十日内共同向人民法院申请司法确认，人民法院应当及时对调解协议进行审查，依法确认调解协议的效力。

人民法院依法确认调解协议有效，一方当事人拒绝履行或者未全部履行的，对方当事人可以向人民法院申请强制执行。

人民法院依法确认调解协议无效的，当事人可以通过人民调解方式变更原调解协议或者达成新的调解协议，也可以向人民法院提起诉讼。

第六章 附 则

第三十四条 【参照设立人民调解委员会】乡镇、街道以及社会团体或者其他组织根据需要可以参照本法有关规定设立人民调解委员会，调解民间纠纷。

第三十五条 【施行日期】本法自2011年1月1日起施行。

最高人民法院关于人民调解协议司法确认程序的若干规定

（2011年3月21日最高人民法院审判委员会第1515次会议通过 2011年3月23日最高人民法院公告公布 自2011年3月30日起施行 法释〔2011〕5号）

为了规范经人民调解委员会调解达成的民事调解协议的司法确认程序，进一步建立健全诉讼与非诉讼相衔接的矛盾纠纷解决机制,依照《中华人民共和国民事诉讼法》和《中华人民共和国人民调解法》的规定,结合审判实际,制定本规定。

第一条　当事人根据《中华人民共和国人民调解法》第三十三条的规定共同向人民法院申请确认调解协议的,人民法院应当依法受理。

第二条　当事人申请确认调解协议的,由主持调解的人民调解委员会所在地基层人民法院或者它派出的法庭管辖。

人民法院在立案前委派人民调解委员会调解并达成调解协议,当事人申请司法确认的,由委派的人民法院管辖。

第三条　当事人申请确认调解协议,应当向人民法院提交司法确认申请书、调解协议和身份证明、资格证明,以及与调解协议相关的财产权利证明等证明材料,并提供双方当事人的送达地址、电话号码等联系方式。委托他人代为申请的,必须向人民法院提交由委托人签名或者盖章的授权委托书。

第四条　人民法院收到当事人司法确认申请,应当在三日内决定是否受理。人民法院决定受理的,应当编立"调确字"案号,并及时向当事人送达受理通知书。双方当事人同时到法院申请司法确认的,人民法院可以当即受理并作出是否确认的决定。

有下列情形之一的,人民法院不予受理:

(一)不属于人民法院受理民事案件的范围或者不属于接受申请的人民法院管辖的;

(二)确认身份关系的;

(三)确认收养关系的;

(四)确认婚姻关系的。

第五条　人民法院应当自受理司法确认申请之日起十五日内作出是否确认的决定。因特殊情况需要延长的,经本院院长批准,可以延长十日。

在人民法院作出是否确认的决定前,一方或者双方当事人撤回司法确认申请的,人民法院应当准许。

第六条　人民法院受理司法确认申请后,应当指定一名审判人员对调解协议进行审查。人民法院在必要时可以通知双方当事人同时到场,当面询问当事人。当事人应当向人民法院如实陈述申请确认的调解协议的有关情况,保证提交的证明材料真实、合法。人民法院在审查中,认为当事人的陈述或者提供的证明材料不充分、不完备或者有疑义的,可以要求当事人补充陈述或者补充证明材料。当事人无正当理由未按时补充或者拒不接受询问的,可以按撤回司法确认申请处理。

第七条　具有下列情形之一的,人民法院不予确认调解协议效力:

(一)违反法律、行政法规强制性规定的;

(二)侵害国家利益、社会公共利益的;

(三)侵害案外人合法权益的;

(四)损害社会公序良俗的;

(五)内容不明确,无法确认的;

(六)其他不能进行司法确认的情形。

第八条　人民法院经审查认为调解协议符合确认条件的,应当作出确认决定书;决定不予确认调解协议效力的,应当作出不予确认决定书。

第九条　人民法院依法作出确认决定后,一方当事人拒绝履行或者未全部履行的,对方当事人可以向作出确认决定的人民法院申请强制执行。

第十条　案外人认为经人民法院确认的调解协议侵害其合法权益的,可以自知道或者应当知道权益被侵害之日起一年内,向作出确认决定的人民法院申请撤销确认决定。

第十一条　人民法院办理人民调解协议司法确认案件,不收取费用。

第十二条　人民法院可以将调解协议不予确认的情况定期或者不定期通报同级司法行政机关和相关人民调解委员会。

第十三条　经人民法院建立的调解员名

册中的调解员调解达成协议后,当事人申请司法确认的,参照本规定办理。人民法院立案后委托他人调解达成的协议的司法确认,按照《最高人民法院关于人民法院民事调解工作若干问题的规定》(法释〔2004〕12号)的有关规定办理。

最高人民法院关于人民法院民事调解工作若干问题的规定

(2004年8月18日最高人民法院审判委员会第1321次会议通过 根据2008年12月16日公布的《最高人民法院关于调整司法解释等文件中引用〈中华人民共和国民事诉讼法〉条文序号的决定》第一次修正 根据2020年12月23日最高人民法院审判委员会第1823次会议通过的《最高人民法院关于修改〈最高人民法院关于人民法院民事调解工作若干问题的规定〉等十九件民事诉讼类司法解释的决定》第二次修正 2020年12月29日最高人民法院公告公布)

为了保证人民法院正确调解民事案件,及时解决纠纷,保障和方便当事人依法行使诉讼权利,节约司法资源,根据《中华人民共和国民事诉讼法》等法律的规定,结合人民法院调解工作的经验和实际情况,制定本规定。

第一条 根据民事诉讼法第九十五条的规定,人民法院可以邀请与当事人有特定关系或者与案件有一定联系的企业事业单位、社会团体或者其他组织,和具有专门知识、特定社会经验、与当事人有特定关系并有利于促成调解的个人协助调解工作。

经各方当事人同意,人民法院可以委托前款规定的单位或者个人对案件进行调解,达成调解协议后,人民法院应当依法予以确认。

第二条 当事人在诉讼过程中自行达成和解协议的,人民法院可以根据当事人的申请依法确认和解协议制作调解书。双方当事人申请庭外和解的期间,不计入审限。

当事人在和解过程中申请人民法院对和解活动进行协调的,人民法院可以委派审判辅助人员或者邀请、委托有关单位和个人从事协调活动。

第三条 人民法院应当在调解前告知当事人主持调解人员和书记员姓名以及是否申请回避等有关诉讼权利和诉讼义务。

第四条 在答辩期满前人民法院对案件进行调解,适用普通程序的案件在当事人同意调解之日起15天内,适用简易程序的案件在当事人同意调解之日起7天内未达成调解协议的,经各方当事人同意,可以继续调解。延长的调解期间不计入审限。

第五条 当事人申请不公开进行调解的,人民法院应当准许。

调解时当事人各方应当同时在场,根据需要也可以对当事人分别作调解工作。

第六条 当事人可以自行提出调解方案,主持调解的人员也可以提出调解方案供当事人协商时参考。

第七条 调解协议内容超出诉讼请求的,人民法院可以准许。

第八条 人民法院对于调解协议约定一方不履行协议应当承担民事责任的,应予准许。

调解协议约定一方不履行协议,另一方可以请求人民法院对案件作出裁判的条款,人民法院不予准许。

第九条 调解协议约定一方提供担保或者案外人同意为当事人提供担保的,人民法院应当准许。

案外人提供担保的,人民法院制作调解书应当列明担保人,并将调解书送交担保人。担保人不签收调解书的,不影响调解书生效。

当事人或者案外人提供的担保符合民法

典规定的条件时生效。

第十条　调解协议具有下列情形之一的，人民法院不予确认：

（一）侵害国家利益、社会公共利益的；

（二）侵害案外人利益的；

（三）违背当事人真实意思的；

（四）违反法律、行政法规禁止性规定的。

第十一条　当事人不能对诉讼费用如何承担达成协议的，不影响调解协议的效力。人民法院可以直接决定当事人承担诉讼费用的比例，并将决定记入调解书。

第十二条　对调解书的内容既不享有权利又不承担义务的当事人不签收调解书的，不影响调解书的效力。

第十三条　当事人以民事调解书与调解协议的原意不一致为由提出异议，人民法院审查后认为异议成立的，应当根据调解协议裁定补正民事调解书的相关内容。

第十四条　当事人就部分诉讼请求达成调解协议的，人民法院可以就此先行确认并制作调解书。

当事人就主要诉讼请求达成调解协议，请求人民法院对未达成协议的诉讼请求提出处理意见并表示接受该处理结果的，人民法院的处理意见是调解协议的一部分内容，制作调解书的记入调解书。

第十五条　调解书确定的担保条款条件或者承担民事责任的条件成就时，当事人申请执行的，人民法院应当依法执行。

不履行调解协议的当事人按照前款规定承担了调解书确定的民事责任后，对方当事人又要求其承担民事诉讼法第二百五十三条规定的迟延履行责任的，人民法院不予支持。

第十六条　调解书约定给付特定标的物的，调解协议达成前该物上已经存在的第三人的物权和优先权不受影响。第三人在执行过程中对执行标的物提出异议的，应当按照民事诉讼法第二百二十七条规定处理。

第十七条　人民法院对刑事附带民事诉讼案件进行调解，依照本规定执行。

第十八条　本规定实施前人民法院已经受理的案件，在本规定施行后尚未审结的，依照本规定执行。

第十九条　本规定实施前最高人民法院的有关司法解释与本规定不一致的，适用本规定。

第二十条　本规定自 2004 年 11 月 1 日起实施。

最高人民法院关于民商事案件繁简分流和调解速裁操作规程（试行）

（2017 年 5 月 8 日　法发〔2017〕14 号）

为贯彻落实最高人民法院《关于进一步推进案件繁简分流优化司法资源配置的若干意见》《关于人民法院进一步深化多元化纠纷解决机制改革的意见》，推动和规范人民法院民商事案件繁简分流、先行调解、速裁等工作，依法高效审理民商事案件，实现简案快审、繁案精审，切实减轻当事人诉累，根据《中华人民共和国民事诉讼法》及有关司法解释，结合人民法院审判工作实际，制定本规程。

第一条　民商事简易纠纷解决方式主要有先行调解、和解、速裁、简易程序、简易程序中的小额诉讼、督促程序等。

人民法院对当事人起诉的民商事纠纷，在依法登记立案后，应当告知双方当事人可供选择的简易纠纷解决方式，释明各项程序的特点。

先行调解包括人民法院调解和委托第三方调解。

第二条　人民法院应当指派专职或兼职程序分流员。

程序分流员负责以下工作：

（一）根据案件事实、法律适用、社会影响等因素，确定案件应当适用的程序；

（二）对系列性、群体性或者关联性案件等进行集中分流；

（三）对委托调解的案件进行跟踪、提示、指导、督促；

（四）做好不同案件程序之间转换衔接工作；

（五）其他与案件分流、程序转换相关的工作。

第三条 人民法院登记立案后，程序分流员认为适宜调解的，在征求当事人意见后，转入调解程序；认为应当适用简易程序、速裁的，转入相应程序，进行快速审理；认为应当适用特别程序、普通程序的，根据业务分工确定承办部门。

登记立案前，需要制作诉前保全裁定书、司法确认裁定书、和解备案的，由程序分流员记录后转办。

第四条 案件程序分流一般应当在登记立案当日完成，最长不超过三日。

第五条 程序分流后，尚未进入调解或审理程序时，承办部门和法官认为程序分流不当的，应当及时提出，不得自行将案件退回或移送。

程序分流员认为异议成立的，可以将案件收回并重新分配。

第六条 在调解或审理中，由于出现或发现新情况，承办部门和法官决定转换程序的，向程序分流员备案。已经转换过一次程序的案件，原则上不得再次转换。

第七条 案件适宜调解的，应当出具先行调解告知书，引导当事人先行调解，当事人明确拒绝的除外。

第八条 先行调解告知书包括以下内容：

（一）先行调解特点；

（二）自愿调解原则；

（三）先行调解人员；

（四）先行调解程序；

（五）先行调解法律效力；

（六）诉讼费减免规定；

（七）其他相关事宜。

第九条 下列适宜调解的纠纷，应当引导当事人委托调解：

（一）家事纠纷；

（二）相邻关系纠纷；

（三）劳动争议纠纷；

（四）交通事故赔偿纠纷；

（五）医疗纠纷；

（六）物业纠纷；

（七）消费者权益纠纷；

（八）小额债务纠纷；

（九）申请撤销劳动争议仲裁裁决纠纷。

其他适宜调解的纠纷，也可以引导当事人委托调解。

第十条 人民法院指派法官担任专职调解员，负责以下工作：

（一）主持调解；

（二）对调解达成协议的，制作调解书；

（三）对调解不成适宜速裁的，径行裁判。

第十一条 人民法院调解或者委托调解的，应当在十五日内完成。各方当事人同意的，可以适当延长，延长期限不超过十五日。调解期间不计入审理期限。

当事人选择委托调解的，人民法院应当在三日内移交相关材料。

第十二条 委托调解达成协议的，调解人员应当在三日内将调解协议提交人民法院，由法官审查后制作调解书或者准许撤诉裁定书。

不能达成协议的，应当书面说明调解情况。

第十三条 人民法院调解或者委托调解未能达成协议，需要转换程序的，调解人员应当在三日内将案件材料移送程序分流员，由程序分流员转入其他程序。

第十四条　经委托调解达成协议后撤诉，或者人民调解达成协议未经司法确认，当事人就调解协议的内容或者履行发生争议的，可以提起诉讼。

人民法院应当就当事人的诉讼请求进行审理，当事人的权利义务不受原调解协议的约束。

第十五条　第二审人民法院在征得当事人同意后，可以在立案后移送审理前由专职调解员或者合议庭进行调解，法律规定不予调解的情形除外。

二审理前的调解应当在十日内完成。各方当事人同意的，可以适当延长，延长期限不超过十日。调解期间不计入审理期限。

第十六条　当事人同意先行调解的，暂缓预交诉讼费。委托调解达成协议的，诉讼费减半交纳。

第十七条　人民法院先行调解可以在诉讼服务中心、调解组织所在地或者双方当事人选定的其他场所开展。

先行调解可以通过在线调解、视频调解、电话调解等远程方式开展。

第十八条　人民法院建立诉调对接管理系统，对立案前第三方调解的纠纷进行统计分析，与审判管理系统信息共享。

诉调对接管理系统按"诉前调"字号对第三方调解的纠纷逐案登记，采集当事人情况、案件类型、简要案情、调解组织或调解员、处理时间、处理结果等基本信息，形成纠纷调解信息档案。

第十九条　基层人民法院可以设立专门速裁组织，对适宜速裁的民商事案件进行裁判。

第二十条　基层人民法院对于离婚后财产纠纷、买卖合同纠纷、商品房预售合同纠纷、金融借款合同纠纷、民间借贷纠纷、银行卡纠纷、租赁合同纠纷等事实清楚、权利义务关系明确、争议不大的金钱给付纠纷，可以采用速裁方式审理。

但下列情形除外：

（一）新类型案件；

（二）重大疑难复杂案件；

（三）上级人民法院发回重审、指令立案受理、指定审理、指定管辖，或者其他人民法院移送管辖的案件；

（四）再审案件；

（五）其他不宜速裁的案件。

第二十一条　采用速裁方式审理民商事案件，一般只开庭一次，庭审直接围绕诉讼请求进行，不受法庭调查、法庭辩论等庭审程序限制，但应当告知当事人回避、上诉等基本诉讼权利，并听取当事人对案件事实的陈述意见。

第二十二条　采用速裁方式审理的民商事案件，可以使用令状式、要素式、表格式等简式裁判文书，应当当庭宣判并送达。

当庭即时履行的，经征得各方当事人同意，可以在法庭笔录中记录后不再出具裁判文书。

第二十三条　人民法院采用速裁方式审理民商事案件，一般应当在十日内审结，最长不超过十五日。

第二十四条　采用速裁方式审理案件出现下列情形之一的，应当及时将案件转为普通程序：

（一）原告增加诉讼请求致案情复杂；

（二）被告提出反诉；

（三）被告提出管辖权异议；

（四）追加当事人；

（五）当事人申请鉴定、评估；

（六）需要公告送达。

程序转换后，审限连续计算。

第二十五条　行政案件的繁简分流、先行调解和速裁，参照本规程执行。

本规程自发布之日起施行。

（五）公　证

中华人民共和国公证法

（2005 年 8 月 28 日第十届全国人民代表大会常务委员会第十七次会议通过　根据 2015 年 4 月 24 日第十二届全国人民代表大会常务委员会第十四次会议《关于修改〈中华人民共和国义务教育法〉等五部法律的决定》第一次修正　根据 2017 年 9 月 1 日第十二届全国人民代表大会常务委员会第二十九次会议《关于修改〈中华人民共和国法官法〉等八部法律的决定》第二次修正）

目　录

第一章　总　则

第一条　为规范公证活动，保障公证机构和公证员依法履行职责，预防纠纷，保障自然人、法人或者其他组织的合法权益，制定本法。

第二条　公证是公证机构根据自然人、法人或者其他组织的申请，依照法定程序对民事法律行为、有法律意义的事实和文书的真实性、合法性予以证明的活动。

第三条　公证机构办理公证，应当遵守法律，坚持客观、公正的原则。

第四条　全国设立中国公证协会，省、自治区、直辖市设立地方公证协会。中国公证协会和地方公证协会是社会团体法人。中国公证协会章程由会员代表大会制定，报国务院司法行政部门备案。

公证协会是公证业的自律性组织，依据章程开展活动，对公证机构、公证员的执业活动进行监督。

第五条　司法行政部门依照本法规定对公证机构、公证员和公证协会进行监督、指导。

第二章　公证机构

第六条　公证机构是依法设立，不以营利为目的，依法独立行使公证职能、承担民事责任的证明机构。

第七条　公证机构按照统筹规划、合理布局的原则，可以在县、不设区的市、设区的市、直辖市或者市辖区设立；在设区的市、直辖市可以设立一个或者若干个公证机构。公证机构不按行政区划层层设立。

第八条　设立公证机构，应当具备下列条件：

（一）有自己的名称；

（二）有固定的场所；

（三）有二名以上公证员；

（四）有开展公证业务所必需的资金。

第九条　设立公证机构，由所在地的司法行政部门报省、自治区、直辖市人民政府司法行政部门按照规定程序批准后，颁发公证机构执业证书。

第十条　公证机构的负责人应当在有三年以上执业经历的公证员中推选产生，由所在地的司法行政部门核准，报省、自治区、直辖市人民政府司法行政部门备案。

第十一条　根据自然人、法人或者其他组织的申请，公证机构办理下列公证事项：

（一）合同；

（二）继承；

（三）委托、声明、赠与、遗嘱；

（四）财产分割；

（五）招标投标、拍卖；

（六）婚姻状况、亲属关系、收养关系；

（七）出生、生存、死亡、身份、经历、学历、学位、职务、职称、有无违法犯罪记录；

（八）公司章程；

（九）保全证据；

（十）文书上的签名、印鉴、日期，文书的副本、影印本与原本相符；

（十一）自然人、法人或者其他组织自愿申请办理的其他公证事项。

法律、行政法规规定应当公证的事项，有关自然人、法人或者其他组织应当向公证机构申请办理公证。

第十二条 根据自然人、法人或者其他组织的申请，公证机构可以办理下列事务：

（一）法律、行政法规规定由公证机构登记的事务；

（二）提存；

（三）保管遗嘱、遗产或者其他与公证事项有关的财产、物品、文书；

（四）代写与公证事项有关的法律事务文书；

（五）提供公证法律咨询。

第十三条 公证机构不得有下列行为：

（一）为不真实、不合法的事项出具公证书；

（二）毁损、篡改公证文书或者公证档案；

（三）以诋毁其他公证机构、公证员或者支付回扣、佣金等不正当手段争揽公证业务；

（四）泄露在执业活动中知悉的国家秘密、商业秘密或者个人隐私；

（五）违反规定的收费标准收取公证费；

（六）法律、法规、国务院司法行政部门规定禁止的其他行为。

第十四条 公证机构应当建立业务、财务、资产等管理制度，对公证员的执业行为进行监督，建立执业过错责任追究制度。

第十五条 公证机构应当参加公证执业责任保险。

第三章 公 证 员

第十六条 公证员是符合本法规定的条件，在公证机构从事公证业务的执业人员。

第十七条 公证员的数量根据公证业务需要确定。省、自治区、直辖市人民政府司法行政部门应当根据公证机构的设置情况和公证业务的需要核定公证员配备方案，报国务院司法行政部门备案。

第十八条 担任公证员，应当具备下列条件：

（一）具有中华人民共和国国籍；

（二）年龄二十五周岁以上六十五周岁以下；

（三）公道正派，遵纪守法，品行良好；

（四）通过国家统一法律职业资格考试取得法律职业资格；

（五）在公证机构实习二年以上或者具有三年以上其他法律职业经历并在公证机构实习一年以上，经考核合格。

第十九条 从事法学教学、研究工作，具有高级职称的人员，或者具有本科以上学历，从事审判、检察、法制工作、法律服务满十年的公务员、律师，已经离开原工作岗位，经考核合格的，可以担任公证员。

第二十条 有下列情形之一的，不得担任公证员：

（一）无民事行为能力或者限制民事行为能力的；

（二）因故意犯罪或者职务过失犯罪受过刑事处罚的；

（三）被开除公职的；

（四）被吊销公证员、律师执业证书的。

第二十一条 担任公证员，应当由符合公证员条件的人员提出申请，经公证机构推荐，由所在地的司法行政部门报省、自治区、直辖市人民政府司法行政部门审核同意后，报请国务院司法行政部门任命，并由省、自治区、直辖市人民政府司法行政部门颁发公证员执业证书。

第二十二条 公证员应当遵纪守法，恪守职业道德，依法履行公证职责，保守执业秘密。

公证员有权获得劳动报酬，享受保险和福利待遇；有权提出辞职、申诉或者控告；非因法定事由和非经法定程序，不被免职或者处罚。

第二十三条 公证员不得有下列行为：

（一）同时在二个以上公证机构执业；

（二）从事有报酬的其他职业；

（三）为本人及近亲属办理公证或者办理与本人及近亲属有利害关系的公证；

（四）私自出具公证书；

（五）为不真实、不合法的事项出具公证书；

（六）侵占、挪用公证费或者侵占、盗窃公证专用物品；

（七）毁损、篡改公证文书或者公证档案；

（八）泄露在执业活动中知悉的国家秘密、商业秘密或者个人隐私；

（九）法律、法规、国务院司法行政部门规定禁止的其他行为。

第二十四条 公证员有下列情形之一的，由所在地的司法行政部门报省、自治区、直辖市人民政府司法行政部门提请国务院司法行政部门予以免职：

（一）丧失中华人民共和国国籍的；

（二）年满六十五周岁或者因健康原因不能继续履行职务的；

（三）自愿辞去公证员职务的；

（四）被吊销公证员执业证书的。

第四章 公证程序

第二十五条 自然人、法人或者其他组织申请办理公证，可以向住所地、经常居住地、行为地或者事实发生地的公证机构提出。

申请办理涉及不动产的公证，应当向不动产所在地的公证机构提出；申请办理涉及不动产的委托、声明、赠与、遗嘱的公证，可以适用前款规定。

第二十六条 自然人、法人或者其他组织可以委托他人办理公证，但遗嘱、生存、收养关系等应当由本人办理公证的除外。

第二十七条 申请办理公证的当事人应当向公证机构如实说明申请公证事项的有关情况，提供真实、合法、充分的证明材料；提供的证明材料不充分的，公证机构可以要求补充。

公证机构受理公证申请后，应当告知当事人申请公证事项的法律意义和可能产生的法律后果，并将告知内容记录存档。

第二十八条 公证机构办理公证，应当根据不同公证事项的办证规则，分别审查下列事项：

（一）当事人的身份、申请办理该项公证的资格以及相应的权利；

（二）提供的文书内容是否完备，含义是否清晰，签名、印鉴是否齐全；

（三）提供的证明材料是否真实、合法、充分；

（四）申请公证的事项是否真实、合法。

第二十九条 公证机构对申请公证的事项以及当事人提供的证明材料，按照有关办证规则需要核实或者对其有疑义的，应当进行核实，或者委托异地公证机构代为核实，有关单位或者个人应当依法予以协助。

第三十条 公证机构经审查，认为申请提供的证明材料真实、合法、充分，申请公证的事项真实、合法的,应当自受理公证申请之日起十五个工作日内向当事人出具公证书。但是,因不可抗力、补充证明材料或者需要核实有关情况的,所需时间不计算在期限内。

第三十一条 有下列情形之一的,公证机构不予办理公证:

(一)无民事行为能力人或者限制民事行为能力人没有监护人代理申请办理公证的;

(二)当事人与申请公证的事项没有利害关系的;

(三)申请公证的事项属专业技术鉴定、评估事项的;

(四)当事人之间对申请公证的事项有争议的;

(五)当事人虚构、隐瞒事实,或者提供虚假证明材料的;

(六)当事人提供的证明材料不充分或者拒绝补充证明材料的;

(七)申请公证的事项不真实、不合法的;

(八)申请公证的事项违背社会公德的;

(九)当事人拒绝按照规定支付公证费的。

第三十二条 公证书应当按照国务院司法行政部门规定的格式制作,由公证员签名或者加盖签名章并加盖公证机构印章。公证书自出具之日起生效。

公证书应当使用全国通用的文字;在民族自治地方,根据当事人的要求,可以制作当地通用的民族文字文本。

第三十三条 公证书需要在国外使用,使用国要求先认证的,应当经中华人民共和国外交部或者外交部授权的机构和有关国家驻中华人民共和国使(领)馆认证。

第三十四条 当事人应当按照规定支付公证费。

对符合法律援助条件的当事人,公证机构应当按照规定减免公证费。

第三十五条 公证机构应当将公证文书分类立卷,归档保存。法律、行政法规规定应当公证的事项等重要的公证档案在公证机构保存期满,应当按照规定移交地方档案馆保管。

第五章 公证效力

第三十六条 经公证的民事法律行为、有法律意义的事实和文书,应当作为认定事实的根据,但有相反证据足以推翻该项公证的除外。

第三十七条 对经公证的以给付为内容并载明债务人愿意接受强制执行承诺的债权文书,债务人不履行或者履行不适当的,债权人可以依法向有管辖权的人民法院申请执行。

前款规定的债权文书确有错误的,人民法院裁定不予执行,并将裁定书送达双方当事人和公证机构。

第三十八条 法律、行政法规规定未经公证的事项不具有法律效力的,依照其规定。

第三十九条 当事人、公证事项的利害关系人认为公证书有错误的,可以向出具该公证书的公证机构提出复查。公证书的内容违法或者与事实不符的,公证机构应当撤销该公证书并予以公告,该公证书自始无效;公证书有其他错误的,公证机构应当予以更正。

第四十条 当事人、公证事项的利害关系人对公证书的内容有争议的,可以就该争议向人民法院提起民事诉讼。

第六章 法律责任

第四十一条 公证机构及其公证员有下列行为之一的,由省、自治区、直辖市或者设区的市人民政府司法行政部门给予警告;情节严重的,对公证机构处一万元以上五万元以下罚款,对公证员处一千元以上五千元以下罚款,并可以给予三个月以上六个月以下停止执业

的处罚;有违法所得的,没收违法所得:

(一)以诋毁其他公证机构、公证员或者支付回扣、佣金等不正当手段争揽公证业务的;

(二)违反规定的收费标准收取公证费的;

(三)同时在二个以上公证机构执业的;

(四)从事有报酬的其他职业的;

(五)为本人及近亲属办理公证或者办理与本人及近亲属有利害关系的公证的;

(六)依照法律、行政法规的规定,应当给予处罚的其他行为。

第四十二条 公证机构及其公证员有下列行为之一的,由省、自治区、直辖市或者设区的市人民政府司法行政部门对公证机构给予警告,并处二万元以上十万元以下罚款,并可以给予一个月以上三个月以下停业整顿的处罚;对公证员给予警告,并处二千元以上一万元以下罚款,并可以给予三个月以上十二个月以下停止执业的处罚;有违法所得的,没收违法所得;情节严重的,由省、自治区、直辖市人民政府司法行政部门吊销公证员执业证书;构成犯罪的,依法追究刑事责任:

(一)私自出具公证书的;

(二)为不真实、不合法的事项出具公证书的;

(三)侵占、挪用公证费或者侵占、盗窃公证专用物品的;

(四)毁损、篡改公证文书或者公证档案的;

(五)泄露在执业活动中知悉的国家秘密、商业秘密或者个人隐私的;

(六)依照法律、行政法规的规定,应当给予处罚的其他行为。

因故意犯罪或者职务过失犯罪受刑事处罚的,应当吊销公证员执业证书。

被吊销公证员执业证书的,不得担任辩护人、诉讼代理人,但系刑事诉讼、民事诉讼、行政诉讼当事人的监护人、近亲属的除外。

第四十三条 公证机构及其公证员因过错给当事人、公证事项的利害关系人造成损失的,由公证机构承担相应的赔偿责任;公证机构赔偿后,可以向有故意或者重大过失的公证员追偿。

当事人、公证事项的利害关系人与公证机构因赔偿发生争议的,可以向人民法院提起民事诉讼。

第四十四条 当事人以及其他个人或者组织有下列行为之一,给他人造成损失的,依法承担民事责任;违反治安管理的,依法给予治安管理处罚;构成犯罪的,依法追究刑事责任:

(一)提供虚假证明材料,骗取公证书的;

(二)利用虚假公证书从事欺诈活动的;

(三)伪造、变造或者买卖伪造、变造的公证书、公证机构印章的。

第七章 附 则

第四十五条 中华人民共和国驻外使(领)馆可以依照本法的规定或者中华人民共和国缔结或者参加的国际条约的规定,办理公证。

第四十六条 公证费的收费标准由省、自治区、直辖市人民政府价格主管部门会同同级司法行政部门制定。

第四十七条 本法自 2006 年 3 月 1 日起施行。

提存公证规则

(1995 年 6 月 2 日司法部令第 38 号发布 自发布之日起施行)

第一条 为维护经济流转秩序,预防和减少债务纠纷,保证提存公证质量,根据《中华人民共和国民法通则》、《中华人民共和国公证暂行条例》及有关规定,制订本规则。

第二条 提存公证是公证处依照法定条件和程序,对债务人或担保人为债权人的利益而交付的债之标的物或担保物(含担保物的替代物)进行寄托、保管,并在条件成就时交付债权人的活动。为履行清偿义务或担保义务而向公证处申请提存的人为提存人。提存之债的债权人为提存受领人。

第三条 以清偿为目的的提存公证具有债的消灭和债之标的物风险责任转移的法律效力。

以担保为目的的提存公证具有保证债务履行和替代其他担保形式的法律效力。

不符合法定条件的提存或提存人取回提存标的的,不具有提存公证的法律效力。

第四条 提存公证由债务履行地的公证处管辖。

以担保为目的的提存公证或在债务履行地申办提存公证有困难的,可由担保人住所地或债务人住所地的公证处管辖。

第五条 债务清偿期限届至,有下列情况之一使债务人无法按时给付的,公证处可以根据债务人申请依法办理提存:

(一)债权人无正当理由拒绝或延迟受领债之标的的;

(二)债权人不在债务履行地又不能到履行地受领的;

(三)债权人不清、地址不详,或失踪、死亡(消灭)其继承人不清,或无行为能力其法定代理人不清的。

第六条 有下列情况之一的,公证处可以根据当事人申请办理提存公证:

(一)债的双方在合同(协议)中约定以提存方式给付的;

(二)为了保护债权人利益,保证人、抵押人或质权人请求将担保物(金)或其替代物提存的。

当事人申办前款所列提存公证,必须列明提存物给付条件,公证处应按提存人所附条件给付提存标的物。

第七条 下列标的物可以提存:

(一)货币;

(二)有价证券、票据、提单、权利证书;

(三)贵重物品;

(四)担保物(金)或其替代物;

(五)其他适宜提存的标的物。

第八条 公证处应当在指定银行设立提存账户,并置备保管有价证券、贵重物品的专用设备或租用银行的保险箱。

第九条 提存申请人应当填写公证申请表,并提交下列材料:

(一)申请人的身份证明;法人应提交法人资格证明和法定代表人身份证明,法定代理人应提交与被代理人关系的证明,委托代理人应提交授权委托书;

(二)合同(协议)、担保书、赠与书、司法文书、行政决定等据以履行义务的依据;

(三)存在本规则第五条或第六条规定情况的有关证明材料;

(四)提存受领人姓名(名称)、地址、邮编、联系电话等;

(五)提存标的物种类、质量、数量、价值的明细表;

(六)公证员认为应当提交的其他材料。

第十条 符合下列条件的申请,公证处应当受理:

(一)申请人对提存受领人负有清偿或担保义务;

(二)具有本规则第五条或第六条规定的情况;

(三)申请事项属于本公证处管辖;

(四)本规则第九条规定的材料基本齐全。

公证处应在收到申请之日起三日内作出受理或不予受理的决定。不予受理的,公证处应当告知申请人对不予受理不服的复议程序。

第十一条 公证人员应按《公证程序规则（试行）》第二十四条规定制作谈话笔录，记录下列内容：

（一）提存理由和相关事实（如无法给付债的标的物的事由和经过）；

（二）有关提存受领人的详细情况；

（三）提存标的物的详细情况；

（四）提存人所作的特别说明等。

第十二条 公证员应当按《公证程序规则（试行）》第二十三条规定，审查下列内容：

（一）本规则第九条所列材料是否齐全，内容是否属实；

（二）提存人的行为能力和清偿依据；

（三）申请提存之债的真实性、合法性；

（四）请求提存的原因和事实是否属实；

（五）提存标的物与债的标的是否相符，是否适宜提存；

（六）提存标的物是否需要采取特殊的处理或保管措施。

第十三条 符合下列条件的，公证处应当予以提存：

（一）提存人具有行为能力，意思表示真实；

（二）提存之债真实、合法；

（三）符合本规则第五条或第六条以及第七条规定条件；

（四）提存标的与债的标的相符。

提存标的与债的标的不符或在提存时难以判明两者是否相符的，公证处应告知提存人如提存受领人因此原因拒绝受领提存物则不能产生提存的效力。提存人仍要求提存的，公证处可以办理提存公证，并记载上述条件。

不符合前两款规定的，公证处应当拒绝办理提存公证，并告知申请人对拒绝公证不服的复议程序。

第十四条 公证处应当验收提存标的物并登记存档。对不能提交公证处的提存物，公证处应当派公证员到现场实地验收。验收时，提存申请人（或其代理人）应当在场，公证员应制作验收笔录。

验收笔录应当记录验收的时间、地点、方式、参加人员，物品的数量、种类、规格、价值以及存放地点、保管环境等内容。验收笔录应交提存人核对。公证员、提存人及其他参与人员应当在验收笔录上签名。

对难以验收的提存标的物，公证处可予以证据保全，并在公证笔录和公证书中注明。

经验收的提存标的物，公证处应当采用封存、委托代管等必要的保管措施。

对易腐易烂易燃易爆等物品，公证处应当在保全证据后，由债务人拍卖或变卖，提存其价款。

第十五条 对提存的贵重物品、有价证券、不动产或其他物品的价值难以确定的，公证处可以聘请专业机构或人员进行估价。

第十六条 提存货币的，以现金、支票交付公证处的日期或提存款划入公证处提存账户的日期为提存日期。

提存的物品需要验收的，以公证处验收合格的日期为提存日期。

提存的有价证券、提单、权利证书或无需验收的物品，以实际交付公证处的日期为提存日期。

第十七条 公证处应当自提存之日起三日内出具提存公证书。提存之债从提存之日即告清偿。

第十八条 提存人应将提存事实及时通知提存受领人。

以清偿为目的的提存或提存人通知有困难的，公证处应自提存之日起七日内，以书面形式通知提存受领人，告知其领取提存物的时间、期限、地点、方法。

提存受领人不清或下落不明、地址不详

无法送达通知的,公证处应自提存之日起六十日内,以公告方式通知。公告应刊登在国家或债权人在国内住所地的法制报刊上,公告应在一个月内在同一报刊刊登三次。

第十九条 公证处有保管提存标的物的权利和义务。公证处应当采取适当的方法妥善保管提存标的,以防毁损、变质或灭失。

对不宜保存的、提存受领人到期不领取或超过保管期限的提存物品,公证处可以拍卖,保存其价款。

第二十条 下列物品的保管期限为六个月:

(一)不适于长期保管或长期保管将损害其价值的;

(二)六个月的保管费用超过物品价值5%的。

第二十一条 从提存之日起,超过二十年无人领取的提存标的物,视为无主财产;公证处应在扣除提存费用后将其余额上缴国库。

第二十二条 提存物在提存期间所产生的孳息归提存受领人所有。提存人取回提存物的,孳息归提存人所有。

提存的存款单、有价证券、奖券需要领息、承兑、领奖的,公证处应当代为承兑或领取,所获得的本金和孳息在不改变用途的前提下,按不损害提存受领人利益的原则处理。无法按原用途使用的,应以货币形式存入提存账户。

定期存款到期的,原则上按原来期限将本金和利息一并转存。股息红利除用于支付有关的费用外,剩余部分应当存入提存专用账户。

提存的不动产或其他物品的收益,除用于维护费用外剩余部分应当存入提存账户。

第二十三条 公证处应当按照当事人约定或法定的条件给付提存标的。本规则第六条第一项规定的以对待给付为条件的提存,在提存受领人未为对待给付之前,公证处不得给付提存标的物。

提存受领人领取提存标的物时,应提供身份证明、提存通知书或公告,以及有关债权的证明,并承担因提存所支出的费用。提存受领人负有对待给付义务的,应提供履行对待给付义务的证明。委托他人代领的,还应提供有效的授权委托书。由其继承人领取的,应当提交继承公证书或其他有效的法律文书。

第二十四条 因债权的转让、抵销等原因需要由第三人领取提存标的物的,该第三人应当提供已取得提存之债债权的有效法律文书。

第二十五条 除当事人另有约定外,提存费用由提存受领人承担。

提存费用包括:提存公证费、公告费、邮电费、保管费、评估鉴定费、代管费、拍卖变卖费、保险费,以及为保管、处理、运输提存标的物所支出的其他费用。

提存受领人未支付提存费用前,公证处有权留置价值相当的提存标的物。

第二十六条 提存人可以凭人民法院生效的判决、裁定或提存之债已经清偿的公证证明取回提存物。

提存受领人以书面形式向公证处表示抛弃提存受领权的,提存人得取回提存物。

提存人取回提存物的,视为未提存。因此产生的费用由提存人承担。提存人未支付提存费用前,公证处有权留置价值相当的提存标的。

第二十七条 公证处不得挪用提存标的。公证处或公证人员挪用提存标的的,除应负相应的赔偿责任外,对直接责任人员要追究行政或刑事责任。

提存期间,提存物毁损灭失的风险责任由提存受领人负担;但因公证处过错造成毁损、灭失的,公证处负有赔偿责任。

公民、法人以不正当手段骗取提存标的的，负有赔偿责任；构成犯罪的，依法追究刑事责任。

公证处未按法定或当事人约定条件给付提存标的给当事人造成损失的，公证处负有连带赔偿责任。

第二十八条 符合法定或当事人约定的给付条件，公证处拒绝给付的，由其主管的司法行政机关责令限期给付；给当事人造成损失的，公证处负有赔偿责任。

根据人民法院、仲裁机构的裁决或司法行政机关决定给付的，由此产生的法律后果由作出决定的机构承担。

第二十九条 司法机关或行政机关因执行公务而申办提存公证的，参照本规则办理。

监护人、遗产管理人为保护被监护人、继承人利益，请求将所监护或管理的财产提存的，参照本规则办理。

遗嘱人或赠与人为保护遗嘱受益人或未成年的受赠人利益，请求将遗嘱所处分的财产或赠与财产提存的，参照本规则办理。

第三十条 外国人、无国籍人在中国境内申办提存公证，适用本规则。

第三十一条 本规则自发布之日起施行。由司法部负责解释。

遗嘱公证细则

（2000 年 3 月 24 日司法部令第 57 号发布　自 2000 年 7 月 1 日起施行）

第一条 为规范遗嘱公证程序，根据《中华人民共和国继承法》、《中华人民共和国公证暂行条例》等有关规定，制定本细则。

第二条 遗嘱是遗嘱人生前在法律允许的范围内，按照法律规定的方式处分其个人财产或者处理其他事务，并在其死亡时发生效力的单方法律行为。

第三条 遗嘱公证是公证处按照法定程序证明遗嘱人设立遗嘱行为真实、合法的活动。经公证证明的遗嘱为公证遗嘱。

第四条 遗嘱公证由遗嘱人住所地或者遗嘱行为发生地公证处管辖。

第五条 遗嘱人申办遗嘱公证应当亲自到公证处提出申请。

遗嘱人亲自到公证处有困难的，可以书面或者口头形式请求有管辖权的公证处指派公证人员到其住所或者临时处所办理。

第六条 遗嘱公证应当由两名公证人员共同办理，由其中一名公证员在公证书上署名。因特殊情况由一名公证员办理时，应当有一名见证人在场，见证人应当在遗嘱和笔录上签名。

见证人、遗嘱代书人适用《中华人民共和国继承法》第十八条的规定。

第七条 申办遗嘱公证，遗嘱人应当填写公证申请表，并提交下列证件和材料：

（一）居民身份证或者其他身份证件；

（二）遗嘱涉及的不动产、交通工具或者其他有产权凭证的财产的产权证明；

（三）公证人员认为应当提交的其他材料。

遗嘱人填写申请表确有困难的，可由公证人员代为填写，遗嘱人应当在申请表上签名。

第八条 对于属于本公证处管辖，并符合前条规定的申请，公证处应当受理。

对于不符合前款规定的申请，公证处应当在三日内作出不予受理的决定，并通知申请人。

第九条 公证人员具有《公证程序规则（试行）》第十条规定情形的，应当自行回避，遗嘱人有权申请公证人员回避。

第十条 公证人员应当向遗嘱人讲解我国《民法通则》、《继承法》中有关遗嘱和公民财产处分权利的规定,以及公证遗嘱的意义和法律后果。

第十一条 公证处应当按照《公证程序规则(试行)》第二十三条的规定进行审查,并着重审查遗嘱人的身份及意思表示是否真实、有无受胁迫或者受欺骗等情况。

第十二条 公证人员询问遗嘱人,除见证人、翻译人员外,其他人员一般不得在场。公证人员应当按照《公证程序规则(试行)》第二十四条的规定制作谈话笔录。谈话笔录应当着重记录下列内容:

(一)遗嘱人的身体状况、精神状况;遗嘱人系老年人、间歇性精神病人、危重伤病人的,还应当记录其对事物的识别、反应能力;

(二)遗嘱人家庭成员情况,包括其配偶、子女、父母及与其共同生活人员的基本情况;

(三)遗嘱所处分财产的情况,是否属于遗嘱人个人所有,以前是否曾以遗嘱或者遗赠扶养协议等方式进行过处分,有无已设立担保、已被查封、扣押等限制所有权的情况;

(四)遗嘱人所提供的遗嘱或者遗嘱草稿的形成时间、地点和过程,是自书还是代书,是否本人的真实意愿,有无修改、补充,对遗产的处分是否附有条件;代书人的情况,遗嘱或者遗嘱草稿上的签名、盖章或者手印是否其本人所为;

(五)遗嘱人未提供遗嘱或者遗嘱草稿的,应当详细记录其处分遗产的意思表示;

(六)是否指定遗嘱执行人及遗嘱执行人的基本情况;

(七)公证人员认为应当询问的其他内容。

谈话笔录应当当场向遗嘱人宣读或者由遗嘱人阅读,遗嘱人无异议后,遗嘱人、公证人员、见证人应当在笔录上签名。

第十三条 遗嘱应当包括以下内容:

(一)遗嘱人的姓名、性别、出生日期、住址;

(二)遗嘱处分的财产状况(名称、数量、所在地点以及是否共有、抵押等);

(三)对财产和其他事务的具体处理意见;

(四)有遗嘱执行人的,应当写明执行人的姓名、性别、年龄、住址等;

(五)遗嘱制作的日期以及遗嘱人的签名。

遗嘱中一般不得包括与处分财产及处理死亡后事宜无关的其他内容。

第十四条 遗嘱人提供的遗嘱,无修改、补充的,遗嘱人应当在公证人员面前确认遗嘱内容、签名及签署日期属实。

遗嘱人提供的遗嘱或者遗嘱草稿,有修改、补充的,经整理、誊清后,应当交遗嘱人核对,并由其签名。

遗嘱人未提供遗嘱或者遗嘱草稿的,公证人员可以根据遗嘱人的意思表示代为起草遗嘱。公证人员代拟的遗嘱,应当交遗嘱人核对,并由其签名。

以上情况应当记入谈话笔录。

第十五条 两个以上的遗嘱人申请办理共同遗嘱公证的,公证处应当引导他们分别设立遗嘱。

遗嘱人坚持申请办理共同遗嘱公证的,共同遗嘱中应当明确遗嘱变更、撤销及生效的条件。

第十六条 公证人员发现有下列情形之一的,公证人员在与遗嘱人谈话时应当录音或者录像:

(一)遗嘱人年老体弱;

(二)遗嘱人为危重伤病人;

(三)遗嘱人为聋、哑、盲人;

(四)遗嘱人为间歇性精神病患者、弱智者。

第十七条 对于符合下列条件的,公证处应当出具公证书:

(一)遗嘱人身份属实,具有完全民事行

为能力;

（二）遗嘱人意思表示真实;

（三）遗嘱人证明或者保证所处分的财产是其个人财产;

（四）遗嘱内容不违反法律规定和社会公共利益,内容完备,文字表述准确,签名、制作日期齐全;

（五）办证程序符合规定。

不符合前款规定条件的,应当拒绝公证。

第十八条 公证遗嘱采用打印形式。遗嘱人根据遗嘱原稿核对后,应当在打印的公证遗嘱上签名。

遗嘱人不会签名或者签名有困难的,可以盖章方式代替在申请表、笔录和遗嘱上的签名;遗嘱人既不能签字又无印章的,应当以按手印方式代替签名或者盖章。

有前款规定情形的,公证人员应当在笔录中注明。以按手印代替签名或者盖章的,公证人员应当提取遗嘱人全部的指纹存档。

第十九条 公证处审批人批准遗嘱公证书之前,遗嘱人死亡或者丧失行为能力的,公证处应当终止办理遗嘱公证。

遗嘱人提供或者公证人员代书、录制的遗嘱,符合代书遗嘱条件或者经承办公证人员见证符合自书、录音、口头遗嘱条件的,公证处可以将该遗嘱发给遗嘱受益人,并将其复印件存入终止公证的档案。

公证处审批人批准之后,遗嘱人死亡或者丧失行为能力的,公证处应当完成公证遗嘱的制作。遗嘱人无法在打印的公证遗嘱上签名的,可依符合第十七条规定的遗嘱原稿的复印件制作公证遗嘱,遗嘱原稿留公证处存档。

第二十条 公证处可根据《中华人民共和国公证暂行条例》规定保管公证遗嘱或者自书遗嘱、代书遗嘱、录音遗嘱;也可根据国际惯例保管密封遗嘱。

第二十一条 遗嘱公证卷应当列为密卷保存。遗嘱人死亡后,转为普通卷保存。

公证遗嘱生效前,遗嘱卷宗不得对外借阅,公证人员亦不得对外透露遗嘱内容。

第二十二条 公证遗嘱生效前,非经遗嘱人申请并履行公证程序,不得撤销或者变更公证遗嘱。

遗嘱人申请撤销或者变更公证遗嘱的程序适用本规定。

第二十三条 公证遗嘱生效后,与继承权益相关的人员有确凿证据证明公证遗嘱部分违法的,公证处应当予以调查核实;经调查核实,公证遗嘱部分内容确属违法的,公证处应当撤销对公证遗嘱中违法部分的公证证明。

第二十四条 因公证人员过错造成错证的,公证处应当承担赔偿责任。有关公证赔偿的规定,另行制定。

第二十五条 本细则由司法部解释。

第二十六条 本细则自 2000 年 7 月 1 日起施行。

公证机构办理抵押登记办法

（2002 年 2 月 20 日司法部令第 68 号发布 自发布之日起施行）

第一条 为规范公证机构的抵押登记活动,根据《中华人民共和国担保法》和《中华人民共和国公证暂行条例》等规定,制定本办法。

第二条 《中华人民共和国担保法》第四十三条第二款规定的公证部门为依法设立的公证机构。

第三条 《中华人民共和国担保法》第四十三条规定的"其他财产"包括下列内容:

（一）个人、事业单位、社会团体和其他非企业组织所有的机械设备、牲畜等生产资料;

（二）位于农村的个人私有房产；

（三）个人所有的家具、家用电器、金银珠宝及其制品等生活资料；

（四）其他除《中华人民共和国担保法》第三十七条和第四十二条规定之外的财产。

当事人以前款规定的财产抵押的，抵押人所在地的公证机构为登记部门，公证机构办理登记适用本办法规定。

第四条 以《中华人民共和国担保法》第四十二条第（二）项的规定的财产抵押，县级以上地方人民政府规定由公证机构登记的；以及法律、法规规定的抵押合同自公证机构办理登记之日起生效的，公证机构办理登记适用本办法规定。

第五条 以本办法第三条规定的财产抵押的，抵押权人自公证机构出具《抵押登记证书》之日起获得对抗第三人的权利。

以本办法第四条规定的财产抵押的，抵押合同自公证机构出具《抵押登记证书》之日起生效。

第六条 申办抵押登记，由抵押合同双方当事人共同提出申请，并填写《抵押登记申请表》。

《抵押登记申请表》应载明下列内容：

（一）申请人为个人的，应载明其姓名、性别、出生日期、身份证明号码、工作单位、住址、联系方式等；申请人为法人或其他组织的，应载明法人或其他组织的名称、地址、法定代表人或负责人和代理人的姓名、性别、职务、联系方式；

（二）主合同和抵押合同的名称；

（三）被担保的主债权的种类、数额；

（四）抵押物的名称、数量、质量、状况、所在地、所有权或者使用权权属；

（五）债务人履行债务的期限；

（六）抵押担保的范围；

（七）抵押物属再次抵押的，应载明再次抵押的情况；

（八）申请抵押登记的日期；

（九）其他需要说明的问题。

申请人应当在申请表上签名或盖章。

第七条 申请人应向公证机构提交下列材料：

（一）申请人和代理人的身份、资格证明；

（二）主合同、抵押合同及其他相关合同；

（三）以本办法第四条规定的财产抵押的，应提交抵押物所有权或者使用权证书；以本办法第三条规定的财产抵押的，应提交抵押物所有权或者使用权证书或其他证明材料；

（四）抵押物清单；

（五）与抵押登记事项有关的其他材料。

第八条 符合下列条件的申请，公证机构应予以受理：

（一）申请抵押登记的财产符合本办法第三条、第四条的规定；

（二）抵押登记事项属于本公证机构管辖；

（三）本办法第七条所列各项材料齐全。

公证机构不予受理的，应记录在案，并及时告知申请人。

第九条 公证机构应当在受理之日起5个工作日内审查完毕，并决定是否予以登记。

第十条 有下列情形之一的，公证机构不予办理抵押登记：

（一）申请人提交的材料无效；

（二）申请人对抵押物的名称、数量、质量、状况、所在地、所有权或者使用权权属存在争议；

（三）以法律、法规规定的不得抵押的财产设定抵押的。

对不予登记的，公证机构应记录在案，并书面告知申请人。

第十一条 公证机构决定予以登记的，

应向当事人出具《抵押登记证书》。

《抵押登记证书》应载明下列内容：

（一）抵押人、抵押权人的姓名、身份证明号码或名称、单位代码、地址；

（二）抵押担保的主债权的种类、数额；

（三）抵押物的名称、数量、质量、状况、所在地、所有权或者使用权权属；

（四）债务人履行债务的期限；

（五）抵押担保的范围；

（六）再次抵押情况；

（七）抵押登记的日期；

（八）其他事项。

第十二条 公证机构办理房地产抵押登记的，应在出具《抵押登记证书》后告知房地产管理部门。

第十三条 办理抵押登记的公证机构应配备计算机，录入抵押登记信息，并设立书面登录簿，登录本公证机构办理抵押登记的资料。

办理抵押登记的公证机构应及时与其他公证机构交换抵押登记信息，信息的交换办法由各省、自治区、直辖市司法厅（局）制定。

第十四条 当事人变更抵押合同向公证机构申请变更登记，经审查符合抵押登记规定的，公证机构应予以办理变更抵押登记。

当事人变更抵押合同未办理变更抵押登记的，自行变更后的抵押不发生《中华人民共和国担保法》规定的抵押登记效力。

第十五条 当事人履行完毕主债务或提前终止、解除抵押合同向公证机构申请办理注销登记的，公证机构应予以办理注销抵押登记。

第十六条 公证机构办理抵押登记，按规定收取抵押登记费。抵押登记费由当事人双方共同承担或从约定。

第十七条 当事人及有关人员可以查阅、抄录或复印抵押登记的资料，但应按规定交纳费用。

第十八条 以承包经营权等合同权益、应收账款或未来可得权益进行物权担保的，公证机构办理登记可比照本办法执行。

第十九条 本办法由司法部解释。

第二十条 本办法自发布之日起施行。

公证程序规则

（2020年10月20日司法部令第145号公布　自2021年1月1日起施行）

第一章　总　则

第一条 为了规范公证程序，保证公证质量，根据《中华人民共和国公证法》（以下简称《公证法》）和有关法律、行政法规的规定，制定本规则。

第二条 公证机构办理公证，应当遵守法律，坚持客观、公正、便民的原则，遵守公证执业规范和执业纪律。

第三条 公证机构依法独立行使公证职能，独立承担民事责任，任何单位、个人不得非法干预，其合法权益不受侵犯。

第四条 公证机构应当根据《公证法》的规定，受理公证申请，办理公证业务，以本公证机构的名义出具公证书。

第五条 公证员受公证机构指派，依照《公证法》和本规则规定的程序办理公证业务，并在出具的公证书上署名。

依照《公证法》和本规则的规定，在办理公证过程中须公证员亲自办理的事务，不得指派公证机构的其他工作人员办理。

第六条 公证机构和公证员办理公证，不得有《公证法》第十三条、第二十三条禁止的行为。

公证机构的其他工作人员以及依据本规则接触到公证业务的相关人员，不得泄露在参与公证业务活动中知悉的国家秘密、商业秘密或者个人隐私。

第七条 公证机构应当建立、健全公证业务管理制度和公证质量管理制度,对公证员的执业行为进行监督。

第八条 司法行政机关依照《公证法》和本规则规定,对公证机构和公证员的执业活动和遵守程序规则的情况进行监督、指导。

公证协会依据章程和行业规范,对公证机构和公证员的执业活动和遵守程序规则的情况进行监督。

第二章 公证当事人

第九条 公证当事人是指与公证事项有利害关系并以自己的名义向公证机构提出公证申请,在公证活动中享有权利和承担义务的自然人、法人或者其他组织。

第十条 无民事行为能力人或者限制民事行为能力人申办公证,应当由其监护人代理。

法人申办公证,应当由其法定代表人代表。

其他组织申办公证,应当由其负责人代表。

第十一条 当事人可以委托他人代理申办公证,但申办遗嘱、遗赠扶养协议、赠与、认领亲子、收养关系、解除收养关系、生存状况、委托、声明、保证及其他与自然人人身有密切关系的公证事项,应当由其本人亲自申办。

公证员、公证机构的其他工作人员不得代理当事人在本公证机构申办公证。

第十二条 居住在香港、澳门、台湾地区的当事人,委托他人代理申办涉及继承、财产权益处分、人身关系变更等重要公证事项的,其授权委托书应当经其居住地的公证人(机构),或者经司法部指定的机构、人员证明。

居住在国外的当事人,委托他人代理申办前款规定的重要公证事项的,其授权委托书应当经其居住地的公证人(机构)、我驻外使(领)馆公证。

第三章 公证执业区域

第十三条 公证执业区域是指由省、自治区、直辖市司法行政机关,根据《公证法》第二十五条和《公证机构执业管理办法》第十条的规定以及当地公证机构设置方案,划定的公证机构受理公证业务的地域范围。

公证机构的执业区域,由省、自治区、直辖市司法行政机关在办理该公证机构设立或者变更审批时予以核定。

公证机构应当在核定的执业区域内受理公证业务。

第十四条 公证事项由当事人住所地、经常居住地、行为地或者事实发生地的公证机构受理。

涉及不动产的公证事项,由不动产所在地的公证机构受理;涉及不动产的委托、声明、赠与、遗嘱的事项,可以适用前款规定。

第十五条 二个以上当事人共同申办同一公证事项的,可以共同到行为地、事实发生地或者其中一名当事人住所地、经常居住地的公证机构申办。

第十六条 当事人向二个以上可以受理该公证事项的公证机构提出申请的,由最先受理申请的公证机构办理。

第四章 申请与受理

第十七条 自然人、法人或者其他组织向公证机构申请办理公证,应当填写公证申请表。公证申请表应当载明下列内容:

(一)申请人及其代理人的基本情况;

（二）申请公证的事项及公证书的用途；

（三）申请公证的文书的名称；

（四）提交证明材料的名称、份数及有关证人的姓名、住址、联系方式；

（五）申请的日期；

（六）其他需要说明的情况。

申请人应当在申请表上签名或者盖章，不能签名、盖章的由本人捺指印。

第十八条　自然人、法人或者其他组织申请办理公证，应当提交下列材料：

（一）自然人的身份证明，法人的资格证明及其法定代表人的身份证明，其他组织的资格证明及其负责人的身份证明；

（二）委托他人代为申请的，代理人须提交当事人的授权委托书，法定代理人或者其他代理人须提交有代理权的证明；

（三）申请公证的文书；

（四）申请公证的事项的证明材料，涉及财产关系的须提交有关财产权利证明；

（五）与申请公证的事项有关的其他材料。

对于前款第四项、第五项所规定的申请人应当提交的证明材料，公证机构能够通过政务信息资源共享方式获取的，当事人可以不提交，但应当作出有关信息真实合法的书面承诺。

第十九条　符合下列条件的申请，公证机构可以受理：

（一）申请人与申请公证的事项有利害关系；

（二）申请人之间对申请公证的事项无争议；

（三）申请公证的事项符合《公证法》第十一条规定的范围；

（四）申请公证的事项符合《公证法》第二十五条的规定和该公证机构在其执业区域内可以受理公证业务的范围。

法律、行政法规规定应当公证的事项，符合前款第一项、第二项、第四项规定条件的，公证机构应当受理。

对不符合本条第一款、第二款规定条件的申请，公证机构不予受理，并通知申请人。对因不符合本条第一款第四项规定不予受理的，应当告知申请人向可以受理该公证事项的公证机构申请。

第二十条　公证机构受理公证申请后，应当指派承办公证员，并通知当事人。当事人要求该公证员回避，经查属于《公证法》第二十三条第三项规定应当回避情形的，公证机构应当改派其他公证员承办。

第二十一条　公证机构受理公证申请后，应当告知当事人申请公证事项的法律意义和可能产生的法律后果，告知其在办理公证过程中享有的权利、承担的义务。告知内容、告知方式和时间，应当记录归档，并由申请人或其他代理人签字。

公证机构受理公证申请后，应当在全国公证管理系统录入办证信息，加强公证办理流程管理，方便当事人查询。

第二十二条　公证机构受理公证申请后，应当按照规定向当事人收取公证费。公证办结后，经核定的公证费与预收数额不一致的，应当办理退还或者补收手续。

对符合法律援助条件的当事人，公证机构应当按照规定减收或者免收公证费。

第五章　审　查

第二十三条　公证机构受理公证申请后，应当根据不同公证事项的办证规则，分别审查下列事项：

（一）当事人的人数、身份、申请办理该项公证的资格及相应的权利；

（二）当事人的意思表示是否真实；

（三）申请公证的文书的内容是否完备，含义是否清晰、签名、印鉴是否齐全；

（四）提供的证明材料是否真实、合法、充分；

（五）申请公证的事项是否真实、合法。

第二十四条 当事人应当向公证机构如实说明申请公证的事项的有关情况，提交的证明材料应当真实、合法、充分。

公证机构在审查中，对申请公证的事项的真实性、合法性有疑义的，认为当事人的情况说明或者提供的证明材料不充分、不完备或者有疑义的，可以要求当事人作出说明或者补充证明材料。

当事人拒绝说明有关情况或者补充证明材料的，依照本规则第四十八条的规定处理。

第二十五条 公证机构在审查中，对当事人的身份、申请公证的事项以及当事人提供的证明材料，按照有关办证规则需要核实或者对其有疑义的，应当进行核实，或者委托异地公证机构代为核实。有关单位或者个人应当依法予以协助。

审查自然人身份，应当采取使用身份识别核验设备等方式，并记录附卷。

第二十六条 公证机构在审查中，应当询问当事人有关情况，释明法律风险，提出法律意见建议，解答当事人疑问；发现有重大、复杂情形的，应当由公证机构集体讨论。

第二十七条 公证机构可以采用下列方式，核实公证事项的有关情况以及证明材料：

（一）通过询问当事人、公证事项的利害关系人核实；

（二）通过询问证人核实；

（三）向有关单位或者个人了解相关情况或者核实、收集相关书证、物证、视听资料等证明材料；

（四）通过现场勘验核实；

（五）委托专业机构或者专业人员鉴定、检验检测、翻译。

第二十八条 公证机构进行核实，应当遵守有关法律、法规和有关办证规则的规定。

公证机构派员外出核实的，应当由二人进行，但核实、收集书证的除外。特殊情况下只有一人外出核实的，应当有一名见证人在场。

第二十九条 采用询问方式向当事人、公证事项的利害关系人或者有关证人了解、核实公证事项的有关情况以及证明材料的，应当告知被询问人享有的权利、承担的义务及其法律责任。询问的内容应当制作笔录。

询问笔录应当载明：询问日期、地点、询问人、记录人，询问事由，被询问人的基本情况，告知内容、询问谈话内容等。

询问笔录应当交由被询问人核对后签名或者盖章、捺指印。笔录中修改处应当由被询问人盖章或者捺指印认可。

第三十条 在向当事人、公证事项的利害关系人、证人或者有关单位、个人核实或者收集有关公证事项的证明材料时，需要摘抄、复印（复制）有关资料、证明原件、档案材料或者对实物证据照相并作文字描述记载的，摘抄、复印（复制）的材料或者物证照片及文字描述记载应当与原件或者物证相符，并由资料、原件、物证所有人或者档案保管人对摘抄、复印（复制）的材料或者物证照片及文字描述记载核对后签名或者盖章。

第三十一条 采用现场勘验方式核实公证事项及其有关证明材料的，应当制作勘验笔录，由核实人员及见证人签名或者盖章。根据需要，可以采用绘图、照相、录像或者录音等方式对勘验情况或者实物证据予以记载。

第三十二条 需要委托专业机构或者专业人员对申请公证的文书或者公证事项的证明材料进行鉴定、检验检测、翻译的，应当告知当事人由其委托办理，或者征得当事人的同意代为办理。鉴定意见、检验检测结论、翻译材料，应当由相关专业机构及承办鉴定、检验检测、翻译的人员盖章和签名。

委托鉴定、检验检测、翻译所需的费用，由当事人支付。

第三十三条 公证机构委托异地公证机构核实公证事项及其有关证明材料的,应当出具委托核实函,对需要核实的事项及内容提出明确的要求。受委托的公证机构收到委托函后,应当在一个月内完成核实。因故不能完成或者无法核实的,应当在上述期限内函告委托核实的公证机构。

第三十四条 公证机构在审查中,认为申请公证的文书内容不完备、表达不准确的,应当指导当事人补正或者修改。当事人拒绝补正、修改的,应当在工作记录中注明。

应当事人的请求,公证机构可以代为起草、修改申请公证的文书。

第六章 出具公证书

第三十五条 公证机构经审查,认为申请公证的事项符合《公证法》、本规则及有关办证规则规定的,应当自受理之日起十五个工作日内向当事人出具公证书。

因不可抗力、补充证明材料或者需要核实有关情况的,所需时间不计算在前款规定的期限内,并应当及时告知当事人。

第三十六条 民事法律行为的公证,应当符合下列条件:

(一)当事人具有从事该行为的资格和相应的民事行为能力;

(二)当事人的意思表示真实;

(三)该行为的内容和形式合法,不违背社会公德;

(四)《公证法》规定的其他条件。

不同的民事法律行为公证的办证规则有特殊要求的,从其规定。

第三十七条 有法律意义的事实或者文书的公证,应当符合下列条件:

(一)该事实或者文书与当事人有利害关系;

(二)事实或者文书真实无误;

(三)事实或者文书的内容和形式合法,不违背社会公德;

(四)《公证法》规定的其他条件。

不同的有法律意义的事实或者文书公证的办证规则有特殊要求的,从其规定。

第三十八条 文书上的签名、印鉴、日期的公证,其签名、印鉴、日期应当准确、属实;文书的副本、影印本等文本的公证,其文本内容应当与原本相符。

第三十九条 具有强制执行效力的债权文书的公证,应当符合下列条件:

(一)债权文书以给付为内容;

(二)债权债务关系明确,债权人和债务人对债权文书有关给付内容无疑义;

(三)债务履行方式、内容、时限明确;

(四)债权文书中载明当债务人不履行或者不适当履行义务时,债务人愿意接受强制执行的承诺;

(五)债权人和债务人愿意接受公证机构对债务履行情况进行核实;

(六)《公证法》规定的其他条件。

第四十条 符合《公证法》、本规则及有关办证规则规定条件的公证事项,由承办公证员拟制公证书,连同被证明的文书、当事人提供的证明材料及核实情况的材料、公证审查意见,报公证机构的负责人或其指定的公证员审批。但按规定不需要审批的公证事项除外。

公证机构的负责人或者被指定负责审批的公证员不得审批自己承办的公证事项。

第四十一条 审批公证事项及拟出具的公证书,应当审核以下内容:

(一)申请公证的事项及其文书是否真实、合法;

(二)公证事项的证明材料是否真实、合法、充分;

(三)办证程序是否符合《公证法》、本规则及有关办证规则的规定;

(四)拟出具的公证书的内容、表述和格

式是否符合相关规定。

审批重大、复杂的公证事项，应当在审批前提交公证机构集体讨论。讨论的情况和形成的意见，应当记录归档。

第四十二条 公证书应当按照司法部规定的格式制作。公证书包括以下主要内容：

（一）公证书编号；

（二）当事人及其代理人的基本情况；

（三）公证证词；

（四）承办公证员的签名（签名章）、公证机构印章；

（五）出具日期。

公证证词证明的文书是公证书的组成部分。

有关办证规则对公证书的格式有特殊要求的，从其规定。

第四十三条 制作公证书应当使用全国通用的文字。在民族自治地方，根据当事人的要求，可以同时制作当地通用的民族文字文本。两种文字的文本，具有同等效力。

发往香港、澳门、台湾地区使用的公证书应当使用全国通用的文字。

发往国外使用的公证书应当使用全国通用的文字。根据需要和当事人的要求，公证书可以附外文译文。

第四十四条 公证书自出具之日起生效。

需要审批的公证事项，审批人的批准日期为公证书的出具日期；不需要审批的公证事项，承办公证员的签发日期为公证书的出具日期；现场监督类公证需要现场宣读公证证词的，宣读日期为公证书的出具日期。

第四十五条 公证机构制作的公证书正本，由当事人各方各收执一份，并可以根据当事人的需要制作若干份副本。公证机构留存公证书原本（审批稿、签发稿）和一份正本归档。

第四十六条 公证书出具后，可以由当事人或其代理人到公证机构领取，也可以应当事人的要求由公证机构发送。当事人或其代理人收到公证书应当在回执上签收。

第四十七条 公证书需要办理领事认证的，根据有关规定或者当事人的委托，公证机构可以代为办理公证书认证，所需费用由当事人支付。

第七章 不予办理公证和终止公证

第四十八条 公证事项有下列情形之一的，公证机构应当不予办理公证：

（一）无民事行为能力人或者限制民事行为能力人没有监护人代理申请办理公证的；

（二）当事人与申请公证的事项没有利害关系的；

（三）申请公证的事项属专业技术鉴定、评估事项的；

（四）当事人之间对申请公证的事项有争议的；

（五）当事人虚构、隐瞒事实，或者提供虚假证明材料的；

（六）当事人提供的证明材料不充分又无法补充，或者拒绝补充证明材料的；

（七）申请公证的事项不真实、不合法的；

（八）申请公证的事项违背社会公德的；

（九）当事人拒绝按照规定支付公证费的。

第四十九条 不予办理公证的，由承办公证员写出书面报告，报公证机构负责人审批。不予办理公证的决定应当书面通知当事人或其代理人。

不予办理公证的，公证机构应当根据不予办理的原因及责任，酌情退还部分或者全部收取的公证费。

第五十条 公证事项有下列情形之一的，公证机构应当终止公证：

（一）因当事人的原因致使该公证事项在六个月内不能办结的；

（二）公证书出具前当事人撤回公证申请的；

（三）因申请公证的自然人死亡、法人或者其他组织终止，不能继续办理公证或者继续办理公证已无意义的；

（四）当事人阻挠、妨碍公证机构及承办公证员按规定的程序、期限办理公证的；

（五）其他应当终止的情形。

第五十一条 终止公证的，由承办公证员写出书面报告，报公证机构负责人审批。终止公证的决定应当书面通知当事人或其代理人。

终止公证的，公证机构应当根据终止的原因及责任，酌情退还部分收取的公证费。

第八章 特别规定

第五十二条 公证机构办理招标投标、拍卖、开奖等现场监督类公证，应当由二人共同办理。承办公证员应当依照有关规定，通过事前审查、现场监督，对其真实性、合法性予以证明，现场宣读公证证词，并在宣读后七日内将公证书发送当事人。该公证书自宣读公证证词之日起生效。

办理现场监督类公证，承办公证员发现当事人有弄虚作假、徇私舞弊、违反活动规则、违反国家法律和有关规定行为的，应当即时要求当事人改正；当事人拒不改正的，应当不予办理公证。

第五十三条 公证机构办理遗嘱公证，应当由二人共同办理。承办公证员应当全程亲自办理，并对遗嘱人订立遗嘱的过程录音录像。

特殊情况下只能由一名公证员办理时，应当请一名见证人在场，见证人应当在询问笔录上签名或者盖章。

公证机构办理遗嘱公证，应当查询全国公证管理系统。出具公证书的，应当于出具当日录入办理信息。

第五十四条 公证机构派员外出办理保全证据公证的，由二人共同办理，承办公证员应当亲自外出办理。

办理保全证据公证，承办公证员发现当事人是采用法律、法规禁止的方式取得证据的，应当不予办理公证。

第五十五条 债务人不履行或者不适当履行经公证的具有强制执行效力的债权文书的，公证机构应当对履约情况进行核实后，依照有关规定出具执行证书。

债务人履约、公证机构核实、当事人就债权债务达成新的协议等涉及强制执行的情况，承办公证员应当制作工作记录附卷。

执行证书应当载明申请人、被申请执行人、申请执行标的和申请执行的期限。债务人已经履行的部分，应当在申请执行标的中予以扣除。因债务人不履行或者不适当履行而发生的违约金、滞纳金、利息等，可以应债权人的要求列入申请执行标的。

第五十六条 经公证的事项在履行过程中发生争议的，出具公证书的公证机构可以应当事人的请求进行调解。经调解后当事人达成新的协议并申请公证的，公证机构可以办理公证；调解不成的，公证机构应当告知当事人就该争议依法向人民法院提起民事诉讼或者向仲裁机构申请仲裁。

第九章 公证登记和立卷归档

第五十七条 公证机构办理公证，应当填写公证登记簿，建立分类登记制度。

登记事项包括：公证事项类别、当事人姓名（名称）、代理人（代表人）姓名、受理日期、承办人、审批人（签发人）、结案方式、办结日期、公证书编号等。

公证登记簿按年度建档，应当永久保存。

第五十八条 公证机构在出具公证书后或者作出不予办理公证、终止公证的决定后，应当依照司法部、国家档案局制定的有关公证文书立卷归档和公证档案管理的规定，由承办公证员将公证文书和相关材料,在三个月内完成汇总整理、分类立卷、移交归档。

第五十九条 公证机构受理公证申请后,承办公证员即应当着手立卷的准备工作,开始收集有关的证明材料,整理询问笔录和核实情况的有关材料等。

对不能附卷的证明原件或者实物证据,应当按照规定将其原件复印件(复制件)、物证照片及文字描述记载留存附卷。

第六十条 公证案卷应当根据公证事项的类别、内容,划分为普通卷、密卷,分类归档保存。

公证案卷应当根据公证事项的类别、用途及其证据价值确定保管期限。保管期限分短期、长期、永久三种。

涉及国家秘密、遗嘱的公证事项,列为密卷。立遗嘱人死亡后,遗嘱公证案卷转为普通卷保存。

公证机构内部对公证事项的讨论意见和有关请示、批复等材料,应当装订成副卷,与正卷一起保存。

第十章 公证争议处理

第六十一条 当事人认为公证书有错误的,可以在收到公证书之日起一年内,向出具该公证书的公证机构提出复查。

公证事项的利害关系人认为公证书有错误的,可以自知道或者应当知道该项公证之日起一年内向出具该公证书的公证机构提出复查,但能证明自己不知道的除外。提出复查的期限自公证书出具之日起最长不得超过二十年。

复查申请应当以书面形式提出,载明申请人认为公证书存在的错误及其理由,提出撤销或者更正公证书的具体要求,并提供相关证明材料。

第六十二条 公证机构收到复查申请后,应当指派原承办公证员之外的公证员进

行复查。复查结论及处理意见,应当报公证机构的负责人审批。

第六十三条 公证机构进行复查,应当对申请人提出的公证书的错误及其理由进行审查、核实,区别不同情况,按照以下规定予以处理:

(一)公证书的内容合法、正确、办理程序无误的,作出维持公证书的处理决定;

(二)公证书的内容合法、正确,仅证词表述或者格式不当的,应当收回公证书,更正后重新发给当事人;不能收回的,另行出具补正公证书;

(三)公证书的基本内容违法或者与事实不符的,应当作出撤销公证书的处理决定;

(四)公证书的部分内容违法或者与事实不符的,可以出具补正公证书,撤销对违法或者与事实不符部分的证明内容;也可以收回公证书,对违法或者与事实不符的部分进行删除、更正后,重新发给当事人;

(五)公证书的内容合法、正确,但在办理过程中有违反程序规定、缺乏必要手续的情形,应当补办缺漏的程序和手续;无法补办或者严重违反公证程序的,应当撤销公证书。

被撤销的公证书应当收回,并予以公告,该公证书自始无效。

公证机构撤销公证书或出具补正公证书的,应当于撤销决定作出或补正公证书出具当日报地方公证协会备案,并录入全国公证管理系统。

第六十四条 公证机构应当自收到复查申请之日起三十日内完成复查,作出复查处理决定,发给申请人。需要对公证书作撤销或者更正、补正处理的,应当在作出复查处理决定后十日内完成。复查处理决定及处理后的公证书,应当存入原公证案卷。

公证机构办理复查,因不可抗力、补充证明材料或者需要核实有关情况的,所需时间不计算在前款规定的期限内,但补充证明材

料或者需要核实有关情况的,最长不得超过六个月。

第六十五条 公证机构发现出具的公证书的内容及办理程序有本规则第六十三条第二项至第五项规定情形的,应当通知当事人,按照本规则第六十三条的规定予以处理。

第六十六条 公证书被撤销的,所收的公证费按以下规定处理:

(一)因公证机构的过错撤销公证书的,收取的公证费应当全部退还当事人;

(二)因当事人的过错撤销公证书的,收取的公证费不予退还;

(三)因公证机构和当事人双方的过错撤销公证书的,收取的公证费酌情退还。

第六十七条 当事人、公证事项的利害关系人对公证机构作出的撤销或者不予撤销公证书的决定有异议的,可以向地方公证协会投诉。

投诉的处理办法,由中国公证协会制定。

第六十八条 当事人、公证事项的利害关系人对公证书涉及当事人之间或者当事人与公证事项的利害关系人之间实体权利义务的内容有争议的,公证机构应当告知其可以就该争议向人民法院提起民事诉讼。

第六十九条 公证机构及其公证员因过错给当事人、公证事项的利害关系人造成损失的,由公证机构承担相应的赔偿责任;公证机构赔偿后,可以向有故意或者重大过失的公证员追偿。

当事人、公证事项的利害关系人与公证机构因过错责任和赔偿数额发生争议,协商不成的,可以向人民法院提起民事诉讼,也可以申请地方公证协会调解。

第十一章 附 则

第七十条 有关办证规则对不同的公证事项的办证程序有特殊规定的,从其规定。

公证机构采取在线方式办理公证业务,适用本规则。司法部另有规定的,从其规定。

第七十一条 公证机构根据《公证法》第十二条规定受理的提存、登记、保管等事务,依照有关专门规定办理;没有专门规定的,参照本规则办理。

第七十二条 公证机构及其公证员在办理公证过程中,有违反《公证法》第四十一条、第四十二条以及本规则规定行为的,由司法行政机关依据《公证法》、《公证机构执业管理办法》、《公证员执业管理办法》给予相应的处罚;有违反公证行业规范行为的,由公证协会给予相应的行业处分。

第七十三条 本规则由司法部解释。

第七十四条 本规则自 2006 年 7 月 1 日起施行。司法部 2002 年 6 月 18 日发布的《公证程序规则》(司法部令第 72 号)同时废止。

最高人民法院关于审理涉及公证活动相关民事案件的若干规定

(2014 年 4 月 28 日最高人民法院审判委员会第 1614 次会议通过 根据 2020 年 12 月 23 日最高人民法院审判委员会第 1823 次会议通过的《最高人民法院关于修改〈最高人民法院关于人民法院民事调解工作若干问题的规定〉等十九件民事诉讼类司法解释的决定》修正 2020 年 12 月 29 日最高人民法院公告公布)

为正确审理涉及公证活动相关民事案件,维护当事人的合法权益,根据《中华人民共和国民法典》《中华人民共和国公证法》《中华人民共和国民事诉讼法》等法律的规定,结合审判实践,制定本规定。

第一条 当事人、公证事项的利害关系人依照公证法第四十三条规定向人民法院起诉请求民事赔偿的，应当以公证机构为被告，人民法院应作为侵权责任纠纷案件受理。

第二条 当事人、公证事项的利害关系人起诉请求变更、撤销公证书或者确认公证书无效的，人民法院不予受理，告知其依照公证法第三十九条规定可以向出具公证书的公证机构提出复查。

第三条 当事人、公证事项的利害关系人对公证书所公证的民事权利义务有争议的，可以依照公证法第四十条规定就该争议向人民法院提起民事诉讼。

当事人、公证事项的利害关系人对具有强制执行效力的公证债权文书的民事权利义务有争议直接向人民法院提起民事诉讼的，人民法院依法不予受理。但是，公证债权文书被人民法院裁定不予执行的除外。

第四条 当事人、公证事项的利害关系人提供证据证明公证机构及其公证员在公证活动中具有下列情形之一的，人民法院应当认定公证机构有过错：

（一）为不真实、不合法的事项出具公证书的；

（二）毁损、篡改公证书或者公证档案的；

（三）泄露在执业活动中知悉的商业秘密或者个人隐私的；

（四）违反公证程序、办证规则以及国务院司法行政部门制定的行业规范出具公证书的；

（五）公证机构在公证过程中未尽到充分的审查、核实义务，致使公证书错误或者不真实的；

（六）对存在错误的公证书，经当事人、公证事项的利害关系人申请仍不予纠正或者补正的；

（七）其他违反法律、法规、国务院司法行政部门强制性规定的情形。

第五条 当事人提供虚假证明材料申请公证致使公证书错误造成他人损失的，当事人应当承担赔偿责任。公证机构依法尽到审查、核实义务的，不承担赔偿责任；未依法尽到审查、核实义务的，应当承担与其过错相应的补充赔偿责任；明知公证证明的材料虚假或者与当事人恶意串通的，承担连带赔偿责任。

第六条 当事人、公证事项的利害关系人明知公证机构所出具的公证书不真实、不合法而仍然使用造成自己损失，请求公证机构承担赔偿责任的，人民法院不予支持。

第七条 本规定施行后，涉及公证活动的民事案件尚未终审的，适用本规定；本规定施行前已经终审，当事人申请再审或者按照审判监督程序决定再审的，不适用本规定。

最高人民法院关于公证债权文书执行若干问题的规定

（2018年6月25日最高人民法院审判委员会第1743次会议通过　2018年9月30日最高人民法院公告公布　自2018年10月1日起施行　法释〔2018〕18号）

为了进一步规范人民法院办理公证债权文书执行案件，确保公证债权文书依法执行，维护当事人、利害关系人的合法权益，根据《中华人民共和国民事诉讼法》《中华人民共和国公证法》等法律规定，结合执行实践，制定本规定。

第一条 本规定所称公证债权文书，是指根据公证法第三十七条第一款规定经公证赋予强制执行效力的债权文书。

第二条 公证债权文书执行案件，由被执行人住所地或者被执行的财产所在地人民法院管辖。

前款规定案件的级别管辖,参照人民法院受理第一审民商事案件级别管辖的规定确定。

第三条 债权人申请执行公证债权文书,除应当提交作为执行依据的公证债权文书等申请执行所需的材料外,还应当提交证明履行情况等内容的执行证书。

第四条 债权人申请执行的公证债权文书应当包括公证证词、被证明的债权文书等内容。权利义务主体、给付内容应当在公证证词中列明。

第五条 债权人申请执行公证债权文书,有下列情形之一的,人民法院应当裁定不予受理;已经受理的,裁定驳回执行申请:

(一)债权文书属于不得经公证赋予强制执行效力的文书;

(二)公证债权文书未载明债务人接受强制执行的承诺;

(三)公证证词载明的权利义务主体或者给付内容不明确;

(四)债权人未提交执行证书;

(五)其他不符合受理条件的情形。

第六条 公证债权文书赋予强制执行效力的范围同时包含主债务和担保债务的,人民法院应当依法予以执行;仅包含主债务的,对担保债务部分的执行申请不予受理;仅包含担保债务的,对主债务部分的执行申请不予受理。

第七条 债权人对不予受理、驳回执行申请裁定不服的,可以自裁定送达之日起十日内向上一级人民法院申请复议。

申请复议期满未申请复议,或者复议申请被驳回的,当事人可以就公证债权文书涉及的民事权利义务争议向人民法院提起诉讼。

第八条 公证机构决定不予出具执行证书的,当事人可以就公证债权文书涉及的民事权利义务争议直接向人民法院提起诉讼。

第九条 申请执行公证债权文书的期间自公证债权文书确定的履行期间的最后一日起计算;分期履行的,自公证债权文书确定的每次履行期间的最后一日起计算。

债权人向公证机构申请出具执行证书的,申请执行时效自债权人提出申请之日起中断。

第十条 人民法院在执行实施中,根据公证债权文书并结合申请执行人的申请依法确定给付内容。

第十一条 因民间借贷形成的公证债权文书,文书中载明的利率超过人民法院依照法律、司法解释规定应予支持的上限的,对超过的利息部分不纳入执行范围;载明的利率未超过人民法院依照法律、司法解释规定应予支持的上限,被执行人主张实际超过的,可以依照本规定第二十二条第一款规定提起诉讼。

第十二条 有下列情形之一的,被执行人可以依照民事诉讼法第二百三十八条第二款规定申请不予执行公证债权文书:

(一)被执行人未到场且未委托代理人到场办理公证的;

(二)无民事行为能力人或者限制民事行为能力人没有监护人代为办理公证的;

(三)公证员为本人、近亲属办理公证,或者办理与本人、近亲属有利害关系的公证的;

(四)公证员办理该项公证有贪污受贿、徇私舞弊行为,已经由生效刑事法律文书等确认的;

(五)其他严重违反法定公证程序的情形。

被执行人以公证债权文书的内容与事实不符或者违反法律强制性规定等实体事由申请不予执行的,人民法院应当告知其依照本规定第二十二条第一款规定提起诉讼。

第十三条 被执行人申请不予执行公证债权文书,应当在执行通知书送达之日起十五日内向执行法院提出书面申请，并提交相关证据材料；有本规定第十二条第一款第三项、第四项规定情形且执行程序尚未终结的，应当自知道或者应当知道有关事实之日起十五日内提出。

公证债权文书执行案件被指定执行、提级执行、委托执行后，被执行人申请不予执行的，由提出申请时负责该案件执行的人民法院审查。

第十四条　被执行人认为公证债权文书存在本规定第十二条第一款规定的多个不予执行事由的，应当在不予执行案件审查期间一并提出。

不予执行申请被裁定驳回后，同一被执行人再次提出申请的，人民法院不予受理。但有证据证明不予执行事由在不予执行申请被裁定驳回后知道的，可以在执行程序终结前提出。

第十五条　人民法院审查不予执行公证债权文书案件，案情复杂、争议较大的，应当进行听证。必要时可以向公证机构调阅公证案卷，要求公证机构作出书面说明，或者通知公证员出庭说明情况。

第十六条　人民法院审查不予执行公证债权文书案件，应当在受理之日起六十日内审查完毕并作出裁定；有特殊情况需要延长的，经本院院长批准，可以延长三十日。

第十七条　人民法院审查不予执行公证债权文书案件期间，不停止执行。

被执行人提供充分、有效的担保，请求停止相应处分措施的，人民法院可以准许；申请执行人提供充分、有效的担保，请求继续执行的，应当继续执行。

第十八条　被执行人依照本规定第十二条第一款规定申请不予执行，人民法院经审查认为理由成立的，裁定不予执行；理由不成立的，裁定驳回不予执行申请。

公证债权文书部分内容具有本规定第十

二条第一款规定情形的，人民法院应当裁定对该部分不予执行；应当不予执行部分与其他部分不可分的，裁定对该公证债权文书不予执行。

第十九条　人民法院认定执行公证债权文书违背公序良俗的，裁定不予执行。

第二十条　公证债权文书被裁定不予执行的，当事人可以就该公证债权文书涉及的民事权利义务争议向人民法院提起诉讼；公证债权文书被裁定部分不予执行的，当事人可以就该部分争议提起诉讼。

当事人对不予执行裁定提出执行异议或者申请复议的，人民法院不予受理。

第二十一条　当事人不服驳回不予执行申请裁定的，可以自裁定送达之日起十日内向上一级人民法院申请复议。上一级人民法院应当自收到复议申请之日起三十日内审查。经审查，理由成立的，裁定撤销原裁定，不予执行该公证债权文书；理由不成立的，裁定驳回复议申请。复议期间，不停止执行。

第二十二条　有下列情形之一的，债务人可以在执行程序终结前，以债权人为被告，向执行法院提起诉讼，请求不予执行公证债权文书：

（一）公证债权文书载明的民事权利义务关系与事实不符；

（二）经公证的债权文书具有法律规定的无效、可撤销等情形；

（三）公证债权文书载明的债权因清偿、提存、抵销、免除等原因全部或者部分消灭。

债务人提起诉讼，不影响人民法院对公证债权文书的执行。债务人提供充分、有效的担保，请求停止相应处分措施的，人民法院可以准许；债权人提供充分、有效的担保，请求继续执行的，应当继续执行。

第二十三条　对债务人依照本规定第二十二条第一款规定提起的诉讼，人民法院经审理认为理由成立的，判决不予执行或者部

图书在版编目（CIP）数据

中华人民共和国民事法律法规规章司法解释大全／
中国法制出版社编. -- 7 版. -- 北京 ： 中国法制出版
社, 2024. 7. -- ISBN 978-7-5216-4576-7

Ⅰ. D923. 05；D925. 105

中国国家版本馆 CIP 数据核字第 2024H79C26 号

责任编辑：朱丹颖　　　　　　　　　　　　　封面设计：蒋　怡

中华人民共和国民事法律法规规章司法解释大全
ZHONGHUA RENMIN GONGHEGUO MINSHI FALÜ FAGUI GUIZHANG SIFA JIESHI DAQUAN

编者/中国法制出版社
经销/新华书店
印刷/三河市紫恒印装有限公司

开本/880 毫米×1230 毫米　32 开　　　　　　　印张/ 47.5　字数/ 1956 千
版次/2024 年 7 月第 7 版　　　　　　　　　　2024 年 7 月第 1 次印刷

中国法制出版社出版

书号 ISBN 978-7-5216-4576-7　　　　　　　　　　　　定价：118.00 元

北京市西城区西便门西里甲 16 号西便门办公区
邮政编码：100053　　　　　　　　　　　　　　传真：010-63141600
网址：http：//www.zgfzs.com　　　　　　　编辑部电话：010-63141667
市场营销部电话：010-63141612　　　　　　　印务部电话：010-63141606

（如有印装质量问题，请与本社印务部联系。）

分不予执行;理由不成立的,判决驳回诉讼请求。

当事人同时就公证债权文书涉及的民事权利义务争议提出诉讼请求的,人民法院可以在判决中一并作出裁判。

第二十四条 有下列情形之一的,债权人、利害关系人可以就公证债权文书涉及的民事权利义务争议直接向有管辖权的人民法院提起诉讼:

(一)公证债权文书载明的民事权利义务关系与事实不符;

(二)经公证的债权文书具有法律规定的无效、可撤销等情形。

债权人提起诉讼,诉讼案件受理后又申请执行公证债权文书的,人民法院

进入执行程序后债权人又提起诉

案件受理后,人民法院可以裁定

权文书的执行;债权人请求继续

出争议部分的,人民法院可以准许

利害关系人提起诉讼,不影

对公证债权文书的执行。利害关

分、有效的担保,请求停止相应处

人民法院可以准许;债权人提供

担保,请求继续执行的,应当继续

第二十五条 本规定自 201

日起施行。

本规定施行前最高人民法院

解释与本规定不一致的,以本规